MEDICINA INTENSIVA

MEDICINA INTENSIVA

Editor

Cid Marcos David

Doutor em Ciências Médicas
Professor Adjunto e Coordenador da Pós-Graduação em
Terapia Intensiva da Faculdade de Medicina da Universidade Federal do Rio de Janeiro – UFRJ
Médico-Especialista em Medicina Intensiva pela AMIB e pela
Federação Pan-Americana e Ibérica de Medicina Intensiva
Coordenador da Comissão de Cursos e Eventos da Associação de Medicina Intensiva Brasileira – AMIB

REVINTER

AMIB
ASSOCIAÇÃO DE MEDICINA
INTENSIVA BRASILEIRA

Medicina Intensiva

ISBN 85-7309-782-5

Contato com o autor:
philipe@unisys.com.br

A precisão das indicações, as reações adversas e as relações de dosagem para as drogas citadas nesta obra podem sofrer alterações.
Solicitamos que o leitor reveja a farmacologia dos medicamentos aqui mencionados.
A responsabilidade civil e criminal, perante terceiros e perante a Editora Revinter, sobre o conteúdo total desta obra, incluindo as ilustrações e autorizações/créditos correspondentes, é do(s) autor(es) da mesma.

Livraria e Editora REVINTER Ltda.
Rua do Matoso, 170 — Tijuca
20270-130 — Rio de Janeiro, RJ
Tel.: (21) 2563-9700
Fax: (21) 2563-9701
E-mail: livraria@revinter.com.br
www.revinter.com.br

Editores Colaboradores

Cleovaldo Tadeu dos Santos Pinheiro

Especialista em Medicina Intensiva pela AMIB
Professor Adjunto do Departamento de Medicina Interna da Faculdade de Medicina da Universidade Federal do Rio Grande do Sul – UFRGS
Chefe do Serviço de Medicina Intensiva do Hospital de Clínicas de Porto Alegre
Mestre em Pneumologia e Doutor em Medicina pela Universidade Federal do Rio Grande do Sul – UFRGS
Intensivista do Hospital Luterano da Universidade Luterana do Brasil – ULBRA

Nilton Brandão da Silva

Professor do Departamento de Medicina Interna da Fundação Faculdade Federal de Ciências Médicas de Porto Alegre – FFFCMPA
Médico-Chefe do CTI do Hospital Moinhos de Vento de Porto Alegre
Médico-Especialista em Medicina Intensiva pela AMIB e pela Federação Pan-Americana e Ibérica de Medicina Intensiva

Norberto Antonio Freddi

Responsável pela UTI Pediátrica do Hospital Santa Catarina de São Paulo
Médico do Serviço de Neonatologia do Hospital Israelita Albert Einstein – São Paulo, SP
Presidente do Departamento de Pediatria da AMIB

Álvaro Réa Neto

Médico-Especialista em Medicina Intensiva pela AMIB
Professor do Departamento de Clínica Médica da Universidade Federal do Paraná – UFPR
Chefe da Unidade de Terapia Intensiva do Hospital de Clínicas da Universidade Federal do Paraná – UFPR

Este livro é dedicado a todos
que têm como ideal ajudar
o próximo na dor, na cura, na vida.

Prefácio

A Medicina Intensiva, a Associação de Medicina Intensiva Brasileira e este livro têm como objetivo desenvolver a qualidade da assistência ao paciente grave.

Educar é treinar, é mudar e fixar conceitos. A essência da Medicina é ajudar o paciente nos seus mais diversos aspectos, diminuindo a dor, na recuperação do paciente para uma vida útil, permitindo a sua reabilitação clínica e funcional. Embora a tecnologia, a informática, a proteinômica e a genômica estejam em grande desenvolvimento e certamente trarão grandes benefícios à Humanidade, o Homem continuará a ser o mesmo Homem, com seus anseios, sensações e medos. Não se pode permitir que dados laboratoriais e das máquinas substituam o bom exame clínico do paciente. As sensações desagradáveis e os medos do paciente terão que ser amenizados, sendo estes os objetivos principais da Medicina e dos profissionais da Equipe de Saúde da UTI.

Medicina Intensiva contém vários aspectos da UTI, do paciente e suas patologias, e dos métodos de diagnóstico e tratamento. Os temas abordados foram escritos por diversos especialistas que dedicaram a sua vida aos objetivos de ajudar, salvar e educar.

A todos agradecemos.

Cid Marcos David

Colaboradores

ADA CLARICE GASTALDI
Fisioterapeuta
Doutora em Reabilitação pela Universidade Federal de São Paulo – UNIFESP
Professora e Coordenadora do Mestrado em Fisioterapia do Centro Universitário do Triângulo – UNIT
Membro da Comissão de Título de Especialista da Sociedade Brasileira de Fisioterapia Respiratória e Fisioterapia em Terapia Intensiva – SOBRAFIR

ADRIANO MARTINS OLIVEIRA
Médico do Hospital da Cidade – Salvador, BA

AFONSO JOSÉ CELENTE SOARES
Médico-Intensivista pela AMIB
Mestre em Medicina Intensiva pela Universidade Federal do Rio de Janeiro – UFRJ
Coordenador Técnico da Unidade de Terapia Intensiva do Hospital da Força Aérea do Galeão – Rio de Janeiro, RJ
Membro da Diretoria da Sociedade de Terapia Intensiva do Estado do Rio de Janeiro – SOTIERJ (2002–2003)

AGNES KOSA TEIXEIRA
Médica-Pneumologista do Hospital da Lagoa – Rio de Janeiro, RJ

ALBA LUCÍA RAMÍREZ SARMIENTO
Fisioterapeuta Especialista em Reabilitação Cardiorrespiratória
Investigadora da *Universitat Pompeu Fabra* – Barcelona, Espanha
Grupo de Pesquisa em Pneumologia da Unidade de Pesquisa Respiratória e Ambiental – *Instituto Municipal de Investigación Médica* (IMIM) – Barcelona, Espanha

ALDO JUNQUEIRA RODRIGUES JÚNIOR
Professor Titular da Disciplina de Cirurgia Geral e Topografia Estrutural Humana do Departamento de Cirurgia da Faculdade de Medicina da Universidade de São Paulo (FMUSP) e Orientador do Programa de Pós-Graduação em Clínica Cirúrgica

ALESSANDRA FRANKLIN
Pós-Graduanda do Programa de Especialização em Medicina Intensiva – PEMI-AMIB
Médica do Hospital da Cidade – Salvador, BA

ALESSANDRA RAUBA
Médica do Hospital Geral de Pedreira – Campo Grande, SP

ALEX SANDRO ALMEIDA
Médico do Hospital da Cidade – Salvador, BA

ALINE RODRIGUES VALESIN
Fisioterapeuta de Cirurgia Experimental do Hospital das Clínicas da Faculdade de Medicina da Universidade de São Paulo – FMUSP

ALMIR FERREIRA DE ANDRADE
Diretor do Serviço de Neurotraumatologia da Emergência do Hospital das Clínicas de São Paulo, SP
Especialista em Neurocirurgia pela Sociedade Brasileira de Neurologia – SBN
Diretor do Departamento de Neurotraumatologia da SBN

AMÉLIA REIS
Doutora em Pediatria pela Faculdade de Medicina da Universidade de São Paulo – FMUSP
Médica do Pronto-Socorro do Instituto da Criança do Hospital das Clínicas da Faculdade de Medicina da Universidade de São Paulo
Médica do Pronto-Socorro Albert Einstein – São Paulo, SP
Coordenadora do Curso de Suporte Avançado de Vida em Pediatria do Conselho Nacional de Ressuscitação

ANA MARIA DA ROCHA RIBEIRO
Enfermeira do CTI do Hospital Quinta D'OR – Rio de Janeiro, RJ
Ex-Chefe de Enfermagem do CTI da Clínica São Marcelo – Rio de Janeiro, RJ

ANALÚCIA MATERA MACHADO
Médica-Especialista em Medicina Intensiva pela AMIB
Pós-Graduação em Clínica Médica pela Faculdade de Medicina da UFRJ
Mestra em Engenharia Biomédica pelo Instituto Alberto Luiz Coimbra de Pós-Graduação e Pesquisa de Engenharia (COPPE) da UFRJ

ANDRÉ GUANAES
Coordenador da Unidade de Medicina Crítica e do Programa de Especialização em Medicina Intensiva (PEMI-AMIB) do Hospital da Cidade – Salvador, BA

ANDRÉ VILLELA LOMAR
Professor Titular da Disciplina de Doenças Infecciosas e Parasitárias do Departamento de Clínica Médica da Faculdade de Medicina da Universidade de Mogi das Cruzes, SP
Ex-Chefe da UTI do Instituto de Infectologia Emílio Ribas – São Paulo, SP

ANIBAL BASILE FILHO
Professor Associado e Chefe da Disciplina de Terapia Intensiva do Departamento de Cirurgia e Anatomia do Hospital das Clínicas da Faculdade de Medicina de Ribeirão Preto da Universidade de São Paulo – FMRP-USP

ANNA JULIA SAPIENZA
Pediatra-Intensivista Titulada pela AMIB
Médica-Pesquisadora da CTI Pediátrica do Instituto da Criança e do Departamento de Pediatria do Hospital das Clínicas de São Paulo, SP
Participante do Comitê Pediátrico do Sistema de Qualidade em Terapia Intensiva – QuaTI

ANSELMO DORNAS MOURA
Especialista em Clínica Médica e Intensivista pela AMIB
Instrutor do *Advanced Trauma Life Support (ATLS)* e do *Pre Hospital Trauma Life Support – PHTLS*
Coordenador Clínico da UTI do Hospital *Mater Dei* – Belo Horizonte, MG

ANTONIO CLAUDIO DO AMARAL BARUZZI
Médico do CTI do Hospital Israelita Albert Einstein – São Paulo, SP
Médico-Coordenador da UTI do Hospital Estadual Mário Covas – Fundação Faculdade de Medicina do ABC
Doutor em Cardiologia do Instituto do Coração da Faculdade de Medicina da Universidade de São Paulo – FMUSP

ANTONIO CARLOS MAGALHÃES DUARTE
Fisioterapeuta
Coordenador de Fisioterapia do Hospital Português – Salvador, BA

ANTONIO LUIS EIRAS FALCÃO
Professor Assistente Doutor do Curso de Pós-Graduação do Departamento de Cirurgia da Faculdade de Ciências Médicas da Universidade de Campinas – UNICAMP
Intensivista da UTI do Hospital das Clínicas da UNICAMP

AQUILES CAMELIER
Médico-Docente da Disciplina de Pneumologia da Universidade Federal de São Paulo – UNIFESP
Vice-Diretor do Centro de Reabilitação Pulmonar do Lar Escola São Francisco (LESF) da UNIFESP
Mestre em Pneumologia pela UNIFESP

ARMANDO BARLEM
Cirurgião Cardiovascular com Mestrando em Cardiologia pela Universidade Federal do Rio Grande do Sul – UFRGS

ARMANDO DA ROCHA NOGUEIRA
Coordenador do Programa de Hipertensão Arterial (ProHArt) do Hospital Universitário Clementino Fraga Filho da Universidade Federal do Rio de Janeiro – UFRJ
Especialista em Medicina Intensiva pela AMIB
Doutor em Clínica Médica pela Faculdade de Medicina da UFRJ

CARLA BITTENCOURT RYNKOWSKI
Ex-Residente da Emergência do Hospital de Pronto-Socorro (HPS) de Porto Alegre, RS
Residente (R1) de Terapia Intensiva do Hospital Nossa Senhora da Conceição de Porto Alegre, RS

CARLOS DANIEL MAGNONI
Médico-Cardiologista e Nutrólogo
Responsável pelo Serviço de Terapia Nutricional do Hospital do Coração – São Paulo, SP
Mestre pela Escola Paulista de Medicina da Universidade Federal de São Paulo – EPM-UNIFESP
Presidente da Sociedade Brasileira de Nutrição Parenteral e Enteral

CARMEN SÍLVIA VALENTE BARBAS
Médica-Assistente da Disciplina de Pneumologia da Faculdade de Medicina da Universidade de São Paulo – FMUSP
Doutora em Pneumologia pela FMUSP

CÁSSIO MORANO PELUSO
Mestrado em Neurocirurgia pela Universidade Federal de São Paulo – UNIFESP
Coordenador da UTI Neurológica do Hospital da Beneficência Portuguesa – São Paulo, SP
Professor Assistente na Disciplina de Neurocirurgia da Universidade Lusíada – Santos, SP
Diretor do Instituto de Tratamento Neurológico e Terapia Intensiva – INETI

CELSO CUKIER
Médico-Cirurgião do Aparelho Digestivo
Diretor do Instituto de Metabolismo e Nutrição – IMeN
Mestre pelo Departamento de Gastroenterologia da Faculdade de Medicina da Universidade de São Paulo – FMUSP

CELSO MOURA REBELLO
Doutor em Pediatria pela Faculdade de Medicina da Universidade de São Paulo – FMUSP
Coordenador da Unidade de Pesquisa Experimental do Instituto da Criança – ICr
Departamento de Pediatria da FMUSP

CÉSAR AUGUSTO MELO E SILVA
Mestre em Ciências da Saúde pela Universidade de Brasília – UnB
Fisioterapeuta do Hospital Universitário de Brasília – HUB
Fisioterapeuta do Núcleo de Pneumologia e Reabilitação Pulmonar do Hospital Anchieta – Brasília, DF

CINARA JORGE DA CUNHA
Médica do CTI do Hospital da Venerável Ordem de São Francisco da Penitência – Rio de Janeiro, RJ

CÍNTIA GONSALVES DE FARIA MACHADO
Doutora em Hematologia pela Universidade de São Paulo – USP
Professora Assistente de Hematologia da Universidade Federal de Pernambuco – UFPE
Médica-Hematologista da Fundação de Hematologia e Hemoterapia de Pernambuco – HEMOPE

CLAUDIA CAMARGOS CARNEIRO
Título de Especialista em Terapia Intensiva pela AMIB
Especialista em Medicina Interna e Plantonista da UTI do Hospital Público Regional de Betim, MG
Coordenadora da Rotina de Neurointensivismo da UTI-PO do Hospital Madre Tereza – Belo Horizonte, MG

CLÁUDIO PIRAS
Médico-Intensivista Titulado pela AMIB
Professor Adjunto Doutor do Departamento de Cirurgia da Universidade Federal do Espírito Santo – UFES
Professor Adjunto Doutor do Departamento de Morfologia da Escola de Medicina da Santa Casa de Misericórdia de Vitória, ES

CONCEIÇÃO NEVES FERRAZ
Especialista em Liquorologia pela Faculdade de Medicina da Universidade de São Paulo – FMUSP
Neurologista-Clínica do Hospital São Rafael – Salvador, BA

CYNTIA AGUIAR RIBEIRO
Médica do Centro de Tratamento Intensivo Clínico-Cirúrgico do Hospital de Clínicas de Porto Alegre, RS

DANIELA DE OLIVEIRA RIBEIRO
Farmacêutica
Habilitação em Farmácia Industrial pela Universidade Federal do Rio de Janeiro – UFRJ
Responsável Técnica pela Nutriente

DAVID SZPILMAN
Médico do Centro de Terapia Intensiva do Hospital Municipal Miguel Couto – Rio de Janeiro, RJ
Médico do Centro de Recuperação de Afogados da Barra da Tijuca – Grupamento de Socorro de Emergência do Corpo de Bombeiros Militar do Estado do Rio de Janeiro – GSE-CBMERJ
Membro do Conselho Médico da Federação Internacional de Salvamento Aquático – ILS

DÉCIO DIAMENT
Professor Assistente de Doenças Infecciosas e Parasitárias da Faculdade de Medicina de Jundiaí
Médico da Unidade de Terapia Intensiva do Instituto de Infectologia Emílio Ribas – São Paulo, SP

DESANKA DRAGOSAVAC
Professora Assistente Doutora do Departamento de Cirurgia da Faculdade de Ciências Médicas da Universidade de Campinas – UNICAMP
Intensivista da UTI do Hospital das Clínicas da UNICAMP

DINO ROBERTO GOMES
Médico-Especialista em Medicina Intensiva pela AMIB
Coordenador Clínico do Centro de Tratamento de Queimados do Hospital do Andaraí – Rio de Janeiro, RJ
Professor da Pós-Graduação da Pontifícia Universidade Católica do Rio de Janeiro (PUC-RJ) e da Fundação de Pós-Graduação Carlos Chagas
Chefe da AMIL Resgate Saúde – Rio de Janeiro, RJ

DORIS BLANQUET RIBEIRO
Enfermeira Assistencial do CTI do Hospital Universitário Clementino Fraga Filho da Universidade Federal do Rio de Janeiro – UFRJ

EDERLON ALVES DE CARVALHO REZENDE
Especialista em Medicina Intensiva pela AMIB
Diretor do Serviço de Terapia Intensiva do Hospital do Servidor Público Estadual de São Paulo, SP
Membro da Comissão de Monitorização Hemodinâmica da Sociedade Paulista de Terapia Intensiva

EDIMAR A. BOCCHI
Professor Livre-Docente do Instituto do Coração da Faculdade de Medicina de São Paulo (FMUSP) – Unidade de Insuficiência Cardíaca
Presidente do Grupo de Estudos de Insuficiência Cardíaca Congestiva (ICC) da Sociedade Brasileira de Cardiologia

EDISON MORAES RODRIGUES FILHO
Médico-Intensivista
Coordenador da UTI do Centro de Transplantes do Hospital Dom Vicente Scherer (Complexo Hospitalar Santa Casa) – Porto Alegre, RS
Médico-Intensivista do Grupo de Transplante Hepático do Hospital Dom Vicente Scherer – Porto Alegre, RS
Plantonista do Hospital de Clínicas de Porto Alegre da Universidade Federal do Rio Grande do Sul e do Hospital Cristo Redentor (Grupo Hospitalar Conceição) – Porto Alegre, RS

EDUARDO JUAN TROSTER
Médico-Especialista em Medicina Intensiva Pediátrica – AMIB/SBP
Doutor em Medicina pelo Departamento de Pediatria da Faculdade de Medicina da Universidade de São Paulo – FMUSP
Coordenador do CTI Pediátrico do Instituto da Criança e do Hospital de Clínicas da FMUSP
Coordenador do CTI Pediátrico do Hospital Israelita Albert Einstein – São Paulo, SP

EDUARDO KELLER SAADI
Professor de Cirurgia Cardiovascular e Doutor em Medicina pela Universidade Federal do Rio Grande do Sul – UFRGS
Cirurgião Cardiovascular do Hospital de Clínicas de Porto Alegre, RS

ELIANA BERNADETE CASER
Especialista em Medicina Intensiva pela AMIB
Professora Auxiliar do Departamento de Clínica Médica da Universidade Federal do Espírito Santo – UFES

ELIANE MARIA DE CARVALHO
Doutora em Ciências pela Fisiopatologia Experimental da Faculdade de Medicina da Universidade de São Paulo – FMUSP

ELIAS KNOBEL
Médico-Chefe do CTI-Adultos do Hospital Israelita Albert Einstein – São Paulo, SP
Professor Adjunto do Departamento de Medicina da Escola Paulista de Medicina da Universidade Federal de São Paulo – EPM-UNIFESP
Fellow da *American Heart Association*
Fellow do *American College of Critical Care Medicine*
Fellow do *American College of Physicians*

ELIÉZER SILVA
Médico do CTI-A e Coordenador do Núcleo de Ensino e Pesquisa do Hospital Israelita Albert Einstein – São Paulo, SP

ELIZABETH SILAID MUXFELDT
Médica do Programa de Hipertensão Arterial do Hospital Universitário Clementino Fraga Filho da Universidade Federal do Rio de Janeiro – UFRJ
Mestra em Cardiologia pela Faculdade de Medicina da UFRJ

EMIR G. DE O. SILVA
Médico da Unidade de Cuidados Intensivos do Hospital São Lucas e do CTI do Hospital CardioTrauma Ipanema – Rio de Janeiro, RJ
Médico do CTI do Hospital do Câncer II - Instituto Nacional de Câncer – Rio de Janeiro, RJ

EVANDRO TINOCO MESQUITA
Professor Adjunto de Cardiologia da Universidade Federal Fluminense – UFF
Coordenador da Unidade de Emergência do Hospital Pró-Cardíaco – Rio de Janeiro, RJ

FÁBIO PATRUS PENA
Coordenador-Administrativo do CTI-Adultos do Hospital Israelita Albert Einstein – São Paulo, SP
Administrador de Empresas pela Universidade Federal de Minas Gerais – UFMG
Mestre em Administração Hospitalar pela Fundação Getúlio Vargas – São Paulo, SP
Hubert Humphrey Fellowship Alumni – Emory University – Atlanta, EUA

FERNANDA WARKEN ROSA
Fisioterapeuta
Coordenadora do Centro de Reabilitação Pulmonar do Lar Escola São Francisco (LESF) da Universidade Federal de São Paulo – UNIFESP
Especialista em Fisioterapia Respiratória pela UNIFESP
Mestra em Reabilitação pela UNIFESP

FERNANDO ANTONIO BOIGUES
Médico-Psiquiatra
Especialista em Administração Hospitalar pela Pontifícia Universidade Católica do Rio de Janeiro – PUC-RJ
MBA Executivo pelo Instituto de Pós-Graduação e Pesquisa em Administração (COPPEAD) da Universidade Federal do Rio de Janeiro – UFRJ

FERNANDO CHACUR
Especialista em Medicina Intensiva pela AMIB
Médico de Terapia Intensiva e Coordenador do Suporte Invasivo aos Pacientes Pneumológicos do Hospital Pró-Cardíaco – Rio de Janeiro, RJ

FERNANDO ESTEVES FERNANDES
Residente (R3) da Emergência do Hospital de Pronto-Socorro (HPS) de Porto Alegre, RS

FLÁVIO EDUARDO NÁCUL
Especialista em Medicina Intensiva pela AMIB
Fellowship em Medicina Intensiva da *Lahey Clinic & Tufts University* – Boston, MA, EUA
Mestre em Medicina pela Universidade do Estado do Rio de Janeiro – UERJ
Médico do CTI do Hospital Universitário da Universidade Federal do Rio de Janeiro (UFRJ) e do Hospital de Ipanema – Rio de Janeiro, RJ
Médico da Clínica São Vicente – Rio de Janeiro, RJ

FLÁVIO ROBERTO NOGUEIRA DE SÁ
Médico-Pediatra Preceptor do Instituto da Criança do Hospital de CLínicas da Universidade de São Paulo – USP

FRANCISCO BRUNO
Médico-Chefe Associado da UTI Pediátrica do Hospital São Lucas da Pontifícia Universidade Católica do Rio Grande do Sul – PUC-RS
Professor do Departamento de Pediatria da PUC-RS

GABRIEL OSELKA
Professor Associado do Departamento de Pediatria e do Departamento de Medicina Legal e Ética Médica da Faculdade de Medicina da Universidade de São Paulo – FMUSP

GERSON LUIZ DE MACEDO
Professor Adjunto de Medicina Intensiva da Universidade Severino Sombra – Vassouras, RJ
Especialista em Medicina Intensiva pela AMIB

GIL FERNANDO SALLES
Médico do Programa de Hipertensão Arterial (ProHArt) do Hospital Universitário Clementino Fraga Filho da Universidade Federal do Rio de Janeiro – UFRJ
Professor Assistente do Departamento de Clínica Médica da Faculdade de Medicina da UFRJ
Mestre em Clínica Médica pela Faculdade de Medicina da UFRJ

GILBERTO FRIEDMAN
Médico-Especialista em Medicina Intensiva pela AMIB
Médico da Irmandade da Santa Casa de Misericórdia de Porto Alegre – UTI Central e do Serviço de Medicina Intensiva do Hospital de Clínicas de Porto Alegre, RS
Faculdade de Medicina da Universidade Federal do Rio Grande do Sul – UFRGS

GISELA MARTINA B. MEYER
Cardiologista e Intensivista
Associada ao Grupo de Transplante Pulmonar e de Cirurgia Torácica do Pavilhão Pereira Filho da Santa Casa de Misericórdia de Porto Alegre, RS

GISELE LIMONGELI GURGUEIRA
Médica-Assistente da Unidade de Cuidados Intensivos Pediátrica – Departamento de Pediatria da Escola Paulista de Medicina da Universidade Federal de São Paulo – EMP-UNIFESP
Médica da Unidade de Cuidados Intensivos Pediátrica do Hospital Santa Catarina – São Paulo, SP
Médica da Unidade de Cuidados Intensivos Pediátrica do Hospital do Servidor Público Municipal de São Paulo, SP

GUSTAVO FAISSOL JANOT DE MATOS
Médico-Assistente do Centro de Terapia Intensiva do Hospital Albert Einstein – São Paulo, SP
Pós-Graduando da Disciplina de Pneumologia da Universidade de São Paulo – USP

GUSTAVO TRINDADE HENRIQUES FILHO
Especialista em Medicina Intensiva pela AMIB
Médico da UTI do Serviço de Doenças Infeciosas e Parasitárias (UTI-DIP) do Hospital Universitário Oswaldo Cruz da Universidade de Pernambuco – HUOC-UPE
Mestre em Medicina Interna pela UPE

HEITOR PORTELLA PÓVOAS FILHO
Especialista em Medicina Intensiva pela AMIB
Intensivista e Coordenador de Ensino e Pesquisa da Unidade de Cuidados Intensivos do Hospital da Cidade – Salvador, BA
Ex-*Fellow* do *Institute of Critical Care Medicine* – Palm Springs, CA, EUA

HELOISA BENEVIDES DE CARVALHO CHIATTONE
Psicóloga Especialista em Psicologia Hospitalar pelo Instituto *Sedes Sapientiae*
Mestra em Psicologia pela Universidade São Marcos, SP
Chefe do Serviço de Psicologia Hospitalar do Hospital Brigadeiro e do Serviço de Psicologia Hospitalar do Hospital do Servidor Público Municipal, SP
Professora do Curso de Pós-Graduação em Psicologia da Saúde Hospitalar – Coordenadoria-Geral de Especialização, Aperfeiçoamento e Extensão (COGEAE) da Pontifícia Universidade Católica de São Paulo – PUC-SP
Professora e Supervisora das Disciplinas de Psicologia Hospitalar, Teoria e Prática (PHTP) da Universidade Paulista – UNIP

HÉLVIO CHAGAS FERRO
Médico-Especialista em Medicina Intensiva pela AMIB
Especialista em Nutrição Clínica pela SBNPE
Coordenador da UTI Geral e da Emergência da Santa Casa de Misericórdia de Maceió, AL

HUGO GOULART DE OLIVEIRA
Especialista em Medicina Intensiva pela AMIB
Professor do Departamento de Medicina Interna da Universidade Federal do Rio Grande do Sul – UFRGS
Presidente do Departamento de Endoscopia Respiratória (DER) da Sociedade Brasileira de Pneumologia e Tisiologia (SBPT) – Biênio 2001–2003
Especialista em Endoscopia Peroral – Vias Aéreas – pela Sociedade Brasileira de Endoscopia Peronal – SBEP

JAMES P. ORLOWSKI
Director, Pediatric Intensive Care & Chief of Pediatrics, University Community Hospital – Tampa, Flórida
Associate Clinical Professor of Pediatrics, Critical Care & Medical Ethics, University of South Florida – Tampa, Flórida

JANETE HONDA IMAMURA
Médica e Preceptora de Ensino da UTI Pediátrica do Hospital Municipal do Campo Limpo – São Paulo, SP
Médica da UTI Pediátrica do Hospital Santa Catarina – São Paulo, SP

JANETE SALLES BRAUNER
Especialista em Medicina Intensiva pela AMIB
Mestra em Clínica Médica pela Universidade Federal do Rio Grande do Sul – UFRGS

JEFFERSON PEDRO PIVA
Chefe Associado da UTI Pediátrica do Hospital São Lucas da Pontifícia Universidade Católica do Rio Grande do Sul – PUC-RS
Membro da Diretoria da AMIB

JOAMAR NUNES DE MELO
Médico do Hospital da Cidade – Salvador, BA
Preceptor da Residência de Cirurgia em Emergência do Hospital Geral do Estado – Salvador, BA

JOÃO CLAUDIO EMMERICH
Especialista em Medicina Intensiva pela AMIB e Pneumologia
Médico-Assistente do CTI do Hospital dos Servidores do Estado – Rio de Janeiro, RJ

JOÃO DE LUCENA GONÇALVES
Especialista em Medicina Intensiva pela AMIB
Livre-Docente em Medicina Intensiva pela Universidade do Rio de Janeiro – UNIRIO
Chefe da UTI do Hospital Cardoso Rodrigues – Rio de Janeiro, RJ

JOÃO FERNANDO LOURENÇO DE ALMEIDA
Médico-Preceptor da UCI Pediátrica do Instituto da Criança, SP
Assistente do Hospital Santa Catarina de São Paulo, SP

JOÃO GALANTIER
Cirurgião Cardiovascular e Médico-Intensivista da UTI Cirúrgica do Instituto do Coração (InCor) do Hospital das Clínicas da Faculdade de Medicina da Universidade de São Paulo – FMUSP

JOÃO HENRIQUE SILVA
Título Superior de Anestesiologia – TSA
Membro da *Society of Cardiovascular Anesthesiologists – SCA*
Co-Responsável pelo Centro de Ensino e Treinamento em Anestesiologia do Serviço de Anestesiologia (SANE) em Porto Alegre, RS
Anestesiologista do Instituto de Cardiologia da Fundação Universitária de Cardiologia – FUC

JOÃO LUIZ FERREIRA COSTA
Especialista em Medicina Intensiva pela AMIB
Coordenador do CTI do Hospital Pró-Cardíaco – Rio de Janeiro, RJ
Professor Auxiliar de Clínica Médica da Universidade do Rio de Janeiro – UNIRIO
MBA em Saúde e Administração pela Fundação Getúlio Vargas – FGV
Instrutor de Terapia Intensiva pela *Society of Critical Care Medicine – SCCM*

JOAQUIM DUARTE SILVA
Especialista em Medicina Intensiva pela AMIB
Chefe do Serviço de Terapia Intensiva do Hospital da Venerável Ordem de São Francisco da Penitência – Rio de Janeiro, RJ

JOEL ISIDORO COSTA
Especialista em Medicina Intensiva pela AMIB
Mestre em Anestesiologia, Dor e Terapia Intensiva pela Escola Paulista de Medicina da Universidade Federal de São Paulo – EPM-UNIFESP
Chefe do Serviço de Terapia Intensiva do Hospital São Mateus – Fortaleza, CE

JORGE EDUARDO F. MATIAS
Médico do Serviço de Cirurgia do Aparelho Digestivo e Transplante Hepático do Hospital de Clínicas da Universidade Federal do Paraná – UFPR
Mestre em Clínica Cirúrgica pela UFPR
Doutor em Cirurgia Digestiva e *Ex-Clinical Fellow* da Universidade de Montepellier, França
Ex-Cirurgião Assistente do Instituto Curie – Paris, França

JORGE EDUARDO S. SOARES PINTO
Especialista em Medicina Intensiva pela AMIB
Médico do Hospital Universitário Clementino Fraga Filho da Universidade Federal do Rio de Janeiro – UFRJ
Mestre em Medicina pela UFRJ

JORGE LUIZ DA ROCHA PARANHOS
Especialista em Medicina Intensiva pela AMIB e Neurocirurgia pela Sociedade Brasileira de Neurologia – SBN
Diretor do Curso de Medicina Intensiva Neurológica da AMIB e Instrutor do *Fundamental Critical Care Support Course – FCCS*
Membro do Departamento de Neurotraumatologia da SBN
Chefe da UTI da Santa Casa da Misericórdia de São João del Rei, MG

JOSÉ AUGUSTO MARCONDES DE SOUZA
Médico do CTI-A do Hospital Israelita Albert Einstein – São Paulo, SP

JOSÉ GUSTAVO PARREIRA
Assistente-Mestre. Serviço de Emergência do Departamento de Cirurgia da Faculdade de Ciências Médicas da Santa Casa de Misericórdia de São Paulo, SP

JOSÉ J. CAMARGO
Cirurgião-Torácico e Coordenador do Programa de Transplante Pulmonar da Santa Casa de Misericórdia de Porto Alegre, RS
Professor de Cirurgia Torácica da Fundação Faculdade Federal de Ciências Médicas de Porto Alegre – FFFCMPA

JOSÉ MARIA ORLANDO
Diretor-Secretário da AMIB (1994–2003)
Secretário da Comissão do Título de Especialista da AMIB e Coordenador dos Concursos (1995–2003)
Coordenador dos Censos Brasileiros de UTI da AMIB (2000–2003)
Intensivista-Diarista da UTI-Adulto do Hospital Municipal do Jabaquara – São Paulo, SP
Diretor-Técnico do Hospital Estadual Geral de Pedreira – Associação Congregação de Santa Catarina – São Paulo, SP

JOSÉ MÁRIO M. TELES
Especialista em Medicina Intensiva pela AMIB
Médico da UTI do Hospital Português – Salvador, BA
Vice-Coordenador da UTI Cirúrgica do Hospital Santa Izabel – Salvador, BA

JOSÉ OTÁVIO COSTA AULER JR.
Professor Titular da Disciplina de Anestesiologia da Faculdade de Medicina da Universidade de São Paulo – FMUSP
Diretor do Serviço de Anestesiologia e UTI Cirúrgica do Instituto do Coração (InCor) do Hospital das Clínicas da FMUSP

JOSÉ ROBERTO B. MARTINS
Especialista em Cardiologia
Médico do CTI do Hospital Pró-Cardíaco – Rio de Janeiro, RJ

JOSÉ ROBERTO JARDIM
Professor Adjunto da Disciplina de Pneumologia da Universidade Federal de São Paulo – UNIFESP
Diretor do Centro de Reabilitação Pulmonar da UNIFESP
Coordenador do Programa de Pós-Graduação em Reabilitação da UNIFESP e Pesquisador 1B do CNPq

JÚLIO CEZAR UILI COELHO
Professor Titular e Chefe dos Serviços de Cirurgia do Aparelho Digestivo e de Transplante Hepático da Universidade Federal do Paraná – UFPR
Doutor em Medicina pela Universidade de Limburg – Maastricht, Holanda
Pós-Doutorado e Ex-Professor Assistente Visitante da Universidade do Texas – Houston, EUA
Livre-Docente pela Universidade de São Paulo – Ribeirão Preto, SP

KARL GERT WEIGER ROSENFELD
Chefe da UTI Pediátrica do Hospital Municipal do Campo Limpo, SP
Preceptor de Ensino da UTI Pediátrica do Hospital do Servidor Público Estadual de São Paulo, SP

LARA DE ARAÚJO TORREÃO
Mestra em Pediatria pela Universidade de São Paulo – USP
Médica-Pediatra Intensiva do Hospital Aliança e do Hospital São Rafael – Salvador, BA
Preceptora de Pediatria do Hospital Universitário da UFBA

LEANDRO I. ZIMERMAN
Professor Adjunto da Faculdade de Medicina da Universidade Federal do Rio Grande do Sul – UFRGS
Eletrofisiologista Cardíaco pela *Duke University*, EUA
Responsável pelo Setor de Eletrofisiologia Cardíaca do Hospital de Clínicas de Porto Alegre, RS

LEILA REZEGUE DE MORAES RÊGO
Especialista em Medicina Intensiva pela AMIB
Coordenadora do Centro de Formação Profissional do CTI do Hospital Guadalupe – Belém, PA

LENY VIEIRA CAVALHEIRO
Especialista em Fisioterapia Respiratória pela Escola Paulista de Medicina da Universidade Federal de São Paulo – EPM-UNIFESP
Mestre em Reabilitação pela EPM-UNIFESP
Coordenadora do Curso de Especialização em Fisioterapia Respiratória
Coordenadora do Setor de Fisioterapia Respiratória do Hospital Albert Einstein – São Paulo, SP

LUCIANO DE CAMPOS KILLINGER
Médico da Divisão de Emergência do Instituto do Coração (InCor) do Hospital das Clínicas da Faculdade de Medicina da Universidade de São Paulo – FMUSP

LUIS ANTONIO PAOLIELLO FACTORE
Especialista em Medicina Intensiva pela AMIB
Médico da Disciplina de Emergências do Hospital das Clínicas da Faculdade de Medicina da Universidade de São Paulo – FMUSP

LUIZ ALEXANDRE ALEGRETTI BORGES
Especialista em Medicina Intensiva pela AMIB
Chefe da UTI do Hospital Nossa Senhora da Conceição – Porto Alegre, RS
Coordenador das Residências Médicas do Hospital de Pronto-Socorro de Porto Alegre, RS
Intensivista do Hospital Luterano de Porto Alegre, RS

LUIZ ANTONIO DE ALMEIDA CAMPOS
Presidente da Sociedade de Cardiologia do Estado do Rio de Janeiro
Coordenador Geral da UTI-PO do Hospital Pró-Cardíaco – Rio de Janeiro, RJ
Professor de Cardiologia da Universidade do Estado do Rio de Janeiro – UERJ
Especialista em Terapia Intensiva pela AMIB
Instrutor do *Advanced Cardiac Life Support (ACLS)* e do *Fundamental Critical Care Support Course (FCCS)*

LUIZ FRANCISCO CARDOSO
Médico-Diretor da Divisão de Emergências do Instituto do Coração (InCor) do Hospital das Clínicas da Faculdade de Medicina da Universidade de São Paulo – FMUSP

LUIZ FRANCISCO POLI DE FIGUEIREDO
Médico do CTI-A do Hospital Israelita Albert Einstein – São Paulo, SP
Professor Associado do Departamento de Cardiopneumologia do Instituto do Coração (InCor) da Faculdade de Medicina da Universidade de São Paulo (FMUSP) e do Departamento de Cirurgia da Escola Paulista de Medicina da Universidade Federal de São Paulo – EPM-UNIFESP

MANES ROBERTO ERLICHMAN
Médico do CTI-A do Hospital Israelita Albert Einstein – São Paulo, SP

MARCEL REZENDE LOPES
Médico do Serviço de Terapia Intensiva do Hospital do Servidor Público Estadual de São Paulo, SP

MARCELO DOMINGUES CANETTI
Médico do Centro de Terapia Intensiva do Hospital Universitário Pedro Ernesto da Universidade do Estado do Rio de Janeiro – UERJ
Médico-Socorrista do Grupo de Socorro de Emergência do Corpo de Bombeiros Militar do Estado do Rio de Janeiro – GSE-CBMERJ
Coordenador-Médico da Amil Resgate Saúde – Rio de Janeiro, RJ

MARCELO GARCIA DA ROCHA
Especialista em Medicina Intensiva pela AMIB
Médico-Coordenador da UTI do Pavilhão Pereira Filho da Santa Casa de Misericórdia de Porto Alegre, RS

MARCELO MOOCK
Médico-Especialista em Medicina Intensiva pela AMIB
Coordenador da UTI-Adultos do Hospital Geral de Pedreira, SP
Consultor do *Fundamental of Critical Care Support* pela *Society of Critical Care Medicine (SCCM)* e AMIB
Diretor da AMIB

MARCELO VIEIRA GOMES
Especialista em Medicina Intensiva pela AMIB e em Cardiologia pela Sociedade Brasileira de Cardiologia – SBC
Chefe do Serviço do CTI do Hospital São Vicente da Gávea e da Casa de Saúde Portugal – Rio de Janeiro, RJ

MÁRCIO HETZEL
Especialista em Medicina Intensiva pela AMIB
Pneumologista
Médico da UTI do Pavilhão Pereira Filho da Santa Casa de Misericórdia de Porto Alegre, RS

MARCOS FREITAS KNIBEL
Especialista em Medicina Intensiva pela AMIB
Chefe da Unidade de Cuidados Intensivos do Hospital São Lucas e do CTI do Hospital CardioTrauma Ipanema – Rio de Janeiro, RJ
Médico do CTI do Hospital do Câncer II – Instituto Nacional de Câncer – Rio de Janeiro, RJ

MARIA AMPARO M. D. DE MENEZES
Médica da UCI Pediátrica do Hospital Santa Catarina de São Paulo, SP

MARIA APARECIDA BRAGA
Especialista em Medicina Intensiva pela AMIB
Coordenadora da Unidade de Tratamento Intensivo do Biocor – Instituto de Belo Horizonte, MG

MARIA AUXILIADORA MARTINS
Supervisora da Equipe Médica do Centro de Terapia Intensiva (CTI-Campus) da Disciplina de Terapia Intensiva do Departamento de Cirurgia e Anatomia do Hospital das Clínicas da Faculdade de Medicina de Ribeirão Preto da Universidade de São Paulo – FMRP-USP

MARIA CRISTINA DO VALLE FREITAS SERRA
Especialista em Medicina Intensiva Pediátrica pela Sociedade Brasileira de Pediatria
Mestra em Pediatria
Especialista em Pediatria pela Sociedade Brasileira de Pediatria
Coordenadora Pediátrica do Centro de Tratamento de Queimados (CTQ) do Hospital do Andaraí – Rio de Janeiro, RJ
Chefe do Serviço de Pediatria do Hospital Municipal Souza Aguiar – Rio de Janeiro, RJ
Diretora-Científica da Sociedade Brasileira de Queimaduras

MARIA DE FÁTIMA MAGALHÃES ACIOLY MENDIZABAL
Médica-Especialista em Infectologia do Hospital Universitário Oswaldo Cruz da Universidade de Pernambuco – HUOC-UPE
Médica-Infectologista do Serviço de Doenças Infecciosas e Parasitárias (DIP-Adultos) do HUOC-UPE
Médica-Infectologista do Hospital Correia Picanço – Recife, PE

MARIA LUIZA GOMES MONTEIRO
Enfermeira Assistencial do Hospital Universitário Clementino Fraga Filho da Universidade Federal do Rio de Janeiro – UFRJ

MARIA RITA MONTENEGRO ISERN
Fisioterapeuta
Doutoranda em Ciências pela Fisiopatologia Experimental da Faculdade de Medicina da Universidade de São Paulo – FMUSP

MARISA DE MORAES REGENGA
Fisioterapeuta
Diretora do Serviço de Fisioterapia do Hospital do Coração

MARITZA CANTARELLI
Médica-Internista
Médica do Serviço de Controle de Infecções do Hospital Moinhos de Vento de Porto Alegre, RS

MARIZA D'AGOSTINO DIAS
Médica-Especialista em Medicina Intensiva pela AMIB
Especialista em Nutrição Clínica-SBNEP e em Oxigenoterapia Hiperbárica pela Sociedade Brasileira de Medicina Hiperbárica
Médica-Supervisora da UTI de Trauma da Universidade de São Paulo (USP) e da UTI do Hospital 9 de Julho – São Paulo, SP

MAURÍCIO OROZCO-LEVI
Médico-Especialista em Pneumologia – Serviço de Pneumologia do Hospital *Universitari del Mar* – Barcelona, Espanha
Investigador Associado do Grupo de Pesquisa em Pneumologia – Unidade de Pesquisa Respiratória e Ambiental, *Instituto Municipal de Investigación Médica* (IMIM) – Barcelona, Espanha

MAURÍCIO PIMENTEL
Médico-Internista
Medico do Serviço de Cardiologia do Hospital de Clínicas de Porto Alegre, RS

MAURO LUIZ KAUFMANN
Especialista em Medicina Intensiva pela AMIB
Médico do Hospital Cristo Redentor (Grupo Hospitalar Conceição) e do Hospital Luterano (ULBRA) – Porto Alegre, RS
Presidente da Sociedade de Terapia Intensiva do Rio Grande do Sul – SOTIRGS

MEIRE TIEMI TAKADA
Fisioterapeuta da Cirurgia Experimental do Hospital das Clínicas da Faculdade de Medicina da Universidade de São Paulo – FMUSP

MICHELE MARIA GONÇALVES GODOY
Especialista em Medicina Intensiva pela AMIB
Coordenadora-Médica da UTI-Adultos do Hospital dos Servidores do Estado de Pernambuco
Médica da UTI do Hospital das Clínicas da Universidade Federal de Pernambuco – UFPE

MICHELE PEREIRA DA SILVA
Nutricionista Especialista em Nutrição Clínica pela Universidade Federal Fluminense – UFF
Membro da Sociedade Brasileira de Nutrição Parenteral e Enteral – SBNPE
Nutricionista do Serviço de Nutrição e Dietética do Hospital São Lucas – Amil – Rio de Janeiro, RJ

MIRELLA CRISTINE DE OLIVEIRA
Médica-Especialista em Medicina Intensiva pela AMIB
Coordenadora do CTI do Hospital do Trabalhador – Curitiba, PR
Presidente da Comissão de Formação de Intensivista da AMIB

MURILLO SANTUCCI CÉSAR DE ASSUNÇÃO
Médico
Coordenador do Serviço de Terapia Intensiva do Hospital do Servidor Público Estadual de São Paulo

NADINE CLAUSELL
Professora Adjunta do Departamento de Medicina Interna da Universidade Federal do Rio Grande do Sul – UFRGS
Coordenadora do Setor de Insuficiência Cardíaca do Serviço de Cardiologia do Hospital de Clínicas de Porto Alegre, RS

NAZAH CHERIF MOHAMAD YOUSSEF
Médica-Especialista em Medicina Intensiva e Neurologia
Diretora Clínica da UTI do Hospital das Nações – Curitiba, PR
Coordenadora do Suporte Neurológico em UTI do Hospital das Nações e do Hospital Vita – Curitiba, PR

NELSON AKAMINE
Médico-Supervisor do CTI-A do Hospital Israelita Albert Einstein – São Paulo, SP

NIVALDO FILGUEIRAS
Especialista em Medicina Intensiva pela AMIB
Coordenador da Unidade de Cuidados Intensivos do Hospital da Cidade – Salvador, BA
Especialista em Cardiologia pelo Conselho Federal de Medicina – CFM

NORMA SUELY DE CARVALHO FONSECA
Especialista em Medicina Intensiva pela AMIB
Médica-Chefe da UTI-Adultos da Fundação Santa Casa de Misericórdia do Pará

ODIN BARBOSA DA SILVA
Especialista em Medicina Intensiva pela AMIB
Coordenador-Médico da UTI-Adultos do Hospital Santa Joana – Recife, PE
Chefe do Serviço de Clínica Médica do Hospital da Restauração – Recife, PE
Membro da Diretoria da AMIB (2001–2002)

OSVALDO ESTRELA ANSELMI
Professor Responsável pela Disciplina de Medicina Nuclear nas Faculdades de Medicina da Pontifícia Universidade Católica de Porto Alegre (PUC-RS) e da Fundação Faculdade Federal de Ciências Médicas de Porto Alegre – FFFCMPA
Responsável Técnico pelos Laboratórios de Medicina Nuclear do Complexo Hospitalar da Santa Casa de Misericórdia de Porto Alegre e pelo Serviço de Medicina Nuclear do Hospital São Lucas da PUC-RS

PAULO ANTONIAZZI
Especialista em Medicina Intensiva pela AMIB
Médico-Assistente do Centro de Terapia Intensiva (CTI-Campus) da Disciplina de Terapia Intensiva do Departamento de Cirurgia e Anatomia do Hospital das Clínicas da Faculdade de Medicina de Ribeirão Preto da Universidade de São Paulo – FMRP-USP
Presidente da Sociedade Paulista de Terapia Intensiva – SOPATI

PAULO R. EINLOFT
Especialista em Medicina Intensiva pela AMIB
Chefe Associado da UTI Pediátrica do Hospital São Lucas da Pontifícia Universidade Católica do Rio Grande do Sul – PUC-RS
Professor do Departamento de Pediatria da PUC-RS

PAULO CÉSAR RIBEIRO
Médico-Especialista em Medicina Intensiva pela AMIB
Especialista em Nutrição Clínica pela SBNPE
Mestre em Cirurgia pela Faculdade de Ciências Médicas da Santa Casa de Misericórdia de São Paulo, SP
Coordenador do Curso de Terapia Nutricional em UTI (TENUTI) da AMIB

PEDRO CELINY R. GARCIA
Chefe Associado da UTI Pediátrica do Hospital São Lucas da Pontifícia Universidade Católica do Rio Grande do Sul – PUC-RS
Professor do Departamento de Pediatria da PUC-RS

PEDRO JORGE LEITE GAYOSO DE SOUSA
Especialista em Medicina Intensiva pela AMIB
Chefe da Unidade de Terapia Intensiva do Instituto de Neurologia de Goiânia e da UTI do Hospital de Urgências de Goiânia, GO
Presidente da Comissão de Residência Médica do Hospital de Urgências de Goiânia, GO

PLÍNIO NASCIMENTO GOMES
Especialista em Medicina Intensiva pela AMIB e Nutrição Clínica pela SBNPE
Médico da Rotina e Suporte Nutricional do CTI do Pró-Cardíaco – Rio de Janeiro, RJ

POLIANA ANDRADE DE LIMA
Mestra em Ciências pela Fisiopatologia Experimental da Faculdade de Medicina da Universidade de São Paulo – FMUSP

RACHEL DUARTE MORITZ
Especialista em Medicina Intensiva pela AMIB
Coordenadora da Residência de Terapia Intensiva do Hospital Universitário da Universidade Federal de Santa Catarina – UFSC
Professora do Departamento de Clínica Médica da UFSC
Doutora em Ciências Médicas

RAQUEL PUSCH DE SOUZA
Psicóloga
Coordenadora do Comitê de Humanização da AMIB
Coordernadora do Departamento de Psicologia da Sociedade de Terapia Intensiva do Paraná (SOTIPA) – Curitiba, PR
Especialista em Saúde Mental e Psicopatologia
Especialista em Psicologia Hospitalar

REGINA ROSA
Fisioterapeuta
Chefe do Departamento de Fisioterapia da Faculdade de Medicina da Universidade Federal do Rio de Janeiro – FMUFRJ
Mestra em Engenharia Biomédica pelo Instituto Alberto Luiz Coimbra de Pós-Graduação e Pesquisa de Engenharia (COPPE) da UFRJ

RENAN DOMINGUES
Neurologista
Doutor em Medicina pela Universidade de São Paulo – USP
Professor Adjunto da Escola de Medicina da Santa Casa de Misericórdia (EMESCAM) – Vitória, ES

RENATA ANGÉLICA BONGIORNO
Fisioterapeuta da Cirurgia Experimental do Hospital das Clínicas da Faculdade de Medicina da Universidade de São Paulo – FMUSP

RENATO C. VISCARDI
Especialista em Medicina Intensiva pela AMIB
Médico do Hospital de Base do Distrito Federal

RENATO GIUSEPPE GIOVANNI TERZI
Professor Titular do Departamento de Cirurgia da Faculdade de Ciências Médicas da Universidade de Campinas – UNICAMP

RICARDO AMORIM GARCIA
Professor Assistente da Faculdade de Medicina da Universidade Federal do Rio de Janeiro – UFRJ
Chefe do Serviço de Terapia Intensiva do Hospital Universitário Clementino Fraga Filho da UFRJ

RIOKO KIMIKO SAKATA
Professora Adjunta da Disciplina de Anestesiologia, Dor e Terapia Intensiva da Escola Paulista de Medicina da Universidade Federal de São Paulo – EPM-UNIFESP

ROBERTO HIRSCH
Membro titular do *Stroke Council* da *American Heart Association (AHA)* e da *American Academy of Neurology*
Membro Titular da Academia Brasileira de Neurologia
Chefe do Departamento de Doppler Transcraniano do Hospital das Clínicas da Faculdade de Medicina da Universidade de São Paulo (FMUSP) e do Hospital Albert Einstein – São Paulo, SP
Doutor em Neurologia pela FMUSP

ROBERTO OUTEIRO JR.
Médico do Hospital da Venerável Ordem de São Francisco da Penitência – Rio de Janeiro, RJ

ROGÉRIO DA SILVEIRA
Mestre em Neurologia
Professor Coordenador da Cadeira de Neurologia da UNIGRANRIO
Neurologista do Hospital São Lucas – Rio de Janeiro, RJ

ROSA GOLDSTEIN ALHEIRA ROCHA
Especialista em Medicina Intensiva pela AMIB
Presidente da Comissão de Título da AMIB

ROSANE GOLDWASSER
Especialista em Medicina Intensiva pela AMIB
Mestra em Terapia Intensiva pela AMIB
Fellow do *American College of Chest Physician*
Coordenadora da Residência Médica do Hospital Universitário Clementino Fraga Filho da Universidade Federal do Rio de Janeiro – UFRJ

RUBENS CARMO COSTA FILHO
Especialista em Cardiologia
Chefe da Terapia Intensiva do Hospital Pró-Cardíaco – Rio de Janeiro, RJ
Fellow do *American College of Chest Physician*
MBA de Marketing pela Fundação Getúlio Vargas – FGV

SAMIR RASSLAN
Professor Titular da Disciplina de Emergência Cirúrgica do Departamento de Cirurgia da Faculdade de Ciências Médicas da Santa Casa de Misericórdia de São Paulo, SP

SANDRA REGINA ALOUCHE
Fisioterapeuta
Doutora em Neurociências do Comportamento pela Universidade de São Paulo – USP
Professora do Curso de Fisioterapia e Coordenadora do Curso de Especialização em Fisioterapia em Neurologia da Universidade Metodista de São Paulo – UMSP
Professora em Ciências da Reabilitação Neuromotora da Universidade Bandeirante de São Paulo – UNIBAN

SATIKO WATANABE
Nutricionista do Hospital Geral de Pedreira – Campo Grande, SP

SEBASTIÃO ARAÚJO
Professor Assistente Doutor do Departamento de Cirurgia da Faculdade de Ciências Médicas da Universidade de Campinas – UNICAMP
Coordenador-Médico da UTI do Hospital das Clínicas da UNICAMP

SERGIO TIMERMAN
Diretor do Laboratório de Treinamento e Simulação em Emergências Cardiovasculares do Instituto do Coração (InCor) do Hospital das Clínicas da Faculdade de Medicina da Universidade de São Paulo – FMUSP

SÍLVIA REGINA RIOS VIEIRA
Doutora em Medicina pela Universidade Federal do Rio Grande do Sul – UFRGS
Professora Adjunta do Departamento de Medicina Interna da Faculdade de Medicina da UFRGS
Serviço de Medicina Intensiva do Hospital de Clínicas de Porto Alegre, RS

SOLANO V. BERGER
Médico-Internista
Residente de Cardiologia no Hospital de Clínicas de Porto Alegre, RS

SÔNIA FÁTIMA DA SILVA MOREIRA
Mestra em Ginecologia pela Escola Paulista de Medicina da Universidade Federal de São Paulo – EPM-UNIFESP
Professora Assistente do Departamento de Assistência Materno-Infantil I do Centro de Ciências da Saúde (CCS) da Universidade Federal do Paraná – UFPA

SPENCER MARCANTONIO CAMARGO
Cirurgião Torácico – Pavilhão Pereira Filho da Santa Casa de Misericórdia de Porto Alegre, RS

TELMA ANTUNES JANISZEWSKI
Médica da Disciplina de Pneumologia
Divisão de Doenças Respiratórias do Instituto do Coração (InCor) do Hospital das Clínicas da Faculdade de Medicina da Universidade de São Paulo – FMUSP

THALES DELMONDES GALVÃO
Especialista em Cirurgia Geral pelo Colégio Brasileiro de Cirurgiões (CBC)

VALTER NILTON FELIX
Professor Livre-Docente da Faculdade de Medicina da Universidade de São Paulo – FMUSP
Presidente da Comissão Científica da Sociedade Paulista de Terapia Intensiva

VANESSA PEREIRA DE LIMA
Especialista em Fisioterapia Respiratória pela Escola Paulista de Medicina da Universidade Federal de São Paulo – EPM-UNIFESP
Supervisora da Disciplina de Fisioterapia Aplicada à Cirurgia Torácica do Curso de Especialização em Fisioterapia Respiratória da EPM-UNIFESP
Fisioterapeuta do Hospital Sírio Libanês – São Paulo, SP

VANESSA SAMPAIO NUNES
Fisioterapeuta da Cirurgia Experimental do Hospital das Clínicas da Faculdade de Medicina da Universidade de São Paulo – FMUSP

VICTOR SARLI ISSA
Médico-Assistente da Unidade de Insuficiência Cardíaca do Instituto do Coração do Hospital das Clínicas da Faculdade de Medicina da Universidade de São Paulo – FMUSP

VIVIANE MENTZ DORNELLES
Médico-Residente de Anestesiologia do Serviço de Anestesiologia (SANE) – Porto Alegre, RS

WALTER L. GOUVÊA
Diretor-Médico da *Kidney Assistance*
Professor Titular de Nefrologia da Universidade Severino Sombra – Vassouras, RJ
Médico do Centro de Transplante de Medula Óssea do Instituto Nacional de Câncer

WERTHER BRUNOW DE CARVALHO
Professor Livre-Docente do Departamento de Pediatria da Escola Paulista de Medicina da Universidade Federal de São Paulo – EPM-UNIFESP
Chefe da UCI Pediátrica do Hospital São Paulo – São Paulo, SP
Chefe da UCI Pediátrica do Hospital Santa Catarina de São Paulo, SP

Sumário

Pranchas em Cores

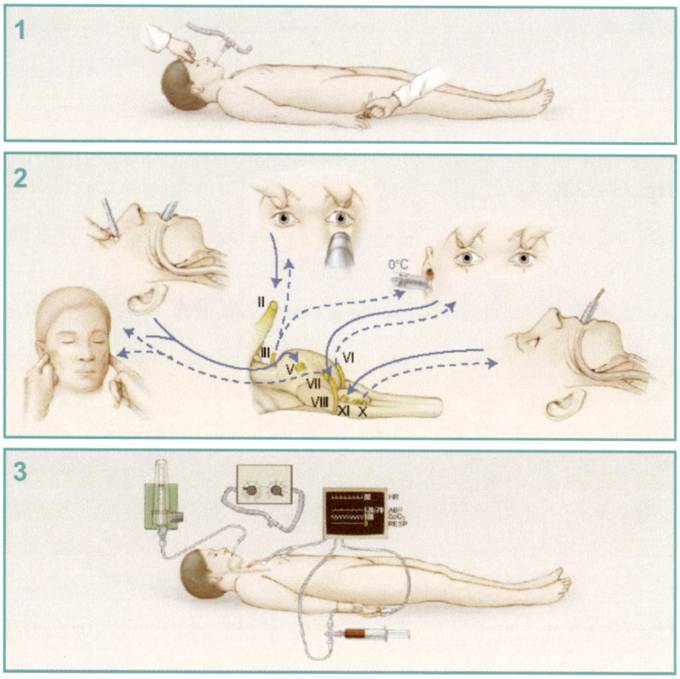

Fig. 9-1.

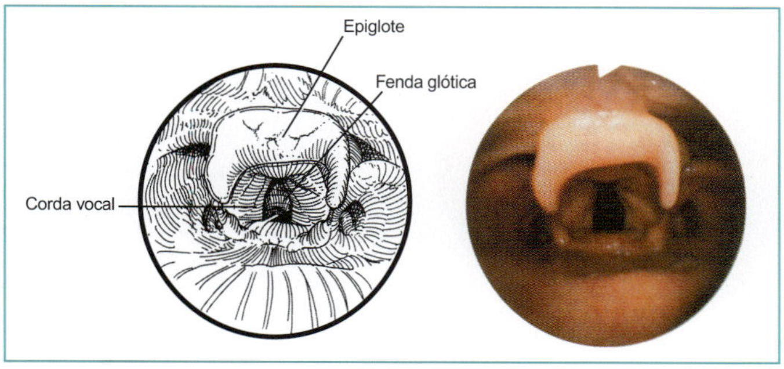

Fig. 19-3.

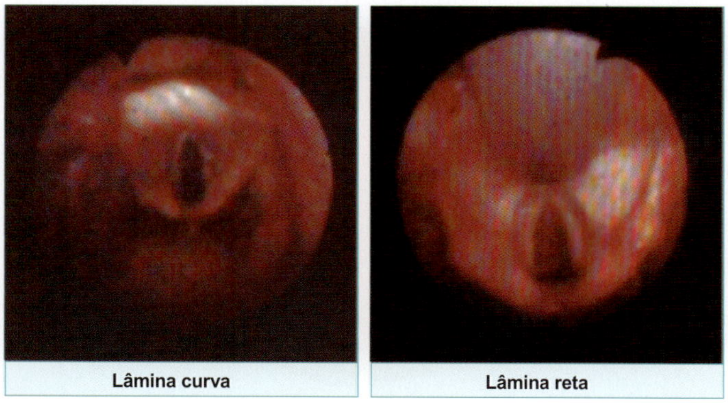

Fig. 19-4.

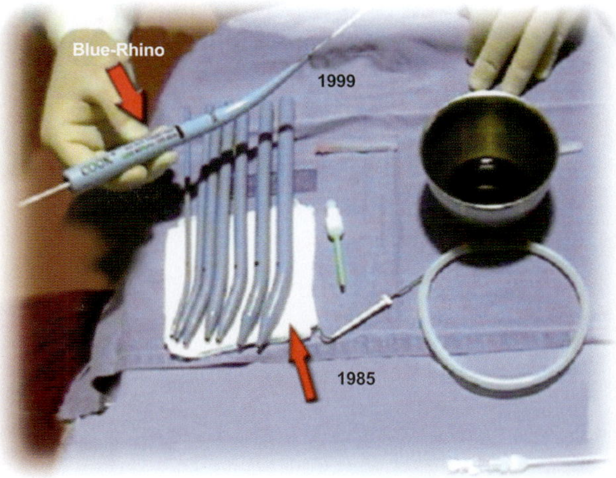

Fig. 19-22.

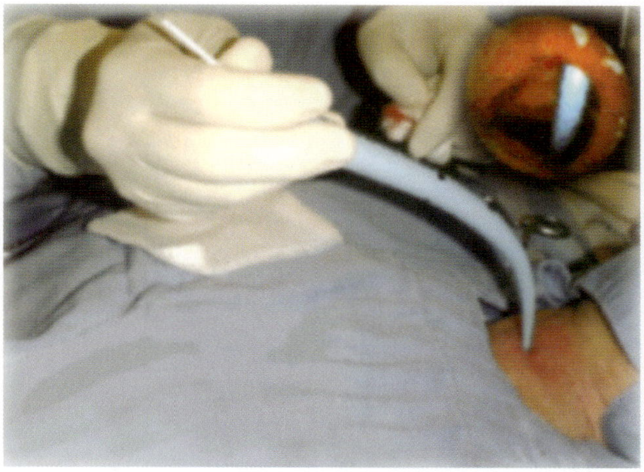

Fig. 19-26.

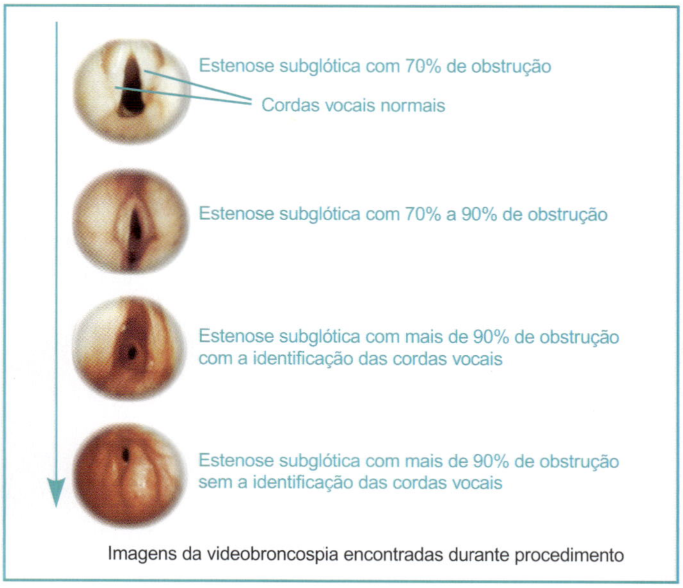

Fig. 19-28.

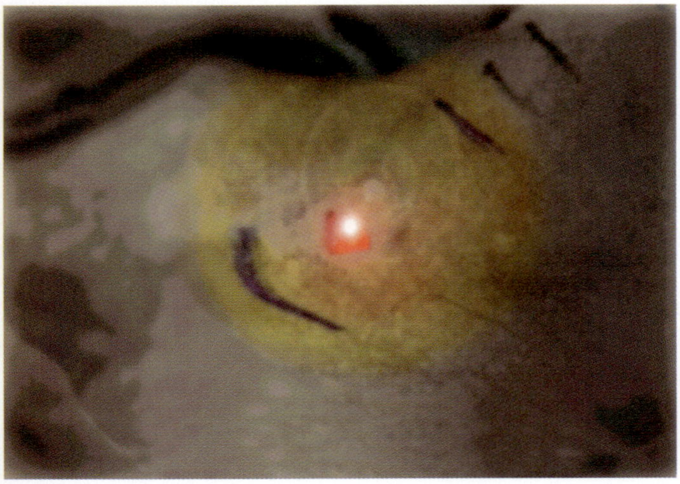

Fig. 19-29.

Fig. 19-32.

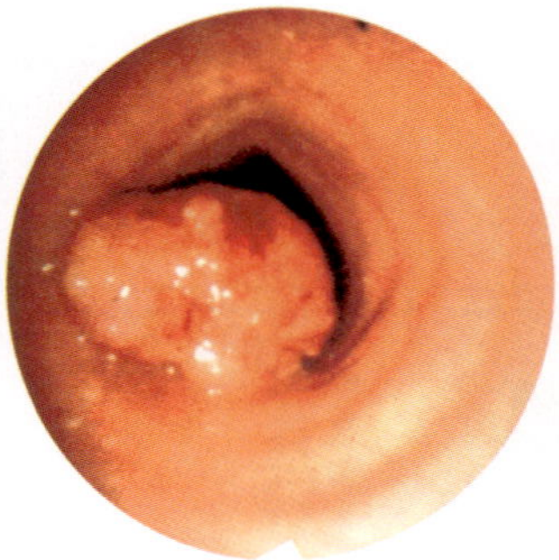

Fig. 19-33.

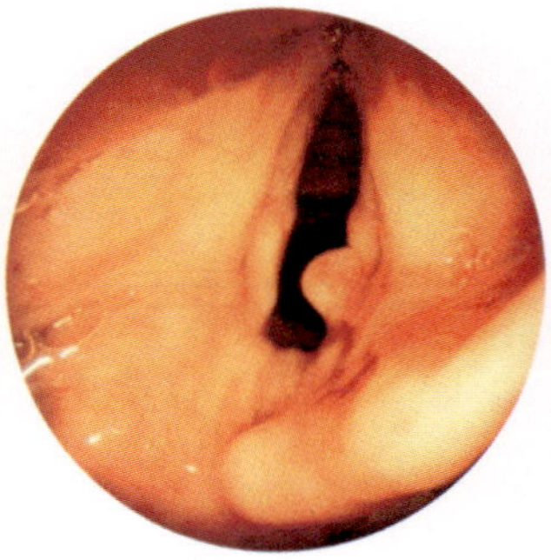

Fig. 19-34.

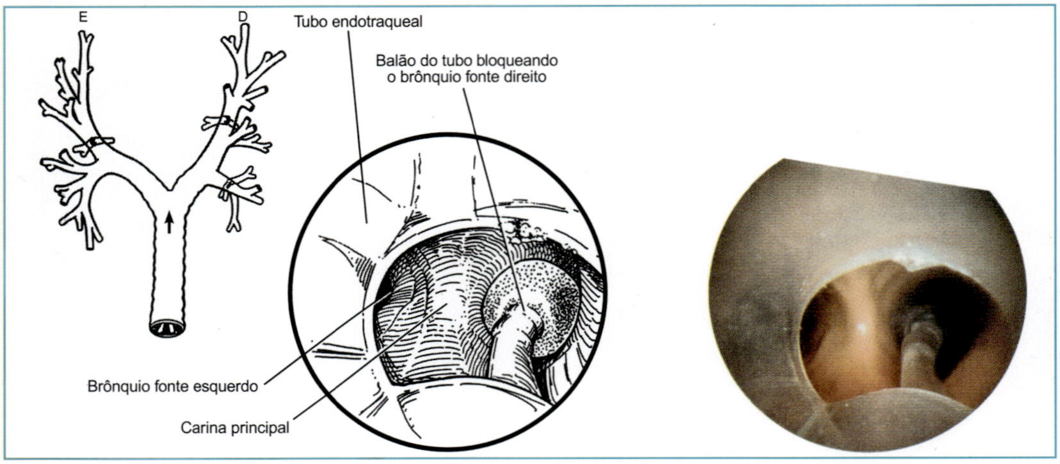

Fig. 19-35.

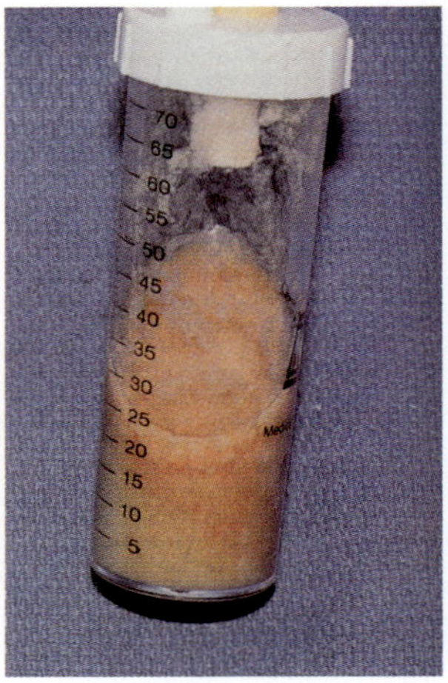

Fig. 19-36.

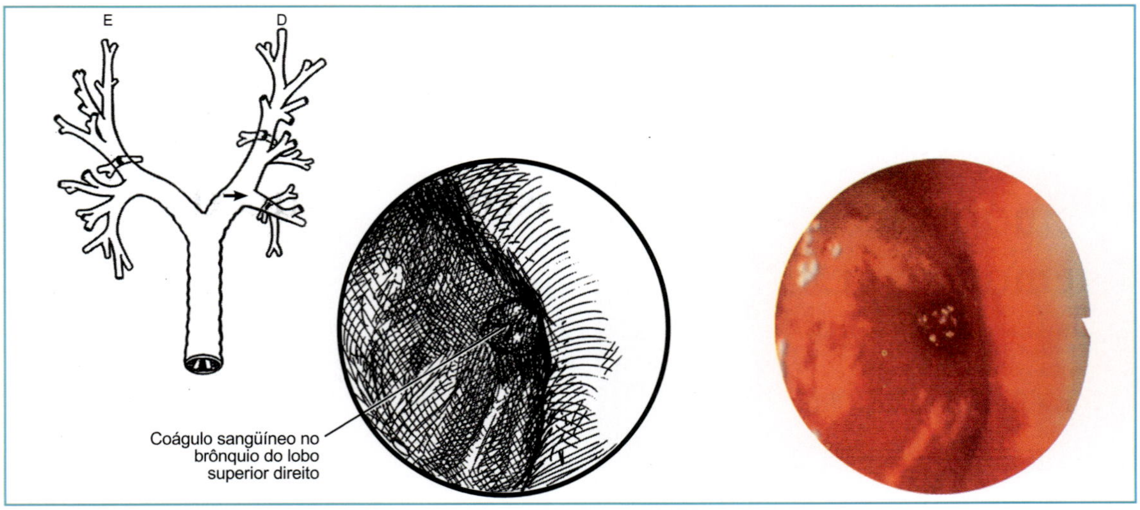

Fig. 19-37.

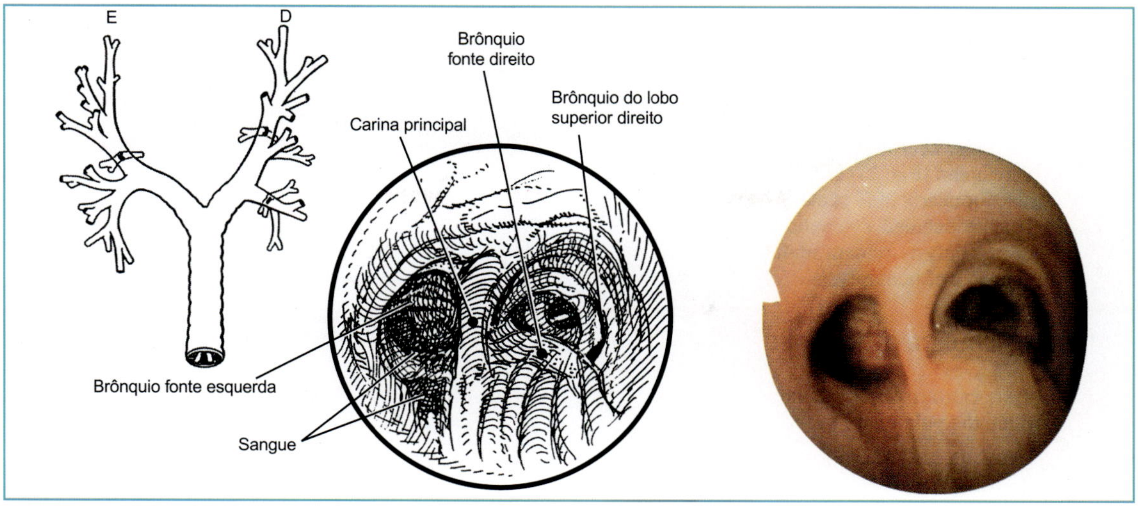

Fig. 19-38.

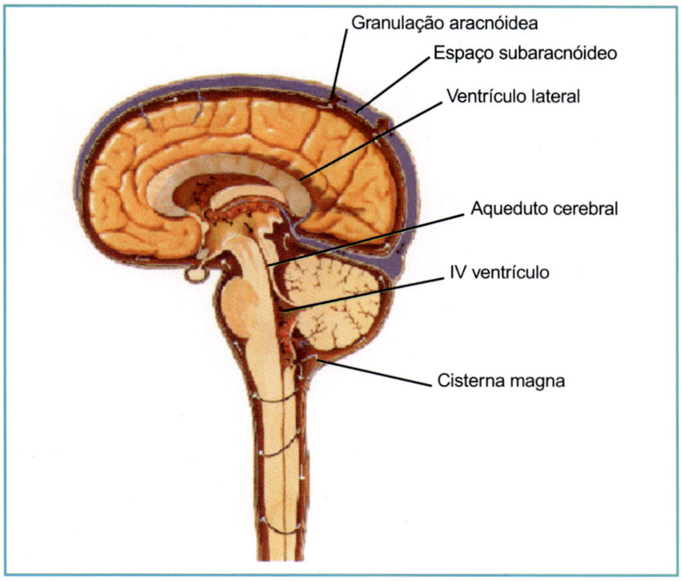

Fig. 19-62.

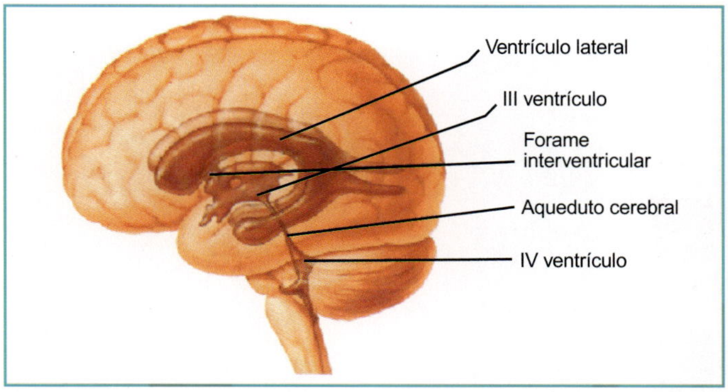

Fig. 19-63.

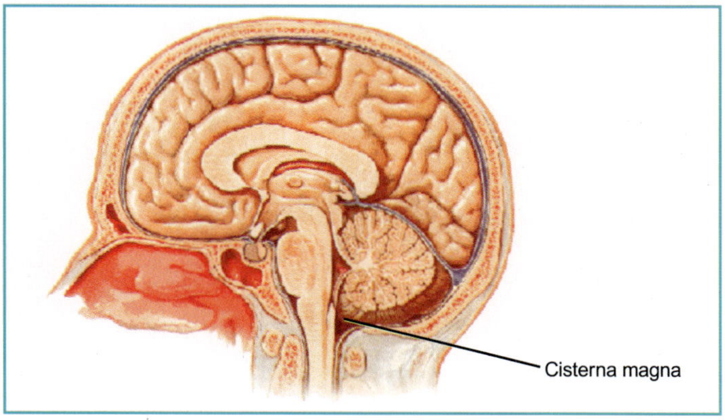

Fig. 19-65.

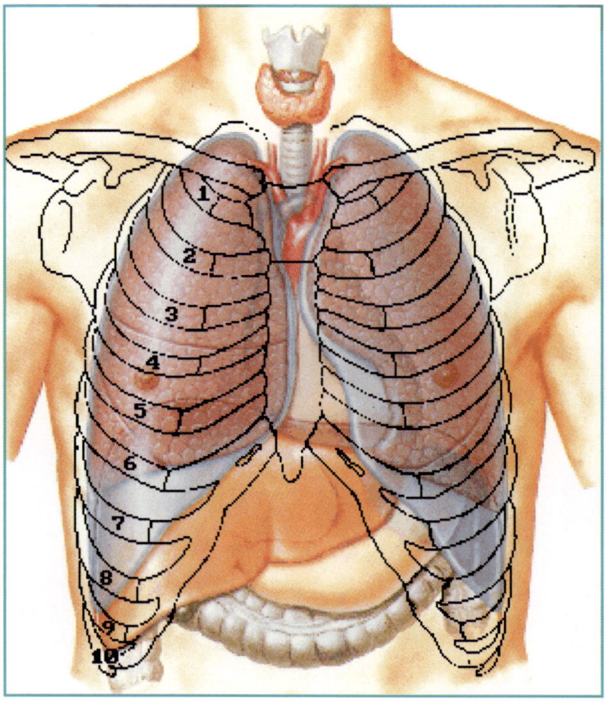

Fig. 19-67.

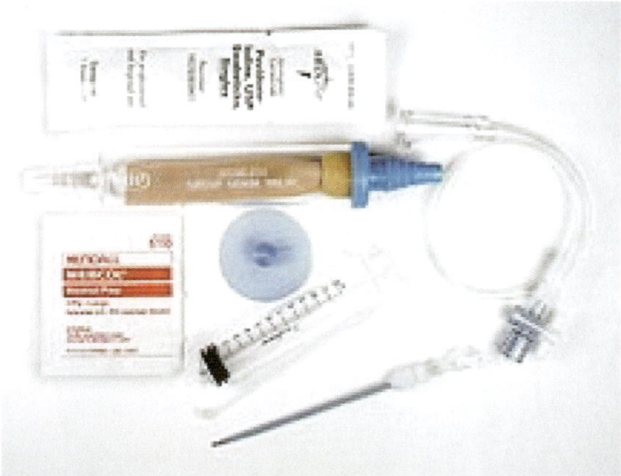

Fig. 19-70.

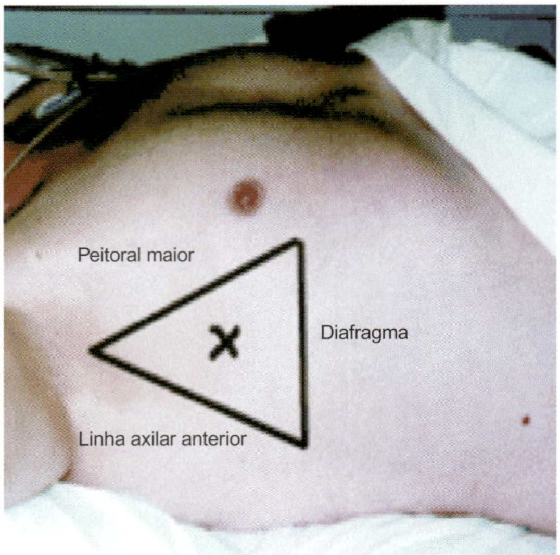

Fig. 19-73.

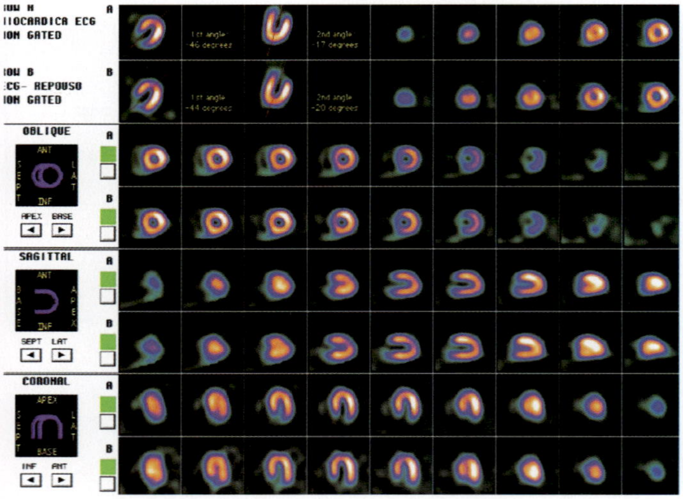

Fig. 19-87.

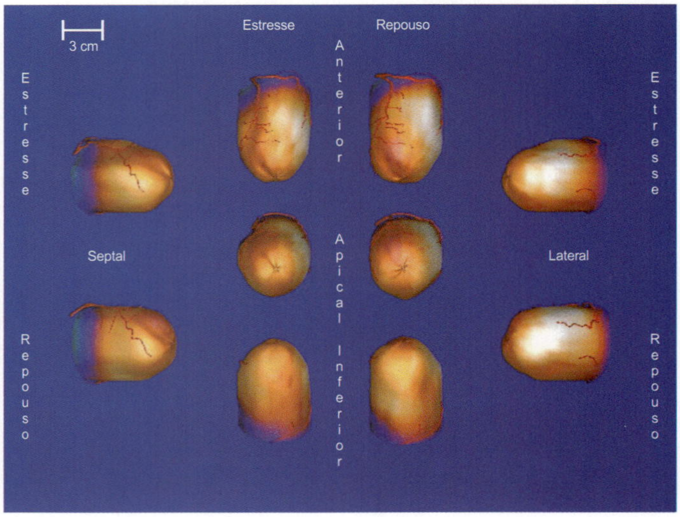

Fig. 19-88.

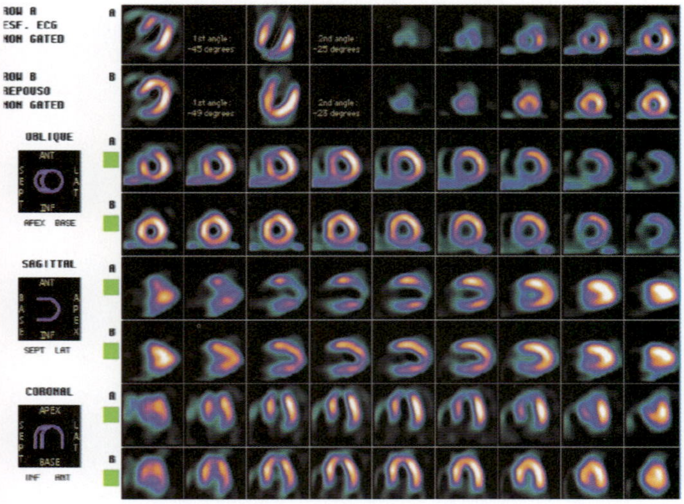

Fig. 19-89.

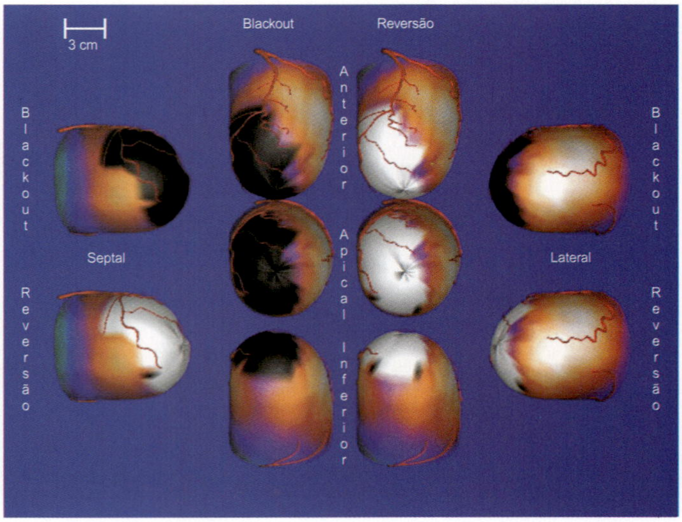

Fig. 19-90.

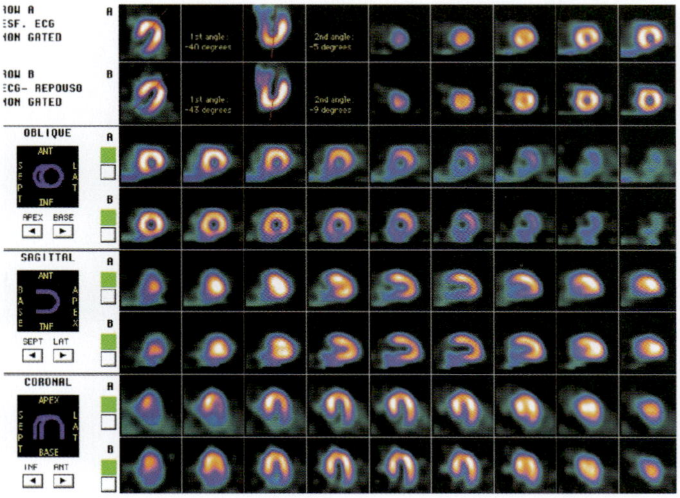

Fig. 19-91.

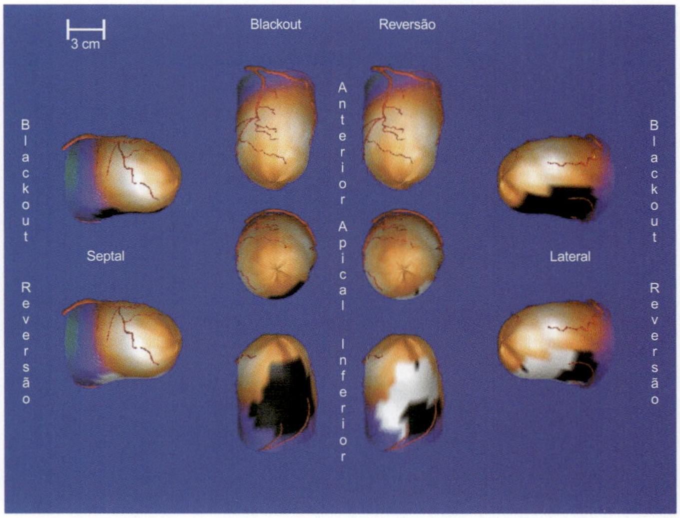

Fig. 19-92.

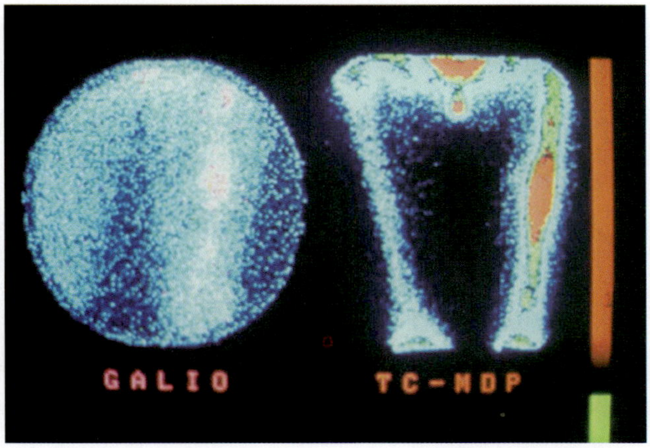

Fig. 19-103.

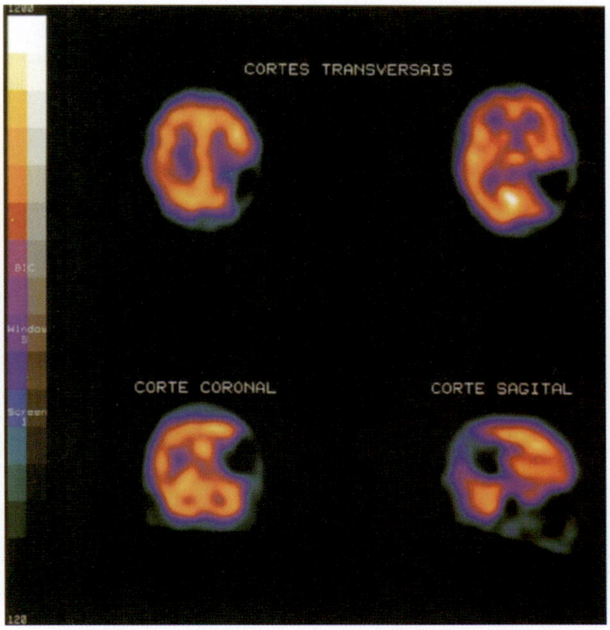

Fig. 19-104.

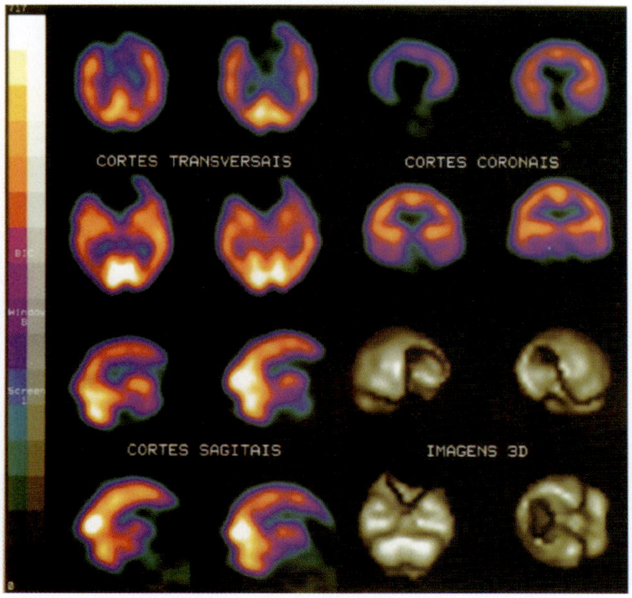

Fig. 19-105.

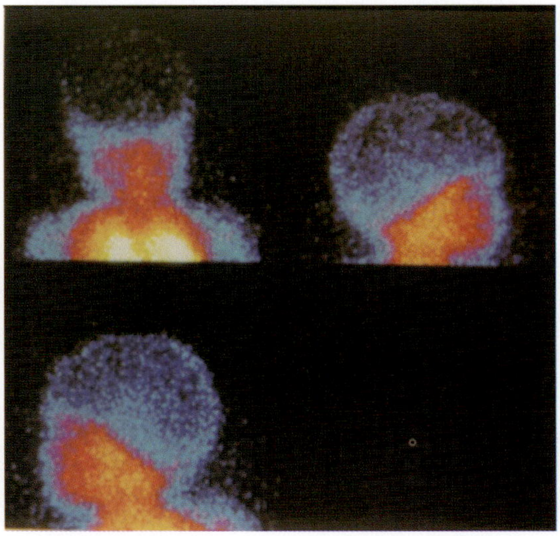

Fig. 19-106.

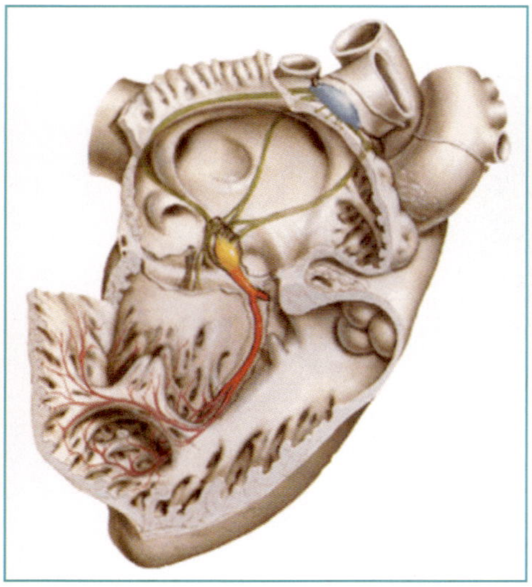

Fig. 21-11.

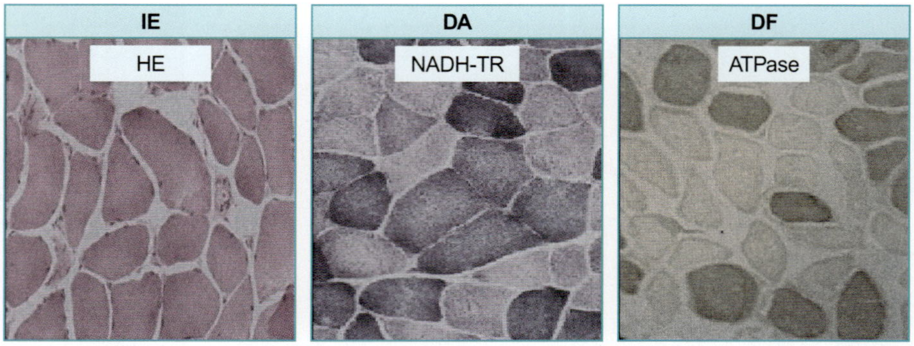

Fig. 23-1.

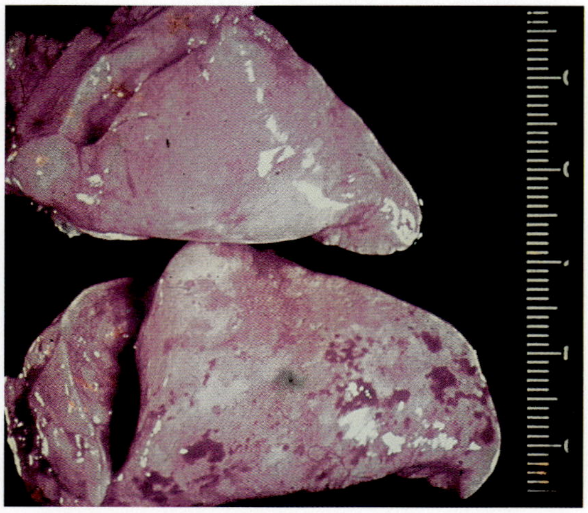

Fig. 42-2.

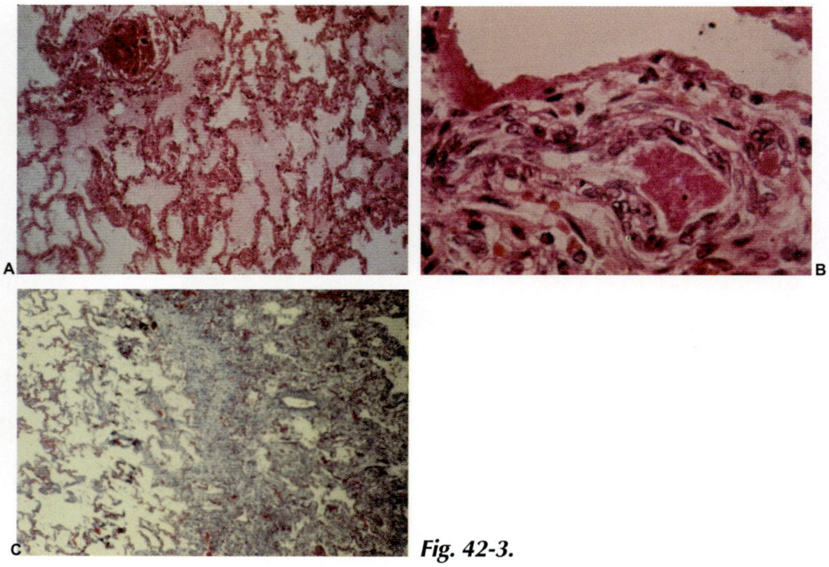

Fig. 42-3.

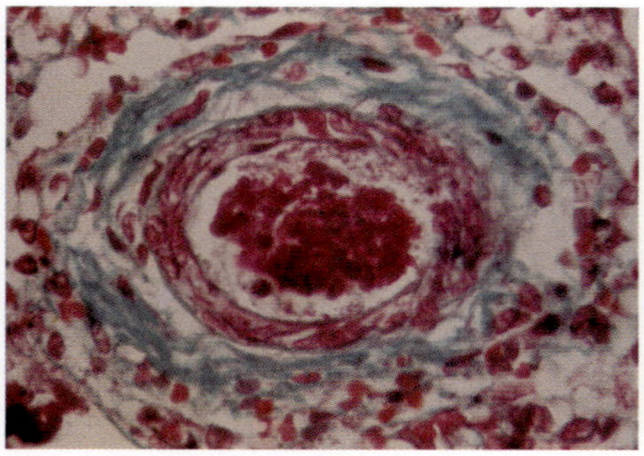

Fig. 42-4.

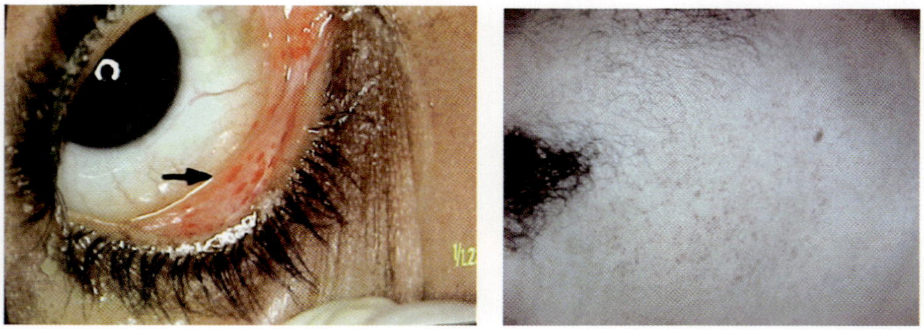

Fig. 45-1.

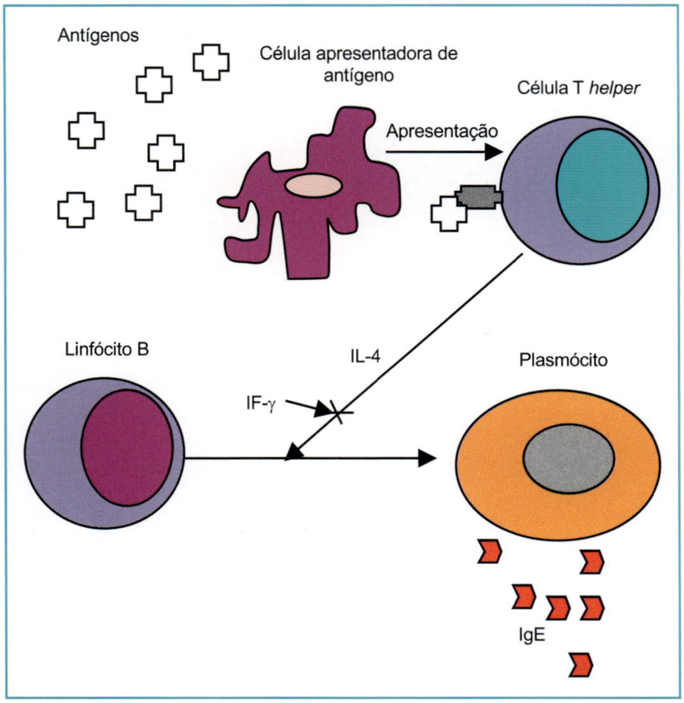

Fig. 55-1.

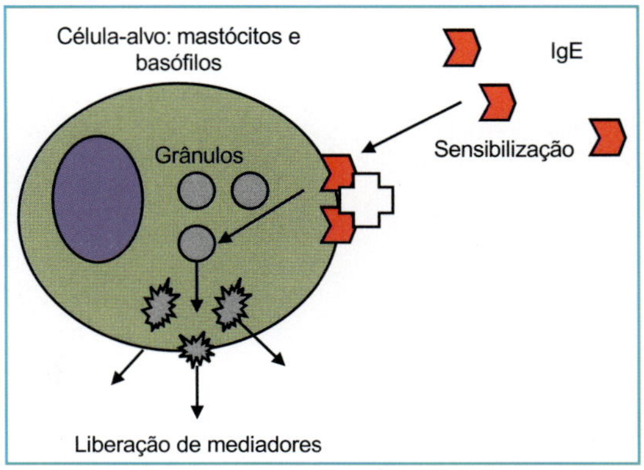

Fig. 55-2.

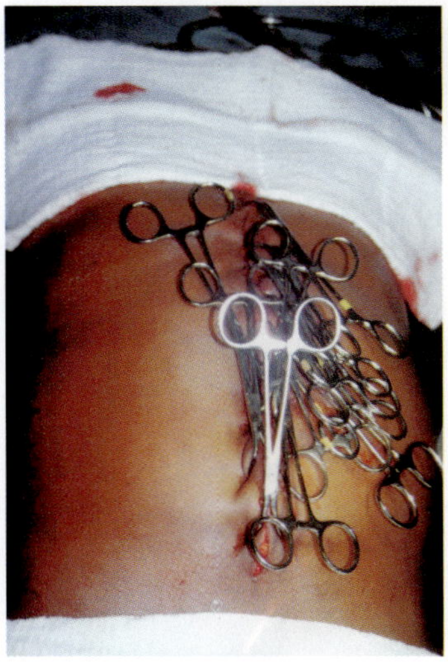

Fig. 58-4.

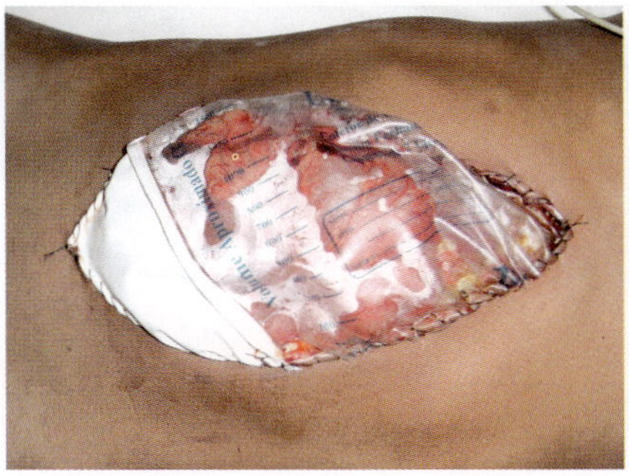

Fig. 58-5.

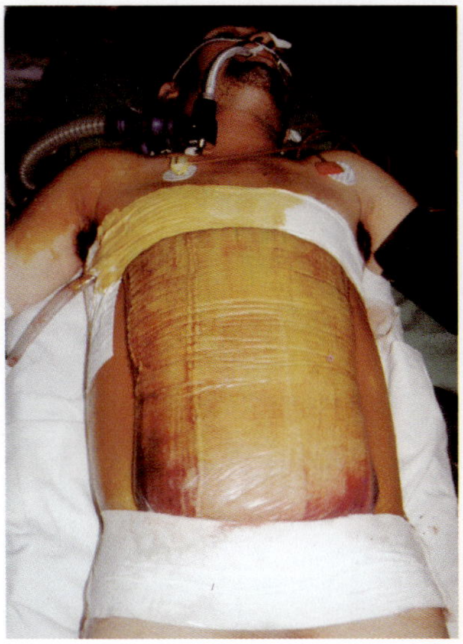

Fig. 58-6.

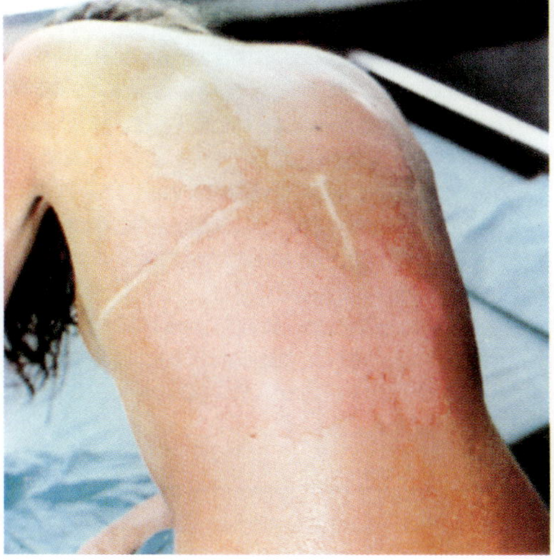

Fig. 60-2.

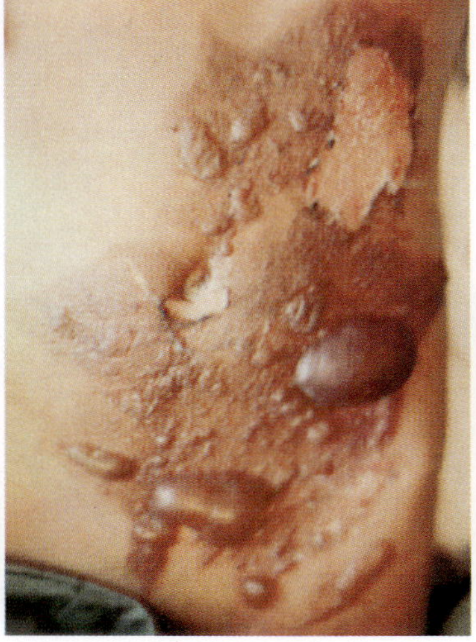

Fig. 60-3.

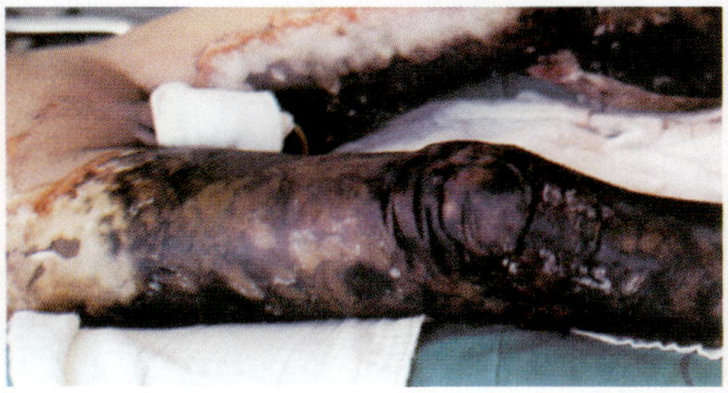

Fig. 60-4.

Fig. 64-1.

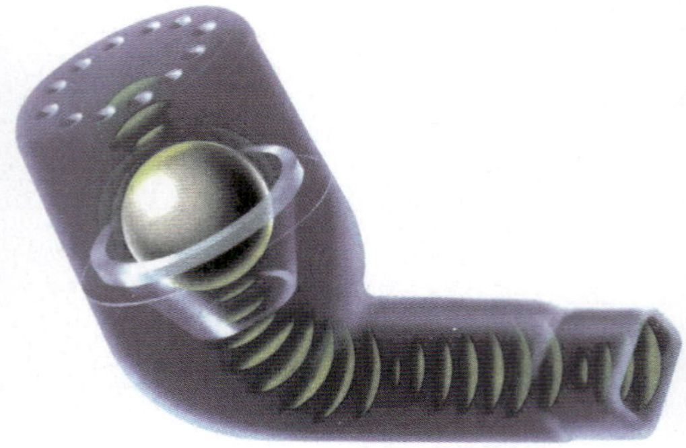

Fig. 64-3.

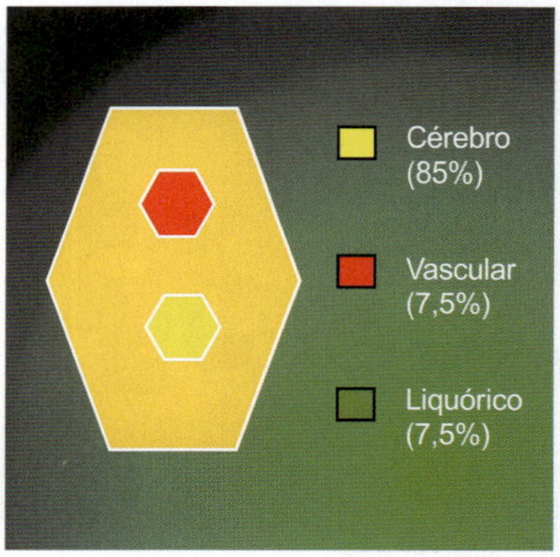

Fig. 76-1.

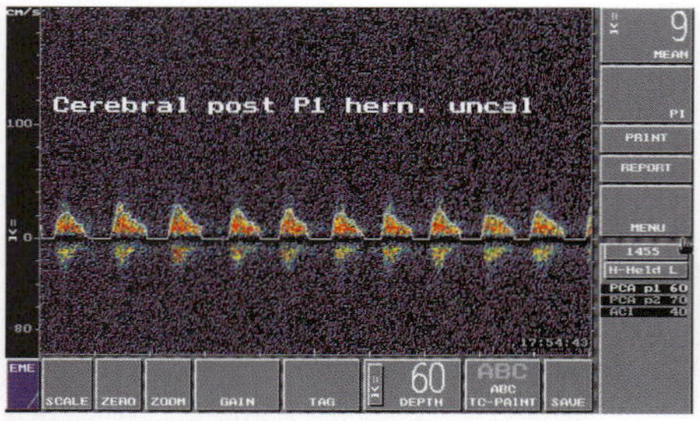

Fig. 80-6.

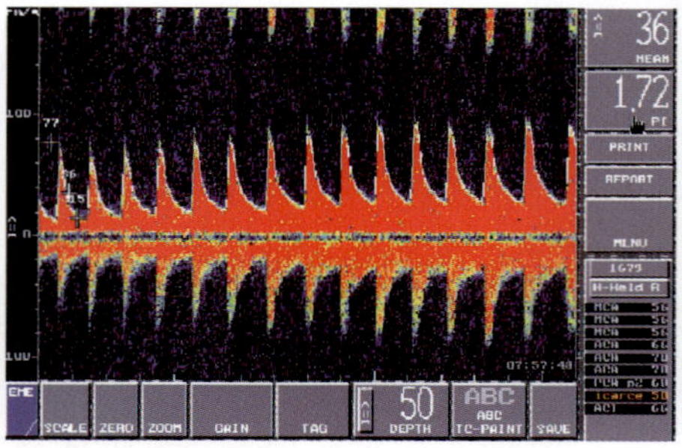

Fig. 80-8.

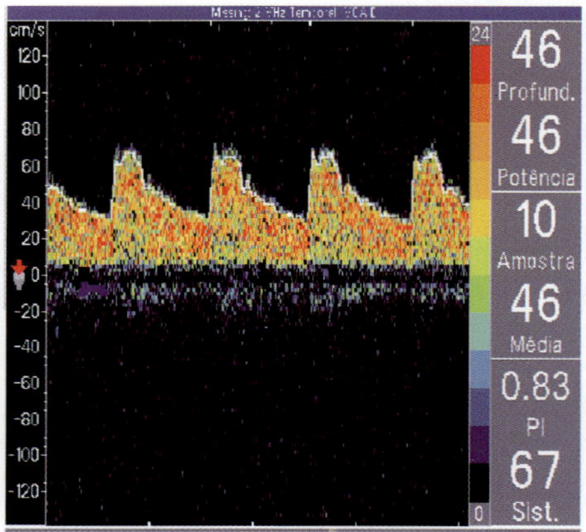

Fig. 80-9.

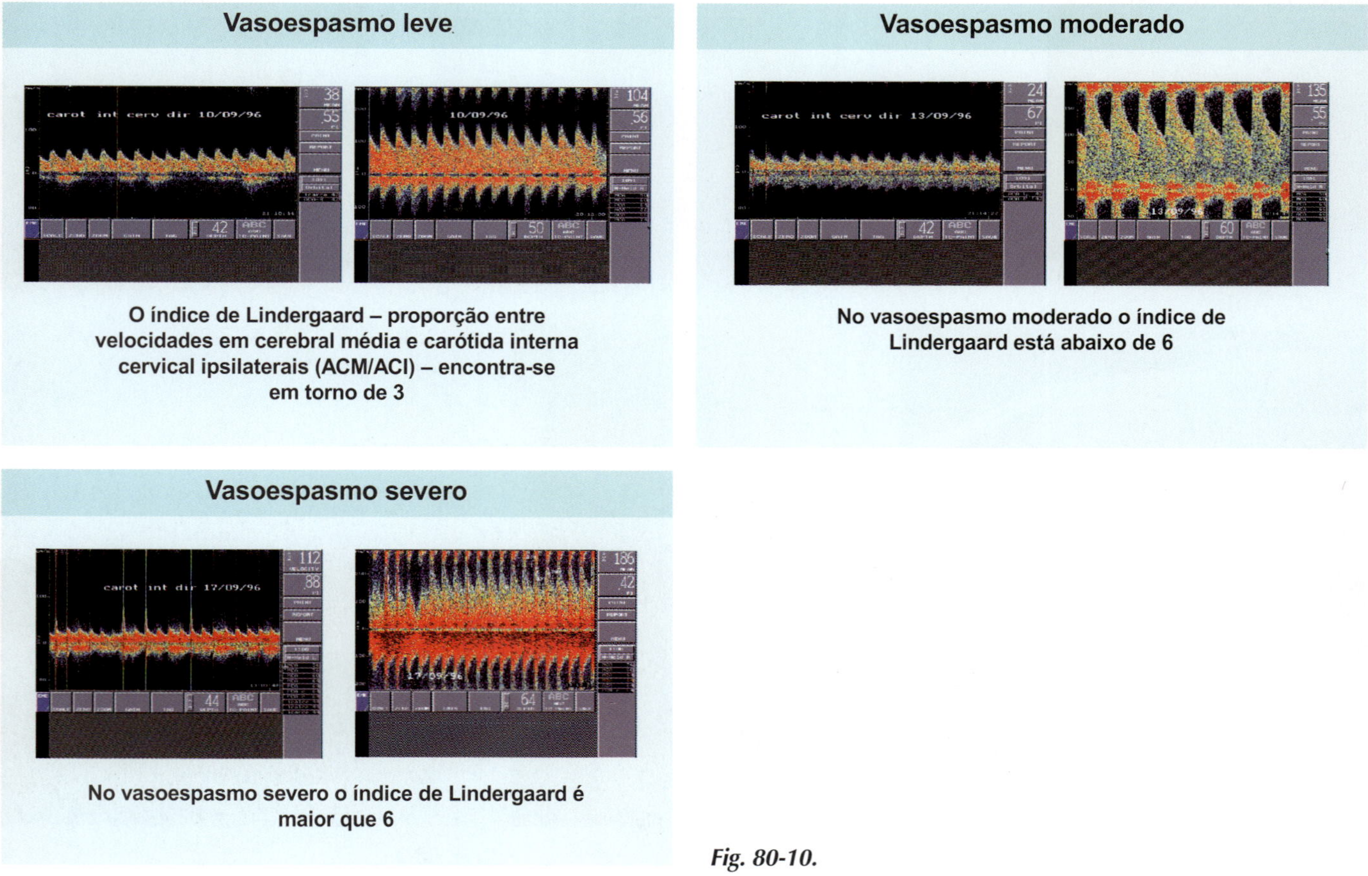

Fig. 80-10.

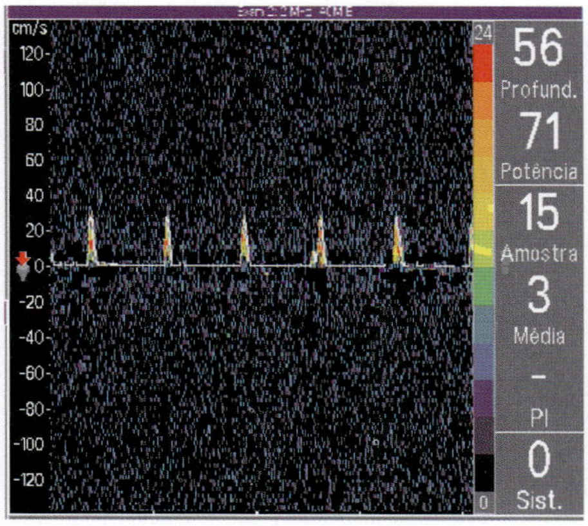

Fig. 80-13.

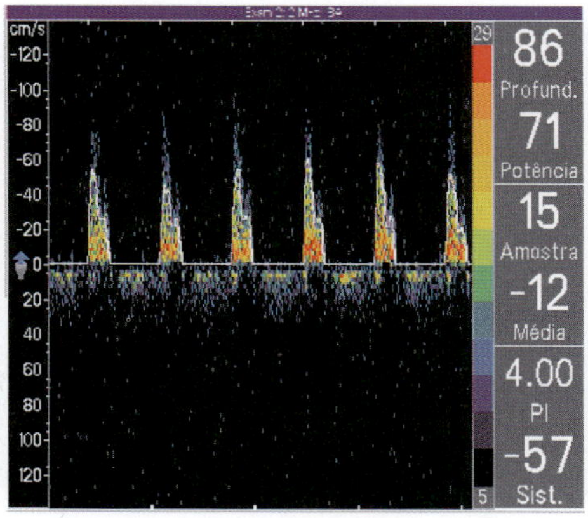

Fig. 80-14.

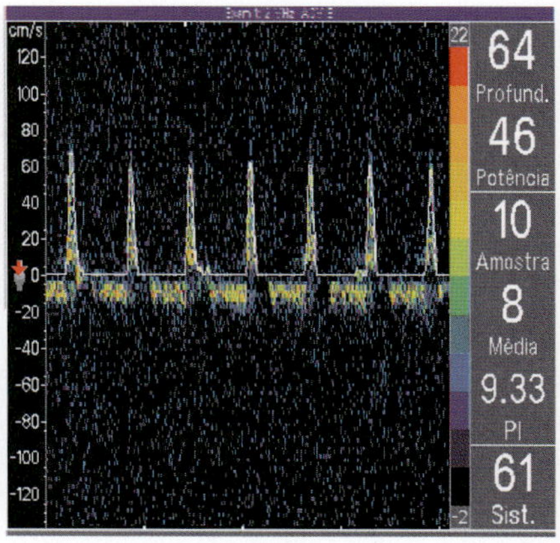

Fig. 80-15.

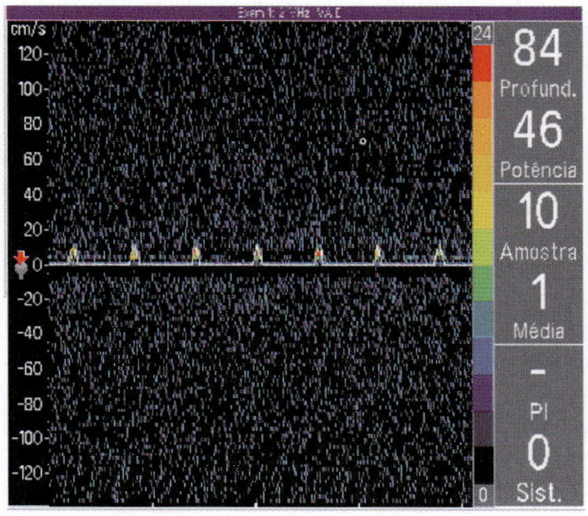

Fig. 80-16.

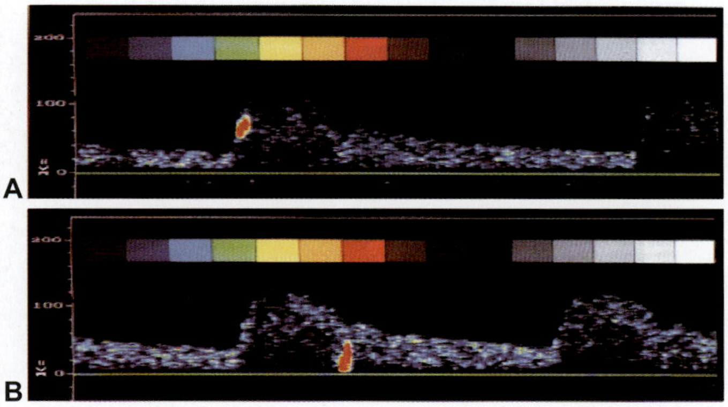

Fig. 80-17.

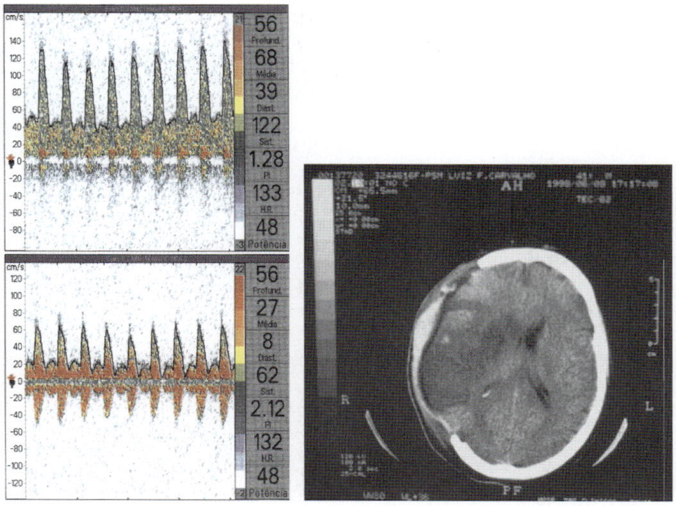

Fig. 80-18.

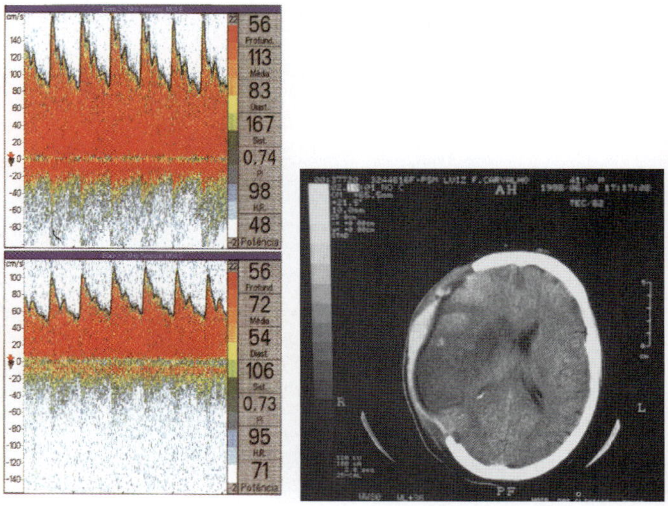

Fig. 80-19.

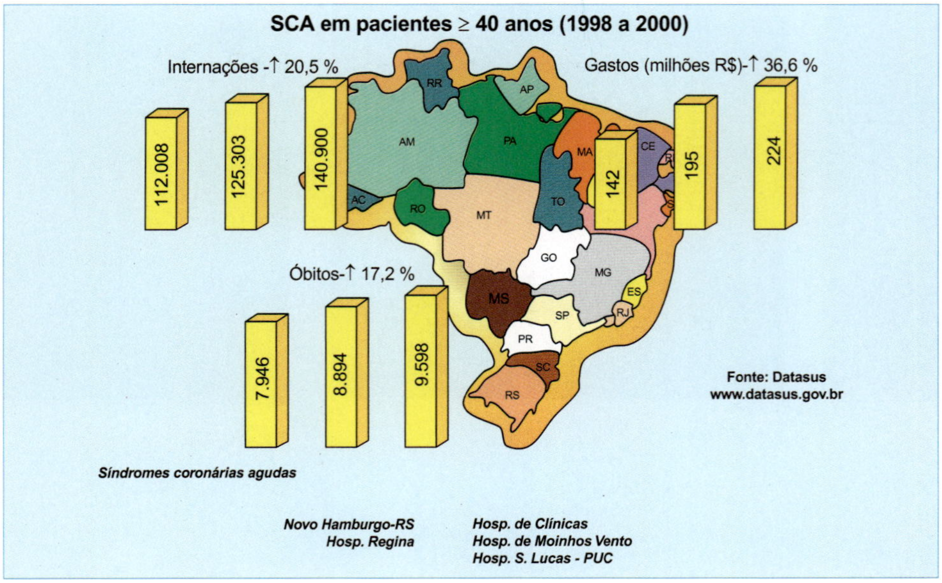

Fig. 87-1.

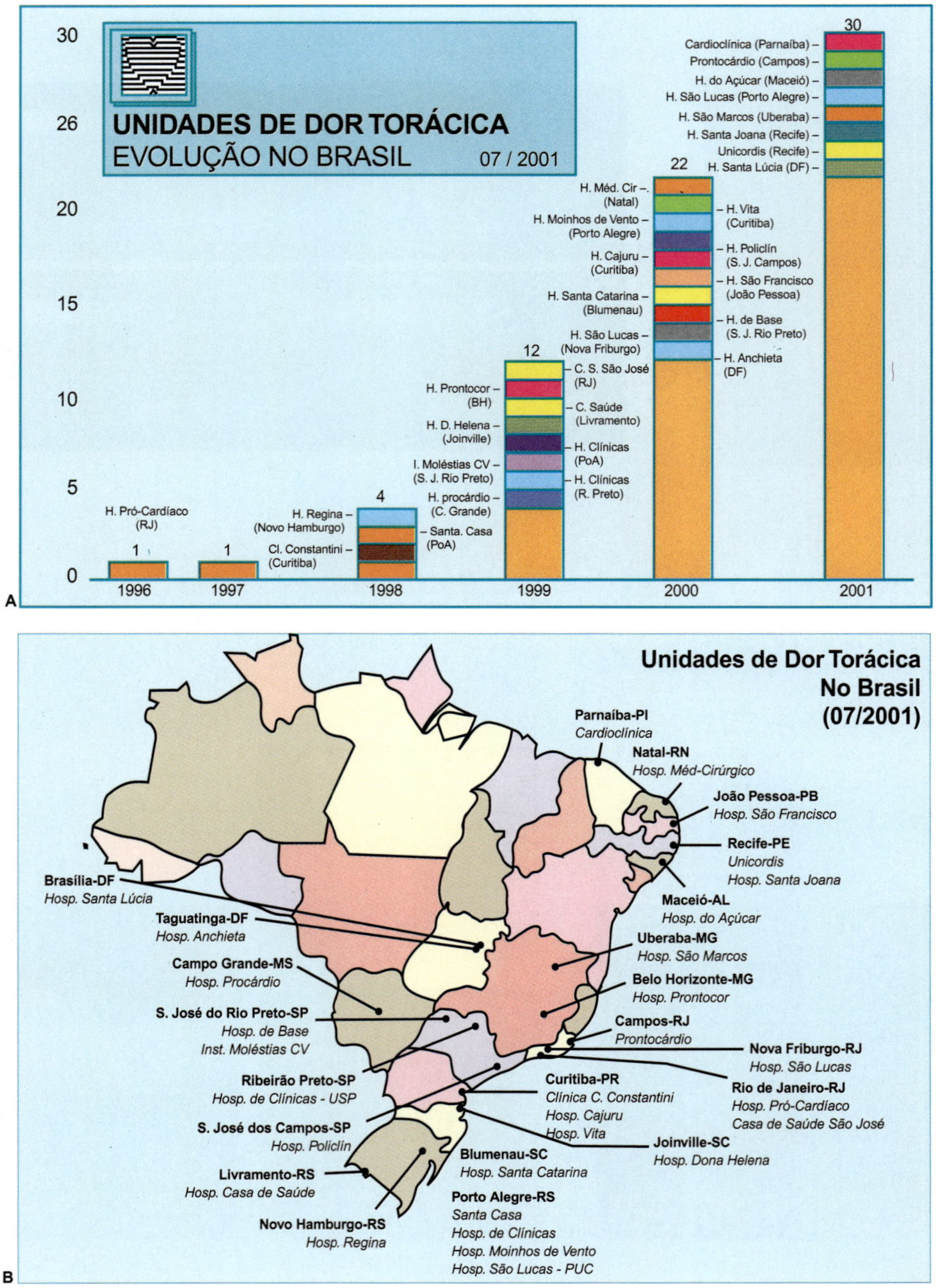

Fig. 87-2.

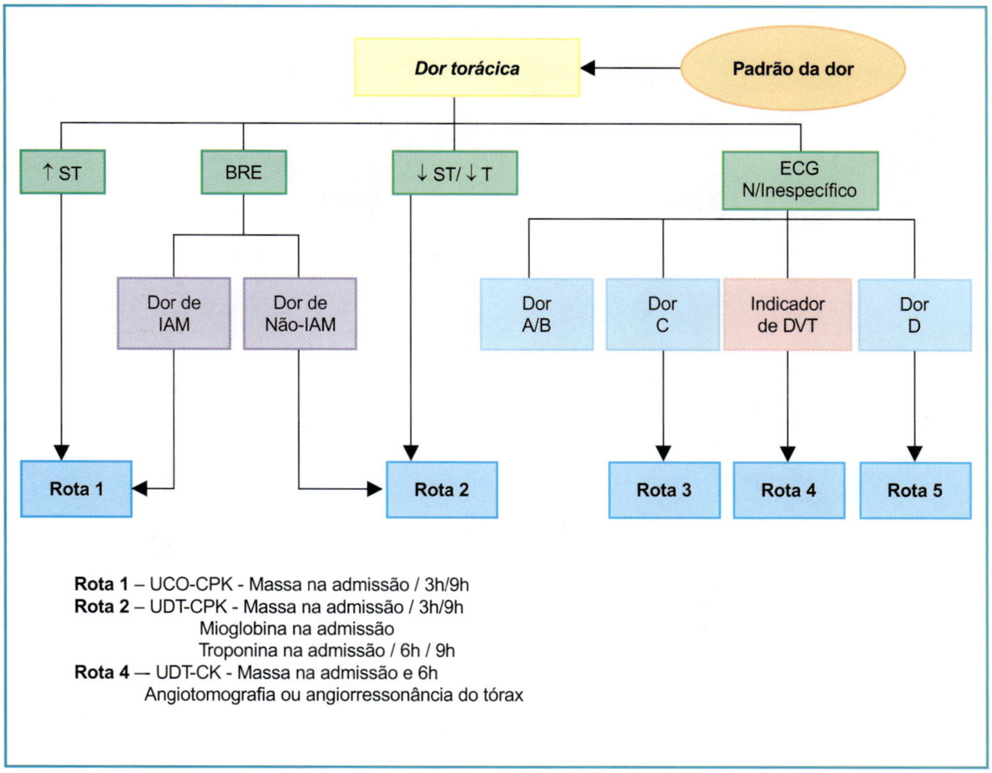

Fig. 87-4.

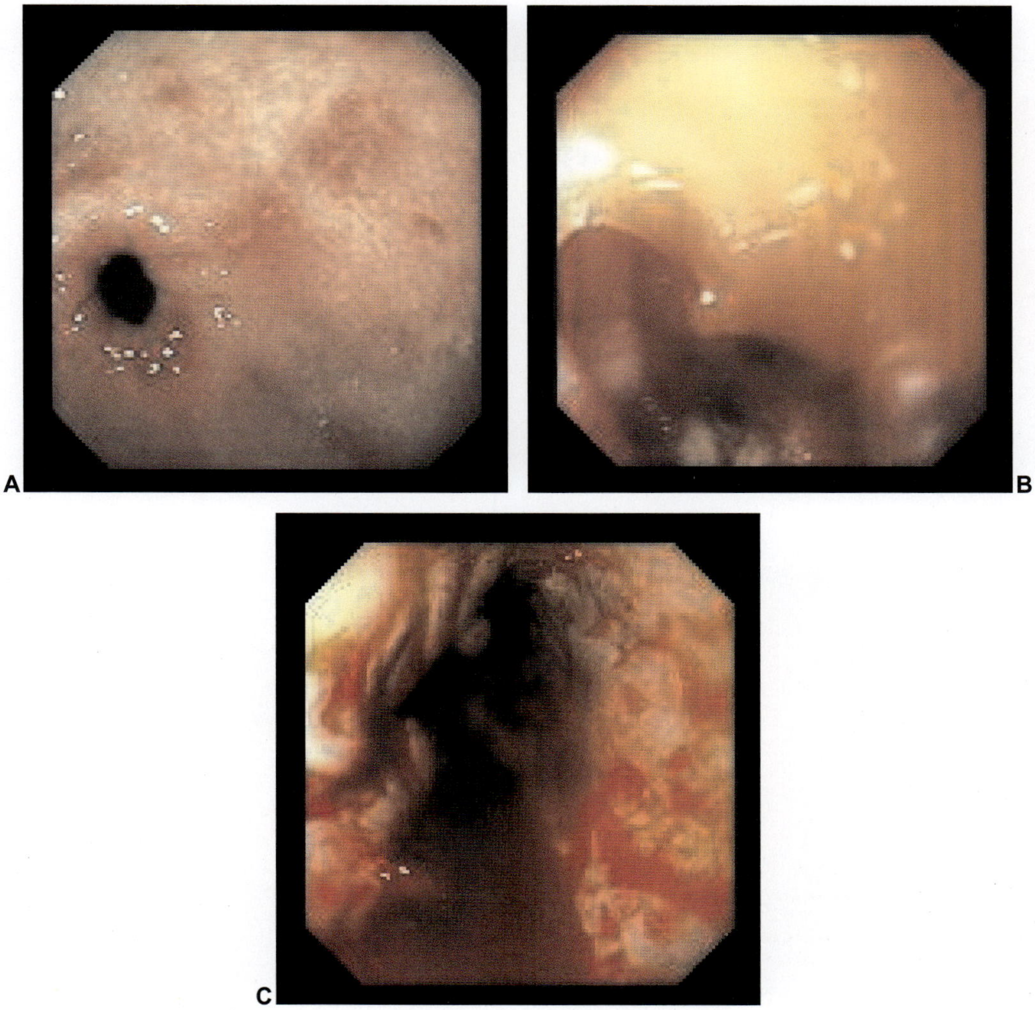

Fig. 91-1.

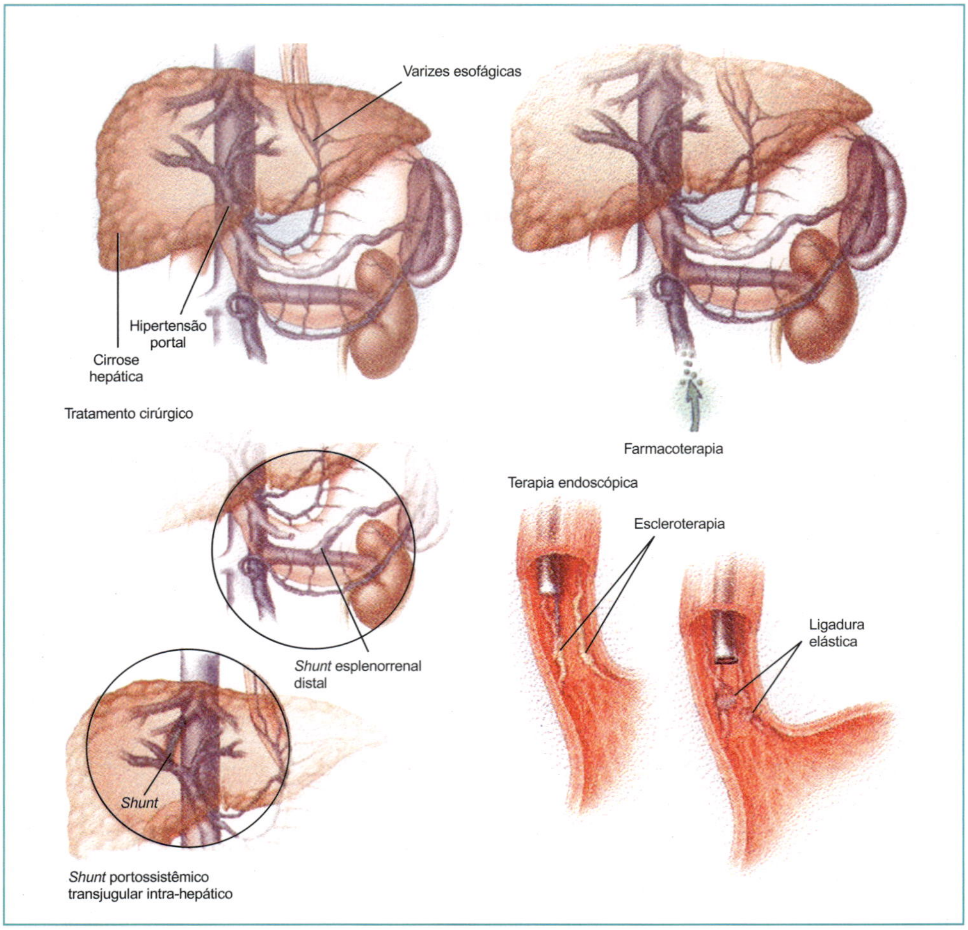

Fig. 92-4.

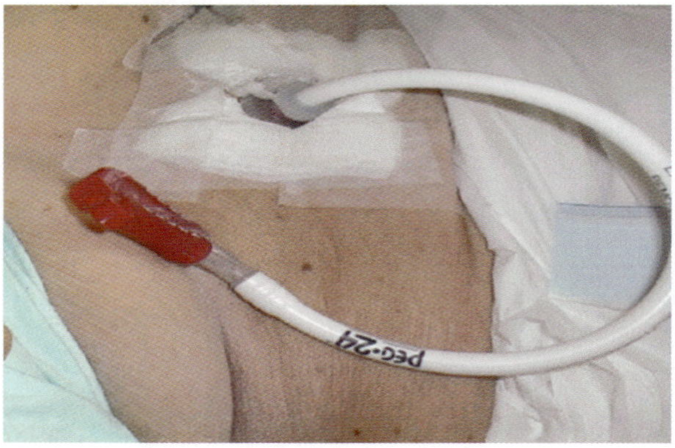

Fig. 99-3.

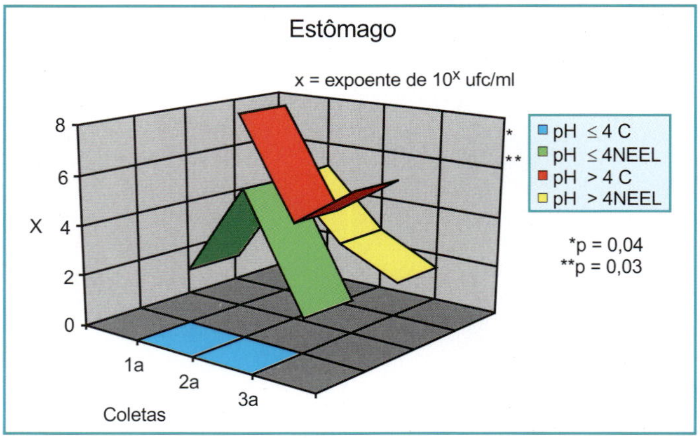

Fig. 99-4.

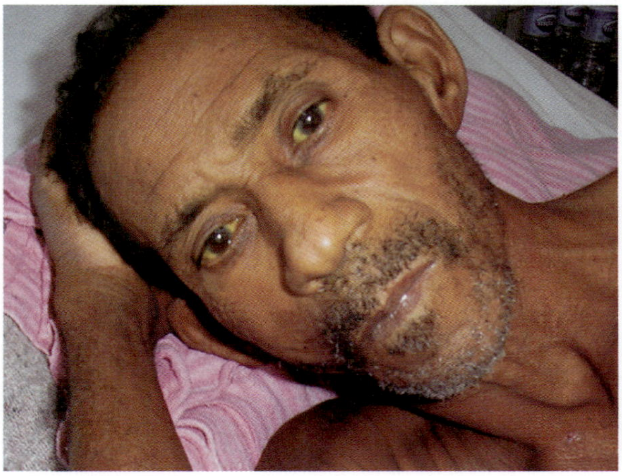

Fig. 106-1.

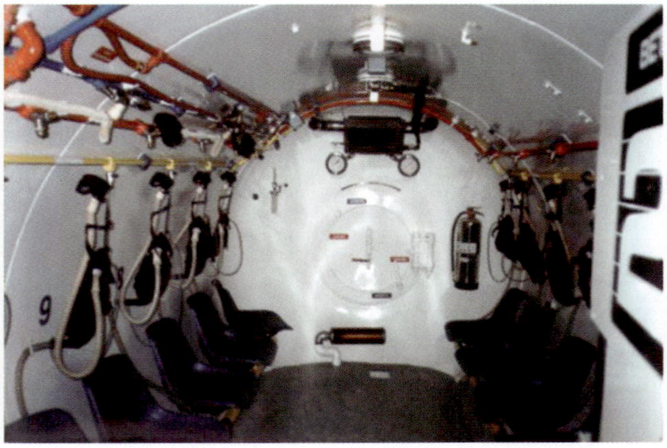

Fig. 114-1.

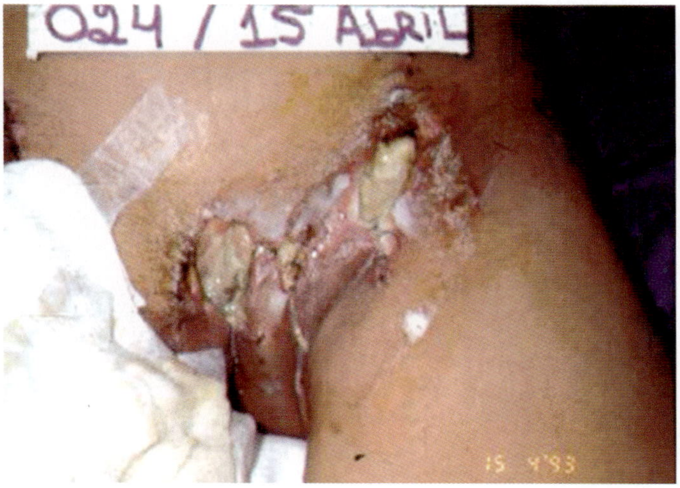

Fig. 114-4.

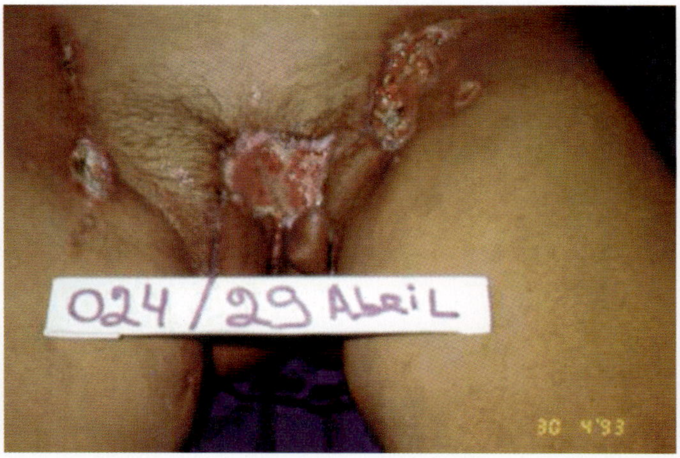

Fig. 114-5.

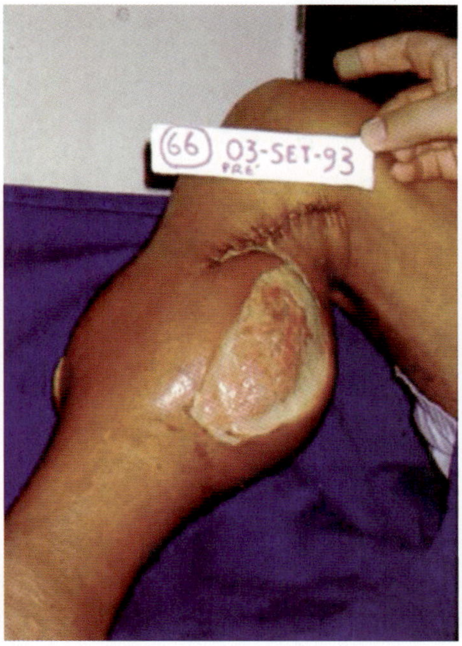

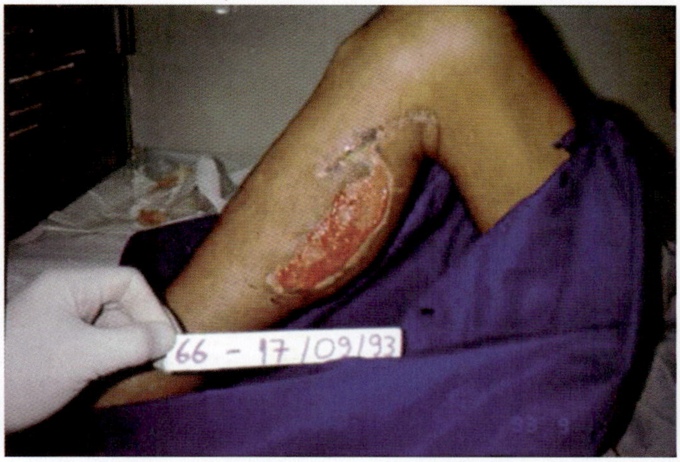

Fig. 114-7.

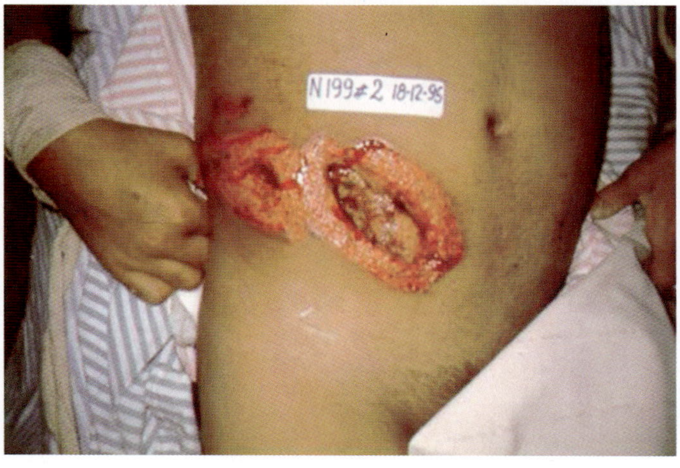

Fig. 114-8.

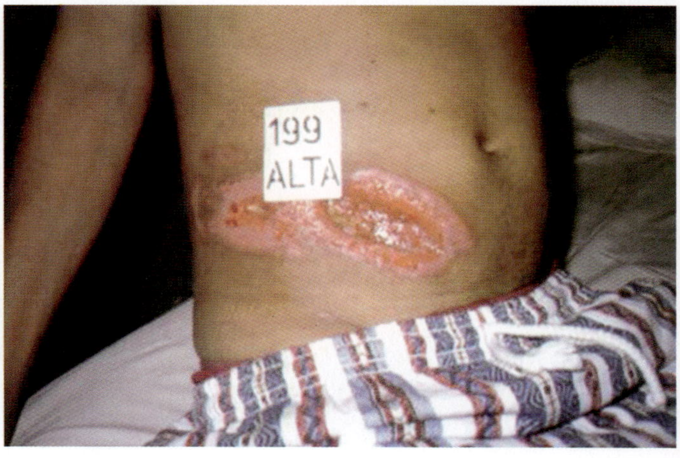

Fig. 114-9.

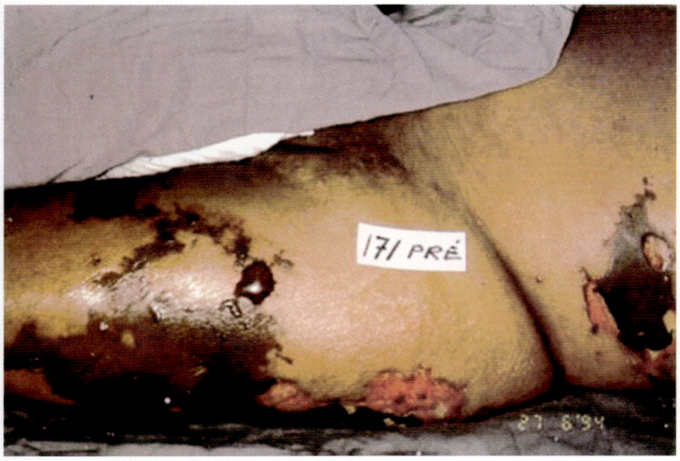

Fig. 114-10.

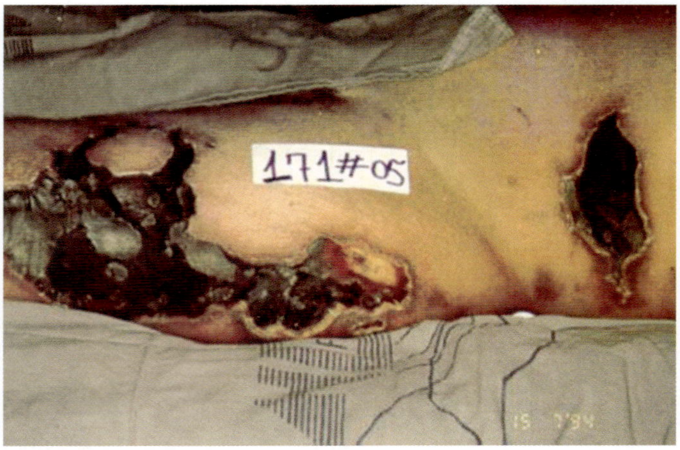

Fig. 114-11.

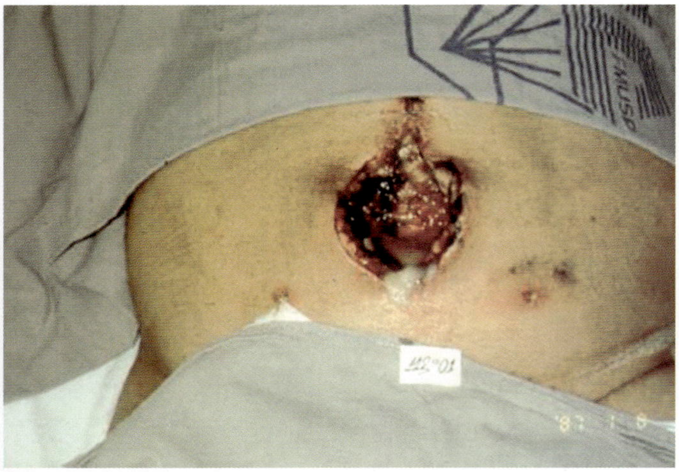

Fig. 114-12.

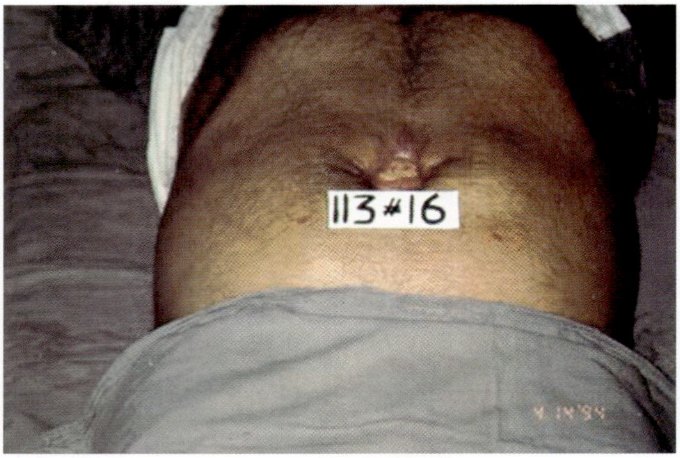

Fig. 114-13.

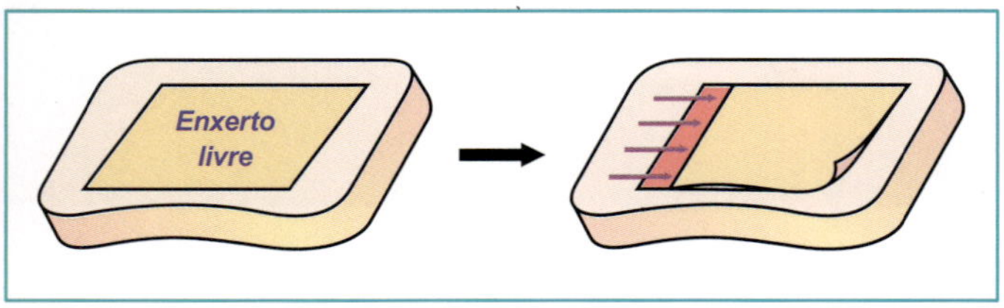

Fig. 114-14.

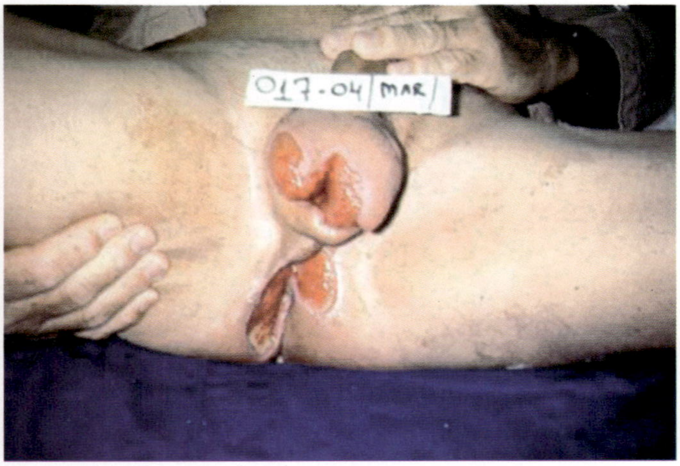

Fig. 114-15.

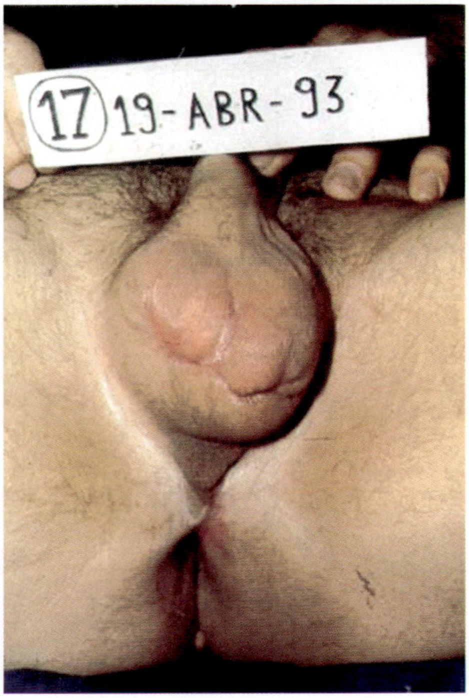

Fig. 114-16.

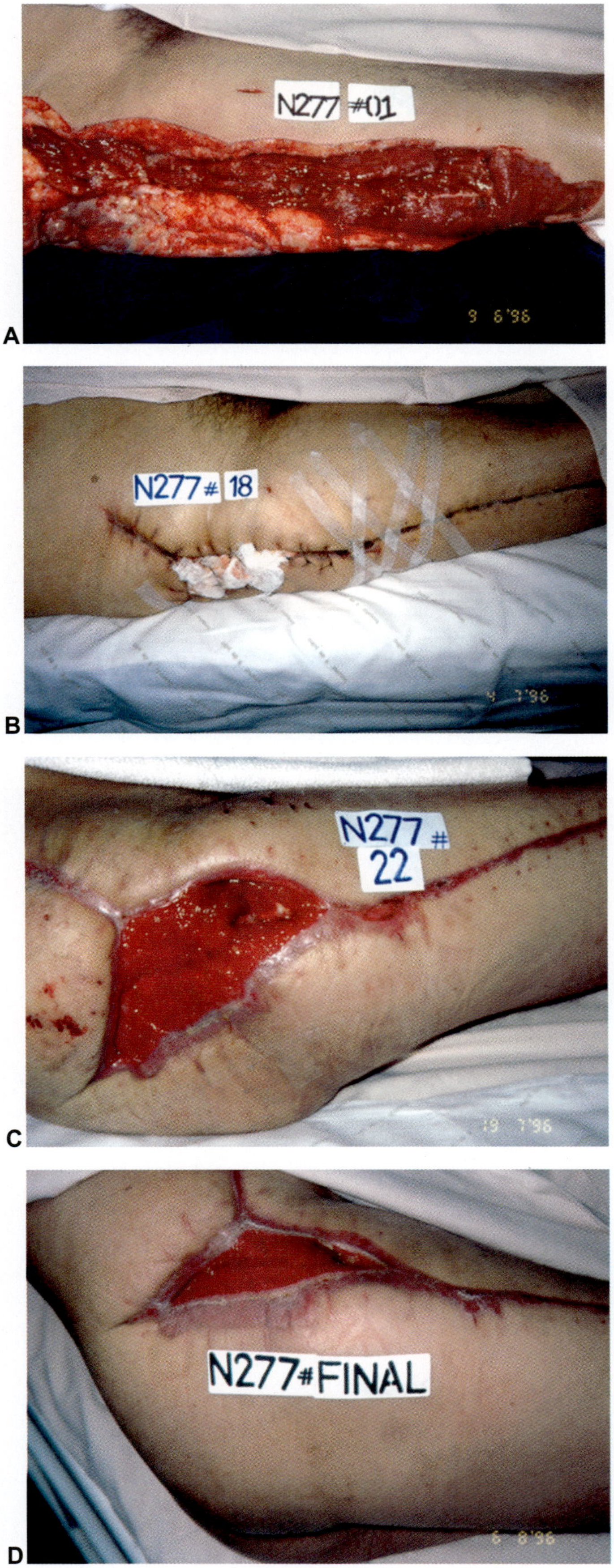

Fig. 114-17.

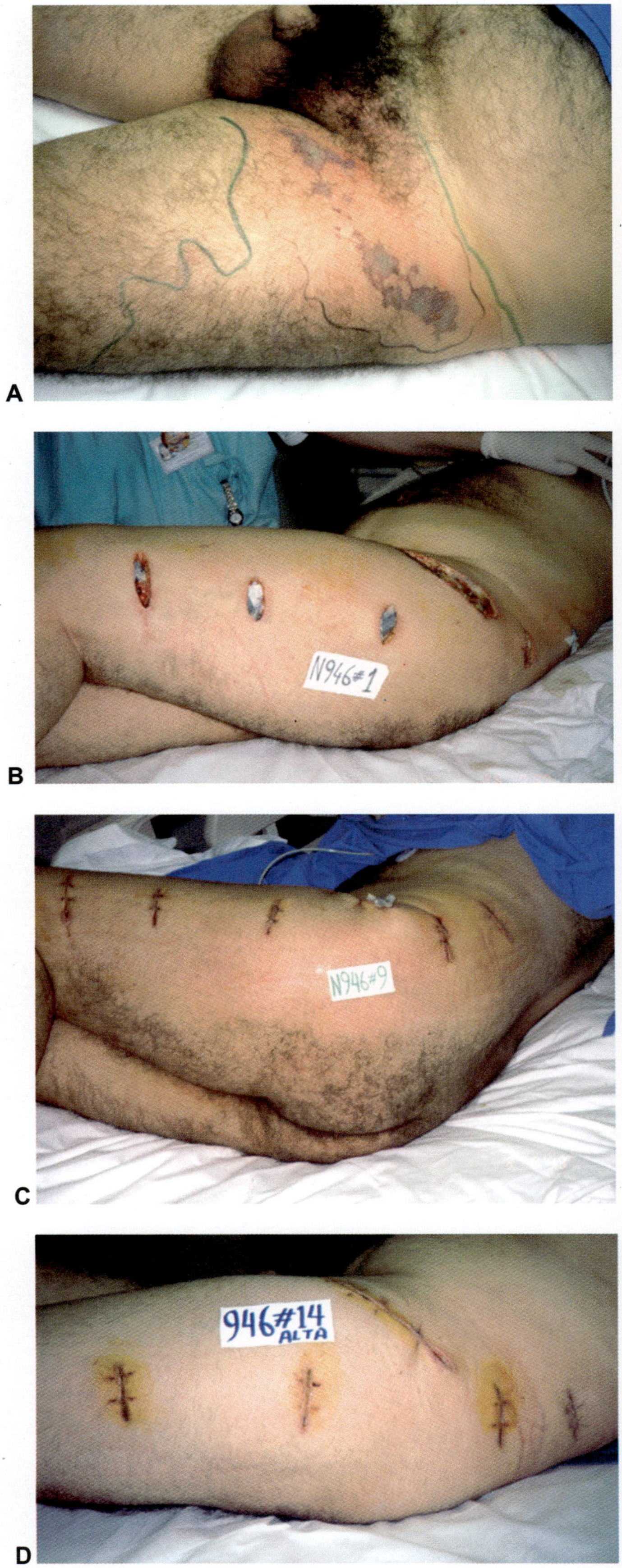

Fig. 114-18.

1 História – O Início da Terapia Intensiva no Brasil e a Trajetória da AMIB

José Maria Orlando • Marcelo Moock

Se são muitas as dificuldades para estabelecermos uma cronologia – mesmo aproximada – dos fatos que marcaram os primórdios da história da terapia intensiva mundial, não mais animadores são os registros documentais que nos permitiriam estabelecer a seqüência correta de eventos que acompanharam os primeiros anos da especialidade em solo brasileiro.

As informações aqui reunidas foram, em grande parte, oferecidas por vários daqueles intensivistas que testemunharam os acontecimentos iniciais e tiveram o privilégio de acompanhar a evolução da terapia intensiva brasileira ao longo destas últimas quatro décadas.

No início da década de 1950, a Europa e os Estados Unidos já haviam conhecido o horror das epidemias de poliomielite.

Na esteira daqueles acontecimentos dramáticos foram implantadas as primeiras UTIs respiratórias, o que permitiu, pela primeira vez, enfrentar-se a insuficiência respiratória associada aos quadros bulbares e, assim, se obter alguns resultados mais animadores.

Em recente revisão sobre o "Histórico da Ventilação Mecânica", publicada na série Clínicas Brasileiras de Medicina Intensiva, Terzi e Carvalho nos fornecem informações de relevante interesse sobre os primórdios do suporte ventilatório em nosso país. Esses autores, citando texto publicado em 1964 por Deyler Goulart Meira, esclarecem que foi a partir de 1950 que teve início a prática da respiração mecânica controlada no Brasil. Até então a técnica empregada pelos anestesistas consistia em "... se administrar a anestesia gasosa sob respiração manualmente assistida...".

Naquele ano os doutores Clarence Craaford (cirurgião torácico) e Olle Friberg (anestesista), ambos suecos, em visita ao hospital IPASE, no Rio de Janeiro, demonstraram a técnica da ventilação mecânica para uso em anestesia. Nos anos subseqüentes, coube a J. J. Cabral de Almeida difundi-la em nosso meio, utilizando equipamentos desenvolvido por ele próprio. Terzi e Carvalho ainda desvendam um outro ponto de grande relevância para a história da terapia intensiva brasileira.

Dessa vez, tendo por base os depoimentos do Dr. Paulo Pinto Saraiva (Universidade de São Paulo), nos é revelado que os primeiros pulmões de aço desembarcaram em solo verde-amarelo no ano de 1955, ocasião em que o Instituto de Ortopedia e Traumatologia da USP recebeu dois daqueles equipamentos para tratar pacientes com poliomielite.

Com esses e outros equipamentos similares, que nos anos seguintes também aportaram no Rio de Janeiro e em Porto Alegre, a ventilação mecânica deixava os domínios exclusivos da anestesiologia e do centro cirúrgico para dar origem às embrionárias unidades respiratórias.

Em 1957, Antonio Tufik Simão iniciava a prática da ventilação mecânica no Hospital dos Servidores do Estado do Rio de Janeiro – HSE –, pertencente à rede do então IPASE, utilizando, a princípio, o pulmão de aço. Em seguida vieram o Bird Mark 7 e os ventiladores volumétricos de origem sueca Engström 150 e o Bennett MA1. Naquela ocasião, a assistência ventilatória era realizada na própria enfermaria, com a ajuda dos médicos residentes, ainda pouco afeitos à nova técnica.

Após um período de estudos em ventilação mecânica na França, o Dr. Tufik conseguiu sensibilizar a administração do HSE-RJ, dando assim início à construção do Centro de Tratamento Intensivo, inaugurado em 08 de fevereiro de 1967. Contava, na ocasião, com 16 leitos. O Dr. Tufik esteve à frente da coordenação médica do CTI até 1990, período em que dedicou especial atenção ao treinamento de médicos e enfermeiros.

No Brasil, como já havia ocorrido em outros países, a participação dos anestesiologistas também foi decisiva para os primeiros passos da Terapia Intensiva. Essa condição foi essencial na implantação da UTI do Hospital Governador Celso Ramos, em Florianópolis, a primeira unidade operacionalizada no estado de Santa Catarina, ainda nos idos de 1968. Os anestesiologistas mantiveram-se à frente da equipe de plantonistas até 1979, quando foi realizado concurso público específico para médicos intensivistas.

Em fins da década de 60, uma outra iniciativa igualmente pioneira tinha lugar na cidade de Belo Horizonte. Lá, em 28/07/1969, graças à dedicação de outro ícone da medicina intensivista nacional – Prof. Mário López –, era inaugurado o Centro de Tratamento Intensivo do Hospital de Clínicas da UFMG. A unidade tinha capacidade instalada para 13 leitos, porém inicialmente foram operacionalizados apenas 6.

Aquela UTI fazia parte de um programa mais amplo, coordenado pela OPAS – Organização Pan-Americana da Saúde –, que previa a implantação de UTIs em seis países da América Latina. Entre os vários objetivos do programa, destacava-se a melhoria do nível de qualidade dos serviços hospitalares, mediante redução da mortalidade. O referido programa contava também com o apoio financeiro da Fundação Kellogg, e sob a competente liderança do Professor López, constituiu-se em outro importante pólo para o desenvolvimento de recursos humanos na área da terapia intensiva. Dos primeiros médicos residentes a estagiar na UTI, um deles – Newton de Mendonça Procópio – viria tornar-se, anos mais tarde, o 1º presidente da SOMITI – Sociedade Mineira de Terapia Intensiva – e o 2º Presidente da AMIB (biênio 1983 a 1984).

Os anos 60 também acompanharam a implantação da primeira UTI do Rio Grande do Sul. Ela foi instalada no Hospital Ernesto Dornelles, de Porto Alegre, que prestava atendimento aos funcionários públicos do estado. De início os plantonistas da Unidade eram cardiologistas.

Fica evidenciado, portanto, a partir dessas experiências pioneiras, que as instituições públicas tiveram um papel de vanguarda na implantação dos serviços de terapia intensiva em nosso país.

De acordo com João A. Mattar, "No final da década de 60 havia um grupo de médicos brasileiros que começaram a concentrar suas atividades profissionais nos cuidados a pacientes críticos."

Em pouco tempo, surgiriam unidades também em outros estados, como foi o caso do Ceará. Já em 1970, com intervalo de poucos meses, foram inauguradas três UTIs na cidade de Fortaleza. A primeira delas iniciou suas atividades em janeiro daquele ano, no Hospital Policlínica, uma instituição privada. Em seguida era a vez do Hospital Geral de Fortaleza (antigo INAMPS), que também foi o primeiro serviço do estado a dispor de rim artificial. Ainda em outubro, o Hospital de Mecejana (INAMPS) inaugurava uma UTI para pós-operatório de cirurgia cardíaca com equipamento para monitorização do débito cardíaco por termodiluição.

Ainda nos primeiros anos da década de 70, Fortaleza passaria a contar com mais dois serviços de cuidados intensivos, ambos em hospitais públicos: o Hospital Geral Dr. César Cals (1974) e o Hospital Universitário Walter Cantídio, esse último pertencente à Universidade Federal do Ceará, cujos primeiros plantonistas eram os próprios residentes da Clínica Médica.

Enquanto as unidades iam se disseminando pelo país, em 1972 era realizado o 1º Simpósio Internacional de Terapia Intensiva. Organizado pelo Dr. Brenildo Tavares, na cidade do Rio de Janeiro, foi o primeiro evento a reunir intensivistas brasileiros e vários convidados estrangeiros, pioneiros na especialidade.

Em janeiro de 1974, o Hospital São Luiz, na capital paulista, também iniciava o funcionamento de uma UTI de 6 leitos, sob a coordenação do Dr. João A. Mattar, recém-chegado dos Estados Unidos, onde havia completado seu *Fellowship* com o prof. Max Weil.

Não demorou muito para que os intensivistas, sentindo a necessidade de troca de informações e experiências, se organizassem em sociedades, cujos membros tivessem em comum o interesse pela Terapia Intensiva.

Surgiram, assim, em 1974 a SOPATI – Sociedade Paulista de Terapia Intensiva –, sob a presidência do Dr. Mattar, e a Sotierj – Sociedade de Terapia Intensiva do Estado do Rio de Janeiro, sob a presidência do Dr. Júlio Polisuk.

A "nova moda" não parava de produzir novos serviços. Em julho de 1974, tinham início as atividades intensivas no Mato Grosso do Sul, com a inauguração da UTI da Santa Casa de Campo Grande, projetada para abrigar 6 leitos.

Ao mesmo tempo em que se multiplicavam as UTIs pelo país, constatava-se também a necessidade de oferecer literatura nacional ao contingente cada vez maior de profissionais em treinamento. Surgia, assim, de forma pioneira em 1976, o livro *Terapia Intensiva* de autoria de Tufik Simão e publicado pela Editora Atheneu.

Seguindo o exemplo pioneiro de São Paulo, várias outras sociedades estaduais foram sendo organizadas.

Durante a década de 70, o movimento associativo entre os intensivistas permanecia restrito ao âmbito de cada estado e, portanto, desprovido de diretrizes e coordenação de abrangência nacional.

Essa situação começou a modificar-se a partir de 26/04/1979, com a criação da SBTI – Sociedade Brasileira de Terapia Intensiva –, sob a presidência de Antonio Tufik Simão. Como resultado, até certo ponto esperado, de divergências entre as várias lideranças emergentes no cenário nacional, em 08/11/1980 teve lugar em São Paulo a Assembléia Geral de fundação da AMIB – Associação de Medicina Intensiva Brasileira –, tornada pública mediante divulgação no Diário Oficial do Estado de São Paulo, em 11/12/1980.

Essa reunião contou com a presença e a adesão de representantes das seguintes regionais já constituídas: Distrito Federal, Minas Gerais, Rio de Janeiro, Rio Grande do Sul, Paraná, Santa Catarina, Bahia e São Paulo.

Em pouco tempo, a nova entidade nacional conquistava o apoio de outros estados e o reconhecimento da Associação Médica Brasileira, por meio de convênio firmado em março de 1981.

Em gestação desde o ano anterior, também em 1981 estabelecia-se formalmente a Sociedade de Terapia Intensiva do Rio Grande do Sul – SOTIRGS –, em grande parte moldada pelo entusiasmo de nomes como Cleovaldo T. S. Pinheiro e Ênio Casagrande. Não muito longe dali era fundado, em 1982, o Departamento de Terapia Intensiva da Associação Catarinense, sob a presidência de Valter Araújo. No entanto, foi necessário o transcurso de mais uma década até que aquele núcleo inicial se convertesse, em 1993, na Sociedade Catarinense de Terapia Intensiva – SOCATI –, filiada à AMIB e tendo como sua primeira presidente a Dra. Rachel Duarte Moritz.

Durante o curto período em que SBTI e AMIB coexistiram paralelamente (entre 1980 e 1982), aconteceu o primeiro evento nacional da especialidade – I Congresso de Terapia Intensiva da SBTI –, durante o mês de maio de 1981, no Rio de Janeiro, sob a presidência de Tufik Simão.

A representatividade indiscutível da AMIB como porta-voz dos intensivistas brasileiros foi consagrada a partir da incorporação da SBTI, em 30/09/1982, o que representou a superação de diferenças na política médica e a abertura definitiva de uma perspectiva real de desenvolvimento para a nova especialidade nos anos que se seguiriam.

O esforço dos primeiros intensivistas que davam sustentação para os passos iniciais da Medicina Intensiva brasileira foi coroado com a realização do 1º Congresso Brasileiro de Terapia Intensiva organizado pela recém-criada AMIB. O evento, que exibia números modestos, aconteceu em setembro de 1982, nas dependências da Faculdade de Medicina da Universidade de São Paulo (FMUSP), sob a presidência da Dra. Marisa D'Agostino Dias, que também vinha exercendo o cargo de presidente da AMIB desde sua fundação.

A jovem especialidade – ainda não reconhecida oficialmente como tal pelo Conselho Federal de Medicina – tinha pressa em crescer. Era indispensável a formação de uma massa crítica de intensivistas que fosse além de uns poucos pioneiros.

Com esse objetivo, foi realizado durante o Congresso Brasileiro, em São Paulo (1982), o 1º Concurso do Título de Especialista. Os registros da AMIB dão conta de que naquele ano foram aprovados 507 candidatos.

O próximo passo a ser dado deveria preocupar-se em aproximar mais os intensivistas espalhados pelos diversos estados, estabelecendo um canal de comunicação entre eles. Antes do final de 1982, em novembro, era distribuída a primeira edição do *Boletim Informativo da AMIB*.

Impulsionada pela energia do entusiasmo e da ambição, tão comum aos novos empreendimentos, já em 1982 a AMIB fazia sua primeira tentativa de conhecer mais a fundo a realidade nacional. O *Boletim informativo* de novembro/82 trazia uma proposta inicial de classificação das unidades de terapia intensiva, tendo em conta os seguintes critérios:

- Equipamentos e serviços de apoio.
- Recursos humanos.
- Infra-estrutura (Área física e instalações).
- Documentação (Estatísticas e pesquisa).

O sistema então sugerido agrupava as UTIs em quatro categorias, de acordo com o total de pontos atingido:

- Nível A (mais complexo) = 920-1.000 pontos.
- Nível B = 800-919 pontos.
- Nível C = 650-799 pontos.
- Nível D (básico) = 550-649 pontos.

Tinha início, ali, uma das principais metas da AMIB, e que durante cerca de 18 anos estaria a desafiar as sucessivas gestões da entidade. Esse antigo sonho de desvendar as condições de funcionamento das UTIs brasileiras concretizou-se, finalmente, com a realização do 1º Censo Brasileiro, a partir de meados de 1997, e com a posterior publicação do Anuário Brasileiro de UTIs – 1999/2000.

Da mesma forma como já vinha acontecendo na América do Norte, as unidades intensivas cardiológicas logo conquistaram adeptos também entre os profissionais brasileiros. E não necessariamente elas se restringiam ao eixo Rio–São Paulo.

Em 1982, a cidade de Fortaleza conhecia sua 1ª UTI Coronariana (com 4 leitos), inaugurada no Hospital de Emergência do Prontocárdio. Mais uma vez o idealizador desse serviço foi o Dr. Nogueira Paes. Em pouco tempo a nova Unidade tornou-se referência para o tratamento das urgências cardiológicas na capital cearense.

Àquela época não havia ainda regulamentação de como remunerar os serviços intensivos. Após dura e lenta negociação com a Previdência local, o Dr. Nogueira Paes conseguiu que fosse adotado o critério da taxa de uso do monitor cardíaco, cuja diária correspondia ao valor de três eletrocardiogramas. Aquele critério serviu de parâmetro para as negociações em nível nacional.

Nos anos que seguiram, a especialidade continuava se expandindo nas diferentes regiões do país.

Nessa esteira de desenvolvimento chegávamos, em 1984, à realização do 2º Congresso Brasileiro da AMIB, que teve como sede a capital mineira.

Em 1986, a 3ª edição do Congresso da AMIB teve lugar na cidade de Curitiba.

A Sotierj – Sociedade de Terapia Intensiva do Estado do Rio de Janeiro –, que em 1985 já dera início à publicação de um boletim periódico regional, volta a destacar-se no cenário nacional quando em junho de 1987 publicou a *Revista de Terapia Intensiva*, o primeiro periódico do gênero a ser lançado no Brasil.

Em 1989, exatamente quando a revista completava o seu segundo ano de existência, e na presidência do Dr. Marcos Freitas Knibel ela foi guindada à condição de publicação oficial da AMIB, e, portanto, de abrangência nacional; sua nomenclatura foi modificada para *Revista Brasileira de Terapia Intensiva* – RBTI – e assim permanece até o momento atual.

No plano acadêmico, a Medicina Intensiva também dava mostras de vigor e amadurecimento. A partir de 1978, o Hospital de Clínicas de Porto Alegre, após um movimento de reivindicação dos médicos residentes, decidiu formar um grupo especial de docentes para assessorar o treinamento dos residentes na área de terapia intensiva. Essa iniciativa culminou, em 1986, com a implantação do primeiro programa de Residência Médica do país credenciado pelo MEC. Esse importante centro formador continua em plena atividade, e, em 2000, completou sua vigésima turma de novos intensivistas.

Pouco depois, a partir de 1988, e mais uma vez pelas mãos do Dr. Tufik Simão, tinha início o Curso de Pós-Graduação em Terapia Intensiva da Escola de Pós-Graduação do Rio de Janeiro (ainda em atividade), também reconhecido pelo Conselho Federal de Educação (parecer 361-88); o 1º ano era dedicado a aulas teóricas, enquanto no ano seguinte os alunos desenvolviam estágio prático em UTI.

O nascimento de novas UTIs prosseguia a passos firmes, espalhando-se "epidemicamente" por várias capitais brasileiras.

As unidades coronarianas seguiam despertando especial interesse para as instituições hospitalares, entre outros motivos estimuladas pela demanda crescente de pacientes cardiológicos. Da mesma forma como havia se verificado em países do Hemisfério Norte, parecia evidente e incontestável o benefício que o tratamento intensivo oferecia a esses pacientes, traduzido pela significativa redução da mortalidade.

Após a realização do 4º Congresso Brasileiro, no Distrito Federal (1988), ninguém mais tinha dúvidas da atração que a especialidade era capaz de exercer, particularmente nos jovens profissionais. Saltava aos olhos o crescimento exponencial do interesse pela Terapia Intensiva, refletindo-se de maneira eloqüente nas estatísticas dos eventos. No ano seguinte (1989) – apenas sete anos após a realização do 1º Concurso –, já eram computados 1.087 intensivistas titulados pela AMIB.

Desde logo ficou patente o caráter essencialmente multi e interprofissional da atividade intensiva. O médico não podia exercer seu papel de forma isolada, nem tampouco deveria ser reservada a ele importância diferenciada em relação aos demais integrantes da equipe. Da mesma forma, os resultados não poderiam ser atribuídos exclusivamente ao trinômio simples: "médico – enfermeiro – auxiliar". Aos poucos a equação dos recursos humanos foi sendo acrescida de outras variáveis e, por isso mesmo, cresceu em complexidade.

Embora com a ressalva de que os registros históricos podem ser imprecisos, até onde nos foi dado conhecer a Santa Casa do Rio de Janeiro, sob a coordenação do Dr. Marcos Knibel, teria sido a primeira UTI – em 1990 – a expandir a fisioterapia intensiva como atividade obrigatória durante toda a jornada de 24 horas. No mesmo ano, aquela instituição deu mais uma mostra de sua posição de vanguarda ao incorporar um psicólogo diarista à equipe da UTI.

Dado seu caráter médico também multidisciplinar, a Medicina Intensiva não podia prescindir da estreita cooperação entre o intensivista e diferentes especialistas, todos concorrendo de forma harmônica para a otimização dos resultados do tratamento. Por isso é que a atividade intensiva acaba tangenciando os limites demarcados por outras especialidades, de acordo com a divisão convencional, estanque e pouco flexível ditada pela Medicina tradicional.

É certo, porém, que a Terapia Intensiva veio questionar duramente – e, em alguns casos até mesmo romper! – a concepção segundo a qual as especialidades devem seguir um padrão vertical e incomunicável. O advento das UTIs acabou por demonstrar, na prática, a necessidade de buscar novos caminhos, romper as barreiras impostas por um modelo já superado e reconstruir o relacionamento entre as especialidades a partir de um conceito inovador de interpenetrabilidade de interesses.

Como reflexo dessa filosofia, a postura da AMIB nunca foi, portanto, de confrontação com outras áreas afins, como a Cardiologia, a Anestesiologia, a Cirurgia ou a Pediatria, entre outras. Ciente de que seu campo de atuação iria, em inúmeras oportunidades, sobrepor-se, em maior ou menor grau, ao de outras áreas médicas, a AMIB buscou sempre trilhar o caminho do entendimento racional e da cooperação mútua.

Guiado por essa premissa, em 11/11/1990 foi elaborado o termo de convênio com a Sociedade Brasileira de Pediatria, com o objetivo de dar encaminhamento conjunto e consensual a todas as questões referentes à Medicina Intensiva Pediátrica. Desde essa ocasião, as sucessivas diretorias de ambas as sociedades passaram a contar com representantes da co-irmã: para o Comitê de Terapia Intensiva da SBP e para a Comissão de Pediatria da AMIB. O Concurso para o Título de Especialista, com habilitação em Medicina Intensiva Pediátrica, passou igualmente a ser organizado em conjunto pelas duas entidades associativas.

A rápida e constante expansão da terapia intensiva brasileira foi decisiva para que o país conquistasse o direito de sediar, em 1991, o IV Congresso Pan-Americano e Ibérico. De 5-10 de maio, o evento internacional teve lugar no Rio de Janeiro, simultaneamente com o 5º Congresso Brasileiro. A Dra. Marisa D'Agostino Dias e o Dr. Marcos Knibel presidiram, respectivamente, esses dois importantes acontecimentos da especialidade.

Apesar das conquistas alcançadas ao longo de sua primeira década de existência, e do convênio firmado com a AMB desde 1981, no plano da política médica a AMIB vinha encontrando sérias dificuldades para ter sua condição de especialidade oficialmente reconhecida pelo Conselho Federal de Medicina.

Os intensivistas – mesmo aqueles já titulados – continuavam relegados à *clandestinidade*, uma vez que a própria Medicina Intensiva não figurava entre as especialidades médicas. Mas essa situação constrangedora foi definitivamente corrigida quando em 16/01/1992 o CFM publicou a Resolução nº 2.969/91, reconhecendo a Medicina Intensiva como especialidade.

Embora desempenhando um papel primordial na construção dos alicerces da terapia intensiva – desde as iniciativas pioneiras levadas a efeito no Brasil em fins da década de 60 –, os enfermeiros ainda não haviam encontrado as condições propícias para consolidarem sua posição associativa.

Cabe reconhecer que a própria caracterização estatutária da AMIB, como sociedade de *Especialidade Médica*, acabaria por criar barreiras institucionais para a participação efetiva dos profissionais de enfermagem nos cargos de diretoria da AMIB. Com tal restrição de caráter legal, a participação dos enfermeiros ficava restrita apenas às atividades técnico-científicas. Tampouco estaria a AMIB autorizada a outorgar título de especialista aos enfermeiros. Tais restrições, sem dúvida, explicariam em grande parte o porquê do envolvimento mais tímido da enfermagem na vida associativa da AMIB. Mesmo assim, algumas lideranças nacionais, sentindo a importância de catalisar a união dos profissionais espalhados pelos vários estados brasileiros – ainda que em torno de um núcleo embrionário –, criaram, em 21/03/1992, o Departamento de Enfermagem da AMIB. Esse modelo departamental acabou por reproduzir-se em várias outras Regionais e permitiu que os eventos científicos da especialidade fossem organizados em sintonia com algumas expectativas da Enfermagem. A SOPATI, por exemplo, além do já tradicional evento paralelo levado a efeito durante seus congressos estaduais, passou a adotar de fato o conceito de interdisciplinaridade, incluindo entre os participantes médicos de mesas-redondas e painéis, enfermeiros e fisioterapeutas.

A AMIB, que até então vinha organizando os seus congressos com destaque em primeiro plano para a *Medicina Intensiva*, resolveu adotar como terminologia oficial a designação *Congresso Brasileiro de Terapia Intensiva*, onde fica implícito tratar-se de evento que reúne não só médicos intensivistas mas também os demais profissionais que compõem a equipe multiprofissional.

Quanto à antiga aspiração dos enfermeiros de obterem titulação como especialistas na área de Terapia Intensiva, essa lacuna somente pôde ser preenchida mediante a oficialização do Título de Especialista, por meio de iniciativa conjunta entre SOBETI e ABEN.

Até 1993 prevalecia a sistemática de que a sede do Congresso Brasileiro estava automaticamente vinculada ao estado de origem do Presidente da AMIB. A partir de 1995, no entanto, uma nova deliberação da Assembléia de Representantes passou a desvincular essas duas atividades, evitando assim que o presidente da AMIB ficasse assoberbado com os assuntos associativos e a missão – não menos desgastante! – de organizar um evento científico de tamanha envergadura.

De qualquer forma, o 6º Congresso Brasileiro aconteceu em Porto Alegre sob a presidência do Dr. Luiz Alexandre Alegretti Borges, que à ocasião (1993) também acumulava o cargo de Presidente da AMIB. Talvez o aspecto mais marcante daquele evento tenha sido o lançamento das primeiras bases para a elaboração de algumas normas consideradas indispensáveis para o adequado funcionamento das UTIs. Graças à inabalável determinação do Dr. Luiz Alexandre, o documento que esboçava as diretrizes iniciais seria levado, no ano seguinte, para uma discussão mais aprofundada, durante o IV Fórum de Defesa do Exercício Profissional, realizado em Foz do Iguaçu (PR), de 16-19/11/1994. Nascia, assim, em sua primeira edição, as chamadas *Normas Mínimas para o Funcionamento de UTIs*.

Ainda que de forma parcial, e com alguns pressupostos que a distinguiam do documento original elaborado pela AMIB – que foi sendo aprimorado com as sucessivas discussões que tiveram lugar entre 1993 e 1998 –, foi finalmente publicada em 12/08/1998 a Portaria de nº 3432, por meio da qual a Secretaria de Assistência à Saúde (do Ministério da Saúde) estabeleceu os critérios para classificação dos serviços de Terapia Intensiva, e onde estão contempladas várias das *Normas Mínimas* da AMIB. Embora louvável nas intenções – estabelecer diferentes formas de remuneração dos serviços executados em unidades com distintos graus de complexidade –, a referida Portaria incorpora alguns conceitos ainda equivocados quando vistos sob a óptica da AMIB e, deverão, portanto, merecer novas e criteriosas reavaliações.

Quando veio à luz em 1980, a AMIB era um daqueles espécimes dignos de ocupar um lugar em algum programa do tipo "Acredite, se quiser!". Era o caso bizarro da *mãe* que nascia do casamento entre algumas das suas futuras *primogênitas*. Trocando em miúdos – e antes que algum intensivista mais precipitado se considere um filho ilegítimo ou uma aberração da natureza! –, cabe explicar que, ao contrário daquilo que normalmente costuma ocorrer, a criação da entidade nacional (AMIB) ocorreu somente anos após o início de atividade de algumas sociedades estaduais, suas *filhas*.

Dada a fragilidade da *recém-nascida*, era natural que ela buscasse apoio nas regionais que lhe deram vida. E assim foi durante vários anos, com a AMIB coexistindo e dividindo o espaço físico com a sociedade paulista. Essa situação improvisada estendeu-se até 1994. Nesse ano, mais precisamente no dia 1º de agosto, a AMIB transferia-se para sua primeira sede própria em 14 anos de existência. O novo endereço era Rua Domingos de Moraes, 770 – Bloco III – Edifício Jaú – 5º andar – conjunto 53.

Modesto, com seus 34 m² de área útil, o imóvel, localizado no bairro de Vila Mariana, em São Paulo, representava o início da virada, da maturidade que se avizinhava, delineando-se na evolução entusiástica dos números que construíam, aos poucos, o perfil daquela jovem associação.

E os números não mentiram. Com os resultados financeiros bastante satisfatórios dos congressos de 1993 (Porto Alegre) e 1995 (Recife), foi possível, já em junho de 1996, a aquisição, com recursos próprios, de uma segunda sede, mais ampla e adaptada às exigências de uma organização com vontade e determinação para continuar crescendo, no mesmo ritmo em que a própria especialidade seguia avançando por todo o Brasil.

Não foram apenas os números que deram especial destaque ao 7º Congresso, na cidade de Recife, até aquela ocasião o maior evento da história da AMIB. Foi lá também que teve início uma nova e bem-sucedida iniciativa no campo da educação e reciclagem dos intensivistas. As 100 questões aplicadas na prova para o Título de Especialista receberam os competentes comentários de renomados especialistas brasileiros, e, com a editoria geral do Dr. José Maria C. Orlando, foi publicada naquele ano a 1ª edição das *Questões Comentadas*. Dirigida não somente aos candidatos inscritos no Congresso, logo se revelou um material de consulta também bastante útil e conveniente para os intensivistas de uma forma geral.

Por sua simplicidade, objetividade e abrangência, tornou-se um prático guia de atualização para as áreas de Medicina Intensiva e de Urgência. Muito embora tenha obtido uma excelente aceitação entre os Intensivistas, essa modalidade de publicação veio preencher uma necessidade muito específica, sem no entanto ter maiores pretensões como texto de atualização científica mais completo. A AMIB precisava ousar um pouco mais.

Foi com esse objetivo que teve início a série Clínicas Brasileiras de Medicina Intensiva – CBMI, tendo como editor responsável o Prof. Renato Terzi, da Unicamp (SP). O 1º volume da série foi lançado em 23/05/1996, durante o 4º Congresso Paulista de Terapia Intensiva – Copati –, na cidade de Campos do Jordão (SP). O livro, dedicado à atualização de diferentes temas da Terapia Intensiva, teve como editor convidado o Dr. João Augusto Mattar.

Tendo à frente o Dr. Cleovaldo Pinheiro, o serviço de Medicina Intensiva do Hospital de Clínicas de Porto Alegre conquistou importante vitória no plano educacional ao incluir a Medicina Intensiva como disciplina de graduação para os acadêmicos da Universidade Federal do Rio Grande do Sul, a partir de 1995.

Em abril de 1996, a terapia intensiva brasileira dava mais um passo rumo à plenitude da multidisciplinaridade, com a criação do Departamento de Fisioterapia da AMIB. Essa importante iniciativa foi consolidada mediante parceria firmada junto à Sobrafir – Sociedade Brasileira de Fisioterapia Respiratória e Terapia Intensivista –, o que permitiu estabelecer uma estreita colaboração entre as duas entidades. O primeiro desafio de ambas tem sido buscar a atualização das informações cadastrais sobre o contingente de fisioterapeutas que desenvolvem suas atividades em UTIs espalhadas por todo o território nacional.

Mesmo aos olhos dos mais céticos, seria improvável – e acima de tudo injusto! – menosprezar as inúmeras e significativas conquistas colecionadas pelas diretorias que se sucederam à frente da AMIB, impulsionadas e estimuladas pela consistência cada vez maior que a especialidade vinha obtendo no cenário nacional.

Era como se após um longo período de maturação finalmente desabrochasse de seu casulo uma nova criatura, que deixava para trás as antigas roupagens da infância, exibindo agora, em plena adolescência, os primeiros contornos mais harmoniosos da maturidade, já mais próxima de sua plenitude. Era uma nova AMIB. A AMIB de *cara nova*!. E, para consagrar esse momento marcante na vida da Sociedade, nada mais oportuno que dar um *banho de loja* em seu visual. Saía de cena o antigo logotipo da AMIB para dar lugar ao novo.

A nova imagem emblemática da AMIB foi inicialmente apresentada ao seu público em matéria publicada no boletim Atualidades AMIB nº 6, de jan/fev de 1997. Finalmente, com alguns novos aprimoramentos, surgiu no boletim nº 10 (jan – fev – mar/1998) o atual logotipo.

A idéia que norteou o trabalho artístico de modernização do logotipo levou em consideração os seguintes pontos: *vincular o nome da instituição ao objetivo maior da Terapia Intensiva que é o ser humano, o paciente; por essa razão, a figura estilizada de um "homem" pode ser identificada acima do nome "AMIB" (e, portanto, sustentada por ela); além disso, o "homem" ocupa a posição central e de destaque dentro de um círculo que faz referência ao espectro de atuações da AMIB em prol da Terapia Intensiva.*

Finalmente, é possível ainda identificar as várias etapas que se sucedem até a plena recuperação do paciente, cujo perfil deitado e em tonalidades que fazem menção ao estado de baixa oxigenação tecidual (azul violáceo), vai progressivamente se erguendo e se "oxigenando", até colocar-se em posição vertical, reavivado na cor rubro rutilante, prenúncio de sua plena recuperação.

Embora, nem sempre esse final feliz seja aquele presente no dia-a-dia das UTIs, é nessa direção que se concentram todos os esforços na busca da recuperação do paciente crítico.

Apesar da trajetória bem-sucedida levada adiante pela AMIB, restava ainda – mais de 15 anos após sua fundação – cumprir um antigo compromisso assumido junto à comunidade de intensivistas brasileiros. A AMIB precisava chamar para si a responsabilidade de empreender todos os esforços necessários ao conhecimento mais aprofundado da realidade da Terapia Intensiva nacional. Sem dispor de dados objetivos sobre o funcionamento das UTIs – número de unidades, características de área física, recursos tecnológicos e, sobretudo, os profissionais envolvidos –, não seria possível desenvolver ações capazes de interferir e modificar essa realidade.

Em 1997, a AMIB decidiu que havia, finalmente, chegado o momento de realizar um antigo sonho. Foi assim que surgiu o *Projeto AMIB do Tamanho do Brasil*. Sob essa designação afigurava-se uma série de ações institucionais cuja meta era fomentar uma maior aproximação e estreitar os vínculos entre os milhares de profissionais intensivistas – médicos, enfermeiros, fisioterapeutas, psicólogos, nutricionistas etc. – e a AMIB, bem como estimular o intercâmbio de idéias e experiências entre os próprios integrantes dessa comunidade. O primeiro passo precisava ser dado! Em meados de 1997 tinha início um meticuloso levantamento cadastral das UTIs em funcionamento no país. O 1º Censo Brasileiro – como foi designado – estendeu-se por pouco mais de dois anos e identificou 1.004 UTIs, entre unidades gerais, pediátricas, neonatais etc. Mais de 13.726 médicos foram catalogados, e suas especialidades básicas, identificadas.

As informações cadastrais e os primeiros resultados estatísticos deram origem ao *Anuário Brasileiro de UTIs/1999–2000*, amplamente distribuído para os associados, hospitais e outras entidades ligadas à saúde.

Um dos aspectos apontados no referido relatório diz respeito à importância relativa de modalidades alternativas de vínculo entre profissionais médicos e as instituições hospitalares. As formas tradicionais de prestação de serviços – funcionalismo público e CLT – parecem estar cedendo lugar a relacionamentos alternativos, tais como o trabalho autônomo, terceirização e cooperativas médicas.

Algumas experiências na formação de cooperativas, exclusivamente constituídas por médicos intensivistas, foram conduzidas nos estados de Goiás e Ceará.

Outra prioridade da AMIB sempre esteve voltada para a área educacional. As iniciativas até então implementadas nesse campo estavam restritas aos eventos científicos, cursos pré-congresso, temas científicos abordados na Revista da AMIB (RBTI), Questões Comentadas e Séries Clínicas Brasileiras de Medicina Intensiva.

A partir de 1998, entrava em cena uma outra opção de reciclagem para intensivistas e socorristas. O FCCS – *Fundamental Critical Care Support* –, desenvolvido pela Society of Critical Care Medicine (SCCM), propõe-se a rever princípios básicos do atendimento inicial ao paciente crítico. Durante dois dias consecutivos, um grupo composto por até 30 alunos foi submetido a treinamento intensivo em regime de imersão total (período integral); os principais temas da Medicina Intensiva foram revisitados por meio de exposições teóricas e treinamentos práticos simulados.

Inicialmente trazido ao Brasil pela SOTIERJ (em julho/1998), o curso ganhou, em seguida, a chancela da AMIB, mediante convênio estabelecido com a SCCM.

A AMIB estava ciente, porém, de que o FCCS iria preencher apenas a necessidade de reciclagem básica. O projeto de educação continuada para os intensivistas precisava ir além e perseguir objetivos mais ambiciosos. Auscultando os anseios daqueles profissionais mais envolvidos no dia-a-dia da especialidade, ficava patente a expectativa de muitos deles em freqüentar cursos dedicados a temas específicos e que oferecessem a oportunidade de aprofundar conhecimentos.

Com essa perspectiva, a AMIB voltou sua atenção para o planejamento de cursos modulares avançados. O tema escolhido para inaugurar essa nova modalidade de treinamento foi *suporte nutricional*. Constituiu-se um grupo de especialistas – médicos, enfermeiros, nutricionistas e farmacêuticos – que, com o apoio financeiro da iniciativa privada, desenvolveu o TENUTI – Curso de Terapia Nutricional em UTI. Depois de um período de cerca de dois anos e de uma cuidadosa estruturação, o curso foi lançado no primeiro semestre de 2001, alavancado pelo entusiasmo do então presidente da AMIB, Dr. Cid Marcos David. A esse curso seguiram-se outros: Humanização e o CITIN (neurointensivismo), e estão em edição o de Monitorização Hemodinâmica e de Ventilação Mecânica.

Outra frente de atuação para a qual a AMIB não poderia poupar esforços relacionava-se, sem dúvida, ao acompanhamento da Qualidade dos Serviços prestados por UTIs de todo o país. A condição *sine qua non* para estruturar quaisquer ações que buscassem avaliar qualidade já havia sido alcançada com a implementação do Censo Brasileiro de UTIs. Conhecendo informações detalhadas sobre o funcionamento dos serviços seria possível desenvolver instrumentos para aferir a qualidade. Muito embora o mercado tivesse à disposição vários desses instrumentos já prontos, a AMIB optou por desenvolver seu próprio modelo, que levasse em conta as peculiaridades da realidade brasileira. Mais uma vez de braços dados com a iniciativa privada, começava a delinear-se, em 1999, o Projeto QUATI – Qualidade em Terapia Intensiva na gestão do Dr. Cid Marcos David.

Também como conseqüência direta dos dados obtidos por meio do 1º Censo, a AMIB ousou dar mais um passo decisivo em busca da tão necessária e almejada integração nacional. Para isso era preciso despertar os intensivistas para a importância da troca de informações e experiências, tão imprescindível para a evolução da Terapia Intensiva em tempos de globalização. Estava claro que as oportunidades de intercâmbio, restritas aos eventos científicos, ficavam muito aquém das exigências impostas pela frenética evolução dos conhecimentos.

Romper os limites de uma atividade que historicamente surgiu e se desenvolveu dentro de quatro paredes – protegida pelo isolamento de um *mundinho* muito particular – impunha-se agora como tática indispensável para acompanhar o ritmo febril do progresso médico. Esse objetivo somente poderia ser alcançado por meio do esforço coletivo e do compartilhamento de informações.

A AMIB tomou para si esse novo desafio, aliás já implícito quando a AMIB se propôs a crescer até ficar do *Tamanho do Brasil*. Tinha início, assim, *o Projeto Beira de Leito*. A partir de 2000, todas as UTIs cadastradas pelo 1º Censo foram convidadas a participar de força-tarefa multicêntrica para a elaboração de um manual de rotinas de Terapia Intensiva.

Quando concluído, esse guia prático irá contemplar um grande número de protocolos de tratamento médico – para pacientes adultos e pediátricos –, bem como de Enfermagem e Fisioterapia.

Como mencionamos anteriormente, a atuação educacional da AMIB, voltada para as novas gerações de intensivistas, produziu a partir de 1995 as *Questões Comentadas*. O objetivo primordial dessa publicação tem sido oferecer aos candidatos que se submetem ao Concurso do Título a oportunidade de avaliar seu desempenho na prova, aferindo suas respostas com os comentários elaborados por especialistas. Trata-se, sem dúvida, de uma importante fonte de aprendizado que, todavia, se dá após a realização do Concurso, ou seja, numa abordagem retrospectiva.

A Comissão do Título de Especialista considerava ser também oportuna – ou, mais que isso, necessária! – uma *ação preventiva*, por meio da qual fosse oferecida aos candidatos a oportunidade de reciclar seus conhecimentos teóricos e, assim, prepará-los melhor para a prova.

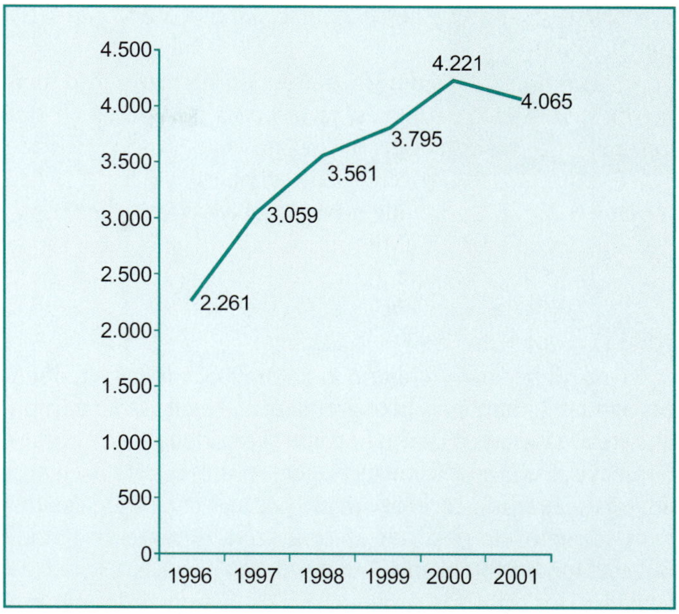

Fig. 1-1. Evolução no número de sócios pagantes.

Em abril de 2000, nos dois dias que antecederam a realização do Congresso Nacional na cidade de Belo Horizonte (MG), foram realizados os módulos Adulto e Pediátrico do 1º Curso Preparatório para o Título de Especialista em Medicina Intensiva, sob a competente coordenação da Drª. Rosa Goldstein A. Rocha e do Dr. Luiz Antônio Factore. A excelente receptividade daquela iniciativa pode ser medida pelo número de participantes: Adulto: 397 e Pediátrico: 82.

O Concurso/2000 atingiria a cifra impressionante de 976 candidatos inscritos para a prova (752 – Área Adulto e 224 – Pediatria).

Cresceram a Terapia Intensiva e a AMIB. Os sócios da AMIB aumentaram (Fig. 1-1) progressivamente. Surgiram as formações de professores e pesquisadores em pacientes graves da Terapia Intensiva e desenvolveram-se as pesquisas laboratoriais. Desde 1998 há na UFRJ um programa de formação de mestres e doutores nessa área.

Em 2002, na gestão do Dr. Jairo Ottero, a Medicina Intensiva foi finalmente classificada como especialidade pelo Ministério da Educação, AMIB e CFM e desenvolvida a residência médica.

Essa tem sido a trajetória da Terapia Intensiva brasileira desde que, há pouco mais de 30 anos, surgiram as primeiras UTIs em nosso país, pelas mãos decididas de alguns pioneiros, a quem rendemos homenagem e dedicamos essa pequena história! Quanto à AMIB, com a competência e o entusiasmo de futuras diretorias, deverá dar continuidade à tarefa de aglutinar, cada vez mais, a comunidade de intensivistas brasileiros em torno de um ideal, que é a sua missão maior:

"Promover a boa prática e o desenvolvimento da Terapia Intensiva brasileira."

2 Educação em Medicina Intensiva

Rosane Goldwasser • Cid Marcos David

O reconhecimento histórico de que pacientes com doenças agudas seriam mais bem atendidos se estivessem agrupados em áreas específicas no hospital já era identificado por enfermeiros. Esses profissionais estabeleceram que os pacientes em pós-operatório receberiam melhor atenção se localizados mais próximos ao posto de enfermagem. Durante a Segunda Guerra Mundial foram criadas enfermarias para ressuscitação e cuidados dos soldados. A carência de profissionais da enfermagem após a guerra forçou o agrupamento de pacientes em quartos de recuperação para assegurar vigilância adequada. Nos anos 1940, com a epidemia de pólio que se alastrou pela Europa e EUA, uma nova entidade, a insuficiência respiratória, resultou em novas estratégias de tratamento. Os benefícios óbvios resultaram numa nova engenharia dos hospitais a partir dos anos 1960, com as unidades semifechadas, que passaram a ser identificadas como Unidades de Terapia Intensiva. Nessa ocasião já ficava claro que uma equipe multidisciplinar especializada no tratamento do paciente grave deveria ser diferenciada. Surge uma nova disciplina amplamente relacionada às convencionais da medicina interna, da clínica cirúrgica, da anestesiologia, da pediatria e de suas subespecialidades, porém com características distintas. Trata-se da aplicação direta da ciência básica, da fisiopatologia e da avançada tecnologia médica à prática clínica à beira do leito voltada para o paciente gravemente enfermo ou com potencial risco de vida, sendo paradigma para o médico *hospitalista* treinado para atender as crises dos pacientes, seus familiares e da sociedade.

Existente no Brasil desde os anos 1980, mas somente reconhecido definitivamente pelas grandes entidades médicas a partir de 2002, o médico intensivista caracteriza-se por dedicação ao cuidado do paciente gravemente enfermo cuja intensidade, no envolvimento e presença cotidiana nesse trabalho de equipe, se dá de várias maneiras, seja como plantonista, como rotineiro ou diarista, como preceptor, como chefe ou coordenador de equipe, como consultor ou coordenador de centro formador.

A literatura mostra a importância da qualificação dos intensivistas na evolução de pacientes com choque séptico tratados por médicos intensivistas e não-intensivistas quando foram consideradas a freqüência de procedimentos invasivos e a mortalidade. Não havia diferença significativa na gravidade medida pelo APACHE II dos dois grupos. Os pacientes tratados por intensivistas apresentavam maior freqüência de procedimentos invasivos vasculares (catéteres pulmonares e arteriais) e menor mortalidade (57% × 74%, p < 0,01).[9] Iberti *et al* aplicaram um teste de múltipla escolha aos médicos não-intensivistas para quantificar o conhecimento da interpretação dos dados hemodinâmicos através do traçado da pressão da artéria pulmonar ocluída. Sessenta por cento não conseguiam identificar os dados.[6] A interpretação clínica dos dados obtidos é importante na prática clínica para a conduta no paciente grave, e a falta de atitudes terapêuticas correlaciona-se com pior evolução desses pacientes, enfatizando a necessidade de educação continuada nessa área mesmo aos médicos não-intensivistas.

Recente revisão de estudos randomizados e observacionais publicados na língua inglesa foi realizada para avaliar o impacto da presença ininterrupta de um médico intensivista como principal condutor dos pacientes graves *versus* a conduta traçada por médico não-intensivista ou somente consulta eletiva por especialista na evolução de pacientes graves hospitalizados.[8] Observaram que a presença ininterrupta do intensivista estava associada à menor mortalidade hospitalar em 16 dos 17 estudos [RR = 0,71 (95% CI, 0,62%-0,82%)]. Também houve a associação com menor mortalidade na UTI em 14 de 15 estudos [RR= 0,61 (95% CI, 0,50%-0,75%)], bem como o tempo de internação hospitalar inferior nesse grupo, caracterizando a importância do tratamento conduzido por intensivista.

Amplamente demonstrado que a evolução do paciente grave modifica quando tratado por médico intensivista, torna-se necessário o reconhecimento de mudanças no currículo médico de graduação e pós-graduação no desenvolvimento da formação e educação continuada do médico intensivista e não-intensivista, abrangendo aspectos científicos, técnicos, éticos, administrativos e de pesquisa.

EDUCAÇÃO NA GRADUAÇÃO MÉDICA

Estudantes de medicina, no final da graduação, devem estar aptos a identificar e iniciar manobras terapêuticas de ressuscitação em pacientes instáveis e graves. Entretanto, a maioria das escolas médicas do mundo ainda não oferece medicina intensiva no currículo da graduação. Na Faculdade de Medicina da Universidade Federal do Rio de Janeiro, uma *disciplina eletiva* é administrada aos alunos da graduação do curso médico a partir do 10° período. São administradas aulas teóricas por intensivistas (professores e médicos) e algumas estações práticas. Esses alunos, no 11° período, prestam uma prova de acadêmico bolsista concorrendo a uma vaga em plantão na UTI, onde ampliam seu conhecimento. Na PUC do Rio Grande do Sul, na área de UTI pediátrica, apesar de um programa bem-estruturado em pós-graduação em Medicina Intensiva, não há disciplina na graduação, assim como nos estados do Pará e Pernambuco. No Ceará houve um intenso esforço e penetração da sociedade local, resultando na inclusão da Medicina Intensiva na sua reforma curricular da graduação. Atualmente é disciplina obrigatória na grade da graduação, sendo oferecida aos alunos no oitavo período (M8) imediatamente antes de ingressarem no programa de internato. A cadeira é ministrada por professor da faculdade de medicina, especialista em medicina intensiva pela AMIB.

Apesar de a UTI ser ambiente de tecnologia avançada e com recursos humanos extremamente especializados, é um excelente ambiente de treinamento. Os exercícios à beira do leito através da prática e as discussões dos aspectos sindrômicos, diagnósticos e terapêuticos durante o *round* proporcionam ao aluno a aquisição de uma visão ímpar do paciente grave. O fato de conjugar imediatamente a terapêutica aos resultados com base nas alterações fisiológicas, como a reposição volêmica e a melhora do débito cardíaco aferido pelo catéter de Swan-Ganz, ou a imediata resposta pressora a um agente vasoativo, por exemplo, fazem com que o aluno exercite seus conhecimentos da medicina básica e as aplicações na prática clínica. As questões do *em torno* do paciente também são vivenciadas quando se transmite uma notícia ao familiar, quando participa da logística da doação de órgãos e nos mais diversos aspectos sociais, criando uma oportunidade de educação ampla e a percepção da importância do papel do médico na questão técnica, humana e ética frente ao paciente e à sociedade.

A política do ensino na saúde está na formação do médico generalista. No entanto, os médicos deveriam estar aptos a identificar os primeiros sinais e sintomas da piora clínica do paciente, independentemente da especialidade que irá seguir. Esses aspectos básicos de suporte de vida devem ser ensinados na graduação. A pós-graduação, sob a forma de residência médica, é incapaz de absorver todo o contingente de médicos que se forma por ano. E o mercado de trabalho absorve esse médico recém-formado. Apesar da importância desse fato, vários autores reconhecem que os estudantes de medicina, ao se graduarem, carecem de base cognitiva e técnica, por exemplo, de realizar uma manobra adequada de reanimação cardíaca.[1,2] Safar e Grenvik relataram que 50% dos médicos questionaram sua habilidade em atuar efetivamente frente a uma parada cardiorrespiratória.[12] Os alunos da residência médica recém-ingressos no Hospital Universitário Clementino Fraga Filho, da Universidade Federal do Rio de Janeiro, recebem um curso de noções básicas de reanimação cardíaca. Foram submetidos, após um ano de residência, a um questionário de avaliação do curso. A maioria entende da importância do curso na sua formação médica, independentemente da especialidade que estão cursando, e consideram importante a extensão do mesmo curso para outros profissionais da saúde e de apoio que trabalham no hospital, respeitando o nível de conhecimento e de informações.

Os argumentos da não-inclusão da Medicina Intensiva no currículo médico da graduação são diversos: a falta de carga horária, a abordagem de itens isolados de medicina crítica em outras cadeiras, como reposição volêmica pela cirurgia geral ou vias aéreas pela anestesiologia. É necessária a realização de um questionário que traga informações corretas, comparando o que a escola médica percebe que está ensinando e o que o aluno efetivamente está aprendendo e se isso condiz atualmente com as modificações da saúde e a demanda da sociedade. Somente com essas respostas será possível reduzir o vácuo que é facilmente identificado entre o aluno recém-graduado daquele que faz um ano de especialização em pós-graduação.

EDUCAÇÃO NA PÓS-GRADUAÇÃO: RESIDÊNCIA MÉDICA E ESPECIALIZAÇÃO

O ensino é a nossa mais importante função, principalmente para aqueles vinculados às Universidades. Parte de nosso tempo dentro da terapia intensiva deve estar voltada à transmissão de conhecimento, treinamento e multiplicação de novos profissionais.

A Associação de Medicina Intensiva Brasileira (AMIB) elaborou normas mínimas, junto ao Ministério da Saúde, para as Unidades de Terapia Intensiva no Brasil. Para isso identificou a necessidade da presença de médicos especialistas e titulados pela AMIB. Para se tornar especialista em medicina intensiva e estar apto a prestar a prova de título de especialista existem duas vias: a residência médica, recém-credenciada pela Comissão Nacional de Residência Médica (CNRM), órgão vinculado ao MEC, e os centros formadores credenciados pela AMIB.

A residência médica em Medicina Intensiva já existe em algumas instituições do país, mas sem critérios homogêneos. Estão credenciadas, ora em caráter temporário, ora vinculados à Medicina Interna ou outra especialidade médica. No Hospital Universitário Clementino Fraga Filho, vinculado à Faculdade de Medicina da Universidade do Brasil (UFRJ), há residência em Medicina Intensiva há 10 anos, com um ano em Clínica Médica e dois em Medicina Intensiva (esse currículo está reformulado a partir de 2003 com a nova resolução da CNRM). No Rio Grande do Sul, a PUC oferece residência médica credenciada pelo MEC em Medicina Intensiva pediátrica e neonatal. No Ceará, o Hospital Geral de Fortaleza oferece residência médica, enquanto no Pará e em Pernambuco, não há esse programa na especialidade.

A partir de 2002 a AMIB, convidada pela CNRM, elaborou uma proposta de currículo para o programa de residência médica em Medicina Intensiva (Tabela 1) e firmou critério único de pré-requisito para a residência na especialidade, que foi aceito pela CNRM. A missão das residências em Medicina Intensiva (RMI) é formar médico especialista, de elevado conhecimento técnico-científico, adequado comportamento ético-profissional, de maneira a realizar a assistência integral do paciente gravemente enfermo, de seus familiares e ao conjunto de demandas profissionais e sociais que a cercam.

Para prestar concurso para residência em Medicina Intensiva é necessários como pré-requisito residência médica completa em Medicina Interna (Clínica Médica) ou Cirurgia Geral, ou Anestesiologia ou Pediatria (para Medicina Intensiva Pediátrica) em instituições credenciadas pela CNRM. O programa

Tabela 1.
Programa de Residência Médica proposto pela AMIB

Medicina Intensiva Adulto – Programa Teórico-Prático
São consideradas áreas de **aprendizado e treinamento** essenciais: • Avaliação clínica do paciente gravemente enfermo • Clínica cirúrgica e não-cirúrgica em geral • Neurológicos e neurocirúrgicos • Cardíacos e coronarianos • Pós-operatório de grande porte e cirurgia cardíaca • Pneumologia intensiva • Doenças renais e métodos dialíticos • Trauma e queimados • Sepse e infecções graves São considerados áreas de aprendizado e treinamento opcional: • Emergências • Endoscopia digestiva e respiratória • Recuperação cirúrgica e anestésica • Diagnóstico por imagem • Cirurgia experimental • Comissão de infecção hospitalar • Comissão de suporte nutricional Todos os temas do conteúdo programático ao serem abordados em seus aspectos teórico devem levar em conta os seguintes elementos mínimos: • Aspectos semiológicos • Aspectos fisiopatológicos • Diagnóstico clínico • Monitorização • Tratamento e prevenção • Prognóstico • Aspectos da medicina baseada em evidência • Aspectos éticos e legais

em Medicina Intensiva totaliza dois anos, e são objetivos do programa de residência médica na especialidade:

- Desenvolver os conhecimentos teóricos e habilidades práticas em Medicina Intensiva, que capacite o médico a identificar e solucionar os problemas do paciente gravemente enfermo.
- Desenvolver no médico, em seus aspectos conceituais e práticos, a liderança necessária para o trabalho em equipe, próprios da multiprofissionalidade e transdisciplinaridade assistencial do paciente grave.
- Fomentar o conhecimento e a prática dos preceitos éticos e humanitários da Medicina Intensiva.
- Desenvolver espírito profissional observador e crítico capazes de desenvolver estudos da realidade, pesquisa e educação continuada em Medicina Intensiva, bem como formar novos intensivistas.
- Formar profissionais capazes de liderar projetos associativos identificados com as necessidades sociais da comunidade onde se insere.

O programa de especialização em Medicina Intensiva é realizado nos centros formadores credenciados pela AMIB. Tem a duração de dois anos e necessita dos mesmos pré-requisitos exigidos pelos programas de residência médica. Os critérios de admissão são determinados pela instituição. Esse programa existe há dois anos. A AMIB, através da Comissão de Formação do Intensivista, elaborou normas para a concessão e revalidação de credencial para coordenador ou preceptor do centro formador (Quadro 2-1) e normas para a conceituação do programa (Quadro 2-2). Um questionário de avaliação do programa desenvolvido naquele centro formador deve ser preenchido pelo especializando para a avaliação da AMIB.

Nos Estados Unidos existem mais de 6.000 médicos certificados em Medicina Intensiva através de várias sociedades médicas, sendo a clínica médica seguida da cirurgia as que mais certificam. Atualmente, um programa de *fellow* em Medicina Intensiva é oferecido pelas diversas especialidades, com critérios de qualificação, certificação e conteúdo educacional distintos (Quadro 2-3).[4]

O programa orientado pela AMIB inclui:

1. Cardiocirculatório

   Arritmias cardíacas; insuficiência coronariana aguda; infarto agudo do miocárdio; tamponamento cardíaco; trombólise; dissecção aórtica; emergências hipertensivas; choque cardiogênico; edema pulmonar cardiogênico; ICC; reposição volêmica; disfunção diastólica; monitorização hemodinâmica invasiva e não-invasiva; transporte de oxigênio; metabolismo do oxigênio em condições normais e patológicas; reanimação cérebro-cardiorrespiratória.

2. Respiratório

   Oxigenioterapia; insuficiência respiratória aguda; trocas gasosas pulmonares; estado de mal asmático; embolismo pulmonar; DPOC agudizado; síndrome da angústia respiratória aguda; broncoaspiração; suporte ventilatório mecânico invasivo e não-invasivo; hipoventilação controlada e hipercapnia permissiva; ventilação mecânica na asma; SARA e DPOC; ventilação líquida; monitorização da ventilação mecânica; capnografia; barotrauma & volutrauma; pneumonia associada à ventilação; desmame do suporte ventilatório; oxigenioterapia hiperbárica; gasometria arterial; óxido nítrico; Edema alveolar não-cardiogênico.

3. Infecção e sepse

   Infecções comunitárias graves; infecções nosocomiais; infecções relacionadas com catéteres; sepse em todo seu espectro; choque séptico; síndrome da resposta inflamatória sistêmica; disfunção de múltiplos órgãos e sistemas; antibioticoterapia em Medicina Intensiva; endocardite bacteriana; meningites; infecção em pacientes imunodeprimidos/inclusive AIDS; tétano, malária e leptospirose; colite pseudomembranosa; translocação bacteriana; descontaminação seletiva do TGI.

4. Neurológico

   Estados alterados da consciência; acidentes vasculares encefálicos; trombolíticos em eventos encefálicos; hipertensão endocraniana; polirradiculoneurites; estado

Quadro 2-1. *Normas para concessão e revalidação de credencial de coordenador ou preceptor de centro formador*

1. Apresentar documento de identidade
2. Comprovar regularidade com CRM
3. *Curriculum vitae* segundo modelo descrito a seguir, com todos os itens numerados e as devidas cópias numeradas

   Bloco 1: Dados pessoais
   Nome; Data e local de nascimento; Data e local da formatura em Medicina; Inscrição no CRM; Identidade; CPF

   Bloco 2: Produção científica
   Publicações em periódicos ou livros científicos – até 2 pontos
   (0,2 pontos para publicação nacional e 0,4 pontos para publicação internacional)

   Bloco 3: Atualização
   Freqüência em Congressos, Jornadas e Simpósios relativos à área de MI – até 1 ponto (0,1 ponto para cada evento nacional e 0,2 pontos para evento internacional)

   Bloco 4: Participação em eventos da medicina intensiva
   Participação como conferencista em mesas-redondas, colóquios
   Simpósios, debates, comentários, cursos, palestras e aulas na área de MI – até 1 ponto (0,2 pontos para cada participação nacional como conferencista em nível nacional 0,4 pontos para eventos internacionais)

   Bloco 5: Membro de banca examinadora – até 1 ponto

   Bloco 6: Apresentação de temas livres – até 1 ponto (0,2 pontos para apresentação nacional e 0,4 para internacional)

   Bloco 7: Participação em sociedades médicas
   Membro de sociedades médicas com participação nas diretorias ou comissões – até 1 ponto (0,25 ponto para cada participação)

   Bloco 8: Título de mestre, doutor e livre-docente – até cinco pontos
   (mestre – 1 ponto; doutor – 2 pontos; livre-docente – 2 pontos)

   Bloco 9: Títulos universitários
   Até 5 pontos (professor titular – 5 pontos; professor adjunto – 4 pontos; professor assistente – 3 pontos; professor auxiliar – 2 pontos)

   Bloco 10: Atividade médico-administrativa:
   Chefia de unidade, serviço, departamento ou equivalente – até 1 ponto (0,25 pontos para cada ano)

   Bloco 11: Orientador de trabalho científico – até 0,5 ponto (0,1 para cada trabalho)

   Bloco 12: Cursos da AMIB e outros
   Instrutor dos cursos da AMIB – 1 ponto Instrutor e do ACLS, ATLS – 0,5 ponto

   Bloco 13: Preceptor de outro Programa de Residência ou Especialização
   Médica – 2 pontos
4. Para obtenção de credencial de coordenador será necessário obter no mínimo 2 pontos
5. Para obtenção da credencial de preceptor será necessário obter no mínimo 1 ponto
6. Revalidação

   6.1. Coordenador – comprovar acréscimo de 2 pontos a cada 5 anos. Preceptor – comprovar acréscimo de 1 ponto a cada 5 anos

de mal epiléptico; morte cerebral; *miastenia gravis*; pós-operatório em neurocirurgia.

5. Gastrintestinal

   Hemorragia digestiva alta e baixa; insuficiência hepática; abdômen agudo; pancreatite aguda; colecistite aguda; compartimento abdominal.

6. Endócrino e metabólico

   Coma hiperosmolar, hipoglicêmico e cetoacidose; crise tireotóxica; coma mixedematoso; insuficiência supra-renal aguda; rabdomiólise; calorimetria; *diabetes insipidus*; síndrome de secreção inapropriada de ADH.

7. Renal

   Insuficiência renal aguda; métodos dialíticos, distúrbios hidroeletrolíticos e ácido-básicos.

8. Pré e pós-operatório

   Avaliação do risco cirúrgico; indicações de cuidados intensivos; circulação extracorpórea; cirurgia no paciente oncológico; pós-operatório em transplantes; abdômen agudo clínico e cirúrgico; sepse abdominal e as laparotomias programadas.

9. Coagulação

   Coagulação intravascular disseminada e fibrinólise; coagulopatia de consumo; trombólise e anticoagulação; uso de hemoderivados e substitutos do plasma.

10. Politraumatismo

    Politrauma; TCE; trauma raquimedular; trauma de face/cervical; trauma de tórax; trauma de abdômen; trauma de extremidades; embolia gordurosa; lesões complexas

***Quadro 2-2.* Normas para a conceituação do programa**

1. Prazos regulamentares e do cadastro
   - Cadastro enviado no prazo
     sim (5 pontos)
     não (– 5 pontos)
   - Cadastro completo
     sim (5 pontos)
     não (zero)
   - Lista de especializandos enviada até junho
     sim (5 pontos)
     não (– 5 pontos)
2. Programa de especialização
   2.1. Atividades teóricas:
   < 12h/semana – zero
   = 12h/semana – 3 pontos
   > 12h/semana – 5 pontos
3. Aprovação na prova de título de especialista
   < 50% – zero
   = 50% – 10 pontos
   > 50% – 20 pontos
4. Apresentação de tema livre em congressos médicos da área de Medicina Intensiva com participação do especializando no ano de referência
   1 ponto por tema livre (até 5 pontos)
5. Publicação em periódicos da especialidade no ano de referência
   5 pontos por publicação (até 15 pontos)
6. Publicações em outros periódicos de outras especialidades médicas da Associação Médica Brasileira no ano de referência
   2 pontos (até 10 pontos)
7. Coordenador e preceptores com mais de 10 pontos da tabela de concessão de credencial
   75% do total da equipe – 4 pontos
   50 a 75% do total da equipe – 3 pontos
   25 a 49% do total da equipe – 2 pontos
   < 25% – do total da equipe – 1 ponto
   Não tem preceptor com mais de 6 pontos – 0 ponto

Os Centros Formadores deverão alcançar no mínimo 30 pontos para manter o credenciamento

de extremidades; síndrome compartimental abdominal; síndrome compartimental de extremidades.

11. Grande queimado
    Aspectos cirúrgicos; reposição volêmica e suporte nutricional; Diagnóstico e tratamento das infecções.
12. Intoxicações exógenas e acidentes por animais peçonhentos, agentes físicos e químicos
13. Transplante hepático, cardíaco, renal e medula óssea
14. Suporte nutricional
    Na sepse; no grande queimado; no trauma grave; na Insuficiência hepática e renal; imunomoduladores. Nutrição parenteral e enteral.
15. Procedimentos invasivos de diagnóstico e tratamento: indicações e complicações
    Intubação traqueal; traqueostomia cirúrgica/percutânea; cateterização arterial; dissecção venosa/acessos venosos por punção; marca-passo; cateterização da artéria pulmonar; pericardiocentese; drenagem pleural; punção liquórica.
16. Iatrogenia em terapia intensiva
17. Métodos de imagem em medicina intensiva
18. Aspectos éticos e bioéticos da medicina intensiva
    Princípios bioéticos pertinentes à prática da Medicina Intensiva; direitos e deveres do paciente em tratamento intensivo; não oferecer suporte, dar e retirar em Medicina Intensiva; distanásia, eutanásia; não reanimar em tratamento intensivo; O paciente incompetente; a terminalidade; a humanização em ambientes intensivos; a ética das relações no gerenciamento de conflitos em UTI; futilidade e obstinação terapêutica; doação de órgãos e transplantação; Código de Ética Médica e resoluções dos conselhos e AMIB; trabalho interdisciplinar; o luto, a morte e o morrer – tanatologia; normas de ética em pesquisa.
19. Sedação, analgesia e bloqueio neuromuscular em UTI
    Protocolos; os direitos do paciente; drogas: vias, esquemas posológicos; situações especiais para infusão contínua.
20. Obstetrícia
    Eclâmpsia; doença hipertensiva na gravidez; HELLP Síndrome; infecção pós-parto; sepse puerperal; endomiometrites sépticas.

***Quadro 2-3.* Comparação dos pré-requisitos para treinamento em Medicina Intensiva nas diversas especialidades**

	Especialidade			
	Anestesia	***Clínica médica***	***Pediatria***	***Cirurgia***
Duração do treinamento, 1 ano	2 anos	2 anos	1 ano	
Residência prévia	Sim	Sim	Sim	Sim
Relação *trainee*-paciente, 1:5	1:5	1:4	1:5	
Experiência em pesquisa	Não	Sim	Sim	Sim
Requer rodízio	Não	Não	Não	Não

21. Gerenciamento e administração
    Legislação sanitária; pagamentos e convênios; qualidade em MI; indicadores hospitalares e de gestão; comissões hospitalares de apoios; gerenciamento de custos em UTI; controladoria hospitalar.
22. Transporte do paciente grave: Intra e Extra-Hospitalar
23. Interações medicamentosas
24. Análise crítica da metodologia científica
25. Indicadores de qualidade e normas mínimas de funcionamento de UTIs

Medicina Intensiva Pediátrica – Programa Teórico-Prático:

1. Avaliação clínica do paciente grave
   Pontuações de gravidade e prognóstico. Profilaxias.
2. Reanimação cérebro-cardiorrespiratória
3. Aparelho cardiocirculatório
   Arritmias cardíacas; emergências hipertensivas; choque cardiogênico, hipovolêmico, distributivo e obstrutivo; ICC e edema pulmonar; monitorização hemodinâmica invasiva e não invasiva; cardiopatias congênitas; pré e pós-operatório de cirurgia cardíaca.
4. Aparelho respiratório
   Insuficiência respiratória aguda e crônica; asma aguda grave, síndrome do desconforto respiratório agudo; doenças respiratórias obstrutivas altas; oxigenioterapia e suporte ventilatório mecânico (invasivo e não-invasivo); monitorização da ventilação mecânica; uso de gases especiais: óxido nítrico e heliox; doenças respiratórias neonatais: doença da membrana hialina, síndrome da aspiração de mecônio e displasia broncopulmonar.
5. Infecção e sepse
   Sepse; síndrome da resposta inflamatória sistêmica; disfunção de múltiplos órgãos e sistemas.
   Infecções relacionadas aos métodos invasivos; antibioticoterapia em Medicina Intensiva; meningoencefalites; endocardite bacteriana; infecção em pacientes imunodeprimidos; infecções neonatais: tétano, infeções congênitas; dengue, leptospirose e outras doenças infecciosas endêmicas.
6. Neurológico
   Comas em geral; hipertensão endocraniana; polirradiculoneurites; estado epiléptico; Miastenia gravis; infecções do sistema nervoso central; noções de neuroimagem; asfixia e hemorragia neonatal; pré e pós-operatório de neurocirurgias; trauma craniano.
7. Gastrintestinal
   Hemorragia digestiva alta e baixa; Insuficiência hepática e medidas de suporte; pré e pós-operatório de grandes cirurgias abdominais; abdômen agudo clínico e cirúrgico.
8. Sistema endócrino e metabólico
   Coma hiperosmolar e cetoacidose diabética; hipoglicemia; crise tireotóxica; Insuficiência supra-renal aguda; rabdomiólise; diabetes insípido; síndrome de secreção inapropriada de ADH.
9. Renal
   Insuficiência renal aguda; métodos dialíticos; distúrbios hidroeletrolíticos e ácido-básicos; pré- e pós-operatório de grandes cirurgias urológicas e transplante renal.
10. Pré e pós-operatório
    Avaliação do risco pré-operatório; pós-operatório de grandes cirurgias (abdominais, neurológicas, renais, cardíacas ou torácicas); noções de circulação extracorpórea.
11. Coagulação
    Coagulação intravascular disseminada, fibrinólise, coagulopatia de consumo; anticoagulação; uso de hemoderivados e substitutos do plasma.
12. Politraumatismo
    TCE. Trauma raquimedular. Síndromes compartimentais. Embolia gordurosa.
13. Grande queimado
14. Intoxicações exógenas e acidentes por animais peçonhentos, acidentes por agentes físicos e químicos. Afogamento
15. Transplantes hepático, cardíaco, renal e medula óssea. Manutenção do doador e manuseio do paciente transplantado. Morte encefálica
16. Suporte nutricional
    Nutrição parenteral e enteral: avaliação e acompanhamento nutricional, vias de acesso, indicações, composição das formulações (em insuficiência respiratória; queimado; trauma; insuficiência hepática e renal; sepse).
17. Paciente oncológico em UTI
18. Procedimentos invasivos de diagnóstico e tratamento, indicações e complicações
    Intubação traqueal/traqueostomia/cricotireotomia; cateterização arterial; dissecção venosa; cateterização venosa central e de artéria pulmonar; inserção de marcapasso; pericardiocentese e drenagem pleural, raquicentese; cateterização da veia umbilical; punção intra-óssea.
19. Métodos de imagem em medicina intensiva
20. Aspectos éticos da medicina intensiva
21. Sedação, analgesia e bloqueio neuromuscular em UTI
22. Transporte do paciente grave: intra e extra-hospitalar
23. Interações medicamentosas
24. Análise crítica da metodologia científica
25. Indicadores de qualidade e normas mínimas de funcionamento de UTIs

TREINAMENTO DE MÉDICOS NÃO-INTENSIVISTAS

Apesar de todo o esforço em formar médicos intensivistas, fica claro que a demanda do mercado ainda é superior à oferta e que se encontram, pelo Brasil, vários médicos não-intensivistas atuando junto ao paciente criticamente enfermo. Da mesma forma, o chamado médico *hospitalista*, aquele que é responsável por intercorrências de pacientes hospitalizados ou admissões de paciente externo, é uma *peculiaridade* médica que hoje atua em várias unidades hospitalares. Esses indivíduos não-intensivistas devem ser treinados para estabilizar, diagnosticar e monitorizar os pacientes graves.

Alguns cursos tradicionais, como o ACLS (*Advanced Cardiac Life Support*), o ATLS (*Advanced Trauma Life Support*) e o PALS (*Pediatric Advanced Life Support*) têm o foco bastante específico e não chamam a atenção para uma série de aspectos como sepse, insuficiência respiratória, reposição volêmica, nem se preocupam em educar para o tratamento a longo prazo.[13] Grissom *et al* analisaram a efetividade do treinamento do ACLS e ATLS na educação de médicos não-intensivistas. Apesar de ambos terem sido reconhecidos como bons provedores de treinamento cognitivo e psicomotor necessários para o tratamento de pacientes com instabilidade cardíaca e no politraumatizado, não cobriam as necessidades dos pacientes graves com doenças preexistentes nem o tratamento após a ressuscitação inicial.[5]

Um curso de imersão foi desenvolvido pela sociedade americana de medicina intensiva, o FCCS – fundamentos em suporte do paciente crítico, para orientar médicos não-intensivistas para as primeiras horas de atendimento, manutenção e monitorização do paciente grave. Trata-se de um curso de 2 dias de duração, com aulas teóricas sobre temas gerais de medicina crítica e estações práticas de treinamento com manequins e equipamentos utilizados na Unidade de Terapia Intensiva (Quadro 2-4). Pode ser ministrado para outros profissionais graduados que lidam com pacientes graves. Apesar da proposta de alcançar essa população-alvo, esse curso foi adotado pela AMIB para ser aplicado no Brasil e prover, também, treinamento aos profissionais intensivistas como educação continuada. Um estudo realizado no Brasil e apresentado no Congresso Europeu de Terapia Intensiva em 2002 avaliou os resultados obtidos após 20 meses de implementação do FCCS em nosso país.[2] A primeira medida adotada foi a tradução do livro para o português, fato identificado como facilitador para a obtenção de melhores resultados. Nesse período foram administrados 67 cursos pelo país para 1.716 profissionais de saúde, sendo a maioria composta por médicos. O número de cursos oferecidos foi proporcional ao número de UTIs em cada região, sendo a maior parte dos cursos na região Sudeste (58%) seguida pela Sul (18%). O impacto e o índice de satisfação foram expressivos. Os profissionais referem que, além de uma extensa revisão, o curso traz protocolos e gera disciplina e integração de equipe no atendimento dos pacientes em risco de vida. A estação prática de ventilação mecânica é considerada a mais atrativa e não é oferecida em outros cursos de imersão.

Quadro 2-4. Conteúdo do FCCS

Aulas teóricas

- Manuseio de via aérea
- Ressuscitação cardiopulmonar/cerebral
- Diagnóstico e tratamento dos estados de choque
- Ventilação mecânica
- Monitorização hemodinâmica
- Diagnóstico e tratamento da insuficiência respiratória aguda
- Suporte neurológico
- Tratamento do trauma e queimaduras
- Infarto agudo e isquemia do miocárdio
- Infecções com risco de vida
- Distúrbios eletrolíticos e metabólicos
- Terapia intensiva na gravidez
- Ética médica
- Considerações pediátricas
- Considerações especiais

Estações práticas

- Ventilação mecânica
- Manuseio de via aérea artificial
- Trauma
- Reanimação cardíaca/desfibrilação/marca-passo/pericardiocentese
- Acesso vascular profundo

Cursos desenvolvidos pela AMIB

As necessidades educacionais dos profissionais que atuam na Terapia Intensiva brasileira são muito heterogêneas. Certas áreas têm menos e outras mais necessidades de treinamento em um ou outro aspecto do paciente grave.

Visando a atender a equipe multinterdisciplinar da Terapia Intensiva, a Associação de Medicina Intensiva Brasileira – AMIB desenvolveu nesses últimos anos vários cursos teórico-práticos de imersão. Esses cursos constam de um livro sobre os temas específicos dos cursos, elaborado por um conselho de especialistas, e aulas práticas. Esses cursos têm no seu programa o dinamismo de adaptação às novas evoluções de conhecimento científico da prática médica. Por serem da AMIB e não programas importados de outros países, seu desenvolvimento é mais fácil. De um modo geral, a avaliação pelos alunos dos cursos realizados pela AMIB é muito boa, assim como dos seus instrutores.

Hoje existem vários cursos de imersão criados pela AMIB: Humanização, Terapia Nutricional no Paciente Grave da UTI – TENUTI e Terapia Intensiva Neurológica – CITIN, e recentemente o de Ventilação Mecânica em Pediatria e o de Monitorização Hemodinâmica.

O alcance educacional desses cursos é extraordinário. Vários desses cursos são hoje pontuados e essenciais para a formação dos *especializandos* da AMIB e dos residentes de Medicina Intensiva.

Ensino e pesquisa – pós-graduação *stricto sensu*

Nenhum tratamento é sem riscos, e se os médicos usarem tratamentos de cujos benefícios eles não têm evidências científicas sólidas, o paciente fica exposto a importantes complicações.

Pesquisas devem ser realizadas pelos intensivistas em formação e mesmos para aqueles já totalmente formados. O intensivista sênior tem maior facilidade de transmitir a informação clínica para os laboratórios experimentais.

A pesquisa tem uma finalidade social e não pode apenas ser uma resposta à curiosidade do pesquisador. Como vamos saber que essas novas terapias mudam a evolução do paciente? Se essas intervenções alteram a mortalidade, a morbidade ou a qualidade de vida? Qual o custo-benefício orgânico, emocional e a evolução ao longo do tempo? É um tratamento fútil ou útil? É preciso saber se é ético submeter o paciente a essa investigação na UTI.

Os problemas têm que ser redefinidos em termos de questões biológicas conforme os novos conhecimentos científicos sob uma visão crítica. Na ventilação mecânica, a informática trouxe grande desenvolvimento, mas foram desenvolvidos métodos de suporte ventilatório e usados clinicamente, sem terem mesmo trabalhos de grande porte que definissem as vantagens e desvantagens em relação a métodos mais simples e menos caros. Quantas técnicas e terapias foram ineficazes e mesmo maléficas vividas pelos intensivistas nos últimos anos? Lembram-se do corticosteróide em doses farmacológicas? Da oferta supranormal de oxigênio? Da ventilação com grandes volumes correntes?

Pesquisam-se na Terapia Intensiva os mecanismos fisiopatológicos, protocolos assistenciais, a qualidade do processo e seus resultados, a satisfação do paciente e da família, os custos e a lucratividade, métodos gerenciais, aspectos da humanização, técnicas e métodos de diagnóstico e tratamento em várias áreas visando a melhores resultados.

A pesquisa experimental e a investigação clínica permitiram importante avanço na Medicina Intensiva nas últimas décadas. A informática e biologia molecular e a genética avançam e permitem a descoberta de novos mecanismos fisiopatológicos e de novos tratamentos. A engenharia genética tem permitido a produção de novas terapias. No futuro os pacientes poderão ser avaliados, sendo a terapêutica mais individualizada e sua evolução considerada de acordo com seu perfil genético. Esse fato permitiria a adaptação da terapia mais adequada ao paciente. Em nosso meio, embora ainda pequeno, é crescente o número de pesquisadores, quer na área básica quer na assistencial. A parceria dos médicos que atuam na área assistencial com a área básica é importante para o desenvolvimento. A criação de projetos em que participem alunos da graduação e da pós-graduação é muito importante para se criar a mentalidade da pesquisa.

A ponte entre a pesquisa da bancada (experimental) e aplicada à medicina da beira do leito é muito importante. Freqüentemente observam-se na literatura produtos e técnicas que tiveram sucesso quando em pesquisas experimentais (animais) e que tiveram fracassos na medicina clínica assistencial, como o anticorpo monoclonal para endotoxina e anti-TNF. Surgem novos métodos ventilatórios, serão melhores que os métodos essenciais? Melhoram a evolução? Para isso é necessário maior desenvolvimento da pesquisa clínica. A pesquisa desenvolve o saber não só sobre o tema específico, mas também o espírito crítico do pesquisador, e favorece a interação com outras áreas da medicina.

É preciso planejar bem a obra antes da sua criação. Os conceitos para uma boa pesquisa têm que ser seguidos: o posicionamento do problema, os objetivos, a escolha correta da metodologia, a análise dos resultados que serão discutidos e as conclusões baseadas nos objetivos estudados. Definir bem a população alvo do estudo é sem dúvida muito importante, evitando vieses que confundirão os resultados. Pesquisas retrospectivas podem ter valor, mas geralmente elas devem ser prospectivas e controladas. Os conceitos básicos da epidemiologia devem ser seguidos. Um estudo com pequeno número de pacientes pode ser um piloto para uma pesquisa maior. O *consentimento livre e informado* ao paciente ou do familiar é essencial para a inclusão do ser humano no projeto de pesquisa. O projeto tem que ser aprovado pela Comissão de Ética. Mesmos resultados negativos têm valor, desde que o estudo tenha sido metodologicamente correto, embora as revistas médicas geralmente só publiquem pesquisas com resultados positivos,

A AMIB também realiza pesquisas tanto para avaliação quanto para classificação das UTIs. Pesquisas científicas foram iniciadas na sociedade em 2001 através de estudo multicêntrico sobre ventilação mecânica no Brasil.[3]

Formação de professores em Medicina Intensiva – pós-graduação *stricto sensu*

São poucas as Faculdades de Medicina que têm a Medicina Intensiva no seu currículo de graduação. É necessário que seja incluída essa especialidade no curso médico.

A preparação de professores para a especialidade é importante. A formação de professores depende do trinômio assistência-ensino-pesquisa. Atualmente, por exigência governamental, os professores devem ter pós-graduação com mestrado e doutorado. Não basta a especialização. São importantes a criação e o desenvolvimento de áreas de excelência com programas de pós-graduação com áreas específicas da Terapia Intensiva. Hoje temos grupos na Universidade de São Paulo, na Escola Paulista de Medicina, na Unicamp e nas Universidades Federais do Rio de Janeiro (UFRJ), Rio Grande do Sul, Santa Catarina, entre outras, com programas de mestrado e doutorado em diferentes temas que abrangem a Terapia Intensiva. Embora várias universidades tenham programas que contemplam o mestrado e o doutorado para pesquisas em pacientes graves da UTI, é importante desenvolver nas Universidades uma área específica em Medicina ou Terapia Intensiva para esses cursos. Nos programas específicos de Terapia Intensiva estudam-se principalmente a ventilação mecânica, a inflamação, a infecção e a sepse, em pesquisas clínicas e experimentais. É importante a associação com a área básica. Em 1997, na UFRJ, foi criada a pós-graduação *stricto sensu* na área de Terapia Intensiva. O modelo do programa inclui para os alunos candidatos à pós-graduação a realização de um estágio probatório de 6 a 12 meses, período em que é realizado um projeto de tese e que é iniciado após a aprovação pela Comissão de Ética. Com a execução parcial do projeto, o aluno é submetido a uma prova de qualificação da tese e, quando aprovado, submete-se a uma prova escrita, sendo, então, inscrito no programa de mestrado, onde realizará os créditos. Nessa universidade pesquisam-se a sepse experimental e clínica, ventilação mecânica e qualidade assistencial. Os créditos a serem realizados estão no Quadro 2-5.

Quadro 2-5. Créditos do mestrado em Terapia Intensiva

Tronco comum	***Créditos***
Epidemiologia clínica	2
Treinamento didático I (para formados em medicina)	2
Treinamento científico (para formados em outras áreas)	1
Seminários de Tese I	1
Seminários de Tese II	1
Seminários de Tese III	1
Seminários de pesquisa	2
Domínios conexos	
Bioestatística médica	2
Metodologia científica	2
Planejamento curricular	2
Disciplinas eletivas	
Integração com a residência médica	4
Fundamentos da medicina clínica molecular	3

No doutorado, além da prestação de prova de suficiência em mais uma língua, o aluno cumpre os créditos (16) em seminários de pesquisa, metodologia da pesquisa e treinamento didático-científico. O aluno do mestrado pode ser inscrito para o doutorado diretamente, dependendo de ter grande produção científica de qualidade e publicação em revistas de bom impacto.

Os alunos aprovados nas disciplinas e que completam os créditos defendem a tese. O programa é de 2 anos para o mestrado e de 3 para o doutorado.

REFERÊNCIAS BIBLIOGRÁFICAS

1. Buchman TG, Dellinger RP, Raphaely RC *et al.* Undergraduate education in critical care medicine. *Crit Care Med* 1992;20:1595–1603.
2. David CMN, Goldwasser R. And Brazilian Society of Critical Care Medicine FCCS's Board. Fundamental critical care support in Brazil: the impact on critical care staff education. *Intensive Care Medicine* 2002;28(1):10.
3. David CMN, Barbas CV. *Grupo de Ventilação Mecânica.* Avaliação da ventilação mecânica nas UTI brasileiras por corte de prevalência. AMIB, novembro, 2001.
4. Gerber DR, Bekes CE. Medical Staffing and Training USA. *In* Tinker J, Browne DRG, Sibbald WJ. Eds. *Critical Care. Standards, Audits and Ethics.* Arnold. Oxford University Press. 1996.
5. Grisson TE, Farmer JC. Ongoing Education of the non CCM physician: Fundamental critical care support course and other methods. *New Horizons* 1988;6:300–306.
6. Iberti TJ, Fischer EP, Leibowitz AB *et al.* A multicenter study of physicians' knowledge of the pulmonary artery catheter. Pulmonary Artery Catheter Study Group. *JAMA* 1990;264:2928.
7. Pinsky MR. Research Training in Critical Care Medicine. *New Horizons* 1998; (63):293.
8. Pronovost PJ, Angus DC, Dorman T, Robinson KA, Dremsizou TT, Young TL. Clinician staffing patterns and clinical outcomes in critically ill patient: a systematic review. *JAMA* 2002; 258 (17):2151.
9. Reynolds HN, Haupt MT, Thil–Bahrarozian MC, Carlson RW. Impact of critical care physian staffing on patients with septic shock in a university hospital medical intensive care unit. *J Am Med Assoc* 1988;260:3446.
10. Ricou B, Suter PM. Clinical research in the intensive care medicine: Ethics in clinical research. *In* Tinker J, Brown DRG, Sibbald WJ Eds. *Critical Care: Standards, Audit and Ethics.* Arnold, London, 1996. p. 360.
11. Rogers PL, Grenvik A, Willenkin RL. Teaching medical student complex cognitive skills in intensive care unit. *Crit Care Med* 1995;23:375–381.
12. Safar P, Grenvik A. Organization and physician education in critical care medicine. *Anesthesiology* 1977;47:82–95.
13. Texbook of Advanced Cardiac Life Support. Dallas. American Heart Association, 1994.

3 Transporte Intra e Extra-Hospitalar do Paciente Grave

Luiz Alexandre Alegretti Borges • Carla Bittencourt Rynkowski
Fernando Esteves Fernandes • Viviane Mentz Dornelles

Em vista das mais variadas necessidades diagnósticas e terapêuticas, os pacientes de UTI freqüentemente precisam ser transportados, tanto no âmbito hospitalar como no extra-hospitalar.[1] Uma atenção especial deve ser conferida na remoção desse paciente peculiar, já que o transporte envolve um risco de potencial instabilidade.[1-4] O transporte do paciente sempre envolve algum risco para o mesmo e às vezes para a equipe que o transporta, assim a decisão do transporte deve ser bem embasada no benefício que o transporte trará para o desfecho do paciente.[3-6] Como esse transporte pode ser fundamental no seguimento desse doente, algumas premissas devem ser respeitadas para que não sejam somadas co-morbidades ao paciente que já está criticamente comprometido.

A principal característica que deve ser observada rigorosamente no transporte do paciente de UTI é manter as condições o mais próximas possível do que ele recebia na UTI.[2,7,8] Para isso, o material disponível e a qualificação da equipe de transporte devem ser no mínimo iguais aos existentes na UTI, ressaltando-se aqui a característica de se antecipar às potenciais necessidades do doente.[2] Esse transporte planejado visa a um adequado manejo das inúmeras alterações fisiológicas (de freqüência cardíaca, pressão arterial e oxigenação) e das complicações que podem ocorrer nesse tempo, como deslocamento ou perda do acesso venoso, extubação não-planejada, obstrução de tubo endotraqueal, arritmias, hipercarbia, acidemia, inadequada imobilização das fraturas, exaustão da fonte de O_2 e até mesmo parada cardiorrespiratória. Além disso, um adequado transporte do paciente diminui inclusive o custo hospitalar.[7,10,11]

PLANEJAMENTO DO TRANSPORTE

O planejamento do transporte é imprescindível e deve ser uma prioridade no seu desenrolar. Se a intervenção ou o procedimento diagnóstico não acrescentarem, modificando a condução do caso, esse transporte deve ser fortemente questionado.[2] Devem ser levadas em consideração a indicação e as contra-indicações (Quadro 3-1) do mesmo, assim como previstas suas potenciais complicações a fim de que a equipe possa atendê-las prontamente. Nesse planejamento, o paciente é o foco do atendimento, e as condições que envolvem o transporte devem ser adaptadas a ele.

Quadro 3-1. **Contra-indicações para o transporte**

Relacionadas com o paciente	*Relacionadas com a equipe/ambiente*
Instável hemodinamicamente	Pessoal não-capacitado para o transporte
Elevada FiO_2 (> 60%) e elevada PEEP (> 10)	Escassez de pessoal para realizar o transporte
Presença de sangramento ativo de qualquer origem	Equipamento não-confiável para o transporte
Pós-PCR recente (menos de 12 h)	Oxigênio insuficiente
Em método dialítico	Ambiente despreparado ou sem estrutura para receber o paciente
Não-reanimável	

CUIDADOS NO TRANSPORTE

Intra-hospitalar

O transporte dos pacientes de UTI nas dependências do hospital é necessário para a transferência para diferentes unidades ou para a realização de exames que não podem ser realizados à beira do leito. O primeiro passo, no planejamento do transporte, é avaliar a estabilidade e a gravidade do paciente.

Em geral, os procedimentos diagnósticos podem ser postergados até que o paciente tenha condições de ser transportado.[8] Estando o paciente em condições de transporte, a equipe que fará o transporte deve ser comunicada e informada sobre o estado do paciente.

■ *Planejamento do transporte intra-hospitalar*

Após a avaliação do paciente, o médico responsável pelo paciente deve preencher um informe do estado do paciente e o que deve ser feito durante o transporte.[2,3] Se não acompanhar o transporte, ele deve estar ciente de que poderá ser chamado para atender a intercorrências desse paciente em outros setores do hospital.

No preparo do paciente, ele deve seguir com as medicações de uso regular, inclusive em bomba de infusão, e algumas necessidades podem ser antecipadas, como a sedação.

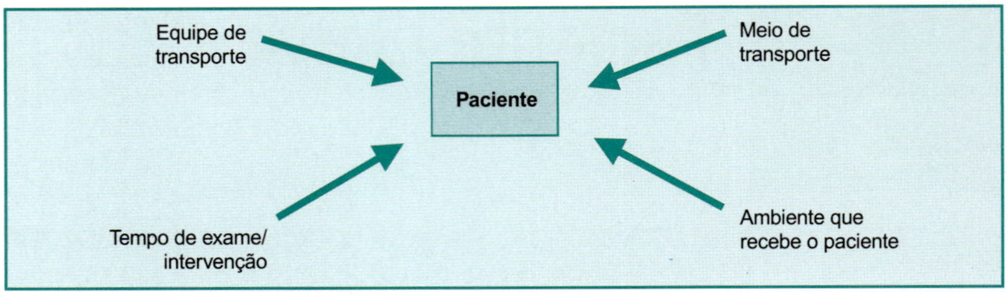

Fig. 3-1. Diagrama do planejamento do transporte.

Os itens devem ser conferidos conforme exposto na Figura 3-1.

■ *Ambiente que recebe o paciente*

O setor que recebe o paciente deve ser informado antes da saída do paciente da UTI para que possa estar preparado para realizar o exame imediatamente após a chegada do paciente.[8]

Deve ser verificado se há o mínimo material necessário para monitorização durante o exame/procedimento (oximetria, monitorização cardíaca contínua – MCC, fonte de O_2, fonte para aspiração, ventilador e outros, conforme a necessidade do paciente).[3,8] Se o transporte for feito com ventilador, este deve ser capaz de fornecer o mesmo volume-minuto, pico de pressão, FiO_2 e a mesma PEEP.[3] Também deve ser conferido o mínimo de material necessário para o atendimento de intercorrências como desfibrilador, fonte de O_2, ambu com máscara, material para intubação e drogas que eventualmente possam ser necessárias, como adrenalina, lidocaína, atropina, midazolam, fentanil, pancurônio, verapamil.

A flexibilidade e a integração do setor que recebe o paciente de UTI são essenciais para o bom andamento do procedimento. A imediata interpretação do exame pode ser de grande ajuda, pois o exame inadequado poderá ser prontamente identificado e repetido, evitando-se um novo deslocamento do paciente.[3,8]

Os serviços auxiliares como elevador e segurança do hospital devem ser informados e mobilizados no momento do transporte, para segurança do paciente.[2,3,8]

■ *Tempo do procedimento*

Deve-se ter uma estimativa do tempo necessário para realização do exame e procedimento. Se o paciente necessita de vários procedimentos fora da UTI, deve ser programada uma única saída mais prolongada, já que ela tem mais benefícios do que várias saídas.

Ainda em relação ao tempo, deve ser programado o melhor tempo de acordo com a gravidade do caso e as condições do paciente para realizar o transporte.[9]

■ *Meio de transporte*

No transporte intra-hospitalar, o paciente em geral segue no mesmo leito para ser deslocado, sem precisar trocá-lo. Deve-se ter cuidado com os acessos venosos para que sejam mantidas as mesmas medicações, inclusive em bomba de infusão.

Outro cuidado importante é quanto à ventilação. Se o paciente já está em ventilação mecânica (VM), o ideal é que ele siga num ventilador portátil, já que os pacientes não transportados em VM têm elevadas taxas de distúrbios ácido-básicos, arritmias e hipotensão.[1,8,12] As principais alterações hemodinâmicas no transporte se correlacionam principalmente com alterações gasométricas arteriais.[1] Se durante a ventilação, tanto por ventilador como por conjunto bolsa-válvula, for feita hiperventilação, pode ocorrer hiperinsuflação pulmonar, com aprisionamento de ar e aumento da pressão intratorácica, o que diminui o retorno venoso, podendo causar hipotensão.[1] Braman *et al* demonstraram que nos pacientes transportados em que ocorria hipocarbia esta esteve associada à hipotensão. No caso das alterações gasométricas, tanto a alcalose como a acidose podem afetar a função cardíaca.[1] A alcalose aumenta a irritabilidade cardíaca e predispõe a arritmias cardíacas, enquanto a acidose, além do efeito depressor sobre o miocárdio, também pode ser arritmogênica.[1]

A ventilação manual no transporte intra-hospitalar do paciente crítico em ventilação mecânica é segura quando quem o faz sabe a FiO_2 e o volume-minuto necessário sendo também treinado para essa ventilação no transporte.[13]

Se os pacientes são transportados com ventilador, o ideal é que eles sejam controlados a pressão e tenham a habilidade de sincronizar com a ventilação do paciente.[1,12]

Apesar disso, sabe-se que o mínimo necessário para o transporte é uma fonte de O_2 com ambu, sendo indispensável a VM nos casos em que o paciente necessita de elevado volume-minuto ou elevada PEEP. Para que o paciente transportado tenha um mínimo de segurança, deve ser tentado manter o volume-minuto e a fração inspirada de O_2 como parâmetros.[8]

Antes de transportados, esses pacientes em VM devem ser "testados" em relação à tolerância às condições de transporte, sendo colocados em ventilação no ventilador portátil ou ambu à beira do leito da UTI pelo tempo estimado para o transporte e exame com monitorização para avaliar possíveis deteriorações fisiológicas.

No caso de o paciente ainda não ter uma via aérea segura, esta deve ser definida antes do transporte se houver algum risco de o paciente instabilizar, como evolução para insuficiência respiratória e piora do sensório. O tubo endotraqueal deve estar corretamente fixado, com sua posição registrada antes do transporte. Deve-se ainda providenciar sedação suficiente para evitar a extubação do paciente.[7]

Quadro 3-2. **Equipe para o transporte e condições clínicas**

Características do paciente	*Equipe necessária*
Estável com linha venosa	Auxiliar
Estável com linha arterial intubado ou traqueostomizado	Enfermeiro
Em VM	Enfermeiro/médico
Em VM/com Swan-Ganz	Enfermeiro/médico
Em uso de drogas vasoativas	Enfermeiro/médico
Instável	Transporte contra-indicado

Quadro 3-3. **Principais complicações encontradas no transporte[1,13]**

Cardiovasculares	*Pulmonares*	*Equipamentos*
Arritmias	Hipoxemia	Rompimento das conexões
Hipotensão	Acidose/alcalose respiratória	Término do O_2
Hipertensão	Obstrução de via aérea	Perda do tubo endotraqueal, cânulas, drenos e acessos

Equipe de transporte

Vários estudos têm abordado a necessidade de uma equipe altamente treinada, capacitada e especializada no transporte. Stearley *et al*, em 1998, demonstraram diminuição na taxa de complicações quando o transporte é realizado por uma equipe especializada.[2,8] É recomendado que o acompanhamento do transporte seja feito por no mínimo duas pessoas, sendo pelo menos uma delas um enfermeiro habilitado em cuidados de UTI (Quadros 3-2 e 3-3).[2,3,5,7,8]

Extra-hospitalar

Além da remoção intra-hospitalar, os pacientes de UTI podem necessitar de transporte para fora do hospital com o intuito de realizar exames, ter um tratamento mais avançado ou ser transferidos pela superlotação de leitos.[3,14] Aqui, como no transporte intra-hospitalar, vale a premissa de manter os cuidados o mais próximo possível dos da UTI, como as ambulâncias UTIs móveis.

Assim como no intra-hospitalar, após indicado o transporte, o paciente deve ser preparado e estabilizado para minimizar os riscos associados ao transporte.[8] Esse transporte pode inclusive ser cancelado se os gases arteriais e os parâmetros hemodinâmicos não estiverem satisfatórios para sua procedência.[7]

Já o transporte extra-hospitalar reúne algumas características peculiares, como a exposição do paciente e da equipe a acidentes de trânsito e a maior tendência à instabilização do doente pelo movimento do transporte e pelas diferenças de temperatura e pressão.[14] Para minimizar danos e evitar demora no transporte, devem ser conferidas as condições climáticas, as condições de trânsito, e programar o melhor horário para tal, evitando-se, por exemplo, uma ambulância "presa" num congestionamento no trânsito.[6,9]

Em relação ao meio de transporte no extra-hospitalar, existe a opção de locomoção via terrestre e, quando disponível, de via aérea. Em geral os pacientes mais graves com percursos mais distantes são transportados por via aérea.[19] O transporte aéreo deve seguir as mesmas normas de regulação do transporte na ambulância por via terrestre, respeitando-se suas particularidades e indicações e lembrando-se da estabilização prévia ao vôo.[15]

O transporte em ambulância por via terrestre deve respeitar o limite de velocidade local legalmente permitido. As sirenes e luzes devem ser acesas apenas quando necessário para passagem da ambulância por cruzamentos obstruídos ou por lentidão no fluxo do trânsito.[9]

Antes do transporte deve ser providenciada uma cópia dos registros médicos, assim como os exames devem acompanhar o paciente para o outro hospital. No registro médico devem constar as condições do paciente prévias ao transporte.[3]

A boa prática médica recomenda o consentimento informado para o transporte inter-hospitalar. Esse consentimento pode ser feito pelo próprio paciente, se ele tiver competência para tal, ou pela autoridade legalmente responsável por ele.[3] Se não for possível conseguir o consentimento, devem ser registradas as indicações do transporte e os motivos pelos quais não se conseguiu o consentimento.[3]

O médico assistente deve entrar em contato com o médico que receberá o paciente, confirmando a transferência, informando as condições do paciente e certificando-se dos recursos necessários para atendimento desse doente no outro hospital.[2,3]

O serviço de transporte também deve ser comunicado sobre as condições do paciente, assim como alertado sobre possíveis necessidades do mesmo. Se o serviço de transporte não tiver um médico envolvido, o médico assistente e o médico que receberá o doente devem combinar sobre quem ficará responsável pelo controle médico do transporte *on line*.[2,3,6]

Preparo para o transporte extra-hospitalar

No preparo do paciente, a infusão parenteral contínua deve-se restringir ao máximo, permanecendo apenas drogas vasoativas e os expansores plasmáticos, a fim de simplificar o transporte.[7] A sedação e os agentes paralíticos contínuos devem ser suspensos e aplicados em *bolus* durante o transporte, conforme a necessidade.[7]

Monitorizações e materiais

Durante o transporte, esses pacientes necessitarão de monitorização contínua e observação constante por se tratar de pacientes de UTI.[8] Eles devem ser acompanhados por, no mínimo, dois socorristas (um deles sendo médico, quando indicado), além do motorista.[2] Os requisitos mínimos são a monitorização cardíaca contínua, oximetria de pulso, medida contínua ou intermitente da pressão arterial (PA) e da freqüência respiratória.[3]

O material mínimo necessário na ambulância UTI móvel deve constar de:[2,3]

- Conjunto máscara-válvula-bolsa.
- Reservatório de O_2 (com fonte suplementar para o tempo além do estimado para o transporte).
- Laringoscópio (com fonte de luz conferida).
- Tubos orotraqueais de diferentes tamanhos.
- Fonte e catéter de aspiração.
- Monitor cardíaco/desfibrilador.
- Esfigmomanômetro.
- Agulhas para punção venosa, equipos, soros (glicosado, fisiológico, Ringer), controladores de fluxo de solução intravenosa.
- Equipamento de comunicação com ambos os hospitais (origem e destino).
- Medicações: adenosina, adrenalina, aminofilina, atropina, bicarbonato de sódio, cloreto de cálcio, cloreto de potássio, dexametasona, diazepam, difendramina, dobutamina, dopamina, fenitoína, fentanil, furosemida, heparina, lidocaína, magnésio, manitol, midazolam, morfina, naloxona, nitroglicerina, nitroprussiato, pancurônio, propranolol, succinilcolina, verapamil – e outras conforme a necessidade do paciente.

O material acima especificado deve ser conferido antes de cada remoção. As medicações devem ser conferidas rotineiramente quanto ao prazo de validade.[6]

Se o paciente não tiver uma artéria canulada, a PA deve ser medida de forma automática, não-invasiva e contínua,[8] mas, se não houver disponibilidade desse dispositivo, todos os sinais vitais, assim como os parâmetros da ventilação mecânica (volume corrente – VC – pressão de pico inspiratório e volume-minuto), devem ser verificados a cada 5-10 minutos.[4,7] O ventilador do transporte deve ter alarmes para o controle de pressão, evitando-se a pressão excessiva ou a desconexão não-percebida do ventilador.[4] Ainda devem ser verificados no transporte o sensório, a diurese e, quando se aplicar, a pressão venosa central (PVC), a pressão intracraniana (PIC), o débito cardíaco (DC) e a pressão capilar pulmonar.

Todos os monitores devem ter fonte própria de energia, e esses monitores, assim como os acessos venosos, devem ser posicionados na cabeceira do paciente. Deve-se ter uma fonte com O_2 suficiente para o transporte, prevendo-se o tempo gasto no percurso planejado, com uma tolerância para possíveis intercorrências.[8] Os equipamentos ainda devem ter uma fonte de reserva com bateria no caso de interrupção da corrente elétrica.[6]

Quanto à ventilação, o mínimo necessário é uma fonte de O_2 com máscara-válvula-bolsa. Se o paciente estiver intubado e em ventilação mecânica, necessita de elevado volume-minuto ou elevada PEEP, faz-se necessário o ventilador portátil. Uma alternativa para os pacientes que necessitam de PEEP são as válvulas adaptadas ao conjunto válvula-bolsa.[7]

Os tubos, sondas e drenos devem ser adequadamente posicionados e fixados, com a posição registrada antes do transporte. Para se evitar acidentes com a extubação, a sedação deve ser garantida, e o paciente deve ser posicionado de forma que se tenha fácil acesso à sua cabeceira.

Ainda no preparo do transporte, a família deve ser informada sobre os riscos do transporte, devendo assinar um termo de consentimento, ou, se o paciente estiver consciente e em condições, ele mesmo assinará. Assim como no transporte intra-hospitalar, quando o paciente tiver condições de ser transportado, a equipe que fará o transporte deve ser comunicada sobre o estado do paciente.[8]

Após devidamente estabilizado e preparado, o paciente é colocado na UTI móvel sem ser desconectado do ventilador, da infusão de drogas vasoativas e do equipamento de monitorização. Para o transporte, as luzes e sirenes da ambulância devem ser ligadas, mas a velocidade deve ser mantida de acordo com a permitida no local.[7]

Ao final do transporte deve ser preenchido um documento com a descrição das condições e intercorrências no mesmo.[3]

■ *Principais complicações no transporte extra-hospitalar*

As principais complicações encontradas no transporte extra-hospitalar são a diminuição da saturação de O_2 maior de 10% por mais de 10 minutos, hipotensão (diminuição na pressão sistólica maior de 20 mmHg) por mais de 10 minutos, perda da via aérea necessitando de manipulação ou reintubação, hemorragia ou perda sangüínea acima de 250 ml, arritmias cardíacas com comprometimento hemodinâmico, perda de acesso venoso, deslocamento de tubos, sondas ou drenos; deterioração neurológica (como aumento da PIC) ou déficit neurológico transitório e morte.[7]

Baseados nas principais complicações, Szem *et al*, em 1995, encontraram que os pacientes de alto risco são aqueles com PEEP > 5 cmH_2O ou infusão contínua de dobutamina ou noradrenalina.[7]

SITUAÇÕES ESPECIAIS NO TRANSPORTE

Cuidados com o dreno torácico

Deve-se certificar de que o dreno esteja bem fixo antes do transporte, assim como outros drenos, tubos e sondas. Os drenos torácicos devem ser mantidos em selo d'água, em nível abaixo do tórax, e não devem ser clampeados no transporte. A ambulância deve garantir uma fonte de sucção portátil para os pacientes que correm o risco de desenvolver grande pneumotórax quando retirados da aspiração contínua.

Cuidados de neurointensivismo

Um dos objetivos fundamentais nos pacientes que necessitam de cuidados de neurointensivismo é a prevenção e detecção precoce do dano cerebral secundário. Esse dano secundário na transferência do paciente é mais freqüentemente ocasionado por hipóxia, pela obstrução da via aérea, e por hipotensão, pela instabilidade cardiovascular.[16] Ainda podem ocorrer hipertensão sistêmica, aumento da PIC, diminuição da pressão de perfusão cerebral (PPC = PAM-PIC) e dessaturação arterial.[8] Esses agravantes devem ser corrigidos antes do transporte com ventilação, analgesia e sedação adequadas.

Nos pacientes com traumatismo cranioencefálico (TCE), o manejo inicial e a ressuscitação devem seguir as prioridades do ATLS. No A deve ser garantida a via aérea, com cuidado com a coluna cervical. No B, que é a ventilação, deve-se ter especial atenção com as indicações de intubação (Quadro 3-4).

Estando o paciente intubado, ele deve ser ventilado para manter $PaO_2 > 100$ mmHg e $PaCO_2$ 30-32 mmHg.[17]

No item C, da circulação, deve-se atentar para o fato de que a subinfusão é muito mais comum que a sobreinfusão. Assim, um paciente com TCE que persiste em choque após ressuscitação volêmica adequada não deve ser transportado para tomografia computadorizada, nem para unidade neurocirúrgica, até que a fonte do sangramento seja identificada e controlada como parte da ressuscitação.

No D, das disfunções neurológicas, o nível de consciência deve ser verificado e documentado a cada 10 minutos na primeira hora no hospital. Em paciente alcoolizado com TCE, a alteração do sensório nunca deve ser atribuída isoladamente ao álcool. A avaliação do nível de consciência e da reação motora pode ficar prejudicada em paciente ventilando ou paralisado farmacologicamente, mas esse é um preço aceitável a se pagar visando à aquisição da estabilidade cardiocirculatória para realizar uma TC de crânio e ter o tratamento definitivo.

No E, ocorre exposição completa do paciente, com identificação de todas lesões.

Entre as indicações de TC de crânio com urgência estão o coma, qualquer alteração da consciência com fratura de crânio ou múltiplas lesões.

***Quadro 3-4.* Indicações de intubação pós-TCE**

Imediata

- Glasgow abaixo de 8
- Arritmia respiratória
- Perda dos reflexos de proteção da laringe
- Ventilação espontânea com $PaCO_2 < 25$ mmHg
- Insuficiência respiratória:
  - Hipoxemia ($PaO_2 < 65$ mmHg em ar ambiente ou < 100 mmHg com O_2)
  - Hipercapnia ($PaCO_2 > 45$ mmHg)

Antes do transporte

- Deterioração importante do nível de consciência, mesmo que não em coma
- Fratura bilateral da mandíbula
- Sangramento copioso pela boca (p. ex.: proveniente de fratura de base do crânio)
- Convulsões

Cuidados na transferência do paciente

A distância não é o principal fator, pois hipoxemia e hipercarbia podem-se desenvolver insidiosamente em minutos, como na obstrução de via aérea. As alterações não-desejadas podem passar despercebidas e não-tratadas pela falta de equipamento, de drogas, de material, pela monitorização inadequada e pela inexperiência dos transportadores (Quadro 3-5).

Quanto ao tempo, não deve ser iniciado um transporte com um paciente instável. O neurocirurgião deve ser comunicado do tempo previsto para a chegada. Uma adequada ressuscitação e estabilização são fundamentais antes do transporte.[16]

Na ambulância a cabeça do paciente deve ser posicionada para a frente, para evitar a desaceleração, e elevada em 15 graus. Os demais cuidados seguem como outros pacientes de UTI.[18]

***Quadro 3-5.* Indicações de transferência para centro neurocirúrgico**

Imediatamente (após o manejo e ressuscitação inicial)

- Fratura de crânio com:
  - Qualquer alteração do nível de consciência (Glasgow < 15)
  - Sinal neurológico focal
  - Qualquer outro sinal ou sintoma neurológico
- Coma persistente após ressuscitação
- Deterioração do nível de consciência
- Sinal focal em pupilas ou na reação motora

Urgente (não necessariamente de imediato)

- Confusão persistente por mais de 6 horas
- Fratura de crânio ou outra lesão penetrante com afundamento
- Suspeita de perda de liquor pelo nariz ou ouvido
- Cefaléia ou vômitos persistentes (principalmente em crianças)

Cuidados com o paciente queimado

No atendimento inicial, a intubação endotraqueal deve ser a mais precoce possível pelo risco de edema de laringe que evolui rapidamente e dificulta a intubação. Muitas vezes a via nasal pode estar recomendada. A pressão arterial não é o método mais acurado de monitorizar um grande queimado pelas várias alterações fisiopatológicas, podendo ser mais útil o pulso arterial.

Na avaliação secundária, o paciente pode ser transportado para o centro especializado se o tempo for de até 1 hora sem acesso venoso, e nas crianças menores de 5 anos não é recomendado acesso venoso. A cobertura de queimadura é o primeiro passo para diminuir a dor, e os narcóticos podem ser usados IV em doses fracionadas até o alívio da dor, não devendo ser usadas as vias IM ou SC, pela absorção errática da droga.

Quanto ao meio de transporte, o helicóptero é o mais adequado quando a distância do acidente para o hospital for entre 45 e 230 km e o transporte terrestre para distâncias de até 120 km.

Em relação ao acesso venoso, deve-se ter dois bons acessos, de preferência nas extremidades superiores não-queimadas. Os tubos devem estar bem fixos e suturados. Deve ser providenciada uma sondagem vesical para controle da diurese, importante parâmetro hemodinâmico no queimado (manter 30 ml/h no adulto e 1 ml/kg/h na criança). Deve ser colocada sonda nasogástrica aberta em frasco e mantida dieta zero. A temperatura corporal retal deve ser idealmente mantida entre 38-39°C. Devem ser interrompidos os narcóticos.

A equipe do transporte deve estar habilitada a conseguir acesso venoso, intubação endotraqueal, interpretação de gasometria e manejo de ventiladores. Os demais cuidados seguem como outros pacientes de UTI.[19]

Cuidados com a paciente gestante

Pelas alterações fisiológicas que ocorrem na gravidez, a paciente e o feto estão particularmente vulneráveis durante o transporte. Com o aumento do útero a aorta e a veia cava são comprimidas na posição supina. Essa compressão reduz a pré-carga a ponto de diminuir o débito cardíaco em até 30%. Esse mecanismo pode levar à insuficiência placentária, à hipotensão supina, ao descolamento de placenta e até a potencial PCR.[14] Apesar de a maioria das gestantes tolerar períodos curtos de compressão aortocava sem problemas, uma paciente com pré-eclâmpsia e diminuição do volume intravascular, vítima de trauma com hipovolemia por hemorragia, terá uma tolerância bem menor a essas alterações fisiológicas.

Existem pelo menos três mecanismos em que a posição supina pode levar ao comprometimento fetal: hipotensão supina, descolamento de placenta e *shunt* vascular uterino. Na diminuição do débito cardíaco, na hipotensão e/ou hipóxia ocorre uma vasoconstrição uterina, e, como a unidade feto-placenta não consegue aumentar o fluxo sangüíneo, qualquer diminuição ou redistribuição no débito cardíaco pode levar a insuficiência uteroplacentária e sofrimento fetal.[14]

Além disso, já está bem estabelecida a relação entre a compressão da veia cava inferior e o descolamento prematuro de placenta. O mecanismo de separação da placenta pode envolver tanto a hipotensão sistêmica como a hipertensão venosa localizada.

A gestante também está exposta a maior risco de comprometimento respiratório na posição supina. Existe uma redução de até 20% na capacidade funcional da gestante a termo. E, ainda, as demandas metabólicas fetais ocasionam uma rápida depleção das reservas de oxigênio.

Diante de todas as alterações descritas, entre os importantes passos a serem observados no transporte da gestante estão:[14]

- Posicionamento da gestante em decúbito lateral esquerdo com coxim no flanco direito (para descompressão da veia cava inferior).
- Se a paciente for vítima de trauma e estiver na maca rígida, deve ser virada para o lado esquerdo.
- Se a paciente persistir hipotensa mesmo com as devidas manobras, lembrar da reposição volêmica como para outros pacientes.
- O uso de vasopressores costuma ser evitado devido ao risco de depressão fetal pela diminuição do fluxo sangüíneo uterino.
- O oxigênio suplementar deve ser oferecido a qualquer gestante com lesão.[14]

Cuidados com o paciente pediátrico

O transporte do paciente pediátrico deve seguir as mesmas normas do paciente adulto, obedecendo às particularidades do paciente pediátrico. O transporte de paciente pediátrico de UTI necessita de uma equipe treinada, material adequado e protocolo próprio.[9]

O tamanho apropriado do equipamento necessário deve ser rigorosamente observado, com base na idade e peso da criança.[20] Existe uma relação entre os tamanhos dos materiais que segue a regra 1:2:4, segundo tamanho do TOT, tamanho da sonda nasogástrica e sonda vesical e tamanho do dreno torácico (Quadro 3-6).[21]

Quadro 3-6. Tamanho de equipamentos pediátricos[20]

	Via aérea				Suplemento				
Idade/Peso	*Máscara de O_2*	*Bolsa-válvula-máscara*	*Laringoscópio*	*TOT*	*Catéter venoso calibre*	*Sonda nasogástrica (Fr)*	*Sonda de Foley (Fr)*	*Dreno torácico (Fr)*	*Colar cervical*
RN, 0-6 m 3-5 kg	RN	RN	Nº 1 Reto	3-3,5 sem balonete	22	12	5-8	12-18	–
6-12 m/ 7 kg	PED	PED	Nº 1 Reto	3,5-4,5 sem balonete	22	12	8	14-20	Pequeno
1-3 a/10-12 kg	PED	PED	Nº 1 Reto	4-4,5 sem balonete	20-22	12	10	14-24	Pequeno
4-7 a/16-18 kg	PED	PED	Nº 2 Reto/Curvo	5-5,5 sem balonete	20	12	10-12	20-32	Pequeno
8-10 a/21-30 kg	Adulto	PED Adulto		5,5-6,5 com balonete	18-20	12	12	28-38	Médio

Para o transporte de recém-nascidos, é necessária incubadora carregada a bateria, com tamanho padronizado apropriado para passar pelas portas das dependências hospitalares, com peso adequado para ser carregada por até duas pessoas e um suporte na ambulância para que fique firmemente segura.[9]

REFERÊNCIAS BIBLIOGRÁFICAS

1. Braman SS, Dunn SM, Amico CA, Millman RP. Complications in intrahospital transport in critically ill patients. *Ann Intern Med* 1987;107:469–73.
2. AMIB/SCCM. Fundamentos em Terapia Intensiva. Orientações para Transferência de Pacientes Graves. 2ª ed. Rio de Janeiro: Revinter, 2000, pp 238–48.
3. Gebremichael M, Borg U, Nader M *et al.* Guidelines for the transfer of critically ill patients. *Critical Care Medicine* 1993;21:931–7. Interhospital transport of the extremely ill patient: the mobile intensive care unit. *Critical Care Medicine* 2000;28:79–84.
4. Romano M, Raabe OG, Walby W, Albertson TE. The stability of arterial blood gases during transportation of patients using the respiratory Technology PRO. *Am J Emerg Med* 2000;18:273–7.
5. Hoyt DB, Mikulaschek AW, Winchell RJ. Trauma triage and interhospital transfer. *In* Mattox KL, Feliciano DV, Moore EE: *Trauma.* 4th ed. New York: McGraw–Hill, 2001, pp 81–98.
6. Conn AKT. *Transport.* N Yierney LM, McPhee SJ, Papadakis MA: *Current Critical Care, Diagnosis and Treatment.* London: Lange Medical Book, 1998, pp 380–5.
7. Gebremichael M, Borg U, Nader M *et al.* Interhospital transport of the extremely ill patients: the mobile intensive care unit. *Critical Care Medicine* 2000;28:79–84.
8. Braxton CC, Reilly PM, Schwab CW. The traveling intensive care unit patient. *Surg Clin North Am* 2000;80:949–57.
9. Guidelines for air and ground transportation of pediatric patients. *Pediatrics* 1986;78:943–9.
10. Stearley HE. Patients' outcomes: intrahospital transportation and monitoring of criticaly ill patients by a specially trained ICU nursing staff. *Am J Critical Care* 1998;7:282–7.
11. Kanter RK, Tompkins JM. Adverse events during interhospital transport: physiologic deterioration associated with pretransport severity of illness. *Pediatrics* 1989;84:43–8.
12. Miyoshi E, Fyino Y, Mashimo T, Nishimura M. Performance of transport ventilator with patient–triggered ventilation. *Chest* 2000;118:1109–15.
13. Weg JG, Haas CF. Safe intrahospital transport of critically ill ventilator–dependent patients. *Chest* 1989;96:631–5.
14. Katz VL, Hansen AR, Hill C. Complications in the emergency transport of pregnant women. *South Med J* 1990;83:7–9.
15. Wallace PGM, Ridley AS. ABC of intensive care — transport of critically ill patients. *Brit Med J* 1999;319:368–71.
16. Smith I, Fleming S, Cernain U *et al.* Mishaps during transportation from the intensive care unit. *Critical Care Medicine* 1990;18:278–81.
17. Andrews PJD, Piper IR, Dearden NM, Miller JD. Secondary insults during intrahospital transport of head–injured patients. *Lancet* 1990;335:327–30.
18. Ferdinande P. Recommendations for intrahospital transport of the severelly head injured patient. *Intensive Care Medicine* 1999;25:1441–3.
19. Arfken CL, Shapiro MJ, Bessey PQ, Littenberg B. Effectiveness of helicopter versus ground ambulance services for interfacility transport. *J Trauma: Injury, Infection and Critical Care* 1998;45:785–90.
20. MlCak RP, Dimick AR, MlCak G. Pre–hospital management, transportation and emergency care. *In* Herdon DN: *Total Burn Care.* Philadelphia: WB Saunders, 1996, pp 33–43.
21. Graneto JW, Soglin DF. Transport and stabilization of the pediatric trauma patient. *Pediatr Clin North Am* 1993;40:365–80.

4 Controle de Qualidade e Indicadores

Elias Knobel • Fábio Patrus Pena • Nelson Akamine

A abordagem da administração da qualidade utilizada a partir dos anos 90 é resultado de uma longa evolução. Durante séculos, a única forma de "controle da qualidade" foi a inspeção. Os antigos artesãos inspecionavam seu próprio trabalho ou o dos aprendizes que eles observavam diretamente. À medida que as oficinas cresceram, criaram-se métodos específicos de inspeção, nos quais se estudavam os resultados do trabalho. O modelo de administração científica de Taylor procurou metodizar os processos de trabalho e seus controles a fim de tentar obter maior produtividade e menor número de produtos defeituosos.[1]

Os primeiros controles da qualidade surgiram nos anos 30, com a aplicação do gráfico de controle desenvolvido por Shewart, cujos resultados mostraram que a produtividade aumenta com a diminuição da variabilidade.[2] Após a Segunda Guerra Mundial, Deming e Juran desenvolveram métodos de controle da qualidade, adotados amplamente pelos japoneses. Tais métodos aplicavam-se não somente aos processos da fábrica, mas à distribuição, ao controle de estoque e ao varejo. Feigenbaum considerou os métodos de controle da qualidade como um sistema para integrar esforços em toda a organização visando à satisfação das necessidades do cliente.[3]

O controle da qualidade foi aperfeiçoado pela indústria japonesa, dando origem à gestão da Qualidade Total (*Total Quality Management* – TQM), que envolve todos os níveis hierárquicos (integração vertical) e funções (integração horizontal) da organização na melhoria e controle da qualidade.

Visando a aprimorar o padrão de qualidade dos serviços de saúde, diversos autores têm apresentado propostas que incluem racionalização dos recursos, reestruturação do sistema de saúde e implantação de diferentes iniciativas de qualidade.

As iniciativas de qualidade desenvolvidas em hospitais brasileiros incluem gestão da qualidade total, programas de acreditação hospitalar (p. ex., *Joint Commission on Accreditation of Healthcare Organizations*), certificação segundo as Normas ISO (*International Organization for Standardization*) e gestão conforme os critérios do PNQ (Prêmio Nacional para a Qualidade).

A busca pela melhoria da qualidade encontra grandes desafios dentro da realidade da saúde: Qual o modelo mais adequado de gerenciamento da qualidade para a nossa realidade social e de saúde? Como sensibilizar os profissionais de saúde para a importância das novas tendências gerenciais? Como dar voz aos usuários e aos profissionais, de modo que suas expectativas sejam atendidas?

DEFINIÇÕES

Gestão da qualidade total

Vários autores discutiram o conceito de qualidade e desenvolveram métodos de garantia e melhoria da qualidade, pelo que procuramos destacar alguns conceitos de autores clássicos do tema, como Deming, Juran e Crosby e de alguns modelos de qualidade como as Normas ISO-9000 e o Prêmio Nacional para a Qualidade.

Deming define qualidade como sendo *o atendimento contínuo às necessidades e expectativas dos clientes a um preço que eles estejam dispostos a pagar*. Esse autor propõe 14 princípios da qualidade que envolvem o relacionamento das organizações com seus clientes, fornecedores e empregados. São os seguintes os princípios de Deming: 1) crie constância de propósitos para a melhoria do produto e serviço; 2) adote a nova filosofia; 3) cesse a dependência da inspeção em massa; 4) acabe com a prática de aprovar orçamentos apenas com base no preço; 5) melhore constantemente o sistema de produção e serviços; 6) institua o treinamento; 7) adote e institua liderança; 8) afaste o medo; 9) rompa as barreiras entre os diversos setores; 10) elimine *slogans*, exortações e metas para a mão-de-obra. 11) suprima as quotas numéricas para a mão-de-obra e elimine os objetivos numéricos para o pessoal de administração; 12) remova as barreiras que privam os profissionais do justo orgulho pelo trabalho bem-executado; 13) estimule a formação e o auto-aprimoramento de todos; 14) tome iniciativa para realizar a transformação.[4]

Para Juran, qualidade consiste em três processos básicos: planejamento, controle e melhoria. A qualidade está associada à *adequação ao uso* e deve ser julgada em função das necessidades dos clientes.[5]

Crosby associa qualidade a *defeito-zero* e a *conformidade com os padrões*, visando sempre à satisfação do cliente.[6]

De acordo com as Normas ISO, qualidade é definida como a *totalidade de características de uma entidade* [atividade, processo, produto ou organização] *que lhe confere a capacidade de satisfazer as necessidades explícitas e implícitas do serviço*.[7]

O manual do PNQ – Prêmio Nacional para a Qualidade – reforça a importância da *qualidade centrada no cliente*. Nesse sentido, a qualidade deve levar em conta todas as características básicas e relevantes dos processos que adicionam valor para o cliente, intensificam sua satisfação e determinam sua preferência.[8]

Gestão da qualidade em saúde

Donabedian salienta que o conceito de qualidade tem muitos componentes, que podem ser agrupados a partir de sete atributos, a saber:[9]

1. **Eficácia:** é a capacidade da assistência de atingir seus melhores resultados, quais sejam, melhoria da saúde e bem-estar. A estratégia conhecida como a mais eficaz estabelece o limite máximo do que se pode alcançar; é a fronteira tecnológica.
2. **Efetividade:** é o grau em que as melhorias possíveis na saúde, identificadas a partir das estratégias mais eficazes, são atingidas na prática do dia-a-dia.
3. **Eficiência:** está centrada na capacidade de obter a melhor assistência com os menores custos. Se duas estratégias de tratamento possuem o mesmo grau de efetividade, a de menor custo será a mais eficiente.
4. **Otimização:** representa o esforço para obter o nível ótimo de investimento no tratamento assistencial, considerando o benefício para a saúde e o custo da assistência, representado pelo ponto máximo em que os benefícios da assistência são vantajosos em relação ao acréscimo nos custos. Assim, uma determinada estratégia de tratamento pode ser a mais efetiva, porém os hipotéticos ganhos adicionais em saúde não compensam o acréscimo nos custos.
5. **Aceitabilidade da assistência:** é o grau de conformidade da assistência aos desejos, expectativas e valores dos pacientes e familiares. Tais expectativas incluem o acesso, a relação médico-paciente, o conforto das instalações, as preferências do paciente em relação às estratégias de tratamento e aos custos da assistência.
6. **Legitimidade:** é a conformidade da assistência com as necessidades de bem-estar da sociedade ou comunidade.
7. **Eqüidade:** é relacionada com a justiça na distribuição da assistência prestada e de seus benefícios em função das necessidades de uma determinada população.

A qualidade em saúde, conforme o modelo da *Joint Commission on Accreditation of Healthcare Organizations*, é o grau em que os serviços de saúde para os indivíduos e para a população aumentam a possibilidade de alcance dos resultados esperados de forma consistente com os conhecimentos profissionais atuais. Além dos atributos de eficácia, eficiência e efetividade apontados por Donabedian, a *Joint Commission* preconiza valores como a adequação da assistência e do tempo de atendimento às necessidades dos pacientes, o planejamento organizacional, a continuidade da assistência, o respeito aos valores individuais e sociais, bem como a segurança dos pacientes, seus familiares e profissionais da organização.[10]

Indicadores de qualidade

Para a *Joint Commission*, indicadores não são necessariamente medições diretas da qualidade e devem servir como alerta aos usuários sobre oportunidades de melhoria nos processos e nos resultados.

A *Organização Pan-Americana de Saúde* define indicadores como provas viáveis para assegurar que a qualidade existe e pode ser melhorada. Define também como uma forma de se obter informação para a tomada de decisões com relação a: estrutura (condições físicas e institucionais adequadas), processos (ações que constituem a prestação da assistência) e resultado (o que se espera alcançar).

Segundo o *Prêmio Nacional da Qualidade*, indicadores são formas de representação quantificáveis das características de produtos ou processos. O objetivo principal é controlar e promover a melhoria de processos e de seus resultados em termos de qualidade e desempenho. Nesse sentido, o modelo distingue entre indicadores de qualidade e indicadores de desempenho. O primeiro está relacionado com o conceito de qualidade centrada no cliente. Estes devem ser gerados a partir das necessidades e expectativas dos clientes, traduzidas através das características da qualidade do produto ou serviço, sejam elas tangíveis ou não. Indicadores de desempenho referem-se à relação matemática que mede, numericamente, atributos de um processo ou de seus resultados, com o objetivo de comparar essa medida com metas numéricas preestabelecidas.

Donabedian agrupa os indicadores segundo sua relação com a estrutura, o processo e o resultado. Indicadores de estrutura tratam das condições nas quais a assistência é realizada. Incluem: recursos materiais (equipamentos e estrutura física), recursos humanos (número, variedade e qualificações dos profissionais), características da organização (organização do corpo clínico e de enfermagem, modelos de liderança e estrutura organizacional). Indicadores de processo estão relacionados com a assistência ao paciente, tais como diagnóstico, tratamento e reabilitação da assistência, educação do paciente e relações com familiares. Indicadores de resultado refletem mudanças (desejáveis ou não) em indivíduos ou populações que possam ser atribuídas à assistência realizada.

Ciclo PDCA como ferramenta de melhora da qualidade

O ciclo PDCA *(Plan-Do-Check-Act)* foi desenvolvido por Deming e contempla as etapas essenciais de todo processo de melhoria da qualidade. As etapas de planejamento *(Plan)*, execução *(Do)*, checagem *(Check)* e revisão *(Act)* formam um ciclo contínuo e sistemático para análise e resolução de problemas. Sua grande vantagem está na fácil compreensão e uso pela equipe e por possibilitar uma visão sistêmica do processo de melhoria contínua, desde a identificação do problema até a padronização da melhoria e os resultados obtidos (Fig. 4-1).

O Centro de Terapia Intensiva – Adultos do Hospital Israelita Albert Einstein adotou o ciclo PDCA como guia para análise e acompanhamento de indicadores de qualidade, tais como uso de aspirina e betabloqueadores em pacientes com infarto agudo do miocárdio (Figs. 4-2 e 4-3).

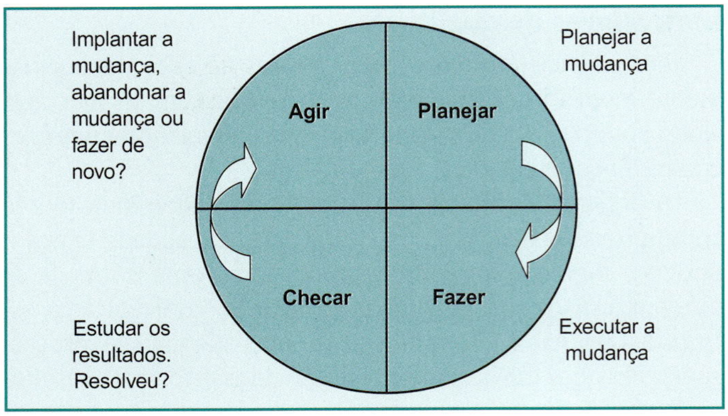

Fig. 4-1. Ciclo PDCA de Deming.

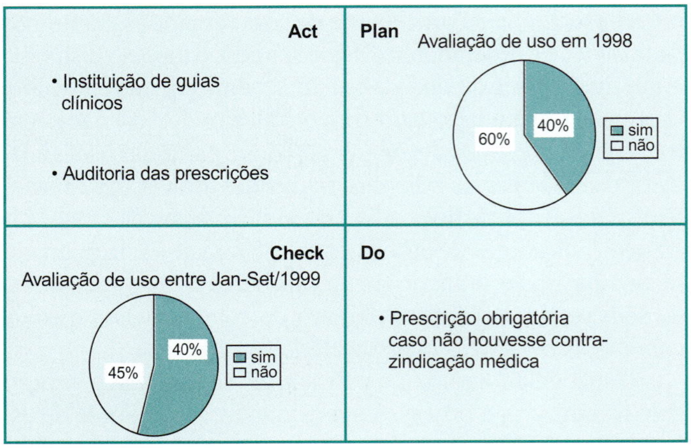

Fig. 4-2. Uso de betabloqueadores no IAM-CTI-A/HIAE.

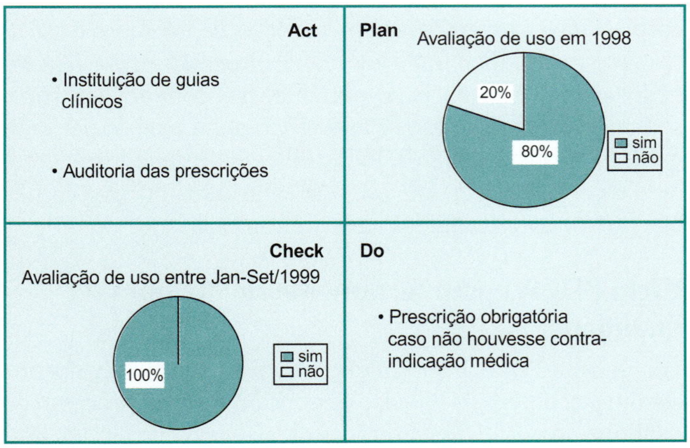

Fig. 4-3. Uso de antiagregante plaquetário no IAM-CTI-A/HIAE.

MODELOS DE NORMATIZAÇÃO E ACREDITAÇÃO DE QUALIDADE

Normas ISO-9000

ISO é uma adaptação das iniciais de *International Organization for Standardization,* ou Organização Internacional para Padronização. A sigla foi adaptada em função do significado do complemento "iso", proveniente do grego, que quer dizer "igual". A ISO é uma federação mundial composta por organismos de padronização nacionais que visam a estabelecer requisitos mínimos para o sistema de garantia da qualidade.

No Brasil, cabe ao Comitê Brasileiro de Qualidade – CB25, órgão da Associação Brasileira de Normas Técnicas, a análise, tradução e adequação das normas ISO, editando-as na forma de NBRs. O Instituto Nacional de Metrologia, Normalização e Qualidade Industrial – INMETRO – credencia os certificadores nacionais e internacionais para emissão de certificados no Brasil.

A Norma NBR-ISO-9002, publicada em 1994, cita que seu objetivo é:

> Demonstrar capacidade do fornecedor para fornecer produtos conformes para um projeto estabelecido. Os requisitos especificados destinam-se primordialmente à obtenção da satisfação do cliente pela prevenção de não-conformidades em todos os estágios, desde a produção até os serviços associados.[7]

O desenvolvimento das Normas ISO-9000 é realizado por comitês técnicos com representação das entidades que compõem a federação mundial da ISO. Cada uma das entidades e organizações internacionais vinculadas à ISO tem o direito de ser representadas nesses comitês. As propostas de revisão das Normas são elaboradas pelos comitês técnicos na forma de *Draft International Standards* e circulam entre as entidades para votação. Para que uma proposta seja aprovada e o requisito seja publicado, é necessário que tenha pelo menos dois terços do total dos votos a favor e não mais de um quarto contra.

Dentre as principais mudanças conceituais da nova versão, publicada em 2000, é possível destacar a abrangência do modelo para os aspectos de gestão. O próprio título da nova norma "Requisitos do Sistema de Gerenciamento da Qualidade" já demonstra a intenção de focar o sistema na gestão da melhoria contínua. Dentre as mudanças, é possível destacar:

- Ampliação do conceito de qualidade do serviço: anteriormente restrito ao atendimento das *necessidades explícitas e implícitas do serviço*, na nova versão é definida como *atendimento das necessidades e expectativas dos consumidores e partes interessadas (funcionários, fornecedores, proprietários e sociedade) de forma efetiva* [e] *o alcance e a manutenção do cumprimento dos objetivos do negócio.*
- Maior ênfase no planejamento para a qualidade, devendo-se definir a necessidade de recursos, equipamentos, processos (entradas e saídas) e habilidades para atender ao sistema de qualidade e às mudanças organizacionais.
- Exigência de que a organização defina processos para mensuração do desempenho do sistema de gerenciamento da qualidade. A mensuração deve incluir, pelo menos, a satisfação do cliente, auditorias internas e resultados do desempenho dos processos, produtos e equipamentos.

Enfim, a intenção do novo modelo é abranger os objetivos do sistema de gerenciamento da qualidade, no sentido de aprimorar o desempenho global da organização.

A Figura 4-4 ilustra o esquema de gestão da qualidade.

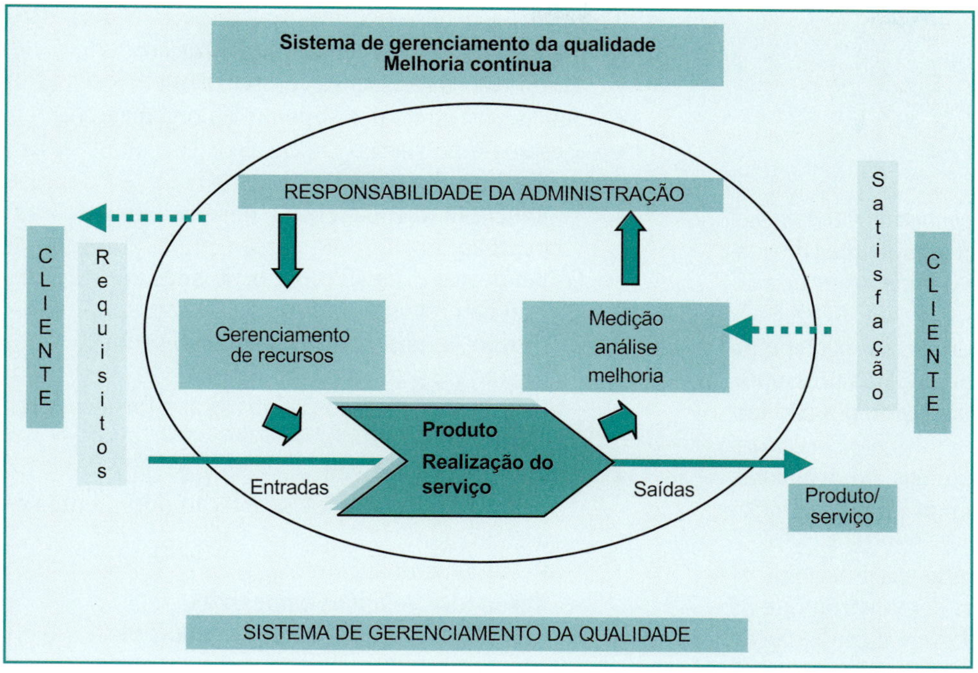

Fig. 4-4. Modelo esquemático do sistema de gerenciamento da qualidade. (Fonte: ISO/DIS 9001, 2000.)

ISO-9002 em saúde

Há poucas referências na literatura mundial sobre aplicações do modelo ISO-9002 em organizações de saúde. Uma pesquisa bibliográfica realizada junto ao banco *HealthSTAR* mostrou que os artigos mais antigos sobre ISO em saúde datam de 1992, e, desde então, apenas 80 publicações foram encontradas. A maior parte das publicações (80%) está relacionada com a discussão genérica sobre a eficácia do modelo para a saúde (40%) e para os hospitais (7,5%) e sobre sua aplicação em bancos de sangue (12,5%), laboratórios (12,5%) e serviços de saúde ocupacional (7,5%).[11]

Patrus desenvolveu um estudo para estudar a aplicabilidade da ISO-9002 nos processos de saúde. O autor investigou a percepção dos líderes de quatro unidades assistenciais certificadas pela ISO de um hospital geral de 460 leitos. O estudo incluiu unidades de assistência direta ao paciente (Centro de Terapia Intensiva – Adultos e Unidade de Terapia Intensiva – Pediátrica) e unidades de apoio à assistência (Laboratório de Análises Clínicas e Serviço de Hemoterapia). Os principais fatores impulsionadores da implantação da ISO foram a estrutura multiprofissional do comitê da qualidade e a necessidade de precisão e exatidão dos processos relacionados com a assistência ao paciente. Os principais fatores limitantes foram a dificuldade na compreensão e adaptação do modelo aos processos assistenciais e a característica de autonomia da prática médica. Como resultado do programa ISO, os líderes apontaram que os maiores benefícios estiveram relacionados com mecanismos de controle, tais como padronização de normas, sistemas de auditoria interna e externa e controle de equipamentos. Os líderes concordam que a ISO não foi eficaz como ferramenta de *marketing* (não houve impacto na demanda do serviço) e tampouco como sistema de gerenciamento da qualidade pela pouca abrangência dos requisitos voltados para os aspectos de melhoria contínua e liderança. O estudo conclui apontando que o modelo pode ser útil para serviços de saúde que ainda não tenham os mecanismos de organização e controle bem estruturados. O modelo é também recomendado como um primeiro passo para a promoção da qualidade.[11]

Joint Commission on Accreditation of Healthcare Organizations

Joint Commission on Accreditation of Healthcare Organizations (Comissão Conjunta de Acreditação de Organizações de Assistência à Saúde) é uma organização não-governamental americana que desenvolveu o modelo de acreditação em qualidade que atualmente é hegemônico nos hospitais americanos. O termo *accreditation* vem sendo traduzido no Brasil como "acreditação", entendido como sistema de avaliação externa para verificar o cumprimento de um conjunto de padrões.

O modelo parte de três aspectos principais, dentro dos quais estão os padrões de avaliação:

1. Paciente
   - Direitos dos pacientes e ética organizacional.
   - Avaliação do paciente.
   - Cuidados ao paciente.
   - Continuidade do tratamento.
   - Educação do paciente.
2. Organização
   - Melhora do desempenho.
   - Infra-estrutura/Segurança do ambiente da assistência.
   - Liderança/Gestão.
   - Recursos humanos.
   - Vigilância, prevenção e controle de infecção.
   - Gerenciamento de informações.

3. Estrutura
   - Direção.
   - Administração.
   - Corpo clínico.
   - Enfermagem.

Em 1998, a JCAHO fundou a *Joint Commission International Accreditation*, que estabeleceu um conjunto de padrões de qualidade internacional para acreditação de organizações de saúde fora dos Estados Unidos.

A *Joint Commission* estabelece os padrões mas não aponta o caminho para alcançá-los, ou seja, o modelo não pressupõe uma metodologia única para atingi-los, acabando por não instrumentalizar as instituições. Isso pode ser útil para organizações que já sabem como implantar sistemas de qualidade, mas, para aquelas que estão iniciando um programa de qualidade, pode aumentar o desafio.

Um estudo baseado na única experiência brasileira de implantação do modelo *Joint Commission* demonstrou que há dificuldade em implantar normas que alterem a configuração de autonomia e independência da categoria médica.[12]

São vantagens do modelo:

- Definir critérios e padrões voltados especificamente para a qualidade da assistência ao paciente.
- Integrar funções administrativas e assistenciais.
- Estruturar a organização em função da matriz entre funções organizacionais e processos assistenciais.
- Utilizar o suporte dos modelos de qualidade.
- Integrar, de alguma forma, os diversos modelos preexistentes.

No entanto, as organizações de saúde no Brasil ainda poderão encontrar dificuldades para sua implantação, em função da:

- Falta de dados para orientar melhoria contínua.
- Dificuldade em adaptar a estrutura organizacional formal de acordo com a ótica do modelo.
- Necessidade de adaptar os requisitos, que, modelados para a realidade americana, ainda assim implicam forte mudança cultural.

Prêmio Nacional da Qualidade

O Prêmio Nacional da Qualidade (PNQ), desenvolvido no Brasil a partir dos padrões do *Malcolm Baldridge Award*, estabelece requisitos fundamentais para atingir a qualidade total. Os sete critérios de avaliação do PNQ incluem os seguintes aspectos:

1. Liderança
   - Sistema de liderança.
   - Responsabilidade pública e cidadania.
2. Planejamento estratégico
   - Formulação das estratégias.
   - Operacionalização das estratégias.
3. Foco no cliente e no mercado
   - Conhecimento sobre o cliente e o mercado.
   - Relacionamento com o cliente.
4. Informação e análise
   - Gestão das informações da organização.
   - Gestão das informações comparativas.
   - Análise crítica do desempenho da organização.
   - Gestão de pessoas:
     - Sistemas de trabalho.
     - Educação, treinamento e desenvolvimento das pessoas.
     - Bem-estar e satisfação das pessoas.
   - Gestão de processos:
     - Gestão de processos relativos ao produto.
     - Gestão de processos de apoio.
     - Gestão de processos relativos aos fornecedores e parceiros.
   - Resultados do negócio:
     - Resultados relativos à satisfação dos clientes e ao mercado.
     - Resultados financeiros.
     - Resultados relativos às pessoas.
     - Resultados relativos aos fornecedores e parceiros.
     - Resultados relativos ao produto e aos processos organizacionais.

Como vantagens do PNQ, podemos destacar:

a) a integração existente entre as diversas funções, particularmente o equilíbrio entre gestão de processos, gestão de pessoas, informações e resultados;
b) trata-se de um modelo de gestão da qualidade total com abrangência institucional;
c) sua abrangência intra-organizacional e extra-organizacional;
d) a ênfase no planejamento, assumindo uma postura pró-ativa.

No entanto, a aplicação do modelo em organizações de saúde pode ser dificultada por ser pouco operacional e de difícil tradução, além de exigir *know-how* de gestão para desdobramento e operacionalização das diretrizes.

ÍNDICES DE GRAVIDADE COMO INDICADORES PARA UNIDADES DE TERAPIA INTENSIVA

Os índices de gravidade têm como objetivo básico a descrição quantitativa do grau de disfunção orgânica de pacientes gravemente enfermos. A gravidade de uma doença em um paciente é traduzida em um valor numérico a partir de alterações clínicas e laboratoriais existentes ou do tipo/número de procedimentos utilizados.

O uso de índices de gravidade está se tornando cada vez mais difundido devido à necessidade de avaliação do desempenho das UTIs e da eficiência do tratamento realizado. Esse fato é decorrente das características desse setor dentro da estrutura hospitalar, ou seja, seu elevado custo de funcionamento pela alocação de recursos materiais dispendiosos e de equipe multiprofissional especializada e pela heterogeneidade dos pacientes com diferentes patologias em evolução.

Através dos índices de gravidade, é possível realizar vários tipos de análise:

- Estratificar pacientes de acordo com a gravidade da doença e o prognóstico.
- Acompanhar a evolução e a resposta do paciente à terapêutica instituída.
- Comparar a evolução de pacientes semelhantes submetidos a tratamentos diversos.
- Avaliar o desempenho da UTI.
- Avaliar e comparar o desempenho de UTIs diversas.
- Comparar mortalidade observada e esperada.
- Avaliar (de modo indireto) o custo/benefício de determinados procedimentos para pacientes em várias etapas da doença.

Verifica-se, na literatura especializada em terapia intensiva, um número crescente de publicações utilizando índices de gravidade para estimativa do risco de óbito hospitalar. O valor e a utilidade dos índices de gravidade são ainda assuntos bastante controversos, sendo necessário salientar que os índices atualmente disponíveis não possuem presição e valor preditivo suficiente para orientar atos e condutas médicas para cada paciente individualmente, e não são melhores do que o julgamento clínico. Além disso, os índices foram desenvolvidos em países com padrão de atendimento hospitalar diferente do Brasil, o que aumenta a possibilidade de erro ao se fazerem prognósticos individuais.

Para adequada utilização dos índices, é imprescindível que a coleta de dados seja realizada de forma estruturada com padronização dos diagnósticos e procedimentos utilizados para obter dados confiáveis. Dessa forma, cada UTI deve elaborar seu próprio banco de dados de casuística para estabelecer o padrão de evolução dos pacientes e de funcionamento, fazendo comparações consigo mesmo ao longo do tempo.

O índice APACHE II tornou-se o mais difundido como ponto de referência ou padrão com o qual outras UTIs atualmente se comparam. Porém, existem diversos fatores que influenciam o resultado final para o paciente, não apenas o valor numérico do índice em uso. A interpretação dos índices de gravidade não deve ser realizada de forma isolada, mas sim levando em consideração outras características e parâmetros da UTI para vigilância.

A comparação com outros serviços deve ser realizada com ressalvas porque as estruturas hospitalares e a causa principal de internação são diferentes: uma UTI para vigilância de pós-operatório eletivo não deve ser comparada com um serviço em que predominam pacientes com insuficiência respiratória ou quadro infeccioso, pois o resultado (mortalidade observada, tempo de permanência etc.) seguramente será diferente, causando falsa idéia de melhor desempenho.

Ao se comparar a diferença entre taxas de mortalidade deve-se levar em conta diversos fatores que influenciam o resultado final para o paciente: diagnóstico de internação, critérios de admissão e alta da UTI, presença de co-morbidade, recursos humanos e materiais disponíveis, indicação de internação na UTI, condições de acesso à assistência médica da população atendida pelo hospital, condições hospitalares de tratamento pré-UTI, tempo decorrido entre a chegada ao hospital e a admissão na UTI (atraso na admissão do paciente) e variações na casuística analisada.

Índices de gravidade utilizados em UTI de adultos

Os índices podem ser classificados em índices genéricos e índices para doenças ou estados mórbidos específicos.

■ *Alguns índices genéricos*

Existem publicações que procuram identificar parâmetros laboratoriais, isto é, um perfil endócrino que sirva para predição de sobrevida de pacientes de UTI. Esses estudos são isolados e necessitam de validação em populações maiores de pacientes. É fato estabelecido a ocorrência de modificações na função da tireóide e da adrenal na fase aguda das doenças. A baixa concentração de tirotropina e tiroxina e a alta concentração de cortisol indicam pior prognóstico.

Jarek *et al* em 1993 realizaram diversas dosagens hormonais (triiodotironina, tiroxina, tirotropina, hormônio luteinizante, hormônio folículo-estimulante, testosterona, cortisol basal e cortisol estimulado pelo hormônio adrenocorticotrópico) em 61 pacientes nas primeiras 24 e 48 horas de admissão na UTI. Os valores desses exames e do APACHE II foram comparados entre sobreviventes e não-sobreviventes. Concluíram que o cortisol basal e a triiodotironina dosados após 48 horas de admissão eram melhores preditores de sobrevida do que o APACHE II.

Rothwell *et al* em 1995 estudaram 260 pacientes consecutivos na primeira hora de admissão na UTI, dosando cortisol plasmático, tiroxina, tirotropina e triiodotironina. Foi elaborada uma equação utilizando os valores do cortisol, tiroxina e tirotropina, denominada índice endócrino. Este índice permitiu predição de sobrevida com maior sensibilidade do que predição de óbito e melhor do que o APACHE II.

Existem relatos de que a ocorrência de hiperglicemia, no dia do trauma, em pacientes com lesão cerebral indica pior evolução e prognóstico neurológico. Margulies *et al* em 1994 estudaram 97 pacientes com trauma de crânio, estabelecendo correlação com valor da escala de coma de Glasgow na admissão e gravidade da doença pelo índice SAPS. A análise de regressão logística revelou o valor do Glasgow da admissão como melhor preditor, seguido do valor do SAPS, sendo que a hiperglicemia apenas refletiu a gravidade da doença.

APACHE (*Acute Physiologic and Chronic Health Evaluation*)

Foi desenvolvido por William A. Knaus *et al,* do *George Washington University Medical Center*, em 1981. Em 1985, após revisão e simplificação, o índice passou a denominar-se APACHE II. São utilizadas 12 variáveis clínicas, fisiológicas e laboratoriais padronizadas e que recebem pontos de zero a quatro, conforme o grau de desvio da normalidade apresentado (quanto mais alterado é o valor, maior será a pontuação). Também são atribuídos pontos à idade, à presença de doença crônica e às variáveis fisiológicas, e a sua soma fornece o índice APACHE II. Este índice é habitualmente utilizado nas primeiras 24 horas de internação na UTI. Através da utilização de uma equação de regressão logística com valor do APACHE II, uma constante (0,603 para pós-operatório de cirurgia de urgência) e um valor ponderal para categoria diagnóstica, é calculado o risco de óbito para um paciente com determinada patologia. É possível estratificar os pacientes por faixa de risco e comparar o número de óbitos observados e esperados, estabelecendo sua relação e significância estatística. A relação entre óbitos observados e esperados origina o *Standardized Mortality Rate* (SMR): valores acima de 1 indicam resultado melhor que o esperado, menores que 1 indicam resultado pior do que o esperado e igual a 1 mostram que o resultado observado foi igual ao esperado.

A mais recente versão, APACHE III, foi desenvolvida utilizando-se 17 variáveis (foram acrescentadas novas variáveis: débito urinário, valores séricos de uréia, albumina, bilirrubina e glicose); com modificação da pontuação e peso (faixa de variação mais ampla) para variáveis fisiológicas, idade e doença crônica e utilizando maior número de categorias diagnósticas (78). Foram coletados dados de 17.440 pacientes de 40 hospitais americanos, de modo a constituir uma base de dados mais ampla e representativa para reelaboração da equação e validação do índice. Um dos objetivos é refinar a precisão de predição do risco para pacientes individualizados, porém a difusão do seu uso será difícil porque detalhes e componentes da equação e os coeficientes de regressão não serão divulgados.

No Brasil, no período de janeiro de 1990 a maio de 1991, foram coletados dados de 1.734 pacientes em 10 hospitais diferentes, e os resultados mostraram que o APACHE III permite a estratificação dos pacientes brasileiros pela taxa de mortalidade hospitalar, sendo a relação mortalidade observada/esperada (SMR) igual a 1,67. A mortalidade observada foi superior à predita pelo APACHE III em todas as faixas de risco. Além disso, avaliou a quantidade de tecnologia, o número de diagnósticos e a disponibilidade de enfermeiras em cada UTI, para analisar a importância da tecnologia para sobrevida de pacientes em UTI no Brasil. A conclusão foi que uma maior disponibilidade de equipamentos e serviços na UTI estava associada de modo significativo, mas *não causal,* com a diminuição da SMR. É ressaltado que o bom desempenho não depende apenas da disponibilidade de recursos, mas também do compromisso da instituição e da unidade e do tipo de paciente atendido.

SAPS (*Simplified Acute Physiologic Score*)

Desenvolvido por J.R. Le Gall *et al, do Hôpital Henri Mondor, de Creteil (França) em 1983.* É bastante semelhante ao APACHE II e utiliza atribuição de pontos a 13 variáveis fisiológicas e idade. A nova versão desse índice, SAPS II, foi validada em 13.152 pacientes de 137 UTIs da Europa e Estados Unidos (12 países). É composta de 12 variáveis fisiológicas, idade, tipo de admissão (cirurgia programada, não-programada ou internação clínica) e presença de doença crônica (imunodeficiência adquirida, neoplasia com metástases e neoplasia hematológica).

Esse índice é considerado um dos índices mais fáceis para obtenção da probabilidade de óbito hospitalar (obtida através de equação de regressão logística utilizando a somatória dos pontos obtidos).

MPM (*Mortality Prediction Model*)

Desenvolvido por S. Lemeshow *et al, do Baystate Medical Center de Massachusetts,* em 1985. O peso atribuído às variáveis é determinado por técnicas estatísticas, e o resultado é expresso como probabilidade, e não como pontuação. As variáveis utilizadas são: nível de consciência, tipo de admissão, ocorrência de parada cardiorrespiratória previamente à internação na UTI, presença de neoplasia, insuficiência renal crônica, patologia cirúrgica, infecção, idade, internação prévia em UTI, freqüência cardíaca e pressão arterial sistólica na admissão. A cada variável é atribuído um coeficiente logístico estimado, que é multiplicado por 0 ou 1, dependendo de sua ausência ou presença. A soma desses valores e de uma constante é utilizada em uma equação logarítmica e fornece a probabilidade de mortalidade hospitalar do paciente ao ser admitido na UTI.

Em 1993 foi publicada uma revisão e atualização do índice, a partir de dados de 12.610 pacientes de 12 países. A avaliação do paciente é realizada no momento da admissão e após 24 horas na UTI. Utiliza 15 variáveis: presença de coma, freqüência cardíaca $\geq$ 150 bpm, pressão arterial sistólica $\leq$ 90 mmHg, insuficiência renal crônica, cirrose, neoplasia metastática, insuficiência renal aguda, arritmia cardíaca, acidente vascular cerebral, sangramento gastrintestinal, efeito de "massa" intracraniano, idade, ressuscitação cardiopulmonar prévia à admissão, ao uso de ventilação mecânica e ao pós-operatório de cirurgia de urgência. A pontuação e o cálculo da probabilidade de óbito hospitalar são semelhantes aos descritos anteriormente.

Atualmente existe uma preocupação em desenvolver índices para avaliar o grau de disfunção orgânica do paciente e não apenas para prognosticar sobrevida ou óbito. Isso é muito importante ao se conduzir estudos clínicos (principalmente sobre sepse). A avaliação de novas terapias não pode ser adequadamente avaliada sem controlar o grau de disfunção orgânica evolutivamente.

■ *Índice para avaliação de procedimentos*

TISS (*Therapeutic Intervention Scoring System*)

Desenvolvido por *Cullen et al,* do *Massachusetts General Hospital* de Boston, em 1974, foi revisado e atualizado em 1983. É baseado na premissa de que, independentemente do diagnóstico, quanto mais terapia o paciente recebe, maior é a gravidade da doença. Essa pontuação quantifica 76 intervenções terapêuticas e de monitorização, atribuindo pontos que variam de um a quatro, conforme a complexidade, o grau de invasividade e o tempo despendido pela enfermagem e pelo médico para realizar determinado procedimento. De acordo com o total de pontos obtidos, os pacientes são classificados em quatro grupos (I a IV), conforme a maior ou menor necessidade de vigilância e cuidados intensivos. Essas 76 variáveis são analisadas diariamente, permitindo a obtenção de um perfil evolutivo do paciente e também da unidade. Esse índice é uma ferramenta útil para avaliar e monitorizar a utilização de recursos na UTI e estabelecer a necessidade de equipe de enfermagem. Não é usado para prognosticar sobrevida e pode indicar a superutilização de equipamentos em pacientes que necessitam apenas de vigilância e que poderiam se beneficiar de uma unidade com menos recursos (*step-down unit* – unidade semi-intensiva).

Em janeiro de 1996, Miranda *et al*, do *University Hospital de Groningen* (Holanda), publicaram uma simplificação desse índice, TISS-28, reduzindo para 28 o número de intervenções analisadas, através do seu agrupamento em itens afins e modificando a pontuação atribuída.

Índices de gravidade utilizados em UTI pediátrica

Em 1964, John Downes desenvolveu a primeira UTI pediátrica para o tratamento de crianças com insuficiência respiratória aguda. Desde então, o crescimento dessas unidades tem sido marcado pela sofisticação dos cuidados, e atualmente as UTIs pediátricas são bastante complexas e de custo muito elevado. Com essa evolução, novas pressões médicas e sociais surgiram simultaneamente, relacionadas aos cuidados intensivos, para a criação de métodos mais objetivos de avaliação de gravidade e de prognóstico das crianças. A falta de consistência e precisão das opiniões subjetivas dos médicos no que diz respeito ao estado dos pacientes gerou a necessidade de pontuações clínicas quantitativas.

■ *Alguns índices genéricos*

PSI (*Physiologic Stability Index*)

A primeira pontuação a ser utilizada em pediatria foi o PSI (índice de estabilidade fisiológica). É uma pontuação que quantifica a estabilidade das variáveis fisiológicas e, portanto, avalia diretamente a gravidade da doença. Um total de 34 variáveis de sete sistemas fisiológicos foi escolhido, e os limites determinados segundo a variação normal da idade e a importância clínica da anormalidade. O grau de anormalidade de cada variável era assinalado com uma pontuação de 1, 3 ou 5, refletindo a importância clínica das alterações, mas não necessariamente o grau de desvio da normalidade. Uma pontuação de 1 para uma determinada variável significava que sua alteração era suficiente para causar preocupação, porém não necessariamente levava a uma alteração da terapêutica; 3 pontos eram assinalados para uma variação suficientemente anormal para levar a uma mudança na terapêutica pela maioria dos médicos na maior parte das situações clínicas; e 5 pontos eram fornecidos para uma alteração da variável que implicasse risco de vida. A pontuação de cada variável somada fornece o PSI, geralmente realizado diariamente. Quanto maior o PSI, maior o grau de instabilidade das variáveis fisiológicas. Em diversos trabalhos que utilizaram o PSI, o TISS (*Therapeutic Intervention Scoring System*) foi associado.

O PSI e o TISS foram modificados para utilização em recém-nascidos e se mostraram úteis na quantificação do grau de instabilidade fisiológica, da gravidade da doença e da morbidade nutricional nesses pacientes.

PRISM (*Pediatric Risk of Mortality*)

O PRISM é uma simplificação objetiva do PSI. O número de variáveis fisiológicas foi reduzido de 34 para 14. Além disso, as variáveis foram reavaliadas na sua contribuição ao risco de mortalidade. Assim sendo, o PRISM não é apenas mais fácil de ser calculado, mas reflete mais diretamente a gravidade da doença, quando comparado ao PSI. A revisão do PSI foi guiada por julgamento clínico na interpretação dos resultados estatísticos.

As variáveis fisiológicas do PRISM são: pressão arterial sistólica, pressão arterial diastólica, freqüência cardíaca, freqüência respiratória, relação entre pressão arterial de oxigênio e fração inspirada de oxigênio, pressão arterial de CO_2, escala de coma de Glasgow, reação pupilar, tempo de protrombina ou tempo de tromboplastina parcial, e concentrações de bilirrubina total, potássio, cálcio, glicose e bicarbonato. *Uma vez que se utiliza a relação PaO_2/FiO_2 como uma das variáveis, são excluídas as crianças com shunt intracardíaco ou com doença respiratória crônica*. Excluem-se também os pacientes sob efeito de sedação ou anestesia nos quais a avaliação neurológica pela escala de coma Glasgow está sujeita a erro.

Os valores mais anormais de cada variável observados durante um dia são utilizados para o cálculo do risco de mortalidade, segundo a fórmula a seguir, que leva também em consideração a idade da criança em meses e o fato de ser ou não pós-operatório.

$$r = 0{,}207 \times \text{PRISM} - 0{,}005 \times \text{idade em meses} - 0{,}433 \times \text{estado operatório} - 4{,}782$$

(em que estado operatório é 1 para pós-operatório ou 0 se não o for)

A probabilidade de óbito é, então, calculada pela seguinte fórmula:

$$p = \exp[r]/1 + \exp[r]$$

Desde a sua descrição, em 1988, por Pollack *et al*, o PRISM tem sido utilizado com precisão em diversos países para predizer mortalidade em terapia intensiva pediátrica, mostrando-se eficaz independentemente da instituição que o utiliza e na comparação dos resultados de terapias intensivas terciárias e não-terciárias. Também foi usado para predizer infecção nosocomial em UTI pediátrica.

A concordância entre a mortalidade calculada e a mortalidade observada em diversos grupos diagnósticos, tais como disfunção respiratória, cardiovascular e neurológica, não indica que a pontuação possa ser aplicada com precisão para todos os diagnósticos. As doenças oncológicas e a AIDS são diagnósticos nos quais o significado da instabilidade das variáveis fisiológicas pode ser alterado pelo próprio diagnóstico. Também em crianças com insuficiência renal crônica não se mostrou satisfatório. Para Goddard, que utilizou o PRISM em lactentes, a pontuação superestimou a gravidade da doença nessa faixa etária.

Outra desvantagem do PRISM é a falha no acesso às variações da doença no decorrer do tempo. Para solucionar esse problema foi desenvolvida a DORA (*Dynamic Objective Risk Assessment*), uma equação em que se utiliza o PRISM, porém para avaliação do risco de mortalidade num curto período de tempo (menor que 24 h).

$$\text{DORA} \rightarrow r = 0{,}160 \times \text{PRISM}_a - 6{,}427,$$
se só o PRISM admissional for disponível ou
$$r = 0{,}154 \times \text{PRISM}_t + 0{,}053 \times \text{PRISM}_a - 6{,}791,$$
se mais do que um PRISM for disponível
(em que PRISM_a é o admissional e PRISM_t é o mais recente)

A fórmula para o cálculo da probabilidade de óbito é a mesma:

$$P = \exp[r]/1 + \exp[r]$$

Em 1996, Polack *et al* desenvolveram e validaram uma pontuação pediátrica de terceira geração, baseada em variáveis fisiológicas, chamada PRISM III. No PRISM III, as variáveis fisiológicas foram reavaliadas, sendo algumas eliminadas por não contribuírem significativamente para o risco de morte, como a hipertensão sistólica. Outras variáveis, que haviam sido excluídas na evolução do PSI para o PRISM, foram novamente incluídas no PRISM III, tais como: temperatura, pH, PaO_2, creatinina, nitrogênio uréico, contagem de leucócitos e número de plaquetas. Outros fatores de risco incluídos na avaliação foram: presença de anormalidades cromossômicas, neoplasias, doença cardiovascular não-cirúrgica, complicações agudas do diabetes melito (cetoacidose diabética), internação pregressa em terapia intensiva, parada cardiorrespiratória prévia à internação e procedência. A pontuação foi aplicada para as primeiras 12 e 24 horas de internação.

O PRISM III resultou em um modelo de avaliação de risco de mortalidade de maior precisão em relação ao PRISM original, com uma redução das dificuldades descritas anteriormente para o PRISM. Entretanto, o seu uso ainda não se disseminou, em parte, pelo custo para a aquisição de um programa para a sua utilização. Atualmente, o PRISM original, apesar dos problemas já descritos, continua sendo o sistema clínico laboratorial de avaliação de prognóstico mais utilizado em pediatria no mundo todo.

REFERÊNCIAS BIBLIOGRÁFICAS

1. Taylor FW. *Princípios de Administração Científica.* São Paulo: Atlas, 1911.
2. Shewart WA. *Economic Control of Quality of Manufactured Product.* Van Nostrand, 1931.
3. Feigenbaum AV. *Total Quality Control.* New York: McGraw-Hill, 1983.
4. Deming WE. *Qualidade: A Revolução da Administração.* Rio de Janeiro: Marques-Saraiva, 1990.
5. Juran JM. *Juran's Quality Control Handbook.* 4th ed. New York: McGraw-Hill, 1988.
6. Crosby PB. *Quality Is Free.* New York: New American Library, 1979.
7. NBR ISO 9002 — Sistemas da Qualidade: modelo para garantia da qualidade em produção, instalação e serviços associados. Rio de Janeiro: ABNT — Associação Brasileira de Normas Técnicas, 1994.
8. Critério de Excelência 2002: *O Estado da Arte da Gestão para a Excelência do Desempenho.* Fundação para o Prêmio Nacional da Qualidade, 2002.
9. Donabedian A. The definition of quality: a conceptual exploration. *Explorations in Quality Assessment and Monitoring.* Vol. 1: The Definition of Quality and Approaches to its Assessment. Ann Arbor: Health Administration Press, 1980.
10. Comprehensive Accreditation Manual for Hospitals: The Official Handbook. Joint Commission on Accreditation of Healthcare Organizations. Oakbook Terrace, 2002.
11. Patrus PF. Implantação do Modelo ISO 9002 na Área da Saúde: a visão do gestor da qualidade em quatro unidades de um hospital do Município de São Paulo em 2000. Dissertação de Mestrado-Escola de Administração de Empresas de São Paulo, Fundação Getulio Vargas. São Paulo, 2000.
12. Pollack MM, Ruttimann UE, Getson PR. Pediatric Risk of Mortality (PRISM) Score. *Crit Care Med* 1988;16(11):1110.

BIBLIOGRAFIA ADICIONAL

Balakrishnan G, Aitchison T, Hallworth D. Prospective evaluation of the Paediatric Risk of Mortality (PRISM) Score. *Arch Dis Child* 1992;67:196.

Bastos PG, Knaus WA, Zimmerman JE *et al.* The Brazil APACHE III Study Group: application of APACHE III prognostic system in Brazilian Intensive Care Units: a prospective multicenter study. *Intens Care Med* 1996;22:564–70.

Civetta JM. Critical care: How should we evaluate our progress? *Crit Care Med* 1992;20:1714–20.

Cullen DJ, Civetta JM, Briggs BA *et al.* Therapeutic intervention scoring system: a method for quantitative comparison of patient care. *Crit Care Med* 1974;2:57–60.

Davis AL, Pollack MM, Cloup M. Comparison of French and US Pediatric Intensive Care Units. *Resuscitation* 1989;17:143.

Denicola LK, Todres JD. History of pediatric intensive care in the United States. *In* Fuhrman BP, Zimmerman JJ (Eds.): *Pediatric Critical Care.* St. Louis: Mosby Yearbook, 1992.

Georgieff MK, Mills MM, Bhatt P. Validation of two scoring systems which assess the degree of physiologic instability in critically ill newborn infants. *Crit Care Med* 1989;17(1):17.

Goddard JM. Pediatric risk of mortality scoring overestimates severity of illness in infants. *Crit Care Med* 1992;20(12):1662.

Killip T, Kimball JT. Treatment of myocardial infarction in a coronary care unit. *Am J Cardiol* 1967;20:457.

Knaus WA, Draper EA, Wagner DP *et al.* APACHE II — a severity of disease classification system. *Crit Care Med* 1985;13:818–29.

Knaus WA, Wagner DP, Draper EA *et al.* The APACHE III: Prognostic system. *Chest* 1991;100:1619–36.

Knaus WA, Zimmerman JE, Wagner DP *et al.* APACHE — Acute Physiology and Chronic Health Evaluation: a physiologically based classification system. *Crit Care Med* 1981;9:591–7.

Le Gall JR, Klar J, Lemeshow S *et al.* ICU scoring group: The logistic organ dysfunction system. *JAMA* 1996;276:802–10.

Le Gall JR, Lemeshow S, Saulnier F. A new simplified acute physiology score based on a European/North American Multicenter Study. *JAMA* 1993;270:2957–63.

Pollack MM, Alexander SR, Clarke BA. Improved outcomes from tertiary center pediatric intensive care: a statewide comparison of tertiary and nontertiary care facilities. *Crit Care Med* 1991;19(2):150.

Pollack MM, Ruttimann UE, Glass NL. Monitoring in pediatric intensive care. *Pediatrics* 1985;76(5):719.

Pollack MM, Yeh TS, Ruttimann EU. Pediatric intensive care evolution. *Crit Care Med* 1984;12(4):376.

Pollack MM. Role of clinical scoring systems in Intensive Care Unit. *In* Shoemaker WC (Ed.): *Critical Care: State of the Art.* Fullerton: The Society of Critical Care Medicine, 1989, Vol. 10, pp 101–21.

Pollock E, Ford-Jones EL, Corey M. Use of the pediatric risk of mortality score to predict nosocomial infection in a Pediatric Intensive Care Unit. *Crit Care Med* 1991;19(2):160.

Stevens LE. Gauging the severity of surgical sepsis. *Arch Surg* 1983;118:1190–2.

Vincent JL, Rui Moreno, Takala J *et al.* The SOFA (Sepsis-related Organ Failure Assessment score of describe organ dysfunction/failure). *Intens Care Med* 1996;22:707–10.

5 Sistema QuaTI – Aspectos Pediátricos

Anna Julia Sapienza

A Terapia Intensiva é uma das áreas médicas que mais se beneficiaram com os avanços tecnológicos dos últimos tempos. Condições clínicas antes incuráveis hoje evoluem para a cura ou cronicidade, gerando um aumento da taxa de sobrevida.[1]

Surgiram dilemas éticos associados ao uso dessa tecnologia em pacientes fora da capacidade de cura ou sem possibilidade de retorno social e sua relação com os custos gerados por seu tratamento. Na literatura, é pouco demonstrado o efeito desses recursos na qualidade de vida dos pacientes gravemente enfermos.[1,2]

Pensando em qualidade no atendimento do paciente, devemos nos ater a alguns aspectos: o tratamento oferecido, o momento de seu início, condições em que este foi realizado e a avaliação futura de seu impacto sobre o prognóstico.[3]

A morbidade foi o padrão inicial para a avaliação da qualidade em serviços de saúde; porém, com o passar do tempo, notou-se que, quando avaliada isoladamente, não representava uma variável fidedigna em decorrência da diversidade de patologias, locais de tratamento, tipos de tratamentos empregados e equipes hospitalares com diferentes formações. A qualidade só está assegurada quando é oferecido o melhor cuidado ao paciente dentro da possibilidade do serviço.[4]

Surgiram então programas para avaliação da qualidade que permitiam, a partir de uma revisão conduzida pela análise dos aspectos operacionais das unidades, relacionar a terapêutica oferecida aos resultados prognósticos alcançados com os pacientes. Para alguns hospitais essa segurança em relação à qualidade é dada pela creditação da *Joint Commission for Accreditation of Health Care Organizations*.[5,6] Porém, na realidade brasileira, poucos têm acesso a esse sistema, surgindo a necessidade de uma creditação nacional das Unidades de Terapia Intensiva (UTIs), nascendo assim o projeto QuaTI (Qualidade em Terapia Intensiva), de uma parceria da AMIB (Associação de Medicina Intensiva Brasileira) com uma empresa nacional de sistemas de informações em saúde: Dixtal.

Em 1997, a AMIB já havia realizado um levantamento demográfico (Censo das UTIs Brasileiras) avaliando os recursos tecnológicos e humanos, que mais tarde serviriam como base para a portaria 466 do Ministério da Saúde para análise das UTIs junto à vigilância sanitária.

Nessa segunda fase, em resposta às diferentes realidades encontradas, a AMIB propõe a realização de uma avaliação dos pacientes, do atendimento recebido e de sua evolução.

Foi criada uma comissão de Terapia Intensiva Adulta e Pediátrica de diferentes regiões do Brasil, que tiveram a responsabilidade da escolha dos parâmetros incluídos para avaliação da qualidade, participação dos projetos pilotos para validação do sistema e apoio técnico.

O objetivo final desse projeto é a melhoria contínua da qualidade do serviço prestado nas UTIs brasileiras.

FUNCIONAMENTO DO SISTEMA

As informações são coletadas diariamente pela equipe envolvida na UTI (escriturários, enfermeiros e médicos) através de fichas cadastrais que posteriormente serão arquivadas em um banco de dados informatizado. Mensalmente são enviados relatórios ao banco de dados, gerenciado pelo sistema Dixtal, permitindo a comparação de cada UTI com as demais do Brasil, de diferentes níveis e tamanhos, públicas ou privadas, universitárias ou não.

Trimestralmente serão enviados os relatórios da comparação do desempenho de cada unidade em relação ao conjunto das demais e à sua própria atuação em relação aos meses anteriores, tornando possível a identificação dos aspectos positivos e negativos da Unidade.

É importante afirmar que todos os dados individuais de cada unidade são sigilosos e acessíveis apenas aos próprios responsáveis pela Unidade, sendo de conhecimento geral apenas os dados do conjunto de UTIs participantes. Cada UTI tem uma única identificação, que é conhecida apenas pelo responsável dos relatórios na Dixtal. O arquivo de envio é criptografado, por se tratarem de informações confidenciais. Esses relatórios também são enviados sob a forma de gráficos para melhor visualização de seus resultados.[7]

FICHA DE COLETA DE DADOS

Os primeiros dados coletados são de caracterização da população demográfica, como sexo, idade, raça, peso, estatura, procedência, datas de internação e alta/óbito, diagnóstico clínico ou cirúrgico (Ficha 1).

A seguir discute-se a inclusão de avaliação da indicação da internação, se adequada ou não, como critério de qualidade no uso dos recursos disponíveis. É caracterizada como inadequada a internação de pacientes fora de possibilidade de recuperação ou sobrevida e que não sejam doadores de ór-

Sistema QuaTI (Qualidade em Terapia Intensiva) Pediátrico

Hospital: ____________________ **Unidade:** ______________ **Leito:** ______________

Paciente: ____
Registro: __________ **Data de nascimento:** _____/_____/_____
Peso: __________ kg **Altura:** __________ cm
Sexo: ( ) Masc ( ) Fem **Raça:** ( ) Amarela ( ) Branca ( ) Indígena ( ) Negra ( ) Parda

Internação: Data: _____/_____/_____ **Hora:** _____:_____
Indicação de internação: ( ) Adequada ( ) Inadequada
Tipo de paciente: ( ) P. O. eletivo ( ) P. O. emergência ( ) Clínico
Procedência: ( ) Emergência ( ) Enfermaria ( ) C. cirúrgico
( ) Remoção de outro hospital

Disfunções orgânicas presentes na internação: ( ) Cárdio ( ) Resp ( ) Neuro ( ) Hepa ( ) Hemato ( ) TGI ( ) Renal

Reinternação: ( ) Não ( ) Sim (mesmo diagnóstico) ( ) Sim (diagnóstico diferente) **Data:** ____/____/____ **Hora:** ____:____

( ) Doença aguda ( ) Doença crônica

Parâmetros clínicos e laboratoriais (variáveis não-aferidas são consideradas normais):

Parâmetro	*Mín*	*Máx*	*Unid*
FC			bpm
FR			ipm
PAs			mmHg
PAd			mmHg

Parâmetro	*Mín*	*Máx*	*Unid*
PaO_2/FiO_2			mmHg
$PaCO_2$			mmHg

Parâmetro	*Mín*	*Máx*	*Unid*
Cálcio			mmHg
Potássio			mmHg
Glicose			mg %
BT em > 1 mês de vida			mg %

Reação pupilar	Desigual e dilatada ( )
	Fixa e dilatada ( )

Glasgow	
TP/TTPA > 1,5 o valor de controle	

Procedimentos: ( ) Ventilação ( ) Diálise peritoneal ( ) Hemodiálise ( ) S. vesical
( ) Traqueostomia ( ) Dreno torácico ( ) PVC ( ) PAI
Complicações: ( ) Extubação acidental ( ) PneumoTX ( ) Colonização
Infecção: ( ) Ausente ( ) Presente documentada ( ) Presente não-documentada

Local da infecção: ____

Ficha de alta: Data: _____/_____/_____ **Hora:** _____:_____

Motivo: ( ) Alta da UTI ( ) Remoção para hospital ( ) Óbito (na UTI)
( ) Sepse grave ( ) Choque séptico

Disfunções orgânicas ocorridas durante a internação: ( ) Cárdio ( ) Resp ( ) Neuro ( ) Hepa ( ) Hemato ( ) TGI ( ) Renal

Diagnósticos: 1. ____________________
2. ____________________ 3. ____________________

Ficha 1.

gãos; adequada, no paciente potencialmente recuperável que apresente disfunção orgânica que necessite de medidas de suporte de vida ou vigilância e monitorização invasivas. A necessidade de inclusão desse item deve-se às internações que ocorrem em diversos serviços de pacientes cuja doença não apresenta qualquer reversibilidade ou possibilidade de cura e logo à admissão sabemos de sua evolução para o óbito; no extremo oposto, os pacientes sem risco de vida que são colocados sob monitoração em unidades de terapia intensiva por critérios subjetivos e não clínicos: esses pacientes acabarão por influenciar a taxa de mortalidade do serviço, caso a ocorrência de internações inadequadas seja freqüente.[8]

A taxa de reinternação também é avaliada, para rever se há correlação com os óbitos.

Devido à correlação invertida existente na literatura entre custos e sobrevida, demonstrando que pacientes mais criticamente enfermos são os que geram maior gasto com menor taxa de sobrevida, a separação de pacientes previamente hígidos daqueles cronicamente enfermos foi necessária.[9,10,11] Caracterizou-se como crônica a doença de duração superior a 30 dias que pudesse gerar incapacitação do paciente para sua vida adulta ou que limitasse sua expectativa de vida.[12]

Um meio mais objetivo e racional em UTI para avaliarmos e quantificarmos a gravidade de uma doença é através dos modelos preditivos de risco de mortalidade.[13-20] Esses modelos foram desenvolvidos para diferentes faixas etárias: nesse projeto excluiu-se o período neonatal, sendo escolhido o índice aplicável à faixa etária acima dessa idade: PRISM (*Pediatric Risk of Mortality Score*), adaptado por Pollack em 1988.[17,19]

O PRISM é a segunda geração de índices preditivos baseado em dados fisiológicos de pacientes pediátricos derivado do PSI (*Physiologic Stability Index*).[14,15] Esse índice serve tanto para a própria avaliação da qualidade como para a comparação com diferentes serviços, sem a necessidade de aplicação simultânea.

A coleta de dados para PRISM ocorre no período entre 8 e 31 horas de internação. Quando o tempo de internação no primeiro dia for inferior a 8 horas, a coleta deverá abranger o próximo período completo de 24 horas, totalizando 31 horas de cuidados na Unidade. Pode ser realizada mais de uma avaliação do PRISM, além da admissional.

Dados laboratoriais que não sejam coletados são tidos como normais. Deve-se considerar o estado neurológico do paciente através da última avaliação feita previamente à sedação ou bloqueio neuromuscular.

Nessa pontuação são utilizadas 14 variáveis subdivididas em 23 itens, reajustados pela presença ou não da condição cirúrgica, sem interferência do diagnóstico. A pontuação é dada de acordo com a presença ou não de anormalidades, bem como com o grau de acometimento; somados os pontos, aplica-se a fórmula:

$$R = 0{,}207 \times \text{PRISM} - 0{,}005 \times \text{Idade (meses)} - 0{,}4333 \times \text{condição cirúrgica} - 4{,}782$$

Condição cirúrgica = 1 se pós-operatório; 0 se sem pós-operatório

Se apenas foi realizado o PRISM admissional, o risco é:

$$R = 0{,}160 \text{ PRISM a} - 6{,}427$$

Se mais de um PRISM foi realizado então o risco é:

$$R = 0{,}154 \text{ PRISM t} + 0{,}053 \text{ PRISMa} - 6{,}791$$

A probabilidade de morte (P) será:

$$P = \frac{\text{exponencial R}}{1 + \text{exponencial R}}$$

No futuro, o uso das probabilidades prognósticas poderá interferir no manejo do paciente, quando essas apresentarem níveis suficientes de acurácia e validade, como também poderão sofrer mudanças geradas por novos protocolos de tratamento e estratégias de monitorização.[16,18]

O PRISM é o índice mais utilizado nas UTIs pediátricas nos Estados Unidos, servindo para predizer a qualidade em *benchmarking;* que é um processo como o proposto no projeto QuaTI, no qual os desempenhos das instituições são observados e comparados para a definição das melhores práticas.[21] O PRISM foi atualizado em 1996,[18] sendo o primeiro sistema de pontuação pediátrica patenteado e protegido por licença, desencadeando diversas discussões a respeito da apropriação de ferramentas úteis aos serviços de saúde e o custo de sua utilização; por esse motivo, optou-se pelo PRISM original no sistema QuaTI pediátrico.[22,23]

O PRISM apresenta também limitações, devido ao fato de os dados serem coletados no início da internação, pois as circunstâncias da admissão podem influenciar seu valor preditivo e os dados coletados são suscetíveis a randomização. As unidades de pior qualidade de atendimento podem ter maiores índices com menor mortalidade, quando comparadas com pacientes de pior condição clínica que foram adequadamente atendidos em serviços de melhor qualidade e geraram índices menores, porém com mortalidade maior.[20,21]

Devido a essas condições, optamos pela avaliação também do número de disfunções orgânicas presentes à admissão e adquiridas durante a internação, segundo os critérios propostos por Pollack em 1987 e revisados por Proulx em 1996 (Quadro 5-1).

A Síndrome de Disfunção Múltipla de Órgãos (SDOM) é definida como a presença de duas ou mais disfunções orgânicas simultâneas,[24,25] e sua ocorrência tem estreito relacionamento com o aumento da taxa de mortalidade,[26,27,29,30,31] embora não haja disfunção ou uma combinação específica dessas que seja preditiva para mortalidade.[27-31] Apesar de dados pediátricos ainda serem escassos sobre SDOM, sua correlação com a mortalidade apresenta-se maior naqueles cuja evolução para a síndrome ocorreu após 7 dias de internação,[28] e quase todos os pacientes que evoluem para o óbito em UTI apresentam seus sintomas previamente.[26-29] Devemos ainda lembrar que os custos gerados por esses pacientes também são maiores.[32]

Quadro 5-1. Risco de mortalidade pediátrica (Adaptado de Pollock, M. *et al*, 1988)

Variáveis	*Pontuação de PRISM* *Variação de acordo com a idade*		*Pontuação*
PA sistólica (mmHg)	Lactente	Crianças maiores	
	130-160	150-200	2
	> 160	> 200	6
	55-65	65-75	2
	40-54	50-64	6
	< 40	< 50	7
PA diastólica (mmHg)	Todas as idades > 110		6
FC (bpm)	Lactente	Crianças maiores	
	> 160	> 150	4
	< 90	< 80	4
FR (ipm)	Lactente	Crianças maiores	
	61-90	51-90	1
	> 90	> 90	5
	Apnéia	Apnéia	5
PaO_2/FiO_2	Todas as Idades		
	200-300		2
	< 200		3
$PaCO_2$ (mmHg)	Todas as Idades		
	51-65		1
	> 65		5
Escala de Coma de Glasgow	Todas as Idades < 8		6
Reações pupilares	Todas as Idades		
	Anisocóricas ou dilatadas		4
	Fixas e dilatadas		10
PT/PTT	Todas as Idades > 1,5 × controle		2
Bilirrubina total (mg%)	Maiores de 1 mês > 3,5		6
Potássio (mEq/l)	Todas as Idades		
	3,0-3,5		1
	6,5-7,5		1
	< 3,0		5
	> 7,5		5
Cálcio (mg%)	Todas as Idades		
	7,0-8,0		2
	12,0-15,0		2
	< 7,0		6
	> 15,0		6
Glicemia (mg%)	Todas as Idades		
	40-60		4
	250-400		4
	< 40		8
	> 400		8
Bicarbonato (mEq/l)	Todas as Idades		
	< 16		3
	> 32		3
Total	**Valor =**		

Quadro 5-2. Critérios de disfunção orgânica
Cardiovascular
1. PAM < 40 mmHg (< 12 m) ou < 50 mmHg (> 12 m)
2. FC < 50 bpm (< 12 m) ou < 40 bpm (> 12 m)
3. PCR
4. Infusão de drogas (exceto dopa 5 g/kg/min)
Respiratória
1. FR > 90 (< 12 m) ou 70 (> 12 m)
2. PaO_2 < 40 (ausência de cardiopatia cianótica) $PaCO_2$ > 65
3. PaO_2/FiO_2 < 200 (ausência de cardiopatia cianótica)
4. VM (> 24 h em PO)
Neuro
1. Glasgow < 5
2. Pupilas fixas e dilatadas
Hematológica
1. Hb < 5 g%
2. Leucócitos < 3.000 cel/mm^3
3. Plaquetas < 20.000 cel/mm^3
4. CIVD com TP > 20s ou TTPA > 60s
Renal
1. Uréia > 100 mg%
2. Creatinina > 2 mg%
3. Diálise
TGI
1. Sangramento GI com transfusão > 20 ml/kg
Hepática
1. BT > 5 mg% e TGO ou DHL > 2 × valor normal
2. Encefalopatia hepática > Grau II

A presença de sepse grave ou choque séptico é definida segundo os critérios propostos pelo consenso do *American College of Chest Physicians/ Society of Critical Medicine* (Quadro 5-2).[24,25,33]

Também fazem parte da ficha de coleta dados a respeito dos procedimentos realizados durante a internação e suas complicações correlacionadas.

RELATÓRIOS E TABELAS

A partir dos dados coletados são elaborados gráficos e tabelas individuais capazes de fornecer automaticamente informações sobre sua própria evolução; dados comparativos com o conjunto de UTIs participantes só serão fornecidos a partir dos relatórios enviados pela Dixtal trimestralmente. Seguem abaixo relatórios que são fornecidos sob a forma de gráficos e tabelas:[7]

- *Internações:* número de internações mês/mês.
- *Pacientes egressos:* número de pacientes egressos com distribuição mês/mês.
- *Média de permanência:* tempo médio de permanência em dias dos pacientes internados no período, com distribuição semanal.
- *Média de pacientes-dia:* número médio de pacientes internados por dia com distribuição semanal.
- *Taxa de ocupação:* média de ocupação da unidade (pacientes internados) com distribuição semanal.
- *Intervalo de substituição:* tempo médio de horas que um leito ficou desocupado na Unidade, entre a saída de um paciente e a entrada de outro, com distribuição semanal.
- *Taxa de mortalidade geral hospitalar:* número de óbitos ocorridos na Unidade e quantidade de pacientes egressos no mesmo período, com distribuição semanal.
- *Taxa de mortalidade institucional:* relação entre o número de óbitos ocorridos após 48 horas de internação na Unidade e a quantidade de pacientes egressos no período, com distribuição semanal.
- *Índice de mortalidade esperada:* relação entre a mortalidade observada após 24 horas de internação e a estimada a partir do sistema de classificação (PRISM), com distribuição semanal.
- *Taxa de reinternação:* número de reinternações no período sobre o número de altas do mesmo período, com distribuição semanal.
- *Taxa de infecção I:* relação entre o número de infecções ocorridas na Unidade e a quantidade de pacientes egressos no período, com distribuição semanal.
- *Taxa de infecção II:* relação entre o número de infecções ocorridas na Unidade e a quantidade de pacientes internados no período, com distribuição semanal (Quadro 5-3).
- *Distribuição de locais de infecção:* indica quantos casos de infecções com local de origem determinado foram registrados no período, com distribuição semanal.
- *Taxa de doença crônica:* relata número de pacientes portadores da doença crônica em relação ao número de pacientes egressos do período, com distribuição trimestral.
- *Taxa de doença aguda:* relação entre o número de pacientes com doença aguda e a quantidade de pacientes egressos no período, com distribuição trimestral.
- *Taxa de ventilação mecânica:* relação entre o número de pacientes submetidos à ventilação mecânica e o número de pacientes egressos no período, com distribuição trimestral.
- *Taxa de traqueostomias:* relação entre o número de pacientes submetidos à traqueostomia e o total de pacientes egressos no período, com distribuição trimestral.
- *Taxa de PVC:* relação entre número de pacientes submetidos à passagem de catéter venoso central e o total de pacientes egressos no período, com distribuição trimestral.
- *Taxa de PAI:* relação entre número de pacientes submetidos à monitorização invasiva de pressão arterial e o total de pacientes egressos no período, com distribuição trimestral.
- *Taxa de PIC:* relação entre o número de pacientes submetidos à monitorização de pressão intracraniana e o total de

pacientes egressos no período, com distribuição trimestral.

- *Taxa de sondagem vesical:* relação entre o número de pacientes submetidos à sondagem vesical de demora e o total de pacientes egressos no período, com distribuição trimestral.
- *Taxa de diálises:* relação entre o número de pacientes submetido à diálise peritoneal/hemodiálise total de pacientes egressos do período, com distribuição trimestral.
- *Taxa de extubação acidental:* relação entre o número de pacientes que sofreram extubação acidental e o total de pacientes egressos do período, com distribuição trimestral.
- *Taxa de pneumotórax:* relação entre o número de pacientes que tiveram pneumotórax e o total de pacientes egressos no período, com distribuição trimestral.
- *Taxa de colonização:* relação entre o número de pacientes que apresentaram infecção por colonização de catéteres ou sondas vesicais e o total de pacientes egressos no período, com distribuição trimestral.
- *Taxa de SDOM:* relação entre o número de pacientes que apresentaram disfunção múltipla de órgãos e o total de pacientes egressos do período, com distribuição trimestral.
- *Taxa de sepse grave:* relação entre o número de pacientes com sepse grave no período e total de pacientes egressos, com distribuição trimestral.
- *Taxa de choque séptico:* relação entre o número de pacientes com choque séptico e total de pacientes egressos, no período, com distribuição trimestral.
- *Gráfico de distribuição por faixa de pontuação,* de PRISM das admissões no período desejado, separando pacientes clínicos e cirúrgicos.
- *Gráfico de distribuição por local de procedência:* emergência, enfermaria, centro cirúrgico ou outro hospital.
- *Gráfico de distribuição por tipo de paciente:* clínico, cirúrgico eletivo ou de urgência.
- *Gráfico de distribuição por indicação de internação:* adequada ou inadequada.
- *Gráfico de relação entre a mortalidade esperada e a encontrada por faixa de pontuação de PRISM.*
- *Gráfico de relação entre mortalidade encontrada e a esperada por faixa de pontuação de PRISM, conforme o tipo de paciente:* clínico, cirúrgico eletivo ou de urgência.

A partir dos relatórios e gráficos acima mencionados, será possível a visualização de eventuais problemas de sua unidade e, partir de sua correção, ter a chance de acompanhar sua evolução ao longo dos meses; voltando a reiterar que esse projeto não tem qualquer finalidade de *ranking* entre as UTIs participantes, uma vez que não é possível identificá-las individualmente e que só se tem acesso às informações da própria Unidade em relação ao conjunto e a si própria.

Quadro 5-3. Definições
INFECÇÃO: fenômeno microbiológico caracterizado por resposta inflamatória na presença de microrganismo ou invasão de tecido normalmente estéril por este
BACTEREMIA: presença de bactérias viáveis no sangue
SRIS: resposta inflamatória sistêmica a diversos insultos, caracterizada por 2 ou + das seguintes condições: **Temp** > 38° ou < 36°C, **FC** > 2DP da média para idade, **FR** > 2 DP da média para a idade, **leucócitos** > 12.000 ou < 4.000 ou 10% formas jovens
SEPSE: SRIS decorrente de infecção
SEPSE GRAVE: sepse associada com disfunção orgânica, hipoperfusão, hipotensão, incluindo, mas não se limitando a acidose láctica, oligúria e alteração aguda do nível de consciência
CHOQUE SÉPTICO: sepse com hipotensão a despeito de reposição fluídica adequada, acompanhada da presença de anormalidades de perfusão. PAs < 2 DP para a idade

CONCLUSÃO

Encerramos este capítulo com algumas questões a serem respondidas: O que é qualidade? Qual seu valor? Qual a sua relação com custo? Quais fatores que contribuem para a qualidade?

Qualidade hoje em dia está mais do que nunca associada aos mecanismos disponíveis na Unidade que permitam seu melhor uso para benefício de tratamento de seus pacientes.

Sua relação com o custo não é direta: maior o custo, melhor a qualidade; mas o inverso: quanto melhor aproveitarmos os recursos disponíveis, menores serão o tempo e dinheiro gastos. A má qualidade é geradora de altos custos pela complexidade para a realização das tarefas, com baixos resultados em produtividade e eficiência.

Qualidade não pode e não deve ser medida individualmente, como de responsabilidade única do integrante da equipe de saúde; toda vez que nos encontramos diante de um erro prejudicial à qualidade de nosso serviço, devemos rever quais etapas do processo permitiram que o erro acontecesse, apesar dos melhores esforços em fazê-lo da maneira correta.[4]

A análise autocrítica cientificamente conduzida pela revisão das etapas de nosso processo de trabalho irá gerar progressos aos nossos pacientes e à nossa própria equipe de saúde, assegurando a qualidade de modo ativo, através do processo de melhoria contínua da qualidade.

REFERÊNCIAS BIBLIOGRÁFICAS

1. Calvin JE. Balancing cost considerations and quality of care. *In* Parillo JE, Bone RC: *Critical Care Medicine — Principles of Diagnosis and Management.* St. Louis: Mosby, 1995, Chap. 78, pp 1431–46.
2. Knaus WA. Changing the cause of death. *JAMA* 1983;249:1059–60.
3. Van der Voort E. Outcome and quality assurance standards. *Crit Care Med* 1993;21(Suppl. 9):S402–3.

4. Welkie KA, Dean JM. Continuous quality improvement in pediatric intensive unit. *In* Rogers MC: *Textbook of Pediatric Intensive Care.* Baltimore, MD: Williams & Wilkins, 1996, Chap. 48, pp 1617–47.
5. O'Leary DS, O'Leary MR. From quality assurance to quality improvement. The joint commission on accreditation of health care organizations and emergency care. *Emerg Clin North Am* 1992;10(3):477–92.
6. Roberts JS, Coale JG, Redman RR. A history of the joint commission on accreditation of hospitals. *JAMA* 1987;258(11):936–40.
7. Grupo QuaTI 2000. Manual do Projeto QuaTI — Qualidade em Terapia Intensiva. AMIB Dixtal, 1999.
8. Pollack MM, Getson PR, Ruttiman UE. Efficiency of intensive care: a comparative analysis of eight Pediatric Intensive Care Units. *JAMA* 1987;258(11):1481–6.
9. Gean NC, Pollack MM, Ruttiman UE. Pediatric Intensive Care: Who, why and how much. *Crit Care Med* 1986;14(3):222–6.
10. Klem SA, Pollack MM, Getson PR. Cost, resource utilization and severity of illness in intensive care. *J Pediatrics* 1990;116(2):231–7.
11. Knaus WA, Zimmerman JE, Wagner DP *et al.* APACHE — Acute Physiology and Chronic Health Evaluation: a physiologically based classification system. *Crit Care Med* 1981;9:591.
12. Pollack MM, Yeh S, Ruttiman UE *et al.* Evaluation of Pediatric Intensive Care. *Crit Care Med* 1984;12:376–83.
13. Lemeshow S, Legall JR. Modelling the severity of illness of ICU patients. *JAMA* 1994;272:1049–55.
14. Pollack MM. Clinical scoring systems in Pediatric Intensive Care. *In* Zimmerman JJ, Fuhrman BP: *Pediatric Critical Care.* St. Louis: Mosby Yearbook, 1992, pp 153–62.
15. Barradas GM, Carvalho WB. Métodos de Avaliação Prognóstica. *In* Carvalho WB, Felix VN, Auler Jr. JOC, Proença Fo. JO: *Terapia Intensiva Adulto/Infantil/RN.* São Paulo: Sarvier, 1997, pp 31–4.
16. Knaus WA, Wagner DP, Lynn J. Short-term mortality predictions for critically ill hospitalized adults: science and ethics. *Science* 1991;254:389–94.
17. Pollack MM, Ruttiman UE, Getson PR *et al.* Accurate prediction of Pediatric Intensive Care outcome: a new quantitative method. *N Engl J Med* 1987;316:134–9.
18. Pollack MM, Patel KM, Ruttiman UE. PRISM III. An updated Pediatric Risk of Mortality Score. *Crit Care Med* 1996;24(5):743–52.
19. Pollack MM, Ruttiman UE, Getson PR. The Pediatric Risk of Mortality (PRISM) Score. *Crit Care Med* 1988;6:1110–6.
20. Goddard JM. Pediatric Risk of Mortality scoring over estimates severity of illness in infants. *Crit Care Med* 1992;20:1662–5.
21. Marcin JP, Pollack MM. Review of the methodologies and applications of scoring systems in neonatal and Pediatric Intensive Care. *Pediatr Crit Care Med* 2000;1(1):20–7.
22. Kanter RK. Research publications involving proprietary products: Science, news or advertising? *Pediatrics* 1998;101:468–70.
23. Richardson D, Tarnow-Mordi WO, Pollack MM. Proprietary products and research: the proponent's view. *Pediatrics* 1998;102:401–3.
24. American College of Chest Physicians/Society of Critical Care Medicine Consensus Conference. Definitions for sepsis and organ failure and guidelines for the use of innovated therapies in sepsis. *Crit Care Med* 1992;20:864–74.
25. Nathews AB, Marshall JC. Sepsis, SIRS and MODS: What's in a name? *J Surg* 1996;20:386–91.
26. Proulx F, Gauthier MDN, Lacroix J, Farrell CA. Timing and predictors of death in pediatric multiple organ systems failure. *Crit Care Med* 1994;22:1025–31.
27. Wilkinson JD, Pollack MM, Ruttiman UE *et al.* Outcome of pediatric patients with multiple organ system failure. *Crit Care Med* 1986;14:271–4.
28. Prolux F, Fayon M, Farrell CA *et al.* Epidemiology of sepsis and multiple organ dysfunction syndrome in children. *Chest* 1996;109:1033–7.
29. Wilkinson JD, Pollack MM, Gean NL *et al.* Mortality associated with multiple organ system failure and sepsis in Pediatric Intensive Care unit. *J Pediatr* 1987;111:324–8.
30. Nichter MA, Seidl-Friedman J, Costarino AT. Pediatric multiple organ failure system. *Crit Care Med* 1991;19:S78.
31. Kalil, WJ, Troster EJ, Sapienza AJ *et al.* Patients in a Pediatric Intensive Care Unit (PICU) in a medical school hospital: a prospective study. Third Pediatric Intensive Care World Congress — June 2000 — Montreal, Canada. *Pediatr Crit Care* Jun 2000;1(Suppl. 1):101.
32. Angus DC. Epidemiology of severe sepsis in The United States: analysis of incidence, outcome and associated cost of care. *Crit Care Med* 2001;29:1303–10.
33. Bone RC. Let's agree on terminology: definitions of sepsis. *Crit Care Med* 1991;19:973–6.

6 Humanização da UTI

Raquel Pusch de Souza

Humanizar a UTI significa cuidar do paciente como um todo, englobando o contexto familiar e social. Essa prática deve incorporar os valores, as esperanças, os aspectos culturais e as preocupações de cada um. Através dela, os princípios humanitários do exercício da medicina pregados por Hipócrates são revividos na união da ciência ao humanismo. É um conjunto de medidas que englobam: a) o ambiente físico; b) o cuidado dos pacientes e seus familiares; c) as relações entre a equipe de saúde. Essas intervenções visam sobretudo a tornar efetiva a assistência ao indivíduo criticamente doente, considerando-o como um todo biopsicossocioespiritual.

Humanização. Ato ou efeito de humanizar. Humanizar: tornar humano; dar condição humana, humanar. Humanizar não é uma técnica, uma arte e muito menos um artifício, é um processo vivencial que permeia toda a atividade do local e das pessoas que ali trabalham, dando ao paciente o tratamento que merece como pessoa humana, dentro das circunstâncias peculiares em que cada um se encontra no momento de sua internação. Humanizar é individualizar a assistência frente às necessidades de cada um. Entendemos que humanização não é apenas uma questão de mudança das instalações físicas, é principalmente uma mudança de comportamento e atitudes frente ao paciente e a seus familiares. As mudanças do ambiente físico são importantes, mas não podem ser consideradas como foco principal. A falta de recursos financeiros não deve ser uma desculpa para a inexistência de um programa de humanização. Na realidade, os profissionais que assistem direta ou indiretamente os pacientes são os verdadeiros responsáveis pela humanização.

A humanização é um processo que envolve todos os membros da equipe da UTI. A responsabilidade da equipe se estende para além das intervenções tecnológicas e farmacológicas focalizadas no paciente. Inclui a avaliação das necessidades dos familiares, o grau de satisfação destes sobre os cuidados realizados e a preservação da integridade do paciente como ser humano. Com a internação do ente querido em uma Unidade de Terapia Intensiva, os familiares ficam desesperançados, deprimidos, o que colabora para a desestruturação sob o ponto de vista emocional. Cada indivíduo deve ser considerado único, tendo necessidades, valores e crenças específicos. Manter e preservar a sua dignidade significa respeitar os princípios da moral e do código de ética.

O conceito de humanização pode ser traduzido como uma busca incessante do conforto físico e psíquico e espiritual ao paciente, à família e à equipe. Algumas particularidades do ambiente físico de uma UTI, como a ausência de janelas, o alto índice de ruídos, o grande número de equipamentos, precisam ser revistos e carecem de cuidados, pois vão de encontro à qualidade.

A humanização renasce para valorizar as características do gênero humano. É imprescindível no processo de humanização uma equipe consciente dos desafios a serem enfrentados e dos limites a serem transpostos.[1]

Na atualidade, vê-se um panorama nas UTIs que nos conduz para a urgência da preocupação com o resgate da humanização. Não existem uma sistematização e preocupação com o modo de ser cuidado do paciente; preocupa-se, sim, com o aperfeiçoamento da técnica, valorizando o modo de ser trabalho.

Os pacientes internados na UTI são, na maioria das vezes, dependentes e sentem-se impotentes com a falta de autonomia e controle de si mesmo. A pessoa internada em uma Unidade de Terapia Intensiva fica cercada de pessoas ativas e ocupadas, o que freqüentemente pode ser um coadjuvante para a instalação da ansiedade e sentimentos de isolamento (estar só). A equipe hospitalar que ignora a presença de um paciente, independentemente do seu estado de vigilância, contribui para que ele se sinta isolado. Essa sensação de isolamento pode ser reduzida incluindo-se o paciente em conversas sobre o tratamento por contato tranqüilizador em momentos de medo. A doença grave e o medo de morrer também separam o paciente de sua família. É necessário o desenvolvimento imediato de relações dependentes e íntimas com estranhos. O clichê tranqüilizador, "você ficará bem", freqüentemente oferecido pela equipe que tenta confortá-lo, serve apenas para reforçar a sensação de distância que o paciente está sofrendo. Ele impede a expressão de temores e perguntas sobre o que ocorrerá a seguir. A eficiência e a atividade que circundam o paciente aumentam a sensação de separação. Enfim, a insegurança do paciente deve ser considerada sensivelmente no processo da humanização. Cohn (1978) descreve comportamentos como características humanistas da assistência ao paciente que não podem ser substituídos por tecnologia: ouvir, dar atenção, humor, envolvimento e compartilhamento.[3] Cowper-Smith (1978) sugere a preservação da cortesia, da compaixão, do respeito, da dignidade e da sinceridade como essenciais no tratamento dos pacientes.[4] Kalisch (1971) descreve a empatia de alto nível como o principal ingrediente no processo do tratamento.[5] Jourard (1964) descreve vividamente seus sentimentos sobre a relação enfermeiro-paciente, a atenção e a influência que possuem sobre a recuperação do paciente.[6] De acordo com esse autor, a recuperação do paciente depende, em grande parte, da compreensão de que alguém se importa com ele. A atenção por parte da equipe aumenta o conforto, a identidade e a integridade do paciente. A ausência de atenção pode realmente ter efeitos prejudiciais sobre a saúde e a recuperação. O calor humano, o amor e a atenção compreensiva estão entre os elementos essenciais em qualquer recuperação.

No processo da humanização, a equipe, confrontada com o sofrimento diário, passa a manifestar mecanismos de defesa para diminuição de sua sensibilidade, favorecendo o aparecimento da calosidade profissional. Para que haja a humanização total em uma UTI, três diferentes aspectos devem ser considerados:

- O modo de serem cuidados o paciente e seus familiares.
- A atenção ao profissional da equipe.
- O ambiente físico.

ESPIRITUALIDADE

O tratamento da equipe inclui o reconhecimento e o apoio da natureza espiritual dos seres humanos. A espiritualidade na assistência refere-se ao reconhecimento de uma esfera de fatores invisíveis e intangíveis que influenciam o pensamento e o comportamento. Esse reconhecimento inclui crenças religiosas e vai além. Quando as pessoas percebem o poder e a influência fora do tempo e da existência física, diz-se que estão experimentando os aspectos metafísicos da espiritualidade. A espiritualidade inclui o sistema de crenças e valores do indivíduo. A intuição e o conhecimento de fontes desconhecidas, e origens do amor e gregária incondicionais, tipicamente são vistos como uma capacidade espiritual. Uma sensação de conexão universal, capacitação pessoal e reverência pela vida também dizem respeito à existência de espiritualidade. Esses elementos também podem ser vistos como benefícios da espiritualidade. Os pacientes de cuidados intensivos e suas famílias freqüentemente oram por cura milagrosa. Apoiar os pacientes para que compartilhem suas crenças sobre o universo sem discordar ajuda-os a reconhecer e a aproximar-se de suas próprias fontes de incentivo espiritual. Acredita-se que o reconhecimento da natureza espiritual única de cada paciente auxilie a capacitação pessoal e a cura. A espiritualidade inclui:

- Religião.
- Crenças e valores.
- Intuição.
- Conhecimento do desconhecido.
- Amor incondicional.
- Sensação de conexão com o universo.
- Reverência pela vida.
- Capacitação pessoal.

PACIENTE

O paciente na UTI precisa ser respeitado e atendido em algumas necessidades e direitos humanos, a exemplo de: controle da dor, privacidade, individualidade, direito à informação, ser ouvido nas suas queixas e angústias, ambiente adequado para o sono, atenção ao seu pudor, atenção às suas crenças e espiritualidade, a presença de sua família e principalmente direito a cuidados paliativos quando não houver mais possibilidade terapêutica.

A hospitalização na UTI evoca no paciente a fragilidade humana e com ela a desestabilização emocional, a exacerbação dos mecanismos de defesa, inquietação, intolerância, baixa resistência à frustração e outros estímulos estressores. Sebastiani (1998) coloca que na hospitalização prolongada a ansiedade pode ser substituída pela angústia e depressão, falência dos mecanismos de defesa, apatia, amorfismo ou labilidade afetiva, lapsos de memória, lentificação do curso do pensamento, dispersividade intensa (comprometimento da atenção voluntária e involuntária), podendo ocorrer o surgimento de idéias destrutivas, fadiga crônica, perda da motivação e volição, prostração, insônia, isolamento, ambigüidade de sentimentos, exacerbação de atenção às funções viscerais (indivíduo poliqueixoso), entre outras. A negatividade do paciente é evidente: as queixas somáticas se multiplicam, se desenvolvem sintomas clínicos claros, havendo predileção das manifestações mórbidas.[12] A internação prolongada provoca a depressividade psicológica, que tem em paralelo a imunodepressão, o que coloca o indivíduo em um estado de profunda fragilidade e debilitação psicofisiológica. Os sinais e sintomas descritos revelam que é impossível negar o doente e olhar apenas para a doença.

Alguns autores apresentaram levantamentos sobre as lembranças dos pacientes acerca da internação na UTI após sua alta e a avaliação da satisfação desses com relação ao atendimento recebido. Novaes (1997) estudou as fontes de estresse segundo a avaliação do paciente.[50] Ter dor, não conseguir dormir, a falta de controle de si mesmo e ter tubos no nariz e/ou na boca foram os principais estressores. O conforto físico, sono e respiração são necessidades básicas, e, portanto quando afetadas, passam a ser objeto de preocupação prioritária para o paciente.

As intervenções devem ser no sentido de aliviar a dor do paciente e proporcionar um ambiente adequado ao descanso, com menos luzes, barulhos e interrupções possíveis. Com relação aos tubos, infelizmente pouco pode ser feito, já que fazem parte dos procedimentos necessários para a recuperação do paciente.

Estratégias como o aumento da comunicação com o paciente intubado ou com difícil contato devem ser estimuladas. Informações que proporcionem maior controle sobre a situação, diminuição dos estressores ambientais, preocupação com o sono e com os períodos de descanso podem tornar menos estressante a permanência dentro da UTI. Há várias descrições de mecanismos para proporcionar apoio emocional, social, espiritual e físico na área do cuidado. Um comportamento que permeia todos esses esforços é o toque. Através do uso do toque de uma forma expressiva, genuína e sincera, a equipe pode transmitir de forma clara o cuidado e apoio aos pacientes e às suas famílias. Através da compreensão do poder do toque em interações, a equipe pode inseri-lo com sucesso em sua assistência e desenvolver suas próprias habilidades, incluindo-as nos processos de comunicação.

Portanto, fica assinalado que o nível de atenção à pessoa hospitalizada deve considerar não só o aspecto mais emergente (a doença e seus sintomas), mas todas as variáveis que envolvem o ser do indivíduo, de modo que possamos ajudá-lo a superar as crises superpostas e a achar caminhos alternativos de resgate de seu antigo equilíbrio, ou, em muitos casos, editar novas formas de relação com a vida, considerando novas limitações que porventura a doença e/ou as vivências experimentadas a partir da hospitalização lhe tragam.

A AMIB, no fórum de humanização em Maceió (1998),[2] sugere alguns fatores considerados essenciais ou recomendáveis para que as UTI adotem um ambiente mais humanizado.

Controlar a dor (essencial)

A dor é considerada por diversos autores o principal estressor físico, sendo avaliada como muitíssimo estressante pela maioria dos pacientes. A dor deve ser avaliada por meio de escalas, com a mesma freqüência que outros sinais vitais, como freqüência cardíaca ou pressão arterial.

Oferecer orientação e informação (essencial)

A informação objetiva, honesta e freqüente é uma necessidade dos pacientes. Procurar oferecer as informações, estando disponível para responder perguntas. Fornecer a quantidade de informação requisitada pelo paciente, com linguajar acessível, sem a utilização de jargões médicos. Promover a elaboração de material escrito a respeito da UTI, contendo a filosofia da unidade, horários de visitas, nomes dos profissionais que estão cuidando do paciente e responsabilidade de cada um.

Promover o conforto (essencial)

É fundamental reconhecer que o paciente tem a necessidade de conforto e de controle de si mesmo e da situação. É sabido que a sensação de perda de controle contribui para o sentimento de desesperança e depressão. Os pacientes freqüentemente referem a impossibilidade de expressão das necessidades mais básicas como uma das mais árduas lembranças do CTI. Fatores como posição desconfortável, ambiente muito quente ou muito frio, cheiros, luzes muito intensas, barulhos são passíveis de serem contornados pela equipe, na medida em que seja perguntado ao paciente quais são suas preferências ou desconforto atual. A enfermagem é o grupo que, nesse caso, tem ampla possibilidade de oferecer auxílio ao paciente.

Facilitar a comunicação (essencial)

Um dos aspectos fundamentais do processo de humanização é a comunicação efetiva entre paciente, familiares e equipe de saúde, no sentido de identificar as dificuldades, promovendo um plano de cuidados direcionado à solução dos impasses.

A comunicação eficaz com o paciente dentro da UTI é um dos desafios da equipe, particularmente quando o paciente encontra-se intubado. Poucos trabalhos têm documentado quais os métodos mais eficazes para a comunicação. Os avanços nessa área são geralmente baseados nas experiências de ensaio e erro, com alfabetos desenhados, figuras, leitura labial e, em alguns casos, com o uso de equipamentos de informática para a comunicação alternativa.

Como há poucos dados que comprovem qual é o melhor método para a comunicação efetiva com o paciente intubado, o esforço para realizá-la e o bom senso ainda são as melhores ferramentas. O conhecimento e a conscientização de que esse seria um desafio importante a ser transposto poderiam incentivar a equipe a desenvolver métodos de comunicação para oferecer informações ao paciente de acordo com suas condições e habilidades, desde sua entrada na UTI. Uma sugestão seria de o paciente dispor de uma campainha que sinalize suas necessidades, aumentando o seu controle sobre a situação.

A comunicação da equipe com os pacientes faz parte da rotina; entretanto, muitas vezes torna-se difícil, sendo uma das principais barreiras ao processo de humanização. Com rotina atarefada do UTI, freqüentemente somos envolvidos com a comunicação tecnológica da informática e esquecemos do contato com o paciente.

Os profissionais de saúde podem participar da filosofia de humanização da unidade, estando atentos a seus próprios comportamentos. Chamar sempre o paciente pelo nome, com tom de voz calmo e volume normal; olhar para o seu rosto e estabelecer contato cortês e respeitoso; dirigir-lhe a palavra sempre que se aproximar do leito para algum procedimento; e examiná-lo de maneira atenciosa, com toque cuidadoso são algumas atitudes facilmente adotadas que resgatam a dignidade do ser humano, muitas vezes abalada pela situação de internação.

Manter a privacidade (recomendável)

Deve-se buscar a manutenção da privacidade do paciente durante a realização de procedimentos na Unidade. A utilização de divisórias ou biombos pode facilitar o bem-estar do paciente e garantir que esse seu direito seja respeitado.

Estimular a autonomia (recomendável)

A autonomia do paciente deve ser almejada, já que a reação de dependência é automaticamente fomentada numa internação em UTI. Deve-se adotar uma filosofia na unidade que valorize e incentive a participação do paciente no tratamento. Possibilitar a flexibilização do plano de cuidado quando os desejos do paciente se mostrarem conflituosos, sem comprometer a sua segurança. Reconhecer que o paciente em UTI pode apresentar comportamentos infantilizados e regredidos; não se deve esperar a rápida remissão desses padrões sem estimular a vivência de independência e autonomia.

Apoio emocional (recomendável)

Oferecer apoio emocional aos pacientes e familiares, focalizando o que podem esperar do tratamento, a fim de evitar o sentimento de desesperança. É recomendável o oferecimentos de atendimento psicológico aos pacientes por profissional tecnicamente treinado para desenvolver o enfrentamento da situação de crise, diminuir a ansiedade e auxiliar no tratamento da depressão.

FAMÍLIA

Entendemos como família a unidade social proximamente conectada ao paciente através do amor, podendo ou não ter laços legais ou de consangüinidade. Acreditando que o paciente é um segmento da família e que esta é de vital importância para a recuperação do paciente, é necessário atender às reais necessidades dos familiares.

O núcleo familiar deve ser compreendido como uma unidade, um sistema que possui leis internas de funcionamento e organização. Quando um membro da família é hospitalizado ou fica doente, o equilíbrio e os papéis ocupados por cada um são afetados. A doença grave precipita a desestruturação familiar e eclode antigos conflitos que permaneciam latentes.

A situação de crise vivida pelos familiares de pacientes internados em UTI pode ser exemplificada pela desorganização das relações interpessoais devido ao isolamento do paciente, problemas financeiros e medo de perda da pessoa amada. Halm *et al* (1993) demonstraram que o nível de estresse na família é mais alto no momento da admissão, começando a se estabilizar no sexto dia e decaindo consideravelmente perto do 28º dia.[47,53] Esses achados sugerem que a intervenção com os familiares deva ocorrer na fase inicial da internação.

Wallace-Barnhill (1989) refere que o tempo requerido para o ajustamento familiar após a internação em UTI é influenciado pelas seguintes características: 1. idade e importância do paciente para a família; 2. número de membros da família diretamente envolvidos; 3. relações individuais dentro da família; 4. quantidade de estresse interpessoal no momento da crise; 5. estabilidade psicológica geral do sistema familiar.[26]

Promover o *holding* é também uma das funções do processo humanizar, assim como ajudar a família, conscientizando-a da real situação do doente e da necessidade de tratamento ou hospitalização na UTI. Os vários aspectos devem ser aclarados para os familiares, pois desde o aparecimento da doença até o estabelecimento do diagnóstico e do prognóstico, ocorrem crises e desajustes na família, e esta precisa se sentir apoiada e segura, com suas dúvidas esclarecidas. Segundo Novaes (1997), é de suma importância que se façam entrevistas com os pais ou companheiros no ato da internação, para obter dados referentes ao paciente, suas relações familiares e sociais. Os multiprofissionais deveriam esclarecer seu desempenho junto ao paciente para o familiar. Nessas ocasiões, informariam detalhes sobre o seu papel e função, transmitiriam segurança aos familiares, discutiriam suas dúvidas, estabelecendo um vínculo entre a equipe e a família. Dessa forma, a equipe de saúde atuaria conjuntamente, se possível, tornando as informações mais consistentes, evitando as conversas incompletas e as dúvidas. Nessas situações, noções de alimentação, dieta, higiene, prognósticos, intervenções, saúde mental, contribuições da mãe-participante (no caso da pediatria) poderiam ser apresentadas.[52]

Ocorre que o familiar precisa ter a oportunidade de falar da doença, de seus medos, fantasias sobre a morte, a evolução da doença, expressando seus sentimentos. A família freqüentemente sente-se desamparada e temerosa à beira do leito de um paciente gravemente enfermo.[7] Os tubos, curativos, fios e aparelhos com os quais a equipe está tão acostumada são amedrontadores para os membros da família. Eles vêem esse equipamento fixado ao seu ente querido e podem relutar em tocar o paciente por medo de causar dano a ele ou ao equipamento. Freqüentemente podem ficar surpresos e chocados ao ver alguém que amam que agora parece estar tão enfermo. Nesse momento a equipe tem a oportunidade de oferecer, de forma peculiar, apoio à família e ao paciente. Explicando e descrevendo o equipamento e o aspecto do paciente à família, antes que ela chegue à beira do leito, a equipe pode prepará-la para essa experiência freqüentemente difícil. Durante a explicação, a equipe pode usar o toque para desenvolver um sentimento de confiança e apoio com a família. À beira do leito, a equipe pode tocar o paciente, enquanto conversa com ele e um membro da família para demonstrar que o toque é seguro. Pegando a mão de um membro da família e tocando o braço, a face, o ombro, ou a mão do paciente, a equipe pode ajudar a iniciar o comportamento de toque e a reduzir o medo. O processo de atuar como um modelo para a família é uma excelente forma de reduzir a ansiedade da família e do paciente e de ajudá-los a sentirem-se mais à vontade em um ambiente estranho.

É cabível a equipe multiprofissional incentivar os familiares a perguntar sobre a evolução e o tratamento do ente querido, diminuindo assim a ansiedade e a insegurança, aumentando a confiança na equipe.

A AMIB, no fórum de humanização em Maceió (1998), sugere alguns fatores considerados essenciais ou recomendáveis para que as UTI adotem um ambiente mais humanizado.

Oferecer informação (essencial)

A informação adequada, honesta e uniforme é de vital importância para evitar e diminuir os fatores estressantes da família. A falta de divulgação da informação para os familiares sobre as reais condições do paciente e sobre as estratégias diagnósticas e terapêuticas utilizadas é queixa freqüente dos acompanhantes. A informação deve ser fornecida em pequenas "doses" e repetida várias vezes ao dia, sempre com o mesmo enfoque. É necessário um perfeito alinhamento do fluxo de informações que vão da equipe para os familiares para eliminar-se o fator confusão como elemento de estresse. É desejável que a equipe tenha a iniciativa, já na primeira visita, de orientar as famílias a respeito do estado geral do paciente, equipamentos utilizados e ambiente da UTI, valorizando o papel humanizador do familiar junto ao paciente.

Promover a segurança (essencial)

A segurança é outra necessidade relatada pelos familiares que só se estabelece quando a equipe assiste a família de maneira honesta, atenciosa e planejada.

Apoio emocional (recomendável)

O apoio emocional aos familiares é fundamental e deve ser oferecido por toda a equipe de saúde. A disponibilidade de psicólogos como membros da equipe multiprofissional da UTI facilita o oferecimento da assistência psicológica que se estende desde o diagnóstico até a intervenção dos desequilíbrios emocionais do paciente, família e equipe multiprofissional.

Promover o sentimento de esperança (recomendável)

Esperança é necessidade universal identificada pela maioria dos familiares de pacientes internados na UTI. A esperança deve sempre que possível ser um sentimento positivo e construtivo presente nos familiares sem contudo tirar-lhes a dimensão e a realidade dos fatos.

Horários de visitas flexíveis (recomendável)

A visita de familiares nas UTIs deve ser flexibilizada na medida do possível. As famílias têm como uma importante necessidade estar próximo de seu ente querido e sentir que estão sendo úteis naquele momento de crise. É possível aprimorar rotinas consistentes de cuidados dos profissionais de saúde para possibilitar maiores horários para a visitação, visando sempre o benefício do paciente.

Material informativo (recomendável)

Manuais informativos da UTI, assim como vídeos apresentados na sala de espera durante o horário de visitas, têm como objetivo informar os familiares sobre as normas e rotinas da unidade, assim como explicar sobre alguns procedimentos necessários para o paciente.

Permanência do familiar na UTI (recomendável quando benéfico para o paciente)

Quando a permanência do acompanhante é solicitada por um período prolongado dentro da UTI, a equipe multiprofissional deve orientá-lo a respeito de algumas normas para o bom andamento das rotinas diárias. Deve ser estabelecido um termo de compromisso com as regras e rotinas da unidade, reafirmando o papel do acompanhante como favorecedor do equilíbrio emocional do paciente. A permissão para permanência do acompanhante dentro da UTI necessita de um consenso da equipe multiprofissional, tendo em vista a dificuldade de integrar os benefícios que a família geralmente traz para o estado emocional do paciente grave com os cuidados especiais que este recebe.

EQUIPE

É fundamental, no processo de humanização, entender a equipe, de maneira interdisciplinar, atuando e potencializando as ações entre si, respeitando o potencial de cada um.

Os profissionais da saúde que trabalham em UTI são confrontados diariamente com questões relativas à morte, o que pode ser relacionado às causas geradoras de estresse. Vários estudos – Chiattonne (1997),[9] Noto (1984),[11] Martins (1991)[12] assinalam a violenta gama de estímulos emocionais nocivos e aos quais os profissionais de saúde estão intermitentemente expostos, entre eles: a atitude (muitas vezes interpretada como agressiva e/ou invasiva) de lidar com a intimidade emocional e corporal do paciente; conviver com limitações técnicas, pessoais e materiais em contraponto ao alto grau de expectativas e cobranças lançadas sobre esse profissional pelos pacientes, familiares, instituição hospitalar e até mesmo do próprio profissional; a solicitação intermitente de decisões rápidas e precisas, a cruel e desumana tarefa de "selecionar" quem usa esse ou aquele equipamento, pois o número de urgências graves é quase sempre superior aos recursos; nos berçários de alto risco, essas equipes têm que optar em atender a uma superpopulação de bebês gravemente enfermos, expondo-os a riscos de contaminação e infecção hospitalar e, conseqüentemente, à morte ou dizer não a pais desesperados, que sabem que as chances de encontrar um outro hospital com recursos necessários são pequenas. Diante desses questionamentos, espera-se que as equipes estejam treinadas e experimentadas para lidar com essas situações. Menzies (1976) diz que lidar com o corpo do paciente, suas excreções e dores, na prestação de cuidados de enfermagem revela sobremaneira a quantidade de ansiedade suportável, desencadeando nos enfermeiros defesas rigidamente estruturadas.[57] Pitta (1990) aponta que o sofrimento psíquico da equipe hospitalar pode ser identificado pelas jornadas prolongadas e ritmo acelerado de trabalho, a quase inexistência de pausas para descanso ao longo do dia, a intensa responsabilidade por cada tarefa a ser executada com a pressão de ter "uma vida nas mãos".[58]

As intercorrências inesperadas, como mudanças repentinas no estado clínico de um paciente que estava bem, aumentam a tensão e a ansiedade. Essas situações geram inquietude na equipe como um todo e a fazem avaliar as capacidades pessoais de conviver no ambiente da UTI. Esses sentimentos podem levar a frustração, raiva, depressão e falta de confiança em si próprio, diminuindo a satisfação com o trabalho.

É importante que a equipe esteja atenta e colabore para o trabalho interativo, contribuindo para o saber multidisciplinar, facilitando sempre o processo comunicacional. Uma equipe coesa facilitará o trabalho interacional, podendo estruturar grupos para reuniões científicas, discussão de casos clínicos, buscando aperfeiçoar o atendimento aos pacientes, através da estruturação de condutas discutidas em equipe. Muitas vezes, há necessidade de esclarecimentos, trocas de informações e conhecimentos, que permitirão aos profissionais preparar melhor o paciente com informações esclarecedoras. O trabalho em equipe, como nos fala Campos (1995), além de acrescentar conhecimentos e dividir ansiedades, favorece o surgimento de soluções.

Vale lembrar que o cuidado emocional é de responsabilidade de toda a equipe de saúde, que precisa estar em condições emocionais de trabalhar com os pacientes, seus familiares e comunidades. Ser saudável é uma conquista que deve ser buscada não só para os pacientes, mas também para a vida dos profissionais que atuam em UTI. Campos comenta ainda que o bom senso, as trocas de conhecimentos entre os profissionais, o autoconhecimento, a interajuda e o apoio entre os membros da equipe facilitarão a atuação de cada um em benefício próprio, do paciente e da instituição. Pequenas atitudes dos profissionais podem indicar o processo da humanização e resgatar a dignidade do ser humano, muitas vezes abalada pela situação de internação, tais como:

- Chamar o paciente pelo nome.
- Utilizar tom de voz calmo e em volume normal.
- Olhar para o rosto do paciente e estabelecer contato cortês e respeitoso.
- Dirigir-lhe a palavra sempre que se aproximar do leito para algum procedimento.
- Examinar o paciente de maneira atenciosa.
- Utilizar-se do toque cuidadoso.

Freqüentemente não é possível para a equipe simplesmente remover o estímulo nocivo que provoca a ansiedade no paciente que é internado em uma Unidade de Terapia Intensiva. A equipe deve avaliar a eficácia dos comportamentos de adaptação do paciente e apoiá-los. A ansiedade ocorre quando há:

- Ameaça de desamparo.
- Perda de controle.
- Sensação de perda de função e auto-estima.
- Falha dos mecanismos de defesa.
- Sensação de isolamento.
- Medo da morte.

A equipe deve estar preparada para permitir pequenas escolhas quando o paciente desejar e ajudar a aumentar a sensação de controle do paciente, tais como:

- Proporcionar ordem e previsibilidade.
- Utilizar orientação antecipada.
- Permitir escolha sempre que possível.
- Incluir o paciente nas decisões.
- Fornecer informações e explicações.

A equipe pode ainda enviar mensagens que estimulem a segurança do paciente, o sentimento de controle e a esperança, e que o coloquem em um papel ativo, positivo, e não em um papel passivo de vítima. A equipe deve ajudar o paciente a desenvolver mensagens de autodiálogo que aumentam no paciente:

- Segurança.
- Sensação de controle.
- Capacidade de adaptação.
- Otimismo.
- Esperança.

Equipe médica

Ao profissional médico cabe o papel de catalisador do processo de humanização, respaldado na força da relação médico-paciente e principalmente do seu exemplo. Embora pareça simples, a conscientização do médico quanto ao seu papel implica a aceitação pelo mesmo do aspecto conceitual da humanização e da predisposição ao aprendizado que constitui em mudanças de atitudes frente ao paciente, à família e à equipe interdisciplinar. Essa tarefa só é alcançada quando existe uma estratégia de educação continuada do profissional e acompanhamento do seu aprendizado por parte da equipe de psicologia, quando existente.

Equipe de enfermagem

A enfermagem é o ponto de equilíbrio e de sustentação da Unidade. É ela que está mais próxima por mais tempo do paciente, devido aos cuidados que necessita administrar a ele. Além disso, a enfermagem atua no centro do fluxo de informações e rotinas da Unidade, por onde tudo quase que obrigatoriamente tem que passar. Nas unidades onde não existe serviço de psicologia, cabe à enfermeira liderar o processo.

Equipe de fisioterapia

Devido às próprias características da atuação da fisioterapia, com o uso de máscaras (CPAP, EPAP etc.), sondas (aspirações freqüentes) e procedimentos que freqüentemente exigem algum esforço dos pacientes (desmame, exercícios respiratórios etc.), o fisioterapeuta acaba sendo visto pelo paciente como gerador de estresse. Some-se a esse fato o de que o fisioterapeuta freqüentemente tem um contato tênue com a família, verificando-se uma tendência de afastamento desse profissional do binômio paciente-família. Faz-se necessária a conscientização desse profissional no processo de humanização, encorajando-o a explanar aos pacientes antecipadamente os procedimentos a serem executados nos mesmos, diminuindo a ansiedade e aumentando a adesão ao tratamento. O respeito aos limites da capacidade do paciente e à sua individualidade torna as relações mais estreitas e representa o verdadeiro sentido da humanização.

Equipe de psicologia

Ao psicólogo, cuja formação prático-teórica capacita compreensão da subjetividade inerente ao homem e suas relações, cabe, além de acompanhar o paciente e seus familiares durante o processo de adoecimento, coordenar o programa de humanização, trabalhando no sentido de preparar a equipe interdisciplinar neste processo.

AMBIENTE FÍSICO

Todos os aspectos que puderem ser melhorados em relação ao ambiente físico devem ser valorizados, entretanto a realidade de nosso país imprime diversas prioridades para as Unidades de Terapia Intensiva. Sabe-se que o aparato tecnológico que proporciona o mais avançado cuidado ao paciente grave, também pode ser uma barreira para a sua recuperação.

Unidades com grande número de leitos podem facilitar a dinâmica das equipes, o controle da monitorização e a otimização do uso de equipamentos; todavia tornam o ambiente agitado, ruidoso e estressante. Um número menor de leitos por unidade, quatro a seis por exemplo, pode propiciar um ambiente mais adequado e sem os inconvenientes citados, acarretando, por outro lado, maior custo para o seu funcionamento e manutenção. Cada instituição deve conciliar estes aspectos de acordo com seus princípios, metas e possibilidades.

As UTIs devem ser projetadas com o objetivo de alcançar maior conforto e praticidade. Os pacientes precisam de ambiente calmo e silencioso com o mínimo de ruído dos equipamentos e da equipe. Segundo Knobel, oferecer fones de ouvidos ou *earplugs* aos pacientes que queiram reduzir os ruídos ambientais pode ser uma idéia interessante. Esses equipamentos podem ser usados de maneira intermitente para proporcionar descanso sem isolamento acústico total. Atenção especial pode ser dada aos seguintes ruídos:

- Conversação exagerada na Unidade.
- Alarmes de sistemas conectados com o paciente, como monitores cardíacos, ventiladores, bombas de infusão etc.
- Campainhas.
- *Bips* ou telefones celulares.
- Impressoras de computador etc.

COMUNICAÇÃO ATRAVÉS DO TOQUE

A comunicação do cuidado através do toque é um veículo para o processo de atenção usado para atender às necessidades psicossociais do paciente. O toque é uma forma importante de comunicação em qualquer serviço de saúde.[8] A necessidade de contato táctil está presente em todas as pessoas ao nascimento e continua durante toda a vida. É uma necessidade que, se entendida, acrescenta fertilidade e crescimento ao potencial humano e é básica para o desenvolvimento saudável da pessoa. Acredita-se que a necessidade do toque é intensificada durante episódios de estresse elevado e não pode ser totalmente atendida por outras formas de comunicação. O papel do toque na assistência pode ser visto de várias perspectivas. Possui muitos propósitos dentro das interações com o paciente. A comunicação pelo toque é simples e direta. O toque é um comportamento positivo que produz efeito satisfatório no paciente e está entre as necessidades elementares para o desenvolvimento físico e mental saudável. O tato é um dos sentidos mais importantes. Confirma a realidade percebida através de outros sentidos, sendo parte fundamental dos processos de comunicação humana. Possui um efeito positivo sobre as capacidades de percepção e cognição, e pode influenciar parâmetros fisiológicos como a respiração e o fluxo sangüíneo. Os efeitos do toque no ambiente clínico são de grande alcance. O toque desempenha importante papel na promoção e na manutenção da orientação em relação à realidade nos pacientes propensos à confusão em relação ao tempo, ao espaço e à identificação pessoal. O toque pode ser mais útil em situações nas quais as pessoas apresentam medo, ansiedade ou depressão. Também pode ser benéfico em pacientes que necessitam de encorajamento ou de acalento, que têm dificuldade em verbalizar necessidades, ou que estão desorientados, não-responsivos ou em fase terminal de doença.

PRIVAÇÃO SENSORIAL

Privação sensorial é um termo usado para identificar vários sintomas que ocorrem após uma redução da quantidade ou da qualidade de estímulos sensoriais. Outros termos usados para designar privação sensorial ou alguma forma dessa incluem isolamento, confinamento, deficiência de informações, privação da percepção e restrição sensorial. Vários sintomas foram observados em adultos normais após exposição à privação sensorial por períodos variáveis. Incluem:

- Perda da percepção de tempo.
- Tédio.
- Presença de delírios, ilusões e alucinações.
- Ansiedade e medo.
- Agitação.
- Depressão.
- Qualquer tipo de comportamento ou sintoma presente em psicoses.

Para que ocorram reações psicopatológicas, não é necessário que a privação sensorial esteja presente por um período de dias ou semanas. Por exemplo, adultos jovens normais submetidos a um período de 8 horas de privação sensorial podem apresentar reação psicótica aguda seguida por continuação de delírios durante vários dias, além de depressão e ansiedade profundas por um período de várias semanas.

SOBRECARGA SENSORIAL

Alguns dos efeitos da sobrecarga sensorial sobre o homem foram bem documentados. Entre eles, a diminuição da audição após exposição prolongada a elevados níveis de ruído. Também se sabe que a tensão e a ansiedade aumentam quando uma pessoa é exposta a ruído contínuo sem períodos de silêncio. O ruído contínuo foi usado como forma de torturar prisioneiros de guerra. Florence Nightingale, em seu *Notas sobre Enfermagem*, advertiu os enfermeiros de que "o ruído desnecessário é a mais cruel ausência de cuidados que se pode impor ao indivíduo doente ou saudável". Podemos considerar a sobrecarga sensorial do ambiente como uma possível causa de um comportamento ansioso ou agitado do paciente. Estímulos excessivos no ambiente são causas importantes de problemas psicológicos nos pacientes. Além disso, a quantidade e a qualidade de ruído podem ser um fator significativo na recuperação do paciente. Por exemplo, elevados níveis de ruído podem aumentar a necessidade de medicação analgésica, e o riso alto da equipe pode causar ressentimento dos pacientes. A egocentricidade normal das pessoas gravemente enfermas pode fazer com que interpretem todas as conversas e ações que as cercam como referentes a elas. Portanto, toda conversa e o riso que não devem ser ouvidos por elas devem ocorrer fora da área dos pacientes. Se os estímulos ambientais excedem os limites aos quais o organismo humano pode adaptar-se com conforto, o sistema de defesa falha. Se isso ocorre, podem resultar comportamentos como ansiedade, pânico, confusão, delírios, ilusões ou alucinações.

A AMIB, no fórum de humanização em Maceió (1998), sugere alguns fatores considerados essenciais ou recomendáveis para que as UTI adotem um ambiente mais humanizado.

Acesso à luz natural (essencial)

Permite a orientação do paciente quanto ao tempo e ao espaço. É fator essencial para o bem-estar do paciente, da família e da equipe de saúde, por possibilitar o acompanhamento do ciclo natural dia-noite e o contato com o exterior.

Iluminação individualizada e regulável (essencial)

A presença de luminosidade constante, sem variação, deixa o paciente sem noção de dia/noite, tornando-o desorientado quanto ao tempo. A iluminação individualizada e regulável permite a adequação do ambiente ao dia e à noite, além de propiciar o ajuste necessário para a realização de procedimentos, permitindo a garantia de uma iluminância dentro dos limites de conforto preconizados.

Uso de tons claros nas paredes e no mobiliário (essencial)

As cores possuem um efeito terapêutico sobre o paciente, e a sua adequada utilização pode transmitir alegria. Deve-se priorizar o uso de tons claros que transmitem tranqüilidade e paz, trabalhando com a combinação de cores a fim de quebrar a monotonia cromática do ambiente.

Presença de calendários e relógios de parede (essencial)

Auxiliam na orientação no tempo e no espaço, evitando distúrbios comuns nos pacientes idosos como o delírio ou a agitação psicomotora e conseqüências no ciclo circadiano.

Poltrona (1 para cada 10 leitos) (essencial)

Para os pacientes em fase de recuperação que já possam mudar de decúbito e deambular, a existência de uma poltrona confortável torna-se uma parte importante no plano terapêutico. Essa medida, sempre que possível, deve ser estimulada, pois combate a imobilidade física de que os pacientes tanto reclamam.

Sala de espera (essencial)

Existe a necessidade de um local aprazível para acomodar os familiares durante a internação do paciente na UTI, que pode durar desde horas a semanas ou meses. A sala de espera deve oferecer tanto a interação entre os familiares quanto privacidade, se desejada. Deve ser aconchegante e possuir vários ambientes, e, se possível, facilidades como banheiro, telefone e TV.

Visualização de vegetação (recomendável)

A possibilidade do contato com a natureza através da visualização de plantas colocadas na sala de espera, na área externa aos leitos e em canteiros (jardineiras) deve sempre ser incentivada.

Recursos audiovisuais: TV, vídeo, rádio, CD (recomendável)

A disponibilidade para o uso de rádio, TV ou outros recursos audiovisuais pode ser utilizada para a distração do paciente. A chance de assistir a um programa de televisão ou de uma fita de vídeo especialmente selecionada atua de forma terapêutica para a recuperação do paciente, atenuando consideravelmente o estresse. Esse mesmo recurso deve estar disponível na sala de espera para beneficiar os familiares.

Painel personalizado (recomendável)

A simples presença de um pequeno painel à beira de cada leito, onde possam ser colocados objetos pessoais de cada paciente (fotos, cartões, orações etc.), personaliza o espaço, diminuindo a sensação de perda da individualidade.

Cadeira para visitantes à beira do leito (recomendável)

A possibilidade de visitação de familiares e amigos do paciente requer a preocupação com o conforto também do acompanhante. É fundamental criar um espaço para que o visitante sinta-se inserido e à vontade no ambiente para poder colaborar na recuperação do paciente.

Painel informativo (recomendável)

A colocação de um painel em local de fácil visualização por toda a equipe multiprofissional permite a educação continuada em humanização, pois possibilita a exposição de cartazes de campanhas como a do combate aos ruídos, o incentivo ao contato físico com o paciente através do toque, lavagens das mãos etc. Painel semelhante deve existir também na sala de espera da Unidade para informação dos familiares, engajando-os no processo de educação continuada em humanização.

Sala de entrevista (recomendável)

É recomendável haver um ambiente privado onde os familiares possam receber informações da equipe de maneira privativa, preservando o direito a confidencialidade. Essa sala pode ser utilizada para que os familiares tenham privacidade no contato com o intensivista, médico assistente, psicólogo, assistente social ou representante religioso.

ASPECTOS SENSORIAIS

Controle da iluminação (essencial)

Faz-se necessário o controle periódico da luminosidade nas unidades, para assegurar-se o respeito aos limites condizentes com o conforto do paciente e dos integrantes da equipe interdisciplinar.

ILUMINAÇÃO

A iluminação é uma variável importante para criar um ambiente calmo. A luz incandescente é usualmente associada a ambientes residenciais, enquanto a luz fluorescente a espaços comerciais. O controle da iluminação deve estar ao alcance do paciente e dos familiares. Iluminação indireta e disponível para leitura é recomendável para todos os leitos da UTI, sendo interessante contar com dispositivos de controle fino de iluminação, como *dimmers*. A temperatura ambiental deve ser verificada constantemente, evitando oscilações importantes para alcançar o conforto do paciente seguindo as necessidades da Unidade. Para isso, o controle personalizado deve ser implementado.

Controle de ruídos (essencial)

Devido à freqüente superutilização de espaços, é alta a concentração de aparelhos de tecnologia avançada e com alarmes precisos, além da presença de grande número de profissionais atuantes. Os níveis máximos de ruídos recomendados nas UTIs são na faixa de 40 a 45 decibéis durante o dia e 35 decibéis à noite.

RUÍDOS

Os pacientes precisam de um ambiente calmo e silencioso, onde haja o mínimo de ruído ocasionados pelos equipamentos e pela equipe.

Além dos ruídos, outros fatores, como temperatura e luminosidade, podem representar fontes de estresse ambiental para o paciente. A maioria dos trabalhos aponta o barulho como sendo o mais importante fator a ser controlado. A Agência de Proteção Ambiental americana recomenda que o nível de ruídos nos hospitais seja mantido abaixo da faixa de 40 a 45 dBa durante o dia, 35 dBa à noite. Topf (1996) demonstrou que a média durante as 24 horas excede os 45 dBa, tendo picos de até mais de 70 dBa ocorrendo a cada 9 minutos.[48] Outro trabalho, realizado em 1992, encontrou média de 57,2 dBa na UTI pós-operatória e 58 a 72 dBa na UTI geral. Esses estudos relatam que as máscaras de oxigênio, os ventiladores e os sugadores produzem, cada um, 50 a 70 dBa. Os alarmes dos equipamentos produzem níveis de ruídos que atingem 80 dBa. Existe a necessidade do controle dos ruídos da voz humana, já que esses são identificados pelos pacientes como os sons que mais incomodam. Como exemplo, constata-se que três pessoas conversando junto ao leito, próximo aos pés do paciente, geram níveis de ruído de 60 a 80 dBa. Segundo Felver (1995), apesar de a tolerância aos ruídos ser influenciada pela idade, cultura, gravidade da doença, todos reconhecem que o nível de ruídos dentro de uma UTI é muito alto.[49] Uma conscientização deve ser feita a respeito da conversação exagerada na Unidade, assim como em relação ao uso de *bips* ou telefones celulares. Esses autores sugerem a instalação de monitores de ruídos, colocados estrategicamente na Unidade, de forma que, toda vez que os ruídos ultrapassarem um certo parâmetro estipulado, uma luz se acende para alertar a equipe.

Os ruídos à beira do leito poderiam ser controlados com a modulação do volume da voz, a solicitação de que não sejam realizadas discussões de caso próximo ao paciente, a lubrificação de rodas dos equipamentos, a diminuição de volume da campainha de aparelhos telefônicos e a retirada de impressoras e aparelhos de fax do interior das unidades onde estão os pacientes. Deve-se observar também o material escolhido para a forração do teto e das paredes e a vedação das janelas. Uma outra recomendação seria estar atento para a aquisição de novos equipamentos. A indústria está desenvolvendo aparelhos com alarmes que seriam transmitidos via "bip", podendo ser utilizada a opção de alarme vibratório. Existem diversas maneiras de reduzir o nível de ruídos nas unidades. A dificuldade parece concentrar-se na manutenção dessas intervenções ao longo do tempo.

Controle de temperatura (essencial)

A utilização de termômetros de ambiente permite a regulação do sistema de refrigeração, evitando temperaturas que sejam prejudiciais ao bem-estar do paciente (calor excessivo ou frio demasiado). Deve-se manter uma temperatura desejável para o conforto humano.

CONCLUSÃO

O projeto de humanização deve estar em constante manutenção e aprimoramento através das pesquisas de necessidades, satisfação e outras questões relacionadas ao paciente, familiares e à equipe. Para que o objetivo possa ser alcançado, é necessário que se estabeleça um grupo multiprofissional que promova a educação continuada em humanização da UTI, sendo também responsável pelo planejamento, implantação e avaliação dos programas específicos que discutam: métodos para o alcance da qualidade total e humanização; redimensionamento do ambiente e dos cuidados; metodologia para sensibilização e adesão dos profissionais.

Deve-se adotar, sempre que possível, uma filosofia que valorize a participação do paciente e do familiar no tratamento, possibilitando que este tenha uma atuação mais ativa, diminuindo a sensação de impotência, geralmente presente nesse momento. O familiar nem sempre consegue oferecer essa participação devido a suas condições emocionais; a experiência nos mostra que a doença de um paciente grave desestrutura todo o sistema familiar. Knobel comenta que o paciente em UTI pode apresentar comportamentos infantis e regredidos: não se deve esperar rápida remissão desses padrões sem estimular sua independência e autonomia. Os familiares e visitantes devem ser orientados para não transmitirem suas angústias e preocupações ao paciente: o papel do acompanhante é reafirmar o equilíbrio emocional do paciente e, mediante carinho e conversa, transmitir segurança e auxiliar na recuperação. As equipes de terapia intensiva devem ser interdisciplinares e incluir profissionais da saúde mental, a fim de possibilitar a troca de experiências e compartilhar situações difíceis. Deve-se oferecer o atendimento psicológico, quando necessário, aos pacientes e familiares. Todos os profissionais da equipe devem manter o tratamento centrado no paciente, e não na doença.

Um dos maiores desafios para as instituições hospitalares é incorporar a humanização como um dos aspectos a serem considerados dentro do plano operacional de trabalho. Uma análise detalhada de todas as rotinas de trabalho, através da visão humanística do paciente, deve ser realizada. Cumprir unicamente os requisitos clínicos não basta para que a UTI atinja um nível de qualidade satisfatório. Atender de forma restrita aos princípios enunciados como direitos do paciente pode não ser suficiente. Superar as expectativas de pacientes e familiares é a meta de qualidade desejada.

A humanização da UTI só pode ser completamente atingida com a colaboração do paciente, da família e da equipe. A solução de problemas e a tomada de decisões devem ser discutidas com a participação de todos. Deve-se valorizar as etapas que foram alcançadas pela equipe em relação ao paciente. Deve-se também discutir com os familiares até que ponto o tratamento deve ser instituído e mantido nos casos em que a evolução clínica apresenta indícios bem-documentados e comprovados de irreversibilidade.

A humanização da UTI é uma questão de princípios e de filosofia da equipe e da instituição. Pode ser implementada em diversos setores, bastando que a equipe de saúde adote esses objetivos. Recursos econômicos complementam alguns aspectos da humanização, mas não podem se constituir na razão e desculpa para a inexistência desse tipo de programa. A humanização da UTI é um ponto de honra. É uma questão de Qualidade.

REFERÊNCIAS BIBLIOGRÁFICAS

1. Souza M de, Possari JF, Mugaiar KHB. Humanização da abordagem nas unidades de terapia intensiva. *Rev Paul Enf* 1985;5:77–9.
2. Fórum Maceió 1998. Maria Alice Pinto Novaes, Ana Maria Magalhães, André Guanaes, Elias Knobel, Jayro Othero, José Maria da Costa Orlando, Marcos Knibel, Mariza D'Agostino Dias, Cid Marcos David.
3. Cohn L. Barriers and values in the nurse/client relationship. *J Assoc Rehabil Nurs* 1978;III:3–8.
4. Cowper-Smith F. Nurse could you care more? *Nurs Times* 1978;74:1882–3.
5. Kalisch BJ. An experiment in the development of empathy in nursing students. *Nurs Res* 1971;20:202–11.
6. Jourard S. *The Transparent Self: Self-Disclosure and Well-Being.* Princeton: D Van Nostrand, 1964.
7. Cashar L, Dixson B. The therapeutic use of touch. *J Psychiatr Nurs* 1967;5:442–51.
8. Hudak MC, Gallo MB, Benz JJ. *Cuidados Intensivos de Enfermagem — Uma Abordagem Holística.* Rio de Janeiro: Editora Guanabara, 1994.
9. Chiattone HBC, Sebastiani RW. Ética em saúde: algumas reflexões sobre nossos desafios para o século XXI. *In* Angerami VA (Org.): *A Ética na Saúde.* São Paulo: Pioneira, 1997.
10. Martins LAN. Atividade médica: fatores de risco para a saúde mental do médico. *Bras Clín Terap* set 1991;XX(9):355–64.
11. Noto JRS. A Emergência de caracteropatia profissional em estudantes do Quinto Ano Médico. *Boletim de Psiquiatria* (SP) 1984;17:101–7.
12. Sebastiani RW. Aspectos emocionais e psicofisiológicos nas situações de emergência no hospital geral. *In* Angerami VA (Org.): *Urgências Psicológicas no Hospital.* São Paulo: Pioneira, 1998.
13. Gowan NJ. The perceptual world of the Intensive Care Unit: an overview of some environmental considerations in the helping relationship. *Heart Lung* 1979;8(2):340–4.
14. Morrison RS, Morris J. When there is no cure: palliative care for the dying patient. *Geriatrics* 1995;50:45–51.
15. Hay D, Oken D. The psychological stresses of Intensive Care Unit nursing. *Psychosomatic Med* 1972;34:109–18.
16. Vanson RJ, Katy BM, Krebeler K. Stress effects on patients in critical care units from procedures performed on others. *Heart Lung* 1980;9:494–7.
17. Molter NC. Needs of relatives of critically ill patients: a descriptive study. *Heart Lung* 1979;8:332–9.
18. Helton MC. The correlation between sleep deprivation and the Intensive Care Unit syndrome. *Heart Lung* 1980;9:464–8.
19. Bunch B, Zahra D. Dealing with death: the unlearned role. *AJN* 1976;76:1486–92.
20. McCue JD. The naturalness of dying. *JAMA* 1995;273:1039–43.
21. Gardner D, Stewart N. Staff involvement with families of patients in critical-care units. *Heart Lung* 1978;7:105–10.
22. Lopez-Fagin L. Critical care family needs inventory: a cognitive research utilization approach. *Crit Care Nurse* 1995:21–6.
23. McCann R, Hall WJ, Groth-Juncker A. Comfort care for terminally ill patients: the appropriate use of nutrition and hydration. *JAMA* 1994;272:1263–6.
24. McClement SE, Degner LF. Expert nursing behaviors in care of dying adult in the Intensive Care Unit. *Heart Lung* 1995;24:408–19.
25. Spoth R, Konewko P. Intensive care staff stressors and life event changes across multiple settings and work units. *Heart Lung* 1987;16:278–84.
26. Wallace-Barnhill G. Psychological problems for patients, families and health professionals. *In* Shoemaker WC, Ayres S, Grenvik A *et al* (Eds.): *Textbook of Critical Care.* 2nd Ed. Philadelphia: WB Saunders, 1989, pp 1414–20.
27. Linn LJ. Psychosocial needs of patients with acute respiratory failure. *In* Sutterly DC, Connelly GF (Eds.): *Coping with Stress: a Nursing Perspective.* Rockville, MD: Aspen Publications, 1982, pp 131–40.
28. Lookinland S. Stress management of staff, family, and patients. *In* Shoemaker WC, Ayres S, Grenvik A *et al* (Eds.): *Textbook of Critical Care.* 2nd ed. Philadelphia: WB Saunders, 1989, pp 1741–51.
29. Hibbert M. Stressy experienced. *Heart Lung* 1995;24:399–407.
30. Associação Brasileira de Normas Técnicas. Níveis de Ruído para Conforto Acústico. NB-95 março 1987.
31. Associação Brasileira de Normas Técnicas. Iluminância de Interiores. NBR 5413 abril 1992.
32. Van Daltsen J, Syryala KL. Psychological strategies in acute pain management. *In* Hoyt JW: *Pain Management in the ICU. Crit Care Clin* 1990;6:421–32.
33. Hodovani BH, Reardon A. Family crisis internation program in the medical Intensive Care Unit. *Heart J Lung* 1984;13:243–9.
34. Chouinard A. Bioethics in the critical care unit: Damned you do, damned you don't. *CMAJ* 1988;139:1180–2.

35. Stoll RI. Guidelines for spiritual assessment. I *Am Your. Number* 1979:1574–7.
36. Foundations of Respiratory Care.
37. Task Force Guidelines. Society of Critical Care Medicine: Guidelines for Intensive Care Unit design. *Crit Care Med* 1995;23:582–8.
38. Robert SL, Bechao I. *Concepts and the Critically Ill Patient.* Englewood Cliffs, NJ: Prentice-Hall, 1976.
39. Ruggiero G. *História da Filosofia.* Rio de Janeiro: Athena, 1937.
40. Silva RM. *Humanismo e Medicina.* Salvador: CREMEB, 1992.
41. Delgado H. *El Médico, la Medicina y la Alma.* Barcelona: Editora Científico-Médica, 1961.
42. Dunningham W. O interesse humano pela filosofia. *Ética Médica, a Medida de Todas as Coisas.* Salvador: CREMEB, 1993.
43. Toffler A. *Criando uma Nova Civilização.* Rio de Janeiro: Record, 1994.
44. Casey K. *Report on the Painel on Pain.* Bethesda, MD: National Institute of Health, 1979.
45. Welzack R, Wall PD. *The challenge of pain: exciting discoveries in the new science of pain control.* New York: Basic Books, 1983.
46. Roberts SL. *Behavior Concepts and the Critically Ill Patients.* Englewood Cliffs, NJ: Prentice-Hall, Prentice Hall, 1976.
47. Halm MA, Alpen MA. The impact of technology on patients and families. *Nurs Clin North Am* 1993;28(2):443–56.
48. Topf M, Bookman M, Armand D. Effects of critical care unit noise on the subjective quality of sleep. *J Adv Nurs* 1996;24:545–51.
49. Felver L. Patient environment interactions in critical care. *Crit Care Nurs Clin North Am* 1995;7:327–33.
50. Novaes MAFP, Aronovich A, Ferraz MB, Knobel E. Stressors in ICU: patient's evaluation. *Intens Care Med* 1997;23:1282–5.
51. Lazure LLA. Strategies to increase patient control of visiting. *Dimens Crit Care Nurs* 1997;16:11–9.
52. Novaes MAFP, Ferreira FG, Aoki R, Carvalho RT, Lage SG. Manual informativo de UTI: proposta de intervenção multiprofissional para familiares. *Rev Soc Cardiol Estado de São Paulo* nov–dez 1997;7(6)(Suppl. A):69–78.
53. Halm MA. Effects of support groups on anxiety of family members during critical illness. *Heart Lung* 1990;19:62–71.
54. Cone M, Conner M, Barnard K, Riegel B. Satisfaction with a new model of professional practice in critical care. *Crit Care Nurs Q* nov 1995;18(3):67–74.
55. Dracup K, Bryan-Brown CW. Humane care in inhumane places [Editorial]. *Am J Crit Care* jan 1995;4(1):1–3.
56. Fornes VJ *et al.* Causal and emotional factors related to work stress in ICU nursing staff. The importance of accurate measurement. *Intens Crit Care Nurs* mar 1994;10(1):41–50.
57. Menzies I. O funcionamento das organizações como sistemas sociais de defesa contra a ansiedade. São Paulo: Escola de Administração de Empresas de São Paulo/Fundação Getulio Vargas, 1976.
58. Pitta A. *O Hospital: Dor e Morte Como Ofício.* São Paulo: Editora Hucitec, 1990.

7 Humanização da UTI – Aspectos Pediátricos

Heloisa Benevides de Carvalho Chiattone

A internação de uma criança em UTI pediátrica é sempre uma situação traumática, traduzindo-se em vivência de crise para pacientes, pais e familiares. Para a equipe de saúde, um desafio real diante da fragilidade dos pacientes e da gravidade dos quadros clínicos. Essa situação é então causadora de intensa angústia, levando tanto pais como profissionais de saúde a lançar mão de mecanismos de defesa primitivos, como a negação, a dissociação e a projeção, para manter-se em equilíbrio.

Em uma Unidade de Terapia Intensiva pediátrica, a questão da sobrevivência está espelhada na urgência dos procedimentos invasivos e dolorosos, na tensão constante, na convivência com aparelhos intra e extracorpóreos. Em realidade, a UTI Pediátrica é uma unidade essencialmente permeada por esse fator, caracterizando assim, especificamente, o contato, a tarefa, a urgência dos atendimentos, o tempo de ação, o momento de crise e a atuação dos profissionais de saúde.

Mas, nela, a sobrevivência não é só uma idéia ou conceito. Ela é franca, orgânica, corpórea, tem cheiro, cor e forma. O que nos faz pensar e vivenciar a questão dos limites da vida e a necessidade de humanização. Em realidade, enfrentar a morte de alguém que inicia a vida é enfrentar-se com o limite da impotência, do desamparo, da incompletude.

Nesse contexto situam-se crianças, familiares e equipes de saúde.

Ao observador atento torna-se real a percepção de que além da proteção institucional, oferecida pela excelência tecnológica, essa tríade necessita de um "entorno psíquico",[1] nomeado por Anzieu *envelope protetor,* que se constitui de continência para o ecoar de sentimentos.[2]

É fato que a tecnologia transformou o prognóstico de pacientes internados em unidades intensivas de maneira considerável, com seqüelas cada vez menos freqüentes nos planos orgânico e psicomotor, mas, por outro lado, pode provocar na criança e nos pais uma vivência traumatizante, geradora de distúrbios relacionais posteriores. Daí a importância e a urgência da humanização das UTIs, considerando-se o acolhimento, o estresse, a dor física e a dificuldade dos cuidadores, o repouso, a alimentação e a comunicação.

A humanização de uma Unidade de Terapia Intensiva Pediátrica ou Neonatal deve ser entendida como o estabelecimento da primazia efetiva dos direitos do paciente sobre a estrutura operacional e administrativa das Unidades e do Hospital. Esse conceito coincide integralmente com a afirmação de que o doente é a razão de ser do Hospital. A razão de existência de um hospital é cuidar da saúde da comunidade. Esse cuidar ocorre sempre dentro de um campo de relações onde nem tudo pode ser codificável e previsível, nem tampouco respondido com técnicas objetivas e passíveis de serem repetidas mecanicamente. Esse campo, portanto, envolve modos singulares de existência que requerem uma atenção especial às formas de execução de qualquer trabalho.

O hospital, assim como toda empresa prestadora de serviços, não pode perder de vista seu objetivo originário, relativo ao atendimento de uma certa categoria de necessidades consideradas primordiais. Quando isso ocorre, há tensão entre a empresa e o usuário. No entanto, a instituição hospitalar apresenta um agravante, definido pelo fato de tratar do maior bem do homem – sua saúde, o que faz as imperfeições de seu funcionamento serem notadas mais severamente, exigindo apropriadas correções. No entanto, a melhoria do relacionamento entre o hospital e seu usuário não depende somente de técnicas específicas, mas deve ser integrada na política hospitalar como um todo.

A humanização do atendimento em saúde deve ser entendida como um valor na medida em que busca resgatar o respeito à vida humana, envolvendo circunstâncias sociais, éticas, educacionais e psíquicas presentes em todo relacionamento humano. Tal valor é definido em função de seu caráter complementar aos aspectos técnico-científicos que privilegiam a objetividade, a generalidade, a causalidade e a especialização do saber, presentes nos cuidados em saúde. A humanização das Unidades de Terapia Intensiva Pediátrica e Neonatal, embora pareça complexa, pode ser conseguida sem grandes investimentos financeiros. Sua efetivação, no entanto, exige que seja incorporada à política administrativa do Hospital e assumida por toda a equipe de saúde, para não se transformar, simplesmente, em mais uma iniciativa sem termo. A humanização é necessária e possível. Depende apenas do esforço de cada um e do reconhecimento efetivo da primazia dos direitos do paciente sobre a estrutura administrativa do hospital.

Há muitos anos, países como Estados Unidos, Canadá e muitos países da Europa demonstram preocupação constante com a qualidade do atendimento em Unidades de Terapia Intensiva, com medidas efetivas em nível de humanização.

Em 1986 foi divulgada a Carta Européia de Crianças Hospitalizadas, e sua versão mais curta, em 1988. Os países que subscreveram essa Carta constituíram a EACH (*European Association for Children in Hospital*), normatizando a humanização do atendimento da criança nos serviços de saúde.

Valendo-se de experiências bem-sucedidas em outros países, o Brasil passou, a partir da década de 80, a investir na humanização dos serviços de saúde. Essa iniciativa, é fundamental destacar, acompanhou a evolução do próprio sistema e de mudanças nos paradigmas e nas políticas de saúde que, em fins da década de 50 e durante a década de 60, abriram o campo de saúde definitivamente a outras áreas, como a Educação, a Psicologia, a Nutrição, o Serviço Social, a Sociologia e a Antropologia, estimulando a compreensão global do fenômeno saúde e doença, através do modelo biopsicossocial. Esse processo de transformação, portanto, acompanhou as relações entre sociedade, saúde e doença. As concepções de saúde e doença ampliaram-se em sua dimensão social, humana e existencial, visando à sua essência totalizadora, o homem, o ser doente.

A partir de 2000, o Ministério da Saúde, reconhecendo que os serviços de saúde têm alcançado enorme avanço científico e tecnológico mas que a evolução desse conhecimento não tem sido acompanhada por um correspondente desenvolvimento na qualidade do contato humano, presente em toda intervenção de atendimento à saúde, implantou em todo o país um Programa Nacional de Humanização do Atendimento – PNHAH – Hospitalar, visando a atingir todos os hospitais integrantes do SUS, através da implantação de uma Rede Nacional de Humanização, através da Portaria GM nº 881/2001 que institui o PNHAH no âmbito do SUS; Portaria SAS nº 202/2001, que estabelece as diretrizes para implantação, desenvolvimento, sustentação e avaliação de iniciativas de humanização nos hospitais do SUS, e Portaria SAS nº 210/2001, que institui o Comitê Técnico Assessor e define competências.

Seus objetivos principais envolveram difundir uma nova cultura de humanização na rede hospitalar pública brasileira; melhorar a qualidade e a eficácia da atenção dispensada aos usuários dos hospitais; capacitar os profissionais dos hospitais para um novo conceito de assistência à saúde que valorize a vida e a cidadania; conceber e implantar novas iniciativas de humanização dos hospitais que venham a beneficiar os usuários e os profissionais de saúde; fortalecer e articular todas as iniciativas de humanização já existentes na rede hospitalar pública; estimular a realização de parcerias e intercâmbio de conhecimentos e experiências nessa área; desenvolver um conjunto de indicadores de resultados e sistema de incentivos ao tratamento humanizado; modernizar as relações de trabalho no âmbito dos hospitais públicos, tornando as instituições mais harmônicas e solidárias, de modo a recuperar a imagem pública dessas instituições junto à comunidade.

De qualquer forma, apesar de muitos serviços de saúde já implementarem programas de humanização em vários estados brasileiros, ainda é comum reconhecer posturas resistentes a mudanças que possam tornar a internação de uma criança menos traumática e, principalmente, mais humana. Essa relação é agravada quando associada à vivência em unidade de terapia intensiva e às repercussões da doença na infância.

Uma breve revisão da literatura evidencia que fatores psicológicos e comportamentais podem afetar adversamente o curso de condições médicas em quase todas as afecções de cada categoria principal de doenças.[3-12]

É fato que o diagnóstico de uma doença e a necessidade de internação em uma unidade de terapia intensiva configuram-se como uma *crise vital*, delineada por mudanças físicas, períodos alternados de estabilidade e crise, incertezas quanto ao futuro, frustrações de sonhos e projetos, perda do sentimento de invulnerabilidade e controle da vida, fatores que tanto a criança como os familiares não estão preparados para enfrentar.

Em geral, o diagnóstico de uma doença e a necessidade de internação em UTI Pediátrica exigem novos modos de enfrentamento, mudanças nas autodefinições de pacientes e familiares e períodos extensos de adaptação, em que ambos devem aprender a lidar com a dor, a incapacitação e outros sintomas, com o ambiente hospitalar e condutas terapêuticas, estabelecendo e mantendo relacionamentos com *"novos cuidadores"*. Assim, pacientes e familiares devem criar um significado para a doença e para a internação, maximizar a preservação de um sentimento de domínio e competência, buscar uma posição de adaptação a mudanças, tentar reorganizar-se em uma situação de crise e perante a incerteza desenvolver a flexibilidade.

Acresce-se o fato de que, se a criança enfrenta em seu desenvolvimento normativo diversas dificuldades, limitações, frustrações e sentimentos conflituosos, quando adoece enfrenta provações ainda maiores. A quebra no curso do desenvolvimento normal traz consigo inúmeras implicações, e a qualidade da base educacional, das relações familiares e do ambiente em que a criança se encontra inserida passa a ser elemento fundamental na determinação das capacidades de enfrentamento.

A doença constitui, talvez, a tensão generalizada mais comum que pode vir a ocorrer com a criança em desenvolvimento. Cada criança que fica doente tem uma reação psicológica à sua doença. Algumas reações são gerais, outras são específicas da doença. As reações gerais dependem de diversos fatores, entre eles: os estágios evolutivos da criança (seus níveis de desenvolvimento cognitivo e emocional e a capacidade adaptativa prévia); o grau de sofrimento e mutilação e o significado que a doença tem para a criança e os pais; a relação pai-filho e a resposta da criança à reação dos pais; a reação psicológica da criança aos procedimentos médicos e cirúrgicos, separações, hospitalização e a interferência resultante nas funções físicas, psicológicas e sociais. As reações específicas dependem, em parte, da natureza e da severidade da doença.[10]

Além disso, a criança vivencia a doença e a hospitalização com uma intensidade emocional muito significativa, devido à frágil distinção entre o mundo externo e interno, associada ao fato de sua vida psíquica ser composta de fantasias, portanto pouco acessível ao princípio de realidade.

Vários estudos comprovam que bebês, crianças e adolescentes internados necessitam de serviços de saúde mental. Aproximadamente 2/3 das crianças internadas necessitam de avaliação e apoio psicológico. Entretanto, na prática, somente 11,3% de todos os pacientes recebem esse tipo de apoio.[13]

Em geral, as reações psicológicas mais comuns envolvem intensificação do comportamento de apego, regressão, sentimentos de desamparo, despertar de fantasias assustadoras e ansiedade, agravamento de sintomas psicológicos pré-mórbidos e diversos sintomas psicobiológicos.

Embora a UTI, por si só, seja um local propício para descompensação psicológica, os fatores de risco para o desenvolvimento de distúrbios psicológicos decorrentes da internação na unidade incluem psicopatologia pré-mórbida; deficiência no relacionamento pais-filho; transtorno psiquiátrico em um ou ambos os pais; faixa etária de 0 a 3 anos; tipo e gravidade da doença e seus efeitos; entendimento cognitivo da criança e dos pais sobre a doença e a necessidade de permanência na Unidade, incluindo expectativas irrealistas e reações como sentimento de desamparo e pessimismo.[13]

PSICOLOGIA E UTI PEDIÁTRICA

Quando a criança é internada em uma UTI, um dos aspectos mais delicados refere-se ao surgimento ou à intensificação do sofrimento físico, pois diversos aspectos estão concentrados no corpo, levando a criança a interligar a dor, por exemplo, como algo muito ameaçador para a integridade de seu ser. Nesse sentido, como toda situação de crise, a internação em UTI afeta a vida da criança principalmente em sua integridade física e psíquica, deixando-a muito fragilizada; por isso, a atenção e os cuidados maternos, no intuito de propiciar segurança e garantir conforto de acordo com suas necessidades, tornam-se elementos essenciais, associados à atenção cuidadosa da equipe de saúde.Tais elementos da relação serão solicitados pela criança, que necessitará de cuidados específicos e de muita continência por parte dos provedores, caso contrário, apresentará importantes comprometimentos em sua autoestima e em seu autoconceito, já que ainda empresta dos pais e adultos subsídios para o desenvolvimento de um verdadeiro *self*, a partir do qual busca proteção e satisfação de suas necessidades. Para Ajuriaguerra e Marcelli,[5] a doença reforça o laço de dependência e de proteção entre a criança e os adultos que a têm sob sua proteção, primeiramente os pais, depois, se necessário, a equipe médica e paramédica.

Cada criança reagirá ou manifestará necessidades específicas diante da internação em UTI, de acordo com seu repertório de respostas. De maneira geral, as pessoas de todas as idades costumam responder à doença com medo, regressão, irritabilidade, distúrbios do sono, do apetite ou do humor. Entretanto, as aptidões emocionais e cognitivas dos estágios de desenvolvimento da criança irão influenciar fortemente o tipo e a intensidade dos sintomas, ou seja, no estágio em que há preocupação quanto à autonomia e à integridade do corpo, os procedimentos invasivos (intubação, por exemplo) tornam-se muito estressantes e ameaçadores.[14] Com a internação em UTI ocorre uma ruptura ainda maior das atividades cotidianas e ao mesmo tempo "desintegra-se" a estrutura familiar. Ao ser hospitalizada, a criança é separada de seu lar, de seus objetos que lhe dão um importante sentido de identidade, de sua rotina, para ingressar em um ambiente físico e social bastante impessoal e diferente daquele de sua casa. Nesse local, será submetida a diversos procedimentos, muitas vezes dolorosos e invasivos. A criança passará então a sofrer manipulações em seu corpo e torna-se impedida de realizar as atividades que a auxiliavam na busca por autonomia e segurança. Vários são os aspectos inerentes à hospitalização de crianças em unidades de terapia intensiva. Os mais comuns referem-se a interrupção e/ou retardo do desenvolvimento e da escolaridade, agressões psicológicas diversas, entre as quais podem ser citadas a privação materna que determina sensação de abandono, o temor ao desconhecido, a sensação de culpa e punição, a despessoalização, a limitação de atividades e estimulação, o aparecimento ou intensificação do sofrimento.

A privação materna, diante dos aspectos anteriormente citados, é, sem dúvida, o de maior malefício emocional na situação de hospitalização da criança. Se com a presença da mãe a criança internada já sofre abalos em seu desenvolvimento, muitas unidades pediátricas, seja por falta de espaço físico seja por não condizer com a ideologia da instituição, impedem a permanência de acompanhantes na UTI. Nesse contexto de privação, corre-se o risco de agravamento da situação de doença, já que a sensação de abandono e desproteção por parte da criança pode causar sérios transtornos psicológicos que conseqüentemente afetarão sua evolução clínica.

Crianças privadas parcialmente ou totalmente de cuidados maternos durante a vivência de doença e a permanência no hospital podem apresentar sérios transtornos psicológicos, físicos e sociais, na medida em que a ausência da família ou da mãe no hospital faz a criança sentir-se abandonada. Podem ser citados, entre outros, o atraso psicomotor, a passividade/apatia, a desorganização no desenvolvimento da personalidade, a diminuição do quociente de inteligência, o aumento de suscetibilidade a infecções, o marasmo, o hospitalismo, as perturbações digestivas e do sono, os distúrbios da linguagem, os distúrbios do comportamento (indiferença, agressividade, depressão e regressão).[15]

A autora cita o estudo em que Spitz comparou o desenvolvimento de crianças internadas em instituições onde cada mãe amparava seu filho com o desenvolvimento de crianças internadas em instituições atendidas por enfermeiras.[15] Embora o padrão alimentar e higiênico de ambas as instituições fosse razoavelmente bom, constatou-se um grande índice de mortalidade no segundo grupo e a ausência de óbitos no primeiro. As crianças cuidadas por enfermeiras apresentavam-se deprimidas, desinteressadas pelo meio, gritavam e choravam com a aproximação de pessoas, sofriam perda de peso, tinham insônia, falta de apetite, resfriados constantes e irritações na pele. Essa síndrome tornava-se mais acentuada por volta do terceiro mês após a separação das mães, no segundo grupo. Quando a permanência na instituição ultrapassava o quarto mês, as crianças tornavam-se rígidas, frias, apresentavam olhares inexpressivos e apresentavam atividades auto-eróticas.

Reações de desapego podem ocorrer após uma separação prolongada. Crianças ao serem hospitalizadas, sofrendo separação, reagem primeiramente com desespero agudo e choro (protesto), em um segundo momento com tristeza e apatia (desespero) e, por fim, com visível desinteresse (desapego).[15]

Mediante os danos psíquicos e somáticos provocados pela privação materna, torna-se evidente a importância da presença da mãe ou substituta (cujo vínculo afetivo seja anterior à hospitalização) ao lado da criança hospitalizada. Existe, entretanto, a relevância de salientar que a mãe ou substitutos devem ser continentes o suficiente para que os resultados de seus investimentos enquanto acompanhantes sejam efetivos. "A criança confiante, segura, amada, tem mais condições de enfrentar situações difíceis e ameaçadoras, criando recursos para estabilizar seu equilíbrio interno, conturbado com a ocorrência de uma hospitalização."[15]

O ambiente ameaçador e desconhecido, a perda dos referenciais de identidade e segurança e as privações colaboram para o aparecimento de vários efeitos psicológicos em crianças doentes e hospitalizadas, que podem ser traduzidos em manifestações psíquicas e comportamentais de raiva, culpa, frustração, regressão, sensação de abandono, sensação de punição, negação da doença, limitação de atividades, despessoalização, esquema corporal modificado, isolamento, impotência, medo e projeção. Além dessas existem alterações em afetividade manifestadas por ansiedade, depressão e angústia de morte. Tanto os efeitos psicológicos quanto os físicos e sociais acerca da doença provocam desvios no desenvolvimento infantil; contudo, os efeitos gerais da hospitalização nos diferentes estágios do desenvolvimento podem apontar como a criança, dos 18 meses a 12 anos, enfrenta e reage à situação de doença e internação (Quadro 7-1).[11]

Além da perda da saúde, da integridade física, da privacidade e de suas atividades rotineiras, outras perdas e limitações passam a permear o momento de vida da criança internada em UTI. Os papéis de filha, irmã, aluna entre outros, antes exercidos, ficam alterados devido à mudança de contexto imposta pela hospitalização; a criança passa a ser vestida com as roupas da instituição (ficando "igual" aos outros pacientes), deita-se em um leito desconhecido e é afastada dos "objetos" que faziam parte de sua identidade. Vivencia, enfim, um processo denominado despessoalização.

A respeito desse processo, Chiattone refere que "quando a criança chega ao hospital tem uma concepção de si mesma determinada por disposições sociais mais ou menos estáveis em seu mundo doméstico.[15] Ao ser internada na UTI, a criança passa a ser despida do apoio e da segurança dados por essas disposições, ocorrendo uma série de rebaixamentos e profanações em seu eu, que passa a ser sistematicamente mortificado, embora, às vezes, não intencionalmente". Enquanto os adultos se utilizam mais da razão e da racionalização ao interpretarem a hospitalização, as crianças sentem a situação de acordo com sua realidade psíquica, ou seja, com fantasias, medos, ansiedade etc. Nesse sentido, para que os possíveis sentimentos de mutilação e de angústia de morte ocasionados pelas condutas terapêuticas não se tornem exacerbados, vindo a comprometer o psiquismo da criança, são de extrema importância a formação de vínculos de confiança e o uso da verdade para com o paciente.

Em realidade, quando uma criança é internada na UTI, associam-se a gravidade de seu quadro clínico e também muitas fantasias, entre elas a de que quem entra não sai mais. A idéia de que a UTI é um lugar para pacientes terminais surgiu juntamente com sua história. Inicialmente não se tinham critérios bem-definidos para a internação; além disso, os recursos eram parcos, o que aumentava o índice de mortalidade. Mesmo após a evolução tecnológica e o surgimento de drogas potentes, o estigma de "local para morrer" ainda é reconhecido na população em geral, o que agrava sobremaneira o estado psicológico do paciente ali internado.

Além disso, em muitos casos, a criança não é preparada para a internação em UTI ou não apresenta condições clínicas para isso. Quando acorda diante de um lugar e de pessoas desconhecidas, está assustada e só.

> "Quando eu acordei, pensei que já tinha morrido
> mas depois eu olhei meu braço e vi o soro e
> achei que quem morre não fica com soro...
> Aí eu comecei a sentir muita dor e queria chamar
> minha mãe mas não conseguia falar.
> Um monte de gente que eu não conhecia passava
> e mandava eu ficar calmo e eu não conseguia
> falar que eu queria minha mãe...
> Como é que eu ia ficar calmo se eu estava sozinho?
> Eu nunca tinha sentido tanto medo de ficar sozinho...
> Eu estava morrendo sozinho."
>
> R.S., 12 anos, 1990

Diante dessa situação de extrema dependência e gravidade, as crianças utilizam-se de mecanismos de defesa (principalmente a negação, a regressão e a racionalização) e podem expressar comportamentos infantis, regredidos, ou ainda, impossibilitadas de entrar em contato com o medo da morte, apresentam reações substitutivas (como a insônia). Acresce-se o fato de que as características intrínsecas à UTI, como a rotina de trabalho mais acelerada, o clima constante de apreensão, as situações de morte iminente, acabam por exacerbar o estado de estresses e tensão que tanto a criança, seus familiares e a equipe vivem nas vinte e quatro horas do dia. Esses aspectos, somados à dimensão individual do sofrimento da criança nela internada, tais como a dor, o medo, a ansiedade, o isolamento do mundo, trazem, sem dúvida, vários e fortes fatores psicológicos que interatuam de maneira muitas vezes grave.[16]Devido às suas características, a UTI Pediátrica implica diferentes demandas por parte do paciente e/ou familiares:

- Perda de controle sobre a vida, gerando angústia de morte.
- Estigma de morte.
- Estresse psicorgânico.
- Angústia de separação – isolamento da criança frente às figuras que lhe geram segurança e conforto.
- Relação com aparelhos intra e extracorpóreos.
- Ruídos.
- Perda da noção de tempo e espaço.

Quadro 7-1. **Principais efeitos da hospitalização em crianças de 18 meses a 12 anos de idade**

Faixa etária	*Características principais*	*Efeitos da hospitalização*
18 meses a 3 anos	Egocentrismo	• Criança crê que causou a doença e a hospitalização • Intensa sensação de desproteção e abandono • Temor da perda de amor
18 meses a 3 anos	Pensamento concreto	• Percepção concreta da doença e da hospitalização afetando a vida cotidiana: – Não compreende hospitalização – Dificuldades de adaptação – Temor da separação – Ansiedade no confronto com estranhos e diante dos procedimentos – Fantasias assustadoras
18 meses a 3 anos	Controle de si e das situações através de exploração e manipulação	• Imposição de medidas terapêuticas leva à interferência no desejo por controle
18 meses a 3 anos	Busca de autonomia	• Perda da autonomia • Aumento dos comportamentos de vínculo e regressão • Luta para manter habilidades adquiridas
18 meses a 3 anos	Imposição contra limites	• Intensa reação contra restrições da doença • Agressividade • Ambivalência ou relutância da família na imposição de limites determinam interferência no desenvolvimento do controle do impulso
3 a 6 anos	Pensamento concreto/egocentrismo	• Dor, sintomas da doença e condutas terapêuticas vividas como punição
3 a 6 anos	Domínio de habilidades, conceitos, valores e relações	• Limite à capacidade de atingir controle motor e competência social • Limite à interação com pares e aprovação • Limite ao senso de domínio causando temores, passividade e dependência
3 a 6 anos	Espontaneidade máxima Flutuações dependência/independência Jogos cooperativos/integrados Relações com novos amigos Desenvolvimento psicossexual	• Regressão: anorexia, lambuzar-se regressivo, recusa à mastigação, perda do controle esfincteriano • Gratificações primitivas/caráter pré-genital • Balanceio, masturbação, chupar o dedo • Retardo do ingresso na escola, aumento da dependência, raiva por ser diferente
6 a 12 anos	Importância dos grupos, pares	• Raiva/culpa • Ressentimento por ser diferente • Interferência nas relações com o grupo
6 a 12 anos	Compreensão de causa e efeito	• Morte personificada, ameaça gradual e pessoal, interesse pelo além da morte, reações de angústia e luto
6 a 12 anos	Aquisição de habilidades sociais e físicas Desenvolvimento do senso de realização Ajustamento ao cenário escolar	• Faltas escolares • Insegurança e ansiedade • Aumento de queixas físicas/faltas • Diminuição de habilidade cognitiva e capacidade de concentração • Frustração de sonhos e projetos

Conforme Chiattone, em "E a Psicologia Entrou no Hospital", 1996: 98.[11]

- Alteração do sono.
- Presença de um universo desconhecido – espaço e rotina.
- Privações: alimento líquido, roupas, privacidade, autonomia, liberdade.
- Despessoalização – perda da identidade.
- Participação direta ou indireta no sofrimento alheio.
- Desorientação por distúrbios metabólicos ou medicamentosos.
- Falta de informação e/ou compreensão do porquê de estar internado na UTI.
- Falta de orientação e/ou compreensão dos procedimentos.

O nível, a quantidade e a qualidade de ruídos no ambiente da UTI podem ser um fator predisponente a alterações psicológicas. A freqüência dos ruídos limita a qualidade e a quantidade de sono de que a criança necessita, muitas vezes ocorrendo privação de sono, que, por sua vez, afeta a capacidade perceptual e o processo de pensamento, induzindo-se um círculo vicioso definido por *ruído–privação de sono–distúrbios de percepção, pensamento, humor.*

A privação sensorial também é um importante fator inerente às alterações psiquiátricas e psicológicas. A freqüência de quadros de *delírio* nessa Unidade aumenta significativamente quando os pacientes não dispõem de janelas visíveis e de outros recursos de orientação. Medidas simples como colocação de relógios que situem o paciente em relação a hora e data contribuem para a retomada de sua orientação temporal.

As reações psicológicas de crianças internadas em UTI devem ser consideradas individualmente e se mostram na dependência de vários fatores: nível de consciência; grau de comprometimento orgânico; significado simbólico da doença; seqüelas anteriores com perdas, separações, doenças, internações; nível intelectual e cultural, personalidade pré-mórbida; relações interpessoais com a equipe; recursos de enfrentamento.[17] Chiattone também cita como fatores intercorrentes o nível de desenvolvimento cognitivo e emocional, a capacidade adaptativa prévia, o grau de sofrimento e mutilação, o significado da doença para criança e pais, as relações anteriores entre pais-filhos, as interferências da doença nas funções físicas e psicossociais, as experiências vividas na internação, as atitudes da equipe, as rotinas hospitalares, a duração da permanência na UTI, o tipo de internação e a natureza da doença.[11]

Crianças com menos de 5 anos internadas em unidades de terapia intensiva tendem a apresentar mais sintomas psicopatológicos, problemas de aprendizagem e distúrbios de conduta. Além disso, a permanência na UTI aumenta o risco de transtornos, principalmente se associada a incapacidade crônica, desfiguração, imobilização absoluta ou relativa e perda da autonomia.

Várias seqüelas em crianças internadas em unidades de terapia intensiva podem ser descritas: imaturidade, dificuldades em tomar decisões, insegurança frente à vida, temores difusos, intolerância a incertezas, intolerância a perdas, rigidez nos relacionamentos, ambivalência afetiva, resistência a mudanças, resistência a figuras de autoridade, desafio a limites, problemas com a sexualidade, instabilidade escolar (dificuldade na leitura e escrita), transtornos de sono (pesadelos, terror noturno).

A síndrome clínica denominada "comportamento simbiótico regressivo", constituída por perdas de marcos de linguagem, retomada da mamadeira, retomada da posição fetal, ansiedade de separação, retração da díade mãe/filho da família e retração social intensa, também pode ser verificada em crianças internadas nessas unidades.[13]

Além disso, podem ser verificados nesses pacientes vários sinais persistentes de distúrbios três meses após a alta: anorexia, lambuzar-se regressivo, perda regressiva no controle vesical, temor ao escuro e ao ataque físico, maior dependência dos pais, distúrbios do sono (cinco vezes maior do que na população em geral).

As manifestações psicológicas mais comuns em UTI Pediátrica referem-se a ansiedade, depressão, quadros de delírio e a síndrome de UTI.

Ansiedade

A ansiedade previne sobre uma ameaça externa ou interna, como perigo de dano físico, dor, impotência, possível punição ou frustração de necessidades sociais ou corporais, de separação de entes queridos, de ameaças à unidade ou integridade da pessoa. O organismo orienta-se tomando medidas para impedir a ameaça ou, pelo menos, diminuir suas conseqüências. A ansiedade ajuda a prevenir o dano, alertando o indivíduo para que este tome certas medidas para evitar o perigo.[18]

Segundo Kaplan e Sadock,[19] "além dos efeitos motores e viscerais da ansiedade, seus efeitos sobre o pensamento, a percepção e o aprendizado não devem ser ignorados. A ansiedade tende a produzir confusão e distorções perceptivas, não apenas em termos de tempo e espaço, mas de pessoas e significado dos eventos. Essas distorções podem interferir no aprendizado, baixando a concentração, reduzindo a memória e prejudicando a capacidade de relacionar uma coisa com outra (associação)".

A ansiedade é a maior demanda das unidades coronarianas, e sua raiz é a interação de fatores como enfermidades médicas sérias, personalidade pré-mórbida, disfunção do sistema nervoso central, enfermidade psiquiátrica, medicação, e o impacto de procedimentos como a intubação.

Em cirurgias cardíacas, verifica-se que os pacientes incapazes de expressar suas ansiedades no pré-operatório, apoiados no mecanismo de negação, são os que apresentam maiores possibilidades de desenvolver distúrbios psicóticos no pós-operatório. Dessa maneira justifica-se a necessidade de assistência psicológica no pré-operatório, viabilizando a expressão de fantasias e pensamentos relacionados à cirurgia.[20]

"Poucas são as experiências que provocam mais ansiedade do que a dificuldade em respirar ou de respirar insatisfatoriamente. Sufocar-se, ou a sensação de sufocamento, são universalmente alarmantes. Seria como enterrar-se vivo ou afogar-se no próprio leito. Pacientes com tubo endotraqueal e/ou com ventilação mecânica perdem o controle da comunicação, têm medo da morte, sentem-se sufocar, além de estarem com privação do sono, vulneráveis, solitários (acrescidos aos agentes fisiológicos que por si sós causam impacto psicológico)."[21]

Como efeitos da ansiedade tem-se a tensão, dor ou irritabilidade muscular, dificuldade de conciliar e manter o sono, irritabilidade, falta de ar ou sensação de asfixia, náusea, diarréia, vômitos, entre outras manifestações.

Assim, a reação de ansiedade apresentada pela criança internada em UTI define-se pela resposta aguda a um estresse, considerando-se a própria vivência da doença e a necessidade de internação na Unidade de Terapia Intensiva como um estressor, uma situação ou problema que requer um ajustamento que sobrecarrega o paciente. Uma vez na UTI, a criança tenta lidar com essa situação, através da resolução construtiva de problemas. Se o enfrentamento falha, a resposta de estresse é disparada, tanto em nível de um componente fisiológico (p. ex., taquicardia, sudorese), como em nível de um componente psicológico (p. ex., ansiedade).[22]

As manifestações de ansiedade são causadas por dúvidas, temores, sensação de punição e culpa, além de alterações da auto-imagem e do autoconceito (como amputações, deformações e sangramento, anorexia e emagrecimento), dos sentimentos de desvalia e fantasias, decorrentes da doença e das intercorrências provenientes da hospitalização, como vivências traumáticas na Unidade, períodos de internação longos e condutas terapêuticas agressivas. Essas manifestações são esperadas, mas devem ser mantidas sob controle pelo apoio psicológico intensivo.[11]

Depressão

Os transtornos depressivos em UTI definem-se por reações de desesperança, apatia, isolamento, astenia, impotência, sentimentos de desamparo, diminuição da auto-estima e autoconceito, culpa, retraimento, intensa angústia de morte, redução do nível de energia, dificuldade de concentração, perda do interesse, dificuldade de colaborar com o tratamento e as condutas terapêuticas, lentificação do pensamento, dificuldades em tomar decisões, crises de choro e lentificação dos movimentos frente à evolução da doença e necessidade de internação na Unidade.

Em estado de depressão, a criança pode voltar a sua hostilidade contra si mesma. Nessa fase, a raiva de estar doente e hospitalizada dá lugar ao sentimento de perda, expresso no esforço "em elaborar o fim da saúde e da vitalidade". "Reações de apatia, isolamento, tristeza, hipoatividade e impotência podem ser claramente percebidas e exacerbadas pela imediata reação de proteção do ambiente."[11]

Ansiedade e depressão variam de acordo com diversos fatores na criança internada em UTI. Tem-se que quanto mais grave o paciente, maior o grau de desesperança e, conseqüentemente, de depressão.[23]

A alta incidência de depressão no Hospital Geral tem sido comprovada por diversos estudos epidemiológicos. Juntamente com a ansiedade, a depressão é um dos fenômenos psíquicos que mais freqüentemente acompanha as doenças físicas.

Segundo a CID-10,[27] são critérios diagnósticos para o episódio depressivo: humor deprimido, perda de interesse, apetite diminuído, diminuição de atividades, fatigabilidade e cansaço, baixa auto-estima ou idéias de culpa, diminuição de concentração e atenção, idéias ou atos de auto-agressão ou suicídio, alteração de sono.

"A depressão no contexto médico pode ocorrer em diferentes situações, claramente associada a outras condições médicas ou não, possuir uma correlação etiológica com a doença de base ou apenas uma correlação temporal. A depressão pode ser conseqüência direta de uma doença ou tratamento (relação etiológica), chamada de depressão secundária, ou preceder uma doença ou tratamento (relação temporal). Quando precede uma doença, a depressão pode ter relação com a doença ou não. Em outras ocasiões, o episódio depressivo inicia-se com o adoecer, ricamente sintomático, ou no início apresentam-se apenas alguns sintomas depressivos como conseqüência de internação hospitalar ou reacional à situação de estresse do adoecer."[25]

Dessa forma, no Hospital Geral, os sintomas depressivos combinados configuram diversas síndromes depressivas. Manifestações depressivas decorrentes de uma reação ao estresse do adoecer e suas conseqüências são denominadas *reações de ajustamento com humor depressivo* e podem perfeitamente delinear a maioria dos quadros depressivos exibidos pelas crianças em UTI. Neles, o significado do adoecer, as características de personalidade e os recursos adaptativos da criança são aspectos que determinam a ocorrência desse transtorno.

Associação etiológica entre a fisiopatologia da condição médica e a manifestação depressiva é denominada *transtorno depressivo secundário a condições médicas*. Como exemplo desse transtorno em UTI, tem-se os pacientes com depressão secundária, tumores cerebrais, carcinomatose disseminada, doença de Addison e de Cushing, *diabetes mellitus*, AIDS, esclerose múltipla, pneumonias, anemias etc.

Algumas crianças internadas em UTI podem apresentar também *transtorno depressivo induzido por medicamentos*. Reserpina, esteróides anabolizantes e corticóides são os medicamentos mais freqüentemente associados a manifestações depressivas.[25]

Em UTIs de pós-operatório, as crianças apresentam *transtorno depressivo maior, menor ou distimia desencadeados ou agravados por condição médica*. Assim, uma criança com depressão recorrente pode apresentar uma fase depressiva desencadeada pelo pós-operatório de uma cirurgia, pois o estresse, de modo inespecífico, contribui para a manifestação do transtorno depressivo preexistente ou latente.

Ressalta-se que o diagnóstico de depressão no contexto médico não é realizado na maioria dos casos, e somente um pequeno número de crianças recebe tratamento adequado.[25,27] Apesar disso, a presença de transtornos depressivos no contexto médico aumenta a morbidade e a mortalidade dos pacientes,[28] elevando, por exemplo, o risco de taquicardia ventricular,[29] principal fator de risco para complicações cardíacas, aumentando a mortalidade no pós-operatório ou após o infarto do miocárdio, e elevando também o tempo de internação.[30-32]

As primeiras descrições clínicas de depressão em crianças e adolescentes remontam ao início do século XVII. A melancolia foi relatada na metade do século XIX. A partir de 1960, passou-se a duvidar da existência da depressão, considerando-se que a criança, por ter um superego imaturo, não apresentaria esse quadro clínico. Somente em 1971, com a realização, em Estocolmo, do 4º Congresso da União Européia de Psiquiatras Infantis, que teve como tema principal "Os estados depressivos na infância e adolescência", passou-se a considerar a presença desse quadro clínico nesse grupo etário. Em decorrência, foram elaborados critérios, entrevistas e escalas diagnósticas, o que favoreceu o reconhecimento do quadro depressivo na infância.[33]

O diagnóstico diferencial do transtorno depressivo implica a consideração de condições médicas que se assemelham com quadros depressivos na sintomatologia apresentada, sendo necessária a participação do pediatra nesse processo de avaliação. Deve-se examinar a presença de infecções (mononucleose infecciosa, influenza, encefalite, endocardite bacteriana subaguda, pneumonia, tuberculose, hepatite, sífilis [SNC], AIDS; distúrbios ou tumores neurológicos, epilepsia, pós-concussão, hemorragia subaracnóide, acidente vascular cerebral, esclerose múltipla, doença de Huntington); doenças endócrinas, diabetes, doença de Cushing, hipotireoidismo, hipertireoidismo, hiperparatireoidismo, hipopituitarismo; uso de medicamentos anti-hipertensivos, barbitúricos, benzodiazepínicos, corticosteróides, contraceptivos orais, cimetidina, aminofilina, anticonvulsivantes, clonidina, digitálicos, diuréticos, tiazídicos; outras condições (abuso de álcool, abuso de drogas e abstinência de cocaína, anfetamina, opiáceos; anormalidades eletrolíticas: hipocalcemia e hiponatremia, falha de desenvolvimento, lúpus, doença de Wilson, porfiria e uremia).

Entre os transtornos psiquiátricos, necessita-se também do diagnóstico diferencial com transtorno de ansiedade, transtorno de aprendizagem, transtorno do déficit de atenção e hiperatividade, anorexia nervosa, transtorno psicótico, transtorno de personalidade, transtorno de ajustamento com humor depressivo e luto.

Delírio

O *delírio* é a síndrome mental orgânica mais importante, pelas suas características e pela sua freqüência em UTI. Seu sintoma essencial é obnubilação da consciência, com redução da capacidade para fixar, mudar ou manter a atenção nos estímulos ambientais, transtornos perceptivos, linguagem incoerente, perturbação do ciclo sono-vigília, aumento ou diminuição da atividade psicomotora, transtornos emocionais muito freqüentes e variáveis e idéias delirantes pobremente sistematizadas. Os sintomas se desenvolvem rapidamente, e a sua flutuação é uma das características mais expressivas do delírio; sua duração costuma ser breve, e, se o transtorno subjacente é controlado ou corrigido com rapidez, sua recuperação costuma ser completa. Quando isso não ocorre, o delírio evolui gradativamente para uma síndrome cerebral mais estável, ou para a morte.

A presença de delírio é sinal de mau prognóstico. A taxa de mortalidade em três meses para pacientes que têm um episódio de delírio está estimada em 23 a 33%. A taxa de mortalidade em um ano para pacientes com um episódio de delírio pode ser de até 50%.[34]

O delírio é definido como uma síndrome abrupta, transitória, com comprometimento simultâneo do ciclo vigília-sono, da atenção, das funções cognitivas como memória, orientação, pensamento, sensoriopercepção e do comportamento psicomotor.

Estando a atenção comprometida, as funções cognitivas não podem se processar; tem-se portanto que o distúrbio psicopatológico fundamental no delírio é o da atenção. Assim, como o distúrbio da atenção está sempre presente, o comprometimento da vigília também ocorre, variando de uma forma imprevisível, com momentos em que o paciente está mais vigilante e outros em que se encontra mais sonolento. Esses episódios tendem a se exacerbar nos períodos noturnos, e a atenção está sempre comprometida de forma flutuante.

O delírio é um transtorno comum. Cerca de 10 a 15% dos pacientes internados em serviços de cirurgia geral e 15 a 25% dos pacientes internados em serviços ou unidade de medicina interna podem apresentar quadros de delírio durante a hospitalização. "Cerca de 30% dos pacientes em unidades cirúrgicas de tratamento intensivo e unidades cardíacas de cuidados intensivos e 40 a 50% dos pacientes que estão se recuperando de cirurgias por fraturas de quadril têm um episódio de delírio (...) As causas do delírio pós-operatório incluem estresse da cirurgia, dor pós-operatória, insônia, medicamentos analgésicos, desequilíbrios eletrolíticos, infecções, febre e perda sangüínea."[34]

A terminologia para delírio mais aceita atualmente é "estado confusional agudo", e os agentes etiológicos mais importantes referem-se a: intoxicação pelo álcool ou outras drogas; abstinência ao álcool ou outras drogas; distúrbios metabólicos, hormonais ou nutricionais; infecções sistêmicas; infecções intracranianas; TCE, epilepsia, doenças vasculares; lesões intracranianas: tumores, doenças degenerativas, hematoma subdural; metástases a distância de neoplasias variadas; anemia perniciosa.

Alguns fatores são considerados predisponentes ao quadro de delírio, referindo-se à vulnerabilidade do paciente:

1. **Idade**: pacientes muito novos ou idosos.
2. **Existência de dano cerebral prévio**: alcoólatras, TCE.
3. **Personalidade**: não é um fator predisponente, mas atua *colorindo* alguns pacientes.

"A idade avançada é um importante fator de risco para o desenvolvimento de delírio. Cerca de 30 a 40% dos pacientes hospitalizados com mais de 65 anos de idade têm um episódio de delírio. Outros fatores predisponentes para o desenvolvimento de delírio são pouca idade (isto é, crianças), lesão cerebral preexistente (p. ex., demência, doença cerebrovascular, tumor), uma história anterior de delírio, dependência de álcool, diabetes, câncer, comprometimento sensorial (por ex., cegueira) e desnutrição."[34]

Além disso, são considerados fatores facilitadores ao desenvolvimento de quadros de delírio:

1. **Estresse psicológico**: ligado ao mecanismo liberador de catecolaminas. Sozinho não produz delírio.

2. **Privação do sono ou fragmentação de seu ciclo.**
3. **Privação sensorial**: importante fator para pacientes internados em UTI.

A importância de identificar o delírio envolve a necessidade clínica de identificar e tratar a causa básica e a necessidade de evitar o desenvolvimento de complicações relacionadas ao delírio. Essas complicações incluem ferimentos acidentais em vista da consciência obnubilada do paciente ou de sua coordenação prejudicada, ou pelo uso desnecessário de contenções. A perturbação na rotina da ala é um problema especialmente preocupante em unidades não-psiquiátricas, como unidades de tratamento intensivo e alas médicas, gerais e cirúrgicas.[34]

Síndrome da UTI

"A "psicose da UTI" pode apresentar-se em indivíduos que mostravam-se previamente lúcidos e que, após serem submetidos à situação de cuidados intensivos, passam a apresentar alterações psíquicas.[17]

O nível, a quantidade e a qualidade de ruídos no ambiente da Unidade de Terapia Intensiva podem ser um fator predisponente a perturbações psíquicas do tipo "psicose de UTI". Esse termo tem sido usado indiscriminadamente para designar alterações psiquiátricas e psicológicas, referindo-se genericamente a quadros de agitação psicomotora, desorientação, manifestações delirantes e ansiógenas. Esses quadros são mais freqüentemente encontrados em pacientes cirúrgicos, enfatizando os fatores emocionais e ambientais.

Essas manifestações costumam ocorrer depois de dois ou três dias de internação na Unidade e têm sido verificadas mesmo em pacientes cujas enfermidades não parecem justificar um comprometimento tóxico ou metabólico sobre o cérebro e sem outras condições supostamente predisponentes ao distúrbio mental.[20]

Essas manifestações costumam ocorrer frente a estressores como nível de ruídos, privação do sono, comunicação entre os membros da equipe, isolamento, imobilização, perda da orientação espacial, medicamentos.

A chamada "psicose de UTI" representa uma urgência médica é manifestação de diferentes condições psiquiátricas e psicológicas que incluem delírio, depressão, mania, demência e esquizofrenia. O paciente apresenta-se agitado, com um quadro de agitação flutuante, distúrbio de atenção, do sono, pensamento desorganizado, enjôo, euforia, desorientação espacial, temporal e pessoal, com distrofia, apraxia construcional e disnomia, assim como anormalidades motoras e eletroencefálicas.[35]

A mortalidade alcança de 30 a 38%, e o grupo de risco inclui pacientes idosos, coronarianos, queimados, com distúrbio cerebral, crianças, pacientes em abstinência e pacientes HIV-positivos.

O nascimento do prematuro ou de um bebê malformado configura-se em grande impacto para os familiares, previsto ou inesperado. Ele se desenrola sempre em atmosfera violenta para a criança, pois somente sua sobrevivência importa. Ao nascimento, o bebê é encaminhado para o serviço de reanimação neonatal, onde se consideram sua idade gestacional e seu peso de nascimento. Determinada sua necessidade de assistência, o prematuro vai receber diferentes apoios terapêuticos indispensáveis à sua sobrevivência.

Embora uma grande parte de bebês prematuros desenvolva-se normalmente, um nascimento prematuro é fator de risco para retardo mental, problemas de comportamento, transtornos emocionais, problemas sensoriomotores.

No que se refere ao *desenvolvimento*, há uma redução, ao longo dos anos, da incidência de seqüelas neurológicas e intelectuais. As maiores taxas de deficiências em longo prazo são observadas nas menores faixas de peso e idade gestacional, correlacionando-se à ocorrência de complicações no período neonatal. Tais deficiências são representadas por retardo de desenvolvimento neuropsicomotor, paralisia cerebral, cegueira, entre outros.

Na 1ª e 2ª infâncias, são descritos os quadros de *anorexia precoce, insônia* e *retardo no desenvolvimento motor* relacionados ao grau de prematuridade (em geral, o atraso é recuperado no curso do 2º ano de vida para os prematuros nascidos no 7º ou 8º mês, mas pode persistir para além do 4º ano para os prematuros de 6 meses). Na 1ª e 2ª infâncias também são descritos *transtornos no desenvolvimento intelectual* associados ou não a lesões neurológicas, onde destaca-se o déficit de atenção.

Na 2ª infância, estão presentes a *síndrome do prematuro* e a *disfunção cerebral mínima,* sendo que esta última não é específica da prematuridade, porém é observada na mesma com freqüência elevada. A síndrome do prematuro configura-se como um conjunto de manifestações nos prematuros que não apresentam nem deficiência intelectual nem anomalia neurológica maior. Nela, os distúrbios estão centrados nas dificuldades psicomotoras e de controle emocional (emotividade com distúrbios neurovegetativos, cólera, impulsividade).

Assim, a internação em UTIN constitui um fator de risco geral, aumentando por conseqüência os riscos de morbidade mental. Tais generalizações, contudo, devem ser cuidadosas, pois as situações individuais são variáveis e os efeitos em longo prazo dependem de numerosos fatores: a idade pós-concepcional ao nascer, o estado de saúde neonatal, o tipo de tratamento aplicado, o contexto familiar onde a criança se desenvolverá.[36] No que concerne especificamente aos *efeitos da hospitalização*, esta, quando longa e difícil, poderá ter um efeito prejudicial no desenvolvimento perceptual, motor, da linguagem e emocional dos bebês. Segundo Wolke,[37] bebês internados em UTIs sofrem em média 130 manuseios ao dia (quase sempre dolorosos e invasivos). Pacientes abaixo de 1.000 g sofrem cerca de 1.000 ou mais intervenções dolorosas ao longo da internação. Assim, como sua sensoriedade é estimulada de forma bizarra, os bebês podem começar a reagir ao ambiente de forma assustada e desconfiada, reagindo com hipersonia ou tornando-se superexcitáveis.[37]

Isso porque o recém-nascido apresenta uma resposta global de estresse ao estímulo doloroso agudo, a qual envolve variações da freqüência cardíaca, respiratória, dos sistemas imunológico, hormonal, modificações no metabolismo e, ainda, no comportamento. Este último inclui "o aumento ou modificação do padrão de movimentação corporal da criança, as alterações da mímica facial, o choro e as modificações do ciclo de sono, do padrão alimentar e da interação mãe-bebê, entre outras".

Além disso, uma vez que bebês prematuros ou que necessitem de cuidados especiais possuem um sistema sensório-motor enfraquecido, ocorre menor interação mãe-filho do que em bebês a termo. Essa diferença, segundo Kaplan, Sadock e Grebb,[34] pode afetar a *vinculação (sentimentos do bebê para com a mãe)* e o *apego (sentimentos da mãe para com o filho)*, que dependem sobremaneira dessa interação.

A agravar essa situação, bebês mantidos em UTIN recebem atenção permanente com sistemas tecnológicos complexos de suporte vital, mas o contato, a interação entre mãe e filho, quase sempre é muito prejudicado. Várias conseqüências dessa situação podem ser citadas: estado de sono desorganizado, estado de atividade menor, choro diminuído, menor capacidade de ser consolado por estimulação da sucção, maior dificuldade de manutenção em estado de alerta, menor responsividade à estimulação social, menor emissão de pistas comportamentais claras.

É amplamente descrito que o pós-parto é considerado um período crítico para a mulher, que, em tese, se encontra em condição regressiva, identificada com o bebê. Assim, o vínculo entre a mãe e o bebê é rompido abrupta e inesperadamente no caso de internação em UTI neonatal.

Quando o parto é prematuro, a mãe que ainda não estabeleceu a "preocupação materna primária" necessita fazer significativo esforço para vincular-se a um bebê que nasceu antes do tempo determinado.[38] Como o bebê, quando prematuro, tem poucas condições físicas de viver fora do útero sem a ajuda de tecnologia especializada, os dois – mãe e bebê – estão incompletos, porque foram separados precocemente.[38] Em trabalho realizado na UTI Neonatal do Hospital São Rafael (Novo Hamburgo, RS), Wirth observou que, apesar de o acesso dos pais ser livre, havia certa relutância das mães em aproximar-se de seus bebês.[38] Essa reação é explicada pela autora, ao considerar que, nos casos de partos prematuros, as mães precisavam entrar em contato com um bebê antes de estarem preparadas para a tarefa. Um aspecto evidente ao observador na maioria das UTIs neonatais é a ausência da mãe ao lado do bebê e o discurso, quase unânime da equipe, das dificuldades de presença dos pais ou familiares na Unidade. Paralela a essa constatação, é real a vinculação da equipe de enfermagem com os pacientes, delineada por atitude maternal e de intenso cuidado. Essa relação invertida pode propiciar uma dissociação entre a mãe biológica e a equipe. Se de um lado tem-se uma mãe biológica que não está podendo cuidar do bebê, a equipe cuidadora executa procedimentos equivalentes a cuidados maternos. Dessa forma, não raro, a equipe de saúde e o próprio Hospital acabam sendo alvo de projeções dos pais e familiares. A agravar essa situação, a prioridade em uma UTI é fundamentalmente a de manutenção da vida, das funções vitais que estão seriamente ameaçadas. Para a eficácia da tarefa, muitas vezes evidenciada por procedimentos dolorosos, o profissional precisa dissociar-se do bebê como um todo, para reintegrar-se após a conclusão desses. Assim, a dissociação apareceria como mecanismo de proteção às angústias primitivas vinculadas à angústia de morte. E, enquanto a equipe necessita seguir regras rígidas, descrever funções e assumir procedimentos, os pais ou familiares trazem a situação afetiva para dentro da UTI, sobrecarregando a equipe, rompendo a dissociação necessária.[38]

UTI PEDIÁTRICA E NEONATAL – A HUMANIZAÇÃO EM QUESTÃO

> O que significa humanizar senão tornar humano,
> diminuir a dor, o sofrimento tornar mais ameno?
> O que significa humanizar senão simplesmente sentir e agir,
> podendo olhar para quem sofre,
> entendendo e respeitando sua dor?
> Por que o cuidar distanciou-se tanto do humanizar?
> Por que muitas vezes precisamos nos esconder
> e não queremos entrar em contato com os sentimentos,
> as palavras, as dores?
> É muito simples olhar.
> É muito mais simples humanizar.

Humanizar um setor, unidade ou serviço de uma instituição hospitalar é uma tarefa que transcende a utilização de normatizações, regras e memorandos. Humanizar traz em si um espírito, uma filosofia, uma idéia; atos que superam a fronteira tecnocêntrica ou burocrática. Além disso, humanizar uma Unidade de Terapia Intensiva é uma tarefa que deve ir além do simplismo ético de querer modificar e resolver questões utilizando-se do reducionismo de ser a favor ou contra.

Se o objetivo primordial da medicina é a preservação e a restauração da saúde, medidas de humanização deveriam caminhar naturalmente, inerentes ao processo de cuidar – em seu verdadeiro sentido. No entanto, "a medicina e a sociedade brasileira têm hoje diante de si um desafio ético, ao qual é mister responder com urgência: o de humanizar a vida no seu ocaso, devolvendo-lhe a dignidade perdida".[39]

Assim, o paradigma do cuidar *(care)* permite que profissionais de saúde possam incrementar suas tarefas com uma atitude de serenidade. "A medicina orientada para o alívio do sofrimento estará mais preocupada com a *pessoa doente* do que com a *doença da pessoa*. Nessa perspectiva, cuidar não é o prêmio de consolação pela cura não-obtida, mas parte integral do estilo e projeto de tratamento da pessoa a partir de uma visão integral."[40]

Certa vez, redigindo a evolução psicológica de uma criança, no posto de enfermagem da UTI Pediátrica, vi quando o técnico em radiologia adentrou a Unidade com seu enorme aparelho.

Atenta à minha tarefa, ouvi quando esse profissional passou a conversar com uma criança. Ao voltar-me para o leito assisti a uma cena sublime: enquanto preparava a criança, com movimentos suaves para ser radiografada, o profissional lhe contava uma doce história. Fiquei ali observando aquela cena. Terminada a tarefa, o técnico cobriu a criança e passou a cantar, em voz baixa, uma linda música. Na UTI, cheia naquele dia, não notei nenhum outro profissional que houvesse percebido a cena. Mas ali estava um colega de trabalho que, no verdadeiro sentido da palavra, entendia o significado de humanizar um atendimento. A criança em questão, com 3 anos de idade, estava em coma.

A essência da tarefa de humanização em uma UTI pediátrica ou neonatal é a criança e tudo que está inserido à sua volta. E, considerando que não existe a criança ou o bebê isolado, como afirmou Winnicott,[41] negar o clima emocional que se cria à volta de um berço ou *Isolette* é praticamente impossível.

Assim, a humanização do setor deve iniciar-se pela observação cuidadosa do ambiente e de suas inter-relações complexas, seguindo-se a observação sistemática de crianças, familiares e da própria equipe de saúde, para delinear estratégias condizentes com as necessidades dessa tríade, inserida nesse contexto. O aspecto fundamental que define a tarefa de humanização em uma UTI Pediátrica ou Neonatal é o *restabelecimento* do vínculo entre mãe e criança/bebê e o *estabelecimento* de vínculo entre os pais e a equipe de saúde, além da inserção de programas de observação sistemática, estimulação e apoio aos pacientes internados.

Na UTI Pediátrica do Hospital Brigadeiro, trabalhamos com a presença de um supervisor de clínica (psicólogo formado, especialista em psicologia hospitalar e mestre em psicologia), um "residente" de psicologia hospitalar de 2º ano (especializando-se em Pediatria) e um residente de 1º ano (especializando-se em Psicologia Hospitalar). A atuação do psicólogo é diária, com plantões aos fins de semana e feriado.

Nessa Unidade, o psicólogo hospitalar estará fortalecendo uma relação de confiança, de modo a facilitar à criança e a seus familiares a expressão de dúvidas, fantasias e temores definidos pela situação de doença e necessidade de permanência na Unidade. Estará também orientando o paciente, situacionalmente, de sua permanência na UTI, avaliando seu quadro psicológico e esclarecendo dúvidas através da equipe de saúde. Além disso, estará a serviço de favorecer a expressão de sentimentos e emoções das crianças sobre o tratamento e sobre a experiência existencial na UTI, por si só mobilizadora de conflitos. O psicólogo também estará atuando em nível de detectar e avaliar a ocorrência de alterações psicológicas ou psiquiátricas, realizando diagnóstico diferencial preciso.

É importante não perder de vista nesse momento o familiar que também vivencia uma situação de crise definida pelo sentimento de impotência diante da doença e seu temor à morte; pela dificuldade em entender e elaborar o que se passa com a criança; pelo distanciamento imposto pelo ambiente físico (impossibilitando-o de cuidar do paciente); pela "vivência impotente" do sofrimento do paciente; enfim, pela dificuldade de entrar em contato com seus próprios sentimentos.

Na UTI Pediátrica, o psicólogo hospitalar também estará realizando avaliação e o atendimento psicológico aos familiares, apoiando-os e orientando-os em suas dúvidas, angústias, fantasias e temores. Junto à família, o psicólogo deverá atuar apoiando e orientando, possibilitando que se reorganize de forma a poder ajudar a criança em seu processo de recuperação. Não se pode perder de vista a importância da força afetiva que a família representa. Ela representa os vínculos que o paciente mantém com a vida, e é, quase sempre, uma importante força de motivação para o paciente na situação de crise.

Os esforços para promover a adaptação da criança à internação em UTI requerem dos profissionais um reconhecimento do processo de desenvolvimento infantil. As estratégias de humanização só se tornarão eficazes se fundamentadas na compreensão não apenas dos sentimentos das crianças internadas, mas também das crenças dessas a respeito do fato de estar doente e necessitar permanecer em UTI.[42]

Um exemplo comum pode ser citado, referente ao temor que as crianças apresentam sobre as coletas de sangue, associando-se a dor ao procedimento. Em geral os profissionais tentam aliviar a criança, afirmando-lhe que "vai doer só um pouquinho", quando, em realidade, o sentimento de medo da criança pode estar relacionado à crença de que "será retirado muito sangue e que depois disso morrerá".[43] Procedimentos simples como radiografias ou eletrocardiograma e eletroencefalograma também são vivenciados com muita angústia. Muitas crianças acreditam que serão "eletrocutadas" (como nos desenhos animados).[15]

Assim, o conhecimento e a compreensão da criança sobre a doença, os procedimentos terapêuticos e a necessidade de permanência na Unidade devem ser considerados como primordiais no processo de adaptação e humanização do atendimento.

Medidas humanizadoras muito simples podem ser destacadas, sempre considerando-se a idade e o quadro clínico da criança: preparo da criança e dos familiares para a internação na Unidade; ambiente alegre, descontraído, com decoração específica; acesso telefônico; sala de descanso para os pais e familiares; projeto pais-acompanhantes; acompanhamento psicológico diário (paciente e familiares) na internação; avaliação neuropsicológica e de desenvolvimento; estimulação precoce; acompanhamento psicológico ambulatorial pós-alta.

Na internação, algumas estratégias utilizadas pelo psicólogo podem garantir que a criança, através do brinquedo, possa experimentar sua nova forma de ser. Naturalmente, brincar é a forma de autoterapia da criança, e essa atividade pode se transformar, mesmo em uma Unidade de Terapia Intensiva, em poderoso instrumento preventivo, diagnóstico, prognóstico e terapêutico. Experimentando, tomando consciência ou descobrindo através do brinquedo, a criança internada em UTI pode formular e assimilar o que experimenta, facilitando a internalização, o amadurecimento e a elaboração do processo de doença. Isso porque, enquanto brinca, a criança provoca situações nas quais pode lidar de maneira positiva com ansiedades e incertezas, buscando controlar seus sentimentos. Assim, através da repetição de eventos ameaçadores no brincar, as crianças podem transformar-se em agentes ativos, com sentimentos de controle. Através dessas atividades, as crianças podem *"brincar com"* seus problemas, seus medos e fantasias, tentando *"fabricar"* reconstruir uma nova história, experimental ou provisória, tentando integrar a experiência da doença e internação em UTI à sua vida.

A meta é ajudar a criança a tomar consciência de si mesma, de sua situação de doença e internação na UTI, reconstruindo seu senso de eu, fortalecendo suas funções de contato e renovando-o com seus sentidos e sentimentos. Com isso, pode-se redirigir a criança para a percepção mais saudável das funções que lhe restam e em direção a comportamentos mais satisfatórios. A tarefa visa a ajudar as crianças a sentirem-se fortes dentro de si mesmas, plenas de que possuem escolhas mesmo na situação de internação na UTI, exercitando flexibilidade e espontaneidade, reparando frustrações, exercitando mecanismos de adaptação ao desconhecido e recuperando motivação e volição.

Várias atividades podem ser programadas, respeitando-se a rotina da UTI e as condições clínicas da criança a ser atendida. Essas atividades seguem três funções principais: promover contexto para aprendizagem e adaptação; avaliar o nível de desenvolvimento das capacidades da criança doente e hospitalizada; encorajar mecanismos de enfrentamento.

Podem ser desenvolvidas estratégias utilizando-se desenho livre (excelente estratégia para a expressão de tendências inconscientes); desenho de polaridades (fraco/forte, saúde/doença, gosto/não gosto, medo/coragem, tristeza/alegria), abrindo espaço para a expressão de sentimentos e a orientação psicológica subseqüente; utilização de manuais sobre a doença e a hospitalização; fantoches de dedo; pequenos bonecos ou animais que em pequena prancha podem desenrolar uma história rica de conteúdos que ajudam a criança a compreender seu processo; brinquedos específicos para o hospital (malinhas de médicos, bonecos médicos ou veterinários); "contação" de histórias (vários livros trazem conteúdos específicos que podem ajudar as crianças – *A coragem do grilo*, por exemplo), materiais específicos para estimulação.

Todas essas medidas devem ser constantemente "retroalimentadas" por um efetivo trabalho em equipe: participação do psicólogo em visitas médicas; discussões informais de casos clínicos; participação em reuniões interdisciplinares e atividades didáticas; evolução do parecer psicológico em prontuário; projetos conjuntos e participação em atividades científicas.

A relação da criança com a equipe e da equipe com a criança deve ser de segurança, confiança e proximidade. Um médico distante e com visão parcial da situação vivida pela criança pode provocar mais ansiedade e intensificar as fantasias do paciente, que também poderá sentir-se muito impotente e pouco participante no tratamento. Distingue-se aqui o que Ziegler qualifica entre a "medicina entre estranhos" e a "medicina entre próximos".[44]

O primeiro passo para o desenvolvimento eficaz do trabalho de humanização envolve a motivação da equipe para os aspectos envolvidos nessa relação (pais-crianças-bebês-equipe de saúde). Essa conscientização é primordial para que a equipe possa apropriar-se das reais necessidades dos pacientes internados. Além disso, a troca de informações diária e constante, através de passagens de plantões, as discussões formais ou informais de casos clínicos, a participação em visita médica diária, a realização de reunião interdisciplinar semanal são recursos eficientes para um trabalho em equipe eficaz e para o estabelecimento de condutas uniformes.

A uniformização da comunicação também é essencial. Saber manejar informações, respeitar necessidades e angústias, resgatar a sensibilidade primitiva de cada participante e de si próprio e codificá-las, usando recursos que possam apresentar ressonância adequada, é tarefa difícil mas mantenedora de um ambiente humanizado entre pais, crianças e profissionais de saúde.

UTI NEONATAL

Quanto mais frágil for o bebê, menos energia terá, e o organismo poderá assegurar apenas algumas das funções ao mesmo tempo. O prematuro especificamente apresentará então pouca energia para dedicar às funções que não lhe sejam vitais, necessitando atingir um estado de equilíbrio para poder interagir com o adulto.

Porém, quando o bebê está calmo e acordado, a interação com o adulto é desejável, essencial e sempre benéfica, mesmo que o bebê fique passivo, com toda a energia mobilizada para gerir as funções vitais. A partir dos comportamentos do bebê, é possível observar o equilíbrio ou o estresse e criar estratégias. São considerados sinais de estabilidade: respiração calma, o pulso regular, a digestão eficaz, postura harmoniosa com tônus equilibrado (motor), estados de sono profundos e diferenciados, choros fortes e rítmicos (vigília/sono). Os sinais de estafa e estresse são bastante discerníveis: pausas respiratórias, perturbações digestivas, tremores, flacidez motora, resmungos, atividade desordenada, estado de vigília, sono e choro difusos, comportamento irritável e tenso.

A partir das observações de tais comportamentos, a tarefa é delineada pela tentativa de diminuir as causas do estresse, suscetíveis de desorganizar o bebê, e auxiliá-lo a se acalmar, favorecendo os esquemas de equilíbrio: favorecer posturas em flexão, dar a chupeta, baixar a luz e o nível sonoro, parar momentaneamente o gesto em curso. Além disso, o descanso do bebê deve ser respeitado, considerando-se seus comportamentos na fase intra-uterina. Devem-se organizar as fases de repouso entre os cuidados e assegurar-lhe a alternância dia-noite através da diminuição da luz. O acolhimento deve ser parte fundamental dos procedimentos. O bebê necessita de conforto corporal: o contato com a pele, o contato com a suavidade dos tecidos, a posição no espaço. Assim, deve-se colocá-lo em posição fetal – braços e pernas dobrados sobre si, de lado, se possível com apoio ao nível do alto da cabeça, das costas e das nádegas – para recriar suas sensações...

O toque também faz-se importante, pois através de manipulações "doces" de seus membros haverá uma restituição de seus sentidos. Se um bebê prematuro é tocado, embalado, acariciado, abraçado diariamente ou se conversarmos com ele durante sua permanência na UTIN, ele poderá apresentar menos pausas na respiração, ganho de peso e um progresso mais rápido em algumas áreas de funcionamento.[45]

Um programa de intervenção em UTI Neonatal deve ter a quantidade e os tipos de estimulação graduados segundo as necessidades de cada bebê: a avaliação da tolerância fisiológica, o tônus muscular, padrões de movimentos, temperamento e nível de responsividade do bebê são fatores que contribuem para definir as características da intervenção e devem ser constantemente monitorados durante todo o processo de intervenção.

A estimulação pode acontecer de maneira natural, através da rotina diária do bebê, como por exemplo o simples ato de trocar fraldas, a forma de carregar o bebê, o banho, podem ser momentos ricos em estimulação. Pode dar-se com a visita dos pais, caso eles estejam aptos para tocar, acariciar, afagar e conversar com o bebê. Um móbile suspenso no teto da incubadora do bebê em plano focal, a cerca de 20 cm dos olhos dele, proporciona também a estimulação visual.

Quando o contato pais-filho não pode ser estabelecido por algum motivo, outros recursos devem ser utilizados: a fita cassete com a voz da mãe, tocada duas a três vezes ao dia, diminui o isolamento e reconforta o bebê; um pedaço de tecido com o cheiro da mãe colocado na incubadora também poderá ser utilizado, pois o mesmo pode ser reconhecido pelo bebê, trazendo a sensação de segurança.

Outro aspecto fundamental envolve a estimulação durante a alimentação. O bebê que se encontra em alimentação parenteral prolongada não é submetido às experiências normais de sucção e deglutição, fome e saciedade, não saboreia ou toca o alimento com a boca. Ficará, então, privado do estímulo normal da sucção, importante ao seu desenvolvimento. Oferecer chupeta e conversar, embalar e afagar, brincar como se estivesse amamentando são condutas simples e viáveis aos profissionais de saúde envolvidos nos cuidados. Se o bebê não puder ser retirado da incubadora, deve receber aí mesmo a assistência possível, através de afagos, estímulos e músicas.[36]

Contudo, a estimulação do prematuro "deve ser adequada ao estado de desenvolvimento de cada bebê e às exigências individuais, considerando-se que há perigo de superestimulação do sistema nervoso imaturo".[45] Torna-se, assim, imprescindível um "olhar cuidadoso" sobre a situação de saúde/doença na qual se encontra o recém-nascido, a fim de que os estímulos sejam modulados. O atendimento psicológico deverá envolver os pais e os bebês. O trabalho de intervir junto à dupla mãe-bebê deve permitir e auxiliar que essa relação possa, aos poucos, evoluir para que o bebê consiga desenvolver as suas potencialidades e individualidade. Tem como objetivo anular situações penosas para os pais e o bebê, melhorar a sua interação, auxiliar os pais na compreensão e discriminação de seu filho, auxiliar a reaproximação pais-bebê e reconduzi-los a um nível de relação mais satisfatória através do conhecimento de fantasias e conflitos presentes.[46] O caráter fundamental dessa tarefa refere-se ao fato de que a ênfase na interação divide responsabilidades entre pais e bebês, alivia a culpa, aumenta a auto-estima, diminuindo a chance de rejeição e o conflito entre o bebê real e o imaginário.

Assim, a presença do psicólogo permite aos pais e familiares expressar e compartilhar seus sentimentos, emoções e fantasias, possibilitando o alívio das ansiedades, ajudando no desenvolvimento da auto-estima e, por fim, na reorganização, a qual implicará diretamente uma melhor interação mãe-bebê. Várias estratégias podem ser desenvolvidas, visando à humanização do atendimento em uma UTI Neonatal. Podem ser utilizados alguns recursos efetivos a que chamamos gerais, constituídos por ambiente alegre e descontraído, decoração específica, acesso telefônico e sala de descanso aos pais e acompanhantes, além da efetividade do projeto pais-acompanhantes.

Um folheto informativo aos pais e familiares sobre o funcionamento e a rotina da UTIN é uma medida especialmente simples, que minimiza angústias, fantasias e falsos conceitos. Ele também funciona como um primeiro vínculo dos pais e familiares com a instituição. Daí a importância de ser simples, didático e essencialmente acolhedor. Deve funcionar como um "cartão de visitas", apresentando a total disposição humanizada da equipe de saúde. Nosso folheto, na UTIN do Hospital Brigadeiro, inicia com palavras acolhedoras aos pais e familiares:

> **Aos pais e familiares**
>
> Seu bebê acabou de ser internado em nossa Unidade de Tratamento intensivo Neonatal e é natural que vocês estejam preocupados.
> Sabemos que vocês gostariam que seu bebê tivesse nascido no tempo previsto ou com mais saúde, como tantas outras crianças.
> Mas, para tranqüilizá-los, estaremos oferecendo algumas informações sobre a internação de seu bebê, sobre nossa rotina e sobre os profissionais que, junto com vocês, estarão cuidando dele, nesse período.

O folheto segue com uma lista dos profissionais que estarão cuidando da criança, com a especificação de cada um deles (Neonatologistas – Médicos pediatras especializados em recém-nascidos) e com uma explicação bastante simples da UTIN e dos procedimentos utilizados de rotina:

> A UTIN é uma unidade que não se parece com um berçário comum porque é um Centro de Tratamento Intensivo, pois seu bebê necessita, no momento, de cuidados especiais.
> As salas possuem luzes fortes, aparelhos com ruídos desconhecidos, e seu bebê pode estar ligado a tubos e fios que talvez impressionem vocês, mas que servem para controlar e ajudar o funcionamento do coração, dos pulmões (...)
> Durante a internação, seu bebê passará por diversos exames para que possamos conhecer e acompanhar com total atenção seu estado de saúde e o tipo de tratamento necessário (...)

Termina com os nomes dos profissionais responsáveis pelos pacientes, os horários e as rotinas de funcionamento e o endereço da Unidade, com identificação de telefone para informações, se necessário.

Nos primeiros dias de internação, as mães de crianças internadas em nossa Unidade recebem uma "carteirinha", a que chamamos "carteirinha toque de encanto". Criada pelo Serviço de Psicologia Hospitalar,[47] trata-se de estratégia para promover o fortalecimento ou o restabelecimento do vínculo mãe-bebê, fragilizado ou muitas vezes rompido pelo pós-parto e pela necessidade de internação em berçário externo (Fig. 7-1). Nos atendimentos psicológicos realizados na Unidade, as mães relatavam a alta da maternidade e a falta, a frustração e o vazio da ausência do bebê. A carteirinha, que contém a foto do bebê, seus dados de identificação e um "chamamento" deste

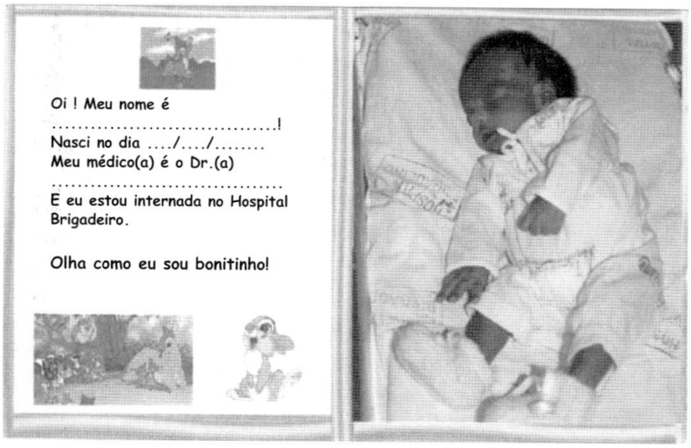

Fig. 7-1. A "carteirinha" que as mães dos bebês recebem.

às visitas, constituiu-se simbolicamente em um referencial da presença desse bebê para a mãe e também para os familiares (*"Agora, ando com meu filho na bolsa...Quando as pessoas perguntam, eu "mostro" meu bebê).* Essa estratégia foi da mesma forma eficiente para ampliar o conhecimento dos profissionais de saúde da Unidade a respeito dos mecanismos inerentes aos pais e familiares que se afastam da criança internada. A equipe de saúde pode perceber a necessidade de reforço dessa vinculação no seu dia-a-dia, ao lidar com as diversas internações.[47]

Seguindo o mesmo objetivo, temos um painel de fotos das crianças internadas na UTIN do Hospital Brigadeiro (Fig. 7-2). Estratégia também criada pelas mesmas autoras[47] propicia um ambiente mais acolhedor e um referencial aos pais e profissionais de saúde. Em 2001, como evolução dessa estratégia, criamos um segundo painel com fotos das crianças que já receberam alta, referenciando a possibilidade de melhora. Entre os dois painéis, inserimos uma "homenagem" dos bebês às equipes de saúde.

A rotina diária do profissional de psicologia deve iniciar-se com a participação na passagem de plantão, discussão informal dos casos com a equipe de saúde, seguindo-se a verificação dos prontuários e a observação dos bebês. Essa estratégia instrumentaliza o profissional que segue para a participação em visita médica, onde estarão os diversos profissionais envolvidos no tratamento do bebê. As visitas médicas são excelentes espaços para trocas e estabelecimento de condutas uniformes, em que cada membro da equipe de saúde pode oferecer importantes contribuições. Os profissionais da área médica e de enfermagem podem, durante as visitas, conhecer melhor a história de vida e os recursos psicossociais dos pacientes e familiares, criando-se medidas condizentes com a realidade de cada caso. Após a participação em visita médica, o psicólogo pode seguir sua tarefa de avaliação neuropsicológica e do desenvolvimento e estimulação dos bebês e atendimento psicológico aos familiares. Mães e familiares presentes ao Hospital devem receber atendimento psicológico de apoio sistemático e efetivo. As crianças que recebem visitas limitadas podem ser beneficiadas pela visita domiciliar da assistente social. Os horários de visitas aos familiares devem sempre contar com a presença de um profissional da psicologia que pode acompanhar o residente ou o médico durante o boletim informativo. Esses momentos são intensamente ricos para observar-se as dinâmicas familiares, as expectativas e os falsos conceitos ainda presentes, educando-se para a saúde.

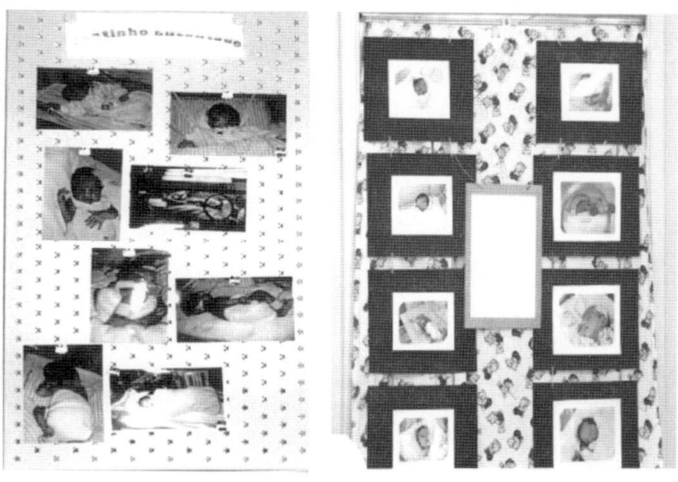

Fig. 7-2. Painel de fotos.

As medidas de observação e estimulação diária de bebês, bem como o acompanhamento psicológico aos familiares, devem estar sistematicamente organizados em fichas próprias do Serviço de Psicologia. Utilizamos no Hospital Brigadeiro uma ficha específica com os dados de identificação da criança e familiares, onde são anotadas diariamente a evolução clínica e psicológica do paciente, e uma ficha de observação e estimulação, onde são descritos os parâmetros de desenvolvimento.

A partir de 2001, passamos a testar estratégia denominada "Encontro com música", indicada para bebês estressados e agitados, com queda de saturação e na ausência das mães. As músicas, previamente escolhidas em conjunto com a mãe, são utilizadas na presença desta e posteriormente reutilizadas nos períodos de ausência ou agitação, diminuindo consideravelmente a incidência desses.

Nossa experiência também tem demonstrado que a efetividade do trabalho de humanização do atendimento deve estender-se à equipe de saúde através da realização de grupos de residentes e de enfermagem, bem como de reuniões interdisciplinares. Os grupos de residentes, utilizando técnica psicodramática, visam a discutir o papel profissional e as dificuldades na tarefa. Temos realizado, com excelentes resultados, grupos de enfermagem, utilizando técnica reflexiva, no horário de café, fortalecendo o vínculo intra e interequipe.

Antes da alta, os familiares recebem um treino específico da equipe de enfermagem e preparo psicológico. Medidas de orientação e apoio são reforçadas durante a semana anterior à alta, seguindo-se o acompanhamento em ambulatório médico e psicológico. Do primeiro ao quarto mês pós-alta, as mães e os bebês comparecem quinzenalmente ao Ambulatório do Serviço de Psicologia Hospitalar – Programa Neonatologia, participando de grupo aberto de orientação e apoio. A partir do quinto mês, os encontros mensais objetivam acompanhar a evolução dos bebês e também de seus cuidadores, que desde a alta necessitam apropriar-se aos novos papéis. Mantemos com isso o vínculo desses familiares e dos pacientes ao Hospital, acompanhando-os em seu desenvolvimento, facilitando as novas vivências, expectativas e os sentimentos decorrentes após a alta. O Programa de Neonatologia do Ambulatório do Serviço de Psicologia Hospitalar do Hospital Brigadeiro tem sido um fundamental momento de encontro, de troca de experiências e de afeto. Nesses dias, não raro, as mães e familiares requisitam a ida à UTIN, para, no encontro com a equipe de saúde da internação, "exibir" seus bebês, ressaltando os vínculos fundamentais para os resultados efetivos do trabalho.

CONCLUSÃO

Caminhar com o medo do desconhecido e carregar dúvidas e incertezas relacionadas à doença e ao tratamento também significam não estar curada para si mesma, significa apresentar seqüelas emocionais, as "impressões digitais psicológicas" que ilustrarão para sempre a história de vida da criança. Negação, culpa, raiva, fantasias, impotência, isolamento, ansiedade, insegurança são algumas manifestações psíquicas e comportamentais quase sempre apresentadas pelas crianças também nas fases de internação nas UTIs. E, para aquelas que já receberam alta médica, determinadas reações psicológicas podem observar-se, como "pesadelos recorrentes, angústia de separação e insensibilidade emocional, compatíveis com o diagnóstico de transtornos de estresse pós-traumático".[11]

Valle[48] aponta vários autores que têm mostrado que a criança gravemente doente é quase sempre consciente do que lhe está acontecendo porque, além de reconhecer nos olhos e nas atitudes das pessoas que lhe são próximas a gravidade de seu estado, ela também tem essa sensação em seu próprio corpo exaurido de forças.[49-51] "As crianças doentes não têm a menor necessidade de conceitos filosóficos para abordar a morte, para nela pensar ou imaginá-la, aceitá-la ou recusá-la. Partindo-se dessa premissa, pode-se distinguir a criança fisicamente sã ou que não vivenciou a morte de um ser próximo da criança doente, atingida em seu corpo ou em seus relacionamentos com os outros, pois as crianças doentes expressam um conhecimento claro de sua morte iminente, sempre em relação com a doença que as aflige. Para essas crianças, a morte situa-se no destino de crianças doentes que vão aos hospitais e não se curam.[11] A sensibilização da criança doente em relação à morte é prematura, pois, pelo próprio estágio de evolução, se encontra muito mais instintiva. Além disso, encontra-se mais próxima de seu corpo e mais apta a captar mudanças e sinais de seu físico.

Diante de seu sofrimento, das mudanças radicais de sua imagem corporal, de solidão, de dor, de impotência, o medo da morte e a luta pela vida são os componentes e companheiros nos recursos utilizados para o enfrentamento dessa situação.

Explícita ou implicitamente, a criança expressa também toda a sua rotina modificada, momento em que sua história de vida toma rumos assustadores e desumanos. Nas palavras de Carmo,[52] *"a criança é transportada para o mundo dos homens de branco, caçadores de doenças (...), mas de armas poderosas e perceptivelmente concretas.*

Portanto, confrontar a doença, o tratamento e a internação em UTI exige uma mobilização de todos os recursos psíquicos da criança. Somente a sua participação em seu processo de adoecer pode garantir melhor utilização de tais recursos.

Para o autor, "é possível facilitar este momento em que a criança atravessa com base nas informações sobre o que está acontecendo com ela. Desta maneira, o que parece incontrolável, e potencialmente destruidor, pode ser também transformado, dando à criança o sentimento de poder controlar, de limitar os medos tão freqüentes dos procedimentos que englobam o tratamento".[52]

Valle também salienta a importância do diálogo e da informação para que ela minimize seu sofrimento.[48] Se é dado um espaço psicológico a essa criança, ela consegue expressar suas inquietações e medos. Segunda a autora, ela pode se reconhecer ainda como uma pessoa que – fraca e sofrendo – tem um lugar na estrutura familiar, no contexto hospitalar, que faz a sua história de vida. Segundo essa autora, as informações devem ser dadas sem distorções, de forma cautelosa e progressivamente, conforme cada situação. Deve ser considerado o quê e como dizer a essa criança, num clima de acolhimento e segurança. "Afinal, o que a criança espera, antes de tudo, é um vínculo de confiança – não de cura – um 'contrato' de não-abandono por parte dos adultos que a cercam".[48]

E esse contrato deve ter o nome de *humanização do atendimento.*

Quando a equipe de saúde e os familiares se unem pela criança doente e hospitalizada, podem, sem sombra de dúvida, amenizar o sofrimento inerente a esse processo, prevenindo ou minimizando danos psicológicos/emocionais e, principalmente, proporcionando um ambiente mais ameno, provido de estimulação, suporte técnico e afetivo. Só assim a UTI pode ser entendida como um local de reparação e proteção. E só assim poderá oferecer saúde, em seu verdadeiro sentido.

REFERÊNCIAS BIBLIOGRÁFICAS

1. Martini II. Em uma Enfermaria de Cardiologia Pediátrica. Uma aplicação do método de ORMB. *In* Caron NA (Org.): *A Relação Pais–Bebê da Observação à Clínica.* São Paulo: Casa do Psicólogo, 2000.
2. Anzieu D. *Les Contenants de Pensée.* Paris: Dunot, 1993.
3. Chiattone HBC. Relato de experiência de intervenção psicológica junto a crianças hospitalizadas. *In* Angerami VA (Org.): *Psicologia Hospitalar: a Atuação do Psicólogo no Contexto Hospitalar.* São Paulo: Traço Editora, 1984, pp 15–57.
4. McNamara ME. Psychological factors affecting neurological conditions: depression and stroke, multiple sclerosis, Parkinson's disease and epilepsy. *Psychosomatics* 1991;32:255–67.
5. Ajuriaguerra J, Marcelli D. *Manual de Psicopatologia Infantil.* Porto Alegre: Artes Médicas, 1991.
6. Levenson JL, Glocheski S. Psychological factors affecting end-stage renal disease: a review. *Psychosomatics* 1991;32:382–9.
7. Goldstein MG, Niaura R. Psychological factors affecting physical condition: cardiovascular disease literature review. Part 1: coronary artery disease and sudden death. *Psychosomatics* 1992;33:134–45.
8. Garfinkel BD, Carlson GA, Weller EB. *Transtornos Psiquiátricos na Infância e Adolescência.* Porto Alegre: Artes Médicas, 1992.

9. Folks DG, Kinney FC. The role of psychological factors in gastrointestinal conditions: a review pertinent to DSM-IV. *Psychosomatics* 1992;33:45–54.
10. Lewis M, Wolkmar F. *Aspectos Clínicos do Desenvolvimento na Infância e Adolescência.* Porto Alegre: Artes Médicas, 1993.
11. Chiattone HBC. A criança e a morte. *In* Angerami VA (Org.): *E a Psicologia Entrou no Hospital.* São Paulo: Pioneira, 1996, pp 69–141.
12. Stoudemire A. *Fatores Psicológicos Afetando Condições Médicas.* Porto Alegre: Artes Médicas, 2000.
13. Lewis M. *Tratado de Psiquiatria da Infância e Adolescência.* Porto Alegre: Artes Médicas, 1997.
14. Stuber ML. Reações das crianças à doença, hospitalização e cirurgia. *In* Kaplan HI, Sadock BJ: *Tratado de Psiquiatria.* Porto Alegre: Artes Médicas, 1999, pp 2676–80.
15. Chiattone HBC. A criança e a hospitalização. *In* Angerami VA: *A Psicologia no Hospital.* São Paulo: Traço Editora, 1988, pp 40–132.
16. Sebastiani RW. Atendimento Psicológico no Centro de Terapia Intensiva. *In* Angerami VA (Org.): *Psicologia Hospitalar. Teoria e Prática.* São Paulo: Pioneira, 1989 .
17. Chiattone HBC, Di Biaggi TM. Projeto de Implantação de Serviço de Psicologia Hospitalar na UTI da Santa Casa de São Paulo. São Paulo: Biblioteca Nêmeton — Centro de Estudos e Pesquisas em Psicologia e Saúde, 1992.
18. Kaplan HI, Sadock BJ. *Compêndio de Psiquiatria: Ciências do Comportamento — Psiquiatria Clínica.* Porto Alegre: Artes Médicas, 1990.
19. Kaplan HI, Sadock BJ. *Tratado de Psiquiatria.* Porto Alegre: Artes Médicas, 1999.
20. Sampaio A. *Patologias Psiquiátricas mais Freqüentes à UTI: Psiquiatria e Medicina Interna.* São Paulo: Ed. Astúrias, 1988.
21. Romano BW. *Princípios para a Prática da Psicologia Clínica em Hospitais.* São Paulo: Casa do Psicólogo, 1999.
22. Holmes DS. *Psicologia dos Transtornos Mentais.* Porto Alegre: Artes Médicas, 1997.
23. Novaes MAF, Romano BW, Lage S. Internação em UTI. Variáveis que interferem na resposta emocional. *Arq Bras Cardiol* 1996;67(2):91–102.
24. Organização Mundial de Saúde. *Classificação de Transtornos Mentais e de Comportamento da CID-10.* Porto Alegre: Artes Médicas, 1997.
25. Fráguas Jr. R, Henriques Jr. SG. Depressão no contexto médico. *In* Fráguas Jr. R, Meleiro AMAS, Marchetti RL, Henriques Jr. SG: *Psiquiatria e Psicologia no Hospital Geral: Integrando Especialidades.* São Paulo: Lemos Editorial, 1997, pp 207–19.
26. Stokes P. A primary care perspective on management of acute and long-term depression. *J Clin Psychiatry* 1993;54(8):74–84.
27. Fráguas RJ. Alterações psiquiátricas associadas à cirurgia de revascularização do miocárdio: caracterização e fatores de risco. Tese de Doutorado Faculdade de Medicina da USP, 1995, pp 1–112.
28. Katon W, Sullivan M. Depression and chronic medical illness. *J Clin Psychiatry* 1990;51(6):3–11.
29. Carney MC, Freedkabd KE, Rich MW, Smith LJ, Jaffe AS. Ventricular tachycardia and psychiatric depression in patients with coronary artery disease. *Am J Med* 1993;95:23–8.
30. Tufo H, Osteld A, Shekelle R. Central nervous system dysfunction following open-heart surgery. *JAMA* 1970;212:1333–40.
31. Frasure-Smith N, Lesperance F, Talajic M. Depression following myocardial infarction: impact on 6-month survival. *JAMA* 1994;271:1080–2.
32. Verbosky L, Franco KN, Zrull JP. The relationship between depression and length of stay in the general hospital patient. *J Clin Psychiatry* 1993;54:177–81.
33. Weller EB, Weller RA. Mood disorders. *In* Lewis M (Ed.): *Child and Adolescent Psychiatry.* 1st ed. Baltimore, MD: Williams & Wilkins, 1991, pp 646–64.
34. Kaplan HI, Sadock BJ, Grebb JA. *Compêndio de Psiquiatria: Ciências do Comportamento e Psiquiatria Clínica.* Porto Alegre: Artes Médicas, 1997.
35. Kaplan HI, Sadock BJ. *Compêndio de Psiquiatria: Ciências Comportamentais — Psiquiatria Clínica.* Porto Alegre: Artes Médicas, 1993.
36. Mazet P, Stoleru S. *Manual de Psicopatologia do Recém-Nascido.* Porto Alegre: Artes Médicas, 1990.
37. Wolke D. Environmental neonatology. *Arch Dis Child* 1987;62:987–8.
38. Wirth AF. Aplicação do método de observação de bebês em uma UTIN. *In* Caron NA (Org.): *A Relação Pais–Bebê da Observação à Clínica.* São Paulo: Casa do Psicólogo, 2000.
39. Horta MP. Paciente crônico — paciente terminal — eutanásia — problemas éticos da morte e do morrer. Desafios éticos. Brasília: Conselho Federal de Medicina, 1993, p 228.
40. Pessini L. Distanásia. Até quando investir sem agredir? *In* Angerami VA (Org.): *A Ética na Saúde.* São Paulo: Pioneira, 1997.
41. Winnicott DW. *O Recém-Nascido e Suas Mães.* São Paulo: Martins Fontes, 1994.
42. Bibace R, Walsh M. Development of children's concepts of illness. *Pediatrics* 1980;66:912–7.
43. Licamele W, Goldberg R. Childhood reactions to illness and hospitalization. *Am Fam Physician* 1987;36:227–32.
44. Ziegler M. A medicine of strangers or a medicine of intimates. The two legacies of Karen Ann Quilan. *Second Opinion: Health-Faith-Ethics* 1992;4:68.
45. Klaus MH, Kennell JH, Klaus PH. Vínculo. *Construindo as Bases para um Apego Seguro e para a Independência.* Porto Alegre: Artes Médicas, 2000.
46. Caron NA. *A Relação Pais–Bebê. Da Observação à Clínica.* São Paulo: Casa do Psicólogo, 2000.
47. Chiattone HBC, Cortez SR, Félix MF, Lázaro E, Svicero SR. Proposta de implantação de estratégias e atuação psicológica a pacientes e familiares em Unidade de Terapia Intensiva Neonatal. São Paulo: Biblioteca Nêmeton — Centro de Estudos e Pesquisas em Psicologia e Saúde, 2000.
48. Valle ERM. *Câncer Infantil: Compreender e Agir.* Campinas: Editorial Psy, 1997.
49. Raimbault G. *A Criança e a Morte. Crianças Doentes Falam da Morte: Problemas da Clínica do Luto.* Rio de Janeiro: Francisco Alves, 1979.
50. Torres WC. O conceito de morte na criança. *Arq Bras Psicol* out–dez 1979;31(4):9–34.
51. Oppenheim D. Le vécu de la mort chez l'enfant. *In* Valle ERM: *Câncer Infantil: Compreender e Agir.* Campinas: Editorial Psy, 1997.
52. Carmo JR. Abre os olhos chapeuzinho que o lobo já se foi. Sobreviventes de leucemia infantil: conseqüências psicológicas dos efeitos tardios. Trabalho de conclusão de Curso de Especialização em Psicologia Hospitalar. São Paulo: Biblioteca Nêmeton — Centro de Estudos e Pesquisas em Psicologia e Saúde, 2000.

8 A Morte e o Morrer nas Unidades de Terapia Intensiva

Rachel Duarte Moritz

A partir do momento em que a medicina de alta tecnologia transformou a morte súbita em um morrer lento, surgiram novos desafios. A maioria dos óbitos intra-hospitalares passou a ocorrer nas Unidades de Terapia Intensiva (UTI).[1] O momento da morte passou a ser precedido, na maioria das vezes, de decisões sobre a recusa ou a suspensão de tratamentos considerados fúteis ou inúteis. O médico intensivista passou a sofrer um dilema contínuo ao ser confrontado com essas decisões.[2-3] A realidade do trabalho cotidiano do médico intensivista e de toda a equipe envolvida com o tratamento do paciente na UTI tornou-se cada vez mais distante daquela vivida por outras especialidades médicas, que, muitas vezes, custam a aceitar a terminalidade de seus pacientes.[4] Essa realidade tem acarretado um estresse adicional ao trabalho cotidiano desses profissionais.

O estudo da morte tem se tornado politicamente incorreto no nosso meio,[5] e, para que possamos escrever sobre a morte e a equipe de UTI, torna-se necessário que o tratemos sob uma ampla visão, abrangendo aspectos históricos, culturais, éticos e legais.

ASPECTOS HISTÓRICOS SOBRE A MORTE E O MORRER

A morte pode ser definida como a cessação definitiva da vida. O morrer, como o intervalo entre o momento em que a doença se torna irreversível e que o indivíduo deixa de responder a qualquer medida terapêutica progredindo inexoravelmente para o êxito letal.

Na idade antiga, os ritos familiares para a morte eram presenciados pela comunidade. O moribundo encarava seu fim próximo com calma, pois morrer era o destino coletivo, e mantinha um papel ativo diante da sua morte. A partir do século V, surgiram os primeiros cemitérios junto às igrejas cristãs. Na Idade Média, enquanto os pobres eram colocados em covas coletivas e seus ossos serviam para alimentar animais, os nobres eram enterrados dentro das igrejas. Cada vez mais a Igreja participava da relação dos vivos com os mortos e definia que antes de morrer o indivíduo deveria fazer um testamento por escrito. Entrava-se no mundo da escrita e do direito, e a morte perdia o caráter coletivo. O testamento incluía uma profissão de fé, e o homem, para ter direito aos bens eternos, pagava à Igreja. A morte tornava-se clericalizada. O cadáver passava a ser escondido pelo sudário e pelo caixão. Já no século XVI, o cemitério começa a perder o seu caráter de centro da vida social, e a morte passa, cada vez mais, a ser encarada como o fim da vida terrestre. Como fruto do Renascimento e da separação corpo-alma, que torna o corpo e a morte objetos de estudo, o cadáver passa a pertencer à medicina. Nesse século, André Vesalius funda a anatomia moderna ao realizar dissecação no cadáver humano.[5]

O médico no século XVI era considerado impotente diante da morte, e, até o século XIX, a sua única função em relação à morte era a de espectador. Nesse período, a morte tornou-se extremamente dolorosa para aqueles que perdiam o seu ente querido. A partir do século XVIII, um novo papel começa a ser atribuído ao médico, que passa a lutar contra a morte, e a medicina passa a ter o papel de prolongar a vida. Na atualidade, a partir da Primeira Guerra Mundial, o médico transformou-se em herói na luta contra a morte. Entretanto, essa luta pode, em determinadas ocasiões, tornar-se impossível, e, nesse momento, o médico passa a sentir-se impotente.[5]

Pode ser constatada a estreita correlação entre religião, medicina e ética. Na Europa, do início da era cristã até o final do século XVI, a influência do cristianismo sobre a ética de compaixão pelos doentes e responsabilidade pelos pobres se manifestou institucionalmente na fundação e manutenção de hospitais.[6] *Hospitalis* é uma palavra latina que significa o que hospeda ou dá agasalho. Nos dias de hoje o hospital é considerado o centro do sistema de atenção à saúde e está, sem dúvida, entre as mais complexas e dinâmicas instituições da nossa sociedade.[7] No entanto, deve ser ressaltada a extraordinária evolução dessa entidade desde os tempos de Asclepius, na era pré-socrática, até a instituição hospitalar moderna. Os primeiros hospitais foram construídos entre 369-372 d. C., na Capadócia e em Roma. Em 542 d. C. foram construídos os dois primeiros hospitais na França, o Hôtel Dieu de Lyon e o Hôtel Dieu de Paris. St. John foi o primeiro hospital inglês inaugurado em 1084. Nesse período, os hospitais eram considerados locais de dor e morte. Os pacientes recebiam apoio espiritual, mas o tratamento de suas doenças era extremamente precário.[5,8] A partir de 1930, e mais especificamente desde 1945, morrer no hospital é uma praxe.[5] No ano 2000, sete entre dez mortes ocorrem dentro dos hospitais.[9] O doente, sentindo-se prestes a morrer, perdeu o direito de opinar sobre a sua morte, o médico passou "a presidir o espetáculo", e os familiares passaram a sentir-se protegidos por não terem de presenciar a morte de um ente querido.[5] Entretanto, mesmo como maestro desse espetáculo macabro, o médico não consegue vencer a morte e passa a ser novamente atacado, agora do ponto de vista legal. A medicina moderna vê a morte como um fracasso e não como parte natural e inevitável da vida.[10] O erro médico passa a ser temido, e o profissional deixa-se vencer pela tecnologia, esquecendo de avaliar o lado humano do problema.

Em 1969, Elizabeth Kübler-Ross escreveu o livro *A morte e o morrer*.[11] A partir dessa data, passou a ser definida como a mulher que mudou a maneira de o mundo pensar sobre esses dois eventos. Nesse livro, inicialmente, a autora divaga sobre o morrer nos dias de hoje, que considera triste demais sob vários aspectos, sobretudo por ser muito solitário, mecânico e desumano. Posteriormente, questiona se estamos nos tornando mais ou menos humanos e, finalmente, afirma que o paciente está sofrendo mais, talvez não fisicamente, mas emocionalmente, pois suas necessidades não mudaram através dos séculos, mudando apenas nossa aptidão em satisfazê-las. Sua conclusão é a de que temos muito o que aprender com os pacientes terminais, e que devemos permitir-lhes que se expressem, e, sobretudo, que é preciso escutá-los. Da sua experiência e dedicação com os pacientes conhecedores da evolução letal de suas doenças conseguiu categorizar cinco estágios pelos quais passam os enfermos diante da aproximação da morte: primeiro a *negação* e o isolamento. A vontade de que a proximidade do êxito letal não seja verdadeira constrói sua negação e justifica a busca de fatos para alicerçá-la. A negação funciona como defesa. A ansiedade gerada é proporcional à falta de preparo, por parte do médico, para a revelação do diagnóstico. Segundo, a *indignação*. A raiva contra tudo, contra todos, inclusive a revolta contra Deus. Por que eu? O paciente passa a apresentar um comportamento agressivo contra aqueles que o rodeiam, tanto seus médicos quanto seus amigos e familiares. Essas agressões jamais devem ser admitidas como pessoais. Terceiro, a *barganha*. O desejo de ser recompensado por boas ações. Essa fase é curta, às vezes imperceptível, mas igualmente importante para o paciente. Quarto, a *depressão*, a revolta, a raiva cedem lugar a um profundo sentimento de perda. Nesse estágio as palavras valem pouco. O sentar-se ao lado em silêncio compartilha o sofrimento e inspira afeto. Finalmente, o quinto e último estágio: a *aceitação*, que não deve ser confundida com o sentimento de felicidade. Às vésperas da morte, o paciente pode encontrar paz. Fica mais em silêncio, o círculo de interesses diminui, o paciente sabe que vai morrer e não se desespera. A partir dessas definições, pode ser questionado se todas essas etapas não serão também vividas pelos familiares e pelos profissionais de saúde que cuidam do moribundo. Pode-se também sugerir que, para o profissional da saúde, não é exatamente o lidar com a morte a situação mais difícil, mas sim o acompanhar o paciente que está morrendo (Zaidhaft 1990).

No século XX, a morte modernizada pode ser qualificada por cinco características: um ato prolongado gerado pelo desenvolvimento tecnológico, um fato científico gerado pelo aperfeiçoamento da monitoração, um fato passivo, já que as decisões pertencem aos médicos e aos familiares e não ao enfermo, um ato profano por não atender às crenças e aos valores do paciente, e finalmente um fato de isolamento, já que o ser humano morre socialmente em solidão.[12,13] Para nós brasileiros, cidadãos de um país de contrastes e injustiças sociais, é doloroso reconhecer que pessoas pobres, que nunca se beneficiaram do progresso científico e tecnológico para a mínima melhoria da qualidade de suas vidas, só o conseguem ao chegar em hospitais públicos, para lá, ironicamente, terem morte científica.

ASPECTOS CULTURAIS SOBRE A MORTE E O MORRER

É um fato indiscutível da história dos homens que, quando a vida cessa, o que se registra é a morte. Mesmo diante dessa certeza, desde que nasce, o ser humano é impedido de conviver com a morte. Os ocidentais, em geral, não vêem a morte como parte da vida, mas sim como um castigo, algo inaceitável, e portanto um assunto que deve ser evitado.[14] Sua cultura exige que a morte seja adiada, a todo custo.[5] Entre os medos que envolvem a morte, o mais comum de todos é o de que ela seja dolorosa. Entretanto, ao negarmos a discussão da morte e do morrer, não podemos minimizar esse temor.[15] Roger Bone,[16] um renomado médico intensivista, professor da Universidade de Ohio, ao saber que sofria de uma doença neoplásica com metástases no pulmão e nos ossos, decidiu realizar uma revisão na literatura para avaliar o quanto se havia escrito sobre a morte e o morrer. Chegou à conclusão de que os trabalhos mais significativos na história da literatura ocidental haviam tido um importante papel na influência das atitudes do mundo moderno, e que muito se publicou sobre amor, tragédia, sedução, adultério, depressão, brutalidade, hipocrisia, heroísmo, honra etc. Entretanto, raramente se deu ênfase ao entendimento da morte.

Outras culturas encaram esse tema sob pontos de vista diferentes. Mestres espirituais da cultura tibetana acreditam que é melhor a morte ocorrer numa atmosfera pacífica, e que não é crime a suspensão do suporte básico da vida quando não há chance de recuperação.[17] Para os budistas, a alma é eterna, atingindo o Nirvana (o vazio, a vida total) após muitas mortes físicas. O Buda, que nasceu 477 a. C., visava a ensinar o meio de escapar à dor pela extinção do desejo e chegar assim a se dissolver no silêncio e na paz do não-desejo.[18]

Na civilização ocidental moderna, as crianças são afastadas das cerimônias de despedida, a elas é omitida a morte de um familiar, e são utilizados subterfúgios para explicar a sua ausência. São comumente utilizados os termos "foi fazer uma longa viagem" ou "foi para o céu". A palavra morte é omitida, é temida. Entretanto, cedo ou tarde, essas crianças perceberão a falta daquele que morreu e desconfiarão dos adultos que lhes mentiram. Perde-se uma grande oportunidade, pois deixar que a morte penetre no mundo infantil é "uma preparação gradual, um incentivo para que as crianças encarem a morte como parte da vida, uma experiência que pode ajudá-las a crescer e amadurecer", como coloca Kübler-Ross.[11] Paradigmas são impostos desde que nascemos, e nos habituamos com asserções como "enquanto há vida, há esperança". Falar sobre a morte é proibido, tanto no meio familiar quanto nas escolas primárias ou profissionalizantes.[9,11]

Mcgovern e Barry realizaram, na Irlanda, um estudo transversal sobre o ensino, as atitudes e perspectivas de pais e professores no que concerne à abordagem do tema morte nas escolas para crianças de 5 a 12 anos de idade.[19] Entrevistaram 119 pais e 142 professores e mostraram que os adultos, principalmente do sexo masculino, se sentem desconfortáveis em falar sobre a morte com as crianças. Encontraram poucas diferenças entre as atitudes de pais e professores; entretanto, os professores eram mais propensos a acreditar que o ensino escolar poderia afastar a responsabilidade dos pais sobre a abordagem de um assunto tão importante na formação de uma criança.

A escolha pela medicina é feita, na maioria das vezes, de forma imatura. A motivação dominante para essa opção é o forte desejo da obtenção da aprovação de pessoas importantes ou a satisfação de desejos de autocomando, de segurança e da necessidade de se sentir indispensável. Um estudo que investigou, num universo de 640 médicos, qual a motivação consciente para a escolha do curso de Medicina mostrou que a aspiração de uma carreira atraente e o fato de terem sido bons alunos em ciências foram as razões mais comuns para a escolha desse curso. Outro fato destacado é o de que os alunos de Medicina relatam terem passado por experiências de doenças na família mais freqüentemente do que os alunos de outras áreas. Entretanto, resta a pergunta sobre o que leva uma pessoa a buscar viver tão próximo da morte, se no fundo é o que mais teme e o que mais deseja é estar longe da própria morte. A vocação médica é tida conscientemente como a possibilidade de ajudar, de curar, de salvar, de ser útil. Inconscientemente, a escolha pela medicina está relacionada à procura da onipotência ou à defesa contra a doença, o sofrimento e a morte.[20]

O estudo sobre o comportamento de 42 enfermeiras diante da morte dos pacientes sob seus cuidados demonstrou que os sentimentos mais presentes nessas profissionais eram a impotência, a culpa e a raiva, e que os mecanismos de defesa mais comumente utilizados por elas eram os da negação e da evasão.[21]

Os estudantes da área da saúde têm, no início dos seus cursos profissionalizantes, o contato com o cadáver. Pode-se sugerir que, desse primeiro contato, inicia-se, nesses alunos, o processo de desenvolvimento de mecanismos de defesa indispensáveis para sua futura profissão. Na anatomia, é apresentado um corpo desfigurado, enegrecido pelo formol, no qual o aluno dificilmente procura identificar um ser que passou pela vida sentindo as emoções que marcam o indivíduo. No entanto, talvez através dele, o estudante seja levado a reconhecer a inexorabilidade da morte. Diante dessa constatação, aciona as suas defesas. Assim, na dessensibilização contrafóbica, predomina a racionalização, o aluno busca no conhecimento a objetividade científica e também a negação emocional, caracterizando a forma dicotomizada pela qual o conhecimento humano é passado na universidade. Ao final do curso e longe dos cadáveres do anatômico, o estudante ou o profissional da área de saúde se defronta com o morrer dos seus pacientes e, como um corolário, com a sua própria finitude, o que o leva à fuga do atendimento desses pacientes e à elaboração para si de uma couraça de frieza.[5,20] Corrobora com essa afirmação o texto do grande romancista inglês Charles Dickens: "Ele era ainda novo na profissão e não assistira, por enquanto, a muitas das misérias com que diariamente se defrontam os médicos e que acabam por torná-los indiferentes ao sofrimento humano."

Pouco ou quase nada se ensina, para os estudantes dos cursos de medicina ou de enfermagem, sobre a morte.[16,22,23] No curso de medicina são abordados aspectos éticos relacionados à morte dos enfermos superficialmente e no início do curso, quando os alunos ainda não tiveram contato com o tratamento dos pacientes. Nos cursos de enfermagem, há enorme atenção às técnicas de prolongamento da vida e às esperanças de recuperação, não havendo equivalência na atenção em proporcionar conforto àqueles que vão morrer. Torna-se difícil manter o paciente vivo a todo custo e, simultaneamente, ajudá-lo a morrer de forma digna.[24]

Pode-se concluir que os estudantes de medicina e de enfermagem são treinados para o tratamento técnico do moribundo, mas não para acompanhá-lo do ponto de vista psicológico;[25] que o hospital é a instituição marcada pela luta constante entre a vida e a morte; que o profissional de saúde está preparado para a cura e que, freqüentemente, sente-se angustiado pela morte dos pacientes sob seus cuidados.[20]

Torna-se, portanto, cada vez mais importante que os aspectos da morte e do morrer sejam amplamente discutidos nos cursos de formação da área de saúde, assim como no treinamento continuado desses profissionais.

ASPECTOS ATUAIS SOBRE A MORTE E O MORRER

A definição de morte para a medicina tem sido modificada na história da humanidade. Leia-se num texto asteca: *"Nos olhos e nariz, o médico reconhecerá se o paciente vai morrer ou sarar... Um dos indícios é a fuliginosidade no centro dos olhos...depois a cegueira dos olhos... o afinamento do nariz... como também o constante ranger dos dentes... e por fim o balbuciar de palavras desconexas... Pode-se esfregar o peito com a madeira de pinheiro esmagada na água, ou puncionar a pele com um osso de lobo, de águia ou de puma... Se nada disso ajudar, então a fatalidade será inevitável – a morte virá fazer sua colheita."*

Embora, após a leitura desse texto, o médico possa pensar que na atualidade a definição de morte é muito mais exata, mesmo no ano 2001 pode ser difícil a definição do momento da morte. A questão se torna complexa nos casos em que, pelo progresso tecnológico, o prolongamento da vida pode ser levado a extremos nunca antes alcançados.[5]

Foi necessário esperar o século XX para que os hospitais se tornassem sofisticados. Essa sofisticação vem se tornando cada vez maior a partir da Segunda Guerra Mundial graças à tecnologia desenvolvida durante esse conflito. A partir da década de 1960, com o desenvolvimento das técnicas de reanimação cardiopulmonar, houve uma redefinição para a morte, que nessa época era definida como a cessação das funções cardíaca e pulmonar (morte clínica). Em 1968, o Conselho das Organizações Internacionais de Ciências Médicas, vinculado à Organização Mundial de Saúde e à Unesco, reuniu-se em Genebra e estabeleceu critérios sobre a morte encefálica.[26] A Resolução nº 1480/97 do Conselho Federal de Medicina definiu esses critérios, para fins legais, em âmbito nacional.[27] Os parâmetros clínicos que devem necessariamente ser observados para o diagnóstico de morte encefálica são: coma aperceptível com ausência de atividade motora supra-espinhal e apnéia. O intervalo e o número de observações desses parâmetros foram definidos de acordo com a idade do paciente, e foram também decididos quais exames complementares devem ser solicitados.

A partir dos anos 70, com o desenvolvimento continuado de novas tecnologias, o paciente gravemente enfermo pode ser mantido por um longo período de tempo em uma UTI. Em alguns casos, a morte é inevitável em praticamente 100%, sendo apenas retardada a um alto custo, financeiro, moral, psicológico e médico, para todos os envolvidos. No século XXI, a capacidade de manter vivos os pacientes em situações que no passado os levariam inevitavelmente à morte real é ainda maior. Desse modo, disfarçada, enfraquecida e desumanizada pelos rigores da moderna tecnologia médica, a morte vai mudando sua face ao longo do tempo. A partir desse fato surge um novo debate, se a recusa ou a suspensão dessas tecnologias é uma ação ética. Nesse contexto, o cenário da morte e a situação do paciente que vai morrer são condições que ensejam maiores conflitos, considerando-se os princípios, às vezes antagônicos, da preservação da vida e do respeito à dignidade humana.[28]

A definição de paciente terminal é complexa e arriscada; entretanto, seu conceito é imprescindível. A tendência é considerar como paciente terminal aquele que, na evolução da doença, não mais responde a nenhuma medida terapêutica conhecida e aplicada.[28] Considera-se como ideal a harmonização do discurso moral com a conduta técnica; entretanto é feita com freqüência nos ambientes de terapia intensiva a pergunta se os intensivistas estarão diariamente promovendo distanásia para alguns dos seus pacientes. É aceito tanto pela população médica quanto leiga que o paciente terminal é aquele que sofre de uma doença neoplásica ou de uma doença crônica degenerativa fora de possibilidades terapêuticas. Entretanto, essas definições tendem a sofrer alterações que são influenciadas pelo desenvolvimento tecnológico. Há 40 anos a ressuscitação cardiorrespiratória (RCR) foi desenvolvida para o atendimento de pacientes supostamente hígidos que sofressem de parada cardiorrespiratória (PCR). Atualmente a higidez prévia não é um pré-requisito para que esse procedimento seja iniciado. Assim sendo, a RCP é realizada mesmo em pacientes graves, por vezes em idade avançada, com baixa expectativa de recuperação.[29]

Nos últimos anos têm surgido regras morais baseadas em princípios éticos que avaliam princípios da não-maleficência e do potencial de benefício que a RCR trará ao paciente, assim como à sua autonomia. Os médicos devem considerar a eficácia da terapêutica pretendida, seus riscos em potencial e as preferências do paciente.[29] O entusiasmo por uma possibilidade técnica deve ser confrontado com a aceitação da morte do paciente, devendo o médico ter a maturidade suficiente para pesar qual a escolha mais adequada, tendo em vista, entre outros fatores, a qualidade de vida no caso de uma eventual sobrevivência.[30]

A decisão sobre a continuação do tratamento de pacientes considerados *terminais*, isto é, não-responsivos às medidas terapêuticas, envolve médicos, pacientes e familiares com diferentes interpretações e percepções de uma mesma situação. As decisões finais devem diferenciar os procedimentos médicos que levarão ao prolongamento da vida daqueles que somente irão prolongar o sofrimento até o momento da morte.[31]

ASPECTOS ÉTICOS E LEGAIS SOBRE A MORTE E O MORRER

A ética estuda o comportamento moral dos homens em sociedade. A ética médica estuda ou analisa o comportamento moral dos médicos enquanto profissionais em atividade médica,[32] sendo condicionada por um contexto histórico e cultural.[10] O primeiro código de ética médica foi elaborado em 1792, nos Estados Unidos da América do Norte (EUA), com o objetivo de superar conflitos profissionais, moralizar a profissão e formar o caráter de médicos novos. Foi traduzido para o português e divulgado no Brasil em 1867.[6]

A bioética estuda sistematicamente as dimensões morais, incluindo visão, decisão e normas morais das ciências da vida e do cuidado à saúde, utilizando uma variedade de metodologias éticas, num contexto interdisciplinar,[32,33] tendo portanto uma abrangência mais ampla do que a ética médica. Em seus princípios fundamentais de beneficência e justiça, bioética e ética médica apresentam suas maiores aproximações, ficando as diferenças por conta dos princípios da autonomia e da integridade.[13] Os princípios da bioética abrangem a autonomia, a beneficência, a não-maleficência, a justiça e a proporcionalidade. A autonomia respeita a autodeterminação do ser humano; na beneficência estão incluídos os objetivos fundamentais da medicina que são: a preservação da vida, a restauração da saúde e o alívio do sofrimento que assegura o bem-estar do doente. O conceito de não-maleficência implica evitar qualquer coisa que possa levar a conseqüências negativas. O princípio da justiça exige a eqüidade na distribuição de bens e benefícios tanto pela medicina quanto pelas demais profissões da área da saúde, e a proporcionalidade procura equilibrar os riscos e benefícios de tal modo que as ações tenham a maior possibilidade de resultar no menor mal e no maior benefício aos indivíduos diretamente envolvidos.[30,33]

O médico é tido como o profissional cuja missão é preservar a vida e aliviar o sofrimento. Esses deveres são postos à prova quando da assistência médica ao moribundo.[10] Cada vez menos o médico segue as palavras de Hipócrates, que dizem que ele deve se recusar a tratar daqueles que foram vencidos pela doença. A expansão da tecnologia e a entrada na era "pós-antibiótica" criaram uma situação na qual se tornou mais difícil equilibrar a incerteza *versus* probabilidade. No final do século XX surgiram termos como tratamento fútil ou obstinação terapêutica, que suscitam o pensamento de que a atitude de prolongar a vida de um paciente terminal é uma falta de respeito à dignidade do ser humano.

Cada vez mais se discute sobre a eutanásia e a distanásia. O termo eutanásia (do grego *eu* = bom, *tanos* = morte) foi introduzido por Francis Bacon, no século XVIII, para significar a abreviação de um sofrimento por intermédio de uma morte induzida.[34] Atualmente, seu conceito é mais amplo, na dependência do fim almejado. A definição de eutanásia passiva foi muito utilizada para descrever atos de interromper ou de não iniciar a terapia de suporte à vida em pacientes que apresentassem uma doença terminal. Porém, após inúmeros debates sobre a diferença ética e moral entre a morte causada pela ação (eutanásia ativa) ou pela omissão intencional (eutanásia passiva), muitos especialistas passaram a rejeitar esses termos. Distanásia, ao contrário, seria a morte lenta e dolorosa.[10]

As primeiras referências sobre a prática da eutanásia são encontradas na história das antigas Grécia e Roma, sendo essa prática condenada pela escola hipocrática de pensamento e pelo cristianismo. A partir do século XIX, com a utilização da morfina e com o desenvolvimento da anestesia, John Warren sugeriu que o éter poderia ser usado para diminuir as agonias da morte. No final desse século foi debatida judicialmente a validade da utilização do ópio para o alívio da dor de um moribundo, o que poderia levá-lo a um sono do qual ele poderia não despertar. O debate sobre a eutanásia continuou no século XX, sendo revivido após a Segunda Guerra Mundial. Apesar de toda essa discussão ao longo dos anos, os argumentos prós e contra a eutanásia têm mudado pouco.[35]

O código de ética médica, no Art. 66/1988, proíbe *utilizar, em qualquer caso, meios destinados a abreviar a vida do paciente, ainda que a pedido deste ou de seu representante legal*. Contudo, o Art. 28/1988 aponta como direito do médico *recusar a realização de atos médicos que, embora permitidos por lei, sejam contrários aos ditames de sua consciência*.[32] Consta na declaração final da V Assembléia Geral da Academia Pontifícia para a Vida (1999) a reflexão sobre o Tema Dignidade do Agonizante: *Quando o médico tem consciência de que já não é possível impedir a morte do paciente e que o único resultado do tratamento terapêutico intensivo seria juntar ao sofrimento mais sofrimento, deve reconhecer os limites da ciência médica e da sua intervenção pessoal e aceitar a inevitabilidade e a inelutabilidade da morte*. Então, o respeito pela pessoa em processo de morte exige mais do que nunca o dever de evitar toda a espécie de "obstinação terapêutica" e de favorecer a "aceitação da morte".

Pode ser constatado que a ética médica e a moral teológica se aproximam na sua rejeição da eutanásia, havendo uma busca por parte de ambas de soluções cada vez mais respeitosas da dignidade dos direitos do ser humano.[6] Um dos principais aspectos éticos é o direito de decisão de um paciente e a obrigação de o médico respeitar essa decisão, o que não implica a prática de um tratamento tecnicamente contra-indicado a pedido do paciente.

Nos EUA a eutanásia é considerada uma prática ilegal, entretanto é aceita, tanto do ponto de vista ético quanto legal, a recusa ou a suspensão de um tratamento considerado fútil ou inútil.[36] Na Inglaterra e na Austrália a prática da eutanásia também não é legalizada; entretanto, médicos desses países já praticaram esse ato numa porcentagem variável de 7 a 29%.[37] Um estudo norte-americano que entrevistou 852 enfermeiras que trabalhavam exclusivamente em UTI mostrou que 16% dessas profissionais já haviam se envolvido com a prática da eutanásia e que a administração de altas doses de opióides em pacientes terminais havia sido o método mais comumente descrito.[37]

Vida e morte são dois extremos, dois opostos, dois fenômenos em cuja seqüência se desenvolve todo o destino do homem. Decisões que apontam para esses extremos geram conflitos éticos de difícil resolução. O envolvimento de médicos em causar ou apressar a morte de pacientes é proibido,[38] mas há suporte ético para o aumento progressivo de medicação para alívio da dor em pacientes terminais, mesmo que isso traga risco à vida.[10] De modo ilustrativo, pode-se citar a revelação, feita pelo historiador Francis Watson, de que o rei George VI da Inglaterra morreu após uma injeção de morfina e cocaína, que foi administrada para lhe aliviar as dores provocadas por um câncer de pulmão.[38] Pode-se concluir que a diferença entre um paciente que morre com dor e aquele que tem a morte precipitada com a administração de um analgésico está na intenção da pessoa que administra o fármaco.[2,38] As complicações são parte do risco de qualquer procedimento médico. Do ponto de vista ético e legal, o médico tem compromisso com a atitude e não com o resultado.[4,36]

As leis brasileiras definem imprudência, negligência e imperícia como casos de homicídio culposo, que ocorre quando o agente não quer o resultado, mas assume o risco de produzi-lo.[6,38] A recusa, por parte do médico, de administrar um tratamento que poderá prolongar o sofrimento de um paciente não pode ser considerada um erro médico, pois não pode ser encaixada como imprudência, negligência ou imperícia. Embora tal atitude seja aceita pela Igreja, ainda é mal definida do ponto de vista legal.

Mesmo diante das incertezas éticas e legais, o direito à vida é intangível e inegociável. Se viver é um direito, morrer também o é, especialmente quando se trata de morrer da maneira mais confortável possível e de modo digno.[38]

A MORTE, O MORRER E A EQUIPE DA UTI

A idéia de instalar unidades especiais para o tratamento de pacientes em estado crítico surgiu em função da alta mortalidade durante as epidemias de poliomielite ocorridas na Dinamarca em 1952 e nos EUA em 1955. Em função da epidemia norte-americana, foi criado, no Massachusetts General Hospital, um centro de tratamento respiratório, e, em 1958, surgiu em Baltimore a primeira UTI multidisciplinar. No Brasil, não há dados que permitam determinar com precisão a instalação da primeira UTI. Todavia, há indícios de que elas são representadas por uma unidade coronariana e por uma unidade respiratória instaladas em São Paulo. Há também indícios de que os primeiros centros intensivos integrados surgiram no Rio de Janeiro e no Rio Grande do Sul.[39]

É definido que a medicina intensiva se destina a diagnosticar, tratar e manter doentes em iminente risco de vida, porém potencialmente reversível. Entretanto, esses doentes podem desenvolver falência de múltiplos órgãos e sistemas permanecendo vivos graças às possibilidades tecnológicas disponíveis nas UTIs atuais. Esse fato propicia, em algumas situações, o retardo da morte, e não a recuperação da vida,[40,41] e, assim sendo, esses enfermos passariam a ser considerados terminais.

Diante dessa possibilidade, os intensivistas sofrem um dilema diário sobre a manutenção de um tratamento definido como fútil, inútil ou desaconselhável.[41]

Há cerca de duas décadas tem sido tentado definir o que seria um tratamento fútil ou inútil visando-se, a partir dessas definições, a estabelecer normas que permitam a recusa ou a suspensão desses tratamentos.[42] A partir dos anos 80, têm sido discutidos os critérios que possam justificar a suspensão da RCP. Todavia, é difícil qualificar esses critérios, já que, de certa forma, eles estão relacionados com a experiência e com o treinamento do médico e também com a complexidade do hospital.[43,44] A vida humana é sagrada e tem de ser tratada com dignidade e respeito. Todo moribundo tem o direito de receber, de qualquer ser humano, apoio psicológico e emocional. Em pacientes terminais, o médico deve fornecer ao seu paciente um tratamento de suporte e humano.[45]

Schneiderman *et al*[46] descreveram como tratamento fútil aquele que poderá trazer resultados, mas que a experiência sugere que é altamente improvável de esses resultados serem obtidos. Altamente improvável foi definido como 1 chance de sucesso para cada 100. Seis anos após, os mesmos autores modificaram a sua proposta inicial respondendo às críticas recebidas e concluíram que a definição de futilidade aumenta o poder dos médicos e não leva em conta a autonomia dos pacientes. Ressaltam que o conceito de futilidade é difícil de ser aplicado na prática, já que dados probabilísticos de tratamento não podem ser considerados nas decisões individuais.[47]

Prendergast sugere que a definição de futilidade deve ser analisada de maneira probabilística, avaliando-se, quando se opta por um tratamento, o seu custo financeiro, emocional, a morbidade que o mesmo acarreta ao paciente e a tecnologia exigida para que ele seja administrado.[48]

Luce realizou um trabalho de revisão visando a avaliar a obrigatoriedade, do ponto de vista ético, de os médicos manterem um tratamento considerado fútil ou inútil.[49] Foram avaliados os aspectos éticos, legais e clínicos da recusa ou da suspensão de tratamentos considerados fúteis. Casos polêmicos mostrando a discórdia entre familiares e médicos foram citados. A conclusão do autor foi a de que um médico não seria obrigado a manter um tratamento que considerasse fútil, principalmente em situações de morte cerebral, coma vegetativo, doença grave ou terminal, e que deviam ser pesados os princípios de beneficência e não-maleficência de um tratamento. Em trabalho posterior, o mesmo autor observou que a recusa ou a suspensão dos suportes de vida habitualmente eram recomendadas pelos médicos e aceitas pelos familiares dos pacientes. Constatou que a recusa era mais fácil de ser praticada do que a suspensão, que o tratamento mais freqüentemente recusado era a RCR e o mais freqüentemente suspenso a ventilação mecânica, desde que realizada de maneira gradual e facilitada pela administração de analgésicos e sedativos.[50]

Deve ser ressaltado que o avanço tecnológico torna necessário o debate contínuo tanto do ponto de vista ético quanto legal sobre o tratamento considerado fútil.[51,52] O que era considerado um tratamento fútil para pacientes com síndrome da imunodeficiência adquirida (AIDS) há 10 anos nos dias de hoje poderá ser um tratamento apropriado.[53,54]

Em 1990, foram revistos os tratamentos de 1.719 pacientes internados na UTI de universidades norte-americanas na Califórnia e em San Francisco. O suporte de vida foi recusado em 22 e foi suspenso em 93 pacientes. A razão para tal conduta foi o mau prognóstico. Desses 115 pacientes, 89 vieram a falecer na UTI. Somente 5 pacientes optaram conscientemente pela recusa ou pela suspensão do tratamento que lhes seria aplicado; os demais não possuíam capacidade de decisão. Os familiares optaram por essa conduta em 102 pacientes, e nos 8 restantes a decisão foi tomada pelos médicos. Os autores concluíram que a recusa ou a suspensão de um tratamento, embora tenha sido pouco freqüente, foi responsável pela metade de todas as mortes que ocorreram naquelas UTIs.[55]

O Comitê de Ética da *Society of Critical Care Medicine* publicou uma compilação de idéias que poderiam servir de guia para a suspensão de determinados tipos de tratamentos.[56] Foi avaliado que o posicionamento prévio do paciente seria fundamental, que a recusa de um tratamento seria mais fácil de ser realizada do que a suspensão do mesmo, que a recusa de um tratamento poderia ser avaliada perante um paciente com grave prognóstico, com perspectiva de qualidade de vida futura inadmissível para ele, ou quando o tratamento fosse considerado fútil. Foi destacada a importância da comunicação entre a equipe de saúde, o paciente e os seus familiares. A manutenção da administração de sedativos e de analgésicos seria aceitável mesmo que, como efeito colateral, levasse à depressão respiratória e indiretamente à parada cardiovascular. O médico não seria obrigado a prescrever um tratamento considerado fútil ou a manter internado na UTI o paciente submetido a esse tipo de tratamento.

Esse mesmo Comitê enviou um questionário para 1.148 membros dessa Sociedade. Houve um retorno de 52% desses questionários, que mostraram que, dos que responderam, 56% não se sentiam perturbados diante da conduta de recusar ou suspender um tratamento.[57] Cerca de 90% desses profissionais, principalmente aqueles comprometidos com o ensino, já haviam tomado essa conduta. A qualidade de vida dos pacientes foi o fato que mais pesou para que a decisão fosse tomada (57%).

Prendergast e Luce mostraram que as opções sobre a recusa ou suspensão de um tratamento aumentaram com o passar do tempo.[58] Observaram que no período de 1987 a 1988 essas opções precederam 51% das mortes, e que no período de 1992 a 1993 a recusa ou suspensão de um tratamento foi responsável por 90% das mortes nas UTIs. A RCP foi iniciada em

49% das PCRs em 1982-1983 e somente em 10% nos anos de 1992-1993.

O Comitê de Ética da *Society of Critical Care Medicine* realizou uma reunião de consenso para definir o que seria tratamento fútil e quais os procedimentos que deveriam ser tomados para resolver os casos nos quais um tratamento visando à manutenção da vida fosse considerado fútil.[59] Tratamento fútil foi considerado aquele que não atinge as metas pretendidas, sendo considerado desaconselhável o tratamento que tenha pouca probabilidade de trazer benefícios. Os participantes do consenso concluíram que, para um tratamento ser desaconselhado, o tema deveria ser debatido entre os interessados, observando-se os valores morais da comunidade. As decisões não poderiam levar unicamente em consideração pontuações prognósticas e deveriam ter respaldo legal.

Na América do Sul, o comitê de Bioética da Sociedade Argentina de Terapia Intensiva definiu que as decisões sobre um tratamento cabem ao paciente,[60] e a comunicação adequada entre o médico, o paciente e seus familiares é fundamental. Define também que, embora caiba ao paciente a recusa ou a suspensão de um tratamento, estando o mesmo impossibilitado de opinar, a decisão passa a depender da iniciativa médica e deve ser debatida com toda a equipe de saúde. Essas decisões são necessárias diante de um tratamento considerado fútil ou inútil, e as medidas tomadas deverão ser comunicadas aos seus familiares. Diante de um caso de urgência, a decisão será do médico. É ressaltado que os pacientes nunca deverão ser privados das medidas que atendam ao seu conforto físico, psíquico e espiritual. A família deverá sempre compartilhar das decisões médicas, e, caso isso não ocorra, deve ser consultado um profissional indicado pelos familiares, seguido da consulta ao Comitê de Ética. Caso esses passos não resultem num consenso, o paciente poderá ser transferido a outra instituição. O paciente terá sempre o direito de recusar um tratamento, mesmo que esse seja vital para a manutenção da sua vida. Todas as decisões deverão ser registradas na história clínica do enfermo.

Como e quando tratar um paciente em estágio final da doença em uma UTI é um outro dilema para o médico intensivista. Quando um enfermo é considerado incurável, o médico, o paciente e seus familiares se defrontam com os seguintes problemas: manter o esquema pleno de tratamento, manter o tratamento sem acrescentar uma nova terapia ou suspender o tratamento que está sendo administrado. Atualmente, a maioria das mortes ocorre nas UTIs após a suspensão ou a retirada do tratamento.[61] O estudo de McLean *et al* revisou 439 prontuários de pacientes que haviam falecido nos anos de 1988 e de 1993 em dois hospitais do Canadá.[62] Mostrou que, embora a idade dos pacientes e a causa da admissão dos mesmos na UTI fossem semelhantes tanto nos dois hospitais quanto nos dois tempos do estudo, em ambos os casos a suspensão do tratamento foi mais comum no ano de 1993 (43% no hospital A e 46% no hospital B em 1988, *versus* 66% e 80% nos hospitais A e B em 1993). No ano de 2000, Sprung *et al*,[64] em um estudo realizado em Israel, constataram que 86% dos óbitos em UTI ocorreram após a recusa ou a suspensão do tratamento.

A tecnologia, nos últimos 30 anos, afastou o médico assistente das UTIs. Entretanto, esse deveria ser o profissional a realizar o elo entre o paciente, seus familiares e o médico intensivista. Seria o principal conselheiro quanto às decisões médicas a serem tomadas, principalmente no que concerne à recusa ou à suspensão de um tratamento, quando poderia, além de auxiliar nas decisões, confortar tanto o enfermo quanto os seus familiares.[65] Estudos mostram que para o médico é importante o reconhecimento da morte iminente, para adequar a medicação às necessidades do enfermo e para dar suporte psicológico aos seus familiares, auxiliando-os quanto à aceitação da morte do seu ente querido. Deve também ser facilitado o contato entre os familiares e o paciente.[66] É importante ressaltar que as diferenças culturais podem influir nas decisões sobre o alongamento do morrer ou a aceitação da morte.[42,67]

Idealmente, a RCP somente deveria ser iniciada quando o paciente tivesse oportunidade de uma recuperação que lhe permitisse uma existência confortável. Estudos que mostram os resultados após essa conduta revelam que esse ideal está longe de ser conseguido. Trabalhos recentes apontam que não é obtida a meta terapêutica em 60% das RCP, e que em 25% dos casos a reanimação apenas prolonga o processo do morrer. Marco *et al* realizaram um estudo que avaliou qual a conduta de médicos emergencistas perante a opção de iniciar ou não a RCR.[71] Enviaram questionários a 50 regiões diferentes nos EUA e obtiveram 1.252 respostas. A maioria (62%) acreditava que as decisões eram influenciadas por aspectos legais, e 55% dos que responderam afirmaram que iniciavam a RCP mesmo sabendo que esse seria um tratamento fútil. Para 78% dos participantes, o ideal seria não haver influência da consideração de aspectos legais na hora da decisão; entretanto, esse fato ocorreu em 94% dos casos.

Na Suécia, foi realizado um trabalho visando à comparação das atitudes do público em geral com as dos profissionais que trabalham em UTI a respeito da retirada do suporte de vida. Participaram do estudo 1.196 representantes da população sueca, 339 enfermeiras e 121 médicos. As questões diziam respeito a pacientes capazes de decidir e pacientes inconscientes. A respeito daqueles com capacidade de decisão, 48% do público, 31% das enfermeiras e 8% dos médicos consideraram que a escolha sobre a retirada da ventilação mecânica deveria ser de responsabilidade somente do paciente ou dele em conjunto com os seus familiares. A maioria dos médicos (87%) acreditava que a decisão deveria estar somente ao seu encargo. Quanto aos pacientes incapazes de decidir, 73% do público em geral e 70% das enfermeiras acreditavam que as opções deveriam ser dos familiares em conjunto com os médicos, enquanto 67% dos médicos buscavam essa responsabilidade somente para si.[72]

Vincent avaliou a diferença dos desafios éticos enfrentados nos EUA e na Europa.[75] Nos EUA, as questões éticas são mais influenciadas por problemas legais do que na Europa. Nos dois continentes, as decisões da recusa ou da suspensão de um tratamento têm aumentado. Na Europa essas questões são mais freqüentemente debatidas com os familiares do que com os pacientes, cuja autonomia é mais valorizada nos EUA. Os profissionais ligados a questões éticas são mais envolvidos no debate de problemas éticos nos EUA. Na Europa esses debates são geralmente efetuados entre médicos e enfermeiros envolvidos no tratamento do paciente. Em ambos os lugares, os desafios éticos enfrentados diante da recusa ou da suspensão de um tratamento foram semelhantes. A morte freqüentemente foi previsível. Nas decisões terapêuticas, foram consideradas a qualidade de vida do paciente e a não-obrigatoriedade da manutenção de um tratamento considerado fútil.

Estudos recentes mostram que 14% das mortes são precedidas da recusa e 36% da suspensão de um tratamento. Em contrapartida, 96% dos médicos intensivistas já recusaram ou suspenderam um tratamento em algum momento de sua vida profissional, tendo esse número aumentado nos últimos anos. A recusa de iniciar um tratamento foi mais freqüentemente proposta pelos médicos do que pelos familiares dos pacientes. Esse fato pode estar relacionado à inadequada comunicação que existe entre os médicos, pacientes e seus familiares, sendo essa uma causa freqüente da insatisfação do tratamento em UTI.[61]

Sprung *et al* avaliaram se os médicos comunicavam ou não aos pacientes ou seus familiares suas decisões de recusar ou suspender um tratamento.[64] Por um período de 8 meses e meio, constataram que 86% dos óbitos na UTI ocorreram após a recusa ou a suspensão de um tratamento, e que somente em 48% dos casos essa decisão foi discutida com os familiares dos pacientes envolvidos. Naqueles pacientes cuja decisão não foi debatida com os seus familiares, tal fato ocorreu por decisão exclusivamente médica (57,9%), por não-compreensão da família (21%) ou por falta de disponibilidade dos familiares (21%). Os autores constataram que os médicos treinados nos EUA comunicaram aos familiares dos pacientes a sua decisão de recusar ou suspender um tratamento em 93% dos casos, enquanto esse índice foi de 22% para os médicos treinados na Europa.

Em um estudo de corte transversal, Curtis *et al* examinaram a atitude de pacientes com AIDS em fase terminal,[63] diante de decisões sobre um tratamento considerado fútil. Trinta e cinco pacientes (61%) aceitariam incondicionalmente que os seus médicos decidissem por não lhes oferecer ventilação mecânica caso viessem a necessitar dessa terapêutica. Menos de 10% daqueles que participaram do estudo desejariam receber tratamento considerado fútil. Os mesmos autores realizaram outro estudo visando a determinar quais eram as principais barreiras de comunicação entre os médicos e seus pacientes. Foram estudados 57 pacientes com o diagnóstico de AIDS em fase terminal e seus médicos. A principal barreira sentida, principalmente por parte dos médicos, foi a dificuldade da comunicação sobre o fim da vida dos seus pacientes.

Abbott *et al* realizaram um estudo de coorte, prospectivo, que avaliou a experiência de 48 familiares de pacientes que haviam falecido na UTI após a recusa ou a suspensão de tratamentos.[65] A maioria daqueles que responderam ao questionário (62%) sofreu conflitos durante as decisões que definiriam a suspensão de um tratamento. Esses conflitos ocorriam entre eles mesmos e os médicos da UTI e eram relacionados a problemas de comunicação ou à percepção de negligência ou desprezo dos médicos, durante as discussões sobre as orientações terapêuticas a serem tomadas.

A cada momento surgem novos conflitos a respeito da suspensão de um tratamento considerado fútil que acarreta desafios éticos. A dúvida sobre iniciar ou manter um tratamento como a ventilação mecânica, a hemodiálise, a quimioterapia ou o implante de um marca-passo em pacientes com doenças crônicas e debilitantes faz reacender o conceito da não- maleficência.[66]

Pinheiro,[72] levando em consideração as imensas somas financeiras destinadas ao tratamento de pacientes gravemente enfermos e a elevada taxa de mortalidade dos mesmos, questiona a necessidade da avaliação da qualidade de vida que esses indivíduos passam a ter após a alta da UTI ou do hospital e infere que, como marcadores de qualidade em terapia intensiva, deveriam ser analisados não somente os índices de mortalidade intra-hospitalar, mas os de mortalidade logo após a alta dessa unidade e os de mortalidade tardia, assim como a qualidade de vida daqueles que receberam alta das UTIs. Dessa maneira, poderia ser mais bem estipulado, no nosso País, qual tratamento deveria ser considerado fútil ou inútil.

Moritz *et al* realizaram um estudo que avaliou o comportamento do médico intensivista brasileiro diante da decisão de recusar ou suspender um tratamento. Nesse estudo foi aplicado um questionário anônimo aos médicos intensivistas que participavam do IX Congresso Brasileiro de Terapia Intensiva.[74] Os autores constataram que a maioria dos profissionais (94%) já havia participado de discussões sobre a recusa ou a suspensão de um tratamento. Essas decisões foram mais freqüentemente tomadas por profissionais com mais idade. Os sedativos e analgésicos foram as medicações menos comumente recusadas ou suspensas, e os métodos dialíticos constituíram a terapêutica mais comumente recusada ou suspensa. Diante da negativa de admissão de um paciente na UTI, os fatores levados em consideração com maior freqüência foram o diagnóstico e o prognóstico da enfermidade. O bem-estar do paciente sem chances de recuperação foi o fato que mais influiu na sua admissão.

Schneiderman *et al* realizaram um trabalho prospectivo, randomizado e controlado, com o objetivo de determinar a influência de consultores éticos quanto às decisões de suspensão ou recusa de um tratamento.[70] Observaram que a mortalidade dos pacientes avaliados ou não pelo comitê de ética foi a mesma. Entretanto, os pacientes avaliados por consultores éticos tiveram um tempo de internação hospitalar mais curto. Os autores concluíram que consultores éticos podem ser úteis para resolver conflitos que envolvem o prolongamento inapropriado de um tratamento considerado fútil.

Comentando o trabalho de Rymes *et al*,[68] Pellegrino publicou artigo descrevendo um algoritmo sobre as decisões da suspensão de um tratamento.[76] Avaliou que qualquer decisão ética deve considerar como fundamental a pressuposição sobre o valor da vida humana e deve levar em consideração os embasamentos teóricos que justificam as decisões do ponto de vista ético. O autor aborda o inquestionável valor da vida humana, que deve ser preservada sem que o custo do tratamento seja levado em consideração. Entretanto, considera que, diante da inevitável certeza de que o ser humano não é imortal, sob certas circunstâncias, o suporte da vida pode ser retirado. O autor descreve quatro questões éticas que devem ser respondidas antes da recusa ou da suspensão de um tratamento: 1. Quem decide? 2. Quais os critérios utilizados? 3. Que conflitos envolvendo a decisão devem ser debatidos? 4. Quais conflitos podem ser evitados? É inquestionável que o paciente com capacidade de decidir tem autoridade moral e legal para tal, e em casos especiais os familiares, o substituto legal do paciente ou o seu médico poderão participar dessa decisão. Entretanto, essa autoridade não é absoluta, sendo limitada quando a decisão acarreta conseqüências graves para terceiros, quando o médico é levado a violar sua integridade ética profissional, quando o paciente deliberadamente atenta sobre sua vida, ou quando o tratamento requerido é fútil ou contra-indicado. Uma vez mais nos defrontamos com a necessidade da definição correta de futilidade. Pellegrino define futilidade como a relação entre a efetividade,[76] o benefício e as conseqüências do tratamento em questão. Efetividade seria a avaliação da capacidade do procedimento de alterar a história natural da doença. Benefício seria uma avaliação feita pelo paciente quanto aos resultados obtidos comparados aos resultados desejados do tratamento, e as conseqüências do mesmo seriam o desconforto, a dor e os efeitos colaterais por ele produzidos. A idade, a qualidade de vida prévia e critérios econômicos são tópicos que devem ser discutidos separadamente e que podem influenciar o médico e os familiares nas decisões sobre as perspectivas de um tratamento. A decisão médica não pode ser unilateral quando é avaliada a questão da idade e da qualidade de vida. O fator econômico nunca poderá ser um fator decisivo para tais questionamentos.

Embora, no Brasil, discussões sobre a recusa ou a suspensão de um tratamento considerado fútil ou inútil ainda não tenham sido estabelecidas do ponto de vista ético e legal, em países norte-americanos esse tema tem sido amplamente debatido, já estando estabelecidas normas quanto ao direito legal da recusa de um tratamento por parte do paciente ou de seus familiares. Entretanto, nesses países, surgem novos questionamentos que levam à normatização de condutas que visam a resolver conflitos relacionados à discordância entre a equipe médica e os pacientes ou seus familiares no que concerne à tomada de decisões sobre a recusa ou a suspensão de um tratamento. Essas normas estabelecem que os profissionais de saúde têm a obrigação de prover um tratamento de suporte de qualidade tanto do ponto de vista clínico quanto emocional, mas que não são obrigados a instituir uma terapêutica considerada fútil ou inútil. Quando ocorrerem divergências entre a equipe de saúde e os usuários do sistema, amplos debates interdisciplinares devem ser estimulados, devendo ser incluídos, nesses debates, o médico intensivista, consultores ético-legais e um mediador que crie um elo entre os profissionais do hospital, o paciente e seus familiares. Em seqüência, foram estabelecidas normas para o tratamento em UTIs. Foi definido que a meta das UTIs é prevenir o sofrimento desnecessário e a morte prematura, tratando de doenças reversíveis, durante um tempo apropriado. Um paciente que sofra de uma patologia aguda, mas irreversível, que apresente um quadro de morte iminente e que certamente morrerá durante a sua hospitalização não deve receber tratamento intensivo. Um enfermo que sofra de uma doença crônica com uma sobrevivência prevista por um período máximo de 6 meses também não terá benefícios se lhe for instituído um tratamento intensivo.

Apesar do debate, de âmbito mundial, visando à definição de tratamento fútil e de normas para a recusa ou a suspensão desse tratamento, esse questionamento ainda permanece sem resposta. Cada vez mais é constatada a importância de serem levados em consideração os sentimentos e desejos do paciente e de seus familiares, e de que uma adequada comunicação entre os mesmos e a equipe hospitalar interdisciplinar é imprescindível antes que qualquer decisão terapêutica seja tomada. Qualquer que ela seja, deve levar em consideração não somente algoritmos, mas a experiência dos profissionais envolvidos e os aspectos emocionais tão difíceis de serem dimensionados. Não pode ser deixado em segundo plano o direito do ser humano à autonomia da sua vida e a uma morte digna.[48]

Além disso, deve ser lembrado que todos os casos que implicam decisões de vida e de morte envolvem desafios clínicos e problemas éticos complexos, não bem definidos do ponto de vista legal. Parafraseando Azevedo,[13] o médico só poderá sentir-se seguro sobre a adoção de certa decisão imaginando que terá de defendê-la de público, apresentando todos os argumentos médicos, científicos e éticos que o levaram a preferi-la.

Entretanto, é importante que todos aqueles que trabalham em UTI reconheçam a terminalidade como um processo humano, natural e necessário, e relembre das palavras de Hipócrates de que um dos papéis da medicina é "recusar-se a tratar daqueles que foram vencidos pela doença, entendendo que, diante de tais casos, a medicina torna-se impotente". No meio hospitalar e principalmente nas UTIs deve-se evidenciar a expressão inglesa: não demais, nem tão cedo, nem tão tarde.

REFERÊNCIAS BIBLIOGRÁFICAS

1. Koch KA. A linguagem da morte: Euthanatos et mors. *Clínicas de Terapia Intensiva* 1996;1(1):1–13.
2. Nyman DJ, Eidelman LA, Sprung CL. Eutanásia. *Clínicas de Terapia Intensiva* 1996;1(1):85–96.
3. Vincent JL. Cultural differences in end-of-life care. *Crit Care Med* 2001;29(2)(Suppl.):N52-N5.
4. Santos ES. Atitudes de sanitaristas e intensivistas frente à morte. *Medicus* 1996;1(10):20–1.
5. Zaidhaft S. *Morte e Formação Médica.* Rio de Janeiro: Francisco Alves, 1990, 155 p.
6. Martin LM. *A Ética Médica Diante do Paciente Terminal.* 1ª ed. São Paulo: Santuário, 1993, 399 p.
7. Shutz R, Johnson AC. *Administrações de Hospitais.* São Paulo: Pioneira, 1990.
8. Rew DA. European science and surgery from 500BC-AD1500. Part I. *Eur J Surg Oncol* 1999;25(2):199–204.
9. Hennezel M, Leloup JY. *A Arte de Morrer.* 2ª ed. Petrópolis: Vozes, 1999, 143 p.
10. Caldana RP, Martins LAN. A morte auxiliada por médicos. *ARS Curandi/JAMA* 1996;29(7):78–87.

11. Kübler-Hoss E. *Sobre a Morte e o Morrer.* 8ª ed. São Paulo: Martins Fontes, 1998, 296 p.
12. Escobar AL. El morir humano ha cambiado. *Bol oficina Sanit Panan* 1990;108(5–6):465–72.
13. Azevedo ES. Bioética e medicina intensiva. *Rev Bras Terap Intens* 1996;8(4):174–8.
14. Bromberg MH. A morte não é castigo. *Revista Isto É* abr 1999;14:5–9.
15. Braz E, Bitencourt E. O diagnóstico da morte antes do morrer. *Nursing* set 2000:24–7.
16. Bone R. As I was dying: an examination of classic literature and dying. *Ann Intern Med* 1996;124(12):1091–3.
17. Rinpoche S. *O Livro Tibetano do Viver e do Morrer.* São Paulo: Palas Athena, 1999, 536 p.
18. McGovens ME, Barry MM. Death education: knowledge, attitudes, and perspectives of Irisch parents and teachers. *Death Stud* 2000;24(4):325–33.
19. Meleiro AMAS. *Médico como Paciente.* São Paulo: Lemos Editorial, 2000, 271 p.
20. Erazzo S. *Descansem em Paz os Nossos Mortos Dentro de Mim.* Rio de Janeiro: Francisco Alves, 1990.
21. Campbell ML. Teaching medical ethics in critical care. *New Horizons* 1998;6(3):289–92.
22. Rambow MW, Brody RV. Care at the end of life. www.books.mcgraw-hill.com.
23. Boemer MR, Rossi LRG, Nastari RR. A idéia da morte em Unidade de Terapia Intensiva. Análise de depoimentos. *In* Cassorla RMS: *Estudos Brasileiros da Morte.* Campinas, SP: Papirus, 1991, Cap. 8, pp 145–57.
24. Zaidhaft S, Batista AD, Rego GC *et al.* O estudante de Medicina e a morte. *In* Júlio de Mello Filho: *Psicossomática Hoje.* Porto Alegre: Artes Médicas, 1992, Cap. 5, pp 57–63.
25. Gogliano D. Pacientes terminais — morte encefálica. http://www cfm org br.
26. CFM. Morte encefálica. http://www cfm org br.
27. França GV. Bioética. *Rev Conselho Federal de Medicina.* mai–jun 2000:8–9.
28. Mohr M, Kettler D. Ethical conflicts in emergency medicine. *Anaesthesist* 1997;46(4):275–81.
29. Bossaert L. *European Resuscitation Council Guidelines for Resuscitation.* Amsterdam: Elsevier, 1998, 217 p.
30. Slomka J. The negotiation of death: clinical decision making at the end of life. *Soc Sci Med* 1992;35(3):251–9.
31. Grisard N. *Manual de Orientação Ética e Disciplinar.* Conselho Regional de Medicina do Estado de Santa Catarina. 2ª ed. Florianópolis: Imprensa Oficial do Estado de Santa Catarina. 2000, 225 p.
32. Grisard N. Bioética — uma atualização. *In* Corrêa Neto Y, Sobierajski A, Valin RC: *Manual de Terapêutica Clínica.* Associação Catarinense de Medicina. 2ª ed. Florianópolis: Expert Cópias & Gráfica Expressa, 1999, Cap. 1, pp 14–21.
33. Alcântara HR. *Deontologia e Diceologia.* São Paulo: Andrei, 1979, 253 p.
34. Luce JM, Alpers A. Legal aspects of withholding and withdrawing life support from critically ill patients in the United States and providing palliative care to them. *Am J Resp Crit Care Med* 2000;162(6):2029–32.
35. Asch DA. The role of critical care nurses in euthanasia and assisted suicide. *New Engl J Med* 1996;334(21):1374–9.
36. Bizatto JI. *Eutanásia e Responsabilidade Médica.* 1ª ed. Porto Alegre: SAGRA, 1990, 246 p.
37. Araújo Neto JP. Centro de Tratamento Intensivo e Anestesiologia. *Rev Bras Anestesiol* 1983;33(1):63–5.
38. Vincent JL. Forgoing life support in western European intensive care units: the results of an ethical questionnaire. *Crit Care Med* 1999;27(8):1626–33.
39. Moritz RD. Decisões difíceis em UTI. *Rev Bras Terap Intens* 1999;11(1):3–4.
40. Hanson LC, Danis M, Garret J. What is wrong with end-of-life? Opinions of bereaved family members. *J Am Geriatr Soc* 1997;45(11):1339–44.
41. Chipman C, Adelman R, Sexton G. Criteria for cessation of CPR in the emergency department. *Ann Emerg Med* 1981;10(1):11–7.
42. Siner DA. Advances directives in emergency medicine: medical, legal and ethical implications. *Ann Emerg Med* 1989;18(12):1364–9.
43. Rosner F. Why nutrition and hydratation should not be withheld from patients. *Chest* 1993;104(6):1892–6.
44. Schneiderman LJ, Jecker NS, Jonsen AR. Medical futility: its meaning and ethical implications. *Ann Intern Med* 1990;112(12):949–53.
45. Schneiderman LJ, Jecker NS, Jonsen AR. Medical futility: response to critiques. *Ann Intern Med* 1996;125(8):669–74.
46. Prendergast TJ. Advance care planning: pitfalls, progress, promise. *Crit Care Med* 2001;29(2)(Suppl.):N34-N39.
47. Luce JM. Physicians do not have a responsibility to provide futile or unreasonable care if a patient or family insists. *Crit Care Med* 1995;23(4):760–6.
48. Luce JM. Withholding and withdrawal of life support: ethical. Legal and clinical aspects. *New Horizons* 1997;5(1):30–7.
49. Herbert CL. To be or not to be — an ethical debate on the not-for-resuscitation status of a stroke patient. *J Clin Nurs* 1997;6(2):99–105.
50. Sprung CL, Eidelman LA, Steinberg A. Is the patient's right to die involving into a duty to die? Medical decision making and ethical evaluations in health care. *J Eval Clin Pract* 1997;3(1):69–75.
51. Wachter RM, Luce JM, Bernard LO, *et al.* Life-sustaining treatment for patients with AIDS. *Chest* 1989;95(3):647–52.
52. Rosner F, Kark PR, Bennett AJ *et al.* Medical futility. Committee on bioethical issues of the medical society of the state of New York. *NY State J Med* 1992;92(11):485–8.
53. Smedira NG, Evans BH, Grais LE *et al.* Withholding and withdrawal of life support from the critically ill. *N Engl J Med* 1990;322(5):309–15.
54. Society of Critical Care Medicine Ethics Committee. Consensus report on the ethics of foregoing life-sustaining treatment in the critically ill. *Crit Care Med* 1990;18(12):1435–9.
55. Society of Critical Care Medicine Ethics Committee. Attitudes of critical care medicine professionals concerning foregoing life-sustaining treatments. *Crit Care Med* 1992;20(3):320–6.
56. Prendergast TJ, Luce JM. Increasing incidence of withholding and withdrawal of life support from the critically ill. *Am J Resp Crit Care Med* 1997;155(1):15–20.
57. Society of Critical Care Medicine Ethics Committee. Consensus statement of the Society of Critical Care Medicine's ethics committee regarding futile and other possibly inadvisable treatments. *Crit Care Med* 1997;25(5):887–91.
58. Gherardi CR, Biancolini C, Butera JJ *et al.* Pautas y recomendaciones para la abstención y/o retiro de los métodos de soporte vital en el paciente crítico. *Med Intens* 2000;16(2):53–6.
59. Levin PD, Sprung CL. End of life decisions in intensive care. *Intens Care Med* 1999;25:893–5.
60. McLean RF, Tarshis J, Mazer CD *et al.* Death in two Canadian intensive care units: institutional difference and changes over time. *Crit Care Med* 2000;28(1):100–3.

61. Curtis JR, Patrick DL, Caldwell ES, Collier AC. Why don't patients and physicians talk about end-for-life care? *Arch Intern Med* 2000;160(12):1690–6.
62. Sprung CL, Eidelman LA, Reuven R *et al.* Communication of end of life decisions in the ICU. *Crit Care Med* 2000;289(12)(Suppl.):A35.
63. Abbott KT, Sago JG, Breen CM *et al.* Families looking back: one year after discussion of withdrawal or withholding of life-sustaining support. *Crit Care Med* 2001;29(1):197–201.
64. Beechler CR, Steinmetz PT. Decision making in the critically ill patient. *Prim Care* 1985;12(2):341–52.
65. Danis M. Improving end-of-life care in the Intensive Care Unit: What's to be learned from outcomes research? *New Horiz* 1998;6(1):110–8.
65. Rhymes JA, McCullough LB, Luchi RJ *et al.* Withdrawing very low-burden interventions in chronically ill patients. *JAMA* 2000;283(8):1061–3.
66. Asai A, Fukuhara E, Inoshita O *et al.* Medical decisions concerning the end of life: a discussion with Japanese physicians. *J Med Ethics* 1997;23(5):323–7.
67. Schneiderman LJ, Gilmer T, Teetzel HD. Impact of ethics consultations in the intensive care setting: a randomized, controlled trial. *Crit Care Med* 2000;28(12):3920–4.
68. Marco CA, Bessman ES, Schoenfeld CN *et al.* Ethical issues of cardiopulmonary resuscitation: current practice among emergency physicians. *Acad Emerg Med* 1997;4(9):898–904.
69. Pinheiro CTS. A vida depois da UTI. *Rev Bras Terap Intens* 2000;12(4):171–2.
70. Sjökvist P, Nistun T, Svantesson M *et al.* Withdrawal of life support: Who should decide? *Intens Care Med* 1999;322(5):949–54.
71. Moritz RD, Costa AD, Mattos JD *et al.* O comportamento do médico intensivista brasileiro diante da decisão de recusar ou suspender um tratamento. *Rev Bras Terap Intens* 2001;13(13):21–8.
72. Vincent JL. Ethical issues in critical care medicine: United States and European views and differences. *Intens Care World* 1996;13(4):142–4.
73. Pellegrino ED. Decisions to withdraw life-sustaining treatment. A moral algorithm. *JAMA* 2000;283(8):1065–7.
74. Singer PA, Barker G, Bowman KW *et al.* Hospital policy on appropriate use of life-sustaining treatment. *Crit Care Med* 2001;29(1):187–91.
75. Cook D. Patient autonomy versus parentalism. *Crit Care Med* 2001;29(2)(Suppl.):N24–N25.
76. Fins JJE, Solomon MZ. Communication in intensive care settings: the challenge of futility disputes. *Crit Care Med* 2001;29(2)(Suppl.):N10–N15.

9 Doação de Órgãos – Morte Encefálica

Mauro Luiz Kaufmann • Edison Moraes Rodrigues Filho

A morte encefálica é um diagnóstico criado a partir do desenvolvimento da medicina intensiva, centradamente na criação e uso da ventilação artificial, que permitiu o suporte parcial de cadáveres – vítimas de lesões neurológicas devastadoras e irreversíveis – para além da sobrevivência biológica habitual, o que fez prolongar, e mesmo confundir, o processo cultural e técnico da morte.[1]

Por muitos séculos a morte foi associada à cessação da respiração. Com a invenção do estetoscópio, os batimentos cardíacos tornaram-se o critério essencial para constatação do final da vida. Porém em 1959 Mollaret e Goulon cunharam a expressão *le coma depassé* e definiram a morte baseada em critérios neurológicos.[2] Em 1963, Schwab *et al* também descreveram a técnica da constatação clínica de morte encefálica (ME), tendo acrescentado ao exame clínico a utilização do eletroencefalograma (EEG) como teste confirmatório.[3] Em 1966, Joseph Murray apontava que, futuramente, a transplantação de órgãos poderia dispor de potenciais doadores daqueles grupos de doentes com atividade cardíaca porém sem atividade encefálica. Essa afirmação encontrou grande resistência na época, dilema que resultou em proposta de se adotar critérios que pudessem ser confiáveis para a constatação da morte nessas circunstâncias.[4] Foi porém em 1968 que se deu um passo oficial para a definição de morte baseada em critérios neurológicos, conhecidos como critérios de Harvard, com base técnica reconhecida até hoje.[5]

A partir de então pouco se modificaram nos critérios clínicos de constatação de ME, embora persistam discussões ontológicas que pretendem ampliar esse conceito. Uma vez constatada a ME, o ciclo de vida deve ser considerado encerrado, não sendo ética para com o cadáver e para com seus familiares a manutenção artificial dessa situação por tempo indeterminado. No nosso entender, essa premissa de respeito ético deve superar e anteceder qualquer discussão sobre os benefícios de potencial doação de órgãos, acerca da redução de custos em unidades de terapia intensiva e, ainda, da disponibilização racional e justa dos leitos das Unidades de Terapia Intensiva (UTI) para outros pacientes potencialmente recuperáveis, embora sem negar a validade dessas argumentações secundárias. Torna-se importante eliminar idéias mágicas que cercam a ME, pois o seu reconhecimento clínico deve ser realizado da mesma forma que qualquer outra atividade diagnóstica na medicina, não devendo ser ocultada e até mesmo combatida, no sentido formador, humano e social.

O papel do médico intensivista nesse contexto é reconhecer um paciente com esse quadro, abrir o protocolo para constatação da morte encefálica, realizar um dos dois exames clínicos obrigatórios, estimular a equipe de neurologia ou neurocirurgia a fazer o outro exame clínico, notificar o órgão de direito (Coordenação Intra-hospitalar ou Central de Transplantes da Secretaria de Saúde do Estado correspondente – CNCDO), manter a viabilidade de órgãos em casos de potencial doação, explicar para a família a situação clínica e os passos legais necessários para a confirmação do óbito – podendo inclusive antecipar as potenciais implicações do mesmo quanto a possível doação – de acordo com os protocolos existentes em cada instituição.

FISIOPATOLOGIA

As lesões cerebrais devastadoras são conseqüentes principalmente ao traumatismo cranioencefálico, TCE (impacto direto e desaceleração em alta velocidade nos acidentes automobilísticos e lesões por projéteis) ou devido a acidentes vasculares hemorrágicos (hemorragias subaracnóideas maciças e hemorragias intracranianas). Nessas circunstâncias ocorre progressivo aumento da pressão intracraniana, podendo levar à apnéia, com hipóxia e hipercarbia, freqüente já no atendimento pré-hospitalar,[6] e à maciça liberação catecolaminérgica.[7] Esse processo inicia o quadro de disfunção múltiplo-orgânica característico da síndrome, com insultos isquêmicos no miocárdio, nos rins, no fígado e no trato gastrintestinal, acarretando microinfartos, oligúria, *hepatite* isquêmica e ulceração de mucosa gástrica. No leito vascular pulmonar ocorre venoconstrição intensa, favorecendo a transudação de fluidos para o espaço interstício-alveolar. Esse estímulo venoconstritor pulmonar persistente parece favorecer um posterior distúrbio de permeabilidade, perpetuando a transudação, quadro denominado edema pulmonar neurogênico.[8]

Quando não-corrigida, a hipertensão intracraniana leva à cessação da circulação bulbar e conseqüente aumento da pressão arterial sistêmica e bradicardia, processo agônico conhecido como reflexo de *Cushing*, que visa, inutilmente, a preservar a perfusão cerebral. Hipertermia contínua freqüentemente está presente nesse momento, compatível com quadros de compressão mesencefálica.

Com a progressão rostrocaudal do processo isquêmico, o aporte sangüíneo arterial cessará, ocorrendo infarto cerebral maciço e comprometimento da função secretora de catecolaminas dos nervos autonômicos, assim como da medula adrenal. Essa fase é caracterizada por súbita hipotensão, em conseqüência da perda do tônus vascular, hipotermia por perda do centro termorregulador e, eventualmente, de bradiarritmias irresponsivas ao uso de atropina, devido à perda dos núcleos vagais. Nos próximos momentos advém a morte dos neurônios neurossecretores do hipotálamo e a conseqüente desconexão do eixo hipotalâmico-hipofisário. Mesmo que a glândula hipofisária permaneça estruturalmente intacta, o pedículo pode ser comprimido durante a herniação cerebral, especialmente naquelas herniações diencefálicas decorrentes de massas lesionais centralmente localizadas. Nessas circunstâncias, o lobo posterior da hipófise é mais freqüentemente envolvido, o que se reflete clinicamente pelo desenvolvimento de *diabetes insipidus*. Esse distúrbio é mais freqüentemente visto nos pacientes vítimas de efeito de massa, sendo menos comum em vítimas de processos difusos como meningoencefalite e isquemia global, pois o lobo posterior da hipófise recebe sangue das artérias hipofiséias anteriores, que possuem trajeto extradural. Como a meia-vida do hormônio antidiurético é extremamente curta, seus níveis decrescem significativamente em 15 minutos, desaparecendo após 4 horas. Isso é caracterizado clinicamente pelo súbito desenvolvimento de poliúria hipotônica, o que acarretará hipernatremia, hiperosmolaridade, desidratação, hipotensão e mesmo oligúria, se não houver reposição volêmica e hormonal.[9]

O surgimento de hipotermia também é resultado da desconexão do eixo hipotalâmico-hipofisário, o que faz agravar as alterações fisiopatológicas e favorece a depressão miocárdica, aumenta a irritabilidade ventricular e predispõe a coagulação intravascular disseminada.

O lobo anterior da hipófise, por sua compartimentalização dentro da sela túrcica, normalmente é poupado nas lesões cerebrais. Além disso, o lobo anterior e, possivelmente, a porção basal e a eminência mediana do hipotálamo possuem suprimento sangüíneo extradural através das artérias hipofiséias inferior e superior da porção cavernosa da artéria carótida, o que explica a função hipofisária normal em alguns indivíduos com morte cerebral declarada.

A hiperglicemia é comum, e parece estar relacionada à resistência periférica à insulina, induzida pelas catecolaminas.

A função tireóidea deve permanecer inalterada, com achados laboratoriais revelando um quadro característico da síndrome do doente eutireóideo. Como em muitas doenças críticas, os níveis séricos de T3, T4 e T4 livre são diminuídos ou limítrofes, mas os níveis de TSH são normais. O aumento dos níveis de T3 reverso é uma conseqüência da transformação de T4 em T3 reverso. Essa transformação ocorre porque, em doenças críticas, os níveis de proteínas séricas, como a TBG, diminuem, e a ligação à TBG é reduzida como resultado de substâncias inibidoras da ligação.[10] Alguns defendem que o verdadeiro hipotireoidismo está presente quando há diminuição de T3 livre, que pode ser um melhor marcador de disfunção do eixo tireóideo-hipofisário. A despeito da evidência de um certo grau de hipotireoidismo, provavelmente coincidente com a síndrome do doente eutireóideo, o papel de infusões de T3 é indefinido. Defensores da sua utilização justificam seu uso com base nos efeitos positivos sobre a entrada de cálcio transsarcolêmica, na função da miosina miocárdica e na atividade da ATPase – efeitos que podem manter a contratilidade ventricular. Estudos realizados por Novitzky *et al* mostraram um efeito da infusão de T3 em pacientes com ME hemodinamicamente instáveis.[11] Uma infusão de 4 horas de uma combinação de T3, cortisol e Insulina melhoraram significativamente o estado circulatório, com aumento do débito cardíaco e redução na necessidade de agentes inotrópicos. Outros estudos, contudo, falharam em documentar efeitos favoráveis da administração de T3 sobre a contratilidade miocárdica. Além do potencial benefício, a dose apropriada e a duração da administração são também controversas. Juntando-se a isso o risco de arritmias e de acidose metabólica, as infusões de T3 não têm sido incorporadas aos protocolos de manutenção de doadores hemodinamicamente instáveis.

O fato de que níveis circulantes de prolactina, cortisol, hormônio do crescimento e hormônios gonadais não diminuem consideravelmente confirma a impressão clínica de que o pan-hipopituitarismo não está presente na fisiopatologia da ME. Porém, a discussão atual sobre os níveis adequados de cortisol em pacientes criticamente doentes torna lógica a administração de corticóide em pacientes com choque não-responsivo, especialmente na vigência de eosinofilia relativa ou absoluta e, se possível, com a documentação de um cortisol randômico inferior a 15 ou mesmo 25 μg%.[12,13]

A maciça liberação de catecolaminas na circulação periférica após uma catástrofe neurológica ocasiona uma resposta hiperdinâmica que mimetiza as crises hipertensivas do feocromocitoma.[14] Várias alterações eletrocardiográficas podem ser vistas: depressão ou elevação do segmento ST, ondas T invertidas, alargamento dos complexos QRS e prolongamento do intervalo QT.[15] O dano subendocárdico é muito freqüente, como conseqüência do desvio de sangue. Essas alterações podem produzir uma diminuição da fração de ejeção e um mosaico de anormalidades de movimento da parede miocárdica.[16] Mecanismos de lesão miocárdica induzidos pelas catecolaminas incluem: sobrecarga de cálcio devido a modificações na permeabilidade do sarcolema, lesão de reperfusão após vasoconstrição, radicais livres citotóxicos e, principalmente, vasoconstrição coronariana. Quando encontrada, a disfunção miocárdica não parece relacionar-se à causa da lesão neurológica, ao tempo transcorrido entre a lesão e o diagnóstico de morte encefálica (ME) ou à necessidade de vasopressores. As alterações eletrocardiográficas são insensíveis para a detecção de disfunção miocárdica, porém arritmias ventriculares ocorrem mais freqüentemente em pacientes com disfunção.

Pacientes vítimas de hemorragia intracraniana apresentam disfunção ventricular esquerda segmentar que geralmente poupam a região apical, enquanto pacientes vítimas de TCE podem ter tanto alterações segmentares como disfunção ventricular esquerda global. Alterações de contratilidade segmentar, identificadas por ecocardiografia, não podem ser consideradas irreversíveis, não predizendo disfunção miocárdica em pacientes receptores de transplante cardíaco.

A hipotensão nos pacientes em ME é causada predominantemente por colapso do tônus vascular, via desacoplamento autonômico. Esse mecanismo, por sua vez, causa perda da sensibilidade dos barorreceptores, freqüência cardíaca invariável e perda da oscilação da pressão sangüínea.[17] Essa oscilação é produto de estímulos simpáticos e parassimpáticos ao coração, ausentes pela destruição das conexões descendentes do tronco cerebral. Finalmente, em indivíduos com ME, o coração pára como resultado da ausência de estímulo continuado do sistema nervoso autonômico sobre o coração e sobre o sistema de condução.

Pacientes em coma podem ter dano pulmonar tanto por trauma como por pneumonite de aspiração ou embolia gordurosa. Uma vez excluídas essas possibilidades, a presença de edema pulmonar neurogênico, embora infreqüente, deve ser considerada.[18] A estimulação simpática maciça pode levar a graus extremos de venoconstrição pulmonar, favorecendo escape capilar de fluidos ricos em proteínas mesmo após a pressão vascular ter retornado ao normal. A venoconstrição intensa interfere nas forças de *Starling* no pulmão e não é detectável por alterações na mensuração da pressão de oclusão da artéria pulmonar (POAP) quando em pacientes monitorizados com cateter de *Swan-Ganz*. A insuficiência ventricular esquerda aguda também pode aumentar a pressão atrial esquerda e a pressão da artéria pulmonar, favorecendo a transudação. Lesões bilaterais dos núcleos do trato solitário produzem alterações na pressão vascular pulmonar e no fluxo de fluidos, independentemente das condições da circulação sistêmica.[18]

No fígado podem aparecer alterações precoces, como em 3 horas após a constatação do óbito. Inclui-se aí vacuolização peri-sinusoidal, desintegração mitocondrial, redução da produção de bile e leucoestase sinusoidal – que poupa as células endoteliais.

A coagulação intravascular disseminada ocorre em cadáveres sustentados por mais do que 48 horas, principalmente em politraumatizados. A liberação de tecido cerebral necrótico ou da sua tromboplastina na circulação sistêmica são fatores reconhecidos como desencadeantes da síndrome. Como conseqüência, ocorre deposição de fibrina na microcirculação, com formação de microtrombos, comprometendo a viabilidade de outros órgãos.

CONSTATAÇÃO CLÍNICA DE MORTE ENCEFÁLICA EM ADULTOS

A avaliação de um paciente comatoso com potencial ME deve ser realizada somente se certos pré-requisitos são atingidos: evento neurológico definido, agudo e irreversível, levando a coma irresponsivo; exclusão de fatores de confusão como graves, tais como: distúrbios ácido-básicos, eletrolíticos e endócrinos; temperatura central menor que 32°C; intoxicações por drogas e uso de bloqueadores neuromusculares que mimetizam estados de coma.[1,19]

Na grande maioria dos casos a tomografia computadorizada (TC) de crânio mostra herniação de massas, lesões hemisféricas múltiplas com edema ou edema cerebral isolado. Em certas circunstâncias, uma TC inicial poderá ser normal – acompanhando uma situação de pós- parada cardiorrespiratória e em meningites ou encefalites fulminantes. Na suspeita de infecção do sistema nervoso central (SNC), o exame liquórico pode revelar o diagnóstico, embora alguns germes necessitem – e por vezes apenas são assim diagnosticados – de métodos como a reação da cadeia de polimerase (PCR).

Dois exames clínicos devem ser realizados com intervalo mínimo de 6 horas por médicos não pertencentes às equipes transplantadoras, obedecendo a particularidades de intervalo de tempo e exame complementar conforme a idade dos doentes, conforme veremos abaixo na população pediátrica.[58] Não há exigência de intervalo mínimo entre o evento catastrófico e a realização do primeiro exame clínico. Um dos exames deve ser realizado necessariamente por um neurologista ou neurocirurgião. O exame clínico deve ser metódico e qualificado, exige registro em formulário próprio (Apêndice 1) e envolve os passos descritos na Figura 9-1.

- *Documentação do coma:* a profundidade do coma deve ser avaliada através de estímulos dolorosos padronizados, recomendando-se usar a pressão sobre o nervo supraorbital, a pressão sobre o leito ungueal e a compressão da articulação temporomandibular. É preciso confirmar a ausência de resposta motora e ocular.[20] A preensão digital dolorosa das pregas dos músculos trapézio e peitoral maior pode testar a resposta à dor naqueles pacientes que têm lesão raquimedular, pois são estímulos mantidos pela inervação do XI par craniano. Nesse caso, a única reação pode ser a dilatação pupilar reflexa, ou movimentos de face. Outros estímulos dolorosos, tais como a fricção vigorosa sobre a região pré-esternal e a compressão dos mami-

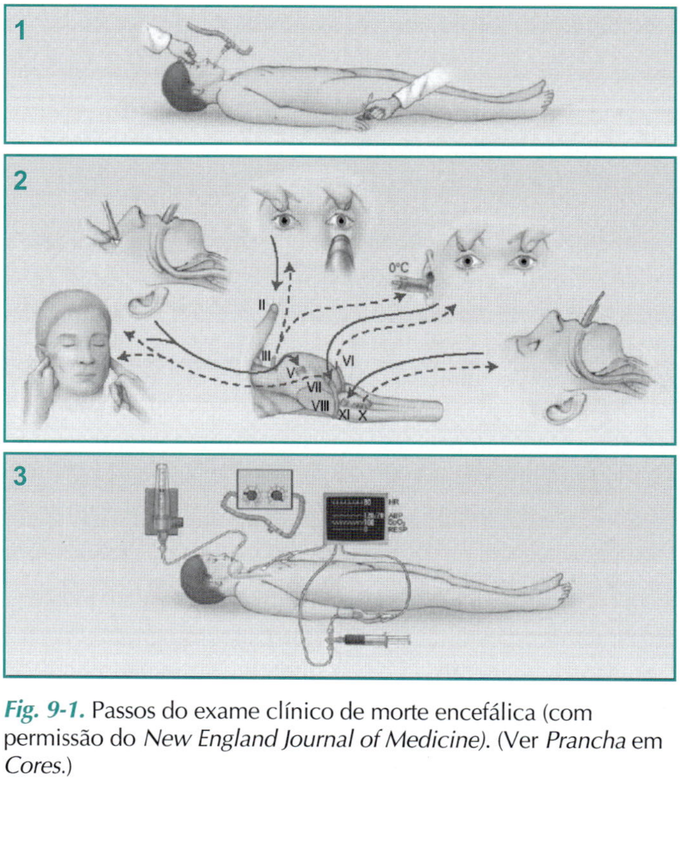

Fig. 9-1. Passos do exame clínico de morte encefálica (com permissão do *New England Journal of Medicine*). (Ver *Prancha* em *Cores*.)

los, podem ser efetivos, mas não são aceitos como norma diagnóstica. Movimentos espontâneos ou reflexos podem ocorrer sem excluir o diagnóstico de ME, como veremos adiante.

Ausência de reflexos de tronco cerebral

Exame das pupilas. Esse exame testa o II e III nervos cranianos. A resposta de constrição pupilar bilateral ao estímulo luminoso deve estar ausente na ME. A maioria das pupilas em ME está em posição média (4 a 6 mm). As pupilas dilatadas são classicamente associadas à ME, pois as vias simpáticas medulares que se conectam à porção radial das fibras do músculo dilatador permanecem intactas. Muitas drogas podem influenciar o tamanho das pupilas, mas a resposta à luz permanece intacta. Em doses convencionais, a aplicação intravenosa de atropina não influencia significativamente a resposta pupilar.[21] Tradicionalmente, considera-se que bloqueadores neuromusculares de curta ação não influenciam o tamanho pupilar, [22] porém um relato recente com doses progressivas de atracúrio e vecurônio documentou midríase reversível e mesmo ausência de resposta ao estímulo luminoso.[23] A instilação tópica de drogas e o trauma ocular podem causar anormalidades no tamanho pupilar e também produzir pupilas não-reativas à luz. Anormalidades anatômicas prévias da íris ou os efeitos de cirurgias prévias devem ser excluídos.

Exame dos movimentos oculares. Aqui testamos a integridade do III, VI e VIII pares cranianos. Os movimentos oculares devem estar ausentes, incluindo qualquer tipo de nistagmo. O **reflexo oculocefálico** é provocado realizando-se um rápido movimento da cabeça, da posição média para uma posição a 90 graus, no sentido de ambos os lados. Os movimentos oculares também devem estar ausentes após o **teste calórico** com água fria. O teste deve ser realizado com a cabeceira elevada a 30 graus, pois com a elevação o canal horizontal torna-se vertical, por irrigação do tímpano, de cada lado. A irrigação do tímpano é mais bem realizada pela inserção de um pequeno catéter de sucção com orifício apical no meato auditivo externo, que se conecta a uma seringa de 50 ml com água fria. A água fria sedimenta a endolinfa e estimula as células ciliadas. A resposta normal (um lento desvio do olhar em direção ao estímulo) deve estar ausente no paciente em ME. A ausência de movimento ocular pode ser muito difícil de avaliar em casos de edema ou lesão palpebral, e a marcação da posição da pupila na pálpebra inferior usando uma caneta pode ajudar. A observação deve ser realizada por 1 minuto após a instilação e obedecer a um intervalo de 5 minutos entre a estimulação de um e outro lado, reduzindo-se assim os efeitos da irrigação contralateral. A presença de sangue coagulado ou de cerúmen no ouvido pode diminuir a resposta calórica. A presença de ruptura timpânica pode aumentar a resposta calórica, mas a instilação nessas circunstâncias somente deve ser realizada quando a ME for altamente provável. Exposição prévia a níveis tóxicos de certas drogas pode diminuir ou mesmo abolir a resposta calórica. Alguns exemplos típicos são os aminoglicosídeos, os antidepressivos tricíclicos, os anticolinérgicos, os anticonvulsivantes e os agentes quimioterápicos, entre outros.[24] Após TCE ou trauma de face, a presença de edema palpebral e equimose conjuntival pode limitar o movimento dos globos oculares. A existência de fratura de rochedo abole a resposta calórica somente unilateralmente, e pode ser identificada pela presença de um processo mastóide equimótico (sinal de *Battle*).

Exame motor e sensitivo facial. Nesse momento testamos a integridade do V e VII pares. A ausência de **reflexo corneano** deve ser confirmada por um leve atrito de um cotonete ou gaze sobre a córnea. O piscar requer vias reflexas intactas, e, se presente, invalida a constatação de ME. Mioclonias faciais podem ser devido à contração muscular por desnervação e desconexão do núcleo facial, não invalidando o diagnóstico de ME. A ausência de caretas ao estímulo doloroso pode ser testada aplicando uma pressão profunda sobre os leitos ungueais com um objeto rombo, pressionando os nervos supra-orbitais ou pressionando profundamente ambos os côndilos da articulação temporomandibular. Trauma facial e ocular podem limitar ou eliminar a interpretação desses reflexos de tronco.

Exame de reflexos de faringe e de traquéia. Testa a integridade do IX e X pares. A ausência do **reflexo de tosse** é demonstrada passando-se um catéter através do tubo endotraqueal e realizando-se sucção brônquica vigorosa por vários segundos. Ainda que não seja necessário como teste, a administração de 2 mg de atropina, em pacientes com ME, não produzirá taquicardia. Isso reflete a destruição das vias parassimpáticas intracranianas.

Apnéia. A oxigenação apnéica é o teste mais comumente utilizado para demonstrar a ausência de estímulo ventilatório. Consiste na ausência de ventilação espontânea por um período de observação de 10 minutos, com níveis de $PaCO_2$ elevados. Esse método requer a manutenção de uma fonte de oxigênio a 100% na traquéia, a qual, por convecção, mantém a oxigenação dos pulmões durante o teste.[25] A pré-oxigenação (5 a 10 minutos com FiO_2 a 100% pré-teste) reduz os estoques de nitrogênio na árvore respiratória e facilita o transporte apnéico de oxigênio. Nos pacientes que respiram após desconexão da ventilação mecânica, os níveis de $PaCO_2$ que provocam a ventilação estão em torno de 35 mmHg. Porém, como regra, recomenda-se um aumento da $PaCO_2$ que seja acima de 55 mmHg ou que atinja um aumento da $PaCO_2$ de 20 mmHg acima do valor basal de cada paciente com DPOC retentor, após 10 minutos de observação. O aumento na $PaCO_2$ é bifásico. Nos primeiros minutos ocorre uma elevação gradual, que é conseqüente ao equilíbrio do CO_2 arterial com o CO_2 venoso misto. Na fase traqueobrônquica do teste de apnéia há um rápido aumento na $PaCO_2$, pois, embora o fluxo de oxigênio assegure o consumo de O_2 pelos capilares pulmonares, a eliminação do CO_2 produzido não ocorre. O aumento na $PaCO_2$ leva a uma diminuição do pH liquórico que é percebido pelos centros respiratórios bulbares, desencadeando o movimento respiratório, quando a função bulbar está preservada. Isso ocorre pela incapacidade do liquor em tamponar a acidose, pois a difusão de bicarbonato sangüíneo é mais lenta do que a do CO_2. O teste pode ser feito com o paciente conectado em ventiladores, usando o modo CPAP (zerando a freqüência e as pressões). Requer a monitorização da oximetria, da freqüência cardíaca, da pressão sangüínea e a inspeção visual de movimentos torácicos e abdominais. Na maioria das vezes simplesmente se desconecta o paciente do ventilador, oferecendo-se um fluxo de O_2 de 10 litros/min pelo tubo endotraqueal. Esse método tem a vantagem de evitar os artefatos de leitura do sensor de freqüência respiratória do ventilador, que pode ocorrer em CPAP, com fluxo contínuo. Uma alternativa é ofertar CO_2 para induzir um rápido aumento e limitar o tempo de observação, mas o risco de se atingir níveis de hipercapnia perigosos é preocupante.[26] Recentemente alguns autores relataram um método que mantém o paciente na VM, recebendo uma mistura gasosa contendo O_2 a 97% e CO_2 a 3%, monitorado com a $PetCO_2$. Nesse estudo, houve correlação da $PaCO_2$ com a $PetCO_2$, com uma diferença de 7 mmHg, relativamente constante, além de acelerar o processo.[27] Embora a ausência de estímulo ventilatório com o nível de $PaCO_2$ corretamente atingido defina a positividade do teste para ME, a necessidade da sua realização tem sido fruto de debate. Os argumentos incluem o fato de que a preservação isolada da respiração não modifica o prognóstico. Não há relato na literatura de pacientes exclusivamente com estímulo ventilatório que sobreviveram. Também se questiona o teste no sentido de que tal procedimento poderia induzir hipotensão e hipoxemia, podendo comprometer a viabilidade de outros órgãos. Ainda, a elevação da $PaCO_2$ poderia gerar elevação da pressão intracraniana e assim aumentar o risco de dano cerebral. Pode também ser de difícil realização em pacientes com função pulmonar marginal por contusão ou edema. No entanto, o teste de apnéia, além de legalmente exigido, é fundamental para caracterizar a morte, pois detecta função bulbar isolada.

O teste é seguro quando realizado com precauções:[28]

- Corrigir hipotermia (tentar atingir 36°C a 37°C), pois na vigência de hipotermia a produção metabólica de CO_2 é reduzida e a curva de dissociação da hemoglobina é desviada para a esquerda, diminuindo a oferta de O_2 tecidual.
- Corrigir hipotensão, isto é, alcançar PA sistólica maior que 90 mmHg.
- Iniciar o teste com $PaCO_2$ entre 35 e 45 mmHg, pois com uma elevação de 3 a 6 mmHg por minuto o valor desejado será atingido em mais ou menos 8 minutos.
- Pré-oxigenar com FiO_2 a 100% por 5 a 10 minutos para atingir PaO_2 pré-teste de 200 mmHg.

A hipotensão é a complicação mais freqüente do teste, devendo o paciente ser reconectado à ventilação mecânica (VM) se atingir PA sistólica abaixo de 70 mmHg. Hipoxemia por pré-oxigenação inadequada é a causa mais freqüente de hipotensão.[28] Se a hipotensão ocorrer sem dessaturação, provavelmente deve-se à hipercapnia e provavelmente com níveis de $PaCO_2$ suficientes.

Devemos estar alerta para os níveis de $PaCO_2$ estarem inicialmente em torno de 40 mmHg, pois um volume-minuto elevado e a queda da taxa metabólica (baixa produção de CO_2) podem levar a baixos níveis de $PaCO_2$, e induzir a interpretações de testes falsamente negativos, pois não se chega a atingir os valores prescritos para apnéia.

Testes confirmatórios de morte encefálica

No nosso meio, a realização de um teste confirmatório é exigida do ponto de vista legal para a constatação de ME. Vários métodos gráficos, de imagem e metabólicos podem ser realizados.

O teste empregado deve ser realizado após os dois exames clínicos de ME, embora possa ser realizado antes do segundo, com vistas a acelerar a constatação em potenciais doadores hemodinamicamente instáveis. Porém não deve ser realizado antes do primeiro exame clínico. A confirmação de ME pelo teste complementar não elimina a obrigatoriedade do segundo exame clínico.

- *Angiografia cerebral:* é o exame padrão ouro para a confirmação de ME e se caracteriza pela ausência de fluxo sangüíneo nos vasos intracranianos.[29] O aumento na pressão intracraniana eleva a resistência vascular cerebral, lentificando o fluxo sangüíneo, culminando com a parada circulatória vista na ME. A circulação carotídea será interrompida primeiro, enquanto a circulação vertebral cessará posteriormente. Isso pode ser devido ao fato de que massas supratentoriais, causas freqüentes de ME, não transferem pressão para a fossa posterior, portanto não levando a herniação da tonsila cerebelar. O contraste deve ser injetado sob alta pressão, tanto para a circulação anterior como para a circulação posterior. Normalmente as artérias intracranianas (sistema de baixa resistência) enchem antes das extracranianas (sistema de alta pressão). Isso é invertido na ME, na qual a coluna de contraste pára abruptamente ao nível da base do crânio, na porção petrosa da artéria carótida interna, sem contrastar o sifão. O sistema vertebral é opacificado a partir do arco aórtico, sem necessidade de injeção seletiva. A coluna de contraste na artéria vertebral pára na junção atlantoccipital, podendo atingir C1 e C2 em 50% dos pacientes. As carótidas externas permanecem pérvias enchendo rápida e precocemente, ao contrário do lento enchimento da porção restante da circulação carotídea. A visualização tardia do seio sagital superior é resultado da perfusão pelos vasos meníngeos, que são ramos da artéria carótida externa ou de veias emissárias.
- *Cintilografia cerebral:* nesse exame confirmatório de ME, 20 a 30 mCi de tecnécio marcado, ligado à albumina, são injetados por via intravenosa. A emissão radioativa tecidual é então avaliada durante 60 segundos para a obtenção da imagem. Um fluxo cerebral mínimo, principalmente em tronco cerebral, devido à combinação de baixas concentrações e atenuação dos tecidos interpostos, pode não ser detectado, criando um padrão falso-negativo. Por outro lado, uma subida do radioisótopo acima dos pontos de sintopia exigidos pode ocorrer mesmo sem fluxo cerebral presente, devido ao seu menor peso, que então se projeta, criando um padrão falso-positivo, como se o fluxo encefálico estivesse presente.
- *Eletroencefalografia (EEG):* é o método utilizado em muitos países,[30] usualmente com um instrumento de 16 a 18 canais, com leitura por 30 minutos. Classicamente, a ativida-

de elétrica está ausente acima de 2 μV a uma sensibilidade de 2 μV/mm com um filtro programado para 0,1 ou 0,3 s e a 70 Hz. Há, porém, vários exemplos de atividade eletroencefalográfica anormal que persistem por várias horas ou dias. Em um estudo de 56 pacientes que preencheram totalmente os critérios clínicos de ME, 20% tiveram atividade eletroencefalográfica por até 168 horas. A sensibilidade e a especificidade do EEG oscilam em torno de 90%. Artefatos são comuns se um ganho alto é utilizado, especialmente em um ambiente como a UTI, onde há possibilidade de várias interferências elétricas.

- *Doppler transcraniano:* esse teste apresenta sensibilidade entre 91 e 99%, com especificidade de 100%.[31] Além da alta especificidade, tem ainda como facilidade a possibilidade de ser realizado à beira do leito. O exame com Doppler localiza as artérias cerebrais médias bilateralmente, através do osso temporal, acima do arco zigomático. A ausência de fluxo intracraniano não é um critério isolado de ME, pois pode ocorrer por dificuldades de transmissão. Na ME os sinais típicos do Doppler são um fluxo oscilante, em um ciclo cardíaco, provocado pela contração das artérias.[32] Na maioria das vezes, pequenos picos (50 cm/s) na sístole precoce indicam resistência vascular muito elevada, significando indiretamente aumento da pressão intracraniana. O Doppler pode ser falso-negativo para ME em pacientes com lesão infratentorial e em pacientes com lesão hipóxico-isquêmica. O exame não pode ser realizado em pacientes com drenagem ventricular ou grandes craniotomias.
- *Relação Venosa Central/Jugular de oxigênio:* recentemente Diaz-Regañón *et al* publicaram um estudo em 118 pacientes – triados entre 270 internados por causas neurológicas – com critérios clínicos de ME, confirmada por EEG, visando a validar esse método diagnóstico.[33] A relação de oxigênio entre amostra venosa central e jugular ($RvjO_2 = SvO_2/SjO_2$) era considerada diagnóstica de ME quando inferior a 1 com catéteres posicionados no átrio direito e no bulbo venoso jugular, respectivamente. Uma relação inferior a 1 foi obtida em 114 pacientes, enquanto uma relação superior a 1 foi vista em apenas quatro pacientes. A sensibilidade do método foi de 96,6%, e a especificidade de 99,3%. O valor preditivo positivo foi de 99,1%, e o valor preditivo negativo foi de 97,4%. Dos 152 pacientes restantes que não atingiram o diagnóstico de ME, apenas um apresentou uma relação inferior a 1, tendo recebido alta da UTI em estado vegetativo. Esse método, caso confirmado em outros estudos, poderá oferecer uma alternativa confirmatória simples, sem necessidade de recursos tecnológicos dispendiosos e da remoção intra-hospitalar ou mesmo inter-hospitalar do morto, para o qual pretendemos prosseguir com protocolos, no sentido de estudar e validar esse método em nosso meio.[34]

Constatação clínica de morte encefálica em crianças

É particularmente problemática a constatação de ME nessa faixa etária, pelos componentes psicológicos e sociais de uma morte inesperada. A vulnerabilidade ante a qual se colocam os pais e familiares, somada à desesperança com um projeto de futuro, pode dificultar as equipes de realizarem os procedimentos diagnósticos e mesmo os encaminhamentos e autorizações a um potencial processo de doação.

A constatação de ME em pacientes pediátricos segue os mesmos princípios dos pacientes adultos, mas o exame neurológico é mais difícil de ser realizado e interpretado, por causa do pequeno tamanho do paciente, da imaturidade no desenvolvimento de certos reflexos sob teste e das diferenças fisiopatológicas, geradas pela presença de suturas abertas e de fontanelas nos neonatos e crianças.

A ME ocorre mais comumente em crianças com menos de 1 ano de idade e é incomum em adolescentes. A ME em crianças é mais freqüentemente causada por TCE, conseqüente a maus-tratos e, menos freqüentemente, devido a acidentes automobilísticos. A asfixia é outra causa, decorrente de afogamento, estrangulamento, sufocação ou síndrome de morte súbita na infância. Encefalites e meningites podem ter curso fulminante, com edema cerebral maciço e herniação cerebral ainda com menos de 1 dia de evolução.

Com a utilização dos critérios clínicos de pacientes adultos para constatação pediátrica de ME, não há relato na literatura de crianças que atingiram recuperação neurológica.[35]

- *Exame clínico em crianças:* Em 1987, as diretrizes para a constatação de ME em crianças foram sugeridas por uma força-tarefa, utilizando critérios similares aos dos pacientes adultos, porém com diferentes tempos de observação, conforme a idade, e confirmados por EEG:[36]
  - Sete dias a 2 meses incompletos: dois exames clínicos e dois EEG, em intervalos de 48 horas. Estudos recentes têm sugerido que esses critérios também podem vir a ser utilizados em pré-termos e neonatos abaixo de 7 dias de vida.
  - Dois meses a 1 ano incompleto: dois exames clínicos e dois EEG em intervalos de 24 horas, podendo um EEG ser substituído por um método de imagem.
  - Um a 2 anos incompletos: dois exames clínicos com intervalo de 12 horas confirmados por EEG (ou exame de fluxo, ou de atividade metabólica cerebral).
  - Acima de 2 anos: similar às orientações para pacientes adultos.

Dos fatores de confusão a serem excluídos, deve-se enfatizar que a hipotermia é comum em crianças comatosas após lesão neurológica catastrófica, atingindo até níveis de 50%, o que reforça a necessidade de medidas de reaquecimento. É importante reconhecer que em pré-termos e neonatos vários reflexos de tronco não são plenamente desenvolvidos.[37] O reflexo pupilar à luz, por exemplo, está ausente antes de 30 semanas, e o reflexo oculocefálico pode não estar presente antes das 32 semanas. O tamanho corporal pequeno em crianças pré-termo e neonatos limita a avaliação adequada da função dos nervos cranianos.

Em recém-nascidos, a pequena quantidade de pigmento das pupilas torna difícil a avaliação do tamanho e da responsividade à luz. A avaliação pupilar também pode ser prejudicada pela dificuldade de acessar a criança em uma incubadora, pela presença de lesões de córnea, pela presença de hemorragias retinianas ou de edema palpebral. Também o exame da motilidade ocular é difícil em crianças pequenas intubadas. Os pequenos canais auditivos externos dos neonatos dificultam a realização do teste da estimulação calórica . Em lactentes, a realização dos testes de motilidade ocular é similar a crianças mais velhas e aos adultos.

O reflexo corneano é prejudicado por irritação de contato, desidratação e maceração de córnea, utilização de colírios e uso de protetores oculares durante tratamento de hiperbilirrubinemia. Essas situações alteram a sensibilidade superficial das córneas. Um estímulo nóxico pode se tornar necessário.

A avaliação dos nervos cranianos mais baixos também é limitada, pois pode haver adesivos na face segurando o tubo endotraqueal, o que impede o exame físico adequado. Os testes de reflexo de tosse e o teste da apnéia são realizados de forma igual à dos adultos.

Testes confirmatórios de morte encefálica em crianças

- *Angiografia cerebral* e *cintilografia cerebral:* seguem os mesmos padrões de execução e interpretação dos adultos.
- *Eletroencefalografia:* as diretrizes para a interpretação eletroencefalográfica de ME foram desenvolvidas em 1994.[38] Porém, algumas particularidades em neonatos e lactentes precisam ser obedecidas:[39] menor distância entre eletrodos tende a reduzir a detecção da atividade de muita baixa voltagem; a existência de artefatos nas UTIs neonatais e pediátricas; as freqüências respiratória e cardíaca mais elevadas em neonatos e lactentes; a menor distância entre o cérebro e o coração nas crianças aumenta a contribuição eletrocardiográfica sobre o traçado eletroencefalográfico; a presença de uma amplitude reduzida de potenciais corticais em pré-termos e neonatos; e a presença de malformações congênitas do SNC (hidroanencefalia) pode causar traçado isoelétrico.[40]

Certos lactentes e crianças em ME podem ter atividade eletroencefalográfica persistente.[41] São padrões de atividade teta ou beta de baixa voltagem ou atividade de fuso intermitente. Ainda que a atividade eletrocortical seja gerada em células corticais morrendo, sua atividade pode persistir por vários dias em cérebros que tenham as demais funções ausentes. Esses achados são inconclusivos e não parecem invalidar o diagnóstico de ME, porém são tão freqüentes como em 48% das crianças no primeiro EEG. Um segundo EEG é habitualmente isoelétrico e pode ser conclusivo para a confirmação de ME.

Alguns fatores de confusão, se desconhecidos, podem tornar os achados eletroencefalográficos inconfiáveis. Em crianças após parada cardiocérebro-respiratória pode haver silêncio eletroencefalográfico por 8 a 10 horas seguindo ao evento, com persistência de atividade de baixa voltagem por 12 a 24 horas.[42] A hipotermia também pode suprimir a atividade do EEG quando a temperatura atingir 24°C e desenvolver um padrão isoelétrico a uma temperatura de 18°C.[43]

Em crianças, várias medicações causam perda reversível da atividade elétrica cerebral: barbitúricos, benzodiazepínicos, narcóticos, certos anestésicos intravenosos (tiopental, ketamina e midazolam) e inalatórios (halotano e isoflurano). O fenobarbital, freqüentemente utilizado para o controle de convulsões, é a droga mais comumente responsável por EEG isoelétrico reversível. Os níveis séricos podem ajudar a elucidar o quadro, embora seja difícil definir um limiar de segurança indiscutível. Considera-se que níveis séricos abaixo de 20 a 25 g/ml não causam atividade isoelétrica do EEG, não afetando o teste da apnéia ou o exame dos reflexos de tronco.[44]

- *Doppler transcraniano:* esse método tem sido defendido pelas vantagens de ser portátil e não-invasivo.[45] Alterações compatíveis com ME são perda do fluxo diastólico, aparecimento de fluxo diastólico retrógrado, diminuição do fluxo sistólico, ou mesmo perda de qualquer fluxo detectável. Contudo, de forma geral e diferentemente dos adultos, o *Doppler transcraniano* tem demonstrado baixa especificidade para a constatação de ME em crianças. Tal fato decorre da maior freqüência de lesões cranianas que não cursam com hipertensão intracraniana nesse grupo etário, como a asfixia.

Estados neurológicos similares à morte encefálica

Infelizmente ainda é significativo o número de médicos pouco habilitados para identificar ou aplicar corretamente os critérios para a constatação de ME. Alguns permanecem, inclusive, apresentando dificuldade em distinguir entre a ME e o estado vegetativo persistente.[46] Isso torna fundamental conhecer estados neurológicos que se assemelham à ME.

Hipotermia

O hipotálamo anterior é o centro regulador responsável por manter a temperatura corporal entre 36°C e 37,5°C. A hipotermia é definida como uma temperatura central de 35°C ou menos, e seu efeito é geralmente uma diminuição progressiva das funções neurológicas e dos reflexos de tronco.

A hipotermia pode ocorrer em uma situação de doença neurológica aguda, na qual o paciente não consegue se proteger da baixa temperatura do ambiente ou de crises endocrinológicas, como o coma hipoglicêmico ou o coma mixedematoso.[47] É importante excluir a utilização concomitante de drogas como opióides, barbitúricos, benzodiazepínicos, fenotiazínicos, antidepressivos tricíclicos e lítio, pois esses podem causar hipotermia significativa em um paciente já exposto a um ambiente frio.

Pacientes com hipotermia são vasoconstritos e possuem uma temperatura axilar extremamente baixa. Taquicardia com conversão a bradicardia ocorrerá em uma temperatura central de 28°C, aparecendo as ondas J (ondas de *Osborne*). Contudo, essa configuração pode estar ausente acima de 20% dos pacientes examinados, além de não ser específica para hipotermia. A dilatação pupilar e a presença de respostas fotomotoras lentificadas ocorrem quando as temperaturas centrais variam entre 32 e 28°C, enquanto os demais reflexos de tronco tendem a desaparecer em temperaturas abaixo de 28°C.

O tratamento da hipotermia é a ressuscitação agressiva, pois não existe um limite inferior de temperatura central abaixo do qual a ressuscitação esteja fadada ao fracasso, a *priori*. No paciente levemente hipotérmico o tratamento inclui manuseio gentil (o estímulo doloroso repetido pode facilitar o desenvolvimento de arritmias cardíacas), oxigenioterapia e ressuscitação volêmica. Para a maioria dos pacientes com temperatura superior a 32°C, o reaquecimento externo e, eventualmente, das cavidades corporais é suficiente. O reaquecimento utilizando um circuito extracorpóreo é indicado quando há ausência de ritmo cardíaco eficaz.

Intoxicação aguda

Várias toxinas, venenos, drogas sedativas e muitos outros agentes podem causar coma quando os pacientes são expostos a grandes quantidades e dosagens. Mas somente alguns agentes farmacológicos podem produzir uma síndrome clínica similar à ME estrutural.[48] Barbitúricos e antidepressivos tricíclicos são aqueles mais bem conhecidos, mas certos reflexos de tronco, principalmente reflexos pupilares, permanecem intactos, tornando fácil o diagnóstico diferencial.

Um problema mais complexo é a presença de metabólitos ou traços de agentes farmacológicos circulantes, podendo confundir a determinação clínica de ME. Pesquisas de drogas são úteis quando disponíveis, mas, mesmo quando se identifica um agente, o limiar crítico da droga habitualmente não é conhecido (Apêndice 2).[49]

A resposta pupilar à luz permanece um importante achado, o que permite distinguir muitos casos de intoxicação. Uma lente de aumento pode ser necessária para apreciar a contração pupilar à luz na miose induzida por certas intoxicações. Contudo, formas extremas de intoxicação barbitúrica podem resultar em abolição da reação pupilar à luz. A midríase (8 ou 9 mm) ou pupilas em posição média (6 ou 7 mm) podem ser vistas depois da exposição tóxica a anti-histamínicos, antidepressivos tricíclicos, anfetaminas, cocaína, fenilefrina e outros medicamentos simpaticomiméticos. A miose (1 a 2 mm) ocorre com a exposição a agentes anticolinesterásicos, organofosforados, opióides, pilocarpina e barbitúricos.

As toxinas podem também induzir uma lesão estrutural, como resultado de anóxia (monóxido de carbono), inibir a fosforilação (dissulfeto de carbono, cianeto e sulfeto de hidrogênio) ou da destruição direta dos neurônios (manganês, 1-metil-4-fenil-1,2,3,6-tetraidropiridina). As toxinas podem ainda ter um efeito profundo e, em algumas circunstâncias, específicos sobre outros órgãos vitais. Taquicardia sinusal ou atrial é esperada em intoxicações por cocaína, anfetamina e fenciclidina. Drogas ou toxinas com efeitos anticolinérgicos produzem taquiarritmias similares (antidepressivos tricíclicos, escopolamina ou algumas plantas). Na grande maioria dos pacientes com intoxicação por antidepressivos tricíclicos há marcado prolongamento do complexo QRS no ECG. Graves alterações do equilíbrio ácido-básico podem sugerir determinadas intoxicações, e a determinação de ME deve ser postergada na presença de acidose ou alcalose significativas. Essas alterações também podem indicar uma condição clínica potencialmente reversível ou uma crise endócrina. Acidose metabólica ou acidose respiratória são usualmente vistas no paciente intoxicado e podem ser guias úteis na identificação da toxina presumida. A acidose pode ser devida ao desacoplamento da fosforilação oxidativa (salicilatos), secundária a convulsões (isoniazida, cocaína) ou a glicólise anaeróbica (cianeto). A alcalose metabólica ou respiratória pura raramente são manifestações de intoxicação.

A avaliação seqüencial sugerida em pacientes intoxicados que podem estar em ME é a seguinte:

- Administrar os antídotos naloxone e flumazenil quando opióides ou benzodiazepínicos, respectivamente, foram utilizados. Em suspeita de intoxicação por monóxido de carbono, administrar oxigênio. Para suspeita de intoxicação por dissulfeto de carbono, cianeto ou sulfeto de hidrogênio, utilizar amil nitrito.
- Declarar ME somente se os níveis séricos de uma droga mensurável estiverem abaixo da faixa terapêutica.
- Se a droga não puder ser quantificada mas for conhecida, observar o paciente por um prazo de pelo menos quatro vezes a meia-vida de excreção da substância, desde que a eliminação da droga ou toxina não esteja sofrendo interferência de outras drogas ou de disfunção de órgãos (Apêndice 2).[1]
- Se a droga não for conhecida mas a suspeição permanecer elevada, observar o paciente por 48 horas, buscando uma alteração nos reflexos de tronco e na resposta motora, antes de proceder à avaliação para ME.

O dilema clínico mais freqüente é a constatação de ME em um paciente com TCE, sem função de tronco, com TC de crânio mostrando destruição cerebral maciça, em uso atual ou recente de barbitúricos. Embora a angiografia possa definir o quadro, exames clínicos falso-positivos para ME podem ocorrer, pois, quando altas doses de barbitúricos são utilizadas, pode ocorrer a depressão da função neuronal com decréscimo do metabolismo e fluxo cerebral. Quando o fluxo sangüíneo cerebral está extremamente reduzido, pode, teoricamente, reduzir o enchimento por contraste, ainda que isso seja discutível. Considerando-se a necessidade dos exames clínicos e a possível limitação da angiografia, deve-se constatar a ME somente se os níveis séricos de barbitúricos tiverem decrescido a níveis nos quais seja altamente improvável a depressão das funções do tronco cerebral – na maioria dos laboratórios, menos do que 5 g/ml.

Encefalopatias metabólicas agudas

Como nas intoxicações, os achados neurológicos de encefalopatia metabólica aguda mimetizam a morte encefálica. É importante reconhecer desarranjos metabólicos agudos, crises endócrinas e outras falências orgânicas, pois podem também ser causa de ME – mas a maioria somente após dano estrutural. Tipicamente, edema cerebral difuso, extensa desmielinização ou lesão anóxico-isquêmica podem resultar em uma lesão cerebral irreversível e progredir para a ME.[50] Exemplos disso são o edema cerebral na insuficiência hepática aguda, na hiperglicemia cetótica, e o surgimento de mielinólise pontina e extrapontina conseqüente à correção de hiponatremia grave.

A presença de distúrbios como hiponatremia grave, hipernatremia, hiperglicemia ou hipoglicemia, hipotireoidismo, pan-hipopituitarismo ou disfunção adrenal podem resultar em uma profunda diminuição do nível de consciência, convulsões ou *status epilepticus* e, ocasionalmente, sinais localizados, mas não com a completa perda dos sinais de tronco cerebral. Pacientes que preenchem totalmente os critérios de ME podem ter algum grau de hipernatremia pelo *diabetes insipidus* ou pela hiperglicemia gerada pelo estresse catecolaminérgico induzido pela destruição cerebral. Essas anormalidades devem, porém, ser consideradas secundárias.

Bulbo isolado

Tradicionalmente, a deterioração na herniação cerebral acompanha um padrão no qual o mesencéfalo, a ponte e o bulbo param de funcionar, nessa seqüência, ainda que a perda total da função medular possa levar horas para se completar. Em casos excepcionais, a progressão da herniação pode parar ao nível do bulbo.

A manutenção da função bulbar pode ser suspeitada em um paciente que tenha perdido a maioria dos reflexos de tronco e cuja pressão arterial não esteja suportada, mas que apresente ocasionais reflexos de tosse. A respiração está intacta após desconexão do ventilador, e os reflexos de tosse estão preservados. Quando 1 mg de atropina é administrado, taquicardia pode ser observada.

Alguns poucos casos de respiração espontânea durante testes de apnéia repetidos por vários dias em pacientes que preencheram todos os demais critérios de ME têm sido publicados, impedindo a constatação do óbito.[51]

Desordens neurológicas relacionadas

Algumas situações podem gerar confusão, embora não preencham critérios de ME, como o mutismo acinético, o estado vegetativo persistente, a síndrome de encarceramento e a concomitância de TCE e traumatismo raquimedular.[52]

Movimentos corporais em morte encefálica

É importante conhecer a freqüência, a natureza e os mecanismos fisiopatológicos dos movimentos espontâneos ou reflexos em presença de ME, assim reconhecendo quais podem ser aceitos sem invalidar a constatação do óbito.[53]

Reflexos simples, como os plantares e os cervicoabdominais, podem estar presentes, tanto como em 60% e 75% dos pacientes em ME, respectivamente. Movimentos complexos podem ocorrer por retenção da atividade reflexa medular. Entre 63 pacientes com constatação de óbito estabelecida, foram descritas uma resposta de retirada de membros inferiores em 50 pacientes e a presença de reflexos tendinosos profundos de extremidades superiores e inferiores em 31 e 24 pacientes, respectivamente. O mesmo estudo descreveu o *reflexo de extensão-pronação do membro superior* em 21 dos 63 pacientes, em resposta a estimulação cutânea.

Esses reflexos estão presentes basicamente nas primeiras 24 horas após a constatação de ME e predominam em pacientes com lesões focais em vez daqueles com lesões cerebrais difusas, embora não haja relação do movimento reflexo em si com a área envolvida.

Diferentes mecanismos têm sido propostos para explicar a base fisiopatológica dos movimentos reflexos ou espontâneos durante a ME. O reflexo de *Lázaro* tem a sua seqüência de movimentos – podem durar vários segundos e incluem flexão bilateral dos membros superiores junto ao tórax, adução dos ombros, elevação das mãos acima do tórax ou em direção ao pescoço, dedos das mãos com posturas distônicas e mãos que se tocam – atribuída à hipóxia de neurônios da medula cervical. A área afetada é isolada das áreas cerebrais rostrais e o reflexo tem sido relatado durante teste de apnéia, na vigência de hipotensão, sob estímulo nóxico e após a flexão passiva do pescoço. A extensão mecânica das raízes medulares, a compressão medular ou o estímulo sensitivo podem explicar esse movimento complexo.

Neurônios medulares são interconectados em redes e podem produzir padrões motores específicos, sendo conhecidos como *geradores centrais*. Os tratos neurológicos corticoespinhais e rubroespinhais são localizados no funículo medular lateral e exercem controle motor mais distal de extremidades. De um outro lado, os tratos vestibuloespinhais e reticuloespinhais são localizados mais ventralmente na substância branca medular e são envolvidos no controle do tônus muscular e da postura, sincronizando movimentos globais das extremidades com a orientação espacial do corpo e cabeça. A desconexão supramedular pode aumentar a excitabilidade neuronal medular, permitindo a ocorrência dos movimentos reflexos ou espontâneos.

No passado, a morte foi sinônimo de imobilidade, conceito mantido até mesmo nos clássicos critérios de *Harvard* para constatação de ME, cuja presença de reflexos medulares ou cefálicos invalidava a antiga premissa. Em 1995, os reflexos medulares foram incluídos como um achado aceito em pacientes com ME. Porém, a ocorrência de movimentos durante a ME pode questionar o diagnóstico, confundir o entendimento da família a respeito dessa condição e, finalmente, limitar a disponibilidade de potenciais doadores.

Uma série de movimentos reflexos e espontâneos é hoje aceita, sem invalidar o diagnóstico de ME:

- Resposta plantar flexora/extensora.
- Reflexos de extensão musculares e tendinosos.
- Reflexos abdominais.
- Reflexos cremastéricos.
- Reflexos tônicos da região cervical.
- Reflexo de retirada em flexão.
- Movimentos isolados involuntários dos membros superiores.
- Opistótono assimétrico do tronco.
- Sinal de Lázaro.

- Sinal de flexão ondulante do dedo do pé.
- Pseudodescerebração (espontânea ou desencadeada pela ventilação mecânica).
- Rotação da cabeça.
- Movimentos respiratório-símiles.
- Resposta de abertura ocular.

Qualquer movimento diferente dos acima citados deve invalidar o diagnóstico, bem como novos movimentos surgidos durante a avaliação de ME em um mesmo paciente individualmente. Os médicos e os demais membros da equipe de atendimento devem estar atentos para a possibilidade desses movimentos, sabendo interpretá-los e orientando adequadamente os familiares.

MANUTENÇÃO DO POTENCIAL DOADOR

Tratamento hemodinâmico[54]

As alterações fisiopatológicas ocorridas durante o processo de evolução de ME levam a labilidade da tensão arterial. Independentemente dos níveis tensionais, o indivíduo em ME apresenta-se hipovolêmico do ponto de vista absoluto ou relativo, e a hipovolemia relativa é difícil de avaliar sem a monitorização hemodinâmica da pressão venosa central (PVC) ou da pressão de oclusão da artéria pulmonar (POAP). Embora a utilização de catéteres de Swan-Ganz não seja factível no tratamento diagnóstico de todos pacientes instáveis em ME, ou no tratamento da vitalidade orgânica de potenciais doadores, a colocação de um catéter venoso central é recomendada.

Qualquer expansor volêmico pode ser utilizado, mas seu uso adequado vai depender da velocidade de infusão e do estado eletrolítico do doente. Recomenda-se como objetivos a manutenção de débito urinário acima de 1 ml/kg/h, pressão arterial média superior a 60 mmHg e PVC ou POAP entre 8 e 10 mmHg, considerando-se um miocárdio intacto. Tais valores devem ser maleáveis diante da possibilidade de doação de pulmão, quando freqüentemente se desejam pressões de enchimento menores, *versus* a possibilidade de doação de rins ou intestino, em que a perfusão é prioritária, o que determina busca de pressões de enchimento mais elevadas. Na possibilidade de doação pulmonar, pode ser interessante o uso mais liberal de drogas vasopressoras.

Uma vez otimizadas volemia e pressões de enchimento e persistindo a hipotensão, drogas vasoativas são recomendadas. O uso de vasopressores para manter a estabilidade do doador melhora a viabilidade dos órgãos e aumenta a sobrevida dos potenciais receptores. Em pacientes cuja contratilidade cardíaca esteja comprometida, o uso de inotrópicos se faz necessário.[55]

Em pacientes hipertensos com evolução provável à ME, ainda sem diagnóstico definido, é prudente evitar anti-hipertensivos de meia-vida longa ou drogas injetáveis potentes, principalmente sem uso de monitorização invasiva e contínua da PAM.

Uso da ventilação e oxigenação

O uso da ventilação mecânica visa a adequar a oxigenação e a evitar a retenção de CO_2 ou a hipocapnia iatrogênica. Os níveis de PaO_2 devem ser mantidos acima de 100 mmHg, com a FiO_2 mais baixa possível. A $PaCO_2$ deve ser mantida entre 35 e 45 mmHg, com o pH de 7,35 a 7,45. É importante lembrar que, além de esses pacientes estarem hiperventilados previamente com objetivos terapêuticos, a própria evolução da ME faz cair significativamente a taxa metabólica e conseqüentemente a produção de CO_2, pois o cérebro é um território de alta extração de oxigênio, o que favorece a hipocapnia iatrogênica.

O modo ventilatório empregado tanto pode ser volume-controlado como pressão-controlada, com VC entre 8 e 10 ml/kg. A utilização de pressão controlada permite evitar picos de pressão elevados (maiores que 30 cmH_2O), minimizando o risco de baro/volutrauma e de instabilidade hemodinâmica. Recomenda-se a manutenção da PEEP em 5 cmH_2O, evitando-se níveis superiores a 7,5 cmH_2O. A manutenção de pressões de pico abaixo de 30 cmH_2O também pode ser obtida com a aplicação de fluxo desacelerante em pacientes sob volume controlado, podendo ainda reduzir-se o VC até 6 ml/kg, caso seja necessário.[56]

A higiene freqüente das vias aéreas com o uso de técnica asséptica é essencial. O balonete do tubo orotraqueal (TOT) deve permanecer insuflado e a extremidade do TOT *alta*, permitindo abordagem cirúrgica em via aérea integra, em caso de doação pulmonar. Radiografias torácicas devem ser obtidas visando a detectar pneumotórax, atelectasia e infiltrado, assim como devem ser coletadas gasometrias arteriais seriadas. Em caso de doação pulmonar, um exame radiográfico com o padrão ventilatório acima indicado servirá para a medida das dimensões pulmonares e para a escolha do potencial receptor.

Tratamento de anormalidades ácido-básicas e eletrolíticas

As anormalidades mais freqüentemente encontradas em potenciais doadores de órgãos são a alcalose respiratória, hipo e hiperpotassemia, hipernatremia, acidose metabólica e hipofosfatemia.[57] Todas essas alterações são conseqüientes à fisiopatologia da ME ou às manobras terapêuticas para se evitar a herniação antes do diagnóstico estabelecido de ME.[58] Assim como o *diabetes insipidus* é a alteração endócrina vista mais freqüentemente em indivíduos com ME, também é a causa mais comum de hipernatremia nesses pacientes, ocorrendo em mais de 70% dos casos. Nessas circunstâncias, o uso de solução de glicose a 5% pode corresponder a um expansor volêmico aceitável, embora deva-se alertar para um risco potencial de edema e para a pequena capacidade expansora desse fluido. É mais adequado calcular a capacidade do fluido administrado na correção da hipernatremia conforme a sua concentração de sódio e potássio e o nível sérico de sódio do paciente.[59] Hipernatremia nos doadores é associada com disfunção primária do enxerto em transplantes hepáticos, o que é evitado com a manutenção de um sódio sérico menor que 155 mEq/l.

A hipopotassemia é extremamente comum, podendo ocasionar arritmias cardíacas e disfunção miocárdica, aumentando por conseguinte a necessidade de vasopressores e comprometendo a viabilidade dos órgãos. Esses efeitos, quando presentes, podem ser difíceis de reverter, assim como os causados por hipofosfatemia e hipocalcemia.

Alcalemia persistente, geralmente iatrogênica, pode causar vasoconstrição coronariana e insuficiência cardíaca, além de hipopotassemia e hipomagnesemia, que por sua vez perpetuarão a instabilidade hemodinâmica. Como a alcalose é predominantemente respiratória, pode ser corrigida pela diminuição do volume-minuto.

A acidose metabólica é usualmente devida à hipoperfusão tecidual dada pela variação do débito cardíaco, dos níveis tensionais e da administração de vasopressores alfa-agonistas. Quando acentuada, pode exigir a administração de bicarbonato.

Tratamento endocrinológico

Para a reposição de hormônio antidiurético no *diabetes insipidus*, o ideal é a infusão de vasopressina, pois permite melhor ressuscitação volêmica e maior estabilidade do potencial doador. Doses de 0,1-0,4 a 1-2 U/h são utilizadas. Na ausência de vasopressina, a desmopressina (DDAVP), análogo de ação basicamente antidiurética, reporá a função do ADH, porém sem os benefícios hemodinâmicos diretos. Pode ser administrada por via parenteral ou intranasal, sendo preferível a primeira, dada a incerteza da dose absorvida na segunda, especialmente em vítimas de traumatismo cranioencefálico, que podem ter lesões de face. Na suspeita de déficit de cortisol, recomenda-se o uso de hidrocortisona (100 mg IV de 8/8 h). A administração de insulina contínua para manter os níveis glicêmicos entre 90 e 120 mg% é recomendada.

Tratamento nutricional

Embora deva-se evitar a aspiração pulmonar inadvertida, é importante manter o aporte nutricional enteral, especialmente quando há possibilidade de doação intestinal, pois isso previne a atrofia da mucosa, o que representa melhores resultados nos receptores. Para possíveis doadores de fígado também deve-se manter aporte calórico, pelo menos parenteral, pois a sua ausência favorece a redução do estoque do glicogênio hepático, contribuindo para disfunção primária do enxerto pós-transplante.

Tratamento infeccioso

Se o potencial doador está tratando uma infecção vigente, especialmente com germe identificado, os autores recomendam a manutenção dos antibióticos, mesmo após ter se estabelecido a ME. Em potenciais doadores de intestino, recomenda-se iniciar um esquema de descontaminação do trato gastrintestinal, que parece cursar com melhores resultados nos receptores. Vários esquemas têm sido utilizados. O mais simples inclui uma combinação de nistatina, sulfametoxazol mais trimetoprim e neomicina. Também convém revisar a presença de sinais flogísticos em catéteres endovenosos centrais e periféricos, assim como a necessidade dos mesmos.

Tem-se discutido protocolos de uso de antimicrobianos e antifúngicos para os potenciais doadores de pulmão, mas sem uma prática conclusiva. O que se faz importante é a presença de um sistema de troca de informações sobre as possíveis culturas encaminhadas e a flora usual dos locais captadores e para os centros transplantadores.

OUTROS CUIDADOS

É preciso evitar exposição ambiental excessiva do paciente, o que poderá agravar a hipotermia. Na vigência de hipotermia, recomenda-se evitar aquecimento cutâneo vigoroso, pois este levará à transferência de calor central para a periferia, agravando a hipotermia central a qual se objetiva combater. Deve-se tentar aquecimento através da infusão endovenosa de soluções aquecidas e do aquecimento de via aérea. Procedimentos de proteção ocular devem ser usados para evitar ulcerações de córnea. Os eletrólitos devem ser repostos de acordo com as necessidades identificadas laboratorialmente.

ASPECTOS LEGAIS E ÉTICOS ENVOLVENDO A MORTE ENCEFÁLICA E A DOAÇÃO DE ÓRGÃOS

Em recente revisão, o Conselho Federal de Medicina (CFM) atualizou a legislação sobre os critérios de ME – Resolução CFM nº 1.480/97.[60] Essa resolução avançou em seus conceitos, definindo critérios para pacientes com idade de 7 dias de vida até 2 anos de idade e reconhecendo novos exames complementares para apoiar a constatação clínica de ME. Os testes neurológicos clínicos habituais sobre coma aperceptivo, isto é, arreatividade supra-espinhal, permaneceram inalterados. Fica, portanto, compreendida e reconhecida a ME como ausência de todas as funções encefálicas, tipificadas na avaliação clínica através da ausência de manifestações funcionais de córtex e de tronco encefálico, acompanhada de exame complementar que demonstre ausência de atividade elétrica ou metabólica ou de fluxo sangüíneo encefálico. É importante salientar que o termo "morte cerebral" não deve ser usado, pois não traduz a veracidade dos reflexos testados nem dos exames complementares firmados, devendo-se trabalhar no sentido do uso da definição correta: morte encefálica.

Apesar de algumas manifestações contrárias ocorrerem sobre a obrigatoriedade de que um dos médicos atestadores/examinadores do protocolo clínico seja necessariamente um neurologista ou neurocirurgião, alegando menor número desses especialistas e mesmo menor proximidade com o teste da apnéia – visto usar procedimentos e equipamentos próprios às UTIs –, o CFM optou por manter a exigência.

É entendimento dos autores, apoiados em inúmeros encontros da especialidade e por parecer do CFM,[61-63] de que a constatação do óbito pela interrupção das funções encefálicas encerra de forma definitiva as manobras por sustentação de vida, exceto para aquelas que cercam a possibilidade de doação de órgãos. Definitivamente, à morte do paciente devem seguir-se orientações seguras e claras a todos os membros da equipe assistencial e aos familiares, estando autorizados a retirada do suporte e dos cuidados, o desligamento dos aparelhos e a liberação do corpo para a família.

Nos casos de negativa familiar em aceitar a morte encefálica como verdadeira de óbito, devem-se envidar esforços para tal entendimento, facultando o acesso da família e de outros médicos de confiança, igualmente capazes de diagnosticar morte encefálica. Os sentimentos familiares e sua justa consulta interparental devem ser respeitados, apoiando-os e orientando-os no sentido de evitar danos psicológicos, bem como oferecendo um tempo necessário para a compreensão do evento.

Persistindo o conflito acima, quer seja de ordem cultural, religiosa, moral ou científica, é claro entendimento que o médico continua habilitado cientificamente e legalmente a suspender todos os procedimentos, pois trata-se de *um cadáver* internado, não sendo aceitável a manutenção de cuidados e ocupação de leito, por claro conflito com os princípios bioéticos de beneficência – não há mais ninguém a beneficiar-se do tratamento –, maleficência – cria um viés e estranhamento para membros da equipe, pois ora está morto para retirar órgãos para doação, mas não para os funerais quando da não doação, autonomia – é um claro espaço de autonomia do profissional em definir o óbito, e justa distribuição de recursos – inviabilizando uma potencial internação necessária e gerando gastos fúteis e supérfluos com o cadáver.

Pela antiga lei de doações (Lei n.º 8.489, de 18 de novembro de 1992, e o Decreto n.º 879, de 22 de julho de 1993), propunha-se as seguintes condições para autorizar a retirada dos órgãos (Art. 3º): I – por desejo expresso do disponente manifestado em vida, através de documento pessoal ou oficial; II – na ausência do documento referido no inciso I deste artigo, a retirada de órgãos será procedida se não houver manifestação em contrário por parte do cônjuge ascendente ou descendente.

A partir da nova legislação (Lei n.º 9.434), aprovada pelo Congresso Nacional em 04 de fevereiro de 1997, regulamentada através do Decreto Lei nº 2.268,[64,65] houve a criação do Sistema Nacional de Transplante (SNT) e a reorganização do processo de doação e transplantação no Brasil. A área teve dotação orçamentária extrateto e propõe-se a remunerar os procedimentos de busca, sustentação e diagnóstico dos potenciais doadores, a explantação, recursos anteriormente apenas destinados ao processo de implantação de órgãos, com financiamento público do total dos gastos. Todos os procedimentos são coordenados pelas esferas estaduais, ligadas às Secretarias de Saúde – pela chamada Central de Notificação, Captação e distribuição de Órgãos (CNCDO), que, sublinhe-se, mantêm dentre suas principais obrigações o zelo pela universalidade do acesso à lista de espera e o respeito a regras éticas e científicas de ordem de execução dos transplantes.

É fato relevante registrar que pela legislação acima propunha-se a chamada *doação presumida*, pela qual, não havendo manifestação contrária registrada em vida, todos os indivíduos seriam considerados doadores (Art. 4º). Contudo, frente à rejeição popular e à prática médica de continuar a respeitar a manifestação da família como soberana para fins de doação, o Presidente da República editou Medida Provisória (MP n.º 1.718, de 06 de outubro de 1998),[66] que modificou o artigo supracitado, acrescentando:

- "§ 6º – Na ausência de manifestação de vontade do potencial doador, o pai, a mãe, o filho ou o cônjuge poderá manifestar-se contrariamente à doação, o que será obrigatoriamente acatado pelas equipes de transplante e remoção."

A lei, embora positiva e perfeita do ponto de vista de sua legitimidade jurídica, não garante, todavia, que os objetivos de maior número de doações sejam alcançados, não encerrando, também, a discussão sobre a legitimidade social que detém cada cidadão, ou seus familiares legalmente responsáveis, em recusar ou aceitar, de maneira autônoma e ética, a possibilidade de doar seus órgãos.[67] No âmbito filosófico conceitual, embora não no empírico, a discussão sobre a definição da morte persiste. Tal processo pode ser considerado inerente a qualquer definição que a sociedade pretenda estabelecer, pois, independentemente de sua base técnica, a dinâmica social é que estabelecerá nossas ações ou comportamentos, na dependência direta de nossa possibilidade de realizá-las de maneira autônoma, pública e eticamente mediada.[68,69,70]

Definir ME não é definir uma forma alternativa de se estar morto, mas sim reformular o conceito tradicional segundo o qual a ausência de batimentos cardíacos e da circulação é que são os únicos e absolutos elementos capazes de constatar a morte. Trata-se da constatação simples de que a ausência de batimentos cardíacos não representa a morte, e sim a sua iminência. A partir do momento em que a atividade do tronco cerebral foi identificada como o aspecto clínico mensurável de ME, desde que associada a uma lesão neurológica predisponente, a morte pôde ser definida do ponto de vista biológico e ético, pois a presença de critérios clínicos objetivos é mais confiável que definições imprecisas. Essas definições imprecisas têm surgido com a tentativa de definir a morte do ponto de vista ontológico, como a morte neocortical, na qual não há atividade cortical porém persistem funções de tronco. Parte do princípio de que a condição de *ser humano* localiza-se no neocórtex. Embora a definição ontológica se justifique por considerar a ausência permanente da consciência como a medida da morte humana, ela traz dificuldades práticas. A primeira é englobar num mesmo espectro crianças anencefálicas e alguns pacientes em estado vegetativo persistente. A segunda, mais importante e que nos parece definitiva, é a incapacidade de fornecer critérios objetivos de avaliação clínica do neocórtex, já que qualidades cognitivas como identidade e personalidade não são localizáveis anatomicamente, não podendo ser mensuradas. Salientamos, todavia, que a utilização dos critérios biológicos de uso legal e corrente também preenchem os requisitos ontológicos, pois a ausência de função do tronco encefálico também implica na perda de todas as funções cognitivas. Do ponto de vista prático, em muitos países, incluindo o Brasil, em que se constata morte pela ME, as duas visões são privilegiadas e superpostas, pois ao exame clínico se soma a necessidade de um exame complementar confirmatório.

Portanto, evitar a futilidade do tratamento de cadáveres é determinante do mais elevado compromisso ético profissional, aliás, conforme já estabelecido em nosso próprio código de ética:[71]

- Capítulo III – Responsabilidade Profissional
  Art. 42º: Praticar ou indicar atos médicos desnecessários ou proibidos pela legislação do país.
  Art. 43º: Descumprir legislação específica nos casos de transplantes de órgãos ou tecidos, esterilização, fecundação artificial e abortamento.

QUESTÕES TÉCNICAS RELACIONADAS À DOAÇÃO DE ÓRGÃOS

Uma vez constatada a ME e respeitada a vontade prévia do morto e de seus familiares de tornar-se doador, o processo de doação deve prosseguir. Muitos textos, nesse ponto, listam critérios de aceitação e de contra-indicação ao transplante de vários órgãos e tecidos. Esse tipo de informação, que exclui algumas condições como ideais à doação, freqüentemente é utilizado de forma equivocada, abortando o próprio processo de constatação de ME nas suas fases preliminares. Quando isso ocorre, além de perdermos a verdadeira dimensão do problema quanto à sua incidência, com freqüência também se perdem potenciais doadores.

Nesse sentido, algumas premissas de responsabilidade dos intensivistas já estão apontadas, conforme abaixo:

1. Deve o médico intensivista
   - Dispor das normativas legais para estudo e consulta.
   - Ser capaz de identificar o paciente potencial doador como aquele que:
     - Está legalmente identificado.
     - Está em coma aperceptivo, Glasgow 3.
     - Tem lesão encefálica estabelecida, irreparável e terminal.
     - Sustenta situação de estabilidade clínica satisfatória (perfusão orgânica), com ou sem drogas.
   - Frente ao paciente potencial doador:
     - Comunicar à família dessa condição do paciente e do início do protocolo de ME.
     - Desenvolver o protocolo de diagnóstico de ME, apoiando o paciente conforme suas necessidades clínicas em cada das fases.
     - Orientar, amparar e esclarecer a família e a equipe no que for possível.
   - Frente ao diagnóstico clínico de ME:
     - Notificar prontamente a Central de Transplantes (CNCDO) ou a Comissão Interna de cada hospital, por contato pessoal ou telefônico.
     - Comunicar o diagnóstico de ME à família e sobre a obrigatoriedade da notificação à CNCDO, nesse momento.
     - Pôr o representante da CNCDO em contato com a família.
     - Apoiar amplamente o paciente até que fique excluída a possibilidade de doação.
     - Orientar, articular e estimular a equipe em torno do paciente e do processo doação-transplante.

A espera prolongada em listas de espera, fruto de uma desigualdade entre a oferta e a necessidade de órgãos para transplantes, tem aumentado a mortalidade e comprometido significativamente a qualidade de vida dos potenciais receptores. Isso tem levado a uma série de esforços no sentido da otimização do número de doadores – doadores marginais em ME atuais, doadores vivos, doadores após parada cardíaca e procedimentos cirúrgicos específicos como o *split* no transplante hepático.[72] Aqui nos interessa os doadores "marginais", que são aqueles em que o risco do transplante para o receptor supera o esperado, mas nos quais o procedimento pode ser realizado com precauções adicionais. A utilização desses doadores *marginais* tem tornado obsoleto o fornecimento de critérios de contra-indicação. Nessas circunstâncias, a utilização de um determinado doador depende também da situação clínica do receptor, com a concordância desse sobre os riscos adicionais. Os doadores marginais incluem aqueles com marcadores virais positivos, com história de malignidade prévia, instáveis hemodinamicamente, com idade avançada, com outras doenças clínicas, além de aspectos técnicos relacionados a cada órgão. Algumas situações são expostas abaixo:

2. Marcadores virais
   - Contra-indicações absolutas: doadores positivos para HIV 1 e 2, HTLV I e II, infecções virais sistêmicas agudas (sarampo, raiva, adenovírus, enterovírus), doenças príon-relacionadas confirmadas ou suspeitas, meningoencefalite herpética e hepatite viral B aguda (anti-Hbc IgM-positivo).
   - Contra-indicações relativas:[73]
     - Doadores HbsAg-positivos: podem ser utilizados em receptores cardíacos, especialmente se estes são anti-Hbs-positivos e eventualmente em insuficiência hepática aguda em HbsAg-negativos, com administração de globulina hiperimune contra o vírus B (HBIG).
     - Doadores anti-Hbc-IgG-positivos isolados: podem ser utilizados em situações extremas para órgãos extra-hepáticos, com HBIG no pós-operatório.
     - Doadores anti-Hbc e anti-Hbs-positivos: embora tenham menor risco, também podem transmitir hepatite, e sua utilização segue as recomendações dos doadores anti-Hbc-positivos isolados.
     - Doadores anti-HCV-positivos: podem ser utilizados para qualquer receptor em risco de vida, e normalmente para receptores cardíacos e de pulmão que sejam anti-HCV positivos.
3. Neoplasias: as neoplasias extra-sistema nervoso central mais associadas à transmissão para os receptores são as renais e o melanoma.[74] Na avaliação de um potencial doador com passado de neoplasia, é fundamental conhecer a história clínica e o diagnóstico histopatológico

prévio, especialmente em neoplasias de mama e pulmão, que podem ter recidiva tardia.

Em lesões de SNC sem diagnóstico, ou em hemorragias suspeitas de neoplasia concomitante, é indicada a biopsia da lesão durante a retirada dos órgãos. Em pacientes com neoplasia de SNC conhecida que tenham sido submetidos a extensa craniotomia ou a colocação prévia de derivações (ventrículo-peritoneal ou ventrículo-atrial), sugere-se a não-utilização dos órgãos em questão. Em neoplasias de SNC com histopatologia conhecida, existem aquelas que acarretam um alto risco de transmissão para o receptor, como casos de astrocitomas anaplásicos Grau III, glioblastomas multiformes, meduloblastomas, oligodendrogliomas anaplásicos, pineoblastomas, cordomas, ependimomas malignos, sarcomas intracranianos, tumores de células germinativas e linfomas primários do SNC.

Outras neoplasias cutâneas, que não o melanoma, não parecem acarretar risco significativo para os receptores.

- *Rins*: as possibilidades de ampliar o número de órgãos têm incluído a utilização de doadores com rins em ferradura, transplantados em bloco ou isolados com segmento de aorta e cava; a utilização de doadores pediátricos (abaixo dos 10 anos de idade) e idosos (acima dos 60 anos de idade) em receptores adultos; a utilização dos dois rins do mesmo doador para um único receptor, se o doador tiver menos do que 3 anos de idade ou mais do que 25% de esclerose glomerular; a utilização de doadores diabéticos com nefropatia em fase inicial, que pode ser reversível; a utilização de doadores com HAS bem-controlada; ou doadores com elevação de creatinina. [75]
- *Fígado*: a ampliação do número de órgãos hepáticos inclui doadores com história de etilismo, com esteatose macrovesicular limítrofe (acima de 45% ou mesmo acima de 60%), doadores idosos (acima dos 70 anos de iade) e a realização de *split* (divisão do fígado doado entre dois receptores, um adulto e um pediátrico).[76] O *split* parece ser seguro em pacientes com idade menor de 10 anos e acima dos 45 anos, hemodinamicamente estáveis, com tempo de internação em UTI menor do que 5 dias, com sódio sérico abaixo de 170 mEq/l e com esteatose macrovesicular menor de 20%.
- *Coração*: o número maior de corações aproveitados inclui utilização seletiva de doadores com mais de 55 anos de idade; utilização de doadores com leve hipertrofia ventricular esquerda (parede ventricular com espessura menor do que 13 mm na ecocardiografia e ECG sem evidência de HVE); utilização de doadores com certas lesões valvulares como leve a moderada regurgitação mitral ou tricúspide ou válvula aórtica bicúspide normofuncionante, que podem ser reparadas pré-transplante.
- *Pulmão*: os critérios atuais ideais incluem uma PaO_2/FiO_2 acima de 300 com FiO_2 de 100% e PEEP = 5 cmH_2O, uma radiografia de tórax *limpa*, ausência de trauma torácico, ausência de aspiração, sepse ou secreções purulentas, uma história de tabagismo inferior a 20 carteiras/ano, história negativa para malignidades e idade menor do que 55 anos. [77] A ampliação desses critérios pode incluir a utilização de qualquer doador até 65 anos de idade, sem lesões pulmonares estruturais conseqüentes ao tabagismo.

CONCLUSÃO

A abordagem dos temas da definição de morte por critérios neurológicos e da doação de órgãos de forma concomitante, embora útil didaticamente, não é o ideal, pois sempre reveste a constatação de ME de um caráter utilitarista. Futuramente talvez possamos abordar as duas questões separadamente, pois a definição de morte e as discussões sobre a forma como esta deve ser identificada têm uma importância fundamental para as atitudes nossas frente à vida, e refletem a constante inquietude do homem perante o avanço tecnológico e suas conseqüências sobre as questões cotidianas. Ao mesmo tempo é preciso ressaltar que o processo de transplantação não está somente ligado aos doadores em ME, pois outras alternativas são ou serão viáveis, como a doação após parada cardíaca, o xenotransplante, o transplante de células, a utilização de órgãos não-biológicos e a clonagem visando a desenvolver órgãos extracorpóreos.

Dessa forma, sem pretender encerrar o assunto, devemos estar abertos para a evolução da ciência e da arte médica, bem como ao exercício interpretativo de nossas culturas, das ações sociais e da construção do campo jurídico frente à questão da morte.

APÊNDICE 1

Nome do Hospital
Endereço/Fone e CGC
Termo de Declaração de Morte Encefálica (Resolução CFM nº 1.480 de 08/08/97)

A) **IDENTIFICAÇÃO**

Nome do paciente: ____________________

Pai: ____________________

Mãe: ____________________

Documento de identidade apresentado

Tipo: __________ Número: ________________ Expedido por: _____________ UF: ___

Idade: ____ anos _____meses _____dias Data de nascimento: ____/____/____

Sexo: ( ) Masc. ( ) Fem. Raça: ( ) Am. ( ) Br. ( ) Neg.

Número do prontuário hospitalar: ____________________

B) **DOADOR – Aspectos legais**

( ) Sim, em vida. Qual(is) órgão(s): ____________________

( ) Sim, doação presumida

( ) Não-doador

( ) Ignorado

C) **POTENCIAL DOADOR – Aspectos clínicos**

Lesão encefálica estabelecida e irreparável: ____________________

Etiologia do coma: ____________________

Glasgow 3: ( ) Sim

Estabilidade clínica e hemodinâmica (PAS > 90 mmHg, sem sedação/intoxicações): ( ) Sim

* Causas do coma excluídas durante o exame:

a) Hipotermia: ( ) Sim

b) Uso de drogas depressoras do sistema nervoso central ( ) Sim

* Se a resposta for não a qualquer dos itens acima, interrompe-se o protocolo.

D) **Exame neurológico para diagnóstico de morte encefálica**

(Verificar o intervalo mínimo exigível entre as avaliações clínicas conforme tabela abaixo:)

Idade	*Intervalo (horas)*
7 dias a 2 meses incompletos	48
2 meses a 1 ano incompleto	24
1 ano a 2 anos incompletos	12
Acima de 2 anos	6

(Continua)

Elementos do exame neurológico:	1º exame	2º exame
Coma aperceptivo (Glasgow 3)	( ) Sim ( ) Não	( ) Sim ( ) Não
Pupilas fixas e arreativas	( ) Sim ( ) Não	( ) Sim ( ) Não
Ausência de reflexo córneo-palpebral	( ) Sim ( ) Não	( ) Sim ( ) Não
Ausência de reflexos óculo-cefálicos	( ) Sim ( ) Não	( ) Sim ( ) Não
Ausência de respostas às provas calóricas	( ) Sim ( ) Não	( ) Sim ( ) Não
Ausência de reflexo de tosse	( ) Sim ( ) Não	( ) Sim ( ) Não
Apnéia	( ) Sim ( ) Não	( ) Sim ( ) Não

Assinatura dos exames clínicos (Devem ser realizados por profissionais diferentes, que não poderão integrar equipes de remoção e transplante).

1º Exame

Data: ___/___/___ Hora: _______

Médico: ______________________

chairman: ____________________

Fone: _______________________

End.: _______________________

Ass.: _______________________

2º Exame

Data: ___/___/___ Hora: _______

Médico: ______________________

chairman: ____________________

Fone: _______________________

End.: _______________________

Ass.: _______________________

E) **Exame complementar**

(Indicar o exame realizado e anexar laudo com identificação do médico responsável)

1. Angiografia cerebral
2. Cintilografia radioisotópica
3. Doppler transcraniano
4. Monitorização da pressão intracraniana
5. Tomografia computadorizada com xenônio
6. Tomografia por emissão de Fóton único
7. EEG
8. Tomografia por Emissão de Pósitrons
9. Extração cerebral de Oxigênio
10. Outros(citar)

3 vias: primeira via segue com doador para teste complementar; segunda via segue para Secretaria de Saúde (notificação); terceira via permanece no prontuário do hospital.

APÊNDICE 2

Drogas	*Meia-vida (h)*
Lorazepam	10-20
Clonazepam	20-30
Midazolam	2-5
Diazepam	40
Fenitoína	140
Clordiazepóxido	10-12
Carbamazepina	10-60
Acido valpróico	15-20
Fenobarbital	100
Morfina	2-3
Fentanil	18-60
Ketamina	2-4
Amitriptilina	10-24
Pancurônio	2-3
Cocaína	1
Codeína	3

Álcool: utilizar como critério para realizar o exame clínico para a constatação de ME um nível sérico < 800 mg/l.

REFERÊNCIAS BIBLIOGRÁFICAS

1. Wijdicks EFM. Brain Death. Lippincott Williams & Wilkins. 2001.
2. Mollaret P, Goulon M. Le coma dépassé (mémoire préliminaire). *Rev Neurol* 1959;10:3–15.
3. Schwab RS, Potts F, Mathis P. EEG as an aid in determining death in the presence of cardiac activity. *Eletroencephalogr Neurophysiol* 1963;15:147.
4. Murray JE. Organ Transplantation: the practical possibilities. *In* Wolstenholme GEW, O'Conner M. (eds.) Ciba Foundation Symposium: Ethics in medical progress. Boston: Little, Brown & Co, 1966, pp 54–77.
5. Ad Hoc Committee. A definition of irreversible coma: report of the Ad Hoc Committee of the Harvard Medical School to Examine the Definition of Brain Death. *JAMA* 1968;205:337–40.
6. Atkinson JL. The neglected prehospital phase of head injury: apnea and catecholamine surge. *Mayo Clin Proc* 2000;75:37–47.
7. Rosner MJ, Newsome HH, Becker DP. Mechanical brain injury: the sympathoadrenal response. *J Neurosurg* 1984;61:76–86.
8. Van der Hoeven JAB, Ploeg R. Effects of Brain Death on donor organ viability. *Curr Opin Organ Transplant* 2001;6:75–82.
9. Howlett TA, Keogh AM, Perry L *et al.* Anterior and posterior pituitary function in brain-stem-dead donors. A possible role for hormonal replacement therapy. *Transplantation* 1989;47:828–834.
10. Cooper DK, Basker M. Physiologic changes following brain death. *Transplant Proc* 1999;31:1001–1002.
11. Novitzky D, Cooper DK, Morrel D *et al.* Change from aerobic to anaerobic metabolism after brain death, and reversal following triiodothyronine therapy. *Transplantation* 1988;45:32–36.
12. Cooper MS, Stewart PM. Corticosteroid Insufficiency in Acutelly ill Patients. *N Engl J Med* 2003;348:727–34.
13. Marik PE, Zaloga G. Adrenal Insufficiency in the Critically Ill. A New Look at an Old Problem. *Chest* 2002;122:1784–1796.
14. Jiang JP, Downing SE. Catecholamine cardiomyopathy: review and analysis of pathogenetic mechanisms. *Yale J Biol Med* 1990;63:581–591.
15. Mayer SA, LiMandri G, Sherman D *et al.* Eletrocardiographic markers of abnormal left ventricular wall motion in acute subarachnoid hemorrhage. *J Neurosurg* 1995;83:889–896.
16. Dujardin KS, McCully RB, Wijdicks EFM *et al.* Myocardial dysfunction associated with brain death: clinical, echocardiographic, and pathologic features. *J Heart Lung Transplant* 2001.
17. Goldstein B, Toweill D, Lai S *et al.* Uncoupling of the autonomic and cardiovascular systems in acute brain injury. *Am J Physiol* 1998;275:R1287–R1292.
18. Simon RP. Neurogenic pulmonary edema. *Neurol Clin* 1993;1:309–323.
19. Wijdicks EFM. The diagnosis of Brain Death. *N Engl J Med* 2001;344:1215–1221.
20. Wijdicks EFM. Temporomandibular joint compression in coma. *Neurology* 1996;46:1774.
21. Goetting MG, Contreras E. Systemic atropine administration during cardiac arrest does not cause fixed and dilated pupils. *Ann Emerg Med* 1991;20:55–57.
22. Gray AT, Krejci ST, Larson MD. Neuromuscular blocking drugs do not alter the pupillary light reflex of anesthetized humans. *Arch Neurol* 1997;54:579–584.
23. Schmidt JE, Tamburro RF, Hoffman GM. Dilated nonreactive pupils secondary to neuromuscular blockade. *Anesthesiology* 2000;92:1476–1480.
24. Snavely SR, Hodges GR. The neurotoxicity of antibacterial agents. *Ann Intern Med* 1984;101:92–104.
25. Al Jumah M, McLean DR, Al Rajeh S *et al.* Bulk difusion apnea test in the diagnosis of brain death. *Crit Care Med* 1992;20:1564–1567.
26. Lang CJ. Apnea testing by artificial CO_2 augmentation. *Neurology* 1995;45:966–969.
27. Sharpe MD, Young GB, Harris C. Apnea test for brain death determination: an alternative approach. *Crit Care Forum.*
28. Goudreau JL, Wijdicks EFM, Emery SF. Complications during apnea testing in the determination of brain death: predisposing factors. *Neurology* 2000;55:1045–1048.
29. Hazratji SM, Singh BM, Strobos RJ. Angiography in brain death. *NYS J Med* 1981;81:82–83.
30. American Electroencephalographic Society. Guideline three: minimum technical standards for EEG recording in suspected cerebral death. *J Clin Neurophysiol* 1994;11:10–13.
31. Ducrocq X, Hassler W, Moritake K. *et al.* Consensus opinion on diagnosis of cerebral circulatory arrest using Doppler–sonography: Task Force Group on Cerebral Death of the Neurosonology Research Group of the World Federation of Neurology. *J Neurol Sci* 1998;159:145–150.
32. Hadani M *et al.* Application of transcranial Doppler ultrasonography for the diagnosis of brain death. *Int Care Med* 1999;25:822–28.
33. Diaz-Reganon *et al.* Usefulness of venous oxygen saturation in the jugular bulb for the diagnosis of brain death: report of 118 patients. *Intensive Care Med* 2002;28:1724–28.
34. Regner A, Kaufmann M, Friedman G, Chemale I. Increased serum S100β
35. Alvarez LA, Moshe SL, Belman AL *et al.* EEG and brain death determination in children. *Neurology* 1988;38:227–230.

36. Guidelines for determination of brain death in children. *Pediatrics* 1987;80:298–300.
37. Swaiman KF. Neurological examination of the preterm infant. *In* Swaiman KF (Ed.) Pediatric neurology: principles and practice. St Louis: Mosby, 1994.
38. American Electroencephalographic Society. Guideline three: minimum technical standards for EEG recording in suspected cerebral death. *J Clin Neurophysiol* 1994;11:10–13.
39. Kohrman MH, Spivack BS. Brain death in infants: sensitivity and specificity of current criteria. *Pediatr Neurol* 1990;6:47–50.
40. Ashwal S, Schneider S. Pediatric brain death: current perspectives. *In* Barness LA (Ed.) Advances in Pediatrics. Volume 38. Chicago: Mosby Year Book, 1991, pp 181–202.
41. Ruiz-Garcia M, Gonzalez-Astiazaran A, Collado-Corona MA *et al.* Brain Death in children: clinical, neurophysiological and radioisotopic angiography findings in 125 patients. *Childs Nerv Syst* 2000;16:40–46.
42. Schmitt B, Simma B, Burger R *et al.* Resuscitation after severe hypoxia in a young child: temporary isoelectric EEG and loss of BAEP components. *Intensive Care Med* 1993;19:420–422.
43. Hicks RC, Poole JL. Electroencephalographic changes with hypothermia and cardiopulmonary bypass in children. *J Thorac Cardiovasc Surg* 1981;81:781–786.
44. Ashwal, S. Brain death in early infancy. *J Heart Lung Transplant* 1993;12:S176–S178.
45. Feri M, Ralli L, Felici M *et al.* Transcranial Doppler and brain death diagnosis. *Crit Care Med* 1994;22:1120–1126.
46. Youngner SJ, Landefeld CS, Coulton CJ *et al.* "Brain death" and organ retrieval. A cross-sectional survey of knowledge and concepts among health professionals. *JAMA* 1989;261:2205–2210.
47. Lloyd EL. Accidental hypothermia. *Resuscitation* 1996;32:11–124.
48. Morris RG. Drugs and brain death: drug assay perspectives. *Clin Exp Pharmacol Physiol* 1996;23:S42–S43.
49. Watson ID. Laboratory support for the poisoned patient. *Ther Drug Monit* 1998;20:490–497.
50. Wijdicks EFM. Neurology of critically illness. Philadelphia: FA Davis Company 1995.
51. Wijdicks EFM, Atkinson JLD, Okazaki H. Isolated medulla oblongata after severe traumatic brain injury. *J Neurol Neurosurg Psychiatry* 2001;70:127–129.
52. Giacino JT. Disorders of consciousness: differential diagnosis and neuropathologic features. *Semin Neurol* 1997;17:105–111.
53. Saposnik G, Maurino J, Bueri JA. Movements in brain death. *European Journal of Neurology* 2001;8:209–213.
54. Ramos HC, Lopez R. Critical care management of the brain-dead organ donor. *Curr Opin Organ Transplant* 2002;7:70–75.
55. Day L. How nurses shift care of a brain injured patient to maintenance of a brain dead organ donor. *Am J Crit Care* 2001;10:306–312.
56. Powner DJ, Darby J, Stuart SA. Recommendations for mechanical ventilation during donor care. *Progress in Transplantation* 2000;10:33–40.
57. Novitzky D. Donor management: State of the Art. Transplant Proceedings, 1997;29:3773–3775.
58. Gramm HJ, Meinhold H, Bicket U *et al.* Acute endocrine failure after brain death. *Transplantation* 1992;54:851–857.
59. Adrogue HJ, Madias NE. Hypernatremia. *N Engl J Med* 2000;342:1493–1499.
60. Brasil. Conselho Federal de Medicina: Resolução 1.480/97 – Critérios de Morte Encefálica. DOU, p 18227; 21/08/97.
61. AMIB. II Encontro da ABTO com Intensivistas – Morte Encefálica e Doação de Órgãos. Atualidades AMIB (Publicação da Associação de Medicina Intensiva Brasileira), 12:10–11, Jul-Ago-Set, 1998.
62. AMIB. III Encontro da ABTO com Intensivistas – Morte Encefálica e Doação de Órgãos/Consenso & Recomendações. Atualidades AMIB (Publicação da Associação de Medicina Intensiva Brasileira), 17:13–14, Abr-Ago, 2000.
63. Brasil. Conselho Federal de Medicina: Processo-Consulta CFM nº 8.563/2000 PC/CFM/ Nº 42/2001. Sessão Plenária de 21/11/2001.
64. Brasil. Congresso Nacional. Lei nº 9.434 - Dispõe sobre remoção de órgãos, tecidos e partes do corpo para fins de transplante e tratamento e dá outras providências; 04/02/97.
65. Brasil. Decreto Lei nº 2.268, de 30 de junho de 1997. Regulamenta a Lei nº 9.934, que dispõe sobre a remoção de órgãos, tecidos e partes do corpo humano para fins de transplante e tratamento, e dá outras providências. Diário Oficial da União, Brasília, nº 123, p.13739, 01 jul 1997. Seção 1.
66. Brasil. Medida Provisória nº 1.718, de 06 de Outubro de 1998.
67. Kaufmann, Mauro L. Um Conflito Onde Doar Não Significa Ganhar. Revista Brasileira de Terapia Intensiva, 2001;13(2):71–76.
68. Morin Edgar. O Homem e a Morte. Rio de Janeiro: Imago, 1997.
69. Habermas, Jürgen. Técnica e Ciência como "Ideologia". Original: Technick und Wissenschaft als "Ideologie" (1968). Biblioteca de Filosofia Contemporânea. Nº 3. Lisboa, Portugal: Edições 70, 2001.
70. Lamb D. Organ Transplants and ethics. Ashgate Publishing Ltd. 1996.
71. Brasil. Código de Ética Médica. Resolução CFM nº 1.246. 08/01/1988.
72. Rosengard BR, Feng S, Alfrey E *et al.* Report of Crystal Meeting to Maximize the Use of Organs Recovered From the Cadaver Donor. *Am J Transplant* 2002;2:701–711.
73. Feng S, Buell J, Cherikh WS *et al.* Organ donors with positive viral serology or malignancy: risk of disease transmission by transplantation. *Transplantation* 2002;74:1657–1663.
74. Kootstra G, Kievit J, Nederstigt A. Organ donors: heartbeating and non-heart-beating. *World J Surg* 2002;26:181–184.
75. Kootstra G, Kievit J, Nederstigt A. Organ donors: heartbeating and non-heart-beating. *World J Surg* 2002;26:181–184.
76. Emond JC, Freeman RB, Renz JF *et al.* Optimizing the Use of Donated Cadaver Livers: Analysis and Policy Development to Increase the Application of Split-Liver Transplantation. *Liver Transplantation* 2002;8:863–872.
77. Williams TJ, Snell GI. Organ Procurement-Strategies to Optimize Donor Availability. *Seminars in Respiratory and Critical Care Medicine* 2001;22:541–550.

10 Bioética em Terapia Intensiva – Aspectos Pediátricos

Lara de Araújo Torreão • Gabriel Oselka • Eduardo Juan Troster

A primeira Unidade de Terapia Intensiva Pediátrica (UTIP) surgiu em 1955, na Suécia, coordenada por um anestesiologista pediátrico, Goran Haglund. A partir da década de 1970, houve uma rápida expansão do conhecimento científico e o surgimento de programas específicos de treinamento de seus profissionais, permitindo o crescimento da especialidade.[1]

Incontáveis foram os benefícios decorrentes da medicina intensiva pediátrica com a melhoria das terapias de suporte das insuficiências orgânicas. O emprego de ventilação mecânica, terapias de reposição renal, drogas vasoativas e inotrópicas, imunossupressão ampliou a possibilidade para a realização de tratamentos complexos, como as cirurgias cardíacas, neurocirurgias e até mesmo transplantes de órgãos. Em conseqüência, frente à efetividade das novas modalidades diagnósticas e terapêuticas, houve um aumento inequívoco no tempo médio de vida e diminuição da mortalidade. Por outro lado, ainda é notório o crescimento no número de doentes crônicos e terminais.

Crianças que no passado teriam morrido atualmente sobrevivem, algumas sem morbidade relevante; outras porém permanecem com seqüelas graves. Nesse caso, sem os "benefícios" da terapia intensiva, a criança provavelmente teria ido a óbito, pela evolução natural da sua doença.

Simultaneamente ao progresso tecnológico e científico nas Unidades de Terapia Intensiva, surgem reflexões de cunho ético quanto ao real benefício do uso e dos limites de tais tecnologias para a humanidade.

A questão ética que aqui se impõe é: podemos ou devemos tratar todas as crianças utilizando todos os meios terapêuticos disponíveis? E, se devemos, quais são os limites desse tratamento? Esses questionamentos revelam a obstinação terapêutica, ou seja, a aplicação de recursos de modo exagerado e fútil, que é contrária aos princípios éticos.[2,3]

PACIENTE PEDIÁTRICO EM ESTÁGIO TERMINAL

Define-se como paciente terminal aquele que se encontra em um estágio de doença que evoluirá inexoravelmente para o óbito, independentemente dos esforços a serem empregados. Enfim, o paciente não mais pode ser salvo e está em processo de morte inevitável.[4-6]

Como se verifica, o conceito de paciente terminal na literatura médica é vago e pouco objetivo. O reconhecimento do paciente "terminal" é um processo que resulta da observação diária e de uma análise de variáveis clínicas, associadas a exames complementares e avaliação do estágio de evolução da doença, que auxiliarão a compreensão do médico. Diversos estudos sobre os índices de prognósticos e de qualidade de vida tentam definir de forma mais objetiva o que é o paciente terminal e a futilidade do tratamento. Todavia, esses dados são referentes a estudos populacionais ou epidemiológicos, perdendo a especificidade quando aplicados em nível individual.[7,8]

O aparato tecnológico e científico existente nas UTIPs vem exigindo dos profissionais uma conduta equilibrada quanto à sua aplicação na abordagem dos pacientes, principalmente com relação ao paciente terminal, para o qual as medidas terapêuticas não aumentam a sobrevida, mas apenas prolongam o processo lento de morrer.[3,4]

Quando o tratamento falha em uma criança gravemente enferma, tal fato aflige a todos: a família e a equipe da UTIP. A morte de uma criança é sempre prematura, contrariando seu potencial de vida.[7]

Nos dias atuais, em virtude da diminuição da mortalidade infantil, é estranho para a sociedade a morte de uma criança, e mais incomum ainda é ver uma criança em estágio terminal. Não é raro aceitar a impossibilidade de cura e insistir em tratamentos agressivos que intensificam o sofrimento.

Verifica-se, portanto, que a utilização excessiva de todos os meios disponíveis nem sempre acarretam o melhor resultado no tratamento. No entanto, a grande expectativa da comunidade na cura dos pacientes internados na UTIP é um dos fatores que levam o médico a usar exageradamente os recursos existentes.

PAPEL DA BIOÉTICA

O termo bioética foi introduzido por Van Rensselaer Potter, que a definiu como a ciência da sobrevivência humana, ressaltando, entre outros objetivos: promover e defender a dignidade humana e a qualidade de vida, transcendendo o âmbito humano e abrangendo até a realidade cósmico-ecológica.[9,10]

Segundo Garrafa, a bioética tem dois enfoques: a bioética das situações persistentes, que analisa os temas cotidianos e que se refere à vida das pessoas, como: exclusão social, racismo, aborto, eutanásia; e a bioética das situações emergentes, decorrente do desenvolvimento biomédico e dos limites da cidadania, inclusive dos direitos humanos, como: as fecundações assistidas, transplantes e clonagens.[10] Pela amplitude que se propõe, a bioética só pode ser alcançada através de uma interação multidisciplinar que integre, além das ciências médicas e biológicas, as ciências humanas e políticas.

Define-se bioética como o estudo sistemático das dimensões morais, incluindo visão, decisão e normas morais, das ciências da vida e do cuidado da saúde, utilizando uma variedade de metodologias éticas num contexto multidisciplinar.[11]

Nesse contexto atual é que se insere a bioética, quando a velocidade espantosa na aquisição de conhecimentos científicos e o emprego da tecnologia na área médica terminam por gerar conflitos nos limites terapêuticos, contribuindo para o surgimento dos questionamentos éticos nas decisões de vida.

PRINCÍPIOS DE BIOÉTICA

Atualmente existem diversas correntes em bioética. O principialismo é um modelo prático, com uma linguagem acessível aos não-filósofos, e tem como objetivo aplicar os princípios éticos gerais aos problemas da prática médico-assistencial. É conhecido como a ética aplicada.

Trata-se de uma teoria moral embasada nos princípios que se seguem: beneficência, não-maleficência, autonomia e justiça.[12] Na prática, analisa de forma racional e imparcial situações concretas de conflitos de interesses e de valores, visando a dirimir, quando possível, os conflitos pela escolha dos melhores argumentos.[11,12]

Princípios da beneficência e não-maleficência

Do ponto de vista filosófico, os valores morais existem unicamente em atos ou produtos humanos realizados livremente, isto é, de um modo consciente e voluntário. Pode-se atribuir um valor a um ato se e somente se tiver ele conseqüências que afetam a outros indivíduos, a um grupo social ou à sociedade inteira. O ato moral positivo é um ato moralmente valioso e pretende ser uma realização do bom ou do bem.[13,14]

As idéias de bom e de mau mudam historicamente de acordo com as diferentes funções da moral efetiva de cada época, e essas mudanças se refletem sob a forma de novos conceitos nas doutrinas éticas. Segundo Varga, há um consenso geral de que não nascemos moralmente maus ou bons, mas crescemos tornando-nos bons ou maus, por meio de ações bem ou mal feitas.[14]

Na bioética principialista, o princípio da beneficência refere-se à obrigação moral de agir em benefício do outro. É um ato obrigatório em defender o outro nos seus legítimos interesses. E denota uma ação.[12]

Segundo Beauchamp e Childress, o princípio da beneficência inclui a beneficência positiva (objetiva prover benefícios ou realização do bem) e a útil (objetiva um equilíbrio entre vantagens e desvantagens). Dessa afirmativa, poder-se-ia inferir que se relacionam com o valor moral positivo e o valor útil.[12]

O princípio da não-maleficência deriva da máxima hipocrática *"Primum non nocere"*, ou seja, em primeiro lugar não lesar. Para Beauchamp e Childress a não-maleficência é a obrigação moral de não realizar um ato intencional que seja prejudicial ao outro. Já a beneficência é a obrigação de prevenir, remover danos e promover o bem. O primeiro requer abstenção, e o segundo, ação. Ambos estão associados a valores sociais, culturais, religiosos e portanto passíveis de mudanças. Muitos autores incluem o princípio da não-maleficência no princípio da beneficência, uma vez que, ao evitar o dano intencional ao outro, já se está, na realidade, visando ao bem do outro.[15]

No paciente em estágio terminal o princípio da não-maleficência é a base do tratamento. Nessa fase, o objetivo maior é evitar a distanásia, proporcionando ao paciente o conforto e uma morte digna, sem dor ou sofrimento.[12,16,17]

A distanásia é morte lenta, com sofrimento, geralmente prolongada por meios artificiais. Ela tem sido o produto da obstinação terapêutica graças ao uso irracional da tecnologia no tratamento do paciente quando não há chances de reversibilidade. Tal conduta, nos Estados Unidos, é rotulada de tratamento fútil, uma vez que a cura é impossível e os danos são maiores do que os benefícios.[2,3,12,16,17]

Atualmente os dados provenientes da literatura sobre as condutas no fim da vida e os aspectos éticos relevantes surgem de questionários (estudo de prevalência), estudos retrospectivos, coortes e de diretrizes profissionais. E a maior parte deles analisa a suspensão ou a omissão de terapias de suporte vital (ventilação mecânica, drogas vasoativas, diálise) e o processo de decisão.[18]

É importante ressaltar que, ao suspender ou limitar o suporte de vida, como a ordem de não ressuscitar o paciente terminal, o enfermo não será abandonado; ocorre uma inversão de expectativas, e curar deixa de ser o objetivo de tratamento. Nesse momento, priorizam-se as medidas de conforto.[4]

Princípio da autonomia ou do respeito à pessoa

Semanticamente, autonomia vem do grego, em que *autos* significa o mesmo, ele mesmo e por si mesmo, e *nomos* significa compartilhar, instituição, governo, lei, convenção. Nesse sentido, a autonomia significa a competência humana em dar-se suas próprias leis.[19]

Filosoficamente, a autonomia é um termo introduzido por Kant para designar a independência da vontade. A vontade é a faculdade de escolher somente aquilo que a razão conhece como necessário e bom, desde que essa vontade não esteja sujeita ao desejo.[20] A sua heteronomia, segundo a qual a vontade está determinada pelo desejo, sem o embasamento racional.

Desse modo, a autonomia define-se como a condição de uma pessoa ou uma coletividade, capaz de determinar por ela mesma a lei à qual se submeter. Em outras palavras, aquele que obedece à lei obedece apenas a si próprio, ou seja, é livre. Entretanto, para alguns autores, a liberdade pressupõe uma opção frente a elementos emocionais e racionais (o que altera o enfoque kantiano, puramente racional). A liberdade não é autodeterminação absoluta, um tudo ou nada, e sim um problema sempre aberto com possibilidades finitas.[21]

Outro filósofo que historicamente definiu a idéia de autonomia foi John Stuart Mill, um utilitarista. Para ele, a autonomia não tem um valor em si, mas tão-somente pode estar vinculada à produção de utilidade sob forma de bem-estar. Embora preserve a identificação entre autonomia e liberdade individual, esta não se embasa na vontade e sim no agir útil.[19] Em bioética, segundo Childress e Beauchamp (1994), a definição de autonomia adquiriu diversos significados, quando se estendeu ao plano individual, como: autogoverno, autodeterminação, escolha individual, liberdade de escolha, privacidade e agir segundo a própria vontade. Muitas idéias estão embutidas no conceito de autonomia, mas duas condições estão essencialmente presentes: liberdade (independência de influências) e ação (capacidade de agir intencionalmente). A autonomia associa-se à liberdade individual embasada na vontade e está ligada a uma escolha reflexiva e individual, limitada pelas possibilidades que a realidade impõe.[12]

■ *Autonomia e paternalismo*

Respeitar a autonomia é reconhecer que existem capacidades e perspectivas pessoais, incluindo o direito de examinar e fazer escolhas, para tomar atitudes baseadas em valores e crenças pessoais, nos contextos emocional, sociocultural e político. O exercício da autonomia, no meio médico, está presente nas atitudes de recusa ou consentimento de condutas em relação a um procedimento, a um tratamento, a uma intervenção. Está implícita a escolha.

O oposto da autonomia, na medicina, é mais conhecido como paternalismo. Schramm (1998) cita que o paternalismo está embasado na estrutura familiar patriarcal, na qual o *pater* tem o poder de decidir e fazer todas as escolhas em relação aos filhos e supostamente em favor do maior bem-estar dos seus protegidos.[22] Na relação médico-paciente, é muito comum o médico considerar o paciente como um sujeito não-autônomo e tomar as decisões por ele, em prol do melhor interesse para seu doente (baseado nos princípios da beneficência e não-maleficência da tradição hipocrática). Ou seja, julga-o incompetente para tomar a melhor decisão em seu favor e assim ignora a possibilidade do exercício da autonomia. O indivíduo, para agir autonomamente, precisa rejeitar a autoridade, a tradição moral ou social, apenas pode aceitar conscientemente após reflexão individual, baseado em seus valores e crenças.[21]

■ *Autonomia na criança e no adolescente*

Na medicina assistencial e nas pesquisas com seres humanos, a autonomia se traduz pelo consentimento informado. E consiste em um processo no qual a pessoa recebe uma explicação minuciosa sobre o procedimento, compreende a informação, atua voluntariamente, é capaz para agir e, finalmente, consente ou não. É um ato consciente, renovável e revogável.[16,23,24] E é contemplada no Código Penal Brasileiro (art. 146, #3.1).[25]

A doutrina do consentimento informado tem uma limitação prática na pediatria. Segundo a Academia Americana de Pediatria (1995), apenas pacientes que têm capacidade decisória adequada e competência jurídica podem consentir após informação a intervenções e condutas médicas. Em outras situações, em que a decisão cabe aos pais ou responsáveis, é chamada de permissão após informação (ou permissão informada) com ou sem concordância da criança ou do adolescente, a depender do seu estágio de desenvolvimento.[26]

A capacidade do indivíduo para tomar decisões de forma voluntária tem sido associada ao grau de desenvolvimento psicológico e moral.[27] Segundo Piaget, a capacidade de operar o pensamento concreto, estendendo-o à compreensão do outro e às possíveis conseqüências de boa parte dos seus atos, se aperfeiçoa na idade escolar, entre 6 e 11 anos de idade. Esse amadurecimento se completa na adolescência, com a capacidade crescente de abstração que a criança desenvolve nessa fase da vida.[28]

Envolver a criança e o adolescente no processo de decisão não indica necessariamente que se deva tratá-los como indivíduo capazes de julgamento e decisão racional. É necessário que os médicos reconheçam a importância da aquiescência do menor, do seu assentimento. Ressalta-se, porém, que ninguém deve solicitar a opinião do menor se não houver a intenção de considerá-la na discussão. Em situações em que o paciente receberá um tratamento independente da sua vontade, o fato deverá ser esclarecido e o paciente não deve ser enganado.[26]

Atualmente aceita-se o conceito do menor maduro, proposta introduzida pela Academia Americana para Medicina de Adolescentes (1997) e seguida no Brasil pela Unidade de Adolescentes do Instituto da Criança do Hospital das Clínicas da Universidade de São Paulo, respeitando a privacidade, a confidencialidade e a autonomia do adolescente.[29,30]

Todavia, há de se fazer uma distinção fundamental entre maioridade legal, que torna o indivíduo competente perante as leis vigentes, e o respeito à autonomia (ou maioridade moral) no seu sentido filosófico, histórico e cultural, que foi abordado anteriormente.

No Brasil, aos 18 anos de idade a pessoa se torna plenamente responsável pelo seu ato. Portanto, do ponto de vista legal, crianças (pessoa até 12 anos incompletos), adolescentes (pessoa entre 12 anos e 18 anos incompletos),[31] assim como presos, índios, deficiente mental e pacientes inconscientes são considerados incompetentes, e os seus interesses devem ser representados pelos seus responsáveis.

■ *Autonomia no paciente em estágio terminal*

Na relação médico-paciente surgem freqüentemente conflitos gerados por opiniões divergentes entre médicos e os familiares. Tal fato torna-se particularmente complexo no paciente em estágio terminal que tem a sua autonomia reduzida ou ausente.[2] Em relação à pediatria, a autonomia é legada aos pais ou a tutores, prevalecendo os princípios da beneficência e da não-maleficência.[12]

Os conflitos que envolvem questões do fim da vida geralmente giram em torno de decisões sobre limites de terapêutica e a não-ressuscitação. E no ambiente de terapia intensiva podem acontecer entre: familiares e equipe da UTI; familiares e médico assistente; médico assistente e equipe da UTI. A representação da vontade do paciente pelos familiares é sempre muito complexa.

O estágio final de um paciente é sempre um cenário difícil e doloroso, principalmente na pediatria, em que estão participando diversos personagens; a família, a equipe de saúde, o médico assistente, o próprio paciente, a instituição, mas é sempre um momento único, porque cada caso é um caso com inúmeras possibilidades. Segundo Leone, o que deve existir é a construção de uma verdade para aquele momento, amadurecida no crescimento e na evolução de todos: juízes, legisladores, pais ou responsáveis, médicos e profissionais de saúde e principalmente a criança e o adolescente, como parte de um processo de interação franco, sincero, isento e participativo no processo de morrer.[28]

Princípio da Justiça

Justiça, definem os jurisconsultos romanos como *"Suum cuique tribuere"*, ou seja, dar a cada um o que é seu.[32] Na Grécia antiga, século VI a C. até o século XVII, a justiça é a propriedade natural das coisas que o homem não tem senão de conhecer e respeitar.[33] Na cultura grega, a prioridade era do bem comum sobre o individual, até porque a cidade antecedera ao indivíduo. Assim, o bem coletivo é necessariamente anterior ao bem individual.[34]

Atualmente a bioética busca resgatar esse conceito de justiça distributiva. E define-se como o princípio que obriga a garantir a distribuição justa, eqüitativa e universal dos benefícios dos serviços de saúde.[12,33]

Existem diversas teorias sobre justiça distributiva. As mais discutidas são: a) a teoria utilitarista, que tem como seus principais defensores Jeremy Bentham e Stuart Mill. O utilitarismo sustenta que o bom é o útil que beneficiará o maior número de pessoas, cujo interesse também poderá incluir o seu interesse pessoal.[13,14] Em nível coletivo, maximiza o útil para o maior número de pessoas e minimiza gastos. No entanto, essa teoria pode negligenciar os interesses da minoria da sociedade; b) a teoria igualitária considera que todos os indivíduos têm os mesmos valores e necessidades; assim, garante um mínimo de acesso, não o máximo para todos, denominado mínimo decente (estaria a UTI dentro desse mínimo?); c) a teoria libertária considera em primeiro lugar o direito do indivíduo, a partir da liberdade contratual. É o livre mercado a oferecer diferentes acessos à saúde, de acordo com a possibilidade individual de arcar com o pagamento;[35] d) a teoria da eqüidade implica a distribuição eqüitativa. Aristóteles afirmava: tratar os iguais igualmente e os desiguais, desigualmente. Nessa ordem de idéias, significa a disposição de reconhecer igualmente o direito de cada um a partir de suas diferenças.[12,36] A eqüidade é o reconhecimento de necessidades diferentes, de sujeitos também diferentes, para atingir direitos iguais.

A alocação de recursos traduz o processo de distribuição de recursos limitados de modo justo. E tradicionalmente pode ser feita em dois níveis: micro e macroalocação. A microalocação está ligada às decisões individuais, cotidianas, a exemplo da escolha de Sofia: quem internar no último leito? As decisões na macroalocação são direcionadas à população, através das políticas de saúde.[35]

Princípio da Justiça e o paciente em estágio terminal na UTIP

A sofisticação dos métodos diagnósticos e terapêuticos disponíveis nas unidades de terapia intensiva aumenta bastante os custos do tratamento. Esse fato, associado à escassez de recursos financeiros, torna a alocação de recursos um tema muito debatido entre os intensivistas, bioeticistas, políticos e economistas em todo o mundo.

A UTI enfrenta dois dilemas: por um lado, o aumento da demanda de serviços, e, por outro, a escassez de recursos. Nesse contexto, existem três preocupações a nos afligir, referentes à alocação: a) os custos para a manutenção da UTI são altos, e muito desses recursos serão utilizados por pessoas que irão morrer independentemente do tratamento; b) o impacto real do uso desses serviços ainda não está estabelecido; c) a imagem predominante no tratamento intensivo é prolongar a vida a qualquer custo, embora fosse considerado como futilidade ou obstinação terapêutica.[37]

Desse modo, o paciente terminal, além de não ter nenhum ganho real, pelo fato de estar em uma UTI, com um tratamento de alto custo, ainda impede que outro paciente seja beneficiado. Campbell, em 1967, estudou a redução de custos dos pacientes terminais em UTI e que a rigor deveriam ser transferidos para as enfermarias, após a suspensão das medidas de suporte de vida. A diária da UTI era de US$ 1.900, comparada com a diária da enfermaria, de US$ 680. A transferência de 96 pacientes resultou em uma economia de US$ 531.920.[38]

Fortes trata da questão formal do direito à saúde, previsto na Constituição federal.[39] Após dez anos de vigência, em face dos dados estatísticos apresentados pelo autor, evidencia-se uma incongruência entre o que está determinado e o que existe realmente na prática.

O Brasil, oitava economia mundial, com 40% da população na faixa da pobreza, gasta apenas 4,5% do PIB (produto interno bruto) em saúde, investindo somente US$ 135/*per capita*, computados os recursos derivados dos setores públicos e privados, enquanto na Argentina o percentual é de 8% e de 12% nos Estados Unidos.[39]

REFERÊNCIAS BIBLIOGRÁFICAS

1. Downes JJ. Evolução histórica, estado atual e desenvolvimento prospectivo do tratamento intensivo pediátrico. *Crit Care Clin* 1992;8:1–25.
2. Prendergast TJ. Resolving conflicts surrounding end of life care. *N Horiz* 1997;5:62–71.
3. Todres ID. Dilemas éticos no tratamento intensivo pediátrico. *Crit Care Clin* 1992;8:247–55.
4. Piva JP, Carvalho PRA. Considerações éticas nos cuidados médicos do paciente terminal. *Bioética* 1993;1:129–38.
5. Fletcher JC, Eys JV, Dorn LD. Ethical considerations in pediatric oncology. *In* Pizo PA, Poplack DG. Principles and practice of pediatric oncology. 3.ed. Philadelphia, Lippincott-Raven, 1997, pp 1283–300.
6. Holbrook P, Glover J. Ethical considerations. *In* Holbrook W.B. *Textbook of pediatric critical care.* 3. ed. Philadelphia, Saunders, 1993, pp 1124–30.

7. Danis M. Deciding whether to withdraw life support in critically ill children insightful data on hard choices. *Crit Care Med* 2000;28:1685–6.
8. Sachdeva RC, Jefferson LS, Coss-Bu J, Brody BA. Resources consumption and the extent of futile care among patients in a pediatric intensive care unit setting. *J Pediatr* 1996;128:742–7.
9. Pessini L. Bioética: horizonte de esperança para um novo tempo (Editorial). *O mundo da saúde*, 1999;23:259–62.
10. Garrafa V. Reflexões bioéticas sobre ciência, saúde e cidadania. *Bioética* 1999;7:13–20.
11. Pessini L, Barchifontaine CP. Bioética: do principialismo à busca de uma perspectiva latino-americana. *In* Costa SIF, Oeslka G, Garrafa V. Coord. Iniciação à bioética. Brasília, Conselho Federal de Medicina, 1998, pp 81–98.
12. Beauchamp TL, Childress JF. *Principles of biomedical ethics.* 4. ed. New York: Oxford University Press, 1994.
13. Vasquez AS. *Ética.* 2. ed. Rio de Janeiro: Civilização Brasileira, 1975.
14. Varga AC. *Problemas de bioética.* São Leopoldo, Editora Unisinos, 1998.
15. Goldim JR. Princípio da não-maleficência. (Online). Disponível http://www.ujrgs.br/HcPA/gppg/naomalef/htm (11/11/2000).
16. Martin LM. Eutanásia e distanásia. *In* Costa SIF, Oselka G, Garrafa V. Coord. Iniciação à bioética. Brasília, Conselho Federal de Medicina, 1998, pp 171–92.
17. Pessini L. Distanásia: até quando investir sem agredir? Bioética (Online). Disponível http://www.cfm.orj.br/revista/bio 1v 7/distonesia.html(18/11/2000).
18. Sprung CL, Oppenheim A. End-of-life decisions in critical care medicine: where are we headed? Editorial. *Crit Care Med* 1998;26:200–2.
19. Segre M, Silva FL, Schramm FR. O contexto histórico, semântico e filosófico do princípio da autonomia. *Bioética* 1998;6:15–23.
20. Marcondes D. *Textos básicos de filosofia: dos pré-socráticos a Wittgenstein.* Rio de Janeiro, Jorge Zahar Ed., 1999, pp 109–21.
21. Cohen C, Marcolino JAM. Relação médico-paciente. *In* Segre M, Cohen C. *Bioética.* São Paulo: Editora da Universidade de São Paulo, 1995, pp 51–73.
22. Schramm FR. A autonomia difícil. *Bioética* 1998;6:27–37.
23. Goldim JR. Consentimento informado (Online) Disponível http://www.ujrgs.br/HcPA/gppg/naomalef/htm (02-09-2000).
24. Clotet J, Franciscone CF, Goldim JR. Consentimento informado e a sua prática na assistência e pesquisa no Brasil. Porto Alegre: EDIPUCRS, 2000.
25. Brasil. Decreto-lei n. 2848 de 7 dez. 1940. Código Penal Brasileiro.
26. American Academy of Pediatrics Policy Statement. Informed consent, parental permission, and assent in pediatric practice. *Pediatrics* 1995;95:314–7.
27. Burns JP, Truog RD. Ethical controversies in pediatric critical care. *N Horiz* 1997;5:72–84.
28. Leone C. A criança, o adolescente e a autonomia. *Bioética* 1998;6:51–4.
29. Saito MI, Leal MM, Silva EV. A confidencialidade no atendimento à saúde de adolescentes: princípios éticos. São Paulo. *Pediatria,* 1999;21:112–6.
30. Society for Adolescent Medicine. Confidential health care for adolescents: position paper in the society for adolescents: position paper if the society for adolescent medicine. *J Adolesc Health* 1997;25:408–15.
31. Brasil. Ministério da Saúde. Ministério da Criança. Projeto Minha Gente. Estatuto da Criança e do Adolescente. Brasília, Ministério da Saúde. 1991, pp 26, 82: Lei nº 8069, de 13 de julho de 1990. Dispõe sobre o Estatuto da Criança e do Adolescente e dá outras providências. Art. 54, inciso IV; Art. 208, inciso III.
32. Abbagnano, N. *Dicionário de filosofia.* 4.ed. São Paulo, Mestre Jou, 1970, pp 565–7.
33. Pessini L, Barchifontaine, CP. *Problemas atuais de bioética.* 4. ed. São Paulo: Edições Loyola, 1997, pp 43–58. Princípios e conceitos fundamentais de bioética.
34. Siqueira JE. O princípio da justiça. *In* Costa SIF, Oselka G, Garrafa V. *Iniciação à bioética.* Brasília, Conselho Federal de Medicina, 1998, pp 71–80.
35. Lanken PN, Terry PB, Osborne ML. Ethics of allocating intensive care unit resources. *N Horiz* 1997;5:38–50.
36. Garrafa V, Oselka G, Diniz D. Saúde pública, bioética e eqüidade. *Bioética* 1997;5:27–33.
37. Birnbaum M, Walleck C. A rationing health care: impact on critical care. *Crit Care Clin* 1993;9:585–601.
38. Campbell ML, Frank RR. Experience with end of life practice at an university hospital. *Crit Care Med* 1997;25:197–202.
39. Fortes PAC. *Ética e saúde.* São Paulo, EPU, 1998.

11 Aspectos Organizacionais e Gestão em UTI

Fernando Antonio Boigues

INTRODUÇÃO

Hospitais são lugares para atender a pessoas com questões de saúde. Segundo a bula do Papa Adriano para o Imperador Constantino, nos anos trezentos, após o Concílio de Nicéia, deveriam ser "construídas casas junto às catedrais para atender aos doentes da época". Curiosa tendência, alguns filósofos dizem que hoje as catedrais de consumo são os *shopping centers* e de forma profética – 1.600 anos após – vemos a construção acelerada de centros de saúde e de hospitais próximos e até dentro desses centros de consumo.

A organização de cargos e funções é muito variável. Os hospitais têm uma direção geral, predominantemente ocupada por médicos, mas não exclusivamente, e hoje cada vez mais ocupada por não-médicos, na maioria administradores e muito raramente por outros profissionais de saúde.

Freqüentemente há direções médicas ou técnicas, administrativas e, como tendência, a elevação da enfermagem para o nível de direção (no mínimo de gerência).[2] Parte dessa tendência é uma crescente vinculação das áreas de lavanderia, higiene e limpeza, nutrição, governança e atendimento ao cliente à enfermagem.[17]

Além dos já citados, toda uma gama de serviços em posições variáveis é encontrada em hospitais, como transporte, internação, cobrança, almoxarifado, compras, pessoal, comunicações, manutenção, educação continuada, controle de infecções, farmácia, laboratório e imagem (radiografia, ressonância, tomografia, ultra-som, hemodinâmica e medicina nuclear).

O funcionamento dos hospitais depende fundamentalmente do entrosamento e da fluidez de informações e, principalmente, de decisões entre os seus vários setores. Por reunir pessoas de formação e origens completamente diversas, é extremamente comum o conflito de opiniões e, conseqüentemente, de decisões nas estruturas hospitalares. Reconhecer que função e que pessoas têm os poderes de decisão e como o exercem é fundamental para termos uma visão nítida e objetiva da gestão hospitalar.[26]

Continuando a análise do poder nos hospitais, cabe observar que um espaço significativo que antes era ocupado pelos médicos está sendo cedido aos administradores e, sem dúvida, a profissionais de enfermagem. Os administradores têm como principal característica a formação profissional que contempla aspectos fundamentais para a sobrevivência hospitalar, como economia, finanças, organização, método e princípios básicos de administração de recursos humanos.[25] Esses elementos jamais freqüentaram e continuam não freqüentando os currículos dos cursos médicos. Ponto ainda a favor da inserção de administradores é a disponibilidade maior por não terem que carregar o ônus assistencial, já que administradores não dão consultas, não operam e não têm que passar visitas em pacientes.

Não basta saber gastar no que há de mais moderno, eficaz e sofisticado, acompanhar o que é a última palavra nos Estados Unidos da América ou na Europa, saber nome e doses do último remédio anunciado no último Congresso Internacional. Não basta saber do último modelo do último aparelho comercializado. É indispensável ter a capacidade de atrair recursos. Palavras nunca pronunciadas passaram a freqüentar preocupações, perguntas e conversas dos formadores de opinião, e é questão de pouco tempo e um pouco mais de segurança fazerem parte do seu discurso e de suas palestras. Essas palavras e questões são: quanto custa?, como podemos ter recursos para comprar?, que qualidade podemos agregar com essa aquisição?

A administração hospitalar nos dias de hoje encontra-se aquém do que se pode chamar de uma administração profissional. Isso não significa que, devido ao grande número de instituições hospitalares familiares, precisamos tirar as famílias da administração e colocar profissionais de fora. O que na realidade precisamos é acabar com a "administração caseira" desses hospitais.

Para cada empresa, instituição ou hospital, há um perfil específico e um papel próprio de seus gestores. Assim como não temos duas personalidades iguais, não encontramos estereótipos idênticos desses profissionais.

O que esses profissionais têm que conseguir com os outros profissionais, de todos os níveis, que trabalham nas instituições hospitalares é a obediência pelo envolvimento, através de uma gestão participativa. Participação significando envolvimento na administração.

Outro fator importante a se considerar na gestão é a capacidade de adaptação às mudanças – nada mais real neste mundo conturbado do que a necessidade imperiosa de adaptar-se às rápidas mudanças pelas quais estamos passando. As melhores empresas do mundo perceberam e comprovaram que a chave do melhor desempenho e sobrevivência do seu negócio, em face da concorrência cada vez mais acirrada, está se dando via qualidade – ISO-9002, focada no cliente. A certificação pela ISO-9002 faz com que a empresa, em nosso caso específico o hospital, crie rotinas escritas para qualquer procedimento, facilitando e agilizando o atendimento ao cliente. É a partir dessa certeza que se institui uma nova relação de interdependência. Sem o empregado, a empresa não existe, e sem empresa não há trabalho, não há fornecedores, não há clientes, não há comunidade.

A forte competitividade do mercado nos tempos atuais requer que as empresas compreendam, de uma vez por todas, a necessidade de se adequarem ao novo cenário a fim de sobreviverem e que as pessoas tenham vontade e criatividade para se envolverem cada vez mais com a filosofia delas. Tornou-se indispensável que qualquer empresa provoque mudanças em seu estilo de gerenciamento, de forma que os colaboradores estejam permanentemente motivados. Para tanto, os hospitais estão investindo cada vez mais na sua gestão. Hoje fala-se muito em gestão compartilhada e gestão participativa.[15] Trata-se de um modelo que ainda está engatinhando na área de saúde, mas que já começa dar sinais de aceitação e aprovação por todos os que trabalham nesse segmento.

DEFINIÇÃO

A definição de gestão, segundo o dicionário Aurélio, é o ato ou efeito de gerir. O que num primeiro momento pode parecer simples, quando levamos para dentro de uma UTI, torna-se complicado. O próprio ambiente fechado, estressante e multiprofissional, com a imposição do trabalho em equipe, fazem com que a estrutura organizacional e a gestão, nesse setor, sejam bem controladas.

Quando se tem uma estrutura organizacional definida e uma gestão norteada pela participação de todos os profissionais, a tarefa acaba se tornando mais fácil e com melhores resultados.

O PROFISSIONAL DE SAÚDE E O TRABALHO EM EQUIPE

Em uma empresa que trata da saúde das pessoas, tudo será mais difícil se não se der atenção especial ao bem maior dessa engrenagem – a saúde do profissional da saúde. Em Administração Hospitalar, a atenção que começamos a dar à saúde de nossos profissionais da saúde tem um sentido holístico:

- Quem somos?
- O que fazemos?
- O que queremos?

As empresas que se adequam aos padrões internacionais de eficiência e eficácia sabem o quanto é difícil manter a motivação dos funcionários. Aí está um dos papéis do bom gestor – propiciar aos funcionários as soluções de seus sonhos. Não podemos esquecer que o melhor período de nossa vida produtiva passamos dentro de nossas empresas, portanto façamos dele o melhor possível.

Estamos na quarta onda, a era da criação, às portas do terceiro milênio, em que está ocorrendo a morte da distância, e a comunicação entre as pessoas se faz mais freqüente, mais necessária. Isso é de extrema importância para o Setor de Saúde, onde as respostas têm que ser cada vez mais rápidas, pois as doenças evoluem a passos largos.

Na medicina do século XXI, a avaliação dos resultados incluirá qualidade de vida, funcionalidade, dor e reintegração. O profissional de saúde, para atingir a excelência pessoal, terá que trabalhar em equipe, ter visão compartilhada e sistêmica.

Tanto a gestão participativa quanto o trabalho em equipe são processos que, cada vez mais, estão sendo incentivados dentro das empresas, chegando finalmente à área hospitalar – uma empresa de saúde. Para implantá-las, travamos verdadeiras batalhas. "Uma batalha sem inimigos ou uma guerra entre parceiros." Essa deve ser a visão dos dois lados – empregadores e empregados, para que possa gerar bons frutos.[18]

Transparência nos diálogos, não-sonegação de informações / dados, cumprimento de normas e rotinas, respeito mútuo e promoção de encontros entre as partes são itens que não devem deixar de existir para que se desempenhe um bom trabalho na gestão participativa. "É preferível ficar vermelho uma vez do que amarelo sempre."

Os recursos humanos, materiais, políticos, financeiros, físicos, tecnológicos e outros, se forem encarados apenas como dados estatísticos, serão apenas recursos. Para se tornarem gestão, terão que estar em movimento dinâmico, com o objetivo de resultados.

No reencontro com a liberdade, é possível criar um ambiente em que a maioria das pessoas sinta prazer em trabalhar e esteja disposta a dar o melhor de si, porque essa maioria espera algumas coisas como: dignidade e respeito; remuneração justa; trabalho compatível com suas habilidades; desenvolvimento para o desconhecimento; informações honestas; um gestor competente e confiável; alguma garantia de "tratamento correto" quanto ao futuro (complementação da aposentadoria, pois somente a do governo é insuficiente) e repouso com direito ao lazer e à recreação. Esta preocupação com o indivíduo, além do profissional, denota a tendência à humanização das Unidades de Tratamentos Intensivos.[3]

Os estudos sociológicos levaram à conclusão de que a vida em comum, continuada, no seio de uma empresa, engendra laços de solidariedade bastante estreitos entre os trabalhadores, sobretudo, e entre eles e a direção, se as respectivas relações[7] forem bem encaminhadas e resguardadas.

Só podemos falar de gestão, principalmente dentro de unidades fechadas para pacientes críticos, se incluirmos todos os profissionais técnicos de saúde, tais como médicos, enfermagem, fisioterapeutas, nutricionistas e nutrólogos, fonoaudiólogos, psicólogos e assistentes sociais. Em alguns casos, não podemos deixar de fora nem mesmo o pessoal da limpeza e higiene, como também o da manutenção.

Se quisermos sobreviver profissionalmente, precisamos entender que nossas UTIs serão competentes pelo conjunto, e não pelo mérito de sua chefia ou de outros valores individuais. De nada adianta o profissional diarista fazer pela manhã o que será desfeito no período noturno ou no fim de semana, por exemplo.

O termo *Unidade* significa trabalharmos em *equipe*, na harmonia e na excelência. Para tanto, precisamos perceber a importância dos indicadores que mostram – no conjunto e no tempo – se estamos atuando dentro de determinadas expectativas: taxas de mortalidade (devidamente ajustadas, seja pelas médias históricas ou por outro método), de infecções, complicações, reinternações e nível de satisfação dos usuários precisam ser entendidos como necessários e incentivados por todos da equipe. Essa é a única maneira de alimentar a fórmula anterior, avaliando nossa qualidade.

É bom enfatizar que a busca da qualidade não se resume a uma simples receita, uma técnica que se aplica e ... pronto!

Antes disso, é um processo de gestão que visa a atingir a conformidade com determinados requisitos previamente estabelecidos. Por meio de constante aferição de indicadores específicos, é possível estabelecer-se a diferença entre o desempenho real de um determinado setor e os objetivos almejados. A melhoria da qualidade surge exatamente quando são adotadas ações que se propõem a reduzir essa diferença, transformando a realidade.

Ao contrário do que poderíamos imaginar, na área de Saúde as intervenções necessárias à melhoria da qualidade não se restringem apenas aos aspectos clínicos do paciente, mas demandam também especial atenção aos recursos humanos e financeiros.[20]

O processo não pode limitar-se, unicamente, a apurar se os resultados obtidos são bons ou não. É preciso compreender quais as razões determinantes do resultado. Sem isso, não são viáveis as correções do rumo.

Por se tratar de uma unidade fechada e restrita, com uma relação íntima com a morte e a vida, os profissionais que nela trabalham têm que ser vistos como pessoas mais do que especiais, pois suas emoções são testadas a cada segundo de trabalho.

FLUXO DAS FONTES PAGADORAS

A eficiência, a competitividade, a otimização dos recursos e a eliminação dos desperdícios geram uma nova área de conhecimentos para os hospitais: a economia da saúde.

Na corrida sem fim pela modernidade e a qualidade, os hospitais e os planos de saúde do país se armam como podem para enfrentar o dia-a-dia de um mercado cada vez mais competitivo e global. Especialistas e consultores na área apontam a nova tendência do setor, em que o importante não é economizar, mas aproveitar os recursos disponíveis da melhor forma possível. É essa nova filosofia chamada Economia da Saúde, que, aliada a medidas como terceirização e informatização, vai delinear os novos rumos da área hospitalar.[12]

De acordo com a economia da saúde, o médico não pode mais deixar de lado a sua função gerencial. Médicos, enfermeiros, nutricionistas, assistentes sociais, administradores e diretores precisam se envolver na produção dos serviços e no processo de utilização de insumos para os diferentes tratamentos.

Algumas mudanças ocorreram no decorrer dos anos que nos levaram a falar sobre "boas negociações em saúde para melhor atender às necessidades das empresas, ou seja, dos seres humanos que nelas trabalham e dos que procuram por conta própria a solução para melhorar a sua saúde".[17]

O fluxo que deveria seguir naturalmente nessa relação seria: O PACIENTE adoentado procura o MÉDICO para a cura de seu mal. Este por sua vez interna-o num HOSPITAL de sua escolha ou de definição do PLANO DE SAÚDE de seu PACIENTE, para a complementação do diagnóstico e o referido tratamento. O HOSPITAL, após a alta do PACIENTE, realiza o faturamento e fecha a referida conta, mandando-a para pagamento pelo PLANO DE SAÚDE. Passado o prazo para o recebimento, conforme reza o contrato entre as partes, o HOSPITAL recebe, em dia, o referido pagamento.

O descrito acima é o sonho ideal de todo prestador de serviço, principalmente o da área da saúde. Hoje, na realidade o que ocorre, com a criação da mais nova especialidade médica – a AUDITORIA MÉDICA, o fluxo se dá da seguinte maneira:

O PACIENTE adoentado procura o MÉDICO para a cura de seu mal. Este por sua vez interna-o num HOSPITAL de sua escolha ou de definição do PLANO DE SAÚDE de seu PACIENTE, para a complementação do diagnóstico e o referido tratamento. Quando o mesmo encontra-se internado, aparece a figura do MÉDICO VISITADOR do PLANO DE SAÚDE, que diz não interferir na conduta do médico assistente, mas que tem a "onipotência" de definir o tipo de tratamento e a necessidade ou não de se fazer com o PACIENTE internado. Tudo isso sem a responsabilidade de responder pelo resultado do tratamento proposto. Após idas e vindas, tais como solicitação de senhas e prorrogações, aprovação ou não das solicitações dos exames médicos complementares de diagnóstico, o PACIENTE recebe alta hospitalar. O HOSPITAL, após a alta do PACIENTE, tenta realizar o faturamento da referida internação, colhendo aí as assinaturas dos profissionais de saúde que se esquecem de fazê-las nas várias folhas que compõem um prontuário médico, e fecha a referida conta, mandando-a para o pagamento pelo PLANO DE SAÚDE, após a verificação pelo médico auditor do próprio hospital (hoje, cada entidade hospitalar necessita de ter sua própria auditoria técnica interna, para que as contas hospitalares não sejam faturadas com erros que possam gerar futuras glosas e também para poder discutir com os convênios sobre procedimentos que eles não querem pagar). Passado o prazo para o recebimento, conforme reza o contrato entre as partes, o HOSPITAL não recebe o pagamento. Isso se dá pois o PLANO DE SAÚDE é o senhor absoluto nas definições do que quer pagar.

Todos sabemos que um HOSPITAL não define exames, nem muito menos medicamentos e materiais a serem utilizados nos PACIENTES. Tudo é definido pelo MÉDICO assistente. O que ocorre é que o PACIENTE é atendido, o MÉDICO define o tratamento, o PLANO DE SAÚDE não paga e o HOSPITAL arca com o prejuízo.

Em uma UTI, onde os custos são os mais altos na conta hospitalar, devido à gravidade do estado dos pacientes, com todo tipo de equipamentos, necessidade de diagnósticos com exames complementares mais sofisticados e tratamentos com medicamentos de última geração, deve-se ter cuidado em todos os momentos das indicações e as justificativas coerentes. Aqui é onde o papel do médico da rotina, do médico plantonista, da chefia médica e do médico assistente é de extrema importância, do ponto de vista econômico-financeiro, para a sobrevivência da instituição.

Hoje em dia, a única maneira que o gestor tem para diminuir as glosas dessas unidades é o critério usado por esses profissionais, que são a alma desses serviços. A conscientização desse papel pelos médicos e por toda a equipe multiprofissional faz a diferença na instituição hospitalar como um todo.[4]

IMPORTÂNCIA DO PRONTUÁRIO MÉDICO

Uma ferramenta importante no trabalho para gestão em UTI é o prontuário médico. Trata-se do documento de identidade do paciente e, como tal, deve ser bem cuidado e manuseado por toda a equipe multiprofissional que tem acesso a ele. Uma caligrafia legível e uma organização por atividades são necessárias para que o tratamento do paciente e a integridade da equipe sejam realizados e preservados com sucesso.

É imprescindível que um médico da equipe da UTI participe da Comissão de Prontuário Médico da instituição hospitalar, pois assim ele poderá passar para os demais membros da unidade os pontos que se deve observar, tanto do ponto de vista técnico quanto do administrativo.

UMA FOTO DA SITUAÇÃO ATUAL

> "A ciência aprofundou-se na segmentação corporal; não considerando o espírito, afastou-se do humano. O médico sábio tornou-se apenas um conhecedor; tornou-se um escravo dos aparelhos. O homem foi dominado pelo meio, o meio é o novo Senhor, dono das mentes e da mídia. Esse meio cresce como que metastaticamente e encarece absurdamente a medicina. E nessa nova ordem onde o meio tornou-se o senhor, aquele que é o meio universal gradualmente transparece e naturalmente se instala no trono outrora místico, sagrado, caritativo e filosófico. Na medicina de hoje o senhor passa a ser o dinheiro. Nas conversas entre médicos fala-se de cifras e de investimentos; nas conversas com seguradoras, fala-se de cifrões e de custos. Os pacientes e seus problemas, eles que façam parte, sem rostos e sem nome, da massa do mercado ou dos jogos de interesses ideológicos ou políticos."
>
> *Luiz Roberto Soares Londres*

Na atual realidade, o que está acontecendo é uma falta de compromisso de todas as partes:

Usuário

- Tem falta de conhecimento do contrato com o plano de saúde.
- Não tem consciência dos custos com saúde.
- Não tem participação financeira nos eventos (consultas, exames, internações).
- As demandas judiciais mais freqüentes – estão procurando mais por seus direitos.

OPERADORAS DE PLANOS DE SAÚDE

- Apresentam um baixo nível de formação dos seus profissionais.
- Têm um contencioso que prejudica a relação com os prestadores de serviços – a inadimplência dos clientes.
- Fazem investimento maciço em *marketing* (tecnologia pura, esquecem o maior colaborador – o médico).
- Apresentam uma assistência médica apenas curativa.

HOSPITAIS

- Apresentam um baixo nível de formação dos seus profissionais.
- A fraude ainda acontece em algumas instituições – há que se ter um reenquadramento do corpo clínico para se acabar com a maquiagem do prontuário médico.
- Falta definição de protocolos – rotinas específicas para os atendimentos.
- Falta de informações sobre os usuários – identificação correta do paciente e de seu responsável financeiro.
- Falta de critério na utilização de tecnologia – "exames brancos" (pedidos de exames sem o conhecimento técnico do médico ou sem necessidade).

PRINCÍPIOS ÉTICOS

- Diminuição do respeito na relação médico-paciente.
- Falta de atuação das comissões de prontuários médicos, CCIH, análises de contas etc.
- Deve-se respeitar os contratos entre os prestadores e os planos de saúde e destes com os usuários.

SISTEMA VIGENTE

- As operadoras de planos de saúde falam de medicina curativa, não vendo na prevenção uma forma de redução de custos.
- Os usuários começam a questionar.
- Os prestadores acabam arcando com os riscos.

SOLUÇÕES

- Realização de fórum de debates permanente, com todos participando.
- Respeitar os contratos, cumprindo-os.
- Investir no treinamento de gestores e dos profissionais técnicos.
- Alterar a prática de marketing – hoje mostra-se somente a tecnologia e esquece-se da relação médico-paciente.
- Desenvolver sistemas de garantia de qualidade – através de campanhas de saúde junto aos usuários – Medicina Preventiva.

ESTRATÉGIA DE NEGÓCIOS

Nos últimos anos, diante das pressões cada vez maiores da competição, os executivos têm procurado modernizar suas empresas. Administrar passou a ser semelhante a surfar: aproveitar ao máximo cada onda de inovação gerencial para atingir patamares superiores de desempenho. Assim foi, ou tem sido, com o planejamento estratégico e com o movimento da qualidade.

Muitos vêem com restrições essa sucessão de novidades. É como se a moda dos livros de auto-ajuda também tivesse conquistado o mundo empresarial.

A verdade é que o momento de profunda transformação que as empresas estão vivendo exige dos administradores soluções rápidas e criativas, e se em muitos casos o remédio pode provocar amargos efeitos, não há como negar que de um jeito ou de outro as empresas têm evoluído rumo a modelos mais modernos de gestão.

Atualmente, tanto o Brasil quanto os EUA, a Europa e o resto do mundo se deparam com profundas modificações de ordem econômica, social e tecnológica no setor de saúde.

Altos custos de serviços de saúde, mau atendimento em hospitais públicos, e mesmo em alguns privados, tendência perversa da tecnologia de aumentar custos são problemas cada vez mais destacados na mídia, que requerem ações urgentes por parte do governo e de empresas privadas no sentido de resolvê-los. Hoje está claro que as necessidades de capital e de gerência ultrapassam a capacidade e a possibilidade dos vários níveis do governo, tornando a convivência governo-empresa mais necessária e importante do que nunca.

O processo evolutivo do Setor de Saúde não é novo, mas alcança agora um ponto em que as ações se tornam urgentes. As soluções que incluam aumento de impostos e/ou redução dos serviços não são socialmente desejáveis ou politicamente viáveis. O envelhecimento da população, a maior consciência da cidadania e o exercício da democracia ampliaram o atendimento e exercem pressões no lado da demanda por serviços de saúde. Por outro lado, novas tecnologias, incluindo avanços na área médica, telemática, ciência da administração e outras, bem como a estabilidade monetária no Brasil e a reforma institucional do setor, prometem aumentar a oferta em quantidade e qualidade. As soluções para o setor passam pelo aumento da eficiência operacional das unidades prestadoras de serviço, pela ênfase à prevenção e pela criação de um modelo de gerência que traga os incentivos corretos aos vários componentes do setor. Todas as idéias e projetos de modificação vão passar pela capacitação de gerentes que os concebam e implementem.

Existe hoje uma grande preocupação com os custos hospitalares. Sabemos que, quando um produto ou serviço é vendido, três vetores entram imediatamente em ação:

- Produtor ou fornecedor.
- Consumidor ou usuário.
- Responsável financeiro.

Na área de saúde, essa tríade interage a cada minuto do dia. Um não vive sem o outro, ou melhor, um não existe sem o outro em todos os sentidos. Abordar a venda de um produto ou serviço na área de saúde muito se assemelha à prestação de serviços em outras áreas. A partir do momento em que o serviço é prestado, tem início um longo processo, repleto de interferências, contratempos e conflitos. As pessoas, em sua maioria, acham que saúde não deve ter um preço – ela é filantropia, obrigação de quem trabalha nesse mercado.

> **"LA SALUD NO TIENE PRECIO, PERO LA MEDICINA TIENE COSTO"**
>
> *Dr. Alberto Mazza, Ministro da Saúde da Argentina*

Agora, recentemente é que os hospitais estão sendo encarados como empresas, com direito até de "ter lucros".

- Nos EUA saúde é negócio.
- Na Europa saúde é um direito social.
- Na América Latina ainda não temos uma identidade:
  - Negócio?
  - Direito social?
  - Filantropia?

Nosso país muda a cada instante em todos os sentidos, e nossos deveres individuais aumentam. Devemos despertar, em todos, no pessoal da área de saúde (hospitais e convênios) e no próprio paciente, a consciência dos respectivos deveres.

Estrategicamente, a medicina nos EUA extrapolou todos os parâmetros no que diz respeito ao atendimento do paciente, encarecendo de uma tal maneira que todas as saídas encontradas e que estão sendo implantadas no resto do mundo estão sendo revistas. Com o custo elevado nos hospitais, a saída tem sido:

- *Home care* (atendimento domiciliar): indicado nos casos de pacientes crônicos ou internações de longa permanência hospitalar.
- *Managed care* (gerenciamento por um médico regional): conjunto de estratégias para aumentar os lucros das empresas prestadoras de assistência médica. Os médicos passam a ter o papel de administradores desses lucros, em vez de profissionais de saúde.

São modelos eficazes mas que têm que ser muito bem administrados e adaptados a cada região. A importação de modelos prontos é um erro que devemos estar atentos para não cometer, pois, quando isso acontece, o conserto é muito caro.

Hoje em dia, principalmente com a estabilidade econômica, todos os planos de saúde já se utilizam de ferramentas que facilitem um direcionamento de seus usuários para os hospitais de menores custos. É evidente hoje a fuga dos clientes dos planos ditos de livre escolha (o cliente escolhe o profissional médico e o hospital que quiser e paga, obtendo reembolso a seguir) para os de escolha dirigida ou rede própria (planos que dão direito apenas à rede credenciada do convênio). Em sua maioria, as pessoas que são "particulares" (são aquelas que têm direito apenas ao atendimento pelo SUS, mas optam por irem para hospitais privados sem terem condições de arcar com as despesas) na realidade não têm dinheiro, ou falta conscientização para adquirirem um plano de saúde.

O que falta aqui no Brasil, na área de saúde, é um estudo de mercado mais apurado e uma concorrência mais profissional entre os hospitais. Os planos de saúde, por sua vez, credenciam hospitais caríssimos, aceitando suas tabelas astronômicas, para venderem planos, e depois criticam esses mesmos hospitais, ao mesmo tempo que querem sucatear os que, apesar de toda qualidade e tecnologia de ponta, não têm o mesmo poder de "fogo", do ponto de vista de marketing. A própria mídia só noticia quando o hospital é considerado VIP.

O que os hospitais estão se conscientizando cada vez mais, e isso devemos à cobrança que os convênios nos fazem, é que somos uma empresa e, como tal, temos que administrá-la com capacidade, para não acabarmos fechando as portas.

Quando os planos de saúde entenderem que a Medicina Preventiva é o grande negócio e a conscientização da população para tal fato for concretizada, aí sim, teremos uma medicina mais barata e com cada vez mais qualidade.

TENDÊNCIAS NO SISTEMA DE SAÚDE

A expansão do setor público, combinada com uma inflação que corroeu a economia brasileira por décadas, fez da renda nacional uma das mais concentradas do mundo e, entre outras conseqüências, um país com elevadíssima dívida social. Como uma decorrência dos problemas de ordem econômica, mais imediatos, em geral relacionados à fragilidade financeira do Estado, as políticas sociais no Brasil (saúde, educação, habitação, por exemplo) nunca têm a prioridade das políticas econômicas (monetária, cambial e fiscal), e por essa razão têm dotações orçamentárias normalmente muito abaixo do necessário.

Na área da saúde, a carência de recursos é corroborada pela tendência acelerada, ocorrida em todo o mundo, de alta dos custos da assistência médico-hospitalar superior aos índices tradicionais de inflação. Esse fato é explicado por alguns fatores. Entre eles, os mais importantes estão relacionados a uma maior longevidade da população, resultante da erradicação de várias doenças endêmicas, planejamento familiar e avanço tecnológico. Na medicina, quanto mais avançada é a tecnologia, ao contrário do que ocorre em outros setores da economia, maior o seu custo.

Quanto ao setor privado, as tendências no sistema de saúde são mais promissoras, apesar de toda dificuldade que ainda enfrentamos no que diz respeito à importação de tecnologia, devido ao não-incentivo do Governo.

Enquanto isso, as unidades hospitalares privadas vão importando, com as devidas adaptações ou não, acertando e errando muitas vezes, os processos americanos, principalmente. Um deles, que já faz parte em nosso meio, é o *home care*. Trata-se de levar até a residência do paciente toda uma estrutura hospitalar, para seu maior conforto e um menor custo (apesar do atendimento/serviço personalizado, ocorre a diminuição do custo, pois as taxas de aluguéis de equipamentos, hotelaria, enfermagem e médicos têm um custo alto, além do risco de infecção hospitalar). Com essa opção, tira-se o paciente crônico e permanecem no hospital apenas os mais críticos. Os hospitais têm uma forte tendência para serem grandes UTIs. É a *desintegração do hospital geral clássico*.

CONCLUSÃO

Com base em todos os relatos, concluímos que a gerência de uma UTI é tão complexa quanto a de um hospital por inteiro. Por abrigar pacientes críticos, os custos são os mais elevados, e os conflitos interpessoais, mais freqüentes. O gestor deve ter uma relação íntima com a chefia da unidade, para que esta possa passar para toda a equipe a tranqüilidade para a realização de um trabalho de primeira qualidade, dentro de todos os preceitos éticos.

Dentro das UTIs, não podemos esquecer, trabalhamos constantemente com os conflitos (interpessoais com os demais profissionais e às vezes com a família do paciente), com o estresse e com a morte, mas também com a realização de êxitos, às vezes não-esperados e compensadores.

Hoje, pela tendência no mercado de saúde, os hospitais estão se tornando, cada vez mais, verdadeiras UTIs, e o cuidado com a saúde (*sensu latu*) dos profissionais da saúde deve ser eficaz.

REFERÊNCIAS BIBLIOGRÁFICAS

1. Amado, Gennyson. *Temas de administração hospitalar*; 2ª edição; 1978.
2. Bethlem, Agrícola de Souza; *Política e estratégia de empresas*; 2ª edição; Editora Guanabara Dois; 1981.
3. Beulke, Rolando e Berto, Dalvio José. *Gestão de custos e resultado na saúde*. Editora Saraiva, São Paulo, 2000.
4. Borba, Valdir Ribeiro; *Marketing hospitalar*. Editora Cultura Médica 1989.
5. Couto, Renato Camargos e Pedrosa, Tânia Moreira Grillo. *Hospital – Gestão Operacional e Sistemas de Garantia de Qualidade – Viabilizando a Sobrevivência*. Medsi, Rio de Janeiro, 2003.
6. Cherubin, Niversindo Antonio. *Administrador hospitalar – um compromisso com a ciência e a arte*. Edições Loyola, São Paulo, 1998.
7. Cherubin, Niversindo Antonio; Santos, Nairio Augusto. *Administração hospitalar*. Pádua: Cedas, 1997.
8. Deming. *Qualidade: A revolução da administração*. Editora Marques Saraiva, Rio de Janeiro, 1990.
9. Falk, James Anthony. *Gestão de custos para hospitais – conceitos, metodologias e aplicações*. Editora Atlas, São Paulo, 2001.
10. Gomes, Marcelo Vieira; Camillis, Luis Felipe, Vianna, Arthur e Nácul, Flávio Eduardo. Medicina Intensiva Cardiopulmonar. Revinter, Rio de Janeiro, 2002.
11. Kaplan, Robert; Norton, David P. *A estratégia em ação*. Campus, Rio de Janeiro, 1997.
12. Kliksberg, Bernardo. A gerência na década de 90. *Revista de administração pública*. Rio de Janeiro, 1988.
13. Lisboa, Terezinha Covas. Breve História dos Hospitais – Da Antigüidade à Idade Contemporânea. Encarte especial da revista *Notícias hospitalares*, junho/julho de 2002, edição nº 37, Pró Saúde, São Paulo.
14. Marquis, Bessie L. e Huston Carol J. *Administração e liderança em enfermagem – teoria e aplicação*. Artmed, Porto Alegre, 1999.
15. Martins, Domingos dos Santos. *Custeio hospitalar por atividades*. Editora Atlas, São Paulo, 2002.
16. Maximiniano, Antônio Cezar Amaru. *Teoria geral da administração*. Atlas, São Paulo, 2000.

17. Mendonça, Maria Helena. O Relacionamento do Médico com a Administração do Hospital. 2ª edição; FEHOESC; Gráfica Recorde. Janeiro/99.
18. Moreira, Antonio Carlos. Comunicação interpessoal. São Paulo: Paulinas, 1991.
19. Nakagawa, Masayuki. *Gestão estratégica de custos*. Atlas, São Paulo, 1993.
20. Normann, Richard. Service management–strategy and leadership in service business. Inglatera: John Wiley & Sons, 1993.
21. Organización Panamericana de la Salud. La Salud em las Américas. Publicación científica n. 569. OPS, Washington, DC, 1998.
22. Organización Panamericana de la Salud/ACODESS. La Transformación de la Gestión de Hospitales en América Latina y Caribe. Washington, DC, 2001.
23. Orlando, José Maria C. UTI Muito Além da Técnica... a humanização e a arte do intensivismo. Editora Atheneu, São Paulo, 2001.
24. Pereira, Alexandre Adler & Boigues, Fernando Antonio; HOSPITAL BUSINESS; Trabalho publicado para Ceras Johnson e GlaxoWellcome; Rio de Janeiro; 1999.
25. Quick, T. L. The manager's motivation deskbook. Ronald Press for John Wiley & Sons, New York, 1985.
26. Quinto Neto, Antonio; Gastal, Fábio Leite. *Acreditação hospitalar*. IAHCS. 1997.

12 Critérios de Internação e de Alta

Ricardo Amorim Garcia

Com o progressivo desenvolvimento da medicina e das ciências afins, tem se tornado inevitável, embora nem sempre desejável, uma crescente subespecialização do conhecimento e da prática médica.

Embora unidades especializadas no atendimento a pacientes com patologias específicas já fossem utilizadas desde o início do século vinte,[1] foi em Copenhague, em 1952, durante a epidemia de poliomielite, que se instalou o protótipo do que hoje concebemos como uma unidade de tratamento intensivo.[1-4] Naquela época, todos os pacientes com insuficiência respiratória foram alocados em uma mesma área, onde recebiam tratamento padronizado,[2,3] tendo sido estabelecido o uso da via endotraqueal e da pressão positiva intermitente como melhor forma de ventilação (Fig. 12-1).[2,3,5]

Nas três décadas seguintes, e sobretudo a partir de meados da década de 1960, com a proliferação das unidades coronarianas e de tratamento pós-operatório, sobretudo nos Estados Unidos, as unidades de tratamento intensivo (UTI) se difundiram por todos os centros médicos do mundo desenvolvido, sendo hoje difícil se pensar em um hospital geral de grande porte sem uma UTI.[6,7]

Paralelamente à instalação das UTIs, grandes progressos foram alcançados nos últimos anos, tanto nos métodos diagnósticos quanto nos recursos terapêuticos colocados à disposição dos pacientes graves. Como exemplo disso podemos citar as melhores técnicas de ventilação mecânica e de depuração extra-renal, a proliferação de recursos de monitorização do paciente e a aquisição de novos agentes terapêuticos.

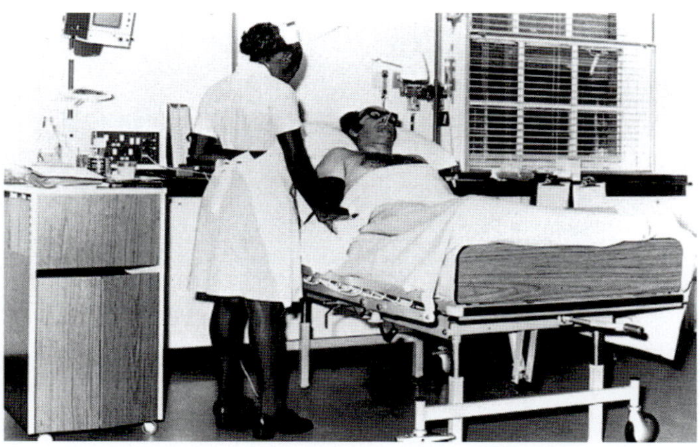

Fig. 12-1. Enfermaria de cuidados especiais do St George's Hospital, 1967 (Bennet D. e Bion J. ABC of Intensive Care *BMJ* 318: 1468-1470, 1999).

A instalação das UTIs foi recebida com entusiasmo pela comunidade médica. Seria a grande chance para pacientes antes considerados irrecuperáveis. Disso resultou que as UTIs se transformaram no local para onde eram transferidos todos os pacientes graves, independentemente da chance que tinham de, efetivamente, se beneficiar de tratamento mais intensivo.[7,8]

A noção intuitiva, facilmente assimilável, de que recursos concentrados, tecnologia avançada e pessoal especializado à disposição vinte e quatro horas por dia reduziriam a mortalidade de patologias graves fez com que as UTIs se multiplicassem nos últimos anos.[6,7] Como é comum ocorrer na atividade médica, a uma fase inicial de euforia em relação às UTIs seguiu-se outra fase de discussão a respeito de sua validade e eficácia.[6-14]

Com o crescente aumento do custo do atendimento médico, tornou-se fundamental uma avaliação precisa desse atendimento para a alocação dos recursos disponíveis da melhor maneira possível. Em relação à terapia intensiva, isso é de particular importância, já que o custo-dia de um paciente internado em UTI é cerca de seis vezes o de um paciente internado em outra área qualquer do hospital e os recursos gastos com os pacientes internados nas UTIs correspondem a 28% de todos os recursos gastos na área hospitalar.[6]

Se para os administradores da área de saúde o gerenciamento de recursos é fundamental, para aqueles que lidam diretamente com o atendimento ao paciente a análise da eficácia das unidades de tratamento intensivo se reveste de outro aspecto de igual importância: qual paciente irá se beneficiar de uma internação na UTI? A internação na UTI envolve, na maioria das vezes, a utilização de métodos invasivos quer para o diagnóstico quer para o tratamento. Métodos invasivos são algumas vezes dolorosos, muitas vezes incômodos, e quase sempre envolvem algum risco para o paciente. Quais pacientes devem ser submetidos a esse risco? Quais pacientes podem se beneficiar de uma internação em UTI?

Em seu clássico editorial no *Critical Care Medicine*, há quase vinte anos,[11] Eugene D. Robin classifica em cinco grupos os pacientes que são internados na UTI:

- Aqueles que se recuperam para uma vida produtiva e plena por causa da UTI.
- Aqueles que se recuperam independentemente da UTI.
- Os pacientes terminais.

- Aqueles que têm morbidade e mortalidade induzidas pela UTI.
- Aqueles que sofrem algum tipo de iatrogenia relacionada ao seu estado crítico, mas sem relação direta com a UTI.

Como ressalta o autor, quanto mais conhecermos esses grupos e quanto mais pudermos quantificá-los, mais úteis estaremos sendo e muito sofrimento desnecessário estaremos, como médicos, evitando.

Como todo ato médico, também a decisão de se internar ou não um paciente na UTI envolve a avaliação da relação risco-benefício. A essa relação está intimamente ligada a impressão que se tem sobre o prognóstico do paciente, e as avaliações de prognóstico são extremamente falhas em diversas situações.[16-18]

A avaliação do prognóstico de determinado paciente se refere, em última instância, à tentativa de se determinar qual a chance que tem esse paciente de se recuperar quando acometido por determinada(s) patologia(s) com um determinado grau de gravidade. Aparentemente simples, esse conceito, quando analisado mais profundamente, se mostra bastante complexo. Em primeiro lugar porque a noção de recuperação (recuperar-se de determinada doença, "ficar bom") é bastante complicada, pois envolve avaliações subjetivas, tais como qualidade de vida, bem-estar etc. Além disso, o conceito de recuperação (e, portanto, do resultado de determinada terapêutica) é influenciado também pelas opiniões e desejos dos próprios pacientes,[14,15] o que, em terapia intensiva, é, algumas vezes, difícil avaliar. Por fim, para se estimar a chance de recuperação de determinado paciente, é necessário que se conheça qual é a evolução que costumam apresentar pacientes semelhantes quando acometidos pela mesma enfermidade e em idêntico grau de gravidade. Nesse ponto se coloca outra dificuldade no campo das avaliações de prognóstico; como comparar os pacientes? É facilmente assimilável a idéia de que o prognóstico de um jovem saudável acometido por uma pneumonia bacteriana é bastante diferente do prognóstico de uma pessoa idosa, com doença pulmonar crônica, acometida também por uma pneumonia bacteriana. No entanto, essa noção, quase intuitiva, de diferença quanto ao prognóstico (jovem saudável × idoso previamente doente) nem sempre é tão clara.

Estabelecer critérios de internação em unidades de terapia intensiva é matéria complexa, e em função disso alguns protocolos foram estabelecidos tanto pela *Society of Critical Care Medicine* (SCCM) quanto pelo *National Institutes of Health* (NIH) tentando normatizar o assunto.[20-22] No entanto, a diversidade dos pacientes, das condições de atendimento e dos recursos disponíveis faz com que seja necessário que cada unidade procure estabelecer as suas regras gerais, levando em consideração, entre outros aspectos, o perfil do hospital, o número de leitos disponíveis para pacientes críticos e sobretudo o nível dos cuidados oferecidos nas enfermarias e/ou quartos do hospital e a existência ou não de leitos de complexidade intermediária. As recomendações discutidas neste capítulo, baseadas nesses protocolos, servem como regras gerais de atuação, mas eventualmente não respondem às dúvidas de casos específicos.

Não raramente nos deparamos com a delicada situação de vermos vários pacientes em ventilação mecânica fora do ambiente de terapia intensiva.[23] Nesses casos, deve-se refletir sobre a fonte dessa inadequação: "Esses pacientes têm indicação de ventilação mecânica e, portanto, estão sendo inadequadamente tratados fora do CTI, ou, ao contrário, não têm indicação de terapia intensiva e estão inadequadamente ventilados?" Muito provavelmente estamos incorrendo diversas vezes em erros que têm, certamente, causas bastante distintas.

A demanda por terapia intensiva é maior do que o número de leitos disponível, em graus variados, em muitos países. No Reino Unido, estima-se que apenas 1% dos leitos hospitalares seja destinado à terapia intensiva, enquanto nos Estados Unidos esse número chega a 8%.[6,10] No Brasil, a recomendação do Ministério da Saúde é de que hospitais com 100 ou mais leitos tenham unidades de terapia intensiva com número equivalente a 6% do total de leitos hospitalares. A tendência mundial, impulsionada tanto pela necessidade de contenção de custos quanto pelas exigências cada vez maiores em relação à qualidade de vida, conforto, privacidade etc., será a de termos hospitais com número cada vez maior de leitos destinados à terapia intensiva ou a unidades de cuidados intermediários e grandes alas de atendimento ambulatorial e/ou de curta permanência como hospitais-dia. Não é raro encontrarmos, hoje, hospitais que destinam mais de 20% de seus leitos a pacientes graves (Fig. 12-2).

A internação em uma unidade de terapia intensiva deve ser uma etapa da internação hospitalar, integrada ao tratamento pré e pós-UTI. O objetivo final é devolver ao indivíduo a capacidade de desfrutar uma vida feliz e produtiva.

ADMISSÃO NA UNIDADE DE TERAPIA INTENSIVA

Uma vez definida sua necessidade, a internação na UTI deve ser efetuada o quanto antes. A demora em transferir para a UTI agrava o prognóstico dos pacientes, e esse agravamento é diretamente dependente da qualidade do atendimento nas enfermarias/quartos e da existência ou não de unidades de cuidados intermediários.[24,25] A atuação da equipe intensivista de-

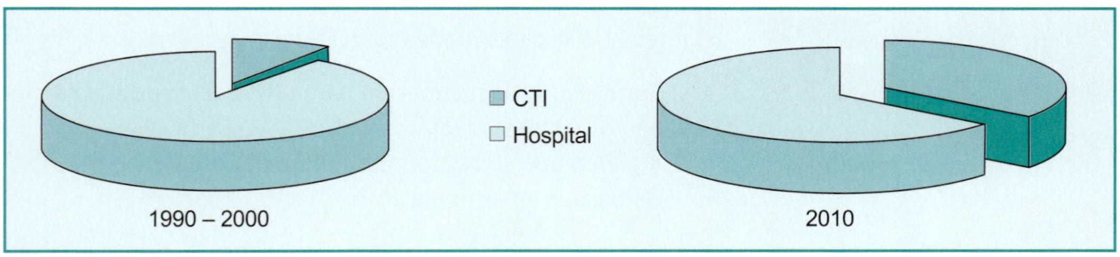

Fig. 12-2. Tendências da assistência hospitalar, assistência a pacientes graves e a UTI.

veria se iniciar antes da internação, avaliando em conjunto com o médico assistente a evolução dos pacientes a fim de determinar o momento ideal da transferência. A demora em se instituir medidas adequadas de suporte ventilatório e hemodinâmico compromete, por vezes irreversivelmente, a evolução desses pacientes.[25] Talvez essa seja uma das explicações (não a única) para encontrarmos em vários estudos taxas de mortalidade significativamente maiores nos pacientes provenientes das enfermarias/quartos do que naqueles internados a partir da emergência. Um exemplo disso pode ser a ocorrência de parada cardiorrespiratória (PCR) fora da UTI. Em estudo recente, Smith e Wood avaliaram 47 casos de PCR dos quais apenas 5 receberam alta hospitalar.[26] Entre os pacientes que apresentaram sinais premonitórios nas 24 horas precedentes nenhuma alta hospitalar foi verificada.

Por outro lado, a necessidade de terapia intensiva não pode justificar a transferência de pacientes de forma inadequada e sem segurança. O planejamento, o pessoal e equipamento necessários ao transporte são imprescindíveis, e sem eles a internação na UTI não deve realizar-se.

O que avaliar?

De maneira geral, deve-se procurar evitar internar pacientes graves demais que não podem se beneficiar de terapia intensiva, assim como pacientes que, por apresentarem risco tão baixo de complicações, podem ser mantidos em outras áreas do hospital. Os principais fatores a se considerar quando se avalia internação em unidades de terapia intensiva estão listados no Quadro 12-1.[27] Embora nenhum deles isoladamente possa ser usado de maneira definitiva, todos devem ser considerados. Não há diagnóstico nem limite de idade que isoladamente contra-indiquem a internação. Pacientes idosos têm obtido resultados plenamente satisfatórios tanto a curto quanto a longo prazo após internações prolongadas.[28] A gravidade da doença, a reserva fisiológica, a presença de co-morbidades e a resposta ao tratamento já instituído são avaliadas em conjunto e representam os fatores mais importantes. O prognóstico é dependente das condições anteriores e tem grande influência na decisão sobre qual tratamento oferecer. No entanto, os índices de avaliação prognóstica não podem ser usados como critério de exclusão para casos individuais, uma vez que se prestam apenas a estimativas de prognóstico de grupos de pacientes.[29] As opiniões e os desejos dos pacientes, assim como a avaliação da qualidade de vida que se espera após a alta da UTI, têm sido cada vez mais considerados e devem ser discutidos com os pacientes e seu familiares ou responsáveis.

Quadro 12-1. Fatores que influenciam a decisão de internar

- Diagnóstico
- Gravidade da doença
- Idade
- Co-morbidades
- Reserva fisiológica
- Prognóstico
- Tratamento adequado disponível
- Resposta ao tratamento já instituído
- Parada cardiorrespiratória recente
- Avaliação da qualidade de vida
- Desejos do paciente

Smith G & Nielsen M. Criteria for admission. *BMJ* 318:1544-1547, 1999.

O próximo passo é a identificação dos pacientes que necessitam de tratamento mais agressivo ou observação rigorosa e permanente. Nesse ponto são úteis as recomendações do *American College of Critical Care Medicine* e da *Society of Critical Care Medicine* publicadas em 1999, que apresentam dois modelos de avaliação não-excludentes mas complementares:[22]

1. **Modelo diagnóstico:** nesse caso condições específicas e diagnósticos de doenças são usados para determinar a necessidade ou não de internação (Quadro 12-2).

Quadro 12-2. Modelo diagnóstico

Sistema cardiovascular

- Infarto agudo do miocárdio
- Choque cardiogênico
- Arritmias complexas
- Insuficiência cardíaca com insuficiência respiratória ou necessidade de monitorização hemodinâmica invasiva
- Emergências hipertensivas
- Angina instável
- Pós-ressuscitação cardíaca
- Tamponamento pericárdico
- Aneurismas dissecantes da aorta
- Bloqueio atrioventricular total

Sistema respiratório

- Insuficiência respiratória aguda
- Embolia pulmonar
- Hemoptise maciça
- Necessidade de intubação traqueal e de ventilação mecânica
- Necessidade de cuidados respiratórios não-disponíveis em outras áreas

Sistema neurológico

- Acidentes vasculares com alteração do nível de consciência
- Coma
- Hemorragia intracraniana
- Hemorragia subaracnóidea
- Meningite com alteração da consciência
- Doença do sistema nervoso central ou doença neuromuscular com comprometimento da respiração
- Estado de mal epiléptico
- Morte cerebral constatada ou iminente em doadores potenciais de órgãos
- Vasoespasmo
- Traumatismo cranioencefálico grave

(Continua)

Quadro 12-2. Modelo diagnóstico *(Cont.)*

Intoxicações exógenas

- Com instabilidade hemodinâmica
- Com proteção inadequada de vias aéreas
- Com convulsões

Sistema gastrintestinal

- Hemorragia digestiva com hipotensão, angina ou sangramento persistente
- Insuficiência hepática aguda
- Pancreatite grave
- Perfuração esofágica com ou sem mediastinite

Sistema endócrino

- Cetoacidose diabética com instabilidade hemodinâmica, alteração da consciência, insuficiência respiratória ou acidose grave
- Crise tireotóxica ou coma mixedematoso
- Coma hiperosmolar
- Insuficiência supra-renal com instabilidade hemodinâmica
- Hipercalcemia grave com alteração da consciência
- Hipo ou hipernatremia com alteração da consciência
- Hipo ou hipermagnesemia com comprometimento hemodinâmico ou arritmia
- Hipo ou hiperpotassemia com fraqueza muscular ou arritmia
- Hipofosfatemia com fraqueza muscular

Pós-operatório

- Instabilidade hemodinâmica
- Suporte ventilatório
- Intensos cuidados de enfermagem

Miscelânea

- Choque séptico
- Monitorização hemodinâmica
- Necessidade de cuidados intensivos de enfermagem
- Lesões por agentes físicos
- Terapias novas ou experimentais com possibilidade de complicações

2. **Modelo de parâmetros objetivos:** avalia a presença de dados objetivos no exame físico, sinais vitais, exames laboratoriais, métodos de imagem e eletrocardiograma e os usa como critérios para definir a internação (Quadro 12-3).

Os dois modelos apresentados servem como referência geral sobre a qual se devem basear as recomendações de cada instituição em particular a fim de atender a suas necessidades específicas.

Quadro 12-3. Modelo de parâmetros objetivos

Sinais vitais

- Freqüência cardíaca < 40 ou > 150 bpm
- Pressão arterial sistólica < 80 mmHg ou 20 mmHg abaixo da pressão habitual
- Pressão arterial média < 60 mmHg
- Pressão arterial diastólica > 120 mmHg
- Freqüência respiratória > 35 ipm

Exames laboratoriais (alterações agudas)

- Sódio < 110 mEq/l ou > 170 mEq/l
- Potássio < 2,0 mEq/l ou > 7,0 mEq/l
- PaO_2 < 50 mmHg
- pH < 7,1 ou 7,7
- Glicose > 800 mg%
- Cálcio > 15 mg%
- Níveis tóxicos de drogas ou de outras substâncias quando associados a instabilidade hemodinâmica ou neurológica

Métodos de imagem

- Hemorragia subaracnóidea
- Lesão de víscera intra-abdominal com instabilidade hemodinâmica
- Aneurisma dissecante da aorta

Eletrocardiograma

- Infarto agudo do miocárdio
- Taquicardia ventricular sustentada ou fibrilação ventricular
- Bloqueio atrioventricular total

Exame físico (alterações agudas)

- Anisocoria com alteração da consciência
- Grande queimado
- Anúria
- Obstrução de via aérea
- Coma
- Convulsão mantida
- Cianose
- Tamponamento pericárdico

ALTA DA UNIDADE DE TERAPIA INTENSIVA

Além da discussão sobre o número de leitos necessários, quem internar e quando internar, é fundamental que se garantam níveis de cuidados e de vigilância apropriados aos pacientes após a alta da UTI e se programe essa alta com o máximo de segurança possível. O período na terapia intensiva é parte da internação hospitalar e deve estar integrado ao tratamento recebido antes da transferência e após a alta da UTI.

Diversos estudos têm mostrado altas taxas de mortalidade hospitalar após a alta da UTI, bem como alto índice de reinternação nas unidades críticas. Em ambos os casos, pode-se supor que ao menos em parte isso ocorre em decorrência de os pacientes receberem altas inadequadamente precoces.

Todos os pacientes devem receber alta da UTI por um dos seguintes motivos: a) não necessitam mais de cuidados intensivos; b) não se beneficiam mais de cuidados intensivos.

A alta por melhora clínica deve obedecer aos mesmos critérios de gravidade que norteiam a internação. Estudos recentes demonstram que pacientes que no dia da alta ainda necessitavam de intensos cuidados de enfermagem tiveram índices de reinternação significativamente maiores do que aqueles que antes da alta já não precisavam de tantos cuidados de enfermagem.[30] O nível de cuidados exigidos pode ser medido pelo TISS *(Therapeutic Intervention Score System)*, o que pode auxiliar na decisão de alta.[31]

A premência por vagas nos hospitais que têm número de leitos inferior à demanda pressiona a equipe no sentido de antecipar a alta de pacientes recentemente estabilizados, o que é claramente inadequado e pode estar relacionado à mortalidade pós-alta de UTIs ou a reinternação nessas unidades. Goldfrad e Rowan, em estudo recente, mostraram que pacientes que receberam alta da UTI no período noturno tiveram taxa de mortalidade maior do que aqueles que receberam alta durante o dia.[32] Possivelmente esses pacientes receberam alta antes do inicialmente previsto para dar vaga a outros pacientes mais graves. Em outro estudo interessante, Daly *et al* estudaram critérios de estimativa de mortalidade pós-alta da UTI e definiram que a idade, a presença de doença terminal, o tempo de internação, o APACHE e a cirurgia cardiotorácica estavam associados a maior mortalidade.[33] Além disso, estimaram que, nesse grupo, 40% das mortes poderiam ter sido evitadas se os pacientes tivessem permanecido internados por mais 48 horas.

CONCLUSÃO

Em resumo, pode-se concluir que a decisão sobre internar ou não um paciente em unidade de terapia intensiva deve ser tomada a partir da avaliação de diversos fatores relacionados à gravidade da doença, à disponibilidade de recursos na UTI e fora dela, à existência de terapêutica eficaz e aos desejos expressos anteriormente pelo paciente ou seus familiares. A decisão final cabe não apenas ao intensivista, mas também ao médico assistente do paciente. A seguir, estão alguns pontos básicos sobre os quais refletir:

- Da internação:
  - Avalie a gravidade do doente e não somente da doença.
  - Na dúvida, interne. Mesmo especialistas experientes eventualmente discordam quanto à gravidade de alguns pacientes.
  - Tente evitar o grave demais e o estável demais.
  - Interne o mais rapidamente possível.
  - Garanta transporte seguro.
  - Discuta o caso com o médico assistente.
  - Respeite as opiniões dos pacientes e dos familiares.
- Da alta:
  - Evite altas à noite.
  - Avalie com precisão o nível de cuidados de enfermagem necessários antes da alta.
  - Avalie as condições de atendimento das áreas que receberão os pacientes.
  - Na dúvida, deixe o paciente internado por mais 48 horas.

REFERÊNCIAS BIBLIOGRÁFICAS

1. Hilberman M. The evolution of intensive care units. *Crit Care Med* 1975;3:159.
2. Bryan Brown CW. Pathway to the present; a personal view of critical care. *In* Civetta JM, Taylor RM, Kirby RR (Eds.): *Critical Care*. Philadelphia: JB Lippincott, 1988.
3. Lasser HCA. A preliminary report on the 1952 polio epidemic. *Lancet* 1953;1:37.
4. Lawin P. Reflections on the development of intensive care medicine. *In* Vincent JL (Ed.): *Update in Intensive Care and Emergence Medicine*. Berlin/Heidelberg/New York: Springer-Verlag, 1986.
5. Engstron CG. Treatment of severe respiratory paralysis by the Engstron Universal Respirator. *Br Med Journal* 1954;2:664.
6. Calvin JE, Habet K, Parrillo JE. Critical in United States. Who are we and how did we get here? *Critical Care Med* 1997;13:2863–76.
7. Thibault GE, Mulley GA, Barnett O *et al*. Medical intensive care: indications, interventions and outcomes. *New Engl J Med* 1980;302:938–42.
8. Critical Care Medicine. Consensus Conference. *JAMA* 1983;250:798–804.
9. Detsky AJ, Stricker SC, Mulley GA, Thibault GE. Prognosis, survival, and the expenditure of hospital resources for patients in an intensive care unit. *New Engl J Med* 1981;305:667–72.
10. Bennet D, Bion J. ABC of intensive care. Organization of intensive care. *BMJ* 1999;318:1468–70.
11. Robin ED. A critical look at critical care. *Crit Care Med* 1983;11:144–7.
12. Knaus W, Draper EA, Wagner DP *et al*. Evaluating outcome from intensive care. A preliminary multihospital comparison. *Crit Care Med* 1982;10:491–6.
13. Cullen DJ, Keene R, Waternaux C *et al*. Results, charges and benefits of intensive care for the critically ill patients. Update 1983. *Crit Care Med* 1984;12:102–6.
14. Pauker SG and McNeil BJ. Impact of patients preferences on the selection of therapy. *J Chron Dis* 1981;34:77–86.
15. Perkins HS. Using outcome predictions to make treatment decisions. Simple, logical and unexpectedly problematic. *Chest* 1987;91:475–6.
16. Bone RC, Balk RA. Noninvasive respiratory care unit. A cost-effective solution for the future. *Chest* 1988;93:390–4.
17. Kaelin RM, Assimacopoulos M, Chevrolet JC. Failure to predict six month survival of patients with COPD requiring mechanical ventilation by analysis of simple indices. *Chest* 1987;92:971–8.
18. Pearlman RA. Variability in physician estimates of survival for acute respiratory failure in COPD. *Chest* 1987;91:515–21.
19. Ball JAS, Redman JW, Grounds RM. Severity of illness scoring systems. *In* Vincent JL: *Yearbook of Intensive Care and Emergency Medicine*. Berlin/Heidelberg/New York: Springer-Verlag, 2002.
20. Society of Critical Care Medicine Ethics Committee. Consensus statement on the triage of critically ill patients. *JAMA* 1994;271:1200–3.

21. Society of Critical Care Medicine Task Force on Guidelines Recommendations for Intensive Care Unit. Admission and discharge criteria. *Crit Care Med* 1988;16:807–8.

22. Task Force of the American College of Critical Care Medicine and Society of Critical Care Medicine. Guidelines for intensive care unit admission. Discharge and triage. *Crit Care Med* 1999;27:3633–8.

23. Abergavenny RD. Admissions to intensive care peak in December. *BMJ* 2002;324:70.

24. Garcia RA, David CMN. Prognóstico de pacientes com DPOC em Insuficiência Respiratória Aguda. *Rev Bras Ter Intens* 1992;4:122.

25. McQuillan P *et al.* Confidential inquiry into quality of care before admission to intensive care. *BMJ* 1998;316:20:1853–8.

26. Smith A, Wood J. Can some in hospital arrests be prevented? *Ressucitation* 1999;112:108

27. Smith G, Nielsen M. ABC of intensive care — criteria for admission. *BMJ* 1999;318:1544–7.

28. Montuclard L *et al.* Outcome, functional autonomy and quality of life of elderly patients with a long-term intensive care unit stay. *Crit Care Med* 2000;28(10):3389–95.

29. Shapiro AR. The evaluation of clinical predictors. A method and initial applications. *New Engl J Med* 1977;296:1509.

30. Moreno R, Metnitz PGH, Matos R. Discharging the critically ill patient. *In* Vincent JL (Ed.): *Yearbook of Intensive Care and Emergency Medicine.* Berlin/Heidelberg/New York: Springer-Verlag, 2002.

31. Keene AR, Cullen DJ. Therapeutic intervention score system. Update 1983. *Crit Care Med* 1983;11:1.

32. Goldfrad C, Rowan K. Consequences of discharges from intensive care at night. *Lancet* 2000;355:1138–42.

33. Daly K, Beale R, Chang RW. Reduction in mortality after inappropriate early discharge from intensive care unit; logistic regression triage model. *BMJ* 2001;322:1274–6.

13

Índices Prognósticos em Medicina Intensiva

Renato Giuseppe Giovanni Terzi • Sebastião Araújo
Desanka Dragosavac • Antonio Luis Eiras Falcão

O exercício da Medicina Intensiva permanece, ainda, um processo largamente empírico. Nascido da necessidade de manter sob ventilação mecânica prolongada o paciente com disfunção respiratória, logo se expandiu para o paciente com instabilidade hemodinâmica, o politraumatizado grave, e absorveu o paciente pós-operatório de risco que outrora era assistido em Unidades de Recuperação Pós-Operatória.

A concentração de recursos materiais e humanos exigida por essa nova abordagem terapêutica seguramente representa maior investimento, maiores custos operacionais e, espera-se, melhores resultados.

Dada a variabilidade nos custos da assistência médica, questiona-se o quanto a sociedade obtém de melhores resultados investindo em mais cuidados intensivos e procedimentos cada vez mais caros. Apesar das opiniões correntes, esse questionamento ainda permanece sem resposta.

Levantamentos administrativos em hospitais americanos demonstram grandes diferenças entre a permanência média do paciente no hospital e o custo para o sistema Medicare por previdenciário,[64] assim como iguais resultados finais quando a mortalidade é ajustada aos fatores clínicos de risco.[22,35]

A compreensão da história natural da doença tratada e não-tratada é essencial ao médico, é de interesse do paciente e de sua família e é a base das decisões dos administradores de saúde.

O impacto das novas tecnologias na interferência da história natural da doença permanece ainda especulativo. A falta de informações precisas torna-se ainda mais séria quando se trata de pacientes graves. Tem sido difícil conduzir estudos randomizados em pacientes com doenças agudas ou próximos da morte. Tem sido, portanto, difícil para os médicos aprenderem pela experiência, pois eles não têm sido capazes de descrever suas experiências com precisão suficiente e confiável reprodutibilidade.

Apesar da aparente utilidade das Unidades de Terapia Intensiva, a literatura ainda evidencia conflitos quanto aos benefícios em determinados estados da doença.[30,72]

Diante das incertezas quanto à utilização adequada dos recursos da terapia intensiva, tem-se buscado elementos de referência que possam quantificar o risco de determinada situação clínica, assim como o resultado final do tratamento intensivo. O resultado mais facilmente identificado é a morte. A sua correta definição pode até ser questionada, mas o fato em si é indiscutível. Outros resultados poucas vezes lembrados incluem morbidade, tempo de internação e de sobrevida, assim como a qualidade de vida após a alta hospitalar.

A variabilidade na qualidade dos serviços de UTI não é surpresa. A revolução científica que ocorreu na medicina foi mais proeminente na medicina intensiva. Unidades de Terapia Intensiva não são somente caras, mas também complexas para gerenciar e operar com sucesso. Em 1983, na National Institute of Health Consensus Conference, concluiu-se que os critérios de internação e alta de UTI ainda não estavam suficientemente definidos e que o generoso reembolso privado e público encorajava o acelerado crescimento dos serviços de terapia intensiva, uma área onde faltava evidência dos seus reais benefícios.[69] A conferência sugeriu ainda que, em face do pouco conhecimento da organização, estrutura e uso dessas unidades, a pesquisa nessa área seria prioritária.

A avaliação científica da eficácia do tratamento intensivo tem quatro objetivos fundamentais:

1. Permite aos médicos que focalizem sua atenção de forma agressiva naqueles pacientes mais sensíveis de serem beneficiados. Desde que os recursos institucionais são limitados, os intensivistas têm que ter a consciência de determinar quais os problemas clínicos que merecem investimento. Nesse sentido, a Sociedade Americana de Terapia Intensiva (SCCM – Society of Critical Care Medicine) sugere que medidas objetivas da doença sejam consideradas nas decisões de admissão e alta na UTI.
2. Freqüentemente, médicos intensivistas são confrontados com a decisão de limitar ou suspender medidas de suporte avançado de vida. Essas decisões, na maioria das vezes, se acompanham de incertezas diversas. Índices prognósticos poderiam servir como ferramentas essenciais para essas decisões difíceis mas freqüentemente inevitáveis.[42]
3. Uma estimativa prognóstica precisa permite a comparação do desempenho entre diferentes serviços. Com o aumento da tecnologia e conseqüentemente dos seus custos, exige-se uma maior demanda na monitorização da qualidade de atendimento e de seus resultados. Até o presente, as instituições públicas e privadas têm tido dificuldade de avaliar esses processos, pois a análise

retrospectiva limita-se à mortalidade global sem contudo avaliar a gravidade da doença. Embora elevadas taxas de mortalidade hospitalar possam identificar hospitais de qualidade inferior, deve-se considerar que elevadas taxas de mortalidade hospitalar também incidem em hospitais que cuidam de pacientes com patologias mais complexas.

Como os levantamentos de mortalidade hospitalar se baseiam em epicrises de prontuários médicos para efeito de controle previdenciário, as análises de mortalidade em diferentes hospitais não são capazes de diferenciar se essas diferenças são o reflexo de diferenças não-registradas da condição clínica ou da diferença de qualidade do serviço médico-hospitalar.[23]

Até recentemente, métodos confiáveis da medida do risco individual do paciente, tais como gravidade da doença, não existiam, e variações nos critérios de indicação e seleção para a entrada do paciente na UTI eram responsabilizadas pelas grandes diferenças de mortalidade observadas. Um dos primeiros estudos realizado em 1973 analisando a mortalidade de 26 Unidades de Terapia Intensiva americanas relatou uma mortalidade que variou de 2 a 42%, sem contudo se identificar quais eram as causas de tão expressiva diferença.[71]

4. Índices prognósticos podem facilitar a avaliação de novas tecnologias e permitem a análise comparativa com a terapia convencional.[39] Estudos locais ou multicêntricos envolvendo populações previamente estratificadas vão facilitar comparações estatísticas, reduzindo a possibilidade de inexplicados desvios induzidos pelas diferenças de gravidade e de risco dos pacientes.

O atual estágio de desenvolvimento de índices prognósticos em UTI foi precedido pelo desenvolvimento de índices prognósticos dirigidos para doenças específicas. O *Glasgow Coma Score* para pacientes com doença neurológica foi descrito por Teasdale e Jannet em 1974.[87] No infarto agudo do miocárdio foram descritas as classificações de Killip em 1967 e de Forrester em 1977.[25,41] Ransom descreveu sua classificação para pancreatite em 1974.[75] Embora precisos na estratificação dos riscos, esses índices limitam-se a doenças específicas. Índices de estratificação não-específicos seriam mais úteis, pois poderiam ser aplicados a toda população que ingressa em Unidades de Terapia Intensiva. Um dos primeiros passos na busca desses índices mais abrangentes foi o desenvolvimento do *Therapeutic Intervention Scoring System* (TISS) em 1974.[21] O TISS foi desenvolvido para quantificar o total de cuidados intensivos dispensado ao paciente. Medindo 78 procedimentos distintos médicos, de enfermagem e de monitorização, o TISS expressa indiretamente a gravidade da doença em todos os espectros das patologias atendidas. É um inventário de todo arsenal de monitorização e cuidado dispensado ao paciente grave, sem contudo analisar o impacto do cuidado intensivo na doença específica do paciente.

Em 1981, Knaus *et al* descrevem o Sistema APACHE *(Acute Physiology and Chronic Health Evaluation)*.[46] Subseqüentemente, outros sistemas foram desenvolvidos, como o SAPS *(Simplified Acute Physiology Score)* em 1984,[50] o MPM *(Mortality Prediction Model)* em 1987[88] e, em nosso meio, o modelo Unicamp.[88,91]

Na área pediátrica, foram desenvolvidos o PSI *(Physiologic Stability Index)* em 1984 e o PRISM *(Pediatric Risk of Mortality Score)* em 1988.[74,96] Esses sistemas foram aplicados em UTI pediátrica em nosso meio.[2]

APACHE

O primeiro sistema de avaliação da gravidade da doença foi introduzido por Knaus *et al*[46] em 1981.[46] O sistema consistia em duas partes: uma pontuação APS (*Acute Physiology Score*) baseada em 34 medidas clínicas e laboratoriais para avaliar as alterações agudas e uma pontuação baseada em dados da doença crônica para caracterizar o estado de saúde pregresso. Os pesos relativos atribuídos a cada variável surgiram do consenso de um grupo de especialistas da George Washington University.

Estudos realizados para validar o sistema APACHE identificaram uma relação direta entre a pontuação APS e a mortalidade. Por outro lado, a correlação entre doença crônica e mortalidade só ocorreu naqueles pacientes em que havia grave comprometimento orgânico antes da internação.

APACHE II

No sistema APACHE, a avaliação da doença crônica era muito pouco discriminatória. Além disso, as 34 variáveis clínicas e fisiológicas não eram facilmente medidas na maioria dos hospitais. Por esses motivos, em 1985 Knaus *et al*[44] desenvolveram o APACHE II, agora com os piores valores de 12 variáveis fisiológicas e laboratoriais coletados nas primeiras 24 horas de internação, assim como uma avaliação de doença crônica mais compacta e restrita.[44] Além dessas mudanças, a idade cronológica foi incorporada ao APS e a importância do Glasgow Coma Score e da insuficiência renal foi reconhecida e o peso dessas variáveis foi aumentado. Além disso, o impacto da cirurgia de emergência foi integrado à análise prognóstica, uma vez que análise revelou que esse evento estava independentemente associado a um aumento de mortalidade.

A pontuação final do APACHE II, que varia de zero a 71 pontos, corresponde à soma da pontuação dos desvios fisiológicos, da idade e da doença crônica (Quadros 13-1 a 13-4).[44]

Os critérios para pontuar a doença crônica foram enunciados por Knaus *et al*[44] como apresentado no Quadro 13-5.

A pontuação final do APACHE II corresponde à soma de pontos, como apresentado pelos autores.[44]

Pontuação APACHE = APS

+ pontuação pela idade

+ pontuação da doença crônica

O cálculo do risco de óbito é realizado a partir da pontuação da APACHE II associado à presença ou não de cirurgia de emergência e a um coeficiente por categoria diagnóstica, como apresentado nos Quadros 13-6 e 13-7.

Quadro 13-1. Tabela utilizada para a pontuação do sistema APACHE II de acordo com Knaus *et al.*[44] Nas colunas estão os limites dos valores das variáveis que atribuem a pontuação APS, como apresentado na primeira linha do Quadro. As 12 variáveis apresentadas na primeira coluna são discriminadas no Quadro 13-2

	+4	*+3*	*+2*	*+1*	*0*	*+1*	*+2*	*+3*	*+4*
1	> 41	39-40,9		38,5-38,9	36-38,4	34-35,9	32-33,9	30-31,9	< 29,9
2	> 160	130-159	110-129		70-109		50-69		< 49
3	> 180	140-179	110-139		70-109		55-69	40-54	< 39
4	> 50	35-49		25-34	12-24	10-11	6-9		< 5
5	> 500	350-499	200-349		< 200				
6					> 70	61-70		55-60	< 55
7	> 7,7	7,6-7,69		7,5-7,59	7,3-7,49		7,25-7,3	7,15-7,2	< 7,15
8	> 180	160-179	155-159	150-154	130-149		120-129	111-119	< 110
9	> 7	6-6,9		5,5-5,9	3,5-5,4	3-3,4	2,5-2,9		< 2,5
10	> 3,5	2-3,4	1,5-1,9		0,6-1,4		< 0,6		
11	> 60		50-59,9	46-49,9	30-45,9		20-29,9		< 20
12	> 40		20-39,9	15-19,9	3-14,9		1-2,9		< 1

Quadro 13-2. Variáveis computadas para o cálculo dos desvios fisiológicos agudos (pontuação APS) de acordo com o Quadro 13-1 (Knaus *et al*[44])

1 = Temperatura retal (graus Celsius)
2 = Pressão arterial média (mmHg)
3 = Freqüência cardíaca (bpm)
4 = Freqüência respiratória (rpm),
5 = (A-a)O_2(com $FiO_2 \geqslant 0,5$)
6 = PO_2 (com $FiO_2 < 0,5$)
7 = pH arterial
8 = Sódio sérico (mmol/l)
9 = Potássio sérico (mmol/l)
10 = Creatinina sérica (mg%)
11 = Hematócrito (%)
12 = Leucocitometria (10^3/ml)

Quadro 13-3. Pontos atribuídos à idade (Knaus *et al*[44])

Idade (anos)	*Pontos atribuídos*
< 44	0
45-54	2
55-64	3
65-74	5
> 75	6

Quadro 13-4. Pontos atribuídos à doença crônica (Knaus *et al*[44])

Pacientes clínicos	5
Pacientes cirúrgicos de urgência	5
Pacientes cirúrgicos eletivos	2

Quadro 13-5. Critérios para atribuição de pontos a insuficiências orgânicas ou estados de imunossupressão que podem ter antecedido a presente internação (Knaus *et al*[44])

Imunossupressão	• Recebendo terapia que reduz as defesas do organismo (quimioterapia, radioterapia, corticoterapia de longa duração ou • Apresenta uma doença que interfere com a função imune, por exemplo, linfoma maligno ou leucemia
Insuficiência hepática	• Cirrose comprovada por biopsia • Hipertensão porta • HDA por hipertensão porta • Episódios pregressos de insuficiência hepática, coma ou encefalopatia
Insuficiência cardíaca	• ICC classe IV pela NYHA
Insuficiência respiratória	• Limitação extrema ao exercício por doença pulmonar restritiva ou obstrutiva • Hipoxemia, hipercarbia, policitemia secundária ou hipertensão pulmonar devidamente documentadas • Dependência do respirador
Insuficiência renal	• Programa de diálise crônica

Quadro 13-6. **Coeficientes do sistema APACHE-II por categoria diagnóstica em pacientes não-cirúrgicos**	
1. Respiratório – asma/alergia	–2,108
2. Respiratório – DPOC	–0,367
3. Respiratório – edema pulmonar (não-cardiogênico)	–0,251
4. Respiratório – pós-parada respiratória	–0,168
5. Respiratório – embolia pulmonar	–0,128
6. Respiratório – infecção	0
7. Cardiovascular – hipertensão	–1,798
8. Cardiovascular – arritmia	–1,368
9. Cardiovascular – insuficiência cardíaca congestiva	–0,424
10. Cardiovascular – choque hemorrágico/hipovolemia	0,493
11. Cardiovascular – coronariopatia	–0,191
12. Cardiovascular – sepse	0,113
13. Cardiovascular – pós-parada cardíaca	0,393
14. Cardiovascular – choque cardiogênico	–0,259
15. Cardiovascular – delaminação/ruptura aguda da aorta	0,731
16. Trauma – politraumatismo	–1,228
17. Trauma – traumatismo cranioencefálico	–0,517
18. Neurológico – epilepsia	–0,584
19. Hemorragia intracerebral/hematoma SD/hemorragia SA	0,723
20. Outros – intoxicação por drogas	–3,353
21. Outros – cetoacidose diabética	–1,507
22. Outros – hemorragia gastrintestinal	0,334
23. Metabólico/renal	–0,885
24. Respiratório	–0,89
25. Neurológico	–0,759
26. Cardiovascular	0,47
27. Gastrintestinal	0,501

Risco de óbito = 1/[1 + EXP(–Y)]

onde Y = – 3,517

+ 0,146 × APS

+ 0,603 se cirurgia de emergência

+ coeficiente da categoria diagnóstica

A pontuação total, quando combinada com a doença que motivou a internação do paciente, permitiu, por análise logística multivariada, a avaliação da gravidade da doença e os riscos do óbito.

O sistema APACHE II foi validado em 5.815 pacientes de 13 hospitais norte-americanos, revelando uma relação constante entre a estimativa do óbito e a mortalidade observada. Essa relação foi observada ao longo de todo o espectro de gravidade, desde os pacientes de baixo risco pós-operatório até os pacientes de alto risco, com falência de múltiplos órgãos e sistemas.

Quadro 13-7. **Coeficientes do sistema APACHE-II por categoria diagnóstica em pacientes cirúrgicos**	
1. Politraumatismo	–1,684
2. Internação por doença cardiovascular crônica	–1,376
3. Doença vascular periférica	–1,315
4. Cirurgia cardíaca valvar	–1,261
5. Craniotomia por tumor	–1,245
6. Cirurgia renal por tumor	–1,204
7. Transplante renal	–1,042
8. Cirurgia por trauma cranioencefálico	–0,955
9. Cirurgia torácica por tumor	0,807
10. Craniotomia por hemorragia IC/HSD/HSA	–0,788
11. Laminectomia e outras intervenções na medula	–0,699
12. Choque hemorrágico	–0,682
13. Sangramento gastrintestinal	–0,617
14. Cirurgia gastrintestinal por tumor	–0,248
15. Insuficiência respiratória pós-operatória	–0,14
16. Perfuração/obstrução gastrintestinal	0,06
17. Neurológico	–1,15
18. Cardiovascular	–0,797
19. Respiratório	–0,61
20. Gastrintestinal	–0,613
21. Metabólico/renal	–0,196

SAPS

O SAPS *(Simplified Acute Physiology Score)* foi desenvolvido em 1984 por um esforço independente de simplificar o APACHE II utilizando uma análise de regressão linear múltipla; 13 variáveis fisiológicas foram selecionadas para estratificar pacientes com base em seus riscos de mortalidade pré-tratamento.[50]

As variáveis incluíam a idade, a freqüência cardíaca, a pressão arterial sistólica, a freqüência respiratória, a diurese, a azotemia, o hematócrito, a leucocitemia, a glicemia, natriemia, potassemia, o bicarbonato plasmático e a pontuação do Glasgow. Os pesos atribuídos a cada uma dessas variáveis eram muito próximos ao sistema APACHE II.

Os resultados da estimativa do risco do SAPS eram comparáveis ao sistema APACHE. Entretanto, comparações entre o APACHE II e o SAPS revelaram uma melhora significativamente mensurável em favor do APACHE II, quando utilizadas em populações com múltiplos diagnósticos. Entretanto, essas diferenças tornam-se insignificantes quando se trata de grupos de pacientes dentro do mesmo grupo diagnóstico.[65]

MPM

O *Mortality Prediction Model* (MPM) difere do APACHE II e do SAPS porque as variáveis preditivas foram selecionadas por técnicas computacionais.

O sistema se originou dos dados de 755 internações consecutivas na UTI de um único hospital. Os estudos foram realizados com dados colhidos às 24 horas e às 48 horas após a internação. Utilizando o método de função discriminatória linear e técnicas de regressão logística múltipla, onze variáveis colhidas na internação do paciente foram identificadas como significativas na estimativa de subseqüiente mortalidade hospitalar.[33,56-58]

Nesse modelo, algumas variáveis não eram, realmente, medidas fisiológicas, mas condições de doença associada, tais como câncer, infecção ou parada cardiorrespiratória prévia à internação na UTI.

UNICAMP

O modelo Unicamp foi desenvolvido na UTI do Hospital das Clínicas da Unicamp, empregando as mesmas técnicas computacionais de função discriminatória linear por passos e análise de regressão logística que haviam sido descritas por Lemeshow *et al*.[33,58]

O estudo se baseou na análise de 819 pacientes admitidos na UTI da Unicamp de março de 1988 a setembro de 1989.

A equação da Unicamp se baseia fundamentalmente na pontuação do APACHE II, acrescida de outras variáveis, como o uso ou não de respirador, presença ou não de insuficiência renal, e se se trata de uma internação emergencial ou eletiva.[91] O sistema não utiliza qualquer coeficiente relacionado com a doença de base, o que facilita sua aplicação à beira do leito, mesmo por pessoal paramédico.

APACHE III

Com o objetivo de tornar o sistema APACHE II mais poderoso como ferramenta preditiva de risco, Knaus *et al* adicionaram mais cinco variáveis às 12 variáveis fisiológicas do APACHE II (albumina, bilirrubina, glicemia, uréia e diurese). Além disso, em face das críticas que haviam sido feitas ao sistema APACHE II, assim como muito do que foi anteriormente aprendido pelos seus autores, foi proposta uma avaliação mais abrangente do cuidado intensivo nos diferentes estudos multicêntricos do APACHE III, tais como: tempo de coleta de dados relativos ao evento agudo; tipo de atendimento prévio à internação na UTI; ampliação do espectro de doenças agrupadas agora por sistemas; diferenciação entre internação de baixo e de alto risco; estrutura da UTI; qualidade do cuidado intensivo com levantamentos precisos quanto ao desempenho médico, de enfermagem e da administração da Unidade.[45] A equação do APACHE III jamais foi publicada porque não é de domínio público, mas pertence a uma firma APACHE Medical Systems Inc. (AMS). A firma foi constituída pelos que desenvolveram o sistema APACHE para funcionar como uma companhia de suporte à pesquisa, desenvolvimento e serviços. A AMS tem o suporte de várias instituições de saúde americanas, cujos recursos são dirigidos para desenvolver um banco de dados nacional de terapia intensiva, necessário para manter o projeto permanente e cientificamente controlado, o APACHE III.

Os resultados do APACHE III se baseiam em dados de 17.440 pacientes não-selecionados, e internados em Unidades de Terapia Intensiva Médico/Cirúrgicas em 40 hospitais americanos. Os autores analisaram entre a possibilidade de alta hospitalar e as seguintes variáveis preditivas: doença médica ou cirurgia pregressa, idade, variações fisiológicas agudas, limitações orgânicas pregressas significativas, diagnósticos secundários e local de atendimento antes da chegada à UTI.[9,45]

O sistema prognóstico consta de duas opções: a pontuação *(score)* ou a estimativa de risco de óbito. Essa última emprega as pontuações mais os dados referentes a uma categoria diagnóstica e o local de tratamento antes da entrada na UTI. Um aumento de cinco pontos na pontuação (variação de 0 a 299) está associado a um aumento estatístico do risco de óbito dentro de cada uma das 78 categorias diagnósticas médicas ou cirúrgicas.

O registro da pontuação nos dias subseqüentes à internação na UTI permite a atualização diária da estimativa do risco de óbito.

NOVO MPM

O Novo MPM[54] se baseia na experiência de 4.200 pacientes de quatro hospitais. Haverá vários modelos: o da internação, às 24, às 48 e às 72 horas de internação e uma estratégia para se calcular o risco mesmo após períodos mais prolongados de internação. O modelo final será validado por uma amostra independente de 2.000 pacientes também estudados nesses quatro hospitais, assim como em um extenso estudo internacional com 13.152 pacientes de 137 unidades de terapia intensiva em 12 países.

SAPS II

O SAPS II foi modelado a partir de um estudo europeu e norte-americano realizado em doze países que se estendeu de 30 de setembro a 27 de dezembro de 1991. O seguimento dos pacientes se encerrou em 28 de fevereiro de 1992.

Os dados coletados para o SAPS II foram: idade, variáveis fisiológicas, doença crônica, grupo de Terapia Intensiva e dados de alta do paciente. Um controle da qualidade foi feito em 5% das amostras aleatoriamente selecionadas. Os 13.152 pacientes foram divididos em um componente de desenvolvimento (65%) e um componente de validação (35%). Trinta e sete variáveis foram submetidas a uma análise univariada de acordo com a taxa de sobrevida. Técnicas gráficas especiais foram utilizadas para determinar os limites de cada variável selecionada e para a análise subseqüente. Os pesos relativos de cada variável foram determinados por uma análise de regressão logística, e uma equação para estimar a mortalidade após o primeiro dia de internação foi desenvolvida de acordo com a pontuação do SAPS II.

O sistema SAPS II foi apresentado por LeGall no VI Congresso Europeu de Terapia Intensiva, em Barcelona, em Outubro de 1992.[34]

Métodos

A variável de interesse mais imediata do paciente crítico, seguramente, é o risco de morrer na Unidade de Terapia Intensiva. Não se contempla, embora seja de notável importância, a condição de alta hospitalar e a subseqüente qualidade de vida. A maioria dos sistemas atualmente disponíveis para o cálculo da gravidade da doença se baseia em modelos de regressão logística. Esses modelos têm grande importância na análise estatística das variáveis obtidas em Medicina Intensiva, em que o óbito é a principal identificação do resultado final do tratamento. Com o uso de regressão logística, consegue-se determinar os fatores que contribuem para a probabilidade de risco de o paciente morrer e quantificar o efeito desses fatores de risco através de uma equação gerada por uma série de passos de seleção.

Recentemente, trabalhos com a aplicação de regressão logística têm surgido em larga escala na literatura médica,[1,11,20,33] mas poucos enfatizam a metodologia estatística, que, por sua vez, constitui-se no real entendimento da aplicação.

A seguir será abordado o tema com um enfoque estatístico, porém tentando ser acessível aos pesquisadores médicos. Com essa finalidade, o modelo de regressão logística é apresentado desde sua definição matemática, estimação e interpretação de coeficientes, seleção de fatores de risco significativos e, por último, testes de adequação de ajuste propostos por Hosmer e Lemeshow,[31-33,51-55] assim como a descrição e o método de cálculo da área sob a curva ROC (Receiver Operator Characteristic).[24,28,31-33,51-55]

MODELO DE REGRESSÃO LOGÍSTICA

Os modelos de regressão linear são usados para se estudar a relação entre uma variável resposta (dependente) contínua e uma ou mais variáveis independentes. Se a variável resposta é discreta, teremos o modelo de regressão logística.

Dessa forma, o modelo de regressão é utilizado para descrever a relação (associação) entre a ocorrência ou não de um certo evento (chamado de variável resposta ou dependente) e um conjunto de fatores (chamado de variáveis explanatórias ou independentes).

Ao estudar a morte como variável de interesse prognóstico, ou variável dependente, as variáveis explanatórias são, muitas vezes, referidas como fatores de risco, e a variável resposta, nesse caso, tem comportamento dicotômico, assumindo somente dois valores: sobrevida (0) ou óbito (1).

Nos modelos de regressão, modela-se a média da variável resposta. Sendo assim, para variáveis dependentes dicotômicas é modelada a proporção de respostas cujo valor é igual a 1, nesse caso, óbito.

Sejam $X_1, ..., X_k$, k fatores de risco relacionados com a variável resposta dicotômica, Y. É comum na literatura usar-se o valor 1 para representar a resposta de maior interesse e chamá-la de sucesso (no caso óbito) e zero para a outra resposta, chamada de falha (no caso sobrevida).

Denota-se π a esperança de Y [E(Y)] representando a proporção de valores 1 para a variável dependente. Em outras palavras, π representa a probabilidade de um indivíduo escolhido aleatoriamente assumir o valor 1 para a variável dependente. Em nosso caso, π é a probabilidade de um indivíduo ir a óbito, sendo que essa probabilidade varia de acordo com os valores das variáveis independentes.

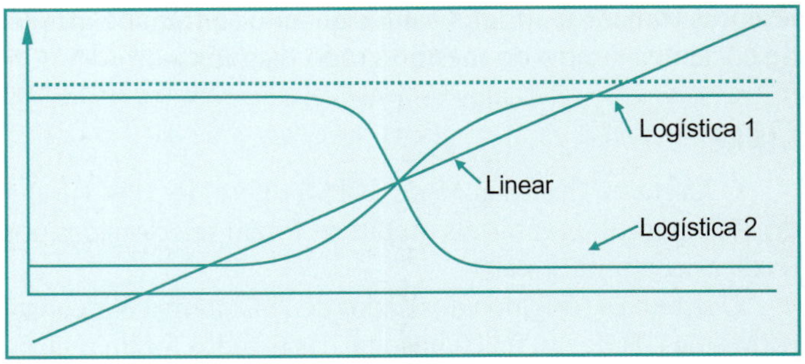

Fig. 13-1. Modelo de Regressão Logística e Linear para Modelos com Resposta Dicotômica.

O modelo habitual de regressão linear não é apropriado nesse contexto, uma vez que a suposição de normalidade para os resíduos não é satisfeita. Imagine-se um modelo linear para apenas uma variável independente: $\pi = \alpha + \beta x$, implicando que a probabilidade de óbito é uma função linear de X. Como pode ser observado na Figura 13-1, esse modelo não é adequado, pois fornece probabilidades abaixo de 0 ou acima de 1 para valores de X suficientemente pequenos ou grandes, ao passo que as probabilidades devem estar sempre entre 0 e 1.

Nesse caso, o modelo de regressão logística é adequado para definir a relação de morte com os fatores de risco $X_1, X_2, ..., X_k$ pela função:

$$E(Y) = \pi(x) \quad [1]$$

onde $\pi(x)$ é definido por:

$$\pi(x) = \frac{\exp(\beta_0 + \beta_1 X_1 + \beta_2 X_2 + ... + \beta_k X_k)}{1 + \exp(\beta_0 + \beta_1 X_1 + \beta_2 X_2 + ... + \beta_k X_k)} \quad [2]$$

e para deixá-la como uma relação linear aplica-se o logaritmo, obtendo-se a função de transformação logística (ou *logito)*:

$$\log\left(\frac{\pi(x)}{1-\pi(x)}\right) = \alpha + \beta_1 X_1 + \beta_2 X_2 + ... + \beta_k X_k \quad [3]$$

e esse modelo é denominado modelo de regressão logística.

As curvas que melhor representariam o valor de π têm forma de S, como também pode ser visto pela Figura 13-1. Com essas curvas, o valor previsto da probabilidade π encontra-se entre 0 e 1 para todos os valores de x.

ESTIMAÇÃO DE COEFICIENTES

Vamos supor que tenhamos uma amostra de n pacientes com o vetor $(y_i, x_{i1}, \ldots, x_{ik})$ observado, onde $i = 1,2, ..., n$, y_i é o valor da variável resposta dicotômica e $x_{i1}, \ldots, x_{ik}$ são os valores correspondentes a cada uma das variáveis independentes do i-ésimo paciente. Para ajustar o modelo logístico da equação [1], precisa-se estimar os coeficientes β_j, $j = 0,1, \ldots, k$, que definem $\pi(x)$ da equação [2].

Usualmente, os coeficientes β_j, $j = 0,1, \ldots, k$ (que são parâmetros desconhecidos) são estimados usando-se o método de máxima verossimilhança (*maximum likelihood*). Esse método estima os coeficientes de modo a maximizar a probabilidade de se obter o conjunto de dados observados.[33] Para o método ser aplicado, primeiramente deve-se construir uma função chamada "Função de Verossimilhança" [$L(\beta_0, \beta_1, \ldots, \beta_k)$], que expressa a probabilidade dos dados observados como função dos parâmetros desconhecidos $\beta_0, \beta_1, \ldots, \beta_k$. Os estimadores de máxima verossimilhança para esses parâmetros são calculados de maneira que essa função seja maximizada.

No modelo de regressão logística, um caminho conveniente para expressar a função de verossimilhança para o par (x_i, y_i) é através do termo:

$$\tau(x_i) = \pi(x_i)^{y_i} [1 - \pi(x_i)]^{1-y_i} \quad [4]$$

Desde que as observações são consideradas independentes, a função de verossimilhança é obtida como o produto dos termos na expressão [4], ficando assim.

$$l(\beta) = \prod_{i=1}^{n} \tau(x_i) \quad [5]$$

Resolvendo as equações por métodos iterativos, chegaremos aos estimadores de máxima verossimilhança, que denotaremos β's, os quais maximizam a função $L(\beta_0, \beta_1, \ldots, \beta_k)$, onde

$$L(\beta) = \ln [l(\beta)] \quad [6]$$

TESTE DE SIGNIFICÂNCIA DOS COEFICIENTES

Ajustando o modelo aos dados, deve-se questionar se as variáveis independentes presentes no modelo são significativamente relacionadas com a variável resposta. Isso equivale a testar se os coeficientes são iguais a zero, ou seja, testar se cada $\beta_j = 0$ contra $\beta_j \neq 0$, $j = 0,1, \ldots, k$.

Um método comum na verificação da significância dos coeficientes é o teste da razão de verossimilhança. Sob a hipótese de que todos os coeficientes correspondentes às variáveis independentes do modelo são iguais a zero, a estatística

$$G = -2 \ln \left[\frac{\text{verossimilhança sem a variável}}{\text{verossimilhança com a variável}} \right] \quad [7]$$

converge, quando a amostra é grande, para uma distribuição qui-quadrado com k graus de liberdade (g.l.). Se os β's estimados são melhores com uma determinada variável no modelo do que quando a variável não está no modelo, então concluímos que a variável em questão é significativa. O mesmo raciocínio pode ser estendido para testar se alguns, não todos, os coeficientes são iguais a zero. Esse teste, entretanto, avalia apenas a significância dos coeficientes, e não a qualidade do ajuste.

INTERPRETAÇÃO DE COEFICIENTES

Os fatores de risco possuem, em geral, unidades de medida diferentes, portanto os coeficientes não são diretamente comparáveis: maiores coeficientes não estão necessariamente relacionados com uma maior influência na morte do paciente. De fato, cada coeficiente indica a quantidade que será acrescida ao *logit* quando aumenta uma unidade no valor do fator de risco.

Considerando a equação gerada por Lemeshow *et al*:[58]

$$\begin{aligned}
g(x) &= -3{,}0 \text{ (constante)} \\
&+ 2{,}63 \times \text{nível de consciência} \\
&+ 1{,}63 \times \text{tempo de internação} \\
&+ 1{,}49 \times \text{câncer} \\
&+ 0{,}677 \times \text{infecção} \\
&+ 0{,}595 \times \text{número de órgãos em falência} \\
&+ 0{,}038 \times \text{idade} \\
&- 0{,}048 \times \text{pressão arterial} \\
&+ 0{,}000131 \times (\text{pressão arterial sistólica})^2
\end{aligned}$$

Observa-se que, para se calcular o valor de $g(x)$, o *logit*, é necessário saber a codificação das variáveis. Por exemplo, o *logit* aumenta 0,038 para cada ano de idade e aumenta 1,49 se o paciente for portador de câncer (1 = câncer presente), o que significa que o efeito de câncer é equivalente a 1,49/0,038, aproximadamente, 39,21 anos na morte do paciente é equivalente a 1,49/0,595 = 2,5 órgãos em falência.

SELEÇÃO DE VARIÁVEIS

Os fatores de risco relacionados com a morte do paciente são coletados independentemente do resultado final e podem ser variáveis contínuas (por exemplo, a pressão arterial) ou discretas (por exemplo, a presença ou não de insuficiência respiratória). Coletados os dados, deseja-se então identificar quais os fatores, entre todos os disponíveis, que mais influenciaram no risco de óbito do paciente. Para isso, deve-se ter em mente que é desejável inserir um número adequado de fatores de risco para que o modelo seja confiável.

É interessante manter o modelo o mais simples possível, que consiga explicar de forma significativa os dados em estudo. A presença de variáveis redundantes ou desnecessárias pode tornar o modelo de difícil interpretação. Para evitar a multico-linearidade é útil ter os fatores de risco correlacionados com o óbito, mas que não sejam altamente correlacionados entre si.

Além disso, não se sugere construir modelos complexos se o seu conjunto de dados é pequeno.

Para a seleção das variáveis, não há uma única ou ótima aproximação para o modelo. Entre os métodos mais conhecidos de seleção das variáveis e a construção do modelo foram descritas:

- Seleção *Forward*.
- Regressão *Stepwise*.
- Eliminação *Backward*.

A seleção *Forward* se inicia sem nenhuma das k variáveis (somente a constante). A cada passo, a variável estatisticamente mais significativa é incorporada definitivamente no modelo até que se chegue a um ponto em que nenhuma das variáveis independentes ainda não incluídas apresente contribuição parcial significativa para a previsão da variável resposta Y (óbito), que é controlado pelas variáveis que já estão no modelo.

A regressão *Stepwise* inicia o processo de seleção de forma similar ao método *Forward*. A cada passo pode-se acrescentar ou retirar uma variável no modelo. Em cada passo, após acrescentar a nova variável, retira-se do modelo aquela cuja contribuição parcial não é considerada suficientemente significativa. Observe-se que as variáveis contidas no modelo em um determinado passo não necessariamente irão permanecer até o fim do processo.

A eliminação *Backward* trabalha no sentido contrário ao do *Forward*, colocando no início do processo todas as variáveis independentes no modelo. A cada passo, a variável independente que apresentar a menor contribuição parcial para Y controlada pelas outras variáveis independentes é removida do modelo, até que cada variável independente restante tenha uma contribuição parcial significativa para a previsão da variável resposta Y (óbito).

Um aspecto importante na seleção das variáveis é a escolha de um nível alfa (α) para julgar a importância das variáveis. Seja P_E a escolha feita pelo pesquisador para o nível α. A escolha de P_E irá determinar quantas variáveis irão entrar realmente no modelo. Bendell & Afifi[11] e Constanza[20] têm estudado sobre a escolha de P_E para Regressão Linear *Stepwise* e Análise Discriminante *Stepwise*, e os resultados dessas pesquisas mostraram que um $P_E = 0{,}05$ exclui variáveis importantes do modelo e que uma escolha na faixa de 0,15 a 0,20 é recomendada.

A decisão de permanência ou não da variável em cada passo dos métodos anteriores é feita através do teste qui-quadrado da Razão de Verossimilhança, porém deve ser levado em consideração que esses métodos identificam apenas as variáveis que são estatisticamente importantes no risco do paciente. Entretanto, cabe ao pesquisador incorporar permanentemente ao modelo qualquer variável que possua uma importância clínica, antes de proceder a uma seleção estatística.

TESTE DE AJUSTE DO MODELO

Uma vez escolhido o modelo que correlacione a morte do paciente, deve-se analisar se esse modelo é apropriado para descrever o conjunto de dados em questão. A técnica usada para isso chama-se Teste de Bondade de Ajuste ou Teste da Adequação de Ajuste, ou, simplesmente, Teste de Ajuste.

Seja n o tamanho da amostra de $y = (y_1, y_2, ..., y_n)$ o vetor dos valores observados da variável Y. Os valores estimados de y são denotados por y. O ajuste do modelo pode ser considerado adequado se a distância entre y e y for pequena.[33]

Como o principal objetivo é obter o melhor modelo ajustado com um número mínimo de parâmetros, o próximo passo é comparar o modelo escolhido com o modelo que contém todas as variáveis (modelo completo ou modelo saturado). Essa comparação é feita através da estatística G dada na equação [7]. Essa estatística sob a hipótese nula tem distribuição qui-quadrado com p graus de liberdade, onde p é o número de variáveis excluídas no modelo.

Para melhor compreensão, vejamos o seguinte exemplo citado por Hosmer e Lemeshow:[33]

Desejamos identificar os fatores de risco associados ao nascimento de crianças de baixo peso ($\leq$ 2.500 g). Foram observadas 189 mulheres, com $n_1 = 59$ de crianças com baixo peso e $n_2 = 130$ crianças com peso normal. Quatro variáveis consideradas relevantes foram observadas: idade, peso da mulher no último período menstrual (LWT), raça e número de visitas físicas ao obstetra no primeiro trimestre de gravidez (FTV). A variável raça está dividida em duas categorias: branco (1) e não-branco (2).

Os resultados do ajuste do modelo completo da regressão logística para esses dados são fornecidos no Quadro 13-8.

Na última coluna do Quadro 13-8 temos a estatística de Wald $W_j = \beta_j/EP(\beta_j)$. O valor dessa estatística nos fornece uma indicação de quais variáveis são ou não significativas no modelo. Usando o valor crítico de 2, o qual fornece um nível de significância aproximado de 0,05, nos permite concluir que as variáveis LWT e possivelmente RAÇA são significativas, o mesmo não ocorrendo para IDADE e FTV.

Para esse exemplo, o modelo que foi considerado melhor contém apenas as variáveis LWT, RAÇA(1), RAÇA(2) e a constante. Os resultados do ajuste desse modelo podem ser observados no Quadro 13-9.

***Quadro 13-8.* Coeficientes estimados para o modelo de regressão logística múltipla usando as variáveis IDADE, LWT, RAÇA e FTV para o conjunto de dados de crianças de baixo peso**

Variável	*Coeficiente estimado* (β)	*Erro padrão (EP)*	*Coeficiente/ EP (W)*
Idade	–0,024	0,034	–0,71
LWT	–0,014	0,652E-02	–2,14
Raça (1)	1,004	0,497	2,02
Raça (2)	0,433	0,362	1,20
FTV	–0,049	0,167	–0,30
Constante	1,295	1,069	1,21

Log-verossimilhança = –111,286.

***Quadro 13-9.* Coeficientes estimados para o modelo de regressão logística múltipla usando as variáveis LWT e RAÇA para os dados de crianças de baixo peso**

Variável	*Coeficiente estimado* (β)	*Erro padrão (EP)*	*Coeficiente/ EP (W)*
LWT	–0,015	0,642E-02	–2,37
Raça (1)	1,081	0,487	2,22
Raça (2)	0,481	0,356	1,35
Constante	0,806	0,843	0,96

Log-verossimilhança = –111,630.

A diferença entre os dois modelos é a exclusão das variáveis IDADE e FTV do modelo completo. O Teste da Razão de Verossimilhança compara esses dois modelos usando a definição da estatística G dada na equação [7]. Esta terá uma distribuição qui-quadrado com 2 graus de liberdade sob as hipóteses de que os coeficientes para as variáveis excluídas são iguais a zero. O valor do teste estatístico comparando os modelos nos Quadros 13-8 e 13-9 é:

$$G = -2[(-111{,}630) - (-111{,}286)] = 0{,}688$$

com o p = 0,7089. Uma vez que o p-valor é grande, excede 0,05, conclui-se que o modelo reduzido é tão bom quanto o modelo completo. Então, não existe vantagem em incluir IDADE e FTV no modelo. Todavia, não podemos tirar conclusões definitivas usando apenas esses testes de significância estatística.

Observando o Quadro 13-9 e analisando a estatística de Wald (última coluna do Quadro 13-9), pode ser colocada a seguinte questão: a variável RAÇA deveria estar no modelo? Por exemplo, se a estatística de Wald (W) para ambos os coeficientes excede 2, então pode-se concluir que essas variáveis são significativas. Alternativamente, se um coeficiente tem a estatística W de 3,0 e outro o valor de 0,1, então não é possível se ter certeza da contribuição dessa variável no modelo. Os coeficientes estimados para a variável RAÇA no Quadro 13-9 um bom exemplo. A estatística de Wald para os coeficientes da primeira variável é 2,22 e 1,35 para a segunda. O Teste da Razão de Verossimilhança comparando o modelo contendo LWT e RAÇA com o modelo contendo apenas LWT nos dá G = −2[(−114,345)−(−111,630)] = 5,43 com um p-valor = 0,066. Para um nível de significância de 0,05 poderíamos justificar a exclusão da variável RAÇA. Entretanto, sabe-se que RAÇA é uma variável clinicamente importante. Nesse caso, a decisão para incluir ou excluir RAÇA deverá ser feita em conjunto com pessoas experientes na área objeto da pesquisa.

ESTATÍSTICAS $\hat{C}g^*$ e $\hat{H}g^*$ PROPOSTAS POR HOSMER E LEMESHOW[33]

Uma outra forma de avaliar a adequação do modelo é pelas estatísticas propostas por Hosmer e Lemeshow, $\hat{C}g^*$ e $\hat{H}g^*$, que se baseiam nos valores observados e estimados de $\pi(x)$. Seja $\pi(x_i)$ a estimativa da probabilidade de morte do i-ésimo paciente, i = 1, 2, ..., n. Calculados os valores de $\pi(x_i)$, eles podem ser ordenados e divididos em *g* grupos de tal forma que o primeiro grupo contém os n/g menores valores de $\pi(x_i)$, e assim sucessivamente, até o último grupo que deve conter os n/g maiores valores de $\pi(x_i)$. Seja D_l o número de indivíduos do l-ésimo grupo, l = 1,..., g. Dessa forma, em cada grupo, tem-se:

O_{1l} = número de mortes observadas no l-ésimo grupo.
O_{0l} = número de sobrevidas observadas no l-ésimo grupo.
E_{1l} = número de mortes estimadas no l-ésimo grupo.
E_{0l} = número de sobrevidas estimadas no l-ésimo grupo.

que podem ser observados no Quadro 13-10.

Quadro 13-10. **Freqüências observadas em cada grupo para indivíduos com doença presente ou ausente**

Morte	*Decisão de risco*					
	1	*2*	*3*	*...*	*g*	*Total*
Presente (Y = 1)	O_{11}	O_{12}	O_{13}	...	O_{1g}	n_1
Ausente (Y = 0)	O_{01}	O_{02}	O_{03}	...	O_{0g}	n_0
Total	n/g	n/g	n/g	...	n/g	n

Uma das estatísticas que compara freqüências observadas e esperadas é dada por:

$$\hat{C}g^* = \sum_{k=0}^{1} \sum_{l=1}^{g} \frac{(O_{kl} - E_{kl})^2}{E_{kl}}$$

Lemeshow e Hosmer mostraram, através de simulações, que se o número de co-variáveis (p) + 1 é menor que o número de grupos (g) (*i. e.*, (p + 1) < g), então a estatística $\hat{C}g^*$ tem distribuição aproximadamente qui-quadrado com g-2 graus de liberdade sob a hipótese de um bom ajuste.

Tomando os dados do artigo de Lemeshow e Hosmer como exemplo, 540 pacientes foram considerados para a análise, quatro fatores de risco foram selecionados e $\pi(x)$ foi dividido em 10 intervalos.[55]

Com base nos resultados do Quadro 13-11, temos que a hipótese de um ajuste adequado do modelo não é rejeitada, uma vez que p > 0,05.

Uma estratégia alternativa sugerida por Hosmer e Lemeshow[31-33,53] é formar grupos básicos em pontos de corte fixos. Por exemplo, pode-se usar como pontos de corte 0,1, 0,2, 0,3, ..., 0,9, dessa forma no primeiro intervalo estão os indivíduos com $\pi(x_i)$ entre 0 e 10% e, no décimo intervalo estão os indiví-

Quadro 13-11. **Exemplo de avaliação do ajuste do modelo usando a estatística $\hat{C}g^*$**

Intervalo de risco de óbito previsto (%)	*Mortes*		*Sobrevidas*		*Total*
	E_1	O_1	E_o	O_o	
0-2,6	1,07	0	53,93	55	55
2,6-4,2	1,87	1	51,13	52	53
4,2-5,4	2,94	2	57,06	58	60
5,4-6,4	3,56	2	55,44	57	59
6,4-7,4	3,26	5	43,74	42	47
7,4-8,6	4,17	9	47,83	43	52
8,6-10,5	4,97	2	47,03	50	52
10,5-16,4	6,64	7	47,36	47	54
16,4-59,5	18,08	19	35,92	35	54
59,5-100	45,43	45	8,57	9	54
Total		92		448	540

$\hat{C}g^*$ = 11,72 (8 g.l.); p = 0,16.

***Quadro 13-12.* Freqüências observadas para indivíduos com doença presente ou ausente em intervalos básicos de pontos de corte fixados**

Morte	*[0,0-0,1)*	*[0,1-0,2)*	*[0,2-0,3)*	*...*	*[0,9-1,0]*	*Total*
Presente (Y = 1)	O'_{11}	O'_{12}	O'_{13}	...	$O'_{1\,10}$	n_1
Ausente (Y = 0)	O'_{01}	O'_{02}	O'_{03}	...	$O'_{0\,10}$	n_0
Total	m_1	m_2	m_3	...	m_{10}	n

duos com $\pi(x_i)$ maior que 90%. Com estes pontos de corte, temos os valores observados no Quadro 13-12.

O valor observado (O') e o valor associado estimado (E') no Quadro 13-12 são definidos de maneira análoga aos valores de (O) e (E) vistos anteriormente. A estatística utilizada para as comparações das freqüências observada e esperada é definida a seguir:

$$\hat{H}g^* = \sum_{k=0}^{1} \sum_{l=1}^{10} \frac{(O_{kl} - E_{kl})^2}{E_{kl}}$$

Tomando novamente os dados de Lemeshow e Hosmer como exemplo, tem-se os dados apresentados no Quadro 13-13.

Observando os resultados do Quadro 13-13, verifica-se que apesar do valor de p não ser menor que 0,05, ele nos fornece evidência de que provavelmente esse modelo não descreve bem a mortalidade observada, visto que ele está muito próximo da rejeição da hipótese de ajuste adequado.

As simulações apresentadas por Hosmer e Lemeshow (1980) indicaram que $\hat{H}g^*$ é mais poderosa que $\hat{C}g^*$, e conseqüentemente pode ser a estatística preferida. Contudo, uma

***Quadro 13-13.* Exemplo de avaliação do ajuste do modelo usando a estatística $\hat{H}g^*$**

Intervalo de risco de óbito previsto (%)	*Mortes*		*Sobrevidas*		*Total*
	E_1	O_1	E_0	O_0	
0-10	20,5	21	344,50	344	365
10-20	9,25	9	64,75	65	74
20-30	5,01	5	14,99	15	20
30-40	4,50	4	8,50	9	13
40-50	2,28	3	2,72	2	5
50-60	5,62	6	4,38	4	10
60-70	6,61	10	3,39	0	10
70-80	6,06	3	1,94	5	8
80-90	11,9	10	2,10	4	14
90-100	20,26	21	0,74	0	21
Total		92		448	540

$\hat{H}g^*$ =14,87 (8 g.l.); p = 0,06.

desvantagem da $\hat{H}g^*$ é que, quando o tamanho total da amostra n é pequeno, m_l poderá ser pequeno para alguns intervalos.

IMPORTÂNCIA DA CURVA ROC

Quando se fala em sensibilidade e especificidade, geralmente existe um contrabalanço entre essas duas medidas. Obviamente é desejável dispor de um teste que seja altamente sensível e específico. Infelizmente, normalmente isso não é possível.

Uma maneira de expressar a relação entre Sensibilidade e Especificidade é construindo uma curva, chamada curva *Receiver Operator Characteristic* (ROC). Essa curva é construída pela representação da taxa de verdadeiros positivos (Sensibilidade) contra a taxa de falsos-positivos (1-Especificidade) (Quadro 13-14).

Testes de bom poder discriminatório concentram-se no canto superior esquerdo da curva ROC; para esses, à medida que a Sensibilidade diminui, existe pouca ou nenhuma perda na Especificidade, o que deixa de ocorrer quando altos níveis de Sensibilidade são alcançados.

A curva ROC é usada para descrever a precisão de um teste em uma faixa (um espectro) de pontos de corte, mostrando o contrabalanço entre a Sensibilidade e a Especificidade de um teste. Ela pode ser usada para auxiliar na decisão de qual é o melhor ponto de corte. A precisão global de um teste pode ser descrita como a área sob a curva ROC, quanto maior a área, melhor o teste. A área pode ser calculada por métodos matemáticos de ajuste de curvas, utilizando a melhor curva ajustada.

***Quadro 13-14.* Cálculo dos falsos-positivos e da sensibilidade por faixa de risco**

Critério (%)	*Falso-positivo*	*Sensibilidade*
0,0	100,0	100,0
2,6	87,7	100,0
4,2	76,1	98,9
5,4	63,2	96,7
6,4	50,4	94,6
7,4	41,1	89,1
8,6	31,5	79,3
10,0	23,2	77,2
10,5	20,3	77,2
16,4	9,8	69,6
20,0	8,7	67,4
30,0	5,4	62,0
40,0	3,3	57,6
50,0	2,9	54,3
59,4	2,0	48,9
60,0	2,0	47,8
70,0	2,0	37,0
80,0	0,9	33,7
90,0	0,0	22,8
100,0	0,0	0,0

Quadro 13-15. Valores verdadeiros e previstos para o ponto de corte de 10%

Verdadeiro	*Previsto*		
	Vivos –	*Mortos +*	*Total*
Vivos –	344	104	448
Mortos +	21	71	92
Total	365	175	540

Sensibilidade = 77,17%; especificidade = 76,79%; valor preditivo positivo = 40,57%; valor preditivo negativo = 94,25.

A probabilidade de um paciente morrer pode ser obtida a partir da equação fornecida pela Análise de Regressão Logística. A partir de critérios de decisão previamente determinados, consideram-se pacientes previstos para morrer aqueles que apresentam uma probabilidade de morte acima do valor assim definido.

Uma tabela pode ser construída com os dados do Quadro 13-13 adotando como critério de corte 10%, ou seja, todos os pacientes que apresentam uma probabilidade de morte acima de 10% são considerados como preditos para morrer. Nesse quadro são anotados também os pacientes que efetivamente vieram a falecer (Quadro 13-15).

Em seguida, outros pontos de corte devem ser obtidos, sendo calculados os respectivos valores de Sensibilidade, Especificidade, valor preditivo positivo e valor preditivo negativo que serão utilizados para a construção da curva.

Uma vez obtidos esses valores para diferentes pontos de corte, é possível construir uma curva baseada em pontos como os da Figura 13-2.

O modelo de regressão logística é freqüentemente usado na análise estatística de dados em medicina quando a variável resposta é dicotômica (por exemplo, morte e sobrevida). Esse trabalho apresenta o modelo de regressão logística desde sua definição matemática até o teste de ajuste do modelo final.

Um fator importante na construção do modelo é a decisão na seleção dos fatores de risco. O método de seleção por passos identifica apenas as variáveis que são estatisticamente importantes no risco de morte do paciente, porém cabe ao pesquisador incorporar permanentemente ao modelo qualquer variável que possua importância clínica antes de proceder a uma seleção estatística.

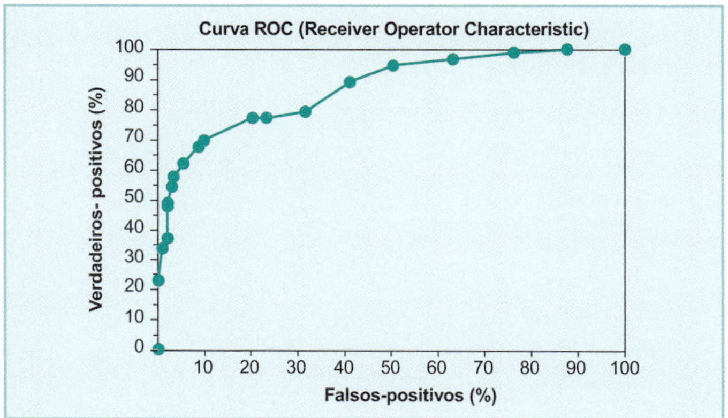

Fig. 13-2. Curva ROC baseada nos dados de Lemeshow *et al.* A área calculada sob a curva é de 87,65%.

As estatísticas propostas por Hosmer e Lemeshow (1980) são consideradas para o teste de ajuste neste trabalho por sua facilidade de cálculo. Segundo os autores, a estatística $\hat{H}g^*$ é mais poderosa que $\hat{C}g^*$, porém a distribuição de $\hat{H}g^*$ depende do tamanho da amostra. Quando o número de pacientes é pequeno, isso resulta em tamanhos de amostra muito reduzidos para alguns intervalos, o que induz a erros significativos quando a estimativa é comparada com a mortalidade observada nesses intervalos.

Desenvolvimento do Modelo Unicamp

Até 1988, os sistemas de índices prognósticos disponíveis se baseavam em bancos de dados coletados nos Estados Unidos e na Europa. Um estudo multicêntrico foi realizado no Brasil aplicando o modelo APACHE III a 1.734 pacientes em internações consecutivas em 10 hospitais brasileiros. Os dados coletados no Brasil por Paulo Bastos foram analisados pela equipe de William Knaus em Washington.[46] Os resultados mostraram importantes diferenças de SMR (*Standardized Mortality Rate*) – relação entre a mortalidade observada e a mortalidade prevista – em cada faixa de risco de óbito. De uma maneira geral, a mortalidade observada foi superior à estimada pelo modelo APACHE III. Esses resultados só vieram confirmar as comunicações de nossas observações no Congresso Pan-Americano de Medicina Intensiva em 1991.[36]

Alguns dados preliminares sugeriam que diferentes populações de diferentes países, com diferentes graus de nutrição e diferentes mecanismos de defesa à doença, assim como com diferentes sistemas de atendimento pré-hospitalar, poderiam influenciar, de forma significativa, os resultados de sistemas convencionais aplicados em nosso meio.[36]

Recentemente, essas suspeitas foram confirmadas por outros autores, que aplicaram o APACHE II ou o APACHE III a populações mistas.[16,27,40]

No sentido de ajustar melhor a mortalidade prevista com a mortalidade observada foram desenvolvidos sistemas calibrados para grupos de pacientes sépticos,[48] para pacientes oncológicos[86] e pacientes submetidos a transplante de fígado.[3] É evidente que a sugestão de calibração de um modelo para um determinado grupo de pacientes, quer por diagnóstico, quer por população, questiona o uso universal de um modelo único.

Pareceu-nos, portanto, razoável, que um sistema de índices prognósticos pudesse ser desenvolvido com base em uma experiência brasileira, utilizando um banco de dados coletado em um hospital universitário.

O sistema Unicamp nasceu dentro de todas essas incertezas, buscando um modelo que fosse de fácil aplicação sem, contudo, perder a essência prognóstica. Para o cálculo do risco de óbito não seria incluído um coeficiente para as doenças, pelas dificuldades inerentes à identificação correta do diagnóstico nosológico no momento da internação.

Os coeficientes das variáveis seriam calculados pela análise de regressão logística como descrito por Lemeshow,[58] sendo uma das variáveis a pontuação APS, isto é, a somatória dos pontos atribuídos aos desvios fisiológicos agudos, acrescidos da pontuação para a idade e para a doença crônica, como descrito por Knaus *et al*.[44]

MÉTODO

Para todos os pacientes internados na UTI do Hospital das Clínicas da Unicamp foi preenchida uma ficha pelo residente responsável pelo paciente. Essa ficha incluiu dados de internação, complicações e procedimentos durante a internação, assim como um resumo de alta. Essas fichas incluíam trinta variáveis facilmente obtidas e que descreviam a condição do paciente por ocasião de sua internação.

Foram estudados 862 pacientes clínicos e cirúrgicos internados de abril de 1988 a outubro de 1989 na Unidade de Terapia Intensiva. Foram excluídos pacientes com doença coronariana isquêmica e óbitos nas primeiras vinte e quatro horas após a internação. Os primeiros 500 casos foram analisados usando o método estatístico de regressão logística por inclusão (*forward procedure*) para gerar uma equação preditiva de óbito na UTI, baseado em dados colhidos por ocasião da internação.[1,11,20,31-33] O ajuste adequado dessa equação foi verificado nos 362 casos subseqüentes. O procedimento estatístico foi previamente publicado.[92]

As equações publicadas por Knaus *et al*[44] e Lemeshow, Teres *et al*[58] são para óbito hospitalar. Nossos dados se referiam a óbito na UTI, em vez de morte hospitalar.[44,58] Acreditamos que uma parcela de pacientes venha a falecer após a alta da UTI. De qualquer forma, isso significa que a equação gerada pela análise de nossos dados não é diretamente comparável com as dos autores acima citados.

ANÁLISE DE REGRESSÃO LOGÍSTICA DOS PRIMEIROS 500 CASOS

As variáveis incluídas e estudadas individualmente para entrada no modelo de óbito em UTI estão apresentadas no Quadro 13-16.

A pontuação APS do APACHE II é o conjunto de pontos atribuídos aos desvios fisiológicos agudos de 12 variáveis no momento da internação na UTI. Embora o APACHE II, como descrito por Knaus *et al*,[44] use o pior (mais desviado) valor das 12 medidas fisiológicas, para facilidade de coleta de dados, foram computados os valores do primeiro exame disponível. Para exames de laboratório, o primeiro e o pior exame geralmente coincidem. É verdade que, em alguns casos, esse fato pode subestimar a gravidade por ignorar a eventual piora do quadro nas 24 horas subseqüentes.

Primeiro passo

No primeiro passo de seleção de variáveis por inclusão, as variáveis foram colocadas no modelo individualmente. Em cada modelo, o coeficiente da variável é calculado e sua significância estatística é verificada através do teste qui-quadrado de Wald.[33] As variáveis que obtiveram significância estatística estão apresentadas no Quadro 13-17.

Quadro 13-16. Variáveis incluídas no modelo original

1. Idade
2. Sexo
3. Internação por insuficiência respiratória
4. Internação por insuficiência renal
5. Internação por coma
6. Internação por pós-operatório imediato
7. Internação por distúrbio metabólico
8. Internação por instabilidade hemodinâmica
9. Internação para observação
10. Cirurgia programada
11. Emergência clínica ou cirúrgica
12. Freqüência cardíaca
13. Pressão arterial média
14. Temperatura axilar
15. Freqüência respiratória
16. Diurese
17. Uréia
18. Escala de Coma de Glasgow
19. Uso do respirador
20. Ritmo sinusal
21. Infarto agudo do miocárdio
22. Hemorragia gastrintestinal
23. Foco de infecção
24. Insuficiência renal aguda
25. Hematócrito
26. Contagem de glóbulos brancos
27. Sódio
28. Potássio
29. pH do sangue
30. Pontuação APS

Quadro 13-17. Variáveis significativas selecionadas no primeiro passo (análise de regressão logística univariada)

Variável	*Qui-quadrado (valor de p)*
Internação por insuficiência respiratória	< 0,001
Internação por insuficiência renal	0,002
Internação por coma	0,005
Internação por instabilidade hemodinâmica	< 0,001
Emergência clínica ou cirúrgica	< 0,001
Freqüência cardíaca	< 0,001
Escala de Coma de Glasgow	< 0,001
Insuficiência renal aguda	< 0,001
Uso de respirador	< 0,001
Foco de infecção	< 0,001
APS	< 0,001

Comparando os valores do qui-quadrado (com o cuidado de considerar as diferenças em graus de liberdade produzidas por dados faltantes), a pontuação do APS foi o mais forte preditor de óbito em UTI.

Segundo passo

Nesse passo, a pontuação APS foi permanentemente incluída no modelo, e as variáveis remanescentes que haviam atingido significância no primeiro passo foram individualmente adicionadas ao modelo.

O Quadro 13-18 mostra o valor de p do qui-quadrado para as variáveis restantes, quando adicionadas à pontuação APS.

Nesse passo, a insuficiência renal aguda foi o preditor mais significativo quando adicionada ao modelo após a pontuação APS.

Nesse passo ficou claro que a pontuação APS havia captado informações contidas em algumas outras variáveis, por exemplo, freqüência cardíaca e a pontuação da Escala de Coma de Glasgow (GCS). A insuficiência renal como causa primária de internação, coma e foco de infecção tornou-se não-significativa.

Quadro 13-18. Variáveis significativas selecionadas no segundo passo (análise de regressão logística univariada usando APS como co-variável)

Variável	*Qui-quadrado (valor de p)*
Internação por insuficiência respiratória	0,020
Internação por insuficiência renal	0,584
Internação por coma	0,168
Internação por instabilidade hemodinâmica	0,001
Emergência clínica ou cirúrgica	0,001
Freqüência cardíaca	0,095
Escala de Coma de Glasgow	0,051
Insuficiência renal aguda	< 0,001
Uso de respirador	0,007
Foco de infecção	0,113

Terceiro passo

As variáveis remanescentes (que mantinham ainda significância no segundo passo, ou não estavam contidas na pontuação APS) foram testadas individualmente no modelo com a pontuação APS e insuficiência renal aguda. O Quadro 13-19 mostra o valor de p do qui-quadrado para as variáveis restantes.

Nesse passo, a situação de emergência clínica ou cirúrgica foi a variável preditiva mais significativa, quando somada ao modelo já contendo a pontuação APS e a insuficiência renal aguda. A *insuficiência respiratória* continuava perdendo significância e estava, provavelmente, embutida na variável uso do ventilador.

Quarto passo

As variáveis restantes (excluindo insuficiência respiratória) foram testadas individualmente no modelo já contendo a pontuação APS, insuficiência renal e emergência clínica ou cirúrgica (Quadro 13-20).

Quadro 13-19. Variáveis significativas selecionadas no terceiro passo (análise de regressão logística univariada usando APS e insuficiência renal aguda como co-variável)

Variável	*Qui-quadrado (valor de p)*
Internação por insuficiência respiratória	0,058
Internação por instabilidade hemodinâmica	0,009
Emergência clínica ou cirúrgica	< 0,001
Uso do respirador	0,009
Foco de infecção	0,312

O uso de respirador na internação foi o preditor mais significativo quando adicionado ao modelo do terceiro passo.

Deve ser mencionado que, nesse passo, o coeficiente das quatro variáveis no modelo ainda era significativamente não zero. Além disso, havia 13 pacientes sem informações relativas ao uso ou não de respirador na entrada.

A regressão logística requer que sejam eliminados da análise casos com dados incompletos. Portanto, o modelo, nesse passo, contava com somente 487 casos, em vez dos 500 originais. Não há razão para acreditar que esse grupo de pacientes seja uma seleção sistematicamente enviesada de casos.

Quadro 13-20. Variáveis significativas selecionadas no quarto passo (análise de regressão logística univariada já incluindo APS, insuficiência renal aguda e emergência clínica ou cirúrgica)

Variável	*Qui-quadrado (valor de p)*
Internação por instabilidade hemodinâmica	0,046
Uso do respirador	0,020
Foco de infecção	0,494

Quinto passo

A instabilidade hemodinâmica foi adicionada ao quinto passo. Isso deu um valor de p do qui-quadrado de 0,046. Ficou decidido que a definição de instabilidade hemodinâmica não era tão clara como a das outras variáveis e que a sua fraca contribuição para o modelo não justificaria a sua inclusão.

MODELO DE REGRESSÃO LOGÍSTICA FINAL PARA ESTIMAR ÓBITO EM UNIDADE DE TERAPIA INTENSIVA BASEADO EM 487 (DE 500) CASOS

O modelo final inclui as variáveis descritas no Quadro 13-21 (apresentadas com os seus correspondentes coeficientes, erros-padrão dos coeficientes, os coeficientes padronizados e os seus valores de p).

Quadro 13-21. Variáveis significativas selecionadas no modelo de desenvolvimento baseado em 487 dos 500 casos

Variável	*Coeficiente*	*EP*	*Coef./EP*	*Valor de p*
Constante	–4,3509			
APS	0,1047	0,00295	3,55	< 0,0001
Insuf. renal aguda	1,4534	0,3586	4,05	0,0001
Uso do respirador	1,2126	0,2957	4,10	0,0001
Emergência clínica ou cirúrgica	0,9138	0,3297	2,77	0,0058

A equação preditiva do risco de óbito foi :

$$\text{Risco de óbito} = 1/([1 + \exp(-Y))]$$

onde Y = – 4,3509
+ 0,1047 × APS
+ 1,2126 se respirador em uso
+ 1,4534 se insuficiência renal aguda
+ 0,9138 se emergência clínica ou cirúrgica

Os Quadros 13-22 e 13-23 dão a mortalidade prevista e a observada para os 487 casos de óbito na UTI baseadas nas variáveis fisiológicas coletadas à admissão do paciente na Unidade e utilizadas para gerar a equação de risco de óbito na Unidade de Terapia Intensiva.

A primeira tabela foi construída para calcular a estatística de adequação do ajuste $\hat{H}g^*$, e a segunda, para calcular a estatística de adequação do ajuste $\hat{C}g^*$ sugerida por Hosmer e Lemeshow.[31-33]

Ao observar o Quadro 13-22, pode-se verificar que, nas faixas de risco com maior número de pacientes, a correlação entre

Quadro 13-22. Mortalidade prevista e observada nos 487 pacientes que constituíram o grupo no qual foi desenvolvido o modelo, divididos por faixas de risco com intervalos de 10%

Intervalo de risco de óbito previsto	*Pacientes*		*Mortalidade*		*SMR*
	Total	*Óbitos*	*Observada (%)*	*Estimada (%)*	
0-10	217	9	4,2	5,3	0,79
10-20	104	15	14,4	14,0	1,03
20-30	53	14	26,4	25,6	1,03
30-40	36	14	38,9	34,6	1,12
40-50	23	11	47,8	45,3	1,06
50-60	18	11	61,1	54,3	1,13
60-70	8	6	75,0	66,8	1,12
70-80	14	12	85,7	74,7	1,15
80-90	12	7	58,3	84,8	0,69
90-100	2	1	50,0	93,0	0,54
Total	487	100	20,53	20,53	1,00

$\hat{H}g^*$ = 14,64 (8 g.l.); p = 0,0665.

Quadro 13-23. Mortalidade prevista e observada nos 487 pacientes que constituíram o grupo no qual foi desenvolvido o modelo, divididos por faixas de risco com intervalos contendo igual número de pacientes

Intervalo de risco de óbito previsto (%)	*Pacientes*		*Mortalidade*		*SMR*
	Total	*Óbitos*	*Observada (%)*	*Estimada (%)*	
1,3-2,9	49	0	0,0	2,1	–
2,9-4,7	49	0	0,0	3,7	–
4,7-6,8	48	3	6,3	5,6	1,13
6,8-9,1	49	5	10,2	7,8	1,31
9,1-11,8	49	4	8,2	10,1	0,81
11,8-16,0	48	8	16,7	13,5	1,24
16,0-23,6	49	9	18,4	19,8	0,93
23,6-34,2	49	17	34,7	29,1	1,19
34,2-52,0	48	22	45,8	42,1	1,09
52,0-94,2	49	32	65,3	71,5	0,91
Total	487	100	20,53	20,53	1,00

$\hat{C}g^*$ = 5,98 (8 g.l); p = 0,649.

a mortalidade prevista e a mortalidade observada é muito boa. Entretanto, nas faixas de risco com menor número de pacientes (60 a 100%), a mortalidade prevista superestima (nas faixas de 80 a 90 e de 90 a 100%) e subestima (nas faixas de 60 a 70 e de 70 a 80%) a mortalidade observada. Esse comportamento aleatório foi atribuído ao pequeno número de pacientes nestas faixas de risco. Por esse motivo, os pacientes foram distribuídos por faixas com igual número de pacientes. O p *valor* calculado para a estatística $\hat{H}g^*$ do Quadro 13-22 (0,0665) não permite rejeitar a hipótese de que o modelo se ajusta adequadamente, porém o valor de p está muito próximo do nível de rejeição (0,05). Com base nessa estatística, questionou-se se essa equação seria realmente representativa da mortalidade observada.

Novamente a interpretação dessa quase rejeição de ajuste adequado corre por conta do pequeno número de pacientes nas faixas de risco acima de 60%. Essa diferença fica notável ao se apreciar a Figura 13-3. A despeito dessa discrepância observada nas faixas de risco mais elevadas, a SMR global é de 1,0, indicando uma boa correlação entre a mortalidade observada e a mortalidade estimada.

Quando o mesmo conjunto de pacientes é subdividido em dez grupos com igual número de pacientes em cada grupo (no Quadro 13-23 o valor de p é 0,649), conclui-se com segurança que, a partir dessa estatística ($\hat{C}g^*$), o modelo se ajusta perfeitamente. Esse ajuste pode ser mais bem apreciado observando-se a Figura 13-4.

Note-se que o valor de $\hat{C}g^*$ é significativamente menor que o de $\hat{H}g^*$ para o mesmo conjunto de dados. Isso, provavelmente, se deve a dois fatos. Inicialmente, Lemeshow e Hosmer citam que $\hat{C}g^*$ teria menor poder discriminativo para detectar

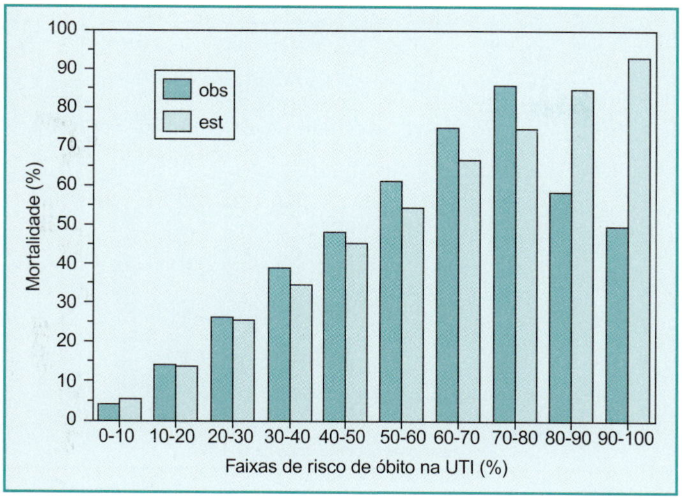

Fig. 13-3. Gráfico que compara a mortalidade observada (obs) e a mortalidade estimada (est) para os 487 pacientes que geraram a equação por análise de regressão logística, divididos por faixas de risco de 10%.

diferenças do que $\hat{H}g^*$. Isto é, $\hat{H}g^*$ é mais sensível a diferenças entre o número de óbitos previstos e o de observados, o que resultaria em valores de p mais baixos. Em segundo lugar, quando os pacientes são divididos por intervalos de risco estimado, como foi feito com o $\hat{H}g^*$, incidem poucos pacientes nos intervalos acima de 60%, aumentando o erro e falseando os valores de mortalidade observada nessas faixas.

A partir dos Quadros 13-22 e 13-23, foram derivadas as mortes e sobrevidas estimadas. Quando essas foram correlacionadas com as mortes e sobrevidas observadas nesse grupo de pacientes, foi possível determinar a sensibilidade e a especificidade do modelo. A curva ROC (Fig. 13-5) foi construída correlacionando os dados de sensibilidade com a variável (1-especificidade) de acordo com o método previamente apresentado.[17] Evidentemente, o bom resultado obtido nessa curva não

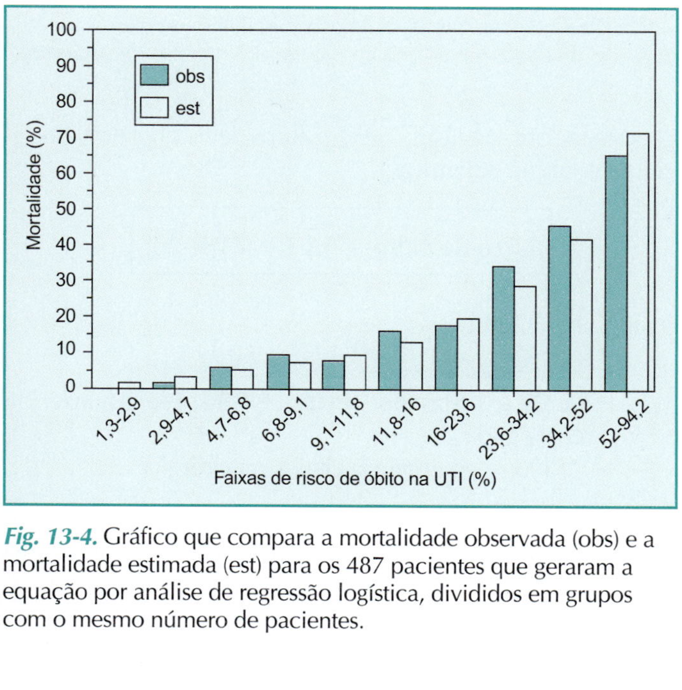

Fig. 13-4. Gráfico que compara a mortalidade observada (obs) e a mortalidade estimada (est) para os 487 pacientes que geraram a equação por análise de regressão logística, divididos em grupos com o mesmo número de pacientes.

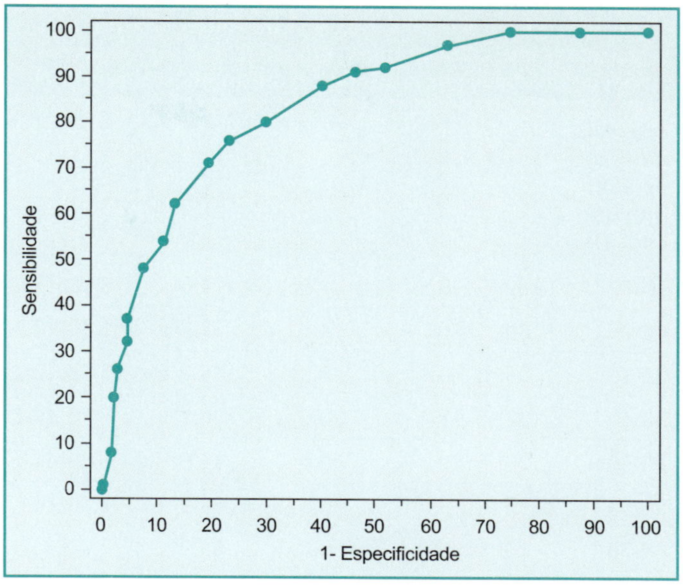

Fig. 13-5. Curva ROC para a equação gerada por análise de regressão logística, no grupo inicial de 487 pacientes considerando os primeiros dados de entrada e a mortalidade na UTI. A área sob a curva é de 83,86%.

surpreende, visto que os dados que geraram a equação foram os mesmos que aqueles utilizados para estimar a mortalidade. A área calculada sob a curva ROC no grupo de desenvolvimento, quando aplicada a equação Unicamp I, foi de 83,86%.

VERIFICAÇÃO DA VALIDADE DO MODELO PARA O RISCO DE ÓBITO EM UTI NOS 362 CASOS SUBSEQÜENTES

O que verdadeiramente atesta a aplicabilidade do modelo em pacientes admitidos na UTI é a verificação do ajuste da equação a uma série independente de pacientes. A equação foi, então, aplicada aos dados de cada paciente em uma série independente de 362 casos.

As mesmas estatísticas $\hat{H}g^*$ e $\hat{C}g^*$ foram tabuladas e calculadas para essa série (todos os 362 casos tinham dados completos e foram incluídos na análise). Os resultados da correlação entre a mortalidade prevista pela equação e a observada nessa série independente podem ser observados nos Quadros 13-24 e 13-25 (Figs. 13-6 e 13-7).

Ambas as estatísticas nos levam a concluir que o modelo se ajusta perfeitamente à série subseqüente e independente de pacientes críticos.

Nessa segunda série independente também foi construida a curva ROC (Fig. 13-8), cuja área sob a curva resultou em 83,31%, muito semelhante à área obtida no grupo de desenvolvimento do modelo.

Como o modelo baseado na primeira série de 500 pacientes foi validado pela segunda série, a equação preditiva foi novamente calculada, utilizando agora todos os pacientes. Foram novamente excluídos os 13 pacientes da primeira série que não tinham informação quanto ao uso de respirador, de forma que foram reanalisados 849 pacientes. Uma nova análise de re-

Quadro 13-24. Mortalidade prevista e observada nos 362 pacientes que constituíram o grupo testado para validar o modelo, divididos por faixas de risco com intervalos de 10%

Intervalo de risco de óbito previsto (%)	*Pacientes*		*Mortalidade*		*SMR*
	Total	*Óbitos*	*Observada (%)*	*Estimada (%)*	
0-10	182	8	4,4	4,6	0,955566
10-20	69	10	14,5	13,7	1,057865
20-30	33	9	27,3	25,2	1,082251
30-40	22	11	50,0	36,1	1,385042
40-50	20	10	50,0	45,5	1,098901
50-60	15	9	60,0	55,2	1,086957
60-70	10	6	60,0	65,9	0,91047
70-80	6	4	66,7	73,8	0,903342
80-90	4	2	50,0	85,3	0,586166
90-100	1	1	100,0	91,0	1,098901
Total	362	70	19,34	18,45	0,95

$\hat{H}g^*$ = 6,66 (8 g.l.); p = 0,574.

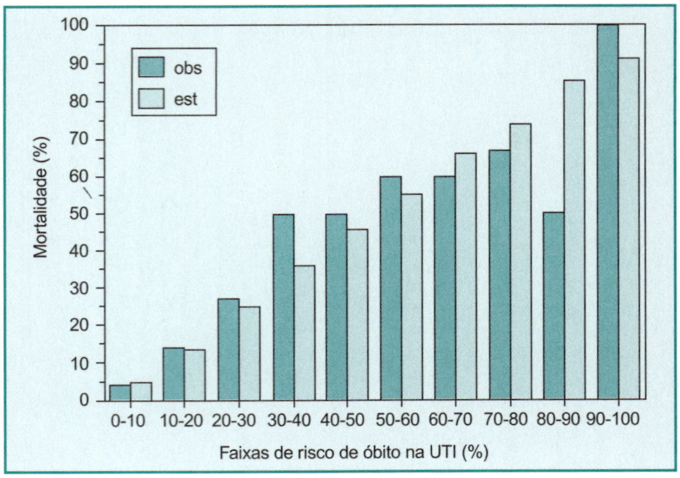

Fig. 13-6. Gráfico que compara a mortalidade observada (obs) e a mortalidade estimada (est) para os 362 pacientes do grupo de validação da equação original gerada por análise de regressão logística, divididos por faixas de risco de 10%.

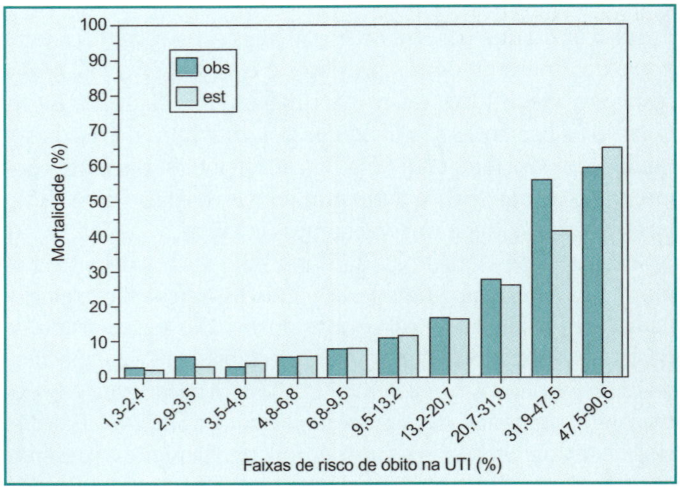

Fig. 13-7. Gráfico que compara a mortalidade observada (obs) e a mortalidade estimada (est) para os 362 pacientes do grupo de validação da equação original gerada por análise de regressão logística, divididos em grupos com o mesmo número de pacientes.

Quadro 13-25. Mortalidade prevista e observada nos 362 pacientes que constituíram o grupo testado para validar o modelo, divididos por faixas de risco com intervalos contendo igual número de pacientes

Intervalo de risco de óbito previsto (%)	*Pacientes*		*Mortalidade*		*SMR*
	Total	*Óbitos*	*Observada (%)*	*Estimada (%)*	
1,3-2,4	37	1	2,7	2,0	1,35
2,4-3,5	36	2	5,6	2,9	1,92
3,5-4,8	36	0	0,0	4,1	–
4,8-6,8	36	2	5,6	5,7	0,97
6,8-9,5	36	3	8,3	8,1	1,03
9,5-13,2	36	4	11,1	11,3	0,98
13,2-20,7	36	6	16,7	16,5	1,01
20,7-31,9	36	10	27,8	26,4	1,05
31,9-47,5	36	20	55,6	41,5	1,34
47,5-90,6	37	22	59,5	65,2	0,91
Total	362	70	19,34	18,45	0,95

$\hat{C}g^*$ = 6,04 (8 g.l.); p = 0,642.

gressão logística aplicada a todos os pacientes resultou na seguinte equação definitiva:

$$\text{Risco de óbito} = 1/[\,1 + \text{EXP}(-\,\text{Y})]$$

onde Y = – 4,5312

+ 0,1117 × APS

+ 1,2237 se respirador em uso + 0,9414 se insuficiência renal aguda

+ 1,1596 se emergência clínica ou cirúrgica

Devemos enfatizar que o critério do sistema APACHE II avalia os maiores desvios fisiológicos ocorridos nas primeiras 24 horas de internação e utiliza a mortalidade hospitalar como mortalidade observada. A equação acima se baseia nos desvios

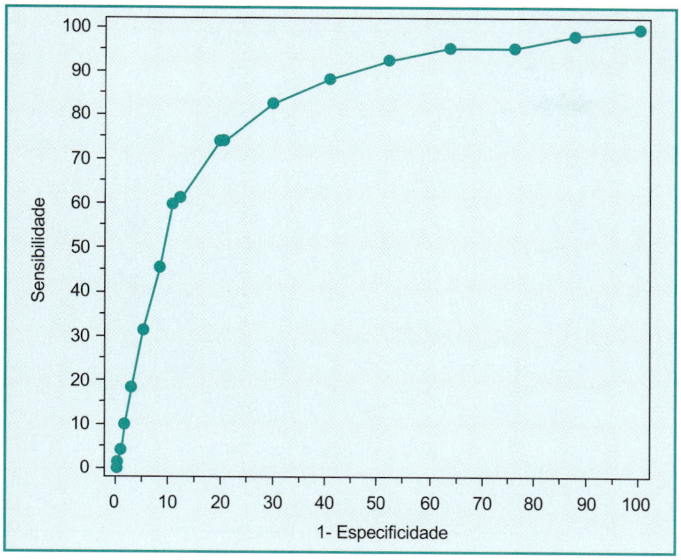

Fig. 13-8. Curva ROC para a equação gerada por análise de regressão logística, no grupo independente de 362 pacientes, baseada nos primeiros dados de entrada e a mortalidade na UTI. A área sob a curva é de 83,31%.

fisiológicos registrados na entrada do paciente na UTI, e a mortalidade se restringe à mortalidade na Unidade de Terapia Intensiva. Essa equação foi denominada Unicamp I. A previsão de mortalidade por essa equação deverá ser mais favorável do que o modelo APACHE II, porque os desvios fisiológicos de entrada, embora sejam, presumidamente, os piores das 24 horas na grande maioria dos pacientes, podem não ser os piores em uma série não-documentada de pacientes. Ainda como uma pequena parcela de pacientes não foi computada na elaboração do modelo, visto que pacientes que faleceram no Hospital, após a alta da UTI foram computados como sobreviventes. Por isso, os dados da equação Unicamp I não podem ser comparados àqueles derivados da equação do APACHE II.

Por esse motivo, uma segunda análise foi realizada, sendo revistos os prontuários médicos dos 849 pacientes da série, identificando e registrando o pior valor das primeiras 24 horas de internação para todas as 12 variáveis do APS. Além disso, pelo SAME do Hospital das Clínicas foi rastreada a evolução de todos os pacientes após a alta da UTI. Desta forma, foi possível registrar o óbito hospitalar até seis meses após a internação inicial do paciente na UTI. Uma nova análise de regressão logística foi então realizada, com os novos dados seguindo os passos anteriormente relatados. A equação obtida em todo o grupo de 849 pacientes é apresentada abaixo:

$$\text{Risco de óbito} = 1/[\,1 + \text{EXP}(-\,Y)]$$

onde Y = – 3,7594

+ 0,1162 × APS

+ 0,7178 se respirador em uso + 0,7318 se insuficiência renal aguda

+ 0,8367 se emergência clínica ou cirúrgica

Como essa equação, denominada equação Unicamp II, foi obtida com base nos piores dados fisiológicos agudos computados nas primeiras 24 horas de internação na UTI e a mortalidade computada é a mortalidade hospitalar até seis meses após a internação, ela é passível de comparação com o modelo APACHE II.

VERIFICAÇÃO DA VALIDADE DO MODELO PARA O RISCO DE ÓBITO HOSPITALAR, BASEADA NOS PIORES VALORES DE APS NAS PRIMEIRAS 24 HORAS DE UTI EM 208 CASOS SUBSEQÜENTES

A equação do APACHE II foi aplicada a uma nova série independente de 208 pacientes consecutiva e perspectivamente internados na UTI. As mesmas estatísticas $\hat{H}g^*$ e $\hat{C}g^*$ foram tabuladas e calculadas para essa série (todos os 208 casos tinham dados completos e foram incluídos na análise). Os resultados da correlação entre a mortalidade prevista pela equação APACHE II e a observada nessa série independente podem ser observados nos Quadros 13-26 e 13-27 (Figs. 13-9 e 13-10).

Os dados dos Quadros 13-26 e 13-27 foram submetidos à mesma análise anteriormente utilizada para o cálculo da sensibilidade e da especificidade resultando na Curva ROC apresentada na Figura 13-11. Observe-se que a área sob a curva ROC foi inferior àquela observada anteriormente com a equação Unicamp I, tanto para o modelo de desenvolvimento como para o modelo de validação. Possivelmente esse resultado decorra do menor número de pacientes nessa série, possibilitando alguma discrepância entre a mortalidade estimada e a mortalidade observada em algumas faixas de risco, como pode ser aprecia-

Quadro 13-26. Avaliação de ajuste do modelo APACHE II. Mortalidade observada e prevista nos 208 pacientes que constituíram o grupo testado para validar o modelo, divididos por faixas de risco com intervalos de 10%

Intervalo de risco de óbito previsto	*Pacientes*		*Mortalidade*		*SMR*
	Total (n)	*Óbitos (n)*	*Observada (%)*	*Estimada (%)*	
0-10	108	9	8,33	5,28	1,58
10-20	56	11	19,64	14,08	1,40
20-30	20	6	30,00	24,63	1,22
30-40	6	3	50,00	33,58	1,49
40-50	5	3	60,00	44,23	1,36
50-60	2	2	100,00	56,94	1,76
60-70	4	1	25,00	62,43	0,40
70-80	4	4	100,00	75,86	1,32
80-90	3	3	100,00	86,07	1,16
90-100	0	0	–	–	–
Total	208	42	20,19	15,38	1,31

$\hat{H}g^* = 10{,}65$ (8 g.l.); $p = 0{,}226$.

Quadro 13-27. Avaliação de ajuste do modelo APACHE II. Mortalidade observada e prevista nos 208 pacientes que constituíram o grupo testado para validar o modelo, divididos por faixas de risco com intervalos contendo igual número de pacientes

Intervalo de risco de óbito previsto (%)	*Pacientes*		*Mortalidade*		*SMR*
	Total (n)	*Óbitos (n)*	*Observada (%)*	*Estimada (%)*	
1,1-2,83	20	1	5,00	2,00	2,50
2,9-4,30	21	2	8,52	3,81	2,50
4,3-5,40	21	1	4,76	4,76	1,00
5,8-7,10	21	4	19,05	5,67	3,36
7,5-9,40	21	1	4,76	8,57	0,56
9,4-12,0	21	3	14,28	10,95	1,30
12,4-15,20	21	4	19,05	13,81	1,38
15,5-21,70	21	4	19,05	18,10	1,05
21,7-33,8	21	7	33,33	26,67	1,25
35,3-87,0	20	15	75,00	58,10	1,29
Total	208	42	20,19	15,01	1,31

$\hat{C}g^*$ = 13,76 (8 g.l.); p = 0,0881.

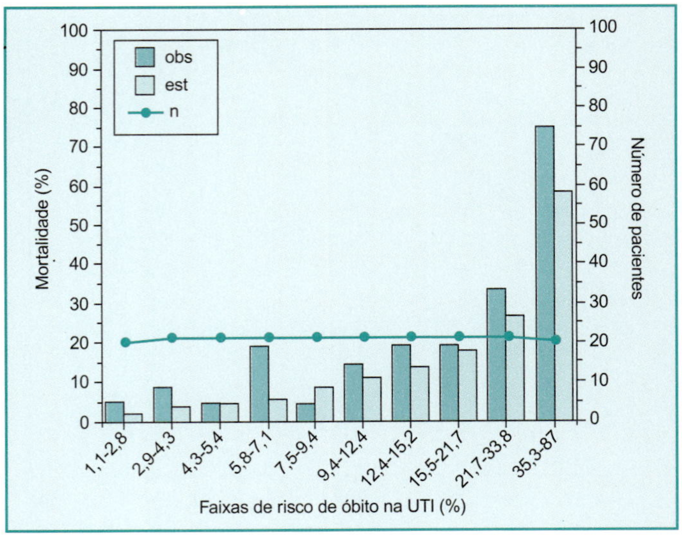

Fig. 13-10. Gráfico que compara a mortalidade observada (obs) e a mortalidade estimada (est) pelo modelo APACHE II para o grupo independente de 208 pacientes baseada nos piores desvios fisiológicos nas primeiras 24 horas de internação na UTI e na mortalidade hospitalar até os seis meses de internação. Distribuição por faixas com igual número de pacientes.

do nas faixas de risco acima de 60% na Figura 13-9. Um outro fator de diferença de área é que nessa primeira equação Unicamp I os dados foram colhidos na entrada e não são necessariamente os maiores desvios fisiológicos das primeiras 24 horas de internação. A mesma curva ROC foi obtida nos mesmos 208 pacientes empregando a equação Unicamp II (Fig. 13-14), essa sim, passível de comparação com o APACHE II, porque os dados utilizados para o seu desenvolvimento eram os piores desvios fisiológicos nas primeiras 24 horas de internação na UTI e a mortalidade considerada foi a mortalidade hospitalar.

Com a equação Unicamp II observa-se que, nas faixas de risco com maior número de pacientes, a correlação entre a mortalidade prevista e a mortalidade observada é muito boa. Entretanto, nas faixas de risco com menor número de pacientes (60 a 100%), a mortalidade prevista subestima (nas faixas de 80 a 90 e de 90 a 100%) e superestima (nas faixas de 60 a 70 e de 70 a 80%) a mortalidade observada. Esse comportamento aleatório foi atribuído ao pequeno número de pacientes nessas fai-

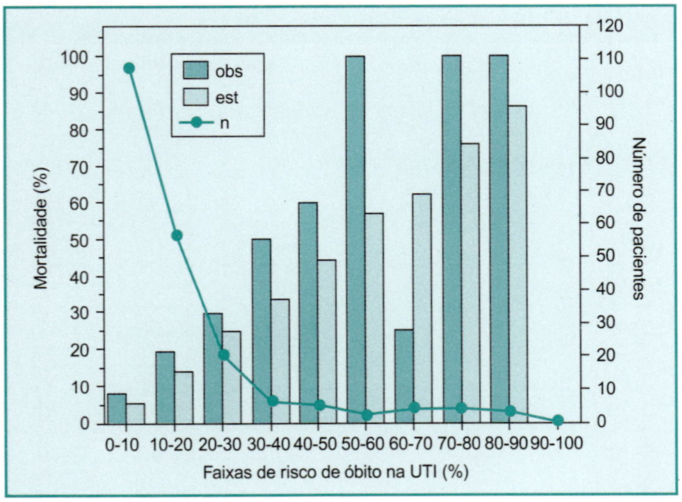

Fig. 13-9. Gráfico que compara a mortalidade observada (obs) e a mortalidade estimada (est) pelo modelo APACHE II para o grupo independente de 208 pacientes baseada nos piores desvios fisiológicos nas primeiras 24 horas de internação na UTI e na mortalidade hospitalar até os seis meses de internação. Distribuição por faixas de risco de 10%.

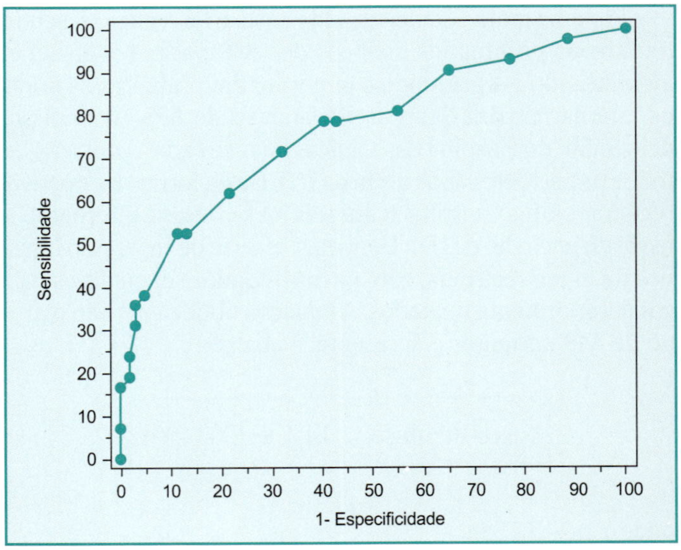

Fig. 13-11. Curva ROC para a equação APACHE II no grupo independente de 208 pacientes baseada nos piores desvios fisiológicos nas primeiras 24 horas de internação na UTI e na mortalidade hospitalar até os seis meses de internação. A área sob a curva é de 76,77%.

Quadro 13-28. Avaliação de ajuste do modelo Unicamp II. Mortalidade observada e prevista nos 208 pacientes que constituíram o grupo testado para validar o modelo, divididos por faixas de risco com intervalos de 10%

Intervalo de risco de óbito previsto	*Pacientes*		*Mortalidade*		*SMR*
	Total (n)	*Óbitos (n)*	*Observada (%)*	*Estimada (%)*	
0-10	70	4	5,71	6,46	0,8839
10-20	49	5	10,20	13,52	0,75444
20-30	22	4	18,18	24,04	0,75624
30-40	25	8	32,00	34,50	0,92754
40-50	10	2	20,00	43,57	0,45903
50-60	14	6	42,86	51,93	0,82534
60-70	7	3	42,86	62,77	0,68281
70-80	3	2	66,67	76,46	0,87196
80-90	6	6	100,0	83,45	1,19832
90-100	2	2	100,00	94,13	1,06236
Total	208	42	20,19	24,17	0,84

$\hat{H}g^*$ = 6,39 (8 g.l.); p = 0,6035.

xas de risco (Quadro 13-28 e Fig. 13-12). Por esse motivo, novamente, os pacientes foram distribuídos por faixas com igual número de pacientes. Observando os dados do Quadro 13-29 (Fig. 13-13), conclui-se que, a partir dessa estatística ($\hat{C}g^*$), o modelo se ajusta perfeitamente.

A área sob a curva ROC (Fig. 13-14) foi de 80,5%, portanto superior à área calculada para o APACHE II. A comparação entre esses dois sistemas é válida, visto que as variáveis de entrada e a mortalidade foram registradas em condições idênticas em ambos os sistemas.

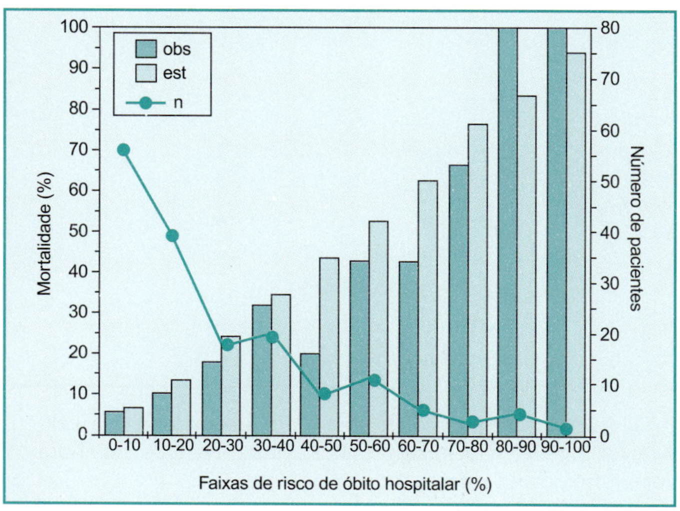

Fig. 13-12. Gráfico que compara a mortalidade observada (obs) e a mortalidade estimada (est) pelo modelo Unicamp II para o grupo independente de 208 pacientes baseada nos piores desvios fisiológicos nas primeiras 24 horas de internação na UTI e na mortalidade hospitalar até os seis meses de internação. Distribuição por faixas de risco de 10%.

Quadro 13-29. Avaliação de ajuste do modelo Unicamp II. Mortalidade observada e prevista nos 208 pacientes que constituíram o grupo testado para validar o modelo, divididos por faixas de risco com intervalos contendo igual número de pacientes

Intervalo de risco de óbito previsto (%)	*Pacientes*		*Mortalidade*		*SMR*
	Total (n)	*Óbitos (n)*	*Observada (%)*	*Estimada (%)*	
2,3-5,00	20	0	0	3,50	0
5,1-7,7	21	2	8,52	6,19	1,37641
7,7-8,8	21	2	8,52	8,09	1,05315
9,6-11,8	21	1	4,76	10,48	0,4542
11,8-14,4	21	1	4,76	12,85	0,37043
14,6-21,7	21	3	14,28	18,10	0,78895
21,8-30,8	21	5	23,81	26,19	0,90913
30,8-40,4	21	7	33,33	35,71	0,93335
41,4-53,3	21	6	28,57	48,10	0,59397
53,3-93,1	20	15	75,00	70,00	1,07143
Total	208	42	20,19	23,80	0,85

$\hat{C}g^*$ = 6,91 (8 g.l.); p = 0,5464.

Note-se que esse modelo somente se aplica a pacientes internados nessa Unidade de Terapia Intensiva, e será válido enquanto o tipo de paciente e o tratamento na UTI permanecerem essencialmente iguais. Por exemplo, esse modelo não se aplica a pacientes internados com coronariopatia isquêmica, uma vez que esses pacientes foram excluídos da série original.

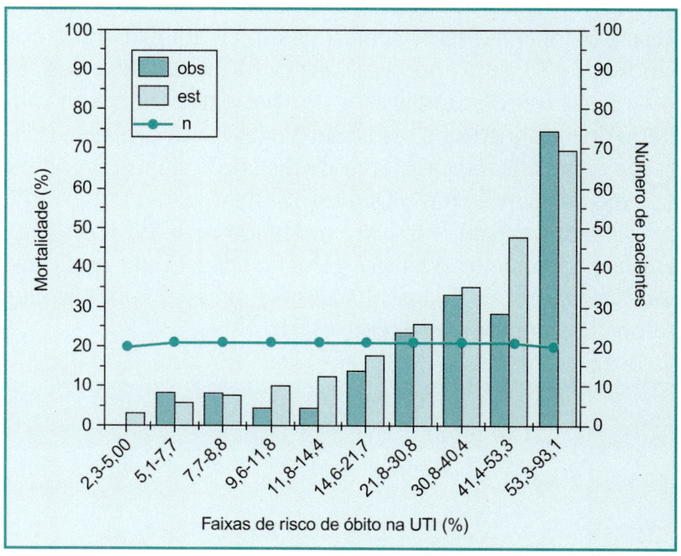

Fig. 13-13. Gráfico que compara a mortalidade observada (obs) e a mortalidade estimada (est) pelo modelo Unicamp II para o grupo independente de 208 pacientes baseada nos piores desvios fisiológicos nas primeiras 24 horas de internação na UTI e na mortalidade hospitalar até os seis meses de internação. Distribuição por faixas com igual número de pacientes.

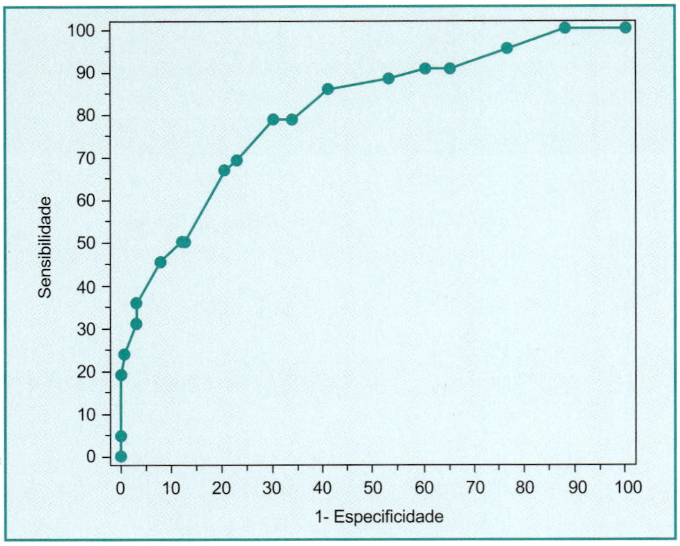

Fig. 13-14. Curva ROC para a equação Unicamp II para o grupo independente de 208 pacientes baseada nos piores desvios fisiológicos nas primeiras 24 horas de internação na UTI e na mortalidade hospitalar até seis meses após a internação. A área sob a curva é de 80,5%.

Além disso, se critérios de internação ou avanços tecnológicos significativos vierem a ocorrer, a aplicação desse modelo para futuros pacientes deve ser reavaliada. Para aplicar este modelo a outras Unidades de Terapia Intensiva, um processo semelhante de avaliação estatística deve ser realizado.

O SISTEMA SOFA

Mais recentemente, foi descrito um sistema de avaliação da gravidade de pacientes com disfunção ou falência múltipla de órgãos e sistemas. O sistema SOFA (*Sepsis-related Organ Failure Assessment*) apresenta uma pontuação para avaliar falência multiorgânica de órgãos em pacientes com Síndrome de Resposta Inflamatória Sistêmica (SIRS). Ele foi elaborado por Vincent *et al*[95] e se propõe a calcular de forma simples e descrever a seqüência de complicações em pacientes críticos ao contrário de prognosticar o resultado final. Seis variáveis são utilizadas para caracterizar o grau de disfunção de um órgão ou sistema de acordo com o Quadro 13-30.

O desvio de cada variável é pontuado de acordo com uma escala previamente definida pelo *Working Group on Sepsis-related Problems* da *European Society of Intensive Care Medicine* como apresentado no Quadro 13-31.

Quadro 13-30. **Variáveis medidas para caracterizar a função de órgãos ou sistemas na plataforma SOFA**

Sistema/Órgão	*Medida*
Respiração	Relação PaO_2/FiO_2
Coagulação	Contagem de plaquetas
Fígado	Bilirrubina sérica
Cardiovascular	Hipotensão
Sistema nervoso central	Pontuação de Glasgow
Renal	Creatinina sérica ou diurese

Quadro 13-31. **Pontuação do SOFA de acordo com os valores das diferentes variáveis do SOFA. A pontuação total do SOFA é igual à soma de todos os pontos atribuídos às seis medidas**

Medida	*Achados*	*Pontos*
Relação PaO_2/FiO_2	≥ 400 mmHg	0
	300-399 mmHg	1
	200-299 mmHg	2
	100-199 mmHg	3
	< 100 mmHg	4
Contagem de plaquetas	> 150.000/µl	0
	< 150.000/µl	1
	< 100.000/µl	2
	< 50.000/µl	3
	< 20.000/µl	4
Bilirrubina sérica	< 1,2 mg%	0
	1,2-1,9 mg%	1
	2,0-5,9 mg%	2
	6,0-11,9 mg%	3
	> 12,0 mg%	4
Hipotensão	Pressão arterial média ≥ 70 mmHg	0
	Pressão arterial média < 70 mmHg sem vasopressor	1
	Dobutamina qualquer dose	2
	Dopamina ≤ 5 µg/kg/min	2
	Dopamina > 5 a 15 µg/kg/min	3
	Dopamina > 15 µg/kg/min	4
	Adrenalina ≤ 0,1 µg/kg/min	3
	Adrenalina > 0,1 µg/kg/min	4
	Noradrenalina ≤ 0,1 µg/kg/min	3
	Noradrenalina > 0,1 µg/kg/min	4
Pontuação de Glasgow	15	0
	13-14	1
	10-12	2
	6-9	3
	3-5	4
Creatinina sérica ou diurese	Creatinina sérica < 1,2 mg%	0
	Creatinina sérica 1,2-1,9 mg%	1
	Creatinina sérica 2,0-3,4 mg%	2
	Creatinina sérica 3,5-4,9 mg%	3
	Diurese 200-499 ml/dia	3
	Creatinina sérica > 5,0 mg%	4
	Diurese < 200 ml/dia	4

PaO_2 é expresso em mmHg e a FiO_2 em fração de 0,21 a 1,00.
Agentes adrenérgicos administrados por pelo menos uma hora antes com doses expressas em µg/kg/min.
Um escore de 0 indica o normal, e um escore de 4 indica o mais anormal.
Os dados podem ser coletados, e a pontuação, ser calculada diariamente no curso da internação na UTI.
PAM = (PAS + (2 * PAD))/3
Onde: PAM = pressão arterial média; PAS = pressão arterial sistólica; PAD = pressão arterial diastólica

Quadro 13-32. Mortalidade observada em 1.643 pacientes do *European/North American Study of Severity Systems (ENAS)* estimada da Figura 2, página 709 da referência 95

	Mortalidade pela pontuação SOFA				
Órgão/Sistema	***0***	***1***	***2***	***3***	***4***
Respiratório	20%	27%	32%	46%	64%
Cardiovascular	22%	32%	55%	55%	55%
Coagulação	35%	35%	35%	64%	64%
SNC	26%	35%	46%	56%	70%
Fígado	32%	34%	50%	53%	56%
Renal	25%	40%	46%	56%	64%

No SOFA, a pontuação mínima é zero, e a pontuação máxima é 24. Quanto maior a pontuação, maior a disfunção orgânica. A interpretação do SOFA permite objetivar duas principais aplicações: 1) melhorar o nosso entendimento da história natural da disfunção/falência de órgãos e a inter-relação entre as falências de vários órgãos; 2) avaliar o efeito de novas modalidades terapêuticas no curso da disfunção/falência de órgãos (Quadro 13-32).

DISCUSSÃO

Índices prognósticos em Medicina Intensiva têm sido reconhecidos como de fundamental importância na estratificação de pacientes em grupos de risco.[40,45,46,50,52,56-58,83] A estratificação é utilizada para poder avaliar o tratamento de pacientes com quadros clínicos de gravidade comparável quando submetidos a diferentes modalidades terapêuticas em grupos de pacientes com a mesma patologia.[59,60,85,94] Alternativamente, podem ser utilizados na avaliação qualitativa do tratamento oferecido por diferentes serviços que tratam de grupos de pacientes com risco prognóstico semelhante.[21,23,76,84]

Quando utilizados como variáveis a serem aplicadas individualmente, ainda há algumas questões éticas e legais a serem discutidas, embora alguns pesquisadores acreditem que esses índices possam e devam ser empregados dessa forma.[5,42] Nessas circunstâncias, serviriam para indicar a necessidade do tratamento intensivo, reforçar os critérios de alta, ou, mesmo, apontar aqueles pacientes em que deva ser suspensa qualquer manobra extraordinária de suporte avançado de vida.[5]

A importância dos Índices Prognósticos em Medicina Intensiva já se encontra bem estabelecida com a perspectiva de serem utilizados com maior freqüência, podendo modificar, no futuro, o atual modelo e os objetivos filosóficos do tratamento intensivo.[90]

O desenvolvimento de índices prognósticos se iniciou na década de 1970, com vários grupos de investigadores utilizando variáveis clínicas, fisiológicas e hemodinâmicas, freqüentemente complexas e de difícil adaptação em larga escala. O próprio APACHE, descrito originalmente por Knaus em 1981,[46] incluía 34 variáveis, nem sempre passíveis de serem coletadas na grande maioria dos hospitais assistenciais. De qualquer forma, este sistema foi aplicado em perspectiva em 2.000 pacientes internados na UTI do Centro Médico da Universidade de Washington. O modelo desenvolvido para o APACHE se baseava no pressuposto de que o risco de óbito por uma doença aguda estava diretamente relacionado às reservas fisiológicas do paciente (expressa pela idade e por uma eventual doença pregressa), assim como a um fator mais preponderante, expresso pela extensão dos desvios fisiológicos agudos. O peso atribuído à contribuição de cada uma das 34 variáveis fisiológicas coletadas resultou da opinião de intensivistas experientes e da revisão da literatura. Baseados nos resultados iniciais, Knaus *et al* acreditaram que o sistema poderia ser empregado rotineiramente em outros hospitais americanos e mesmo em outros países, mas o sistema era muito complexo para ser introduzido para uso sistemático.[46]

Utilizando uma combinação de julgamento clínico e testes estatísticos, Knaus *et al* reduziram as variáveis fisiológicas para 12, que, combinadas, resultam naquilo que hoje é conhecido como a pontuação APS (*Acute Physiology Score*). Ao APS foram adicionados pontos referentes a idade e uma pontuação revisada da doença crônica, ajustada ou não, dependendo de se tratar ou não de internação na UTI por cirurgia eletiva.

No APACHE II também foram classificados 21 diagnósticos cirúrgicos e 27 diagnósticos não-cirúrgicos aos quais foram atribuídos coeficientes específicos baseados na experiência dos investigadores da Universidade de Washington (Quadros 13-6 e 13-7).

Muito semelhante, como modelo, o sistema SAPS desenvolvido por LeGall em 1984 também se baseia no método subjetivo, usando uma equipe de especialistas para selecionar variáveis e pesos.[50]

Contrariamente ao APACHE II e ao SAPS, Lemeshow *et al*, em 1985, apresentam um sistema (MPM = Mortality Prediction Model) baseado em modelo de regressão logística múltipla *(Multiple Logistic Regression* = MLR).[58] A diferença desse modelo é que os pesos atribuídos às variáveis são determinados por técnicas estatísticas conhecidas como de máxima verossimilhança (*maximum likelihood*), no lugar do consenso de uma equipe de especialistas, e os resultados são expressos como uma probabilidade, e não como uma pontuação. Também, ao contrário do APACHE II e do SAPS, que utilizam as piores variáveis nas primeiras 24 horas de internação, o MPM colhe os dados no momento da internação na UTI e permite uma avaliação 24 horas após a internação.

Atualmente todos esses sistemas sofreram modificações e foram aplicados a maior número de pacientes. Assim, o APACHE III foi aplicado a 17.440 pacientes em 40 hospitais americanos.[45] Baseado em experiência pregressa com o APACHE II, o grupo da Universidade de Washington selecionou 17 variáveis fisiológicas para medir a gravidade da doença, e foram definidas 78 categorias diagnósticas, às quais foram atribuídos coeficientes específicos.

O SAPS II foi desenvolvido por LeGall *et al*[49] na França, utilizando dados de internações consecutivas e simultâneas em 132 Unidades de Terapia Intensiva em 12 países da America do Norte e da Europa. Os 13.152 pacientes estudados foram divididos em uma amostra de desenvolvimento (com 65% dos pacientes) e uma amostra de validação (com 35% dos pacientes).

O MPM II foi aplicado a 19.124 pacientes admitidos consecutivamente em diferentes Unidades de Tratamento Intensivo,[53] clínicas ou cirúrgicas, em 12 países da America do Norte e da Europa. Os dados de 12.618 pacientes foram utilizados para desenvolver o modelo, e os dados de 6.514 pacientes serviram para a sua validação. O MPM II foi dividido em 4 modelos, o MPM0, com dados obtidos na internação do paciente na UTI, e os MPM24, MPM48 e o MPM72 com dados obtidos 24, 48 e 72 horas após a internação. Já tanto o APACHE III como o SAPS II se baseiam nos piores valores de diferentes variáveis colhidas durante as primeiras 24 horas de internação.

De modo geral, pode-se afirmar que esses três sistemas – APACHE III, SAPS II e MPM II – são os mais difundidos índices prognósticos atualmente disponíveis.

O risco estimado de óbito para o SAPS II e para o MPM II pode ser calculado utilizando-se informações publicadas e disponíveis. O APACHE III permite somente o cálculo da pontuação a partir de informações publicadas, mas a conversão da pontuação em risco estimado de óbito não é de domínio púbico.

Os três sistemas apresentam áreas aceitáveis sob a curva ROC (Receiver Operating Characteristics). Testes de ajustes não são relatados no modelo APACHE III.

Estudando 1.144 pacientes no Reino Unido, Beck *et al* não conseguiram evidenciar um melhor desempenho do APACHE III em relação ao APACHE II. Na realidade, o APACHE III teve pior desempenho que o APACHE II em algumas categorias diagnósticas. Assim, a SMR em pacientes cirúrgicos foi de 1,27 para o APACHE II e de 1,56 para o APACHE III. Os pacientes clínicos tiveram SMRs semelhantes (1,22 para o APACHE II e 1,28 para o APACHE III).

A despeito da aplicação de análise de regressão logística e da aplicação dos pesos das variáveis a milhares de pacientes em estudos multicêntricos e intercontinentais, os sistemas estão longe de alcançar um nível de precisão suficientemente segura para auxiliar o médico intensivista em tomadas de conduta.

Embora inicialmente elaborados para serem sistemas aplicáveis a todos os pacientes admitidos na UTI e por isso serem sistemas abrangentes, observa-se que, de início, foram excluídos pacientes queimados, coronarianos ou submetidos a cirurgia cardíaca.[44,46]

O SAPS II e o MPM não consideram o diagnóstico de entrada, mas o sistema APACHE II introduziu coeficientes para 48 situações clínicas ou cirúrgicas, e o APACHE III aumentou esse número para 78.

Vê-se que a inclusão de coeficientes diagnósticos no APACHE II e no APACHE III indica que há diferentes resultados para diferentes doenças em pacientes comparáveis quanto à idade, à reserva fisiológica e aos desvios fisiológicos agudos.

Os autores do SAPS II e do MPM II, que sustentam como vantagem sobre o APACHE III o fato de se poder calcular o risco de óbitos sem ter que especificar um diagnóstico primário, desenvolveram uma análise de regressão logística específica para pacientes com sepse grave.[48,53,54] A mortalidade de pacientes com sepse grave era de 48% contra 19,6% em outros pacientes, de forma que tanto o MPM II como o SAPS II desenvolveram versões específicas para esse grupo de pacientes sépticos.[48]

Ora, é de se perguntar se não deveriam ser desenvolvidas versões individualizadas para outros grupos de pacientes.

Mas mesmo que o SAPS II e o MPM II introduzam coeficientes específicos ou versões individualizadas para diagnósticos específicos, ainda assim, dentro do mesmo diagnóstico, há diferentes graus de gravidade nem sempre expressos pela idade, pela reserva fisiológica ou pelos desvios fisiológicos agudos.

Esse é o caso, por exemplo, do traumatismo cranioencefálico grave,[89] em que a idade e as reservas fisiológicas são favoráveis porque o traumatizado de crânio, em geral, é jovem e os desvios fisiológicos "sistêmicos" são pouco expressivos. O que os sistemas prognósticos não avaliam é o grau de comprometimento anatômico, um fator extremamente importante no trauma. Particularmente no paciente cirúrgico, já fora observado que o sistema APACHE II não consegue prever a mortalidade, por subestimar a potencialidade de pacientes desenvolverem falências de múltiplos órgãos e sistemas, provavelmente porque o APACHE II não considera o tratamento prévio à estabilização do paciente e o tempo necessário para que a lesão celular se manifeste funcionalmente.[17]

A despeito de todo o refinamento estatístico no desenvolvimento de métodos de análise de regressão logística[1,31-33,52-54,56,57,83] e da aplicação desses sistemas na racionalização do tratamento intensivo,[14,15,19,23,64,84] nota-se que sistemas simples e abrangentes que podem ser adaptados universalmente para a estratificação da gravidade de todos os casos de pacientes admitidos numa Unidade de Terapia Intensiva (*case mix*) não apresentam, ainda, um grau de precisão suficiente para que o médico intensivista possa ser influenciado para a tomada de condutas em pacientes individuais.

Esses sistemas foram gerados para poderem ser aplicados a todos os pacientes (*case mix*) que são internados em Unidades de Terapia Intensiva,[14,50,54,58,59] mas têm sido aplicados também a subgrupos de pacientes como os cirúrgicos,[17,25,29,71,77,81,94] pediátricos,[74,97] obstétricos,[60] sépticos,[30] hematológicos,[37] renais,[61] cardíacos[65,93] pneumopatas e transplantados de fígado, entre outros.[4,72]

Esses sistemas foram aplicados em outros hospitais[43] e mesmo em outros países.[18,80] Porém, até o momento, nenhum sistema havia sido modelado utilizando um banco de dados com variáveis coletadas no Brasil.

O modelo Unicamp representa um esforço no sentido de se obter uma ferramenta prognóstica adaptada às nossas condições, de forma a possibilitar sua aplicação em outras unidades com um perfil semelhante ao de hospital público universitário. Ao contrário do APACHE II,[44] o modelo se caracteriza por não carecer da definição de um diagnóstico primário, da mesma forma que o SAPS e o MPM.[50,55] Essa diferença poderia representar uma menor precisão prognóstica. Nesse trabalho pudemos demonstrar que isso não ocorreu quando o modelo Unicamp II foi aplicado a uma série independente de pacientes. Pelo contrário, a definição de um diagnóstico de entrada traz alguns problemas. Freqüentemente, torna-se difícil, senão impossível, mesmo para profissionais experientes, catalogar um diagnóstico de entrada que satisfaça o médico, pois o APACHE II só dispõe de 48 possibilidades diagnósticas. É verdade que o APACHE III aumentou o número de variáveis para 78, mas, mesmo assim, permanece a dificuldade de catalogação. Além disso, o diagnóstico de entrada pode se modificar com a evolução, assim como pode haver diferentes graus de comprometimento anatômico em pacientes com a mesma reserva fisiológica e os mesmos desvios fisiológicos agudos. Esse é o caso do traumatismo cranioencefálico, cuja manifestação fisiológica *sistêmica* freqüentemente não é expressiva.

As equações da Unicamp, por dispensarem um coeficiente diagnóstico, tornam-se sistemas simples que podem ser calculadas à beira do leito por pessoal paramédico de forma sistemática e reprodutível. Semelhantemente ao SAPS e ao MPM e, mais recentemente, ao SAPS II e MPM II, no modelo Unicamp os coeficientes das variáveis incluídas na equação de risco foram derivados estatisticamente por análise de regressão logística.[34,49,53,55,57,58] Nesses novos sistemas, da mesma forma que no modelo Unicamp, a adequação dos coeficientes também é analisada por um teste de ajuste (*goodness-of-fit*).[53,77,88] Além dessa análise, a determinação da área sob a curva ROC também foi incluída, assim como a SMR.

A introdução das variáveis *uso de ventilador* e *insuficiência renal* incorporadas ao modelo Unicamp e a não-inclusão de um coeficiente diagnóstico seguramente foram responsáveis por um melhor ajuste do modelo e maior área sob a curva ROC quando o sistema Unicamp II foi comparado com o sistema APACHE II em um grupo independente de pacientes (Quadros 13-26 a 13-29 e Figs. 13-13 e 13-14).

Embora a nossa experiência clínica reafirme, de forma empírica, a importância das variáveis, *uso de ventilador* e *insuficiência renal* incluídas no modelo Unicamp, a confirmação é respaldada por estudos recentes indicando, por análises estatísticas independentes, o real valor dessas variáveis. Assim, Staudinger *et al*[86] observaram, por análise multivariada, que o uso de respirador influenciava negativamente o prognóstico de pacientes com diagnóstico de câncer ingressando na UTI. Da mesma forma, Rordorf *et al* observaram, também por análise multivariada, que uma creatinina sérica elevada é um parâmetro prognóstico significativo em pacientes com acidente vascular cerebral. A análise do excesso de mortalidade não prevista pelo APACHE III foi interpretada por Buist *et al* como resultado da influência de outros fatores não avaliados pelo sistema, entre os quais citam a creatinina elevada e a presença de insuficiência renal.[16]

Finalmente, um outro fator que poderia ser especulado é a pertinência de se aplicar no Brasil um modelo desenvolvido em outro país com sensíveis diferenças populacionais, nutricionais, de saúde e de atendimento pré-hospitalar. Tem sido sugerido, inclusive, que diferenças de tecnologia poderiam ser responsáveis por diferentes SMR entre diferentes unidades.[6] Embora tenha sido correlacionada a disponibilidade de tecnologia com a SMR no projeto APACHE III no Brasil, é possível que essa não seja a única e nem mesmo a causa mais relevante. A tendência atual dos novos índices indica a catalogação de subgrupos de pacientes, quer por modificar a equação geral por coeficientes diagnósticos como o APACHE III,[8,9,45] quer desenvolvendo equações por regressão logística a partir de variáveis de subgrupos de pacientes como no SAPS II e no MPM II,[51,52] ou mesmo evolutivamente.[51] Certamente, essa progressiva subcatalogação de paciente por diagnósticos associados, ou não a complicações associadas busca uma melhor definição prognóstica. Infelizmente mesmo a calibração de subgrupos cursa com correlações pobres quando o modelo é aplicado a populações cujo *casemix* seja diferente da população na qual fora desenvolvido originalmente.[66,67]

Assim, o projeto IMPACT calibra os modelos MPM e SAPS II, mas não o suficiente para exibir um bom nível de concordância nos hospitais identificados como *outliers*. Por isso, 17 dos 54 hospitais estudados foram caracterizados diferentemente, dependendo da forma como esses modelos foram utilizados. Conclui-se que a avaliação da qualidade do cuidado intensivo depende em parte do modelo preditivo utilizado.[27] Também o APACHE III, quando calibrado e aplicado a uma população de 3.383 pacientes, não resultou em uniformidade de resultados, mesmo em subgrupos analisados. Quando aplicado a todos os pacientes (*casemix*) mesmo calibrados, o modelo mostra diferenças que ainda limitam comparações no que tange à qualidade do tratamento intensivo.[63] Estudos recentes de Moreno *et al* avaliando 10.027 pacientes em 89 Unidades de Terapia Intensiva européias revelam que ambos os modelos MPM e SAPS II apresentam áreas sob a curva ROC aceitáveis (0,785 e 0,822, respectivamente), embora ambas superestimem o risco de óbito e haja consideráveis variações quando subgrupos são analisados. Concluem que esses modelos não estimam a mortalidade com precisão e sugerem cautela na análise de casos de uma população geral quando os modelos não são validados em uma população alvo.

Essa *regionalização* dos modelos se distancia da filosofia *sistêmica* originalmente proposta quiçá porque o modelo *sistêmico* não tenha conseguido atingir o desejado grau de precisão para que o intensivista o utilize – individualmente – em suas tomadas de decisão[39,42,79,82,90,96] ou quiçá porque não tenha sido explicitada a limitação inerente de todos os modelos de índices prognósticos. A proposta de um modelo baseado em um banco de dados colhido em um hospital universitário brasileiro é uma tentativa de resgate da filosofia original de uma pontuação única para todos os pacientes, a qual pode ser aplicada em nosso país sem a necessidade de uma catalogação diagnóstica, de forma simples e imediata, quando as variáveis são coletadas no momento de ingresso na UTI (Modelo Unicamp I), ou – como no APACHE II – com os piores desvios fisiológicos registrados nas primeiras 24 horas após a internação (Modelo Unicamp II).

O controle da qualidade em cuidados intensivos tem sido realizado por sistemas de análise de um ou mais modelos de índices prognósticos, computando a SMR por determinado período de tempo. A SMR é então comparada com períodos anteriores da mesma instituição e com outras instituições no mesmo período. Isso permite a classificação da Unidade dentro de um universo de Unidades de Terapia Intensiva. Vários sistemas estão disponíveis para aquisição e processamento de dados, como o APACHE III Critical Care Voyager® ou o Project Impact® Critical Care. Em nosso meio, está disponível o Projeto QuaTi – Qualidade em Terapia Intensiva®.

Nesses sistemas também são incluídas outras informações, como atendimento pré-hospitalar e/ou complicações surgidas durante a internação na UTI. Nesse ponto é importante enfatizar a qualidade dos dados coletados. O adequado treinamento dos responsáveis pela coleta desses dados nem sempre é observado, como relatam Polderman *et al*, pois vários tipos de erros[73] foram detectados numa reavaliação retrospectiva de dados anteriormente coletados.[73] Essa preocupação também foi expressa por Bosman *et al*[12] após compararem os piores dados nas primeiras 24 horas de internação coletados manualmente e dados coletados automaticamente por um sistema computadorizado,[12] o ICIS (Intensive Care Information System). Eles observaram uma diferença significativa na mortalidade prevista entre os dois métodos de aquisição de dados. Modelos automatizados de coleta de dados também foram utilizados por Junger *et al*, mas necessitam de validação.[38]

De qualquer forma, dados coletados inadequadamente ou não-coletados (como incidência de complicações) podem levar a estimativas de óbito mais altas do que as mortalidades observadas. A conseqüente melhora da SMR não expressa melhor desempenho da Unidade. Pelo contrário, o resultado é produto da precariedade da informação. Por isso, a classificação de Unidades de Terapia Intensiva por SMR, além de ser pouco consistente, desclassifica as Unidades mais rigorosas com a coleta de informações. Boyd *et al* complementam essa posição, pois argumentam que os dados fisiológicos coletados sofrem a influência das intervenções médicas e de enfermagem.[13] Pacientes com cuidado ideal pela melhora de seus dados terão menor mortalidade estimada, assim como menor mortalidade observada. Já os pacientes tendo um cuidado não-ideal terão mais desvios fisiológicos e maior mortalidade, tanto a prevista como a observada. Obviamente, ambos os grupos de pacientes terão SMR semelhante. Argumentam que, por esse simples arrazoado, uma auditoria para avaliar a qualidade do tratamento intensivo não se justifica.

Entretanto, o acompanhamento longitudinal de uma Unidade poderá identificar variações temporais de desempenho, indicando a necessidade de revisão dos processos. A permanente avaliação do próprio desempenho no tempo é um instrumento útil no controle da qualidade do tratamento intensivo.

A despeito de todo investimento em adaptar os índices prognósticos como ferramenta de decisão médica no cuidado intensivo, tem sido repetidamente demonstrado que os índices prognósticos não são superiortes à avaliação clínica tanto em adultos[47] como em pacientes pediátricos.[62]

Considerações finais

Índices prognósticos têm despertado grande interesse para avaliar resultados em uma área da medicina que exige cada vez mais investimentos e maiores custos hospitalares.[15,19,23,64,84] Nenhum sistema de saúde pode prover todos os potenciais benefícios que o cidadão comum gostaria de ter. Isso gera a necessidade de priorizar a atenção médica, um processo penoso que as pessoas gostariam de evitar. Mas os que administram a saúde não podem escapar dessa responsabilidade, devendo estabelecer critérios pelos quais se deve julgar não somente a eficácia da atenção à saúde, mas, também, a resposta do sistema de saúde às questões éticas relativas à justa distribuição dos recursos. Essas questões são levantadas toda vez que o sistema de saúde é insuficiente para prover todos os que dele possam se beneficiar. Embora esse problema ocorra em todos os campos da atenção médica, ele é particularmente agudo no campo da medicina intensiva em virtude de seus custos elevados. O fato de ser de custo elevado não significa que tenha uma boa relação custo-benefício. Portanto, é necessário que o custo seja comparado aos efeitos produzidos. Para mostrar a eficência, será necessário demonstrar que cada atividade da medicina intensiva tem uma ação favorável sobre a duração e a qualidade de vida das pessoas e que esse efeito favorável é atingido sem contudo negar talvez maiores benefícios a outras pessoas. Essa é uma tarefa difícil, e nenhuma área da medicina responde a esse desafio a não ser em limitados segmentos de sua atividade. Se a Medicina Intensiva desejar esclarecer essas dúvidas, só o fará por maior investimento na geração e análise de Índices Prognósticos e por maior esforço na avaliação de todo processo de assistência intensiva. Essas considerações indicam a necessidade de uma quantificação padronizada dos elementos que compõem a estrutura, o processo e o resultado da assistência intensiva; um esforço mais sistemático para equilibrar os recursos com as necessidades; e uma análise mais profunda do modo de como a Unidade de Terapia Intensiva se organiza para desempenhar as suas funções. Enfim, é necessária uma visão crítica da assistência intensiva como um processo produtivo cujo objetivo não é simplesmente mais atividade, mas uma contribuição efetiva e demonstrável para a saúde da sociedade e do país.

Como em qualquer outro avanço de medicina, novas fronteiras devem aguardar o teste do tempo. Não há dúvida de que os índices prognósticos podem e devem estratificar grupos de pacientes para ensaios clínicos, e hoje muitos trabalhos científicos se baseiam nesses índices para catalogar subgrupos de pacientes. Não há dúvida de que os índices prognósticos podem e devem estratificar grupos de pacientes para ensaios clínicos e hoje muitos trabalhos científicos se baseiam nestes índices para catalogar subgrupos de pacientes. Para avaliar novas modalidades terapêuticas, é importante a estratificação de gravidade em sistemas, como o SOFA. Porém, deve ser enfatizado que o sistema SOFA não foi desenvolvido para ESTIMAR o óbito mas para DESCREVER a seqüência de complicações de pacientes graves.[95] Por outro lado, o uso de índices prognósticos para avaliar desempenho, particularmente quando um sistema geral é aplicado a unidades com características e populações muito específicas, devem ser empregados com cautela, particularmente quando nos propomos a auditar e comparar desempenho entre diferentes unidades. Parece-nos razoável, entretanto, empregar esses modelos associados a um rigoroso registro das intercorrências e complicações, para avaliar o desempenho da Unidade de Terapia Intensiva. A análise periódica dos relatórios gerados por esses sistemas permite aos que administram a Unidade a revisão de processos em conjunto com a equipe multidisciplinar da UTI. Em última análise, além de serem um fator agregador dos diferentes profissionais que atuam na área, são poderosa ferramenta de informação no controle da qualidade do cuidado intensivo.

REFERÊNCIAS BIBLIOGRÁFICAS

1. Agreti A, Finlay B. Statistical Methods for the Social Sciences. Second Edition, 1986.
2. Alves MJF, Alves MV. Avaliação da UTI pediátrica de Botucatu - UNESP- usando critérios preditivos. *Rev Bras Terap Intens* 1992;4:110.
3. Angus DC, Clermont G, Kramer DJ, Linde Zwirble WT, Pinsky MR. Short-term and long-term outcome prediction with the Acute Physiology and Chronic Health Evaluation II system after orthotopic liver transplantation. *Crit Care Med* 2000;28:150.
4. Arabi Y, Abbasi A, Goraj R, Al-Abdulkareem A, Al Shimemeri A, Kalayoglu M, Wood K. External validation of a modified model of Acute Physiology and Chronic Health Evaluation (APACHE II) for orthotopic liver transplant patients. *Crit Care* 2002;6:245.
5. Atkinson S, Bihari D, Smithies M, Daly K, Mason R, McColl I. Identification of futility in intensive care. *Lancet* 1994;344:1203.
6. Bastos PG, Knaus WA, Zimmerman JE, Magalhães A Jr, Sun X, Wagner. The importance of technology for achieving superior outcomes from intensive care. Brazil APACHE III Study Group. *Intensive Care Med* 1996;22:664.
7. Bastos PG, Sun X, Wagner DP, Knaus WA, Zimmerman JE. Application of the APACHE III prognostic system in Brazilian intensive care units: a prospective multicenter study. *Intensive Care Med* 1996;22:564.
8. Bastos PG, Sun X, Wagner DP, Wu AW, Knaus WA. Glasgow coma scale score in the evaluation of outcome in the intensive care unit: findings from the Acute Physiology and Chronic Health Evaluation III study. *Crit Care Med* 1993;21:1459.
9. Bastos PG, Knaus WA. APACHE III Study: a summary. *Int Care World* 1991;8:35.
10. Beck DH, Taylor BL, Millar B, Smith GB. Prediction of outcome from intensive care: a prospective cohort study comparing Acute Physiology and Chronic Health Evaluation II and III prognostic systems in a United Kingdom intensive care unit. *Crit Care Med* 1997;25:9.
11. Bendel RB; Afiffi AA. Comparison of stopping rules in forward regression. *Journal of the American Statistical Association* 1977;72:46.
12. Bosman RJ, Oudemane van Straaten HM, Zandstra DF. The use of intensive care information systems alters outcome prediction. 1: *Intensive Care Med* 1998;24:953.
13. Boyd O, Grounds RM. Physiological scoring systems and audit. *Lancet* 1993;341:1573.
14. Brannen AL 2D, Godfrey LJ, Goetter WE. Prediction of outcome from critical illness. A comparison of clinical judgment with a prediction rule. *Arch Intern Med* 1989;149:1083.
15. Brown JJ, Sullivan G. Effect on ICU mortality of a full-time critical care specialist. *Chest* 1989;96:127.
16. Buist M, Gould T, Hagley S, Webb R. An analysis of excess mortality not predicted to occur by APACHE III in an Australian level III intensive care unit. *Anaesth Intensive Care* 2000;28:171.
17. Cerra FB, Negro F, Abrams J. APACHE II score does not predict multiple organ failure or mortality in postoperative surgical patients. *Arch Surg* 1990;125:519.
18. Chang RW, Jacobs S, Lee B, Pace N. Predicting deaths among intensive care unit patients. *Crit Care Med* 1988;16:34.
19. Civetta JM, Hudson-Civetta JA, Nelson LD. Evaluation of APACHE II for cost containment and quality assurance. *Ann Surg* 1990;212:266.
20. Costanza MC, Afifi AA. Comparison of stopping rules in forward stepwise discriminant analysis. *Journal of the American Statistical Association* 1979;74:777.
21. Cullen DJ, Civetta JM, Briggs BA *et al.* Therapeutic intervention scoring system: A method for quantitative comparison of patient care. *Crit Care Med* 1974;2:57.
22. Daley J, Jencks S, Draper D *et al.* Predicting hospital associated mortality for Medicare patients. A method for patients with stroke, pneumonia, acute myocardial infarction and congestive heart failure. *JAMA* 1988;260:3617.
23. Dubois RW, Rogers WH, Moxlet JH *et al.* Hospital inpatient mortality: Is it a predictor of quality? *New Engl J Med* 1987;317:1674.
24. Fletcher RH, Fletcher SW, Wagner EH. Epidemiologia clínica: Bases científicas da conduta médica. Segunda edição, Porto Alegre, 1996.
25. Forrester JS, Diamond GA, Swan HJC. Correlative classification of clinical and hemodynamic function after acute myocardial infarction. *Am J Cardiol* 1977;39:137.
26. Gagner M, Franco D, Vons C, Smadja C, Rossi RL, Braasch. JW. Analysis of morbidity and mortality rates in right hepatectomy with the preoperative APACHE II score. *Surgery* 1991;110:487.
27. Glance LG, Osler TM, Dick AW. Identifying quality outliers in a large, multiple-institution database by using customized versions of the Simplified Acute Physiology Score II and the Mortality Probability Model 110. *Crit Care Med* 2002;30:2149.
28. Hanley JA, Neil BJ. The meaning and use of the area under a receiver operating Characteristic (ROC). *Curr Radiology* 1982;143:29.
29. Headley J, Theriault R, Smith TL. Independent validation of APACHE II severity of illness score for predicting mortality in patients with breast cancer admitted to the intensive care unit. *Scancer* 1992;70:497.
30. Hook EW, Horton C, Schaberg DR. Failure of intensive care unit to support the influence on mortality from pneumococcal bacteremia. *JAMA* 1983;49:1055.

31. Hosmer DW, Lemeshow S. A goodness-of-fit test for the multiple logistic regression model. *Communications in Statistics* 1980;A10:1043.
32. Hosmer DW, Lemeshow S, Klar J. Goodness-of-fit testing for multiple logistic regression analysis when the estimated probabilities are small. *Biometrical Journal* 1988;30:911.
33. Hosmer DW, Lemeshow. S. Applied Logistic Regression. John Wiley & Sons, New York, 1989.
34. ICU Scoring Group, LeGall JR. Development of a new severity score, the SAPS II, from an European North American Study. *Intensive Care Med.* (abstract) 1992;18(supl.2):S181.
35. Jencks SF, Daley J, Draper D *et al.* Interpreting hospital mortality data. The role of clinical risk adjustment. *JAMA*, 1988;260:3611.
36. Joffily M, Scandiucci M, Meira Jr. SR, Górios S, Santos AD, Gómez MI, Beseggio R, Saraiva JFK, Terzi RGG. Validation of a logistic regression equation for estimating hospital death for intensive care admissions. *Rev Bras Terap Intens* 1991;3:268.
37. Johnson MH, Gordon PW, Fitzgerald FT. Stratification of prognosis in granulocytopenic patients with hematologic malignancies using the APACHE-II severity of illness score. *Crit Care Med* 1986;14:693.
38. Junger A, Bottger S, Engel J, Benson M, Michel A, Rohrig R, Jost A, Hempelmann G. Automatic calculation of a modified APACHE II score using a patient data management system (PDMS). *Int J Med Inf* 2002;65:145.
39. Kalb PE, Miler DH. Utilization strategies for intensive care units. *JAMA*, 1989;26:2389.
40. Katsaragakis S, Papadimitropoulos K, Antonakis P, Strergiopoulos S, Konstadoulakis MM, Androulakis G. Comparison of Acute Physiology and Chronic Health Evaluation II (APACHE II) and Simplified Acute Physiology Score II (SAPS II) scoring systems in a single Greek intensive care unit. *Crit Care Med* 2000;28:426.
41. Killip T III, Kimball JT. Treatment of myocardial infarction in a coronary care unit. A two year experience with 2150 patients. *Am J Cardiol* 1967;2:457.
42. Knaus WA, Wagner D. Individual patient decisions. *Crit Care Med* 1989;179(supl):S204.
43. Knaus WA, Draper EA, Wagner DP, Zimmerman JE. An evaluation of outcome from intensive care in major medical centers. *Ann Intern Med* 1986;104:410.
44. Knaus WA, Draper EA, Wagner DP, Zimmerman JE. APACHE II: A severity of disease classification system. *Crit Car Med* 1985;13:818.
45. Knaus WA, Wagner DP, Draper A, Zimmerman JE, Bergner M, Bastos PG,Sirio CA, Murphy DJ, Lotring T, Damiano A, Harrel FE Jr.The APACHE III prognostic system. Risk prediction on hospital mortality for critically ill hospitalized adults. *Chest* 1991;100:1619.
46. Knaus WA, Zimmerman JE,Wagner DP, Draper EA,Lawrence DE. APACHE - Acute physiology and chronic health evaluation: a physiologically based classification system. *Crit Care Med* 1981;9:591.
47. Kruse JA, Thill-Baharozian MC, Carlson RW. Comparison of clinical assessment with APACHE II for predicting mortality risk in patients admitted to a medical intensive care unit. *JAMA* 1988;260:1739.
48. Le Gall JR, Lemeshow S, Leleu G, Klar J, Huillard J, Rue M, Teres D. Artigas A Customized probability models for early severe sepsis in adult intensive care patients. Intensive Care Unit Scoring Group. *JAMA* 1995;273:644.
49. Le Gall JR, Lemeshow S, Saulnier F. A new Simplified Acute Physiology Score (SAPS II) based on a European/North American multicenter study [published erratum appears in *JAMA* v;270:2957].
50. LeGall JR, Loirat P, Alperovitch A, Glaser P, Granthil C, Mathieu D *et al.* A simplified acute physiological score for ICU patients. *Crit Care Med* 1984;12:957.
51. Lemeshow S, Klar J, Teres D, Avrunin JS, Gehlbach SH, Rapoport J, Rue M. Mortality probability models for patients in the intensive care unit for 48 or 72 hours: a prospective, multicenter study. *Crit Care Med* 1994;22:1351.
52. Lemeshow S, Le Gall JR. Modeling the severity of illness of ICU patients. A systems update. *JAMA* 1994;272:1049.
53. Lemeshow S, Teres D, Klar J, Avrunin JS, Gehlbach SH, Rapoport J. Mortality Probability Models (MPM II) based on an international cohort of intensive care unit patients. *JAMA* 1993;270:2478.
54. Lemeshow S. Predictive models for ICU patients. Proceedings Book, Sixth European Congress on Intensive Care Medicine, 1992. p. 31.
55. Lemeshow S, Hosmer DW. The use of goodness-of-fit statistics in the development of logistic regression models. *American Journal of Epidemiology* 1982;115:92.
56. Lemeshow S, Teres D, Avrunin JS. Refining Intensive Care Unit outome prediction by using changing probabilities of mortality. *Crit Care Med* 1988;16:470.
57. Lemeshow S, Teres D, Avrunin JS, Pastides HA. Comparison of methods to predict mortality of intensive care unit patients. *Crit Care Med* 1987;15:715.
58. Lemeshow S, Teres D, Pastides, H, Avrunin JP, Steingrub JS. A method of predicting survival and mortality of ICU patients using objectively derived weights. *Crit Care Med* 1985;13:519.
59. Levy ML, Masri LS, Lavine S, Apuzzo ML. Outcome prediction after penetrating craniocerebral injury in a civilian population: aggressive surgical management in patients with admission Glasgow Coma Scale scores of 3, 4, or 5. *Neurosurgery* 1994;35:77.
60. Lewinsohn G, Herman A, Leonov Y, Klinowski E. Critically ill obstetrical patients: outcome and predictability. *Crit Care Med* 1994;22:1412.
61. Maher ER, Robinson KN, Scoble JE, Farrimond JG, Browne DR, Sweny P, Moorhead JF. Prognosis of critically-ill patients with acute renal failure: APACHE II score and other predictive factors. *Q J Med* 1989;72:857.
62. Marcin JP, Pollack MM; Patel KM; Ruttimann UE. Combining physician's subjective and physiology-based objective mortality risk predictions. *Crit Care Med* 2000;28:2984.
63. Markgraf R, Deutschinoff G, Pientka L, Scholten T, Lorenz C. Performance of the score systems Acute Physiology and Chronic Health Evaluation II and III at an interdisciplinary intensive care unit, after customization. *Crit Care* 2001;5:31-6.
64. McClure W, Shaller D. Variations in Medicare expenditures. *Health Affairs* 1984;3:13.
65. Moreau R, Soupisonn T, Vauquelin P, Derrida S, Beaucour H, Sicot C. Comparison of two simplified severity scores (SAPS and APACHE) for patients with acute myocardial infarction. *Crit Care Med* 1989;17:409.
66. Moreno R, Apolone G, Miranda DR. Evaluation of the uniformity of fit of general outcome prediction models. *Intensive Care Med* 1998;24:40.
67. Moreno R, Apolone G. Impact of different customization strategies in the performance of a general severity score. *Crit Care Med* 1997;25:2001.
68. Moreno R, Miranda DR, Fidler V, Van Schilfgaarde R. Evaluation of two outcome prediction models on an independent database. *Crit Care Med* 1998;26:50.

69. Parrillo JE, Ayres S. Issues in critical care medicine. Williams & Wilkins, Baltimore, 1984.
70. Patel PA, Grant BJ. Application of mortality prediction systems to individual intensive care units. *Intensive Care Med* 1999;25:977.
71. Pessi TT. Experiences gained in intensive care of surgical patients: A prospective clinical study of 1001 consecutively treated patients in a surgical intensive care unit. *Ann Chir Gynaecol* 62(supl):1, 1973.
72. Petty TL, Lakshminarayan S, Sahn SA *et al.* Intensive respiratory care unit: Review of ten years experience. *JAMA*, 1975;34:322.
73. Polderman KH, Girbes AR, Thijs LG, Strack VAN, Schijndel RJ. Accuracy and reliability of APACHE II scoring in two intensive care units. Problems and pitfalls in the use of APACHE II and suggestions for improvement. *Anaesthesia* 2001;56:47.
74. Pollack MM, Ruttimann U, Getson PR *et al.* Pediatric risk of mortality (PRISM) score. *Crit Care Med* 1988;16:1110.
75. Ranson JHC, Rifkind KM, Roses DF *et al.* Prognostic signs and the role of operative management in acute pancreatitis. *Sur. Gynecol Obstet* 1974;139:69.
76. Rapoport J, Teres D, Lemeshow S, Gehlbach S. A method for assessing the clinical performance and cost-effectiveness of intensive care units: a multicenter inception cohort study. *Crit Care Med* 1994;22:1385.
77. Rhee KJ, Baxt WG, Mackenzie JR, Willits NH, Burney RE, O'Malley RJ, Reid N, Schwabe D, Storer DL, Weber R. APACHE II scoring in the injured patient. *Crit Care Med* 1990;18:827.
78. Rordorf G, Koroshetz W, Efird JT, Cramer SC. Predictors of mortality in stroke patients admitted to an intensive care unit. *Crit Care Med* 2000;28:1301.
79. Rothwell PM, Lawler PG. Prediction of outcome in intensive care patients using endocrine parameters. *Crit Care Med* 1995;23:78.
80. Rowan KM, Kerr JH, Major E, McPherson K, Short A, Vessey MP. Intensive Care Society's Acute Physiology and Chronic Health Evaluation (APACHE II) study in Britain and Ireland: a prospective, multicenter, cohort study comparing two methods for predicting outcome for adult intensive care patients. *Crit Care Med* 1994;22:1392.
81. Rutledge R, Fakhry SM, Rutherford EJ, Muakkassa F, Baker CC, Koruda M, Meyer AA. Acute Physiology and Chronic Health Evaluation (APACHE II) score and outcome in the surgical intensive care unit: an analysis of multiple intervention and outcome variables in 1,238 patients. *Crit Care Med* 1991;19:1048.
82. Schafer JH, Maurer A, Jochimsen F, Emde C, Wegscheider K, Arntz HR, Heitz J, Krell-Schroeder B, Distler A. Outcome prediction models on admission in a medical intensive care unit: do they predict individual outcome? *Crit Care Med* 1990;18:1111.
83. Second European Consensus Conference in Intensive Care Medicine. Predicting outcome in ICU patients. *Intensive Care Med* 1994;20:390.
84. Shortell SM, Zimmerman JE, Rousseau DM, Gillies RR, Wagner DP, Draper EA, Knaus WA, Duffy J. The performance of intensive care units: does good management make a difference? *Med Care* 1994;32:508.
85. Smith DL, Kim K, Cairns BA, Fakhry SM, Meyer AA. Prospective analysis of outcome after cardiopulmonary resuscitation in critically ill surgical patients. *J Am Coll Surg* 1995;180:394.
86. Staudinger T, Stoiser B, Müllner M, Locker GJ, Laczika K, Knapp S, Burgmann H, Wilfing A, Kofler J, Thalhammer F, Frass M. Outcome and prognostic factors in critically ill cancer patients admitted to the intensive care unit. *Crit Care Med* 2000;28:1322.
87. Teasdale G, Jennet B. Assessment of coma and impaired consciousness. A practical scale. *Lancet* 1974;13:81.
88. Teres D, Lemeshow S, Avrunin JS, Pastides H. Validation of the mortality prediction model for ICU patients. *Crit Care Med* 1987;15:208.
89. Terzi RGG, Falcão ALE, Dantas Fo., VP, Dragosavac D, Sardinha LAC, Garroni M, Araújo S. Outcome prediction in severe head trauma progressing to brain death (Abstract). First Symposium of the International Society for Neuroemergencies, Freeport, Bahamas, 1996.
90. Terzi RGG. Índices prognósticos em Medicina Intensiva. I – Conceitos. *Rev Bras Terap Intens* 1993;5:101.
91. Terzi RGG, Gómez MI, Araújo S, Dragosavac D, Falcão ALE, Machado HC. Indices prognósticos em UTI. III. Modelo UNICAMP. *Rev Bras Terap Intens* 2002;14:6.
92. Terz RGG, Guelli E, Abreu HU, Baia LL. Índices prognósticos em Medicina Intensiva. II – Métodos. *Rev Bras Terap Intens* 1997;9:40.
93. Turner JS, Mudaliar YM, Chang RW, Morgan CJ. Acute physiology and chronic health evaluation (APACHE II) scoring in a cardiothoracic intensive care unit. *Crit Care Med* 1991;19:1266.
94. van der Sluis CK, Ten Duis HJ, Geertzen JH. Multiple injuries: an overview of the outcome. *J Trauma* 1995;38:68.
95. Vincent JL, Moreno R *et al.* The SOFA (Sepsis-related Organ Failure Assessment) score to describe organ dysfunction/failure. Intensive Care Medicine 1996;22:707.
96. Wong DT, Knaus WA. Predicting outcome in critical care: the current status of the APACHE prognostic scoring system. *Can J Anaesth* 1991;38:374.
97. Yeh TS, Pollak MM, Ruttimann UE *et al.* Validation of a physiologic stability index for use in critically ill infants and children. *Pediatr Res* 1984;18:445.

14

Exame Clínico no Paciente Grave

Eliana Bernadete Caser • Renan Domingues

Apesar do grau de complexidade dos pacientes admitidos na UTI e da necessidade de uma tecnologia mais avançada, a pedra angular da medicina ainda é o método clínico. Só será alcançada uma otimização ideal dos recursos tecnológicos ao lado de um exame clínico bem realizado. A particularidade mais marcante no paciente grave com relação à anamnese reside no fato de que a obtenção das informações é muitas vezes dificultada pela própria condição clínica do paciente, que o impede de relatar seus sintomas. É o caso dos pacientes em assistência ventilatória mecânica, que estão impossibilitados de falar pela presença do tubo endotraqueal, e dos pacientes com alterações do nível da consciência. Por esse motivo, e também pela necessidade emergencial do atendimento, necessitamos muitas vezes de fazer uma avaliação rápida do exame físico antes da anamnese. De qualquer maneira, a anamnese é fundamental, não se devendo deixar de realizá-la num segundo momento com informante, que deve ser uma pessoa da família ou que convive com o paciente. É necessário resgatar a importância do exame clínico bem-feito no paciente grave, a fim de constituirmos hipóteses diagnósticas que, aliadas aos exames complementares, nos darão diagnósticos, sejam eles sindrômico, anatômico e etiológico.

EXAME CARDIOVASCULAR

Anamnese. A realização da anamnese deve seguir a técnica recomendada quando possível, na medida em que o paciente apresente condições clínicas exeqüíveis. Não esquecer de que mesmo no paciente grave os dados de identificação são fundamentais, podendo nos fornecer pistas diagnósticas. De um modo geral, a anamnese e o exame físico no paciente grave devem ser abordados inicialmente como lista de problemas com prioridades. Como em qualquer outra anamnese, devem ser investigados os antecedentes pessoais, fisiológicos e patológicos, familiares, hábitos de vida (sedentarismo, tabagismo, alcoolismo, uso de tóxicos como cocaína entre outros).

É importante identificar a presença dos fatores de risco para as doenças cardiovasculares,[1] como idade, história familiar de doença coronária, tabagismo, hiperlipidemia, hipertensão na dissecção aórtica e doença das artérias coronárias, uso de cocaína no infarto do miocárdio,[2] presença de infecções principalmente viral ou tuberculose que podem preceder um episódio de pericardite, entre outros.

PROBLEMAS: SINTOMAS E SINAIS PRINCIPAIS

Dor torácica

As causas de dor torácica de origem cardíaca decorrem geralmente de doença coronariana, dissecção aórtica, cardiopatia valvular, miocardite e pericardite. Dor torácica devido a infarto agudo do miocárdio, embolia pulmonar, dissecção aórtica e pneumotórax hipertensivo podem resultar em morte súbita, sendo importante fazer o diagnóstico diferencial.

A dor isquêmica decorrente de doença das artérias coronárias pode se manifestar como *angina pectoris* estável, angina instável, infarto do miocárdio não-Q e infarto transmural. Um estudo realizado mostrou que apenas o exame clínico para detectar doença das artérias coronárias teve uma precisão de 84%.[3] A descrição clássica da dor devido à isquemia é um desconforto subesternal ou aperto ou pressão ou queimação ou peso precordial ao esforço ou repouso, embora alguns pacientes não relacionem esses sintomas como sendo dor. A dor que se localiza em uma pequena área sobre o tórax tem mais probalidade de ser de origem muscular ou pleural, como é o caso de localizar a dor com um dedo. A irradiação da dor para o pescoço, mandíbula, dentes, ombros ou membro superior esquerdo é comum, sendo que a duração maior que 2 minutos e menor que 20 minuto é mais sugestiva de angina do que infarto do miocárdio. O paciente deve ser investigado para fatores agravantes da dor, como frio, exercício, emoção, alimentos, atividade sexual etc. A possibilidade de outras condições agravantes como anemia, febre, infecção, hipotensão ou hipertensão não-controlada, arritmias, tireotoxicose e hipoxemia de origem respiratória deve ser considerada. A presença de dispnéia, náuseas e vômitos, sudorese, palpitações ou síncope pode fazer parte do quadro clínico. Embora a presença de dor torácica pós-prandial seja sugestiva de doença gastrintestinal superior, pode estar também relacionada a doença cardíaca, traduzindo uma isquemia miocárdica mais grave. Dor precordial durante crise de palpitações pode ser secundária a isquemia provocada por taquiarritmias. Pacientes idosos, mulheres principalmente após 65 anos e diabéticos freqüentemente não apresentam sintomas clássicos. Em resumo, é alta a probabilidade de doença isquêmica nos pacientes com sintomas que apresentam dor precordial típica, história prévia de cardiopatia isquêmica, incluindo infarto do miocárdio, acompanhado de alterações hemodinâmicas caracterizadas pela presença de hipotensão, sudorese, edema pulmonar ou insuficiência mitral aguda.

O exame físico inicial deve ser geral e rápido o suficiente para diagnosticar as causas de dor torácica e/ou dispnéia que põem o paciente sob risco de vida. Quando o problema inicial é dor torácica, devemos avaliar:

Fácies do paciente pode sugerir a gravidade dos sintomas. Verificar os sinais vitais. Alterações na pressão arterial como hipotensão, na freqüência cardíaca como bradicardia ou taquicardia que, se presentes num paciente com angina instável, implicam maior risco de evolução para IAM.

Apesar de o exame físico ser usualmente normal e inespecífico nos pacientes com angina instável e infarto agudo do miocárdio, pode estar presente a quarta bulha, traduzindo isquemia miocárdica, embora não seja um indicador de disfunção ventricular. A presença de insuficiência mitral aguda e edema agudo de pulmão com terceira bulha e galope, crepitações pulmonares e novo ou aumento do sopro sistólico podem fazer parte dos processos isquêmicos complicados. Lembrar que a terceira e quarta bulhas originadas no ventrículo esquerdo são mais bem audíveis no ápice cardíaco em decúbito lateral esquerdo, com o receptador de campânula do estetoscópio, por se tratar de sons de baixa freqüência. A presença de galope com terceira bulha na doença da artéria coronária, valvulopatia aórtica e miocardiopatia congestiva está geralmente associada com uma pressão em átrio esquerdo > que 20 mmHg.

A dissecção aórtica aguda geralmente acomete pacientes masculinos com idade entre 60-80 anos com hipertensão arterial sistêmica.[4] Outros fatores predisponentes especialmente nos pacientes mais jovens incluem doenças do colágeno (síndrome de Marfan, síndrome de Ehlers-Danlos, necrose cística), coartação aórtica e síndrome de Turner. A dor torácica é, de início, súbita, lancinante, localizada na região anterior ou posterior do tórax ou lombar (dissecção distal à subclávia esquerda), com irradiação para o pescoço, ombros ou entre as escápulas. A presença de hipertensão arterial é um fator de risco importante no diagnóstico. A dissecção aórtica deve ser considerada em todo paciente hipertenso que apresenta dor torácica, sopro de regurgitação aórtica aguda, assimetria de pulsos e pressão arterial nos membros superiores (> 30 mmHg na pressão arterial). Um estudo realizado em 250 pacientes com dor torácica aguda e/ou lombar demonstrou que 96% das dissecções aórticas agudas foram diagnosticadas baseadas em alguma combinação de três características clínicas:[5] a) dor torácica súbita lancinante ou dilacerante; b) variação no pulso e pressão arterial entre os dois membros superiores e c) alargamento aórtico e/ou mediastinal na radiografia de tórax. Mesmo na ausência de dor, suspeitar de dissecção aórtica nas situações apontado no Quadro 14-1.

A presença de insuficiência aórtica aguda pode estar presente em 50 a 60% das dissecções da aorta ascendente. O diagnóstico diferencial inclui principalmente isquemia miocárdica, pericardite ou embolia pulmonar.

Quadro 14-1. Manifestações clínicas da dissecção aórtica aguda

- Síncope, tamponamento cardíaco e morte súbita
- Choque e hemotórax
- Síndrome isquêmica em membros inferiores
- Alterações neurológicas como redução do nível de consciência, acidentes vasculares cerebrais, paraplegia
- Síndrome de Horner pela compressão do gânglio simpático cervical superior
- Paralisia da corda vocal ou rouquidão devido à compressão do nervo laríngeo recorrente. Presença de insuficiência cardíaca secundária a insuficiência aórtica aguda
- Isquemia esplâncnica e insuficiência renal
- Alterações nas radiografias X de tórax com alargamento do mediastino ou contorno anormal da aorta

Pericardite aguda

A anamnese deve ser realizada na tentativa de detectar causa possível da pericardite. A maioria dos pacientes com pericardite aguda tem uma etiologia viral (*Echovírus* e *Coxsackievírus*) ou pericardite idiopática. Atentar que AIDS é agora uma causa comum de pericardite, usualmente acompanhada de derrame pleural. Na UTI, outras causas relativamente comuns incluem o infarto do miocárdio e as causas traumáticas. A pericardite aguda manifesta-se clinicamente com dor aguda, início súbito do tipo "peso" ou "constritiva", localizada na região torácica anterior, usualmente pleurítica, irradiada para pescoço e costas. Ao exame físico, detectamos taquicardia sinusal e freqüentemente atrito pericárdico (85%), localizado mais freqüentemente entre a ponta do coração e a borda esternal esquerda.

O tamponamento cardíaco agudo é de início súbito, podendo ser acompanhado de dor torácica, dispnéia e hipotensão. É causado por trauma, complicação de procedimento diagnóstico ou terapêutico invasivo, dissecção aórtica aguda ou ruptura da aorta. O tamponamento subagudo decorrente da uremia, neoplasia ou pericardite idiopática geralmente manifesta-se com um quadro clínico menos dramático.

Os achados físicos presentes são taquicardia sinusal, turgência jugular bilateral, pressão venosa central marcadamente elevada, presença de pulso paradoxal (uma redução na pressão sistólica > 10 mmHg na inspiração), hipotensão arterial com redução da pressão de pulso e abafamento de bulhas cardíacas, até um quadro clínico de choque obstrutivo. O pulso paradoxal pode estar ausente nos casos em que ocorrem taquicardia significativa, situações com o ritmo cardíaco muito irregular, presença de choque e insuficiência aórtica grave.

O diagnóstico diferencial deve ser com IAM do ventrículo direito e aneurisma dissecante sem tamponamento. A turgência jugular bilateral, o pulso paradoxal e o abafamento de bulhas são sinais clínicos que ajudam no diagnóstico.

Valvulopatias

Das cardiopatias valvulares a dor torácica pode estar presente na estenose aórtica, e menos freqüentemente nas estenoses mitral e pulmonar. A presença de estenose aórtica deverá ser afastada no paciente com angina progressiva, dispnéia e/ou síncope. O exame físico dos pulsos arteriais e da ausculta cardíaca ajuda no diagnóstico diferencial. Na estenose aórtica o pulso arterial é *parvus* (pequena amplitude), ocorre sopro sistólico rude de ejeção na área do segundo espaço intercostal direito com irradiação para região cervical. A estenose mitral é freqüentemente secundária à febre reumática, apresentando sopro diastólico (ruflar) na área mitral, estalido de abertura mitral com hiperfonese da primeira e segunda bulhas, respectivamente nas áreas mitral e pulmonar. Na dependência da gravidade da estenose mitral, podem ser detectados desde crepitações pulmonares bilaterais até quadro de edema pulmonar.

Em vigência de qualquer sopro cardíaco, se o paciente apresentar clínica sugestiva de infecção, fazer o diagnóstico diferencial com endocardite bacteriana, levando em consideração fatores de riscos como uso de drogas endovenosas, próteses cardíacas valvares, cardiopatia reumática, além da utilização na UTI de dispositivos invasivos ocasionando bacteremia e endocardite nosocomial.

Miocardite pode se manifestar através de sintomas sistêmicos como febre, melalgia, além dos sintomas cardíacos. A dor torácica, quando presente, está associada a pericardite concomitante.

Outra causa menos freqüente de dor torácica na UTI inclui a síndrome X (*angina like*) associada com as artérias coronárias normais, acometendo mais freqüentemente mulheres na pré-menopausa, sendo diagnóstico de exclusão principalmente com doença gastrintestinal.[6]

Diagnóstico diferencial de dor torácica e/ou dispnéia deve ser realizado principalmente com causas pulmonares e gastrintestinais. Como causas pulmonares destacamos o pneumotórax, a pneumonia e o tromboembolismo pulmonar agudo, que deve ser suspeito na UTI em qualquer paciente com súbita dor torácica, com ou sem dispnéia inexplicável pela avaliação clínica. Das causas gastrintestinais pode ser clinicamente difícil o diagnóstico diferencial com refluxo gastresofágico, esofagite e úlcera péptica. Em qualquer paciente com risco para doença das artérias coronárias com dor torácica, deve ser afastada isquemia miocárdica antes de qualquer diagnóstico gastrenterológico.

Dispnéia

A maioria dos pacientes com dispnéia crônica de causa inexplicável tem uma das quatro causas: cardiomiopatia, asma, DPOC e doença intersticial pulmonar. Freqüentemente esses pacientes apresentam agudização da sua doença de base, necessitando de UTI. As causas mais comuns de dispnéia aguda também compreendem as cardiovasculares e as do sistema respiratório. Entre as causas cardiovasculares o tamponamento cardíaco, a isquemia miocárdica e a insuficiência cardíaca devem ser considerados. As causas respiratórias incluem embolia pulmonar, pneumotórax, pneumonia, asma e obstrução das vias aéreas superiores por aspiração, anafilaxia etc. O paciente em assistência ventilatória mecânica na UTI freqüentemente apresenta desconforto respiratório, estando impossibilitado de falar de seu sintoma. Entre as causas mais comuns estão problemas com o tubo endotraqueal (secreções no tubo, tubo seletivo), broncoespasmo, principalmente após aspiração endotraqueal, *drive* respiratório anormal, distensão abdominal, causas relacionadas ao ventilador, entre outras.

O tamponamento cardíaco agudo é de início súbito, podendo o paciente apresentar dor torácica junto à dispnéia. É importante a história de trauma, complicações de procedimentos diagnósticos ou terapêuticos invasivos. No tamponamento subagudo secundário a uremia ou a neoplasia, o quadro é menos dramático, sendo que os pacientes podem estar assintomáticos ou podem apresentar queixas de desconforto torácico, dispnéia, edema periférico, entre outros sintomas. A presença de sinais físicos como PVC, pulso paradoxal, bulhas cardíacas auxiliará no diagnóstico diferencial.

Os dados da anamnese permitem diferenciar as várias causas de dispnéia de origem cardíaca das não-cardíacas, na maioria das vezes. O paciente geralmente apresenta dispnéia ao esforço, de repouso, até o quadro mais grave de edema agudo de pulmão. A propedêutica física auxiliará na conclusão do diagnóstico na maioria das vezes. Freqüentemente associados à dispnéia, pacientes com disfunção do ventrículo esquerdo apresentam outros sintomas como tosse seca, hemoptóicos até um quadro de maior gravidade, como edema agudo de pulmão com cianose, sudorese, expectoração espumosa branca ou rosada (Quadro 14-2).

O exame físico da dispnéia de origem cardíaca traduzirá uma disfunção ventricular esquerda com pressões elevadas nas câmaras esquerdas, ocasionando hipertensão venulocapilar pulmonar. O paciente pode apresentar taquipnéia, dispnéia, respiração de Cheyne-Stokes, taquicardia, tosse seca, hemoptóico. O exame dos pulsos arteriais assume importância em determinadas patologias, como é o caso da disfunção ventricular esquerda, na qual a presença do pulso alternante pode auxiliar na avaliação da gravidade. À ausculta pulmonar, crepitações inicialmente bibasilares, presença de galope ventricular com terceira bulha até um quadro com secreção de origem pulmonar espumosa, cianose, sudorese, crepitações difusas e sibilos.

A história de febre, tosse, aumento na quantidade ou mudança da característica da secreção pulmonar acompanhado de dispnéia e taquipnéia faz pensar no diagnóstico diferencial de pneumonia. A associação em maior ou menor intensidade de derrame pleural pode agravar os sintomas respiratórios, principalmente se o paciente está sob ventilação mecânica.

Uma das causas mais comuns de trauma nas vias aéreas é a intubação endotraqueal, que pode ser uma causa de obstrução das vias aéreas após a extubação. Observar se a dispnéia surgiu após a extubação do paciente e se é acompanhada de cornagem e tiragem.

Quadro 14-2. Classificação clínica dos pacientes com IAM – Killip-Kimball

- Grupo 1 – sem dispnéia; exame físico normal
- Grupo 2 – sem dispnéia; B3, crepitações bibasilares
- Grupo 3 – edema agudo de pulmão
- Grupo 4 – choque cardiogênico

Síncope

A presença de cardiopatia é um forte indício de a causa da síncope ser de origem cardíaca, mais freqüentemente bradiarritmias ou taquiarritmias, mas também secundária a estenose aórtica e cardiomiopatia hipertrófica. Um estudo prospectivo em 497 pacientes mostrou que a anamnese e o exame físico diagnosticaram a causa da síncope em 45% dos casos e que a ausência de náuseas e vômitos pré-síncope associada às alterações eletrocardiográficas foi preditiva de síncope por arritmias.[7] Sintomas associados podem ajudar na etiologia específica: angina indica causa isquêmica e/ou arritmias; dispnéia pode sugerir embolia pulmonar; náusea, vômito, sudorese e palidez, síncope vasovagal; mudança de posição supina para ortostase sugere hipotensão postural. A perda súbita da consciência sem pródromos é mais provavelmente devida à arritmia (bradicardia ou taquicardia). A persistência de palidez, náusea e sudorese associadas a uma recuperação prolongada do episódio sugere uma etiologia vagal, fazendo um diagnóstico diferencial com síncope por arritmia. A presença de alterações neurológicas ou confusão durante o período de recuperação pode ser devido à convulsão ou AVC. Questionar sobre doenças associadas como diabetes melito, que pode apresentar hipotensão ortostática e síncope secundária a neuropatia autonômica, uso de determinados medicamentos que podem ser causa de síncope especialmente anti-hipertensivos (bloqueadores simpáticos) e antiarrítmicos.

Ao exame físico verificar sinais vitais, medir pressão arterial e pulso arterial em decúbito dorsal, sentado e em ortostase, a fim de confirmar hipotensão postural. A hipotensão ortostática é diagnosticada se dentro de 2 a 5 min de repouso ocorrerem um ou mais dos seguintes:

- Pelo menos uma queda de 20 mmHg na pressão sistólica.
- Queda de 10 mmHg na pressão diastólica.
- Sintomas de hipoperfusão cerebral.

Exame das carótidas – palpação, ausculta e realização da massagem no seio carotídeo unilateral (2 a 3 s) se não existir evidência de doença carotídea. O teste é considerado positivo se há uma pausa de $\geq$ 3s. É preciso cuidado com a realização dessa manobra no paciente com doença carotídea e nos idosos.[8]

Avaliar a freqüência e o ritmo cardíaco para afastar a presença de arritmias como fibrilação atrial ou outros distúrbios de condução. A medida da freqüência e o padrão respiratório como a hiperventilação podem estar presentes na embolia pulmonar e nas síncopes de causa psiquiátrica. A ausculta cardíaca pode revelar sopro sistólico da estenose aórtica ou estenose pulmonar.

Choque

A apresentação clínica do choque dependerá do tipo e da causa do choque. O paciente pode estar sem condição clínica para informar sua história, mas dados devem ser coletados, se possível com acompanhantes, no sentido de fazer o diagnóstico etiológico. Investigar queixas recentes como febre, dor torácica e abdominal, alterações intestinais, perdas sangüíneas, alterações cutâneas, dispnéia, síncope, edema, utilização de medicamentos, alergia, possibilidade de intoxicação exógena, doenças preexistentes e imunossupressão. O exame físico deve ser realizado de maneira adequada e rápida, na maioria das vezes antecipando a anamnese. A avaliação clínica inicial deverá enfocar alterações comuns de hipoperfusão de órgãos nos vários tipos de choque: hipotensão, alterações cutâneas, palidez, pele fria pegajosa ou quente, cianose, livedo reticular, alteração do estado mental, oligúria, entre outras alterações detectadas no exame físico. No paciente submetido à ventilação mecânica que subitamente entra em estado de choque deverão ser afastados inicialmente pneumotórax hipertensivo, hipovolemia e hemorragia, infarto agudo do miocárdio e embolia pulmonar. A presença no exame físico geral de febre, pele quente, rubor facial, icterícia, petéquias associados a sinais clínicos de hipoperfusão tecidual nos leva ao diagnóstico de choque séptico. O choque séptico geralmente se apresenta como hiperdinâmico, caracterizado por queda ou não da pressão arterial, pressão venosa central diminuída, diminuição da pressão ocluída da artéria pulmonar, débito cardíaco normal ou elevado, além da diminuição da resistência vascular sistêmica e aumento da $S\bar{v}O_2$ (saturação venosa mista de oxigênio).

Na UTI, a necessidade da utilização freqüente de dispositivos intravasculares invasivos, vesical e de tubos endotraqueais para ventilação mecânica é fator predisponente para infecções graves.[9]

Choque cardiogênico pode ser secundário a diversas patologias como doença das artérias coronárias, cardiomiopatias, cardiopatias valvulares, sendo a mais comum o infarto agudo do miocárdio.

O paciente com infarto agudo do miocárdio anterior complicado por choque cardiogênico apresenta, além da dispnéia, taquipnéia, taquicardia, extremidades frias, sudorese, enchimento capilar lentificado, cianose, hipotensão (PA sistólica $<$ 90 mmHg), pulso alternante traduzindo a disfunção do ventrículo esquerdo, turgência jugular bilateral, PVC elevada, bulhas hipofonéticas, galope com terceira bulha, crepitações pulmonares bilaterais, até um quadro clássico de edema pulmonar. Freqüentemente outros sinais de hipoperfusão de órgãos como oligúria, agitação, confusão mental e até coma podem se associar. A disfunção isquêmica ou ruptura do músculo papilar posterior pode se manifestar clinicamente através da insuficiência mitral aguda. Nesse caso, na inspeção e palpação precordial, encontramos um *ictus cordis* mais hipercinético, sopro sistólico de regurgitação no foco mitral com irradiação para a axila e uma quarta bulha. O próprio tamponamento cardíaco decorrente de uma complicação do IAM secundária à ruptura da parede livre do ventrículo esquerdo pode ser causa do choque (obstrutivo).

Em geral os achados hemodinâmicos são aumento da pressão venosa central, pressão sistólica $<$ 90 mmHg, pressão ocluída da artéria pulmonar $>$ 18 mmHg, índice cardíaco diminuído, índice de resistência vascular sistêmica aumentada e diminuição da $S\bar{v}O_2$.[10]

Nos pacientes com IAM e choque, devem ser considerados diagnósticos diferenciais que incluem embolia pulmonar com *cor pulmonale* agudo (obstrutivo), disssecção aórtica aguda, arritmias atriais (fibrilação ou *flutter)*, taquicardia ventricular no paciente com disfunção ventricular esquerda e cardiopatia valvular grave (estenose aórtica) associada ao IAM mesmo de pequena extensão.

Edema

O edema é uma das queixas mais comuns entre os familiares dos pacientes internados na UTI.

No paciente grave, uma variedade de condições clínicas pode estar associada a edema, sendo as mais comuns: por aumento da permeabilidade capilar como nas queimaduras, trauma, sepse, SARA; aumento da pressão hidrostática capilar na insuficiência cardíaca, após grande reposição volêmica como nos estados de choque, cetoacidose diabética ou no pós-operatório de grandes cirurgias; hipoalbuminemia, que está freqüentemente associada nos doentes graves com hepatopatia, desnutrição, sepse, e grandes queimados. A anamnese é importante para detectar alterações como doença coronária, hipertensão, uso de álcool e de drogas que podem causar doenças cardíaca, hepática e renal.

A retenção hídrica decorrente da ventilação mecânica associada ao balanço hídrico positivo é uma causa não rara de anasarca. Diferentemente de outros pacientes que apresentam edema periférico, os pacientes da UTI, por estarem freqüentemente acamados, manifestam inicialmente edema em áreas dependentes, como na região sacral.

A presença de edema pulmonar no paciente grave está geralmente associada às doenças cardíacas, embora possa também ser produzido pela sobrecarga de volume em paciente com nefropatia, ou permeabilidade capilar aumentada, como na lesão pulmonar aguda grave.

A queixa primária geralmente é dispnéia e ortopnéia, sendo que a precordialgia pode estar presente nos casos de isquemia miocárdica. Na ausência de uma sobrecarga do ventrículo esquerdo, o edema pulmonar não é comumente causado pela hipoalbuminemia.[11] O diagnóstico diferencial das diferentes causas do edema no paciente grave vai depender da história e de um exame físico detalhado. Inicialmente afastar sinais de insuficiência cardíaca, realizar medida seriada da pressão venosa central, presença ou não de ascite e outros estigmas periféricos de hepatopatia, sendo que muitas vezes haverá necessidade da aferição de medidas hemodinâmicas mais invasivas, com a instalação de um catéter em artéria pulmonar. O diagnóstico deverá ser confirmado com exame radiológico do tórax, já que outras patologias podem mimetizar a sintomatologia, como por exemplo a embolia pulmonar aguda.

Para o exame físico, são importantes: localização do edema (periférico, ascite ou pulmonar), o padrão de distribuição, a pressão venosa central, o peso do paciente. Comumente os pacientes graves muito edemaciados apresentam um balanço hídrico muito positivo. Nos pacientes acamados, o edema localiza-se predominantemente nas regiões sacral, glútea e parede abdominal. No edema generalizado, o acúmulo de líquido pode ocorrer também nas cavidades serosas, seja no abdômen (ascite), no tórax (hidrotórax), no pericárdio (hidropericárdio) e na bolsa escrotal. A presença de ascite pode contribuir para dificuldade respiratória por fazer pressão sobre o diafragma.

Quando o edema periférico é de origem cardíaca, encontram-se outros sinais de insuficiência ventricular direita, ou seja, turgência jugular e hepatomegalia. Quando existir lesão valvular tricúspide e na pericardite constritiva, a ascite predomina sobre o edema das extremidades.

Edema periférico unilateral pode ser por trombose venosa profunda ou secundário a um processo infeccioso. O exame físico inicial à procura de porta de entrada para infecção, juntamente com a presença de outros sinais e sintomas, auxilia no diagnóstico.

EXAME RESPIRATÓRIO

Anamnese. Apesar de que muitos pacientes com doenças respiratórias estejam intubados e sob ventilação mecânica impedidos de relatar seus sintomas, todos os dados necessários devem ser sistematicamente coletados.[12] Os dados de identificação, como por exemplo a idade, assumem importância, como no caso da pneumonia ou outra infecção no idoso, em geral mais grave. Conhecer os problemas atuais do paciente com a devida cronologia, procurando relacioná-los, é de fundamental importância. Investigar sobre alcoolismo, tabagismo como fator de risco associado a DPOC, pneumonia, doença das artérias coronárias, tromboembolismo, dissecção aórtica, fatores causais e agravantes das patologias pulmonares. Avaliar na anamnese e exame físico estado de conservação dos dentes, condições que oferecem risco para aspiração como refluxo gastresofágico e presença de sonda nasogástrica. Comorbidades como *diabetes melitus*, asma, DPOC, pneumonias de repetição, além do uso de antibióticos, corticosteróides e imunodepressores, devem ser pesquisados. Doenças neuromusculares podem se manifestar através de fadiga dos músculos respiratórios e dispnéia.

A história de infecção por HIV com risco para infecções com *Mycobacteria* e *Pneumocystis carinii* podem apresentar sinais e sintomas de insuficiência respiratória. A presença de traqueostomia identifica pacientes com risco de desenvolver estenose traqueal ou traqueomalacia, assim como pneumonia nosocomial nos pacientes intubados submetidos à ventilação mecânica.

PROBLEMAS: SINTOMAS E SINAIS PRINCIPAIS

Dor torácica

O diagnóstico de dor torácica pode variar desde uma causa musculoesquelética de evolução benigna até outras causas que oferecem um maior risco de vida. As causas de dor torácica de origem pulmonar no paciente grave decorrem principalmente de tromboembolismo pulmonar agudo, pneumonia, pneumotórax, neoplasia e afecções pleurais.

A dor torácica é geralmente referida pelos pacientes como pontada ou facada relacionada com os movimentos respiratórios. Além da própria característica da dor, outros sintomas e sinais associados, embora inespecíficos, podem ajudar no diagnóstico diferencial entre as patologias: febre, dispnéia, tosse, hemoptóicos, secreção purulenta etc. A presença de trombose venosa profunda, associada aos sintomas pulmonares, sugere o diagnóstico de embolia pulmonar.

A presença de dor referida no tórax pode ter origem em órgãos abdominais. Processos irritativos da pleura mediastinal e diafragma devido à doença da vesícula biliar ou hepática podem causar dor no ombro e pescoço. Da mesma maneira, a pleurite diafragmática pode acompanhar de um quadro de falso abdômen agudo.

Na maioria dos pacientes com embolia pulmonar podem ser identificados fatores de riscos,[13] sendo mais comuns a imobilização, cirurgias principalmente de fraturas do quadril, colo de fêmur, prostatectomia transvesical nos últimos três meses, AVC, história de tromboembolismo venoso, insuficiência cardíaca e malignidade.

Um estudo prospectivo para o diagnóstico de embolia pulmonar evidenciou que os sintomas mais comuns na embolia pulmonar foram dispnéia (73%) seguida de dor pleurítica (66%), tosse (37%) e hemoptise raramente maciça (13%).[14,15] A associação mais comum foi dor pleurítica, dispnéia ou taquipnéia (97% dos pacientes). Devemos sempre ter alto índice de suspeição de embolia pulmonar, pois alguns pacientes podem apresentar dispnéia como único sintoma e exame físico muitas vezes com poucas alterações. Os sintomas da embolia pulmonar maciça incluem dispnéia grave, síncope e instabilidade hemodinâmica.

A maioria dos pacientes com embolia pulmonar não apresenta sintomas nos membros inferiores na época do diagnóstico. Um estudo prospectivo para o diagnóstico de embolia pulmonar (PIOPED) mostrou que < 30% dos pacientes apresentaram sintomas ou sinais de trombose venosa nos membros inferiores.[14,15] Os sinais mais comuns de embolia pulmonar nesse estudo foram taquipnéia (70%), crepitações (51%), taquicardia (30%), quarta bulha (24%) e hiperfonese de B2 cardíaca (23%).[14,15]

A presença de febre, usualmente menor que 38, 9°C, ocorreu em 14% dos pacientes com embolia pulmonar.[16] Febre > 39, 4°C foi rara. A presença de instabilidade circulatória esteve presente nesse estudo em apenas 8%. A ausência de hipoxemia não exclui nem estabelece o diagnóstico de embolia pulmonar. A presença de embolia pulmonar maciça deve ser suspeitada nas situações em que existem alterações graves nos parâmetros de oxigenação ou hemodinâmicos de causa inexplicável. O exame físico revela sinais inespecíficos de hipoxemia como cianose, alteração do estado mental, taquipnéia, taquicardia ou outras taquiarritmias além da queda da pressão arterial. Insuficiência do ventrículo direito (VD) manifestada por turgência jugular bilateral, *ictus* de VD palpável, hiperfonese da B2 e galope do VD com a presença da terceira bulha cardíaca. A embolia pulmonar maciça com grave comprometimento respiratório e hipotensão pode apresentar acidose respiratória e acidose metabólica.

Convém pensar na possibilidade de embolia pulmonar quando o paciente apresentar fator de risco associado às seguintes condições clínicas: dispnéia e/ou dor pleurítica associadas a trombose venosa profunda, agravamento da insuficiência cardíaca sem uma causa aparente, dor pleurítica aguda acompanhada de hemoptóico, síncope ou agudização da insuficiência respiratória nos pacientes com DPOC, dor pleurítica associada a fibrilação atrial aguda (palpitação) e choque (obstrutivo) de instalação súbita sem causa aparente.

Pneumotórax é uma complicação relativamente freqüente na UTI. Pneumotórax iatrogênico pode surgir após procedimentos diagnósticos, e terapêuticos invasivos, incluindo cateterização venosa central, toracocentese, biopsia pleural, intubação endotraqueal, broncoscopia, sonda nasogástrica ou após cirurgia cardiotorácica ou abdominal. Além da patologia de base, como nos traumas de tórax, outros fatores podem estar associados com o surgimento de pneumotórax (barotrauma) durante a ventilação mecânica, como é o caso de ventilar com excessivas pressões e/ou volumes. O pneumotórax no paciente sob ventilação mecânica pode se manifestar de três maneiras: achado radiológico sem clínica, alteração laboratorial ou oximetria sem alterações clínicas ou através do pneumotórax hipertensivo, que é diagnosticado clinicamente à beira de leito.

Determinadas patologias podem apresentar pneumotórax espontâneo secundário, mais freqüentemente encontrado na DPOC ou pneumonia por *Pneumocystis carinii* em pacientes com AIDS.[17] A apresentação clínica de pneumotórax na DPOC é freqüentemente atípica, podendo a dor estar ausente, predominando a dificuldade respiratória e a ansiedade. O sinal clássico de hipersonoridade pode não auxiliar pelo enfisema pulmonar subjacente. A ventilação mecânica e a broncoscopia oferecem um maior risco para pneumotórax. Pneumotórax em pacientes com AIDS pode estar associado com infecções por *Mycobacterium tuberculosis*, *Mycobacterium avium*, *Citomegalovírus* pulmonar, pneumococo ou toxoplasmose pulmonar.[17]

Dispnéia súbita associada à dor pleurítica em pontada ou facada são os dois principais sintomas.[12] Pneumotórax hipertensivo oferece risco de vida para o paciente, necessitando de uma abordagem diagnóstica rápida através da história e do exame físico para tratamento. Insuficiência respiratória e alterações hemodinâmicas graves podem fazer parte do quadro clínico.

Os dados obtidos ao exame físico estão na dependência da condição pulmonar subjacente pela repercussão do pneumotórax sobre o sistema respiratório e cardiovascular e do tipo de pneumotórax, se parcial, total ou hipertensivo.

Sinais clínicos de hipoxemia podem estar presentes, como ansiedade ou agitação, cianose, sudorese, taquipnéia e taquicardia. À inspeção e palpação observa-se diminuição da mobilidade com assimetria da expansibilidade torácica, murmúrio vesicular diminuído ou ausente e hipertimpanismo à percussão. A presença no exame físico de enfisema subcutâneo, assincronia com o ventilador, aumento no pico de pressão inspiratória, hipotensão ou colapso cardiovascular, além dos sinais de hipoxemia, são sinais de alerta muito importantes nos pacientes submetidos à assistência ventilatória mecânica.

No pneumotórax hipertensivo, realizar drenagem torácica antes do exame radiológico do tórax.

Pneumonia comunitária é causa comum de sintomas respiratórios agudos. No Brasil é a principal causa de morte entre as patologias respiratórias.[18] Durante a semiótica, é importante investigar fatores de risco para aspiração – diminuição do nível de consciência, distúrbio da deglutição, redução do reflexo de tosse, os quais aumentam a possibilidade de pneumonia aspirativa. Pneumonia nos pacientes idosos, principalmente acometidos por doenças crônicas, e nos que fizeram uso recente de antibióticos é causada mais freqüentemente por *Staphylococcus aureus* e bacilos entéricos gram-negativos.[18]

A história clínica clássica baseia-se em sintomas inespecíficos como anorexia, mialgia, cefaléia e astenia acompanhados pelo surgimento súbito de febre, calafrios, dor pleurítica em pontada em um dos hemitórax, tosse produtiva com expectoração purulenta. Pacientes com pneumonia comunitária grave que são admitidos na UTI apresentam mais freqüentemente taquipnéia (> 30 ipm), dispnéia, confusão mental e hipotensão que febre (> 38, 2°C), calafrios, tosse, expectoração e dor torácica.

Os critérios estabelecidos por Ewig para pneumonia comunitária grave incluem (Quadro 14-3).[18]

***Quadro 14-3.* Critérios de gravidade – pneumonia comunitária**

Critérios menores	*Critérios maiores*
$PaO_2/FiO_2 < 250$	Choque séptico
Envolvimento de mais de 2 lobos pulmonares	Ventilação mecânica
Pressão arterial sistólica < 90 mmHg	

Recomenda-se a admissão na UTI quando presentes pelo menos dois dos critérios menores ou pelo menos um dos critérios maiores. A sensibilidade é de 78% e a especificidade, 94%.

Outros achados físicos são porta de entrada para possível infecção, como no caso das estafilococcias, taquicardia, sudorese e outros sinais de insuficiência respiratória como cianose (considerar presença de anemia), batimento de aleta nasal, tiragens intercostais, supraclavicular e alteração de comportamento. As pneumonias bacterianas principalmente pelo *S. pneumoniae* podem estar acompanhadas por herpes labial.

Dispnéia

Das causas respiratórias de dispnéia aguda, as mais freqüentes são as decorrentes de embolia pulmonar, pneumotórax, infecção pulmonar, asma, DPOC agudizado, trauma de tórax e por obstrução das vias aéreas superiores. Uma particularidade na UTI é a dispnéia no paciente submetido à ventilação mecânica.

Pneumonia nosocomial é definida como aquela que ocorre 48 horas ou mais após hospitalização e que não estava incubada à admissão no hospital. Cerca de 60% das pneumonias na UTI são causadas por bactéria aeróbicas gram-negativas.[19] Diversos fatores têm sido responsabilizados pelo aumento do risco de pneumonia, principalmente os pacientes intubados submetidos à ventilação mecânica invasiva. A pneumonia associada à ventilação mecânica é uma causa de sepse no paciente em insuficiência respiratória. Fatores de risco relacionados com o paciente incluem os idosos, coma, desnutrição, alcoolismo, hospitalização prolongada, DPOC, uremia e insuficiência respiratória.

O critério clínico utilizado para o diagnóstico inclui a presença de febre, tosse com aspecto purulento da secreção respiratória (ou cor de tijolo ou sanguinolenta), leucocitose ou leucopenia e novo ou progressivo infiltrado pulmonar. A febre pode estar ausente nos pacientes imunodeprimidos e idosos. A alteração quanto ao aspecto e à quantidade da secreção respiratória pode ser a manifestação inicial de pneumonia nos pacientes com traqueostomia ou tubo endotraqueal, sendo um dado de extrema importância do exame físico diário.

A piora da função pulmonar acompanhada de dispnéia com outros sinais clínicos de hipoxemia e/ou hipercapnia pode contribuir no diagnóstico. A presença de dois ou mais dos sinais a seguir indica que a pneumonia é grave: taquipnéia > 30 ipm, pressão arterial sistólica < 90 mmHg, pressão diastólica < 60 mmHg, insuficiência respiratória necessitando de uma $FiO_2 > 35\%$ para manter a $SaO_2 >$ que 90% e envolvimento pulmonar multilobar.[18]

Na dependência da gravidade, à inspeção e palpação pode ser evidenciados sinais clínicos de insuficiência respiratória como febre, taquicardia, taquipnéia, cianose, enchimento capilar lentificado, batimento de aleta nasal, alteração do estado mental, diminuição da expansibilidade pulmonar, tiragens intercostais, respiração paradoxal e aumento do frêmito toracovocal (paciente cooperativo).

À ausculta pulmonar, presença de crepitações, roncos, diminuição do murmúrio vesicular, podendo estar abolido, se houver derrame pleural associado. O achado de sibilo localizado pode estar relacionado com a aspiração de corpo estranho.

Muitas causas não-infecciosas, mais comumente embolismo pulmonar, insuficiência cardíaca, hemorragia pulmonar, ARDS, atelectasia, reação pulmonar a medicamentos ou colagenoses mimetizam pneumonia às radiografias de tórax.[19]

Pneumonia necrosante com escavação radiológica < 3 dias de evolução sugere *P. aeruginosa* ou *S. aureus* como prováveis agentes etiológicos. A presença de cavitação que surge após 5-7 dias de evolução é mais tipicamente causada pela *Klebsiella pneumoniae*.[19]

Pneumonia por *Pneumocystis carinii*. Acomete na maioria pacientes não-imunocompetentes, principalmente infectados pelo HIV.

O curso clínico da pneumonia é geralmente insidioso, estendendo-se por semanas a meses com febre (79 a 100%), fadiga, dispnéia ao esforço progressiva (95%), tosse seca (95%).[20] Podem também ocorrer calafrios, sudorese noturna e perda de peso. As manifestações podem evoluir para um quadro de insuficiência respiratória aguda grave numa fase mais avançada da pneumonia. O paciente pode apresentar uma hipoxemia grave, não compatível muitas vezes com o quadro clínico.

O exame físico detecta febre, taquicardia, taquipnéia (62%) com respiração superficial, tosse improdutiva, podendo apresentar outros sinais de hipoxemia conforme a gravidade.

A ausculta pulmonar é, em geral, inexpressiva, podendo estar presentes roncos ou estertores. A presença de derrame pleural significativo sugere outras possibilidades diagnósticas, que podem estar associadas, como tuberculose etc. Na fase inicial da pneumocistose, e em até 20% dos pacientes com sintomas respiratórios, a radiografia de tórax é normal.[21]

Asma grave. Pacientes com asma podem apresentar broncoespasmo grave com dispnéia intensa, principalmente aqueles com crises prévias que necessitaram de intubação.[22] Os pacientes que se encontram na UTI apresentam sinais e sintomas de gravidade com risco de vida, necessitando muitas vezes de ventilação mecânica. Na maioria das vezes os pacientes estão impossibilitados de relatar seus sintomas em decorrência da grave insuficiência respiratória, que pode causar alteração sensorial.

O exame físico nos quadros mais graves revela incapacidade para falar, dispnéia intensa, chieira que pode ser ouvida a distância, taquipnéia com freqüência respiratória > 40 ipm, sinais de fadiga da musculatura respiratória, expiração prolongada, confusão mental ou sonolência, taquicardia > 120 bpm, pulso paradoxal > 15 mmHg, hipertensão.[23,24] À inspeção observa-se que o paciente pode adotar uma posição inclinada para a frente, com os ombros e clavículas elevados e aumento do diâmetro torácico. À ausculta pulmonar o murmúrio vesicular pode estar difusamente diminuído, com a presença de sibilos expiratórios difusos, ou mesmo com silêncio respiratório indicando maior gravidade.

A oximetria de pulso confirma nesses pacientes uma hipoxemia grave com $SpO_2 < 90\%$, e a capnografia pode mostrar uma elevação progressiva da $PetCO_2$ traduzindo acidose respiratória.

Na presença de dispnéia acompanhada de sibilos, o diagnóstico diferencial deve ser feito com doenças que acometem as vias aéreas inferiores e superiores. A obstrução das vias aéreas superiores é decorrente principalmente de angioedema, disfunção da corda vocal, epiglotite e principalmente da lesão laringotraqueal causada pela intubação traqueal. Sibilos inspiratórios podem surgir e ser unilaterais caso a lesão seja distal à carina. A presença de estridor sugere obstrução traqueal ou subglótica grave. Pacientes submetidos à ventilação mecânica invasiva prolongada são os que apresentam um maior risco de estenose subglótica ou traqueomalacia. O diagnóstico diferencial com as doenças que acometem as vias aéreas inferiores inclui, principalmente, edema pulmonar, embolia pulmonar, aspiração, bronquiectasia e DPOC.

As exacerbações agudas da DPOC são geralmente precipitadas por uma história de infecção viral ou bacteriana, sedação excessiva, tromboembolismo pulmonar etc. A agudização manifesta-se clinicamente por aumento da tosse, escarro purulento, dispnéia, sibilos e ocasionalmente febre, muitas vezes com o diagnóstico indevido de asma. Sintomas e sinais secundários a hipoxemia e hipercapnia podem fazer parte do quadro clínico. Pacientes com piora progressiva da acidose respiratória e/ou alteração mental, sinais de fadiga muscular e os pacientes clinicamente com hipoxemia importante, devem ser submetidos à assistência ventilatória.

Quadro 14-4. Causas de dispnéia no paciente submetido a ventilação mecânica

- Secreção ou obstrução do tubo endotraqueal
- Intubação seletiva, ruptura do *cuff*, migração do tubo
- Fístula traqueoesofágica
- Broncoespasmo
- Pneumotórax
- Edema pulmonar
- Embolia pulmonar
- Presença de auto-PEEP
- Alteração do *drive* ventilatório
- Distensão abdominal
- Agitação ou dor
- Causas relacionadas ao ventilador: circuitos, FiO_2, modo, fluxo, sensibilidade, pressão, volume corrente

A presença de dispnéia no paciente submetido à ventilação mecânica[25] pode se exteriorizar de várias maneiras. Pacientes com alterações do sensório, seja pela patologia de base ou secundárias ao uso de medicamentos, podem manifestar a dispnéia através da agitação psicomotora.

À beira de leito pode-se, através da inspeção, avaliar esforço respiratório e a assincronia com o ventilador mecânico, realizando o exame físico. Nessas circunstâncias, é necessário fazer um rápido diagnóstico diferencial das possíveis causas (ver Quadro 14-4).[25]

Uma avaliação deve ser feita com relação à posição do tubo endotraqueal e à necessidade de afastar a presença de secreção e/ou obstrução do mesmo. Uma simples flexão e extensão do pescoço deslocam o tubo endotraqueal em até 3,1 a 5,2 cm distal ou proximal, respectivamente.[25]

Alterações no modo, volume corrente, fluxo e sensibilidade do ventilador podem contribuir para a dispnéia do paciente. A dificuldade do paciente em disparar o ventilador pode ser devido à presença de auto-PEEP, especialmente nos pacientes com DPOC, ocorrendo quando uma respiração é iniciada antes de o paciente retornar à capacidade residual funcional. Uma outra razão que pode dificultar o disparo do ventilador mecânico pode ser a existência de doença neuromuscular. Em alguns pacientes, um fluxo inspiratório insuficiente pode justificar o esforço respiratório, com a presença de batimento de aleta nasal, uso de musculatura acessória etc.

As complicações da ventilação mecânica podem causar dispnéia, destacando-se o pneumotórax resultante de uma distensão alveolar progressiva.

Uma outra causa comum de dispnéia na UTI é a ansiedade do paciente causada pela sua doença, ambiente, contato com pessoas estranhas, sendo o diagnóstico apenas de exclusão.

EXAME ABDOMINAL

Anamnese. Apesar de que muitas vezes o paciente na UTI está impossibilitado de informar a sua história clínica, seja pela intubação ou alteração do estado mental, uma revisão detalhada da sintomatologia recente deve ser obtida no momento oportuno, se possível. O problema que levou o paciente a ser hospitalizado necessita ser investigado e esclarecido. Caso a dor faça parte da sintomatologia, devem ser obtidos dados inerentes à sua apresentação e progressão. Características da dor, como localização, irradiação, qualidade, cronologia, progressão, fatores agravantes e sintomas associados, são importantes.

A localização da dor abdominal auxilia no diagnóstico diferencial, embora muitas dores abdominais agudas possam ser de origem extra-abdominal,[26] como as de origem cardíaca. Dor localizada no quadrante superior direito pode ser secundária a hepatite ou colecistite aguda, embora a pneumonia de lobo inferior seja uma causa comum de dor abdominal, devendo-se fazer diagnóstico diferencial e inclusive com abdômen agudo. Apendicite freqüentemente produz dor na região periumbilical ou quadrante inferior direito, diverticulite na região inferior do abdômen na linha mediana ou no quadrante inferior esquerdo. A presença de dor periumbilical pode ser originada também da obstrução intestinal, ruptura de aneurisma aórtico e gastrenterite. A irradiação da dor, quando valorizada, pode fornecer pista diagnóstica. A dor originada pela pancreatite classicamente é irradiada para o dorso.

A gravidade da dor tem geralmente relação com a gravidade da doença. É o caso das dores de origem biliar e infarto mesentérico, cuja intensidade é bem maior quando comparada à da gastrenterite. Apesar disso, diversos fatores podem dificultar essa distinção, como por exemplo a idade do paciente, já que o paciente mais idoso sente menos dor,[27] o tipo de personalidade do paciente e o uso de determinadas medicações, como os corticosteróides, os quais podem mascarar a dor. Em uma revisão de 168 pacientes idosos que chegaram no pronto-socorro com colecistite aguda (confirmada por cirurgia), 84% dos pacientes não apresentavam dor no hipocôndrio direito e epigástrio, sendo que em 5% a dor estava ausente, náusea (57%), vômitos (38%) e febre (38%).[28] A presença de outros sintomas auxilia no diagnóstico, como no caso da presença de náusea e vômitos que ocorrem na obstrução intestinal.

Informações a respeito de queixas abdominais anteriores, febre, alterações no hábito alimentar ou intestinal, perdas sangüíneas, perda de peso, patologias preexistentes, cirurgia prévia e medicamentos utilizados na atualidade devem ser investigados. Dados inerentes ao uso de álcool ou de outras drogas tóxicas e história de trauma recente devem ser esclarecidos. A investigação ginecológica e obstétrica deve incluir dados a respeito da menstruação e contato sexual. Apesar de todos os esforços, uma história clínica detalhada é freqüentemente impossível no paciente grave. Nesses pacientes, torna-se necessário muitas vezes um alto índice de suspeição.

As causas de dor abdominal podem estar relacionadas com a sua localização. A presença de dor no quadrante superior direito no paciente grave pode estar relacionada a colangite, colecistite, hepatite, pancreatite, abscesso subdiafragmático, pneumonia e/ou empiema. No quadrante superior esquerdo as dores podem ser oriundas de abscesso esplênico, pancreatite e úlcera péptica. Apendicite, salpingite no quadrante inferior direito e diverticulite e salpingite no quadrante inferior esquerdo. A dor epigástrica pode ser secundária a pancreatite, gastrite, úlcera péptica, refluxo gastresofágico, ruptura de aneurisma da aorta e infarto do miocárdio. Na fase inicial da apendicite aguda, a dor pode estar localizada na região periumbilical, assim como a dor da obstrução intestinal e ruptura de aneurisma da aorta. A dor abdominal difusa é observada na isquemia mesentérica, obstrução intestinal, peritonite e causas metabólicas como na uremia, cetoacidose diabética, insuficiência supra-renal aguda e porfiria.

O paciente com dor abdominal deve ser submetido um exame físico geral e abdominal, incluindo a pelve e exame retal. No exame físico geral, avaliar a fácies do paciente, estado geral, grau de hidratação, icterícia e febre. Nos pacientes imunodeprimidos ou idosos a ausência de febre ou dor abdominal não afasta doença mais grave.

Os sinais vitais devem ser examinados sistematicamente. A hipotensão arterial é muito comum nos pacientes com peritonite, pancreatite, obstrução intestinal e infarto intestinal, decorrente de seqüestro de líquido para o terceiro espaço. Muito freqüentemente os pacientes estão em estado de choque, apresentando sinais periféricos de déficit de perfusão tecidual.

O aparelho respiratório deve ser examinado à procura de sinais de pneumonia, e o exame cardíaco deve ser feito a fim de detectar arritmia, sopros e atrito pericárdico.

Exame do abdômen. A ausculta auxilia na avaliação da dor abdominal. A ausência de peristalse pode ocorrer no íleo adinâmico ou na peritonite avançada. O aumento anormal da peristalse pode ser uma característica da obstrução intestinal em uma fase inicial. A percussão abdominal é útil para identificar peritonite aguda, sendo muitas vezes preferida à palpação profunda. É utilizada também na detecção de ascite, esplenomegalia, hepatomegalia ou em massas abdominais. O timpanismo decorre da distensão intestinal. A presença de defesa abdominal ou rigidez muscular é um importante sinal da inflamação peritoneal, podendo ser mais localizado, como no abscesso diverticular ou difuso na peritonite.

O exame pélvico e o toque retal devem ser realizados em todos os pacientes com dor abdominal. O exame pélvico auxilia no diagnóstico diferencial, principalmente em mulheres, no diagnóstico de doença inflamatória pélvica, cisto ovariano ou gravidez ectópica.

O toque retal é um exame muito útil no paciente idoso, em que a impactação do bolo fecal pode simular um quadro de obstrução intestinal, além de poder provocar dor como único sintoma no paciente com apendicite retrocecal.

As síndromes dolorosas localizadas no abdômen superior são oriundas de doenças biliares, pancreatite aguda, úlcera péptica, infarto e abscesso esplênico, sendo necessário fazer o diagnóstico diferencial com pneumonia de lobo inferior.

O diagnóstico de colecistite aguda no paciente grave, principalmente que está intubado ou sedado, deve ser suspeitado na presença de sepse inexplicável, febre, dor ou desconforto abdominal à palpação no hipocôndrio direito ou epigástrio e leucocitose. É uma síndrome dolorosa do quadrante superior direito, contínua, com possibilidade de irradiação para o ombro direito ou região lombar, associada ou não à presença de cálculos biliares. Pode estar presente ao exame físico o sinal de Murphy. Colecistite acalculosa usualmente ocorre em aproximadamente 10% de todos os casos de colecistite aguda, estando associada à alta morbidade e mortalidade. Sua apresentação clínica é variável, dependendo freqüentemente de condições predisponentes. Os principais fatores de risco relacionados são sepse, imunodepressão, nutrição parenteral total, *diabetes mellitus*, politrauma, queimados, ventilação mecânica, uso de opiáceos, coronariopatia, politransfusão, entre outros.[29] A apresentação clínica insidiosa pode estar associada a uma incidência elevada de gangrena e perfuração da vesícula biliar. As complicações podem se manifestar clinicamente por quadros mais graves de peritonite, sepse e choque. Colecistite gangrenosa é a complicação mais comum, principalmente no paciente diabético, idoso e no retardo na instituição terapêutica. A presença de icterícia e massa palpável no quadrante superior direito sugere mais comumente a colecistite acalculosa. Outras complicações da colecistite aguda são: perfuração com abscesso perivesicular, fístula colecistoentérica para duodeno ou jejuno e colecistite enfisematosa causada principalmente por *Clostridium welchii*. O diagnóstico diferencial inclui colangite, úlcera péptica com ou sem perfuração, pancreatite aguda pielonefrite, abscesso subfrênico ou hepático.

Colangite aguda e sepse biliar é uma síndrome causada por infecção bacteriana, mais comumente *E. coli*, *Klebsiella* e *Enterococcus*, tendo como fator predisponente mais freqüentemente a obstrução biliar por coledocolitíase. A tríade clássica de Charcot – febre, dor no quadrante superior direito e icterícia – ocorre em 50 a 75 % dos pacientes com colangite aguda.[30] Nos pacientes mais debilitados e idosos, a colangite supurativa pode se manifestar inicialmente com confusão mental, hipotensão choque séptico levando a disfunções múltiplas de órgãos.

O diagnóstico diferencial no paciente grave inclui principalmente abscesso hepático.

Pancreatite aguda é uma causa importante de dor abdominal aguda. Quase todos os pacientes com pancreatite aguda apresentam inicialmente uma dor abdominal contínua, localizada no epigástrio, quadrante superior direito, difusa ou menos freqüentemente no lado esquerdo. Seu início é agudo, mas não tão súbito quanto a dor de uma víscera perfurada. A irradiação para o dorso é uma característica importante que sugere o diagnóstico, podendo estar presente em 50% dos pacientes. Nos pacientes com pancreatite alcoólica, a dor se inicia freqüentemente 1 a 3 dias após a ingesta de álcool. A dor abdominal é geralmente (aproximadamente 90%) acompanhada de náuseas, vômitos persistentes e distensão abdominal.

Os achados físicos estão na dependência da gravidade da doença, com febre baixa, taquicardia, hipotensão, dor à palpação principalmente no epigástrio e distensão abdominal resultante do íleo paralítico. A presença de icterícia não é um achado inicial comum, podendo estar ocasionalmente presente na pancreatite biliar.[31] Equimoses no flanco (sinal de Turner) e na região periumbilical (sinal de Cullen) são raras,[31] refletem hemorragia intra-abdominal e estão relacionadas a um pior prognóstico. Manifestações extra-abdominais com acometimento pulmonar podem estar presentes, e derrame pleural esquerdo ocorre em cerca de 30 % dos pacientes.[31] Pacientes com as formas mais graves de pancreatite podem apresentar alteração do sensório e choque freqüentemente associado a uma resposta inflamatória sistêmica e hipovolemia. O diagnóstico deve ser considerado em todos os pacientes com dor abdominal superior de início agudo, especialmente se associado com hipotensão, sinais de hipoxemia, leucocitose e elevação das enzimas hepáticas. O diagnóstico diferencial deve ser realizado com infarto mesentérico, úlcera péptica, obstrução intestinal e doença biliar.

A presença de dor aguda no abdômen superior deve ter como diagnóstico diferencial as complicações da úlcera péptica, principalmente a perfuração e penetração para o pâncreas, omento gastroepático, trato biliar, fígado e cólon.

O diagnóstico de úlcera perfurada deve ser suspeitado nos pacientes com história de sintomas prévios sugestivos de úlcera péptica e que apresentam subitamente dor abdominal difusa de forte intensidade. Cerca de 30 a 50% das úlceras perfuradas estão associadas com o uso de antiinflamatórios não-hormonais.[32] Pacientes com úlcera perfurada secundária ao uso de antiinflamatório não-hormonal comumente negam sintomas anteriores. Em uma fase inicial (primeiras 2 horas) surgem taquicardia, pulso diminuído de amplitude e extremidades frias, associados a dor e rigidez abdominal. Em uma segunda fase pode ocorrer uma diminuição da dor, levando a uma falsa impressão de que o paciente está melhor, mas o paciente apresenta uma característica rigidez, recebendo a denominação de "abdômen em tábua", além de o toque retal ser freqüentemente acompanhado de dor pela irritação do peritônio pélvico. Em uma fase final (geralmente após 12 horas), a distensão abdominal torna-se evidente, surgindo sinais e sintomas de hipovolemia, conforme a gravidade da peritonite.

A presença de dor forte no quadrante superior esquerdo associada com febre deve considerar o diagnóstico diferencial com abscesso esplênico. Paciente com fibrilação atrial que subitamente apresenta uma dor forte nessa região deve suspeitar de infarto esplênico.[33]

As síndromes dolorosas localizadas no abdômen inferior são originadas de apendicite aguda, diverticulite, pielonefrite e doença inflamatória pélvica (DIP).

Apendicite aguda deve ser sempre considerada no diagnóstico diferencial de dor abdominal. Tipicamente manifesta-se inicialmente com uma dor na região periumbilical irradiada para o quadrante inferior direito. A dor tende a ser localizada no quadrante inferior direito, com o envolvimento do peritônio parietal. Os sintomas variam na dependência da localização do apêndice, se pélvico ou retrocecal. Em muitos pacientes as manifestações clínicas iniciais são inespecíficas, incluindo flatulência. Náuseas e vômitos surgem após o início da dor. Febre (38,3°C) e leucocitose aparecem na evolução. Na presença de febre alta (39,4°C) e/ou leucocitose acentuada, considerar a perfuração do apêndice como complicação.

A apresentação clínica da diverticulite é uma história de dor no quadrante inferior esquerdo, freqüentemente presente há vários dias, sendo que cerca da metade dos pacientes apresenta episódios anteriores similares.

Pielonefrite aguda. Apesar de todos os cuidados, 5% dos pacientes submetidos ao cateterismo vesical apresentam bacteriúria significativa diariamente. O risco é maior com o cateterismo de demora. A pielonefrite é caracterizada por uma dor no flanco, náusea e/ou vômitos, febre (>38°C) e/ou punho-percussão lombar positiva, com ou sem sintomas de cistite. A apresentação clínica pode variar de uma doença leve a uma forma muito grave com sepse, insuficiência renal aguda, choque séptico e disfunção múltipla de órgãos. O diagnóstico diferencial é com DIP, diverticulite, abscesso intra-abdominal e peritonite.

A doença inflamatória pélvica representa uma variedade de doença clínica, desde uma endometrite a sepse intra-abdominal fatal. A história clínica deve pesquisar fatores de risco para DIP,[34] como idade < 35 anos, múltiplos parceiros sexuais, uso de contraceptivo oral e episódio anterior de DIP. Início recente de dor pélvica associada ou logo após a menstruação é particularmente sugestivo. Sintomas como febre, calafrios, uretrite e descarga vaginal podem estar presentes. O diagnóstico de DIP é menos provável se a paciente apresentar sintomas urinários e intestinais. O exame do abdômen revela dor nos quadrantes inferiores bilateral ou unilateral. O sinal de Blumberg e a diminuição dos ruídos intestinais são comuns. Ao exame pélvico (toque vaginal) o achado de secreção endocervical purulenta e uma dor cervical aguda são sugestivos do diagnóstico. O diagnóstico diferencial deve ser com apendicite, diverticulite, cistite, gravidez ectópica, trauma genital, torção de anexos, endometriose, ovulação, colite ulcerativa etc.

Pacientes que apresentam inicialmente uma síndrome com dor abdominal difusa necessitam do diagnóstico diferencial com peritonite, isquemia e infarto mesentérico e obstrução intestinal.

Infecção intra-abdominal é uma inflamação supurativa, aguda, da cavidade peritoneal, secundária a doença primária das vísceras abdominais, trauma ou cirurgia. Peritonite primária (espontânea) resulta da disseminação de microrganismos à cavidade abdominal por via hematogênica ou linfática. Não existe nesse caso evidência de foco intra-abdominal. A peritonite secundária resulta de alteração da integridade do trato gastrintestinal como perfuração aguda de víscera, deiscência de anastomoses etc. A peritonite terciária ocorre geralmente como uma inflamação difusa, sem a presença de um foco bem-definido, cultura positiva para fungos, refletindo uma alteração da resposta imune. O diagnóstico é essencialmente clínico, através da anamnese e exame físico além de exames complementares de imagens. A dor secundária ao comprometimento do peritônio parietal é constante, fixa, agrava-se com a tosse e movimentos. À inspeção o paciente pode apresentar fácies de sofrimento, palidez, sudorese, até alteração sensorial. Febre, taquicardia e taquipnéia são comuns. A presença de hipotensão (< 90 mmHg) freqüentemente é decorrente da hipovolemia. A palpação é o achado físico mais importante no diagnóstico, com contratura e defesa muscular (sinal de Blumberg). Pacientes mais graves, idosos, inconscientes e imunodeprimidos podem apresentar uma resposta inesperada à dor, traduzida através de sintomas e sinais inexpressivos. Os ruídos intestinais à ausculta geralmente estão ausentes ou diminuídos, na dependência da fase evolutiva. A percussão é mais bem tolerada que a palpação pelo paciente. Através dessa podem-se identificar plastrões inflamatórios ou a presença de líquido livre na cavidade. O exame deve ser completado com o toque retal, avaliando assim a irritação do peritônio pélvico. Para o diagnóstico de abdômen agudo ginecológico, o toque vaginal deve completar o exame.

A isquemia mesentérica aguda é a redução do fluxo sangüíneo intestinal secundária a embolia da artéria mesentérica superior (50%), trombose das artérias mesentéricas (15 a 25%), trombose venosa mesentérica (5%) ou vasoconstrição esplâncnica sem obstrução (20 a 30%).[35] Para o diagnóstico, é necessário um alto índice de suspeição, principalmente nos pacientes mais idosos com fatores de riscos como doença vascular periférica, insuficiência cardíaca, fibrilação atrial, infarto do miocárdio recente, uso de determinados medicamentos como diuréticos e agonistas α.

A isquemia e o infarto mesentérico manifestam-se agudamente com dor abdominal difusa severa, persistente, desproporcional aos achados físicos, acompanhada freqüentemente de náuseas e vômitos. A presença de hematoquezia, quando associada a dor na região mais inferior do abdômen, sugere isquemia do cólon. O exame inicial do abdômen pode evidenciar distensão sem sinais de irritação peritoneal. Com a evolução da doença, o abdômen torna-se mais distendido, os ruídos intestinais desaparecem, podendo surgir sinais de irritação peritoneal. A presença de leucocitose com desvio para a esquerda, hemoconcentração traduzida por um hematócrito elevado e principalmente uma acidose metabólica auxiliam no diagnóstico.

As causas mais freqüentes da obstrução do intestino delgado decorrem de aderências de pós-operatório, seguidas pelas hérnias. Os sintomas mais comuns são distensão abdominal, vômitos e dor abdominal em cólica periumbilical com paroxismos a cada 4 ou 5 minutos. A ausência de eliminação de gases e fezes pode surgir posteriormente, já que o cólon requer cerca de 12 a 24 horas para esvaziamento após o início da obstrução. Uma história prévia de cirurgia abdominal, principalmente com ressecção intestinal, apendicectomia, cirurgia anterior para obstrução intestinal e neoplasias malignas intra-abdominais, aumentam a susceptibilidade para a obstrução. A obstrução do intestino grosso é causada mais freqüentemente por volvo do ceco, sigmóide, carcinoma colorretal e impactação fecal. A obstrução intestinal deve ser considerada na vigência de dor abdominal, vômitos e constipação. A presença de febre e taquicardia pode decorrer da necrose intestinal. Hipotensão e oligúria são geralmente secundárias à hipovolemia, embora o paciente possa evoluir com sepse. O exame físico do abdômen é caracterizado por distensão, embora possa estar ausente na obstrução proximal, peristalse pode estar aumentada ou reduzida. A presença de dor localizada pode sugerir peritonite. Toque retal pode evidenciar a ausência de fezes na ampola retal ou uma massa. A presença de sangue sugere neoplasia intestinal, isquemia ou intussuscepção.

Distensão abdominal é um problema relativamente freqüente no paciente da UTI, causada geralmente pela distensão gástrica ou intestinal, ascite, diálise peritoneal ou perfuração intestinal. A distensão abdominal gasosa deve ser diferenciada daquela causada por íleo adinâmico, pseudo-obstrução aguda do cólon e megacólon tóxico (complicação da doença inflamatória intestinal ou colite por *Clostridium difficile)*. O íleo adinâmico surge após cirurgia abdominal, trauma, isquemia intestinal e peritonite, sendo exacerbado por alterações eletrolíticas, principalmente hipopotassemia.

A pseudo-obstrução aguda do cólon (síndrome de Ogilvie) é caracterizada por uma importante dilatação do ceco e cólon direito na ausência de lesão anatômica. Em 95% dos casos está associada a uma doença subjacente[36] como trauma, infecção e doença cardíaca, especialmente insuficiência cardíaca congestiva e infarto do miocárdio, cirurgia abdominal, pélvica ou cardiotorácica, grandes cirurgias ortopédicas. Distúrbios metabólicos (hipopotassemia, hipocalcemia ou hipomagnesemia), uso de narcóticos e analgesia epidural em mais de 50% das vezes estão associados. Manifesta–se mais comumente em homens com idade > 60 anos. No exame físico, o abdômen está timpânico, com os ruídos intestinais presentes em 90% dos pacientes. A presença de sinais de irritação peritoneal sugere perfuração.

EXAME NEUROLÓGICO

Introdução

Diversas condições podem comprometer o sistema nervoso central e o sistema nervoso periférico, levando a situações críticas. Tais doenças afetam o sistema nervoso em suas principais funções, que são a percepção e o reconhecimento de informações do meio ambiente e a promoção de reflexos, comportamentos ou ajustes vegetativos como resposta a tais informações. Assim, quando analisando as funções neurais de um paciente, o examinador avaliará, qualitativa e quantitativamente, o comprometimento dessas funções, estabelecido por lesão no sistema nervoso. As informações obtidas pela verificação de reflexos anormais, respostas comportamentais alteradas ou desajustes vegetativos comporão um conjunto que permitirá conhecer muito a respeito da patologia neurológica investigada.

Os sintomas e sinais neurológicos decorrem fundamentalmente da localização e da extensão das lesões, e não necessariamente da natureza do estímulo agressor que os produziu. Cabe ao examinador obter parâmetros objetivos que definam a localização e a extensão das lesões, fornecendo elementos que auxiliem na busca do diagnóstico etiológico. Tais sinais e sintomas são normalmente interligados, e somente a interpretação conjunta dos mesmos permite uma compreensão global sobre o estado neurológico do paciente. Portanto, a sistematização do exame neurológico em etapas e a aplicação de todas elas são fundamentais.

Entretanto, o exame do paciente crítico habitualmente não permite grande demanda de tempo, e, freqüentemente, o comprometimento da consciência impede a realização de grande parte das manobras do exame clínico. Dessa forma, é conveniente utilizarem-se sistematizações de acordo com o tipo de paciente em questão. Neste capítulo, optamos por abordar quatro situações freqüentes em unidades de terapia intensiva: o paciente em coma, o paciente com déficit neurológico focal agudo, o paciente com fraqueza aguda e o paciente com crise epiléptica. A abordagem semiológica aqui proposta particulariza cada uma dessas situações.

Exame do paciente em coma

O exame do paciente em coma pode ser subdividido nas seguintes etapas:

- *Exame do estado mental:* neste item avaliamos o nível de consciência do paciente. Consciência significa o grau de percepção de si e do meio ambiente. O paciente consciente tem tal percepção, enquanto o paciente em coma é o oposto, havendo diversos estágios entre esses extremos. A consciência pode ser subdividida em duas partes: o nível de despertar e os conteúdos. Estes representam a soma das funções cognitivas e afetivas, que podem estar comprometidas mesmo no paciente desperto.

  A consciência pode ser avaliada através de estímulos (auditivos, visuais, tácteis, dolorosos) e comandos verbais, que podem ser simples (por exemplo, abrir os olhos). Baseados nas reações apresentadas pelo paciente, os estágios de comprometimento da consciência podem receber denominações específicas:
  - Sonolência: na qual o paciente apresenta dificuldade em manter-se desperto, mas pode facilmente ser acordado por estímulos pouco vigorosos.
  - Estado confusional: caracterizado por graus variáveis de desorientação no tempo e no espaço, má interpretação dos estímulos e dificuldade em atender comandos.
  - Delírio: marcado pela presença de desorientação, irritabilidade, alucinações e má interpretação dos estímulos e comandos.
  - Torpor: o paciente mantém-se em sono profundo, sendo acordado apenas por estímulos vigorosos, como estímulos dolorosos, tendendo a voltar a dormir logo que tal estímulo cessa.
  - Coma: o paciente não responde, independentemente da intensidade do estímulo, mantendo-se de olhos fechados.
- *Padrão ventilatório:* vários padrões ventilatórios podem ser produzidos como resposta a agressões ao sistema nervoso central:
  - Apnéia pós-hiperventilação: ocorre em lesões diencefálicas e é caracterizada por parada respiratória após períodos de hiperventilação.
  - Respiração de Cheyne-Stokes: caracterizada por períodos de respiração em crescendo, chegando ao ápice, seguido por fase em decrescendo; cada um desses

períodos é intercalado por uma fase de apnéia. Esse padrão pode ser determinado por alterações metabólicas ou estruturais.

– Hiperventilação: lesões rostrais no tegmento pontino podem determinar esse padrão respiratório, caracterizado por incursões rápidas e profundas, de maneira sustentada.
– Respiração apneística: causada por lesões na parte média ou caudal da ponte, é definida pela ocorrência de pausas inspiratórias prolongadas a cada ciclo.
– Respiração atáxica: marcada por um padrão completamente irregular, é causada por lesões bulbares.

- *Exame das pupilas:* a avaliação do diâmetro das pupilas e da resposta contrátil aos estímulos luminosos (reflexo fotomotor) e dolorosos (reflexo cilioespinal) fornece informações relevantes sobre comprometimento de alguns nervos cranianos e seus componentes simpático e parassimpático. Assim, o padrão pupilar pode contribuir para o diagnóstico localizatório:
  – Lesão diencefálica: pupilas pequenas e reativas.
  – Herniação uncal: pupila dilatada, fixa.
  – Lesão mesencefálica: pupilas na posição média (4-5 mm) e fixas.
  – Lesão mesencefálica (tectal): pupilas dilatadas (5-6 mm), não-reativas à luz, mas com reflexo cilioespinal preservado.
  – Lesão pontina: pupilas puntiformes.
- *Exame da motilidade ocular:* os movimentos oculares são testados através de dois reflexos: oculocefálico (ou reflexo dos olhos de boneca) e vestíbulo-ocular (resposta calórica). O primeiro é testado rodando-se a cabeça do paciente para os lados (excluindo-se antes que o paciente possa ter sofrido trauma de coluna cervical). O reflexo é positivo quando os olhos parecem mover-se na direção oposta ao movimento cefálico, mantendo-se fixados em um ponto fixo no espaço. A ausência desse reflexo no paciente comatoso indica lesão na sua via aferente (labirinto e oitavo nervo craniano), eferente (terceiro e sexto nervos cranianos) ou conexões em ponte e bulbo.

  O reflexo calórico é feito com o pescoço formando um ângulo de 30 graus com a horizontal. Água gelada (50-100 ml) é instilada no ouvido, levando a um desvio de ambos os olhos na direção do ouvido estimulado. A ausência desse reflexo indica lesão na ponte, medula ou nervos cranianos (terceiro, sexto ou oitavo).
- *Exame motor:* o exame detalhado da força muscular é impraticável no paciente em coma. Os itens que devem ser avaliados nesses pacientes são os reflexos tendinosos, o tônus, a resposta motora aos estímulos dolorosos (como compressão do leito ungueal, da região do esterno ou pinçamento da pele) e a movimentação espontânea.

  A estimulação dolorosa pode produzir a flexão do membro estimulado, retirada, reflexo de tríplice flexão (com flexão do cotovelo e joelho), respostas motoras complexas como a descerebração e a decorticação, além da ausência de resposta.

A postura em decorticação consiste na adução e flexão dos membros superiores, com extensão dos membros inferiores, enquanto a descerebração é caracterizada por extensão, adução e pronação dos membros superiores e extensão dos membros inferiores. O primeiro padrão é considerado menos grave e pode ocorrer em lesões hemisféricas cerebrais. A resposta em descerebração indica quase sempre lesões graves de tronco, embora possa ocorrer em anormalidades metabólicas ou cerebrais.

Como explicado anteriormente, o paciente em coma pode apresentar-se com diversos graus de comprometimento do sistema nervoso central. Assim, é de grande utilidade a aplicação de escalas para avaliação da gravidade da lesão cerebral, que têm valor também em termos de avaliação prognóstica. A mais amplamente utilizada é a escala de coma de Glasgow, que testa a resposta verbal, a abertura ocular e a resposta motora, em uma graduação de pontos que vão de 3 (mais grave) a 15:

Atividade	*Pontuação*
Resposta verbal	
• Ausente	1
• Sons incompreensíveis	2
• Termos inapropriados	3
• Paciente confuso	4
• Paciente orientado	5
Abertura ocular	
• Ausente	1
• Somente à dor	2
• Somente ao comando verbal	3
• Espontaneamente	4
Resposta motora	
• Nenhuma	1
• Extensora	2
• Flexora	3
• Retirada	4
• Localização	5
• Obedece a ordens	6

As principais causas de coma são:

- *Doenças cerebrovasculares:* podem ser hemorrágicas ou isquêmicas. Podem levar ao coma tanto pelo seu efeito expansivo, ocasionando compressão de estruturas de tronco encefálico, quanto por envolvimento deste último.
- *Trauma:* pode determinar ao coma por concussão cerebral ou lesões estruturais, como contusões ou hematomas.
- *Estado pós-convulsivo:* a história de crise é fundamental para diferenciar essa situação de outras causas de coma.
- *Infecções:* meningites e encefalites podem resultar em coma, seja pela hipertensão intracraniana, pelo dano metabólico difuso ao cérebro ou por comprometimento de tronco encefálico. Sinais como febre, rigidez de nuca

ou manifestações sistêmicas (por exemplo, a púrpura na meningococcemia) corroboram a hipótese diagnóstica de infecção do sistema nervoso central.

- *Tumores e abscessos:* lesões expansivas podem resultar em coma por hipertensão intracraniana e compressão de estruturas de tronco. Sintomas como cefaléia e vômitos podem fazer parte da história desses pacientes. A presença de papiledema, apesar de também ser um sinal inespecífico, pode fazer parte do quadro de lesão expansiva grave.
- *Distúrbios metabólicos e intoxicações:* têm como aspecto semiológico diferencial a ausência de dilatação pupilar e a manutenção do reflexo fotomotor, já que anormalidades pupilares geralmente indicam a presença de uma lesão estrutural. Aqui os sinais de localização, que muitas vezes acompanham o quadro de coma em pacientes com lesões estruturais, estão habitualmente ausentes.[37]

Exame neurológico do paciente com lesão focal aguda

Chamamos lesão neurológica focal aguda àquela que resulta em sinais e sintomas neurológicos que permitam estabelecer uma topografia específica para a lesão. O exame desse grupo de pacientes inicia-se com a avaliação da consciência, seguindo-se as etapas citadas no item anterior deste capítulo. Os seguintes itens são avaliados:

- *Linguagem:* examinada com a finalidade de detectarem-se afasias e disfasias, a linguagem compreende duas fases: a compreensão e a expressão. O exame da expressão inicia-se pela observação da linguagem espontânea, seguida pela escrita, repetição de nomes e frases. A compreensão da linguagem falada e escrita permite avaliar a compreensão. Os dois principais tipos de afasia são a de Broca, ou de expressão, e a de Wernicke, ou de compreensão. Na primeira a lesão está localizada na parte posterior do giro frontal inferior, e na segunda no giro angular, ambas no hemisfério dominante. Outros tipos intermediários são a afasia de condução (distúrbio isolado de repetição), as afasias com preservação da repetição (afasias transcorticais) e as afasias nominativas (distúrbio isolado de nomeação). Quando ambas as funções (compreensão e expressão) estão comprometidas, temos uma afasia global.[39,40]
- *Praxias:* as apraxias consistem em déficits na realização de atos voluntários complexos. Portanto, para afirmarmos que um paciente tem uma apraxia é preciso estarmos certos de que outros tipos de déficit (por exemplo, de força ou coordenação) estejam ausentes. A apraxia é testada, portanto, pedindo-se ao paciente que realize atos motores complexos. Os principais tipos são a apraxia ideomotora (em que o paciente consegue formular a idéia do ato motor mas não consegue realizá-lo) e a ideacional (aqui o paciente não consegue sequer formular mentalmente a execução do ato proposto). A primeira é decorrente de lesões parietais esquerdas ou na região anterior do corpo caloso (quando unilateral à esquerda) e a segunda ocorre como conseqüência de lesões parietais extensas à esquerda.[39,40]
- *Motricidade:* a avaliação da motricidade inicia-se com a motricidade voluntária, dos membros, do tronco, da face e da cabeça. A seguir avaliamos a força muscular, inicialmente através das manobras de oposição, graduando-a de acordo com a escala seguinte: 0 = ausência de contração detectável; 1 = contração perceptível, mas sem movimentação; 2 = movimentação parcial, mas sem vencer a força da gravidade; 3 = movimentação vencendo a força da gravidade; 4 = além de vencer a força da gravidade, consegue vencer parcialmente a resistência do examinador; 5 = força normal. Podemos ainda avaliar a força muscular através da velocidade dos movimentos (por exemplo, em movimentos do tipo abrir e fechar repetidamente as mãos) e das manobras deficitárias, como a manobra dos braços estendidos e a prova de Mingazzini. Nos pacientes sem condições de cooperar com o exame neurológico, como é o caso dos pacientes em coma, outros detalhes podem ser observados. O comprometimento motor da face pode ser visto através da assimetria da face, apagamento do sulco nasolabial ou derramamento de saliva através do ângulo da boca do lado afetado. A posição dos membros e a resposta à movimentação passiva dos mesmos também são útil nesses casos. O braço afetado tende a permanecer caído no leito, e, quando levantado, pode cair sobre o corpo sem oferecer resistência. O membro inferior parético tende a acompanhar-se do pé caído (em rotação lateral). Quando a perna é fletida, tende a cair sobre o leito sem resistência.

A coordenação dos movimentos pode ser testada nos pacientes despertos e cooperativos. As manobras de indicador-nariz, indicador-indicador e calcanhar-joelho podem indicar a presença de dismetria como parte de uma síndrome cerebelar. A pesquisa de diadococinesias também é útil nesse sentido. Nos pacientes com alteração de consciência, a presença de lesão cerebelar pode ser sugerida pela decomposição dos movimentos voluntários, pela presença de nistagmo e pela fala disártrica.

O exame do tônus muscular é também de grande relevância. O mesmo é testado através da inspeção dos grupos musculares, da palpação e da movimentação e balanço passivos. A presença de hipotonia pode indicar comprometimento de vias piramidais na fase inicial, lesão cerebelar ou lesão de neurônio motor inferior. Os dois principais tipos de hipertonia são a rigidez extrapiramidal, em que há resistência passiva à movimentação passiva em todas as direções, com a mesma intensidade do início ao final do movimento. A espasticidade é resultado de lesões piramidais e caracteriza-se por uma resistência maior à movimentação rápida, forçada e de maior amplitude. O sinal do Canivete (resistência inicial e relaxamento a seguir) pode estar presente nessa situação.

Os principais reflexos a serem examinados nos pacientes críticos são: a) reflexos profundos dos membros superiores: bicipital, tricipital, braquiorradial e flexor dos dedos, b) reflexos profundos dos membros inferiores: patelar, adutor e aquileu, c) reflexos superficiais: superficiais abdominais e reflexo plantar. Uma das principais alterações motoras focais, a síndrome piramidal, apresenta-se com diminuição de força muscular, aumento de tônus, reflexos profundos exacerbados, reflexos superficiais abdominais abolidos, resposta cutaneoplantar em extensão (sinal de Babinski). Diversos sinais foram descritos como sucedâneos de Babinski, tendo os mesmos pouca aplicabilidade prática nesse grupo de pacientes.

Devemos observar, ainda neste item, os movimentos involuntários, como a presença de mioclonias, coréias, atetoses, balismos, tremores, espasmos e câibras. A presença de clônus e trepidações epileptóides pode indicar disfunção piramidal.

- *Sensibilidade:* a avaliação da sensibilidade somente é possível no paciente em condições de cooperar com o exame. Na avaliação da sensibilidade subjetiva registram-se queixas como dores e suas características além de parestesias. A sensibilidade objetiva é testada em suas modalidades superficial (táctil, dolorosa e térmica) e profunda (postural, palestésica ou vibratória, pressórica). Avalia-se a presença de agnosias para objetos (dificuldade em reconhecer objetos), ou estereoagnosia, e para partes do corpo (somatoagnosias).
- *Exame dos nervos cranianos:* nos pacientes despertos todos os pares cranianos devem ser testados. Nos pacientes com comprometimento de consciência avaliamos apenas as pupilas, o reflexo corneopalpebral e a motilidade ocular, como descrito para o exame do paciente em coma.
  - Olfativo: no paciente crítico é avaliado apenas na suspeita de fratura de base de crânio e anosmia. Substâncias de odor característicos são colocadas próximas às narinas do paciente, que, de olhos vedados, deverá identificar tal substância.
  - Óptico: avaliamos aqui a acuidade visual, o campo visual (visando a identificar as hemianopsias) e o fundo-de-olho. Este último é fundamental, pois a presença de papiledema (edema da cabeça do nervo óptico) ou a ausência do pulso venoso podem indicar hipertensão intracraniana, que pode ocorrer como resultado de inúmeros processos patológicos intracranianos. A presença de atrofia óptica (empalidecimento da papila) pode sugerir a presença de um processo desmielinizante do sistema nervoso central.
  - Oculomotor: relacionado à motilidade ocular intrínseca (reflexo pupilar) e extrínseca. Esse nervo realiza todos os movimentos oculares, exceto a movimentação para baixo na posição em adução (realizada pelo nervo troclear) e a abdução (feita pelo nervo abducente).
  - Trigêmeo: aqui se examina principalmente a sensibilidade facial. O reflexo corneano, muito utilizado na avaliação de pacientes graves, tem como via aferente o nervo trigêmeo e como aferente o nervo facial.
  - Facial: relacionado à motilidade da face, secreção lacrimal e salivar. A paralisia facial central (com comprometimento apenas da musculatura da parte inferior da face) deve ser diferenciada da periférica (com comprometimento de toda a musculatura da face).
  - Vestibulococlear: avaliam-se a acuidade auditiva e a presença de nistagmo vestibular.
  - Glossofaríngeo e vago: são avaliados através da deglutição, que pode estar freqüentemente comprometida tanto em lesões supranucleares quanto em patologias do sistema nervoso periférico. A simetria palatal, a fonação, a sensibilidade faríngea e o reflexo nauseoso também são importantes na avaliação desses nervos. O nervo vago é ainda uma estrutura fundamental no controle visceral parassimpático.
  - Espinhal: relacionado à motricidade dos músculos trapézio e esternocleidomastóideo.
  - Hipoglosso: é testado através da motricidade da língua.[39]

As principais causas de déficits focais agudos são:

- *Doenças cerebrovasculares:* levando, em geral, a síndromes restritas em um dimídio, quando em território de irrigação carotídea, ou podendo comprometer os quatro membros, quando em território vertebrobasilar. Podem ser isquêmicas ou hemorrágicas. As primeiras tendem a instalar-se de maneira mais gradual que as últimas, sendo que a história de cefaléia também é mais comum nas lesões hemorrágicas. A distinção definitiva entre ambas requer o emprego de métodos de neuroimagem.
- *Trauma:* no qual o déficit focal geralmente resulta de contusão ou hematoma intracraniano.
- *Lesões expansivas:* como tumores, abscessos ou granulomas, que podem ou não estar associados a sinais de hipertensão intracraniana, como o papiledema.
- *Infecções:* ao contrário das meningites, que raramente levam a déficits localizatórios, as encefalites (especialmente as focais) freqüentemente o fazem. Esses podem ser paresias, convulsões focais, entre outros.[41,42]
- *Convulsões:* especialmente as focais, podem resultar em déficits neurológicos focais reversíveis (paralisia de Todd) que se seguem às crises.
- *Distúrbios metabólicos ou intoxicações:* raramente provocam sinais neurológicos focais. A existência de sinal focal deve sempre sugerir a presença de patologia estrutural. Entretanto, situações como a hipoglicemia severa, encefalopatia hepática e a deficiência aguda de tiamina podem determinar sinais focais.
- *Doença desmielinizante:* pode cursar com déficit focal agudo, às vezes confundido inicialmente com doença cerebrovascular. A presença de acometimento de vias ópticas (atrofia de papila) e o curso clínico crônico, remitente-recorrente, corroboram essa hipótese.
- *Hipertensão intracraniana:* embora essa condição possa resultar tanto de patologias focais quanto difusas do sistema nervoso central, ela por si só pode gerar falsos sinais localizatórios, como é o caso da paresia do nervo abducente ou a presença de ataxia.[38,39]

Exame neurológico do paciente com fraqueza aguda

Pacientes com fraqueza aguda, decorrente de patologia medular, das raízes dos nervos, dos nervos periféricos, da junção neuromuscular ou dos músculos, são freqüentemente vistos em Unidades de Tratamento Intensivo. O história deve ser detalhada, devendo-se levar em consideração fatores como: antecedentes familiares, atividades profissionais, exposição a substâncias químicas ou a medicamentos, doenças recentes (como infecções respiratórias ou diarréia) e outras patologias associadas. O padrão de instalação da fraqueza deve ser minuciosamente levantado: se aguda ou progressiva, simétrica ou não, ascendente ou não. Sintomas como dor, parestesias, cãibras e alterações esfincterianas devem ser questionados.

O exame neurológico desses pacientes compreende todos os itens citados em relação ao exame do paciente com déficit focal agudo, sendo que os exames da força muscular, do tônus, dos reflexos, da sensibilidade e dos pares cranianos merecem especial atenção. Além desses, devem-se investigar os dois itens adicionais:

- *Perturbações tróficas:* a presença de pigmentações, alterações da pilificação, malperfurante constituem alterações tróficas de pele encontradas em algumas neuropatias. Os distúrbios tróficos musculares incluem atrofias, fasciculações, hipertrofias e pseudo-hipertrofias e retrações.
- *Distúrbios neurovegetativos:* alterações esfincterianas, distúrbios vasomotores (eritemas, cianose, distermias, edemas, hiperanidroses e anidroses), alterações sexuais (impotência, alterações da libido), alterações cardiovasculares (tonturas, hipotensão ortostática), distúrbios gastrintestinais (disfagia, náuseas e vômitos, dor abdominal, constipação ou diarréia) e desordens oculares (alteração das pupilas, queda palpebral, fotofobia) podem estar presentes em patologias medulares ou periféricas com envolvimento autonômico.

A seguir apresentamos algumas das principais condições de fraqueza aguda vistas em UTI e suas respectivas características semiológicas:

- Síndrome medular aguda: pode ser causada por trauma, mielite aguda inflamatória ou infecciosa e doença vascular aguda. Os reflexos e o tônus encontram-se inicialmente deprimidos, devido ao choque medular, podendo ocorrer sintomas autonômicos. A presença de nível sensitivo é um fator importante. Na síndrome vascular isquêmica aguda pode haver preservação da sensibilidade profunda, por não-envolvimento dos funículos dorsais, que têm irrigação diferente dos dois terços anteriores da medula.
- Síndrome de Guillain-Barré: evolui normalmente como uma fraqueza simétrica e ascendente, habitualmente semanas após infecção respiratória, gastrintestinal ou imunização. A paralisia é do tipo flácido, com diminuição do tônus e abolição dos reflexos. A perda sensitiva não costuma ser significativa, raramente havendo nível sensitivo. Sintomas autonômicos podem estar presentes, embora o controle esfincteriano habitualmente esteja preservado.[43]
- Polineuropatia do doente crítico: ocorre em um percentual significativo de pacientes com internação prolongada em UTI, independentemente da patologia de base. Pode cursar com fraqueza e perda sensitiva intensas, sendo possível que essa condição dificulte a remoção do paciente da ventilação mecânica, por comprometimento ventilatório.
- Síndromes miastênicas: nesses pacientes há graus variáveis de fraqueza e fadiga muscular, não havendo comprometimento sensitivo ou autonômico. Os reflexos habitualmente estão preservados. Alterações na avaliação dos nervos cranianos (musculatura ocular, facial e bulbar) são comuns.
- Miopatias agudas (polimiosite, miopatias pelo álcool ou drogas, miopatia hipotireóidea, paralisias periódicas): cursam com fraqueza em geral simétrica e proximal, sem comprometimento sensitivo ou dos reflexos. O aumento das enzimas musculares detectado na avaliação laboratorial confirma a natureza muscular do processo).[44]

Exame neurológico do paciente com crise epiléptica

As crises epilépticas resultam de descargas elétricas excessivas anormais no cérebro. Não raramente tais crises são vistas em Unidades de Terapia Intensiva. É importante a classificação correta das mesmas, pois esta influencia a busca do fator que causou a crise. Para o intensivista, essa classificação é baseada na observação dos fenômenos motores, psíquicos, autonômicos e comportamentais das crises.

As crises podem ser divididas em dois grandes grupos: as crises parciais e as crises generalizadas. Há ainda um terceiro grupo, das crises não-classificáveis. As crises parciais são aquelas que resultam de ativação de uma parte do cérebro. Elas podem ser subdivididas em crises parciais simples, sem comprometimento da consciência; e complexas, com comprometimento da consciência. As crises parciais simples podem produzir sintomas motores, sensoriais, autonômicos ou psíquicos. Muitas vezes ocorre de a crise ter início parcial e, secundariamente, evoluir para crise generalizada. As crises generalizadas podem ser de ausência, mioclônicas, atônicas, tônicas ou clônicas. Essas duas últimas, ou a combinação de ambas, são as mais freqüentemente vistas em UTI.

Diversas condições podem simular crises epilépticas ou crises convulsivas, como pseudocrises (nessas os pacientes raramente se machucam, raramente têm liberação esfincteriana e estado confusional pós-ictal), síncope, hiperventilação e distúrbios do sono. O diagnóstico diferencial é feito pela história, pela observação minuciosa das crises e, quando possível, pelo eletroencefalograma.

Uma parte considerável dos pacientes com crises epilépticas apresenta etiologia detectável quando utilizado um método complementar, como por exemplo neuroimagem. Doenças que atingem a substância cinzenta, doenças metabólicas e doenças sistêmicas podem provocar crises epilépticas. As causas identificáveis variam conforme a idade do paciente. Assim, até os 3 anos de idade, lesões pré e perinatais, distúrbios metabólicos, defeitos congênitos e infecções são as causas mais comuns; dos 3 aos 20 anos, as crises idiopáticas são as mais comuns, seguidas das infecções, trauma e defeitos metabólicos;

dos 20 aos 60 anos os tumores, trauma, doença vascular e infecções predominam, e, após os 60, as causas vasculares são as mais prevalentes, seguidas de tumores, trauma, desarranjos metabólicos e infecções. Dos distúrbios metabólicos, podemos ter a hipocalcemia, hiponatremia, hipoglicemia ou hiperglicemia, insuficiência renal ou anóxia como causas de convulsões.

Portanto, as crises de início tardio, especialmente as focais e as secundariamente generalizadas, devem ser minuciosamente investigadas. Os métodos de imagem são os mais apropriados para estabelecimento da causa das crises. Em terapia intensiva, o eletroencefalograma ou a monitorização eletroencefalográfica devem ser vistos como complementação à avaliação semiológica das crises.[45]

REFERÊNCIAS BIBLIOGRÁFICAS

1. Kanitz MG, Giovannucci SJ, Jones JS, Mott M. Myocardial infarction in young adults: risk factors and clinical features. *J Emerg Med* 1996;14:139.
2. Mittleman MA, Mintzer D, Maclure M *et al.* Triggering of myocardial infarction by cocaine. *Circulation* 1999;99:2737.
3. Pryor DB, Shaw L, McCants CB *et al.* Value of the history and physical in identifying patients at increased risk for coronary artery disease. *Ann Intern Med* 1993;118:81.
4. Larson EW, Edwards WD. Risk factors for aortic dissection: a necropsy study of 161 cases. *Am J Cardiol* 1984;53:849.
5. Von Kodolitsch Y, Schwartz AG, Nienaber CA. Clinical prediction of acute aortic dissection. *Arch Intern Med* 2000;160:2977.
6. Kaski JC, Rosan GM, Collins P *et al.* Cardiac syndrome X: clinical characteristics and left ventricular function. Long-term follow-up study. *J Am Coll Cardiol* 1995;25:807.
7. Oh JH, Hanusa BH, Kapoor WN. Do symptoms predict cardiac arrhythmias and mortality in patients with syncope? *Arch Intern Med* 1999;159(4):375.
8. Davies AJ, Kenny RA. Frequency of neurologic complications following carotid sinus massage. *Am J Cardiol* 1998;81:1256.
9. David C. Complicações infecciosas no paciente em ventilação mecânica. *In* David C: *Ventilação Mecânica: da Fisiologia à Prática Clínica.* Rio de Janeiro: Revinter, 2001, 389 p.
10. Perret C, Tagan D, Feihl F, Marini JJ. Characteristic hemodynamic profiles in specific conditions. *The Pulmonary Artery Catheter in Critical Care: a Concise Handbook.* 1st ed. Boston: Black Science, 1996, p 209.
11. Crandall ED, Staub NC, Goldberg HS, Effros RM. Recent developments in pulmonary edema. *Ann Intern Med* 1993;99:808.
12. Tarantino AB *et al.* Sistema respiratório. *In* Porto CC: *Semiologia Médica.* 2ª ed. Rio de Janeiro: Guanabara-Koogan, 1994, p 261.
13. The PIOPED Investigators. Value of the ventilation/perfusion scan in acute pulmonary embolism. Results of the Prospective Investigation of Pulmonary Embolism Diagnosis (PIOPED). *JAMA* 1990;263:2753.
14. Stein PD, Terrin ML, Hales CA *et al.* Clinical, laboratory, roentgenographic and electrocardiographic findings in patients with acute pulmonary embolism and no pre-existing cardiac or pulmonary disease. *Chest* 1991;100:598.
15. Stein PD, Saltzman HA, WEG JG. Clinical characteristics of patients with acute pulmonary embolism. *Am J Cardiol* 1991;68:1723.
16. Stein PD, Afzal A, Henry JW, Villareal CG. Fever in acute pulmonary embolism. *Chest* 2000;117:39.
17. Karnik AM, Khan FA. Pneumothorax. *In* Parrilo JE: *Current Therapy in Critical Care Medicine.* 3rd ed. St. Louis: Mosby, 1997, p 227.
18. Consenso Brasileiro de Pneumonia em Indivíduos Adultos Imunocompetentes. *J Pneumol* 2001;27(Suppl. 1).
19. Cunha BA. Nosocomial pneumonia. *Med Clin North Am* 2001;85(1):79.
20. Kales CP, Murren JR, Torres RA, Crocco JA. Early predictors in hospital mortality for *Pneumocystis carinii* pneumonia in the acquired immunodeficiency syndrome. *Arch Intern Med* 1987;147(8):1413.
21. Rachid M, Schechter M. Manifestações respiratórias. *In* Manual de HIV/AIDS. 6ª ed. Rio de Janeiro: Revinter, 2001, p 53.
22. Rea HH, Scragg R, Jackson R, Beaglehole R, Fenwick J, Sutherland DC. A case-control study of deaths from asthma. *Thorax* 1986;41(11):833.
23. Summer WR. Airflow obstruction caused by bronchospasm: status asthmaticus. *In* Parrilo JE: *Current Therapy in Critical Care Medicine.* 3rd ed. St. Louis: Mosby, 1997, p 235.
24. Rebuck AS, Read J. Assessment and management of severe astma. *Am J Med* 1971;51:788.
25. Tobin MJ, Fahey PJ. Management of the patient who is fighting the ventilator. *In* Tobin MJ: *Principles and Practice of Mechanical Ventilation.* New York: McGraw-Hill, 1994, p 1149.
26. Purcell T. Nonsurgical and extraperitoneal causes of abdominal pain. *Emerg Med Clin North Am* 1989;7:721.
27. Marco CA, Schoenfeld CN, Keyl PM *et al.* Abdominal pain in geriatric emergency patients: variables associated with adverse outcomes. *Acad Emerg Med* 1998;5:1163.
28. Parker LJ, Vukov LF, Wollan PC. Emergency department evaluation of geriatric patients with acute cholecystitis. *Acad Emerg Med* 1997;4:41.
29. Shapiro MJ, Luchtefeld WB, Kurzweil S *et al.* Acute acalculous cholecystitis in the critically ill. *Am Surg* 1994;60:335.
30. Saik RP, Greenbeg AG, Farris JM. Spectrum of cholangitis. *Am J Surg* 1975;130:143.
31. Townsend CM. *Sabiston Textbook of Surgery.* 16th ed. Philadelphia: WB Saunders, 2001.
32. Collier DS, Pain JA. Nonsteroidal antiinflammatory drugs and peptic ulcer perforation. *Gut* 1985;26:359.
33. Beeson MS. Splenic infarct presenting as acute abdominal pain in an older patient. *J Emerg Med* 1996;14:319.
34. Korn AP, Hessol NA, Padian NS *et al.* Risk factors for plasma cell endometritis among women with cervical *Neisseria gonorrhoeae,* cervical *Chlamydia trachomatis,* or bacterial vaginosis. *Am J Obstet Gynecol* 1998;178:987.
35. Reinus JF, Brandt LJ, Boley SJ. Ischemic diseases of the bowel. *Gastroenterol Clin North Am* 1990;19:319.
36. Vanek VW, Alsalti M. Acute pseudo-obstruction of the colon (Ogilvie's syndrome). An analysis of 400 cases. *Dis Colon Rectum* 1986;29:203.

37. Bateman DE. Neurological assessment of coma. *J Neurol Neurosurg Psychiatry* 2001;71(1)(Suppl.):13–7.
38. Martin JB, Hauser SL. Approach to the patient with neurologic disease. *In* Fauci AS, Braunwald E, Isselbacher KJ *et al*: *Harrison's Principles of Internal Medicine.* 14th ed. New York: McGraw-Hill, 1998, pp 2277–82.
39. Haerer AF. *Neurologic Examination.* Philadelphia: JB Lippincott, 1992.
40. Nitrini R, Caramelli P, Mansur L. *Neuropsicologia: das Bases à Reabilitação.* São Paulo: HCFMUSP, 1996.
41. Domingues RB, Tsanaclis AMC, Fink MCD, Campi CC, Cerri GG, Lakeman FD. Diagnosis of herpes simplex encephalitis by magnetic resonance imaging and polymerase chain reaction assay of cerebrospinal fluid. *J Neurol Sci* 1998;157:148–53.
42. Domingues RB, Tsanaclis AMC, Pannuti CS, Mayo MS, Lakeman FD. Evaluation of the range of clinical presentations of herpes simplex encephalitis using polymerase chain reaction assay of cerebrospinal fluid samples. *Clin Infect Dis* 1997;25:86–91.
43. Dick PJ. Peripheral neuropathy: new concepts and treatments. *Neurol Clin* 1992;10:601–881.
44. Walton J. *Disorders of Voluntary Muscle.* 4th ed. London, and New York: Churchill Livingstone, 1988.
45. Guerreiro CAM, Guerreiro MM, Cendes F, Lopes-Cendes I. *Epilepsia.* 2ª ed. São Paulo: Lemos Editorial, 2000.

15 Terapia Intensiva do Paciente Oncológico

Marcos Freitas Knibel • Emir G. de O. Silva

Nos últimos anos, tem-se observado cada vez mais a presença de pacientes portadores de moléstias oncológicas dentro das unidades de terapia intensiva. Com o desenvolvimento da oncologia clínica e da cirurgia oncológica, a UTI passou a assumir papel relevante nesse contexto, participando, de forma muitas vezes dramática, no processo de cura e/ou tratamento, permitindo que o paciente oncológico agudamente comprometido consiga dar continuidade ao esquema terapêutico proposto.[27,34]

As indicações para a admissão de um paciente oncológico em uma UTI visam, principalmente, a:[7,8,12,14,18,19]

- Tratar as complicações relacionadas com a doença neoplásica.
- Oferecer vigilância e cuidados intensivos aos pacientes oncológicos submetidos a extensas cirurgias.
- Tratar as emergências oncológicas específicas.
- Monitorar os pacientes que estão fazendo terapias medicamentosas agressivas, seja devido à sua toxicidade ou aos efeitos colaterais imediatos.
- Tratar as complicações agudas que ocorrem durante o seu tratamento específico.

As complicações relacionadas com as doenças neoplásicas ou com o seu tratamento são múltiplas e apresentam características específicas ligadas à freqüência, à ocorrência no indivíduo portador de câncer e ao estágio da doença.

A resposta ao tratamento sofre influência de vários fatores associados ao estágio da neoplasia, entre os quais podemos destacar:

- Estágio de imunossupressão.
- Alterações da hemostasia.
- Presença de síndromes paraneoplásicas.
- Ocorrência de neutropenia.
- Ocorrência de metástases satélites.

A associação das técnicas avançadas de suporte de vida com a terapêutica específica oncológica constitui-se na pedra fundamental para o êxito do tratamento.

Vários são os sistemas orgânicos que podem ser acometidos pela doença neoplásica (Quadro 15-1).

SISTEMA RESPIRATÓRIO

Inúmeras causas podem levar o paciente com câncer à UTI, devido a comprometimento pulmonar, sendo as infecções pulmonares, com ou sem neutropenia, uma das mais freqüentes.

A ocorrência da síndrome de insuficiência respiratória pode ser associada a processos infecciosos, apresentar-se como manifestação inicial de tumores sólidos, linfomas e leucemias como resultado da infiltração direta dos pulmões ou como conseqüência da terapêutica antineoplásica por dano celular direto pela quimioterapia, com conseqüente liberação de substâncias das células neoplásicas.[4,21]

Devemos lembrar também a possibilidade de drogas citostáticas, interleucinas, citocinas e radioterapia torácica induzirem ao efeito tóxico direto sobre os pulmões, levando ao quadro sugestivo de edema pulmonar por aumento da permeabilidade capilar de origem não-cardiogênica.

A presença de hemorragia alveolar difusa pode ser a causa de internação dos pacientes portadores de leucoses e dos pacientes submetidos a transplantes de medula óssea, sendo a broncofibroscopia um importante instrumento diagnóstico, visando à exclusão de processos infecciosos. A corticoterapia maciça é o tratamento de escolha para essa situação.

A obstrução das vias aéreas por tumores, seja por processos endobrônquicos (p. ex., metástases de neoplasia de mama, cólon etc.), seja por compressão extrínseca (linfonodos), pode gerar um quadro de insuficiência respiratória aguda manifestada clinicamente por tosse seca, dispnéia e hemoptise em alguns casos. O *neodímio-yag laser* por via endoscópica pode ser utilizado como forma rápida de aliviar os sintomas clínicos, além de controlar a hemoptise.

Outras opções terapêuticas seriam o uso da radioterapia externa nos casos de obstrução total, seja por massa endobrônquica ou por compressão externa, e a braquioterapia endobrônquica. Nos casos de hemoptise maciça, além do uso do *laser* endobrônquico, a intervenção cirúrgica ou a embolização arterial podem constituir-se em medidas necessárias para o controle do sangramento pulmonar.

A linfangite carcinomatosa consiste na disseminação de células neoplásicas pelos linfáticos pulmonares, provocando um quadro de insuficiência respiratória. As queixas clínicas costumam se apresentar sob a forma de tosse seca e dispnéia. As radiografias de tórax podem mostrar infiltrados pulmonares difusos. O tratamento consiste em oxigenoterapia, seguida de corticosteróides em altas doses e quimioterapia específica para o tumor.

Quadro 15-1. Correlação complicação *versus* momento de aparecimento *versus* tipo de tumor[2,4,16]

Complicações oncológicas	***Osso***	***Cérebro***	***Mama***	***Colo retal***	***Esôfago***	***Rim***	***Pulmão***	***Melanoma***	***Ovário***	***Pâncreas***	***Próstata***	***Estômago***	***Leucemia***	***Linfoma***	***Mieloma***
Ascite	*	*	P	D, P	*	D, P	*	P	D, P	D, P	P	D, P	P	D, P	P
Anafilaxia	T	T	T	T	T	T	T	T	T	T	T	T	T	T	T
Pneumonia bacteriana	*	*	T	T	T	T	D, T, P	T, P	T	T, P	*	T, P	D, T, P	D, P, T	D, T, P
Crise blástica	*	*	*	*	*	*	*	*	*	*	*	*	D, P	*	*
Obstrução intestinal	*	*	P	D, P	P	D, P	P	D, P	D, P	D, P	P	D, P	*	D, P	*
Cardiomiopatia	*	*	T	*	*	*	*	T	*	T	*	*	T	T	T
Erosão da a. carótida	*	*	*	*	P	*	P	P	*	*	*	*	*	P	*
Pneumopatia induzida por QT	*	*	T	*	*	*	T	T	*	*	*	*	T	T	T
Coagulopatia	*	*	*	*	*	*	*	*	*	*	*	*	T, P	T, P	*
CID	*	P	P	P	P	P	D, P	P	P	D, P	D, P	*	D, P	P	*
Pneumonia fúngica	*	*	P	*	*	*	P	*	*	*	*	*	D, P, T	D, P, T	T, P
Anemia hemolítica	*	*	P	*	*	P	P	*	*	D, P	*	*	T, P	D, P, T	*
Cistite hemorrágica	*	*	T	*	*	D, P	*	T	P	*	D, P	*	T	T	T
Gastrite hemorágica	*	T	T	T	*	*	T	T	T	T	*	D, P	D, T, P	D, P, T	T
Uremia	*	D, P, T	P	P	*	*	*	*	*	P	*	*	T	*	*
Hipercalcemia	D, P	*	T, P	P	*	D, P, T	D, P	*	*	D, P	T, P	*	D, P	D, P	D, P
Hiperviscosidade	*	*	*	*	*	*	*	*	*	*	*	*	D, P	*	D, P
Hipomagnesemia	*	T	T	*	*	*	T	T	T	T	*	*	T	T	*
Hipertensão intracraniana	*	D, P, T	P	*	*	P	P	P	*	*	*	*	D, P	D, P	D, P
Encefalopatia metabólica	*	D, P, T	P	*	*	P	P	P	*	D, P	*	P	D, T, P	D, T, P	D, P
Tamponamento cardíaco	*	*	P	*	P	*	P	P	*	P	*	*	T, P	D, T, P	P
Derrame pleural	*	*	D, P	P	P	P	D, P	P	P	D, P	*	D, P	D, T, P	D, T, P	D, P
Edema pulmonar	*	*	T	*	*	*	*	*	*	*	*	*	T	T	*
Pneumonite por RXT	*	*	T	*	T	*	T	T	*	*	*	*	*	T	*
Síndrome da pele escaldada	*	*	T	*	*	*	*	*	*	*	*	*	T	T	*
Sepse	*	*	T	*	*	*	T	T	T	T	*	*	D, T, P	D, P, T	D, P, T
Compressão medular	D, P	P	P	P	*	P	P	P	P	P	D, P	*	P	D, P	P
Síndrome da veia cava superior	*	*	D, P	*	D, P	P	D, P	P	*	*	*	*	*	D, P	*
SIADH	*	D, T, P	T	*	*	P	D, P	T	*	D, P	*	*	T	T	T
Obstrução traqueal	*	*	*	*	P	*	P	P	*	*	*	*	*	P	*
Síndrome da lise tumoral	*	*	*	*	*	*	T	*	*	*	*	*	T	T	*
Nefropatia por uratos	*	*	*	*	*	*	T	*	*	*	*	*	T	T	T
D. venoclusiva hepática	*	*	T	*	*	*	*	*	*	*	*	*	T	T	T

T = Aparecimento durante o tratamento; D = aparecimento no diagnóstico; P = aparecimento com a progressão da doença.

A leucostase pulmonar também consiste em uma alteração específica do paciente com câncer provocada pela presença de grande quantidade de blastos nos capilares pulmonares, dificultando o fluxo pelo capilar. Além da presença de sintomas pulmonares associados à hipoxemia, o paciente apresenta manifestações neurológicas como confusão mental, tonturas e síncopes e papiledema ao exame de fundo de olho. A imagem radiológica do tórax apresenta-se sob a forma de infiltrados nodulares difusos. As medidas terapêuticas visam à diminuição gradual do número de células blásticas, evitando-se o aparecimento da síndrome de lise tumoral, através da quimioterapia.

SISTEMA CARDIOVASCULAR

As principais complicações relacionadas ao sistema cardiovascular no paciente com câncer estão relacionadas com fenômenos tromboembólicos e com as arritmias cardíacas.

A incidência de infarto agudo do miocárdio é menor, e seu tratamento não difere dos pacientes que não possuem câncer.

Tamponamento cardíaco representa nesse grupo de pacientes causa importante de choque cardiogênico, ocorrendo com alguma freqüência. Seu diagnóstico é confirmado através do ecocardiograma, e chama a atenção a possibilidade de ausência de sinais clínicos (hipofonese de bulhas, pulso paradoxal etc.) e radiológicos nos derrames pericárdicos malignos. A estimativa do volume do derrame pericárdico vai determinar a conduta terapêutica, variando desde o tratamento clínico, nos de pequeno volume sem comprometimento da função, até procedimentos invasivos, como a punção pericárdica, a drenagem cirúrgica com uso de tetraciclina ou quimioterápicos e, em casos refratários, a pericardiotomia ou a janela pleuropericárdica.

A cardiotoxicidade provocada pelos quimioterápicos representa complicação singular nesses pacientes, podendo desencadear um quadro de insuficiência cardíaca ou até infarto agudo do miocárdio. Dentre os quimioterápicos causadores de comprometimento cardíaco destacam-se os antracíclicos, a ciclofosfamida em altas doses, o 5-fluorouracil, o taxol e a interleucina II. Altas doses de ciclofosfamida, utilizadas principalmente nos pacientes transplantados de medula, podem induzir a miocardionecrose com falência cardíaca, derrame pericárdico e arritmias cardíacas, devendo-se evitar doses maiores que 200 mg/kg.

A toxicidade dos quimioterápicos está diretamente relacionada à dose, à superfície corporal e à farmacocinética.

Outro exemplo de quimioterápico com cardiotoxicidade importante é o 5-fluorouracil, cujos efeitos sobre o sistema cardiovascular variam e são freqüentes. Os pacientes em uso dessa medicação podem apresentar durante seu tratamento manifestações cardiológicas como: angina, insuficiência cardíaca, cardiomiopatia, infarto agudo do miocárdio, taquicardia supraventricular, taquicardia ventricular e morte súbita.

A interleucina II está relacionada a casos de miocardite fatal e à ocorrência de infarto agudo do miocárdio em pacientes oncológicos.

A síndrome da veia cava superior normalmente é causada por uma obstrução do fluxo da veia por fibrose, trombose, invasão tumoral ou compressão extrínseca. Os principais tumores relacionados a essa síndrome são os linfomas e o carcinoma de pulmão, podendo também a trombose ser secundária a catéteres utilizados para a quimioterapia. O paciente apresenta edema de face e membros superiores, dispnéia, tosse e cefaléia. À ectroscopia, observamos distensão das veias do pescoço e do tronco com circulação colateral.

A presença de obstrução do trato respiratório e de alterações neurológicas constitui situação de urgência.

O diagnóstico consiste na associação das manifestações clínicas (sinais e sintomas) com o estudo radiológico do paciente (radiografias de tórax, tomografia computadorizada, venografia de membros superiores e ressonância nuclear magnética), fibrobroncoscopia, biopsia ganglionar, mediastinoscopia e/ou biopsia de medula óssea. O tratamento consiste em oxigenoterapia, corticoterapia, diuréticos, elevação do membro comprometido, além de radioterapia. A quimioterapia fica reservada aos casos em que o tipo histológico já foi identificado (p. ex., linfomas).

SISTEMAS RENAL E HIDROELETROLÍTICO[6,9,17,37]

A complicação metabólica mais freqüente do paciente oncológico é a hipercalcemia.[5] As medidas terapêuticas instituídas visam a reduzir a reabsorção óssea, promover a excreção renal e diminuir a ingestão de cálcio. A hidratação venosa associada aos bifosfonatos endovenosos constitui-se no pilar do tratamento do paciente. Outras medidas coadjuvantes como o uso de furosemida, visando a diminuir a reabsorção tubular de cálcio, corticosteróides (em casos específicos como linfomas, leucemias, mieloma múltiplo etc.), mitramicina, que diminui a atividade osteoclástica, e a calcitonina, podem ser utilizadas. Deve-se evitar a administração de drogas que possam elevar os níveis séricos de cálcio como os tiazídicos e as vitaminas A e D. Os sintomas relacionados à hipercalcemia são geralmente inespecíficos, como fraqueza muscular, fadiga, poliúria, anorexia e náuseas.

Outras emergências metabólicas incluem a hiponatremia (principalmente provocada por SIHAD), síndrome adrenocortical ectópica, falência supra-renal e hipoglicemia.

Em raros casos, a presença de lesões hepáticas de origem metastática pode induzir a um quadro importante de acidose láctica, e nessa situação a única forma de tratamento efetiva é a quimioterapia.

A síndrome de lise tumoral é freqüentemente induzida pelo tratamento quimioterápico quando ocorre rápida e maciça lise tumoral, levando à liberação de substâncias intracelulares, causando alterações metabólicas agudas (hiperuricemia, hiperpotassemia, hipocalcemia e hiperfosfatemia).[33]

As medidas instituídas para evitar a síndrome da lise tumoral são basicamente preventivas, como a alcalinização da urina e o controle dos distúrbios metabólicos preexistentes. A hemodiálise pode ser necessária quando os níveis de ácido úrico, potássio e fósforo estão muito altos ou na presença de insuficiência renal.

Nos pacientes portadores de tumores cuja multiplicação celular é elevada existe a necessidade de medidas profiláticas, como a alcalinização da urina, o uso do alopurinol e hidratação venosa generosa antes da quimioterapia, na tentativa de se evitar uma nefropatia por ácido úrico.

Além das causas citadas acima, outros mecanismos podem ser atribuídos ao aparecimento de insuficiência renal no paciente oncológico, como por exemplo a invasão tumoral do rim e/ou das vias urinárias, a lise tumoral, a nefrotoxicidade por drogas (p. ex., metotrexato, cisplatina, mitomicina), presença de infecções, mieloma múltiplo etc., sendo as medidas adotadas para o tratamento direcionadas conforme a sua causa específica.

SISTEMA NERVOSO CENTRAL

As alterações neurológicas são as causas menos freqüentes que levam o paciente oncológico a internar-se na Unidade de Terapia Intensiva.

A carcinomatose do sistema nervoso central, as encefalopatias, crises convulsivas e alguns tipos de paralisias são alguns exemplos de manifestações neurológicas no sistema nervoso.

Nas situações em que ocorre uma síndrome de compressão medular, o tratamento deve ser instituído o mais rápido possível, visando a impedir lesões graves e irreversíveis. A presença de dor na coluna associada à fraqueza muscular, alteração dos reflexos e espasticidade são sinais precoces de sofrimento medular.

O diagnóstico deve ser confirmado através do estudo radiológico (radiografia de coluna, tomografia computadorizada e ressonância nuclear magnética).

O tratamento deve ser instituído rapidamente com altas doses de corticosteróides (p. ex., dexametasona 24 a 100 mg/24 h), seguidas de radioterapia ou descompressão medular cirúrgica.

A hipertensão intracraniana secundária a processos tumorais primários ou secundários representa outra complicação das neoplasias do sistema nervoso, com risco iminente de vida para o paciente.

Medidas como proteção das vias aéreas superiores, quando necessária, corticoterapia, avaliação cirúrgica, uso de drogas visando a diminuir a hipertensão intracraniana (p. ex., manitol), técnicas de controle e manipulação do CO_2 (p. ex., hiperventilação) devem ser consideradas, além do uso de técnicas de monitorização cerebral, como o catéter de pressão intracraniana (PIC) e a monitorização da saturação do bulbo de jugular.

SISTEMA GASTRINTESTINAL

As principais complicações gastrintestinais do paciente oncológico estão relacionadas a quadros de abdômen agudo (p. ex., oclusão intestinal, perfuração da massa tumoral etc.), tendo como tratamento de eleição o cirúrgico.[35]

A dor abdominal em pacientes neutropênicos representa um desafio ao intensivista. Os pacientes neutropênicos portadores de neoplasia hematológica com distensão abdominal estão relacionados com maior mortalidade.

O papel da Unidade de Tratamento Intensivo nesses pacientes é de grande importância, oferecendo suporte no pós-operatório e monitorização intensiva.

A doença hepática venoclusiva é uma complicação observada no paciente submetido a transplantes de medula, tendo o paciente grande risco de vir a falecer por insuficiência hepática, estando também intimamente associada à insuficiência de múltiplos órgãos e sistemas.

A utilização de heparina nesses casos como prevenção é controversa, consistindo o tratamento basicamente em medidas de suporte, como monitorização, controle hidroeletrolítico e sintomáticos.

A terapêutica com trombolíticos (rTPA) pode ser utilizada em casos selecionados.

OUTROS SISTEMAS

As alterações do sistema imunológico pela doença neoplásica e/ou seu tratamento predispõem o paciente a desenvolver processos infecciosos, sendo o choque séptico uma das principais causas de internação desses pacientes na UTI.

O tratamento consiste em suporte avançado (ventilação mecânica quando necessário, aminas etc.) e antibióticos de largo espectro, atentando-se sempre para a possibilidade de infecção fúngica. As reações alérgicas de citotoxicidade ocorrem com certa freqüência, sendo as do tipo I as mais comuns. Podemos citar como exemplo de drogas que induzem a essa reação o taxol, a L-asparginase, a cisplatina e seus análogos. Nos casos em que a incidência de hipersensibilidade é grande, o uso de corticosteróides e de anti-histamínicos pode minimizar os efeitos adversos da droga.

Durante a exposição deste capítulo, procuramos alertar para a complexidade do paciente oncológico, para a necessidade de critérios claros de admissão dos mesmos em UTI e para o conhecimento exato de suas possíveis complicações locais, a distância ou secundárias ao tratamento instituído.

O conhecimento das peculiaridades dos pacientes neoplásicos por parte dos intensivistas e de uma conduta integrada com o oncologista muitas vezes representa a diferença entre o sucesso e o fracasso do tratamento.[3]

O paciente oncológico, graças ao avanço do tratamento quimioterápico, radioterápico e cirúrgico, necessita de suporte avançado de vida como fator adjuvante ao tratamento para que possa usufruir do processo de cura de sua doença ou se beneficiar de uma melhor qualidade de vida.

O "doente com câncer", antigamente "proibido" nas Unidades de Terapia Intensiva, hoje é uma realidade que cada vez mais se observa nos nossos leitos de pacientes graves.

Esses pacientes necessitam de um enfoque e condutas específicos, no que tange não somente aos seus problemas, que são singulares, mas também aos dilemas éticos importantes que se apresentam.

REFERÊNCIAS BIBLIOGRÁFICAS

1. Ayash LJ, Wright JE, Tretyakou O, Gonin R, Elias AC, Wheeler C *et al.* Cyclophosphamide pharmacokinetics: correlation with cardiac toxicity and tumor response. *J Clin Oncol* 1992;10:995–1000.
2. Baglin TP. Veno-occlusive disease of the liver complicating bone marrow transplantation. *Bone Marrow Transplant* 1994;13:1–4.
3. Barie PS, Hydo LJ, Fischer E. Comparison of APACHE II and APACHE III scoring systems for mortality prediction in critically ill patients. *Arch Surg* 1995;130:77–82.
4. Baumann WR, Jung RC, Koss M *et al.* Incidence and mortality of adult respiratory distress syndrome: A prospective analysis from a metropolitan hospital. *Crit Care Med* 1986;14:1–4.
5. Bilezikian JP. Management of acute hypercalcemia. *N Engl J Med* 1992;326:1196–203.
6. Boles JM, Dutel JL, Briere J *et al.* Acute renal failure caused by extreme hyperphosphatemia after chemotherapy of an acute lymphoblastic leukemia. *Cancer* 1984;2:425.
7. Brunet E, Lanore JJ, Dhainaut JF, Dreyfus F, Vaxelaire JF, Nouira S *et al.* Is intensive care justified for patients with haematological malignancies? *Intensive Care Med* 1990;16:291–7.
8. Butt W, Barker G, Walter C, Gillis J, Kilham H, Stevens M. Outcome of children with hematologic malignancy who are admitted to an intensive care unit. *Crit Care Med* 1988;16:761–4.
9. Charasse C, Camus C, Darnault P, Guillé F, Tulzo Y le, Zimbacca F, Thomas R. Acute nondilated anuric obstructive nephropathy on echography: difficult diagnosis in the intensive care unit. *Intensive Care Med* 1991;17:387–91.
10. Davis S, Rambotti P, Grignani F. Intrapericardial tetracycline sclerosis in the treatment of malignant pericardial effusion: an analysis of thirty-three cases. *J Clin Oncol* 1984;2:631–6.
11. Dedhia HV, Le Roy N, Jain PR, Thompson AB, Withers A. Endoscopic laser therapy for respiratory distress due to obstructive airway tumors. *Crit Care Med* 1985;13:464–7.
12. Denardo SJ, Oye RK, Bellamy PE. Efficacy of intensive care for bone marrow transplant patients with respiratory failure. *Crit Care Med* 1989;17:4–6.
13. Ebie N, Ryan W, Harris J. Metabolic emergencies in cancer medicine. *Med Clin North Am* 1986;70:1151–66.
14. Ewer MS, Ali MK, Atta MS, Morice RC, Balakrishnan PV. Outcome of lung cancer patients requiring mechanical ventilation for pulmonary failure. *JAMA* 1986;256:3364–6.
15. Gallagher EJ, Lombardi G, Gennis P. Effectiveness of bystander cardiopulmonary resuscitation and survival following out-of-hospital cardiac arrest. *JAMA* 1995;274:1922–51.
16. Glover DJ, Glick JH. Oncologic emergencies. *In* Holleb, Fink DJ, Murphy GP (Eds.): *American Cancer Society — Textbook of Clinical Oncology.* Atlanta: American Cancer Society, 1991, pp 513–33.
17. Gopal I, Bhonagiri S, Ronco C *et al.* Out of hospital outcome and quality of life in survivors of combined acute multiple organ and renal failure treated with continuous venovenous hemofiltration/hemodiafiltration. *Intensive Care Med* 1997;23:766–72.
18. Groeger JS, Lemeshow S, Price K *et al.* Multicenter outcome study of cancer patients admitted to the intensive care unit: a probability mortality model. *J Clin Oncol* 1998;16:761–70.
19. Klastersky J. Intensive care support in oncology: a contradiction? *Support Care Cancer* 1995;3:88.
20. Knobel E. *Condutas no Paciente Grave.* Rio de Janeiro: Atheneu, 1998, pp 1171–80.
21. Krafft P, Fridrich P, Pernerstorfer T *et al.* The acute respiratory distress syndrome: definitions, severity and clinical outcome: an analysis of 101 clinical investigations. *Intensive Care Med* 1996;22:519–29.
22. Lloyd-Thomas AR, Dhaliwal HS, Lister TA, Hinds CJ. Intensive therapy for life-threatening medical complications of haematological malignancy. *Intensive Care Med* 1986;12:317–24.
23. Marik PE, Craft M. An outcomes analysis of in-hospital cardiopulmonary resuscitation: the futility rationale for do not resuscitate orders. *J Crit Care* 1997;12:142–6.
24. McDonald GB, Hinds MS, Fisher LD, Schoch HG, Wolford JL, Banaji M *et al.* Veno-occlusive disease of the liver and multiorgan failure after bone marrow transplantation: A cohort study of 355 patients. *Ann Intern Med* 1993;118:255–67.
25. Paz HL, Crilley P, Weinar M *et al.* Outcome of patients requiring medical ICU admission following bone marrow transplantation. *Chest* 1993;104:527–31.
26. Quartin AA, Schein RM, Kett DH *et al.* Magnitude and duration of the effect of sepsis on survival: Department of Veterans Affair Systemic Sepsis Cooperative Studies Group. *JAMA* 1997;277:1058–63.
27. Schuster DP, Marion JM. Precedents for meaningful recovery during treatment in a medical intensive care unit. Outcome in patients with hematologic malignancy. *Am J Med* 1983;75:402–8.
28. Sculier JP, Bron D, Verboven N, Klastersky J. Multiple organ failure during interleukin-2 admnistration and LAK cells infusion. *Intensive Care Med* 1988;14:666–7.
29. Sculier JP, Nicaise C, Klastersky J. Lactic acidosis: a metabolic complication of extensive metastatic cancer. *Eur J Cancer Clin Oncol* 1983;19:597–601.
30. Sculier SP. Intensive care oncology — special article. *Support Care Cancer* 1995;3:93–105.
31. Shelton BK. Cancer critical care: past, present, and future. *Semin Oncol Nursing* ago 1994;10;3:146–55.
32. Staudinger T, Stoiser B, Müllner M, Locker JG, Lackzika K, Knapp S *et al.* Outcome and prognostic factors in critically ill cancer patients admitted to the intensive care unit. *Crit Care Med* 2000;28(5).
33. Tobias JD. Tumour lysis pneumopathy. *Clin Intensive Care* 1991;2:305–8.
34. Turnbell A, Goldiner P, Silverman D, Howland W. The role of an intensive care unit in a cancer center. *Cancer* 1976;37:82–4.
35. van Veen A, Karstens A, van der Hoek ACJ *et al.* The prognosis of oncologic patients in the pediatric intensive care unit. *Intensive Care Med* 1996;22:237–41.
36. Wade DS, Douglass H Jr., Nava HR, Piedmonte M. Abdominal pain in neutropenic patients. *Arch Surg* 1990;125:1119–27.
37. Walsh TJ. The febrile neutropenic patient in the intensive care unit. *Crit Care Clin* 1988;4:259–80.
38. Zusman J, Brown DM, Nesbit ME. Hyperphosphatemia, hyperphosphaturia, and hypercalcemia in acute lymphoblastic leukemia. *N Engl J Med* 1973;289:335.

16 Rotina Laboratorial em UTI

Maria Aparecida Braga

Apesar de serem denominados "de rotina", os exames laboratoriais devem ser individualizados, tanto no que diz respeito ao tipo quanto à freqüência com que são solicitados. Uma sistemática para cada situação deve ser organizada, evitando-se assim atrasos desnecessários no atendimento ao paciente. Por outro lado, a repetição excessiva dos exames laboratoriais eleva os custos e aumenta a possibilidade de erros. Portanto, o quadro clínico deve sempre nortear a necessidade dos exames, ou seja, eles somente devem ser solicitados se puderem alterar o diagnóstico, prognóstico, tratamento ou conduta. É responsabilidade do médico identificar corretamente e de forma legível o formulário específico de solicitação do exame, não omitindo nenhuma informação. Amostras sem identificação são inúteis e podem determinar erros que colocam os pacientes em risco.

Para a utilização adequada dos exames laboratoriais, devemos ter em mente:

- Os exames são complementares, sempre correlacionados com a clínica. Observar causas de erro. Nos casos duvidosos, solicitar a confirmação do resultado.
- À admissão do paciente, observar os exames já realizados no dia que não necessitem ser repetidos (isso ocorre principalmente nos casos de pacientes oriundos do próprio hospital).
- Solicitar apenas exames que serão realmente avaliados (observar uma rotina para que isso ocorra sempre); pensar no objetivo do exame antes de solicitá-lo.
- Seguir uma sistemática para que os mesmos exames não sejam solicitados por várias pessoas.
- Observar sempre a seqüência: solicitação, avaliação, conduta necessária e checagem do resultado após conduta empregada.

A interpretação inadequada dos exames laboratoriais pode ser responsável por danos irreparáveis ao paciente. A avaliação racional do quadro clínico associado à avaliação laboratorial deve orientar o intensivista na busca pelo diagnóstico adequado e a melhor conduta a ser adotada.

O médico deve estar familiarizado com as aplicações e limitações dos dados laboratoriais. Causas de erros e variações laboratoriais estão relacionadas aos equipamentos, à metodologia e técnicas laboratoriais empregadas, à posição e condição do paciente, horário do exame, coleta, identificação adequada, manipulação da amostra, idade e sexo do paciente, clima, efeitos da dieta ou drogas, emissão de resultados (cálculos, transcrição, comunicação impressa ou verbal) e características da população de teste.

Em urgências médicas freqüentemente há a necessidade da emissão imediata dos resultados dos exames laboratoriais. Idealmente, esses resultados devem ser imediatamente disponibilizados via computador. Quando isso for impossível, é dever do laboratorista comunicar imediatamente ao médico sobre resultados alarmantemente alterados, como por exemplo hematócrito inferior a 14% ou superior a 60%, plaquetas inferiores a 20.000, glicemia inferior a 40 mg% ou superior a 500 mg%, sódio sérico inferior a 120 mEq/l ou superior a 160 mEq/l, potássio sérico inferior a 2,5 mEq/l ou superior a 6,5 mEq/l, cálcio sérico inferior a 6 mg% ou superior a 13 mg%, fosfato sérico inferior a 1 mg%, bicarbonato sérico inferior a 10 mEq/l ou superior a 40 mEq/l, PO_2 inferior a 40 mmHg, PCO_2 inferior a 20 mmHg ou superior a 70 mmHg, pH inferior a 7,2 ou superior a 7,6, hemocultura ou gram-positivos.

AVALIAÇÃO DO pH E GASES ARTERIAIS

A avaliação do equilíbrio ácido-básico necessita das dosagens do pH, da PCO_2 e dos bicarbonatos (HCO_3).

O principal sistema tampão do organismo é constituído pelo binômio bicarbonato/ácido carbônico, dependente do pH segundo a equação de Henderson-Hasselbalch:

$$pH = 6{,}1 + \log \frac{HCO_3^-}{H_2CO_3}$$

Valores de pH entre 7,35 e 7,45 são considerados normais. Valores abaixo de 7,35 indicam acidemia, e valores acima de 7,45 indicam alcalemia.

O valor normal da $PaCO_2$ encontra-se entre 35 e 45 mmHg, e da PaO_2 ou PO_2, entre 80 e 100 mmHg.

O valor normal do bicarbonato (HCO_3^-) é obtido a partir do pH, e a $PaCO_2$ varia entre 22 e 26 mEq/l.

O valor do excesso de bases (desvio-padrão do bicarbonato) é obtido através das medidas do pH, da PCO_2 e da concentração do hematócrito.

ACIDOSE METABÓLICA

A acidose metabólica é determinada por redução do bicarbonato sangüíneo acompanhada por um déficit de base.[1] Devemos lembrar que a rápida e imediata resposta à alcalose respiratória aguda é fisiológica e não está associada a um déficit de base. Quando o HCO_3^- sérico está reduzido mas o pH é superior a 7,43, provavelmente temos uma alcalose respiratória. Por outro lado, quando o HCO_3^- sérico está reduzido e o pH é inferior a 7,39, provavelmente a acidose metabólica é uma alteração primária, e espera-se uma alcalose respiratória secundária (compensatória). Quando os níveis do pH situam-se entre esses dois valores, a alteração é mista, e o quadro clínico deve auxiliar na definição do distúrbio primário.

Os ânions não-mensurados (intervalo aniônico), compostos principalmente por sulfatos e fosfatos, ácidos orgânicos, são responsáveis pela manutenção da neutralidade elétrica e assim determinados: $Na^+ - (Cl^- + HCO_3^-)$.

O valor do intervalo aniônico fisiológico encontra-se em torno de 12 mEq/l. Acidose metabólica com intervalo aniônico normal (não-intervalo aniônico) relaciona-se à perda de HCO_3^- pelo trato gastrintestinal (fístulas, diarréia, ileostomia) ou perdas renais (acidose tubular renal, deficiência de mineralocorticóides, doença de Addison, inibição da anidrase carbônica), e principalmente nas fases precoces ou de resolução da cetoacidose.

Acidose metabólica com intervalo aniônico aumentado relaciona-se à ingestão de drogas (metanol, salicilatos, etilenoglicol, paraldeído, paracetamol), à cetoacidose diabética ou alcoólica ou à acidose láctica.

O uso do $NaHCO_3$ para corrigir a acidose metabólica é controverso, pois pode aumentar transitoriamente a $PaCO_2$, aumentar a acidose cerebral, reduzir o potássio e aumentar o sódio sérico, desviar a curva de oxiemoglobina para a esquerda e contribuir para a alcalose por rebote. Entretanto, em certos casos, a correção da acidemia melhora a função cardíaca e potencializa a ação de drogas vasoativas. Seu uso criterioso pode estar indicado em casos de pH menor que 7,2 e após falha com reposição volêmica através da utilização com solução salina.[2]

Os fatores predisponentes para acidose láctica são: hipóxia (choque, hipotensão, ICC, hipoxemia), doenças sistêmicas, (sepse, falência hepática, leucemia, convulsões, envenenamento por estricnina, microbiota intestinal anormal), drogas ou toxinas (butanona, paracetamol), erros genéticos do metabolismo (deficiência de glicose-6-fosfatase).[3]

Acidose metabólica hiperclorêmica (não-intervalo aniônico) deve ter como tratamento a abordagem da doença de base. Deficiência de aldosterona deve ser suspeitada pela clínica (perda de peso, aumento da pigmentação da pele, hipotensão) ou administração prévia de corticóides (Fig. 16-1).

ACIDOSE RESPIRATÓRIA

É determinada por alteração da ventilação pulmonar, com elevação da PCO_2 alveolar e sangüínea. O pH é inferior a 7,35. Com a manutenção da hipoventilação, ocorre compensação metabólica. Doença pulmonar obstrutiva crônica e alterações da mecânica ventilatória são causas de acidose respiratória. Os sinais e sintomas relacionados incluem dispnéia, tosse produtiva, cianose, tórax em barril, policitemia, arritmia cardíaca. O tratamento deve levar em conta a causa básica, com a restituição da ventilação adequada e a correção dos fatores agravantes.

ALCALOSE METABÓLICA

A alcalose metabólica é confirmada pelo aumento do bicarbonato sangüíneo com redução recíproca do Cl^- e aumento do excesso de base no sangue. Um aumento discreto do HCO_3^- é fisiológico e acompanha casos de acidose respiratória aguda.[5]

Um aumento do HCO_3^- plasmático com pH sangüíneo inferior a 7,39 sugere distúrbio secundário, uma compensação para acidose respiratória primária. Devido à compensação lenta, a alcalose pode, nesses casos, persistir após rápida correção da acidose respiratória.[6] Um pH superior a 7,43 sugere alcalose metabólica primária.

Quando o pH permanece entre esses dois níveis, temos uma lesão mista, e o defeito primário deve ser identificado através da avaliação do quadro clínico. A alcalemia metabólica é invariavelmente acompanhada por acidose respiratória compensatória discreta. Administração adequada de oxigênio pode ser necessária para corrigir a hipoxemia geralmente presente.

Quando a alcalemia é grave, a alcalose metabólica produz parestesias, tetania e convulsões. Arritmias cardíacas podem ser precipitadas, principalmente se o paciente encontra-se em uso de digital. A depleção de volume é comum.

Alcalose metabólica pode ocorrer por administração oral de citrato, infusão de componentes do sangue, hiperalimentação, excesso de $NaHCO_3$ e antiácidos.

Alcalose causada por administração de álcalis ou diuréticos, usualmente está associada à hipovolemia.[7] A desidratação seletiva (por perda de água) causa aumento da concentração de HCO_3^-, condição chamada alcalose por contração. O tratamento é a reposição volêmica com solução salina, associada à reposição cautelosa de cloreto de potássio, objetivando restaurar a perfusão renal efetiva, permitindo a excreção do bicarbonato corrigindo assim a alcalose.

O aumento do cloro urinário não-relacionado ao uso de diuréticos não altera a volemia, tornando assim a infusão salina ineficaz. Nos casos de excesso de mineralocorticóides, com a função renal normal, a administração de antagonista da aldosterona pode ser eficaz. Raramente a correção de alcalemia sérica requer HCl.[8] A diálise peritoneal e a hemodiálise rapidamente corrigem a alcalose metabólica e podem ser o tratamento mais seguro quando a hipervolemia está presente, principalmente se associada à insuficiência renal (Fig. 16-2).

ALCALOSE RESPIRATÓRIA

É determinada por aumento do pH sangüíneo e redução da PCO_2 no ar alveolar, devido à hiperventilação, o que leva ao aumento do volume corrente e da ventilação alveolar. São causas de alcalose respiratória hiperventilação induzida, dor, ansiedade, insuficiência respiratória pós-trauma, lesão do sistema nervoso central, cardiopatias, distensão abdominal. O pacien-

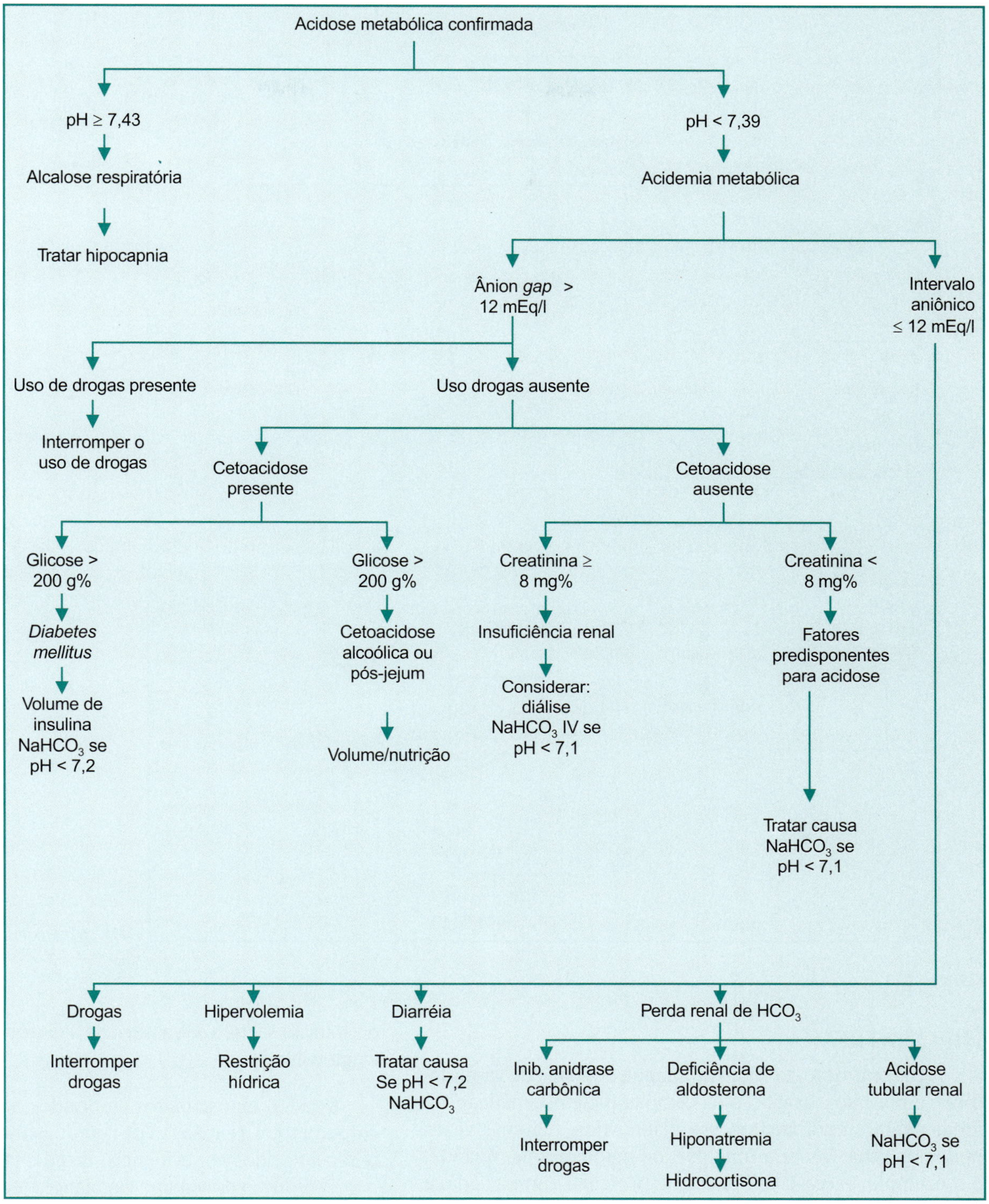

Fig. 16-1. Acidose metabólica confirmada.

te apresenta fraqueza, sonolência, coma, hipotonia, espasmos musculares, dispnéia, sudorese, parestesias, formigamento, tetania e arritmias cardíacas. O tratamento baseia-se na abordagem adequada da causa básica.

IONOGRAMA

A dosagem dos principais eletrólitos sangüíneos e urinários faz parte da pesquisa e do controle do equilíbrio ácido-básico, dos estados de hidratação e de várias patologias.

O rim está submetido ao controle hormonal para garantir a homeostase do metabolismo hídrico e salino. Esse equilíbrio pode estar alterado no caso de distúrbio renal ou no caso de patologias extra-renais (perdas digestivas, cutâneas e respiratórias, sobrecargas excessivas).

Os distúrbios de hidratação necessitam da exploração dos íons quantitativamente mais importantes: Na^+, K^+, Cl^- às vezes associado às dosagens plasmáticas dos bicarbonatos e proteínas.

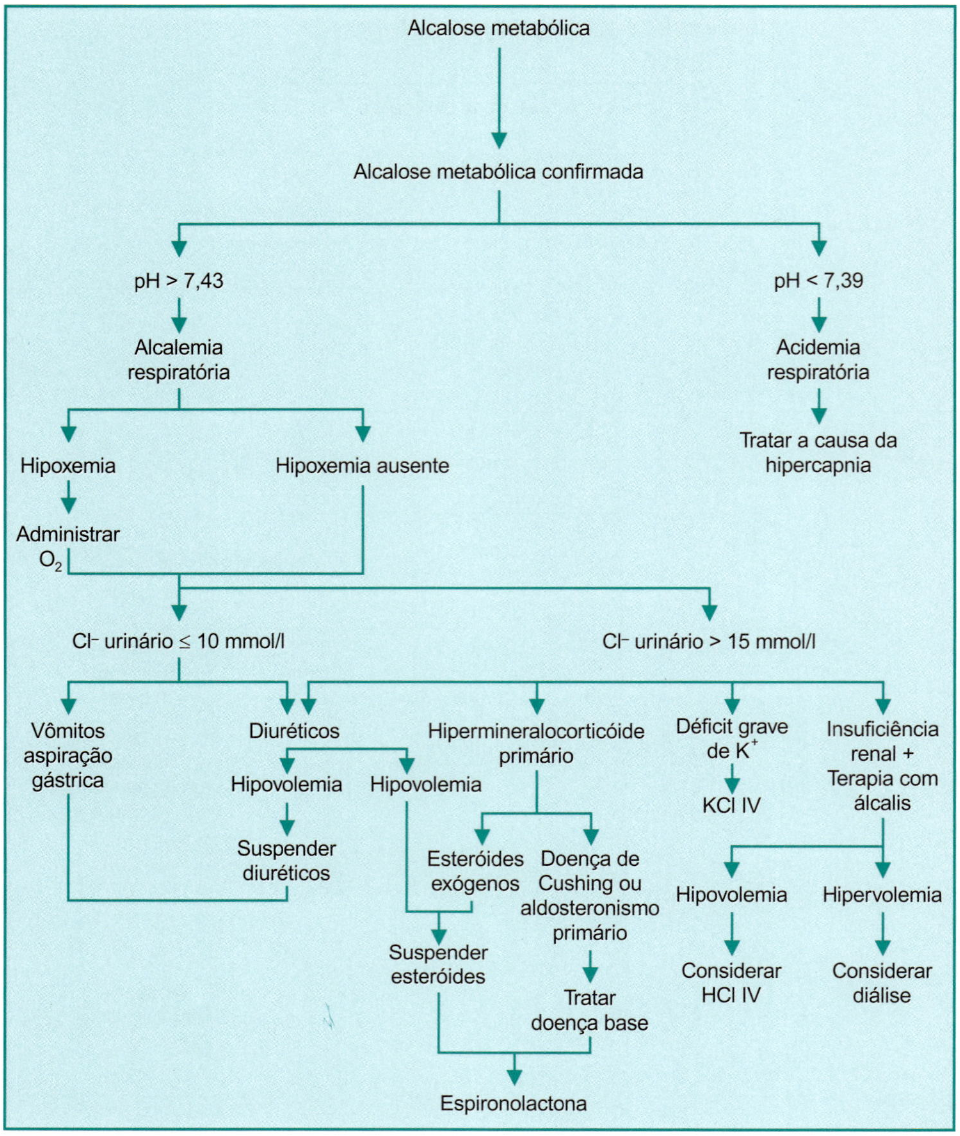

Fig. 16-2. Alcalose metabólica.

HIPONATREMIA

A concentração do sódio no sangue depende de vários fatores, e por isso a avaliação da osmolaridade plasmática é de fundamental importância nesse diagnóstico. Algumas vezes podemos estar frente a uma pseudo-hiponatremia, quando, por exemplo, excesso de lipídios ou proteínas carreia sódio e água do plasma.

Quando o sódio e a osmolaridade plasmática estão baixos, existe uma hiponatremia hipotônica verdadeira, cujo tratamento é a correção da doença de base e o restabelecimento do volume circulante efetivo.

Hiponatremia normovolêmica é causada por secreção inapropriada do hormônio antidiurético (HAD) na ausência de evidências de depleção de volume ou de retenção de sal. O sódio corporal total está normal. O tratamento de escolha baseia-se na restrição de água e na abordagem da doença primária. Se a hiponatremia é acompanhada por convulsões ou alteração do estado mental, a terapia inicial deve ser acrescida por infusão de solução salina a 3%, associada a diuréticos se houver sobrecarga volêmica.[9]

Estados hiposmolares associados ao aumento de sódio corporal total e expansão de líquido extracelular são facilmente reconhecidos por evidências de edema pulmonar ou periférico. A redução do volume circulante efetivo determinada por insuficiência cardíaca, doença hepática ou síndrome nefrótica, com função renal normal, leva à hiponatremia com fisiopatologia semelhante à hipovolêmica. Apesar da retenção de sódio e água, o aumento da água corporal é maior que do sal. A redução da excreção do sódio urinário é o ponto chave do diagnóstico. Quando a falência renal (aguda ou crônica) está presente, a excreção de sal e água é limitada e a hiponatremia reflete a maior administração de água do que do sódio. O tratamento é a restrição de água e de diuréticos e o tratamento da causa básica. A hiponatremia com alteração do estado mental, a hipervolemia e a insuficiência renal requerem diálise na emergência (Fig. 16-3).

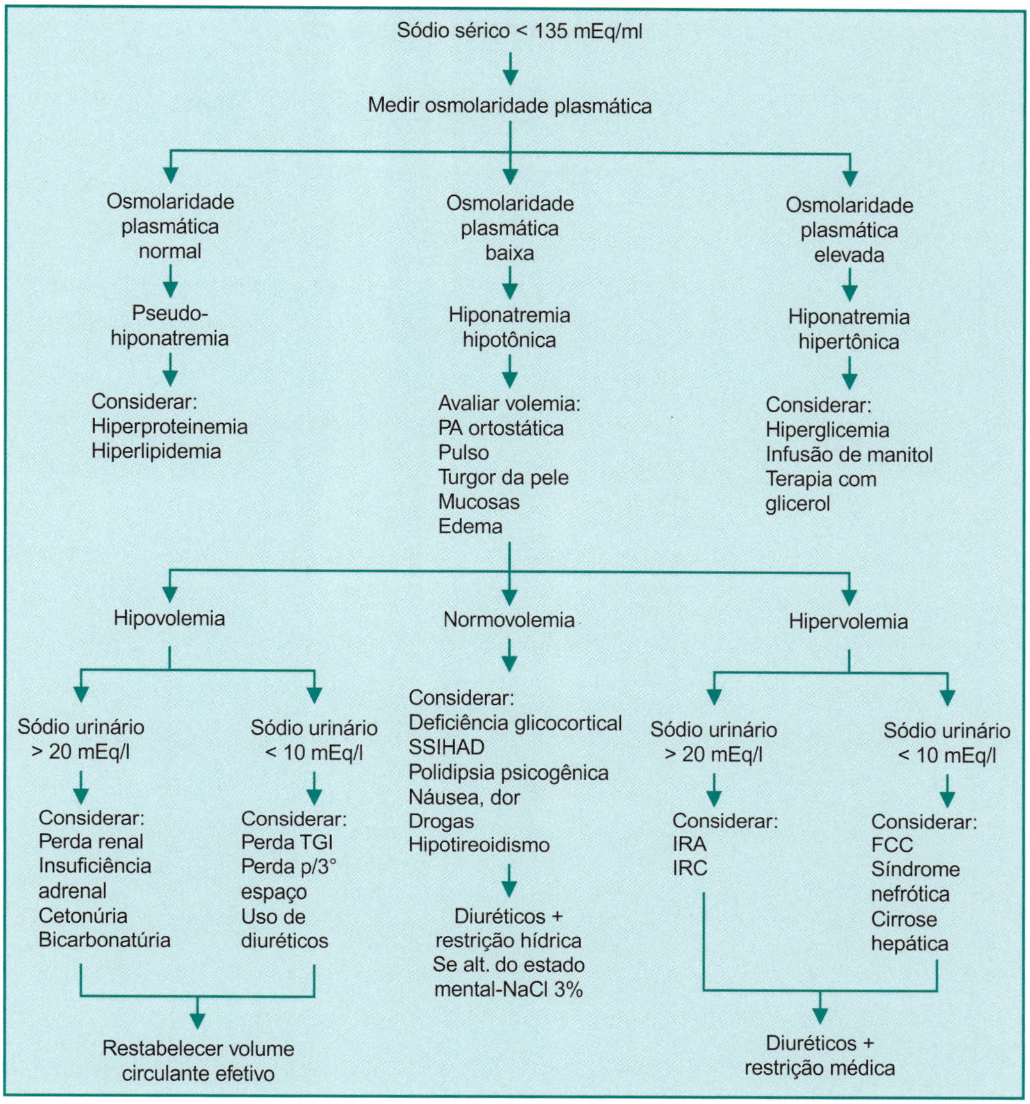

Fig. 16-3. Hiponatremia.

HIPERNATREMIA

Alteração na concentração plasmática de sódio sempre reflete em ganho ou perda de água corporal ou em desequilíbrio entre a alteração da água corporal e alteração do sódio. A alteração hídrica determinada pela hipernatremia é um potente estímulo para a sede. Assim, pacientes com hipernatremia apresentam ou redução do reflexo da sede ou acesso limitado à água. A avaliação diagnóstica centra-se na avaliação cuidadosa do estado hídrico, com avaliação clínica e laboratorial. O tratamento deve ser dirigido à etiologia, pois os mecanismos compensatórios são lentos e a correção da hipernatremia deve ser lenta, entre 1 e 3 dias.

A hipernatremia hipovolêmica é determinada por perdas substanciais de fluidos hipotônicos sem reposição de água. Apesar de ocorrer perda de sódio e água, a perda de água é superior à do sódio. A perda de fluidos hipotônicos pode ser de origem renal, sugerida por aumento do sódio urinário (superior a 20 mEq/l) e redução da osmolaridade urinária (inferior a 300 mOsm/l), ou de origem extra-renal, com sódio urinário inferior a 10 mEq/l e aumento da osmolaridade urinária. A correção da depleção volêmica deve ser realizada com solução salina até obter-se a correção da alteração eletrolítica. O déficit aproximado de água pode ser calculado pela seguinte fórmula: déficit de água = 0,5 × peso em kg × ([Na plasmático/140] – 1).

A hipernatremia normovolêmica ocorre quando há perda exclusiva de água e o sódio corporal total permanece normal. Isso ocorre quando há defeito na produção ou liberação do HAD (por exemplo, *diabetes insipidus* central) ou em resposta renal ao HDA (*diabetes insipidus* nefrogênico). Ocorre poliúria, com redução da osmolaridade urinária. Na perda de água por causas extra-renais, como respiração ou perda pela pele, a osmolaridade urinária pode estar elevada. O tratamento baseia-se na reidratação gradual com solução hipotônica e tratamento da doença de base.[10]

Infusão de $NaHCO_3$ durante ressuscitação, infusão excessiva de soluções salinas hipertônicas e suporte nutricional podem determinar hipernatremia iatrogênica.[11] Uma expansão rápida do fluido extracelular, com contração do intracelular, que se segue à infusão hipertônica de sódio pode levar a edema pulmonar. O tratamento é à base de diuréticos e a reposição volêmica a 100% das perdas resultantes pelo uso do diurético devem ser reinfundidos igualmente na forma de solução

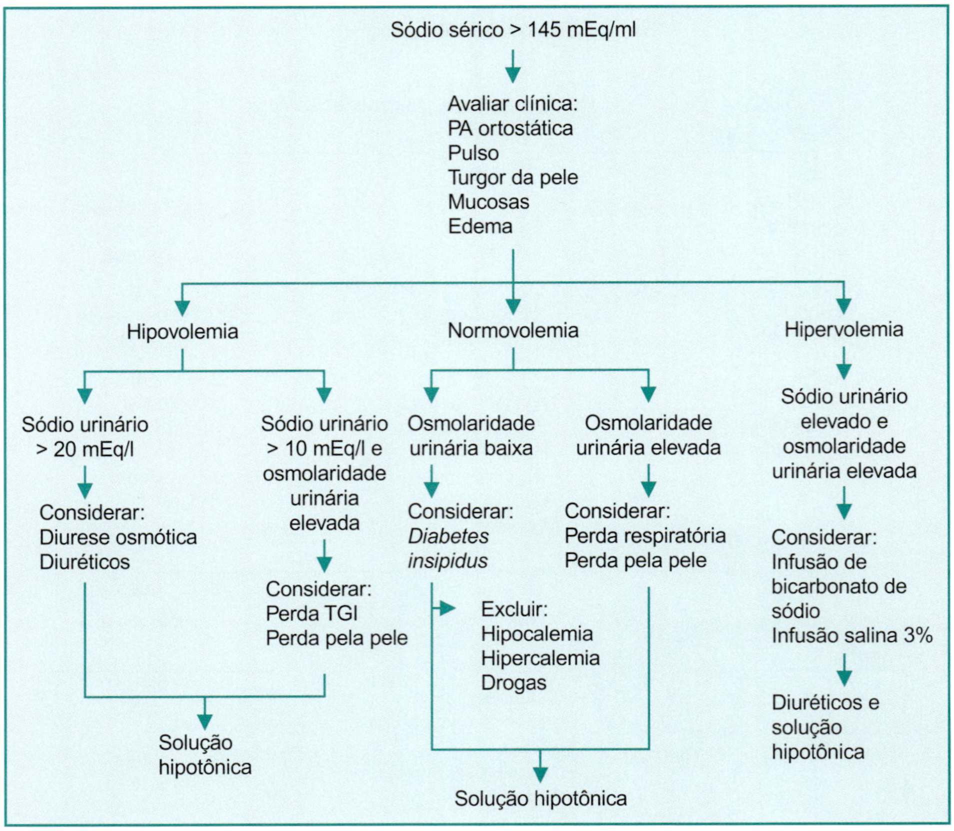

Fig. 16-4. Hipernatremia.

hipotônica. Pacientes com disfunção renal que permaneçam oligúricos após diuréticos devem ser submetidos à diálise (Fig. 16-4).

HIPOCALEMIA

Em condições normais, aproximadamente 98% do potássio corporal são intracelulares. O fluxo de potássio através da membrana pode alterar o nível sérico de potássio independentemente de alterações no potássio corporal total. A hipocalemia geralmente torna-se mais grave com a presença de algumas alterações do balanço externo do potássio. O potássio ingerido é quase totalmente absorvido, sendo 80% excretados, pelo rim, e o restante é perdido nas fezes. Deficiências nutricionais podem ocorrer em pessoas com doenças crônicas, principalmente desnutridas ou usuários crônicos de álcool. Qualquer estado caracterizado com alcalose metabólica leva à hipocalemia. O fluxo do potássio do espaço extracelular para o intracelular durante a alcalose não apenas reduz o potássio plasmático como também aumenta o gradiente de excreção do potássio no túbulo distal do rim.[12] Os maiores efeitos da hipocalemia são sobre a excitabilidade elétrica das células, particularmente esqueléticas e cardíacas. Também podem ocorrer fraqueza muscular, rabdomiólise e alterações características ao ECG. Arritmias cardíacas são as complicações mais temidas da hipocalemia.

A hipocalemia tem efeitos também sobre os rins, reduzindo a habilidade em concentrar a urina, o que leva à poliúria (*diabetes insipidus* nefrogênico).

A avaliação clínica com perguntas sobre a ingesta de potássio e o uso de drogas, incluindo diuréticos e laxantes pode determinar a causa da depleção do potássio. Sintomas como vômitos e diarréia ou história familiar de hipocalemia também são importantes no diagnóstico. O exame físico pode avaliar casos de depleção de volume (hipotensão, taquicardia), fístulas digestivas, drenagem gástrica, retossigmoidostomia ou doenças relacionadas.[13]

A avaliação laboratorial inclui dosagem de eletrólitos séricos e urinários. A hipopotassemia é causada por um dos dois seguintes mecanismos: o primeiro é extra-renal, por aumento da perda extra-renal (vômitos, aspiração gástrica, drenagem biliar, sudorese) ou redução da ingesta, e o segundo por aumento da excreção renal (acidose tubular renal, alcalose metabólica, diuréticos, excesso de mineralocorticóides, edema, síndrome de Bartter, deficiência de magnésio e leucemia). Os dois mecanismos são diferenciados com base no conteúdo do potássio urinário (níveis superiores a 20 mEq/l indicam perda renal).[13]

Hipocalemia é comum em pacientes tratados com diuréticos. A perda do potássio é atribuída ao aumento da liberação distal do sódio que ocorre como resultado da ação tubular renal do diurético. A alcalose metabólica "por contração", também determinada por esses diuréticos, contribui para a perda do potássio. Doenças caracterizadas por excesso de glicocorticóides ou mineralocorticóides (por exemplo na síndrome de Cushing, síndrome de Conn e síndrome de Bartter) também são causas de perda de potássio.

O tratamento adequado da hipocalemia causada pela depleção verdadeira de potássio requer identificação da causa

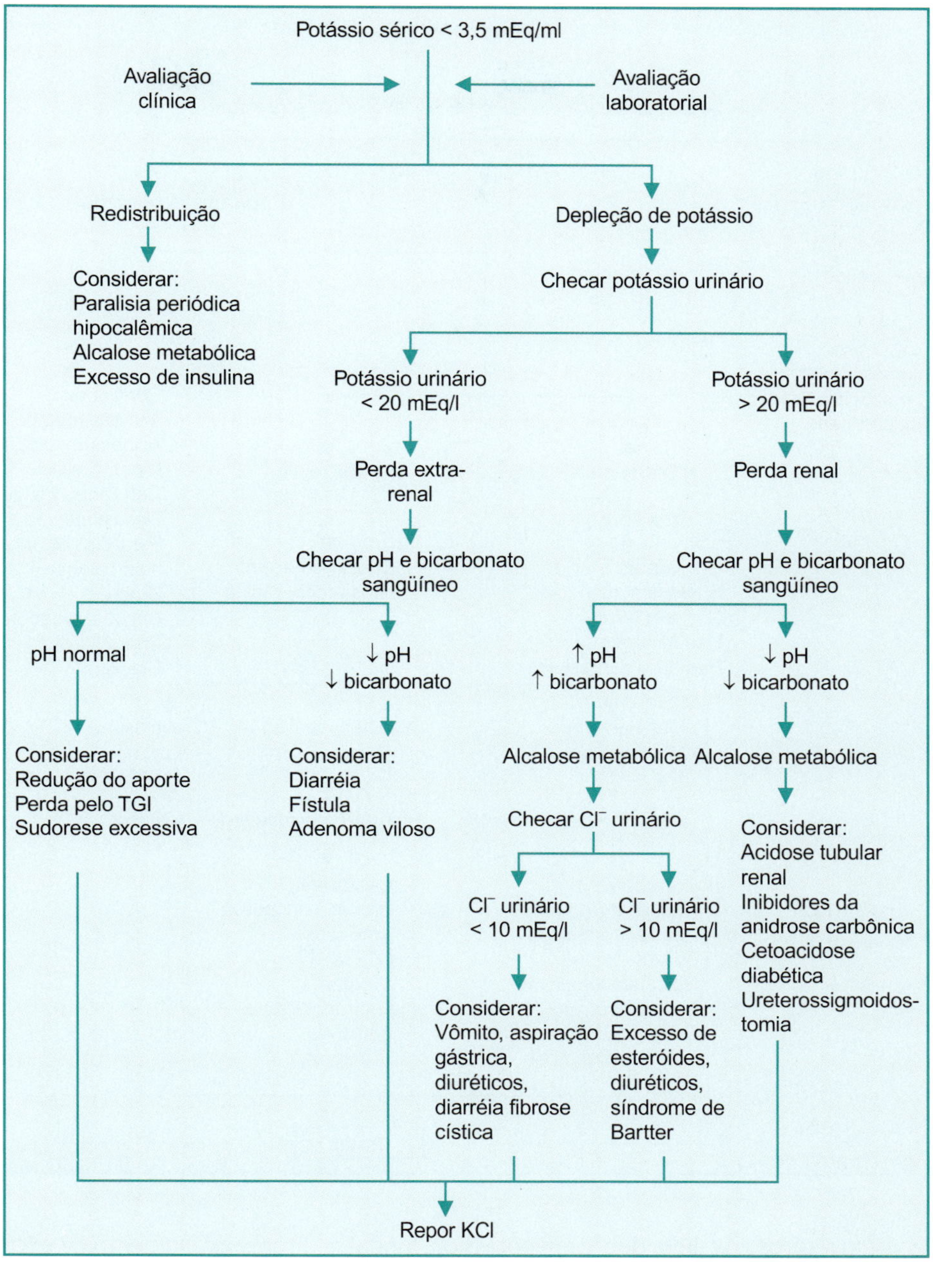

Fig. 16-5. Hipocalemia.

básica e intervenções específicas para restaurar os estoques de potássio, correção da depleção de volume em indivíduos hipocalêmicos por perda de fluidos gastrintestinais e retirada de medicações que agravam a hipocalemia, especificamente os diuréticos (Fig. 16-5).

HIPERCALEMIA

Hipercalemia é um distúrbio eletrolítico extremamente grave. As alterações eletrocardiográficas podem ser vistas com concentrações de potássio sérico iguais ou superiores a 5,5 mEq/l. Aumentos adicionais desses níveis podem ocasionar irritabilidade celular e, eventualmente, arritmias letais.

Algumas drogas, como cloreto de potássio, diuréticos poupadores de potássio, bloqueadores betadrenérgicos, antiinflamatórios não-hormonais, inibidores da enzima de conversão, podem agravar a tendência à hipercalemia de certos pacientes. História de doença renal ou redução recente do fluxo urinário também devem ser consideradas.

Os três mecanismos de hipercalemia são: aumento da carga de excreção (aumento do conteúdo dietético, iatrogênica ou por lesão tecidual), redução da capacidade de excreção (insuficiência renal aguda ou crônica, insuficiência de mineralocorticóides, hipoaldosteronismo hiporreninêmico, diuréticos poupadores de potássio, defeitos tubulares renais, como nefrite intersticial aguda e transplante renal) e fluxo transcelular de potássio (acidose metabólica, exercícios, *diabetes mellitus*, drogas como succinilcolina e digital, além de alterações na osmolaridade).[14]

Alimentação rica em potássio é causa rara de hipercalemia, pois o corpo metaboliza rapidamente o excesso de potássio das células. Entretanto, nos pacientes com insuficiência re-

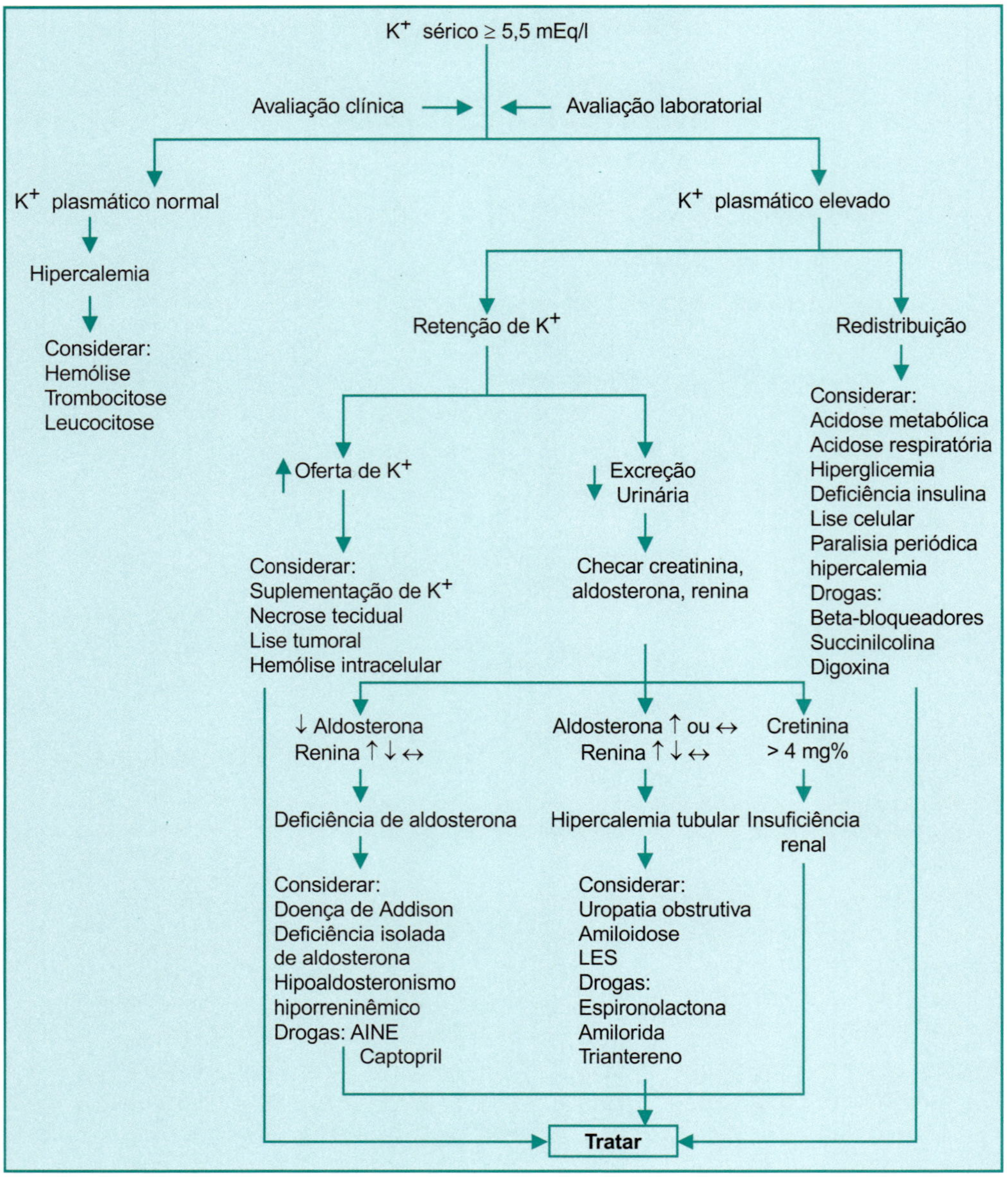

Fig. 16-6. Hipercalemia.

nal a observação rigorosa da dieta pobre em potássio é fundamental para auxiliar na prevenção de hipercalemia.

O tratamento da hipercalemia deve levar em conta as duas vias, interna e externa, da dissociação do potássio. Os mecanismos internos (fluxo transmembrana) são mais rápidos, assim a administração de insulina e agentes alcalinizantes (bicarbonato de sódio) deve ser empregada naqueles casos ameaçadores da vida; agonistas betadrenérgicos e sais de cálcio, que estimulam a liberação de potássio pelas células, também podem ser usados, pois possuem efeitos estabilizadores da membrana. Resinas de troca iônica que reduzem o potássio corporal total também podem ser empregadas para tratamento a médio prazo. Nos pacientes com hipercalemia e insuficiência renal, a diálise de emergência pode ser necessária (Fig. 16-6).

HIPOMAGNESEMIA

Hipomagnesemia é comum em pacientes hospitalizados e com doença grave, por vários fatores, incluindo hiperaldosteronismo, aumento da excreção renal de potássio e magnésio; além disso, a hipomagnesemia pode determinar depleção de potássio e cálcio. Muitas vezes, a despeito dos níveis séricos de magnésio, a depleção do mesmo deve ser suspeitada, como na presença de hipocalemia e hipocalcemia refratárias à reposição.

O aumento da perda renal de magnésio é a patogenia mais comum da hipomagnesemia. Perdas extra-renais e redistribuição transcelular também estão envolvidas.

Hipomagnesemia aguda ocorre por redistribuição de magnésio do espaço extracelular para os ossos após paratireoidectomia, e também na pancreatite aguda.

Hipomagnesemia freqüentemente complica a condução do alcoolismo crônico. Apesar de os níveis de álcool de forma aguda poderem aumentar a excreção do magnésio, a patogenia da hipomagnesemia entre os alcoólatras é mais provavelmente decorrente de deficiências dietéticas, associadas ao aumento da perda nas fezes diarréicas e aumento da perda renal, associada à

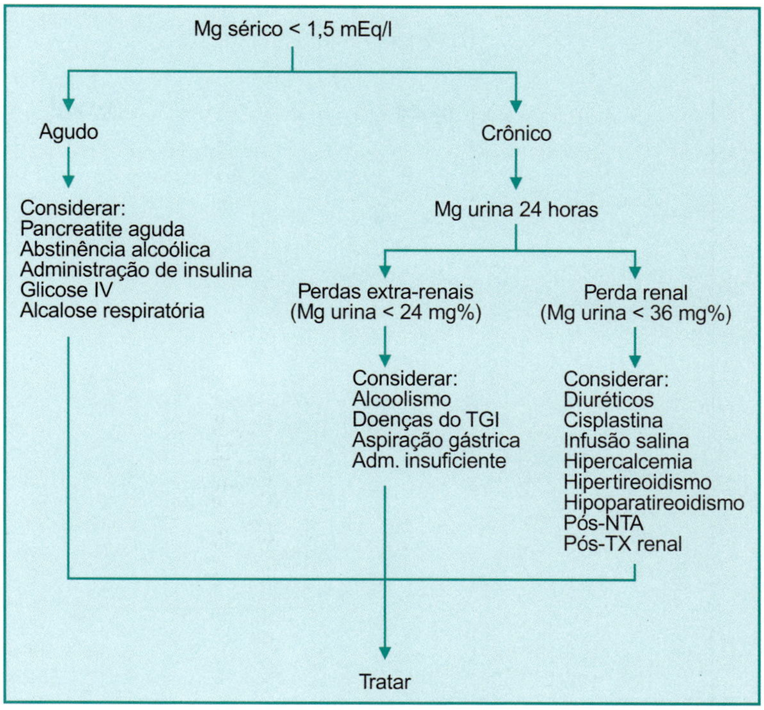

Fig. 16-7. Hipomagnesemia.

hipofosfatemia. O aumento da perda intestinal é responsável pela hipomagnesemia associada a má absorção intestinal, diarréia crônica, abuso de laxativos, síndrome do intestino curto, síndrome inflamatória intestinal e fístulas biliares.

Deficiência de reabsorção tubular do magnésio tem sido identificada em pacientes que desenvolvem hipomagnesemia após terapia com cisplatina e pode contribuir para a perda de magnésio durante recuperação de necrose tubular aguda, obstrução urinária e rejeição ao transplante renal.[16]

A reabsorção do magnésio nos túbulos renais é prejudicada pela natriurese e calciurese; a hipomagnesemia pode complicar o uso de diuréticos (principalmente os diuréticos de alça). Infusão de solução salina, hiperaldosteronismo, hipercalcemia e hipervitaminose D podem levar à hipomagnesemia.

Hipomagnesemia aguda ou crônica por hipomagnesemia não responsiva aos suplementos orais deve ser adequadamente corrigida por via endovenosa (Fig. 16-7).[17]

HIPERMAGNESEMIA

É um distúrbio eletrolítico raro, quase sempre associado a insuficiência renal (aguda ou crônica), administração excessiva de Mg, hipotireoidismo, intoxicação por lítio e enemas com excesso de Mg.

Fatores como hipopotassemia, hiperpotassemia, acidose e uso de digitálicos aumentam a cardiotoxicidade do magnésio.

As principais manifestações clínicas são hipotensão, bradicardia, vasodilatação, alterações eletrocardiográficas (retardo na condução intraventricular, prolongamento do intervalo QT, bloqueios atrioventriculares), hiporreflexia, depressão respiratória, bloqueio neuromuscular, letargia, obnubilação e coma.

O tratamento consiste na correção da causa básica e administração de gluconato de cálcio nos casos de alterações de condução intracardíaca. Considerar diálise nos casos graves.

HIPOFOSFATEMIA

Apesar de o fosfato ser predominantemente um ânion intracelular, a função e a integridade celular são determinadas pelas concentrações intra e extracelulares. Fosfato sérico superior a 1,5 mg% raramente produz sintomas. Quando os níveis de fosfato caem além desse limite, evidências da disfunção celular podem se manifestar através de fraqueza muscular (incluindo insuficiência cardíaca e respiratória), rabdomiólise, anemia hemolítica, enfraquecimento da quimiotaxia leucocitária e redução na agregação plaquetária. Os achados do sistema nervoso central podem variar de ataxia e delírio a convulsões e coma.[18]

A hipofosfatemia assintomática pode ser tratada com reposição oral. Um efeito colateral freqüente é a diarréia.

Nos casos sintomáticos e naqueles assintomáticos, porém refratários à reposição oral, a hipofosfatemia deve ser tratada com reposição parenteral. A monitorização dos níveis séricos dos eletrólitos em geral deve ser observada, pois a hipofosfatemia está relacionada à hipocalcemia (necessitando de suplementação de cálcio para se evitar a tetania). Devemos lembrar que o cálcio não pode ser adicionado a soluções de fosfato pois pode precipitar os sais de cálcio. Outros problemas graves na administração de fosfato por via parenteral incluem hipotensão arterial, hipercalemia e hipernatremia (Fig. 16-8).[19]

HIPERFOSFATEMIA

Ela é definida com níveis séricos de fosfato superiores a 4,5 mg%.

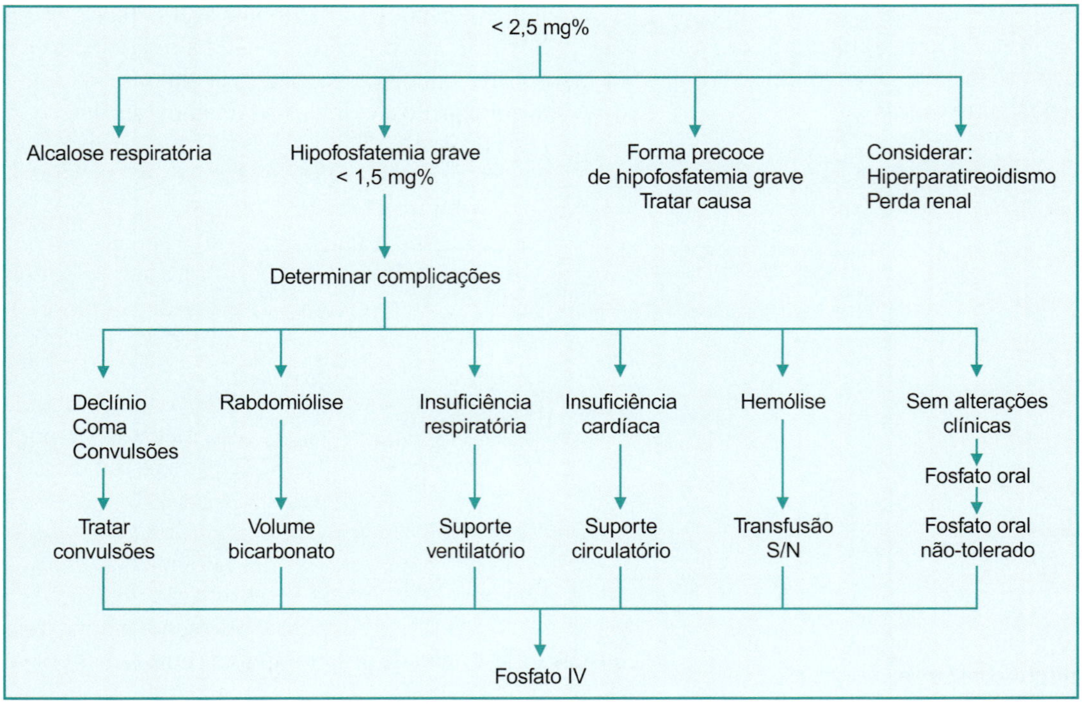

Fig. 16-8. Hipofosfatemia.

Entre os fatores causais estão excreção renal diminuída, aumento da ingestão e administração de fosfato, uso de laxativos, dietas, enemas, soros, artefato (hemólise *in vitro*).

As manifestações clínicas estão diretamente relacionadas à hipocalcemia e à precipitação cálcica e incluem diarréia, náuseas, vômitos, dor abdominal, confusão mental, obnubilação, coma, convulsões, fraqueza, cãibras e parestesias.

O tratamento consiste na identificação da causa básica, suspensão de drogas indutoras de hiperfosfatemia, limitação ou suspensão da administração de fosfato, hidratação, aumento da excreção renal com diuréticos de alça e diálise, aumento das perdas pelo trato gastrintestinal com antiácidos e infusão de insulina ou glicose para promover transporte de fosfato para a célula.

HIPOCALCEMIA

Pacientes graves têm geralmente o cálcio total reduzido em 80% dos casos e o cálcio iônico em 20%. Esse valor pode elevar-se para 30 a 40% nos casos de pacientes politraumatizados.

As causas estão relacionadas à redução da secreção do paratormônio, primária ou secundária (sepse, grandes queimados, auto-imune, pancreatite, tumor, cirurgia, hemocromatose, redução da ação, hipomagnesemia, doença óssea avançada, hipotireoidismo), à insuficiência da vitamina D_3, à ação quelante (hiperfosfatemia, citrato calcitonina, EDTA, etileno glicol, fluoretos, síndrome do choque tóxico, albumina, embolia gordurosa, pancreatite, sepse).

Os sintomas geralmente são observados com níveis inferiores a 0,7 mMol/l, sendo principalmente neuromusculares (fraqueza muscular, sinal de Chevostek e Trousseau, espasmo muscular, hiper-reflexia, parestesias, tetania), cardiovasculares (hipotensão, bradicardia, arritmias, hipocontratilidade, insuficiência cardíaca, parada cardiorrespiratória, redução da sensibilidade ao digital e catecolaminas, alterações eletrocardiográficas como prolongamento QT, ST e inversão da onda T).

O tratamento consiste na correção da causa básica, suspensão de drogas indutoras de hipocalcemia, tratamento das anormalidades eletrolíticas concomitantes: Mg, PO_4, K, Na e na reposição de cálcio.

HIPERCALCEMIA

A gravidade da hipercalcemia se relaciona com a intensidade da elevação sérica do Ca. Níveis de até 11,5 mg% são geralmente assintomáticos. Entre 11,5 a 13 mg% pode haver anorexia, náuseas e poliúria. Acima de 13 a 14 mg% (hipercalcemia severa) pode haver vômitos, fraqueza e desidratação. Alguns pacientes podem permanecer assintomáticos apesar da grave hipercalcemia.

O aumento do Ca sérico ativa o mecanismo de contra-regulação pelo aumento da sua excreção renal e inibição do PTH (diminuição da reabsorção óssea e intestinal e aumento da sua excreção renal). Se a entrada de Ca no extracelular superar esses mecanismos, ocorrerá hipercalcemia.

A hipercalcemia pode levar à nefrocalcinose, diminuindo a capacidade renal de excretar excesso de cálcio e diminuindo o fluxo sangüíneo renal e a taxa de filtração glomerular.

Causas comuns incluem malignidade e hiperparatireoidismo, além de intoxicação Vit-D, Vit-A e lítio, excesso de ingestão de Ca, doença granulomatosa (sarcoidose, tuberculose e beriliose), rabdomiólise, imobilização prolongada, insuficiência adrenal, feocromocitoma, tireotoxicose, fase diurética da necrose tubular aguda e uso de antiácidos.

As manifestações clínicas incluem alterações cardiovasculares (desidratação, hipo ou hipertensão, arritmias, bradicardia, intoxicação digitálica, morte súbita), neurológicas (fraqueza, letargia, depressão sensorial, convulsão, tonteiras, coma), gastrintestinais (anorexia, náuseas, vômitos, úlcera péptica, dor abdominal, constipação, pancreatite), renais (poliúria, cálculos renais, insuficiência renal) entre outras.

O tratamento consiste na identificação da causa básica, expansão volêmica e inibição da reabsorção óssea por meio de drogas.

HEMOGRAMA

O sangue e os tecidos hemopoiéticos correspondem a um dos maiores sistemas orgânicos. O sangue constitui 6 a 8% da massa corporal total e consiste em células sangüíneas suspensas no plasma. Os principais tipos de células sangüíneas são as células vermelhas (eritrócitos ou hemácias), as células brancas (leucócitos) e as plaquetas (trombócitos). O líquido plasmático corresponde a 45 a 60% do volume sangüíneo total, e as hemácias ocupam grande parte do volume restante. Leucócitos e plaquetas ocupam uma parcela relativamente pequena da massa sangüínea total. A proporção de células e plasma é controlada e mantida relativamente constante.

O transporte constitui a principal função do sangue, com o oxigênio sendo transportado aos tecidos pela hemoglobina, os leucócitos, responsáveis pela defesa do organismo e transportados pelo sangue para os vários tecidos, onde realizam suas funções, as plaquetas, responsáveis pela prevenção da perda sangüínea por hemorragia e transportadas às paredes dos vasos sangüíneos. As proteínas, também transportadas pelo sangue, são importantes carreadores de nutrientes e de produtos finais do metabolismo para os órgãos correspondentes.

O hemograma é rotineiramente indicado para avaliação de anemias, neoplasias hematológicas, reações infecciosas e inflamatórias agudas e crônicas, acompanhamento de terapia medicamentosa e avaliação de distúrbios plaquetários. Fornece dados para a classificação, o diagnóstico e o acompanhamento terapêutico de anemias de acordo com alterações da forma, tamanho, cor e estrutura das hemácias. A contagem global e diferencial dos leucócitos orienta na diferenciação entre infecções viróticas e bacterianas, parasitárias, inflamações, intoxicações e neoplasias. Através de avaliação quantitativa e morfológica das plaquetas, sugere o diagnóstico de patologias congênitas e adquiridas.

ERITROGRAMA

O eritrócito normal é um disco bicôncavo, com coloração vermelho-alaranjada, conferida pela hemoglobina. Essa coloração é mais intensa na periferia da célula, clareando-se gradativamente à medida que se aproxima do centro. A área central ocupa um terço do diâmetro total da célula.

As células com concentração normal de hemoglobina são descritas como normocrômicas. No esfregaço normal há uma variação muito pequena de tamanho, forma e característica de coloração (normocitose).

O aumento do número de glóbulos vermelhos caracteriza uma poliglobulia que pode estar ligada à redução do volume plasmático ou a um aumento da massa globular sangüínea.

A morfologia dos glóbulos vermelhos auxilia no diagnóstico de várias patologias.

A alteração do tamanho (anisocitose) é encontrada de forma fisiológica em menos de 5% dos casos.

A variação da forma (poiquilocitose) é encontrada em patologias com micro ou macrocitose. Essa avaliação é importante no diagnóstico diferencial de uma série de condições patológicas. Além disso, uma série de inclusões eritrocitárias também contribui para essa diferenciação.

O volume corpuscular médio (VCM), a hemoglobina corpuscular média (HCM) e a concentração média da hemoglobina corpuscular média (CMHC) são calculados a partir do hematócrito, da estimativa da hemoglobina e da contagem de eritrócitos. Esses valores são amplamente utilizados na classificação das anemias. Os valores de hemoglobina ou hematócrito são comumente utilizados na determinação do grau de anemia, pois em condições normais apresentam uma relação constante (uma unidade de hemoglobina em gramas por cento é equivalente a três unidades do hematócrito em pontos percentuais). Porém, em condições de anormalidade no tamanho e na forma dos eritrócitos ou na produção de hemoglobina, essa proporção pode sofrer alterações.

A anemia é considerada uma redução da massa eritrocitária, resultando em menor capacidade de transporte de oxigênio. Isso pode ocorrer por produção eritrocitária deficitária, ou por perda ou destruição que exceda a capacidade de reposição pela medula óssea.

As anemias podem ser classificadas com base no conteúdo de hemoglobina, no tamanho dos eritrócitos ou na categoria do distúrbio responsável pela anemia (Quadro 16-1).[20]

Nas unidades de tratamento intensivo, são de interesse principalmente as anemias determinadas por perda excessiva de eritrócitos.

Quadro 16-1. Classificação das anemias

- Conteúdo de hemoglobina:
  - Hipocrômica
  - Normocrômica
- Tamanho dos eritrócitos:
  - Microcítica
  - Normocítica
  - Macrocítica
- Distúrbio responsável:
  - Eritropoiese:
    - Doenças por deficiência
    - Anemias hipoproliferativas
    - Eritropoiese ineficaz
  - Perda excessiva de eritrócitos:
    - Hemorragias
    - Hemólise
  - Distribuição anormal de eritrócitos

HEMORRAGIA

A perda sangüínea aguda reduz o volume sangüíneo intravascular e desencadeia ajustes circulatórios de compensação. A anemia não é imediata. A hemoglobina pode se manter em níveis suficientes para assegurar a vida até que esses mecanismos circulatórios entrem em falência, o que, em última instância, determina o prejuízo da oxigenação tecidual.

A perda sangüínea aguda estimula a medula óssea, aumentando a produção de plaquetas e granulócitos antes da redução do hematócrito. A reposição dos eritrócitos perdidos não ocorre antes de dias ou semanas. Os níveis de eritropoietina se elevam dentro de 6 horas, e a reticulocitose torna-se aparente em 24 horas, atingindo pico máximo em 7 a 10 dias.

Quando o sangue extravasa para cavidades corporais, ocorre acúmulo de eritrócitos inviáveis e hemoglobina, que devem ser degradados. Essas alterações podem produzir aumento dos níveis de uréia e bilirrubina no sangue.

A necessidade de reposição sangüínea deve ser avaliada criteriosamente, individualizando-se cada caso, para evitar exposição desnecessária aos componentes do sangue. Pacientes estáveis, sem riscos potenciais, toleram bem níveis de hemoglobina entre 8 e 8,5 mg%, porém a reposição deve ser considerada naqueles pacientes instáveis, mesmo com níveis mais elevados de hemoglobina e hematócrito.

LEUCOMETRIA

O sangue circulante contém entre 4.000 e 11.000 leucócitos por microlitro. Os leucócitos são constituídos por três populações celulares morfológicas e funcionalmente distintas: granulócitos, linfócitos e monócitos. As características morfológicas do núcleo e do citoplasma definem as características específicas e o nível de maturação, e a porcentagem relativa das células pode auxiliar na diferenciação de condições patológicas.

Granulócitos

Correspondem a 50% ou mais dos leucócitos em adultos normais. São células com grânulos citoplasmáticos muito evidentes, de diferentes composições químicas e enzimáticas. São principalmente neutrófilos (coloração neutra), eosinófilos (coloração avermelhada, eosinofílica) e basófilos (coloração azulada). Derivam do mieloblasto, célula primordial reconhecidamente comprometida com identidade granulocítica, e é desprovida de grânulos. Os grânulos específicos são encontrados a partir dos promielócitos. Em condições normais, são encontrados exclusivamente na medula óssea.

Neutrófilos

Recebem a denominação de leucócitos polimorfonucleares por seus núcleos apresentarem muitas formas distintas. As formas imaturas recebem o nome de bastonetes, pelo formato do núcleo "em bastão". Os neutrófilos são células dotadas de alto grau de motilidade e podem agregar-se em locais de lesão tecidual em curto período de tempo. São atraídos aos locais de lesão tecidual por um processo denominado quimiotaxia. Os fatores que exercem efeitos quimiotáxicos são produtos microbianos, produtos liberados da lesão tecidual e proteínas plasmáticas. Os neutrófilos constituem a primeira linha de defesa do organismo, exercendo papel fundamental nos processos inflamatórios (fagocitose de corpos estranhos, combate antibacteriano e infeccioso), através da produção de anticorpos e ativação do sistema de complemento.

Eosinófilos

São granulócitos com núcleo bilobulado. São capazes de realizar fagocitose mas não são bactericidas. O papel dos eosinófilos parece ser modular as atividades celulares e químicas na inflamação imunomediada (papel na fagocitose dos complexos antígeno-anticorpo e implicação nos processos alérgicos IgE-dependentes, entre outros).

Basófilos

Correspondem a menos de 1% dos leucócitos circulantes. Os basófilos circulantes não possuem função conhecida. Os basófilos teciduais (mastócitos) possuem receptores para imunoglobulina E (IgE) em sua membrana celular; esses receptores reagem com os alérgenos e IgE, induzindo a liberação de mediadores vasoativos, que possuem efeitos diversos. A liberação maciça dos conteúdos dos grânulos pode desencadear choque anafilático. São também responsáveis pela liberação de fatores quimiotáxicos e outros mediadores químicos da inflamação.

A presença de mais de 8 a 10% de neutrófilos circulantes na forma de bastonetes ou de qualquer outro precursor primordial no sangue periférico é considerada anormal. Alterações morfológicas encontradas em granulócitos maduros podem auxiliar na diferenciação de várias patologias.

Linfócitos

São células essenciais do sistema imunitário e têm como função primária a interação com os antígenos e a elaboração da resposta imune humoral (B) ou celular (T). Os linfócitos circulantes correspondem a apenas 5% do total de linfócitos.

O monócito participa da fagocitose. Evolui a macrófago no nível tecidual, onde recebe várias denominações de acordo com a localização (células de Kupffer no fígado, histiócitos, macrófagos sinusoidais etc.). São ricos em lisozimas com ação antibacteriana e participam também em certas fases da reação imunológica. Seu aumento pode indicar infecção ou proliferação maligna monocítica ou mielomonocítica.

Pancitopenia

Redução das linhagens sangüíneas mielóides, glóbulos vermelhos, granulócitos e plaquetas. Está geralmente ligada a uma insuficiência medular, tornando necessária a realização de um mielograma e biopsia medular. Mais raramente tem origem periférica.

Agranulocitose

Definida pelo desaparecimento isolado dos polinucleares do sangue circulante (< 200 elementos por mm^3). Na maioria dos casos, trata-se de um acidente ligado a medicamentos.

CONTAGENS GLOBAL E DIFERENCIAL DOS LEUCÓCITOS

A contagem diferencial é expressa em porcentagem, baseada na contagem global dos leucócitos. As proporções podem se alterar por aumento real do número de células preponderantes (aumento absoluto) ou por declínio de um tipo celular, resultando em aumento aparente do número das demais células (aumento relativo). Os valores absolutos e relativos podem sofrer alterações em poucos minutos após a agressão. As variações mais expressivas ocorrem após liberação de corticosteróides. Esses hormônios promovem o desaparecimento de linfócitos e eosinófilos da circulação em 4 a 8 horas. Os granulócitos aparecem um pouco mais tarde. A epinefrina determina granulocitose em poucos minutos.

O "desvio para a esquerda" reflete condições em que há predomínio de granulócitos na contagem global dos leucócitos, determinado pela presença de células imaturas no sangue circulante.[20]

AVALIAÇÃO DA FUNÇÃO RENAL

A solicitação de uréia e creatinina de rotina na UTI é consagrada em todo o mundo pela facilidade de realização e baixo custo, porém é método pouco sensível para a avaliação da função renal. Vários fatores influenciam o resultado e, por isso, deve ser sempre correlacionado à clínica e individualizado de acordo com a característica de cada paciente e, sempre que possível, complementado com métodos mais fidedignos.

Uréia

A produção da uréia é variável e ligada diretamente às proteínas. A uréia plasmática é afetada por inúmeros fatores, além das alterações na taxa de filtração glomerular. Um aumento na uréia plasmática acompanha-se por redução no fluxo urinário em pacientes com depleção do volume circulante, como uso de diuréticos e insuficiência cardíaca.

O aumento da uréia plasmática pode também ser conseqüência do aumento da produção, como utilização de dietas hiperprotéicas, sangramento gastrintestinal e uso de tetraciclina.

A redução da uréia plasmática é observada em usuários crônicos de álcool e doenças hepáticas crônicas.

Algumas substâncias interferem nos resultados laboratoriais da uréia, aumentando (acetoexamida, alantoína, bilirrubina, hidrato cloral, dextran, hemoglobina livre, derivados da hidantoína, lipídios, sulfonamidas, tetraciclina, ácido úrico) ou reduzindo (ácido ascórbico, levodopa, lipídios e estreptomicina) esses valores.[21]

Creatinina

Creatinina é um metabólito produzido da creatina e fosfocreatina, encontrada quase exclusivamente no músculo, e assim a sua produção é proporcional à massa muscular.[22] A creatinina sérica é provavelmente o método mais empregado para a avaliação da taxa de filtração glomerular, principalmente pelo seu baixo custo, porém é pouco sensível para avaliação do declínio da função renal. A interpretação correta deverá levar em conta a idade, o sexo, o peso, a altura, as variações na massa muscular, o funcionamento cardíaco e renal e o uso de substâncias como salicilatos, cimetidina, trimetoprim, probenecide, entre outras.[23]

Por todos esses motivos, a creatinina sérica subestima o nível de redução da taxa de filtração glomerular e deve ser criteriosamente interpretada.[24]

GLICEMIA

Os valores de referência da glicose sérica variam de 70 a 110 mg%.

Variações fisiológicas desses valores estão associadas ao uso de álcool e de tabaco antes da colheita do sangue, que podem produzir uma elevação de 10 a 40% da glicemia. No recém-nascido, os valores são 20% inferiores ao da mãe. Durante a gravidez, existe uma diminuição progressiva até a 18ª semana. Os valores diminuem após um esforço prolongado ou o jejum e aumentam durante estresse, sobrecarga ponderal e refeição.[25]

A principal alteração do metabolismo é constituída pelo diabetes, cuja pesquisa e acompanhamento são indispensáveis para evitar as complicações principalmente de natureza vascular. Na emergência, é também de valor primordial a exclusão da hipoglicemia.

Dessa forma, a glicemia encontra-se persistentemente elevada nos casos de *diabetes mellitus*, hiperatividade adrenocortical, hipertireoidismo, acromegalia e obesidade. Pode ocorrer hiperglicemia transitória associada a casos de feocromocitoma, hepatopatia grave, reação aguda ao estresse, choque e convulsões.

A hipoglicemia persistente é encontrada nos casos de insulinoma, insuficiência adrenocortical, hipopituitarismo, galactosemia e produção de insulina por tumores. A hipoglicemia transitória ocorre nos casos de alcoolismo agudo, uso de drogas, como salicilatos e agentes antituberculose, hepatopatia grave, distúrbios de acúmulo de glicogênio, hipoglicemia funcional e intolerância hereditária a frutos.[20]

ELETROCARDIOGRAMA

O eletrocardiograma é um registro da atividade elétrica do coração e reflete o evento resultante das células cardíacas. O traçado eletrocardiográfico forma uma série de ondas e complexos.

A despolarização dos átrios determina a onda P. Esta é seguida pelo intervalo PR, que se inicia no início da onda P e termina no início do complexo QRS. Esse intervalo não deve excede, em condições normais, 0,20 s. A despolarização dos ventrículos determina o complexo QRS; a duração normal do complexo QRS é inferior a 0,12 s. O intervalo QT compreende o início da onda Q até o final da onda T. A repolarização ventricular produz a onda T, e, em algumas situações, após a onda T podemos visualizar a onda U, que parece estar relacionada à repolarização do sistema Purkinje.

A monitorização eletrocardiográfica na Unidade de Terapia Intensiva é fundamental para avaliação de todos os pacientes. Alterações no eletrocardiograma ocorrem não somente em cardiopatias mas também em patologias envolvendo uma série de sistemas, como nos casos de doenças neurológicas, pulmonares, metabólicas, pancreatites e uso de drogas, entre outras.

É de fundamental importância que o intensivista tenha conhecimento do método, principalmente em situações de emergência, quando a identificação correta de uma arritmia é salvadora.

A Sociedade Americana de Cardiologia oferece, através do ACLS, uma abordagem sistemática,[26] em que devemos analisar o eletrocardiograma através de três perguntas básicas:

1. O complexo QRS parece normal? A ausência do complexo QRS ou complexos alargados podem determinar a presença de arritmias ameaçadoras da vida, como taquicardia ou fibrilação ventriculares.
2. Há onda P? Várias arritmias são identificadas pela ausência da onda P ou ondas de despolarização atriais anormais, como fibrilação e *flutter* atriais.
3. Há uma relação entre as ondas P e os complexos QRS? No eletrocardiograma normal, cada complexo QRS é precedido por ondas P em um período de tempo de até 0,20 s. Quando isso não ocorre, ou ocorre de forma irregular, estamos provavelmente frente aos bloqueios atrioventriculares.

A abordagem oferecida pelo curso ACLS é de grande valia para os intensivistas, principalmente não-cardiologistas, e por isso sugerimos a sua realização, para treinamento adequado específico.

RADIOGRAFIA DE TÓRAX

Muitas informações podem ser obtidas a partir de uma radiografia de tórax apropriadamente realizada.

Na Unidade de Tratamento Intensivo, a radiografia é realizada na posição ântero-posterior (AP), supina ou semi-ereta. As estruturas mais bem demonstradas nessa posição são os pulmões, traquéia, tórax ósseo, diafragma, coração e vasos da base.

A imagem do coração é ampliada em virtude de a distância do filme ser menor que na projeção PA.

A posição ideal é a semi-ereta, com os ombros levados à frente o máximo possível, por rotação medial dos braços. O chassi deve ser colocado posteriormente ao paciente, com o topo do filme 5 cm acima dos ombros. O filme deve ser centralizado em relação ao porta-filme, e o raio central deve ser perpendicular ao esterno, na região da sétima vértebra torácica, 8 a 10 cm abaixo da incisura jugular. Esse posicionamento perpendicular ao esterno e não ao filme impede que as clavículas superponham-se aos ápices pulmonares. Na posição supina devemos elevar o tubo até uma distância mínima de 102 cm, embora sejam preferidas distâncias maiores. A exposição deve ser feita ao final da segunda inspiração máxima, sempre anotando a distância do tubo, e a posição, se supina ou semi-ereta.

Em posição ântero-posterior o coração parecerá maior em virtude da maior ampliação decorrente de uma distância tubo-filme menor. Possivelmente derrames e outras patologias freqüentemente indefinirão as impressões vasculares pulmonares quando comparadas à posição PA do tórax totalmente ereto. Geralmente não haverá inspiração tão completa, sendo vizualizadas apenas 8 ou 9 costelas posteriores acima do diafragma. Assim, os pulmões apresentam-se mais densos porque não estão totalmente aerados.[27]

A validade da radiografia de tórax no paciente gravemente enfermo é incontestável. Deve ser realizada após realização de procedimentos invasivos, para análise da posição adequada de tubos e catéteres e complicações desses procedimentos.

Posição inadequada de tubos endotraqueais não é rara (15%). A análise da posição do tubo em relação à carina e o grau de flexão ou extensão do pescoço deve ser rotineiramente feita. Idealmente, em um adulto jovem, o tubo deve estar posicionado entre 4 a 7 cm acima da carina do paciente, com o pescoço em posição neutra (mandíbula vizualizada projetando-se sobre o quinto ou sexto corpo vertebral cervical).

A posição adequada dos catéteres venosos centrais deve estar além das valvas mais distais. Inserções no átrio direito ou ventrículo direito são associadas a um aumento da incidência de arritmias cardíacas e perfuração com hemopericárdio e tamponamento. Trajeto não-usual pode indicar posição extravascular, localização arterial ou canulação de vasos menores como veias torácica interna ou intercostal superior esquerda, ou variações anatômicas. Além do posicionamento adequado, podemos também avaliar complicações relacionadas ao procedimento, como pneumotórax, fragmentação ou enovelamento do catéter e embolia gasosa.[28]

O Catéter de Swan-Ganz deve estar posicionado na zona III. Além das complicações relacionadas com as punções venosas, podemos ainda avaliar perfuração com hemorragia, ruptura da artéria pulmonar etc.

Balão de contrapulsação aórtico deve estar localizado na aorta torácica descendente, com porção superior localizada abaixo da veia subclávia esquerda.

A avaliação de alterações parenquimatosas deve ser criteriosa, correlacionada com a clínica e, se possível, com a tomografia de tórax.

REFERÊNCIAS BIBLIOGRÁFICAS

1. DuBose TD Jr. Clinical approach to patients with acid-base disorders. *Med Clin North Am* 1983;67:799.
2. Lever E, Jaspan JB. Sodium bicarbonate therapy in severe diabetic ketoacidosis. *Am J Med* 1983;75:263.
3. Stacpoole PW, Harman EM, Curry SH *et al.* Treatment of lactic acidosis with dichloroacetate. *N Engl J Med* 1983;309:390.

4. Greene II HL, Johnson WP, Lemcke D. *Decision-making in Medicine — an Algorithmic Approach.* 2nd ed. St. Louis: Mosby, 1998.
5. Cogan MG, Liu F, Berger BE *et al.* Metabolic alkalosis. *Med Clin North Am* 1983;67:903.
6. Javaheri S, Shore NS, Rose B, Kazemi H. Compensatory hypoventilation in metabolic alkalosis. *Chest* 1982;81:296.
7. Madias NE, Levey AS. Metabolic alkalosis due to absorption of nonabsorbable antiacids. *Am J Med* 1983;74:155.
8. Rothe KF. Hydrochloric acid for metabolic alkalosis. *Lancet* 1983;1:1332.
9. Cluitmans FHM. Management of severe hyponatremia: Rapid or slow correction? *Am J Med* 1990;88:161.
10. Marsden PA, Halperin ML. Pathophysiological approach to patients presenting with hypernatremia. *Am J Nephrol* 1985;5:229.
11. Palevsky PM, Bhagrath R, Greenberg A. Hypernatremia in hospitalized patients. *Ann Intern Med* 1996;124:197.
12. Brown RS. Extrarenal potassium homeostasis. *Kidney Intern* 1986;30:116.
13. Mandal AK. Hypokalemia and hyperkalemia. *Med Clin North Am* 1997;81:611.
14. Cox M, Sterns R, Singer I. The defense against hyperkalemia: the roles of insulin and aldosterone. *N Engel J Med* 1978;299:525.
15. Goldfarb S *et al.* Acute hyperkalemia induced by hiperglycemia: hormonal mechanisms. *Ann Intern Med* 1976;84:426.
16. Whang R. Magnesium deficiency: pathogenesis, prevale and clinical implications. *Am J Med* 1987;82(3A):25.
17. Lim P, Jacob E. Magnesium deficiency in patients on long time diuretic therapy for heart failure. *BMJ* 1972;3:602.
18. Knochel JP. The pathophysiology and clinical characteristics of severe hypophosphatemia. *Arch Intern Med* 1977;137:203.
19. Lentz RD, Brown DM, Kjelistrand CM. Treatment of severe hypophosphatemia. *Ann Intern Med* 1978;89:941.
20. MacPherson RA, Widmann RA. *Interpretação Clínica dos Exames Laboratoriais.* 11ª ed., 2000.
21. Cottini EP, Gallina DL, Domingues JM. Urea excretion in adults humans with varying degrees of kidney malfunction fed milk, egg or amino acid mixture: assessment of nitrogen balance. *J Nutr* 1973;103:11–19.
22. Heymsfield SB, Arteaga C, McManus C *et al.* Measurement of muscle mass in humans: validity of the 24-hour urinary creatinine method. *Am J Clin Nutr* 1983;37:478–94.
23. James GD, Sealey JE, Alderman M *et al.* A longitudinal study of urinary creatinine and creatinine clearance in normal subjects: race, sex, and age differences. *Am J Hypertens* 1988;1:124–31.
24. Brenner BM. *The Kidney.* 6th ed., 2000.
25. Dieusaert P. *Como Prescrever e Interpretar um Exame Laboratorial.* 2ª ed., 2001.
26. Gummin OR. *Advanced Cardiac Life Support.* American Heart Association, 1996.
27. Bontrager KL. *Tratado de Técnica Radiológica e Base Anatômica.* 3ª ed., Editora Afiliada, 1989.
28. Shoemaker WC, Holbrook PR, Grenvik A, Stephen M. *Textbook of Critical Care.* 3rd ed. Philadelphia: WB Saunders, 1995.

17 Gasometria Arterial

Joel Isidoro Costa

O termo gasometria refere-se a medidas diretas da concentração do íon hidrogênio (pH), da pressão de oxigênio (PO_2) e da pressão do dióxido de carbono (PCO_2) no sangue. De modo indireto, através de cálculos matemáticos, pode-se chegar também aos valores de saturação de oxigênio (SO_2), concentração de bicarbonato (HCO_3) e excesso ou déficit de bases existentes na amostra de sangue colhida.[1] Essa medição pode ocorrer tanto no sangue arterial quanto no sangue venoso; no entanto, encontra maior aplicação na prática da Medicina Intensiva a colheita em território arterial, devendo a análise da gasometria venosa ser reservada para situações especiais.

A gasometria arterial permite determinar diretamente a pressão do oxigênio dissolvida no plasma sangüíneo (em média, 0,3 ml/100 ml de sangue arterial), e, indiretamente, a saturação da hemoglobina pelo oxigênio;[2] no entanto, o maior conteúdo de oxigênio sangüíneo encontra-se ligado à hemoglobina. Alterações na concentração de hemoglobina possuem um impacto maior sobre a oxigenação arterial que alterações na PO_2, e a hipoxemia possui um impacto menor na oxigenação arterial se a alteração na saturação da hemoglobina não for significativa.[2] No entanto, a mensuração dessa mínima quantidade de oxigênio, através de uma gasometria arterial adequadamente realizada, possibilita a avaliação da oxigenação de órgãos e tecidos, além das informações proporcionadas pelas medidas de pH e PCO_2.

A avaliação dos gases sangüíneos arteriais tem grande importância na abordagem do doente crítico, permitindo avaliar o estado de oxigenação (PaO_2), a ventilação ($PaCO_2$) e condições ácido-básicas (pH e HCO_3) em momentos determinados, auxiliando no diagnóstico, tratamento e suporte intensivo.[3,4] A associação com outras técnicas e exames (monitorização hemodinâmica, monitorização respiratória, dosagem de lactato sérico, dosagem de enzimas cardíacas, avaliação da função renal etc.) aumenta a importância e a utilidade da gasometria arterial, tornando-a um procedimento essencial na condução do doente grave, sendo um dos exames mais utilizados nas Unidades de Terapia Intensiva (UTIs).

A obtenção das medidas dos gases sangüíneos através de métodos não-invasivos (oximetria de pulso, capnografia),[5-7] bem como através da monitorização intravascular contínua, será abordada em capítulo apropriado. A análise dos distúrbios ácido-básicos também ocorrerá em outro capítulo.[8]

HISTÓRICO

A descrição da circulação do sangue por William Harvey em 1628, o descobrimento do gás carbônico por Joseph Black em 1754, o descobrimento do oxigênio e do nitrogênio por Joseph Priestley em 1774, os estudos de Antoine Lavoisier, Pierre de Laplace, Heinrich Magnus, Lothar Meyer e Carl Ludwig entre os séculos XVIII e XX forneceram o conhecimento relativo à importância vital da presença dos gases no sangue dos seres vivos.[9,10]

Os fundamentos da gasometria arterial se respaldam nos trabalhos de Henderson, em 1908, e Hasselbalch, em 1916, que culminaram na famosa equação de Henderson-Hasselbalch, a qual descreve a relação entre pH, HCO_3 e PCO_2, proporcionando avanços na compreensão e na definição clínica dos distúrbios ácido-básicos. Em 1909, Sorensen define o pH como o logaritmo com sinal negativo da concentração de íons H^+, sendo essa a concentração mais importante de nossa homeostase, apesar de muito escassa. A criação de eletrodos de pH por Fritz Harber e Zygamunt Klemensiewicz, em 1909, e Phyllis Kerridge, em 1925, e o desenvolvimento por Donald van Slyke, em 1924, de uma técnica manométrica para quantificar os gases sangüíneos, proporcionaram métodos mais precisos, que se tornaram padrões nas análises gasimétricas para a época, até culminar na idealização do nomograma de Astrup-Andersen (1960), o qual, a partir da determinação do pH da amostra, permitia a dedução da PCO_2 da mesma. Em 1952, Leland Clark idealizou o eletrodo de PO_2, e em 1957 John Severinghaus criou o eletrodo de PCO_2, sendo então simplificados sobremaneira os cálculos, permitindo deduzir o bicarbonato (real e padrão) e o excesso de bases, abrindo caminho para as variáveis gasométricas listadas nos exames realizados atualmente.[11-14]

GASÔMETROS

A partir do desenvolvimento completo dos eletrodos de medida específicos, os gasômetros incorporaram em sua câmara de medição, sempre termorregulada a 37°C, os eletrodos de pH, PCO_2 e PO_2, submersos em um líquido adequado às suas funções, separados da câmara de medida por uma membrana (menos o eletrodo de pH).[15] Atualmente, os gasômetros possuem também eletrodos para aferição de sódio, potássio, cloro, cálcio ionizado, além de dispositivos para dosar hemoglobina, hematócrito, glicose e lactato sérico, proporcionando uma visão rápida e completa da oxigenação, da ventilação, do estado ácido-básico e do metabolismo eletrolítico e glicídico do paciente crítico. A tendência atual é o desenvolvimento de equipamentos portáteis, de fácil manuseio e simples manutenção, a fim de fundamentar a rápida tomada de decisões à beira do leito.

Os cuidados com os gasômetros incluem a calibração cuidadosa e documentada dos mesmos a intervalos programados e/ou sempre que necessário. É desejável que os aparelhos sejam calibrados a cada 12 horas, em condições normais de uso, e esse dado deve constar dos informes gasométricos. Os gasômetros devem ser exatos e precisos, considerando-se uma precisão adequada quando a variação é de $\pm$ 0,02 para o pH e de $\pm$ 2% para a PO_2 e a PCO_2. O anticoagulante com que se preenche a seringa pode ser heparina sódica líquida (pH $<$ 7), e não se deve usar mais que 1 ml de heparina para anticoagular a amostra, pelo risco de falsear para baixo a PCO_2 e o pH (erro de diluição). Atualmente, as seringas especialmente desenvolvidas para a coleta de sangue para análise gasométrica são pré-carregadas com heparina liofilizada, e colhem uma quantidade fixa de sangue (em torno de 1,5 ml), minimizando a possibilidade desse erro.

Outras causas de enganos na fase analítica são: depósito de proteínas sangüíneas na câmara de medição, falseando para baixo o pH, a PO_2 e a PCO_2; formação de microcoágulos que captam solução do lavado, resultando também num pH falsamente baixo; depósito de bactérias consumidoras de oxigênio, artificialmente baixando a PO_2 e elevando o pH e a PCO_2; depósito de prata sobre o eletrodo de PO_2, provocando a falsa elevação da mesma; e envelhecimento das membranas e dos eletrodos, causando valores erráticos nos três parâmetros. Todos esses fatores devem ser considerados pelo técnico que manuseia o aparelho, bem como pelo médico que terá a função de interpretar o informe gasométrico.

Como parte do programa do controle da qualidade, é recomendável enviar, regularmente, 1-3 ml da mesma amostra de sangue arterial a um laboratório de química para determinação do conteúdo total de CO_2, a fim de comparar essa medida com a do aparelho que habitualmente realiza as análises gasométricas do setor e assim garantir resultados absolutamente confiáveis.

Com os avanços tecnológicos, os eletrodos originais e o manuseio artesanal das amostras de sangue e dos equipamentos tendem a ser coisa do passado. Os gasômetros modernos são praticamente automáticos, possuem menos botões e circuitos, dispõem de programação própria de calibração, apresentam menores possibilidades de obstrução da câmara de medidas etc. A incorporação da informática assegura a detecção de desvios e erros, possibilita o estabelecimento de níveis de tolerância aos mesmos, dispara alarmes a partir de erros detectados e permite o arquivamento de todos os dados relacionados (calibração programada ou eventual, erros detectados, resultados de exames realizados, controles da qualidade etc.). Como a tecnologia em Medicina evolui aos saltos, a aquisição e a implantação de um gasômetro em um laboratório ou na própria UTI exigem a realização de estudos regulares de avaliação tecnológica a fim de promover a renovação e/ou o aperfeiçoamento adequados do equipamento.

TÉCNICA DE COLETA

Material

- Seringa com êmbolo de fácil deslizamento (ou dispositivos específicos para punção arterial e já heparinizados).
- Rolha de borracha.
- Frasco de heparina líquida (sódica).
- Anti-séptico iodado.
- Gazes estéreis.
- Recipiente de gelo.
- Frasco de xilocaína a 1% e seringa de uso subcutâneo (opcional).
- Luvas estéreis.

Paciente

- Devido à dor causada pela punção arterial, deve-se sempre informar o paciente sobre o procedimento, a fim de que o mesmo colabore (se o paciente está acordado e lúcido).
- Colocar o paciente em decúbito supino, de modo que a região a ser puncionada fique apoiada sobre uma superfície firme e que a musculatura ao redor fique relaxada.

Procedimento[16,17]

- Proceder à determinação prévia (palpação) do lugar de punção (nessa ordem de preferência):
  - Artéria radial.
  - Artéria braquial.
  - Artéria pediosa.
  - Artéria tibial posterior.
  - Artéria femoral.
- Realizar assepsia das mãos e usar luvas (proteção do profissional que vai realizar a coleta).
- Na punção da artéria radial, colocar o braço do paciente em superfície plana, com a palma da mão voltada para cima, e estender o punho em 30 a 45°. Pode-se usar um coxim sobre o punho, mas a hiperextensão acentuada pode obstruir o pulso. A artéria deverá ser palpada numa distância de 1-2 cm da prega do punho, lateralmente.
- Proceder à desinfecção da pele (mais trabalhosa se a artéria a ser puncionada é a femoral).
- Impregnar o interior da seringa com 1 ml de heparina, desprezando o excesso, de modo que haja mínima e adequada presença de heparina no espaço morto ($\pm$ 0,2 ml) existente entre a seringa e o bisel da agulha.
- Realizar a infiltração com xilocaína a 1% (opcional).
- Fixar a artéria entre os dedos indicador e médio, puncionar em um ângulo de 35°-45°, ou perpendicularmente em caso de artéria femoral.
- Introduzir a agulha em direção ao vaso, até que reflua sangue vermelho rutilante de maneira pulsátil, empurrando o êmbolo, e se preencha a seringa. Pode introduzir-se a agulha cuidadosamente até um plano duro e depois ir retirando-a lentamente até que o sangue reflua.

- Se não se obtém sangue após a punção, retirar lentamente a agulha até a região subcutânea (evitando nova punção dolorosa da pele), e reintroduzi-la, corrigindo sua angulação, trajetória e profundidade. É recomendável observar se não há coágulos obstruindo a seringa. A punção repetidas vezes, sem sucesso, provoca o acúmulo de sangue na agulha e na seringa, o qual pode ser de tecido subcutâneo ou de veia, o que fatalmente irá influenciar nos resultados. Nesse caso, deve-se desprezar a seringa e providenciar uma outra, devidamente heparinizada.
- Nos pacientes hipotensos e/ou hipovolêmicos, pode acontecer de não haver pulsação forte o suficiente para fazer o sangue subir e preencher a seringa. Caso haja certeza de que a agulha está no espaço intra-arterial, pode-se aspirar o sangue puxando-se cuidadosa e lentamente o êmbolo da seringa. Nessa manobra, pode haver a entrada de bolhas de ar na seringa, as quais devem ser eliminadas imediatamente após a punção.
- Uma vez extraídos 1-3 ml de sangue, apontar a seringa para cima e pressionar o êmbolo com cuidado, até ejetar algumas gotas de sangue pela ponta da agulha (a fim de eliminar as eventuais bolhas de ar). Deve-se agitar a seringa suavemente, girando-a entre as palmas das mãos durante 15-30 segundos (promovendo a mistura do sangue com a heparina) e, após, tapá-la imediatamente com uma rolha de borracha ou com o dispositivo próprio, se se trata de seringa específica para coleta de sangue arterial.
- Retirada a agulha, comprimir sobre o ponto de punção durante 5 minutos, em caso de artéria radial, ou 10 minutos, em caso de artéria femoral.
- Providenciar a identificação da seringa com os dados do paciente, a hora da coleta e as condições respiratórias do mesmo (concentração de oxigênio, uso de ventilação mecânica, parâmetros do ventilador etc.).
- Enviar rapidamente a amostra ao laboratório.
- Anotar a técnica de coleta no prontuário do paciente.

CONSIDERAÇÕES SOBRE A COLETA

- A posição do paciente tem influência nos valores de PO_2 sangüínea. Em decúbito dorsal, a PO_2 arterial é menor que na posição ereta. Em decúbito lateral, a PO_2 pode variar bastante, se houver pneumopatia assimétrica.
- A coleta de sangue para gasometria arterial deve ser sempre feita em condições de anaerobiose. Ao nível do mar, o ar atmosférico possui PO_2 de 150 mmHg e PCO_2 de 0 mmHg. Se uma amostra de sangue for contaminada com ar ambiente, essa amostra terá PO_2 alterada para mais ou para menos, caso sua PO_2 real seja menor ou maior que 150 mmHg. De modo análogo, a contaminação da amostra com ar reduz a PCO_2 da mesma, alterando para mais o valor do pH. Em vista disso, a coleta, o transporte e a análise de gasométrica do sangue devem ser feitos na presença de métodos anaeróbicos.
- Deve-se escolher preferentemente a artéria radial pelos seguintes motivos: possibilidade de realizar o teste de Allen, a fim de verificar a desobstrução do duplo sistema arterial que irriga a mão; a artéria radial está distante de nervos, ao contrário da artéria braquial; o local de punção radial é mais asséptico do que o local da punção femoral; a artéria radial encontra-se freqüentemente mais próxima da superfície, é de fácil palpação e tem menos tecidos a se interpor no trajeto da agulha, ocasionando menos dor local.
- O uso de anestésico local é opcional. A dor oriunda do procedimento é discreta, mas um paciente lúcido, submetido a punções repetidas, preferirá o anestésico local. A recomendação de anestesia local sempre em paciente acordado, pela possibilidade de a ansiedade provocar hiperventilação, não procede, desde que haja rapidez na realização da punção, não havendo tempo para alterações na PCO_2 sangüínea.
- Há controvérsias sobre qual o melhor tipo de seringa, se de vidro ou de plástico. Os favoráveis à seringa de vidro alegam que o êmbolo desliza mais facilmente, mesmo nos pacientes hipotensos, e que a seringa de plástico favorece a difusão do oxigênio para o ar ambiente através de microporosidades. Alegam ainda que as seringas de plástico retêm firmemente as bolhas de ar, necessitando de esforço adicional para removê-las, bem como necessitam de sucção ativa do êmbolo para a coleta de sangue em pacientes hipotensos. Os favoráveis à seringa de plástico alegam ser desprezível a perda de oxigênio para o ar ambiente, e que a seringa de vidro, por não ser descartável, exige desinfecção e esterilização continuamente, e esse manuseio repetitivo pode propiciar infecção. A recomendação é de que deve ser usada a seringa com a qual o operador tenha mais experiência. Atualmente, há uma tendência a se preferir dispositivos específicos para coleta de sangue arterial, descartáveis, com carga de heparina liofilizada em quantidade apropriada ao procedimento. Em relação ao calibre da agulha há concordância, e ele deve ser em torno de 23 ou 24 para a punção radial, braquial e pediosa e de 22 para a punção femoral.
- Nos casos de hipotensão severa (choque ou vigência de parada cardiorrespiratória, por exemplo), a preferência deve ser pela femoral, pois torna-se a artéria mais fácil de ser palpada nesse momento, por refletir diretamente a pressão central (aórtica).
- Em alguns casos (grandes queimados, traumatismos dos membros superiores, infecção cutânea em locais próximos a artérias preferenciais), pode ser puncionada a artéria pediosa, o que seria melhor com um escalpe de número 22 ou 23 conectado a uma seringa heparinizada, sempre observando a angulação de 35-45º para a punção.
- Caso não seja possível analisar a amostra em menos de 10 minutos, colocar a mesma em um recipiente com gelo, a mais ou menos 4ºC (para inibir o consumo metabólico da amostra, principalmente pelos leucócitos, mas também por plaquetas e hemácias), a fim de que a amostra seja analisada em no máximo 30 minutos. Após esse tempo, a amostra deve ser desprezada. A estabilidade do sangue para gases se perde em 10-15 minutos, pois o metabolis-

mo leucocitário produz rapidamente o consumo de oxigênio e o aumento do dióxido de carbono da amostra.

- Nas situações de gasometrias repetitivas, para avaliar ou mudar parâmetros de oxigenoterapia e/ou de ventilação mecânica, deve-se aguardar entre 20 e 30 minutos após a última alteração, a fim de que se estabeleça um novo equilíbrio gasoso e ácido-básico no paciente, e só então se realiza a punção arterial.
- Deve-se ter um cuidado maior com o tempo de compressão do local (ou locais) de punção em pacientes com transtornos da coagulação, quer por motivos da doença ou medicamentosos.

SITUAÇÕES ESPECIAIS

1. **Coleta a partir de um catéter arterial:** nos pacientes criticamente enfermos, em que a instabilidade hemodinâmica quase sempre está presente, é prudente monitorizar pressão arterial de modo invasivo. Nesse caso, a presença de um catéter intra-arterial permite a obtenção não-dolorosa de amostras de sangue para análise gasométrica. Inicialmente, devem ser tomadas todas as medidas de assepsia para a manipulação do catéter. Com uma seringa sem heparina, colhe-se e despreza-se cerca de 5-10 ml de sangue do catéter. A seguir, com a seringa heparinizada, colhe-se exclusivamente a amostra de sangue que será analisada (a obtenção de sangue para a realização de outros exames deve ser feita com outra seringa). A necessidade de amostras arteriais freqüentes para gasometria e outros exames (mais de 4 punções em 24 horas) indica a inserção de um catéter intra-arterial. No entanto, por tratar-se de uma prática invasiva, a indicação da mesma deve sempre ser bem avaliada, pois a facilidade da obtenção da amostra de sangue pode levar a um aumento da realização de exames nem sempre necessários, e que, pela repetição demasiada, podem causar perda sangüínea considerável, que pode requerer até reposição de sangue.[15]
2. **Coleta de artéria do lóbulo da orelha:** em Pediatria, pode ser uma alternativa caso o paciente apresente algumas das situações que dificultam ou impossibilitam a punção radial. Inicialmente, fricciona-se uma pomada vasodilatadora ou se aplicam compressas quentes no lóbulo da orelha, a fim de provocar hiperemia local (um processo chamado de arterialização do lóbulo da orelha). Com uma lanceta ou tubo capilariforme, se punciona o local e se colhe uma amostra de sangue arterializado. Nesse sangue, os valores de PCO_2 são concordantes com aqueles de sangue colhido da artéria radial. Os valores de PO_2 também se aproximam dos valores da artéria radial, mas dependem de boa técnica de arterialização do lóbulo da orelha.[18]

COMPLICAÇÕES

As complicações que podem surgir a partir da punção arterial são:

1. Dor local.
2. Traumatismo arterial.
3. Espasmo arterial.
4. Formação de trombos arteriais.
5. Sangramento com formação de hematoma.
6. Comprometimento da circulação em alguma extremidade.
7. Lesão de nervos (diretamente ou por compressão devido a hematomas).
8. Deslocamento de placas de ateroma e embolias periféricas (mais freqüentes na artéria femoral).
9. Infecção.
10. Reação de hipersensibilidade ao anestésico local.
11. Reação vasovagal – rara.

INDICAÇÕES

A realização de gasometria arterial está indicada em todas as situações clínicas em que a análise dos gases sangüíneos e do estado ácido-básico do paciente é importante para o diagnóstico e/ou tratamento do doente crítico. Assim, eventos clínicos que cursem com hipoxemia ou hiperoxemia, hipocapnia ou hipercapnia e acidose ou alcalose, isoladas ou combinadas entre si, têm indicação para a realização de gasometrias arteriais, tantas quantas sejam necessárias para o esclarecimento do quadro ou condução do caso. Da mesma maneira, o uso de técnicas de suporte intensivas (ventilação mecânica, principalmente) exige o acompanhamento sistemático das alterações dos gases sangüíneos e das condições ácido-básicas do paciente.[19-25]

As principais situações clínicas nas quais a realização de gasometria arterial pode/deve fazer parte da abordagem diagnóstica e/ou terapêutica e/ou de suporte são (por sistemas orgânicos):

1. **Sistema respiratório:** insuficiência respiratória aguda; síndrome da angústia respiratória aguda; DPOC agudizada; pneumonia grave; asma/mal asmático; trauma torácico; pós-operatório de cirurgia torácica, inclusive transplantes; uso de ventilação mecânica invasiva, não-invasiva e desmame; uso de oxigenoterapia.
2. **Sistema cardiocirculatório:** edema agudo pulmonar; embolização venosa e arterial (embolia pulmonar, embolia gordurosa);

   choque (de várias etiologias); síndromes isquêmicas agudas (angina instável, infarto agudo do miocárdio); pós-operatório de cirurgia cardíaca e de grandes vasos, inclusive transplantes.
3. **Sistema endócrino-metabólico-renal:** cetoacidose diabética; distúrbios do equilíbrio ácido-básico; insuficiência renal aguda; acidose láctica; controle de hemodiálise em IRA.
4. **Indicações gerais:** sepse/choque séptico; síndrome da disfunção de múltiplos órgãos; intoxicações exógenas; pancreatite aguda; *miastenia gravis*; polineuropatias; traumatismo cranioencefálico; traumatismo raquimedular; politraumatismo; pós-operatório de neurocirurgia; reanimação cardiorrespiratória; acidente vascular cerebral; uso de nutrição parenteral prolongada.

CONTRA-INDICAÇÕES

As contra-indicações à realização de punção arterial são:[16]

1. Circulação colateral inadequada das extremidades.
2. Anomalias arteriais locais (diminuição do pulso, fístulas, aneurismas, arterite).
3. Diátese hemorrágica (por doença ou por ingestão de anticoagulantes).
4. Infecção local ou ao longo do trajeto da artéria.
5. Reconstrução cirúrgica ou enxerto arterial.

VALORES NORMAIS

As faixas de normalidade para o pH e gases sangüíneos medidos diretamente e para as demais variáveis medidas indiretamente são vistas no Quadro 17-1.

Na análise dos dados da gasometria, há controvérsias sobre a necessidade de se corrigir os valores obtidos de acordo com a temperatura corporal do paciente. O paciente com hipertermia é mais acidótico e menos hipoxêmico do que o normotérmico. Portanto, para cada grau centígrado acima de 37°C, deve-se aumentar a PO_2 em 7% e a PCO_2 em 4,5% e, ao mesmo tempo, diminuir o pH em 0,015. No paciente com hipotermia, não há necessidade de ajuste da PCO_2 e do pH, mas os valores da PO_2 devem diminuir em 7% para cada grau centígrado abaixo de 37°C. No entanto, essas correções nem sempre são aplicadas na prática da Medicina Intensiva.

INTERPRETAÇÃO ERRÔNEA DOS RESULTADOS

As situações mais freqüentes que podem levar a erros de punção e/ou de medição e/ou de interpretação dos resultados de uma gasometria arterial são:

1. Punção venosa.
2. Punção arterial dolorosa.
3. Excesso de heparina na seringa.
4. Bolhas na amostra de sangue.
5. Mostra inadvertidamente exposta ao ar.

Quadro 17-1. **Valores normais das variáveis de uma gasometria arterial**

Sangue arterial	***Unidade***	***Limite inferior***	***Limite superior***
pH	–	7,35	7,45
PO_2	mmHg	80	100
PCO_2	mmHg	35	45
Saturação de O_2	%	95	99
HCO_3	mEq/l	23	26
CO_2 total	mEq/l	26	30
Excesso de bases	mEq/l	–4	+4

6. Tempo decorrido entre punção e análise acima de 10 minutos (sem gelo) e acima de 30 minutos (com gelo).
7. Agitação insuficiente da amostra.
8. Não-eliminação do espaço morto da seringa.
9. Não-calibração do gasômetro com a periodicidade necessária.
10. Não-realização de controles da qualidade.
11. Não-realização de manutenção preventiva do equipamento.
12. Desconhecimento da temperatura do paciente.
13. Desconhecimento da FiO_2.
14. Contagem de leucócitos acima de 50.000/mm^3.

Merece consideração a punção venosa inadvertida, fato muito comum nas UTIs. Por vezes, o doente está tão grave e hipoxêmico que as amostras de sangue arterial e venoso são visualmente muito parecidas e tendem a mostrar resultados também parecidos. Nos estados de alto débito, a PO_2 do sangue da veia braquial pode se aproximar da PO_2 do sangue da artéria braquial. Algumas características do sangue venoso: é mais escuro e tem menor ou não tem fluxo espontâneo na seringa; é também mais acidótico, com o pH menor em 0,03 a 0,15; a PCO_2 é maior em 5 a 7 mmHg; o HCO_3 é maior em 2 a 5 mEq; a PO_2 oscila entre 30 e 40 mmHg e a saturação de O_2 varia entre 55 e 65% (Quadro 17-2).[30]

Quadro 17-2. **Diferenças entre gasometria arterial e gasometria venosa**

Variável/característica	***Unidade***	***Sangue arterial***	***Sangue venoso***
Aspecto	–	Vermelho-rutilante	Vermelho-escuro
Pulsação	–	Presente	Ausente
Fluxo espontâneo na seringa	–	Presente	Ausente ou escasso
pH	–	7,35 a 7,45	7,32 a 7,42
PO_2	mmHg	80 a 100	30 a 40
PCO_2	mmHg	35 a 45	45 a 50
Saturação de O_2	%	95 a 99	55 a 65
HCO_3	mEq/l	23 a 26	28 a 33
CO_2 total	mEq/l	26 a 30	31 a 35
Excesso de bases	mEq/l	–4 a +4	0 a +4

REFERÊNCIAS BIBLIOGRÁFICAS

1. Williams AJ. Assessing and interpreting arterial blood gases and acid-base balance. *BMJ* 1998;317:1213–16.
2. Marino PL. Transporte dos gases respiratórios. *In* Marino PI. Compêndio de UTI. Porto Alegre: Ed. Artmed, 1999, pp 33–42.
3. Hetz H, Prause G, Tesar H, List WF. Preclinical blood gas analysis. Technical description, initial experiences indications. *Anaesthesist* 1996;45:750–754.
4. Petrik RR, Lugon L, Rigattto M. Gasometria arterial. Técnica, interpretação e aplicações. *Ver Assoc Med Bras* 1973;19(4):149–56.
5. Tremper KK, Barker SJ. Pulse oximetry. *Anesthesiology* 1989;70:98–108.
6. Crespo A, Carvalho AF. Capnografia. *In* Terzi RGG (ed.) Monitorização Respiratória em UTI. São Paulo: Ed. Atheneu, 1998;5:283–98.
7. van der Kleij AJ. Invasive and non-invasive PO_2 measurements en clinical practice. *Clin Hemorheol Microcirc* 1999;21:263–6.
8. Haller M. Continuous intraarterial blood gas and pH monitoring in critically ill patients with severe respiratory failure: a prospective criterios standard study. *Crit Care Med* 1994;22:580–87.
9. Severinghaus JW, Astrup P, Murray JF. Blood gas analysis and critical care medicine. *Am J Respir Crit Care Med* 1998;157:114–22.
10. Severinghaus JW, Astrup P. History of blood gas analysis. *Int Anesthesiol Clin* 1987;25(4):1–224.
11. Shapiro BA. The history of pH and blood gas analysis. *Respir Care Clin N Am* 1995;1(1):1–5.
12. Severinghaus JW. Simple, accurate equations for human blood O_2 dissociation computations. *J Appl Physiol* 1979;46:599–602.
13. Clark LC Jr. Measurement of oxygen tension: a historical perspective. *Crit Care Med* 1981;9:960–2.
14. Terzi RGG. Histórico da medida e da monitorização do intercâmbio gasoso pulmonar e do equilíbrio ácido-básico. *In* Terzi RGG, (ed.) Monitorização Respiratória em UTI. São Paulo: Ed. Atheneu, 1998;5:11–55.
15. Terzi RGG. Métodos laboratoriais e parâmetros de avaliação e monitorização do intercâmbio gasoso pulmonar. *In* Terzi RGG (ed.) Monitorização Respiratória em UTI. São Paulo: Ed. Atheneu, 1998;5:223–240.
16. Hill RA. Punção Arterial. In: Suratt PM, Gibson RS, eds. Manual de Procedimentos Médicos. São Paulo, 1984, pp 247–253.
17. Scheinhom Dj, Angelillo VA. Heparin sodium and arterial blood gas analysis. *Chest* 1978;73(2):244–5.
18. Hughes JM. Blood gas estimations from arterialized capillary blood versus arterial puncture: are they different? *Eur Respir J* 1996;9(2):184–5.
19. Kelly JP, Donoff RB. Arterial blood gases: a clinical perspective. *J Oral Surgery* 1977;35(1):34–7.
20. Pfister S, Bullas JB. Interpreting arterial blood gas values. *Crit Care Nurs* 1986;6(4):9–14.
21. Golden GT, Litwiller RW, Heironimus TW 3rd. The interpreting of arterial blood gases: a concise guide for clinicians. *South Med J* 1973;66(9):1051–6.
22. Shrake K. The ABCs of ABGs or how to interpret a blood gas value. *Nursing* 1979;9(9):26–33.
23. Dowd J, Jenkins LC. Soime problems associated with measurement of physiologic blood gases. *Can Anaaesth Soc J* 1973;20(2):129–40.
24. Mathews PC, Steele. Arterial blood and acid-base balance. *BMJ* 1999;318:734–34.
25. Bhalla A, Wolfe CDA, Rudd Ag. Management of acute physiological parameters after stroke. *Q J Med* 2001;94:167–72.
26. AARC Clinical Practice Guideline: Sampling for arterial blood gas analysis. *Respir Care* 1992;37:913–17.
27. Wijdicks EFM, Litchy WJ, Harrison BA, Gracey DR. The clinical spectrum of critical illness polyneuropathy. *Mayo Clinic Proc* 1994;69:955–9.
28. Raftin TA. Indications for blood gas analysis. *Ann Intern Med* 1986;105:390–398.
29. Sasse SA, Chen P, Mahutte CK. Variability of arterial blood gas values over time in stable medical ICU patients. *Chest* 1994;106:187–93.
30. Philips B, Peretz DL. A comparison of central venous and arterial blood gas values in the critically ill. *Ann Intern Med* 1969;70(4):745–9.

18 Distúrbios do Equilíbrio Ácido-Básico

Flávio Eduardo Nácul

O pH plasmático deve ser mantido em valores próximos ao normal para garantir atividade adequada das enzimas das quais depende a função das células, tecidos, órgãos e sistemas.

O pH plasmático é regulado basicamente por um **sistema tampão**, que se combina com ácidos ou bases para evitar alterações nas concentrações de hidrogênio. O **centro respiratório** regula a eliminação de CO_2 e conseqüentemente de H_2CO_3 do líquido extracelular, e os **rins**, que podem excretar urinas ácidas ou alcalinas, mantêm o pH plasmático dentro da faixa da normalidade.[5,8]

O sistema tampão bicarbonato é o mais importante do espaço extracelular e inclui um ácido fraco (H_2CO_3) e um sal ($NaHCO_3$). Quando um ácido forte é adicionado a uma solução contendo o tampão bicarbonato, o H^+ reage com o HCO_3^- produzindo H_2CO_3 (ácido fraco), que por sua vez forma CO_2 e H_2O. O CO_2 é eliminado pelos pulmões, enquanto a H_2O é excretada pelos rins.

$$H^+ + HCO_3^- = H_2CO_3 = CO_2 + H_2O$$

Quimicamente, os tampões mais eficientes são aqueles que atuam em soluções com pH próximas ao seu pK_a. Como o pK_a do sistema bicarbonato é de 6,1 (aproximadamente 1,4 unidades abaixo do pH do plasma), ele somente é eficaz porque o CO_2 produzido por ele pode ser eliminado pelos pulmões. Em situações de insuficiência respiratória, quando o CO_2 não pode ser adequadamente eliminado, o sistema tampão bicarbonato tem sua eficácia reduzida.

A concentração plasmática de hidrogênio e conseqüentemente o pH estão relacionados com a pressão parcial de dióxido de carbono ($PaCO_2$) e a concentração de bicarbonato (HCO_3^-,), o que pode ser observado através da fórmula de **Henderson:**

$$[H^+] = 24 \times PaCO_2/HCO_3^-$$

Se a $PaCO_2$ normal é de 40 mmHg e a concentração de HCO_3^-, é de 24 mEq/l, a concentração de hidrogênio será de 40 nanomol/l, o que equivale a um pH de 7,40 (Quadro 18-1).

***Quadro 18-1.* Relação entre a concentração de hidrogênio e o pH. Observe que a partir de uma concentração conhecida de [H⁺] pode-se saber o pH**

pH	*[H+]*
7,70	20
7,60	26
7,50	32
7,40	40
7,30	50
7,20	63
7,10	80
7,00	100

GASOMETRIA ARTERIAL

Obtenção da amostra

A determinação laboratorial do estado ácido-básico deve ser realizada por gasometria arterial, preferencialmente através de uma punção arterial. Os seguintes cuidados devem ser observados na obtenção da amostra: a) a seringa deve ter suas paredes levemente heparinizadas, b) após a coleta, recomenda-se girar a seringa para homogeneizar o sangue, c) deve-se eliminar qualquer bolha de ar e selar o orifício da agulha, d) recomenda-se transportar a amostra imediatamente para que o exame seja realizado.

Dúvidas freqüentes em relação com a amostra de sangue

1. A amostra é arterial ou venosa? Na amostra venosa, a pressão parcial de oxigênio (PO_2) geralmente é inferior a 40 mmHg e a saturação de oxigênio (SO_2) é menor que 75%.
2. Qual a interferência de uma bolha de ar presente na amostra? A PO_2 do ar ao nível do mar é de aproximadamente 160 mmHg. Assim sendo, se a pressão parcial de oxigênio arterial (PaO_2) real do paciente for inferior a 160 mmHg e a amostra contiver uma bolha de ar, a PaO_2 da amostra ficará falsamente mais elevada. Se a PaO_2 real do paciente for superior a 160 mmHg e a amostra contiver uma bolha de ar, a PaO_2 da amostra ficará falsamente reduzida. Como o

ar ambiente não contém dióxido de carbono (CO_2), a presença de uma bolha de ar reduz a pressão parcial de CO_2 arterial ($PaCO_2$).

3. Qual a interferência de um excesso de heparina na amostra? Redução do $PaCO_2$.
4. Qual a interferência da temperatura do paciente na interpretação da gasometria arterial? Se o paciente está febril, a PaO_2 e $PaCO_2$ estarão falsamente reduzidas. Se o paciente estiver hipotérmico, PaO_2 e $PaCO_2$ estarão falsamente elevadas. Para cada grau Celsius de temperatura do paciente abaixo ou acima de 37 graus Celsius, a alteração da PaO_2 é de aproximadamente 5 mmHg, e de $PaCO_2$ é de 2 mmHg, aproximadamente. Assim sendo, um paciente apresentando uma temperatura de 39 graus Celsius, $PaO_2 = 80$ mmHg e $PaCO_2 = 40$ mmHg tem na realidade $PaO_2 = 90$ mmHg e $PaCO_2 = 44$ mmHg.

Interpretação da gasometria arterial[1,2]

A interpretação da gasometria arterial é baseada na avaliação do pH, da PCO_2 e do HCO_3^- arteriais. Assim, se faz o diagnóstico dos quatro distúrbios básicos do equilíbrio ácido-básico; acidose metabólica, alcalose metabólica, acidose respiratória e alcalose respiratória (Quadros 18-2 e 18-3).

Conceito de excesso de base

O excesso de base corresponde à quantidade de ácido ou base expressa em mEq/l que se deve adicionar ao plasma para alcançar um pH de 7,40 quando a $PaCO_2$ é de 40 mmHg e a temperatura de 37 graus Celsius. O seu valor normal é de aproximadamente zero. A presença de um excesso de base com valor positivo está habitualmente associada com alcalose metabólica, enquanto um valor negativo ocorre na acidose metabólica.

ACIDOSE METABÓLICA[3,6,7]

Caracteriza-se por redução do pH e bicarbonato plasmáticos. A $PaCO_2$ costuma estar reduzida como conseqüência da hiperventilação compensatória. A $PaCO_2$ esperada para o nível de bicarbonato pode ser calculada através da seguinte fórmula:

$$PaCO_2 = 1{,}5 \times \text{bicarbonato} + 8 \pm 2$$

Exemplo 1: Se um paciente portador de acidose metabólica apresentar 12 mEq/l de bicarbonato, a $PaCO_2$ esperada é de $1{,}5 \times 12 + 8 = 24$ mmHg. Um valor superior sugere uma acidose respiratória concomitante, enquanto valores inferiores são compatíveis com uma alcalose respiratória associada.

Etiologia. A acidose metabólica pode ser causada por: a) ingestão de ácidos (salicilato); b) aumento da produção endógena de ácidos (acidose láctica, cetoacidose diabética; c) redução da excreção de substâncias ácidas (insuficiência renal); e d) perda de bases (fístula digestiva, acidose tubular renal).

Acidose láctica. O ácido láctico é produzido a partir do ácido pirúvico (formado a partir da via glicolítica ou da desaminação da alanina) numa reação catalisada pela enzima lactato desidrogenase envolvendo a conversão de um NADH em NAD^+. Logo após a sua formação, ele combina-se com o bicarbonato para a formação de lactato. No fígado ou rins, o lactato é metabolizado novamente em piruvato, que, por sua vez, pode ser transformado em glicose (neoglicogênese), num processo em que ocorre a regeneração do bicarbonato utilizado anteriormente.

Um excesso de lactato pode ocorrer quando houver aumento de sua produção ou redução de utilização. Nos estados de hipoperfusão celular (choque), ocorre aumento da produção de lactato, enquanto nos pacientes com insuficiência hepática existe uma redução da sua utilização. Em 1976, Cohen e Woods classificaram a acidose láctica em tipos A (associada à hipoperfusão tecidual) e B (não-associada à hipoperfusão tecidual). O tipo B pode estar associado a doenças ou drogas (Quadro 18-4).

O aumento da velocidade da via glicolítica pelo excesso de catecolaminas exógenas ou endógenas produz aumento na produção de piruvato e lactato, fenômeno conhecido por hiperlactatemia do estresse (Fig. 18-1). Nessa situação, a relação entre as concentrações plasmáticas de lactato e piruvato é de aproximadamente 10:1, enquanto na hiperlactatemia por hipoperfusão celular essa relação é superior a 20:1.

A patogenia da acidose láctica na sepse tem sido motivo de vários trabalhos científicos, sendo que atualmente se sabe que ela tem origem multifatorial: a) metabolismo anaeróbico das células (explicação clássica), aumento da produção de piruvato na via glicolítica (hiperlactatemia do estresse) e inibição

***Quadro 18-2.* Valores normais de pH, PCO_2 e HCO_3^- arteriais (considerando um desvio-padrão)**

Parâmetro	*Faixa normal*
pH	7,35-7,45
PCO_2 (mmHg)	35-45
HCO_3^- (mEq/l)	23-26

***Quadro 18-3.* Tipos de distúrbio ácido-básico**

Distúrbio	*pH*	*$PaCO_2$*	*Bicarbonato*
Acidose metabólica	↓	↓	↓
Alcalose metabólica	↑	↑	↑
Acidose respiratória	↓	↑	↑
Alcalose respiratória	↑	↓	↓

***Quadro 18-4.* Classificação de acidose láctica segundo Cohen e Woods**

- TIPO A: choque, parada cardíaca, anemia grave, intoxicação por monóxido de carbono, estado de mal epilético
- TIPO B: insuficiência hepática, insuficiência renal, doença de von Gierke, deficiência de tiamina, uso de fenformin, adrenalina, noradrenalina e nitroprussiato de sódio

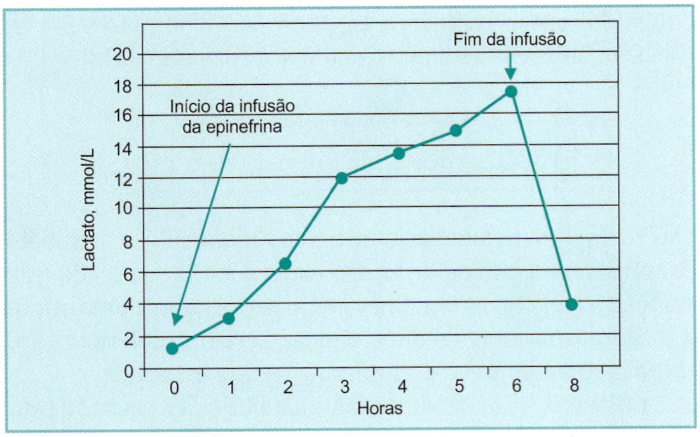

Fig 18-1. O efeito da administração de noradrenalina na concentração de lactato sangüíneo.

da enzima piruvato desidrogenase (que catalisa a reação entre piruvato e acetila-CoA).

Conceito de intervalo aniônico (AG). O AG (*anion gap*) consiste na diferença de cátions (sódio) e ânions (cloro e bicarbonato) que normalmente são mensurados no plasma.

$$AG = \text{sódio} - [\text{cloro} + \text{bicarbonato}]$$

Através do cálculo do AG (a faixa normal é de 8 a 16), pode-se dividir as acidoses metabólicas em acidoses com AG normal e AG aumentado. As acidoses metabólicas com AG normal resultam da perda de base (fístula digestiva, acidose tubular renal), enquanto aquelas com AG aumentado estão associadas ao acúmulo de ácidos (acidose láctica, intoxicação por salicilatos, cetoacidose diabética, uremia).

Relação entre ΔAG/Δ bicarbonato

Além do cálculo do AG, a relação entre a elevação do AG e a redução do bicarbonato plasmático pode ser útil na prática diária. Normalmente, a elevação do AG excede a queda dos níveis de bicarbonato, de maneira que a relação normal entre ΔAG/ Δ bicarbonato varia de 1 a 2. Uma relação inferior a 1 sugere uma acidose metabólica com AG elevado (ganho de ácidos) combinada com uma acidose metabólica com AG normal (perda de bases). Um valor superior a 2 mostra que a redução do bicarbonato é menor que a esperada e sugere a presença de uma alcalose metabólica concomitante.

Exemplo 2: Um paciente portador de diabetes melito insulino-dependente com tratamento irregular apresenta-se com dor abdominal e diarréia intensa. Os exames laboratoriais mostraram os seguintes valores: pH = 7,22; $PaCO_2$ = 25 mmHg; bicarbonato = 10 mEq/l; Na^+ = 130 mEq/l; Cl^- = 100 mEq/l. Qual o distúrbio ácido-básico?

Resposta: O paciente apresenta redução do pH e bicarbonato plasmáticos compatíveis com o diagnóstico de acidose metabólica. O AG é de 20 mEq/l, que está acima da faixa da normalidade, o que sugere uma acidose metabólica por acúmulo de ácidos. A elevação do AG em 8 mEq/l (20-12) é inferior a 14, que consiste na queda do bicarbonato (24-10). A relação ΔAG/ Δ bicarbonato é inferior a 1, indicando que também existe um componente da acidose metabólica que é secundária à perda de base. A $PaCO_2$ esperada ($1,5 \times 10 + 8 = 23$ mmHg ± 2) corresponde à $PaCO_2$ do paciente (25 mmHg). Em conclusão, os exames mostram uma acidose metabólica com AG aumentado (por cetoacidose diabética) com um componente devido à perda de base (diarréia) com uma resposta da $PaCO_2$ adequada.

Quadro clínico. Os sinais e sintomas de acidose metabólica são geralmente os da doença de base. Os pacientes usualmente apresentam aumento da freqüência respiratória. Na acidose grave (pH inferior a 7,20), ocorrem redução da contratilidade do miocárdio, vasodilatação e redução da atividade farmacológica das aminas vasoativas.

Tratamento. A causa básica deve ser corrigida. O uso de bicarbonato deve ser reservado apenas para os casos de acidose metabólica grave. O déficit de bicarbonato (DB) pode ser calculado através da fórmula: DB = 0,5 × peso (24 – bicarbonato do paciente), sendo que somente a metade do déficit deve ser reposta por via intravenosa lentamente. O uso de bicarbonato pode produzir alcalose metabólica, hipopotassemia, hipocalcemia e edema pulmonar.

ALCALOSE METABÓLICA

É um distúrbio do equilíbrio ácido-básico caracterizado por níveis elevados de pH e bicarbonato plasmáticos. Ocorre elevação da $PaCO_2$ secundária à hipoventilação como resposta compensatória. Geralmente a $PaCO_2$ eleva-se em 0,7 mmHg para cada aumento de 1 mEq/l do bicarbonato plasmático.

Etiologias. A alcalose metabólica é gerada por uma elevação na concentração de bicarbonato plasmático, perda de hidrogênio ou contração volumétrica. Como o rim apresenta grande capacidade de excretar o excesso de bicarbonato, a perpetuação da alcalose metabólica requer a presença de um grau de deficiência na excreção renal de bicarbonato.

As causas de geração da alcalose metabólica incluem vômitos, uso de sonda nasogástrica, administração de diuréticos, excesso de mineralocorticóides, hipopotassemia, administração de bicarbonato e redução do volume arterial circulante efetivo. As causas de perpetuação da alcalose metabólica incluem depleção de volume, hipopotassemia e hiperaldosteronismo.

Classificação. a) tipo salino-responsiva: associado com depleção de volume extracelular, a concentração de cloro na urina é inferior a 10 mEq/l e melhora com a administração de soro fisiológico (SF); b) tipo salino-resistente: não está associado com depleção de volume, a concentração urinária de cloro é superior a 20 mEq/l e não melhora com SF.

Quadro clínico. A alcalose metabólica pode causar confusão mental, parestesias, tetania e crises convulsivas. A alcalose reduz a oferta tecidual de oxigênio porque desvia a curva de dissociação da hemoglobina para a esquerda.

Tratamento. O tratamento consiste em tratar a causa básica. Na alcalose metabólica salino-responsiva, deve-se administrar soro fisiológico. Pacientes com hipopotassemia devem receber reposição de potássio. Se o excesso de mineralocorticóides for a causa provável, pode-se utilizar espironolactona. A acetazolamida, inibidor da anidrase carbônica, que apresenta efeito diurético e também provoca acidose tecidual, pode ser utilizada em pacientes com alcalose metabólica e edema.

ACIDOSE RESPIRATÓRIA

A acidose respiratória é um distúrbio do equilíbrio ácido-básico caracterizado por elevação da $PaCO_2$ (hipoventilação) e redução do pH plasmático. A concentração de bicarbonato no plasma está geralmente aumentada, numa tentativa de compensar o distúrbio primário. Para cada aumento de 10 mmHg da $PaCO_2$, o bicarbonato plasmático eleva-se 1 mEq/l agudamente e 3,5 mEq/l em situações crônicas.

O volume-minuto ($\dot{V}m$) é o volume de ar eliminado pelos pulmões por minuto e corresponde à soma da ventilação alveolar ($\dot{V}A$) e da ventilação do espaço morto ($\dot{V}_{EM}$). A ventilação alveolar ocorre quando existe troca gasosa entre o ar e sangue, enquanto a ventilação do espaço morto ocorre quando não há troca gasosa. A ventilação alveolar é o produto entre a freqüência respiratória (FR) e o volume corrente (VC) menos a $\dot{V}_{EM}$ que é o produto da FR pelo volume do espaço morto.

$$\dot{V}m = \dot{V}A + \dot{V}_{EM}$$
$$\dot{V}m = FR \times VC$$
$$\dot{V}_{EM} = FR \times \text{espaço morto}$$

Assim sendo, se um paciente apresenta um VC de 500 ml, FR de 12 e $\dot{V}A$ de 3 l/minuto, pode-se chegar à conclusão de que o espaço morto corresponde a 250 ml, pois, $\dot{V}m = 12 \times 500 = 6.000$; $\dot{V}m = 6.000 - 3.000 = 3.000$; espaço morto $= 3.000/12 = 250$ ml.

A $PaCO_2$ corresponde à razão entre a quantidade de CO_2 produzida no metabolismo e transportada aos pulmões por minuto ($\dot{V}CO_2$) e o CO_2 eliminado pelos pulmões (VA), como pode ser demonstrado na seguinte fórmula.

$$PaCO_2 = \dot{V}CO_2 \times 0{,}863/\dot{V}A$$

Aplicando as fórmulas acima, pode-se calcular a $PaCO_2$ de um paciente a partir dos parâmetros conhecidos: FR = 24, VC = 300 ml, volume de espaço morto = 150 ml e produção de CO_2 = 300 ml/min. Inicialmente calcula-se o $\dot{V}m$ ($24 \times 300 =$ 7,2 l/min) e a $\dot{V}_{EM}$ ($24 \times 150 = 3{,}6$ l/min). A ventilação alveolar é de 3,6 l/min (7,2 – 3,6), e a $PaCO_2$ corresponde a $300 \times 0{,}863/3{,}6 = 71{,}9$ mmHg.

Etiologia. A acidose respiratória é secundária a hipoventilação alveolar, que pode ser causada por depressão do sistema nervoso central por drogas, doença pulmonar obstrutiva crônica, asma grave e edema pulmonar grave.

Quadro clínico. Além de dispnéia e cianose, podem ocorrer agitação, sonolência, cefaléia e arritmias cardíacas.

Tratamento. Consiste na resolução da causa básica e em medidas para melhorar a ventilação alveolar (fisioterapia, broncodilatadores, antibióticos e ventilação mecânica, dependendo da causa) e reduzir a produção de CO_2 (combater a febre, reduzir a atividade muscular e a resposta inflamatória).

ALCALOSE RESPIRATÓRIA

A alcalose respiratória é um distúrbio do equilíbrio ácido-básico caracterizado por elevação do pH e redução da $PaCO_2$ plasmáticos (hiperventilação). Ocorre redução do bicarbonato para tentar compensar o distúrbio primário. Para cada redução da $PaCO_2$ de 10 mmHg o bicarbonato plasmático diminui 2 mEq/l agudamente e 5 mEq/l em situações crônicas.

Etiologia. A alcalose respiratória é causada por situações de hiperventilação como ansiedade, sepse, crise asmática inicial, hepatopatia e ventilação mecânica inadequada.

Quadro clínico. Confusão mental, parestesias, tetania, crises convulsivas e arritmias cardíacas.

Tratamento. Consiste em tratar a causa básica.

CONCEITO DE *STRONG ION DIFFERENCE*

Strong ion difference (SID) é a diferença entre a concentração de cátions (sódio, potássio, magnésio e cálcio ionizado) e ânions (cloro e lactato) do plasma. Segundo alguns autores, a SID é o principal determinante do equilíbrio ácido-básico pois reflete de maneira bastante adequada o balanço entre cargas positivas e negativas do espaço extracelular. A redução da SID (< 38) estaria relacionada com o surgimento de acidose metabólica, enquanto a sua elevação (> 42) estaria associada com o aparecimento de alcalose metabólica. Assim sendo, as condições que reduzem a SID, como hipercloremia e hiponatremia, produzem acidose, e situações que elevam a SID, como hipocloremia e hipernatremia, provocam alcalose.

O conceito de SID explicaria a acidose metabólica conseqüente à administração de soro fisiológico. Como a concentração de cloro no soro fisiológico é maior que a de Ringer lactato (154 mEq/l *vs*. 130 mEq/l), a administração excessiva de soro fisiológico pode produzir acidose metabólica através do desenvolvimento de hipercloremia (e redução do SID), o que não ocorre com o uso de Ringer lactato.

REFERÊNCIAS BIBLIOGRÁFICAS

1. Adrogue HJ, Madias NE. Management of life-threatening acid-base disorders. First of two parts. *N Engl J Med* 1998;338:26–34.
2. Azam MF, Peruzzi WT. Acid- Base Balance and Blood Gas Interpretation. *In* O'Donnell JM, Nácul FE: *Surgical Intensive Care Medicine*, Boston – Kluwer Academic 2001, pp 131–146.
3. Belommo R, Ronco C. The pathogenesis of lactic acidosis in sepsis. *Curr Opin Crit Care* 1999;5:452–457.
4. Fontana JR, Rainey TG. Fluid Resuscitation. *In* O'Donnell JM, Nácul FE: *Surgical Intensive Care Medicine*, Boston – Kluwer Academic, 2001, pp 52–69.
5. Kellum JA. Acid-base physiology in the post-Copernicanera. *Curr Opin Crit Care* 1999;5:429–435.
6. Mizock B, Falk J. Lactic acidosis in critical illness. *Crit Care Med* 1992;20:80–93.
7. Mizock BA. Metabolic derangements in sepsis and septic shock. *Crit Care Clin* 2000, 16:319–336.

19 Procedimentos e Métodos de Diagnósticos em UTI – Intubação Traqueal

Rosa Goldstein Alheira Rocha • Cid Marcos David

Independentemente da forma de comprometimento sistêmico, as condutas básicas de manutenção da homeostase orgânica devem priorizar a adequação da oxigenação e da ventilação.

Em inúmeras situações de atendimento ao paciente grave, a abordagem da via aérea é o primeiro passo. Estabelecer e manter uma via aérea pérvia para ventilação e oxigenação adequadas torna-se imperativo em quadros como diminuição do nível de consciência, hipoperfusão tecidual ou insuficiência respiratória. Três mecanismos são os principais responsáveis por eventos respiratórios adversos durante o acesso às vias aéreas: ventilação inadequada (38%), intubação esofágica (18%) e intubação difícil (17%).

O acesso às vias aéreas inferiores, como a intubação e a traqueostomia, são importantes técnicas, mas que não substituem as primeiras manobras da ressuscitação, como a permeabilização das vias aéreas e a ventilação.[5] Nessa fase, máscaras faciais, máscaras de Venturi e ambu são utilizadas conforme o grau de comprometimento respiratório.[4] A presença de apnéia torna necessário iniciar a ventilação manual para preparar para intubação traqueal.

A inspeção clínica para identificação de lesões de traquéia ou de coluna cervical, a observação de movimentos torácicos, a ausculta de tórax e do pescoço permitem avaliar o paciente quanto à desobstrução da via aérea e à existência ou não de esforço respiratório, que, em conjunto com a determinação do nível de consciência, são cruciais para a definição do momento e do método a ser empregado para ventilação e oxigenação.

Se o paciente não tem lesão cervical e respira espontaneamente, deve-se proceder a tríplice manobra que permite uma via aérea pérvia à entrada de gás. O profissional, colocado à cabeceira do leito, posiciona o paciente de modo a produzir extensão suave do pescoço, elevação da mandíbula e abertura da boca

Em indivíduos inconscientes que não estão intubados, dispositivos orofaríngeos (Guedel) podem ser utilizados, para impedir a queda da base da língua.[2] Esses dispositivos devem ter tamanho adequado (são disponíveis em vários tamanhos) e ser colocados com a técnica correta. Dispositivos nasofaríngeos são alternativas na presença de trismo e trauma maxilofacial. Durante o suporte manual da via aérea, deve ser usado equipamento que permita administrar fluxos e concentrações de oxigênio elevados.

O sucesso da ventilação manual depende da manutenção da via aérea aberta, correta adaptação da máscara-face, administração de volume-minuto ótimo. Sempre que houver necessidade, deve ser colocada cânula de Guedel. Um pequeno coxim pode ser colocado sob o occipital, e o profissional coloca-se atrás da cabeça do paciente. A base da máscara do ambu é posicionada entre o lábio inferior e o queixo, e o ápice sobre o nariz, com cuidado para não atingir os olhos. A correta colocação dos dedos ao redor da máscara e sobre a mandíbula permite a leve pressão da mesma sobre a face, suave extensão do pescoço e elevação da mandíbula. A rotação suave do punho causa uma leve extensão do pescoço. A existência ou suspeita de lesão cervical modifica a abordagem. A parte anterior do colar cervical é removida, e um profissional faz a fixação, sem tração e prevenindo a flexão, a extensão e a rotação do pescoço.

A ventilação manual deve prover um volume-minuto ótimo. O volume dos reservatórios está entre 1,0 e 1,5 litro; compressões muito rápidas podem produzir hiperventilação e distensão gástrica. O volume corrente administrado é estimado de acordo com a expansibilidade torácica conseguida e a ausculta. A facilidade ou dificuldade com que são conseguidas as compressões permite avaliar potenciais vazamentos ou resistências patológicas.

Se o paciente está em apnéia, são feitas de 12 a 16 compressões por minuto, e se há movimentos espontâneos as compressões devem ser sincronizadas. O fluxo de oxigênio deve estar em torno de 15 l/min.[4]

A ventilação manual deve ser continuada enquanto se prepara a intubação traqueal ou até que se reverta a causa da ventilação inadequada.[8] A oximetria de pulso é um equipamento complementar valioso durante toda a ventilação assistida.

INDICAÇÕES

Basicamente as indicações de acesso às vias aéreas inferiores são:

1. Parada cardiorrespiratória.
2. Coma Glasgow Score < 9.
3. Proteção das vias aéreas inferiores.
4. Indicação de ventilação e oxigenoterapia. Insuficiência respiratória.
5. Choque.
6. Aspirações de secreções.

MÉTODOS

O acesso às vias aéreas inferiores pode ser feito através de:

1. Intubação orotraqueal
   A técnica pode ser por:
   - Laringoscopia.
   - Método digital.
   - Retrógrada.
2. Intubação nasotraqueal.
3. Combitubo. Máscara laríngea.
4. Cricotireostomia (agulha ou cirúrgica).
5. Traqueostomia (padrão e percutânea).

INTUBAÇÃO TRAQUEAL

As vantagens da intubação orotraqueal são isolar a via aérea da via digestiva, reduzir as broncoaspirações, facilitar a ventilação mecânica à pressão positiva, uso de altas frações de oxigênio, realizar aspiração de secreções e administrar drogas.

A via orotraqueal é a mais recomendável na maioria das circunstâncias, inclusive quando há suspeita de lesão cervical. A intubação nasotraqueal está reservada para profissionais mais experientes nesse tipo de abordagem, quando existem riscos de epistaxe e se o procedimento prolonga a interrupção da oxigenação/ventilação.[1]

Avaliação clínica

Inicialmente procede-se à avaliação clínica. A possibilidade de haver lesão cervical é fundamental, pois as manobras durante a intubação podem acentuar a lesão. Nessa situação as manobras devem ser feitas associadas à estabilização da coluna.

A avaliação do grau de dificuldade da intubação traqueal, embora não se disponha de tempo nas emergências, é possível nas intubações eletivas. São importantes a situação clínica, o estado volêmico e hemodinâmico e as vias aéreas. Na avaliação de grande dificuldade do método sob laringoscopia, podem ser realizados técnicas alternativas, como a intubação com o paciente acordado, fibroscopia flexível ou métodos cirúrgicos. Identificar eventual lesão cervical, trauma de face, sangramento oral, nasal ou faríngeo, cicatrizes, limitação da abertura da boca (doença temporomandibular). O grau de dificuldade pode ser avaliado pela mobilidade do pescoço, pelo grau de abertura da boca (pelo menos três dedos), pela presença de micrognatia, pelo tamanho da língua, pela distância tireomentoniana, que deve ser maior de três dedos e de 6 cm, pela classificação de Mallampati e de Cormack e Lehane (Figs. 19-1 e 19-2). Embora às vezes a avaliação não possa ser feita com a técnica adequada, quando possível ela é de grande valor.

Preparo do material

- São necessários material para aspiração, laringoscópio, mandril (estilete), tubo traqueal, pinça de Magill, anestésico local, lubrificante, ambu e máscara, fonte de oxigênio e vácuo. Quando possível, material para ressuscitação.
- A escolha do tubo traqueal pode ser orientada como descrito no Quadro 19-1. Os tubos traqueais devem ter balonetes de alta complacência.

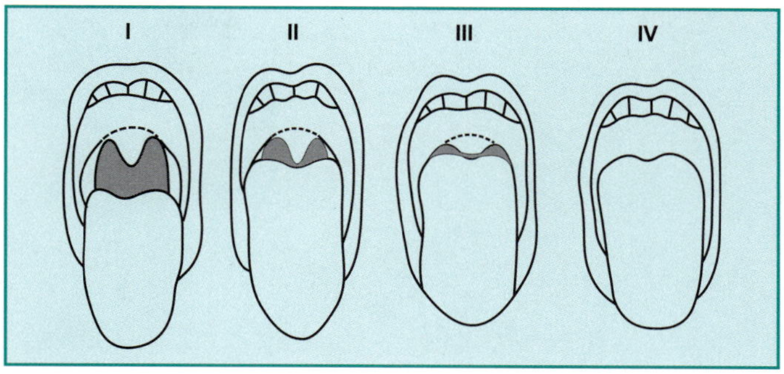

Fig. 19-1. Classificação de Mallampati para avaliação do grau de dificuldade da intubação traqueal. O paciente fica com a cabeça em posição neutra, com a boca totalmente aberta . Os tipos III e IV prevêem grande dificuldade de intubação orotraqueal.

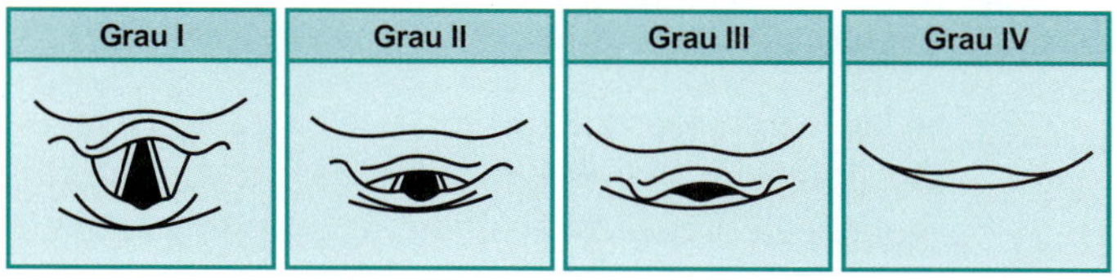

Fig. 19-2. Classificação de Cormack e Lehane. Realizada por visualização laringoscópica. Os tipos III e IV sugerem grande dificuldade na intubação traqueal.

- Monitorização: ECG e oximetria de pulso.

A intubação traqueal mais usada é a sob laringoscopia.

Metodologia

1. O preparo da paciente para intubação exige posicionamento adequado do paciente e do operador. Podem ser necessárias a descompressão e a aspiração gástrica.
2. Realizam-se oxigenação ($FiO_2 = 100\%$) e ventilação previamente com ambu-máscara e é feita aspiração das secreções da cavidade oral.
3. Sedação (deve prover amnésia), anestesia local e bloqueio neuromuscular quando necessário. A anestesia tópica com *spray* é feita na base da língua, parede posterior do faringe e fossas tonsilares bilaterais. A dose utilizada de lidocaína

Quadro 19-1. Escolha do tamanho do tubo traqueal e a sua introdução

Idade (anos)	*Diâmetro interno (mm)*	*Profundidade de inserção (cm)*
6-9	6,0	17-19
10-12	6,5	20-21
13-14	7,0	21-22
15-16	8,0	22-23
> 16 (masculino)	8,5-9,0	22-24
> 16 (feminino)	8,0-8,5	22-23

* Crianças abaixo de 6 anos de idade não devem usar tubo com balonete.

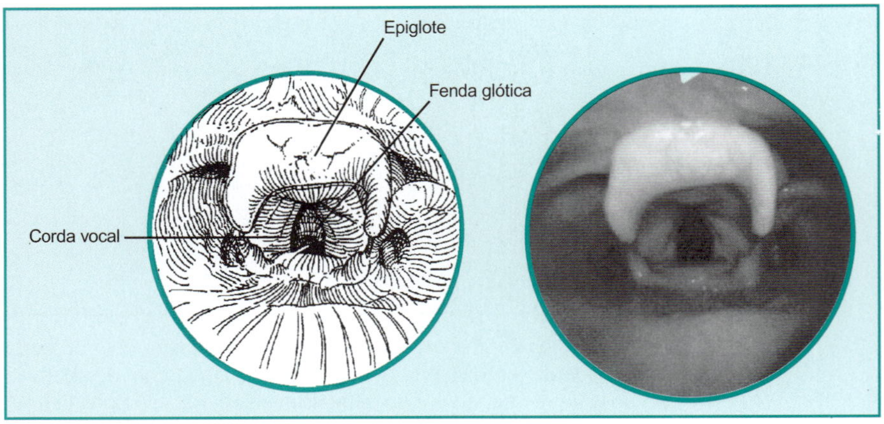

Fig. 19-3. Estruturas da laringe. A visualização da epiglote, das cordas vocais e da fenda glótica é essencial. (Ver *Prancha* em *Cores*.)

não deve exceder 200 a 300 mg, pois é absorvida com muita facilidade pelas mucosas.

- Sedação e analgesia. Ação curta, inicio rápido e reversão potencial são os requisitos para a escolha dos agentes empregados. Nenhum agente isoladamente consegue efeitos satisfatórios, e geralmente é administrado mais de um. O estado volêmico do paciente e a função cardíaca devem ser considerados para a escolha da droga e da dose. São sugeridos fármacos como o fentanil, cuja ação pode ser revertida com naloxona, midazolam (antagonizado pelo flumazenil), etomidato, que pode ser utilizado em TCE, porém tem como efeitos adversos a precipitação de trismo e mioclonia e não é revertido por outro fármaco.

- Bloqueio neuromuscular. A succinilcolina tem ação rápida e curta duração de ação, pode causar fasciculações e está contra-indicada na lesão ocular, relativamente no TCE e na hiperpotassemia. Pode precipitar hipertermia maligna em pacientes com história familiar ou pessoal dessa patologia. Outros agentes despolarizantes com início rápido e curta duração de ação também são utilizados.

4. O paciente deve ser ficar imobilizado e posicionado com retificação dos eixos oral, faríngeo e laríngeo. Para isso estende-se e eleva-se a cabeça cerca de 10 cm (coxim). Pode-se comprimir a cartilagem cricóide em direção posterior para evitar aspirações (manobra de Sellick), pois essa manobra produz oclusão do esôfago.
5. Laringoscópios devem ser testados. Lâminas de laringoscópio devem estar disponíveis em mais de um tamanho, do tipo reta e curva.
6. Durante a manobra de intubação orotraqueal, após abertura adequada da boca, o laringoscópio (previamente testado) é seguro com a mão esquerda e introduzido na cavidade oral, desviando-se a língua levemente para a esquerda, e, após a visualização das estruturas da laringe (Fig. 19-3), procede-se à introdução do tubo traqueal. A introdução do tubo deve ser suficiente para que o balonete ultrapasse 2 cm das cordas vocais. O laringoscópio deve ser elevado, e nunca deve ser feita alavanca nos dentes incisivos. Quando se usa a lâmina curva, a ponta do laringoscópio é colocada na valécula e elevada a epiglote, com exposição das cordas vocais. Com a lâmina reta, a ponta do aparelho ultrapassa a epiglote (Fig. 19-4). A manobra não deve durar mais de 30 segundos. Fa-

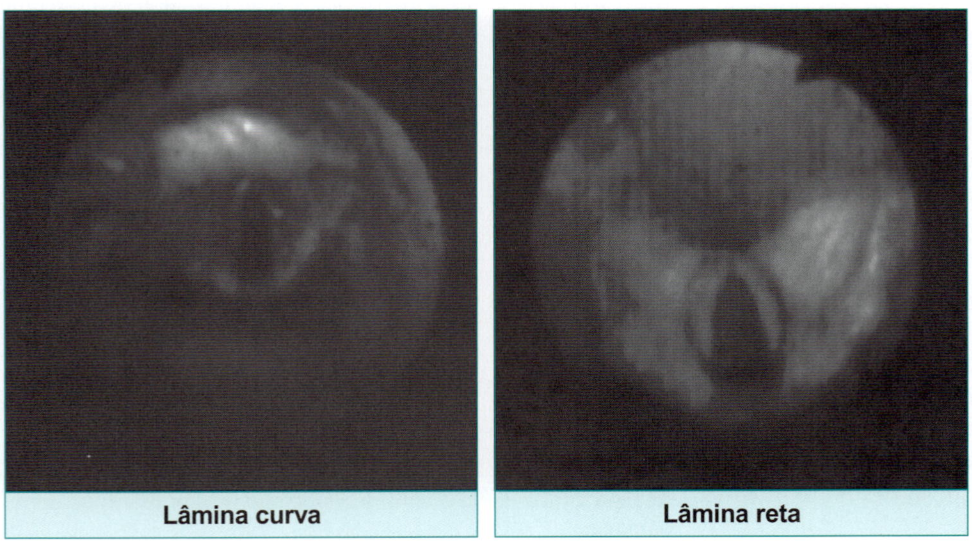

Fig. 19-4. Uso do laringoscópio com lâminas curva e reta. (Ver *Prancha* em *Cores*.)

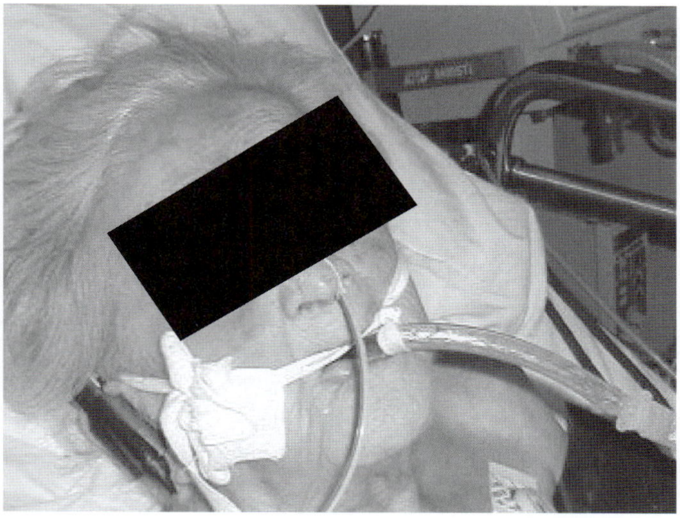

Fig. 19-5. Intubação orotraqueal.

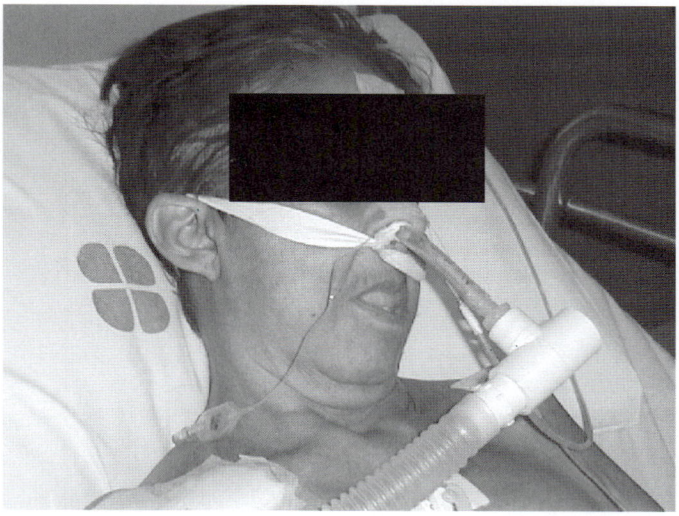

Fig. 19-6. Intubação nasotraqueal.

lhando, ventile e oxigene por no mínimo 1 min antes de nova tentativa. Após a intubação, deve-se certificar do posicionamento correto e fixar o tubo (Fig. 19-5). A extremidade distal do tubo traqueal deve ficar 2 a 3 cm acima da carina.

7. O posicionamento correto pode ser feito pela expansão torácica e a ausculta pulmonar, a presença de vapor na expiração, a transiluminação e a $PETCO_2$. A radiografia do tórax deve ser rotineiramente realizada.
8. Deve-se monitorizar a pressão do balonete a cada 12 horas, mantendo sua pressão inferior a 20 mmHg.

As complicações mais comuns da intubação são trauma do trajeto de acesso (lacerações, fraturas dentárias), hipoxemia, arritmias cardíacas, intubação esofagiana e broncoaspiração.

A técnica retrógrada de intubação traqueal é uma alternativa em casos de via aérea difícil.

Intubação nasotraqueal

Sua realização é com tubo traqueal mais fino, e não é mantida por tempo prolongado (< 3 dias). Deve ser preferido o método às cegas quando houver impossibilidade de realizar laringoscopia direta e quando houver lesão da coluna cervical.

Está contra-indicada nas lesões da base do crânio e lesão facial e em distúrbios da coagulação. No método às cegas, não pode haver apnéia.

Além de complicações traumáticas, associa-se com infecções das vias aéreas superiores (sinusites) e dificulta as aspirações de secreções das vias aéreas inferiores (Fig. 19-6).

Abordagens alternativas

Às vezes a intubação traqueal não pode ser realizada. Nessas situações, podem ser utilizadas outras técnicas de acesso às vias aéreas, como o combitubo, a cricotireotomia, a máscara laríngea e a ventilação translaríngea por agulha ou cirúrgica.

Combitubo

Indicado para casos de intubação difícil.[5] Pode ser utilizado para manutenção da via aérea enquanto é preparada a intubação traqueal.

Facilita o acesso para ventilação Após a introdução, insuflam-se os balonetes faringiano e distal. Pelo posicionamento da ponta distal do tubo, a insuflação de gás vai identificar sua posição (Fig. 19-7). Quando a ponta estiver no esôfago, ventila-se através da via que está na faringe. Não deve ser usado em pacientes menores de 16 anos de idade ou com altura inferior a 1,5 m.

Máscara laríngea

A máscara laríngea é um tubo com balonete em forma de cachimbo para acesso às vias aéreas inferiores, que é posicionada na faringe e atrás da língua (Fig. 19-8).

Está indicada em pacientes com intubação difícil, na intubação auxiliada por fibrobroncoscopia, em situações de emergência, quando não se pode realizar a intubação traqueal (traumas), e na manutenção da via aérea, enquanto é realizado acesso cirúrgico às vias aéreas inferiores. Pode ser usada para ventilação quando a ventilação por máscara é difícil.[3]

A máscara laríngea não protege da aspiração em caso de regurgitação e vômitos.

Ventilação translaríngea

A cricotireotomia está indicada na emergência quando houver impossibilidade de intubação traqueal. Pode ser realizada por agulha, técnica que oxigena bem, mas ventila mal, ou por cricotireotomia.

A cricotireotomia cirúrgica é realizada através da incisão da membrana cricotireóidea, alargamento do orifício com uma pinça e introdução da cânula (tubo) (Fig. 19-9). Não deve ser realizada em crianças pequenas.

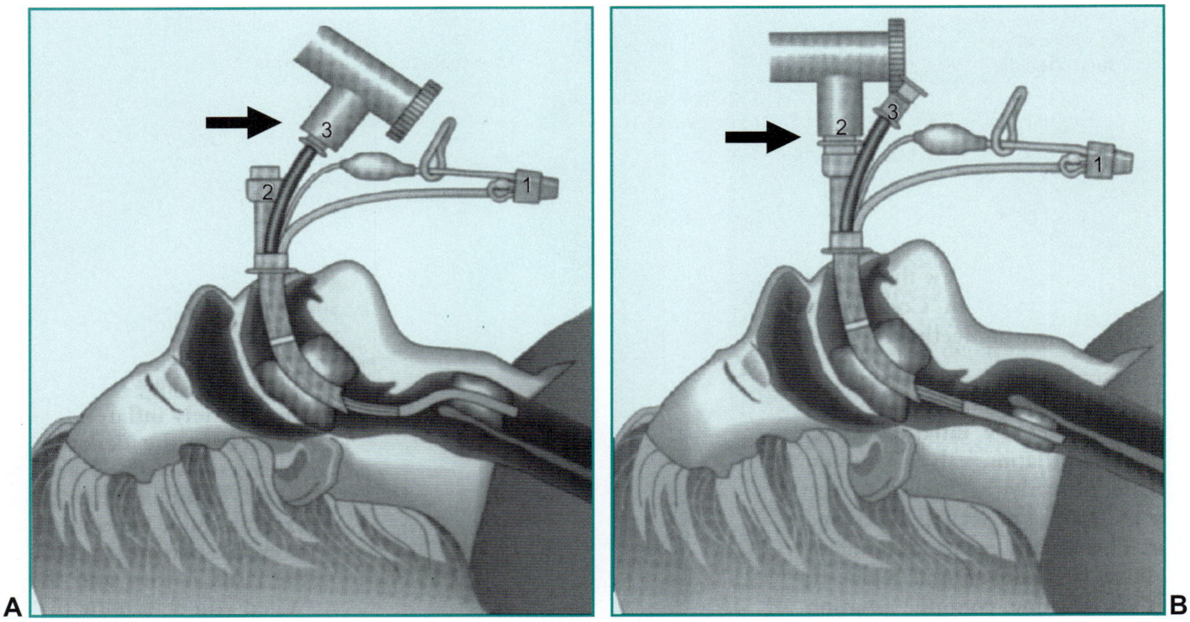

Fig. 19-7. Combitubo. A via usada para ventilação depende da posição da extremidade distal do tubo (seta e números 2 ou 3).

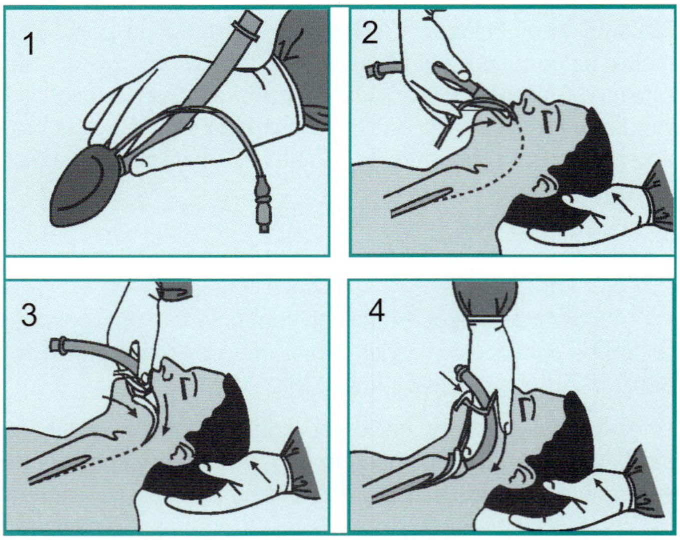

Fig. 19-8. Máscara laríngea. Posicionamento. Adaptado de FCCS, 3ª edição.

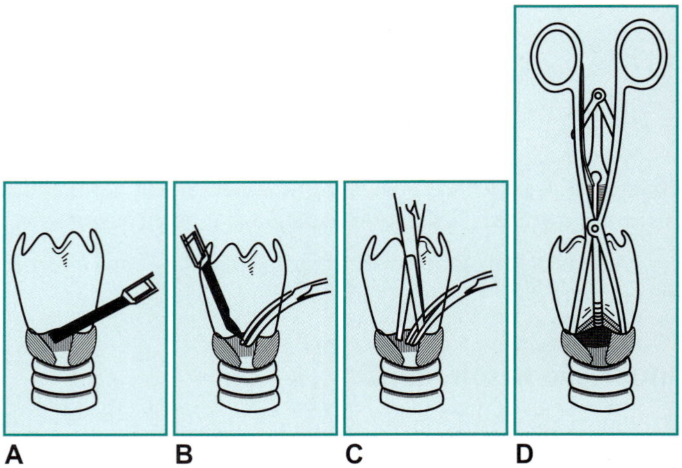

Fig. 19-9. Técnica para acesso às vias aéreas por cricotireotomia.

Tubos endobrônquicos com duplo lúmen

São indicados na Terapia Intensiva para ventilação pulmonar independente (patologias predominantes unilaterais), para isolamento pulmonar (p. ex., hemorragia maciça), em fístulas brônquicas e em cirurgias das vias aéreas inferiores.

A fixação do tubo é um fator essencial. Deslocamentos são freqüentes.

Vias aéreas difíceis

É importante seu reconhecimento para a escolha da técnica a ser utilizada, a necessidade de especialistas e a possível necessidade de acesso cirúrgico. Na Fig. 19-10 está descrito um algoritmo para acesso às vias aéreas difíceis.

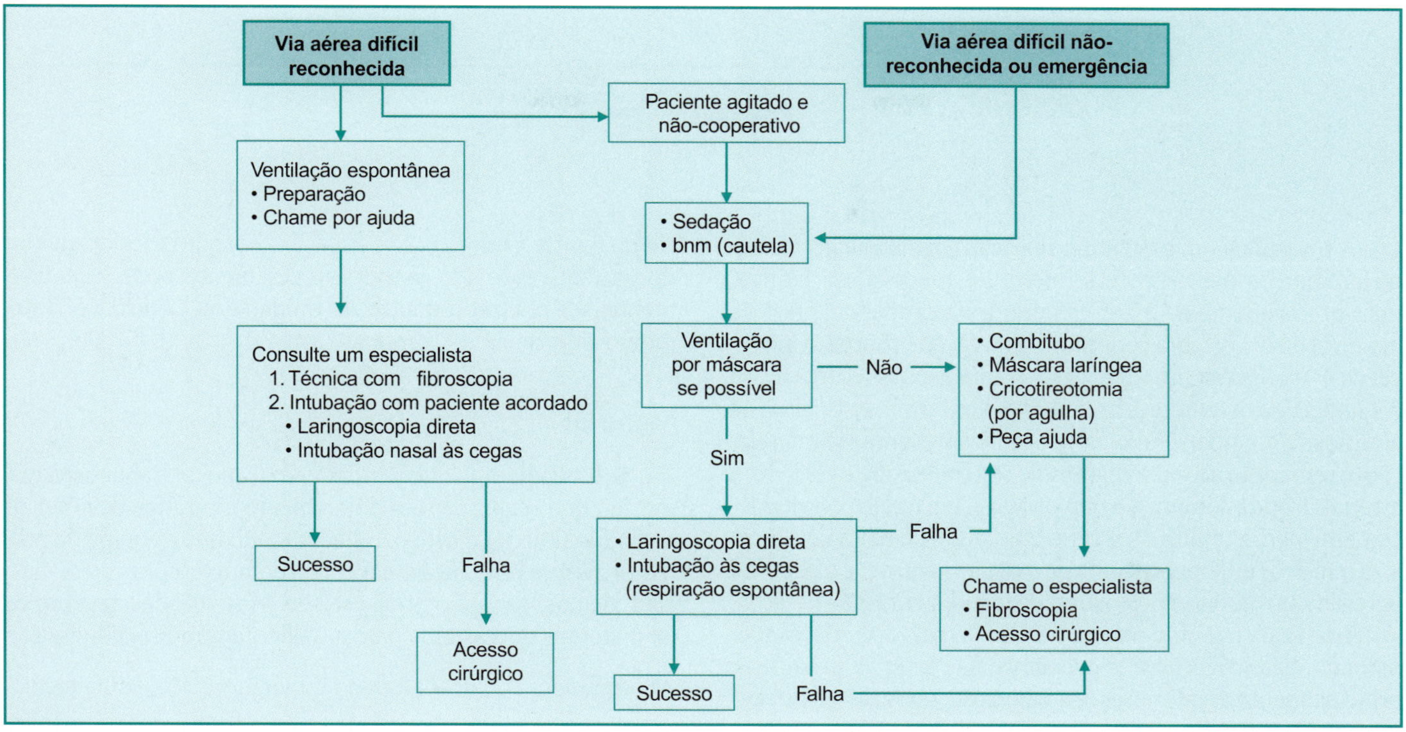

Fig. 19-10. Algoritmo para vias aéreas difíceis. Adaptado.[6]

REFERÊNCIAS BIBLIOGRÁFICAS

1. Adjuncts for Oxigenation, Ventilation and Airway Control. *In Guidelines 2000 for Cardiopulmonary Resuscitation and Emergency Cardiovascular Care. Circulation* 2000;102 (suppl 1):1–95.
2. Alexander R, Hodgson P, Lomax D. A comparison of a larigeal mask airway and Guedel airway, bag and facemask for manual ventilation. *Anaesthesia* 1993;48:231.
3. Brain AI. The laryngeal mask: a new concept in arway management. *Br J Anaesth* 1983;55:801.
4. Dorges V, Ocker H, Hagelberg S, Wenzel V, Idris AH, Schumucker P. Smaller tidal volumes with room air are not sufficient to ensure adequate oxigenation during bag-valve-mask ventilation. *Resuscitation* 2000;44:37.
5. Frass M, Frenzer R, Rauscha F, Weber H, Packer R, Leithner C. Evaluation of esophageal tracheal Combitube in cardiopulmonary resuscitation. *Crit Care Med* 1986;15:609.
6. Fundamental Critical Care Support - Airway Management. *Society of Critical Care Medicine.* 3rd edition. 2001. p. 2.
7. Kelly JJ. Use of tube condensation as an indicator of endotracheal tube placement. *Ann Emerg Med* 1998;31:575.
8. Ncgowan P, Skinner A. Preoxigenation: the importance of a good facemask seal. *Br J Anaesth* 1995;75:777.
9. Pepe PE, Copass MK, Joyce TH. Orehospital endotracheal intubation: rationale for training emergency medical medical personnel. *Ann Emerg Med* 1985;14:1085.

Traqueostomia

Cláudio Piras

A traquéia é uma estrutura fibrocartilagínea cilíndrica anteriormente e plana posteriormente. Estende-se da laringe, mais precisamente da margem inferior da cartilagem cricóide (no nível da 6ª vértebra cervical), à bifurcação brônquica (no nível da 4ª ou 5ª vértebra torácica). A traquéia possui cerca de 18 a 22 anéis cartilagíneos incompletos, em forma de C. Situa-se anteriormente ao esôfago, com o qual apresenta íntima relação, e tem como acompanhantes de seu trajeto, de cada lado, a artéria carótida comum e o nervo vago. Tem trajeto cervical levemente para a direita e posterior, situando-se cerca de 1,5 cm a 2,0 cm profundamente à pele. Na região cervical, a traquéia é parcialmente coberta pelo istmo da glândula tireóide (2º ao 4º anel traqueal), fato importante durante a realização da traqueostomia. Sua irrigação é proveniente das artérias tireóideas, principalmente as inferiores, e a inervação pelos ramos do nervo vago direito e esquerdo (nervos laríngicos superiores e inferiores). Para se atingir a traquéia a partir da pele, devemos ultrapassar as seguintes camadas: pele, fáscia cervical superficial e músculo platisma, músculo esterno-hióideo, músculo esternotireóideo e fáscia cervical profunda (fáscia pré-traqueal). Especial atenção deve ser dada às veias jugulares anteriores, que estão dispostas lateralmente e bem próximas à linha média do pescoço.

A traqueostomia é um procedimento de acesso cirúrgico às vias aéreas superiores, descrito desde a era antes de Cristo, com o objetivo primordial de aliviar ou transpor obstruções que impedissem a respiração. Era, portanto, procedimento realizado em situações de emergência. Nas últimas duas décadas, entretanto, sua utilização tem sido estendida a várias outras situações, tornando-a um procedimento mais freqüente, principalmente nas Unidades ou Centros de Tratamento Intensivo.[2,9,15,16,23]

INDICAÇÕES

A traqueostomia está indicada, de forma clássica, para o alívio de obstruções das vias aéreas superiores, controle das secreções nessas vias e suporte ventilatório na falência respiratória.[5,11,30-34,36,55,60] Nessa última indicação, não é a primeira escolha mas substitui o uso do tubo endotraqueal no suporte ventilatório prolongado, tendo a capacidade de diminuir a incidência de estenose laríngica e traqueal.[3] Outras indicações seriam a de diminuir o espaço morto anatômico e o trabalho muscular respiratório, levando a uma melhora na ventilação e na oxigenação.

TÉCNICA[35,49,68,70,79]

Local

A traqueostomia é raramente um procedimento de emergência, portanto deve ser realizado, sempre que possível, dentro do Centro Cirúrgico. Nas situações em que o deslocamento do paciente é de alto risco, o procedimento pode, eventualmente, ser realizado dentro da Unidade ou Centro de Tratamento Intensivo.

Material

É fundamental que entendamos que a traqueostomia, mesmo que realizada fora do ambiente cirúrgico, deve ter os mesmos cuidados e rotinas, necessitando que a equipe de profissionais que venham a atuar esteja equipada com gorro, máscara, óculos, capote e luvas estéreis. A seguir descreveremos os materiais necessários para a realização do procedimento:

1. Anti-séptico (álcool iodado, povidine, clorexedina etc.).
2. Caixa de pequena cirurgia contendo campo fenestrado, compressa e gaze.
3. Anestésico (lidocaína a 2% com ou sem vasoconstritor).
4. Seringa de 10 ml ou de 20 ml.
5. Agulha hipodérmica de 40/12 (uma unidade) e de 30/7 (uma unidade).
6. Fio cirúrgico monofilamentado 3-0 ou 4-0 (uma unidade).
7. Lâmina de bisturi para cabo nº 3 (nºs 10, 11, 12 e 13) ou para cabo nº 4 (nºs 21, 22 e 23).
8. Cânula de traqueostomia com calibre adequado ao tamanho e à idade do paciente (uma unidade).

Equipe

É necessária a presença do cirurgião, de um auxiliar e, dependendo do local, do tipo de anestesia a ser realizada e da gravidade do paciente, de um anestesista. Este será responsável pelo procedimento anestésico, se necessário, pelo manuseio do tubo orotraqueal, se presente, pela oxigenação do paciente e pela avaliação e suporte dos sinais vitais.

Posição do paciente

O paciente é colocado em decúbito dorsal, com um coxim colocado transversalmente sob os ombros, de forma que o pescoço fique hiperestendido.

Anestesia

A traqueostomia pode ser, na maioria das vezes, realizada por anestesia local. Uma sedação associada faz com que o paciente tolere melhor o procedimento. Eventualmente há a necessidade de o paciente ser submetido a uma anestesia geral.

Procedimento

Após anti-sepsia e colocação do campo operatório fenestrado, palpamos a linha média cervical com o intuito de identificar a cartilagem cricóide e os primeiros anéis cartilagíneos da traquéia. A incisão, anteriormente vertical e de rápido acesso, foi aos poucos sendo substituída pela incisão transversa, mais estética, no nível do segundo anel traqueal (Fig. 19-11).

Incisada a pele, fazemos a incisão do platisma e visualizamos a fáscia cervical superficial (Fig. 19-12).

Após a abertura da fáscia cervical superficial, identificamos os músculos esternotireóidos, e os afastamos lateralmense. Esta manobra leva a um menor sangramento. Afastados os músculos esternotireóideos, podemos identificar, logo abaixo, a fáscia pré-traqueal (Fig. 19-13).

Aberta a fáscia pré-traqueal, identificamos o istmo da glândula tireóide (Fig. 19-14).

Em seguida afastamos o istmo da glândula tireóide cranialmente para visualizarmos o 2º, 3º e 4º anéis traqueais (Fig. 19-15).

Nesse momento devemos definir a forma de abertura da traquéia para a introdução da cânula de traqueostomia. Essa abertura pode ser feita pela retirada de um fragmento da parede anterior da traquéia, de forma quadrangular (Fig. 19-16), uma secção transversal entre os anéis traqueais, uma incisão longitudinal com secção de dois ou três anéis traqueais, uma incisão em T ou T invertido com secção de um ou dois anéis traqueais, ou uma incisão em cruz com secção de dois anéis traqueais (Fig. 19-17).

Em qualquer situação em que haja secção de cartilagem traqueal devemos prender, por meio de pontos, as margens da cartilagem seccionada, para que não haja aspiração de fragmento de cartilagem durante a colocação da cânula de traqueostomia. Um dado importante que não deve ser esquecido é de que o primeiro anel traqueal deve ser sempre poupado, com o objetivo de se evitar lesões na laringe. Também é nossa opinião que a retirada de tecido da parede traqueal leva a um risco maior de evolução para estenose traqueal. Portanto, sempre que possível, optamos por incisão transversal entre o 2º e o 3º anel traqueal, sem secção e retirada de anéis traqueais.

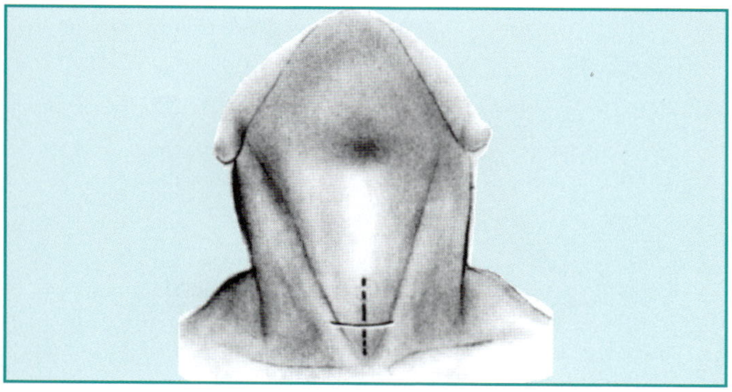

Fig. 19-11. Posição da incisão transversa.

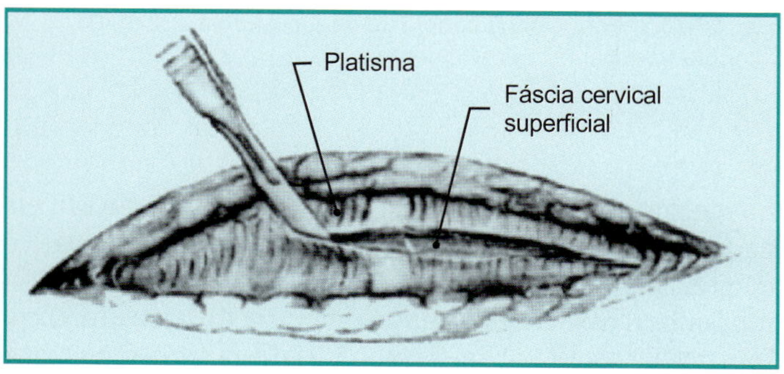

Fig. 19-12. Músculo platisma sendo seccionado transversalmente e expondo a fáscia cervical superficial.

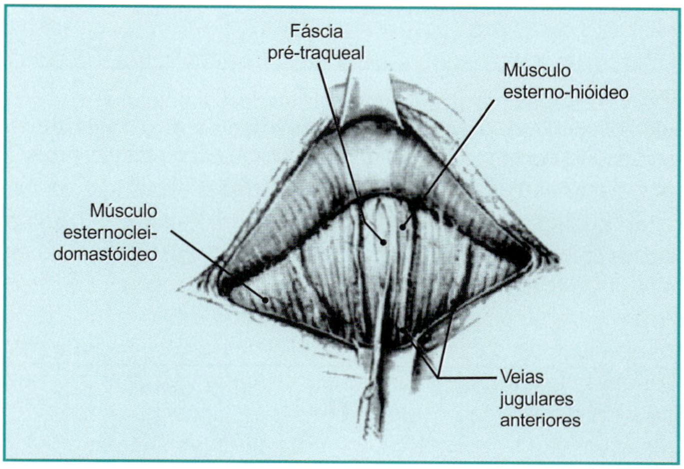

Fig. 19-13. Secção longitudinal para permitir o afastamento, em bloco, dos músculos esterno-hióideo e esternotireóideo. O tecido que aparece sob esses músculos é a fáscia pré-traqueal.

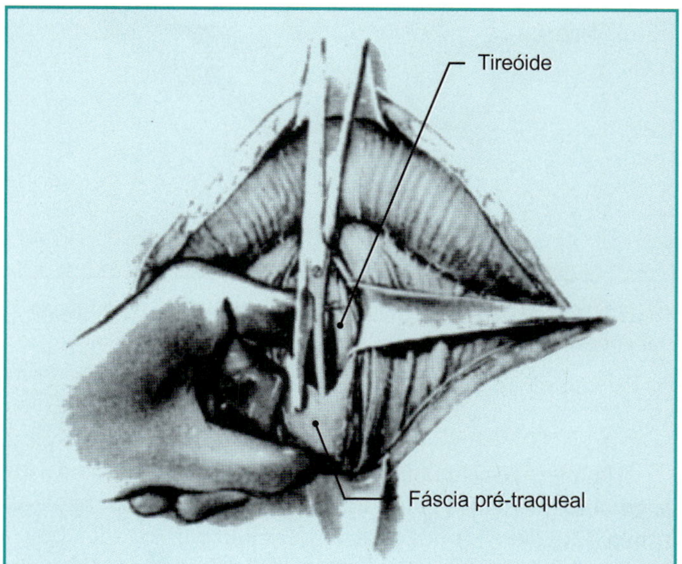

Fig. 19-14. Aberta a fáscia pré-traqueal, podemos identificar a glândula tireóide, seu istmo sobre os anéis traqueais e parte de seus lobos, direito e esquerdo.

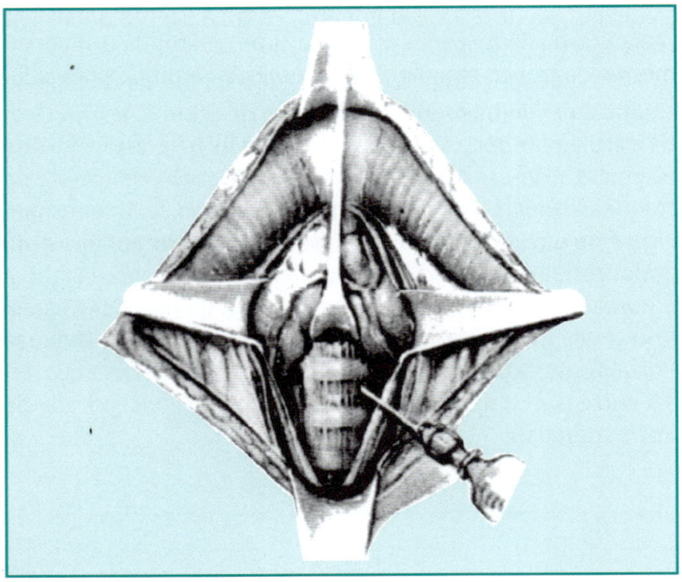

Fig. 19-15. Istmo da glândula tireóide afastado cranialmente, possibilitando a visualização dos anéis traqueais. Nos pacientes acordados, podemos injetar lidocaína no interior da traquéia para se evitar tosse no momento da colocação da cânula de traqueostomia.

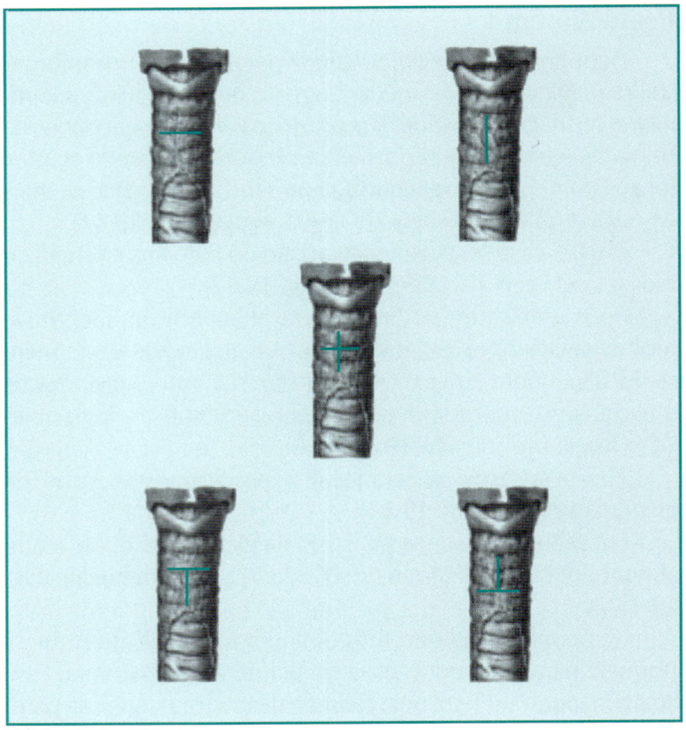

Fig. 19-17. Tipos de secção traqueal alternativas.

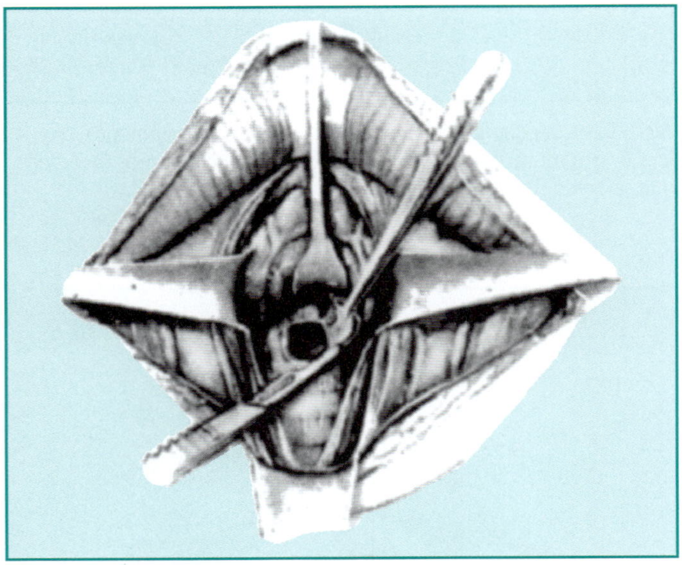

Fig. 19-16. Retirada de fragmento da parede anterior da traquéia para permitir a colocação da cânula de traqueostomia.

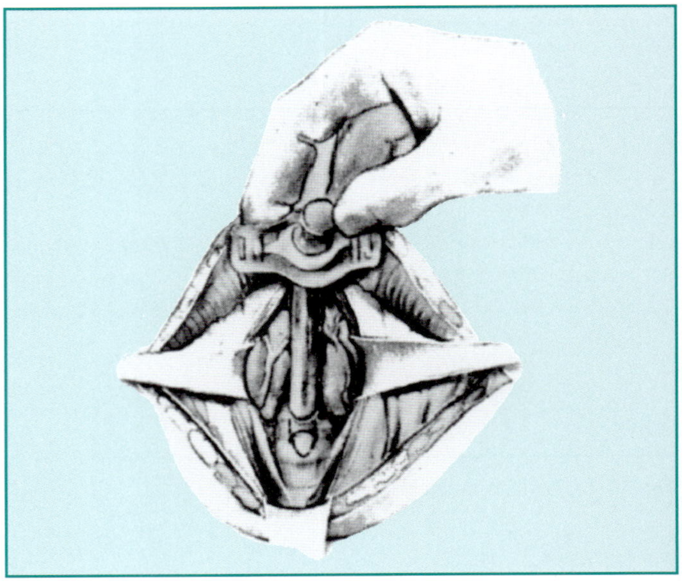

Fig. 19-18. Introdução da cânula de traqueostomia através da abertura traqueal feita previamente.

Uma vez realizada a secção ou mesmo a retirada de um segmento, passamos para a introdução da cânula de traqueostomia. Esta deve ter um calibre adequado para o tamanho e a idade do paciente e deve ser bem lubrificada com lidocaína *spray*, para facilitar a sua introdução (Fig. 19-18).[8]

Com a cânula introduzida e o balonete inflado, passamos para a fixação da cânula, que pode ser feita com fio, fita ou mesmo através de pontos na pele. Essa última é útil em pacientes muito agitados ou tosse freqüente, com o objetivo de prevenir a decanulação acidental. Findo o procedimento, retiramos o coxim e elevamos a cabeceira do paciente. O curativo deve ser feito com a colocação de gazes estéreis, que devem ser trocadas diariamente ou sempre que estiverem úmidas.

CUIDADOS COM A TRAQUEOSTOMIA

Depois de realizada a traqueostomia, devemos confirmar sua posição através de uma radiografia de tórax. A pressão do balonete deve ser medida e mantida a uma pressão não superior a 20 mmHg.[4] Pressões superiores levam a compressão da mucosa traqueal e isquemia, com necrose e formação de erosões que podem sangrar ou se regenerar por fibrose, com conseqüiente estreitamento traqueal. Nos pacientes que estiverem com nível de consciência adequado e sem suporte respiratório, o balonete poderá permanecer desinflado, desde que não haja evidências de aspiração de saliva ou secreção digestiva. Nos períodos de uma hora antes e uma hora depois das refeições, os balonetes devem permanecer inflados. Sangramento deve sempre ser observado, e o curativo deve ser trocado diariamente ou sempre que estiver úmido. A presença de secreção salivar ou digestiva é um sinal de alerta. Quando presentes, devemos excluir a presença de fístulas traqueoesofágicas. Quando houver dificuldade em se excluir tal diagnóstico, o azul de metileno se torna útil. Cuidado fundamental com a cânula é evitar-se o acúmulo e ressecamento de secreções na mesma, através do uso judicioso de nebulização e hidratação dos pacientes, principalmente nos que estiverem sem suporte respiratório. A troca da cânula deve ser feita cerca de 7 a 10 dias após a traqueostomia e de 15 a 20 dias nas trocas subseqüentes.[27] A posição da cânula e sua fixação devem sempre ser checadas para se evitar sua migração para o brônquio ou mesmo a decanulação acidental, quando da movimentação do paciente ou do seu manuseio (durante banho, troca de lençóis etc.). Nos casos em que ocorra a decanulação antes do terceiro dia, a recolocação da cânula pode vir a ser uma tarefa muito difícil, o que nos leva a acreditar ser uma boa conduta a intubação orotraqueal em vez de tentar recolocar a cânula de traqueostomia. Uma vez obtido acesso às vias aéreas, a recolocação da cânula de traqueostomia pode ser feita de forma eletiva e sem incorrer em risco adicional. Se nesse período for necessária a troca da cânula, estando ela no local, podemos fazer a troca da mesma com o uso de um guia.

COMPLICAÇÕES[6,17,73,76]

As complicações podem ocorrer durante o procedimento, logo após ou tardiamente.

Complicações peroperatórias[65,72,77]

As complicações peroperatórias mais freqüentes são sangramento, lesão nervosa, lesão da glândula tireóide, secção inadvertida da parede posterior da traquéia, colocação da cânula em posição inadequada e arritmias.

Sangramento. O sangramento pode ser discreto ou vultoso. As lesões vasculares acometem mais freqüentemente as veias jugulares anteriores, vasos tireoidianos inferiores e veia tireóidea ima. A lesão das veias jugulares anteriores ocorre quando do afastamento dos músculos esterno-hióideos. A lesão dos vasos tireóideos inferiores e da veia tireóidea ima decorre da dissecção feita abaixo do istmo da tireóide ou quando de seu afastamento cranial. Os sangramentos mais volumosos decorrem de lesão da veia jugular interna, artéria carótida comum ou mesmo do tronco braquiocefálico. As lesões arteriais podem levar a exsanguinação e devem ser prontamente corrigidas com suturas vasculares. A lesão da veia jugular interna pode ser comprimida e posteriormente suturada ou mesmo ligada.

Nervos. O nervo vago pode vir a ser seccionado, o que acarretaria comprometimento da musculatura abdutora da prega vocal, levando a distúrbios da fonação.

Glândula tireóide. As lesões na glândula tireóide levam a algum grau de sangramento e podem ser corrigidas por suturas hemostáticas.

Traquéia. A lesão da parede posterior da traquéia deve obrigatoriamente ser identificada durante o procedimento e deve ser prontamente corrigida, após excluirmos lesão esofágica concomitante. Caso haja presença de lesão esofágica, esta deve, da mesma forma, ser corrigida de imediato. O não-reconhecimento da secção da parede posterior da traquéia, principalmente quando esta está acompanhada de lesão da parede anterior do esôfago, pode levar a fístula traqueoesofágica, complicação grave e potencialmente fatal.

Posição da cânula. Durante a colocação da cânula, é possível a formação de um falso trajeto e a mesma ser deixada entre a traquéia e a fáscia cervical profunda, o que acarretaria pneumomediastino e pneumotórax. Outra possibilidade é a colocação da cânula de forma seletiva dentro de um dos brônquios principais. Essa última é mais freqüente em pacientes de pescoço curto ou quando o acesso à traquéia é feito abaixo do 4º anel traqueal (dependendo do tamanho da cânula e do biotipo do paciente).

Arritmias. Decorrem do estímulo vagal durante a manipulação cirúrgica, que pode levar até a parada cardíaca.

Complicações precoces

As complicações precoces mais freqüentes são pneumomediastino, pneumotórax, embolia gasosa e a fístula traqueoesofágica.

Pneumomediastino e pneumotórax. Decorrem, geralmente, de suturas feitas na pele com o intuito de diminuir a superfície cruenta da incisão. Outra causa possível é a ruptura alveolar decorrente de ventilação com pressão positiva.

Embolia gasosa. Entrada de ar através da lesão de veias jugulares anteriores em pacientes hipovolêmicos.

Fístula traqueoesofágica. Quando da secção inadvertida da parede posterior da traquéia e da parede anterior do esôfago. Quando ocorre tardiamente, decorre da compressão do balonete contra a parede da traquéia e da presença de sonda nasogástrica rígida no esôfago.

Complicações tardias[66]

Entre as complicações tardias, encontramos infecção, sangramento, obstrução da cânula, fístula traqueoesofágica, fístula traqueocutânea, cicatriz hipertrófica, traqueomalacia e estenose traqueal.

Infecção. Ocorrem traqueobronquites e pneumonias, sendo a origem a migração de germes pela ferida operatória ou por aspiração do conteúdo gástrico.

Hemorragia. Quando ocorrem tardiamente, são graves e levam à morte com freqüência. Decorrem da erosão da parede da traquéia e do tronco braquiocefálico pela compressão do balonete. Podem ser causadas, também, por ulcerações da mucosa pela compressão do balonete e pela formação de tecido de granulação. Nesses casos, o sangramento é menos intenso e de mais fácil controle.

Obstrução da cânula. Secreções no interior da cânula podem ressecar e obstruir a sua luz. Para se evitar tal complicação, são necessárias uma umidificação adequada, boa hidratação do paciente, aspiração da cânula e sua troca periódica.

Fístula traqueoesofágica. Devida à compressão do balonete sobre a parede da traquéia e à presença de sonda nasogástrica no esôfago.

Fístula traqueocutânea. A permanência prolongada da cânula de traqueostomia pode levar à formação de tecido de granulação, que não permite uma cicatrização completa do pertuito.

Cicatriz hipertrófica. Depende de predisposição do paciente, de infecção e trauma excessivo aos tecidos.

Traqueomalacia e estenose traqueal. São conseqüências da compressão excessiva do balonete sobre a mucosa traqueal. A mais freqüente é a estenose, resultante de isquemia, necrose e formação de tecido fibrótico. Ocorre em cerca de 12% das traqueostomias.

REFERÊNCIAS BIBLIOGRÁFICAS

1. Barnett MO, Chmiel SS, Windchy AM, Deeley S, Kniejski M. Customized stoma prosthesis for permanent tracheostomy patients with sleep apnea syndrome. *Ear Nose Throat J* 1987;66(4):141–7.
2. Bause H, Dost P, Kehrl W, Walz MK, Schultz-Coulon HJ. Puncture tracheotomy versus conventional tracheostomy. An interdisciplinary discussion. *Hno* 1999;47(1):58–70.
3. Berlauk JF. Prolonged endotracheal intubation vs. tracheostomy. *Crit Care Med* 1986;14(8):742–5.
4. Bernhard WN, Yost L, Joynes D, Cothalis S, Turndorf H. Intracuff pressures in endotracheal and tracheostomy tubes. Related cuff physical characteristics. *Chest* 1985;87(6):720–5.
5. Bosch JD, Cuyler JP. Home care of the pediatric tracheostomy: our experience. *J Otolaryngol* 1987;16(2):120–2.
6. Bowdler DA, Emery PJ. Tracheostomy tube fatigue. An unusual cause of inhaled foreign body. *J Laryngol Otol* 1985;99(5):517–21.
7. Breneman JC, Bradshaw A, Gluckman J, Aron BS. Prevention of stomal recurrence in patients requiring emergency tracheostomy for advanced laryngeal and pharyngeal tumors. *Cancer* 1988;62(4):802–5.
8. Capuano U, Ferrara JJ. A modified endotracheal tube for tracheostomy. *Crit Care Med* 1986;14(5):521–2.
9. Ciaglia P, Firsching R, Syniec C. Elective percutaneous dilatational tracheostomy. A new simple bedside procedure; preliminary report. *Chest* 1985;87(6):715–9.
10. Corke CF, Somerville ID, Reid PM, Keyworth SA, Goodwin JE. Oxygen therapy and minitracheostomy. *Anaesthesia* 1985;40(8):820.
11. Cowan T, Op't Holt TB, Gegenheimer C, Izenberg S, Kulkarni P. Effect of inner cannula removal on the work of breathing imposed by tracheostomy tubes: a bench study. *Respir Care* 2001;46(5):460–5.
12. Criner G, Make B, Celli B. Respiratory muscle dysfunction secondary to chronic tracheostomy tube placement. *Chest* 1987;91(1):139–41.
13. Crow S, Carroll PF. Changing the suction catheter each time you enter a tracheostomy: necessity or waste? *Nurs Life* 1985;5(3):44–5.
14. Czermak B, Knoflach A, Ofner D, Klima G, Margreiter R. Permanent tracheostomy in rats. *Z Exp Chir Transplant Kunstliche Organe* 1990;23(4):241–3.
15. Dahl JB, Mouridsen P, Wernberg M. Minitracheostomy. *Ugeskr Laeger* 1987;149(23):1535–7.
16. Dayal VS, el Masri W. Tracheostomy in intensive care setting. *Laryngoscope* 1986;96(1):58–60.
17. De Carle B. Tracheostomy care. *Nurs Times* 1985;81(40):50–4.
18. Deutsch ES. Early tracheostomy tube change in children. *Arch Otolaryngol Head Neck Surg* 1998;124(11):1237–8.
19. Dommerich S, Graumuller S, Kramp B. Late sequelae of percutaneous tracheotomy compared to epithelized tracheostomy. *Otolaryngol Pol* 2001;55(1):47–51.
20. Dulguerov P, Gysin C, Perneger TV, Chevrolet JC. Percutaneous or surgical tracheostomy: a meta-analysis. *Crit Care Med* 1999;27(8):1617–25.
21. Eliachar I, Levine SC, Tucker HM. A modified technique for tubeless tracheostomy. *Otolaryngol Head Neck Surg* 1986;94(5):548–52.
22. Eliachar I. Unaided speech in long-term tube-free tracheostomy. *Laryngoscope* 2000;110(5 Pt 1):749–60.
23. Fediaev IM, Stoliarenko PI. Use of tracheostomy in maxillofacial surgery. *Klin Khir* 1985(12):21–3.
24. Fletcher EC, Miller J, Schaaf JW, Fletcher JG. Urinary catecholamines before and after tracheostomy in patients with obstructive sleep apnea and hypertension. *Sleep* 1987;10(1):35–44.
25. Fornataro-Clerici L, Zajac DJ. Aerodynamic characteristics of tracheostomy speaking valves. *J Speech Hear Res* 1993;36(3):529–32.
26. Fuller RA. Optimizing care for the infant with a tracheostomy. *Neonatal Netw* 1986;5(2):55–61.
27. Galichet F. Change of the cannula in a patient with tracheostomy. *Soins* 1986(483–484):III-IV.
28. Gierek T, Majzel K, Markowski J, Iwanowski P, Szewczyk P. Plastic tracheostomy tube of Luer's type. *Otolaryngol Pol* 1998;52(4):499–501.
29. Gomes MN, Kroll S, Spear SL. Mediastinal tracheostomy. *Ann Thorac Surg* 1987;43(5):539–43.
30. Hanning CD. Minitracheotomy: a simple alternative to tracheostomy in obstructive sleep apnoea. *Thorax* 1989;44(9):766.
31. Hart AM, Cashman JN, Baldock GJ, Dick JA. Minitracheostomy in the treatment of sputum retention. *Intensive Care Med* 1987;13(1):81–2.
32. Hasan A, McGuigan J, Morgan MD, Matthews HR. Minitracheotomy: a simple alternative to tracheostomy in obstructive sleep apnoea. *Thorax* 1989;44(3):224–5.

33. Heffner JE, Hess D. Tracheostomy management in the chronically ventilated patient. *Clin Chest Med* 2001;22(1):55–69.

34. Heffner JE, Miller KS, Sahn SA. Tracheostomy in the intensive care unit. Part 2: Complications. *Chest* 1986;90(3):430–6.

35. Heffner JE, Miller KS, Sahn SA. Tracheostomy in the intensive care unit. Part 1: Indications, technique, management. *Chest* 1986;90(2):269–74.

36. Iudin IB, Klepikov, II, Prokopenko ID, Gabinskii SA, Vusik GV. Microtracheostomy in the treatment of acute bronchogenic destruction of the lungs in children. *Vestn Khir Im I I Grek* 1987;138(3):109–10.

37. Jennings P. Iatrogenic subglottic stenosis leading to tracheostomy in childhood. *Lancet* 1987;2(8559):631.

38. Kamen RS, Watson BC. Effects of long-term tracheostomy on spectral characteristics of vowel production. *J Speech Hear Res* 1991;34(5):1057–65.

39. Kennelly C. Tracheostomy care: parents as learners. *MCN Am J Matern Child Nurs* 1987;12(4):264–7.

40. Koyande D, Lalkaka JA, Shenoy S, Nachane DM, Deshpande DV. A unique indication for doing tracheostomy. *J Assoc Physicians India* 1987;35(3):249.

41. Kuwabara Y, Sato A, Mitani M, et al. Use of omentum for mediastinal tracheostomy after total laryngoesophagectomy. *Ann Thorac Surg* 2001;71(2):409–13.

42. Lapshin VN, Biderman FM, Kiriliuk IG. Puncture tracheostomy at the prehospital stage. *Vestn Khir Im I I Grek* 1985;135(12):118–9.

43. Lawton MB, Abadee P. Aspiration of a tracheostomy plug. *Arch Phys Med Rehabil* 1987;68(5 Pt 1):318.

44. Lewis VL, Jr., Manson PN, Stalnecker MC. Some ancillary procedures for correction of depressed adherent tracheostomy scars and associated tracheocutaneous fistulae. *J Trauma* 1987;27(6):651–5.

45. Lieberman ME, Malmgren LT, Woo P, Colton RH. The effect of tracheostomy on posterior cricoarytenoid muscle. *Laryngoscope* 1986;96(10):1073–82.

46. Lund T, Goodwin CW, McManus WF, et al. Upper airway sequelae in burn patients requiring endotracheal intubation or tracheostomy. *Ann Surg* 1985;201(3):374–82.

47. Marsh HM, Gillespie DJ, Baumgartner AE. Timing of tracheostomy in the critically ill patient. *Chest* 1989;96(1):190–3.

48. Martin Rivera B, Salas Campos L. Percutaneous tracheostomy. *Rev Enferm* 2000;23(10):681–5.

49. Massick DD, Yao S, Powell DM, et al. Bedside tracheostomy in the intensive care unit: a prospective randomized trial comparing open surgical tracheostomy with endoscopically guided percutaneous dilational tracheotomy. *Laryngoscope* 2001;111(3):494–500.

50. Matthews HR, Fischer BJ, Smith BE, Hopkinson RB. Minitracheostomy: a new delivery system for jet ventilation. *J Thorac Cardiovasc Surg* 1986;92(4):673–5.

51. Mayer TA. Emergency pediatric tracheostomy: a technique in search of an indication. *Ann Emerg Med* 1987;16(5):606.

52. McLaughlin J, Iserson KV. Emergency pediatric tracheostomy: a usable technique and model for instruction. *Ann Emerg Med* 1986;15(4):463–5.

53. Minitracheostomy. *Br J Surg* 1985;72(3):251–3.

54. Moar JJ, Lello GE, Miller SD. Stomal sepsis and fatal haemorrhage following tracheostomy. *Int J Oral Maxillofac Surg* 1986;15(3):339–41.

55. Nomori H, Ishihara T. Pressure-controlled ventilation via a mini-tracheostomy tube for patients with neuromuscular disease. *Neurology* 2000;55(5):698–702.

56. Otto RA, Davis W. Tracheostomy tube fracture: an unusual etiology of upper respiratory airway obstruction. *Laryngoscope* 1985;95(8):980–1.

57. Pawela K, Janicka G, Wolanczyk K, Szulczynski J. Comparative analysis of occurrence and susceptibility to gram-negative bacilli isolated from intubation tubes and tracheostomy tubes in patients at intensive care units. *Wiad Lek* 1999;52(7–8):355–62.

58. Pediatric home tracheostomy care alternatives. *Pediatr Nurs* 1986;12(3):223, 225.

59. Putnam TD, Wu Y. Tracheal rupture following cervical manipulation: late complication posttracheostomy. *Arch Phys Med Rehabil* 1986;67(1):48–50.

60. Rady M, Nightingale P. Tracheostomy service for ITU patients. *Ann R Coll Surg Engl* 1988;70(6):400.

61. Ravat F, Pommier C, Dorne R. Percutaneous tracheostomy. *Ann Fr Anesth Reanim* 2001;20(3):260–81.

62. Rodman DM, Martin RJ. Tracheostomy tube failure in obstructive sleep apnea. *West J Med* 1987;147(1):41–3.

63. Rogez E, Malepard MR, Casali E. Tracheotomy--tracheostomy, daily care and monitoring at home. *Rev Infirm* 1995(7):33–6.

64. Rommelsheim K. A new double-lumen tracheostomy tube for long-term use. *Anasth Intensivther Notfallmed* 1985;20(6):342–4.

65. Ross CB, Morris JA, Jr. Tracheo-innominate artery fistula: a potentially fatal complication of tracheostomy. *J Tenn Med Assoc* 1988;81(7):446–8.

66. Siddharth P, Mazzarella L. Granuloma associated with fenestrated tracheostomy tubes. *Am J Surg* 1985;150(2):279–80.

67. Slezak FA, Kofol WH. Combined tracheostomy and percutaneous endoscopic gastrostomy. *Am J Surg* 1987;154(3):271–3.

68. Smith MM, Saunders GK, Leib MS, Simmons EJ. Evaluation of horizontal and vertical tracheotomy healing after short-duration tracheostomy in dogs. *J Oral Maxillofac Surg* 1995;53(3):289–94.

69. Sparker AW, Robbins KT, Nevlud GN, Watkins CN, Jahrsdoerfer RA. A prospective evaluation of speaking tracheostomy tubes for ventilator dependent patients. *Laryngoscope* 1987;97(1):89–92.

70. Squires SJ, Frampton MC. The use of mini-tracheostomy and high frequency jet ventilation in the management of acute airway obstruction. *J Laryngol Otol* 1986;100(10):1199–202.

71. Stock CR. What is past is prologue: a short history of the development of tracheostomy. *Ear Nose Throat J* 1987;66(4):166–9.

72. Stock MC, Woodward CG, Shapiro BA, Cane RD, Lewis V, Pecaro B. Perioperative complications of elective tracheostomy in critically ill patients. *Crit Care Med* 1986;14(10):861–3.

73. Sullivan MJ, Hom DB, Passamani PP, DiPietro MA. An unusual complication of tracheostomy. *Arch Otolaryngol Head Neck Surg* 1987;113(2):198–9.

74. Swift AC, Rogers JH. The outcome of tracheostomy in children. *J Laryngol Otol* 1987;101(9):936–9.
75. Toye FJ, Weinstein JD. Clinical experience with percutaneous tracheostomy and cricothyroidotomy in 100 patients. *J Trauma* 1986;26(11):1034–40.
76. Underwood SM, Summerfield RJ. Obstruction of tracheostomy by thrombus. *Crit Care Med* 1986;14(9):834.
77. Vicente Guillen R, Orti Cones V, Bolinches R. Fistula of the brachiocephalic arterial trunk and the trachea: a post-tracheostomy complication. *Rev Esp Anestesiol Reanim* 1986;33(4):274–5.
78. Wagstaff A, Sparling R, Ryan DW. Minitracheostomy. *Anaesthesia* 1987;42(2):216.
79. Wetmore RF, Marsh RR, Thompson ME, Tom LW. Pediatric tracheostomy: a changing procedure? *Ann Otol Rhinol Laryngol* 1999;108(7 Pt 1):695–9.
80. Williams JK, Maull D, Grayson BH, Longaker MT, McCarthy JG. Early decannulation with bilateral mandibular distraction for tracheostomy-dependent patients. *Plast Reconstr Surg* 1999;103(1):48–57; discussion 58–9.
81. Yeoh NT, Wells FC, Goldstraw P. A complication of minitracheostomy. *Br J Surg* 1985;72(8):633.

Traqueostomia Percutânea

Rubens Carmo Costa Filho • João Luiz Ferreira Costa • José Roberto B. Martins
Plínio Nascimento Gomes • Fernando Chacur

A traqueostomia é um dos procedimentos cirúrgicos mais antigos de que temos conhecimento, seja em livros sagrados ou nas milenares escrituras. Na Grécia antiga, no segundo século a. C., Galeno já fazia referências a seus benefícios, e Asclepíades de Bitínia (100 a. C.), um século depois, a realizava naquela cultura. Os egípcios, há cerca de 3.500 anos a. C., eram considerados mestres naquela arte. No entanto, a primeira descrição científica de uma traqueostomia foi a do médico italiano Antonio Musa Brasavola, no ano de 1540. Mas só no início dos anos 1800 ela ganhava popularidade, ao ser usada por Trousseau e Bretonneau no tratamento da difteria.

Nesse longo percurso histórico, a maturidade da traqueostomia acontecia em duas etapas:

- 1909, quando Chevalier Jackson descreveu a técnica cirúrgica clássica, utilizada até hoje.[1]
- 1921, quando ele apresentou melhorias da técnica original desse milenar procedimento.[1,2]

Já em 1921, Chevalier Jackson alertava para os riscos de estenose subglótica, principalmente quando o cirurgião abria a membrana da cartilagem cricóide ou realizava o estoma traqueal alto, sobre o primeiro ou segundo anel. Naquela época, a traqueostomia era realizada com uma freqüência muito maior, entre outras razões, nos casos mais graves de insuficiência respiratória secundária a poliomielite.[2] Posteriormente, com o desenvolvimento dos tubos orotraqueais e com os avanços no cuidado de pacientes, a traqueostomia foi sendo substituída pela intubação translaríngea, que gradualmente se tornava o tratamento de escolha no tratamento da insuficiência respiratória.[2]

Nos anos 1960, surgiram indicações mais claras de traqueostomia, juntamente com a visão sobre aspirações traqueais assépticas e troca de cânulas. Nos anos 1970,[28] as cânulas de traqueostomia com balonetes foram introduzidas. A estenose subglótica, obstrução da luz dos tubos por balonetes prolapsados, extrusão de cânulas de traqueostomias, que em alguns casos culminaram com mortes, foram publicados a partir do início dos anos 1960.[25,26,27] As alterações de voz, temporárias ou permanentes, também eram reconhecidas como potenciais seqüelas decorrentes das intubações. Atualmente, a freqüência na execução de traqueostomias, principalmente no ambiente de terapia intensiva, vem ganhando mais espaço e discussão entre especialistas, gerando mais debates.

Existem ainda muitas dúvidas nesse cenário de indicações. Talvez isso se deva à enorme variabilidade e heterogeneidade entre essa operação, tais como:

- Habilidades diferentes entre os operadores (cirurgiões, otorrinolaringologistas e intensivistas).
- Conformação anatômica do pescoço.
- Posicionamento e morfologia da traquéia.
- Cuidados de enfermagem distintos.
- Diversos *kits* de traqueostomias.

Há que se considerar a enorme dificuldade ética em estabelecer padrões para o mesmo ato cirúrgico em diversos serviços e em várias circunstâncias e momentos clínicos. O nosso tênue e frágil conhecimento é assim permeado por inúmeros fatores que geram confusão em meio a uma grande e rápida quantidade de informações e evolução tecnológica.

CONCEITO

O cirurgião italiano Sanctorius foi provavelmente o primeiro a descrevê-la, em pleno século XVI. Todavia, foram Hunter Shelden e Robert Pudenz[4] do Institute of Medical Research e Huntington Memorial Hospital, que publicaram no *JAMA* de 1957 sua inédita experiência, iniciada em dezembro 1953 e praticada por muitos neurocirurgiões da época.[4] A traqueostomia cirúrgica, inicialmente descrita por Chevalier Jackson, nunca fora modificada até aquela época. A técnica percutânea, publicada por Shelden, conforme o desenho (Fig. 19-19) de seu artigo original,[4] nos ilustra como o procedimento era feito há 45 anos. Aquela traqueostomia utilizava dois conjuntos de lâminas e cânulas de prata em vez de dilatadores, como atualmente. Shelden divulgava esse procedimento como algo simples, rápido (menos de 1 minuto) e não necessitando de sala operatória; dizia ser uma forma efetiva de tratamento, desde que executada precocemente e sobre traquéias livres de deformidades ou malposicionadas.[4]

Somente em 1969, quando Toye e Weistein introduziram a metodologia de Seldinger (Fig. 19-20),[5] essa técnica pôde ser refinada e desenvolvida por muitos autores modernos.[6,7,8,9]

Mas foi Pasquale Ciaglia que em 1985 descreveu sob uma nova ótica a técnica percutânea de maior uso atual.[6] Ele criou a dilatação progressiva da traquéia, diferente da técnica original descrita por Shelden.[4] Ciaglia inspirou-se observando os radiologistas realizando nefrostomias por dilatações percutâneas. Inicialmente, ele usou um conjunto de dilatação renal, com o catéter de Amplatz, para efetuar os primeiros procedimentos. Depois, juntamente com Cook, desenvolveu a técnica atual com sete dilatações graduais. Essa metodologia permite que ao final das expansões uma cânula traqueal convencional possa ser acomodada, sem grandes incisões ou suturas. Através da técnica descrita por

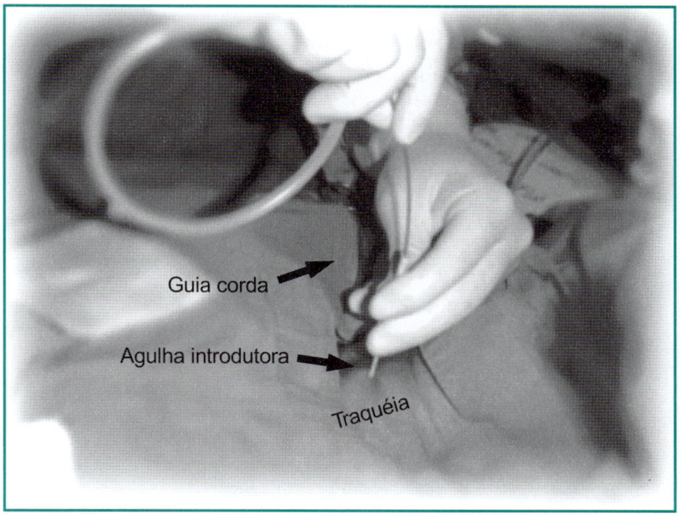

Fig. 19-20. Técnica de Seldinger.

Seldinger, os dilatadores são trocados sobre um guia e progressivamente, sem grande trauma, divulsiona as estruturas adjacentes ao pescoço.

INDICAÇÕES

Podemos dividir as indicações da traqueostomia em pelo menos três grandes categorias. A primeira seria para ultrapassar uma obstrução alta das vias respiratórias, a segunda para promover um meio de facilitar a remoção de secreções acumuladas, normalmente causada pela impossibilidade de eliminá-las espontaneamente, recorrendo-se às aspirações freqüentes; a terceira, permitir uma ventilação mecânica mais adequada (Quadro 19-2). Nessa última categoria é importante ressaltar a grande facilidade para o desmame da ventilação mecânica. A traqueostomia é muito mais confortável ao paciente do que a

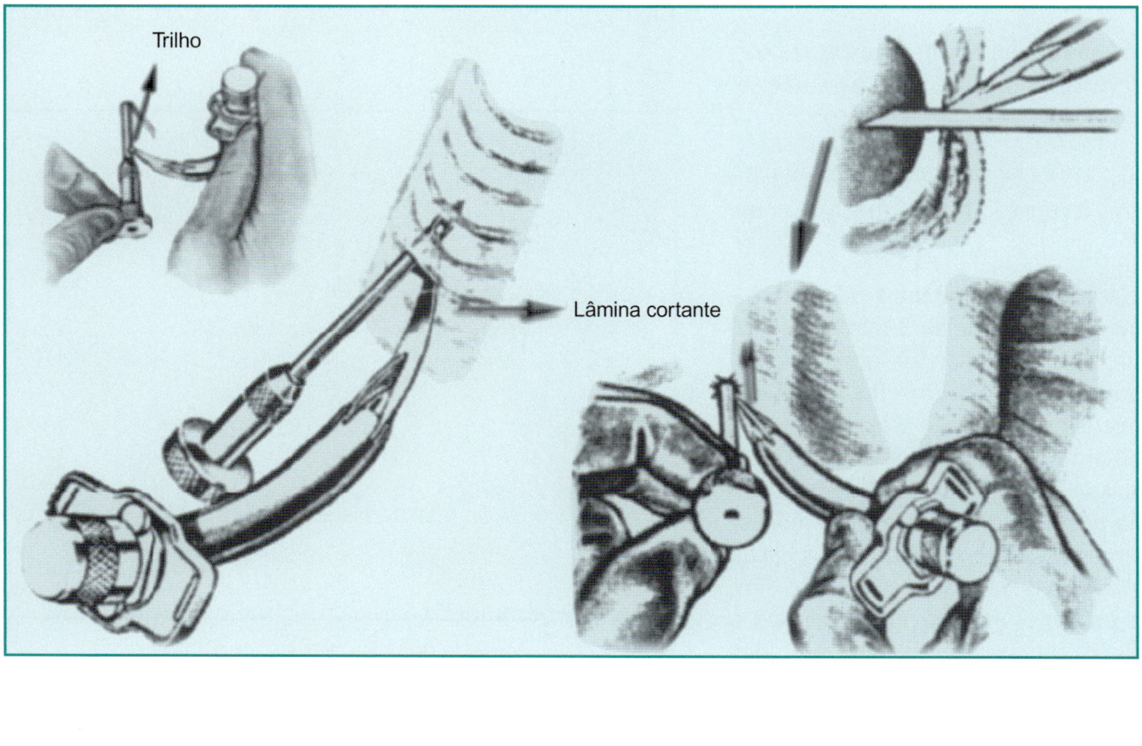

Fig. 19-19. Percutânea por Sheden combinada.

Quadro 19-2. Indicações de traqueostomia
Obstrução de vias respiratórias
• Disfunção laríngea
• Trauma
• Queimaduras e corrosivos
• Corpo estranho
• Anormalidades congênitas
• Neoplasias
• Pós-operatórios
• Apnéia obstrutiva do sono
Remoção de secreções
• Idade avançada
• Fraqueza
• Doenças neuromusculares
Suporte ventilatório
• Desmame difícil

intubação translaríngea, até porque diminui muito a ansiedade dos pacientes em prótese, o que facilita bastante seu desmame. O advento de novas cânulas permitiu que o paciente se comunique verbalmente, minorando a sua angústia. Tal aspecto é de fundamental importância naqueles pacientes que convalescem de graves disfunções cardiopulmonares no momento do desmame. Os cuidados de rotina da enfermagem são realizados com muito mais desenvoltura, rapidez e segurança nessas situações. Em nosso serviço, as sondas gástricas e enterais são introduzidas pela boca, na maioria dos casos, com o intuito de favorecer a drenagem dos seios da face e, por conseguinte, reduzir a incidência de sinusites.

MOMENTO

Muitas questões ainda não encontraram as respostas corretas, mas pelo menos deveriam ser formuladas para que sejam perscrustadas.

- Qual o momento ideal para se realizar uma traqueostomia?
- Quando converter uma intubação translaríngea em uma traqueostomia?

Existem diferentes relatos sobre o momento mais adequado de sua realização, que podem variar de 3 dias a 3 semanas.[13,14,15] Em 1989, a Conferência de Consenso sobre Vias Respiratórias Artificiais em Pacientes Recebendo Ventilação Mecânica recomendava a traqueostomia quando a expectativa de utilização de suporte ventilatório mecânico fosse maior que 3 semanas.[10] Outras evidências sugerem que os tubos translaríngeos próximos ao 14º dia poderiam promover danos adicionais sobre as estruturas laríngeas, aumentando a incidência de pólipos, granulomas ou paralisia de cordas vocais.[18] Não é incomum, ao extubarmos pacientes idosos, encontrarmos a presença de estridor laríngeo, muitas vezes mal interpretados como edema de glote de etiologia alérgica. Esse tipo de estridor pode acontecer por espasmos dessas estruturas provocados pelo trauma da permanência do tubo, associado ou não aos distúrbios do metabolismo do cálcio. A escolha do tubo para um paciente é fundamental, para que ocorra seu adequado assentamento dentro da traquéia. O balonete deve ser inflado até desaparecer qualquer sinal de vazamento; se o tubo for estreito para uma determinada traquéia, seu balonete será hiperinflado e, mesmo sendo de alto volume e baixa pressão, poderá comprometer a perfusão capilar da mucosa traqueal, principalmente nos pacientes em estados de choque. Em nosso serviço, recomendamos que as pressões desses balonetes mantenham-se inferiores a 18 mmHg e sejam aferidas várias vezes ao longo do plantão (Fig. 19-21).

A questão do momento da traqueostomia foi muito estudada no modelo de trauma. Segundo D'Amelio e Moore,[14,19] quanto mais precoce for efetivada uma traqueostomia (antes de 7 dias) em pacientes com traumatismo craniano, e concomitante a uma gastrostomia percutânea, menores seriam a incidência de pneumonia relacionada à ventilação mecânica e o tempo de permanência numa UTI. Rodriguez também encontrou vantagens quando a traqueostomia é praticada antes do terceiro dia de intubação translaríngea,[20] no que diz respeito a incidência de pneumonia associada à ventilação mecânica. Lesnik citou também que a traqueostomia (precoce) efetivada até o quarto dia, numa população de pacientes com trauma fechado,[74] associou-se a um desmame de 100%. Pacientes com traqueostomia tardia com mais de 4 dias obtiveram desmame em 62% e uma maior incidência de pneumonia associada à ventilação mecânica. Pacientes selecionados como os de trauma grave, associados a lesões mandibulares e traqueais, tornam limitadas as alternativas de intubações e, daí, deveriam submeter-se às traqueostomias urgentes, entre elas a técnica de dilatação única como o *Blue Rhino*®. Erwan relata a utilização do *Blue Rhino*® *(Cook Critical Care)* em um caso de emergência em que fora impossível o acesso translaríngeo,[21] mesmo retrogradamente ou com cricotireotomia,

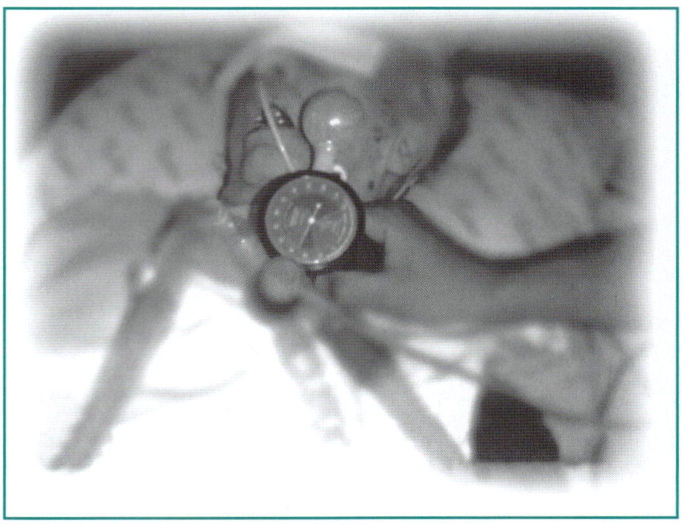

Fig. 19-21. Manometria do balonete de traqueostomia.

numa paciente com grave estenose subglótica, secundária a uma prévia intubação traumática. O procedimento com *Blue Rhino*® foi bem-sucedido, acontecendo em menos de 60 segundos. Abre-se, então, uma nova janela de opções ao uso dessa modalidade de traqueostomia no ambiente de emergência.

No Serviço de Terapia Intensiva do Hospital Pró-Cardíaco (Rio de Janeiro), numa série de 94 pacientes traqueostomizados com esse instrumental,[15] o tempo médio decorrido da intubação translaríngea até o instante da traqueostomia percutânea com o *Blue Rhino*® (dilatador curvilíneo único) foi de 9 dias (1-26 dias). E o tempo médio decorrido da punção à inserção da cânula traqueal, mensurado por um observador independente, foi de 240s ± 190 segundos (50s-900s).

A decisão do momento mais apropriado para fazê-la deveria respaldar-se em avaliações individualizadas, e não em protocolos rígidos ou agendamentos randômicos.[11] Sugarman tentou demonstrar,[22] nesse único estudo multicêntrico, o impacto do momento da traqueostomia precoce (3 a 5 dias) ou tardia (10 a 14 dias) sobre a mortalidade, freqüência de pneumonia, tempo de permanência no CTI, evidências de lesões de curto e longo prazo, sobre as estruturas faríngea, laríngea e traqueal, através da laringoscopia flexível, em pacientes críticos com trauma e sem trauma. Esse era o plano do estudo, que viria para responder a tantas controvérsias. No entanto, aconteceram muitas desistências de investigadores, que declinaram de participar em virtude de suas fortes convicções a respeito de quando a traqueostomia deveria ser efetuada. Outros centros não enviaram os dados para análise.[23] Devido a numerosas violações de protocolo e estratificação pela categoria diagnóstica, um pequeno número de pacientes foi comparado em cada grupo (112 pacientes no grupo precoce *vs* 14 pacientes no grupo tardio). Os resultados desse trabalho não apontaram diferenças significativas entre os grupos. Pelo contrário, desapontaram muitos entusiastas por seus vieses.

Concluímos que Sugarman não fechou a questão sobre essa polêmica discussão de quando realizá-las em pacientes com ventilação mecânica prolongada em ambiente de terapia intensiva.[22] Entretanto, comprovou a enorme dificuldade de estudarmos esse complexo tema em estudos multicêntricos randomizados. Realmente é um desafio obter uma conduta consensual e respostas de aceitação universal entre os diversos autores e serviços de terapia intensiva.

Como a literatura é inconclusiva, a prática adotada pelo CTI do Pró-Cardíaco é considerar a traqueostomia percutânea após cerca de 1 semana de intubação translaríngea. Certamente, outros fatores clínicos têm forte influência em nossa tomada de decisão durante os *rounds* da rotina do CTI. Os pacientes com co-morbidades, e entre elas insuficiência cardiopulmonar, distúrbios neurológicos graves, debilitados com perda dos reflexos protetores das vias respiratórias, ou com desnutrição e mecânica ventilatória muscular muito comprometida, reintubações ou falhas de desmame, ou lesão subglótica percebida através da laringoscopia flexível, são referidos ao procedimento precocemente. Também incluímos os pacientes com macroglossia, ou que apresentem acesso difícil à higiene oral, ou com feridas na pele, impeditivas à correta fixação dos tubos orotraqueais, e que requeiram ventilação positiva por muito mais tempo. Ao contrário, os pacientes em melhor estado geral, bem-nutridos, com poucas co-morbidades, mais jovens e que se percebam como capazes de suportar mais tempo de intubação translaríngea, não são considerados candidatos aos procedimentos.

Reconhecemos que a análise do momento da traqueostomia seja sempre individualizada e monitorizada diariamente nas discussões da rotina, respeitando-se a experiência de cada serviço.

TÉCNICAS PERCUTÂNEAS

O vocábulo **traqueotomia** origina-se do grego e significa a abertura cirúrgica da traquéia. ***Traqueostomia*** acrescenta o sufixo ***os***, diz da existência de uma boca ou abertura para o exterior. ***Traqueostoma*** caracteriza a fixação da traquéia à pele, como nas laringectomias. Na literatura, os termos traqueotomia e traqueostomia são usados indistintamente. Quando nos referirmos às técnicas percutâneas, ficarão questionamentos sobre qual ou que tipo de percutânea deveria ser empregada. Não deveríamos usar o termo percutânea de modo indistinto, para não incorrermos em erros, principalmente ao abordarmos suas complicações e entendimento.

Ciaglia, em 1985, criou a traqueostomia percutânea dilatável,[6] com sete dilatadores curvos e progressivos (Fig. 19-22). Hazard, em 1988, apresentou uma modificação da técnica original de Ciaglia,[16] e, em vez de utilizar aqueles sete dilatadores, fazia somente com três, o que tornava o procedimento mais rápido. Schachner,[17] em 1989, criador do *Rapitrac TM* (*Surgitech Medical,* Sydney, Austrália), relatou uma dilatação que utilizava um cone cortante, tal qual um fórceps, que separava os anéis traqueais. Esse conjunto foi retirado do mercado em virtude de muitas complicações durante o procedimento, como sangramento importante e lesões sobre a

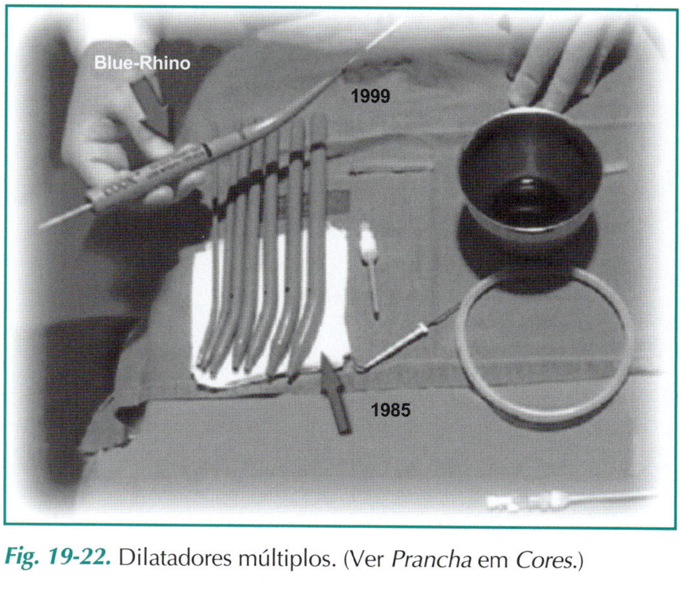

Fig. 19-22. Dilatadores múltiplos. (Ver *Prancha* em *Cores.*)

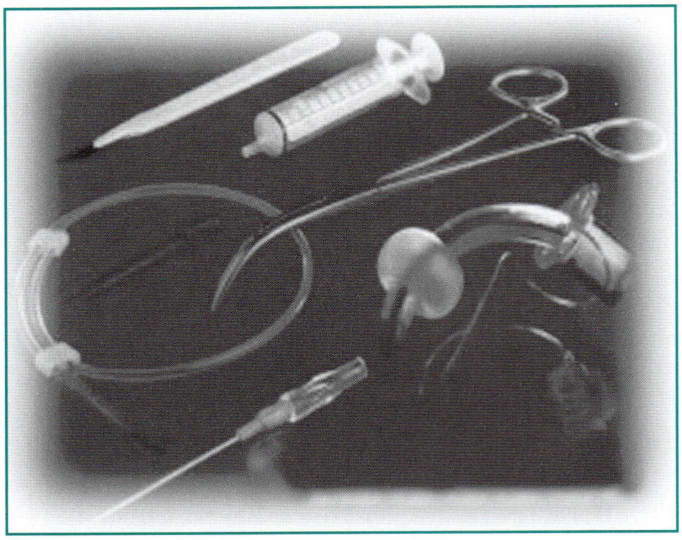

Fig. 19-23. *Kit* Sims .

parede posterior da traquéia, com aumento da morbimortalidade. Em 1990, Griggs descrevia uma outra modificação da técnica original de Ciaglia com uma adaptação melhor do método de Schachner,[8] abolindo a parte cortante do fórceps, tornando-o semelhante à pinça de Kelly (Fig. 19-23), que desliza sobre um guia, para que a traquéia fosse dilatada antes da introdução da cânula de traqueostomia (Fig. 19-24).

Em 1997, Fantoni e Rapimonte descreveram uma técnica complexa,[72] em que a traqueostomia é realizada de dentro para fora. Através da punção traqueal, passa-se um guia por dentro do traqueoscópio. Este é puxado através da boca, tal qual na intubação retrógrada, e fixado a um dispositivo cuneiforme plástico com uma ponta de metal perfurante, montado sobre uma cânula traqueal especial. Esse conjunto, após ser bem encaixado e fixado, é puxado pelo cirurgião através da cavidade oral, laringe e finalmente a traquéia. Tracionado contra a parede anterior da traquéia, para fora, entre os dedos do operador, realiza-se essa traqueostomia de modo não-usual. Com o cone já extruído, roda-se a cânula internamente, no sentido craniocaudal. Após esse giro, corta-se o cone previamente fixado à cânula (Fig. 19-25). Essa técnica, desenvolvida na Itália, ainda sofre restrições para o uso em terapia intensiva, até porque o paciente pode ficar mais de 90 segundos em apnéia. A traqueostomia translaríngea (TTL) merece ser mais estudada comparativamente a outras técnicas atuais, no sentido de se observar suas complicações a curto e longo prazos.

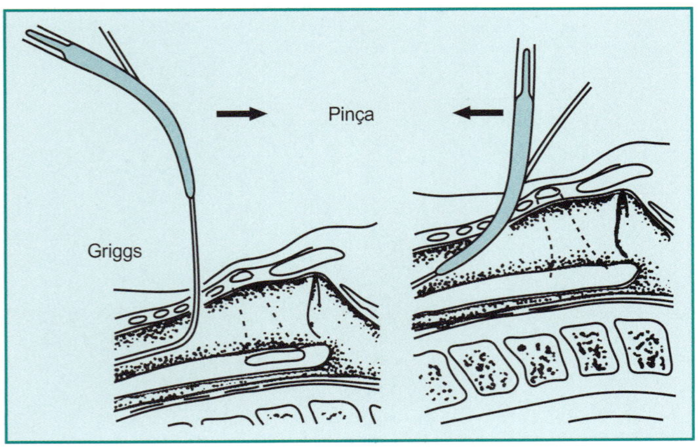

Fig. 19-24. Pinça de Griggs.

Em 1999, Ciaglia cita o *Blue Rhino*® (Fig. 19-26), um grande avanço no perfil de dilatadores percutâneos até então descritos.[25] Recentemente, Ciaglia comentou o elegante estudo de Steven Trottier,[67] que descreveu o mecanismo e como prevenir as lesões e perfurações sobre a parede posterior traqueal, em cadáveres e em modelo suíno, associado à técnica de dilatação. Na mesma época, em setembro de 1999, adotou-se o uso do *Blue Rhino*® no CTI do Hospital Pró-Cardíaco; e, segundo a *Cook Critical Care* (Bloomington, IN), fomos os pioneiros na América Latina, e atualmente constituindo o maior número de percutâneas no país. Nesse ano de 2002, Frova e Quintel publicaram sua experiência preliminar com uma nova metodologia denominada *dilatação por rotação controlada* como mais uma opção aos métodos percutâneos.[75] Os autores concluem que esse novo método é seguro, rápido e com baixa incidência de sangramento. Foram estudados 50 pacientes numa série consecutiva e randomizada entre dois centros, utilizando-se o chamado *Parafuso* (Fig. 19-27) (PercuTwist™ – Rüsh, Kermen, Alemanha). Nessa série observacional, em 4 procedimentos houve *kinking* (dobramento) do guia-J durante a introdução do parafuso, obstáculo muito importante para a segurança e a rapidez na execução da técnica e também fator de risco para lesão da parede posterior. Frova, nesse estudo, também não dispensou o uso da broncoscopia flexível como suporte a essa nova técnica de percutânea, o que possibilitou inclusive a observação dessa complicação. Nesse estudo preliminar, o tempo de procedimento não excedeu 5 minutos em nenhum dos 50 casos.

A traqueostomia percutânea dilatável (TPD) é um procedimento relativamente simples de se aprender e realizar. Como conseqüência, mesmo indivíduos sem treinamento cirúrgico extenso podem rapidamente tornar-se adeptos dessa técnica.[29] No entanto, é necessário haver um treinamento para que não ocorram complicações diretamente relacionadas à inexperiência do operador.[31,32] Nesse sentido, a utilização da broncofibroscopia flexível ou a videobroncofibroscopia flexível (VBF) – em que o operador pode ser orientado na primeira ou visualizar direta e simultaneamente o que acontece, na segunda, por dentro da traquéia durante o ato operatório – é de extremo auxílio e segurança, tanto para o cirurgião mais inexperiente quanto para o mais habilidoso.

No início de nossa experiência com a técnica original de Ciaglia, ou seja, com as sete dilatações progressivas, observamos um rompimento da parede posterior (membranosa) de uma paciente idosa. Essa complicação, muitas vezes fatal (felizmente não naquela paciente), poderia ter sido evitada se tivesse sido assistida pela videobroncofibroscopia.[26,33,41] A partir dessa época, em decorrência desse episódio, agregamos a VBF como um instrumento facilitador ao procedimento, de maneira incondicional. Nesse mesmo período começaram a

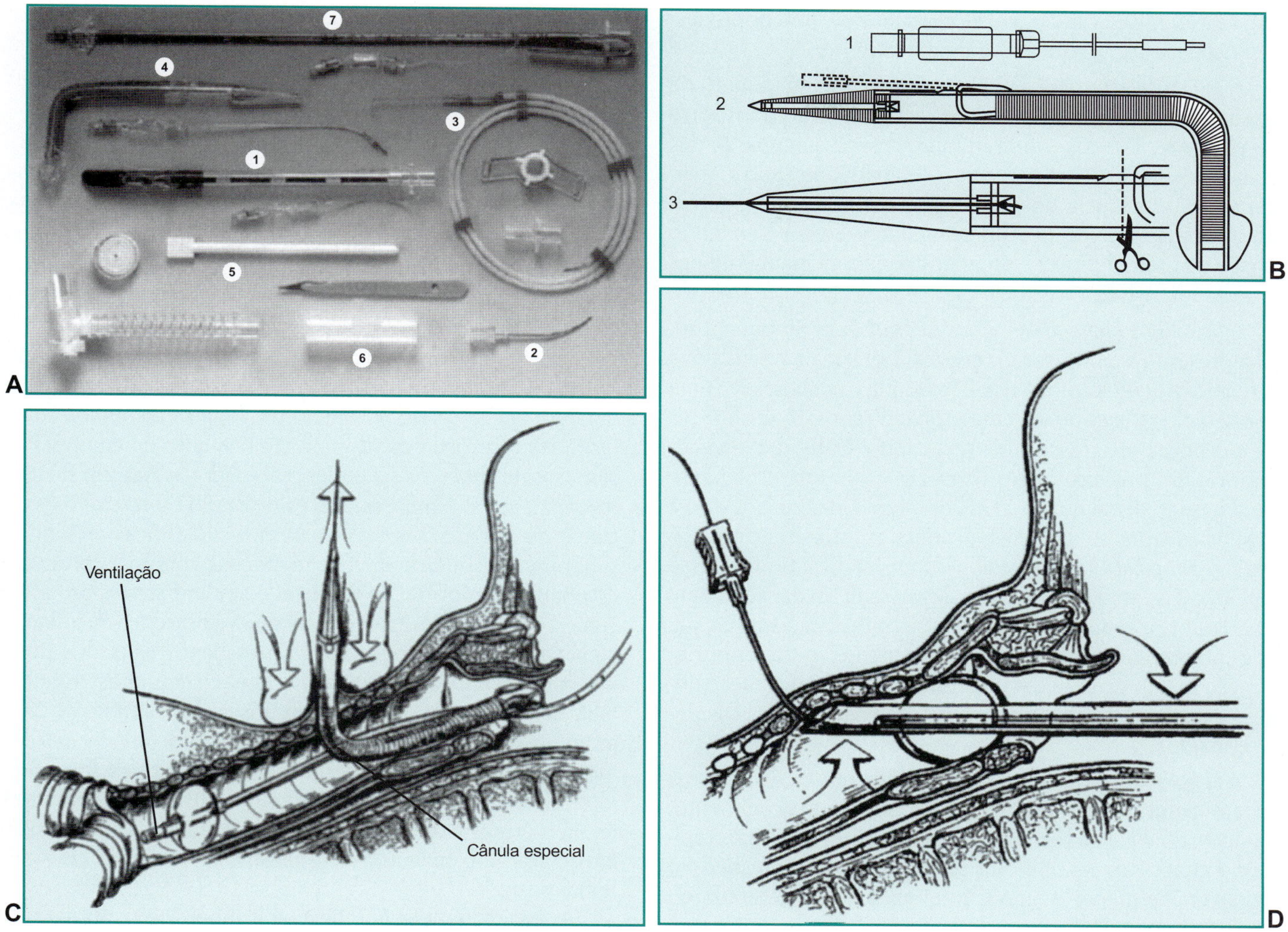

Fig. 19-25. (**A**) *Kit* para TTL. (**B**) Cone cânula-cone. (**C**) Extração do cone-cânula na técnica de Fantoni. (**D**) Inserção do guia em direção da boca.

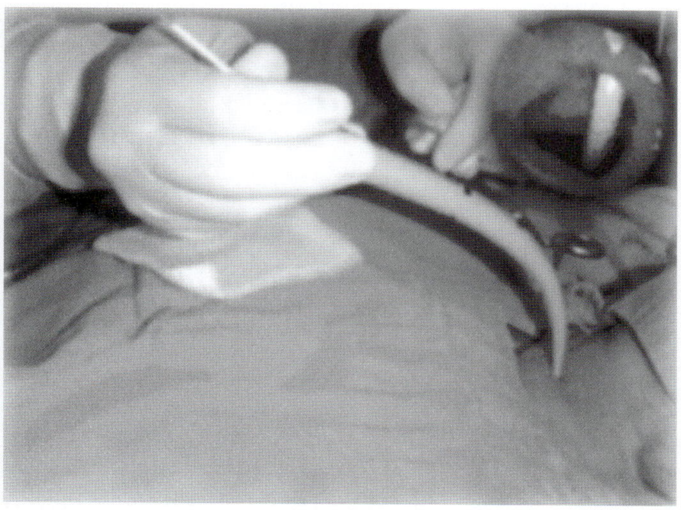

Fig. 19-26. Blue Rhino®. (Ver *Prancha* em *Cores*.)

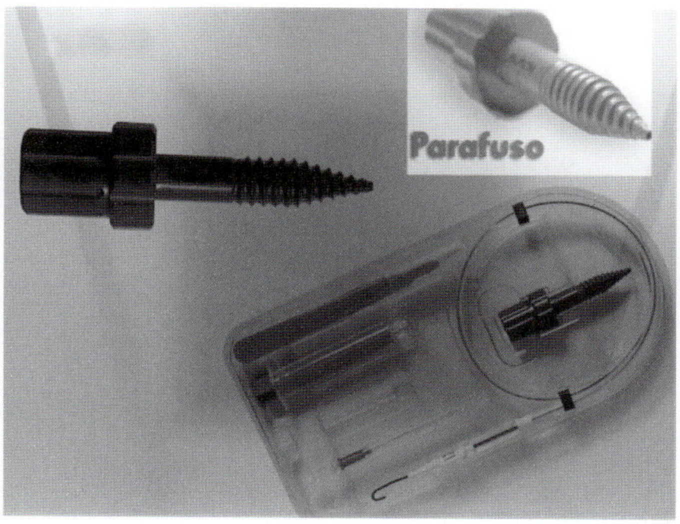

Fig. 19-27. *Kit* PercuTwist.

surgir na literatura vários trabalhos citando os diferenciais desse procedimento agregado à percutânea.[30,35-42]

A TPD pode ser feita à beira do leito, com um número de pessoas limitado, elimina os riscos associados ao transporte dos pacientes críticos e indiretamente reduz a ocupação das salas operatórias com cirurgias de pequeno porte, melhorando a eficiência hospitalar. Por essas razões e outras vantagens, a técnica percutânea dilatável vem ganhando espaço na prática clínica e popularidade, principalmente nas terapias intensivas.

Ciaglia Blue Rhino (*CBR – Cook Critical Care,* Bloomington, IN) representa a modificação recente (1999) mais significativa da técnica por dilatação. A traqueostomia é realizada em uma única etapa, através de um dilatador azul, curvo, que afina sobre sua ponta progressivamente, ficando inclusive menos rígido. Há um produto que o torna deslizante externamente em seu terço distal quando em contacto com água, devido à presença de uma substância hidrofílica em sua superfície *(EZ-Pass™ Hydrophilic Coating;* Mallinckrodt Medical GmbH). Esse dilatador assemelha-se ao *chifre de rinoceronte*, daí seu nome (*Rinoceronte Azul* ou *Blue Rhino®*). O risco de lesão sobre a parede membranosa traqueal, sangramento peroperatório, duração do ato e os efeitos deletérios sobre a oxigenação durante a fase obstrutiva do procedimento ficam todos bastante reduzidos.[34]

A acidose respiratória sempre foi algo que os operadores tentam evitar, aumentando a velocidade do procedimento. Em decorrência de a técnica de dilatação única ser mais rápida,[34] a chance de se observar um aumento significativo do CO_2 arterial é menor e menos freqüente. Reilly demonstrou que a presença do broncoscópio flexível contínuo durante todo o procedimento contribui significativamente para que ocorram hipoventilação, hipercapnia e acidose respiratória.[43] Pela primeira vez, esse autor sugere o uso do Doppler percutâneo para guiar as etapas operatórias e o posicionamento da cânula traqueal. Reilly alega que essa opção deveria ser considerada naqueles casos em que a hipercapnia pudesse ser prejudicial em um determinado contexto clínico, como por exemplo o aumento da pressão intracraniana em pacientes neurológicos. Em nossa opinião, nesses casos em que há preocupação com a hipercapnia, recomendamos o uso de um broncofibroscópio mais fino (pediátrico), que proporcionaria melhor afluxo da ventilação e aumento do volume-minuto. Durante o ato operatório, o tempo de procedimento mais curto e a retirada do broncofibroscópio nos instantes cirúrgicos dispensáveis, e o mínimo de sucções, também evitam a hipercapnia. Acreditamos que a traqueostomia percutânea com dilatação única seria a mais conveniente, desde que em mãos experientes. Reilly acrescenta que o grupo de traqueostomia cirúrgica, em decorrência da hipoventilação por escape do volume-minuto através do estoma, apresentou também hipercapnia,[43] embora em menor grau. A monitorização contínua do CO_2 expirado com o capnógrafo ($PETCO_2$) é limitada e com baixa precisão, pois há sucções freqüentes durante o ato cirúrgico e escape de ar através do estoma. O ideal seria a monitorização *online* do pH arterial e gases sangüíneos, mas, devido seu alto custo, não estaria justificada para essa finalidade.

AVANÇO DA TÉCNICA

Ciaglia em 1985 ainda não mencionava nada que pudesse visualizar ou orientar a TPD internamente. A primeira percutânea monitorizada por broncofibroscópio flexível foi relatada somente quatro anos depois, por Paul e Marelli.[44] Essa nova forma de realizar a TPD, como instrumento acessório a traqueostomias percutâneas, trouxe muito mais segurança, menos complicações e maior desempenho ao operador.[36,29] Poucos trabalhos relatam o uso da videobroncofibroscopia flexível (VBF) assistindo a TPD.[41,42] No entanto, ao implementá-la em nosso serviço desde 1999, logo percebemos como facilitava os procedimentos e o treinamento da equipe. Passamos a entender e a aprender mais sobre as fraturas do anel traqueal, por exemplo, não as valorizando tanto como os estudos de metanálises;[46,47] soubemos quantificar melhor os sangramentos internos, controlando-os com mais precisão; estudamos a morfologia traqueal e seu impacto sobre a eficiência do procedimento; observamos a presença de inflamações sobre as vias respiratórias e os danos causados pelas intubações sobre as estruturas laríngeas (traqueítes, traqueomalacia, ulcerações, graus de estenoses glóticas (Fig. 19-28) e granulomas); estudamos as diversas variações da parede membranosa e a anatomia da traquéia. Em duas situações, identificamos lesões sobre a parede posterior traqueal, antes de efetuarmos a traqueostomia, o que mudou nossa escolha em relação à cânula em uma paciente e à técnica cirúrgica numa outra.

A broncofibroscopia flexível proporciona, através da transluminação, melhor visualização dos vasos do pescoço. Assim, nos orienta quanto ao sítio ideal de punção (Fig. 19-29).

Não foram somente as técnicas cirúrgicas que se aperfeiçoaram. Também os materiais utilizados para se efe-

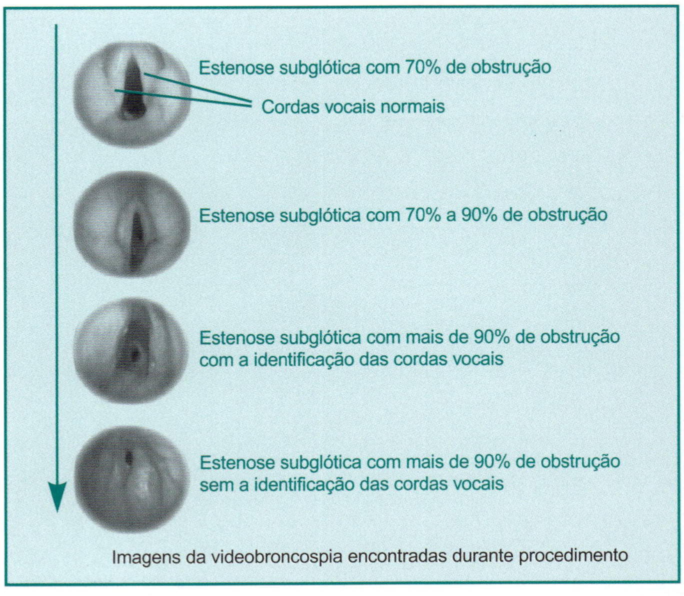

Fig. 19-28. Diferentes graus de estenose subglótica. (Ver *Prancha em Cores.*)

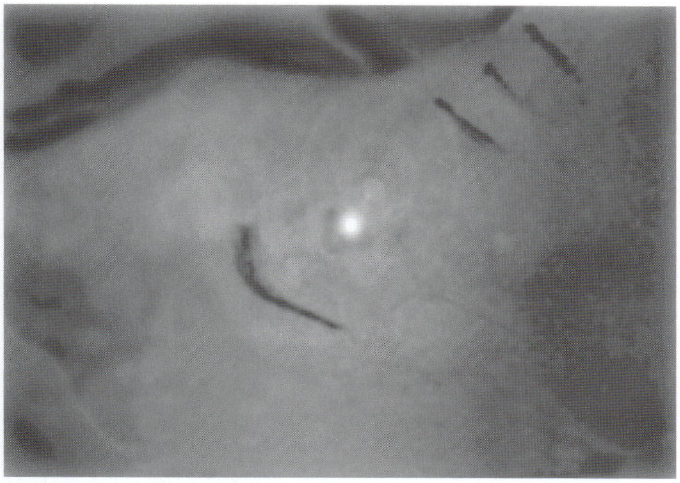

Fig. 19-29. Transiluminação. (Ver *Prancha* em *Cores*.)

tuarem os procedimentos, o perfil das cânulas, sua qualidade, desenvolvimento de modernos balonetes, os cuidados de enfermagem mais refinados, a segurança na execução do ato operatório acompanhado por monitores multiparamétricos e, por fim, o melhor entendimento do cenário clínico. Mas foi, principalmente, a broncofibroscopia flexível, como guia, como orientadora e instrumento de monitorização interna, de todo o processo cirúrgico que proporcionou ao operador uma amplificada visualização, nunca antes na história percebida, aumentando nosso julgamento crítico para a tomada de decisões mais apropriadas, agregando um enorme valor ao ato operatório e trazendo mais benefícios à equipe e aos pacientes.[49] Desse modo, a traqueostomia percutânea foi elevada a um patamar de cirurgia minimamente invasiva, tornando a nossa prática muito mais eficiente (Quadro 19-3).[6,12,16,24,26,45,48]

Temos plena noção de que as tecnologias não melhoram os cuidados em medicina; no entanto, os cuidados não melhorarão sem uma sábia utilização dos recursos proporcionados pelo avanço tecnológico.

Quadro 19-3. Benefícios das traqueostomias
• Rapidez
• Conforto
• Facilita os cuidados de higiene oral
• Simples de ser realizada à beira do leito
• Reduz o risco de sinusite
• Facilita a drenagem das secreções traqueais
• Facilita o desmame, reduzindo o tempo de ventilação mecânica
• Reduz a incidência de pneumonia associada à ventilação mecânica
• Reduz o risco de estenose subglótica
• Melhor resultado coméstico
• Reduz os custos do processo operatório
• Minimiza as complicações peroperatórias e pós-operatórias
• Reduz as complicações relacionadas com a ferida operatória
• Mais utilizada pelos intensivistas
• A videobroncoscopia flexível (VBF) aumenta o desempenho do operador
• A VBF ajuda a minorar as complicações peroperatórias

SITUAÇÕES ESPECIAIS

1. Traqueostomia na SDOM.
2. Feridas e punções próxima da TPD.
3. Obstáculos anatômicos à TPD.
4. Idade avançada.
5. Discrasia sangüínea.
6. TPD e as metanálises.
7. Ruptura da parede traqueal posterior.
8. Complicações.

A disfunção orgânica múltipla (SDOM) em terapia intensiva é comum, assim como a assistência respiratória prolongada, quase sempre simultâneas. A traqueostomia, quando indicada nesse contexto, em que a oxigenação e a perfusão tecidual são preocupações constantes do intensivista, muitas vezes gera discussões. Tudo porque, se ocorrerem complicações (Quadro 19-4), como pneumotórax, atelectasias, sangramentos etc., que produzam uma instabilização na hemodinâmica, ou qualquer dificuldade de mantermos adequado índice de oxigenação sangüínea e tecidual, num quadro crítico, poderia ser fatal. Por isso, relutamos com freqüência a analisar tais procedimentos. Postergá-los para ocasiões de maior controle e estabilização clínica ou maior reserva pulmonar é um desafio, pois nos obriga a um rígido acompanhamento e muita discussão diária.

Uma outra preocupação que se levanta diz respeito à proximidade do orifício da traqueostomia aos acessos vasculares, sempre presentes nos pacientes críticos. Certamente, nesses casos, há que se desenvolver uma consciência na equipe, em especial com a enfermeira cuidadora do leito. No momento do cuidado de higiene diário,[50] deve-se dispensar muita atenção

Quadro 19-4. Complicações da TPD
Maiores
• Morte
• Pneumotórax hipertensivo
• Extrusão de cânula
• Ruptura traqueal
Menores
• Inserção paratraqueal
• Estenose
• Celulite
• Enfisema subcutâneo
• Fratura de anel
• Hemorragia

aos curativos, banhos etc. A maior incidência de acidentes ocorre nessas ocasiões. Quando há esternotomia mediana recente, secundária a cirurgia cardíaca ou torácica, muitos cirurgiões acreditam que a traqueostomia no pós-operatório poderia produzir infecção no sítio da ferida primária. No entanto, Hubner revisou retrospectivamente sua experiência com traqueostomia percutânea em 45 pacientes de pós-operatório de cirurgia cardíaca com esternotomia mediana.[51] A duração média da esternotomia à traqueostomia foi de 6,2 dias (2-14 dias). Nenhum caso de mediastinite ou infecção superficial da cicatriz cirúrgica fora identificado nessa série. Na Unidade de Pós-Operatório (UPO) do Hospital Pró-Cardíaco, foram analisados retrospectivamente 15 pacientes submetidos a traqueostomia percutânea multidilatável, decorrentes de intubações prolongadas (8 PO de cirurgia cardíaca, 3 PO de neurocirurgia, 1 PO de cirurgia vascular e 3 pacientes clínicos). O tempo médio até a indicação do procedimento foi de 9,3 dias (4-18 dias). Nenhum caso de mediastinite ou infecção da cicatriz cirúrgica foi constatado nessa pequena série.[52] Dessa forma, até o momento, não há relatos que justifiquem essa preocupação histórica das contaminações entre as feridas cirúrgicas, desde que os princípios básicos nos cuidados e vigilância no controle de infecção sejam respeitados.

Obstáculos anatômicos complicados tais como a inabilidade de estender o pescoço em decorrência de doença degenerativa da coluna cervical, ou lesões traumáticas sobre ela, são comuns. Nesses pacientes encontraremos a cartilagem cricóide, à palpação, muito próxima da fúrcula esternal. O pescoço curto, grosso (obesidade) e com limitação para estender-se torna a traqueostomia muito trabalhosa. Com a idade avançada, também há uma posteriorização ou aprofundamento da traquéia em direção ao tórax, tornando seu acesso mais difícil em relação aos mais jovens. Não é incomum, nesses casos, a extrusão ou o desalojamento das cânulas de traqueostomias, aumentando o índice de complicações graves, no período de pós-operatório, principalmente das traqueostomias cirúrgicas abertas, quando as cânulas saem de sua posição com mais freqüência.[46] Recomendamos, nesses casos, uma escolha cuidadosa e criteriosa do tipo de cânula, em especial dando atenção ao seu comprimento e flexibilidade. Em nosso serviço, preferimos as mais maleáveis, e com maior capacidade de se ajustar à distância pele-traquéia. *(TracheoSoft® XLT Mallinkrodt)*. Existem dispositivos que podem ser adaptados para que as desconexões sejam minoradas nesse contexto. Um desses dispositivos (Fig. 19-30) leva o nome de *Strongerhold TM.* Existem autores que alegam que a dificuldade de se palpar a traquéia seria uma contra-indicação relativa à prática da traqueostomia percutânea.[6,53] Em contraste, outros autores dizem que a dificuldade de se estender o pescoço, ou pacientes com trauma ou obesos, não seriam uma contra-indicação à realização da traqueostomia percutânea.[54,55] Em nossa casuística, encontramos cerca de 29% (27/94 pacientes) da série com IMC (índice de massa corpórea) ≥ 27 kg/m^2 (27 pacientes obesos). Não houve problema na execução da traqueostomia com o *Blue Rhino®*. No entanto, a incidência de fratura de anel traqueal foi duas vezes maior nesses obesos em relação aos demais (29% *vs* 15%). A presença de grande bócio tireoidiano seria um impedimento óbvio, tanto ao procedimento como à adaptação correta das cânulas na traquéia.

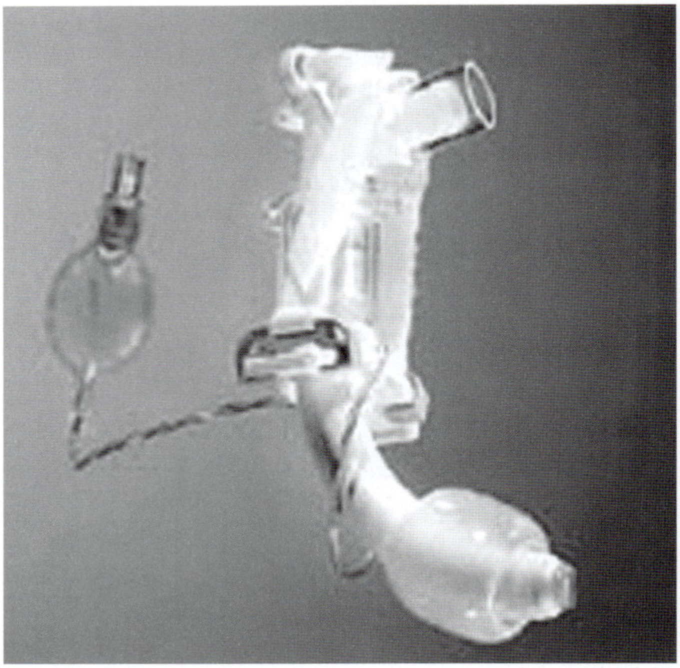

Fig. 19-30. Cânula Stronghold.

A *idade avançada* é outro fator que deveria ser considerado. Com o aumento da idade, há uma maior tendência de ocorrer calcificação traqueal, o que poderia dificultar a execução da traqueostomia percutânea por dilatação. No entanto, observamos que a calcificação não é tão significativa ao impedimento da TPD. Em nossa prática, parece ser a punção certeira, entre os anéis, e sempre mais próxima possível do 3º espaço intercartilaginoso, próximo à fúrcula esternal, que contribuiu para o sucesso e a rapidez na execução dessa técnica.

Pacientes com *discrasia sangüínea*, coagulação intravascular disseminada, controlada ou descontrolada, comum na sepse grave e disfunção orgânica múltipla, com trombocitopenia, ou uremia, ou usando métodos de depuração extra-renal, devem ser criteriosamente avaliados quanto ao melhor momento da indicação do procedimento. Aqueles usando alguma forma de anticoagulação sistêmica com heparinas não-fracionadas, aspirina, anticoagulantes orais ou heparinas de baixo peso molecular apresentam maior incidência de sangramento. Em nosso CTI, procuramos suspender qualquer heparinização por pelo menos 12 horas antes do procedimento. No caso de existir um maior sangramento peroperatório, identificados pela VBF, instilamos via broncoscópio uma solução de adrenalina 1:100.000 na região acima da inserção da cânula, normalmente sobre as estruturas subglóticas, que são as que mais sangram. Todos os casos em que utilizamos essa abordagem foram resolvidos. Às vezes, utilizamos o DDAVP na dose de 0,3 μg/kg em 15 minutos por 3 dias consecutivos, no sentido de ativar plaquetas, aumentando sua agregação e adesividade, nos casos de uremia ou trombocitopenias inferiores a

60.000 plaquetas. Adicionalmente, parece que a técnica por dilatação única, acompanhada com a videobroncofibroscopia flexível (VBF), se faz indispensável, para que o tubo seja inserido adequadamente e permaneça bem ajustado às estruturas teciduais adjacentes, no sentido de promover também uma boa compressão mecânica contra pequenos vasos.

A *traqueostomia percutânea por dilatação* (TPD) é a que menos produziu complicações em duas *metanálises* recentes.[29,46] Dulguerov,[46] analisando um subgrupo de percutâneas *por dilatação* e acompanhadas por broncofibroscopia flexível, encontrou as menores incidências de complicações. Freeman,[29] em outro estudo, mais recente, utilizando uma metanálise diferente de Dulguerov, comparou as traqueostomias cirúrgicas com as percutâneas, especificamente as dilatáveis, encontrando muito mais vantagens relativas à sua eficácia clínica, ou seja, mais rapidez, facilidade de realização, baixa incidências de sangramento, periostomia e infecção pós-operatória. O estudo de Dulguerov, ao contrário, incluiu todas as traqueostomias cirúrgicas convencionais, de dois períodos, de 1960-1984 (envolvendo 4.185 pacientes) e 1985-1996 (3.512 pacientes), e, assim, comparou-os entre si e com todas as traqueostomias percutâneas do período de 1985-1996 (1.817 pacientes, falhando ao incluir técnicas cortantes e dilatáveis simultaneamente). Por isso, suas conclusões quanto às complicações das percutâneas são controversas, principalmente por usá-las indistintamente, ao compará-las com as cirúrgicas. Como curiosidade, nessa metanálise, Dulguerov apresentou-nos um dado impressionante: a mortalidade das traqueostomias cirúrgicas do período de 1960-1984 é dez vezes maior que nos demais grupos.

A *ruptura da parede posterior da traquéia* inicialmente nos trouxe muitas preocupações por ser delgada, em particular nas mulheres idosas e que utilizam esteróides (comunicação pessoal do cirurgião Antonio Ribeiro Neto). Em revisão de 48.000 pacientes submetidos a anestesia no Hospital La Paz, de Madri, no período de 12 anos, foram encontrados somente 2 casos de ruptura de traquéia diretamente relacionados com a intubação translaríngea.[57,62] As lesões sobre a parte membranosa também podem ser produzidas tanto pelas traqueostomias cirúrgicas convencionais como pelas percutâneas.[58,59,62] Como podemos observar, essas lesões podem ser causadas diretamente, tanto por intubações como por qualquer tipo de traqueostomia,[62] não ficando restritas somente às percutâneas como se pensa. Os aspectos diagnósticos desse problema, ao nosso ver, transcendem os sinais radiológicos de uma radiografia de tórax convencional, em que a hiperinsuflação do balonete nos levaria a suspeitar de ruptura traqueal.[61] Pelo contrário, esse diagnóstico deveria ser firmado sempre pela broncofibroscopia flexível.[62] Daí seu grande impacto na assistência às TPDs. Se o paciente necessita de ventilação mecânica, sua indicação cirúrgica é iminente. Há autores, contudo, que apostam no tratamento conservador dessas lesões, desde que em respiração espontânea.[60] Mas, para outros,[63] a abordagem cirúrgica deveria ser precoce, e independente da ventilação mecânica positiva, para se evitar uma temível infecção no mediastino, causada pelas secreções, principalmente nos pacientes com DPOC. Colice descreveu as complicações associadas à intubação translaríngea e menciona que essas lesões já poderiam ocorrer com apenas poucas horas de intubação, mesmo não havendo trauma.[64] As alterações mais graves poderiam acontecer com uma incidência de 1% a 5,5% nesses pacientes intubados. O padrão de lesão produzido pelos tubos orotraqueais consiste em ulcerações ao longo das cordas vocais verdadeiras, sobre as porções mais posteriores e mediais. Em 94% dos pacientes estudados por Colice, essas agressões causaram vários graus de edema laríngeo (Fig. 19-28). A glote é pequena e tem um formato poligonal. O tubo orotraqueal repousa sobre as cartilagens aritenóides e a porção posterior da subglote. A duração das intubações e o diâmetro do tubo têm relação direta com o dano causado à laringe. Os sintomas associados variam entre dor de garganta, rouquidão e até obstrução alta das vias respiratórias, com estridor laríngeo, como já mencionamos em outro tópico. Lembramos mais uma vez que os cuidados de enfermagem deveriam ser celebrados com muita atenção e zelo, principalmente nesse contexto de prolongada intubação translaríngea. A mobilização desatenta e a fixação imprudente do tubo, ou a agitação em demasia dos pacientes (alguns chegam a se extubar), somam-se mais ainda ao mal já produzido pelo ato em si da intubação, e essas considerações são muitas vezes esquecidas pela equipe. O edema, as ulcerações e a formação de granulomas são as seqüelas mais presentes. A traqueostomia e o excesso de sucções traqueais também exacerbam essas lesões, por permitirem a entrada de bactérias para o interior da traquéia. O tubo de traqueostomia interfere com os reflexos laríngeos. As paredes podem se fundir, em decorrência da inflamação local, sobre superfícies erodidas, o que leva ao processo de estenose. Esse fenômeno normalmente acontece onde se localizam os balonetes, ou próximo ao estoma traqueal. Gibson[65] foi quem primeiro observou que a estenose traqueal ocorria nos locais de balonetes hiperinflados. Nessa altura a cartilagem dos anéis vai amolecendo, o epitélio vai se degenerando, e um tecido de granulação surgindo, es-

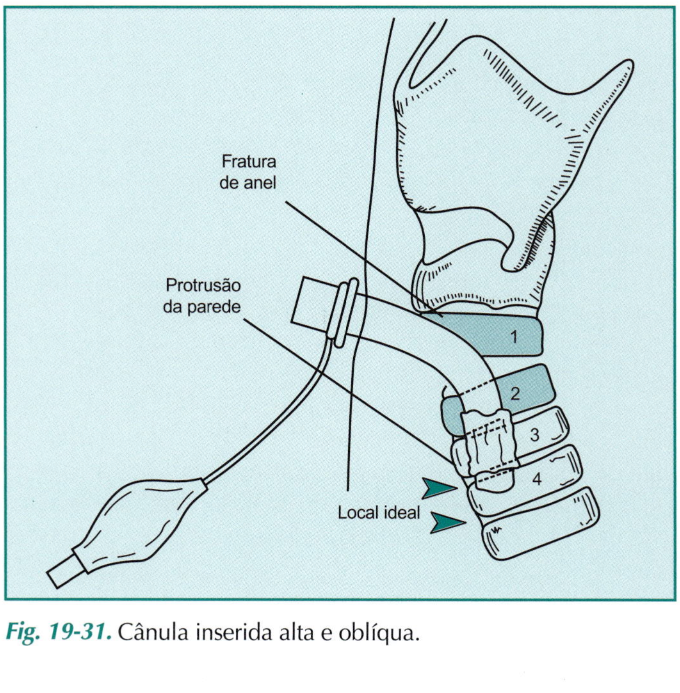

Fig. 19-31. Cânula inserida alta e oblíqua.

treitando o lúmen traqueal (Fig. 19-31). Quando uma traqueostomia convencional é realizada, a incisão é maior, há dissecção do pescoço anterior e a cartilagem, ou parte do anel traqueal, é removida, para se criar uma abertura. Esses aspectos facilitam mais ainda a inflamação local e entrada de bactérias da pele para dentro da traquéia. Arola demonstrou algum grau de estenose traqueal em 85% de seus pacientes após a retirada das cânulas de 15 traqueostomizados cirurgicamente. Por esses argumentos,[66] a TPD evitaria alguns desses problemas. Já que é feita por uma pequena incisão, não há dissecção da parte anterior do pescoço, a inflamação portanto é menor, a infecção secundária da ferida é rara e não há remoção de nenhum anel traqueal. Marx e Ciaglia demonstraram que não há um aumento da incidência de estenose traqueal em sua série consecutiva de 254 pacientes em que a TPD foi realizada.[56] Uma outra complicação rara, porém descrita com a técnica de Ciaglia, é a fístula da artéria traqueoinominada, que ocorreu quando a punção foi realizada abaixo do quarto anel traqueal.[68] Também, como mostra a Figura 19-31, quando a inserção da cânula é mais alta e oblíqua, compromete a parede anterior da traquéia, na altura da ponta da cânula, por protundi-la, além de fraturar o anel acima da inserção.[73]

A curva de aprendizado é uma realidade agora bem-definida na literatura.[69,70] Começa-se a ganhar mais experiência depois dos primeiros 20 casos de TPD. Em nossa experiência, nos anos iniciais, 1995-1996, realizávamos esse procedimento (dilatações seqüenciais) em conjunto com um experiente cirurgião. Com o surgimento da VBF, esse aprendizado tornou-se bem mais rápido. Emami *et al* utilizam, por exemplo, essa metodologia (TPD com orientação endoscópica) no programa de treinamento em residência médica, na especialidade de otolaringologia.[71]

As *complicações* encontradas (Quadro 19-4) com as traqueostomias percutâneas dilatáveis estão diretamente ligadas à curva de aprendizado (Gráfico 19-1) da equipe de terapia intensiva e ao tipo de paciente para quem se indica o procedimento. Conforme mostra o gráfico, a experiência alemã da Universidade de Leipzig ao longo dos anos vem ganhando uma queda significativa das complicações,[69] a despeito de usarem sempre a mesma técnica. Marx e Ciaglia, em 1996, chamaram a atenção para um ponto que gostaria de ressaltar, por ser de muita importância.[56] Existe uma crista (Fig. 19-32) criada sobre o guia por onde desliza o dilatador.

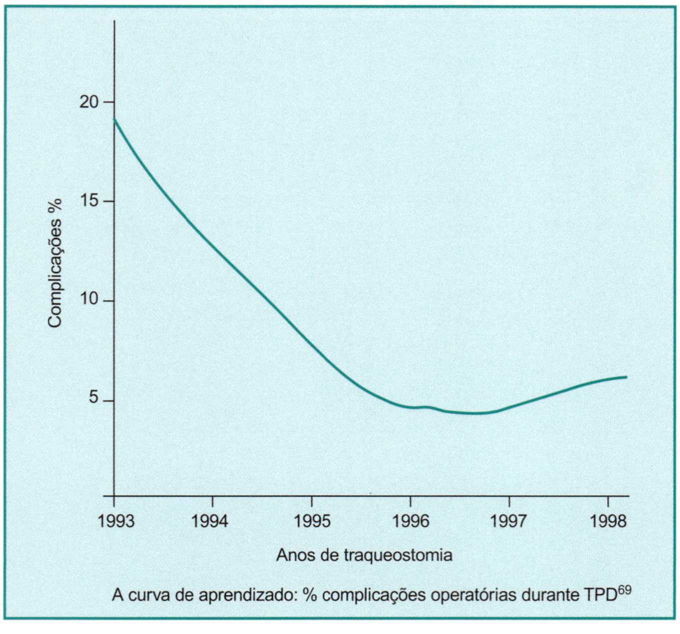

Gráfico 19-1

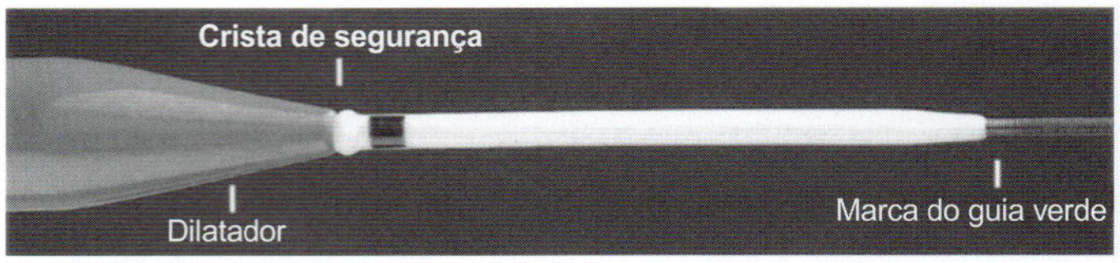

Fig. 19-32. Crista de segurança do Blue Rhino. (Ver *Prancha* em *Cores*.)

Essa protuberância é necessária, pois impede que o dilator ultrapasse. Se essa crista não existisse, a saída abrupta do guia branco, por dentro do dilatador, poderia fazer com que a ponta do dilatador tocasse a parte posterior da traquéia. É dessa forma que se produz a lesão da tênue estrutura membranosa, como demonstrou Steven Trottier em modelo suíno e em cadáveres humanos.[67] Uma grande vantagem de se realizar o procedimento com a visualização interna é que a atenção do operador não só se concentra no detalhe inicial da punção central sobre a traquéia, mas também a observação da permanência desses guias por todo o tempo de procedimento, dentro da traquéia, por serem também garantias ao sucesso da técnica.

CONSIDERAÇÃO FINAL

De modo irretorquível, está havendo uma tendência cada vez maior no sentido de se utilizar as traqueostomias percutâneas dilatáveis, especialmente nos ambientes de terapia intensiva. Paralelamente a esse crescimento da técnica, desde 1985, surgiram muitas questões intrigantes, as quais procuramos investigar para o leitor deste capítulo. Enfatizamos que nossas preocupações relacionadas às complicações não deveriam restringir-se às técnicas, pelo contrário, o planejamento estratégico de uma traqueostomia sempre se estruturará em duas vertentes:

1. Experiência dos membros da equipe de terapia intensiva (curva de aprendizado).
2. Quadro clínico dos pacientes candidatos.

Em nossa prática, a introdução da videobroncofibroscopia flexível (VBF) em paralelo à TPD veio acrescentar ao nosso arsenal terapêutico quotidiano um grande avanço,[24,44] ainda que pouco reconhecido e percebido em nosso meio. Acreditamos que o entendimento da fisiopatologia das lesões produzidas, seja pela intubação translaríngea, seja pelas diversas técnicas disponíveis, é determinante para a prevenção e a identificação precoce de tantos problemas, principalmente no cenário da terapia intensiva.

REFERÊNCIAS BIBLIOGRAFICAS

1. Jackson C. Tracheostomy. *Laryngoscope* 1909;19:285–290.
2. Jackson C. High Tracheotomy and other errors. The chief causes of chronic laryngeal stenosis. *Surg Gynecol Obstet* 1921;32:392.
3. Goodall EW: The story of tracheostomy. *Br J Child Dis* 1934;31:167.
4. Shelden HC, Pudenz RH. Percutaneous Tracheostomy. *JAMA* 1957;165:2068–70.
5. Toye FJ, Weistein JD. A percutaneous tracheostomy device. *Surgery* 1969;65:384–389.
6. Ciaglia P. Elective percutaneous dilatational tracheostomy: A new simple bedside procedure; preliminary report. *Chest* 1985;87:715–719.
7. Schachner A, Ovil Y, Sidi J, Levy MJ. Percutaneous Tracheostomy: A new method. *Crit Care Med* 1989;17:1052–1056.
8. Griggs WM, Worthley LIG, Gilligan JE, Thomas PD, Myburg JA. A simple percutaneous tracheostomy technique. *Surg Gynec Obstet* 1990;170:543–545.
9. Fantoni A, Ripamonti D. A non-surgical tracheostomy: The translaryngeal method. *Intensive Care Med* 1997;23:386–392.
10. Plummer AL, Gracey DR. Consensus Conference on Artificial Airways in Patients receiving mechanical ventilation. *Chest* 1989;96:178–180.
11. Heffner JE. Timing tracheostomy: Calendar watching or individualization of care? *Chest* 1998;114:361–363.
12. Lewis RJ. Tracheostomies: Indications, timing and complications. *Clin Chest Med* 1992;13:137.
13. Rodrigues JL, Steinberg SM *et al.* Early tracheostomy for primary airway management in surgical critical care setting. *Surgery* 1990;108:655.
14. Moore FA, Haenel JB *et al.* Percutaneous tracheostomy/ gastrostomy in brain-injured patients: A minimally invasive alternative. *J Trauma* 1992;33:435.
15. http://www.cookcriticalcare.com/education/slides/index.html
16. Hazard PB, Garret HE, Adans JW. Bedside percutaneous tracheostomy: Experience with 55 elective procedures. *Ann Thorac Surg* 1988;46:63–67.
17. Schachner A, Ovil Y, Sisi J, *et al.* Percutaneous tracheostomy – A new method. *Crit Care Med* 1989;17:1052–1056.
18. Kastanos N, Miro RA, Perez AM, *et al.* Layngotracheal injury due to endotracheal intubation: incidence, evolution and predisposing factors. A prospective long-term study. *Crit Care Med* 1983;11:362–367.
19. D'Amelio L, Hammond J, Spain D *et al.* Tracheostomy and percutaneous endoscopic gastrotomy in the management of the head-injuried trauma patient. *Am Surg* 1994;60:180.
20. Rodriguez J, Steinberg S, Luchetti F *et al.* Early tracheostomy form primary airway management in the surgical critical care setting. *Surgery* 1990;108:655.
21. Erwan L'her, Goetghebeur D, Boumedienne A *et al.* Use of Blue Rhino tracheostomy set for emergency airway management. *Intensive Care Med* 2001;27:322–322.
22. Sugarman HL, Wolfe L, Schaffer S *et al.* Multicenter, randomized, prospective trial of early tracheostomy. *J Trauma* 1997;43:741–747.
23. David Pierson. *Crit Care Alert* 1998;5:81–88.
24. Ciaglia, P. Technique, complications, and improvements in percutaneous dilational tracheostomy. *Chest* 1999;115:1229–1230.
25. Head JM *et al.* Tracheostomy in the management of respiratory problems. *N Engl J Med* 1960;264:587–591.
26. Watts JM *et al.* Tracheostomy in modern practice. *Br J Surg* 1963;50:954–975.
27. Kodicek J *et al.* The place and management of tracheostomy in respiratory insufficiency. *J Oto Laryngol* 1960;74:891–918.
28. Karmen JM, Wilkinson CJ. A new low–pressure cuff for endotracheal tubes. *Anesthesiology* 1971;5:482–485.
29. Freeman BD, Karen I, *et al.* A meta-analysis of prospective trials comparing percutaneous and surgical tracheostomy in critically ill patients. *Chest* 2000;118:1412–1418.
30. Barba CA, Angood PB, Kauder DR. Bronchoscopic guidance makes percutaneous tracheostomy a safe, cost-effective and easy-to-teach procedure. *Surg* 1995;118:879–883.
31. Hutchinson RC, Mitchell RD. Life-threatening complications from percutaneous dilatational tracheostomy. *Crit Care Med* 1991;19:118–120.
32. Wang MB, Berke GS, Ward PH *et al.* Early experience with percutaneous dilatational tracheostomy. *Laryngoscope* 1992;102:157–162.
33. Donaldson D, Emami A, Wax M. Endoscopically monitored percutaneous dilatational tracheostomy in a residency program. *Laryngoscope* 2000;110:1142–1146.
34. Byhahn C, Wilke HJ, Halbig S *et al.* Percutaneous Tracheostomy: Ciaglia Blue Rhino versus basic Ciaglia technique of percutaneous dilatational tracheostomy. *Anesth Analg* 2000;91:882–6.
35. Chacur FH, Ferreira Costa JL, Barros C, Gomes P, Costa-Filho R. Endoscopic guided percutaneous dilational tracheostomy: Early experience of a prospective trial in critical care. *Chest* 1997;112:S1.
36. Costa-Filho RC, Fleury R, Favero A, Chacur FH, Gomes P, Simões S, Martins JR, Ferreira Costa JL. Percutaneous multidilatational tracheostomy endoscopic guided: A simple and safe bedside procedure done by intensivists. Critical Care 5:Supplement 2001;3:S42.
37. Marelli D, Manolidis S *et al.* Endoscopic guided percutaneous tracheostomy: Early results of a consecutive trial. *J Trauma* 1990;30:433–435.
38. Winker WB, Karnik R, Seelmann O *et al.* Bedside percutaneous dilatational tracheostomy with endoscopic guidance: experience in 72 ICU patients. *Intensive Care Med* 1993;20:476–479.
39. Imami E, Hogans L, Komer K *et al.* Percutaneous dilatational tracheostomy risks and benefits of bronchoscopy: a prospective randomized study. *Crit Care Med* 1994;22:A67.
40. Fernandez L, Noewood S, Roettger R *et al.* Bedside percutaneous tracheostomy with bronchoscopic guidance in critically ill patients. *Arch Surg* 1996;131:129–132.
41. Watson CB. Video-assisted percutaneous dilatational tracheostomy. *Anestesiology News* (newsletter), 1996.
42. Shrager JB, Sing RF *et al.* Percutaneous endoscopic tracheostomy. *Surg Rounds* 1994. pp 681–685.
43. Reilly PM, Sing RF, Giberson FA *et al.* Hypercarbia during tracheostomy: a comparison of percutaneous endoscopic, percutaneous Doppler and standard surgical tracheostomy. *Intensive Care Med* 1997;23:859–864.
44. Paul A, Marelli D, Chiu CJ *et al.* Percutaneous endoscopic tracheostomy. *Ann Thorac Surg* 1989;47:314–315.
45. Toye FJ, Weisntein JD. Clinical experience with percutaneous tracheostomy and cricothyroidotomy in 100 patients. *J Trauma* 1986;26:1034.
46. Dulguerov P, Claudine G, Perneger TV, Chevrolet JC. Percutaneous or surgical tracheostomy: A meta-analysis. *Crit Care Med* 1999;27:1617–1625.
47. Freeman B, Karen I, Cobb JP, Boyle WA, Buchman TG *et al.* A prospective, randomized study comparing percutaneous

with surgical tracheostomy in critically ill patients. *Crit Care Med* 2001;29:926–930.
48. Johnson JL, Cheatham ML, Sagraves SG, Nelson LD *et al.* Percutaneous dilatational tracheostomy: A Comparison of single versus multiple-dilator techniques. *Crit Care Med* 2001;29:1251–1254.
49. Hinerman R, Alvarez F, Keller CA. Outcome of bedside percutaneous tracheostomy with broncoscopic guidance. *Intensive Care Med* 2000;26:1850–1856.
50. Yako IYO. Manual dos Procedimentos Invasivos Realizados no CTI. MEDSI. Cap 14: A Enfermagem nos cuidados higiênicos com o cliente grave, 2000, pp 397–407.
51. Hubner N, Rees SK *et al.* Percutaneous dilatational tracheostomy done early after cardiac surgery: Outcome and incidence of mediastinitis. *Thorac Cardiovasc Surg* 1998;46:89.
52. Azevedo CFF, Aranha F, Ferandes MA, Campos LA, Gomes R, Nogueira P, *et al.* Traqueostomia Percutânea Dilatável como primeira opção após intubação Orotraqueais prolongadas: Experiência inicial. *Rev SOCERJ* 2001;14:65.
53. Hill B, Zweng T, Maley R *et al.* Percutaneous dilatational tracheostomy: Report of 356 cases. *J Trauma* 1996;41:238.
54. Mansharamani NG, Koziel H, Garland R, LoCicero J *et al.* Safety of bedside percutaneous dilatational tracheostomy in obese patients in ICU. *Chest* 2000;117:1426–1429.
55. Mayberry J, Wu I, Goldman R *et al.* Cervical spine status and neck extension during percutaneous tracheostomy in trauma patients. Poster presentation at the 28 the Mannual meeting of the SCCM in San Francisco: January 1999. pp 23–27.
56. Marx WH, Ciaglia P, Graniero KD. Some important details in the technique of percutaneous dilatational tracheostomy via modified seldinger technique. *Chest* 1996;110:762–66.
57. Lobo Sánchez M, Lapuerta RJA, Tamame TC, Barbero RF *et al.* Lesiones traqueobronquiales debidas a procedimientos anestésicos. A propósito de dos casos. *Rev Esp Anestesiol Reanim* 1991;38:51–54.
58. Jacobs JR, Thawley SE, Abata R *et al.* Posterior tracheal laceration: A rare complication of tracheostomy. *Laryngoscope* 1978;88:1942–1946.
59. Hutchinson RC, Mitchell RD. Life-threatening complications from percutaneous dilatational tracheostomy. *Crit Care Med* 1991;19:118–120.
60. D'Odemont JP, Pringot J, Goncette L *et al.* Favourable outcome of tracheal laceration. *Chest* 1991;99:1290–1292.
61. Rollins RJ, Tocino I. Early radiographic signs of tracheal rupture. *AJR* 1987;148:695–698.
62. Varela G, Jiménez M. Rotura traqueal secundaria a intubación o traqueostomía. *Arch Bronconeumol* 1995;31:421–423.
63. Regragui IA, Fagan AM, Natrajan KM. Tracheal rupture after tracheal intubation. *Br J Anaesth* 1994;72:705–706.
64. Colice GL. Prolonged intubation versus tracheostomy in the adult. *Intensive Care Med* 1987;2:85–102.
65. Gibson P. Aetiology and reapair of tracheal stenosis following tracheostomy and intermittent positive pressure respiration. *Thorax* 1967;22:1–6.
66. Arola MK, Puhakka H, Maxela P. Healing of lesions caused by cuffed tracheostomy tubes and their late sequelae. *Acta Anesthesiol Scand* 1980;24:169–177.
67. Trottier SJ, Hazrd PB, Sakabu SA, Levine JH, *et al.* Posterior Tracheal wall perforation during percutaneous dilatational tracheostomy. *Chest* 1999;115:1383:1389.
68. Friedman Y, Mayer AD. Bedside percutaneous tracheostomy in critically ill patients. *Chest* 1993;104:532–535.
69. Petros S. Percutaneous tracheostomy. *Crit Care* 1999;3:R5–R10.
70. Massik D, Powell DM, Price P, Chang S, *et al.* Quantification of learning curve for percutaneous dilatational tracheostomy. *Laryngoscope* 2000;110:222–228.
71. Donaldson D, Emami A. Endoscopically monitored percutaneous dilatational tracheostomy in a residency program. *Laryngoscope* 2000;110:1142–1146.
72. Fantoni A, Rapimoti D. A non-derivative, non-surgical tracheostomy: the translaryngeal method. *Intensive Care Med* 1997;23:386–392.
73. Van Heurn LWE, Ramsay G, Brink RG *et al.* Pathologic changes of the trachea after percutaneous dilatational tracheostomy. *Chest* 1996;109:1466–1469.
74. Lesnik I, Rappaport W, Fulginiti J, Witzke D. The role of early tracheostomy in blunt, multiple organ trauma. *Am Surg* 1992;58(6):346–9.
75. Frova G, Quintel M. A new simple method for percutaneous tracheostomy: Controlled rotating dilation. A Preliminary report. *Intensive Care Med* 2002;28:299–303.

Broncoscopia

Agnes Kosa Teixeira

Broncofibroscopia é uma valiosa ferramenta na Unidade de Terapia Intensiva (UTI) no auxílio do manejo das vias aéreas. As duas principais indicações para realizar broncofibroscopia em UTI são diagnóstica e terapêutica sendo que as duas indicações são freqüentemente realizadas em conjunto. Experiência é fundamental para que o procedimento seja realizado de forma segura e efetiva, em especial quando há problemas no manuseio das vias aéreas ou com hemoptise importante.[3]

Na Unidade de Terapia Intensiva Pediátrica, o broncofibroscópio de 3,5 mm é utilizado para realizar BAL nas pneumonias oportunistas, intubação complicada por dismorfia facial, diagnóstico endoscópico em especial na suspeita de aspiração de corpo estranho. Na Unidade de Terapia Neonatal o aparelho ultrafino com 2,2 mm é utilizado para intubação difícil e localização de lesões induzidas por ventilação.[4]

O Quadro 19-5 aponta as indicações para broncoscopia diagnóstica.

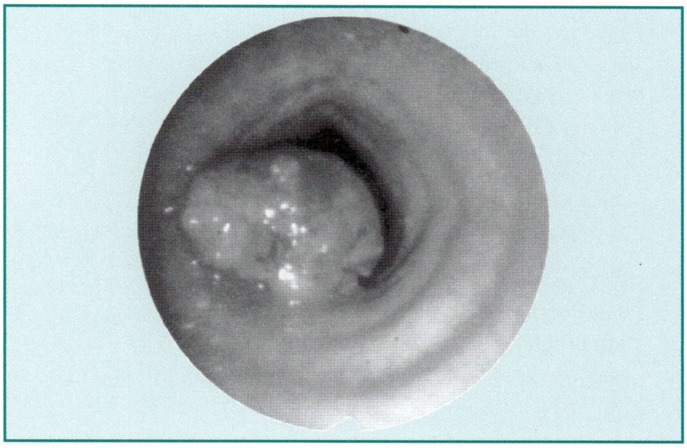

Fig. 19-33. Carcinoma broncogênico causando obstrução da mesotraquéia.[16] (Ver *Prancha* em *Cores.*)

Quadro 19-5. Indicação
• Tosse
• Sibilo, estridor
• Radiografia do tórax com anormalidade
• Hemoptise
• Pneumotórax persistente
• Rouquidão e paralisia de cordas vocais
• Queimaduras químicas ou térmicas de árvore brônquica
• Abscesso pulmonar refratário
• Trauma torácico
• Citologia de escarro atípica e/ou alterada
• Lavado broncoalveolar diagnóstico
• Suspeita de infecção pulmonar
• Suspeita de fístula broncopleural ou traqueoesofágica
• Acompanhamento de carcinoma broncogênico
• Carcinoma broncogênico (Fig. 19-33)
• Carcinoma esofágico
• Suspeita de aspiração de corpo estranho
• Neoplasia obstrutiva
• Estenose traqueobrônquica
• Colocação de tubo endotraqueal (oral ou nasal)
• Verificação de lesões potencialmente ocasionadas por tubo traqueobrônquico (Fig. 19-34)
• Verificação pós-operatória de anastomose traqueal, traqueobrônquica ou brônquica

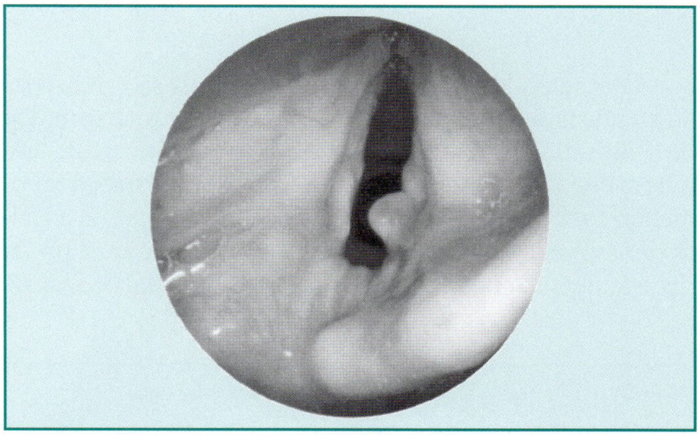

Fig. 19-34. Granuloma das cordas vocais pós-intubação.[16] (Ver *Prancha* em *Cores.*)

O Quadro 19-6 apresenta as indicações para broncoscopia terapêutica.

A utilização da broncoscopia é atualmente, de uma maneira geral, realizada com fibroscópio flexível, sendo que em UTI de uma forma especial, porém o broncoscópio rígido pode ser utilizado se não houver outra possibilidade, ou através de traqueostomia em paciente respirando espontaneamente.

BRONCOSCOPIA DIAGNÓSTICA

Pneumonia nosocomial

A idéia primordial de se realizar broncofibroscopia nas pneumonias nosocomiais é de recuperar material não-contaminado das vias aéreas inferiores numa área muito próxima

Quadro 19-6. *Indicação de broncoscopia terapêutica (Figs. 19-35 e 19-36)*

- Retenção de secreção, rolhas mucosas ou coágulos
- Hemoptise
- Debridamento de mucosa necrótica traqueobrônquica
- Aspiração corpo estranho
- Desobstrução de neoplasias obstrutivas
- Dilatação de estenose traqueal ou brônquica
- Terapia com cola de fibrina para pneumotórax, fístula broncopleural
- Drenagem de abscesso brônquico
- Drenagem de cisto broncogênico
- Instilações intralesionais
- Colocação de tubo endotraqueal
- Traqueostomia percutânea
- *Plugs* mucosos em asma
- Trauma torácico
- Lavagem broncoalveolar terapêutica (proteinose alveolar)
- Braquiterapia
- Terapia com *laser*
- Terapia fotodinâmica
- Eletrocautério
- Crioterapia

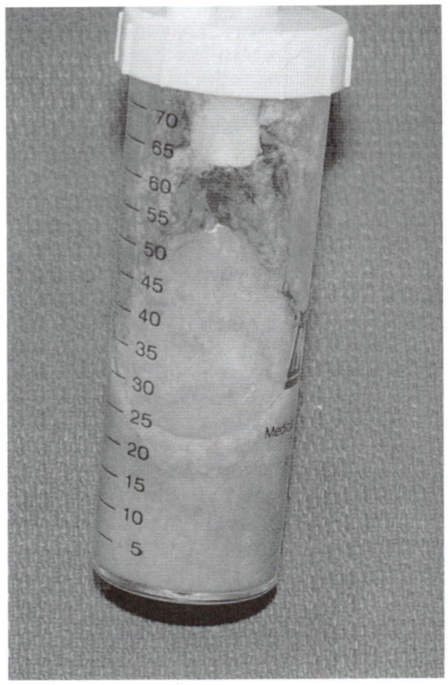

Fig. 19-36. Drenagem broncoscópica de material purulento de abscesso pulmonar. (Ver *Prancha* em *Cores*.)

àquela acometida. As duas técnicas principais são realizadas através do lavado broncoalveolar (BAL) e do escovado protegido (PSB). O BAL atinge uma área bem superior, correspondente à cerca de 1% da superfície alveolar, porém pode estar comprometido com contaminação do canal de aspiração prévia ao início do aspirado de qualquer forma, a contaminação da orofaringe também pode ser indicada pela presença de 1% ou mais de células epiteliais no material indicando tal acidente. O PSB é mais interessante, pois a oclusão de sua dupla luz até atingir a área a ser explorada determina uma contaminação muito menor, além de se permitir examinar o material para organismos intracelulares (ICO), com resultados em poucas horas.[2]

As culturas são quantitativas por diluições seriadas com limite de > 10 ufc/ml para o PSB e > que 10 ufc/ml para o BAL. Ao longo do tempo, observou-se que os resultados das culturas dependem do uso prévio ou não de antibióticos do tempo de seu uso, da condição do paciente, do grau da gravidade da pneumonia adquirida, da duração de prótese ventilatória, entre outros.

O procedimento em si apresenta um baixo risco até nos pacientes em prótese, com exceção daqueles que necessitam,

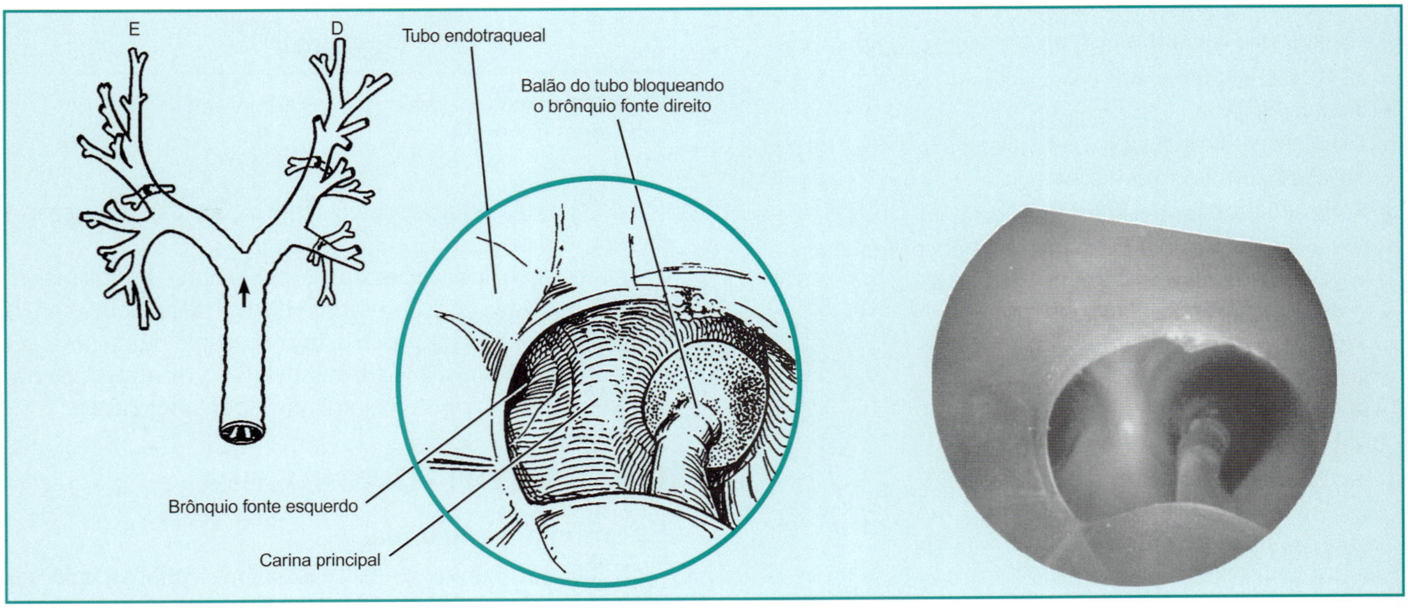

Fig. 19-35. Visão broncoscópica da extremidade do tubo traqueal. (Ver *Prancha* em *Cores*.)

por insuficiência respiratória grave, de alta fração inspirada de O_2 com alta pressão positiva expiratória. A conseqüência mais importante e mais freqüente desses procedimentos é a hipoxemia, que pode durar por algum tempo finda a broncoscopia, e a complicação mais temida é o sangramento em pacientes com coagulopatias severas.

Os diversos estudos realizados comparando os resultados obtidos com BAL e PSB e aspirado traqueal não-broncoscópico concluem que os diferentes métodos de obtenção de aspirado pulmonar não apresentam diferenças significativas entre si, e resultados falsos-negativos ocorrem em torno de 30 a 40% e falsos-positivos, em torno de 20 a 30%.

De acordo com Chastre J. *et al*, as técnicas broncoscópicas com coleta de material da região afetada permitem uma estratégia superior àquela baseada na avaliação clínica, além de permitirem a não-utilização de antibióticos naqueles pacientes que na realidade não apresentam infecção, minimizando o risco de emergência de microrganismos resistentes na UTI.[5] Nos pacientes com evidência clínica de sepse severa evidentemente a antibioticoterapia não deve ser retardada na expectativa de resultados obtidos por broncoscopia, e métodos simplificados não-broncoscópicos permitem a obtenção de secreção distal confiável para culturas quantitativas num período de apenas 24 horas.

Trabalho realizado por Montravers *et al* refazendo o PSB verificou que de 173 microrganismos isolados inicialmente 94% estavam erradicados após 72 h de tratamento antimicrobiano, mas, ao mesmo tempo, 32 novos patógenos foram detectados, a maioria (81%) resistente à terapêutica instituída. Assim, fica claro que a observação broncoscópica seriada de pacientes com pneumonia adquirida no ventilador que não responderam inicialmente ao tratamento antimicrobiano pode resultar numa recuperação maior de microrganismos resistentes ou não cobertos pela terapia empírica inicial.

Um estudo prospectivo da epidemiololgia e etiologia das pneumonias nosocomiais em dois hospitais universitários através do PSB e do lavado broncoalveolar evidenciou o isolado de *S. aureus, S. pneumoniae, P. aeruginona, Haemophilus* spp. em cerca de 65%, enquanto apenas 12,5% correspondiam a bacilos entéricos gram-negativos.[6] Balthazar *et al,* num estudo comparativo com lavado broncoalveolar e biopsia pós-morte no máximo 3 dias após o BAL nesses mesmos pacientes, concluíram[7] que a cultura quantitativa, a coloração por Gram e a celularidade do BAL podem ser bastante úteis na investigação diagnóstica de pneumonia associada ao ventilador.

Num estudo realizado para avaliar o tratamento antimicrobiano em pacientes sob ventilação mecânica com exacerbação de doença pulmonar crônica severa, observou-se, através aspirado traqueal, BAL e PSB, que patógenos endógenos adquiridos na comunidade estavam presentes em 70% dos pacientes e bacilos gram-negativos e espécies de *Pseudomonas* e *Stenotrophomonas* nos 30% restantes. Houve persistência dos patógenos inicialmente isolados em 24% dessa população na investigação subseqüente de 72 horas, quando a terapia inicial não foi apropriada; ou seja, é fundamental conhecer o padrão de susceptibilidade local, além de investigação microbiana do paciente individual.[10]

Pacientes com doença pulmonar obstrutiva crônica apresentando contra-indicação de broncofibroscopia sob ventilação espontânea podem, num ambiente de terapia intensiva, realizar o procedimento através da utilização de ventilação por pressão positiva não-invasiva e passagem do aparelho via nasal, com manutenção da máscara de pressão positiva não-invasiva algum tempo após o término do procedimento, evitando hipoxemia importante e permitindo a coleta de BAL para a suspeita de pneumonia adquirida.[11]

Queimadura de árvore brônquica por inalação de fumaça pode determinar num curto período uma produção excessiva de secreção por lesão direta da mucosa brônquica com acúmulo de muco espesso com tecido degenerado, ocasionando obstrução com atelectasia e até pneumonia. A broncoscopia permite a retirada bem-sucedida de debris, com eventual diminuição de pressão de vias aéreas e até extubação; a broncoscopia inicial é importante na avaliação de suspeita de lesão por inalação química ou térmica.[8]

BRONCOSCOPIA TERAPÊUTICA E DIAGNÓSTICA

Hemoptise

Na Unidade de Terapia Intensiva, a avaliação broncoscópica aplicável imediatamente numa situação crítica após sangramento proporciona a melhor oportunidade de visualizar o local de sangramento ativo e levar a intervenções terapêuticas mais objetivas (Fig. 19-37).[9]

A broncofibroscopia é utilizada para a localização do sítio de sangramento, mas em cerca de 10% dos casos o sangramento é tão abundante que eventualmente o broncoscópio rígido pode ser preferido. Com o broncoscópio flexível, é possível, após a localização do sangramento, agir terapeuticamente, com a instilação direta de soro fisiológico gelado ou a combinação de soro fisiológico gelado e adrenalina 1:1.000. Técnicas adicionais incluem a aplicação direta de uma solução de trombina ou a combinação de trombina + fibrinogênio, ou ainda a utilização de um catéter de Fogarty balonado na ponta para tamponamento broncoscópico do subsegmento sangrante. O tamponamento endobrônquico consiste na passagem de um catéter de Fogarty balonado através do canal de aspiração do broncoscópio com insuflação do balonete e conseqüente oclusão da zona onde ocorre o sangramento. Esse procedimento pode ser eficaz em si, ou eventualmente ganha-se tempo até a realização de uma toracotomia.[1]

A cirurgia deve, no entanto, ser sempre considerada para as hemoptises maciças. Existem ainda as técnicas de eletrocauterização ou Nd-Yag *laser*, sendo essa última disponível apenas em poucos centros por ser muito dispendiosa. Há ainda a possibilidade de colocação de catéter endobrônquico de dupla luz como manobra de salvação para proteger o pulmão sadio e, uma vez atingida a estabilidade hemodinâmica com oxigenação satisfatória, é possível lavar-se copiosamente o pulmão sangrante através do broncofibroscópio.

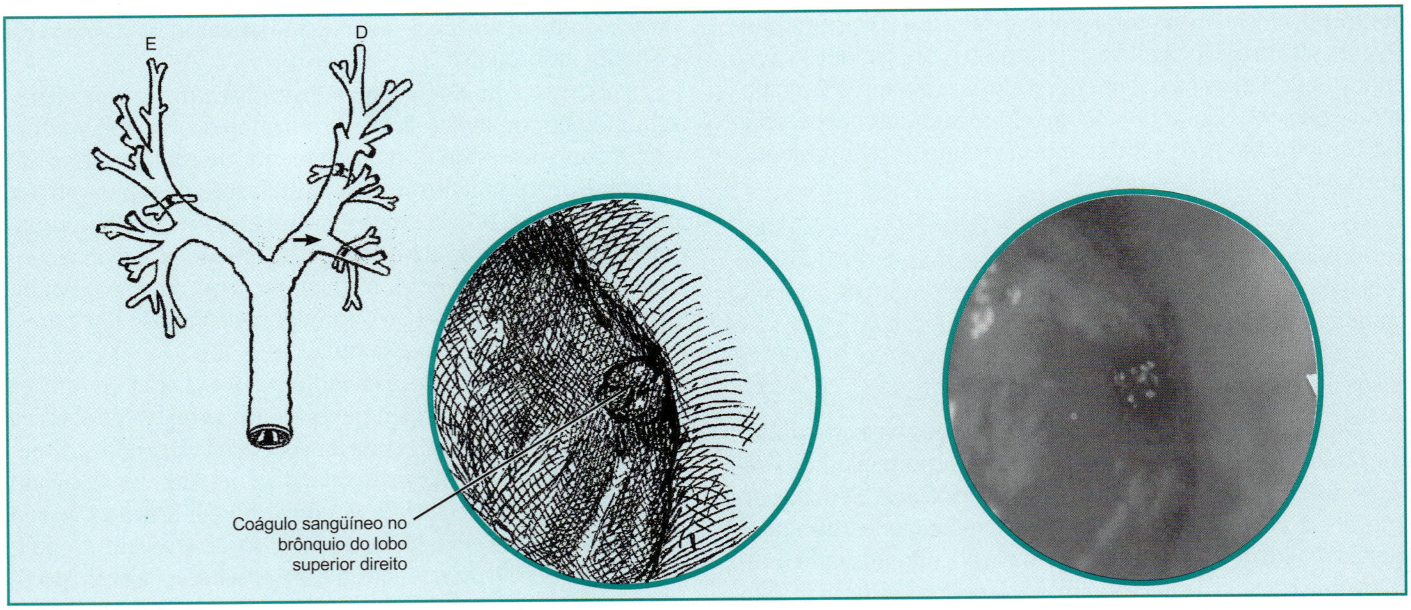

Fig. 19-37. Sangramento contínuo de cavidade tuberculosa do lobo superior direito. (Ver *Prancha* em *Cores*.)

Uma das principais indicações para a broncofibroscopia na UTI é sem dúvida a hemoptise. Esta pode se apresentar como um risco maior na UTI pela imobilidade dos pacientes e maior propensão à embolia pulmonar, utilização de anticoagulantes ou ainda trauma mecânico por intubação prolongada e múltiplas aspirações com lesão da árvore brônquica por irritação e/ou inflamação da mucosa traqueal ou de brônquios-fonte.

Num estudo realizado em 264 pacientes, observou-se, através da broncoscopia, que 29% das hemoptises ocorriam por carcinoma broncogênico, 23% por bronquite e 22% não tinham causa determinada. A broncofibroscopia permite além de tudo uma boa visualização dos lobos superiores e sítios mais distais. Se o sítio do sangramento não puder ser identificado a possibilidade de uma boa lavagem permite a visão de algum filete de sangramento vivo. Uma vez este identificado, é possível proceder a manobras subseqüentes para estancar o processo.[15]

BRONCOSCOPIA TERAPÊUTICA

Retenção de secreções e atelectasia

A broncofibroscopia é sem dúvida uma grande arma na aspiração de secreção ou rolhas mucosas quando outros métodos tais com sucção traqueal, broncodilatadores inalados e fisioterapia respiratória não produziram resultados satisfatórios. Em diversas séries, até 69% das broncofibroscopias foram realizadas como terapêutica. Weinstein *et al* realizaram 43 broncofibroscopias em pacientes com insuficiência respiratória. Oitenta e um por cento das lavagens estavam associadas a uma melhora significativa da relação alveoloarterial de oxigênio (Fig. 19-38).

A pronta remoção de secreção mucóide espessa pode salvar o paciente, e a hipoxemia que ocorre por causa do muco espessado ou da rolha não deve impedir o procedimento, que por si só pode ser a razão da realização da broncofibroscopia. Pacientes com doença neuromuscular como *miastenia gravis* e em especial a síndrome de Guillain-Barré apresentam um enorme benefício com a remoção direta via broncoscópica do muco retido. Em certos pacientes, a remoção de muco muito espesso pode auxiliar no desmame.

O sucesso da remoção de muco com a broncofibroscopia varia em diversas séries, de 81% para Lindholm e *et al* a 19% numa série da Clínica Mayo, e a média de sucesso varia em torno de 41% nos procedimentos.

Outros pesquisadores propuseram que a broncofibroscopia fosse realizada para atelectasia quando esta decorresse de muco espesso ou rolha ou quando o aerobroncograma se estendesse apenas até brônquios segmentares. Quando o aerobroncograma se estende aos brônquios subsegmentares ou mais distante, ainda é provável que a fisioterapia respiratória seja mais bem-sucedida. A broncofibroscopia deve ser considerada nas atelectasia lobares ou com comprometimento ainda maior, onde a fisioterapia respiratória vigorosa não foi eficaz, e na atelectasia total com risco de vida. A melhora radiológica após broncofibroscopia para remoção de secreção ocorre de 6 a 24 horas após e se segue a melhora auscultatória e gasométrica.

OBSTRUÇÃO ENDOBRÔNQUICA

Eventualmente a obstrução brônquica pode ser ocasionada por câncer de pulmão ou doença metastática levando a insuficiência respiratória e necessitando desobstrução urgente. A utilização de eletrocautério, Nd-YAG *laser* ou colocação de *stent* intraluminal são as técnicas recomendadas e podem ser salvadoras.

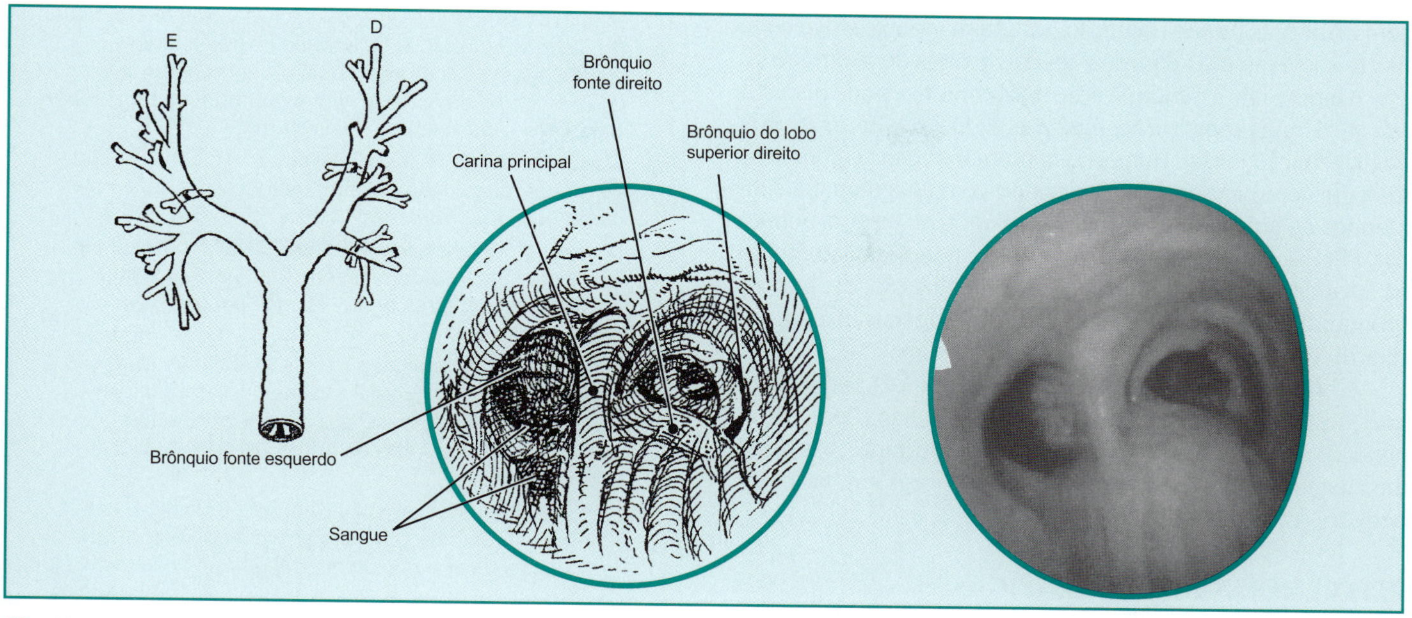

Fig. 19-38. Hemorragia no brônquio fonte esquerdo por carcinoma broncogênico. (Ver *Prancha* em *Cores.*)

Broncofibroscópio pode ser utilizado, porém o broncoscópio rígido é mais adequado, porque a sua luz, sendo maior, proporciona uma melhor vizualização, e portanto manobras mais arriscadas como por exemplo o uso de laser, que pode levar a sangramento intenso ou fogo nas vias aéreas com queimaduras, é mais seguro com o broncoscópio rígido. O laser também pode ser utilizado para desobstrução prévia à colocação de *stent*. Esses métodos ocasionam na maioria dos casos alívio imediato, com a possibilidade de retirada da prótese ventilatória em tempo reduzido.

A broncoscopia intervencionista, além de prolongar a vida dos pacientes com obstrução tumoral, permite também, através de dilatações mecânicas, a abertura de estenoses via utilização de balões, e em mãos experientes o grau de complicação é bastante reduzido.[13]

CONTROLE E MONITORIZAÇÃO DAS VIAS AÉREAS

A broncofibroscopia pode ser utilizada para a colocação de tubos endotraqueais orais ou nasais como guia nos pacientes com lesão de coluna cervical ou com traquéia anteriorizada de difícil intubação. A broncofibroscopia é também freqüentemente usada para a realização de traqueostomia percutânea aparentemente com aumento da segurança do procedimento com prevenção de complicações tais como pneumotórax, enfisema subcutâneo, em especial criação de falsa passagem paratraqueal, já que, sob visualização direta, é muito mais fácil a prevenção dessa última.[12]

REMOÇÃO DE CORPOS ESTRANHOS

O broncofibroscópio flexível permite a avaliação das vias aéreas inferiores na busca de obstrução e corpos estranhos, tais como dentes, partículas alimentares, partes de ossos animais e uma variedade de outros objetos. O broncoscópio rígido foi classicamente usado como aparelho de escolha, mas, atualmente, o broncofibroscópio com o auxílio de pinças especiais tipo *basket* ou jacaré e mais a habilidade do broncoscopista em diversos estudos tem demonstrado a sua eficiência entre 60 e 82%.

ANESTESIA E SEDAÇÃO

A anestesia de uma maneira geral é realizada com xilocaína tópica e/ou *spray* dependendo de se o paciente estiver ou não intubado, e a sedação é geralmente feita com benzodiazepínico do gênero midazolam ou com propofol, cuja vantagem é ter uma ação rápida e curta. A atropina é recomendada para reduzir secreções, mas atualmente tem sido utilizada somente de forma excepcional.

CONTRA-INDICAÇÕES E COMPLICAÇÕES

Não existem contra-indicações absolutas, já que na maioria das ocasiões é possível corrigir a patologia associada que dificulte a realização do procedimento, como por exemplo utilização de drogas broncodilatadoras imediatamente prévia à broncofibroscopia em caso de asma grave ou administração de plaquetas nas plaquetopenias severas ou ainda correção de arritmias com otimização do estado geral para evitar instabilidade cardíaca.

As mais freqüentes são complicações menores, sendo este um procedimento bastante seguro, ocorrendo em até 5,5%, e as formas maiores ocorrem num percentual ínfimo de casos variando entre 0,08 a 0,15%. Entre as menos severas incluem-se taquicardia, hipertensão, hipoxemia e infiltrados pulmonares como as mais presentes, e insuficiência respiratória aguda com manobras de ressuscitação, sangramento excessivo e até morte são exemplos das mais severas e raras de acontecer.

A hipoxemia é a complicação mais comum e pode persistir por até 4 horas após o procedimento, reduzindo de 20 até 60% da oxigenação inicial. Hemorragia pulmonar ocorre com mais freqüência em pacientes urêmicos ou com coagulopatia submetidos de uma maneira geral ao escovado ou biopsia pulmonar. PEEP acima de 5 cmH_20 pode estar associada a aumento na incidência de pneumotórax após realização de biopsia brônquica, assim como a maior queda na oxigenação, com um retardo importante e lento aos valores prévios.[1]

A broncofibroscopia realizada em pacientes pediátricos, quer neonatos ou crianças maiores, também não representou nenhuma complicação importante, sendo portanto, também, um auxílio no manejo das vias aéreas inferiores em pacientes pediátricos.[14]

REFERÊNCIAS BIBLIOGRÁFICAS

1. Raoof S, Mehrishi S, Prakash UB: Role of bronchoschopy in modern medical intensive care unit. *Clin Chest Med* Jun 2001;VII;22(2):241–61.
2. Ewig S, Torres A. Flexible bronchoscopy in nosocomial pneumonia. *Clin Chest Med* Jun 2001;VII;22(2):263–79.
3. Silver MR, Balk RA. Bronchoscopic procedures in the intensive care unit. *Crit Care Clin* Jan 1995;11(1):97–109.
4. Marquette CH, Wermert D, Wallet F, Saulnier F, Ramon P. Fibroscopic bronchoscopy in intensive care. *Rev Mal Respir* Abr 1997;14(2):101–11.
5. Chastre J, Trouillet JL, Fagon JY. Diagnosis of pulmonary infections in mechanically ventilated patients. *Semin Respir Infect* Jun 1996;11(2):65–76.
6. George DL, Falk PS, Wunderink RG, Leeper KV, Meduri GU *et al.* Epidemiology of ventilator acquired pneumonia based on protected bronchoscopic sampling. *Am J Respir Crit Care Med* Dez 1998;158(6):1839–47.
7. Balthazar AB, Von Nowakonski A, De Capitani EM, Bottini PV, Terzi RG, Araujo S. Diagnostic investigations of ventilator-associated pneumonia using bronchoalveolar lavage: comparative study with a postmortem lung biopsy. *Braz J Med Biol Res* Ang 2001;34(8):993–1001.
8. Nakae H, Tanaka H, Inaba H. Failure to clear casts and secretions following inhalation injury can be dangerous: report of a case. *Burns* Mar 2001;27(2):189–91.
9. Dupree HJ, Lewejohann JC, Gleiss J, Muhl E, Bruch HP. Fiberoptic bronchoscopy of intubated patients with life-threatening hemoptysis. *World J Surg* Jan 2001;25(1):104–7.
10. Ewig S, Soler N, Gonzalez J, Celis R, El-Ebiary M, Torres A. Evaluation of antimicrobial treatment in mechanically ventilated patients with severe chronic obstructive pulmonary disease exacerbations. *Crit Care Med* Mar 2000;28(3):692–7.
11. Da Conceição M, Genco G, Favier JC, Bidallier I, Pitti R. Fiberoptic bronchoscopy during noninvasive positive pressure ventilation in patients with chronic obstructive lung disease with hypoxemis and hypercapnia. *Ann Fr Anesth Reanim* Abr 2000;19(4):231–6.
12. Heuer B, Deller A. Early and long-term results of percutaneous dilatation tracheostomy (PDT Ciaglia) in 195 intensive care patients, 1996.
13. Noppen M, Meysman M, D'Haese J, Schlesser MK, Vincken W. Interventional bronchoscopy: 5-year experience at the Academic Hospital of the Vrije Universitei Brussel (AZ-VUB). *Acta Clin Belg* 1997;52(6):371–80.
14. Hasegawa S, Wada H, Hitomi S. Endoscopic approach to pulmonary diseases: bronchoscopy for critical respiratory care in neonates, infants and children. *Kekkaku* Jan 2000;75(1):47–50.
15. Colt HG, Harrell JH. Therapeutic rigid bronchoscopy allows level of care changes in patients with acute respiratory failure from central airways obstruction. *Chest* Jul 1997;112(1):202–6.
16. Prakash UBS. *Bronchoscopy.* New Yok: Raven Press, 1994.

Acessos Venosos e Arteriais

Sebastião Araújo

ASPECTOS HISTÓRICOS

O primeiro relato de que se tem notícia na literatura médica sobre a cateterização intravascular data de 1733, quando o reverendo Stephen Hales realizou a medida direta das pressões arterial e venosa em animais, utilizando cânulas de latão, antes, durante e após a indução de choque hemorrágico.[1] Em seres humanos, atribui-se a Faivre, em 1856, a primeira mensuração direta da pressão arterial, canulando a artéria de um membro amputado.[2]

Na seqüência histórica relacionada à mensuração de parâmetros fisiológicos cardiovasculares, destacam-se a descrição da técnica de aferição indireta da pressão arterial sistêmica pelo método palpatório por Riva-Rocci em 1896, o desenvolvimento do eletrocardiógrafo por Einthoven em 1903 e a introdução na prática clínica da medida da pressão arterial (sistólica e diastólica) pelo método auscultatório por Korotkoff em 1905.[3-5]

Creditam-se a Bleichroder, em 1905, as primeiras descrições de cateterização venosa central e arterial em seres humanos, com finalidades de estudos fisiológicos e manuseio terapêutico, mas que foram publicadas apenas em 1912.[6]

Evolutivamente, *pari passu* com o desenvolvimento de catéteres plásticos e o aprimoramento dos equipamentos de radiologia, a publicação de Forssmann, em 1929, dá um grande passo na área do acesso invasivo ao sistema cardiovascular, após realizar, em si próprio, com o auxílio de um assistente, a cateterização da circulação direita, após exposição cirúrgica de veia do braço.[7]

Estudos mais aprofundados na área de fisiologia cardiorrespiratória em seres humanos, ainda não à beira de leito, mas em laboratórios especializados, com a finalidade de estudos clínicos, hemodinâmicos e respiratórios, tomam grande impulso a partir dos trabalhos de Cournand & Ranges,[8] que descrevem, em 1941, uma metodologia para cateterização do átrio direito por punção percutânea de veias do braço. O vaso era puncionado com uma agulha de grosso calibre, por dentro da qual o catéter plástico era introduzido até a circulação central.

Meyers,[9] em 1945, populariza a cateterização venosa prolongada, utilizando catéteres plásticos de polietileno, mantidos em posição por até 5 dias, para a administração de penicilina e heparina.

Em 1947 surgem os primeiros transdutores eletrônicos de pressão, e, em 1949, Peterson *et al* descrevem uma metodologia para a obtenção de um registro visível e permanente das curvas pressóricas.[10]

A partir da década de 1950, como resultado dos altos investimentos de recursos financeiros e humanos nas pesquisas aeroespaciais, iniciam-se o desenvolvimento e o emprego de circuitos miniaturizados, permitindo que os osciloscópios e outros equipamentos eletrônicos fossem aperfeiçoados a um nível de simplicidade e custo compatível com o uso clínico rotineiro, inicialmente em centro cirúrgico e salas de recuperação anestésica, e, posteriormente, nas unidades coronarianas e de cuidados intensivos.

Em 1952, Aubaniac descreve a punção percutânea da veia subclávia (VSC), utilizando agulha longa e de grosso calibre, para a ressuscitação volêmica rápida em feridos de guerra.[11] A agulha permanecia dentro do vaso, não sendo, em geral, introduzidos catéteres plásticos por dentro da mesma.

Em 1953, Lategola & Rahn, dois renomados fisiologistas, descrevem, em sua clássica publicação, a construção de um catéter balonado, fluxodirigido, para estudo da circulação pulmonar em cães.[12] Em 1954, Fleger demonstra, em animais, a possibilidade de mensuração do débito cardíaco pelo método da termodiluição.[13]

Em 1961, Barr descreve a técnica de punção percutânea da artéria radial com catéteres de Teflon, para monitorização contínua da PA e coleta de amostras sangüíneas, que viria a se popularizar, posteriormente, com o lançamento no mercado dos tradicionais dispositivos de acesso vascular tipo "plástico-sobre-agullha".[14]

Em 1962, Wilson *et al* enfatizam e popularizam o uso da monitorização da pressão venosa central (PVC) para reposição volêmica em pacientes cirúrgicos.[15] O acesso venoso central era mais comumente obtido através da dissecção de veias do antebraço, até que, em 1968, Wilmore & Dudrick popularizam o uso da punção venosa central percutânea da VSC, inicialmente indicada para o uso de nutrição parenteral prolongada, tornando-se, posteriormente, a metodologia de escolha para infusões de líquidos e medicações, além da monitorização de PVC em doentes graves.[16]

Ainda na década de 1960, surgem as primeiras Unidades Coronarianas e de Terapia Intensiva, coincidindo com o aprimoramento da tecnologia aplicada à medicina, especialmente no que se refere à monitorização de parâmetros fisiológicos, métodos subsidiários diagnósticos e novas modalidades terapêuticas, entre as quais se destaca o suporte ventilatório mecânico prolongado. Nessa mesma década, premidos pela necessidade de se monitorizar hemodinamicamente o paciente grave à beira do leito, diversas tentativas de idealização e construção de catéteres plásticos flexíveis, fluxodirigidos, para monitorização da pressão de artéria pulmonar foram realizadas.[17-20]

Finalmente, no início da década de 1970, com base nas publicações semanais de Lategola & Rahn e de Fleger, associadas aos grandes avanços ocorridos na indústria eletroeletrônica e na de plásticos finos, houve a possibilidade de desenvolvimento, construção e introdução para uso clínico do catéter balão, fluxodirigido, por Swan *et al*[21] e Forrester et al, o que passou a permitir estudos hemodinâmicos completos de pacientes graves, à beira do leito, nas modernas Unidades de Terapia Intensiva.[22,42,43]

CONSIDERAÇÕES GERAIS

A cateterização intravascular (venosa ou arterial), com finalidades de monitorização hemodinâmica, manutenção de uma via de infusão de soluções ou medicações, nutrição parenteral prolongada, hemodiálise, ou mesmo para a coleta de amostras sangüíneas para análises laboratoriais, é um procedimento extremamente freqüente em Unidades de Terapia Intensiva.[23]

Numerosas complicações associadas ao uso de catéteres venosos centrais têm sido descritas, pois trata-se de uma técnica cruenta, invasiva e que, sem dúvida alguma, acarreta alto risco de morbimortalidade aos pacientes.[24-30] Dessa forma, critérios rigorosos de indicação, aderência estrita aos passos técnicos preconizados para se realizar o acesso vascular em questão (incluindo a obediência integral às regras de assepsia e anti-sepsia de um procedimento cirúrgico padrão), além dos cuidados inerentes ao uso e manutenção do catéter, são pontos fundamentais para se diminuir a incidência de complicações imediatas e tardias.[31]

O acesso intravascular pode ser feito por punção percutânea ou por dissecção cirúrgica do vaso a ser cateterizado. No presente capítulo, serão abordadas apenas as técnicas de cateterização intravascular percutânea, por serem essas as que mais interessam aos médicos intensivistas.

ACESSOS VENOSOS

Definição

Define-se por canulação venosa central o posicionamento de um dispositivo apropriado de acesso vascular cuja extremidade atinja a veia cava superior ou inferior, independentemente do local da inserção periférica.

Principais indicações

As principais indicações incluem:

1. Monitorização hemodinâmica invasiva (pressão venosa central, pressão de artéria pulmonar, débito cardíaco por termodiluição).
2. Acesso vascular para a infusão de soluções cáusticas, irritantes ou hiperosmóticas.
3. Terapêutica substitutiva renal de urgência (hemofiltração, hemodiálise).
4. Acesso vascular de longo prazo para nutrição parenteral prolongada ou quimioterapia.
5. Reposição rápida de fluidos e sangue no trauma ou cirurgia.
6. Estimulação cardíaca artificial transvenosa.
7. Acesso venoso em pacientes com veias periféricas ruins.

Dispositivos para acesso venoso profundo e técnicas de punção

Usualmente, encontram-se no mercado três tipos básicos de dispositivos especialmente desenhados para o acesso venoso profundo.

1. **Dispositivos "plástico por dentro da agulha"** (Intracath®): o vaso é puncionado com uma agulha longa, de grosso calibre, por dentro da qual o catéter é avançado até a posição desejada (Fig. 19-39). Os riscos de complicações são relativamente elevados, além do fato de que o orifício feito na parede vascular é maior do que o calibre do catéter, o que facilita vazamentos em torno do mesmo. O uso desses dispositivos é de contra-indicação absoluta em pacientes com distúrbios da coagulação.
2. **Dispositivos "plástico sobre a agulha"**: o catéter veste uma agulha de menor calibre e mais longa. O vaso é puncionado e o catéter é avançado com suaves movimentos de rotação para dentro do mesmo, até o comprimento desejado (Fig. 19-40). O orifício na parede vascular é menor que o calibre do catéter, o que evita vazamentos. Também, devido ao diâmetro e ao comprimento do con-

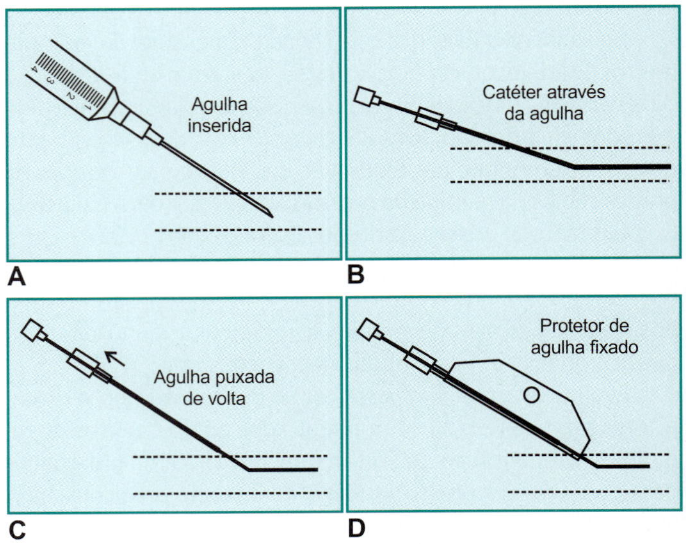

Fig. 19-39. Técnica de punção vascular percutânea com dispositivo tipo "plástico por dentro da agulha". (**A**) Puncionar o vaso com a agulha. (**B**) Avançar o catéter por dentro da agulha. (**C**) Retirar a agulha. (**D**) Fixar o catéter em posição.

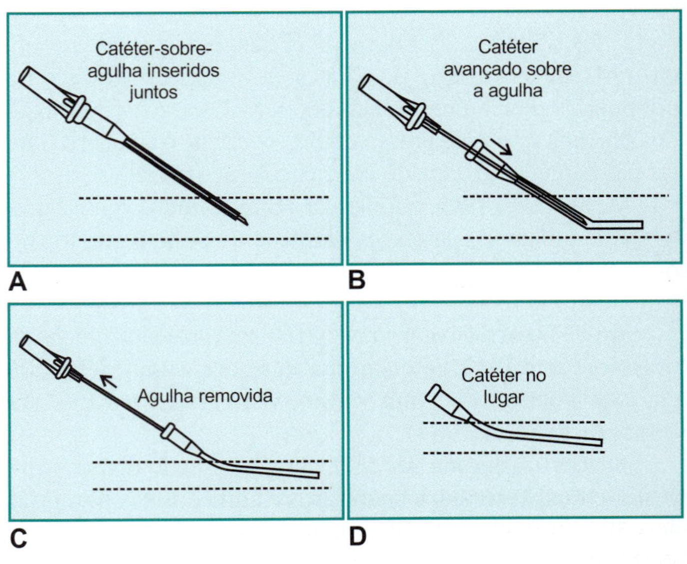

Fig. 19-40. Técnica de punção vascular percutânea com dispositivo tipo "plástico sobre a agulha". (**A**) Puncionar o vaso com o conjunto. (**B**) Avançar o catéter para dentro do vaso. (**C**) Retirar a agulha. (**D**) Manter o catéter em posição.

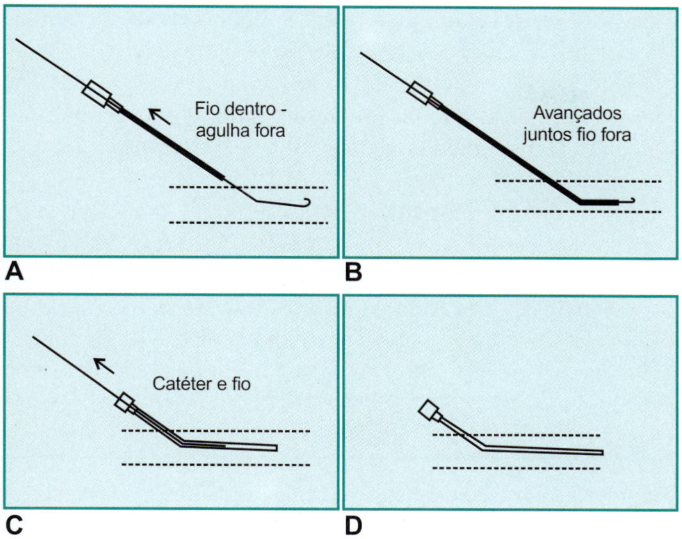

Fig. 19-41. Técnica de punção vascular percutânea com técnica de Seldinger (fio-guia). (**A**) Puncionar o vaso, introduzir o fio-guia e retirar a agulha. (**B**) Avançar o catéter vestindo o fio-guia para dentro do vaso. (**C**) Retirar o fio-guia. (**D**) Fixar o catéter em posição.

junto "agulha + catéter" necessário para o acesso venoso profundo, o risco de complicações inerentes à punção é elevado, e o seu uso é de contra-indicação absoluta em pacientes com discrasias sangüíneas. Esse tipo de dispositivo, de pequeno calibre (18G), tem sido utilizado na prática clínica diária para punção de veia jugular interna (VJI) ou femoral (VF), como material acessório para a canulação vascular pela técnica de Seldinger.

3. **Dispositivos de "inserção sobre o fio-guia"**: são de custo mais elevado, porém permitem a inserção de catéteres de grosso calibre e/ou de múltiplos lumens. Utiliza-se a técnica de Seldinger para o seu posionamento. O vaso é puncionado com uma agulha longa, de pequeno calibre, por dentro da qual avança-se um fio-guia. Com o fio-guia na posição adequada, um dispositivo de dilatação venosa é introduzido vestindo o fio-guia. A seguir, o catéter é passado vestindo o fio-guia até a posição desejada (Fig. 19-41). É uma técnica relativamente segura, com menores riscos de complicações imediatas, uma vez que o vaso é puncionado com uma agulha de calibre relativamente pequeno (18G).

Locais de inserção

As escolhas da técnica a ser utilizada e do vaso a ser puncionado devem se basear na condição clínica do paciente, na experiência do executor e na indicação para a inserção. No entanto, principalmente nos casos de punção das VJI ou VSC, dá-se preferência ao lado direito, pois a cúpula pleural é mais baixa (menor risco de pneumotórax, especialmente na punção de VSC), o trajeto até o átrio direito é mais retilíneo (menor possibilidade de mau posicionamento do catéter, especialmente pela VJI) e o ducto torácico desemboca na VSC à esquerda (menor risco de quilotórax).[32]

Freqüentemente, a seguinte lista de sítios preferenciais é indicada pela maioria dos autores, levando-se em consideração uma combinação de facilidade de inserção, utilização e complicações.[32-34]

1. Veia jugular interna (VJI).
2. Veia subclávia (VSC).
3. Veia femoral (VF).
4. Veia jugular externa (VJE).
5. Veia antecubital.

Ocasionalmente, encontram-se descrições na literatura de punção percutânea da veia axilar,[35] que, entretanto, não tem sido utilizada de rotina na maioria dos serviços.

Preparação

Independentemente do local selecionado para a punção, é importante que se explique ao paciente consciente toda a seqüência dos procedimentos a que ele será submetido, como parte das normas éticas de boa prática clínica e também com a finalidade de se ganhar o máximo de cooperação por parte dele.

Toda punção intravascular deve ser considerada um ato cirúrgico, e os cuidados de assepsia e anti-sepsia devem ser seguidos, a não ser em casos de extrema emergência, como durante a ressuscitação cardiopulmonar.[33,36-38] Aconselha-se que toda UTI disponha de *kits* estéreis, pré-embalados, contendo o material mínimo necessário para a realização do procedimento.

O correto posicionamento do paciente aumenta a chance de sucesso, assim como o reconhecimento táctil ou visual dos pontos de referência tradicionalmente descritos para orientar a punção vascular.

Descrevem-se a seguir, por questões de simplicidade, apenas as punções das VJI, VSC e VF, do lado direito, pela técnica de Seldinger, por ser esta a mais segura e utilizada atualmente, além das técnicas de punção da VJE e veias antecubitais.

VEIA JUGULAR INTERNA (VJI)

A VJI direita proporciona um dos locais mais favoráveis para o acesso às grandes veias torácicas, associando-se a um alto índice de sucesso na punção, além de apresentar baixos índices de complicações graves. Por isso, tem sido indicada como via de acesso preferencial em pacientes graves pela maioria dos autores.[32-34]

Referências anatômicas

1. Identificar a linha que vai do processo mastóide até a inserção esternal do músculo esternocleidomastóideo (SCM).
2. Localizar o ápice do triângulo formado pelas duas cabeças do SCM, tendo a clavícula como base.
3. Palpar a pulsação da artéria carótida (medial ao bordo interno do SCM).
4. Identificar visualmente, ou por palpação, a posição da veia jugular externa, para evitar sua punção acidental.

A VJI direita corre ao longo da linha descrita no item 1 acima, a partir do ápice do triângulo formado pelas duas bordas do SCM, lateral à artéria carótida (Fig. 19-42). Usando essas referências anatômicas, posicione a agulha o mais próximo possível do ápice desse triângulo, distanciando-se da clavícula para evitar lesão pleural.

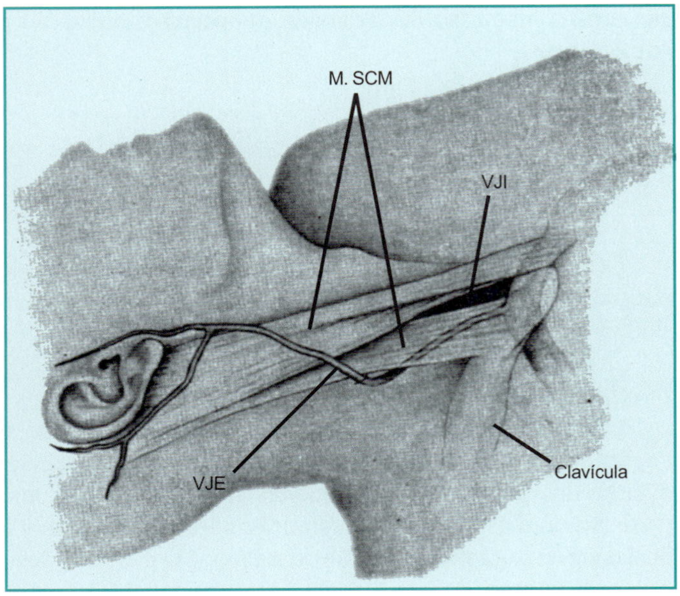

Fig. 19-42. Anatomia das veias jugular externa (VJE) e jugular interna (VJI). A VJI pode ser puncionada por via **anterior** (medial ao bordo interno do SCM); via **medial** (entre os dois ramos do SCM) ou via **posterior** (lateral ao bordo externo do SCM). A punção da VJE é considerada uma punção de veia periférica. M = Músculo; SCM = esternocleidomastóideo.

Procedimento

1. Realizar a anti-sepsia da pele e a colocação de campos cirúrgicos, deixando expostas para visualização e palpação a mastóide, carótida, clavícula, fúrcula esternal e borda lateral do SCM.
2. Posicionar o paciente em Trendelenburg, com a face voltada para o lado oposto ao da punção.
3. Infiltrar a pele com solução anestésica.
4. Com uma agulha fina (22G) adaptada a uma seringa contendo solução salina fisiológica, sempre aplicando-se uma leve força de aspiração, avançar, num ângulo inclinado de 30° em relação à pele, apontando-a para o mamilo ipsilateral. A VJI é relativamente superficial em relação à pele (2-3 cm de profundidade). Para evitar punção da carótida, deve-se localizá-la por palpação e introduzir a agulha sempre lateral à mesma.
5. Uma vez tendo sido localizada a VJI, remover a agulha fina, e, com uma agulha 18G adaptada à seringa, puncionar a veia obedecendo sempre aos mesmos ângulos e direção utilizados para localizá-la (Fig. 19-43). O sangue deve fluir fácil e livremente para dentro da seringa.
6. Reduzir o ângulo de inclinação da agulha em relação à pele para mantê-la mais alinhada com a veia. Desconectar a seringa e observar se não há fluxo sangüíneo pulsátil (arterial) pela agulha (o sangue venoso flui de maneira contínua). Deve-se manter o orifício externo da agulha ocluído com o dedo para evitar o risco potencial de embolia aérea (especialmente em pacientes hiperpnéicos e em respiração espontânea, que podem gerar altos valores de pressão negativa intrapleural).

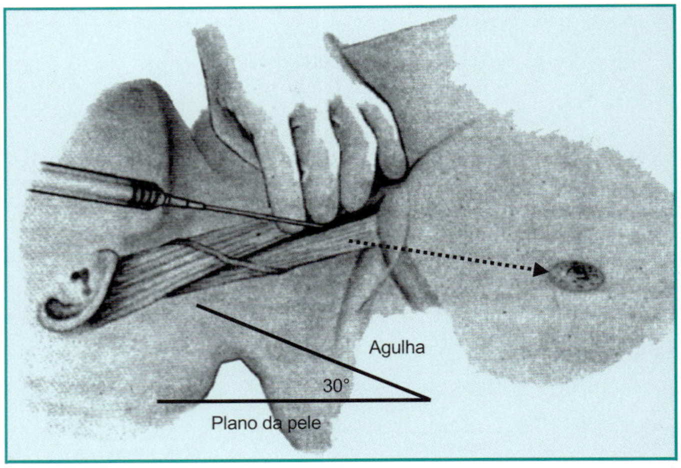

Fig. 19-43. Ilustração da punção da veia jugular interna (VJI), via medial. A agulha é inserida no ápice do triângulo formado pelos dois ramos do SCM, lateral à artéria carótida, num ângulo de 30° em relação à pele, apontada para o mamilo ipsilateral.

7. Inserir o fio-guia suavemente para dentro do vaso, que deve progredir sem nenhuma resistência. Retirar a agulha.
8. Com o fio-guia em posição, fazer uma pequena incisão (± 3 mm de extensão), com uma lâmina de bisturi, junto à sua entrada na pele, para facilitar a passagem do dilatador venoso.
9. Vestir o fio-guia com o dilatador e empurrar o conjunto todo para dentro da veia. Em seguida, remover o dilatador, mantendo o fio-guia em posição. Comprimir o orifício de entrada na pele para evitar sangramentos desnecessários.
10. Vestir o fio-guia com o catéter e introduzir o conjunto todo para dentro do vaso. Em seguida, retirar o fio-guia.
11. Realizar o teste do refluxo de sangue através dos lumens do catéter, que deve ser livre e fácil. Fixá-lo à pele e aplicar o curativo apropriado.
12. Checar radiologicamente a posição final do catéter antes de seu uso pleno.

Contra-indicações

1. Discrasias sangüíneas graves, anticoagulação terapêutica.
2. Endarterectomia de carótida ipsilateral.
3. Tumores cervicais ou aqueles com extensão intravascular para o átrio direito.

Vantagens

1. Menor risco de complicações graves em relação à VSC.
2. A VJI é relativamente superficial, o local é compressível manualmente e o acesso ao vaso e a estruturas subjacentes é fácil se houver necessidade de controle cirúrgico de complicações.
3. Em discrasias sangüíneas de moderada gravidade, sua punção é possível utilizando-se cuidadosamente a técnica de Seldinger.
4. Durante a ressuscitação cardiorrespiratória, a VJI pode ser canulada por pessoa treinada.[33]

Desvantagens

1. A punção é difícil em pessoas com pescoço curto e em obesos.
2. A anatomia da VJI é menos fixa.
3. Na hipovolemia a VJI tende a colabar, tornando difícil a sua localização com a agulha de punção.
4. O local é muito móvel, dificultando a manutenção de um curativo seco e estéril, bem como facilitando a perda do catéter por tração acidental.

Complicações comumente relatadas

1. Punção acidental de carótida, formação de hematomas.
2. Punção acidental de traquéia, lesão de nervo recorrente laríngeo.
3. Embolia aérea, pneumotórax.
4. Trombose, flebite, sepse.
5. Má posição, perda e embolia do catéter.
6. Lesão cardíaca pelo catéter.

VEIA SUBCLÁVIA

O acesso venoso central percutâneo através da VSC foi um dos primeiros a serem utilizados na prática médica em UTI, sendo um procedimento confiável, extremamente útil e relativamente seguro em mãos experientes. Contudo, devido à sua localização e relações anatômicas (Fig. 19-44), pode apresentar certas complicações, que, embora raras, são potencialmente fatais. Assim, sua indicação deve ser parcimoniosamente ponderada, especialmente naqueles pacientes de alto risco, como doentes pulmonares crônicos, com síndrome da angústia respiratória aguda, discrasias sangüíneas, deformidades torácicas etc. Não deve ser o procedimento de primeira escolha para a cateterização venosa central, devendo ser lembrado, também, que a incidência de complicações é tanto maior quanto menor for o grau de experiência do operador em punções venosas profundas percutâneas.[24,25,27,29,32,33]

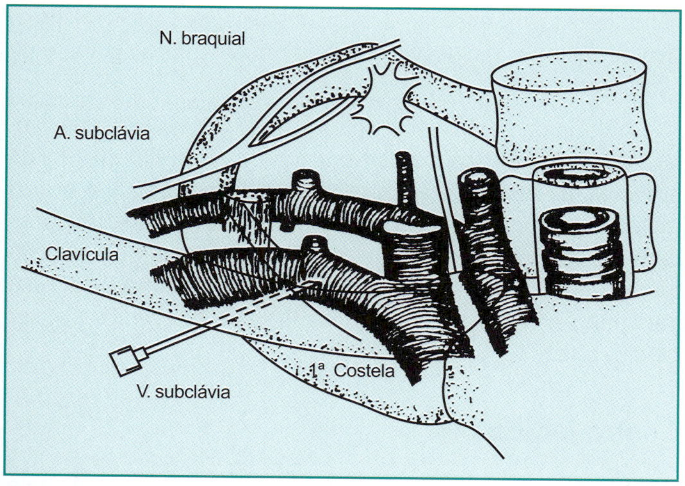

Fig. 19-44. Veia subclávia (VSC) e suas relações anatômicas. A VSC pode ser abordada por via infraclavicular, rente ao bordo inferior da clavícula, com a agulha direcionada para a fúrcula esternal. N = Nervo; A = artéria; V = veia.

Referências anatômicas para a realização do procedimento

1. Identificar e demarcar a linha coracoclavicular, isto é, a linha que vai da borda superior da cabeça medial da clavícula à borda inferior do processo coracóide.
2. Demarcar a linha infraclavicular.
3. Identificar o ponto de cruzamento da linha coracoclavicular com a linha infraclavicular (geralmente, na região médio-clavicular) e marcar um outro ponto cerca de 1,5 cm (uma polpa digital) para fora do cruzamento das duas linhas. A veia subclávia corre paralela à linha coracoclavicular, por baixo da clavícula, justamente medial ao ponto hemiclavicular. Essa é uma maneira de identificar o local adequado para a punção da VSC, como descrito por Tripathi & Tripathi[39] (Fig. 19-45).
4. Pode-se também correr um dedo pelo sulco subclávio, identificando-se o triângulo deltopeitoral. Esse também é um local apropriado para punção da VSC, como descrito por Moran & Peoples[40] (Fig. 19-46).
5. Utilizando-se as referências anatômicas acima, a agulha deve ser introduzida rente ao bordo inferior da clavícula, apontada para a fúrcula esternal.

Procedimento

1. Realizar a anti-sepsia da pele e a colocação de campos cirúrgicos, deixando expostos para visualização e palpação os terços médios e interno da clavícula e a fúrcula esternal.
2. Posicionar o paciente em Trendelenburg, com a face ligeiramente voltada para o lado oposto ao da punção. Opcionalmente, um coxim interescapular pode ser colocado

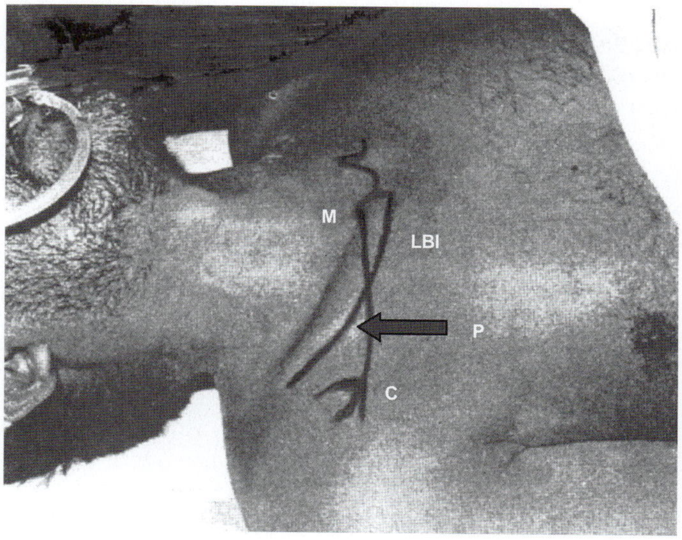

Fig. 19-45. Determinação de referências superficiais para a obtenção de um ponto adequado para a punção da veia subclávia (VSC) por via infraclavicular. C = Bordo inferior do processo coracóide; M = bordo superior da cabeça medial da clavícula; LBI = linha do bordo inferior da clavícula; P = ponto indicado para a punção. (Adaptado de 39.)

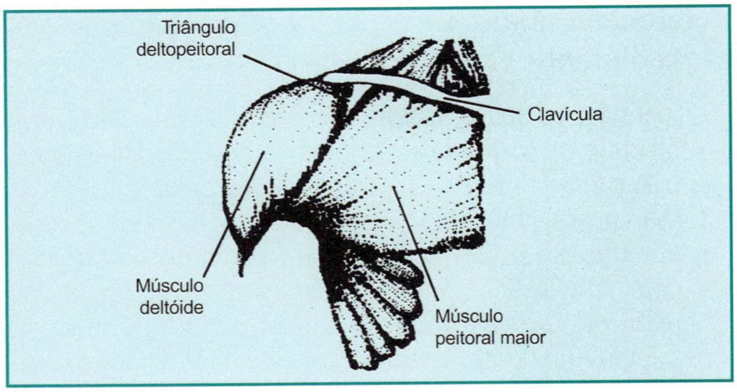

Fig. 19-46. Referências anatômicas superficiais definindo o triângulo deltopeitoral. (Adaptado de 40.)

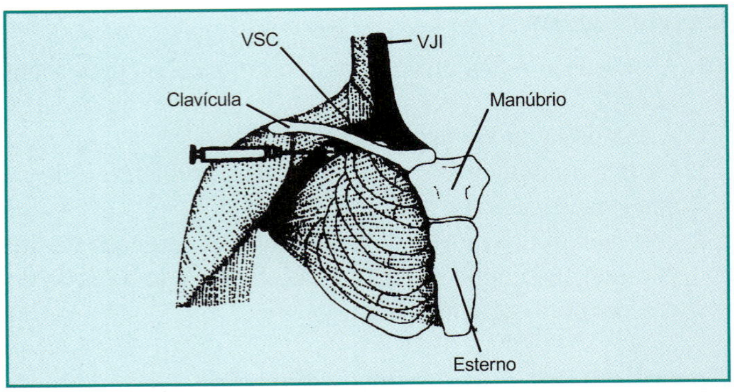

Fig. 19-48. Punção da veia subclávia (VSC), via infraclavicular, tendo como referência anatômica o triângulo deltopeitoral. VJI = Veia jugular interna. (Adaptado de 40.)

sob o paciente para melhor ressaltar a região infraclavicular.

3. Infiltrar o local identificado para a punção com solução anestésica.
4. Adaptar uma agulha longa, 18G, a uma seringa preenchida com solução salina, e introduzi-la rente à borda inferior da clavícula, direcionando-a para a fúrcula esternal (Figs. 19-47 e 19-48).[39,40] A VSC é relativamente profunda, e, ao ser puncionada, o sangue deve fluir fácil e livremente para dentro da seringa.
5. Desconectar a seringa e observar se não há fluxo sangüíneo pulsátil (arterial) pela agulha (o sangue venoso flui de maneira contínua). Manter o orifício externo da agulha ocluído com o dedo para evitar o risco potencial de embolia aérea (especialmente em pacientes hiperpnéicos, em respiração espontânea).
6. Inserir o fio-guia suavemente para dentro do vaso, que deve progredir sem nenhuma resistência. Retirar a agulha.

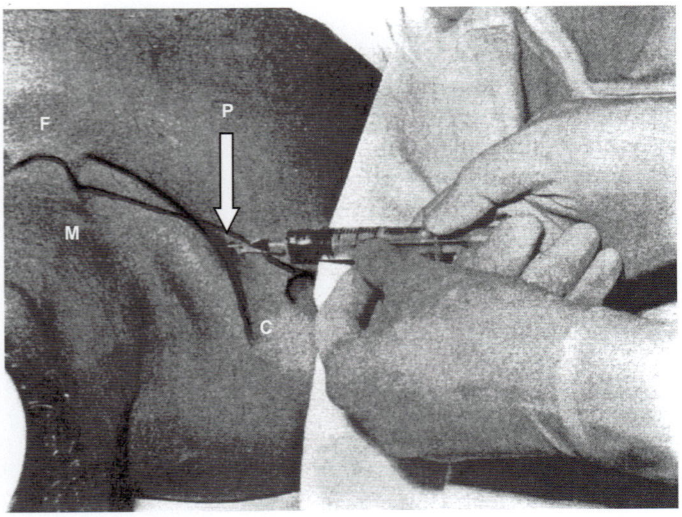

Fig. 19-47. Punção da veia subclávia (VSC) por via infraclavicular. P = O ponto indicado para a punção localiza-se cerca de 1,5 cm lateral ao cruzamento das linhas coracoclavicular e do bordo inferior da clavícula. C = Bordo inferior do processo coracóide; M = bordo superior da cabeça medial da clavícula; F = fúrcula esternal. (Adaptado de 39.)

7. Com o fio-guia posicionado, fazer uma pequena incisão (± 3 mm de extensão) com uma lâmina de bisturi, junto à sua entrada na pele, para facilitar a passagem do dilatador venoso.
8. Vestir o fio-guia com o dilatador e empurrar o conjunto todo para dentro da veia. Em seguida, remover o dilatador, mantendo o fio-guia em posição. Comprimir o orifício de entrada na pele para evitar sangramentos desnecessários.
9. Vestir o fio-guia com o catéter e introduzir o conjunto todo para dentro do vaso. Retirar cuidadosamente o fio-guia.
10. Realizar o teste do refluxo de sangue através dos lumens do catéter, que deve ser livre e fácil. Fixá-lo à pele e aplicar o curativo conveniente.
11. Checar radiologicamente a posição final do catéter, antes de seu uso pleno.

Para punções da VSC com dispositivos do tipo "plástico por dentro da agulha" (Intracath®), utilizam-se as mesmas referências anatômicas e os passos técnicos iniciais descritos anteriormente. Após a veia ser puncionada com a agulha, o catéter é introduzido por dentro da mesma, devendo progredir fácil e livremente (sem sensação de resistência). Esse tipo de dispositivo aumenta os riscos inerentes à punção, pois a agulha é de grosso calibre.[33]

A VSC pode também ser puncionada por via supraclavicular.[41] A agulha é introduzida rente à borda superior interna da clavícula, na bissetriz do ângulo formado por esta e o bordo medial do músculo esternocleidomastóideo, sendo direcionada para um ponto entre o mamilo contralateral ou a porção média do manúbrio esternal (Fig. 19-49). Esse tipo de acesso para punção da VSC é pouco utilizado na prática clínica, por ser de alto risco.

Contra-indicações

1. Discrasias sangüíneas de qualquer grau de gravidade, uso de anticoagulantes.
2. Pacientes com doença pulmonar obstrutiva crônica e/ou enfisematosos (maior risco de pneumotórax).

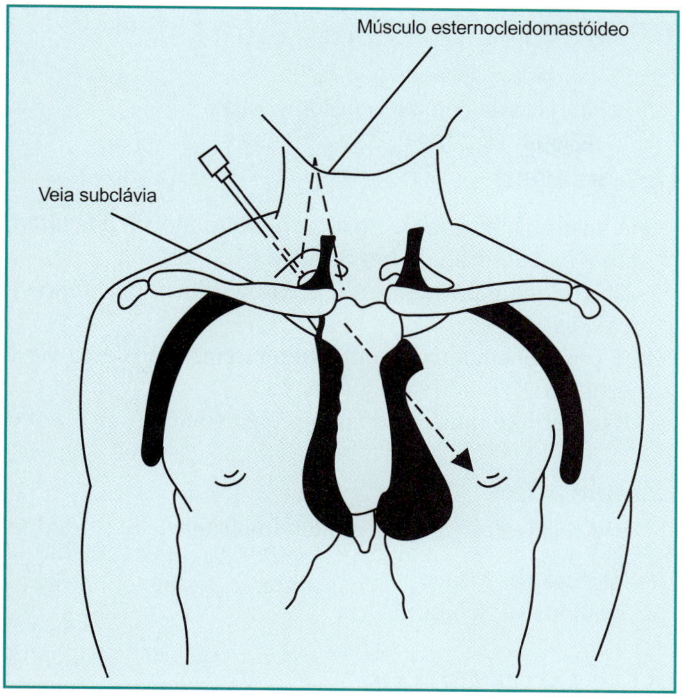

Fig. 19-49. Punção da veia subclávia (VSC) por via supraclavicular. A agulha é inserida na bissetriz do ângulo formado pelo bordo lateral do SCM e a clavícula, em direção ao mamilo contralateral.

3. Trauma de clavícula, cirurgias prévias no local ou deformidades torácicas acentuadas.
4. Durante a realização de manobras de ressuscitação cardiorrespiratória.

Vantagens

1. Anatomia relativamente fixa.
2. Nos estados de choque hipovolêmico: não colaba!
3. O local é relativamente imóvel, permitindo a manutenção de um curativo fixo e estéril, com menor perda acidental de catéteres.

Desvantagens

1. Apresenta alto risco de complicações graves e mesmo fatais (pneumotórax, hemotórax).
2. O local não é compressível manualmente, e o acesso ao vaso e a estruturas subjacentes, no caso de complicações que necessitem de intervenções cirúrgicas, é altamente complexo, acarretando elevado índice de morbimortalidade.
3. É necessário um alto grau de experiência em punções venosas centrais para minimizar as complicações.

Complicações mais comumente descritas

1. Punção acidental de artéria subclávia, hematomas, sangramentos.
2. Pneumotórax/hemotórax.
3. Quilotórax (especialmente nas punções do lado esquerdo).
4. Embolia aérea.
5. Trombose, flebite, sepse.
6. Má posição do catéter.
7. Lesão cardíaca pelo catéter.

VEIA FEMORAL

A veia femoral tem sido geralmente pouco utilizada para a cateterização venosa central prolongada, pela concepção de que apresenta um alto índice de complicações, como infecções e trombose.[42,43] No entanto, mais recentemente, a sua canulação tem sido retomada em algumas situações clínicas especiais (manobras de ressuscitação cardiopulmonar, hemodiálise, reposição volêmica no politraumatizado), e mesmo como um acesso preferencial de curto e médio prazos em pacientes de UTI.[32-34] Isso se deve principalmente ao seu baixo índice de complicações imediatas, além de permitir a passagem de catéteres de grosso calibre.

Referências anatômicas

1. Localizar o ligamento inguinal e palpar a artéria femoral logo abaixo do mesmo.
2. A veia femoral corre justa e medialmente à artéria (Fig. 19-50). A sua localização é relativamente fixa, permitindo um alto grau de sucesso da punção.

Procedimento

Utilizando-se as mesmas técnicas descritas anteriormente, a veia pode ser canulada até cerca de 5 cm abaixo do ligamento inguinal. O membro inferior deve ser levemente abduzido, e a agulha é introduzida cranialmente, num ângulo de 45° em relação à pele, cerca de 0,5 cm medialmente à artéria

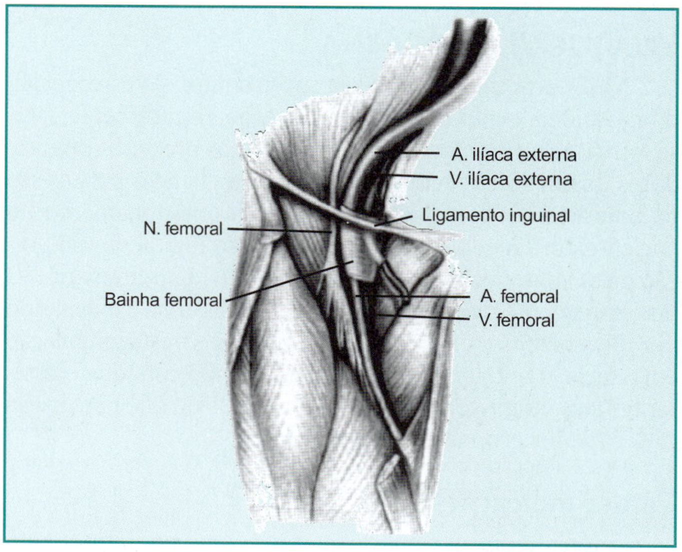

Fig. 19-50. O triângulo femoral e seu conteúdo. A veia femoral corre medialmente à artéria. A = Artéria; V = veia; N = nervo.

femoral. Uma vez obtido um fluxo livre e fácil de sangue através da agulha, deve-se reduzir o seu grau de inclinação em relação à pele e introduzir o fio-guia. Os demais passos são semelhantes aos descritos anteriormente.

Contra-indicações

1. Discrasias sangüíneas graves, uso de anticoagulantes.
2. Infecções locais.

Vantagens

1. A VF é relativamente superficial e de fácil acesso, com baixo risco imediato. Praticamente não se relatam complicações fatais diretamente relacionadas à técnica de punção.
2. O local é compressível manualmente e de acesso cirúrgico fácil.
3. Permite a passagem, com baixo risco, de catéteres de grosso calibre, sendo um acesso muito útil na ressuscitação do politraumatizado.[33]
4. Na ressuscitação cardiorrespiratória, pode ser um acesso venoso útil, de baixo risco, não havendo necessidade de interrupção das manobras durante a sua punção.[33]

Desvantagens

1. O local é móvel, altamente úmido e potencialmente contaminado, dificultando a obtenção e a manutenção de um curativo fixo e estéril.
2. Apresenta, potencialmente, um índice maior de complicações infeciosas e trombóticas.[43]
3. Há necessidade do uso de catéteres mais longos para se atingir a circulação central.

Complicações mais comumente descritas

1. Punção inadvertida de artéria femoral, hematomas.
2. Trombose, flebite, sepse.

VEIA JUGULAR EXTERNA

A VJE corre superficialmente sobre o músculo esternocleidomastóideo, é muito móvel e variável anatomicamente. Dessa forma, a sua canulação segue os mesmos preceitos orientadores de um acesso venoso periférico. As chances de sucesso da punção podem ser aumentadas pelo posicionamento do paciente em Trendelenburg e compressão digital da sua porção distal junto à clavícula, forçando o seu ingurgitamento. O posicionamento de catéteres centrais por essa via é dificultado por duas razões: a) a presença de válvulas e b) sua angulação em relação à VSC, onde desemboca, fazendo com que o catéter tenda a dirigir-se para a veia axilar, mais do que para a veia cava superior propriamente dita.[32-34]

Contra-indicações

Como nos outros tipos de punção venosa periférica, praticamente não há contra-indicações absolutas para a canulação da VJE.

Vantagens

1. Praticidade e aprendizado fácil.
2. Baixo risco de complicações imediatas.

Desvantagens

1. A anatomia é variável e o local é muito móvel, dificultando a manutenção de um curativo fixo e estéril.
2. No choque hipovolêmico o acesso é difícil, pois tende a colabar.
3. O posicionamento de um catéter central por essa via é errático.
4. Não permite o uso de soluções hipertônicas.

Complicações

São relativamente raras, podendo incluir:

1. Hematomas locais.
2. Trombose e flebite.

VEIAS ANTECUBITAIS

São mais rotineiramente utilizadas para punções periféricas com dispositivos "plástico sobre a agulha" (Abbocath®). No entanto, prestam-se também para o posicionamento de catéteres venosos centrais por acesso periférico, utilizando-se dispositivos especialmente desenhados para essa finalidade (Cavafix®). A veia periférica é puncionada com um dispositivo "plástico sobre a agulha" de grosso calibre (13G), e o catéter é passado por dentro do mesmo. O posicionamento correto do catéter é notoriamente difícil, devido à grande variabilidade anatômica dessas veias, além da presença de válvulas.[44]

Contra-indicações

Como em todo tipo de punção venosa periférica, praticamente não há contra-indicações absolutas para a canulação dessas veias.

Vantagens

1. Praticidade e aprendizado fácil.
2. Baixo risco de complicações imediatas.

Desvantagens

1. A anatomia é variável e o local é muito móvel, dificultando a manutenção de um curativo fixo, seco e estéril.
2. No choque hipovolêmico o acesso é difícil.
3. O posicionamento de um catéter central por essas veias é errático.
4. Não são indicadas para o uso de soluções hipertônicas.

Complicações

São relativamente raras, podendo incluir:

1. Hematomas locais.
2. Trombose e flebite.

ACESSOS ARTERIAIS

Principais indicações

A canulação arterial ou o posicionamento de um catéter intra-arterial são indicados para as seguintes situações em UTI:[45,46]

1. Monitorização contínua da pressão arterial.
2. Como forma de se evitar desconforto e lesão provocados pela punção arterial freqüente.
3. Como forma de se permitir a coleta de amostras sangüíneas arteriais, sem causar distúrbios do estado basal.
4. Posicionamento percutâneo de um balão intra-aórtico de contrapulsação.

Em pacientes com choque circulatório, especialmente naqueles acompanhados de elevada resistência vascular sistêmica, podem-se registrar discrepâncias significativas na mensuração da pressão arterial sistêmica, quando comparados os métodos não-invasivos com o método de mensuração direta através de um catéter intra-arterial,[47] o que, sem dúvida, implica erros de avaliação e terapêutica grosseiros e inaceitáveis. Também, em pacientes que requeiram doses fracionadas e ajustáveis de fármacos vasoativos potentes (catecolaminas, vasodilatadores etc.), é de fundamental importância uma mensuração freqüente, precisa e, se possível, direta da PA.

Assim, de modo mais geral, a canulação arterial para mensuração contínua da PA em pacientes de UTI é uma das principais indicações desse procedimento, uma vez que grande parte deles encontra-se com instabilidade hemodinâmica e em uso de fármacos vasoativos.[45,46]

Contra-indicações

Podem ser consideradas contra-indicações absolutas ou relativas para a canulação arterial periférica:

1. Infecções da pele sobre o local a ser puncionado.
2. Coagulopatia. Esta é uma contra-indicação relativa, devendo-se pesar a vantagem da canulação arterial prolongada contra os riscos de sangramentos decorrentes de múltiplas punções.
3. A ausência de uma circulação colateral adequada para a mão.
4. Vasculopatia periférica grave.

Obtenção da linha arterial

Uma linha arterial de longo prazo pode ser obtida por punção percutânea ou por dissecção do vaso. Dá-se preferência, evidentemente, à punção percutânea com dispositivos "plástico sobre agulha", 18G ou 20G. Deve-se ressaltar que se trata, como no caso das punções venosas centrais percutâneas, de um procedimento cirúrgico, devendo-se obedecer aos rigores preconizados de assepsia e anti-sepsia na sua realização.

Qualquer vaso arterial periférico pode ser puncionado, mas os locais mais comumente utilizados incluem as artérias radial, pediosa e femoral, nessa seqüência. Deve-se evitar a artéria braquial pelo potencial risco de complicações tromboembólicas em antebraço e mão.

Sem dúvida nenhuma, a artéria radial é a mais freqüentemente utilizada, sempre que possível do lado corporal não-dominante, tanto em adultos quanto em crianças.[48-50]

O teste de Allen modificado pode ser realizado antes da canulação da artéria radial.[51] Nesse teste, as artérias ulnar e radial são ocluídas, por pressão no punho, após esvaziamento compressivo da mão. Quando a mão se tornar pálida e fria, a liberação da compressão ulnar deve promover o enchimento sangüíneo capilar da mão em aproximadamente 5 segundos, significando que a eventual perda da artéria radial (por trombose ou ligadura) dificilmente acarretará lesão isquêmica da mão (Fig. 19-51).[33]

No entanto, uma correlação entre os resultados do teste e o risco de lesão isquêmica da mão não tem sido confirmada, indicando que o teste de Allen pode não ser um preditor útil de isquemia na ausência de lesão vascular.[52] O exame do suprimento arterial da mão através do ultra-som Doppler é o teste mais indicado para a detecção de anormalidades de fluxo sangüíneo colateral, mas também não se sabe o quanto ele pode ser útil em prognosticar lesões isquêmicas após a canulação arterial radial.[53,54]

Descrição da técnica de punção da artéria radial

1. Selecionar a artéria radial do lado corporal não-dominante.
2. Nos pacientes conscientes, explicar cuidadosamente toda a seqüência do procedimento para obter o máximo de colaboração.

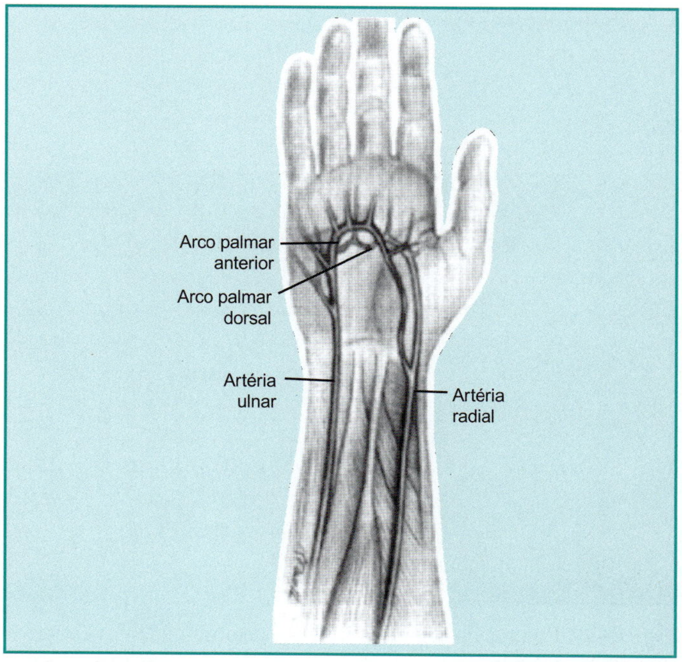

Fig. 19-51. Anatomia da artéria radial. Através do arco palmar, a artéria ulnar, isoladamente, pode suprir as necessidades de fluxo sangüíneo da mão.

3. Realizar, por precaução, o teste de Allen modificado, como descrito anteriormente.
4. Posicionar o pulso em dorsiflexão, para uma melhor exposição do vaso, com o auxílio de um assistente.
5. Palpar a artéria ao longo de seu curso até o ponto em que ela penetra o retináculo flexor. Pode ser útil a marcação do seu trajeto, numa extensão de 2-3 cm, com o auxílio de uma caneta apropriada.
6. A área deve ser preparada com solução anti-séptica, seguida da colocação de campo fenestrado estéril. Lembrar que o operador deve estar paramentado cirurgicamente.
7. Injetar pequena quantidade de anestésico tópico intradérmico no local a ser puncionado, com uma agulha 25G, espalhando-o em volta da artéria com suaves movimentos digitais. Isso evita dor e diminui a chance de espasmo arterial durante a punção.
8. O próximo passo consiste em perfurar a pele (com cuidado para não atingir a artéria) com uma agulha 19G, para facilitar a passagem do catéter.
9. Com um dispositivo "plástico sobre a agulha", 20G (para adultos), adaptado ou não a uma seringa de 2 ml, punciona-se a artéria, introduzindo-a num ângulo de aproximadamente 30º em relação à pele (Fig. 19-52).
10. Quando houver retorno de sangue, esse ângulo deve ser reduzido para cerca de 10º, a agulha é inserida mais um pouco (certificando-se de que continua havendo retorno sangüíneo), e o catéter plástico deve ser avançado para dentro da artéria, suavemente, com ligeiros movimentos de rotação.
11. O catéter deve ser mantido heparinizado, adaptado ou não a uma extensão para monitorização da PA, e um curativo apropriado é realizado, recomendando-se a colocação de uma tala no punho para evitar dobras ou perda do catéter.

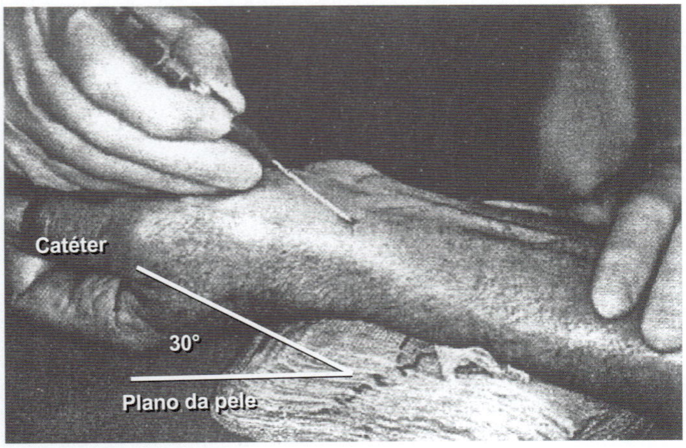

Fig. 19-52. Punção da artéria radial com dispositivo "plástico sobre a agulha". A agulha deve penetrar no vaso num ângulo de 30° em relação ao plano da pele. Após a punção do vaso, diminuir esse ângulo para cerca de 10° e introduzir o catéter com suaves movimentos rotatórios.

Complicações

As principais complicações da cateterização arterial periférica são infecções e isquemia, e aparecem tão mais freqüentemente quanto menos são obedecidos os preceitos técnicos adequados para a obtenção da PA contínua e quanto mais tempo a cânula permanece posicionada. Podem ser enumeradas as seguintes complicações:[24,33,45,46,48,53,54]

1. Vasoespasmo.
2. Trombose.
3. Embolização distal e proximal.
4. Neuropatia compressiva.
5. Hemorragia por desconexão acidental.
6. Formações aneurismáticas.
7. Fístulas arteriovenosas.
8. Infecção local e sistêmica.
9. Injeção inadvertida de medicações.
10. Necrose e gangrena de dígitos.

As seguintes recomendações técnicas devem ser seguidas para que se minimizem as complicações da cateterização arterial para mensuração direta da PA:

1. Utilização das artérias radial ou pediosa, sempre que possível.
2. Realização do teste de Allen antes da canulação da artéria radial. As complicações isquêmicas são menores se o tempo de enchimento capilar da mão pela artéria ulnar for inferior a 5 segundos.
3. Uso de técnica asséptica para manuseio da linha (luvas, anti-sepsia, curativos adequados etc.).
4. Inserção percutânea é preferível à dissecção.
5. Uso preferível de catéteres de pequeno calibre (20 G ou menores).
6. Fixação segura do catéter, além de fixação do punho ou tornozelo com tala, para evitar movimentação e desconexão acidental do sistema.
7. Irrigação contínua do catéter com sistema fechado de baixo fluxo, usando solução salina estéril heparinizada. Evitar soluções glicosadas (que facilitam a colonização bacteriana) ou irrigação intermitente tipo *flush* (que tem sido considerada favorecedora de infecções, além de ser causa de embolização distal, e mesmo proximal, incluindo-se até acidentes vasculares cerebrais).
8. Os transdutores devem ser, preferencialmente, do tipo descartável.
9. Checar diariamente: a) local de inserção do catéter (processo inflamatório) e b) extremidades distais (processo isquêmico).
10. Limitar a canulação arterial ao menor tempo possível, evitando-se deixar o catéter no mesmo local por mais de 72 horas.
11. Remover o catéter sempre que se observar: a) isquemia distal; b) infecção local; c) curva de pressão persistentemente amortecida; e d) dificuldade em se obter sangue pelo catéter.

CONCLUSÃO E RECOMENDAÇÕES FINAIS

O acesso vascular percutâneo, tanto venoso como arterial, tornou-se rotina nas UTIs nas últimas três décadas. O desenvolvimento industrial e tecnológico ocorrido nesse período permitiu a colocação no mercado de catéteres de maior biocompatibilidade e especialmente desenhados para facilitar os procedimentos de canulação vascular, diminuindo o risco de complicações de curto e longo prazos. No entanto, alguns pontos básicos não devem ser esquecidos, pois dependem exclusivamente da ação humana para que os benefícios sempre ultrapassem os riscos inerentes a esses procedimentos altamente invasivos.[27,29,30,31,37,55,56] São eles:

1. Conhecimento integral da anatomia vascular e das estruturas subjacentes, bem como dos pontos de referência descritos para o acesso percutâneo ao vaso.
2. Indicações e escolhas precisas do tipo de catéter, do local de punção e das técnicas de inserção vascular, sempre com base nas necessidades clínicas do paciente e na experiência do executor do procedimento.
3. Obediência rigorosa aos passos técnicos descritos para a realização das punções, assim como o conhecimento das potenciais complicações.
4. Observação rigorosa dos preceitos cirúrgicos de antisepsia e assepsia na sua execução.
5. Controle radiológico da posição final do catéter nos casos de acessos venosos centrais.
6. Manuseio do catéter e de suas conexões dentro de rigorosos princípios destinados à prevenção de complicações, com destaque para as de origem infecciosa.
7. Observação e atenção constantes para se detectar precocemente o aparecimento de sinais sugestivos de mau funcionamento, infecção ou trombose.
8. Limitação do uso ao menor tempo possível, com remoção imediata de todo catéter desnecessário ou com mau desempenho.

REFERÊNCIAS BIBLIOGRÁFICAS

1. Major RH. The history of physical diagnosis. *In* Delp MH, Manning RT (Eds.): *Major's Physical Diagnosis.* Philadelphia: WB Saunders, 1968, pp 1–12.
2. Faivre J. Études experimentales sur les lésions organiques du coeur. *Gaz Med Paris* 1856;727.
3. Riva-Rocci R. Un nuovo sfigmomanómetro. *Gaz Med Torino* 1896;47:981.
4. Einthoven W. Galvanometrische Registrierung des Menschlichen Elektrokardiogramm, Zugleich Eine Beurtheilung der Anwendung des Capillar Elektometers in der Physiologie. *Pflügers Arch* 1903;99:472.
5. Soldati L de. Circulatión arterial. *In* Houssay BA (Ed.): *Fisiologia Humana.* 4ª ed. Buenos Aires: El Ateneo, 1972, pp 220–41.
6. Bleichroeder F. Intra-arterielle therapie. *Berl Klin Wchschr* 1912;1503.
7. Forssmann W. Die Sondierung des Rechten Herzens. *Klin Wchschr* 1929;8:2085.
8. Cournand A, Ranges HA. Catheterization of the right auricle in man. *Proc Soc Exp Biol Med* 1941;46:462–6.
9. Meyers L. Intravenous catheterization. *Am J Nurs* 1945;49:930.
10. Peterson LH, Dripps RD, Risman GC. A method for recording the arterial pressure pulse and blood pressure in man. *Am Heart J* 1949;37:771.
11. Aubaniac R. L'injection intraveineuse sous-claviculaire: avantages et technique. *Presse Med* 1952;60:1456.
12. Lategola M, Rahn N. A self-guiding catheter for cardiac and pulmonary arterial catheterization and occlusion. *Proc Soc Exp Biol Med* 1953;84:667–8.
13. Fleger G. Measurement of cardiac output in anesthetized animals by a thermodilution method. *Q J Exp Physiol* 1954;39:153.
14. Barr PO. Percutaneous puncture of the radial artery with a multipurpose Teflon catheter for indwelling use. *Acta Physiol Scand* 1961;51:353.
15. Wilson JN, Grow JB, Demong CV. Central venous pressure in optimal blood volume. *Arch Surg* 1962;85:563–78.
16. Wilmore DW, Dudrick SJ. Safe long-term venous catheterization. *Arch Surg* 1969;98:256–8.
17. Dotter CT, Straube KR. Flow guided cardiac catheterization. *Am J Roentgenol* 1962;88:27–30.
18. Bradley RD. Diagnostic right heart catheterization with miniature catheters in severely ill patients. *Lancet* 1964;2:941–2.
19. Fife HP, Lee BS. Construction and use of self-guiding, right heart and pulmonary artery catheter. *J Appl Physiol* 1965;20:148–9.
20. Scheinmann MM, Abbot JA, Rapaport E. Clinical uses of a flow-directed right heart catheter. *Arch Intern Med* 1969;124:19–24.
21. Swan HJC, Ganz W, Forrester J, Marcus H, Diamond G, Chonette D. Catheterization of the heart in man with use of a flow-directed balloon-tipped catheter. *N Engl J Med* 1970;283:447–51.
22. Forrester JS, Ganz W, Diamond G, McHugh T, Chonette DW, Swan HJC. Thermodilution cardiac output determination with a single flow-directed catheter. *Am Heart J* 1972;83:306–11.
23. Amshel CE, Palestry JA, Dudrick SJ. Are chest X-rays mandatory following central venous recatheterization over a wire? *Am Surg* 1998;64:499–502.
24. Sladen A. Complications of invasive hemodynamic monitoring in the intensive care unit. *Curr Probl Surg* 1988;25:69–145.
25. Wiedemann HP, Coulter TD. Complications of hemodynamic monitoring. *Clin Chest Med* 1999;20:249–67.
26. Salwender HJ, Egerer G, Hahn U, Goldschmidt H, Ho AD. Central venous catheter-related complications. *Antibiot Chemother* 2000;50:133–43.
27. Schmid MW. Risks and complications of peripherally and centrally inserted intravenous catheters. *Crit Care Nurs Clin North Am* 2000;12:165–74.
28. Monreal M, Davant E. Thrombotic complications of central venous catheters in cancer patients. *Acta Haematol* 2001;106:69–72.
29. Arenas-Marquez H, Anaya-Prado R, Barrera-Zepeda LM, Gonzalez-Ojeda A. Complications of central venous catheters. *Curr Opin Clin Nutr Metab Care* 2001;4:207–10.
30. Rosenkranz LG. Nutritional support in the postoperative period. *Med Clin North Am* 2001;85:1255–62.
31. Saint S, Matthay MA. Risk reduction in the intensive care unit. *Am J Med* 1998;105:515–23.
32. Okutubo FA. Central venous cannulation: how to do it. *Brit J Hosp Med* 1997;57:368–70.
33. Menezes FH. Acesso venoso e arterial. *In* Terzi RGG, Araújo S (Eds.): *Monitorização Hemodinâmica e Suporte*

Cardiocirculatório do Paciente Crítico. Rio de Janeiro: Atheneu, 1996, pp 53–81.
34. Chung DH, Ziegler MM. Central venous catheter access. *Nutrition* 1998;14:119–23.
35. Martin C, Auffray JP, Saux P, Albanese J, Gouin F. The axillary vein: an alternative approach to percutaneous pulmonary artery catheterization. *Chest* 1986;90:694–7.
36. Hoppe B. Central venous catheter related infections: pathogenesis, predictors, and prevention. *Heart Lung* 1995;24:333–9.
37. Elliot T. Intravascular catheter-related sepsis — novel methods of prevention. *Intensive Care Med* 2000;26(Suppl.):S45–S50.
38. Fraenkel DJ, Rickard C, Lipman J. Can we achieve consensus on central venous catheter-related infections? *Anaesth Intensive Care* 2000;28:475–90.
39. Tripathi M, Tripathi M. Subclavian vein cannulation: an approach with definite landmarks. *Ann Thorac Surg* 1996;16:238–40.
40. Moran SG, Peoples JB. The deltopectoral triangle as a landmark for percutaneous infraclavicular cannulation of the subclavian vein. *Angiology* 1993;44:683–6.
41. Yoffa D. Supraclavicular subclavian venipuncture and catheterization. *Lancet* 1965;2:614–7.
42. Darley RH. Femoral vein cannulation: a review. *J Emerg Med* 1985;2:367–72.
43. Harden JL, Kemp L, Mirtallo J. Femoral catheters increase risk of infection in total parenteral nutrition patients. *Nutr Clin Pract* 1995;10:60–6.
44. Kahn JK. Central venous catheters. Placement and monitoring tips. *Postgrad Med* 1995;97:65–8.
45. Clark VL, Kruse JA. Arterial catheterization. *Crit Care Clin* 1992;8:687–97.
46. Anderson JS. Arterial cannulation: how to do it. *Brit J Hosp Med* 1997;57:497–9.
47. Evora PRB, Ribeiro PJF. Medida da pressão arterial. *In* Terzi RGG, Araújo S (Eds.): *Monitorização Hemodinâmica e Suporte Cardiocirculatório do Paciente Crítico*. Rio de Janeiro: Atheneu, 1996, pp 83–90.
48. Oh TE, Davis NJ. Radial artery cannulation. *Anaesth Intensive Care* 1975;3:12–8.
49. Davis FM, Stewart JM. Radial artery cannulation. A prospective study in patients undergoing cardiothoracic surgery. *Br J Anaesth* 1980;52:41–7.
50. Marshall AG, Erwin DC, Wyse RKH, Hatch DJ. Percutaneous arterial cannulation in children. Concurrent and subsequent adequacy of blood flow at the wrist. *Anaesthesia* 1984;39:27–31.
51. Allen EV. Thromboangiitis obliterans: methods of diagnosis of chronic obstructive lesions distal to the wrist with illustrative cases. *Am J Med Sci* 1929;178:237–44.
52. Slogoff S, Keats AS, Arlund C. On the safety of radial artery cannulation. *Anesthesiology* 1983;59:42–7.
53. Wilkins RG. Radial artery cannulation and ischemic damage: a review. *Anaesthesia* 1985;40:896–9.
54. Franklin C. The technique of radial artery cannulation. Tips for maximizing results while minimizing the risk of complications. *J Crit Illn* 1995;10:424–32.
55. Albuquerque Jr. FC, Vasconcelos PR. Technical aspects of central venous catheterization. *Curr Opin Clin Nutr Metab Care* 1998;1:297–304.
56. Waitzberg DL, Plopper C, Terra RM. Access routes for nutritional therapy. *World J Surg* 2000;24:1468–76.

Monitorização Hemodinâmica – Aspectos Gerais

Ederlon Alves de Carvalho Resende • Murillo Santucci César de Assunção
Marcel Rezende Lopes

INTRODUÇÃO

O estado de choque se caracteriza pela incapacidade de manter a nutrição e oxigenação celular através de adequada perfusão. Para detectar essas alterações utilizam-se técnicas de monitoração invasiva com o objetivo de restabelecer o equilíbrio celular, evitando a lesão tecidual ocasionada pelo estado de hipofluxo, que pode gerar a liberação de mediadores inflamatórios, produzindo lesão tecidual e, por conseguinte, o desenvolvimento de disfunção de múltiplos órgãos.[1,2]

A introdução do catéter de artéria pulmonar na década de 1970 por Swan permitiu aferir-se o débito cardíaco através da técnica de termodiluição, trazendo grande benefício na interpretação do conceito de choque nos dias de hoje.[3-5]

Nos últimos anos, vários autores questionaram os benefícios do catéter de artéria pulmonar CAP, visto que hipotetizam o aumento de mortalidade causado pela sua utilização. Porém é importante lembrar que o CAP é apenas um instrumento que o médico utiliza através da interpretação de dados obtidos com as medidas hemodinâmicas, incluindo as pressóricas e as de oxigenação associadas à dosagem de lactato sérico, e principalmente ao exame físico. O CAP oferece dados, e sua correta interpretação é imprescindível para a intervenção benéfica ao tratamento do paciente.[6-10]

Em 2002, Rhodes *et al* desenvolveram um estudo em perspectiva com a utilização de CAP em pacientes graves, mostrando que a utilização do catéter não foi associada ao aumento da mortalidade.[11] Por outro lado, vários estudos de otimização pré-operatória obedecendo a um protocolo de tratamento rígido,[12-14] em que o CAP foi utilizado antes da instalação da hipoperfusão grave, mostraram benefício inequívoco no emprego de estratégias de otimização hemodinâmica, baseadas nas informações obtidas com o CAP.

A avaliação da função ventricular à beira do leito baseia-se principalmente na medida das pressões e volumes e em suas variações em determinado período de tempo do ciclo cardíaco, permitindo a obtenção de índices de contratilidade miocárdica.

Entre as informações obtidas com o CAP, o débito cardíaco talvez seja a mais importante, diante de sua boa correlação com o prognóstico. Quando intervenções terapêuticas apresentam como resultado melhora do débito cardíaco, a evolução do paciente é mais favorável, diferentemente, de situação em que, apesar do tratamento, essa variável apresenta uma variação negativa. Atualmente, vários métodos permitem a medida direta ou indireta do débito cardíaco, porém a termodiluição continua sendo a técnica preferencial, diante de sua precisão, reprodutibilidade e facilidade de obtenção, para monitorização de pacientes graves à beira do leito.[15]

DETERMINANTES DO DÉBITO CARDÍACO

O débito cardíaco é definido pelo produto entre freqüência cardíaca e o volume sistólico (Fig. 19-53). O volume sistólico, por sua vez, é determinado por três fatores: pré-carga, contratilidade e pós-carga, logo implica que se pode intervir no débito cardíaco otimizando qualquer um desses fatores, com o uso de soluções para reposição volêmica, ou drogas inotrópicas e vasodilatadoras ou vasoconstritoras.

Entende-se por débito cardíaco a quantidade de sangue *bombeada* pelo coração na unidade de tempo, sendo que se utiliza convencionalmente o minuto. O débito cardíaco como valor unitário não tem grande importância, visto que um DC de 5 l/min para uma pessoa com peso de 100 kg é diferente para uma pessoa com peso de 45 kg, e por essa razão é importante indexar o DC dividindo-se o valor mensurado pela superfície corpórea. Assim pode-se avaliar melhor como se encontra o fluxo para todo o organismo, considerando-se o peso e a altura do paciente. Apesar da referência de uma faixa de variação normal do índice cardíaco (3-3,5 l/min/m^2), esta deve ser considerada apenas na ausência de uma condição patológica. Nos pacientes graves, a interpretação do índice cardíaco requer a correlação com outras variáveis, como por exemplo taxa de extração de oxigênio, consumo de oxigênio,[2] pressão arterial média, débito urinário, lactato arterial, entre outros, permitindo assim melhor avaliação da adequação do fluxo (índice cardíaco) com a perfusão tecidual.

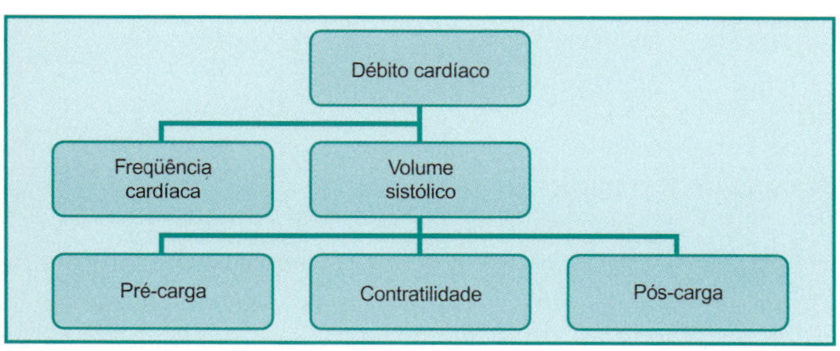

Fig. 19-53. Determinantes do débito cardíaco.

PRÉ-CARGA

De acordo com a lei de Frank-Starling, a força da contração cardíaca está diretamente relacionada ao grau de estiramento da fibra miocárdica ao final da diástole.[16] Esse estiramento pré-sistólico da fibra, ou pré-carga, é proporcional ao volume diastólico no final da diástole. Por sua vez, o volume diastólico final do ventrículo esquerdo (pré-carga) é o principal determinante do débito cardíaco.

Para manter o débito cardíaco adequado, pode-se otimizar a pré-carga, a qual corresponde ao grau de estiramento do miocárdio ao final da diástole, levado primariamente pelo retorno venoso (Fig. 19-54).[17]

A avaliação da pré-carga pode ser realizada através da mensuração da pressão venosa central (PVC). Em pacientes que não apresentam disfunção ventricular, a PVC pode ser utilizada como parâmetro de avaliação, porém em pacientes graves a sua utilização é reservada. A PVC depende de variáveis como:

- Gravidade e posição postural.
- Compressão dos membros inferiores.
- Pressão intratorácica.
- Tônus venoso.
- Relaxamento ventricular.
- Relação pressão/volume ventricular (complacência).

Essas variáveis podem interferir na avaliação da PVC, obtendo-se dados que não correspondem à real situação do paciente.

Magder tem interessantes conceitos acerca da importância da PVC na determinação do débito cardíaco. Em seus argumentos, o autor considera que em condições normais o débito cardíaco deve ser igual ao retorno venoso, e uma redução do débito cardíaco significa que houve uma queda no retorno venoso ao coração. É importante considerar que o coração não controla o débito cardíaco, gerando uma pressão arterial que empurre o sangue para os tecidos, e sim reduzindo a pressão de átrio direito, permitindo então que o sangue retorne ao coração, de onde possa novamente ser bombeado a todo o corpo.[18]

Através da utilização da pressão venosa central (PVC), a avaliação do estado volêmico pode ser realizada com infusões de alíquotas de solução fisiológica. Caso a PVC apresente variação maior que 2 mmHg durante a inspiração, esse é um indicativo de que o paciente necessita de fluidos. Porém a PVC é um parâmetro que isoladamente apresenta fraca correlação com a otimização do IC.[19]

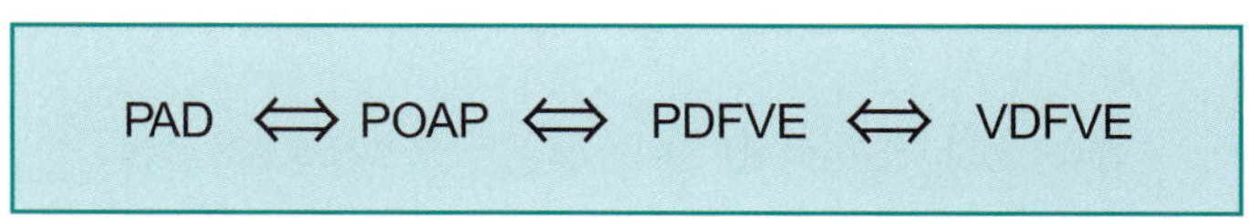

Fig. 19-54. PAD = Pressão de átrio direito; POAP = pressão de oclusão de artéria pulmonar; PDFVE = pressão diastólica final de ventrículo esquerdo; VDFVE = volume diastólico final de ventrículo esquerdo.

A partir da introdução do CAP na prática clínica, a medida da POAP tem servido como referência da pré-carga para médicos de todo o mundo. Admite-se que a POAP reflete a pressão diastólica final do ventrículo esquerdo (PDFVE), e portanto a POAP obtida ao **final da expiração** representaria a pressão de enchimento do ventrículo esquerdo.[20] Entretanto, quando se aplica pressão positiva ao final da expiração (PEEP), a pressão pericárdica excede zero durante o período expiratório, podendo ser suficientemente elevada para fazer com que a POAP seja maior que a pressão de enchimento do ventrículo esquerdo.[21] Por conta desse fato, alguns autores acreditam que a POAP *nadir*, ou seja, o menor valor da POAP obtido após desconexão do paciente do ventilador, melhor representa a pressão de enchimento do ventrículo esquerdo.[22] Alguns pacientes porém, apesar de não serem submetidos a PEEP elevada, poderão evoluir com aumento da capacidade residual funcional de forma dinâmica (PEEP extrínseca), fato comum em pacientes com aumento da resistência da via aérea e obstrução expiratória grave, e nessa circunstância a simples desconexão do ventilador, e medida da POAP *nadir* é insuficiente para excluir a transmissão da pressão pericárdica durante a expiração, superestimando o valor medido da POAP como indicativo de pressão de enchimento do ventrículo esquerdo,[23] sendo que essas alterações são observadas principalmente quando PEEPs acima de 10 mmHg são aplicadas.[22]

A posição da ponta do catéter de artéria pulmonar também pode levar à obtenção de valores que não correspondem às pressões de enchimento de câmaras cardíacas.[24] O ideal seria a localização em região que não sofra a transmissão das pressões intra-alveolares, visto que, ao nível do leito capilar pulmonar, a pressão alveolar (PA) é o principal determinante da pressão extravascular. Dessa feita, é preferível a localização na zona III de West,[25] onde Pa (pressão arteriolar) > Pv (pressão venular) > PA, como mostra a Figura 19-55.

Em pacientes sob ventilação mecânica com grande incursão da POAP durante o ciclo respiratório (> 15 mmHg), a medida deverá ser realizada preferencialmente após o uso de relaxante muscular.[26] Outra consideração importante é que, em pacientes com lesão pulmonar aguda e síndrome do desconforto respiratório agudo, é comum encontrar-se elevados valores de POAP, acima de 18 mmHg, sem que esse fato demonstre falência ventricular esquerda, porém geralmente associado a um mau prognóstico.[27]

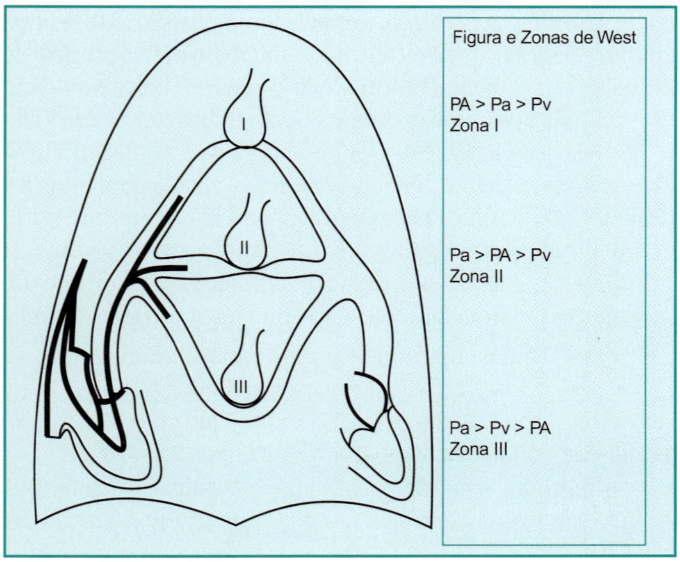

Fig. 19-55. Zonas de West. A região preferível para se colocar a ponta do catéter é a zona III.

Com a inserção do CAP, pode-se aferir a POAP, e, associado a medidas do IC, realiza-se uma curva de pressão e IC através da infusão de alíquotas de fluidos, verificando até que quantidade de fluidos infundidos o aumento da POAP otimiza o IC. Porém, também, a POAP apresenta correlação fraca com a avaliação do DC. Essas variáveis são unidades de pressão (mmHg), e, pelo fato de querer avaliar a volemia (ml), pode haver erro na interpretação dos valores obtidos. Quando se encontram valores nas extremidades da curva, ou seja, baixas pressões e elevadas pressões, é fácil avaliar se há a necessidade ou não de infusão de líquidos, porém nos pacientes que apresentam valores medianos essa avaliação se torna muito difícil. Além disso, a complacência ventricular também pode influenciar na interpretação dos valores da POAP (Fig. 19-56).

Entretanto, cabe ressaltar que, durante a reposição volêmica, quando não se consideram diversos fatores que podem interferir na correlação entre POAP e VDFVE, tais como complacência ventricular, PEEP, aumento da pressão intratorácica e abdominal, entre outros,[28,29] a ressuscitação poderá ser subutilizada. De certa forma, com a incorporação do termistor de resposta rápida ao CAP,[30,31] possibilitou-se aferir uma nova variável, a fração de ejeção de VD, e a partir dessa calcula-se o volume diastólico final de ventrículo direito (VDFVD). Esse parâmetro é indexado à superfície corpórea e origina o índice de volume diastólico final de ventrículo direito (IVDFVD) (Fig. 19-57).

O cálculo do IVDFVD se faz através da seguinte equação:

Fração residual (FR): FR1 = C3/C2, FR2 = C2/C1, FR = (FR1 + FR2)/2,
Fração de ejeção ventrículo direito (FEVD) = 1 − Fração residual,
Volume sistólico (VS) = DC/FC × 1.000,
Volume diastólico final ventrículo direito (VDFVD) = VS/FE

Quando comparado com a PVC e a POAP, o IVDFVD é a melhor variável que se correlaciona com o IC (r^2 = 0,03; 0,10 e 0,60 respectivamente), sendo que para a otimização da volemia de pacientes graves é muito útil, visto que as pressões de enchimento podem sofrer alterações, como por exemplo a

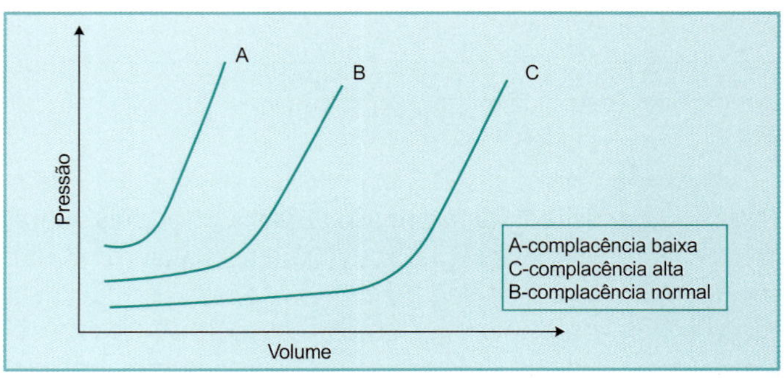

Fig. 19-56. Curva de complacência ventricular.

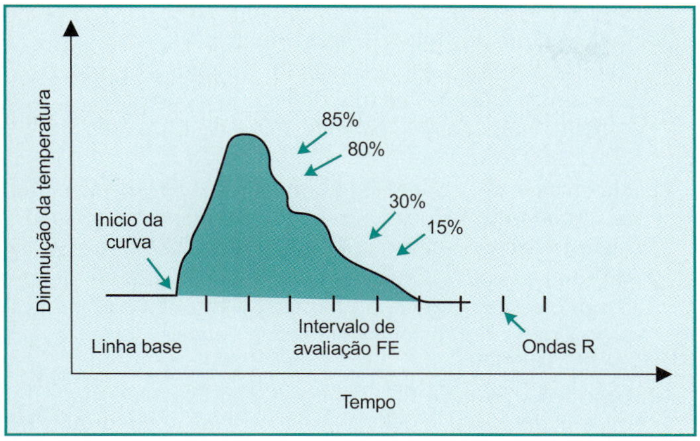

Fig. 19-57. Curva de termodiluição por catéter de artéria pulmonar com termistor de alta resposta.

utilização de pressão expiratória final positiva quando sob ventilação mecânica; aumento da pressão abdominal e doenças de valva mitral.[32]

Os valores de IVDFVD considerados normais compreendem entre 90 e 140 ml/m^2/min. Se o IVDFVD se encontrar acima de 140 ml/m^2, incrementos desse valor com infusão de fluidos podem diminuir o IC, provavelmente devido à hiperdistensão ventricular.[33,34]

Com isso, têm-se vários parâmetros para avaliar o estado volêmico do paciente, sendo que o paciente necessita de grande atenção não só nas variáveis hemodinâmicas, bem como o acompanhamento clínico é fundamental.

PÓS-CARGA

Observa-se grande variação nas definições de pós-carga entre os diferentes autores de livros didáticos e periódicos, justificada pela facilidade de entendimento por parte dos estudantes, porém, simplificando demasiadamente o conceito, usam-se termos simples como pós-carga é a pressão aórtica. Esse tipo de afirmação simples esconde importantes informações sobre tão complexa idéia. Considerando-se a lei de LaPlace, o termo pós-carga pode ser definido como todos os fatores que contribuem para a tensão miocárdica durante a ejeção sistólica.[35] Definido como os fatores que contribuem na impedância ao fluxo sangüíneo do coração, comandando a velocidade de encurtamento das fibras ventriculares, tendo uma relação inversamente proporcional ao desempenho do miocárdio. É responsável, juntamente com os outros determinantes do débito cardíaco, pela pressão de perfusão tecidual. Entre os componentes de pós-carga, podemos citar viscosidade sangüínea, distensibilidade dos grandes vasos, idade e estado biológico de todo o continente vascular e, principalmente, o tônus arteriolar.[36]

A relação inversa entre o desempenho ventricular e a pós-carga é a base fisiológica para o uso de vasodilatadores no tratamento da insuficiência cardíaca.[37] Cabe ressaltar que o ventrículo esquerdo com grave disfunção apresenta curva de relação com pós-carga diferente do coração normal. Nessas circunstâncias, pequenas elevações na pós-carga são acompanhadas por importante redução do débito cardíaco.

Na sepse, o comportamento da pós-carga é muito peculiar. Por conta dos mediadores inflamatórios liberados nessa condição clínica, com destaque para o óxido nítrico, observa-se significativa queda da pós-carga ventricular, o que provavelmente garante a manutenção de um débito cardíaco normal e algumas vezes elevado, a despeito da presença de citocinas circulantes, que promovem disfunção miocárdica, freqüente em pacientes sépticos.[38]

Ainda que incorreto didática e clinicamente, é interessante considerar que a pós-carga seja a resistência vascular, que pode ser medida à beira do leito, utilizando-se informações obtidas com o catéter de artéria pulmonar. Considerando-se a lei de Poiseuille, em que a resistência de um circuito é dada pela diferença entre as pressões iniciais e finais do mesmo, dividida pelo fluxo, no caso da resistência vascular sistêmica (RVS) o cálculo é obtido pela diferença entre a pressão arterial média (pressão inicial) e a pressão venosa central (pressão final), dividida pelo débito cardíaco (fluxo). O resultado obtido é expresso em mmHg/l/min, porém, quando indexado à superfície corpórea do paciente, o resultado deverá ser multiplicado pela constante 79,99, e agora apresentado em dinas.s.cm^{-5}/m^2.

O coração direito, em condições normais, trabalha em regime de baixas pressões, sendo esse o principal motivo de suas características anatômicas, e isso só é possível devido ao fato de a resistência vascular pulmonar (RVP) oferecer impedância menor, em relação à RVS, à câmara cardíaca direita. Essa evolução natural pode ser mudada de acordo com patologias associadas, as quais, por algum motivo, aumentam de forma significativa a RVP, levando a uma adaptação anatômica e funcional da câmara direita, para a manutenção do volume sistólico direito. Essa adaptação *natural* ocorre principalmente em doenças crônicas, como as cardiopatias congênitas e doenças pulmonares obstrutivas, que levam ao incremento das paredes ventriculares direitas, buscando a adequação da força de contração e do volume sistólico necessários para manter o débito cardíaco direito. Quando ocorre súbito aumento da pressão pulmonar, seja por aumento do contingente ou da resistência ao fluxo, a manutenção do débito direito será ditada pela pronta intervenção clínica e/ou cirúrgica. O continente vascular pulmonar é muito complacente, permitindo ao contingente vascular pulmonar aumentar significativamente (três a quatro vezes) antes que a impedância se altere e seja observada a hipertensão pulmonar.

CONTRATILIDADE MIOCÁRDICA

Contratilidade consiste na capacidade do miocárdio em gerar tensão contrátil, em determinada condição de pré-carga. Esse é um conceito que desafia os intensivistas, diante da dificuldade em medir diretamente essa variável. Entretanto, as alterações da contratilidade podem ser inferidas através das mudanças de padrão na curva de Starling, que ocorre numa variedade de condições fisiopatológicas e farmacológicas.[39]

Os métodos mais tradicionais de determinação da contratilidade e função sistólica, tais como fração de ejeção e relação entre a variação de pressão e tempo ($dP/dT_{máx}$), sofrem interferência da freqüência cardíaca e volemia do paciente, tornando sua aplicação limitada em condições patológicas. Os índices padrões, baseados na análise pressão-volume, apresentam dificuldades que inviabilizam sua utilização rotineira na prática clínica diária.[40]

Com o uso de catéteres de Swan-Ganz do tipo volumétrico, é possível medir a fração de ejeção do ventrículo direito, porém é consensual que essa variável não deva ser utilizada como índice de contratilidade.[41]

CONCLUSÃO

A monitoração hemodinâmica à beira do leito com catéter de artéria pulmonar pode ser útil, fornecendo informações diretas acerca das pressões e fluxos cardíacos, permitindo avaliar o desempenho cardiovascular através da relação entre a curva de função ventricular de Starling e os determinantes do débito cardíaco (pré-carga e pós-carga). Com a possibilidade da avaliação hemodinâmica de forma contínua, certamente a intervenção precoce pode ser decisiva na evolução do paciente grave.

O uso do CAP como parâmetro diagnóstico, baseado na informação inicial obtida com a interpretação das variáveis hemodinâmicas, tem menor importância com relação ao seu uso como guia terapêutico, a partir da avaliação das alterações hemodinâmicas seqüenciais. A primeira medida hemodinâmica deve ser encarada como um único ponto na curva de tendência ora iniciada, a qual vai depender da reserva funcional do paciente e de sua resposta às intervenções terapêuticas, definidas a partir da correta interpretação dos dados hemodinâmicos e de oxigenação, sempre em conjunto com a condição metabólica e clínica do paciente.

REFERÊNCIAS BIBLIOGRÁFICAS

1. Friedman G, De Backer D, Shahla M, Vincent JL. Oxygen supply dependency can characterize septic shock. *Intensive Care Med* 1998;24:118.
2. De Backer D, Vincent JL. Determinations of oxygen consumption in critically ill patients: practical aspects. *Clin Intensive Care* 1997;8:22.
3. Swan HJC, Ganz W, Forrester J *et al.* Catheterization of the heart in man with use of a flow-directed balloon-tipped catheter. *NEJM* 1970;283:447.
4. Nelson LD. Monitoring cardiac function and tissue perfusion. *Crit Care Med* 1996;12:796.
5. Marik PE. Pulmonary artery catheterization and esophageal Doppler monitoring in the ICU. *Chest* 1999;116:1085.
6. Jacka MJ, Cohen MM., To T, Devitt H, Byrick R. Pulmonary artery occlusion pressure estimation: How confident are anesthesiologists? *Crit Care Med* 2002;30:1197.
7. Connors AF, Speroff T, Dawson NV *et al.* The effectiveness of right heart catheterization in the initial care of critical ill patients. *JAMA* 1996;276:889.
8. Gnaegi A, Feihl F, Perret C. Intensive care physicians' insufficient knowledge of right-heart catheterization at the bedside. *Crit Care Med* 1997;25:213.
9. Lazarus R. Pulmonary artery catheterization. Proposed moratorium on use of pulmonary artery catheters is premature. *BMJ* 1996;313:1328.
10. Iberti TJ, Jayagopal SG. Knotting of a Swan-Ganz catheter in the pulmonary artery. *Chest* 1983;83:711.
11. Rhodes A, Cusack RJ, Newman PJ, Grounds RM *et al.* A randomized, controlled trial of the pulmonary artery catheter in critically ill patients. *Intensive Care Med* 2002;28:256.
12. Shoemaker WC, Appel PL, Kram HB,*et al.* Prospective trial of supranormal values of survivors as therapeutic goals in high-risk surgical patients. *Chest* 1988;94:1176.
13. Wilson J, Woods I, Fawcett J *et al.* Reducing the risk of major elective surgery: randomized controlled trial of preoperative optimization of oxygen delivery. *BMJ* 1999;318:1099.
14. Lobo SMA, Salgado PF, Castillo VGT *et al.* Effects of maximizing oxygen delivery on morbidity and mortality in high-risk surgical patients. *Crit Care Med* 2000;28:3396.
15. Forrester JS, Ganz W, Diamond GA *et al.* Thermodiluition cardiac output determination with a single flow directed catheter. *Am Hearth J* 1972;83:306.
16. Starling EH. The Linacre lecture on the law of the heart. London: UK Longmans, Green and Co., 1918.
17. Cheatham ML. Right ventricular end-diastolic volume measurements in the resuscitation of trauma victims. *Inter J Intens Care* 2000;7:165.
18. Magder S. More respect for the CVP. *Intensive Care Med* 1998;24:651.
19. Magder S, Georgiadis G, Cheong T. Respiratory variations in right atrial pressure predict the response to fluid challenge. *J Crit Care* 1992;7:76.
20. O'Quinn R, Marini JJ. Pulmonary artery occlusion pressure: Clinical physiology, measurement, and interpretation. *Am Rev Respir Dis* 1983;128:319.
21. Raper R, Sibbald WJ. Misled by the wedge? The Swan-Ganz catheter and left ventricular preload. *Chest* 1986;89:427.
22. Pinsky MR, Vincent JL, De Smet JM. Estimating left ventricular filling pressure during positive end-expiratory pressure in humans. *Am Rev Respir Dis* 1991;143:25.
23. Teboul JL, Pinsky MR, Mercat A *et al.* Estimating cardiac filling pressure in mechanically ventilated patients with hyperinflation. *Crit Care Med* 2000;28:3631.
24. Cheatham ML. Right ventricular end-diastolic volume measurements in the resuscitation of trauma victims. *Inter J Intens Care* 2000;7:165.
25. West JB, Dollery CT, Maimark A. Distribution of blood flow in isolated lung: relation to vascular and alveolar pressures. *J Appl Physiol* 1964;19:713.
26. Hoyt JD, Leatherman JW. Interpretation of the pulmonary artery occlusion pressure in mechanically ventilated patients with large respiratory excursions in intrathoracic pressure. *Intensive Care Med* 1997;23:1125.
27. Ferguson ND, Meade MO, Hallett DC *et al.* High values of the pulmonary artery wedge pressure in patients with acute lung injury and acute respiratory distress syndrome. *Intensive Care Med* 200228:1073.
28. Heatham ML, Safcsak K, Block EF, Nelson LD. Preload assessment in patients with an open abdomen. *J Trauma* 1999;46:16.
29. Diebel LN, Myers T, Dulchavsky S. Effects of increasing airway pressure and PEEP on the assessment of cardiac preload. *J Trauma* 1997;42:585.
30. Durham R, Neunaber K, Vogler G *et al.* Right ventricular end-diastolic volume as a measure of preload. *J Trauma* 1995;39:218.

31. Reuse C, Vincent JL, Pinsky MR. Measurements of right ventricular volumes during fluid challenge. *Chest* 1990;98:1450.
32. Diebel L, Wilson RF, Tagett MG *et al.* End-diastolic volume. A better indicator of preload in the critically ill. *Arch Surg* 1992;127:817.
33. Diebel L, Wilson RF, Heins J *et al.* End-diastolic volume versus pulmonary artery wedge pressure in evaluating cardiac preload in trauma patients. *J Trauma* 1994;37:950.
34. Chang MC, Blinman TA, Rutherford EJ *et al.* Preload assessment in trauma patients during large-volume shock resuscitation. *Arch Surg* 1996;131:728.
35. Norton JM. Toward consistent definitions for preload and afterload. *Adv Physiol Educ* 2001;25:53.
36. Sonnenblick EH, Downing SE. Afterload as a primary determinant of ventricular performance. *Am J Physiol* 1963;204:604.
37. Mason DT. Afterload reduction and cardiac performance. Physiologic basis of systemic vasodilators as a new approach in treatment of congestive heart failure. *Am J Med* 1978;65:106.
38. Parrillo JE. Pathogenetic mechanisms of septic shock. *N Engl J Med* 1993;328:1471.
39. Pinsky MR. Functional hemodynamic monitoring. *Intensive Care Med* 2002;28:386.
40. Karunanithi MK, Michniewicz J, Copeland SE *et al.* Right ventricular preload recruitable stroke work, end-systolic pressure-volume, and dP/dtmax-end-diastolic volume relations compared as indexes of right ventricular contractile performance in conscious dogs. *Circ Res* 1992;70:1169.
41. Nelson LD. The new pulmonary arterial catheters: Right ventricular ejection fraction and continuous cardiac output. *Crit Care Clin* 1996;12:795.

Monitorização Hemodinâmica – Aspectos Pediátricos

Maria Amparo M. D. de Menezes • Werther Brunow de Carvalho

A monitorização hemodinâmica (MH) no paciente pediátrico criticamente enfermo é um elemento indispensável. Através de um melhor entendimento da fisiopatologia de várias doenças, hoje temos a possibilidade de um equilíbrio ótimo entre uma menor invasividade e uma monitorização hemodinâmica mais completa.

Segundo Pierson (1998),[1] Hess define monitorização como a avaliação da função fisiológica de um paciente, de forma contínua ou quase contínua, num dado momento, a fim de orientar decisões de conduta e de determinar o momento de realizar intervenções terapêuticas, bem como de avaliar os resultados dessas intervenções. Os principais objetivos da monitorização em cuidados intensivos incluem a detecção precoce de anormalidades de parâmetros fisiológicos, a orientação terapêutica para a correção dessas anormalidades ou, pelo menos, a obtenção de informação prognóstica.

A monitorização tem três propósitos gerais: sempre que possível deve ser baseada em parâmetros fisiológicos, e não em parâmetros empíricos ou arbitrários; deve ser aplicada para controlar funções ou variáveis do processo patológico vigente; não deve causar danos ao paciente ou efeitos adversos excessivos a seu sistema de saúde. Existem vários obstáculos que interferem na realização prática e na interpretação adequada da monitorização, principalmente quando ela depende de um operador ou necessita da cooperação do paciente para ser realizada. Os principais problemas encontrados para a realização de uma monitorização adequada estão no Quadro 19-7.

***Quadro 19-7.* Problemas para uma monitorização adequada**

- Falta de acurácia ou imprecisão das medidas ou do aparelho de monitorização
- Variações interindividuais na leitura, interpretação ou transcrição dos dados
- Artefatos ou dados fictícios
- Variação fisiológica espontânea da função a ser monitorizada
- Complexidade clínica não-aceitável
- Conceito *versus* realidade prática da função a ser monitorizada

Independentemente da etiologia que determina a condição clínica grave ou potencialmente grave da criança – trauma, choque, disfunção orgânica, pós-operatório etc. –, a monitorização hemodinâmica (MH) desempenha papel fundamental ao fornecer informações sobre o estado de perfusão orgânica, orientar a terapêutica e constatar os resultados das intervenções, contribuindo para evitar morbidade e mortalidade.[2] Os pacientes criticamente doentes freqüentemente desenvolvem processos patológicos complexos em vários órgãos que requerem monitorização hemodinâmica e da função orgânica para evitar a morbidade e mortalidade.[3]

A principal função do sistema cardiovascular é gerar fluxo sangüíneo, cujo volume seja suficiente para garantir a distribuição e a manutenção da estabilidade metabólica celular no repouso ou na sua máxima atividade.[4] Observando parâmetros hemodinâmicos isolados, torna-se impossível avaliar a função final do sistema cardiovascular, que é a conservação das melhores condições de perfusão tecidual e fornecimento celular de oxigênio.

Os primeiros danos conseqüentes das situações clínicas graves, as quais geralmente estão associadas ao choque e que devem ser evitadas, são alterações da perfusão tecidual e hipóxia celular, que, por sua vez, estão associadas à infecção nosocomial e à disfunção de múltiplos órgãos.[5] Esta última entidade é a principal causa de mortalidade nos centros de cuidados intensivos dos Estados Unidos[6] e provavelmente também de todo o mundo. A essência da abordagem e tratamento dos pacientes criticamente enfermos envolve a garantia da oferta adequada de oxigênio e nutrientes para a célula a fim de que ela possa manter metabolismo aeróbico. A prevenção, mais do que o tratamento da disfunção orgânica, é de fundamental importância.

O choque é facilmente reconhecido por hipotensão, oligúria e colapso na sua fase tardia; no entanto, o reconhecimento e as intervenções precoces são determinantes para o prognóstico. Os parâmetros obtidos por meio da MH, desde a sala de emergência ou do intra-operatório, orientam as decisões a serem tomadas na abordagem desses casos, para se ter certeza de que a evolução do paciente está sendo a mais apropriada como conseqüência das medidas terapêuticas adotadas. A função do sistema cardiovascular deve ser avaliada de forma sistêmica.

Várias considerações determinam o modo e a freqüência da MH a que se deve submeter o paciente, e, ao indicar a MH, deve-se ter em mente tais fatos.[7]

A monitorização dos sistemas deve oferecer riscos mínimos para o paciente:

- Deve ser o mínimo invasivo e menos doloroso possível.
- Deve fornecer informações sobre rápidas alterações dos parâmetros que estão sendo monitorizados.
- Deve fornecer informações visuais e/ou auditivas contínuas a fim de se avaliar rapidamente a condição do paciente.
- Os dados fornecidos devem ser específicos, compreendidos pela equipe que está cuidando do paciente, fiéis e relevantes para a abordagem da condição do mesmo.
- Armazenamento dos dados de forma manual ou em sistemas de computadores deve ser realizado a fim de se comparar os dados de modo contínuo.

A MH evoluiu muito nas últimas duas décadas, quando se aprofundou o conhecimento a respeito dos parâmetros cardiovasculares em situações como trauma, choque, disfunção de múltiplos órgãos. Também se acumulou informação sobre a fisiopatologia das situações clínicas graves e as alterações hemodinâmicas envolvidas. A utilização de catéteres na artéria pulmonar ganhou muito interesse a partir da década de 1980 e possibilitou a melhor compreensão da fisiopatologia que envolve a disfunção circulatória e o desenvolvimento de estratégias terapêuticas promissoras.

Embora tenha ocorrido um grande avanço científico teórico na área de MH, atualmente considera-se que o avanço prático não tenha sido tão evidente. Durante as duas últimas décadas, progressos no tratamento da insuficiência respiratória (ventilação pulmonar mecânica), na monitorização e na antibioticoterapia diminuíram a mortalidade em várias UTIs cirúrgicas, no entanto, várias modalidades de monitorização desenvolvidas e habitualmente utilizadas nessa época aumentaram a morbidade, devido à sua invasividade ou à falta de precisão na interpretação dos dados obtidos. Além disso não houve diminuição significativa da mortalidade com a utilização desses métodos e, também, várias estratégias terapêuticas, como a superotimização da oxigenação tecidual, não mostraram a eficácia esperada.[8,9] A utilização dessas variáveis a fim de otimizar os parâmetros hemodinâmicos melhora a sobrevida e diminui a incidência de disfunção de múltiplos órgãos em pacientes com choque na fase inicial. No entanto, a maioria dos pacientes que são admitidos em centros de cuidados intensivos apresenta choque em fases mais tardias. Vários estudos observaram que os pacientes criticamente acometidos que sobreviveram apresentaram valores de índice cardíaco (IC) e oferta de oxigênio ($\dot{D}O_2$) superiores àqueles que faleceram, inclusive superiores aos valores fisiológicos.[10]

Ainda que o desenvolvimento da tecnologia permita atualmente a utilização de sofisticados sistemas de monitorização, o médico jamais deve deixar de associar a monitorização com o conhecimento da fisiologia, de controlar a monitorização, e, deve, ainda, sempre considerar os parâmetros clínicos.

As propostas e os objetivos da MH são:

- *Diagnóstico:* a monitorização contínua dos dados fisiológicos é necessária para a avaliação da gravidade e para o diagnóstico da doença que determina a agressão fisiológica.
- *Terapêutico:* a MH é necessária para a indicação de intervenção terapêutica o mais precoce possível e para quantificar as respostas a essas intervenções.
- *Prognóstico:* as variações dos parâmetros hemodinâmicos podem indicar a expectativa de sobrevida e podem ser úteis na avaliação da evolução.
- *Atenção:* a provisão de sistemas de alarmes é obviamente de grande valor na MH contínua.

A MH pode ser realizada por meio de aspectos clínicos, laboratoriais, sistemas computadorizados, métodos eletrônicos e de imagem. A monitorização pode ser intermitente ou contínua, dependendo do aspecto ou fato a ser monitorizado e do estado do paciente. A MH pode, ainda, ser classificada como invasiva e não-invasiva.

A técnica invasiva é aquela que ultrapassa as estruturas de proteção do paciente. O principal exemplo é o catéter de artéria pulmonar (CAP), considerado o método padrão ouro da MH, porém a invasividade questiona a sua indicação. A monitorização não-invasiva ou minimamente invasiva é completamente externa ao paciente, sempre preservando a integridade da proteção do paciente,[4] além de oferecer uma alternativa na avaliação das alterações circulatórias agudas. Atualmente considera-se como MH não-invasiva a associação do novo método de impedância bioelétrica ou bioimpedância para estimar o DC; a oximetria de pulso convencional, que estima a saturação arterial, como reflexo da função pulmonar; na oximetria transcutânea e tensão de gás carbônico (PCO_2) como reflexo da perfusão tecidual; e na pressão arterial (PA) não-invasiva com o reflexo geral do estado circulatório.[11] As vantagens da MH não-invasiva são: fornecer dados de maneira contínua e de fácil visualização e poder ser utilizada em qualquer setor hospitalar, incluindo as salas de emergência e os centros cirúrgicos. A tecnologia minimamente invasiva vem tendo um grande impacto na medicina moderna, principalmente em pediatria, pois permite o diagnóstico e a intervenção terapêutica com menor trauma e desconforto, além de geralmente contribuir com uma significativa redução no tempo de internação e nos gastos.[12]

ASPECTOS CLÍNICOS

As observações clínicas e as reavaliações repetidas da criança criticamente enferma desempenham papel fundamental na MH. Vários sinais clínicos podem indicar a presença de, ou a compensação de hipoperfusão orgânica.

Diversos parâmetros, na sua maioria não-invasivos, podem ser monitorados, fornecendo muitas informações a serem interpretadas em conjunto e de modo global. No entanto, muitos desses parâmetros nos fornecem informações que refletem efeitos tardios da insuficiência circulatória, numa fase em que a resposta a qualquer estratégia terapêutica tem seu valor relativo, não contribuindo para a diminuição da mortalidade.

Exame físico geral. Permite a avaliação subjetiva do estado circulatório. Apesar de os dados do exame físico geral serem importantes, eles contribuem parcialmente com a intervenção terapêutica precoce.

Freqüência respiratória. Normalmente está aumentada, como conseqüência de vários estímulos, mas sempre com um componente de compensação da acidose metabólica normalmente presente no paciente criticamente enfermo, principalmente naquele que apresenta insuficiência circulatória. O padrão da respiração acidótica é rápido e superficial. Se houver sinais francos de dispnéia associados à taquipnéia, deve-se considerar a possível presença de doença pulmonar, doença cardíaca, outras causas de insuficiência respiratória ou acidose grave.

Freqüência cardíaca (FC). É um parâmetro hemodinâmico muito importante em pediatria, mais valorizado quando comparado à MH em adultos. O DC é o produto da freqüência cardíaca pelo volume sistólico. Este último é o volume de sangue ejetado pelos ventrículos a cada contração (Fig. 19-58). A perfusão orgânica depende tanto do DC como da pressão de perfusão. Das variáveis que controlam o DC, apenas a FC e a PA podem ser medidas facilmente. A monitorização da FC na criança é mais importante do que no adulto, pois na criança o DC é mais dependente da compensação desempenhada pela freqüência cardíaca. Já nos adultos, o DC é mais dependente do volume sistólico.

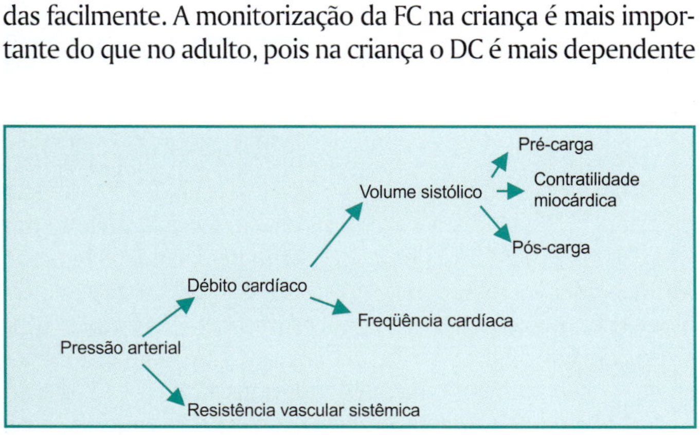

Fig. 19-58. Inter-relações dos parâmetros hemodinâmicos.

A avaliação da FC requer o conhecimento da condição de base da criança e os valores considerados normais para cada faixa etária (Quadro 19-8). A monitorização contínua com visualização da FC e do ritmo cardíaco por meio do cardioscópio deve ser considerada básica e rotineira na MH em UTIs. A taquicardia sinusal é um indicador sensível, mas não específico de perfusão inadequada. Embora várias etiologias possam determinar variações na FC – dor, ansiedade, intoxicação medicamentosa, hipóxia, liberações hormonais –, a FC não deixa de ser um dos parâmetros mais importantes na avaliação da insuficiência circulatória, principalmente na hipovolemia, no choque hipovolêmico e no choque séptico, contribuindo com a orientação terapêutica e prognóstico. Vários estudos observaram que os pacientes que mantêm a FC mais elevada durante toda a evolução do choque apresentam maior sobrevida.[13] O aumento da freqüência de pulso é uma via fisiológica do organismo comumente utilizada para melhorar a liberação de oxigênio (O_2).

Pulsos. A avaliação indireta do fluxo sangüíneo e da resistência vascular sistêmica (RVS) pode ser realizada por meio da palpação dos pulsos. Nos casos de disfunção circulatória grave, os pulsos periféricos geralmente estão ausentes e os pulsos centrais ausentes ou diminuídos. A discrepância dos volumes de pulsos centrais e periféricos pode ser causada por vasoconstrição, ambiente frio, ou pode, ainda, ser sinal de diminuição do DC. O volume do pulso está relacionado com a pressão de pulso; a presença de pulso fino (volume diminuído) e rápido é um sinal claro de perfusão inadequada. A ausência de pulsos centrais indica condição muito grave e deve ser considerada e tratada como parada cardíaca. A presença de pulso paradoxal durante respiração espontânea pode indicar doença pulmonar obstrutiva grave ou descompensação miocárdica. Alterações do volume do pulso durante a ventilação pulmonar mecânica podem indicar diminuição da pré-carga ou alterações da contratilidade. No lactente, os pulsos centrais que devem ser considerados na avaliação são os pulsos braquiais e femorais; já na

Quadro 19-8. **Freqüência cardíaca específica para cada faixa etária (bpm)**

Idade	*2%*	*Média*	*98%*
< 1 dia	93	123	154
1-2 dias	91	123	159
3-6 dias	91	129	166
1-3 semanas	107	148	182
1-2 meses	121	149	179
3-5 meses	106	141	186
6-11 meses	109	134	169
1-2 anos	89	119	151
3-4 anos	73	108	137
5-7 anos	65	100	133
8-11 anos	62	91	130
12-15 anos	60	85	119

criança maior, além desses também se podem considerar os pulsos carotídeos.

Perfusão periférica. Reflete a microcirculação de forma sistêmica. Deve ser avaliada de maneira correta por meio da compressão leve a moderada da mão ou do pé da criança, durante aproximadamente 5 segundos. A extremidade a ser avaliada deve ser elevada ao nível do coração a fim de que a avaliação do enchimento capilar arteriolar, e não estase venosa, ocorra adequadamente. Ao finalizar a compressão o enchimento capilar deve acontecer rapidamente. Normalmente o enchimento capilar arteriolar ocorre instantaneamente ou em 2 a 3 segundos. No entanto, se demorar mais que 5 segundos, há comprometimento circulatório moderado a grave. Nos pacientes que apresentam tempo de enchimento capilar entre 7 a 10 segundos o comprometimento circulatório é intenso.

Palidez, pele marmórea (livedo reticular), diminuição do tempo de enchimento capilar e cianose periférica sempre indicam perfusão inadequada da pele. Certamente não podemos deixar de considerar a influência da temperatura do ambiente durante essa avaliação.

Gradiente térmico. Uma diferença superior a 5°C entre a temperatura central e periférica indica hipoperfusão intensa. A monitorização rotineira da temperatura periférica e observações das alterações do gradiente de temperatura fornecem dados objetivos da perfusão que podem ser indicadores mais sensíveis de circulação periférica adequada quando comparados à FC e pressão arterial (PA).[7] De modo geral, extremidades quentes são uma garantia de que a perfusão central está adequada, exceto nos casos de choque séptico (fase hiperdinâmica).

Pressão arterial. A pressão sistêmica é uma medida indireta da perfusão, como está indicado na equação:

$$Q = \Delta P/R$$

onde Q representa o fluxo sangüíneo ou DC, ΔP é o gradiente de pressão arteriovenosa e R é a resistência ao fluxo através das estruturas vasculares ou resistência vascular sistêmica. Uma PA constante nem sempre indica um fluxo sangüíneo constante, por exemplo, na hipovolemia a resistência pode estar muito aumentada, resultando em um fluxo sangüíneo muito reduzido, mesmo que a PA esteja normal. A PA pode se manter normal, alterações da PA podem ser decorrentes da variação isolada do fluxo sangüíneo ou da resistência vascular ou da concordância, discordância ou variação simultânea desses dois parâmetros. A taquicardia persiste na criança, como mecanismo compensatório, até que a reserva cardíaca seja depletada e, em crianças normais com choque hipovolêmico, isso costuma ocorrer quando o déficit de volume sangüíneo está próximo de 20 a 25%. Quando os mecanismos compensatórios falham ou são insuficientes, instala-se a hipotensão sistêmica (Fig. 19-59).[14] Portanto, a hipotensão é um sinal clínico tardio de insuficiência circulatória, e a sua presença classifica o choque como choque descompensado.

Os valores normais de PA e suas variações em relação à idade e ao sexo podem ser consultados nos gráficos em anexo. No Quadro 19-9 resumimos esses valores.

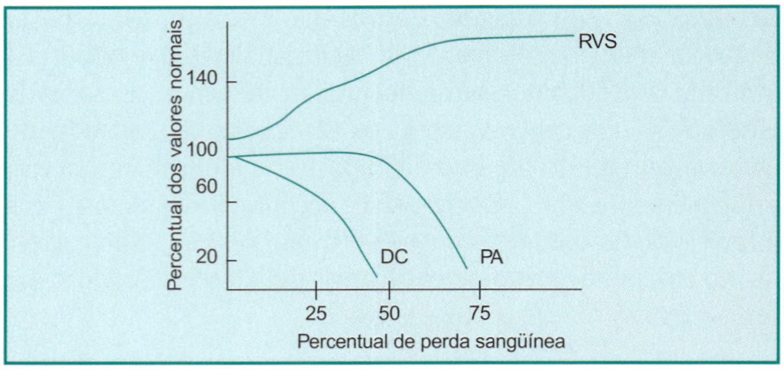

Fig. 19-59. Modelo da resposta cardiovascular à hipovolemia por hemorragia.

Uma forma mais rápida e simples para determinar a média da pressão sistólica (PS) (percentil 50) para crianças acima de 1 ano é aplicando a seguinte fórmula:

$$PS \doteq 90 \text{ mmHg} + (2 \times \text{idade em anos})$$

O limite inferior da PS (percentil 5) aceito pode ser calculado por meio da fórmula:

$$PS = 70 \text{ mmHg} + (2 \times \text{idade em anos})$$

Define-se a pressão arterial média (PAM) como:

$$PAM = PD + (PS - PD) / 3$$

onde PD é a pressão diastólica e PS é a pressão sistólica.

A PA pode ser medida indiretamente, por meio de um *cuff* em volta de um braço ou uma perna, ou de maneira direta por meio de um catéter arterial conectado a um transdutor de pressão. Obviamente essa última forma é um método invasivo.

Nível de consciência. Estados de hipoperfusão cerebral levam a sonolência e a diminuição do nível de consciência em níveis variados, dependendo da sua gravidade e duração. Essa avaliação pode ser realizada rotineiramente por médicos e enfermeiros baseada em pontuações que estimam a intensidade da diminuição do nível de consciência, por exemplo, escala de

***Quadro 19-9.* PA normal em crianças**

Idade	*Pressão sistólica (mmHg)*	*Pressão diastólica (mmHg)*
Recém-nascido (12 h; < 1.000 g)	39-59	16-36
Recém-nascido (12 h; 3 kg)	50-70	25-45
Recém-nascido (96 h)	60-90	20-60
Lactente (~ 6 meses)	87-105	53-66
Lactente (~ 2 anos)	95-105	53-66
Escolar	97-112	57-71
Adolescente	112-128	66-80

Quadro 19-10. **Escala de coma de Glasgow – modificada para pacientes pediátricos**

Abertura ocular			
Pontuação	> 1 ano	< 1 ano	
4	Espontânea	Espontânea	
3	Comando verbal	Estímulo verbal	
2	À dor	À dor	
1	Ausente	Ausente	
Resposta motora			
Pontuação	> 1 ano	< 1 ano	
6	Obedece a comandos	Espontânea	
5	Localiza dor	Localiza dor	
4	Reage à dor	Reage à dor	
3	Flexão anormal à dor	Flexão anormal à dor	
2	Extensão anormal à dor	Extensão anormal à dor	
1	Ausente	Ausente	
Resposta verbal			
Pontuação	>5 anos	2 a 5 anos	0 a 23 meses
5	Orientado e conversa	Palavras e frases apropriadas	Lalação e sons apropriados
4	Conversa confusa	Palavras inapropriadas	Choro consolável
3	Palavras inapropriadas	Choro persistente/gritos	Choro persistente/gritos
2	Sons incompreensíveis	Grunhidos à dor	Grunhidos à dor
1	Ausente	Ausente	Ausente

coma de Glasgow, auxiliando no diagnóstico e na terapêutica (Quadro 19-10). Infelizmente, esse tipo de alteração neurológica também ocorre em fases tardias. Não devemos nos esquecer que outras causas de diminuição do nível de consciência podem estar presentes no paciente grave, como trauma craniano ou utilização de drogas.

Débito urinário (DU). O DU é diretamente proporcional ao ritmo de filtração glomerular e ao fluxo sangüíneo renal. A monitorização do DU, bem como o cálculo do balanço hídrico, é de fundamental importância na avaliação e monitorização hemodinâmica do paciente grave. O débito urinário diminuído pode ser o reflexo de hipoperfusão renal ou sinal de disfunção orgânica. Como avaliação do estado circulatório, considera-se que seja um dado importante numa evolução não-inicial, porém também não muito tardia, uma vez que o fluxo sangüíneo renal é diminuído na fase de compensação da hipoperfusão sistêmica.[15] Já como indicador de insuficiência renal, considera-se que seja precoce e que também indica o prognóstico. Vários estudos em pediatria já correlacionaram a normalização do débito urinário com a melhora clínica antes da normalização dos dados laboratoriais de função renal. Outras situações clínicas também interferem com o débito urinário em pacientes graves: síndrome de secreção inapropriada do hormônio antidiurético, diabetes insípido, hiperglicemia com glicosúria, hipernatremia, tubulopatias e utilização de drogas, algumas comumente utilizadas em UTIs, como a furosemida.[16] O débito urinário considerado normal para a faixa etária pediátrica é de 1 a 3 ml/kg/hora.

Oximetria de pulso. Trata-se de um método não-invasivo utilizado rotineiramente para avaliar a saturação de O_2 arterial (SaO_2), cujos valores são considerados fidedignos em relação aos valores obtidos por meio de análise da amostra sangüínea. Eventualmente pode ser considerado até melhor, pois a sua informação é fornecida constantemente, variando em tempo real às alterações circulatórias que acometem o paciente.[11,17] Por meio dessa informação, pode-se inferir o estado da função respiratória e, em várias situações, a perfusão periférica como reflexo do estado circulatório.

A homeostase respiratória, em nível pulmonar, depende da qualidade do ar inalado, da integridade das funções dos sistemas respiratório e do cardiovascular e da qualidade do sangue. A monitorização do paciente criticamente enfermo por meio da oximetria de pulso e da capnografia permite o diagnóstico precoce e o acompanhamento de diversos eventos clínicos de forma precisa, com considerável segurança e sem a necessidade de procedimentos invasivos.[18] As situações clínicas que podem ser detectadas precocemente por meio da oximetria de pulso são: atelectasia grave, pressão positiva final expiratória (PEEP) inadequada, broncoespasmo, parada cardiorrespiratória e embolia pulmonar. Acredita-se que possa dar informação precoce na hipertermia maligna, no laringoespasmo e na obstrução parcial das vias aéreas. Em contrapartida, a oximetria de pulso fornece informações tardias em situações em que ocorrem desconexão do circuito de ventilação mecânica, extubação acidental, escape de gás pelo circuito da ventilação mecânica, bem como na monitorização do procedimento de intubação traqueal e na intubação esofagiana acidental.[18]

A oximetria utiliza um dispositivo que se conecta na ponta do dedo do paciente. Uma das extremidades desse dispositivo

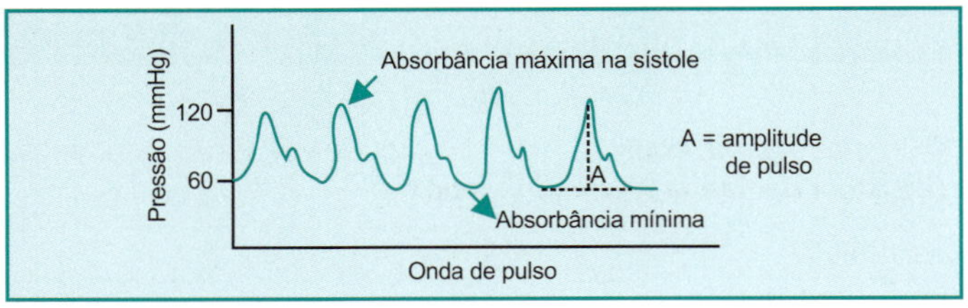

Fig. 19-60. Pletismografia de pulso.

possui uma fonte que emite uma luz, que, por sua vez, atravessa os tecidos, onde é parcialmente absorvida. Por meio do sensor que se localiza na outra extremidade, o oxímetro de pulso analisa a absorção de luz pela hemoglobina e oxiemoglobina no sangue que perfunde a ponta do dedo. A absorção da luz tem um componente pulsátil que resulta da variação do volume de sangue arterial entre a fonte de luz e seu sensor (Fig. 19-60).

Os princípios desse método foram estabelecidos no século XIX, mas foi em meados da década de 1970 que ganhou valor clínico e prático. Os aparelhos disponíveis atualmente têm uma precisão aproximada de 4%, quando a saturação de O_2 está acima de 70%. Uma saturação inferior causa erro de leitura, que também varia com o tipo de oxímetro utilizado.[18] Outras situações também alteram a leitura ou induzem a erros, por exemplo, a presença de hemoglobina fetal, a intoxicação por monóxido de carbono e metaemoglobinemia, além de alterações da perfusão periférica, anemia, aumento do pulso venoso, temperatura corpórea e luminosidade do ambiente, mais precisamente o excesso de luz. A oximetria de pulso apresenta limitações quando utilizada para estimar a pressão parcial de oxigênio no sangue (PO_2). A relação entre a PaO_2 e a SaO_2 (curva de dissociação da hemoglobina) é afetada pela temperatura, pressão parcial de PCO_2, pelos níveis de 2,3-difosfoglicerato (2,3-DPG) e pela presença de hemoglobina fetal. Quando ocorrem hipotermia e alcalose, a curva se desloca para a esquerda; por sua vez, hipertermia e acidose a deslocam para a direita (Fig. 19-61). Quando se considera a imprecisão aproximada de 4% do método, uma leitura de SpO_2 de 95% pode representar uma saturação real entre 91 e 99%; uma SpO_2 de 91% pode expressar uma PaO_2 de 60 mmHg; uma SpO_2 de 99% pode expressar uma PaO_2 de 160 mmHg, e portanto uma SpO_2 de 95% pode representar uma PaO_2 entre 60 e 160 mmHg.

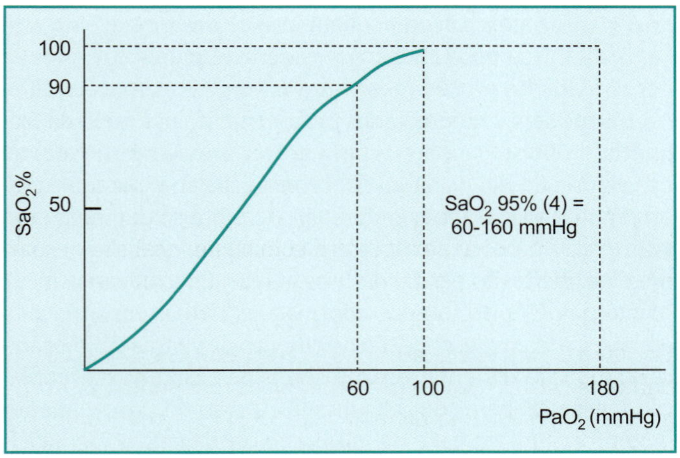

Fig. 19-61. Correlação entre a saturação arterial de oxigênio detectada pelo oxímetro de pulso e a PO_2 arterial (PaO_2).

EXAMES LABORATORIAIS

O paciente criticamente enfermo apresenta várias alterações metabólicas decorrentes das variações fisiológicas que acontecem no organismo como resposta à ação do mecanismo desencadeante. Felizmente existe a possibilidade de se analisar e avaliar vários parâmetros que refletem essas variações fisiológicas, algumas com maior fidedignidade que outras. Vários aspectos dos testes laboratoriais[25] servem como base para a compreensão dos problemas que devem ser solucionados; a freqüência com que se deve monitorar cada parâmetro como parte importante da MH depende exclusivamente do paciente e das alterações fisiológicas que o mesmo apresenta.

No Quadro 19-11 listamos os testes mais comumente utilizados na MH, e eles são direcionados para a avaliação do equilíbrio ácido/básico, função respiratória e perfusão tecidual.

Análise de gases sangüíneos. A análise, a interpretação e a monitorização dos gases sangüíneos têm grande valor na avaliação da perfusão tecidual, principalmente quando realizadas em conjunto com outros parâmetros. Os valores de PO_2 e da pressão parcial de gás carbônico (PCO_2) teciduais são fortemente influenciados pelo fluxo sangüíneo tecidual. A combinação desses parâmetros com os índices de oxigenação global, oferta e consumo de oxigênio ($\dot{D}O_2$ e $\dot{V}O_2$, respectivamente) auxiliam na detecção das alterações do metabolismo do oxigênio. Tal análise fornece parâmetros sistêmicos que são índices do metabolismo global de oxigênio no organismo, podendo não refletir hipoperfusão em leitos vasculares regionais individuais. A importância de monitorizar o metabolismo do oxigênio durante a insuficiência circulatória está baseada em diversos estudos que observaram que parâmetros circulatórios normalmente monitorizados, como a FC, a PA e o DC, se correlacionam pouco com a sobrevida.[19]

A habilidade de medir os gases e o pH do sangue arterial tornou-se uma realidade clínica a partir de 1950.[21] A pressão parcial de oxigênio no sangue arterial (PaO_2) reflete a função pulmonar e, conseqüentemente, nos dá uma idéia da $\dot{D}O_2$. Como a $\dot{D}O_2$ depende da distribuição de sangue para os tecidos, infelizmente não pode ser determinada facilmente. Como vimos anteriormente, a SaO_2 e a SpO_2 também nos auxiliam na avaliação da perfusão tecidual.

A PCO_2 reflete como a limpeza ou retirada do CO_2 – *depuração* – está acontecendo no organismo. Em situações de

Quadro 19-11. Exames laboratoriais mais comumente utilizados na MH

- Análise dos gases sangüíneos
- Ácido láctico sérico
- Dosagem de sódio e osmolaridade séricos
- Albumina sérica
- Uréia e creatinina séricas
- Hemograma

hipoperfusão tecidual ocorre um aumento de PCO_2. Além do ácido láctico, que é conseqüência tanto da hipoperfusão como da alteração do metabolismo celular de O_2 presente nos estados de choque. Paradoxalmente, a medida da PCO_2 tecidual, mais do que a de PO_2, vem se estabelecendo como índice de disóxia, seja por isquemia ou sepse; além disso, a medida de PCO_2 não é influenciada pela fração inspirada de O_2 pelo paciente, como a PO_2 o é. Atualmente considera-se que a diferença ou gradiente arteriovenoso de PCO_2 tem um valor especial na avaliação da perfusão tecidual. Há autores que sugerem que a monitorização da diferença ou gradiente de CO_2 arterial e venosa pode ser utilizada como marcador de perfusão tecidual adequada durante cirurgia cardíaca.[20]

A avaliação dos gases no sangue venoso misto também nos indica a oxigenação tecidual global e representa o volume de sangue misto que chega ao ventrículo direito. A PO_2 no sangue venoso misto reflete o gradiente ou a difusão do oxigênio dos capilares para os tecidos. Essa relação é influenciada pelo nível de anemia ou de hipoxemia que está presente. A dessaturação do sangue venoso misto é um indicador precoce de utilização de mecanismos compensatórios para manter o metabolismo de oxigênio sistêmico. Os valores normais de $P\bar{v}O_2$ e da $S\bar{v}O_2$ no sangue venoso misto são, respectivamente, 40 mmHg e 75%. Devido ao fato de TEO_2 aumentar nas fases iniciais do choque, a PO_2 do sangue venoso misto pode cair até 25-30 mmHg, e a $S\bar{v}O_2$ até 30-40%, antes que o consumo de oxigênio pela célula se altere e se instale a acidose láctica.[19] A diminuição do DC por qualquer causa, a anemia e a diminuição da PaO_2 podem levar à diminuição da saturação do sangue venoso misto.

Lactato sérico. A acidose láctica reflete um processo metabólico celular caracterizado por aumento do lactato sérico acima de 5 mm/l e diminuição do pH sangüíneo abaixo de 7,25.[21] O lactato é formado no citoplasma por meio da reação da desidrogenase láctica:

$$\text{piruvato} + \text{NADH} + \text{H}^+ \rightarrow \text{lactato} + \text{NAD}$$

A síntese de lactato aumenta quando a taxa de piruvato no citoplasma excede a sua taxa de utilização pela mitocôndria. Em situações de choque em qualquer tipo de insuficiência circulatória, a oferta de oxigênio está prejudicada, e, em situações em que ocorre resposta inflamatória intensa, a metabolização de oxigênio pela célula também está prejudicada, independentemente da oferta de oxigênio ser adequada ou até aumentada. A tal variação fisiológica dá-se o nome de disóxia, e, de certa forma, caracteriza o choque séptico.

Há vários mecanismos que causam aumento do lactato e diminuição do pH séricos no paciente criticamente enfermo: hipóxia com produção de lactato sistêmico (choque) ou local (infarto intestinal); causas não-hipóxicas como diminuição da depuração de lactato, alterações da enzima piruvato desidrogenase, glicólise aeróbica acelerada, cetoacidose diabética e disfunção tubular renal.[22,23] As principais causas de hiperlactatemia em pacientes internados em UTIs estão listadas no Quadro 19-12.

***Quadro 19-12.* Principais causas de aumento de ácido láctico em cuidados intensivos**

$\dot{D}O_2$ inadequada com relação à demanda tecidual	***Causas não-relacionadas com a hipóxia***
Choque	Insuficiência hepática
Parada cardiorrespiratória	Insuficiência renal
Hipóxia	Sepse (mecanismo misto)
Anemia	Doenças mieloproliferativas
Metabolismo aumentado	Pancreatite
Diabetes mellitus	Síndrome do intestino curto
Isquemia regional (intestinal)	Drogas (catecolaminas, metanol, etanol, etileno glicol)

A consideração da monitorização da acidose dentro da MH tem importância clínica evidente. Sob condições de falência circulatória, os níveis aumentados de lactato se correlacionam com a evolução para óbito e refletem hipoperfusão tecidual severa e hipóxia celular. Vários autores estudaram as variações dos níveis de ácido láctico sérico em pacientes com choque/insuficiência circulatória.[21,24] Tais estudos observaram que níveis altos de lactato estão relacionados com pior prognóstico. Níveis mais altos no início e nas fases finais do evento patológico são maiores nos sobreviventes quando comparados aos que evoluem para o óbito. Também observaram que a diminuição dos níveis de lactato sérico durante a evolução está relacionada com a recuperação clínica e que os níveis altos de lactato (acima de 2 mm/l) se correlacionam com níveis baixos de pH sangüíneo. Outra observação é que a duração da acidose láctica pode ser considerada um indicador da evolução para disfunção orgânica em pacientes com choque séptico.

Dosagem de sódio e osmolaridade séricas. Da mesma forma que a dosagem de albumina sérica, a osmolaridade nos dá idéia da volemia do paciente. A osmolaridade dos fluidos corpóreos é determinada primariamente pela concentração de partículas de baixo peso molecular como o sódio (Na^+) e a glicose.

$$\text{osmolaridade (mOsm/kg)} = 2 \times (\text{Na}^+) + \text{glicose}/18 + \text{uréia}/2{,}8$$

As partículas de alto peso molecular, principalmente as proteínas, contribuem apenas com 0,5% da osmolaridade total do plasma; no entanto, a sua contribuição é vital; essas partículas são muito grandes para penetrarem através da membrana capilar, mas geram uma força (pressão coloidosmótica) que regula a distribuição de água entre os espaços intra e extravascular.[24]

Variações da osmolaridade sérica levam à redistribuição do volume circulante, causando alterações hemodinâmicas secundariamente. Várias são as condições que podem acarretar alterações da osmolaridade no paciente gravemente enfermo: *diabetes mellitus*, *diabetes insipidus*, insuficiência renal, tubulopatias, diarréia hipernatrêmica, diarréia hiponatrêmica, utilização de drogas como o manitol e a furosemida, neuropatias

Quadro 19-13. Valores normais da albumina sérica[25]	
Idade	***Albumina (g%)***
Nascimento	3,2-4,8
< 1 semana	2,9-5,5
3 meses	3,2-4,8
3-4 meses	2,8-5,0
4 meses-1 ano	3,9-5,1
1-2 anos	3,7-5,7
> 2 anos	3,3-5,8

com liberação de fator natriurético e síndrome de secreção inapropriada do hormônio antidiurético.

Os valores normais do Na^+ e da osmolaridade são, respectivamente: 135-145 mEq/l e 285-300 mOsm/kg.

Dosagem de albumina sérica. A presença de albumina no plasma em quantidade normal (Quadro 19-13) contribui para a manutenção da pressão coloidosmótica do sangue, garantindo um volume circulante adequado na presença de euvolemia. Em situações graves, principalmente onde há reação inflamatória intensa, como por exemplo o trauma ou choque séptico, o fígado desvia a sua produção protéica, aumentando a produção e a liberação de proteínas de fase aguda como a proteína C reativa e outras, em detrimento da produção de albumina. Sabidamente, várias doenças crônicas, como desnutrição protéica, insuficiência hepática, síndrome nefrótica e doenças malignas, cursam também com hipoalbuminemia, agravando uma situação de hipovolemia. A não-correção da pressão coloidosmótica sangüínea faz com que a terapêutica de reanimação fluídica seja ineficaz, prolongando a insuficiência circulatória. Dessa forma, a dosagem de albumina sérica pode ser considerada na MH, uma vez que auxilia, em conjunto com os demais parâmetros, na interpretação do estado volêmico do paciente grave.

Uréia e creatinina séricas. Além de a uréia sérica nos fornecer informações sobre a osmolaridade, ela nos dá idéia da presença de hipovolemia ou alterações do DC. A diminuição do volume circulante eficaz, independentemente da causa – hipovolemia, hemorragia, redistribuição do volume circulante ou baixo DC –, leva à diminuição do fluxo sangüíneo renal, causando disfunção ou insuficiência renal pré-renal. Nessas situações, a excreção da uréia é rapidamente diminuída, acarretando um aumento da uréia sérica proporcionalmente bem maior do que o aumento da creatinina sérica. Na insuficiência renal pré-renal ou hemorragia, a relação uréia/creatinina é maior do que 20. Os valores séricos considerados normais são:

Uréia: 10-15 mg%		
Creatinina:	RN:	0,3-1,0 mg%
	Lactente:	0,2-0,4 mg%
	Criança:	0,3-0,7 mg%
	Adolescente:	0,5-1,0 mg%

Hemograma. As informações que ele fornece são relativas e devem ser interpretadas com critério. A presença de anemia pode interferir com a manutenção adequada do DC, dependendo da sua gravidade. Além disso, a diminuição da Hb interfere com a oferta de oxigênio para os tecidos, uma vez que o conteúdo arterial de oxigênio (CaO_2) depende da Hb e da SaO_2.

O hematócrito, associado a outros parâmetros, como a osmolaridade sérica e a dosagem de albumina, contribui para se inferir o volume circulante. O leucograma e a contagem de plaquetas influenciam muito pouco na MH, a não ser em situações como o choque séptico ou a síndrome hemolítico-urêmica, freqüentemente acompanhadas de alterações hemodinâmicas graves. Esses exames auxiliam na realização do diagnóstico, nos preparam para possíveis complicações, além de estimarem a gravidade.

MONITORIZAÇÃO INVASIVA

Como já comentamos anteriormente, a monitorização invasiva apresenta vantagens e desvantagens. As principais desvantagens são o fato de causar maior incômodo ao paciente, além de estar relacionada com complicações como infecção, sangramentos e pneumotórax, entre outras. No entanto, geralmente nos fornece informações mais fidedignas sobre o estado fisiológico do paciente.

Pressão arterial. Pode ser monitorizada por meio da cateterização de uma artéria, conectada a um programa computadorizado. Fornece informação contínua e fidedigna da PA, além de permitir a coleta de sangue de maneira fácil e indolor para o paciente. As artérias mais comumente utilizadas são: radial, tibial posterior, pediosa e femoral. A manutenção de uma linha arterial é trabalhosa e requer cuidados especiais, como a manutenção de infusão de fluidos sob pressão. Uma complicação comum da monitorização da PA invasiva é o sangramento no caso de desconexão do catéter ou perda do mesmo. Infecção é menos freqüente, dependendo basicamente dos cuidados despendidos na sua manipulação.

Pressão venosa central (PVC). A medida da PVC é aceita amplamente como uma maneira importante de se avaliar o estado hemodinâmico geral do paciente, principalmente na faixa etária pediátrica. A PVC pode ser definida como a pressão que existe nas veias centrais e átrio direito, e é igual à pressão diastólica final no ventrículo direito, refletindo a pré-carga. Para tanto, a ponta do catéter deve estar localizada no interior do sistema venoso torácico ou no átrio direito para transmitir essa pressão com acurácia.[26] Na realidade, recomenda-se que esteja localizada na desembocadura da veia cava superior para o átrio direito, a fim de diminuir complicações como arritmia e endocardite. As infecções relacionadas ao catéter central são o principal problema do seu uso; estima-se em 16.000 as infecções relacionadas a catéter/ano em pacientes internados em UTIs dos Estados Unidos, e os agentes etiológicos mais comumente associados são o *Staphylococcus aureus* e *Candida* spp.[27] Outras complicações relacionadas com o catéter venoso central são pneumotórax, hemotórax, derrame pleural com conteúdo que é infundido através do catéter, pneumomediastino e sangramentos.

Pode-se dizer que não existe um valor normal para a PVC, pois há variações individuais; no entanto, consideram-se normais valores entre 5 a 13 cmH_2O. De qualquer forma, os parâmetros obtidos por meio da PVC devem ser interpretados de forma seqüencial e comparativa entre si, além de serem associados a outros parâmetros hemodinâmicos a fim de se inferir adequadamente o estado volêmico do paciente. Assim, é importante que haja uma padronização para a medida da PVC em cada paciente para os dados poderem ser comparados e interpretados de forma correta. As alterações da PVC refletem predominantemente os volumes do conteúdo do leito vascular e a adaptação desse leito a esses volumes. Em pacientes hemodinamicamente estáveis, considera-se que as medidas obtidas por meio de catéter localizado em posição infradiafragmática (na veia femoral) e por meio do catéter colocado perifericamente (PIC) são semelhantes aos valores obtidos pelo catéter venoso central.[28,29]

Além de fornecer dados a respeito da volemia do paciente, o catéter venoso central permite a infusão de qualquer tipo de fluidos, mesmo aqueles que apresentam incompatibilidade de administração concomitante, por meio do uso de catéteres com mais de um lúmen.

A via de acesso de escolha para a passagem do catéter central por punção depende do paciente e, principalmente, da habilidade do operador. Em pediatria, prefere-se a passagem através da veia jugular interna; no entanto, a veia subclávia é bastante utilizada, apesar de apresentar maiores riscos. A veia femoral também pode ser utilizada, principalmente em situações de emergência, por ser uma via rápida e apresentar maior facilidade para a passagem e progressão do catéter. O catéter pode ser instalado, ainda, por meio de venodissecção – axilar, facial – ou por via periférica. Esta última apresenta maior resistência à infusão de líquidos por ter uma luz menor que o catéter central e nem sempre refletir adequadamente a PVC.

Catéter de artéria pulmonar (Swan-Ganz; CAP). O CAP, introduzido clinicamente por Swan *et al* em 1970, é considerado a melhor forma de monitorização das variáveis macroemodinâmicas e permite as medidas do DC,[30] da pressão de oclusão de artéria pulmonar (POAP) ou pressão capilar pulmonar (PCP), saturação do sangue venoso misto, oferta e consumo de oxigênio, e, quando se conhece a PAM e a PVC, pode-se calcular a RVS:

$$RVS = [(PAM - PVC)/DC] \times 80$$

Os dados hemodinâmicos obtidos por meio do CAP são utilizados para determinar, monitorizar e modificar a terapia em pacientes gravemente enfermos e/ou hemodinamicamente instáveis, incluindo aqueles com infarto do miocárdio, insuficiência cardíaca congestiva e disfunção de múltiplos órgãos, e também é freqüentemente utilizado em pacientes cardiopatas submetidos a cirurgias cardíacas e não-cardíacas.[31]

A avaliação desses parâmetros permite diagnosticar a causa do choque (Quadro 19-14). Conhecendo-se o valor da hemoglobina (Hb), SaO_2 e a saturação venosa de oxigênio ($S\bar{v}O_2$), pode-se obter informações sobre a capacidade de transporte de oxigênio pelo sangue e completar as necessidades para se inferir os parâmetros de transporte de oxigênio.

Quadro 19-14. **Modelos hemodinâmicos no choque**

Parâmetro (normal)	*Hipovolemia*	*Cardiogênico*	*Sepse (fase inicial)*
IC (2,5-4,0 l/min/m²)	Baixo	Baixo	Alto
IRVS (800-1.200 dina. s/cm⁵)	Alta	Alta	Baixa
PCP (5-12 mmHg)	Baixa	Alta	Baixa/normal

O consumo sistêmico de oxigênio ($\dot{V}O_2$) é a quantidade total de oxigênio que é consumida no organismo e pode ser medido diretamente nos gases expirados ou pode ser calculado a partir do DC e dos conteúdos arterial e venoso de oxigênio. O seu valor normal varia de 120 a 150 $ml/min/m^2$. A oferta do oxigênio ($\dot{D}O_2$) é a quantidade total de oxigênio oferecida aos tecidos e é calculada a partir do DC, SaO_2 arterial e da Hb; seu valor normal varia de 500 a 600 $ml/min/m^2$.

Os valores de $\dot{V}O_2$ variam muito na doença grave como reflexo das variações metabólicas. A hipoperfusão, a hipotermia com diminuição da taxa metabólica, a desnutrição, a sedação e outros fatores determinam a diminuição do $\dot{V}O_2$. Na situação clínica grave o $\dot{V}O_2$ passa a depender diretamente da $\dot{D}O_2$ apenas quando instala-se a incapacidade dos tecidos de aumentarem a fração de extração de oxigênio (TEO_2). Esse fenômeno reflete má distribuição do fluxo sistêmico ou da microcirculação ou disóxia. Utilizando esses parâmetros em conjunto com as medidas de concentração de ácido láctico arterial e gases no sangue venoso misto, podemos estimar a demanda metabólica do paciente e o papel da hipoperfusão como limitante do metabolismo oxidativo. A precisão dessas medidas é alta quando realizadas e interpretadas por médicos experientes, mas depende de localização do catéter, da calibração dos transdutores e da interpretação das formas das curvas e dos dados obtidos. Alguns autores observaram que a precisão dessas medidas em pacientes gravemente enfermos em geral chega a 40%, e também sugerem a falta de habilidade por parte médica na interpretação adequada desses dados.[32-37] Atualmente considera-se que o cálculo do DC por meio da termodiluição (CAP) apresenta menor precisão quando comparado ao método de Fick, que utiliza as medidas de consumo de oxigênio e a monitorização da SaO_2 arterial e do sangue venoso misto.[33,34]

As complicações relacionadas ao CAP são: arritmias, lesão pulmonar, tromboembolismo, hematomas, laceração arterial, perfuração da artéria pulmonar, tamponamento cardíaco, formação de trombos no interior do coração, lesão valvar, sepse e plaquetopenia,[30,32] porém essas complicações não estão relacionadas a maior mortalidade.[31]

Há vários autores que questionam o valor da utilização do CAP e descrevem aumento da mortalidade e de tempo de internação em UTIs em pacientes criticamente enfermos submetidos à MH por meio do CAP.[30,33-36] Esse assunto é controverso, gerando muita discussão entre grupos americanos e europeus.[31,35,37] Em 2000 foi realizado um consenso para discutir os problemas relacionados ao CAP e às suas indicações, e chegou-se à conclusão de que faltam estudos randomizados para se definir as reais complicações diretamente relacionadas ao catéter, principalmente na área pediátrica e em situações como o choque séptico e a disfunção de múltiplos órgãos. Além disso a observa-se que a maioria das complicações está relacionada não ao catéter em si, mas à má obtenção e interpretação dos dados obtidos por meio do CAP, por parte dos médicos e da enfermagem, e sugeriu-se a necessidade de se desenvolver um programa para a orientação de informação padronizada para a utilização do CAP, bem como para a interpretação adequada do CAP e a realização de estudos randomizados a fim de se avaliar melhor os riscos que o CAP envolve, assim como a sua real indicação.[38]

OUTROS MÉTODOS

Parâmetros hemodinâmicos, como o DC e a avaliação da perfusão tecidual, podem ser obtidos por outros métodos envolvendo tecnologia avançada, e ainda em fase de estudo e validação clínica. Durante a insuficiência circulatória nas fases iniciais já ocorre, quando os mecanismos compensatórios do organismo são ativados, a redistribuição de fluxo sangüíneo sistêmico a fim de garantir a oxigenação de tecidos nobres como o cérebro e o coração. Sugere-se atualmente que a monitorização da perfusão desses tecidos "menos nobres" poderia auxiliar no reconhecimento da hipoperfusão tecidual. Descreveremos a seguir várias técnicas e métodos que podem ser utilizados na MH e que, num futuro próximo, provavelmente conquistarão espaço dentro do que se considera uma monitorização hemodinâmica minimamente invasiva.

Análise dos gases subcutâneo e transcutâneo. A PO_2 e o O_2 também podem ser avaliados por meio transcutâneo, de uma forma contínua e não-invasiva e, em conjunto com as medidas de $\dot{D}O_2$ e $\dot{V}O_2$, fornecem informações importantes sobre o estado de perfusão e oxigenação tecidual na patogenia do choque.

A tensão de oxigênio subcutâneo é fornecida continuamente por meio de um catéter de silicone colocado no tecido subcutâneo (SC) e perfundido continuamente com solução salina. Em condições normais, os valores da tensão de oxigênio no SC se aproximam ao dos níveis venosos. A diminuição dos níveis de oxigênio SC reflete tanto a hipoxemia arterial como hipoperfusão. Para haver a diferenciação entre essas duas causas é necessária a avaliação dos gases no sangue arterial. Quando os valores da tensão de oxigênio SC são normais, a utilização no aumento da fração inspirada de oxigênio (FiO_2) pode detectar hipoperfusão oculta. Se não houver aumento da tensão de oxigênio SC concomitante com o aumento da FiO_2 a 50-75%, deve haver hipoperfusão tecidual.[32]

A medida de tensão de oxigênio transcutâneo e conjuntival, por meio de eletrodos, representa técnicas similares e apresenta uma ótima correlação com os níveis de PaO_2.[39] A medida da tensão de oxigênio transcutânea utiliza um transdutor polarográfico colocado na pele do tórax ou do ombro, e a superfície da pele é aquecida a fim de provocar "uma arterialização capilar".[11,39] A correlação com a dosagem em gases sangüíneos é boa e é melhor em crianças, principalmente em RN e lactentes, do que em adultos devido à menor espessura da pele. A melhor correlação entre os valores obtidos e os níveis arteriais ocorre com o sensor colocado sobre leito capilar dilatado, e isso pode ser realizado por meio do aquecimento dos elementos dos sensores entre 42°C e 45°C.[24] Vários aspectos podem influenciar a correlação entre o pO_2 transcutâneo e o pO_2 arterial, inclusive edema e espessamento da derme ou epiderme por qualquer motivo. Em presença de anemia, de hipotensão arterial, de diminuição do DC e de baixa perfusão periférica, pode haver discrepâncias entre as tensões dos gases em comparação.

A tensão de oxigênio também pode ser medida diretamente nos tecidos por meio de um eletrodo polarográfico. Tem uma ação limitada no que se refere a avaliar apenas o tecido onde está colocado o eletrodo, podendo não mostrar áreas de hipóxia quando há variação de fluxo regional e no interior do órgão ou sistema que está sendo avaliado. Até o momento não tem utilização clínica.[34]

Monitorização contínua dos gases no sangue arterial. É uma nova tecnologia baseada na combinação de detectores de fibra óptica e de optoquímica que podem medir o pH, a $PaCO_2$, PaO_2 e a temperatura de modo contínuo por meio de um eletrodo polarográfico no sensor que deve ser localizado na artéria. Um trabalho realizado em crianças a fim de comparar as amostras obtidas no sangue arterial com as medidas obtidas por meio do sensor observou que os resultados foram fidedignos e que, de forma contínua, permitiram a intervenção precoce em pacientes criticamente enfermos.[24] Alguns estudos observaram que não há diferença, em termos de evolução clínica, entre a monitorização dos gases sangüíneos de forma contínua e a intermitente.[40] O grande inconveniente dessa técnica é o fato de ser invasiva por requerer cateterização arterial; no entanto, tem a vantagem de fornecer outros parâmetros importantes como a pressão arterial e permitir a infusão de fluidos. Outro estudo, em recém-nascidos hemodinamicamente estáveis, também observou uma boa correlação entre a monitorização contínua de PO_2 (intra-arterial), PO_2 transcutânea e os níveis de PO_2 em amostras de sangue arterial.[41]

Capnometria. A monitorização da PCO_2 expirada é útil na MH durante a ressuscitação cardiorrespiratória. A parada cardiorrespiratória leva a diminuição significativa da perfusão pulmonar e, conseqüentemente, da excreção de CO_2. A PCO_2 expirada ($PECO_2$) reflete a PCO_2 arterial, desde que a perfusão pulmonar esteja adequada e que não haja distúrbio de ventilação/perfusão. Diminuição do fluxo sangüíneo pulmonar e aumento do espaço morto alveolar causam um gradiente entre a PCO_2 arterial e a PCO_2 expirada. O aumento do espaço morto leva ao aumento na diferença ou gradiente entre as pressões parciais de gás carbônico arterial e expirada ($PaCO_2 - PECO_2$ expirado) e a hipoperfusão pulmonar, assim como a hipovolemia ou a embolia pulmonar diminuem a PCO_2 expirada, aumentando o gradiente. Talvez a capnografia tenha um valor limitado em pediatria devido aos volumes correntes pequenos e às altas freqüências respiratórias normalmente utilizadas como estratégia ventilatória. Acredita-se que, na faixa etária pediátrica, provavelmente a $PECO_2$ expirada subestime a PCO_2 arterial.[42]

Ecodoppler. É utilizado para avaliar a velocidade do sangue através do coração. O trabalho ventricular é descrito por meio das funções sistólicas e diastólicas; associando medidas ecocardiográficas com o estudo com o Doppler, o DC pode ser estimado rapidamente. Tais medidas podem ser obtidas por via transtorácica ou transesofagiana (ETE), sendo que esta última apresenta maior precisão em relação à primeira.

Estudos comparando as medidas de DC e volume sistólico obtidas por meio do ETE e pelo método de termodiluição, por meio do CAP, mostram que os dados obtidos por meio do ETE apresentam boa correlação, além de ser menos invasivo.[43] Outro estudo utilizando o ETE como monitorização hemodinâmica durante procedimentos no tratamento de doenças congênitas em crianças observou que a utilização do ETE é um método seguro, fornece informações que o eco tradicional não fornece, e que as medidas obtidas por esse método apresentam boa precisão.[44] Há autores que defendem a utilização do ecoDoppler como parte de MH em pacientes com choque séptico, fornecendo informações sobre o desempenho cardíaco e sobre o DC.[45]

A grande desvantagem desses métodos é que dependem da precisão do aparelho (tecnologia) e dependem também diretamente do operador, e, além disso, apresentam dificuldades técnicas em pacientes submetidos a ventilação pulmonar mecânica.[46]

Recentemente foi desenvolvido um dispositivo, colocado no esôfago, capaz de monitorizar continuamente o ETE, porém a sua utilização ainda é esporádica, e são necessários maiores estudos em relação ao tema.

Monitorização do pH intramucoso gástrico ou intestinal. Atualmente a monitorização do pHi, ou medidas da PCO_2 intraluminal, por meio da tonometria gástrica ou intestinal, vem ganhando importância dentro da MH, uma vez que avalia a situação do fluxo sangüíneo mesentérico, como reflexo do estado circulatório do paciente gravemente enfermo. A tonometria gástrica e/ou intestinal é considerada uma técnica minimamente invasiva para a determinação do estado ácido-básico da mucosa, que, por sua vez, reflete a isquemia mesentérica, conseqüente da hipoperfusão e/ou da disóxia do TGI presentes nos estados de choque e de endotoxemia, já em fases precoces.

Fisiologicamente, tonometria significa a equalização das pressões parciais entre um fluido, sangue ou solução salina e o gás de uma composição conhecida. O tonômetro gástrico e/ou intestinal é um tubo nasogástrico modificado e se constitui de um catéter equipado com um balão siliconizado na ponta, permeável ao gás e não ao fluido onde está imerso. Como o CO_2 difunde-se rapidamente através da membrana celular, a PCO_2 no interior da luz intestinal ou gástrica é considerada a mesma que a PCO_2 da mucosa.

Os princípios fisiológicos que sustentam a utilização da tonometria gástrica e/ou intestinal são os fatos de a concentração de bicarbonato da mucosa intestinal ser a mesma que a concentração arterial de bicarbonato e de a PCO_2 mucosa gástrica ou intestinal ser produto final do equilíbrio do CO_2 no território esplâncnico. A tonometria pode, então, ser utilizada como medida do equilíbrio ácido-básico da mucosa intestinal.

Para que ocorra passagem do gás através do filme ou da membrana de silicone que determina o balão do tonômetro, deve haver contato bem próximo entre as interfaces ou fluidos. O tonômetro deve ser colocado em contato com a mucosa gástrica ou intestinal, e deve-se aguardar entre 60 a 90 minutos para que ocorra a equalização da PCO_2 da solução salina, no interior do balão siliconizado, com a PCO_2 intraluminal.[47-49] Juntamente com a determinação da concentração de bicarbonato no sangue arterial, a PCO_2 intramucosa permite que se quantifique o pHi, utilizando-se a equação de Henderson-Hasselbalch:

$$\text{pHi} = 6{,}1 + \log\,[HCO_3^-] \,/\, 0{,}03 \times PCO_2 \text{ mucoso}$$

A maioria dos estudos considera o valor do pHi = 7,32 como o limite inferior de normalidade.[49] De acordo com esses autores, não há diferença significativa entre as medidas da PCO_2 ou pHi considerando-se as medidas na luz intestinal ou no interior do estômago, a não ser que haja a presença de alimentos na luz intestinal. Na prática, recomenda-se deixar balão no estômago, pois a presença de bile ou de alimento altera as concentrações de PCO_2 . Dessa forma, a presença do tonômetro não interfere com a administração de dieta enteral, pós-pilórica, para os pacientes submetidos a esse tipo de monitorização.

Os procedimentos necessários para a obtenção das medidas por meio do tonômetro, com o sistema utilizando a solução salina, são os seguintes:

- Introdução de 2,5 ml de solução no balão.
- Aguarda entre 60 a 90 minutos, para a equalização dos gases.
- Extração do excesso de solução no espaço morto da sonda.
- Obtenção de amostra de bicarbonato arterial.
- Mensuração da concentração de PCO_2 na solução e no sangue, para comparação.
- Cálculo do pHi aplicando a equação de Henderson-Hasselbalch.

Existem erros comuns que ocorrem durante o processo de medida: tempo de espera inadequado para o equilíbrio; contaminação de ar na amostra da solução salina; erro na determinação da PCO_2 da solução salina pelo aparelho de gasometria. Atualmente, considera-se um novo método que dispensa a utilização de solução salina, com utilização de ar. Trata-se do "Tonocap", uma espécie de capnógrafo que permite a monitorização contínua da PCO_2 intramucosa, sem a interferência dos problemas especificados anteriormente.

A monitorização da acidose da mucosa gástrica é considerada um teste diagnóstico preciso para a determinação da isquemia macroscópica do TGI, cuja sensibilidade para a detecção de isquemia gástrica em humanos era de 95%, com especificidade de 100%. O mesmo estudo mostrou, ainda, que o método é um teste sensível para a determinação dos riscos para a má evolução clínica, com a instalação da SDOM e evolução para o óbito.[48] Porém, até o momento não existem evidências clínicas baseadas em trabalhos bem-fundamentados em caráter comparativo para assumir tais considerações como totalmente verdadeiras.

Os fatores que interferem na medida do pHi e da PCO_2 são: a hiperventilação ou a hipercapnia permissiva, devido à alteração do pH e da PCO_2 sistêmicos; a transfusão de concentrados de hemácia; a utilização de drogas como a dobutamina, a dopamina, a norepinefrina, os antiácidos e alguns anestésicos; e a presença de refluxo gastresofágico.[47,48,50] Por esse motivo, esses valores devem ser considerados de forma criteriosa, além de serem sempre comparados aos valores sistêmicos obtidos concomitantemente.

Em 1996 foi realizada uma revisão do tema, e os autores concluíram que a tonometria gástrica representava um método pouco invasivo,[49] que permitia a monitorização da disóxia da mucosa gástrica e sua detecção precoce em estados de choque, quando comparada aos demais métodos de monitorização utilizados para os mesmos fins como, por exemplo, os parâmetros hemodinâmicos invasivos amplamente utilizados na década de 80. Ainda em 1996, outros autores também concluíram que o método estava extensamente validado em estudos com animais e com humanos, pelo fato de as medidas obtidas por meio desse método apresentarem boa correlação com as alterações do fluxo sangüíneo do TGI.[51] Porém outro estudo concluiu que a hipercarbia intestinal, ou seja, o aumento da PCO_2 no TGI, não deveria ser interpretada como correta, a não ser que fosse avaliada no contexto do balanço do CO_2 sistêmico.[52] Sugere-se, então, que o gradiente de PCO_2 arterial-intestinal fornece informações mais valiosas que apenas o PCO_2 intramucoso, e considera-se que, quando há uma diferença entre a PCO_2 gástrica e a PCO_2 arterial maior que 5, existe grande possibilidade de que ocorra hipofluxo da mucosa, refletindo hipoperfusão tecidual ou disóxia.[53]

Vários estudos consideraram o pHi como índice prognóstico com valor preditivo na evolução de pacientes gravemente enfermos.[51,54-56] Os autores correlacionaram baixos níveis de pHi, no momento da admissão, com pior morbidade e com evolução para óbito. Gutierrez *et al*[57] estudaram a monitorização evolutiva do pHi como guia terapêutico na ressuscitação fluídica em pacientes vítimas de trauma e de sepse, em perspectiva e de forma aleatória. Observaram que os paciente que evoluíram para o óbito apresentaram menores valores de pHi, e que esses valores persistentemente baixos eram evidência de falência orgânica antes que outras manifestações clínicas pudessem ser reconhecidas. Concluíram, também, que a ressuscitação guiada pelo pHi pode melhorar a evolução dos pacientes admitidos na UTI com pHi normal, prevenindo a isquemia mesentérica. Outros autores, comparando o pHi com os índices sistêmicos de oferta e consumo de O_2 como indicadores de ressuscitação adequada em pacientes vítimas de trauma, observaram que níveis de pHi persistentemente baixos foram as primeiras evidências de falência orgânica, antes de aparecerem manifestações clínicas.[58] Em 1996, foram publicados dados concluindo que o pHi é mais sensível que a aplicação do APACHE II (pontuação prognóstica) em prognosticar a evolução em pacientes gravemente enfermos.[59]

Um trabalho em perspectiva observacional realizado com crianças mostrou que o pHi apresentou bom valor preditivo em relação à evolução para o óbito.[60] Outro estudo semelhante confirmou os mesmos resultados e verificou que o valor prognóstico do pHi foi mais sensível que os valores de lactato sistêmico.[61]

A grande crítica a esses trabalhos foi feita por Carcillo, em 1998, chamando atenção para o fato de que nenhum deles correlacionou o pHi com a disfunção de múltiplos órgãos e/ou com valores séricos de PCO_2, PO_2 ou pH arterial. A provisão desses dados é particularmente importante em pacientes com acidose respiratória ou metabólica, achados comuns em pacientes com choque ou em hipercapnia permissiva.[62]

A valorização e a confiabilidade do método, na prática médica, ainda são assunto controverso devido aos problemas inerentes à técnica, como ficou anteriormente exposto, e também pelo fato de a maioria dos estudo clínicos realizados não comparar os valores encontrados por meio da tonometria gástrica aos valores sistêmicos, deixando um enorme campo de estudo a ser ainda explorado.

Capnografia sublingual (PCO_2 sl). Trata-se de um novo método não-invasivo que obtém medidas da tensão de CO_2, por meio de um sensor de fibra óptica colocado sob a língua; considera-se que essa medida se correlaciona diretamente com a tensão de PCO_2 local (SC). Vários estudos experimentais e em humanos observaram boa correlação entre a pCO_2 sl e a pCO_2 da mucosa gástrica.[63] No entanto, esse método não tem ampla utilização clínica até o momento devido à falta de estudos que comprovem a sua eficácia na MH em relação aos demais métodos vigentes.

Bioimpedância. Mede as alterações da resistência ao fluxo sangüíneo envolvido no ciclo cardíaco. Esse sistema é baseado em tecnologia de distribuição tempo-freqüência e é não-invasivo, utilizando sensores colocados no tórax e no pescoço do paciente. Estudos comparando o cálculo do DC por meio da bioimpedância e o método tracional pelo CAP observaram boa correlação, inclusive em estudos clínicos.[42,64,67] Os dados obtidos por meio da bioimpedância, quando combinados com oximetria de pulso e PO_2 e PCO_2 transcutâneos, podem ser utilizados para o reconhecimento precoce de disfunções cardíacas e pulmonares, bem como de alterações da perfusão tecidual. Um estudo realizado com pacientes atendidos no departamento de emergência observou que o método foi eficaz na detecção precoce de hipoperfusão tecidual.[64] Além disso, acredita-se que dados obtidos por meio da bioimpedância permitem avaliar o balanço de volume em pacientes graves.[65,66]

Espectroscopia. Utiliza um dispositivo óptico que permite a medida de Hb oxigenada e não-oxigenada. Pode ser colocado em tecidos como pele, osso, músculo e partes moles e cérebro, estimando a oxigenação tecidual local. Trata-se de um método de monitorização da oxigenação tecidual minimamente invasivo, ainda em fase de desenvolvimento.[68] Atualmente alguns autores vêm estudando a monitorização de oxigenação cerebral durante cirurgia cardíaca por esse método e observam boa correlação com a evolução neurológica.[69,70]

REFERÊNCIAS BIBLIOGRÁFICAS

1. Pierson DJ. Goals and indication for monitoring. *In* Matin & Tobin (Eds.): *Principles and Practice of Intensive Care Monitoring*. London and New York: Churchill Livingstone, 1988, pp 33–44.
2. Barie PS, Advances in critical care monitoring. *Arch Surg* 1997;132:734–39.
3. Cornwell EE, Kennedy F, Rodriguez J. The critical care of the severely injured patient — I. *Surg Clin North Am* 1996;76(4):959–69.
4. Muchada R. Low-invasive haemodynamic monitoring. *Minerva Anaesthesiologica* 2000;66:7–8.
5. Gattioni L, Brazzi L, Pelosi P, Latini R, Tognoni G, Pesenti A, Fumagalli R. A trial of goal — oriented hemodynamic therapy in critically ill patients. *N Engl J Med* 1995;333:1025–32.
6. Goris RJA, Boekhorst TPA, Nuytinck JKS, Gimbrère JSF. Mulitple organ failure: Generalized autodestructive inflammation? *Arch Surg* 1985;120:1109–115.
7. Heitmiller ES, Wetzel RC. Hemodynamic monitoring considerations in pediatric clinical care. *In* Rogers MC, Nichols DG: *Textbook of Pediatric Intensive Care*. Baltimore, MD: Williams & Wilkins, 1996, pp 607–641.
8. Shoemaker WC, Wo CJ, Demetriades D, Belzberg H, Asensio JA, Cornwell EE *et al.* Early physiologic patterns in acute illness and accidents: toward a concept of circulatory dysfunction and shock based on invasive and noninvasive hemodynamic monitoring. *New Horiz* 1996;4(4):395–412.
9. Shoemaker WC, Thangathurai D, Wo CCJ, Kuchta K, Canas M, Sullivan MJ *et al.* Intraoperative evaluation of tissue perfusion in high-risk patients by invasive hemodynamic monitoring. *Crit Care Med* 1999;27:2147–52.
10. Shoemaker WC, Appel PL, Kram HB. Prospective trial of supranormal values of survivors as therapeutic goals in high risk surgical patients. *Chest* 1988;94:1176–86.
11. Asensio JA, Demetriades D, Berne TV, Shoemaker WC. Invasive and noninvasive monitoring for early recognition and treatment of shock in high-risk trauma and surgical patients. *Surg Clin North Am* 1996;76(4):985–97.
12. Eachempati SR, Barie PS. Minimally invasive and noninvasive diagnosis ans therapy in critically ill and injured patients. *Arch Surg* 1999;134:1189–96.
13. Shoemaker WC, Wo CC, Chan L, Ramicone E, Kamle ES, Velmahos GC, Belzber H. Outcome prediction of emergency patients by noninvasive hemodynamic monitoring. *Chest* 2001;120:528–37.
14. American Heart Association. *Pediatric Advanced Life Support.*: American Heart Association, 1997, pp 2–8.
15. Patriquin HB, O'Regan S, Robitaille P, Patiel H. Hemolytic-uremic syndrome: intrarrenal arterial Doppler patterns as a useful guide to therapy. *Radiology* 1989;172:625–628.
16. Bongard FS, Leighton TA. Continuous dual oxymetry in surgical critical care. *Ann Surg* 1992;216(1):60–66.
17. Amaral, JLG, Ferreira, ACP, Carvalho WB. Respiratory monitoring: pulse oximetry and capnography in children during anesthesia and intensive care. *Rev Paul Med* 1993;111(1):320–34.
18. Astiz ME, Rackow EC. Assessing perfusion failure during circulatory shock. *Crit Care Clin* 1993;9(2):299–313.
19. Venkatesh B, Morgan TJ. Monitoring tissue gas tensions in critical illness – 196. p. 99, 2001.
20. Denault A, Bélisle S, Babin D, Hardy J-F. Difficult separation from cardiopulmonary bypass and Δ pCO_2. *Can J Anesth* 2001;48(2):196–99.
21. Gutierrez G, Wulf ME. Lactic acidosis in sepsis: a commentary. *Intensive Care Med* 1996;22:6–16.
22. Bakker J, Coffernils M, Gris P, Kahan RJ, Vincent J-L. Serial blood lactate levels can predict the development of multiple organ failure following septic shock. *Am J Surg* 1996;171:221–26.
23. Bakker J, Coffernils M, Leon M, Gris Philippe G, Vincent J-L. Blood lactate levels are superior to oxygen-derived variables in predicting outcome in human septic shock. *Chest* 1991;99:956–62.
24. Van Lente F, Pippenger CE. The pediatric acute care laboratory. *Pediatr Clin North Am* 1987;34(1):231–247.
25. Johnson KB(Ed.). *The Harriet Lane Handbook*. 13th ed.:1993, p 95.
26. Cohn J, Tristani FE, Khatri IM. Studies in clinical shock and hypotension. VI: relationship between left and right ventricular function. *J Clin Invest* 1969;48:2008–18.
27. Trick W, Weinstein RA. Intravascular catheter use: How to tell when the medicine is worse than the malady? *Am J of Resp and Crit Care Med* 2001;163:1515–1516.
28. Sheridan R, Nackel A, Lydon M, Petras L, Basha G, Infradiaphragmatic central venous pressures reflect supradiaphragmatic pressures in stable burn patients. *J Trauma* 1999;47(2):300–302.
29. Black IH, Blosser SA, Murray B. Central venous pressure measurementes: peripherally inserted catheters versus centrally inserted catheters. *Crit Care Med* 2000;28(12):3833–36.
30. Bernard GR, Spoko G, Cerra F, Demling R, Edunds H *et al.* Pulmonary artery catheterization and clinical outcomes — National Heart, Lung, and Blood Institute and Food and Drug Administration Workshop Report. *JAMA* 2000;283(18):2568–2572.
31. Dalen JE, Bone RC. Is it time to pull the pulmonary artery catheter? *JAMA* 1996;276(11):916–18.
32. Layon AJ. The pulmonary artery catheter: Nonexistential entity or occasionally useful tool? *Chest* 1999;115:859–62.
33. Wippermann CF, Huth RG, Schmidt FX, Thul J, Betancor M, Schranz D. Continuous measurements of cardiac output by the Fick principle in infants and children: comparison with the thermodilution method. *Int Care Med* 1996;22:467–471.
34. Koch T, Geiger S, Ragaller Jr. M. Monitoring of organ dysfunction in sepsis/systemic inflammatory response syndrome: novel strategies. *J Am Soc Nephrol* 2001;12(Suppl. 17).
35. Spodick DH. The Swan–Ganz catheter: requesting scientific trials is not an assault. *Chest* 1999;115(3):857–58.
36. Connors AF, Speroff T, Dawson NV, Thomas C, Harell FE, Wagner D *et al.* The effectiveness of right heart catheterization in the initial care of critically ill patients. *JAMA* 1996;276(11):889–97.
37. Yong JD. Right heart catheterization in intensive care. *The Board of Management and Trustees of the British Journal of Anaesthesia* (Editorial) 2001;I:327–329.
38. Murdoch SD, Cohen AT, Bellamy MC. Pulmonary artery catheterization and mortality in critically ill patients. *Brit J Anaest* 2000;85(4):611–5.
39. Finer NN. Newer trends in continuous monitoring of critically ill infants and children. *Pediatr Clin North Am* 1980;27(3):553–67.
40. Weiss IK, Fink S, Harrison R, Feldman JD, Brill JE. Clinical use of continuous arterial blood gas monitoring in the pediatric intensive care unit. *Pediatrics* 1999;103(2):440–445.

41. Malalis L, Bhat R, Vidyasgar D. Comparison of intravascular PO_2 with transcutaneous and PaO_2 values. *Crit Care Med* 1983;11(2):110–113.
42. DeNicola LK, Kisoon N, Abram HS, Sullivan KJ, Delgado-Corcoran C, Taylor C. Noninvasive monitoring in the pediatric intensive care unit. *Pediatr Clin North Am* 2001;48:573–89.
43. Tallo FS, Ferreira RMV, Amaral JLG. Non-invasive haemodynamic evaluation. 13th Annual Congress — Rome, Italy, 2000, S229.
44. Cheung Y-F, Leung MP, Lee J, Yung T-C. An envolving role of transesophageal echocardiography for the monitoring of interventional catheterization in children. *Clin Cardiol* 1999;22:804–10.
45. Munt B, Jue J, Gin K, Fenwick J, Tweeddale M. Diastolic filling in human severe sepsis: an echocardiographic study. *Crit Care Med* 1998;26:1829–33.
46. Valtier B, Cholley BP, Belot JP, Coussaye JE de la, Mateo J, Payen DM. Noninvasive monitoring of cardiac output in critically ill patients using transesophageal Doppler. *Am J Respir Crit Care Med* 1998;158:77–83.
47. Groenveld ABJ, Kolkman JJ. Splanchnic tonometry: a review of physiology, methodology, and clinical application. *J Crit Care* 1994;9(3):198–210.
48. Fiddian-Green RG. Gastric intramucosal pH, tissue oxygenation and acid-base balance. *Br J Anaesthesia* 1995;74:591–606.
49. Brown SD, Gutierrez G. Does gastric tonometry work? Yes. *Crit Care Clin* 1996;12(3):569–85.
50. Bernardin G, Lucas P, Hyvernat H, Deloffre P, Mattéi M. Influence of alveolar ventilation changes on calculated gastric intramucosal pH and gastric-arterial PCO_2 difference. *Intensive Care Med* 1999;25:269–73.
51. Pastores SM, Katz DP, Kvetan V. Splanchnic ischemia in gut mucosal injury in sepsis and multiple organ dysfunction syndrome. *Am J Gastroenterol* 1996;91(9):1697–710.
52. Benjamin E, Oropello JM. Does gastric tonometry work? No. *Crit Care Clin* 1996;12(3):587–601.
53. Akamini N, Silva E, Fernandes CJ Jr., Knobel E. Tonometria gastrointestinal e perfusão tecidual. *Rev Soc Cardiol Estado de São Paulo* 1998;8(3):520–528.
54. Gys T, Hubcus A, Nells H *et al.* Prognostic value of gastric intramural pH in surgical intensive care patients. *Crit Care Med* 1988;16:1222–4. *In* Pastores SM, Katz DP, Kvetan V: Splanchnic ischemia in gut mucosal injury in sepsis and multiple organ dysfunction syndrome. *Am J Gastroenterol* 1996;91(9):1697–710.
55. Doglio GR, Pusajo JF, Egurrola MA, Bonfigli GC, Parra C, Vetere L *et al.* Gastric mucosal pH as a prognostic index of mortality in critically ill patients. *Crit Care Med* 1991;19(8):1037–40.
56. Maynard N, Bihari D, Beale R, Smithies M, Baldock G, Mason R, McColl I. Assessment of splanchnic oxygenation by gastric tonometry in patients with acute circulatory failure. *JAMA* 1993;270(10):1203–10.
57. Gutierrez G, Brown SD. Gastrointestinal tonometry: a monitor of regional dysoxia. *New Horizons* 1996;4(4):413–9.
58. Ivatury RR, Simon RJ, Islam S, Fueg A, Rohman M, Stahl WM. A prospective randomized study of endpoints of resuscitation after major trauma: global oxygen transport indices versus organ-specific gastric mucosal pH. *J Am Coll Surg* 1996;183:145–54.
59. Fernandes CJ Jr., Akamini N, Meyer EC, Knobel E. A tonometria como índice prognóstico. *Rev Bras Terap Intens* 1996;8(3):115–7.
60. Casado-Flores J, Mora E, Pérez-Corral F, Martínez-Azagra A, García-Teresa MA, Ruiz-López MJ. Prognostic value of gastric intramucosal pH in critically ill children. *Crit Care Med* 1998;26(6):1123–27.
61. Hatherill SM, Tibby RE, Murdoch IA. Gastric tonometry in septic shock. *Arch Dis Child* 1998;78:155–8.
62. Carcillo JA. Can gastric intramucosal pH measurement be useful in pediatric critical illness? *Crit Care Med* 1998;26(6):999–1000.
63. Marik PE. Sublingual capnography: a clinical validation study. *Chest* 2001;120:923–27.
64. Shoemaker WC, Belzberg H, Wo CCJ, Milzman DP, Pasquale MD, Baga L *et al.* Multicenter study of noninvasive monitoring systems as alternatives to invasive monitoring of acutely ill emergency patients. *Chest* 1998;114:1643–52.
65. Ross AN, Westendorp RGJ, Brand R, Souverijn JHM, Frölich M, Meinders AE. Predictive value of tetrapolar body impedance measurements for hydratation status in critically ill patients. *Intensive Care Med* 1995;21:125–31.
66. Rosemurgy AS, Rodriguez E, Hart B, Kurto HZ, Albrink MH. Bioimpedance mesurement of body water correlates with measued volume balance in injured patients. *South Med J* 1993;86(6):651–53.
67. Máttar JA. Application of total body bioimpedance to the critical ill patient. *New Horiz* 1996;4:493–503.
68. Cohn ST, Varela EJ, Giannoti G, Dolich MO, Brown M, Feinstein A *et al.* Splanchnic perfusion evaluation during hemorrhage and resuscitation with gastric near-infrared spectroscopy. *J Trauma* 2001;50:629–35.
69. Nollert G, Jonas RA, Reichart B. Optimizing cerebral oxygenation during cardiac surgery: a review of experimental and clinical investigations with near infrared spectrophotometry. *Thorac Cardiov Surg* 2000;48:247–53.
70. Nollert G, Jonas RA, Shin'oka T. Near-infrared spectrophotometry of the brain in cardiovascular surgery. *Thorac Cardiov Surg* 1998;46:167–175.

Marca-Passo Temporário

Leandro I. Zimerman • Eduardo Keller Saadi • Armando Barlem

Existem poucas áreas na medicina nas quais a tecnologia tenha contribuído de forma tão decisiva como no tratamento e no prognóstico das bradiarritmias

A utilização de marca-passo transvenoso foi introduzida por Furman em 1959, consolidando as bases modernas da estimulação cardíaca artificial.[1] Muitos anos após o desenvolvimento desses sistemas, ainda existem muitas indicações para sua utilização.

DEFINIÇÃO

Marca-passo temporário é um dispositivo utilizado para estimular artificialmente o coração, determinando sua freqüência temporariamente. Existem basicamente três tipos de dispositivos:

1. Marca-passo endocárdico ou transvenoso (introduzido quase sempre por punção de veia central e posicionado, normalmente, em ventrículo direito).
2. Marca-passo epicárdico (implantado por cirurgia diretamente no músculo cardíaco).
3. Marca-passo transtorácico (estímulo através de eletrodos aderidos sobre a superfície torácica).

INDICAÇÕES

O sistema de marca-passo temporário pode ser utilizado como ponte para o implante de um marca-passo permanente no caso de impossibilidade de um implante definitivo imediato ou de bradicardia severa com comprometimento hemodinâmico. Esse dispositivo é mais freqüentemente utilizado em pacientes com bloqueio infranodal severo e menos freqüentemente com bloqueio nodal AV e doença do nó sinusal (Quadro 19-15).

O marca-passo temporário está também indicado quando uma bradicardia sintomática ou acompanhada de instabilidade hemodinâmica é decorrente de drogas, como por exemplo na intoxicação digitálica.

Pode ser utilizado na evolução de um infarto agudo do miocárdio (IAM), na eventualidade de surgimento de bloqueios cardíacos como o atrioventricular (BAV), de 2º ou 3º graus com ritmo de escape lento, alternância de bloqueios ou ainda bloqueio de ramo esquerdo (BRE), com necessidade de implante de catéter de Swan-Ganz.

Pode ser utilizado profilaticamente durante a cirurgia para troca de marca-passo definitivo em pacientes sem ritmo de escape ventricular (dependentes do marca-passo).

Auxilia no controle de taquiarritmias através de *overdrive* e para evitar *torsade de pointes* em síndrome do QT longo.

***Quadro 19-15.* Indicações para marca-passo temporário[1,3,5,7]**

1. Bradicardia sintomática permanente como ponte para marca-passo definitivo
   - Bloqueio AV total:
     - Infranodal
     - Nodal AV
   - Doença do nó sinusal
2. Bradicardia temporária devido a drogas:
   - Digoxina
   - Outros antiarrítmicos
3. Infarto agudo do miocárdio:
   - IAM ântero-septal: bloqueio de ramo direito
   - IAM inferior: bloqueio AV total com instabilidade hemodinâmica
4. Troca de marca-passo definitivo de pacientes dependentes
5. Controle de taquiarritmia com *overdrive*
6. Pós-operatório de cirurgia cardíaca

Como instrumento diagnóstico, pode ser útil na identificação de ritmos complexos.

Para as práticas descritas acima, o marca-passo indicado é o endocárdico, que é, entre os três dispositivos, o mais amplamente utilizado.

O marca-passo temporário epicárdico é utilizado basicamente em cirurgias cardíacas, sendo implantado durante o ato operatório e ligado sempre que for desejável a uma freqüência cardíaca maior, devido à bradicardia ou baixo débito cardíaco. No caso de o paciente apresentar BAV durante a cirurgia, a melhor conduta é implantar fios de marca-passo atriais e ventriculares, permitindo a estimulação sincronizada dessas câmaras.

Quanto ao marca-passo transtorácico, sua indicação restringe-se exclusivamente a situações de emergência em que a vida do paciente dependerá de que a estimulação artificial de seu coração se inicie em poucos minutos ou até segundos. Apresenta a desvantagem de ser doloroso ao paciente, que habitualmente precisa ficar sedado. Exemplos dessas situações são desenvolvimento de bloqueios de condução com severa repercussão hemodinâmica ou até mesmo assistolia na evolução de um IAM. Este é habitualmente usado até que se coloque um marca-passo temporário endocárdico.

CONTRA-INDICAÇÕES RELATIVAS

Uma vez que marca-passos epicárdico e transtorácico não têm contra-indicações absolutas, todas as situações seguintes referem-se ao dispositivo endocárdico e, na sua quase totalidade, estão relacionadas aos riscos da punção:

1. Dificuldade de acesso venoso.
2. Risco de sangramento (discrasia sangüínea, anticoagulação).
3. Deformidades anatômicas.
4. Risco de pneumotórax.
5. Possibilidade de uso de marca-passo profilático transtorácico.

IMPLANTE

Assim como no sistema de estimulação definitivo, qualquer sistema temporário requer eletrodos e um gerador de pulso.

MARCA-PASSO ENDOCÁRDICO OU TRANSVENOSO

Material

Solução para anti-sepsia	Agulha 40 × 8	Cubas
Lidocaína 2% sem vasoconst.	Seringa 10 ml – 2 unidades	21 cm
Soro fisiológico 250 ml	Cabo/lâmina – bisturi nº 11	9 cm e cuba-rim
Gaze – 3 pacotes	Fio de seda agulhado 2-0	Introdutor valvulado (5 ou 6 Fr)
Compressas – 1 pacote	Campos cirúrgicos:	Guia 0,35; 45 cm
Pinças:	Nº 1 – 1 unidade	Cabo de marca-passo temporário
• anti-sepsia – 1 unidade	Nº 2 – 3 unidades	Gerador de marca-passo temporário
• Krailler – 1 unidade	Arteriográfico – 1 unidade	Cardioversor-desfibrilador
• Backaus – 5 unidades	Plástico – 2 unidades	

Técnica

Inicialmente examinar a anatomia do local do acesso venoso escolhido. Quando se optar por veia subclávia, sugere-se que seja puncionado o lado esquerdo, pela maior facilidade de posicionamento do eletrodo no ventrículo direito, e, pelo mesmo motivo, quando a escolha for veia jugular, deve-se optar pelo lado direito. Outras opções de acesso são veia femoral ou braquial. É de fundamental importância lembrar de poupar acesso no caso de um eventual implante de marca-passo definitivo.

Dando seqüência ao preparo do procedimento, deve ser feita monitorização eletrocardiográfica e em cardioversor-desfibrilador, além de monitorização de pressão arterial e oximetria.

Com o paciente já em decúbito dorsal, é realizado Trendelenburg (quando possível), a cabeça é rodada para o lado oposto ao da punção, sendo, então, feita anti-sepsia rigorosa de todo o hemitórax e região cervical a ser manipulada.

Após o preparo do paciente, é realizada a anestesia local, seguindo-se a punção venosa e posicionamento do introdutor (geralmente pela técnica de Seldinger modificada). O eletrodo é então colocado através do introdutor até a veia central, devendo ser conectado em aparelho de registro de sinal intracavitário (geralmente derivação V1 do eletrocardiógrafo).

A introdução e o posicionamento do eletrodo até o ventrículo direito devem ser guiados preferencialmente por fluoroscopia, se não, por fluxo em catéter com balonete, por ecocardiografia ou simplesmente por mapeamento eletrocardiográfico intracavitário. Em virtude de a última técnica poder ser utilizada em qualquer unidade com monitorização básica, é amplamente utilizada em nosso meio.

A posição ideal é a ponta do ventrículo onde o eletrodo se ancora entre as trabéculas com menor possibilidade de deslocamento. O posicionamento do eletrodo pode ser avaliado por eletrograma do eletrodo (elevação do segmento ST) e/ou fluoroscopia, quando disponível. Em caso de extra-sistolia excessiva, o eletrodo deve ser reposicionado.

Após a identificação da posição ideal, é realizado teste dos limiares de estimulação e sensibilidade. Se confirmadas como satisfatórias, o eletrodo é fixado no introdutor, estando então encerrado o procedimento com um curativo no local. Costuma-se programar o limiar de estimulação com uma margem de segurança de ao menos duas vezes o limiar de estimulação testado.

No pós-operatório imediato, devem-se realizar ausculta pulmonar e, mais tarde, radiografia do tórax e eletrocardiograma. Devemos observar esses exames tanto para diagnóstico de pneumotórax quanto para deslocamento do eletrodo.

Nos dias seguintes, os valores de estimulação e sensibilidade devem ser retestados e o gerador reprogramado de acordo com os valores encontrados.

MARCA-PASSO EPICÁRDICO

Os eletrodos desse sistema são fios metálicos específicos para implante no músculo cardíaco que são fixados durante o transoperatório, sendo exteriorizados através da pele e conectados no gerador de pulso idêntico ao do dispositivo endocárdico. Rotineiramente, devem ser implantados um fio no ventrículo e outro fio no átrio direito, podendo-se optar pela estimulação em uma ou outra câmara cardíaca. Na eventualidade de bloqueio AV total perioperatório, deve-se optar por implante de dois fios distanciados poucos centímetros entre si em cada câmara e pela utilização de um gerador de pulso bicameral, permitindo estimulação atrioventricular sincronizada.

MARCA-PASSO TRANSTORÁCICO OU TRANSCUTÂNEO

Nesse sistema, são utilizados grandes eletrodos (de 5 a 10 cm de diâmetro) aderidos firmemente à pele, um na região precordial, em contato com o ponto de máxima impulsão cardíaca, e o outro na região posterior do tórax, à esquerda da coluna. Os pêlos devem ser retirados, quando possível, para permitir melhor contato com a pele. São necessários impulsos elétricos de grande amplitude e longa duração, provocando, também, contração da musculatura torácica. A desvantagem desse método é o desconforto do paciente, necessitando do uso de analgesia e sedação. A maioria dos desfibriladores modernos oferece a opção de marca-passo transcutâneo.

COMPLICAÇÕES

As complicações mais comuns estão relacionadas ao implante do dispositivo transvenoso, e são as seguintes:

- Complicações da obtenção do acesso venoso.
- Atrito pericárdico.
- Arritmias necessitando de cardioversão.
- Perfuração cardíaca.
- Deslocamento e fratura do eletrodo.
- Trombose venosa.
- Estimulação de diafragma.
- Infecção local.

As complicações relacionadas à obtenção do acesso venoso (sangramento, pneumotórax) devem ser prevenidas e tratadas como em qualquer punção venosa central.

Quanto às complicações de arritmias e perfuração cardíaca, podemos diminuir a chance de ocorrerem evitando eletrodos rígidos, não manipulando excessivamente o eletrodo dentro da câmara cardíaca nem forçando sua ponta contra o endocárdio durante a busca da melhor posição. No caso de surgirem arritmias sustentadas e com repercussão hemodinâmica, deve ser realizada cardioversão elétrica. No caso de instabilidade hemodinâmica com suspeita de perfuração cardíaca, deve-se realizar pericardiocentese. A seguir, observar evolução. Se estável, o paciente deve ser levado ao CTI para observação e, se possível, realização de ecocardiograma para confirmação diagnóstica, avaliação da gravidade e direcionamento de nova pericardiocentese, se necessária.

O deslocamento de eletrodo pode ser diagnosticado pelo ECG e/ou pela radiografia do tórax, constituindo-se eventualmente em emergência médica (pacientes dependentes podem sofrer parada cardíaca por assistolia). Nesse caso, deve-se reposicionar imediatamente o eletrodo para que volte a estimular o coração. Em outras situações menos graves, o deslocamento pode causar apenas falhas intermitentes de estimulação ou aumento de limiares que podem representar falhas de estimulação futuras. Nesses casos, deve-se avaliar a situação e decidir por um reposicionamento, implante de novo marca-passo ou simplesmente manter conduta observacional (pacientes não-dependentes em que o marca-passo pode estar cumprindo sua função apesar do mau funcionamento). Para a prevenção de deslocamentos, fixar o eletrodo de maneira adequada e evitar movimentação desnecessária ou bruscas com o paciente.

Uma assepsia rigorosa e troca cuidadosa de curativos ajudam a diminuir os riscos de infecção, que, quando ocorre, deve ser tratada a princípio apenas com a retirada do eletrodo. Se não reverter, iniciar antibioticoterapia a partir do teste bacteriológico realizado com a cultura do eletrodo.

REFERÊNCIAS BIBLIOGRÁFICAS

1. Furman S, Schwedel J. An intracardiac pacemaker for Stokes–Adams seizures. *N Engl J Med* 1959;261:943–948.
2. Barold S, Zipes D. Cardiac pacemakers and antiarrhythmic devices. *In* Braunwald E: *Heart Disease: a Textbook of Cardiovascular Medicine*. 5th ed. Philadelphia: WB Saunders, 1997, pp 705–741.
3. Fitzpatrick A, Sutton R. A guide to temporary pacing. *Br Med J* 1992;304:365.
4. Goldberger J, Kruse J, Ehlert F, Kedish A. Temporary transvenous pacemaker placement: What criteria constitute an adequate pacing site? *Am Heart J* 1993;126:488.
5. Hindman M, Wagner G, Jaro M *et al*. The clinical significance of bundle branchblock complicating acute myocardial infarction. Indications for temporary pacemaker insertion. *Circulation* 1978;58:689–99.
6. Lames G, Muller I, Turi Z *et al*. A simplified method to predict ocurrence of complete heart block during acute myocardial infarction. *Am J Cardiol* 1986;57:1213.
7. Palombini D, Both M. Marca-passo transitório. *In* Menna Barreto S: *Rotinas em Terapia Intensiva*. 2ª ed. Porto Alegre: Artes Médicas, 1993, pp 298–300.
8. Zoll P. Noninvasive cardiac stimulation revisited. *PACE* 1990;13:2014.

Punção Raquimedular

Nivaldo Filgueiras • Thales Delmondes Galvão • Joamar Nunes de Melo
Conceição Neves Ferraz

O achado de líquido dentro das cavidades do cérebro foi uma descoberta da antiguidade, porém as noções eram muito imprecisas. Hipócrates, no século IV a. C., demonstrou a presença de líquido cerebral após uma punção ventricular em pacientes mortos portadores de hidrocefalia. No século II a. C., Galeno realizou a primeira descrição das cavidades ventriculares. Contudo, por mais de um milênio, a teoria galênica predominou, considerando que os ventrículos eram preenchidos por um espírito vital. Somente milhares de anos depois, na idade moderna, Vesalius (1543), Valsalva (1666) e Waller (1762) contribuíram com observações mais detalhadas do sistema ventricular.

Em 1705, Pacchioni descreveu o líquido cefalorraquidiano (LCR), e considerava que sua formação se dava nas granulações aracnóides. Na idade contemporânea, Magendie (1822) fez uma descrição completa do LCR mostrando que o mesmo estava contido nos ventrículos e espaços subaracnóideos; que o líquido ventricular comunicava-se com o líquido do espaço subaracnóideo, movimentava-se e apresentava pressão positiva. Key e Retzius publicaram, em 1785, o primeiro trabalho que estabelecia a absorção do LCR pelas vilosidades aracnoidianas.

Em 1885, Corning realizou pela primeira vez uma punção lombar com a finalidade de obter analgesia. Porém, foi Quincke (1891) o primeiro a fazer uma punção lombar em humanos com objetivos diagnóstico e terapêutico, utilizando uma simples agulha e sem incisão na pele. Em 1903, Froin descreveu o bloqueio espinhal e Obregia (1908) realizou a primeira punção da cisterna magna em humanos. Posteriormente, Ayer (1920) e Eskunchen (1923) descreveram as indicações e resultados do uso clínico da punção cisternal como processo paralelo à punção lombar. Em 1938, Merrit e Fremont-Smith publicaram uma monografia sobre o LCR.

Logo após a descoberta de Quincke, Miguel Couto (1897) realizou punção lombar pela primeira vez em nosso país, no Hospital da Santa Casa de Misericórdia no Rio de Janeiro. No ano de 1923, na Bahia, Pondé apresentou sua tese *Valor semiológico do líquido cefalorraquidiano* com 100 observações, apresentando uma rotina de pesquisa muito boa para a época. Em 1928, Pires descreveu sua experiência de quase 5.000 punções, ressaltando a melhor tolerância da via cisternal para a coleita do LCR. Em 1937 surgiu a primeira monografia sobre o LCR publicada no Brasil, de autoria de Oswaldo Lange. Nessa época existiam três centros de estudo do LCR orientados por O. Lange (São Paulo), A. Cerqueira Luz e W. Pires (Rio de Janeiro) e A. Benício (Recife).

LÍQUIDO CEFALORRAQUIDIANO

O líquido cefalorraquidiano, ou simplesmente liquor, é um líquido aquoso e incolor que ocupa as cavidades ventriculares e os espaços subaracnóideos: craniano e raquidiano. Sua função primordial é a proteção mecânica e biológica do sistema nervoso (SN). O LCR envolve todo o encéfalo e a medula, dos quais está separado somente pela pia-máter, quando em sua localização nos espaços subaracnóideos. O liquor banha, também, os ventrículos cerebrais, onde apenas as células ependimárias o separam do tecido nervoso, e, finalmente, penetra nos espaços perivasculares de Virchow-Robin, representando, dessa forma, uma expansão do espaço extracelular.

Algumas propriedades físico-químicas do LCR normal variam conforme o local de obtenção da amostra estudada e a idade do paciente. No recém-nascido essa variação é ainda mais expressiva.

Por meio de punções cisternais, lombares ou ainda ventriculares, é possível medir a pressão do LCR e colher amostra para análise de suas características. Assim, pode-se fazer o diagnóstico bastante preciso de muitas doenças inflamatórias, infecciosas e de sangramentos que acometem o SNC.

ANATOMIA

Os espaços ocupados pelo LCR dividem-se em internos e externos. Os espaços internos correspondem aos quatro ventrículos cerebrais e ao canal medular. Os espaços externos, espaço subaracnoidiano, estão compreendidos entre as duas leptomeninges: aracnóide e pia-máter.

O sistema ventricular é constituído por dois ventrículos laterais, o terceiro ventrículo e o quarto ventrículo (Fig. 19-62). A capacidade dos ventrículos cerebrais no homem adulto é em média de 22 ml, podendo variar de 7 a 56 ml.

Nos ventrículos laterais e no terceiro e quarto ventrículos existe uma formação de ricos novelos de vasos sangüíneos que constituem os órgãos formadores do LCR, denominados *plexos coróides*.

O forame interventricular de Monro, de localização mediana, permite a comunicação entre os ventrículos laterais e o terceiro ventrículo. O aqueduto cerebral de Sylvius conecta o terceiro com o quarto ventrículo, sendo uma passagem obrigatória para o liquor ventricular (Fig. 19-62). Esse aqueduto constitui o local mais vulnerável desse sistema, e sua obstrução resulta em acúmulo de LCR, com conseqüente hidrocefalia e hipertensão intracraniana.

O LCR passa do quarto ventrículo para a região da cisterna cerebelomedular, também chamada de cisterna magna, onde

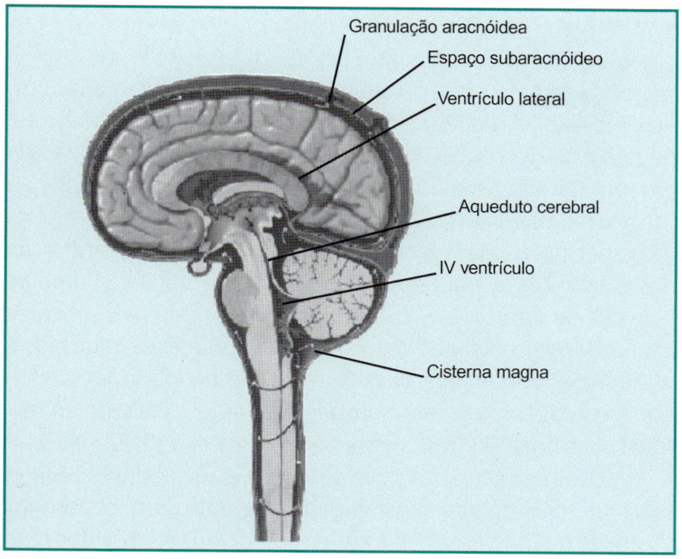

Fig. 19-62. Sistema ventricular cerebral.(Ver *Prancha* em *Cores.*)

deixa o sistema ventricular para comunicar-se com o sistema subaracnóideo, através de três aberturas: uma mediana (Magendie) e duas laterais (Luschka).

A membrana aracnóide possui, na região dos seios venosos, vilosidades que penetram no interior da dura-máter. Tais projeções são chamadas de *granulações aracnóideas* ou de *Pacchioni* e têm função definida no mecanismo de absorção do LCR.

Meninges

O encéfalo e o canal espinhal estão separados da caixa craniana e do canal vertebral pelas meninges: dura-máter, pia-máter e aracnóide. Entre essas duas últimas encontra-se o espaço subaracnoidiano, que contém o LCR extraventricular.

Dura-máter

A dura-máter é a meninge mais externa e resistente, sendo responsável pela formação das foices do cérebro e do cerebelo, da tenda do cerebelo, do diafragma da sela turca, além dos seios venosos, que confluem para as veias jugulares internas.

A parte vertebral da dura-máter é constituída por duas lâminas que compreendem o espaço epidural que, na face posterior, desde C7 até a região sacra, ocupa um espaço real com pressão negativa e rica rede venosa (sistema venoso de Batson).[4-6] Esse sistema de veias estende-se da região pélvica até a cabeça, comunicando-se amplamente com outras veias da caixa craniana, da cavidade abdominal e do tórax. Dessa forma, o sistema venoso de Batson permite a regulação da pressão intracraniana (PIC) por meio do deslocamento do LCR entre essas comunicações.

Aracnóide

Abaixo da dura-máter encontra-se a aracnóide. Essas duas meninges limitam o espaço subdural (virtual). A aracnóide espinhal, avascular, forma uma bainha tubular que envolve a medula espinhal em toda a sua extensão e, ao nível da cauda eqüina, forma uma longa cisterna subaracnóidea lombar compreendida da 1ª e 2ª vértebras lombares à 2ª vértebra sacral. Essa cisterna subaracnoidiana, na altura da 2ª para a 3ª vértebra lombar, apresenta uma amplitude de 2,0 a 2,5 cm e corresponde ao local de punção para a colheita do LCR.

Pia-máter

A pia-máter é a mais interna e mais delgada das meninges, intimamente unida à superfície do encéfalo e à medula espinhal. Não existe na pia-máter uma verdadeira irrigação capilar e, sim, pequenas arteríolas de diâmetro suficiente apenas para a passagem de uma coluna simples de eritrócitos.[7,8] Essa particularidade justifica as dificuldades de trocas entre o sangue e o LCR do espaço subaracnoidiano.

Ao penetrar e modelar sucos e fissuras do tecido nervoso, a pia-máter forma verdadeiros reservatórios de LCR, que consistem na cisterna magna ou cisterna cerebelomedular, cisterna pontina, cisterna quiasmática, entre outras. A cisterna magna está situada no ângulo formado entre a superfície posterior do bulbo e a superfície inferior do cerebelo, medindo 1 cm em seu maior diâmetro, com volume de 4 ml.[9] Nesse ponto se pratica a punção suboccipital para a colheita de LCR.

BARREIRA HEMATOENCEFÁLICA

Ehrlich (1855) observou que a administração de um corante, por via intravenosa, impregnava os tecidos de praticamente todo o organismo, com exceção do encéfalo, o que sugeria que os capilares do sistema nervoso central, de um modo diferente dos capilares de outras partes do corpo, eram impermeáveis a esse agente químico. Analogamente, a introdução de uma dada substância, como a glicose, na corrente sangüínea, estabelecerá sua difusão pelo sistema vascular e o conseqüente equilíbrio osmótico com os tecidos adjacentes, enquanto a sua passagem para o LCR é mínima e demorada. Essa seletividade indicava a existência de um mecanismo protetor para o sistema nervoso central, que recebeu o nome de barreira hematoencefálica.

Essa barreira pode ser explicada por uma série de fatores morfológicos e funcionais existentes entre o LCR e o sangue. Entre os fatores morfológicos estão a *barreira hematoencefálica* (BHE), formada pelo endotélio de arteríolas, capilares e vênulas cerebrais, distribuída por todo o sistema nervoso, e a *barreira hematoliquórica* (BHL), constituída pelo epitélio dos plexos coróides, localizada no sistema ventricular. A peculiaridade dessas duas barreiras é a formação de uma rede de células interligadas por junções apertadas – *tight junctions* – e de membrana basal específica que dificultam a passagem de células, de proteínas e de outros componentes séricos para o LCR. As células da meninge aracnóide e as células ependimárias do sistema ventricular apresentam essas mesmas características, sendo também consideradas sítios da BHE.

Do ponto de vista funcional, as células que constituem essas barreiras têm metabolismo elevado, vesículas pinocíticas e não possuem canais transendoteliais, sugerindo transporte intercelular ativo de moléculas. Esse transporte é específico para cada substância e depende de uma série de fatores: o seu peso molecular, a sua carga elétrica, a sua lipossolubilidade e a sua capacidade de ligação a proteínas. A BHL produz cerca de 70% do LCR e tem maior permeabilidade à pré-albumina e à água.[10] Já a BHE é responsável pelos 30% restantes da formação do líquor e tem permeabilidade maior para albumina e gamaglobulinas.[11]

Todas essas barreiras são responsáveis pela proteção do tecido nervoso; entretanto, sofrem modificações significativas na vigência de determinadas afecções do SN.

FISIOLOGIA

A maior parte do LCR é formada nos plexos coróides; entretanto, uma pequena produção é originada a partir de três outras fontes: o espaço perivascular do encéfalo, os vasos sangüíneos da pia-máter craniana e as células ependimárias das paredes ventriculares.

Embora o LCR, tanto ventricular quanto subaracnóideo, apresente algumas semelhanças com o ultrafiltrado do plasma sangüíneo, sua formação não se explica por um mecanismo isolado de produção e sim por processos associados, de filtração, secreção e modificações de sua composição dentro dos ventrículos e espaços subaracnóideos.

O volume de LCR na primeira infância oscila entre 40 e 60 ml, enquanto no adulto normal varia de 90 a 150 ml.[12] Sua produção é lenta e gradual, em torno de 300 a 700 ml por dia. O LCR formado nos ventrículos laterais passa para o terceiro ventrículo através dos forames interventriculares de Monro, em seguida passa para o quarto ventrículo atravessando o aqueduto de Sylvius. Por fim, o LCR atravessa os forames de Magendie e Luschka para desembocar nos espaços subaracnóideos dos hemisférios cerebrais, cisternas e espaço subaracnóideo espinhal. A absorção do LCR também é lenta e se dá através das vilosidades aracnóideas para dentro dos grandes seios venosos durais (Fig. 19-63).

O LCR desempenha várias funções no sistema nervoso central: proteção física, lubrificação, regulação do volume intracraniano e sobre o sistema respiratório e cardiovascular e o estado de vigília.

COMPOSIÇÃO

O LCR contém células e a maioria dos elementos químicos presentes no plasma.

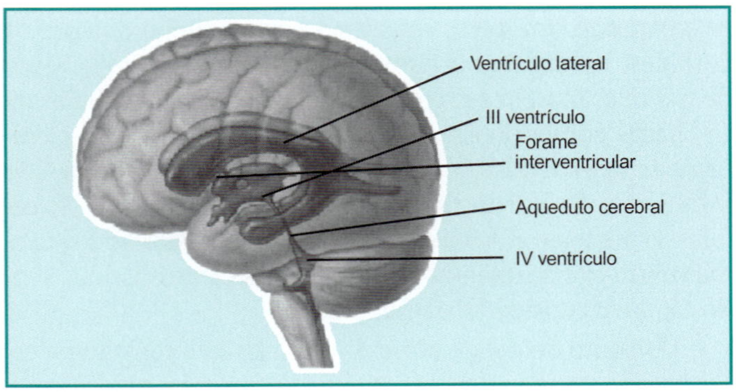

Fig. 19-63. Esquema da circulação do liquor. (Ver *Prancha* em *Cores.*)

Citologia

É normal que se encontre no LCR até 4 células por mm^3. A presença de eritrócitos no liquor do adulto é considerada anormal. A citologia requer análise global (contagem do número total de células contidas no LCR, com seus resultados expressos em mm^3), e diferencial. A citologia diferencial corresponde ao processo de sedimentação ou centrifugação seguido de coloração específica (corante de Leishman) que permite a identificação dos elementos celulares presentes. O LCR normal é composto por 75% de linfócitos e 25% de monócitos. Outros elementos apenas são encontrados em processos patológicos: neutrófilos, eosinófilos, macrófagos, basófilos e células neoplásicas ou atípicas. A contagem deve ser realizada logo após a colheita do material ou em até 24 h, se conservado em geladeira (2 a 8°C).

A citologia oncótica deve ser pesquisada rotineiramente. É um método de alta sensibilidade que apresenta resultados positivos quando o tumor atinge a parede dos ventrículos ou o espaço subaracnóideo, bem como na vigência de tumores primitivos das leptomeninges.

Composição química

■ *Proteínas totais*

A concentração de proteína no LCR representa aproximadamente 0,5% da encontrada no plasma. Seus valores normais variam com a idade do paciente, conforme o processo de dosagem e, também, com o nível da punção. A concentração de proteína em nível cisternal vai até 30 mg%, em nível lombar até 40 mg% e em nível ventricular até 20 mg%. O gradiente protéico entre o LCR e o plasma é garantido pela integridade da *barreira hematoencefálica* (BHE). A permeabilidade dessa barreira está aumentada em processos compressivos com obstrução venosa, por tumores raquidianos e da base do encéfalo, além de patologias inflamatórias, vasculares, tóxicas e degenerativas.[13]

■ *Glicose*

A concentração normal de glicose no LCR corresponde a 2/3 da concentração plasmática, tendo valores normais entre 50 e 80 mg%. No recém-nascido, o nível habitual de glicose no LCR é de 80% do nível sérico. Sua interpretação é mais difícil em pacientes com hiperglicemia. Em condições normais, a diferença entre as taxas de glicose no LCR ventricular e lombar é de aproximadamente 6 a 18 mg%.[14] Em hiperglicemias induzidas pela administração intravenosa de glicose, observa-se que, a despeito de as concentrações plasmáticas atingirem seu pico em 30 minutos, só é observado algum aumento no LCR após 2 horas e meia. A glicemia tende a se normalizar em 3 horas, enquanto a glicorraquia desaparece em aproximadamente 7 horas. A diminuição da glicose no LCR deve-se, em parte, pela glicólise anaeróbica e conseqüente produção de ácido láctico no cérebro. Outro mecanismo descrito é a diminuição no transporte de glicose através do plexo coróide para o LCR.[15]

■ *Cloretos*

A taxa de cloretos no LCR é 1,2 vez maior do que a do sangue. Os valores de referência variam entre 670 e 750 mg%. Existe uma correlação entre os valores do cloreto sérico e sua concentração no LCR, a despeito do que acontece, por exemplo, nos casos de meningite bacteriana e tuberculosa, em que são encontrados níveis significativamente diminuídos.

■ *Outros*

Os níveis de ácido láctico no LCR são maiores do que os valores encontrados no sangue. A faixa de normalidade oscila entre 10 e 20 mg%.

A uréia está presente no liquor com valores normais até 40 mg%. Está aumentada nos casos de desidratação, insuficiência renal e sepse.

As enzimas de maior relevância clínica encontradas no LCR são a lactato desidrogenase (LDH; normal até: 27 UI/l), aumentada nos processos tumorais, traumas cranianos e vasculares; a transaminase glutâmico oxalacética (TGO; normal até: 15 UI/l), elevada nos processos infecciosos e em irregularidades metabólicas; a adenosina desaminase (ADA; normal: até 5 UI/l), aumentada nas meningites por BK, linfomas e meningite por *Criptococcus*; e a enolase neuronal específica (valor normal: até 12 ng/ml) – sua elevação indica lesão da membrana de mielina.

INDICAÇÕES

O LCR é um mediador biológico entre o tecido nervoso e o sangue. A compreensão de seus aspectos anatômicos, fisiológicos e funcionais, aliada à mudança de uma composição em condições patológicas, é um dos mais valiosos guias no diagnóstico de doenças que afetam o sistema nervoso (SN).

O exame do líquido cefalorraquidiano (LCR) ou liquor vem sendo utilizado como arma diagnóstica desde o final do século XIX, contribuindo significativamente para o diagnóstico de patologias neurológicas. Além do diagnóstico, a análise do LCR permite o estadiamento e o seguimento de processos vasculares, infecciosos, inflamatórios e neoplásicos que acometem, direta e indiretamente, o sistema nervoso. Através da punção liquórica é possível, também, a administração intra-tecal de quimioterápicos, tanto para tratamento de tumores primários ou metastáticos do sistema nervoso central, como para a profilaxia do envolvimento neurológico de tumores sistêmicos.

No Quadro 19-16 estão listadas as indicações do exame do LCR.

Quadro 19-16. **Indicações de punção raquimedular diagnóstica e os resultados da análise do LCR**

Meningite aguda bacteriana	Pressão ↑, pleocitose – com predomínio de neutrófilos, proteína↑ e glicose ↓↓. Gram / cultura / aglutinação pelo látex
Meningite aguda viral	Pleocitose leve a moderada com linfócitos e monócitos presentes e neutrófilos nas 24 h iniciais. Proteína normal ou ↑, glicose normal, PCR
Meningite tuberculosa	Pressão ↑↑, pleocitose moderada, proteína ↑, glicose ↓, BAAR positivo, cultura em meio de Löwenstein - Jansen, PCR
Meningite criptocócica	Pressão ↑↑, pleocitose leve a moderada, proteína↑, glicose ↓↓ persistentemente, tinta da China positiva, cultura em meio de Sabouraud, látex aglutinação positivo (títulos elevados, >1/1024, indicam mau prognóstico)
Neurossífilis	Teste específico (VDRL e FTA-ABS)
Cisticercose, toxoplasmose e rickéttsia	Pleocitose eosinofílica e titulação de anticorpos específicos
Infecção parameníngea	Pleocitose leve, proteína normal ou ↑ e glicose normal. (O diagnóstico se dá através da neurorradiologia - TC, RNM)
Abscesso	LCR normal ou pleocitose leve com presença de neutrófilos na fase de cerebrite
Hemorragia subaracnóide (HSA)	Pressão ↑, presença de hemácias íntegras com sobrenadante xantocrômico, pleocitose leve a moderada com macrófagos fagocitando hemácias e/ou produtos de sua degradação (hematoidina e hemossiderina) A punção está indicada quando há suspeita de HSA e a TAC de crânio for normal
Doença desmielinizante (esclerose múltipla)	Eletroforese de proteínas com presença de bandas oligoclonais. ↑ do nível de IgG, indicando síntese intratecal de imunoglobulinas
Polirradiculoneuropatias inflamatórias agudas (Síndrome de Guillain-Barré)	Dissociação proteinocitológica. O LCR pode ser normal nos primeiros 10 dias de doença
Metástase de leptomeninges	Pleocitose, proteínas ↑ e glicose ↓. Citologia com especificidade de 90% em 3 amostras com sensibilidade variável com o tipo de neoplasia
Síndromes paraneoplásicas	Proteínas normais ou ↑. Presença de anticorpos específicos que são mais bem identificados no plasma
Tumores cerebrais	Normal se o tumor não estiver próximo aos ventrículos. Identificam-se células neoplásicas e marcadores tumorais
Pseudotumor cerebral	Pressão ↑, com citologia normal e proteína ↓
Embolia cerebral séptica	Pleocitose precoce
Lúpus eritematoso sistêmico	Diminuição dos níveis de C4 e elevação da resposta imune intratecal
Encefalopatia hepática	Elevação da amônia

Não há preparo específico para o exame do LCR. O paciente pode se alimentar normalmente e não deve estar fazendo uso de medicações anticoagulantes ou de drogas que interfiram na coagulação sangüínea.

A sedação esta indicada naqueles pacientes extremamente agitados, mas pode ser realizada em todos aqueles que a desejarem.

A administração intratecal deve ser sempre feita por via lombar, evitando-se, assim, possíveis reações a drogas na cisterna magna e, conseqüentemente, próximo às estruturas vitais bulbares.

Uma via de acesso intratecal bastante utilizada é a ventricular, por meio da câmara de Ommaya. A grande vantagem desta via, além do conforto para o paciente, é o fato da circulação liquórica ocorrer no sentido ventrículo-lombar, e a medicação ser distribuída de maneira uniforme. As desvantagens são: o procedimento neurocirúrgico ao qual o paciente deve ser submetido para a colocação de câmeras; a possibilidade de este obstruir e o risco de infecção. Outra opção é a colocação de um catéter lombar conectado a um reservatório subcutâneo. A grande vantagem desta via é a possibilidade de ser utilizada para administração de drogas analgésicas / anestésicas. As vantagens estão relacionadas ao diâmetro do catéter, que pelo fato de não poder ser muito calibroso, dificulta a coleta de LCR e mais freqüentemente podem obstruir.

A administração intratecal de qualquer substância (quimioterápicos, antibióticos, contrastes) pode ser feita por essas vias, o que assegura o aumento da concentração dessas substâncias no SNC, evita a administração sistêmica de altas doses de quimioterápicos e suas conseqüências e expõe o SNC por tempo mais prolongado à ação do quimioterápico, pois a meia-vida dos quimioterápicos no LCR é maior que no soro. O Quadro 19-17 mostra as indicações de punção raquimedular terapêutica.

CONTRA-INDICAÇÕES

Existem contra-indicações bem-definidas para a realização desses procedimentos.

Quadro 19-17. **Indicação de punção raquimedular terapêutica**
Infecciosa
• Ventriculites (antibióticos via intraventricular) • Meningite crônica por criptococos (anfotericina B intratecal nos casos graves em que há risco iminente de amaurose)
Neoplásica
• Meningite leucêmica, profilaxia leucemia linfocítica • Linfoma leptomeninge (primário da meninge) • Carcinomatose meníngea • Síndrome de pseudotumor cerebral (com retirada de 20 a 50 ml de LCR em 3 punções seriadas)
Espasticidade
• Baclofan
Analgesia
• Benzodiazepínicos

Infecção local

Há contra-indicação formal para a punção quando existirem sinais inflamatórios no local, ou muito próximo ao local por onde deverá passar a agulha, devido ao risco de transporte mecânico de germes para as meninges.

Doença cerebrovascular aguda

Existe contra-indicação relativa para a punção em pacientes na fase aguda de um acidente vascular cerebral grave. O procedimento só deverá ser praticado após as primeiras 24 horas. Quando houver necessidade real de punção precoce para diagnóstico diferencial entre isquemia ou hemorragia, o volume do LCR deverá ser pequeno.

Traumatismo cranioencefálico

Em pacientes vítimas de traumatismos cranioencefálicos graves, a punção raquimedular não deve ser feita precocemente, pois a modificação do equilíbrio hidrodinâmico entre o LCR e o encéfalo pode agravar o quadro, além de o exame apresentar pouca informação útil nessa fase.

Hipertensão intracraniana

A suspeita de hipertensão intracraniana (HIC) é uma contra-indicação formal para o exame. Nesses pacientes, a punção só deverá ser feita após um exame neurológico cuidadoso e um exame de fundo-de-olho. HIC grave deve ser suspeitada na vigência de determinados sinais clínicos, tais como torpor, perturbação do ritmo respiratório, bradicardia e redução gradual da pressão arterial com ou sem edema de papila.

A possibilidade de indução de herniação cerebral deve ser considerada antes da realização de uma punção raquimedular. Essa complicação ocorre mais comumente em pacientes com pressão intracraniana aumentada devido ao efeito de massa. Uma vez que a inflamação meníngea pode estar associada com uma massa intracraniana (p. ex.: tumor, hemorragia ou um abscesso), o risco de herniação cerebral deve ser considerado cuidadosamente nesses casos. A presença de papiledema é um importante fator de risco para herniação. Em um estudo de pacientes com hipertensão intracraniana, a herniação cerebral era significativamente maior naqueles pacientes com papiledema.[22] Recomenda-se, portanto, realização de TC ou RNM de crânio antes da punção nos casos duvidosos.[23-] Caso haja suspeita de meningite bacteriana, devem ser colhidas hemoculturas e iniciada antibioticoterapia antes da obtenção dos resultados de imagem. O antibiótico não alcança concentração suficiente no LCR em uma ou duas horas, não afetando as culturas e o achado microscópico. Se uma TC ou RNM não puder ser obtida em um tempo adequado e se não existir papiledema, os achados neurológicos de uma lesão de massa localizada ou diátese hemorrágica, uma amostra de LCR, suficiente para cultura e exame microscópico, pode ser obtida via punção com agulha, através da monitorização da pressão intracraniana no momento do procedimento, por meio da raquimanometria. Mede-se a pressão e retira-se o LCR até a redução de 50% do valor da pressão inicialmente medida, independentemente do volume adquirido.

Distúrbios da coagulação e uso de anticoagulantes

Em indivíduos com trombocitopenia ou plaquetopenia e, também, em portadores de doenças que favoreçam hemorragias freqüentes, tais como hemofilia e leucemia, são necessárias considerações especiais já que, nesses casos, a punção liquórica está associada a aumento do risco de hemorragia subdural ou hematoma epidural. Quando a contagem de plaquetas estiver diminuída, em níveis de 50.000 ou menos, a punção para o estudo do LCR somente deverá ser realizada se houver indicação clínica de urgência. Edelson *et al* (1974) recomendam a transfusão de plaquetas previamente à punção se a contagem de plaquetas estiver abaixo de 20.000 ou diminuindo rapidamente. A anticoagulação com heparina ou cumarínicos também aumenta os riscos da punção liquórica. Quando o paciente estiver em uso de heparina, recomenda-se a administração de protamina; quando em uso de cumarínicos recomenda-se a administração de vitamina K ou plasma fresco para minimizar os riscos do procedimento.[26]

Os riscos dessas complicações hemorrágicas se acentuam com o uso concomitante de drogas que afetam a hemostasia, como as drogas antiinflamatórias não-esteróides. O médico deve considerar em sua totalidade o benefício potencial antes de realizar tal procedimento.[27]

EXAME DO LCR

Dependendo do caso em investigação ou em acompanhamento, sua análise deve incluir:

1. Aspecto e cor
   O LCR em condições normais é límpido e incolor, não coagula nem forma precipitado quando em repouso.

   Em condições patológicas, o LCR pode se apresentar das seguintes formas:
   - *Retículo fibrinoso:* claro, porém forma um fino retículo semelhante a uma teia de aranha quando em repouso. Indica reação meníngea, comum na meningite tuberculosa (retículo de fibrina de Mya).
   - *Líquido opalescente ou turvo:* indica reação meníngea aguda, meningite bacteriana.
   - *Líquido purulento:* grau mais avançado da meningite.
   - *Líquido hemorrágico:* deverão ser feitos testes, descritos neste capítulo, para diferenciar sangue prévio de acidente de punção.
   - *Líquido xantocrômico:* ocorre na hemorragia meníngea nos processos tumorais, obstrutivos, e se correlaciona com níveis elevados de proteínas totais e mais elevadas de bilirrubinas.
2. Citologia global, específica e oncótica.
3. Bioquímica (proteína, glicose, cloretos, uréia, lactato, LDH, TGO).
4. Microbiologia (bactérias, fungos, BK).
5. Perfil imunológico (Ag e Ac).
6. Marcadores tumorais.
7. Eletroforese de proteínas.
8. Reação de polimerase em cadeia.

O Quadro 19-18 mostra as principais características do LCR normal e as esperadas para determinadas afecções de maior interesse clínico.

COLETA DO LCR

Antes de realizar uma punção lombar, deve-se afastar todas as contra-indicações já descritas e fazer com que o paciente esteja colaborativo com o procedimento.

Quadro 19-18. **Principais características do LCR normal e as esperadas para determinadas afecções de maior interesse clínico**

	Pressão	*Células/mm³*	*Tipo de célula*	*Glicose mg %*	*Proteína*
Normal	100-200 mmHg	0-4	Linfócitos Monócitos	50-80	Subocc. = 30 Lombar = 40
Meningite bact. aguda	↑	500-5.000	Neutrófilos	↓	↑
Meningite subaguda (BK, *Cryptococcus*)	N ou ↑	100-700	Linfócitos Monócitos Neutrófilos	↓	↑
Meningite viral	N ou ↑	100-1.000	Linfócitos Neutrófilos (nas primeiras 24 h)	N	N ou ↑
Tumor/abscesso cerebral	N ou ↑	0-1.000	Linfócitos	N ou ↓	↑
Pseudotumor cerebral	↑	N	Linfócitos	N	Normal ou ↓
Síndrome de Guillain-Barré	N	0-30	Linfócitos	N	↑
Hemorragia cerebral	↑	Hemorrágico	Hemácias	N	↑
Trombose cerebral	N ou ↑	0-100	Linfócitos	N	Normal ou ↑
Tumor medular	N	0-50	Linfócitos	N	Normal ou ↑

O LCR deve ser coletado por uma das três vias: lombar, por punção do fundo-de-saco dural; cisternal (suboccipital e cervical lateral), por punção da cisterna magna; e ventricular, por punção de um dos ventrículos laterais. Independentemente do nível da punção, a coleta do LCR deve ser feita em tubo estéril, sem aditivos, obtendo-se um volume de 10 a 15 ml.

NÍVEL DE PUNÇÃO

A escolha do nível de punção depende da indicação clínica.[28] Nas síndromes relativas à patologia raquidiana, a punção lombar é obrigatória, e nas síndromes relativas à patologia meningoencefálica pode ser feita punção cisternal ou punção lombar.

Punção lombar

A punção lombar deve ser realizada com o paciente em decúbito lateral direito, em flexão moderada. Ela pode, também, ser realizada com o paciente sentado, porém deverá ser procedimento de exceção, quando tiver insucesso na punção em decúbito ou essa posição não for possível. Também, a pressão liquórica não poderá ser aferida de maneira fidedigna quando procedida a punção com o paciente sentado.

O paciente deve ser colocado horizontalmente, em decúbito lateral, com a coxa fletida sobre o abdômen e a cabeça sobre o tórax. A anti-sepsia é realizada com tintura de iodo e, depois, com álcool, por pelo menos 2 minutos. Uma agulha resistente, maleável, com bisel curto, bem cortante e com mandril de calibre 20 deve ser introduzida no espaço intervertebral de L3 e L4 ou entre L4 e L5 (Fig. 19-64). Sabe-se que o saco dural e a aracnóide estendem-se até ao nível de S2, enquanto a medula termina mais acima, em L2. Entre esses dois níveis, o espaço subaracnóideo é maior, contém maior quantidade de liquor e nele se encontram, apenas, o filamento terminal e as raízes que formam a cauda eqüina. Não havendo perigo de lesão da medula, essa é a área ideal para a introdução de uma agulha no espaço subaracnóideo.[29] Após percepção da perfuração do saco dural, deve ser retirado o mandril. Se a pressão inicial for maior que 200 mmHg e houver possibilidade de tumoração intracraniana, apenas o mínimo de liquor deve ser retirado. É necessária muita atenção, pois o vazamento de liquor pode persistir pelo orifício da agulha, mesmo depois da retirada da mesma. A colocação prévia do mandril para retirada da agulha está associada à diminuição do índice de cefaléia pós-punção.[30]

Punção suboccipital ou cisternal

A punção suboccipital ou cisternal é muito mais bem tolerada que a punção lombar, porém não deve ser indicada para pacientes agitados ou não-cooperantes, a exemplo de psicopatas, crianças e alguns pacientes neurológicos. A punção da cisterna magna está também contra-indicada em pacientes com dispnéia, traqueostomizados, nos quais a posição de flexão da cabeça, necessária para a execução da punção, pode causar obstrução de vias aéreas. A rigidez de nuca e o opistótono dificultam ou mesmo tornam impraticável a punção cisternal.

A técnica de punção cisternal proposta por Ayer estabelece a participação de duas pessoas: um ajudante mantém firme a cabeça do paciente, segurando-a pela região occipital, com a mão esquerda, e pela região frontal, com a mão direita.[31-36] Ao médico cabe a orientação correta, de modo que a coluna dorsal seja mantida sem nenhuma torção. O ponto de referência fundamental é a apófise espinhosa do áxis que é demarcada com o indicador da mão esquerda. Segurando o pavilhão da agulha com o indicador e o polegar da mão direita, ordena-se que o ajudante flexione a cabeça do paciente, de modo que o queixo toque o manúbrio do esterno. Com isso, obtém-se uma distensão da membrana atlantoccipital, e perfura-se a pele bem na linha mediana, ao lado do ponto de referência. Em seguida, a agulha, agora mantida com o indicador e o polegar de ambas as mãos, é introduzida lentamente com o destino final à cisterna magna, seguindo a linha imaginária que une a apófise espinhosa do atlas com a glabela, em direção ao centro da linha imaginária que une os meatos dos condutos auditivos externos. A agulha atravessa nesse percurso, sucessivamente, o tecido celular subcutâneo, o ligamento nucal, a membrana atlantoccipital e a dura-máter. Nesse momento, introduz-se delicadamente a agulha, até que ela atravesse suavemente a membrana atlantoccipital e a dura-máter, sem ultrapassar esse limite (Figs. 19-65 e 19-66). Ao retirar o mandril, observa-se gotejamento do LCR. Caso não haja saída espontânea de LCR, girar a agulha ligeiramente ou tentar aspirar, delicadamente, com seringa. Caso não se obtenha sucesso após todas essas al-

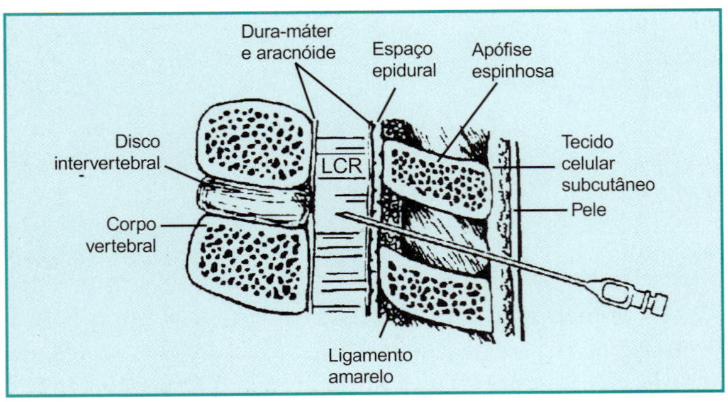

Fig. 19-64. Esquema representativo do percurso da agulha na punção lombar.

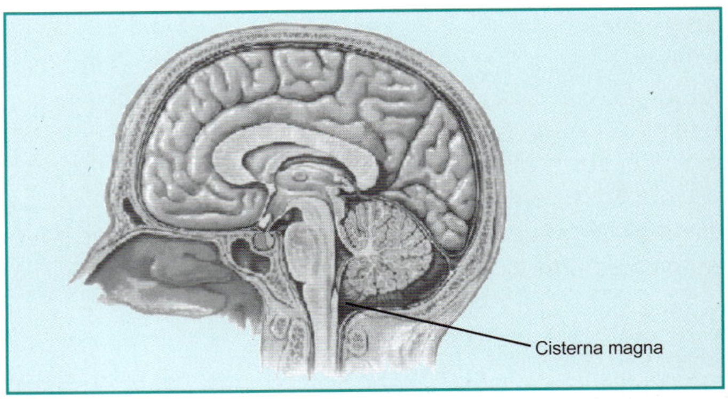

Fig. 19-65. Anatomia da cisterna magna. (Ver *Prancha* em *Cores*.)

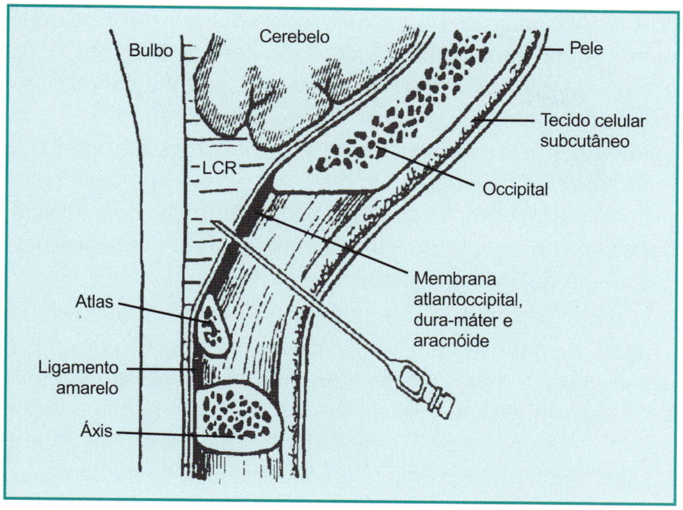

Fig. 19-66. Esquema representativo do percurso da agulha na punção da cisterna magna.

ternativas, não insistir com uma nova tentativa, devido ao risco de acidente de punção.

No recém-nascido, a punção suboccipital e também a lombar oferecem maior dificuldade técnica, por motivo de exigüidade dos espaços e por ser a pressão do LCR menor, comparativamente à do adulto. A agulha deve ser introduzida tangencialmente à apófise espinhosa do áxis a fim de evitar a escama do occipital, que é relativamente mais alongada nessa idade, dificultando a progressão da agulha.

Punção cervical lateral

A punção cervical é um método alternativo e satisfatório de punção liquórica, usada quando a rota lombar não puder ser usada. É considerada uma técnica mais segura que a técnica de punção cisternal. O espaço entre C1 e C2 é usado porque não há nenhum obstáculo lateralmente ao nível da articulação atlantoaxial, e o espaço intervertebral nesse nível é bastante largo. O local para inserção de agulha é 1 cm caudal e 1 cm posterior à extremidade do processo mastóide. A pele deve ser preparada com anti-sépticos, e o anestésico deve ser injetado no local. Uma agulha de punção lombar padrão (normalmente calibre 20) é inserida paralela ao plano do leito e perpendicular ao pescoço, estando o paciente em decúbito dorsal. À medida que a agulha é inserida, vários planos de tecidos são perfurados e vários "estalos" são normalmente percebidos; assim, dificilmente não se perceberá quando o espaço subaracnóideo for atingido. Então, o mandril da agulha é removido para conferir se o LCR está fluindo.[37] Um estudo realizado na região metropolitana de Recife, em pacientes comatosos sem agitação psicomotora, demonstrou resultados positivos em 90% dos pacientes submetidos à punção cervical lateral, sugerindo o método como uma alternativa à punção suboccipital.[38]

Punção ventricular

A punção de um dos ventrículos laterais para a colheita do LCR constitui um procedimento de exceção. Está indicada nos casos de pioventriculite ou tumores malignos que comprometam o revestimento ependimário. Em crianças nos primeiros meses de vida, é mais fácil de ser realizada através da punção direta pela fontanela bregmática. É, também, tecnicamente mais fácil em pacientes com dilatação do sistema ventricular.

MEDIDA DA PRESSÃO INTRACRANIANA

A pressão inicial deve ser aferida com o paciente relaxado e pode ser estimada pela maneira como flui o LCR, que em condições normais deve ser em gotas lentas. A presença de gotejamento rápido ou de drenagem em jato sugere hipertensão intracraniana. Em crianças, o choro pode confundir o observador, pois ele aumenta a pressão do LCR. A medida exata é feita por meio de um manômetro especial conectado à agulha de punção – manômetro de Claude.

A pressão em posição sentada, por punção lombar, varia entre 18 e 25 cm de água. Em posição horizontal, a pressão varia entre 5 e 20 cm de água.

ACIDENTE DE PUNÇÃO × HEMORRAGIA

Uma das maneiras para diferenciar um acidente de punção de uma hemorragia consiste inicialmente na constatação do aumento da pressão liquórica durante a realização da manometria (manômetro de Claude). No acidente de punção não existe hipertensão liquórica, enquanto na hemorragia subaracnóide existe elevação da pressão por causa do acréscimo no volume do liquor pela presença do sangue.

Outra maneira de diferenciar o acidente de punção do liquor sanguinolento é a observação de coágulos no trauma de punção, devido à entrada de fibrinogênio plasmático na amostra colhida. O liquor proveniente de uma hemorragia intracraniana não contém fibrinogênio suficiente para formar coágulos.

A terceira maneira de diferenciação é feita com a centrifugação do liquor, pois o traumático apresenta-se incolor, enquanto o sobrenadante de um liquor por hemorragia intracraniana apresenta-se xantocrômico devido à permanência de sangue. Outro achado é a presença de macrófagos contendo hemácias ou produtos da degradação dessas.

COMPLICAÇÕES DA PUNÇÃO RAQUIMEDULAR

Alterações neurovegetativas

Caracteriza-se pelo aparecimento de alterações tais como sudorese fria, cefaléia, tontura, bradicardia e síncope durante ou imediatamente após a punção.

Cefaléia pós-punção

Os primeiros sintomas aparecem de 12 a 24 horas após o procedimento. A cefaléia postural intensa constitui o principal achado, e o paciente relata atenuação da dor ao deitar, referindo piora significativa ao ficar em ortostase. Outros sintomas podem estar associados à cefaléia, tais como tontura, náusea, vômito, dipoplia, raquialgia e rigidez de nuca, podendo a sintomatologia permanecer por até 1 semana.

A utilização de uma agulha fina sem bisel cortante e com ponta arredondada, a execução de uma tentativa única e a colheita de pequeno volume de LCR reduzem significativamente a incidência dessa complicação.[39-41] Na vigência de tal complicação, deve-se manter o paciente em repouso no leito, com a cabeça baixa, durante pelo menos 24 horas, além de otimizar a hidratação e promover analgesia medicamentosa.· Caso a cefaléia persista pode ser necessária a realização de um *"blood path"*.·

Acidente hemorrágico traumático

É evidenciado pela saída de sangue em decorrência de lesão venosa do espaço epidural, e normalmente não possui tradução clínica considerável. Sangramentos mais graves estão relacionados a problemas na técnica de punção ou a comorbidades apresentadas pelo paciente.

Acidente irritativo séptico/infecção

Decorre da falta de cuidados de anti-sepsia antes e/ou durante a colheita do LCR.

Pinçamento de disco intervertebral

Também relacionado a má técnica. É responsável pela raquialgia e rigidez de coluna dorsolombar pós-punção.

Pinçamento de corpo vertebral

Induz a falso diagnóstico de processo leucêmico no SNC, através da contaminação de células da medula óssea que penetraram no interior da agulha.

Pinçamento superficial do tecido nervoso

Leva a reações sensitivas e motoras transitórias.[46]

Deslocamento da dura-máter

Ocorre basicamente na punção lombar em criança, devido à dura-máter estar frouxamente ligada ao osso. A agulha desloca para diante a meninge em vez de perfurá-la, o que provoca rompimento de pequenos vasos e promove a formação do hematoma. Tal situação não ocorre na punção cisternal, pois a dura-máter está bem ligada ao forame magno. Em caso de punção lombar em criança, fazer o procedimento com a criança sentada e usar agulha fina de bisel bastante cortante.

Herniação cerebral

Mais comumente associada a punção em pacientes com aumento da pressão intracraniana. A retirada de volumes mínimos de LCR reduz o risco dessa complicação.[47]

VALOR DO LCR NA UNIDADE DE TERAPIA INTENSIVA

O estudo do LCR em UTI deve ser sempre usado como recurso diagnóstico, juntamente com exames de imagem (TAC/RNM), naqueles pacientes que evoluem desfavoravelmente, com diminuição do nível de consciência, nos quais pretende-se afastar causa infecciosa / inflamatória, metabólica, vascular ou neoplásica. Trata-se de exame de fácil execução, minimamente invasivo e de grande auxílio. O LCR é o único líquido em contato direto com o SN, e sua colheita e análise são procedimentos simples, portanto a identificação de anormalidades que acometem o tecido nervoso pode ser feita precocemente em pacientes críticos.

Sendo um mediador biológico entre o tecido nervoso e o sangue, o liquor é capaz de fornecer informações relevantes, desde que sua colheita e estudo sejam realizados por um profissional competente. A partir de um resultado quimiocitológico bem-feito e confiável, o médico poderá determinar condutas que seguramente modificarão a evolução do paciente.

NOVAS PERSPECTIVAS

Nos últimos anos, o uso da *reação de polimerase em cadeia* (PCR) vem sendo padronizado na investigação de diversas doenças infecciosas do SN e pode ser aplicado em amostras de LCR, dispensando a realização de procedimentos invasivos e arriscados, como a biopsia cerebral. A PCR, através de técnicas de biologia molecular, amplifica milhares de vezes uma seqüência genômica do agente infeccioso procurado, possibilitando identificar uma seqüência determinada de DNA ou RNA desse patógeno. Essa técnica é útil nos casos em que, a despeito das técnicas convencionais utilizadas, o diagnóstico é difícil ou indeterminado. No entanto, ainda não pode ser usada em larga escala na prática clínica, por seu elevado custo. Mesmo assim, devido à eficácia, segurança e rapidez dos resultados, quando solicitada com critérios, auxilia enormemente o diagnóstico de patologias tais como meningite tuberculosa com Baar negativo, em que não se tem tempo para esperar o crescimento em meio de cultura (em torno de 45 dias), meningite ou meningoencefalite herpética, confirmação de casos duvidosos ou indeterminados de HIV, HTLV, entre outros vírus causadores de infecção no SN (Epstein-Barr, varicela zoster, vírus JC nas suspeitas de leucoencefalopatia multifocal progressiva, CMV e enteroviroses).[48]

A utilização da PCR no campo da neuroinfecção deve ampliar-se nos próximos anos, com sua viabilização comercial, podendo tornar-se acessível e ser introduzida na rotina laboratorial.

A identificação no LCR de marcadores específicos para doenças degenerativas como a proteína 14.3.3 identificada na doença de Creutzfeldt-Jakob e a proteína *Tau* para a demência de Alzheimer, perspectiva já utilizada em alguns centros, para diagnóstico diferencial importante desses tipos de demência.[49]

REFERÊNCIAS BIBLIOGRÁFICAS

1. Quicke H. Lumbar punction des hydrocephalus. *Klin Wochenschr* 1891;28:929–933.
2. Minagar A, Lowis GW. Dr Heinrich Irenaeus Quincke (1842–1922): clinical neurologist of Kiel. *J Med Biogr* 2001;9(1):12–15.
3. Last RL, Tompsett DH. Casts of the cerebral ventricles. *Brit J Surg* 1953;164:525.

4. Batson OV. The function of the vertebral veins and their role in the spread of metastasis. *Ann Surg* 1940;112:138.
5. Bowsher DR. A comparative study of the connections of the internal vertebral venous plexus. *J Anat* 1954;88:583.
6. Herlihy WF. Revision of the venous system: the role of the vertebral veins. *J Anat* 1947;1:661.
7. Davson H. *Physiology of the Cerebrospinal Fluid.* London, and New York: Churchill Livingstone, 1967.
8. Forbes HS. Observation and measurement of pial vessels. *Brain* 1938;61:221.
9. Ontaneda LE. *La Punción Cisternal.* El Ateneu, 1939.
10. Daveson H, Welch K, Segal MB. *The Phisiology and Pathophysiology of the Cerebrospinal Fluid.* London and New York: Churchill Livingstone, 1987, p 1013.
11. Cerebrospinal fluid and the brain edemas. Neuroscience Society of New York, 1987.
12. Spina França A. Líquido cefalorraqueano. *Propedêutica Neurológica.* São Paulo: Sarvier, 1975, pp 405–425.
13. Givens TG, Paul RI, Bothner JP, Hardwick WE Jr., Walsh-Kelly CM. Cerebrospinal fluid glucose and protein in disposition and treatment decisions. *Acad Emerg Med* 2000;7(3):298–302.
14. Merritt HH, Fremont-Smith F. The cerebrospinal fluid. 1938.
15. Gerra-Romero L, Tauber MG, Fournier MR, Turran JH. Lactate and glucose concentrations in brain intersticial fluid, cerebrospinal fluid, and serum during experimental pneumococcal meningitis. *J Infect Dis* 1992;166:546.
16. Practice parameters: lumbar puncture (summary statement). Report of the quality standards subcommittee of the American Academy of Neurology. *Neurology* 1993;43(3 Pt 1):625–627.
17. Clatterbuck RE, Tamargo R, Rigamonti D. Making the diagnosis of subarachnoid hemorrhage. *N Engl J Med* 2000;342(19):1454–1455.
18. Chamberlain MC, Kormanik PA, Glantz MJ. A comparison between ventricular and lumbar cerebrospinal fluid cytology in adult patients with leptomeningeal metastases. *Neuro-Oncol* 2001;3(1):42–45.
19. Baziomo JM, Krim G. Neonatal meningitis: the value of systematic lumbar puncture. *Arch Pediatr* 1998;5(3):340–341.
20. Pemberton L. Guillain-Barré syndrome. *Nurs Times* 1998;94(46):50–53.
21. Arjona A. Prevention and treatment of headache due to intracranial hypotension. *Rev Neurol* 1998;27(160):1027–1033.
22. Marton KI, Gean AD. The spinal tap: a new look at an old test. *Ann Intern Med* 1986;104:840.
23. Gopal AK, Whitehouse JD, Simel DL, Corey GR. Cranial computed tomography before lumbar puncture: a prospective clinical evaluation. *Arch Intern Med* 1999;159(22):2681–2685.
24. Linden CH, James WA, Hartigan CF. Cranial computed tomography before lumbar puncture. *Arch Intern Med* 2000;160(18):2868–2870.
25. Cooper JR. Routine use of CT prior to lumbar puncture. *Br J Radiol* 1999;72(855):319.
26. Fishman RA. Examination of the cerebrospinal fluid: techniques and complications. *Cerebrospinal Fluid in Diseases of the Nervous System* 1992:179–180.
27. Lumpkin MM. Reports about epidural or spinal hematomas with the simultaneous use of heparin of low molecular weight and spinal/epidural anesthesia or spinal punction. *Rev Argent Anestesiol* 1998;56(2):107–108.
28. Silva JA, Reis JB. Orientação clínica na escolha do nível de punção para o exame do líquido cefalorraquidiano. *Arq Assist Psicopatas* 1941;6:319.
29. Machado ABM. Anatomia macroscópica da medula espinhal e seus envoltórios. Neuroanatomia funcional. Rio de Janeiro e São Paulo. Atheneu. 1991;17–23.
30. Strupp M, Brandt T. Should one reinsert the stylet during lumbar puncture? *N Engl J Med* 1997;336(16):1190.
31. Eskuchen K. Die Punkition der Cisterna Cerebellomedularis. *Klin Wchnschr* 1923;2:1830.
32. Ontaneda LE. *La Punción Cisternal.* El Ateneu, 1939.
33. Wegeforth P, Ayer JB, Essick CR. The method of obtaining cerebrospinal fluid by puncture of the cisterna magna. *Am J Med* 1919;157(789).
34. Antoni N. Punction diagnostic. Introductory lecture. *Acta Psychiat Neurol* 1948;59.
35. Ayer JB. Puncture of the cisterna magna. *Arch Neurol Psychiat* 1920;4:529.
36. Ayer JB. Puncture of the cisterna magna. Report on 1985 punctures. *JAMA* 1923;81:358.
37. Fishman RA. Examination of the cerebrospinal fluid: techniques and complications. *Cerebrospinal Fluid in Diseases of the Nervous System* 1992:163–164.
38. Vargas DJ, Marrero MP, Prado GE, Ochoa GN. Lateral cervical puncture as a new method for collecting cerebrospinal fluid: experience in Recife and its metropolitan area. *Arq Neuropsiquiatr* 1988;42(1):88–89.
39. Turnbull D, McKevitt F. Headache after diagnostic lumbar puncture. Authors should have used smaller gauge needles. *BMJ* 2001;322(7292):994.
40. Davies JR. Headache after diagnostic lumbar puncture. Smaller is better where needles are concerned. *BMJ* 2001;322(7292):993–994.
41. Smeltzer JS. Headache after diagnostic lumbar puncture. Using 20 gauge needle is blunderbuss technique. *BMJ* 2001;322(7292):993.
42. Clinch CR. Evaluation of acute headaches in adults. *Am Fam Physician* 2001;63(4):685–692.
43. Vimala J, Peter JV, Jeyaseelan L, Prabhakar S, Cherian AM. Post lumbar puncture headache: Is bed rest essential? *J Assoc Physicians India* 1998;46(11):930–932.
44. Vercauteren MP, Hoffmann VH, Mertens E, Sermeus L, Adriaensen HA. Seven-year review of requests for epidural blood patches for headache after dural puncture: referral patterns and the effectiveness of blood patches. *Eur J Anaesthesiol* 1999;16(5):298–303.
45. Cooper G. Epidural blood patch. *Eur J Anaesthesiol* 1999;16(4):211–215.
46. Evans RW. Complications of lumbar puncture. *Neurol Clin* 1998;16(1):83–105.
47. Shetty AK, Desselle BC, Craver RD, Steele RW. Fatal cerebral herniation after lumbar puncture in a patient with a normal computed tomography scan. *Pediatrics* 1999;103(6 Pt 1):1284–1287.
48. Saiki RK, Scharf S, Faloona F, Mullis KB, Horn GT, Erlich HA *et al.* Enzymatic amplification of beta-globin genomic sequences and restriction site analysis for diagnosis of sickle cell anemia. *Science* 1985;230(4732):1350–1354.
49. Richard TJ, Clarence JG. Creutzefeldt–Jacob disease and related transmissible spongiform encephalopathies. *N Engl J Med* 1998;339(27):1994–2003.

Drenagem de Tórax (Toracostomia)

José Mário M. Teles • Alex Sandro Almeida • Thales Delmondes Galvão

A drenagem torácica com sistema fechado em selo d' água tem sido considerada há vários anos procedimento padrão para a retirada de ar, sangue ou outros materiais que se acumulam no espaço pleural.[1]

Por ser um procedimento cirúrgico, freqüente nas Unidades de Terapia Intensiva (UTIs),[2] relativamente cruento, e necessitar de habilidade técnica um pouco mais diferenciada, começou-se a procurar outra forma de se buscar essa drenagem, mas que fosse mais simples, rápida, de fácil aprendizado e com morbidade inferior à encontrada com o procedimento convencional.

Este capítulo irá apresentar as técnicas disponíveis para drenagem torácica que vêm sendo incorporadas ao longo desses últimos anos nas unidades de emergências e de terapia intensiva de todo o mundo, revendo as vantagens e desvantagens de cada uma, suas contra-indicações e potenciais complicações.

VISÃO HISTÓRICA DO PROCEDIMENTO

Hipócrates foi o primeiro a descrever a drenagem do espaço pleural, propondo a inserção de um tubo metálico para aliviar um empiema.[3] Houve um importante progresso na cirurgia quando o espaço potencial entre as duas camadas pôde finalmente ser cruzado com segurança. Isso foi conseguido por Sauerbruch (1904), que colocou o seu paciente em uma câmara de pressão atmosférica negativa, deixando apenas a cabeça e o pescoço de fora, expostos à pressão atmosférica, para conseguir a expansão dos pulmões no tórax aberto. A equipe cirúrgica devia realizar a operação no interior dessa câmara. Esse método complicado tornou-se obsoleto quando Melzer e Auer introduziram a insuflação dos pulmões com pressão positiva.[4] Playfair foi o primeiro a apresentar o conceito de sistema de drenagem sob selo d'água,[5] e Hewitt, quatro anos mais tarde, foi o primeiro a descrever o método de drenagem sob sistema fechado do espaço pleural como tratamento para o empiema.[6] Entretanto, foi a partir da epidemia de influenza em 1917 que Graham e Bell deram ênfase ao método, pois a drenagem por via aberta do tórax para os empiemas estava associada com elevadas taxas de mortalidade.[7] Os achados da Comissão de Empiema, durante a Primeira Guerra Mundial, assinalaram um outro marco, quando se percebeu que a abertura da cavidade pleural para a pressão atmosférica, com a finalidade de drenar o empiema, poderia ser catastrófica quando não havia aderências para limitar a extensão da infecção.[4] Com o uso da drenagem de tórax com sistema fechado pós-toracotomia na Segunda Guerra Mundial, e para drenagem de hemotórax traumático no conflito da Coréia, o método passou a ser largamente aceito.

ANATOMIA PLEURAL E FISIOLOGIA

A cavidade torácica contém os pulmões, as pleuras e o mediastino, que é dividido em quatro partes: superior, anterior, médio e posterior.

A parede torácica está revestida anteriormente pelos músculos peitorais e posteriormente pelos músculos grande dorsal e serrátil anterior.[8]

Existem 12 pares de costelas, sete das quais são denominadas costelas verdadeiras, onde as cartilagens se articulam com o esterno, e os cinco pares inferiores, chamados de costelas falsas, que não se unem ao esterno. A décima primeira e a décima segunda costelas são chamadas de costelas flutuantes, pois não chegam até a frente. O esterno está dividido em manúbrio, corpo e apêndice xifóide. A clavícula articula-se com o esterno e a primeira cartilagem costal.[9] O espaço intercostal contém os músculos torácicos internos, externo e transverso. Existem 11 espaços intercostais, que contêm uma veia, uma artéria e um nervo, os quais caminham ao longo da borda inferior de cada costela. Todos os espaços intercostais são mais largos na frente do que atrás, e o terceiro espaço é o mais largo.

A artéria e a veia mamária surgem a partir da porção inicial da artéria subclávia em oposição ao tronco tireocervical e descem ao longo do esterno, para se anastomosar com a artéria epigástrica superior.[9]

A cúpula pleural projeta-se discretamente através da abertura torácica superior, sem ultrapassar o nível do colo da primeira costela. Devido à obliqüidade dessa costela, anteriormente, a pleura ultrapassa em 2,5 a 5,0 cm o nível da incisura jugular do esterno ou 1,5 a 2,5 cm o nível da articulação esternoclavicular, conforme Fig. 19-67. A margem inferior da pleura é relativamente horizontal, sendo mais baixa ao nível da linha axilar média, onde alcança a décima primeira costela. Próximo à coluna vertebral, no entanto, pode descer abaixo do colo da décima segunda costela, aspecto importante a ser considerado nas incisões de acesso ao rim.[8]

A membrana pleural recobre os pulmões e a cavidade torácica internamente. O folheto de revestimento pulmonar é designado como pleura visceral e o da parede torácica como pleura parietal. O espaço entre esses dois folhetos é virtual e só se torna manifesto em casos patológicos, pelo acúmulo de ar (pneumotórax), sangue (hemotórax), pus (empiema), linfa (quilotórax) e líquidos serosos ou serofibrinosos (hidrotórax).[8]

A pleura visceral adere intimamente ao pulmão, do qual não pode ser dissecada sem lesão do parênquima, revestindo todas as fissuras e projeções dos lobos pulmonares. A pleura parietal reveste a cavidade torácica, podendo ser dividida em quatro porções: pleura costal, revestindo as costelas e músculos intercostais; pleura diafragmática, cobrindo a superfície to-

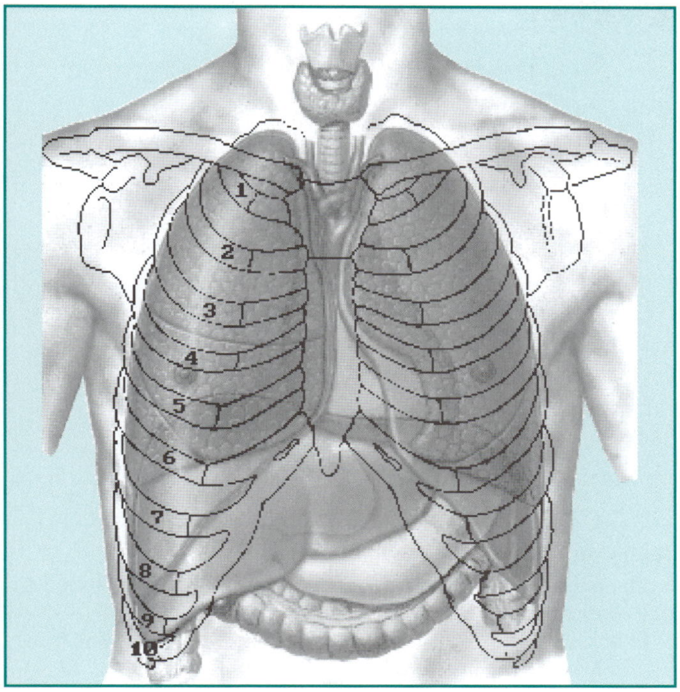

Fig. 19-67. As relações das pleuras com a cavidade torácica e seus órgãos. (Ver *Prancha* em *Cores.*)

rácica do diafragma; pleura mediastinal, limitando lateralmente o mediastino, e pleura cervical, correspondendo à cúpula pleural.[8]

As superfícies de oposições das pleuras visceral e parietal são revestidas de mesotélio, que secreta líquido seroso que atua como lubrificante, facilitando o deslizamento durante os movimentos respiratórios (Fig. 19-67). A pleura parietal produz aproximadamente 2.400 ml de fluido diariamente, que é absorvido na pleura visceral.[8,10]

O encolhimento elástico dos pulmões produz pressões intrapleurais negativas (subatmosféricas) de – 6 a – 12 cmH_2O durante a inspiração. Podem ser observados extremos de (+) 40 cmH_2O durante a manobra de Valsalva, ou (-) 40 cmH_2O durante o esforço inspiratório contra uma glote fechada.[11]

COLOCAÇÃO DO DRENO DE TÓRAX

Indicações

Existem inúmeras indicações para a colocação de um dreno no espaço pleural.[11] O procedimento pode ser realizado com finalidade paliativa devido uma doença crônica, como é o caso da drenagem de derrames pleurais por processos malignos, ou para aliviar agudamente uma situação com risco de vida iminente, como na descompressão de um pneumotórax hipertensivo.

Algumas manobras terapêuticas podem ser realçadas pela drenagem torácica. O exemplo mais freqüente é o tratamento dos empiemas, em que a introdução isolada de antibióticos não é o suficiente para resolução do quadro infeccioso ou quando o dreno de tórax serve como via para a instilação de

Quadro 19-19. **Indicação de drenagem torácica**

A. pneumotórax	Espontâneo, traumático, iatrogênico (devido à passagem de catéter venoso central, toracocentese e ventilação mecânica com pressão positiva), enfisema bolhoso, pneumonia necrotizante, infarto pulmonar e por neoplasias
B. hemotórax	Traumático (contuso ou penetrante), iatrogênico, por neoplasias, infeccioso, malformação arteriovenosa pulmonar, coagulopatias, ruptura de aneurisma de aorta torácica
C. empiema	Parapneumônico, pós-traumático, pós-operatório, por êmbolo séptico, por infecção intra-abdominal
D. quilotórax	Traumático (contuso, penetrante, cirúrgico), congênito, por neoplasia, por filariose, por tuberculose, obstrução de veia subclávia
E. hidrotórax	Transudato e exsudato (por neoplasia, inflamatório, iatrogênico, pós-operatório e imunológico)

agentes esclerosantes na prevenção da recorrência de derrames pleurais malignos.

O Quadro 19-19 apresenta uma variedade de condições clínicas, que em ambiente hospitalar se beneficiam da drenagem torácica.

Pneumotórax

O pneumotórax é a presença de ar na cavidade pleural, com conseqüente aumento do espaço interpleural (Fig. 19-68). Pode ser classificado como espontâneo, ocorrendo sem um evento precedente; traumático, por trauma direto ou indireto;

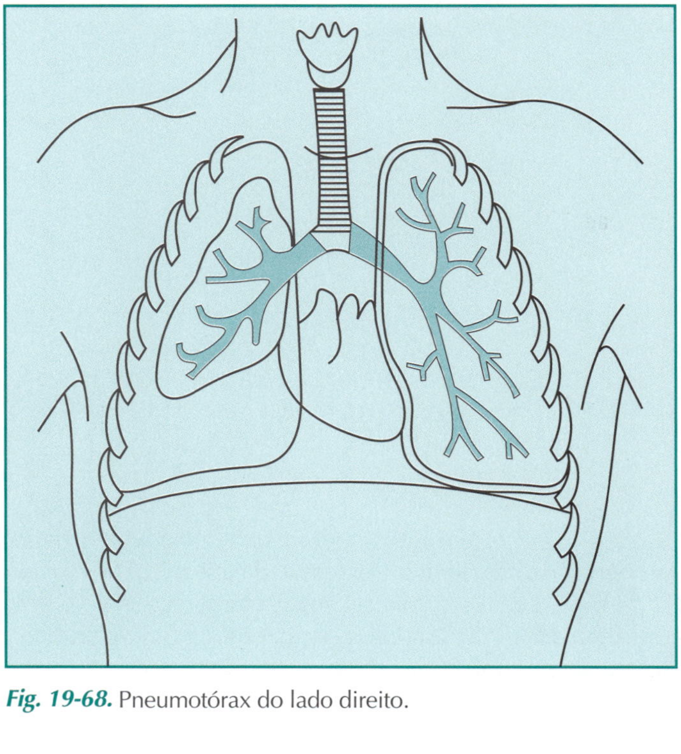

Fig. 19-68. Pneumotórax do lado direito.

e iatrogênico, categorizado por alguns autores como traumático. O pneumotórax espontâneo pode ser classificado como primário ou secundário.[13]

O pneumotórax espontâneo primário ocorre mais em pacientes jovens sem patologia pulmonar prévia e é causado geralmente por uma ruptura de um alvéolo apical com subseqüente formação de uma membrana subpleural, que depois rompe para o espaço pleural.[13,14] Após o primeiro episódio de pneumotórax espontâneo há uma chance de recidiva em torno de 10%, aumentando para 40% após o segundo episódio.[15] O pneumotórax espontâneo secundário ocorre como uma complicação de doença pulmonar, principalmente no paciente portador de DPOC ou tuberculose pulmonar. O pneumotórax espontâneo ocorre bilateralmente em 5% dos casos, está associado a derrame pleural em 10%, com hemotórax em 7% e a pneumotórax hipertensivo em 1 a 3% dos casos.[13]

Pacientes em ventilação mecânica têm uma incidência de pneumotórax de 4 a 15%.[2] As causas iatrogênicas de pneumotórax são: acesso central por punção venosa, catéter de Swan-Ganz, marca-passo transvenoso; toracocentese, broncoscopia, pericardiocentese, traqueostomia e algumas cirurgias como cardioplastia, esofagectomia, biopsia pulmonar e traqueostomia percutânea.[16]

A apresentação clínica clássica é dor ventilatória-dependente, dispnéia e respiração superficial. A contínua passagem de ar para o espaço pleural sem uma via de escape para o ar comprime o pulmão afetado, rebaixa o diafragma e desloca o mediastino para o lado contralateral. A pressão se torna tão grande que o pulmão do outro lado se comprime, o que leva a hipoxemia e diminuição do retorno venoso, gerando hipotensão arterial (Fig. 19-69).

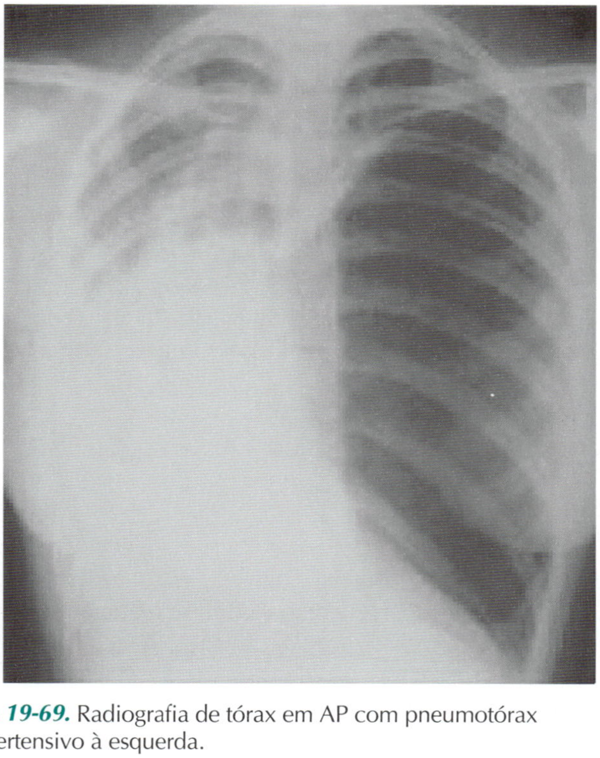

Fig. 19-69. Radiografia de tórax em AP com pneumotórax hipertensivo à esquerda.

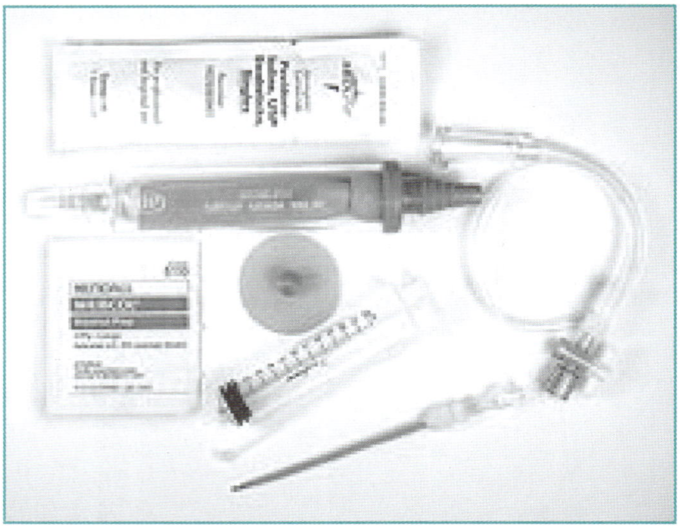

Fig. 19-70. *Kit* de drenagem percutânea para pneumotórax, com catéter de pequeno calibre nº 14 conectado e a válvula de Heimlich. (Ver *Prancha* em *Cores*.)

Deve-se buscar ao exame a presença de estase de jugulares, desvio da traquéia para o lado oposto ao pneumotórax, diminuição da expansibilidade torácica, ausência de murmúrio vesicular e timpanismo à percussão do tórax. A presença de pulso paradoxal, queda de mais de 10 mmHg da pressão sistólica na inspiração profunda, também ajuda na confirmação de uma hipertensão intratorácica. Nos pacientes em ventilação mecânica, freqüentemente ocorre uma queda súbita da oxigenação com elevação das pressões de vias aéreas.[17-21]

Embora em muitos casos o diagnóstico seja feito pela combinação do exame físico com a radiografia de tórax, em outras oportunidades, quando acompanhada de instabilidade hemodinâmica aguda, a pura suspeita clínica deve ser suficiente para uma decisão terapêutica. A solicitação de uma radiografia de tórax ou consulta com um cirurgião para realizar a drenagem em um paciente com pneumotórax hipertensivo é inadmissível. A maioria dos pacientes com pneumotórax ou derrame pleural pode ser tratada por não-especialistas, usando técnicas simples de drenagem torácica e toracocentese. O pneumotórax é a indicação mais comum para a passagem de um dreno de tórax.

A presença de pneumotórax no trauma está quase sempre acompanhada de hemotórax, e sempre requer uma drenagem torácica, especialmente se houver planejamento de ventilação mecânica. As fraturas de arcos costais estão freqüentemente presentes e podem levar a pneumotórax hipertensivo. Uma descompressão de urgência com um catéter 14 ou 16, no 2º espaço intercostal na linha medioclavicular, pode ser salvadora, conectado a uma válvula de Heimlich (Fig. 19-70) ou enquanto se prepara o material para a colocação de um dreno torácico convencional.[22-25]

Nas situações em que for possível realizar uma radiografia de tórax, o médico deverá procurar uma fina linha branca (pleura visceral), separando o pulmão colapsado do espaço pleural

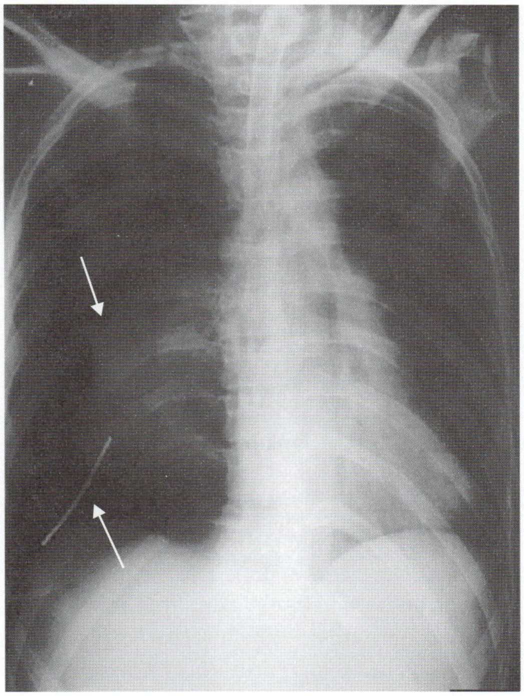

Fig. 19-71. Pneumotórax do lado direito secundário à passagem de sonda enteral (seta de baixo).

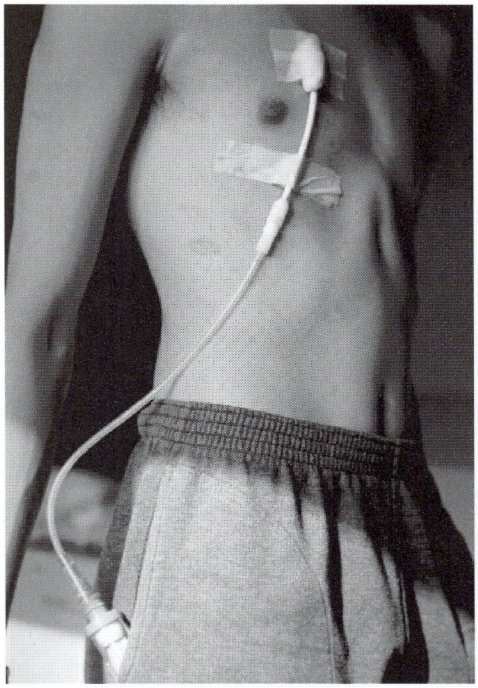

Fig. 19-72. Paciente logo após a drenagem torácica, com catéter de pequeno calibre passado pela técnica de Seldinger, conectado à válvula de Heimlich.

(Fig. 19-71, observar a seta de cima), onde o acúmulo de ar fica caracterizado por hipertransparência sem trama pulmonar.

O tamanho do pneumotórax pode ser estimado, mas não existem graduações simples nem universalmente aceitas. A decisão da colocação de um dreno de tórax é baseada no estado clínico global do paciente e/ou no controle seriado de radiografias de tórax. Os pacientes então podem ser divididos em estáveis ou instáveis e com pequenos ou grandes pneumotórax.

■ *Pacientes estáveis com pequenos pneumotórax*

Devem ser observados com radiografias de tórax seriadas, com uma taxa de reexpansão de aproximadamente 1,25% de volume pulmonar por dia.[26] A simples aspiração do pneumotórax ou a inserção de um dreno de tórax não são apropriadas para a maioria dos doentes. Porém os pacientes assintomáticos em ventilação mecânica devem ser submetidos à drenagem torácica.

■ *Pacientes estáveis com grandes pneumotórax*

Recomenda-se que sejam submetidos a procedimentos de reexpansão. O pulmão deve ser reexpandido usando-se um catéter pequeno (≤ 14 Fr) ou pela passagem de um dreno de tórax de 16 a 22 Fr. Os catéteres ou drenos de tórax podem ser conectados tanto à válvula de Heimlich ou ao sistema de selo d´água e podem ser deixados no lugar até o pulmão expandir contra a parede torácica e a fistula broncopleural ter se resolvido. Se o pulmão não consegue expandir rapidamente, o sistema de sucção deve ser aplicado ao selo d´água. Alternativamente, a sucção pode ser aplicada imediatamente após a passagem do dreno de tórax para todos os pacientes com o sistema de selo d´água. O paciente com quem se estabelece uma boa relação médico-paciente e que não quer permanecer na UTI pode ir para a enfermaria logo após o procedimento, com um catéter de pequeno calibre conectado a uma válvula de Heimlich (Fig. 19-72) se o pulmão tiver reexpandido após a remoção de ar do espaço pleural.[27]

■ *Pacientes instáveis com grandes pneumotórax*

Esses devem ser submetidos à inserção de um catéter torácico para reexpansão pulmonar. A maioria dos pacientes deve ser tratada com um dreno de tórax 16Fr a 22Fr ou com um catéter de pequeno calibre, dependendo do grau da instabilidade clínica. Um dreno de tórax padrão de tamanho 24Fr a 28Fr pode ser usado em um paciente em que se antecipe que terá uma fístula broncopleural com grande quantidade de escape de ar ou que necessite de ventilação mecânica com pressão positiva. Os sistemas com selo d'água podem ser usados sem sucção inicialmente, mas a sucção deve ser aplicada se o pulmão não expandir com a drenagem simples. A sucção também pode ser aplicada imediatamente após a passagem do dreno torácico. Alguns pacientes podem ser tratados com o catéter de pequeno calibre conectados à válvula de Heimlich, se a condição de estabilidade hemodinâmica puder ser obtida com a imediata evacuação de ar do espaço pleural. O sistema de selo d'água deverá substituir a válvula de Heimlich e o sistema de sucção pode ser aplicado caso o pulmão não se expanda.[27]

Hemotórax

O acúmulo de sangue no espaço pleural é denominado hemotórax. Pode ser classificado como espontâneo ou traumático. Pode também ocorrer como resultado de uma toracocentese ou drenagem torácica malsucedida do ponto de vista técnico, secundária a uma lesão de vasos intercostais, artéria mamária interna ou por lesão de parênquima pulmonar, ou por distúrbios de coagulação.

Existem diferentes recomendações sobre o momento ideal para realizar a cirurgia de controle do sangramento no hemotórax traumático. Em geral as indicações para a toracotomia aberta são: perda de sangue inicial maior do que 1.000 a 1.500 ml, perda de sangue contínua maior do que 500 ml na primeira hora, perda de sangue maior do que 200 ml/h após duas a quatro horas ou 100 ml/h após seis a oito horas. Os pacientes instáveis que não respondem a expansão volêmica também são pacientes de risco e que podem se beneficiar dessa conduta.

A inserção do dreno de tórax de grosso calibre de 32 a 40 Fr serve não só para facilitar a ventilação do paciente mas também para monitorizar o sangramento e indicar com precocidade a toracotomia.

A drenagem incompleta do hemotórax traumático pode levar à formação do fibrotórax, que é secundário à presença de coágulos de sangue no espaço pleural que se organiza. A causa mais comum é por posicionamento inadequado ou obstrução do dreno. A conseqüência seria o encarceramento do pulmão e/ou a formação de empiema. O esvaziamento precoce por toracotomia é o procedimento de escolha para os pacientes que têm condições clínicas.[28,29]

Empiema

Empiema é definido como sendo o acúmulo de secreção purulenta na cavidade pleural. As causas mais freqüentes são: abscessos parapneumônicos, contaminação após trauma e cirurgia ou associado a malignidade. As bactérias anaeróbias, principalmente estreptococos e bastonetes gram-negativos, são responsáveis por 72% dos casos. O quadro clínico varia desde dor torácica, febre e leucocitose até choque séptico refratário com evolução fatal.

A radiografia de tórax pode mostrar uma imagem sugestiva de derrame pleural ou de uma cavidade com abscesso que pode se confundir com abscesso intrapulmonar, sendo necessário tomografia pulmonar para diferenciá-los. A ultra-sonografia é um método à beira do leito que pode ser muito útil, determinando se existe líquido, qual a quantidade, e se é necessária a drenagem (presença de debris). A decorticação será realizada se não houver resposta à drenagem torácica.[10]

Quilotórax

Quilotórax é definido como sendo o extravasamento de linfa para dentro do espaço pleural e subseqüente acúmulo. Esse líquido é quase sempre estéril devido às propriedades imunológicas da linfa. Ela pode ser retida a uma taxa superior a 1.500 ml por dia, causando comprometimento hemodinâmico e distúrbios metabólicos devido às perdas de proteínas, gorduras e vitaminas lipossolúveis. A dosagem de triglicerídios do líquido com valores maiores do que 110 mg% ou uma relação colesterol/triglicerídios menor do que 1 confirma o diagnóstico.[30]

A principal causa de quilotórax é o trauma, incluindo a cirurgia. A detecção do quilotórax pode ser retardada por até 7 a 10 dias, principalmente se houver restrição dietética após a cirurgia.

O tratamento consiste em drenagem torácica e manutenção agressiva do estado nutricional e metabólico. Repouso intestinal é recomendável. Aproximadamente 50% dos pacientes irão ter os seus quadros resolvidos de forma espontânea. Enquanto não existe consenso, duas semanas de observação são um período de tempo considerado adequado, a não ser que o paciente seja desnutrido previamente. A toracotomia aberta com ligadura do ducto e fechamento da fístula é o tratamento definitivo.[30]

Hidrotórax

O derrame pleural é a presença de fluido no espaço pleural. Pode ser transudato, quando a relação entre a proteína do líquido pleural sobre a proteína sérica for menor do que 0,5 ou quando a relação do LDH do líquido pleural sobre o LDH sérico for menor do que 0,6. Os exemplos clássicos são as doenças que levam a hipoalbuminemia, como insuficiência cardíaca congestiva, cirrose e nefrose. O exsudato seria justamente a condição com valores acima dos descritos anteriormente, causada geralmente por infecção, neoplasia, doença vascular do colágeno, pancreatite ou tromboembolismo pulmonar. O paciente pode estar assintomático, ou queixar-se de dispnéia e dor. Ao exame físico podemos observar diminuição do murmúrio vesicular do lado afetado e macicez à percussão. A radiografia de tórax evidenciará apagamento do seio costofrênico quando o derrame pleural for maior que 200 a 500 ml. À medida que o hidrotórax aumenta, a cúpula diafragmática se apaga. A imagem de consolidação na radiografia de tórax pode confundir o diagnóstico de derrame pleural, que deverá ser confirmado com ultra-sonografia de tórax.[31]

Uma vez diagnosticado o derrame pleural, deve ser feita uma análise bioquímica (proteína, glicose, pH), microbiológica e citológica. Se o paciente está assintomático, uma amostra de 20 ml é suficiente. Se houver sintomas, esse derrame pleural deve ser esvaziado. Deve ser puncionado com um catéter número 14. O estilete deve ser retirado e a cânula conectada a um *kit* de aspiração fechada. Se mais de 1,5 l for aspirado, pode levar a instabilidade hemodinâmica ou edema pulmonar.

As indicações para a inserção de um dreno são: paciente com exsudato que não seja secundário a uma doença sistêmica que recorre após aspiração ou derrame parapneumônico com pH < 7,20 e uma concentração de glicose < 60 mg%.[32]

O dreno só deve ser retirado quando tiver uma drenagem inferior a 100 ml por dia. Se o derrame pleural for causado por uma doença maligna que não foi tratada ainda ou é intratável, deve ser feita uma pleurodese.[33]

Contra-indicações

A contra-indicação mais óbvia para a colocação de um dreno torácico é justamente a ausência de ar ou líquidos no espaço pleural. Nos pacientes com múltiplas fraturas de costelas que entram em ventilação mecânica e que vão ser transportados para centros terciários de atendimento, mesmo não havendo pneumotórax, a drenagem do tórax comprometido é recomendável.

Deve-se ter todo cuidado para não interpretar artefatos de revelação, como dobras de pele, com pneumotórax. Uma grande bolha subpleural pode confundir o observador, o que levará a uma morbidade significativa caso o paciente seja drenado. Radiografias com o tórax em expiração profunda deixarão em destaque a trama pulmonar.

Nas situações em que existirem distúrbios de coagulação, deverá ser pesado o risco-benefício do procedimento. A utilização de complexos protrombínicos ou hemoderivados, do tipo plasma fresco, e aférese ou concentrado de plaquetas deverão ser feitos antes de se iniciar o procedimento.

Aspectos técnicos

A realização da drenagem torácica requer conhecimento técnico não apenas da anatomia da parede torácica mas também das estruturas intra-abdominais e torácicas. Quando possível, é bom ter um cirurgião experiente por perto, para supervisionar a colocação do dreno, já que complicações graves podem ocorrer se não realizada de maneira correta.

Antes da inserção do dreno, o paciente deve ser comunicado da importância do procedimento. Na falta de condições de o paciente entender o que está acontecendo, deve-se entrar em contato com os familiares.

A inserção do dreno deve ser no *triângulo de segurança* (Fig. 19-73), onde os lados do triângulo correspondem a uma linha horizontal que fica ao nível do mamilo no homem e na base do seio na mulher, aproximadamente no quinto espaço intercostal, linha axilar anterior e margem lateral do peitoral maior. A drenagem abaixo desse nível pode levar à introdução acidental do dreno no abdômen. Quando o procedimento for feito por via convencional, a dissecção deve ser feita com instrumentos rombos, pois a utilização de instrumentos pontiagudos pode causar lesão intratorácica ou de víscera abdominal.[10]

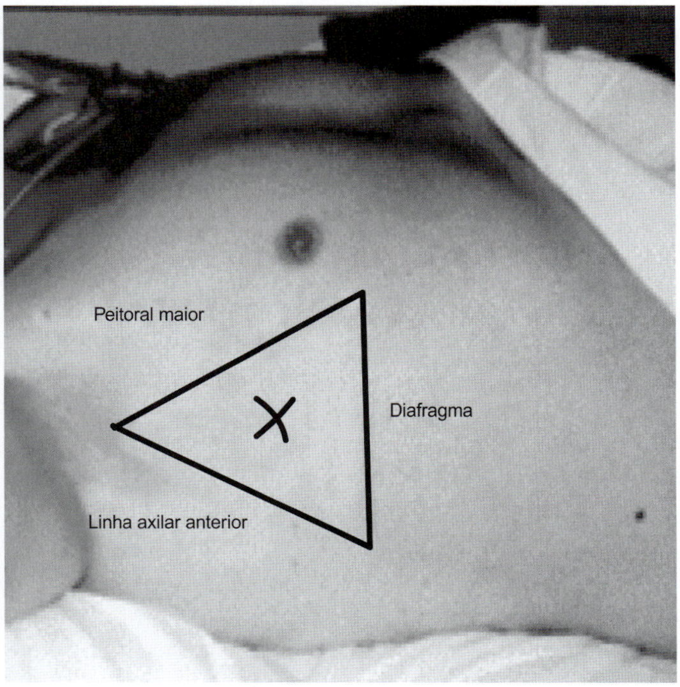

Fig. 19-73. Triângulo de segurança. (Ver *Prancha* em *Cores*.)

Depois de introduzido no tórax, o dreno deve ser conectado a um sistema de válvula unidirecional. O selo d'água é o sistema mais utilizado, mas, como já foi dito anteriormente, a válvula de Heimlich tem ganhado bastante espaço ultimamente. Se houver uma eliminação excessiva de ar, deve-se colocar o sistema em aspiração contínua.

A radiografia de tórax é rotineiramente feita após qualquer procedimento de punção ou inserção de drenos, para excluir a possibilidade de complicações, além de possibilitar a visualização do posicionamento correto do catéter ou do dreno.

Cada vez mais se tem dado importância para a sedação e a analgesia dos procedimentos realizados em UTI. Tirando as situações de emergência e de estômago cheio, a utilização de drogas que promovam rápida inconsciência e amnésia anterógrada é extremamente recomendada. Não se exclui a importância também de uma boa infiltração com anestésicos locais. A droga de escolha é a lidocaína a 1%. Deve-se lembrar que o nervo intercostal passa na superfície inferior da costela.

A fixação do catéter ou dreno de tórax deverá ser feita na parede torácica com suturas e depois conectada ao sistema.

Os equipamentos necessários estão no Quadro 19-20.

Existem atualmente várias técnicas para a colocação de drenos no tórax. Todos os médicos que trabalham em situações que possam ser de emergência devem estar familiarizados com esses três métodos de drenagem de ar e líquidos da cavidade pleural.[34] Esses métodos são:

1. Colocação do dreno de tórax por via convencional, que é a via cirúrgica até então considerada padrão ouro.
2. Inserção de uma agulha no espaço pleural, e sobre ela um catéter fino. Recentemente tem-se dado preferência à técnica de Seldinger, em que se passa um fio-guia pela agulha e a partir daí se começa a dilatar o trajeto para colocar o dreno de tórax com o calibre desejado.
3. Inserção do dreno de tórax usando um trocânter de laparoscopia.

Quadro 19-20. **Equipamento para drenagem de tórax**
• Solução com Povidine e éter, gazes estéreis, esparadrapo
• Campos cirúrgicos estéreis
• Anestésico local a 1% sem vasoconstritor (40 ml)
• Seringa de 10 ml
• Agulhas de 18, 21 e 25 g
• Drogas para sedação e analgesia (propofol, fentanil)
• Duas pinças de Kelly e uma tesoura de Mayo
• Uma lâmina de bisturi número 15
• Cabo de bisturi número 3
• Dois fios de mononáilon 2-0
• *Kits* de drenagem percutânea (com calibres variados)
• Drenos de tórax (com calibres variados 24, 28, 32 e 36)
• Sistemas de drenagem (selo d'água e válvula de Heimlich)
• Gorro, máscara e luvas estéreis

Colocação de dreno de tórax com selo d´água por via convencional (modo cirúrgico)[12]

- O paciente deve estar em uso de oxigênio suplementar, monitorizado com oxímetro de pulso, eletrocardioscopia e pressão arterial.
- *Deve ser criado um ambiente estéril para a colocação do dreno torácico:* assepsia da área cirúrgica; campos, máscaras, capas e luvas esterilizadas.
- *Anestesia:* lidocaína 1% ou 2% (máximo de 4 mg/kg) envolvendo os planos de dissecção; o bloqueio intercostal pode ser considerado.
- *Analgesia e sedação* devem ser administradas conforme o quadro hemodinâmico.
- *Incisão:* deve ser realizada no triângulo de segurança, linha média axilar, aproximadamente do tamanho do dreno torácico (32 a 36 Fr), abaixo do espaço intercostal escolhido.
- *Inserção:* após a abertura por planos, deve ser realizada exploração digital para confirmar posicionamento e liberar aderências; direciona-se o dreno para cima e posteriormente, colocando o último orifício do dreno 2 a 4 cm da parede torácica, conectando-o a um sistema fechado.
- Radiografia de tórax após 4 h ou precocemente se houve dificuldade no procedimento ou qualquer intercorrência antes desse período.

Colocação de catéteres por via percutânea (de 10 até 32 Fr)

Diante da experiência acumulada com os procedimentos realizados pela técnica de Seldinger, e pela facilidade com que se observa a colocação dos catéteres por via percutânea, a drenagem de tórax foi apenas mais um procedimento a ser acrescentado a essa lista. Existem na literatura numerosos artigos, porém faltam evidências científicas para responder qual a melhor técnica.[35-40]

As vantagens que esse procedimento tem quando comparado com a técnica convencional é que a técnica de Seldinger é um método conhecido pela maioria dos médicos, não importando se ele é cirurgião ou clínico, é uma técnica que pode utilizar drenos ou catéteres dos tamanhos mais diversos, de 8 a 32 Fr, é menos traumático e doloroso com uma incisão menor e é um método fácil e rápido para colocação do dreno de tórax. Essa técnica é particularmente útil nos pacientes obesos ou em indivíduos musculosos em que a dissecção romba pode ser mais trabalhosa. Nos idosos e nos pacientes frágeis e pequenos, a técnica se torna ainda mais fácil.[41]

Como limitação e precaução a ser tomada, os pacientes com trauma em que a anatomia da parede torácica e do diafragma pode estar modificada, são recomendadas a dissecção romba e a colocação do dedo através da incisão para confirmação do espaço pleural. A mesma orientação é feita quando se suspeita de aderências pulmonares com a parede torácica. Os procedimentos através da técnica de Seldinger devem ser feitos com a passagem do fio-guia livre de qualquer resistência e de fácil passagem pela cavidade pleural. Quando houver dificuldade para a passagem da agulha e do fio-guia, eles devem ser removidos e a posição e a profundidade do espaço pleural ser reconfirmadas utilizando-se uma agulha com aspiração. Por último, um detalhe que não pode deixar de ser lembrado, é que os dilatadores são semi-rígidos e só devem ser passados através do trajeto da parede torácica. A introdução mais profunda do dilatador pode dobrar o guia e causar lesões em estruturas e órgãos.[42,43]

Observe a seqüência das Figuras 19-74 a 19-85 sobre o procedimento.

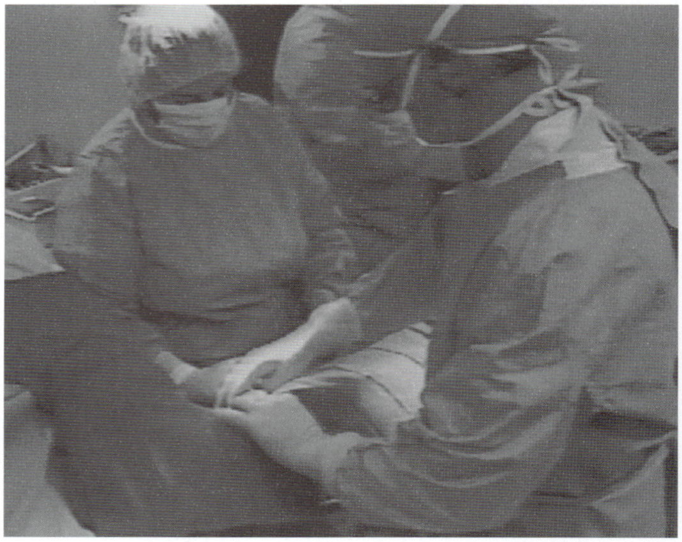

Fig. 19-74. Preparo do paciente e colocação de campos.

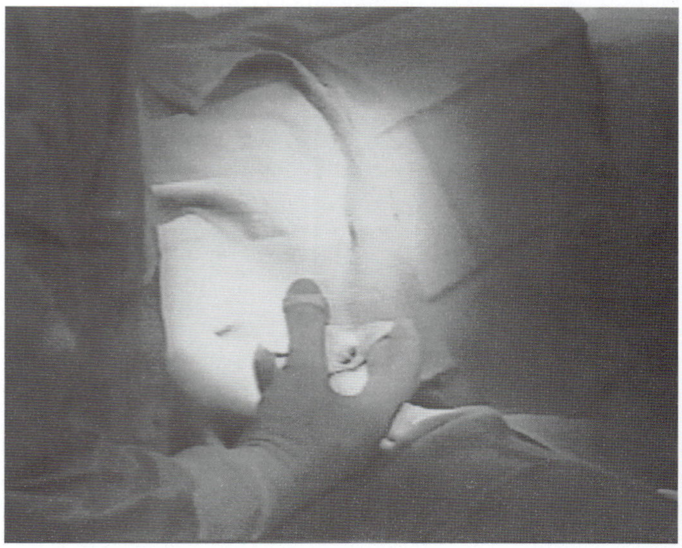

Fig. 19-75. Infiltração com anestésico local.

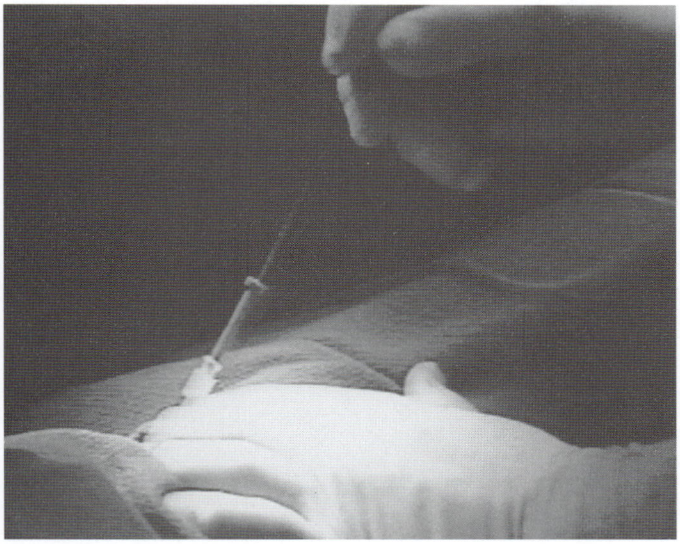

Fig. 19-76. Punção e passagem do fio-guia pela agulha.

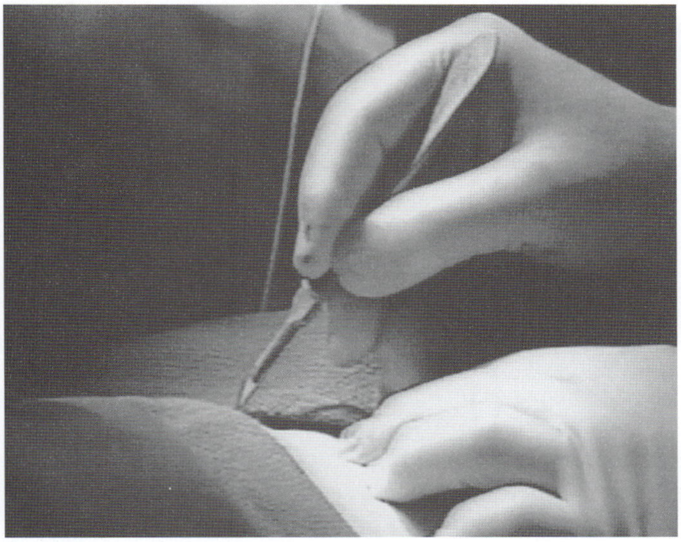

Fig. 19-77. Pequena incisão é feita na pele no local da punção onde se encontra o fio-guia.

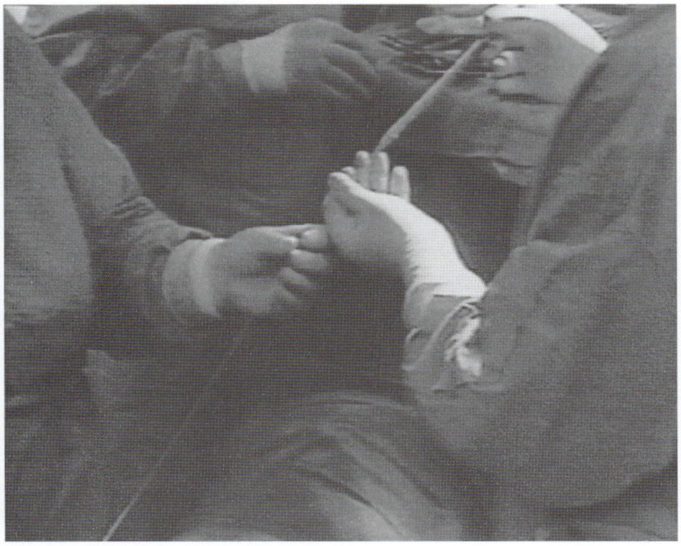

Fig. 19-78. Colocação do primeiro dilatador.

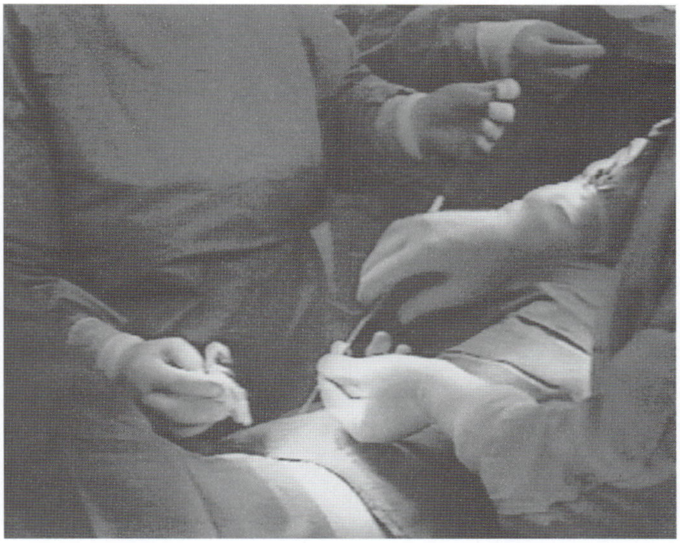

Fig. 19-79. Colocação do segundo dilatador.

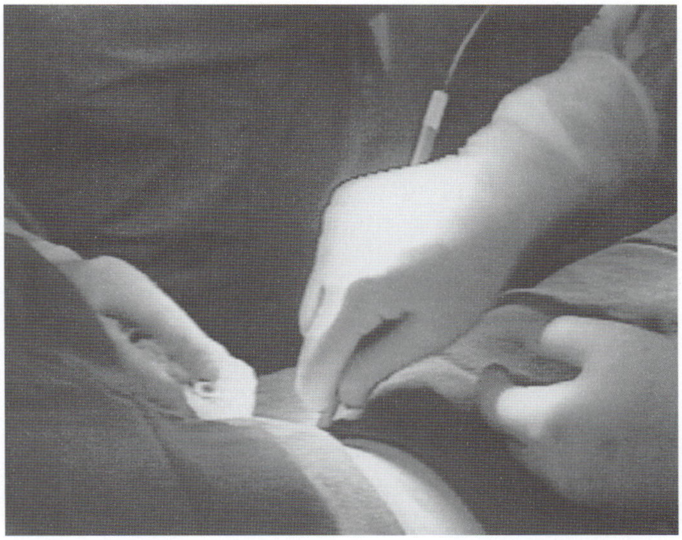

Fig. 19-80. Colocação do terceiro dilatador por se tratar de um dreno mais calibroso.

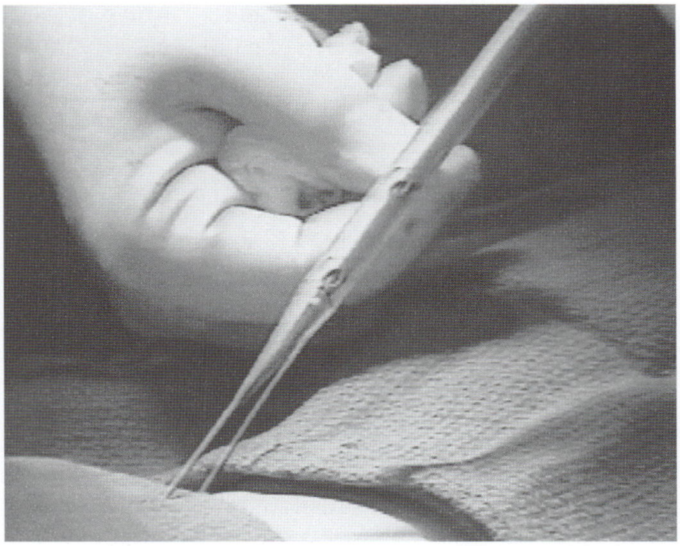

Fig. 19-81. Posicionamento do dreno ao lado do fio-guia.

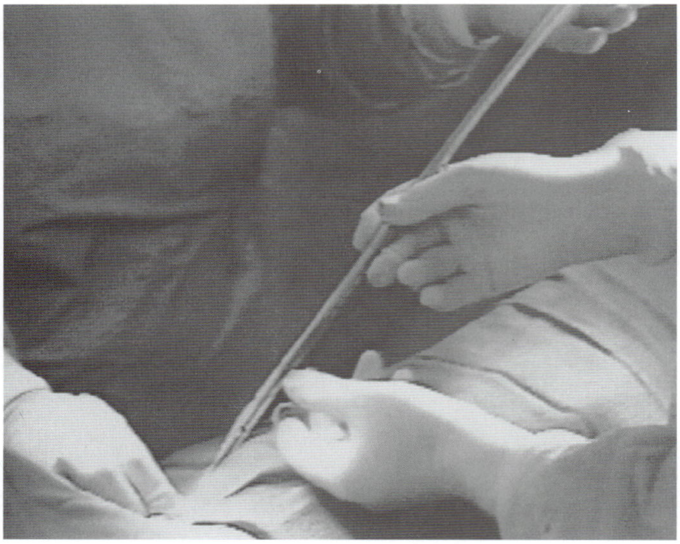

Fig. 19-82. Colocação do dreno pelo fio-guia.

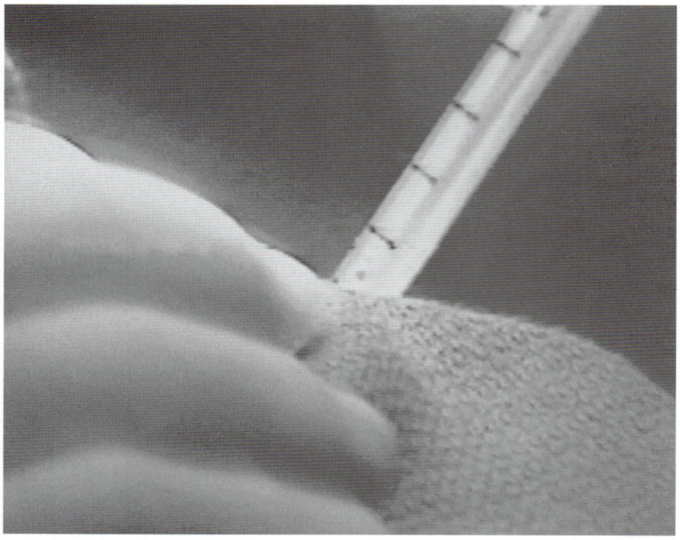

Fig. 19-83. Colocação do dreno na profundidade adequada e remoção do fio-guia.

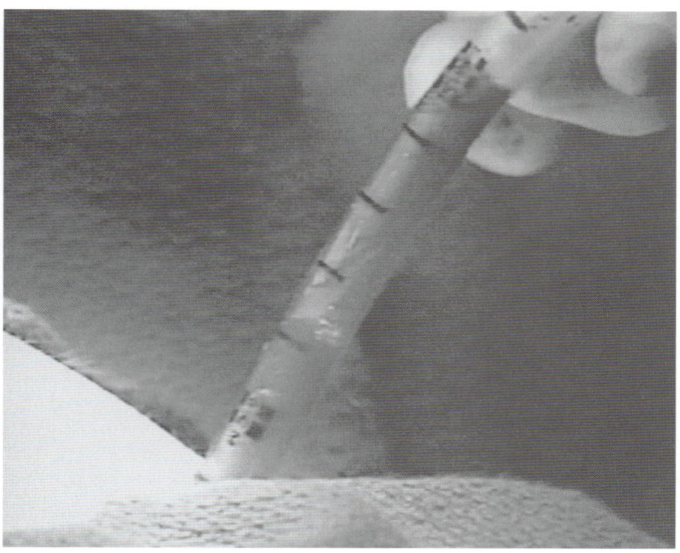

Fig. 19-84. Coluna de sangue após o posicionamento do dreno.

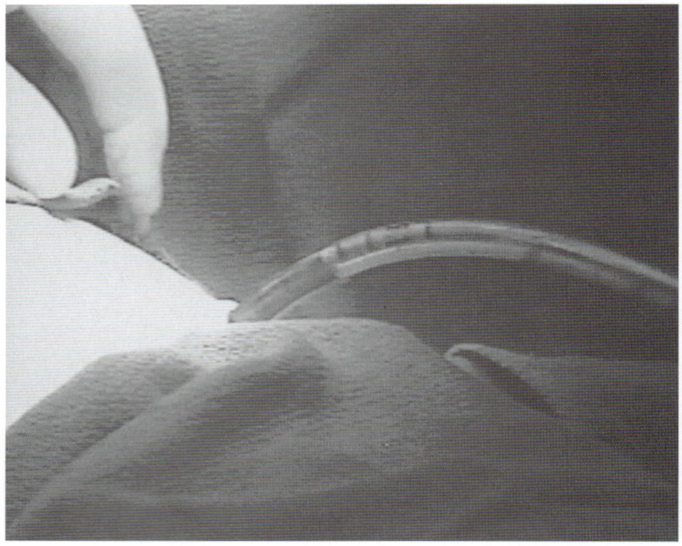

Fig. 19-85. Oscilação da coluna de sangue com os movimentos respiratórios.

Colocação de trocartes de laparoscopia

Na última década, os procedimentos cirúrgicos por via laparoscópica ganharam um grande espaço, por serem métodos simples, rápidos, de incisões mínimas, com resultados estéticos melhores do que quando comparados com as cirurgias convencionais. A utilização de trocartes, que são estiletes valvulares que permitem a introdução, através deles, dos equipamentos de videolaparoscopia, fez com que médicos que trabalhavam em unidades de trauma passassem a utilizar essa via para a colocação de drenos de tórax. Em inúmeras publicações, nenhuma complicação foi observada, demonstrando ser um procedimento seguro mesmo em situações de emergência. Deve-se estar atento para uma situação muito específica e que simula um grande pneumotórax na radiografia de tórax, que é a ruptura de diafragma com dilatação gástrica, que, se não-reconhecida, pode favorecer a introdução do trocarte no estômago. O diagnóstico é feito através da tomografia de tórax após a administração de contraste oral.[44] Essa não é uma complicação exclusiva dessa técnica, mas, como estamos recomendando para pacientes com trauma, vale salientar em separado. A desvantagem da colocação do dreno pelo trocarte é apenas o custo do equipamento que é agregado. A não- introdução do dedo para identificar se a posição está adequada é considerada desnecessária em situações de urgência no trauma. Deve-se observar os parâmetros anatômicos para colocação do trocarte. O dreno de tórax usando o trocarte é mais bem colocado no quarto espaço intercostal na linha axilar anterior, mas poderá ser colocado também onde uma agulha exploradora demonstrar maior quantidade de líquidos ou ar. Um detalhe importante na técnica é escolher um calibre de dreno bem justo para o calibre do trocarte, para evitar a formação de enfisema subcutâneo após a sua retirada e lembrar de lubrificar o dreno para facilitar a sua introdução (Fig. 19-86).

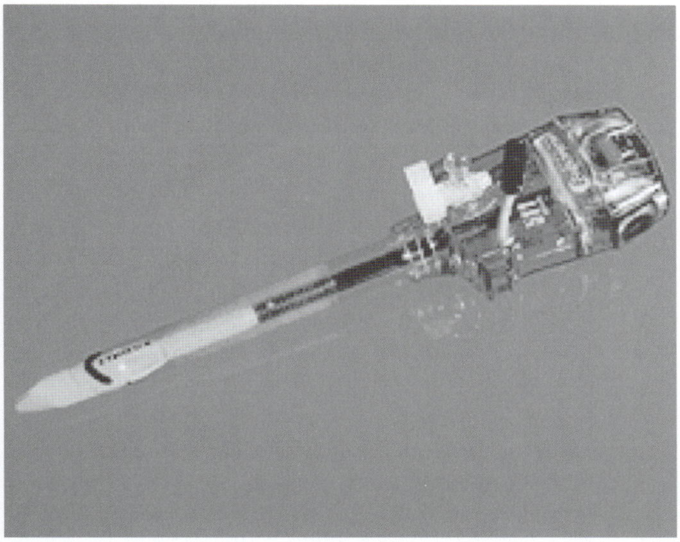

Fig. 19-86. Trocarte de laparoscopia por onde se passa o dreno de tórax.

COMPLICAÇÕES

Uma das complicações mais freqüentes da drenagem torácica e menos valorizada, inclusive pelos próprios livros de procedimentos médicos, é a dor. O médico que está fazendo o acompanhamento de um paciente com dreno de tórax deve ter em mente que, durante a colocação, a permanência e a retirada do dreno, o paciente irá sentir diferentes níveis, mas não desprezíveis, de dor. Deve-se buscar o melhor nível de anestesia durante a colocação, sendo que em muitas vezes drogas por via venosa devem ser associadas, com efeitos analgésicos e hipnóticos. É o caso de morfina com propofol ou midazolam. Enquanto o dreno de tórax permanecer, o paciente deverá fazer uso de analgésicos, e a intensidade com que esses analgésicos serão feitos dependerá basicamente da resposta do paciente. A enfermeira tem um papel importantíssimo na titulação da dose e do intervalo do medicamento. No momento da retirada, temos usado uma dosagem menor de analgésicos e maior de hipnóticos, por ser um procedimento muito rápido.

A freqüência de sangramento provocada pela colocação do dreno é pequena, desde que sejam tomadas as devidas precauções técnicas. O feixe vasculonervoso intercostal passa na borda inferior da costela, portanto a dissecção deverá ser feita na borda superior. Os distúrbios de coagulação deverão ser corrigidos com hemoderivados antes de se iniciar o procedimento.

A colocação não-intencional do dreno em estruturas vitais como fígado e baço tem sua ocorrência com a não-observação de pontos anatômicos, descendo muito a colocação do dreno e a colocação no pulmão devido principalmente às aderências pulmonares com a parede torácica.

O edema pulmonar por reexpansão é uma complicação muito rara e também não será evidenciada pela radiografia de tórax de controle. Essa complicação ocorre quando grandes quantidades de derrame pleural são drenadas de uma só vez.

A incidência de pneumotórax residual varia entre 4 a 30%. A necessidade de reintervenção subseqüente é de 3,9% de todos os pacientes submetidos a toracocentese e em torno de 33% daqueles com diagnóstico de pneumotórax após o procedimento.

Hemotórax ocorre muito raramente, com um relato de 1,2%, que é geralmente diagnosticado pela monitorização de sinais vitais.

A presença do dreno de tórax é por si só um fator de risco para a formação de um empiema. Os pacientes drenados em situações de trauma apresentam maior incidência de empiema do que pacientes com outras condições. Existem serviços que utilizam antibioticoprofilaxia para reduzir as taxas de infecção associada com drenagem torácica, porém não existe evidência na literatura de que deva ser utilizado. Definitivamente uma técnica de anti-sepsia bem feita durante a inserção do dreno e um menor tempo necessário de permanência do dreno é que diminuem a possibilidade de formação de empiema.

Para os pacientes com fistulas broncopleurais persistentes, a ventilação mecânica com pressão positiva e PEEP elevado são com certeza os fatores mais importantes para sua perpetuação. A maioria dos especialistas recomenda observação contínua por quatro dias, para fechamento espontâneo da fístula, em que ocorre em 80% das vezes. Todo esforço deve ser feito para a retirada do paciente do respirador. Para aqueles pacientes que persistem com escape aéreo além de quatro dias, devem ser avaliados para procedimentos cirúrgicos definitivos envolvendo, entre outros procedimentos, as ressecções das bolhas subpleurais por via videotoracoscópica, suturas de parênquima pulmonar, pleurodeses etc. Não entraremos mais nessa discussão por fugir ao objetivo deste capítulo.

Quando e como deve ser a retirada do dreno de tórax

O dreno de tórax deve ser retirado quando o médico que está acompanhando o paciente estiver seguro de que o escape de ar no espaço pleural foi resolvido.

O primeiro estágio requer uma radiografia de tórax demonstrando completa resolução do pneumotórax, sem evidências clínicas de escape aéreo pelo dreno. A sucção aplicada no sistema de drenagem deverá ser suspensa.

Existem vários aspectos que precisam ser colocados sobre a retirada do dreno de tórax. Primeiro, qual o melhor momento para a retirada do dreno de tórax, se deve ser no final da inspiração ou se no final da expiração. A taxa de pneumotórax pós-retirada foi similar nos dois momentos. Ambos os métodos são igualmente seguros.[45] No caso de o paciente estar em ventilação mecânica, poderá ser pressionado o botão de pausa expiratória ou inspiratória para a sua retirada. O detalhe mais importante mesmo é que o paciente esteja em apnéia. Segundo, que o dreno só deverá ser retirado quando o paciente estiver fora da ventilação mecânica. É uma conduta prudente que o dreno seja retirado quando a PEEP estiver em níveis de 5 cmH_20, mas o critério adotado deverá ser o mesmo usado para pacientes que estão fora da ventilação mecânica. Terceiro, sobre a necessidade de pinçamento do dreno de tórax por um período de tempo, antes da sua retirada, para detectar um escape após a reexpansão pulmonar. Não existe consenso de especialistas, nem evidência na literatura,[27] porém tem sido uma rotina a solicitação de uma radiografia de tórax de controle 12 a 24 horas da última evidência de escape aéreo, antes e logo após a retirada do dreno.

Check-list da drenagem de tórax

- Realizar uma radiografia de tórax de controle após a passagem ou a retirada do dreno torácico.
- Medida de dados vitais antes e após o procedimento, e de 2/2 h nas primeiras 24 horas se o paciente estiver internado na UTI.
- Observar o local de inserção do dreno diariamente, buscando evidenciar a presença de enfisema subcutâneo, exteriorização de orifícios do dreno, sinais de infecção, hematomas e se o ponto de fixação se encontra ao nível da pele. A troca do curativo deve ser feita apenas quando o penso não estiver limpo e seco.
- Observar as conexões do sistema e o selo d'água, que deverá estar no mínimo 2 cm abaixo do nível.
- Fixar o dreno no corpo do paciente com esparadrapo, para dificultar a tração do dreno quando o paciente se movimentar no leito ou for se levantar. Cuidado para não o angular.
- Observar a oscilação da coluna líquida no frasco de drenagem e na extensão, o que nos dá a certeza de permeabilidade do sistema.
- De acordo com a orientação médica, ordenhar ou não a extensão, para manter o dreno sempre desobstruído.
- Anotar a quantidade e as características do líquido drenado. A troca do frasco deve ser feita diariamente. Observar atentamente o volume de ar drenado (borbulhar).
- Nunca pinçar o dreno, principalmente quando houver fístula aérea, nem para transporte do paciente. O dreno só deve ser pinçado nos breves momentos da troca do frasco de drenagem.
- Quando for utilizar o sistema de aspiração, nunca desligar esse sistema sem primeiro desconectar do frasco de drenagem, pois isso iria corresponder ao fechamento do dreno.
- Deve haver sempre uma comunicação constante entre os membros da equipe responsáveis pelo tratamento do paciente. Discutir qual o tipo de cuidado e de fisioterapia respiratória a ser administrado.

CONCLUSÃO

Independentemente da técnica que irá ser empregada para drenagem torácica, o médico precisa observar com muita atenção todos os cuidados no pré, intra e pós-operatório. A busca pelo procedimento realizado sem dor deve ser o objetivo principal. Essas novas técnicas seguramente não substituem um profissional que, mesmo fazendo a drenagem convencional, se preocupa com esses detalhes. A tentativa de encontrar novas maneiras para solucionar velhos problemas é uma das características dos jovens; por estar baseada em literatura recente, temos recomendado que os procedimentos por via percutânea sejam utilizados com maior freqüência na prática médica.

REFERÊNCIAS BIBLIOGRÁFICAS

1. Lancey R. Chest Tube insertion and care. *In* James M. Rippe, editor. Procedures and Techniques in Intensive Care Medicine. Little Brown, 1995, pp 133–143.
2. Chen KY, Jerng JS, Liao WY *et al.* Pneumothorax in the ICU: patient outcomes and prognostic factors. *Chest* 2002;122(2):678–683.
3. Great Books of the Western World. Hutchins RA, 1952: 142.
4. Brock. Evarts A. Graham. *Ann Thorac Surg* 1970;(3):272–279.
5. Playfair G. Case of empyema treated by aspiration and subsequently by drainage: Recovery. *Br Med J* 1875;1:45. Ref Type: Abstract.
6. Springfield I. Mead RH. *A History of Thoracic Surgery.* 1961, pp 238–256.
7. Graham EA. Open pneumothorax: Its relation to the treatment of empyema. *Am J Med Sci* 156[839]. 1918. Ref Type: Abstract
8. Paula dW, Gomes OM. Anatomia cirúrgica do tórax. *In* Raia AA, Zerbini EJ, editors. Clínica Cirúrgica Alípio Corrêa Netto. Sarvier, 1994, pp 5–12.
9. Sabiston DC. *Tratado de Cirurgia.* 1993, p. 1588.
10. Peek GJ, Morcos S, Cooper G. The pleural cavity. *BMJ* 2000;320(7245):1318–1321.
11. Scott SM. Pleura e Empiema. *In* Sabiston DC, editor. *Tratado de Cirurgia.* 1993, pp. 1632–1639.
12. Adrales G, Huynh T, Broering B *et al.* A thoracostomy tube guideline improves management efficiency in trauma patients. *J Trauma* 2002;52(2):210–214.
13. Weissberg D, Refaely Y. Pneumothorax: experience with 1,199 patients. *Chest* 2000;117(5):1279–1285.
14. Becker HP, Weidringer JW, Willy C *et al.* Light and scanning electron microscopy studies of the pleura. A contribution to the pathogenesis of spontaneous pneumothorax in young patients. *Langenbecks Arch Chir* 1991;376(5):295–301.
15. Hart GJ, Stokes TC, Couch AH. Spontaneous pneumothorax in Norfolk. *Br J Dis Chest* 1983;77(2):164–170.
16. Lopez-Pelaez MF, Roldan J, Mateo S. Cervical emphysema, pneumomediastinum, and pneumothorax following self-induced oral injury: report of four cases and review of the literature. *Chest* 2001;120(1):306–309.
17. Karnik AM. Management of pneumothorax and barotrauma: current concepts. *Compr Ther* 2001;27(4):311–321.
18. Bense L, Eklund G, Wiman LG. Smoking and the increased risk of contracting spontaneous pneumothorax. *Chest* 1987;92(6):1009–1012.
19. Ludwig J, Kienzle GD. Pneumothorax in a large autopsy population. A study of 77 cases. *Am J Clin Pathol* 1978;70(1):24–26.
20. Melton LJ, III, Hepper NG, Offord KP. Incidence of spontaneous pneumothorax in Olmsted County, Minnesota: 1950 to 1974. *Am Rev Respir Dis* 1979;120(6):1379–1382.
21. Ogata ES, Gregory GA, Kitterman JA *et al.* Pneumothorax in the respiratory distress syndrome: incidence and effect on vital signs, blood gases, and pH. *Pediatrics* 1976;58(2):177–183.
22. Bergaminelli C, De Angelis P, Gauthier P *et al.* Thoracic drainage in trauma emergencies. *Minerva Chir* 1999;54(10):697–702.
23. Pacanowski JP, Waack ML, Daley BJ *et al.* Is routine roentgenography needed after closed tube thoracostomy removal? *J Trauma* 2000;48(4):684–688.
24. Luchette FA, Barrie PS, Oswanski MF *et al.* Practice Management Guidelines for Prophylactic Antibiotic Use in Tube Thoracostomy for Traumatic Hemopneumothorax: the

east Practice Management Guidelines Work Group. Eastern Association for Trauma. *J Trauma* 2000;48(4):753–757.
25. Shatz DV, de la PJ, Erbella J *et al.* Efficacy of follow-up evaluation in penetrating thoracic injuries: 3- vs. 6-hour radiographs of the chest. *J Emerg Med* 2001;20(3):281–284.
26. Kircher LTjr, Swartzel RL. Spontaneous pneumothorax and its treatment. 1954, p 155.
27. Baumann MH, Strange C, Heffner JE *et al.* Management of spontaneous pneumothorax: an American College of Chest Physicians Delphi consensus statement. *Chest* 2001;119(2):590–602.
28. Beall AC, Jr., Crawford HW, De Bakey ME. Considerations in the management of acute traumatic hemothorax. *J Thorac Cardiovasc Surg* 1966;52(3):351–360.
29. Collins MP, Shuck JM, Wachtel TL *et al.* Early decortication after thoracic trauma. *Arch Surg* 1978;113(4):440–445.
30. Miller JIJ. Chylothorax and anatomy of the thoracic duct, in Shields TW (ed). *General Thoracic Surgery Philadelphia.* Lea & Febiger, 1989, pp 625–632.
31. McLoud TC, Flower CD. Imaging the pleura: sonography, CT, and MR imaging. *AJR Am J Roentgenol* 1991;156(6):1145–1153.
32. Light RW, Rodriguez RM. Management of parapneumonic effusions. *Clin Chest Med* 1998;19(2):373–382.
33. Noppen M, Degreve J, Mignolet M *et al.* A prospective, randomised study comparing the efficacy of talc slurry and bleomycin in the treatment of malignant pleural effusions. *Acta Clin Belg* 1997;52(5):258–262.
34. Richards V. Tube thoracostomy. *J Fam Pract* 1978;6(3):629–635.
35. Conces DJ, Jr., Tarver RD, Gray WC *et al.* Treatment of pneumothoraces utilizing small caliber chest tubes. *Chest* 1988;94(1):55–57.
36. Gammie JS, Banks MC, Fuhrman CR *et al.* The pigtail catheter for pleural drainage: a less invasive alternative to tube thoracostomy. *JSLS* 1999;3(1):57–61.
37. Luketich JD, Kiss M, Hershey J *et al.* Chest tube insertion: a prospective evaluation of pain management. *Clin J Pain* 1998;14(2):152–154.
38. Massard G, Thomas P, Wilhelm JM. Minimally invasive management for first and recurrent pneumothorax. *Ann Thorac Surg* 1998; 66(2):592–599.
39. Minami H, Saka H, Senda K *et al.* Small caliber catheter drainage for spontaneous pneumothorax. *Am J Med Sci* 1992;304(6):345–347.
40. Nickoladze GD. Treatment of spontaneous pneumothorax with Heimlich flutter valve. *J Thorac Cardiovasc Surg* 1990;99(4):757–758.
41. Thal AP, Quick KL. A guided chest tube for safe thoracostomy. *Surg Gynecol Obstet* 1988;167(6):517.
42. Daly RC, Mucha P, Pairolero PC *et al.* The risk of percutaneous chest tube thoracostomy for blunt thoracic trauma. *Ann Emerg Med* 1985;14(9):865–870.
43. Etoch SW, Bar-Natan MF, Miller FB *et al.* Tube thoracostomy. Factors related to complications. *Arch Surg* 1995;130(5):521–525.
44. Zieren J, Enzweiler C, Muller JM. Tube thoracostomy complicates unrecognized diaphragmatic rupture. *Thorac Cardiovasc Surg* 1999;47(3):199–202.
45. Bell RL, Ovadia P, Abdullah F *et al.* Chest tube removal: end-inspiration or end-expiration? *J Trauma* 2001;50(4):674-677.

Medicina Nuclear

Osvaldo Estrela Anselmi

A Medicina Nuclear é uma especialidade médica dedicada ao diagnóstico e, em menor extensão, à terapia através do uso de materiais radioativos. Os exames de imagens em Medicina Nuclear, chamados cintilografias, possibilitam estudar praticamente todos os órgãos ou sistemas. As imagens cintilográficas são baseadas na captação de um determinado produto radioativo, que pode ser um radioisótopo individual ou associado a um fármaco, daí o nome radiofármaco ou radiotraçador como são conhecidos. Esses produtos podem ter afinidade tanto pelo órgão normal em estudo quanto pela doença no mesmo, e seus mecanismos de captação dependem de princípios fisiológicos ou fisiopatológicos. Por isso, as imagens assim obtidas são ditas funcionais.

Para a obtenção das imagens cintilográficas são utilizados equipamentos detectores de radiações, que podem fornecer tanto projeções planares como tomográficas dos órgãos. Estas últimas são obtidas em equipamentos conhecidos por SPECT (*Single Photon Emission Computed Tomography*), dotados de um ou mais detectores que facilitam e aceleram a obtenção das imagens para processamento posterior. A característica dessas imagens é permitir determinações funcionais qualitativas ou quantitativas dos órgãos, que complementam o diagnóstico, facilitando a comparação de estudos, bem como as avaliações inter e intra-observadores.

Existem várias possibilidades de investigação em Medicina Intensiva através de metodologias de Medicina Nuclear, sendo mais utilizadas nos seguintes diagnósticos:

1. Infarto agudo do miocárdio e dor torácica aguda.
2. Embolia pulmonar.
3. Hemorragia digestiva.
4. Colecistite aguda.
5. Infecção.
6. Acidente vascular cerebral, traumatismo cranioencefálico e morte cerebral.

INFARTO AGUDO DO MIOCÁRDIO E DOR TORÁCICA AGUDA

Os estudos cintilográficos do coração são utilizados para a detecção da presença ou não de infarto agudo, para avaliação do prognóstico usando a fração de ejeção do ventrículo esquerdo e para a avaliação terapêutica das diversas técnicas intervencionistas, medindo a quantidade de músculo salvo.[1]

As técnicas cintilográficas na avaliação do coração consistem em várias categorias, dependendo do tipo de radiotraçador utilizado. Existem radiofármacos para o estudo da perfusão global/regional do miocárdio, para avaliar a função ventricular, para marcação seletiva de músculo necrótico, para marcação da inervação simpática cardíaca e para estudar o metabolismo miocárdico. Muitas dessas técnicas podem ser utilizadas nas Unidades de Terapia Intensiva.

Os radiotraçadores utilizados para os estudos da perfusão miocárdica são o ^{201}Tálio, o ^{99m}Tc-MIBI (metóxi-isobutil-isonitrila) e o ^{99m}Tc-Tetrofosmin. O ^{201}Tálio é um análogo do potássio, com grande afinidade pelo tecido normal, sendo sua captação proporcional ao fluxo sangüíneo e à integridade das células miocárdicas. Os radiofármacos ^{99m}Tc-MIBI e ^{99m}Tc-Tetrofosmin são substâncias lipofílicas com afinidade pelas células miocárdicas normais. Independentemente do radiotraçador a ser utilizado, os exames são, no geral, realizados em duas etapas, uma em repouso e outra sob estresse físico ou farmacológico, podendo ainda ser realizados após injeção em momento de dor.

O estudo cintilográfico da perfusão miocárdica normal apresenta distribuição homogênea do radiotraçador em todas as paredes, vistas nos diversos cortes tomográficos. Na Figura 19-87 vê-se um estudo da perfusão miocárdica normal, realizado através de técnica de cintilografia tomográfica em SPECT. As imagens representam cortes do coração nos eixos curto (da ponta para a base), vertical (da parede septal para a lateral) e horizontal (da parede posterior para a anterior). As fileiras ímpares correspondem às imagens após esforço, e as pares, em repouso, nos diferentes eixos cardíacos. Na Figura 19-88 vêem-se as imagens tridimensionais do mesmo indivíduo normal, onde é feita a comparação das projeções septal, anterior, apical, inferior e lateral nas condições após esforço e em repouso. Nesse tipo de apresentação, é possível a escolha da figura de um território arterial para se sobrepor às imagens.

Como o ^{201}Tálio apresenta redistribuição, dá-se preferência aos compostos marcados com ^{99m}Tecnécio nos estudos em situações de emergência, onde nem sempre é possível a realização dos mesmos, imediatamente a um episódio de dor torácica. Muitas vezes, quando se administra o radiotraçador no momento da dor, é possível visualizar anormalidades perfusionais, que se assemelham àquelas dos estudos sob estresse físico ou farmacológico em pacientes com isquemia.

Pacientes admitidos em emergências com dor torácica nem sempre têm infarto do miocárdio ou mesmo doença coronária, daí a importância da estratégia para confirmar o diagnóstico o mais rápido possível. O infarto do miocárdio é caracterizado por anormalidades perfusionais e funcionais. Os pacientes com dor torácica na emergência podem ser separados cintilograficamente em dois grupos. Primeiro, aqueles com anormalidades perfusionais que podem ser devidas tanto a isquemia aguda, infarto agudo ou cicatriz de lesão prévia, nos quais somente a evolução, preferencialmente repetindo os exames, é que poderá determinar a causa da dor. Esses pacientes são de alto risco, necessitando de hospitalização. O outro grupo são pacientes sem anormalidades na perfusão do miocárdio, que não têm doença coronária ou são doentes sem sinais isquêmicos no momento do estudo. Esses podem ser tratados de forma mais conservadora, a maior parte das vezes sem hospitalização.[2]

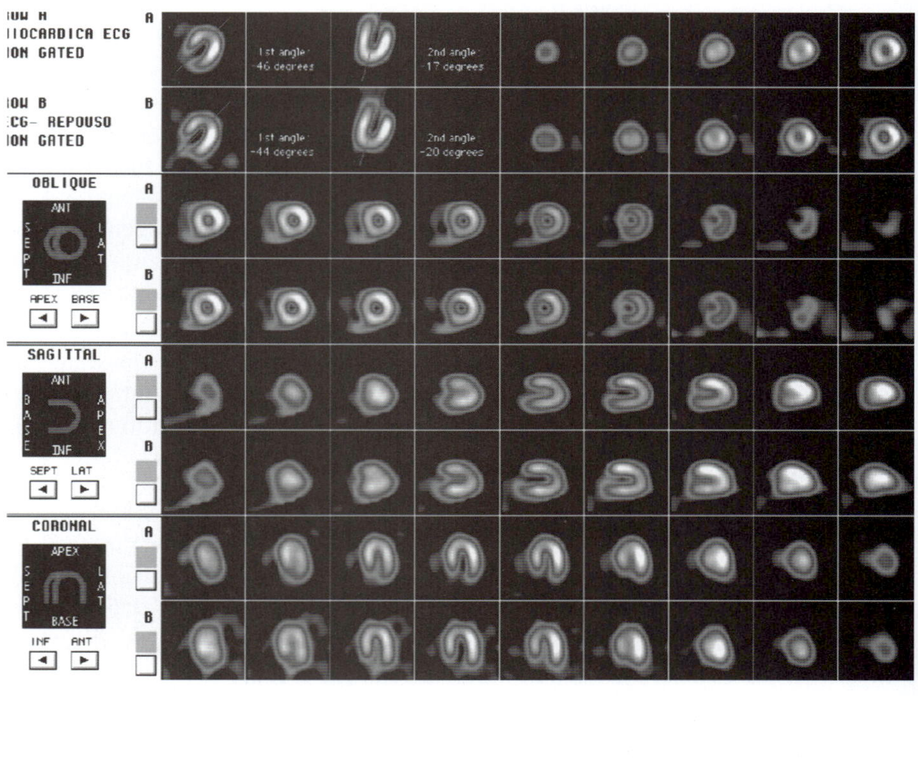

Fig. 19-87. Cintilografia da perfusão miocárdica normal após esforço nas fileiras ímpares e no repouso nas pares, nos eixos curto, vertical e horizontal do ventrículo esquerdo, em indivíduo normal. (Ver *Prancha em Cores.*)

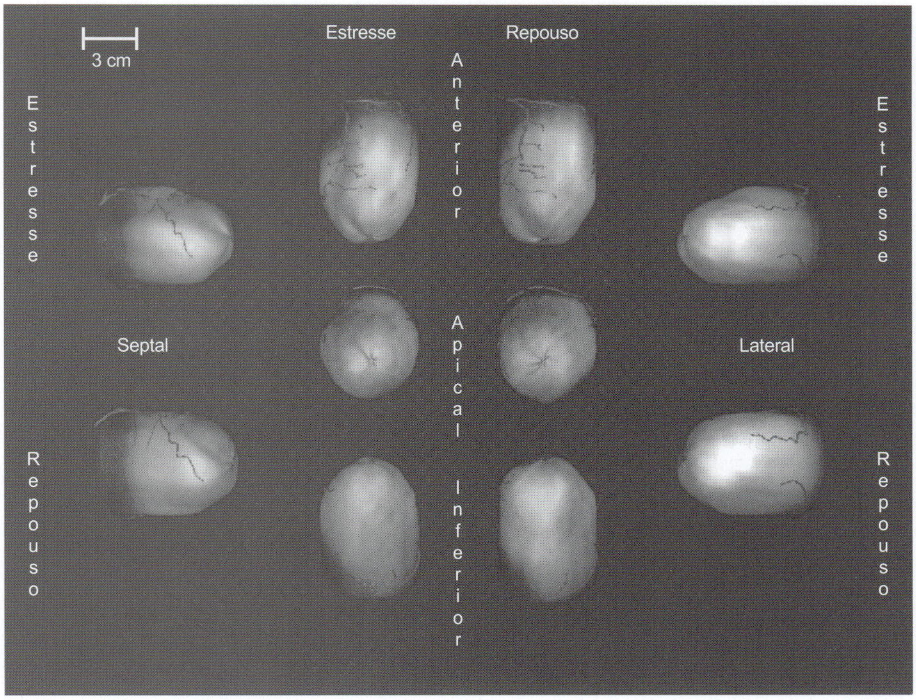

Fig. 19-88. Imagens tridimensionais do ventrículo esquerdo em indivíduo normal. A partir da esquerda, imagens das paredes septal, anterior, apical, inferior e lateral com ilustração da artéria coronária descendente anterior sobreposta, nas condições de estresse e em repouso, respectivamente. (Ver *Prancha* em *Cores*.)

Nos pacientes com angina instável, a determinação da presença e da extensão da isquemia é necessária. Nesses casos, sugere-se a realização do estudo da perfusão miocárdica em duas etapas, uma com a administração do radiotraçador durante o período de dor e outra num momento sem sintoma (Figs. 19-89 e 19-90). De acordo com a literatura,[3] nesses casos a sensibilidade e a especificidade são de 96% e 79%, respectivamente, para o diagnóstico de doença coronária significativa, comparados à sensibilidade de 35% e à especificidade de 68% do ECG para o diagnóstico de isquemia durante um episódio de dor. Desses estudos se conclui que uma cintilografia da perfusão miocárdica normal, durante um episódio de dor torácica, indica baixa probabilidade de estenose coronária severa. Ao contrário, um estudo anormal sugere a presença da mesma.

Naqueles pacientes com infarto em evolução, nos quais se considera a possibilidade de terapia trombolítica, a avaliação da área de risco é importante, podendo determinar a agressividade da mesma em base ao tamanho e à localização da lesão, principalmente em grandes infartos póstero-laterais e em paci-

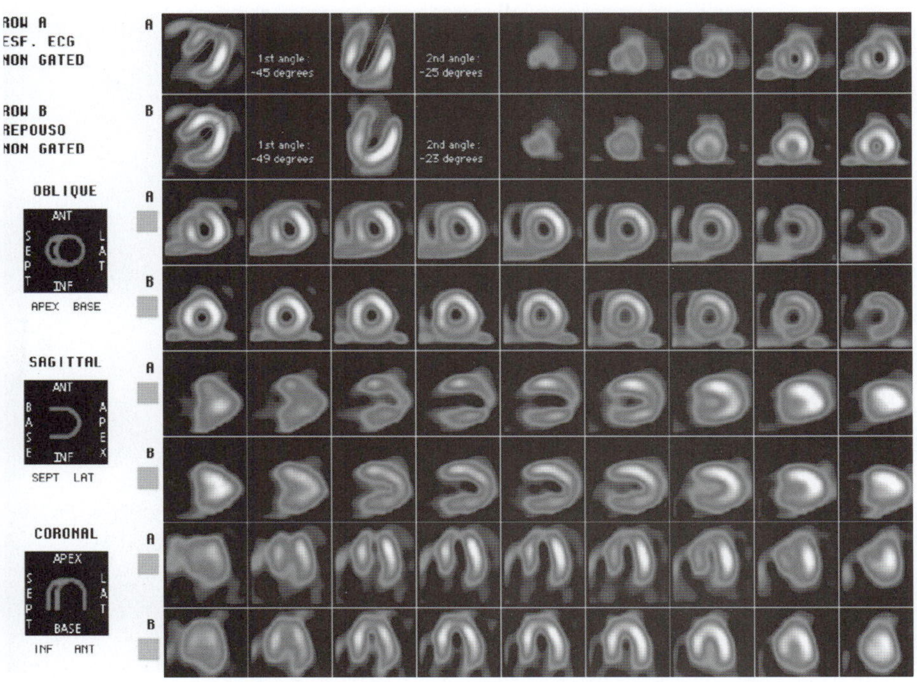

Fig. 19-89. Cintilografia miocárdica mostrando defeito perfusional na projeção das paredes ântero-septoapical sob condição de estresse, com nítida melhora no repouso, visto nos cortes dos eixos curto, vertical e horizontal. (Ver *Prancha* em *Cores*.)

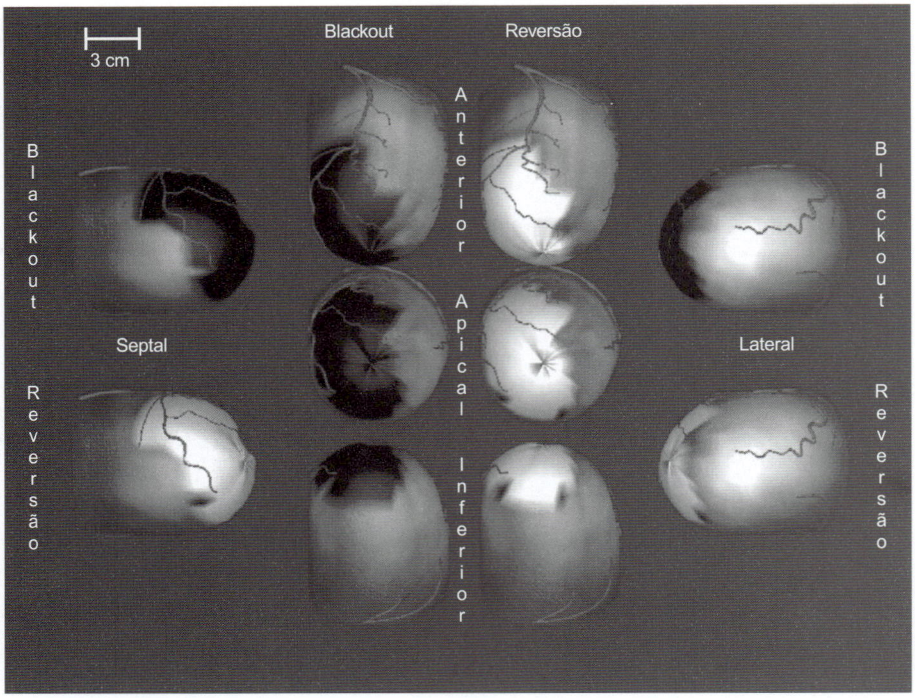

Fig. 19-90. Imagens tridimensionais do paciente da Fig. 3, mostrando em preto a área hipoperfundida no estresse e em branco a área de reversão perfusional, característica de isquemia. (Ver *Prancha* em *Cores.*)

entes com distúrbio de condução ou uso de marca-passo. Nesses pacientes devem ser usados radiotraçadores que não se redistribuem, injetados antes da terapia, para avaliar a área de risco que servirá de parâmetro para os controles posteriores.[4]

Outras possibilidades são a realização de exames antes da terapia trombolítica e após alguns dias, antes da alta hospitalar, para avaliar o tamanho final do infarto e a quantidade de músculo salvo, bem como a realização de estudos precoces após infarto, para estratificação de risco, através de estresse farmacológico com dipiridamol ou adenosina, para confirmar a presença ou não de áreas esquêmicas na zona infartada[5] (Figs. 19-91 e 19-92).

Em alguns pacientes, o diagnóstico de infarto do miocárdio pode ser difícil, daí o emprego de técnicas nucleares de imagens. Em nosso meio, praticamente só dispomos do ^{99m}Tc-Pirofosfato como marcador de necrose miocárdica. Sua captação no músculo lesado é relacionada ao fluxo sangüíneo e ocorre mais intensamente nas 48 a 72 horas após o infarto. Daí seu uso limitado. Entretanto, em situações como distúrbios de condução, infarto não-Q, infarto no ventrículo direito, infarto

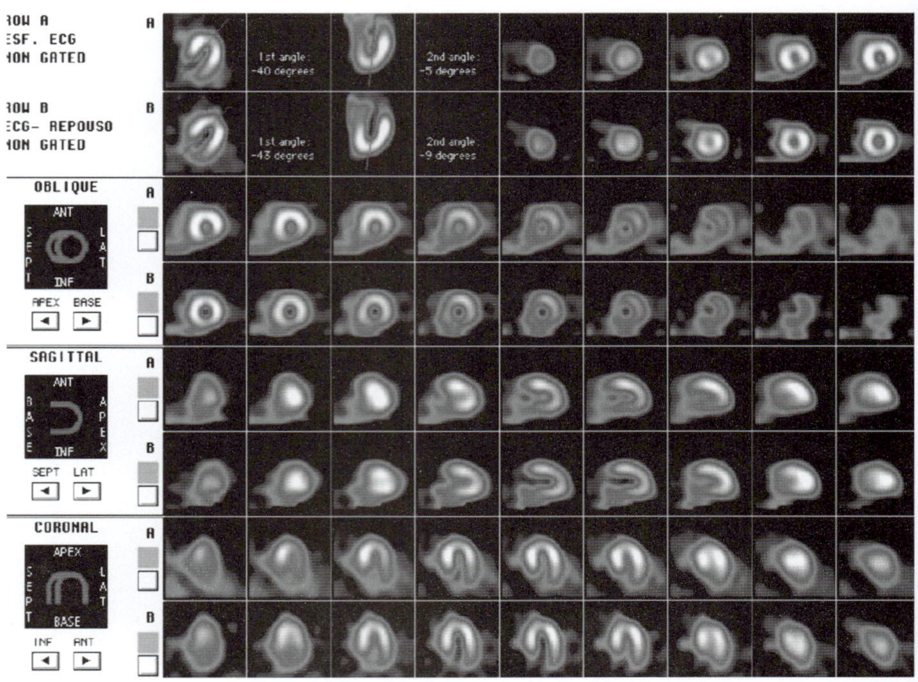

Fig. 19-91. Estudo da perfusão miocárdica mostrando anormalidade na parede inferior do ventrículo esquerdo durante o estresse, com melhora parcial na condição de repouso. As fileiras ímpares representam as imagens dos estudos em estresse, e as pares no repouso, nos eixos curto, vertical e horizontal. (Ver *Prancha* em *Cores.*)

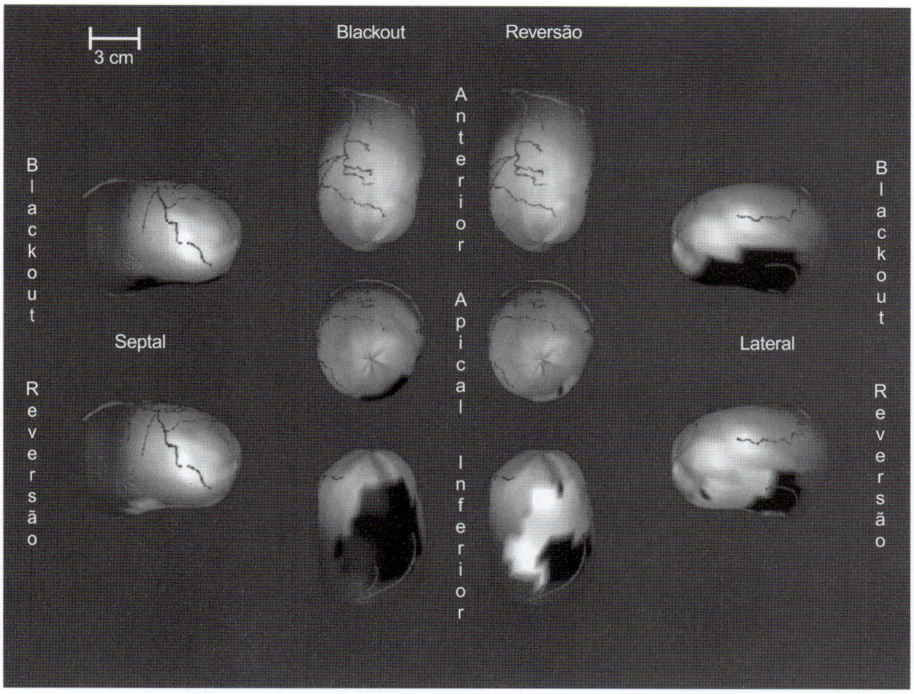

Fig. 19-92. Imagens tridimensionais mostrando em preto o defeito perfusional no estudo em estresse e em branco a região que melhora parcialmente na condição de repouso, na parede inferior, indicativa de isquemia residual em zona de infarto prévio. (Ver *Prancha* em *Cores*.)

perioperatório de cirurgia cardíaca, quando é difícil a confirmação do diagnóstico, a cintilografia pode ajudar não só na comprovação, como na avaliação da extensão, da posição e da severidade do mesmo (Fig. 19-93).

Existem outros marcadores de infarto agudo, ainda não-disponíveis em nosso meio, que possibilitam a detecção da lesão na fase aguda. Entre eles, o ^{111}In-anticorpo monoclonal antimiosina e o ^{99m}Tc-ácido glutárico,[6-9] com afinidades pela miosina intracelular encontrada nos miócitos, exposta pela destruição da membrana celular e com fixação no tecido necrótico, respectivamente.

O prognóstico da maior parte das doenças cardíacas é ligado à função ventricular. O volume do ventrículo esquerdo e a fração de ejeção influenciam o prognóstico, não só em pacientes com coronariopatia como naqueles com doença das válvulas ou do músculo cardíaco. As técnicas radioisotópicas são bem apropriadas para avaliação objetiva da função ventricular tanto esquerda como direita.

Por causa da precisão, da reprodutibilidade e da disponibilidade das técnicas radioisotópicas, a maior parte dos estudos usa a ventriculografia radioisotópica (Fig. 19-94) para a avaliação da fração de ejeção em pacientes com infarto agudo.

Em estudo multicêntrico após infarto, a fração de ejeção do ventrículo esquerdo foi o fator prognóstico mais importante, com mortalidade crescente de forma exponencial no primeiro ano, nos pacientes cuja fração de ejeção era inferior a 40%.[10] Atualmente, com o amplo uso das terapias trombolíticas, o aumento exponencial na mortalidade ocorre com valores de fração de ejeção inferiores a 30%.[11] Outro fato que pode ser avaliado pela ventriculografia radioisotópica no pós-infarto

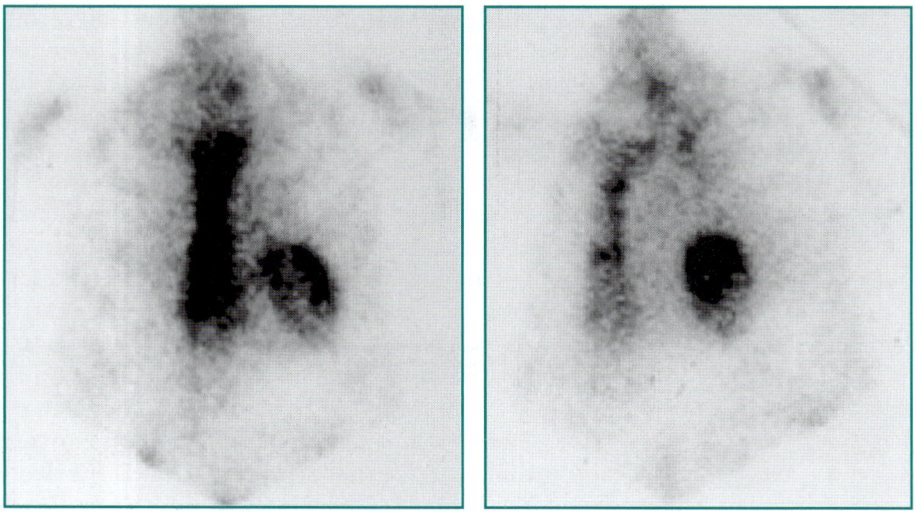

Fig. 19-93. Infarto do miocárdio detectado 3 dias após cirurgia de revascularização. Projeções anterior e oblíqua anterior esquerda de 45 graus, mostrando intensa captação do radiotraçador no músculo cardíaco (4+).

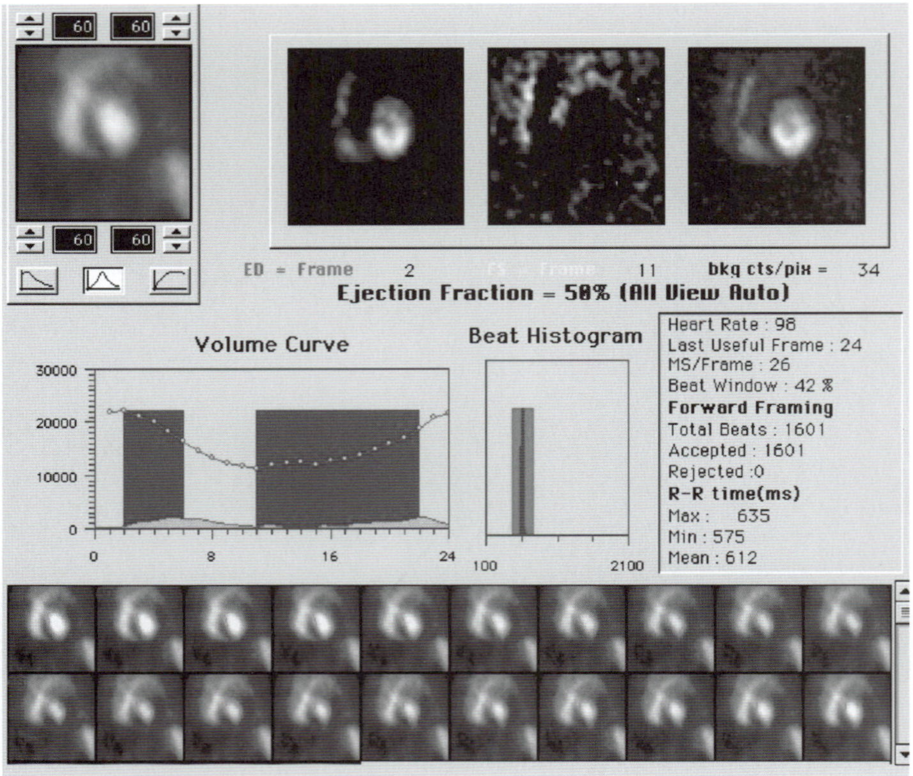

Fig. 19-94. Ventriculografia radioisotópica normal. Imagem superior à esquerda usada para visualização em tempo real (cine). Imagens funcionais à direita, usadas para a obtenção daquelas correspondentes aos finais da diástole e sístole. No terço médio da imagem vê-se a curva da fração de ejeção normal, com o histograma dos batimentos cardíacos e os parâmetros do exame. Nas duas fileiras inferiores, as imagens seqüenciais do ciclo cardíaco (intervalo R-R).

é o remodelamento ventricular, principalmente em grandes infartos anteriores, O exemplo mais significativo reconhecido pela ventriculografia radioisotópica é o aneurisma do ventrículo esquerdo.

EMBOLIA PULMONAR

A embolia pulmonar é uma complicação potencialmente fatal, geralmente associada à trombose venosa profunda. A apresentação clínica da embolia não é específica, daí então a necessidade de avaliação complementar com exames de imagens para um diagnóstico preciso. Entretanto, o meio diagnóstico considerado o padrão ouro, a angiografia, é invasivo, sendo realizado em alguns casos apenas. Daí então a necessidade de outros métodos mais simples para tal diagnóstico. Entre eles as cintilografias da perfusão e da ventilação pulmonares têm sido usadas, por seus altos níveis de sensibilidade e especificidade.

O diagnóstico cintilográfico da embolia pulmonar é feito através dos estudos da perfusão e da ventilação, que devem sempre ser correlacionados com os dados clínicos, laboratoriais, radiológicos e de outras metodologias. Grandes séries na literatura têm mostrado a importância do tamanho e da severidade das lesões pulmonares regionais, que sugerem diferentes probabilidades para esse diagnóstico.

As técnicas cintilográficas são realizadas em duas etapas, uma para a visualização da perfusão e outra da ventilação. Os estudos da perfusão são realizados através da administração endovenosa do radiotraçador, no geral o ^{99m}Tc-MAA (macroagregado de albumina marcado com ^{99m}Tecnécio) e os da ventilação com gases ou aerossóis radioativos. Como no nosso meio não dispomos dos gases radioativos, os estudos ventilatórios são realizados com aerossóis de vários radiofármacos, sendo os mais difundidos aqueles do ^{99m}Tc-DTPA (ácido dietilenotriaminopentacético).

As imagens cintilográficas são obtidas em múltiplas projeções dos pulmões, sendo as mais usada a anterior, posterior, ambas as laterais e oblíquas anteriores e posteriores esquerda e direita, respectivamente. Embora menos utilizadas, as imagens tomográficas em SPECT podem auxiliar na detecção e na localização de defeitos perfusionais não bem individualizados na cintilografia planar.

Os estudos cintilográficos dos pulmões têm por objetivo mostrar modelos de perfusão e ventilação que possam ser aplicados às diversas patologias. Estudos normais mostram padrões homogêneos de perfusão e ventilação, enquanto os estados fisiopatológicos são comumente associados com perturbações cintilograficamente detectáveis. Essas perturbações resultam em perfusões e ventilações heterogêneas. Existem modelos de perturbações causadas por estados fisiopatológicos específicos. Entretanto, a mistura desses estados fisiopatológicos é comum em determinados pacientes.

Patologias vasculares oclusivas incluindo embolia pulmonar, compressão vascular extrínseca e vasculite pulmonar, no geral, deixam os alvéolos intactos, sendo a ventilação preservada nessas áreas. Nesses casos, o achado cintilográfico característico é a discordância entre a perfusão e a ventilação. Obstrução da via aérea pode estar associada à pneumonia, a infarto pulmonar e a outras doenças ventilatórias com grau de perda perfusional e ventilatória independente, porém com redução concomitante. Nesses casos, diz-se que há concordância ou coincidência das alterações.

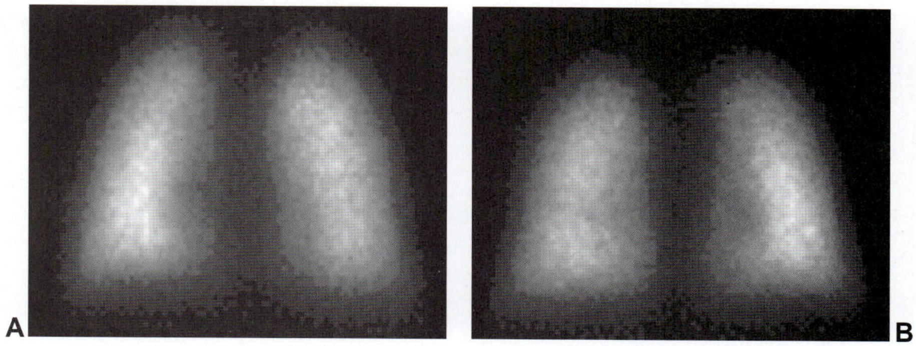

Fig. 19-95. Imagens da perfusão pulmonar nas projeções anterior e posterior sem anormalidades. Estudo negativo para embolia pulmonar. (**A**) Projeção anterior. (**B**) Projeção posterior.

Obstrução fisiológica é vista em casos como enfisema, bronquite, bronquiectasia e asma, que afetam predominantemente a condução e a troca no espaço aéreo. A hipóxia alveolar resultante determina vasoconstrição, redistribuindo o sangue para áreas mais bem ventiladas, preservando a coincidência do fluxo sangüíneo com a ventilação. Assim, anormalidades perfusionais e ventilatórias coincidentes vão ser observadas nesse tipo de situação fisiopatológica.

Em doenças pulmonares restritivas, em inflamação crônica e fibrose pode haver, ocasionalmente, obstrução dos alvéolos e capilares. Entretanto, a via aérea permanece funcionante, com ventilação regional aumentada com relação à perfusão. O modelo resultante poderá ser de não-coincidência, porém com imagem perfusional diferente daquela das patologias vasculares obstrutivas.[12]

Do ponto de vista prático, um estudo da perfusão pulmonar normal (Fig. 19-95) é considerado definitivo para excluir o diagnóstico de embolia, ou seja, a morbidade e a mortalidade por embolia nesses casos são menores do que aquelas resultantes da angiografia ou da terapia anticoagulante.[13]

Teoricamente, casos de embolia com estudo da perfusão normal seriam aqueles com trombos simétricos difusos ou com obstrução central parcial determinando diminuição difusa da perfusão pulmonar ou defeito mínimo não-considerável. Por outro lado, um estudo cintilográfico anormal mostrando múltiplos defeitos perfusionais lobares ou segmentares, em forma de cunha com base pleural, com ventilação normal e estudo radiológico sem anormalidades no local, é altamente sugestivo de embolia (Fig. 19-96).

Entretanto, estudos completamente normais ou tipicamente anormais são a minoria dos exames realizados. Daí então a utilização de modelos que representam certas probabilidades de embolia.

Existem três modelos de critérios diagnósticos que são comumente usados para categorizar os estudos cintilográficos da perfusão e da ventilação na embolia pulmonar, baseados em probabilidades, amplamente aceitos na literatura: o Washington/Columbia descrito por Biello, a PIOPED (*Prospective Investigation of Pulmonary Embolism Detection*) e o McNeil.[14-16] Embora existam pequenas diferenças na precisão entre os diferentes critérios, cada um deles pode ser utilizado rotineiramente . Hoje em dia, os critérios da PIOPED são os mais utilizados, tendo tido várias atualizações.

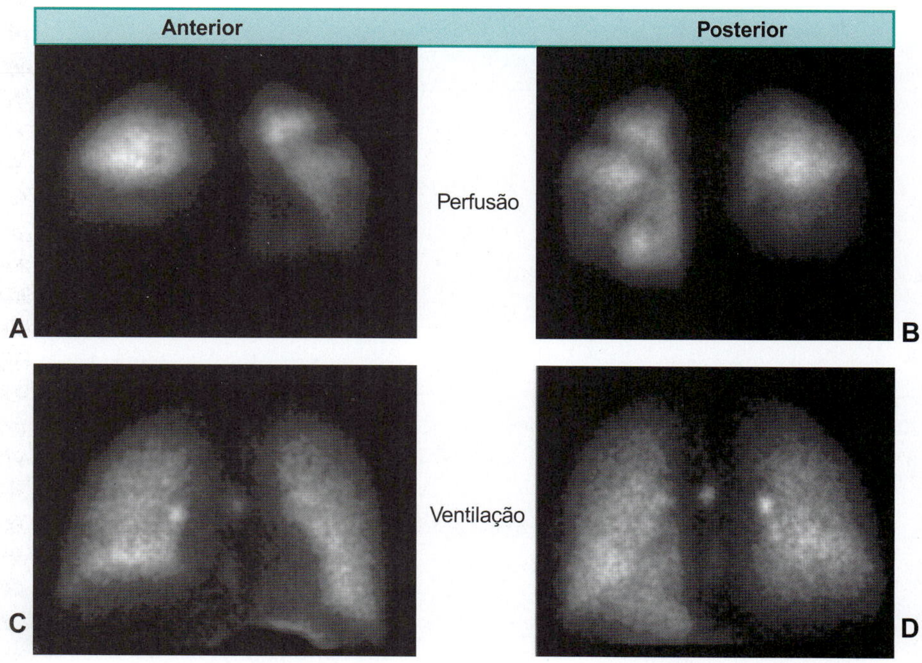

Fig. 19-96. (**A-D**) Imagens cintilográficas da perfusão e da ventilação nas projeções anterior e posterior, com múltiplos defeitos perfusionais nos pulmões, com distribuições lobar e segmentar, mais severos na base direita, com ventilação mantida e radiografia normal, característico de embolia pulmonar múltipla.

Critérios cintilográficos de diagnóstico de embolia pulmonar de acordo com o estudo PIOPED

Categoria diagnóstica	*Achados cintilográficos*
Normal	Perfusão normal
Muito baixa probabilidade	Até três pequenos defeitos P com radiografia normal
Baixa probabilidade (< 19%)	1. Mais do que três pequenos defeitos P com radiografia normal 2. Defeito P evidentemente menor do que o defeito na radiografia (V irrelevante) 3. Qualquer número de defeitos P e V coincidentes com radiografia normal 4. Defeitos P não-segmentares (cardiomegalia, aumento da aorta, região hilar aumentada, elevação diafragmática, derrame pleural) 5. Defeito P circundado por tecido perfundido normalmente 6. Defeitos P e V coincidentes, correspondendo a opacificação radiológica nos terços superior e médio
Probabilidade intermediária (20 a 79%)	1. Defeitos P e V coincidentes correspondendo a área opacificada na radiografia, no terço inferior 2. Defeito P único, de tamanho moderado, coincidente ou não com defeito V, com radiografia normal 3. Outras anormalidades não definidas como alta ou baixa probabilidades
Alta probabilidade (> 80%)	Dois ou mais defeitos de P grandes (ou equivalentes) com V e radiografia normais (P e V não-coincidentes)

P = Cintilografia da perfusão; V = cintilografia da ventilação; Radiografia = estudo radiológico do tórax

Para a utilização dos critérios de probabilidades, alguns conceitos devem ser considerados, tais como tamanho dos defeitos perfusionais, tamanho das anormalidades radiológicas no local dos defeitos e zona pulmonar afetada. Quanto ao tamanho dos defeitos perfusionais, aqueles menores do que os segmentos são ditos pequenos quando envolvem menos do que 25% da área segmentar, moderados quando equivalem de 25 a 75% da área e grandes quando maiores do que 75%. O tamanho da anormalidade radiológica no local do defeito perfusional, caracterizada por opacidade na região, pode ter maior, igual ou menor extensão do que o mesmo, com significado diagnóstico diferente. Entretanto quando se considera o estudo radiológico normal comparativamente à cintilografia, não se exclui a possibilidade de lesão em outro local. Finalmente, as zonas pulmonares são consideradas superior, média e inferior, de acordo com o terço correspondente no sentido craniocaudal.

De acordo com os critérios do estudo PIOPED, bem como dos outros estudos, a cintilografia da perfusão normal exclui o diagnóstico de embolia com alto grau de certeza, excetuando-se os casos de obstrução parcial de grandes vasos centrais e as embolias difusas e simétricas, que podem não causar anormalidades cintilográficas significativas.

Pequenos defeitos perfusionais são, raramente, associados à embolia pulmonar. Ao contrário, anormalidades ventilatórias extensas, tais como aquelas vistas nas doenças broncopulmonares obstrutivas crônicas, muitas vezes, mascaram patologia embólica. A prevalência de embolia em casos de lesões perfusionais e ventilatórias coincidentes, com estudo radiológico não-significativo, foi de 11% em recente revisão dos dados do estudo PIOPED.[17] Nesses casos, é mais apropriada a classificação de baixa probabilidade. Da mesma maneira, os defeitos perfusionais observados em casos de aumento da área cardíaca, elevação da cúpula diafragmática e aumento hilar devem ser apropriadamente classificados como baixa probabilidade (Fig. 19-97). Embora defeitos perfusionais relacionados a

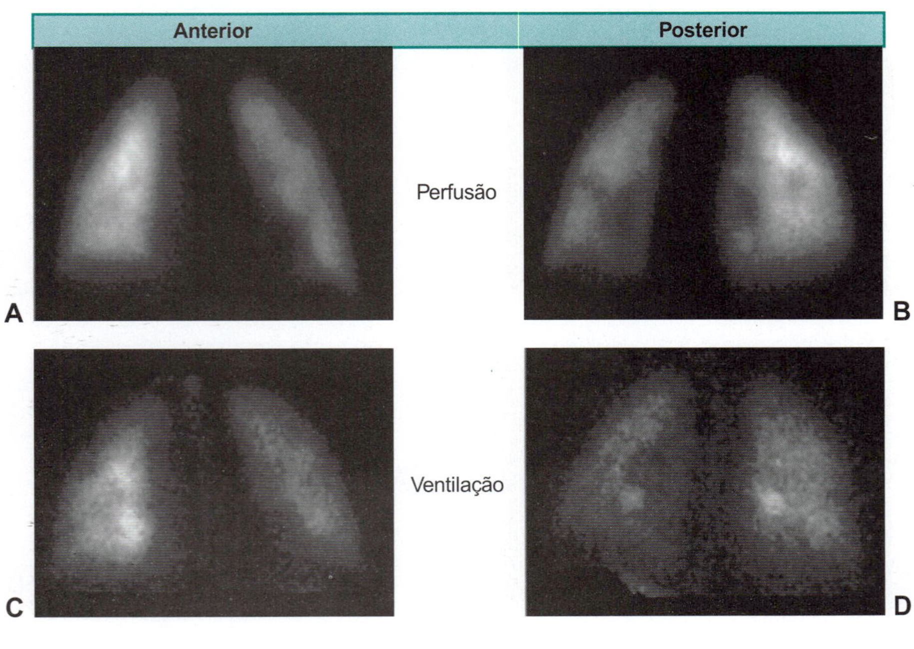

Fig. 19-97. (A-D) Cintilografias da perfusão e da ventilação, nas projeções anterior e posterior, mostrando múltiplos defeitos não-segmentares, coincidentes em ambos os estudos, indicativos de baixa probabilidade de embolia pulmonar. Estase dos aerossóis em brônquios principais em ambos os lados, mais bem visualizada na projeção posterior.

derrame pleural possam ser associados à embolia pulmonar, na prática essa apresentação é pouco comum.[18]

Revisão dos critérios PIOPED e outros dados sugerem que defeito único coincidente perfusional e ventilatório tem maior incidência de embolia do que quando os mesmos são coincidentes múltiplos, devendo ser classificados na categoria intermediária.[17,19] Outro tipo de defeito, também incluído na categoria de intermediária probabilidade, é aquele subsegmentar moderado, não coincidente nos estudos perfusional e ventilatório com radiografia normal ou não no local.

Outro detalhe que deve ser considerado na análise dos critérios de probabilidade é a zona do pulmão onde estão os defeitos perfusional e ventilatório coincidentes com a radiografia alterada, uma vez que a probabilidade de embolia é muito menor se forem nos terços superior e médio do que no inferior,[20] sendo nos primeiros de baixa probabilidade e nos últimos de probabilidade intermediária (Fig. 19-98).

Os modelos cintilográficos indicativos de probabilidade intermediária devem ser interpretados com cautela. Nesse grupo de pacientes, o grau de probabilidade de embolia préteste deve ser considerado antes da decisão terapêutica. Se o paciente for de risco para o uso de terapia anticoagulante, outro estudo como angiografia pulmonar deve ser requisitado.

No caso dos estudos indicativos de alta probabilidade o diagnóstico é mais fácil, sendo de 71% nos pacientes com dois grandes defeitos perfusionais não-coincidentes com os ventilatórios e de 100% naqueles com 2,5 ou mais defeitos, de acordo com o estudo PIOPED.

Outro ponto a ser considerado no diagnóstico cintilográfico da embolia pulmonar é o quadro clínico do paciente, principalmente nos casos de moderada a alta probabilidade em que os índices de positividade podem passar de 14 a 71% e de 87 a 95%, respectivamente, quando a suspeita clínica é alta.

Existem dados na literatura indicando que a experiência do observador pode ser tão ou mais importante do que os critérios utilizados para o diagnóstico cintilográfico de embolia.[21] Entretanto, o uso de critérios de probabilidade é extremamente útil, quando não se tem experiência suficiente com esses exames, principalmente pela diminuição dos casos considerados intermediários ou indeterminados. Além do mais, o uso de rotina dos critérios de probabilidade levará a padronização das interpretações com diminuição das discordâncias entre observadores.

HEMORRAGIA DIGESTIVA

A localização do sangramento é essencial para o tratamento da hemorragia digestiva. A endoscopia e a angiografia são utilizadas para tentar localizar e potencialmente controlar o sangramento, mas, pela natureza intermitente das hemorragias digestivas, esses métodos freqüentemente falham na identificação do local.[22] A cintilografia não pode substituir esses métodos para definir a causa anatômica do sangramento, porém pode complementá-los nos casos indeterminados.

A cintilografia é um método simples, muito bem tolerado pelo paciente, passível de repetições sem risco, fácil de ser realizada, e não necessita de preparo prévio, podendo ser realizada em pacientes em estado grave. Outras vantagens da cintilografia são a alta sensibilidade para baixas taxas de sangramento e a possibilidade de monitoramento contínuo de todo o trato digestivo durante várias horas, com informações prognósticas que ajudam na identificação de pacientes de alto risco. A cintilografia deve ser usada como um complemento à endoscopia e à angiografia, e não como um substituto delas.

Sangramento alto é mais freqüente, e a endoscopia tem precisão maior do que 90%. As hemorragias digestivas baixas são menos freqüentes, e os estudos endoscópico e radiológico são de valor limitado, principalmente com hemorragia aguda. Em grande número de pacientes com hemorragia digestiva baixa o sangramento pára espontaneamente. O diagnóstico correto de sangramento digestivo baseado na história clínica e

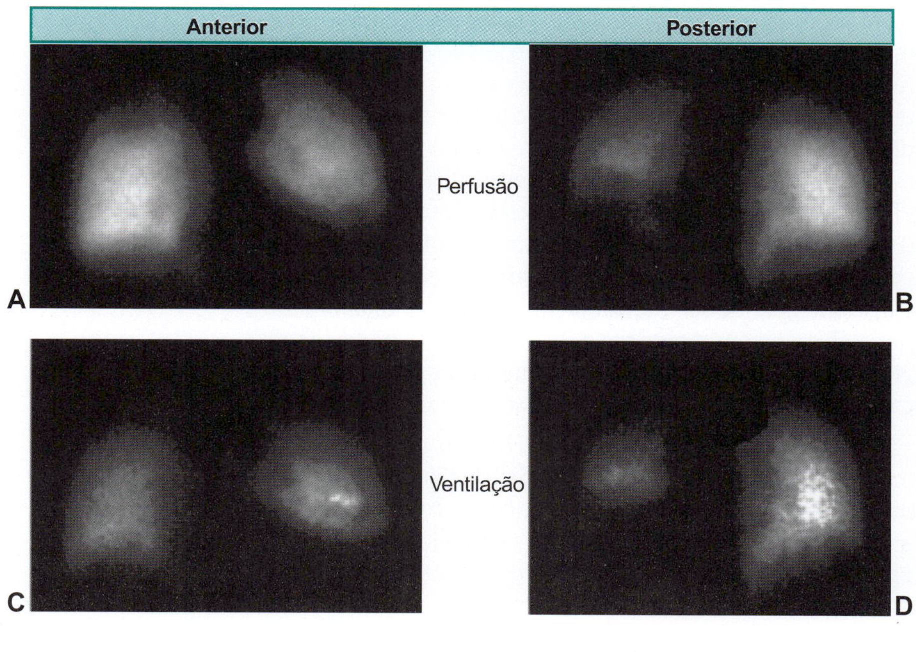

Fig. 19-98. (**A-D**) Imagens cintilográficas da perfusão e da ventilação nas projeções anterior e posterior mostrando grandes defeitos coincidentes, no terço superior à direita e nos terços inferiores à esquerda, indicativos de probabilidade intermediária.

no exame físico do paciente é muito baixo, daí a necessidade de exames complementares, principalmente em pacientes de alto risco, com angiografia negativa. De acordo com dados da literatura, a cintilografia isoladamente pode ser suficiente para localizar o local de sangramento em pacientes de alto risco, antes da cirurgia. Há relatos de até 94% de localização de sangramentos em pacientes pré-cirúrgicos baseados na cintilografia apenas.[23]

Os pacientes que necessitam de terapia mais agressiva, no geral, mostram sangramento intenso no início do estudo cintilográfico. Esses pacientes de alto risco apresentam maior média de perda sangüínea, maior duração da hemorragia ativa e maior taxa de sangramento.[24]

Como a cintilografia é capaz de visualizar todo o trato gastrintestinal, ela possibilita a detecção de locais de sangramentos múltiplos. Isso é importante em pacientes com varizes com suspeita de sangramento.

A grande vantagem da cintilografia sobre a angiografia é a possibilidade de detecção de sangramento intermitente.

Embora a sensibilidade da cintilografia para detectar sangramento seja muito alta, sua habilidade em detectar precisamente o local é inconsistente. A razão dessa variabilidade nos resultados é, provavelmente, devido aos diferentes métodos empregados para realização dos estudos. Isso reflete a falta de consenso para o melhor método de investigação.

Basicamente, dois radiofármacos têm sido utilizado para a pesquisa de hemorragia digestiva: o ^{99m}Tc-enxofre coloidal e o ^{99m}Tc-hemácias. Os adeptos do ^{99m}Tc-enxofre coloidal preconizam o aumento da sensibilidade que pode ocorrer com esse traçador, que é rapidamente extraído da circulação após injeção endovenosa. Como os colóides são rapidamente removidos da circulação pelo sistema reticuloendotelial do fígado, baço e medula óssea, maior será o contraste entre o local do sangramento e os tecidos ao redor.[25] Como desvantagem, quando se usam os colóides radioativos, há necessidade de sangramento ativo durante o tempo em que o mesmo está no compartimento intravascular. Outra desvantagem é devida à intensa concentração dos colóides no fígado e no baço, mascarando locais de sangramento adjacentes a esses órgãos. Daí então o uso mais difundido do ^{99m}Tc-hemácias, que permite a detecção tanto de sangramento ativo como intermitente, com melhores índices de sensibilidade e especificidade,[26] quando a eficiência de marcação das hemácias é maior do que 95% (Fig. 19-99). Na pesquisa de sangramento intermitente é importante a obtenção freqüente das imagens, porque o sangue é irritante quando no interior da luz intestinal, aumentando o peristaltismo com rápidos movimentos anterógrados e retrógrados, com conseqüente deslocamento rápido do radiotraçador e identificação incorreta do local do sangramento.

Outra causa de sangramento digestivo que pode ser detectado através da cintilografia é o divertículo de Meckel. Dos divertículos que se tornam sintomáticos, cerca de 60% contêm mucosa gástrica ectópica. Embora as complicações como sangramento, no geral, ocorram antes dos 2 anos de vida, as hemorragias podem ser detectadas em qualquer idade.

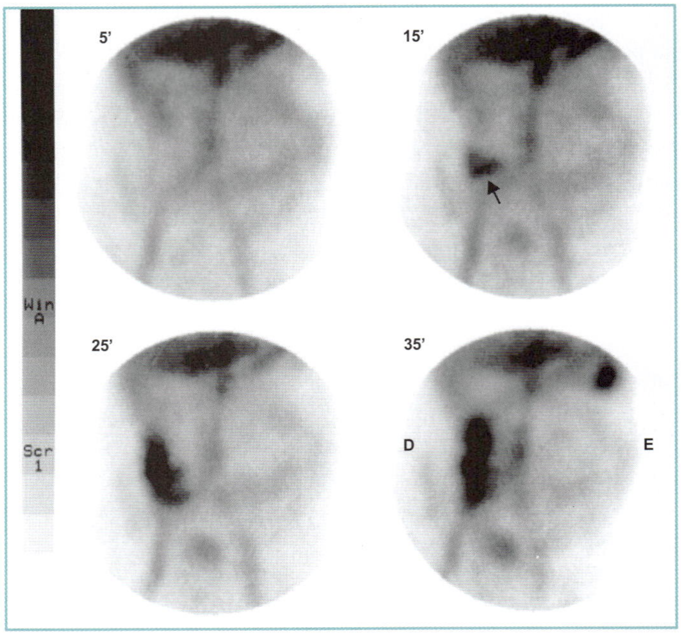

Fig. 19-99. Cintilografia com ^{99m}Tc-hemácias mostrando sangramento na fossa ilíaca direita, com movimentação superior na projeção do colo ascendente.

O ^{99m}Tc-pertecnetato é secretado e se acumula ativamente nas células mucóides da mucosa gástrica. Embora o diagnóstico histológico de mucosa gástrica ectópica seja baseado na presença de células parietais, estas podem estar ausentes no divertículo de Meckel, mas mesmo assim haverá captação se as células mucóides estiverem presentes.

O local da captação do radiotraçador, bem como o tempo de seu aparecimento, deve ser considerado no diagnóstico de divertículo, porque lesões com aumento do conteúdo sangüíneo ou hiperemia aparecem precocemente na fase angiográfica do estudo ou dentro dos primeiros minutos após a injeção, desaparecendo logo após. A mucosa gástrica ectópica se torna mais proeminente com o tempo, e o grau de captação é semelhante àquele do estômago normal (Fig. 19-100). Mucosa gás-

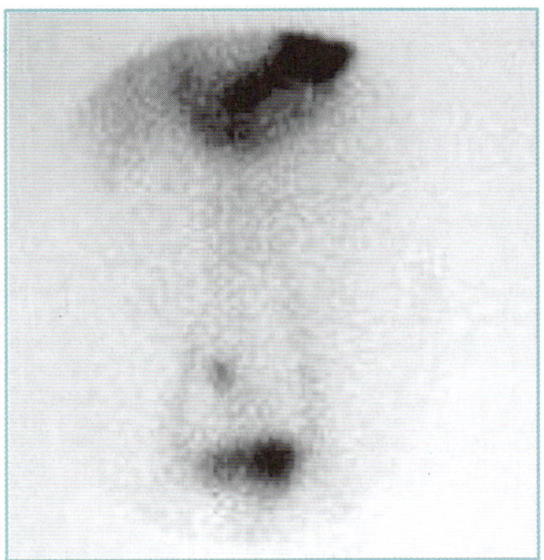

Fig. 19-100. Área de hipercaptação focal na fossa ilíaca direita, próxima à bexiga, com atividade semelhante àquela do estômago, característica de divertículo de Meckel.

trica ectópica pode ser encontrada em duplicações císticas, em cistos gastrogênicos e na duplicação entérica, podendo levar a estudos falsos-positivos.

Em revisões de grandes séries na literatura, a taxa de detecção do divertículo de Meckel, em casos comprovados cirurgicamente, é de 85%, considerados atentamente os detalhes técnicos do exame e os problemas potenciais de falsos-positivos.[27]

COLECISTITE AGUDA

Pacientes com dor epigástrica ou no quadrante superior direito do abdômen apresentam incidência entre 50 a 60% de colecistite aguda ou crônica.[28,29] A presença de cálculos, facilmente detectados pela ecografia, é o ponto principal na colecistite, mas sua presença não necessariamente se correlaciona com a doença aguda. Como a colecistite aguda se inicia e é caracterizada pela obstrução do ducto cístico, testes não-invasivos que detectem obstrução se correlacionam melhor do que aqueles que detectam colelitíase.

A cintilografia das vias biliares é realizada com radiotraçadores que apresentam secreção biliar, mesmo com níveis altos de bilirrubinas. Entre os mais utilizados o ^{99m}Tc-Disida (ácido diisopropiliminodiacético) é amplamente disponível, inclusive em nosso meio. Esses agentes dão excelente visualização da vesícula biliar, dos ductos cístico e comum, dentro de 1 hora após a sua administração endovenosa. Após a injeção o radiotraçador se liga às proteínas plasmáticas, circula pelo fígado, se dissocia das proteínas e é captado pelos hepatócitos. A captação máxima no fígado se dá ao redor dos 10 minutos da injeção, com 90% de visualização da vesícula e do ducto biliar comum antes dos 30 minutos e de 100% aos 60 minutos, nos casos normais. Se, apesar do aparecimento da atividade intestinal, a vesícula não for visualizada 1 hora após a injeção, pode-se aguardar 3 a 4 horas para a obtenção de novas imagens ou usar uma dose de morfina (0,04 a 0,1 mg/kg) com a finalidade de aumentar o tônus do esfíncter de Oddi, com conseqüente aumento da pressão no ducto biliar comum e aparecimento de atividade na vesícula.

Nos pacientes com suspeita clinica de colecistite aguda, a cintilografia pode apresentar diversos padrões:[30]

- Normal (ao redor de 60%) quando existe aparecimento da vesícula dentro dos 60 minutos da injeção do radiotraçador, excluindo o diagnóstico (Fig. 19-101).
- Ausência de atividade na vesícula (30%), mesmo em imagens tardias ou após estimulo com morfina, característico de colecistite aguda (Fig. 19-102).
- Visualização tardia da vesícula ou pós-morfina (5%), vista comumente nos casos de colecistite crônica.
- Ausência de atividade nas vias biliares (5%) com boa captação hepática, indicativa de obstrução do ducto comum.

Aproximadamente 6 a 10% das colecistites agudas são acalculosas, mas a maioria dos pacientes tem obstrução funcional do ducto cístico por vasculite e edema, com ausência de atividade na vesícula no estudo cintilográfico.[31]

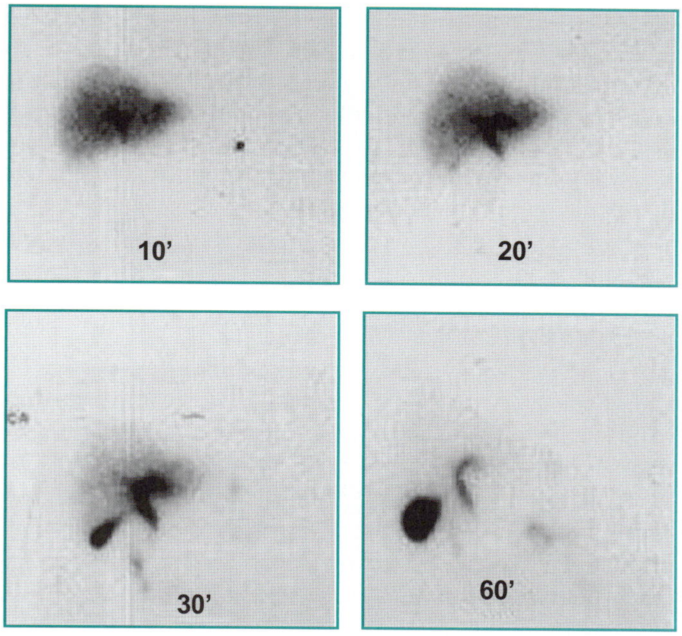

Fig. 19-101. Cintilografia das vias biliares normal, mostrando seqüencialmente o trânsito do radiotraçador aos 10, 20, 30 e 60 minutos após sua injeção.

O valor preditivo negativo de um estudo cintilográfico normal em excluir colecistite aguda é maior do que 98%. Persistência da não-visualização da vesícula, uma característica da colecistite aguda, pode ser vista na colecistite crônica, constituindo-se num resultado falso-positivo em pacientes que não estão em jejum, em jejum muito prolongado, na pancreatite aguda e em outras situações menos comuns, daí então o preparo e os cuidados

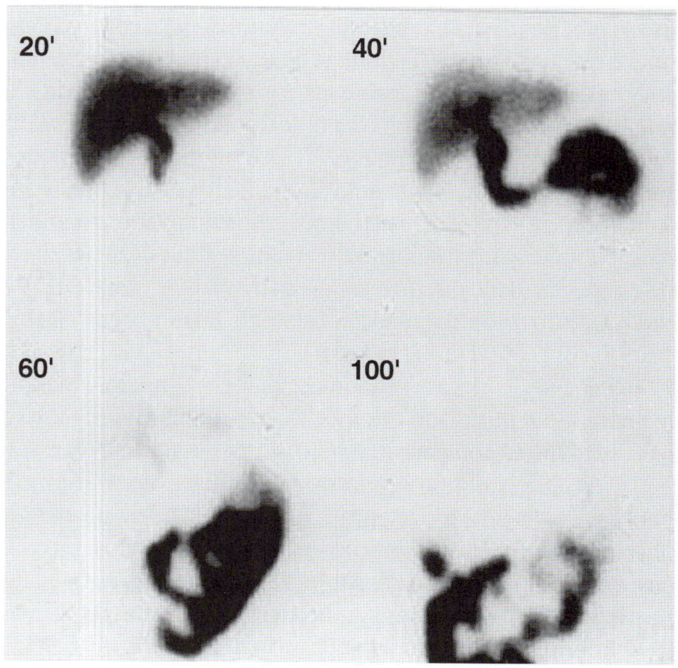

Fig. 19-102. Cintilografia das vias biliares anormal devido à ausência de atividade na vesícula, com excreção normal para o intestino, em paciente com colecistite aguda acalculosa.

técnicos necessários para evitar erros diagnósticos. Felizmente, a mais comum dessas causas, a colecistite crônica sintomática ou não, apresenta 86 a 90% das vezes atividade vesicular detectada pela cintilografia, não sendo possível sua identificação em apenas 4 a 8%, principalmente quando sintomáticas.[32]

Nos pacientes que não mostram atividade vesicular tardia ou pós-estímulo com morfina, a presença do sinal de anel, caracterizado pela hiperatividade no tecido hepático perivesicular, conota um quadro de colecistite complicado (gangrena com ou sem perfuração), que pode modificar o procedimento e o tempo para a realização da cirurgia.[33]

Outras situações clínicas em que a cintilografia das vias biliares pode ajudar no diagnóstico final são a obstrução do ducto biliar comum, na sua fase funcional antes da dilatação anatômica, o controle dos pacientes pós-cirúrgicos, para a detecção de complicações tipo obstrução biliar, fístula biliar e refluxo enterogástrico, a avaliação de traumas abdominais com comprometimento da via biliar e o diagnóstico de atresia das vias biliares em recém-nascidos com icterícia.

Nos casos em que o diagnóstico de complicações pós-cirúrgicas é menos provável, a cintilografia das vias biliares é um método simples, não-invasivo e preciso que, sendo normal, dispensa a necessidade de procedimentos invasivos e de maior custo.

INFECÇÃO

A localização é um pré-requisito importante para o sucesso do tratamento nas patologias infecciosas. A medicina nuclear dispõe de várias técnicas úteis para tais localizações. A escolha do radiotraçador a ser utilizado depende da disponibilidade do produto e de fatores clínico e estratégico.

Até o desenvolvimento de técnicas de marcação dos leucócitos, o ^{67}Gálio era o principal radiofármaco para localização de focos infecciosos.[34] Sua distribuição normal inclui captação em ossos, medula óssea, intestino, fígado, glândulas lacrimais, mucosa nasal, testículos, períneo e mamas em mulheres. Atividade renal e na bexiga, além daquela nos intestinos, limitam o uso do ^{67}Gálio na avaliação abdominal. A distribuição desse radiotraçador no organismo, bem como sua captação em processos inflamatórios, infecciosos e tumorais, se deve a vários mecanismos diferentes, que lhe conferem distintos graus de sensibilidade e especificidade nas diversas áreas diagnósticas onde é aplicado. Devido à sua distribuição fisiológica, as imagens cintilográficas com esse radiotraçador devem ser realizadas entre 48 e 72 horas após a injeção, quando a atividade de fundo é menor, melhorando a qualidade das informações, embora retardando os resultados se comparado a outros radiofármacos.

O ^{67}Gálio continua sendo o radiofármaco mais utilizado para investigação de pacientes com febre de origem desconhecida, devido à sua captação em inflamações não-bacterianas, em infecções e em alguns tumores. Embora apresente alta sensibilidade em infecções agudas e crônicas, sua especificidade é inferior àquela dos leucócitos marcados. Mais recentemente, o ^{67}Gálio tem sido usado em pacientes febris com síndrome da imunodeficiência adquirida (AIDS), evitando-se a manipulação celular necessária à marcação dos leucócitos do paciente. Seu uso é recomendado também em pacientes imunodeprimidos com sinais e sintomas de pneumonia por *Pneumocystis carinii*, nos quais a sensibilidade é de 90%, podendo detectar pneumonia em pacientes assintomáticos com estudo radiológico normal.[35] A especificidade nesses casos é baixa, a não ser que o paciente apresente captação intensa bilateral e difusa característica. Com o uso desse radiotraçador, pode-se demonstrar o desenvolvimento de linfoma e outros processos malignos associados à AIDS.

O propósito da cintilografia com ^{67}Gálio em pacientes com febre de origem não-diagnosticada não é, primariamente, fazer o diagnóstico, mas localizar a causa potencial para posterior investigação complementar por outras modalidades de imagens, tais como ecografia, tomografia computadorizada e ressonância magnética.

A diferenciação entre osteomielite e outras lesões que possam aumentar a captação do radiotraçador na cintilografia óssea pode ser feita com a ajuda do ^{67}Gálio que, entre 60 a 80% das vezes, mostra maior atividade quando há infecção do que aquela vista na cintilografia óssea[36] (Fig. 19-103). Esse mesmo princípio é utilizado na investigação de infecção em próteses ortopédicas e em pacientes diabéticos com úlceras infectadas com suspeita de osteomielite associada.

O fato de os leucócitos migrarem para as reações inflamatórias levou ao desenvolvimento de técnicas para marcação dessas células para a localização de focos infecciosos. Nesse procedimento os leucócitos são separados e marcados *in vitro*, para posterior readministração no paciente. A técnica de marcação é demorada e precisa ser realizada em condições de assepsia padronizada. Além disso, os leucócitos necessitam ser separados do plasma para marcação, com maior potencial de dano celular.[37] Devido a esses fatos, o uso desse radiotraçador biológico é restrito a centros que disponham de infra-estrutura laboratorial capaz para manipulação e marcação das células. Os leucócitos podem ser marcados tanto com ^{111}In como com ^{99m}Tc-pertecnetato, ambos com suas vantagens e desvantagens para os procedimentos de marcação e utilização. Outra dúvida na marcação dos leucócitos é a conseqüência clínica do uso das diferentes

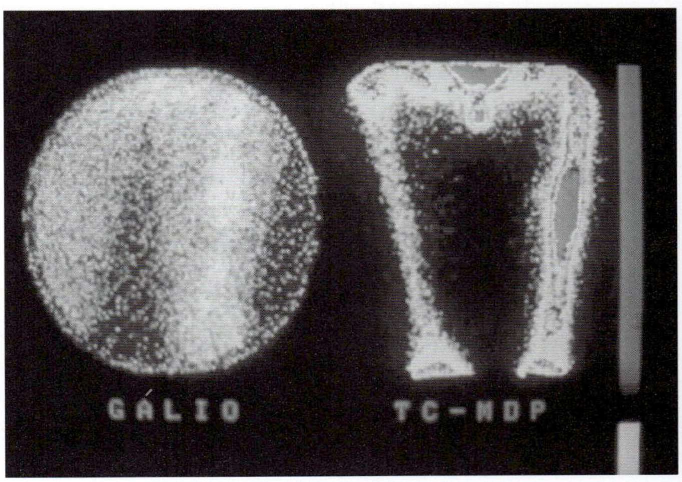

Fig. 19-103. Paciente com osteomielite no fêmur esquerdo com captação aumentada do ^{67}Gálio e do ^{99m}Tc-MDP. (Ver *Prancha* em *Cores*.)

técnicas, bem como do uso exclusivo dos granulócitos ou da mistura da população dos glóbulos.

A marcação dos leucócitos possibilitou seu uso para localizar infecção aguda em praticamente qualquer tecido mole ou local do esqueleto. Eles são particularmente úteis na detecção de múltiplos focos infecciosos, em situações em que não é possível a diferenciação entre pus e coleções líquidas não-infectadas ou, ainda, no pós-operatório imediato, quando não há possibilidade técnica de realizar investigações com outras modalidades de diagnóstico.[38] Imagens seriadas do abdômen podem mostrar abscessos com comunicação para o intestino.

Resultados falsos-positivos podem ocorrer quando há captação dos leucócitos em processos inflamatórios não-infecciosos tais como pancreatite, hematomas e tumores necróticos. Outros falsos-positivos podem ser vistos em casos de patologia intestinal inflamatória, em fistulas, isquemia, necrose e infarto.

Existem muitos outros radiofármacos desenvolvidos para a localização de infecção, sem a necessidade de marcação celular *in vitro*, que estão ainda em fases iniciais de avaliação. Dentre muitos, antibióticos de largo espectro como a ciprofloxacina marcada com ^{99m}Tc-pertecnetato já se encontram disponíveis no mercado europeu. A vantagem desses produtos é a alta especificidade e a rápida localização dos focos infecciosos após sua administração, comparados a outros produtos existentes.[39]

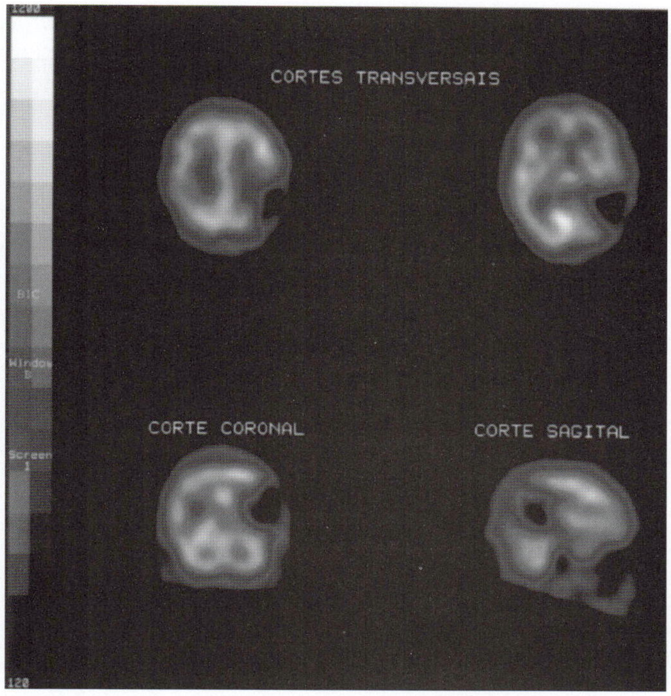

Fig. 19-104. Cintilografia da perfusão cerebral mostrando defeito perfusional severo na projeção do ramo posterior da artéria cerebral média do lado esquerdo, em paciente com quadro clínico de acidente vascular isquêmico. Imagens dos cortes tomográficos nos eixos transversal, coronal e sagital, a partir do quadrante superior esquerdo. (Ver *Prancha* em *Cores*.)

ACIDENTE VASCULAR CEREBRAL, TRAUMATISMO CRANIOENCEFÁLICO E MORTE CEREBRAL

A investigação neurológica em Medicina Nuclear baseia-se no estudo da perfusão cerebral, realizado através de radiotraçadores que mostram o fluxo sangüíneo regional no sistema nervoso central. Os radiofármacos mais utilizados são o ^{99m}Tc-ECD (etilcisteinatodímer) e o ^{99m}Tc-HMPAO (hexametil-propilenoaminooxima), drogas lipofílicas que atravessam a barreira hematoencefálica íntegra, concentrando-se, preferencialmente, na substância cinzenta.

O conhecimento do estado da perfusão cerebral tem importante aplicação clínica no diagnóstico diferencial e no manuseio inicial dos pacientes com acidente cerebrovascular (Fig. 19-104).

O interesse recente na terapia aguda dos pacientes com isquemia cerebral tornou a cintilografia da perfusão um método importante de avaliação funcional, não só no diagnóstico como, principalmente, no seguimento dos pacientes após terapia com drogas trombolíticas.[40]

Embora o diagnóstico da maior parte dos acidentes vasculares cerebrais seja facilmente realizado por técnicas radiológicas, o estudo com radiotraçadores pode detectar isquemia durante as primeiras horas após o íctus, como também estimar sua extensão. Esses achados possibilitam o uso dessa técnica com finalidades prognósticas. Vários estudos têm comprovado esse valor da cintilografia,[41] quando os exames são realizados nos primeiros dias após o acidente vascular. Eles mostram que a simples inspeção visual das imagens é suficiente para valorização prognóstica, pela melhora significativa dos pacientes com imagens pouco alteradas com relação àqueles cujas imagens evidenciam anormalidades perfusionais severas e/ou extensas.

A cintilografia da perfusão cerebral nas primeiras horas após o íctus pode apresentar modelos que sugerem ou não o uso de terapia trombolítica. O modelo cintilográfico de ausência de perfusão cortical sugere falha de fluxo colateral distal à obstrução, com pouca possibilidade de melhora pela terapia trombolítica. Quando a anormalidade se caracteriza por diminuição da perfusão, mas não ausência, sugere algum fluxo colateral com melhor oportunidade de recuperação com a terapia trombolítica. O último modelo seria aquele com perfusão conservada após a isquemia, identificando pacientes com déficits reversíveis, nos quais a terapia trombolítica é desnecessária.[42] Daí então a conclusão de alguns autores de que pacientes com isquemia moderada (entre 35 a 70%) são os melhores candidatos a terapia fibrinolítica. Além disso, as imagens cintilográficas realizadas antes e após a terapia mostram a melhora da perfusão tão eficientemente quanto a angiografia, estando relacionadas a melhora clínica dos pacientes.

Nos traumatismos cranioencefálicos, a cintilografia da perfusão cerebral tem maior sensibilidade do que os métodos radiológicos no geral, mostrando lesões maiores do que aquelas vistas na tomografia computadorizada. O tipo de anormalidade é variável conforme a severidade e a extensão do trauma. O prognóstico é pior nos casos de grandes alterações perfusionais, quando as lesões são múltiplas e/ou envolvem o tronco cerebral (Fig. 19-105).

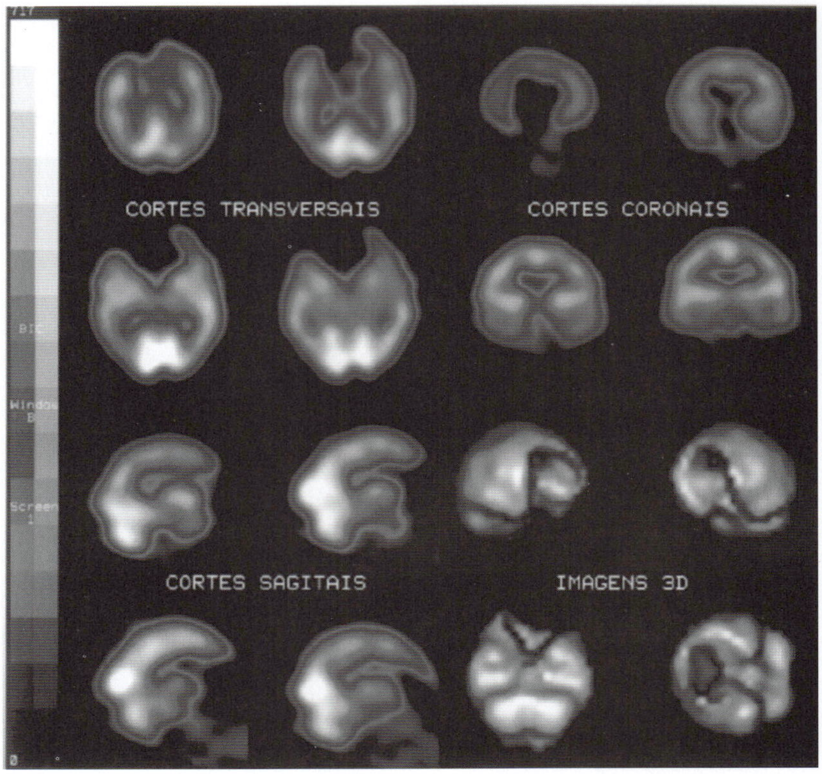

Fig. 19-105. Cintilografia da perfusão cerebral mostrando grande perda de tecido funcionante na região frontal, principalmente à direita, após traumatismo cranioencefálico. Imagens dos cortes tomográficos nos eixos transversais, coronais, sagitais e em três dimensões, a partir do quadrante superior esquerdo. (Ver *Prancha* em *Cores*.)

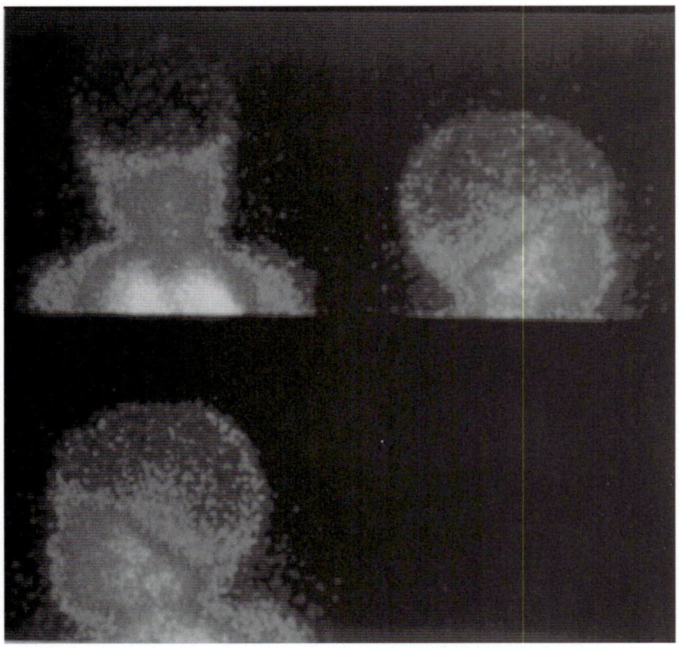

Fig. 19-106. Cintilografia planar convencional com marcador de perfusão, mostrando ausência de atividade intracraniana em criança com diagnóstico clínico de morte cerebral. Imagens nas projeções anterior, lateral direita e lateral esquerda, a partir do quadrante superior esquerdo. (Ver *Prancha* em *Cores*.)

Outra situação em que a cintilografia da perfusão é muito utilizada é no diagnóstico de morte cerebral. Nesses casos, o edema cerebral determina aumento da pressão intracraniana acima da pressão sistólica, reduzindo o fluxo sangüíneo a zero. Tanto a cintilografia dinâmica convencional como a perfusional permitem esse diagnóstico com alto grau de certeza, sendo aceitas pelos órgãos oficiais como métodos de imagens comprobatórios de morte cerebral. Esses estudos são extremamente simples, podendo ser usados vários tipos de radiotraçadores, embora a preferência seja para os marcadores específicos de perfusão, que mostram ausência de atividade intracraniana, seja pela falta de circulação e/ou de tecido cerebral viável. Além da confirmação do diagnóstico através de imagens, quando outras metodologias já foram confirmativas, a cintilografia é de utilidade também nos casos duvidosos, tais como hipotermia, intoxicação medicamentosa e choque hipovolêmico, em que o diagnóstico de perda irreversível da função cerebral pode ser erroneamente considerado, ou, ainda, nos casos em que o eletroencefalograma não pode ser registrado por injúria severa na cabeça ou a investigação clínica não é absolutamente conclusiva (Fig. 19-106).

REFERÊNCIAS BIBLIOGRÁFICAS

1. Schulze RA, Strauss HW, Pitt B. Sudden death in the year following myocardial infarction. Relation to ventricular premature contractions in the late hospital phase and left ventricular ejection fraction. *Am J Med* 1977;62:192–199.
2. Beller GA. Acute radionuclide perfusion imaging for evaluation of chest pain in emergency department: need for a large clinical trial (Editorial). *J Nucl Cardiol* 1996;3:546–549.

3. Gregoire J, Thheroux P. Detection and assessment of unstable angina using myocardial perfusion imaging: comparison between technetium-99m sestamibi SPECT and 12 lead electrocardiogram. *Am J Cardiol* 1990;66:42E–46E.
4. Kayden DS, Mattera JA, Zaret BL, Wackers FJT. Demonstration of reperfusion after thrombolysis with technetium-99m isonitrile myocardial imaging. *J Nucl Med* 1988;29:1865–1867.
5. Wackers FJ, Gibbons RJ, Verani MS *et al.* Serial quantitative planar technetium-99m isonitrile imaging in acute myocardial infarction: efficacy for non-invasive assessment of thrombolytic therapy. *J Am Coll Cardiol* 1989;14:861–873.
6. Jain D, Lahiri A, Crawley JCW *et al.* Indium-111 antimyosin imaging in a patient with acute myocardial infarction: post-mortem correlation between histopathologic and autoradiographic extent of myocardial necrosis. *Am J Cardiac Imag* 1988;2:158–161.
7. Johnson LL, Lerrick KS, Coromilas J *et al.* Measurement of infarct size and percentage myocardium infarcted in a dog preparation with single photon-emission computed tomography, thallium-201, and indium-111 monoclonal antimyosin Fab. *Circulation* 1987;76:181–190.
8. Orlandi C, Crane PD, Edwards DS *et al.* Early scintigraphic detection of experimental myocardial infarction in dogs with technetium-99mTc glutaric acid. *J Nucl Med* 1991;32:263–268.
9. Ohtani H, Callahan RJ, Khaw BA *et al.* Comparison of technetium-99m-glutarate and thallium-201 for the identification of acute myocardial infarction in rats. *J Nucl Med* 1992;33:1988–1993.
10. The Multicenter Post-infarction Research Group. Risk stratification and survival after myocardial infarction. *N Engl J Med* 1983;309:331–336.
11. Zaret B, Wackers F, Terrin M *et al.* Value of radionuclide rest and exercise left ventricular ejection fraction in assessing survival of patients after thrombolytic therapy for acute myocardial infarction: results of the Thrombolysis in Myocardial Infarction (TIMI) Phase II study. *J Am Coll Cardiol* 1995;26:73–79.
12. Lowe VF, Sostman HD. Pulmonary embolism. *In* Murray IPC, Ell PJ (Eds.): *Nuclear Medicine in Clinical Diagnosis and Treatment.* 2nd ed. London, and New York: Churchill Livingstone, 1998, pp 37–54.
13. Hull RD, Raskob GE, Coates G, Panju A. Clinical validity of a normal perfusion lung scan in patients with suspected pulmonary embolism. *Chest* 1990;97:23–26.
14. Biello DR. Radiological scintigraphic evaluation of patients with suspected pulmonary thromboembolism. *JAMA* 1987;257:3257–3262.
15. The PIOPED investigators. Value of the ventilation/perfusion lung scan in acute pulmonary embolism. Results of the Prospective Investigation of Pulmonary Embolism Diagnosis (PIOPED). *JAMA* 1990;263:2753–2759.
16. McNeil BJ, Holman L, Adelstein J. The scintigraphic definition of pulmonary embolism. *JAMA* 1974;227:753–756.
17. Gottschalk A, Juni JE, Sostman HD *et al.* Ventilation-perfusion scintigraphy in the PIOPED study I–II. Data collection and tabulation. *J Nucl Med* 1993;34:1109–1126.
18. Brown SE, Light RW. Pleural effusion associated with pulmonary embolization. *Clin Chest Med* 1985;6:77–81.
19. Catania TA, Caride VJ. Single perfusion defect and pulmonary embolism: angiographic correlation. *J Nucl Med* 1990;31:296–301.
20. Worsley DF, Kim CK, Alavi A, Palevsky HI. Detailed analysis of patients with matched ventilation-perfusion defects and chest radiographic opacities. *J Nucl Med* 1993;34:1851–1853.
21. Sullivan DC, Coleman RE, Mills SR, Hedlund LW. Lung scan interpretation: effect of different observers and different criteria. *Radiology* 1983;149:803–807.
22. Sos TA, Lee JG, Wixson D, Sniderman KW. Intermittent bleeding from minute to minute in acute massive gastrointestinal hemorrhage: arteriographic demonstration. *AJR* 1978;131:1015–1017.
23. Orecchia PM, Hensley EK, McDonald PT, Lull RJ. Localization of lower gastrointestinal hemorrhage. *Arch Surg* 1985;120:621–624.
24. Smith R, Copely DJ, Bolen FH. 99mTc-RBC scintigraphy: correlation of gastrointestinal bleeding rates with scintigraphic findings. *AJR* 1987;148:869–874.
25. Alavi A. Detection of gastrointestinal bleeding with 99mTc-sulfur colloid. *Semin Nucl Med* XII 1982;2:126–138.
26. Bunker SR, Brown JM, McAuley RJ *et al.* Detection of gastrointestinal bleeding sites: use of in vitro technetium 99mTc-labeled RBCs. *JAMA* 1982;247:789–792.
27. Sfakianakis GN, Conway JJ. Detection of ectopic gastric mucosa in Meckel's diverticulum and in other aberrations by scintigraphy. II: indications and methods — a 10-year experience. *J Nucl Med* 1981;22:732–738.
28. Szlabick RE, Catto JA, Fink-Bennett D, Ventura V. Hepatobiliary scanning in the diagnosis of acute cholecystitis. *Arch Surg* 1980;115:540–554.
29. Fink-Bennett D, Freitas JE, Ripsey SD, Bree RL. The sensitivity of hepatobiliary imaging and real time ultrasonography in the detection of acute cholecystitis. *Arch Surg* 1985;120:904–906.
30. Freitas JE. Cholescintigraphy in acute and chronic cholecystitis. *Semin Nucl Med* 1982;XII:18–26.
31. Swayne LC. Acute acalculous cholecystitis: sensitivity in detection using technetium-99mTc iminodiacetic acid cholescintigraphy. *Radiology* 1986;160:33–38.
32. Freitas JE, Gulati RM. Rapid evaluation of acute abdominal pain by hepatobiliary scanning. *JAMA* 1980;244:1585–1587.
33. Shuman WP, Gibbs P, Rudd TG, Mack LA. Pipida scintigraphy for cholecystitis: false positives in alcoholism and total parenteral nutrition. *AJR* 1982;138:1–5.
34. Deysine M, Robinson R, Rafkin H *et al.* Clinical infections detected by 67Ga scannig. *Ann Surg* 1974;180:897–901.
35. Ganz WI, Serafini NA. The diagnostic role of nuclear medicine in the acquired immunodeficiency syndrome. *J Nucl Med* 1989;30:1935–1945.
36. Kuni CC, duCret RP. *Manual of Nuclear Medicine Imaging.* New York: Thieme Medical Publishers, 1997, pp 129–164.
37. Danpure HJ, Osman S, Carroll MJ. The development of a clinical protocol for the radiolabeling of mixed leukocytes with 99mTc-hexamethylpropyleneamine oxime. *Nucl Med Comm* 1988;9:465–475.
38. Mountford PF, Coakley AF. Radiolabeled agents for the localization of infection. *In* Murray IPC, Ell PJ (Eds.): *Nuclear Medicine in Clinical Diagnosis and Treatment.* 2nd ed. London, and New York: Churchill Livingstone, 1998, pp 145–158.
39. Britton KE, Vinjamuri S, Hall AV *et al.* Clinical evaluation of technetium-99m injecton for the localization of bacterial infection. *Eur J Nucl Med* 1997;24:553–556.
40. Barsan WG, Brott TG, Olinger CP, Marler JR. Early treatment for acute ischemic stroke. *Ann Intern Med* 1989;111:449–451.
41. Devous MD. SPECT brain imaging in cerebrovascular disease. *In* Murray IPC, Ell PJ (Eds.): *Nuclear Medicine in Clinical Diagnosis and Treatment.* 2nd ed. London, and New York: Churchill Livingstone, 1998, pp 631–649.
42. Reid RH, Gulenchyn KY, Ballinger JR. Clinical use of technetium-99mHM-PAO for determination of brain death. *J Nucl Med* 1989;30:1621–1626.

20

Reanimação Cardiopulmonar e Cerebral

Sergio Timerman • Luis Antonio Paoliello Factore
Luciano de Campos Killinger • Luiz Francisco Cardoso

Parada cardiorrespiratória (PCR) é a situação clínica caracterizada pelo cessar das contrações cardíacas capazes de gerar pressão arterial e pela ausência de movimentação respiratória voluntária. Trata-se de quadro clínico extremo que, em grande parte dos casos, representa o fim digno e necessário de uma vida. Uma morte que deve ocorrer, como em um paciente terminal por doença neoplásica ou idoso acometido por inúmeras morbidades e falência de órgãos e sistemas. Para esse perfil de paciente, esforços de ressuscitação são fúteis, degradantes. Medidas de conforto, analgesia , sedação são mais indicadas, sempre com bom senso e crítica.

Este capítulo não se destina ao perfil supracitado e sim ao indivíduo que vivencia uma parada cardiorrespiratória precoce, antes do tempo. Alguma entidade clínica reversível surge, seja ela uma hipóxia severa, um fenômeno trombótico coronariano ou uma hipercalemia. O sistema cardiorrespiratório é submetido a um obstáculo e, momentaneamente, sofre colapso. A Reanimação Cardiopulmonar (RCP) está indicada, é útil e necessária. A ventilação pulmonar e a circulação sangüínea são geradas artificialmente, e as causas básicas responsáveis pelo colapso são identificadas e tratadas.

O objetivo da ressuscitação cardiopulmonar é restaurar a atividade cardíaca espontânea de maneira rápida e eficaz antes de ocorrer lesão cerebral permanente. A ressuscitação cerebral é o maior objetivo, e o restabelecimento dos batimentos cardíacos é a etapa fundamental, conforme propôs Safar.[1]

Como ferramentas para a ressuscitação cardiopulmonar há os sistemas de Suporte Básico de Vida (SBV) e o Suporte Avançado de Vida Cardiológica (SAVC). Propostos pela *American Heart Association* (AHA) e difundidos por todo o mundo, ambos fazem parte de um contínuo e devem ser usados em todas as situações de parada cardiorrespiratória, extra ou intra-hospitalar.

O Suporte Básico de Vida (SBV) caracteriza-se pelo ABCD primário, uso do desfibrilador externo automático, dispositivos de vias aéreas invasivos que não atingem a traquéia, medicação sublingual e endotraqueal. Já o Suporte Avançado de Vida utiliza-se do SBV (ocorre todo o tempo) e mais o controle definitivo de via aérea (traqueal) e medicações intravenosas.

A ação isolada mais importante é a desfibrilação na vigência de fibrilação ventricular ou taquicardia ventricular sem pulso (FV/TV). Faz parte do SBV. Deve ocorrer o mais precocemente possível, pois a probabilidade de sobrevida diminui a cada minuto no paciente em parada cardiorrespiratória. A ressuscitação cardiopulmonar diminui a velocidade da taxa de declínio dessa probabilidade (Fig. 20-1).[2-4]

O SBV e SAVC sugerem abordagem do paciente em PCR sob a forma de fases estruturadas. Didaticamente, são separadas e têm ordem de prioridade, sobretudo se há poucos socorristas na cena, mas na prática devem ser executadas simultaneamente.

A indicação da ressuscitação cardiopulmonar deve ser clara, visando a evitar esforços fúteis e degradantes para o paciente, sua família e a equipe médica .

No decorrer das ações ressuscitatórias, deve-se identificar a causa da PCR com objetivo de remediá-la. Nunca esquecer o paciente, ter em mente cada fase e sua estrutura.

Após a restauração da circulação espontânea, prosseguir com reavaliações periódicas, sinais vitais, eficiência da ventilação, oxigenação e circulação. É obrigação do socorrista prestar atendimento até o paciente ser devidamente encaminhado para a Unidade de Terapia Intensiva. Isso inclui estabilização dos sinais vitais (pressão arterial sistêmica, freqüência cardíaca, volume corrente, saturação arterial de O_2), verificação de ECG de 12 derivações, exame físico minucioso (com ênfase em sistemas cardiopulmonar, circulatório, neurológico) e obtenção de história do paciente.

Os sistemas SBV e SAVC não podem existir no vácuo, têm que fazer parte da "cadeia de sobrevida" (Fig. 20-2):[3,4]

1. Reconhecimento e atendimento rápido da vítima.
2. RCP rápida → SBV.
3. Desfibrilação precoce: intervenção mais importante.
4. SAVC rápido.

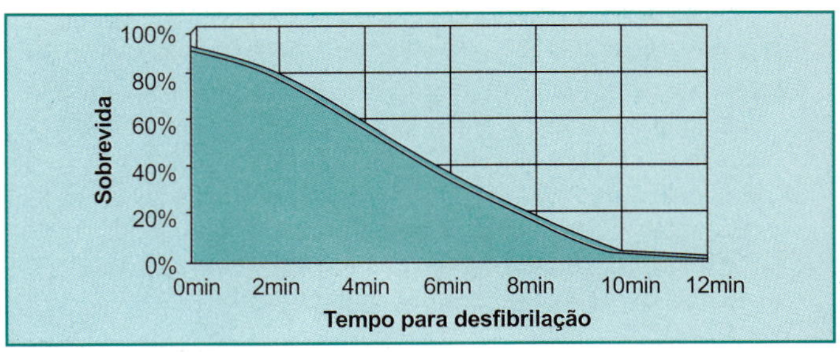

Fig. 20-1. Curva de Cummins.

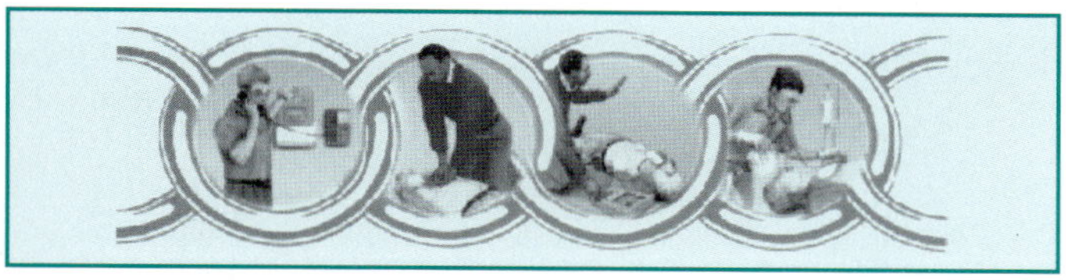

Fig. 20-2. Fases da cadeia de sobrevida.

A comunidade e os paramédicos, em conjunto com a equipe médica extra e intra-hospitalar, são responsáveis pela execução da cadeia de sobrevida. A ausência de um desses elos conduz invariavelmente à menor taxa de sucesso na reanimação cardiopulmonar (RCP).

O SBV e SAVC podem ser descritos na forma de abordagem primária e secundária. Organizadas em fases, por ordem de prioridades, facilitam a memorização e sempre que possível devem ser seguidas. Longe de serem ferramentas inflexíveis, devem obedecer sempre à realidade de cada caso e a julgamento crítico e bom senso da equipe médica envolvida. Variações e adaptações são encorajadas e bem-vindas, contanto que o paciente seja sempre adequadamente ventilado, oxigenado, reanimado e tratado. O sistema proposto deve ocorrer antes, durante e após a PCR, ou seja, em todo paciente instável, com sinais de comprometimento cardiovascular, respiratório e neurológico (vide Algoritmo Universal) (Apêndice 1).

A avaliação primária é definida como RCP básica e desfibrilação. É o ABCD primário, subdividido em:

- *A* → Avaliar responsividade → chamar, tocar o paciente, avaliando seu nível de consciência. Especial cuidado para não movimentar a coluna cervical se houver suspeita de trauma. Se o paciente responde, coloque-o na posição de recuperação (Fig. 20-3).
- *Solicitar ajuda rápida*[5] → etapa importante, pois através dela ocorrerá a chegada de desfibrilador e de cuidados precoces do SAVC. Em algumas situações, essa etapa pode ser adiada, como em caso claro de obstrução das vias aéreas por corpo estranho. O socorrista apreciaria a intervenção de retirar o corpo estranho o quanto antes. Em casos de PCR em locais isolados, abandonar a vítima em busca de socorro por tempo superior a 5 minutos seria inadmissível. Nesses casos, preconiza-se ressuscitação cardiopulmonar pelo socorrista na cena e socos precordiais seqüenciais na tentativa desesperada de obter circulação espontânea. Trata-se de caso extremo e prognóstico ruim.
- *Posicionar a vítima e o socorrista de maneira eficiente:* a primeira deve estar em *decúbito dorsal horizontal*, com a região cervical imobilizada em suspeita de trauma. O socorrista solitário deve colocar-se na altura dos ombros da vítima, pois tal postura possibilita acesso às vias aéreas e a massagem cardíaca, sem necessidade de deslocamentos e perda de tempo.
- *Abrir via aérea* → cuidado com a coluna cervical, remover corpo estranho quando houver. Realizar a manobra de elevação do queixo e mandíbula, com o objetivo de retificar o eixo: cavidade oral – faringe – laringe, e possibilitar livre fluxo de ar entre ambiente e traquéia. Se não houver suspeita de trauma cervical, realizar hiperextensão da cabeça (Figs. 20-4 a 20-6).
- *B* → avaliar respiração (*Breathing*) → posicionar-se acima da cabeça do paciente, durante manobra de elevação do queixo, com proximidade entre a orelha do socorrista e boca/nariz da vítima. O socorrista olha para o tórax do paciente e nesse momento busca ver (elevações torácicas), ouvir (ruído respiratório) e sentir (fluxo de ar), concluindo, a partir desses sinais, se há ou não respiração espontânea. Caso não exista respiração voluntária, está constatada parada respiratória e indicada a ventilação da vítima, seja por boca-a-boca ou qualquer outro dispositivo de barreira (máscara facial boca-valva-máscara, bolsa-valva-

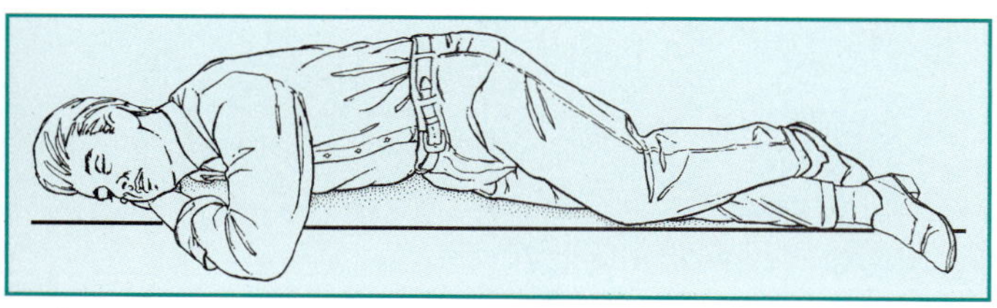

Fig. 20-3.

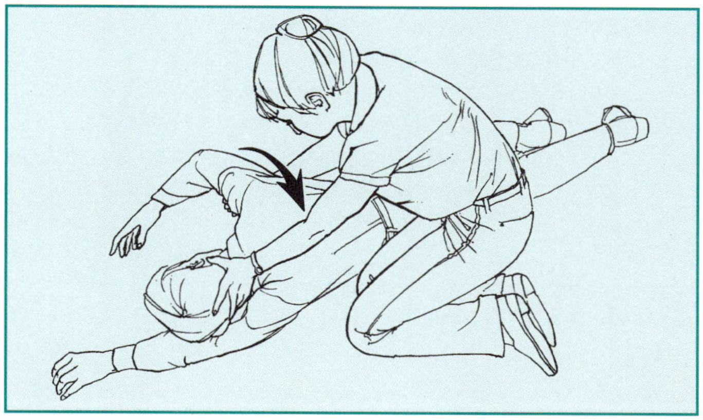

Fig. 20-4.

Fig. 20-5.

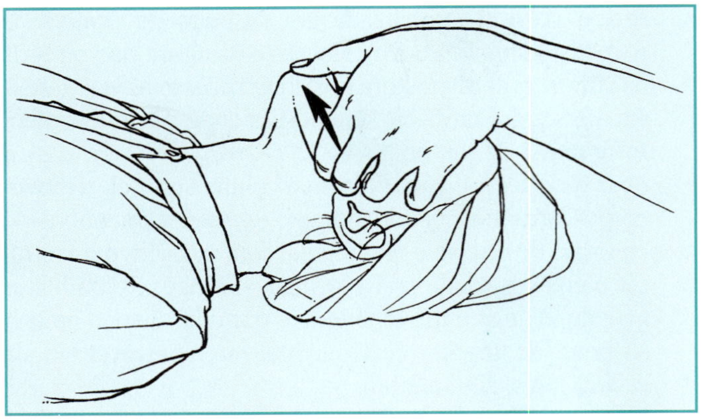

Fig. 20-6.

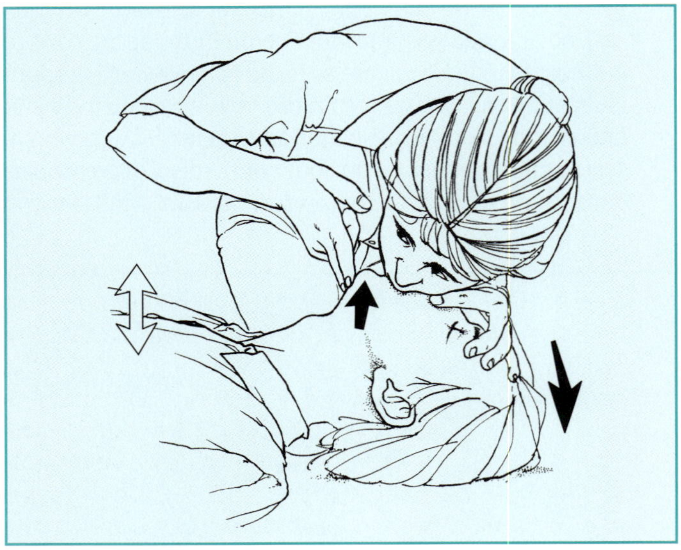

Fig. 20-7.

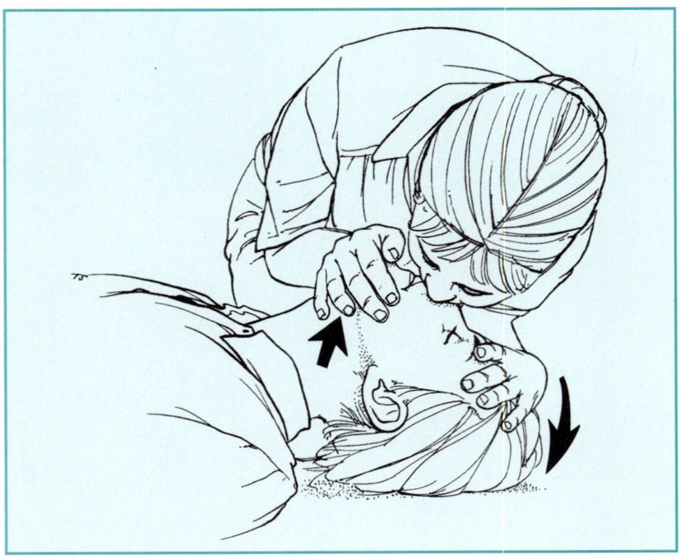

Fig. 20-8.

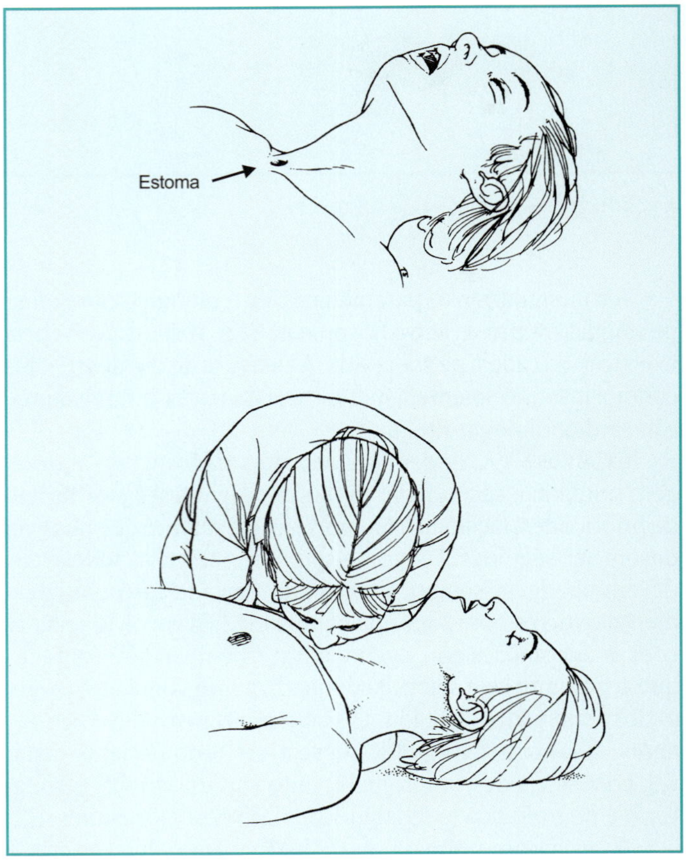

Fig. 20-9.

máscara, outros (Figs. 20-7 a 20-10). São realizadas duas ventilações com fluxo lento. O objetivo é verificar permeabilidade de vias aéreas e presença de corpo estranho. Fluxo lento é necessário para evitar elevação da pressão suficiente para abrir o esôfago e distender o estômago, aumentando o risco de aspiração. Nesse sentido, outra ação pertinente é a pressão na cartilagem cricóide, a qual oclui o esôfago (Fig. 20-11).

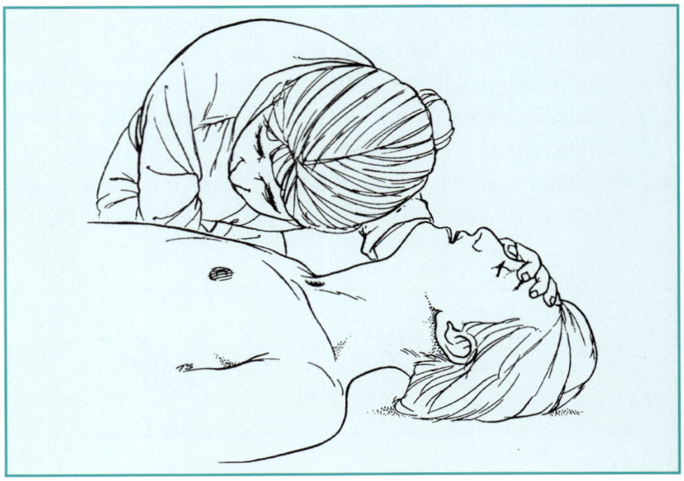

Fig. 20-10.

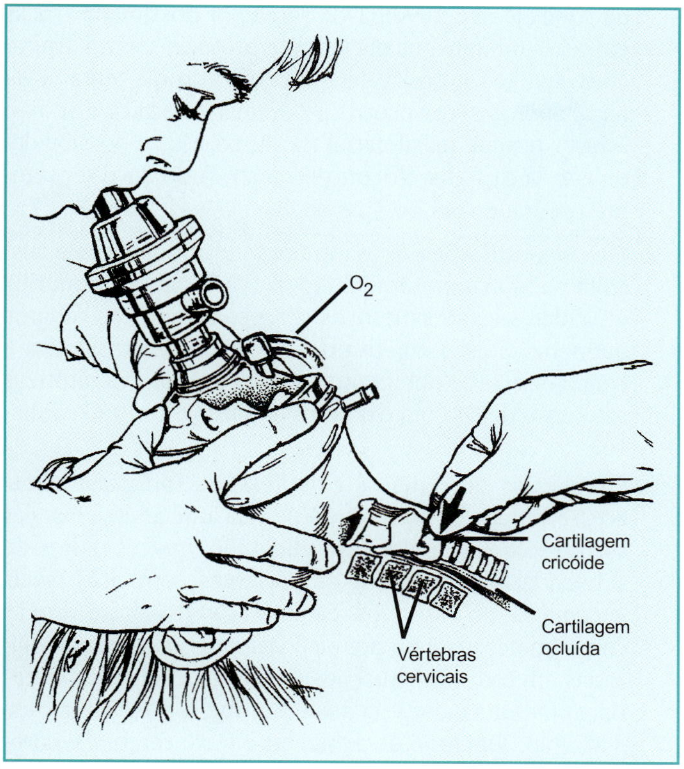

Fig. 20-11.

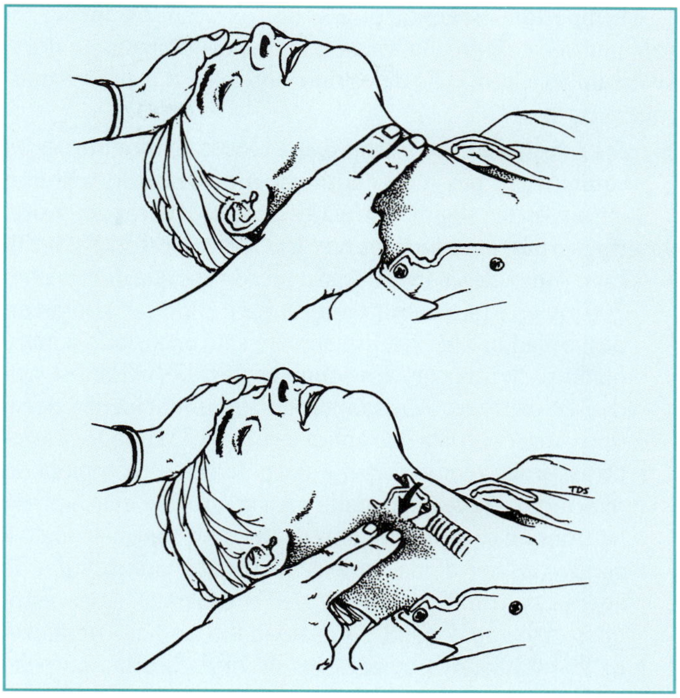

Fig. 20-12.

- *C* → Confirmar pulso → na localização anatômica correta verificar presença de pulso carotídeo por 5 a 10 segundos (Fig. 20-12). Conforme as novas diretrizes da AHA, se o socorrista na cena for leigo, não é necessário confirmar o pulso, e ele pode proceder às compressões torácicas.

- Ao não se detectar pulso, está confirmada parada cardiorrespiratória, e têm início as compressões torácicas com tórax fechado na freqüência de 100 por minuto. Dessa forma se obtêm 30% do débito cardíaco (Figs. 20-13 e 20-14). Nesse momento, as compressões torácicas intercalam-se com ventilações na razão 15:2. Caso se trate de PCR em paciente já intubado, esses valores não precisam ser obedecidos, e deve-se procurar realizar 12 ventilações/ minuto e 100 compressões torácicas/minuto.

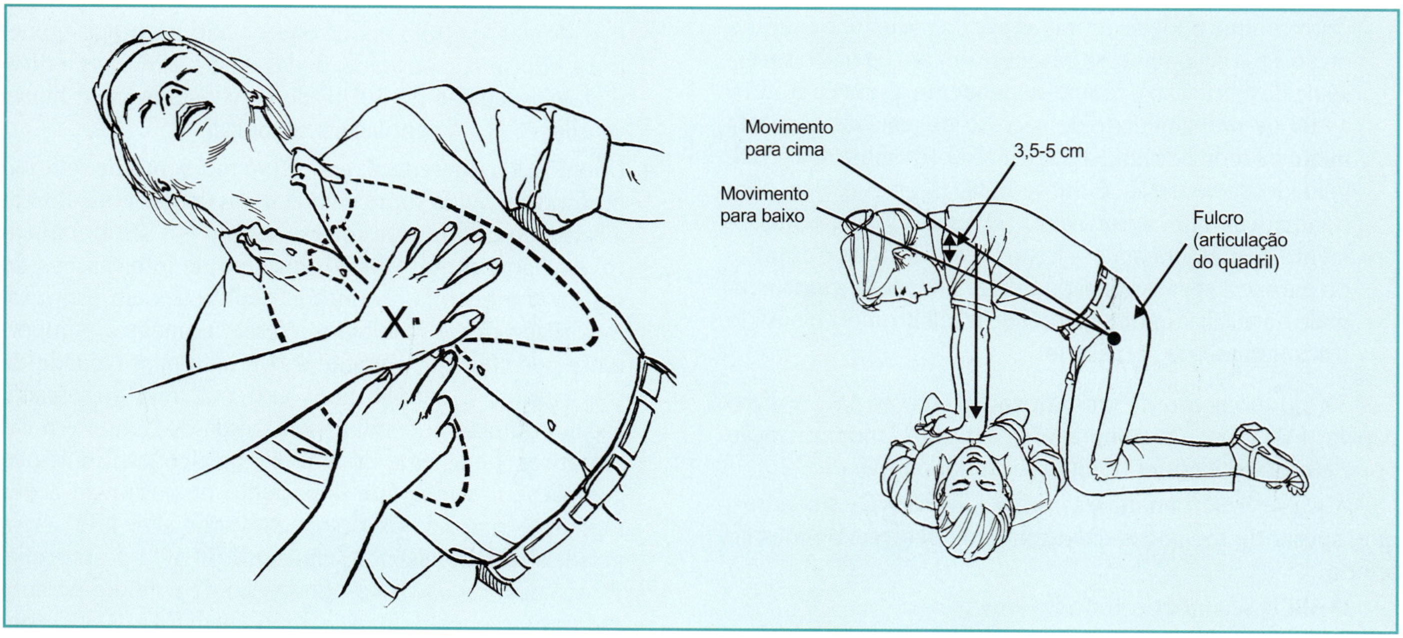

Fig. 20-13.

É importante salientar que, se houver desfibrilador acessível, uma vez confirmada a ausência de pulso carotídeo, deve-se dar início à letra D do algoritmo, antes de se realizar a massagem cardíaca.

- *D* → desfibrilação → ligar o aparelho com monitorização cardíaca em pás (ou então ligar o desfibrilador externo automático e seguir instruções de uso). Aplicar gel protetor nas pás, posicioná-las no tórax (ápice e esterno), verificar o ritmo. Se for FV/TV, está indicado choque. Iniciar com 200 joules. Muito importante, antes de apertar o botão do desfibrilador, é verificar se alguém está encostado à maca ou ao paciente; com esse simples detalhe, evitam-se acidentes elétricos. A responsabilidade em acidente desse tipo é do socorrista que aplica o choque. O choque ocasiona assistolia temporária por despolarização completa do miocárdio. Dá oportunidade para centros de marca-passo naturais do coração assumirem atividade, normalizando a condução se ainda houver estoques suficientes de adenosina-trifosfato (ATP).[6-9] A FV consome esses estoques mais rapidamente que atividade cardíaca organizada.[10-12] Cuidado com adesivos de nitroglicerina na pele: podem causar queimaduras e efeitos elétricos, sendo melhor removê-los.[13-15] Outro cuidado importante antes de desfibrilar é quanto a marca-passos definitivos e cardioversores desfibriladores implantados. Convém não colocar a pá sobre o aparato, pois há chance de dano. Mude o eixo em 90 graus. Após o primeiro choque, não verificar pulso e não diminuir a pressão nas pás. Se persistir a arritmia no monitor, realizar imediatamente novo choque, agora com 300 joules, sempre com cuidado em relação à equipe ao redor. A ação de não retirar a pá entre os choques sucessivos aumenta a chance de reversão da arritmia, pois diminui a impedância torácica.
- Se for necessário, novo choque de 360 joules está indicado, seguindo as mesmas diretrizes. Somente após o terceiro choque pode-se retirar as pás do paciente e checar o pulso. Essa ação rigorosa baseia-se no fato de que o sucesso da desfibrilação é tempo-dependente. Começa com 70 a 80% de probabilidade de sucesso na reversão e a cada minuto é reduzida em 10%. Ao final de 10 minutos, a possibilidade de reversão é quase nula. Dentre as PCR não-traumáticas que sobrevivem, 90% são FV.[16] O conhecimento da melhor conduta frente a essa arritmia é prioritário para todo profissional de saúde. Saber o funcionamento do desfibrilador de seu local de trabalho antes de usá-lo é absolutamente necessário.

Se, no momento da monitorização com as pás, o ritmo não for FV/TV, iniciar compressões torácicas, monitorização por eletrodos e instituir o ABCD secundário (Apêndice 2).

A avaliação secundária é a instalação do SAVC e suas fases, que, apesar de separadas didaticamente, ocorrem ao mesmo tempo.

O **ABCD secundário** consiste em:

1. **Reavaliar via aérea e a eficiência da oxigenação e ventilação:** proceder à intubação orotraqueal, considerada controle definitivo da via aérea por possibilitar trocas gasosas com máxima eficiência e proteger contra aspirações. Se não for possível a intubação via oral, tentar a via nasal apenas se o socorrista dominar a técnica e se não houver trauma maxilofacial na vítima. Outra possibilidade é a via cirúrgica (cricotireotomia). Tudo deve ser sempre realizado com bom senso.
2. **Checar ventilações:** após intubação orotraqueal pela ausculta pulmonar e exame do tórax. Verificar se murmúrios vesiculares estão simétricos e ocupam todos os campos pulmonares. Isso objetiva descartar intubação seletiva e condições como pneumotórax e hemotórax. Monitorizar saturação de O_2 com oxímetro de pulso e o ritmo cardíaco.
3. **Circulação:** proceder a compressões torácicas, obter acesso venoso de preferência de veia antecubital. Instalar soro fisiológico. Evitar soro glicosado. Índices piores de sobrevida foram obtidos de pacientes com altos níveis glicêmicos na fase pós-reanimação.[17,18] Iniciar drogas como epinefrina e/ou arginina vasopressina, ambas utilizadas em todas as situações de parada cardiorrespiratória. Epinefrina é dada na dose de 1 mg IV em *bolus* a cada 3 a 5 min. Tem ação de aumentar o fluxo cerebral e coronário.[19] É considerada intervenção de classe indeterminada conforme a Classificação das Intervenções Terapêuticas da *American Heart Association* – AHA (vide abaixo). A arginina-vasopressina é agente pressórico mais efetivo que epinefrina para obter retorno de circulação espontânea em PCR. É intervenção classe IIb. Deve ser administrada em dose única de 40 U IV, pois tem meia-vida de 10 a 20 minutos. Após ambas e qualquer medicação do SAVC, infundir 20 ml de água destilada ou soro fisiológico e elevar o membro, facilitando o acesso da droga ao sistema cardiovascular central. Se um acesso venoso satisfatório não foi obtido, é possível administrar algumas drogas via tubo endotraqueal. São as drogas epinefrina, lidocaína e atropina, dadas de 2 a 2,5 vezes a dose padrão, seguidas de 10 ml de soro fisiológico e hiperventilação (3 a 4 ventilações seguidas).
4. **Diagnóstico diferencial:** esse é um momento de reflexão profunda e rápida sobre o atual *status* do paciente. Buscar a causa do colapso cardiorrespiratório e o seu tratamento. Avaliar o ritmo. Obter o máximo de informações do caso sobre história, evolução, medicações em uso, exames realizados e resultados. Nesse momento, é importante perceber que durante a PCR há a possibilidade de três ritmos. É simplificação extrema, mas necessária. Facilita otimizar a conduta sem perda de tempo em vãs tentativas de chegar a um diagnóstico arritmológico complicado, sendo que o paciente necessita de ações rápidas e simples. Os ritmos previstos são: FV/TV sem pulso, atividade elétrica sem pulso (AESP) ou assistolia. Essa simplificação visa à otimização da conduta perante cada situação, com um algoritmo ideal. FV e TV são considerados ritmos que requerem a mesma seqüência de ações, assim como todos os ritmos considerados AESP.

Nesse grupo são incluídos todos os ritmos que não FV/TV e assistolia, como ritmo idioventricular acelerado, ritmos de escape ventricular, bradiassistolia e outros. O terceiro e último ritmo possível na PCR é a assistolia. A tela do monitor a partir da fase D da abordagem primária direciona as ações na PCR quanto ao algoritmo indicado. Em caso de assistolia, checar todas as conexões entre paciente/monitor/fonte de energia para descartar desconexões. É útil mudar o eixo dos eletrodos (ou pás) em 90 graus, mudar a derivação do ECG. Erros do operador são muito mais comuns que falsas assistolias ou FV/TV isoelétrica em certa derivação. Um cabo desconectado em paciente com FV representa assistolia no monitor, ou seja, péssimo prognóstico, pois o tratamento ideal (desfibrilação) não será instituído.[20,21]

O algoritmo universal para atendimento cardíaco de emergência no adulto é outra maneira de expressar as abordagens primária e secundária, com maior facilidade de memorização para alguns (vide algoritmo).

A AHA instituiu a classificação das intervenções terapêuticas baseando-se na consistência e na força das evidências científicas que indicam certa conduta frente a certa situação clínica.

- *Classe I:* intervenção aceita, segura e definitivamente útil, com excelentes evidências.
- *Classe IIa:* intervenção aceita, segura e útil com evidências de boas a muito boas, sendo opção de escolha para alguns especialistas.
- *Classe IIb:* intervenção aceita, segura e útil com evidências boas, sendo opção alternativa.
- *Classe indeterminada:* intervenção em estágio de pesquisa, sem evidência final suficiente, apoiada por alguns especialistas.
- *Classe III:* intervenção inaceitável, sem benefício documentado, pode ser prejudicial.

Supondo que ocorra FV/TV e a mesma não tenha sido revertida com os três choques sucessivos da fase D do ABCD primário, é desencadeado ABCD secundário, tendo início o algoritmo para FV/TV sem pulso (algoritmo).

O soco precordial é intervenção IIb e só deve ocorrer se não houver desfibrilador acessível. Se houver, mesmo que demore alguns minutos, é preferível ao soco, pois este último pode levar uma atividade elétrica organizada à desorganização, efeito semelhante do choque sobre a AESP.

Se o paciente estiver hipotérmico, o algoritmo é diferente a partir do terceiro choque do ABCD primário (vide algoritmo).

Na presença de FV/TV, o objetivo é diminuir o limiar de desfibrilação. Isso ocorre com drogas como a epinefrina e sobretudo com os antiarrítmicos adotados. Eles devem ser administrados em *bolus* (exceto procainamida com infusão contínua), seguidos de *flush* de 20 ml de soro fisiológico e elevação do membro, compressões torácicas por 1 a 1,5 minuto para a droga atingir coronárias e, então, nova desfibrilação com 360 J. Checar o pulso em seguida, verificar o ritmo no monitor. Se persistir FV/TV, administrar outra droga antiarrítmica e repetir a operação. Sob uma visão geral, o mecanismo será:

Droga 1 + 90 s de RCP + 1 Choque 360 J + Checar o pulso
Droga 2 + 90 s de RCP + 1 Choque 360 J + Checar o pulso

E assim sucessivamente.

Se não houver disponibilidade de drogas no momento, tendo apenas o desfibrilador, é aceitável três choques sucessivos de 360 J após 90 segundos de reanimação cardiopulmonar. Se houver drogas, basta um choque.

As drogas antiarrítmicas preconizadas são:

- *Primeira opção:* amiodarona (classe IIb) 300 mg diluídos em 20 a 30 ml de soro fisiológico IV em *bolus* com dose de 150 mg IV 5 minutos após, seguidos por infusão contínua de 1 mg/min por 6 h e 0,5 mg/kg até dose máxima de 2 g/24 h.[22,23]
- *Segunda opção:* lidocaína (classe indeterminada) 1 a 1,5 mg/kg, repetir a dose inicial até máximo de 3 mg/kg. Em paciente com idade avançada e insuficiência hepática, dar 1 mg/kg apenas.[24]
- *Terceira opção:* sulfato de magnésio (classe IIb se hipomagnesemia comprovada), 1 a 2 g IV diluídos em 100 ml de SF 0,9%, infundir em 1 a 2 min, sobretudo em alcoólatras e desnutridos. Em FV tipo *torsade de pointes*, podem ser usados até 4 g.[25-27]
- *Quarta opção:* procainamida (classe IIb) em infusão contínua de 30 mg/min até um total de 17 mg/kg.

A droga bretílio foi retirada dos algoritmos da AHA e não é mais recomendada.

Bicarbonato de sódio 1 mEq/kg é usado da seguinte forma:

- *Classe I:* se o paciente tem hipercalemia preexistente.
- *Classe IIa:* se o paciente tem acidose responsiva a bicarbonato, apresenta overdose por antidepressivo tricíclico ou para alcalinizar urina em overdose de aspirina ou outra droga.
- *Classe IIb:* em paciente intubado e ventilado em PCR longa e em retorno de circulação espontânea após longo tempo de PCR.
- *Classe III:* acidose por hipercapnia.

Se FV/TV sem pulso for revertida, iniciar dose de manutenção da droga antiarrítmica responsável. Se a reversão ocorreu após terceiro choque do ABCD primário, administrar *bolus* e manutenção de amiodarona. Se a reversão só ocorreu após a dose de lidocaína, administrar a manutenção da mesma. Mas atenção: se após o choque o paciente sair da FV/TV para AESP ou assistolia, não iniciar manutenção. A manutenção do antiarrítmico só deve ser administrada após recuperação da circulação espontânea, contanto que o ritmo não seja escape ventricular. Antiarrítmicos preditos no SAVC se administrados durante AESP, assistolia e ritmo de escape ventricular (com pulso) provocam inibição dos focos ventriculares, impedindo-os de assumirem função de marca-passo, piorando o prognóstico do paciente.

As doses de manutenção dos antiarrítmicos após desfibrilação com sucesso para ritmo que não é escape ventricular são:

- *Amiodarona:* 1 mg/min por 6 h e 0,5 mg/min até máximo de 2 g/24 h.
- *Lidocaína:* 2 a 4 mg/min.
- *Sulfato de magnésio:* 1 g/h.
- *Procainamida:* 1 a 4 mg/min.

Atenção para suspender a infusão de procainamida se ocorrerem hipotensão, alargamento do QRS superior a 50%, ou atingir total de 17 mg/kg. Evitá-la em pacientes com prolongamento do intervalo QT prévio.

O segundo algoritmo para PCR é a atividade elétrica sem pulso (AESP), em que quaisquer ritmos que não FV/TV e assistolia são admitidos (veja algoritmo). Hipovolemia é a causa mais comum. Nesse ritmo pode ocorrer contração miocárdica, mas totalmente ineficiente para gerar pressão arterial e pulso, fenômeno conhecido como pseudodissociação eletromecânica (Apêndice 3).

Há relação entre presença de QRS largo e menor taxa de sobrevida.[28-32]

Foram descritas 10 causas mais freqüentes de AESP, com a regra de memorização dos 5H e 5T:

- *5H:* hipovolemia, hipóxia, hipotermia, hipercalemia, acidose (Hiper H+).
- *5T:* tamponamento cardíaco, trombose coronariana aguda, pneumotórax hipertensivo (tensão no tórax), tromboembolismo pulmonar e tóxicos (intoxicações por antidepressivos tricíclicos, betabloqueadores, bloqueadores de canais de cálcio, digitais).

As drogas na AESP são arginina vasopressina (classe IIb) e epinefrina (classe indeterminada) e bicarbonato de sódio 1 mEq/kg em indicações semelhantes às usadas em FV/TV sem pulso, com repetição da epinefrina a cada 3 minutos. Administra-se também atropina se houver ritmo bradicárdico no monitor, na dose de 1 mg IV a cada 3 minutos, chegando à dose total de 0,04 mg/kg.

O fundamental na AESP é pensar nas causas, relacionando-as ao quadro do paciente, e tratá-las. Teoricamente, todas as causas são tratáveis, mas infarto agudo do miocárdio e tromboembolismo pulmonar podem ser exceções. Se a AESP é resultado de uma das duas situações, a probabilidade de sobrevivência é próxima de zero, pois o tempo para desencadear algum tipo de revascularização miocárdica ou endarterectomia será longo em demasia.

As oito causas restantes têm tratamento:

- *Hipóxia:* ventilação, oxigenação, intubação orotraqueal.
- *Hipovolemia:* administração de volume, transfusão.
- *Hipotermia:* aquecimento.
- *Hipercalemia:* cloreto de cálcio 4 mg/kg, insulina e glicose, bicarbonato de sódio 1 mEq/kg.
- *Acidose:* bicarbonato de sódio 1 mEq/kg.
- *Tamponamento:* pericardiocentese percutânea (punção de Marfan).
- *Pneumotórax hipertensivo:* drenagem com agulha no segundo espaço intercostal.
- *Intoxicações:* bicarbonato de sódio, antagonistas como cloreto de cálcio para bloqueadores de canal de cálcio.

Se houver algum dispositivo para avaliar a função cardíaca à beira do leito, com ecocardiografia transtorácica ou ultrasonografia Doppler e for constatado fluxo arterial sem pulso detectável, estão indicados infusão contínua de noradrenalina e volume. Este seria um caso de choque cardiogênico severíssimo, e não uma parada cardíaca propriamente dita.

O terceiro e último ritmo e algoritmo de PCR é assistolia. (Apêndice 4). Tem ações básicas semelhantes à AESP (epinefrina, vasopressina). Atropina deve ser administrada para todos até dose máxima (6 a 9). Bicarbonato de sódio é usado conforme indicação semelhante a FV/TV e AESP. Preconiza-se a utilização de marca-passo transcutâneo apenas se for de uso imediato, logo após a constatação da PCR. Nunca chocar assistolia, pois piora a sobrevida.[33-35]

Há seis causas de assistolia mais freqüentes, com a regra dos 5H e 1T:

- *5H:* hipóxia, hipotermia, hipo e hipercalemia, acidose.
- *1T:* tóxicos (idem para AESP).

Como a AESP, deve-se dar ênfase ao tratamento das causas suspeitadas.

Assistolia representa extensa isquemia miocárdica. Tem o pior prognóstico dentre os três tipos de PCR. Costuma ser o ritmo final de FV/TV e AESP. Considerar fim dos esforços ressuscitatórios se drogas e tratamentos indicados forem administrados sem surtirem efeito.

Após RCP com sucesso e obtenção de circulação espontânea, iniciar a fase de cuidados pós-ressuscitação até transferência para uma Unidade de Terapia Intensiva. Essa fase compreende as ações:

- Realização de ABCD primário e secundário continuamente.
- Obtenção de história a mais completa possível e exame físico minucioso.
- Realização de radiografia de tórax para avaliar posição do tubo endotraqueal e traumas decorrentes das compressões torácicas.
- Coleta de gasometria arterial, sódio, potássio, uréia , creatinina, coagulograma, glicemia, creatina fosfoquinase total e fração MB, hemograma.
- Administração de antiarrítmico de manutenção (exceto em ritmo próprio com escape ventricular).
- Obtenção de sinais vitais e estabilização quando possível de pressão arterial sistêmica, ritmo, saturação arterial de oxigênio por oximetria de pulso, temperatura central.
- Eletrocardiograma de 12 derivações para averiguar presença de isquemia do miocárdio como supradesnivelamento do segmento ST.
- Passagem de sonda nasogástrica e vesical de demora, além de novos acessos venosos com melhor assepsia.

As arritmias no período pós-ressuscitação imediato devem ser deixadas sem tratamento, se possível. Algoritmos para bradicardia e taquicardia não devem ser seguidos. Em caso de bradicardia muito importante causando hipotensão severa, avaliar ventilação/oxigenação e pensar em marca-passo transcutâneo e atropina. Taquicardia e extra-sistolia supraventricular e ventricular são comuns e geralmente ocorrem por elevação dos níveis de catecolaminas , distúrbios metabólicos. Convém realizar revisões contínuas baseadas nos ABCD apenas, se o momento assim o permitir. Não esquecer de notificar aos familiares do paciente o mais precoce possível, de maneira clara, objetiva, com humanismo e sensibilidade.

Em termos de reanimação cardiopulmonar, é importante ter conhecimento de algumas situações particulares em que algum conhecimento e sua aplicação podem representar o abortamento de uma PCR e uma vida salva.

- *Hipotermia:* todo caso de PCR deve ter avaliação de temperatura, dando preferência para termômetro retal ou timpânico. Evitar medir temperatura axilar ou sublingual. O paciente hipotérmico permite uma duração maior na verificação do pulso (30 a 45 segundos). O oxigênio administrado idealmente deve ser umidificado e aquecido de 42 a 46 graus. Remover roupas úmidas e isolar o paciente de vento e frio ambiente, evitando perdas calóricas. Manter o paciente na posição horizontal e evitar submetê-lo a movimentos bruscos, pois podem desencadear FV (Apêndice 5).

Na fase D do ABCD primário, realizar três choques (se FV/TV). Se a temperatura central for inferior a 30° Celsius, não realizar mais choques e concentrar esforços em aquecimento interno ativo, na forma de soro fisiológico a 43° Celsius a 150-200 ml/h, lavagem peritoneal com soro fisiológico a 43° sem potássio, com 2 litros por vez. Lavagem pleural e aquecimento esofágico são manobras não-recomendadas, mas possivelmente úteis.

Se a temperatura for inferior a 30°, o organismo responde pouco a condutas terapêuticas. A ordem é aquecer. Não dar medicações. Se a temperatura for superior a 30° e inferior a 35°, administrar medicações a intervalos maiores, assim como os choques.

Tendo suspeita de paciente alcoólatra, tiamina 100 mg IV está indicada. Hipercalemia é comum e deve ser tratada.

Considerar morte somente após a temperatura estar superior a 35°. A hipotermia, se for instalada rapidamente (ambiente com temperatura inferior a 5°), exerce efeito protetor sobre cérebro e órgãos.[36-38]

- *Submersão (afogamento):* a causa básica da PCR na submersão é a hipóxia. Pode ocorrer hipotermia conjuntamente. Se a água apresentar temperatura inferior a 5° Celsius, a hipotermia tende a se instalar rapidamente, com efeito protetor de cérebro e órgãos. Cuidado com a integridade do socorrista durante a retirada da vítima da água. Deve ocorrer o mais rápido possível. Considerar lesão cervical em todos os pacientes até prova em contrário. Iniciar a RCP na cena o quanto antes. Não é necessário aspirar vias aéreas, pois perde-se tempo e é perigoso. Não realizar manobra de Heimlich, a não ser que as compressões torácicas não tenham sucesso em desobstruir as vias aéreas. Se houver possibilidade de vômitos (situação comum em submersão), virar o paciente para o lado em bloco, protegendo a coluna cervical da movimentação.

O paciente reanimado com sucesso pode evoluir com edema pulmonar, pneumonia, síndrome da angústia respiratória do adulto e seqüelas neurológicas. Se ocorrer óbito em menos de 24 horas, a causa é afogamento. Se ocorrer após 24 horas, define-se como morte relacionada ao afogamento. Evitar utilizar o termo quase-afogamento.

Há indicadores prognósticos na submersão, primariamente descritos para crianças e adolescentes, mas é possível extrapolar com certa aproximação para adultos.[39]

Em pacientes menores de 20 anos, têm sido descrito 100% de mortalidade se a submersão dura mais de 25 minutos, a RCP dura mais de 25 minutos e se paciente chega sem pulso ao Departamento de Emergência (DE).

Se há FV/TV sem pulso no eletrocardiograma na chegada ao DE, há 93% de mortalidade. Se as pupilas estão fixas ou há acidose severa ou parada respiratória no DE, há 89% de mortalidade. Se o paciente chegar responsivo ao DE, ainda não foi descrita mortalidade por afogamento nem relacionada ao afogamento.[40-43]

- *Anafilaxia:* pacientes vítimas de anafilaxia têm algumas particularidades: apresentam hipovolemia absoluta (processo inflamatório sistêmico) e relativa (vasodilatação difusa), algum grau de obstrução de vias aéreas superiores. Geralmente apresentam certa dificuldade para a realização da intubação orotraqueal. Se esta estiver impossibilitada, proceder a intubação com uso de fibra óptica ou outro meio facilitador ou cricotireotomia de emergência. A administração de volume pelo estado hipovolêmico é mandatória. Epinefrina deve ser oferecida em doses progressivamente altas (1,3,5 mg), de 3 em 3 minutos. A RCP é mais prolongada. O uso de anti-histamínicos pode ser benéfico, mas há controvérsias.[44-47]
- *Trauma:* paciente vítima de qualquer tipo de trauma tem que sofrer imobilização cervical, ventilação com atenção para possíveis corpos estranhos (aspirar, retirar manualmente). Evitar intubação nasotraqueal se houver suspeita de trauma maxilofacial. Recorrer à cricotireotomia, se necessário. Se o tórax estiver muito lesado, realizar ventilações e compressões na razão 1:5. Atenção para drenagem de pneumo/hemotórax. Ofertar volume sempre e encaminhar após estabilização inicial o mais rapidamente para centro com retaguarda cirúrgica, que nesses casos está relacionada com aumento de sobrevida.[48,49]
- *Gravidez:* a mulher grávida que sofre uma PCR tem como causas mais freqüentes: embolia amniótica, eclâmpsia, intoxicação por drogas como sulfato de magnésio e anestésicos epidurais, cardiopatia congestiva, dissecção de aorta, embolia pulmonar e hemorragias. Durante a RCP, manter o paciente em decúbito lateral esquerdo com desvio do útero gravídico para o mesmo lado, visando a desobstruir o fluxo de veia cava inferior e assim melhorar o retorno venoso ao coração. Ofertar volume. É primordial

atentar para o tempo. Após 4 minutos de RCP, se não houver retorno da circulação espontânea, realizar cesárea de emergência. A retirada do feto aumenta a sua chance de sobrevida e da mãe, mesmo que a idade fetal seja muito baixa. Se a causa da PCR for sabidamente reversível, o tempo de 4 minutos pode ser dilatado (como em intoxicação por anestésicos ou broncoespasmo severo). As drogas e dosagens e as condutas na grávida são as mesmas que em qualquer adulto.[50-52]

- *Choque elétrico:* o choque elétrico pode ocasionar PCR de várias maneiras. Pela ação direta da descarga elétrica sobre o miocárdio ocorre despolarização, sendo substrato para arritmias e assistolia. Sobre o cérebro ocasiona hemorragias, edema cerebral e parada respiratória. Sobre a musculatura esquelética, gera paralisia da musculatura respiratória, podendo ser prolongada e provocar hipóxia grave. O choque submete o organismo a estimulação adrenérgica em excesso, produzindo hipertensão arterial sistêmica, taquicardia e arritmias. A vítima do choque deve ter proteção cervical, oferta de volume para atenuar efeito deletério da mioglobinúria e hipercalemia.[53-55]

Apesar de todo o conhecimento atual, a parada cardiorrespiratória é evento sempre dramático. O sucesso da reanimação cardiopulmonar padrão dificilmente supera os 20%. Há aparatos auxiliares na PCR que estão em fase de pesquisa que conseguem elevar a taxa de alta hospitalar para esses pacientes em torno de 30%. Mesmo assim, todo profissional da área de saúde deve se esforçar no intuito de conhecer as melhores técnicas e condutas da atualidade frente às situações clínicas que coloquem em risco a vida de pessoas. A RCP tem que ser aprendida e memorizada, sempre com o objetivo de reverter mortes prematuras e restabelecer o processo de vida.[56-59]

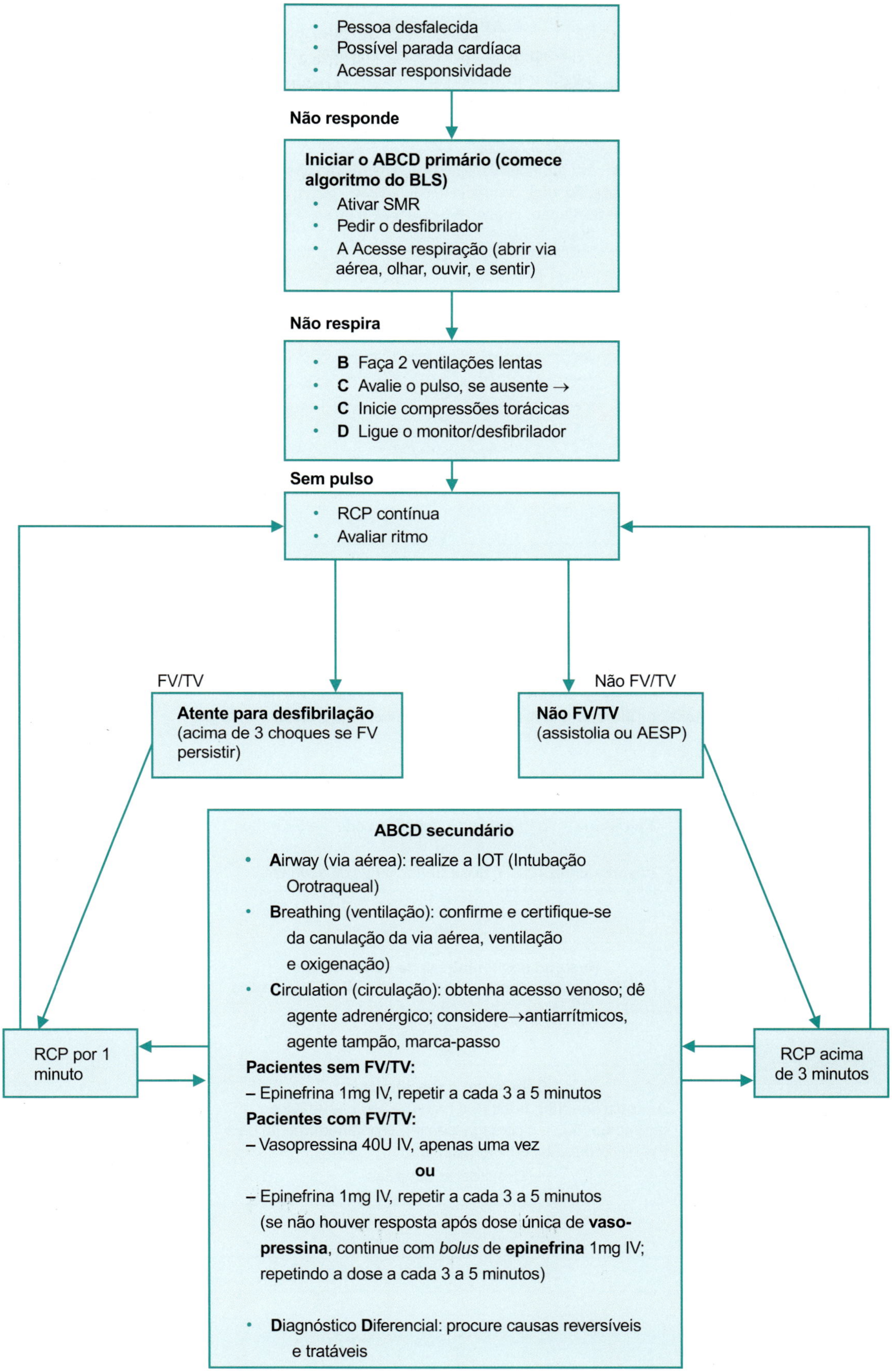

Apêndice 1. Algoritmo universal.

ABCD primário

Foco: RCP básica e desfibrilação

- **Avalie** responsividade
- **Ative** SME (serviço médico de emergência)
- **Peça** o desfibrilador

A Airway/Vias aéreas: abrir via aérea
B Breathing/Ventilação: promova ventilações com pressão positiva
C Circulation/Circulação: faça compressões torácicas
D Defibrillation/Desfibrilação: choque FV ou TV sem pulso, 3 vezes consecutivas se necessário (200J, 300J, 360J)

↓

Ritmo após os 3 choques?

↓

FV/TV persistente ou recorrente ?

↓

ABCD secundário

Foco: tratamento e auxílio mais avançados

A Airway/Via aérea: realize IOT assim que possível
B Breathing/Ventilação: confirme a posição da cânula pelo exame físico.Após fixá-la, confirme se a oxigenação e ventilação estão sendo efetivas
C Circulation/Circulação: obter acesso venoso, identificar o ritmo cardíaco pelo monitor, e administrar drogas apropriadas para a condição e o ritmo
D Diagnóstico Diferencial: procurar identificar causas reversíveis e tratáveis

↓

- **Epinefrina** 1mg IV em *bolus*, repetir a cada 3 a 5 minutos

ou

- **Vasopressina** 40U IV, **dose única**, uma vez apenas

↓

Resumo das tentativas de desfibrilação
1x 360J (ou equivalente bifásico) a cada 30 a 60 segundos

↓

Considerar antiarrítmicos:
Amiodarona (IIb), **lidocaína** (intermediária), **sulfato de magnésio** (IIb se hipomagnesemia), **procainamida** (IIb para FV/TV recorrentes ou intermitentes)
Considerar tampões

↓

Continuar com desfibrilações

Apêndice 2.

Atividade elétrica sem pulso
(**AESP** = ritmo ao monitor, sem pulso detectável)

↓

ABCD primário
Foco: RCP básico e desfibrilação

↓

ABCD secundário
Foco: tratamento e esforços mais avançados

↓

Revisão das causas mais freqüentes de AESP

- **H**ipovolemia
- **H**ipóxia
- **H**idrogênio íon (acidose)
- **H**iper/hipocalemia
- **H**ipotermia
- **T**amponamento cardíaco
- **T**rombose coronária (IAM)
- Pneumo**t**órax hiper**t**ensivo
- **T**omboembolismo pulmonar (TEP)
- In**t**oxicações por drogas (tricíclicos, digital, betabloqueadores, bloq. canal de cálcio)

↓

Epinefrina 1 mg IV em *bolus*, repetir a cada 3 a 5 minutos

↓

Epinefrina 1 mg IV (se freqüência da AESP esiver **lenta**), repetir a cada 3 a 5 minutos conforme necessidade, até dose total de 0,04 mg/kg

Apêndice 3. Atividade elétrica sem pulso.

ASSISTOLIA

↓

ABCD primário
Foco: RCP básica e desfibirlação
Inspeção rápida da cena: qualquer evidência pessoal **não** deve influenciar nos esforços de ressuscitação?

↓

ABCD secundário
Foco: tratamento e auxílio mais avançados

↓

Marca-passo transcutâneo
se indicado; instale-o imediatamente

↓

Epinefrina 1 mg IV em *bolus*, repetir a cada 3 a 5 minutos

↓

Atropina 1 mg IV, repetir a cada 3 a 5 minutos, até dose total de 0.04 mg/kg

↓

Persistindo a assistolia: continuar ou cessar os esforços de ressuscitação?

- Considerar qualidade da ressuscitação?
- Características clínicas atípicas presentes?
- Protocolos que dêem suporte à decisão de cessar esforços de ressuscitação?

Apêndice 4. Assistolia.

Hipotermia

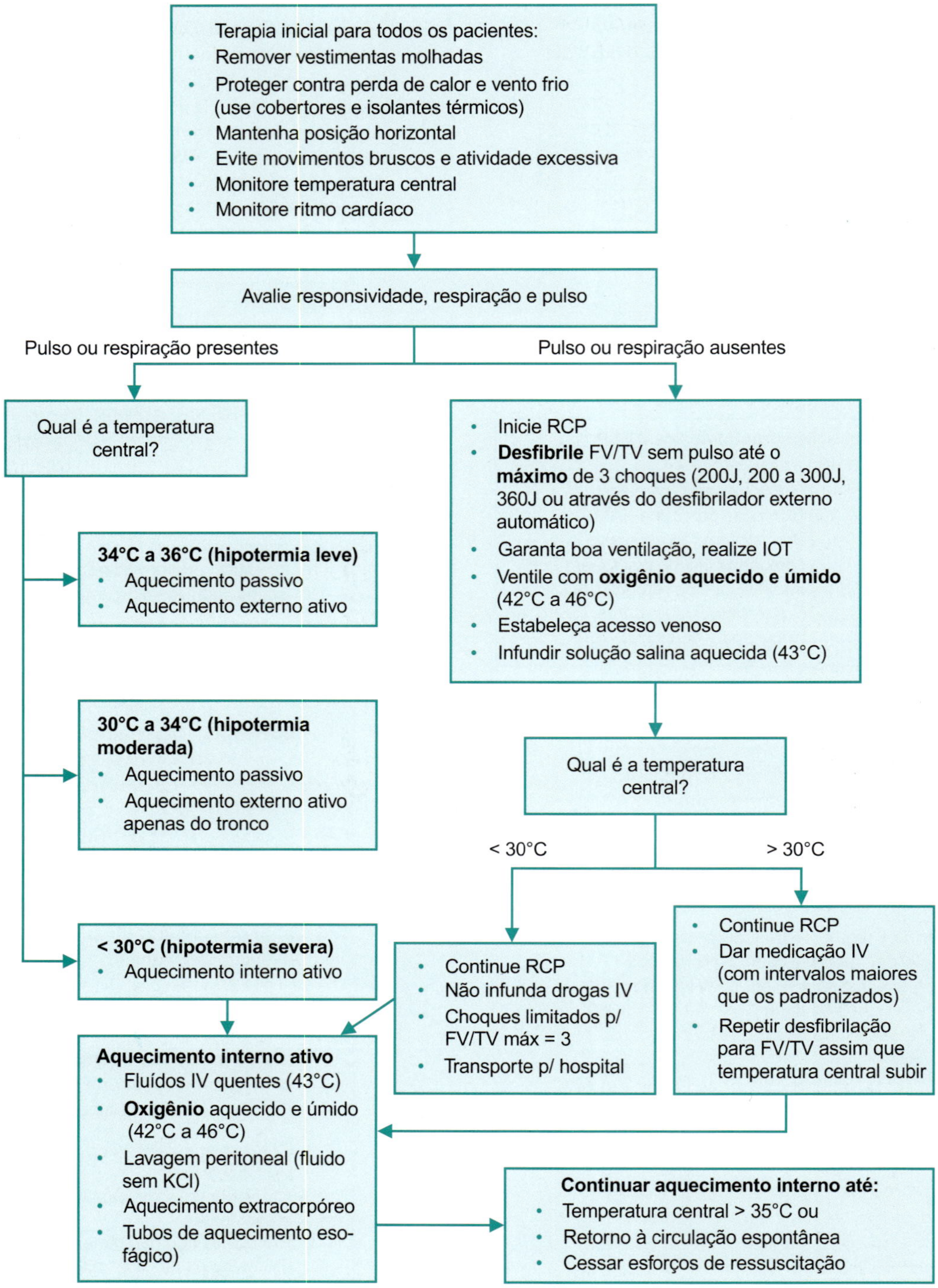

Apêndice 5.

REFERÊNCIAS BIBLIOGRÁFICAS

1. Abramson NS, Safar P, Detre K *et al.* Brain resuscitation clinical trial II study group. Factor influencing neurologic recovery after cardiac arrest. *Ann Emerg Med* 1989;18:477–8.
2. Cummins RO, Chamberlain DA, Abramson NS *et al.* Recommended guidelines for uniform reporting of data from out-of-hospital cardiac arrest: The Utstein Style. Task force of the American Heart Association, the European Resuscitation Council, the Heart and Stroke Foundation of Canada, and the Australian resuscitation Council. *Ann Emerg Med* 1991;20:861–74.
3. Cummins RO, Ornato JP, Thies WH *et al.* Improving survival from sudden cardiac arrest: the chain of survival concept. *Circulation* 1991;83:1833–47.
4. Cummins RO. The chain of survival concept: how it can save lives. *Heart Dis Stroke* 1992;1:43–5.
5. Emergency Cardiac Care Committee and Subcommitte. American Heart Association. Guidelines for cardiopulmonary resuscitation and emergency care. Part II. Adult basic life support. *JAMA* 1992;268:2184–98.
6. Brown DC, Lewis AJ, Criley JM. Asystole and its treatment: the possible role of the parasympathetic nervous system in cardiac arrest. *J Am Coll Emerg Phys* 1979;8:448–52.
7. Eysmann SB, Marchlinsky FE, Buxton A *et al.* Electrocardiographic changes after cardioversion of ventricular arrhythmias. *Circulation* 1986;73:73–81.
8. Niemann JR, Haynes KS, Garner D *et al.* Post countershock pulseless rhythms; response to CPR, artificial cardiacpacing, and adrenergic agonists. *Ann Emerg Med* 1986;15:112–20.
9. Vassalle M. On the mechanisms underlying cardiac standstill: factors determining success or failure of escape pacemakers in the heart. *J Am Coll Cardiol* 1985;5:358–428.
10. Neumar RW, Brown GG, Robitaille PM *et al.* Myocardial high energy phophate metabolism during ventricular fibrillation with total circulatory arrest. *Resuscitation* 1990;19:199–226.
11. Neumar RW, Brown CG, Vanligten *et al.* Estimation of myocardial ischemic injury during ventricular fibrillation with total circulatory arrest using high energy phosphates and lactate as metabolic markers. *Ann Emerg Med* 1991;20:222–9.
12. Kern KB, Garewal HS, Sanders AB *et al.* Depletion of myocardial adenosine triphosphate during prolonged untreated ventricular fibrillation: effect on defibrillation success. *Resuscitation* 1990;20:221–9.
13. Panacek E, Munger M, Rutherford W *et al.* Report of nitropatch explosions complicating defibrillation. *Am J Emerg Med* 1992;10:128–9.
14. Parke JD, Higgins SE. Hazards associated with chest application of nitroglycerin ointments. *JAMA* 1982;248:427 (letter).
15. Pride H, McKinley D. Third degree burns from the use of an external cardiac pacing device. *Crit Care Med* 1990;18:572–3.
16. Einsemberg MS, Cummins RO, Damon S *et al.* Survival rates from out-of-hospital cardiac arrest recommendations for uniform definitions and data to report. *Ann Emerg Med* 1990;19:1249–59.
17. Longstreth WT, Invi TS. High blood glucose level on hospital admission and poor neurologic recovery after cardiac arrest. *Ann Neurol* 1984;15:59–63.
18. Longstreth WT Jr., Diehr P, Cobb LA *et al.* Neurologic outcome and blood glucose levels during out-of-hospital cardiopulmonary resuscitation. *Neurology* 1986;36:1186–91.
19. Callaham M, Barton CW, Kaiser S. Potential complications of high dose epinephrine therapy in patients resuscited from cardiac arrest. *JAMA* 1991;265:1117–22.
20. Ewy GA, Dahl CF, Zimmerman M *et al.* Ventricular fibrillation masquerading as ventricular standstill. *Crit Care Med* 1981;9:841–4.
21. McDonald JL. Coarse ventricular fibrillation presenting as asystole or very low amplitude ventricular fibrillation. *Crit Care Med* 1982;10:790–1.
22. Kudenchuk PJ, Cobb LA, Copass MK *et al.* The arrest trial. *N Engl J Med* 1999;341:871–8.
23. Dorian P, Cass D, Gelazmikas *et al.* Alive: a randomized, blinded trial of intravenous amiodarone versus lidocaine in shock resistant ventricular fibrillation. Abstracts from AHA Scientific Sessions 2001. *Circulation* 2001;104(17)(Suppl. II);Abstract 3602 II-765;10/23/2001.
24. Jaffe AS. The use of antiarrhythmics in advanced cardiac life support. *Ann Emerg Med* 1993;22:307–16.
25. Ceremuzynski L, Jurgiel R, Kulakowski P *et al.* Threatening arrhytmias in acute myocardial infarction are prevented by intravenous magnesium sulfate. *Am Heart J* 1989;118:1333–4.
26. Woods KL, Fletcher S, Roffe C *et al.* Intravenous magnesium sulphate in suspected AMI: results of the second Leicester Intravenous magnesium Intervention Trial (LIMIT-2). *Lancet* 1992;339:1553–8.
27. Shechter M, Hod H, Marks N *et al.* Beneficial effect of magnesium sulphate in AMI. *Am J Cardiol* 1990;66:271–4.
28. Charlap S, Kahlan S, Lichstein E *et al.* Eletromechanical dissociation: diagnosis, pathophysiology, and management. *Am Heart J* 1989;118:355–60.
29. Hoffman JR, Stevenson LW. Postdefibrillation idioventricular rhythm: A salvageable condition. *West J Med* 1987;146:188–91.
30. Lindner KH, Hnefeld FW, Prengel AW. Comparison of standard and high-dose adrenaline in the resuscitation of asystole and electromechanical dissociation. *Acta Anaesthesiol Scand* 1991;35:253–6.
31. Stueven H, Troian P, Thompson B *et al.* Bystander/first responder CPR: ten years experience in a paramedic system. *Ann Emerg Med* 1986;15:707–10.
32. Vanags B, Thakur RK, Steuven HA *et al.* Interventions in the therapy of electromechanical dissociation. *Resuscitation* 1989;19:38–43.
33. Thompson BM, Brooks RC, Pionkowski RS *et al.* Immediate countershock treatment of asystole. *Ann Emerg Med* 1984;13:827–9.
34. Stults K, Brown D, Kerber R. Should ventricular asystole be cardioverted? *Circulation* 1987;76(Suppl. IV):IV-12 (Abstract).
35. Stults K, Brown D. Converting asystole. *J Emerg Med Serv* 1984;9:38.
36. Holzer M, Behringer W, Schorkhuber W *et al.* Hypothermia for Cardiac Arrest (HACA) Study Group. Mild hypothermia and outcome after CPR. *Acta Anaesthesiol Scand Suppl* 1997;111:55–8.
37. Gilbert M, Busund R, Skagseth A *et al.* Resuscitation from accidental hypothermia of 13.7 degrees C with circulatory arrest. *Lancet* 2000;355:375–6 (Letter).
38. Krismer AC, Lindner KH, Kornberg R *et al.* Cardiopulmonary resuscitation during severe hypothermia in pigs: Does epinephrine or vasopressin increase coronary perfusion pressure? *Anesth Analg* 2000;90:69–73.

39. Quan L, Kinder D. Pediatric submersions: prehospital predictors of outcome. *Pediatrics* 1992;90:909–13.
40. Cummings P, Quan L. Trends in unintentional drowning: the role of alcohol and medical care. *JAMA* 1999;281:2198–202.
41. Modell J. Drowning. *N Engl J Med* 1993;328:253–6.
42. Szpilman D. Near-drowning and drowning classification: A proposal to stratify mortality based on the analysis of 1,831 cases. *Chest* 1997;112:660–5.
43. Langhelle A, Sunde K, Wikl *et al.* Airway pressure pressions versus Heimlich manoeuvre in recently dead adults with complete airway obstruction. *Resuscitation* 2000;44:105–8.
44. Yocum MW, Butterfield JH, Klein JS *et al.* Epidemiology of anaphylaxis in Olmsted County: a population based study. *J Allergy Clin Immunol* 1999;104:454–66.
45. Stewart AG, Ewan PG. The incidence, aetiology and management of anaphylaxis presenting to an accident and emergency department. *Q J Med* 1996;89:859–64.
46. The International Collaborative Study of Severe Anaphylaxis. An epidemiologic study of severe anaphylactic and anaphylactoid reactions among hospital patients: methods and overall risks. *Epidemiology* 1998;9:141–6.
47. Project Team of the Resuscitation Council. Emergency medical treatment of anaphylactic reactions. *J Accid Emerg Med* 1999;16:243–7.
48. Bickell WH, Wall MJ Jr., Pepe PE *et al.* Immediate versus delayed fluid resuscitation for hypotensive patients with penetrating torso injuries. *N Engl J Med* 1994;331:1105–9.
49. Kloeck WGJ, Krameer EB. Prehospital advanced CPR in the trauma patient. *Trauma Emerg Med* 1993;10:772–6.
50. Wolcomir M (Ed.). *Advanced Life Support for Obstetrics.* Kansas City, Mo: American Academy of Family Physicians, 1996.
51. Goodwin AP, Pearce AJ. The human wedge: a manoeuvre to relieve aortocaval compression in resuscitation during late pregnancy. *Anaethesia* 1992;47:433–4.
52. Lanoix R, Akkapeddi V, Goldfeder B. Perimortem cesarean section: case reports and recommendations. *Acad Emerg Med* 1995;2:1063–7.
53. Fahmy FS, Brinsden MD, Smith J *et al.* Lightining: the multisystem group injuries. *J Trauma* 1999;46:937–40.
54. Browne BJ, Gaasch WR. Electrical injuries and lightinig. *Emerg Med Clin North Am* 1992;10:211–29.
55. Duclos PJ, Sanderson LM. An epidemiological description of lightining-related deaths in the United States. *Int J Epidemiol* 1990;19:673–9.
56. Guidelines 2000 for Cardiopulmonary Resuscitation and Emergency Cardiovascular Care. *Circulation* ago 2000;102:1–1 to 1–384.
57. Guidelines 2000 for Cardiopulmonary Resuscitation and Emergency Cardiovascular Care. *Resuscitation* 2000;46(1).
58. Timerman S, Paiva E. Essência do suporte avançado de vida em cardiologia. *In* Timerman A, César LAM: *Manual de Cardiologia: SOCESP.* Rio de Janeiro: Atheneu, 2000, Cap. 19.
59. American Heart Association/Fundación Interamericana del Corazón. Suporte Avançado de Vida em Cardiologia — Livro-Texto, 2000.

21 Suporte Básico de Vida e Desfibrilação Externa Automática

André Guanaes • Heitor Portella Póvoas Filho • Adriano Martins Oliveira

DEFINIÇÕES E CONCEITOS

A parada cardiorrespiratória-cerebral (PCRC) é definida como a cessação brusca da atividade cardíaca e, por conseguinte, da circulação sistêmica associada à apnéia e à inconsciência.[1,2]

Quando ocorre em indivíduo com moléstia incurável, debilitante, irreversível e crônica, ela é conseqüência natural da evolução da doença de base e constitui a morte propriamente dita, a qual se denomina morte biológica (MB). A PCRC, que se subentende como entidade clínica, é aquela em que a vítima sofre de um processo patológico agudo, passível de recuperação, ainda com cérebro e coração viáveis,[2] que Safar intitula: "corações tão bons para morrer". Esse período de inconsciência, apnéia e parada cardíaca (PC) passível de reversão foi denominado morte clínica (MC) pelo russo Vladimir Negovsky no início da década de 1940, muito antes desse conceito ser utilizado no Ocidente. O ato ou procedimento de fazer o indivíduo em MC voltar à vida denominou-se ressuscitação – que vem do latim *ressuscitare*, cujo significado é reviver, restaurar a vida.

Outro sinônimo que atualmente vem sendo muito usado na literatura é reanimação, do latim *reanimare*, que significa dar alma ou vida, restituir os sentidos e a vida.[3] Muitos autores adotam o termo reanimação por considerarem a nomenclatura etimologicamente mais adequada, mais correta e mais coerente com a atual concepção do cérebro como órgão alvo da reanimação.[4,5]

Morte súbita (MS) é definida como toda aquela morte natural, inesperada e de evolução rápida (24 h), em indivíduos com ou sem doença preexistente. Quando a causa é cardíaca e a evolução para a MB ocorre no intervalo de 1 a 6 horas, ela é dita morte súbita cardíaca (MSC).[6] Essa definição, que foi muito conflituosa no passado, devido às diferentes definições operacionais para clínicos, epidemiologistas, patologistas e outros cientistas, é agora aceita amplamente.[7] Atualmente, quatro componentes temporais devem ser considerados para constituição de uma definição para MSC que satisfaça a todos. São eles: 1) pródromos; 2) início da doença; 3) parada cardíaca; 4) MB.

HISTÓRICO

No início da década de 1950, as chances para reanimação eram baixas e limitadas ao hospital. O evento fora do hospital era dado como fato consumado, sendo a morte inevitável. Os leigos não tinham nenhum recurso a oferecer à vítima de PCRC no ambiente extra-hospitalar. No final da década, no entanto, James O. Elam,[8] num trabalho histórico e pioneiro no uso de suporte ventilatório, relatou o uso de ar expirado oferecido diretamente pelo socorrista à vítima pelo método boca-a-boca ou boca-cânula.

No ano de 1958, Peter Safar, considerado por muitos o pai da reanimação moderna, publicou um trabalho inédito do método boca-a-boca ou boca-nariz. Em 100 voluntários anestesiados e curarizados, ele mostrou o mecanismo da obstrução das vias aéreas superiores nos pacientes inconscientes pelo relaxamento da base da língua e da epiglote. Essa obstrução era corrigida com a manobra tripla da via aérea, que consiste em abrir a boca, inclinar a cabeça para trás (extensão da cabeça), tracionar a mandíbula, preferencialmente com o socorrista posicionado atrás da vítima.[9] Esse método foi logo aceito e testado na comunidade, sendo seguido pela Sociedade de Anestesia e posteriormente adotado pela Cruz Vermelha.

Em 1960, é criado, por um empresário dono de uma fábrica de bonecos, Asmund Laerdal, a manequim Ressusci-Anne, que ficou famosa no mundo inteiro pela sua utilidade na educação do público leigo e profissional no aprendizado da reanimação cardiorrespiratória-cerebral (RCRC).

Kouwenhoven, também em 1960, publicou um artigo histórico que modificou totalmente a história da reanimação, pois popularizou e difundiu o método da massagem cardíaca externa, que pôde ser, então, realizada por qualquer pessoa previamente treinada, em qualquer lugar, sem necessidade de equipamentos.[10]

No início da década de 60, após todas essas descobertas e redescobertas na abordagem das vias aéreas e do suporte ventilatório adequado e massagem cardíaca externa, que revolucionaram a história da reanimação, Safar reuniu esses conhecimentos, organizando-os em passos normatizados, em forma de protocolos que pudessem ser aplicados sistematicamente na linha de frente dos serviços de resgate por leigos treinados na comunidade, nos serviços médicos de emergência e nos hospitais em geral.

Apesar dos avanços alcançados com esses passos denominados A (abertura das vias aéreas), B (boca-a-boca) e C (circulação artificial), os pesquisadores sabiam que esses ainda não eram suficientes na grande maioria dos casos para fazer retornar a circulação espontânea, servindo somente como suporte provisório por oferecerem o mínimo de oxigenação para os tecidos nobres, já que o fluxo sangüíneo gerado corresponde apenas a 30% do normal. Portanto, novos passos eram necessários. Em adição ao A-B-C, denominado Suporte Básico de Vida (SBV), surgiu o Suporte Avançado de Vida (SAV), que consistia em adicionar aos três primeiros passos o D de Drogas, o E de Eletrocardiografia diagnóstica e o F de tratamento de Fibrilação.

Os conhecimentos pertinentes ao SAV já eram conhecidos desde o início do século XX. A adrenalina foi descoberta em 1890 e em 1906 foi utilizada em homens, pioneiramente, por George Crile.[11]

Inicialmente, a adrenalina era aplicada com seringa e agulha próprias diretamente no músculo cardíaco. Posteriormente, priorizou-se a via venosa, periférica e central. Depois, como segunda opção, usou-se a via traqueal. O bicarbonato, inicialmente tão usado, após estudos de Weil (1986) teve mais bem entendidos o seu papel e os aspectos deletérios. Em 1950, com a descoberta da lidocaína, foi preconizado o seu uso para tratamento da arritmia ventricular pelo anestesiologista Steinhaus.[12]

A eletrocardiografia, desenvolvida por Einthoven em 1900, e a desfibrilação intratorácica, realizada por Beck pioneiramente em 1947 e estabelecida a extratorácica por Paul Zoll em 1955, foram padronizadas nos passos D-E-F e, juntamente com A-B-C proposta por Safar e Harris em 1960, foram normatizadas pelo comitê de RCRC da American Heart Association (AHA) em reunião ocorrida em 1963, da qual participaram o cardiologista Leonard Scherlis e os pesquisadores responsáveis pelos passos descobertos, James Elam, Archer Gordom, James Jude e Peter Safar.

Essa padronização A-B-C-D-E-F foi publicada no *JAMA* em 1966 (Fig. 21-1).[13] Desde então, o comitê de RCRC da AHA se reúne periodicamente (1966, 1973, 1979, 1985, 1992) para estabelecer e aperfeiçoar os parâmetros de assistência à RCRC e

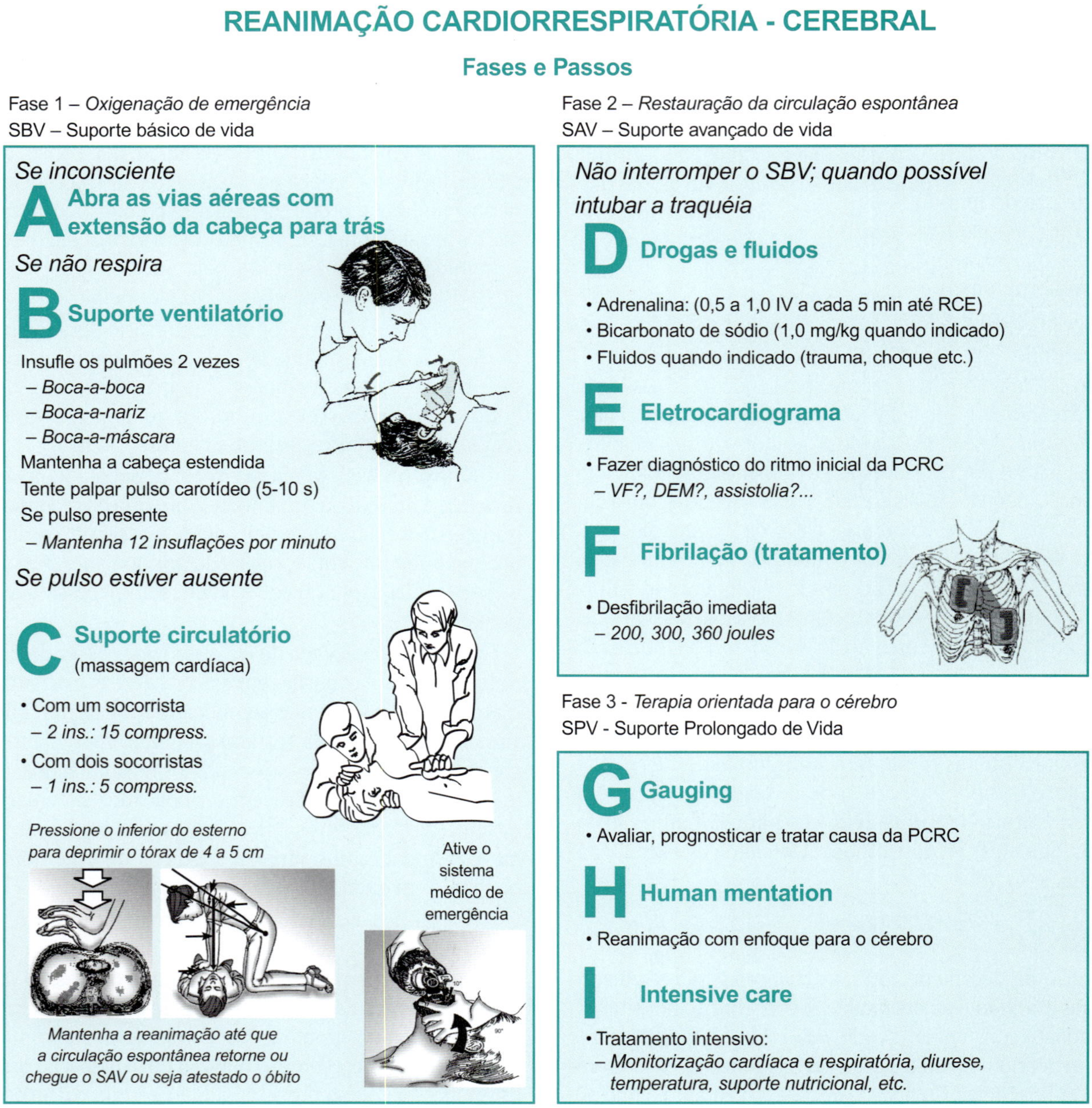

Fig. 21-1. Fases e passos da reanimação cardiorrespiratória-cerebral.

emergências cardiológicas que são universalmente aceitos (AHA/NASN, 1985, 1992). Em 1974 a AHA, através do seu comitê de emergências cardiovasculares (ECC), passou a publicar as recomendações para o atendimento desses pacientes em forma de protocolos, em 1974,[14] 1980,[15] 1986,[16] 1992.[17] Recomendações similares foram também publicadas pelo Conselho Europeu de Ressuscitação em 1992,[18] 1996[19] e 1998.[20] Recentemente foram uniformizadas as recomendações de todas as entidades internacionais envolvidas com as emergências cardiovasculares e reanimação – *International Guidelines 2000 Conference on Cardiopulmonary Resuscitation (CPR) and Emergency Cardiovascular Care (ECC).*[21] Esse conjunto de recomendações foi pela primeira vez definido de acordo com o conceito de Medicina Baseada em Evidência.[22]

EPIDEMIOLOGIA

Na última década, com o avanço tecnológico na área médica tanto do arsenal diagnóstico como dos recursos terapêuticos e das melhorias das condições socioeconômicas e com a maior ênfase na prevenção das doenças, repercutiu num incremento notório na qualidade da saúde, principalmente nos países desenvolvidos. Apesar desses avanços, o problema da morte prematura ainda é preocupante nos Estados Unidos da América e no resto do mundo.[23]

Em 1987, aproximadamente 1.500.000 indivíduos sofreram infarto agudo do miocárdio (IAM). Desses, 540.000 (36%) morreram abruptamente, sendo que cerca de 350.000 antes de chegar ao hospital e sem receber nenhum suporte de vida. Portanto, mais da metade das mortes devido a cardiopatias isquêmicas ocorre fora do hospital, e a maioria nas primeiras duas horas do início dos sintomas.[2,6,24] Os pacientes que conseguiram chegar ao hospital e puderam se beneficiar do tratamento e suporte adequados tiveram uma mortalidade reduzida em 30% nos últimos anos (Quadro 21-1).[6] Isso se deve, em parte, aos cuidados intensivos, ao tratamento e à prevenção da arritmia ventricular, que sabidamente é a maior responsável pelas mortes nas primeiras horas. Isso mostra a importância vital de se educar o público leigo a reconhecer PCRC e executar o SBV com Desfibrilação Externa Automática (DEA) antes que o paciente possa ter acesso a recursos técnicos e terapêuticos mais avançados – Suporte Avançado de Vida Cardíaco.

Apesar de a fibrilação ventricular (FV) ser responsável por 70 a 80% dos ritmos de PCRC, ela é sabidamente reversível, respondendo bem ao único tratamento disponível, que consiste na desfibrilação. A enfermidade cardiovascular tem como ritmos mais freqüentes a FV e a taquicardia ventricular (TV) e são

Quadro 21-1. **Sobrevida (%) do tempo de resposta relatada**

Tempo de PCR (min)	*Tempo de ACLS (min)* < 8	8-16	> 16
0-4	43%	19%	10%
4-8	26%	19%	5%
8-12	–	6%	0%

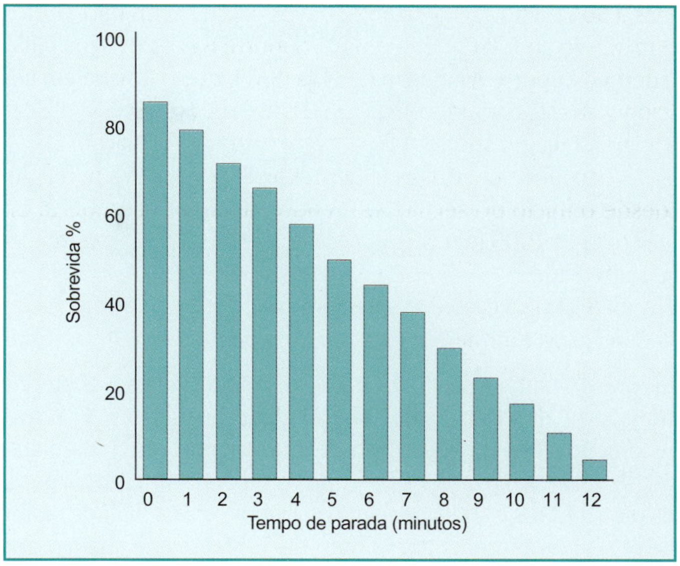

Fig. 21-2. Dados ilustrando a relação entre a probabilidade de sobrevida à alta hospitalar em vítimas de parada cardíaca e o intervalo entre o colapso e a desfibrilação.

sabidamente os que têm melhor chance de reversão. O tempo é o principal determinante de sucesso, visto que cada minuto perdido reduz a chance de sobrevida em 10%, o que significa que após 8 minutos nenhum paciente sobreviverá[25] (Fig. 21-2).

A FV responde bem ao único tratamento disponível atualmente, que é a desfibrilação precoce, que consiste em aplicar choques elétricos com corrente contínua transcardíaca, através de eletrodos aplicados ao tórax do paciente, visando a despolarizar todas as células miocárdicas de uma só vez, dando chance ao coração de retomar o comando do seu ritmo normal, voltando a assumir sua função de bomba, oferecendo fluxo sangüíneo (oxigênio) a todos os órgãos, em particular ao cérebro e ao coração.[26]

Visando a estabelecer uma otimização no atendimento da MS, a American Heart Association (AHA) estabeleceu uma padronização de condutas e prioridades, que se ligam em uma cadeia sucessiva em que cada elo da corrente é fundamental para a elevação das taxas de sobrevida na PCR, à qual denominou-se *cadeia de sobrevivência.*[27]

CADEIA DE SOBREVIVÊNCIA

A cadeia de sobrevivência aplica-se a todas as situações de parada cardiorrespiratória. Para obtenção de sucesso na reanimação, todos os elos da cadeia de sobrevida são importantes. A seqüência de suporte básico de vida, de suporte intermediário de vida e suporte avançado de vida é um contínuo de intervenções que se aplica igualmente na unidade de terapia intensiva, na casa do paciente ou em locais públicos, e o início das manobras de reanimação deve ser imediato.[27] Os elos da cadeia de sobrevivência estão ilustrados na Figura 21-3.

Acesso precoce

Esse elo consiste no rápido reconhecimento da parada cardiorrespiratória e na solicitação imediata de ajuda visando a garantir a continuidade da cadeia, através da presença de socorris-

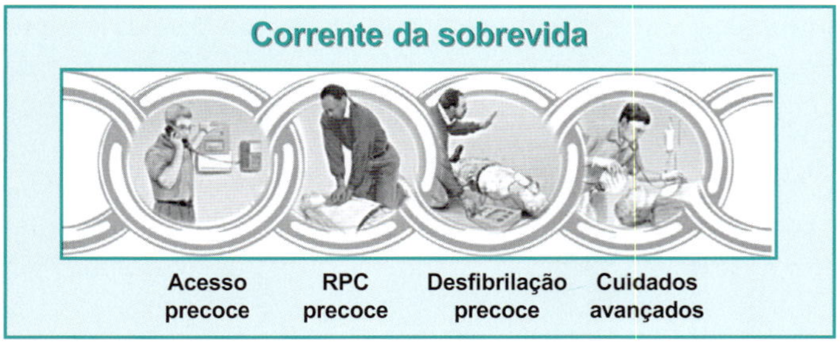

Fig. 21-3. Elos da cadeia de sobrevivência.

tas que possam iniciar o suporte avançado de vida e o posterior transporte da vítima para uma unidade hospitalar. As novas recomendações da AHA[28] são de chamar por ajuda imediatamente ("*chamar/ligar primeiro*") após o reconhecimento da parada para adultos e crianças acima de 8 anos (probabilidade maior de FV/TV) ou oferecer um minuto de SBV antes de chamar por ajuda ("*chamar/ligar rápido*") para crianças abaixo de 8 anos (probabilidade maior de parada por hipóxia). Situações especiais como afogamento, parada cardíaca no trauma e superdoses requerem sempre a aplicação do protocolo *chamar/ligar rápido*" seja qual for a idade, por se tratarem de pacientes nos quais o mecanismo de parada é provavelmente relacionado a problemas nas vias aéreas e ventilação.[21] O reconhecimento da parada cardiorrespiratória deve ser feito através de verificação de inconsciência, apnéia e ausência de sinais de circulação.

Suporte básico de vida

Essas manobras consistem na abertura das vias aéreas, ventilação com pressão positiva e massagem cardíaca externa visando a oferecer oxigenação e circulação sangüínea para a manutenção do mínimo de perfusão para órgãos-alvo nobres como coração e cérebro, até que uma terapia definitiva (desfibrilação precoce) restabeleça o retorno à circulação espontânea.[21]

Desfibrilação precoce

A desfibrilação precoce é a única forma de tratamento definitivo em cerca de 80% dos casos e deve ser instituída tão logo um desfibrilador esteja disponível. O ideal é que seja realizada no local do colapso por um leigo ou socorrista treinado em utilizar um desfibrilador externo automático. O conceito de acesso público à desfibrilação vem sendo difundido, e trabalhos clínicos bem controlados já demonstram impacto na mortalidade de vítimas de morte súbita.[29]

Suporte avançado de vida precoce

Esse último elo da cadeia consiste em oferecer suporte ventilatório avançado (intubação traqueal para controle de via aérea e ventilação com pressão positiva), suporte circulatório avançado (acesso venoso e uso de drogas intravenosas apropriadas) o mais precocemente possível com o objetivo principal de restabelecer e sustentar a circulação espontânea a fim de preservar a perfusão cerebral com retorno da função neurológica pré-parada.[28]

NÍVEIS DE EVIDÊNCIA DO AHA

O novo *Guidelines* da AHA[21] foi o primeiro desenvolvido através de uma extensa cooperação internacional, e todas as novas recomendações foram rigorosamente revisadas de acordo com os princípios da medicina baseada em evidências. As Classes I, IIa, IIb, III e Indeterminada foram indicadas como parâmetros de importância das evidências que apoiaram as recomendações. Em geral, as designações foram definidas como:

Classe I. Recomendações apoiadas por excelente evidência científica, com eficácia definitiva demonstrada em humanos; é necessário ao menos um estudo positivo controlado, prospectivo e randomizado. Os maiores motivos para recomendações *Classe I:* estudo prospectivo, randomizado, controlado em humanos; aclamado pelos críticos; demonstrando uma alta magnitude de benefício. Apesar do grande entusiasmo pelas novas recomendações, poucas preenchem o critério de recomendação *Classe I.*

Classe IIa. Recomendações baseadas em evidências científicas muito boas, demonstrando eficácia e segurança em humanos. Muitos especialistas consideram as intervenções e ações *Classe IIa* altamente recomendáveis. Maiores razões para uma recomendação ser *Classe IIa:* múltiplos estudos, usando boa metodologia, obtendo geralmente resultados positivos. Um bom exemplo no novo guia: a adição dos inibidores da glicoproteína IIb/IIIa para as síndromes coronarianas agudas com recomendação específica para angina instável e depressão do segmento ST.

Classe IIb. Recomendações apoiadas por evidências regulares de eficácia e segurança porém sem evidência de dano aos pacientes. Muitos estudiosos consideram as recomendações *Classe IIb* intervenções alternativas porém opções aceitáveis. Maiores razões para uma recomendação ser *Classe IIb:* múltiplos estudos usando boa metodologia, geralmente obtendo resultados positivos.

Classe indeterminada. Intervenções e ações são propostas com evidência insuficiente para apoiar essas recomendações finais para uso clínico. Geralmente esses dados estão no estágio de pesquisas preliminares, com resultados promissores porém necessitando de pesquisa de melhor qualidade. A *Classe Indeterminada* é aplicada para várias intervenções que vêm sendo recomendadas há vários anos. A revisão das evidências, entretanto, revela que a adoção original foi provavelmente não-justificada por falta de evidências. *Exemplos*: o uso rotineiro de vasopressina para assistolia ou de lidocaína para fibrilação ventricular refratária. São recomendações que continuam a ser pesquisadas e revisadas. Novas evidências ou revisão de evidências antigas sugerem fortemente ou confirmam a probabilidade de serem intervenções danosas.

Classe III. Intervenções não são úteis e, sendo assim, são inaceitáveis. Razões para uma recomendação se tornar *Classe III*: evidência acumulada de efeitos colaterais ou interações danosas ao paciente.

SUPORTE BÁSICO DE VIDA

As manobras do SBV consistem na abertura das vias aéreas, ventilação com pressão positiva e massagem cardíaca externa visando a oferecer oxigenação e circulação sangüínea para manutenção do mínimo de perfusão para órgãos-alvo nobres como coração e cérebro, até que uma terapia definitiva (desfibrilação precoce) restabeleça o retorno à circulação espontânea. O cérebro e o coração são órgãos similarmente vulneráveis à parada circulatória completa. Enquanto no coração lesões de maiores proporções, atingindo várias células miocárdicas, nem sempre encerram um diagnóstico desfavorável irreversível, o mesmo não acontece com o cérebro, que, a depender da área afetada, mesmo poucos neurônios atingidos podem limitar o prognóstico, comprometendo, por vezes definitivamente, a qualidade de vida.[30]

Abertura das vias aéreas

O sítio mais comum de obstrução das vias aéreas é a hipofaringe. Inconsciência de qualquer origem (coma, embriaguez, intoxicação exógena) provoca relaxamento da base da língua e dos músculos do pescoço, provocando queda da língua e da epiglote, causando obstrução das vias aéreas. Outras causas de obstrução são: corpo estranho, laringoespasmo, edema de mucosa, broncoespasmo, secreção brônquica e processos inflamatórios. Diante de tal situação, deve-se executar abertura simples das vias aéreas: estando a vítima na horizontal em posição supina, executa-se a manobra de hiperextensão da cabeça e elevação da mandíbula; durante essa manobra, deve-se estar atento para investigar obstrução das vias aéreas[31] (Fig. 21-4). No caso de constatação de obstrução mecânica de vias aéreas por corpos estranhos, deve-se iniciar a manobra de desobstrução com compressões abdominais – manobra de Heimlich (Fig. 21-5).

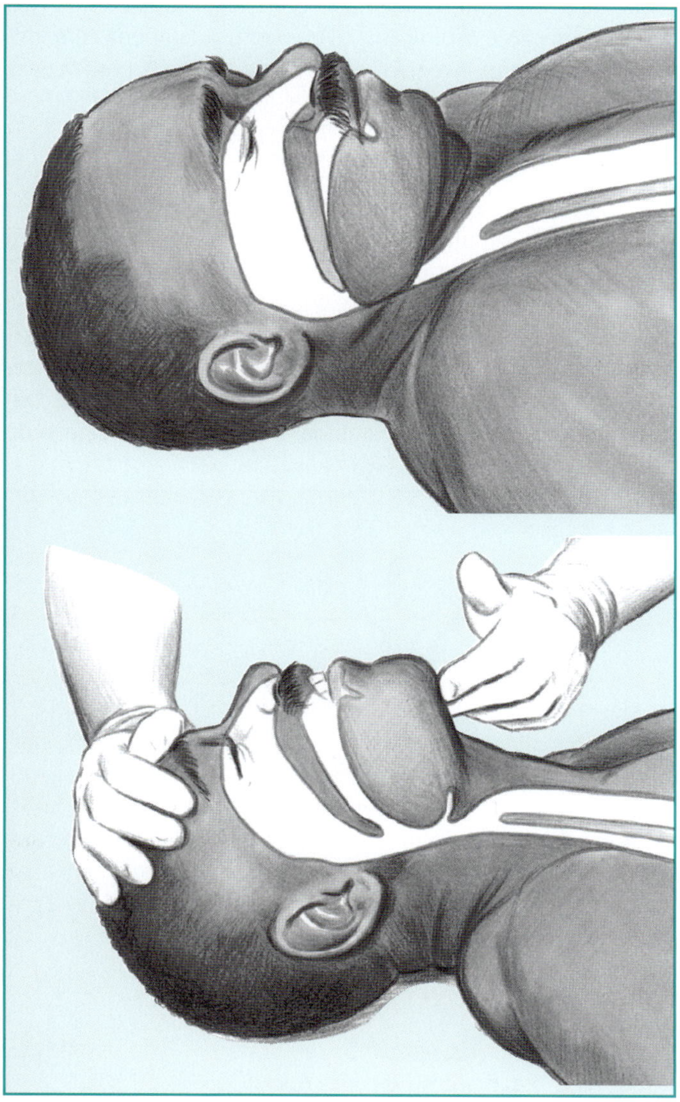

Fig. 21-4. Manobra de abertura de via aérea com hiperextensão da cabeça e elevação da mandíbula.

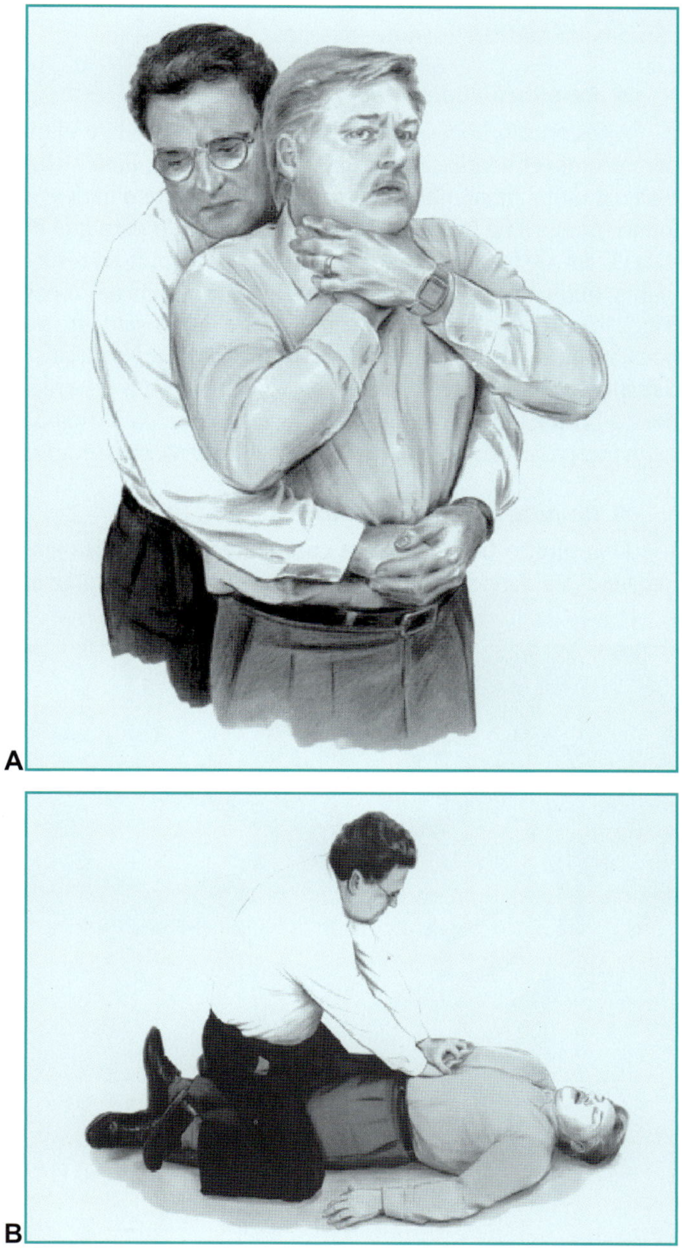

Fig. 21-5. Manobra de Heimlich para desobstrução de vias aéreas (A) em indivíduos conscientes e (B) em indivíduos inconscientes.

Suporte ventilatório

Para verificar se a vítima está respirando, posicione seu ouvido próximo da boca e do nariz da vítima, mantendo a via aérea aberta, e olhe se o tórax está se movimentando. Durante essa manobra, o socorrista tenta ouvir ou sentir fluxo de ar produzido pela respiração da vítima. Essa manobra não deve durar mais que 10 segundos, e o socorrista deve iniciar manobras de ventilação imediatamente após a constatação de ausência de respiração normal e regular.

Esse passo tem por objetivo executar a ventilação do paciente para manter o mínimo de oxigenação necessária enquanto ele não volta a respirar espontaneamente. Os métodos artificiais utilizados são baseados na ventilação com pressão positiva seguida da expiração passiva. Existem várias maneiras de se oferecer ventilação artificial, da mais simples, preconizada por Safar em 1958, boca-a-boca, até manobras mais complexas como boca-máscara e ambu-máscara.

■ *Respiração boca-a-boca*

A respiração boca-a-boca é uma manobra rápida e efetiva para promover ventilação e oxigenação da vítima. Para realizar essa manobra, mantenha a via aérea aberta, aperte o nariz e coloque sua boca na boca aberta da vítima, selando para que não haja escape de ar. A palma de uma das mãos se apóia na testa da vítima, enquanto os dedos polegar e indicador pinçam o nariz (Fig. 21-6). Respire profundamente e expire vagarosamente pela boca, verificando se há elevação do tórax da vítima. Nas crianças, a respiração boca-nariz tornou-se uma alternativa à respiração boca-a-boca e à boca-nariz-boca, principalmente para os socorristas incapazes de abranger a boca e o nariz ao mesmo tempo.

■ *Respiração bolsa-máscara*

O conjunto bolsa-máscara consiste em uma bolsa auto-inflável – conhecida em nosso meio como ambu *(automatic mobile breathing unit)* – acoplada a uma máscara facial e interposta por uma válvula de fluxo unidirecional (Fig. 21-7). Esse é o método mais comum para oferecer ventilação com pressão positiva tanto nos sistemas de emergência quanto nos hospitais. A maioria das *ambus* disponíveis comercialmente para adultos tem um volume de aproximadamente 1.600 ml, o qual é geralmente adequado para produzir insuflação pulmonar. A ventilação ambu-máscara é uma técnica complexa que requer destreza e prática. Conforme as novas diretrizes da American Heart Association,[21] o uso da ambu-máscara deve ser sempre encorajado.[21] Adultos e crianças devem ser treinados a ofertarem uma oxigenação efetiva com esse dispositivo, tornando essa técnica de ventilação a primeira escolha no suporte ventilatório durante as manobras de reanimação (Classe IIa).

■ *Pressão cricóide – manobra de Sellick*

Essa técnica consiste na aplicação de uma pressão na cartilagem cricóide da vítima. Essa manobra empurra a traquéia posteriormente, comprimindo o esôfago contra a vértebra cervical durante a ventilação (Fig. 21-7). A pressão cricóide é eficaz na prevenção da insuflação gástrica, reduzindo o risco de regurgitação e aspiração.[32] Deve ser usada apenas em vítimas inconscientes e requer um socorrista apenas para fazer a manobra.

Suporte circulatório

A PCRC deve ser sempre considerada ao ocorrer a cessação súbita da circulação em um paciente, quando a morte pode ser evitada. É constatada a parada circulatória pela ausência de sinais de vida (inconsciência e apnéia) e pela ausência de pulso carotídeo e/ou femoral. As recomendações atuais[21] não exigem dos leigos a checagem de pulso central para determinar ausência de circulação devido à baixa sensibilidade dessa manobra.[7,33] Após constatada a ausência de sinais de

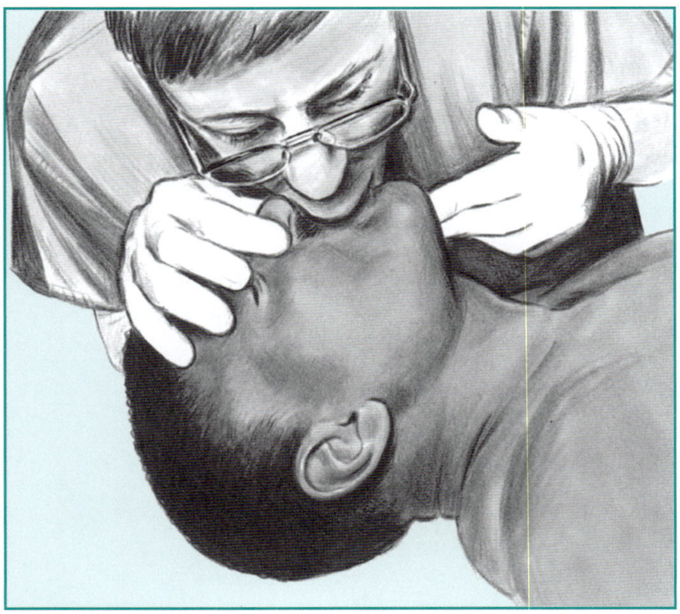

Fig. 21-6. Manobra de abertura de via aérea e ventilação boca-a-boca.

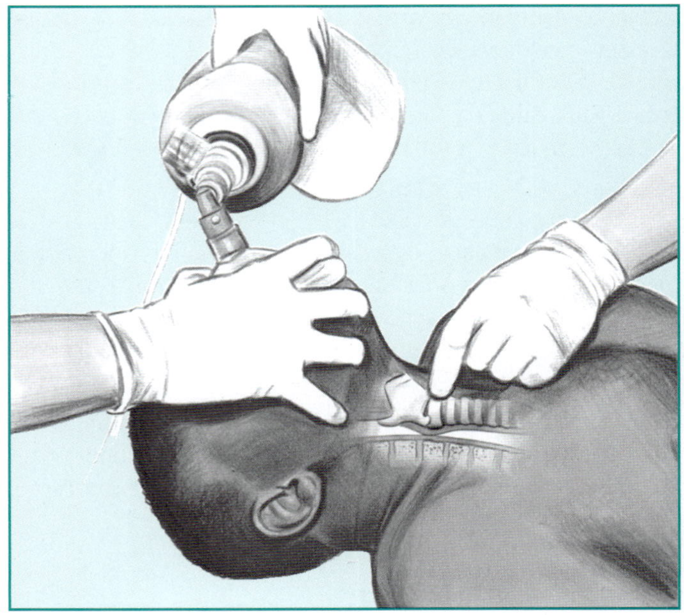

Fig. 21-7. Manobra de abertura de via aérea, ventilação ambu-máscara e manobra de Sellick com dois socorristas.

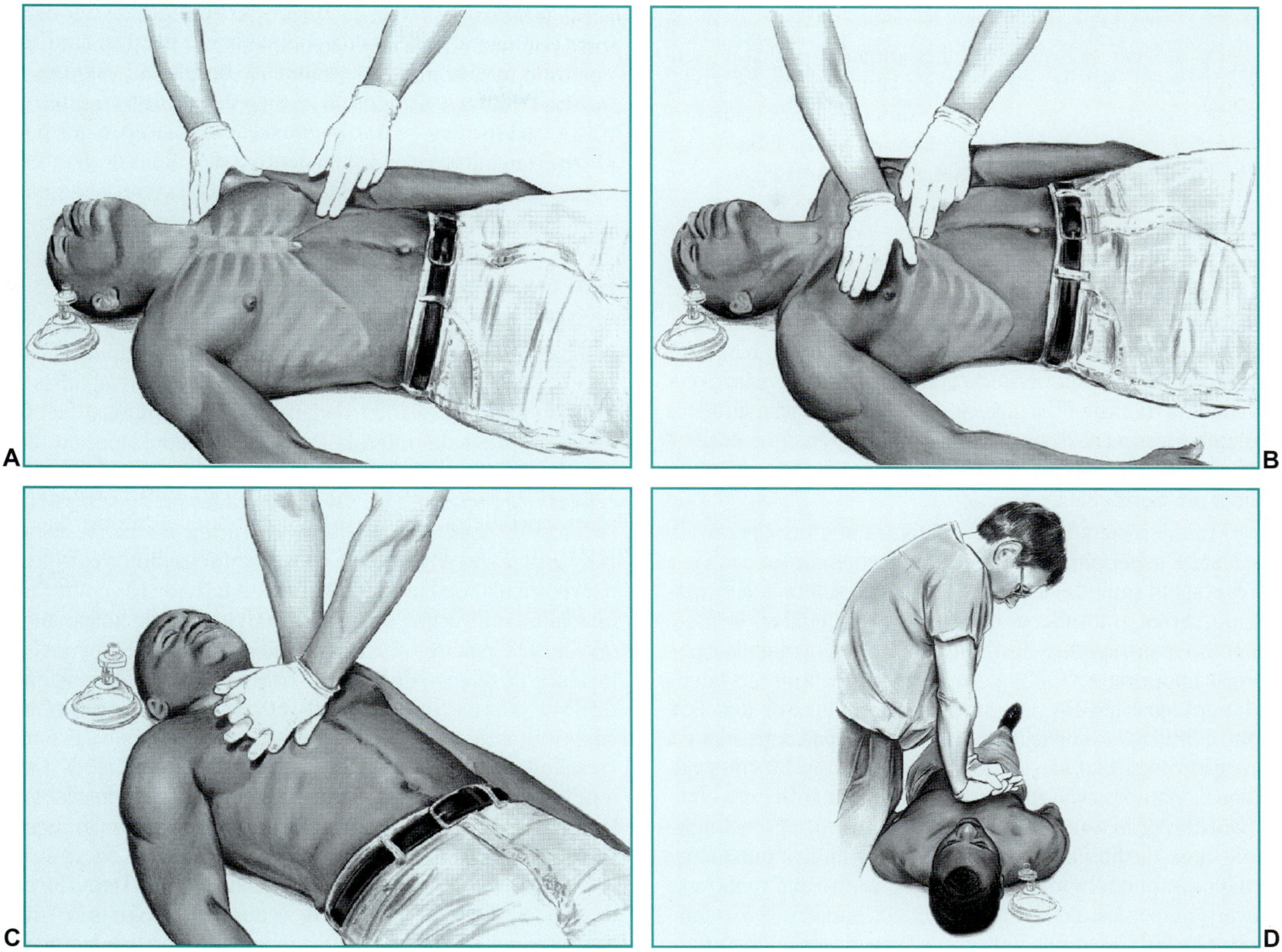

Fig. 21-8. Manobras para realização de massagem cardíaca externa.

circulação espontânea, a massagem cardíaca externa (MCE) deve ser iniciada imediatamente (Fig. 21-8). A MCE gera apenas 5 a 30% do fluxo sangüíneo normal, e o mecanismo de geração desse fluxo ainda é controverso, tendo as duas teorias (bomba cardíaca e bomba torácica) suas contribuições.[34]

Essa manobra deve ser realizada a um ritmo de 100 compressões por minuto, e a cada 15 compressões devem ser feitas duas ventilações se estiverem presentes dois socorristas (Classe II B). A MCE associada a ventilação é a técnica de escolha; entretanto, em situações em que a ventilação não pode ser feita, a realização de compressões torácicas sem ventilação é uma prática aceitável[35,37] (Classe IIB).

Alguns novos métodos vêm sendo investigados para melhorar a eficácia da MCE, como a interposição da compressão abdominal intermitente[38-40], a compressão e descompressão ativas[41,42] e a válvula de impedância inspiratória.[43,44]

■ *Posição de recuperação*

A posição de recuperação é usada no tratamento de vítimas que estão respirando e com sinais de circulação porém se mantêm inconscientes (Classe Indeterminada). Essa posição evita que a vítima obstrua a via aérea por queda da língua, acúmulo de secreções ou vômitos (Fig. 21-9). Existem algumas versões da posição de recuperação, cada uma com suas vantagens. Nenhuma posição entretanto mostrou ser superior às outras, e nenhuma é perfeita para todas as vítimas. A decisão sobre que posição adotar deve obedecer a alguns princípios:[21] 1) a vítima deve permanecer o mais lateral possível, com a cabeça pendente para drenagem de secreções ou conteúdo gástrico; 2) a posição deve ser estável; 3) evite qualquer pressão no tórax que impeça a respiração; 4) deve ser possível re-

Fig. 21-9. Posição de recuperacão após PCRC.

tornar a vítima à posição supina facilmente e com segurança, se necessário; 5) deve ser garantida uma boa observação e acesso à via aérea; 6) a posição não deve causar nenhuma lesão à vítima.

DESFIBRILAÇÃO EXTERNA AUTOMÁTICA

Definição e conceito

A desfibrilação externa consiste no uso terapêutico de uma quantidade de energia através do tórax, por períodos extremamente breves, visando à passagem de uma corrente elétrica através do coração suficiente para despolarizar o miocárdio completamente, permitindo que uma atividade elétrica coordenada a reinicie.[45] O princípio da desfibrilação precoce rege que todas as pessoas preparadas para oferecer o suporte básico de vida devam ter acesso e ser treinadas para operar e utilizar um desfibrilador.[46]

O número significativo de incidência de doenças cardiovasculares, especialmente a doença arterial coronariana e a porcentagem expressiva de casos de morte súbita dela conseqüente, tornou o atendimento desses casos medida prioritária em nosso meio, sendo a desfibrilação precoce a medida isolada mais importante.[29,47] O que sustenta essa afirmação são os dados epidemiológicos: 1) o ritmo mais freqüente de uma PCR súbita é fibrilação ventricular;[48] 2) a taquicardia ventricular e a fibrilação ventricular são responsáveis por 70% a 80% dos episódios de parada cardíaca súbita;[49] 3) o tratamento mais efetivo para fibrilação ventricular é a desfibrilação; 4) a probabilidade de uma desfibrilação com sucesso diminui rapidamente com o passar do tempo;[26] 5) a fibrilação ventricular tende a se converter em assistolia dentro de poucos minutos;[50] 6) o índice de sobrevida depois de uma fibrilação ventricular decresce a cada minuto que a desfibrilação é postergada.[26]

Manobras de SBV devem ser iniciadas enquanto se espera a chegada do desfibrilador porque prolongam a FV e contribuem para a preservação das funções cerebrais e cardíacas.[33,51] Entretanto, manobras de SBV isoladamente não conseguem reverter uma FV e fazer com que o coração volte ao seu ritmo normal. O principal determinante do sucesso das tentativas de reanimação é o tempo decorrido entre a PCR e a primeira tentativa de desfibrilação. Estudos experimentais[52] e clínicos[53] têm demonstrado que o sucesso da desfibrilação está diretamente relacionado ao tempo transcorrido até o primeiro choque. Quando as manobras de SBV não são iniciadas precocemente para manter o fluxo sangüíneo, a janela de tempo para uma desfibrilação com sucesso diminui para 3 minutos (Fig. 21-9).

O sucesso da desfibrilação elétrica diminui aproximadamente 10% a cada minuto que é postergada.[26] Se a desfibrilação é feita dentro de 2 minutos depois do início da fibrilação ventricular, mais de 80% das vítimas podem reverter para um ritmo capaz de manter a perfusão dos tecidos.[54] Além do mais, a proporção de pacientes com FV também diminui a cada minuto que passa, já que um número cada vez maior desses pacientes deteriora para assistolia, tornando a possibilidade de reanimação extremamente improvável. Após quatro a oito minutos do colapso, aproximadamente 50% dos pacientes ainda permanecem em FV (Fig. 21-10). Como a rapidez da resposta é o determinante principal da sobrevida em paradas cardíacas ocorridas dentro e fora do ambiente hospitalar, esforços recentes têm sido realizados no sentido de encurtar o tempo entre a parada cardíaca e o emprego da desfibrilação, o que pode ser realizado através do treinamento das equipes de emergência na utilização dos DEAs, tanto no hospital como no ambiente extra-hospitalar.[46,55]

Sistema elétrico do coração

As células pertencentes ao sistema elétrico do coração são responsáveis pela geração e pela condução do impulso elétrico até as células de trabalho do miocárdio. Apenas algumas células do sistema elétrico podem gerar um impulso elétrico (uma propriedade referida como automaticidade ou despolarização espontânea). Essas células são conhecidas como células marca-passo. Elas são encontradas no nó sinusal, nos sistemas de condução atriais, na área acima do nó AV, na porção baixa do nó AV, no feixe de His, em seus ramos e no sistema ventricular de Purkinje. O nó AV, o feixe de His e uma área imediatamente acima do nó AV são chamados de junção AV. O nó sinusal é o marca-passo primário do coração e tem uma velocidade de disparo de 60 a 100 batimentos/min. A velocidade de disparo da junção AV é de 40 a 60 por minuto, e a dos ventrículos (fibras de Purkinje) é menor que 40 por minuto. Esse decréscimo na velocidade de disparo tem implicações fisiológicas importantes. Os marca-passos inferiores (junção AV e ventrículo) não conseguem alcançar o potencial limiar, isto é, são impedidos de despolarizar espontaneamente, antes de serem despolarizados pelo estímulo do nó sinusal. Dessa forma, os marca-passos da junção AV e dos ventrículos são "marca-passos de escape" e não produzem um impulso elétrico, a menos que um marca-passo mais rápido, por exemplo, o nó sinusal, falhe. Conseqüentemente, em caso de reduções na freqüência sinusal, abaixo de 60 por minuto, pode ocorrer um batimento de escape juncional. Do mesmo modo, se um impulso supraventricular não alcançar os ventrículos em aproximadamente 1,5 segundo (equivalente à freqüência de 40 por minuto), pode ocorrer um batimento de escape ventricular. Entretanto, as freqüências desses marca-passos de escape ventricular podem estar aumentadas ou diminuídas em várias doenças, por ação de drogas ou após estimulação simpática ou parassimpática.

A condução a partir do nó sinusal parece ocorrer através de vias internodais. O impulso viaja para o nó atrioventricular (AV), onde uma vagarosa condução ocorre para dar tempo de o sangue passar do átrio para o ventrículo. O impulso continua pelo feixe de His e desse para o sistema de condução ventricular. A partir desse, o impulso se espalha para baixo, dividindo-se para os ramos direito e esquerdo e, finalmente, através das fibras de Purkinje, causando despolarização ventricular. Essa despolarização resulta em uma contração muscular ventricular, a qual cria um pulso (Fig. 21-11).

Em um coração normal, um impulso ectópico que interrompe o ciclo cardíaco durante o período vulnerável é usualmente bem tolerado e o nó sinusal readquire o controle.

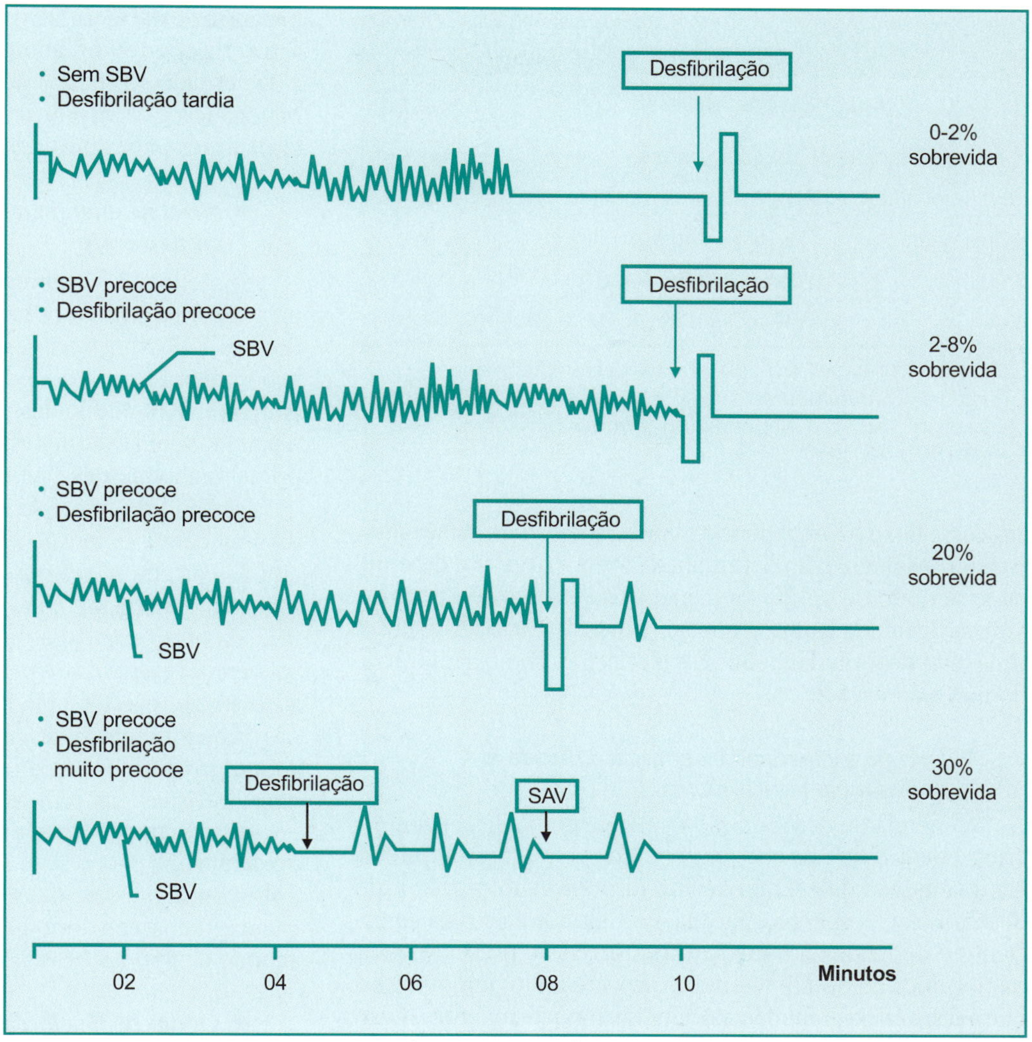

Fig. 21-10. Estimativa de sobrevida à alta hospitalar para pacientes com PCRC presenciada com ritmo inicial de FV, de acordo com o início de SBV e desfibrilação.

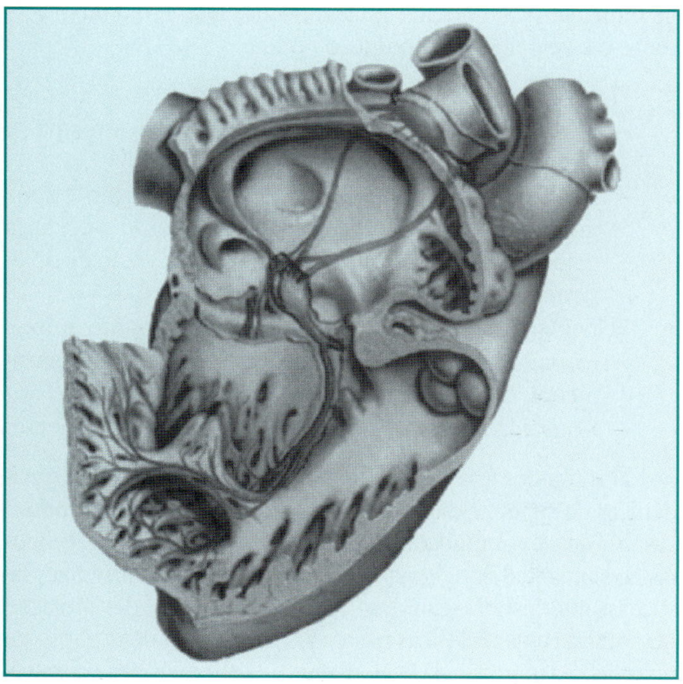

Fig. 21-11. Ilustração da condução elétrica do coração. (Ver *Prancha* em *Cores*.)

Entretanto, em um coração doente e mesmo em corações normais, esse mesmo impulso ectópico pode provocar FV. A chegada de um impulso ectópico durante a repolarização pode fragmentar a resposta ventricular, podendo ocorrer FV ou caos elétrico. Com o sistema elétrico ventricular desorganizado, o músculo estará, mecanicamente, desorganizado, podendo resultar em ausência de pulso, sendo uma forma de parada cardíaca.

Fisiologia da desfibrilação

Quando o choque elétrico transtorácico é aplicado, com carga elétrica suficiente, as células miocárdicas serão despolarizadas, dando oportunidade para que o nó sinusal assuma o comando do coração.[56] A probabilidade de sucesso da desfibrilação depende não só do tempo de fibrilação ventricular como da oxigenação e do estado metabólico do músculo cardíaco.[57]

■ *Energia, corrente e voltagem*

A eletricidade é um fluxo de elétrons chamado de corrente, medida em ampères. A força que movimenta os elétrons é chamada de potencial elétrico e é medida em volts. A resistên-

Quadro 21-2. Definições dos princípios elétricos da desfibrilação

Princípio elétrico	*Significado*	*Unidade*
Corrente elétrica	Fluxo de elétrons	Ampères
Potencial elétrico	Força que movimenta os elétrons	Volts
Impedância	Resistência ao fluxo de elétrons	Ohms
Potência	Potencial elétrico × corrente	Watts
Energia	Potência × duração em segundos	Joules

Guidelines 2000 for Cardiopulmonary Resuscitation and Emergency Cardiovascular Care. Part 6: advanced cardiovascular life support: section 2: defibrillation. *Circulation* 102 (8 Suppl):190-194, 2000.

cia a esse fluxo é a impedância e é medida em ohm.[58] Portanto, os elétrons fluem com determinada pressão, por um determinado período de tempo (geralmente milésimos de segundo), através de uma substância que oferece resistência a esse fluxo. Uma série de fórmulas define essas relações, como demonstrado no Quadro 21-2.

Energia armazenada x energia aplicada x impedância transtorácica

A energia de desfibrilação é medida em joules. A energia armazenada difere da energia aplicada. A energia armazenada é a quantidade de energia de fato disponível no capacitor do desfibrilador. A energia aplicada é aquela administrada ao paciente e depende da impedância (resistência) presente entre os eletrodos do desfibrilador. Um aspecto muito importante é que a resistência (impedância) diminui dramaticamente o fluxo de elétrons (ampères), como demonstrado no Quadro 21-3.

Muitos fatores determinam a impedância transtorácica. Esses incluem a energia selecionada, o tamanho dos eletrodos, o material de contato entre os eletrodos e a pele, a quantidade e o intervalo entre os choques,[56] as fases da ventilação, a distância entre os eletrodos (tamanho do tórax) e a pressão de contato entre o eletrodo e o tórax.[59] Há relatos de impedância transtorácica humana entre 15 a 150 ohms, sendo que a média situa-se na faixa de 70 a 80 ohms.[60-63] Considerando que a impedância do paciente faz com que a aplicação de energia varie, a maioria dos desfibriladores indica a energia disponível, que é a quantidade de energia que será aplicada a um paciente cuja impedância é de 50 ohms. Quando descarregados, alguns desfibriladores indicam a energia de fato aplicada ao paciente.

Quadro 21-3. Principais fórmulas envolvendo os princípios elétricos da desfibrilação

FÓRMULA 1: Potência (watts) = potencial(volts) × corrente (ampères)

FÓRMULA 2: Energia (joules) = potência (watts) × duração (segundos)

FÓRMULA 3: Energia (joules) = potencial (volts) × corrente (ampères) × duração (segundos)

FÓRMULA 4: Corrente (ampères) = potencial (volts)/impedância (ohms)

Guidelines 2000 for Cardiopulmonary Resuscitation and Emergency Cardiovascular Care. Part 6: advanced cardiovascular life support: section 2: defibrillation. *Circulation* 102 (8 Suppl): 190-194, 2000.

Nível de energia necessária para a desfibrilação e a cardioversão

Se a energia e a corrente forem baixas demais, o choque não cessará a arritmia, e se ambos forem altos demais podem ocorrer danos funcionais e morfológicos ao coração.[64] Estudos experimentais com baixa energia (175 a 200 joules) *versus* alta energia (300 a 400 joules) não demonstraram diferenças nos resultados com choques iniciais acima de 200 joules.[65] Logo, o primeiro choque deve ser de 200 J.

Partindo do princípio de que a impedância transtorácica diminui com a repetição dos choques, uma quantidade mais alta de corrente fluirá nos choques subseqüentes, mesmo se utilizada quantidade igual de energia.[60,63,66] Essas evidências favorecem a recomendação de repetir o choque no mesmo nível de energia utilizada para o primeiro, caso esse não tenha sucesso em reverter a FV. Por outro lado, como ocorrem apenas reduções modestas na impedância transtorácica após choques repetidos em seres humanos, um aumento maior e mais previsível, em termos de corrente, ocorrerá apenas se a energia do choque for aumentada. Portanto, o nível apropriado de energia para o segundo choque deve ser de 200 a 300 J, pois concilia essas duas posições. Se os dois primeiros choques falharem, deve ser aplicado imediatamente o terceiro choque de 360 J.

Ondas de desfibrilação

As correntes de desfibrilação, com base nas características da onda elétrica, podem ser classificadas quanto ao fluxo corrente e à velocidade de queda da onda:

- Fluxo de corrente:
  - Monofásica: a corrente atravessa o coração em uma só direção, da pá positiva para a pá negativa.
  - Bifásica: a corrente é liberada em uma direção e após uma pequena pausa reverte-se em direção oposta (a corrente bifásica tem duas fases, com alteração de polaridade em cada fase).
- Velocidade de queda da onda e retorno ao ponto zero:
  - Exponencial truncado, cai ao ponto zero instantaneamente.
  - Sinusoidal dumpeado, cai ao ponto zero gradativamente.

Nos últimos anos, múltiplos estudos têm demonstrado evidências da superioridade dos desfibriladores com ondas bifásicas.[67-73] As altas impedâncias geradas com ondas do tipo monofásico sinusoidal dumpeado afetam adversamente os índices de sucesso na desfibrilação. Isso não ocorre com a desfibrilação que utiliza ondas bifásicas truncadas com ajuste de duração de pulso para a impedância.[69] Além disso, os choques bifásicos desfibrilam com 60% menos energia.[74] Adicionalmente, foi demonstrado que o aumento de energia de desfibrilação, isoladamente, não aumenta os índices de sucesso na desfibrilação.[65] As principais vantagens dos desfibriladores com ondas bifásicas são, portanto: 1) maior eficácia no término da fibrilação ventricular e 2) menor dano miocárdico, pelo uso de menor intensidade de energia, com atenuação da disfunção miocárdica pós-ressuscitação.[72,73,75]

Tipos e aspectos operacionais dos desfibriladores externos automáticos

Todo o conhecimento teórico que envolve a terapia elétrica e a comprovação prática de sua eficácia fazem-na indispensável à formação médica.

A desfibrilação é o uso terapêutico de um choque elétrico de corrente elétrica contínua, porém não-sincronizada ao ECG, com grande amplitude e curta duração. Os desfibriladores consistem em um sistema eletrônico que, partindo de uma fonte de corrente elétrica alternada ou contínua, carrega um capacitor com alta voltagem, cujo valor é selecionado pelo médico, descarregando-o sobre o tórax. Existem três tipos de desfibriladores: 1) manual; 2) semi-automático e 3) automático.

O desfibrilador externo automático (DEA) é um desfibrilador computadorizado capaz de analisar o ritmo cardíaco de uma pessoa em PCRC, reconhecendo um ritmo reversível e aconselhando o usuário se o ritmo deve ser revertido com choque. Estruturalmente, os DEA têm incorporado um programa para análise do traçado eletrocardiográfico com sensibilidade e especificidade de reconhecimento de FV/TV em quase 100% dos casos. Os DEA são, na verdade, desfibriladores semiautomáticos, pois a unidade acusa ao operador a necessidade de choque, avisando em viva voz para não tocar o paciente, e este só é aplicado se o operador apertar o botão de desfibrilação (Fig. 21-12). Caso não haja indicação do choque, o aparelho não carregará os capacitores, sendo impossível a liberação de descarga elétrica. O DEA ainda possui um módulo de controle médico que registra o traçado do eletrocardiograma, o número de descargas e a hora dos eventos, permitindo análise posterior.

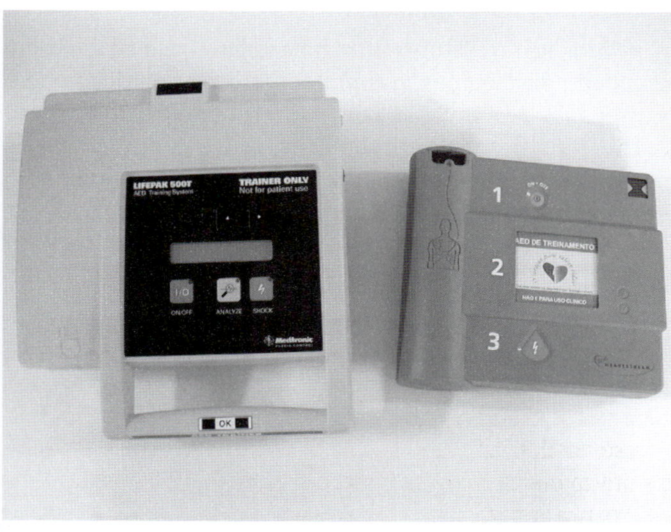

Fig. 21-12. Fotografia de dois desfibriladores externos automáticos disponíveis comercialmente (unidades de treinamento).

■ *Pás ou eletrodos de desfibrilação*

Os desfibriladores aplicam energia ao paciente através de eletrodos. Os eletrodos descartáveis de desfibrilação foram desenvolvidos para uso com os DEAs. Pesquisas indicam que, fora do hospital, esses eletrodos podem funcionar melhor que as pás para desfibrilação, pois aumentam a velocidade na aplicação do choque e a técnica de desfibrilação. Assim, o tempo entre os choques é reduzido, uma vez que esse tipo de eletrodo elimina os passos de aplicação de gel e colocação da pá, garantindo também uma segurança maior, já que reduz a incidência de choque acidental com o operador. A aplicação correta desses dispositivos inclui preparação do tórax do paciente com a limpeza da pele e remoção do excesso de pêlos, e pressão das bordas do eletrodo contra a pele para retirar as bolsas de ar, conseguindo-se uma selagem completa.

O tamanho do eletrodo é extremamente importante para o sucesso da desfibrilação. Em geral, quanto maior o eletrodo, menor será a impedância, porém um eletrodo grande demais pode resultar em um contato inadequado com o tórax ou fazer com que uma grande parte da corrente se perca pela superfície do tórax, não atingindo o coração. Para pacientes adultos, os eletrodos de desfibrilação considerados eficazes medem 8,5 a 12 cm de diâmetro. Recém-nascidos e crianças necessitam de eletrodos menores. Como existem relatos de alta impedância transtorácica em crianças quando utilizadas as pás pediátricas,[61,76] pás de adultos podem ser utilizadas, desde que se adaptem corretamente ao tórax da criança. Essa transição se dá, geralmente, aos 10 kg, peso considerado médio para crianças de 1 ano de idade.[77] Portanto, os resultados são melhores quando se utiliza a maior pá possível que se adapte ao tórax infantil.

■ *Posição do eletrodo*

Os eletrodos devem ser colocados numa posição tal que possam maximizar o fluxo de elétrons através do coração. As pás nunca devem ser posicionadas sobre o esterno, pois o osso não é um bom condutor de eletricidade. A colocação recomendada é a ântero-apical (esternal). O eletrodo anterior é colocado à direita do esterno na posição infraclavicular, enquanto o eletrodo do ápex é colocado à esquerda do mamilo, sendo que seu centro deve ficar na linha axilar média[29] (Fig. 21-13).

Outras posições são aceitáveis e trazem resultados semelhantes; entretanto, por motivo de sistematização, não são recomendadas. Uma das pás pode ser colocada anteriormente, sobre o precórdio, e a outra, posteriormente, atrás do coração, à esquerda, em posição infra-escapular. A pá anterior também pode ficar sobre o ápex esquerdo e a pá posterior, na posição infra-escapular, à esquerda.[29,60,66,77,78]

Deve-se ficar atento ao fato de as pás serem marcadas para um posicionamento específico por alguns fabricantes (esterno e ápice ou positivo e negativo). A despeito de a inversão da posição não mostrar diferença no resultado da desfibrilação, essa inversão pode interferir e confundir o registro eletrocardiográfico.

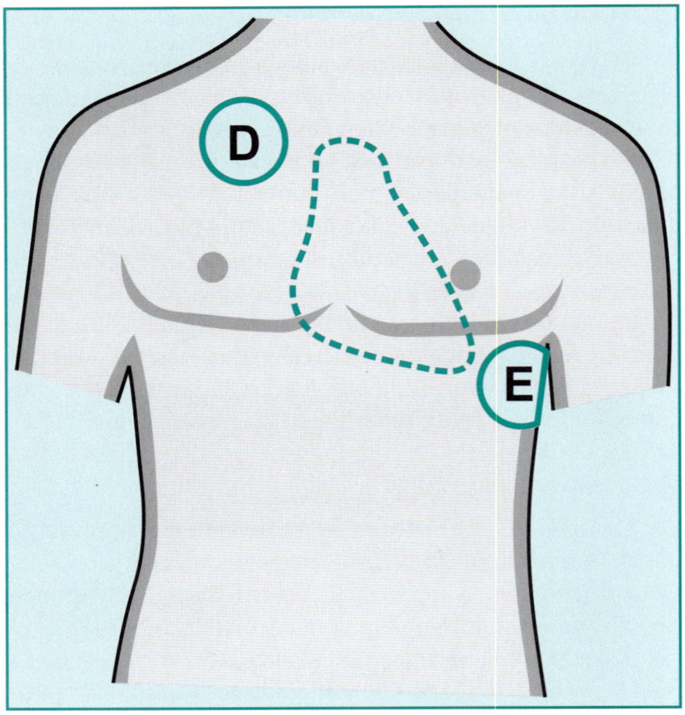

Fig. 21-13. Posicionamento dos eletrodos no tórax da vítima para desfibrilação e monitorização em situações de PCRC.[29]

Aspectos de segurança

A pessoa encarregada do DEA deverá ser treinada em SBV e no manuseio do desfibrilador. Antes do início de um procedimento de risco, deve-se ter à disposição um desfibrilador previamente testado. Sua integridade elétrica e mecânica deve ser verificada a curtos intervalos, no máximo a cada mês.

Há que se recordar que oscilações irregulares no monitor podem ser produzidas por artefatos, por exemplo, quando o paciente treme ou por uma interferência elétrica.

O desfibrilador nunca deve ser descarregado com as superfícies das pás tocando entre si (descarga de pás em curto). Isso pode provocar uma corrosão das pás, aumentar o risco de queimaduras e encurtar a vida do equipamento.

Precauções adicionais de segurança incluem evitar pisos molhados e condutores enquanto a descarga elétrica está sendo aplicada.

Situações especiais

■ *Marca-passo cardíaco/Desfibrilador automático implantado*

Uma variante de localização é a aplicação de uma das pás sobre o precórdio, junto à margem esquerda do esterno, e a segunda na face posterior do hemitórax esquerdo abaixo do omoplata. Essa posição é recomendada na presença de marca-passo implantado na região peitoral direita, visando a minimizar danos ao mesmo e eventuais queimaduras no endocárdio, no local dos eletrodos do marca-passo.

■ *Discos de nitroglicerina*

A nitroglicerina transdérmica deve ser removida para se evitar o risco de explosão.

■ *DEA em gestantes*

A desfibrilação elétrica cardíaca durante a reanimação da gestante não está contra-indicada e deve ser realizada de forma convencional.

■ *DEA em crianças*

A prevalência real de FV entre vítimas pediátricas é desconhecida. A avaliação precoce do ritmo para PCR pediátrica pré-hospitalar não é freqüentemente descrita ou confiável. Os DEA foram projetados para PCR em adultos, e as correntes de energia são muito altas para o peso e tamanho dessas vítimas. Por essas razões, os DEA só devem ser utilizados em crianças acima de oito anos de idade ou com peso acima de 25 kg quando a FV ou TV sem pulso for bem documentada.

■ *DEA em trauma*

Vítimas de trauma em PCR raramente respondem à desfibrilação; deve-se proceder às manobras iniciais de reanimação conforme as orientações do Advanced Trauma Life Support (ATLS) e posteriormente, se FV estiver presente, efetua-se a desfibrilação, obedecendo às mesmas linhas gerais recomendadas em outras circunstâncias.

■ *DEA em hipotermia*

O coração hipotérmico pode ser irresponsivo à desfibrilação, à estimulação por marca-passo e aos medicamentos cardioativos. As tentativas de reanimação não devem ser abandonadas até o paciente atingir uma temperatura corporal próxima do normal. Se não houver resposta a uma desfibrilação inicial (série de três choques), a desfibrilação subseqüente deve ser evitada até que a temperatura corporal esteja em 30ºC.

■ *DEA intra-hospitalar*

Vários são os fatores intra-hospitalares que atrasam desempenho das equipes, e com isso grandes retardos podem ocorrer até a desfibrilação; com isso, tem sido proposto o uso do DEA intra-hospitalar em unidades que não disponham de monitorização cardíaca, sempre com a intenção de reduzir o tempo entre o evento e o atendimento inicial efetivo.

REFERÊNCIAS BIBLIOGRÁFICAS

1. Lemire JG, Johnson AL. Is cardiac resuscitation worthwhile? A decade of experience. *N Engl J Med* 1972;286:970–972.
2. Timerman A, Feher J. *Ressuscitação cardiopulmonar.* 2 ed. São Paulo: Sarvier, 1988.
3. Ferreira ABH. *Novo Dicionário da Língua Portuguesa.* 2 ed. Rio de Janeiro: Nova Fronteira, 1986.
4. Negovsky VA, Gurvich NL, Tabak VY, Bogushevich MS. The nature of electric defibrillation of the heart. *Resuscitation* 1973;2:255–259.

5. Safar P. Reanimatology – the science of resuscitation. *Crit Care Med* 1982;10:134–136.
6. Lown B, Wolf M. Approaches to sudden death from coronary heart disease. *Circulation* 1971;44:130–142.
7. Chugh SS, Kelly KL, Titus JL. Sudden cardiac death with apparently normal heart. *Circulation* 2000;102:649–654.
8. Safar P, James O, Elam MD, 1918–1995. *Resuscitation* 2001;50:249–256.
9. Safar P. Ventilatory efficacy of mouth-to-mouth artificial respiration. *JAMA* 1958;167:335–341.
10. Kouwenhoven WB, Jude JR, Knickerbocker GG. Closed-chest cardiac massage. *JAMA* 1960;173:1064–1067.
11. Thangam S, Weil MH, Rackow EC. Cardiopulmonary resuscitation: A historical review. *Acute Care* 1986;12:63–94.
12. Cardiopulmonary resuscitation. History of cardiopulmonary-cerebral resuscitation. New York: 1989, pp 1–53.
13. Cardiopulmonary resuscitation. *JAMA* 1966;198:372–379.
14. Standards for cardiopulmonary resuscitation (CPR) and emergency cardiac care (ECC). *JAMA* 1974;227:Suppl-40.
15. Standards and guidelines for cardiopulmonary resuscitation (CPR) and emergency cardiac care (ECC). *JAMA* 1980;244:453–509.
16. Standards and guidelines for Cardiopulmonary Resuscitation (CPR) and Emergency Cardiac Care (ECC). National Academy of Sciences – National Research Council. *JAMA* 1986;255:2905–2989.
17. Guidelines for cardiopulmonary resuscitation and emergency cardiac care. Emergency Cardiac Care Committee and Subcommittees, American Heart Association. *JAMA* 1992;268:2171–2183.
18. Guidelines for basic life support. A statement by the Basic Life Support Working Party of the European Resuscitation Council, 1992. *Resuscitation* 1992;24:103–110.
19. Guidelines for the basic management of the airway and ventilation during resuscitation. A statement by the Airway and Ventilation Management Working Group of the European Resuscitation Council. *Resuscitation* 1996;31:187–200.
20. Bossaert L. European Resuscitation Council Guidelines for Resuscitation. Amsterdam, Netherlands: Elsevier, 1998.
21. Guidelines 2000 for Cardiopulmonary Resuscitation and Emergency Cardiovascular Care. Part 3: adult basic life support. The American Heart Association in collaboration with the International Liaison Committee on Resuscitation. *Circulation* 2000;102:122–159.
22. Cook DJ, Levy MM. Evidence-based medicine. A tool for enhancing critical care practice. *Crit Care Clin* 1998;14:353–358.
23. Zheng ZJ, Croft JB, Giles WH, Mensah GA. Sudden Cardiac Death in the United States, 1989 to 1998. *Circulation* 2001;104:2158–2163.
24. Kuller L, Cooper M, Perper J. Epidemiology of sudden death. *Arch Intern Med* 1972;129:714–718.
25. Bedell SE, Delbanco TL, Cook EF, Epstein FH. Survival after cardiopulmonary resuscitation in the hospital. *N Engl J Med* 1983;309:569–576.
26. Eisenberg MS, Horwood BT, Cummins RO, Reynolds-Haertle R, Hearne TR. Cardiac arrest and resuscitation: A tale of 29 cities. *Ann Emerg Med* 1990;19:179–186.
27. Cummins RO, Ornato JP, Thies WH, Pepe PE. Improving survival from sudden cardiac arrest: The chain of survival concept. AHA Medical/Scientific statement. *Circulation* 1991;83:1932–1947.
28. Guidelines 2000 for Cardiopulmonary Resuscitation and Emergency Cardiovascular Care. Part 6: advanced cardiovascular life support: section 1: Introduction to ACLS 2000: overview of recommended changes in ACLS from the guidelines 2000 conference. The American Heart Association in collaboration with the International Liaison Committee on Resuscitation. *Circulation* 2000;102:186–189.
29. Guidelines 2000 for Cardiopulmonary Resuscitation and Emergency Cardiovascular Care. Part 4: the automated external defibrillator: key link in the chain of survival. The American Heart Association in Collaboration with the International Liaison Committee on Resuscitation. *Circulation* 2000;102:160–176.
30. Safar P. Prevention and therapy of postresuscitation neurologic dysfunction and injury. In: Paradis NA, Halperin HR, Nowak RM, editors. Cardiac Arrest. The Science and Practice of Resuscitation Medicine. Baltimore: Williams & Wilkins, 1996, pp 859–726.
31. Safar P. Ventilatory efficacy of mouth-to-mouth artificial respiration. *JAMA* 1958;167:335–341.
32. Sellick BA. Cricoid pressure to control regurgitation of stomach contents during induction of anesthesia. *Lancet* 1961;2:404–406.
33. Cobb LA, Fahrenbruch CE, Walsh TR, Copass MK, Olsufka M, Breskin M, Hallstrom AP. Influence of cardiopulmonary resuscitation prior to defibrillation in patients with out-of-hospital ventricular fibrillation. *JAMA* 1999;281:1182–1188.
34. Klouche K, Weil MH, Sun S, Tang W, Kamohara T. Echo-Doppler observations during cardiac arrest and cardiopulmonary resuscitation. *Crit Care Med* 2000;28:N212–N213.
35. Noc M, Weil MH, Tang W, Turner T, Fukui M. Mechanical ventilation may not be essential for initial cardiopulmonary resuscitation. *Chest* 1995;108:821–827.
36. Tang W, Weil MH, Sun S, Kette D, Kette F, Gazmuri RJ, O'Connell F, Bisera J. Cardiopulmonary resuscitation by precordial compression but without mechanical ventilation. *Am J Respir Crit Care Med* 1994;150:1709–1713.
37. Weil MH. Research on CPR: reordering priorities. *New Horiz* 1997;5:106–111.
38. Babbs CF, Tacker WA, Jr. Cardiopulmonary resuscitation with interposed abdominal compression. *Circulation* 1986;74:IV37–IV41.
39. Babbs CF. CPR techniques that combine chest and abdominal compression and decompression: hemodynamic insights from a spreadsheet model. *Circulation* 1999;100:2146–2152.
40. Babbs CF. Efficacy of interposed abdominal compression-cardiopulmonary resuscitation (CPR), active compression and decompression-CPR and Lifestick CPR: basic physiology in a spreadsheet model. *Crit Care Med* 2000;28:N199–N202.
41. Plaisance P, Adnet F, Vicaut E, Hennequin B, Magne P, Prudhomme C, Lambert Y, Cantineau JP, Leopold C, Ferracci C, Gizzi M, Payen D. Benefit of active compression-decompression cardiopulmonary resuscitation as a prehospital advanced cardiac life

support. A randomized multicenter study. *Circulation* 1997;95:955–961.

42. Plaisance P, Lurie KG, Vicaut E, Adnet F, Petit JL, Epain D, Ecollan P, Gruat R, Cavagna P, Biens J, Payen D. A comparison of standard cardiopulmonary resuscitation and active compression-decompression resuscitation for out-of-hospital cardiac arrest. French Active Compression-Decompression Cardiopulmonary Resuscitation Study Group. *N Engl J Med* 1999;341:569–575.
43. Lurie K, Zielinski T, McKnite S, Sukhum P. Improving the efficiency of cardiopulmonary resuscitation with an inspiratory impedance threshold valve. *Crit Care Med* 2000;28:N207–N209.
44. Lurie K, Voelckel W, Plaisance P, Zielinski T, McKnite S, Kor D, Sugiyama A, Sukhum P. Use of an inspiratory impedance threshold valve during cardiopulmonary resuscitation: a progress report. *Resuscitation* 2000;44:219–230.
45. Guidelines 2000 for Cardiopulmonary Resuscitation and Emergency Cardiovascular Care. Part 6: advanced cardiovascular life support: section 2: defibrillation. The American Heart Association in collaboration with the International Liaison Committee on Resuscitation. *Circulation* 2000;102:190–194.
46. Eisenberg MS, Copass MK, Hallstrom AP, Blake B, Bergner L, Short FA, Cobb LA. Treatment of out-of-hospital cardiac arrests with rapid defibrillation by emergency medical technicians. *N Engl J Med* 1980;302:1379–1383.
47. Stiell IG, Wells GA, Field BJ, Spaite DW, De Maio VJ, Ward R, Munkley DP, Lyver MB, Luinstra LG, Campeau T, Maloney J, Dagnone E. Improved out-of-hospital cardiac arrest survival through the inexpensive optimization of an existing defibrillation program: OPALS study phase II. Ontario Prehospital Advanced Life Support. *JAMA* 1999;281:1175–1181.
48. Martin DR, Brown CG, Dzwonczyk R. Frequency analysis of the human and swine electrocardiogram during ventricular fibrillation. *Resuscitation* 1991;22:85–91.
49. Gillum RF. Sudden coronary death in the United States: 1980–1985. *Circulation* 1989;79:756–765.
50. Hargarten KM, Stueven HA, Waite EM, Olson DW, Mateer JR, Aufderheide TP, Darin JC. Prehospital experience with defibrillation of coarse ventricular fibrillation: a ten-year review. *Ann Emerg Med* 1990;19:157–162.
51. Bayes DL, Coumel P, Leclercq JF. Ambulatory sudden cardiac death: mechanisms of production of fatal arrhythmia on the basis of data from 157 cases. *Am Heart J* 1989;117:151–159.
52. Sato Y, Weil MH, Sun S, Tang W, Xie J, Noc M, Bisera J. Adverse effects of interrupting precordial compression during cardiopulmonary resuscitation. *Crit Care Med* 1997;25:733–736.
53. Winkle RA, Mead RH, Ruder MA, Smith NA, Buch WS, Gaudiani VA. Effect of duration of ventricular fibrillation on defibrillation efficacy in humans. *Circulation* 1990;81:1477–1481.
54. Weaver WD, Cobb LA, Hallstrom AP, Fahrenbruch C, Copass MK, Ray R. Factors influencing survival after out-of-hospital cardiac arrest. *J Am Coll Cardiol* 1986;7:752–757.
55. Stults KR, Brown DD, Schug VL, Bean JA. Prehospital defibrillation performed by emergency medical technicians in rural communities. *N Engl J Med* 1984;310:219–223.
56. Sweeney RJ, Gill RM, Reid PR. Characteristics of multiple-shock defibrillation. *J Cardiovasc Electrophysiol* 1995;6:89–102.
57. Lerman BB, Engelstein ED. Metabolic determinants of defibrillation. Role of adenosine. *Circulation* 1995;91:838–844.
58. Ewy GA, Taren D. Impedance to transthoracic direct current discharge: a model for testing interface material. *Med Instrum* 1978;12:47–48.
59. Geddes LA, Tacker WA, Cabler P, Chapman R, Rivera R, Kidder H. The decrease in transthoracic impedance during successive ventricular defibrillation trials. *Med Instrum* 1975;9:179–180.
60. Kerber RE, Grayzel J, Hoyt R, Marcus M, Kennedy J. Transthoracic resistance in human defibrillation. Influence of body weight, chest size, serial shocks, paddle size and paddle contact pressure. *Circulation* 1981;63:676–682.
61. Kerber RE, Kouba C, Martins J, Kelly K, Low R, Hoyt R, Ferguson D, Bailey L, Bennett P, Charbonnier F. Advance prediction of transthoracic impedance in human defibrillation and cardioversion: importance of impedance in determining the success of low-energy shocks. *Circulation* 1984;70:303–308.
62. Kerber RE, Martins JB, Kelly KJ, Ferguson DW, Kouba C, Jensen SR, Newman B, Parke JD, Kieso R, Melton J. Self-adhesive preapplied electrode pads for defibrillation and cardioversion. *J Am Coll Cardiol* 1984;3:815–820.
63. Sirna SJ, Ferguson DW, Charbonnier F, Kerber RE. Factors affecting transthoracic impedance during electrical cardioversion. *Am J Cardiol* 1988;62:1048–1052.
64. Geddes LA, Tacker WA, Rosborough JP, Moore AG, Cabler PS. Electrical dose for ventricular defibrillation of large and small animals using precordial electrodes. *J Clin Invest* 1974;53:310–319.
65. Weaver WD, Cobb LA, Copass MK, Hallstrom AP. Ventricular defibrillation — a comparative trial using 175–J and 320–J shocks. *N Engl J Med* 1982;307:1101–1106.
66. Sirna SJ, Kieso RA, Fox-Eastham KJ, Seabold J, Charbonnier F, Kerber RE. Mechanisms responsible for decline in transthoracic impedance after DC shocks. *Am J Physiol* 1989;257:H1180–H1183.
67. Gliner BE, Lyster TE, Dillion SM, Bardy GH. Transthoracic defibrillation of swine with monophasic and biphasic waveforms. *Circulation* 1995;92:1634–1643.
68. Gliner BE, Jorgenson DB, Poole JE, White RD, Kanz KG, Lyster TD, Leyde KW, Powers DJ, Morgan CB, Kronmal RA, Bardy GH. Treatment of out-of-hospital cardiac arrest with a low-energy impedance-compensating biphasic waveform automatic external defibrillator. The LIFE Investigators. *Biomed Instrum Technol* 1998;32:631–644.
69. Poole JE, White RD, Kanz KG, Hengstenberg F, Jarrard GT, Robinson JC, Santana V, McKenas DK, Rich N, Rosas S, Merritt S, Magnotto L, Gallagher JV, III, Gliner BE, Jorgenson DB, Morgan CB, Dillon SM, Kronmal RA, Bardy GH. Low-energy impedance-compensating biphasic waveforms terminate ventricular fibrillation at high rates in victims of out-of-hospital cardiac arrest. LIFE Investigators. *J Cardiovasc Electrophysiol* 1997;8:1373–1385.
70. Reddy RK, Gleva MJ, Gliner BE, Dolack GL, Kudenchuk PJ, Poole JE, Bardy GH. Biphasic transthoracic defibrillation causes fewer ECG ST-segment changes after shock. *Ann Emerg Med* 1997;30:127–134.
71. Schneider T, Martens PR, Paschen H, Kuisma M, Wolcke B, Gliner BE, Russell JK, Weaver WD, Bossaert L,

Chamberlain D. Multicenter, randomized, controlled trial of 150-J biphasic shocks compared with 200- to 360-J monophasic shocks in the resuscitation of out-of-hospital cardiac arrest victims. Optimized Response to Cardiac Arrest (ORCA) Investigators. *Circulation* 2000;102:1780–1787.

72. Tang W, Weil MH, Sun S, Yamaguchi H, Povoas HP, Pernat AM, Bisera J. The effects of biphasic and conventional monophasic defibrillation on postresuscitation myocardial function. *J Am Coll Cardiol* 1999;34:815–822.
73. Tang W, Weil MH, Sun S. Low-energy biphasic waveform defibrillation reduces the severity of postresuscitation myocardial dysfunction. *Crit Care Med* 2000;28:N222–N224.
74. Mittal S, Ayati S, Stein KM, Knight BP, Morady F, Schwartzman D, Cavlovich D, Platia EV, Calkins H, Tchou PJ, Miller JM, Wharton JM, Sung RJ, Slotwiner DJ, Markowitz SM, Lerman BB. Comparison of a novel rectilinear biphasic waveform with a damped sine wave monophasic waveform for transthoracic ventricular defibrillation. ZOLL Investigators. *J Am Coll Cardiol* 1999;34:1595–1601.
75. Bardy GH, Gliner BE, Kudenchuk PJ, Poole JE, Dolack GL, Jones GK, Anderson J, Troutman C, Johnson G. Truncated biphasic pulses for transthoracic defibrillation. *Circulation* 1995;91:1768–1774.
76. Thomas ED, Ewy GA, Dahl CF, Ewy MD. Effectiveness of direct current defibrillation: role of paddle electrode size. *Am Heart J* 1977;93:463–467.
77. Atkins DL, Sirna S, Kieso R, Charbonnier F, Kerber RE. Pediatric defibrillation: importance of paddle size in determining transthoracic impedance. *Pediatrics* 1988;82:914–918.
78. Kerber RE, Jensen SR, Grayzel J, Kennedy J, Hoyt R. Elective cardioversion: influence of paddle-electrode location and size on success rates and energy requirements. *N Engl J Med* 1981;305:658–662.
79. Larsen MP, Eisenberg MS, Cummins RO, Hallstrom AP. Predicting survival from out-of-hospital cardiac arrest: a graphic model. *Ann Emerg Med* 1993;22:1652–1658.

22 Suporte Básico de Vida – Aspectos Pediátricos

Amélia Reis

A parada cardiorrespiratória (PCR) em crianças, na maioria das vezes, é o resultado final da deterioração da função respiratória ou choque Assim, várias doenças e lesões traumáticas desencadeiam falência respiratória ou circulatória, levando a hipoxemia e acidose progressivas e à parada cardíaca, considerada, portanto, secundária. Conseqüentemente, o ritmo cardíaco, terminal mais comum, é a bradicardia com progressão para assistolia.

A parada cardíaca primária súbita é evento raro na faixa pediátrica, condição mais freqüentemente encontrada em adultos e provocada pelo desenvolvimento de arritmias, fibrilação ventricular e taquicardia ventricular. Quando acessados imediatamente, esses ritmos têm se mostrado, em crianças menores de 10 anos, pouco freqüentes na PCR pediátrica, em torno de 10% a 15%. A incidência aumenta em maiores de 10 anos, portadores de doença cardíaca congênita prévia, vítimas de submersão e em crianças hospitalizadas.

São várias as situações que podem causar deterioração da função respiratória e/ou circulatória e levar à PCR. Em crianças menores de um ano de idade, destacam-se, entre as causas de PCR, as doenças infecciosas que acometem o sistema nervoso central, o trato respiratório e o trato gastrintestinal. As crianças portadoras de doenças crônicas são de alto risco para parada cardíaca e/ou respiratória, a tal ponto que se recomenda aos pais treinamento em suporte básico de vida.

As lesões traumáticas constituem causa importante de morte em crianças de qualquer faixa etária. Representam uma das causas mais importantes de morte de crianças acima de um ano e adolescentes. Estratégias de prevenção de acidentes e treinamento de profissionais no atendimento de emergência são essenciais em todos os países, para minimizar o número de mortes e seqüelas.

A suspeita diagnóstica da PCR é feita ao se visualizar a criança. Apnéia ou respiração agônica (*gasping*) configura parada respiratória e ausência de pulsos em grandes artérias e parada circulatória. Outros sinais acessórios, também, devem ser considerados: respiração irregular, freqüência dos batimentos cardíacos muito baixa, cianose e palidez cutânea.

Suspeitando-se de PCR, as manobras de ressuscitação devem ser, imediatamente, iniciadas, no próprio local da ocorrência. Essas manobras têm o objetivo de manter algum fluxo de sangue oxigenado aos órgãos vitais, principalmente cérebro.

A intervenção na parada respiratória deve ser agressiva para evitar a ocorrência de parada cardíaca, pois o seu prognóstico é bastante reservado. Nos serviços de emergência pré-hospitalar, assim como nos hospitais deve haver um treinamento específico e contínuo em ressuscitação cardiopulmonar pediátrica, já que o prognóstico da PCR se relaciona diretamente com a qualidade do atendimento prestado. A ressuscitação cardiopulmonar (RCP) compreende o suporte básico e avançado de vida.

O suporte básico de vida é composto por uma seqüência de atitudes e habilidades motoras, destinadas a dar suporte e restaurar uma ventilação e circulação efetivas em indivíduos em parada cardiorrespiratória, em locais onde a tecnologia não estiver disponível. O êxito depende da destreza e rapidez com que as manobras são aplicadas. O treinamento de leigos e de profissionais da área de saúde em suporte básico de vida tem salvado inúmeras vidas. Esse atendimento inicial não requer equipamentos sofisticados e pode ser executado em qualquer circunstância.

A seqüência das atitudes que compõem o suporte básico de vida em pediatria (SBVP) é a seguinte:

- Determinação da ausência de resposta.
- Chamada por socorro.
- Posicionamento da vítima.
- Abertura das vias aéreas.
- Administração de duas respirações artificiais.
- Checagem de pulso central.
- Realização de cinco compressões torácicas.
- Coordenação da ventilação com a respiração.
- Ativação do serviço médico de emergência.

Na maioria das vezes, a idade da vítima é utilizada na escolha da seqüência da ressuscitação. Entretanto, a discriminação entre lactente, escolar e adulto, utilizando-se somente a idade, é arbitrária; outras considerações devem ser feitas com base na anatomia, fisiologia e epidemiologia. O desenvolvimento de modelos experimentais mais adequados ao estudo da fisiologia da RCP pediátrica deverá contribuir para o aperfeiçoamento das técnicas atualmente empregadas. Serão descritos a seguir alguns tópicos de interesse e controvérsia no SBVP.

ABERTURA DE VIAS AÉREAS

A dificuldade na obtenção e manutenção da adequada abertura das vias aéreas, ponto crucial em pediatria, já foi descrita nos primórdios da ressuscitação.

A manobra de inclinação da cabeça e elevação do queixo, recomendada por todos os comitês de ressuscitação, tem uma particularidade importante na criança: quanto menor a idade, mais suave deve ser o procedimento, pois a hiperextensão pode ocluir a passagem de ar pelas vias aéreas superiores.

Em crianças de 1 a 14 anos, as lesões traumáticas são uma das principais causas de morbidade e mortalidade, e 5% das lesões de cordão medular ocorrem nesse grupo etário, com conseqüências devastadoras; assim, o cuidadoso manuseio das vias aéreas nessas crianças é extremamente importante, recomendando-se a elevação da mandíbula, sem movimentação do pescoço.

RESPIRAÇÃO

O número inicial de tentativas de ventilação, recomendado por diversos comitês de ressuscitação, varia de 2 a 5. Há pelo menos três razões para se realizar mais que duas ventilações iniciais: a PCR, em crianças, é freqüentemente devida a um problema respiratório, há impressão clínica de que são necessárias mais de duas ventilações para melhorar a oxigenação e restaurar a freqüência cardíaca na criança com bradicardia e apnéia e há suspeita de que ventilação efetiva só com duas tentativas é muito difícil de ser obtida.

As ventilações iniciais devem ser feitas lentamente, em 1 a 1½ segundo, com força suficiente para fazer o tórax elevar-se visivelmente. Deve-se dar atenção à distensão abdominal causada pela insuflação de gás no estômago, que deve ser reconhecida e evitada. O relaxamento do esfíncter inferior do esôfago, que ocorre desde os minutos iniciais da RCP, contribui para acentuar a distensão gástrica durante a ventilação artificial.

No suporte básico de vida é preconizada, no lactente, a respiração boca-a-boca-nariz. Porém, se o socorrista tiver a boca pequena ou o lactente for grande, a respiração boca-a-boca deve ser a preferida. Ventilação boca-a-nariz, embora não padronizada, pode ser benéfica em situações especiais.

Embora a freqüência ideal de ventilação durante a RCP não seja bem definida, a recomendação atual é baseada nas freqüências normais para a idade, na necessidade de coordenação com a compressão torácica e na habilidade prática do socorrista. Nas crianças, deve ser enfatizada a ventilação, e, nos adultos, a compressão torácica. Na prática, recomendam-se 30 respirações por minuto no período neonatal e 20 nas crianças acima de um mês de idade.

Várias considerações fisiológicas podem afetar as intervenções durante a ressuscitação cardiopulmonar. Alvéolos cheios de líquido podem requisitar pressão mais alta para a ventilação inicial do que para as subseqüentes. Tempos inspiratório e expiratório, volume inspiratório e pressão inspiratória, necessários durante a ventilação artificial, podem necessitar de ajuste, de acordo com o desenvolvimento anatômico e fisiológico.

COMPRESSÃO TORÁCICA

Nos pacientes sem pulso e nos com freqüência cardíaca muito baixa (menor de 60 batimentos por minuto) para perfundir, adequadamente, órgãos vitais, justifica-se a realização de compressões torácicas. Como o débito cardíaco, na infância, é muito dependente da freqüência cardíaca, bradicardia intensa é, usualmente, considerada indicação de compressões torácicas.

Há consenso quanto à necessidade de realizar a compressão torácica sobre a metade inferior do esterno, devendo-se evitar a compressão do xifóide. A recomendação para que a profundidade da compressão seja de, aproximadamente, um terço a metade do tórax parece ser mais adequada do que a baseada em centímetros.

A efetividade da compressão deve ser avaliada pelo profissional de saúde. Os métodos de avaliação incluem: palpação de pulso, avaliação do dióxido de carbono exalado e análise da forma da onda da pressão arterial (se houver um monitor arterial). Ainda que seja aceito que pulsos palpáveis, durante a compressão torácica, possam refletir fluxo sangüíneo venoso em vez de arterial, a detecção de pulso pelos profissionais de saúde, durante a RCP, permanece como a prática mais universal de "avaliação rápida" da eficácia da compressão torácica.

Em ressuscitação cardiopulmonar, recomendam-se quatro subdivisões em relação à idade: até 1 mês (recém-nascido), 1 mês a menor de 1 ano, 1 a menor de 8 anos e mais de 8 anos (escolar). De forma genérica, a compressão cardíaca pode ser realizada com as duas mãos ao redor do tórax, em caso de recém-nascido; dois dedos sobre o esterno do menor de 1 ano; uma mão sobre o esterno do escolar; duas mãos sobre o esterno da criança maior e do adolescente.

Entretanto, variações no tamanho da vítima podem levar à necessidade de mudança nessa padronização. Por exemplo, um lactente desnutrido e portador de doença crônica pode ser suficientemente pequeno a ponto de necessitar de técnica de compressão com duas mãos ao redor do tórax; por outro lado, para uma criança obesa de 6 ou 7 anos, a técnica de compressão com as duas mãos, como a realizada no adulto, deve ser mais efetiva. Além disso, o tamanho das mãos e força de quem executa a compressão, também, interferem na compressão.

Além da técnica de compressão cardíaca empregada, as compressões torácicas podem apresentar resultados diferentes, dependendo do tamanho, rigidez, formato e presença de deformidades no tórax. Resistência e complacência pulmonares também interferem no fluxo sangüíneo produzido durante a compressão cardíaca.

RELAÇÃO COMPRESSÃO/VENTILAÇÃO

A recomendação da relação de compressão para ventilação de 3:1 nos recém-nascidos, 5:1 nos lactentes e escolares e de 15:2 nos adultos, quando há um único socorrista, é justificada pela maior freqüência de problemas respiratórios como causa de PCR na criança. Embora a normatização de uma única relação compressão/ventilação, para todas as idades, pudesse facilitar o aprendizado das manobras de ressuscitação, por pessoas leigas e por profissionais da área de saúde, não há evidência suficiente que justifique sua aplicação.

A compressão e ventilação simultâneas, técnica que foi recomendada, no passado, para adultos, também não tem justificativa experimental em crianças, o que faz com que a ventilação deva ser realizada ao final do ciclo de compressões.

A literatura dá suporte à recomendação de realizar, aproximadamente, 100 atos (ventilação e compressão) por minuto. Intercalando-se uma ventilação a cada cinco compressões torácicas, o resultado final será de cerca de 80 compressões em período de um minuto.

SISTEMA MÉDICO DE EMERGÊNCIA (SME)

Após realizar a seqüência compressão/ventilação por, aproximadamente, um minuto, a ativação de um socorro especializado deve ser processada, com o intuito de iniciar, o mais rápido possível, o suporte avançado de vida e evitar a estafa do socorrista.

O suporte avançado de vida que implica o aperfeiçoamento das técnicas utilizadas no suporte básico, obtenção de acesso vascular, administração de fluidos e medicamentos, monitorização cardíaca e emprego da terapia elétrica (desfibrilação), faz parte da corrente de sobrevivência e tem papel fundamental dentro da ressuscitação.

A ativação do SME tem fundamento em países onde há um sistema médico de emergência pré-hospitalar bem-estruturado, embora pareça não fazer nexo onde não existe essa organização. Mesmo em países desenvolvidos, a maioria dos serviços apresenta melhor preparo para o atendimento de adultos.

Em adultos, a incidência de fibrilação ou taquicardia ventricular, como ritmo inicial da parada, é maior, e a desfibrilação, nesses casos, deve ser feita de imediato. A ativação do SME é executada antes mesmo do posicionamento do indivíduo, isto é, imediatamente após a determinação da ausência de resposta. Essa conduta visa a disponibilizar um desfibrilador o mais rapidamente possível, já que cada minuto de fibrilação ventricular, sem reversão, ocasiona perda de 7 a 10% na probabilidade de sobrevida.

Em resumo, em relação ao socorro especializado para crianças, vale a regra "chamar rápido", e, para adultos, "chamar primeiro". Todavia, os limites de idade na escolha entre essas duas atitudes ainda não estão bem definidos.

O Quadro 22-1 descreve as manobras utilizadas no SBVP e suas variações conforme a idade.

DESFIBRILADOR EXTERNO AUTOMÁTICO – PARTICULARIDADES EM PEDIATRIA

A real prevalência de fibrilação ventricular na pediatria é desconhecida; entretanto, é sabido que fibrilação ventricular (FV) e a taquicardia ventricular (TV) sem pulso são pouco freqüentes em lactentes e escolares. Falhas na avaliação precoce do ritmo da parada pediátrica pré-hospitalar contribuem para a ausência de dados concretos. Na maioria dos estudos, TV sem pulso ou FV tem sido documentada em menos de 10% de todas as vítimas pediátricas de paradas, mesmo quando a avaliação se deu nos primeiros 6 minutos após a ocorrência da parada.

Estudo científico retrospectivo com indivíduos menores de 20 anos que sofreram parada pré-hospitalar observou incidência de 19% de FV. Esses resultados ressaltam a importância da monitorização precoce também na faixa etária pediátrica, pois, nesses casos, a desfibrilação rápida propicia melhor prognóstico. É consenso que FV e TV sem pulso tratadas precocemente com desfibrilação, tanto no local de ocorrência como no hospital, resultam em melhores taxas de sobrevida do que assistolia ou atividade elétrica sem pulso.

O Quadro 22-2 relata as incidências de fibrilação ventricular em crianças, observadas por alguns autores.

Há pequenas diferenças na seqüência da conduta na fibrilação ventricular entre os comitês mundiais de ressuscitação, conforme pode ser observado no Quadro 22-3.

Os desfibriladores automáticos externos (DEAs) são utilizados em *kits* de atendimento pré-hospitalar para determinar ritmo cardíaco e liberar choques para produzir desfibrilação em adultos. Eles podem ser usados para a identificação de ritmo em crianças maiores de 8 anos de idade, mas não são recomendados para lactentes e crianças menores. A carga de energia liberada pelos DEAs monofásicos ou bifásicos disponíveis excede a recomendada de 2 a 4 J/kg para a maioria das crianças menores de 8 anos de idade. O peso médio das crianças com 8 anos ou mais em geral excede 25 kg, e dessa forma a carga inicial liberada de um DEA (150 a 200 J) será de < 10 J/kg para a maioria dessas crianças. Dados em animais sugerem que essa carga deve ser segura, e assim a tentativa de desfibrilação na FV/TV sem pulso detectada por um DEA pode ser considerada nessas crianças (mais de 8 anos de idade), particularmente em situações fora do hospital.

A eficácia e a precisão dos DEAs em pediatria ainda não foram completamente testadas, e, em crianças, esses equipamentos têm sido raramente utilizados. Como exposto acima, é permitido o uso dos DEAs em crianças acima dos 8 anos, embora sejam necessários muitos estudos até que possam ser estabelecidas recomendações, baseadas em evidências, para o emprego desses dispositivos. Recentemente, os fabricantes desses aparelhos vêm mostrando interesse no desenvolvimento de tecnologia que possa permitir a redução da carga de energia liberada.

Quadro 22-1. Manobras do suporte básico de vida em pediatria

RCP/Respiração de salvamento	*Crianças (1-8 anos de idade)*	*Lactentes (menores de 1 ano de idade)*	*Recentemente nascido e recém-nascido*
A) Estabelecer inconsciência e ativar o SME			
B) Abrir vias aéreas Inclinação da cabeça e elevação do queixo ou elevação da mandíbula	Inclinação da cabeça e elevação do queixo Se houver trauma, use a elevação da mandíbula	Inclinação da cabeça e elevação do queixo Se houver trauma, use a elevação da mandíbula	Inclinação da cabeça e elevação do queixo Se houver trauma, use a elevação da mandíbula
C) Procurar pela respiração: (olhar, ouvir, sentir). Se a vítima estiver respirando: coloque-a na posição de recuperação. Se a vítima não estiver respirando: ofereça 2 ventilações efetivas e lentas			
Inicial	2 respirações efetivas, 1 a 1½ segundo por respiração	2 respirações efetivas, 1 a 1½ segundo por respiração	2 respirações efetivas, em torno de 1 segundo por respiração
Subseqüente	20 respirações/min (aproximado)	20 respirações/min (aproximado)	30-60 respirações/min (aproximado)
Obstrução da via aérea por corpo estranho	Compressões abdominais ou golpes no dorso e compressões torácicas	Golpes no dorso e compressões torácicas. Não fazer compressões abdominais	Golpes no dorso e compressões torácicas. Não fazer compressões abdominais
D) Sinais de circulação: procurar por respiração normal, tosse ou movimento, pulso. * Se os sinais de circulação estiverem presentes: ofereça suporte ventilatório. Se os sinais de circulação estiverem ausentes: inicie as compressões torácicas intercaladas com respirações	*Profissionais de saúde Carotídeo	Profissionais de saúde Braquial	Profissionais de saúde Umbilical
Pontos de referência para a compressão	Metade inferior do esterno	Metade inferior do esterno (1 dedo abaixo da linha intermamária)	Metade inferior do esterno (1 dedo abaixo da linha intermamária)
Método de compressão	Região hipotenar de uma mão	Envolvimento do tórax – 2 polegares para 2 profissionais de saúde ou 2 dedos	Envolvimento do tórax – 2 polegares para 2 profissionais de saúde ou 2 dedos
Profundidade da compressão	Aproximadamente 1/3 a 1/2 da profundidade do tórax (2,54 a 3,81 cm)	Aproximadamente 1/3 a 1/2 da profundidade do tórax (1,27 a 2,54 cm)	Aproximadamente 1/3 a 1/2 da profundidade do tórax
Freqüência da compressão	Aproximadamente 100/min	No mínimo 100/min	Aproximadamente 120 eventos/min (90 compressões/30 respirações)
Relação compressão/ventilação	5:1 (1 ou 2 socorristas)	5:1 (1 ou 2 socorristas)	3:1 (1 ou 2 socorristas)

A checagem de pulso é realizada como um dos "sinais de circulação" por profissionais de saúde. Leigos procuram por outros sinais de circulação, mas não checam o pulso.
Circulation, 102(8): agosto 2000 (suplemento).

Quadro 22-2. Fibrilação ventricular em crianças			
Autor	***Características do estudo***	***Idade***	***FV / Total (%)***
Wash, 1983	Prospectivo/hospitalar	1 a 28 dias 28 dias a 1 ano 1 a 18 anos	3/54 (6%) 1/24 (4%) 2/22 (9%)
Mogayzel, 1995	Retrospectivo/pré-hospitalar	0 a 4 anos 5 a 9 anos 10 a 14 anos 15 a 19 anos	9/52 (17,3%) 2/19 (10,5%) 5/18 (27,7%) 13/68 (19,1%)
Appleton, 1995	Retrospectivo/pré-hospitalar	0 a 7 anos 8 a 14 anos 15 a 19 anos	12/412 (3%) 6/54 (11%) 16/87 (18%)
Dieckmann, 1995	Retrospectivo/pré-hospitalar	0 a 18 anos	6/65 (9%)

Quadro 22-3. Diferenças na conduta em fibrilação ventricular entre os diversos comitês mundiais de ressuscitação						
	ILCOR	***AHA***	***HSFC***	***ERC***	***RCSA***	***ARC***
Choque inicial	2 J/kg	2 J/kg	2 J/kg	2 J/kg	2 J/kg	2 J/kg
Segundo choque	2-4 J/kg	4 J/kg	4 J/kg	2 J/kg	2 J/kg	2 - 4 J/kg
Terceiro choque	2-4 J/kg	4 J/kg	4 J/kg	4 J/kg	4 J/kg	4 J/kg
Primeira medicação	Epinefrina 0,01 mg/kg	Epinefrina 0,01 mg/kg	Epinefrina 0,01 mg/kg	Epinefrina 0,01 mg/kg	Epinefrina 0,01 mg/kg	Epinefrina 0,01 mg/kg
Choques após a medicação	4 J/kg até 3 choques	4 J/kg – 1 choque	4 J/kg – 1 choque	4 J/kg até 3 choques	4 J/kg até 3 choques	4 J/kg até 3 choques
Segunda medicação	Epinefrina	Epinefrina e lidocaína	Epinefrina e lidocaína	Epinefrina	Epinefrina e lidocaína	Epinefrina e lidocaína
Choques após a medicação	4 J/kg até 3 choques	4 J/kg até 1 choque	4 J/kg até 1 choque	4 J/kg até 3 choques	4 J/kg até 3 choques	4 J/kg até 3 choques

Fonte: Pediatric Life Support. An Advisory Statement by the Pediatric Life Support Working Group of the International Liaison Committee on Resuscitation. Resuscitation v. 34, p. 115-27, 1997.

ILCOR = *International Liaison Committee on Resuscitation.*

AHA = *American Heart Association.*

HSFC = *Heart and Stroke Foundation of Canada.*

ERC = *European Resuscitation Council.*

RCSA = *Resuscitation Council of Southern Africa.*

ARC = *Australian Resuscitation Council.*

23

Músculos Respiratórios – Uma Visão Clínica da sua Estrutura e Função

José Roberto Jardim • Maurício Orozco-Levi • Alba Lucía Ramírez Sarmiento
Aquiles Camelier • Fernanda Warken Rosa

Apesar de sua complexidade estrutural e funcional, o sistema respiratório pode ser resumido em três componentes: o **pulmonar**, encarregado pela troca gasosa com o meio; o **sistema nervoso central e periférico**, responsável pelo controle da ventilação, e os **músculos respiratórios**, que constituem a *bomba vital*. Os músculos respiratórios são elementos elásticos que com sua contração estabelecem um fluxo de ar necessário para que a troca gasosa seja efetuada. O número de enfermidades e situações que podem estar associadas à disfunção dos músculos respiratórios é muito amplo e aparece resumido no Quadro 23-1.

O modelo do sistema respiratório dos mamíferos implica a mobilização de um volume de ar através de um sistema de distribuição para uma região que permita a troca gasosa (pulmão). Os músculos respiratórios são os elementos que mantêm a função ativa de bomba ventilatória. Para que haja deslocamento desse volume de ar, esses músculos se contraem intermitentemente, modificando a pressão, a forma e o volume torácicos.

O diafragma é o principal músculo respiratório, mas para que a sua função seja otimizada é necessária também a participação coordenada e seqüencial de outros músculos (intercostais e acessórios). Situações fisiológicas e patológicas extremas podem alterar a função muscular respiratória, seja induzindo fadiga (alteração reversível) ou fraqueza (alteração permanente) do diafragma, ou por deteriorar sua efetividade mecânica. Todas essas situações podem levar à insuficiência ventilatória.

RELEVÂNCIA CLÍNICA DA DISFUNÇÃO MUSCULAR RESPIRATÓRIA

O número de entidades que podem induzir à disfunção diafragmática é muito amplo e tende a aumentar. Essa deterioração funcional pode ser secundária a alterações a qualquer nível, desde o sistema nervoso central até à própria célula muscular.[4] Essas alterações podem ser encontradas nas diversas doenças dos neurônios motores superiores e inferiores (célula do corno anterior, axônios neuronais, junção neuromuscular ou das próprias miofibrilas).

Na prática clínica diária, os pacientes que apresentam maior risco de sofrer disfunção diafragmática podem ser agrupados em: 1) pacientes com insuficiência respiratória aguda (p. ex.: crise asmática, pneumonia, lesão alveolar aguda); 2) os submetidos à ventilação mecânica, se esta for prolongada; 3) portadores de doença pulmonar obstrutiva crônica (DPOC) grave ou em fase de descompensação; e 4) aqueles com doenças neuromusculares (p. ex., esclerose lateral amiotrófica, síndrome de Guillain-Barré).

As manifestações clínicas da disfunção muscular respiratória dependem não somente da sua intensidade como também da forma do seu aparecimento, seja aguda ou crônica, e da atividade física do indivíduo. Os pacientes que apresentam alterações nos músculos respiratórios, independentemente da sua etiologia, apresentam habitualmente astenia, fadiga, dispnéia, hipertensão pulmonar e *cor pulmonale*.

Nos pacientes que apresentam disfunção muscular de etiologia muscular, os volumes pulmonares estão geralmente diminuídos, ao qual se associa uma alteração ventilatória tipicamente restritiva. Essa alteração pode estar agravada por microatelectasias concomitantes, mudanças nas propriedades mecânicas do pulmão, do surfactante, encurtamento das fibras elásticas do pulmão e diminuição da retração elástica do pulmão. A fraqueza dos músculos acessórios da respiração, a maioria deles do tronco, pode levar a cifoescoliose com diminuição da distensibilidade pulmonar e torácica. Por outro lado, a mudança da zona de aposição do diafragma pela cifoescoliose altera a função do músculo. A diminuição da mobilidade do tórax se associa a tosse ineficaz e alteração dos mecanismos da depuração mucociliar traqueobrônquica. Finalmente, a fraqueza diafragmática se associa a diminuição da relação ventilação-perfusão nas bases pulmonares. Todos esses efeitos, como um círculo vicioso, impõem uma sobrecarga aos músculos respiratórios, predispondo a fadiga e falência muscular.

A insuficiência respiratória ou ventilatória é uma situação tipicamente de um estado avançado da doença, mas pode ser também a forma do início do quadro clínico. Por isso, a disfunção muscular pode passar despercebida nos casos em que a atividade física é restrita, ocorrendo isso em 50% dos pacientes, ao se fazer o diagnóstico de disfunção muscular.

Na ausência de uma enfermidade parenquimatosa ou extrapulmonar neurológica (p. ex., controle da ventilação), a ventilação alveolar pode ser normal enquanto o paciente está em vigília ou em repouso. Contudo, não é infreqüente observar alterações das trocas gasosas (hipoxemia, hipoventilação) e

Quadro 23-1. **Principais causas de disfunção dos músculos respiratórios de humanos**

Sítio da lesão	*Causa*
Cérebro (motoneurônio superior)	Atrofia cerebral, hemiplegia, esclerose lateral amiotrófica
Medula espinhal	Espondilose cervical, esclerose múltipla, mielite transversa, cirurgia cervical distal, mielite carcinomatosa, siringomielia
Nervos frênicos	Drogas: inibidores da acetilcolinesterase, amiodarona, dapsona, vincristina, soro antitetânico Compressão local do nervo frênico: aneurisma aórtico, câncer de pulmão, linfomas, tuberculose, sífilis, polineuropatia de diversas origens, poliarterite nodosa, neuropatia periférica, lúpus eritematoso sistêmico Toxinas: álcool, arsênico, chumbo, tálio Vários: síndrome de Guillain-Barré, doença de Parkinson, neurite pós-infecciosa, paraneoplasia, porfiria, beribéri, diabetes, difteria Iatrogenia por manipulação cirúrgica: cirurgia cardíaca, cirurgia laparoscópica abdominal, cateterização da veia subclávia Polineuropatia da doença aguda
Junção neuromuscular	Drogas: aminoglicosídeos, anestésicos barbitúricos, betabloqueadores, cloroquina, clorpromazina, D-penicilamina, lítio, procainamida, quinidina, antidepressivos tricíclicos Venenos: organofosforados, picadura de algumas serpentes e aranhas Síndrome miastênica de Lambert-Eaton *Miastenia gravis* Toxinas: tétano, botulismo Crise colinérgica
Músculos	DPOC Drogas: corticosteróides, amiodarona, beta-2 agonistas, cloroquina, ácido aminocapróico, curares Distúrbios metabólicos: acidose metabólica ou respiratória, hipercapnia aguda, hipoxemia, hipocalemia, hipocalcemia, hipofosfatemia, hipomagnesemia, insuficiência renal crônica Doenças da tireóide e da paratireóide: hiperparatireoidismo, hipotireoidismo Insuficiência adrenal Doenças cardíacas: insuficiência cardíaca congestiva, valvulopatia mitral Doenças do tecido conjuntivo: dermatopolimiosite, esclerodermia, artrite reumatóide, polimiosite Doenças granulomatosas: sarcoidose Obesidade e desnutrição Deformidades esqueléticas: cifoescoliose Doenças virais: infecção por influenza B aguda Anorexia nervosa Rabdomiólise por diversas causas Amiloidose Deficiências enzimáticas intrínsecas: deficiência da maltase ácida, deficiência de palmitil-transferase

aumento da diferença alvéolo-arterial de oxigênio, devido ao colapso secundário das unidades alveolares (atelectasias).

A hipercapnia aparece quando a força dos músculos inspiratórios está abaixo de 30% do valor esperado. É uma indicação inequívoca, dentro do contexto clínico adequado, da necessidade de suporte ventilatório (invasivo ou não). Se os músculos expiratórios se encontram afetados também, a característica é que o paciente tenha tosse ineficaz.

A fraqueza isolada do diafragma pode ocorrer em algumas doenças neuromusculares. Em algumas ocasiões pode ser surpreendentemente bem tolerada, enquanto em outras pode precipitar insuficiência ventilatória. Os pacientes com paralisia frênica bilateral apresentam tipicamente uma evidente ortopnéia. Na posição supina, a força gravitacional sobre o abdômen faz com que o diafragma se desloque mais ainda para dentro do tórax, diminuindo o volume e a distensibilidade pulmonar. Com a inspiração, o diafragma é aspirado para dentro do tórax, o que leva ao movimento paradoxal do abdômen. Na posição de bipedestação, o diafragma paralítico é tracionado para baixo pelo conteúdo abdominal, atuando como limitante mecânico à respiração. A distensibilidade abdominal e a gravidade minimizam o movimento paradoxal do abdômen nessa posição. A paralisia frênica unilateral é geralmente bem tolerada, exceto nos casos em que coexiste uma doença pulmonar de base ou em que as demandas ventilatórias sejam altas. Se a paralisia é aguda, a força se apresenta diminuída. Com o tempo, o diafragma sadio pode sofrer hipertrofia compensatória, o patológico se fibrosa e, com isso, a função pode ser restaurada parcialmente.

Em relação ao paciente de terapia intensiva, é interessante ressaltar que muitas das variáveis incluídas nos modelos de decisão para iniciar, modificar e/ou desmamar da ventilação mecânica são aquelas que refletem a função dos músculos respiratórios. Assim, por exemplo, é habitual considerar as medidas da freqüência respiratória, volume corrente, pressão inspiratória máxima, pressão transdiafragmática, capacidade vital forçada etc. nos algoritmos preditores de fracasso ou êxito do desmame. Em relação aos pacientes portadores de enfermidades crônicas e em contraste com os avanços obtidos no conhecimento da fisiopatologia dos transtornos da função muscular, são poucos os avanços conseguidos em seu tratamento. Entre esses últimos merecem menção especial a validação da pressão de suporte em várias modalidades (CPAP, IPS, IPPV, SIMV etc.) no processo de desmame do ventilador mecânico ou tratamento da agudização de algumas doenças, a oxigenoterapia domiciliar e a ventilação não-invasiva no tratamento de pacientes com DPOC selecionados e a ventilação assistida no tratamento de algumas enfermidades neuromusculares e da caixa torácica. A história natural dessas enfermidades é prolongada, podendo associar-se a importante deterioração na qualidade de vida dos pacientes.

Lesão dos músculos respiratórios por exercício e as doenças: uma evidência clínica. Recentemente foi demonstrado um fato com potencial relevância clínica no contexto na conduta de pacientes críticos. Esse estudo demonstrou que o diafragma sofre lesão estrutural tanto em indivíduos sãos como em pacientes quando se submetem a sobrecarga ventilatória. Foi observado que o diafragma de pacientes com DPOC em fase estável tem deteriorada a integridade de sua função contrátil (sarcômeros), que se evidencia como ruptura dos seus miofilamentos.[100] Nesse caso, o diafragma dos pacientes foi mais susceptível para sofrer deterioração adicional quando esses respiravam contra cargas externas (exercício). Isso faz supor que tais eventos podem ocorrer durante as agudizações dos pacientes com doenças crônicas, na insuficiência ventilatória aguda em indivíduos sem doenças de base ou no fracasso do desmame do ventilador mecânico.

Todos esses achados, associados ao custo, que as diferentes intervenções implicam para o sistema de saúde pública, fazem com que se mantenha um profundo interesse pelo estudo da fisiopatologia dos músculos respiratórios e das potenciais medidas de intervenção terapêutica como a fisioterapia respiratória, o suporte nutricional, a terapia gênica, fármacos anabolizantes ou hormonoterapia, entre outras. Assim mesmo, outra área de interesse potencial, ainda que não esteja diretamente relacionada com a doença, é o papel que o treinamento dos músculos respiratórios possa ter em outras circunstâncias, como no treinamento de atletas de elite (p. ex.: prova de maratona ou ciclismo).

ANATOMIA DO DIAFRAGMA

O termo diafragma engloba, em realidade, dois músculos intimamente relacionados e unidos através do tendão central: o costal e o vertebral.[6] Essa diferença existe não só do ponto de vista anatômico como também de sua origem embriológica, inervação e função.[7] Estudos experimentais com estimulação seletiva demonstraram que, além de se ativarem de forma diferente, cada um induz alterações muito particulares na caixa torácica.[8]

O diafragma costal origina-se no tendão central e se insere no apêndice xifóide (fibras esternais) e porção interna das últimas seis costelas inferiores e cartilagens costais correspondentes (fibras costais). Divide-se em duas partes, hemidiafragma direito e esquerdo, cada uma com forma de cilindro elíptico com cúpula encurvada e convexidade cefálica. Cada uma delas pode atuar de forma quase independente.[1] A maioria de suas fibras corre orientada radialmente no sentido longitudinal de cima para baixo e com linhas de tensão que se projetam em série.[9]

O diafragma vertebral também origina-se no tendão central, mas se insere nas três primeiras vértebras lombares. A disposição de suas fibras é mais complexa. Algumas se orientam radialmente para os ligamentos arqueados para inserirem-se nas apófises transversas da terceira vértebra lombar e costelas inferiores. Outro grupo de fibras mais posteriores se insere na porção ântero-lateral do corpo das primeiras vértebras lombares. No hiato esofágico, as fibras vertebrais se entrecruzam para formar parte do esfíncter esofágico anterior.[10]

Dimensões do diafragma em indivíduos sãos

No Quadro 23-2 podemos observar os valores médios das principais dimensões anatômicas do diafragma humano estudado a partir dos modelos de necropsia humana. A massa muscular propriamente corresponde a 95% do peso total do diafragma. Em indivíduos sãos, encontrou-se uma fórmula para predizer o peso desse músculo em relação ao peso corporal total, a partir de uma reta de regressão definida por:[11]

$$\text{MMD, g} = 4{,}18 \times \text{peso corporal (kg)} - 21{,}8$$

onde MMD representa a massa muscular do diafragma.

Do mesmo modo, tanto a espessura quanto a área do diafragma mantêm uma relação linear com o peso corporal total em indivíduos sãos.[12,13] Algumas técnicas não-invasivas, como a ecografia transparietal no nível da zona de aposição do diafragma com a parede costal, permitiram definir que a espessura do diafragma também guarda uma relação direta e linear com o volume pulmonar em seres humanos.[14]

***Quadro 23-2.* Dimensões do diafragma em humanos sadios**

Variável	*Magnitude*
Peso	280 g
Massa muscular	260 g
Espessura	35 mm
Área do tendão central	150 cm²
Área muscular	750 cm²
Diâmetro coronal	40 cm
Diâmetro sagital	25 cm

A maior parte da informação disponível a respeito das dimensões do diafragma foi obtida a partir de peças de necropsia com ênfase nas características do diafragma costal. O diâmetro transverso desse músculo (aproximadamente 12 horas depois do falecimento do paciente) é praticamente igual ao comprimento do arco transverso do diafragma antes da sua extração.[11] Isso sugere que o diafragma se contrai pouco após ser ressecado. Mesmo que o grau do artefato potencial da contração conseqüente ao *rigor mortis* não tenha sido controlado nos estudos acima mencionados, está bem estabelecido que o músculo esquelético tende nessas situações a tornar-se mais rígido do que encurtado.[15]

Circulação do diafragma

O aporte sangüíneo do diafragma depende das artérias mamária interna, intercostal e frênica (superiores e inferiores). Essas se anastomosam para minimizar o risco de isquemia durante as situações de redução do fluxo.[16] Esse mecanismo de proteção, se for insuficiente, pode ocasionar fadiga ou falha mecânica do diafragma, enquanto a sua restauração ou aumento pode reverter ou evitar a deterioração.[17] O fluxo sangüíneo aumenta progressivamente durante as situações de sobrecarga, mas alcança um platô quando o índice tensão-tempo (ITT) do músculo oscila ao redor de 0,2. À medida que a relação entre o tempo inspiratório e o tempo total do ciclo (Ti/Ttot) aumenta, o tempo de relaxamento do músculo diminui. Por isso há menor tempo disponível para a perfusão. Essa obstrução ao fluxo capilar está limitada unicamente ao período de contração, pois durante o relaxamento permanece inalterada.[18]

Controle neural do diafragma

A inervação motora do músculo diafragma provém dos nervos frênicos esquerdo e direito (raízes nervosas de C3 a C5). A eficiência da contração do diafragma requer que haja uma correta aferência da informação a respeito da carga e da posição do músculo. Contudo, o diafragma possui poucas terminações proprioceptivas. Em vista disso, admite-se que a compensação diafragmática, quando ele é submetido a uma carga, seja mediada mais por estruturas intrínsecas, como o aparelho de Golgi no tendão central, do que através de um verdadeiro *feedback* mediado por via neural.[19] Contudo, outros autores propuseram a existência de uma via reflexa frênico-frênica ou através dos nervos intercostais.[20] Por outro lado, tem-se descrito recentemente que a ativação do hemidiafragma esquerdo difere do direito.[21] A integração dos sinais aferentes desses diferentes grupos musculares é importante para a coordenação da contração muscular. A dispnéia pode estar associada com o grau de tensão que é detectado pelos mecanorreceptores dos músculos. Uma vez que se evidenciou a existência de fusos musculares anômalos no diafragma, propôs-se que esses poderiam enviar uma informação errônea aos centros de controle da respiração e contribuir para o aumento da sensação de dispnéia.[22]

Estrutura celular do diafragma humano

Tanto do ponto de vista embrionário quanto morfológico e funcional, o diafragma é um músculo esquelético estriado. Sua atividade é contínua e essencial para a vida, para a qual possui características específicas. Comparando-o com os músculos periféricos, as fibras do diafragma têm maior tolerância à fadiga, maior fluxo sangüíneo, maior capacidade oxidativa e maior densidade capilar.[23]

O diafragma compõe-se de numerosas unidades motoras. Cada uma delas inclui centenas de fibras de um dos três tipos clássicos (I, IIa e IIb).[24] De acordo com suas propriedades metabólicas e funcionais, as fibras tipo I se caracterizam por uma oxidação lenta da glicose e uma maior resistência à fadiga.[26] As do tipo IIa apresentam glicólise oxidativa rápida e são resistentes à fadiga. Por último, as do tipo IIb apresentam glicólise rápida e sensibilidade à fadiga.

O diafragma de indivíduos adultos sadios contém aproximadamente 80% de fibras resistentes à fadiga (50% do tipo I, 25% do tipo IIa) comparado com 40% dos músculos periféricos (Fig. 23-1).[1] Além disso, as fibras do diafragma contêm maior número de mitocôndrias que o mesmo tipo de fibra de músculos periféricos.[23] Muito mais que uma simples diferença histológica, o

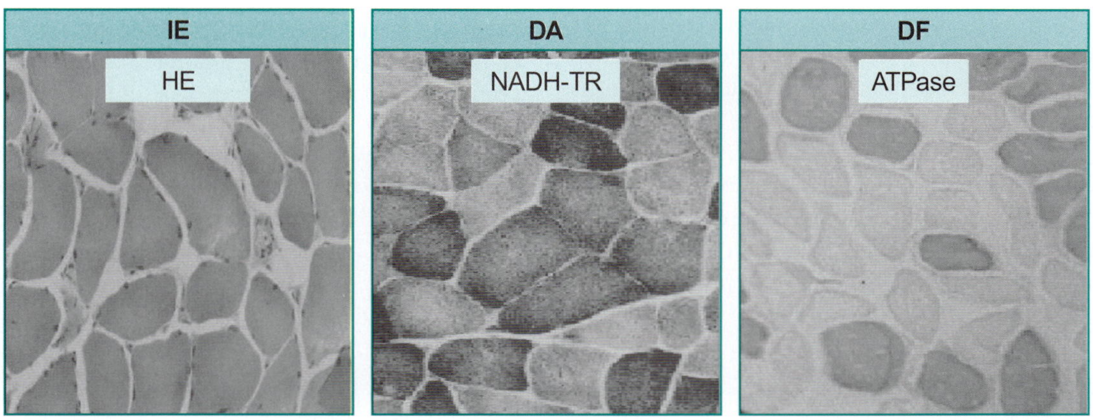

Fig. 23-1. Microfotografias dos músculos intercostais externos (IE), grande dorsal (DA) e diafragma (DF), processados, respectivamente, mediante três técnicas diferentes de coloração histológica. A primeira (esquerda) utilizando hematoxilina-eosina; a segunda (centro) utilizando a coloração nicotina-adenina-desidrogenase-tetrazólio-redutase, baseada no mecanismo mitocondrial; a terceira (direita) que identifica as populações fibrilares segundo a susceptibilidade da enzima ATPase, ante a pré-incubação a diferentes pH. (Ver *Prancha* em *Cores.*)

tipo de fibra determina a gama de respostas contráteis possíveis. Os músculos com altas proporções de fibra tipo I estão mais bem estruturados para esforços sustentados de baixa intensidade, ao passo que aqueles com predominância de tipo II são ótimos para desenvolver trabalho de alta potência, porém de curta duração. Nos músculos respiratórios, essas duas propriedades combinam-se, permitindo a resistência à fadiga necessária para mobilizar o volume corrente durante toda a vida, assim como a execução de atividades de alta demanda, como a ventilação durante o exercício e os atos de suspirar ou tossir.

A proporção de cada tipo de fibras é dinâmica, pois pode mudar em resposta a diversos fatores. Entre esses, a idade, estado nutricional protéico-calórico, treinamento físico e sobrecarga crônica (mecânica ou ventilatória) do sistema respiratório.[27] Por outro lado, o diafragma difere funcionalmente de outros músculos frente a cargas resistivas (vias aéreas) e elásticas (parede torácica e pulmões), mais do que ante forças de inércia. Além disso, sua posição de repouso está determinada por um equilíbrio das forças elásticas do tórax e dos pulmões.

As principais características relativas à histologia, à bioenergética e à contratilidade das fibras musculares estão relacionadas no Quadro 23-3.

Estrutura subcelular do diafragma humano

■ *Sarcolema*

O sarcolema é a membrana celular de cada uma de suas fibras musculares. Está constituído pela membrana celular verdadeira, chamada plasmática, e por uma capa fina de material polissacarídeo que envolve os capilares. Nas extremidades das fibras musculares, o sarcolema tem continuidade com os feixes tendinosos que se inserem nos ossos.

■ *Miofibrilas e miofilamentos*

Cada fibra muscular contém de centenas a milhares de miofibrilas, que se visualizam como pequenos pontos em corte transversal. Por sua vez, cada miofibrila está constituída por 1.500 miofilamentos de miosina e 3.000 filamentos de actina. Esses miofilamentos se interdigitam, e com a análise do corte longitudinal com luz polarizada é possível definir bandas claras (I) e escuras (A), alternadamente. As bandas I são assim denominadas por serem isotrópicas à luz polarizada, e representam os filamentos de actina. As bandas A (anisotrópicas à luz polarizada) contêm os filamentos de miosina além das extremidades dos filamentos de actina. Os miofilamentos de actina unem-se nos extremos através da chamada membrana (ou disco) Z. Essa membrana passa de uma miofibrila a outra, unindo-as entre si em toda a sua extensão. A porção de cada fibra muscular compreendida entre duas linhas Z consecutivas denomina-se **sarcômero**. Essa é a unidade funcional do músculo. Quando a fibra muscular está em seu comprimento de repouso, o comprimento dos sarcômeros é de aproximadamente 2 milímetros. Os sarcômeros se organizam em série, e são necessários em torno de 5.000 para cobrir a distância entre a origem no tendão central e a inserção do diafragma nas costelas.[28]

■ *Sarcoplasma*

A matriz de apoio às miofibrilas denomina-se sarcoplasma. Este contém os elementos intracelulares usuais, entre os quais destacam-se as mitocôndrias e o retículo sarcoplasmático. As mitocôndrias se distribuem entre as miofibrilas (Fig. 23-2). Isso reflete a necessidade de grande quantidade de energia, que as mitocôndrias, a partir da adenosina trifosfato (ATP), levam às miofibrilas para realizar o trabalho contrátil. Além disso, o líquido do sarcoplasma contém grande quantidade de potássio, magnésio, fosfatos e enzimas.

■ *Retículo sarcoplasmático*

Localizado no músculo esquelético, essa estrutura é denominada retículo endoplasmático nas demais células animais. Estes formam túbulos longitudinais situados paralelamente entre as miofibrilas. No extremo de cada um encontram-se as cisternas terminais.

Quadro 23-3. **Características das fibras musculares**

Características	*I*	*IIa*	*Iib*
Morfologia			
Cor	Vermelha	Branca/Vermelha	Branca
Diâmetro da fibra	Pequeno	Intermediário	Grande
Capilares e volume mitocondrial	Alto	Intermediário	Baixo
Contratilidade			
Velocidade de contração/relaxamento	Lenta	Rápida	Rápida
Fatigabilidade	Baixa	Moderada/Alta	Alta
Bioenergética			
Capacidade oxidativa	Alta	Média/Alta	Baixa
Capacidade glicolítica	Baixa	Alta	Alta

Modificado de Kraus, WE. Skeletal muscle adaptation to chronic low frequency motor nerve stimulation. *Exerc. Sports Sci Rev* 1994;22:313.

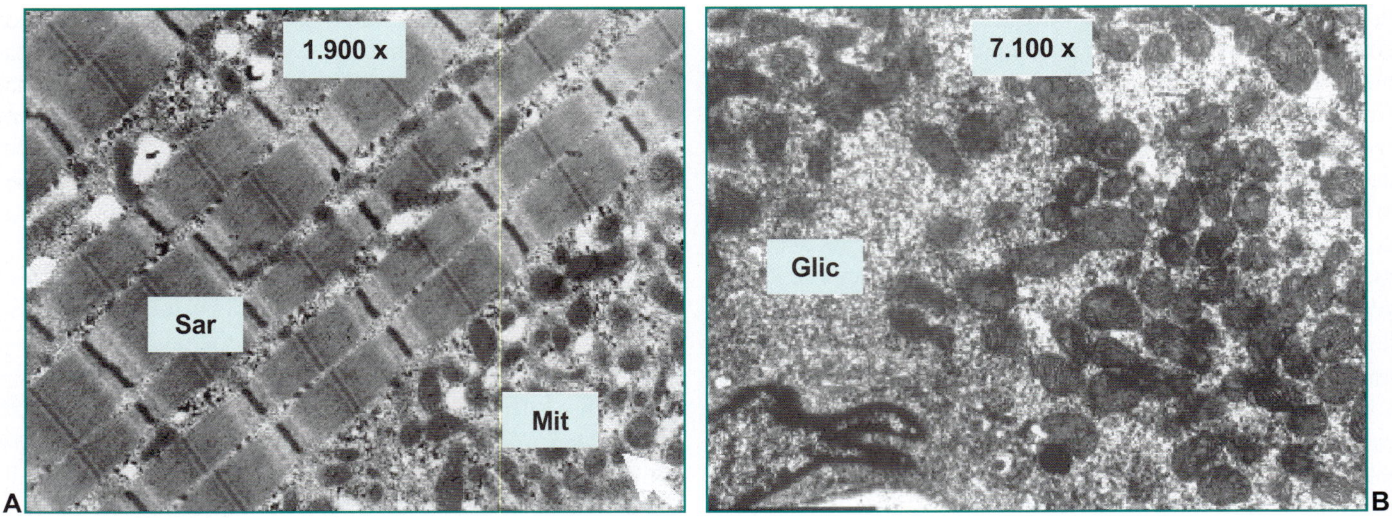

Fig. 23-2. Ultramicrofotografias de uma biopsia de diafragma utilizando microscopia eletrônica de transmissão. Nesse caso, se trata de uma amostra procedente de um paciente com DPOC, no qual se indicam as estruturas sarcoméricas (sar) íntegras, as mitocôndrias situadas no espaço sarcolêmico (mti) e os depósitos intracelulares de glicogênio em forma de grânulos monoparticulares (glic).

■ *Sistema tubular T*

Além do retículo sarcoplasmático, cada fibra muscular tem o sistema de túbulos transversos ou túbulos T, que se acham orientados perpendicularmente às miofibrilas. A zona de contato entre o túbulo T e o retículo sarcoplasmático é denominada tríade. No músculo esquelético há uma tríade junto a cada área onde se superpõem os miofilamentos de actina e miosina. Como isso ocorre em ambos os extremos de miosina, há duas tríades de sarcômeros. Os túbulos T se abrem ao exterior e contêm líquido extracelular. Por isso, quando o potencial de ação se difunde sobre a membrana da fibra muscular, os túbulos T o transmitem ao interior da mesma, permitindo a contração muscular.

FONTES DE ENERGIA PARA CONTRAÇÃO DO DIAFRAGMA

A contração muscular depende da energia liberada pela catálise das moléculas de ATP. A maior parte dessa energia é utilizada para gerar as pontes cruzadas de actina-tropomiosina, enquanto pequenas quantidades se invertem tanto na liberação do cálcio contido no retículo sarcoplasmático como ao bombear íons de sódio e potássio através da membrana da fibra muscular. Esse último permite conservar um meio iônico adequado que propicia a propagação do potencial de ação. A quantidade de ATP contida em um músculo só permite manter a contração plena durante menos que 1 segundo. Por isso a ADP (adenosina difosfato), produto de sua desfosforilação, se refosforila para formar nova molécula de ATP em frações de segundos. A energia necessária para a refosforilação procede essencialmente de duas fontes. A principal origina-se do fosfato de creatina (PCr). Ela contém uma ligação com fósforo que, ao romper-se, libera a energia que permite fixar novo íon de fosfato ao ADP. Contudo, as quantidades disponíveis de fosfato e creatina também são pequenas (cerca de cinco vezes a do ATP). Uma segunda fonte de energia pode ser utilizada para reconstituir tanto fosfato de creatina como o ATP; ela é proporcionada pelo catabolismo dos alimentos (carboidratos, gorduras e proteínas). A maior parte de sua energia é liberada durante um processo de oxidação que ocorre quase que exclusivamente nas mitocôndrias.

PROPRIEDADES MECÂNICAS DO DIAFRAGMA

Como todo músculo esquelético, a função contrátil do diafragma tem características. Em primeiro lugar, **a força**, a qual depende do número de unidades contráteis e de miofibrilas. Em segundo lugar, **a resistência**, que depende tanto da densidade de capilares e mitocôndrias como da capacidade enzimática oxidativa. O incremento da força produz-se por recrutamento progressivo de unidades motoras (contração de baixa intensidade) e/ou aumento da taxa de ativação de cada unidade (contração de alta intensidade). Além do anterior, a função contrátil também modifica-se pelo comprimento do músculo em repouso, massa muscular, freqüência do estímulo elétrico, velocidade de contração e disposição mecânica (global e de cada componente).

Existem três tipos de relações fundamentais para analisar a mecânica muscular: a relação **tensão-comprimento** do diafragma parece a mesma da dos músculos periféricos. O comprimento que pode gerar o máximo de força é denominado comprimento ótimo (LO). A relação tensão-comprimento do diafragma depende do volume pulmonar, e seu LO está próximo ao nível da capacidade residual funcional.[27,28] Outras variáveis, como a forma da caixa torácica e a pressão abdominal, também influenciam no comprimento do diafragma a qualquer volume.

A tensão que o diafragma é capaz de gerar diminui quando se o encurta de forma aguda (p. ex.: por alçaponamento aéreo dinâmico durante uma crise asmática). Em modelos animais com enfisema pulmonar induzido (alçaponamento aéreo crônico), a curva tensão-comprimento do músculo desloca-se para a esquerda. Esse aumento paradoxal da tensão que é gerada pelo menor comprimento do músculo parece estar justificado pelo mecanismo adaptativo de perda e encurtamento de sarcômeros.[28,30] Achados recentes sugerem que tanto a adaptação do comprimento como a hipertrofia com o treinamento são fatores que poderiam justificar a preservação da força do diafragma em pacientes com DPOC.[31,32] Por outro lado, a obesidade pode diminuir a força do diafragma por estirar suas unidades contráteis.[33]

A relação **força-freqüência** do diafragma e intercostais é similar à dos músculos esqueléticos não-respiratórios. Em atividade normal, a freqüência do estímulo do nervo frênico é de 10 a 30 Hz. Quando se aumenta a freqüência, a força gerada aumenta até alcançar um platô, com freqüências de estimulação entre 50 e 100 Hz. A curva força-freqüência se desloca para a direita durante a hiperinsuflação pulmonar aguda e com a fadiga muscular.[27]

A relação **força-velocidade** descreve uma curva com forma hiperbólica, e depende da composição fibrilar de cada músculo. Por isso, os músculos respiratórios mostram um comportamento intermediário entre músculos esqueléticos de contração lenta e contração rápida.[27] Essa relação é igual a zero quando a carga é supramáxima (contração isométrica). Por outro lado, a velocidade de contração é máxima quando o músculo se contrai frente a cargas iguais a zero.

TÉCNICAS PARA SE AVALIAR O ESTADO FUNCIONAL DOS MÚSCULOS RESPIRATÓRIOS

O diafragma contrai-se quase que exclusivamente durante a inspiração.[27] Quando ele se encurta, o tendão central move-se para baixo e atua como um pistão, aumentando a pressão negativa intratorácica e a positiva intra-abdominal. Existem diversas técnicas que permitem a avaliação do diafragma, levando em conta as propriedades de força e resistência.

Define-se **força** como a tensão (ou trabalho) máxima que o diafragma pode gerar em uma inspiração forçada máxima. Geralmente ela é avaliada durante contrações tanto isométricas como anisométricas que, do ponto de vista funcional, são tipicamente anaeróbias.

A **resistência** inclui o conceito de tempo durante o qual o diafragma pode gerar uma tensão (ou trabalho) de determinada intensidade antes de desenvolver fadiga. Ela é avaliada por manobras dinâmicas por períodos determinados. Do ponto de vista funcional, essas manobras podem ser mistas ou predominantemente **anaeróbias**, segundo cada caso.

Avaliação da força dos músculos respiratórios

Avalia-se a força dos músculos respiratórios com dois grupos de técnicas, classificadas segundo a natureza da manobra que se executa. As manobras respiratórias isométricas (ou estáticas), assim denominadas porque não são acompanhadas de fluxo aéreo, implicam execução de contração muscular a um volume pulmonar constante. Elas permitem que esses músculos sejam avaliados durante uma contração isométrica. As manobras dinâmicas (anisométricas) são aquelas que se realizam com a via aérea permeável, de modo que possa ocorrer fluxo aéreo. Para ambos os grupos de manobra, a medida da pressão pode-se realizar a qualquer volume pulmonar.

A técnica mais clássica para se avaliar a força desses músculos é a medida das pressões inspiratórias máximas durante uma manobra de Müller. A pressão inspiratória máxima pode ser medida no nariz, na boca ($PI_{máx}$), ou no esôfago ($Pes_{máx}$), e costuma obter-se a partir de uma expiração máxima (VR: volume residual). A medida no nariz ou na boca apresenta como vantagens não ser invasiva, ser simples de realizar, ser aceitavelmente reprodutível e contar com a possibilidade de utilizar-se manômetros já disponíveis no mercado. Contudo, todas as manobras estão diretamente associadas ao grau de colaboração e aprendizagem por parte do indivíduo. Para solucionar esse último problema, pode-se utilizar a técnica de estimulação magnética, conhecida como pressão expiratória *twitch*.

É importante ressaltar que a medida da $PI_{máx}$ e da $PE_{máx}$ não permite discriminar a participação dos diferentes grupos musculares da inspiração (por exemplo, diafragma frente aos acessórios). Por outro lado, essas pressões podem sofrer a influência da contração de músculos extratorácicos (por exemplo, bucinadores). Com o objetivo de diminuir a variabilidade intra-individual, propôs-se repetir as manobras várias vezes até obter-se três valores de pressão que não estejam mais que 5% diferentes. Do mesmo modo, deve-se diminuir os escapes bocais especiais e controlar com as mãos do investigador a utilização dos músculos da bochecha.[34] Em indivíduos sadios,[35] a $PI_{máx}$ está fundamentalmente determinada por seis fatores: idade, sexo, desenvolvimento muscular global, e as relações força-comprimento, força-freqüência e força-velocidade dos músculos inspiratórios.

Para medir-se especificamente a força do diafragma, é necessária a medida da pressão transdiafragmática (P_{di}). Uma vez que a contração desse músculo gera simultaneamente alteração de pressão no tórax (pressão negativa) e no abdômen (pressão positiva), a diferença dessas duas representa exclusivamente a pressão gerada pelo diafragma. Assim, $\mathbf{P_{di}=P_{ga}-P_{es}}$, onde P_{ga} é a pressão gástrica, e P_{es}, a esofágica. O componente esofágico permite avaliar em conjunto a força dos músculos respiratórios, enquanto o índice P_{es}/P_{di} representa a fração de P_{di} que se traduz em pressão pleural. A medida dessas pressões em seres humanos é realizada habitualmente com dois catéteres com um balão na extremidade distal de cada um. Um fica situado na luz esofágica, e outro na cavidade gástrica. Os catéteres são colocados através do nariz e conectados a transdutores de pressão e a um sistema de registro.[36]

A força que o diafragma é capaz de gerar em uma contração máxima (P_{di}) é avaliada durante a execução de manobras inspiratórias máximas.[36,38] As manobras mais utilizadas com esse objetivo são:

- *Manobra de inspiração forçada com via aérea permeável*: a mais conhecida é a $P_{dimáx}$ *sniff*. Essa técnica é simples,[39] e em alguns pacientes avaliados não têm sido notadas diferenças com a P_{di} Müller. Além disso, aparentemente ela é a mais reprodutível em pacientes portadores de DPOC.
- *Manobra de inspiração máxima até a capacidade pulmonar total:* é a $P_{dimáx}$-*CPT*. Sua principal desvantagem é a dificuldade de ser realizada em pacientes.
- *Manobra de inspiração forçada, com a via aérea fechada:* é, na realidade, uma manobra estática, e é conhecida como $P_{dimáx}$ Müller. Ela representa a força gerada durante a contração isométrica do diafragma. Alguns incluem um esforço abdominal *expulsivo* simultâneo ou a colocação de faixas ou cinturões no abdômen. Ainda que dessa forma a P_{di} possa ter valores absolutos mais altos, existem dúvidas sobre seu significado fisiológico.

As principais desvantagens das técnicas descritas para a medida da P_{es} e da P_{di} estão representadas pela sua invasividade e caráter voluntário da manobra. Em relação a P_{es}, alguns autores propuseram a medida da $PI_{máx}$ no nariz,[41] boca ou nasofaringe como alternativas à medida dessa com os métodos convencionais.[42] Em respeito à P_{di} têm se delineado técnicas de estímulo externo para induzir a contração do diafragma. Do mesmo modo que foi referido anteriormente, a $P_{dimáx}$ *twitch* permite avaliar a $P_{dimáx}$ com um estímulo externo (elétrico ou magnético) dos nervos frênicos ou do centro respiratório, sem que haja a necessidade de uma manobra voluntária do indivíduo.[43] Uma vantagem adicional é que ela permite avaliar tanto a contração global como a de um hemidiafragma, de acordo com a estimulação isolada dos nervos frênicos. Do ponto de vista funcional, os valores da $P_{dimáx}$ *twitch* são aproximadamente $P_{dimáx}$ 20% menores que os da P_{di}*sniff*.

Recentemente, sugeriu-se a determinação da P_{es}, P_{ga} e P_{di} tanto durante manobra da expiração forçada ($PE_{máx}$) como o da tosse ($P_{es_{TOS}}$, $P_{ga_{TOS}}$, $P_{di_{TOS}}$) dentro das técnicas de avaliação da força dos músculos respiratórios. A relevância clínica dessas determinações é ainda motivo de estudo, porém elas parecem refletir uma participação ativa do diafragma no esforço expulsivo tussígeno.[43,44]

Avaliação da resistência do diafragma

A resistência dos músculos respiratórios é avaliada com diversas técnicas. Entre as mais conhecidas estão:

Teste da caminhada de 6 (ou 12) minutos. Avalia a capacidade para realizar um exercício geral, nesse caso a marcha. Avalia-se a distância que o paciente é capaz de percorrer no tempo determinado, assim como outras variáveis biológicas (SpO_2, FC, FR, percepção de esforço e dispnéia). É uma prova simples e reprodutível.[136,137]

Resistência frente a cargas inspiratórias incrementais. Para determinar a carga respiratória tolerada, o indivíduo respira através de uma válvula de duas vias, que permite aplicar seletivamente uma resistência inspiratória. Essa carga pode ser de natureza resistiva (determinada ao diminuir o calibre da via inspiratória), ou de natureza limiar (determinada por uma válvula unidirecional de pressão). A carga resistiva induz um aumento do trabalho dos músculos inspiratórios proporcional ao grau de obstrução da via aérea e ao fluxo inspiratório (divisão do volume corrente pelo tempo inspiratório).[5] O nível da pressão gerada em cada inspiração exige um registro em tempo real da pressão na boca ao mesmo tempo em que se impõe um padrão respiratório determinado ao indivíduo. A carga limiar difere da anterior por requerer uma mesma pressão determinada (limiar) em cada esforço inspiratório para que a válvula se abra e permita estabelecer o fluxo de ar.[46] Ainda que a pressão possa aumentar um pouco mais, uma vez que a válvula esteja aberta, essa técnica facilita a realização da prova, já que o padrão respiratório não requer um controle experimental.

Com o uso dessas técnicas define-se a pressão máxima tolerada (PMT ou SIP – *sustainable inspiratory pressure)* como a pressão inspiratória máxima sobre a qual o indivíduo pode respirar durante ao menos 10 minutos. Em indivíduos normais, a PMT corresponde a aproximadamente 60% da $PI_{máx}$. Martyn *et al* demonstraram (prova de Martyn) que a PMT costuma ser 50% maior se a carga inspiratória é instaurada de modo progressivo (por exemplo, 50 g a cada 2 minutos).[47] Isso sugere que o aprendizado da técnica interfere de maneira relevante nos resultados.

Resistência frente a cargas inspiratórias constantes. Também é conhecida como o tempo de tolerância ou limite de tempo (T_{lim}), e é definida como o tempo durante o qual o indivíduo é capaz de respirar sob uma carga de determinada intensidade antes de desenvolver a fadiga muscular (claudicação). A intensidade da carga aplicada é, habitualmente, equivalente a 80% da PMT. O final da prova (T_{lim}) é definido tanto por variáveis subjetivas, que dependem da colaboração do indivíduo, como por variáveis objetivas. Entre essas últimas, a mais utilizada é a incapacidade de estabelecer fluxo inspiratório durante três ou mais esforços consecutivos.

Resistência frente a cargas expiratórias. Recentemente foi descrito um sistema de válvula de abertura limiar para aplicar cargas expiratórias (incrementais e constantes, segundo o caso) e avaliar assim a resistência dos músculos expiratórios em humanos. Esse aspecto é novo na literatura e, atendendo aos resultados de um recente artigo,[101] algumas doenças como a DPOC podem ter afetadas a força e a resistência desse grupo muscular.[101] A relevância potencial do ponto de vista clínico dessa alteração é uma menor eficácia da tosse e menor tolerância ante as cargas adicionais do sistema, como sucede durante as agudizações. Alguns trabalhos estão sendo desenvolvidos no campo do treinamento muscular expiratório, e seus resultados preliminares mostram que pode ter aplicação prática nesse tipo de pacientes.

Avaliação da reserva funcional dos músculos respiratórios

Diversos métodos já foram delineados para avaliar o estado funcional e o risco de desenvolver fadiga dos músculos respiratórios. Esses métodos podem ser aplicados em condições de sobrecarga respiratória ou fraqueza muscular, tanto em indivíduos sãos quanto em pacientes (p. ex.: DPOC, doenças neuromusculares). As técnicas mais utilizadas são:

Técnicas baseadas na mecânica de contração. Em primeiro lugar, o índice tensão-tempo (ITT). Esse inclui as duas variáveis que determinam o trabalho muscular: a tensão ou força gerada e a duração da mesma. Esse índice foi claramente definido para músculos das extremidades. Por extensão, para os músculos respiratórios, ele é determinado por uma hipérbole gerada a partir da fórmula:

$$ITT = (P_i/PI_{máx}) \times (T_i/T_{tot})$$

Se as alterações da pressão intratorácica forem determinadas com auxílio de um catéter e balão esofágico, a fórmula será:

$$TT_i = (P_{es}/P_{esmáx}) \times (T_i/T_{tot})$$

Essa fórmula pode ser aplicada para a avaliação específica do estado funcional do diafragma **(di)**, segundo o enunciado:

$$Tt_{di} = (P_{di}/P_{dimáx}) \times (T_i/T_{tot})$$

Quando esse quociente aumenta, o T_{lim} diminui. Como se pode deduzir dessas fórmulas, o primeiro quociente expressa a intensidade, e o segundo quociente expressa a duração da contração muscular em cada ciclo respiratório. A diferença do T_i/T_{tot} com o valor um expressa o tempo disponível para o relaxamento muscular. Quando esse quociente aumenta, há um menor tempo para perfusão muscular. Em vista disso, o T_{lim} também diminui. Em indivíduos sãos e em condições basais, o TT_{di} oscila em torno de 0,02. Em pacientes com DPOC ou doença neuromuscular, o valor pode ser de 2 a 5 vezes maior. A partir de trabalhos experimentais, conseguiu-se definir que é praticamente impossível de se manter um TT_{di} maior do que 0,15 por períodos maiores do que uma hora. Ainda que o TT_{di} não permita diagnosticar fadiga muscular, ele consegue avaliar a situação funcional do músculo e estimar o risco de desenvolvê-la.

Outro método para avaliação da reserva contra a fadiga é o índice de relaxamento máximo (MRR, *maximal relaxation rate*). Ele é considerado como um dos indicadores mais precoces das alterações que se sucedem na dinâmica da fadiga muscular.[42] Está baseado no fato fisiológico de que o relaxamento muscular é um fenômeno ativo, que consome energia, sendo susceptível às modificações do meio intracelular (pH, níveis de ATP etc.). Define-se o MRR como porcentagem da queda máxima da pressão medida nos primeiros 100 ms do relaxamento muscular.

Recentemente, se propôs um método não-invasivo para avaliar o MRR do diafragma, utilizando-se a ultra-sonografia através da parede torácica na zona de aposição do músculo.[14] Esse método permite avaliar a espessura do diafragma costal (estado trófico) e suas alterações durante a contração e o relaxamento (dinâmica de contração). Em voluntários sãos, submetidos experimentalmente a fadiga diafragmática, o método demonstrou ser reprodutível, simples e fácil de realizar-se. Poderia constituir uma alternativa aos métodos convencionais e uma forma de detecção precoce de disfunção ou distrofia do músculo.

Técnicas baseadas em sinal vibratório da contração. A contração muscular gera sinais vibratórios de baixa freqüência cujo estudo e análises são conhecidos como fonomiografia ou vibromiografia. A resposta dos transdutores (acelerômetros) é proporcional à aceleração do sistema, o que faz supor que o sinal obtido possa refletir os movimentos respiratórios gerados pela contração e diversos músculos. Recentemente foi validada em modelos animais a utilização de acelerômetros de superfície para monitorizar a atividade do diafragma comparando-os com outras técnicas (medida da P_{di}, eletromiografia).[50] A sua aplicação em humanos teria utilidade na avaliação não-invasiva da função diafragmática.

Técnicas baseadas na ecografia do diafragma. Recentemente alguns autores desenvolveram métodos de avaliação funcional do diafragma baseados em que, através da parede torácica, é possível avaliar as alterações de espessura do músculo ao nível da sua zona de aposição. Do ponto de vista clínico, tem como vantagem seu caráter ser não-invasivo, reprodutível e realizar-se à beira do leito do paciente. Os resultados experimentais em indivíduos sãos demonstraram que o relaxamento do diafragma apresenta deterioração progressiva (lentificação do relaxamento) quando se respira contra cargas externas e alcança um valor mínimo no momento da claudicação. Isso faz supor que a técnica possa ser utilizada na avaliação da mecânica do diafragma e sua reserva funcional em pacientes com falência ventilatória aguda ou em protocolos de desmame da ventilação mecânica. Os estudos clínicos ainda estão em desenvolvimento.

DIAFRAGMA E DEMAIS MÚSCULOS RESPIRATÓRIOS EM SITUAÇÕES DE SOBRECARGA E DOENÇA

Alterações na função do diafragma e dos demais músculos respiratórios

A função do diafragma e dos demais músculos respiratórios pode ser afetada por diversas doenças tanto em sua capacidade de gerar pressão (força) como em sua resistência, ou em ambas.

A fadiga muscular é uma condição fisiológica na qual diminuem a força ou a velocidade de contração frente a uma carga determinada e caracteristicamente reversível com o repouso (NHLBI – Workshop Summary, 1990).

Ao contrário da definição anterior, a fraqueza muscular é uma condição patológica caracterizada por uma deterioração funcional do músculo não-reversível com o repouso e que além disso predispõe à fadiga.

A fadiga do diafragma não ocorre em indivíduos sãos, salvo em condições especiais (p. ex., corrida de maratona ou ciclismo, estimulação frênica externa ou sobrecarga ventilatória). Contudo, está bem documentado que a fadiga diafragmática pode aparecer em:

1. Pacientes com DPOC ou doenças neuromusculares, precipitando a insuficiência ventilatória (Figs. 23-3 e 23-4).[5,51,52]
2. Processo do desmame da ventilação mecânica.[53]

A fadiga muscular se instala quando as demandas excedem a capacidade do músculo, quando o consumo energético exce-

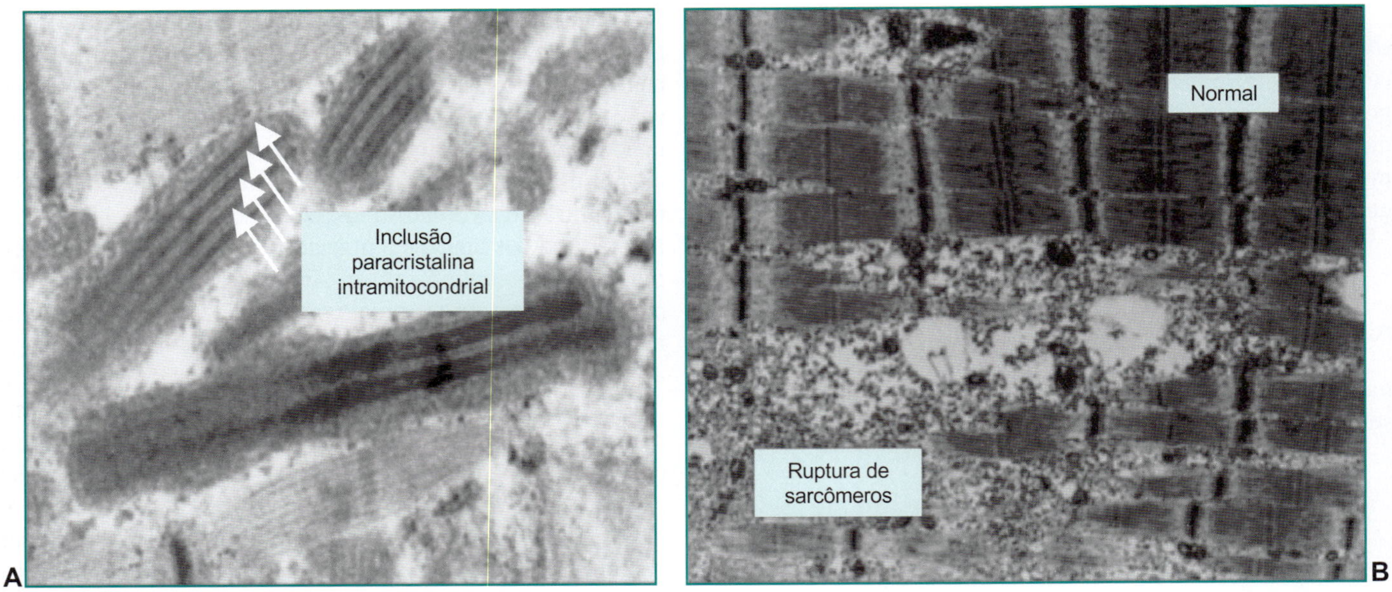

Fig. 23-3. Ultramicrofotografias eletrônicas que mostram algumas das alterações que se podem precipitar no diafragma humano, em associação com doenças respiratórias (por exemplo, DPOC) ou após a realização de um exercício inspiratório. Nesse caso, se mostram inclusões mitocondriais e ruptura de miofilamentos. (Modificado das referências 79, 100.)

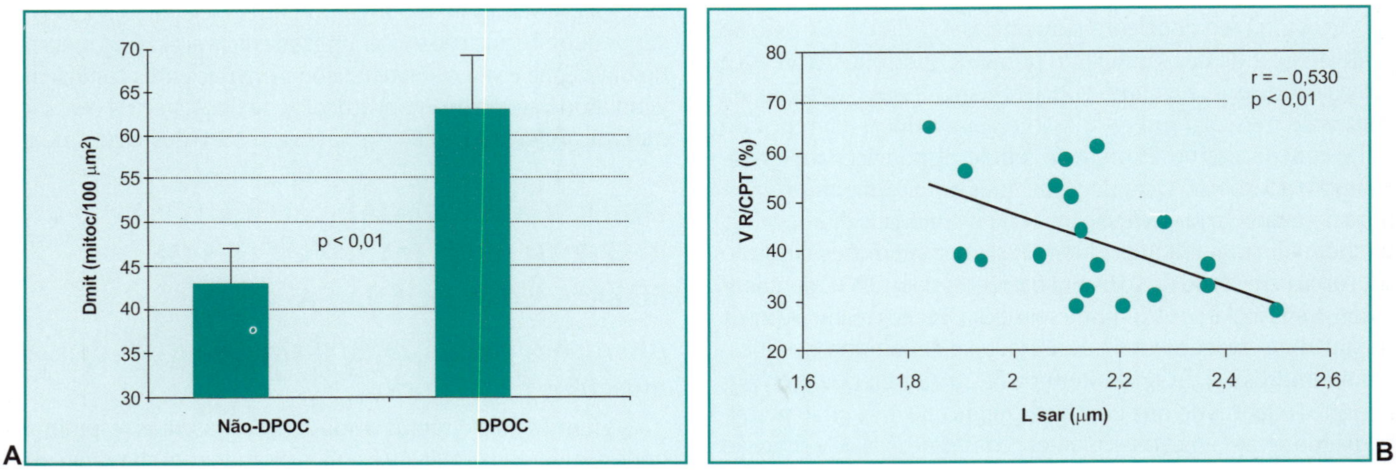

Fig. 23-4. Alterações adaptativas que podem suceder no diafragma após a sobrecarga crônica com a associada ao treinamento respiratório ou à presença de DPOC tanto no nível da densidade mitocondrial (**A**) quanto na longitude individual dos sarcômeros (**B**).

de o aporte ou quando a extração dos catabólitos não é proporcional à sua síntese. Disso se deduz que os fatores que intervêm na fadiga do diafragma são: a força que é gerada em cada contração, o trabalho respiratório, o aporte de oxigênio e nutrientes, a taxa de extração dos produtos metabólicos, as reservas energéticas do músculo e a eficiência da própria contração.

A fadiga pode ser de três origens, segundo o órgão predominante afetado:

1. Fadiga central, resultado da inibição reflexa a partir do diafragma, ação inibitória mediada pelo córtex cerebral ou liberação de opiáceos endógenos.[52]
2. Fadiga de transmissão, como resultado de um bloqueio do estímulo nervoso.
3. Fadiga de contração (alta ou baixa freqüência), quando a capacidade do músculo para gerar tensão está diminuída em resposta ao estímulo e as vias de condução estão íntegras.[55]

Durante algum tempo se postulou a existência da chamada fadiga crônica de contração para explicar a hipoventilação crônica em pacientes com doenças neuromusculares ou DPOC, e sua melhora com o repouso ou ventilação mecânica (Fig. 23-5). Contudo, vários estudos recentes fazem duvidar da sua existência, pois:

1. A disfunção muscular pode ser resultado de lesão muscular irreversível ou lentamente reversível.
2. A ventilação mecânica de pacientes neuromusculares ou com doenças da caixa torácica melhora a troca gasosa sem aumentar a força muscular.[56]
3. Os pacientes com DPOC preservam a capacidade de gerar força com o diafragma, ainda que exista hiperinsuflação intensa.[32,57]

Isso sugere que a fadiga crônica do diafragma mencionada anteriormente não existe, ao menos nesse tipo de pacientes.[58]

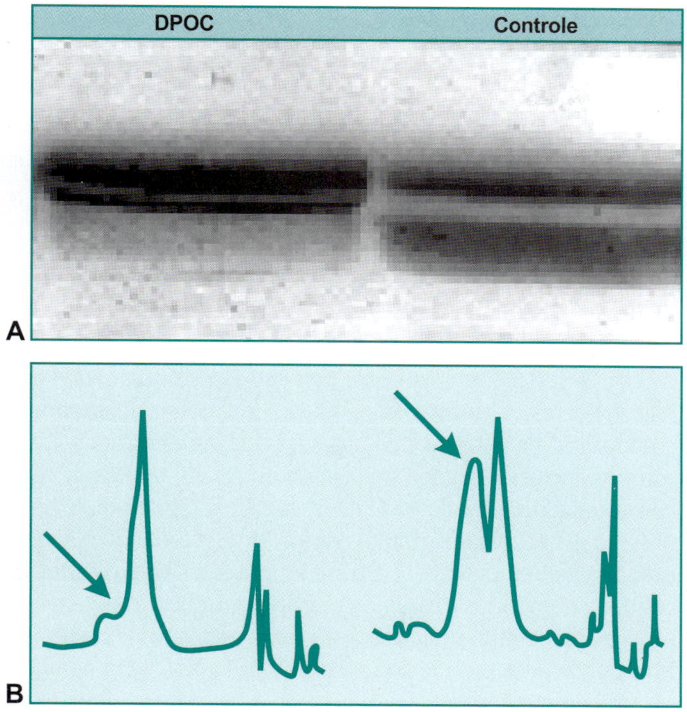

Fig. 23-5. Alterações musculares que podem ocorrer nos músculos intercostais internos perante a sobrecarga crônica. Nesse caso, os pacientes com DPOC demonstram freqüentemente um aumento da miosina II (rápida) à custa da diminuição da porcentagem das fibras do tipo I.

A hipoventilação seria mais uma resposta a uma diminuição reflexa do estímulo respiratório com o objetivo de evitar a fadiga diafragmática, a lesão muscular e a falência ventilatória.[59] Contudo, outros estudos têm mostrado que a resistência dos músculos respiratórios está diminuída em pacientes com apnéia obstrutiva durante o sono.[60,61]

Por outro lado, nos pacientes com DPOC, a força e a resistência do diafragma podem ser afetadas de forma predominante por alterações na configuração do sistema respiratório e suas conseqüências mecânicas. De fato, quando a hiperinsuflação pulmonar é intensa, o diafragma se desloca para baixo e se retifica. Isso origina dois fenômenos:

1. A zona de aposição diminui, passando da configuração do sistema em série a outro em paralelo.
2. Atendendo à lei de *Laplace* (pressão = tensão/raio de curvatura), a capacidade de gerar pressão frente a uma mesma tensão diminui.

Esses fenômenos justificam em grande parte a diminuição das pressões inspiratórias máximas ($PI_{máx}$, $P_{dimáx}$) nesse tipo de pacientes.[27] Contudo, os pacientes com DPOC possuem uma força do diafragma igual ou maior que a observada em indivíduos sãos a volume pulmonar equivalente.[31,32]

Alterações na estrutura do diafragma humano em situações de sobrecarga crônica e em doenças

Os músculos esqueléticos são órgãos muito sensíveis a alterações da atividade, tanto por uso quanto por desuso, e por extensão se admite que também seja o diafragma. Eles têm a capacidade de expressar uma grande variedade de alterações estruturais adaptativas frente à sobrecarga crônica, porém se mostram também suscetíveis de sofrer transtornos degenerativos, tanto fenotípicos quanto funcionais. Essas alterações podem acontecer quando se modifica a intensidade ou a freqüência da atividade muscular, e afetam tanto o sistema metabólico (consumo de nutrientes, produção de energia) como o contrátil (massa muscular, mecânica de contração). Provavelmente a primeira alteração estrutural (sinal indutor) consista em uma lesão da membrana ou ruptura da estrutura do sarcômero. A partir dessa lesão, o músculo iniciaria fenômenos de reparação e adaptação que lhe permitiriam resistir melhor a eventuais situações de sobrecarga. Diversas razões, tanto éticas como técnicas, têm limitado a possibilidade de obter amostras de diafragma *in vivo*. Por isso, são poucos os estudos estruturais que têm-se realizado no diafragma, correlacionando os achados com a função pulmonar. Unicamente dois trabalhos correlacionaram as alterações estruturais com a função dos músculos respiratórios.[57,62]

Existe uma discussão na literatura referente à associação da DPOC com fenômenos que corresponderiam a atrofia e a hipertrofia. Essa controvérsia deriva do achado de atrofia dos músculos respiratórios em dez trabalhos, enquanto outros admitem a existência de hipertrofia do diafragma nesse mesmo tipo de pacientes.[9,11,32,57,62,63,68,69] A atrofia representa um fenômeno estrutural degenerativo do tecido muscular e se associa a uma diminuição da sua capacidade funcional. Provavelmente, a causa nesses pacientes é multifatorial. Entre os potenciais agentes causais tem-se sugerido a desnutrição por aumento do gasto metabólico basal,[65] o aumento crônico da impedância do sistema respiratório,[52] a ausência de períodos de repouso entre os de sobrecarga[70,71] e o efeito da hiperinsuflação pulmonar crônica sobre a caixa torácica (atrofia neurogênica).[64] Além disso, tem se demonstrado que a densidade capilar do músculo está aumentada em termos de valores absolutos (corrigidos para a área fibrilar) no diafragma de pacientes com DPOC.[72] Em outros músculos esqueléticos essa alteração (angiogênese muscular) está associada a um aumento na sua capacidade aeróbica (resistência).[73,74]

Evidências de que as alterações estruturais não são homogêneas em todas as suas fibras são derivadas de três trabalhos realizados com diafragma,[62] músculos intercostais externos e grande dorsal.[75] Enquanto a maioria das suas fibras tende à atrofia, uma subpopulação delas se hipertrofia. Aparece simultaneamente uma distribuição bi ou até multimodal dos diâmetros das fibras em um mesmo músculo. Esse achado representaria a plasticidade dos músculos respiratórios para adaptar-se à sobrecarga crônica e sugere que parte dele age tentando compensar os efeitos deletérios da DPOC sobre o resto de sua estrutura e função.[77]

Têm-se descrito alterações tanto no diafragma quanto em outros músculos respiratórios de pacientes com DPOC no nível de expressão mitocondrial,[78,79] conteúdo e atividade das enzimas oxidativas e capacidade máxima de consumo de oxigênio; atividade da DHL muscular do tamanho ou freqüência relativa de suas fibras;[62,75] do comprimento ou número dos sarcômeros;[31] e das isoformas das cadeias pesadas de miosina.[80] Ainda que esses fenômenos tenham sido amplamente estudados nos músculos esqueléticos periféricos, pouco se conhece de seu significado nos músculos respiratórios, especialmente o diafragma.

Recentemente mostrou-se que alguns desses fenômenos adaptativos do diafragma se associam tanto à DPOC quanto à gravidade da mesma.[57] Fundamentalmente, têm-se observado diferenças tanto no sistema de produção de energia (nível de expressão mitocondrial) como no sistema contrátil (comprimento dos sarcômeros) ao se comparar pacientes com DPOC e pessoas com função respiratória normal. Esses achados são coerentes com os estudos anteriores,[81,82] tendo-se demonstrado aumento das enzimas das cadeias oxidativas no diafragma de pacientes com DPOC. Por outro lado, a diminuição do tamanho dos sarcômeros expressa uma alteração estrutural no aparelho contrátil com a hiperinsuflação pulmonar crônica.[31] Dessa forma, o diafragma preserva a capacidade de gerar tensão ao deslocar-se para a esquerda na curva comprimento-tensão e não para baixo. Alterações semelhantes têm sido mostradas no diafragma de modelos animais quando se induz enfisema experimentalmente.[28,30] Tudo o que foi dito anteriormente poderia representar um grupo de alterações adaptativas do diafragma frente a uma sobrecarga ventilatória crônica e ser a expressão de um processo de remodelação celular desse músculo.[72,78,80,83]

Os fenômenos de alteração estrutural e funcional do diafragma determinam que outros músculos sejam recrutados progressivamente: os chamados músculos acessórios da respiração.[1,84] Esse recrutamento progressivo tem por finalidade otimizar o nível de pressão pleural para assim manter uma adequada ventilação e diminuir o risco de desenvolver fadiga diafragmática. Além disso, em pacientes com DPOC esse evento parece ser o responsável por alterações estruturais adaptativas em alguns músculos como o grande dorsal.[73,86] Nesses pacientes, o trabalho respiratório está aumentado devido ao fato de a obstrução ao fluxo aéreo impor uma sobrecarga mecânica permanente aos músculos respiratórios.[86] Uma vez que o diafragma é o principal músculo inspiratório, essa sobrecarga poderia ser interpretada como uma forma de atividade muscular aeróbica e crônica, simulando o treinamento de resistência.[87]

Nos músculos esqueléticos das extremidades, a sobrecarga aeróbica crônica aumenta sua capacidade oxidativa,[74] que é uma das formas de expressão mitocondrial. Isso se associa a:

1. Menor alteração da sua homeostase.
2. Menor consumo de carboidratos durante a realização de um trabalho.[78]

Especificamente, tem-se estabelecido que os músculos treinados sofrem menores alterações em seu conteúdo de fosfato de alta energia (ATP, ADP, Pi, H_2PO_4) e de glicogênio quando realizam um trabalho determinado.[89] Além disso, a diminuição na taxa de oxidação dos carboidratos se associa a maior conteúdo de enzimas, que intervêm na ativação dos ácidos graxos livres (enzimas citosólicas), na sua transferência ao espaço mitocondrial (enzimas citosólicas e mitocondriais) e na sua β-oxidação (enzimas mitocondriais). Essa última permite que os músculos com adaptação mitocondrial diminuam a utilização de glicogênio, pois utilizam com mais eficácia os ácidos graxos livres como fonte alternativa de energia.[90] O significado funcional dessas alterações constitutivas está representado por dois eventos de especial transcendência funcional:

1. Menor depleção dos depósitos de glicogênio muscular.[88]
2. Aumento do período de latência do músculo em fadiga.[74]

Isso tem sido corroborado por numerosos trabalhos tanto experimentais[74,89,92] como por outros realizados em humanos.[74,83,89,92,93,94]

É provável que o estudo muscular baseado só na diferenciação clássica das fibras em dois tipos seja excessivamente simplista. Por esse motivo, trabalha-se atualmente analisando a composição da miosina e de outras proteínas estruturais. Esses estudos incluem tanto a análise do músculo como um todo como cada fibra muscular. Outros trabalhos têm avaliado a expressão genética das isoformas da miosina, estudando o RNAm. Assim, recentemente foi visto que os músculos respiratórios de animais submetidos a cargas resistivas por um curto período de tempo apresentam uma alteração fenotípica com aumento do RNA codificador da miosina resistente à fadiga.[80] O que ainda restaria definir seria qual seria o mediador que regularia essas alterações mitocondriais no diafragma dos pacientes com DPOC. Curiosamente esse mediador tampouco tem sido definido com clareza em outros músculos esqueléticos. Tem-se sugerido vários fatores, ainda que alguns deles sejam motivo de estudo e debate. Entre esses fatores considera- se a hipóxia, a depleção de fosfatos de alta energia (ATP, AMPc, fostato creatina),[96,97] certos fármacos (fármacos betamiméticos)[98,99] ou estímulo mecânico por si próprio (ruptura sarcomérica).[80,100]

Métodos de avaliação clínica dos músculos respiratórios

■ *Inspeção*

A simples observação da configuração toracoabdominal e do padrão respiratório é o primeiro passo na avaliação dos músculos respiratórios. A ação do diafragma e dos músculos intercostais paraesternais (entre outros músculos) promove o deslocamento para fora do tórax e abdômen durante a inspiração, retornando esses para a posição de repouso na expiração. Pode-se inferir que há sobrecarga, fraqueza ou paralisia de um ou alguns músculos respiratórios quando é notada alteração da sincronia toracoabdominal durante a realização da inspeção. Alguns padrões de alteração respiratória já são descritos em literatura:[102]

1. **Respiração anacrônica:** ocorre quando há um atraso de tempo entre o movimento do abdômen e do tórax.
2. **Alternância respiratória:** quando existe alternância de deslocamentos entre os compartimentos do tórax e do abdômen. Esse é um mecanismo fisiológico de defesa contra a fadiga dos músculos respiratórios, correspondendo ao uso intermitente dos músculos diafragma e do intercostal/acessórios com a finalidade de prolongar o tempo de *endurance* desses músculos.[103]

3. **Movimento paradoxal:** ocorre quando há movimentação oposta do compartimento abdominal e do tórax. Esse movimento pode ocorrer em indivíduos sadios, quando submetidos a respiração com altas cargas inspiratórias,[104] ou pacientes com insuficiência ventilatória, fadiga muscular ou paralisia diafragmática.[105]

Outros músculos devem ser avaliados na inspeção, a exemplo dos músculos escaleno e esternocleidomastóideo. Esse último é solicitado quando a ventilação está acima de 30% da ventilação voluntária máxima (VVM). Pode-se notar a hipertrofia desses músculos quando existe a sua utilização repetida cronicamente.

■ *Palpação*

Pode-se utilizar a palpação como técnica auxiliar na avaliação da mobilidade de uma zona corporal ou segmento e da consistência muscular, inclusive contra a resistência das mãos do examinador.

Palpação do diafragma

Na palpação do diafragma deve-se colocar o paciente em posição supina, e as mãos podem ser colocadas de três formas distintas:

- Transversalmente sobre a região epigástrica.
- Sobre o abdômen, com as pontas dos dedos no rebordo costal.
- Com os dedos indicador e polegar em forma de pinça sobre o abdômen.

Pede-se ao paciente que inspire profundamente, de maneira suave, para projetar o abdômen para cima, enquanto se realiza a palpação.

Palpação dos intercostais

Pede-se ao paciente para repousar em posição supina, enquanto as polpas digitais são colocadas nos espaços intercostais, nas regiões torácica superior e inferior. Durante a inspiração profunda, verifica-se e classifica-se o movimento pelo alargamento dos espaços e pela sensação de pressão que a contração exerce sobre as pontas dos dedos.

Palpação dos escalenos e do esternocleidomastóideo

Quando há aumento do trabalho ventilatório, os músculos escalenos e o esternocleidomastóideo podem ser palpados em conjunto. Quando se nota tônus aumentado, não aliviado pelo relaxamento, pode-se inferir que há hipertrofia desses músculos, causada pelo uso prolongado nos pacientes com insuficiência respiratória crônica.

Palpação dos músculos abdominais

Na manobra de palpação dos músculos abdominais, pede-se ao paciente que realize a manobra de tosse ou realize expirações forçadas, apalpando-se, ao mesmo tempo, a parede abdominal anterior e lateral. A ação dos músculos abdominais oblíquos pode ser detectada durante a palpação da região entre a linha axilar anterior e média enquanto o paciente realiza a manobra de tosse.[52]

■ *Volumes pulmonares*

Uma alternativa para que se avalie a força dos músculos ventilatórios é a realização da espirometria, exame simples e de baixo custo. A inspiração gera uma pressão negativa, o que resulta em um aumento do volume pulmonar. Fraqueza dos músculos respiratórios pode ser sugerida se a capacidade pulmonar total ou a capacidade vital estiverem diminuídas, em vigência de retração elástica normal. A redução em ¼ (do previsto) da capacidade vital é considerada fator de piora da insuficiência respiratória,[52,106] podendo ser inclusive usada para monitoramento de doenças neuromusculares, como a síndrome de Guillain-Barré ou *miastenia gravis*. Não deve ser esquecido que a posição corporal causa alteração da configuração toracoabdominal e, conseqüentemente, dos volumes pulmonares. Na posição supina existe uma redução das complacências estática e dinâmica e do volume de reserva expiratório. Alguns fatores presentes justificam essa redução de volumes, listados a seguir:

- Fechamento de pequenas vias aéreas.
- Ação da gravidade sobre o conteúdo abdominal.
- Aumento do volume sangüíneo, que diminui a força de retração pulmonar a baixos volumes.

Uma redução maior que 20% na CV, quando comparada às posições ereta e supina, pode ser indicativa de redução na força muscular.

■ *Fluoroscopia*

A fluoroscopia está indicada na avaliação de um paciente com suspeita de paralisia diafragmática. No processo normal das incursões inspiratórias, ambas as cúpulas diafragmáticas se movimentam para baixo, com suas cúpulas apresentando conformação arredondada. Na vigência de alteração desse comportamento, podem estar ocorrendo algumas condições específicas, como paralisia diafragmática, hepatoma ou abscesso subfrênico.[106] Durante a avaliação por fluoroscopia, na paralisia unilateral, existe uma descida imperfeita do lado afetado no momento da inspiração. Devido à grande variabilidade dos achados nesses exames, foi desenvolvido o também denominado *sniff test,* que é constituídos de movimentos inspiratórios e expiratórios rápidos e curtos, durante a fluoroscopia.[52,106] Durante a inspiração rápida e curta pelo nariz, o diafragma se contrai vigorosa e rapidamente, deslocando-se para baixo; concomitantemente, há contração dos músculos paraesternais e função da pressão negativa no tórax. Em situações de paralisia unilateral há nítida subida do hemidiafragma afetado, com a descida daquele com constituição normal. Algumas restrições a essa técnica, entretanto, devem ser lembradas. A caixa torácica pode apresentar uma movimentação maior que o diafragma, e isso pode causar falsa impressão de contração ativa do diafragma. A região a ser analisada, que envolve algumas costelas e as cúpulas diafragmáticas, é pequena, dificultando a avaliação. Um outro erro de interpretação comum acontece quando ocorre a contração ativa dos músculos abdominais durante a expiração, com conseqüente movimentação cefálica passiva do diafragma, no início da inspiração; com a cessação abrupta da atividade abdominal, o diafragma desce, passivamente podendo haver uma interpretação errônea da presença de atividade desse músculo. Por volta de 6% de pessoas normais apresentam alteração a esse exame.[52]

Movimentos da parede torácica

Para fins de avaliação e investigação dos padrões ventilatórios e suas alterações nas diversas doenças existentes, foram criados alguns aparelhos de monitorização ventilatória não-invasiva, entre eles o magnetômetro e a pletismografia por indução. Esses métodos baseiam-se no fato de que o compartimento toracoabdominal só tem um grau de liberdade, deslocando-se somente para a frente durante a inspiração, já que as regiões posterior e inferior são mantidas fixas pela coluna e pelve, respectivamente.

Magnetometria

Nesse método, dois pares de eletromagnetos são colocados na região mediastinal e supra-umbilical, criando, dessa forma, campos eletromagnéticos, os quais são alterados proporcionalmente à movimentação dos sensores na parede anterior, refletindo o deslocamento muscular, intercostal ou abdominal.[107] A análise é realizada por meio de registro gráfico dos cursos isolados de cada compartimento.

Pletismografia respiratória por indução

Essa técnica consiste na colocação de faixas em torno do tórax e abdômen, as quais contêm fios e bobinas que terão a sua auto-indutância alterada pela excitação das oscilações de alta freqüência causadas pelos movimentos respiratórios.[108,109] Em teoria, o sistema respiratório desloca-se no sentido póstero-anterior, com movimentos independentes da caixa torácica e do abdômen. Os músculos da parede torácica durante o ato inspiratório movimentam-se proporcionalmente a cada um desses compartimentos, registrando-se graficamente esses movimentos. O volume corrente pode ser obtido da soma do volume percentual de cada um dos dois compartimentos. A avaliação isolada da movimentação do abdômen e do tórax, conseqüentemente, permite a análise dos músculos diafragma e intercostais, respectivamente. Diversos trabalhos em ambiente de terapia intensiva têm utilizado a pletismografia respiratória por indução para a obtenção de importantes dados para o estudo de desmame da ventilação mecânica.[104] A pletismografia por indução tem também sido utilizada em estudos de mecânica respiratória, em pacientes no período pós-operatório e para avaliar manobras fisioterapêuticas.

Eletromiografia

A eletromiografia é um exame amplamente utilizado no diagnóstico da disfunção diafragmática, sendo também capaz de detectar sinais de fadiga precocemente, por meio de eletrodo esofágico ou de superfície, este último colocado no 7º, 8º ou 9º espaço intercostal, a 2,5 cm da margem costal na linha média clavicular.[52] Dessa maneira se consegue analisar o espectro das potências e das freqüências. Para cada respiração é feito o cálculo, sendo analisada a relação entre os componentes da potência muscular com a estimulação de alta freqüência (150-350 Hz) e de baixa freqüência (20-46 Hz). Esse índice é conhecido como *high/low frequency*, e encontra-se diminuído nas situações de fadiga muscular.[110]

Estimulação do nervo frênico

A estimulação do nervo frênico possibilita testar a performance da porção periférica da via neuromuscular e também quantificar o nível de fadiga diafragmática periférica.[111] A técnica consiste na estimulação supramáxima de um ou ambos os nervos frênicos, na região cervical, e a colocação de eletrodos esofágicos ou de superfície para a obtenção do registro muscular. Para a análise da fadiga inspiratória, pode-se observar a curva força do diafragma *versus* freqüência de estimulação do nervo frênico ($P_{di} \times FR$), a qual, se desviada para a direita, demonstra que a força desenvolvida pelo diafragma está diminuída tanto para a estimulação de baixa quanto de alta freqüência. A força desenvolvida pela estimulação de alta freqüência retorna à linha de base por volta de 10-40 minutos, enquanto a de baixa freqüência pode permanecer diminuída por volta de várias horas (em geral 24 a 48 horas).[111] Denomina-se fadiga de alta freqüência quando ocorre diminuição da força conseqüente à estimulação de alta freqüência. Esse tipo de fadiga é atribuído à falência da excitabilidade da membrana, conseqüentemente ao fluxo de sódio e potássio. O mecanismo na fadiga de baixa freqüência é creditado à falência no processo de excitação-contração.[108,112] Uma limitação desse método é o desconforto que ele causa ao paciente, além da variabilidade da estimulação do nervo frênico e da possibilidade de estimular outros grupos musculares.

Fadiga e endurance dos músculos respiratórios

O tempo que os músculos respiratórios conseguem manter a ventilação com um volume/minuto predeterminado denomina-se *endurance*. Pode-se relacionar o valor do volume-minuto assumido com o máximo que pode ser atingido por cada indivíduo, chamado de ventilação voluntária máxima (VVM). A VVM pode ser obtida através de um incentivo verbal a uma pessoa, de maneira que ela possa respirar com o maior volume corrente e freqüência respiratória possíveis, durante 15 segundos. Uma alternativa a ser utilizada é a aplicação de fórmulas (menos precisas, porém) para o cálculo da VVM, multiplicando o volume expiratório forçado no 1º segundo (VEF_1) por um fator, que pode ser 35, 37,5 ou 40, a depender do autor a ser referenciado. Só é possível manter a VVM por pouco tempo, porém ventilações abaixo da VVM podem ser mantidas por períodos de tempo bem mais longos. A ventilação contínua, gerando uma pressão acima de 40% da P_{di} (pressão transdiafragmática máxima) de maneira repetida, leva o diafragma à fadiga.[113] Quanto mais alta a relação $P_{di}/P_{dimáx}$, mais curta é a *endurance*. Quando se consideram os músculos respiratórios em conjunto, o limiar de fadiga é de 60% da pressão inspiratória máxima medida na boca, ao nível da capacidade residual funcional. Nos indivíduos normais, entretanto, para evitar ou postergar a fadiga durante uma atividade respiratória de alta intensidade, existe, fisiologicamente, uma alternância entre os músculos intercostais e o diafragma.

Um outro aspecto relacionado à fadiga desses músculos são os fatores relacionados à bioenergética muscular. Para que haja atividade muscular, é preciso que exista produção de energia, a qual é retirada dos estoques armazenados do glicogênio, mioglobina, creatina-fosfato, ou proveniente do metabolismo aeróbio. Desse modo, a energia C liberada pelos estoques armazenados (α) e pela circulação (β) durante um período (t_{lim}) e que vai ser transformada em trabalho e calor é:

$$C = \alpha + \beta \times t_{lim} \quad [1]$$

mas

$$C = W/E \quad [2]$$

onde:

W: trabalho realizado pelo músculo

E: eficiência

assim:

$$W/E = \alpha + \beta \times t_{lim} \quad [3]$$

Que pode ser reescrita:

$$t_{lim} = \alpha E/ W - \beta E \quad [4]$$

onde:

W = potência muscular (= W/t_{lim}).

Assim quando $\beta E \geq W$, o músculo pode manter o seu trabalho indefinidamente sem se tornar fatigado, porém quando $\beta E < W$, haverá um tempo limitado de *endurance*. Em outras palavras, toda vez que houver diminuição do suprimento energético, aumento da potência muscular ou diminuição da eficiência muscular, haverá predisposição à fadiga.

Um outro fator relacionado à fadiga muscular é o $T_i/Tot \times P_{di}/P_{dimáx}$ (índice de pressão/tempo em pessoas normais). Para valores superiores a 0,15, o tempo de *endurance* é finito, ou seja, há predisposição a fadiga dos músculos respiratórios.[114] Também já foi demonstrado que, quando há recrutamento dos músculos acessórios e intercostais, o valor limite para a fadiga é de 0,30.[115] Assim, os limites para o desenvolvimento de fadiga já são conhecidos: geração de pressões acima de 60% da pressão máxima da boca ou 40% da pressão transdiafragmática, VC/TI > 0,6-0,9L/s e T_I/Tot acima de 0,3-0,4.[116]

Quando se redefine W como P × V × FR, onde P = pressão gerada pelo músculo, VC = volume corrente, FR = freqüência respiratória e C como taxa de consumo de energia, temos, a partir da equação 2:

$$C = P \times VC \times FR/E \quad [5]$$

Quadro 23-4. Causas de fraqueza muscular respiratória
Miopatias
• Desnutrição • Desuso • Trauma, sepse • Neoplasia, inflamatória • Uso de esteróides • Tireotoxicose • Congênita
Metabólicas
• Desequilíbrio hidroeletrolítico • Acidose, hipercapnia
Desvantagem mecânica
• Contrações rápidas (exercício, ventilação voluntária máxima) • Comprimento curto da fibra muscular em repouso (DPOC, asma) • Comprimento muito longo da fibra em repouso (obesidade, diálise peritoneal, gestação)
Desnervação ou paralisia
• Traumática (lesão de medula, paralisia diafragmática) • Doença do corno anterior da medula (pólio, esclerose lateral amiotrófica) • Distrofias

Modificado de Rochester, D. Respiratory muscle failure. *Semin Respir Med*; 13:7, 1992.

Se a freqüência (FR) é expressa como $1/T_{tot}$, onde T_{tot} = tempo total do ciclo respiratório, temos:

$$C = P/E \times VC \times 1/T_{tot} \quad [6]$$

Multiplicando-se o numerador e o denominador por T_i (tempo inspiratório), temos:

$$C = P/E \times VC/T_i \times T_i/T_{tot} \quad [7]$$

A equação (7) mostra que C é diretamente proporcional a T_i/T_{tot}, o que reflete a relação entre tempo de contração muscular e tempo de relaxamento, ou descanso. São fatores agravantes/predisponentes da fadiga muscular respiratória a hipoxemia e a hipercapnia.[103,105]

No Quadro 23-4 estão listadas várias causas de fraqueza muscular respiratória.[117]

Deslocamento do abdômen e do gradeado costal

Na metade do século dezenove publicou-se que os homens respiravam com predominância de deslocamento do compartimento abdominal e as mulheres, com predominância do compartimento torácico. Somente com o desenvolvimento de equipamentos que puderam analisar adequadamente esse deslocamento, o magnetômetro e a pletismografia de indutância, em torno de 1965-80, é que se pôde definir, com certeza, o padrão de respiração de homens e mulheres. Hoje, sabe-se que os dois sexos apresentam a mesma configuração toracoabdominal durante a respiração: há sempre o deslocamento anterior dos dois compartimentos, predominando o deslocamento abdominal na posição supina e o deslocamento torácico na posição em pé ou sentada.[107]

À associação tórax-abdômen tem-se dado o nome de parede torácica, sendo ela definida como o conjunto de elementos que se desloca durante o ciclo respiratório, incluindo toda a estrutura tronco-abdominal desde o manúbrio até o púbis.

O deslocamento síncrono do compartimento toracoabdominal resulta da ação integrada dos músculos intercostais e do diafragma. A contração dos músculos da caixa torácica gera uma pressão negativa intrapleural (P_{pl}), sendo a diferença dessa pressão com a pressão barométrica (PB), a pressão transtorácica (PTT). A contração do diafragma, por sua vez, comprime as vísceras abdominais gerando na cavidade abdominal uma pressão positiva (P_{ab}); a diferença dessa pressão e a pressão pleural negativa acima do diafragma é a pressão transdiafragmática (P_{di}). Em um sistema cartesiano de duas forças sempre ocorre uma força resultante; assim, a diminuição da pressão transtorácica ($PTT = P_{pl} - PB$) da pressão transdiafragmática ($P_{di} = P_{pl} - P_{ab}$) resulta em: $PTT - P_{di} = (P_{pl} - PB) - (P_{pl} - P_{ab})$; cancelando-se o fator P_{pl} que aparece com sinal positivo e negativo, sobram os fatores P_{di} e PB. No entanto, por convenção, PB em fisiologia respiratória é considerado como valor zero, o que deixará a P_{ab} como o único fator importante para gerar a força que deslocará os compartimentos torácico e abdominal. A essa força deve-se acrescentar, como fator importante para o deslocamento adequado do compartimento toracoabdominal, a área de aposição, que é a área do diafragma que se justapõe à parte interna da cavidade pleural. Quanto mais extensa a área de aposição, melhor a mecânica toracoabdominal.

Um exemplo bastante prático da má adequação da mecânica toracoabdominal é o que ocorre nos pacientes com extensa hérnia abdominal. Nesses casos, sendo a parede abdominal altamente complacente, a contração do diafragma gera baixa pressão abdominal, com conseqüente baixa pressão motriz para deslocar o compartimento toracoabdominal. Esses pacientes podem apresentar dispnéia a esforços médios, com limitação física precoce. O tratamento adequado é a correção da hérnia abdominal, para a geração de maior pressão abdominal. Em um primeiro momento o paciente pode sentir desconforto para respirar, tendo que vencer a resistência da parede abdominal, o que muitas vezes faz com que o cirurgião fique receoso de intervir. No entanto, deve-se levar em consideração que a correção da hérnia abdominal está restaurando a fisiologia respiratória normal, sendo esse o procedimento correto. Um modo prático de se evitar essa dificuldade aguda para o paciente consiste em treiná-lo no pré-operatório, colocando-se uma faixa em torno do seu abdômen, com pressões crescentes, até que se alcance a pressão abdominal estimada para o pós-operatório e o paciente se sinta confortável para respirar.

MARCA-PASSO DIAFRAGMÁTICO

O marca-passo diafragmático está indicado às pessoas que necessitam de suporte ventilatório crônico decorrente das mais variadas condições:[118]

- Hipoventilação alveolar central.
- Lesão ou doença do tronco cerebral.
- Lesão ou doença da medula espinhal.
- Diminuição do estímulo ventilatório (síndrome de Ondine, apnéia do sono).

A seleção do paciente para o uso do marca-passo inclui que o nervo frênico esteja íntegro, além de que o diafragma e os pulmões estejam funcionantes. Outros aspectos importantes são de que não haja infecção, que as vias aéreas superiores estejam permeáveis e que o paciente tenha tanto capacidade intelectual quanto emocional para ter um marca-passo.

A integridade do nervo frênico pode ser testada com a estimulação de eletrodos transcutâneos colocados na região anterior do músculo escaleno. Essa técnica pode levar a resultados falsos-negativos; nesses casos, o teste ideal é a estimulação direta do nervo frênico. A não-resposta imediata do diafragma pode ocorrer devido ao descondicionamento do músculo. A associação da fluoroscopia para observação de movimento diafragmático à estimulação frênica aumenta a sensibilidade do teste. Com a colocação de eletrodos de superfície na linha axilar anterior, no oitavo ou nono espaço intercostal, e o registro do potencial de ação do diafragma, pode-se obter o tempo de condução do nervo frênico; um tempo de latência mais longo que 11 ms pode sugerir lesão do nervo frênico (tempo normal de condução: 6 a 9 ms).

Após vários anos do uso do marca-passo diafragmático em um número grande de pacientes (há paciente em uso há mais de 20 anos), pode-se afirmar que a estimulação crônica do nervo frênico não é lesiva, fornece uma freqüência segura e efetiva bilateralmente e permite o fechamento de traqueostomias. A estimulação unilateral, em casos de impossibilidade de estimulação bilateral, é suficiente para ventilar o paciente.

As vantagens da ventilação com marca-passo diafragmático em relação à ventilação mecânica são várias, incluindo: menor taxa de infecção, melhora do retorno venoso pela ação de aspiração da pressão pleural negativa, facilidade de comer e de beber e autonomia para o paciente.

O sistema de marca-passo diafragmático consiste em um radiotransmissor externo, que pode ser carregado na cintura do paciente que emite ondas de rádio via uma antena. Um pequeno receptor dessas ondas é implantado subcutaneamente e transforma essas ondas em estímulos elétricos que são transmitidos ao nervo frênico através dos eletrodos conectados a ele. Já existe uma variante de marca-passo diafragmático para os pacientes que não podem recebê-lo, sendo a estimulação realizada nos nervos intercostais.[119]

DROGAS E MÚSCULOS RESPIRATÓRIOS

Metilxantinas

De todas as drogas com ação sobre os músculos respiratórios, as metilxantinas foram as mais estudadas. A sua ação básica ocorre pela inibição da fosfodiesterase, levando ao aumento da adenosina monofosfato cíclica (CAMP), a qual pode cruzar a membrana celular. No entanto, essa não parece ser a sua ação principal sobre os músculos respiratórios, uma vez que não há correlação entre a inibição da fosfodiesterase e o aumento na tensão de contração.[120] Entretanto, hoje sabe-se que a família da fosfodiesterase inclui várias isoenzimas, cada uma com características bem definidas. Um segundo mecanismo das metilxantinas é a inibição dos receptores de adenosina A1 e A2, sendo a teofilina (1,3-dimetilxantina), nesse particular, mais potente que a cafeína (1,3,7-trimetilxantina). No entanto, não há evidências de que a adenosina bloqueie a contratilidade muscular.[121] O terceiro mecanismo de ação das metilxantinas é pelo aumento do fluxo de cálcio do retículo sarcoplasmático e o retardo na sua recaptação. O aumento da contratilidade muscular com o uso de teofilina requer a presença de cálcio extracelular, e já foi observado que altas concentrações da teofilina e de cafeína aumentam a resposta contrátil ao cálcio quando a membrana das células é removida.

Já foi visto que a cafeína (1,3,7-trimetilxantina), em experimentos *in vitro* com *hamsters*, exerce uma ação sobre as fibras musculares diafragmáticas, aumentando a força de contração a baixos estímulos elétricos, mas não aos altos estímulos.[122] Em fibras isoladas do músculo esternocleidomastóideo com fadiga de baixa freqüência, a cafeína foi capaz de aumentar a força gerada quando o mesmo estímulo foi dado.[123]

Há poucos estudos dirigidos diretamente à ação da cafeína sobre os músculos respiratórios, mas esse estudo mostrou uma clara ação da cafeína sobre o abdutor do polegar, aumentando a sua tensão, tanto no músculo normal quanto no fatigado, com concentrações plasmáticas consideradas terapêuticas (15-20 ng/l).[124]

A maioria dos estudos com teofilina *in vitro,* que mostraram aumento da tensão de contração e da tensão tetânica submáxima, utilizou concentrações acima daquelas consideradas terapêuticas, apesar de que a técnica *in vitro* praticamente requer que sempre haja uma concentração mais elevada para que ocorra difusão para dentro da célula.[125] Estudos em cães em uso de aminofilina demonstraram um pequeno aumento da pressão transdiafragmática, via estimulação frênica, o mesmo ocorrendo em cães hipoxêmicos e hipercápnicos, condições que, sabidamente, diminuem a contratilidade muscular. A ação positiva da aminofilina foi estendida pela observação de que a associação de verapamil inibia essa resposta.[126]

Nos estudos em humanos, a ação da aminofilina sobre a contratilidade muscular, de um certo modo, tem sido conflitante. Em indivíduos normais, a dose terapêutica não mostrou ação sobre o diafragma, tanto sobre o pico de contração por estímulo elétrico no frênico quanto sobre a pressão transdiafragmática máxima gerada voluntariamente.[127] Em pacientes com DPOC, também não se mostrou aumento da pressão transdiafragmática ou pressões respiratórias máximas em situações habituais, havendo, no entanto, uma resposta positiva na força máxima do diafragma nos pacientes com hipóxia e hipercapnia após a administração de teofilina por 30 e 50 dias.[128]

A ação das metilxantinas sobre a fadiga muscular respiratória também apresenta efeitos conflitantes, mas aparentemente a aminofilina tem uma ação efetiva sobre a recuperação da tensão diafragmática quando administrada previamente à fadiga, além de, nesse caso, também melhorar a tensão de contração.[129]

O uso de 240 mg de aminofilina endovenosa, em forma duplo-cega, randomizada, contra placebo, em um grupo de 9 pacientes com diversas doenças neurológicas, levou ao aumento agudo significativo da *endurance* dos músculos respiratórios, mas não ao aumento da força desses músculos (observação do nosso laboratório). No entanto, quando estudaram 25 pacientes com esclerose lateral amniotrófica, segundo o mesmo procedimento, não foi observada qualquer diferença (observação do nosso laboratório).

Digoxina

Estudo do uso de digoxina em cães em nível terapêutico mostrou aumento da contratilidade do diafragma após estimulo elétrico, com a mesma atividade elétrica do diafragma, indicando um real aumento da resposta contrátil.[130] Em pacientes com DPOC com insuficiência respiratória aguda e intubados, a estimulação elétrica do nervo frênico, após o uso de digoxina em nível terapêutico (2,2 ng/ml), mostrou aumento na pressão transdiafragmática em torno de 20%. Não houve alteração no índice cardíaco, ao qual pudesse ser atribuída essa melhora.[131] No entanto, estudo sobre o diafragma de rato e cobaia em estado de fadiga não mostrou efeito sobre a sua contratilidade.[132]

Os digitálicos agem inibindo a ATPase ligada à membrana celular, o que leva ao aumento do sódio intracelular e à diminuição da troca do sódio extracelular pelo cálcio intracelular, com conseqüente aumento do cálcio citoplasmático. Estudos mostram que cálcio externo é importante para sustentar contratilidade diafragmática isolada. Esses dados é que dão sustentação à ação da digoxina sobre o diafragma.

Drogas beta-2 adrenérgicas

Doses elevadas de adrenalina são capazes de aumentar *in vitro* a força do músculo esquelético, a qual pode ser inibida pela adição de propranolol ao banho.[133] Em pacientes com DPOC, o uso de terbutalino, três vezes ao dia por via oral, não mostrou qualquer ação sobre a força máxima de diafragma não-fatigado, tendo o mesmo ocorrido com cães.[134] No entanto, quando terbutalina foi administrada endovenosamente, em doses duas vezes a terapêutica, a cães que previamente tiveram o seu diafragma fatigado,[135] houve aumento na tensão de contração, quando o nervo frênico era estimulado com baixas e altas freqüências. A ação podia ser revertida pelo uso de propranolol. Fenoterol também foi capaz de aumentar a contratilidade de diafragma fatigado de cães, sendo a ação abolida com o inibidor de cálcio verapamil, sugerindo que o influxo de cálcio pode ter uma participação nesse mecanismo.

Antioxidantes

Radicais livres derivados de oxigênio podem ser uma fonte potencial de lesão direta às fibras do diafragma. Ânions superóxidos e peróxido de hidrogênio podem ser produzidos sob várias condições, e a taxa de produção pelo próprio músculo pode aumentar com a contração diafragmática. Já foi demonstrado que a *N*-acetilcisteína é efetiva em diminuir a taxa de desenvolvimento de fadiga diafragmática em coelhos, mas ela não apresentou efeito na recuperação do diafragma já fatigado. *Scavengers* específicos para radicais livres, polietileno glicol superóxido dismutase (PEG-SOD) e dimetilsulfóxido (DMSO) levaram a menor taxa de fadiga diafragmática ao serem incubados *in vitro*. Depleção aguda ou crônica de glutationa em ratos em repouso não demonstrou qualquer alteração, no entanto, quando os ratos eram submetidos à inspiração contra uma resistência, alteração significativa da função diafragmática se desenvolveu. O mesmo ocorreu com ratos deficientes em vitamina E e submetidos a exercícios intensos.

Os estudos acima descritos mostram que a ação das variadas classes de fármacos sobre a força e a *endurance* dos músculos respiratórios é conflitante. Parece haver uma certa ação positiva sobre a contratilidade do diafragma, mas em várias dessas observações a dose empregada era acima da dose terapêutica. Por outro lado, experimentos bem-delineados, em animais e humanos, mostram uma efetiva ação quando o diafragma está fatigado, levando a crer que possa existir uma ação específica dessas drogas sobre condições musculares especiais.

LINHAS DE PESQUISA PARA OS PRÓXIMOS ANOS

Um dos avanços mais importantes no estudo dos músculos respiratórios foi a recente demonstração de que o diafragma é capaz de expressar fenômenos adaptativos frente a situações de sobrecarga crônica. Em pacientes com DPOC, esses fenômenos podem coexistir com a atrofia ou com outras alterações de índole degenerativa e compensar os efeitos mecânicos e metabólicos deletérios da doença. Por isso, em um futuro imediato, provavelmente a investigação sobre o diafragma se direcione para dois grandes aspectos. Por um lado, a busca de técnicas fisiológicas simples e idealmente não-invasivas que permitam detectar precocemente o risco de desenvolver fadiga e insuficiência ventilatória. É provável, sobretudo em pacientes críticos, que essas técnicas sejam de tipo neurofisiológico, com análise automatizada do sinal. Outras alternativas promissoras são a análise da função diafragmática com variáveis obtidas por técnicas de imagem (ultra-sonografia, vibromiografia). O desenvolvimento e o aperfeiçoamento dessas técnicas têm especial interesse para avaliar os efeitos de diversas medidas de intervenção terapêutica (p. ex., fisioterapia, terapia nutricional, terapia gênica, fármacos anabolizantes ou hormonoterapia) sobre a estrutura e a função do músculo. Uma área de interesse potencial, ainda que não relacionada com a patologia médica, é o papel que o treinamento dos músculos respiratórios pode ter em outras circunstâncias como o rendimento de esportistas de elite.

Em segundo lugar, uma nova linha de investigação inclui a aplicação das ciências básicas para definir os efeitos da sobrecarga muscular (crônica ou aguda) sobre a estrutura e função do diafragma. Isso implica o estudo do diafragma aos níveis celular, subcelular e molecular. Nesse sentido, serão de especial interesse os trabalhos que permitam interpretar as causas e os efeitos da lesão celular e os fenômenos subseqüentes da remodelação muscular. Entre outros, se permitirão avaliar os papéis da fisioterapia, o treinamento específico dos músculos respiratórios ou a administração de alguns fármacos (anabolizantes, beta-adrenérgicos etc.). Finalmente, estudos genéticos permitirão definir o substrato sobre o qual a sobrecarga inerente a doença respiratória atua para expressar um determinado fenótipo no diafragma.

REFERÊNCIAS BIBLIOGRÁFICAS

1. Rochester DF. The diaphragm contractile properties and fatigue. *J Clin Invest* 1985;75:1397–1402.
2. Loring SH, Detroyer A. Actions of the respiratory muscles. *In* Roussos C, Macklem PT (eds). The Thorax, part A. New York, Marcel Dekker, 1986, pp 327–349.
3. Sieck GC. Physiological effects of diaphragm denervation and disuse. *In* Respiratory dysfunction in neuromuscular disease. *Clin Chest Med* 1994;15:619–639.
4. Roussos CH, Macklem PT. The respiratory muscles. *N Engl J Med* 1982;307:786–797.
5. Macklem PT, Roussos CS. Respiratory muscle fatigue: A cause of respiratory failure?. *Clin Sci Mol Med* 1977;53:419–422.
6. Detroyer A, Sampson M, Sigrist S, *et al.* The diaphragm: Two muscles. *Science* 1981;213:237–238.
7. Gibson GJ. Diaphragmatic paresis: Pathophysiology, clinical features and investigation. *Thorax* 1989;44:960–970.
8. Detroyer A, Sampson M, Sigrists S *et al.* Action of the costal and crural parts of the diaphragm on the rib cage in dog. *J Appl Physiol* 1982;53:30–39.
9. Whitelaw WA. Shape and size of the human diaphragm in vivo. *J Appl Physiol* 1987;62:180–186.
10. Mittal RK, Rochester DF, Mccallum RW. Electrical and mechanical activity in the lower human esophageal sphincter during diaphragmatic contraction. *J Clin Invest* 1988;81:1182–1189.
11. Arora NS, Rochester DF. Effect of body weight and muscularity on human diaphragm muscle mass, thickness and area. *J Appl Physiol* 1982;52:64–70.
12. Rochester DF. Respiratory muscles: structure, size and adaptive capacity. In: Jones NL, Killian KJ. eds. breathlessness, *The Campbell Symposium*. 1992, pp 2–12.
13. Caskey CI, Zerhouni EA, Fishman EK, Rahmouni AD. Aging of the diaphragm: a CT study. *Radiology* 1989;171:385–389.
14. Orozco–Levi M, Molina LI, Felez M, Gea J, Tous F, Broquetas JM. Ultrasonographic assessment of the human diaphragm contraction. *Eur Respir J* 1995;8:190s.
15. Bate-Smith EC, Bendall JR. Rigor mortis and adenosin-triphosphate. *J Physiol* 1947;106:177–185.
16. Comtois A, Gorczyca W, Grassino A. Anatomy of the diaphragmatic circulation. *J Appl Physiol* 1987;62:238–244.

17. Supinsky G, Dimarco A, Ketai L, *et al.* Reversibility of diaphragm fatigue by mechanical hyperperfusion. *Am Rev Respir Dis* 1988;138:604–609.
18. Bellemare F, Grassino A. Force reserve of the diaphragm in patients with chronic obstructive pulmonary disease. *J Appl Physiol* 1983;55:8–15.
19. Bruce EN. Reflex changes in diaphragmatic excitation by displacement of the diaphragm. *Am Rev Respir Dis* 1979:119:61–63.
20. Jammes Y, Buchler B, Delpierre S, *et al.* Phrenic afferents and their role to inspiratory control. *J Appl Physiol* 1986;60:854–860.
21. Galdiz J, Comtois N, Salazkin I, Sinderby C, Grassino A. Different drive to left and right diaphragm. *Am J Respir Crit Care Med* 1995;151:A585.
22. Serisier DE, Mastaglia FI, Gibson GJ. Respiratory muscle function and ventilatory control. I. In patients with motor neurone disease. II. In patients with myotonic distrophy. *Q J Med* 1982;51:205–226.
23. Edwards RHT, Faulkner JA. Structure an function of the respiratory muscles. *In* The Thorax. Roussos C, Macklem PT. Eds. Marcel Dekker, N.Y. 1986, pp 297–326.
24. Dubowitz V, Brooke MH. Muscle biopsy: A modern approach. *In* Major Problems in Neurology. V. Dubowitz y MH. Brooke Eds. London: Saunders, 1973: pp. 74–85.
25. Brooke MH, Engels WK. The hystographic analysis of human biopsies with regard to fibre types. 1. Adult male and female. *Neurology* 1969;19:221–233.
26. Brooke MH, Kaiser KK. Three "myosin adenosine triphosphatase" systems: the nature of their pH lability and sulfhydril dependence. *J Histochem Cytochem* 1970;18:670–672.
27. Epstein SK. An overview of respiratory muscle function. *In* Belman MJ. Ed. Respiratory muscle dysfunction in neuromuscular disease. *Clin Chest Med* 1994;15:619–639.
28. Farkas GA, Roussos C. Adaptability of the hamster diaphragm to exercise and/or emphysema. *J Appl Physiol* 1982;53:1263–1272.
29. Gea J, Zhu E, Comptois N, Grassino A. Effects of abdominal impedance on diaphragmatic twitches. *Am J Respir Crit Care Med* 1995;151:A415.
30. Farkas GA, Roussos C. Diaphragm in emphysematous hamsters: sarcomere adaptability. 1983;54:1263–1272.
31. Orozco-Levi M, Gea J, Aguar MC, Felez M, Lloreta J, Minguella J, Broquetas JM. Ultrastructural changes in the diaphragm of COPD patients: sarcomere adaptability. *Am J Respir Crit Care Med* 1995;151:A806.
32. Similowsky T, Yan S, Gaithier AP, Macklem PT. Contractile properties of the human diaphragm during chronic hyperinflation. *N Engl J Med* 1991;325:917–923.
33. Sharp JT, Druz WT, Kondragunta VR. Diaphragmatic responses to body position changes in obese patients with obstructive sleep apnea. *Am Rev Respir Dis* 1986;133:32–37.
34. Casan P, Mayos M. Determinación de las presiones respiratorias estáticas máximas. Propuesta de procedimiento. *Arch Bronconeumol* 1990;26(5):223–228.
35. Rochester DF, Arora NS. Respirator muscle failure. *Med Clin North Am* 1983;67:573–397.
36. Laporta D, Grassino A. Assessment of transdiaphragmatic pressures in humans. *J Appl Physiol* 1985;58(5):1469–1476.
37. Gea J, Orozco-Levi M, Aguar MC, Aran X, Sauleda J, Broquetas JM. Modificación de la maniobra de sniff para la determinación de la Pdi máxima en pacientes conectados a circuitos respiratorios externos. *Arch Bronconeumol* 1993;29:168–170.
38. Gea J, Aran X, Orozco-Levi M, Sauleda J, Aguar MC, Broquetas JM. Comparación entre los diversos métodos de evaluación de la presión transdifragmática: Utilidad en pacientes con EPOC. *Arch Bronconeumol* 1993;29:328–331 (c).
39. Laroche CM, Mier AK, Moxham JM, Gree M. The value of sniff oesophageal pressures in the assessment of global inspiratory muscle strength. *Am Rev Respir Dis* 1988;138:598–603.
40. Aran X, Gea J, Guiu R, Sauleda J, Aguar MC, Broquetas JM. Comparación de tres maniobras diferentes para la obtención de la presión transdiafragmática máxima. *Arch Bronconeumol* 1992;28:112–115.
41. Héritier F, Perret C, Lauenberger PH, Fitting JW. Assessment of inspiratory muscle strength by the sniff nasal inspiratory pressure (SNIP). *Am Rev Respir Dis* 1992;145:A257.
42. Mulvey DA, Elliot M, Kouloris NG, Carroll MP, Moxham J, Green M. Sniff oesophageal and nasopharyngeal pressures and maximal relaxation rate in patients with respiratory dyisfunction. *Am Rev Respir Dis* 1991;143:950–953.
43. Gea J, Espadaler JM, Guiu R, Aran X, Valls A, Sauleda J, Broquetas JM. Comparison between surface and oesophageal electrodes when recording diaphragmatic activity induced by magnetic cortical stimulation. *J Appl Physiol* 1993;74:655–658.
44. Aguar MC, Gea J, Gallart Ll, Orozco-Levi M, Broquetas JM. Expiratory maneouvres and respiratory muscle strength in healthy subjects. *Eur Respir J* 1994;7:340s.
45. Gallart Ll, Gea J, Aguar MC, Broquetas JM, Puig MM. Effects of interpleural bupivacaine on respiratory muscle strength and pulmonary function. *Anesthesiology* 1995;83:48–55.
46. Nickerson BG, Keens TC. Measuring ventilatory muscle endurance in humans as sustainable inspiratory pressure. *J Appl Physiol* 1982;52(3):768–772.
47. Martyn JB, Moreno RH, Paré PD, Pardy RL. Measurement of inspiratory muscle performance with incremental threshold loading. *Am Rev Respir Dis* 1987;135:919–923.
48. Moxham J, Edwards RHT, Aubier M, Detroyer A, Farkas G, Macklem PT, Roussos C. Changes in EMG power spectrum (high-to-low ratio) with force fatigue in humans. *J Appl Physiol* 1982;53:1094–1099.
49. Sinderby C, Lindström L, Grassino A. Automatic assessment of electromyogram quality. *J Appl Physiol* 1995;79:1803–1815.
50. Fiz JA, Comptois N, Salazkin I, Galdiz B, Morera J, Grassino A. Non invasive respiratory monitoring of diaphragm muscle with surface accelerometers animal model (dogs). *Eur Respir J* 1995;8:191s.
51. Murciano D, Aubier M. Leucoguic Y, *et al.* Effects of teophilline on diaphragm strength and fatigue in chronic obstructive pulmonary disease. *N Engl J Med* 1985;311:349–353.
52. Derenne JP, Macklem PT, Roussos C. The respiratory muscles: mechanics, control and physiopathology. Parts 1, 2 and 3. *Am Rev Respir Dis* 1978;118:119–133, 373–390, 581–601.

53. Cohen CA, Zagelbaum G, Gross D. Clinical manifestations of respiratory muscle fatigue. *Am J Med* 1982;73:308–316.
54. Aldrich TK. Central and transmission fatigue. *Semin Resp Med* 1991;12:322–330.
55. Aldrich TK. Respiratory muscle fatigue. *Clin Chest Med* 1998; 9:225–236.
56. Hill NS, Eveloff SE, Carlisle CC, *et al.* Efficacy of nocturnal nasal ventilation in patients with restrictive thoracic disease. *Am Rev Respir Dis* 1992;145:365–371.
57. Orozco-Levi M, Gea J, Lloreta J, Felez M, Minguella J, Serrano S, Broquetas JM. Subcellular adaptation of the human diaphragm in chronic obstructive pulmonary disease. *Eur Respir J* 1999;13:371–378.
58. Broquetas JM. Estructura y función de los músculos respiratorios en la EPOC: Efectos de la hipoxia, hiperoxia, hipercapnia, cambios posturales y ejercicio. Tesis Doctoral. Universidad Autónoma de Barcelona, 1992.
59. Begin P, Grassino A. Inspiratory muscle dysfunction and chronic hypercapnia in chronic obstructive pulmonary disease. *Am Rev Respir Dis* 1991;143:905–912.
60. Aran X, Gea J, Orozco-Levi M, Felez M, Broquetas JM. Endurance of the respiratory muscles impaired in patients with sleep apnea syndrome. *Am J Respir Crit Care Med* 1995;151:A809.
61. Aran X. El músculo respiratorio a la síndrome del apnea del son. Tesis Doctoral. Universidat Autónoma de Barcelona, 1992.
62. Sauleda J. Correlaciones entre la estructura de los músculos respiratorios y la función respiratoria. Tesis Doctoral, Universidad Autónoma de Barcelona, 1994.
63. Aguar MC. Estructura y función de los músculos respiratorios: Desarrollo de un modelo de biopsia ambulatoria. Tesis Doctoral. Universidad Autónoma de Barcelona, 1995.
64. Campbell JA, Hughes RI, Sahgal V, *et al.* Alterations in intercostal muscle morphology and biochemistry in patients with obstructive lung disease. *Am Rev Respir Dis* 1980;122:679–686.
65. Hards JM, Reid WD, Pardy RI, Paré PB. Respiratory muscle fiber morphometry: correlation with pulmonary function and nutrition. *Chest* 1990;97:1037–1044.
66. Steele RH, Heard BE. Size of the diaphragm in chronic bronchitis. *Thorax* 1973;28:55–60.
67. Thurlbeck WM. Diaphragm and body weight in emphysema. *Thorax* 1978;33:483–487.
68. Sanchez J, Derenne P, Debesse B, Riquet M, Monod H. Typology of the respiratory muscles in normal men and in patients with moderate chronic obstructive pulmonary diseases. *Bull Eur Physiopathol Respir* 1982;18:901–914.
69. Ishikawa S, Hayes JA. Functional morphometry of the diaphragm in patients with chronic obstructive pulmonary disease. *Am Rev Respir Dis* 1973;108:135–138.
70. Gollnik PD, Hermanssen L. Biochemical adaptations to exercise anaerobic metabolism. *Exercise Sport Sci Rev* 1973;1:1–43.
71. Saltin B, Henriksson J, Nygaard E, Andersen P. Fiber types and metabolic potentials of skeletal muscles in sedentary men and endurance runners. *Ann NY Acad Sci* 1977;301:3–29.
72. Orozco-Levi M, Gea J, Aguar MC, Corominas J, Minguella J, Broquetas JM. Capillary supply of the respiratory muscles in COPD: A sort of muscle adaptation? *Eur Respir J* 1996;9:A1585.
73. Howald H, Pette D, Simoneau JA, Uber A, Hoppeler H, Cerretelli P. Effect of chronic hypoxia on muscle enzymes activity. *Int J Sports Med* 1990;11(Suppl. 1):S10–S14.
74. Booth FW, Thomason DB. Mollecular and cellular adaptations of muscle in response to exercise: Perspectives of various models. *Physiological Reviews* 1991;71(2):541–585.
75. Aguar MC, Gea J, Orozco-Levi M, Pastó M, Minguella J, Corominas J, Broquetas JM. Structural changes and function of intercostal muscles in COPD patients. *Am J Respir Crit Care Med* 1995;151;A806.
76. Orozco-Levi M, Gea J, Sauleda J, Minguella J, Corominas JM, Broquetas JM. Structure of the *latissimus dorsi* muscle and respiratory function. *J Appl Physiol* 1995;78:1132–1139.
77. Hoppeler H. Exercise induced ultrastructural changes in skeletal muscle. *Int J Sports Med* 1986;7:187–204.
78. Orozco-Levi M, Gea J, Lloreta J, Minguella J, Broquetas JM. Mitochondria in the human diaphragm and pulmonary function. *Am Rev Respi Dis* 1994;149:A799.
79. Lloreta J, Orozco-Levi M, Gea J, Corominas JM, Serrano S. Selective diaphragmatic mitochondrial abnormalities in a patient with severe airflow obstruction. *Ultrastructural Pathology* 1996;20:67–71.
80. Gea J, Hamid Q, Comptois N, Grassino A. Expression of slow and fast myosin mRNA in canine diaphragm. *Eur Respir J* 1995;8:88s.
81. Hughes RI, Katz H, Sahgal V, Campbell JA, Harz R, Shields TW. Fiber size and energy metabolites in five separate muscles from patients with Chronic Obstructive Lung Disease. *Respiration* 1083;44:321–323.
82. Sanchez J, Brunet A, Medrano G, Debesse B, Derenne JP. Metabolic enzimatic activities in the intercostal and serratus muscles and in the latissimus dorsi of middle-aged normal men and patients with moderate obstructive pulmonary disease. *Eur Respir J* 1988;1:376–383.
83. Dudley GA, Tullson PC, Terjung RL. Influence of mitochondria content on the sensitivity of respiratory control. *J Biol Chem* 1987;262:9109–9114.
84. Galdiz J, Comtois N, Salazkin I, Grassino A. Role of rib cage muscle in preserving diaphragm function. *Eur Respir J* 1995;8:379s.
85. Orozco-Levi M, Gea J, Monells J, Aguar MC, Broquetas JM. Activity of the *latissimus dorsi* muscle during inspiratory threshol loads. *Eur Respir J* 1995;8:441–445.
86. Rochester DF, Braun NMT, Arora NS. Respiratory muscle strength in chronic obstructive pulmonary disease. *Am Rev Respir Dis* 1979;119:151–154.
87. Holloszy JO, Coyle EF. Adaptations of skeletal muscle to endurance exercise and their metabolic consequences. *J Appl Physiol* 1984;56:831–838.
88. Davies KJA, Packer L, Brooks GA. Biochemical adaptation of mitochondria, muscle and whole-animal respiration to endurance training. *Arch Biochem Biophys* 1981;209:539–554.
89. Constable SH, Favier RJ, Mclane JA, Fell Rd, Chen M, Holloszy JO. Energy metabolism in rat skeletal muscle: adaptation to exercise training. *Am J Physiol* 1987;253; *Cell Physiol* 22:C316–C322.
90. Molé PA, Oscai LB, Holloszy JO. Adaptation of muscle to exercise. Increase in levels of palmityl CoA synthetase, carnitin palmitil transferase, and palmityl CoA

dehydrogenase, and in the capacity to oxidize fatty acids. *J Clin Invest* 1971;50:2323–2330.

91. Takahashi M, Hood DA. Chronic stimulation-induced changes in mitochondria and performance in rat skeletal muscle. *J Appl Physiol* 1993;74:934–931.
92. Terjung RL. Muscle fiber involvement during training of different intensities and durations. *Am J Physiol* 1976;230:946–950.
93. Fitts RH, Booth FW, Winder WW, Holloszy JO. Skeletal muscle respiratory capacity, endurance and glycogen utilization. *Am J Physiol* 1975;228:1029–1033.
94. Gollnik PD, Armstrong RB, Saubert CW, Piehl K, Saltin B. Enzime activity and fiber composition in skeletal muscle of untrained and trained men. *J Appl Physiol* 1972;33:312–319.
95. Terrados N, Jansson E, Sylven C, Kaijser L. Is hypoxia a stimulus for synthesis of oxidative enzymes and myoglobin?. *J Appl Physiol* 1990;68:2369–2372.
96. Lai MM, Booth FW. Citochrome *c* and A-actin mRNA in muscles of rat fed GPA. *J Appl Physiol* 1990;69:843–848.
97. Kraus WE, Bernard TS, Williams RS. Interactions between sustained contractile activity and ß-adrenergic receptors in regulation of gene expression of skeletal muscles. 1989;256 (Cell Physiol, 25):C505–C514.
98. Williams RS, Caron MG, Daniel K. Skeletal muscle ß-adrenergic receptors: variations due to fiber type and training. *Am J Physiol* 1984; 246(Endocrinol Metab, 9): E160–E167.
99. Zeman RJ, Ludemann R, Easton RG, Ettinger J. Slow to fast alterations in skeletal muscle fibers caused by clenbuterol, a ß2-agonist. *Am J Physiol* 1988; 254 (Endocrinol Metab 17):E726–E732.
100. Orozco-Levi M, Lloreta J, Aguar MC, Minguella J, Broquetas JM, Gea J. Injury of the human diaphragm associated with exertion and chronic obstructive pulmonary disease. *Am J Respir Cir Care Med* 2001;164:1734–1739.
101. Ramirez-Sarmiento A, Orozco-Levi M, Barreiro E, Mendez R, Ferrer A, Broquetas JM, Gea J. Expiratory muscle endurance in COPD. *Thorax* (in press, nov. 2001).
102. Goldberg P, Roussos C. Assesment of respiratory muscle dysfunction in chronic lung disease. In: *Medical Clinics of North America*. 2000; 74, 3:643.
103. Roussos C, Filey M, Gross D *et al.* Fatigue of inspiratory muscles and their synergist behaviour. *J Appl Physiol* 1979;46:897.
104. Tobin MJ, Perez W, Guenther SM. The pattern of breathing during successful and unsuccessful trials of weaning from mechanical ventilation. *Am Rev Respir Dis* 1986;134:111.
105. Feltrim MIZ, Gastaldi A, Jardim JRB. Variação postural da PImax e PEmax em pacientes com DPOC. In: *Simpósio Internacional de Fisioterapia Respiratória*, 1992.
106. Loh L, Goldman M, Davis N. The assesment of diaphragm function. *Medicine* 1977;56(2):165.
107. Martucci RC. Estudos da configuração tóraco-abdominal de indivíduos normais nas posições sentada e supina respirando livremente e através de resistência linear. São Paulo, 1992. *J Pneumol* 1992; 18(3):93–100.
108. Cohn MA, Kao ASV, Broudy M *et al.* The respiratory inductive plethysmograph: a new non-invasive monitor of respiration. *Bull Eur Physiopathol Respir* 1982;18:643.
109. Homma I, Hagbarth KE. Thirotrophy of rib cage respiratory muscles in normal subjects. *J Appl Physiol* 2000 nov; 89(5):1753–8.
110. Aldrich TK, Adams JM, Arora NS, Rochester DF. Power spectral analysis of the diaphragm eletromyogram. *J Appl Physiol* 1983;54:1579.
111. Aubier M, Murciano D, Lecocguic Y *et al.* Bilateral phrenic stimulation: a simple technique to access disphragmatic fatigue in humans. *J Appl Physiol* 1985;58:58.
112. Decramer M, Kelly S, De Troyer A. Respiratory and postural changes in intercostals muscle length in supine dogs. *J Appl Physiol* 1986;60:1686–9.
113. Roussos CH, Macklem PT. Diaphragmatic fatigue in man. *J Appl Physiol Envir Exerc Physiol* 1977;43:189–193.
114. Bellemare F, Grassino A. Effect of pressure and timing of contraction on the blood flow of diaphragm. *J Appl Physiol* 1983.
115. Zocchi L, Fitting JW, Manjani N, Fracchia C, Rambulla C, Grassino A. Effects of pressure and timing of contraction on human rib cage muscle fatigue. *Am Rev Respir Dis* 1993;147:857–60.
116. Roussos, CH, Fixley M, Gross D, Macklem PT. Fatigue of the inspiratory muscles and their synergic behavior. *J Appl Physiol* 1979;46:897–900.
117. Rochester D. Respiratory muscle failure and respiratory failure. *Semin Respir Med* 1992;13:7.
118. Dobelle WH, D'Angelo MS, Goetz BF, Kiefer DG, Lalliev TJ, Lamb JI. Yazwinsky 200 cases with a new breathing pacemaker dispel myths about diaphragm poeing. *Asaio Journal* 1994; M244–M2521.
119. Krieger AJ, Gropper MR, Adler R. Electrophrenic respiration after intercostal to phrenic nerve anastomosis in a patient with anterior spinal artery syndrome: technical case report. *Neurosurgery* 1994;35:760–764.
120. Kramer GL, Wells JN. Xanthines and skeletal muscle; lack of relationship between phosphodiesterase inhibition and increase twitch tension in rat diaphragm. *Mol Pharmacol* 1980;17:73–78.
121. Sebastião AM, Ribeiro JA. On the adenosine receptor and adenosine inactivation at the rat diaphragm neuromuscular function. *Br J Pharmacol* 1988;94:109–120.
122. Wittman TA, Kelsen SG. The effect of caffeine on diaphragmatic muscle force in normal hamster. *Am Rev Respir Dis* 1982;126:499–504.
123. Jones DA, Howell S, Roussos C, Edwards RHT. Low frequency fatigue in isolated skeletal muscles and the effects of methylxanthines. *Clin Sci* 1982;126:499–504.
124. Lopes JM, Aubier M, Jardim JR, Aranda JV, Macklem PT. Effect of caffeine on skeletal muscle function before and after fatigue. *J Appl Physiol Respir Env Exerc Physiol* 1983;54:1303–1305.
125. Viires N, Aubier M, Murciano D *et al.* Effects of theophylline on isolated diaphragmatic fibers. *Am Rev Respir Dis* 1986;133:1060–1064.
126. Sigrist S, Thomas D, Howell S, Roussos CH. The effect of aminophylline on inspiratory muscle contractility. *Am Rev Respir Dis* 1982;126:46–50.
127. Moxham J, Miller J, Wiles CM *et al.* Effect of aminophylline on the human diaphragm. *Thorax* 1985;40:288–92.
128. Murciano D, Auclair MH, Pariente R, Aubier M. A randomized controlled trial of theophylline in patients

with severe chronic obstructive pulmonary disease. *N Engl J Med* 1989;320:1521–1525.

129. Aubier M, De Troyer A, Sampson M *et al.* Aminophylline improves diaphragmatic contractility. *N Engl J Med* 1989;311:349–53.

130. Aubier M, Viires N, Murciano D *et al.* Effects of digoxin on diaphragmatic strenght generation. *J Appl Physiol* 1986;61:1767–1774.

131. Aubier M, Murciano D, Viires N *et al.* Effects of digoxin on diaphragmatic strenght generation in patients with chronic obstructive pulmonary disease during acute respiratory failure. *Am Rev Respir Dis* 1987;135:544–8.

132. Sherman MS, Aldrich TK, Chandrhy I, Nagashima H. The effect of digoxin on contractility and fatigue of isolated guinea pig and rat hemidiaphragms. *Am Rev Respir Dis* 1988;138:1180–84.

133. Kentera D, Varagic UM. The effects of cyclic N-2.0. dibutyryl – adenosine 3′,5′ – monophosphate, adrenaline, and aminophylline on the isometric contractility of the isolated hemidiaphragm of the rat. *Br J Pharmacol* 1975;54:375–81.

134. Stoller JK, Wiedemann HP, Loke *et al.* Terbutaline and diaphragm function in chronic obstructive pulmonary disease: a double blind randomized clinical trial. *Br J Dis Chest* 1988;82:242.

135. Aubier M, Viires N, Murciano D *et al.* Effects and mechanism of action of terbutaline on diaphragmatic contractility and fatigue. *J Appl Physiol* 1984;56:922–29.

136. McGavin CR, Artvinli M, Naoe H, McHardy GDR. Dyspnoea, disability and distance walked: a comparison of estimates of exercise performance in respiratory disease. *BMJ*, 1978;2:241–3.

137. Butland RJA, Pang J, Gross ER, Woodcock AA, Gedds DM. Two, six and 12-minutes walking test in respiratory disease. *BMJ* 1982;284:1607.

138. Aldrich TK. Respiratory muscle fatigue. *Clin Chest Med* 1988;9:225–236.

24 Transporte Mucociliar no Paciente Intubado

Ada Clarice Gastaldi

As vias aéreas inferiores são forradas por um epitélio pseudo-estratificado cilíndrico ciliado que produz muco constantemente. O sistema mucociliar, composto pelos cílios, líquido periciliar e muco, funciona como uma barreira, constituindo um importante mecanismo de defesa do sistema respiratório.

Produtos de degradação celular e substâncias inaladas depositadas no muco presente nas vias aéreas inferiores são continuamente movidos no sentido cefálico pelo movimento produzido pelos cílios, chamado de depuração mucociliar. No final, o muco, juntamente com as substâncias aprisionadas, é deglutido ou eliminado pela tosse.[1] Em pacientes intubados, o muco deve ser eliminado através de aspiração, pois a presença da sonda endotraqueal impossibilita os mecanismos naturais de tosse ou deglutição.

Uma diminuição no transporte mucociliar pode levar à retenção de muco, condição que predispõe a colonização bacteriana e pode resultar em pneumonia, complicação freqüente nos pacientes com vias aéreas artificiais e ventilação mecânica.[2]

Muitos fatores podem afetar a depuração mucociliar. Entre esses fatores, alguns são fisiológicos, como idade, postura, sono e exercício, enquanto outros são patológicos, podendo provocar alterações aguda ou cronicamente. A agressão pela fumaça de cigarro e de partículas poluentes é a causa mais comum de agressão ao sistema respiratório. No paciente intubado, destacam-se a ação de drogas, a pressão na parede traqueal pelo balonete, a incisão cirúrgica,[3] as altas concentrações de oxigênio, o trauma da mucosa traqueal por ação de aspirações, a umidificação inadequada dos gases inspirados, a infecção do trato respiratório e a ativação de mediadores inflamatórios.[4]

Há métodos para estudos da depuração mucociliar *in vitro* e *in vivo*. A observação do transporte, *in vitro*, pode ser realizada através do método do palato de rã, enquanto a observação direta, *in vivo*, pode ser realizada através da inalação de partículas de radioaerossol. Em animais, a velocidade de transporte do muco traqueal, em mm/min, pode ser determinada pela observação direta do movimento de partículas marcadas com o auxílio de broncoscopia.[5] Uma dificuldade relativa ao estudo da depuração mucociliar é a diversidade entre os métodos de investigação, o que, até este momento, permite inferir que nenhum dos métodos é ainda o ideal. Esses problemas metodológicos levam a dificuldades na interpretação e comparação de resultados publicados na literatura.[6-8]

PRODUÇÃO E COMPOSIÇÃO DO MUCO

A secreção respiratória é produzida por células mucosas da superfície do epitélio, chamadas de *goblet cells,* ou células caliciformes, e por células mucosas e serosas da submucosa, localizadas no tecido conjuntivo, entre a superfície do epitélio e a cartilagem.

As secreções das *goblet cells* são lançadas diretamente na luz das vias aéreas, enquanto as secreções das células submucosas são transportadas até a superfície da luz através de dutos glandulares.

A secreção do muco (epifase gel) é produto das glândulas submucosas e das *goblet cells*, enquanto o líquido periciliar (hipofase sol) pode ser originado a partir de células epiteliais brônquicas, células bronquiolares e alveolares, ou pode, ainda, ser resultado do transporte ativo de água e íons através da membrana epitelial.

As glândulas submucosas estão sob controle do sistema nervoso parassimpático, enquanto as *goblet cells* parecem secretar sob a ação de estímulos locais diretos. O muco distribui-se como uma fina camada ao longo do epitélio, com uma espessura aproximada de 5 micrômetros. A camada de muco é descontínua, enquanto o líquido periciliar forra continuamente o trato respiratório.

O muco respiratório é uma mistura complexa de macromoléculas, incluindo proteínas, glicoproteínas, lipídios, eletrólitos, sendo 95% água. O responsável pela viscosidade do muco é uma glicoproteína de alto peso molecular, denominada mucina, que corresponde de 1 a 2% de sua composição. As mucinas são secretadas pelas células mucosas, sendo glicoproteínas altamente heterogêneas, consistindo em um filamento protéico ao qual estão ligadas pequenas cadeias laterais de polissacarídeos.

Entram na composição do muco substâncias antioxidantes, proteases, antiproteases, tampões, imunoglobulinas (IgA secretora, IgG, IgM), enzimas capazes de interagir com microrganismos, tais como lisozima, lactoferrina e peroxidases diversas, e, também, antileucoprotease, proteínas ricas em prolina, albumina e outras proteínas. Há também eletrólitos, tais como o sódio e o cloro, que são os principais, o potássio, o magnésio e o cálcio.

O muco patológico, ou escarro, é composto, além de muco normal, de produtos inflamatórios, bactérias e seus produtos, e material de extravasamento capilar, como albumina e outras proteínas sangüíneas.[1,9]

ESTRUTURA E MOVIMENTO CILIAR

O complexo ciliar é composto pelo corpúsculo basal e pelo cílio propriamente dito. O corpúsculo basal é constituído por uma estrutura centríolo-semelhante, mas que possui um componente ortogonal, perpendicular à superfície celular, que dá origem ao cílio.

O cílio é formado por dois microtúbulos centrais circundados por nove pares de microtúbulos, sendo todo o conjunto envolvido pela membrana plasmática. Entre os dois microtúbulos centrais e cada um dos grupamentos laterais existe um braço protéico comunicante, que permite a manutenção da integridade ciliar, apesar da movimentação. Cada dupla de microtúbulos laterais é composta por duas subunidades: a subunidade A, com 13 protofilamentos de tubulina, e a subunidade B, com 10-11 protofilamentos de tubulina. É na subunidade B que se encontram os sítios para ligação da ATPase dineína, sendo um deles, o mais cranial, relacionado à ligação do ATP, e o mais caudal relacionado com a ligação do ADP, de modo que o fornecimento de grupamentos fosfato de alta energia determina o movimento de deslizar, que provoca o batimento ciliar. Além disso, os íons cálcio são bastante importantes para esse movimento, pois, como nas fibras musculares, parece haver um sítio de ligação de cálcio, que torna mais susceptível a ação da ATPase, que se origina na subunidade A.[8,10]

O muco é propelido pelo movimento ciliar. O cílio inicia seu movimento a partir da posição de repouso para cima e para a frente, e retornando para baixo e para trás. Este último é chamado de recuperação e é realizado próximo à superfície celular. A fase de recuperação ocupa ¾ de todo o tempo do ciclo. Esse movimento é seguido por uma fase de batimento efetivo, durante a qual o cílio se move perpendicularmente à superfície epitelial.

No epitélio normal, todas as bases ciliares têm o mesmo alinhamento, e o batimento efetivo ocorre aproximadamente na mesma direção, na tarefa de propelir o muco na direção cefálica.

O cílio move-se na camada periciliar, cuja profundidade é pouco menor que o comprimento ciliar. Isso significa que apenas as pontas dos cílios penetram no muco na fase de batimento efetivo e retornam pela camada periciliar, sem tocar o muco. Portanto, a espessura da camada periciliar é crítica para a propulsão efetiva do muco.

O movimento ciliar obedece a uma organização rígida, para que o muco seja propelido de forma eficiente e na direção correta. O movimento é coordenado em uma mesma célula e entre células vizinhas, provavelmente pela transmissão mecânica do impulso gerado pelo batimento de um cílio ao cílio vizinho, formando uma onda que fragmenta o muco e o transporta na direção cefálica.[11,12]

Em humanos, a freqüência de batimento ciliar nos brônquios é 7,1 ± 1,29 Hz, em média, e nos bronquíolos, de 4,6 ± 1,39 Hz.[13]

PROPRIEDADES REOLÓGICAS DO MUCO

A eficiência da depuração mucociliar depende de três fatores: a magnitude do batimento ciliar, determinada pelo comprimento e densidade dos cílios e pela freqüência de batimento; a quantidade de muco presente, expresso como a profundidade média ou a taxa de secreção de muco; as propriedades viscoelásticas do muco.[14]

Um modelo simples de análise do transporte mucociliar sugere que duas variáveis são necessárias: uma representando a impedância mecânica e a outra representando a dissipação de energia. Numa série de estudos com amostras de muco, elasticidade e viscosidade são altamente correlacionadas, e ambas representam a impedância mecânica (que é o módulo da soma vetorial multiplicada pela freqüência). A dissipação de energia é proporcional à relação viscosidade/elasticidade a uma determinada freqüência (em um experimento dinâmico).[15,16]

O muco respiratório é um material viscoelástico com viscosidade não-newtoniana (não linear) e propriedades tixotrópicas (fluxo tempo-dependente).

O muco exibe características de líquido (viscosidade) e sólido (elasticidade). Viscosidade é a resistência ao fluxo e representa a capacidade de um material absorver energia quando em movimento. Elasticidade é a capacidade de um material armazenar a energia utilizada para movê-lo ou deformá-lo. Como um gel viscoelástico, o muco responde à aplicação de uma força não como sólido nem como líquido.

Outra propriedade importante é a *spinability*, que caracteriza a capacidade do muco de se distender sob o efeito de tração, demonstrando suas forças de coesão interna e elasticidade.

O muco é não-newtoniano e comporta-se como um líquido pseudoplástico, cuja viscosidade diminui à medida que a força aplicada aumenta. A relação entre a tensão aplicada e a deformação não é linear. Para o transporte ciliar, isso quer dizer que quanto maior a força exercida pelo batimento ciliar continuadamente, mais fácil será o movimento de muco.[17]

Além dessas propriedades reológicas, o muco respiratório possui propriedades de superfície, como adesividade e *wettability*. Essas características físicas determinam a capacidade do muco de proteger, hidratar e lubrificar o epitélio das vias aéreas e são, atualmente, consideradas tão ou mais importantes que as propriedades reológicas, porém a sua relação com o transporte necessita ser mais bem estudada, sendo relacionadas principalmente com o transporte por tosse.[8,9,14,15]

TRANSPORTE MUCOCILIAR

O transporte mucociliar é claramente dependente da viscoelasticidade do muco. Estudos realizados pelo método do palato de rã, que permite entender separadamente os efeitos das propriedades físicas do muco e de outros fatores que controlam a depuração, mostraram que: o muco deve ser viscoelástico, isto é, deve ter o comportamento tanto de viscosidade quanto de elasticidade; o transporte mucociliar ótimo ocorre dentro de uma faixa intermediária de propriedades viscoelásticas, isto é, se o muco for muito fluido ou muito espesso, o transporte pelo cílio ocorre ou não ocorre na sua faixa ótima.[14,15,18,19]

À medida que o muco se torna mais rígido, isto é, a sua impedância mecânica aumenta, mais energia ciliar é necessária para movê-lo. Para uma determinada impedância, à medida que a relação viscosidade/elasticidade aumenta, o transporte ciliar diminui, uma vez que a maior fração da energia ciliar é perda friccional e não movimento de muco.[14,15,20]

FATORES FISIOLÓGICOS QUE AFETAM A DEPURAÇÃO MUCOCILIAR

Idade

Alguns resultados indicam que a freqüência de batimento ciliar diminui com o aumento da idade, diminuindo, conseqüentemente, a velocidade de transporte mucociliar. No entanto, questões metodológicas, como poucos sujeitos presentes no estudo, mantêm ainda o debate sobre o assunto.[8]

Postura

A postura pode influenciar a depuração mucociliar. Apesar das discussões a respeito do efeito da gravidade, os resultados indicam que a gravidade não auxilia a depuração mucociliar em sujeitos saudáveis, enquanto pode melhorar o transporte em pacientes cuja depuração mucociliar está prejudicada. Os resultados de estudos com drenagem postural têm resultados controversos, mas são relatados benefícios apenas quando há grandes quantidades de muco ou quando há baixa adesividade.[8,9]

Exercício

Um aumento da depuração mucociliar foi observado durante o exercício em sujeitos normais e com doença pulmonar hipersecretiva crônica. Permanece ainda a discussão sobre o mecanismo, provavelmente relacionado ao aumento da ventilação.[8]

FATORES ANORMAIS QUE AFETAM A DEPURAÇÃO MUCOCILIAR NO PACIENTE INTUBADO

Pressão do balonete

Tubos endotraqueais com balonete dos tubos traqueais infláveis exercem pressão significativa na parede endotraqueal. Essa pressão pode levar a um dano epitelial e diminuir a velocidade de transporte do muco traqueal, que é um índice de depuração mucociliar. A velocidade de transporte do muco traqueal diminuiu substancialmente com tubos com balonete do que com tubos sem balonete, portanto, não exercendo pressão na parede traqueal, tiveram pouca interferência no transporte.[21]

Para se ter uma idéia da magnitude dessa diminuição da velocidade de transporte do muco traqueal, as medidas em animais, após 3 horas de intubação, caíram de 8,2 ± 1,9 mm/min para 2,7 ± 1,6 mm/min.[4]

Com o objetivo de minimizar a diminuição da depuração mucociliar, um novo modelo de balonete foi desenvolvido e testado em ovelhas. Os autores desenvolveram um tubo endotraqueal ultrafino, com menor resistência ao fluxo aéreo que os tubos endotraqueais convencionais. O balonete foi substituído por um modelo capaz de produzir vedação sem utilização de pressão, posicionado em nível da glote, construído com 12-20 camadas de um filme fino de poliuretano, capaz de evitar o escape de ar e a aspiração de líquido gástrico ou secreção proveniente de vias aéreas superiores. O estudo mostrou uma diferença significativa na velocidade de transporte de muco traqueal após intubação quando comparou esse novo modelo com o balonete convencional, de baixa pressão e alta complacência.[4]

O mecanismo pelo qual o transporte de muco é diminuído após a insuflação de balonetes de tubos convencionais não é claro. Há hipóteses em discussão, como o aumento crítico da espessura da camada de muco, impedindo a propagação da onda de muco; um reflexo neurogênico secundário a distensão mecânica da traquéia, afetando a secreção de muco ou a atividade ciliar.

A lesão direta do muco pela pressão do balonete é o mecanismo menos provável, pois os métodos de medida avaliaram o transporte de muco na traquéia distal, enquanto o balonete foi insuflado na traquéia proximal.

Alguns serviços recomendam alguns procedimentos com o balonete, como a utilização de baixa pressão de insuflação, desinsuflação de horário, desinsuflação durante cada aspiração ou a manutenção de um vazamento de gás audível durante a inspiração. Essas práticas são capazes de diminuir a lesão traqueal pela pressão exercida sobre a sua parede, mas não há dados mostrando que essas práticas são capazes de diminuir seus efeitos sobre o transporte mucociliar.[22]

Umidificação

O condicionamento do ar inspirado (aquecimento, umidificação e filtração) ocorre no trato respiratório superior. As vias aéreas superiores são responsáveis pela liberação de gás a aproximadamente 32°C e umidade relativa de mais de 90% para o trato respiratório inferior. O trato respiratório inferior eleva um pouco mais a temperatura do gás até a temperatura corporal e a umidade relativa a 100%.

Em condições normais, esses níveis de temperatura e umidade relativa são atingidos até a segunda geração de brônquios. No entanto, no paciente intubado, a superfície de condicionamento do trato superior deixa de realizar o condicionamento, o que faz com que o gás atinja as condições de temperatura e umidade em regiões inferiores. Essas condições são tanto piores quanto mais inadequada for a administração de gases.

A temperatura e umidade necessárias para manter adequadas condições nas vias aéreas de pacientes intubados são temperaturas entre 32 e 34°C com 95 a 100% de umidade relativa. Se esses níveis normais não são atingidos, o trato respiratório será forçado a compensar com maior gasto energético, ou, em casos piores, não será capaz de compensar e haverá lesão da árvore traqueobrônquica.[23]

A liberação de gases com temperatura e umidade acima ou abaixo dos níveis normais pode causar problemas. A magnitude do problema e a avaliação das necessidades deverão variar com o tempo de intubação, a temperatura corporal e a presença ou não de doença respiratória.

Os efeitos adversos da inadequada umidificação serão proporcionais à duração da exposição. Pode haver alterações da mucosa traqueobrônquica, incluindo destruição ciliar, degeneração citoplasmática e nuclear, descamação celular, ulceração da mucosa, hiperemia, inflamação e cilioestase. Os efeitos fisiológicos dessa lesão estrutural incluem aumento da viscosidade do muco, retenção de secreções, aumento da resistência de vias aéreas, diminuição da complacência pulmonar e atelectasia.[25,26]

Da avaliação dessas condições e da qualidade do muco que está sendo eliminado dependerá a escolha do tipo de umidificador. Há uma regeneração da atividade ciliar e da mucosa quando a ventilação é inferior a um período de 6 horas. Os umidificadores do tipo passivo demonstraram ser eficazes para a manutenção das propriedades de transporte do muco por um período de até 72 horas, mas, nas 72 horas, demonstram uma tendência a piora no transporte de secreções,[27] sendo recomendado o uso de umidificadores do tipo ativo para ventilação por maiores períodos de tempo.

Inalação de oxigênio

A inalação de oxigênio tem efeito sobre a freqüência de batimento ciliar que é tempo e dose-dependente.

A inalação de oxigênio a 21, 60 e 95% de oxigênio provocou aumento progressivo na atividade ciliar nas primeiras 2 horas de exposição. A 21% a freqüência de batimento ciliar passou de 10,2 a 10,4 Hz; a 60%, de 9,7 a 10,2 Hz; e a 95%, de 9,5 a 12,1 Hz. Após 2 horas de exposição, todas as frações inspiradas mostraram uma diminuição progressiva na freqüência de batimento ciliar.[28]

A exposição de recém-nascidos a 80% de fração inspirada de oxigênio mostrou cilioestase após 48-96 horas.[29] Não há dados que nos permitam definir qual o momento exato em que a atividade ciliar cessa, mas está claro que a exposição prolongada tem um efeito depressivo progressivo.

O mecanismo pode estar associado a uma diminuição da energia ciliar ou à toxicidade direta do oxigênio em nível celular após a exposição prolongada, mas são necessários estudos para definir o mecanismo exato.

Infecção

A depuração mucociliar é dependente das propriedades reológicas do muco. A infecção respiratória pode afetar a composição bioquímica do muco e, conseqüentemente, alterar suas propriedades de transporte.

O muco de aparência purulenta possui maior viscosidade e menor transporte ciliar quando comparado com o muco de aparência mucóide. Quanto à elasticidade, o muco de aparência purulenta possui menor recolhimento elástico e menor transporte ciliar quando comparado com o muco de aspecto mucóide.[9,30]

Além da característica, o aumento da quantidade de muco pode tornar o sistema ciliar insuficiente, com diminuição da velocidade de transporte e a formação de um círculo vicioso, com retenção de secreção e infecção.

A presença de bactérias ou de outros agentes patogênicos mantém a inflamação e agressão da mucosa local, diminuindo o transporte ciliar, podendo chegar à completa destruição do epitélio ciliado.

Drogas

As drogas mucoativas são aquelas que têm, como ação primária, a capacidade de modificar a produção, a secreção e a composição do muco e/ou a sua interação com o epitélio mucociliar. Sua ação ainda é controversa e discutida na literatura, embora algumas drogas existam há muitos anos. Destacam-se os compostos tiólicos, os derivados de alcalóide, os compostos iodados, a amilorida inalatória, a acetilcisteína e a alfa-dornase. Há sugestões também de uma melhora do transporte mucociliar com alguns antibióticos.[1,15]

A água e a solução salina são amplamente difundidas, porém não existem dados que mostrem que a ingestão oral de água ou a administração endovenosa de líquidos em pacientes normoidratados tenham efeitos sobre a reologia ou o transporte de muco.[31] A administração tópica de solução salina isotônica e hipertônica aumenta o transporte mucociliar em pacientes hipersecretivos crônicos.[26,32]

A anestesia tem um efeito negativo no transporte ciliar. Diminuição da freqüência de batimento ciliar é a possível causa dessas alterações sobre o transporte mucociliar, pois o muco coletado de pacientes durante cirurgia é transportado com a mesma velocidade do muco coletado de voluntários no modelo do palato de rã, não sendo observadas alterações nas propriedades reológicas do muco após anestesia. Há possíveis alterações relacionadas com a inalação de gases sem a adequada umidificação, conforme relatado anteriormente.

As propriedades reológicas foram alteradas, provocando diminuição do transporte ciliar após a administração de atropina.[33]

REFERÊNCIAS BIBLIOGRÁFICAS

1. Jardim JRB, Gastaldi AC, Peres D, Oliveira JCA. Produção e transporte de muco e drogas mucoativas. *Pneumologia, Atualização e Reciclagem*. Rio de Janeiro: Atheneu, 1999, pp 10–19.
2. Houtmeyers E, Gosselink R, Gayan-Ramirez G, Decramer M. Effects of drugs on mucus clearance. *Eur Respir J* 1999;14:452–467.
3. Rivero DHRF, Lorenzi-Filho G, Pazetti R, Jatene FB, Saldiva PHN. Effects of bronchial transection and reanastomosis on mucociliary system. *Chest* 2001;119:1510–1515.
4. Trawoger R, Kolobow T, Cereda M, Sparacino MH. Thracheal mucus velocity remains normal in healthy sheep intubated with a new endotracheal tube with a novel laryngeal seal. *Anesthesiology* 1997;86:1140–1144.
5. King M. Experimental models for studying mucociliary clearance. *Eur Respir J* 1998;11:222–228.

6. Puchelle E, Zahm JM, Girard F, Bertrand A, Polu JM, Aug F, Sadoul P. Mucociliary transport in vivo and in vitro. *Eur Respir J* 1980;61:254–264.
7. Macchione M, Guimarães ET, Saldiva PHN, Lorenzi-Filho G. Methods for studying respiratory mucus ad mucus clearance. *Braz J Med Biol Res* 1995;28:1347–1355.
8. Houtmeyers E, Gosselink R, Gayan-Ramirez G, Decramer M. Regulation of mucociliary clearance in health and disease. *Eur Respir J* 1999;13:1177–1188.
9. Girod S, Zahm JM, Plotkowski C, Beck G, Puchelle E. Role of the physicochemical properties of mucus in the protection of the respiratory epithelium. *Eur Respir J* 1992;5:477–487.
10. Saldiva PHN. Aparelho mucociliar: aspectos funcionais e métodos de estudo. *J Pneumologia* 1990;16:161–170.
11. Yeates DB, Aspin N, Levison H, Jones MT, Bryan AC. Mucociliary tracheal transport rates in man. *J Applied Physiol* 1975;39:487–495.
12. Liote H, Zahm JM, Pierrot D, Puchelle E. Role of mucus and cilia in nasal mucociliary clearance in healthy subjects. *Am Rev Respir Dis* 1989;140:132–136.
13. Clary-Meisnesz C, Mouroux J, Huitorel P, Cosson J, Schoevaert D, Blaive B. Ciliary beat frequency in human bronchi and bronchioles. *Chest* 1997;111:692–697.
14. King M, Gilboa A, Meyer FA, Silberberg A. On the transport of mucus and its rheologic simulants in ciliated systems. *Am Rev Respir Dis* 1974;110:740–745.
15. King M. Interrelation between mechanical properties of mucus and mucociliary transport: effect of pharmacological interventions. *Biorheology* 1979;16:57–68.
16. Rubin BK, Ramirez O, Zayas JG, Finegan B, King M. Collection and analysis of respiratory mucus from subjects without lung disease. *Am Rev Respir Dis* 1990;141:1040–1043.
17. Puchelle E, Zahm JM, Quemada D. Rheological properties controlling mucociliary frequency and respiratory mucus transport. *Biorheology* 1987;24:557–563.
18. Adler K, Dulfano MJ. The rheological factor in mucociliary clearance. *J Lab Clin Med* 1976;88:22–28.
19. Chen TM, Dulfano MJ. Mucus viscoelasticity and mucociliary transport rate. *J Lab Clin Med* 1978;91:423–431.
20. Sade J, Eliezer N, Silberberg A, Nevo AC. The role of mucus transport by cilia. *Am Rev Respir Dis* 1970;102:48–52.
21. Sackner MA, Hirsch J, Epstein S. Effect of cuffed endotracheal tubes on tracheal mucous velocity. *Chest* 1975;68:774–777.
22. Bryant LR, Trinkle JK, Dubilier I. Reappraisal of traqueal injury from cuffed tracheostomy tubes: experiments in dogs. *JAMA* 1971;215:625–628.
23. Irlbeck D. Normal mechanisms of heat and moisture exchange in the respiratory tract. *In* Humidification: Current Therapy and Controversy. *Respir Care Clin North Am* 1998;4:189–198.
24. Kleemann PP. Humidity of anaesthetic gases with respect to low flow anaesthesia. *Anaesth Intens Care* 1994;22:396–408.
25. Branson RD. The effects of inadequate humidity. *In* Humidification: Current Therapy and Controversy. *Respir Care Clin North Am* 1998;4:189–198.
26. Parks CR, Woodrum DE, Graham CB, Cheney FW, Hodson WA. Effect of water nebulization on normal canine pulmonary mucociliary clearance. *Am Rev Respir Dis* 1971;104:99–106.
27. Nakagawa NK, Macchione M, Petrolino HMS *et al.* Effects of a heat and moisture exchanger and a heated humidifier on respiratory mucus in patients undergoing mechanical ventilation. *Crit Care Med* 2000;28:312–317.
28. Stanek A, Brambrink AM, Latorre F, Bender B, Kleeman PP. Effects of normobaric oxygen on ciliary beat frequency of human respiratory epithelium. *Brit J Anaesth* 1998;80:660–664.
29. Boat TF. Studies of oxygen toxicity in cultured human neonatal respiratory epithelium. *J Pediatrics* 1979;95:916–919.
30. Dulfano MJ, Adler KB. Physical properties of sputum. Rheologic properties and mucociliary clearance. *Am Rev Respir J* 1975;112:341–347.
31. Shim C, King M, Willians MH. Lack of effect of hydration on sputum production in chronic bronchitis. *Chest* 1987;92:679–682.
32. King M, Dasgupta B, Tomkiewicz RP, Brown NE. Rheology of cystic fibrosis sputum after in vitro treatment with hypertonic saline alone and in combination with recombinant human deoxyribonuclease I. *Am J Respir Crit Care Med* 1997;156:173–177.
33. Jeanneret-Grosjean A, King M, Michoud MC, Liote H, Amyot R. Sampling technique and rheology of human tracheobronchial mucus. *Am Rev Respir Dis* 1988;137:707–710.

25 Troca Gasosa Pulmonar

Cid Marcos David

A respiração é um processo complexo que compreende a respiração extracelular e intracelular. Para manterem sua viabilidade e função, os tecidos necessitam de energia. O oxigênio, parte importante desse processo energético, após a troca gasosa pulmonar, é transportado aos tecidos pela circulação (convecção) às células e à mitocôndria. O metabolismo aeróbico utiliza oxigênio, e dele resultam gás carbônico, água e energia. O gás carbônico produzido é eliminado através dos pulmões.

Normalmente cerca de 4 a 5 ml/kg/min de oxigênio são consumidos pelos tecidos ($\dot{V}O_2$). A relação entre a produção de gás carbônico ($\dot{V}CO_2$) e o consumo de oxigênio é denominada quociente respiratório (R ou QR) e varia geralmente de 0,8 a 1,0, assim:

$$QR = \dot{V}CO_2 / \dot{V}O_2$$

O consumo de oxigênio, em determinadas condições fisiológicas ou patológicas, pode aumentar acentuadamente até cerca de 20 vezes. A $\dot{V}CO_2$ e o quociente respiratório variam com a fonte energética predominante, sendo o QR maior para carboidratos e menor para proteínas (0,8) e lipídios (0,7). Esse fato tem importância durante a fase de desmame da prótese ventilatória e em pneumopatas retencionistas de gás carbônico (hipercápnicos). Nessas situações, devem-se utilizar menores quantidades de carboidratos como fonte calórica e evitar o suporte nutricional excessivo *(overfeeding).*

TROCA GASOSA PULMONAR

O processo da troca gasosa alveolar é precedido pela inalação gasosa e ventilação alveolar ($\dot{V}A$). O ar ambiente contém predominantemente nitrogênio, oxigênio e vapor d'água. Outros gases estão em concentrações muito pequenas. Ao nível do mar, em que a pressão barométrica é 760 mmHg (P_B = 760 mmHg) e sendo a concentração de oxigênio (FiO_2) no ar ambiente de 21%, a pressão parcial de oxigênio corresponderá a:

$$PO_2 \text{ no ar ambiente} = P_B \times FiO_2 = 760 \times 0{,}21 = 159{,}6 \text{ mmHg}$$

Assim, conforme mostra o Quadro 25-1, variações na altitude influenciam a pressão barométrica e conseqüentemente a pressão parcial de oxigênio inalado. Observa-se que, à medida que aumenta a altitude, diminui a pressão parcial de oxigênio, apesar de a FiO_2 permanecer em cerca de 0,21.

***Quadro 25-1.* Influência da altitude na PO_2 do ar**

Altitude	*Pressão barométrica (mmHg)*	*PiO_2 (mmHg)*
Nível do mar	760	159,6
Monte Everest	253	43,0
Avião pressurizado	596	115,0

PiO_2 = Pressão inspirada de oxigênio. $PiO_2 = P_B \times FiO_2$; FiO_2 no ar ambiente é 0,209 (0,21).
P_B = Pressão barométrica.

A pressão parcial de oxigênio diminui progressivamente até chegar nos alvéolos, sendo 159,6 mmHg no ar ambiente (P_B = 760 mmHg), 150 na traquéia e, nos alvéolos, cerca de 102 mmHg. Ocorre que, ao entrar nas vias aéreas superiores, o vapor d'água é adicionado ao ar inspirado. Embora no ar ambiente a pressão de CO_2 seja muita baixa, nos alvéolos a pressão de gás carbônico ($PACO_2$) é fisiologicamente semelhante ao gás carbônico arterial ($PaCO_2$). Assim, à medida que o oxigênio vai da traquéia para os alvéolos, há diminuição da PO_2 de 1,2 mmHg para cada aumento de 1,0 mmHg de CO_2.

A pressão parcial de oxigênio alveolar (PAO_2) pode ser definida por:

$$PAO_2 = (P_B - 47) \times FiO_2 - PaCO_2/QR \text{ mmHg}$$

PAO_2: pressão parcial de oxigênio alveolar

P_B: pressão barométrica

FiO_2: fração inspirada de oxigênio (0,21 para o ar ambiente e 1,0 para o oxigênio a 100%)

$PaCO_2$: pressão de gás carbônico no sangue arterial

$$PAO_2 = (760 - 47) \times 0{,}21 - 40/0{,}8 \text{ mmHg}$$

$$PAO_2 = 99{,}7 \text{ mmHg}$$

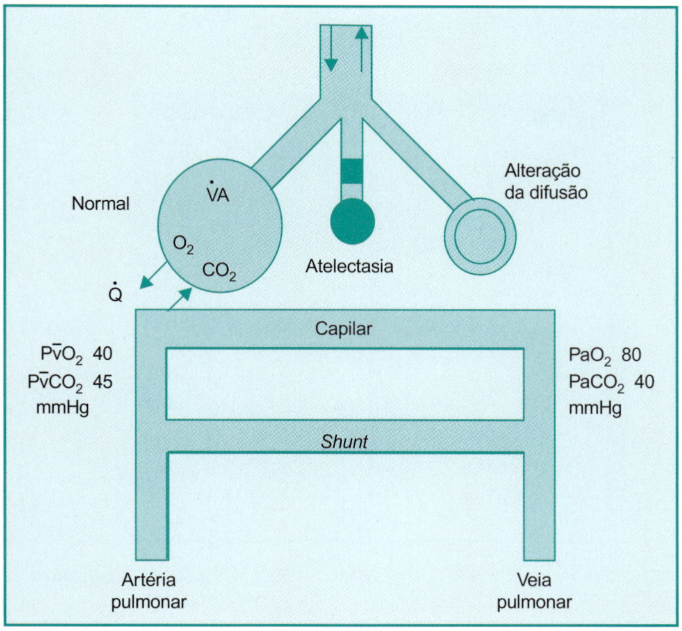

Fig. 25-1. Coeficiente ventilação-perfusão normal, *shunt* e alteração da difusão. A atelectasia tem efeito *shunt*.[3]

A diferença entre a pressão alveolar e arterial de oxigênio ($PAO_2 - PaO_2$) pode ser utilizada para avaliar alterações da troca gasosa do O_2. Normalmente a $PAO_2 - PaO_2$, quando se respira ar ambiente ($FiO_2 = 0{,}21$), é cerca de 10 mmHg, e para pacientes mais velhos é < 20 mmHg. Esse fato serve para diferenciar se nas situações em que há aumento do CO_2 (hipoventilação alveolar com hipercapnia) e hipoxemia, se a PaO_2 diminuída é somente por hipoventilação ou se há outra alteração fisiopatológica. Quando há aumento da $PaCO_2$ e a diferença $PAO_2 - PaO_2$ está normal, indica hipoventilação alveolar; se está aumentada, indica haver outro mecanismo fisiopatológico além da hipoventilação alveolar.

A troca gasosa pulmonar depende da quantidade e da qualidade do gás inalado, da sua distribuição intrapulmonar, da ventilação e da pressão alveolar, da relação ventilação-perfusão alveolar ($\dot{V}/\dot{Q}$), da difusão através da membrana alveolocapilar e do *shunt* (curto-circuito, $\dot{Q}_S/\dot{Q}_T$) arteriovenoso pulmonar (Fig. 25-1).[10,12]

ESPAÇO MORTO (VD/VT) E VENTILAÇÃO ALVEOLAR ($\dot{V}A$)

O volume gasoso que entra no aparelho respiratório se distribui entre a ventilação do espaço morto e a ventilação alveolar.

Na troca gasosa pulmonar, é importante a análise da ventilação do espaço morto. Espaço morto é a região anatômica ou de troca gasosa em que a relação entre a ventilação alveolar e a perfusão ($\dot{V}/\dot{Q}$) tende ao infinito, isto é, não há perfusão (Fig. 25-2). Como a troca gasosa ocorre essencialmente nos alvéolos e é desprezível no sistema de condução do aparelho respiratório, as vias aéreas são consideradas espaço morto. Assim, do ponto de vista de troca gasosa, existem áreas pulmonares onde ocorre troca gasosa e outras onde não há, apesar da ventilação, e que correspondem ao espaço morto (EM).[14]

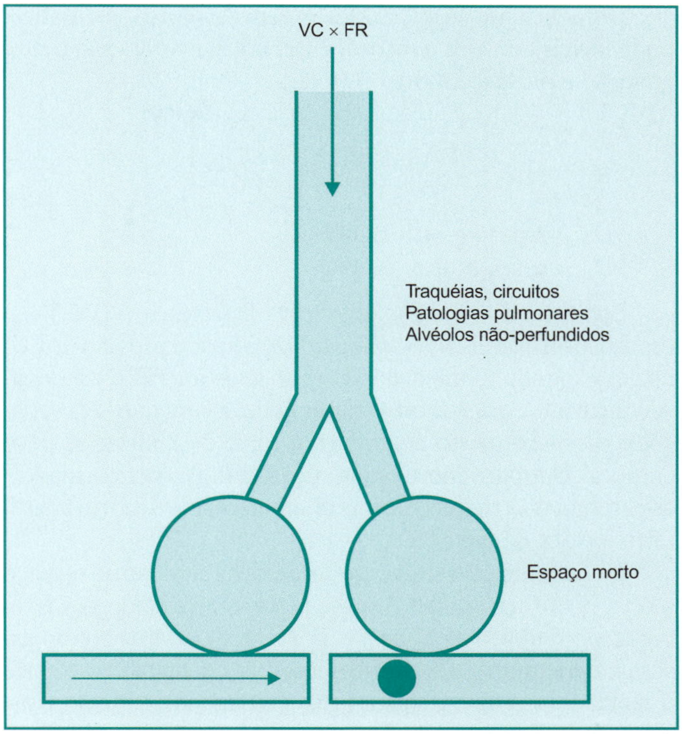

Fig. 25-2. Espaço morto. O fluxo gasoso penetra nas vias aéreas e se distribui entre o espaço morto e os alvéolos, onde há a troca gasosa. Circuitos internos e externos dos ventiladores, traquéias e alterações intrapulmonares aumentam o espaço morto (VD/VT). Alterações perfusionais como a obstrução vascular por êmbolos ou a hiperdistensão alveolar (grandes volumes correntes e PEEPs altas) aumentam o espaço morto.

As causas que aumentam o espaço morto são várias. Como o coeficiente $\dot{V}A/\dot{Q}$ é função da ventilação e da perfusão, o aumento da ventilação ou a diminuição da perfusão podem aumentar o espaço morto.

A diminuição da perfusão ocorre nas hipovolemias, na hipertensão arterial pulmonar, no embolismo pulmonar e na hiperdistensão alveolar (altos VC, altas PEEPs). O aumento de ventilação pode ocorrer durante a ventilação controlada no pulmão não-dependente. Na SARA há regiões com $\dot{V}/\dot{Q}$ altos – efeito espaço morto – e regiões com $\dot{V}/\dot{Q}$ baixos – efeito *shunt*.

Vários métodos podem ser utilizados na avaliação do espaço morto e de seus componentes. A equação de Bohr modificada é o método mais conhecido na avaliação do espaço morto fisiológico. Na metodologia para se determinar o espaço morto fisiológico, usa-se uma amostra do gás expirado coletado no saco de Douglas durante cerca de 3 minutos. O valor médio do CO_2 expirado ($PECO_2$) pode ser medido nessa amostra. Simultaneamente, colhe-se sangue arterial para determinar a $PaCO_2$.

$$VD/VT = (PaCO_2 - PECO_2) / PaCO_2$$

VD/VT: espaço morto fisiológico
$PaCO_2$: pressão de gás carbônico arterial
$PECO_2$: pressão média de gás carbônico no ar expirado

O coeficiente VD/VT inclui o espaço morto anatômico; pode incluir também o instrumental utilizado para sua determinação e o espaço morto alveolar.

$$VD/VT = VD_{anat} + VD_{alv}$$

VD_{anat}: espaço morto anatômico
VD_{alv}: espaço morto alveolar

Conhecendo-se o espaço morto fisiológico (VD/VT) e o espaço morto alveolar, avaliado utilizando-se a pressão de CO_2 no gás expirado terminal ($PETCO_2$) ao invés da $PECO_2$, é possível calcular o espaço morto anatômico. Se bem que haja variações, o espaço morto anatômico é cerca de 2 ml/kg de peso corporal. O espaço morto varia com a altura, o sexo, a idade e as patologias. A traqueostomia diminui o espaço morto anatômico a cerca da metade.

No paciente em ventilação mecânica há aumento do espaço morto, pois é acrescido do espaço morto do ventilador e dos tubos (espaço morto mecânico) e há alteração da distribuição gasosa intrapulmonar. Os circuitos internos do ventilador e entre o ventilador e o tubo traqueal (traquéias, tubos e conexões, sistemas fechados de aspiração) e a conexão (*swivel*) com o ramo expiratório constituem o espaço morto mecânico. Alguns ventiladores com circuitos internos e externos muito complacentes podem ter aumento do espaço morto mecânico. Esse fato pode ser de grande importância em neonatos e crianças e em adultos com grande dificuldade mecânica ventilatória.

Espaço morto total = VD [mecânico + anatômico + alveolar]

A ventilação alveolar total ($\dot{V}A$) depende da freqüência respiratória, do volume corrente e do espaço morto, assim:

$$\dot{V}m = FR \times VC$$

$$VC = V_{EM} + VA$$

$$VA = VC - V_{EM}$$

$$\dot{V}m = FR \times [V_{EM} + VA]$$

$$\dot{V}m = FR\ [(VC - VC \times VD/VT)$$

$$\dot{V}A = FR\ [VC\ (1 - VD/VT)]$$

$\dot{V}m$: volume-minuto
FR: freqüência respiratória
$\dot{V}C$ ou VT: volume corrente
$\dot{V}_{EM}$: ventilação do espaço morto
V_{EM}: volume do espaço morto
VA: volume alveolar

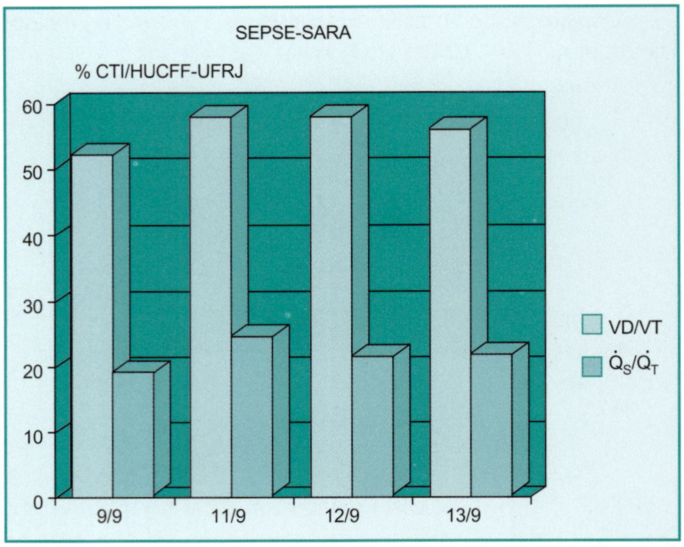

Fig. 25-3. Na SARA há aumento do VD/VT e do *shunt* pulmonar.

O espaço morto normal está entre 0,33 a 0,45, significando que 33 a 45% do volume corrente inalado não participam da troca gasosa. Na SARA o VD/VT geralmente é superior a 0,5, e na doença pulmonar obstrutiva crônica agudizada pode ser superior a 0,80 (Fig. 25-3). Altas PEEPs e grandes volumes correntes aumentam o espaço morto fisiológico. A freqüência respiratória alta com volume corrente baixo indica grande trabalho respiratório e aumento relativo da ventilação do espaço morto.

Para aumentar a ventilação alveolar em paciente com grande espaço morto é necessário aumentar o volume corrente e/ou a freqüência respiratória.

CAPNOMETRIA

O CO_2 produzido pelo metabolismo ($\dot{V}CO_2$) é eliminado pela ventilação alveolar ($\dot{V}A$). Usualmente considera-se a $PACO_2$ igual a $PaCO_2$ porque o equilíbrio na membrana alveolar para o CO_2 é completo.[14] Aumentos da $PaCO_2$ indicam hipoventilação alveolar.

$$\dot{V}CO_2 = PACO_2 \times \dot{V}A$$

$$\dot{V}CO_2 = PaCO_2 \times \dot{V}A$$

$$\dot{V}CO_2 = PACO_2 \times [\dot{V}m - (\dot{V}_{EM} \times FR)]$$

$PACO_2$: pressão alveolar de CO_2
$PaCO_2$: pressão arterial de CO_2

$$PaCO_2 = \dot{V}CO_2 / \dot{V}A$$

A $PaCO_2$ é função direta da $\dot{V}CO_2$ e inversa da $\dot{V}A$.[1] A diminuição da ventilação alveolar de 50% dobra a $PaCO_2$. Essa elevação vai diminuir a PaO_2.

Considerando ao nível do mar (PB = 760 mmHg) e respirando ar (FiO_2 = 0,21), $PaCO_2$ = 40, QR = 1

$$PAO_2 = (PB - 47) \times FiO_2 - PaCO_2 / QR$$

$$PAO_2 = (760 - 47) \times 0{,}21 - 40 / 1$$

$$PAO_2 = 110 \text{ mmHg}$$

Se a PaO_2 = 90 mmHg

$$PAO_2 - PaO_2 = 110 - 90 = 20 \text{ mmHg}$$

Se a ventilação alveolar diminuir à metade, havendo aumento da $PaCO_2$ para 80 mmHg e mantendo-se a $\dot{V}CO_2$, a PAO_2 vai ser 70 mmHg (150-80) e a PaO_2 diminuirá para cerca de 50 mmHg (70-20), porque a diferença entre a $PAO_2 - PaO_2$ é de 20 mmHg.

Apesar de haver diminuição da PaO_2 a saturação da hemoglobina permanecerá em cerca de 85%, que corresponderia à diminuição do conteúdo arterial de oxigênio para 18 ml% (com Hb de 15 g%). Essa alteração corresponde à diminuição de somente 10% do CaO_2 em relação ao normal, apesar da diminuição de 50% na ventilação alveolar.

Elevações da $PaCO_2$ produzem acidose respiratória (pH < 7,35). Quando a hipercapnia é prolongada, há aumento do bicarbonato sérico e compensação com normalização do pH.

A pressão de gás carbônico arterial depende da sua produção ($\dot{V}CO_2$), do volume corrente, da freqüência respiratória e do espaço morto fisiológico.

$$PaCO_2 = K \times \dot{V}CO_2 / [(1 - VD/VT)\ VC] \times FR$$

K: constante

A PCO_2 expirada depende das variáveis da $PaCO_2$, do transporte do CO_2, do débito cardíaco e da perfusão alveolar.

Na capnografia, a análise da curva de CO_2 durante a expiração mostra que o volume inicialmente eliminado corresponde ao gás contido nas vias aéreas, que não participou das trocas gasosas, que é pobre em CO_2 (fase 1), seguido de um aumento progressivo da concentração de gás carbônico (fase 2), que representa uma mistura de gás das vias aéreas e alveolar e, finalmente, um platô que corresponde ao gás alveolar (fase 3). Assim, no final da expiração, todas as vias aéreas estão preenchidas com gás alveolar. O valor final máximo é o do final da expiração, que é denominado pressão final expiratória de gás carbônico ($PETCO_2$). Seu valor normal se aproxima do gás carbônico arterial ($PaCO_2$). Normalmente, a diferença entre a $PaCO_2$ e a $PETCO_2$ é de 1 a 5 mmHg.

A capnometria é um método não-invasivo de determinar e monitorizar continuamente a $PETCO_2$ e, conseqüentemente, a $PACO_2$ e a $PaCO_2$. O gradiente $PaCO_2 - PETCO_2$ aumenta quando predominam áreas com coeficiente VA/Q altos, em cardiopneumopatias e durante a anestesia (Quadro 25-2). A capnografia mostra a curva de CO_2 durante o ciclo respiratório (Fig. 25-4).

***Quadro 25-2.* Causas de alterações da $PETCO_2$**

Aumento da $PETCO_2$

Agudo
- Aumento do débito cardíaco
- Administração de bicarbonato de sódio

Gradual
- Hipoventilação alveolar
- Aumento na produção de CO_2

Diminuição na $PETCO_2$

Aguda
- Hiperventilação aguda
- Diminuição do débito cardíaco
- Embolismo pulmonar agudo
- Desconexão do ventilador
- Obstrução do tubo traqueal
- Vazamento no circuito

Gradual
- Hiperventilação
- Diminuição do consumo de oxigênio
- Diminuição da perfusão pulmonar
- Ausência da perfusão pulmonar

Ausência de $PETCO_2$
- Intubação esofagiana

A monitorização da $PETCO_2$, se bem que auxilie em algumas situações clínicas, tais como durante a anestesia e na hiperventilação (alcalose respiratória) induzida para o tratamento da hipertensão endocraniana, tem muitas limitações quando há lesão cardiopulmonar. Nessas condições, a utilização da $PETCO_2$ para monitorizar a $PaCO_2$ somente pode ser feita conhecendo-se a $PaCO_2$ determinada pela gasometria arterial, a diferença $PaCO_2$–$PETCO_2$, e mesmo assim com aguçado valor crítico (Fig. 25-5).

O uso da hiperventilação para tratamento da hipertensão intracraniana baseia-se na presunção de haver uma relação linear entre a perfusão do sistema nervoso central (SNC) e a $PaCO_2$ entre 22,5 e 75 mmHg e que esse controle permanece efetivo após a lesão do SNC. Entretanto, pode haver isquemia do SNC em pacientes que apresentem diminuição da saturação do sangue venoso jugular (SjO_2 normal = 54 a 75%) ou aumento da taxa de extração de oxigênio, e os efeitos regionais po-

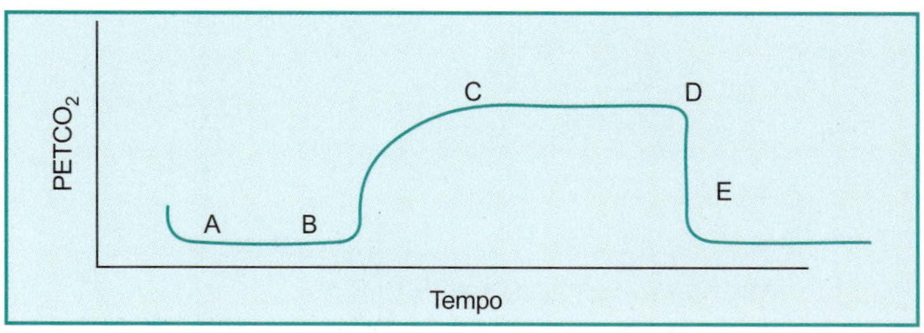

Fig. 25-4. Capnografia. Em (AB), início da expiração (fase 1, gás do espaço morto anatômico), em (BC), mistura de gás do espaço morto e alveolar (fase 2), em (CD), platô correspondente ao gás alveolar (fase 3), em (DE), inspiração. O CO_2 medido no ponto D é $PETCO_2$.

Fig. 25-5. Alterações da curva normal do capnograma. Em (**A**) aumento da $PETCO_2$ (aumento da produção de CO_2, hipoventilação alveolar, hipertermia maligna), em (**B**) reinalação do CO_2 do circuito do ventilador, em (**C**) obstrução do circuito ou das vias aéreas e em (**D**) intubação esofagiana.

dem ser variáveis. Os efeitos da diminuição da $PaCO_2$ são temporários, meia-vida de 6 horas, havendo equilíbrio com o líquido extracelular. Outro aspecto importante dessa metodologia é que, ao se diminuir ou retirar a hiperventilação, isto é, aumentar o CO_2, o fluxo sangüíneo cerebral aumentará, e haverá variação da pressão intracraniana.[11,14]

COEFICIENTE VENTILAÇÃO-PERFUSÃO ($\dot{V}/\dot{Q}$)

As alterações da troca gasosa são conseqüentes a várias alterações fisiopatológicas, tais como as da ventilação alveolar, da relação ventilação-perfusão alveolar – $\dot{V}A/\dot{Q}$, da difusão e do *shunt* (curto-circuito, $\dot{Q}_S/\dot{Q}_T$) arteriovenoso pulmonar. Na Figura 25-6 estão demonstradas as relações entre a ventilação e a perfusão alveolar.

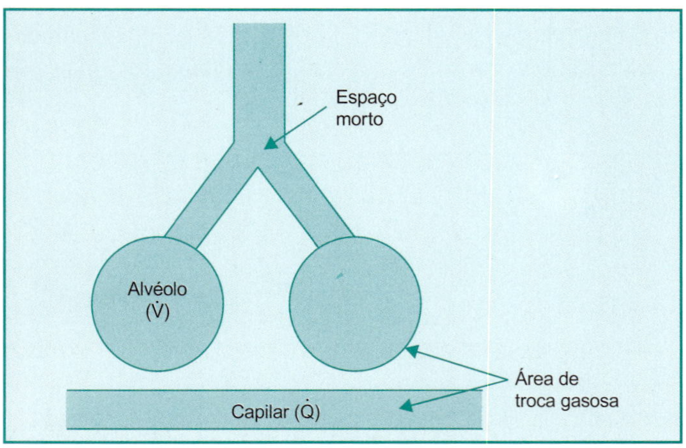

Fig. 25-6. A área de troca gasosa depende da ventilação ($\dot{V}A$) e da perfusão alveolar ($\dot{Q}$).

No adulto do sexo masculino de 70 kg, a ventilação alveolar é de cerca de 4 l/min, e o débito cardíaco, de 5 l/min; sendo assim, a relação ventilação-perfusão alveolar ($\dot{V}A/\dot{Q} = 4/5$) é de 0,8. Entretanto, nos pulmões há variações regionais, de tal modo que há áreas com $\dot{V}A/\dot{Q}$ maiores e menores do que 0,8.[23-25] Nas regiões mais superiores dos pulmões (regiões não-dependentes) predominam áreas com coeficiente $\dot{V}A/\dot{Q}$ aumentado. Essas variações regionais podem ser modificadas pela mudança da posição ortostática para a de decúbito, pelos diferentes decúbitos, pelo volume alveolar (distensão alveolar), pela pressão intravascular, pela volemia (hipo-, normo- ou hipervolemia) e nas patologias cardiorrespiratórias (Fig. 25-7).

O distúrbio da relação ventilação-perfusão alveolar e o *shunt* arteriovenoso são os principais responsáveis pela hipoxemia arterial nas patologias pulmonares. A hipoxemia conseqüente à alteração do coeficiente $\dot{V}A/\dot{Q}$ geralmente melhora ou se corrige com a oxigenoterapia, o mesmo não acontecendo quando conseqüente ao aumento do *shunt*. O *shunt* fisiológico é 5 a 7% e no pulmão normal é constituído por sangue proveniente da circulação brônquica e do miocárdio (vasos de Thebesius). Esse *shunt*, apesar de pequeno, é capaz de diminuir levemente a PaO_2.

As áreas com coeficiente $\dot{V}A/\dot{Q}$ aumentado, conseqüentes ao aumento da ventilação (hiperventilação alveolar) ou à diminuição da perfusão (hipoperfusão), representam excesso de ventilação, espaço morto fisiológico e perda de trabalho muscular respiratório. São refletidas na hemogasometria arterial pela diminuição da pressão parcial de gás carbônico ($PaCO_2 <$ 35 mmHg). As áreas com diminuição do coeficiente $\dot{V}A/\dot{Q}$, conseqüentes à diminuição da ventilação alveolar (hipoventilação) ou ao aumento da perfusão (hiperperfusão), são refletidas na gasometria arterial por elevação da $PaCO_2$ (hipercapnia ou hipercarbia) e diminuição da PaO_2 (hipoxemia). Como não existe homogeneidade da ventilação nem da perfusão nos cerca de 300 milhões de alvéolos (paciente adulto), é possível haver compensações gasométricas.

O gás carbônico aumentado nas áreas com $\dot{V}A/\dot{Q}$ diminuídas pode ser compensado pelas áreas com $\dot{V}A/\dot{Q}$ aumentadas. Com relação ao oxigênio, não ocorre essa compensação, porque a troca gasosa do oxigênio é limitada pela capacidade de saturação da hemoglobina. O sangue com a hemoglobina totalmente saturada (100%), ao se misturar com sangue insatura-

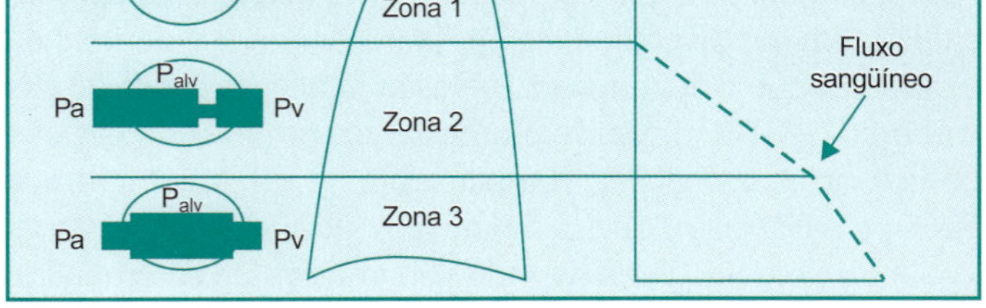

Fig. 25-7. Relação $\dot{V}A/\dot{Q}$ nas diferentes regiões dos pulmões. Na zona 1 (ápice, região não-dependente), a pressão alveolar, por ser maior que as pressões vasculares, comprime o vaso e aumenta a relação $\dot{V}A/\dot{Q}$ em relação à zona 3 em que há aumento da perfusão. Observe o aumento da perfusão do ápice para a base.[19-21]

do das áreas com $\dot{V}A/\dot{Q}$ diminuídas (por exemplo, 80%), produzirá uma mistura com saturação arterial e PaO_2 diminuídas. Assim, a resultante hemogasométrica arterial das PO_2 e das PCO_2 de várias áreas com coeficientes $\dot{V}A/\dot{Q}$ aumentado e diminuído será diminuição da PaO_2 (hipoxemia) e $PaCO_2$ normal, alta ou baixa (normo-, hiper- ou hipocapnia).

O volume de gás inalado é distribuído para as unidades alveolares. Entretanto, essa distribuição não é fisiologicamente homogênea, isto é, as unidades alveolares não recebem a mesma quantidade de gás em cada inspiração. A distribuição gasosa é influenciada pelo espaço morto, pelo fluxo gasoso, pela resistência aérea e pela elasticidade regional, pela constante de tempo, pela PEEP intrínseca regional, pelo tipo de respiração (assistida ou controlada) e mesmo pelo decúbito (lateral, dorsal ou ventral). O volume gasoso que penetra nas vias aéreas é distribuído aos alvéolos e produz a ventilação alveolar. Dependendo da concentração (fração) inspirada do gás, haverá uma determinada concentração e pressão alveolar do gás. Assim, a hipoxemia pode ser conseqüente à hipoventilação alveolar, à heterogeneidade da distribuição gasosa e da perfusão alveolar ($\dot{V}A/\dot{Q}$), à diminuição da capacidade de difusão e ao *shunt* arteriovenoso pulmonar ($\dot{Q}_S/\dot{Q}_T$) e à inalação de baixas frações de oxigênio ou à diminuição da pressão barométrica.

Entretanto, é bom salientar que, diferentemente dos modelos experimentais, não são observadas nos pulmões as condições ideais laboratoriais e que existem diferenças regionais importantes, acentuadas pelas patologias broncopulmonares, modificando a troca gasosa pulmonar. Há variações das condições locais dos pulmões sobre a perfusão, quando se modificam a posição e a ação da gravidade. Assim, existe um gradiente ápico-basal pulmonar entre a ventilação e a perfusão, sendo a relação $\dot{V}A/\dot{Q}$ maior nos ápices pulmonares (zona 1 de West) e no pulmão superior quando em decúbito lateral (regiões não-dependentes) e menor nas bases (zona 3 de West) e pulmão inferior quando em decúbito lateral (regiões dependentes).[23-25]

A $PaCO_2$ diminuída reflexamente aumenta a resistência aérea. A diminuição da PaO_2 e o aumento da $PaCO_2$ produzem arterioespasmo microvascular pulmonar. Esse vasoespasmo localizado nas bases (efeito gravitacional nas regiões dependentes), conseqüente à alteração regionalizada da troca gasosa e ao edema comprimindo pequenos vasos pulmonares, contribuiria para a inversão do padrão da perfusão pulmonar observado na insuficiência cardíaca esquerda. Essas alterações podem modificar a relação $\dot{V}A/\dot{Q}$.

SHUNT (CURTO-CIRCUITO) ARTERIOVENOSO PULMONAR ($\dot{Q}_S/\dot{Q}_T$)

O curto-circuito pulmonar compreende o sangue venoso que não teve troca gasosa pulmonar e passou por comunicações anatômicas arteriovenosas ou por alvéolos colabados (atelectasiados) (Fig. 25-8). Esses alvéolos têm relação $\dot{V}A/\dot{Q}$ muito baixa.

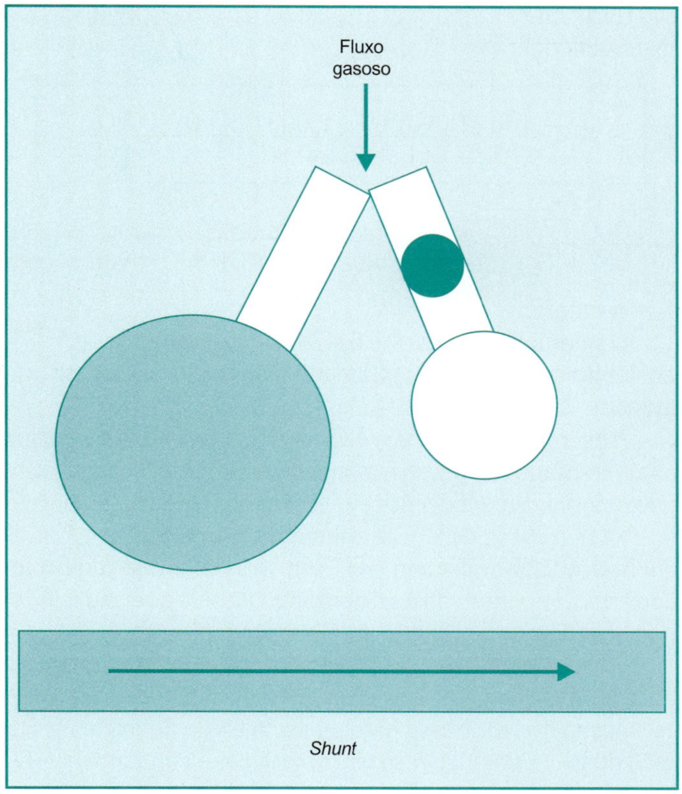

Fig. 25-8. *Shunt* arteriovenoso pulmonar. Áreas perfundidas e não-ventiladas (atelectasia, SARA) não permitem que o sangue venoso faça troca gasosa nos alvéolos, resultando em hipoxemia refratária aos aumentos da FiO_2.

A avaliação do curto-circuito pulmonar pode ser calculada pela equação:

$$\dot{Q}_S/\dot{Q}_T = (C_{ideal}\,O_2 - CaO_2)/(C_{ideal}\,O_2 - C\bar{v}O_2)$$

$C_{ideal}\,O_2$: conteúdo de O_2 ideal em relação à PO_2 ideal e à curva de dissociação de HbO_2
CaO_2: conteúdo de oxigênio do sangue arterial
$C\bar{v}O_2$: conteúdo de oxigênio do sangue venoso misto

$$CaO_2 = (Hb \times 1,36 \times SaO_2) + PaO_2 \times 0,0031$$

Hb: concentração de hemoglobina no sangue
SaO_2: saturação arterial de oxigênio
PaO_2: pressão de oxigênio no sangue arterial

$$C\bar{v}O_2 = (Hb \times 1,36 \times S\bar{v}O_2) + P\bar{v}O_2 \times 0,0031$$

$S\bar{v}O_2$: saturação venosa mista de oxigênio
$P\bar{v}O_2$: pressão venosa de oxigênio no sangue venoso misto da artéria pulmonar

O $\dot{Q}_S/\dot{Q}_T$ pode ser avaliado à beira do leito no paciente em ventilação mecânica usando-se concentração de oxigênio a 100% ($FiO_2 = 1,0$) durante pelo menos 20 minutos. Nessa situação calculam-se a diferença arterial de oxigênio $[D(A\text{-}a)^1O_2]$ e o *shunt* pulmonar.[28]

$$\dot{Q}_S/\dot{Q}_T = 100\ [(D(A\text{-}a)^1O_2 \times 0{,}0031)/(CaO_2 - C\bar{v}O_2) + D(A\text{-}a)^1O_2 \times 0{,}0031$$

$\dot{Q}_S/\dot{Q}_T$: *shunt* arteriovenoso pulmonar (%)
$D(A\text{-}a)^1O_2$: diferença alveoloarterial de oxigênio com $FiO_2 = 1{,}0$

O valor normal varia até 5 a 7%. Indica que cerca de 5 a 7% do débito cardíaco fisiologicamente não têm troca gasosa pulmonar.

A diferença $CaO_2 - C\bar{v}O_2$ é variável (geralmente 4 a 7, média 5%). A literatura cita que, na impossibilidade de ser coletado sangue venoso misto, poder-se-ia utilizar o valor de 5 ml% no cálculo do $\dot{Q}_S/\dot{Q}_T$ ($r = 0{,}95$).[28] Essa afirmativa é criticada em outras publicações que avaliaram $\dot{Q}_S/\dot{Q}_T$, com a determinação do conteúdo arterial e venoso misto de oxigênio na SARA, considerando-o mau indicador da troca gasosa pulmonar (Gowda, 1997).[9]

O *shunt* arteriovenoso pulmonar está aumentado em várias patologias pulmonares e vasculares pulmonares. Na SARA está acima de 15%. Nessa patologia a inalação de óxido nítrico (NO) dilata e diminui a resistência vascular e aumenta a perfusão de alvéolos bem-ventilados, diminuindo relativamente a perfusão de alvéolos mal ventilados.

As medidas da alteração da oxigenação podem ser afetadas pela fração inspirada de oxigênio. Nas regiões com $\dot{V}A/\dot{Q}$ muito baixas o aumento da FiO_2, principalmente acima de 80%, pode produzir colapso nessas regiões. Whiteley *et al* (2002) demonstraram que, nessa situação,[26] a PaO_2 diminui e aumenta posteriormente com o aumento da FiO_2, mas o coeficiente $\dot{Q}_S/\dot{Q}_T$ aumenta para um valor constante e estima o *shunt* real em altas FiO_2.

A interpretação do *shunt* deve ser feita conhecendo-se a evolução clínica do paciente. Em determinadas situações com hipoperfusão alveolar (choque, hipovolemia), o *shunt* pode ter valor menor do que quando o paciente melhora hemodinamicamente com aumento da perfusão pulmonar. O aumento da pressão intratorácica e a diminuição do retorno venoso e do débito cardíaco diminuem a perfusão de áreas não-ventiladas e podem dar falsa diminuição da medida do $\dot{Q}_S/\dot{Q}_T$.

DIFUSÃO

A membrana alveolocapilar separa o gás alveolar do sangue. A troca gasosa através dessa membrana depende da difusão formada por cerca de 300 milhões de alvéolos. Essa membrana é muito fina e tem espessura de cerca de 1 μm e área de até 143 m² que corresponde a mais de 50 vezes a superfície corporal. A membrana alveolocapilar compreende o epitélio alveolar, a membrana basal, o interstício e o endotélio capilar. O oxigênio e o gás carbônico têm também que atravessar o plasma, a hemácia, e reagir com a hemoglobina.

Normalmente os gases do sangue e dos alvéolos alcançam um equilíbrio em menos de 0,25 segundo. Como o sangue fica em contato com o alvéolo por cerca de 1 segundo, há tempo suficiente para a troca gasosa. A análise desse equilíbrio gasoso é considerada no final da perfusão capilar alveolar. Na prática, a concentração gasosa no final do capilar é considerada semelhante à arterial sistêmica ($PaCO_2$ e PaO_2).

A difusão depende do tipo de gás e da sua concentração no alvéolo e no sangue, da solubilidade do gás nos líquidos orgânicos, da difusão através da membrana alveolocapilar e da afinidade do oxigênio pela hemoglobina. Apesar de a molécula do gás carbônico ter maior peso molecular, o gás carbônico é mais solúvel e conseqüentemente mais difusível do que o oxigênio.[19,22] Segundo a lei de difusão de Fick:

$$D_L = P_1 - P_2$$

D_L: capacidade de difusão do gás
$P_1 - P_2$: gradiente de pressão do gás entre o alvéolo e o sangue

Usualmente se define matematicamente a difusão (transferência) gasosa (M') através da membrana alveolocapilar como função da diferença entre as pressões (ΔP) dos dois lados da membrana e que possui uma determinada espessura (e) e uma área (A).

$$M' = d \times \alpha \times \Delta P \times (A/e)$$

α: solubilidade do gás no líquido
d: difusibilidade do gás na membrana alveolocapilar

A capacidade de difusão pulmonar (D_L) e a transferência gasosa pela membrana alveolocapilar (M) podem ser descritas como:

$$D_L = d \times \alpha \times (A/e)$$

$$M' = D_L \times \Delta P$$

A transferência gasosa depende da perfusão alveolar ($\dot{Q}$) e do tempo de contato entre os gases na membrana. Fisiologicamente, o tempo de contato para haver o equilíbrio das pressões dos gases é muito curto, mas, em condições patológicas limítrofes da capacidade de difusão, é possível teoricamente que, em estados hemodinâmicos hipercinéticos, o tempo de contato seja insuficiente e ocorra diminuição da troca gasosa.

Como para o oxigênio e para o gás carbônico a perfusão alveolar, a espessura e o tamanho da membrana alveolocapilar são iguais, os fatores que influenciam na diferença desses gases são a difusibilidade, a solubilidade e as pressões. A difusão do oxigênio depende da forma da curva de dissociação da oxiemoglobina, isto é, sofre a influência da reação química entre o oxigênio e a hemoglobina. Por ser mais solúvel na água, o CO_2 tem maior capacidade de difusão ou transferência do que o O_2.

Um aspecto importante da difusão é que o modelo monocompartimental, em que se analisa o pulmão como um alvéolo e um capilar, não incorpora o conceito de ***inomogeneidade estrati-***

ficada, em que a mistura gasosa, não sendo homogênea, influenciaria regionalmente na concentração gasosa alveolar. Esse aspecto parece ser importante em patologias pulmonares.

A difusão diminui nas patologias pulmonares. Pode estar aumentada em condições hipercinéticas, como no exercício.

A determinação da difusão pode ser realizada por vários métodos. À beira do leito nos pacientes em ventilação mecânica, usualmente se estuda a troca gasosa como um todo, isto é, incluindo todas as alterações fisiopatológicas como a difusão, as alterações do coeficiente $\dot{V}A/\dot{Q}$ e o curto-circuito pulmonar *(shunt)*.

Além da pressão do gás na mistura inalada (PiO_2), as alterações da mecânica ventilatória alteram a troca gasosa pulmonar. Dentro de limites fisiológicos, o aumento da pressão média das vias aéreas ($P_{\overline{aw}}$) e da pressão alveolar (P_{alv}) melhoram a troca gasosa (PO_2).

A pressão alveolar é função da pressão média das vias aéreas, do volume-minuto e das resistências expiratórias e inspiratórias.

$$P_{alv} = P_{\overline{aw}} + Vm\ (RE - RI)/60$$

P_{alv}: pressão alveolar
$P_{\overline{aw}}$: pressão média das vias aéreas
Vm: volume-minuto
RE: resistência expiratória
RI: resistência inspiratória

A pressão média inspiratória das vias aéreas ($P_{\overline{aw}}$) é função do tempo inspiratório – que depende do volume corrente, do fluxo inspiratório, da presença e do tempo de platô e da PEEP. Aumentos do tempo inspiratório (TI) aumentam a pressão alveolar e melhoram a troca gasosa. O aumento do tempo inspiratório durante a ventilação mecânica pode ser feito através da diminuição do fluxo inspiratório, criando-se um platô ou alterando a relação inspiração: expiração nos modos ventilatórios a pressão ou a volume. A pressão de platô pode ser demonstrada nos *displays* dos ventiladores microprocessados. Na Figura 25-9 observa-se que a pressão traqueal e a alveolar somente são semelhantes na pressão de platô.

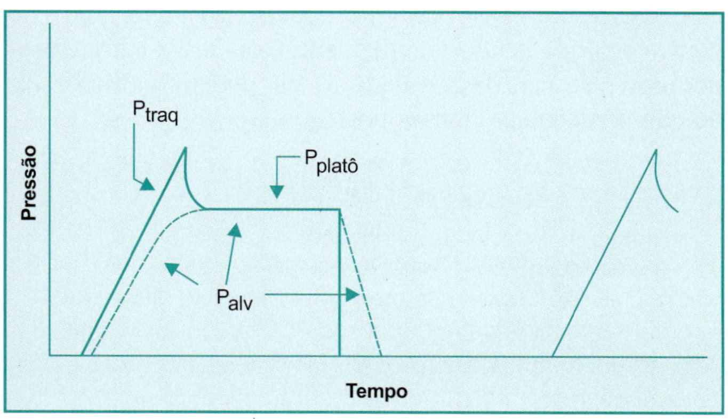

Fig. 25-9. Observa-se na curva pressão-tempo durante a ventilação mecânica controlada a volume que as pressões traqueal (P_{traq}) e alveolar (P_{alv}) não são iguais, salvo na pressão de platô.

TRANSPORTE E CONSUMO DE OXIGÊNIO

O oxigênio é transportado no sangue ligado à hemoglobina (HbO_2) e dissolvido no sangue ($PaO_2 \times 0{,}0031$). Embora o conteúdo de oxigênio arterial ($CaO_2 = Hb \times 1{,}36 \times SaO_2 + PaO_2 \times 0{,}0031$) indique a quantidade de oxigênio transportado no sangue, necessariamente não reflete a quantidade ofertada aos tecidos ($\dot{D}O_2$), porque depende também do débito cardíaco (DC).[5,18]

$$\dot{D}O_2 = CaO_2 \times DC \times 10$$

Para um débito cardíaco de 5 litros, $SaO_2 = 97\%$, $PaO_2 = 90$ mmHg e $Hb = 15$ g%, o transporte de oxigênio é:

$$CaO_2 = 15 \times 1{,}36 \times 0{,}97 + 90 \times 0{,}0031$$

$$CaO_2 = 19{,}788 + 0{,}279 = 20{,}067$$

$$\dot{D}O_2 = 20{,}067\ ml/\% \times 5\ l/min \times 10 = 1003{,}35\ ml/min$$

$$IC = DC/SC$$

Se a superfície corporal (SC) for 1,7 m²,

$$I\dot{D}O_2 = CaO_2 \times IC \times 10$$

$$I\dot{D}O_2 = 590{,}2\ ml/min/m^2$$

Coeficiente 10: para acertar as unidades
IC: índice cardíaco (IC = DC / SC)
$I\dot{D}O_2$: índice de oferta tecidual de oxigênio

O débito cardíaco pode ser determinado por termodiluição através de catéter na artéria pulmonar. O consumo de oxigênio ($\dot{V}O_2$) pode ser calculado diretamente pela equação de Fick:[2,3]

$$\dot{V}O_2 = DC\ (CaO_2 - C\bar{v}O_2)$$

$$I\dot{V}O_2 = IC \times (CaO_2 - C\bar{v}O_2)$$

$I\dot{V}O_2$: índice de consumo de oxigênio
CaO_2: conteúdo arterial de oxigênio
$C\bar{v}O_2$: conteúdo venoso misto de oxigênio

Observa-se, nessas fórmulas, a influência não só do conteúdo de oxigênio arterial mas a importância do débito cardíaco. Assim, métodos ventilatório de suporte, que ao aumentarem a pressão positiva intratorácica diminuem o retorno venoso ao coração, podem influenciar negativamente na $\dot{D}O_2$ com hipóxia tecidual mesmo quando a PaO_2, a SaO_2 e o CaO_2 estão normais.[3,6]

Situações que diminuem o débito cardíaco (FC baixa, diminuição da pré-carga, aumento da pós-carga e diminuição da contratilidade) influenciarão na $\dot{D}O_2$. Pacientes hipovolêmicos submetidos à ventilação mecânica por pressão positiva costumam ter baixa $\dot{D}O_2$ por diminuição do DC.[6,20] Por outro lado, pacientes com diminuição da PaO_2, da SaO_2 e do CaO_2 podem ter $\dot{D}O_2$ satisfatória se o DC estiver aumentado.

Intoxicações por monóxido de carbono ou grave anemia apresentam importantes repercussões na $\dot{D}O_2$.

MONITORIZAÇÃO DA TROCA GASOSA À BEIRA DO LEITO

Vários parâmetros podem ser determinados. Entre os mais usados estão:

- PaO_2.
- SaO_2/SpO_2 (normal 97 ± 2 %).
- $S\bar{v}O_2$.
- $D(A\text{-}a)O_2$ (gradiente alvéolo-arterial).
- PaO_2/FiO_2 (índice de oxigenação)[12].
- PaO_2/PAO_2 (normal: 0,75 a 0,90).
- $P(A\text{-}a)O_2/PaO_2$ (índice respiratório).
- $\dot{Q}_S/\dot{Q}_T$.

Em pacientes em ventilação mecânica, para ser comparativa a avaliação deve ser realizada com as mesmas condições (parâmetros) ventilatórias.

A determinação da PaO_2 é realizada pela gasometria arterial. Varia em função de todas as alterações fisiopatológicas referidas. A pressão (tensão) arterial de oxigênio (PaO_2) considerada normal é igual ou maior que 80 mmHg. Como esse valor varia com a idade, o valor preditivo normal pode ser avaliado pela equação (desvio-padrão de 4,1 mmHg):

$$PaO_2 = 109 - [0{,}43 \text{ x idade em anos}] \text{ mmHg}$$

A relação entre a pressão arterial de oxigênio e a fração inspirada de oxigênio (PaO_2/FiO_2) reflete as condições da transferência do oxigênio dos alvéolos ao sangue. Como a transferência de oxigênio engloba um conjunto de fatores, a relação PaO_2/FiO_2 mede globalmente o resultado de todas as etapas da troca gasosa. Normalmente essa relação é maior do que 400, mas depende da idade, da posição do tórax (decúbito, ortostatismo) e da $PaCO_2$. Para Zetterstrom (1988) a PaO_2/FiO_2 é o método mais preciso para medir a troca gasosa.[27]

A relação PaO_2/FiO_2 é a mais utilizada para avaliar a troca gasosa pulmonar. Quando utilizada para comparação evolutiva, deve ser medida com a mesma FiO_2 e as condições ventilatórias. A relação PaO_2/PAO_2 é menos estável em situações com *shunt* arteriovenoso pulmonar porque varia com alterações da FiO_2 (Viale *et al*, 1986).[21] Gowda e Klocke (1997), avaliando os índices de hipoxemia na SARA, observaram que a relação PaO_2/FiO_2 variava consideravelmente com alterações na FiO_2 e a quantidade de *shunt* maior ou menor do que 30%. Em *shunts* moderados (< 30%), variava com alterações da FiO_2. Havia relativa estabilização da relação PaO_2/FiO_2 quando a FiO_2 era maior ou igual a 50% (FiO_2 = 0,5) e os valores da PaO_2 menores que 100 mmHg.[9]

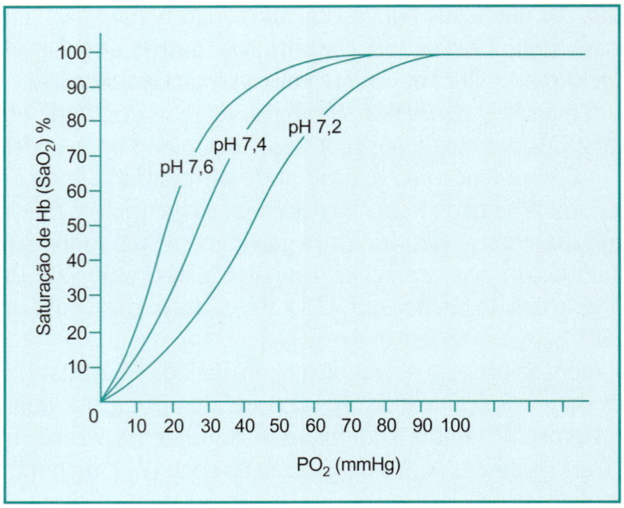

Fig. 25-10. Curva de dissociação da oxiemoglobina. Pontos-chave da curva são as saturações correspondentes a PaO_2 de 60, 40 e 20 mmHg, que correspondem respectivamente a 92, 75 e 30% de SaO_2.

A saturação da hemoglobina resulta da relação entre o conteúdo e a capacidade de oxigênio do sangue.

$$SO_2 = (HbO_2 \times 100)/(HbO_2 + Hb)$$

Pode ser medida no sangue arterial (SaO_2) e venoso misto ($S\bar{v}O_2$). A oximetria de pulso mede a saturação arterial (SpO_2), mas há uma diferença de ± 2 a 3% em relação à SaO_2.

Na Figura 25-10 observam-se a curva de dissociação da hemoglobina e a sua relação com o pH e os pontos-chaves da PaO_2 e a saturação da hemoglobina.

O coeficiente $\dot{Q}_S/\dot{Q}_T$ varia com a FiO_2 em pacientes que têm importantes anormalidades da ventilação-perfusão. Outros índices baseados na PaO_2 são menos estáveis quando se varia a FiO_2.

Em patologias predominantes unilaterais, quando a região mais lesada estiver para baixo (decúbito lateral com a região acometida sendo a dependente), onde vai haver maior perfusão pela ação da gravidade, a PaO_2 poderá ser mais baixa do que no decúbito lateral oposto.

REFERÊNCIAS BIBLIOGRÁFICAS

1. Bidani A. Analysis of abnormalities of capillary CO_2 exchange in vivo. *J Appl Physiol* 1991;70:1686.
2. Buran MJ. Oxygen consumption. *In* Snyde JV, Pinsky MR: *Oxygen Transport in the Critical Ill*. Chicago: Year Book Medical Publishers Inc., 1987, pp 16–21.
3. David CMN. Troca Gasosa Pulmonar. *In* David CMN (Ed.): *Ventilação Mecânica: da Fisiologia à Prática Clínica*. Rio de Janeiro: Revinter, 2001.
4. Clemmer TP, Orme JF, Thomas FO. Physiology and management of failure of oxygen transport. *In* Fallat RJ, Luce

JM (Eds.): *Cardiopulmonary Critical Care Management.* London, and New York: Churchill Livingstone, 1988, p 61.

5. Dantzker DR. Tissue Oxygen delivery. *In* Dantzker DR, MacIntyre NR, Bakow ED (Eds.): *Comprehensive Respiratory Care.* Philadelphia: WB Saunders, 1995, p 156.
6. David CMN. *Ventilação Mecânica: da Fisiologia ao Consenso Brasileiro.* Rio de Janeiro: Revinter, 1996.
7. Eissa NT, Ranieri VM, Corceil C, Chasse M, Robatto FM, Braidy, Milic-Emili. J. Analysis of behavior of the respiratory system in ARDS patients: effects of flow, volume and time. *J Appl Physiol* 1991;70:2719–29.
8. Ermakou S, Hoyt JW. Oxygen therapy and pharmacologic modulation of respiratory drive. *In* Chernow B: *The Pharmacologic Approach to the Critically Ill Patient.* 3rd ed. Baltimore, MD: Williams & Wilkins, 1994, p 579.
9. Gowda MS, Klocke RA. Variability of indices of hypoxemia in adult respiratory distress syndrome. *Crit Care Med* 1997;25(1):6–8.
10. Hlastala MP. A model of fluctuating alveolar gas exchange during the respiratory cycle. *Respir Physiol* 1972;15:224.
11. Lawrence M. Is the patient adequately oxygenated? *In* Lawrence M: *Pulmonary Physiology in Clinical Practice — The Essentials for Patient Care and Evaluation.* St. Louis: Mosby, 1987, pp 112–27.
12. Lecky JH, Ominsky AI. Postoperative respiratory management. *Chest* 1972 (Suppl):50S–57S.
13. MacIntyre NR. Oxygenation support. *In* Dantzker DR, MacIntyre NR, Bakow ED (Ed.): *Comprehensive Respiratory Care.* Philadelphia: WB Saunders, 1995, p 455.
14. Pierson DF, Luce JM. Cardiopulmonary components of respiratory failure. *In* Fallat RJ, Luce JM: *Cardiopulmonary Critical Care Management.* London, and New York: Churchill Livingstone, 1988, pp 1–9.
15. Piiper J. Diffusion-perfusion inhomogeneity and alveolar-arterial O_2 limitation: theory. *Respir Physiol* 1992;87:349.
16. Raine JM, Bishop JM. A-A difference in O_2 tension and physiological dead space in normal man. *J Appl Physiol* 1963;18:284–8.
17. Rodriguez-Rosisin R. Effect of mechanical ventilation on gas exchange. *In* Tobin MJ: *Principles and Practice of Mechanical Ventilation.* New York: McGraw-Hill, 1955, p 673.
18. Romond JA, Suter PM. Dynamic hyperinsuflation an intrinsic peep during mechanical ventilation. *Europ J Anaesthesiol* 1994;11:25–8.
19. Scheid P, Piiper J. Diffusion. *In* Crystal RG, West JB, Weibel ER, Barnes PJ: *The Lung.* Philadelphia: Lippincott–Raven, 1997, p 1681.
20. Snyder JV. Oxygen transport: the model and reality. *In* Snyder JV, Pinsky MR (Eds.): *Oxygen Transport in the Critical Ill.* Chicago: Year Book Medical Publishers Inc., 1987, pp 3–15.
21. Viale JP, Percival CJ, Annat G, Rousselet B, Motin J. Arterial-alveolar oxygen partial pressure ratio: a theorical reappraisal. *Crit Care Med* 1986;14(2):153–4.
22. Wagner PD, West JB. Effects of diffusion impairment on O_2 and CO_2 time courses in pulmonary capillaries. *J Appl Physiol* 1972;33:62–71.
23. West JB, Wagner PD. Ventilation-perfusion relationship. *In* Crystal RG, West JB, Weibel ER, Barnes PJ: *The Lung.* Philadelphia: Lippincott–Raven, 1997, p 1693.
24. West JB. *Respiratory Physiology — The Essentials.* 4th ed. Baltimore, MD: Williams & Wilkins, 1990.
25. West JB. State of the art. Ventilation-perfusion relationships. *Am Rev Respir Dis* 1977;116:919–43.
26. Whiteley JP, Gavaghan DJ, Hahn CE. Variation of venous admixture, SF6 shunt, PaO_2, and the PaO_2/FIO_2 ratio with FIO_2. *Br J Anaesth* 2002;88(6):771–8.
27. Zetterstrom H. Assessment of the efficiency of pulmonary oxigenation. The choice of oxygenation index. *Acta Anaesthesiol Scand* 1988;32:579–84.
28. Zetterstrom H. A slide-rule for assesement of venous admixture. *Acta Anaesthesiol Scand* 1989;33(3):250–4.

26 Histerese e Surfactantes

Celso Moura Rebello

A ventilação mecânica deve obedecer a dois princípios básicos: evitar pressões muito elevadas na inspiração (evitando a ocorrência do volutrauma e suas complicações) e evitar pressões muito baixas na expiração (evitando atelectasias).

Nesse sentido, a utilização da curva pressão-volume pulmonar (curva PV) tem uma utilidade prática, procurando-se identificar, através dela, os níveis de pressão máximos e mínimos a serem aplicados no ventilador.[1]

A curva PV pode ser construída através de várias técnicas, sendo basicamente a correlação entre as pressões obtidas nas vias aéreas com o volume de ar introduzido ou removido dos pulmões.

Ela pode ser didaticamente dividida em várias partes para o seu melhor entendimento e uso prático, e a primeira divisão artificial pode ser feita analisando-se separadamente a fase inspiratória e a fase expiratória. Dessa análise chama a atenção o fato de que a curva difere em ambas as fases, mostrando que há diferentes respostas do tecido pulmonar no momento da distensão da fase inspiratória e da retração da fase expiratória. Esse fenômeno característico do parênquima pulmonar é denominado histerese.[2]

A histerese da curva PV depende de vários fatores, como a capacidade residual funcional e os limites de pressão aplicados ao parênquima pulmonar.[3] No entanto, o fator que mais influencia a histerese da curva pressão-volume pulmonar é a tensão superficial alveolar, que por sua vez pode estar anormalmente aumentada em disfunções quantitativas ou qualitativas do surfactante pulmonar.

A CURVA PRESSÃO-VOLUME PULMONAR

Fase inspiratória

A fase inspiratória da curva PV pode ser didaticamente subdividida em quatro componentes (Fig. 26-1).

Em uma primeira fase, a curva segue quase paralela ao eixo horizontal, significando que aumentos na pressão das vias aéreas não se refletem em aumento do volume pulmonar, demonstrando mínimo recrutamento alveolar. Essa fase de baixa complacência da curva PV é resultado do colabamento alveolar difuso, podendo ser agravado por situações que resultem em redução da tensão superficial alveolar (baixo *pool* de surfactante endógeno, inativação do surfactante endógeno ou exógeno por proteínas presentes no edema alveolar, por sangue, mecônio etc.).[4-6] Quanto menor é a complacência pulmonar menor é a inclinação dessa fase da curva PV.

Em uma segunda fase, a curva subitamente se afasta do eixo horizontal, representando que, para variações de pressões aplicadas nas vias aéreas, os pulmões respondem com recrutamento alveolar significativo e aumento de volume progressivo das unidades já abertas, resultando em um razoável aumento de volume pulmonar.

A fase de transição entre a primeira e a segunda porção da fase inspiratória da curva PV é denominada *ponto de inflexão inferior da curva*, e representa o nível de pressão em que um número significativo de alvéolos é aberto.[7,8]

O perfil dessa fase da curva PV, particularmente a nitidez do ponto de inflexão inferior da curva, dependerá das condições de integridade ou não do parênquima. Num pulmão saudável, a transição geralmente é nítida, enquanto num pulmão doente a presença de edema alveolar, de fibrina, resultando em áreas condensadas ou atelectasiadas, determinará diferentes pontos de abertura das unidades alveolares, tornando o ponto de inflexão inferior menos nítido e de difícil identificação. Esse artefato é tanto mais evidente quanto mais heterogênea for a patologia pulmonar.

O ponto de inflexão inferior da curva PV pode ser grosseiramente considerado a pressão mínima sobre a qual a ventilação mecânica deveria ser realizada,[9,10] particularmente para pacientes com síndrome da angústia respiratória do tipo agudo (SARA). Dessa forma, o ajuste da PEEP acima do ponto de inflexão inferior já foi considerado um dos melhores parâmetros de escolha do ponto de vista da fisiologia pulmonar.[11]

No entanto, em virtude principalmente da heterogeneidade do acometimento pulmonar, resultando na coexistência de áreas saudáveis e lesadas do pulmão, cada qual com seu próprio "ponto de inflexão inferior", foi observado que a escolha da PEEP por esse método pode não se correlacionar adequadamente com a melhor aeração pulmonar. Não há um consenso na escolha da "PEEP ideal", sendo geralmente proposta a escolha de pressões 2 a 3 cmH_2O acima do ponto de inflexão inferior da curva PV.[12,13]

Em nosso meio, Amato demonstrou que a abordagem de recrutamento pulmonar baseada na escolha individualizada da PEEP acima do ponto de inflexão da curva PV do sistema respiratório em ZEEP (PEEP = 0 cmH_2O) associada a baixos volu-

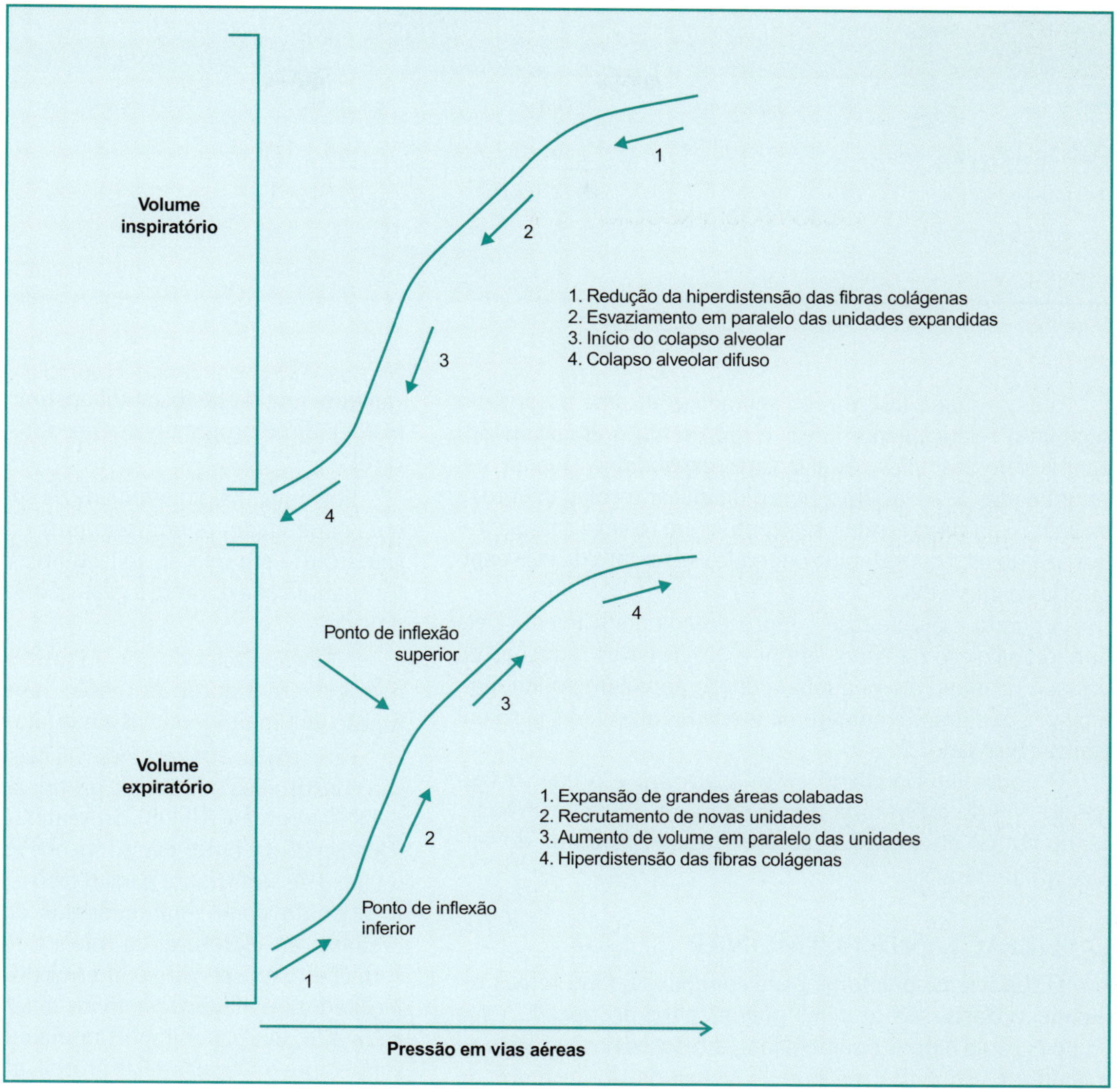

Fig. 26-1. Curva PV. Adaptado de Amato e cols.[33]

mes-correntes resulta em melhora da oxigenação e redução da mortalidade.[13,14]

Um terceiro segmento da curva PV pode ser identificado, relativamente linear porém com menor inclinação do que o segmento anterior, correspondendo ao aumento de volume em paralelo das unidades alveolares já recrutadas.

Uma última fase se segue, correspondendo ao ponto em que o volume pulmonar se aproxima da capacidade funcional total. Uma vez que as estruturas elásticas pulmonares são distendidas ao máximo, a estrutura de colágeno começará a ser estirada, dando maior rigidez ao sistema e resultando em redução da complacência, com risco de ruptura estrutural a partir desse ponto. Essa quarta fase do ramo inspiratório da curva PV representa o estiramento máximo do tecido pulmonar.

Entre a segunda e a terceira fase pode ser identificada uma zona de transição, definida como *ponto de inflexão superior da curva PV*. A exemplo do ponto de inflexão inferior, a sua identificação pode ser difícil, particularmente em doenças pulmonares heterogêneas, em que a hiperdistensão de algumas unidades alveolares ocorrerá simultaneamente ao recrutamento de novas unidades. Em um estudo em que cinco examinadores procuram identificar o ponto de inflexão superior (definido como o ponto em que a curva consistentemente se separava da fase linear anterior da curva PV) em 15 pacientes adultos com SARA, foi encontrado que a variabilidade intra-observador foi de $\pm$ 3 cmH_2O para pressão e $\pm$ 50 ml para volume.[15]

Uma vez que estratégias de ventilação que utilizam elevadas pressões com elevados volumes pulmonares resultam em lesão alveolar aguda,[16,17] a identificação e o uso de pressões no ventilador abaixo do ponto de inflexão superior poderiam servir como escolha para uma ventilação menos agressiva.[18]

Fase expiratória

Um primeiro segmento da fase expiratória da curva PV se inicia a partir das pressões máximas obtidas no final do ramo inspiratório, representando a redução da hiperdistensão a que os pulmões estavam submetidos. Graficamente, a característica dessa fase da curva é que as pressões caem abruptamente para pequenas reduções de volume (Fig. 26-1).

Quadro 26-1. Quantidade relativa dos principais fosfolipídios presentes no surfactante pulmonar – Porcentagem do total de fosfolipídios (valores em média ± dp)

	Humano	*Gato*	*Cachorro*	*Coelho*	*Rato*
Fosfatidilcolina	80,5 ± 1,4	86,3 ± 1,7	81,3 ± 1,4	83,6 ± 0,8	87,0 ± 0,8
Fosfatidilglicerol	9,1 ± 0,4	2,1 ± 0,7	11,1 ± 1,1	8,0 ± 0,5	8,3 ± 0,4
Fosfatidiletanolamina	2,3 ± 0,8	3,2 ± 0,8	2,0 ± 0,6	3,5 ± 0,4	0,7 ± 0,2
Todos os outros fosfolipídios	8,1 ± 0,6	8,4 ± 1,0	5,6 ± 0,3	4,9 ± 0,6	4,0 ± 0,9

Dados de Shelley SA *et al, Lipids* 19:857-862,1984.[19]

Uma segunda fase é representada graficamente por um segmento relativamente linear e representa o esvaziamento em paralelo das unidades alveolares expandidas. Quando essas unidades se esvaziam a ponto de iniciar o colabamento, a inclinação da curva tende a se acentuar em relação à fase anterior, sendo esta considerada o terceiro segmento da fase expiratória da curva PV.

A quarta e última fase é representada graficamente pela horizontalização da curva, em que progressivas reduções de pressão resultam em pequena redução do volume pulmonar, uma vez que grande número de unidades alveolares já se encontra colapsado.

O ponto intermediário entre o terceiro e o quarto segmento da fase expiratória representa a estabilidade alveolar, sendo função direta da tensão superficial e, portanto, do surfactante pulmonar.

O SURFACTANTE PULMONAR

O surfactante pulmonar é um complexo lipoprotéico produzido exclusivamente pelos pneumócitos do tipo II. A sua composição é bastante semelhante entre as várias espécies de mamíferos estudadas até hoje.[19] A maioria dos estudos de composição foi realizada analisando-se o conteúdo lipídico do surfactante obtido por lavado broncoalveolar (representando o surfactante presente no interior do alvéolo), associado ou não à homogeneização dos pulmões em soro fisiológico gelado, utilizando-se trituradores de tecidos (representando o surfactante intracelular).[20] Dessa forma, o surfactante possui dois componentes principais, com funções distintas: a porção lipídica e a porção protéica.

A porção lipídica representa cerca de 90% do surfactante em massa. Seu principal componente, representando 76,6% do total de lipídios, é a fosfatidilcolina, que está presente 40,4% na forma saturada, possuindo duas cadeias de ácidos graxos saturados (geralmente o ácido palmítico), e 36,2% na forma insaturada, possuindo pelo menos uma cadeia de ácido graxo monoinsaturado. Assim sendo, a fosfatidilcolina saturada representa 36,3% do surfactante, em massa. Dos outros componentes lipídicos o mais abundante é o fosfatidilglicerol, seguido da fostatidiletanolamina. A quantidade relativa dos principais fosfolipídios presentes no surfactante pulmonar natural nas diferentes espécies de mamíferos estudadas é mostrada no Quadro 26-1. A composição dos fosfolipídios no surfactante varia com a idade gestacional. No feto imaturo há uma quantidade relativamente grande de fosfatidilinositol; no pulmão maduro esse fosfolipídio é progressivamente substituído pelo fosfatidilglicerol.

Em humanos, a quantidade de surfactante pulmonar diminui com a idade, porém sem uma diferença estatisticamente significativa em relação ao lactente.[20] Essa variação ainda não foi quantificada durante a gestação ou durante o primeiro ano de vida.

A função básica da porção fosfolipídica é a de atuar como componente redutor da tensão superficial do surfactante. A função dos lipídios neutros ainda não está bem determinada.[21]

Os cerca de 10% restantes da massa do surfactante natural são constituídos por quatro proteínas, denominados proteína A (SP-A), proteína B (SP-B), proteína C (SP-C) e proteína D (SP-D) (Quadro 26-1). Entre essas funções estão um papel regulador no fluxo de surfactante para dentro e para fora do pneumócito II, atuando como um mediador do seu metabolismo;[22] a organização estrutural da mielina tubular (monocamada de surfactante que reveste o interior dos alvéolos);[23] uma função facilitadora da fagocitose pelos macrófagos alveolares e,[24] finalmente, um papel importante na inibição da inativação do surfactante pulmonar pelas proteínas presentes no interior do alvéolo.[25,26]

HISTERESE DA CURVA PV E SURFACTANTE PULMONAR

Um dos principais métodos para a avaliação dos efeitos estáticos do surfactante no pulmão é através da curva pressão-volume pulmonar. Se o pulmão contém surfactante, a diferença entre a fase inspiratória e a fase expiratória da curva PV realizada com os pulmões preenchidos por ar ou por solução fisiológica pode estimar a sua contribuição na distensibilidade pulmonar.[27]

Dois modelos são normalmente utilizados para avaliar os efeitos do surfactante nos pulmões: o do coelho e o do cordeiro prematuro.[28] O coelho prematuro estudado aos 27 dias de idade gestacional é um modelo versátil que tem sido utilizado para avaliar as respostas do tratamento com surfactante exógeno sobre o pulmão prematuro.[29] Quando se observa a curva PV obtida nesse modelo animal após o tratamento com surfactante exógeno, alguns pontos são de particular interesse. Comparados a controle sem tratamento, observa-se que o surfactante reduz o ponto de inflexão inferior. A explicação para esse achado é que o pulmão imaturo é deficiente de surfactante, possuindo uma elevada tensão superficial na interface ar-líquido das vias aéreas menores; quando o surfactante é adicionado, a tensão superficial cai, facilitando a expansão pulmonar. No entanto, se surfactante é adicionado ao pulmão prematuro, o efeito mais evidente na curva PV é um aumento de cerca de 2,5 vezes no volume pulmonar a uma pressão de 30 cmH_2O. Uma vez que o volume de espaço morto não aumenta com o tratamento com surfactante exógeno, esse aumento de volume representa um aumento de 2,5 vezes na superfície de troca gasosa.[30]

A definição de volume pulmonar máximo é limitada pela medida da curva PV no pulmão prematuro. No indivíduo adulto, o limite do volume pulmonar é definido pelos limites de expansão da matriz pulmonar (fibras elásticas e colágenas) observados na fase 4 da porção inspiratória da curva PV. Por outro lado, no pulmão prematuro, os pulmões continuarão a se expandir à custa de pressões elevadas até que a ruptura ocorra sem atingir o volume pulmonar máximo.[31] Isso ocorre porque, na situação de deficiência quantitativa ou qualitativa de surfactante, a pressão de inflação necessária para recrutar o volume pulmonar máximo excederia as pressões de ruptura do pulmão.

O modelo atualmente aceito para interpretar o inter-relacionamento da dinâmica entre a monocamada de surfactante alveolar (a qual determina a redução da tensão superficial alveolar) e a histerese da curva PV demonstrada acima pode ser resumido da seguinte forma: admitindo a existência de uma quantidade adequada de surfactante, durante a fase inspiratória do ciclo, o mesmo é adsorvido no filme que reveste a superfície alveolar. Essa adsorção de surfactante se faz com a mielina tubular comprimida durante a fase expiratória.[32] Durante a fase expiratória da curva, o surfactante é comprimido, sendo que algumas porções são expulsas e acumuladas sob a monocamada. Uma vez que a fosfatidilcolina saturada é a porção do mais estável do surfactante dos mamíferos quando comparada aos outros lipídios, particularmente durante a compressão do filme na expiração, os outros lipídios são expulsos do filme de superfície. As proteínas do surfactante auxiliam de modo fundamental para que essa transição estrutural do filme de surfactante entre as fases inspiratória e expiratória do ciclo ocorra de maneira organizada e estável, resultando em menor tensão superficial no final da fase expiratória, com maior volume pulmonar.

REFERÊNCIAS BIBLIOGRÁFICAS

1. Blanch LR, Fernandez J, Valles J, Sole C, Roussos A, Artigas. Effect of two tidal volumes on oxygenation and respiratory system mechanics during the early stage of adult respiratory distress syndrome. *J Crit Care* 1994;9:151–8.
2. Bachofen H, Widebrandt J. Area analysis of pressure-volume hysteresis in mammalian lungs. *J Appl Physiol* 1971;30:493–7.
3. Shardonofsky FR, Sato J, Bates JHT. Quasi-static pressure-volume hysteresis in the canine respiratory system in vitro. *J Appl Physiol* 1990;68:2230–6.
4. Ikegami M, Rebello CM, Jobe AH. Surfactant inhibition by plasma: gestational age and surfactant treatment effects in preterm lambs. *J Appl Physiol* 1996;81:2517–22.
5. Ikegami M. Surfactant inactivation. *In* Boyton BR, Carlo WA, Jobe AH: *New Therapies for Neonatal Respiratory Failure.* Cambridge: Cambridge University Press, 1994, pp 36–48.
6. Sun BT, Robertson CB. Surfactant inhibition in experimental meconium aspiration. *Acta Paediatr* 1993;82:182–9.
7. Gattioni LD, Mascheroni G, Pesenti A. Volume/pressure curve of total respiratory system in paralyzed patients: artefacts and correction factors. *Intensive Care Med* 1987;13:19–25.
8. Levy P, Similowski T, Corbeil C, Alabala M, Pariente R, Milic-Emili J, Johnson B. A method for studying the static volume-pressure curves of the respiratory system during mechanical ventilation. *J Crit Care* 1989;4:83–9.
9. Gattioni L, Pesenti A, Avalli L. Pressure-volume curve of total respiratory system in acute respiratory failure: computed tomographic scan study. *Am Rev Respir Dis* 1987;136:730–6.
10. Gattioni L, Pesenti A, Bombio M. Relationships between lung computed demographic density, gas exchange, and PEEP in acute respiratory failure. *Anesthesiology* 1988;69:824–32.
11. Mancebo J. ARDS, and alveolar recruitment (Editorial). *Intensive Care Med* 1992;18:383–5.
12. Matamis D, Lemaire L, Harf A, Brun-Buisson C, Ansquer JC, Atlan G. Total respiratory pressure-volume curves in the adult respiratory distress syndrome. *Chest* 1984;86:58–66.
13. Amato MBP, Barbas CSV, Medeiros DM, Schettino P, Lorenzi Filho G, Kairalla RA *et al.* Beneficial effects of the open lung approach with low distending pressures in acute respiratory distress syndrome: a prospective randomized study on mechanical ventilation. *Am J Respir Crit Care Med* 1995;152:1835–46.
14. Amato MBP, Barbas CSV, Medeiros DM, Magaldi RB, Schettino P, Lorenzi Filho G *et al.* Effect of a protective-ventilation strategy on mortality in the acute respiratory distress syndrome. *N Engl J Med* 1998;338:347–54.
15. Roupie E, Dambrosio M, Servillo G. Titration of tidal volume and induced hypercapnia in acute respiratory distress syndrome. *Am J Respir Crit Care Med* 1995;152:121–8.
16. Hernandez L, Coker PJ, May S. Mechanical ventilation increases microvascular permeability in oleic acid-injured lungs. *J Appl Physiol* 1990;69:2057–61.
17. Slutsky AS. Consensus conference on mechanical ventilation. *Intens Care Med* 1994;20(Part I):64–79;(Part II):150–162.
18. Milic-Emili J, Tantucci C, Chassé M, Corbeil C. Introduction with special reference to ventilator-associated barotrauma. *In* Benito S, Net A (Eds.): *Pulmonary Function in Mechanically Ventilated Patients.* Berlin/Heidelberg/New York: Springer-Verlag, 1991, pp 1–8.
19. Shelley SA, Paciga JE, Balis JU. Lung surfactant phospholipids in different animal species. *Lipids* 1984;19:857–62.
20. Rebello CM, Jobe AH, Eisele JW, Ikegami M. Alveolar and tissue surfactant pool sizes in humans. *Am J Resp Crit Care Med* 1996;154:625–8.
21. Harwood JL. Lung surfactant. *Prog Lipid Res* 1987;26:211–5.
22. Dobbs LG, Wright JR, Hawgoog S, Gonzales R, Venstrom K, Nellenbogen J. Pulmonary surfactant and its components inhibit secretion of phosphatidylcholine from cultured rat alveolar type II cells. *Proc Natl Acad Sci* 1987;65:1010–14.

23. Suzuky Y, Fujita Y, Kogishi K. Reconstitution of tubular myelin from synthetic lipids and proteins associated with pig pulmonary surfactant. *Am Rev Respir Dis* 1989;140:75–8.

24. Tenner AJ, Robinson SL, Borchelt J, Wright JR. Human pulmonary surfactant protein (SP-A), a protein structurally homologous to C1Q, can enhance Fcr-mediated and Cr1-mediated phagocytosis. *J Biol Chem* 1989;264:139–43.

25. Cockshutt AM, Weitz J, Possmeyer F. Pulmonary surfactant-associated protein A enhances the surface activity of lipid extract surfactant and reverses inhibition by blood proteins in vitro. *Biochemistry* 1990;29:8424–9.

26. Yukitake K, Brown CL, Schlueter MA, Clements JA, Hawgood S. Surfactant apoprotein A modifies the inhibitory effect of plasma proteins on surfactant activity *in vivo*. *Pediatr Res* 1995;37:21–5.

27. Avery ME, Mead J. Surface properties in relation to atelectasis and hyaline membrane disease. *Am J Dis Child* 1959;97:517–23.

28. Henry MD, Ikegami M, Jobe AH. Testing surfactant treatment responses: a comparison of two models. *Biol Neonate* 1997;71:181–9.

29. Tabor BL, Rider ED, Ikegami M, Jobe AH, Lewis JF. Dose effects of antenatal corticosteroids for induction of lung maturation in preterm rabbits. *Am J Obstet Gynecol* 1991;164:675–81.

30. Ikegami M, Jacobs H, Jobe AH. Surfactant function in the respiratory distress syndrome. *J Pediatr* 1993;102:443–7.

31. Elkady T, Jobe A. Coiticosteroids and surfactant increase lung volumes and decrease rupture pressures of preterm rabbit lungs. *J Appl Physiol* 1987;63:1616–21.

32. Heldt GP. The mechanics of breathing: developmental aspects and practical applications. *In* Boyton BR, Carlo WA, Jobe AH (Eds.): *New Therapies for Neonatal Respiratory Failure*. Cambridge: Cambridge University Press, 1994, pp 95–114.

33. Amato MBP, Barbas CSV, Carvalho CRR. Como realizar e interpretar a curva pressão-volume. *In* Terzi RGG (Ed.): *Monitorização Respiratória em UTI*. Rio de Janeiro: Atheneu, 1998, pp 179–222.

27 PEEP e Auto-PEEP

Cid Marcos David

A PEEP foi introduzida nos anos 1930 para tratamento do edema pulmonar agudo e, posteriormente, para pilotos de aviões durante a II Guerra Mundial,[35] e teve seu uso difundido como técnica terapêutica da SARA somente após os relatos por Ashbaugh.[5] Mais tarde foram descritas suas indicações mais precisas e seus efeitos hemodinâmicos e sobre a oferta de oxigênio tecidual. Durante os últimos 20 anos, a PEEP tem sido revisada e discutida. Os conceitos evoluíram desde o *best* PEEP, *super* PEEP, *minimal* PEEP e atualmente o conceito da PEEP adequada para manter o pulmão aberto.[44]

Embora muito utilizada, a literatura não demonstrou melhora da sobrevida pelo uso isolado da PEEP, salvo fazendo parte de um conjunto de ações para proteção pulmonar durante a ventilação, denominado de *estratégias de proteção.*[2,3,4,35]

MECANISMOS FISIOLÓGICOS

A PEEP produz recrutamento alveolar, redistribuição do fluido pulmonar, melhora das substâncias surfactantes, melhora da troca gasosa e proteção pulmonar. Na síndrome da angústia respiratória aguda, o recrutamento alveolar pela PEEP é mais bem observado quando a SARA é de origem extrapulmonar e quando há diminuição da complacência da caixa torácica. Na Figura 27-1 observa-se recrutamento alveolar seguido de melhora da troca gasosa em paciente com pancreatite aguda.

A PEEP pode ser classificada em:

- Extrínseca.
- Intrínseca.

PEEP extrínseca

Denomina-se PEEP extrínseca a produção, por mecanismo aplicado em um sistema de suporte ventilatório, de uma retenção gasosa pulmonar no final da expiração. A retenção gasosa pulmonar corresponde a uma determinada pressão, que é a *PEEP extrínseca*.

PEEP intrínseca

A *PEEP intrínseca* (PEEPi) é produzida por um mecanismo específico dos pulmões, com aumento da resistência aérea, ou por um *mecanismo de ventilação que não permita tempo adequado para haver a expiração completa*. A PEEP intrínseca corresponde à retenção gasosa pulmonar conseqüente a mecanismo próprio do sistema respiratório como o produzido por broncoespasmo, na doença obstrutiva crônica, por grandes volumes correntes, altas freqüências respiratórias, curto tempo expiratório e baixos fluxos inspiratórios (Quadro 27-1). A determinação da PEEPi é fundamental. Pode ser medida por oclusão do sistema expiratório do ventilador, estando o paciente relaxado em ventilação controlada (PEEP intrínseca estática). A PEEPi di-

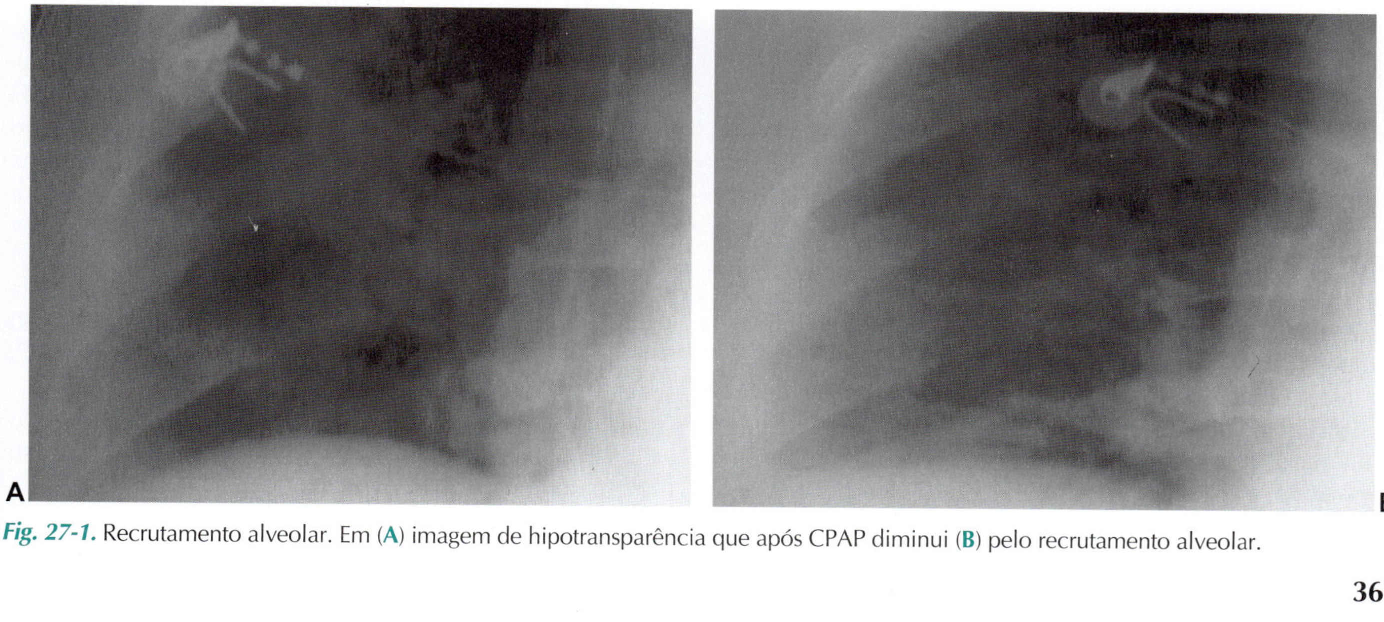

Fig. 27-1. Recrutamento alveolar. Em (A) imagem de hipotransparência que após CPAP diminui (B) pelo recrutamento alveolar.

Quadro 27-1. Causas da PEEP intrínseca

Mecanismos	*Causas*
Aumento da resistência aérea	Asma brônquica Bronquite aguda Enfisema pulmonar Bronquiolite Bronquite crônica Obstrução do tubo traqueal etc.
Tempo inadequado (curto) para expiração	Volume corrente muito grande Freqüências respiratórias altas Fluxos inspiratórios baixos Tempo expiratório curto Inversão da relação inspiração-expiração

nâmica é medida, na ventilação não-controlada, entre o início da flutuação da onda de pressão inspiratória (pressão pleural ou pressão transdiafragmática) e o início do fluxo inspiratório.

Normalmente, durante a expiração, a glote diminui sua abertura e cria uma pequena resistência à saída do gás, e dessa maneira aumenta fisiologicamente a quantidade de gás que permanece no sistema respiratório no final da expiração. Essa retenção gasosa corresponde a uma determinada pressão, que é a *PEEP fisiológica*. Ao se intubar ou traqueostomizar o paciente, retira-se essa PEEP, podendo haver diminuição da capacidade residual funcional (CRF) e facilitar o colapso alveolar. Assim, durante a ventilação mecânica utilizam-se, quando não há contra-indicação, PEEPs de 3 a 5 cmH_2O em adultos e 2 a 4 cmH_2O nas crianças.[14]

REPERCUSSÕES FISIOPATOLÓGICAS DA PEEP

A PEEP tem repercussões sobre a mecânica do sistema respiratório, nas trocas gasosas e hemodinâmicas.

Mecânica respiratória

■ *Capacidade Residual Funcional — CRF*

A aplicação da PEEP aumenta a capacidade residual funcional. Na SARA há diminuição da CRF, variando de acordo com a gravidade, mas, segundo a literatura, há diminuição para 17 a 30% da CRF prevista, havendo benefício da PEEP.

A resposta total ao aumento da PEEP não ocorre no primeiro ciclo respiratório. O aumento da CRF leva pelo menos cerca de 5 ciclos respiratórios para alcançar 90% do aumento previsto.[31] À medida que aumenta o tempo de sua aplicação, pode haver modificações na curva pressão-volume (P-V) pela adaptação pulmonar e recrutamentos alveolares.

Matamis *et al*,[39,40] usando a técnica da superseringa para realizar a curva P-V, observaram que, na fase exsudativa da SARA, havia uma inclinação da curva em baixos volumes correntes e que a PEEP *efetiva mínima* correspondia à abertura das unidades alveolares recrutáveis. Usando-se PEEPs a partir desse ponto da curva e ao longo de todo o ramo verticalizado, ocorre recrutamento alveolar, melhora da histerese, aumento da capacidade residual funcional, melhora da troca gasosa, e evita a hiperdistensão alveolar regionalizada.

A PEEP intrínseca (PEEPi, auto-PEEP ou PEEP oculta) pode ser criada em várias situações clínicas patológicas ou pela regulagem do ventilador mecânico. A pressão traqueal, demonstrada no *display* do ventilador, não corresponde à pressão alveolar em determinados momentos, como no final da expiração. Pode haver alta pressão alveolar e a pressão do ventilador marcar zero. Somente no momento da pressão de platô é que a pressão traqueal corresponde à pressão alveolar (P_{alv}).

O tempo total do ciclo respiratório (T_{TOT}) corresponde à soma do tempo inspiratório (T_I) e do expiratório (T_E). Usualmente, ao se ajustar no ventilador o volume corrente, o fluxo inspiratório, o tempo inspiratório (incluindo o tempo de platô inspiratório) ou a relação I:E (inspiração-expiração), determina-se, dentro do ciclo respiratório, o tempo utilizado para a inspiração.

$$\dot{V}_I = VC/\ T_I$$

$\dot{V}_I$: fluxo inspiratório médio
VC: volume corrente
T_I: tempo inspiratório

Assim,

$$T_I = VC/\dot{V}_I$$

A duração do ciclo respiratório é determinada pela freqüência respiratória,

$$T_{TOT} = 60/FR$$

T_{TOT}: tempo do ciclo respiratório (segundos)
60: refere-se a 60 segundos
FR: freqüência respiratória (ipm)

Assim, se o ciclo respiratório durar 4 s a FR = 15 ipm, 5 s FR = 12 ipm ou 6 s FR = 10 ipm e o T_I sendo mantido o mesmo e igual a 1 segundo, sem serem alterados outros parâmetros do ventilador, o T_E (tempo expiratório) aumentará respectivamente de 3 para 4 e para 5 segundos. Esse fato permitirá que haja esvaziamento pulmonar e diminuição ou término da PEEP intrínseca. Aumentos do tempo inspiratório, por exemplo, quando se aumenta o VC, produzirão diminuição do tempo expiratório e diminuição do esvaziamento pulmonar, podendo haver a criação de auto-PEEP (PEEP intrínseca). O tempo inspiratório também aumenta quando se aplicam platôs inspiratórios, na diminuição do fluxo inspiratório e na inversão da relação inspiração-expiração (por exemplo, IRV de 2:1, 3:1).[60] IRV (*inverse ratio ventilation*) significa ventilação com inversão da relação inspiração-expiração.

Nos pacientes com obstrução brônquica e retenção gasosa, como no enfisema pulmonar, há $PEEP_I$. Na Figura 27-2 está demonstrado o mecanismo da criação da $PEEP_I$. A PEEP aplicada externamente ($PEEP_E$) pode auxiliar no esvaziamento pulmonar e diminuir a $PEEP_I$. Usualmente aplica-se em $PEEP_E$ o equivalente a 80-85% da PEEPi.

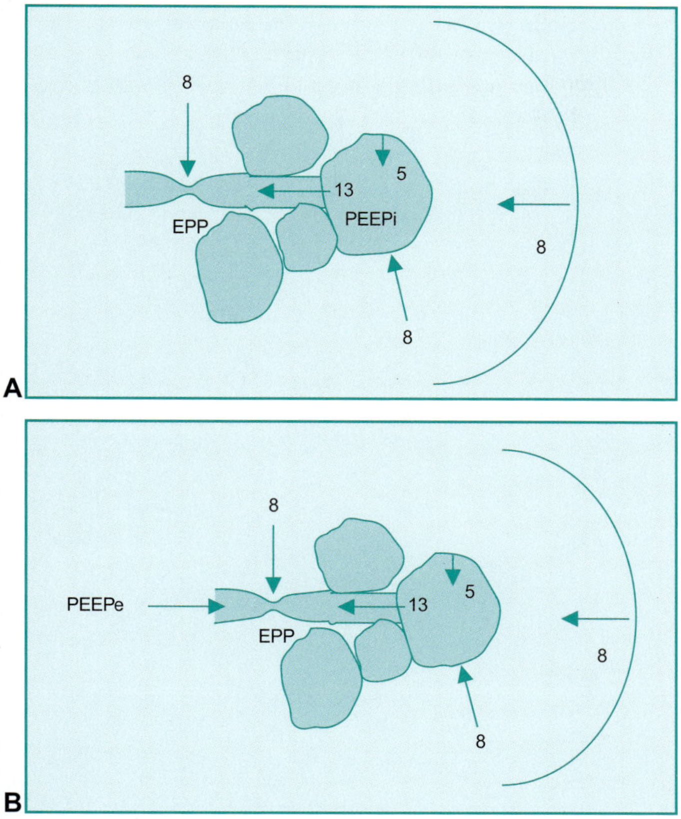

Fig. 27-2. PEEPi no enfisema pulmonar. No enfisema pulmonar o rebote elástico do parênquima pulmonar está diminuído. As pequenas vias aéreas, para se manterem abertas, necessitam da elasticidade adequada dos alvéolos para evitar que se colabem e haja retenção gasosa. Em **A** observa-se o rebote elástico*, que no gráfico está representado por uma pressão de 8 cmH_2O, que atua sobre todas as estruturas torácicas, inclusive nos pulmões. O rebote elástico do alvéolo está representado pela seta preta e é igual a 5 cmH_2O. A soma total do rebote elástico é de 13 cmH_2O. À medida que o fluxo gasoso sai dos alvéolos, há resistência das vias aéreas e progressivamente a pressão dentro das vias aéreas vai diminuindo até que a pressão interna fique igual à externa das vias aéreas. Esse ponto é denominado EEP – *ponto de igual pressão*. A partir do EPP, a pressão externa das vias aéreas é superior à pressão interna e há colabamento da via aérea com retenção gasosa e PEEPi.
Em **B** observa-se que a PEEP (PEEPe) aplicada como PEEP/CPAP ou no ventilador permite deslocar esse EPP em direção à traquéia, com melhor esvaziamento alveolar e diminuição do trabalho respiratório. A PEEPe aplicada deve ser de 80 a 85% da PEEPi. É interessante observar que a soma, por exemplo, da PEEPi de 12 cmH_2O mais a PEEPe de 10 *não* resulta em 22, mas em valor inferior.

■ *Complacência*

A PEEP abre as vias aéreas e recruta alvéolos colabados, melhora a complacência do sistema respiratório.[30,34,41] Entretanto, o aumento da complacência do sistema ocorre nas fases iniciais da curva pressão-volume (vide Recrutamento Alveolar e Curva Pressão-Volume), mas altas PEEPs ou volumes correntes grandes associados a PEEPs mesmo não muito altas podem produzir grandes distensões alveolares e diminuir a complacência. Em 1975, Suter *et al* denominaram *best PEEP* o nível da PEEP que corresponderia ao ponto acima do qual haveria diminuição da complacência do sistema respiratório por hiperdistensão alveolar (Fig. 27-3).[53] Gattinoni *et al* demonstraram que a aplicação da PEEP na SARA recrutava alvéolos colabados, mas podia hiperinsuflar alvéolos normais.[20-25] Essa distribuição da PEEP deve-se à não-homogeneidade das condições mecânicas dos diferentes alvéolos. Assim, a PEEP tanto protege os pulmões quanto pode ser lesiva se utilizada em altos níveis.

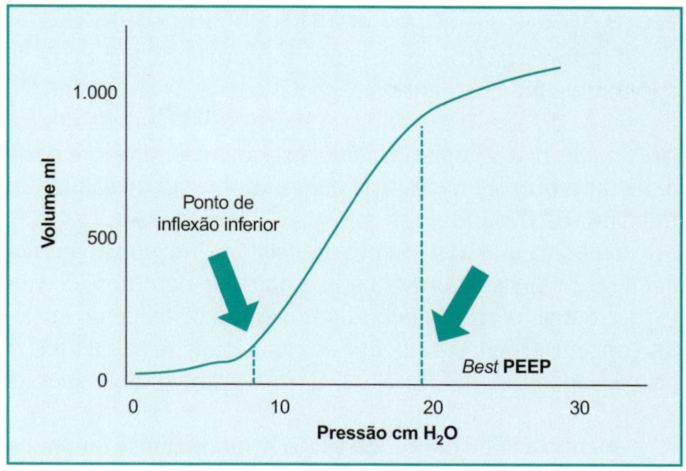

Fig. 27-3. Ponto de inflexão inferior e *best* PEEP.

A literatura demonstra a ação protetora da PEEP. Em trabalhos experimentais, foi observado que animais ventilados com altos volumes correntes sem PEEP (*zero end expiratory pressure* – ZEEP) tinham altos níveis de citocinas e que o uso da PEEP diminuía a liberação desses mediadores inflamatórios. Volumes correntes de 7 ml/kg de peso com PEEP não produziam alteração significativa.

A CPAP tem efeitos semelhantes aos da PEEP. Abre as pequenas vias aéreas, melhora e recruta unidades alveolares e a complacência, diminui o trabalho muscular respiratório e melhora a troca gasosa.

■ *Edema pulmonar*

A aplicação da PEEP desloca o líquido alveolar para o espaço intersticial. O acúmulo do líquido deslocado do alvéolo concentra-se principalmente nas regiões peribrônquicas e perivasculares.[6,36]

Nos pacientes ventilados, ocorrem mecanismos que aumentam a retenção hídrica, e a monitorização do balanço hídrico é importante.

■ *Espaço morto fisiológico*

A distensão alveolar excessiva pode produzir compressão capilar e diminuição ou interrupção do fluxo sangüíneo, criando áreas com $\dot{V}A/\dot{Q}$ muito altas e efeito espaço morto. O efeito espaço morto aumenta a $PaCO_2$, pois não há troca gasosa para eliminação do CO_2.

A PEEP pode também aumentar o diâmetro e o volume das vias aéreas e aumentar o espaço morto por dilatação traqueobrônquica. O aumento da PEEP além do ponto superior de inflexão associa-se a aumento do espaço morto fisiológico. Assim, é possível monitorizar a PEEP com o uso da capnometria ($PETCO_2$).[7]

Troca gasosa — *Shunt* arteriovenoso pulmonar

A melhora da troca gasosa pulmonar pela PEEP decorre da abertura de unidades alveolares colabadas e da redistribuição do líquido do edema pulmonar. A abertura das unidades alveolares melhora a complacência do sistema respiratório e pode diminuir a pressão necessária para a ventilação mecânica e o trabalho respiratório.

À medida que há aumento do *shunt* arteriovenoso pulmonar (Fig. 27-4), há hipoxemia que, a partir de determinado vulto, não é mais corrigida pela administração de oxigênio em altas concentrações. O aumento da capacidade residual funcional conseqüente à PEEP melhora a troca gasosa pulmonar (Fig. 27-5).[14]

Quando a PEEP por repercussão hemodinâmica diminui o débito cardíaco, há diminuição da perfusão de áreas de *shunt* pulmonar, e conseqüentemente sua medida pode mostrar valores inferiores aos de quando o débito cardíaco está normal ou alto. Essa situação pode mimetizar melhora clínica sem que esta seja real.

Hemodinâmicos

A PEEP tem repercussões hemodinâmicas sistêmicas e pulmonares (Quadro 27-2).[15] As repercussões hemodinâmicas dependem da complacência pulmonar, sendo maiores quando a complacência está normal ou pouco diminuída. Quando forem usadas PEEPs altas (> 10 cmH_2O), deve-se considerar a indicação de monitorizar as pressões de enchimento ventricular e o débito cardíaco, além das variáveis do metabolismo do oxigênio.

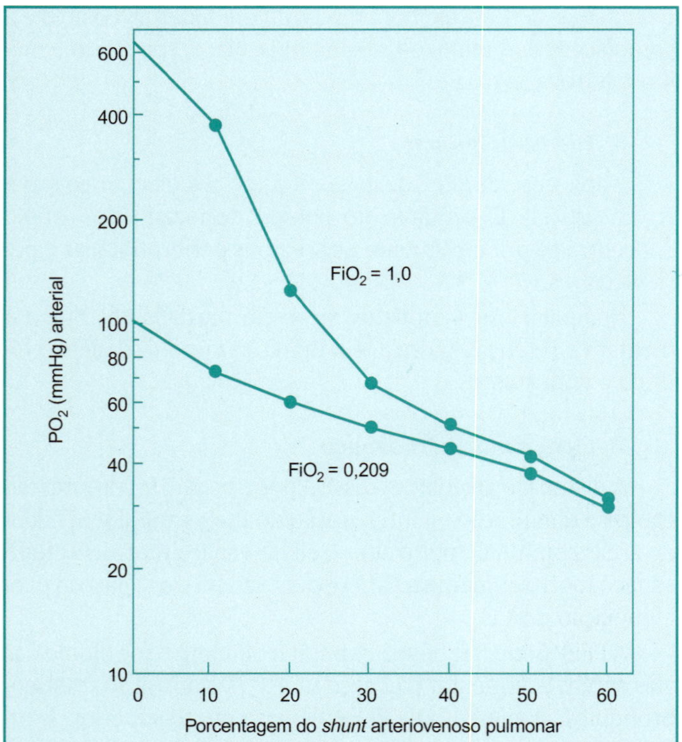

Fig. 27-4. Relação entre o *shunt* arteriovenoso pulmonar, a FiO_2 e a PaO_2.

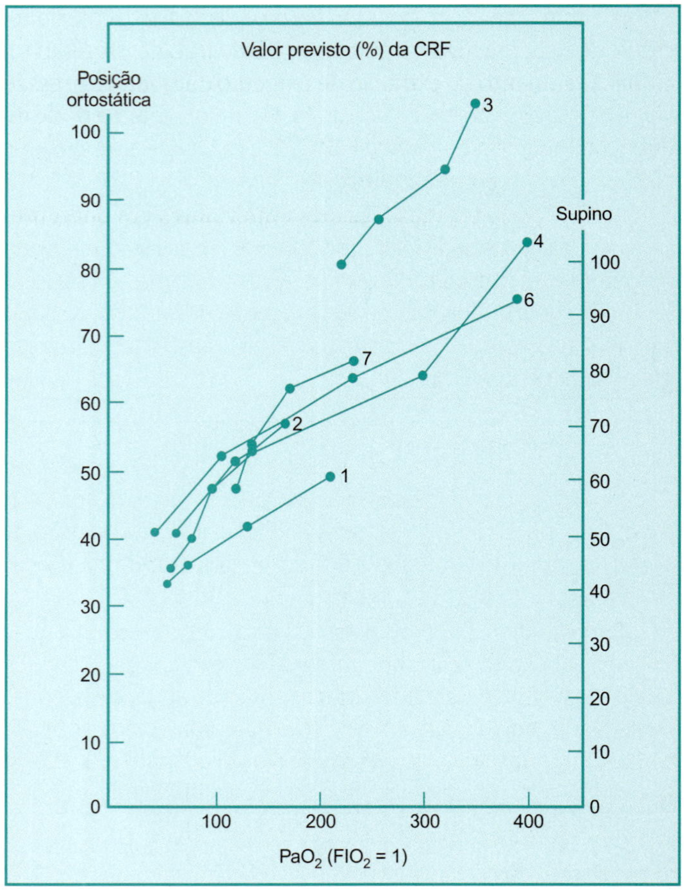

Fig. 27-5. Relação entre o aumento da CRF e a PaO_2. À medida que há aumento da CRF, há melhora da PaO_2.

Quadro 27-2. Repercussões hemodinâmicas da PEEP	
Circulação sistêmica	***Circulação pulmonar***
Diminuição do débito cardíaco	Diminuição da pré-carga ventricular direita por redução do retorno venoso ao tórax*
Diminuição da pré-carga ventricular esquerda por redução do retorno venoso ao tórax*	Aumento (dilatação) ventricular direito
Diminuição da câmara ventricular conseqüente ao deslocamento do septo interventricular, diminuindo a complacência do VE	Deslocamento do septo interventricular do VD para a esquerda (VE)
Diminuição da pressão transmural e da pós-carga do VE	Aumento da pós-carga e sobrecarga ventricular direita
Aumento da resistência vascular em diferentes órgãos (fígado, sistema nervoso central etc.) e a facilitação para a formação de edema	

*PEEP de 20 cm H_2O reduz cerca de 25% do débito cardíaco. Entretanto a redução da pré-carga depende do estado volêmico e também do vulto da pressão positiva aplicada durante a inspiração.

A diminuição do débito cardíaco pode reduzir a oferta tecidual de oxigênio ($\dot{D}O_2$) e aumentar a extração de oxigênio tecidual. O aumento da extração de oxigênio diminuirá a pressão ($P\bar{v}O_2$) e a saturação venosa mista ($S\bar{v}O_2$) de oxigênio e pode influenciar na pressão arterial (PaO_2) e na saturação arterial (SaO_2) de oxigênio, diminuindo-as.

A PEEP pode ter repercussões importantes em diferentes órgãos. Na presença de hipertensão intracraniana, pode aumentá-la, através da redução do retorno venoso ao tórax. A PEEP por aumentar a pressão venosa, poderia aumentar a pressão no ramo venoso do capilar e facilitar a formação de edema em diferentes órgãos.

ASPECTOS TÉCNICOS (MÉTODOS)

Os ventiladores mecânicos atuais têm dentro dos seus módulos a possibilidade de gerar a PEEP através da oclusão da válvula expiratória ou da geração de fluxos contínuos que se opõem ao fluxo expiratório do paciente.[38]

Pode-se criar PEEP através de vários mecanismos, desde sistemas mais simples, como mergulhar a extremidade de uma mangueira dentro de um recipiente cheio de água, até válvulas dotadas de molas e balonetes ou válvulas controladas por sistemas eletromecânicos e eletromagnéticos. No sistema com o uso da mangueira mergulhada na água, a PEEP corresponde à distância entre a extremidade distal da mangueira até o nível superior da água. Cada vez mais se usam os sistemas mais complexos dos ventiladores mecânicos microprocessados.[35]

INDICAÇÕES DA PEEP

Pode ser como PEEP ou como CPAP. Está indicada com vários objetivos clínicos.

1. PEEP fisiológica (3-5 cmH_2O).
2. Melhorar a troca gasosa:
   - Aplicada como $PEEP_e$:
     - SARA/Lesão pulmonar aguda.
     - Na SARA a PEEP faz parte da estratégia *open the lung and keep it open.* Nessa estratégia, realiza-se a manobra de recrutamento alveolar, e, após a abertura (recrutamento) dessas unidades, aplica-se PEEP para mantê-las abertas.
     - Síndrome da angústia respiratória do recém-nato.
   - Aplicada como $PEEP_I$:
     - Pela inversão da relação inspiração-expiração
3. Edema pulmonar agudo cardiogênico.
4. Hemorragia alveolar.
5. DPOC.
6. Asma brônquica.
7. Estratégia de proteção pulmonar da lesão da ventilação mecânica.
8. Síndrome da apnéia obstrutiva do sono.
9. Técnicas fisioterápicas.

MONITORIZAÇÃO DA PEEP

A monitorização da PEEP pode ser feita pelo ajuste através da curva pressão-volume (PV), da complacência do sistema respiratório, da troca gasosa [PaO_2, SaO_2, SpO_2, $D(A\text{-}a)O_2$, PaO_2/FiO_2], da $PaCO_2$ e da $PETCO_2$, do coeficiente VD/VT e pelas repercussões hemodinâmicas (pressões e débito cardíaco) e clínicas (PA, perfusão periférica, débito urinário etc.).

A $PEEP_I$ pode ser medida em vários ventiladores microprocessados e também observada na curva de fluxo nos *displays* dos ventiladores, quando a nova inspiração se inicia antes de a curva de fluxo expiratório voltar para a linha de base (fluxo zero).

REFERÊNCIAS BIBLIOGRÁFICAS

1. Altose MD. Pulmonary mechanics. *In* Fishman AP (Ed.): *Pulmonary Diseases and Disorders.* New York: McGraw-Hill, 1980, pp 359–72.
2. Amato M. Síndrome da angústia respiratória aguda. *In* David CMN: *Ventilação Mecânica: da Fisiologia ao Consenso Brasileiro.* Rio de Janeiro: Revinter, 1996, pp 199–207.
3. Amato MBP, Barbas CSV, Medeiros DM *et al.* Beneficial effects of the open lung approach with low distending pressures in acute respiratory distress syndrome. A prospective randomized study on mechanical ventilation. *Am J Respir Crit Care Med* 1995;152:1835–46.
4. Amato MBP, Barbas CSV, Medeiros DM, Carvalho CR *et al.* Effect of a protective strategy on mortality in acute respiratory distress syndrome. *N Engl J Med* 1998;338:347–54.
5. Ashbaugh DG, Bigelow DB, Petty TL, Levine BE. Respiratory distress in adults. *Lancet* 1967;2:319.
6. Auler Jr. JOC. Pressão positiva expiratória final. *In* David CMN (Ed.): *Ventilação Mecânica: da Fisiologia ao Consenso Brasileiro.* Rio de Janeiro: Revinter, 1996, p 143.
7. Blanch L, Fernandes R, Benito S, Mancebo J, Net A. Effect of PEEP on the arterial minus end tidal carbon dioxide gradient. *Chest* 1987;92:451.
8. Bond DM, Froese AB. Volume recruitment maneuvers are less deleterious than persistent low lung volumes in the atelectasis-prone rabbit lung during high-frequency oscillation. *Crit Care Med* 1993;21:402–12.
9. Carney DE, Bredenberg CE, Schiller HJ, Picone AL, McCann II UG, Gatto LA *et al.* The mechanism of lung volume change during mechanical ventilation. *Am J Respir Crit Care Med* 1999;160(5):1696–702.
10. Cereda M, Foti G, Musch G, Sparacino ME, Pesenti A. Positive End-Expiratory Pressure prevents the loss of respiratory compliance during low tidal volume ventilation in acute lung injury patients. *Chest* 1996;109:480–5.
11. Chumello D, Pristine G, Slutsky AS. Mechanical ventilation effects local and systemic cytokines in an animal model of acute respiratory distress syndrome. *Am J Respir Crit Care Med* 1999;160:109–16.
12. Creamer KM, McCloud LL, Fisher LE, Ehrhart IC. Closing pressure rather than opening pressure determines optimal Positive End-Expiratory Pressure and avoids overdistention. *Chest* 1999;116:26S–27S.
13. Dambrosio M, Roupie E, Mollet JJ, Anglade MC, Vasile N, Lemaire F, Brochard L. Effects of Positive End-Expiratory Pressure and different tidal volumes on alveolar recruitment and hyperinflation. *Anesthesiology* 1997;87(3).

14. David CMN. Pressão Positiva Expiratória Final — PEEP. *In* David CMN (Ed.): *Ventilação Mecânica: da Fisiologia à Prática Clínica.* Rio de Janeiro: Revinter, 2001, p 317.
15. David CMN, Goldwasser RS, Portelada CA. Repercussões hemodinâmicas da pressão positiva intratorácica. IV Congresso Pan-Americano e Ibérico de Terapia Intensiva — Rio de Janeiro, 1991.
16. Dhainaut JF, Devaux JY, Monsallier JF, Brunet F, Villemant D, Huyghebaert. Mechanisms of decrease left preload during continuous positive pressure ventilation in ARDS. *Chest* 1986;90:74.
17. Falke HJ, Pontoppidan H, Kumar A, Leith de Geffin B, Laver MB. Ventilation with Positive End-Expiratory Pressure in acute lung disease. *J Clin Invest* 1972;51:2315.
18. Fernandez R, Blanch L, Artigas A. Inflation static pressure-volume curves of the total respiratory system determined without any instrumentation other than the mechanical ventilator. *Intens Care Med* 1993;19:33–8.
19. Fessler H, Brower R, Wise R *et al.* Effects of systolic and diastolic positive pleural pressure on cardiac output with altered cardiac contractility. *Am Rev Respir Dis* 1988;137(Suppl.):293.
20. Gattinoni L, D'Andrea L, Pelosi P, Vitale G, Pesenti A, Fumagalli R. Regional effects and mechanism of Positive End-Expiratory Pressure in early adult respiratory distress syndrome. *JAMA* 1993;269:2122–7.
21. Gattinoni L, Pelosi P, Crotti S, Valenza F. Effects of Positive End-Expiratory Pressure on regional distribution of tidal volume and recruitment in adult respiratory distress syndrome. *Am J Respir Crit Care Med* 1995;151:1807–14.
22. Gattinoni L, Pelosi P, Vitale G, Pesenti A, D'Andrea L, Mascheroni D. Body position changes redistribute lung computed-tomographic density in patients with acute respiratory failure. *Anesthesiology* 1991;74:15–23.
23. Gattinoni L, Pesenti A, Avalli L, Rossi F, Bombino M. Pressure-volume curve of total respiratory system in acute respiratory failure — a compute tomographic scan study. *Am Rev Respir Dis* 1987;136:730.
24. Gattinoni L, Pesenti A. ARDS: the non-homogeneous lung: facts and hypothesis. *Critical Care Diagn* 1987;6:1–4.
25. Gattinoni L, Presenti A, Bombino M. Relationships Between Lung Computed Tomographic Density, Gas Exchange, and Peep in Acute Respiratory Failure. *Anesthesiology* 1988;69:824–32.
26. Goldstein JA, Vlahakes GJ, Verrier ED *et al.* The role of right ventricular systolic dysfunction and elevated intrapericardial pressure in the genesis of low cardiac output in experimental right ventricular infarction. *Circulation* 1982;65:513–22.
27. Grace MP, Greenbaum DM. Cardiac Performance in Response to Peep in Patients with Cardiac Dysfunction. *Crit Care Med* 1982;10:358–60.
28. Johnson EW, Vinten-Johansen J, Santamore WP *et al.* Mechanism of reduced cardiac output during Positive End-Expiratory Pressure in dog. *Am Rev Respir Dis* 1989;140:1257–64.
29. Johnson R, Richard JC, Strauss C, Mancebo J, Lemaire F, Brochard L. Pressure-volume curves and compliance in acute lung injury. Evidence of recruitment above the lower inflection point. *Am J Respir Crit Care Med* 1999;159:1172–8.
30. Jonson B, Svantesson C. Elastic pressure-volume curves: What information do they convey? *Thorax* 1999;54:82–7.
31. Katz JA, Ozanne GM, Zinn SE, Fairley HB. Time course and mechanisms of lung-volume increase with PEEP in acute pulmonary failure. *Anesthesiology* 1981;54:9.
32. Kirby RR, Downs JB, Civetta JM. High level PEEP in acute respiratory insufficiency. *Chest* 1975;67:156.
33. Kloot TE, Blanch L, Youngblood AM, Weinert C, Adams AB, Marini JJ *et al.* Recruitment maneuvers in three experimental models of acute lung injury. Effect on lung volume and gas exchange. *Am J Respir Crit Care Med* 2000;161(5):1485–94.
34. Lemaire E. ARDS and PV curves: the inseparable duet. *Intens Care Med* 2000;26:1–2.
35. Lemaire F, Brun-Buisson C. Positive End-Expiratory Pressure. *In* Lemaire F (Ed.): *Mechanical Ventilation.* Berlin/Heidelberg/New York: Springer-Verlag, 1991, p 19.
36. Malo J, Ali J, Wood CDH. How does Positive End-Expiratory Pressure reduce intrapulmonary shunt in canine pulmonary edema? *J Appl Physiol* 1984;57:1002.
37. Marini JJ, Culver BH, Butler J. Effect of Positive End-Expiratory Pressure on canine ventricular function. *J Appl Physiol* 1981;51:1367–74.
38. Marini JJ, Culver BH, Kork W. Flow resistance of exhalation valves and PEEP devices used in mechanical ventilation. *Am Rev Respir Dis* 1985;131:850.
39. Matamis D, Lemaire F, Harf A, Brun-Buisson C, Ansquer JC, Atlan G. Total respiratory pressure-volume curves in the adult respiratory distress syndrome. *Chest* 1984;86:58–66.
40. Matamis D, Lemaire F, Harf A, Teisserie B, Brun-Buisson C. Redistribution of pulmonary blood induced by PEEP and dopamine infusion in ARF. *Am Rev Respir Dis* 1984;129:39.
41. Mergoni M, Martelli A, Volpi A, Primavera S, Zuccoli P, Rossi A. Impact of Positive End-Expiratory Pressure on chest wall and lung pressure-volume curve in acute respiratory failure. *Am J Respir Crit Care Med* 1997;156:846–54.
42. Pattel M, Singer M. The optimal time for measuring the cardiorespiratory effects of Positive End-Expiratory Pressure. *Chest* 1993;104:139–42.
43. Pelosi P, Cadringher P, Bottino N *et al.* Sigh in acute respiratory distress syndrome. *Am J Respir Crit Care Med* 1999;150:872–80.
44. Pelosi P, Croci M, Calappi E *et al.* The prone position during general anesthesia minimally affects respiratory mechanics while improving functional residual capacity and increasing oxygen tension. *Anesth Analg* 1995;80:955–60.
45. Pinsky MR, Marquez J, Martin D *et al.* Ventricular assist by cardiac cycle-specific increases in intrathoracic pressure. *Chest* 1987;91:709–15.
46. Ranieri M, Suter PM, Tortorella C *et al.* Effects of mechanical ventilation on inflammatory mediators in patients with ARDS: a RCT. *JAMA* 1999;282:54–61.
47. Ranieri VM, Brienza N, Santostasi S *et al.* Impairment of lung and chest wall mechanics in patients with acute respiratory distress syndrome. *Am J Respir Crit Care Med* 1997;156:1082–91.
48. Rasamen J, Heikkila J, Downs J *et al.* Continuous airway pressure by face mask in acute cardiogenic pulmonary edema. *Am J Cardiol* 1985;55:296–300.
49. Rimensberger PC, Cox PN, Frndova HA, Charles Bryan A. The open lung during small tidal volume ventilation: concepts of recruitment and optimal Positive End-Expiratory Pressure. *Crit Care Med* 1999;27(9):1946–52.
50. Schulmann DS, Biondi JW, Cecchetti A *et al.* Left ventricular diastolic function during Positive End-Expiratory Pressure. *Am Rev Respir Dis* 1992;145:515–21.

51. Scott RH, Dean EH, Venegas JG. An objetive analysis of the pressure-volume curve in the acute respiratory distress syndrome. *Am J Respir Crit Care Med* 2000;161:432–9.
52. Smaldone GC, Mitzner W, Itoh H. Role of alveolar recruitment in lung inflation: influence on pressure-volume hysteresis. *J Appl Physiol: Respirat Environ Exercise Physiol* 1983;55(4):1321–32.
53. Suter PM, Fairley HB, Isenberg MD. Optimum end expiratory airway pressure in patients with acute respiratory failure. *N Engl J Med* 1975;292:284.
54. Thomas EV, Kloot B, Youngblood M *et al.* Recruitment maneuvers in three experimental models of acute lung injury. *Am J Respir Crit Care Med* 2000;161:1485–94.
55. Wade O. Movements of thoracic cage and diaphragm in respiration. *J Physiol* (London) 1954;124:193–212.
56. Wallis TW, Robotham JL, Compean R, Kindred MK. Mechanical heart-lung interaction with Positive End-Expiratory Pressure. *J Appl Physiol* 1983;54:1039–47.
57. West JB, Mathieu-Costello O. Stress failure of pulmonary capillaries: role in lung and heart disease. *Lancet* 1992;340:762–7.
58. West JB, Mathieu-Costello O. Stress failure of pulmonary capillaries. *In* Crystal RG, West FB, Weibel ER, Barnes PJ: *The Lung*. Philadelphia: Lippincott–Raven, 1997, p 1493.
59. Wise RA, Robotham JL, Bromberger-Barnea P *et al.* Effect of PEEP on left ventricular function in right-heart bypassed dogs. *J Appl Physiol* 1981;51:541–6.
60. Yanos J, SM Watling SM, Verhey J. The physiologic effects of inverse ratio ventilation. The physiologic effects of inverse ratio ventilation. *Chest* 1998;114:834–8.

28 Fisiopatologia da Ventilação Mecânica

Cid Marcos David

A ventilação mecânica foi iniciada com o objetivo de substituir uma função biológica, e os ventiladores mecânicos iniciais foram criados para assistência ventilatória de emergência e *soprar ar e oxigênio para os pulmões*. Os objetivos da ventilação mecânica atual são manter a ventilação e a troca gasosa alveolar adequadas, precocidade e diminuição da invasividade dos métodos, evitar os efeitos deletérios da pressão positiva e da distensão alveolar excessiva e diminuir as repercussões hemodinâmicas sistêmicas e orgânicas.

Na ventilação por pressão positiva, é importante monitorizar a mecânica ventilatória, a troca gasosa pulmonar e as repercussões cardiovasculares. Conhecer seus mecanismos fisiológicos permite diagnosticar, acompanhar a evolução e as repercussões dos métodos terapêuticos, adequando o suporte ventilatório às necessidades do paciente, e evitar suas complicações. Os efeitos da ventilação mecânica dependem das condições cardiorrespiratórias prévias do paciente, da patologia, dos parâmetros ventilatórios utilizados, da sincronia entre o paciente e o ventilador e mesmo das propriedades intrínsecas do ventilador.

O suporte ventilatório altera o trabalho muscular respiratório, a resistência e o fluxo aéreo, o espaço morto fisiológico e a troca gasosa pulmonar.

TRABALHO RESPIRATÓRIO

O trabalho respiratório corresponde ao gradiente de pressão gerado para vencer as resistências do sistema, produzir fluxo aéreo e ventilação alveolar. O trabalho respiratório pode ser realizado de forma total (ventilação controlada) ou parcial (ventilação assistida e por pressão de suporte) pelo ventilador ou integralmente pela musculatura respiratória do paciente (ventilação espontânea). O trabalho respiratório (WOB) dependerá da atividade muscular respiratória e da participação do ventilador mecânico.

$$\text{WOB: } W_{vent} + W_{músc}$$

W_{vent} : trabalho gerado pelo ventilador

$W_{músc}$: pressão gerada pelo músculo

Se $W_{músc} = 0$, a ventilação é controlada.

A pressão inspiratória do sistema respiratório pode ser definida por:

$$P = (R_{aw,\, sr} \times \dot{V}_I) + (VC \times 1/C_{st,\, sr}) + PEEP_{total}$$

P: gradiente de pressão

$R_{aw,\, sr}$: resistência aérea do sistema respiratório

V_I: fluxo inspiratório médio

$$\dot{V}_I = VC/T_I$$

VC: volume corrente

T_I: tempo inspiratório

$C_{st,\, sr}$: complacência estática do sistema respiratório

$PEEP_{total}$ (pressão positiva expiratória final total) = PEEP extrínseca + PEEP intrínseca

Aumentos da resistência aérea, do fluxo inspiratório, do volume corrente, da PEEP total e a diminuição da complacência aumentam a pressão necessária para a ventilação.

A indicação de modo ventilatório controlado ou não vai depender dos objetivos determinados para o paciente. A carga de trabalho muscular respiratório depende do modo de suporte ventilatório. Na fadiga respiratória, indica-se repouso muscular através da ventilação controlada (CMV). Diminuem o trabalho muscular respiratório, respectivamente, CMV, ventilação assistida – AMV, a ventilação por suporte pressórico -PSV e a ventilação mandatória intermitente sincronizada – SIMV (Fig. 28-1). A SIMV diminui menos do que os outros modos de

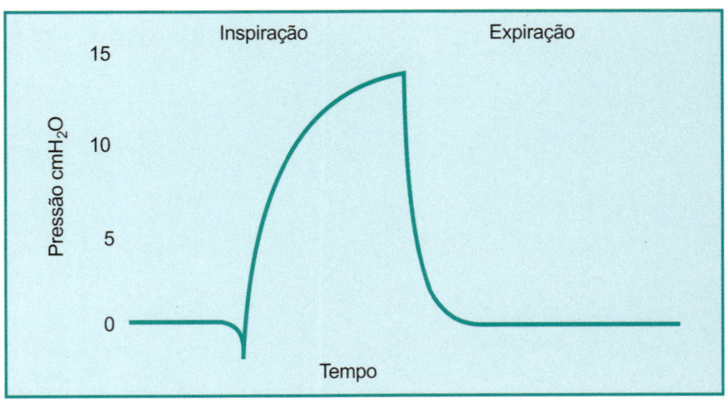

Fig. 28-1. Ventilação assistida. Curva de pressão sem platô inspiratório e sem PEEP.

ventilação. Aumentam o trabalho muscular a dessincronia *(briga)* entre o paciente e o ventilador, tubo traqueal de diâmetro interno pequeno (para homens adultos < 8,0 mm) e conexões angulosas, PEEP intrínseca e o fluxo inspiratório reduzido *(fome de fluxo)*.

A PEEP intrínseca (PEEPi) pode ser conseqüente a alterações na mecânica ventilatória (p. ex., resistência aérea), ao padrão de ajuste paciente-ventilador (p. ex., alta freqüência respiratória, grande volume corrente, tempo expiratório curto) e a resistências adicionadas ao sistema (tubos, circuitos). A PEEP intrínseca, como demonstrado na Figura 28-2, nos modos de suporte ventilatório não-controlados, aumenta o trabalho respiratório, porque, para disparar o ventilador, é necessário que seja produzida força (trabalho) adequada para abaixar a pressão do sistema desde a PEEP intrínseca até o nível de sensibilidade da prótese. A determinação da PEEPi é fundamental. Pode ser medida por oclusão do sistema expiratório do ventilador, estando o paciente relaxado em ventilação controlada (PEEP intrínseca estática). Altos níveis de PEEP intrínseca aumentam o trabalho respiratório e podem levar a fadiga e dependência da prótese ventilatória. Nos pacientes com DPOC e na asma, a PEEP intrínseca pode estar muito alta.

A PEEP, através da CPAP ou ventilação por pressão positiva contínua, aumenta a capacidade residual funcional e a pressão nas vias aéreas, mantendo-as abertas e diminuindo o trabalho muscular. Entretanto, altas PEEPs orientam as fibras musculares inadequadamente, pela hiperinsuflação pulmonar com abaixamento diafragmático, diminuindo a eficiência da contração muscular. Na inversão da relação inspiração-expiração (p. ex., I:E = 2:1, 3:1), há retenção gasosa pulmonar, aumento da capacidade residual funcional e PEEP intrínseca. Nessa situação, a PEEP total será o somatório da PEEPi e da PEEP aplicada no sistema ($PEEP_E$). Entretanto, no paciente com DPOC e PEEPi, a aplicação da $PEEP_E$ não satisfaz essa relação para a PEEP total.

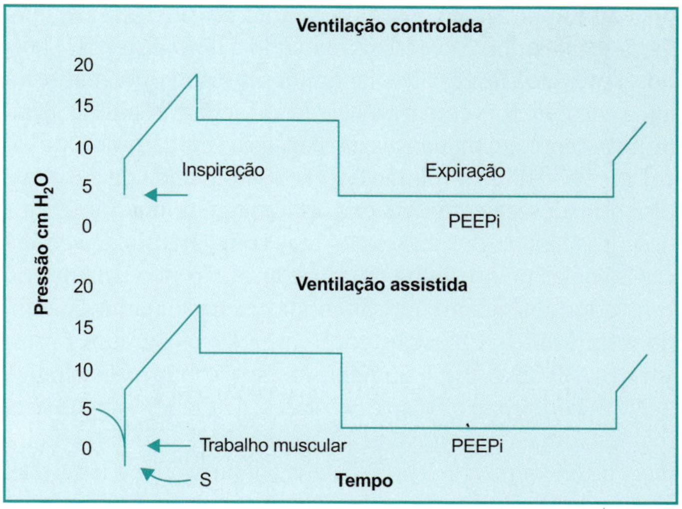

Fig. 28-2. Curvas de pressão em ventilação controlada e assistida com platô inspiratório. A seta indica o início da inspiração. S = Nível de disparo do ventilador (sensibilidade); PEEPi = PEEP intrínseca.

A interação do modo e dos parâmetros da ventilação mecânica está resumida na Figura 28-3. Os mecanorreceptores da parede torácica, das vias aéreas e pulmonares e os níveis de oxigênio e gás carbônico do sangue influenciam reflexamente no trabalho muscular através dos centros respiratórios.

A escolha do modo de ventilação depende da presença e do tipo de patologia pulmonar, do tempo previsto de ventilação e dos recursos materiais à disposição. No modo a volume a pressão do sistema vai depender diretamente do volume corrente.

De um modo geral, deve-se usar suporte ventilatório a volume para garantir adequada ventilação alveolar mesmo nas mudanças da mecânica toracopulmonar. Nos métodos ventilatórios limitados à pressão, PCV (ventilação por pressão controlada) e PSV (ventilação por pressão de suporte), a curva

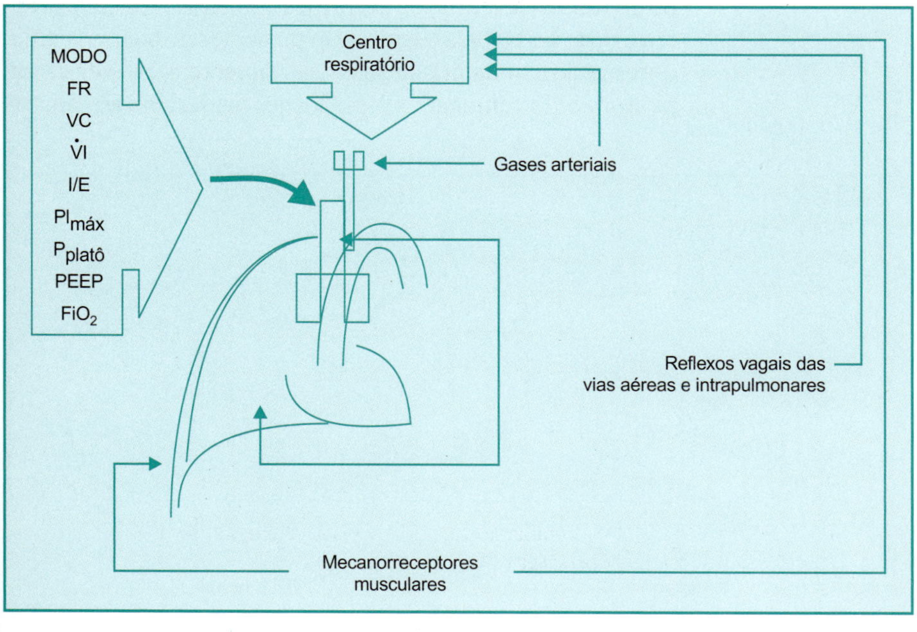

Fig. 28-3. O suporte ventilatório, através dos seus métodos e parâmetros, influencia a atividade do centro respiratório, aumentando-a ou diminuindo-a.

pressão-tempo é um platô. A ventilação por pressão melhoraria a distribuição gasosa, evitando a hiperdistensão, porque a pressão elástica alveolar limita sua insuflação, mas o volume corrente e a ventilação alveolar poderiam se alterar significativamente em mudanças da mecânica ventilatória. É possível que ventilando a volume (VCV) e usando onda de fluxo inspiratório desacelerada haveria as vantagens dos benefícios descritos nos modos a pressão, mas com garantia da ventilação alveolar pelo volume corrente ajustado previamente no ventilador. Entretanto, nessas condições há aumento do tempo inspiratório. A hiperdistensão alveolar por grandes pressões (> 30-35 cmH_2O) aumenta o espaço morto fisiológico (VD/VT), comprime os vasos alveolares, desviando sangue para regiões com menor resistência vascular, podendo aumentar o *shunt* arteriovenoso e a pressão arterial pulmonar e lesar o alvéolo por esgarçamento (volutrauma).

RESISTÊNCIA AÉREA

A resistência do sistema respiratório durante o suporte ventilatório varia dependendo de várias técnicas e parâmetros ventilatórios, como se o método utilizado for invasivo ou não-invasivo (máscara facial ou nasal, dispositivos orais). O suporte ventilatório invasivo é realizado através da intubação traqueal ou traqueostomia. Embora considerem-se para fins clínicos a resistência aérea média do sistema e o fluxo inspiratório como lineares, a R_{aw} varia significativamente durante a fase do ciclo respiratório e com o volume pulmonar, principalmente nos pacientes com DPOC, e é influenciada pela turbulência do fluxo inspiratório.[19] O tubo traqueal aumenta a resistência aérea (R_{aw}) e conseqüentemente a pressão gerada pelo ventilador ou pelo músculo respiratório para manter o mesmo fluxo inspiratório e o volume corrente. Na Figura 28-4 estão demonstrados a relação VC/ T_I e o trabalho resistivo do sistema em ventilação controlada.[9]

$$R_{aw,\ sr} = (PI_{máx} - P_{platô})/\dot{V}_I$$

$R_{aw,\ sr}$: resistência aérea

$PI_{máx}$: pressão inspiratória máxima (pressão de pico)

$P_{platô}$: pressão após término do fluxo inspiratório e adaptação do sistema

V_I: fluxo inspiratório médio

Pela lei de Poiseuille, para fluxos lineares, a pressão gerada é função da quarta potência do raio interno do tubo, daí a indicação do uso de tubos largos (diâmetro interno > 8 mm) (Fig. 28-5).

$$\text{Resistência} = \frac{\text{Viscosidade} \times \text{comprimento do tubo} \times 8}{\pi(\text{raio})^4}$$

Freqüências respiratórias aumentadas têm fluxo inspiratório alto e grande trabalho resistivo, principalmente quando o diâmetro do tubo é pequeno. Além de a pressão ser função do fluxo, altos fluxos produzem turbilhonamento. Pela equação de Roherer:

$$\text{Resistência} = \text{Pressão/Fluxo} = K_1\dot{V} + K_2\dot{V}^2$$

K_1 e K_2: constantes

$K_1\dot{V}$: refere-se ao fluxo laminar

$K_2\dot{V}^2$: refere-se ao fluxo turbilhonar

Shapiro *et al* demonstraram que tubos traqueais de 6 e 7 mm produziam maior trabalho respiratório e grande aumento do índice tensão-tempo e que alcançavam valores críticos próximos aos da fadiga respiratória quando o volume-minuto era grande.[39]

A resistência aérea é maior na expiração. A resistência entre a extremidade do tubo próximo da carina e na conexão externa do circuito do ventilador pode ser significativa, principalmente se houver aderência de secreções ou coágulos na parede do tubo. A retenção de secreções aumenta a resistência aérea e deve ser evitada. Sistemas expiratórios de alguns ventiladores padrões aumentam significativamente a resistência expiratória.[21] Determinados ventiladores modernos são capazes

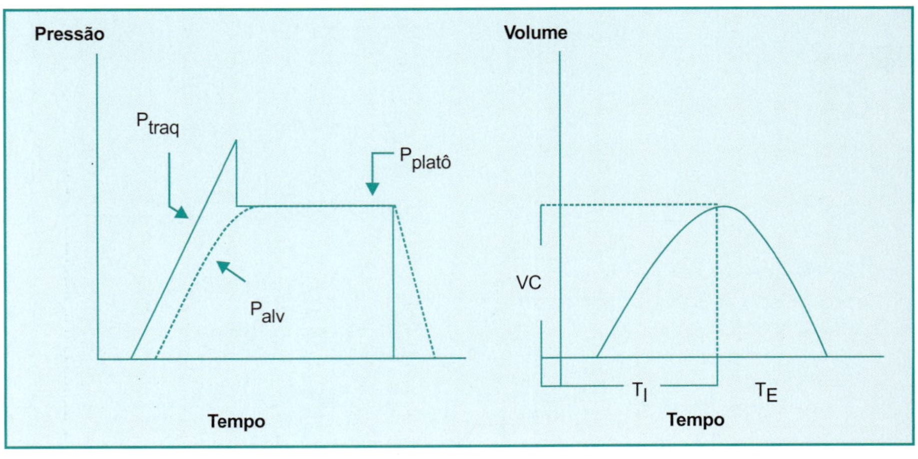

Fig. 28-4. Curvas pressão-tempo e volume-tempo. Na área sob a curva entre a P_{traq} e a P_{alv} está representado o trabalho resistido. A relação entre o VC/T_I representa o fluxo médio inspiratório ($\dot{V}_I$). T_I = Tempo inspiratório; T_E = tempo expiratório; VC = volume corrente; P_{traq} = pressão traqueal; P_{alv} = pressão alveolar.

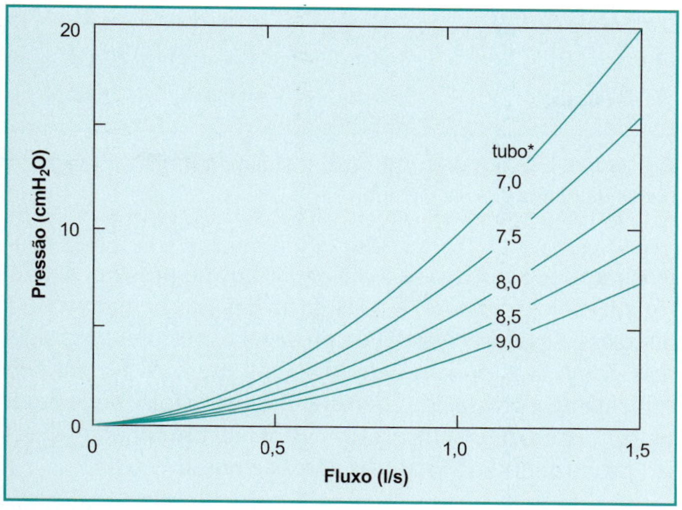

Fig. 28-5. Para um mesmo fluxo, tubos com diâmetro interno pequeno necessitam de maior pressão (trabalho respiratório).

de compensar automaticamente a resistência oferecida pelo tubo traqueal *(automatic tube compensation).*

Quando há aumento da resistência aérea, observa-se no *display* do ventilador aumento da diferença entre a pressão de pico ($PI_{máx}$ ou P_{pico}) e a pressão de platô (Fig. 28-6).

Nos modos de ventilação por pressão, o aumento da resistência aérea diminui o volume corrente e pode haver hipoventilação alveolar, com hipercapnia e diminuição da saturação arterial. Como a menor resistência oferecida pelo tubo traqueal de diâmetro largo, limpo e sem secreções corresponde a 3 a 7 $cmH_2O/l/s$, é prudente associar pressão de suporte (PSV) para diminuir o trabalho muscular. A troca da intubação nasal por orotraqueal reduz a resistência aérea. A traqueostomia diminui o trabalho respiratório em relação à intubação traqueal e o espaço morto fisiológico. As cânulas de traqueostomia são de menor comprimento e têm diâmetro largo.

No desmame da prótese ventilatória, o trabalho muscular aumenta, sendo necessário adequar o modo ventilatório e seus parâmetros à capacidade do paciente. As estratégias para diminuir o trabalho respiratório são essenciais para evitar a fadiga e haver sucesso no desmame da prótese. Durante a ventilação mecânica devem ser realizadas técnicas que previnam a atrofia e permitam treinamento muscular com a finalidade de aumentar a força e a resistência. A administração de pressão de 5 a 7 cmH_2O através da PSV diminui o trabalho resistivo produzido pelo tubo traqueal.

É possível que em determinadas condições o paciente fique melhor após a extubação traqueal. Drogas broncodilatadoras podem diminuir a resistência aérea.

RELAÇÃO INSPIRAÇÃO-EXPIRAÇÃO E FLUXO INSPIRATÓRIO

O tempo inspiratório varia com a intensidade do fluxo e o volume corrente. O tempo inspiratório pode ser aumentado usando-se um platô inspiratório, pausa, ou alterando-se, no ventilador, a relação inspiração: expiração.

O tempo inspiratório depende do volume corrente e do fluxo inspiratório, e o tempo total do ciclo respiratório varia com a freqüência respiratória (FR). Não foi considerada a pausa insatisfatória.

$$T_I = VC/\dot{V}_I$$
$$T_{TOT} = 60/FR$$
$$T_{TOT} = T_I + T_E = 60/FR$$
$$T_E = 60/FR - (VC/\dot{V}_I)$$

T_I : tempo inspiratório(s)
T_E : tempo expiratório(s)
T_{TOT} : tempo total inspiratório(s)
FR : freqüência respiratória (incursões por minuto)
VC : volume corrente (ml)
$\dot{V}_I$: fluxo inspiratório médio (l/minuto)

Se $T_{TOT} = 60/15$ ipm $= 4$ s, VC = 1 litro = 1.000 ml e $\dot{V}_I =$ 60 l/min: 60.000 ml / 60 s

$T_I = 1$ s
$T_E = 4$ s $- 1$ s $= 3$ s
Relação I:E: 1: 3

A relação entre a inspiração e a expiração usada geralmente durante a ventilação mecânica está entre 1:2 e 1:3, devendo-se aumentar o tempo expiratório nas doenças obstrutivas. O enchimento e o esvaziamento das unidades alveolares

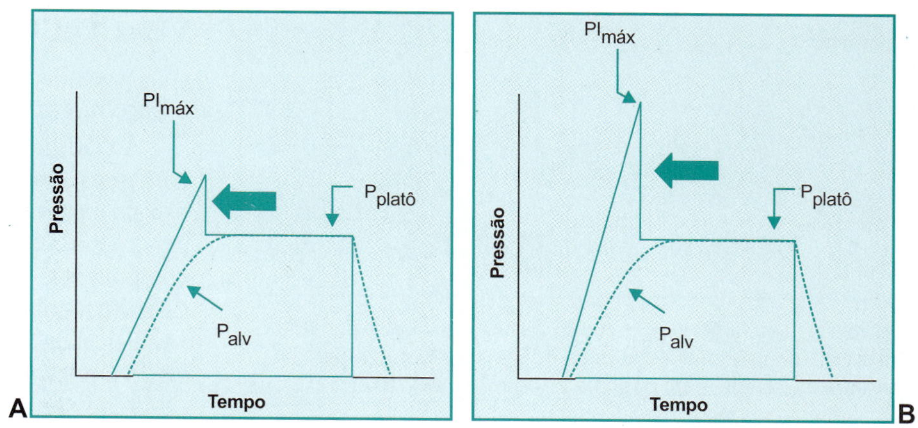

Fig. 28-6. (**A**) Curvas pressão-tempo em ventilação mecânica no modo controlado por volume. A seta larga (→) indica a diferença entre a pressão inspiratória máxima ($PI_{máx}$) e a pressão de platô ($P_{platô}$). Em **B** há aumento da diferença entre a $PI_{máx} - P_{platô}$, indicando aumento da resistência aérea do sistema.

dependem da constante de tempo (CT), produto da resistência vezes a complacência do sistema. O esvaziamento pulmonar expiratório ocorre quase totalmente quando o tempo expiratório é de quatro vezes a CT.

O prolongamento do tempo inspiratório melhora a distribuição e a troca gasosa pulmonar. Na síndrome de angústia respiratória aguda (SARA), quando existe grave e persistente distúrbio de troca gasosa, prolonga-se o tempo inspiratório, criando-se um platô inspiratório, ou inverte-se a relação I:E (ventilação com relação invertida, IRV), ficando a inspiração mais prolongada (2:1, 3:1, 4:1) do que a expiração. Nesse caso, ao se inverter a relação I:E, há aprisionamento gasoso intrapulmonar, aumento da capacidade residual funcional, PEEP intrínseca, recrutamento alveolar e melhora da troca gasosa. Pode haver acentuação dos efeitos adversos cardiovasculares pela ventilação com relação invertida. Nos *displays* dos monitores, observa-se que o fluxo expiratório ainda não terminou, isto é, não voltou a zero, e já se inicia nova inspiração (Fig. 28-7). O padrão do fluxo inspiratório altera a relação I:E. Mantendo-se o mesmo volume corrente e o pico de fluxo, os padrões de fluxos ***médios*** inspiratórios do padrão desacelerado ou sinusoidal são menores, e, conseqüentemente, o tempo inspiratório fica maior.

O fluxo inspiratório é um dos determinantes da pressão do sistema respiratório: maiores fluxos, maiores pressões. O aumento da pressão se dá no componente resistivo, mantendo-se a pressão de platô, a menos que seja criada PEEP intrínseca. O fluxo inspiratório normal é de cerca de 20 l/min.

Quando o fluxo inspiratório for inferior às necessidades do paciente, há *fome de fluxo,* dispnéia, aumento do trabalho respiratório, e pode haver fadiga muscular. A *fome de fluxo* é manifestação freqüente, geralmente não-diagnosticada, e ocorre quando o ventilador está mal regulado ou não tem a qualidade necessária. Administra-se na prótese fluxo inspiratório médio equivalente a 5 a 6 vezes o volume-minuto. Entretanto, no início da inspiração, a necessidade de fluxo é maior do que o fluxo médio. Os métodos ventilatórios por pressão controlada (PCV) e por pressão de suporte (PSV) têm fluxo livre inspiratório inicial, sendo maior nessa fase e menor no final da inspiração. Para uma determinada resistência, os altos fluxos

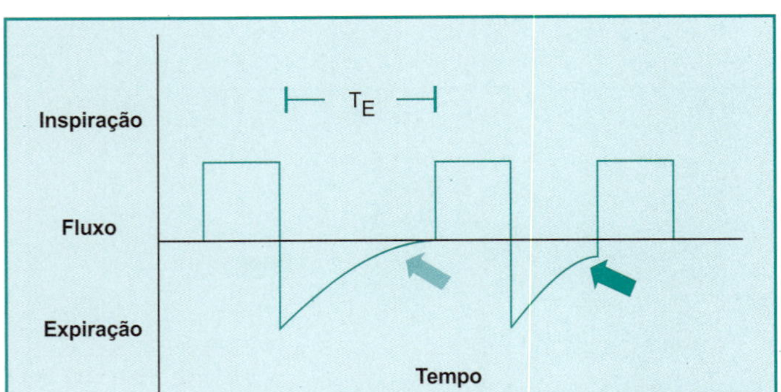

Fig. 28-7. Curva fluxo-tempo. A seta branca indica esvaziamento expiratório completo, e a seta preta indica a retenção gasosa conseqüente ao início da próxima inspiração antes do esvaziamento pulmonar.

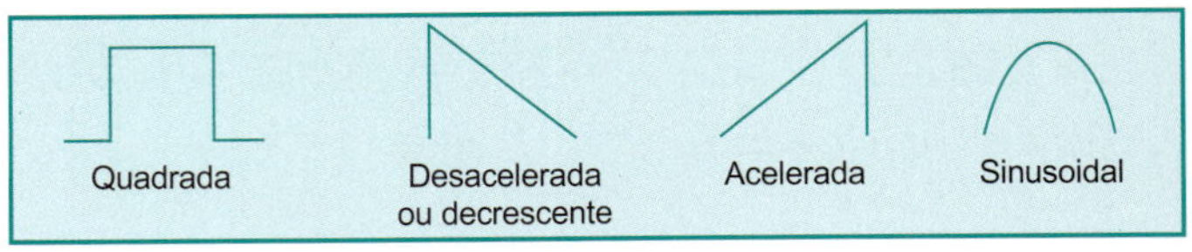

Fig. 28-8. Forma das ondas de fluxo. Usualmente, utilizam-se as ondas quadrada e desacelerada.

inspiratórios associam-se a maiores picos de pressão inspiratória. Fisiologicamente, a resistência das vias aéreas tende a dissipar essas altas pressões e a proteger os alvéolos, mas algumas vias aéreas podem permitir que a pressão alveolar seja semelhante à pressão de abertura. Nessa situação, pode haver rápida distensão e aumento das forças de estiramento alveolar, produzindo lesão nas vias aéreas e nos alvéolos.[24]

As ondas de fluxo podem ter formas variadas, como quadrada, decrescente ou desacelerada, acelerada e sinusoidal (Fig. 28-8). Na ventilação espontânea, o fluxo gasoso inspiratório aproxima-se da sinusoidal. A onda de fluxo desacelerada, em relação à onda quadrada, melhora a distribuição do fluxo para as unidades aéreas. Por fornecer um fluxo maior no início da inspiração em relação à onda quadrada de fluxo, a onda desacelerada de fluxo nos modos à pressão (PSV, PCV) pode diluir mais o CO_2 do fluxo gasoso inicial que chega aos alvéolos e diminuir um pouco a $PACO_2$ e a $PaCO_2$. Entretanto, não há consenso na literatura de que a onda desacelerada em relação à onda quadrada melhore a PaO_2.

Nos modos por pressão, a onda de fluxo é desacelerada. Nos modos por volume é quadrada, mas em alguns ventiladores é possível usar onda desacelerada mesmo na ventilação a volume. A onda de fluxo pode ser monitorizada nos *displays* dos ventiladores.

Para melhorar a distribuição e a troca gasosa pulmonar e evitar a hiperdistensão alveolar, podem ser usados modos de suporte ventilatório por pressão com onda de fluxo desacelerada e aumento do tempo inspiratório. A ventilação por pressão controlada com relação invertida (PC-IRV) é um dos métodos de ventilação usados na SARA. A inversão da relação pode também ser feita no modo a volume (VC-IRV).

No paciente em ventilação mecânica controlada, quando se prolonga a expiração e ocorre diminuição da pressão de pico ($PI_{máx}$), há indicação da presença de PEEP intrínseca.

VENTILAÇÃO ALVEOLAR E ESPAÇO MORTO

A ventilação alveolar depende do volume corrente, do espaço morto e da freqüência respiratória.

A distribuição gasosa pulmonar alterada e o ventilador com seus circuitos (espaço morto mecânico) aumentam o espaço morto fisiológico durante a ventilação por pressão positiva. O espaço morto mecânico decorre da elasticidade dos componentes internos e externos dos aparelhos e circuitos. Circuitos, conectores e *traquéias* entre o tubo traqueal e o *swivel* (ípsilon) funcionam como espaço morto (Quadros 28-1 e 28-2). Em uso de baixos volumes correntes, o volume gasoso retido nesses circuitos aumenta de importância e pode haver

Quadro 28-1. Volume dos tubos traqueais	
Diâmetro interno (mm)	***Volume (ml)***
7	39
8	41
9	45

Quadro 28-2. Modificações do espaço morto fisiológico (VD/VT) e da ventilação alveolar quando varia o volume corrente durante a ventilação mecânica. CTI/UFRJ		
Volume corrente (ml/kg)	***Espaço morto (%)***	***Ventilação alveolar (ml)***
10	47 ± 10,8	4,863 ± 1,516
15	45 ± 11,3	6,878 ± 2,024

David CMN, 1985.

hipoventilação alveolar. A $PACO_2$ e a $PaCO_2$ são inversamente proporcionais à ventilação alveolar.

Determina-se o espaço morto fisiológico pela equação de Bohr modificada. A $PECO_2$ é o valor médio da PCO_2 expirada do gás colhido em saco de Douglas ou dispositivo equivalente. O líquido que fica no circuito expiratório tem PCO_2 igual à $PECO_2$. O espaço morto fisiológico normal é cerca de 0,40. A quantidade de gás que chega aos alvéolos na inspiração dependerá do volume corrente e do espaço morto. O volume de gás comprimido dentro do sistema depende das características do ventilador e dos circuitos e pode variar de 1,0 a 3 ml/cm H_2O de pressão, sendo para o ventilador Bennett 1,4 ml/cm H_2O usando-se circuito não-descartável. Pacientes com DPOC e prótese ventilatória podem ter grande coeficiente VD/VT como de 0,8 (80%), significando que somente 20% do volume corrente vão para os alvéolos e participam da troca gasosa. Na SARA geralmente é maior ou igual a 0,6 (60%). A melhora do processo patológico acompanha-se de diminuição do coeficiente VD/VT.

$$VD/VT = PaCO_2 - P_ECO_2 / PaCO_2$$

VD/VT: espaço morto fisiológico
$PaCO_2$: pressão arterial de gás carbônico
P_ECO_2: pressão expirada de gás carbônico

O espaço morto aumenta o trabalho respiratório e tem grande importância no período de desmame, devendo ser diminuído o máximo possível.

TROCA GASOSA PULMONAR

A troca gasosa pulmonar é influenciada pela qualidade do ar inalado, pelo volume corrente, pelo volume-minuto, pela relação I:E, pela distribuição gasosa, pelo espaço morto fisiológico e pela ventilação e perfusão alveolares. O conteúdo arterial de oxigênio (CaO_2) depende da PaO_2, da hemoglobina e sua saturação, do consumo de oxigênio tecidual ($\dot{V}O_2$), do conteúdo venoso misto de oxigênio e do débito cardíaco.

O suporte ventilatório aumenta a ventilação, melhora a relação ventilação-perfusão alveolar e a troca gasosa pulmonar. Acréscimos na fração inspirada de oxigênio (FiO_2) aumentam a PAO_2 e facilitam a difusão. Geralmente, quando o *shunt* arteriovenoso pulmonar está abaixo de 20%, aumentos da FiO_2 elevam a PaO_2 e o CaO_2. A pressão positiva intratorácica, alterando o débito cardíaco, modifica a troca gasosa por influenciar na saturação venosa de oxigênio, na velocidade de perfusão alveolar e pela redistribuição do fluxo sangüíneo intrapulmonar. Volumes correntes muito baixos facilitam o colapso alveolar, piorando a troca gasosa, e grandes volumes lesam o pulmão (volutrauma). A diferença alveoloarterial de oxigênio diminui quando se aumenta o volume alveolar. Havendo hipoventilação alveolar, ocorre menor aporte de oxigênio inalado, diminuição da PAO_2 e da PaO_2.

Um dos métodos para se avaliar os mecanismos fisiológicos da troca gasosa pulmonar é a determinação do *shunt* pulmonar (curto-circuito).

A relação $\dot{V}A/\dot{Q}$ varia nas diferentes áreas pulmonares, acentuando-se quando há patologia broncopulmonar ou circulatória. A administração de oxigênio em frações aumentadas pode levar ao colapso de unidades alveolares (atelectasia por reabsorção) com coeficientes $\dot{V}A/\dot{Q}$ baixos (0,1), aumentando o *shunt*. Como para calcular o *shunt* arteriovenoso pulmonar deve-se administrar oxigênio a 100% por tempo igual ou superior a 20 minutos, o *shunt* arteriovenoso pulmonar medido dessa maneira superestima seu valor (Fig. 28-9). Por outro lado, a PEEP, aumentando a capacidade residual funcional, facilita a troca gasosa, mas pode diminuir o débito cardíaco. A diminuição do débito cardíaco, conseqüente à pressão positiva contínua (VPPC), diminuindo relativamente a perfusão de unidades alveolares colapsadas, produz diminuição irreal do *shunt* medido. Assim, na avaliação da melhora da troca gasosa, quando se institui a PEEP, parte da diminuição do *shunt* pode ser de-

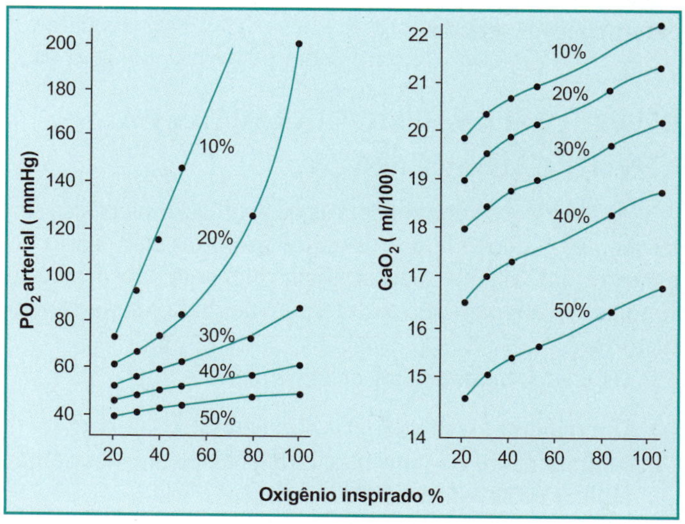

Fig. 28-9. Influência da fração inspirada de oxigênio na PO_2 arterial e no conteúdo arterial de oxigênio (CaO_2) em diferentes níveis de *shunt*. (Adaptado de Dantzker DR. *Clin Chest Med* 3:57, 1982.)

vida à diminuição do débito cardíaco, e não à melhora da instabilidade alveolar, principalmente em altas PEEPs e quando há hipovolemia. Aumentos de $\dot{Q}_S/\dot{Q}_T$ e VD/VT indicam importante alteração do coeficiente $\dot{V}A/\dot{Q}$.

A pressão positiva expiratória final melhora a troca gasosa por aumentar a capacidade residual funcional, recrutando alvéolos, diminuindo o *shunt*, e aumenta a relação $\dot{V}A/\dot{Q}$. É possível que altas PEEPs possam aumentar excessivamente a relação $\dot{V}A/\dot{Q}$, produzindo espaço morto, desvio do fluxo sangüíneo para regiões com $\dot{V}A/\dot{Q}$ baixas ou de *shunt* e diminuição do débito cardíaco. Assim, o nível ideal de PEEP é o que recruta alvéolos e não produz redução do débito cardíaco. Para abertura de vias aéreas, a PEEP deve ser 8,0 cmH_2O. David *et al*, em pacientes normovolêmicos, não observaram diminuição do débito cardíaco com PEEPs até 10 cmH_2O.[12] Os efeitos sobre a troca gasosa podem ser observados com a PEEP extrínseca ou intrínseca (autoPEEP).[2]

Os métodos de ventilação e os ajustes dos parâmetros influenciam na troca gasosa. O prolongamento do tempo inspiratório melhora a troca gasosa. O efeito benéfico da pausa inspiratória (platô) na troca gasosa decorre do recrutamento alveolar. A inversão da relação I:E cria PEEP intrínseca e melhora a troca gasosa na SARA.

Pacientes intubados têm perda expiratória da ação glótica, diminuição da capacidade residual funcional e colapso alveolar, necessitando profilaticamente de PEEP extrínseca de 3 a 5 cmH_2O, quer durante a ventilação controlada quer iniciada pelo paciente (assistida).

AVALIAÇÃO DA MECÂNICA VENTILATÓRIA E DA TROCA GASOSA PULMONAR

Vários parâmetros podem ser utilizados ***à beira do leito*** para avaliar a mecânica ventilatória e a troca gasosa pulmonar (Quadros 28-3 e 28-4).

Como essas avaliações dos parâmetros representam um corte na evolução do paciente, devem ser mais valorizadas as determinações seriadas.

Quadro 28-3. Mecânica ventilatória

Parâmetros		Valores normais	Unidade
Capacidade vital	Corresponde a 75% da CTP Varia com a idade, sexo		ml
Volume corrente	> 5-7 ml/kg		ml
	400-600 (adultos)		
Freqüência respiratória		≤ 13-18	ipm
Volume minuto (adulto de 70 kg)		= 6 a 8	l/min
Pressão inspiratória máxima			cmH_2O
Homem	Adulto	(–) 124 ± 44	
	Idoso	(–) 83 ± 27	
Mulher	Adulta	(–) 87 ± 32	
	Idosa	(–) 58 ± 22	
Pressão expiratória máxima			cmH_2O
Homem	Adulto	233 ± 84	
	Idoso	175 ± 46	
Mulher	Adulta	152 ± 54	
	Idosa	118 ± 37	
Complacência estática do sistema respiratório ($C_{st, sr}$)		80-100	ml/cmH_2O
Complacência dinâmica do sistema respiratório ($C_{dyn, sr}$)		≤ 10 a 20% da $C_{st, sr}$	ml/cmH_2O
Resistência aérea (adultos)		0,5 – 2,5	$cmH_2O/l/s$
Resistência aérea durante a ventilação mecânica invasiva		4,2 ± 1,6	$cmH_2O/l/s$
VD/VT		≤0,4	
Ventilação alveolar (adulto de 70 kg)		≈4	l/min
$PaCO_2$		40 ± 5	mmHg
$PETCO_2$		≤ 2-5 mmHg da $PaCO_2$	mmHg
$PaCO_2$-$PETCO_2$		2-5	mmHg

CPT = Capacidade pulmonar total.

Quadro 28-4. Troca gasosa pulmonar

Parâmetros	Valores normais	Unidade
PaO_2	≥ 80	mmHg
	≥ 70 (idoso)	
SaO_2	97 ± 2	%
PaO_2/F_iO_2 (ar ambiente)	≥ 380	
PaO_2/F_iO_2 (F_iO_2 = 1,0)	≥ 500-550	
D $(A\text{-}a)^{0,21}O_2$ (F_iO_2 = 0,21)	≤ 10	mmHg
	≤ 20 (idosos)	
D $(A\text{-}a)^1O_2$ (F_iO_2 = 1,0)	≤ 160	mmHg
$\dot{Q}_S/\dot{Q}_T$	< 7	%
$P\bar{v}O_2$ (sangue venoso misto)	40-45	mmHg
$S\bar{v}O_2$	75	%
CaO_2-$C\bar{v}O_2$	4-7	ml/100 ml sangue
$\dot{V}O_2$	250	ml/min
$\dot{D}O_2$	550 a 750	ml/min

REPERCUSSÕES HEMODINÂMICAS DA VENTILAÇÃO MECÂNICA

As alterações hemodinâmicas da ventilação mecânica são freqüentes e dependem do estado cardiovascular prévio do paciente, da volemia, da patologia pulmonar, do modo de ventilação e dos parâmetros determinados para o suporte ventilatório.[18,36]

Os efeitos hemodinâmicos dependem:

1. Diretamente da pressão das vias aéreas.
2. Indiretamente da transmissão da pressão das vias aéreas à pleura e às estruturas intratorácicas.

Também são importantes outros fatores. Na hipoxemia e na hipercapnia, por estimulação do sistema nervoso autônomo (SNA), há liberação de catecolaminas, aumento do débito cardíaco (DC) e da resistência vascular sistêmica (RVS). Quando o paciente é ventilado e oxigenado, a estimulação do SNA diminui, com conseqüente redução da RVS e do débito cardíaco, podendo haver hipotensão arterial. Do mesmo modo, as drogas vasoativas, causando vasodilatação ou vasoconstrição pulmonar e sistêmica, podem modificar as alterações hemodinâmicas conseqüentes à ventilação mecânica, aumentando ou diminuindo o débito cardíaco, as resistências e as pressões. Sedativos e analgésicos também podem produzir hipotensão arterial.[1]

Na ventilação espontânea normal, a freqüência cardíaca aumenta na inspiração e diminui na expiração. Associada ao aumento da freqüência cardíaca, há leve vasodilatação. Diferentemente da ventilação normal, as grandes insuflações pulmonares (> 15 ml/kg) produzem diminuição da freqüência cardíaca.

Na avaliação das repercussões hemodinâmicas, deve ser considerada a metodologia usada na avaliação dos parâmetros mensurados, pois podem ser influenciados em maior ou menor intensidade pela ventilação mecânica, levando o médico a conclusões inadequadas. Para Patel e Singer, a maior queda do débito cardíaco e da oferta tecidual de oxigênio, após a instalação da PEEP,[42] ocorre no primeiro minuto, e as determinações hemodinâmicas devem ser realizadas após 15 minutos da modificação dos parâmetros ventilatórios.

Os fatores que modulam as repercussões hemodinâmicas são:

1. Volemia.
2. Estado prévio do coração.
3. Pressão média das vias aéreas.
4. Transmissão da pressão das vias aéreas para o espaço pleural e estruturas intracardíacas.

CLASSIFICAÇÃO DAS REPERCUSSÕES HEMODINÂMICAS

As repercussões hemodinâmicas do suporte ventilatório compreendem as alterações intratorácicas e extratorácicas (Quadro 28-5).

Intratorácicas

As repercussões hemodinâmicas intratorácicas dependem do volume pulmonar, do gradiente de pressão intratorácico, do tipo (pressão positiva ou negativa) e do tempo da fase que atua a pressão.

Normalmente, na inspiração é gerada uma pressão intratorácica subatmosférica de (–) 3 a (–) 5 cmH_2O que se transmite para todas as estruturas dentro da caixa torácica. Nessa situação, durante a inspiração, há aumento do gradiente de pressão venosa entre as veias extratorácicas e o átrio direito, ocorrendo facilitação do retorno venoso ao tórax e aumento do volume sistólico ventricular direito. O suporte ventilatório à pressão positiva diminui o retorno venoso, a pré-carga ventricular e o débito cardíaco. A intensidade desse efeito adverso depende do método ventilatório e seus ajustes e do estado cardiovascular. Nos pacientes hipovolêmicos esses efeitos são acentuados e podem levar à hipotensão arterial e à hipoperfusão tecidual. Nos pacientes com disfunção cardíaca, ao ser retirado o suporte ventilatório, há aumento do retorno venoso, da pré-carga e da pós-carga ventricular esquerda, podendo desencadear edema pulmonar agudo.

Quadro 28-5. **Repercussões hemodinâmicas do suporte ventilatório**

Intratorácicas	*Extratorácicas*
• Pulmonares	• Sistêmicas
• Cardíacas:	• Orgânicas
– Ventricular direita	
– Ventricular esquerda	

As repercussões hemodinâmicas da ventilação à pressão negativa extratorácica (VPNET) vão depender do nível de pressão aplicada e também da extensão do corpo em que é aplicada essa pressão, se no tórax, no abdômen, no tórax e abdômen ou no tronco e membros. A VPNET produz aumento da pós-carga e da pré-carga ventricular esquerda, podendo causar importante agravamento da disfunção do VE e edema pulmonar.

Repercussões hemodinâmicas intratorácicas pulmonares

Pressão e resistência arterial pulmonar

As alterações hemodinâmicas na pressão arterial pulmonar (PAP) e na resistência vascular pulmonar (RVP) são conseqüentes às variações do volume pulmonar e do débito cardíaco.[34]

Os vasos pulmonares podem ser divididos em alveolares e extra-alveolares. Esses vasos sofrem influência diferente da insuflação pulmonar. Os vasos extra-alveolares – artérias, veias –, que correm no interstício, são submetidos à pressão intratorácica. Os vasos alveolares que correm na parede alveolar são envolvidos pela pressão alveolar. Esses vasos em íntimo contato com os alvéolos sofrem influência do nível da distensão alveolar. A dilatação dos vasos extra-alveolares (VEA) ocorre principalmente por causa da ação das forças intersticiais pulmonares que tendem a distender os alvéolos. Por outro lado, o contrário ocorre com os vasos alveolares (VA), que são comprimidos pela insuflação pulmonar, conseqüentemente à diminuição da quantidade de sangue dentro do vaso pelo esmagamento vascular, e porque a pressão alveolar supera a pressão intratorácica (ITP). Quando o volume pulmonar está próximo do volume residual (VR), os vasos alveolares estão distendidos e os extra-alveolares estão com a sua luz diminuída, resultando em aumento da resistência vascular pulmonar (RVP). À medida que há insuflação alveolar, os vasos extra-alveolares se abrem progressivamente, dilatando-se, aumentando seu volume e sua capacitância (Fig. 28-10).

A Figura 28-11 mostra o resistor de Starling. A pressão (P1) aumenta quando o tubo é comprimido pelo manguito que o envolve. Dessa maneira, funcionam os pequenos vasos pulmonares (p. ex.: capilares). Aumentos de volume pulmonar representam insuflação do manguito do resistor de Starling.

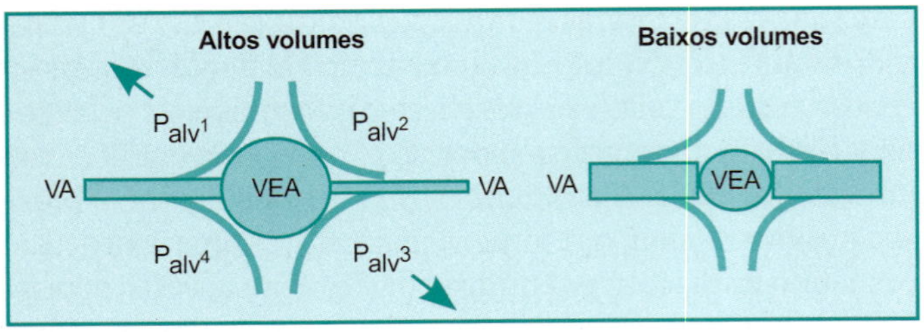

Fig. 28-10. Efeitos da distensão alveolar nos vasos alveolares (VA) e extra-alveolares (VEA). Em baixos volumes há compressão dos VEA e dilatação dos VA. Em altos volumes alveolares, os VA estão comprimidos e os VEA dilatados. Ver texto.

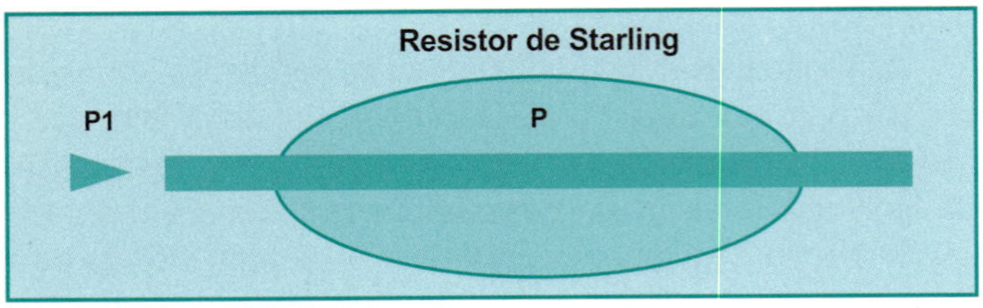

Fig. 28-11. A pressão P1 é influenciada pelo aumento da resistência produzido pela insuflação do manguito.

A pressão alveolar varia com a pressão das vias aéreas, o volume-minuto e as resistências aéreas expiratória e inspiratória. A PEEP, aumentando a capacidade residual funcional, distende os alvéolos e influencia na resistência vascular pulmonar (RVP).

$P_{alv} = P_{aw} + \dot{V}m\ (R_E - R_I) / 60$

P_{alv}: pressão alveolar

$\dot{V}m$: volume-minuto

R_E: resistência aérea expiratória

R_I: resistência aérea inspiratória

Durante o suporte ventilatório, a pressão inspiratória máxima, a pressão de platô, o volume corrente, a freqüência respiratória, a relação entre a inspiração-expiração e a PEEP extrínseca e intrínseca podem influenciar na RVP, na pressão arterial pulmonar e na função do ventrículo direito.

A RVP será a resultante do somatório das resistências vasculares dos vasos alveolares e extra-alveolares em um determinado momento da insuflação pulmonar, podendo, assim, variar durante o ciclo respiratório. Em um determinado nível de insuflação pulmonar, ambos os tipos de vasos estão com calibre ideal, quando se considera a resistência vascular pulmonar. A partir desse ponto, ocorrem compressão dos vasos alveolares e aumento da RVP. Há um nível de insuflação pulmonar ideal que se associa a menor resistência arterial pulmonar (Fig. 28-12).

A pressão arterial pulmonar varia com o débito cardíaco e a resistência arterial pulmonar.

$$PAP = RVP \times DC$$

PAP: pressão arterial pulmonar

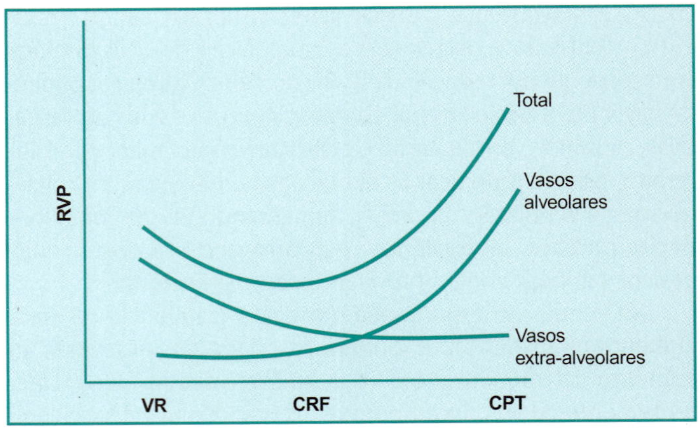

Fig. 28-12. Resistência vascular pulmonar e volume pulmonar. À medida que aumenta o volume residual (VR) para a capacidade pulmonar total, aumenta a resistência dos vasos alveolares e diminui a dos vasos extra-alveolares. O ponto de curva de menor RVP é na região da capacidade residual funcional (CRF).

RVP: resistência vascular pulmonar

DC: débito cardíaco

O aumento da RVP e da pressão arterial pulmonar (PAP) produz sobrecarga ventricular direita. David *et al* demonstraram, em pacientes normovolêmicos,[6] que aumentos da pressão arterial pulmonar (PAP) acentuam-se quando se administra PEEP acima de 10 cmH_2O, principalmente em altos volumes correntes (VC). Nessas condições, é possível que a ventilação por pressão positiva contínua (VPPC) modifique e aumente o valor da PAP encunhada (POAP). Marini *et al* mostraram que,[26,27] durante a ventilação por pressão positiva contínua, a PAP encunhada pode não refletir a pressão capilar pulmonar. A PAP encunhada é fator na formação de edema pulmonar e influencia a pré-carga do ventrículo esquerdo. Esses autores observaram que, na VPPC e em situações de aumento da resistência vascular pulmonar, a pressão encunhada da artéria pulmonar era 4 a 5 mmHg menor do que a pressão capilar pulmonar.

Quando se considera a heterogeneidade das lesões pulmonares, por exemplo, na SARA e nas doenças obstrutivas, podem-se deduzir as grandes alterações conseqüentes à ventilação mecânica em diferentes regiões pulmonares com complacências, resistências e constantes de tempo variadas, havendo áreas hiperinsufladas e outras menos distendidas.

Capilares pulmonares

Os capilares pulmonares são submetidos a vários fatores que podem lesá-los, como a pressão transmural, as variações da pressão de insuflação pulmonar e a distensão da sua parede.

Os fatores que determinam o estresse circunferencial em torno da parede do capilar são a pressão transmural, a espessura da parede e o raio do capilar e a tensão longitudinal na parede alveolar pela insuflação pulmonar. A pressão transmural vascular é a diferença entre a pressão intravascular e a extravascular. Para Bhattacharya *et al*,[4] o valor da pressão capilar estaria compreendido *a meio caminho* entre a pressão arterial e venosa pulmonar e grande parte da queda da pressão no circuito ocorreria nesse nível da circulação

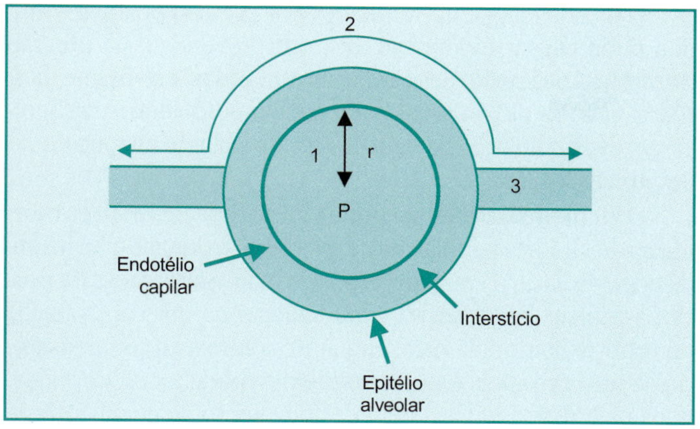

Fig. 28-13. Forças que atuam nos capilares e podem produzir falência de estresse. *1.* Representa a pressão transmural; *2.* aumento da distensão longitudinal pela insuflação pulmonar e *3.* esgarçamento da parede capilar. P = Pressão, r = raio. Segundo Laplace: T = P × r, isto é, a tensão à qual a parede do vaso está submetida é função da pressão intravascular e do raio do vaso. (Adaptado de West & Mathieu-Costello.[27])

pulmonar. Entretanto, em altos níveis de fluxos pulmonares, a pressão capilar estaria mais próxima da pressão arterial.[47] Experimentalmente, demonstra-se que em altas pressões transpulmonares ($P_{aw} - P_{pleural} > 52$ cmH_2O) há falência por estresse (*stress failure*) dos capilares pulmonares.

Pacientes submetidos a altos volumes pulmonares e a altas PEEPs podem desenvolver aumento da permeabilidade capilar por falência de estresse (Fig. 28-13). Nessas situações há aumento da tensão da parede vascular.

É importante lembrar que, havendo inomogeneidade da distribuição da lesão pulmonar, as repercussões da hiperdistensão alveolar são variáveis em diferentes regiões.

Em conclusão, o suporte ventilatório mecânico, através do aumento do volume e das pressões pulmonares, pode aumentar a resistência vascular e a pressão arterial pulmonar e produzir sobrecarga ventricular direita. Como os ventrículos são estruturas intimamente relacionadas, alterações do ventrículo direito podem influenciar no ventrículo esquerdo (interdependência ventricular). A compressão vascular conseqüente à hiperinsuflação alveolar pode desviar sangue dessa região para outras menos ventiladas, produzindo alteração do coeficiente $\dot{V}A/\dot{Q}$ e efeito *shunt*. Altas distensões alveolares podem produzir falência por estresse dos capilares pulmonares.

Cardíacas

O coração mergulhado dentro da caixa torácica sofre as influências das variações da pressão intratorácica.

A pressão pleural varia, dependendo do local em que é determinada. Para uniformização, denomina-se pressão pleural justacardíaca a pressão intratorácica (ITP) correspondente à pressão em torno do coração e dos grandes vasos. Normalmente a pressão pericárdica (Pp) corresponde a pressão pleural justacardíaca (ITP). A Pp pode, entretanto, ser superior à ITP quando o volume pulmonar aumenta, na insuficiência cardíaca aguda e na doença do pericárdio.[2]

A pressão de distensão de uma estrutura cavitária, como os vasos e o coração, corresponde à pressão intraluminal menos a pressão extracavitária. Essa pressão de distensão é denominada pressão transmural (Ptm).

A transmissão da pressão das vias aéreas (P_{aw}) para a pleura e estruturas intratorácicas geralmente não é total. Em condições normais, durante a ventilação por pressão positiva (VPP), cerca da metade dessa pressão (P_{aw}) é transmitida para as estruturas intratorácicas e, assim, para a região justacardíaca. Na SARA essa transmissão é ainda menor, assim como em outras patologias que diminuem a complacência pulmonar.

A pressão de enchimento ventricular, direito ou esquerdo, corresponde à pressão diastólica final ventricular menos a pressão intratorácica (ITP).

Conclui-se que as repercussões da pressão positiva intermitente e da PEEP sobre o coração decorrem do aumento da pressão intratorácica, do volume pulmonar, da diminuição do retorno venoso e da interação coração-pulmão. A compressão direta do coração pela expansão pulmonar excessiva pode alterar a complacência ventricular e ter repercussões hemodinâmicas.

Ventrículo direito

Os efeitos da pressão positiva e da PEEP na função ventricular direita (VD) variam em função da combinação dos efeitos decorrentes da diminuição do retorno venoso e do aumento da resistência vascular pulmonar.[13]

O trabalho do ventrículo direito depende de vários fatores. A pós-carga do ventrículo direito varia com a pressão transmural (Ptm). A repercussão do aumento da pós-carga na função ventricular dependerá do estado prévio do VD e do nível de aumento da pressão transmural. A Ptm aumentará se for aumentada a resistência vascular pulmonar e se for mantido o mesmo volume de ejeção ventricular. A ventilação mecânica pode influenciar na pós-carga de VD por modificar o volume pulmonar e a resistência arterial pulmonar.

A PEEP aumenta o trabalho ventricular direito. Dependendo da função basal de VD, variando-se a PEEP e a complacência pulmonar, o volume ventricular direito pode se modificar. O uso da ventilação por pressão positiva contínua com PEEPs altas produz redução do débito cardíaco, aumento das pressões pericárdica e arterial pulmonar e aumento das resistências arteriais pulmonar e sistêmica.[10]

A isquemia do VD leva à diminuição da função sistólica ventricular. O infarto ventricular direito pode produzir acentuado aumento da câmara ventricular e da pressão pericárdica e ter efeito semelhante ao tamponamento no ventrículo esquerdo.[6] Quando há acometimento perfusional do VD, a administração de PEEP altera a função, leva à dilatação e ao aumento dos volumes diastólicos e sistólicos finais ventriculares direitos. Scharf *et al* observaram que altas PEEPs podem produzir aumento do volume ventricular direito[37] e desvio da curva diastólica pressão-volume ventricular, deslocando-a para cima e para a esquerda.

A dilatação do VD associa-se à diminuição da função diastólica ventricular esquerda conseqüente à interação ventricu-

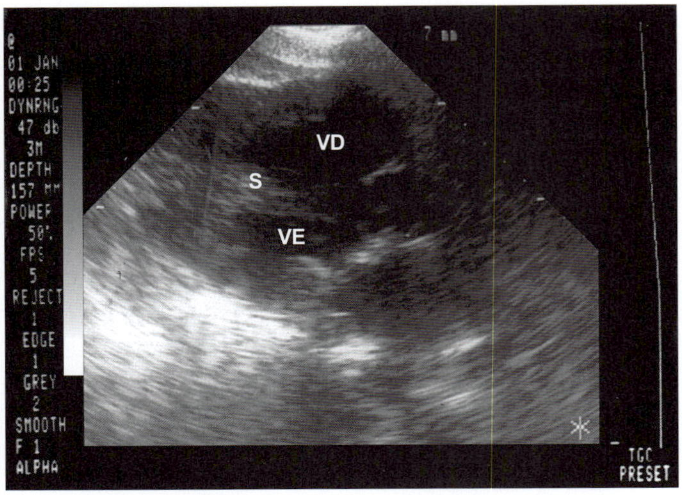

Fig. 28-14. Desvio do septo interventricular por sobrecarga ventricular direita. Síndrome de Berheim invertida. S = Septo interventricular; VD e VE = ventrículos direito e esquerdo. CTI/UFRJ.

lar. A tendência à dilatação aguda do VD, limitada pelo pericárdio, pode desviar o septo interventricular em direção ao ventrículo esquerdo e reduzir o volume dessa câmara (síndrome de *Berheim* invertida) (Fig. 28-14). Vários autores relatam, entretanto, que o uso de baixos níveis de PEEP pode diminuir o impacto na função ventricular esquerda, na interação coração-pulmão, e não altera a relação volume-pressão diastólica final do VE.[26,27,43]

Ventrículo esquerdo

O suporte ventilatório por pressão positiva intratorácica atua na pré-carga, na pós-carga e na contratilidade do ventrículo esquerdo.

As repercussões sobre o ventrículo esquerdo dependerão do nível de pressão intratorácica, das pressões transmurais e da pré-carga ventricular. O desvio da curva de complacência diastólica produzida pela PEEP ocorre nos ventrículos direito e esquerdo, sugerindo que a interação coração-pulmão seja por compressão direta dos ventrículos.[25,28,29,35,38,43]

Variações nas pressões sistólicas entre a inspiração e a expiração indicam diminuição do débito cardíaco e hipovolemia.

Pré-carga

No coração normal, o débito cardíaco é essencialmente dependente da pré-carga. A pré-carga pode diminuir nas hipovolemias, em conseqüencia de desidratação, hemorragias, grandes queimaduras e sepse, e na diminuição do retorno venoso pelo aumento da pressão intratorácica e atrial direita.[19,30]

A ventilação por pressão positiva tende a diminuir o débito cardíaco, efeito esse mais pronunciado quando há hipovolemia e se administram altas pressões e altos volumes correntes.[4] Esses efeitos deletérios podem ser evitados com maior reposição volêmica. Entretanto, nos pacientes com insuficiência ventricular esquerda e não-hipovolêmicos, a ventilação por pressão positiva aumenta o débito cardíaco.

O uso da PEEP e da ventilação por pressão positiva contínua pode causar diminuição do retorno venoso, da pressão transmural das cavidades cardíacas esquerdas, do volume diastólico final do VE, da pressão de enchimento ventricular (pré-carga), da complacência ventricular, do volume sistólico e do débito cardíaco.[38]

O aumento da volemia pode combater esses efeitos deletérios do suporte ventilatório. Em contraste, quando há insuficiência cardíaca, o coração responde mais a alterações da pós-carga ventricular, e, assim, a diminuição da pós-carga auxilia no suporte hemodinâmico, enquanto o aumento compensatório da pré-carga pela reposição volêmica pode ter efeitos negativos na função cardíaca pelo deslocamento da curva comprimento-tensão para o ramo descendente da curva de Starling e causar congestão pulmonar.[38]

Pós-carga

A pressão transmural do ventrículo esquerdo é o gradiente de pressão gerado durante a sístole ventricular (pressão intracavitária) menos a pressão em torno da cavidade. Quando não existe obstrução à ejeção do VE, a pressão intraluminal aproxima-se da pressão da aorta. A pressão em torno do ventrículo e a pressão pericárdica têm valores aproximados aos da pressão intratorácica.

Durante a ventilação por pressão positiva intermitente, quando é alta a complacência pulmonar, baixa a resistência das vias aéreas e são usadas baixas pressões no suporte ventilatório e pequenas as variações da pressão intratorácica, a pressão transmural do ventrículo esquerdo aproxima-se da pressão aórtica. Entretanto, quando as alterações da pressão intratorácica são acentuadas, como pode ser observado em determinadas patologias e ao se usarem grandes volumes correntes e altos níveis de PEEP, os efeitos decorrentes do aumento da pressão podem ter importantes repercussões na ejeção do ventrículo esquerdo (PEEPonamento). A PEEP desvia para a esquerda a curva pressão-volume diastólica (complacência) do VE em conseqüência da dilatação do VD e da interdependência ventricular.[40]

O trabalho do ventrículo esquerdo depende de vários fatores, inclusive da pós-carga. A pós-carga do VE pode ser diminuída com a redução da pressão arterial sistêmica.[32] Para um mesmo volume diastólico final, a redução da pressão sistólica e da tensão da parede ventricular esquerda ocorre quando se diminui a pós-carga ventricular. Alterações semelhantes são observadas quando se aumenta a pressão em torno do coração, como acontece durante a ventilação por pressão positiva. Assim, o suporte ventilatório por pressão positiva, aumentando a pressão em torno do coração, diminui a pressão gerada, a pós-carga e o trabalho ventricular esquerdo.

Nos pacientes com pressões ventriculares esquerdas diastólicas altas, que são determinantes do volume sistólico e do débito cardíaco de corações insuficientes, a resposta à CPAP seria mais significativa.[26,31] A CPAP aplicada de modo intermitente ou não, diminuindo a pré-carga e a pós-carga ventriculares, melhora a função cardíaca esquerda mesmo quando em baixas pressões. Há boa resposta hemodinâmica com CPAP de

5 cmH_2O em pacientes normovolêmicos com diminuição da contratilidade cardíaca. Proporcionalmente, o aumento do débito cardíaco é maior (30%) nos pacientes com débito previamente mais baixo. Entretanto, se a pré-carga (PAP encunhada < 12 mmHg) estiver baixa, é possível que a repercussão da pressão positiva se evidencie predominantemente através da impedância aumentada ao retorno venoso e com diminuição do débito cardíaco. Para melhorar a hemodinâmica cardíaca, o nível de pressão positiva aplicada necessário pode ser baixo (CPAP de 2,5 a 7,5 cmH_2O) e suficiente para eliminar o balanço negativo normal da pressão intratorácica. Nos pacientes com insuficiência cardíaca, paralelamente ao aumento do débito cardíaco, ocorrerá uma significativa queda na resistência vascular sistêmica, que diminui o trabalho ventricular. Entretanto, quando há hipovolemia, ocorre o inverso, isto é, há aumento da resistência vascular e diminuição do débito cardíaco.

Nos pacientes com suporte ventilatório por pressão positiva, o aumento do débito cardíaco é conseqüente ao aumento do volume sistólico e não a melhor oxigenação ou aumento da freqüência cardíaca, indicando que o efeito é por ação mecânica. A diminuição da pós-carga do VE ocorre, diretamente, pelo aumento da pressão intratorácica com diminuição da pressão transmural ventricular e, indiretamente, através da redução do volume diastólico final do VE com redução secundária na tensão transmural através da lei de Laplace.[17] A aorta tem parte de sua estrutura intratorácica e parte extratorácica. A aorta intratorácica, submetida à pressão torácica, deságua em estruturas arteriais extratorácicas que estão submetidas à pressão atmosférica. Essa transmissão da pressão intratorácica à circulação periférica é o maior determinante da pressão arterial sustentada durante a ventilação mecânica e a ressuscitação cardiopulmonar e pode ser observada durante a tosse e as manobras de Valsalva.[11] Mecanicamente, deveria haver aumento da pressão arterial sistêmica, mas a pressão é mantida por ação dos reflexos vasodilatadores mediados por barorreceptores carotídeos e aórticos. Esses fatos concorrem para diminuir a pós-carga ventricular esquerda.

Se, por um lado, a ventilação por pressão positiva diminui a pós-carga e a pré-carga do VE, o inverso ocorre durante o desmame da prótese ventilatória, quando sua retirada aumenta a pré-carga e a pós-carga. Esse fato é de grande relevância nos pacientes que têm importante disfunção ventricular esquerda e pode ocasionar diminuição do débito cardíaco e edema pulmonar agudo. Por esse motivo, nesses pacientes, é aconselhável o uso de vasodilatadores e inotrópicos positivos e a aplicação de CPAP por métodos não-invasivos durante a retirada da prótese ventilatória.

É possível que em determinadas situações possa ocorrer compressão dos vasos coronarianos.

Extratorácicas sistêmicas

As repercussões hemodinâmicas sistêmicas da ventilação mecânica incluem as conseqüentes à ação mecânica, que dependem diretamente da pressão positiva, e aquelas conseqüentes aos níveis de oxigênio e gás carbônico plasmático. Essas respostas também podem ser influenciadas pela patologia pulmonar ou cardíaca e por várias drogas vasoativas, acentuando ou reduzindo os efeitos da pressão positiva intratorácica.

O suporte ventilatório por pressão positiva tende a reduzir o débito cardíaco e aumentar a resistência vascular periférica. Entretanto, essas alterações dependem do estado volêmico e dos níveis de pressão e volume corrente usados. Nos pacientes com PEEPs acima de 10 cmH_2O, altas pressões e grandes volumes correntes, há diminuição do débito cardíaco, aumento da resistência vascular sistêmica e diminuição da oferta tecidual de oxigênio ($\dot{D}O_2$).[15] Quando a redução da $\dot{D}O_2$ é muito importante, para manter o mesmo consumo de oxigênio ($\dot{V}O_2$), há aumento da taxa de extração de oxigênio (TEO_2) e diminuição da pressão de oxigênio do sangue venoso misto. A diminuição da pressão de oxigênio do sangue venoso misto necessitará de maior quantidade de oxigênio alveolar para manter a mesma saturação arterial de oxigênio.

Os modos e parâmetros ventilatórios influenciam a $\dot{D}O_2$. Os modos de suporte ventilatório mais usados em ventilação mecânica são a ventilação assistido-controlada (ACVM), a ventilação mandatória intermitente sincronizada (SIMV) isolada e a ventilação por suporte pressórico (PSV). Para um mesmo volume-minuto, a SIMV e a PSV geralmente utilizam menores pressões do que o modo AC por volume, havendo uma tendência para débitos cardíacos $\dot{D}O_2$ e $\dot{V}O_2$ mais altos com a SIMV isolada e a PSV.[46]

Um aspecto importante a ser considerado é a presença da PEEP intrínseca, que muitas vezes não é diagnosticada. Na presença de dificuldade expiratória, com aumento da resistência aérea, quando se usam grandes volumes correntes e altas freqüências respiratórias, quando o tempo expiratório está encurtado e há alteração da constante de tempo, ocorre retenção gasosa pulmonar e PEEP intrínseca. As repercussões hemodinâmicas da PEEP intrínseca são semelhantes às da PEEP extrínseca. A manifestação hemodinâmica aguda da PEEP intrínseca pode mimetizar a embolia pulmonar aguda.

Importantes alterações agudas podem ser produzidas pela ventilação por pressão controlada com inversão da relação inspiração-expiração (PC-IRV e VC-IRV), método utilizado como suporte ventilatório na síndrome de angústia respiratória (SARA). Esse método, em que o tempo expiratório encurtado produz retenção gasosa pulmonar, cria PEEP intrínseca (PEEPi), que pode ter importantes repercussões hemodinâmicas. Na PC-IRV 2:1, em que o tempo inspiratório é duas vezes maior do que o expiratório, o valor obtido do débito cardíaco pode refletir uma série de fatores, tais como a redução do retorno venoso ao tórax, a ação da pressão positiva sobre as câmaras cardíacas e o efeito de compressão progressiva *(squeeze)* sobre os vasos pulmonares durante a inspiração. O efeito *squeeze* sobre os vasos pulmonares pode aumentar a pré-carga e o débito ventricular esquerdo. Entretanto, a PC-IRV 4:1 induz marcante redução da pré-carga do ventrículo esquerdo (VE).

Orgânicas

As repercussões hemodinâmicas também devem ser consideradas regionalmente, já que pode haver diferenças nas repercussões sobre o fígado, os rins, o sistema nervoso central e o tubo gastrintestinal. Apesar da grande importância que pode ter esse fato, ainda é pouco conhecido o efeito da ventilação por pressão positiva sobre a perfusão e o metabolismo regional. É possível que órgãos já patologicamente acometidos tenham repercussões diferentes dos órgãos normais.

A PEEP pode dificultar o deságüe venoso do órgão, aumentar a pressão venosa sistêmica local, produzir edema e diminuir a volemia. Nos pacientes com hipotensão arterial a PEEP deve ser evitada.

As alterações orgânicas mais relatadas são as do sistema nervoso central e a possibilidade de aumentar a pressão venosa e a pressão intracraniana (PIC). Embora a PEEP aumente levemente a pressão intracraniana, níveis de PEEP de até 10 cmH_2O em pacientes (não-neurológicos) com SARA não produzem aumentos da PIC clinicamente significativos. Embora essa afirmação seja verdadeira, deve-se considerar que diferentes valores da complacência encefálica e dos outros parâmetros ventilatórios podem influenciar significativamente na repercussão da PEEP na pressão intracraniana, acentuando-a, motivo pelo qual ela deve ser usada sob controle (monitorização) adequado.

REFERÊNCIAS BIBLIOGRÁFICAS

1. Amaral JLG, Rodrigues Jr., Rocha RGA, Nunes M. Sedação. *In* Amaral JLG (Ed.): *Sedação, Analgesia e Bloqueio Neuromuscular em UTI. CBMI* 1996;2:75.
2. Bandolese R, Borseghini C, Polese G *et al.* Effects of intrinsic PEEP on pulmonary gas exchange in mechanically ventilated patients. *Eur Respir J* 1993;6:358.
3. Berglund JE, Haldén E, Jakobson S, Landelius J. Echocardiographic analysis of cardiac function during high PEEP ventilation. *In* Parrillo JE, Balk RA, Calvin Jr. JE, Franklin CM, Shapiro BA: *Year Book of Critical Care Medicine.* St. Louis: Mosby, 1995, p 120.
4. Bhattacharya J, Nanjo S, Staub NC. Micropuncture measurement of lung microvascular pressure during 5-HT infusion. *J Appl Physiol* 1982;52:634–7.
5. Dantzker DR. *Cardiopulmonary Critical Care.* 2nd ed. Philadelphia: WB Saunders, 1991.
6. David CMN. Complicações da ventilação mecânica. II Consenso Brasileiro de Ventilação Mecânica — Salvador, BA, 1998.
7. David CMN. Efeitos adversos da ventilação mecânica. Consenso Brasileiro de Ventilação Mecânica — Rio de Janeiro, RJ, 1995.
8. David CMN. Ventilação mecânica: efeitos fisiológicos. *In* David CMN: *Ventilação Mecânica: da Fisiologia ao Consenso Brasileiro.* Rio de Janeiro: Revinter, 1996, p 65.
9. David CMN. Ventilação mecânica: efeitos fisiológicos. *In* David CMN (Ed.): *Ventilação Mecânica: da Fisiologia à Prática Clínica.* Rio de Janeiro: Revinter, 2001, pp 261–74.
10. David CMN. Ventilação mecânica: efeitos hemodinâmicos. *In* David CMN (Ed.): *Ventilação Mecânica: da Fisiologia à Prática Clínica.* Rio de Janeiro: Revinter, 2001, pp. 277–89.
11. David CMN, Goldwasser RS, Portelada CA. Repercussões hemodinâmicas da pressão positiva intratorácica. IV Congresso Pan-Americano e Ibérico de Terapia Intensiva — Rio de Janeiro, RJ, 1991.
12. David CMN, Goldwasser, Portelada CA, Bruce MC. Efeitos hemodinâmicos da PEEP em pacientes normovolêmicos. Congresso Pan-Americano e Ibérico de Medicina Intensiva — Rio de Janeiro, RJ, 1991.
13. Dawson CA, Linehan JH. Dynamics of blood flow and pressure-flow relationship. *In* Crystal RG, West FB, Weibel ER, Barnes PJ: *The Lung.* Philadelphia: Lippincott–Raven, 1997, p 1503.
14. Egan DF. *Fundamentals of Respiratory Therapy.* St. Louis: Mosby, 1977.
15. Fessler H, Brower R, Wise R *et al.* Effects of systolic and diastolic positive pleural pressure on cardiac output with altered cardiac contractility. *Am Rev Respir Dis* 1988;137(Suppl.):293.
16. Goldstein JA, Vlahakes GJ, Verrier ED *et al.* The role of right ventricular systolic dysfunction and elevated intrapericardial pressure in the genesis of low cardiac output in experimental right ventricular infarction. *Circulation* 1982;65:513–22.
17. Grace MP, Greenbaum DM. Cardiac performance in response to PEEP in patients with cardiac dysfunction. *Crit Care Med* 1982;10:358–60.
18. Hedley-White J, Burgess GE, Feeley TW, Miller MG. *Applied Physiology of Respiratory Care.* Boston: Little, Brown & Co., 1976, p 13.
19. Johnson EW, Vinten-Johansen J, Santamore WP *et al.* Mechanism of reduced cardiac output during Positive End-Expiratory Pressure in dog. *Am Rev Respir Dis* 1989;140:1257–64.
20. Kolabow T. Pulmonary effects of mechanical ventilation. *In* Stock MC, Perel A: *Mechanical Ventilatory Support.* Baltimore, MD: Williams & Wilkins, 1977, p 49.
21. Laver MB, Morgan J, Bendixen HH, Radford EP Jr. Lung volume, compliance and arterial oxygen tensions during controlled ventilation. *J Appl Physiol* 1964;19:725.
22. Light RW. Mechanics of respiration. *In* George RB, Light RW, Matthay MA, Matthay RA: *Chest Medicine — Essentials of Pulmonary and Critical Care Medicine.* 2nd ed. Baltimore, MD: Williams & Wilkins, 1990, p 39.
23. MacIntyre NR. Respiratory function during pressure support ventilation. *Chest* 1986;89:677.
24. Marcy TW, Marini JJ. Control mode and assist/control ventilation. *In* Stock MC, Perel A: *Mechanical Ventilatory Support.* Baltimore, MD: Williams & Wilkins, 1977, p 89.
25. Marini JJ, Culver BH, Butler J. Effect of Positive End-Expiratory Pressure on canine ventricular function. *J Appl Physiol* 1981;51:1367–74.
26. Marini JJ, Culver BH, Butler J. Mechanical effect of lung distension with positive pressure on cardiac function. *Am Rev Respir Dis* 1979;124:382–6.
27. Marini JJ. Strategies to minimize breathing effort during mechanical ventilation. *Crit Care Med* 1990;6(3):635.
28. Pattel M, Singer M. The optimal time for measuring the cardiorespiratory effects of Positive End-Expiratory Pressure. *Chest* 1993;104:139–42.
29. Pinsky MR, Marquez J, Martin D *et al.* Ventricular assist by cardiac cycle-specific increases in intrathoracic pressure. *Chest* 1987;91:709–15.
30. Pouleur H, Covell JW, Ross J Jr. Effects of nitroprusside on venous return and central blood volume in the absence and presence of acute heart failure. *Circulation* 1980;61:328–37.
31. Rankin JS, Olsen CO, Arentzen CE. The effects of airway pressure on cardiac function in intact dogs and man. *Circulation* 1982;72:1104–14.
32. Rasamen J, Heikkila J, Downs J *et al.* Continuous airway pressure by face mask in acute cardiogenic pulmonary edema. *Am J Cardiol* 1985;55:296–300.
33. Rodriguez-Roisin R. Effect of mechanical ventilation on gas exchange. *In* Tobin MJ (Ed.): *Principles and Practice of Mechanical Ventilation.* New York: McGraw-Hill, 1995, p. 673.

34. Santak B, Radermacher P, Sandman W, Falke KJ. Influence of SIMV plus inspiratory pressure support on VA/Q distributions during postoperative weaning. *Intens Care Med* 1991;17:136.
35. Santamore WP, Bove AA, Heckman JL. Right and left pressure-volume curve response to Positive End-Expiratory Pressure. *Am J Physiol* 1984;246:H114–9.
36. SCCM/AMIB. Ventilação mecânica. *In* SCCM/AMIB (Eds.): *Fundamentos da Terapia Intensiva.* Rio de Janeiro: Revinter, 2000, p 27.
37. Scharf SM, Brown R, Saunders N. Changes in canine left ventricular size and configuration with Positive End-Expiratory Pressure. *Circ Res* 1979;44:672–8.
38. Schulmann DS, Biondi JW, Cecchetti A *et al.* Left ventricular diastolic function during Positive End-Expiratory Pressure. *Am Rev Respir Dis* 1992;145:515–21.
39. Shapiro M, Wilson K, Gregorio C. Bloom K, Teague RB. Work of breathing through different sized endotracheal tubes. *Crit Care Med* 1986;14(12):1028.
40. Sternberg R, Sahebjami H. Hemodynamic and oxygen transport characteristics of common ventilatory modes. *Chest* 1994;105(6):1798–83.
41. Tobin MJ, Laghi F. Monitoring of respiratory muscle function. *In* Tobin MJ (Ed.): *Principles and Practice of Intensive Care Monitoring.* New York: McGraw-Hill, 1955, p 497.
42. Tobin MJ, Van der Graaf WB. Monitoring of lung mechanics and work of breathing. *In* Tobin MJ (Ed.): *Principles and Practice of Mechanical Ventilation.* New York: McGraw-Hill, 1995, p 967.
43. Wallis TW, Robotham JL, Compean R, Kindred MK. Mechanical heart-lung interaction with Positive End-Expiratory Pressure. *J Appl Physiol* 1983;54:1039–47.
44. West JB, Mathieu-Costello O. Stress failure of pulmonary capillaries: role in lung and heart disease. *Lancet* 1992;340:762–7.
45. West JB, Mathieu-Costello O. Stress failure of pulmonary capillaries. *In* Crystal RG, West FB, Weibel ER, Barnes PJ: *The Lung.* Philadelphia: Lippincott–Raven, 1997, p. 1493.
46. Wise RA, Robotham JL, Bromberger-Barnea P *et al.* Effect of PEEP on left ventricular function in right-heart bypassed dogs. *J Appl Physiol* 1981;51:541–6.
47. Younes M, Bshouty Z, Ali J. Longitudinal distribution of pulmonary vascular resistance with very high blood flow. *J Appl Physiol* 1987;62:344–58.

29 Monitorização do Paciente em Ventilação Mecânica – Aspectos da Mecânica Ventilatória

Cid Marcos David • Analúcia Matera Machado

O ar necessário à vida foi primeiramente revelado na história bíblica de Eliseu, que restaurou a vida do filho de uma mulher sunamita respirando dentro da boca da criança.[2,4,32,35]

No ano 300 a.C., Aristóteles realizou os primeiros experimentos em fisiologia respiratória. Ele observou a sufocação de animais mantidos em jaulas apertadas e seus últimos suspiros na tentativa de sobreviver.[19] Também no ano 300 a. C., Hipócrates foi o primeiro cientista a investigar e relatar sua experiência com intubação da traquéia, a fim de dar suporte ventilatório pulmonar.

Paracelso introduziu o uso de foles e tubos orais com o mesmo propósito, insuflando os pulmões de homens mortos em 1530,[22] mas o primeiro registro conhecido do emprego da ventilação artificial para a manutenção da vida data de 1555, quando Vesalius utilizou a ventilação com pressão positiva para manter um animal vivo.[2]

Entretanto, a técnica anestésica com pressão positiva intermitente, paralisia muscular e intubação traqueal utilizada no século XIX em animais de experimentação só foi utilizada no ser humano em 1909, quando Meltzer e Auer propuseram a intubação orotraqueal no homem.[14]

Atualmente, a instituição de via aérea artificial e assistência ventilatória são recursos comumente utilizados para o tratamento da insuficiência respiratória e ou ventilatória nas Unidades de Terapia Intensiva, e a monitorização contínua de importantes índices respiratórios tem como metas principais a identificação e a prevenção de problemas e a geração de uma resposta terapêutica rápida para um determinado paciente.[16]

No passado, a monitorização dos pacientes em Unidades de Terapia Intensiva consistia grandemente na medição manual e periódica de sinais vitais. Entretanto, avanços recentes em eletrônica e tecnologia computacional tornaram possível a monitorização automática e contínua de uma grande variedade de índices fisiológicos.

Tobin considera que os maiores objetivos da monitorização incluem:[26]

- Medir de forma contínua índices que aumentem o conhecimento acerca da fisiopatologia das doenças, auxiliem o diagnóstico e guiem o manuseio terapêutico.
- Prover alarmes que alertem os profissionais da área médica acerca de mudanças significativas na condição clínica dos pacientes.
- Criar tendências com respeito à resposta terapêutica e à predição de prognóstico.

O mesmo autor agrupa os fenômenos a serem monitorizados entre as categorias de oxigenação e ventilação, e nesta última insere aqueles relacionados à avaliação da mecânica ventilatória:

- Capacidade vital.
- Complacência.
- Resistência.
- Trabalho respiratório.

De acordo com conclusões do II Consenso Brasileiro de Ventilação Mecânica, o controle da ventilação mecânica é fundamental para um adequado tratamento do paciente grave ventilado artificialmente. Assim, a monitorização respiratória à beira do leito se baseia em um conjunto de métodos que objetiva a demonstração das alterações funcionais, de uma maneira idealmente contínua e precoce, assegurando que os objetivos da ventilação mecânica estão sendo atendidos, fornecendo parâmetros para o seu reajuste e prevenindo complicações.[7] São recomendações para uma adequada monitorização do paciente sob ventilação mecânica em relação à mecânica ventilatória:

- Medida de valores de complacência e resistência do sistema respiratório em todo paciente sob ventilação mecânica, desde que não se faça indispensável à sedação adicional apenas para esse fim, no paciente estável, com perspectiva de desmame da ventilação. Nos casos em que a sedação adicional for imprescindível para essas medidas, a situação clínica e a experiência dos assistentes devem determinar a propriedade da sua realização, assim como a sua periodicidade.
- Medida da auto-PEEP, principalmente nos pacientes obstrutivos.
- Pela quantidade de informações obtidas com a análise das curvas de pressão nas vias aéreas, fluxo inspiratório e volume corrente, sugere-se que se usem monitores gráficos acoplados aos ventiladores.

Segundo Kacmarek, a monitorização do funcionamento do ventilador e da mecânica ventilatória deveria ser realizada a cada 2 a 4 horas, de acordo com a gravidade dos pacientes.[10] Entretanto, muitos ainda acreditam que a monitorização de tais parâmetros, em pacientes ventilados artificialmente, apresenta riscos que superam os benefícios proporcionados.

Na realidade, a determinação das propriedades mecânicas do sistema respiratório pode ser facilmente realizada, bastando para tal: um sistema pneumotacógrafo para determinação do fluxo aéreo;[24] um integrador para obtenção do volume gasoso mobilizado a partir do fluxo; e um transdutor de pressão para a medição da pressão na abertura das vias aéreas.[29]

Atualmente a incorporação, aos ventiladores mecânicos, de telas que demonstram as curvas de pressão nas vias aéreas, fluxo inspiratório e volume corrente, ciclo a ciclo, trouxe um enorme avanço na aplicação da respiração artificial nas Unidades de Terapia Intensiva. Tais curvas permitem o cálculo de propriedades mecânicas do sistema respiratório, como complacência, resistência e trabalho respiratório, que facilitam a monitorização e o manejo do doente grave. Os dados podem ser obtidos através de equações simples ou podem ser diretamente fornecidos pelo aparelho através de *software* já acoplado.

PROPRIEDADES MECÂNICAS DO SISTEMA RESPIRATÓRIO

O indivíduo sadio, em repouso, respira sem ter consciência do esforço realizado. Entretanto, o processo cíclico da respiração envolve trabalho mecânico por parte dos músculos respiratórios, e, se os mesmos forem levados a aumentar a produção de trabalho, ele imediatamente toma conhecimento de sua respiração.

Já em 1681, Franciscus Sylvius de la Böe, observando os movimentos respiratórios em relação aos músculos intercostais e ao diafragma, concluiu que os pulmões não têm movimento próprio, mas seguem o movimento do tórax e do diafragma, não expandindo porque são insuflados por ar, mas se insuflando por ar porque são expandidos.[25]

Durante a inspiração, a cavidade torácica é ativamente expandida pelos músculos inspiratórios, fazendo cair a pressão intrapleural, distendendo os pulmões e dilatando os alvéolos, ductos alveolares e bronquíolos. Existirá, então, um decréscimo da pressão alveolar, e, quando a mesma atingir valores inferiores à pressão atmosférica, um gradiente de pressão é criado, acarretando por conseqüência produção de fluxo aéreo e alteração do volume gasoso pulmonar.

Uma vez que os tecidos dos pulmões e da caixa torácica possuem propriedades elásticas, distendidos durante a inspiração, tendem a retornar à sua posição original quando os músculos inspiratórios relaxam. Assim, ao final da inspiração, forças retráteis pulmonares tendem a reduzir o volume pulmonar, aumentando assim a pressão alveolar acima da pressão atmosférica. Cria-se, então, um gradiente de pressão de direção oposta ao anterior, promovendo assim a expiração.

Esse processo é lentificado e suavizado pela lenta e gradual desativação dos músculos inspiratórios previamente contraídos. Os músculos expiratórios contraem-se ativamente apenas durante altos níveis de ventilação ou na obstrução de moderada a grave das vias aéreas.

Assim, a movimentação do sistema respiratório requer a realização de um trabalho mecânico para vencer forças de oposição:

- Elásticas dos tecidos pulmonares e da caixa torácica.
- Resistivas devido ao fluxo de gás através das vias aéreas e à movimentação dos tecidos da caixa torácica.
- Viscoelásticas dos tecidos pulmonares e da caixa torácica.
- Forças plastoelásticas relacionadas ao fenômeno de histerese.
- Inerciais, dependentes da massa dos tecidos e dos gases.
- Gravitacionais, normalmente incluídas nas medidas de forças elásticas.
- De distorção da caixa torácica.

Inertância é a medida da tendência do sistema respiratório em resistir a mudanças no fluxo aéreo. Nas freqüências respiratórias usualmente alcançadas na ventilação mecânica, os efeitos das forças inerciais são desprezíveis, assim como a distorção da caixa torácica com freqüências respiratórias de até cerca de 1 Hz.

PROPRIEDADES ELÁSTICAS DO SISTEMA RESPIRATÓRIO

A elasticidade é uma propriedade da matéria que permite aos corpos deformarem-se temporariamente quando sob a ação de uma força externa, retornando à sua forma original após o término desta. Quando deformado por uma força externa, um objeto elástico tende a retornar às suas dimensões iniciais de repouso, pela geração de uma força interna de igual intensidade e oposta à força deformante.[8]

Diante de um objeto elástico esférico inflado com pressão positiva, a relação existente entre pressão de insuflação e volume é descrita por:

$$C = \Delta V/\Delta P$$

onde ΔV é a variação de volume, ΔP é a diferença de pressão entre o interior e o exterior do objeto (pressão transmural), e a constante C, representando a variação de volume por unidade de variação de pressão transmural, é conhecida como complacência.

Também no sistema respiratório pode-se relacionar o volume de ar mobilizado com a diferença de pressão gerada pelos músculos inspiratórios, e essa relação será descrita por:

$$C_{sr} = \Delta V/P_{el,\,sr}$$

onde C_{sr} corresponde à complacência do sistema respiratório e $P_{el,\,sr}$ corresponde à pressão de retração elástica do sistema respiratório, definida como a diferença entre a pressão na abertura das vias aéreas (Pao) e a pressão atmosférica ao redor do tórax, ou seja, a pressão barométrica (P_B).

Deve ser lembrado ainda que a elastância do sistema respiratório (Esr) corresponde ao recíproco da complacência, e que o sistema respiratório é composto pelos pulmões e pela caixa torácica, e estes funcionam como sistemas em série. Assim, a pressão necessária para distender o sistema respiratório é a soma das pressões de distensão dos pulmões e da caixa torácica, incluída a parede abdominal:

$$Esr = Ep + Ect$$

onde Esr corresponde à elastância do sistema respiratório, Ep à elastância dos pulmões e Ect à elastância da caixa torácica.

Na determinação da complacência pulmonar (Cp), a pressão a ser utilizada é aquela obtida através dos pulmões, ou pressão transpulmonar, definida pela diferença entre a pressão das vias aéreas (Pao) e a pressão pleural (P_{pl}). Já na determinação da complacência da caixa torácica (Cct) utiliza-se a pressão transtorácica, definida pela diferença entre a pressão pleural (P_{pl}) e a pressão atmosférica ao redor do tórax (P_B).

Cabe ressaltar que a pressão de abertura das vias aéreas equivale à pressão alveolar, quando a via aérea, entre a boca e os alvéolos, está aberta e não há fluxo aéreo. Como a pressão pleural é de difícil determinação, mede-se com um balonete a pressão esofagiana (P_{es}), considerando-se que as pressões pleurais e esofagianas são idênticas.

Os pulmões e a caixa torácica têm diferentes relações pressão-volume, e a resultante da curva P × V para o sistema respiratório tem a forma de uma sigmóide. O equilíbrio elástico ocorre ao nível da capacidade residual funcional (CRF), que corresponde a cerca de 40% da capacidade pulmonar total (CPT).[1] Normalmente a ventilação situa-se entre 40% a 60% da CPT, que corresponde à região de maior complacência. A partir de 60% da CPT há aumento do trabalho respiratório por diminuição da elasticidade pulmonar e da caixa torácica (Fig. 29-1).

A determinação da complacência do sistema respiratório requer extrema cautela. A pressão na tubulação da maioria das próteses ventilatórias não retorna a zero ao final da expiração, mesmo quando estão em condição de "ZEEP" (Pressão Expiratória Final Zero). Dessa forma, a pressão positiva do ventilador precisa ser subtraída da $P_{el,sr}$. Outra pressão a ser subtraída é a eventual "PEEP" (Pressão Positiva Expiratória Final), aplicada de forma terapêutica em pacientes sob ventilação mecânica.

Em pessoas normais, no final da expiração, o volume pulmonar aproxima-se do volume de relaxamento do sistema respiratório, ou seja, o volume determinado pelo balanço entre as pressões opostas de recolhimento elástico da caixa torácica e dos pulmões (CRF).

Em algumas situações, esse volume expiratório final será maior do que a CRF prevê, provocando o aumento da pressão de recolhimento elástico do sistema respiratório. Essa alteração é denominada auto-PEEP ou PEEP intrínseca. Em pacientes submetidos à ventilação mecânica, a presença de auto-PEEP ocorre devido à presença de colapso das vias aéreas em pacientes com limitação do fluxo aéreo ou, mais freqüentemente, por tempo expiratório curto e insuficiente para permitir que o sistema respiratório retorne ao seu ponto de equilíbrio elástico (auto-PEEP dinâmica).

Como o manômetro de pressão do ventilador não registra a auto-PEEP, ao contrário da PEEP-externa, ela também é chamada de PEEP oculta.[17] A sua presença pode ocasionar alterações importantes na mecânica ventilatória e nas condições hemodinâmicas; assim, o seu monitoramento é fundamental para o manejo de pacientes graves, principalmente os que apresentam obstrução das vias aéreas ou com unidades alveolares com diferentes constantes de tempo.

A maneira mais simples de diagnosticar e quantificar a auto-PEEP consiste na oclusão da via expiratória do ventilador antes do início de um novo ciclo inspiratório, possibilitando um equilíbrio entre a pressão alveolar e a pressão traqueal e a sua visualização no manômetro de pressão do ventilador. Os aparelhos mais recentes possuem um dispositivo facilitador dessa manobra.

Assim, para maior precisão na determinação da complacência do sistema respiratório:

$$C_{sr} = \Delta V / P_{el,\,sr}\ (PEEP_E + PEEP_I)$$

PROPRIEDADES RESISTIVAS DO SISTEMA RESPIRATÓRIO

Resistência representa a diferença de pressão necessária para alcançar um fluxo aéreo unitário.[11] Assim, quando o ar flui

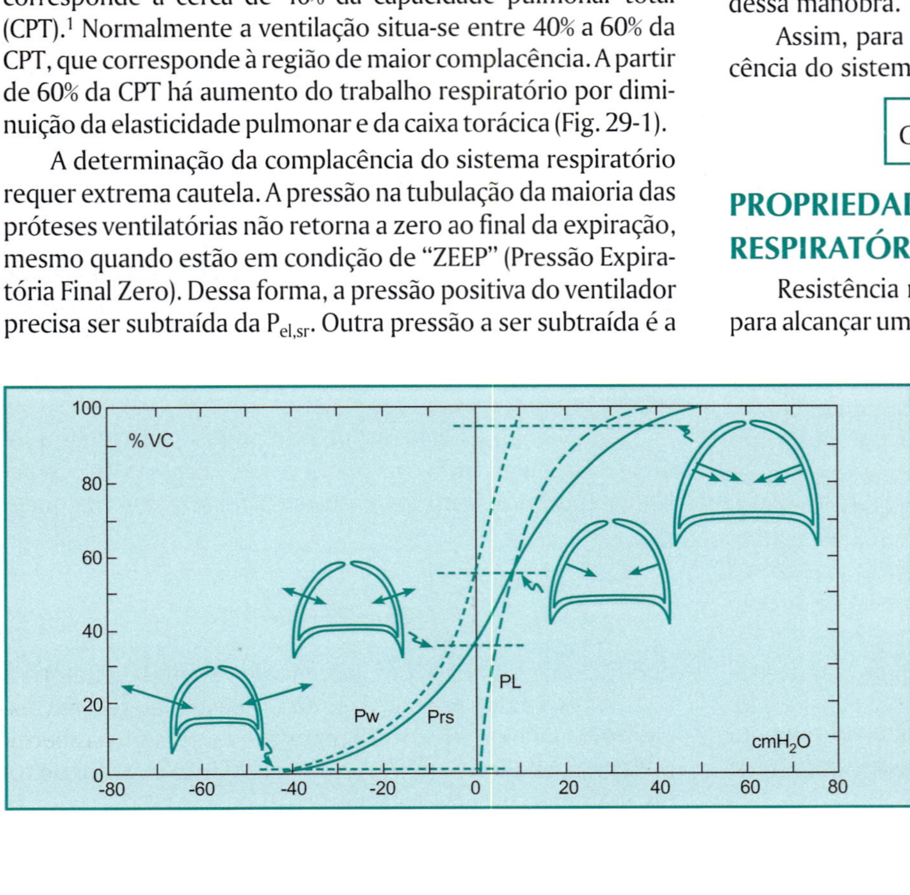

Fig. 29-1. Diagrama de Rahn. Interação entre as elasticidades dos pulmões e da caixa torácica em diferentes pontos da capacidade vital.[20] Pw = Pressão elástica da caixa torácica; PL = pressão elástica dos pulmões.

através de um tubo, a diferença de pressão entre suas extremidades depende do valor e do tipo do fluxo.

A baixos fluxos aéreos, as moléculas de ar fluem paralelamente às paredes do tubo por todo o seu trajeto, embora com diferentes velocidades. Esse fluxo é denominado fluxo laminar e é descrito por uma relação linear entre pressão e fluxo:

$$P_p - P_d = \dot{V} \times R$$

onde $P_p - P_d$ representa a diferença entre as pressões proximal (P_p) e distal (P_d); $\dot{V}$ representa o fluxo aéreo ou vazão e R representa a resistência.

Entretanto, a altos fluxos aéreos ou quando existe variação das dimensões do tubo, o fluxo laminar degenera em um padrão caótico e imprevisível, denominado fluxo turbilhonar, no qual parte da energia utilizada para o deslocamento é gasta devido ao turbilhonamento, conduzindo a uma relação quadrática entre pressão e fluxo. Dessa forma, a pressão resistiva contém duas componentes: uma proporcional ao fluxo (K_1) e outra proporcional ao quadrado desse fluxo (K_2):

$$P_{res} = (K_1 \times \dot{V}) + (K_2 \times (\dot{V})^2)$$

onde Pres corresponde à pressão resistiva e K_1 e K_2 são constantes da equação descrita por Fritz Rohrer, fisiologista suíço que estimou a resistência das vias aéreas medindo o tamanho e avaliando a forma das mesmas e calculando a resistência por tubos de dimensões e formas semelhantes.[25]

Durante a movimentação do sistema respiratório, um elemento adicional ao elástico precisa ser vencido para que ocorra fluxo aéreo: sua resistência. De uma forma geral, é possível descrever o comportamento resistivo do sistema respiratório por:

$$R_{sr} = P_{res,\,sr} /\dot{V}$$

onde Rsr corresponde à resistência do sistema respiratório.

Essa relação simples entre pressão e fluxo ocorre nas vias aéreas mais periféricas, onde o fluxo aéreo é sempre laminar, ao passo que nas grandes vias aéreas esse padrão de fluxo ocorre somente para valores baixos de fluxo, como aqueles observados durante a respiração basal.

Deve-se lembrar ainda que a resistência total do sistema respiratório compreende, além da resistência aérea ao fluxo de gases, a resistência ao movimento dos tecidos (pulmões e caixa torácica) devido a forças de fricção, responsáveis por cerca de 20% da resistência total.

PROPRIEDADES VISCOELÁSTICAS DO SISTEMA RESPIRATÓRIO

A viscoelasticidade é uma propriedade da matéria que combina características mecânicas de líquidos e sólidos. Diferentemente dos corpos elásticos, os corpos viscoelásticos não são capazes de manter-se tensionados sob deformação constante. Existirá uma acomodação que conduzirá o corpo a uma posição de repouso. Contrastando com materiais perfeitamente elásticos, elementos viscoelásticos, quando subitamente deformados e posteriormente submetidos a uma deformação constante, apresentam redução na tensão,[5] chamada de relaxamento de tensão.

Um exemplo clássico nos pulmões seria insuflá-los e posteriormente ocluir as vias aéreas. Seria mantido o volume pulmonar e a pressão do sistema diminuiria em função do tempo de oclusão. Do ponto de vista morfofuncional, a viscoelasticidade ocorre no nível de tecido pulmonar e de caixa torácica, e permite o intercâmbio de energia (pressão) entre o componente elástico e o componente resistivo.[6]

TRABALHO MUSCULAR RESPIRATÓRIO

O trabalho muscular respiratório é um parâmetro que visa a conceber uma noção energética ao esforço muscular. As técnicas para a sua medição são geralmente complexas, e por muito tempo ficaram restritas a laboratórios de pesquisa. Recentemente, com a importância crescente de uma boa interação paciente-ventilador, sua monitorização passou a ser mais valorizada no acompanhamento dos pacientes em ventilação mecânica.

A respiração é uma forma de exercício muscular contínuo, e os músculos respiratórios realizam trabalho para gerar um gradiente de pressão no sistema respiratório capaz de vencer as forças que se opõem à entrada do fluxo gasoso: as forças elásticas volume-dependentes (pulmões e caixa torácica); as forças resistivas fluxo-dependentes (vias aéreas, pulmões e caixa torácica); as forças viscoelásticas dependentes do tempo e resultantes da adaptação ao estiramento (pulmões e caixa torácica); as forças plastoelásticas que resultam na diferença no recolhimento elástico dos pulmões e caixa torácica entre a insuflação e a desinsuflação (histerese); além das forças inerciais, gravitacionais e de distorção da caixa torácica.

Normalmente, durante a ventilação basal, a componente elástica é a maior componente do trabalho muscular respiratório. O componente resistivo é o segundo maior componente do trabalho respiratório, embora possa aumentar acentuadamente quando há obstrução ao fluxo aéreo ou em altos fluxos inspiratórios. O trabalho referente à viscoelasticidade corresponde a cerca de 15 a 20% do trabalho respiratório.[15]

O trabalho muscular respiratório é essencialmente inspiratório, sendo a expiração normal essencialmente passiva. Entretanto, quando há grande aumento da resistência aérea ou da resistência tecidual, altos volumes-minutos e grande aumento da CRF, o trabalho expiratório pode mesmo ser maior que o inspiratório.

TÉCNICAS PARA MEDIÇÃO DOS PARÂMETROS DA MECÂNICA VENTILATÓRIA

Desde a invenção do espirômetro, por John Hutchinson, em 1848, métodos de estudo da mecânica do sistema respiratório vêm sendo desenvolvidos, visando à monitorização à beira do leito nas Unidades de Terapia Intensiva.

Atualmente, são descritos na literatura vários métodos de avaliação da mecânica ventilatória, entre os quais podemos destacar:

- Gráfico.
- Oclusão de vias aéreas:
  - Oclusão ao término da inspiração.
  - Oclusões múltiplas.
  - Expiração relaxada.
- Métodos computadorizados:
  - Mínimos quadrados.
  - Método das oscilações forçadas.

Um dos métodos mais simples, o método gráfico, consiste na determinação gráfica dos parâmetros a partir de curvas de volume, pressão e vazão traçadas contra o eixo do tempo, para um ciclo respiratório normal. Os métodos de oclusão das vias aéreas vêm sendo aprimorados constantemente, para identificar modelos mais complexos do sistema respiratório. Existem ainda métodos puramente matemáticos, como o método dos mínimos quadrados e o método das oscilações forçadas. Alguns desses de maior interesse serão revistos a seguir.

MÉTODO DA OCLUSÃO AO TÉRMINO DA INSPIRAÇÃO

O método da oclusão ao término da inspiração consiste na insuflação do sistema respiratório com um fluxo constante, sendo necessário o relaxamento da musculatura torácica, seguida de uma oclusão ultra-rápida das vias aéreas, que determina a interrupção do fluxo aéreo (Fig. 29-2). Uma queda quase instantânea de pressão, que é devida ao desaparecimento do componente de pressão resistiva, ocorre até que seja alcançado um ponto de fluxo zero. Em continuação à queda de pressão encontra-se um ponto de inflexão (P_1) a partir do qual o decaimento assume uma forma exponencial até atingir um platô, que corresponde à pressão elástica do sistema respiratório.[29] Essa queda mais lenta é resultante das desigualdades mecânicas e da viscoelasticidade.[12]

A partir dessas observações, a complacência do sistema respiratório pode ser considerada de três formas distintas,

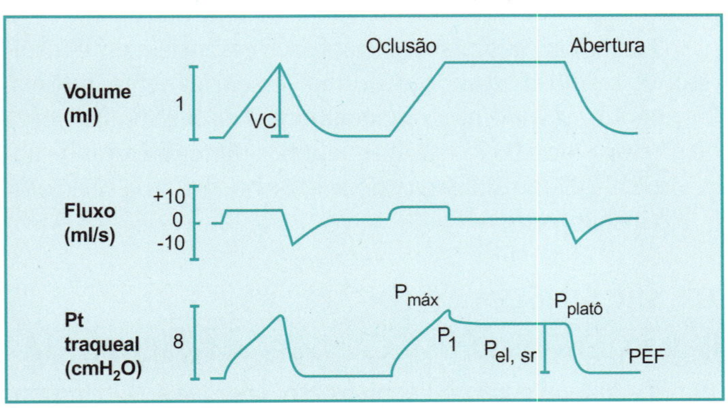

Fig. 29-2. Traçados de volume, fluxo e pressão traqueal de um rato ventilado mecanicamente – Manobra da oclusão ao término da inspiração.[21] PEF = Pressão expiratória final.

determinando-se respectivamente as complacências efetiva, dinâmica e estática:

$$C_{ef,\,sr} = VC/(PI_{máx} - PEF)$$

$$C_{din,\,sr} = VC/(P_1 - PEF)$$

$$C_{st,\,sr} = VC/(P_{platô} - PEF)$$

onde $C_{ef,\,sr}$ corresponde à complacência efetiva, Cdin, sr corresponde à complacência dinâmica e $C_{st,\,sr}$ corresponde à complacência estática do sistema respiratório, $PI_{máx}$ representa a pressão inspiratória máxima; P_1 representa a pressão no momento de fluxo zero; $P_{platô}$ representa a pressão de platô; PEF representa a pressão expiratória final e VC é o volume corrente.

A medida da complacência estática é realizada na ausência de fluxo, necessitando, portanto, de pacientes com musculatura relaxada (sedados, paralisados ou altamente cooperativos) e requerendo pausas ao longo do ciclo respiratório.

A complacência dinâmica é medida durante um ciclo respiratório espontâneo, em pontos nos quais o fluxo aéreo é nulo (finais da inspiração e expiração), não implicando, entretanto, um sistema respiratório em repouso, sendo possível ainda à circulação interna de ar de uma região pulmonar para outra ou ainda um relaxamento tecidual.

A complacência efetiva pode ser decomposta em três parcelas: resistiva, elástica e viscoelástica ou conseqüente à não-homogeneidade do sistema respiratório.

Geralmente medido em ml/cmH_2O, o valor normal esperado para a complacência estática do sistema respiratório é cerca de 80 a 100 ml/cmH_2O, sendo a complacência dinâmica do sistema respiratório cerca de 10 a 20% menor.

É importante ressaltar que, para os cálculos da mecânica ventilatória, é fundamental que as condições de ventilação sejam mantidas as mesmas em todas as medidas realizadas para um determinado paciente durante dias consecutivos de ventilação artificial, de maneira que possamos interpretá-las de forma comparativa.

Sugere-se que seja utilizado o modo volume controlado, com volume corrente fixo de cerca de 5 a 6 ml/kg, fluxo inspiratório constante de 60 l/min ou 1 l/s, além de pausa inspiratória de 5 a 6 segundos, necessária para que se garanta que não existirá nenhum movimento de ar devido à não-homogeneidade ou movimento de tecidos por causa da viscoelasticidade.

Da mesma forma, três resistências distintas serão identificadas.

$$R_{tot,\,sr} = (PI_{máx} - P_{platô})/\dot{V}$$

$$R_{int,\,sr} = (PI_{máx} - P_1)/\dot{V}$$

$$\Delta R_{sr} = (P_1 - P_{platô})/\dot{V}$$

onde: $R_{tot,\,sr}$ corresponde à resistência total; $R_{int,\,sr}$ corresponde à resistência de interrupção ao fluxo e ΔR_{sr} corresponde à resistência adicional do sistema respiratório e $\dot{V}$ é o fluxo aéreo imediatamente anterior à oclusão.

A resistência homogênea ou resistência de interrupção ao fluxo seria a única resistência medida caso não existissem desigualdades mecânicas no sistema de viscoelasticidades.

A resistência não-homogênea ou resistência adicional decorre de desigualdades de resistência e/ou complacência entre os diversos componentes do sistema respiratório, bem como da adaptação ao estresse mecânico, tanto nos pulmões como na caixa torácica.

Quando a resistência é calculada utilizando-se a diferença entre $PI_{máx}$ e $P_{platô}$, é denominada resistência total ($R_{tot,\ sr}$).

Geralmente medido em $cmH_2O/l/s$, o valor normal esperado para a resistência total do sistema respiratório é de cerca de 4 a 7 $cmH_2O/l/s$, considerando-se os fluxos inspiratórios acima descritos.

Esse método apresenta a grande vantagem de subdividir as resistências do sistema respiratório em seus componentes homogêneo e não-homogêneo.[29] O grande inconveniente do método é somente permitir a medida das resistências a um determinado volume sob um único fluxo, além de exigir uma válvula oclusora com tempo de fechamento mínimo e o total relaxamento muscular do paciente.

MÉTODO DA EXPIRAÇÃO RELAXADA

O método da expiração relaxada baseia-se na oclusão das vias aéreas ao término de uma inspiração (espontânea ou não), durante a qual os músculos respiratórios relaxam (caso a inspiração tenha sido ativa) pela ação do reflexo de Hering-Breuer e as pressões atingem patamares, permitindo assim a obtenção de uma medida estável da pressão de recolhimento elástico do sistema respiratório.[4]

Segue-se, então, a abertura da válvula oclusora, permitindo assim uma expiração invariavelmente relaxada. Com esse procedimento, a pressão motriz do sistema respiratório passa a ser a pressão de retração elástica.

A equação que representa a variação de volume durante a expiração relaxada depende da constante de tempo do sistema respiratório (τrs) e é descrita por:

$$V = V_0 \times \varepsilon^{(-t/\tau sr)}$$

Derivando-se a mesma, pode-se obter o fluxo correspondente:

$$\dot{V} = (V_0/\tau sr) \times \varepsilon^{(-t/\tau sr)}$$

E finalmente dividindo-se as equações, pode-se observar que a constante de tempo do sistema respiratório pode ser obtida através da inclinação da curva fluxo-volume, que na expiração relaxada é aproximadamente linear:

$$V/\dot{V} = -\tau sr = C_{sr} \times R_{sr}$$

onde $\dot{V}$ corresponde ao fluxo aéreo, τsr corresponde à constante de tempo, Csr corresponde à complacência e Rsr corresponde à resistência do sistema respiratório.

De acordo com as equações acima descritas e considerando-se que a complacência do sistema respiratório pode ser obtida dividindo-se o volume corrente antes da abertura da válvula pela pressão das vias aéreas nesse mesmo instante, torna-se possível determinar a resistência do mesmo.

Assim, o método permite a medida das propriedades elásticas e resistivas em um único ciclo, ao longo de toda a expiração e, principalmente, sob qualquer forma de onda de fluxo inspiratório.[29]

MÉTODOS COMPUTADORIZADOS

A necessidade de interpretar o significado de variáveis como volume, pressão e fluxo aéreo, em condições fisiológicas e em condições patológicas, impôs a construção de alguns modelos matemáticos capazes de descrever, com a maior precisão possível, o comportamento do sistema respiratório.[30]

O modelo mais simples do sistema respiratório, que ainda é o mais freqüentemente utilizado nos dias de hoje, é o modelo homogêneo de um único compartimento, formado pela associação de um elemento resistivo a um elemento complacente.[13]

Considerando-se um sistema respiratório normal, esse modelo simples pôde ser utilizado, e tornou-se tão popular que a equação a ele associada tem o nome de *equação do movimento do sistema respiratório* e é utilizada em vários métodos de identificação da mecânica ventilatória:[3]

$$P(t) = (R \times \dot{V}(t)) + (E \times V(t))$$

onde P é a pressão motriz e (t) corresponde ao tempo.

Assim, métodos computadorizados que utilizam a equação do movimento do sistema respiratório como um modelo matemático para o cálculo dos parâmetros da mecânica ventilatória têm sido descritos por muitos autores desde o final da década de 60, e o uso do método de mínimos quadrados para calcular complacência e resistência do sistema respiratório foi pela primeira vez reportado por Wald em 1969[28] e Uhl em 1974.[27]

Esse se constitui no método mais usado para ajustar um conjunto de dados a uma função.[23] Através de técnicas estatísticas como regressão e correlação, o método de mínimos quadrados permite encontrar valores para uma variável dependente (P) através da manipulação de valores considerados preditores (variáveis independentes), ou seja, $\dot{V}$ e V, sendo complacência e resistência pesos dados aos preditores.

Conhecendo-se o valor de P, $\dot{V}$ e V para diversos pontos ou instantes, deseja-se encontrar uma aproximação aos valores de complacência, resistência e PEF, de tal forma que seja minimizada a soma dos erros quadráticos entre cada valor amostrado para P e os valores estimados para ele.

Peslin, estudando pacientes não-sedados com insuficiência respiratória aguda e ventilados artificialmente, concluíram que o método de mínimos quadrados seria adequado para monitorização dos parâmetros da mecânica ventilatória, sendo a maior vantagem tornar desnecessária a existência de um padrão ventilatório específico para a aquisição dos parâmetros.[18]

Os protocolos de monitorização de mecânica ventilatória atualmente utilizados requerem manobras especiais, com interrupção do padrão normal de ventilação e/ou técnicas invasivas. Esses métodos despendem tempo para serem realizados e, além disso, fornecem monitorização intermitente dos parâmetros desejados.

Os métodos computadorizados vêm evoluindo de forma a não mais requerer fluxo constante para determinação da resistência ou pausa inspiratória para determinação da complacência, manobras fundamentais aos métodos clássicos de avaliação da mecânica ventilatória, criando, portanto, novas perspectivas para a monitorização contínua desses parâmetros em pacientes com insuficiência respiratória, principalmente com sua incorporação aos modernos ventiladores mecânicos.

DETERMINAÇÃO DO TRABALHO MUSCULAR RESPIRATÓRIO

O aumento do trabalho muscular respiratório pode ser avaliado clinicamente pela presença de dispnéia, taquipnéia, tiragem intercostal, batimento das asas do nariz, utilização de musculatura acessória e respiração paradoxal ou alternante. Apesar de suas limitações, alguns métodos mais simples, mas que possibilitam a evolução clínica à beira do leito do trabalho muscular respiratório, vêm sendo utilizados:

- *Medida da área sob a curva pressão-volume:* realizada através do cálculo de áreas em diagramas pressão-volume, ou seja, pelo produto da pressão intratorácica gerada pela contração da musculatura respiratória (ou por um ventilador mecânico) e do volume de ar deslocado (Fig. 29-3).
- *Medida do produto pressão-tempo:* realizada através do cálculo de áreas em diagramas pressão-tempo, não representa diretamente o trabalho realizado, mas pode ser um bom indicador (Fig. 29-4).

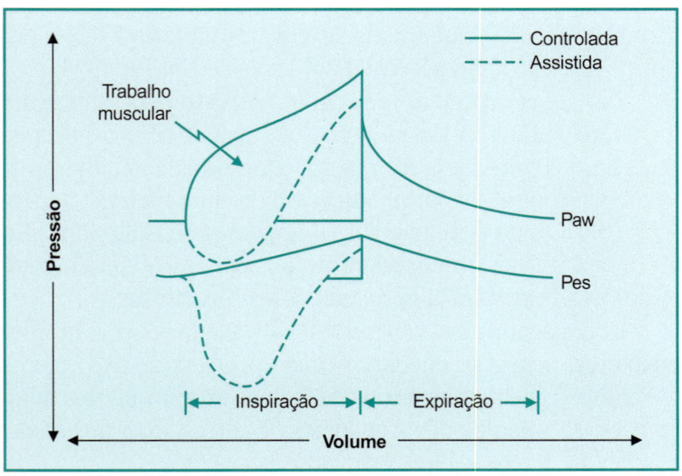

Fig. 29-3. Trabalho muscular respiratório durante ventilação mecânica assistido-controlada.[9]

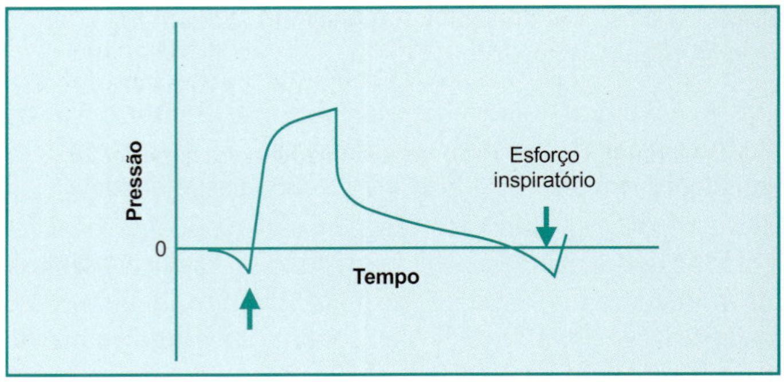

Fig. 29-4. Trabalho muscular respiratório durante ventilação mecânica assistido-controlada.[9]

CONCLUSÃO

Para a determinação dos parâmetros usualmente utilizados na monitorização da mecânica ventilatória, se faz necessária a avaliação de curvas de pressão, fluxo e volume. Tais curvas podem ser facilmente obtidas nos ventiladores mais sofisticados, mas também podem ser aferidas através de montagens experimentais muito simples.

O acompanhamento evolutivo desses parâmetros, mais do que seu valor absoluto, nos permite avaliar as estratégias ventilatórias em uso, bem como a retirada da ventilação mecânica, isto é, o processo de desmame.

Com relação à avaliação do trabalho muscular respiratório, é importante que se desenvolvam métodos mais simples que possibilitem sua determinação à beira do leito.

REFERÊNCIAS BIBLIOGRÁFICAS

1. Agostini E, Rahn H. Abdominal and thoracic pressures at different lung volumes. *J Appl Physiol* 1960;15:1087–1092.
2. Baker AB. Artificial respiration: the history of an idea. *Med History* 1971;15:336–340.
3. Bates JH, Rossi A, Milic-Emili J. Analysis of the behavior of the respiratory system with constant inspiratory flow *J Appl Physiol* 1985;58(6):1840–1848.
4. Bates JH, Baconnier P, Milic-Emili J. A theoretical analysis of interrupter technique for measuring respiratory mechanics. *J Appl Physiol* 1988;64(5):2204–2214.
5. Bates JH, Milic-Emili J. The flow interruption technique for measuring respiratory resistance. *J Crit Care* 1991;6:227–235.
6. Bates JH, Milic-Emili J. Influence of the viscoelastic properties of the respiratory system on the energetically optimum breathing frequency. *Ann Biom Engl* 1993;21:489–499.
7. Carvalho CR, David CMN. Ventilação Mecânica e Consenso Brasileiro de Ventilação Mecânica. *Clínicas Brasileiras de Terapia Intensiva.* Rio de Janeiro: Atheneu, 2000.
8. Civetta JM, Taylor RW, Kirby RR. *Critical Care.* 2nd ed. Philadelphia: JB Lippincott, 1992.
9. David CMN. *Ventilação Mecânica: Da Fisiologia à Prática Clínica.* Rio de Janeiro: Revinter, 2001.
10. Kacmarek RM, Mack CW, Dimas S. Continuous mechanical ventilation. *In* Lampert R, Marshal D (Eds.): *The Essentials of Respiratory Care.* 3rd ed. St. Louis: Mosby Yearbook, 1990, Chap. 36.
11. MacIntyre NR, Dantzker DR, Bakow ED. *Comprehensive Respiratory Care.* 1st ed. Philadelphia: WB Saunders, 1995.

12. Marini JJ. Monitoring the mechanics of the respiratory system. *In* Tobin MJ (Ed.): *Respiratory Monitoring.* 1st ed. London, and New York: Churchill Livingstone, 1991, Chap. 10.
13. Marini JJ, Crooke PS. A general mathematical model for respiratory dynamics relevant to clinical setting. *Am Rev Respir Dis* 1993;147:14–24.
14. Meltzer SJ, Auer J. Continuous respiration without respiratory movements. *J Exper Med* 1909;11:622–626.
15. Milic-Emili J, Orzalesi MM, Cook CD, Turner JM. Respiratory thoracoabdominal mechanics in man. *J Appl Physiol* 1964;19:217–223.
16. Morris AH. Use of monitoring information in decision making. In Tobin MJ (Ed.): *Respiratory Monitoring.* London, and New York: Churchill Livingstone, 1991.
17. Pepe PE, Marini JJ. Occult positive end-expiratory pressure in mechanically ventilated patients with airflow obstruction. *Am Rev Respir Dis* 1982;126:166–171.
18. Peslin R, Silva JF, Chabot F, Duvivier C. Respiratory mechanics studied by multiple linear regression in unsedated ventilated patients. *Eur Respir J* 1992;5:871–878.
19. Petty TL. The burgeoning field of respiratory care captured in a single volume. *Chest* 1993;103(1):2–4.
20. Rahn H, Otis AB, Chadwick LE, Fenn WO. The pressure-volume diagram of the thorax and lung. *Am J Physiol* 1946;146:161–178.
21. Saldiva PHN, Cardoso WV, Caldeira MPR, Zin WA. Mechanics in rats by end-inflation occlusion and single-breath methods. *J Appl Physiol* 1987;63:1711–1718.
22. Snider GL. Historical perspective on mechanical ventilation: from simple life support system to ethical dilemma. *Am Rev Respir Dis* 1989;140:S2–S7.
23. Stevenson WJ. *Estatística.* 1 ed. São Paulo: Editora Harbra, 1986.
24. Sullivan WJ, Peters GM, Enright PL. Pneumotachographs: theory and clinical application. *Respir Care* 1984;29:736–749.
25. Terzi RGG. Histórico da medida da monitorização da mecânica ventilatória. *In* Terzi RGG (Ed.): *Monitorização Respiratória em UTI.* 1ª ed. Rio de Janeiro: Atheneu, 1998, Cap. 1.
26. Tobin MJ. Respiratory monitoring in the Intensive Care Unit. *Am Rev Respir Dis* 1988;138:1625–1642.
27. Uhl RR, Lewis FJ. Digital computer calculation of human pulmonary mechanics using a least squares fit technique. *Comput Biomed Res* 1974;7:489–495.
28. Wald AS, Janson D, Murphy TW, Mazzia VDB. A computers system for respiratory parameters. *Comput Biomed Res* 1969;2:411–429.
29. Zin WA. Métodos e técnicas para a monitorização das propriedades elásticas e resistivas dos pulmões e da caixa torácica na insuficiência respiratória aguda. *J Pneumol* 1990;16:91–96.
30. Zin WA, Gomes RFM. Mathematical models in respiratory mechanics. *Crit Care Med* 1996;10:391–400.

30 Insuficiência Respiratória – Aspectos Gerais

Cid Marcos David

A insuficiência respiratória é manifestação comum no paciente grave, seja como patologia primária ou secundária do sistema respiratório. Existe insuficiência respiratória quando a troca gasosa pulmonar não atende às necessidades metabólicas dos tecidos.

O diagnóstico da insuficiência respiratória baseia-se em manifestações clínicas e hemogasométricas. Por definição, na insuficiência respiratória aguda a PaO_2 está $\leq$ 50 mmHg e a $PaCO_2 \geq$ 50 mmHg. Assim, há dois tipos básicos de insuficiência respiratória aguda:[39]

- Hipoxêmica.
- Hipercápnica.

As alterações fisiopatológicas do tipo hipercápnico associam-se à hipoxemia, desde que os pacientes não estejam em oxigenoterapia.

ASPECTOS CLÍNICOS DO PACIENTE EM INSUFICIÊNCIA RESPIRATÓRIA AGUDA

O paciente grave deve ter exame clínico preciso. Acreditar que os exames laboratoriais e a radiografia do tórax revelarão todos os problemas é uma conduta inadequada. Devem ser correlacionados os parâmetros da monitorização e os achados clínicos.

O exame deve ser realizado do mesmo modo que no paciente comum, procurando-se os detalhes semióticos que caracterizam o bom exame clínico. Há, entretanto, dificuldades no manuseio e algumas particularidades associadas ao suporte ventilatório.

Perguntar ao paciente *se está melhor*, *se dormiu bem*, *o que está sentindo* e se *está respirando bem* são atitudes muitas vezes esquecidas ou sem possibilidade de resposta. Quando possível, explicar que *ele está melhorando* e a finalidade dos métodos invasivos que estão sendo realizados. Esse aspecto faz parte não só do relacionamento médico-paciente, mas também da atitude dos outros profissionais da equipe de saúde com o paciente.

A avaliação clínica deve ser global, pois no paciente grave há importante interação entre os órgãos, aparelhos e sistemas. A ventilação mecânica tem repercussões sistêmicas que podem desencadear ou agravar distúrbios funcionais de órgãos distantes, quer por alterações hemodinâmicas e perfusionais quer por alterações hemogasométricas.

No paciente em ventilação mecânica, são particularmente importantes febre, sinais vitais, coloração das mucosas, grau de hidratação, sudorese e cianose, dispnéia, exame da boca, secreção traqueobrônquica, posição do tubo traqueal, exame do aparelho respiratório, diurese, perfusão periférica e os parâmetros ventilatórios. A permeabilidade dos catéteres, dos drenos e seu débito são importantes. A cianose central pode estar ausente, mesmo com importante hipoxemia, em pacientes anêmicos.

Os parâmetros ventilatórios devem ser relacionados com valores da mecânica ventilatória, hemodinâmicos e da troca gasosa pulmonar e anotados em formulário apropriado para adequada avaliação evolutiva. A radiografia do tórax está indicada sempre que houver alteração clínica cardiorrespiratória; considere os benefícios e os riscos de realizar CT do tórax ou ocorrer piora funcional pulmonar não-justificada.[12]

No exame clínico do paciente em insuficiência respiratória são observados batimentos da asa do nariz, uso da musculatura acessória e a respiração paradoxal, que são indicadores de dificuldade respiratória.

POSIÇÃO NO LEITO

O paciente em ventilação mecânica e hemodinamicamente estável deve ficar com a cabeceira elevada (45°), desde que não haja contra-indicação. Essa recomendação é muito importante quando o paciente está recebendo nutrição enteral para evitar refluxo e aspiração.

Em ventilação assistida ou por suporte pressórico, quando o paciente em decúbito lateral é o diafragma da região dependente (inferior) que, jogado para cima pelo peso das estruturas abdominais, ao se contrair tem maior incursão inspiratória (tensão-comprimento). Nesse lado há também maior perfusão conseqüente à força da gravidade. Assim, aumentam-se a ventilação e a perfusão dessa região. Nessa situação, desde que o pulmão dependente não seja o mais gravemente acometido, haverá melhora da troca gasosa. Quando há ventilação controlada, essas relações se modificam, havendo maior perfusão na região dependente e maior ventilação no pulmão (não-dependente) superior, podendo haver alteração $\dot{V}A/\dot{Q}$ e piora da função pulmonar. Variando-se a elevação do tórax do paciente (elevação da cabeceira do leito), observa-se que na posição com o tórax elevado de 90° pode haver melhora da troca gasosa em relação ao decúbito dorsal (supino).

Assim, o posicionamento pode ser utilizado para melhorar a troca gasosa pulmonar, fazendo-se a região pulmonar mais acometida ficar voltada para cima e melhorando a perfusão das regiões menos ou não-acometidas. Na SARA a posição em decúbito prono, principalmente quando a SARA é de origem extrapulmonar, pode melhorar a troca gasosa pulmonar (Fig. 30-1). A posição ântero-lateral também pode ter esse efeito, dependendo da patologia e do seu acometimento.

O posicionamento no leito pode auxiliar no desmame da prótese ventilatória. Traumatizados raquimedulares poderiam se beneficiar da posição ortostática, e os pacientes pulmonares obstrutivos crônicos, da cabeceira do leito abaixada. Se bem que esses aspectos devam ser considerados, é importante a avaliação do conforto, da clínica e dos parâmetros funcionais para avaliar o melhor posicionamento do paciente.

AGITAÇÃO E DEPRESSÃO DA CONSCIÊNCIA

Agitação é manifestação comum nos pacientes graves e tem etiologia multifatorial. Entretanto, não é correta a conduta de administrar sedativos e tranqüilizantes sem procurar sua causa. Muitas vezes a causa é hipóxia cerebral conseqüiente a hipoxemia, distúrbio da oferta tecidual de oxigênio ($\dot{D}O_2$) ou da perfusão regional.

A depressão da consciência, entre outras causas, pode ser conseqüente à hipoxemia ou à hipercapnia.

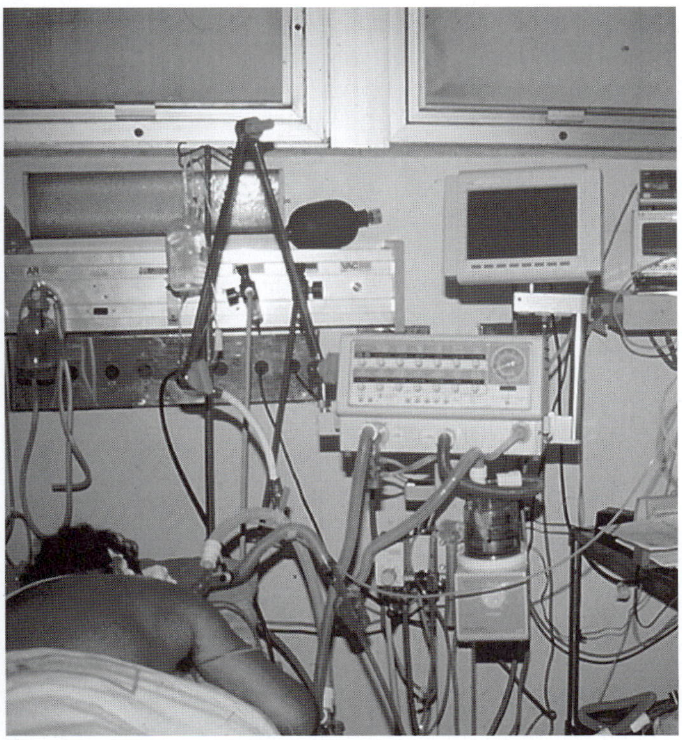

Fig. 30-1. Decúbito prono no paciente com SARA. Há melhora da troca gasosa com melhora da SaO_2. CTI – HUCFF – UFRJ.

DISPNÉIA

Pode ser subjetiva ou objetiva. Dispnéia objetiva é a observada pelo examinador.

Dispnéia subjetiva é a consciência da necessidade aumentada do esforço respiratório. Reflete a situação da impropriedade da ventilação em relação à pressão desenvolvida pelos músculos respiratórios. Para um determinado trabalho muscular (força), a dispnéia é menos intensa quando o paciente tem músculos respiratórios fortes do que quando tem músculos fracos.

O treinamento muscular, além de melhorar a força e a resistência da musculatura respiratória, pode diminuir o *medo da dispnéia*. Deve ser iniciado no paciente em ventilação mecânica, após descanso adequado e recuperação da fadiga muscular respiratória.

SINAIS VITAIS

Como em qualquer paciente grave, os sinais vitais são imprescindíveis e devem ser monitorizados durante o suporte ventilatório.

Hipotensão arterial após iniciar a ventilação mecânica

A ventilação à pressão positiva pode produzir hipotensão arterial por várias causas. Entre as causas estão:[39]

1. Hipovolemia

   Por diminuir o retorno venoso ao tórax e o débito cardíaco.

   Para resolução, aumente a reposição volêmica com soluções cristalóides e evite altas pressões ventilatórias.

2. PEEP intrínseca

   A PEEP intrínseca pode ser determinada e reduzida aumentando-se o tempo expiratório ou diminuindo-se o tempo inspiratório através do aumento do fluxo inspiratório, diminuindo-se o volume corrente; retirando-se ou diminuindo-se o platô inspiratório ou diminuindo-se a freqüência respiratória.

3. Pneumotórax hipertensivo

   Clinicamente manifestada por hipotensão arterial e diminuição da ventilação do lado do pneumotórax, timpanismo à percussão, piora da troca gasosa e aumento da $PI_{máx}$ e $P_{platô}$ e turgência jugular.

   É emergência médica. A radiografia do tórax que complementa o diagnóstico pode demorar excessivamente. Puncione no segundo espaço intercostal e, após, faça drenagem tubular intercostal do tórax.

4. Infarto agudo do miocárdio

   Conseqüente a trabalho cardíaco excessivo, liberação de catecolaminas, isquemia e acidose.

5. Uso de sedativos

   Drogas sedativas usadas, na fase de intubação traqueal ou em excesso para manutenção, e analgésicos são freqüentemente causadores de hipotensão arterial.

PADRÃO RESPIRATÓRIO

Verificar a freqüência e o tipo de respiração. Padrões respiratórios instáveis podem ser indicações para manter a ventilação em determinadas patologias (p. ex., hipertensão endocraniana). A freqüência respiratória normal é de 12 a 18 ipm. Em adultos a FR maior que 35 ipm indica excitação do centro respiratório *(drive)*, importante dificuldade ventilatória, sobrecarga de trabalho muscular respiratório e aumento do consumo de oxigênio. Na sepse há aumento da estimulação do centro respiratório. Altas freqüências respiratórias associam-se a diminuição do volume corrente, havendo aumento da ventilação do espaço morto fisiológico.

A respiração de Cheyne-Stokes pode ser manifestação patológica ou não. Crianças e velhos podem ter Cheyne-Stokes durante o sono. Freqüências respiratórias baixas associadas a pequeno volume corrente geralmente indicam estímulo respiratório diminuído e depressão cerebral.

Usualmente, padrões respiratórios instáveis são indicação para manter a ventilação mecânica.

Ao se colocar o paciente em modo ventilatório espontâneo, com CPAP ou não, e monitorizando-se somente o volume-minuto ($\dot{V}m$), é possível que o aumento da FR, mesmo com volume corrente baixo, alcance o volume-minuto predeterminado sem disparar o alarme, apesar de o paciente estar com hipoventilação alveolar.

Volumes-minutos altos e superiores a 10 litros no adulto ocorrem com grande trabalho muscular respiratório, daí ser um critério utilizado por vários autores para contra-indicar o desmame da prótese ventilatória.

Inspeção torácica e ausculta pulmonar

A verificação da expansão da caixa torácica é fundamental. Observar o tórax olhando dos pés em direção cefálica pode mostrar pequenas variações da expansão torácica. Assimetrias da expansão torácica podem ser por várias causas, tais como intubação seletiva, atelectasia, pneumotórax, derrames pleurais, ressecção pulmonar total ou parcial ou cifoescoliose.

Pode haver respiração paradoxal ou respiração alternante. Embora a respiração paradoxal não seja um sinal específico de fadiga muscular, por indicar grande trabalho muscular, associa-se freqüentemente a fadiga respiratória. A fadiga muscular respiratória ocorre com manifestações hemogasométricas, tais como acidemia, $PaCO_2$ elevada ou aumentando 5 a 7 mmHg por hora e hipoxemia. Pode não haver hipoxemia se o paciente estiver usando oxigenoterapia.

Observar se há contração expiratória da musculatura abdominal, tiragem intercostal supraclavicular e supra-esternal.

A adaptação do paciente à prótese é muito importante. É freqüente a *briga* (assincronia) do paciente com o ventilador, fato que traduz má adaptação. Suas causas são várias, tais como o ajuste inadequado da prótese às necessidades do paciente, ventiladores sem qualidade adequada para manter a ventilação assistida, baixa sensibilidade e resposta retardada para iniciar o ciclo respiratório, baixo fluxo inspiratório, baixa fração inspirada de oxigênio e hipoxemia, alterações cardiovasculares, secreção nas vias aéreas ou tubo parcialmente obstruído, mau posicionamento no leito, alterações psicológicas com dependência do paciente da prótese ventilatória, uso de adaptadores inadequados, dor e febre. *Traquéias* muito longas aumentam o espaço morto, o esforço e o trabalho muscular respiratório.

Recentemente passou-se a identificar outra causa da *briga* com o ventilador. É a PEEP intrínseca. Nos pacientes com doenças obstrutivas, a PEEP intrínseca obriga que o paciente realize trabalho muscular (força) suficiente para diminuir a pressão intratorácica até abaixo da pressão atmosférica, usualmente próxima a 1 a 2 cmH_2O, para que o ventilador *sinta* e dispare o ciclo respiratório. Nesses pacientes é possível que, sendo muito grande a PEEP intrínseca, por exemplo, de 8 a 10 cmH_2O, haja incapacidade muscular respiratória para esse trabalho, embora se observe tiragem intercostal e supra-esternal, não havendo acionamento do ventilador. Esse diagnóstico é feito medindo-se a PEEP intrínseca, e o tratamento é feito com aplicação de PEEP extrínseca com cerca de 80 a 85% da PEEP intrínseca e adequação dos parâmetros do ventilador.

Manifestações estetoacústicas orientam o diagnóstico e a terapêutica. A ausculta deve ser realizada em todo o tórax, inclusive nas regiões posteriores. Freqüentemente auscultam-se estertores roncantes, sibilantes, crepitantes e bolhosos, indicadores de patologia com lesões traqueobrônquicas ou parenquimatosas pulmonares. Nos pacientes asmáticos em ventilação mecânica controlada, é possível prolongar-se o tempo expiratório até que os sibilos e roncos expiratórios sejam praticamente inaudíveis, evidenciando adequado esvaziamento pulmonar. Como o paciente adota geralmente o decúbito supino, são comuns estertores crepitantes e subcrepitantes nas regiões mais dependentes. É nessas regiões que predominam as lesões da SARA e daí as manifestações estetoacústicas.[10-12]

Na SARA é comum observar, além dos sinais da causa que a produziu, agitação, taquipnéia, batimentos das asas do nariz, tiragem intercostal e supra-esternal, taquicardia, cianose tipo central e estertores crepitantes. A essas manifestações podem se superpor as da disfunção orgânica múltipla (SDOM), com coagulopatia, icterícia, insuficiência renal e choque.

É importante determinar os parâmetros ventilatórios e a FiO_2, anotando-os em formulário adequado e correlacionando-os com a hemogasometria arterial e os parâmetros hemodinâmicos.

FEBRE

A febre pode ser conseqüente à doença primária ou o sinal de alarme de complicação. Considerar não somente um episódio de febre, mas a curva térmica que orienta melhor para a evolução do processo patológico.

Febre é importante sinal de alarme no paciente grave. Nesses pacientes são fontes comuns de febre e infecção: catéteres intravasculares, pulmão, feridas cirúrgicas, intraperitoneais e urinárias. Infecções *ocultas* como sinusites, endocardites, abscessos e colecistite alitiásica podem ocorrer. Entre as causas não-infecciosas estão a doença tromboembólica e as drogas. A atelectasia é causa freqüente de febre.

No cortejo clínico da pneumonia bacteriana associada à ventilação mecânica (PAVM) são comuns a febre, secreção traqueobrônquica purulenta, infiltrados pulmonares novos ou progressivos, leucocitose com desvio à esquerda e piora funcional pulmonar.

SUDORESE E CIANOSE

A sudorese, importante sinal de alarme no paciente grave, pode ocorrer associada a agitação, calor, dor, estimulação do sistema nervoso autônomo simpático, febre e uso de antitérmicos, edema pulmonar agudo, hipotensão arterial e baixa perfusão tecidual, hipoglicemia e hipercapnia, entre outras. A sua presença indica necessidade de avaliar a causa.

É comum observar que pacientes com falha no desmame da prótese ventilatória tenham agitação, sudorese, taquipnéia, taquicardia e aumento da pressão arterial.

A cianose ocorre quando há cerca de 5 g% de hemoglobina reduzida. Pacientes anêmicos podem apresentar cianose central somente quando houver acentuada insaturação arterial. Muitas vezes à noite e em pacientes da raça negra pode ser difícil identificar a cianose. A cianose periférica é dependente da má perfusão. Nos pacientes em uso de oxímetro de pulso, quando há má perfusão e cianose periférica, a oximetria de pulso (saturimetria, SpO_2) não orienta sobre a SaO_2, perdendo, assim, o seu valor. Nesses pacientes é necessária a hemogasometria arterial.

SECREÇÃO TRAQUEOBRÔNQUICA

Entre suas características são importantes a quantidade, a coloração e a viscosidade.

O excesso de secreção e o aumento da viscosidade impedem o fluxo aéreo, aumentando a pressão inspiratória máxima do ventilador ou o esforço muscular respiratório, alterando a distribuição e a troca gasosa pulmonar.

Entre as causas de secreção sangüínea estão trauma das vias aéreas (por exemplo: por sonda de aspiração), edema e embolia pulmonar, doenças traqueobrônquicas, vasculites pulmonares, leptospirose e coagulopatias. A cor amarela sugere infecção pulmonar ou traqueobronquite. A secreção mucóide abundante ocorre nos estados hipersecretores como nas intoxicações por organofosforados, nas traqueobronquites, no excesso de fluidificantes e de umidificação das vias aéreas (umidificadores aquecidos, névoa úmida). Não está comprovado que o excesso de hidratação sistêmica, sem haver insuficiência cardíaca ou edema pulmonar, aumente a secreção traqueobrônquica.

É possível haver aspiração de conteúdo gástrico ou de alimento administrado por sonda para as vias aéreas inferiores, mesmo que o paciente esteja intubado. Raramente, pode haver fístula entre a via aérea e a digestiva.

TUBO TRAQUEAL E CIRCUITOS

O tubo traqueal liga o paciente à prótese respiratória. Produz trauma psicológico e físico, diminui as defesas primárias contra as infecções e aumenta a resistência ao fluxo aéreo. No exame físico é importante verificar a permeabilidade do tubo traqueal, aspirá-lo e analisar as características das secreções. Na dúvida quanto à sua permeabilidade, deve-se trocá-lo.

Em homens adultos o tubo traqueal, principalmente os de diâmetro interno inferior a 8 mm, aumenta a resistência aérea. Pacientes com freqüências respiratórias altas têm alto fluxo aéreo, e, na presença de tubos *finos*, aumenta o trabalho muscular respiratório, que pode ser suficientemente grande para levar ao insucesso do desmame. Nos pacientes com pequena reserva respiratória e intubados, pode-se aumentar o conforto e diminuir o trabalho muscular respiratório usando-se ventilação a pressão de suporte (PSV) em cerca de 7 cmH_2O.

A intubação traqueal retira a *PEEP fisiológica* produzida pelas cordas vocais e diminui a capacidade residual funcional, produzindo microatelectasias, piorando a relação $\dot{V}A/\dot{Q}$ e produzindo ou agravando a hipoxemia. Os pacientes intubados não devem ficar longo tempo nessas condições. Pode-se aplicar PEEP na forma de CPAP, preferencialmente ou intermitentemente até a extubação traqueal.

A extubação não-programada é complicação muito freqüente, principalmente nos pacientes agitados e não-cooperativos. Verifique e solucione a presença de dor, delírio, síndromes de abstinência ou outro fator que esteja incomodando o paciente. A sedação é solução adequada para muitos desses casos. A fixação do tubo traqueal deve ser correta. Não há um método uniforme de fixação; entretanto, deve-se usar aquele que previna as lesões labiais, principalmente a queilite angular e a condrite das orelhas. Lesões da pele podem ocorrer.

O balonete deve ser observado quanto à sua posição e à pressão. Geralmente, o ponto adequado de introdução da cânula traqueal é quando o nível da inserção do balonete na cânula ficar próximo da comissura labial ou, no adulto, a 22-23 cm da ponta distal do tubo. Na criança, o nível de introdução do tubo traqueal pode ser determinado multiplicando-se o diâmetro do tubo por 3 (p. ex., introdução = diâmetro do tubo $4 \times 3 = 12$ cm).[13,39] O balonete deve ser insuflado o suficiente para que não haja escape gasoso entre a traquéia e o tubo traqueal. A verificação sobre se há ou não escape pode ser feita pela ausculta ao nível do pescoço. Ventiladores modernos têm alarmes para escape gasoso. Para evitar isquemia da traquéia, deve-se manter a pressão do balonete igual ou abaixo de 20 a 25 mmHg. O escape pode ser observado no ventilador pela diferença entre o volume de gás insuflado e o expirado. A incapacidade do sistema do ventilador de manter a pressão de platô sugere perda gasosa no sistema.

A intubação seletiva é muito freqüente, geralmente à direita. O tubo muito introduzido, a diminuição do volume do hemitórax e da expansão pulmonar, comumente à esquerda, a diminuição do murmúrio vesicular e a piora funcional, caracterizada por insaturação arterial e hipoxemia, são manifestações da intubação seletiva. Nessa hipótese, confirmar com radiografia do tórax ou puxar o tubo excessivamente introduzido e observar se há expansão pulmonar. À radiografia do tórax, no paciente adulto, o tubo traqueal deve estar a 3 cm acima da carina.

Verificar a umidificação nos circuitos, se está limpo, a presença de *condensados* no seu interior e a temperatura do ar inalado. Os condensados de secreções nos circuitos devem ser retirados rotineiramente. Esses condensados são muito ricos em microrganismos e, quando entram nos umidificadores, podem contaminá-los; quando entram no paciente, facilitam a infecção, pois representam grande inóculo infectante. É freqüente penetrarem nas vias aéreas inferiores durante a mudança de decúbito. Os coletores usados nos circuitos devem ficar em plano inferior à extremidade externa do tubo traqueal para que, por gravidade, recolham os condensados.

APARELHO CARDIOVASCULAR

As pressões e o débito cardíaco podem se alterar com o suporte ventilatório. A pressão positiva intermitente ou contínua aumenta a pressão venosa central, diminui o retorno venoso e o débito cardíaco, principalmente nos pacientes hipovolêmicos, produzindo, além da diminuição do débito cardíaco, vasoconstrição periférica, com hipotensão arterial, extremidades frias, diminuição da amplitude dos pulsos e da diurese. Quando o pulso pedioso estiver amplo, o índice cardíaco deve estar normal.

Nos pacientes com obstruções aéreas, que aumentam a pressão expiratória e tornam a pressão pleural positiva, podem-se notar no exame físico abaulamento expiratório das regiões supraclaviculares e distensão das veias do pescoço, com diminuição do retorno venoso. Na inspiração desses pacientes a pressão pleural torna-se muito negativa, por causa da obstrução aérea, e pode haver aumento da pós-carga do ventrículo esquerdo. Essa variação da pressão intrapleural pode produzir pulso paradoxal.

RADIOGRAFIA DO TÓRAX

Complementa o exame físico a radiografia do tórax à beira do leito. Do mesmo modo, em suspeita de derrames líquidos pleurais, a ultra-sonografia pode auxiliar.

A radiografia do tórax deve ser realizada rotineiramente no paciente em ventilação mecânica. Cerca de 30% das alterações diagnosticadas na radiografia do tórax podem não ser identificadas no exame físico do paciente em ventilação mecânica. A realização de métodos invasivos, a piora funcional pulmonar sem diagnóstico definido e a necessidade de acompanhar a evolução de patologias torácicas são indicações para radiografar o tórax.

A técnica utilizada deve ser padronizada e anotada no prontuário para que as radiografias sejam comparáveis. Sempre que possível, realizar a radiografia com o paciente semi-sentado.

A PEEP aumenta a quantidade de gás intrapulmonar, podendo dar um aspecto de *melhora* irreal nas condensações pulmonares.

Avaliação funcional pulmonar

A avaliação deve ser complementada com a determinação das variáveis relacionadas à mecânica ventilatória e à troca gasosa pulmonar.

Gasometria arterial e capnometria orientam na avaliação da troca gasosa, na ventilação alveolar e no estado ácido-básico.

A $PETCO_2$ orienta quando a $PaCO_2$, a ventilação alveolar, o posicionamento do tubo traqueal e as alterações na capnografia ocorrem nas alterações da distribuição gasosa, como nas doenças obstrutivas das vias aéreas (asma, DPOC).

ASPECTOS GERAIS DO TRATAMENTO

Basicamente, o tratamento do paciente em insuficiência respiratória aguda compreende o tratamento da doença básica desencadeadora do processo, a oxigenoterapia, a ventilação mecânica, o suporte nutricional, métodos fisioterápicos e profilaxias. Compreende uma equipe profissional transdisciplinar cujos elos têm que estar em perfeita harmonia e com o enfoque da humanização.

OXIGENOTERAPIA

O oxigênio foi descoberto há muitos anos, mas a oxigenoterapia foi utilizada para terapêutica mais recentemente por Joseph Priestley. A administração de oxigênio acima da concentração do gás ambiental normal (21%) é denominada oxigenoterapia.

A administração de oxigênio deve ser enfocada como é feito ao se prescrever qualquer outra droga, isto é, considerando suas indicações e contra-indicações, seus efeitos colaterais, modo de administração e segurança. Embora devam ser considerados os aspectos clínicos, de um modo geral o objetivo é alcançar saturação arterial de oxigênio (SaO_2) de 92% ou uma PaO_2 de 60 a 70 mmHg. Na Figura 30-2 observa-se a relação entre a PO_2 e a saturação da hemoglobina com oxigênio (HbO_2). Pacientes com boa função cardíaca e não-neurológicos toleram PaO_2 e SaO_2 mais baixas.

MANIFESTAÇÕES CLÍNICAS DA HIPOXEMIA

A hipoxemia manifesta-se clinicamente por sinais e sintomas cardiovasculares, neurológicos, cianose e disfunção orgânica (Quadro 30-1).

INDICAÇÕES DA OXIGENOTERAPIA

A oxigenoterapia está indicada nas seguintes situações clínicas:

1. Corrigir a hipoxemia (PaO_2) e melhorar a oferta tecidual de oxigênio ($\dot{D}O_2$).
   Em hipoxemia documentada:
   - Adultos e crianças (>28 dias) respirando ar (FiO_2 = 0,21) com PaO_2 < 60 mmHg ou SaO_2 < 90 %.
   - PaO_2 e/ou SaO_2 abaixo do valor desejado para uma determinada situação clínica.
   - Neonatos com PaO_2 < 50 mmHg ou SaO_2 < 88 % ou com tensão capilar de oxigênio < 40 mmHg.

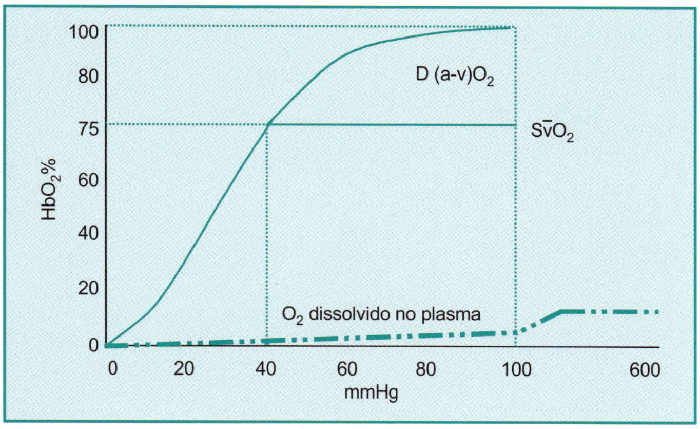

Fig. 30-2. Curva de dissociação da oxiemoglobina. Valores próximos a 60-70 mmHg permitem normalmente saturações arteriais $\geq$ 92%. Aumentos além desses valores situam-se no ramo horizontalizado da curva e significativamente aumentam pouco a saturação da hemoglobina. Observe que a quantidade de oxigênio dissolvido no plasma representa muito pouco do conteúdo de oxigênio transportado, salvo em PO_2 de 600 mmHg. $S\bar{v}O_2$ = saturação venosa mista de oxigênio. A $S\bar{v}O_2$ corresponde a $P\bar{v}O_2$ de 40 mmHg e $S\bar{v}O_2$ de 75%. D(a-v)O: diferença arteriovenosa mista de oxigênio. A D(a-v)O refere-se à quantidade de oxigênio liberada nos tecidos.

2. Melhorar a oxigenação tecidual de pacientes com diminuição da capacidade de transporte de oxigênio (CaO_2); quando houver suspeita de hipoxemia, em trauma grave e no infarto do miocárdio e por curto período de tempo na recuperação anestésica.
3. Facilitar a absorção de ar nas cavidades orgânicas (pneumencéfalo, pequeno pneumotórax).[34]
4. Em medicina hiperbárica.

As indicações podem ocorrer em situações de insuficiência respiratória aguda ou crônica. Pacientes com insuficiência respiratória crônica e em assistência domiciliar utilizam a oxigenoterapia para prevenir ou tratar manifestações clínicas da hipóxia quando houver hipoxemia documentada em adultos e crianças.[1]

A indicação da oxigenoterapia no paciente com insuficiência respiratória crônica deve ser feita quando existir:

1. $PaO_2 < 60$ mmHg.
2. $SaO_2 < 88$ % em $FiO_2 = 0{,}21$ (ar ambiente).
3. $PaO_2 <$ 55-60 mmHg ou $SaO_2 <$ 88% associada a uma determinada situação clínica, tais como *cor pulmonale*, eritrocitose (Ht > 56%) ou insuficiência cardíaca.
4. $SaO_2 <$ 88% durante deambulação, exercício ou sono em portadores de doenças cardiorrespiratórias.

Pacientes retencionistas crônicos de CO_2 podem aumentar a hipercapnia durante a administração de oxigênio. Nessas situações os pacientes podem apresentar cefaléia, desorientação, asterixia, taquicardia e sudorese.

Quadro 30-1. Manifestações clínicas da hipoxemia aguda e crônica

Sistema nervoso central
- Excitação
- Alteração do comportamento
- Insônia
- Cefaléia
- Asterixia
- Diminuição do QI
- Convulsão
- Coma
- Descerebração
- Morte cerebral

Aparelho cardiovascular

Inicialmente e dependendo da reserva funcional do aparelho cardiovascular e do sistema nervoso simpático
- Vasoconstrição periférica
- Taquicardia, arritmia
- Aumento do débito cardíaco
- Aumento da pressão arterial sistêmica

Em hipoxemias mais severas
- Diminuição do débito cardíaco
- Vasodilatação periférica
- Arritmias cardíacas
- Aumento da pressão arterial pulmonar
- Aumento do trabalho cardíaco

Cianose

Isquemia e disfunção orgânica

Acidose metabólica (láctica)

Sudorese

Edema

Baqueteamento digital

Osteoartropatia hipertrófica

Eritrocitose

Proliferação da vascularização periférica

Não estão anotadas as manifestações relacionadas à doença que produziu a hipoxemia.
Dependendo da patologia, pode haver dispnéia (asma, DPOC, pneumonia, miopatias etc.) ou não (intoxicação exógena, trauma craniano etc).

Cuidados com o uso do oxigênio

A oxigenoterapia deve ser administrada de modo seguro para evitar as potenciais complicações. As complicações usuais são:

1. Alterações da fisiologia (Quadro 30-2).
2. Citotoxicidade (Quadro 30-3).
3. Lesões traumáticas pelos catéteres e dispositivos usados para sua administração.
4. Interrupção da oxigenoterapia em paciente dependente do O_2.
5. Risco de explosão. O oxigênio é um comburente.
6. Contaminação dos dispositivos e conseqüente infecção.

Para evitar as complicações, os objetivos da oxigenoterapia devem ser bem estabelecidos e suas potenciais complicações conhecidas. Há necessidade de manuseio dos aparelhos por pessoal tecnicamente qualificado.

Controle da oxigenoterapia

1. Melhora das manifestações clínicas.
2. Gasometria arterial.

   PaO_2, saturação arterial e $PaCO_2$.

   A gasometria arterial mostra também as repercussões sobre o controle da ventilação, evidenciadas pela $PaCO_2$, e as repercussões metabólicas.
3. Oximetria de pulso.

   Quando determinadas pela oximetria de pulso, manter a $SpO_2 \geq 92\%$ em pacientes da raça branca e $\geq 94\%$ nos de raça negra.[39]

EFEITOS FISIOLÓGICOS E TÓXICOS DO OXIGÊNIO

A oxigenoterapia deve ser analisada como uma prescrição médica. A administração de oxigênio deve ter indicação precisa e devem ser considerados seus possíveis efeitos deletérios.

Os efeitos da oxigenoterapia podem ser classificados em fisiológicos e citotóxicos:

1. Efeitos fisiológicos

   São vários os efeitos fisiológicos (Quadro 30-2).
2. Efeitos citotóxicos do oxigênio (Quadro 30-3).

   Podem ser considerados agudos e crônicos. A lesão alveolar aguda pelo oxigênio é caracterizada por diversas fases (Quadro 30-3). Os mecanismos da toxicidade dependem essencialmente da formação de radicais livres de oxigênio e da sua ação oxidante (Fig. 30-3). Há lesão de proteínas, ácidos nucléicos, carboidratos e lipídios, havendo diminuição do metabolismo celular, das proteínas de transporte, mutagênese, lesão das organelas e da estrutura das células e tecidos. Ocorrem lesões da membrana lisossomal, com liberação de enzimas – que pode

***Quadro 30-2.* Efeitos fisiológicos do oxigênio**

Benefícios	*Deletérios*
Melhora da troca gasosa pulmonar (PaO_2)	Depressão da respiração e aumento da $PaCO_2$*
Vasodilatação arterial pulmonar	
Diminuição da resistência arterial pulmonar	Atelectasia de absorção
Diminuição da pressão arterial pulmonar	Diminuição da capacidade vital
Diminuição do débito cardíaco	Aumento do *shunt* arteriovenoso pulmonar
Diminuição da sobrecarga de trabalho cardíaco	Diminuição do reflexo alvéolo-arterial
Vasoconstrição sistêmica	Alteração da relação $\dot{V}A/\dot{Q}$
	Diminuição de surfactante
	Desidratação das mucosas**
	Convulsões***
	Paralisia***
	Miopia***

*Em pacientes hipercápnicos crônicos.
**Necessidade de umidificação do gás inalado.
***Em pacientes submetidos a oxigenoterapia hiperbárica.

***Quadro 30-3.* Fases e características da lesão pela toxicidade do oxigênio**

Fases	*Características*
1. Inicial	Ausência ou mínimas lesões Dura 24 a 72 horas
2. Exsudativa	Preenchimento alveolar por edema, depósito de material proteináceo, membrana hialina e sangue e microatelectasia
3. Infiltrativa	Infiltração por polimorfonucleares e ativação plaquetária

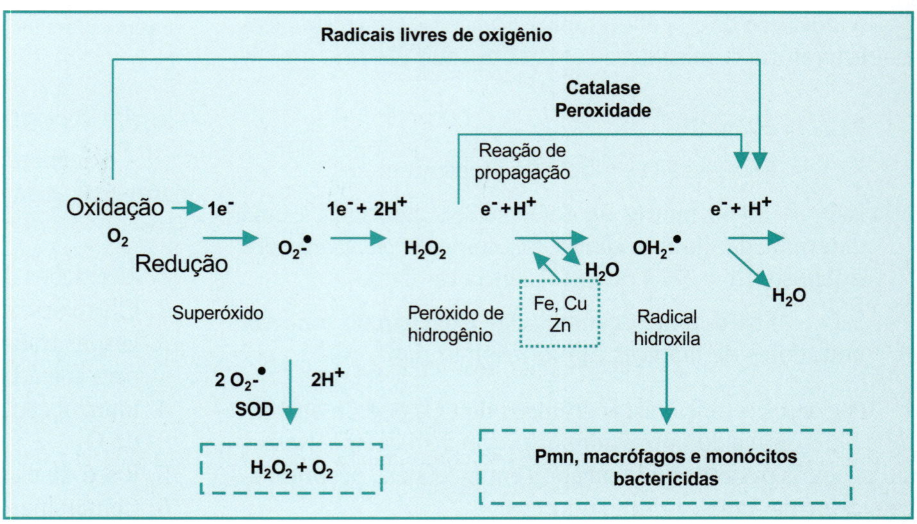

Fig. 30-3. Radicais livres de oxigênio. Superóxidos, peróxido de hidrogênio e radical hidroxila formados a partir de reações de oxidação e redução. Há participação de enzimas e íons nesse processo, que fisiologicamente representa um mecanismo de defesa com atração ao foco de infecção de células que participarão do mecanismo de defesa e em ações microbicidas. Podem, entretanto, quando em excesso, produzir efeitos deletérios com lesões celulares e teciduais. SOD = Superóxido dismutase, elimina o ânion superóxido; catalase – elimina o íon peróxido de hidrogênio em água. A deficiência de vitamina E aumenta a suscetibilidade à lesão oxidativa, e sua administração protege da fibroplasia retrolenticular.

levar a autofagia celular – e da membrana celular com alteração da permeabilidade – que pode levar à morte celular. Há atração e migração de PMN que aderem ao endotélio vascular pulmonar e migram para os tecidos, com maior liberação de radicais livres de oxigênio.

As lesões pelo oxigênio em altas concentrações podem ser divididas em diversas fases, dependendo da evolução.

As manifestações clínicas da toxicidade do oxigênio ocorrem em função da concentração de oxigênio e do tempo de exposição. No Quadro 30-4 estão as manifestações clínicas observadas.

As manifestações de toxicidade à exposição ao oxigênio, em trabalhos experimentais e em humanos, com diferentes concentrações, estão discriminadas no Quadro 30-5.

Em conclusão, a oxigenoterapia deve ser considerada no conjunto de indicações e com adequada avaliação clínica, avaliando-se as suas possíveis complicações fisiológicas e citotóxicas. Devem-se usar as menores concentrações necessárias para atender às necessidades teciduais do organismo. Concentrações altas de oxigênio acima de 60% por mais de 24 horas devem ser evitadas, embora sejam freqüentemente necessárias durante a ressuscitação. Essas concentrações, por vezes, podem ser reduzidas quando se associam outros métodos como a pressão positiva expiratória final (PEEP) e o decúbito prono. Saturações arteriais de 92% clinicamente são satisfatórias e correspondem a PaO_2 de ≥ 60 mmHg. Quando o débito cardíaco, a hemoglobina e a oferta tecidual de oxigênio ($\dot{D}O_2$) forem adequados e a perfusão tecidual boa, podem-se aceitar mesmo SaO_2 menores do que 92% (88 – 90%) e diminuir a FiO_2.

MODO DE ADMINISTRAÇÃO

1. Sistemas de baixo fluxo

   São sistemas que fornecem oxigênio (100%) por um fluxo inferior à demanda de fluxo gasoso para o paciente manter seu volume corrente, havendo conseqüentemente diluição do O_2 fornecido com o gás inspirado.

2. Sistemas de alto fluxo

   Suplantam a demanda de fluxo inspiratório do paciente.

   Oxigenoterapia por cânula nasal com fluxo menor do que 4 l/min usualmente não necessita de umidificação. Pacientes em uso de máscaras, traqueostomia, tubo T e tendas faciais devem ter gás umidificado por um gerador contínuo de aerossol ou umidificador com grande reservatório. Umidificadores aquecidos podem ser recomendados.

Pacientes que recebem oxigenoterapia por traqueostomia em casa devem continuar recebendo oxigênio no tratamento hospitalar.

O oxigênio fornecido pelo sistema pode ser com FiO_2 altas ou baixas. O Quadro 30-6 descreve os modos de fornecimento de oxigênio.

Sistemas de baixo fluxo

■ *Catéter (pronga) nasal*

Insere-se uma pronga nasal nas narinas e o oxigênio é administrado por um catéter cuja fonte tem alta concentração de

Quadro 30-4. Manifestações clínicas em função do tempo de exposição ao oxigênio a 100%

Tempo de exposição a FiO_2 de 100%	*Manifestações clínicas*
Agudos	
12-24 horas	Traqueobronquite Tosse seca, taquipnéia, diminuição da CV, dor subesternal, diminuição de *clearance* mucociliar
24-36 horas	Parestesias, náuseas e vômitos, diminuição acentuada da CV, alteração da síntese protéica nas células endoteliais. Pode haver alteração da função celular
36-48 horas	Diminuição da complacência pulmonar Diminuição da capacidade de difusão Aumento da $D(A\text{-}a)O_2$[1]
48-60 horas	Inativação do surfactante Edema alveolar por aumento da permeabilidade
> 60 horas	SARA Morte
Crônicos	
Em neonatos	Displasia broncopulmonar* Doença bolhosa pulmonar Fibrodisplasia retrolenticular
Em adultos	Disfunção pulmonar restritiva-obstrutiva

*A displasia broncopulmonar manifesta-se como uma bronquiolite necrosante associada a metaplasia escamosa do epitélio brônquico, reação fibroblástica e lesão alveolar.
CV = Capacidade vital.

Quadro 30-5. Alterações anatomopatológicas em relação à concentração e ao tempo de exposição a altas concentrações de oxigênio[4,5,10]

FiO_2 (%)	*Tempo de exposição*	*Lesão*	*Observações*
100	24-40 horas	Pulmões normais	
100	> 40 horas	Traqueobronquite Aumento de pneumócitos tipo II Destruição de células endoteliais Espessamento da membrana alveolocapilar Aumento de células mononucleares e PMN no interstício pulmonar SARA	
85	7 dias	Proliferação e hipertrofia de pneumócitos tipo II Edema mitocondrial Destruição e hipertrofia de células endoteliais Aumento de células mononucleares e PMN no interstício pulmonar	
70	24 horas	Fibrose (início)	Modelo animal
70	24 horas	Sem lesão histológica	Modelo humano
60	7 dias	Sem alteração dos pneumócitos tipos I e II Lesão endotelial pulmonar e aumento de macrófagos alveolares Focos de redução do volume pulmonar Espessamento da parede de capilares endoteliais	
50	> 7 dias	Fibrose	
40	30 dias	Sem lesão	

oxigênio, com 100% de O_2 ou menor em caso de se usar concentrador de oxigênio. As vias áreas superiores servem de câmara de mistura do gás inalado e do fluxo de oxigênio administrado, variando a FiO_2 final dependendo do fluxo de O_2 do catéter, do volume corrente, da freqüência respiratória, do padrão da respiração e do fluxo do gás inalado (Fig. 30-4). A FiO_2 varia com o fluxo de O_2 administrado (Quadro 30-7). Geralmente o fluxo de O_2 em adultos não ultrapassa 6 l/min.

Quadro 30-6. Modos de administração de oxigênio

Sistemas de baixo fluxo
1. Catéter nasal[1]
2. Máscara facial simples
3. Transtraqueal
Sistemas de alto fluxo
1. Máscara com sistema de reservatório
2. Máscaras com Venturi
3. Sistemas de aerossol de grande volume
• Máscara facial (alta umidade)
• Tenda facial (alta umidade)
• Máscara/colar para traqueostomia
• Peça T (tubo-T) (alta umidade)

Acima de 4 l/min de O_2, para adultos, necessita ser umidificado.
Necessidade de umidificação do gás inalado. Umidificadores são menos associados a infecção do que nebulizadores.
[1]A FiO_2 depende do fluxo de O_2 fornecido pelo sistema, que pode variar até o máximo de 6 l/min em adultos e 2 l/min em crianças. A FiO_2 pode variar de 24 a 44%.

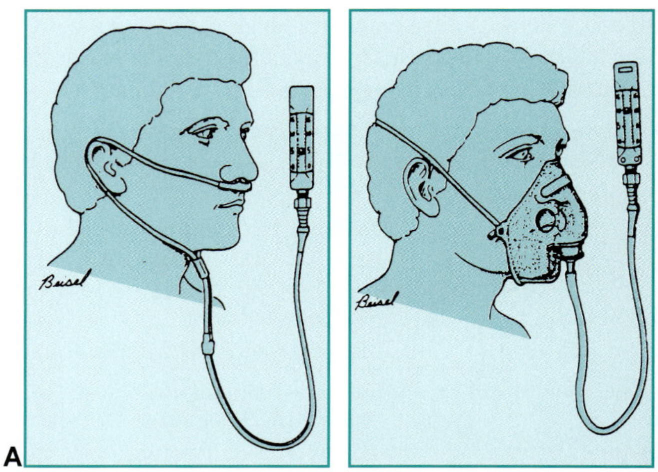

A B

Fig. 30-4. (A) Catéter nasal. (B) Máscara facial simples. (Reproduzido de Pierce, 1995.)

Quadro 30-7. Fração inspirada de oxigênio estimada pelo fluxo de O_2

100% de O_2 pelo catéter nasal (l/min)	***FiO_2 estimada (%)***
1	24
2	28
3	32
4	36
5	40
6	44

■ *Máscara facial simples e de aerossol*

A máscara facial simples tem a vantagem de ser leve e poder ser utilizada com alta umidificação e FiO_2 de até 60% (Fig. 30-5). O fluxo de O_2 deve ser mantido em 5 l/min ou maior para evitar reinalação do gás expirado rico em CO_2.

A máscara com aerossol permite altas concentrações variáveis de O_2 e fluxos moderados. É ligada a um tubo grosso que mantém o fluxo de gás aerossolizado. Na máscara, os orifícios permitem a mistura gasosa. Sistemas com máscara podem funcionar como espaço morto e aumentar o CO_2 inalado; por isso é necessário manter bom fluxo de gás no sistema. Na máscara com aerossol, para evitar a reinalação de CO_2, a névoa deve estar em excesso, saindo pelos orifícios da máscara, mesmo durante a inspiração.

Sistemas de alto fluxo

■ *Máscara com reservatório*

A adaptação de um reservatório (*bag*) com oxigênio nesse sistema com máscaras permite maiores frações inspiradas de oxigênio ($FiO_2 > 60\%$). O gás inalado pelo paciente provém dos orifícios da máscara e do reservatório com oxigênio. Nesses sistemas com reinalação, deve-se fornecer oxigênio em quantidade suficiente para não haver diminuição de mais de 30% do volume do reservatório durante as inspirações.

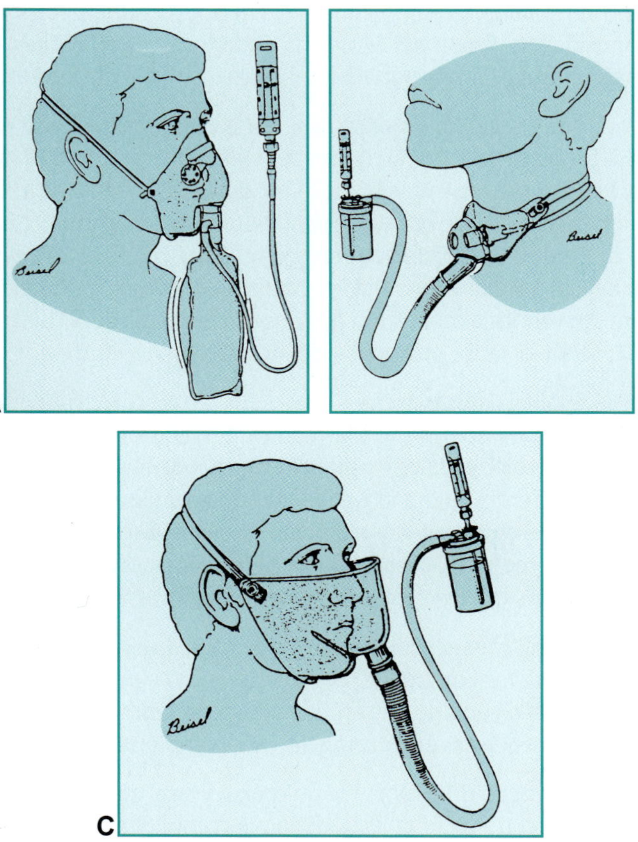

Fig. 30-5. (A) Máscara facial. (B) Máscara de traqueostomia. (C) Tenda facial. Nas máscaras, a entrada de alto fluxo de O_2 e os seus orifícios previnem a reinalação de CO_2.

■ *Sistema Venturi*

Nesse sistema, um *adaptador a jato* entre a máscara e a fonte de oxigênio permite, através dos *adaptadores* específicos, controlar a FiO_2. O sistema Venturi caracteriza-se pelo princípio de Bernouilli em que, ao se administrar um jato de gás sob pressão pelo sistema, haverá o desenvolvimento de uma pressão subatmosférica lateralmente ao pequeno orifício, que propiciará a entrada do gás que se encontra próximo ao jato pelos orifícios laterais. Esse sistema permite administrar a FiO_2 prevista. Alterando-se o *adaptador do jato* e os *orifícios* de entrada de gás, pode-se modificar a FiO_2 (Quadro 30-8 e Fig. 30-6).

■ *Sistemas de aerossol de grande volume*

Esses sistemas estão indicados quando há necessidade de ser administrado O_2 e manter alta umidificação. Nesses sistemas, o fluxo de oxigênio administrado deve ser maior do que o volume de gás inalado pelo paciente. Esse excesso de fluxo pode ser evidenciado quando, durante a inspiração, permanece saindo uma névoa úmida pelos orifícios da máscara, o que indica sobra de gás.

Quadro 30-8. Sistema Venturi e FiO_2

FiO_2 (%)	*Fluxo (l/min)*	*Relação Ar: O_2*
24	4	25:1
28	6	10:1
35	8	5:1
40	8	3:1
60	12	1:1

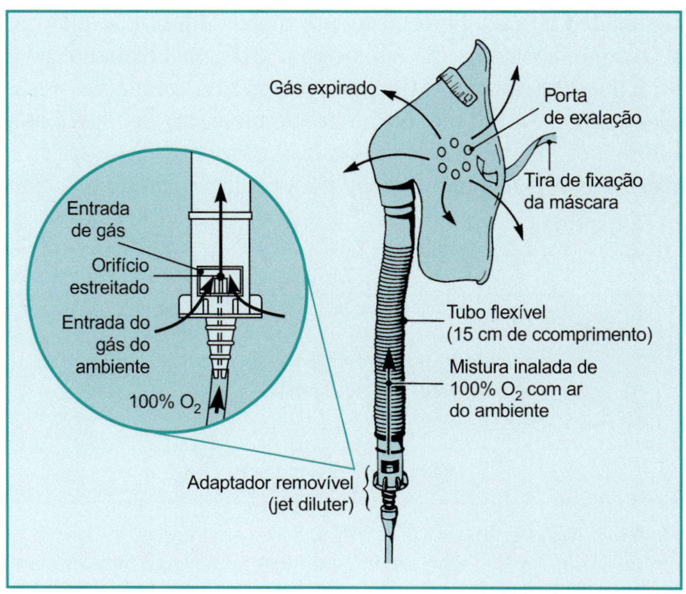

Fig. 30-6. Sistema Venturi. A porta lateral permite a entrada de gás ambiental, que se mistura com o O_2 administrado pela fonte.

Tubo-T

Nos sistemas com peça em T (tubo-T) em pacientes intubados (oro ou nasotraqueal, traqueostomizados), a colocação de uma pequena traquéia no ramo expiratório do sistema, mantendo-se alto fluxo de O_2, permite aumentar a FiO_2 inalada (Fig. 30-7).

Os sistemas de alta umidade podem produzir aumento excessivo das secreções respiratórias.

Sistemas de fornecimento de oxigênio

1. Concentradores de oxigênio.
   Fornecem O_2 abaixo de 100%, usualmente 85% ou mais até 4 l/min.
2. Sistemas de oxigênio líquido.
   Utilizados para pacientes ambulatoriais.
3. Cilindros com oxigênio.
   Podem ser de grande ou pequeno volume.

Treinamento de recursos humanos

Manipuladores de sistemas de oxigenoterapia devem ser adequadamente treinados para segurança.

Deve-se observar diariamente a quantidade de oxigênio contida no *cilindro* e avaliadas as necessidades do paciente. Concentradores devem ter manutenção adequada.

Quando o paciente for dependente de oxigenoterapia, além do concentrador, um cilindro de oxigênio deve sempre estar pronto para uso.

VENTILAÇÃO MECÂNICA

Embora desde a época de Galeno, com animais, e Paracelsus e Vesalius, em humanos, em cerca de 1530 já fossem feitas tentativas de ventilação mecânica com dispositivos que gerassem pressão positiva, somente na metade do século XVIII é que esse método de ressuscitação foi recomendado pela Academia de Ciências. Entretanto, por dificuldades de se adaptar o paciente ao ventilador, não ocorreu o desenvolvimento possível desse método.[31] O desenvolvimento da ventilação mecânica deveu-se ao desenvolvimento da biofísica, da engenharia biomédica, da informática e dos conhecimentos dos aspectos fisiológicos e fisiopatológicos da ventilação mecânica. Isso permitiu o desenvolvimento de métodos, técnicas e máquinas que adaptam os ventiladores às necessidades dos pacientes.

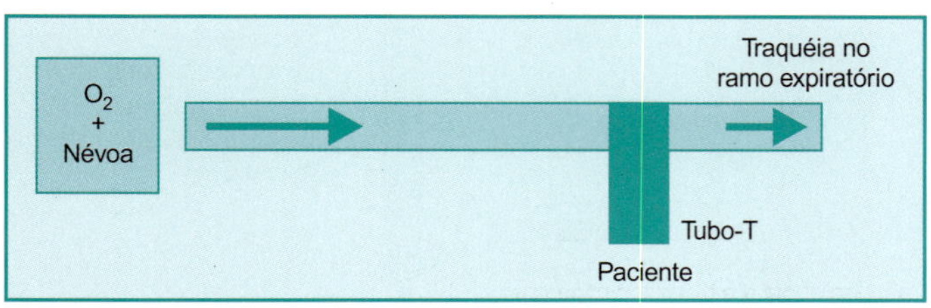

Fig. 30-7. Tubo-T. O gás que é inspirado está enriquecido com O_2 e umidificado. A colocação de uma traquéia no ramo expiratório fará com que na próxima inspiração menos gás do meio ambiente seja inalado. Para não haver reinalação de CO_2, deve-se manter alto fluxo de CO_2 no ramo inspiratório.

O primeiro ventilador por pressão negativa foi construído em 1832 por Dalziel, porém o primeiro ventilador tipo tanque usado com sucesso foi o *pulmão de aço* de Drinker-Shaw, em 1929, que gerava pressão negativa extratorácica e expandia os pulmões. A ventilação a pressão positiva ressurgiu para ser usada em cirurgia torácica graças ao ventilador de Fell e O'Dwyer, que possibilitou ligar o aparelho ao paciente através de máscara, tubo de traqueostomia ou tubo translaríngeo. A ventilação mecânica por pressão positiva, fora da sala de cirurgia, foi intensamente usada durante a epidemia de poliomielite na Dinamarca, em 1952, quando centenas de voluntários ventilaram pacientes por meio de uma bolsa através de traqueostomia. Um outro paciente submetido a cirurgia de tórax utilizou por uma semana um novo ventilador por pressão positiva (Engstrom). A partir daí, a ventilação mecânica teve grande desenvolvimento.

As características da respiração do ventilador mecânico a pressão positiva destacam-se pelo acionador responsável por iniciar o ciclo respiratório, a variável que determina o **fim do ciclo inspiratório** (p. ex. volume, pressão, fluxo, tempo) e **variáveis de limites** (pressão máxima, volume, fluxo).[35]

Hoje se utiliza essencialmente a pressão positiva intratorácica através de dispositivos como máscara e adaptadores orais, tubos endotraqueais e de traqueostomia, em regimes intra-hospitalares, essencialmente em anestesia nas UTIs ou domiciliares. Esse método tem tratado e possibilitado a recuperação e o prolongamento da vida de muitos pacientes.

David *et al* (2002) mostraram, por corte de prevalência em 28 UTIs brasileiras de diferentes regiões, que mais de 60% dos pacientes estavam em ventilação mecânica. Esteban *et al* referem cerca de 40% de pacientes ventilados em estudo multicênrico internacional.[16] Dos pacientes ventilados cerca de 33% permanecem 5,9 dias no ventilador. No Brasil, 16,5% pacientes estavam em ventilação mecânica prolongada por mais de 30 dias na UTI, sendo a causa principal a doença cardiorrespiratória.[14]

A evolução dos pacientes em ventilação mecânica pode ser para a retirada da prótese (desmame/interrupção), a ventilação mecânica prolongada no hospital e em sistema de *home care* ou a morte. Pacientes que não podem ser desmamados da prótese também são denominados *indivíduos assistidos pelo ventilador*. Pacientes submetidos à ventilação mecânica têm mortalidade maior do que os que não usaram prótese ventilatória

A ventilação mecânica é atividade transdisciplinar em que o denominador comum é o paciente e não o ventilador. Cada profissional da equipe que atende a esse paciente tem características específicas que interagem e se complementam.

A indicação do suporte ventilatório visa a toda economia orgânica, oferta tecidual de oxigênio e combate à acidose respiratória grave. O paciente deve ser considerado amplamente. Sua indicação deve ser *precoce* e avaliada sob o ponto de vista clínico e das manifestações evolutivas do paciente.

Indicações

O suporte ventilatório está indicado nas situações apresentadas a seguir.[13,19,24,26]

Basicamente, as indicações são:

1. Anormalidades da ventilação:
   - Disfunção da mecânica respiratória:
     - *Drive* respiratório diminuído.
     - Condução do estímulo respiratório inadequada.
     - Doenças neuromusculares e fadiga muscular.
     - Alterações da caixa torácica.
     - Aumento da resistência aérea.
     - Diminuição da complacência toracopulmonar.

É comum a *fadiga muscular respiratória*, que, não tendo condições de gerar pressões necessárias para a ventilação, produz falência ventilatória com hipoventilação alveolar, retenção de CO_2 e hipoxemia.

2. Anormalidades da oxigenação:
   - Hipoxemia refratária.
   - Necessidade de PEEP.
   - Trabalho respiratório excessivo.
3. Outras situações clínicas:
   - Permitir sedação, analgesia e bloqueio neuromuscular.
   - Reduzir o consumo de oxigênio sistêmico ou do miocárdio.
   - Reduzir a pressão intracraniana.
   - Prevenir atelectasias.
   - Associados a métodos fisioterápicos.

Na Figura 30-8 estão os mecanismos fisiopatológicos da disfunção mecânica ventilatória.

Nos pacientes hipercápnicos crônicos, as manifestações clínicas podem ser mais relevantes do que as medidas gasométricas, mas o pH pode orientar quanto à descompensação da insuficiência respiratória.

Quando houver insuficiência cardíaca avançada, o uso da PSV e PEEP (BiPAP) durante o período de sono pode melhorar a função do coração e aumentar a capacidade de exercer atividades físicas e diminuir as catecolaminas circulantes.[33]

No Quadro 30-9 estão citadas as indicações do suporte ventilatório invasivo e não-invasivo.

As indicações mais freqüentes para iniciar a ventilação mecânica são insuficiência respiratória aguda (66%), exacerbação (agudização) da doença pulmonar obstrutiva crônica (13%), coma (10%) e doenças neuromusculares (10%).[12]

Pacientes com instabilidade hemodinâmica, com aumento do consumo muscular de oxigênio e do lactato sérico podem se beneficiar da ventilação mecânica controlada (Fig. 30-9).

Usualmente se utilizam alguns parâmetros clínicos, funcionais respiratórios e laboratoriais para indicar a ventilação mecânica. A $PI_{máx}$ menor do que (–) 20 cmH_2O e a capacidade vital (CV) menor do que 10 ml/kg de peso são índices sensíveis para a ventilação mecânica, principalmente em doenças neuromusculares.

PROBLEMAS COM A VENTILAÇÃO MECÂNICA

A ventilação mecânica apresenta alguns problemas que podem, direta ou indiretamente, produzir efeitos deletérios. Necessita de um dispositivo que ligue o paciente ao ventilador; de vias aéreas artificiais que podem produzir trauma e inflamação dessas vias, de controle dos níveis de pressão (barotrauma), do volume (volutrauma e biotrauma) e da FiO_2 (toxicida-

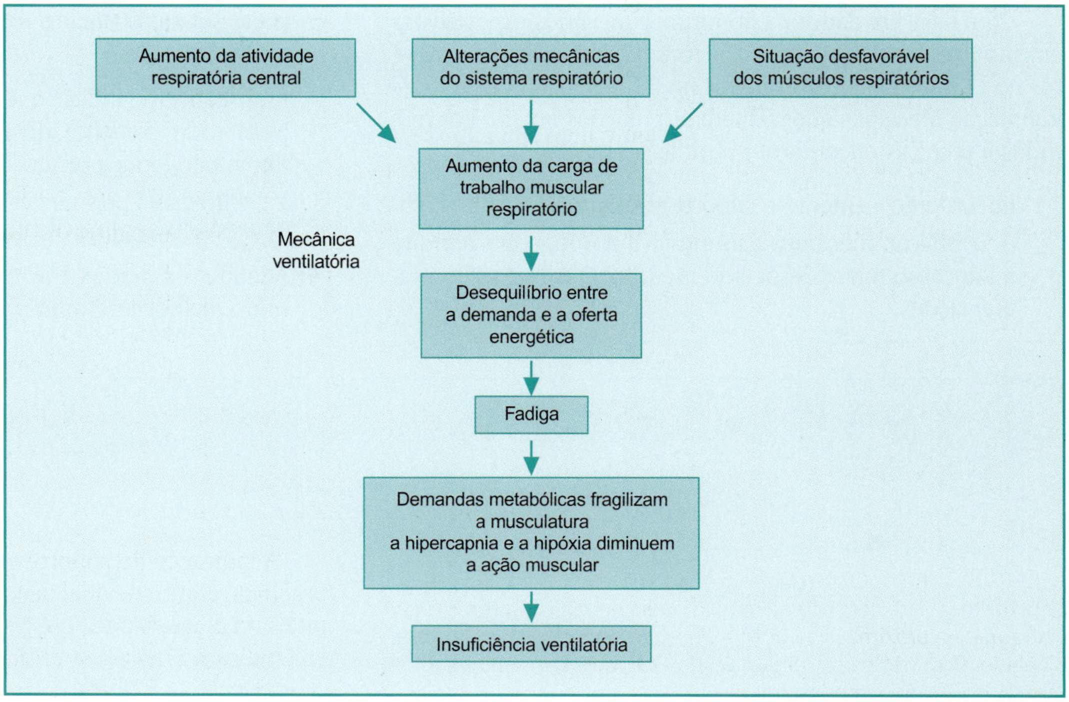

Fig. 30-8. Mecanismos da falência ventilatória. A ventilação mecânica substitui a função muscular realizando o trabalho necessário para a ventilação alveolar.

Quadro 30-9. Objetivos da indicação da ventilação mecânica[3,5,6,10]

Objetivos da ventilação mecânica	*Situações*
Clínicos	**Assumir a ventilação**
	Anestesia, sedação, TCE, hipertensão endocraniana, alterações do estímulo respiratório, pós-operatório imediato, uso de relaxantes musculares, crises convulsivas subintrantes
	Diminuir o trabalho muscular respiratório, evitar e tratar a fadiga muscular respiratória
	Alterações mecânicas toracopulmonares
	Diminuir o consumo de oxigênio muscular respiratório
	Para priorizar a oferta de oxigênio sistêmica e do coração (choque, insuficiência cardíaca)
	Corrigir a acidose respiratória
	Estabilização do esterno e do gradil costal
	Trauma
	Após parada cardíaca
Fisiológicos	**Aumentar a ventilação para manter o pH**
	Adequar a ventilação alveolar às condições clínicas e aos objetivos desejados
	Evitar a alcalose respiratória severa ou diminuir a $PaCO_2$ em pacientes com lesão do SNC*
	Melhorar a oxigenação. Melhorar a troca gasosa pulmonar
	Usar altas FiO_2 e PEEPs, mudar o padrão da ventilação, bem como aumentar o tempo inspiratório, inverter a relação I:E
	Aumentar o volume pulmonar e a capacidade residual funcional
	Profilaxia e tratamento da atelectasia, PEEPs

* Nos pacientes crônicos trate o pH e não a $PaCO_2$. Observe as indicações e as contra-indicações clínicas. A diminuição da $PaCO_2$, por reduzir o fluxo sangüíneo encefálico, diminui a hipertensão intracraniana. Nesta situação há necessidade de monitorização adequada.

de); há necessidade freqüente de sedativos, analgésicos e relaxantes musculares. Produz também diminuição dos mecanismos de defesa dos pulmões e pneumonias e alterações hemodinâmicas. Além disso, seu custo é alto.

ASPECTOS CONSENSUAIS

Com base em dados da literatura e de vários especialistas em suporte ventilatório artificial, foram criados alguns conceitos no I Consenso e confirmados no II Consenso Brasileiro de Ventilação Mecânica que incluem orientações quanto aos métodos e técnicas de suporte e ventilação mecânica.[12,13]

1. Iniciar precocemente o suporte ventilatório.

   A ventilação mecânica não-invasiva por máscara permite a indicação mais precoce do método. Observe as contra-indicações.

   Usar as manifestações clínicas e laboratoriais de modo evolutivo.

2. Usar estratégias de proteção pulmonar para evitar os efeitos deletérios dos métodos ventilatórios.[37]

3. Interromper a ventilação invasiva logo que possível.

   Nem todo paciente necessita ser *desmamado* da prótese e pode ser rapidamente *retirado* ou *liberado* da ventilação mecânica.

   Esse conceito indica que o processo pode ser rápido. Nem todo paciente deve ter seu suporte ventilatório diminuído lenta e progressivamente. A literatura cita que somente 20% dos pacientes em ventilação mecânica necessitam de uma técnica de desmame progressivo.

4. Adequar os modos e as técnicas a cada paciente, permitindo melhor interação paciente-ventilador.

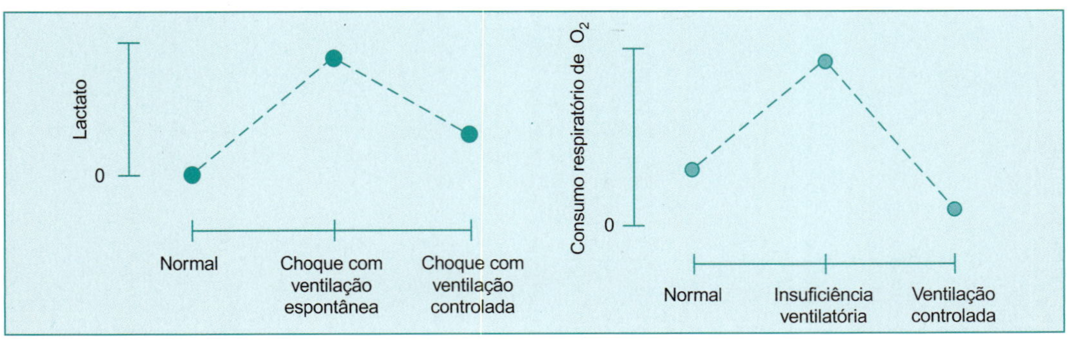

Fig. 30-9. Influência da ventilação mecânica controlada na acidose láctica e no consumo muscular respiratório de oxigênio de paciente em insuficiência respiratória.

VENTILAÇÃO MECÂNICA INVASIVA E NÃO-INVASIVA

Os aspectos específicos de métodos e modos de ventilação serão enfocados em outros capítulos. No Brasil, o modo de ventilação mais utilizado é a ventilação controlada a volume (VCV), seguidos da ventilação a pressão de suporte (PSV) e da ventilação mandatória intermitente sincronizada (SIMV) associada à PSV (SIMV + PSV).[14]

A **ventilação mecânica não-invasiva** (VNI) é aplicada por máscara facial ou nasal ou outros dispositivos, podendo ser realizada com ventiladores específicos para essa função (a volume ou a pressão) ou ventiladores padrões. Está indicada em patologias restritivas e obstrutivas. Entretanto, é muito importante considerar as suas contra-indicações, como:

- Diminuição da consciência.
- Não-cooperação do paciente.
- Presença de vômitos e de hemorragia digestiva alta.
- Cirurgias ou traumas faciais.
- Instabilidade hemodinâmica.
- Isquemia cardíaca aguda e arritmias.
- Piora progressiva durante a VNI.
- Presença de grande quantidade de secreção respiratória.

Pacientes que têm necessidade de altas pressões respiratórias podem não ser candidatos à VNI. Os melhores pacientes são os lúcidos, cooperativos e que necessitam de ventilação por 48 a 72 horas (FCCS, 2001). Em insuficiência respiratória aguda hipoxêmica grave a VNI, salvo em edema cardiogênico, não costuma ter sucesso.

Para **iniciar** o **suporte ventilatório invasivo**, devem ser considerados:

- A escolha do ventilador. Usualmente o de que temos maior conhecimento.
- Testar o ventilador e ajustar os parâmetros ventilatórios antes de ligar ao paciente.
- Escolher o modo ventilatório e os parâmetros.[39]

1. Iniciar preferentemente no modo assistido-controlado (ACMV) a volume.
2. Volume corrente: 8 a 10 ml/kg de peso corporal.
3. Freqüência respiratória: 12 a 16 ipm.
4. Fluxo inspiratório: cinco a seis vezes o volume-minuto ($\dot{V}m = VC \times FR$).
5. Relação inspiração e expiração (I:E). Normalmente 1:2 ou o próprio ventilador ajusta pelos parâmetros determinados anteriormente.
6. $FiO_2 = 1{,}0$ (100%).
7. PEEP = 3 a 5 cmH_2O (PEEP fisiológica). Evitar em estado de choque hemodinâmico
8. Sensibilidade do ventilador (acionador). Para quando o paciente "puxar" o disparo (ventilação assistida) do ventilador.

Os parâmetros serão ajustados posteriormente de acordo com a patologia e os objetivos desejados. Esses parâmetros podem ser modificados conforme a clínica do paciente:

- Após instalar o ventilador no paciente, acertar os alarmes para baixa e alta pressões, volume-minuto, desconexão e apnéia. Ventiladores modernos têm *back-up* de segurança para a possibilidade de apnéia em casos de suporte ventilatório em modos exclusivamente assistidos, como a PSV e a CPAP – ajuste o tempo de apnéia.

O ajuste do alarme da pressão inspiratória máxima ($PI_{máx}$) deve ser de 20% a 25% acima da $PI_{máx}$ observada.

- Verifique se o paciente está bem adaptado no ventilador.
- Realize exame físico com enfoque no aparelho respiratório e cardiovascular.
- Gasometria arterial e radiografia de tórax. Verifique se há boa troca gasosa (PaO_2) e ventilação alveolar ($PaCO_2$).
- Acerte o ventilador para as necessidades e os objetivos clínicos do paciente. Pratique as estratégias protetoras contra a lesão induzida pelo ventilador (VILI).

Altas pressões ($PI_{máx} > 45$ cmH_2O, $P_{platô} > 35$ cmH_2O), altos volumes e $FiO_2 >$ 50-60% são lesivos aos pulmões.[13,39] Com FiO_2 elevadas pode haver atelectasia por absorção, toxicidade pelo oxigênio, depressão ciliar e alteração da função leucocitária.

REFERÊNCIAS BIBLIOGRÁFICAS

1. American College of Chest Physicians, National Heart, Lung, Blood Institute. National Conference on Oxygen Therapy. *Chest* 1984;86:234.
2. Anthonisen NR, Wright BC, Hodgkin JE. Prognosis in chronic obstructive pulmonary disease. *Am Rev Respir Dis* 1986;133:14.
3. Associação de Medicina Intensiva Brasileira. Humanização. Curso, 2001.
4. Aubier M, Murciano D, Lilic-Emili J, Touaty E, Daghfous J, Pariente R. Effects of the administration of O_2 on ventilation and blood gases in patients with chronic obstructive pulmonary disease during acute respiratory failure. *Am Rev Respir Dis* 1980;122:747.
5. Banner MJ, Kirby RR, Blanch PB, Layon AJ. Decreasing imposed work of breathing apparatus to zero using pressure support ventilation. *Crit Care Med* 1993;21(9):1333.
6. Banner MJ, Kirby RR, Gabrielli A, Blanch PB, Layon AJ. Partially and totally unloading respiratory muscles based on real time measurements of work of breathing. *Chest* 1994;106:1835.
7. Barreto SSM. Indicações de ventilação mecânica com pressão positiva. II Consenso Brasileiro de Ventilação Mecânica — Salvador, BA, 1998.
8. Boyd MR, Catignali GL, Sasame HA *et al.* Acute pulmonary injury in rats by nitrofurantoin and modification by Vitamin E, dietary fat and oxygen. *Am Rev Respir Dis* 1979;120:93.
9. Boysen PG, Branson R, Durbin CG, Freid EB, Hoyt JW, Salier JW. Mechanical ventilation. Critical Care Symposium, 1996. SCCM, Anaheim, 1996, p 280.
10. Crapo JD, Barry BE, Foxcue HA *et al.* Structural and biochemical changes in rat lungs occurring during exposures to lethal and adaptative doses of oxygen. *Am Rev Respir Dis* 1980;122:12.

11. Crespo A. Indicações de ventilação mecânica. *In* David CMN: *Ventilação Mecânica: da Fisiologia ao Consenso Brasileiro.* Rio de Janeiro: Revinter, 1996, p 95.
12. David CMN. Indicações e objetivos da ventilação mecânica. *In* David CMN (Ed.): *Ventilação Mecânica: da Fisiologia à Prática Clínica.* Rio de Janeiro: Revinter, 2001, p 217.
13. David CMN. *Ventilação Mecânica: da Fisiologia ao Consenso Brasileiro.* Rio de Janeiro: Revinter, 1996.
14. David CMN, Barbas CV, Damasceno M pelo Grupo de Estudo em Ventilação Mecânica — AMIB. Ventilação mecânica prolongada nas UTIs brasileiras. Congresso Brasileiro de Terapia Intensiva — Rio de Janeiro, RJ, abril 2002.
15. Ehrenkranz RA, Bonta BW, Alblow RC *et al.* Amelioration of bronchopulmonary dysplasia after Vitamin E administration. A Preliminary Report. *N Engl J Med* 1978;299:564.
16. Esteban A, Anzueto A, Alía I, David CMN, Goldwasser R, Tobin M *et al.* How is mechanical ventilation employed in the Intensive Care Unit? *Am J Respir Crit Care Med* 2000;161(5):1450.
17. Estey W. Subjective effects of dry versus humidified low-flow oxygen. *Respir Care* 1980;25:1143.
18. Frutos F, Alía I, Esteban A. Desconexión de la ventilación mecánica. *In* Raad J (Ed.): 50 *Años,* 50 *Temas.* Quito, Equador: Imprenta Nación, 1999, p 363.
19. Gonçalves JL. *Indicações de Ventilação Mecânica. CBMI* 2000;8:57.
20. Grum CM. Mechanical ventilation. *In* Sivak ED, Higgins TL, Seiver A: *The High Risk Patient.* Baltimore, MD: Williams & Wilkins, 1995, p 280.
21. Gutierrez G, Arfeeen QU. Oxygen transport and utilization. *In* Dantzker DR, Scharf SM (Eds.): *Cardiopulmonary Critical Care.* 3rd ed. Philadelphia: WB Saunders, 1998, p 173.
22. Hayatdavoudi G, O'Neil JJ, Barry BE *et al.* Pulmonary injury in rats following continuous exposure to 60% O_2 for days. *BMJ* 1978;1:1664.
23. Levine BE, Bigelow DB, Hemstra RD *et al.* The role of long-term continuous oxygen administration in patients with chronic airway obstruction and hypoxemia. *Ann Intern Med* 1967;66:639.
24. Luce JM. Pathophysiology and management of ventilatory failure. *In* Fallat RJ, Luce JM: *Cardiopulmonary Critical Care Management.* London, and New York: Churchill Livingstone, 1988, p 11.
25. Luce JM. Reducing the use of mechanical ventilation. [Editorial]. *N Engl J Med* 1996;335(25).
26. MacIntyre N. Respiratory function during pressure support ventilation. *Chest* 1986;89:677.
27. Marini JJ, Wheeler AP. Indications and options for mechanical ventilation. *In* Marini JJ, Wheeler AP: *Critical Care Medicine: The Essentials.* 2nd ed. Baltimore, MD: Williams & Wilkins, 1997, p 116.
28. Matthay MA, Hopewell PC. Acute respiratory failure. *In* George RB, Light RW, Matthay MA, Matthay RA (Eds.): *Chest Medicine: Essentials of Pulmonary and Critical Care Medicine.* 2nd ed. Baltimore, MD: Williams & Wilkins, 1990, p 413.
29. Medical Research Council Working Party. Long-term domiciliary oxygen therapy in chronic cor pulmonale complicating chronic bronchitis and emphysema. *Lancet* 1981;1:681.
30. Menzies R, Goldberg P. Management of chronic obstructive pulmonary disease. *In* Siwak ED, Higgins TL, Seiver A (Eds.): *The High Risk Patient.* Baltimore, MD: Williams & Wilkins, 1995, p 242.
31. Net A. Estado actual de la ventilación mecánica. *In* Net A, Benito S: *Ventilación Mecánica.* 3ª ed. Barcelona: Springer-Verlag Ibérica, 1998, p 1–13.
32. Noturnal Oxygen Therapy Trial Group. Continuous and nocturnal oxygen therapy in hypoxemic chronic obstructive lung disease: a clinical trial. *Ann Intern Med* 1980;93:391.
33. O'Donnell DE, D'Arsigny C, Raj S, Abdollah H, Webb KA. Ventilatory assistance improves exercise endurance in stable congestive heart failure. *Am J Respir Crit Care Med* 1999;160(6):1804–11.
34. Pierce LNB. Administration of oxygen, humidification, and aerosol therapy. *In* Pierce LNB: *Mechanical Ventilation and Intensive Respiratory Care.* Philadelphia: WB Saunders, 1995, p 92.
35. Rialp G, Net A. Estado actual de la ventilatión mecánica. *In* Net A, Benito S: *Ventilación Mecánica.* 3ª ed. Barcelona: Springer-Verlag Ibérica, 1998, p 1–13.
36. Sellinger SR, Kennedy TP, Buescher P *et al.* Effects of removing oxygen from patients with chronic obstructive pulmonary disease. *Am Rev Respir Dis* 1987;136:85.
37. Slutsky AS, Brocahard L, Dellinger P, Gattinnoni I, Hicklinig K, Kacmarek R *et al.* ACCP Mechanical Ventilation Consensus. *Chest* 1993;104:1833.
38. Slutsky AS. Mechanical ventilation. *In* Crystal RG, West JB, Weibel ER, Barnes PJ (Eds.): *The Lung.* 2nd ed. Philadelphia: Lippincott–Raven, 1997, p 2723.
39. Society of Critical Care Medicine/Associação de Medicina Intensiva Brasileira. *Fundamentos em Terapia Intensiva — FCCS.* Rio de Janeiro: Revinter, 2000, p 15.
40. Tate RM, Rapine JE. Neutrophils and the adult respiratory distress syndrome. *Am Rev Respir Dis* 1983;128:552.
41. Winslow RM, Vandergriff. Oxygen — hemoglobin dissociation curve. *In* Crystal RG, West JB, Weibel ER, Barnes PJ (Eds.): *The Lung.* 2nd ed. Philadelphia: Lippincott–Raven, 1997, p 1625.

31 Suporte Ventilatório Não-Invasivo

Cid Marcos David

Ventilação ou suporte ventilatório não-invasivo é aquele realizado sem intubação ou traqueostomia.

A ventilação mecânica realizada através de um tubo traqueal pode salvar a vida de pacientes em insuficiência respiratória, mas se associa a freqüentes problemas e complicações, tais como desconforto e necessidade de sedação, pneumonias, lesões laringotraqueais agudas (traqueobronquites) e crônicas (estenose, malacia).[2]

O suporte ventilatório não-invasivo é cada vez mais utilizado no paciente em insuficiência respiratória aguda e crônica. A análise da literatura sobre os métodos não-invasivos atuais demonstra grande aumento na ventilação não-invasiva por pressão positiva e no uso da CPAP e diminuição acentuada da ventilação por pressão negativa extratorácica (VPNET).

A ventilação não-invasiva é método com bons resultados em pacientes selecionados, como os portadores de DPOC, reduz a necessidade de intubação traqueal e associa-se com diminuição do tempo de internação e mortalidade hospitalar. É um método eficiente para tratar insuficiência respiratória aguda e crônica em pacientes com patologias restritivas e obstrutivas.

A ventilação não-invasiva compreende um conjunto de métodos e técnicas em que estão incluídos desde a ventilação não-invasiva com pressão positiva, pressão negativa, leito cinésico (*rocking bed*), cinta pneumática (*pneumobelt*) e marca-passo diafragmático até métodos como a respiração glossofaríngea e terapias para higiene brônquica.

INDICAÇÕES DA VENTILAÇÃO NÃO-INVASIVA

Basicamente, indica-se a ventilação não-invasiva na insuficiência respiratória aguda e crônica, nas síndromes de hipoventilação e na insuficiência cardíaca aguda e crônica refratária. No Quadro 31-1 estão as indicações da ventilação não-invasiva na insuficiência respiratória aguda e crônica.

MÉTODOS DE SUPORTE VENTILATÓRIO NÃO-INVASIVO

São vários os métodos a serem utilizados (Quadro 31-2), podendo ser por pressão positiva, pressão negativa ou associação de métodos. Cada um tem sua indicação, que deve ser individualizada para cada paciente.

METODOLOGIA

Existem várias opções para aparelhos e modos para a ventilação não-invasiva, de adaptadores entre o paciente e o ventilador, de umidificadores e outros dispositivos específicos. O método deve seguir um protocolo.

Quadro 31-1. **Indicações de suporte ventilatório não-invasivo**

1. **Doenças restritivas**	Alterações morfológicas da caixa torácica Cifoescoliose Lesão da medula espinhal. Trauma Doenças neuromusculares Seqüela de poliomielite Esclerose lateral amiotrófica Distrofia muscular Pneumonia Pneumocistose Fibroses pulmonares e hipoventilação pulmonar noturna
2. **Doenças obstrutivas**	DPOC (insuficiência respiratória aguda e crônica) Asma brônquica (insuficiência respiratória aguda) Fibrose cística Obstrução alta das vias aéreas pós-extubação
3. **Síndromes de hipoventilação**	Hipoventilação de origem central Síndrome da apnéia do sono obstrutiva e central
4. **Insuficiência cardíaca**	Edema pulmonar agudo Insuficiência cardíaca refratária
5. **Desmame**	Pós-extubação Extubação precoce
6. **Outras situações**	Candidatos a transplante pulmonar Pacientes terminais Após broncoscopia Profilática. Pacientes prolongadamente acamados Método fisioterápico Pós-operatório imediato (observar contra-indicações) SARA

Quadro 31-2. Métodos de suporte ventilatório não-invasivo

Características	*Método*
Pressão intratorácia positiva	CPAP Assistido-controlada (volume ou pressão). IPPV PSV PSV + PEEP, BiPAP
Pressão negativa intratorácica	Ventilação por pressão extratorácica negativa (VPNET) Couraça, poncho, *pulmão de aço*
Outros	Marca-passo diafragmático Cama balança *Pneumobelt*
Associação de métodos	*Frog ventilation* + marca-passo diafragmático Marca-passo diafragmático e PSV+PEEP

Ventiladores mecânicos

A escolha do ventilador deve ser adequada e com capacidade para alcançar os objetivos desejados e oferecer conforto para o paciente. Utilizam-se essencialmente métodos com pressão positiva aplicados através das vias aéreas superiores. Outros métodos, como o marca-passo diafragmático, são de exceção e de indicação muito específica.

Na avaliação dos métodos usados por pressão positiva, deve-se escolher entre o modo por volume ou por pressão. No nosso país geralmente se utilizam modos por pressão. Entretanto, devem ser consideradas as características de cada modo e sua indicação individualizada para o paciente. Os modos por pressão têm a vantagem de oferecer melhor conforto e compensação das fugas aéreas.[17,21] Por outro lado, nos aparelhos que usam modo por volume, os mecanismos de sensibilidade são bem ajustáveis e têm como principal vantagem a garantia da ventilação minuto (Vm), desde que não haja escape gasoso.

Observam-se que para as mesmas patologias a literatura cita ambos os modos (volume e pressão). Muitos trabalhos referem que em pacientes neuromusculares usaram modos por volume em vez de por pressão.[3,9,11] Em pacientes com graves doenças obstrutivas e que variam sua resistência aérea, o modo por volume poderia ser mais adequado.

Os aparelhos utilizados devem ter *backup* para freqüência respiratória. É freqüente ocorrer durante a fase de sono REM alteração do *drive* respiratório com hipoventilação e diminuição da saturação arterial de oxigênio.

Após avaliação clínica e funcional adequada do paciente, determina-se o tempo de suporte ventilatório necessário, se maior ou menor do que 12 horas. Se menor que 12 horas, usualmente a indicação de suporte é no período noturno. Altas pressões (25-30 cmH_2O) podem abrir o esfíncter esofágico e produzir distensão gastrintestinal.

A necessidade e o método de umidificação do sistema, a administração de oxigênio suplementar e os ajustes do ventilador necessitam de avaliação e experiência do profissional.

Ventilação por pressão negativa extratorácica — VPNET

Na ventilação por pressão negativa extratorácica, através da aplicação de pressão subatmosférica externamente no tórax, há diminuição da pressão pleural, aumento do gradiente de pressão transpulmonar e geração de fluxo gasoso, que penetra e é distribuído nas vias aéreas e nos alvéolos. Quanto maior a pressão negativa aplicada, maior o volume corrente.

Esse método utiliza dispositivos que envolvem o tórax, como couraças e ponchos e *pulmão de aço*. Dependendo de o dispositivo envolver o tórax, o tronco e incluir os membros inferiores, as repercussões sistêmicas e cardiovasculares da pressão negativa podem variar. Durante a VPNET, a atividade diafragmática diminui ou é suprimida. Com ventiladores tipo tanque, pacientes com insuficiência respiratória crônica diminuem a atividade muscular diafragmática para cerca de 10% da atividade observada durante a ventilação espontânea.

Pacientes neuromusculares (p. ex., trauma raquimedular) agudos e crônicos e na *fase de desmame* da prótese ventilatória invasiva podem se beneficiar desse método. Gunella utilizou VPNET em 808 pacientes com patologias restritivas e obstrutivas em insuficiência respiratória aguda com bons resultados.[18]

Usualmente, utilizam-se pressões inspiratórias iniciais inferiores a 14 cmH_2O, acertando-as posteriormente às necessidades do paciente. Podem-se associar a oxigenoterapia por catéter e CPAP por máscara facial ou dispositivo nasal. Quando o distúrbio funcional é hipoventilação alveolar difusa, a VPNET melhora a PaO_2, a SaO_2, o pH e diminui a $PaCO_2$.

Em pacientes selecionados, a ventilação por pressão negativa extratorácica pode ser utilizada na insuficiência respiratória aguda, evitando o acesso invasivo às vias aéreas inferiores, diminuindo a mortalidade e o tempo de internação hospitalar. Entretanto, nos pacientes cardiopatas, a VPNET, por aumentar o retorno venoso ao tórax e a pós-carga ventricular esquerda, pode agravar a disfunção cardíaca.

A VPNET também é usada em pacientes crônicos. Entretanto, os trabalhos descritos na literatura, comparando o tratamento sem suporte ventilatório com o associado à VPNET, não demonstram resultados favoráveis evolutivos por períodos longos (> 3 a 6 meses), quando se consideraram a troca gasosa durante o dia, a força muscular e a capacidade de deambular. Além disso, demonstraram que o método é pouco tolerado pelos pacientes. Nos pacientes com DPOC, a VPNET não melhora a troca gasosa, a qualidade de vida ou a capacidade de realizar exercícios. Além disso, potencializa a obstrução aérea durante o sono e tem pouca aceitação pelo paciente.

Não são observados benefícios do uso prolongado da VPNET durante programas de reabilitação.

Ventilação por pressão positiva intermitente nasal ou oral — NIPPV e MIPPV

A pressão positiva intermitente, do mesmo modo que é administrada através da intubação traqueal ou traqueostomia, pode ser utilizada por dispositivos orais ou nasais.

Alguns estudos demonstram sucesso com esses tipos de ventilação não-invasiva em insuficiência respiratória aguda e crônica. Chavallon, estudando 74 pacientes em insuficiência respiratória aguda tratados com ventilação por pressão positiva nasal (NIPPV), por tempo médio de 9 ± 3 dias, ventilando 7 ± 3 horas por dia, obteve sucesso em 82% dos casos, mortalidade de 1 em 74 pacientes, diminuição média da $PaCO_2$ de 17 mmHg e aumento da PaO_2/FiO_2 de 230 para 304.[18] Concluiu que a NIPPV é bom método de suporte não-invasivo na insuficiência respiratória aguda.

Em insuficiência respiratória crônica, Robert *et al* referem melhores resultados da ventilação por pressão positiva, durante ventilação mecânica domicilar, em portadores de seqüelas de poliomielite e miopatias.[29,32] A NIPPV controla melhor a hipoventilação noturna e reduz mais significativamente o trabalho muscular do que a ventilação por pressão negativa extratorácica.[6] Pode produzir distensão gástrica, desconforto e lesões cutâneas na face e no nariz. Ressecamento da mucosa nasal é observado freqüentemente.

Pressão positiva contínua nas vias aéreas — CPAP

É método de suporte ventilatório espontâneo, necessitando de adequado estímulo respiratório *(drive).*

A CPAP aumenta a capacidade residual funcional (CRF), mantém abertas as pequenas e as grandes vias aéreas e melhora a troca gasosa. Durante a fase inicial da inspiração, parte do trabalho respiratório é para vencer a resistência aérea das vias colapsadas. A CPAP, mantendo-as abertas, reduz o trabalho muscular respiratório. Quando é possível ser usada na SARA, a CPAP desvia a curva pressão-volume para a região mais verticalizada, mais complacente, melhorando a mecânica ventilatória e diminuindo o trabalho respiratório.

A pressão positiva contínua nas vias aéreas aumenta a atividade muscular expiratória em pacientes asmáticos e em DPOC agudizados.[12] Se bem que esse mecanismo não tenha seu papel ainda bem compreendido, é possível que a ativação da musculatura expiratória atue dividindo parte da sobrecarga do trabalho inspiratório.

A CPAP, em relação à ventilação por pressão positiva com PEEP (CPPV, PSV + PEEP), associa-se a menor pressão média intratorácica, menor repercussão cardiovascular para o mesmo nível de PEEP com ventilação mecânica e menor possibilidade de barotrauma.[8] Por outro lado, altas CPAPs podem produzir hiperinsuflação pulmonar acentuada, abaixar o diafragma e encurtar suas fibras, diminuindo sua força de contração. Altas pressões acentuam os efeitos deletérios sobre o aparelho cardiovascular.

A pressão positiva contínua nas vias aéreas (CPAP) pode ser aplicada por método invasivo (intubação traqueal ou traqueostomia) ou não-invasivo (CPAP nasal ou facial), isolada ou associada com outros métodos de suporte ventilatório invasivos (SIMV + CPAP, MMV + CPAP) ou não (VPNET + CPAP).

■ *Indicações da CPAP*

1. Diminuir o trabalho muscular respiratório:
   - Nas patologias obstrutivas (DPOC e asma) e restritivas. Nos pacientes com estímulo respiratório, pode-se usar ventilação espontânea com CPAP associada a outro modo ventilatório.
2. Desmame da prótese ventilatória:
   - Diminui o trabalho muscular respiratório e melhora a troca gasosa.
3. Na SARA:
   - A CPAP melhora a mecânica ventilatória e a troca gasosa pulmonar. Está indicada na fase inicial da SARA e no desmame.
4. Edema pulmonar agudo e insuficiência cardíaca refratária:
   - Pequenas pressões positivas invertendo a *negatividade* da pressão intratorácica, diminuindo o retorno venoso e a pós-carga ventricular esquerda, melhoram a função cardíaca.

     Nesses pacientes são descritos melhora da gasometria arterial, melhora dos edemas e diminuição da pressão arterial pulmonar e aumento da fração de ejeção do ventrículo direito.[37]
5. Obstrução das vias aéreas superiores. Síndrome da apnéia obstrutiva do sono.
6. Profilaxia de complicações respiratórias em pacientes acamados e no pós-operatório.

■ *Metodologia*

A CPAP pode ser aplicada durante a ventilação mecânica, acionando-se diretamente no ventilador ou por fluxo contínuo por dispositivos menos complexos. Por método não invasivo pode ser realizada por máscara facial ou dispositivo nasal. Pode-se associá-la a outro modo ventilatório como a SIMV e a MMV.

A pressão freqüentemente necessária varia entre 7 e 15 cmH_2O. Quando a aplicação é não-invasiva (máscara facial ou nasal), é freqüente haver fuga aérea e perda de cerca de 2 cmH_2O na pressão aplicada. Quanto maior a pressão, maior a perda de gás pela máscara. Deve-se iniciar com pressões baixas (4 cmH_2O) e aumentar progressivamente, à medida que o paciente se adapta, avaliando os resultados através do conforto e da dificuldade da inspiração e das alterações funcionais. Nos pacientes com síndrome da apnéia do sono, os resultados da CPAP podem ser avaliados pela polissonografia.

O tempo de uso depende da indicação. Geralmente na síndrome da apnéia obstrutiva do sono e nos pacientes com DPOC grave aplica-se a CPAP cerca de 6 a 7 horas durante a noite. A oxigenoterapia pode ser necessária.

São efeitos colaterais descritos durante o uso da CPAP: hipercapnia, barotrauma (pneumoencéfalo e pneumomediastino), meningite bacteriana, lesões produzidas pela máscara ou pelo dispositivo nasal, entupimento nasal e secura, rinite, dor de ouvido, dificuldade de deglutição e distensão abdominal. Esses riscos aumentam quando se usam altas pressões e nos pneumopatas.

CPAP e insuficiência cardíaca

Em pacientes com insuficiência cardíaca aguda, a CPAP diminui a pós-carga do ventrículo esquerdo (VE), por aumentar a pressão intratorácica e diminuir a pressão transmural do VE, diminuindo o trabalho cardíaco e aumentando o débito cardíaco (Fig. 31-1).

Na insuficiência cardíaca crônica com arritmia respiratória, a CPAP de 10 a 12 cmH_2O aplicada por 6 horas durante a noite associa-se a diminuição das catecolaminas (noradrenalina e adrenalina), melhora a arritmia respiratória e a hipoxemia, aumenta a fração de ejeção do ventrículo esquerdo e diminui o trabalho cardíaco. Essa ação é duradoura durante o período de vigília.

Ventilação por pressão de suporte — PSV

A PSV é usada geralmente através de método invasivo, no entanto pode ser administrada por máscara facial ou nasal ou dispositivos orais. É bom modo de suporte ventilatório para pacientes agudos e crônicos. Pode ser usada após o desmame.

As alterações funcionais mecânicas da troca gasosa, cardiovasculares e as variações do volume corrente e do volume-minuto são as mesmas descritas para seu uso como método invasivo.[5] Altas pressões não são bem aceitas pelos pacientes, aumentam o escapamento gasoso, podem distender o estômago (dilatação gástrica aguda), produzir vômitos e aspiração. Deve-se manter pressão de suporte suficiente para que o volume corrente seja de 5 a 6 ml/kg de peso e FR inferior a 25-30 ipm e a relação FR (ipm)/VC (l) < 60. Não há necessidade de diminuir rapidamente o CO_2.

Comparando-se pacientes com DPOC agudizados submetidos ao tratamento convencional ou PSV por máscara, observa-se diminuição da intubação traqueal (74 × 26%), da incidência de complicações (48 × 16%), do tempo de internação (35 × 23 dias) e da mortalidade (29 × 9%).[5]

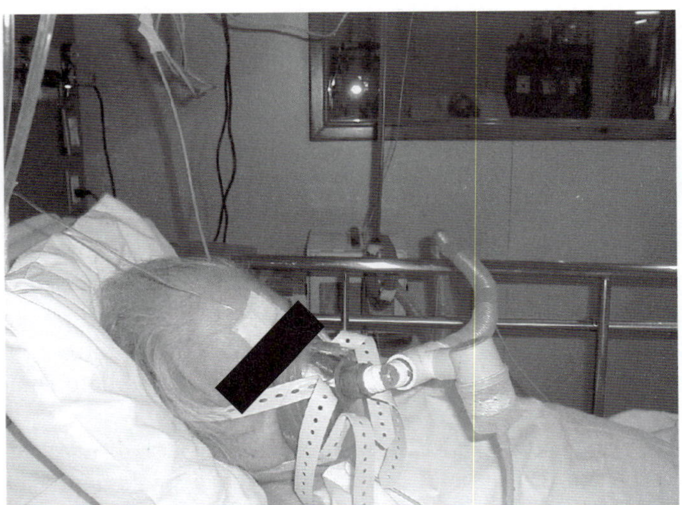

Fig. 31-1. Paciente com insuficiência cardíaca e pneumonia ventilada por máscara facial.

Nava *et al* (1998) submeteram pacientes com DPOC sob ventilação mecânica a um teste em tubo T e dividiram os pacientes que falharam e não foram inicialmente extubados em dois grupos: pacientes que permaneceriam em ventilação mecânica invasiva (PSV) e pacientes em que realizaram a extubação e aplicaram PSV por máscara facial.[27] Concluíram que o desmame com o método não-invasivo associou-se com diminuição da taxa de pneumonia, redução do tempo de desmame, diminuição do tempo de internação na terapia intensiva e melhora da sobrevida em 60 dias.

O uso da VNI melhora a evolução do paciente. Há diminuição da $PaCO_2$, indicando melhora da ventilação alveolar, aumento da PaO_2 e diminuição da freqüência respiratória.

A PSV + PEEP contrabalança a auto-PEEP, minimiza a reinalação e desobstrui as vias aéreas superiores.

Pressão positiva bifásica nas vias aéreas — BIPAP e BiPAP

BIPAP é o modo de suporte ventilatório com dois níveis de pressão positiva que combina ventilação espontânea e controlada por pressão e ciclada a tempo.

Existe diferença na nomenclatura em relação aos termos BIPAP (I maiúsculo) e BiPAP (i minúsculo, Binível). O termo BiPAP™ (Respironics, Murrysville, PA, EUA) refere-se a um aparelho que aplica suporte ventilatório por modo assistido em dois níveis de pressão (PSV + PEEP). Também é denominado binível.

Em relação aos ventiladores usados na UTI, o Binível gera menores pressões, a mistura gasosa com oxigênio é menos eficiente, tem menos alarmes, mas a compensação de fugas aéreas é maior e o preço mais baixo.

Na BiPAP, as pressões IPAP (correspondente a PSV) de 10 a 15 e EPAP (correspondente a PEEP) de 5 a 10 cmH_2O geralmente são adequadas e bem aceitas pelo paciente. Ao instalar, deve-se aproximar a máscara ao paciente, estando o aparelho ligado com baixa pressão (8 cmH_2O). Aumentar a pressão posteriormente até o nível indicado.

Escarrabil *et al*,[14] estudando pacientes em insuficiência respiratória aguda, encontraram bom resultado com o uso do binível utilizando pressões médias baixas (Quadro 31-3) e de modo intermitente.

Quadro 31-3. BiPAP (PSV+PEEP) na insuficiência respiratória aguda por doenças obstrutivas e restritivas [13]

Pressões utilizadas	IPAP: 14 ± 4, EPAP: 4 ± 1 cmH_2O
Modos de administração	Parcial: 30 min de 3/3h ou 4/4 h
Resultados: Sucesso: 77,7% (14/18)	Tempo médio de administração: 8 dias Total: 24 horas

Os trabalhos evidenciam que a PSV+PEEP é bom método para tratamento da insuficiência respiratória aguda severa e para evitar a intubação traqueal.

DISPOSITIVOS E ADAPTADORES

Os dispositivos *(devices)* que servem de interface entre o paciente e o aparelho (ventilador) são vários. Devem ser especificados de acordo com o método de suporte, do tamanho adequado e com boa adaptação. Sua escolha depende da melhor adaptação do paciente.

Na ventilação por pressão positiva não-invasiva podem ser usados máscaras faciais, nasais ou orais ou outros (Fig. 31-2). As máscaras devem ser bem ajustadas para evitar escape gasoso. Os adaptadores são freqüentemente desconfortáveis, e as máscaras aumentam o espaço morto. O espaço morto de máscaras faciais pode ter cerca de 250 ml, e o de máscaras nasais, 105 ml.

Os métodos que usam dispositivos orais recebem a letra M *(mouth)*, e os nasais, a letra N *(nose)*. Assim, MIPPV e NIPPV indicam pressão positiva por via oral e nasal, respectivamente. Pacientes agudos freqüentemente ventilam pela boca. A máscara facial deve ser utilizada nos pacientes com importante hipoxemia e muito taquipnéicos.

A maioria dos trabalhos publicados indica a ventilação por pressão positiva nasal. A obstrução e as infecções das vias aéreas superiores contra-indicam a aplicação por essa via. Na fase

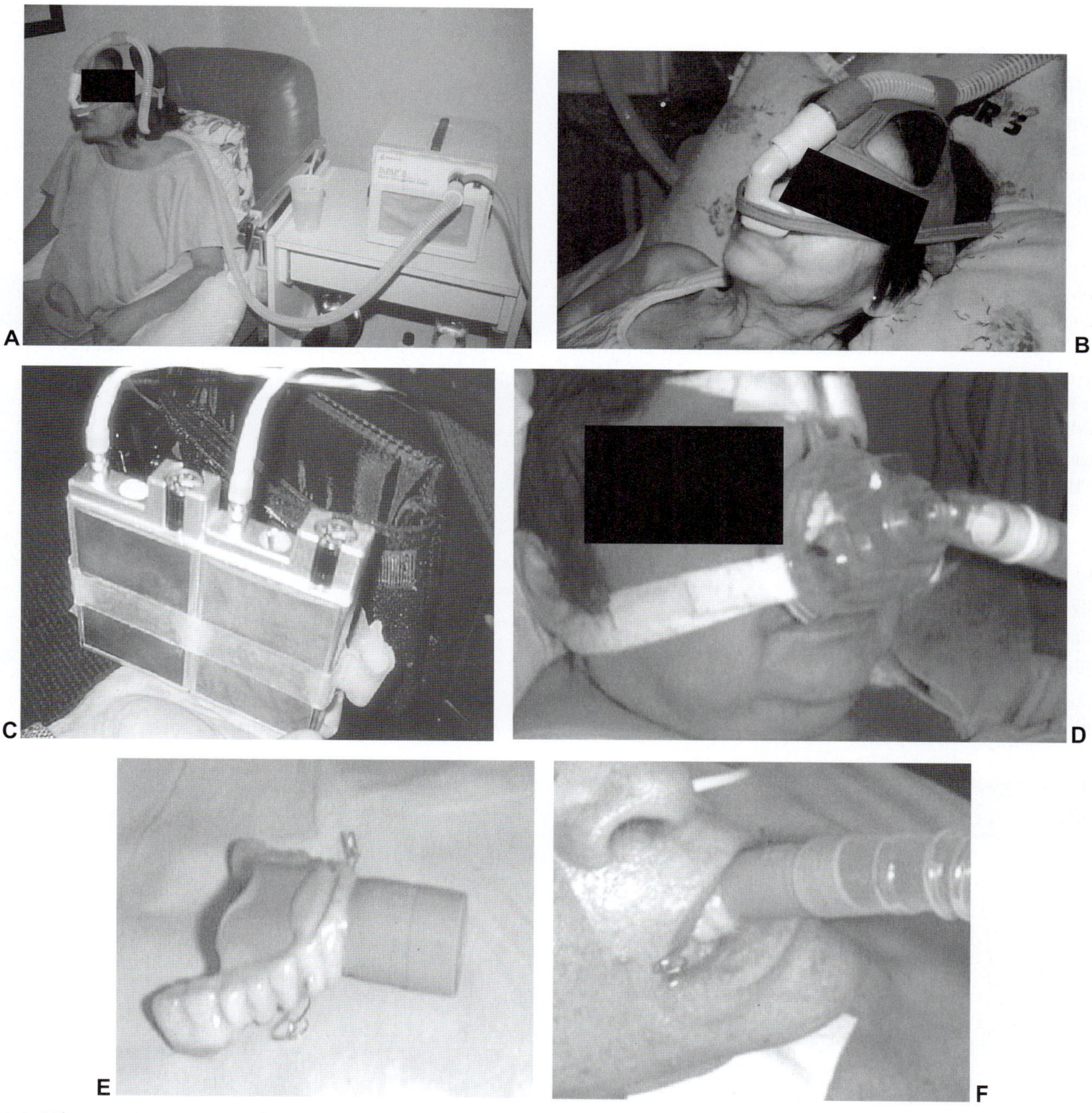

Fig. 31-2. Diferentes dispositivos e adaptadores de ventilação não-invasiva. (**A**) Pronga nasal em paciente com *miastenia gravis*. No BiPAP. (**B**) Pronga nasal com DPOC. (**C**) Marca-passo diafragmático. (**D**) Máscara nasal. (**E** e **F**) Dispositivo construído com adaptador oral para permitir MIPPV no BiPAP.

REM muitas vezes há grande hipotonia muscular com escapamento de gás pela boca.

Após determinar o tamanho adequado e facilitar a maciez e adaptabilidade da máscara pelo aquecimento, verifica-se a distância adequada entre a região frontal e o fixador da máscara. O ajuste deve ser adequado para evitar escapamentos.

VENTILAÇÃO NÃO-INVASIVA NA INSUFICIÊNCIA RESPIRATÓRIA AGUDA

Os métodos não-invasivos de suporte ventilatório podem ser usados em pacientes com insuficiência respiratória aguda ou crônica.[5,26,39] As indicações clínicas estão no Quadro 31-4 e incluem obstrução das vias aéreas, asma brônquica, agudização da DPOC, pós-extubação, edema pulmonar agudo, pneumocistose, pneumonia, desmame precoce e SARA.

Em determinadas situações clínicas não se deve usar a VNI (contra-indicações absolutas), e em outras sua indicação está associada a freqüentes insucessos (contra-indicações relativas). A necessidade prolongada de altas frações de oxigênio ($FiO_2 > 60\%$) associa-se a falha do método não-invasivo.

Podem ocorrer dificuldades e falha da ventilação não-invasiva conseqüente a vários fatores descritos no Quadro 31-5.

A falha da ventilação não-invasiva, mesmo quando bem indicada, pode ocorrer por alterações evolutivas, como a piora das alterações funcionais da troca gasosa com necessidade de maior FiO_2, piora da mecânica ventilatória evidenciada por aumento da freqüência respiratória e da acidose respiratória engravescente, diminuição da consciência ou agitação, instabilidade hemodinâmica, distensão abdominal ou intolerância a VNI.

No Quadro 31-6 estão os modos e os parâmetros habitualmente utilizados para diferentes condições durante a insuficiência respiratória aguda.

Várias complicações podem ocorrer durante o uso da VNI. No Quadro 31-7 estão as complicações mais freqüentes.

O algoritmo do suporte ventilatório no paciente em insuficiência respiratória aguda está na Figura 31-3.

***Quadro 31-4.* Contra-indicações da ventilação não-invasiva na insuficiência respiratória aguda**

Absolutas

- Instabilidade hemodinâmica (choque) e arritmias
- Insuficiência coronariana aguda
- Hemorragia digestiva alta ou vômitos. Distensão abdominal
- Trauma e cirurgia da face ou seios paranasais
- Pneumotórax não-drenado
- Não-cooperação do paciente
- Ausência ou depressão do estímulo respiratório

Relativas

- Grande distúrbio da troca gasosa com necessidade de altas FiO_2
- Obesidade mórbida
- Adaptação inadequada à máscara
- Excitação psicomotora com necessidade de sedação

***Quadro 31-5.* Causas de insucesso da ventilação não-invasiva**

- Piora do processo patológico
- Não-cooperação do paciente
- Aparelho ou adaptadores inadequados
- Assimetria da face
- Escapamentos não-compensados pelo ventilador
- Sonda nasogástrica
- Obstrução nasal
- Tosse inadequada com retenção de secreções
- Grande alteração da troca gasosa
- Alterações das articulações temporomandibulares e da deglutição

***Quadro 31-6.* Modos e parâmetros ventilatórios usados habitualmente em ventilação não-invasiva durante a insuficiência respiratória aguda**

	Métodos de suporte ventilatório				
Patologia	***DPOC***	***Asma***	***Pneumonia***	***IC/EAP***	***Restritivas e NM***
Modo	BiPAP/PSV	BiPAP/PSV	CPAP/BiPAP/PSV	CPAP	BiPAP/PSV
PEEP/EPAP cmH_2O	5-10 (8)	5-10 (8)	5-10	5-10	3-5
IPAP/PSV cmH_2O	10-20 (15)	10-20	10-20		10-20
VC ml/kg	≥ 5	≥ 5	≥ 5	≥ 5	≥ 5
FR ipm	≤ 25-28	≤ 25-28	≤ 25-28	≤ 25-28	≤ 25-28

Iniciar com as pressões mais baixas e aumentar de acordo com a necessidade.
FiO_2 para manter $SaO_2 \geq 90\%$ ou $SpO_2 \geq 92\%$.

Quadro 31-7. Complicações da ventilação não invasiva

- Desconforto e piora transitória inicial
- Necrose facial
- Lesão da asa do nariz (pronga nasal)
- Distensão abdominal
- Vômitos
- Aspiração para as vias aéreas inferiores
- Ressecamento oral*
- Ressecamento nasal*
- Barotrauma

* O uso de umidificadores diminui estas complicações.

VENTILAÇÃO NÃO-INVASIVA — INSUFICIÊNCIA RESPIRATÓRIA CRÔNICA

A indicação e os métodos devem ser considerados de acordo com o tipo de lesão, se restritiva, obstrutiva, ou hipoventilação por disfunção do controle central da respiração. Na insuficiência cardíaca crônica está indicada quando associada à respiração de Cheyne-Stokes.

Doenças restritivas

Esses pacientes caracterizam-se por hipoxemia e hipercapnia.

Nos pacientes com doenças restritivas crônicas, a oxigenoterapia isolada não é suficiente e adequada para correção das alterações observadas nas doenças restritivas, que se caracterizam por hipoventilação alveolar, e pode produzir acentuado aumento do gás carbônico ($PaCO_2$) e hipertensão arterial pulmonar. Assim, o objetivo é corrigir a hipoventilação alveolar.

Para auxiliar na correção da hipoventilação alveolar há duas possibilidades de suporte ventilatório: por ventilação não-invasiva ou suporte invasivo por traqueostomia. A ventilação não-invasiva deveria ser usada inicialmente e a traqueostomia realizada se houver falha no uso da VNI ou quando houver contra-indicações ao seu uso. É possível fazer associação de métodos tais como usar marca-passo diafragmático, *frog ventilation* e ventilação não-invasiva por máscara nasal ou facial.

Pacientes restritivos em VNI apresentam melhora das manifestações clínicas e hemogasométricas durante o período

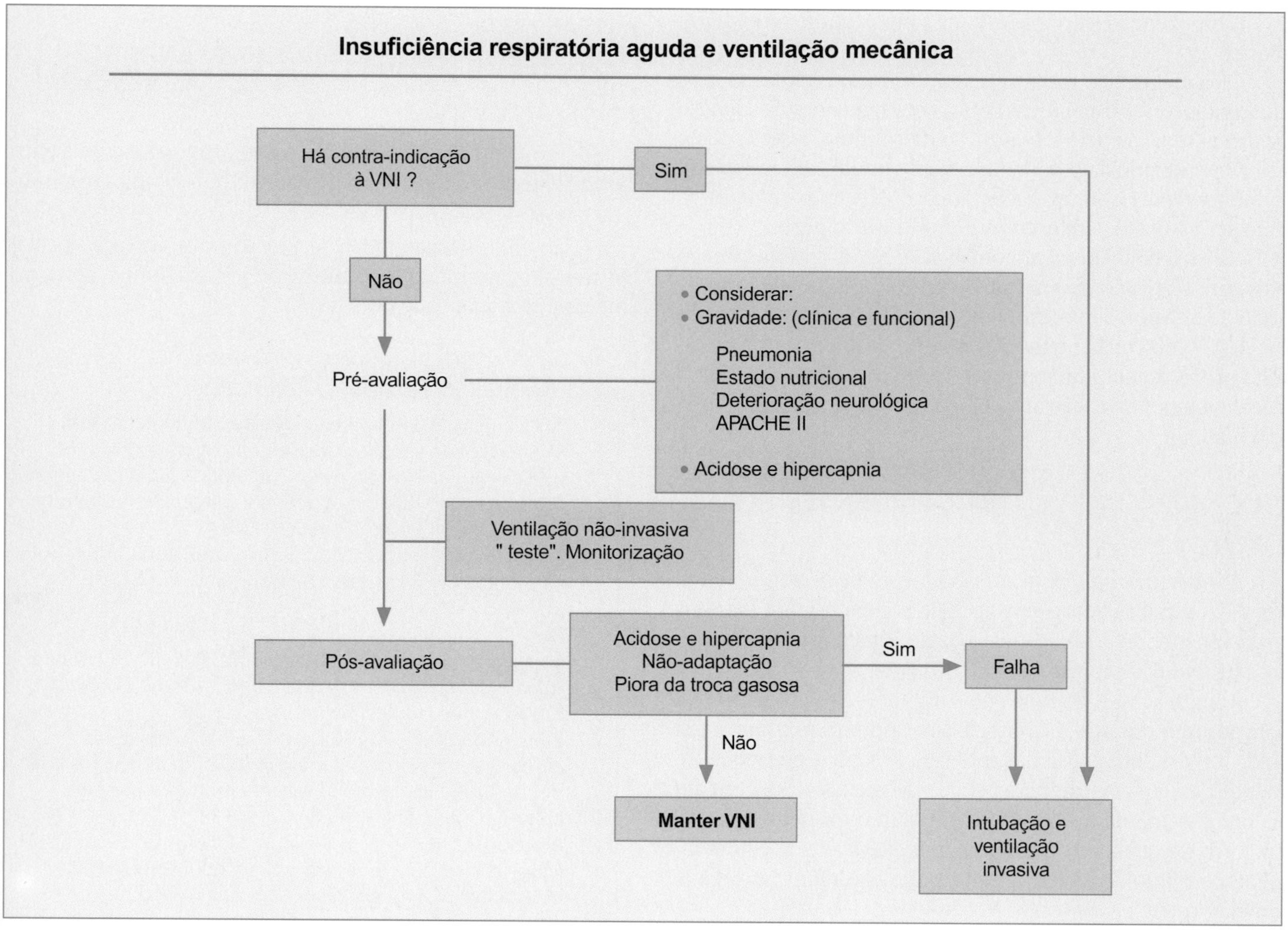

Fig. 31-3. Algoritmo do suporte ventilatório na insuficiência respiratória aguda. Pacientes com pontuação APACHE II muito alta, muito desnutridos, com piora neurológica progressiva e grave pneumonia freqüentemente falham na ventilação mecânica não-invasiva. Um pré-teste com monitorização adequada deve ser realizado e avaliada a continuação ou não da VNI ou a indicação da intubação e ventilação invasiva. A ventilação invasiva está indicada se houver contra-indicação à VNI.

de vigília e à noite. A melhora por ventilação não-invasiva nestes pacientes é atribuída a vários fatores:

1. Repouso muscular respiratório.
2. Melhora da sensibilidade do centro respiratório ao CO_2 *(set point).*
3. Repercussões na mecânica ventilatória:
   - Aumento do volume pulmonar.
   - Aumento da complacência do sistema respiratório.
   - Recrutamento de áreas atelectásicas.
   - Diminuição do espaço morto.
4. Melhora das repercussões da hipoxemia e da hipercania na função muscular.
5. Melhora da qualidade do sono.

Indicações da VNI nas doenças restritivas

Um dos problemas da ventilação não-invasiva nos pacientes restritivos crônicos é o momento de iniciá-la. Depende da evolução da doença e dos sinais e sintomas apresentados.[21]

Hipoxemia e hipercapnia durante a vigília podem ser manifestações tardias. $PaCO_2 > 45$ mmHg ou insaturação arterial durante o sono são indicações da VNI.

A hipoxemia relaciona-se com a hipertensão arterial pulmonar.

O exame clínico e a avaliação funcional respiratória associados aos testes específicos para a patologia e a polissonografia são essenciais para a realização da conduta nesses pacientes. Dependendo da patologia, devem ser realizados eletromiografia, exames laboratoriais e biopsias. Nessas patologias podem ser associados diferentes métodos de suporte.

Na esclerose lateral amiotrófica (ELA), os critérios funcionais para a VNI são diminuição da saturação arterial durante o sono de 88% por 5 min, diminuição da CVF < 50% do previsto, da $PI_{máx} < 60$ cmH_2O e da CVF < 50%.[15] A indicação deve ser feita precocemente quando ocorrerem manifestações indicadoras de hipoventilação alveolar como fadiga, dispnéia e cefaléia matinal.

DOENÇAS OBSTRUTIVAS. PACIENTES COM DPOC

A indicação da VNI nesses pacientes pode ser em situações de agudização ou em pacientes clinicamente estáveis, mas com grande acometimento da mecânica ventilatória e da troca gasosa pulmonar.

Admite-se que períodos intermitentes de ventilação possam permitir repouso da musculatura respiratória com aumento da força e diminuição da tendência à fadiga e conseqüentemente da sensação de bem-estar e de melhora do paciente. Além disso, a ventilação não-invasiva durante o período noturno corrige a qualidade do sono e suas alterações, melhorando a PaO_2, mesmo naqueles pacientes que não têm síndrome da apnéia obstrutiva do sono.[6,16]

Pacientes com DPOC e hipercápnicos crônicos clinicamente estáveis têm seu *set point* para o controle da $PaCO_2$ em um nível mais elevado (diminuição da sensibilidade) e conseqüentemente com diminuição da ventilação alveolar. Diferentemente das agudizações, a hipercapnia crônica no paciente com DPOC não seria uma manifestação de fadiga muscular respiratória, pois, quando submetidos a testes que medem a força muscular, podem ter força semelhante à de indivíduos normais.[34] É possível que a VNI durante o sono contribua para que o paciente torne seu *set point* para o CO_2 em um nível de maior sensibilidade.[33]

A melhora da PaO_2 e da $PaCO_2$ poderia também diminuir os efeitos deletérios sobre a musculatura respiratória.

SÍNDROME DE HIPOVENTILAÇÃO ALVEOLAR

A hipoventilação alveolar é definida como a $PCO_2 > 45$ mmHg e ocorre nas patologias denominadas de *síndromes de hipoventilação*. A hipoxemia associa-se à retenção de CO_2. Pode ocorrer nas doenças com deformidades torácicas, nas obstrutivas e nas restritivas crônicas, na hipoventilação de origem central idiopática ou relacionada com a obesidade.[7,31] O suporte ventilatório não-invasivo está indicado nesses pacientes, assim como a oxigenoterapia. A indicação depende de adequada avaliação clínica e da avaliação da mecânica e da hemogasometria, além da polissonografia.

CONTROLE DO PACIENTE EM VENTILAÇÃO NÃO-INVASIVA

O controle deve ser feito pelo conforto e a sincronia entre o paciente e o ventilador, a atividade da musculatura respiratória acessória, os sinais vitais e a SpO_2.

São efeitos colaterais a secura da boca, irritação ocular, distensão gástrica, rinite, sinusite e epistaxe. A fuga aérea pode alterar a qualidade do sono.

REFERÊNCIAS BIBLIOGRÁFICAS

1. Antonelli M, Conti G, Rocco M, Bufi M, De Blasi RA, Vivino G, Gasparetto A, Meduri GU. A comparison of noninvasive positive-pressure ventilation and conventional mechanical ventilation in patients with acute respiratory failure. *N Engl J Med* 1998;339:429–435.
2. Antonelli M, Conti G. Noninvasive ventilation in intensive care unit patients. *Current Opinion in Critical Care* 2000;6:11–16.
3. Bach JR. Conventional approaches to managing neuromuscular ventilatory failure. *In* Bach JR: *Pulmonary Rehabilitation: The Obstructive and Paralytic Conditions.* Philadelphia: Hanley, Belfus, 1995, p 285.
4. Benhamou D, Muir JF, Raspaud C *et al.* Long-term efficiency of home nasal mask ventilation in patients with diffuse bronchiectasis and severe chronic respiratory failure: a case control study. *Chest* 1997;112;1259–1266.
5. Brochard L, Mancebo J, Wysocki M, Lofaso F, Conti G, Rauss A *et al.* NIV for acute exacerbations of chronic obstructive pulmonary disease. *N Engl J Med* 1995;333:817–822.
6. Catterall JR, Douglas NJ, Calverley PMA *et al.* Transient hypoxemia during sleep in chronic obstructive pulmonary disease is not a sleep apnea syndrome. *Am Rev Respir Dis* 1983;128:24–29.

7. Chaout A, Weitzenblum E, Krieger J *et al.* Association of chronic obstructive pulmonary disease and sleep apnea syndrome. *Am J Respir Crit Care Med* 1995;151:82–86.
8. Chavallon J. 4th International Conference on Home Mechanical Ventilation. Lion, France, 1993.
9. Consenso Brasileiro de Ventilação Mecânica. Salvador, Bahia, 1998.
10. Consensus Conference Report. Clinical indications for noninvasive positive pressure ventilation in chronic respiratory failure due to restrictive lung disease, COPD and nocturnal hypoventilation. *Chest* 1999;116:521–534.
11. David C. Ventilação não-invasiva. In: David C. (Ed.). *Ventilação Mecânica: Da Fisiologia à Prática Clínica.* Editora Revinter, Rio de Janeiro, 2001, p 409.
12. David CM, Goldwasser R. Como iniciar e manter a ventilação mecânica. *In* David C (Ed.): *Ventilação Mecânica: Da Fisiologia ao Consenso Brasileiro.* Rio de Janeiro: Revinter, 1996, p 161.
13. Duarte A, Schetino G, Oliveira PH *et al.* Suporte ventilatório não-invasivo com pressão positiva e suporte ventilatório mecânico domiciliar. *In* Carvalho CR, David CMN (Eds.). Ventilação Mecânica e Relatório do II Consenso Brasileiro de Ventilação Mecânica. São Paulo: Editora Atheneu, 2000, p 439.
14. Escarrabil H. 4th International Conference on Home Mechanical Ventilation. Lion, France, 1993.
15. Fallat RJ, Jewitt B, Bass M *et al.* Spirometry in amyotrophic lateral sclerosis. *Arch Neurol* 1979;36:74–80.
16. Fleetham J, West P, Mezon B *et al.* Sleep, arousals and oxygen desaturation in chronic obstructive pulmonary disease. *Am Rev Respir Dis* 1982;126:429–433.
17. Gay P, Hubmayr RD, Stroetz RW. Efficacy of nocturnal nasal ventilation in stable, severe chronic obstructive pulmonary disease during a 3 month controlled trial. *Mayo Clin Proc* 1996;71:533–542.
18. Gunella G. 4th International Conference on Home Mechanical Ventilation. Lion, France, 1993.
19. Hillberg RE, Johnson DC. Noninvasive ventilation. *N Engl J Med* 1997;337:1746–1752.
20. Hodson ME, Madden PB, Steven HM *et al.* Noninvasive mechanical ventilation for cystic fibrosis patients — A potential bridge to transplantation. *Eur Respir J* 1991;4:524–527.
21. Kramer N, Hill N, Millman R. Assessment and treatment of sleep-disordered breathing in neuromuscular and chest wall diseases. *Top Pulm Med* 3:336–342, 1996.
22. Leger P, Jennequin J, Gerard M *et al.* Home positive pressure ventilation via nasal mask for patients with neuromuscular weakness or restrictive lung or chest wall disease. *Respir Care* 1989;34,73–79.
23. Leger P, Bedicam JM, Cornette a *et al.* Nasal intermittent positive pressure: long-term follow-up in patients with severe chronic respiratory insufficiency. *Chest* 1994;105:100–105.
24. Levine S, Levy S, Henson D. Negative-pressure ventilation. *Crit Care Med* 1990;6(3):505.
25. Masip J, Betbesé AJ, Páez J *et al.* Non-invasive pressure support ventilations versus conventional oxygen therapy in acute cardiogenic pulmonary oedema: a randomized trial. *Lancet* 2001;356:2126.
26. Meduri GU, Turner RE, Aboushala N, Tolley E, Wunderink RG. Noninvasive positive pressure ventilation via face mask: first line intervention in patients with acute hypercapnic and hypoxemic respiratory failure. *Chest* 1993;109:179–193.
27. Nava S, Ambrosino N, Clini E, Prato M, Orlando G, Vitacca M, Brigada P, Fracchia C, Rubini F. Noninvasive mechanical ventilation in the weaning of patients with respiratory failure due to chronic obstructive pulmonary disease. A randomized, controlled trial. *Ann Inter Med* 1998;128(9):721-8.
28. Nocturnal Oxygen Therapy Trial Group. Continuous or nocturnal oxygen therapy in hypoxemic chronic obstructive lung disease: a clinical trial. *Ann Intern Med* 1980;93:391.
29. Nourdine K, Combes P, Carton MJ, Beuret P, Cannamela A, Ducreux JC. Does NIV. Reduce the ICU nosocomial infection risk? A prospective clinical survey. *Intensive Care Med* 1999;25:567–573.
30. Piper AJ, Parker S, Torzillo PJ *et al.* Nocturnal nasal IPPV stabilizes patients with cystic fibrosis and hypercapnic respiratory failure. *Chest* 1992;102:846–850.
31. Resta O, Guido P, Picca V *et al.* Prescription of NCPAP and NBIPAP in obstructive sleep apnea syndrome. *Respir Med* 1998;92:820–827.
32. Robert D, Gerard M, Leger P *et al.* La ventilation mechanique a domicile definitive par tracheostomie de l'insuffisant respiratoire chronique. *Rev Fr Mal Respir* 1983;11:923–936.
33. Roussos C. Function and fatigue of respiratory muscles. *Chest* 1985;88:124S-132S.
34. Similowski T, Yan S, Gauthier AP *et al.* Contractile dioxide on diaphragmatic function in human beings. *N Engl J Med* 310:874–879, 1984.
35. Simonds AK, Elliott MW. Outcome of domiciliary nasal intermittent positive pressure ventilation in restrictive and obstructive disorders. *Thorax* 1995;50:604–609.
36. Strumpf DA, Millman RP, Carlisle CC *et al.* Nocturnal positive-pressure ventilation via nasal mask in patients with severe chronic obstructive pulmonary disease. *Am Rev Respir Dis* 1991;144:1234–1239.
37. Thorens JB, Ritz M, Reynard C, Righetti A, Vallotton M, Favre H, Kyle U, Jolliet P, Chevrolet JC. Haemodynamic and endocrinological effects of noninvasive mechanical ventilation in respiratory failure. *Eur Respir J* 1997;11:2553-9.
38. Wysocki M, Tric L, Wolff MA, Millet H, Herman B. Noninvasive pressure support ventilation in patients with acute respiratory failure: A randomized comparison with conventional therapy. *Chest* 1995;107:761–768.
39. Wisocki M. Non invasive ventilation in acute cardiogenic pulmonary oedema: better than continuous positive airway pressure. *Intens Care Med* 1999;25:1-2.

32 Métodos Essenciais de Suporte Ventilatório

Cid Marcos David • Rosane Goldwasser • Regina Rosa

Os objetivos do suporte ventilatório são manter a ventilação e a troca gasosa alveolar adequadas e evitar os efeitos deletérios da pressão positiva e da distensão alveolar excessiva.

Na ventilação por pressão positiva é importante monitorizar a mecânica ventilatória, a troca gasosa pulmonar e as repercussões cardiovasculares.

Conhecer seus mecanismos fisiológicos permite diagnosticar, acompanhar a evolução e as repercussões dos métodos terapêuticos, adequando o suporte ventilatório às necessidades do paciente, e evitar suas complicações. Os efeitos da ventilação mecânica dependem das condições cardiorrespiratórias prévias do paciente, da patologia, dos parâmetros ventilatórios utilizados, da sincronia entre o paciente e o ventilador e mesmo das propriedades intrínsecas do ventilador.

O suporte ventilatório altera o trabalho muscular respiratório, a resistência e o fluxo aéreo, o espaço morto fisiológico e a troca gasosa pulmonar.

VENTILAÇÃO CONTROLADA E ASSISTIDA. MODOS A VOLUME E A PRESSÃO

Trabalho respiratório

O trabalho respiratório corresponde ao gradiente de pressão gerado para vencer as resistências do sistema, produzir fluxo aéreo e ventilação alveolar. O trabalho respiratório pode ser realizado de forma total (ventilação controlada), parcialmente (ventilação assistida) pelo ventilador ou integralmente pela musculatura respiratória do paciente (ventilação espontânea). O trabalho respiratório (W_{resp}) dependerá da atividade muscular respiratória e da participação do ventilador mecânico.

$$W_{resp} = W_{vent} + W_{músc}$$

W_{resp} : trabalho respiratório total
W_{vent} : trabalho respiratório realizado pelo ventilador
$W_{músc}$: trabalho respiratório realizado pelo músculos respiratórios

Se $W_{músc}$ for 0, a ventilação é controlada. Longos períodos de ventilação controlada podem levar a atrofia por desuso da musculatura respiratória e devem ser evitados. A diminuição do estado nutricional, certas drogas (relaxantes musculares, bloqueadores neuromusculares), hipóxia e distonias são causas comuns de diminuição da força e da *endurance* muscular. Na fadiga muscular respiratória indica-se o modo de ventilação controlado para permitir repouso e recuperação muscular.

A pressão inspiratória do sistema simplificadamente pode ser definida por:

$$PI_{sr} = (R_{aw,\,sr} \times \dot{V}_I) + (VC \times 1/C_{st,\,sr}) + \text{PEEP total}$$

PI_{sr}: pressão do sistema respiratório
$R_{aw,\,sr}$: resistência aérea do sistema respiratório
$\dot{V}_I$: fluxo inspiratório médio
VC: volume corrente
$C_{st,\,sr}$: complacência estática do sistema respiratório
PEEP total: pressão positiva expiratória final somatória da PEEP extrínseca aplicada + PEEP intrínseca

Nos modos ventilados a volume, a pressão é a variável dependente, e nos modos a pressão, é o volume. Nos modos a pressão, variações da resistência do sistema (secreções, broncoespasmo, filtros etc.) e da complacência (edema pulmonar, fentanil em altas doses que aumenta o tônus da musculatura torácica, atelectasia etc.) podem diminuir significativamente o volume corrente. Modos a volume com controle ou limitação da pressão evitam essas variações.

$$\dot{V}_I = VC/T_I$$

$\dot{V}_I$: fluxo inspiratório
VC: volume corrente
T_i: tempo inspiratório

Aumentos da resistência aérea (R_{aw}), do fluxo inspiratório, do volume corrente, da PEEP total e a diminuição da complacência aumentam a pressão necessária para a ventilação.

A indicação de modo ventilatório controlado ou não vai depender dos objetivos determinados para o paciente. A carga de trabalho muscular respiratório depende do modo de suporte e dos ajustes das parâmetros ventilatórios. Na fadiga respiratória, indica-se repouso muscular através da ventilação controlada (CMV). A ventilação assistida (AMV), a ventilação mandatória intermitente sincronizada (SIMV) e a ventilação por suporte pressórico (PSV) diminuem a carga de trabalho muscular em relação à ventilação espontânea.

Aumentam o trabalho muscular a dissincronia *(briga)* entre o paciente e o ventilador, tubo traqueal de diâmetro interno pequeno (< 8,0 mm) e conexões angulosas, PEEP intrínseca e o fluxo inspiratório reduzido *(fome de fluxo)*.

A PEEP intrínseca (PEEPi) pode ser conseqüente a alterações na mecânica ventilatória (resistência aérea), ao padrão de ajuste paciente-ventilador (alta freqüência respiratória, grande volume corrente, tempo expiratório curto) e as resistências adicionadas ao sistema (tubos, circuitos). A PEEP intrínseca nos modos de suporte ventilatório não-controlados aumenta o trabalho respiratório, porque para disparar o ventilador nos aparelhos com sensibilidade a pressão é necessário que seja produzida força (trabalho) adequada para abaixar a pressão do sistema desde a PEEP intrínseca até o nível de sensibilidade ajustada na prótese ventilatória. A determinação da $PEEP_i$ é fundamental. Pode ser medida por oclusão do sistema expiratório do ventilador, estando o paciente relaxado em ventilação controlada (PEEP intrínseca estática). A $PEEP_i$ dinâmica é medida, na ventilação não-controlada, entre o início da flutuação da onda de pressão inspiratória (pressão pleural ou pressão transdiafragmática) e o início do fluxo inspiratório. Altos níveis de PEEP intrínseca aumentam o trabalho respiratório e podem levar a fadiga e dependência da prótese ventilatória. Nos pacientes com DPOC e na asma, a PEEP intrínseca pode estar muito alta.

A PEEP, através da CPAP ou ventilação por pressão positiva contínua, aumenta a capacidade residual funcional e a pressão nas vias aéreas, mantendo-as abertas e diminuindo o trabalho muscular. Entretanto, altas PEEPs podem orientar as fibras musculares inadequadamente, pela hiperinsuflação pulmonar com abaixamento diafragmático, diminuindo a eficiência da contração muscular. Na inversão da relação inspiração-expiração (p. ex., I:E = 2:1, 3:1), há retenção gasosa pulmonar, aumento da capacidade residual funcional e PEEP intrínseca. Nessa situação, a PEEP total será o somatório da $PEEP_i$ e da PEEP aplicada no sistema ($PEEP_E$). Entretanto, no paciente com DPOC e $PEEP_i$, a aplicação da $PEEP_E$ não satisfaz essa relação para a PEEP total.

A escolha do modo de ventilação depende da presença e do tipo de patologia pulmonar, do tempo de ventilação e dos recursos materiais à disposição. Na VCV a pressão do sistema vai depender diretamente do volume corrente. Nos métodos ventilatórios limitados a pressão, PCV (pressão controlada) e PSV (pressão de suporte), a curva pressão-tempo é um platô. A ventilação por pressão melhora a distribuição gasosa, evitando a hiperdistensão, porque a pressão elástica alveolar limita sua insuflação. A hiperdistensão alveolar por grandes pressões aumenta o espaço morto fisiológico (VD/VT), comprime os vasos alveolares, desviando sangue para regiões com menor resistência, podendo aumentar o *shunt* arteriovenoso e a pressão arterial pulmonar e lesar o alvéolo por esgarçamento (volutrauma).

Os mecanorreceptores da parede torácica, das vias aéreas e pulmonares e os níveis de oxigênio e gás carbônico do sangue influenciam reflexamente no trabalho muscular através dos centros respiratórios.

Resistência do sistema respiratório

A resistência do sistema respiratório durante o suporte ventilatório varia dependendo do método utilizado ser invasivo ou não-invasivo (máscara facial ou nasal, dispositivos orais). O suporte ventilatório invasivo é realizado através da intubação traqueal ou traqueostomia. Embora considerem-se para fins clínicos a resistência aérea média do sistema e o fluxo inspiratório como lineares, a R_{aw} varia significativamente durante a fase do ciclo respiratório e com o volume pulmonar, principalmente nos pacientes com DPOC, e é influenciada pela turbulência do fluxo inspiratório.[12] O tubo traqueal aumenta a resistência aérea (R_{aw}) e conseqüentemente a pressão gerada pelo ventilador ou pelo músculo respiratório para manter o mesmo fluxo inspiratório e o volume corrente. A relação VC/T_I e o trabalho resistivo do sistema em ventilação controlada é definida.

$$R_{aw,\,sr} = (P_{pico} - P_{platô})/\dot{V}_I$$

P_{pico} ou $PI_{máx}$: pressão inspiratória máxima

$P_{platô}$: pressão após término do fluxo inspiratório e adaptação do sistema

$\dot{V}_I$: fluxo inspiratório médio

Pela lei de Poiseuille, para fluxos lineares, a pressão gerada é função da quarta potência do raio interno do tubo, daí a importância da indicação do uso de tubos largos (diâmetro interno ≥ 8 mm).

Freqüências respiratórias aumentadas têm fluxo inspiratório alto e grande trabalho resistivo, principalmente quando o diâmetro do tubo é pequeno. Além de a pressão ser função do fluxo, altos fluxos produzem turbilhonamento.

Shapiro *et al* demonstraram que tubos traqueais de 6 e 7 mm produziam maior trabalho respiratório e grande aumento do índice tensão-tempo e que alcançavam valores críticos próximos aos da fadiga respiratória quando o volume-minuto era grande.[19,26]

A resistência aérea é maior na expiração. A resistência entre a extremidade do tubo próximo da carina e na conexão externa do circuito do ventilador pode ser significativa, principalmente se houver aderência de secreções ou coágulos na parede do tubo. A retenção de secreções aumenta a resistência aérea e deve ser evitada. Sistemas expiratórios de alguns ventiladores padrões aumentam significativamente a resistência expiratória.[15] Determinados ventiladores modernos são capazes de compensar automaticamente a resistência oferecida pelo tubo traqueal *(automatic tube compensation)*.

Quando há aumento da resistência aérea, observa-se no *display* do ventilador aumento da diferença entre a pressão de pico ($PI_{máx}$ ou P_{pico}) e a pressão de platô. Quando a resistência diminui, o gráfico fica mais retificado.

Nos modos de ventilação por pressão, o aumento da resistência aérea diminui o volume corrente e pode haver hipoventilação alveolar com hipercapnia, mesmo sem diminuição da saturação arterial. Como a menor resistência oferecida pelo tubo traqueal de diâmetro largo, limpo e sem secreções corresponde a 3 a 7 $cmH_2O/l/s$, é prudente associar pressão de suporte (PSV) para diminuir o trabalho muscular.

A troca da intubação nasal por orotraqueal reduz a resistência aérea. A traqueostomia diminui o trabalho respiratório, em relação à intubação traqueal, e o espaço morto fisiológico. As cânulas de traqueostomia são de menor comprimento e têm diâmetro largo.

No desmame da prótese ventilatória, o trabalho muscular aumenta, sendo necessário adequar o modo ventilatório e seus parâmetros à capacidade do paciente. As estratégias para diminuir o trabalho respiratório são essenciais para evitar a fadiga e haver sucesso no desmame da prótese. Durante a ventilação mecânica, devem ser realizadas técnicas que previnam a atrofia e permitam treinamento muscular com a finalidade de aumentar a força e a *endurance*. A administração de pressão de admissão de 5 a 7,5 cmH_2O através da PSV diminui o trabalho resistivo produzido pelo tubo traqueal.

É possível que em determinadas condições o paciente fique melhor após a extubação traqueal. Drogas broncodilatadoras podem diminuir a resistência aérea.

Relação inspiração-expiração e fluxo inspiratório

O tempo inspiratório varia com a intensidade do fluxo e o volume corrente. O tempo inspiratório pode ser aumentado usando-se um platô inspiratório, pausa ou alterando-se, no ventilador, a relação inspiração: expiração.

O tempo inspiratório depende do volume corrente e do fluxo inspiratório e o tempo total do ciclo respiratório (Ttot)varia com a freqüência respiratória (FR).

$$T_I = VC/\dot{V}_I$$

$$T_{tot} = 60/FR$$

$$T_{tot} = T_I + T_E = 60/FR$$

$$T_E = 60/FR - (VC/\dot{V}_I)$$

T_I: tempo inspiratório(s)
T_E: tempo expiratório(s)
S_e: $T_{tot} = 60/15$ ipm = 4 s
VC: 1 litro = 1.000 ml
$\dot{V}_I$: 60 l/min: 60.000 ml/60 s = 1.000 ml/s
T_I: 1.000 ml/ 1.000 ml/s = 1 s
T_E: 3 s

Assim, relação I:E: 1: 3.

A relação entre a inspiração e a expiração usada geralmente durante a ventilação mecânica está entre 1:2 e 1:3, devendo-se aumentar o tempo expiratório nas doenças obstrutivas. O enchimento e o esvaziamento das unidades alveolares dependem da constante de tempo (CT), produto da resistência vezes a complacência estática do sistema. O esvaziamento pulmonar expiratório ocorre quase totalmente quando o tempo expiratório é de quatro vezes a CT.

O prolongamento do tempo inspiratório melhora a distribuição e a troca gasosa pulmonar. Na síndrome de angústia respiratória aguda (SARA), quando existe grave e persistente distúrbio de troca gasosa, prolonga-se o tempo inspiratório, criando-se um platô inspiratório, ou invertendo-se a relação I:E (ventilação com relação invertida, IRV), ficando a inspiração mais prolongada (2:1, 3:1, 4:1) do que a expiração. Nesse caso, ao se inverter a relação I:E, há aprisionamento gasoso intrapulmonar, aumento da capacidade residual funcional, PEEP intrínseca, recrutamento alveolar e melhora da troca gasosa.

Pode haver acentuação dos efeitos adversos cardiovasculares pela ventilação com relação invertida. Nos *displays* dos monitores, observa-se que o fluxo expiratório ainda não terminou, isto é, não voltou a zero, e já se inicia nova inspiração. O padrão do fluxo inspiratório altera a relação I:E. Mantendo-se o mesmo volume corrente e o pico de fluxo, os padrões de fluxos *médios* inspiratórios do padrão desacelerado ou sinusoidal são menores e, conseqüentemente, o tempo inspiratório fica maior.

O fluxo inspiratório é um dos determinantes da pressão do sistema respiratório. Maiores fluxos, maiores pressões. O aumento da pressão se dá no componente resistivo, mantendo-se a pressão de platô. O fluxo inspiratório normal é de cerca de 20 a 25/min.

Quando o fluxo inspiratório for inferior às necessidades do paciente, há *fome de fluxo,* dispnéia, aumento do trabalho respiratório, e pode haver fadiga muscular. A *fome de fluxo* é manifestação freqüente, geralmente não-diagnosticada, e ocorre quando o ventilador está mal regulado ou não tem a qualidade necessária. Administra-se na prótese fluxo inspiratório médio equivalente a 5 a 6 vezes o volume-minuto. Entretanto, no início da inspiração, a necessidade de fluxo é maior do que o fluxo médio. Os métodos ventilatórios a pressão por pressão (p. ex., PCV e PSV) têm fluxo livre inspiratório inicial, sendo maior nessa fase e menor no final da inspiração.

Para uma determinada resistência, os altos fluxos inspiratórios associam-se a maiores picos de pressão inspiratória. Fisiologicamente, a resistência das vias aéreas tende a dissipar essas altas pressões e a proteger os alvéolos, mas algumas vias aéreas podem permitir que a pressão alveolar seja semelhante à pressão de abertura. Nessa situação, pode haver rápida distensão e aumento das forças de estiramento alveolar, produzindo lesão nas vias aéreas e nos alvéolos.[10]

As ondas de fluxo podem ter formas variadas, como quadrada, decrescente ou desacelerada, acelerada e sinusoidal. Na ventilação espontânea, o fluxo gasoso inspiratório é próximo do sinusoidal. A onda de fluxo desacelerada, em relação à onda quadrada, melhora a distribuição do fluxo para as unidades aéreas. Por fornecer um fluxo maior no início da inspiração em relação à onda quadrada de fluxo, a onda desacelerada de fluxo (PSV, PCV) pode diluir mais o CO_2 do fluxo gasoso inicial que chega aos alvéolos e diminuir um pouco a $PACO_2$ e a $PaCO_2$. Entretanto, não há consenso na literatura de que a onda desacelerada em relação à onda quadrada melhore a PaO_2. Para ajustes semelhantes, no modo a volume com onda quadrada de fluxo em relação ao modo pressão controlada (onda desacelerada) ocorrem maior pressão de pico e menor pressão média das vias aéreas. A pressão média das vias aéreas relaciona-se com a pressão alveolar e conseqüentemente com a troca gasosa.

Nos modos por pressão, a onda de fluxo é desacelerada. Nos modos por volume é quadrada, mas em alguns ventiladores é possível usar onda desacelerada mesmo na ventilação por volume, garantindo dessa maneira as vantagens do modo a volume com as do fluxo desacelerado.

A onda de fluxo pode ser monitorizada nos *displays* dos ventiladores.

Para melhorar a distribuição e a troca gasosa pulmonar e evitar a hiperdistensão alveolar, podem ser usados modos de suporte ventilatório por pressão com onda de fluxo desacelerada e aumento do tempo inspiratório. A ventilação por pressão controlada com relação invertida (PC-IRV) é um dos métodos de ventilação usados na SARA. A inversão da relação pode também ser feita no modo por volume, aumentando-se o tempo de platô ou diminuindo-se o fluxo inspiratório (VC-IRV).

No paciente em ventilação mecânica controlada, quando se prolonga (diminuição da FR) a expiração e ocorre diminuição da pressão de pico ($PI_{máx}$), há indicação da presença de PEEP intrínseca.

Ventilação alveolar e espaço morto

A ventilação alveolar depende do volume corrente, do espaço morto e da freqüência respiratória.

A distribuição gasosa pulmonar alterada e o ventilador com seus circuitos (espaço morto mecânico) aumentam o espaço morto durante a ventilação por pressão positiva. O espaço morto mecânico decorre da elasticidade dos componentes internos e externos dos aparelhos e circuitos. Circuitos, conectores e *traquéias* entre o tubo traqueal e o *swivel* (ípsilon) funcionam como espaço morto. Em uso de baixos volumes correntes, o volume gasoso retido nesses circuitos aumenta de importância, e pode haver hipoventilação alveolar. A $PACO_2$ e a $PaCO_2$ são inversamente proporcionais à ventilação alveolar.

O espaço morto fisiológico normal é $\leq 0{,}40$. A quantidade de gás que chega aos alvéolos na inspiração dependerá do volume corrente e do espaço morto. O volume de gás comprimido dentro do sistema depende das características do ventilador. Pacientes com DPOC e prótese ventilatória podem ter coeficiente VD/VT muito aumentado (0,8; 80%), significando que somente 20% do volume corrente vão para os alvéolos e participam da troca gasosa. Na SARA geralmente é cerca de 0,6 (60%). A melhora do processo patológico acompanha-se de diminuição do coeficiente VD/VT.

Troca gasosa pulmonar

A troca gasosa pulmonar é influenciada pela qualidade do ar inalado, pelo volume corrente, pelo volume-minuto, pela relação I:E, pela distribuição gasosa, pelo espaço morto fisiológico, pela ventilação e perfusão alveolares e pela difusão. O conteúdo arterial de oxigênio (CaO_2) depende da PaO_2, da hemoglobina e sua saturação.

O suporte ventilatório aumenta a ventilação, melhora a relação ventilação-perfusão alveolar e a troca gasosa pulmonar. Acréscimos na fração inspirada de oxigênio (FiO_2) aumentam a PAO_2 e facilitam a difusão. Geralmente, quando o *shunt* arteriovenoso pulmonar está abaixo de 20%, aumentos da FiO_2 elevam a PaO_2 e o CaO_2.

MODOS ESSENCIAIS DE SUPORTE VENTILATÓRIO

Os modos ventilatórios podem ser classificados em:

1. Controlado (CMV).
2. Assistido (AMV, a volume ou a pressão, PSV e PCV).
3. Combinados (ACMV, SIMV/IMV).
4. Espontâneo (respiração normal ou CPAP).

Controlado é o ciclo iniciado, mantido e finalizado exclusivamente pelo ventilador mecânico, que não permite ao paciente nenhuma interferência. No modo assistido o início ou disparo do ciclo ventilatório acontece após o aparelho captar um esforço inspiratório do paciente. Considera-se espontâneo aquele ciclo que é iniciado, controlado e finalizado pelo paciente.

As características dos modos ventilatórios estão no Quadro 32-1.

Ventilação controlada (CMV)

Pode ser por volume ou por pressão. Nesse modo, o ventilador fornece todo o suporte respiratório, através do volume corrente e da freqüência respiratória.

Está indicado nas situações em que o *drive* respiratório não é adequado, como nas patologias e drogas depressoras do sistema nervoso central (sedativos e agentes anestésicos), nas lesões raquimedulares, no uso de bloqueadores neuromusculares.

Quadro 32-1. **Características dos modos ventilatórios**

Modo	*Características*		
	Início (disparo)	*Limite*	*Término do ciclo*
Controlado	Ventilador	Ventilador	Ventilador
Assistido	Paciente	Ventilador	Ventilador
Pressão de suporte	Paciente	Ventilador	Paciente
Espontâneo	Paciente	Paciente	Paciente
CPAP*	Paciente	Pressão**	Paciente

Exemplo: modo controlado por pressão; assistido por volume.
A CPAP está incluída em modo espontâneo. A PCV pode ser controlada ou assistida.
*CPAP de válvula de demanda.
**Pressão em relação à linha de base.
A IPPV é a ventilação por pressão positiva intermitente realizada por aparelhos de 1ª geração (p. ex., BIRD Mark 7) e pode ser no modo assistido ou controlado.
Adaptado de McI*ntyre*, 1997[14] e David & Goldwasser, 1996.[7]

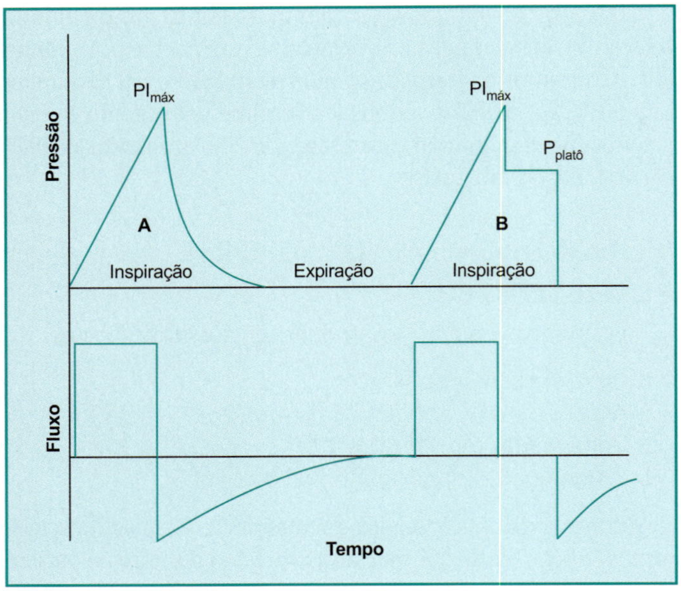

Fig. 32-1. Curvas pressão-tempo e fluxo-tempo. Modo volume controlado. Observam-se curvas de pressão correspondentes a uma onda de fluxo quadrada. A onda de fluxo expiratório é sempre desacelerada. Em (**A**), a curva de pressão não tem o platô inspiratório de (**B**). $PI_{máx}$ = Pressão inspiratória máxima; $P_{platô}$ = pressão de platô inspiratório.

Geralmente é usada no modo a volume (VCV) e a pressão (PCV), mas alguns ventiladores possuem modos mais complexos que associam as características dos modos a volume e a pressão, como a PRVC, a PLV e a VAPS.

Nesse modo quando a volume (VCV), ajustam-se no ventilador o volume corrente, FR e o fluxo inspiratório desejados. A vantagem do modo a volume é a oferta de um volume corrente constante (Fig. 32-1).

Modo assistido-controlado (ACMV)

Pode ser a volume ou a pressão. No modo ACMV, a FR do paciente está maior do que a FR ajustada no ventilador, de tal modo que a freqüência do ventilador é *inibida* pela freqüência do paciente; entretanto, se o paciente diminuir a FR abaixo da ajustada ou parar de respirar, o ventilador controlará a ventilação. Nesse modo, o trabalho muscular do paciente é diminuído e pode ser menor ou maior, dependendo dos parâmetros ajustados quanto ao fluxo inspiratório e a sensibilidade do ventilador, mas a contração muscular é mantida.

O ajuste do tempo de platô inspiratório aumenta o T_I. Para os mesmos volumes e fluxos, a onda de fluxo quadrada transformada em onda desacelerada aumenta o tempo inspiratório.

A ACMV deve ser iniciada tão logo o controle da respiração deixa de ser necessário.

Entre as desvantagens dos modos assistidos está a tendência para o paciente hiperventilar (Fig. 32-2).

Ventilação por pressão controlada (PCV)

Pode ser usada no modo controlado ou assistido. É diferente da VPPI existente nos aparelhos pressóricos de primeira geração (p. ex., BIRD Mark 7 ou Mark 8).

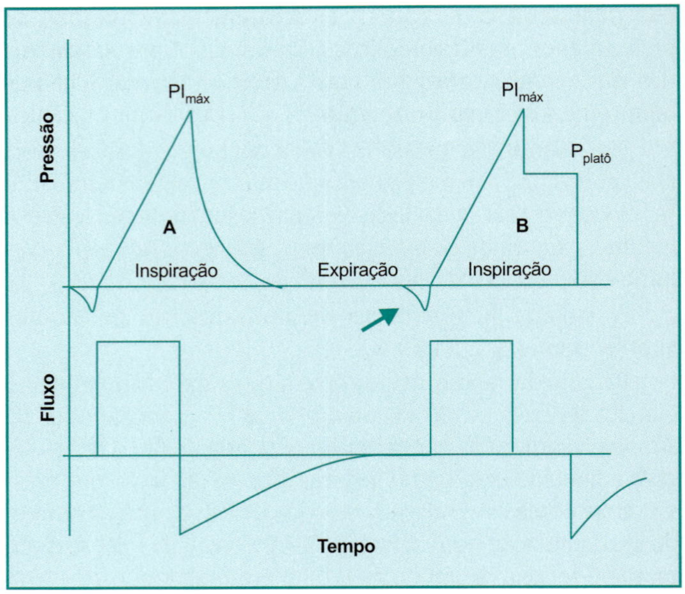

Fig. 32-2. Modo assistido-controlado por volume. A seta indica o esforço do paciente que deflagra o ciclo inspiratório. Esse esforço significa trabalho respiratório.

O ventilador inicia o ciclo inspiratório com fluxo necessário para manter a pressão predeterminada e ajustada no ventilador. O *ciclo termina por tempo*. A onda de fluxo é desacelerada (Fig. 32-3). Nesse modo, ajusta-se a pressão inspiratória e o tempo inspiratório. O volume corrente vai depender dessas duas variáveis e das condições da mecânica ventilatória do sistema. No modo controlado, ajusta-se a FR.

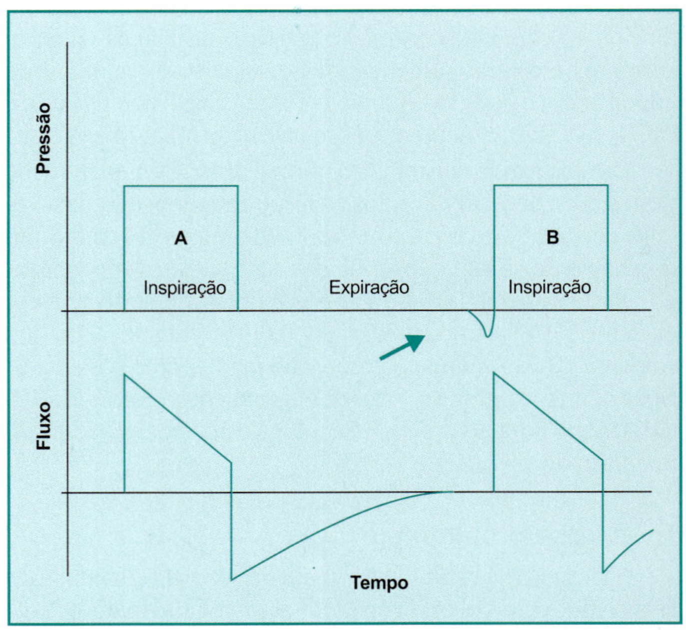

Fig. 32-3. PCV em modo controlado (**A**) e assistido (**B**). A onda de pressão é quadrada e a de fluxo desacelerado. O volume corrente depende da pressão, do tempo inspiratório e das condições mecânicas do sistema respiratório.

Entre as indicações da PCV estão o suporte ventilatório de pacientes com fístulas broncopleurais e a SARA, principalmente no uso da relação I:E invertida (PC-IRV). A PCV, por ciclar por tempo, facilita ajustar a relação I:E. Alterações na mecânica ventilatória alteram o volume corrente.

Ventilação por pressão de suporte (PSV)

É o modo assistido de ventilação muito usado. O paciente necessita ter estímulo respiratório. O paciente inicia e controla o ciclo respiratório. O volume corrente depende da pressão ajustada e da intensidade e do tempo que o paciente *puxa* o ventilador e das condições mecânicas do sistema respiratório (Fig. 32-4).

O ciclo respiratório termina quando o *fluxo inspiratório* chega a cerca de 25% do fluxo inspiratório inicial.

Ajusta-se a PSV titulando a pressão para o volume corrente desejado. Verifique a FR e, se ela estiver acima da desejada, aumente a pressão de suporte. O trabalho muscular respiratório efetuado pelo paciente depende dos ajustes e pode ser avaliado pela FR e pela relação FR/VC.

É utilizada como método de desmame da prótese respiratória. Ajustar o *back up*.

Ventilação mandatória intermitente (IMV e SIMV)

A ventilação mandatória intermitente (IMV) é considerada um modo assistido de ventilação mecânica.[1]

Inicialmente o termo ventilação mandatória intermitente (IMV) foi utilizado para descrever as características de um ventilador pediátrico.[5] Em 1973, observa-se o primeiro registro de utilização da IMV em adultos, realizado através de adaptações feitas no circuito original do ventilador. Uma bolsa reservatória era colocada em circuito paralelo ao convencional do ventilador, e entre ambos colocava-se uma válvula que fechava a cada ciclo do ventilador, permitindo que os pulmões fossem insuflados mecanicamente (Fig. 32-5). Nos ciclos espontâneos a válvula se abre, permitindo ao paciente respirar pelo circuito adicional.[4,5]

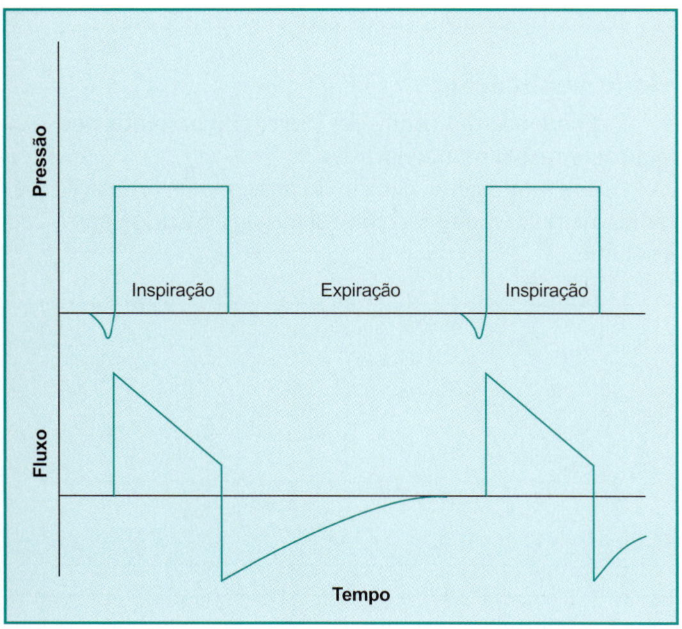

Fig. 32-4. PSV. Onda de fluxo desacelerado. O ciclo respiratório é iniciado e terminado pelo paciente.

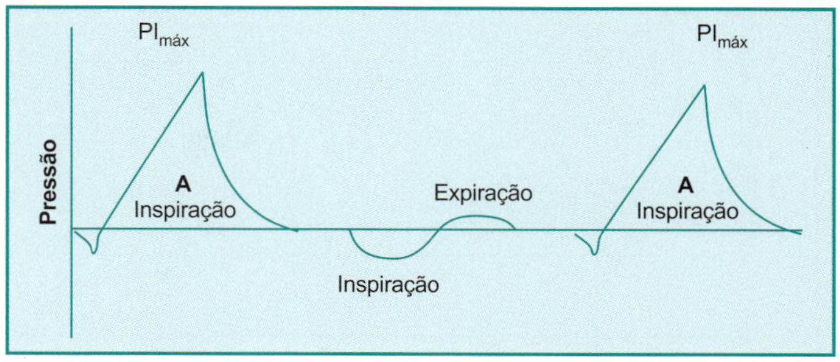

Fig. 32-5. SIMV. Após o ciclo assistido (por volume), segue-se um ciclo espontâneo. Se o paciente não puxar para iniciar o ciclo inspiratório, o ventilador dispara o ciclo (controlado ou mandatório) na freqüência respiratória programada. Observe que na inspiração espontânea a pressão é negativa (subatmosférica) e positiva na expiração. O ciclo respiratório espontâneo também pode ser em CPAP ou com suporte pela PSV.

Ao longo do tempo, o sistema de IMV foi incorporado aos ventiladores mecânicos, eliminado a necessidade do circuito extra. Essa incorporação permitiu o desenvolvimento de um sistema que fosse capaz de perceber o esforço inspiratório do paciente (*drive*), sincronizando o início do ciclo mandatório (controlado ou assistido) com o estímulo do paciente – ventilação mandatória intermitente sincronizada (SIMV). O desenvolvimento da SIMV tornou possível diminuir a assincronia paciente/ventilador e o aumento da pressão intratorácica, fatores considerados indesejáveis e que geravam risco de barotrauma e efeitos hemodinâmicos deletérios.[6,7] Entretanto, atualmente a SIMV é freqüentemente associada à PSV. Esse fato torna sem efeito uma das funções idealizadas da SIMV, que era de diminuir as repercussões cardiovasculares da pressão positiva.

A ventilação mandatória intermitente (IMV) é uma forma de ventilação mecânica que permite ao paciente realizar respirações espontâneas e, além disso, receber ciclos de ventilação mecânica (controlado ou assistido) com volume corrente e freqüência respiratória (freqüência de IMV) preestabelecidos.[3] Quanto maior for a freqüência de IMV, maior será o grau de suporte ventilatório (Fig. 32-6). O conceito da IMV é similar ao de *suspiros periódicos*.[4]

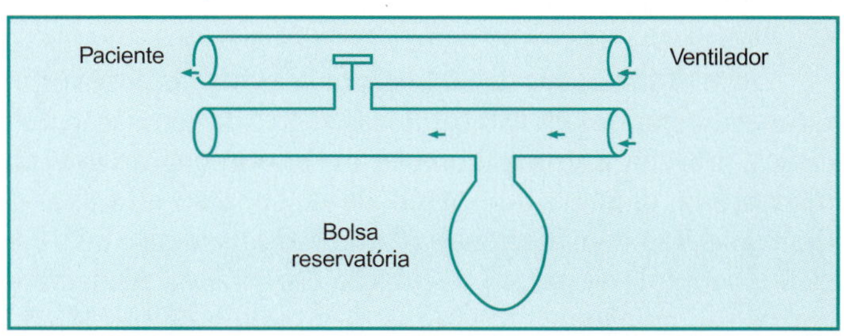

Fig. 32-6. Esquema do circuito adicional adaptado ao circuito original do ventilador.

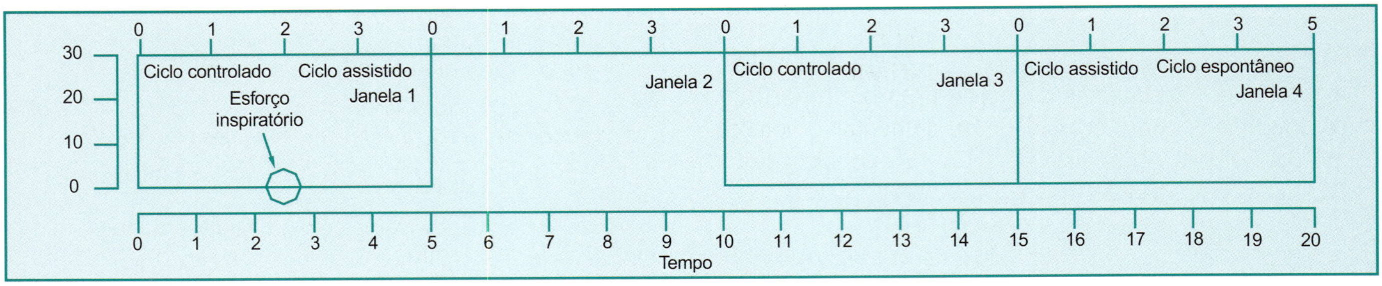

Fig. 32-7. Modo SIMV – Gráfico esquemático de pressão: janela 1 = ciclo controlado e assistido (1º estímulo); janela 2 = ausência de estímulo inspiratório; janela 3 = ciclo controlado; janela 4 = ciclo assistido no 1º estímulo e ciclo espontâneo a partir do 2º estímulo.

Durante a SIMV, o trabalho muscular respiratório do paciente é inversamente proporcional à freqüência de IMV e diretamente proporcional aos ciclos espontâneos. Vários estudos mostram que, durante a ventilação espontânea realizada no ventilador mecânico, parte substancial do trabalho respiratório e do consumo de oxigênio é resultado do esforço inspiratório necessário para abrir a válvula de demanda e iniciar o fluxo inspiratório (*trigger* pressórico). Ao contrário, observa-se significativa redução no esforço muscular inspiratório quando o sistema ventilatório é equipado com fluxo contínuo.[6,8-11]

O mecanismo de distribuição dos ciclos mandatórios (controlado ou assistido) da IMV/SIMV pode ser comparado à ventilação controlada – janelas de tempo fixas. O intervalo de tempo de cada janela é dependente da freqüência de IMV adotada. Exemplo: freqüência de IMV = 15 ipm – janela de tempo = 4 segundos.

Em cada janela de tempo será deflagrado um ciclo mandatório no primeiro estímulo inspiratório do paciente. Nos demais estímulos inspiratórios dentro da mesma janela, o pacienta realiza ciclos espontâneos de acordo com as suas necessidades. Caso não ocorra nenhum estímulo inspiratório dentro de uma janela de tempo, ao abrir a próxima janela o ventilador deflagra um ciclo controlado. Nessa janela poderão ocorrer dois ciclos mandatórios: um controlado e um assistido – 1º estímulo da janela (Fig. 32-7).

A IMV/SIMV foi descrita inicialmente como um método capaz de reduzir o tempo gasto com o desmame do paciente, mas estudos posteriores questionam essa capacidade.[4,12,13] Nesse modo ventilatório o trabalho muscular efetuado pelo paciente é maior do que no modo assistido-controlado. Atualmente a SIMV é aceita como método de desmame gradual.[16,17] Pode ser associada à PSV ou à CPAP, porém no desmame da prótese ventilatória a PSV e o tubo T são mais associados com o sucesso do que a SIMV. Não tem vantagens sobre a ventilação ACMV.

Entre as vantagens da SIMV citam-se evitar alcalose respiratória; diminuir os efeitos cardiovasculares da ventilação mecânica, prevenir a atrofia muscular e a incoordenação motora respiratória, diminuir a necessidade de sedação e facilitar o desmame. Também funcionaria como *back up* em caso de o paciente deprimir ou parar a respiração espontânea. As desvantagens são aumentar o consumo de oxigênio devido ao aumento de trabalho durante respirações espontâneas, aumentar o tempo de desmame e o risco de barotrauma.[1,4-6,14,15]

Pressão positiva contínua nas vias aéreas

É um modo de suporte à ventilação espontânea. O paciente controla a FR. Quanto maior a esforço do paciente, maior o volume corrente (Fig. 32-8).

A CPAP é utilizada para aumentar a capacidade residual funcional (CRF). O aumento da CRF produz abertura das vias aéreas, diminuindo o trabalho muscular respiratório, e melhora a troca gasosa pulmonar por aumentar a pressão e o recrutamento alveolar.

Pode ser usada na edema cardiogênico, em manobras fisioterápicas, no pós-operatório, no desmame e como manobra de recrutamento na SARA.

INICIANDO A VENTILAÇÃO MECÂNICA. PARÂMETROS VENTILATÓRIOS

Há necessidade de escolher os parâmetros que vão ser usados na ventilação do paciente.

A escolha de ventilador

- Ventiladores devem ter qualificação adequada.
- O técnico deve escolher um aparelho que tenha conhecimento prático.
- Teste o aparelho antes de acoplá-lo ao paciente.

Modo ventilatório

Dependendo das condições clínicas do paciente, pode ser método invasivo ou não-invasivo.

De um modo geral, o início do processo da ventilação mecânica invasiva é no modo controlado ou assistido-controlado a volume.

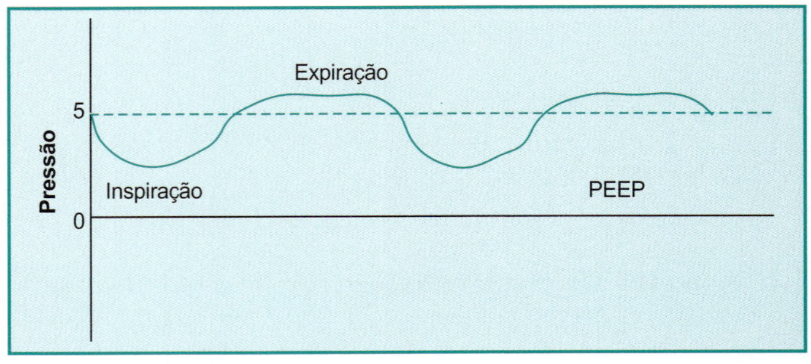

Fig. 32-8. CPAP. O paciente ventila espontaneamente, mas existe uma pressão contínua de 5 cmH_2O durante todo o ciclo respiratório.

Volume corrente

O volume corrente normal é 5 a 6 ml/kg de peso corporal. Na ventilação mecânica, há aumento do espaço morto (fisiológico, mecânico), com necessidade de aumentar o volume corrente para 8 a 10 ml/kg. Na SARA utilizam-se volumes de 4 a 7 ml/kg, e nas doenças obstrutivas, 6 a 8 ml/kg.

Freqüência respiratória

Adapte a FR ao volume-minuto (VC × FR) desejado e às condições do pacientes. Quando possível, utilize FR de 14 a 16 ipm, e em pacientes com doenças obstrutivas, 10 a 12 ipm.

Fluxo inspiratório

Para iniciar no modo a volume o fluxo inspiratório é cerca de 5 a 6 vezes o volume-minuto.

Relação I:E

A relação I:E usual é 1:2 a 1:3. Em doenças obstrutivas, deve ser ≥ 1:3.

Fração inspirada de oxigênio

Inicie com FiO_2 de 100% (1,0). Ajuste de acordo com as indicações clínicas e a SaO_2/SpO_2.

PEEP

A PEEP inicial é a fisiológica de 3 a 5 cmH_2O. Em instabilidade hemodinâmica com hipovolemia (choque), evite a PEEP. Ajuste após pela monitorização e a clínica.

Sensibilidade (*trigger*)

Pode ser por pressão ou por fluxo. É a menor pressão ou fluxo que o paciente gera para disparar o ventilador.

É importante para evitar a *briga* do paciente com o ventilador, auxiliando a adaptação.

Após iniciar a ventilação, é importante o exame físico para avaliar a expansibilidade pulmonar e o aparelho cardiovascular. Verifique as pressões, os volumes inspirado e expirado e os *displays*. Coloque alarmes: apnéia (muito importante em modos assistidos – PSV e na CPAP), desconexão, pressão inspiratória máxima (no máximo 20 a 25% ou 10 cmH_2O acima da pressão) e FR.

REFERÊNCIAS BIBLIOGRÁFICAS

1. ACCP. Consensus Conference Mechanical Ventilation. *Chest* 1993;104:1833–1859.
2. Bandolese R, Borseghini C, Polese G *et al.* Effects of Intrinsic PEEP on Pulmonary Gas Exchange in Mechanically Ventilated Patients. *Eur Respir J* 1993;6:358.
3. Brochard L, Rauss A, Benito S, Conti G, Mancebo J, Rekik N, Gasparetto A, Lemaire F. Compariso of three methods of gradual withdrawal from ventilatory support during weaning from mechanical ventilation. *Am J Respir Crit Care Med* 1994;150:896–903.
4. Culpepper JÁ, Rinaldo JE, Rogers RM. Effect of mechanical ventilator mode on tendency towards respiratory alkalosis. *Am Rev Respir Dis* 1985;132:1075–1077.
5. David CMN, Goldwasser, Portelada CA, Bruce MC. *Efeitos Hemodinâmicos da PEEP em Pacientes Normovolêmicos.* Congresso Pan-americano e Ibérico de Medicina Intensiva. Rio de Janeiro. 1991.
6. David CM, Goldwasser R. Como Iniciar e manter o Paciente em ventilação Mecânica. *In* David CM (Ed.) *Ventilação Mecânica: Da Fisiologia à Prática Clínica.* Editora Revinter. Rio de Janeiro, 2001. p 65.
7. Downs JB, Klein EF, Desautels D, Modell JH, Kirby RR. Intermittent mandatory ventilation: A new approach to weaning patients from mechanical ventilators. *Chest* 1973;64:331–335.
8. Egan DF. *Fundamentals of Respiratory Therapy.* CV, Mosby Company. Saint Louis. 1977.
9. Giuliani R, Mascia L, Rechia F, Caracciolo A, Fiore T, Ranieri M. Patient-ventilator interaction during synchronized intermittent mandatory ventilation. *Am J Respir Crit Care Med* 1995;151:1–9.
10. Goldwasser S. Desmame da ventilação mecânica. *In* Carvalho CRR (Ed.) *Ventilação mecânica* – volume I – Básico, Editora Atheneu, 2000. p 296.
11. Goldwasser S. Desmame a Ventilação Mecânica. *In* David C. (ed.) *Ventilação Mecânica – Da Fisiologia à Prática Clínica,* Editora Revinter, Rio de Janeiro, 2001. p 571.
12. Hedley-White J, Burgess GE, Feeley TW, Miller MG. *Applied Physiology of Respiratory Care.* Little, Brown and Company. Boston. 1976. p. 13.
13. Kolabow T. Pulmonary Effects of Mechanical Ventilation. *In* Stock MC, Perel A. *Mechanical Ventilatory Support.* Williams & Wilkins. Baltimore. 1977. p 49.
14. Luce JM, Pierson DJ, Hudson LD. Intermittent mandatory ventilation – Critical Reviews. *Chest* 1981;79:678–685.
15. Laver MB, Morgan J, Bendixen HH, Radford EP Jr. Lung Volume, Compliance and Arterial Oxygen Tensions During Controlled Ventilation. *J Appl Physiol* 1964;19:725.
16. Light RW. Mechanics of Respiration. *In* George RB, Light RW, Matthay MA, Matthay RA. *Essentials of Pulmonary and Critical Care Medicine. Chest Medicine.* 2nd ed. Williams & Wilkins. Baltimore. 1990. p 39.
17. MacIntyre NR. Respiratory Function During Pressure Support Ventilation. *Chest* 1986;89:677.
18. Marcy TW, Marini JJ. Control Mode and Assist/Control Ventilation. *In* Stock MC & Perel A. *Mechanical Ventilatory Support.* Williams & Wilkins. Baltimore. 1977. p. 89.
19. Marini JJ. Strategies to Minimize Breathing Effort During Mechanical Ventilation. *Crit Care Med* 1990;6(3):635.
20. Marini JJ, Rodrigues RM, Lamb V. The inspiratory workload of patient-initiated mechanical ventilation. *Am Rev Respir Dis* 1986;134:902–909.
21. Marini JJ, Smith TC, Lamb V. External work output and force generation during synchronized intermittent mechanical ventilation – Effect of machine assistance on breathing effort. *Am Rev Respir Dis* 1988;138:1169–1179.
22. Rasamen J, Heikkila J, Downs J *et al.* Continuous Airway Pressure by Face Mask in Acute Cardiogenic Pulmonary Edema. *Am J Cardiol* 1985;55:296–300.
23. Rodriguez-Roisin R. Effect of Mechanical Ventilation on Gas Exchange. *In* Tobin MJ (ed.). *Principles and Practice of*

Mechanical Ventilation. McGraw-Hill, Inc. New York, 1995. p 673.

24. Rosa RCF. Distribuição da ventilação pulmonar através do teste de lavagem de nitrogênio durante ventilação espontânea e suporte pressórico. Tese de mestrado, 1998. Programa de Engenharia Biomédica COPPE/UFRJ.
25. Santak B, Radermacher P, Sandman W, Falke KJ. Influence of SIMV plus Inspiratory Pressure Support on VA/Q Distributions During Postoperative Weaning. *Intensive Care Med* 1991;17:136.
26. Shapiro M, Wilson K, Gregorio C, Bloom K, Teague RB. Work of Breathing Through Different Sized Endotracheal Tubes. *Crit Care Med* 1986;14(12):1028.
27. Tobin MJ, Van de Graaf WB. Monitoring of Lung Mechanics and Work of Breathing. *In* Tobin MJ (Ed.). *Principles and Practice of Mechanical Ventilation.* McGraw-Hill, Inc. New York, 1995. p 967.
28. Tobin MJ. Laghi F. Monitoring of Respiratory Muscle Function. *In* Tobin MJ. (Ed.) *Principles and Practice of Intensive Care Monitoring.* McGraw-Hill, Inc; New York 1955. p 497.

33 Modalidades Ventilatórias de Duplo Controle e em Alça Fechada

João Claudio Emmerich

A abordagem ventilatória tradicional aos pacientes críticos, com insuficiência respiratória aguda e crônica agudizada, consiste no emprego da ventilação por controle de volume, com padrão de fluxo inspiratório constante (VCV – cf) ou em desaceleração linear (VCV – df).

Recentemente, ensaios clínicos não-controlados mostraram que a indicação do suporte ventilatório e suas diversas estratégias devem ser individualizadas conforme o mecanismo fisiopatológico da insuficiência respiratória. A ventilação por controle de volume é o modo mais utilizado de suporte ventilatório, sendo sua aplicação prática factível em qualquer fase evolutiva da insuficiência respiratória aguda ou crônica agudizada. A ventilação por controle de pressão e ciclagem a tempo (PCV), apesar de sua maior limitação ser o volume corrente variável, tem sido utilizada com sucesso naquelas formas mais graves da síndrome de angústia respiratória aguda (SARA).

Ultimamente, em especial a partir de meados dos anos 80 do século passado, vem sendo exaustivamente tentada a combinação das melhores características dos modos controlados a volume e a pressão, nas denominadas modalidades de duplo controle e em alça fechada, em que os parâmetros ventilatórios chaves são comparados constantemente e alterados automaticamente, pelo ventilador microprocessado, conforme a demanda do paciente, proporcionando menor interferência do clínico, além de gerar maior segurança, qualidade e confiabilidade ao seu desempenho.[2,7,8,69,72]

Neste capítulo, abordamos os fundamentos da informática aplicáveis ao suporte ventilatório; as características básicas dos ciclos controlados por pressão e volume, aqueles controlados por pressão e ciclados a volume e as modalidades de duplo controle mais importantes empregadas na prática diária da terapia intensiva respiratória, a saber:[14,15,16,17]

- Ventilação com volume-minuto mandatório (MMV).
- Ventilação por adaptação de suporte (ASV).
- Ventilação com pressão de suporte e volume assegurado (VAPSV) ou por aumento de pressão (PA).
- Ventilação com suporte de volume (VS)/Ventilação com Pressão de suporte variável (VPSV).
- Ventilação com pressão limitada e controle de volume (PRVC).
- Ventilação interativa *(automode).*
- Ventilação com sistema *autoflow.*
- Ventilação com Freqüência Mandatória (MRV).
- Ventilação com Pressão de Suporte Proporcional (PPS).
- Ventilação com Volume Garantido (VG).

INFORMÁTICA APLICADA AO SUPORTE VENTILATÓRIO

A informatização do equipamento biomédico é uma realidade incontestável, estando presente nos ventiladores microprocessados mais utilizados na prática diária da moderna medicina intensiva (p. ex.: Bird 8400 STi, Drager Evita 4, Siemens Servo 300 A , Hamilton Galileo etc.) e representam claramente uma ruptura de conceitos e de *design* quando comparados aos ventiladores que eram tradicionalmente utilizados até o início dos anos oitenta do século XX (p. ex.: Bennett MA – 1, Ohio CCV2, Monaghan 228, Siemens Servo 900 etc.).

As principais diferenças entre os ventiladores atuais (eletrônicos microprocessados) e os mais antigos (pneumáticos e eletrônicos) residem nos seguintes fatos:

- Provisão de inúmeros modos ventilatórios.
- Capacidade de monitorização sobre múltiplos parâmetros de mecânica ventilatória e o desempenho de seus sistemas próprios de funcionamento.
- Capacidade de processar informações e de reter dados (memória).
- Capacidade de aquisição de novas funções (reprogramação ou *upgrade*).
- Menor quantidade de partes móveis.
- Tamanho reduzido (mais ergonômico).
- Capacidade de participação numa rede de dados e informação sobre pacientes numa determinada instituição de saúde.

O microprocessador, ou unidade central de processamento (CPU), é o cerne de todo ventilador microprocessado, uma vez que todas as operações da máquina e seu controle acontecem aí, a exemplo de nosso computador de uso pessoal. O microprocessador é um componente de uso universal capaz de ser produzido em série, destinado a tarefas específicas, dependendo de sua programação.

A grande maioria dos ventiladores de uso corrente nos dias atuais opera com mais de um microprocessador, formando um sistema ou malha. Nesses sistemas, o fluxo de dados interage com a memória. Como memória, denominamos um endereço do microprocessador onde são estocados os dados e informações a serem retidos, empregados ou não, modificados ou não, num fluxo constante. A memória pode ser de dois tipos: a) de acesso randômico ou volátil (RAM), também chamada de memória principal, sendo a verdadeira memória do computador, no sentido em que permite a gravação, a leitura e a eliminação da informação nela contida (p. ex.: monitorização de mecânica torácica num determinado paciente) e b) permanente (ROM), servindo apenas para a leitura, ou seja, onde o usuário não pode armazenar informações, alterar ou apagar o seu conteúdo, que é formado por um conjunto de programas básicos, normalmente responsável pelo início do sistema (p. ex.: a autochecagem que acontece logo que ligamos o ventilador), controlando assim a operação de todos os componentes do ventilador através do envio ou da conversão de sinais *analógicos* (de intensidade e valores diferentes) em *digitais binários* (sinais em forma de *bits*, que é a menor unidade de informação, como por exemplo: 0 ou 1, verdadeiro ou falso, ligado ou desligado etc.) e vice-versa.

AS ORIGENS DO CONCEITO DE "ALÇA FECHADA"

Historicamente, o conceito de alça fechada foi criado por cientistas e engenheiros que procuravam por soluções práticas para problemas cotidianos. Na Grécia antiga, Ktesíbio e Platão (300 a. C.) foram os pioneiros na solução de problemas hidráulicos (extravasamento), com a invenção de bóias e relógios para reservatórios de água e de descargas para vasos sanitários, que permanecem em uso ainda nos dias atuais. Durante a Segunda Guerra Mundial, houve uma grande expansão na utilização dos sistemas de autocontrole por *feedback* em inúmeras armas como sistemas de mira de canhões e orientação de mísseis, piloto automático, radar, sonar, entre outros. Nessa época, Bodie e Nyquist lideravam a pesquisa dessa teoria com seus famosos diagramas de controle por *feedback*.

A proposta básica de qualquer sistema de controle em alça fechada é a de atingir e manter as metas (parâmetros) de um determinado programa numa variação prevista e fixada pelo operador do sistema.

Em termos de suporte ventilatório, esse conceito foi introduzido na terapia intensiva pelos ventiladores eletrônicos da linha Servo da Siemens nos anos 70, estritamente para o controle de fluxo (padrão/intensidade) e volume, sendo aprimorado no modelo 300 do mesmo fabricante. Na prática, o conceito de ventilação em alça fechada descreve uma vertente em que a totalidade ou as principais operações e/ou funções do ventilador são controladas automaticamente, a partir de impulsos basicamente mecânicos. Destacamos ainda que, apesar do grande avanço tecnológico atual, não existe um sistema totalmente independente de ventilação em alça fechada, quando muito de *duplo controle*.

Na atualidade, vivemos em plena era do *volutrauma* e da lesão pulmonar induzida pelo suporte ventilatório convencional, manifestando mais uma vez a importância do conceito de alça fechada dentro de uma estratégia ventilatória de proteção pulmonar (controle rigoroso de pressão inspiratória máxima e de volume corrente), de importância capital na prevenção da hiperdistensão regional e/ou global do parênquima pulmonar.

CONTROLE DE PRESSÃO *VERSUS* CONTROLE DE VOLUME

A ventilação por controle de volume (VCV) representa a abordagem tradicional ao suporte ventilatório de pacientes com insuficiência respiratória aguda ou crônica agudizada há mais de três décadas. Suas principais características são as de apresentar perfil definido de fluxo inspiratório (constante ou em desaceleração), tempo inspiratório e de volume corrente constantes, sendo esse último parâmetro não influenciado ou alterado pela demanda do paciente.

A pressão resultante e a distribuição desse volume corrente estarão na dependência das características de impedância do paciente (complacência e resistência de suas vias aéreas) e daquelas dos circuitos e válvulas do ventilador, podendo algumas vezes, devido à sua grande magnitude, comprometer o equilíbrio mecânico do conjunto pulmão – tórax. Também, por gerarem taxas de fluxo inspiratório fixas e, caso a demanda do paciente seja superior à prevista, este irá experimentar uma situação de estresse denominada *fome de fluxo*, na qual o ventilador é incapaz de suprir essa sobrecarga transitória com fluxo adicional, resultando em aumento do trabalho muscular e *assincronia* com a máquina.

Podemos empregar a VCV nas modalidades de ventilação controlada (CMV), assistido-controlada (ACMV) e mandatória intermitente sincronizada (SIMV). Os principais objetivos da utilização da ventilação por controle de pressão (PCV) são os de efetivamente podermos reduzir a pressão máxima nas vias aéreas ($PI_{máx}$) e de limitar a pressão alveolar (para tal finalidade considere a $Palv = P_{platô}$), minorando assim o risco de lesão por hiperdistensão alveolar. Há indícios de que a PCV também possa melhorar a sincronia entre paciente e ventilador. Contrariamente à ventilação por controle de volume, a pressão máxima a ser atingida nas vias aéreas é fixa e o fluxo inspiratório necessário para manter o nível de pressão selecionado é alcançado muito precocemente na fase inspiratória, superando, assim, a demanda do paciente. Podemos empregar a PCV nas mesmas modalidades da ventilação por controle de volume (VCV) descritas anteriormente.

Outra modalidade em que a pressão é o determinante principal do ciclo respiratório é a ventilação com suporte pressórico (PSV). Ao contrário da PCV, caracteriza-se por um tempo inspiratório variável, por um mecanismo de ciclagem a fluxo e por ser um modo ventilatório unicamente assistido. Sua principal desvantagem reside no fato de que a desaceleração do fluxo inspiratório pode ser muito lenta para pacientes com limitação crônica ao fluxo de gases nas vias aéreas (DPOC), resultando num tempo inspiratório muito longo, predispondo a assincronia com o ventilador.

A principal desvantagem de todas as formas de ventilação por controle de pressão é a de apresentarem volume corrente variável, podendo em algumas situações, que cursam com irregularidade muito acentuada do estímulo ventilatório (p. ex.: AVE, TCE, etc.), por diminuição da condução do estímulo neural (p. ex.: doenças neuromusculares) ou aquelas predisponentes a fadiga muscular (p. ex.: DPOC), provocar oscilações muito perigosas na ventilação minuto pulmonar. Em tese, combinando-se as apresentações da limitação de pressão com a ciclagem a volume, poderíamos melhorar substancialmente a assincronia entre paciente e ventilador, sem os riscos de variações extremas e perigosas na ventilação alveolar.

COMBINANDO PRESSÃO E VOLUME NO MESMO CICLO

Existem duas maneiras básicas para combinarmos as principais características de sincronia dos ciclos limitados a volume e pressão, respectivamente. A primeira, e mais simples, é a mistura de modalidades, como, por exemplo, na ventilação mandatória intermitente sincronizada (SIMV), em que na fase mecânica utilizamos ciclos limitados a volume combinados com pressão de suporte na fase espontânea. Uma variante dessa abordagem é aquela em que suprimos um determinado número de ciclos mandatórios em resposta a oscilações do volume-minuto do paciente durante o uso da SIMV, como proposta por Hewlett em 1977 e denominada ventilação com volume-minuto mandatório (MMV). A segunda abordagem tem por objetivo prover um volume corrente fixo a um ciclo limitado a pressão, podendo ser atingida através das seguintes maneiras:[41]

1. Tempo inspiratório prolongado utilizando um fluxo mínimo adicional até que o volume corrente alvo tenha sido repassado ao paciente.
2. Ajustes contínuos e rigorosos na pressão limite ($PI_{máx}$), tendo como base o volume corrente gerado em ciclos anteriores (p. ex.: PRVC, VS e *Automode* do ventilador Siemens Servo 300 A e VPSVPS / VPCV do ventilador CPC – Venturi).
3. A garantia de um fluxo constante e de um volume corrente mínimos de reserva (p. ex.: VAPS dos ventiladores Bird e Pressure Augmentation do ventilador Bear 1000). Esses ciclos podem ser utilizados para a provisão de suporte ventilatório total ou parcial na forma de ventilação invasiva como de não-invasiva.

CLASSIFICAÇÃO DAS MODALIDADES DE DUPLO CONTROLE

Podemos agrupar as modalidades de duplo controle em duas amplas categorias principais: 1) aquelas em que a entrega do fluxo de gases pode ser alterada dentro do próprio ciclo (p. ex.: VAPS, PA, PPS) e 2) aquelas onde o fluxo de gases é alterado entre os ciclos (p. ex.: PRVC, VS & Automode, VPS, Autoflow, MRV, MMV e ASV). De um ponto de vista prático, devemos sempre que possível optar pelas modalidades que variam o fluxo de gases dentro do ciclo, já que permitem melhor adequação à demanda do paciente, sendo assim preventivas da assincronia.

VENTILAÇÃO COM VOLUME-MINUTO MANDATÓRIO (MMV)

Idealizada e proposta para uso clínico por Hewlett *et al* em 1977, somente a partir da década de 80 no século passado foi incorporada aos modernos ventiladores microprocessados como os Ohmeda CPU-1 e Ohmeda Advent, Bear 5 e Bear 1000, Dräger Evita 2 e Evita 4, Engström Erica e Elvira, Hamilton Veolar.[9,10]

Características técnicas

Uma vez cogitada a utilização de suporte ventilatório parcial, em particular da ventilação mandatória intermitente sincronizada (SIMV), devemos estar seguros de que o paciente tenha condições de gerar volumes correntes espontâneos adequados nos intervalos dos ciclos mandatórios, caso contrário haverá hipoventilação alveolar.

A ventilação com volume-minuto mandatório (MMV) assegura ao paciente um volume-minuto compatível com a demanda ventilatória prevista, independentemente de seu esforço espontâneo. Cada ciclo do paciente tem seu volume-minuto comparado a um padrão preestabelecido (volume-minuto alvo). Caso o volume gerado esteja aquém do programado, o ventilador completará o volume deficitário, à custa de ciclos mandatórios adicionais volume-controlados, ou reforçando ciclos espontâneos com pressão de suporte, preservando, assim, a uniformidade da função ventilatória.

Indicações potenciais e limitações

A principal indicação dessa modalidade de suporte ventilatório por sua própria definição, ou seja, a de autocompensar possíveis alterações da ventilação espontânea, seria o seu emprego naqueles pacientes portadores de patologias que cursam com flutuações do estímulo e do esforço muscular respiratório, como na insuficiência respiratória de origem neuromuscular.

Recentemente, Emmerich e Vicêncio estudaram clinicamente o emprego da ventilação com volume-minuto mandatório no desmame de 17 pacientes com insuficiência respiratória de causa neuromuscular, ratificando observações anteriores, além de ressaltar outras vantagens como as de não interferir com a função hemodinâmica, sensação de conforto do paciente e, em alguns casos, a rapidez do afastamento da prótese mecânica.[23-32]

Outras indicações da MMV seriam a recuperação pós-anestésica, insuficiência respiratória por intoxicações exógenas e o desmame de pacientes submetidos à ventilação mecânica prolongada por, conceitualmente, permitir uma transição mais gradual e suave para a respiração espontânea.

Estudo clássico de Davis *et al*, além de dados não-publicados do autor, apontam vantagens no emprego da MMV no desmame de pacientes com doença pulmonar obstrutiva crônica agudizada.[19] A principal limitação da MMV é de que o paciente pode atingir o volume-minuto prefixado à custa de um padrão ventilatório marginal (taquipnéia + volume corrente muito baixo), predispondo a complicações como hipoventilação alveolar, hipoxemia e auto-PEEP, entre outras.

Algoritmos utilizados para geração da MMV

Até o presente momento não existe um método padrão para o fornecimento da ventilação com volume-minuto mandatório (MMV). Os ventiladores microprocessados que dispõem desse recurso empregam diferentes algoritmos que ajustam a freqüência dos ciclos mandatórios e a pressão de suporte, alterando a participação da máquina em termos de contribuição à função ventilatória espontânea. A seguir serão descritos os algoritmos de funcionamento dos principais ventiladores microprocessados que dispõem da MMV.

■ *Ohmeda CPU-1 e Ohmeda Advent*

Entre todos os ventiladores que oferecem a MMV, os da linha Ohmeda possuem o algoritmo de maior sofisticação.

O volume-minuto espontâneo é verificado e corrigido a cada 24 segundos. Nesse intervalo, a freqüência mandatória é diminuída em 12,5%, caso o volume-minuto espontâneo seja superior ao previsto em torno de 112,5%. Entretanto, se o volume-minuto espontâneo cair abaixo do volume-minuto alvo em torno de 75%, o ventilador reverterá essa situação, promovendo ciclos mandatórios até que o volume-minuto espontâneo seja igual ao volume-minuto alvo.

■ *Bear 5 e Bear 1000*

Nesses ventiladores, o ajuste da freqüência de ciclos mandatórios é feito pela média desses ciclos nos últimos 20 segundos em relação ao volume-minuto espontâneo. Caso o volume-minuto espontâneo médio seja menor que o volume-minuto alvo, o ventilador aumentará o número de ciclos mandatórios até que o volume-minuto espontâneo exceda o volume-minuto alvo em 1 litro ou 10%.

Uma apresentação ímpar dessa marca é a de podermos estabelecer um número mínimo de ciclos mandatórios, abaixo do qual a freqüência do ventilador não será alterada, permitindo maior segurança ao clínico.

■ *Dräger Evita 2 e Evita 4*

Em termos gerais, segue o mesmo algoritmo dos aparelhos da linha *Bear*, exceto pelo tempo de análise do volume-minuto espontâneo, que é de 45 segundos.

■ *Engström Erica e Engström Elvira*

Empregam o conceito de MMV original descrito por Hewlett *et al*, exceto pelo fato de o microprocessador controlar e analisar o volume-minuto espontâneo. Há uma comparação contínua do volume-minuto espontâneo e do volume-minuto alvo. Quando a diferença entre esses dois parâmetros é igual ao volume corrente de um ciclo mandatório, o ventilador libera um ciclo mecânico não-sincronizado, após o qual é reiniciado o processo de monitoração do volume-minuto.

■ *Hamilton Veolar e Hamilton Galileo*

Utilizam um sistema único de participação do ventilador na determinação do volume-minuto alvo através de níveis variáveis de pressão de suporte, que serão aumentados em média 2 cmH_2O até o volume-minuto espontâneo igualar ou superar o volume-minuto alvo, sendo automaticamente reduzidos após alcançado o objetivo.

Aplicação prática

A determinação do volume-minuto alvo é o principal objetivo a ser alcançado quando utilizamos a ventilação com volume-minuto mandatório (MMV). De modo geral, não existem parâmetros fiéis para sua obtenção, devendo ser individualizado conforme o quadro clínico do paciente. Naquelas indicações cuja flutuação do *drive* respiratório seja a apresentação proeminente, o melhor volume-minuto alvo é aquele que resulte em normocarbia e pH aceitável. Entretanto, quando usado no desmame de pacientes com DPOC, o volume-minuto alvo deve ser fixado em níveis compatíveis com a $PaCO_2$ desses pacientes no estado de equilíbrio, ou seja, leve hipercarbia, preservando o estímulo ventilatório.

Em termos gerais, devemos lançar mão da análise conjunta de variáveis clínicas e gasométricas, principalmente variações da $PaCO_2$ e do pH. São determinantes do volume-minuto alvo:

- Quadro clínico.
- Freqüência respiratória.
- Atividade muscular espontânea.
- $PaCO_2/ETCO_2$ ou $PaCO_2 - ETCO_2$.
- VD/VT.
- pH.

Com certa freqüência nos defrontamos com situações nas quais o volume-minuto alvo não é atingido ou, então, o é à custa de movimentos respiratórios rápidos e superficiais, ensejando o risco de grave consumo metabólico e apnéia. Como alternativa, alguns ventiladores (p. ex.: Hamilton Veolar) acrescentam níveis variáveis de suporte pressórico, na tentativa de restaurar o volume corrente dos ciclos espontâneos, mantendo assim a uniformidade da função ventilatória.

Outra abordagem ao problema é oferecida por outros ventiladores como o Ohmeda CPU-1, que, por análise microprocessada do volume-minuto espontâneo, aumenta a freqüência de ciclos mandatórios como resposta à insuficiência do volume-minuto espontâneo em nivelar-se ao volume-minuto alvo.

A seguir apresentamos as linhas gerais para a aplicação prática da MMV baseadas na experiência do autor com essa modalidade ventilatória:

- Verificação das condições clínicas, hemodinâmicas, gasométricas e de mecânica respiratória basais do paciente.
- O paciente deve estar sendo ventilado preferencialmente com alguma forma de suporte ventilatório parcial (SIMV com freqüência da máquina menor que 8 / min).
- Se o paciente vinha sendo ventilado com SIMV, instituir volume-minuto alvo de 85% daquele atualmente gerado.
- No caso de pacientes que vinham em uso de ventilação assistido-controlada, instituir volume-minuto alvo de 80% daquele atualmente gerado.

- Na dependência do ventilador utilizado, instituir PSV que gere VT 8-10 ml/kg.
- Fixar alarmes para volume-minuto mínimo, freqüência respiratória máxima e apnéia.
- Conforme a evolução do paciente, haverá redução automática dos ciclos mandatórios, restando apenas assistência aos ciclos espontâneos com pressão de suporte.
- Desmame da pressão de suporte seguindo protocolo padrão.

VENTILAÇÃO POR ADAPTAÇÃO DE SUPORTE (ASB)

Essa modalidade em alça fechada foi introduzida na prática da terapia intensiva ao fim da última década do século XX, estando incorporada ao ventilador microprocessado Hamilton Galileo.

Considerações técnicas

Em 1977, Hewlett introduziu o conceito da ventilação com volume-minuto mandatório (MMV).[41] Desde então, inúmeros fabricantes colocaram a MMV no mercado sob diferentes nomes. Entretanto, todos esses algoritmos para geração dessa modalidade comercialmente disponível apresentavam limitações que tornavam perigosa a sua difusão na prática clínica diária. A ventilação por adaptação de suporte (ASV) é um modo de ventilação por pressão positiva destinado a minimizar aquelas limitações inerentes da ventilação com volume-minuto mandatório. Dessa maneira, a ventilação por adaptação de suporte (ASV) mantém um percentual mínimo do volume-minuto que é ajustado pelo clínico e independente da atividade do paciente. O padrão respiratório alvo, que inclui parâmetros como freqüência respiratória, pressão inspiratória máxima e volume corrente, é calculado pelo ventilador (utilizando a equação de Otis, a qual considera que o padrão respiratório ideal é aquele que resulta do menor trabalho respiratório desenvolvido, ou seja, na menor pressão possível aplicada pelo aparelho em condições passivas de ventilação) a partir do peso ideal do paciente que é introduzido em sua janela de controle e pela análise de suas condições de mecânica torácica. Esses parâmetros são alterados de acordo com a demanda do paciente. Um algoritmo próprio, denominado *"Estratégia de Proteção Pulmonar"* garante", o funcionamento da ventilação por adaptação de suporte (ASV) dentro de limites seguros de mecânica torácica.

Indicações potenciais e limitações

Em tese, estaria indicada como forma de suporte ventilatório invasivo total ou parcial na insuficiência respiratória aguda e crônica agudizada, pela sua capacidade de adaptação dentro de limites muito próximos à demanda do paciente, diminuindo assim a necessidade de sedação, bloqueio neuromuscular e mudanças de decúbito. Ainda não são conhecidas totalmente suas limitações.

Aplicação prática

Por ser uma modalidade ventilatória extremamente nova, ainda não há experiência acumulada suficiente na literatura que nos permita a elaboração de um conjunto de normas para regular sua aplicação prática.

VENTILAÇÃO CONTROLADA A VOLUME COM PRESSÃO LIMITADA (PRVC)

Introduzida no início da última década do século XX, está integrada ao ventilador microprocessado Siemens Servo 300.

Características técnicas

É uma modalidade de duplo controle que é utilizável apenas no modo controlado. Nela, o paciente recebe um número fixo de ciclos com volume corrente predefinido pelo algoritmo de controle do ventilador microprocessado, mimetizando ciclos do tipo PCV. Os parâmetros ventilatórios a serem inicialmente regulados pelo clínico são a freqüência respiratória, o tempo inspiratório e o volume corrente, o qual o aparelho tenta manter com o menor nível de pressão inspiratória possível.

Inicialmente, ou após qualquer desconexão do paciente da prótese, o ventilador programa uma seqüência de quatro ciclos de teste. O primeiro desses quatro ciclos de teste é liberado com um limite de pressão inspiratória máxima ($PI_{máx}$) 5 cmH_2O maior do que a PEEP em uso, sendo então medido o volume corrente gerado nesse gradiente de pressão. O programa de controle do ventilador então determina a pressão necessária para alcançar o volume corrente selecionado através de cálculos que envolvem a pressão gerada nos ciclos anteriores, o volume corrente escolhido e o volume corrente gerado no ciclo prévio. O próximo ciclo de teste é liberado com uma pressão de 75% daquela necessária para atingir o volume corrente alvo. Esse processo continua nos dois últimos ciclos de teste da seqüência. A pressão inspiratória máxima (PIP) a ser gerada após essa seqüência variará em torno de aproximadamente 3 cmH_2O a partir de um valor calculado com base nas características de mecânica respiratória dos ciclos precedentes relativa sempre ao volume corrente programado. Portanto, se o volume corrente é muito grande, a pressão diminui paralelamente até ser atingido um ponto de equilíbrio entre o volume corrente medido e o volume corrente selecionado.

Nessa modalidade, o nível máximo da pressão de pico nas vias aéreas ($PI_{máx}$) atingido será sempre 5 cmH_2O abaixo daquele programado como limite de funcionamento. Em aparelhos da linha Dräger (Evita 2 e Evita 4) encontramos uma forma análoga dessa modalidade ventilatória denominada ventilação volumétrica com limite de pressão e autocontrole de fluxo (PLV *plus Autoflow*).[21]

Indicações potenciais e limitações

A PRCV combina as apresentações da ventilação por controle de pressão com fluxo inspiratório em desaceleração linear (melhor distribuição desse fluxo a unidades de alta constante de tempo e baixa complacência/alta resistência) com as da ventilação volumétrica (volume corrente garantido), à custa de pressões mais baixas; estaria indicada na fase inicial da insuficiência respiratória aguda dentro de uma estratégia protetora.

Suas principais limitações são: 1) com o aumento da demanda ventilatória do paciente pode haver uma queda na $PI_{máx}$ levando a uma redução do grau de assistência prestada pelo ventilador, e 2) essa queda no nível da $PI_{máx}$ leva também a diminuição da pressão média nas vias aéreas, predispondo a hipoxemia.

Aplicação prática

Apesar das vantagens técnicas aludidas, a quase ausência de estudos controlados não nos permite a elaboração de um conjunto de normas para sua aplicação prática.

VENTILAÇÃO COM SUPORTE DE VOLUME (VS)

Foi introduzida no início da última década do século XX, estando integrada ao ventilador microprocessado Siemens Servo 300.

Características técnicas

Essa modalidade de ventilação em alça fechada utiliza como princípios de funcionamento a ventilação com pressão de suporte (PSV) e a ventilação com volume-minuto mandatório (MMV).

Nela, o volume corrente é fixo, e a pressão máxima nas vias aéreas (PIP) variável, em função da complacência pulmonar, da resistência dos circuitos, das vias aéreas artificiais e do paciente.

Contrariamente a outras formas de ventilação de duplo controle, o paciente não consegue alcançar o volume-minuto à custa de um padrão ventilatório rápido e superficial, provavelmente por exercer um controle mais rigoroso sobre parâmetros como a freqüência respiratória e o tempo inspiratório.

Seus parâmetros ventilatórios fundamentais são a freqüência respiratória, o volume corrente e o volume-minuto. Algoritmo análogo é encontrado no ventilador CPC – Venturi sob o nome de ventilação com pressão de suporte variável (VPSV).

Indicações potenciais e limitações

Por ser uma modalidade ventilatória assistida e pelas vantagens técnicas já mencionadas, estaria reservada ao desmame do suporte ventilatório, especialmente naqueles pacientes de longa permanência e susceptíveis a fadiga muscular respiratória.

Aplicação prática

Ainda não se encontra bem-estabelecida, havendo estudos recentes que mostram predisposição a assincronia com sua utilização; sendo assim, não nos permite a elaboração de um conjunto de normas para regular a sua aplicação prática.

VENTILAÇÃO INTERATIVA (AUTOMODE)

Introduzida como opção de *software* no ventilador microprocessado Siemens Servo 300 A ao fim da década de 90.

Características técnicas

Não deve ser considerada uma modalidade ventilatória *per se* mas sim um algoritmo de controle do ventilador microprocessado que permite a passagem automática do paciente de modalidades controladas ou assistido-controladas para modalidades parciais de suporte ventilatório conforme a sua necessidade individual. Quando ativada a ventilação interativa (Automode) no ventilador microprocessado Siemens Servo 300 A, podemos intercambiar as seguintes modalidades: 1) volume controlado para suporte de volume (VC/VS); 2) pressão controlada para pressão de suporte (PCV/PSV) e, 3) controle de volume com pressão limitada para suporte de volume (PRVC/VS). Durante a sua vigência, o ventilador faz a troca para a modalidade parcial correspondente após dois ciclos deflagrados pelo paciente, permanecendo assim até não mais detectar atividade espontânea, quando então retornará à modalidade de controle.

Indicações potenciais, limitações e aplicação prática

Até o presente momento não estão totalmente delimitadas ou definidas; pode ser potencialmente útil como uma forma de início do desmame do suporte ventilatório.

VENTILAÇÃO COM FREQÜÊNCIA MANDATÓRIA (MRV)

Introduzida inicialmente no final dos anos 80 no ventilador microprocessado Taema Cesar, foi posteriormente aperfeiçoada na década de 90 e incorporada ao ventilador microprocessado Taema Horus.

Características técnicas

É uma modalidade de ventilação em alça fechada em que os níveis de pressão de suporte são automaticamente ajustados para a manutenção de uma freqüência respiratória alvo (predeterminada). Caso a freqüência respiratória do paciente aumente significativamente, os níveis de pressão de suporte são elevados concomitantemente; quando a freqüência respiratória diminui, os níveis de pressão de suporte são gradualmente reduzidos.

Indicações potenciais e limitações

Teoricamente, estaria indicada para o desmame, principalmente daqueles pacientes de longa permanência na prótese ventilatória (DPOC, doenças neuromusculares etc.) por se auto-regular conforme o aumento da capacidade ventilatória individual, permitindo transição mais rápida para a ventilação espontânea.

Aplicação prática

É uma apresentação exclusiva dos ventiladores microprocessados Taema Cesar e Taema Horus, ainda não havendo estudos na literatura mundial que comprovem sua real eficácia e aplicabilidade prática.

SISTEMA AUTOFLOW

Introduzida na última década do século XX como opção de *software* no ventilador microprocessado Dräger Evita 4.

Características técnicas

Trata-se propriamente de um algoritmo de controle de fluxo inspiratório. Representa um importante adjunto às modalidades volume-controladas (CMV, ACMV, SIMV e MMV) atualmente disponíveis nesses ventiladores.

Indicações potenciais e limitações

Em tese, a aplicação desse sistema seria vantajosa naqueles pacientes cuja condição clínica cursa com variações súbitas na impedância torácica, bem como naqueles mais debilitados submetidos a suporte ventilatório de longa duração.

Aplicação prática

Quando ativado, seu algoritmo de funcionamento ajusta automaticamente o valor do fluxo inspiratório para que o volume corrente escolhido seja liberado para o paciente na menor variação possível da $PI_{máx}$ através de análises contínuas da complacência do paciente, dos circuitos do ventilador, da taxa de fluxo e pela aplicação de um padrão de fluxo inspiratório em desaceleração.

VENTILAÇÃO COM SUPORTE PRESSÓRICO E VOLUME GARANTIDO (VAPSV) OU PRESSÃO AUMENTADA (PA)

Descrita originalmente por Amato, Bonassa *et al* em 1992, foi desenvolvida por McIntyre e Branson em 1994,[1] sendo logo após incorporada aos ventiladores microprocessados avançados das linhas Bird (modelos 8400 STi e AVS III) e Bear (modelo 1000).[4,5,11]

Considerações técnicas

A VAPSV apresenta características comuns à ventilação com suporte pressórico (PSV) e ventilação por controle de volume com fluxo inspiratório constante (VCV – cf). A ventilação com suporte pressórico e volume garantido (VAPSV) utiliza, para viabilizar sua operação, duas fontes geradoras de fluxo inspiratório que funcionam em paralelo. Uma delas gera fluxo constante cujo valor é determinado pelo clínico (10-120 l / minuto), sendo a responsável pela garantia de um volume corrente fixo. A outra é aquela determinada pelo algoritmo de fluxo do ventilador microprocessado para a manutenção de pressão desejada, do tipo em desaceleração exponencial.

Nessa modalidade, determinamos basicamente o valor máximo da pressão inspiratória, o valor do fluxo constante e o volume corrente mínimo desejado. Contrariamente a outras modalidades em alça fechada, a VAPSV pode ser indistintamente empregada nos modos de ventilação controlada (CMV), assistido-controlada (ACMV) e mandatória intermitente sincronizada (SIMV), conforme ditar a situação clínica do momento. Se durante um ciclo a análise do ventilador detecta um volume corrente mínimo inadequado (abaixo do previsto), a taxa de fluxo será mantida uniforme (2° sistema de fluxo pressão limite), elevando-se, às vezes, discretamente a pressão máxima das vias aéreas, pela atuação em paralelo do sistema de fluxo constante (1°sistema de fluxo), garantindo assim a entrega do volume corrente mínimo prefixado (ciclagem a volume). Se o volume corrente for maior do que o mínimo delimitado, o ciclo será limitado a pressão e finalizado a fluxo ou tempo, dependendo do modo utilizado (assistido ou controlado).

Teoricamente, a grande e desproporcional oferta de fluxo inspiratório e a garantia de um volume corrente mínimo previsível com limitação da pressão máxima nas vias aéreas (PIP) e as alterações de parâmetros intraciclos seriam as razões do sucesso para a utilização da VAPSV naquelas situações que cursam com aumento do trabalho muscular respiratório, evitando a briga com o ventilador, a fome de fluxo, e prevenindo a assincronia, pela sua capacidade de permitir ao paciente alterar o fluxo mesoinspiratório e cobrir uma demanda adicional. Outra característica ímpar dessa nova modalidade de suporte ventilatório de duplo controle devido à sua enorme flexibilidade no aproveitamento de diversos parâmetros ventilatórios é poder mimetizar outras formas de assistência ventilatória, como, por exemplo, a ventilação por liberação de pressão nas vias aéreas (APRV) e a ventilação por controle de pressão (PCV e PC – IRV).

Indicações potenciais e limitações

Em termos práticos, podemos indicar a ventilação com suporte pressórico e volume garantido (VAPSV) como forma de suporte ventilatório não-invasivo e invasivo nas modalidades controlada (CMV), assistido-controlada (ACMV) e mandatória intermitente sincronizada (SIMV).

As principais limitações ao uso da VAPSV ocorrem 1) naquelas situações que cursam com alta impedância nas vias aéreas em que são necessárias altas pressões de pico e todos os ciclos são limitados ou ciclados a pressão (volume corrente muito variável) e 2) quando o fluxo inspiratório é fixado em valores muito baixos, gerando um tempo inspiratório muito longo.

Aplicação prática

■ *Como ventilação não-invasiva*

Devem ser bem estabelecidas suas indicações, tendo o paciente preenchido os critérios de segurança para sua utilização. O volume corrente mínimo inicial deverá ser de 8-10 ml / kg de peso ideal, podendo ser reduzido conforme nuances individuais da patologia de base do paciente. Parâmetros como pressão máxima nas vias aéreas ($PI_{máx}$) e a pressão positiva expiratória final (PEEP) deverão ser titulados individualmente, conforme as respostas do paciente, e monitorizados em sua eficácia por análises seriadas da condição clínica, mecânica torácica (pressão de pico, freqüência respiratória), oxigenação (SaO_2, PaO_2/FiO_2) e ventilação ($PaCO_2$ ou $PETCO_2$). Quanto à taxa de fluxo inspiratório, deverá ser aquela que garanta o volume corrente mínimo e manipule uma relação I:E adequada à condição de base do paciente e que não provoque pico de pressão nas vias aéreas. Quanto ao desmame da VAPSV, logo que estabelecida a condição de estabilidade clínica com $FiO_2 = 0,4$ e PEEP = 5 cmH_2O, iniciamos, conforme a tolerância individual, a redução da pressão de suporte até aqueles níveis de PEEP. Se após 120 minutos houver estabilidade clínica global, passamos o paciente para máscara facial de O_2 e observamos suas reações. A ventilação não-invasiva poderá ser imediatamente restaurada em caso de piora.

Como ventilação invasiva

A seguir apresentamos um conjunto de normas práticas para a implementação do uso clínico da VAPSV baseadas na experiência do autor com essa modalidade ventilatória em mais de 500 pacientes internados no Centro de Terapia Intensiva do Hospital dos Servidores do Estado, MS, Rio de Janeiro:[23]

- *Indicação:* como forma isolada de suporte ventilatório nas modalidades de ventilação controlada, assistido-controlada e mandatória intermitente sincronizada.
- Freqüência respiratória (FR), volume corrente (VC), fração inspirada de oxigênio (FiO_2) e pressão positiva expiratória final (PEEP) devem ser individualizados.
- *Pressão máxima* ($PI_{máx}$): em pacientes com patologias restritivas (p. ex.: SARA, broncopneumonia etc.) pode ser dada pelo valor da $P_{platô}$ gerada pelo uso da ventilação volumétrica com fluxo constante (VCV – cf), enquanto em pacientes com doenças obstrutivas (p. ex.: DPOC, asma etc.) é estimada pelo valor da resistência das vias aéreas (PIP – Pplatô/rebaixado/fluxo inspiratório em litros por segundos) medida durante o emprego da VCV – cf.
- Quanto à determinação da taxa de fluxo inspiratório, seu valor ideal será aquele que garanta um volume corrente mínimo e manipule uma relação I:E adequada à condição fisiopatológica do paciente sem, no entanto, provocar picos de pressão em suas vias aéreas. Nesse particular, a monitorização gráfica dos padrões de fluxo e pressão inspiratórias é auxiliar valioso.

VENTILAÇÃO COM PRESSÃO DE SUPORTE PROPORCIONAL (PPS)

A ventilação com pressão de suporte proporcional (PPS) está fundamentada na ventilação proporcional assistida (PAV), que foi idealizada e primeiramente descrita por Younes *et al* em 1992. Essa nova modalidade assistida de ventilação em alça fechada foi recentemente introduzida como uma opção de *software* ao ventilador microprocessado Dräger Evita 4.

Características técnicas

Podemos encarar a ventilação com pressão de suporte proporcional (PPS) de duas maneiras: 1) como um desenvolvimento da ventilação com suporte pressórico (de um nível de assistência fixa para um nível de assistência proporcional à atividade neuromuscular e às características de mecânica torácica do paciente) e 2) como um tipo especial de pressão positiva nas vias aéreas (CPAP), na qual delimitamos parâmetros como o fluxo inspiratório e o volume corrente, utilizados para superar alterações na impedância do paciente (complacência, resistência e elastância).

Seu princípio de funcionamento é análogo ao da ventilação proporcional assistida (PAV), pois permite fluxo livre de gás para o paciente em resposta à sua atividade ventilatória espontânea.

Os sinais de pressão, volume e fluxo gerados na via aérea proximal do paciente são amplificados pelo ventilador. A pressão de suporte gerada pelo ventilador em resposta ao estímulo do paciente é determinada principalmente em proporção direta à taxa de fluxo, ao volume corrente, e pelo grau de amplificação determinado pelo clínico com base na equação motriz do sistema respiratório. Através do ajuste constante do nível de pressão de suporte para cobrir aumentos na demanda ventilatória do paciente, permitimos que o ventilador faça o trabalho "excedente" e deixe o paciente realizar a sua quantidade "normal" de trabalho muscular respiratório, ou seja, o objetivo primário dessa modalidade ventilatória é manter constantes as frações do trabalho respiratório feitas pelo ventilador e a do paciente como determinadas pelo clínico. Quando comparada à ventilação com suporte pressórico, a PPS produziu menor quantidade de trabalho respiratório.

Indicações potenciais e limitações

Como uma modalidade parcial de suporte ventilatório nas formas de ventilação não-invasiva e invasiva. Pelo fato de ser uma modalidade de "acoplamento", pode haver o risco potencial de instabilidade, que geralmente acontece quando os parâmetros amplificados excedem os níveis de impedância (resistência, complacência e elastância) do paciente e que, por razões óbvias de segurança, devem ser conhecidos.

Aplicação prática

Apesar do entusiasmo demonstrado pelo seu uso, conforme já demonstram alguns trabalhos na literatura (como forma inicial de ventilação em pacientes sépticos e no desmame do suporte ventilatório), ainda não há experiência acumulada suficiente que nos permita a elaboração de um conjunto de normas para regular sua aplicação prática.

VENTILAÇÃO COM VOLUME GARANTIDO (VG)

Modalidade em alça fechada recentemente introduzida como opção de *software* (*Software 5*) no ventilador neonatal/pediátrico Dräger Babylog 8000 plus.

Características técnicas

O reconhecimento aumentado do volutrauma e da hiperdistensão pulmonar como causas diretas de lesão pulmonar aguda renovou o interesse por um maior controle sobre o volume corrente (VC) e pressões inspiratórias máximas de ciclagem ($PI_{máx}$) em ventilação neonatal e pediátrica. Contrariamente aos ventiladores geradores de fluxo utilizados em pacientes adultos, nessa modalidade o ventilador mede o volume corrente exalado na fase proto-expiratória (*abertura das vias aéreas*), eliminando assim os artefatos originados pelos vazamentos de intensidade variável que ocorrem ao redor dos tubos traqueais sem balonete e pelo volume compressível de gás retido nos circuitos pela sua tração longitudinal, o que praticamente tornava a aplicação da ventilação volumétrica (VCV) impossível na faixa etária neonatal. O acréscimo de uma onda de fluxo inspiratório de padrão desacelerado exponencial análoga à da ventilação por controle de pressão (PCV) propicia melhor distribuição do volume corrente à custa de uma pressão média das vias aéreas ($P_{\overline{aw}}$) mais constante.

A ventilação com garantia de volume (VG) é uma modalidade iniciada a tempo ou fluxo/pressão, limitada a pressão e ciclada a tempo, em que ajustamos o volume corrente (VC) e a pressão inspiratória máxima ($PI_{máx}$); o algoritmo do ventilador irá ajustar automaticamente a pressão inspiratória necessária para fornecer o volume corrente abaixo do limite previsto. Caso isso não ocorra, soará um alarme para alertar o clínico quanto a essa anormalidade e determinar novos parâmetros ventilatórios.

As vantagens potenciais associadas à utilização da ventilação com volume garantido (VG) são as de compensar automaticamente parâmetros ventilatórios conforme ocorram alterações na complacência, na resistência e no esforço ventilatório espontâneo.

Indicações potenciais e limitações

Na insuficiência respiratória aguda de pacientes neonatais, especialmente naquelas formas em que ocorrem alterações súbitas da mecânica (complacência e resistência) e do estímulo respiratório (apnéia ou respiração periódica). Por ser uma modalidade extremamente nova, ainda não são totalmente conhecidas suas limitações.

Aplicação prática

Por ser uma modalidade presente, ainda não há experiência acumulada na literatura que nos permita elaborar um conjunto de normas para sua aplicação na prática clínica.[12,13]

CONSIDERAÇÕES FINAIS E PERSPECTIVAS FUTURAS

Atravessamos uma era de grandes transformações científicas e tecnológicas que impuseram cargas maiores de responsabilidade aos profissionais ligados aos cuidados respiratórios intensivos.

A informatização dos equipamentos médicos, especialmente dos ventiladores, tornou-os mais complexos, sensíveis, ágeis e confiáveis, agilizando tarefas anteriormente de execução quase impossível, como a análise e a monitoração de múltiplos parâmetros ventilatórios.

Apesar de lógico, a simples menção a esse conceito de ventilação em alça fechada gera debates acalorados e infindáveis, além de novas modalidades derivadas da MMV (ASV, VS), da pressão de suporte (VAPSV, MRV, PPSV), da pressão controlada (PRVC, PLV), e também novos algoritmos de controle de modo (*Automode*) e de fluxo (ATC).

Concordamos plenamente que as máquinas são limitadas, e fundamentalmente programadas pelo melhor sistema de informática até então desenvolvido que é a mente humana. Sem sombra de dúvida, as próximas décadas nos brindarão com sistemas de controle/análise muito mais ágeis, lógicos, com maior facilidade de compreensão e de interface com o usuário, que em muito contribuirão para o maior desenvolvimento e difusão do emprego das modalidades em alça fechada na prática da terapia intensiva.

REFERÊNCIAS BIBLIOGRÁFICAS

1. Amato MBP, Barbas CSV, Saldiva PHN, Zin WA, Bonassa J. Volume assured pressure support ventilation. *Chest* 1992;102:1225.
2. Anonimus. Microprocessor controlled ICU ventilators: an evaluation. *Health Devices* 1989;18(2):59–83.
3. Azeredo CAC. *Ventilação Mecânica Invasiva e Não-Invasiva*. Rio de Janeiro: Revinter, 1994, p 84.
4. Bear Medical Systems, Riverside CA, USA. Bear 1000 ventilator operating manual.
5. Bear Medical Systems, Riverside CA, USA. Bear 5 ventilator operating manual.
6. Belda FJ, Frasquet J, Badenes R. Weaning with SMVV. *Rev Esp Anesthesiol Reanim* 1982;29:23–33.
7. Bernard GR, Branson RD, Brougher P, Dellinger P, DeVries D, East TD *et al.* Proceedings of The Consensus Conference on Innovations in Mechanical Ventilation. *Respir Care* 1995;40(9):928.
8. Berstein AD, Skowronsky GA, Oh TE. New generation ventilators. *Anesth Intensive Care* 1986;14:293–305.
9. BOC Health Care, USA. The Ohmeda Advent ventilator operating manual.
10. BOC Health Care, USA. The Ohmeda CPU-1 ventilator operating manual.
11. Bonassa J. Mathematical model for a new mode of artificial ventilation: volume assured pressure support ventilation: a comparative study. *Artif Organs* 1995;19(3):256–62.
12. Branson RD, McIntyre NR. Dual control modes of mechanical ventilation. *Respir Care* 1996;41(4):294–305.
13. Branson RD. Enhanced capabilities of current ICU ventilators: Do they really benefit patients? *Respir Care* 1991;36(5):362.
14. Branson RD. New modes of mechanical ventilation. *Curr Opin Crit Care* 1999;5:33.
15. Branson RD. Volume Assured Pressure Support Ventilation (VAPSV): a clinical manual. Bird Products Corporation, Palm Springs CA, USA, 1996.
16. Brochard L. Pressure limited ventilation. *Respir Care* 1996;41(5):447.
17. Cameron PD, Oh TE. Newer modes of mechanical ventilatory support. *Anesth Intensive Care* 1986;14:258–66.
18. Campbell RS, Sinamban RP, Johannigman JA *et al.* Clinical evaluation of a new closed loop ventilation mode: adaptative support ventilation. *Respir Care* (Abstract) 1998;43:856.
19. Davis S, Potgieter PD, Linton DM. MMV weaning in patients with pulmonary pathology. *Anesth Intensive Care* 1989;17:170–4.

20. Dellinger RP. Clinical outcome endpoints and assessment of mechanical ventilation innovations. *Respir Care* 1995;40(9):975.
21. Dräger Inc., Lubeck, Germany. The Dräger Evita 2 operating manual.
22. East TD, Eckinzer PHM, Pace NL. Pressure support with MMV supplied by the Ohmeda CPU-1 prevents hypoventilation due to respiratory depression in a canine model. *Respir Care* 1989;34:795.
23. Emmerich JC, Gomes AS, Rocha EEM. Volume assured pressure support ventilation: results of an initial clinical trial. *RBTI* 1995;7(4):138.
24. Emmerich JC, Siqueira HR, Vicêncio SRL. Estudo comparativo: VCV-df vs. VAPSV em pacientes com DPOC agudizada. *Rev Bras Med* 2001;58(9):702–8.
25. Emmerich JC, Siqueira HR. Estudo comparativo e retrospectivo: VCV-df vs. PCV vs. VAPSV na lesão pulmonar aguda. *RBTI* 1998;10(2):84.
26. Emmerich JC, Vicêncio SRL. Mandatory minute volume ventilation. A weaning trial study of 17 patients with acute respiratory failure of neuromuscular origin. *Rev Bras Terap Intens* 1993;5(4):107.
27. Emmerich JC. Mandatory minute volume ventilation. *RBTI* 1992;4(1):21–2.
28. Emmerich JC. Modalidades de duplo controle. *In* David, CMN: *Ventilação Mecânica.* Rio de Janeiro: Revinter, 2000, pp 341–9.
29. Emmerich JC. Modalidades ventilatórias de duplo controle. *Revista Médica do HSE* 2000;34(3/4):95–102.
30. Emmerich JC. *Monitorização Respiratória — Fundamentos.* Rio de Janeiro: Revinter, 1996.
31. Emmerich JC. *Monitorização Respiratória — Fundamentos.* 2ª ed. Rio de Janeiro: Revinter, 2001.
32. Emmerich JC. *Suporte Ventilatório — Aplicação Prática.* Rio de Janeiro: Revinter, 2000.
33. Engströn Elvira microprocessor ventilator operating manual, Bromma, Sweden.
34. Engströn Erica microprocessor ventilator operating manual, Bromma, Sweden.
35. Fabry B, Haberthur C, Zappe D, Guttmann J *et al.* Breathing pattern and aditional work of breathing in spontaneous breathing patients with different ventilatory demands during PSV and ATC. *Intensive Care Med* 1997;23:545.
36. Forrette TL, Billson D, Cook EW. Weaning an AIDS patient by MMV. *Respir Management* 1987;17:14–8.
37. Guldager H, Nielsen SL, Carl P, Soerensen MB. A comparison of VCV and PRVC in acute respiratory failure. *Crit Care Med* 1997;1:75.
38. Hamilton Medical Inc., Reno NV, USA. The Veolar operating manual.
39. Hazelzet JA, Petru R, Ouden CD *et al.* New modes of mechanical ventilation for severe respiratory failure. *Crit Care Med* 1993;21(Suppl. 9):S366-S7.
40. Hess D, Branson RD. Case studies on mechanical ventilator innovations: perspectives of two clinicians. *Respir Care* 1995;40(9):957.
41. Hewlett AM, Platt AS, Terry VG. Mandatory minute volume. *Anesthesia* 1977;32:163–9.
42. Higgs BA, Bevan JC. Use of MMV in perioperative management of a patient with miasthenia gravis. *Br J Anesth* 1979;51:1181–4.
43. Holt SJ, Sanders MD, Thurman RC, Heulitt MJ. An evaluation of automode, a computer: controlled ventilator mode using a porcine model. *Respir Care* 2001;46(1):26–36.
44. Kacmarek RM. Essential gas delivery features of mechanical ventilators. *Respir Care* 1992;37(9):1045–55.
45. Keenan HT, Martin LD. Volume support ventilation in infants and children: analysis of a case series. *Respir Care* 1997;42(3):281.
46. Kirby RR, Banner MJ, Downs JB. Clinical applications of ventilatory support. London and New York: Churchill Livingstone, 1990, pp 105–120.
47. Kuhlen R, Deifub H, Dirx B, Walbert E, Marx M, Rossaint R. The effects of Proportional Pressure Support (PPS) compared to Pressure Support Ventilation (PSV) with and without ATC. *AJRCCM* 1999;159:A48.
48. Laaban JP, Lemaire F, Baron JF, Harf A, Teisserie B. Influence of caloric intake on the respiratory mode during MMV. *Chest* 1985;87:67–72.
49. Laubscher TP, Fritiger A, Fanconi S, Brunner JX. The automatic selection of ventilation. Parameters during the initial phase of mechanical ventilation. *Intensive Care Med* 1996;22(3):199.
50. Maia JA, Emmerich JC. *Ventilação Pulmonar Artificial.* Rio de Janeiro: Atheneu, 1991.
51. Manning HL, Molinary EJ, Leiter JC. Effects of inspiratory flow rate on sensation and pattern of breathing. *AJRCCM* 1995;151(3 Pt I):751–7.
52. McIntyre NR, Gropper C *et al.* Combining pressure-limiting and volume-cycling features in a patient interactive mechanical breath. *Crit Care Med* 1994;22(2):353.
53. Norlander O, Jarnberg K. Controlled ventilation and mandatory minute volume. *Ann Chir Gynaecol* 1982;196(8):64–67.
54. Norlander O. New concepts of ventilation. *Acta Anesthesiol Belg* 1984;4:221–34.
55. Perel A. Newer ventilator modes – temptations and pitfalls. *Crit Care Med* 1987;15(7):707–9.
56. Peruzzi WT. Full and partial ventilatory support. *Respir Care* 1990;35(2):174–5.
57. Pierson DJ. Current limitations of mechanical ventilation: what improvements should the clinician expect. *Respir Care* 1995;40(9):933.
58. Piotrowsky A, Sobala W, Kawczynsky P. Patient initiated pressure regulated volume controlled ventilation compared with SIMV in neonates: a prospective, randomized study. *Intensive Care Med* 1997;23:975–81.
59. Quan SF, Parides GC, Knoper SR. MMV: an overview. *Respir Care* 1990;35(9):898–904.
60. Quan SF, Parides GC, Knoper SR. MMV: optimum initial levels during weaning from mechanical ventilation. *Am Rev Respir Dis* 1988;137:473.
61. Ranieri VM. Optimization of patient-ventilator interactions: closed-loop technology to turn the century. *Intensive Care Med* 1997;74(1):936–9.
62. Ravenscraft PJ. Simple mandatory minute volume. *Anesthesia* 1978;33:246–9.
63. Rodas O, Rodriguez J, Patel D, Venus B. Microprocessor controlled weaning from mechanical ventilation. *Chest* 1987;92:108.
64. Sanborn WG. Microprocessor-based mechanical ventilation. *Respir Care* 1993;38(1):72–106.
65. Schulze A, Schaller P. Assisted mechanical ventilation using elastic and resistive unloading. *Semin Neonatol* 1997;2:105.
66. Schulze A. Enhancement of mechanical ventilation of neonates by computer technology. *Semin Perinatol* 2000;24(6):429–44.

67. Shapiro BA, Cane RD. The AMV-IMV controversy. A plea for clarification and redirection. *Crit Care Med* 1984;12:472–3.
68. Shelledy DC, Mickles SP. Newer modes of mechanical ventilation. Part 2: MMV. *Respir Management* 1988;18:21–8.
69. Smith BS, Hanning CD. Advances in respiratory support. *Br J Anesth* 1986;58:138.
70. Sottiaux TM. Patient-ventilator interactions during volume support ventilation: assynchrony and tidal volume instability: a report of three cases. *Respir Care* 2001;46(3):255.
71. Suter PM, Forster A. Weaning after prolonged ventilation. *Acta Anesthesiol Belg* 1982;4:267–73.
72. Thompson JD, Brunner JX. Computerized ventilation monitoring. *Respir Care* 1993;38(1):110.
73. Thompson JD. Computerized control of mechanical ventilation: closing the loop. *Respir Care* 1987;32(6):440–445.
74. Tobin MJ, Jubran A, Laghi F, Dhand R. Using physiologic endpoints to acess innovations in mechanical ventilation. *Respir Care* 1995;40(9):971.
75. Tobin MJ. *Principles and Practice of Mechanical Ventilation*. New York: McGraw-Hill, 1994, pp 333–9.
76. Weiler N, Eberle B, Latorre F *et al.* Adaptative lung ventilation. *Anesthetist* 1996;45:950–6.
77. Younes M, Puddy A, Light RW, Quesada A *et al.* Proportional assisted ventilation. Results of an initial clinical trial. *Am Rev Respir Dis* 1992;145:121.
78. Younes M. Patient-ventilator interaction with pressure assisted modalities of ventilatory support. *Semin Respir Med* 1993;14:299–322.

34 Hipercapnia Permissiva

Marcelo Moock

A Síndrome da Angústia Respiratória do Adulto (SARA) caracteriza-se por aumento do trabalho respiratório, infiltrados difusos à radiografia de tórax, diminuição da complacência do sistema respiratório, aumento do *shunt* pulmonar e hipoxemia refratária à administração de oxigênio.[1]

Durante anos houve muita dificuldade para caracterizar com precisão a SARA, o que prejudicou a interpretação de vários estudos científicos que pretendiam estabelecer a melhor estratégia de tratamento para a SARA. Finalmente, em 1994, uma Conferência de Consenso estabeleceu as definições, os mecanismos fisiopatológicos e os critérios diagnósticos para a SARA e a lesão pulmonar aguda.[2] Iniciativa semelhante foi realizada no Brasil, e de maneira sintética os critérios estão representados no Quadro 34-1.

A SARA é uma síndrome de natureza inflamatória na qual há um prejuízo das capacidades da barreira alveolocapilar, aumento da permeabilidade e transferência de líquido (semelhante ao plasma) do capilar para o interstício pulmonar. Os mecanismos fisiopatológicos derivam da liberação de mediadores da inflamação. Os estudos histopatológicos e, mais modernamente, as imagens obtidas pela tomografia computadorizada do tórax revelam que as alterações inflamatórias acometem os pulmões de forma heterogênea.[3] Convivem, lado a lado, áreas de tecido normal, áreas císticas e áreas de condensação. Contribuem, também, para esse padrão heterogêneo os efeitos da gravidade e da transmissão da pressão intra-abdominal.

VOLUTRAUMA

Remontam a 1964 as primeiras observações de que a ventilação mecânica pode determinar lesão pulmonar.[4] Cães submetidos a ventilação mecânica com pressão positiva desenvolviam atelectasias pulmonares severas. Os estudos posteriores revelaram que a distensão cíclica do parênquima pulmonar era a responsável pelo desenvolvimento das lesões.[5] Mais recentemente, correlacionou-se o desenvolvimento da lesão pulmonar decorrente da ventilação mecânica com a liberação na circulação de grande quantidade de mediadores inflamatórios.[6]

DIALÉTICA DA VENTILAÇÃO MECÂNICA

A ventilação mecânica invasiva surgiu como um método capaz de incrementar a oxigenação do sangue, interferindo nos dois determinantes dessa função: a FiO_2 e a pressão média das vias aéreas. Após algum tempo de utilização, restou demonstrado que tanto a FiO_2 quanto as pressões elevadas nas vias aéreas são determinantes de lesão pulmonar. À semelhança do processo dialético, juntamente com a ventilação mecânica nascem os fatores que podem comprometer o seu uso.

PROBLEMA

Pacientes com comprometimento heterogêneo do parênquima pulmonar e com insuficiência respiratória são submetidos a ventilação mecânica invasiva. Um único ventilador gera a mesma pressão positiva, que se distribui ao longo de áreas com distintas características de complacência e resistência. Em conseqüência dessa situação, existirão áreas nas quais a pressão gerada será excessiva, com distensão dos alvéolos, fraturas das unidades pulmonares, mecanismo de abertura e fechamento, determinando o volutrauma. Coexistirão, entretanto, outras áreas nas quais a pressão gerada será insuficiente para abrir alvéolos muito prejudicados (atelectasias). A resultante perversa dessa combinação será o incremento do desequilíbrio entre ventilação e perfusão, determinando a piora da hipoxemia.

ENFRENTAMENTO DO PROBLEMA

A estratégia protetora desenvolvida pelo conhecido protocolo brasileiro preconizou que os valores de volume corrente (VC) seriam limitados a 6 ml/kg com o objetivo de diminuir a

Quadro 34-1. **Critérios para definição de LPA e SARA**[2]

	Instalação	*Oxigenação*	*Radiografia do tórax*	*POAP**
LPA	Aguda	$PaO_2/FiO_2 < 300$	Infiltrados difusos	< 18 mmHg
SARA	Aguda	$PaO_2/FiO_2 < 200$	Infiltrados difusos	< 18 mmHg

* POAP = Pressão ocluída da artéria pulmonar.

distensão alveolar cíclica.[7] Por outro lado, para se evitar o colabamento dos alvéolos, seria atribuída uma pressão expiratória final positiva (PEEP) suficiente. Dessa forma, os alvéolos não se distenderiam, nem tampouco se colabariam. A resultante seria uma melhor relação ventilação – perfusão. A partir dessa estratégia, as pressões seriam limitadas, evitando ultrapassar 40 cm de H_2O de pressão de pico. A redução do VC prejudica o volume-minuto e, por conseqüência, a eliminação de CO_2. Aceita-se uma $PaCO_2$ até 80 mmHg,[8] procurando-se limitar a acidemia, através do aumento da freqüência respiratória e, conseqüentemente, do volume-minuto, ou pela administração endovenosa de bicarbonato de sódio ($NaHCO_3$), com o objetivo de manter o pH acima de 7,30. Essa tolerância foi denominada *hipercapnia permissiva*. Convém salientar que a hipercapnia não é a meta nem tampouco estima a eficácia da estratégia.

Analisando-se a equação da pressão das vias aéreas (P_{aw})

$$P_{aw} = R_{aw,\,sr} \times V_i + VC \times 1/\,C_{st,\,sr} + PEEP_{total}$$

$R_{aw,\,sr}$: resistência do sistema respiratório
V_I: fluxo inspiratório
VC: volume corrente
$C_{st,\,sr}$: complacência estática do sistema respiratório
$PEEP_{total}$: pressão expiratória positiva final total

Verifica-se que o VC é diretamente proporcional a P_{aw}. Dessa forma a redução do VC, pura e simples, reduz, também, a pressão média das vias aéreas ($P_{aw,\,m}$), piorando a oxigenação. São determinantes da oxigenação a $P_{aw,\,m}$ e a FiO_2. Portanto, a redução do VC abre espaço para o aumento da PEEP, com o objetivo de se obter maior $P_{aw,\,m}$, sem contudo ultrapassar 40 cm de H_2O de pressão de pico inspiratório.

Considerando-se que a $P_{aw,\,m}$ é representada pela área da curva da pressão das vias aéreas sobre o tempo, conforme ilustra a Figura 34-1, é possível aumentar a área da curva através de duas vertentes: a das pressões, aumentando a PEEP, e a do tempo, aumentando o tempo inspiratório. Convém ressaltar que através da vertente da pressão os limites para as pressões de platô e de pico são, respectivamente, 35 e 40 cmH_2O. Já na vertente do tempo, é possível trabalhar com estreitamento da relação I:E até mesmo a inversão dessa relação. Os limites dessa estratégia são a geração de autoPEEP e os prejuízos hemodinâmicos decorrentes do maior tempo em que o tórax fica submetido à pressão positiva.

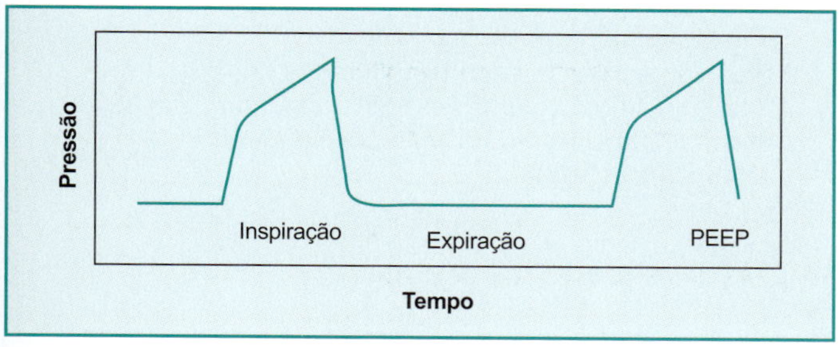

Fig. 34-1. Curva pressão-tempo.

Nos pacientes com lesões intracranianas, com prejuízo da complacência cerebral e ou aumento da pressão intracraniana, o método da hipercapnia permissiva está contra-indicado.

No segundo trimestre de 2000 foi publicado um estudo multicêntrico desenhado e organizado pelo NIH (National Institutes of Health) dos EUA.[9] Esse trabalho envolveu cerca de 1.000 pacientes com LPA ou SARA, comparando os resultados conforme os pacientes eram ventilados com VC de 6 ou 12 ml/kg. O ajuste da PEEP foi orientado por objetivos de oxigenação, conforme a FiO_2 utilizada. O grupo ventilado com 6 ml/kg, no qual a pressão de platô ficou abaixo de 30 mmHg, apresentou uma mortalidade menor que o outro grupo. Os resultados foram tão favoráveis que o estudo foi interrompido antes do seu final. Esse trabalho multicêntrico confirmou os achados de Amato *et al.*[7]

COMO SELECIONAR O MELHOR NÍVEL DA PEEP?

Conforme os conhecimentos atuais, a melhor técnica de ventilação mecânica seria aquela que evitaria a distensão exagerada dos alvéolos no final da inspiração e impediria o colabamento desses ao final da expiração. Sabe-se que as pressões críticas de colabamento se situam entre 10 e 20 cmH_2O. Portanto, os valores de PEEP devem ser ajustados pelo menos dois pontos acima da pressão crítica de colabamento.

Quando se analisa o ramo inspiratório da curva de pressão *versus* volume do sistema respiratório, observa-se que há variações importantes da complacência desse sistema. No início da inspiração, o aumento da pressão não é acompanhado por aumentos importantes de volume. Trata-se de uma região de baixa complacência, na qual as pressões geradas estão sendo utilizadas para vencer as forças elásticas de colabamento dos alvéolos. Subitamente o volume aumenta e a curva inclina-se para cima e para a esquerda. Nesse ponto a complacência do sistema inicia uma fase de incremento. Esse ponto é denominado ponto de inflexão inferior da curva PV. A melhora persiste até que começa a predominar a hiperdistensão dos alvéolos. A partir desse ponto a complacência diminui e a curva inclina-se para baixo e para a direita. Esse é o denominado ponto de inflexão superior da curva PV.

A construção de curva PV à beira do leito não é tarefa fácil. É necessário utilizar baixos volumes, ou baixo fluxo, sedação e paralisia muscular. O tempo despendido às vezes é longo, e nem sempre é possível identificar com precisão o ponto de inflexão inferior. Trata-se de um procedimento que, conforme o caso, a relação risco-benefício precisa ser criteriosamente avaliada. Incrementos graduais da PEEP, focados na melhora da oxigenação, sem prejuízo do transporte de oxigênio, ou avaliação pela tomografia computadorizada podem colaborar no melhor ajuste da PEEP. De qualquer forma, o nível da PEEP deverá oscilar entre 8 e 20 cmH_2O.

COMO SELECIONAR O FLUXO INSPIRATÓRIO

Se o modo ventilatório selecionado for ciclado a volume, a onda de fluxo deverá ser desacelerada. No modo pressão controlada ou pressão de suporte, o fluxo é livre e desacelerado. O fluxo desacelerado gera menos resistência no final da inspiração, permitindo, dessa forma, um volume corrente maior pela mesma pressão gerada. Analogamente, nos modos ciclados a volume, a pressão de pico será menor, com onda de fluxo desacelerada.

AJUSTE DO VENTILADOR E TRATAMENTO DO PACIENTE

- Modo ciclado a volume ou limitado a pressão.
- PEEP selecionada pelo método da melhor complacência, ou através de aumentos progressivos, à razão de 2 cmH_2O (faixa de 8 a 20 cmH_2O).
- Volume corrente $\leq$ 6 ml/kg.
- Fluxo inspiratório desacelerado.
- Pausa inspiratória de 0,2 a 0,4 segundo.
- Pressão de pico inspiratório $\leq$ 40 cmH_2O.
- Manter $PaCO_2$ entre 40 e 80 mmHg.
- Manter 7,30 < pH < 7,45.

TRATAMENTO DA ACIDEMIA

7,15 < pH < 7,30

- Aumentar a FR até 35 ou até pH > 7,30.
- Administrar infusão de bicarbonato se o aumento da FR não for suficiente.

pH < 7,15

- Aumentar FR até 35 (atenção com autoPEEP).
- Administrar infusão de bicarbonato.
- Aumentar o VC em 1 ml/kg para manter pH > 7,15.
- Monitorar a gasometria arterial freqüentemente até o equilíbrio desejável.

Insuflação traqueal de gás (*tracheal gas insuflation* – TGI)

Uma forma de minimizar a hipercapnia resultante da utilização de baixos volumes correntes é a insuflação, fásica ou contínua, de oxigênio ou ar comprimido, à razão de 3 a 5 l/min, através de um catéter fino, com a extremidade próxima da carina. Esse procedimento *lava* o CO_2 acumulado no espaço morto anatômico.

Manobras de recrutamento alveolar

Para abrir ou recrutar um alvéolo colapsado é necessário pressurizá-lo acima da pressão de abertura. Para mantê-lo aberto é preciso atribuir uma PEEP acima da pressão crítica de colabamento, cujo valor é menor que a pressão de abertura. Em outras palavras, é mais fácil manter aberto do que abrir. Em decorrência desse fato, submeter o pulmão a elevadas pressões, por pequeno período de tempo, em seguida ajustar a PEEP, em níveis adequados, seria possível abrir unidades fechadas e mantê-las abertas, melhorando a oxigenação.

À beira do leito aplicam-se dois níveis de pressão positiva, CPAP ou EPAP de 35 cm H_2O e pressão de suporte de 30 ou 35 cmH_2O, atingindo dessa forma pressões positivas da ordem de até 60 cmH_2O. Aplica-se a manobra durante 30 a 40 segundos, despressurizando a seguir até os níveis que vinham sendo utilizados. Se não houver prejuízo hemodinâmico, a manobra pode ser repetida várias vezes. É importante aplicar o recrutamento toda vez que ocorrer despressurização abaixo dos níveis da PEEP ajustados (aspiração, desconexão, transporte etc.).

Esse elenco de medidas foi caracterizado como estratégia protetora. À luz dos conhecimentos atuais, essas diretrizes contribuem para reduzir a ainda elevada mortalidade da SARA.

REFERÊNCIAS BIBLIOGRÁFICAS

1. Ashbaugh DG, Bigelow DB, Petty TL, Levine BE. Acute respiratory distress in adults. *Lancet* 1967;2:319–23.
2. Bernard JR, Artigas A, Bringgham KL, Carlet J, Falke K, Hudson L, Lamy M, Legall JR, Morris A, Spragg R. The American European Consensus Conference on ARDS. *Am J Resp Crit Care Medicine* 1994;149:812–24.
3. Gattinoni L, Presanti A, Bombino M. Relationship between lung computed tomographic density gas exchange and PEEP in acute respiratory failure. *Anesthesiology* 1988;69:824–32.
4. Greenfield LJ, Ebert PA, Benson DW. Effect of positive pressure ventilation on surface tension properties of lungs extracts. *Anesthesiology* 1964;25:312–6.
5. Kolobow T, Moretti MP, Fumagalli R. Severe impairment in lung function induced by high peak airway pressure during mechanical ventilation: an experimental study. *Am Ver Resp Dis* 1987;135:312–5.
6. Ranieri VM, Suter PM, Tortorella C, De Tulio R, Dayer JM, Brienza A, Bruno F, Slutsky AS. Effect of mechanical ventilation on inflammatory mediators in patients with acute respiratory distress syndrome. *JAMA* 1999;282:54–61.
7. Amato MBP, Barbas CSV, Medeiros DM, Schettino GPP, Lorenzi-Filho G, Kairalla RA, Deheinzelin D, Morais C, Fernandez EO, Takagaki TY, Carvalho CRR. Beneficial effects in the open lung approach with low distending pressure in ARDS. A prospective randomized study on mechanical ventilation. *Am J Resp Crit Care Med* 1995;152:1835–46.
8. Amato MB, Barbas CS *et al.* Effect of a protective ventilation strategy on mortality in the Acute Respiratory Distress Syndrome. *N Engl J Med* 1998;338:337–54.
9. Ventilation with lower tidal volume as compared with traditional tidal volume for acute lung injury and acute respiratory distress syndrome. *N Engl J Med* 2000;342:1301–08.

35

Ventilação Mecânica em Pediatria

Norberto Antonio Freddi • Flávio Roberto Nogueira de Sá • Eduardo Juan Troster

Várias inovações tecnológicas para o suporte da troca gasosa têm ocorrido nos últimos anos em Pediatria e Neonatologia. Ventiladores convencionais oferecem mais e mais opções em pressões e formato de ondas de fluxo, sensores de ciclagem, opções de sincronizações, fluxo e monitorização de volume.[1] Há disponibilidade de aparelhos de alta freqüência (oscilatória ou de fluxo interrompido). Oxigenação de membrana extracorpórea tem sido utilizada em poucos centros no Brasil (muitos nos EUA), e ventilação parcial líquida com perfluorcarbono está em ensaios clínicos nos EUA e Europa. São várias opções terapêuticas.

Alguns recém-nascidos prematuros vão necessitar somente de intubação, aplicação de surfactante exógeno, um breve período de suporte ventilatório invasivo, seguido de extubação; outros requererão uma ampla gama de intervenções e suporte ventilatório prolongado e algumas vezes, quando possível, sofisticado, em termos de tecnologia.

No nosso meio, em termos de Brasil, na grande maioria dos serviços de Pediatria e Neonatologia teremos disponibilidade de aparelhos mais simples, menos sofisticados, sem grandes recursos de avanços tecnológicos e que basicamente permitem a CPAP – suporte ventilatório não-invasivo – e o modo de fluxo contínuo, ciclado a tempo e limitado a pressão, e que resolvem cerca de 90% das situações. Mas o próprio avanço da atenção em UTI Pediátrica e Neonatal tem permitido a sobrevida de pacientes cada vez mais graves, e alguns que vão se cronificando e mudando o perfil de necessidades em termos do suporte ventilatório.

O próprio desenvolvimento de subespecialidades pediátricas com sobrevida de pacientes crônicos graves (oncológico, transplantados, submetidos a imunossupressão etc.) tem mostrado a necessidade de diversificação em suporte ventilatório.

Indicações para o suporte ventilatório invasivo são desconforto respiratório progressivo ou apnéias freqüentes em suporte ventilatório não-invasivo, PaO_2 menor que 50 mmHg com FiO_2 de 80 a 100%, $PaCO_2$ maior que 65 mmHg ou acidose metabólica intratável a despeito de terapêutica com bicarbonato.[2] Outras condições cardiovasculares alteradas e severamente comprometidas ou com doença neuromuscular podem ser indicações de suporte ventilatório.

TIPOS DE VENTILADORES

Os ventiladores pediátricos e neonatais mais convencionais (e mais freqüentemente disponíveis em serviços brasileiros) são os ciclados a tempo, limitados a pressão e com fluxo contínuo. Um circuito com tubo T com seu final proximal é conectado ao misturador (*blender*) de oxigênio e ao fluxômetro, os quais controlam a FiO_2 e a taxa de fluxo de gás no circuito. O controle da respiração é dado pela liberação intermitente da oclusão na porção distal do circuito através de uma válvula exalatória.[3]

O nível de pico de pressão inspiratória e expiratória é ajustado pela variação da pressão pela válvula expiratória, usando controle de pressão inspiratória e expiratória. Um *timer* eletrônico regula a freqüência respiratória do aparelho e controla o tempo inspiratório, que se relaciona com a freqüência de IMV (freqüência e duração da oclusão distal do circuito).

Durante a liberação mecânica da respiração, ou seja, durante a fase expiratória, há um fluxo contínuo de gás através do circuito, e a criança/RN poderá respirar espontaneamente.

Os ventiladores ciclados a volume são menos freqüentemente utilizados em Pediatria/RN (neonatos).[4]

Os modos essenciais de ventilação empregados são:

1. Ventilação mecânica controlada (CMV)

   Na ventilação controlada, o aparelho de ventilação pulmonar mecânica (VPM) fornece um número predeterminado de ciclos ventilatórios por minuto. Um sistema de ciclagem automático ativa o aparelho de VPM com determinada freqüência, independentemente de qualquer esforço inspiratório do paciente, não permitindo que ele desencadeie respirações adicionais. A ventilação-minuto do paciente é realizada unicamente pelo aparelho VPM.

   Quando o paciente apresenta movimentos respiratórios espontâneos, freqüentemente ocorrem a "fome de ar" e a "briga" com o aparelho. Essas são tanto mais intensas quanto maior for o esforço inspiratório e, portanto, a pressão negativa desencadeada pela criança. Isso tem levado ao emprego da CMV somente em situações específicas e restritas, quando ocorre diminuição da condição ventilatória, como nos casos de intoxicações exógenas, recuperação de sedação anestésica e lesões do sistema nervoso central, principalmente as que necessitam de hiperventilação terapêutica, como nos casos de hipertensão intracraniana por traumatismo, acidente por submersão, síndrome de Reye etc. Em patologias que requerem o uso de miorrelaxantes ou de sedativos em doses mais altas, como nos casos de tétano neonatal e do estado de mal epiléptico, a CMV também é utilizada. Ela também poderá ser indicada, hipoteticamente, nos estados clínicos de choque, para que possa haver um repouso dos músculos respiratórios, diminuindo o consumo de O_2 ($\dot{V}O_2$), já que existiriam uma diminuição de quatro vezes no fluxo sangüíneo dos músculos respiratórios após 60 minutos do início da ventilação pulmonar mecânica e um aumento de perfusão do cérebro, músculos esqueléticos e sistema gastrintestinal, segundo Hussain *et al*. Ressalte-se que, durante a CMV, existe a necessidade de um funcionamento adequado dos alarmes do aparelho de VPM e dos outros monitores cardirrespiratórios empregados.

2. Ventilação mecânica assistido-controlada (ACMV)

Na modalidade assistido-controlada,[5] o aparelho de VPM fornece um ciclo ventilatório quando o esforço inspiratório do paciente o deflagra, ou quando esse esforço inspiratório não ocorre em um determinado período preestabelecido. Portanto, o aparelho fornece um número específico de respirações por minuto, a despeito do esforço do paciente. A experiência clínica sugere que existe uma vantagem considerável da ACMV sobre a CMV, mas não existem, até o momento, estudos controlados comparando os efeitos dessas duas modalidades de ventilação pulmonar mecânica. Muita atenção deve ser dada ao ajuste da sensibilidade do aparelho, pois ele pode autociclar se a sensibilidade for muito alta, ou pode requerer um esforço inspiratório muito grande, por parte do paciente, quando ela for muito baixa. A ACMV permite que o paciente aumente a sua ventilação-minuto pelo simples aumento na freqüência dos esforços inspiratórios. Isso é especialmente vantajoso naqueles pacientes que estão debilitados, porque a ventilação pode ser aumentada com um acréscimo mínimo no esforço inspiratório e com um gasto energético pequeno.

3. Ventilação mecânica assistida (AMV)

Na ventilação assistida, a freqüência respiratória é desencadeada pelo paciente, enquanto o ajuste do volume corrente e da taxa de fluxo é preestabelecido pelo médico. Um sistema de ciclagem é ativado quando o paciente inspira, o que ocasiona uma diminuição na pressão existente no circuito. Se o paciente se tornar obnubilado e tiver diminuição dos movimentos respiratórios, poderá haver diminuição da ventilação minuto e hipoventilação. Freqüentemente poderá ocorrer hipoventilação ou hiperventilação, devido ao mau ajuste da sensibilidade do aparelho para mais ou para menos. Poucos aparelhos de VPM (exceto o Servo-Siemens 900 c e o Bourns 104-150) são adequados para esse modo de ventilação em pacientes pediátricos, pois o tempo necessário para o aparelho responder ao esforço e à pressão negativa necessária para deflagrar o ciclo respiratório é muito grande para a maioria das crianças.

4. Ventilação mandatória intermitente (IMV)

A ventilação mandatória intermitente (IMV) foi relatada pela primeira vez em 1973, por Downs *et al*, como um método de "desmame" em pacientes adultos. Desde então tem sido muito usada, sofrendo várias críticas por uns e sendo amplamente utilizada por outros.

A IMV é um modo de ventilação em que o volume corrente (VC) é fornecido através de pressão positiva inspiratória, a intervalos predeterminados, exercida no circuito pelo aparelho e transmitida a seu circuito, por onde passa um fluxo contínuo de gás. Esse modo de ventilação permite que o paciente respire espontânea e independentemente dos ciclos ventilatórios do aparelho. Um outro método utiliza-se do fluxo de demanda através de uma válvula que se abre quando o paciente faz um esforço inspiratório espontâneo entre a respiração ciclada a volume desencadeada pelo aparelho de VPM. As propriedades mecânicas dos sistemas de IMV com fluxo contínuo ou válvula de demanda variam de aparelho para aparelho, principalmente a respeito da pressão negativa necessária para iniciar o fluxo inspiratório, assim como a resistência ao fluxo, durante a expiração. Durante a inspiração, os sistemas de IMV com válvula de demanda necessitam de uma pressão maior para iniciar o fluxo quando comparados com os de fluxo contínuo. Essa necessidade de uma pressão inspiratória negativa para iniciar uma respiração constitui-se numa sobrecarga que aumenta o trabalho respiratório. A resistência expiratória também é maior nos sistemas de IMV com válvula de demanda do que nos que empregam fluxo contínuo, podendo essa resistência ser alterada de acordo com válvula expiratória empregada. A sobrecarga ao fluxo expiratório também aumenta o trabalho respiratório.

5. Ventilação mandatória intermitente sincronizada (SIMV)

Uma modificação da técnica IMV é a ventilação mandatória intermitente sincronizada (SIMV).

A respiração mecânica com pressão positiva é sincronizada para ser liberada imediatamente após o início do esforço inspiratório espontâneo do paciente, que é percebido como uma pequena flutuação de pressão negativa dentro do circuito do aparelho de VPM. Alternativamente, o ajuste pode ser realizado após a expiração completa.

Se o esforço respiratório não é detectado dentro de um certo tempo predeterminado, a respiração mandatória é liberada.

Preferencialmente, a respiração mecânica sincrônica deve ser liberada no início da inspiração e antes do seu término, para evitar o "empilhamento". Isso reduz o risco de insuflação de grandes volumes, evitando o risco de barotrauma.

Uma desvantagem desse modo de ventilação é que a respiração do paciente é menos efetiva, tornando mais difícil o "desmame".

Os efeitos cardiocirculatórios são similares aos da IMV.

6. Pressão positiva contínua em vias aéreas (CPAP)

É um modo de respiração espontânea no qual é mantida uma pressão constante nas vias aéreas durante todo o ciclo respiratório. O padrão respiratório, o pico do fluxo e o volume corrente de cada respiração são determinados exclusivamente pelo paciente. Os aparelhos de VPM possuem recursos (válvulas de demanda, circuito, tubo endotraqueal, conectores, umidificadores) que provocam uma sobrecarga adicional aos músculos inspiratórios. A forma da onda de pressão ideal é a que resulta em deslocamento mínimo da linha de base. Há exemplos de ajustes inadequados na sensibilidade e um sistema de válvula de demanda com uma resposta pobre, aumentando o trabalho dos músculos inspiratórios, necessário para desencadear a respiração. Nunca será possível reduzir o trabalho respiratório a um nível igual a zero, mesmo que se ajustem os padrões de fluxo para as necessidades do paciente.

7. Ventilação mecânica com suporte de pressão (PSV)

É um modo com poucos relatos pediátricos publicados na literatura, mas que progressivamente vem sendo cada vez mais usado, principalmente entre os neonatologistas, que têm aplicado tal método para o "desmame" de pacientes com displasia broncopulmonar.

A ventilação com suporte de pressão auxilia o paciente durante a respiração espontânea, facilitando o esforço ventilatório durante a fase inspiratória, quando fornece uma determinada pressão positiva estabelecida previamente.

Para que se desencadeie um ciclo ventilatório, há necessidade de o paciente gerar uma pressão negativa. Isso determina a abertura de uma válvula de demanda, que irá produzir um fluxo desacelerante. Nota-se que a abertura da válvula de demanda vai depender da sensibilidade que é programada para o "disparo" do aparelho, e que o suporte de pressão é fornecido apenas na fase inspiratória do ciclo, diferentemente das outras modalidades de pressão de distensão contínua, que fornecem a mesma pressão positiva nas duas fases do ciclo (CPAP), ou somente na fase expiratória (PEEP).

A fase inspiratória se encerra se o fluxo de gás estiver menor que 25% do pico de fluxo, iniciando, a partir daí, a fase de expiração, com o fechamento da válvula de demanda, evitando, desse modo, uma distensão excessiva dos alvéolos.

O nível de suporte de pressão utilizado irá determinar um volume corrente maior ou menor e, portanto, uma variação da ventilação minuto. Sua utilização clínica está baseada no conceito teórico de que toda mecânica respiratória exposta acima determina um trabalho respiratório menor, portanto, uma sobrecarga muscular menor, com diminuição da possibilidade de fadiga.

Quando se utiliza essa modalidade no "desmame", deve-se começar com suporte de pressão mais elevado (por exemplo: 25 cmH_2O), avaliando-se, a seguir, a parte clínica, a oxigenação e a ventilação. Caso essas condições sejam preenchidas dentro dos parâmetros da normalidade, diminui-se o suporte de pressão de 5 em 5 cmH_2O, até o nível de 5 cmH_2O.

Brochard *et al*, em 1987, apresentaram trabalhos demonstrando as vantagens do suporte de pressão em pacientes adultos nos quais não se consegue a retirada da ventilação pulmonar mecânica. Relataram que houve diminuição do trabalho respiratório e do consumo de O_2 durante a utilização desse modo de ventilação.

Esse método não exclui o uso combinado de outros métodos, tais como SIMV ou CPAP. Como exemplos de aparelhos de VPM que fornecem tal alternativa estão: Bennett 7.200, Servo Ventilator 900C, Bear 5 Ventilator e o Engström Erica. Uma possível desvantagem do método é a pressão negativa intratorácica mínima, durante a PSV, que pode ocasionar alterações do enchimento cardíaco, o que deve ser bem avaliado no paciente cardiopata.

No funcionamento dos ventiladores teremos duas fases principais: inspiração e expiração, com as transições de uma fase para a outra.

Fase inspiratória. Ela começa com a entrada do gás no interior das vias aéreas da criança com uma pressão positiva do ventilador maior que a pressão da via aérea da criança/RN gerando um fluxo e deslocamento do gás.

O fluxo dependerá do gradiente de pressão existente (quanto maior o gradiente, maior será o fluxo) e será proporcionalmente menor quanto maior a resistência do sistema respiratório da criança acrescida da resistência interna do respirador.

Na forma de ventilação limitada a pressão, as taxas de fluxo inspiratório são suficientes, para permitir que o pico de pressão inspiratória atinja um limite predeterminado antes do final da inspiração, e este é mantido nesse nível até o início da expiração. O excesso de fluxo escapará pela válvula de limite de pressão, e manter-se-á um platô fixo de pressão inspiratória até o final do tempo inspiratório programado.

A partir daí, com o término da inspiração (tempo inspiratório predeterminado) se iniciará a expiração. O volume corrente é determinado pela pressão preestabelecida, fluxo, complacência pulmonar e da caixa torácica do paciente, resistência do circuito e das vias aéreas.

Fase expiratória. O esvaziamento do pulmão se faz normalmente pela abertura de uma válvula que libera fluxo expiratório, ou seja, põe o pulmão em contato com a atmosfera. O fluxo expiratório ocorre pelo gradiente de pressão entre os alvéolos e a atmosfera. A pressão expiratória positiva final (PEEP) no fim da expiração decorre de dificuldade de saída do gás do pulmão por semi-oclusão na válvula expiratória, com uma pressão acima da pressão atmosférica.

Após um determinado tempo, o ventilador deverá interromper a fase expiratória e permitir o início da fase inspiratório do ciclo subseqüente.

Na ventilação controlada, o início da inspiração ocorre após um certo período de tempo que foi preestabelecido e que é o disparo por tempo.

Nas modalidades sincronizadas, o disparo de um novo ciclo respiratório, de uma nova fase inspiratória, poderá ser desencadeado por variação de fluxo, pressão ou impedância torácica (constatação de contração muscular e movimentação do tórax). Na criança, como o esforço respiratório é pequeno, o mecanismo de detecção deve ser bem sensível.

Padrão dos parâmetros ventilatórios do ventilador

O quanto menos se utilizam os ventiladores, desde que adequado para um bom suporte ventilatório, é o ideal para o paciente, no intuito de levar menos a duas complicações mais freqüentes, que são a lesão pulmonar induzida pela ventilação e os efeitos cardiovasculares adversos.[6]

A ventilação mandatória intermitente (IMV) ou a ventilação mandatória intermitente sincronizada (SIMV) permitem respiração espontânea durante a fase de ciclo expiratório do respirador e permitem a gradação do suporte ventilatório, dependendo do grau de insuficiência respiratória ou de a habilidade da respiração espontânea estar presente. Portanto, o ventilador pode ser colocado a freqüências baixas para o mesmo nível de ventilação minuto, graças a um aumento na respiração espontânea.[6]

O sucesso do suporte ventilatório na criança/RN com falência respiratória está relacionado, inicialmente, com a familiarização correta com cada controle (botão) de função do ventilador, ou seja, fluxo, FiO_2, FR, tempo inspiratório, pressão inspiratória, PEEP.[2]

O raciocínio clínico deve relacionar o ventilador e as características mecânicas do sistema respiratório. O clínico deverá pesar os benefícios da modalidade ventilatória, avaliando as suas potenciais complicações, ponderando a relação risco e benefícios.

O objetivo do suporte ventilatório será proporcionar uma oxigenação tecidual adequada , com eliminação do dióxido de carbono e diminuição do trabalho respiratório.

A ventilação mandatória intermitente (IMV) ou a IMV sincronizada permitem que respirações espontâneas continuem durante a fase expiratória do ciclo do aparelho e permitem a gradação da dependência do suporte ventilatório, em função do grau de doença ou do acometimento do sistema respiratório.

MODO CONVENCIONAL

Baseia-se nos princípios fisiológicos dos mecanismos pulmonares. O uso racional estará ligado aos ajustes dos parâmetros do ventilador de: fluxo do gás, FiO_2, IMV, Tinsp, Pinsp, PEEP. Ou seriam os seguintes:

- *Fluxo de gás:* deve ser o mínimo para manter a "lavagem" do circuito e prevenir a reinalação do dióxido de carbono, que corresponde a duas vezes e meia a ventilação minuto do paciente, e compensar perdas que eventualmente ocorram ao redor do tubo endotraqueal e do circuito.

  O fluxo deverá ser elevado o suficiente para promover o pico de pressão inspiratória preestabelecido, dentro do tempo inspiratório desejado.
- *Fração inspirada de oxigênio – FiO_2:* a FiO_2 deve ser ajustada para manter a PaO_2 – tensão parcial de oxigênio – entre 50 a 80 mmHg. O uso de FiO_2 desnecessariamente elevadas para manter níveis de PaO_2 mais elevados aumenta o risco de toxicidade e deve ser evitado no RN pré-termo mas também no RN a termo e mesmo no lactente.[7] Alguns defendem que uma PaO_2 de 40 mmHg pode ser adequada.[8]
- *Freqüência de IMV:* a freqüência dependerá da capacidade do paciente de respirar espontaneamente. O parâmetro inicial será de 20 a 30 /minuto e então ajustado em função da $PaCO_2$ que deverá se situar entre 40 a 60 mmHg, e para evitar o esforço respiratório excessivo, que poderá cansar a criança/RN, e mantendo o pH entre 7,25 e 7,45.

Normalmente o paciente logo adapta-se à freqüência estabelecida, e os ciclos respiratórios espontâneos ocorrem durante a fase expiratória do ciclo.

Com maior acometimento da trama pulmonar normalmente ocorre um aumento do espaço morto fisiológico, e há necessidade de maior volume de ventilação por minuto, para eliminar o CO_2.

A hipercapnia permissiva que tolera níveis de $PaCO_2$ maiores do que 40 mmHg tem sido utilizada e permite menores níveis de ventilação/minuto com freqüências de IMV mais baixas, que mantêm, mesmo assim, oxigenação adequada.[9] Freqüências de IMV superiores a 60 raramente são empregadas em ventilação mecânica convencional por encurtarem a fase expiratória do ciclo, diminuindo a duração da respiração espontânea e podendo levar a PEEP inadvertido ou autoPEEP.[10]

- *Tempo inspiratório Ti:* na técnica convencional utilizamos o tempo de 0,5 segundo, com FR menor que 40/minuto, o que permite ao paciente respirar espontaneamente entre as respirações controladas.

  A escolha do Ti é dependente da constante de tempo do sistema respiratório e variará bastante em função do tipo de patologia e da grande variabilidade na intensidade de cada patologia.

Deve-se ter em mente que diferentes segmentos pulmonares poderão estar afetados de diferentes intensidades, no mesmo paciente, o que torna a mensuração da constante de tempo de pouca utilidade na prática clínica.

Pico de pressão inspiratória – PIP

A PIP depende da complacência do sistema respiratório e da resistência da via aérea. Ela pode ser ajustada pela visualização de expansão de caixa torácica, que não deve ser excessiva e ser somente o necessário para manter o volume corrente, e usualmente variará de 20 a 25 cmH_2O.

Se a pressão inspiratória for muito baixa, o volume corrente poderá ser inadequado e o paciente poderá desenvolver *shunts* intrapulmonares e tornar-se hipóxico, a menos que o paciente mantenha uma ventilação espontânea adequada. Por outro lado, a pressão inspiratória elevada leva a hiperinsuflação pulmonar, que pode causar barotrauma, volutrauma, biotrauma e aumentar a resistência vascular pulmonar. A hiperinsuflação impede o retorno venoso adequado, levando a uma diminuição do débito cardíaco, da pressão arterial e da oxigenação, especialmente quando altas freqüências de IMV são utilizadas.

A saturometria poderá auxiliar na avaliação desses pacientes. O tratamento da hipoxemia por aumento contínuo na PIP é um engano, e pode levar a sério erro nos pacientes que são ventilados com pressões elevadas; os gases sangüíneos podem melhorar quando os parâmetros do ventilador são diminuídos.

Se a condição clínica do paciente se deteriorar abruptamente a uma mesma dada PIP e a visualização da expansibilidade torácica diminuir, isso poderá significar um aumento na resistência da via aérea e/ou diminuição da complacência pulmonar, ou que ocorreu um pneumotórax.

Pressão expiratória positiva final – PEEP

A elevação da PEEP pode agir recrutando áreas que estejam atelectásicas para a troca gasosa e aumentando a capacidade residual funcional (CRF),[11] a complacência e a oxigenação arterial.

A elevação excessiva da PEEP leva a hiperdistensão alveolar, levando a diminuição da complacência e podendo causar trauma pulmonar,[12] e impede o retorno venoso com resultante diminuição do débito cardíaco.[13]

A PEEP dependerá do paciente e da patologia. O ideal seria, teoricamente, ao menos 2 unidades de pressão acima do 1º ponto de inflexão. Mas na prática essa mensuração que depende da realização da curva PV é difícil de ser realizada.

Na técnica convencional se utiliza a PEEP inicialmente de 5 cmH_2O. Retrações inspiratórias podem significar deterioração da complacência devido a diminuição da CRF e é uma indicação de se aumentar à PEEP de 2 em 2 cm de H_2O e avaliar a resposta pela diminuição das retrações e melhora da oxigenação.

Reajustamento dos parâmetros

Com parâmetros adequados da técnica convencional, a criança/RN poderá respirar espontaneamente dentro da fase expiratória do ciclo do aparelho e iniciar a respiração durante a fase inspiratória.

Quando ocorrer melhora pulmonar, ocorrerá diminuição da taquipnéia e do desconforto respiratório, com melhora gasométrica, e os parâmetros do ventilador poderão ser abaixados. A freqüência de IMV poderá ser diminuída de 5 por minuto para manter $PaCO_2$ de 50 mmHg ou menos, desde que não ocorra aumento do desconforto respiratório. A PIP poderá ser reduzida de 2 a 5 cmH_2O. A FiO_2 será reduzida em 1/10 da fração inspirada de oxigênio utilizada, desde que a saturação seja maior que 90%, ou a PaO_2 maior que 60 mmHg. PEEP, tempo inspiratório e fluxo normalmente permanecem os mesmos.

REFERÊNCIAS BIBLIOGRÁFICAS

1. Marini JJ, Slutsky As. Physiological basis of ventilation support. Marcel Dekker Inc. 1988. pp. 1315–1356.
2. Wung JT. Respiratory Care of The Newborn. 2002. Columbia University College of Physicians & Surgeons. pp 59–63.
3. Brochard L, Pressure limited Ventilation. *Respir Care* 1996;41:447–55.
4. Kacmarek RM. Basic principles of ventilatory machinery. In: Tobin JM. Principles and pratice of mechanical ventilation McGraw Hill 1998. pp. 65–110.
5. Carvalho WB, Freddi NA, *et al.* Ventilação Pulmonar Mecânica em Pediatria. Ed. Atheneu. 1993. pp. 82–98.
6. Bryan AC, Wohl MEB. Respiratory mechanisms in children. Handbook of Physiology. The Respiratory System. Vol. III. Part I. Bethesda. *Am Physiological Society* 1986. pp. 179–191.
7. Winter PM, Smith G. The toxicity of oxygen. *Anesthesiology* 1972;37:210–41.
8. Usher RH. Treatment of respiratory distress syndrome. *In* Winters RN (Ed.) The Bady Fluid in Pediatrics. Boston, MA: Cittle, Brown & Co; 1973. pp. 303–337.
9. Goldstein RF, Thompson RJ, Ochler JM, Brazy JE. Influence of acidosis, lypoxemia, and hypotension on neurodevelopmental outcome in very weight infants Pediatrics 1995. pp 95:283.
10. Marini JJ. Occult Positive end expiratory Pressure in mechanically ventilates patients.Auto-PEEP. *Am Rev Respir Dis* 1982;126:166–70.
11. Ramachandran PR. Changer in FRC dwang respiratory failure. *Can Anesth Soc J* 1970;17:35–69.
12. Kumar A. Continuous positive pressure ventilation in acute respiratory failure. *N Engl J Med* 1970;283:1430–6.
13. Lutch JS. Continuous positive pressure ventilation: effects on systemic oxygen transport and tissue oxygenation. *Ann Intern Med* 1972;76:193–202.

36 Desmame e Interrupção da Ventilação Mecânica

Rosane Goldwasser

A ventilação mecânica é atitude terapêutica de alta prevalência nas unidades de terapia intensiva. No Brasil, 42% dos pacientes internados em UTI encontram-se em ventilação mecânica.[33] A transição da ventilação mecânica para a espontânea vem atravessando um processo de maturidade. Iniciou com o **empirismo** quando o foco, baseado no julgamento clínico, criatividade, bom senso e intuição mostraram que, postergar o processo de desmame, correlacionou-se com complicações atribuídas à ventilação mecânica como pneumonia, barotrauma, lesões laringotraqueais associadas com a intubação translaríngea e/ou a traqueotomia, repercussões hemodinâmicas. Essas complicações variam em intensidade de acordo com a doença de base, o tempo de permanência em prótese respiratória e o modo e técnica ventilatórios.[27,37,57,64,82]

A transição para a **eficiência do processo** com foco no papel e em regras como preencher critérios clínicos e parâmetros funcionais ventilatórios para efetuar o desmame,[103,104] para a **eficácia** com foco no produto final, isto é, se extuba ou não extuba[11,34] mostra um amadurecimento do processo, em que a execução da tarefa é o mais importante.

Com a retirada rápida da ventilação mecânica e da via aérea artificial, observou-se que havia riscos quando ocorria a prematuridade do processo. A extubação precoce, que necessita de reintubação, está relacionada aos riscos da dificuldade técnica no acesso às vias aéreas e comprometimento da troca gasosa, além do aumento na incidência de pneumonia e da mortalidade.[30,31,97]

A **efetividade** é a perpetuidade do processo. As regras que atrapalham a execução da tarefa são alteradas e o treinamento é valorizado na linha do conhecimento e habilidade. As decisões são tomadas por consenso pelas pessoas de maior especialização no problema e operacionalizadas pela equipe multiprofissional que atua diretamente com o paciente. Ely *et al* publicaram os resultados de um estudo baseado em um protocolo diário guiado pela equipe de fisioterapeutas respiratórios, evidenciando redução do tempo de ventilação mecânica, do desenvolvimento de pneumonia e de custos, o mesmo tendo sido demonstrado por Kollef *et al*, que observaram a redução média do tempo de ventilação mecânica em 30 horas.[3,28,57]

Outras medidas efetivas, como o restabelecimento do eixo faringolaringotraqueal mediante a extubação e estudos das disfunções da deglutição, discutir a sedação e analgesia,[58] a fisioterapia, as alterações psicológicas como o medo de falhar na retirada da ventilação mecânica e a possibilidade de transferir os cuidados do paciente com ventilação mecânica prolongada para outra unidade de cuidados, como o domicílio, vêm causando maior impacto na condução do desmame.

Retirar o paciente da ventilação mecânica pode ser mais difícil do que mantê-lo. Alguns autores descreveram o desmame como uma "área de penumbra da medicina intensiva" e que mesmo em mãos de especialistas poderia ser considerada uma mistura de arte e ciência.[76]

DEFINIÇÕES: UNIFORMIZANDO CONCEITOS

Diversos estudos mostram que o desmame pode ser abreviado e a simples observação de uma respiração espontânea eficaz permite que, aproximadamente, 60% a 70% dos pacientes ventilados artificialmente possam ser extubados após breve teste de duas horas de ventilação espontânea.[11,34] Denomina-se **interrupção** ou **liberação** da ventilação mecânica a tolerância de um breve período em ventilação espontânea, seguida de extubação.[49,68] Entretanto, em alguns pacientes a retirada do ventilador artificial não é rapidamente tolerada e uma estratégia deve ser identificada para transferir o trabalho ventilatório do ventilador para o paciente. Esse processo de transição da ventilação mecânica para a ventilação espontânea chama-se desmame.[1,66] O conceito de transição gradual está vinculado a técnicas ventilatórias que permitem ao paciente progressiva readaptação à ventilação espontânea em função da redução dos ciclos de ventilação assistida do ventilador artificial. Trata-se de um termo que faz analogia ao desmame materno-infantil que é gradual e, por vezes, difícil.

O processo do desmame faz-se em vários estágios: desmame da ventilação a pressão positiva, desmame da pressão positiva ao final da expiração (PEEP), desmame do tubo endotraqueal e desmame da oxigenoterapia suplementar.[69] O **sucesso do desmame** ocorre quando esse processo se mantém por um período de 48 horas sem a necessidade de reintubar ou sem a necessidade de retornar para a ventilação mecânica, no caso dos pacientes traqueostomizados.[45,49] Esse período, segundo alguns autores, se estabeleceria em 24 horas.[5]

Considera-se **reintubação precoce** quando o paciente tolera o breve período em ventilação espontânea, é extubado e deve ser reintubado no período de 48 horas. Esses pacientes serão direcionados a um novo procedimento (revisão da causa de falha, programa de reabilitação) até que nova tentativa de interrupção da ventilação mecânica seja bem-sucedida, ou entrarão em um programa de retirada gradual ou farão parte do grupo cujo desmame é considerado difícil.[45]

Um grupo de pacientes poderá apresentar dificuldades de liberação da ventilação mecânica, o chamado **desmame difícil**. A persistência da dificuldade do desmame usualmente recai em três categorias de patologias: 1) doença cardiorrespiratória preexistente exacerbada por episódio agudo de doença ou ato cirúrgico, 2) uma catástrofe clínica levando a disfunção de múltiplos órgãos e 3) doença neuromuscular. Esse percentual, ainda considerável, envolve importantes implicações tanto médicas (morbidade/ mortalidade), psicológicas (para o paciente, sua família e equipe de saúde) e econômicas (consumo de recursos vinculados à estadia hospitalar).

Não existe consenso universal do tempo considerado para definição de **ventilação mecânica de longa permanência.** Uma definição sugerida por Make para ventilação prolongada ocorre quando o indivíduo requer ventilação mecânica por mais de seis horas/dia por mais de três semanas após toda e qualquer tentativa de tratamento de doença aguda, certificando-se de que passou por várias tentativas de desmame através de uma equipe experiente.[67] Em dois estudos aproximadamente 20% dos pacientes em UTI preencheram o critério de 21 dias de ventilação mecânica, sendo definidos como ventilação de longa permanência.[60] Uma outra definição temporal considera ventilação mecânica prolongada quando o paciente requer quatro horas ou mais de ventilação mecânica por dia, por mais de um mês.[2]

A distinção da terminologia "paciente" para "*indivíduo*" denota a mudança do modelo tradicional utilizado no paciente agudo para um modelo humanístico de ventilação mecânica prolongada que poderá ser realizada em uma unidade semi-intensiva ou no domicílio.[47]

Tuxen *et al*, estudando pacientes com asma em ventilação mecânica, definiram o **ponto de desmame** como o momento em que o volume-minuto fosse superior ao volume-minuto necessário para a normocapnia. Observaram que os pacientes poderiam ser liberados da ventilação mecânica em 24 horas após obter uma ventilação minuto "protetora" suficiente para manter a $PaCO_2$ a 40 mmHg. Esse ponto era conseguido mediante modificações na freqüência respiratória.[99] Essa terminologia não foi abordada no Consenso Brasileiro de Ventilação Mecânica.

ETIOLOGIA DA INSUFICIÊNCIA RESPIRATÓRIA: BUSCANDO A DIFERENCIAÇÃO

A avaliação do perfil clínico dos pacientes e os aspectos assistenciais que caracterizam as diversas patologias podem distinguir os pacientes capazes de reassumir a ventilação espontânea. A razão entre o tempo utilizado para o desmame pelo tempo total de ventilação mecânica é uma medida que demonstra a dificuldade do método e pode ser diferente nas diversas etiologias de insuficiência respiratória. Esteban *et al* observaram que nos pacientes com doença pulmonar obstrutiva crônica o tempo de desmame correspondeu a 57% do tempo total de ventilação mecânica, enquanto nos portadores de infarto do miocárdio esse tempo caía para 19%.[35] Brochard *et al*, comparando três métodos de desmame em um grupo de pacientes em um breve teste de desconexão da ventilação mecânica que falhou, observaram que a duração do desmame foi proporcional à etiologia de insuficiência respiratória ($p = 0,01$) e maior no grupo com DPOC ($p = 0,03$).[11] Vallverdu *et al* descrevem que a incapacidade de eliminar secreções de vias aéreas e promover a tosse adequada foi responsável por maior taxa de reintubação nos pacientes neurológicos.[100]

Pacientes com trauma cranioencefálico em ventilação mecânica, em estudo de coorte prospectivo e consecutivo, foram avaliados diariamente quanto aos parâmetros ventilatórios, troca gasosa, estado neurológico e evolução. De 136 pacientes, 99 (73%) foram extubados em 48 horas depois de preenchidos critérios simples de desmame. Os demais 37 pacientes permaneceram intubados. Os pacientes com o desmame postergado desenvolveram mais pneumonia (38% *versus* 21%, $p < 0,05$) e maior tempo de internação na UTI (8,6 *versus* 3,8 dias; $p < 0,001$) e dias de internação hospitalar (19,9 *versus* 13,2 dias, $p = 0,009$). Variações foram encontradas, após estratificação, no escore de Glasgow no momento em que eles preenchiam os critérios para extubação (10 dias *versus* 7 dias, $p < 0,001$), principalmente para os pacientes comatosos. Houve uma taxa semelhante de reintubação. Os custos hospitalares foram em média US$29,057.00 superior nos pacientes com extubação postergada ($p < 0,001$).[17]

Em estudo multicêntrico conduzido por Esteban *et al*, os pacientes com doença pulmonar obstrutiva crônica (DPOC) apresentavam pior resposta ao breve teste de duas horas em ventilação espontânea que os pacientes com lesão pulmonar aguda e coma (Quadro 36-1).[31] Na avaliação de um subgrupo de pacientes com DPOC desse estudo, Goldwasser observou que, independentemente do método utilizado para o teste de duas horas em ventilação espontânea, 19% dos pacientes retornaram para a ventilação mecânica, demonstrando a influência dessa patologia no tempo de desmame (Fig. 36-1).[46] Outros estudos correlacionam a patologia e o percentual de falhas no desmame (Quadro 36-2).

Também fatores psicológicos podem interferir na dificuldade de desmame. Ansiedade, depressão e manifestações psi-

Quadro 36-1. **Comparação entre as diversas etiologias de insuficiência respiratória e a evolução durante um teste de tolerância de interrupção da Ventilação Mecânica[31]**

Toleram 2 horas	55/60 (92%)*	79/100 (79%)*	258/318 (81%)	0,019 (Coma × DPOC)*
Extubados	43/60 (72%)	60/100 (60%)	215/318 (68%)	ns
Reintubados	12/60 (20%)	19/100 (19%)	43/318 (13%)	ns

* Significativo; ns = não-significativo.

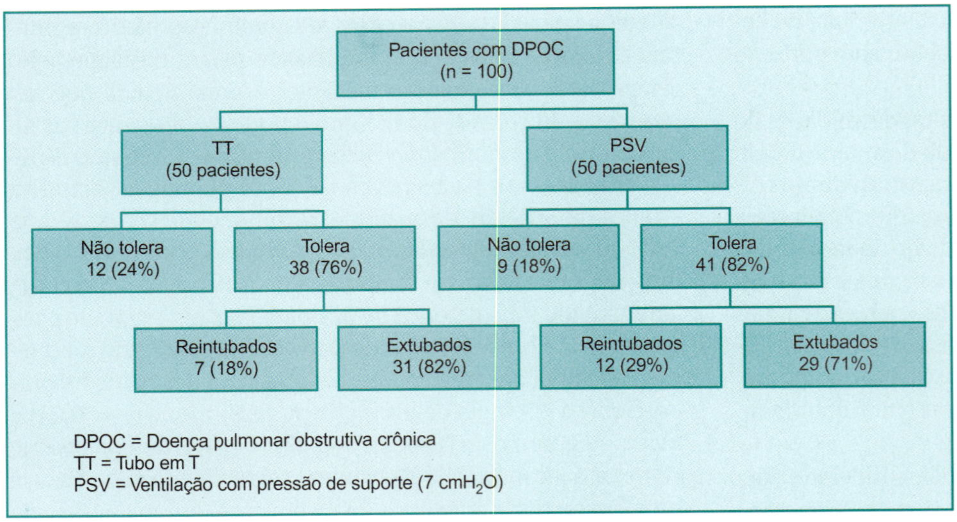

Fig. 36-1. Resultado da avaliação da liberação da ventilação mecânica em pacientes portadores de DPOC. Na primeira etapa foi realizado breve teste em ventilação espontânea com tubo em T ou com pressão de suporte a 7 cmH_2O. Houve tolerância semelhante nos dois grupos ($p = 0,46$). Independentemente do modo utilizado para o desmame, 19 pacientes (19%) foram reintubados no período de 48 h e retornaram para a ventilação mecânica.[46] DPOC = Doença pulmonar obstrutiva crônica; TT = tubo em T; PSV = ventilação com pressão de suporte (7 cm H_2O).

cóticas, como o pânico, são comuns em indivíduos com privação do sono, nos idosos e naqueles em uso de fármacos que interferem com a função mental (benzodiazepínicos, corticosteróides).

CARACTERÍSTICAS DE ALGUMAS PATOLOGIAS

Doença pulmonar obstrutiva crônica. Observam-se três padrões característicos de desmame. Aquele que se produz de 24-36 horas após a instituição da ventilação mecânica geralmente motivadas pelo uso de sedativos ou depressão do sensório por hiperoxigenação; o desmame intermediário (quatro a sete dias), sendo este o mais prevalente nas UTIs e que corresponde ao período de convalescença de uma infecção respiratória; finalmente, o que leva acima de 15 dias, que acontece principalmente naqueles pacientes com capacidade vital limítrofe, insuficiência muscular, desnutrição ou suporte nutricional com elevada proporção de carboidratos, baixa reserva cardíaca ou conjugação de vários fatores.[19,26] Esses pacientes caracterizam o chamado desmame difícil ou são candidatos à ventilação mecânica prolongada.[2,84,86]

Quadro 36-2. **Freqüência de insucesso no desmame correlacionando com a etiologia da insuficiência respiratória**

Tahvanainen/1983[93]	17%	Pós-operatório, DPOC
Pourriat/1986[85]	51%	DPOC
Sassoon/1987[89]	25%	DPOC
Tobin/1986[94]	41%	DPOC, ICC
Murciano/1988[79]	31%	DPOC
Brochard/1991[12]	24%	Variadas
Yang/1991[103]	40%	Variadas
Yang/1992[104]	48%	Neuromuscular, DPOC, ICC
Nava/1994[80]	45%	DPOC

DPOC = Doença pulmonar obstrutiva crônica;
ICC = insuficiência cardíaca congestiva.

A fisiopatologia do desmame no paciente com DPOC envolve um processo de inatividade da musculatura respiratória pela ventilação mecânica que pode seguir-se de hipotrofia da musculatura e conseqüente falha no desmame. A perda do tônus muscular, observada durante o sono, ou a existência de apnéia obstrutiva do sono, importante na gênese da hipertensão pulmonar, podem interferir negativamente no sucesso do desmame. O trabalho respiratório também aumenta pela hiperinsuflação dinâmica que gera autoPEEP.[38,77] Os estados de hipersecreção (por infecção, o uso inadequado de fluidificantes e expectorantes) e a tosse ineficaz podem contribuir, juntamente com a desnutrição, para a falha do desmame. Nos estados avançados da DPOC pode haver hipertensão arterial pulmonar e disfunção ventricular direita, podendo haver concomitante insuficiência cardíaca esquerda.[87]

Síndrome de angústia respiratória aguda (SARA). O processo de desmame nos pacientes com SARA pode começar o mais breve possível, desde que exista uma troca gasosa satisfatória. Não existe evidência de que o desmame deva ser postergado nesses pacientes. Causas multifatoriais podem, no entanto, dificultar o processo de desmame em alguns pacientes com SARA, como a resolução para fibrose pulmonar, superinfecções pulmonares ou extrapulmonares, o desenvolvimento de neuromiopatias, como as que ocorrem no paciente pós-sepse, ou nos distúrbios nutricionais.

Trauma raquimedular. As secções completas de medula acima de C4 requerem ventilação mecânica definitiva. Se a lesão for incompleta ou abaixo desse nível, ocorrerá um padrão ventilatório paradoxal que poderá demandar maior ou menor tempo de ventilação mecânica, dependendo da quantidade de lesão parenquimatosa concomitante (doença prévia ou aguda). A ventilação prolongada realizada em unidades de doentes crônicos ou domiciliares pode ser viabilizada.[2,24]

Insuficiência cardíaca congestiva. A retirada da ventilação a pressão positiva pode aumentar a pós e a pré-carga do ventrículo esquerdo. O aumento da demanda metabólica e circulatória também tem relação direta com essa transição, nos pacientes com baixa reserva cardíaca. Esses fenômenos hemodinâmicos prejudicam o desmame.[87] Lemaire *et al* demonstraram aumento na pressão capilar pulmonar de 8 para 25 mmHg em 15 pacientes com DPOC que falharam no desmame. Após diurese induzida, nove de quinze pacientes conseguiram sair da ventilação mecânica.[64]

Pós-operatório de cirurgia cardíaca. A partir da década de 1960, passou a ser rotina a permanência de ventilação mecânica durante o pós-operatório de cirurgia cardíaca. Essa necessidade veio principalmente pelo uso de técnicas anestésicas e uso de analgésicos opióides. Na última década, chama a atenção a importância de abreviar o tempo de ventilação mecânica nesse grupo de pacientes. As estratégias de acelerar a extubação baseiam-se nas modificações de técnicas anestésicas e na utilização de novos fármacos opióides que permitem o despertar mais rápido. A grande preocupação ainda encontra-se naqueles pacientes em que o estresse fisiológico da cirurgia inclui isquemia e falência cardíaca. Uma análise realizada em estudos randomizados e controlados mostrou que menores doses anestésicas no peroperatório, reversão precoce do bloqueio neuromuscular e redução da sedação no pós-operatório estiveram relacionadas com mais rápida extubação e menor tempo de internação no CTI e no hospital.[92]

FISIOLOGIA DO DESMAME: ENTENDENDO DO PROCESSO

Fisiologia do exercício aplicada ao treinamento muscular respiratório

O objetivo desse treinamento é prevenir o desuso e a atrofia provocada pelo tempo de permanência em ventilação mecânica. O treinamento só será eficiente se houver carga suficiente aplicada (intensidade, duração e freqüência) aos músculos respiratórios. Dessa forma, o programa de condicionamento terá seus resultados baseados na habilidade dos músculos de sustentarem, por longo período, a ventilação espontânea.

■ *Força muscular*

Denomina-se força a capacidade de se desenvolver uma atividade eficiente contra uma resistência através de um único movimento de contração, análogo ao levantamento de peso por um halterofilista com repetições limitadas e com alta intensidade ou ao *sprint* do velocista. Esse tipo de treinamento causa hipertrofia da musculatura. A força da musculatura respiratória é determinada pela massa muscular, pelas propriedades intrínsecas da fibra muscular e pelas condições bioquímicas do meio contrátil.[69,72]

Na musculatura respiratória esse trabalho é realizado quando se submete o paciente ao desmame através de retirada da ventilação mecânica com tubo em T. Esse trabalho de alta pressão e baixo volume requer gasto de energia, e, quando aplicado aos pacientes com reserva cardiorrespiratória adequada, parece ser um bom método, porque esses são capazes de gerar energia para atingir volume corrente satisfatório. Nos pacientes com alterações de complacência ou da resistência do sistema respiratório e a possibilidade de desenvolver fadiga, deve-se limitar esse treinamento a menores períodos de duração ou aliar outras estratégias para reduzir o trabalho respiratório.

■ *Resistência (endurance)*

É a capacidade de sustentar a força por longos períodos antes de desenvolver a fadiga. É determinada pelo equilíbrio entre a oferta e a demanda de energia aos músculos. Os fatores como hipoxemia, anemia e isquemia devem ser evitados e corrigidos para permitir *performance* adequada da musculatura respiratória. O condicionamento muscular será realizado através de várias repetições de baixa intensidade. Esse treinamento é realizado, por exemplo, no atleta que corre longa distância. Em relação ao desmame, pode-se promover menor atividade muscular (trabalho de baixa pressão e alto volume) sustentada por longo período através da pressão de suporte (PSV).

É importante entender as duas formas de treinamento, uma vez que a sobrecarga (força) aliada à especificidade funcional aplicada aos músculos respiratórios (*endurance*) é princípio básico de reabilitação da musculatura esquelética para evitar a fadiga.

■ *Fadiga da musculatura ventilatória*

Sob condições normais, a musculatura respiratória recebe fluxo sangüíneo suficiente para constituir uma reserva satisfatória para a demanda metabólica. Alguns estudos comprovam que a ventilação espontânea consome aproximadamente 25% do oxigênio ofertado durante um episódio de insuficiência respiratória, quando o valor normal ao repouso é de aproximadamente 1%.[7,105]

A fadiga resulta da incapacidade da musculatura de desenvolver alterações de pressão suficientes para manter adequada ventilação alveolar. É importante guardar o conceito de que a fadiga é revertida com o descanso da musculatura. A prevenção da fadiga faz-se através da redução da sobrecarga, isto é, do trabalho imposto ao músculo respiratório e do aumento da provisão de energia aos músculos, como nutrição, reserva de glicogênio e perfusão adequada.[69,95]

As manifestações de fadiga ocorrem nas seguintes condições:

- Redução da força secundária a disfunções neuromusculares (atrofia muscular, perda de massa muscular, doenças que resultem em redução da contratilidade, como *Miastenia gravis*, desnutrição, glicocorticóide).[26,55,69]
- Aumento da demanda de energia, como nas condições de aumento da resistência de vias aéreas, redução da complacência, aumento do volume abdominal.
- Desequilíbrio entre a demanda e a oferta, como nos estados de anemia, alterações do débito cardíaco, desnutrição ou outras condições que diminuam o fluxo nutritivo aos músculos. Essas situações aumentam as necessidades de contrações musculares sob condições não-ótimas, levando à fadiga.
- Acúmulo de metabólitos tóxicos musculares, como ácido láctico, produzindo efeito negativo no processo de contração.

Controle da respiração

O centro respiratório, localizado no tronco cerebral, gera o ritmo respiratório, que é modificado por uma série de reflexos originados em receptores variados, tanto em níveis periférico como central.[20] A hipoventilação alveolar, resultante da disfunção do sistema nervoso central, manifesta-se através da depressão do estímulo respiratório central em resposta às variações da PO_2, PCO_2 e pH do sangue arterial percebidas pelos quimiorreceptores, pelo grau de insuflação pulmonar através dos receptores de estiramento localizados na musculatura lisa das vias aéreas (reflexo de insuflação de Hering-Breuer) e outros.[21,106] As causas de disfunção do sistema nervoso central incluem lesões estruturais primárias, como hemorragia, isquemia, edema, inflamação e neoplasia,[24,44] e lesões funcionais secundárias como hipotireoidismo, privação do sono, alcalose metabólica, uso de fármacos sedativos, hipnóticos, narcóticos e toxinas.[106] Uma vez essas alterações resolvidas, com a melhora clínica do nível de consciência, a ventilação espontânea pode ser reassumida.

A desnutrição reduz a sensibilidade à hipóxia e, em menor grau, à hipercapnia.[26,55] O estímulo central melhora com poucos dias de iniciada a nutrição adequada. Por outro lado, o estímulo exacerbado central respiratório (neurogênico, reflexo, metabólico, psicogênico) pode aumentar a demanda muscular respiratória e limitar o desmame. Na asma ou no edema pulmonar, reflexos estimulantes do centro respiratório provenientes de receptores peribrônquicos e da caixa torácica podem ser abolidos após a correção da doença. A hipoxemia, a hipotensão e a acidose também estimulam a demanda ventilatória. A correção da acidose é uma das mais importantes vias de redução do estímulo central.

Nos pacientes com doença pulmonar obstrutiva crônica (DPOC) e hipercápnicos existe um mecanismo de adaptação do centro respiratório aos níveis elevados de gás carbônico através do aumento dos níveis de bicarbonato (HCO_3) no liquor com equilíbrio do pH, modificando a sensibilidade do centro respiratório *(set point)* ao aumento do CO_2. Nessas condições, crescem de importância, no controle da respiração, os níveis arteriais da pressão parcial de oxigênio (PaO_2). A hipoxemia estimula os centros respiratórios. Nesses pacientes, a administração de oxigênio em altos fluxos pode elevar a PaO_2, ultrapassando o limiar de estimulação dos quimiorreceptores periféricos, reduzindo a estimulação dos centros respiratórios e a ventilação alveolar. Com isso, há aumento da $PaCO_2$ e acidemia. Além disso, quando a hipóxia grave associa-se a diminuição acentuada da oferta de oxigênio muscular, por anemia ou redução da reserva cardíaca, pode ocorrer diminuição da força de contração e da resistência muscular.[21]

A ansiólise, através da cooperação do paciente nos planos de desmame ou através do uso de fármacos, também reduz o hiperestímulo respiratório central.

Determinantes da dependência do ventilador: o que acontece?

A transição da ventilação controlada para a espontânea tem importante repercussão, principalmente quando está associada ao tempo prolongado de ventilação mecânica ou na presença de doença crônica pulmonar subjacente. As alterações observadas nas primeiras 24 horas de transição da ventilação controlada para a ventilação espontânea são as que se seguem:

A troca gasosa pulmonar

A retirada da ventilação mecânica pode causar **hipoxemia**, observada mesmo naqueles pacientes com sucesso do desmame. Há aumento do gradiente alvéolo-arterial de oxigênio nas primeiras 24 horas, mais acentuado nos pacientes com insucesso no desmame.[7] Nos pacientes em que falhou o desmame, esse aumento foi em média de 286 mmHg ($p < 0{,}025$). A possível razão para esse fato decorre do rápido desenvolvimento de colapso alveolar quando ocorre a transição da ventilação a pressão positiva para a espontânea. O retorno do trabalho ventilatório espontâneo promove aumento do consumo de oxigênio pelos músculos respiratórios. Nos pacientes com comprometimento do débito cardíaco, esse aumento na demanda de oxigênio promove maior extração de oxigênio pelos tecidos, conseqüentemente reduzindo a saturação de oxigênio do sangue venoso misto, o que pode contribuir para a hipoxemia. Esse aumento da demanda metabólica pode causar descompensação miocárdica, isquemia ou disfunção diastólica, principalmente nos pacientes com baixa reserva funcional.

Berry *et al* relataram que há um aumento na pressão arterial de CO_2 em quase todos os pacientes durante o desmame da ventilação controlada em torno de 8 mmHg ($p < 0{,}003$) e é acompanhado por diminuição significativa do pH ($p < 0{,}001$). Esse aumento é observado durante os primeiros 30 minutos e retorna aos níveis anteriores em 24 horas.[7] A produção de dióxido de carbono (CO_2) pode estar aumentada em diversas situações no paciente grave. Febre, agitação, dor, aumento do trabalho respiratório, sepse, composição calórica dos nutrientes administrados são alguns exemplos. No paciente em desmame da ventilação mecânica a ansiólise, a analgesia e os cuidados com os mecanismos que aumentam a produção de CO_2 e, conseqüentemente, o trabalho respiratório devem ser observados e administrados.

Aspectos hemodinâmicos

A pressão positiva intratorácica promovida pela ventilação mecânica, além de diminuir a pré-carga cardíaca, eleva a pressão diastólica final do ventrículo esquerdo em relação à pressão aórtica e reduz a pressão transmural ventricular. Esse fato produz uma importante redução na pós-carga e no trabalho do ventrículo esquerdo.[48] Em indivíduos com função cardíaca preservada esse fato é pouco relevante, o que não ocorre naqueles pacientes cuja reserva cardíaca funcional é limítrofe ou prejudicada.

Com a interrupção da ventilação mecânica, essa pressão positiva intratorácica é substituída pela pressão subatmosférica da ventilação espontânea, que produzirá o efeito oposto, com aumento da pré-carga e da pós-carga do ventrículo esquerdo. No mesmo momento aumentam o trabalho do músculo respiratório e a liberação de catecolaminas. O consumo de oxigênio e o débito cardíaco podem duplicar em um momento em que o coração está "menos preparado" para essa demanda. Nos pacientes com insuficiência cardíaca, o aumento da pós-carga e do consumo de oxigênio pode dramaticamente aumentar a pressão capilar pulmonar e desenvolver congestão pulmonar.[69]

Com relação à circulação pulmonar, essas alterações são pouco documentadas. Foi relatado aumento na resistência vascular pulmonar em quase todos os pacientes em desmame, mais notado naqueles que apresentam diminuição do débito cardíaco.[7]

Espera-se que a conversão da ventilação controlada para a espontânea promova aumento no débito cardíaco e no consumo de oxigênio. Nos pacientes que tiveram sucesso no desmame não foram observadas alterações hemodinâmicas, enquanto aqueles que não tiveram sucesso apresentaram um aumento significativo do índice cardíaco (2,4 $l/min/m^2$ para 3,6 $l/min/m^2$, $p < 0{,}05$).[64,101] Nos pacientes que têm sucesso no desmame há poucas alterações na pressão arterial e na freqüência cardíaca.

■ *Metabolismo de oxigênio*

Visando a definir as conseqüências do desmame no metabolismo do oxigênio, Jubran *et al* observaram queda progressiva da saturação de oxigênio no sangue venoso misto ($S\bar{v}O_2$) nos pacientes que falharam no teste para desmame em comparação com aqueles que tiveram sucesso ($p < 0{,}01$). O grupo que teve sucesso apresentou elevação do índice cardíaco ($p < 0{,}05$) e da oferta de oxigênio aos tecidos ($p < 0{,}02$), enquanto o grupo que falhou aumentou a extração periférica de oxigênio ($p > 0{,}02$) com conseqüente queda da $S\bar{v}O_2$. Esse fato resultou em dessaturação do sangue arterial ($p < 0{,}0006$) e redução da oferta de oxigênio aos tecidos.[53,54]

■ *Mecânica ventilatória*

Nos pacientes que têm sucesso no desmame, foi relatado aumento da capacidade vital de 10,7 ml/kg no início do desmame para 16,3 ml/kg após 24 horas ($p < 0{,}001$). O volume corrente aumentou durante a ventilação espontânea de 4,7 ml/kg no início do desmame para 5,8 ml/kg após 24 horas ($p < 0{,}001$). A pressão inspiratória máxima aumentou de $-23\ cmH_2O$ para $-29\ cmH_2O$ nas 24 horas ($p < 0{,}001$).[7] A melhora na mecânica ventilatória é traduzida por manifestações clínicas e fisiológicas que avaliam a geração adequada do estímulo central, a transmissão desse estímulo para os músculos respiratórios e a capacidade do músculo em atender e manter esse estímulo. Não foram observadas diferenças significativas na capacidade residual funcional, na complacência estática e na relação espaço morto/volume corrente, antes e após o desmame.[13]

O sistema nervoso central é um gerador de ritmo e de padrão ventilatório. A capacidade para atender à demanda ventilatória pode ser limitada, mais raramente, por diminuição do estímulo central (*drive*) ou, mais freqüentemente, por ineficiência de contração muscular respiratória. A falência desse mecanismo pode vir de diversos fatores, como alterações estruturais do sistema nervoso central ou periférico e/ou alterações metabólicas. O aumento do *drive* respiratório, conseqüente aos estímulos neurogênicos, psicogênicos ou metabólicos, pode ser causa do aumento da demanda ventilatória e contribuir para o insucesso do desmame, nos pacientes com reserva respiratória diminuída. Esse mecanismo pode ser produzido por lesões no sistema nervoso central e é observado nas doenças neuromusculares.[44] O aumento dos reflexos pulmonares (receptores peribrônquicos e parenquimatosos), como no edema pulmonar, pode alterar o ponto de equilíbrio do estímulo respiratório central pelo CO_2, aumentando a ventilação-minuto.[4]

Existem evidências de que a fraqueza da musculatura ventilatória reduz o desempenho respiratório nos pacientes ventilador-dependentes. Isso pode ser conseqüência de atrofia ou da remodelação pelo desuso.[61] A patogenia desse mecanismo é variada: desnutrição, distúrbios eletrolíticos (hipofosfatemia, hipocalcemia, hipo/hipermagnesemia, hipercarbia), redução do débito cardíaco e do fluxo sangüíneo nutritivo muscular e outros.[43] A carga imposta à musculatura respiratória é função da demanda ventilatória e da mecânica do sistema respiratório (complacência/resistência). O aumento da demanda ventilatória pode ser conseqüência do aumento da necessidade de oxigênio, como ocorre nos pacientes com sepse, ou pelo aumento do espaço morto, como nos pacientes obstrutivos. A demanda ventilatória pode ser definida como o produto ventilação-minuto pelo trabalho mecânico, isto é, o produto pressão-volume requerido por litro de volume gasoso que entra e sai do sistema respiratório. As condições mecânicas que determinam a quantidade de trabalho requerida por litro de ventilação devem ser revistas (complacência pulmonar, prevenção da hiperinsuflação, resistência de vias aéreas e as impostas pela prótese ventilatória – circuitos e mecanismos internos do ventilador).

A eficiência da contratilidade diafragmática também pode estar comprometida. A hiperinsuflação pulmonar provoca diminuição do raio de curvatura da cúpula frênica e encurtamento de suas fibras, prejudicando a ótima contração muscular. As alterações da complacência decorrem de processos pulmonares (edema, infecção, inflamação, fibrose) ou extrapulmonares (alterações da caixa torácica, aumento da pressão intra-abdominal). A broncoconstrição e a inflamação de vias aéreas podem levar à piora da resistência, assim como a presença de secreção e o diâmetro do tubo traqueal.

■ *Demanda ventilatória: trabalho por litro de ventilação*

Uma vez definidos o volume corrente e o tempo inspiratório, as propriedades intrínsecas (elásticas e friccionais) do sistema respiratório irão determinar a pressão gerada por incursão respiratória, assim como o trabalho respiratório. A pressão inspiratória desenvolvida pelo sistema respiratório por incursão segue a seguinte equação:

$$PI = R_{aw,\,sr}\,(VC/T_I) + (VC/C_{st,\,sr}) + PEEP_{total}$$

onde $R_{aw, sr}$ e $C_{st, sr}$ são resistência e complacência do sistema respiratório, VC é o volume corrente, T_I o tempo inspiratório. Dessa forma, para um mesmo volume corrente, maior será o trabalho se a complacência diminuir e/ou a resistência, autoPEEP e tempo inspiratório aumentarem. O aumento de resistência ocorre nas situações de broncoespasmo, aumento de secreções, edema de mucosa. A redução na complacência pode ser decorrente de edema pulmonar, derrame pleural, distensão abdominal, posição supina. A autoPEEP é um fenômeno dinâmico relacionado à velocidade de esvaziamento alveolar.[22]

Alguns fatores extrínsecos, como as propriedades elásticas dos circuitos do ventilador mecânico, podem influenciar o trabalho respiratório. A resistência imposta pelo tubo translaríngeo pode superar a resistência da via aérea superior.[91] Por esse motivo, muitos pacientes toleram a retirada direta do tubbo em vez da retirada lenta dos modos ventilatórios. A pressão de suporte (PSV) parece superar a resistência inspiratória imposta pelo tubo traqueal.[9,12,23] Outros mecanismos desenvolvidos em alguns equipamentos, como a compensação automática do diâmetro do tubo (*full cycle tube compensation*) e o controle da pressão próxima à carina, são promissores. Apesar de a fase expiratória não ter influência importante no processo de desmame, alguns cuidados devem ser seguidos. Problemas com a válvula expiratória tornam-se importantes em altas freqüências respiratórias.[39]

Os pacientes que falham às tentativas de desmame tendem a apresentar um padrão ventilatório rápido e superficial.[103] Esse padrão torna-se vantajoso sob o ponto de vista "gasto de energia" mas também se associa com aumento do espaço morto e dificuldade de eliminação do CO_2. Fica difícil distinguir se esse padrão é conseqüência de diminuição do *drive* respiratório ou se ocorre por incapacidade de resposta muscular ventilatória ao aumento do estímulo neural.[53,89]

Parâmetros clínicos e fisiológicos: predizendo o futuro

■ *Parâmetros clínicos*

Em muitas ocasiões, a decisão do desmame é realizada de forma empírica. As evidências para definir clinicamente o momento do desmame vêm de estudos observacionais. O processo de desmame deve-se iniciar quando a causa que motivou a ventilação mecânica estiver revertida ou controlada. O critério de reversibilidade, no entanto, é um conjunto de fatores subjetivos (resolução da fase aguda da doença) com outros objetivos: estabilidade hemodinâmica, definida por ausência de isquemia miocárdica ativa e ausência de hipotensão arterial que não requer agente vasopressor ou com o uso de drogas vasoativas em baixas doses como a dopamina ou dobutamina com doses $\leq$ 5µg/kg/min; oxigenação adequada definida por $PaO_2/FiO_2 > 150$ a 200 que requer PEEP $\leq$ 5 cmH_2O e pH > 7,25; capacidade de iniciar esforço respiratório; hemoglobina adequada ($\geq$ 8-10 g%);[14] escore de coma de Glasgow de coma $\geq$ 13, sem infusão contínua de agentes sedativos; temperatura < 38ºC. Os critérios clínicos subjetivos de reversibilidade e melhora clínica, no entanto, não foram ainda estudados ou definidos em estudos randomizados e controlados e são suportados por estudos observacionais em que algumas características são comparadas entre grupos que obtiveram sucesso daqueles que falharam.[66] Em dois grandes estudos, apesar da presença de estabilidade/reversibilidade do processo agudo antes de realizar uma prova de ventilação espontânea, dois terços dos pacientes não haviam sido identificados como aptos a realizar o desmame.[11,34]

As condições extrapulmonares devem estar corrigidas, mesmo que com a ajuda de fármacos, como as infecções (antibióticos), instabilidade hemodinâmica (drogas vasoativas), agitação, ansiedade e dor (sedativos, ansiolíticos, analgésicos), os transtornos metabólicos e eletrolíticos[25] e a correção dos estados de desnutrição (Quadro 36-3).[45,75] O nível de consciência é parâmetro importante para definir sucesso do desmame. É necessário que o paciente tenha estímulo respiratório e reflexo de tosse preservado. Alguns pacientes poderão permanecer com via aérea artificial (traqueostomia) em ventilação espontânea. Recente estudo em 100 pacientes neurocirúrgicos mostrou que o Escore de Coma de Glasgow (ECG) 8 no momento da extubação esteve associado ao sucesso no desmame em 75% dos casos, *versus* 33% para um ECG < 8 (p < 0,0001). Apesar de 82% dos pacientes terem apresentado condições de extubação, somente 25% foram extubados, denotando a preocupação da equipe médica com o nível de consciência.[3]

O Quadro 36-3 mostra a definição do Consenso Brasileiro de Ventilação Mecânica das condições para considerar o paciente apto para ser submetido à liberação da ventilação mecânica.[45]

■ *Parâmetros fisiológicos*

Os parâmetros fisiológicos capazes de predizer o sucesso do desmame da ventilação mecânica devem ser de fácil realização e objetivam avaliar a capacidade ventilatória e a

Quadro 36-3. Condições para liberação da ventilação mecânica

Evento agudo que motivou a ventilação mecânica	Reversibilidade ou controle do processo
Temperatura corporal	< 38°C
Avaliação hemodinâmica	Correção ou estabilização do débito cardíaco
Drogas vasoativas ou agentes sedativos	Com doses mínimas
Nível de consciência	Glasgow $\geq$ 13
Nível de hemoglobina sérica	$\geq$ 9 g%
Troca gasosa pulmonar	$PaO_2 \geq 60$ mmHg com $FiO_2 \leq$ 0,40 e PEEP $\leq$ 5 cmH_2O
Balanço hídrico	Correção de sobrecarga hídrica
Eletrólitos séricos (sódio, potássio, cálcio, magnésio)	Valores normais
Intervenção cirúrgica próxima	Não

oxigenação. Numerosos estudos visam a correlacionar esses critérios como preditores do sucesso ou insucesso do desmame. A capacidade dos músculos respiratórios em realizar trabalho frente a uma resistência depende da função neuromuscular intacta. Um parâmetro fora dos limites da normalidade pode predizer o fracasso do desmame; no entanto, o inverso não necessariamente traduz sucesso.[65,85,88] Como as razões de falha no desmame podem variar entre diferentes populações de pacientes, o mesmo pode acontecer com os índices fisiológicos avaliados. Os estágios em que os diversos estudos avaliam os índices fisiológicos são aplicados às diferentes fases do processo: para redução do suporte ventilatório, para o teste em ventilação espontânea e na fase de extubação. Marini, didaticamente, dividiu os índices preditivos em **medidas involuntárias**, isto é, que são observacionais e reprodutíveis, e **medidas voluntárias**.[69]

Medidas involuntárias

Troca gasosa

A monitorização da troca gasosa faz-se através da oximetria de pulso, da capnometria ou análise dos gases arteriais. A razão entre a pressão parcial de oxigênio no sangue arterial (PaO_2) pela fração inspirada de oxigênio (FiO_2) maior que 200 mmHg com não mais que 5 cmH_2O de PEEP representa um ponto de partida necessário para o desmame, mas insuficiente para assegurar que o paciente tenha sucesso.[45,49,66] Apesar da lógica clínica, esses parâmetros têm baixo poder preditivo.

Volume-minuto e volume corrente

O volume-minuto é calculado através de um espirômetro calibrado adaptado à extremidade proximal do tubo endotraqueal (Fig. 36-2). Pede-se ao paciente que respire espontaneamente por 1 minuto através desse circuito, e o valor é registrado diretamente no visor do manômetro. O valor normal está em torno de 6 a 8 l/min. Esse dado associado à $PaCO_2$ é uma boa indicação da resposta da musculatura à demanda. Considera-se que um volume-minuto >15 a 20 l/min associa-se ao fracasso do desmame; entretanto, níveis inferiores não são preditivos. O volume-minuto é o quociente do volume corrente pela freqüência ventilatória registrada. Um volume corrente < 5-7 ml/kg pode traduzir falha no desmame.

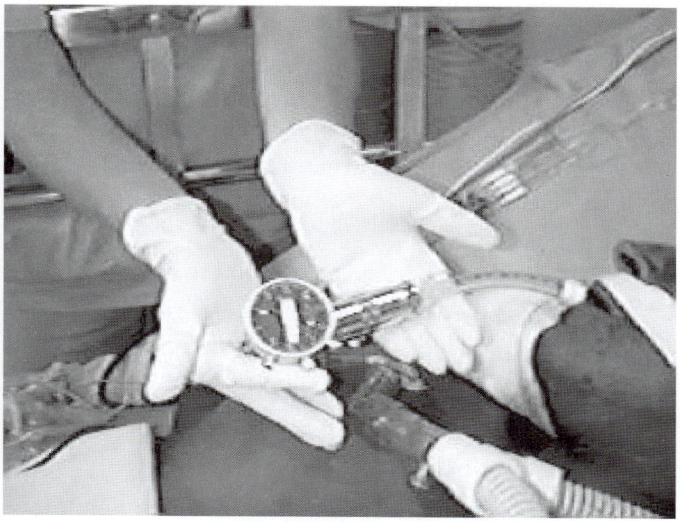

Fig. 36-2. Ventilômetro conectado ao tubo traqueal.

Freqüência respiratória

A quantificação das incursões ventilatórias como preditor de falha no desmame varia nos diversos estudos. Sabe-se que ocorre aumento da freqüência respiratória em resposta à fadiga muscular ventilatória. As alterações celulares da musculatura respiratória provocadas pelo desuso e remodelação podem justificar freqüência ventilatória baixa mesmo em resposta à alta demanda metabólica em alguns pacientes em ventilação mecânica prolongada.[86]

Padrão ventilatório em ventilação espontânea

O padrão ventilatório observado por um breve teste de ventilação espontânea (5 minutos de desconexão da ventilação mecânica) traz informações muito valiosas[103,104] (Fig. 36-3). Os pacientes que são bons respondedores ao teste tendem a manter uma freqüência respiratória < 30 ipm com um VC em torno de 5 a 7 ml/kg. Um padrão ventilatório caracterizado por aumento da freqüência respiratória e ventilação superficializada (baixos volumes correntes) é desenvolvido pelos pacientes que não conseguem manter-se em ventilação espontânea. Nesses casos há aumento do trabalho respiratório, o paciente não consegue "tempo" para manter adequada expiração e desenvolve retenção gasosa ou autoPEEP.[22,77] Alguns pacientes com doença neurológica ou com patologias pulmonares restritivas (obesidade, cifoescoliose, distensão abdominal, fibrose pulmonar) poderão apresentar um padrão ventilatório semelhante e ter sucesso no desmame. Essa avaliação poderá ser quantitativa, através do índice descrito por Yang e Tobin, que é a relação entre a freqüência respiratória e o volume corrente expresso em litros.[103] Trata-se de um método reprodutível, de fácil realização à beira do leito, e atualmente considerado o mais capaz de identificar os pacientes candidatos à desconexão da ventilação mecânica. Seu ponto de corte é 105. Isso significa que, para valores acima de 105 incursões respiratórias por litro de volume corrente (ipm/l), havia uma

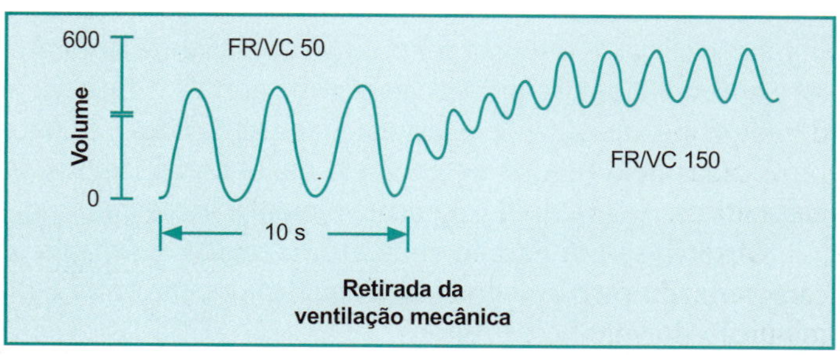

Fig. 36-3. Padrão ventilatório observado após a breve retirada da ventilação mecânica.

Quadro 36-4. Índice de ventilação rápida e superficial e desmame						
Estudo	***Objetivo***	***S***	***E***	***VPP***	***VPN***	***AA ROC***
Yang & Tobin[103] FR/VC > 105	fracasso	0,97	0,64	0,78	0,95	0,89
Krieger *et al*[59] FR/VC ≤ 130	sucesso	0,92	0,57	0,87	0,67	0,81
Lee *et al*[63] FR/VC ≤ 105	sucesso	0,72	0,11	0,79	0,08	
Sasson *et al*[89] FR/VC < 100	sucesso	0,97	0,40	0,85	0,80	0,78
Chatila *et al*[16] FR/VC < 100	sucesso	0,89	0,41	0,72	0,68	0,74
Epstein[29] FR/VC < 100	sucesso	0,92	0,22	0,83	0,40	
Jacob *et al* FR/VC < 100	sucesso	0,97	0,33	0,94	0,50	0,76
Gandia & Blanco[40] FR/VC > 96	fracasso	0,83	0,82	0,66	0,92	
Capdevila *et al*[15] FR/VC > 60	fracasso	0,73	0,75	0,92	0,36	0,72

S = Sensibilidade; E = especificidade; VPP = valor preditivo positivo; VPN = valor preditivo negativo; AA ROC = área abaixo da curva ROC.

associação com falência no desmame em 86% e sucesso em 10% dos pacientes. As divergências encontradas na literatura variam de acordo com pontos de corte, momentos diferentes de mensurações e, mais recentemente, um estudo mostrou variações de acordo com o sexo e o tamanho do tubo traqueal (Quadro 36-4).[16,30]

Em uma metanálise recente, foi observado que esse índice é o mais promissor no sucesso em várias fases do desmame: 1) na fase de redução da ventilação mecânica para um outro modo ventilatório, quando < 65 incursões/min/l (medido com os parâmetros no ventilador em uso) correlacionam-se com maior possibilidade de iniciar o desmame; 2) na fase de extubação, quando >100 parecem reduzir a probabilidade de sucesso na extubação. De qualquer forma, esse ainda é considerado o melhor índice preditivo de sucesso ou fracasso da desconexão da ventilação mecânica.[66]

Purro *et al* estudaram os mecanismos determinantes da ventilação de longa permanência e observaram que, além das alterações na mecânica ventilatória (diminuição do volume corrente, aumento do *drive),* alguns pacientes falhavam o desmame por ineficiência da resposta contrátil da musculatura respiratória e apresentavam freqüência ventilatória normal.[86] Esse baixo desempenho muscular é relacionado às alterações celulares provocadas pelo desuso de etiologia multifatorial (alterações eletrolíticas, do pH, do fluxo nutritivo metabólico etc.).[61]

Observa-se um padrão ventilatório rápido e superficial caracterizado pelo aumento da freqüência respiratória e diminuição do volume corrente.[69]

Os estudos em que se avaliou o poder preditivo do índice de ventilação rápida e superficial estão no Quadro 36-4.

■ *Medidas voluntárias*

Pressão inspiratória máxima ($PI_{máx}$)

Os resultados obtidos por Sahn e Lahshminarayan em 100 pacientes utilizando a avaliação da pressão inspiratória máxima ($PI_{máx}$) mostraram que aqueles pacientes capazes de gerar uma pressão inspiratória < –30 cmH_2O foram extubados com sucesso, enquanto aqueles com $PI_{máx}$ > –20 cmH_2O foram incapazes de manter a ventilação espontânea. Esses dados popularizaram o método, no entanto não foram reproduzidos em estudos posteriores.[88] Deve-se ocluir a via aérea com uma válvula unidirecional por 20 a 25 segundos permitindo ao paciente somente a expiração (Fig. 36-4). Dessa forma, o paciente é obrigado a realizar um esforço inspiratório para deflagrar o ciclo respiratório, quando será medida a $PI_{máx}$.[72] Uma série de estudos mostra que esse índice tem baixo valor preditivo positivo e negativo, principalmente naqueles pacientes com longo período de ventilação mecânica, talvez porque reflita mais a força que a *endurance* (Quadro 36-5).

Capacidade vital

A capacidade vital é medida pedindo-se ao paciente que promova uma expiração máxima partindo da capacidade pulmonar total até o volume residual. Um valor maior que 10 ml/kg é sugestivo de sucesso no desmame, mas, como requer total colaboração do paciente, tem baixo poder preditivo.

Ventilação voluntária máxima (VVM)

A ventilação voluntária máxima é o volume total de ar inspirado e expirado durante 1 minuto com esforço máximo.

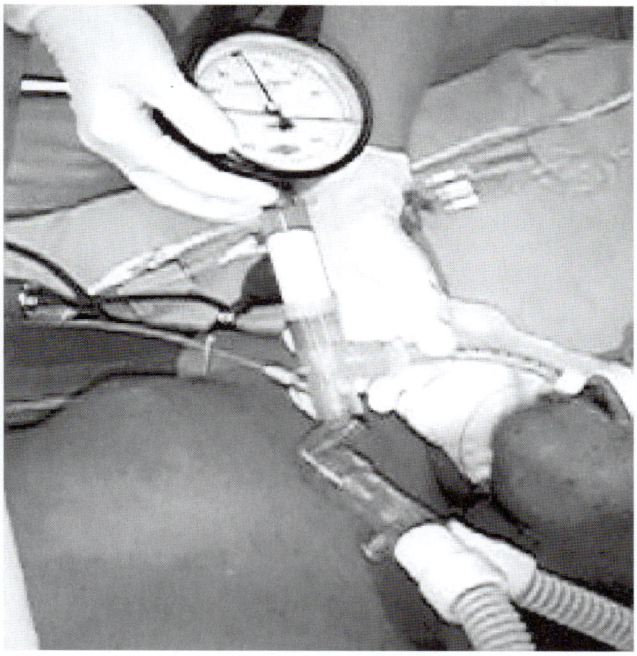

Fig. 36-4. Manovacuômetro com válvula unidirecional.

O valor normal varia entre 50 a 250 l/min. É um teste de pouco poder discriminativo para o sucesso do desmame.[71]

Pressão de oclusão de vias aéreas ($P_{0,1}$)

A pressão gerada nos primeiros 100 milissegundos do esforço inspiratório contra a via aérea ocluída ($P_{0,1}$) é um parâmetro que avalia a carga mecânica e o estímulo central e depende da interação entre os quimiorreceptores centrais e os motoneurônios periféricos.[102] O valor normal deve ser < 2 cmH_2O. Valores superiores a 5 cmH_2O podem significar um grande estímulo respiratório central e traduzem fadiga muscular respiratória. Para a avaliação da $P_{0,1}$, é necessário um aparato especial (alguns ventiladores mecânicos já possuem) que inviabiliza essa medida rotineiramente.[40,89,102,104] Alguns estudos demonstraram que a depressão do centro respiratório raramente foi causa da falência do desmame.[89,94] Parece que o aumento do estímulo central pode elevar a carga de trabalho da musculatura respiratória e conduzir o paciente à fadiga (Quadro 36-6).

Índice de CROP

É um índice que agrega dados da complacência dinâmica (C_{dyn}), freqüência respiratória (FR), gradiente alvéolo-arterial de oxigênio (PaO_2/PAO_2) e a pressão inspiratória máxima ($PI_{máx}$). Tobin & Yang descreveram que um valor > 13 ml/incursões respiratórias/min tem sensibilidade de 0,81, especificidade de 0,57, VPP de 0,71 e VPN de 0,70.[104]

$$CROP = C_{din} \times PI_{máx} \; [(PaO_2/\, PAO_2)/\, FR]$$

■ PCO_2 e pH da mucosa gástrica (pHi)

A acidose metabólica avaliada pelo pH da mucosa gástrica está associada ao pior prognóstico no paciente crítico. A detecção de acidose intramucosa gástrica pode ser um índice preditivo de fracasso do desmame. A restauração da ventilação espon-

Quadro 36-5. Estudos em que se avaliou o poder preditivo da $PI_{máx}$

Estudo	*Objetivo*	*S*	*E*	*PP*	*PN*	*AA ROC*
Yang & Tobin[103]	Sucesso					
$PI_{máx} \leq 5$ cmH_2O		1	0,11	0,59	1	0,61
$PI_{máx} \leq 30$ cmH_2O		0,86	0,21	0,58	0,55	
Chatila *et al*[16]						
$PI_{máx} \leq 20$ cmH_2O	Sucesso	0,90	0,26	0,67	0,65	0,68
$PI_{máx} \leq 30$ cmH_2O		0,67	0,69	0,78	0,55	
Jacob *et al*						
$PI_{máx} \leq 20$ cmH_2O	Sucesso	0,96	0,07	0,92	0,14	0,62

S = Sensibilidade; E = especificidade; VPP = valor preditivo positivo; VPN = valor preditivo negativo. AA ROC = área abaixo da curva ROC.

Quadro 36-6. Estudos em que se avaliou o poder preditivo da $P_{0,1}$

Estudo	*Objetivo*	*S*	*E*	*VPP*	*VPN*	*AA ROC*
Sasson *et al*[89]	Sucesso					
$P_{0,1} \leq 5,5$ cmH_2O		0,97	0,40	0,85	0,80	0,64
Giandia & Blanco[40]	Fracasso					
$P_{0,1} \leq 3,4$ cmH_2O		0,75	0,61	0,45	0,85	

S = Sensibilidade; E = especificidade; VPP = valor preditivo positivo; VPN = valor preditivo negativo; AA ROC = área abaixo da curva ROC.

tânea em um paciente com reserva cardíaca limitada pode produzir aumento do consumo de oxigênio dos músculos respiratórios. Esse roubo de fluxo pode ser primariamente detectado no território esplâncnico com conseqüente acidose intramucosa. Mohsenifar *et al* em 1993 avaliaram, em 29 pacientes sob ventilação mecânica, o pHi gástrico e a PCO_2 antes e durante o desmame. Observaram que, naqueles que obtiveram sucesso no desmame, não ocorreu alteração dos parâmetros medidos; entretanto, em 9 dos 11 pacientes que fracassaram desenvolveu-se acidose. Nesse estudo, um pHi < 7,30 apresentou uma sensibilidade e especificidade de 100%, quando avaliado o fracasso do teste.[78] Outro estudo em pacientes com DPOC confirma a mesma sensibilidade e especificidade para o êxito do desmame com um pHi > 7,30.[8] No entanto, apesar de dados promissores, um maior número de pacientes deve ser envolvido em outros estudos. É um método que requer a colocação de um catéter intragástrico e a realização da técnica adequada.

BREVE TESTE EM VENTILAÇÃO ESPONTÂNEA (BVTE): O INÍCIO DO PROCESSO

O desmame envolve uma mudança da interação paciente e ventilador. Essa mudança tem repercussões mecânicas e hemodinâmicas. O objetivo principal é diminuir o nível de suporte automático do ventilador e reassumir o trabalho respiratório. Esteban *et al* demonstraram que, dependendo da patologia, cerca de 1/3 do tempo total de ventilação mecânica devia-se ao desmame, e que, se estratégias fossem realizadas para encurtar esse tempo, automaticamente se reduziria o tempo total de assistência ventilatória.[35]

Apesar de parecer um novo aspecto do desmame, trata-se da mais antiga e tradicional técnica, isto é, desconectar o paciente da ventilação mecânica e considerá-lo apto à extubação após breve teste em ventilação espontânea (BTVE). Essa desconexão é feita através da permanência da via aérea artificial (tubo traqueal) conectada, através de um dispositivo ("Peça em T" ou "Tubo em T"), a uma fonte de oxigênio umidificado, ou não, e observação de parâmetros clínicos e fisiológicos de tolerância à ventilação espontânea. Deve-se oferecer uma margem de segurança de oxigênio adicional durante o teste pelos riscos de hipoxemia secundária a microatelectasias ou a dessaturação venosa mista durante a ventilação espontânea.[54] A fração inspirada de oxigênio oferecido deve ficar em torno de 40% (para SaO_2 > 90%) e não deve ser modificada durante o teste, para entendermos que possa estar havendo hipoxemia nesse período.

Existem duas aplicações distintas para esse método. A primeira é a aquela que visa à retirada rápida e definitiva da ventilação mecânica e da via aérea artificial. Vários estudos demonstraram que aproximadamente 80% dos pacientes submetidos a observações diárias de melhora do quadro de insuficiência respiratória aguda poderiam ter seu tempo de ventilação mecânica abreviado após BTVE.[9,27,34] Esteban *et al* observaram que o tempo de tolerância à ventilação espontânea foi semelhante nos pacientes que permaneciam em observação por 30 minutos ou 120 minutos.[32] Valverdu *et al* reportam falha em 36% dos pacientes submetidos ao BTVE em Peça T entre o período de 30 e 120 minutos, mas questionam se o tempo prolongado de observação foi co-responsável pela intolerância.[100] A segunda aplicação para o BTVE é para o paciente com reservas funcionais cardiorrespiratórias limítrofes em que a ventilação espontânea se faria alternando-se com a ventilação mecânica com o intuito de treinamento e um processo de readaptação.

O BTVE pode ser realizado tradicionalmente, isto é, retirando-se o paciente do ventilador artificial ou mantendo-se conectado ao mesmo, mas sem nenhum modo ventilatório instalado. As vantagens desse recurso são a utilização do sistema de alarme e monitorização do próprio ventilador, a não-necessidade de recrutar novos dispositivos, trocas de circuitos com redução de custos e a facilidade de rápido retorno ao método artificial no caso de intolerância à ventilação espontânea. Os ventiladores mais antigos apresentam dificuldades relacionadas à válvula de demanda que aumenta o trabalho respiratório do paciente, enquanto conectados. Esse fato não ocorre com os ventiladores de geração mais recente e pode ser realizado com segurança.[28]

O BTVE pode ser realizado totalmente espontâneo, isto é, sem qualquer pressão positiva aplicada à extremidade distal do tubo traqueal, com pequeno nível de pressão positiva contínua (CPAP de 5 cmH_2O), ou com baixos níveis de pressão de suporte (PSV de 7 cmH_2O). Um estudo multicêntrico randomizado conduzido por Esteban *et al* demonstrou que o número de pacientes que se mantiveram extubados em 48 horas após BTVE foi semelhante nos grupos que utilizaram Peça T ou PSV de 7 cmH_2O durante o BTVE.[33]

BVTE com peça T

A utilização de uma peça em T, conectando a porção proximal do tubo traqueal do paciente a uma fonte de oxigênio ou mantendo um nível de pressão positiva contínua nas vias aéreas (CPAP), por um período de duas horas em ventilação espontânea, é um teste útil para ser realizado previamente à extubação, apesar de a taxa de reintubação nesses pacientes ainda permanecer em torno de 15% (Fig. 36-5).[11,34,36,40,100]

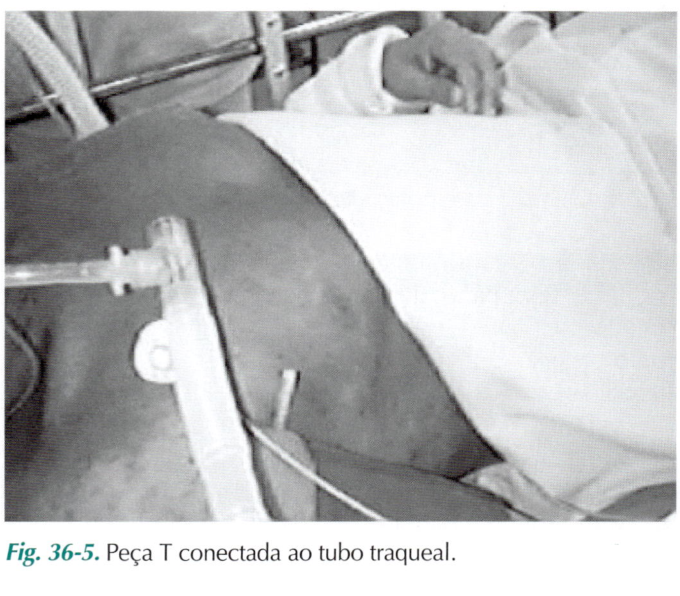

Fig. 36-5. Peça T conectada ao tubo traqueal.

O tubo em T, por tratar-se de um sistema avalvular, faz com que o trabalho respiratório resuma-se ao imposto pela resistência do tubo traqueal, da ventilação minuto (VM) e do fluxo ventilatório.[39,40,91] Tubos de diâmetro interno maior oferecem menor resistência.[23] A vantagem desse método é a simplicidade e a reprodutibilidade, uma vez que não requer ventiladores mecânicos de maior sofisticação. Nessa técnica, recentemente revisada e proposta por Esteban *et al*, o desmame está concluído se durante o BTVE o paciente não apresentar instabilidade clínica e/ou funcional, quando poderá ser extubado.[33]

A utilização de CPAP, acoplado à peça T, é defendida principalmente para os pacientes com doença pulmonar obstrutiva crônica, onde a permeabilidade da via aérea de menor calibre estaria mantida durante a permanência do tubo traqueal, uma vez que o controle expiratório promovido por esses pacientes através da "semi-oclusão dos lábios" durante a expiração espontânea estaria prejudicado.[81] Da mesma forma, nos pacientes com reserva cardíaca limítrofe, pequenos níveis de pressão positiva intratorácica poderiam evitar congestão pulmonar.[48] No entanto, não impede edema pulmonar após a extubação.[64]

BVTE com PSV

A desconexão da ventilação mecânica feita através da PSV implica a colocação de uma pressão de suporte que corresponde ao nível de pressão inspiratória considerada satisfatória para compensar o trabalho adicional imposto pelo tubo endotraqueal e a válvula de demanda do ventilador artificial.[10,12,39]

Esteban *et al*, em estudo prospectivo e randomizado, compararam dois métodos para realizar um teste prévio à extubação, pelo período de 2 horas após a ventilação mecânica, em 484 pacientes.[31] Observaram que foi superior o número de pacientes que não toleram o teste em tubo T quando comparados ao grupo PSV de 7 cmH_2O (22% × 14%). No entanto, não houve diferença significativa no número de pacientes que se mantiveram extubados após 48 horas (63% × 70%). No subgrupo de pacientes com DPOC, desse mesmo estudo, foi igual o número de pacientes que toleraram o teste em tubo T ou PSV de 7 cmH_2O (76% × 82%, $p = 0,46$). Também foi igual o número de pacientes que permaneceram extubados após 48 horas, independentemente do modo utilizado, se PSV ou tubo T (58% e 62%, $p = 0,26$).[46]

Admite-se que a presença do tubo endotraqueal, por si só, possa produzir um aumento do trabalho e fadiga muscular respiratória, justificando algumas falhas observadas no teste pré-extubação.[39,40,91] Alguns autores propõem o uso de pressão de suporte (PSV) substituindo a peça em T.

Existem algumas limitações ao uso da pressão de suporte como um teste para o desmame. Parece que o nível de pressão de suporte necessário para vencer a resistência imposta pelo tubo traqueal não é igual para todos os pacientes e pode ultrapassar as condições que mimetizam a ventilação espontânea. Dessa forma, dá-se um falso senso de otimismo, e, por vezes, até mesmo um mínimo nível de pressão pode ser útil para um paciente marginalmente compensado.[69] Outro fator variável é o nível de suporte a ser utilizado, que varia, nos diversos estudos, de 3 a 14 cmH_2O.[9,10,11,39]

Duração do teste

A duração do teste de ventilação espontânea foi arbitrariamente escolhida como 2 horas-teste. Brochard e Esteban demonstraram que um teste de duas horas de ventilação espontânea em tubo T foi útil para selecionar os pacientes prontos para extubação. Esses mesmos autores mostraram uma taxa de reintubação em torno de 15% a 19% nos pacientes extubados.[11,34] No entanto, vários estudos têm demonstrado que o paciente que falha e retorna à ventilação mecânica apresenta sinais de fadiga mais precocemente. Esteban *et al* conduziram um estudo com 526 pacientes em ventilação mecânica aptos para o desmame, com a finalidade de comparar o tempo necessário (30 ou 120 minutos) para um teste em ventilação espontânea prévio à extubação. O percentual de pacientes que se mantiveram extubados por 48 horas após o teste foi igual para os dois grupos (75,9% para o grupo de 30 minutos e 73% para 120 minutos, $p = 0,43$).[32]

Pacientes que são extubados após um teste de ventilação espontânea devem ficar sob observação por, no mínimo, 24 horas na Unidade de Terapia Intensiva.[45,66] O trabalho respiratório pode aumentar significativamente pós-extubação.[51] Mesmo na ausência de apnéia obstrutiva relacionada ao sono, a remoção do tubo endotraqueal expõe o paciente ao aumento fisiológico na resistência das vias aéreas altas, que ocorre durante o sono e que pode ser exacerbada por edema de laringe causado por lesão mecânica da intubação endotraqueal. Aqueles com maior risco de reintubação (insuficiência cardíaca, obesidade, os que tinham parâmetros funcionais marginais, DPOC) podem se beneficiar de ventilação não-invasiva.[80]

No X Congresso Brasileiro de Terapia Intensiva (Rio de Janeiro, 2002), durante sessão interativa com a platéia, foram avaliadas algumas condutas referentes ao desmame da ventilação mecânica. Em relação ao BTVE, o teste é realizado com PSV por 52,2% dos presentes e peça T por 40,2%, enquanto ainda 7,6% dos presentes não realizam o teste. Em relação ao tempo em que o paciente é observado em ventilação espontânea, as respostas foram 30 minutos para 38,7%, 120 minutos para 31,5%, 60 minutos para 22% e 1 minuto para 7,7%.

MANUSEIO DO PACIENTE QUE NÃO TOLERA O BTVE: REVENDO O PROCESSO

Todos os projetos tendem a ter diferentes problemas e falham por diferentes motivos. Há alguns pontos em comum nos sucessos e nas falhas, todavia, que nos permitem identificar alguns aspectos gerais, que parecem minimizar as chances de falha de um projeto atingir seu objetivo. Existe uma seqüência de atividades que deve ser traçada partindo agora do ponto reintubação e conexão à ventilação mecânica até o paciente estar novamente apto assumir a ventilação espontânea. Deve-se avaliar as seguintes questões: o que causou a falha e se existem causas ainda potencialmente reversíveis. Que modo ventilatório poderia ser considerado para esse momento? Quanto tempo até um novo teste em ventilação espontânea? Deve-se pensar em traqueostomia?

Quais as conseqüências que resultaram da reintubação precoce?

A incapacidade de ser extubado freqüentemente resulta da não-correção dos fatores adversos ao desenvolvimento de força muscular, da habilidade a responder a um estado de estresse, à demanda ventilatória aumentada, à hipoxemia desenvolvida ou às alterações não-corrigidas da mecânica ventilatória. A fronteira entre os pacientes que toleram o desmame e permanecem extubados e aqueles que são reintubados pode ser muito estreita para alguns pacientes, principalmente aqueles com reserva cardiorrespiratória limítrofe e os pacientes neurológicos com prejuízo no nível de consciência. A duração da ventilação mecânica é diretamente proporcional à habilidade de promover a tosse eficaz e a deglutição no período pós-extubação. Vários fatores contribuem para o retorno à ventilação mecânica, como a retenção de secreções, atelectasias, congestão pulmonar, isquemia cardíaca, broncoaspiração, edema de laringe, nível de consciência, entre outros. O processo da liberação da via aérea artificial, através da extubação, deve ser distinto do processo de desmame. Não é infreqüente o paciente precisar permanecer com o tubo endotraqueal ou ser necessária uma traqueostomia para a adequada toalete brônquica. A incapacidade de eliminar a secreção brônquica é uma das mais freqüentes causas de retorno à ventilação mecânica e ao desmame difícil. Por outro lado, a permanência do tubo traqueal impõe uma resistência às vias aéreas, com o aumento do trabalho respiratório.[39,40,91] Os problemas potenciais em vias aéreas superiores ocasionados por intubação traqueal de longa permanência, como edema da laringe, disfunção epiglótica, estenose subglótica, não são infreqüentes.

A extubação acidental ocorre em 3% a 16% dos pacientes em ventilação mecânica. Epstein *et al* avaliaram a repercussão da extubação acidental na evolução clínica dos pacientes. Dos 75 pacientes com extubação acidental, 42 (56%) necessitaram de retorno da via aérea artificial. Quando esse fato ocorreu durante o BTVE, 30% necessitaram de reintubação. Esse fato não teve correlação com a mortalidade, mas aumentou o tempo de ventilação mecânica (19 × 11 dias), o tempo de permanência na UTI (21 × 14 dias) e o tempo de permanência no hospital (30 × 21 dias).[30]

Como a insuficiência respiratória é uma resposta à integração dos sistemas cardiopulmonares, não é muito surpreendente que as medidas que avaliem somente dados referentes à função pulmonar não sejam capazes de guiar decisões de desmame. Esse fato demonstra que talvez mais importante, em alguns pacientes, que os dados funcionais respiratórios, isoladamente, outras condições não-ventilatórias representando a reserva fisiológica do paciente como a doença cardiovascular, os distúrbios eletrolíticos, o estado nutricional, sejam responsáveis pelo insucesso do desmame.[56,62]

O principal distúrbio fisiológico existente na insuficiência respiratória parece ser o desequilíbrio entre a carga imposta ao sistema respiratório e a habilidade em responder a essa demanda.[85] A musculatura respiratória deve vencer uma carga resistiva e elástica imposta pela presença do tubo endotraqueal, pela doença existente em pequenas vias aéreas que englobam os bronquíolos de calibre inferior a 3 mm de diâmetro e que podem contribuir com até 80% do valor total da resistência das vias aéreas nos pacientes portadores de enfisema pulmonar.[74,91]

A essas alterações descritas associam-se as barreiras extrapulmonares colaborando para a falência da bomba ventilatória e o desenvolvimento de acidose respiratória (Quadro 36-7).[19,25,87] Recente estudo em que se avaliou a função cardíaca em 12 pacientes com DPOC em insuficiência respiratória aguda, considerados aptos para o desmame, foi observada significativa redução na fração de ejeção do ventrículo esquerdo quando esses pacientes se encontravam em ventilação espontânea, enquanto o mesmo fato não foi observado quando se mantinham com PSV de 10 cmH_2O.[87] Essas situações podem ter efeitos bastante deletérios, como grave arritmia cardíaca, hipertensão pulmonar, distúrbios eletrolíticos, alterações neurológicas e morte. Finalmente, a falha no desmame também pode estar associada a insegurança, medo e ansiedade do paciente.[6]

Por vezes, agentes psicotrópicos como haloperidol, para reduzir o delírio e as reações de pânico, podem ser úteis. As vias aéreas bem-preparadas, dilatadas (fármacos) e limpas (aspirações) podem ser determinantes de sucesso. A equipe de enfermagem deve ser avisada do procedimento para que não proceda à administração de fármacos sedativos naquele momento do teste. Idealmente deve ser realizado no período da manhã, com a maior parte da equipe presente e o paciente descansado.

Admitindo que as causas foram revistas, há evidências de que a realização diária de BTVE abrevia o tempo de ventilação mecânica, em relação aos protocolos em que o teste não é realizado diariamente.[11,34] Existem vários níveis de evidência que apontam para um descanso de 24 horas em ventilação mecânica após a reintubação antes de aplicar um novo teste em ventilação espontânea, exceto quando a falha foi secundária à administração de um agente sedativo por exemplo. Nos pacientes que desenvolvem fadiga muscular a recuperação não ocorre com menos tempo que esse período. Esteban mostrou que a aplicação BTVE duas vezes ao dia não mostrou vantagens sobre quando realizado uma vez.

O modo ventilatório que o paciente permanecerá durante esse período deve oferecer conforto, expresso por avaliação clínica. A questão é se a retirada da ventilação mecânica deve ser gradual ou mantém-se sem alterações entre as novas

Quadro 36-7. Causas de intolerância à ventilação espontânea
1. Distúrbio eletrolítico
2. Alteração do equilíbrio hídrico
3. Infecção não-controlada
4. Alterações cardiovasculares como isquemia miocárdica
5. Alteração neurológica
6. Dor
7. Desnutrição
8. Não-otimização dos agentes farmacológicos
9. Privação do sono noturno

tentativas diárias do BTVE. Existem linhas que justificam as duas condições. A retirada gradual permite melhor recondicionamento muscular evitado pelo desuso promovido pela ventilação totalmente assistida, enquanto a permanência de um nível único de suporte ventilatório evitaria sobrecarga muscular provocada pelas reduções graduais do suporte ventilatório. Recente revisão baseada em evidências aponta que, pela falta de estudos que comprovem superioridade nos métodos de desmame (redução gradual ou manutenção de níveis contínuos de suporte ventilatório), é recomendado que o foco que deve ser dado nesse período pós-reintubação é manter descanso respiratório sem promover carga muscular, otimizar o conforto (sedação, se necessário) e evitar complicações a agressivas reduções de suporte ventilatório. Os modos assistidos de ventilação mecânica são preferíveis aos totalmente controlados.[66]

Entre os modos assistidos estão o assistido-controlado, a pressão de suporte (PSV) e a ventilação mandatória sincronizada (SIMV). Na ventilação assistido-controlada, o paciente gera uma pressão subatmosférica deflagrando a ventilação mecânica e garantindo um volume corrente satisfatório. Permite atividade muscular e controle do padrão ventilatório. Na ventilação por pressão de suporte (PSV) um auxílio à ventilação espontânea do paciente é oferecido através de uma pressão positiva inspiratória pré-selecionada. O paciente controla a freqüência respiratória, mas o volume corrente e o fluxo inspiratório são variáveis e dependem do nível de pressão de suporte, da complacência e da resistência do sistema respiratório.[65] Nessa forma de desmame gradual, a pressão de suporte é inicialmente ajustada para que o ventilador forneça todo o volume corrente desejado (pressão máxima). Progressivamente, essa pressão de suporte vai sendo reduzida (2 a 4 cmH_2O a cada 2 horas), transferindo o trabalho gradual para o paciente até alcançar 7 cmH_2O. Uma pressão de suporte de 7 cmH_2O pode promover a compensação da resistência ao fluxo aéreo promovido pelo tubo endotraqueal.[36] Alguns estudos apresentam uma variação de 3 a 14 cmH_2O.[12,39,51] A velocidade do desmame poderá ser acelerada se a freqüência respiratória não se elevar acima de 35 ipm, ou houver outro sinal de fadiga muscular, quando se deve interromper o desmame e reiniciar após repouso de 24 horas.[45]

A ventilação mandatória intermitente sincronizada (SIMV) também é um modo de desmame gradual. Esse modo ventilatório intercala ventilações espontâneas do paciente com períodos de ventilação assistido-controlada do ventilador mecânico. O desmame com esse método é realizado reduzindo-se progressivamente a freqüência mandatória do ventilador artificial.[52] Em dois estudos prospectivos, foi consenso ter sido esse o método empregado menos adequado, induzindo maior tempo de ventilação mecânica.[11,34] Esse fato também apoiado em recente revisão sobre o tema.[66]

A ventilação não-invasiva (VNI) utilizada como técnica sistemática para o desmame e para a fase pós-extubação vem sendo empregada como um método que reduz a duração da ventilação mecânica invasiva. Nava *et al* randomizaram em dois grupos pacientes com DPOC que falharam após um teste em ventilação espontânea. Um grupo retornou à ventilação invasiva (VI) com pressão de suporte e o outro foi colocado em ventilação não-invasiva (VNI). O tempo médio de ventilação mecânica foi de 16,6 dias para os com VI e de 10,2 dias para o grupo VNI ($p = 0,021$); também foi menor o tempo de permanência na Unidade de Terapia Intensiva para o grupo VNI (15,1 dias × 24 dias, $p = 0,005$). Nenhum paciente em VNI desenvolveu pneumonia, enquanto sete pacientes do grupo VI desenvolveram. O índice de sobrevida para os pacientes em VNI após 60 dias foi de 92% *versus* 72% para os pacientes com VI ($p = 0,009$).[80]

Em outro estudo envolvendo 53 pacientes com insuficiência respiratória crônica agudizada, 33 não toleraram duas horas-teste em ventilação espontânea sendo randomizados em um grupo controle, que utilizou PSV convencional invasiva (16 pacientes), enquanto os demais (17 pacientes) foram extubados e ventilados imediatamente em VNI. Apesar de terem características semelhantes (dados demográficos, SAPS II, função pulmonar), o tempo total de duração de ventilação mecânica foi inferior no grupo VNI, quando comparado ao grupo ventilação invasiva ($4,56 \pm 1,85$ dias *versus* $7,69 \pm 3,79$ dias, $p = 0,004$), e o tempo médio de suporte ventilatório foi inferior nos pacientes com VNI. No entanto, a taxa de extubação foi semelhante nos dois grupos, bem como a sobrevida em três meses.[42] A seleção do paciente e a aplicabilidade desse método ainda devem ser mais estudadas.[66]

A traqueostomia vem sendo considerada atualmente não mais como última alternativa. Deve ficar claro, para a equipe, que o paciente pode se beneficiar de certas alternativas oferecidas por essa via aérea artificial (Quadro 36-8). Esses fatos foram apoiados pela falta de estudos que comprovem o impacto negativo da traqueostomia frente à intubação translaríngea prolongada, como por exemplo maior risco de adquirir pneumonia associada à ventilação mecânica.[60,83]

VENTILAÇÃO DE LONGA PERMANÊNCIA: RECONSIDERANDO OS VALORES

A proposta elaborada pelo Consenso Brasileiro de Ventilação Mecânica é que, na presença de fadiga muscular persistente, o paciente deve retornar à ventilação mecânica para que possa estar assegurado um período de descanso da musculatura respiratória. Durante esse período devem ser dadas considerações especiais às causas da falha, com a participação de toda a equipe multidisciplinar, a elaboração de um progra-

Quadro 36-8. Considerar traqueostomia[66]

- Pacientes que requerem altos níveis de agentes sedativos para tolerar o tubo translaríngeo
- Pacientes com disfunção marginal da mecânica ventilatória em quem a traqueostomia, através da redução da resistência, pode reduzir a sobrecarga muscular respiratória
- Pacientes que, psicologicamente, se beneficiam de comunicar-se através da articulação da boca, ou que podem alimentar-se por via oral
- Pacientes cuja mobilidade, facilitada pela retirada do tubo translaríngeo, pode ajudar os esforços físicos

ma de reabilitação com especiais considerações aos pacientes pulmonares restritivos, obstrutivos ou os com doença neuromuscular, a reavaliação do estado nutricional (tanto desnutrição como o excesso) e a manutenção do interesse do paciente de sua família no processo de reabilitação.[41,45]

O paciente qualificado para a ventilação de longa permanência, os princípios e orientações de manuseio fora da UTI foram revistos e definidos em consenso de especialistas.[2] Um estudo revendo a qualidade de vida em pacientes em ventilação mecânica prolongada por um período de três anos no ambiente domiciliar mostrou benefícios em relação aos aspectos sociais da proximidade com os familiares, o retorno a algumas atividades simples, como circular pela casa, alimentar-se com dieta caseira, e a redução no número de infecções adquiridas.[47]

REFERÊNCIA BIBLIOGRÁFICAS

1. ACCP Consensus Conference Mechanical Ventilation. *Chest* 1993;104:1833–59.
2. ACCP Consensus Statement on Mechanical Ventilation Beyond the Intensive Care Unit. *Chest* 1998;113(Suppl.):289S–344S.
3. Andrew M, Namen E, Ely W, Stephen B, Tatter L, Case D *et al.* Haponik. Predictors of successful extubation in neurosurgical patients. *Am J Respir Crit Care Med* 2001;163:3;658–64.
4. Barbas CV, Amato MB, Carvalho CR. Monitorização no desmame da ventilação mecânica. *Clín Bras Med Intens* 1998;3(5).
5. Belda FJ, Marti F, Llorens J. Destete de la ventilación mecánica. *Act Anest Reanim* 1994;4:59–77.
6. Bergbom-Engberg I, Haljame H. Assessment of patient's experience of discomforts during respiratory therapy. *Crit Care Med* 1989;17:1072–608.
7. Berry PR, Pontoppidan H. Oxygen consumption and blood gas exchange during controlled and spontaneous ventilation in patients with respiratory failure. *Anesthesiology* 1968;29:177.
8. Bouachour G, Guiraud MP, Gouello JP *et al.* Gastric intramural pH: an indicator of weaning outcome from mechanical ventilation in COPD patients. *Eur Respir J* 1996;9:1868.
9. Brochard L, Harf A, Lorino H, Lemaire F. Inspiratory pressure support prevents diaphragmatic fatigue during weaning from mechanical ventilation. *Am Rev Respir Dis* 1989;139:513.
10. Brochard L, Pluskwa F, Lemaire F. Improved efficacy of spontaneous breathing with inspiratory pressure support. *Am Rev Respir Dis* 1987;136:411.
11. Brochard L, Rauss A, Benito S, Conti G *et al.* Comparison of three methods of gradual withdrawal from ventilatory support during weaning from mechanical ventilation. *Am J Respir Crit Care Med* 1994;150:896–903.
12. Brochard L, Rua F, Lorino H, Lemaire F, Harf A. Inspiratory pressure support compensates for additional work of breathing caused by endotracheal tube. *Anesthesiology* 1991;75:739–45.
13. Browne AGR, Pontoppidan H, Chiang H, Geffin B, Wilson R. Physiological criteria of weaning patients from prolonged mechanical ventilation. Abstracts of Scientific Papers, Annual Meeting of the American Society of Anestesiologists, Boston, Mass., 1972, September 30–October 4, p 69.
14. Cane RD. Hemoglobin: How much is enough? *Crit Care Med* 1990;18:1046.
15. Capdevilla XJ, Perrigault PF, Perey PJ *et al.* Occlusion pressure and its ratio to maximum inspiratory pressure are useful predictors for successful extubation following T-piece weaning trial. *Chest* 1995;108:482.
16. Chatila W, Jacob B, Gaglionone D, Manthousca A. The unassisted respiratory rate-tidal volume ratio accurately predicts weaning outcome. *Am J Med* 1996;101(1):61.
17. Coplin WM, Pierson DJ, Cooley KD, Newell DW, Rubenfeld GD. Implications of extubation delay in brain-injured patients meeting standard weaning criteria. *Am J Respir Crit Care Med* 2000;161:1530–6.
18. Conti G, De Blasi R, Pelaia P, Benito S, Rocco M, Antonelli M *et al.* Early prediction of successful weaning during pressure support ventilation in chronic obstructive pulmonary disease patients. *Crit Care Med* 1995;20.
19. Covelli HD, Black JW, Oslen MS *et al.* Respiratory failure precipitated by high carbohydrate loads. *Ann Intern Med* 1981;95:579–81.
20. David CMN. Controle da Respiração. *In* David CMN (Ed.): *Ventilação Mecânica: da Fisiologia ao Consenso Brasileiro.* Rio de Janeiro: Revinter, 1996.
21. David CMN. Manifestações clínicas do paciente em ventilação mecânica. *In* David CMN (Ed): *Ventilação Mecânica: da Fisiologia ao Consenso Brasileiro.* Rio de Janeiro: Revinter, 1996.
22. David CMN. *Ventilação Mecânica: da Fisiologia à Prática Clínica.* Rio de Janeiro: Revinter, 2001.
23. Demmers RR, Sullivan MJ, Palliota J. Airflow resistances of endotracheal tubes. *JAMA* 1977;237:1362.
24. Devereaux MW, Keane JR, David RL. Automatic respiratory failure with infarction of the medulla. *Arch Neurol* 1973;29:46.
25. Dhingra S, Solven F, Wilson A *et al.* Hypomagnesemia and respiratory muscle power. *Am Rev Repir Dis* 1984;129:497–8.
26. Drive AG, McAlevy MT, Smith JL. Nutritional assessment of patient with chronic obstructive pulmonary disease and acute respiratory failure. *Chest* 1982;82:568.
27. Ely EW, Baker AM, Dunagan DP, Burke HL, Smith AC *et al.* Effect on the duration of mechanical ventilation of identifying patients capable of breathing spontaneously. *N Engl J Med* 1996;335:1864.
28. Ely EW, Bennett PA, Bowton DL *et al.* Large scale implementation of a respiratory — therapist-driven protocol for ventilatory weaning. *Am J Respir Crit Care Med* 1999;159:439–46.
29. Epstein SK, Ciubotaru RL, Wong JB. Effect of failed extubation on the outcome of mechanical ventilation. *Chest* 1997;112:186–92.
30. Epstein SK, Nevins ML, Chunh J. Effect of unplanned extubation on outcome of mechanical ventilation. *Am J Respir Crit Care Med* 2000;161:1912–6.
31. Esteban A, Alía I, Gordo F, Fernández R, Solsona JF, Vallverdú I *et al* for the Spanish Lung Failure Collaborative Group. Extubation outcome after spontaneous breathing trials with T-tube or pressure support ventilation. *Am J Respir Crit Care Med* 1997;156:459.
32. Esteban A, Alia I, Tobin MJ *et al.* Effect of spontaneous breathing trial duration on outcome of attempts to discontinue mechanical ventilation. *Am J Respir Crit Care Med* 1999;159(2):512.
33. Esteban A, Anzuetto A, Aliá I, Goldwasser RS, David CMN for the Mechanical International Working Group. International study of the prevalence of mechanical ventilation. *Intens Care Med* 1997;23(Suppl. 1):S23.

34. Esteban A, Frutos F, Tobin MJ, Aliá I *et al* for the Spanish Lung Failure Collaborative Group. A comparison of four methods of weaning patients from mechanical ventilation. *N Engl J Med* 1995;332:345.
35. Esteban A, Aliá I, Ibañez J, Benito S, Tobin M and the Spanish Lung Failure Collaborative Group. Modes of mechanical ventilation and weaning: a national survey of Spanish hospitals. *Chest* 1994;106:1188–93.
36. Esteban A, Anzuetto A, Aliá I, Goldwasser RS, David CMN for the Mechanical International Working Group. International study of the prevalence of mechanical ventilation. *Intens Care Med* 1997;23(Suppl. 1):S23.
37. Fagon JY, Chastre J, Domar Y, Truvillet JL, Pierre J, Darne C, Gilbert C. Nosocomial pneumonia in patients receiving continuous mechanical ventilation: prospective analisys of 52 episodes with use of protected specimen brush and quantitative culture techniques. *Am Rev Respir Dis* 1989;139:877–84.
38. Ferrnandez R, Mancebo J, Benito S, Calaf N, Net A. Intrinsic PEEP on static pressure-volume curves. *Intens Care Med* 1990;16:233–6.
39. Fiastro JF, Habib MP, Quan SF. Pressure support compensation for inspiratory work due to endotracheal tubes and demand continuous positive airway pressure. *Chest* 1988;93:499.
40. Gandia F, Blanco J. Evaluation of indexes predicting the outcome of ventilator weaning and value of adding supplemental inspiratory load. *Intens Care Med* 1992;18:327.
41. Gilespie DJ, Marsh HMM, Divertie MB, Meadows JA. Clinical outcome of respiratory failure in patients requiring prolonged mechanical ventilation. *Chest* 1986;90:364–9.
42. Girault C, Daudenthun I, Chevron V, Tamion F, Leroy J, Bonmarchand G. Noninvasive ventilation as a systematic extubation and weaning technique in acute-on-chronic respiratory failure. A prospective, randomized controlled study. *Am J Respir Crit Care Med* 1999;160(1):86.
43. Goldberg P, Roussos C. Assessment of respiratory muscle dysfunction in chronic obstructive lung disease. *Med Clin North Am* 1990;74(3):643–60.
44. Goldstein RS. Hypoventilation: neuromuscular and chest wall disorders. *Clin Chest Med* 1992;13:507.
45. Goldwasser RS. Desmame da ventilação mecânica. Relatório do II Consenso Brasileiro de Ventilação Mecânica. *Clín Bras Med Intens* 2000;5(8):425–38.
46. Goldwasser RS. Estudo da eficácia de dois diferentes testes de tolerância de interrupção da ventilação mecânica para predizer o êxito da extubação em pacientes portadores de doença pulmonar obstrutiva crônica. Tese Mestrado Universidade Federal do Rio de Janeiro, 1998.
47. Goldwasser RS, David CMN, Mattera A, Câmara Y. Evaluation of patients for invasive long-term ventilation during 3 years period in home care. 8 èmes Journées Internationales de Ventilation a Domicile — Lyon, 2001. *Revista Brasileira de Home Care* 2001;77:10.
48. Grace MP, Greenbaum DM. Cardiac performance in response to PEEP in patients with cardiac dysfunction. *Crit Care Med* 1982;20:358.
49. Hall JB, Wood LDH. Liberation of the patient from mechanical ventilation. *JAMA* 1987;257:1621.
50. Hodkin JE, Bowser MA, Burton GG. Respiratory weaning. *Crit Care Med* 1974;2:96.
51. Ishaaya AM, Nathan SD, Belman MJ. Work of breathing after extubation. *Chest* 1995;107:204.
52. Jonieux V, Duran A, Levi-Valensi P. Sincronized intermittent mandatory ventilation with or without pressure support ventilation in weaning patients with chronic obstructive pulmonary disease from mechanical ventilation. *Chest* 1994;105:1204–10.
53. Jubran A, Tobin MJ. Pathophysiologic basis of acute respiratory distress in patients who fail atrial of weaning from mechanical ventilation. *Am J Respir Crit Care Med* 1997;155:906.
54. Jubran A, Mathru M, Dries D, Tobin MJ. Continuous recording of mixed venous oxygen saturation during weaning from mechanical ventilation and ramifications thereof. *Am J Respir Crit Care Med* 1998;158(6):1763.
55. Kelsen SG, Kapoor S. Effects of prolonged under nutrition on structure and function of the diaphragm. *J Appl Physiol* 1985;58:1354.
56. Knaus WA. Prognosis with mechanical ventilation: the influence of disease, severity of disease, age and chronic health status on survival from an acute illness. *Am Rev Respir Dis* 1989;140:S8–S13.
57. Kollef MH, Shapiro SD, Silver P *et al.* A randomized, controlled trial of protocol-directed versus physician-directed weaning from mechanical ventilation. *Crit Care Med* 1997;125(4):567.
58. Kress JP, Pohlman AS, O'Connor MF, Hall JB. Daily interruption of sedative infusion in critically ill patients undergoing mechanical ventilation. *New Engl J Med* 2000;342:1471–7.
59. Krieger BP, Isber J, Breitenbucher A. Serial measurements of the rapid shallow breathing index as a predictor of weaning outcome in elderly medical patients. *Chest* 1997;112:1029.
60. Kurek CK, Cohen IL, Lambrinos J *et al.* Clinical and economical outcome of patients undergoing tracheostomy for prolonged mechanical ventilation in New York State during 1993: analisys of 6,353 cases under diagnostic related group. *Crit Care Med* 1997;25:983–8.
61. Lê Bourdelles G, Viires N, Boezkowski J *et al.* Effects of mechanical ventilation on diaphragmatic contractile properties in rats. *Am J Respir Crit Care Med* 1994;149:1539–44.
62. Le Gall JR, Lemeshow S, Saulnier F. A new simplified physiology score (SAPS II) based on a European/North American multicenter study. *JAMA* 1993;270:2486–957.
63. Lee KH, Hui KP, Chang T, Tam W, Lim T. Rapid shallow breathing did not predict extubation outcome. *Chest* 1994;105:540.
64. Lemaire F, Teboul J, Cinotti L *et al.* Acute left ventilatory dysfunction during unsuccessful weaning from mechanical ventilation. *Anesthesiology* 1988;69:171–9.
65. MacIntyre N. Respiratory function during pressure support ventilation. *Chest* 1986;89:677.
66. MacIntyre NR, Cook DJ, Ely EW Jr., Epstein SK, Fink JB, Heffner JE *et al.* Evidence-based guidelines for weaning and discontinuing ventilatory support: a collective task force facilitated by the American College of Chest Physicians; the American Association for Respiratory Care, and the American College of Critical Care Medicine. *Chest* 2001;120(6 Suppl.):375S–395S.
67. Make BJ. Epidemiology of long-term ventilatory assistance. *In* Hill NS (Ed.): *Long-Term Mechanical Ventilation.* New York: Marcel Decker, 2001.
68. Manthous CA, Schmidt GA, Hall JB. Liberation from mechanical ventilation: a decade of progress. *Chest* 1998;114(3):886.
69. Marini JJ, Wheeler AP. Weaning from mechanical ventilation. *Critical Care Medicine: The Essentials.* 2nd ed. Baltimore, MD: Williams & Wilkins, 1997.
70. Marini JJ. The physiologic determinants of ventilatory dependence. *Respiratory Care* 1986;31:271.

71. Marini JJ. Weaning from mechanical ventilation. *New Engl J Med* 1991;324:1496.
72. Marini JJ, Smith TC, Lamb V. Estimation of inspiratory muscles strength in mechanical ventilated patients: the measurements of maximal inspiratory pressure. *J Crit Care* 1986;1:32–8.
73. Maureen O, Meade MD, Gordon Guyatt MD. Trials comparing early vs. late extubation following cardiovascular surgery. *Chest* 2001;120:445S–453S.
74. Menzies R, Gibbons W, Goldberg P. Determinants of weaning and survival among patients with COPD who require mechanical ventilation for acute respiratory failure. *Chest* 1989;95:398.
75. Mérida A, Navarrete M, Ruiz M, Colmenero M. Técnicas de interrupción del apoyo ventilatorio. *In* Benito S, Net A: *Ventilación Mecánica.* Barcelona: Springer-Verlag Ibérica, 1998.
76. Milic-Emili M. Is weaning an art or a science? *Am Respir Dis* 1986;134:1107–8.
77. Milic-Emili M. Dynamic pulmonary hyperinflation and intrinsic PEEP: consequences and management in patients with chronic obstructive pulmonary disease. *Recent Prog Med* 1990;81:733–7.
78. Mohsenifar Z, Hay A, Hay J, Lewis MI, Koerner SK. Gastric intramural pH as a predictor of success or failure in weaning patients from mechanical ventilation. *Ann Intern Med* 1993;119:794.
79. Murciano D *et al.* Tracheal occlusion pressure: a simple index to monitor respiratory muscle fatigue during acute respiratory failure in patients with chronic obstructive pulmonary disease. *Ann Intern Med* 1981;108:800.
80. Nava S, Ambrosino N, Clini E *et al.* Noninvasive mechanical ventilation in the weaning of patients with respiratory failure due to chronic obstructive pulmonary disease. *Ann Intern Med* 1998;128:721.
81. Petroff BJ *et al.* Continuous positive airway pressure reduces work of breathing and dyspnea during weaning from mechanical ventilation in severe chronic obstructive pulmonary disease. *Am Rev Respir Dis* 1990;141:281.
82. Pierson DJ. Complications associated with mechanical ventilation. *Crit Care Clinics* 1990;6(3):711–24.
83. Plummer AL, Gracey DR. Consensus Conference on Artificial Airways in Patients Receiving Mechanical Ventilation. *Chest* 1989;70:65–76.
84. Portier F, Defouillog C, Muir JF, the French Task Group for Acute Respiratory Failure in Chronic Respiratory Insufficiency. Determinants of imediate survival among chronic respiratory insufficiency patients admitted to an Intensive Care Unit for acute respiratory failure. A prospective multicenter study. *Chest* 1992;101:204–10.
85. Pourriat JL, Lamberto CH, Hoang PH, Fournier JL, Vasseur B. Diaphragmatic fatigue and breathing pattern during weaning from mechanical ventilation in COPD patients. *Chest* 1986;90:703.
86. Purro A, Apendini L, Gaetano A, Rossi A *et al.* Physiologic determinants of ventilator dependence in long-term mechanical by ventilated patients. *Am J Respir Crit Care Med* 2000;161:1115–23.
87. Richard C, Teboul JL, Archambaud F *et al.* Left ventricular function during weaning of patients with chronic obstructive pulmonary disease. *Intens Care Med* 1994;20(3):181.
88. Sahn SA, Laksnminarayan S. Bedside criteria for discontinuation of mechanical ventilation. *Chest* 1973;63:1002.
89. Sasson CSH, Te TT, Mahutte CK, Light RW. Airway occlusion pressure. An important indicator for successful weaning in patients with chronic obstructive pulmonary disease. *Am Rev Respir Dis* 1987;135:197.
90. Seneff MG, Zimerman JE, Knaus WA *et al.* Predicting the duration of mechanical ventilation: the importance of disease and patient characteristics. *Chest* 1996;110:469–79.
91. Shapiro M, Wilson RK, Gregorio C *et al.* Work of breathing through different sized endotracheal tubes. *Crit Care Med* 1986;14:1028.
92. Silbert BS, Santamaría JD, O'Brien JL *et al.* Early extubation following coronary artery bypass surgery: a prospective randomized controlled trial: the fast track cardiac team. *Chest* 1998;113:1481–8.
93. Thahvanainem J, Salempera M, Nikki P. Extubation criteria after weaning from intermittent mandatory ventilation and continuous positive airway pressure. *Crit Care Med* 1983;11:703.
94. Tobin MJ, Perez W, Guenter SM *et al.* The pattern of breathing during successful an unsuccessful trials of weaning from mechanical ventilation. *Am Rev Respir Dis* 1986;134:1111.
95. Tobin MJ. Respiratory muscles in disease. *Clin Chest Med* 1988;9:265.
96. Tobin MJ, Yang K. Weaning from mechanical ventilation. *Crit Care Clinics* 1990;6(3):725–47.
97. Torres A, Gettell JM, Aznar E *et al.* Re-intubation increases risk of nosocomial pmeumonia in patients needing mechanical ventilation. *Am J Respir Crit Care Med* 1995;152:137–41.
98. Torres A, Serra-Batlles J, Ros E *et al.* Pulmonary aspiration of gastric content in patients receiving mechanic ventilation: the effect of body position. *Ann Intern Med* 1997;192;116:540–3.
99. Tuxen DV, Williams TJ, Scheinkestel CD *et al.* Use of a measurement of pulmonary hyperinflation to control the levels of mechanical ventilation in patients with acute severe asthma. *Am Rev Respir Dis* 1992;146:1136–42.
100. Vallverdu I, Calaf N, Subirana M, Net A, Benito S, Mancebo J. Clinical characteristics, respiratory functional parameters, and outcome of a two hours T-piece trial in patients weaning from mechanical ventilation. *Am J Respir Crit Care Med* 1998;158(6):1855.
101. Van Der Schans CP, Mark TW *et al.* Chest physical therapy: mucus mobilizing techniques. *In* Bach JR: *Pulmonary Rehabilitation. The Obstructive and Paralytic Conditions.* Philadelphia: Hanley & Belfus Inc., 1996.
102. Whitelaw WA, Derenne JP, Milic-Emili J. Occlusion pressure as a measure of respiratory center output in conscious man. *Respir Physiol* 1975;23:181.
103. Yang KL, Tobin M. A prospective study of indexes predicting the outcome of trials of weaning from mechanical ventilation. *N Engl J Med* 1991;324:1445.
104. Yang KL. Reproducibility of weaning parameters. A need for standardization. *Chest* 1992;102:1829.
105. Zakynthinos S, Vassilakopoulos T, Roussos C. The load of inspiratory muscles in patients needing mechanical ventilation. *Am J Respir Crit Care Med* 1995;152:1248.
106. Zwillich CW, Pierson DJ, Jofeldt FD *et al.* Ventilatory control in mixedema and hypothyroidism. *N Engl J Med* 1975;292:662–5.

37 Cuidados de Enfermagem com as Vias Aéreas

Maria Luiza Gomes Monteiro • Doris Blanquet Ribeiro • Ana Maria da Rocha Ribeiro

A ciência nas ultimas décadas tem evoluído de maneira espantosa sob o ponto de vista tecnológico. Desde a década de 40, na Escandinávia, durante uma epidemia de poliomielite, alguns anestesistas conseguiram manusear pacientes com insuficiência respiratória com acesso de vias aéreas por máquinas de ventilação com pressão negativa.

Essa tecnologia deu a chance de tratar e melhorar prognósticos e evoluir nos tratamentos, mas surgiram vários problemas que se tornaram comuns em relação a intubação e extubação, tais como: trauma nas vias aéreas superiores, intubação seletiva de brônquio-fonte, sinusite, necrose de mucosa traqueal e extubação acidental.[2,4,7]

A enfermagem, diante de toda a evolução tecnológica, com aprimoramento de seus conhecimentos e o seu alto grau de observação dentro da Unidade de Terapia Intensiva, não pode deixar de cumprir a sua essência, que é o cuidar.[13]

A assistência de enfermagem aos clientes em uso de prótese ventilatória deverá ser direcionada para a manutenção da terapêutica, diminuindo os riscos de acidentes e aparecimento de lesões e infecções oportunistas.[13,15]

Os cuidados de enfermagem com as vias aéreas vão estar ligados a vários momentos:

- Intubação.
- Extubação.
- Aspiração das vias aéreas inferiores.
- Traqueostomia.
- Desmame.
- Higiene bucal e troca de fixador do tubo traqueal ou do traqueostoma.

CUIDADOS DE ENFERMAGEM NA INTUBAÇÃO

Durante o procedimento de intubação, os profissionais envolvidos devem ter consciência e experiência técnica para que não haja medidas prejudiciais à sobrevida do paciente.

- Caso o paciente esteja lúcido, orientá-lo quanto à técnica a ser realizada.
- Observar e retirar prótese dentária.
- Manter a cabeceira do leito a zero grau e a cabeça do paciente estendida, com as vias aéreas desobstruídas.
- Interromper a infusão de dieta, caso esteja em uso.
- Com a orientação da equipe médica, preparar a droga de escolha para sedação.
- Preparar e deixar junto ao leito todo o material de aspiração de vias aéreas.
- Manter o carrinho de ressuscitação cardiorrespiratória próximo ao leito do paciente com todos os materiais para pronto uso e para que não haja qualquer dificuldade para que a técnica seja executada com sucesso.
- Após e durante a intubação, a equipe de enfermagem deverá observar os sinais vitais e oximetria do paciente.
- Fixar o tubo traqueal de modo que proteja o paciente evitando lesões em comissura labial e pavilhão auricular.
- Observar se o paciente está bem adaptado a prótese ventilatória e avaliando a escala de Ramsay, para que não ocorra uma extubação acidental.
- Relatar e informar as características da secreção traqueal aspirada (odor, coloração, aspecto, quantidade).
- Após o uso das lâminas de laringoscópio, as mesmas deverão ser lavadas (água e sabão), após secar e fazer desinfecção com álcool 70%, e acondicionar novamente no carrinho de parada.
- Fixar o tubo traqueal, observando a permeabilidade e a pressão do balonete.

EXTUBAÇÃO

A extubação é um momento de extrema alegria ou de profunda frustração.

Devemos estar preparados que, mesmo após testes de capacidade respiratória e exames gasométricos, o paciente necessite voltar a ser intubado.

Para isso, devemos estar atentos e preparados para o que vier acontecer; portanto, durante a extubação, há certos cuidados a serem observados pela equipe envolvida, tais como:

- Carrinho de ressuscitação cardiorrespiratória próximo ao leito, com material de ventilação preparado.
- Suspender dieta.
- Manter cabeceira elevada a 45°.
- Fazer aspiração orotraqueal antes da retirada do tubo traqueal.
- Orientar o paciente sobre todos os passos, para que ele possa ajudar.
- Desinsuflar o balonete e retirar o tubo traqueal.
- Estimular tosse e expectoração.

- Observar padrão respiratório e oximetria de pulso e comunicar as alterações hemodinâmicas.
- Fazer acompanhamento gasométrico e instalar oxigenoterapia de acordo com a prescrição médica.
- Fazer aspiração de vias aéreas superiores se necessário, caso o cliente não consiga expectorar.

ASPIRAÇÃO

Procedimento em sistema aberto

- Explique o procedimento e afirme-o durante a aspiração, usando termos de acordo com o nível educacional e de consciência do paciente, pois o mesmo pode estar apreensivo quanto à asfixia.
- Aumente a oferta de oxigênio para 100%.
- Lave as mãos, ligue a fonte de aspiração (a pressão não deverá exceder 120 mmHg).
- Abra a sonda de aspiração.
- Calce as luvas.
- Conecte a sonda ao sistema de aspiração.
- Desconecte o tubo orotraqueal do ventilador e introduza o catéter, no mínimo até o fim do tubo, sem aplicar a aspiração, o suficiente para estimular a tosse; aplique a aspiração enquanto retira o catéter, rodando por 360°, não mais que por 15 segundos e observe a saturação, pois pode apresentar hipoxemia e desenvolver arritmias que podem levar a parada cardíaca; recoloque o paciente na prótese ventilatória, deixe descansar, repita a operação até que as vias aéreas estejam limpas; lave o catéter entre os procedimentos, se necessário.[10]
- Aspire a cavidade da orofaringe após a aspiração traqueal; pode-se utilizar a cânula de Guedel para introdução do catéter.
- Lave o equipo de aspiração, jogue fora o catéter e a luva, arrume a unidade, reajuste os parâmetros do ventilador (FiO_2).[11]

Aspiração do sistema fechado

Indicada para pacientes que necessitam de altos níveis de FiO_2 e PEEP. Inicie o procedimento pela lavagem das mãos, adapte o tubo orotraqueal ao *y*, traquéias sistema fechado, introduza a sonda de aspiração através do tubo, obedecendo à medida estipulada pelo sistema de aspiração fechada, desse modo evita-se trauma e hipoxemia severa.[17]

A aspiração processa-se no momento em que a sonda atinge a extremidade distal do tubo, através da pressão sob o dispositivo de aspiração da sonda. Observar o tempo de aspiração e a saturação do paciente; apesar de ser um sistema fechado, faz-se necessário deixá-lo descansar e aumentar a oferta de oxigênio. Repetir o procedimento, se necessário.

Esse procedimento minimiza em muito a manipulação da via aérea, diminuindo assim as chances de contaminação do sistema por germes exógenos. Deve-se lembrar que a troca da sonda de aspiração deve ser feita a cada 48 h.[11]

Independentemente do sistema utilizado, é de suma importância que a equipe anote as características, a cor, a viscosidade, e o volume aspirado.[12] A instilação da solução salina da via aérea é uma conduta no mínimo controversa. A possível utilidade no sentido de facilitar a remoção de secreção espessa concorre para o risco de contaminação e potencial indução de aumento na quantidade de secreção, devendo ser evitada pela equipe multidisciplinar.[12]

TRAQUEOSTOMIA

- Cabeceira elevada a 45° (se não houver contra-indicação) para obter melhor expansão diafragmática e evitar broncoaspiração.
- Observar, durante a administração de dieta, refluxo gástrico, episódios de vômitos e suspensão da dieta.
- Diariamente avaliar a permeabilidade do traqueostoma, que comprometerá a ventilação do paciente.
- Na mobilização do paciente no leito, atentar para o cuidado de possível tração da traquéia do ventilador, ocorrendo deslocamento da cânula de traqueostomia.
- Realização de higiene oral com solução anti-séptica, evitando afecções em cavidade bucal.
- Acomodar de forma confortável a fixação da traqueostomia, evitando dor no local e tração da cânula.
- Sempre que possível, orientar e apoiar o paciente quanto aos cuidados necessários a serem realizados.
- Manter a insuflação do balonete, evitando "escape de ar".
- Manter a integridade do fixador de TQT e fazer troca sempre que necessário, evitando fissuras em região cervical.
- Avaliar a adaptação do paciente com o ventilador, para que sempre ocorra o sincronismo. Manter oximetria todo o tempo, e registrar também os parâmetros vitais.
- Avaliar a presença de sinais flogísticos no estoma da traqueostomia. Manter o estoma traqueal com curativo sempre limpo e seco, trocando sempre que necessário e de forma asséptica (SF e clorexidina alcoólica).
- Realizar aspiração traqueal, sempre na técnica asséptica.
- Realizar aspiração traqueal sempre que necessário, pois o aumento de secreção estimula a tosse, gerando pressão intrapulmonar aumentada. Com isso, diminuirá o volume corrente, comprometendo a ventilação do paciente.
- Sempre relatar e informar todas as alterações no quadro do paciente à equipe médica, pois, se o paciente não estiver bem adaptado à prótese ventilatória, o mesmo poderá apresentar instabilidade hemodinâmica.

DESMAME

- Suspensão da dieta.
- Avaliar nível neurológico, pois a orientação e a participação do paciente são importantes em todo o processo do desmame.
- Manter o paciente em Fowler e avaliar o padrão respiratório.
- Avaliar presença de reflexo de tosse para que o paciente após o desmame, possa expectorar.
- Monitorizar os sinais vitais e oximetria.

- Observar aspecto e características de secreção traqueal.
- Antes do desmame, realizar aspiração de vias aéreas, mantendo permeabilidade do trajeto (traqueonasoral).
- Instalar oxigenoterapia com orientação médica.
- Fazer higiene oral, avaliando a intensidade bucal e dentária.
- Observar e informar alterações na estabilidade clínica, hemodinâmica, funcional respiratória e gasométrica.
- Observar diariamente a radiografia de tórax, avaliando a expansão pulmonar, pois a presença de atelectasia/congestão irá comprometer o desmame.
- Registrar e informar a aceitação da dieta, pois o estado nutricional irá interferir na função pulmonar.
- É fundamental o apoio emocional da equipe ao paciente; o mesmo (se possível) deve-se comunicar com dificuldade no início do desmame, ele deve se expressar com gestos ou por escrito; avaliar a presença de algias e desconforto.
- Caso o paciente apresente instabilidade respiratória necessitando de nova intubação, todo o material deverá estar pronto e próximo do leito.
- Verificar o procedimento de desinfecção e esterilização de todo o equipamento utilizado.

CONCLUSÃO

A equipe multidisciplinar na Unidade de Terapia Intensiva desempenha uma assistência diferenciada. A observação, visão, tecnologia, conhecimento científico, aprimoramento, humanização e a interação familiar buscam atender os pacientes no CTI em todas as suas necessidades básicas. A todo o momento, através dos parâmetros verificados, registrados e informados, ocorrem sempre mudanças em condutas para otimizar o suporte ventilatório e estabilizar a hemodinâmica do paciente, pois não só o objetivo é salvar vidas, mas primordialmente atender com todo o conhecimento e a qualificação humana dos profissionais na terapia intensiva.

REFERÊNCIAS BIBLIOGRÁFICAS

1. Kallef M et at. Mechanical ventilaton with or without 7-day circuit changes. *Ann Intent Med* 1995;123:168.
2. Staiffer JL, Petty JL. Complications of an a intubation. *Chest* 1978;74:317.
3. Dunkin LJ. How to intubate. *Br J Hosp Med* 1980;23:77.
4. Charlen S, Feloman E. Connect placement of the endotracheal tube. *NY State J Med* 1979;79:1843.
5. Irwin R, Rippe JE. Cenpz. *Intens Care Med.* 1999.
6. Couto R, Pedrosa T, Norbetina J. *Infecção Hospitalar: Epidemiologia e Estudo.* 1ª ed. Editora Madri, 1997.
7. Brunow W, Bonassa J, Carvalho C, Reppi AJ. *Atualização em Ventilação Mecânica Pulmonar Mecânica.* 1ª ed. Rio de Janeiro: Atheneu, 1997.
8. Benzad G. The American–European Congress Conference on Ards Definitions. *AMJ Kosp Chit Canc Med* 1994;148:818.
9. American Society of Anesthesiology. Practice guidelines for management of the difficult airway. *Anesthesiology* 1993;78:597.
10. Menna Barreto SS, Vieira SVR, Pinheiro CTS. *Rotinas em Terapia Intensiva.* 3ª ed. Porto Alegre: Artes Médicas, 2001.
11. Smeltzer SC, Besse BA, Suddarth B. *Tratado de Enfermagem Médico-Cirúrgica.* 7ª ed. Rio de Janeiro: Guanabara-Koogan, 1994.
12. Lopes MA, Redondo de La Cruz MJ. *Hospitalização.* São Paulo: McGraw-Hill Interamericana do Brasil Ltda., 2000.
13. Carvalho AM. Enfermagem na assistência ao paciente em ventilação mecânica. *In* David CM: *Ventilação Mecânica: da Fisiologia à Prática Clínica.* Rio de Janeiro: Revinter, 2001, p 453.
14. Duarte ACM. Recursos fisioterápicos durante a ventilação mecânica. *In* David CM: *Ventilação Mecânica.* Rio de Janeiro: Revinter, 1996, p 231.
15. Carvalho CR, David CM. O Papel da enfermagem na assistência ao paciente em ventilação mecânica. II Consenso Brasileiro de Ventilação Mecânica. *CBMI* 2000;8:363.
16. Associação de Medicina Intensiva Brasileira/Society of Critical Care Medicine. Manejo das vias aéreas. *Fundamentos da Terapia Intensiva.* Rio de Janeiro: Revinter, 2000, p 3.
17. Endotracheal suctioning of mechanically ventilated. Adults and children with artificial airways. *AARC Guidelines Respir Care* 1993;38:500.

38 Ventilador como Instrumento da Fisioterapia

Antonio Carlos Magalhães Duarte • César Augusto Melo e Silva

O ventilador mecânico é um equipamento de bases operacionais de relativa simplicidade. Na qualidade de gerador de força, o ventilador transmite ou transforma energia com o objetivo de substituir ou ampliar a energia gerada pela contração dos músculos da respiração.[24] O sistema respiratório funciona como uma estrutura elástica que necessita de força (pressão) para produzir o seu deslocamento.[21] Músculos da respiração e ventiladores, agindo de forma isolada ou combinada, são geradores de força e, nesse caso, são vetores que podem produzir diferencial de pressão e fluxo gasoso. Habitualmente, em terapia intensiva, pacientes graves são submetidos a ventilação mecânica com pressão positiva objetivando à restauração das trocas gasosas e à correção do trabalho da respiração.[7,21]

Um importante avanço no sentido de destacar e definir uma abordagem específica para o fisioterapeuta frente ao suporte ventilatório foi alcançado no I Consenso Brasileiro de Ventilação Mecânica (Rio de Janeiro, 1995), que, além de ressaltar o envolvimento do fisioterapeuta em questões relacionadas à aquisição de ventiladores, posse e guarda, transporte intra e extra-hospitalar, controle de infecção nosocomial, cuidados gerais e específicos com vias aéreas, entre outros, define objetivos específicos para a sua atuação e conclui: o fisioterapeuta atua no amplo gerenciamento do trabalho da respiração e de todas as atividades correlatas para a otimização da função ventilatória, utilizando todas as variáveis de modos de ventilação como recurso terapêutico.[3]

Nosso objetivo neste capítulo é estender a discussão a respeito da utilização do ventilador com o foco específico para a ação fisioterapêutica.

VENTILADOR COMO INSTRUMENTO DA AVALIAÇÃO MARCADOR FUNCIONAL

Mecânica respiratória

A medida das propriedades mecânicas do sistema respiratório e de seus componentes, pulmões e parede torácica é fundamental para a prática fisioterapêutica. Além de propiciar minucioso acompanhamento da evolução funcional do paciente, a mecânica do sistema respiratório e de seus componentes permite que a indicação da técnica fisioterapêutica mais apropriada seja endereçada para as reais necessidades dos pacientes, além de evidenciar o momento mais adequado para a sua utilização.

Além do estudo do sistema respiratório como um todo, vale ressaltar que se deve estudar, separadamente, os seus dois componentes: pulmões e parede torácica. Essa decomposição do sistema em parede torácica e pulmões é fundamental, tendo em vista que são distintas as suas propriedades mecânicas, e considerando-se a existência de morbidades capazes de comprometer uma e/ou outra estrutura, gerando disfunção no sistema respiratório. Como parede torácica subentendem-se todas as estruturas que, à exceção dos pulmões, se movem durante um ciclo respiratório. Como a parede abdominal se move para fora durante a inspiração, retornando ao estado de repouso ao longo da expiração, para fins mecânicos o abdômen também faz parte da parede torácica.

A avaliação da mecânica respiratória é um processo em que se provocam certas perturbações ao sistema respiratório *inputs*; medem-se as respostas *outputs*, e então tenta-se relacionar os *inputs* aos *outputs* em termos de modelo matemático que representa o sistema.

Podemos dividir essa avaliação em dois processos distintos: a) determinação estrutural e b) estimação dos parâmetros. A determinação estrutural é o processo, cuja estrutura do modelo é estabelecida. Usualmente significa decidir quantos compartimentos o modelo terá e como esses serão arranjados. Esse processo está intimamente relacionado ao fato de determinar a forma matemática das equações do modelo. O processo seguinte, a estimação dos parâmetros, é muito mais direto e envolve avaliação numérica dos parâmetros do modelo, relacionando o comportamento do modelo aos valores medidos. É importante ressaltar que o modelo utilizado depende criticamente dos *inputs* e de como os *outputs* podem ser medidos.

Métodos de medida: complacência e resistência

Para mensurar as propriedades elásticas e resistivas do sistema respiratório, bem como de seus componentes, parede torácica e pulmões, as pressões na abertura das vias aéreas (P_{ao}), esofagiana (P_{es}) e o fluxo aéreo ($\dot{V}$) devem ser medidas. A P_{ao} é usualmente medida proximalmente ao tubo traqueal ou à cânula de traqueostomia com um tudo de polietileno conectado a um transdutor de pressão, e representa as propriedades mecânicas do sistema respiratório. Para decompor as propriedades mecânicas do sistema respiratório em seus componentes, parede torácica e pulmões, é preciso que se faça a medida da pressão pleural, geralmente estimada pela P_{es}. Para a medida dessa pressão, um cateter contendo um balonete em sua extremidade distal deve ser posicionado no terço médio inferior do esôfago (aproximadamente a 35-45 cm das narinas) e o balonete insuflado com 0,5 ml de ar. A determinação do correto posicionamento do balonete esofagiano deve ser realizada através do *teste da oclusão* proposto por Baydur *et al*. A medida da P_{es} representa as propriedades mecânicas da parede torácica, P_{cw}. O fluxo é medido através de um pneumotacógrafo conectado a um transdutor diferencial de pressão, e o volume (V) obtido pela integração eletrônica do sinal fluxo.

O método mais popularmente utilizado para se estudar as propriedades elásticas e resistivas do sistema respiratório, parede torácica e pulmões é o da oclusão rápida das vias aéreas ao final da inspiração com fluxo constante. Para a correta determinação das propriedades elásticas, resistivas e viscoelásticas do sistema respiratório através desse método, alguns ajustes devem ser realizados no ventilador mecânico:

1. Colocar o ventilador no modo volume controlado.
2. Definir o volume corrente (4-6 ml/kg) e o fluxo inspiratório (50-60 l/min), que deve ser sempre o mesmo.
3. Definir o tempo de pausa inspiratória (4-6 s).
4. O paciente deve estar sem atividade muscular respiratória (sedado e/ou paralisado).

Após a oclusão das vias aéreas ao final da inspiração, no traçado de pressão traqueal, há uma queda rápida ($\Delta P_{1,\ rs}$) de um valor pré-oclusão, ($P_{pico,\ rs}$) até um ponto de inflexão ($P_{i,\ rs}$), seguida de uma queda lenta ($\Delta P_{2,\ rs}$) até que um platô seja alcançado ($P_{platô,\ rs}$). Esse platô corresponde à pressão de retração elástica do sistema respiratório ($P_{el,\ rs}$). $\Delta P_{1,\ rs}$ reflete as resistências newtonianas das vias aéreas e da parede torácica, enquanto $\Delta P_{2,\ rs}$ representa o *stress-relaxation* ou as propriedades viscoelásticas dos tecidos dos pulmões e da parede torácica, e também a contribuição do *pendelluft*. O mesmo se aplica para P_{cw}, permitindo que se obtenham os valores de ΔP_{1cw}, $P_{i,\ cw}$, $\Delta P_{2,\ cw}$ e $P_{el,\ cw}$. As pressões transpulmonares (P_L) são calculadas subtraindo-se os valores pressóricos da parede torácica dos valores do sistema respiratório.

As complacências estáticas do sistema respiratório, caixa torácica e pulmões ($C_{st,\ rs}$, $C_{st,\ cw}$ e $C_{st,\ L}$) são obtidas dividindo-se o volume corrente (VC) por $P_{el,\ rs}$, $P_{el,\ cw}$, e $P_{el,L}$, respectivamente. É interessante ressaltar que para a medida correta dessas complacências os valores da pressão positiva expiratória final (PEEP) e da pressão positiva expiratória final intrínseca ($PEEP_i$) devem ser diminuídos dos valores de $P_{el,\ rs}$, $P_{el,\ cw}$, e $P_{el,\ L}$.

As complacências dinâmicas dos sistema respiratório, parede torácica e pulmões ($C_{din,\ rs}$, $C_{din,\ cw}$ e $C_{din,\ L}$) podem ser calculadas dividindo-se VC por $P_{pico,\ rs}$, $P_{pico,\ cw}$ e $P_{pico,\ L}$, respectivamente, menos a PEEP aplicada e menos a $PEEP_i$. Entretanto, deve-se levar em consideração que as pressões de pico representam a impedância total do sistema, incluindo a resistência do tubo traqueal. Dessa forma, recomenda-se utilizar, preferencialmente, os valores de $P_{i,\ rs}$, $P_{i,\ cw}$ e $P_{i,\ L}$.

A resistência total do sistema respiratório é calculada da seguinte forma: $P_{pico,\ rs} - P_{el,\ rs} \times \dot{V}^{-1}$, enquanto a resistência das vias aéreas deve ser calculada assim: $\Delta P_{1,\ rs} \times \dot{V}^{-1}$.

Portanto, com relativa facilidade poderemos identificar cargas mecânicas do sistema respiratório relacionadas às vias aéreas, cargas resistivas, monitorizadas através da pressão resistiva ou da resistências das vias aéreas e relacionadas aos componentes elásticos dos pulmões e parede do tórax, monitorizadas através da complacência estática do sistema respiratório.

Algumas tentativas têm sido feitas no sentido de simplificar e traduzir maiores informações de efeito prático para a avaliação da mecânica do sistema respiratório. Nava e Rubini sugerem que, enquanto a falência dos componentes pulmonares gera hipoxemia, alterações dos componentes de parede do tórax, especialmente falência da bomba muscular, gerariam hipercapnia.[19] Hans Pasterkamp tem tentado produzir uma correlação dos sons do sistema respiratório com a mecânica e conclui que *a ausculta respiratória deve desaparecer como medida padrão da significância clínica dos achados acústicos, sendo mais importante correlacionar esses achados às medidas da mecânica respiratória*.[16] Recentemente, analisamos a correlação dos sons do sistema respiratório, através da ausculta de pacientes submetidos à ventilação mecânica, com a mecânica respiratória, objetivando validar a ausculta como instrumento de aferição indireta da mecânica (Quadros 38-1 a 38-4).[4]

Quadro 38-1. Sons à resistência

Pressão resistiva > 5 cmH$_2$O	*8 ml/kg (%)*	*20 ml/kg (%)*
Sensibilidade	41,4	57
Especificidade	50	37
Valor preditivo positivo	80	82
Valor preditivo negativo	14	14

Quadro 38-2. Sons à resistência

Pressão resistiva > 15 cmH$_2$O	*8 ml/ kg (%)*	*20 ml/ kg (%)*
Sensibilidade	66	100
Especificidade	40	50
Valor preditivo positivo	9,5	10
Valor preditivo negativo	27	100

Quadro 38-3. Sons à complacência

$C_{st,sr}$ < 40 ml/cmH$_2$O	*8 ml/kg (%)*	*20 ml/kg (%)*
Sensibilidade	45	40
Especificidade	46	64
Valor preditivo positivo	73	72
Valor preditivo negativo	25	30

Quadro 38-4. Sons à complacência		
$C_{st, sr}$ > *60 ml/cmH$_2$O*	*8 ml/kg (%)*	*20 ml/kg (%)*
Sensibilidade	46	37
Especificidade	66	80
Valor preditivo positivo	86	88
Valor preditivo negativo	21	24

Os sons auscultatórios de *roncos, sibilos e crepitações precoces*, quando adotados como indicadores do aumento da resistência das vias aéreas, através da análise da variável pressão resistiva, quer considerando 5 cmH_2O ou 15 cmH_2O (resistência elevada), mostraram-se insuficientes para identificar indivíduos com aumento da resistência. Entretanto, discreta melhora na performance se evidenciava quando o volume corrente era elevado. Houve, também, falha na especificidade em todas as circunstâncias. Mesmo utilizando-se o valor preditivo positivo, apesar da diferença encontrada quando se modifica o critério de gravidade, ou seja, maior ou menor aumento na resistência da via aérea, ocorre ainda falha na correta identificação dos indivíduos com aumento na resistência da via aérea. Portanto, nossos resultados sugerem fortemente que a ausculta respiratória *não é capaz de identificar modificações na resistência das vias aéreas.*

Quando adotados os sons auscultatórios de *murmúrio vesicular, sopro tubário* e *crepitações tardias* como indicadores da complacência do sistema respiratório, através da análise da variável complacência estática, houve falha tanto em identificar indivíduos saudáveis, ou seja, com complacência estática ≥ 60 ml $\times$ cmH_2O^{-1}, quanto indivíduos com redução na complacência estática, valores ≤ 40 ml $\times$ cmH_2O^{-1}. Portanto, nossos resultados sugerem fortemente que a ausculta respiratória *não é capaz de identificar modificações na complacência do sistema respiratório*.

O procedimento de variação do volume corrente teve por objetivo analisar o impacto disso na interpretação dos achados auscultatórios. Muito embora a quantidade de ar no parênquima pulmonar bem como as taxas de fluxo influenciem nos achados acústicos,[11,20,27] isso não modificou nossos resultados. Ressaltamos que a modificação do volume corrente para 20 ml/kg produziu mudança na interpretação do examinador em 62% das vezes, fornecendo mais um dado para a análise do evento fisiopatológico em questão, permitindo então maior vigilância e, até mesmo, maior precocidade na abordagem terapêutica empregada pelo fisioterapeuta.

O ventilador mecânico passa agora a ter um papel de destaque para o fisioterapeuta, funcionando como um *marcador funcional*, ou seja, um elemento da avaliação que define a alteração funcional e que consegue, através da análise da mecânica do sistema respiratório, diagnosticar o evento presente através da interpretação da carga mecânica que se encontra modificada. Acreditamos, hoje, que podemos direcionar a abordagem terapêutica em duas grandes linhas relacionadas a eventos respiratórios:

RESISTÊNCIA DAS VIAS AÉREAS × TERAPIA DE HIGIENE BRÔNQUICA COMPLACÊNCIA × TERAPIA PRESSÓRICA

A terapia de higiene brônquica encontra-se orientada pela otimização do fluxo expiratório, e a terapia pressórica envolve modificação das pressões do sistema respiratório.

VENTILADOR COMO INSTRUMENTO DA TERAPÊUTICA

A terapia de higiene brônquica envolve uma ampla variação de técnicas que promovem a mobilização e a limpeza de secreções. A expansão pulmonar é um subgrupo da terapia de higiene brônquica, com o objetivo específico de auxiliar o paciente a alcançar ou manter o volume pulmonar adequado. Volumes pulmonares encontram-se diretamente relacionados a fluxos expiratórios, efetividade da tosse e habilidade de retirar secreções das vias aéreas.[7] A apresentação descrita anteriormente por Fink destaca a inter-relação entre a terapia de higiene brônquica e a terapia de expansão pulmonar.[8] Em verdade, não há como dissociar efeitos quando as abordagens terapêuticas são empregadas. Em pacientes submetidos a suporte ventilatório e utilizando o ventilador como recurso terapêutico, esses fundamentos interagem com maior magnitude. Um exemplo simples e hoje corriqueiro em nosso meio é a elevação do volume corrente para 20 ml/kg durante a ausculta do sistema respiratório. Seu objetivo é investigar uma alteração funcional que se manifesta. Entretanto, para que essa elevação do volume corrente ocorra, no caso específico pressão, maior força deverá ser usada para vencer as cargas mecânicas existentes nos componentes do sistema respiratório. Recomenda-se que a pressão das vias aéreas, nesse momento, não ultrapasse 40 cmH_2O. Portanto, estando essa pressão limitada em 40 cmH_2O e sua programação do ciclo ventilatório imponha a ciclagem nesse mesmo ponto, o que ocorrerá? Estaremos realizando uma manobra de recrutamento e, portanto, uma terapia de expansão pulmonar. Ou estaremos aumentando a força de retração elástica do sistema respiratório, aumentando a taxa de fluxo expiratório e produzindo efeitos no deslocamento do muco brônquico e realizando uma terapia de higiene brônquica. Isso demonstra claramente a intensa correlação entre as possibilidades terapêuticas existentes na abordagem fisioterapêutica.

O que deve ser considerado?

Terapia de higiene brônquica ou toalete pulmonar ou desobstrução traqueobrônquica caracteriza o processo de auxílio ao paciente para remover as secreções das vias aéreas, freqüentemente associado a drenagem postural, percussão torácica, vibração torácica e/ou aspiração mecânica das vias aéreas.[8]

Quando ocorrem hipersecreção e falha no sistema de transporte mucociliar, há piora na função pulmonar, alterações dos mecanismos de defesa do sistema respiratório e aumento no risco de infecção respiratória. Frente a essa condição, o transporte do muco brônquico passa a depender, em grande parte, do fluxo expiratório.[25]

Nas pequenas vias, onde a resistência das vias aéreas é baixa, os cílios são menores e em menor número do que em regiões mais proximais, e sua capacidade de transportar muco é comparativamente menor. Nessa região do sistema respiratório, a limpeza do muco brônquico é aumentada pelo fluxo autocefálico, ou seja, uma maior taxa de fluxo durante a expiração em relação à inspiração, provavelmente devido a própria configuração anatômica e à distribuição das impedâncias dentro da árvore respiratória.[25]

Para que o muco possa ser transportado deve haver fluxo, ou seja, deverá ter ar após a localização do muco mais periférico. A obstrução por muco, parcial ou completa, aumenta o caráter heterogêneo do sistema respiratório, o que prejudica a possibilidade de deslocar esse muco.[18] Muitas técnicas de higiene brônquica envolvem sustentação da respiração para promover maior ventilação colateral. Freqüências respiratórias reduzidas e maiores volumes correntes aumentam o grau de ventilação colateral.[5]

- O foco da atenção da terapia de expansão pulmonar é a atelectasia.[8]
- Posicionamento e pressões positivas são formas de tratamento de atelectasias em pacientes submetidos a suporte ventilatório mecânico.[8,9,22-24]

O que o ventilador nos oferece frente aos tópicos descritos?

Como já foi demonstrado, o ventilador, na função de marcador funcional, definirá a origem da alteração, alteração da resistência ou complacência, já sugerindo a linha inicial de conduta a ser adotada. Vale ressaltar que o objetivo maior é a manutenção de boa oxigenação e a redução da fração inspirada de oxigênio. A ausculta respiratória nos sugere a localização do evento, fornecendo mais um elemento para a escolha da terapêutica.

- A variação na pressão transpulmonar é a responsável pela obtenção do volume corrente; quanto maior o volume ofertado, maior será a pressão de distensão do sistema respiratório. Durante o ato da tosse fisiológica, um volume de aproximadamente 50% da capacidade vital é alcançado,[12,17,28] e as pressões expiratórias atingem 100 cmH_2O em indivíduos normais.[1] Bach demonstrou que aumentar o volume inalado com pressão positiva ou respiração glossofaríngea em pacientes com tosse ineficaz, oriunda de fraqueza muscular, eleva o pico de fluxo expiratório em 80%.[1]
- A elevação da pressão positiva ao final da expiração (PEEP) eleva a pressão de recolhimento elástico, acumulando energia cinética para a geração de fluxos expiratórios aumentados, quando da descompressão, ou seja, estabelecimento de nível zero de pressão positiva expiratória.[3]
- As manobras descritas nos dois itens anteriores têm como objetivo simular o fluxo expiratório gerado pela tosse, podendo ser associadas à tosse manualmente assistida (TMA) e, algumas vezes, acabam por ativar reflexos que desencadeiam a tosse nesses pacientes na dependência do nível de sedação.

A pressão transpulmonar, a pressão de recolhimento elástico e a PEEP são variáveis que podem ser manipuladas com o objetivo de aumentar a capacidade residual funcional (CRF). Pulmões com áreas de colapso apresentam redução da CRF, hipoxemia, aumento do componente elástico do sistema e a conseqüente redução da complacência. Portanto, as manobras pressórias descritas trazem reflexo na melhora da complacência do sistema respiratório. Encontramo-nos diante de uma situação tal, em que o alvo do problema, alteração funcional, uma vez tratado, poderá trazer efeitos em outras áreas desse sistema.

O ventilador é capaz de, frente a modificações da impedância do sistema respiratório, identificá-la. O fisioterapeuta interpreta essa alteração funcional, estabelece o laudo funcional daquela alteração específica e executa o tratamento, avaliando imediatamente a resposta funcional alcançada e o resultado da sua ação terapêutica. O ventilador passa agora a ter um papel novo e fundamental nessa parceria estabelecida com o fisioterapeuta – ser vigilante.

VENTILADOR COMO INSTRUMENTO DA MONITORIZAÇÃO

Estudo recente analisou a eficiência das ações fisioterapêuticas empregadas habitualmente em fisioterapia respiratória e em terapia intensiva.[14,26] É possível que possamos questionar alguns pontos dessas análises; entretanto, o que consideramos mais importante é a forma como estabelecemos o momento de empregar a técnica fisioterápica, após a indicação, quando instituir o procedimento, quando repeti-lo? O ventilador, agindo como elemento de monitorização, torna-se um efetivo instrumento de auxílio na resolução desse problema. De fato, nossa compreensão dos fenômenos fisiopatológicos nos transporta, por força da razão fisioterápica, a interpretação desses eventos sob o ponto de vista mecânico, uma vez que, ao nosso ver, as modificações do sistema respiratório inerentes à ação do fisioterapeuta são de duas origens: cargas resistivas e cargas elásticas. A esse somatório de possibilidades de cargas impostas ao sistema respiratório traduziremos como impedância. Toda vez que a impedância do sistema respiratório se modifica em um paciente mecanicamente ventilado, sua relação com o ventilador se modifica, e essa modificação pode ser monitorizada.

Os alarmes dos ventiladores são planejados para notificar modificações no funcionamento do equipamento e interação do paciente com o ventilador. Entretanto, alarmes programados de maneira inadequada ou que sejam negligenciados tornam-se um problema constante.[27,28] Em nossa prática, adotamos estabelecer os limites dos alarmes do ventilador 10% acima e/ou abaixo do valor alvo. Uma vez acionado, deve o fisioterapeuta proceder à imediata avaliação dos componentes da mecânica do sistema respiratório do paciente. Deve garantir adequada oxigenação e conforto ventilatório enquanto procede à sua abordagem terapêutica. Ao final de seu atendimento, nova avaliação da mecânica deverá ser realizada, assim como de outros marcadores disponíveis, como por exemplo: oximetria, ausculta, padrão de ventilação. As modificações encontradas sob o efeito da sua abordagem são o resultado da sua ação, sendo denominada *resposta funcional*. Registre e proceda a nova programação dos alarmes do ventilador, considerando que sua atuação modifica a impedância do sistema respiratório do paciente e sua relação com o ventilador. O intervalo de tempo que ocorrerá entre esse evento e um próximo é denominado *tempo de resposta funcional*. O tempo de resposta funcional determinará a freqüência de seu atendimento, bem como se sua técnica deverá ser aplicada de maneira continuada ou intermitente.

O ventilador mecânico, como instrumento do fisioterapeuta, passa a auxiliá-lo em questões aparentemente simples que na verdade têm imensa complexidade – o ventilador nos alerta que há um evento ocorrendo, nos sugere a causa, é instrumento da terapêutica e monitora nossos resultados.

REFERÊNCIAS BIBLIOGRÁFICAS

1. Bach JR, Smith WH, Michaels J *et al.* Airway secretion clearance by mechanical exsufflation for post-poliomyelitis ventilator-assisted individuals. *Arch Phys Med Rehabil* 1993;74:170–77.
2. Chatburn RL. Physical Basis of mechanical ventilation. *In:* Tobin JM. *Principles and Practice of Mechanical Ventilation.* McGraw-Hill, 1994.
3. Duarte ACM. Recursos fisioterápicos durante a ventilação mecânica: *In*: David CMN. (ed.). *Ventilação mecânica – da fisiologia ao consenso brasileiro.* Editora Revinter, Rio de Janeiro, 1996, p 231.
4. Duarte ACM, Hilling I. Correlação da ausculta respiratória com a mecânica da respiração – teste de validação. (no prelo).
5. Elad D. Shochat A. Shiner RJ. Computatiom model of oscillatory airflow in bronchial bifurcation. *Respir Physiol* 1998;112(1):95–111.
6. Estenne M, Van Muylam A, Gorini M *et al.* Evidence dynamic airway compression during cough in paraplegic patients. *Am J Respir Crit Care Med* 1994;150:1081–85).
7. Fink JB, Hunt GE. *Clinical Practice in Respiratory Care.* Lippincott Williams & Wiikins. 1999.
8. Fink JB, Rubin BK. New horizons in respiratory care: Airway clearance techniques. *Respir Care* 2002;47(7):759–760.
9. Froese AB, McCulloch PR, Sugiura M, *et al*: Optimizing alveolar expansion prolongs the effectiveness of exogenous surfactant therapy in the adult rabbit. *Am Rev Respir Dis* 1993;148:569–577.
10. Greaves IA, Hildebrandt J, Hoppin FG. Micromechanics of the lung. *In* MacKlem PT, Mead J (eds). *Handbook of Physiology.* Bethesda, American Physiologic Society.
11. Hans Pasterkamp, Steve S. Kraman, George R. Wodicka. Respiratory sounds advances beyond the stethoscope. *Am J Respir Crit Care Med* 1997;(156):974–987,
12. Harris RD, Lawson TV. The relative mechanical effectiveness and efficiency of successive voluntary coughs in healthy young adults. *Clin Sci* 1968;34:569–77)
13. Hees D. Noninvasive monitoring in respiratory care – present, past and future: an overview. Respir Care 1990;35:482–499.
14. Hess DR. The evidence for secretion clearance techniques. *Respire Care* 2001;46(11):1276–1293.
15. Kacmarek RM: Noninvasive monitoring in respiratory care. *Respir Care* 1990;35:740–746.
16. Kompis M, Pasterkamp H, and Wodicka GR. Acoustic imaging of the human chest. *Chest* 2001;120:1309–1321.
17. Lawson TV, Harris RS. Assessment of the mechanical efficiency of coughing in healthy young adults. *Clin Sci* 1967;3:209–44.
18. Macklem PT. Mechanical factors influencing collateral ventilation. *Physiol Rer* 1971;51(2):368–436.
19. Nava S, Rubini F. Applied physiology in respiratory mechanics. *J Milic-Emili* 1998.
20. Rice DA. Sound speed in pulmonary parenchyma. *J Appl Physiol* 1983;54:304–308.
21. Rodarte JR, Rehder K. Dynamics of respiration. In: Macklem PT, Mead J. eds. *Handbook of Physiology.* Section 3: The respiratory system. 1986.
22. Rothen HU, Neuman P, Berglund JE, *et al.* Dynamics of re-expansion of atelectasis during general anesthesia. *Br J Anaesth* 1999;82:551–556. 1985, pp. 217–231.
23. Rothen HU, Sporre B, Engberg G *et al.* Airway closure, atelectasis and gas exchange during general anesthesia. *Br J Anaesth* 1998;81:681–686.
24. Rothen HU, Sporre B, Engberg G *et al.* Re-expansion of atelectasis during general anesthesia: a computed tomography study. *Br J Anaesth* 1993;71:788–795.
25. Rubin BK. Physiology of airway mucus clearance. *Respir Care* 2002;47(7):761–768.
26. Stiller K. Physiotherapy in intensive care: towards an evidence-based practice. *Chest* 2000;118(6):1801–1813.
27. Wodicka GR, Stevens KN, Golub HL, and Shannon DC. Spectral characteristics of sound transmission in the human respiratory system. *IEEE Trans Biomed Eng* 1990;37:1130–1135.
28. Yanagihara N, Von Leden H, Werner-Kukuk E. The physical parameters of cough: the larynx in a normal single cough. *Acta Otolaryngol* 1966;61:495–510.

39 Formulários Contínuos em Fisioterapia Respiratória

Leny Vieira Cavalheiro

A Fisioterapia em Terapia Intensiva é uma abordagem de tratamento recente em nosso país. Nos últimos 20 anos, é, dentro dessa profissão, a área que mais se desenvolveu. Estabeleceu uma série de atribuições na Terapia Intensiva que se diferenciam de acordo com a região, os recursos e o número de profissionais aptos a assumir o papel do fisioterapeuta de Terapia Intensiva.

A excelência da qualidade de um serviço se diferencia pelo estabelecimento de rotinas, as quais devem garantir a continuidade e a uniformidade do atendimento fisioterapêutico.

Um dos maiores desafios do contexto atual é conseguir evidências do resultado das técnicas de fisioterapia.

A principal diretriz para estabelecer um plano de cuidados no tratamento de fisioterapia é o gerenciamento das informações. O paciente e a equipe precisam ter um direcionamento do plano para que os objetivos e os resultados sejam focados no prognóstico e na expectativa de melhora do paciente.

Estabelecer objetivos de curto e longo prazos para o tratamento fisioterapêutico foca a prioridade do trabalho e orienta os outros profissionais a seguirem para um objetivo comum. O objetivo estabelecido de forma a priorizar a funcionalidade do indivíduo nos ajuda a torná-lo funcionalmente independente. Por exemplo, voltar a prioridade de tratamento para desenvolver a capacidade de sentar-se sozinho ou com pouco auxílio, retornando o indivíduo mais próximo de sua total funcionalidade e independência.

PLANO DE ORIENTAÇÃO

Os procedimentos aos quais os pacientes são submetidos devem ser vinculados a um plano de orientação. É coadjuvante ao processo de melhora conhecer a meta, os benefícios e os riscos de cada recurso utilizado durante o tratamento. A equipe tem a opção de desenvolver os manuais de orientação, folhetos educacionais e/ou mesmo outros tipos de recursos para a educação do paciente, dos familiares e/ou cuidadores.

O planejamento de aulas individuais ou em grupos, de vídeos educativos e o relato de outros pacientes e familiares que passam por experiência semelhante também fortalecem o plano de orientação. Os processos mais freqüentes e os de maior risco devem ser os primeiros a serem desenvolvidos. A escolha vai variar de acordo com a atribuição dos fisioterapeutas nos serviços e nas regiões do Brasil.

ESTABELECIMENTO DE ROTINAS

A rotina do fisioterapeuta em uma unidade de terapia intensiva, seja adulta ou pediátrica, vai depender do tipo de assistência. Podemos classificar uma UTI tipo III pelos critérios divulgados pelo Ministério da Saúde, Portaria nº 3.432 de 12 de agosto de 1988 em vigor, em que o fisioterapeuta tem assistência exclusiva na unidade.

Nesse tipo de classificação, podemos então discursar sobre algumas rotinas contínuas realizadas por esse profissional juntamente com a equipe multiprofissional.

RECEBER O PACIENTE NA UNIDADE

O papel do fisioterapeuta na equipe nesse processo de admissão é o de verificar se os recursos materiais para a assistência ventilatória, oxigenoterapia e emergências respiratórias estão disponíveis. Essa é uma fase de gerenciamento de risco em que há a disponibilização de recursos para um atendimento seguro e rápido ao paciente, independentemente da utilização efetiva do mesmo. O próximo passo é avaliar o paciente e estabelecer a necessidade da abordagem de tratamento fisioterapêutico. O processo de avaliação é geral, observando-se os aspectos respiratórios e motores e respeitando-se a funcionalidade respectiva das áreas. A existência de uma ficha formal para padronizar a abordagem dos profissionais em relação aos itens avaliados organiza e direciona o tratamento e as decisões da equipe, assim como auxilia no controle da continuidade do tratamento, garantindo o mesmo fluxo de informações.

Alguns marcadores ou indicadores podem fazer parte desse critério de avaliação:

- Tipo de insuficiência respiratória.
- Classificação do paciente em clínico ou cirúrgico.
- Observar nível de dispnéia mensurado pela escala de Borg.
- Os aspectos musculares respiratório e esquelético utilizando-se medida de pressão inspiratória e expiratória máxima e escala de força muscular (0-5) para conhecer a informação e planejar a atuação fisioterapêutica.[4]
- Eventualmente é de interesse a avaliação da espirometria à beira do leito para avaliação funcional de volumes e capacidades.[2]

- A dor também é um marcador importante e pode ser avaliada através de escala analógica de 0-10, como referência de resultado ou programação de tratamento.
- Dos pacientes que apresentem estado crítico de insuficiência respiratória e são submetidos a intubação e ventilação invasiva, conhecer o nível de oxigenação pela relação PaO_2/FiO_2 e determinar a PEEP são marcadores essenciais.
- Outro aspecto que deve fazer parte dos formulários de avaliação é a determinação da auto-PEEP.
- A pressão do balonete deve periodicamente ser monitorada, juntamente com todos os parâmetros da ventilação mecânica.

PROPOSTA DE INDICADORES DE TRATAMENTO

Alguns aspectos do tratamento fisioterapêutico do paciente em terapia intensiva podem ser controlados por indicadores de resultados da proposta terapêutica. Apresentaremos neste capítulo sugestões para controlar processos específicos.

TREINAMENTO MUSCULAR RESPIRATÓRIO

A proposta do treinamento muscular tem a indicação clássica para os pacientes com força e/ou *endurance* baixas. A avaliação muscular e o desenvolvimento do treinamento são controlados pelas seguintes variáveis:

- A pressão inspiratória máxima ($PI_{máx}$), mensurada pelo manovacuômetro, determinará a carga de treinamento e incremento da força.
- Volume corrente, mensurado com ventilometria à beira do leito, no início da proposta de treinamento e a cada abordagem. O aumento do volume indica incremento de força muscular, assim como, se a carga de treinamento for excessiva, indica o limiar de fadiga pela diminuição do mesmo.
- A capacidade vital é outra variável observada nesse indicador, já que nos dá a informação clínica mais precisa sobre a melhora da potência muscular e o deslocamento de volume.
- Saturação de oxigênio e freqüência respiratória complementam os dados a serem observados.

A freqüência da mensuração deverá ser diária e a melhora esperada em pelo menos 8 a 10 dias. Os dados podem ser anotados em forma de tabela individualizada. Ao atingirmos o objetivo proposto, podemos avaliar por esse indicador a eficiência e eficácia do treinamento.

PROTOCOLOS DE VENTILAÇÃO MECÂNICA EM GRUPOS ESPECÍFICOS

A importância desse indicador refere-se à qualidade de ventilação à qual os pacientes são submetidos de acordo com o diagnóstico e o protocolo de assistência formalizado pela equipe interdisciplinar. As informações resultantes dessa vigilância proporcionam à unidade de terapia intensiva o conhecimento de dados demográficos, como tempo de ventilação e perfil de pacientes admitidos por diagnóstico e gravidade. As variáveis necessárias para compor a coleta de dados são:

- Classificação de grupos de pacientes por diagnóstico.
- Data de início da ventilação mecânica.
- Data de extubação.
- Avaliação periódica do modo e nível da ventilação, pressão expiratória positiva final (PEEP).
- Freqüência respiratória.
- Fração inspirada de oxigênio.
- Tipo de disparo do ventilador.

PROTOCOLO DE DESMAME

Para determinar outro dos dados demográficos da unidade de terapia intensiva, precisamos estabelecer com a equipe o que considerar como parâmetros de início de desmame que finalizaria o processo de extubação.[5,8] Para analisar o tempo médio de desmame da unidade, podemos separar os grupos específicos, diminuindo assim as tendências da média que variam com a causa e diagnóstico. Outra opção é analisar os dados de forma geral, o que varia de acordo com as características da gravidade e diagnóstico mais freqüentemente encontradas na sua unidade. Para compor esse indicador, é necessário registrar a data de início do desmame e somar o resultado em horas subseqüentes até a extubação.[3,4,6-8] Em qualquer dos modos de desmame, o critério consensual para determinar o *início do desmame*, por exemplo, seria ter a ventilação independente da PEEP (valores ≤ 10 cmH_2O) e níveis de pressão de suporte livre.[6]

MENSURAÇÃO REGULAR DA PRESSÃO DO BALONETE

Esse é um dos marcadores de qualidade de processos mais simples que pode ser mensurado em qualquer unidade de terapia intensiva. A rotina diária desse controle proporciona uma medida preventiva das complicações de lesões de traquéia independente do risco do procedimento de intubação. O formulário sugerido seria uma curva de tendência que se estende ao paciente de forma generalizada, mostrando o perfil de controle do processo. Ao conhecer o basal de sua unidade, poderá propor um denominador e a partir daí estabelecer metas de melhora de controle.

OXIGENOTERAPIA

O controle de oxigênio sempre foi um ponto crítico nas instituições de saúde. O desperdício é comum e envolve todos os membros da equipe. A forma de administrar o gás uniformizando os materiais e traçando planos de treinamento da equipe são os dois pontos de ajustes para iniciar o controle da oxigenoterapia. A vigilância da saturação de oxigênio na hemoglobina mensurado pelo oxímetro de pulso é um método não-invasivo e muito eficiente. A permanência de nível de saturação acima do necessário por tempo prolongado é uma das causas de maior desperdício. O profissional responsável pela vigilância deve ter o conhecimento das causas de hipoxemia e determinar qual a PaO_2 ideal para a idade.[1] O formulário sugerido para o controle desse indicador da qualidade do processo deve conter as seguintes variáveis: valores da gasometria arterial, cálculo da PaO_2 ideal para a idade, valor da fração inspirada de oxigênio (FiO_2) aplicada, saturação mensurada pela oximetria de pulso e qual ação foi tomada em relação à vigilância; também é de grande valia fazer a observação se a diminuição ou a retirada da oxigenoterapia foi interpretada como sucesso ou insucesso da ação.

RESULTADO DE RECRUTAMENTO

A manobra de recrutamento alveolar é um processo que merece ser controlado por apresentar riscos e ser dinâmico pela própria característica do sistema respiratório. Basicamente, para conhecer e estabelecer as metas, temos duas variáveis para avaliar, que são: a variação da saturação da hemoglobina e a variação de volume corrente. Eventualmente podemos verificar alteração da complacência do sistema. O formulário sugerido então deve conter qual o método de recrutamento utilizado, nível de pressão atingido, nível da PEEP, presença de pausa, volume corrente inicial, volume corrente final, saturação e complacência. Os controles que devem também fazer parte do formulário são a pressão arterial, a freqüência cardíaca e a ausculta pulmonar.

TRANSFERÊNCIA OU ALTA DA UTI

Nessa fase é exigido da equipe o fechamento do processo de admissão e tratamento. Devemos analisar se os objetivos propostos foram alcançados ou estão encaminhados. É importante que o paciente e os familiares ou cuidadores estejam esclarecidos quanto à continuidade do plano proposto no decorrer da permanência do paciente na terapia intensiva. Podemos avaliar nesse momento de transição, de maior estabilidade clínica e determinação de diagnóstico e prognóstico, a qualidade de vida desse indivíduo. Podemos propor a utilização de questionários de qualidade de vida validados para o uso na língua portuguesa. Como indicador dessa variável, podemos reaplicar o questionário para dimensionar a expectativa do paciente e da equipe interdisciplinar.

O que nos torna incansáveis na busca da melhoria contínua é o gerenciamento das informações.O intuito é atingir a qualidade de tratamento para cada paciente, pelo qual nós, como equipe que o assiste, proporcionamos para o restabelecimento da saúde com humanização e excelência da qualidade no atendimento ao paciente.

REFERÊNCIAS BIBLIOGRÁFICAS

1. Agusti AG. Oxygen therapy during exacerbations of chronic obstructive pulmonary disease. *Eur Resp J* 1999 Oct;14(4):934–9.
2. Bhuyan U *et al.* Effects of posture on the distribution of pulmonary ventilation and perfusion in children and adults. *Accepted Thorax* 1989;44:480–484.
3. Boysen PG. Respiratory muscle function and weaning from mechanical ventilation. *Respir Care* 1987;32:572–583.
4. El Khatib MF, Baumeister B, Smith PG *et al.* Inspiratory pressure/maximal inspiratory pressure: does it predict successful extubation in children. *Intensive Care Med* 1996;22:264–8.
5. Epstein Scott K *et al.* Effect of unplanned extubation on outcome of mechanical ventilation. *Am J Crit Care Med* 2000;(161):1912–1916.
6. Esteban Andres *et al.* Effect of spontaneous breathing trial duration on outcome of attempts to descontinue mechanical ventilation. *Am J Resp Crit Care Med* 1999;159:512–618.
7. Tobin MJ. Weaning from mechanical ventilation. *Crit Care Clin* 1990;6:725–47.
8. Yang KL. Inspiratory pressure/maximal inspiratory pressure ratio: a predictive index of weaning outcome. *Int Care Med* 1993;19:204–8.
9. Outcomes in post-ICU mechanical ventilation: a therapist-implemented weaning protocol. *Chest* 2001 Jan;119(1):236–42.
10. The effect of respiratory-initiated treatment protocols on patient outcomes and resource utilization. *Chest.* 2000 Feb;117(2):467–75.
11. Impact on quality of patient care and produce use in the medical intensive care unit following reorganisation. *Ann Acad Med* Singapore. 1998 May;27(3):309–13.
12. Randomized controlled trial of physician-directed versus respiratory therapist consult service-directed respiratory care to adult non-ICU inpatients. *Am J Respir Crit Care Med* 1998 Oct;158(4):1068–75.
13. Therapist-driven protocols in adult intensive care unit patients. *Respir Care Clin N Am* 1996 Mar;2(1):105–16.
14. Work redesign in the neonatal intensive care unit: role development and training from an education perspective. *J Perinat Neonatal Nurs* 1994 Dec;8(3)69–82.
15. Respiratory care practitioners as primary providers of neonatal intubation community hospital: an analysis. *Respir Care* 1995 Oct; 40(10):1063–7.
16. Physician-ordered respiratory care vs physician-ordered use of a respiratory therapy consult service: early experience at The Cleveland Clinic Foundation. *Respir Care* 1993 Nov; 38(11):1143–54.
17. Complications of mechanical ventilation in a children's hospital multidisciplinary intensive care unit. *Respir Care* 1990 Sep; 35(9):873–8.
18. Portable computers used for respiratory care charting. *J Clin Monit Comput* 1988;5(1):45–52.
19. Initial experience with a respiratory therapist arterial line placement service. *Respir Care* 2000 May;45(5):482–5.
20. Critical care bug team: a multidisciplinary team approach to reducing ventilator-associated pneumonia. *Am J Infect Control* 2000 Apr;28(2)197–201.

40 Pneumonia Associada à Ventilação Mecânica

Nilton Brandão da Silva • Hugo Goulart de Oliveira

As infecções respiratórias são aquelas mais prevalentes nas Unidades de Tratamento Intensivo (UTIs), correspondendo a 50% das infecções nosocomiais em pacientes criticamente enfermos.[1-5] A incidência geral estimada varia entre 8 e 51%, dependendo da população estudada. As variações nas taxas de incidência podem ser explicadas tanto pelo tipo da UTI analisada quanto pelas características dos pacientes internados, em que os fatores mais influentes são a severidade da doença sistêmica ou da doença pulmonar subjacentes, a causa da insuficiência respiratória, a presença de imunodeficiência e o uso de ventilação mecânica (VM). Na presença da síndrome de angústia respiratória aguda (SARA), a incidência de pneumonia chega a 70% de diagnósticos por autópsia.[7] Nos pacientes em uso contínuo de ventilação mecânica (VM), a maioria dos estudos relata taxas médias de 20%, ou de 16 a 21 infecções em cada 100 pacientes.[1-3,5] O *National Nosocomial Infection Surveillance System* (NNISS) do Centers for Disease Control,[3] que acompanha sistematicamente a incidência de infecções nosocomiais em hospitais nos Estados Unidos, utiliza taxas de incidência por densidade específicas para pneumonias relacionadas ao uso do ventilador. Essa metodologia tem como vantagem uma comparação mais uniforme, estratificando os vários tipos de UTIs e usando taxas cujo denominador são 1.000 pacientes/respirador/dias, conforme dados de pneumonia associada à ventilação mecânica (PAVM) apresentados no Quadro 40-1.

Quadro 40-1. Taxas médias e percentil 75 das pneumonias associadas à ventilação mecânica (PAVM) conforme o tipo de UTI – NNISS jan 1995 a abr 2000

Tipo de UTI	*Número de unidades*	*Taxa média de PAVM*	*Percentil 75*
1. Cardiotorácica	60	10,4	13,5
2. Médica	124	7,5	9
3. Médico-cirúrgica univ	103	11,1	12,6
Não-univ	161	9,1	11,6
4. Neurocirúrgica	45	15,2	17,3
5. Pediátrica	70	5,2	7,2
6. Cirúrgica	144	13,6	15,4
7. Trauma	24	15,5	20,9
8. Respiratória	6	4,1	

Taxa de PAVM = número de PAVM/ventilador-dias × 1.000; univ. = universitário.

A utilização da ventilação mecânica (VM) aumenta o risco de infecção em 21 vezes, conforme demonstrado no estudo do projeto SENIC realizado pelo CDC em 1981, com mais de uma década avaliada e rastreando 169.256 pacientes hospitalizados, 1% dos quais tratado com VM.[2] Joshi mostrou que o risco de pneumonia aumenta com o tempo de VM,[13] com um pico inicial a partir do sétimo dia consecutivo de sua utilização (OR 2,2 a 2,5), e cresce constantemente a partir de então, a ponto de termos um risco acumulado de 6,5% em 10 dias, 19% em 20 dias e 28% em 30 dias.

O interesse continuado pelo estudo da PAVM é atestado pelo número de publicações dedicadas nas duas últimas décadas e suscitado tanto pela sua complexa fisiopatogenia e alta morbimortalidade quanto pela contínua dificuldade em estabelecer de forma padronizada o diagnóstico definitivo. Uma vez instalada a PAVM, as conseqüências mais importantes dela decorrentes são: a) maior tempo de permanência tanto em ventilação artificial quanto em unidades de tratamento intensivo, variando entre uma média de 9 até 20 dias suplementares, conforme Craven e Fagon; b) maiores custos adicionais conseqüentes (sobrecusto individual de 2.800 dólares); c) relação causa/fatalidade estimada em torno de 50%, com variação de 30 a 76%, sendo uma das causas principais de morte por infecção em CTI.[6-9] Nessa relação, a mortalidade também pode depender da condição clínica subjacente (SARA, choque), como também do tipo de agente etiológico implicado. As infecções causadas por *P. aeruginosa*, *Acinetobacter* spp. ou *S. aureus* resistente (MRSA) podem gerar taxas de mortalidade tão elevadas quanto 45 a 50%, comparadas a 20%, quando a pneumonia é causada por outras etiologias.[6]

Na América Latina e no Brasil, os poucos estudos disponíveis mostram incidência muito variável da pneumonia associada à ventilação mecânica (PAVM), variando de 13% a 80% ou de 2,6 a 6,2 casos por 100 dias de ventilação e mortalidade de 20 a 75% (Consenso Latino-Americano de Pneumonia do Paciente Adulto Hospitalizado – San Juan, Porto Rico, janeiro 1998).

Dados dos autores,[14] em que foi acompanhada, prospectivamente, uma coorte de 3.458 pacientes internados consecutivamente no período de 5 anos (1995 a 1999 – UTI médico-cirúrgica de pacientes adultos do Hospital Moinhos de Vento de Porto Alegre), utilizando os critérios diagnósticos clínicos e,

Quadro 40-2. Incidência e mortalidade das pneumonias adquiridas em ventilação mecânica

Autor	*Nº de pacientes*	*Incidência (%)*	*Diagnóstico*	*Mortalidade (%)*
Craven[2]	233	21	Clínico	55
Langer[15]	724	23	Clínico	44
Fagon[6]	567	9	Broncoscopia	71
Kerver[17]	39	67	Clínico	30
Jimenez[16]	77	27	Broncoscopia	38
Driks[18]	130	18	Clínico	56
Torres[19]	322	24	Clínico, broncoscopia	33
Koleff[11]	277	15,5	Clínico	37
Silva, NB[14]	1.116	16,8	Clínico	31

eventualmente, as técnicas broncoscópicas (em menos de 10% dos pacientes), mostraram uma taxa de ataque para a pneumonia de 8,8% (306 pneumonias) para todos os pacientes hospitalizados na UTI. As pneumonias representaram 52,1% de todas as infecções nosocomiais adquiridas no mesmo período e foram diagnosticadas clinicamente em 63% dos pacientes que morreram com infecção na UTI. Dos 1.116 pacientes que, no período, foram submetidos à ventilação mecânica, 16,8% desenvolveram pneumonia, correspondendo a 32,5 PAVM por 1.000 pacientes/respirador/dia, 62,1% das pneumonias nosocomiais, com uma mortalidade de 31%. Essas taxas se assemelham àquelas referidas por outros autores, conforme apresentado no Quadro 40-2.

No Quadro 40-3 estão demonstrados os agentes etiológicos observados em nossa casuística. Esses dados estão em conformidade aos divulgados na literatura na mesma proporção observada nos nossos casos.[2,5,10,12] Os bacilos gram-negativos corresponderam a 50% dos casos, e os cocos gram-positivos à outra metade. A *Pseudomonas aeruginosa* e os MRSA, isoladamente, foram agentes etiológicos em 34,2% dos pacientes com pneumonia nosocomial e em 43% das pneumonias associadas à ventilação mecânica, sendo os principais agentes das PAVM tardias (com mais de 5 dias de VM), enquanto o *S. pneumoniae, Haemophylus influenzae* e *M. catarrhalis* são agentes das PAVM precoces (< 5 dias de VM). A *Candida* spp., embora apareça com 12% dos agentes isolados, nem sempre é o agente etiológico responsável pela infecção, sendo primordialmente um agente colonizante, mas passa a ter importância nos pacientes em antibioticoterapia intensa e naqueles imunodeprimidos ou neutropênicos. No quadro, percebe-se que a identificação do agente etiológico foi feita em 98% dos casos das pneumonias associadas à VM e em somente 53% daquelas adquiridas sem o uso da ventilação, o que denota a maior preocupação na identificação da etiologia em pacientes submetidos à VM, dadas a sua alta morbimortalidade e a necessidade de iniciar precocemente o tratamento. Vários autores utilizando coletas broncoscópicas demonstraram, tanto em estudos experimentais quanto clínicos, que a etiologia costuma ser polimicrobiana em 40% dos casos.[6,19] Nesse sentido, a coleta seletiva per-

Quadro 40-3. Distribuição dos agentes etiológicos das pneumonias nosocomiais em relação ao uso ou não de ventilação mecânica – Hospital Moinhos de Vento[14]

Etiologia da Pneumonia Nosocomial – Período 1995 a 2000 HMV				
Patógeno	***Sem VM***	***Assoc. à VM***	***Todos***	***Óbitos****
P. aeruginosa	17 (14,6)	47 (24,6)	64 (20,9)	13 (20,3)
MRSA	6 (5,2)	35 (18,7)	41 (13,3)	10 (24,3)
Enterobacter spp.	6 (5,2)	24 (12,6)	30 (9,8)	4 (13,3)
Candida sp.	9 (7,7)	20 (10,5)	29 (9,5)	7 (24,1)
Acinetobacter spp.	3 (2,6)	18 (9,5)	21 (6,9)	3 (14,3)
Klebsiella spp.	5 (4,3)	12 (6,3)	17 (5,5)	3 (17,6)
Serratia spp.	2 (1,7)	5 (2,6)	7 (2,3)	5 (71,4)
S. aureus	3 (2,6)	5 (2,6)	8 (2,6)	7 (87,5)
S. pneumoniae	4 (3,4)	3 (1,6)	8 (2,6)	0 (0,0)
E. coli	2 (1,7)	4 (2,1)	6 (2,0)	3 (50,0)
Staphylococcus spp.	0 (0,0)	5 (2,6)	5 (1,6)	1 (20,0)
Stenotrophomonas spp.	0 (0,0)	5 (2,6)	5 (1,6)	1 (20,0)
Outros	4 (3,4)	3 (1,6)	7 (2,3)	1 (14,2)
Sem identificação	54 (46,5)	4 (2,1)	58 (18,9)	1 (1,7)
Total	116 (100,0)	190 (100,0)	306 (100,0)	59 (19,2)

* % em relação ao total de infecções por agente etiológico específico; VM = ventilação mecânica; MRSA = *Staphylococcus aureus* resistente à meticilina/oxacilina.

Quadro 40-4. Fatores de risco para pneumonia nosocomial

Intrínsecos ao hospedeiro	*Extrínsecos (ambiente)*
Idade	Cirurgia/Anestesia
Gravidade da doença	Medicações: antiácidos, sedativos
Obesidade	Sonda gástrica
Tabagismo	Intubação traqueal
Alcoolismo	Ventilação mecânica
DPOC Coma ou sedação	Internação em UTI
Imunossupressão SARA	Colonização respiratória e digestiva

mite colher amostras bacteriológicas mais dirigidas e distais (origem alveolar), difíceis de obter pelo aspirado traqueal simples.

Outros agentes etiológicos tais como *Legionella* sp. são mais raros (< de 2%) em pneumonias nosocomiais; ou mesmo as *Mycobacterias, Aspergillus* spp. e *Pneumocystis carinii,* que afetam basicamente pacientes imunossuprimidos e raramente constam das estatísticas principais na PAVM.

Vários fatores predisponentes, como especificados abaixo, concorrem para o desenvolvimento da pneumonia em pacientes hospitalizados, e a gênese do processo é multifatorial, para o qual concorrem desde os fatores relacionados às condições intrínsecas dos pacientes e os relacionados ao contexto hospitalar, facilitando a aquisição de infecções respiratórias.[9-12] A combinação, nos pacientes hospitalizados, da colonização progressiva do trato respiratório alto com a instrumentação da via respiratória inferior através de cânulas traqueais e respiradores são os fatores de risco mais importantes na gênese da infecção. A manutenção da "prótese respiratória" interfere e termina por suplantar a eficiência das defesas naturais das vias aéreas, permitindo a contaminação interna a partir das vias aéreas superiores e externa, seja pela manipulação do pessoal hospitalar, seja pelos aerossóis dos dispositivos de umidificação (Quadro 40-4).

DIAGNÓSTICO DA PAVM

O diagnóstico de certeza da PAVM é difícil e ainda não-padronizado, sendo, na maioria dos casos, estabelecido de forma incompleta. Nessa visão, os dados epidemiológicos existentes são limitados quando utilizam critérios puramente clínicos, tais como os estabelecidos pelo CDC (como recurso metodológico de rastreamento epidemiológico), embora incompletos para um diagnóstico mais apropriado, criando um viés de seleção na maioria dos trabalhos. A dificuldade diagnóstica gera diferenças metodológicas e conclusões conflitantes entre os autores, prejudicando a realização de revisões sistemáticas e estudos em grande escala. Nesse sentido, a não-padronização e a obtenção da histologia pulmonar, um referencial pouco acessível na prática clínica diária, obrigam o médico a utilizar, além do seu bom senso e experiência profissional, métodos de rendimento limitado, que certamente influenciam a tomada de decisão e o sucesso terapêutico nessa patologia tão grave e complexa.

Dificuldades com o diagnóstico da PAVM

Diagnóstico clínico

Os critérios clínicos para estabelecer o diagnóstico de pneumonia – febre, dor ventilatório-dependente, taquipnéia, tosse, escarro purulento, sinais estetoacústicos de consolidação pulmonar associados à leucocitose ou leucopenia – perdem geralmente muito da sua especificidade quando se trata de um paciente criticamente enfermo, sedado, intubado e conectado à VM, restrito fisicamente ao leito de UTI, portador de diversas co-morbidades. O valor preditivo desses sinais para o diagnóstico é nitidamente inferior na presença de SARA.[7,20,21,24,25] Andrews *et al*, comparando os critérios clínicos para o diagnóstico de pneumonia com os achados histológicos nos pulmões de 24 pacientes que morreram no tratamento de SARA, mostraram que a pneumonia era diagnosticada na necropsia em 58% dos pacientes, um terço dos quais não-suspeitado clinicamente (falso-negativo), enquanto havia erro clínico no diagnóstico de pneumonia em 20% dos pacientes que possuíam somente dano alveolar difuso sem infecção na necropsia (falso-positivo).[22] Nessa série, o erro nos diagnósticos clínicos atingia 29% dos pacientes. No estudo sobre a precisão dos critérios clínicos no diagnóstico da PAVM realizado por Fagon *et al* em 84 pacientes com suspeita clínica de infecção respiratória,[26] com PAVM comprovada por escovado brônquico (PSB), os elementos clínicos diagnosticavam corretamente somente 64% dos pacientes, e a chance de erro situa-se em torno de 30% dos casos.[26]

Pugin *et al* estudaram o valor isolado de diversas variáveis clínicas isoladas e combinadas, validando um índice diagnóstico, o Clinical Pulmonary Infection Score (CPIS) (Quadro 40-5).[27] A combinação dessas variáveis aumentava o poder de predição quando confrontadas com os resultados do lavado broncoalveolar (LBA). Nessa pontuação, a obtenção de 6 em 12

Quadro 40-5. Pontuação clínica de infecção pulmonar (CPIS) conforme Pugin[27]

1. Temperatura (°C) > 36,5 a ≤ 38,4 = 0
   ≥ 38,5 a < 39 = 1
   ≥ 39 ou < 36 = 2
2. Leucócitos > 4.000 a ≤ 11.000 = 2
   < 4.000 ou > 11.000 = 1 (+ 1 se > 10% formas imaturas)
3. Secreções traqueais (número de aspirações realizadas)
   < 14 = 0
   > 14 = 1 (+ 1 se forem purulentas)
4. Oxigenação: PaO_2/FiO_2 em mmHg
   > 240 = 0
   ≤ 240 ou SARA = 2
5. Infiltrado pulmonar radiográfico
   Nenhum = 0
   Difuso = 1
   Sistemático = 2
6. Cultura semiquantitativa das secreções traqueais (patógenos: 0-1-2 ou 3+)
   0 ou < 1+ = 0
   > 1+ = 1 (+1 se Gram tem mais de 1+)

pontos possíveis identificava corretamente a PAVM. Trabalhos posteriores compararam a precisão do CPIS com a histologia do pulmão, obtendo-se uma sensibilidade média de 72% e uma especificidade de 85%, e havia uma melhora da performance quando esses critérios clínicos eram associados ao resultado da cultura do aspirado traqueal.[28-30] O CPIS permanece hoje como um critério clínico mais útil do que o critério simples do CDC para ser utilizado à beira do leito, na tentativa de identificar precocemente os pacientes com maior probabilidade de PAVM, mas necessitando ainda de estudos mais definitivos para otimizar a performance clínica.

Diagnóstico radiológico

Do mesmo modo que os critérios clínicos, a presença de infiltrado novo radiológico, geralmente obtido em radiogramas convencionais, geralmente feito no leito e de valor limitado, ou mesmo por tomografias computadorizadas em pacientes submetidos à ventilação mecânica, não permite distinguir a consolidação por infecção de outras causas de infiltrações pulmonares. Wunderink[31,33] comparou a precisão dos radiogramas de pulmão feitos no leito, onde 7 sinais radiológicos eram pesquisados, em 69 pacientes com suspeita de PAVM. Desses, 24 pacientes tiveram seu diagnóstico de PN confirmado por autópsia, e havia concordância com os sinais radiológicos em somente 65% dos casos, proporcionando uma razão de probabilidade positiva (LR+) de somente 1,97 e negativa (LR–) de 0,29.[32,33]

Diagnóstico microbiológico

Os critérios de diagnóstico microbiológico, que dependem de amostras bacteriológicas coletadas através de aspirados traqueais rotineiros, não-quantitativos, que representam a maioria das situações encontradas na prática diária, oferecem resultados que não distinguem a bactéria colonizante das vias aéreas daquela bactéria responsável pela infecção em curso. Em face do fenômeno da adesão bacteriana, principalmente dos bacilos gram-negativos aos tubos plásticos endotraqueais ubíquos após 48 h de instalação desses materiais, o seu encontro ocasiona erros de interpretação das amostras de aspirados traqueais e conseqüentes erros de tratamento em muitos casos.[34,35] As coletas distais e protegidas por vias broncoscópicas ou não-broncoscópicas foram desenvolvidas para tentar contornar a possibilidade de contaminação proximal das amostras, embora não eliminem totalmente a possibilidade de contaminação e possuam o risco de avaliar somente um território muito restrito do pulmão e não-representativo da infecção pulmonar. A sua recomendação representa uma melhor alternativa diagnóstica, porém até hoje os inúmeros estudos e trabalhos realizados sobre sua eficácia não conseguiram ainda demonstrar, definitivamente, o custo/efetividade dos testes invasivos sobre os exames não-dirigidos.

Em face das dificuldades de estabelecer o diagnóstico da PAVM, a Conferência Internacional de Consenso realizada em 1992[20] sintetizou os padrões diagnósticos correntes propostos e recomendou a adoção de uma terminologia padronizada que inclui: "pneumonia definida", "pneumonia provável", "ausência definida de pneumonia" e "ausência provável de pneumonia" (Quadro 40-6). Mesmo com esses critérios, percebe-se que na prática clínica diária o encontro infreqüente de prova radiográfica de cavitação pulmonar com cultura positiva obtida por agulha, ou por prova histológica de inflamação pulmonar, torna muito infreqüente o estabelecimento do diagnóstico definido de pneumonia. Dessa forma, na presença de infiltrado pulmonar novo ou progressivo e de secreções traqueobrônquicas purulentas, os especialistas recomendam que o diagnóstico de pneumonia seja restrito aos pacientes com culturas quantitativas positivas de secreções obtidas do trato respiratório inferior através

Quadro 40-6. Definições de pneumonia associada ao ventilador conforme a Conferência Internacional de Consenso[20]

PNEUMONIA DEFINIDA: infiltrado novo ou progressivo ou persistente, secreção traqueal purulenta e um dos seguintes:

1. Evidência radiológica de abscesso pulmonar e aspirado por agulha positivo
2. Prova histológica ou biopsia cirúrgica ou por autópsia de abscesso ou consolidação pneumônica com acumulação de polimorfonucleares, ou cultura positiva do parênquima tecido pulmonar de > 10^4 microrganismos/g de tecido

PNEUMONIA PROVÁVEL: infiltrado novo ou progressivo ou persistente, secreção traqueal purulenta e um dos seguintes:

1. Cultura quantitativa das secreções do trato respiratório inferior obtido por técnica que minimize a contaminação pela flora do trato respiratório superior (lavado broncoalveolar ou escovado protegido)
2. Hemocultura positiva de um microrganismo isolado no período de até 48 h do mesmo microrganismo encontrado nas secreções do trato respiratório inferior
3. Cultura positiva do líquido pleural de um microrganismo idêntico ao encontrado nas secreções do trato respiratório inferior
4. Prova histológica na biopsia pulmonar ou na autópsia de pneumonia mais cultura do tecido pulmonar < 10^4 ufc/g

AUSÊNCIA DEFINIDA DE PNEUMONIA: em pacientes em que não se encontram os critérios de pneumonia definida, a ausência de pneumonia é definida quando se encontra um dos seguintes:

1. Exame por autópsia dentro de 3 dias da suspeita clínica de pneumonia, não mostrando nenhum sinal histológico de infecção pulmonar
2. Etiologia alternativa definida com ausência de crescimento em amostra do trato respiratório adequadamente obtida
3. Identificação citológica de um processo outro que não pneumonia sem crescimento bacteriano significativo em amostra respiratória adequadamente obtida

PROVÁVEL AUSÊNCIA DE PNEUMONIA ASSOCIADA AO VENTILADOR: a provável ausência de pneumonia é indicada pela ausência de crescimento significativo em amostra respiratória adequadamente obtida com um dos seguintes:

1. Resolução sem terapia antibiótica de um dos seguintes: febre, infiltrado radiográfico ou infiltrado radiográfico e diagnóstico definitivo alternativo
2. Febre persistente e infiltrado radiográfico com um diagnóstico alternativo definitivamente estabelecido

AUSÊNCIA DE PNEUMONIA: ausência de sinal clínico, histológico, cura sem antibióticos

de uma técnica que minimize a contaminação com a flora respiratório superior, visto que raramente serão feitos testes que utilizem biopsia por agulha ou cirúrgica.

A proposição de utilizar culturas quantitativas ou semiquantitativas, através de coletas seletivas das vias aéreas, conforme o trabalho original de Wimberley e aperfeiçoado pelos autores desde então,[21,23,25,28,36,37,38] trouxe uma nova abordagem na interpretação dos resultados culturais e causou grande impacto nas formas de manejo desses pacientes, tendo originado fóruns de contínua discussão até os dias de hoje em fase da variação metodológica entre os autores e da dificuldade de se obter estudos longitudinais e evidência objetiva científica forte. Após quase duas décadas de estudos e publicações, as principais questões de debate são basicamente aquelas que dizem respeito a:

- Oportunidade de realização do exame, principalmente por técnica invasiva e em quais pacientes.
- A precisão de cada teste e a perda do rendimento quando realizado em pacientes já utilizando antibióticos.
- A dificuldade dos estudos em obter sempre teste padrão ouro comparativo.
- Os limiares de interpretação positiva ou negativa dos resultados microbiológicos com importância clínica.
- As análises de custo/benefício e risco/benefício da invasividade.
- A disponibilidade e facilidade do emprego, a experiência da equipe, a existência de laboratório capacitado para processar corretamente as amostras.
- A repercussão desses métodos em relação aos desfechos clínicos principais no paciente com PAVM (cura, morbimortalidade e estudos de custo-benefício).

Apesar da vasta utilização dos testes invasivos,[21,23,27,28,37,38,39] a grande questão discutida é a perda em torno de 50% da precisão quando realizada em pacientes sob efeito de antimicrobianos, o que representa mais da metade dos casos na prática médica diária. Dessa forma, antes de concluir sobre a existência ou ausência de uma PAVM, é necessário ter em conta que a interpretação dos resultados, para qualquer das técnicas, comporta uma margem de erro que deve ser considerada sempre dentro da probabilidade maior ou menor de pneumonia no caso em questão. As críticas mais severas à realização dos exames por técnicas broncoscópicas ou não-broncoscópicas[40-42] residem no fato de que não foi demonstrado ainda um real impacto quanto ao custo/benefício ou à custo/efetividade, quando comparadas com o manejo desses pacientes por técnicas não-invasivas. No estudo de Sanchez Nieto,[42] em estudo não-randomizado, não havia diferenças significativas ao comparar a mortalidade, o tempo de permanência e a duração da VM entre os grupos abordados com e sem técnicas broncoscópicas, apesar de haver mais modificações na antibioticoterapia no grupo com abordagem invasiva. Entretanto, esses autores reconhecem a necessidade de um estudo mais amplo sobre a questão, visto o número pequeno de pacientes estudados. Já Fagon,[43] mais recentemente, realizou um ensaio randomizado multicêntrico incluindo 413 pacientes com suspeita de PAVM, em que comparou a estratégia invasiva (PSB e LBA) *versus* a não-invasiva (critério clínico e aspirados traqueais), avaliando desfechos importantes tais como: mortalidade em 14 e 28 dias, falência orgânica por sepse e uso de antimicrobianos na UTI. Conseguiu mostrar uma leve superioridade na melhora dos desfechos no grupo que adotava a tática invasiva de diagnóstico, com redução da mortalidade em nove pontos percentuais (redução relativa de risco de 7% e absoluta de 9,6) e menor tempo de uso de antibióticos.

As opiniões sobre as vantagens do tratamento correto *versus* o tratamento empírico na PAVM encontram defensores importantes sobre as vantagens do tratamento orientado pelo diagnóstico etiológico como Koleff e outros, que, juntos, perfazem 805 pacientes avaliados,[44] em que se mostrou que a mortalidade hospitalar era significativamente menor nos pacientes tratados adequadamente com drogas orientadas pelas coletas seletivas através de exames invasivos, comparada aos tratados empiricamente.[44-49]

QUESTÃO E MOTIVOS DA DIFICULDADE DIAGNÓSTICA NA PAVM – FISIOPATOGENIA COMPLEXA E MULTIFATORIAL

Sob o ponto de vista da análise fisiopatológica derivada de estudos experimentais,[50] o estabelecimento da infecção no parênquima pulmonar necessita de um inóculo com concentração microbiana de pelo menos 10^3 ufc/grama de tecido pulmonar, havendo correlação positiva entre a intensidade da pneumonia e a quantidade de bactérias. Concentrações bacterianas menores não têm capacidade de desenvolver pneumonia histologicamente comprovada, a não ser em pacientes imunodeprimidos. Posteriormente, estudos de Rouby em pacientes que morreram com PAVM mostraram que a concentração bacteriana no tecido pulmonar dependia do estágio evolutivo da infecção pulmonar.[51,52] Dessa forma, havia uma variação de concentração microbiana tecidual pulmonar, desde quantidades menores de 10^3 ufc/g de tecido na fase inicial de bronquiolite focal até valores maiores de 10^3 ufc/g na fase de pneumonia histologicamente comprovada, e valores superiores a 10^4 ufc/g quando a infecção chega à fase de necrose e abscedação do parênquima (fase 3 de Johnson).

A administração de antibióticos, tanto tópicos quanto parenterais, muda esse critério, e o desenvolvimento de infecção irá depender, nesses casos tanto da virulência do patógeno quanto do estado de defesas naturais do hospedeiro. Opinião semelhante foi demonstrada por Fabregas em estudo de 25 pacientes em VM que faleceram,[29] em que comparou a histologia desses pulmões e a concentração bacteriana pulmonar através de 375 amostras coletadas de forma dirigida ou não e encontrou resultados similares de Rouby, não havendo correlações positivas entre a concentração bacteriana pulmonar, e a fase evolutiva da PN. Resultados semelhantes também foram descritos por outros autores.[19,28,55,57] Na PAVM, essa dificuldade é explicada pelo fato de coexistirem, muitas vezes, em um mesmo lobo ou segmento pulmonar processos pneumônicos em diferentes fases evolutivas, bronquiolite e pneumonia

Quadro 40-7. Limiares apropriados para o tratamento baseado nas culturas quantitativas em ufc/ml do lavado broncoalveolar conforme Baker[50]

Probabilidade clínica de PN pré-teste	***Risco/Benefício estimado do tratamento***		
	Alto (2,0)	***Intermediário (0,4)***	***Baixo (0,1)***
Alta (64%)	$\geq 10^2$	qualquer	qualquer
Intermediária (50%)	$\geq 10^3$	≥ 10	qualquer
Baixa (18%)	$\geq 10^6$	$\geq 10^3$	≥ 10

PN = pneumonia.

confluente. Com isso, a obtenção de culturas quantitativas tanto por amostras alveolares quanto por biopsia pode mostrar uma gama de variações que, em um mesmo segmento pulmonar, pode induzir a má interpretação dos resultados.[54,57] Dessa forma, desde que os benefícios do tratamento antibiótico da pneumonia e os riscos do tratamento de pacientes não-infectados não podem ser quantificados de maneira precisa, recomendações definitivas para os limiares que definem um teste anormal não podem ser logicamente feitos com exclusividade, e todo resultado bacteriológico deve ser interpretado dentro de um contexto clínico-epidemiológico particular para cada caso em questão.

Baker *et al*,[48] considerando as limitações acima, propõem um modelo probabilístico baseado em análise de decisão, para ser aplicado em cada caso, que, na visão do conhecimento atual, melhor se ajustaria à interpretação dos resultados dos exames: considerando o balanço da avaliação clínica (probabilidade pré-teste) e o resultado do exame cultural, por qualquer técnica quantitativa (probabilidade pós-teste), mensuram-se as probabilidades da existência da doença (pneumonia). Quando essa probabilidade for alta ou provável, haverá o benefício do tratamento, mesmo considerando resultados culturais com limiares baixos (inferiores aos recomendados); ao contrário, na baixa probabilidade (não haver pneumonia) o paciente poderá ser prejudicado pelo tratamento desnecessário, e devemos exigir exames culturais com limiares mais altos para decidir pelo uso dos antibióticos (Quadro 40-7). Assim procedendo, a interpretação dos exames culturais não considera limiares com valores rígidos vigentes, adaptando os mesmos ao contexto clínico

ANÁLISE DOS PROCEDIMENTOS DIAGNÓSTICOS

Técnica diagnóstica baseada na coleta por aspiração traqueal direta (AT)

É a técnica de coleta mais simples e prática, cuja importância voltou a ser considerada em face de sua facilidade, redução de custos e disponibilidade imediata em qualquer momento à beira do leito. O custo por exame das técnicas broncoscópicas é estimado em U$ 200,00 a 400,00, aqui não incluídos os custos dos equipamentos e sua desvalorização e possíveis complicações dos procedimentos broncoscópicos, enquanto a coleta e o processamento por AT custam em torno a U$ 40,00.[35]

As secreções obtidas proximalmente na traquéia têm uma probabilidade alta de conter os patógenos do território infectado, visto se situarem na via de drenagem comum da árvore traqueobrônquica. Por outro lado, as coletas pela aspiração traqueal são limitadas por serem proximais e sujeitas à contaminação grosseira de bactérias aderentes aos tubos plásticos traqueais, que costumam aparecer nos 2 a 3 primeiros dias de utilização.[56] Dessa forma, a sensibilidade do método não foi jamais contestada; entretanto, comparado aos demais métodos, a sua especificidade é muito fraca. Mais recentemente tem sido proposto que as amostras por AT sejam processadas em culturas quantitativas para permitir um limiar de diferenciação entre colonização e infecção.[56,57] Marquette[58] comparou em 52 pacientes submetidos à VM os resultados da AT com escovados brônquicos protegidos (PSB) e encontrou que no limiar de 10^6 ufc/ml do AT havia uma concordância de 86% entre os resultados das duas modalidades, com uma sensibilidade de 82% e especificidade de 83% para a AT. O mesmo autor, em estudos posteriores comparados com histologia pulmonar, mostrou que os resultados da AT eram superponíveis e com valor diagnóstico semelhante ao da PSB. Para tanto, é fundamental a experiência do serviço de bacteriologia do local na avaliação inicial da qualidade das amostras, processando somente aquelas amostras com menos de 10 células escamosas por amostra e leucócitos acima de 25 por campo, incluindo a presença de macrófagos alveolares, que atestariam a origem distal da mesma.

Um resumo da avaliação da AT através de estudos selecionados por nível de evidência feitos por Cook[35] em que foram arrolados 600 pacientes com suspeita de PAVM permite concluir pela grande variação da sensibilidade (38 a 100%) e da especificidade intoleravelmente baixa (desde 14 a 90%); entretanto, o resultado negativo torna o diagnóstico improvável, a menos que o paciente esteja usando antibióticos. O grau de evidência é de nível D, e os estudos existentes geram dados insuficientes para trazer recomendações práticas. Portanto, não é possível usar esses resultados para diagnosticar ou descartar PAVM.

Escovado brônquico protegido (PSB)

O uso da técnica de PSB remonta a 1978 para o diagnóstico de pneumonias e foi refinado para PAVM.[58,59,61] Devido ao fato de avaliar somente uma pequena área específica do pulmão, a técnica tem sido criticada quando comparada às demais técnicas que rastreiam áreas pulmonares maiores, como o lavado broncopulmonar (LBA). Gerbeaux, revisando a repetibilidade do exame fazendo 5 amostras separadas para a mesma área examinada,[60] viu que a variabilidade era tão alta quanto 25% (falso-positivo ou falso-negativo). A variabilidade depende também da habilidade do examinador, como também do local onde deve ser escovado, que são questões em geral pouco definidas. Por outro lado, o PSB possui maior especificidade do que o lavado broncoalveolar e AT, mas não é útil para obter o exame direto das amostras alveolares, dependendo portanto dos resultados das culturas, mais demoradas. Existem apenas quatro estudos comparados do rendimento do PSB com padrões-ouro de referência, tais como exames histológicos e anatomopatológicos pós-morte (Papazian 1995; Chastre 1984; Torres 1994; Chastre, 1995). Em todos os demais estudos, os diagnósticos eram definidos por critérios clínicos. A tendência atual é de reduzir a utilização do PSB, comparado às demais técnicas devido às limitação técnicas e do custo do exame; contudo, dependendo da experiência local de cada serviço, não pode ser generalizada na prática médica diária.

As conclusões obtidas sobre o PSB através de estudos classificados por níveis de evidência científica por Baughman em 18 trabalhos selecionados foram:[59]

- A sensibilidade varia de 36 a 95%, com média de 67%, mesmo com estudos cujo padrão de referência é a autópsia e o uso de antibiótico variável entre os estudos; o ponto de corte de 10^3 ufc/ml como limiar diagnóstico para pneumonia é arbitrário no caso da PAVM.
- A especificidade varia de 50 a 100%, com média de 95%, sendo mais específica do que sensível.
- A *Likelihood Ratio* (LR) positiva é de 16, havendo um estudo com valores < 1. Não se demonstraram vantagens do PSB sobre LBA de forma convincente, sendo o PSB mais específico.

Técnicas diagnósticas baseadas no lavado broncoalveolar (LBA)

As vantagens do LBA sobre o PSB na PAVM refletem-se na sua maior sensibilidade e na possibilidade de rastrear, em cada coleta, mais de um milhão de alvéolos e obter uma amostragem 5 a 10 vezes maior em relação ao PSB.[12,19,36,51,65] Além disso, um número maior de informações pode ser obtido pela análise direta imediata, tanto do Gram quanto das células recolhidas, ampliando assim o rendimento diagnóstico. Para a maioria dos autores que utilizam a técnica broncoscópica, o LBA é realizado imediatamente após a PSB, com risco de complicações em torno a 0,01 a 0,3% (especialmente a piora transitória das trocas gasosas e o aumento do trabalho cardíaco). Os lavados são feitos com quantidades de soro fisiológico de 100 a 300 ml em alíquotas de 20 a 50 ml. Os segmentos pulmonares a serem avaliados são aqueles com alterações radiológicas ou com presença de secreção purulenta. A interpretação dos resultados deve considerar:

1. A qualidade da amostra a ser examinada

   A melhor forma de assegurar a qualidade da amostra do LBA é o exame das células do líquido obtido de preparações após centrifugação. A presença de mais de 1% de células escamosas (SEC) é evidência de contaminação pela flora orofaríngea.[66]

2. O limiar diagnóstico

   A definição quantitativa diagnóstica do limiar de 10^4 ufc/ml nas culturas da amostra de LBA para infecção foi estabelecida por consenso,[20] havendo uma variação entre alguns autores entre 10^3 ufc/ml e 10^5 ufc/ml. Entretanto, no LBA, esse valor pode depender, também, do volume de líquido instilado, do volume recuperado e da concentração de germes na área amostrada, desde que o paciente não esteja utilizando antibióticos. Nos pacientes em uso de antibióticos, o valor inferior a 10^4 ufc/ml pode significar tanto a ausência de pneumonia quanto a supressão do crescimento bacteriano pelo uso de antibiótico. De outro modo, taxas superiores a 10^4 ufc/ml na vigência de antibióticos podem representar tanto a presença de uma pneumonia com patógenos resistentes quanto uma contaminação por germes das vias aéreas superiores, como é visto em pacientes com DPOC grave infectada (Meduri, 1994). Nesses casos, a possibilidade de resultados falsos-positivos ou falsos-negativos e suas causas potenciais devem ser levadas em conta pelo médico assistente para tomar suas condutas (ver modelo probabilístico de Baker).[48] Outro problema consiste em que o canal interno do aparelho pode se contaminar pela passagem nas vias aéreas superiores no paciente em ventilação espontânea, ou pelo tubo traqueal nos pacientes intubados. A melhor sensibilidade parece ser obtida no limiar de 10^3 ufc/ml, e a melhor especificidade em 10^5 ufc/ml; no entanto, nenhum limiar permite estabelecer que o exame seja suficientemente seguro e discriminante.[39,67,68,69]

3. O volume recolhido pelo LBA

   O volume recolhido pelo LBA permite realizar diversas análises microbiológicas e citológicas (Meduri).[20] Todos os autores propõem que a primeira fração do líquido recolhido deve ser desprezada por representar uma amostra com alta probabilidade de contaminação brônquica, e as amostras subseqüentes necessitam de pelo menos 5 ml de líquidos recolhidos para se poder fazer uma análise adequada, devendo a mesma ser transportada imediatamente ao laboratório (< 15 min) em recipientes de polipropileno que impeçam a aderência das células às paredes do frasco.

   As análises efetuadas com o líquido de LBA são as seguintes:

   - Citológico diferencial (células inflamatórias e epiteliais).
   - Pesquisa de inclusões virais intracelulares ou de efeito citopático.
   - Bacterioscópico e pesquisa bactéria intracelulares (BIC) – contagem diferencial de células inflamatórias fagocíticas pesquisadas em 100 a 300 campos de microscópio.
   - Culturas quantitativas.
   - Pesquisa direta e cultural para fungos e micobactérias.
   - Pesquisa de *Strongyloides* (em pacientes imunossuprimidos).
   - Determinação de fibras de elastina em lâmina de KOH (discutível).

No *pool* das amostras alveolares obtidas as alíquotas são separadas para várias finalidades: em torno de 50% para citologia; 10% para estudos adicionais e o restante para microbiologia (exames culturais e exames diretos).

Na contagem do número total de células utiliza-se uma câmara de Neubauer, e para as demais análises microscópicas são necessárias preparações por citocentrifugação e estudo das fórmulas celulares pela coloração de May-Grünwald Giemsa, cuja contagem leva em consideração a porcentagem de cada célula estabelecida em um total de 300 a 400. A contagem de neutrófilos e macrófagos contendo bactéria fagocitada é feita junto com a contagem de bactérias extracelulares, tanto pelo Giemsa quanto pela coloração de Gram, sendo esta mais útil para precisar as características morfotintoriais das bactérias. Os exames culturais quantitativos são feitos após submeter a amostra ao vórtex e podem ser feitos tanto pelo método de diluições sucessivas, mais trabalhoso, ou pelo método da alça de platina calibrada, mais rápido, para estabelecer a contagem correta das colônias.[20] O exame do sedimento centrifugado é ressuspendido em solução salina para estudos microbiológicos adicionais, tais como pesquisa de *Clamydia, Legionella, Mycobacteria*, fungos e vírus. A pesquisa de fibras de elastina tem sido relacionada como útil para diagnosticar pneumonia nosocomial por bacilos gram-negativos, sendo indicador de necrose do parênquima pulmonar.[69] Entretanto, essas fibras também são vistas na presença de lesão pulmonar primária ou SARA, o que é relativamente freqüente nos pacientes com suspeita de PAVM, o que tornou seu resultado menos específico.

O exame direto através da citologia do LBA e a pesquisa de bactéria intracelular (BIC) vêm sendo descritos na literatura como informação rápida e imediata da presença de infecção. Essa questão apóia-se na sua alta especificidade (> 98%) e na possibilidade de servir como guia inicial do tratamento pela observação da morfologia da bactéria (gram-negativo ou positivo). Além disso, o exame das células com a presença de macrófagos alveolares atesta a origem distal (alveolar) da amostra. Diversos dos principais autores[68,69-75,77,78] têm ressaltado a sua utilidade para o diagnóstico rápido, ressaltando, entretanto, que a informação mais importante seria o resultado negativo, permitindo a exclusão de infecção, enquanto outros criticam a sensibilidade mediana do exame e o valor limitado para o diagnóstico.[76]

Marquette, avaliando o rendimento do LBA, tendo como referência o estudo histológico dos pulmões inteiros, em 28 pacientes mecanicamente ventilados que morreram dentro de no máximo 3 dias após uso de procedimento broncoscópico, mostra que o achado de BIC em qualquer percentual era sempre atestado de infecção pulmonar, independentemente do uso ou não de antimicrobianos.[57]

Um resumo sobre o LBA pode ser apreciado na revisão sistemática feita por Torres, que possibilitou reunir os resultados de 23 séries publicadas selecionadas por nível de evidência,[64] englobando o estudo de 957 pacientes, num total de 431 episódios de PAVM. Os principais resultados dessa revisão foram:

- A sensibilidade do LBA pelas culturas quantitativas varia de 42 a 93%, com média de 73%. A implicação clínica das culturas do LBA é que não são diagnósticas de pneumonia em ¼ dos casos.
- A especificidade das culturas quantitativas varia de 45 a 100%, com média de 82%, o que significa que o diagnóstico é incorreto (resultado falso-positivo) em 20% dos casos.
- A detecção de BIC nas culturas do LBA é rápida, específica e com valor preditivo alto.

Técnicas não-broncoscópicas de lavado broncoalveolar

Essas técnicas foram desenvolvidas com o sentido de simplificar a coleta, reduzir custos e a morbidade das técnicas ditas invasivas. Rouby *et al*[52] conseguiram validar a técnica de minilavado broncoalveolar não-endoscópico (miniLBA) utilizando um duplo catéter, cujo catéter interno é estéril e protegido da contaminação brônquica durante a inserção (Combicath, Plastimed) (Fig. 40-1). Após posicionamento "às cegas" até impactar no brônquio, a "rolha" de polietilenoglicol era expulsa com a injeção de ar e o catéter interno era avançado por 3 cm, e, então, as amostras são recolhidas ou por aspiração direta ou por lavado alveolar, o que é realizado com 20 ml de soro fisiológico instilado e aspirado, recuando após o catéter interno e retirado todo o sistema. Em 343 pacientes em VM por mais de 48 h, os autores repetiam o miniLBA a cada 48 h. O estudo dos resultados do último miniLBA antes do óbito foi comparado com o exame imediato pós-morte em 30 pacientes com PAVM histologicamente provada e em 29 pacientes sem infecção pulmonar. Nenhuma amostra demonstrou contaminação diversa dos patógenos encontrados no grupo de PAVM, contra 1/3 de contaminação no grupo controle. As culturas semiquantitativas do miniLBA permitiram o diagnóstico com sensibilidade de 80% e especificidade de 65,5%. A maioria dos germes presentes no pulmão (75%) à autópsia foi recuperada pela técnica, mesmo que o lobo analisado fosse correspondente ou não do local de inserção do catéter. Outros autores como Papazian *et al*[71] repetiram esses resultados comparando também os resultados com a histologia pulmonar em 28 pacientes que morreram em VM, mostrando resultados semelhantes aos obtidos por broncoscopia. O miniLBA é útil também para obtenção do exame direto, e a desvantagem principal está na inserção às cegas, sem o recurso de direcionar a sonda para coletas em áreas não-dependentes, como também em haver dificuldade em posicioná-la para o pulmão esquerdo. No entanto, a inserção às cegas dirige-se invariavelmente para os segmentos mais pendentes dos lobos pulmonares, justamente aqueles que no paciente em VM concentram as áreas mais consolidadas e, portanto, com maior concentração bacteriana na presença de infecção.[52,75]

Em conclusão, as técnicas não-broncoscópicas possuem um rendimento comparável aos das técnicas broncoscópicas, com a vantagem de poderem ser usadas com maior facilidade e economia, sendo uma alternativa mais prática, menos agressiva e menos dispendiosa para muitos pacientes. Entretanto, para os casos em que é necessária uma coleta mais dirigida, como por exemplo pesquisa nos segmentos do pulmão esquerdo, dar-se-ia preferência às técnicas broncoscópicas.

Outros métodos

■ *Biopsia pulmonar broncoscópica ou biopsia transbrônquica – BTB*

Procedimento que consiste na retirada de pequeno fragmento de parênquima pulmonar (1 a 3 mm) por fórceps introduzido na via aérea pelo canal do broncoscópio sob visão dire-

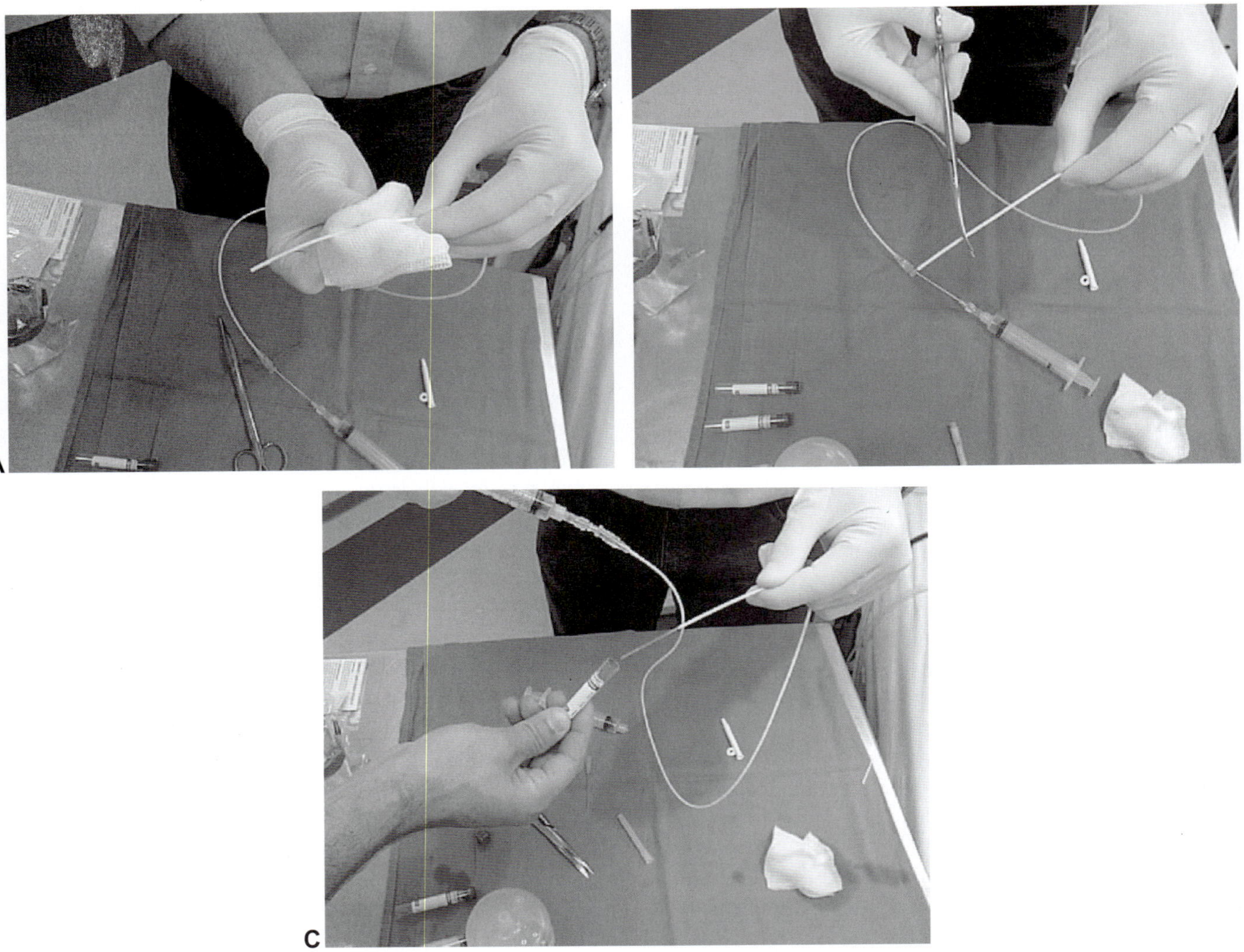

Fig. 40-1. Catéter desenvolvido por Rouby (Combicath), Plastimed.

ta. As principais complicações são hemoptise e pneumotórax que, se adequadamente tratados, não representam riscos maiores. Está contra-indicada em situações de alteração significativa da coagulação, não-controlada por componentes sangüíneos. A utilidade da BTB fica restrita nos pacientes submetidos à ventilação mecânica pelo risco elevado de pneumotórax, e é procedimento de exceção nessa situação.

Punção pulmonar transtorácica – PPT e biopsia pulmonar a céu aberto – BP

Embora de utilidade comprovada para estabelecer o diagnóstico definido, tem uma utilização limitada por não ser prático e envolver riscos de pneumotórax e sangramento em cerca de 2/3 dos pacientes submetidos à ventilação mecânica.[20] A biopsia cirúrgica é o procedimento considerado de maior risco em função da morbidade e mortalidade que acompanham o método (cerca de 20% e 3%, respectivamente, em séries não-selecionadas). A biopsia é de maior utilidade nos pacientes que apresentam processo pneumônico sem resposta ao tratamento e sem elucidação diagnóstica, como também em pacientes imunodeprimidos com infecções atípicas. Está indicada quando o diagnóstico não foi possível pelos métodos descritos previamente e particularmente nas situações em que a hipótese diagnóstica inclui pneumonite por droga ou por agente de difícil identificação (p. ex., vírus), ou ainda quando a identificação da reação tecidual é importante para o esclarecimento diagnóstico.[20]

PROTOCOLO DE INVESTIGAÇÃO BRONCOSCÓPICA

A investigação broncoscópica na nossa experiência utiliza o seguinte protocolo:

- *Seleção de pacientes:* 1) suspeita clínica de pneumonia (os pacientes em que o diagnóstico é duvidoso apresentam maior benefício); 2) concordância do médico assistente e do paciente ou seu responsável, 3) sem antibiótico prévio, ou suspensão dos antibióticos há mais de 48 h, ou ainda surgimento dos critérios para pneumonia na vigência de esquema antimicrobiano há mais de 48 h. Em pacientes com troca recente (< 48 h) no esquema de antibióticos o teste com fins diagnósticos não possui indicação, dado o elevado índice de falsos-negativos.

- *Contra-indicações:* 1) impossibilidade de colocação de tubo traqueal 8,0; 2) relação $PaO_2/FiO_2 < 100$; 3) pressão arterial sistólica < 90 mmHg (mesmo com o uso de drogas vasoativas).
- *Situações de risco aumentado:* 1) recente infarto agudo do miocárdio ; 2) obstrução traqueal parcial; 3) broncoespasmo severo; 4) uremia; 5) síndrome de veia cava superior; 6) diátese hemorrágica (plaquetas < 60.000 e TP < 60%).
- *Técnica:* 1) esclarecer adequadamente o paciente ou seu familiar a respeito do procedimento; 2) Interrupção da via oral para sólidos e líquidos por no mínimo 6 h (nos pacientes com tubo traqueal, embora o risco de aspiração seja minimizado pela oclusão propiciada pelo balonete, também a suspensão da dieta por via nasoentérica é recomendável); 3) sedação (uso de bloqueador neuromuscular apenas em situações de interferência indesejável, apesar de sedação adequada); 4) uso sistemático de bocal para proteção do aparelho de trauma por mordedura, uso de adaptador em "T" para manter circuito de ventilação fechado do paciente com a prótese ventilatória; 5) oximetria digital, monitorização cardíaca e dos parâmetros ventilatórios durante todo o procedimento, sendo recomendáveis o acompanhamento e a supervisão desses parâmetros por auxiliar treinado; 6) proceder a ajustes no ventilador para minimizar o risco de complicações: a) aumento da FiO_2 para 100% 10 min antes do início do exame, sendo mantida até 2 h após o término do procedimento, b) redução do fluxo inspiratório para 60 l/s, c) aumento da freqüência respiratória (> 20 ipm), d) colocar em regime de pressão controlada, e) retirada da PEEP durante a permanência do aparelho na via aérea (o aparelho gera PEEP); 7) limitar o uso de xilocaína pelo efeito bacteriostático potencial (até 5 ml de xilocaína a 1%); 8) reduzir o tempo de exame (permitir períodos de alívio com a retirada do broncoscópio se necessário) e 9) evitar o uso da aspiração pelo canal do aparelho (aspirar a via aérea com catéter antes do procedimento).
- *Coleta protegida:* utiliza-se o método do lavado broncoalveolar protegido ProBAL (*Mill-Rose, Mentor,* Ohio) conforme técnica descrita por Meduri.[21] Utilizamos infusão de 5 alíquotas de 20 ml de solução salina, sendo realizada a aspiração com seringa plástica após cada instilação. É dada especial atenção a duas manobras que evitam a dificuldade de retorno do líquido infundido (problema mais comum de implantação dessa técnica): 1) insuflação do balonete com controle visual até a oclusão do segmento brônquico, evitando a hiperinsuflação, e 2) aspiração do LBA com seringa de 5 ml para evitar excessiva pressão negativa que leva ao colabamento da via aérea (Fig. 40-2). O catéter de LBA protegido ProBAL teve sua fabricação descontinuada pela MillRose-Bard e atualmente é fabricado apenas por solicitação à empresa fabricante.
Pode-se utilizar também técnica elaborada por nós como alternativa para aquelas situações em que, por alguma razão, não se dispõe do catéter protegido. Consiste no tamponamento da extremidade distal do broncoscópio com polietilenoglicol (*Pharma & Cia* – Porto Alegre/RS) em condições estéreis. Essa é a mesma substância utilizada nos catéteres de coleta protegida. Essa metodologia permite garantir a manutenção do canal do aparelho livre da entrada de secreção da via aérea até o ancoramento deste para a realização do LBA (Fig. 40-3). Essa metodologia está sendo validada para aplicação clínica.
- *Complicações do exame broncoscópico:* as complicações, principalmente arritmia e sangramento, costumam ser autolimitadas e raras, resultando das modificações fisiológicas induzidas pelo exame que costumam ocorrer até 30 min após o término do procedimento. Recomendamos observar mais atentamente os pacientes submetidos a broncoscopia nesse período.

O esquema apresentado a seguir representa a rotina realizada no Hospital Moinhos de Vento, de Porto Alegre (Fig. 40-4).

A 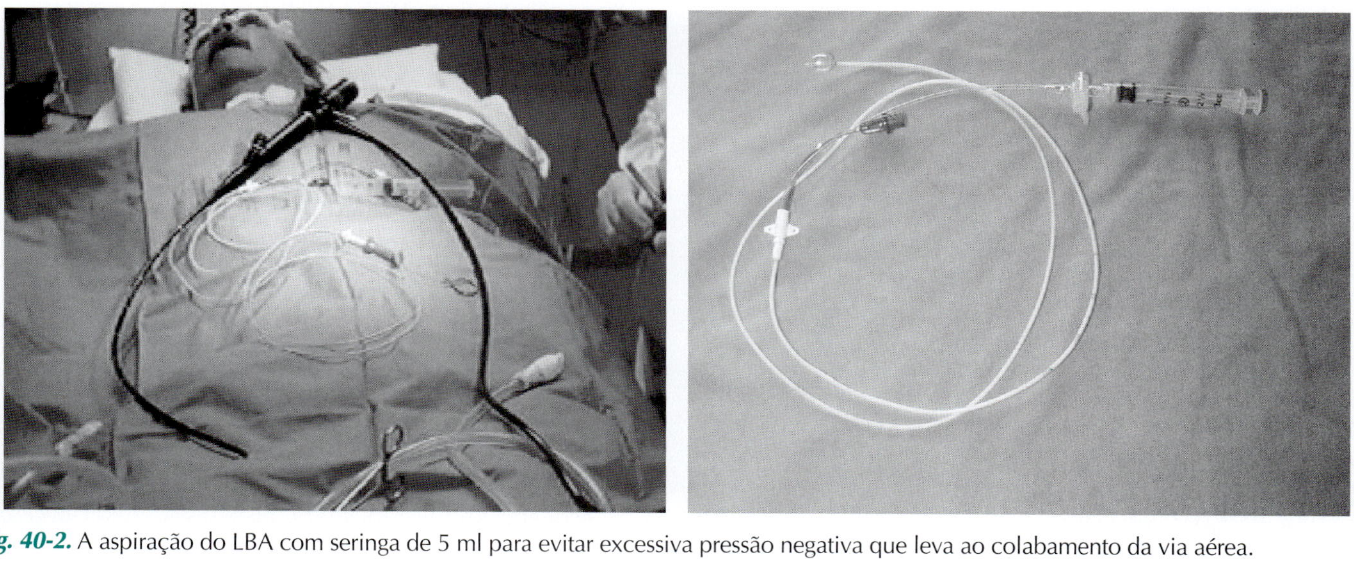 B

Fig. 40-2. A aspiração do LBA com seringa de 5 ml para evitar excessiva pressão negativa que leva ao colabamento da via aérea.

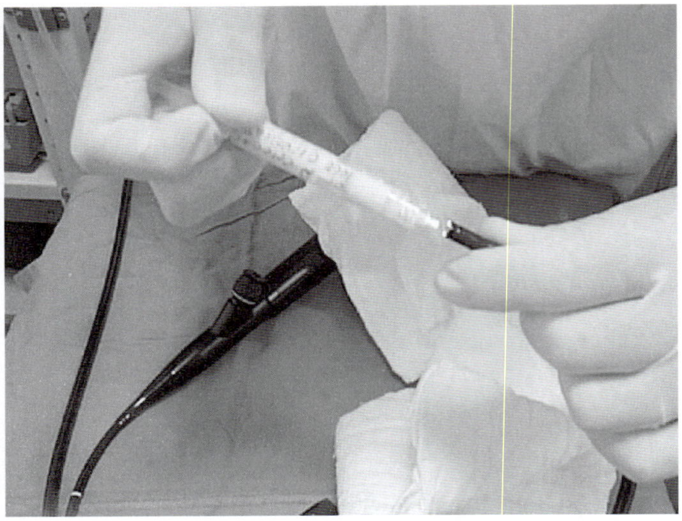

Fig. 40-3. Tamponamento da extremidade distal do broncoscópio com polietilenoglicol.

COMENTÁRIOS SOBRE A CONDUTA

Os objetivos imediatos da avaliação diagnóstica nos doentes com suspeita de PAVM são: 1) identificar precocemente os pacientes com infecção que precisam ser tratados com antibióticos, pois tanto a precocidade quanto a escolha correta influenciam o prognóstico e a mortalidade; 2) identificação do(s) agente(s) etiológico(s) e do perfil de sensibilidade às drogas; 3) possibilitar a interrupção dos antibióticos nos casos de culturas negativas, pois o uso inadequado concorre decisivamente para o desenvolvimento de cepas bacterianas resistentes causadoras da infecção tardia com mortalidade maior. Nesse sentido, considerando a ausência de padrões, há prejuízo sobretudo na precisão e na reprodutibilidade das técnicas diagnósticas, o que dificulta o estabelecimento das recomendações consensuais (*guidelines*) tão ao feitio da medicina atual. O tratamento empírico com antibióticos, amplo e precoce, mesmo utilizando drogas de segunda ou terceira escolha, apregoado por alguns autores,[41] baseado somente no diagnóstico clínico, só provou ser efetivo em 33% dos tratamentos propostos,[40,41] sendo que, nesses casos, já havia 16% de multirresistência inicial. Por outro lado, vários estudos provaram que a sobrevida aumenta quando a pneumonia é corretamente diagnosticada e tratada,[44-47] como também mostraram que o tratamento inapropriado estava altamente relacionado a uma mortalidade até 5,8 vezes maior. Por outro lado, o uso empírico de antibióticos em pacientes sem infecção é potencialmente danoso, facilitando a colonização e a superinfecção com patógenos multirresistentes não só no paciente em questão mas também nos demais pacientes de uma mesma UTI.[47] É possível que uma das melhores vantagens das técnicas de cultivo seletivo seja observada por ocasião de resultados negativos que, diminuindo a probabilidade de pneumonia, obrigam a revisão da conduta de prescrição de antimicrobianos, ou exigem que se procure a causa de infecção em outro local além dos pulmões.

As técnicas broncoscópicas permitem o acesso às vias respiratórias inferiores diretamente aos locais de inflamação pul-

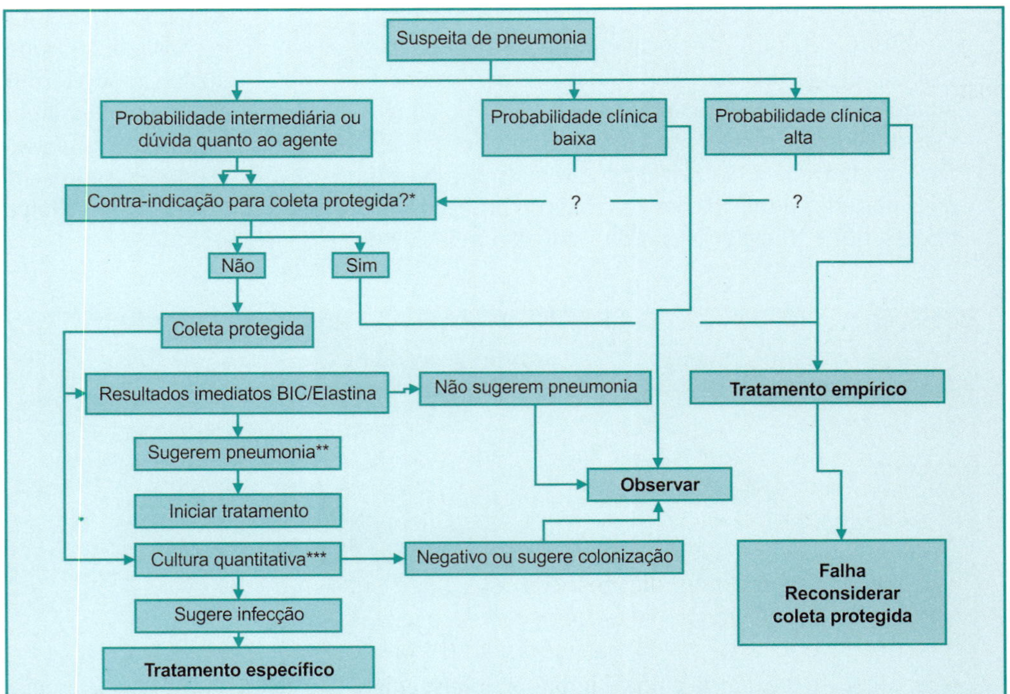

* PA sistólica < 90 mmHg (apesar de drogas vasoativas)
$PaO_2 < FiO_2 < 100$ mmHg
TOT < 80 mmHg

** Elastina positiva, BIC (bactéria intracelular) > 60%

*** > 10^4 ufc/ml (valor próximo do nível discriminativo devem ser analisados junto com os demais achados clínicos).

Fig. 40-4. Rotina para investigação de pneumonia associada à ventilação mecânica (PAVM) realizada no Hospital Moinhos de Vento.

monar. A metodologia que procura padronizar os procedimentos, evitando a contaminação da coleta, foi estabelecida em conferência de consenso e portanto deve servir de referencial no estabelecimento de correlações clínicas.[20] Os grandes fatores limitantes dessas técnicas estão na má indicação do momento de aplicá-la, tais como o uso recente (< 72 h) de antibiótico, nos riscos do procedimento invasivo e na dificuldade, na maioria dos serviços brasileiros, de dispor de broncoscopistas e de técnica laboratorial adequada para realizá-la. Os resultados das culturas não são afetados em pacientes que vinham usando antibióticos por outras razões que não a infecção respiratória vários dias previamente à da realização da coleta protegida. Nesses casos, geralmente os patógenos identificados são resistentes ao regime que vinha sendo usado e o paciente desenvolveu pneumonia na vigência do mesmo. O benefício das técnicas nesses casos seria o de demonstrar a necessidade de modificar o tratamento, situação oposta quando o procedimento é feito em menos de 72 h do início ou da troca de novos antibióticos, pois os mesmos impedirão o crescimento dos patógenos, propiciando resultados falsos-negativos e falsos-positivos, o que limita o rendimento da técnica diagnóstica.

Considerando as diferenças entre as técnicas broncoscópicas, é importante ressaltar que o processamento das amostras deve ser feito o mais rapidamente possível para evitar a perda da viabilidade dos patógenos e das células (no caso do LBA), rejeitando a alíquota inicial, que deve ser coletada separadamente, pois representa amostra dos brônquios mais proximais. A interpretação de resultados limítrofes (contagens quantitativas levemente inferiores a 10^3 ufc/ml) ou negativos na alta suspeita clínica de PAVM pode requerer novas coletas, e a decisão de tratar é baseada na conjunção dos dados clínicos e microbiológicos em um modelo probabilístico, tal como proposto por Baker.[48]

Não havendo para alguns serviços disponibilidade de coletas seletivas alveolares, a utilização do aspirado traqueal (AT) só será válida se usar a contagem quantitativa, com o laboratório selecionando as amostras a serem processadas (número de células epiteliais escamosas < 10/campo e um número de leucócitos > 25/campo e presença de macrófagos alveolares). A maior vantagem dos AT seria a possibilidade de descartar PAVM quando a cultura for negativa, dados a alta sensibilidade da técnica e o alto valor preditivo negativo.

Uma avaliação geral do tema mostra que:

1. A realização de estudos clínicos randomizados mais expressivos é difícil, pois, além de haver dificuldade metodológica e de padronização entre serviços, os médicos usam pouco os recursos diagnósticos, optando geralmente pelo tratamento empírico precoce de pacientes criticamente doentes, como são aqueles com PAVM.
2. A qualidade de evidência ainda é pobre ou intermediária, apesar dos inúmeros trabalhos da literatura, tornando difícil estabelecer recomendações por consensos.
3. Não existe ainda evidência definitiva de que as técnicas invasivas diminuam a mortalidade, embora os principais autores mostrem uma preferência por sua utilização.
4. Após 20 anos de numerosos estudos dedicados ao tema, persiste ainda uma necessidade de melhor padronização das definições e de ensaios clínicos randomizados, aplicados em maior número de casos e baseados em desfechos clínicos e econômicos.
5. Considerando o rendimento das estratégias diagnósticas na PAVM, há a sensação de que permanecemos ainda sem dispor de soluções definitivas que derivem de recomendações universalmente aplicáveis. Assim, frente à controvérsia, a tomada de decisão médica deve sempre procurar estabelecer um balanço racional que leve em consideração tanto a condição particular e específica de cada paciente quanto a possibilidade de qualificar o diagnóstico através de testes seletivos cuja indicação e interpretação dos resultados também serão particularizadas dentro de cada contexto clínico.

As técnicas de coleta protegida representam, provavelmente, um auxílio importante na abordagem diagnóstica da pneumonia, permitindo o manejo mais racional da antibioticoterapia, especialmente nos pacientes submetidos à ventilação mecânica, em que os parâmetros clínicos mostram-se insuficientes. A identificação de um foco infeccioso extrapulmonar não-diagnosticado, a seleção de antibióticos mais adequada, a possibilidade de suspender antibióticos desnecessários e a redução das taxas de resistência bacteriana são alguns dos benefícios potenciais.

REFERÊNCIAS BIBLIOGRÁFICAS

1. Cook DJ, Walter SD, Cook RJ, Griffith LE, Guyatt GH, Leasa D *et al.* Incidence of and risk factors for ventilator-associated pneumonia in critically ill patients. *Ann Intern Med* 1998;129:433–40.
2. Craven DE. Epidemiology of ventilator-associated pneumonia. *Chest* 2000;117:186S–187S.
3. National Nosocomial Infections Surveillance System (NNIS) report. Data summary from January 1992–April 2000, issued 2000. *Am J Infect Control* 2000;28:429–48.
4. American Thoracic Society. Hospital-acquired pneumonia in adults: diagnosis, assessment of severity, initial antimicrobial therapy, and preventive strategies. *Am J Respir Crit Care Med* 1995;153:1711–25.
5. Vincent JL, Bihari DJ, Suter PM *et al.* The prevalence of nosocomial infection in intensive care units in Europe: results of the European Prevalence of Infection in Intensive Care (EPIC) study. *JAMA* 1995;274:639–44.
6. Fagon JY, Chastre J, Domart Y *et al.* Nosocomial pneumonia in patients receiving continuous mechanical ventilation. Prospective analysis of 52 episodes with use of a protected specimen brush and quantitative culture techniques. *Am Rev Respir Dis* 1989;139:877–84.
7. Bell RC, Coalson JJ, Smith JD, Johanson WG. Multiple organ system failure and infection in adult respiratory distress syndrome. *Ann Intern Med* 1983;99:293–98.
8. Gross P, Neu H, Aswapokee P *et al.* Deaths from nococomial infections: experience in a universitary hospital and a community hospital. *Am J Med* 1980;68:219–23.
9. Craven DE, Kunches LM, Kilinsky V, Lichtemberg DA, Make BJ, MacCabe WR. Risk factors for pneumonia and fatality in patients receiving continuous mechanical ventilation. *Am Rev Resp Dis* 1986;133:792–96.

10. Celis R, Torres A, Gatell JM, Almeda M, Rodriguez-Roisin R, Agusti-Vidal A. Nosocomial pneumonia: a multivariate analysis of risk and prognosis. *Chest* 1988;93:318–24.
11. Koleff MA. Ventilator-associated pneumonia. A multivariate analysis. *JAMA* 1993;270:1965–70.
12. Fagon JY, Stephan F, Novara A. Epidemiologie des pneumopathies acquises sous ventilation artificielle. Pneumopathie nosocomiale et ventilation artificielle. Paris: Masson, 1995, pp 1–12.
13. Joshi N, Localio AR, Hamory BH. A predictive risk index for nosocomial pneumonia in the intensive care unit. *Am J Med* 1992;93:135–42.
14. Silva NB. Relatório Anual do Serviço de Controle de Infecções do Hospital Moinhos de Vento — Porto Alegre. (Não-publicado.)
15. Langer T, Mosconi P, Cigada M, Mandelli M and the Intensive Care Unit Group of Infection Control. Long-term respiratory support and the risk of pneumonia in critically ill patients. *Am Rev Respir Dis* 1987;140:302–05.
16. Jimenez P, Torres A, Rodriguez-Roisin R *et al.* Incidence and etiology of pneumonia acquired during mechanical ventilation. *Crit Care Med* 1989;17:882–85.
17. Kerver AJH, Rommes JH, Mevissen-Verhage EAE, Hulstaert PF *et al.* Colonization and infection in surgical intensive care patients. A prospective study. *Intensive Care Med* 1987;13:347–51.
18. Driks MR, Craven DE, Celli BR *et al.* Nosocomial pneumonia in intubated patients given sucralfate as compared with antacid or histamine type 2 blockers. *N Engl J Med* 1987;317:1376–82.
19. Torres A, El-Ebiary M, Padro L, Gonzalez J, Bellacasa JP, Ramirez J *et al.* Validation of different techniques for the diagnosis of ventilator-associated pneumonia. *Am J Respir Care Med* 1994;149:324.
20. Meduri GU, Chastre J. The standardization of bronchoscopic techniques for ventilator-associated pneumonia. *Chest* 1992;102(Suppl.):557S–64S.
21. Meduri GU, Reddy RC, Staanley T, El-Zeky F. Pneumonia in acute respiratory distress syndrome. *Am J Respir Crit Care Med* 1998;158:870–75.
22. Andrews JY, Coalson JJ, Smith JD, Johanson WG. Diagnosis of nosocomial pneumonia in acute diffuse lung injury. *Chest* 1981;80:254–58.
23. Fagon JY, Chastre J, Hance AJ *et al.* Detection of nosocomial lung infection in ventilated patients. *Am Rev Respir Dis* 1988;138:110–116.
24. Meduri G, Mauldin GL, Wunderink RG, Leeper KV, Jones CB, Tolley E, Mayhall G. Causes of fever and pulmonary densities in patients with clinical manifestations of ventilator-associated pneumonia. *Chest* 1994;106:221–35.
25. Pingleton SK, Fagon JY, Lepper KV. Patient selection for clinical investigation of ventilator-associated pneumonia. Criteria for evaluating diagnostic techniques. *Chest* 1992;102:553S-56S Suppl.
26. Fagon JY, Chastre J, Hance AJ, Domart Y, Trouillet JL, Gibert C. Evaluation of clinical judgment in the identification and treatment of nosocomial pneumonia in ventilated patients. *Chest* 1993;103:547–53.
27. Pugin J, Auckenthaler R, Mili N, Janssens J-P, Lew PD, Suter PM. Diagnosis of ventilator-associated pneumonia by bacteriologic analysis of bronchoscopic and nonbronchoscopic blind bronchoalveolar lavage fluid. *Am Rev Respir Dis* 1991;143:1121–29.
28. Papazian L, Thomas P, Garbe L, Guignon I, Thirion X, Charrel J *et al.* Bronchoscopic or blind sampling techniques for the diagnosis of ventilator-associated pneumonia. *Am J Respir Crit Care Med* 1995;152:1982–91.
29. Fabregas N, Torres A, El-Biary M, Ramirez J, Hernandez C, Gonzalez J *et al.* Histopathologic and microbiologic aspects of ventilator-associated pneumonia. *Anesthesiology* 1996;84:760–71.
30. Flanagan PG, Findlay GP, Magee JT, Ionescu AA, Barnes RA, Smithies MN. The diagnosis of ventilator-associated pneumonia using non-broncoscopic, non-direct lung lavages. *Intensive Care Med* 2000;26:20–30.
31. Wunderink RG. Clinical criteria in the diagnosis of ventilator-associated pneumonia. *Chest* 2000;117:191S–194S.
32. Winer-Muram HT, Rubin AS, Miniatii M, Ellis JV. Guidelines for reading and interpreting chest radiographs in patients receiving mechanical ventilation. *Chest* 1992;102(Suppl.):565S–70S.
33. Wunderink RG, Woldenberg LS, Zeiss J *et al.* The radiologic diagnosis of autopsy-proven ventilator associated pneumonia. *Chest* 1992;101:458–63.
34. Kahn FW, Jones JM. Diagnosing bacterial respiratory infections by bronchoalveolar lavage. *J Infect Dis* 1987;155:862–69.
35. Cook D. Endotracheal aspiration in the diagnosis of ventilator-associated pneumonia. *Chest* 2000;117:195S–197S.
36. Wimberley N, Faling LJ, Bartlett JG. A fiberoptic bronchoscopy technique to obtain uncontaminated lower airway secretions for bacterial culture. *Am Rev Respir Dis* 1979;119:337–43.
37. Chastre J, Viau F, Brun P, Pierre J, Dauge MC, Bouchama A *et al.* Prospective evaluation of the protected specimen brush for the diagnosis of pulmonary infections in ventilated patients. *Am Rev Respir Dis* 1984;130:924–29.
38. Torres A, Bellacasa JP, Xaubet A *et al.* Diagnostic value of quantitative cultures of bronchoalveolar lavage and telescoping plugged catheters in mechanically ventilated patients with bacterial pneumonia. *Am Rev Respir Dis* 1989;140:306–310.
39. Solé-Violán J, Castro FR, Luna JC, Benitez AB, Alonso JLM. Comparative efficacy of bronchoalveolar lavage and telescoping plugged catheter in the diagnosis of pneumonia in mechanically ventilated patients. *Chest* 1993;103:386–90.
40. Niederman MS, Torres A, Summer W. Invasive diagnostic testing is not needed routinely to manage suspected ventilator-associated pneumonia. *Am J Respir Crit Care Med* 1994;150:565–69.
41. Sole-Violan J, Fernandez JA, Benitez AB, Cardenosa Cendrero JA, Rodriguez de Castro F. Impact of quantitative invasive diagnostic techniques in the management and outcome of mechanically ventilated patients with suspected pneumonia. *Crit Care Med* 2000;28:2737–41.
42. Sanchez-Nieto JM, Torres A, Garcia-Cordoba F, El Biary M, Carrillo A, Ruiz J *et al.* Impact of invasive and noninvasive sampling on outcome of ventilator-associated pneumonia. A pilot study. *Am J Respir Crit Care Med* 1998;157:371–76.
43. Fagon JY, Chastre J *et al.* Invasive and noninvasive strategies for management of suspected ventilator-associated pneumonia. *Ann Intern Med* 2000;132:621–30.
44. Koleff MH, Ward S. The influence of mini-BAL cultures on patients outcomes: implications for the antibiotic management of ventilator-associated pneumonia. *Chest* 1998;113:412–20.
45. Alvarez-Lerma F. Modification of empiric antibiotic treatment in patients with pneumonia acquired in the

intensive care unit: ICU-acquired pneumonia study group. *Intensive Care Med* 1996;22:387–94.
46. Luna CM, Vujacich P, Niederman MS *et al.* Impact of BAL data on the therapy and outcome of ventilator-associated pneumonia. *Chest* 1997;111:676–85.
47. Rello J, Gallego M, Mariscal D *et al.* The value of routine microbial investigation in ventilator-associated pneumonia. *Am J Respir Crit Care Med* 1997;156:196–200.
48. Baker AM, Bowton DL, Haponik EF. Decision making in nosocomial pneumonia. An analytic approach to the interpretation of quantitative bronchoscopic cultures. *Chest* 1995;107:85–95.
49. Reynolds HY. Bronchoalveolar lavage. State of art. *Am Rev Respir Dis* 1987;135:250–63.
50. Johanson WG, Seidenfeld JJ, Gomez P, De lo Santos R, Coalson *J.* Bacteriologic diagnosis of nosocomial pneumonia following prolonged mechanical ventilation *Am Rev Respir Dis* 1988;137:259–64.
51. Rouby JJ, De Lassale EM, Poete P, Nicolas MH, Bodin L, Jarlier V *et al.* Nosocomial bronchopneumonia in the critically ill. Histologic and bacteriologic aspects. *Am Rev Respir Dis* 1992;146:1059–66.
52. Rouby J-J. Bronchoalveolar lavage in the diagnosis of nosocomial pneumonia. *Intens Care Word* 1993;10:145–50.
53. Rouby JJ. Nosocomial infection in the critically ill. The lung as a target organ. *Anesthesiology* 1996;84:757–59.
54. Kirtland SH, Corley DE, Winterbauer RH, Springmeyer SC, Casey KR, Hampson NB, Dreis DF. The diagnosis of ventilator-associated pneumonia. A comparison of histologic, microbiologic, and clinical criteria. *Chest* 1997;112:445–57.
55. Marquette CH, Wallet F, Copin MC, Wermert D, Desmidt A, Ramon P *et al.* Relationship between microbiologic and histologic features in bacterial pneumonia. *Am J Respir Crit Care Med* 1996;154:1784–87.
56. Salata R, Lederman MM, Shlaes DM, Jacobs MR, Eckstein E, Tweardy D *et al.* Diagnosis of nosocomial pneumonia in intubated, intensive care unit patiens. *Am Rev Respir Dis* 1987;135:426–32.
57. Marquette CH, Copin M-C, Wallet F, Neviere R, Saulnier F, Mathieu D *et al.* Diagnosis tests for pneumonia in ventilated patients: prospective evaluation accuracy using histology as a diagnostic standard. *Am J Respir Crit Care Med* 1995;151:1878–88.
58. Chastre J, Viau F, Brun P, Pierre J, Dauge MC, Bouchama A *et al.* Prospective evaluation of the protected specimen brush for the diagnosis of pulmonary infections in ventilated patients. *Am Rev Respir Dis* 1984;130:924–29.
59. Baughman RP. Protected-specimen brush technique in the diagnosis of ventilator-associated pneumonia. *Chest* 2000;117:203S–206S.
60. Gerbeaux P, Ledoray V, Boussuges A, Monelat F, Jean P, Sainty JM. Diagnosis of pneumonia in mechanically ventilated patients. Repeatability of the bronchoalveolar lavage. *Am J Respir Crit Care Med* 1998;157:76–80.
61. Chastre J, Fagon JY, Soler P, Bornet M, Domart Y, Trouillet JL *et al.* Diagnosis of nosocomial bacterial pneumonia in intubated undergoing ventilation: comparison of the usefulness of bronchoalveolar lavage and the protected specimen brush. *Am J Med* 1988;85:499–06.
62. Chastre J, Fagon JY, Bornet-Lecso M, Calvat S, Dombret MC, Khani RA *et al.* Evaluation of bronchoscopic techniques for the diagnosis of nosocomial pneumonia. *Am J Respir Crit Care Med* 1995;152:231–40.
63. American Thoracic Society. Clinical role of bronchoalveolar lavage in adults with pulmonary disease. *Am Rev Respir Dis* 1990;142:48.
64. Torres A, El-Ebiary M. Bronchoscopic BAL in the diagnosis of ventilador-associated pneumonia. *Chest* 2000;117:198S–202S.
65. Brégeon F, Papazian L, Gouin F. Éléments du diagnostic des pneumopathies acquises sous ventilation mécanique. *Ann Fr Anesth Réanim* 1996;15:1178–92.
66. Torres A, Fabregas N, Ewig S, de la Bellacasa JP, Bauer TT, Ramirez J. Sampling methods for ventilator-associated pneumonia: validation using different histologic and microbiologic references. *Crit Care Med* 2000;28:2799–804.
67. Thorpe JE, Baughman RP, Frame PT, Wesseler TA, Staneck JL. Bronchoalveolar lavage for the diagnosing acute bacterial pneumonia. *J Infect Dis* 1987;155:855–861.
68. Aubas S, Aubas P, Capdevila X, Darbas H, Roustan JP, Cailar J. Bronchoalveolar lavage for diagnosing bacterial pneumonia in mechanically ventilated patients. *Am J Respir Crit Care Med* 1994;149:860–66.
69. Allaouchiche B, Jaumain H, Dumontet C, Motin J. Early diagnosis of ventilator-associated pneumonia. Is it possible to define a cutoff value of infected cells in BAL fluid? *Chest* 1996;110:1558–65.
70. Solé-Violan J, Castro FR, Rey A, Martin-González JC, Cabrera-Navarro P. Usefulness of microscopic examination of intracellular organisms in lavage fluid in ventilator-associated pneumonia. *Chest* 1994;106:889–94.
71. Papazian L, Martin C, Meric B, Dumon JF, Gouin F. A reappraisal of blind bronchial sampling in the microbiologic diagnosis of nosocomial bronchopneumonia. A comparative study in ventilated patients. *Chest* 1993;103:236–42.
72. Papazian L, Autillo-Touati A, Thomas P, Brégeon F, L, Saux P, Seite R, Gouin F. Diagnosis of ventilator-associated pneumonia. An evaluation of direct examination and presence of intracellular organisms. *Anesthesiology* 1997;87:268–76.
73. Timsit JF, Misset B, Renaud B, Goldstein FW, Carlet J. Effect of previous antimicrobial therapy on the accuracy of the main procedures used to diagnose nosocomial pneumonia in the patients who are using ventilation. *Chest* 1995;108:1036–40.
74. Dotson RG, Pingelton SK. The effect of antibiotic therapy on recovery of intracellular bacteria from bronchoalveolar lavage in suspected ventilator-associated pneumonia. *Chest* 1993;103:541–46.
75. Rouby JJ, Rossignon MD, Nicolas MH *et al.* A prospective study of protected bronchoalveolar lavage in the diagnosis of nosocomial pneumonia. *Anesthesiology* 1989;71:679–85.
76. Campbell GD Jr. Blinded invasive diagnostic procedures in ventilator-associated pneumonia. *Chest* 2000;117:207S–211S.
77. Pham LH, Brun-Buisson C, Legrand P *et al.* Diagnosis of nosocomial bronchopneumonia in mechanical ventilated patients. Comparison of a plugged telescoping catheter with the protected specimen brush. *Am Rev Respir Dis* 1991;143:1055–61.
78. Campbell GD, Niederman MS, Broughton WA, Craven DE, Fein AM *et al.* Hospital-acquired pneumonia in adults: diagnosis, assessment of severity, initial antimicrobial therapy, and preventive strategies. A consensus statement. *Am J Respir Crit Care Med* 1996;153:1711–25.

41 Asma Brônquica Aguda

Carmen Sílvia Valente Barbas • Telma Antunes Janiszewski

A crise de asma aguda caracteriza-se por uma obstrução ao fluxo aéreo ocasionada por broncoespasmo, edema e inflamação da mucosa brônquica e/ou rolhas de secreção. O tratamento medicamentoso com beta-2 inalatório em doses altas e corticosteróides endovenosos deve ser rapidamente iniciado e mantido até a reversão do quadro. A crise aguda grave pode levar a quadro de insuficiência respiratória e necessidade de suporte ventilatório não-invasivo e/ou até mesmo invasivo. A hipoventilação controlada durante a ventilação mecânica evitando-se a ocorrência de PEEP intrínseca está associada à diminuição das complicações e da mortalidade desses pacientes (taxas de 0 a 4%). Pacientes que necessitaram de intubação durante crise asmática têm maior risco de morte por asma (14 % em 3 anos), e devem receber seguimento médico freqüente, de preferência com monitorização de pico de fluxo expiratório e diário de sintomas e orientação de medicação de acordo com a gravidade da asma. Com essas medidas, estaremos prevenindo as possíveis complicações desses pacientes.

INTRODUÇÃO

A asma é uma condição multifatorial determinada pela interação de fatores genéticos e ambientais que leva a uma inflamação crônica das vias aéreas. Clinicamente, caracteriza-se por dispnéia, chiado e tosse resultantes da hiper-reatividade das vias aéreas a estímulos específicos e inespecíficos, com graus variáveis de obstrução reversível ao fluxo aéreo.[1-3]

A maior parte dos pacientes asmáticos apresenta sintomas leves da doença, normalmente controlados com medicação antiinflamatória via inalatória associada ao uso de broncodilatador (beta-2-agonista) inalatório de demanda. Alguns pacientes, no entanto, apresentam sintomas mais acentuados e muitas vezes graves, constituindo a crise asmática. Essa caracteriza-se por uma obstrução ao fluxo aéreo ocasionada por broncoespasmo, edema e inflamação da mucosa brônquica e/ou rolhas de secreção Dois tipos distintos de pacientes podem apresentar uma crise de asma grave, com risco de vida e muitas vezes necessidade de intubação e ventilação mecânica:[4,5]

1. Paciente portador de asma lábil, o qual apresentará, após uma exposição ao desencadeante, uma constrição da musculatura lisa dos brônquios abrupta e intensa, também denominada asma aguda asfixiante. Estudos recentes têm demonstrado que esses pacientes têm poucos eosinófilos e grande número de neutrófilos na submucosa da via aérea e menos muco intraluminal.
2. Paciente portador de asma grave, o qual apresentará uma crise progressiva com pouca resposta a medicação. Nesses pacientes predominam o edema e a inflamação da parede das vias aéreas.

Na apresentação clínica inicial, encontraremos um paciente dispnéico, com fala entrecortada, muitas vezes utilizando musculatura acessória para respirar, sudoréico e desconfortável. À ausculta observaremos sibilos expiratórios difusos, e nos casos mais graves, até diminuição importante do murmúrio vesicular. O diagnóstico diferencial dessa apresentação clínica deverá ser feito com doença pulmonar obstrutiva crônica, insuficiência cardíaca congestiva, embolia pulmonar, disfunção laríngea, obstrução mecânica de vias aéreas, infiltração pulmonar com eosinofilia, tosse causada por drogas como inibidores da ECA e betabloqueadores, disfunção de cordas vocais, refluxo gastresofágico e/ou aspiração de conteúdo gástrico. A realização de radiografia de tórax e/ou tomografia ajudará na caracterização do diagnóstico de asma e na melhor avaliação dos diagnósticos diferenciais. Nos pacientes em crise grave encontraremos os pulmões hiperinsuflados, podendo haver um certo espessamento das paredes brônquicas (Fig. 41-1).[1-7]

Após a avaliação clínica inicial do paciente em crise asmática, deverá ser sempre iniciado o tratamento medicamentoso, o qual deverá ser mantido até a completa reversão do quadro, com posterior orientação pós-alta.[8-10]

1. Inalação com beta-2-agonista: 2,5 a 5 mg de fenoterol diluídos em 5 ml de solução fisiológica a cada 30 minutos até 3 vezes e após de 3 em 3 horas até a reversão e/ou estabilização do quadro. Nos pacientes intubados e em ventilação mecânica, poderá ser mantida inalação contínua com beta-2-adrenérgico, controlando-se a freqüência cardíaca do paciente até o controle do broncoespasmo.
   Na impossibilidade de utilização da via inalatória, poderá ser aplicado o beta-2 subcutâneo na dosagem de 250 a 500 mcg a cada 30 minutos até 3 vezes e após de 4 em 4 horas, ou ainda ser utilizada a via endovenosa na dosagem de 5 mcg/ min com monitorização cardíaca e o paciente internado em unidade de terapia intensiva.[11]
2. Corticosteróide endovenoso nas doses de 40 a 80 mg durante quatro vezes ao dia para a metilprednisolona e

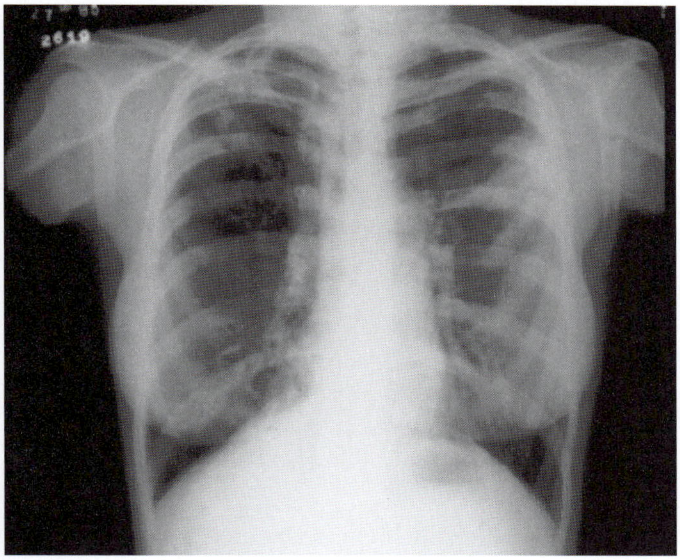

Fig. 41-1. Radiografia de tórax de paciente em crise aguda de asma.

3-4 mg/kg/dose em 4 vezes para a hidrocortisona. Maiores benefícios são observados quando a administração do corticosteróide endovenoso ocorre até 1 hora da admissão do paciente e nos pacientes com quadros mais graves e que não estavam utilizando corticosteróides anteriormente.[12]

3. Inalação com brometo de Ipratrópio: 250 a 500 mcg diluídos em 5 ml de solução salina a cada 4 horas poderá ser associada em casos de asma refratária, embora estudos demonstrem que o aumento da dose do beta-2-agonista em uso poderá ter o mesmo efeito broncodilatador que a referida associação.[3]
4. Não há evidências na literatura que indiquem benefício no uso da aminofilina em adultos com asma aguda. Esta costuma ser associada às demais medicações nos casos de crise refratária com dose de ataque de 5 mg/kg e após manutenção de 0,5 mg/kg/hora, sempre checando a possibilidade de interação entre as drogas e o nível sérico da aminofilina mais ou menos 6 horas após a dose de ataque.[3]

A indicação de observação numa unidade de terapia intensiva e/ou indicação de assistência ventilatória para os pacientes em crise asmática estão no Quadro 41-1.[13,14]

Nos casos em que o paciente apresenta crise grave porém mantém o nível de consciência, poderá ser tentada a ventilação mecânica não-invasiva com o auxílio da máscara de CPAP (sempre com alto fluxo), mantendo-se o nível de pressão expiratória final ao redor de 5 cmH_2O ou então com o auxílio do BIPAP mantendo-se o nível de IPAP o suficiente para manter uma ventilação adequada e o conforto do paciente (normalmente 10 a 20 cmH_2O). O BiPAP seria uma técnica ventilatória muito interessante para ventilação precoce dos pacientes em crise asmática, podendo, se bem utilizado e acoplado ao uso de medicação efetiva, evitar a intubação e ventilação mecânica invasiva desses pacientes. Já nos casos de crise asmática grave

Quadro 41-1. Indicações de assistência ventilatória

1. Piora progressiva da obstrução apesar de tratamento adequado (pico de fluxo expiratório menor que 100 l/min ou não-mensurável ou VEF_1 menor que 1 l)
2. Freqüência respiratória maior que 40 respirações por minuto
3. Pulso paradoxal ascendente ou em queda
4. Sensação de exaustão ou incapacidade para falar
5. Alteração sensorial – confusão mental e sonolência
6. Saturação de O_2 à oximetria de pulso menor que 90% ou PaO_2 menor que 60 mmHg em ar ambiente
7. Elevação progressiva da $PaCO_2$ ou presença de acidemia
8. Sinais de fadiga da musculatura respiratória

e progressiva em que ocorra fadiga respiratória com conseqüente hipercapnia e hipoxemia e diminuição do nível de consciência e/ou parada cardiorrespiratória, serão necessários a intubação traqueal e o uso de ventilação mecânica com pressão positiva para manutenção das condições vitais, enquanto o uso da terapêutica broncodilatadora e antiinflamatória consiga reverter a broncobstrução, possibilitando, assim, o desmame do paciente do ventilador mecânico.[15,16]

O manuseio adequado do ventilador mecânico nesses pacientes poderá ter grande impacto sobre a reversão rápida da insuficiência respiratória, evitando complicações desnecessárias e colaborando para a boa evolução do paciente.

VENTILAÇÃO MECÂNICA NA CRISE ASMÁTICA

A ventilação mecânica se impõe como recurso necessário nos casos de asma grave, porém apresenta alto grau de complicações (mortalidade ao redor de 10-15%) se não utilizada de maneira e com a monitorização adequada. O paciente asmático gravemente obstruído requer altas pressões nas vias aéreas para poder ser adequadamente ventilado, tendo possibilidade maior de barotrauma.

Para reduzir o número de complicações durante a ventilação mecânica, deverá ser utilizado um tubo traqueal com balonete de baixa pressão e com o maior calibre possível (cânula número 8, no mínimo) para diminuir a resistência ao fluxo aéreo. Além disso, trabalhos recentes mostram que esses pacientes devem ser ventilados com volume corrente baixo (5-8 ml/kg), baixa freqüência respiratória (8-12 ipm), altos fluxos inspiratórios (100 l/min) e de preferência fluxos com decaimento exponencial e tempo expiratório prolongado para evitar o aprisionamento de ar dentro dos pulmões e a conseqüente manutenção da pressão alveolar positiva e superior às das vias aéreas ao final da expiração (autoPEEP ou PEEP intrínseca) (Quadro 41-2).[17]

A sedação com benzodiazepínicos e a curarização com brometo de pancurônio pode ser necessária no início da ventilação mecânica. É necessário evitar-se o uso excessivo de curare, principalmente nos pacientes que estejam utilizando doses altas de corticosteróides, para evitar a ocorrência de mi-

Quadro 41-2. Regulagem do ventilador mecânico na crise de asma aguda

Parâmetro	*Valor preconizado*
1. Volume corrente	5-8 ml/kg
2. Freqüência respiratória	8-12 ipm
3. Fluxo inspiratório	5-6 Vm
4. Pico de pressão	< 50 cmH_2O
5. Pressão de platô	< 30 cmH_20
6. Auto-PEEP	< 15 cmH_2O
7. $PaCO_2$	> 40 e < 90 mmHg
8. pH	> 7,2
9. PaO_2	> 80 e < 120 mmHg

opatia secundária, a qual dificultará a saída do paciente da ventilação mecânica. A sedação é necessária na maioria das vezes no paciente em crise grave para melhor adaptação do paciente ao ventilador e para diminuir os riscos de barotrauma. Drogas liberadoras de histamina como morfina e meperidina devem ser evitadas.[18]

Com a hipoventilação desses pacientes pode haver aumento da $PaCO_2$, aceitando-se níveis de $PaCO_2$ um pouco mais elevados (entre 40 e 90 mmHg). Sendo necessário, administra-se bicarbonato de sódio para a manutenção de níveis de pH arterial adequados. Essas condutas têm reduzido significativamente a mortalidade dos pacientes submetidos à ventilação mecânica. Comparando-se os estudos realizados sobre ventilação mecânica em pacientes com asma grave durante os últimos anos, observa-se que os autores que usaram a ventilação mecânica convencional durante 26 episódios,[19] 34 episódios,[20] 48 episódios[21] e 32 episódios[22] obtiveram uma mortalidade respectivamente de 23%, 9%, 2% e 22%, enquanto os autores que utilizaram a hipercapnia permissiva em 34 episódios,[23] 24 episódios,[5] 59 episódios,[10] 61 episódios,[11] 73 episódios[24] e 35 episódios[25] obtiveram mortalidade respectivamente de 0%, 0%, 3,4%, 3,3%, 4% e 3 %. Assim, devido à menor mortalidade apresentada, tem-se recomendado a hipoventilação controlada ou a hipercapnia consentida (hipercapnia permissiva) como método ventilatório de eleição para os pacientes em estado de mal asmático submetidos à ventilação mecânica.

PROBLEMAS ENFRENTADOS DURANTE A VENTILAÇÃO DE PACIENTES COM CRISE ASMÁTICA E SUAS SOLUÇÕES

Entre os problemas da ventilação mecânica de paciente com crise de asma são importantes os seguintes.

Intubação traqueal

Devido à agitação conseqüente à dispnéia intensa provocada pela crise asmática e pela consciência muitas vezes preservada, torna-se difícil a intubação desses pacientes. Para facilitação dessa pode-se obedecer à seguinte seqüência:

- Informação e tranqüilização do paciente.
- Monitorização: oximetria de pulso, cardioscópio, pressão arterial e capnografia (se possível).
- Decúbito a 30 graus.
- Pré-oxigenação (FiO_2 alta por 3 a 5 minutos).
- Sedação rápida e eventual curarização – opióide, benzodiazepínico, pancurônio ou vecurônio.
- Intubação orotraqueal com cânula de calibre adequado ≥ 8 mm de diâmetro interno e com balonete de alto volume e baixa pressão.
- Correção da hipotensão – expansão volêmica e monitorização do autoPEEP).
- Sedação/bloqueio neuromuscular prolongado.

Ventilação mecânica

O início do suporte ventilatório deve ser com monitorização de mecânica respiratória.

Após a intubação e início do suporte ventilatório, podem-se encontrar os seguintes problemas.

PEEP intrínseca e hiperinsuflação

Causadas pelo aumento da resistência expiratória em vias aéreas, devido à existência de broncoespasmo, inflamação e ou secreção ou ainda ao colapso dinâmico das vias aéreas, principalmente quando se utilizam freqüências respiratórias elevadas.

Os principais problemas relacionados à PEEP intrínseca seriam:

- Dificuldade de disparo do ventilador nos modos assistidos, porque para disparar o ventilador o paciente necessita fazer um esforço extra para conseguir anular a PEEP intrínseca e negativar primeiro as pressões alveolares para, a seguir, obter uma queda de pressão traqueal suficiente para disparar o ventilador.
- A PEEP extrínseca tem os prejuízos hemodinâmicos semelhantes à aplicação de uma PEEP externa e aumenta o trabalho muscular respiratório nos modos espontâneos. A PEEP intrínseca deve ser sempre monitorizada. As soluções para esses problemas associados à ventilação mecânica do paciente asmático grave são utilizar:

1. **Baixas freqüências respiratórias:** de preferência abaixo de 12/min.
2. **Baixos volumes correntes:** abaixo de 8 ml/kg.
3. **Altos fluxos inspiratórios:** para aumentar o tempo expiratório, de preferência acima de 50 l/min ou 5 a 6 vezes o volume-minuto requerido.
4. **Baixos níveis de PEEP:** entre 3 e 10 cmH_2O, não se devendo ultrapassar o nível da PEEP intrínseca, de forma a facilitar o disparo do ventilador.

Altas pressões em vias aéreas

O uso de altos fluxos inspiratórios, como preconizado anteriormente, usualmente produz elevados picos de pressão traqueal. Apesar dos riscos potenciais dessas elevadas pressões em vias aéreas, deve-se ter em mente que a hiperinsuflação pulmonar pode ser mais deletéria que os elevados picos de pressão traqueal. Muitas vezes, mesmo que o alto fluxo inspiratório aumente as pressões resistivas em vias aéreas, a diminuição da hiperinsuflação resultante dessa manobra pode ser tão evidente que o pico de pressão traqueal pode ser reduzido.

Como conduta, deve-se priorizar a diminuição da hiperinsuflação pulmonar, mesmo que isso resulte em pequena elevação do pico de pressão traqueal. Utilizar sempre fluxos em rampa decrescente e que produzem menores picos de pressão, ou, no caso de se dispor do modo ventilatório por pressão de suporte (PSV) ou pressão controlada (PCV), esses devem ser utilizados preferencialmente. As relações I:E devem ser $\geq$ 1:2.

Lembrar que a pressão de suporte e a pressão controlada não permitem controle do volume corrente, devendo-se dispor de adequada monitorização do volume expiratório.[26,27]

Barotrauma

O barotrauma é certamente a maior complicação do asmático em ventilação mecânica, muitas vezes o responsável pela sua mortalidade.

Não há necessidade de normalizar a PCO_2 rapidamente. É preferível tolerar PCO_2 um pouco elevada do que abusar de excessivas pressões sobre o sistema respiratório.

Pode-se administrar bicarbonato de sódio lentamente de forma a compensar a acidose respiratória até o controle adequado do broncoespasmo, embora a administração intempestiva possa aumentar a produção de CO_2 e piorar a hipercarbia. A normalização do pH é muito útil para diminuir a estimulação do centro respiratório, conseguindo-se diminuir a freqüência respiratória naqueles indivíduos não-curarizados. Quando necessário, administrar 50 mEq, em infusão contínua, a cada 2 horas, até a normalização do broncoespasmo.[28]

A sedação inicial com benzodiazepínicos e/ou tiopental é fundamental para diminuir os riscos de barotrauma e melhorar o conforto do paciente, logo após a intubação orotraqueal.[18] Pode ser um esforço inútil e perigoso a tentativa de manter o paciente em ventilação assistida. A curarização pode ser necessária, sobretudo para permitir trabalhar com uma freqüência respiratória mais baixa.

Deve-se iniciar a ventilação mecânica com volume corrente igual ou menor que 8 ml/kg, freqüência respiratória igual ou menor que 12 por minuto, fluxo inspiratório igual a 5 a 6 vezes o volume-minuto. Tentar manter o pico de pressão sempre abaixo de 50 cm de H_2O. Monitorar a autoPEEP e tentar mantê-la abaixo de 15 cmH_2O. Manter a PCO_2 entre 40 e 90 mmHg e o pH acima de 7,2 e, se necessário, infundir $NaHCO_3$ lentamente.

Sempre que disponível, monitorar a mecânica respiratória, principalmente a resistência inspiratória e expiratória de vias aéreas do paciente, para verificar a gravidade e a evolução da crise asmática, assim como o efeito da medicação utilizada.

Sempre monitorar os níveis da autoPEEP para adequar a ventilação e evitar barotrauma e, se possível, a oximetria de pulso e os níveis de CO_2 expirado por capnometria e/ou capnografia.

A presença de choque ao início da ventilação mecânica é normalmente um somatório de três fatores: aumento das pressões intratorácicas e da PEEP intrínseca, hipovolemia e venoplegia causada pela sedação. Caso o adequado manejo ventilatório e a infusão de volume não surtam efeito, considerar a possibilidade de pneumotórax.

O asmático normalmente oxigena adequadamente o sangue arterial com baixas FiO_2. Quando se observar grande hipoxemia nos gases arteriais, considerar a possibilidade de barotrauma, processo infeccioso associado, colapso circulatório pela excessiva pressão intratorácica ou ainda *shunt* direito-esquerdo intracardíaco.

Elevados valores de PEEP externa podem ser utilizados para controle do broncoespasmo, desde que se disponha de um aparelho com os recursos da pressão suporte ou da pressão controlada. Deverá ser mantido nível fixo de pressão de suporte ou pressão controlada, monitorar o volume corrente expiratório obtido e aumentar a PEEP de 2 em 2 cm de H_2O. Observar os níveis de volume corrente obtido: se houver aumento do volume corrente é porque está havendo melhora do quadro clínico, possivelmente por broncodilatação mecânica conseqüente à PEEP. Manter o nível de PEEP com a qual se obteve o melhor volume corrente. Se houver diminuição do volume corrente ao se tentar aumentar os níveis de PEEP, é porque está havendo uma hiperinsuflação, devendo-se retornar aos níveis anteriores. Andersen, em 1988, demonstrou ainda que em alguns pacientes pode ser útil a utilização da inversão da relação inspiratória/expiratória, principalmente naqueles que necessitavam de nível de PEEP maior que 20 cmH_2O para obtenção de broncodilatação. Entretanto, essa manobra só deve ser tentada quando se dispuser de adequada monitoração respiratória e domínio completo da técnica.

Como medidas de exceção, considerar sempre a possibilidade de ventilação com mistura de gases halogenados (halotano ou isoflurano) em vista de suas propriedades broncodilatadoras e anestésicas, ou a ventilação com mistura ar/hélio, capaz de diminuir as pressões resistivas das vias aéreas.[29]

Evitar a aspiração freqüente de secreções, uma vez que essa costuma desencadear piora do broncoespasmo em certos pacientes. A aspiração de secreções e manobras fisioterápicas de higiene brônquica devem ser realizadas em pacientes com grande quantidade de secreção ou secreção espessa e aderente, as quais podem estar contribuindo para a obstrução das vias aéreas.

A fibrobroncoscopia e lavado broncoalveolar em cada lobo pulmonar separadamente com alíquotas de 50 ml de soro fisiológico morno devem ocorrer nos pacientes com um grande componente da obstrução das vias aéreas devido a rolhas aderentes de secreção as quais foram refratárias às manobras de higienização brônquica anteriormente descritas.[27]

Deve-se evitar a instilação de água destilada na cânula. Utilizar sempre solução fisiológica.

Nos casos refratários a todas as medidas descritas anteriormente, ainda poderá ser tentada a ventilação com pressão positiva de baixa freqüência (1 a 4 ventilações por minuto), que permite repouso e esvaziamento pulmonar adequado em pulmões muito hiperinsuflados, associada à circulação extracorpórea venovenosa com retirada de CO_2, para manter o CO_2 em níveis adequados.[30] Assim que for controlada a crise, a circulação extracorpórea poderá ser retirada e o paciente pode retornar ao método ventilatório anteriormente descrito. Nos casos refratários, ainda pode ser utilizada a infusão intravenosa de sulfato de magnésio, pois alguns pacientes apresentam melhora com tal terapêutica, auxiliando assim a melhora desse estado extremamente crítico.[31]

Após alguma melhora inicial do paciente, deve-se permitir retomada gradual da ventilação assistida, devendo-se considerar a manutenção de sedação para impedir que o paciente retome uma freqüência respiratória elevada e a PEEP intrinsecamente.

Desmame

O desmame do paciente asmático do ventilador mecânico deve ser iniciado assim que a resistência das vias aéreas atinja níveis razoáveis (menor que 20 cm de H_2O/l/s. (normal: 2-4 cmH_2O/l/s). Deve ser retirada a curarização do paciente, permitindo a este assumir progressivamente o comando da respiração. Deve-se preferir os modos assistidos de ventilação que possibilitem altos fluxos inspiratórios e baixos níveis de trabalho muscular respiratório como a pressão de suporte. Inicialmente, a pressão de suporte deve ser ajustada em níveis suficientes, geralmente ao redor de 20 cmH_2O, para manter volume corrente e freqüência respiratória adequados, usualmente volume corrente >350 ml e freqüência respiratória menor que 28 ipm. Notar se o paciente não está utilizando a musculatura cervical acessória palpando-se o esternocleidomastóideo. A seguir, retira-se progressivamente a sedação, e, assim que o volume corrente e a freqüência respiratória estejam adequados, com níveis de pressão de suporte igual a 5 cmH_2O (níveis utilizados para ajudar o paciente a respirar contra a resistência do tubo orotraqueal e circuito do aparelho) e PEEP de 5 cmH_2O (para fazer o papel da glote), ou então no tubo T, o paciente poderá ser extubado.

Após a extubação, o paciente deverá ser mantido com máscara de oxigênio e inalação periódica com beta$_2$-agonista e corticoterapia endovenosa até o controle adequado do quadro de broncobstrução (Quadro 41-3).

Pacientes que necessitaram de intubação durante crise asmática têm maior risco de morte por asma (14 % em 3 anos) e devem receber seguimento médico freqüente, de preferência com monitorização de pico de fluxo expiratório e diário de sintomas e orientação de medicação de acordo com a gravidade da asma. Com essas medidas, estaremos prevenindo as possíveis complicações desses pacientes.[32-34]

Quadro 41-3. Desmame do paciente asmático do ventilador mecânico

1. FiO_2 menor ou igual 40%
2. PEEP menor ou igual a 5 cmH_2O
3. pH > 7,3 e < 7,6
4. Broncoespasmo controlado
5. Resistência das vias aéreas menor que 20 cmH_2O/l/s
6. Retirar curarização e depois a sedação
7. Desmame em PSV ou tubo T
8. Manter com máscara de Venturi, inalação com beta-2-agonista e corticosteróide endovenoso pós-extubação

REFERÊNCIAS BIBLIOGRÁFICAS

1. National Asthma Education Program Expert Panel. Report Two: Guidelines for the Diagnosis and Management of Asthma. National Institute of Health. Bethesda, MD: National Institute of Health, 1997, Publication 97–4051.
2. Soler M, Imhof E, Perruchoud AP. Severe acute asthma: pathophysiology, clinical assessment and treatment. *Respiration* 1993;57:114–211.
3. Silverman R. The pathobiology of asthma: implications for treatment. *Clin Chest Med* 2000;21(2):1900.
4. Gluckman TJ, Corbridge T. Management of respiratory failure in patients with asthma. *Curr Opin Pulm Med* 2000;6(1):79–85.
5. Braman SS, Kaemmerlen JT. Intensive care of status asthmaticus. A 10-year experience. *JAMA* 1990;264:366–8.
6. Grant JA. Bronchial asthma. Update on the revised guidelines for diagnosis and management. *Primary Care* 1998;25(4):849–67.
7. Honig EG. Chronic obstructive pulmonary disease and asthma. *In* Perel A, Stock C (Eds.): *Handbook of Mechanical Ventilatory Support.* Baltimore, MD: Williams & Wilkins, 1992, pp. 227–246.
8. Levy BD, Kitch B, Fanta CH. Medical and ventilatory management of status asthmaticus. *Intensive Care Med* 1998;24(2):105–17.
9. Emond SD, Prescott GW, Lee EY, Singh AK, Camargo CC JR. Effect of an emergency department asthma program on acute asthma care. *Ann Emerg Med* 1999;34(3):321–5.
10. Sydow M, Burchardi H. Intensive care management of life-threatening status asthmaticus. *In* Vincent JL (Eds.): *Update in Intensive Care and Emergency Medicine.* Berlin/Heidelberg/New York: Springer-Verlag, 1991, pp. 313–23.
11. Henderson A, Wright M. Status asthmaticus: experience of 100 consecutive admissions to an intensive care unit. *Clin Intensive Care* 1992;3:148–52.
12. Rowe BH, Bretzlaff JA, Bota GW, Spooner C, Ducharme FM. Early emergency department treatment of acute asthma with systemic corticosteroids. *Cochrane Database Syst Rev* 2000;(2):CD 002178.
13. Barbas CSV, Amato MBP, Lorenzi Filho G, Rodrigues Jr. M. Ventilação artificial aplicada em condutas no paciente grave. *In* Knobel E: *Condutas no Paciente Grave.* Rio de Janeiro: Atheneu, 1994, pp. 347–365.
14. Rodriguez Roisin R, Ballester E, Roca J, Torres A, Wagner PD. Mechanisms of hipoxemia in patients with status

asthmaticus requiring mechanical ventilation. *Am Rev Respir Dis* 1989;139:732–739.
15. Martin JG, Shore S, Engel LA. Effect of continuous positive airway pressure on respiratory mechanics and pattern of breathing in induced asthma. *Am Rev Respir Dis* 1982;126:812–817.
16. Shivaram U, Miro AM, Cash ME, Finch P JP, Heurich AE, Kamholz. Cardiopulmonary responses to continuous positive airway pressure in acute asthma. *J Crit Care* 1993;8(2):87–92.
17. Tuxen DV, Lane S. The effects of ventilatory pattern on hyperinflation, airway pressures and circulation in mechanical ventilation of patients with severe air-flow obstruction. *Am Rev Respir Dis* 1987;136:872–72.
18. Grunberg G, Cohen JD, Keslin J, Gassner S. Facilitation of mechanical ventilation in status asthmaticus with continuous intravenous thiopental. *Chest* 1991;99:1216–19.
19. Picado C, Montserrat JM, Roca J, Rodriguez-Roisin R, Estopa R, Xaubet A *et al.* Mechanical ventilation in severe exacerbation of asthma: study of 26 cases with 6 deaths. *Eur J Respir Dis* 1983;64:102–07.
20. Luksza AR, Smith P, Coakley J, Gordon IJ, Atherton ST. Acute severe asthma treated by mechanical ventilation: 10 years experience from a district general hospital. *Thorax* 1986;41:459–63.
21. Higgins B, Greening AP, Crompton GK. Assisted ventilation in severe acute asthma. *Thorax* 1986;41:464–7.
22. Mansel JK, Stogner SW, Petrini MF, Norman JR. Mechanical ventilation in patients with acute severe asthma. *Am J Med* 1990;89(1):42–48.
23. Darioli R, Perret C. Mechanical controlled hypoventilation in status asthmaticus. *Am Rev Respir Dis* 1984;129:385–87.
24. Williams TJ, Tuxen DV, Scheinkestel CD, Czarny D, Bowes G. Risk factors for morbidity in mechanically ventilated patients with acute severe asthma. *Am Rev Respir Dis* 1992;146:607–15.
25. Bellomo R, McLaughlin P, Tai E, Parkin G. Asthma requiring mechanical ventilation. A low morbidity approach. *Chest* 1994;105:891–6.
26. Andersen JB. The inverted ratio ventilation and the use of PEEP in asthma in applied cardiopulmonary pathophysiology. Dordrecht, The Netherlands: Kluwer Academic, 1988, Cap. 2., pp 255–262.
27. Barbas CSV, Amato MBP, Lorenzi Filho G, Meyer EC, Rodrigues Jr. M, Rothman A, Knobel E. Mal asmático refratário tratado com pressão controlada, PEEP, anestesia com isofluorano e lavado broncoalveolar. *J Pneumol* 1992;18(Suppl. 2):9.
28. Menitove SM, Goldring RM. Combined ventilator and bicarbonate strategy in the management of status asthmaticus. *Am J Med* 1983:898–901.
29. O'Rourke PP, Crone RK. Halothane in status asthmaticus. *Crit Care Med* 1982;10(3):341–343.
30. Tajimi K, Kasai T, Nakatani T, Kobayashi K. Extracorporeal lung assist for patients with hypercapnia due to status asthmaticus. *Int Care Med* 1988;14:588–589.
31. Rowe BH, Bretzlaff JA, Bowdon C, Bota GW, Camargo CAJR. Intravenous magnesium sulfate treatment for acute asthma in the emergency department: a systematic review of the literature. *Ann Emerg Med* 2000;36(3):181–90.
32. Kercsmar CM. Acute inpatient care of status asthmaticus. *Respir Care Clin North Am* 2000;6(1):155–70.
33. Spagnolo SV. The difficult asthmatic. *Immunol Allergy Clin North Am* 2001;21(3):503–533.
34. Shapiro JM. Intensive care management of status asthmaticus. *Chest* 2001;120(3):1439–1441.

42

Síndrome de Angústia Respiratória Aguda

Cid Marcos David

A síndrome de angústia respiratória aguda (SARA) foi descrita por Ashbaugh em 1967 em 12 pacientes com insuficiência respiratória aguda e com cianose refratária à oxigenoterapia, infiltrados pulmonares difusos e diminuição da complacência pulmonar.[8] Foi denominada inicialmente de síndrome de angústia respiratória do adulto e posteriormente a palavra adulto foi trocada para aguda. Atualmente acrescentaram-se à sua definição a presença de um *fator de risco* e *a ausência de insuficiência cardíaca clínica* e a *pressão arterial pulmonar encunhada* (POAP) < 18 mmHg. A POAP somente é considerada quando o paciente encontra-se monitorizado com um catéter na artéria pulmonar (catéter de Swan-Ganz). O ecocardiograma pode auxiliar no diagnóstico. É uma das importantes causas de insuficiência respiratória aguda em pacientes graves internados nas Unidades de Terapia Intensiva. Sua incidência estimada nos Estados Unidos é de 31 por 100.000 habitantes por ano e ocasionando 36.000 mortes/ano.

Sua importância advém da alta mortalidade (36 a 70%) e do fato de acometer freqüentemente indivíduos jovens e previamente sem lesão pulmonar, além dos altos custos para seu tratamento.[70] Comparando-se dados da literatura, observa-se melhora da evolução nos últimos 15 anos.[1] Parece que a mortalidade da SARA vem diminuindo, pelo menos em relação ao trauma, mas não pela sepse. Entre as principais causas de óbito está a falência orgânica múltipla, sendo a insuficiência respiratória irreversível responsável por 16% das mortes.[54] Amato *et al* demonstraram a influência de métodos de proteção pulmonar durante a ventilação mecânica na diminuição da mortalidade.[3,4] A mortalidade relaciona-se com as alterações fisiológicas observadas (Fig. 42-1). Quando o paciente sobrevive, a recuperação funcional é boa, permitindo usualmente o retorno do paciente às suas atividades.

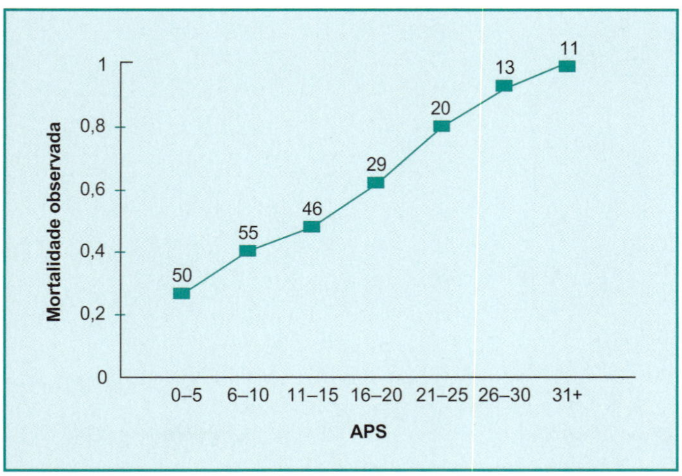

Fig. 42-1. Relação entre a mortalidade e o Acute Physiologic Score (APS).[37]

Em 1988, Murray *et al* definiram a pontuação de lesão pulmonar aguda (ALI) para diagnóstico da SARA (Quadro 42-1).[56] A pontuação varia de 0 a 4.

***Quadro 42-1.* Pontuação de lesão pulmonar**

Critérios	*Escore*
Radiografia do tórax	
Condensação alveolar ausente	0
Condensação alveolar em 1 quadrante	1
Condensação alveolar em 2 quadrantes	2
Condensação alveolar em 3 quadrantes	3
Condensação alveolar em 4 quadrantes	4
PaO_2/FiO_2	
> 300	0
225-299	1
175-224	2
100-174	3
< 100	4
PEEP (cmH_2O)	
≤ 5	0
6-8	1
9-11	2
12-14	3
≥ 15	4
Complacência	
≥ 80	0
60-79	1
40-59	2
20-39	3
≤ 19	4

Pontuação = média dos componentes.
Se: radiografia = 4 + PaO_2/FiO_2 = 3 + PEEP = 3 + complacência = 4. Total de pontos = 14.
Pontuação = 14/4 = 3,5.
Considera-se SARA quando a pontuação for > 2,5, e lesão pulmonar leve a moderada quando a pontuação for de 0,1 a ≤ 2,5.

Quadro 42-2. Definição de critérios para SARA e lesão pulmonar aguda

Critérios	*Características*
Insuficiência respiratória aguda	
Radiografia do tórax	Infiltrados bilaterais
Ausência de insuficiência cardíaca	Evidência clínica POAP ≤ 18 mmHg
Necessidade de ventilação mecânica	
Troca gasosa pulmonar muito diminuída e com hipoxemia*	Lesão pulmonar aguda $PaO_2/FiO_2 < 300$ SARA $PaO_2/FiO_2 \leq 200$ SARA severa $PaO_2/FiO_2 \leq 100$

* POAP = Pressão encunhada da artéria pulmonar.

Outras várias definições surgiram na literatura, e em 1994 a *American Thoracic Society* e a *European Society of Intensive Care Medicine* realizaram a *American-European Consensus Conference* para definirem a SARA através dos critérios descritos no Quadro 42-2.[10]

ETIOLOGIA

A SARA, por ser uma síndrome, tem várias etiologias que podem lesar os pulmões direta ou indiretamente. As causas podem ser pulmonares (SARA primária) ou extrapulmonares (SARA secundária). Insultos a distância, como infecção e sepse abdominal, podem liberar mediadores inflamatórios que lesam os pulmões. Por outro lado, uma contusão pulmonar e pneumonia produzirão lesão física direta nos pulmões, além da liberação dos fatores inflamatórios, da mesma maneira que nas lesões secundárias.

As causas mais comuns de SARA são sepse, contusão pulmonar, pneumonia, aspiração do conteúdo gástrico ácido, trauma múltiplo, múltiplas transfusões, choque e afogamento. Menos comuns são a pancreatite, coagulopatia de consumo, o embolismo gorduroso, inalação de fumaça e a circulação extracorpórea (*bypass*). Os fatores de risco de desenvolvimento da SARA estão anotados no Quadro 42-3.[29,30] Estenssoro *et al* (2002), analisando um grupo de pacientes com SARA, relataram que as etiologias mais freqüentes foram sepse (44%), choque (15%), trauma (11%) e aspiração de vômito (10%).[25] As principais causa de óbito foram a síndrome de disfunção orgânica múltipla (SDOM) e sepse e choque séptico. A hipoxemia refratária foi causa infreqüente de óbito.

ASPECTOS ANATOMOPATOLÓGICOS

Os aspectos anatomopatológicos da SARA podem ser divididos em fases, mas de um modo geral a patologia se caracteriza por lesão alveolar aguda difusa, congestão, edema rico em proteínas e hemorragia alveolar, membranas hialinas, atelectasia e reação fibroblástica. As membranas hialinas compõem-se de fibrina e proteínas extravasadas do plasma. Pode haver infecção superimposta.

Quadro 42-3. SARA e fatores de risco

Fatores de risco	%
Associação (+)	
Sepse	11-80
Trauma	1,2-39
Transfusões múltiplas	5-36,4
Aspiração de conteúdo gástrico ácido	12-36
Pneumonia	12-31
Contusão pulmonar	5-21
Quase-afogamento	33
Associação (–)	
Coagulopatia de consumo	23
Embolia gordurosa	
Circulação extracorpórea	1,3-1,7

Fator de risco definido pelo número de pacientes que são expostos a uma determinada causa em relação aos pacientes que não são expostos a essa causa.
(+) = forte e fraca (–) associação entre o fator de risco e SARA.
A associação de fatores de risco aumenta o risco de SARA.[12]

Macroscopicamente, os pulmões se apresentam, nas fases iniciais da SARA, congestos, edemaciados, com hemorragias e pesados (Fig. 42-2).

As lesões podem ser classificadas em três fases (Fig. 42-3):[59]

1. Fase exsudativa

   Caracterizada por edema e membranas hialinas. Pode haver reação inflamatória mínima e inespecífica. As membranas basais podem estar desnudas de células epiteliais e endoteliais. Compreende os primeiros dias da evolução da lesão (1 a 6 dias).

Fig. 42-2. Aspecto macroscópico dos pulmões. Aumento de peso, congestão, edema e hemorragias. (Ver *Prancha* em *Cores.*)

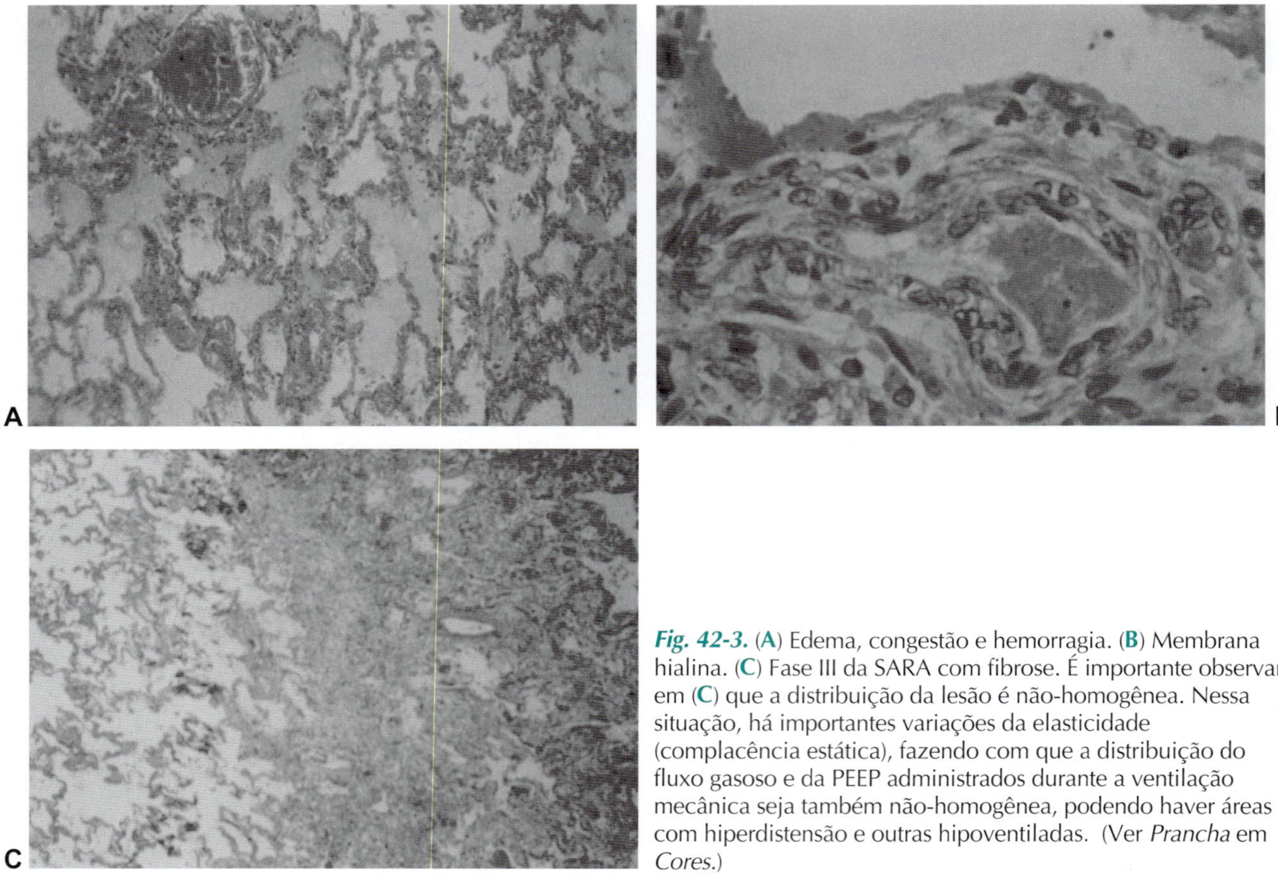

Fig. 42-3. (**A**) Edema, congestão e hemorragia. (**B**) Membrana hialina. (**C**) Fase III da SARA com fibrose. É importante observar em (**C**) que a distribuição da lesão é não-homogênea. Nessa situação, há importantes variações da elasticidade (complacência estática), fazendo com que a distribuição do fluxo gasoso e da PEEP administrados durante a ventilação mecânica seja também não-homogênea, podendo haver áreas com hiperdistensão e outras hipoventiladas. (Ver *Prancha* em *Cores*.)

2. Fase da resposta proliferativa

   Caracterizada pela reação fibroblástica e o início da fibrose intersticial.

   Nessa fase há tecido pulmonar consolidado e inicia-se a formação de pequenos cistos na periferia dos pulmões. Há organização das membranas hialinas nos espaços aéreos, colapso alveolar e aumento do infiltrado inflamatório intersticial do tipo agudo e crônico. Nos espaços aéreos observam-se proliferação fibroblástica e distorção dos ductos alveolares. Os pneumócitos proliferam e as membranas são incorporadas nas paredes dos espaços aéreos espessados.

   Esse processo é considerado ainda reversível, podendo os pulmões ficar normais. Compreende o período de 4 a 10 dias.
3. Fase fibrótica

   Caracterizada por fibrose que pode obliterar os espaços alveolar e bronquiolar. Observam-se áreas densamente consolidadas e fibrosadas. São comuns alterações enfisematosas. Esse aspecto assemelha-se à displasia broncopulmonar observada nos neonatos, com hiperinsuflação e formação de cistos.

   Compreende o período além de 8 a 10 dias.

FISIOPATOLOGIA

Na Síndrome da Reação Inflamatória Sistêmica (SIRS) e na Disfunção Orgânica Múltipla (SDOM), observam-se importantes alterações da expressão gênica, com a formação de vários mediadores inflamatórios.

A fisiopatologia da SARA é muito complexa, e estão envolvidos vários fatores, tais como os mediadores inflamatórios imunológicos e não-imunológicos, acúmulo de neutrófilos e plaquetas ativadas, alteração da coagulação, aumento dos radicais livres de oxigênio, lesões e apoptose de células endoteliais e de pneumócitos tipo II, alterações das substâncias surfactantes e das forças tensoativas, formação de membrana hialina, compressão das estruturas dos próprios pulmões – das regiões não-dependentes (superiores) sobre as regiões dependentes (inferiores), toxicidade pelo oxigênio e lesões conseqüentes à ventilação mecânica pela hiperdistensão alveolar e abertura e fechamento das pequenas vias aéreas e dos alvéolos. Na sepse há alteração das proteínas do choque térmico (*heat shock proteins* – HSP) e a presença de DNA livre (*free DNA*).[45,46] Ocorrem lesão e morte celular por necrose e apoptose.

No líquido do lavado alveolar vários mediadores inflamatórios são encontrados. Krein *et al* (2003) correlacionaram a progressão da fase fibroproliferativa da SARA com o mediador IGF-1 (*Insulin-Like Growth Factor-1*) encontrado em macrófagos alveolares e intersticiais e nas células mesenquimais dos pulmões.[41]

Esses mecanismos fisiopatológicos produzirão edema alveolar por aumento da permeabilidade, com preenchimento alveolar por exsudato rico em proteína, aumento do peso dos pulmões com diminuição da complacência do sistema e atelectasia, havendo grande perda da aeração pulmonar, maior necessidade de trabalho respiratório, alterações da troca gasosa (efeito espaço morto, *shunt*, alteração VA/Q, difusão) e circulatórias pulmonares.[42]

INFLAMAÇÃO

A SARA é caracterizada por uma inflamação difusa do parênquima pulmonar. Na SARA, além de os mecanismos poderem ser originários do próprio pulmão, há fatores indutores da inflamação que podem se originar a distância. Como uma das causas mais freqüentes é a sepse, o processo costuma ser desencadeado pela ativação da cascata imunológica, que pode ser por endotoxina, enterotoxina, parede celular de micobactérias, exotoxina, superantígenos, produtos de fungos e outros, que ativam monócitos e macrófagos, células endoteliais, células alveolares e epiteliais das vias aéreas, neutrófilos e o músculo liso vascular, havendo a produção de mediadores endógenos da reação inflamatória e amplificação do processo. São produzidos óxido nítrico e superóxido o que podem nitrogenar e oxidar aminoácidos de várias proteínas, como a proteína A da substância surfactante, e inibir suas funções.[43]

Polimorfonucleares, que têm papel importante na fisiopatologia da SARA, também podem ser ativados pela ventilação mecânica e lesar pulmões e órgãos a distância pela liberação de elastase.[88] Zhang *et al* atribuíram a esse mecanismo a possível diminuição da mortalidade das estratégias ventilatórias protetoras.[86]

Esses mecanismos ocasionam perda do tônus vascular e da resposta vasopressora, alteração da função endotelial, agregação de leucócitos e aumento da permeabilidade vascular e alteração da coagulação. Nesse processo estão envolvidos o aumento de moléculas de adesão, permitindo adesão dos neutrófilos no endotélio, sua passagem para o interstício e a liberação de radicais livres de oxigênio.

Ocorre disfunção microvascular com acentuação da heterogeneidade da distribuição do fluxo sangüíneo, que poderá, juntamente com outros fatores, como o efeito da gravidade, alterar a relação VA/Q.

Observa-se no lavado broncoalveolar aumento da IL-8 que tende a diminuir com o tempo. Por outro lado, o TGF-B1 (Transforming Growth Factor B_1) aumenta e participa da remodelação e reparação pulmonar.

EDEMA PULMONAR

O aumento da água pulmonar associa-se a maior mortalidade.

Vários mecanismos estão envolvidos no edema pulmonar da SARA.

1. Aumento da permeabilidade microvascular pelo processo inflamatório.
2. Aumento da pressão hidrostática capilar.
3. Retenção hídrica do paciente em ventilação mecânica e na insuficiência renal.
4. Hiperidratação durante a fase de ressuscitação.
5. Aumento da força tensoativa pela diminuição dos surfactantes.
6. Lesão mecânica microvascular (*estresse microvascular*) pela ventilação mecânica.
7. Diminuição da depuração do líquido alveolar.[47]

Pela equação de Starling, a quantidade de líquido que passa do interior do capilar para os tecidos pode ser definida pela equação:

$$\text{Fluxo de líquido} = Kf\,[(PH_{cap} - PH_{int}) - \delta\ (\pi_{cap} - \pi_{int})]$$

Kf: coeficiente de filtração
PH_{cap}: pressão hidrostática capilar pulmonar
PH_{int}: pressão hidrostática intersticial pulmonar
δ: coeficiente de reflexão para proteína pelo endotélio capilar pulmonar. Normal = 0,6 a 0,8
π_{cap}: pressão oncótica do plasma
π_{int}: pressão oncótica intersticial

Normalmente a PH_{cap} é maior do que a PH_{int}, resultando em uma tendência para sair líquido de dentro para fora do vaso na região proximal do capilar. Esse efeito é fisiologicamente contrabalançado pela pressão oncótica do plasma, que é maior do que a pressão oncótica do interstício, havendo assim uma tendência para *puxar* o líquido para dentro do capilar. Esse fato ocorre principalmente na região distal do vaso, porque nessa região o gradiente da pressão hidrostática é menor do que da região proximal do capilar. Em situação hipo-oncótica há formação de edema com pressões menores do que normalmente (11 × 24 mmHg).

Na SARA há aumento da permeabilidade capilar e conseqüentemente o fator δ é zero. Nessa situação:

δ = 0 e assim,

$$\delta\ (\pi_{cap} - \pi_{int}) = 0$$

$$\text{Fluxo de líquido} = Kf\,[(PH_{cap} - PH_{int}) - 0$$

Assim, pelo aumento da permeabilidade capilar, o fluido que passa pela membrana alveolocapilar é essencialmente dependente das pressões hidrostáticas intravascular e intersticial. Métodos que diminuam a pressão hidrostática capilar pulmonar auxiliam na diminuição do edema pulmonar na fase inicial da SARA.

A pressão capilar está relacionada com a pressão arterial pulmonar, a pressão atrial esquerda e as resistências pré e pós-capilares. A aplicação da PEEP também influencia nesse mecanismo. Na SARA há hipertensão anterial pulmonar. Na SARA precoce e tardia há aumento da resistência vascular pulmonar e por isso a pressão ocluída (POAP) da artéria pulmonar é menor do que a pressão capilar. Deve-se tratar a instabilidade hemodinâmica com a menor pressão possível.

Se bem que ainda haja discussão entre o uso de colóides *versus* cristalóides na SARA, deve-se considerar que nessa situação o coeficiente de reflexão para proteína tende a zero, fazendo com que haja passagem de proteínas para o espaço extravascular. Entretanto, como o processo é dinâmico, é possível que diferentes setores dos pulmões e dos outros órgãos não tenham os mesmos graus de lesão. O benefício do líquido a ser transfundido deve ser considerado para o organismo como um todo. Martin *et al* (2002), analisando pacientes com SARA hipoproteinêmicos (proteinemia < 5 g%), usaram albumina associada à furosemida e observaram melhora do equilíbrio hídrico, da oxigenação, diminuição do tempo de ventilação e da hemodinâmica em relação ao grupo controle.[44] Albumina é antioxidante e diminui a aderência de neutrófilos.

A diminuição do edema pulmonar associa-se geralmente à diminuição dos infiltrados pulmonares na radiografia do tórax e à melhora da relação PaO_2/FiO_2. Entretanto, diminuições excessivas da pressão capilar e da pressão de enchimento ventricular esquerdo (pré-carga) podem produzir diminuição do débito cardíaco e da oferta tecidual de oxigênio ($\dot{D}O_2$). A diminuição da volemia produzirá também alteração da relação VA/Q, com aumento das zonas tipo I de West, diminuição relativa do *shunt* arteriovenoso pulmonar e aumento do efeito espaço morto, com diminuição da eliminação de CO_2.

Os alvéolos com aumento da tensão superficial, pela diminuição dos surfactantes, aumentam a força que *puxa* líquido para o interior dos alvéolos e podem produzir edema. Os capilares pulmonares submetidos ao *estresse microvascular*, pela distensão alveolar excessiva, podem ser lesados, e pode haver aumento da permeabilidade vascular e formação de edema.

O edema se distribui pelos pulmões, aumentando o seu peso, e comprime as regiões dependentes (inferiores), produzindo colapso das unidades alveolares (atelectasia).[59] Métodos que permitem a avaliação da água extravascular pulmonar podem ser usados na monitorização.

ATELECTASIA

Ocorre por vários mecanismos:

1. Diminuição da produção da substância surfactante, que se reflete no aumento da força tensoativa que produzirá colapso alveolar.

   A diminuição do surfactante pode ser conseqüente à ação de inibidores originários do plasma ou localmente, lesão dos pneumócitos tipo II, oxidação de fosfolipídios ou de apoproteínas.
2. Alvéolos menores irão esvaziar-se nos alvéolos maiores e podem colabar-se.
3. Usando-se altas frações de oxigênio (> 80%), há retirada do nitrogênio e pode haver colapso alveolar nas unidades hipoventiladas.
4. Efeito do peso do pulmão (*teoria da esponja*), do coração e elevação diafragmática sobre as regiões dependentes. A elevação do diafragma é influenciada pelo aumento da pressão intra-abdominal.
5. Alteração do gradiente fisiológico pleural cefalocaudal ântero-posterior quando em posição supina, que tende a ser menor nas regiões dependentes.

   Nessa situação, a mudança de decúbito (dorsal para prono) pode produzir melhora da troca gasosa pulmonar.

   Os alvéolos nas regiões dependentes são mais perfundidos pela ação da gravidade. Nessas regiões, pode haver maior aporte de mediadores inflamatórios. A atelectasia produz efeito *shunt* arteriovenoso pulmonar, com hipoxemia refratária a altas concentrações de oxigênio.

ALTERAÇÕES CIRCULATÓRIAS E PERFUSIONAIS

A liberação de mediadores inflamatórios e fenômenos de microtrombose (Fig. 42-4) produzirão importantes alterações circulatórias pulmonares. Contribui também para essas alterações a ventilação mecânica (volume corrente, pressões, PEEP).

Hotchkiss *et al*, (2002) analisando os efeitos de altas pressões na ventilação mecânica em paciente com SARA por microfotografia eletrônica, observaram fraturas na membrana alveolocapilar.[38]

Assim, as alterações circulatórias são conseqüentes a mecanismos funcionais e orgânicos. Há perda do reflexo alvéolo-arterial, que fisiologicamente desvia sangue para alvéolos mais bem ventilados e oxigenados. Drogas vasoativas, como a dobutamina (vasodilatadora pulmonar) e a noradrenalina (vasoconstritora pulmonar), o óxido nítrico, a almitrina e outras, podem alterar a RVP, o débito cardíaco e a PAP.

A volemia influencia na lesão induzida pela ventilador (VILI) através do estresse cíclico da ventilação mecânica. A redução da pressão atrial produz maior VILI.[15]

Na SARA há aumento da resistência vascular pulmonar (RVP), da pressão arterial pulmonar (PAP), da diferença entre a PAP diastólica e a POAP (PAP_d-POAP) e pode haver diminuição do volume sistólico do ventrículo direito (VD). O aumento da PAP se associa a aumento da abertura de *shunts* anatômicos pulmonares (Fig. 42-5), que acentuam a hipoxemia.

Ocorre sobrecarga ventricular direita por aumento da pós-carga ventricular. Pode ocorrer desvio do septo interventricular em direção ao ventrículo esquerdo (VE) com diminuição da complacência e do enchimento diastólico do VE. Há correlação entre a sobrevida e o tamanho do VD, que é inversamente relacionada. Sobreviventes de SARA têm maior pré-carga ventricular, débito cardíaco maior e altas $I\dot{D}O_2$ do que os não-sobreviventes.

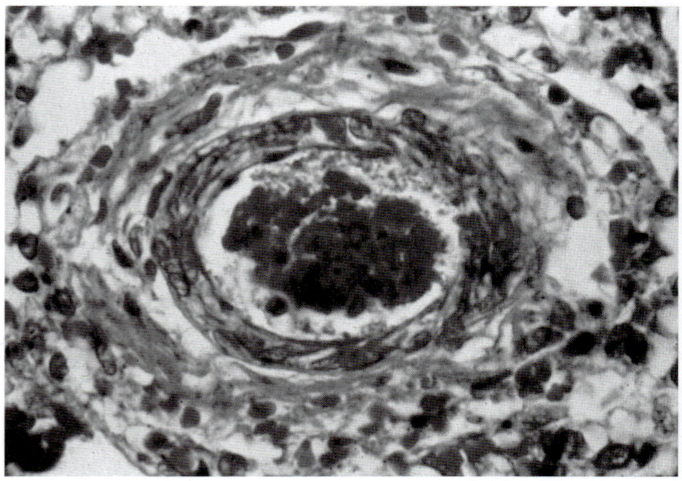

Fig. 42-4. SARA. Obstrução microvascular por trombose. (Ver *Prancha em Cores.*)

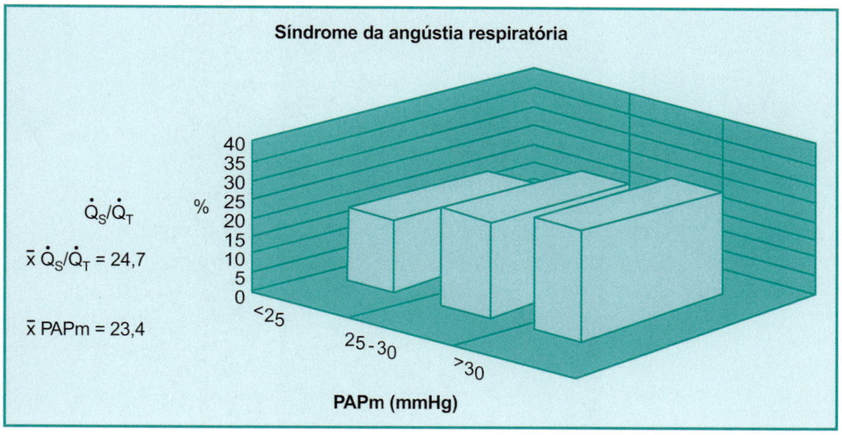

Fig. 42-5. SARA. O aumento da PAP se associa a aumento do *shunt* arteriovenoso pulmonar.

SARA PULMONAR E EXTRAPULMONAR

A SARA pode ser classificada quanto à sua origem em pulmonar (p. ex., pneumonia, contusão pulmonar) e extrapulmonar (p. ex., peritonite, pancreatite aguda).

Na etiologia extrapulmonar são importantes os mediadores inflamatórios trazidos pelo sangue, que produzem edema e aumento da massa pulmonar, além do aumento da pressão intra-abdominal e da elastância da caixa torácica que produzirão diminuição da pressão transpulmonar. Na SARA extrapulmonar predomina o colapso alveolar.

As imagens na CT podem ser por *consolidação*, que é caracterizada pelo aumento na atenuação (hipotransparência) pulmonar com apagamento dos limites broncovasculares e aerobroncograma, e pelo aspecto de *vidro fosco,* que é caracterizado por atenuação (hipotransparência) pulmonar com preservação das imagens broncovasculares. Na SARA secundária há mais aspecto de *vidro fosco* do que *consolidação*, ocorrendo o inverso na SARA primária.

LESÃO PELO VENTILADOR E PELO O_2

Vários trabalhos comprovam as alterações fisiopatológicas conseqüentes a ventilação mecânica (pressões, volumes) e a toxicidade pelo oxigênio.

Teoricamente, é possível que fluxos inspiratórios desacelerados, como nos métodos ventilatórios por pressão (PCV, PSV), na inversão da relação inspiração-expiração (PC-IRV, VC-IRV) e modificando-se no modo controlado por volume (VCV) a onda de fluxo quadrada para desacelerada, diminuam as forças de cisalhamento dos alvéolos, havendo potencial diminuição da lesão produzida pela ventilação mecânica.

Altas FiO_2 são tóxicas para os pulmões. A lesão depende da concentração de O_2 inspirada e do tempo de exposição. FiO_2 acima de 50-60% devem ser evitadas. Experimentalmente, demonstra-se que concentrações de 40% são seguras por 30 dias.

EXAME FÍSICO E MONITORIZAÇÃO DO PACIENTE COM SARA

O exame clínico minucioso e os sinais vitais, a radiografia do tórax e outros métodos de imagem e a monitorização da mecânica ventilatória e da troca gasosa são imprescindíveis no paciente com SARA.

Exame clínico

Após adequada anamnese da história do paciente, o exame clínico deve ser completado identificando-se as alterações em cada aparelho, sistema e órgão.

São importantes o grau de hidratação e o estado volêmico, a função renal, o sistema nervoso central e o aparelho digestivo. Há distensão abdominal? Houve aspiração? *O exame do aparelho cardiovascular e respiratório e suas alterações funcionais deverão ser enfatizados*. São comuns estertores crepitantes nas regiões dependentes dos pulmões que tendem a diminuir com as manobras de recrutamento alveolar e PEEP.

Identifique a causa da SARA. Os sinais vitais deverão ser monitorizados. Atualmente se utiliza também o *quinto sinal vital*, que é a saturação arterial de oxigênio medida pela oximetria de pulso (SpO_2). É importante conhecer as suas limitações e compará-la com a SaO_2 da gasometria arterial.

Avalie, em cada caso, os benefícios da monitorização hemodinâmica invasiva (MHI) pelo cateterismo da artéria pulmonar (Swan-Ganz). Altas PEEPs e instabilidade hemodinâmica são indicações de monitorização hemodinâmica avançada.

RADIOGRAFIA E TOMOGRAFIA DO TÓRAX

A radiografia convencional do tórax e a TC são realizadas no paciente com SARA. A radiografia convencional do tórax é o modo de escolha de diagnóstico e acompanhamento do paciente com SARA, mas é um método de pouca precisão para analisar complicações como a pneumonia e o enfisema intersticial. A TC é pouco utilizada nesses pacientes por causa das dificuldades de transporte, embora traga informações adicionais (66%) em relação à radiografia convencional. A TC permite analisar os compartimentos pulmonares e os efeitos da ventilação (recrutamento, PEEP).

Devem-se identificar as lesões pulmonares e as extrapulmonares (derrames, fraturas etc.) e as alterações extratorácicas. Tubos, catéteres, drenos e sondas devem ser anotados.

A tomografia do tórax evidencia a predominância de lesões nas regiões dependentes, geralmente posteriores, quan-

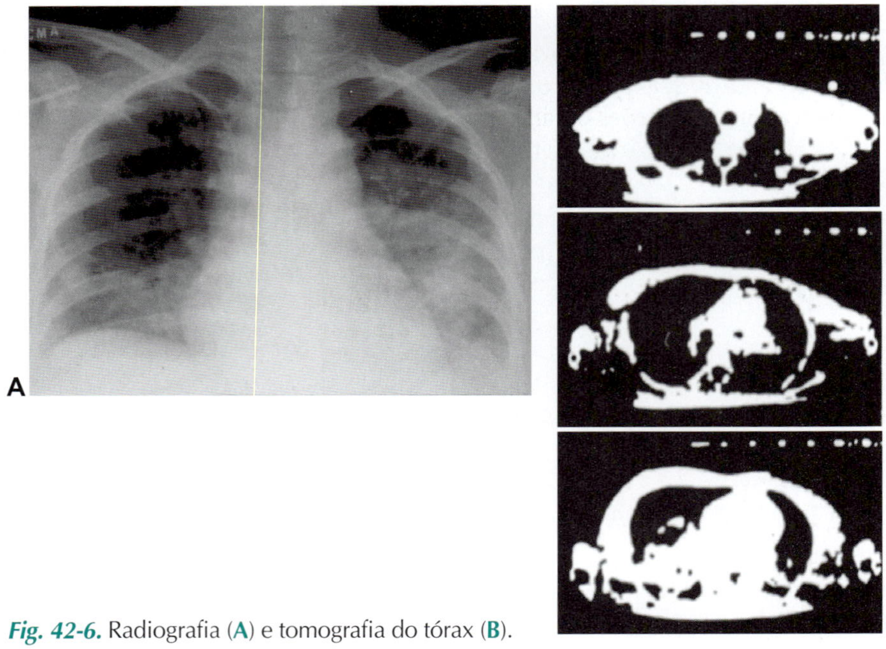

Fig. 42-6. Radiografia (A) e tomografia do tórax (B).

do o paciente foi mantido em decúbito dorsal (Fig. 42-6). Observam-se áreas pulmonares normodistendidas, hiperdistendidas e má ou não-aeradas. A falta de aeração está sempre presente nas regiões dependentes (inferiores) e pode estar ausente nas regiões não-dependentes (superiores).[22]

Na TC observa-se aumento do tecido pulmonar com distribuição não-homogênea da aeração pulmonar. Pode haver um padrão predominante da SARA, denominado lobar ou difuso.

A PEEP pode alterar esse aspecto, com atenuação do padrão radiológico descrito pelo recrutamento alveolar, e pode produzir áreas de hiperdistensão pulmonar no padrão tipo lobar ou difuso.

Em fases mais tardias ocorrem imagens aéreas císticas ou enfisematosas.

Resumidamente, as alterações são: infiltrados pulmonares são bilaterais em quase todos os pacientes e maiores nas regiões dependentes (68%); podem ser densos (42%), homogêneas (23%), em vidro fosco (8%) ou com padrões mistos (27%). Pode haver aerobroncograma em áreas de consolidação, e derrame pleural é freqüente (50%), embora a existência de derrame pleural não se associe com pior evolução. Cistos aéreos (30%) são observados, geralmente múltiplos e se associam com alta mortalidade (55% × 35%). Pode haver pneumotórax encistado.

Os métodos de imagem, que auxiliam na avaliação das lesões pulmonares e extrapulmonares como o ecocardiograma, a ultra-sonografia, a tomografia computadorizada e outros, devem ser utilizados criteriosamente. Atualmente, novos métodos de imagem não-invasivos, que mensuram a distensão da caixa torácica, estão em desenvolvimento para a monitorização clínica da expansão pulmonar, avaliando o recrutamento pulmonar.

Classifique as lesões de acordo com a pontuação de lesão pulmonar.

MECÂNICA VENTILATÓRIA E TROCA GASOSA PULMONAR

São utilizados inicialmente para *diagnóstico* e *indicação* de métodos de suporte (FiO_2, ventilação mecânica, PEEP etc.) e posteriormente para *acompanhar* a evolução (Fig. 42-7).

- Monitorize a mecânica ventilatória: pressões, volumes, complacência, curvas *(displays)*.
- Deve-se realizar gasometria arterial anotando-se a fração inspirada de oxigênio e quando possível com FiO_2 de 100% por tempo igual ou superior a 20 minutos para calcular a D(A-a)[1] O_2 e o *shunt* arteriovenoso pulmonar. *A relação PaO_2/FiO_2 deve ser monitorizada.*
- Avalie o estado ácido-básico e a ventilação alveolar pela $PaCO_2$. A determinação do lactato sérico orienta quanto ao lactato produzido pela atividade muscular respiratória, a produção pelo metabolismo anaeróbico e a sua metabolização. Os pulmões na SARA produzem mais lactato.

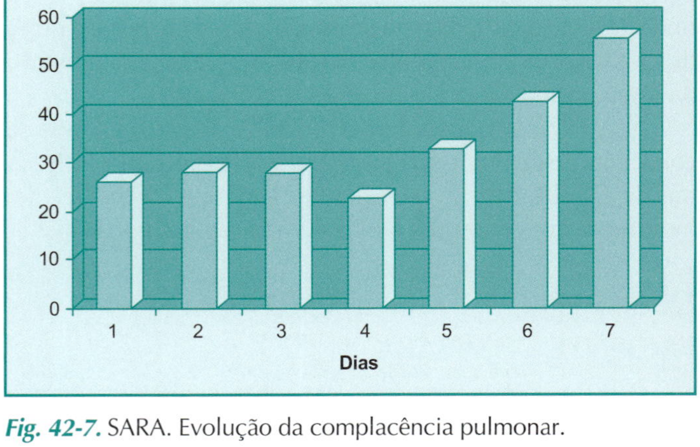

Fig. 42-7. SARA. Evolução da complacência pulmonar.

- A $PaCO_2$ correlaciona-se com o recrutamento alveolar.
- Outros exames complementares deverão ser realizados dependendo dos dados observados no exame clínico, das suspeitas diagnósticas e para avaliar as funções orgânicas (uréia e creatinina, coagulação, função hepática, eletrólitos etc.) e a presença de infecções.
- A saturação venosa mista ou da veia cava superior medidas continuamente auxiliam na monitorização das repercussões da ventilação mecânica sobre débito cardíaco.

DIAGNÓSTICO DE EXCLUSÃO

- Avalie a possibilidade de outras possibilidades diagnósticas.
- Considere todo o conjunto do quadro clínico, radiológico e funcional.

TRANSPORTE DO PACIENTE

Os pacientes que necessitarem de transporte intra ou extra-hospitalar *devem ter sua segurança assegurada e ser providos com a capacidade de manter o mesmo tipo de suporte previamente oferecido e com métodos de monitorização necessários e de ressuscitação.*

EVOLUÇÃO FUNCIONAL DO PACIENTE APÓS A SARA

Após a SARA, a maioria dos pacientes tem alterações funcionais que se recuperam ao longo de 6 a 12 meses.

A literatura refere correlação das alterações funcionais com a gravidade da SARA, o tempo de ventilação mecânica e a idade.[32] Parece haver correlação entre o grau de hipertensão arterial pulmonar e a diminuição da complacência com as alterações funcionais observadas ao longo do tempo após a recuperação da SARA. Entretanto, não há boa correlação entre o grau de fibrose, inflamação e organização dos espaços aéreos nas biopsias pulmonares com a função pulmonar determinada 1 ano após o término da SARA.[7,77]

Artigas *et al*,[7] após analisarem 237 pacientes de várias publicações, descreveram entre as complicações tardias a alteração funcional restritiva, obstrução de pequenas vias aéreas, hiper-reatividade das vias aéreas, a diminuição da troca gasosa e hipoxemia durante o exercício. Cerca de 80% dos pacientes apresentam diminuição da capacidade de difusão um ano depois da recuperação, 20% têm obstrução e 20%, restrição. Essas alterações são citadas em pacientes que foram tratados com alto e baixo volume corrente.

McHugh *et al* estudaram as alterações funcionais após a SARA e observaram diminuição da capacidade vital forçada em 55%, da capacidade pulmonar total em 45% e da difusão (DLCO) em 26% dos pacientes após seis meses de evolução.[48] Esses autores relataram que, dependendo da gravidade da SARA, se moderada ou muito grave, as alterações funcionais estavam presentes em 10 a 60% (Fig. 42-8).

ASPECTOS GERAIS DO TRATAMENTO NÃO-VENTILATÓRIO

O tratamento da SARA implica a abordagem do paciente sob vários aspectos. Novas terapias têm sido tentadas. Entretanto, várias falharam. É importante considerar que, dada a sua baixa incidência, e considerando a alta mortalidade (30-50%), para se obter uma diminuição da mortalidade de 10%, a avaliação de uma nova terapia teria que incluir no estudo cerca de 800 a 1.000 pacientes, sem contar as outras causas de morte do paciente.

1. Tratamento da doença desencadeante:
   - Freqüentemente há sepse como fator desencadeante primário ou associado.
2. Suporte hemodinâmico:
   - Adequação da oferta de oxigênio tecidual ($I\dot{D}O_2$).
   - Manutenção de boa volemia. Trata a instabilidade hemodinâmica com a menor pressão de enchimento (POAP) possível.
   - Equilíbrio hídrico negativo.

Usualmente os pacientes estão hiperidratados após a ressuscitação pela necessidade de grande reposição volêmica.

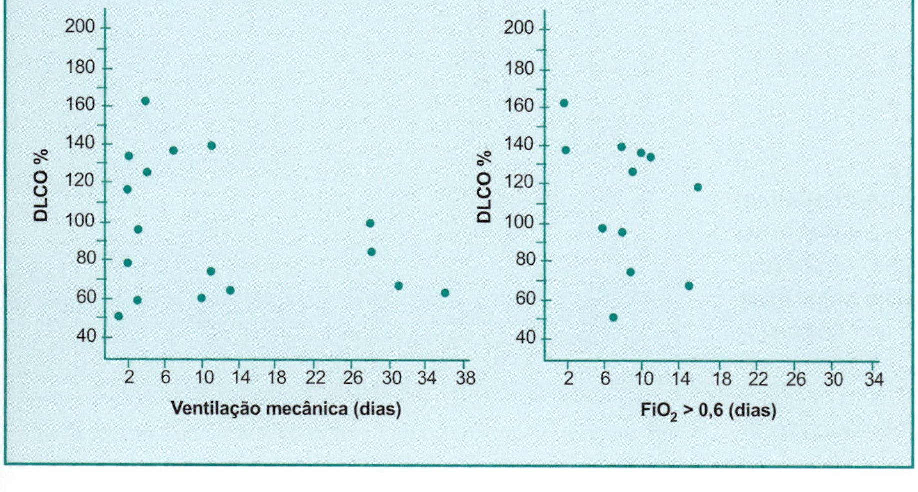

Fig. 42-8. Relação entre o tempo de ventilação e o uso de altas concentrações de oxigênio e a alteração da troca gasosa (DLCO) 1 ano após a SARA.[37]

Adequar a necessidade de fazer equilíbrio hídrico negativo, bom débito cardíaco e manter boa perfusão periférica. Muitas vezes esse objetivo necessita de monitorização hemodinâmica invasiva com catéter de Swan-Ganz.

3. Suporte nutricional.
4. Profilaxias:
   - Doença tromboembólica.
   - Lesão aguda da mucosa gástrica.

A ventilação mecânica, coagulopatias, insuficiência renal, traumatizados de crânio, grandes queimados e história anterior de sangramento digestivo alto estão entre os maiores fatores de risco de lesão aguda da mucosa gástrica e hemorragia digestiva.

Utilize técnicas para evitar a contaminação por microrganismos e infecção.

Quando possível, mantenha a cabeceira do leito em 40° para evitar regurgitação e aspiração do conteúdo gástrico. Evite a introdução nas vias aéreas inferiores do condensado contaminado do circuito do ventilador.

5. Sedação, analgesia e bloqueador neuromuscular muscular:
   - Defina objetivos.
   - Monitorize.
   - Siga protocolos assistenciais específicos.
6. Uso de outras terapias de suporte:
   - ECMO e ECCO2R.

A oxigenação extracorpórea por membrana (ECMO) e a remoção extracorpórea de CO2 (ECCO2R), embora em desuso, foram utilizadas para melhorar a troca gasosa enquanto ocorreriam repouso e recuperação da lesão pulmonar. A literatura demonstra que os resultados não são alentadores. Esse método necessita de grandes investimentos em material e recursos humanos e apresenta grandes taxas de complicações, como hemorragia (relacionada à anticoagulação), infecção, obstrução das tubulações, embolia gasosa e trombose.

A ECCO2R serve para repouso pulmonar. Entretanto, o repouso pulmonar pode ser realizado com as técnicas de proteção pulmonar usando-se baixos volumes correntes e hipercapnia permissiva.

A ventilação controlada por pressão com inversão da relação inspiração-expiração (PC-IRV) associada a ECMO apresenta estatisticamente resultados semelhantes (62% de mortalidade) aos métodos convencionais de ventilação.[55]

A ECMO e a ECCO2R atualmente não têm indicação no paciente com SARA.

Terapias adjuvantes

Embora haja várias terapias que podem ser associadas aos métodos tradicionais de tratamento, baseadas na biologia molecular e na imunologia, não há consenso quanto aos benefícios dessas drogas quando se avaliam a mortalidade, a lesão pulmonar e o tempo de permanência na UTI.[6] São citadas:

■ *Reposição de surfactante*

Utilizada rotineiramente na *Síndrome de Angústia do Recém-Nato* (Membrana Hialina), mas não em SARA.[34,35]

As substâncias surfactantes pulmonares, além da ação antitensoativa, também têm efeitos nos mecanismos de defesa, como na toxicidade para *Haemophylus influenzae* e pneumococos, e possivelmente modulam as ações de monócitos e linfócitos locais.[75] *Não há comprovação de que seja benéfica na SARA.*

■ *Óxido nítrico (NO)*

Sem comprovação de melhora na evolução (mortalidade).

■ *Corticosteróides*

Vários trabalhos de pesquisa bem-desenhados evidenciaram que não há melhora da sobrevida e na função pulmonar.[6,11] Entretanto, Meduri *et al* (1998) administraram, em trabalho randomizado e duplo-cego, metilprednisolona (2 mg/kg/dia) por 14 dias ou até a extubação, quando a dose era progressivamente diminuída, para pacientes com SARA (LIS > 2,5) em ventilação mecânica há mais de 7 dias, sem sinais de infecção não-tratada.[49,50,51] Observaram melhora na PaO_2/FiO_2, nas pontuações de lesão pulmonar (LIS) e de disfunção orgânica múltipla (SDOM), na complacência estática e na pressão média da artéria pulmonar. A sobrevida hospitalar no grupo que utilizou metilprednisolona foi maior (87% × 37%). Não foi observada diferença estatística quanto ao número de infecções. Esse mesmo autor também demonstrou que no grupo tratado com metilprednisolona havia diminuição sérica de metabólitos do colágeno relacionados com a fibrose pulmonar. O tempo de início do tratamento parece ser crucial para os resultados observados.

Há uma tendência ao uso de corticosteróides (metilprednisolona) após a primeira semana (5-7 dias) de SARA, para evitar a fibrose pulmonar, embora não seja consenso na literatura e alguns autores não tenham observado melhora na evolução (Fig. 42-9).[10,11,49]

A corticoterapia pode ser de valor na SARA por embolia gordurosa e na pneumocistose.

■ *Imunoterapia*

Sem comprovação de benefício.

■ *Proteína C ativada*

Poderia ser indicada na SARA.

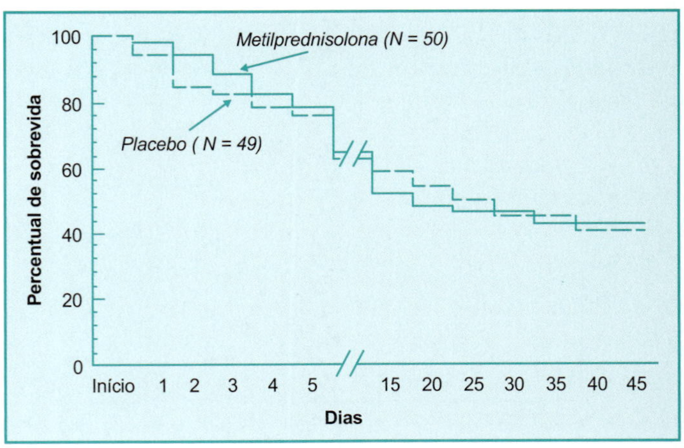

Fig. 42-9. Sobrevida e uso de metilprednisolona na fase aguda da SARA. Não há melhora da sobrevida.[8]

Inibidores das ciclooxigenases

Não está demonstrado que drogas como o ibuprofeno e outras previnam o desenvolvimento de choque ou de SARA e que melhorem a sobrevida.

Antioxidantes

Se bem que haja vários estudos, alguns mostrando diminuição dos dias de SARA e aumento do débito cardíaco, não há consenso nem está comprovada diferença na mortalidade.[68] Nathens *et al* (2002) estudaram a suplementação com alfatocoferol e vitamina C. Concluíram que a administração precoce desses antioxidantes nos pacientes cirúrgicos estudados reduziu o tempo de internação na UTI e a incidência de disfunções orgânicas.[58]

Eicosanóides

A literatura indica que a prostaciclina PGI_2 melhora a PaO_2/FiO_2 quando usada por inalação. A prostaglandina PGE_1 diminui a pressão arterial pulmonar, a resistência vascular pulmonar, aumenta o débito cardíaco e a $\dot{D}O_2$, mas em alguns pacientes pode diminuir a PaO_2 em alguns casos. Pode produzir hipotensão, febre e arritmias cardíacas.

Não há diminuição comprovada da mortalidade. Não há recomendação para seu uso rotineiro na SARA.

Cetoconazol, inibidor da tromboxano sintetase, diminui o tromboxano A2 e o leucotrieno B4 na SARA. Embora estudos controlados indiquem que o uso do cetoconazol se associe a diminuição da mortalidade, não foi observada diminuição nos dias de ventilação mecânica nem de permanência na UTI.[31,86]

Pentoxifilina

É um inibidor da fosfodiesterase, tem ação antagonista do receptor da adenosina, ações antiinflamatórias e reduz a resposta dos granulócitos à estimulação pela endotoxina.[71]

Terapias inalatórias com vasodilatadores

São utilizadas para diminuir a vasoconstrição pulmonar que produz hipertensão arterial pulmonar, piora da relação ventilação-perfusão alveolar e hipoxemia. O uso de substâncias vasodilatadoras por inalação evita as repercussões sistêmicas dessas drogas e permite sua ação na microvasculatura pulmonar, melhorando a perfusão de alvéolos ventilados. Entre essas drogas incluem-se o óxido nítrico indicado em casos com hipoxemia refratária. O óxido nítrico melhora a troca gasosa pulmonar, mas não altera a mortalidade. A prostaciclina inalada também melhora a oxigenação.

Lesão pulmonar induzida pela ventilação mecânica e estratégias ventilatórias protetoras na SARA

Na ventilação mecânica do paciente com SARA são importantes os conceitos:

- Utilize estratégias de proteção pulmonar.
- Abra os pulmões e os mantenha abertos.
- Use volumes correntes, pressões de pico e platô, PEEPs, fluxos, freqüências respiratórias e frações inspiradas de oxigênio adequadas.

A *lesão pulmonar induzida pelo ventilador* (VILI) compreende as lesões mecânica (p. ex., barotrauma, volutrauma) e a química (biotrauma). Há lesão pulmonar endotelial, epitelial e das substâncias surfactantes. Ocorrem também lesões bronquiolares (descamacão, necrose, inflamação). Basicamente, a VILI é conseqüente à hiperdistensão alveolar e às forças de tração produzidas pela abertura e fechamento dos alvéolos colabados.

Barotrauma é a lesão produzida pela pressão excessiva aplicada no sistema respiratório e conseqüente ruptura alveolar, com fuga aérea produzindo usualmente pneumomediastino, pneumotórax e enfisema subcutâneo. Devem-se evitar pressões inspiratórias máximas acima de 45 cmH_2O e de platô acima de 30-35 cmH_2O.

Volutrauma é a lesão produzida pela excessiva distensão alveolar com alterações epiteliais e endoteliais. Resultam dessas lesões alterações anatomopatológicas semelhantes às observadas na SARA. É importante considerar que a lesão pulmonar na SARA não é homogênea, isto é, a distribuição do fluxo gasoso, do volume inspirado e mesmo da PEEP pode, para a mesma pressão de platô ($P_{platô}$), hiperdistender alvéolos com complacência maior em relação a outros menos elásticos. Como há uma relação entre o volume (distensão) e a pressão alveolar, a profilaxia da lesão pelo ventilador (volutrauma e barotrauma) é realizada aplicando-se volumes correntes mais baixos e relacionando-os com a pressão de platô, que representa a pressão alveolar. Entretanto, como a pressão transpulmonar é mais importante do que a pressão nas vias aéreas, a complacência da caixa torácica deve ser considerada. Assim, patologias intra-abdominais, que alteram a complacência da caixa torácica e do sistema respiratório, aumentam a pressão das vias aéreas (p. ex., 40 cmH_2O), mas podem gerar uma pressão transpulmonar baixa e sem risco. Por outro lado, uma pressão transpulmonar de 30 cmH_2O produz em regiões colabadas e cercadas de alvéolos distendidos pressões de distensão de até 140 cmH_2O. Pressões transpulmonares de 15 cmH_2O são citadas como seguras.

Atelectrauma é a alteração inflamatória observada nas pequenas unidades aéreas conseqüente à abertura e fechamento dessas unidades.

Biotrauma é a lesão química resultante da liberação de mediadores inflamatórios (TNF, IL-1, IL-6) pelas células das unidades alveolares hiperdistendidas. Esses mediadores inflamatórios atuarão localmente piorando a lesão inflamatória da SARA e ao entrarem na circulação, podem produzir lesão a distância e mesmo SDOM.

Ventilação mecânica na SARA. Estratégias protetoras

Modo ventilatório

Podem ser usados modos de suporte ventilatório invasivo e não-invasivo. Os modos não-invasivos, como a CPAP e a VNI (BiNível, PSV+PEEP), podem ser considerados inicialmente em pacientes estáveis hemodinamicamente, conscientes e cooperativos, não-fatigados, com *drive* respiratório adequado e capazes de suportar curtos períodos de tempo sem suporte ventilatório, com hipoxemia estabilizada e sem retenção de CO_2 e atendido por equipe experiente com o método.[39,53] Se não houver melhora evolutiva em cerca de uma hora, o método deve ser trocado para ventilação invasiva.

A literatura indica que os modos a volume e a pressão podem ser utilizados no suporte ventilatório da SARA. O modo ventilatório por pressão (PCV, onda de fluxo desacelerada) aumentaria a pressão alveolar mais rapidamente do que o modo a volume (VCV, onda de fluxo quadrada). Como há variações nas constantes de tempo alveolares ($TC = R_{aw, sr} \times C_{st, sr}$), teoricamente a insuflação dessas unidades respiratórias seria mais homogênea com a PCV. Alguns autores discutem que a VCV com onda quadrada de fluxo poderia ser nociva. Davis *et al* (1996) em pacientes com lesão pulmonar aguda observaram que o modo por pressão ou por volume com onda desacelerada de fluxo apresentaram resultados semelhantes quanto à mecânica e à troca gasosa pulmonar.[21] Prella *et al* (2002) indicaram a PCV no tratamento por permitir menores pressões de pico e melhor titulação da pressão de distensão alveolar, fatos que permitiriam evitar hiperdistensão regional através da distribuição gasosa mais homogênea.[65]

Putensen *et al* (2001) estudaram pacientes em insuficiência respiratória aguda e compararam PCV com a APRV.[67] Observaram diminuição do risco relativo de desenvolver SARA nos pacientes que utilizaram APRV e relataram melhora significativa da função cardiorrespiratória, redução do uso de sedativos e diminuição do tempo de ventilação mecânica ($15 \pm 2 \times 21 \pm 2$ dias, $p = 0{,}032$) no grupo que usou APRV em comparação com o grupo que usou PCV. O índice cardíaco e a oferta tecidual de oxigênio foram maiores no grupo APRV. Não houve diferença na mortalidade. Atribuíram as vantagens ao fato de os pacientes que estavam em modo assistido pela APRV terem contração diafragmática, com melhor ventilação e diminuição das atelectasias alveolares.

Outros métodos de suporte ventilatório são a ventilação mecânica com alta freqüência e a ventilação líquida. Ventilação de alta freqüência inclui um grupo heterogêneo de modos de ventilação, caracterizada por volumes correntes baixos e freqüências respiratórias elevadas. Nesses modos de ventilação, as variações pressóricas do sistema são pequenas, permitem altas pressões médias nas vias aéreas, potencialmente reduzem o volutrauma e o atelectrauma. A ventilação por alta freqüência por oscilação (HFOV) foi utilizada na SARA por alguns grupos. A HFOV é o único modo com uma fase de expiração ativa.[74] A HFOV melhora a oxigenação sem comprometimento hemodinâmico.[5]

Kacmarek (2002), em modelos experimentais, observou que a ventilação líquida parcial era efetiva em relação à ventilação convencional, mas que essa vantagem não foi observada em nenhum estudo humano.[40]

■ *Volume corrente*

Analisando a patologia da SARA, observa-se que há importante redução do volume pulmonar (*baby lung*). Assim, o volume corrente a ser utilizado deve ser reduzido a *4 a 7 ml/kg de peso corporal*. Quanto mais grave o processo, menor o volume corrente.

Hickling *et al* (1994) demonstraram, em pacientes com SARA e utilizando baixos volumes correntes,[36,37] diminuição de 60% da mortalidade esperada. Amato *et al* (1993, 1998) compararam pacientes com SARA e observaram redução da mortalidade no grupo com baixo volume corrente ($38 \times 71\%$; $p < 0{,}001$).[3,4] Pesquisa realizada pelo *NIH-Acute Respiratory Distress Syndrome Network* comparou 861 pacientes com volume corrente de 6 ml/kg × 12 ml/kg de peso corporal.[2] No grupo com 6 ml/kg a pressão de platô foi mantida ≤ 30 cmH_2O e ajustadas a FiO_2 e a PEEP. Foi observada diminuição da mortalidade para 31,0% no grupo com VC = 6 ml/kg em comparação com 39,8% no grupo com VC = 12 ml/kg ($p = 0{,}007$), que corresponde a diminuição relativa da mortalidade de 22%.

Brower *et al* (1999), com o objetivo de estudar a eficácia e a segurança da estratégia da ventilação mecânica com baixos volumes correntes, compararam dois grupos de pacientes: com uso de volume corrente tradicional – TTV (VC = 10-12 ml/kg, $P_{platô} < 45\text{-}55$ cmH_2O, PaO_2/FiO_2 média = 151) e com redução – STV (VC = 6-8 ml/kg, $P_{platô} < 30$ cmH_2O, $PaO_2/FiO_2 = 129$).[16,17] Em média esses pacientes tinham critérios para SARA, mas não severa. Ajustaram a $PaCO_2$ para 30-45 mmHg (FR < 30 ipm), a PaO_2 entre 55-75 mmHg e a SaO_2 de 86 a 94% através de combinações da FiO_2 e a PEEP. Observaram que em 5 dias 33% dos pacientes assumiam ventilação espontânea ou morriam. A mortalidade hospitalar foi de 46% para o TTV e de 50% para o STV (mortalidade relativa para STV = 1,08), mas sem diferença estatística após ajustar para a idade, pontuação APACHE, LIS e a causa da SARA. Não foi observada diferença entre os grupos com VC tradicional *versus* reduzido, fato atribuído a não ter havido grande diferença na complacência do sistema respiratório, ou seja, diferença na gravidade da SARA ou pelo fato de a PEEP utilizada ter sido baixa e semelhante em ambos os grupos. O nível da PEEP estava abaixo do recomendado para a prevenção da lesão causada pela abertura e fechamento cíclicos das vias aéreas e alvéolos e fato que pode ter influenciado nos resultados. Esse trabalho sugere ser segura a ventilação com volumes correntes baixos, isto é, não houve aumento da mortalidade.

Por outro lado, observa-se que esses trabalhos foram realizados com volume corrente mais baixos e que comparou VC = 6-8 ml/kg de peso com volumes altos (VC = 10-12 ml/kg), embora hoje os volumes utilizados rotineiramente para ventilação sejam de 8-10 ml/kg. Atualmente alguns intensivistas alteram o volume corrente em relação com o limite da pressão de platô (próximo a 30 cmH_2O), permitindo maior ou menor volume dependendo dessa pressão.

Elchacker *et al* (2002) também chamaram atenção para a pressão de platô e sua importância.[24] Em metanálise de trabalhos da literatura, concluíram que os trabalhos não forneceram dados científicos suficientes para o uso de volumes correntes mais baixos do que os atualmente utilizados (VC = 8-10 ml/kg) no tratamento de rotina de pacientes com *lesão pulmonar e SARA desde que a pressão de platô seja mantida entre 28 e 32* cmH_2O. Entretanto, é importante considerar que a pressão de platô sofre influência não somente de alterações fisiopatológicas pulmonares, mas também da caixa torácica. A pressão transpulmonar (P_{aw}-$P_{pleural}$) é fator importante na lesão pulmonar induzida pela ventilação mecânica. Até o conhecimento científico atual *é importante manter o paciente em ventilação mecânica com pressão de platô não superior a 30-35 cmH$_2$O*.

David *et al* (2002), comparando modos e técnicas de ventilação mecânica na SARA em UTIs brasileiras, observaram que o volume corrente médio utilizado no Brasil era acima do recomendado e de 7,5 ml/kg de peso.[20] Do mesmo modo, o *NIH ARDS Network* relatou o valor médio de 8,6 ml/kg. Esses fatos chamam atenção para a importância do uso de protocolos bem-definidos para ventilação destes pacientes.

Observa-se que atualmente os intensivistas utilizam, para ventilar pacientes sem SARA na UTI, volumes correntes entre 8 a 10 ml/kg de peso e que há necessidade de se comparar resultados clínicos desses valores com aqueles indicados na SARA (4-7 ml/kg). Por outro lado, pacientes graves geralmente não são pesados, e utiliza-se o peso presumido do paciente para cálculo do volume corrente, havendo grande variação do volume utilizado.

A estratégia de usar pressões baixas e altas PEEPs diminui a variação ($P_{platô}$ – PEEP $_{total}$) da pressão correspondente ao volume corrente, podendo haver, assim, hipoventilação alveolar e hipercapnia. A hipercapnia conseqüente a essa estratégia é denominada *hipercapnia permissiva* ou *consentida*. A hipercapnia deve ser evitada em pacientes com hipertensão intracraniana, após a reanimação da parada cardíaca, na acidose metabólica, na insuficiência coronariana e na instabilidade hemodinâmica. Há na literatura recente discussão dos possíveis efeitos benéficos da hipercapnia no mecanismo da lesão induzida pelo ventilador, diminuindo a inflamação.[14,23,27,36] De acordo com os resultados experimentais de Scott *et al* (2002), ocorreu menor infiltração pulmonar com polimorfonucleares e hemorragia quando os coelhos foram submetidos à hipercapnia.[73]

Pacientes com contra-indicação de hipercapnia podem se beneficiar de insuflação de gás traqueal (TGI). Prin *et al* (2002) mostraram que em pacientes com SARA e hipercapnéicos usando HMEs, na troca desses auto-umidificadores por umidificadores aquosos havia diminuição da hipercapnia.[66]

■ *Freqüência respiratória*

Igual ou abaixo de 22 ipm. Pode ocorrer diminuição da ventilação alveolar pelo volume-minuto baixo ($\dot{V}m = VC \times FR$) com retenção de CO$_2$ (hipercapnia permissiva).

■ *Fluxo inspiratório*

Comparando-se o modo ventilatório controlada por volume (VCV) com onda de fluxo quadrada e a PCV, que tem onda de fluxo desacelerada, observa-se que a VCV associa-se com maior pressão inspiratória máxima e menor pressão média das vias aéreas. A menor pressão média das vias aéreas associa-se com menor pressão alveolar. A VCV com onda de fluxo desacelerada corta a onda de pico de pressão inspiratória.

Rich *et al* (2000) experimentalmente (em carneiros) observaram que a redução do fluxo inspiratório protegia o pulmão mesmo em ventilação com altas pressões, fato que não ocorria em fluxos inspiratórios convencionais.[69] Não observaram benefícios ao reduzir a freqüência respiratória quando utilizaram fluxos inspiratórios usuais.

■ *Relação inspiração-expiração*

A relação inspiração:expiração normalmente utilizada é de cerca de I:2. Entretanto, pode-se inverter essa relação quando houver a necessidade de se criar autoPEEP. Esse fato aumentará a PEEP total, que se somará à PEEP aplicada ($PEEP_E$), a autoPEEP ($PEEP_I$). É possível que o aumento do tempo inspiratório influencie, acentuando a lesão pelo maior tempo de distensão alveolar.[18]

A relação I:E invertida (2:1, 3:1 etc.) produz maior pressão média das vias aéreas e alveolar e melhora a troca gasosa alveolar. Relativamente diminui o espaço morto. A inversão da relação I:E (IRV, *inverse ratio ventilation*) pode produzir alterações hemodinâmicas importantes com hipotensão arterial, barotrauma, necessita de sedação e freqüentemente de bloqueio neuromuscular. A inversão dessa relação pode ser feita no modo PCV, que controla o nível de pressão e o tempo inspiratório, e no modo VCV ao se aumentar o tempo de platô inspiratório, diminuir o fluxo inspiratório e cortando-se o pico inspiratório máximo ($PI_{máx}$), fato esse que fará automaticamente o ventilador passar de onda quadrada de fluxo para desacelerada. A literatura mostra que os efeitos da PCV com inversão da relação I:E (IRV, PC-IRV) e da VCV com onda desacelerada e IRV (VC-IRV) são semelhantes.

■ *FiO$_2$*

A troca gasosa alveolar depende da FiO$_2$. A *toxicidade pelo oxigênio* também deve ser considerada, pois em concentrações superiores a 50-60% pode produzir graves alterações patológicas e semelhantes às da SARA. O objetivo da oxigenação é SaO$_2$ 92%, mas é possível aceitar valores menores se houver boa estabilidade hemodinâmica e ausência de manifestações de disfunção orgânica por hipoxemia.

Frações inspiradas de oxigênio superiores a 50 a 60% são potencialmente lesivas aos pulmões e devem ser evitadas. Além de produzirem lesão química no parênquima pulmonar, as altas concentrações também facilitam a atelectasia alveolar, principalmente quando superiores a 80%, por diminuição do nitrogênio alveolar. Entretanto, como essas lesões são tempo-dependentes, altas FiO$_2$ por períodos de tempo não muito longos podem ser usadas, pois a adequação da oferta ($\dot{D}O_2$) e o consumo ($\dot{V}O_2$) tecidual de oxigênio são prioridades do tratamento do paciente grave.

O decúbito prono pode melhorar a troca gasosa em cerca de 70 a 80% dos pacientes, efeito observado usualmente nas primeiras duas horas, possibilitando a redução da FiO$_2$. A melhora é observada principalmente na primeira semana de SARA.[63] A melhora é mais bem observada em pacientes com distensão abdominal. A posição prona não produz alterações hemodinâmicas. A colocação do paciente em decúbito prono deve ser orientada por protocolo assistencial e por equipe treinada (4 profissionais). O tempo de permanência em decúbito prono varia, a maioria dos serviços mudando o decúbito de 4/4 a 12/12 horas. São importantes complicações as lesões por compressão (escaras, lesões nas orelhas, oculares), deslocamentos do tubo traqueal e dos catéteres. As alterações fisiopatológicas associadas com a melhora da troca gasosa no decúbito prono são:[62]

- Melhora da distribuição do fluxo gasoso e da relação ventilação/perfusão.
- Eliminação da compressão exercida pelo coração nos segmentos posteriores dos lobos inferiores e melhora da atelectasia.
- Limitação da expansão inspiratória das regiões cefálicas do tórax por diminuição da complacência da caixa torácica.
- Aumento do recrutamento alveolar induzido pela PEEP. A PEEP também recruta áreas caudais dos pulmões e reduz a hiperdistensão das áreas cefálicas.
- Homogeneização do gradiente de pressão pleural.
- Melhora da ventilação das regiões pulmonares dependentes na posição prona de acordo com a *teoria da esponja* pulmonar.
- Facilita a drenagem de secreções.

PEEP

O uso da PEEP faz parte da estratégia de proteção pulmonar. A PEEP recruta alvéolos, redistribui o fluido pulmonar, melhora as substâncias surfactantes e a troca gasosa pulmonar. Os mecanismos postulados para a lesão produzida pela ventilação mecânica são resultantes do repetido ciclo de fechamento e abertura das unidades alveolares colapsadas e da hiperdistensão alveolar. Como a estratégia de se utilizar baixos volumes correntes produz abertura e fechamento repetidos e lesão de unidades aéreas, é importante a utilização da PEEP para mantê-las abertas durante o ciclo respiratório e diminuir essa lesão.

Já em 1974, Webb e Tiemey mostraram o efeito protetor da PEEP durante a ventilação por pressão positiva intermitente.[82] Experimentalmente, demonstra-se que, em pulmões sãos ou previamente lesados, a PEEP associada a volumes correntes maiores ou de 7 ml/kg de peso protege os pulmões reduzindo a inflamação pulmonar, isto é, diminuindo a infiltração por células inflamatórias (granulócitos) e a liberação de mediadores inflamatórios (citocinas, prostanóides).

PEEPs altas podem ter efeitos cardiovasculares, e na sua aplicação deve ser considerada a monitorização hemodinâmica.

Aplicação da PEEP na SARA primária e secundária

A resposta à PEEP depende da complacência pulmonar (C_{st}, pulmonar) e da caixa torácica (C_{st}, caixa torácica).

A elastância do sistema respiratório (Esr) compreende

$$Esr = 1 / C_{st,\ sr}$$
$$Esr = 1/ (C_{st},\ \text{pulmonar} + C_{st,\ cx}\ \text{torácica})$$

As respostas às manobras de recrutamento alveolar e a segurança de pressões ventilatórias (pressões de platô) podem ser influenciadas pelo tipo de SARA. Esse fato pode ser explicado porque a pressão transpulmonar varia com a elastância pulmonar e total do sistema respiratório. Assim, quanto maior a relação entre a elastância pulmonar e a da caixa torácica (SARA primária), maior o risco de barotrauma, e quanto menor essa relação (SARA secundária), maior a repercussão hemodinâmica.

A PEEP produz melhor resposta na SARA secundária:

1. PEEP profilática

   Há grande interesse da literatura na discussão do uso da PEEP no paciente com SARA. Pepe *et al* (1984) estudaram o uso profilático da PEEP (8 cmH_2O) em pacientes com risco de desenvolver SARA e não observaram resultado positivo.[64]

2. PEEP e manobras de recrutamento

   Desde a década de 1970 sabe-se que ventilar pacientes mantendo baixos ou excessivamente altos volumes expiratórios finais piora a mecânica ventilatória e aumenta a lesão pulmonar.

   As respostas à PEEP e à manobra de recrutamento variam com a fase evolutiva da SARA. Devem ser utilizadas na fase inicial e preferentemente iniciadas nos dois primeiros dias da patologia. Com o estabelecimento de lesões anatomopatológicas mais tardias, acima de 5 a 7 dias, a resposta pode não ser satisfatória e pode haver lesão pulmonar (barotrauma).

São descritos vários métodos para determinar a PEEP a ser utilizada na SARA. Entre essas técnicas estão a curva PV (pressão de platô em diferentes volumes correntes – oclusões múltiplas) e a curva PEEP-complacência. A curva PV pode ser realizada por vários métodos, como o da superseringa, por oclusão com volumes aleatórios e pela observação técnica de insuflação lenta com observação no *display* do ventilador da curva realizada com baixo fluxo inspiratório (< 10 l/min).

A técnica da *superseringa*, embora seja padrão ouro, necessita retirar o paciente do ventilador e pode associar-se com importantes alterações gasosas; *a técnica de oclusão* com o paciente em CMV e mudando-se os volumes correntes para determinar a pressão de platô consome tempo e freqüentemente associa-se com hipoxemia; *a técnica de insuflação lenta e sem desconexão do ventilador* pode ser realizada em ventiladores modernos para gerar uma curva quase-estática usando-se fluxos inspiratórios baixos (3 a 9, < 10 l/min) para gerar pouca resistência.

Entre os principais métodos à beira do leito estão a curva pressão-volume e a curva PEEP-complacência.[78] No método de determinação da PEEP pela curva pressão-volume, a PEEP a ser utilizada é levemente maior (2 cmH_2O) do que o ponto de inflexão inferior P1 (Fig. 42-10). A PEEP deve ser usada acima do ponto de inflexão inferior (P1) para evitar a abertura e o fechamento cíclico das unidades aéreas. O uso da PEEP no ponto de máxima complacência determinada pela curva PEEP-complacência corresponde freqüentemente aos valores obtidos na curva pressão-volume, tem menor variabilidade entre observadores e menor risco para o paciente.

Recrutamento pulmonar

Para abrir os pulmões é necessário a manobra de recrutamento e a PEEP para manter abertas as unidades alveolares.

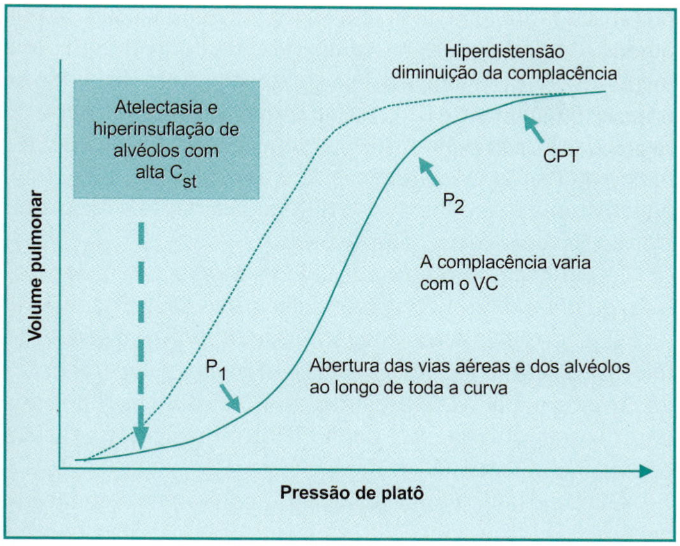

Fig. 42-10. Curva PV. Vários aspectos são observados na curva. Abaixo do ponto de inflexão inferior (P_1) na SARA, os alvéolos encontram-se atelectasiados, ou, quando ventilados, podem estar hiperinsuflados. O ponto P_1 indica a pressão média de abertura acima do qual os alvéolos começam a reabrir e a pressão do sistema abaixo da qual se associa com desrecrutamento. A hiperinsuflação alveolar associada ao trauma de abertura e fechamento das unidades pode levar a lesão pulmonar mecânica e bioquímica. Acima de P_1 há recrutamento progressivo ao longo de toda a curva e observa-se melhora da complacência até P_2 (ponto de inflexão superior), em que os alvéolos se encontram no limite da sua insuflação e correspondente à capacidade pulmonar total do sistema (CPT). Ocorrem além desse ponto, hiperdistensão alveolar, diminuição da complacência e possível lesão alveolar. O volume corrente e a PEEP devem ser limitados para que a pressão inspiratória do sistema fique acima de P_1 e abaixo de P_2.

Amato *et al* mostraram a importância da estratégia de manter *os pulmões abertos* na SARA e na Lesão Pulmonar Aguda (IPA), com diminuição da mortalidade no 28º dia de evolução.[3,4] Observaram que os pacientes se beneficiavam do uso de volumes correntes baixos e da PEEP acima do ponto de inflexão inferior da curva PV. Nesse trabalho os autores também usaram o modo ventilação por pressão com inversão da relação inspiração-expiração.

Entre as estratégias de proteção pulmonar está a *manobra de recrutamento alveolar* que permitirá abrir alvéolos atelectasiados e aumentar a complacência estática dos pulmões e a troca gasosa. Esse recrutamento, melhorando a mecânica (complacência) do sistema respiratório, permitirá usar menor pressão para ventilação, potencialmente diminuindo a lesão pulmonar produzida pela ventilação mecânica (*VILI – ventilator induced lung injury*).

As manobras de recrutamento podem ser realizadas por diferentes métodos através da aplicação de suspiros e de pressão sustentada nas vias aéreas, suficiente para abrir a maioria das unidades alveolares colapsadas e edemaciadas As unidades são colapsadas pela diminuição das substâncias surfactantes, pelo peso dos pulmões edemaciados e inflamados e das estruturas mediastinais (coração) sobre as regiões dependentes, pela elevação diafragmática e pelo aumento da pressão da caixa torácica sobre os pulmões.

No recrutamento pulmonar, mais importante do que a pressão das vias aéreas é a pressão transpulmonar, isto é, a diferença entre a pressão nas vias aéreas e a pressão pleural ($Ptp = P_{aw} - P_{pleural}$). Fisiologicamente, a pressão pleural aumenta (diminui a negatividade) das regiões não-dependentes para as dependentes, e ocorre colapso quando a pressão transpulmonar se aproxima de zero. Como nas regiões dependentes há mecanismos fisiopatológicos que aumentam a tendência ao colapso (atelectasia), a pressão transpulmonar para abrir (recrutar) essas unidades tem que ser maior.

As manobras de recrutamento somente devem ser realizadas em pacientes hemodinamicamente estáveis. A abertura das unidades alveolares melhora a complacência pulmonar e permite a ventilação com menores pressões, evita a abertura e o fechamento cíclico de unidades alveolares instáveis e conseqüentemente o trauma mecânico e o biotrauma e melhora as substâncias surfactantes e a troca gasosa pulmonar.

As manobras de recrutamento podem ser feitas por diferentes métodos e recrutar alvéolos colabados e edemaciados. Alvéolos preenchidos de exsudatos (pneumonia, hemorragia etc.) não respondem adequadamente a essas manobras, e por esse motivo o recrutamento tem melhor resposta na SARA conseqüente a patologias extrapulmonares (p. ex., peritonite, pancreatite etc.) do que nas pulmonares. A manutenção do recrutamento pulmonar otimizado influencia a evolução do paciente com SARA. A manobra de recrutamento (MR) superimposta à ventilação mecânica tem o potencial de recrutar pulmões atelectasiados durante a anestesia geral e na SARA. As perguntas sobre a MR são: sua duração, a pressão, o modo ou pressão sustentada (CPAP, PCV + PEEP), freqüência de repetição da manobra, suspiros (VCV, PCV) e o tipo de SARA (pulmonar ou intrapulmonar).[13] Além desses aspectos, as MR necessitam de informações sobre as complicações hemodinâmicas e as lesões pulmonares. Os trabalhos que analisam as lesões histológicas são realizados em animais e por tempo de evolução curto, fatos que não podem ser extrapolados integralmente para os pacientes.

Após a realização do recrutamento alveolar, deve-se aplicar a PEEP, pois o desrecrutamento pode ocorrer rapidamente.[19,33] Outro aspecto discutido atualmente na literatura é que mesmo com essas manobras e a aplicação de PEEP adequada ocorre desrecrutamento ao longo do tempo e que possivelmente as manobras de recrutamento deveriam ser repetidas.

O recrutamento depende da pressão inspiratória máxima aplicada, do tempo de sua aplicação e do nível da PEEP. Admite-se que, uma vez colapsado o pulmão sadio ou doente, é preciso altas pressões para se abrir essas estruturas. Assim, são citadas na literatura pressões 30 a 60 cmH_2O por tempo variável de 15 s a 10 min. Amato *et al* utilizaram pressão contínua nas vias aéreas de até 40 cmH_2O por 40 s. Outros autores experimentalmente usaram PEEP de 40 cmH_2O associada a PCV de 20 cmH_2O por 2 min e observaram que recrutamento máximo era alcançado com essas altas pressões e com o uso de múltiplas manobras. Nesses trabalhos experimentais, as altas pressões usadas não foram associadas a volutrauma ou lesão histológica pulmonar definida nem a alteração hemodinâmica persistente.

Experimentalmente, Fujino *et al* (2002) compararam manobras de recrutamento (CPAP de 40 cmH_2O por 40 s e PCV de 20 cmH_2O + PEEP 40 cmH_2O por 2 min, FR=10 ipm e relação I:E=1:1) repetidas 4 vezes a cada 30 min após desconexão do ventilador.[28] Concluíram que o recrutamento máximo ocorreu com PCV = 20 cmH_2O associado a PEEP de 40 cmH_2O aplicado por 2 min e que a PaO_2 somente aumentava significadamente após a segunda manobra de recrutamento. Não observaram lesão histológica associada a essas manobras.

Quanto mais grave o acometimento pulmonar, maiores a pressão e o tempo necessários para recrutar os pulmões. Em oposição, quanto maior o uso de pressões não-limitadas, existe a potencial possibilidade de volutrauma, barotrauma, instabilidade hemodinâmica e lesão capilar alveolar. A questão a ser definida é se pacientes que usam manobras para recrutamento máximo evoluem melhor da SARA.

As manobras de recrutamento são usualmente realizadas durante 3 vezes consecutivas e podem ser feitas por vários métodos:[26]

1. Método manual

   Acopla-se uma *bolsa ventilatória* com um manômetro a uma fonte com mistura gasosa. Esse sistema é ligado ao circuito do paciente. O circuito é clampeado temporariamente no final da expiração e depois aberto para permitir a ventilação com a bolsa ventilatória e manter a PEEP entre 15 a 20 cmH_2O. Os pulmões são hiperinsuflados com pressão de 45 a 55 cmH_2O durante 20-30 s. Após esse tempo, há liberação dessa pressão e os pulmões são ventilados, mantendo-se a PEEP.

2. Método com CPAP

   Coloca-se o paciente no modo CPAP com pressão de 45 a 55 cmH_2O durante 20 a 30 s. Após, a PEEP é mantida entre 18 a 20 cmH_2O.

3. Método da pausa inspiratória prolongada

   Com o paciente em ventilação controlada, aumenta-se a pressão inspiratória para 45 a 55 cmH_2O durante 20 s. Após, aplica-se a PEEP.

4. Método de Lachmann

   Coloca-se o paciente em PCV com relação inspiração:expiração de 1:1, freqüência respiratória entre 8 e 10 ipm e a PEEP de 20 cmH_2O. A pressão inspiratória máxima é aumentada progressivamente para 50 a 55 cmH_2O e a ventilação assim mantida durante 2 min. Após, a pressão é diminuída para 30 a 35 cmH_2O. Se bem que as manobras de pressão sustentada resultem em maior e mais longo tempo de recrutamento, suspiros intermitentes aplicados por pressões de platô de 40-45 cmH_2O durante 3 a 4 segundos em manobras sucessivas melhoram a mecânica e a troca gasosa.

Essas manobras recrutativas abrem grande parte dos pulmões colabados; entretanto, a real necessidade da abertura de quase todo os pulmões não está esclarecida na literatura, bem como sua influência na evolução do paciente e os possíveis efeitos deletérios. Não há comprovação clínica de que uma manobra de recrutamento seja superior a outra. Sabendo-se da heterogeneidade e da variação da mecânica respiratória regional das lesões pulmonares, as repercussões das manobras de recrutamento e de PEEPs elevadas aplicadas por longo tempo teoricamente podem produzir hiperinsuflação e dano alveolar nos alvéolos mais complacentes.

É importante manter altas PEEPs na estratégia de *manter os pulmões abertos*. Recomenda-se o uso da PEEP acima de 2 cmH_2O da pressão correspondente do ponto de inflexão inferior da curva PV, mas observa-se nas citações recentes da literatura que os valores recomendados, pelos métodos descritos anteriormente, de PEEP inicial necessária variam entre 15 a 20 cmH_2O.

Ocorre desrecrutamento quando no sistema respiratório pressurizado se retira a PEEP (aspirações, desconexão inadvertida, transporte, nebulizações, troca de circuito), podendo a não-homogeneidade da distribuição do fluxo gasoso potencialmente acentuar a lesão alveolar. Em estudos experimentais (modelo ácido oléico em porcos), o desrecrutamento inicia-se em 0,6 s após a retirada da PEEP. Após a retirada momentânea da PEEP e a sua reinstalação, a PaO_2 não aumenta como anteriormente à sua interrupção por causa do desrecrutamento. Outro aspecto considerado atualmente é que, mesmo com altas PEEPs ao longo do tempo da aplicação da estratégia protetora, ocorre desrecrutamento alveolar. Esse fato indicaria a necessidade de se repetir as manobras de recrutamento.

Pelosi *et al* (1999) observaram que a aplicação de *suspiros* melhoraria o recrutamento e a troca gasosa em pacientes já utilizando a estratégia protetora, principalmente na SARA de origem extrapulmonar.[60] O desrecrutamento relacionou-se com a elevação da $PaCO_2$. Suspiros usados ciclicamente funcionariam como manobra de recrutamento na fase precoce da SARA tanto na posição supina quanto na prona.

MONITORIZAÇÃO DO RECRUTAMENTO PULMONAR

Troca gasosa pulmonar

- PaO_2/FiO_2, $D(A\text{-}a)O_2$, *shunt* arteriovenoso pulmonar.
- $PaCO_2$.

Mecânica ventilatória

- Complacência estática do sistema respiratório.
- Pressões do sistema respiratório.
- Morfologia da curva pressão-tempo.

Ranieri *et al* (2000), analisando a morfologia da curva pressão-tempo, descreveram experimentalmente as alterações histológicas e a produção de mediadores inflamatórios durante a ventilação.[68] Observaram que em situações com atelectasias (colapsos alveolares) a curva pressão-tempo apresentava leve concavidade para baixo, e, quando havia hiperinsuflação pulmonar, a deflexão era com a concavidade para cima.

Nas situações de baixo estresse pulmonar a relação era uma reta. Observando essas curvas e analisando as alterações nos animais, criaram experimentalmente um coeficiente (coeficiente *b*) para predizer a estratégia ventilatória não-lesiva. Estudos clínicos com esse método ainda não foram publicados.

■ *Morfologia e inclinação da curva PV*

Vieillard-Baron *et al* (2002) demonstraram a limitação do fluxo na fase inicial da curva PV na SARA, indicadora da existência de compartimentos alveolares heterogêneos, com diferentes constantes de tempo e que inicialmente não recebiam fluxo gasoso, aos quais denominaram *compartimento lento*.[81] Esse compartimento seria responsável pela alteração na complacência observada entre o ramo inicial e o ramo intermediário da curva PV. Nesse segmento inicial da curva observaram PEEP intrínseca de 3 ± 2 cmH_2O correspondente a 172 ± 83 ml de retenção gasosa em 68,7% dos pacientes com SARA. Nos outros pacientes (31,3%), que tinham menor retenção gasosa, a parte inicial da curva PV era retilínea. Esse fato indica que o segmento inicial da curva PV correlacionava-se com o *compartimento lento* e que a forma do ramo inspiratório dessa curva pode ser dependente desse compartimento.

Métodos de imagem

Métodos de imagem, como a tomografia axial computadorizada, são utilizados para avaliar o recrutamento pulmonar.[61]

REFERÊNCIAS BIBLIOGRÁFICAS

1. Abel SJC, Finney SJ, Brett SJ, Keogh BF, Morgan CJ, Evans TW. Reduced mortality in association with the acute respiratory distress syndrome (ARDS). *Thorax* 1998;53:292.
2. Acute Respiratory Distress Syndrome Network. Ventilation with Lower Tidal Volumes as Compared with Traditional Tidal Volumes for Acute Lung Injury and the Acute Respiratory Distress Syndrome. *N Engl J Med* 2000;342:1301–1308.
3. Amato MB, Barbas CS, Medeiros DM, Magaldi RB, Schettino GP, Lorenzi-Filho G, Kairalla RA, Deheinzelin D, Munoz C, Oliveira R, Takagaki TY, Carvalho CR. Effect of a Protective-Ventilation Strategy on Mortality in the Acute Respiratory Distress Syndrome. *N Engl J Med* 1998;338:347.
4. Amato MBP, Barbas CSV, Medeiros DM, Dezheizelin, Kairalla RA, Carvalho CRR. Improved Lung Mechanics and Oxygenation Achieved Through a New Approach to Mechanical Ventilation in ARDS — The Importance of Reducing the Mechanical Stress on the Lung. *Am Rev Respir Dis* 1993; (Suppl.):147;A890.
5. Andersen FA, Guttormsen AB, Flaatten HK. High frequency oscillatory ventilation in adult patients with acute respiratory distress syndrome—a retrospective study. *Acta Anaesthesiol Scand* 2002;46(9):1082–8.
6. Artigas A, Bernard GR, Carlet J, Dreyfuss D, Gattinoni L, Hudson L, Lamy M, Marini JJ, Matthay MA, Pinsky M, Spragg R, Suter PM. The Consensus Committee. The American-European Consensus Conference on ARDS, Part 2. Ventilatory, Pharmacologic, Supportive Therapy, Study Design Strategies, and Issues Related to Recovery and Remodeling. *Am J Respir Crit Care Med* 1998;157(4):1332–1347.
7. Artigas A, Carlet J, Le Gall JR, Chastang CL, Blanch L, Fernandez R. Clinical Presentation, Prognostic and Outcome of ARDS in The European Collaborative Study (1985–1987).
8. Ashbaugh DG, Bigelow DB, Petty TL, Levine BE. Acute Respiratory Distress in Adults. *Lancet* 1967;2:319.
9. Bernard GR, Artigas A, Brigham KL *et al.* The American-European Consensus Conference on ARDS. *Am J Respir Crit Care Med* 1994;149:818.
10. Bernard GR, Harris T, Luce JE, Rinaldo J, Sibbald WJ Sprung C, Tate RM, Higgins S, Kariman K, Bradley R, Brigham KL. High Dose Corticosteroids in Patients with the Adult Respiratory Distress Syndrome: A Randomized Doublé Blind Trial. *N Engl J Med* 1987;317:1565.
11. Bernard GR, Luce JM, Sprung CL *et al.* High Dose Corticosteroids in Patients with the Adult Respiratory Distress Syndrome. *N Engl J Med* 1987;317:1565.
12. Bethmann NA, Brasch F, Nüsing R, Vogt K, Volk HD, Müller KM, Wendel A, Uhlig S. Hyperventilation Induces Release of Cytokines from Perfused Mouse Lung. *Am J Respir Crit Care Med* 1998;157(1):263–272.
13. Blanch L, Fernandez R, Lopez-Aguilar J. Recruitment maneuvers in acute lung injury. *Respir Care Clin N Am* 2002;8(2):281–94.
14. Broccard AF, Hotchkiss Jr, Vannay C, Markert M, Sauty A, Feihl F, Schaller MD. Protective effects of hypercapnic acidosis on ventilator induced lung injury. *Am J Respir Crit Care Med* 2001;164:802–806.
15. Broccard AF, Vannay C, Feihl F, Schaller MD. Impact of low pulmonary vascular pressure on ventilator-induced lung injury. *Crit Care Med* 2002;30(10):2183–90.
16. Brower RG, Shanholtz CB, Fessler He *et al.* Prospective, randomized, controlled clinical trial comparing traditional versus reduced tidal volume ventilation in acute respiratory distress syndrome patients. *Crit Care Med* 1999;27:1492–8.
17. Brower RG. Ventilation with lower tidal volumes as compared with traditionaltidal volumes for acute lung injury and the acute respiratory distress syndrome. The Acute Respiratory Distress Syndrome Network. *N Engl J Med* 2000;342:1301–1308.
18. Casetti AV, Bartlett RH, Hirschl RB. Increasing inspiratory time exacerbates ventilator-induced lung injury during high-pressure/high-volume mechanical ventilation. *Crit Care Med* 2002;30(10):2295–9.
19. Crotti S, Mascheroni D, Caironi P *et al.* Recruitment and Desrecruitment During Acute Respiratory Failure: A Clinical Study. *Am J Respir Crit Care Med* 2001;164:131.
20. David CMN, Barbas CV & Grupo De Ventilação Mecânica – AMIB. Ventilação no Paciente com SARA no Brasil – Avaliação por estudo Multicêntrico. *RBTI* suplemento 2002;1:S127.
21. Davis K Jr, Branson RD, Campbell RS, Porembka DT. Comparison of volume control and pressure control ventilation: is flow waveform the difference? *J Trauma* 1996;41(5):808–14.
22. Dhingra V, Russell JA, Walley KR. Overview, Clinical Evaluation and Chest Radiology of ARDS. *In* Russell JA, Walley KR (Eds.): *Acute Respiratory Distress Syndrome.* London: Cambridge University Press, 1999, p 6.
23. Domino KB, Swenson ER, Polissar NI, Lu Y, Eisenstein BI, Hlastala MP. Effect of inspired CO_2 on ventilation and

perfusion heterogeneity in hyperventilated dogs. *J Appl Physiol* 1993;75:1306–1314.
24. Elchacker PQ, Gerstenberger EP, Banks SM, Cui X & Natanson C. A Meta-Analysis of Acute Lung Injury and Acute Respiratory Distress Syndrome Trial Testing Low Tidal Volumes. *Am J Respir Crit Care Med* 2002;166:1510–1514.
25. Estenssoro E, Dubin A, Laffaire E, Canales H, Saenz G, Moseinco M, Pozo M, Gomez A, Baredes N, Jannello G, Osatnik J. Incidence, clinical course, and outcome in 217 patients with acute respiratory distress syndrome. *Crit Care Med* 2002;30(11):2450–6.
26. European Society of Intensive Care Medicine. PACT-Patient-Centred Acute Care Training. 2002.
27. Feihl F, Perret C. Permissive hypercapnia: how permissive should we be? *Am J Respir Crit Care Med* 1994;150:1722–1737.
28. Fujino Y, Goddon S, Dolhnikoff M, Hess D, Amato MB, Kacmarek RM. Repetitive high-pressure recruitment maneuvers required to maximally recruit lung in a sheep model of acute respiratory distress syndrome. *Crit Care Med.* 2002;30(9):2169.
29. Fein AM, Lippman M, Holtzman H, Eliraz A, GoldberG SK. The Risk Factors, Incidence and Prognosis of ARDS Following Septicemia. *Chest* 1983;83:40.
30. Fowler AA, Hammann RF, Good JT, Benson KN, Baird M, Eberle DJ *et al.* Adult Respiratory Distress Syndrome. Risk with Common Predispositions. *Ann Intern Med* 1983;98:593.
31. Frazee LA, Neidig JA. Ketoconazole to Prevent Acute Respiratory Distress Syndrome in Critically Ill Patients. *Ann Pharmacotherapy* 1996;29:784.
32. Ghio AJ, Elliot CG, Crapo RO. Impairment After Adult Respiratory Distress Syndrome. *Am Rev Respir Dis* 1989;139:1158.
33. Grasso S, Mascia L, Turco M *et al.* Effects of Recruitment Maneuvers in Patients with Acute respiratory Distress Syndrome Ventilated with protective Strategy. *Anesthesiology* 2002;96:795.
34. Gregory GA, Phibbs RH. Surfactant Replacement for Respiratory Failure: Lessons from the Neonate. *Anesth Analg* 1991;76:465.
35. Gregory TJ, Longmore WJ, Moxley MA *et al.* Surfactant Chemical Composition and Byophysical Activity in Acute Respiratory Distress Syndrome. *J Clin Invest* 1991;88:1976.
36. Hickling KG, Joyce C. Permissive hypercapnia in ARDS and its effect on tissue oxygenation. *Acta Anaesthesiol Scand Suppl* 1995;107:201–208.
37. Hickling KG, Walsh J, Henderson S, *et al.* Low mortality rate in adult respiratory distress syndrome using low-volume, pressure-limited ventilation with permissive hypercapnia: a prospective study. Crit Care Med 1994;22:1568–1578.
38. Hotchkiss JR, Simonson DA, Marek DJ, Marini JJ, Dries DJ. Pulmonary microvascular fracture in a patient with acute respiratory distress syndrome. *Crit Care Med* 2002, 30(10):2368–70.
39. Intensive Consensus Conference In Intensive Care Medicine- Noninvasive Positive Pressure Ventilation in Acute Respiratory Failure. *Am J Respir Crit Care Med 163* (1): 283–291, 2001.
40. Kacmarek RM. Liquid ventilation. *Respir Care ClinN Am* 8(2):187–209, 2002.
41. Krein PM, Sabatini PJ, Tinmouth W, Green FH, Winston BW. Localization of Insulin-like Growth Factor-I in Lung Tissues of Patients with Fibroproliferative Acute Respiratory Distress Syndrome. *Am J Respir Crit Care Med* 167(1):83–90, 2003.
42. Lorraine BW & Matthay MA. The Acute Respiratory Distress Syndrome. *N Engl J Med* 2000;342 (18):1334–1349,.
43. Lang JD, McArdle PJ, O'Reilly PJ, Matalon S. Oxidant-antioxidant balance in acute lung injury. *Chest* 2002;122(6 Suppl):314S–20S.
44. Martin GS, Mangialardi RJ, Wheeler AP, Dupont WD, Morris JA, Bernard GR. Albumin and furosemide therapy in hypoproteinemic patients with acute lung injury. *Crit Care Med* 2002;30(10):2175–82.
45. Martins GA, David CM, Carvalho MAC *et al.* Expression of Heat Shock Protein 70 in Leukocytes of Patientes with Sepsis. *Int J Molecular Med* 1999;3:401–4.
46. Martins GA, Kawamura MT, Carvalho MGC. Detection of DNA in the Plasma of Septic Patients. DNA 2000;3:1.
47. Matthay MA. Alveolar Fluid Clearance in Patients With ARDS: Does It Make a Difference? *Chest* 2002;122(6 Suppl):340S–3S.
48. McHugh LG, Milberg JA, Whitcomb ME, Schoene RB, Maunder RJ, Hudson LD. Recovery of Function on Survivors of the Acute Respiratory Distress Syndrome. *Am J Respir Crit Care Med* 1994;50:90.
49. Meduri GU, Chinn AJ, Leeper KV *et al.* Corticosteroids Rescue Treatment of Progressive Fibroproliferation in Late ARDS: Patterns of Response and Predictors of Outcome. *Chest* 1994;105:1516.
50. Meduri GU, Headley AS, Golden E *et al.* Effect of Methylprednisolone Therapy in Unresolving Acute Respiratory Distress Syndrome: A Randomized Controlled Trial. *JAMA* 1998;280:159–165.
51. Meduri GU, Headley S, Golden E, Carson S, Umberger R, Kelso T, Tolley E. Methylprednisolone Treatment (MPT) of Late ARDS (Abstract). *Am J Respir Crit Care Med* 1997;155:A391.
52. Meyrick B. Pathology of the Adult Respiratory Distress Syndrome. *Crit Care Med* 1986;2:405.
53. Milletin MS, Detsky AS, Lapinsky SE, Mehta S. Non Invasive Ventilation in Acute Hypoxemic Respiratory Failure. *Intensive Care Med* 2000;26(2):242–245.
54. Montgomery AB, Strager MA, Carrico CJ, Hudson LD. Causes of Mortality in Patients with the Adult Respiratory Distress Syndrome. *Am Rev Respir Dis* 1985;132:485.
55. Morris AH, Wallace CJ, Menlove RL *et al.* Randomized Clinical Trial of Pressure-Controlled Inverse Ratio Ventilation and Extracorporeal CO_2 Removal for Adult Respiratory Distress Syndrome. *Am J Respir Crit Care Med* 1994;149:295.
56. Murray JF, Matthay JF, Luce JM, Flick MR. An Expanded Definition of the Adult Respiratory Distress Syndrome. *Am Rev Respir Dis* 1988;138:720.
57. Muscedere JG, Mullen JBM, GAN K, *et al.* Tidal ventilation at low airway pressures can augment lung injury. A*m J Respir Crit Care Med* 1994;149:1327–1334.
58. Nathens AB, Neff MJ, Jurkovich GJ, Klotz P, Farver K, Ruzinski JT, RADELLA F, Garcia I, Maier RV. Randomized, prospective trial of antioxidant supplementation in critically ill surgical patients. *Ann Surg* 2002;236(6):814–22.
59. Orell SR. Lung Pathology in Respiratory Distress Following Shock in the Adult. *Acta Path Microbiol Scand Section* 1971;79:65.

60. Pelosi P, Cadringher P, Bottino N, Panigada M, Carrieri F, Riva E, Lissoni A, Gattinoni L. Sigh in acute respiratory distress syndrome. *Am J Respir Crit Care Med* 1999;159(3):872–80.
61. Pelosi P, Crotti S, Brazzi L, Gattinoni L. Computed Tomography in Adult Respiratory Distress Syndrome; What Has It Taught Us? *Eur Respir J* 1996;9:1055.
62. Pelosi P, Tubiolo D, Mascheroni D, Vicardi P, Crotti S, Valenza F, Gattinoni L. Effects of the Prone Position on Respiratory Mechanics and Gas Exchange During Acute Lung Injury. *Am J Respir Crit Care Med* 1998;157(2):387–393.
63. Pelosi P, Brazzi L, Gattinoni L. Prone position in acute respiratory distress syndrome. *Eur Respir J* 2002;20(4):1017–28.
64. Pepe PE, Hudson LD, Carrico CI. Early Application of Positive End Expiratory Pressure in Patients at Risk for Adult Respiratory Distress Syndrome. *N Engl J Med* 1984;311:281–6.
65. Prella M, Feihl F, Domenighetti G. Effects of short-term pressure-controlled ventilation on gas exchange, airway pressures, and gas distribution in patients with acute lung injury/ARDS: comparison with volume-controlled ventilation. *Chest* 2002;122(4):1382–8.
66. Prin S, Chergui K, Augarde R, Page B, Jardin F, Vieillard-Baron A. Ability and safety of a heated humidifier to control hypercapnic acidosis in severe ARDS. *Intensive Care Med* 2002;28(12):1756–60.
67. Putensen C, Zech S, Wrigge H *et al.* Long-Term Effects of Spontaneous Breathing During Ventilatory Support in Patients with Acute Lung Injury, *Am J Respir Crit Care Med* 2001;164:43–49.
68. Ranieri VM, Zhang H, Mascia L, Aubin M *et al.* Pressure-Time Curve Minimally Injurious Ventilatory Strategy in an Isolated Rat Lung Model. *Anesthesiology* 2000;93:1320.
69. Rich PB, Reickert CA, Sawada S, Awad SS, Lynch WR, Johnson KJ, Hirschl RB. Effect of rate and inspiratory flow on ventilator-induced lung injury. *J Trauma 49* (5):903–11, 2000.
70. Rutledge FS, Sibbald WJ. Multiple Organ System Failure: A Spetrum of Risk and of Disease. In Sivak ED, Higgins TL, Seivera (Eds.): The High Risk Patient. Baltimore: Williams & Wilkins, 1995, p. 1291.
71. Schade UF. Pentoxifylline Increase Survival in Murine Endotoxin Shock and Decreases Formation of Tumor Necrosis Factor. *Cir Shock* 1990;31:171.
72. Schmidt GA. Mechanical Ventilation. *In* Russell JA, Walley KR (Eds.): Acute Respiratory Distress Syndrome. London: Cambridge University Press, 1999, p 139.
73. Scott E, Kregenow DA, Lamm WJE *et al.* Hypercapnic Acidosis is Protective in an In Vitro Model of Ventilator-Induced Lung Injury. *Am J Respir Crit Care Med* 2002;166:403–408.
74. Singh JM, Stewart TE. High-frequency mechanical ventilation principles and practices in the era of lung-protective ventilation strategies. *Respir Care Clin N Am* 2002;8(2):247–60.
75. Spragg RG. Abnormalities of Lung Surfactant Function in Patients with Acute Lung Injury. *In* Zapol WM, Lemaire F. *Adult Respiratory Distress Syndrome.* New York: Marcel Decker, 1991, p 381.
76. Stewart TE, Meade MO, Cook DJ *et al.* Evaluation of a Ventilation Strategy to Prevent Barotrauma in Patients at High Risk for Acute Respiratory Distress Syndrome. *N Engl J Med* 1998;338:355–361.
77. Suchyta MR, Elliot CG, Colby T, Rasmusson BY, Morris AH, Jensen RL. Open Lung Biopsy Does not Correlate with Pulmonary Function After Adult Respiratory Distress Syndrome. *Chest* 1991;99:1232.
78. Sutter PM, Fairley B, Isenberg MD. Optimum End-Expiratory Airway Pressure in Patients with Acute Pulmonary Failure. *N Engl J Med* 1975;292:284–289.
79. Tagliabue M, Casella TC, Zincone GE, Fumagalli R, Salvini E. CT and chest radiography in the evaluation of adult respiratory distress syndrome. *Acta Radiol* 2002;35(3):230–4.
80. Xen DV. Permissive hypercapnic ventilation. *Am J Respir Crit Care Med* 1994;150:870–874.
81. Llard-Baron A, Prin S, Schmitt JM, Augarde R, Page B, Beauchet A, Jardin F. Pressure-Volume Curves in Acute Respiratory Distress Syndrome. Clinical demonstration of the influence of expiratory flow limitation on the initial slope. *Am J Respir Crit Care Med* 2002;165(8):1107–12.
82. HH, Tiemey DF. Experimental pulmonary edema due to intermitent positive pressure ventilation with high inflation pressures: protection by positive end-expiratory pressure. *Am Rev Respir Dis* 1974;110:556–65.
83. Ert CR, Gross CR, Gangas JR, Bury CL, Marinelli WA. Health related quality of life after acute lung injury. *Am J Respir Crit Care Med* 1997;157:1120.
84. Tomasa G. A Double Blind, Prospective, Randomized Trial of Ketoconazol, a Tromboxane Syntetase Inhibitor, in the Prophylaxis of the Adult Respiratory Distress Syndrome. *Crit Care Med* 1993;21:1635.
85. L WM, Lemaire F. Adult Respiratory Distress Syndrome. New York: Marcel Decker, 1991, pp. 1–586.
86. GH, Downey GP, Suter PM, Slutsky AS, Ranieri VM. Conventional mechanical ventilation is associated with bronchoalveolar lavage-induced activation of polymorphonuclear leukocytes: a possible mechanism to explain the systemic consequences of ventilator-induced lung injury in patients with ARDS. *Anesthesiology* 2002;97(6):1426–33.

43 Afogamento

David Szpilman • Marcelo Domingues Canetti • James P. Orlowski

A cada ano mais de 490.000 pessoas morrem em decorrência de afogamento em todo o mundo. No Brasil, o afogamento representa a seguda *causa mortis* na faixa etária de 5 a 14 anos. Anualmente 7.500 brasileiros morrem, aproximadamente 600 vítimas não são encontradas, um milhão e trezentos mil são salvos em nossas águas, e 260.000 são hospitalizados, vítimas de afogamento. Esses dados catastróficos impulsionaram um grande avanço nessa área nos últimos 10 anos. O acesso às informações de saúde permitiu importantes mudanças nos métodos de prevenção e na melhoria do estudo de afogados, modificando radicalmente o conhecimento da fisiopatologia, das fases do processo de afogamento e principalmente da abordagem ao afogado. Neste capítulo abordamos resumidamente todo o processo de conhecimento atual do quadro de afogamento, dando ênfase à prevenção e ao reconhecimento da gravidade e à abordagem do afogado.

Em 1997, 903.414 brasileiros morreram, sendo 13,23% (119.550 casos) decorrentes de causas externas. O afogamento é considerado trauma pela Organização Mundial de Saúde, e o trauma é a primeira *causa mortis* entre jovens de 5 e 39 anos de idade e a segunda causa de 0-80 anos. O trauma, diferentemente de outras doenças, ocorre inesperadamente na grande maioria das vezes, o que gera invariavelmente uma situação caótica dentro do âmbito familiar. Entre os diferentes tipos de traumas, o de maior impacto é, sem dúvida, o afogamento. Situações de catástrofe familiar podem ser observadas quando famílias inteiras se afogam juntas, por desconhecimento, ou pela tentativa infrutífera de salvar uns aos outros. Entre as causas externas, o afogamento foi sem dúvida um dos primeiros a causar preocupações e a chamar a atenção da humanidade, tendo várias passagens bíblicas em que se descrevem as primeiras tentativas de ressuscitação em afogados, em uma época em que a ocorrência de acidentes de transportes, homicídios ou suicídios era bem inferior aos casos de afogamento.

Embora a mortalidade seja um importante indicador da magnitude do problema, é importante considerar que, para cada óbito registrado, existe um número muito maior de resgates com ou sem complicações, casos de afogamento atendidos por clínicos ou em setores de emergência que são liberados após breve avaliação e hospitalizações, os quais não são levadas em consideração na avaliação geral do problema. Acrescentam-se a isso os casos de corpos desaparecidos não-notificados no total de óbitos, tornando ainda hoje o problema desconhecido como um todo (Quadros 43-1 e 43-2). Nos EUA existem 8 casos de afogamentos para cada caso fatal notificado. Nas praias do Rio de Janeiro, temos aproximadamente 290 resgates para cada caso fatal (0,34%), e um óbito para cada 10 atendimentos no Centro de Recuperação de Afogados (10,6%).

Embora o ato de prevenir possa aparentemente não transparecer à população como heróico, é ele o alicerce da efetiva redução na morbimortalidade desses casos. Prevenir é fundamental e prioritário no caso de afogamento (Quadro 43-3).

Em 1998, a população brasileira atingiu 161 milhões de habitantes, dos quais 7.183 ($4{,}4/10^5$ habitantes) morreram em virtude de afogamento. O problema é mais grave na faixa de idade entre 5 e 14 anos em que é a segunda causa do óbito (Fig. 43-1), embora a idade média mais freqüente esteja em torno dos 22 anos. As estatísticas (Fig. 43-2) mostram grande variabilidade entre os estados e demonstram que estados não banhados pelo mar têm o maior número relativo de óbitos por habitantes e representam os locais de maior necessidade de atenção. Estimativas indicam que 40-45% ocorrem durante a natação e que 46,6% acham que sabem nadar, demonstrando desconhecimento do perigo iminente. Na prática de esportes náuticos, os afogamentos são responsáveis por 90% dos óbitos. Os

Quadro 43-1. Dados relevantes no mundo – afogamento (Szpilman – 2000)[66]

- Anualmente mais de 490.000 (8,4/100.000) pessoas são vítimas fatais de afogamento
- Mais de 10 milhões de crianças entre 0 e 14 anos de idade são internadas anualmente e em média uma a cada 35 hospitalizações chega ao óbito
- O sexo masculino morre 2 vezes mais do que o feminino
- Em 1998 o óbito por afogamento esteve em:
  - 11º lugar entre 0 e 4 anos de idade – 125.301 óbitos
  - 4º lugar entre 5 e 14 anos de idade – 157.573 óbito
- Países desenvolvidos – 2ª causa:
  - Países subdesenvolvidos – 4ª causa
  - 10º lugar entre 15 e 44 anos de idade – 141.922 óbitos
  - China – 1ª causa entre 0 e 14 anos de idade – 33.872 óbitos
  - Entre 1 e 4 anos é a 1ª causa externa de morte na Austrália e a 2ª no Brasil, EUA e África do Sul

Quadro 43-2. Dados relevantes no Brasil – afogamento (Szpilman – 2000)
• Ano 1998 - 7.183 óbitos por afogamento (4,44/100.000 habitantes): – Não-intencional – 91,2% – Causa primária de morte por afogamento – 91,1% – Não-especificado – 61% – Águas naturais (praias) – Piscina – 0,5%
• Causa secundária por acidentes com embarcações causando morte – 0,14%: – Intencional – 1,6% – Suicídio – 1,0% – Homicídio – 0,6% – Intenção desconhecida – 7,2%
• Idade e relação ao sexo: – Mais freqüente – faixa etária de 20 a 29 anos (20,75%) – 10,33 masculino/feminino – Menos freqüente – menor de 1 ano (0,7%) – 1,3 masculino/feminino
• Estimativa anual de: – 260.000 hospitalizações – Mais de 1.300.000 resgates em praias – Mais de 600 corpos não-encontrados
• Causa *mortis*: – Segunda na faixa de 5 a 14 anos (Fig. 43-1) – Terceira na faixa de 1 a 19 anos – Quinta na faixa de 20 a 29 anos – Terceira por causas externas em todas as idades

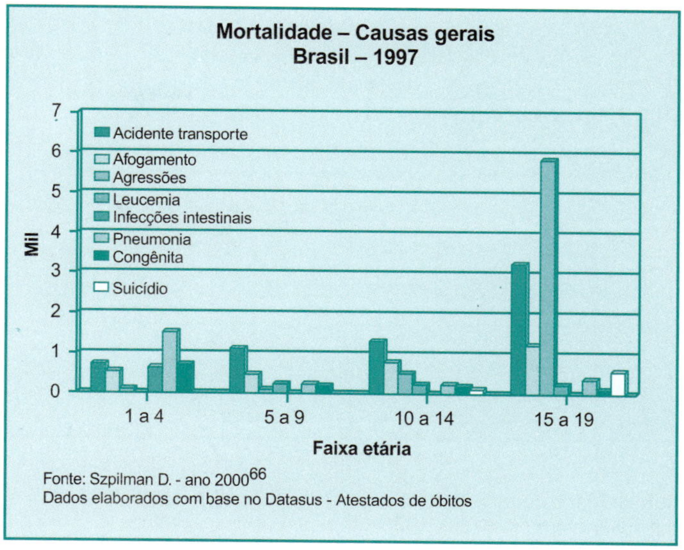

Fig. 43-1. Mortalidade geral no Brasil por idade de 1 a 19 anos.

Quadro 43-3. **Medidas de prevenção em afogamento (Szpilman - 1998)**

Praias	***Piscinas***
1. Nade sempre perto de um guarda-vidas 2. Pergunte ao guarda-vidas o melhor local para o banho 3. Não superestime sua capacidade de nadar - 46,6% dos afogados acham que sabem nadar 4. Tenha sempre atenção com as crianças 5. Nade longe de pedras, estacas ou píeres 6. Evite ingerir bebidas alcoólicas e alimentos pesados antes do banho de mar 7. Crianças perdidas: leve-as ao posto de guarda-vidas 8. Mais de 80% dos afogamentos ocorrem em valas • A vala é o local de maior correnteza, que aparenta uma falsa calmaria que leva para o alto-mar • Se você entrar em uma vala, nade transversalmente a ela até conseguir escapar, ou peça imediatamente socorro 9. Nunca tente salvar alguém em apuros se não tiver confiança em fazê-lo. Muitas pessoas morrem dessa forma 10. Ao pescar em pedras, observe antes se a onda pode alcançá-lo 11. Antes de mergulhar no mar, certifique-se da profundidade 12. Afaste-se de animais marinhos como água-viva e caravelas 13. Tome conhecimento e obedeça às sinalizações de perigo na praia	1. Mais de 65% das mortes por afogamento ocorrem em água doce, mesmo em áreas quentes da costa 2. Crianças devem sempre estar sob a supervisão de um adulto; 89% das crianças não têm supervisão durante o banho de piscina 3. Leve sempre sua criança consigo caso necessite afastar-se da piscina 4. Isole a piscina – tenha grades com altura de 1,50 m e 12 cm entre as verticais. Elas reduzem o afogamento em 50 a 70% 5. Bóia de braço não é sinal de segurança – cuidado! 6. Evite brinquedos próximo à piscina, isso atrai as crianças 7. Desligue o filtro da piscina em caso de uso (2) 8. Use sempre telefone sem fio na área da piscina 9. Não pratique hiperventilação para aumentar o fôlego sem supervisão confiável 10. Cuidado ao mergulhar em local raso (coloque aviso) 11. 84% dos afogamentos ocorrem por distração do adulto (hora do almoço ou após) 12. Ensine sua criança a nadar a partir dos 2 anos 13. Mais de 40% dos proprietários de piscinas não sabem realizar os primeiros socorros – CUIDADO!

AS PRAIAS E PISCINAS SÃO LOCAIS DE LAZER! EVITE AFOGAMENTOS!

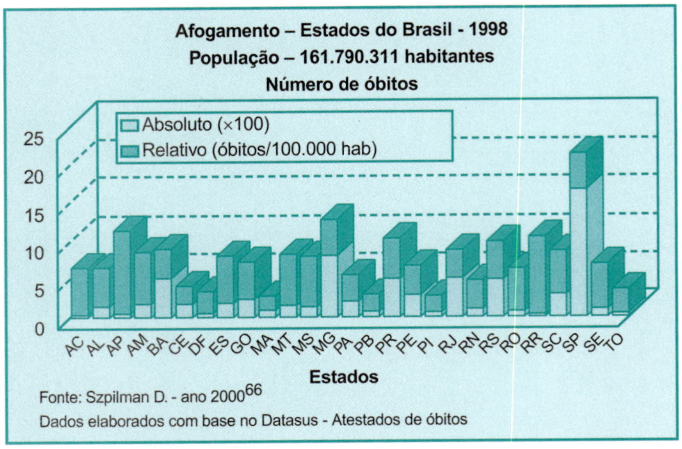

Fig. 43-2. Mortalidade por afogamento nos estados em 1998, em números absolutos (× 100) e relativos (número de óbitos/100.000 habitantes).

afogamentos em água doce são mais freqüentes em crianças, principalmente em menores de 10 anos. Nas áreas quentes do EUA, Austrália e África do Sul, 70 a 90% dos óbitos em água doce ocorrem em piscinas de uso familiar. No Brasil, onde o número de piscinas domésticas é 9 vezes menor do que nos EUA (1 milhão no Brasil e 9 milhões nos EUA), o afogamento em água doce ocorre mais em rios, lagos e represas, perfazendo mais da metade dos casos fatais. Nas praias do município do Rio de Janeiro, aproximadamente 86% dos casos situam-se na faixa etária entre 10 e 29 anos (idade média de 22 anos) e em média 75% das vítimas são do sexo masculino, 83% são solteiros e 71,4% moram fora da orla marítima.

DEFINIÇÃO

É grande a confusão da definição do termo afogamento na língua inglesa. O uso do termo *near-drowning*, traduzido como "quase-afogamento", é ainda hoje utilizado erradamente e significa afogados que não falecem até 24 h após o incidente, e o termo *drowning* é aplicado às vítimas que falecem em até 24 h. Essa nomenclatura subestima o número total de óbitos por afogamento naqueles países, resultando em um grande erro no perfil epidemiológico. Vários autores têm demonstrado sua preocupação quanto a essa definição imprecisa em uso, mostrando que ela está em desacordo com os parâmetros prognósticos internacionais definidos em "Utstein-style". Em agosto de 2000, com a edição das novas Recomendações da American Heart Association aprovados pelo ILCOR, o termo quase-afogamento caiu definitivamente em desuso. Apresentamos a seguir a nova definição de afogamento.

- *Afogamento (Drowning):* aspiração de líquido não-corporal por submersão ou imersão.
- *Resgate:* Pessoa resgatada da água sem sinais de aspiração líquida.
- *Já Cadáver (Drowned):* morte por afogamento sem chances de iniciar ressuscitação, comprovada por tempo de submersão superior a 1 hora ou sinais evidentes de morte de mais de 1 hora: rigidez cadavérica, livores ou decomposição corporal.

CAUSAS DE AFOGAMENTO

1. **Afogamento primário:** é o tipo mais comum, não apresentando em seu mecanismo nenhum fator incidental ou patológico que possa ter desencadeado o acidente.
2. **Afogamento secundário:** é a denominação utilizada para o afogamento causado por patologia ou incidente associado que o precipita. Ocorre em 13% dos casos de afogamento, como exemplo: *uso de drogas* (36,2%) (quase sempre por álcool), *crise convulsiva* (18,1%), *traumas* (16,3%), *doenças cardiopulmonares* (14,1%), *mergulho livre ou autônomo* (3,7%) *e outros* (homicídio, suicídio, lipotimias, cãibras, hidrocussão) (11,6%). O uso do álcool é considerado o fator mais importante na causa de afogamento secundário.

TIPOS DE ACIDENTES NA ÁGUA E FASES DO AFOGAMENTO

Os três diferentes tipos de acidentes na água e as fases do afogamento são sintetizados na Figura 43-3.

FISIOPATOLOGIA

O órgão alvo de maior comprometimento no afogamento é o pulmão. A aspiração de água promove insuficiência respiratória e conseqüente alteração na troca gasosa alveolocapilar e distúrbios no equilíbrio ácido-básico. As alterações fisiopatológicas que ocorrem dependem da composição e da quantidade do líquido aspirado. O mecanismo de alteração na ventilação após aspiração de água doce é diferente daquele em água do mar. Estudos demonstram que os afogamentos em água do mar não alteram a qualidade, somente comprometendo a quantidade do surfactante pulmonar, diferentemente dos afogamentos em água doce, em que ocorrem alterações qualitativas e quantitativas, produzindo maior grau de áreas com atelectasias. A aspiração de ambos os tipos de água promove alveolite, edema pulmonar não-cardiogênico e aumento do *shunt* intrapulmonar que levam à hipoxemia. Alguns autores descrevem maior gravidade na lesão pulmonar em água doce; outros estudos não apresentaram maior mortalidade do que os casos em água do mar, ficando a questão ainda em aberto. *A reversão total das lesões é o usual.* Em animais de laboratório, a aspiração de 2,2 ml de água/kg/peso faz a PaO_2 cair para aproximadamente 60 mmHg em 3 minutos. Em seres humanos, parece que aspirações tão pequenas quanto 1 a 3 ml/kg resultam em grande alteração na troca gasosa pulmonar e em redução de 10% a 40% na complacência pulmonar.

Existem variações fisiopatológicas entre os afogamentos em água do mar e doce. Apesar de cada um ter especificamente suas características, as variações são de pequena monta do ponto de vista terapêutico. As observações feitas por Modell *et al* demonstraram que as mais significativas alterações fisio-

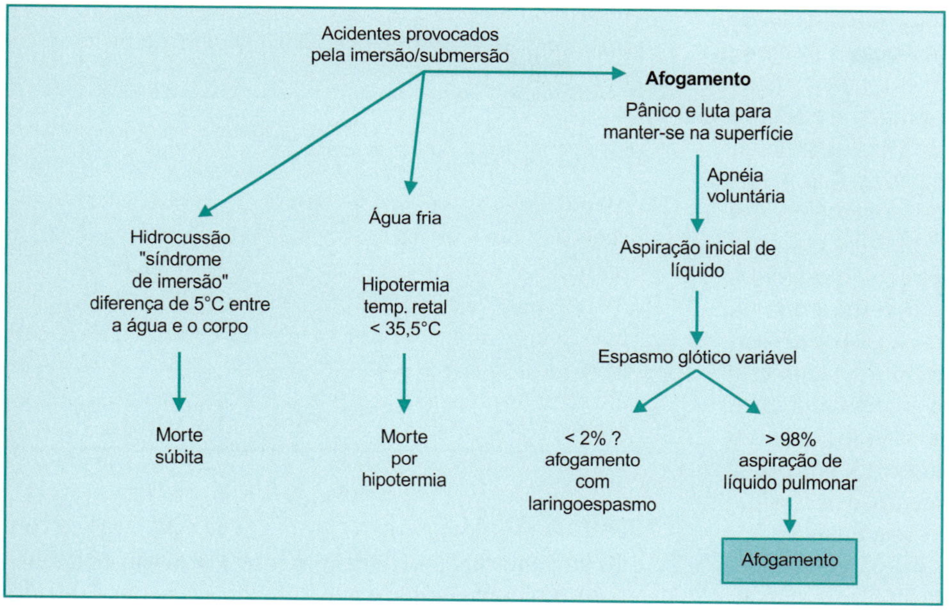

Fig. 43-3. Tipos de acidentes e fases do afogamento.

patológicas decorrem de hipoxemia e acidose metabólica.[23] Não existem, portanto, diferenças entre água doce ou do mar quanto ao tratamento a ser empregado. Afogamento em água salgada não causa hipovolemia, e em água doce não causa hipervolemia, hemólise ou hipercalemia.

Fuller demonstrou que em 70% dos óbitos há evidências de aspiração de partículas de natureza diversa como areia, algas e lama, e em 24% há presença de restos de vômito.[17] Outros trabalhos mais recentes demonstram a ocorrência de vômitos em mais de 50% dos casos graves.

"Afogamento tipo seco provavelmente não existe." Se a necropsia não evidenciar água no pulmão, a vítima provavelmente não estava viva quando entrou na água. Nem todas as pessoas que se afogam aspiram água em quantidade. Aproximadamente menos de 2% dos óbitos parecem ocorrer por asfixia secundária a laringoespasmo, portanto sem aspiração de líquido importante. O termo "afogado seco", muito utilizado no passado, não é um termo apropriado, já que todos os afogados aspiram alguma quantidade de líquido.

Estudos realizados em cães afogados em água doce demonstraram que a fibrilação ventricular (FV) era secundária a distúrbios no potássio sérico. Entretanto, isso é raramente relatado em seres humanos, provavelmente porque estes raramente aspiram quantidade de água suficiente para provocar distúrbios nos eletrólitos tão importantes. A FV nos seres humanos está relacionada a hipóxia e acidose e não a hemodiluição, hemólise ou hiperpotassemia, uma vez que 85% daqueles que falecem não aspiram mais de 22 ml/kg/peso, e, como o volume crítico para a FV provocada por hemólise parece ser de 44 ml/kg/peso, é provável que ela ocorra em menos de 15% dos casos. As alterações como a diminuição do débito cardíaco, a hipotensão arterial, o aumento da pressão arterial pulmonar e o aumento da resistência vascular pulmonar resultam da hipóxia e da acidose. Freqüentemente observamos intensa vasoconstrição periférica, causada por hipoxemia, liberação de catecolaminas, hipotermia, reflexo de mergulho ou provavelmente à combinação desses fatores. Nos afogamentos por água do mar, a perda líquida para o pulmão não contribui para a hipotensão arterial que é secundária a depressão miocárdica provocada pela hipóxia. A taquicardia, o ritmo de galope e as extra-sistolias são as alterações cardíacas mais freqüentes, e são reversíveis com a administração de oxigênio.

As alterações eletrolíticas podem ser observadas nos afogamentos de seres humanos, embora clinicamente sejam pequenas. Em trabalho recente com 187 aferições entre 2.304 casos, nenhum deles necessitou de correção eletrolítica inicial, confirmando os achados de outros trabalhos. O hematócrito e a hemoglobina estão usualmente normais após afogamento em seres humanos. A hemólise só aparece com aspirações maiores de 11 ml/kg/peso, o que raramente ocorre. A leucocitose está presente em mais de 50% dos afogados, em geral com elevação das formas jovens, em decorrência provável do estresse traumático a que foi submetido, e não da infecção. Cerca de 22% podem apresentar albuminúria transitória, cilindrúria ou ambos, o que provavelmente é secundário à hipóxia renal. A insuficiência renal aguda é rara.

Os afogamentos graus 3 a 6 cursam com hipóxia importante, embora somente no grau 6 ocorra lesão potencialmente irreversível do SNC (ver classificação de afogados adiante).

CLASSIFICAÇÃO DE AFOGAMENTO[12,23,30]

A classificação clínica de afogamento é baseada em estudo retrospectivo de 41.279 casos de resgates na água, registrados por guarda-vidas no período de 1972 a 1991. Desse total, 2.304 casos (5,5%) foram encaminhados ao Centro de Recuperação de Afogados. Os 38.975 casos restantes não necessitaram de atendimento médico e foram liberados no local do acidente com o diagnóstico apenas de resgate sem afogamento. Entre o total de 2.304 casos avaliados, a classificação foi baseada em 1.831 casos que apresentaram uma mortalidade de 10,6% (195 casos). Considerando a avaliação desses parâmetros clínicos e a demonstração de sua diferente mortalidade, apresentamos na Figura 43-4 um resumo prático de acordo com as últimas Diretrizes para Ressuscitação Cardiopulmonar e Emergências Cardiovasculares (ACLS) da American Heart Association (AHA) e ILCOR. A classificação de afogamento leva em consideração o grau de insuficiência respiratória que indiretamente está relacionado à quantidade de líquido aspirado, determinando a gravidade do caso. A parada respiratória no afogamento ocorre antes da parada cardíaca. A gasometria arterial não é considerada na classificação, embora seja um exame complementar de extrema valia, como veremos adiante. A hospitalização deve ser indicada em todos os graus de 2 a 6 (ver algoritmo ACLS de afogamento). O Quadro 43-4 mostra a mortalidade geral para cada grau de afogamento, a necessidade de hospitalização e sua mortalidade pré-hospitalar.

Para os casos grau 6 ressuscitados com êxito, recomendamos a utilização do Quadro 43-5 e da Figura 43-5 para classificação prognóstica.

Em todos os casos de afogamento em que o lazer na água precede o quadro de afogamento em algum tempo, ocorre hipotermia.

Pela importância e dificuldade que eventualmente possam ocorrer no diagnóstico de afogamento, principalmente em Medicina Legal, com relação aos corpos achados sem história fidedigna do ocorrido e com a possibilidade de homicídio ou suicídio, é importante que sejam seguidos critérios diagnósticos para que se possa realizar uma correta identificação diagnóstica (Quadro 43-6).

Quadro 43-4. **Classificação, mortalidade e necessidade de hospital (n = 1831†)**

Grau	*Nº*	*Mortalidade geral (%)*	*Hospital (%)*	*Mortalidade hospitalar (%)*
Resgate	38.976			
1	1.189	0 (0,0%)	35 (2,9%)	0 (0,0%)
2	338	2 (0,6%)	50 (14,8%)	2 (4,0%)
3	58	3 (5,2%)	26 (44,8%)	3 (11,5%)
4	36	7 (19,4%)	32 (88,9%)	7 (19,4%)
5	25	11 (44%)	21 (84%)‡	7 (33,3%)
6	185	172 (93%)	23 (12,4%)‡	10 (43,5%)
Total	1.831#	195 (10,6%)	187 (10,2%)*	29 (15,5%)
		P < 0,0001		

†Mortalidade geral de 10,6%.
#Os casos de resgate foram excluídos.
*Necessidade geral de hospitalização (10,2%) em casos de afogados em associação com o grau e a mortalidade. Mortalidade intra-hospitalar de 15,5%.
‡4 pacientes grau 5 e 162 grau 6, fora desta tabela, foram declarados mortos por não responderem às manobras de RCP, não sendo encaminhados ao hospital.

Quadro 43-5. **Classificação neurológica de Conn & Modell para o pós-PCR. A avaliação do nível neurológico é feita até 1 hora após a ressuscitação com êxito**

	GCS	*Mortalidade (%)*	*Lesão cerebral (%)*
(A) Acordado	15	0,0	0,0
(B) Torpor	10-13	5,5	0,0
(C) Coma	< 5	38,5	13,8
(C1) Decorticado	5	0,0	0,0
(C2) Descerebrado	4	7,15	7,15
(C3) Arreflexia	3	16,7	16,7
(C4) Morto	3	57,5	17,5

COMPLICAÇÃO

Os afogados ingerem alimentos até 3 horas antes do incidente em 83,5% dos casos, o que, somado à constante deglutição de água e ar durante o evento, provoca grande risco de vômitos espontaneamente ou com a ressuscitação. O vômito é a complicação mais freqüente nos afogamentos. Em pacientes hospitalizados, 60 a 80% não apresentam complicações, e 15% têm mais de 5 complicações:

- *Sistema nervoso central (grau 6):* convulsões (15%), edema cerebral (30 a 44% – diagnóstico clínico) e encefalopatia anóxica (20%).

Quadro 43-6. **Critérios diagnósticos para afogamento**

Critério diagnóstico = item A + no mínimo um item de B
- História de imersão ou submersão
- Evidência clínica, laboratorial, radiológica e/ou patológica de aspiração de líquido

Clínica
- Tosse
- Ausculta pulmonar anormal
- Secreção espumosa em vias aéreas superiores

Laboratorial e exames complementares
- Baixa SaO_2 ou PaO_2 (excluir causas secundárias como DPOC)
- Pré-hospitalar – SpO_2 abaixo do valor normal
- Hospitalar – SpO_2 ou PaO_2 abaixo do valor normal
- Broncofibroscopia ou escopia das vias aéreas (quando apropriadamente indicada) pode documentar a presença de qualquer material estranho às vias aéreas, como líquido de cor diferente

Radiológico
- Radiografia simples ou tomografia computadorizada do tórax confirmando a aspiração de líquido

Patológico
- Qualquer evidência macroscópica ou microscópica de aspiração líquida

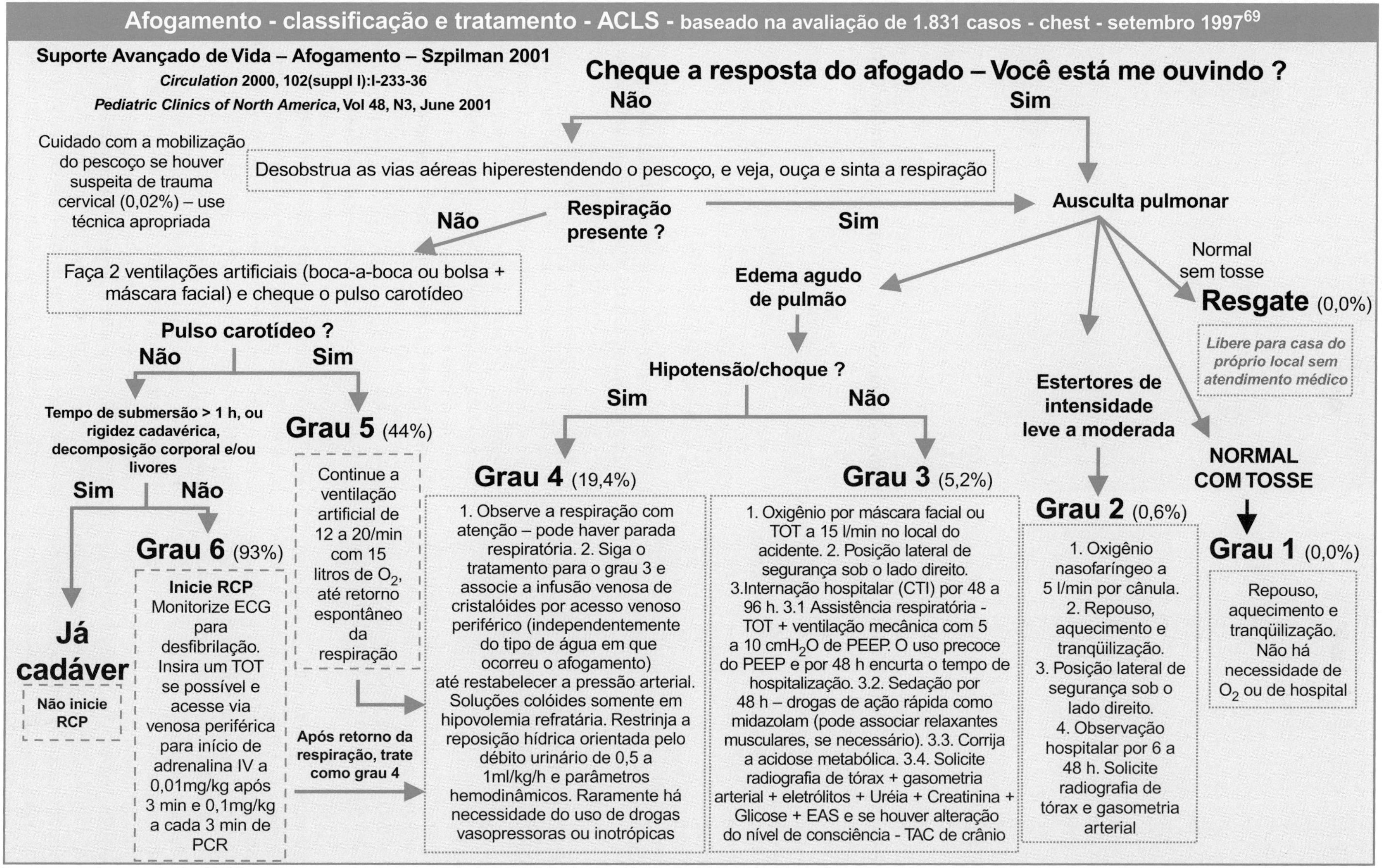

Algoritmo 1: 1º Não desperdice tempo tentando retirar água dos pulmões, isto só irá provocar vômitos e maiores complicações, e não aspire o TOT em demasia, pois pode prejudicar a ventilação. 2º Não utilize diuréticos ou restrição hídrica para reduzir o edema pulmonar. 3º Não utilize antibióticos antes de 48 h, exceto se o acidente ocorreu em água com alta colonização bacteriana. 4º Não utilize corticosteróides, exceto em casos de broncoespasmos refratários. 5º Trate sempre a hipotermia. Não pare a RCP até que a temperatura corporal seja > 34°C. 6º) Não há diferença terapêutica entre água doce e salgada. Ao lado do grau, a mortalidade geral em percentual (%); PCR = parada cardiorrespiratória; TOT = tubo orotraqueal; PEEP = pressão positiva expiratória final

Fig. 43-4. Algoritmo da classificação de afogamento – Suporte Avançado de Vida (ACLS) (Szpilman, 2000).

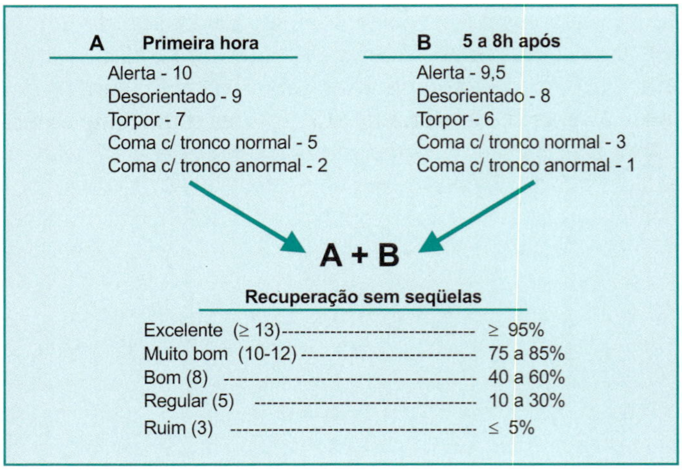

Fig. 43-5. Escada de prognósticos neurológicos após parada cardiorrespiratória – afogamento.

- *Aparelho respiratório (graus 3 a 6)*: broncopneumonia ou pneumonia (34% a 40% dos pacientes que fazem ventilação mecânica), edema pulmonar (28% – diagnóstico clínico), pneumotórax e/ou pneumomediastino (10%), atelectasia lobar (20%), SARA (5%).
- *Metabólico (graus 2 a 6)*: acidose metabólica (31%), alterações eletrolíticas (K, Na)(23%).
- *Outras complicações*: necrose tubular aguda (2%), hematúria (4%), cardiomiopatia anóxica (2%), hematêmese e/ou melena (4%), síndrome de secreção inapropriada de ADH (2%) e outras (7%).
- *Sepse:* casos de choque séptico irreversível têm sido observados nas primeiras 24 horas após o acidente (Szpilman 2001).

EXAMES A SEREM SOLICITADOS (VER TAMBÉM ALGORITMO ACLS DE AFOGAMENTO)

- *Grau 1:* nenhum.
- *Grau 2:* gasometria arterial e radiografia de tórax.
- *Grau 3 a 6:* gasometria arterial, hemograma completo, eletrólitos, uréia, creatinina, glicemia, elementos anormais no sedimento da urina, radiografia de tórax e tomografia computadorizada de crânio (se houver alteração no nível de consciência).

Gasometria arterial antes do tratamento. Grau 1 – normal; grau 2 – hipoxemia leve, $PaCO_2$ normal ou baixo e acidose metabólica leve ou ausente; grau 3 – $PaO_2 < 50$ mmHg, $SaO_2 < 90\%$ e acidose metabólica moderada; graus 4, 5 e 6 - $PaO_2 < 50$ mmHg, $SaO_2 < 90\%$ e acidose metabólica ou mista severa.

Radiografia de tórax. As alterações radiológicas variam desde a presença de hipotransparência localizada até o edema pulmonar difuso. Na evolução radiológica, é observada estabilização ou até piora nas primeiras 48 horas, com resolução em 3 a 5 dias quando não há complicações. As alterações na radiografia de tórax devem ser interpretadas como o preenchimento inicial dos alvéolos e brônquios com o líquido aspirado e não como sinal de pneumonia (Fig. 43-6).[38]

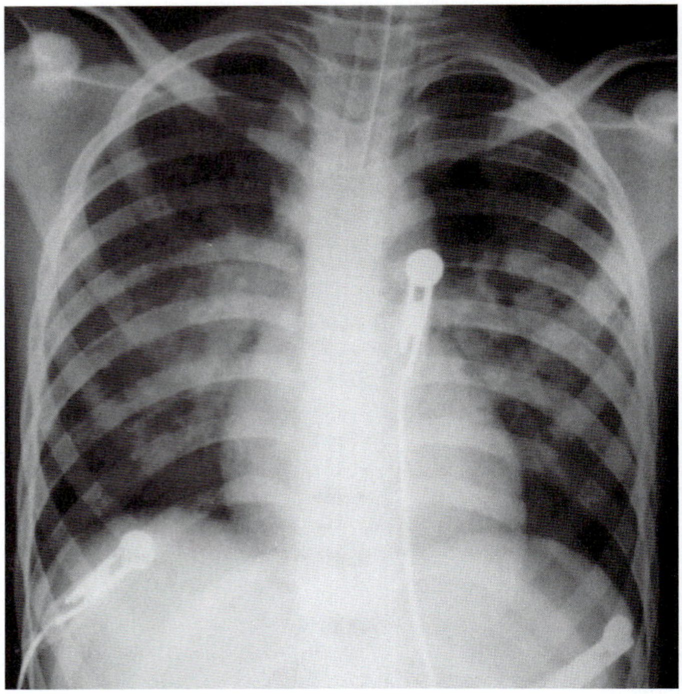

Fig. 43-6. Radiografia de tórax – Demonstra infiltrado bronco-alveolar bilateral, para-hilar, em um paciente vítima de afogamento grau 6.

TRATAMENTO (ALGORITMO ACLS DE AFOGAMENTO)[3,49,60,68]

É importante saber que vítimas fatais de afogamento foram em sua maioria incapazes de pedir ajuda. Os casos de resgate e graus 1 e 2 têm seu tratamento descrito na Figura 43-4. Os graus 3 e 4 necessitam de internação em centro de terapia intensiva por um período mínimo de 48 horas. A assistência respiratória nesses casos é o mais importante. Inicie ventilação não-invasiva utilizando oxigênio a 15 litros por minuto sob máscara facial, e, dependendo do grau de insuficiência respiratória e da disponibilidade de recursos no local, realize a intubação orotraqueal e a assistência respiratória invasiva sob ventilação mecânica. O paciente em grau 3 ou 4 reage muito à intubação, sendo necessário o uso de drogas que promovam sedação (preferência pelos de curta ação), por vezes associada aos relaxantes musculares, que só devem ser utilizados se houver certeza de boa ventilação mecânica controlada. A CPAP *(Continuous Positive Airway Pressure)* associada é um recurso importante. A CPAP permite a manutenção de pressão positiva durante todo o ciclo respiratório, o que aumenta o recrutamento alveolar, reduzindo as áreas de atelectasias e de alvéolos funcionalmente colabados, aumentando com isso a relação V/Q (diminui o *shunt* intrapulmonar). A PEEP é semelhante em sua função à CPAP. O uso precoce de um desses recursos (CPAP ou PEEP) encurta o período de ventilação mecânica e a hospitalização. A ventilação mecânica nesses casos deve ser iniciada imediatamente após a intubação e a sedação, utilizando FiO_2 a 100% e PEEP de 5 a 7 cmH_2O. A gasometria arterial (PaO_2) indicará o quanto se pode reduzir a FiO_2 após os primeiros 30 a 40 minutos. Os alvéolos são recrutados de forma lenta, razão pela qual devemos aguardar resposta ventilatória gradual e progressiva. Não há provas de que o seu uso possa diminuir o líquido no pulmão, mas sabe-se que ocorre redistribuição da água para o interstício, tendo boa utilidade no edema pulmonar do afogado. Nunca retire a PEEP ou CPAP antes de 48 horas mesmo que a FiO_2 indique estar abaixo dos parâmetros convencionais à sua indicação. Quando iniciar a retirada da PEEP proceda de forma lenta, já que o edema pulmonar pode recidivar rapidamente em caso de retirada abrupta. O desmame dos pacientes afogados em água salgada é 1,8 vez mais rápido do que os de água doce, embora a morbimortalidade seja semelhante.

O acesso venoso periférico é satisfatório para os estágios iniciais do suporte hemodinâmico. Nos casos de afogamento graus 4 a 6 em que ocorre instabilidade hemodinâmica, o suporte hemodinâmico é extremamente necessário, embora em uma grande parte dos casos somente a correção da hipóxia seja o suficiente para retornar a normotensão. No hospital, o paciente deve ficar em monitorização eletrocardiográfica (ECG) contínua, com verificação dos sinais vitais, ter uma veia profunda cateterizada para verificação da pressão venosa central, sonda vesical para controle da diurese horária, e, no caso de utilização de altos níveis de CPAP/PEEP ou instabilidade hemodinâmica não-reversível nas primeiras horas, deve ser monitorada a pressão de encunhamento capilar pulmonar. A reposição volêmica deve ser feita de forma criteriosa, orientada pelas medidas hemodinâmicas, com soluções cristalóides, independentemente do tipo de água em que ocorreu o afogamento. A preocupação deve ser a de evitar o agravamento da lesão pulmonar e cerebral com o excesso de líquido administrado. Atualmente não existem evidências para suportar a administração, de rotina, de soluções hipertônicas e de transfusões para os afogamentos em água doce, assim como de soluções hipotônicas para os casos em água salgada. É contra-indicada a terapêutica que preconiza restrição hídrica e o uso de diuréticos nesses pacientes. Não utilize diuréticos para tratar o edema pulmonar do afogado – a vítima pode, na realidade, estar necessitando de reposição volêmica. A terapia por desidratação aumenta a hipovolemia, que pode ocorrer, reduzindo o débito cardíaco, a perfusão tecidual e o transporte de oxigênio, podendo agravar a já existente lesão hipóxica cerebral. *A reposição hídrica deve ser orientada pelo débito urinário e mantida de 0,5 a 1 ml/kg ou pelo uso da pressão de encunhamento capilar pulmonar* .

A acidose metabólica que ocorre em 70% dos pacientes que chegam ao hospital deve ser corrigida com o uso de bicarbonato de sódio quando o pH estiver inferior a 7,2 ou o bicarbonato sérico < 12 mEq/l e se a vítima tem aporte ventilatório adequado.

Raramente há necessidade do uso de drogas vasopressoras ou inotrópicas.[39,45] Os diuréticos de alça ou osmóticos podem ser utilizados em casos de hipervolemia comprovada, ou nos casos em que o débito urinário estiver protraído depois de restaurada a volemia.

Os casos graus 5 e 6, após serem reanimados, devem ser tratados como o grau 4 (ver algoritmo ACLS de afogamento). Existem casos descritos de sucesso na reanimação de afogados após 2 horas de manobras de RCP. Fatores como temperatura da água, tempo da imersão, sinais de morte neurológica e o uso de drogas são por demais controversos na literatura, não havendo até o momento nenhum fator confiável que possa indicar seguramente o prognóstico antes de iniciar a RCP.[42] Muito se relata na literatura sobre o melhor prognóstico dos afogamentos em água gelada (< 15°C), pela ocorrência de hipotermia. Existem registros de vários casos de recuperação completa depois de prolongada submersão em água gelada. O maior tempo registrado até hoje, de submersão em água fria com recuperação completa, foi de 66 minutos. No Brasil, temos observado a presença de hipotermia em todos os casos de afogamento em águas com temperaturas maiores de 15°C, e a surpreendente resposta à RCP que esses pacientes apresentam. No verão de 1994 (praia da Barra da Tijuca-RJ), foram reanimados 4 pacientes com mais de 10 minutos de submersão em água com temperatura maior do que 15°C (média de 20°C) (2 faleceram em 6 horas e 2 sobreviveram, 1 com seqüelas neurológicas graves e o outro sem seqüelas). Allman *et al* reportaram resultados similares em águas quentes.[1] O reflexo de mergulho ou de submersão (*diving reflex*), junto com a hipotermia, é ainda hoje em dia aceito como explicação para tais fenômenos, diferentemente de outras causas de parada cardíaca em que o prognóstico é inteiramente diferente. O uso da adrenalina no afogamento ainda é assunto controverso. Alguns advogam ser maléfico, outros que nenhuma vantagem prognóstica neurológica existe com o seu uso. Entretanto, alguns trabalhos mostram excelentes resultados prognósticos. Recomendamos o seu uso após 3 minutos de PCR, com a primeira dose de 0,01 mgr/kg venosa e 0,1 mgr/kg a cada 3 minutos de PCR. Essa alta dose de adrenalina a partir da segunda dose é considerada classe IIa para crianças e classe IIb em adultos para casos gerais de PCR; entretanto, ainda não foi classificada especificamente para os casos de afogamento. O uso de "megadoses" de adrenalina aumenta a eficácia da RCP e o sucesso na restauração do pulso arterial, embora o nível de evidência científica de seu benefício sobre a função neurológica ainda não tenha sido comprovado. Parece bem definido que a depleção significativa do bicarbonato plasmático raramente está presente nos primeiros 10 a 15 minutos de RCP, contra-indicando o seu uso inicialmente. Quando ocorrem seqüelas neurológicas, mesmo com a execução correta das manobras, deve-se pensar em falha técnica, retardo no início das manobras, longo tempo de submersão e/ou alguma causa orgânica intercorrente. Os vômitos nos afogados submetidos à RCP permanecem como principal fator de complicação durante e após a reanimação e pode ser reduzido com o uso da posição do afogado com a cabeça à mesma altura que o tronco, evitando-se comprimir o abdômen ou a realização da manobra de Heimlich, e realizando-se a ventilação de forma correta, evitando a distensão gástrica durante a ressuscitação. A manobra de Sellick realizada corretamente nesses casos parece contribuir para uma redução na ocorrência de vômitos. A ocorrência da fibrilação ventricular nos casos de afogamento não está bem documentada. Alguns serviços de salvamento nos EUA, Austrália e Brasil (SC) iniciaram a utilização de desfibriladores semi-automáticos nas praias pelos guarda-vidas. Possivelmente em breve teremos a documentação da ocorrência das arritmias nos graus 5 e 6. Devemos dar atenção especial à temperatura corporal do paciente, uma vez que o sucesso da desfibrilação é difícil mas não impossível em presença de hipotermia abaixo de 32°C. Se houver assistolia, a RCP deve continuar até que a temperatura corporal da vítima alcance no mínimo 34°C. Segundo Southwick e Dalglish, "ninguém está morto antes de estar quente".[42] Durante a desfibrilação, devemos ter cuidado com o corpo molhado do paciente, já que pode passar corrente elétrica para o médico, e lembrar também de retirar parte da areia do local de colocação dos eletrodos para um melhor contato.

OUTRAS MEDIDAS TERAPÊUTICAS NO HOSPITAL

Infecção pulmonar e antibiótico

Até recentemente, utilizava-se rotineiramente a profilaxia antibiótica nos casos de afogamento. Essa medida é contra-indicada inicialmente e segue indicações mais restritas.

Indicações de antibiótico no afogado

1. Quando houver diagnóstico de pneumonia (> 48 horas):
   - Infiltrado novo e persistente na radiografia de tórax, após 48 a 96 horas.
   - Secreção traqueal purulenta com mais de 25 polimorfonucleares e menos de 10 células epiteliais escamosas em campo de baixo poder de aumento.
   - Presença de bactéria conhecidamente patogênica, isolada em cultura qualitativa de secreção traqueal, com crescimento de apenas 1 organismo ou cultura quantitativa (ufc/ml) em número maior do que o aceito para o tipo de coleta realizada.
   - Leucocitose > 10.000 em ascensão, com 10% ou mais de formas jovens após 48 h.
   - Febre presente e progressivamente maior.
2. Quando a água aspirada tenha reconhecidamente um número de colônias igual ou > 10^{20}(ufc/ml) – indica antibiótico de imediato:
   - *Infecção primária suspeita*: cultura da água aspirada entre 10^8 e 10^{20}. Indica a necessidade de uso de antibióticos de início em pacientes imunossuprimidos.
   - *Infecção primária ausente:* cultura da água aspirada $<10^8$ – sem indicação de antibiótico.

■ *Antibióticos*

A realização do Gram pode orientar o espectro antibiótico, mas a cobertura para germes anaeróbios deve ser sempre feita em caso de pneumonia. Inicie o antibiótico de largo espectro com base na probabilidade do germe. A broncofibroscopia pode ser útil para a determinação da extensão e da severidade das lesões em vias aéreas em casos de aspiração com conteúdo sólido, para limpeza de corpos estranhos junto com o afogamento (p. ex.: areia) e para a coleta de culturas qualitativas e quantitativas.

■ *Abordagem neurológica*

Apenas o grau 6 requer abordagem de tratamento para a encefalopatia anóxica (lesão hipóxica primária) que é potencialmente irreversível. O objetivo é evitar a lesão neuronal secundária, com cuidados gerais. Mantenha a pressão arterial média em torno de 80 a 100 mmHg, permitindo uma perfusão cerebral adequada; evite aumentos da pressão intracraniana (PIC) mantendo a cabeceira do leito a 30°C (se não houver hipotensão), evite compressões sobre a veia jugular e situações que provoquem a manobra de Valsalva; mantenha a temperatura corporal em torno de 37°C (cada grau acima aumenta a taxa metabólica cerebral e a produção de CO_2 em 10%); evite a má adaptação à ventilação mecânica usando sedação, se necessário; faça uma adequada toalete orotraqueobrônquica sem provocar hipóxia ou aspirações repetidas sem necessidade; trate as crises convulsivas reduzindo o consumo metabólico cerebral, o desgaste muscular desnecessário e o aumento da PIC; evite correções súbitas de distúrbios ácido-básicos; não sede o paciente agitado antes de descartar o aumento da PIC, retenção urinária, dor, hipotensão ou hipóxia; mantenha a glicemia normal (hiperglicemia em vigência de hipóxia pode aumentar a acidose cerebral e agravar a lesão neurológica). Diversas drogas e recursos vêm sendo utilizados ou estão em investigação para o tratamento ou para a limitação da lesão isquêmica cerebral e da hipertensão intracraniana. O prognóstico parece depender diretamente da manutenção de uma adequada perfusão cerebral. Todos os estudos levam a crer que a nossa intervenção terapêutica será realmente efetiva quando pudermos monitorar a pressão de perfusão cerebral, o fluxo sangüíneo cerebral, a PIC e o consumo metabólico cerebral de forma não-invasiva. Medidas agressivas como o coma barbitúrico e a hipotermia terapêutica foram popularizadas, entretanto têm se mostrado ineficazes nesses casos. Evite hiperventilação ($PaCO_2$ entre 25 e 30) e mantenha a $PaCO_2$ de 30 a 35 mmHg. O manitol pode ser utilizado criteriosamente nos casos em que houver aumento da PIC comprovado pela monitorização.

PROGNÓSTICO

Devemos considerar que o afogamento grave – graus 3 a 6 – tem potencial para provocar lesão sistêmica multiorgânica. Com o advento dos novos avanços utilizados em terapia intensiva, não há como negar todavia que a importância do sistema nervoso central no prognóstico predomina sobre os outros órgãos. Através da observação de diversos casos de afogamento, concluímos que os pacientes graus 1, 2, 3, 4, e 5, quando sobrevivem, raramente apresentam seqüelas, evoluindo para a cura em quase 95% dos casos. A determinação do prognóstico nos casos grau 6 é dependente principalmente da lesão neurológica, que está relacionada diretamente ao tempo e ao grau de hipóxia, embora diversos autores tenham tentado estabelecer parâmetros radiológicos e respiratórios para sua avaliação inicial. As crianças em grau 6 apresentam lesão neurológica com maior freqüência por possuírem boa condição cardiovascular prévia e maior sucesso na RCP. Elas costumam evoluir rapidamente para a cura ou permanecem em estado de coma prolongado, em que a mortalidade e o índice de seqüela são altos. Considerando todas as faixas etárias no período pós-PCR (para os casos de RCP realizada dentro do hospital), 30% evoluem para encefalopatia anóxica (estado vegetativo persistente), 36% morrem em alguns dias e 34% têm alta sem seqüelas neurológicas. *A necessidade de RCP em pacientes à chegada no serviço de emergência (hospital), em que não houve hipotermia, resulta em morte ou em aumento do número de paciente em estado vegetativo persistente. O uso de medidas agressivas (coma barbitúrico ou hipotermia provocada) na proteção cerebral só parece aumentar essa estatística. Nenhum índice no local ou no hospital é absolutamente confiável em relação ao óbito ou à sobrevida com ou sem seqüelas.* **A RCP nesses casos deve ser tentada sempre**, exceto nos casos descritos no algoritmo ACLS de afogamento.

REFERÊNCIAS BIBLIOGRÁFICAS

1. Allman FD, Nelson WB, Gregory AP *et al.* Outcome following cardiopulmonary resuscitation in severe near-drowning. *Am J Dis Child* 1986;140:571–75.
2. Associação Nacional dos Fabricantes de Piscinas e Produtos Afins (ANAPP) — ano 2000.
3. Bergquist RE, Vogelhut MM, Modell JH, Sloan SJ, Ruiz BC. Comparison of ventilatory patterns in the treatment of freshwater near-drowning in dogs. *Anesthesiology* 1980;52:142–148.
4. Bierens JJLM, Huet RCG, Turner NM, Berkel M, Knape JTA. Resuscitation guidelines; controversies and pitfalls in case of submersion; submitted for publication.
5. Bierens JJLM, Uytslager R, Swenne-van Ingen MME *et al.* Accidental hypothermia: incidence, risk factors and clinical course of patients admitted to hospital. *EJEM* 1995;2:38–46.
6. Bierens JJLM, Van der Velde EA, Van Berkel M *et al.* Submersion cases in the Netherlands. *Ann Emerg Med* 1989;18:366–73.
7. Bierens JJLM, Velde EA, Berkel M, Zanten JJ. Submersion in the Netherlands: prognostic indicators and results of resuscitation. *Ann Emerg Med* 1990;19:1390–5.
8. Bohn DJ, Biggar WD, Smith CR *et al.* Influences of hypothermia, barbiturate therapy, and intracranial pressure monitoring on morbidity and mortality after near-drowning. *Crit Care Med* 1986;14:529–34.
9. Branche CM. What is really happening with drowning rates in the United States? *In* Fletemeyer JR, Freas SJ (Eds.): *Drowning: New Perspectives on Intervention and Prevention.* Boca Raton, Fla.: CRC Press, 1998, pp 31–42.
10. Conn AW, Barker GA. Fresh water drowning and near-drowning: an update. *Can Anaesth Soc J* 1984;31(3):S38–S44.
11. Conn AW, Modell JH. Current neurological considerations in near-drowning (Editorial). *Can Anaesth Soc J* 1980;27:197.
12. Conn AW, Montes JE, Baker GA, Edmonds JF. Cerebral salvage in near-drowning following neurological classification by triage. *Can Anaesth Soc J* 1980;27:201–210.
13. Cummins RO. The Utstein style for uniform reporting of data from out of hospital cardiac arrest. *Ann Emerg Med* 1993;22:37–40.
14. Dunagan DP, Cox JE, Chang MC, Haponik EF. Sand aspiration with near-drowning: radiographic and bronchoscopic findings, case report. *Am J Respir Crit Care Med* 1997;156:292–295.
15. Eisemberg MS, Bergner L, Hallstrom A. Survivors of out of hospital cardiac arrest: morbidity and long time survival. *Am J Emerg Med* 1984;2:189–192.
16. Eisemberg MS. Prehospital cardiopulmonary resuscitation: Is it effective? *JAMA* 1985;253:2408–12.
17. Fuller RH. The 1962 wellcome prize essay. Drowning and the postimmersion syndrome. A clinicopathologic study. *Milit Med* 1963b;128:22–36.
18. Giammona ST, Modell JH. Drowning by total immersion, effects on pulmonary surfactant of distilled water, isotonic saline and sea water. *Am J Dis Child* dez 1967;114.
19. Goetting MG, Paradis NA. High-dose epinephrine improves outcome from pediatric cardiac arrest. *Ann Emerg Med* 1991;20:22–6.
20. Greenberg MI, Baskin SI, Kaplan RM, Unichio FJ. Effects of endotracheally administered distilled water and normal saline of the arterial blood gases of dogs. *Ann Emerg Med* 1982;11:600–604.
21. Manolios N, Mackie I. Drowning and near-drowning on Australian beaches patrolled by life-saves: a 10-year study, 1973–1983. *Med J Aust* 1988;148:165–71.
22. Modell JH, Davis JH. Electrolyte changes in human drowning victims. *Anesthesiology* 1969;30:414–20.
23. Modell JH, Graves SA, Kuck EJ. Near-drowning; correlation of level of consciousness and survival. *Can Anaesth Soc J* 1980;27:211–215.
24. Modell JH, Ketover A. Clinical course of 91 consecutive near-drowning victims. *Chest* 1976;70:2. *Lancet* 1974;II:1361.
25. Modell JH. Drowning: current concepts: review article. *New Engl J Med* 1993;328(4):253–256.
26. Modell JH. Drowning: To treat or not to treat? An unanswerable question (Editorial). *Crit Care Med* 1993;21:313–315.
27. Modell JH. Etiology and treatment of drowning . *In* Fletemeyer JR, Freas SJ (Eds.): *Drowning — New Perspectives on Intervention and Prevention.* Boca Raton, Fla.: CRC Press, 1998, pp 21–30.
28. Munrae WD. Hemoglobinuria from near-drowning. *J Pediatr* 1964;64:57–62.
29. Nichter MA, Everett PB. Childhood near-drowning: Is cardiopulmanry resuscitation always indicated? *Crit Care Med* 1989;17:993–995.
30. Nussbaum E. Prognostic variables in near-drowned comatous children. *Am J Dis Child* 1985;139:1058–9.
31. Orlowski JP, Abulleil MM, Phillips JM. Effects of tonicities of saline solutions on pulmonary injury in drowning. *Crit Care Med* 1987;15;2:126.
32. Orlowski JP, Abulleil MM, Phillips JM. The hemodynamic and cardiovascular effects of near-drowning in hypotonic, isotonic, or hypertonic solutions. *Ann Emerg Med* Out 1989;18:1044–1049.
33. Orlowski JP, Szpilman D. Drowning: rescue, resuscitation, and reanimation, pediatric critical care: a new millennium. *Pediatr Clin North Am* jun 2001;48(3).
34. Orlowski JP. Drowning, near-drowning and ice-water drowning. *JAMA* 1988;260:390–391.
35. Orlowski JP. Drowning, near-drowning, and ice water submmersion. *Pediatr Clin North Am* 1987;34:92.
36. Peitzman AB, Shires GT, Iuner H *et al.* Pulmonary acid injury: effects of positive end expiratory pressure and

crystalloid versus colloid fluid resuscitation. *Arch Surg* 1982;117:662–668.

37. Quan L, Kinder D. Pediatric submersions: prehospital predictors of outcome. *Pediatrics* 1992;90:909–913.
38. Rosenbaum T, Thompson L, Fuller RH. Radiographic pulmonary changes in near-drowning. Department of Radiology, University of Wisconsin, 1964;83:306–313.
39. Sherman BW, Munger MA, Panacek EA, Foulke GE, Rutherford WF. High-dose epinephrine in patients failing prehospital resuscitation. *Ann Emerg Med* (Abstract) 1991;20:949.
40. Shuman SH, Rowe JR, Glazer HM *et al.* The iceberg phenomenon of near-drowning. *Crit Care Med* 1976;4:127.
41. Sincock AD. Treatment of near-drowning: a review of 130 cases. *Anaesthesia* 1986;41:643–8.
42. Southwick FS, Dalglish PH. Recovery after prolonged asystolic cardiac arrest in profound hypothermia. *JAMA* 1980;243:1250–53.
43. Special resuscitation situations. Guidelines for Cardiopulmonary Resuscitation and Emergency Cardiac Care (ECC). *Circulation* 22 Ago 2000;102(8).
44. Special resuscitation situations. Near-drowning, an advisory statement from the International Liaison Committee on Resuscitation. *Circulation* 15 Apr 1997;95(8):2199.
45. Stiell IG, Herbert PC, Weitzman BN *et al.* High-dose epinephrine in adult cardiac arrest. *New Engl J Med* 1992;327(15):1045–50.
46. Swann HG, Brucer M, Moore C, Vezien BL. Freshwater and sea water drowning: a study of the terminal cardiac and biochemical events. *Tex Rep Biol Med* 1947;5:423–437.
47. Swann HG, Brucer M. The cardiorespiratory and biochemical events during rapid anoxic death. VI. Freshwater and sea water drowning. *Tex Rep Biol Med* 1949;7:604–618.
48. Szpilman D, Amoedo AR, Tomaz N. Atendimento a afogados no Rio de Janeiro: avaliação de 20 anos do Centro de Recuperação de Afogados. *Rev Bras Emerg Pré-Hospitalar e Medicina de Desastre* jan–mar 1994;1(1):19–24.
49. Szpilman D, Amoedo AR. Afogamento. *JAMA Clin Pediátrica* set–out 1995;5(19):5–20.
50. Szpilman D, Amoedo AR. Atualização da classificação de afogamento: avaliação de 2.304 casos em 20 anos. *JBM* abr 1994;66(4):21–37.
51. Szpilman D, Amoedo AR. *Manual de Afogamento e Ressuscitação Cardiorrespiratória.* Rio de Janeiro: Revinter, 1995.
52. Szpilman D, Cruz-Filho FES. Aquatic Cervical Spine Injury(CSI): How often do we have to worry? World Congress on Drowning, Netherlands 2002.
53. Szpilman D, Cruz-Filho FES. Epidemiological profile of drowning in Brazil — 144,207 deaths in 20 years study. World Congress on Drowning, Netherlands 2002.
54. Szpilman D, Elmann J, Cruz-Filho FES. Drowning classification: a revalidation study based on the analysis of 930 cases over 10 years. World Congress on Drowning, Netherlands 2002.
55. Szpilman D, Elmann J, Cruz-Filho FES. Drowning resuscitation center: ten-years of medical beach attendance in Rio de Janeiro, Brazil. World Congress on Drowning, Netherlands 2002.
56. Szpilman D, Elmann J, Cruz-Filho FES. Dry-drowning: Fact or myth? World Congress on Drowning, Netherlands 2002.
57. Szpilman D, Idris A, Cruz-Filho FES. Position of drowning resuscitation victim on sloping beaches. World Congress on Drowning, Netherlands 2002.
58. Szpilman D, Newton T, Cabral PMS. Afogamento. *In* Freire E (Ed.): *Trauma — a Doença dos Séculos.* Vol. 2. Rio de Janeiro: Atheneu, 2001, Cap. 163, pp 2247–66.
59. Szpilman D, Orlowski PJ, Cruz-Filho FES, Elmann J. Hey near-drowning, you've been messing up our minds. World Congress on Drowning, Netherlands 2002.
60. Szpilman D, Orlowski PJ. Afogamento. *Rev Soc Cardiol Estado de São Paulo* (SOCESP) 2001;2:390–405.
61. Szpilman D, Orlowski PJ. In-water resuscitation: Is it worthwhile? World Congress on Drowning, Netherlands 2002.
62. Szpilman D, Tomáz N, Amoedo AR. Afogamento. *In* Bethlem N: *Pneumologia.* 4ª ed. Rio de Janeiro: Atheneu, 1995, Cap. 57, pp 903–19.
63. Szpilman D. Afogamento. *In* Timerman S *et al.* Suporte Básico e Avançado de Vida em Emergências. Brasília: Câmara dos Deputados, Coordenação de Publicações, novembro 2000, pp 205–234.
64. Szpilman D. Afogamento. *Rev Bras Med Esporte* jul–ago 2000;6(4):131–144.
65. Szpilman D. Apresentação da estatística do Grupamento Marítimo do Estado do Rio de Janeiro. International Lifesaving Federation Medical-Rescue Conference — San Diego, CA, 1997.
66. Szpilman D. Dados elaborados com base no Datasus — Ministério da Saúde — Sistema de Informação de Mortalidade, Ano 2000.
67. Szpilman D. Dados elaborados com bases nas informações de *Injury.* A leading cause of the global burden of disease — WHO — 1999. [Http://www.who.int/violence injury prevention/index.html].
68. Szpilman D. Drownings on the beaches of Brazil. *In* Fletemeyer JR, Freas SJ (Eds.): *Drowning: New Perspectives on Intervention and Prevention.* Boca Raton, Fla.: CRC Press, 1998, pp 125–146.
69. Szpilman D. Near-drowning and drowning classification: a proposal to stratify mortality based on the analysis of 1,831 cases. *Chest* 1997;112(3):660–5.
70. Tabeling BB, Modell JH. Fluid administration increases oxygen delivery during continuous positive pressure ventilation after freshwater near-drowning. *Crit Care Med* 1983;11:693–96.

44 Embolia Pulmonar

Marcelo Vieira Gomes

A embolia pulmonar como entidade nosológica se reveste de características próprias, que fazem dela um desafio à argúcia dos médicos de quase todas as especialidades, levando a óbitos que poderiam ser evitados se medidas profiláticas e de diagnóstico precoce fossem tomadas.

Embolia pulmonar e trombose venosa profunda são responsáveis por milhares de internações e mortes anualmente em todo o mundo. Com o envelhecimento da população, a embolia pulmonar torna-se mais prevalente. Para cada aumento de 10 anos na idade, a incidência de trombose venosa profunda dobra.[1,2]

A incidência anual nos EUA é de mais de 300 mil casos, levando a 50 mil óbitos por ano.[3] A mortalidade na primeira hora chega a 12%, e chega a 30% quando não-diagnosticada. Entretanto, com o diagnóstico e o tratamento adequado, há uma redução na mortalidade de 8%.

Devemos ter em mente, ao avaliarmos pacientes com desconforto torácico inexplicável, dispnéia e tonteira, a possibilidade de TEP.

O diagnóstico rápido e preciso é essencial ao tratamento, e para tanto deve-se seguir algoritmos para orientar o diagnóstico e o tratamento adequado.

Apesar do progresso no diagnóstico e no tratamento, a taxa de mortalidade e o índice de novo episódio embólico permanecem elevados. O futuro é promissor, com avanços da biologia molecular, diagnósticos por imagem e tratamento com heparina de baixo peso molecular.

FATORES DE RISCO

Os pacientes com TEP, em sua maioria, possuem clinicamente fatores de risco para o desenvolvimento de TVP, mas a embolia pulmonar pode ocorrer na ausência desses fatores.[9]

FISIOPATOLOGIA

As principais fontes de embolização são o sistema venoso profundo dos membros inferiores, da pélvis, renal, membros superiores e coração direito. O trombo de origem iliofemoral parece ser a fonte trombogênica clinicamente mais reconhecida. Os trombos abaixo da veia poplítea, em sua maioria, têm resolução espontânea e raramente são causas de TEP.[4] Porém 20 % desses trombos migram para as veias poplíteas, femorais e ilíacas.

Os mecanismos responsáveis pela trombose não estão totalmente esclarecidos, e a clássica *tríade de Virchow*, descrita no século 19, com estase venosa, lesão endotelial e hipercoagulabilidade, não justifica todos os mecanismos.[3]

Ao chegar no pulmão, o trombo pode se alojar na bifurcação da artéria pulmonar ou nos ramos lobares, causando alterações hemodinâmicas. Quando o trombo é pequeno, ele pode alojar-se distalmente, levando a dor pleurítica por provável reação inflamatória da pleura.

Somente 10% dos trombos levam ao infarto pulmonar.

A TEP leva às seguintes alterações fisiopatológicas

- Aumento da resistência vascular pulmonar em decorrência da obstrução, de agentes *neuro-humorais* e alteração de barorreceptores da artéria pulmonar.
- Alteração da troca gasosa em virtude do aumento do espaço morto alveolar, decorrente da obstrução vascular e da hipoxemia decorrente da hipoventilação e do aumento do *shunt*.
- Aumento da resistência das vias aéreas causado por broncontrição.
- Redução da complacência pulmonar por edema, hemorragia pulmonar e perda do surfactante.

Na Figura 44-1 podemos observar a inter-relação de todos os mecanismos fisiopatológicos, num ciclo de perpetuação e agravamento de lesão pulmonar e resposta sistêmica.

Estados de hipercoagulabilidade hereditários

Atualmente parece haver uma relação entre TEP e predisposição genética, porém deve haver um fator precipitante concomitante.[5]

A resistência à proteína C foi descoberta em 1993, condição essa que ocorre na maioria dos casos de trombofilia. Decorre de uma mutação genética através da substituição da arginina por guanina no nucleotídeo 1691 do Fator V, resultando no Fator V de Leiden.[5] A seguir, em 1996, foi descoberta uma mutação na protrombina como causa de trombofilia.[5]

Na maioria dos casos de trombofilia hereditária ocorre uma alteração na capacidade de neutralização da trombina ou uma falência no controle da produção de trombina, causando

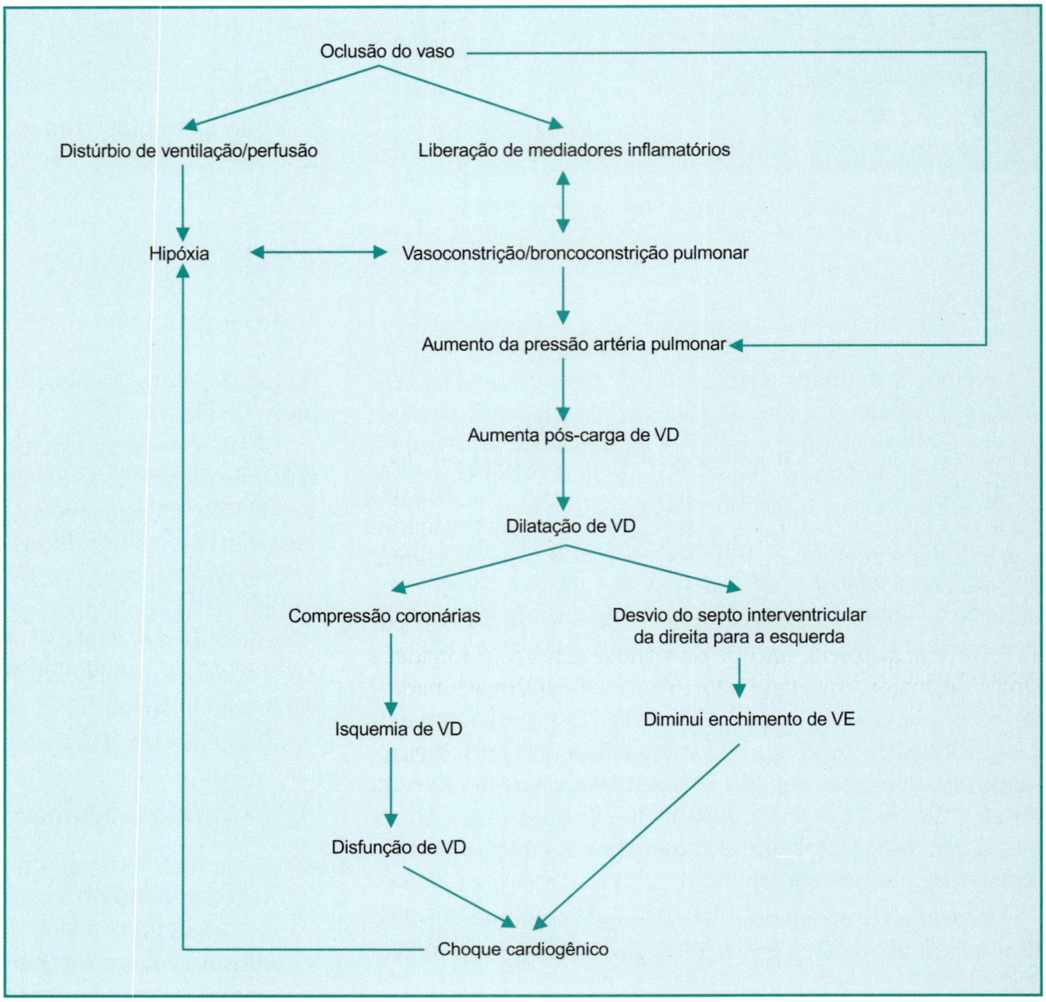

Fig. 44-1. Mecanismos fisiopatológicos na embolia pulmonar.

trombose.[5] Nesses casos, ocorre mau funcionamento do sistema natural de anticoagulação.[5]

Estados de hipercoagulabilidade adquiridos

Várias condições clínicas vêm sendo relacionadas a uma maior incidência de embolia pulmonar, como descrito no Quadro 44-1.

Fenômenos tromboembólicos são reportados em 30 a 60% dos pacientes com AVC e em 5 a 35% dos pacientes com IAM.[9]

Nos pacientes cirúrgicos/traumatizados, a incidência de embolia pulmonar está relacionada ao tempo de imobilização no leito, chegando a 50 a 75 % nos casos de cirurgias do quadril e a 50 a 100% no trauma raquimedular.[9]

O risco de trombose venosa profunda é cinco vezes maior em mulheres grávidas em relação a mulheres não-grávidas na mesma faixa etária, sendo que 75% ocorrem no pré-parto e 66% no pós-parto. O uso de anticoncepcionais orais também está relacionado a trombose venosa profunda.[9] O cigarro é considerado um fator de risco independente para a embolia pulmonar.[9]

Quadro 44-1. Fatores predisponentes à embolia pulmonar[1]
• Estados de hipercoagulabilidade hereditários[1]
• Mutação do gene do fator V (fator V de Leiden)
• Resistência à proteína C ativada
• Mutação da proteína C
• Mutação genética da protrombina
• Deficiência de antitrombina III
• Deficiência de proteína S
• Hiper-hemocisteinemia
• Anticorpo antifosfolipídio
• Estados de hipercoagulabilidade adquiridos[1]
• Cirurgias
• Imobilidade
• Obesidade
• Idade avançada
• Tabagismo
• Hipertensão arterial sistêmica
• Gravidez/uso de anticoncepcional/pós-parto
• Câncer (adenocarcinomas)/quimioterapia
• AVC/traumatismo raquimedular
• Catéter de longa permanência
• Insuficiência venosa crônica

MANIFESTAÇÕES CLÍNICAS

O diagnóstico é mais difícil que o tratamento ou a prevenção de TEP. A grande maioria dos pacientes com TEP não apre-

Quadro 44-2. Manifestações clínicas mais freqüentes da TEP

Manifestação clínica	%
Dispnéia	82
Freqüência respiratória > 20 ipm	60
Dor torácica	40
Tosse	20
Síncope	14
Hemoptise	7
Choque	8
Febre < 38,9°C	14

senta sintomas de TVP no momento da investigação diagnóstica. Apesar de os achados de autopsia demonstrarem que 65 a 90% dos trombos responsáveis pelo TEP são originários das veias dos membros inferiores, apenas 30% dos pacientes apresentam sinais ou sintomas de TVP.

Dispnéia e taquipnéia são os sintomas mais freqüentes de TEP. Intensa dispnéia, síncope ou cianose estão relacionadas a sinais de maior gravidade. Dor pleurítica está relacionada à embolia de vasos distais próximos à pleura e geralmente é de pequena extensão. A tríade clássica de dispnéia, dor torácica e hemoptise está presente em somente 20 % dos casos (Quadro 44-2).

A TEP pode também se apresentar como *cor pulmonale* agudo (falência de ventrículo direito) com distensão das veias jugulares, ritmo de galope (B_3), taquicardia, taquipnéia, bloqueio de ramo direito incompleto e alterações nos padrões S-Q-T.

A maioria desses sinais e sintomas pode ocorrer em pacientes sem TEP, o que demonstra a necessidade da documentação diagnóstica.

DIAGNÓSTICO DIFERENCIAL

O diagnóstico preciso de embolia pulmonar permanece difícil devido à extensa lista de diagnósticos diferenciais existentes, como mostrado no Quadro 44-3.[10]

Quadro 44-3. Diagnóstico diferencial da TEP

- IAM/EAP
- Pneumonia
- ICC
- Cardiomiopatia
- Asma/DPOC
- Hipertensão pulmonar primária
- Pericardite
- Ansiedade
- Pneumotórax
- Dissecção de aorta
- Câncer de pulmão
- Fratura de costela
- Dor musculoesquelética

APRESENTAÇÃO CLÍNICA

Embolia pulmonar maciça

São pacientes com o maior risco de evoluírem para choque cardiogênico. Freqüentemente o trombo oblitera quase a metade do sistema arterial pulmonar, muitas das vezes bilateralmente. Dispnéia é muito freqüente associada a instabilidade hemodinâmica importante, com necessidade do uso de drogas vasopressoras. O tratamento consiste em uso de trombolíticos e heparina ou em intervenções mecânicas.[4]

Embolia pulmonar submaciça

Esses pacientes apresentam-se com estabilidade hemodinâmica porém com sinais de hipocinesia ventricular direita no ecocardiograma. Apesar de manterem a pressão arterial estável, ocorre instabilidade do VD. São pacientes de maior risco para tromboembolismo recorrente, mesmo em vigência de anticoagulação. Muitas vezes esse episódio pode ser fatal.

Com a persistência da disfunção do VD, deve ser considerado o uso de trombolíticos ou a embolectomia.

Embolia pulmonar pequena

São pacientes que evoluem com estabilidade hemodinâmica e ausência de sinais de disfunção do VD no ecocardiograma.

Infarto pulmonar

Usualmente ocorre 3 a 7 dias após o TEP, pacientes evoluem com dor torácica importante, acompanhada ou não de hemoptise. O trombo geralmente tem localização nos vasos próximos à pleura. Os pacientes evoluem com febre, leucocitose e imagem radiológica compatível com infarto pulmonar.

DIAGNÓSTICO

Nos pacientes em que há uma forte suspeita clínica de TEP, deve ser administrado uma dose inicial de heparina e devem-se iniciar os testes diagnósticos.

Na Figura 44-2 apresentamos algoritmo proposto para o diagnóstico de embolia pulmonar, baseado nas recomendações atuais.

Exames Laboratoriais

■ *D-Dímero*

É um produto da degradação da fibrina. Sua utilidade tem sido intensamente investigada no diagnóstico de TVP e TEP.

Não é um exame específico, pois pode encontrar-se elevado em: sepse, pós-IAM, câncer, pós- operatórios e pneumonia. O seu valor preditivo negativo pode ser utilizado em pacientes sem doença sistêmica aguda em que há a suspeita de TEP, permitindo afastar o diagnóstico de TEP nos pacientes em que o D-dímero encontra-se baixo.[6] Não é um exame padronizado no algoritmo de diagnóstico de embolia pulmonar pela American Thoracic Society.[8]

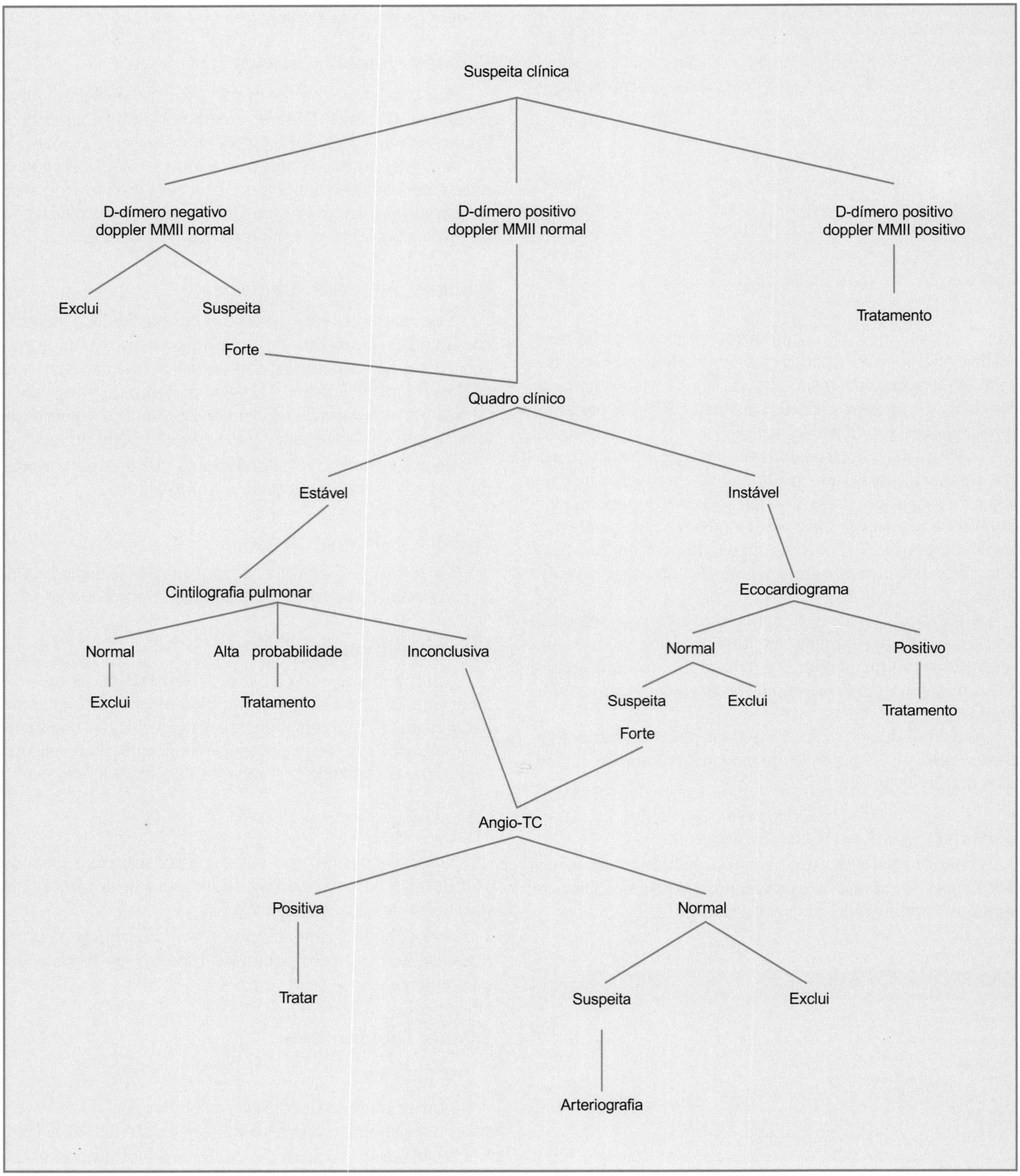

Fig. 44-2. Algoritmo para diagnóstico de embolia pulmonar.

Gasometria arterial

A gasometria arterial não deve fazer parte do diagnóstico estratégico na investigação de embolia pulmonar,[6] pois valores normais do gradiente alvéolo-arterial não afastam o diagnóstico de TEP.[4]

Eletrocardiograma

Pouco especifico, mas útil para afastar a possibilidade de infarto agudo do miocárdio.[6] Achados mais freqüentes são: bloqueio de ramo direito incompleto ou completo, S em DI e aVL > 1,5 mm , desvio do eixo para a direita, baixa voltagem, inversão da onda T em DIII e AVF ou em V_1-V_4. Arritmias são comuns, sobretudo taquiarritmias supraventriculares.[4]

Métodos de imagem

Telerradiografia de tórax

Usualmente é o primeiro exame a ser realizado no paciente com suspeita de TEP. Apesar de mais da metade dos pacientes possuir alguma anormalidade às radiografias, uma radiografia quase normal em um paciente com importante comprometimento respiratório é altamente sugestiva de embolia pulmonar.[6,8]

Achados clássicos de embolia pulmonar são incomuns e incluem a oligoemia focal (sinal de Westermark), indicando embolia maciça com uma hipovascularidade distal, e cunha de Hampton, que consiste em uma densidade em forma de cunha acima do diafragma, indicando infarto pulmonar.

Achados inespecíficos mais freqüentes são: derrame pleural, atelectasia, infiltrados pulmonares e elevação de hemicúpula diafragmática.[4]

Cintilografia pulmonar de ventilação e perfusão

O diagnóstico é baseado na presença de áreas de hipoperfusão com ventilação normal, particularmente quando a radiografia do tórax é normal.

Se o resultado for normal, exclui o diagnóstico na ausência de suspeita clínica forte; se apresenta alta probabilidade, indica o tratamento; porém se é inconclusiva deve-se prosseguir a investigação.[9]

Alguns autores consideram que é um exame de pouca utilidade na prática clínica.[10]

Tomografia computadorizada helicoidal

É um exame com sensibilidade e especificidade de 95%. Essa técnica possui grande sensibilidade para êmbolos no tronco da artéria pulmonar, ramos lobares e segmentares.[4,8] A sensibilidade é baixa para êmbolos nos ramos subsegmentares.[8]

Ecocardiograma

É exame com baixa sensibilidade para o diagnóstico, porém é um exame rápido, prático e sensível na detecção de sobrecarga de câmaras direitas. A presença de disfunção ventricular direita geralmente acompanha embolia pulmonar maciça.[4,8] Apesar de o ecocardiograma não ser recomendado como um exame diagnóstico primário na investigação de embolia pulmonar aguda, é particularmente útil em pacientes críticos com suspeita de TEP e com instabilidade hemodinâmica para ser transportado para o setor de radiologia.[8]

Pode visualizar trombos intracavitários e nos ramos proximais da artéria pulmonar, principalmente através do ecocardiograma transesofágico.

Sinais ecocardiográficos de embolia pulmonar[4]

- Dilatação de ventrículo direito.
- Regurgitação de válvula tricúspide.
- Alteração de mobilidade de septo interventricular.
- Decréscimo do colapso inspiratório da veia cava inferior.

Ressonância magnética

A vantagem desse exame é que ele pode ser realizado em pacientes com alteração da função renal. A angiorressonância pulmonar possui uma sensibilidade que varia de 75% a 100%, dependendo da experiência do radiologista.[8]

Angiografia pulmonar

É considerado o exame padrão para o diagnóstico de TEP. É de grande utilidade quando os exames não invasivos, apesar da história e o exame clínico serem sugestivos de TEP, não confirmam o diagnóstico.[1,4]

É um exame relativamente seguro, porém invasivo e caro. Como complicações relacionadas podemos ter: falência renal, comprometimento cardiopulmonar, e hematomas.

Dúplex scan venoso

Possui alta sensibilidade (89 a 100%) e especificidade (89 a 100%) na detecção de trombose venosa proximal.[6] Porém a não visualização do trombo não exclui TEP.

TRATAMENTO

Tem como objetivos a lise do trombo, melhorar o desempenho do VD, evitar recorrência e diminuir o risco de evolução para hipertensão pulmonar crônica.

O diagnóstico e a estratificação do TEP são de vital importância para orientar a melhor estratégia de tratamento, que pode variar desde anticoagulação a inserção do filtro de veia cava e embolectomia.

A anticoagulação com heparina tem sido amplamente utilizada até o início do tratamento com cumarínico.[4] Tratamento adjuvante inclui suplementação de oxigênio, alívio da dor, estabilização hemodinâmica através de administração de fluidos ou uso de aminas.

A dobutamina, com seu efeito betagonista e propriedade vasodilatadora pulmonar, deve ser usada como agente de primeira linha em caso de falência de ventrículo direito ou choque cardiogênico.[1,4]

Na Figura 44-3 está o algoritmo proposto para tratamento da embolia pulmonar, baseado nas recomendações atuais.

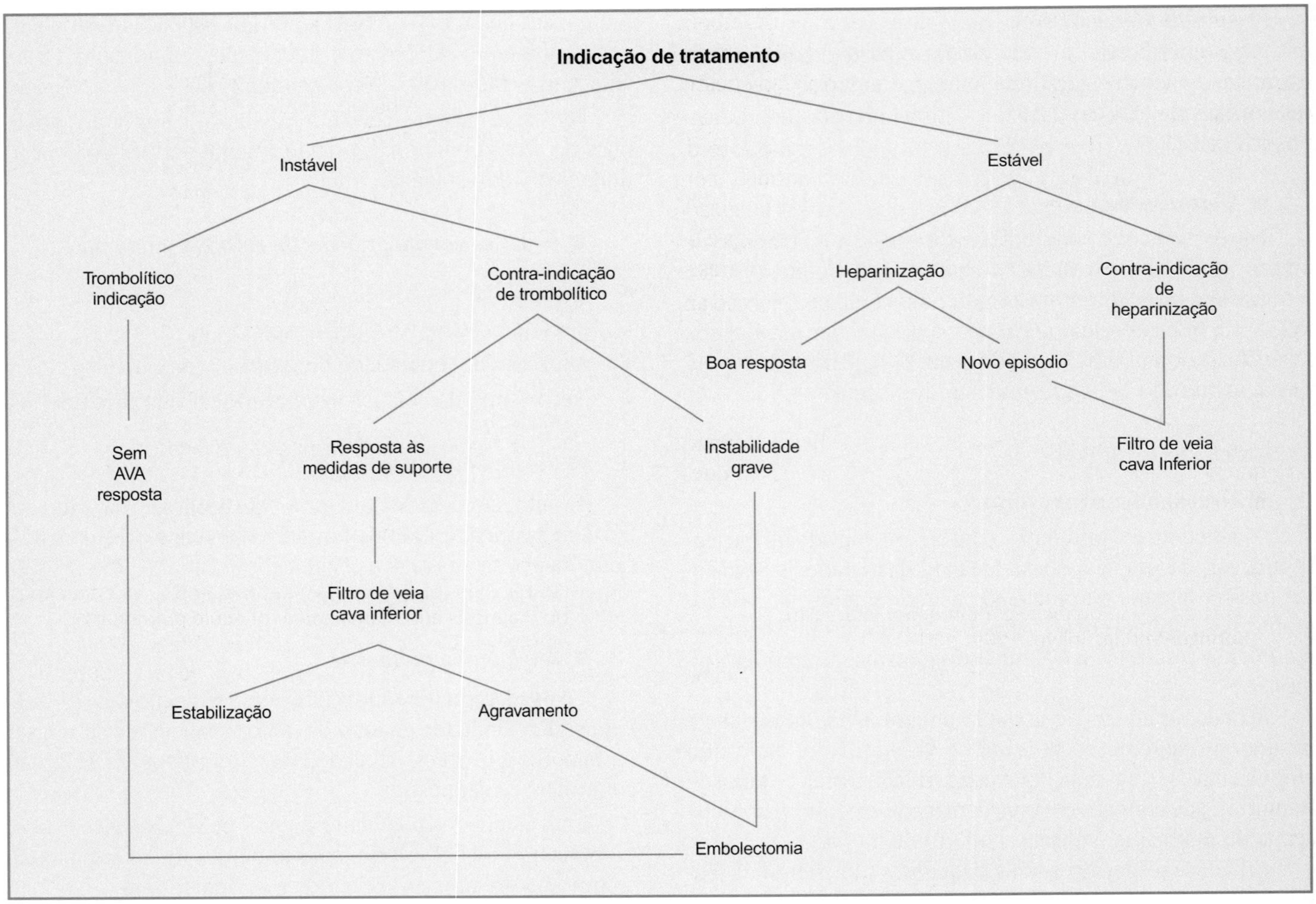

Fig. 44-3. Algoritmo proposto para tratamento de embolia pulmonar.

Heparina

O tratamento de TEP estável ainda é anticoagulação com heparina não-fracionada. A anticoagulação padrão é heparina IV contínua e cumarínico oral,[8] mantendo o PTT 1,5 a 2,5 o valor padrão, sendo acompanhado a cada 4 h, com os ajustes conforme o Quadro 44-4.

Manutenção da heparinização plena durante 5 a 7 dias e início do cumarínico 5 mg no terceiro dia do tratamento.

Quadro 44-4. Uso da heparina na TEP	
Dose em *bolus*	80 U/kg, a seguir 18 U/kg/h
PTT < 1,2 controle	80 U/kg em *bolus*, a seguir aumentar em 4 U/kg/h
PTT 1,2-1,5 controle	40 U/kg em *bolus*, aumentar a infusão em 2 U/kg/h
PTT 1,5-2,3 controle	Sem alteração da infusão
PTT 2,3-3,0 controle	Redução da infusão em 2 U/kg/h
PTT > 3,0 controle	Parar durante 1 h, a seguir reduzir em 3U/kg/h

Heparina de baixo peso molecular

Possui várias vantagens sobre a heparina não-fracionada como: maior biodisponibilidade, efeito anticoagulante prolongado e facilidade de administração. Sua resposta anticoagulante correlaciona-se com o peso do paciente, permitindo administração duas vezes ao dia. Não há necessidade de controle laboratorial e possui baixo risco de trombocitopenia.[4]

Dose de administração: enoxparina 1,5 mg/kg/24h.

Filtro de veia cava inferior

Encontra-se indicado para os pacientes com contra-indicação documentada à heparinização plena com TEP.[4,6,8] Exemplo: sangramento digestivo, pós-operatório de neurocirurgia, trombocitopenia associada ao uso de heparina, pancitopenia etc. Está indicado na repetição da TEP durante o uso da heparinização adequada.

Trombólise

Indicada em pacientes com choque cardiogênico, é utilizada como terapia adjuvante à heparinização plena em pacientes com instabilidade hemodinâmica.[4,8] A rápida recuperação da função ventricular e perfusão pulmonar reduz a mortalidade e episódios embólicos recorrentes.

Alguns autores indicam a trombólise nos casos de embolia pulmonar moderada a grande. Porém o benefício não está claro, já que alguns estudos mostraram que a mortalidade nesses pacientes está abaixo de 5%.[9]

As principais drogas são a estreptoquinase, na dose de 250.000 U IV rápidas, seguida de infusão contínua com 100.000 U por hora durante 24 a 72 h, devendo ser finalizada quando houver melhora dos sinais de instabilidade clínica e/ou hemodinâmica, e a rt-PA na dose de 100 mg IV em 2 horas.

Após a terapêutica trombolítica, iniciar heparinização sistêmica, seguida de anticoagulação oral.

Embolectomia

Indicada para pacientes com instabilidade hemodinâmica em que há contra-indicação à trombólise ou aqueles em que a trombólise não foi eficaz.[4,8]

REFERÊNCIAS BIBLIOGRÁFICAS

1. Nakano T, Goldhaber SZ. Pulmonary Embolism. Springer-Verlag, Tokyo, 1999. pp 1–14.
2. Levitan N, Dowlati A, Remick SC *et al.* Rates of initial and recurrent thromboembolic disease among patients with malignance versus those without malignancy. *Medicine* 1999;78:285–291.
3. Knobel E, Baruzzi AC. Condutas no Paciente Grave. 2ª Ed. Rio de Janeiro, Atheneu, 1999;197–210.
4. Goldhaber ZS. Pulmonary Embolism, em Braunwald – Heart Disease a Textobook of Cardiovascular Medicine. 6th Ed. Philadelphia, W.B. Saunders Company, 2001;52:1886–1907.
5. Seligsohn U, Lubetsky A. Genetic Susceptibility to venous thrombosis. *N Engl J Med* 2001;344:16:1222–1231.
6. Volschan A, Ribeiro A. Tromboembolismo Pulmonar – Medicina Intensiva Cardiopulmonar. Rio de Janeiro: Revinter, 2001. pp 25–259.
7. Raschke RA, Reilly BM, Guidry JR, Fontana JR, Srinivas S. The weight-based heparin dosing nomogram compared with a "standard care" nomogram. A randomized controlled trial. *Ann Intern Med* 1993;119:874–81.
8. Villanueva AG. Venous thromboembolism – Surgical Intensive Care Medicine. Kluer Academic Publishers, 2001. pp 363–384.
9. Torbicki A, van Beek EJR, Charbonnier B *et al.* Guidelines on diagnosis and management of acute pulmonary embolism. *Eur Heart J* 2000;21:1301–1336.
10. Goldhaber SZ. Pulmonary embolism. *N Engl J Med* 1998;339:93–104.

45

Embolia Gordurosa

Pedro Jorge Leite Gayoso de Sousa

A embolia gordurosa (EG) pode se apresentar de duas maneiras:[2,3]

- A presença de gordura na circulação, levando a um processo eminentemente embólico, com ou sem seqüelas clínicas.
- A síndrome da embolia gordurosa (SEG), em que à presença de gordura na circulação se associam manifestações clínicas traduzidas por sinais e sintomas bem-definidos.

A grande maioria dos casos de SEG está relacionada ao traumatismo ósseo, mas ela também está associada a outras condições (Quadro 45-1).

Um aspecto interessante da SEG é que o diagnóstico *post-mortem* é maior do que as suspeitas clínicas para a nosologia.

A apresentação clínica é, por vezes, fulminante, em que a embolização pulmonar maciça leva a uma falência aguda e severa do ventrículo direito e determina um choque de difícil controle clínico. Essa forma representa cerca de 4% dos casos, na grande maioria das vezes no período intra-operatório ou nas primeiras horas pós-trauma.[2,3]

A forma mais comum é mais silenciosa, e muitas vezes o diagnóstico é de exclusão e se apresenta com manifestações respiratórias, cutâneas e neurológicas.

A classificação de Gurd (1974) sugere que o diagnóstico seja baseado em sinais maiores e menores (Quadro 45-2).[2]

As manifestações mais freqüentes são as respiratórias em cerca de 44% dos casos, que variam desde uma taquipnéia leve até uma síndrome de desconforto respiratório grave, que necessita de suporte ventilatório e demais medidas terapêuticas para a situação.

Quadro 45-1. Situações clínicas associadas com a SEG
• Pancreatite aguda
• Lipoaspirações
• Traumatismo sem fratura óssea (lesão do cinto de segurança)
• Insuficiência hepática
• Transplante de medula óssea
• Nutrição parenteral total
• Queimaduras
• Infusão de propofol
• Circulação extracorpórea

Quadro 45-2. Diagnóstico de SEG
Sinais maiores
• *Rash* petequial
• Alterações respiratórias
• Manifestações neurológicas
Sinais menores
• Taquicardia (FC > 120 bpm)
• Febre
• Icterícia
• Anemia
Alterações laboratoriais
• Trombocitopenia
• Queda do Ht–Hb
• VHS elevada

O *rash* petequial é praticamente patognomônico da SEG e se instala preferencialmente nas conjuntivas, mucosa oral e raízes do tronco e pescoço (Figs. 45-1 e 45-2). Esse *rash* é atribuído a lesões endoteliais produzidas por ácidos graxos livres, levando à ruptura de capilares.

As manifestações neurológicas, também freqüentes, variam desde discreta agitação (por vezes atribuída a dor ou a droga) ou confusão mental até o coma, e muitas vezes é acompanhada de reações em postura de descerebração ou

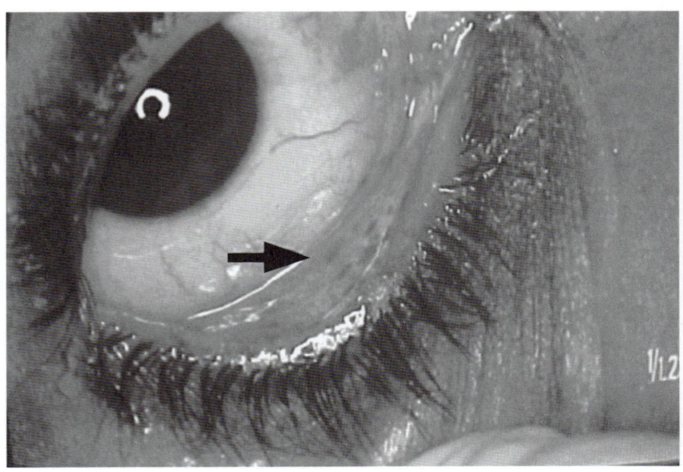

Fig. 45-1. Petéquias conjuntivais. (Ver *Prancha* em *Cores.*)

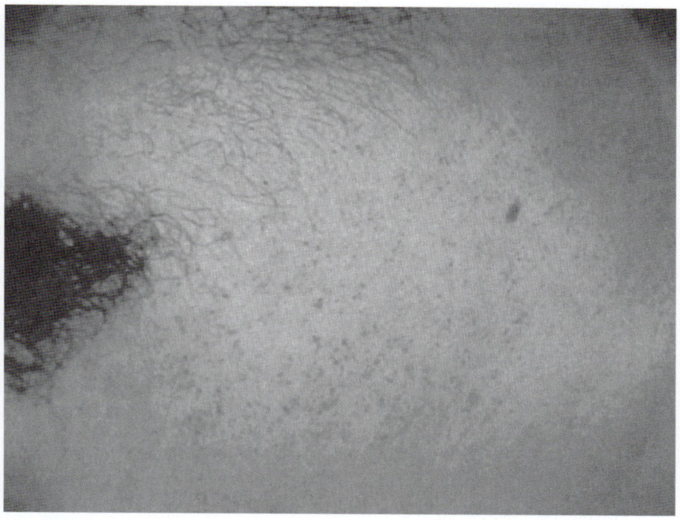

Fig. 45-2. Petéquias na região anterior do tórax. (Ver *Prancha* em *Cores.*)

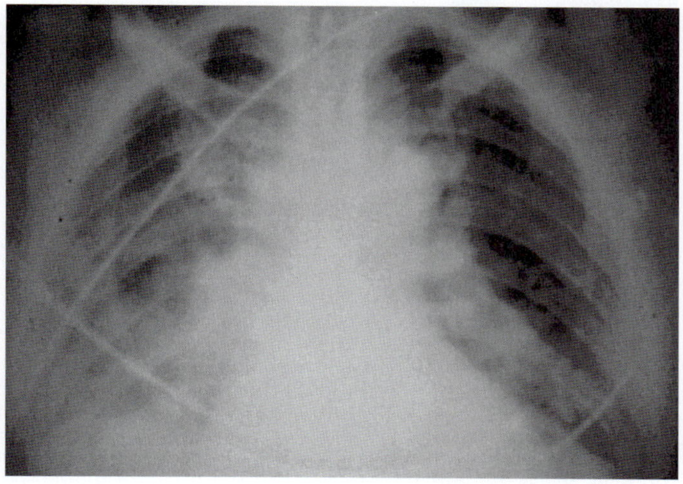

Fig. 45-3. Radiografia do tórax. Infiltrados pulmonares bilaterais.

convulsões. Em alguns casos essas são as únicas manifestações da síndrome, dificultando assim o seu diagnóstico. Felizmente a regressão dessas manifestações é total na grande maioria dos casos, sem que haja seqüelas importantes.

Os exames laboratoriais são de pouca importância e não apresentam especificidade significativa, uma vez que refletem várias situações que podem estar associadas à SEG (trombocitopenia, leucocitose, hiperbilirrubinemia, anemia).

A presença de gordura no sangue e na urina não significa necessariamente que se trate de SEG. A radiografia de tórax pode mostrar infiltrado difuso bilateral (Fig. 45-3) com padrão de SARA.

A pressão da artéria pulmonar pode estar elevada e haver sobrecarga aguda do ventrículo direito. A broncoscopia com lavado broncoalveolar (BAL) foi cogitada para ser o diagnóstico padrão ouro para a SEG devido à presença de macrófagos nas primeiras horas pós-trauma, mas as dificuldades técnicas e a pouca especificidade do método abortaram a idéia.

A tomografia computadorizada do crânio pode mostrar edema cerebral, mas está normal na grande maioria dos casos, salvo quando há traumatismo cranioencefálico associado. A ressonância nuclear magnética do encéfalo tem se mostrado mais sensível, evidenciando áreas de maior densidade do tecido do SNC, sugerindo a presença de gordura.

TRATAMENTO

O tratamento da SEG não é específico e consiste em medidas de suporte no sentido de manter a homeostase, como reposição volêmica, aporte de oxigênio e minimização do estresse metabólico.

Como citado anteriormente, as manifestações respiratórias merecem uma atenção especial, fazendo-se necessária a monitorização rigorosa dos parâmetros ventilatórios (gases sangüíneos, oximetria de pulso).

Por se tratar de um fenômeno com resposta inflamatória importante, o uso de corticosteróides, principalmente a metilprednisolona, foi defendido e empregado exaustivamente. Os possíveis efeitos benéficos seriam a estabilização da membrana capilar pulmonar e cerebral, reduzindo o edema, porém estudos controlados não corroboraram a idéia e esbarraram no tempo ideal para o início do tratamento.

O uso de heparina, pelo fato de clarear o soro estimulando a ativação da lipase, foi proposto, mas se mostrou paradoxal, uma vez que aumenta significativamente os ácidos graxos livres, que têm papel importante na fisiopatologia da síndrome.

O uso de heparina de baixo peso molecular tem sido indicado no intuito de profilaxia de fenômenos tromboembólicos em pacientes de alto risco (imobilização prolongada, obesidade).

Estratégias para a profilaxia da SEG

A fixação cirúrgica das fraturas aumenta a pressão intramedular, aumentando a mobilização das gorduras; como foi citado anteriormente, as embolias maciças muitas vezes ocorrem no ato operatório.

O uso de fixadores externos mobiliza bem menos a gordura medular, e eles devem ser utilizados sempre que possível.

REFERÊNCIAS BIBLIOGRÁFICAS

1. Fabian TC *et al.* Fat embolism syndrome: prospective evaluation in 92 fracture patients. *Critical Care Medicine* 1990;18:42–6.
2. Gurd AR, Wilson RI. The fat embolism syndrome. *Br J Bone Joint Surgery* 56B:1974;408–16.
3. Mellor A, Soni N. Fat embolism. *Anaesthesia* 2001;56:145–154.

46 Alterações Neuroendócrinas no Paciente Grave

Jorge Eduardo S. Soares Pinto

Durante a evolução, a espécie humana desenvolveu mecanismos de defesa contra uma diversidade de lesões, como: traumas, queimaduras, infecções e doenças inflamatórias sistêmicas. Essas manifestações se apresentam habitualmente como a síndrome de resposta inflamatória sistêmica – SIRS.[1]

O termo resposta metabólica ao trauma ou ao estresse é consagrado no meio médico como as alterações fisiológicas do organismo frente à agressão.

Há muito tempo se reconhecem as inter-relações dos sistemas nervoso, imunológico e endócrino nessa resposta fisiológica. Na última década, uma infinidade de trabalhos científicos demonstrou que essas inter-relações são tão intensas, que se criou o termo neuroimunoendocrinologia para descrever o sistema responsável pelas defesas, adaptações às lesões e resolução do processo agressor.[2]

A resposta neuroimunoendócrina nos pacientes críticos se comporta de maneira bifásica.[3] A primeira fase se dá no início da lesão e representa a fase mais aguda da resposta inflamatória. Ao final dessa fase, três fatos podem ocorrer: a cura do paciente; a sua morte ou a evolução para a segunda fase, a fase dos pacientes com evolução mais prolongada, que se define como a necessidade de cuidados intensivos por pelo menos 10 dias.[3,4]

Mesmo sendo uníssono, o sistema neuroimunoendócrino, apenas por questão didática, será descrito aqui de forma compartimentada.

RESPOSTA INFLAMATÓRIA: A CASCATA CITOCÍNICA

Após o estímulo agressor, seja trauma ou infeccioso, a resposta do organismo é quase sempre semelhante. As células mononucleares secretam tumor de necrose tumoral-α (TNF-α), que é o gatilho da resposta inflamatória. A seguir, ocorre o aumento da produção e secreção de interleucina-1 (IL-1) e após IL-6, grande responsável pela produção hepática de proteínas de fase aguda.

SISTEMA NERVOSO CENTRAL

O sistema nervoso central (SNC) pode ser envolvido na resposta imune ao estresse de várias formas. As células imunes como monócitos, macrófagos e linfócitos podem ultrapassar a barreira hematoencefálica, alcançando o SNC, onde propagam toda a cascata citocínica. A micróglia, que secreta citocinas (TNF-α, IL-1, 2, 4 e 6) e mediadores pró-inflamatórios, é embriologicamente e funcionalmente associada aos macrófagos e astrócitos, podendo ser ativada por toxinas, antígenos e produtos de degradação celular primários cerebrais ou que cheguem ao SNC da periferia.[5]

IL-1, seu receptor e antagonista do receptor de IL-1 são encontrados no hipocampo, hipotálamo, entre outras áreas cerebrais.[6,7]

No hipotálamo, a síntese e secreção dos hormônios liberador de corticotropina (CRH) e vasopressina (ADH) são induzidas por TNF-α, IL-1, 2, 3 e 6.[8]

HIPOTÁLAMO

Classicamente, a função hipofisária é regulada por três elementos: a neurossecreção hipotalâmica, o controle por *feedback* dos hormônios circulantes das glândulas-alvo (adrenais, tireóide, gônadas, fígado, entre outras) e a secreção de substâncias autócrinas e parácrinas da própria hipófise.

Os centros cerebrais superiores têm conexões aferentes e eferentes com o hipotálamo, que exerce controle sobre as atividades hipofisárias, através da secreção dos hormônios estimuladores dos hormônios hipofisários, que são: hormônio de liberação da corticotrofina (CRH), hormônio de liberação da tireotrofina (TRH), hormônio de liberação do hormônio de crescimento (GHRH) e hormônio de liberação de gonadotrofina (GnRH).

Existem também substâncias hipotalâmicas que têm um papel inibitório em hormônios hipofisários, sendo essas: dopamina (antigamente denominada fator de inibição da prolactina) e somatostatina, que inibe a secreção do hormônio do crescimento (GH).[9,10]

HIPÓFISE

A hipófise pode ser dividida anatomicamente em três partes: neuro-hipófise, *pars intermedia* (pouco importante para os seres humanos) e adeno-hipófise.

A neuro-hipófise secreta através de prolongamentos de neurônios hipotalâmicos: vasopressina (AVP), também denominada hormônio antidiurético (ADH); e oxitocina, fundamental na contração uterina durante o parto.

A adeno-hipófise secreta os hormônios que vão atuar nas chamadas glândulas-alvo: adrenocorticotrófico (ACTH) em adrenais; tireotrófico (TRH) na tireóide; GH no fígado para a síntese de fator semelhante à insulina (IGF), que efetivamente promove o crescimento linear; folículo-estimulante (FSH) e luteinizante (LH), que atuam nas gônadas; e a PRL (prolactina), que é fundamental para o aleitamento.

Entretanto, como já descrito anteriormente, esse conceito "clássico" vem sendo tomado pela visão de extrema integração dos sistemas: nervoso central, imune e endócrino.

O controle neural é exercido através da regulação endócrina da secreção dos hormônios hipotalâmicos e hipofisários, secreção de epinefrina pelas fibras simpáticas do sistema nervoso autônomo, pela inervação de tecido linfático e de neurônios sensoriais que secretam neuropeptídeos imunorreguladores como a substância P e somatostatina.

Os hormônios pituitários influenciam direta e indiretamente a resposta imune. A prolactina (PRL) e GH se ligam a receptores de células imunocompetentes e estimulam a sua proliferação.[2]

A corticotropina (ACTH) atua estimulando o córtex adrenal na produção e secreção de glicocorticóides, que têm o poder de diminuir a proliferação de linfócitos e a secreção de citocinas inflamatórias.

A ativação do sistema imune pela exposição de antígenos leva ao aumento da secreção pela hipófise e adrenal, através da resposta mediada pela liberação de citocinas por monócitos e macrófagos, principalmente das interleucinas IL-1, IL-6 e fator de necrose tumoral-α (TNF-α), que agem direta e indiretamente no hipotálamo estimulando a síntese e secreção do hormônio liberador de corticotropina (CRH). Este hormônio, potencializado pela ação do AVP, estimula a secreção de ACTH e conseqüentemente de cortisol.

EIXO HIPOTÁLAMO-HIPÓFISE-ADRENAL

Há mais de 2.000 anos Celsus descreveu quatro dos cinco sinais cardinais da inflamação. Eustáquio descreveu há 500 anos as glândulas adrenais. Somente em 1936, Selye descobriu que ratos submetidos a fatores de estresse tinham as adrenais aumentadas e o timo e linfonodos diminuídos. Kendall e Reichstein isolaram a cortisona na década de 40 e junto com Hench ganharam o Prêmio Nobel de Medicina de 1950 pelos efeitos terapêuticos da cortisona no tratamento da artrite reumatóide.[11]

Os glicocorticóides são as principais substâncias antiinflamatórias endógenas, já que quase todos os mediadores e células pró-inflamatórias podem ser inibidos por esse hormônio, e também causam resistência à função de citocinas pró-inflamatórias. Ele suprime a ação de linfócitos T auxiliares1 e estimula a apoptose de eosinófilos e certos grupos de linfócitos T, inibe a expressão de moléculas de adesão e seus receptores, diminui a produção de TNF-α, IL-1 e 6, e inibe os complexos enzimáticos fosfolipase A_2, ciclooxigenase$_2$ e óxido nítrico sintetase. Não é de se estranhar que ocorra elevação nos seus níveis, quando se instala a SIRS, numa tentativa de não ocorrer uma hiper-resposta inflamatória.[12-14]

Essa elevação deve-se ao aumento dos níveis de ACTH, que sofrem a influência da elevação das citocinas pró-inflamatórias, CRH, AVP e do sistema noradrenérgico.[11]

Na segunda fase da SIRS os níveis séricos de cortisol mantêm-se elevados, apesar de os níveis de ACTH estarem bastante diminuídos. Diminuída também está a secreção do sulfato de diiidroepiandrosterona – um androgênio adrenal que também tem função imunoestimuladora em linfócitos T auxiliares 1–,[17] o que indica que o estímulo para a produção de cortisol se dá por uma via alternativa, possivelmente envolvendo a endotelina, peptídeo atrial natriurético e/ou substância P.[3]

EIXO HIPOTÁLAMO-HIPÓFISE-SOMATOMAMOTRÓFICO

O hormônio do crescimento é fisiologicamente secretado pela adeno-hipófise de maneira pulsátil, com níveis séricos muito baixos interpulsos. É estimulado pelo hipotálamo, através do hormônio estimulador do hormônio de crescimento (GHRH), e inibido pela somatostatina.

O GH, na periferia, estimula a produção do fator de crescimento similar à insulina, principalmente o do tipo 1 (IGF-1), que promove efetivamente o crescimento linear, e da proteína carreadora de IGF, sobretudo a do tipo 3 (IGFBP-3).

Apesar de descrito na década de 1970 como um secretagogo pouco potente do GH, derivado da metencefalina,[18] apenas no final da década passada se caracterizou a grelina ou peptídeo estimulador do hormônio de crescimento (GHRP) como uma substância com potencial estimulador de GH e orexígeno, embora seu real papel no controle do eixo somatotrófico não tenha sido ainda completamente elucidado.[19,20]

O GH se liga a receptores de células imunocompetentes e estimula a sua proliferação.[2]

Na primeira fase da SIRS, os pulsos de GH estão aumentados em freqüência e intensidade, como também os valores séricos interpulsos.[21,22] Os níveis de IGF-1 estão diminuídos, e há um padrão de resistência periférica ao GH.[23]

O GH elevado estimula a lipólise, aumentando os níveis séricos de ácidos graxos livres, e contribui para a resistência insulínica do paciente crítico. A resistência insulínica sofre também importante influência do TNF-α.[24,25]

A doença crítica prolongada é caracterizada por um diferente padrão de secreção hormonal. Por influência de citocinas e diminuição da secreção de GHRH e GHRP, a secreção pulsátil de GH diminui em intensidade, porém aumenta em freqüência, embora os níveis interpulsos se mantenham elevados. Esse padrão secretório leva a níveis séricos diminuídos de GH, IGF-1 e IGFBP-3, sugerindo desempenhar papel fundamental na síndrome do intenso catabolismo observada nessa fase.

A infusão de GHRH e GHRP-2 em pacientes críticos eleva os níveis séricos de IGF-1,[20] podendo haver um papel terapêutico dessa infusão, já que o uso de GH em doentes críticos tem mostrado resultados bastante conflitantes, estando associado em algumas séries a aumento de mortalidade.[26]

A PRL foi um dos primeiros hormônios a ter comprovado o seu aumento em doentes graves.[21]

É o único hormônio hipofisário a sofrer controle inibitório do hipotálamo, através da dopamina,[27] e entre os hormônios estimuladores estão o TRH, o LH e os estrogênios.

O padrão secretório da PRL é semelhante ao do GH, com picos e vales, e, como este, tem um papel de imunoestimulação. A ciclosporina, um potente imunossupressor, liga-se a receptores de PRL em linfócitos.[28] Na primeira fase da SIRS ocorre aumento da sua secreção, porém se desconhece se há alguma importância no seu aumento para a ativação da cascata inflamatória. Na segunda fase ocorre diminuição dos seus níveis, devido à diminuição da secreção pulsátil. Desconhece-se se a sua redução tem implicação na anergia dos pacientes nessa fase, pois a dopamina, que é bastante usada em terapia intensiva, diminui a função dos linfócitos T e a neutrofilotaxia.[2,29,30]

EIXO HIPOTÁLAMO-HIPÓFISE-TIREOTRÓFICO

A avaliação da função tireoidiana em pacientes críticos, previamente eutireóideos, habitualmente apresenta-se com diminuição dos níveis séricos de triiodotironina total (T_3), mas com menores reduções dos níveis de T_3 livre e aumento do T_3 reverso (hormônio menos ativo que o T_3). A tiroxina total (T_4) pode estar levemente diminuída, porém a sua fração livre (T_4L) está normal. O hormônio tireotrófico (TSH) está no limite inferior da normalidade ou levemente diminuído.

Essas alterações definem a síndrome do doente eutireóideo. A sua real importância para a economia durante períodos de agressão é desconhecida.

Horas após o início da doença crítica, ocorrem mudanças significativas do eixo hormonal. Os níveis de triiodotironina total (T_3) diminuem, graças à redução da conversão periférica de tiroxina total (T_4) e ao aumento de conversão para T_3 reversa e ao aumento de sua metabolização.[31]

Apesar de níveis reduzidos de T_3 circulante, os valores séricos de hormônio tireotrófico (TSH) estão no limite inferior da normalidade ou levemente diminuídos. Podem ser responsáveis por essa alteração: a diminuição da expressão gênica de hormônio hipotalâmico estimulador da tireotropina (TRH), os níveis séricos aumentados de cortisol e dopamina, seja endógena ou exógena.[32] Nessa fase, mesmo a infusão de TRH não aumenta os níveis séricos de T_3.

A segunda fase da doença crítica apresenta-se laboratorialmente semelhante à primeira, entretanto a infusão de TRH faz com que os níveis de TSH, T_4 e T_3 aumentem.[4]

A diminuição da função tireoidiana serve como índice prognóstico em pacientes críticos, apresentando pior evolução os que tenham quedas maiores.[15] A reposição exógena de hormônio tireoidiano não melhora a mortalidade desses pacientes, podendo inclusive aumentá-la.[33]

EIXO HIPOTÁLAMO-HIPÓFISE-GONADAL

Estados catabólicos estão associados a níveis baixos de hormônios sexuais.

A IL-1, dopamina endógena e encefalinas no hipotálamo diminuem a pulsatilidade do hormônio liberador do hormônio luteinizante (LHRH). O uso farmacológico de opióides e dopamina pode diminuir mais ainda a secreção do LHRH.

Nos homens, apesar de na primeira fase da resposta inflamatória os níveis de LH estarem aumentados, os níveis de testosterona estão diminuídos, provavelmente devido à inibição das células de Leydig pelas IL-1 e 2. O FSH e a inibina não estão alterados. Durante a segunda fase ocorre diminuição também do FSH.

Nas mulheres, desde a primeira fase já ocorre a diminuição do LH e FSH.

O hipogonadismo do doente grave parece apropriado para a situação clínica, uma vez que diminui o consumo de energia e substrato.[10]

REFERÊNCIAS BIBLIOGRÁFICAS

1. American College of Chest Physicians/Society of Critical Care Medicine. Consensus conference: definitions for sepsis and organ failure and guidelines for the use of innovative therapies in sepsis. *Crit Care Med* 1992;20:864–74.
2. Reichlin S. Neuroendocrine-immune interactions. *N Engl J Med* 1993;329:1246–53.
3. Vermes I, Bieshuizen A, Hampsink RM, Haanen C. Dissociation of plasma adrenocorticotropin and cortisol levels in critically ill patients: possible role of endothelin and atrial natriuretic hormone. *J Clin Endocrinol Metab* 1995;80:1238–42.
4. Van den Berghe G, de Zegher F, Baxter RC *et al.* On the neuroendocrinology of prolonged critical illness: effect of continuous thyrotropin-releasing hormone infusion and its combination with growth hormone-secretagogues. *J Clin Endocrinol Metab* 1998;83:309–19.
5. Pober JS, Cotran RS. Cytokines and endothelial cell biology. *Physiol Rev* 1990;70:427–51.
6. Licinio J, Wong M-L, Gold PW. Localization of interleukin-1 receptor antagonist mRNA in rat brain. *Endocrinology* 1991;129:562–4.
7. Breder CD, Dinarello CA, Saper CB. Interleukin-1 immunoreactive innervation of the human hypothalamus. *Science* 1988;240:321–4.
8. Munck A, Guyre PM, Holbrook NJ. Physiological functions of glucocorticoids in stress and their relation to pharmacological actions. *Endocr Rev* 1984;5:25–44.
9. Reichlin S. Neuroendocrinology. *In* Wilson JD, Foster DW, Kronemberg HM, Larsen PR: *Willians Textbook of Endocrinology*. 9th ed. Philadelphia: WB Saunders, 1998, pp. 165–48.
10. Shlomo M. The immuno-neuroendocrine interface. *J Clin Invest* 2001;108:1563–6.
11. Chrousos GP. The hypothalamic-pituitary-adrenal axis and immune-mediated inflammation. *N Engl J Med* 1995;332:1351–63.
12. Chrousos GP, Gold PW. The concepts of stress and stress system disorders: overview of physical and behavioral homeostasis. *JAMA* 1992;267:1244–52.
13. Brunetti L, Preziosi P, Ragazzoni E, Vacca M. Effects of lipopolysaccharide on hypotalamic-pituitary-adrenal axis in vitro. *Life Sciences* 1994;54:165–71.
14. Barke RA, Roy S, Chapin RB *et al.* Sepsis-induced release of interleukin-6 may activate the immediate-early gene program through a hypothalamic-hypophyseal mechanism. *Surgery* 1994;116:141–9.
15. Rothwell PM, Lawler PG. Prediction of outcome in intensive care patients using endocrine parameters. *Crit Care Med* 1995;23:78–83.
16. Annane D, Sébille V, Troché G *et al.* A 3-level prognostic classification in septic shock based on cortisol levels and cortisol response to corticotropin. *JAMA* 2000;283:1038–45.

17. Van den Berghe G, de Zegher F, Schetz M, Verwaest C, Ferdinande P, Lauwers P. Dehydroepiandrosterone sulphate in critical illness: effect of dopamine. *Clin Endocrinol* (Oxford) 1995;43:457–63.

18. Bowers CY, Momany FA, Chang D *et al.* Structure-activity relationships of a synthetic pentapeptide that specifically releases GH in vitro. *Endocrinology* 1980;106:663–7.

19. Toogood AA, Thorner MO. Ghrelin, not just another growth hormone secretagogue. *Clin Endocrinol* (Oxford) 2001;55:589–91.

20. Van den Berghe G, Zegher F, Veldhuis JD *et al.* The somatotropic axis in critical illness: effect of continuous Growth Hormone (GH) — releasing hormone and GH-releasin peptide-2 infusion. *J Clin Endocrinol Metab* 1997;82:590–9.

21. Noel GL, Suh HK, Stone SJG, Frantz AE. Human prolactin and growth hormone release during surgery and other conditions of stress. *J Clin Endocrinol Metab* 1972;35:840–51.

22. Ross R, Miell J, Freeman E *et al.* Critically ill patients have high basal growth hormone levels with attenuated oscillatory activity associated with low levels of insulin-like growth factor-1. *Clin Endocrinol* (Oxford) 1991;35:47–54.

23. Timmins AC, Cotterill AM, Cwyfan Hughes SC *et al.* Critical illness is associated with low circulating concentrations of insulin-like growth factors-I and -II, alterations in insulin-like growth factor binding proteins, and induction of an insulin-like growth factor binding protein-3 protease. *Crit Care Med* 1996;24:1460–6.

24. Pinto JESS, Japiassú AM, David CMN *et al.* TNF-α e sua relação com o metabolismo glicídico no choque séptico. *RBTI* 2001;13:101.

25. Pinto JESS, Japiassú AM, David CMN *et al.* TNF-α and glucose metabolism in septic shock patients. *Crit Care Med* 2001;29:66.

26. Ruokonen E, Takala J. Dangers of growth hormone therapy in critically ill patients. *Annals of Medicine* 2000;32:317–22.

27. Thorner MO, Vance ML, Laws Jr. ER *et al.* The Anterior Pituitary. *In* Wilson JD, Foster DW, Kronemberg HM, Larsen PR: *Williams Textbook of Endocrinology.* 9th ed. Philadelphia: WB Saunders, 1998, pp 249–340.

28. Russell DH. New aspects of prolactin and immunity: a lymphocyte-derived prolactin-like product and nuclear protein kinase C activation. *Trends Pharmacol Sci* 1989;10:40–4.

29. Carrier M, Wild J, Pelletier C, Copeland JG. Bromocriptine as an adjuvant to cyclosporine immunosuppression after heart transplantation. *Ann Thorac Surg* 1990;49:129–32.

30. Devins SS, Miller A, Herndon BL, O'Toole L, Reisz G. Effects of dopamine on T-lymphocyte proliferative responses and serum prolactin concentrations in critically ill patients. *Crit Care Med* 1992;263:9682–5.

31. Wartofski L, Burman KD. Alterations in thyroid function in patients with systemic illness: the euthyroid sick syndrome. *Endocr Rev* 1982;3:164–7.

32. Van den Berghe G, de Zegher F. Anterior pituitary function during critical illness and dopamine treatment. *Crit Care Med* 1996;24:1580–90.

33. Brent GA, Hershman JM. Thyroxine therapy in patients with severe nonthyroidal illnesses and low serum thyroxine concentrations. *J Clin Endocrinol Metab* 1986;63:1–8.

34. Van den Berghe G, Zegher F, Bouillon R. Acute and Prolonged critical illness as different neuroendocrine paradigms. *J Clin Endocrinol Metab* 1998;83:1827–34.

47 Perfusão Tecidual

Gustavo Faissol Janot de Matos • Eliézer Silva

Choque é definido como hipóxia tecidual secundária a alteração na relação entre oferta e consumo de oxigênio ou a incapacidade celular na utilização de oxigênio (hipóxia citopática).[1-3] Dessa forma, o metabolismo celular passa a ser, predominantemente, anaeróbico, e a quantidade de energia gerada se torna insuficiente para o desempenho das funções celulares (disfunção orgânica).

Choque é uma síndrome complexa, com apresentação clínica inespecífica como: palidez cutâneo-mucosa, extremidades frias com lentificação do enchimento capilar, sudorese, taquicardia, hipotensão arterial, alteração do nível de consciência e oligúria. Esses parâmetros são efeitos secundários do choque, e não devem ser confundidos com seu mecanismo fisiopatológico. No passado, essas alterações eram utilizadas como instrumento diagnóstico, terapêutico e prognóstico. A falta de objetividade dessas alterações deve ser considerada, já que são medidas grosseiras da performance hemodinâmica e não permitem uma avaliação precoce e precisa de perfusão tecidual, pois mesmo com a sua adequação pode haver hipóxia oculta.[4-7] Estudos recentes demonstraram a importância na detecção e correção precoces da perfusão tecidual, e o impacto dessa na evolução dos pacientes.[8,9]

Este capítulo tem como objetivos detectar e analisar a hipóxia tecidual e descrever o efeito das intervenções terapêuticas na perfusão tecidual.

TRANSPORTE DE OXIGÊNIO E FLUXO SANGÜÍNEO

O objetivo principal do sistema cardiorrespiratório é garantir a oferta de oxigênio adequada para que os tecidos possam desempenhar suas atividades metabólicas (Fig. 47-1). Em condições normais, esse processo é controlado pela taxa metabólica celular e denominado *oferta direcionada pela demanda*. Assim, onde houver gasto energético e aumento na necessidade de substratos para geração de energia há, paralelamente, aumento do fluxo sangüíneo e da taxa de extração de oxigênio (TEO_2) local. Aumento na TEO_2 pode ser acompanhado pelo recrutamento capilar e pelo aumento do fluxo microvascular. Assim, em condições em que há redução da oferta de oxigênio, o organismo é capaz de aumentar a TEO_2, como tentativa de evitar o prejuízo no consumo de oxigênio. Entretanto, em condições patológicas, como no choque séptico, o sistema cardiorrespiratório pode se tornar incapaz de satisfazer a demanda metabólica dos tecidos, e os mecanismos compensatórios podem não ser adequados para manter o consumo de oxigênio mínimo necessário. Portanto, nessas condições, a manipulação das variáveis que interferem no transporte sistêmico de oxigênio (TO_2) é uma freqüente intervenção direcionada aos pacientes gravemente enfermos, visando a adequar o TO_2 à demanda metabólica.[10]

Pode-se dizer que o TO_2 se inicia quando o oxigênio é captado da atmosfera, difundindo-se do espaço alveolar para o sangue capilar, onde é transportado ligado à hemoglobina e, em pequena parte, dissolvido no plasma. Então, através do débito cardíaco (DC), o fluxo sangüíneo é distribuído na circulação sistêmica e, posteriormente, na microcirculação. Finalmente, o oxigênio é liberado da hemoglobina e se difunde do espaço intravascular para o espaço intracelular, onde é utilizado para manter as funções vitais, o que se traduz na obtenção de energia, através do ciclo de Krebs e da cadeia respiratória.[11] Essas etapas podem ser interrompidas em qualquer nível, ou seja, podem ocorrer diminuição da oxigenação sangüínea, diminuição da taxa de hemoglobina ou diminuição do DC.

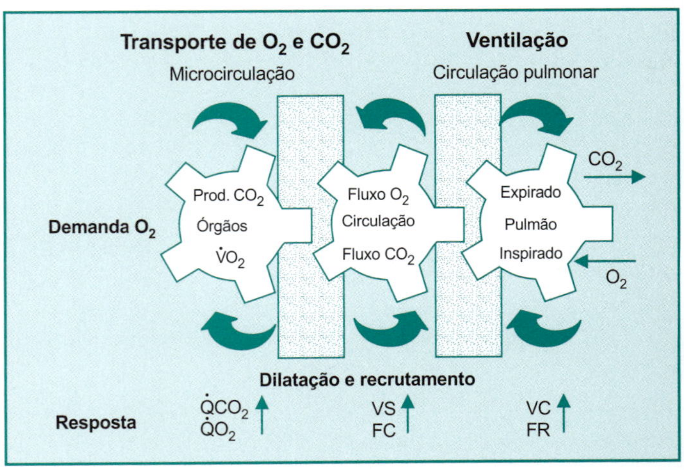

Fig. 47-1. A integração da oferta de oxigênio e remoção de dióxido de carbono pelo sistema cardiorrespiratório. O sistema é direcionado pela demanda de oxigênio dos tecidos. Um aumento na demanda é contemplado por aumento na oferta e captação de oxigênio pelos pulmões. Tanto a dilatação quanto o recrutamento na microcirculação dos tecidos e pulmões são mecanismos importantes para aumentar a oferta e as trocas ($\dot{Q}CO_2$ = fluxo total de CO_2; $\dot{Q}O_2$ = fluxo total de O_2; VS = volume sistólico; FC = freqüência cardíaca; VC = volume corrente; FR = freqüência respiratória).[12]

Como será descrito adiante, há uma relação inversa entre fluxo sangüíneo e CO_2 tecidual. O sistema cardiorrespiratório, além de garantir a oxigenação, também é responsável pela remoção do gás carbônico (CO_2).

Perfusão tecidual pode ser conceituada como o produto do fluxo capilar pelo conteúdo de oxigênio ofertado aos tecidos. Duas variáveis são importantes para a análise da perfusão tecidual: fluxo e conteúdo arterial de oxigênio, a primeira representada pelo DC e a última, principalmente pelo oxigênio ligado à hemoglobina, e de forma menos importante pelo oxigênio dissolvido no plasma. Para o bom entendimento da perfusão tecidual é necessária a compreensão desses fatores.

MONITORIZAÇÃO HEMODINÂMICA GLOBAL

Débito cardíaco (DC)

DC é o produto da freqüência cardíaca (FC) e do volume sistólico (VS).

$$DC = FC \times VS$$

IC: DC / Superfície corporal

É o componente circulatório mais importante, pois é o maior contribuinte para a oferta de oxigênio aos tecidos. É dependente da pré-carga, da pós-carga e da performance cardíaca (contratilidade cardíaca), além da lusitropia (relaxamento ventricular). É importante ressaltar que, para a análise do DC, isto é, de seus determinantes (citados acima), bem como sua correta interpretação (adequação da $S\bar{v}O_2$), é imperativo o uso do catéter de artéria pulmonar. Ainda, quanto mais precoces forem a monitorização e análise desses parâmetros, maior a chance de detecção e correção dos problemas.

Pré-carga. A pré-carga é componente fundamental do débito cardíaco e, freqüentemente, menosprezada em situações de instabilidade hemodinâmica. Assim, é de importância capital compreender os seus determinantes, e monitorizá-la precocemente, antes de iniciar a infusão de drogas vasoativas para o tratamento do choque.

A pré-carga – determinada, basicamente, pelo retorno venoso (RV) – é o estiramento da fibra muscular ventricular ao final da diástole, correspondendo ao volume diastólico final. De acordo com a teoria de Frank-Starling, quanto maior o retorno venoso, maior a distensão da fibra miocárdica e, portanto, maior a força de contração cardíaca. O determinante do RV é o gradiente de pressão entre o sistema venoso periférico e o átrio direito. O sistema venoso é de 30-50 vezes mais complacente que o arterial e, dessa forma, age como um grande reservatório sangüíneo. A quantidade de sangue que é acomodada na vasculatura quando a pressão atrial direita é zero é chamada de volume *não-estressado*, e pode corresponder a até 3/4 do volume sangüíneo total. O volume sangüíneo adicional que é responsável pelo aumento da pressão de enchimento cardíaco é denominado volume *estressado*.[13] O objetivo da infusão de volume é aumentar o volume *estressado* e com isso o retorno venoso e as pressões de enchimento cardíaco e conseqüentemente o débito cardíaco.

CATÉTER VENOSO CENTRAL × CATÉTER DE ARTÉRIA PULMONAR

Há grande controvérsia na literatura quanto à forma de monitorização do paciente com instabilidade hemodinâmica. Uma corrente[7] acredita que o emprego de catéter venoso central é suficiente para a interpretação e elaboração de estratégias para correção do distúrbio hemodinâmico.[7] A medida de PVC é o parâmetro para a análise da pré-carga, e pode servir como um bom guia de reposição volêmica. Em recente estudo,[8] foi evidenciada a importância da precocidade da ressuscitação e da análise e correção dos valores pressóricos e oximétricos do sangue venoso central (saturação venosa central [ScO_2]). Esse estudo também realça a confiabilidade da análise da ScO_2 como substituto adequado à $S\bar{v}O_2$. Todavia, diversas situações, como hipertensão pulmonar, assistência ventilatória mecânica, aplicação de PEEP, disfunções valvares, pulmonar e tricuspídea, podem interferir na análise e interpretação adequadas dos parâmetros hemodinâmicos.

Por outro lado, o catéter de artéria pulmonar permite a análise da pressão de artéria pulmonar ocluída (POAP), além de outros parâmetros hemodinâmicos e oximétricos, tornando a compreensão do distúrbio mais confiável. A POAP, apesar de não corresponder, com exatidão, ao volume diastólico final, pode ser utilizada para guiar a reposição volêmica, principalmente quando realizada de forma dinâmica, ou seja, por meio da construção de uma curva de Frank-Starling à beira do leito. Assim, a cada incremento da reposição de volume, mensurar-se-ia a POAP e o IC e, dessa forma, tentar-se-ia alcançar a melhor relação entre volume × performance de bomba. É importante ressaltar que a complacência ventricular (relação entre pressão diastólica final e volume diastólico final) não é linear, apresentando concavidade para cima. Quanto maior o enchimento de um dado ventrículo, menor a sua complacência, ou, ainda, para os mesmos volumes, maiores pressões serão geradas (Fig. 47-2). Da mesma forma como no catéter venoso central, limitações ocorrem com esse método, entretanto os erros de interpretação da pré-carga são menos sujeitos a interferências do que a PVC.

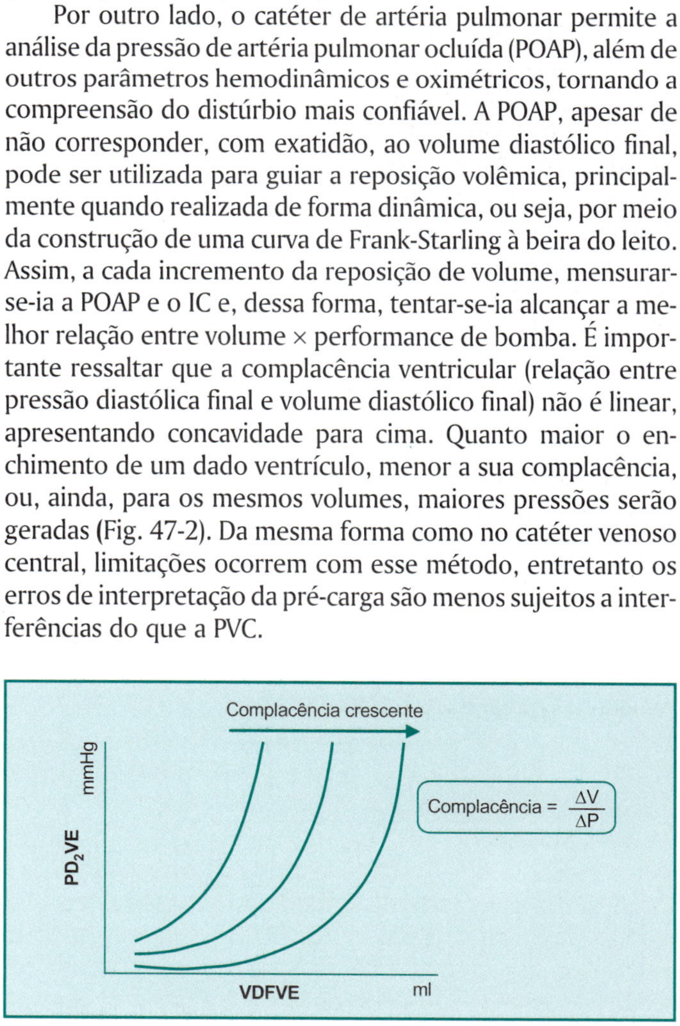

Fig. 47-2. Complacência ventricular. Observe que a relação pressão × volume não é linear.

Pós-carga. Refere-se a fatores que determinam a velocidade de encurtamento das fibras ventriculares durante a sístole. Em termos clínicos, esses fatores são aqueles que contribuem para a impedância oferecida ao fluxo sangüíneo do ventrículo, incluindo viscosidade sangüínea, complacência ventricular, distensibilidade dos grandes vasos e, sobretudo, o tônus arteriolar. Ainda que não seja fisiologicamente correto imputar à resistência vascular sistêmica (RVS) o conceito de pós-carga, é clinicamente útil mensurar alterações na RVS como alterações na pós-carga. Entretanto, como a RVS é um cálculo indireto (PAM-PVC/DC), é necessária muita cautela na interpretação de seus resultados, pois freqüentemente podem estar falseados.

Conteúdo arterial de oxigênio (CaO_2)

Dependente do O_2 ligado à hemoglobina (Hb) e dissolvido no plasma

$$CaO_2 = (Hb \times SaO_2 \times 1{,}34) + (0{,}0031 \times PaO_2)$$

PaO_2: pressão parcial de oxigênio

1,34: quantidade de moles de O_2 que 1,0 de Hb completamente saturada é capaz de carrear

0,0031: coeficiente de solubilidade do O_2 no plasma

Em situações em que se deseja melhorar o CaO_2, deve-se ajustar a oxigenação e a quantidade de Hb circulante, no sentido de aumentar a capacidade de carreamento de O_2. Entretanto, estudos recentes têm evidenciado que a correção da Hb para valores acima de 7,0, em pacientes não-coronarianos não apresenta benefício algum.[14-16] Poderia ser até maléfica, uma vez que altera a curva de dissociação da Hb por queda de 2-3 DPG em bolsas de sangue estocadas e aumenta a viscosidade sangüínea e, conseqüentemente, reduz o fluxo capilar.[17,18]

Oferta, consumo e taxa de extração de oxigênio ($\dot{D}O_2$, $\dot{V}O_2$, TEO_2)

As medidas oximétricas globais fazem parte da monitorização hemodinâmica, e seu restabelecimento, parte do tratamento. Todavia, diversos estudos evidenciam que a normalização ou a elevação para valores acima do normal desses parâmetros não é suficiente para definir adequada perfusão tecidual, podendo mesmo ser prejudicial aos pacientes.[19,20] Apesar de similar ao TO_2, a $\dot{D}O_2$ é definida como a quantidade de oxigênio que efetivamente é entregue aos tecidos.

$$\dot{D}O_2 = DC \times CaO_2$$

$$\dot{V}O_2 = (CaO_2 - C\bar{v}O_2) \times DC$$

$$TEO_2 = \dot{V}O_2/\dot{D}O_2$$

O consumo de oxigênio ($\dot{V}O_2$) é a variável que melhor reflete a demanda metabólica. Representa a soma de todas as reações oxidativas, e dessa forma, o estado global de metabolismo tecidual. Entretanto, o $\dot{V}O_2$ representa o montante de oxigênio que está sendo utilizado em um determinado momento e, não obrigatoriamente, aquele necessário à satisfação metabólica das células. Em condições normais, o $\dot{V}O_2$ não é dependente da oferta, porém, à medida que se diminui a $\dot{D}O_2$, o $\dot{V}O_2$ é mantido à custa de aumento da TEO_2. Entretanto, quando a oferta cai a um nível crítico ($\dot{D}O_{2crit}$), mesmo com o aumento da TEO_2, o $\dot{V}O_2$ começa a cair, e há início do metabolismo anaeróbico com o surgimento de acidose láctica (Fig. 47-3).[21]

Em condições patológicas, como no choque séptico, o mecanismo de TEO_2 encontra-se seriamente danificado, e o $\dot{V}O_2$ torna-se dependente da $\dot{D}O_2$. Como as fórmulas de oferta e consumo de oxigênio apresentam variáveis comuns, exceto a $S\bar{v}O_2$, à medida que se aumenta a $\dot{D}O_2$, o $\dot{V}O_2$ aumenta, criando-se assim uma forma de erro chamado acoplamento matemático, tornando a interpretação e análise dessas variáveis questionáveis.[22] Uma forma de eliminar o acoplamento matemático na relação $\dot{D}O_2/\dot{V}O_2$ é o uso da calorimetria indireta.[23,24] Esta permite a mensuração do consumo de oxigênio diretamente pela análise dos gases expirados, não levando em conta o método de Fick e dessa forma eliminando o acoplamento matemático. Permite, ainda, a incorporação do $\dot{V}O_2$ pulmonar, importante em situações de lesão pulmonar.

$$\dot{V}O_2 = (1 - FEO_2 - FECO_2) \times (FiO_2 - FEO_2) \times \dot{V}M/1 - FiO_2$$

Fórmula para cálculo da $\dot{V}O_2$ pela calorimetria indireta:

FiO_2: fração inspirada de oxigênio

FEO_2: fração expirada de oxigênio

$FECO_2$: fração expirada de CO_2

$\dot{V}M$: volume-minuto.

Entretanto, a exatidão e a fidedignidade do cálculo são duvidosas em situações em que se requer elevadas frações inspiratórias de oxigênio ($FiO_2 > 60\%$), tornando seu emprego limitado.

Vincent *et al* propuseram uma outra forma de interpretação da relação oferta e consumo sem a ocorrência do acoplamento matemático, por meio do uso da relação IC e TEO_2 (Fig. 47-4).[25] Trata-se de um cálculo simples, sem o uso de fórmulas complexas, sem o acoplamento matemático, já que a obtenção dos dois parâmetros é de forma independente. Além disso, permite o cálculo, ou pelo menos a tendência de variação do

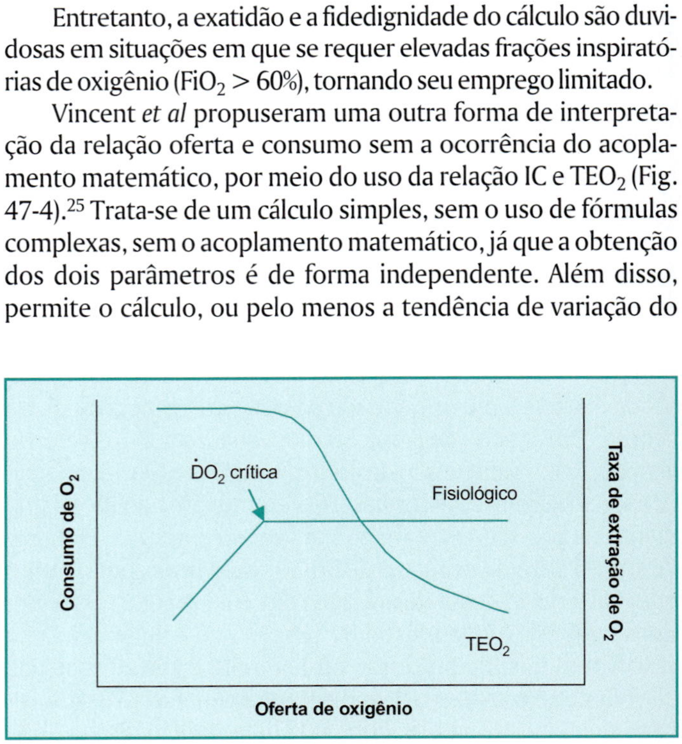

Fig. 47-3. Relação entre oferta, consumo e taxa de extração de oxigênio.[21]

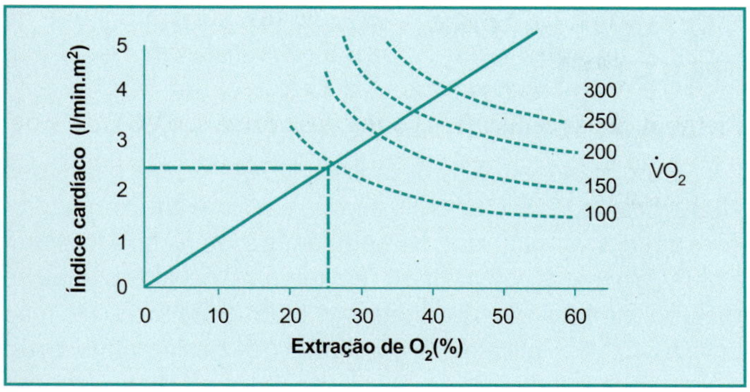

Fig. 47-4. Relação entre índice cardíaco e taxa de extração de oxigênio.[25]

$\dot{V}O_2$. Assim, ao se elevar o IC ($\dot{D}O_2$), sem aumento da TEO_2, poder-se-ia afirmar, à beira do leito, que houve aumento do $\dot{V}O_2$ tecidual.

MONITORIZAÇÃO HEMODINÂMICA REGIONAL

Capnometria tecidual

O território esplâncnico tem sido considerado o "motor" da disfunção de múltiplos órgãos (SDOM).[26-28] O sistema de irrigação da mucosa desse território, sistema contracorrente, é altamente sensível a condições de hipofluxo e hipóxia. A hipoperfusão esplâncnica, mais especificamente da mucosa, ocorre precocemente durante estados de choque, e sua restauração é ulterior à de outros órgãos. Como conseqüência, ocorre aumento da permeabilidade das células,[29] possivelmente permitindo translocação de bactérias e de endotoxinas da luz intestinal para a corrente sangüínea, resultando em grande produção e liberação de mediadores responsáveis pela resposta inflamatória sistêmica, desencadeando ou perpetuando as disfunções orgânicas.

Sob condições normais de oferta e utilização de oxigênio pela célula, a produção de CO_2 está intimamente associada ao consumo de oxigênio. Essa relação entre produção de CO_2 e consumo de O_2 é denominada de coeficiente respiratório. Em condições de hipofluxo e hipóxia e conseqüente metabolismo anaeróbio, a produção de CO_2 aumenta expressivamente. Isso pode ser decorrente do aumento na produção de H^+, pela hidrólise do ATP, e como mecanismo de compensação o organismo recorre à ação tamponadora do bicarbonato (HCO_3), que promove a formação de CO_2. No entanto, a diminuição da oxigenação tecidual também acarreta diminuição na produção de CO_2. Portanto, alguns autores postulam que o aumento progressivo do CO_2 tecidual esteja tão-somente relacionado à relação curvilinear existente entre fluxo e CO_2 tecidual. Dessa forma, o aumento brusco do CO_2 tecidual pode não significar estritamente hipóxia tecidual e, sim, um agravamento ainda maior do hipofluxo. Configura-se assim uma relação inversa entre fluxo sangüíneo e CO_2 tecidual (Fig. 47-5).[30]

Elevações do coeficiente respiratório obrigam o organismo a despender grande esforço para eliminação do excesso de CO_2 produzido, razão pela qual os pacientes devem ser sedados e intubados precocemente. Embora não tenha relação di-

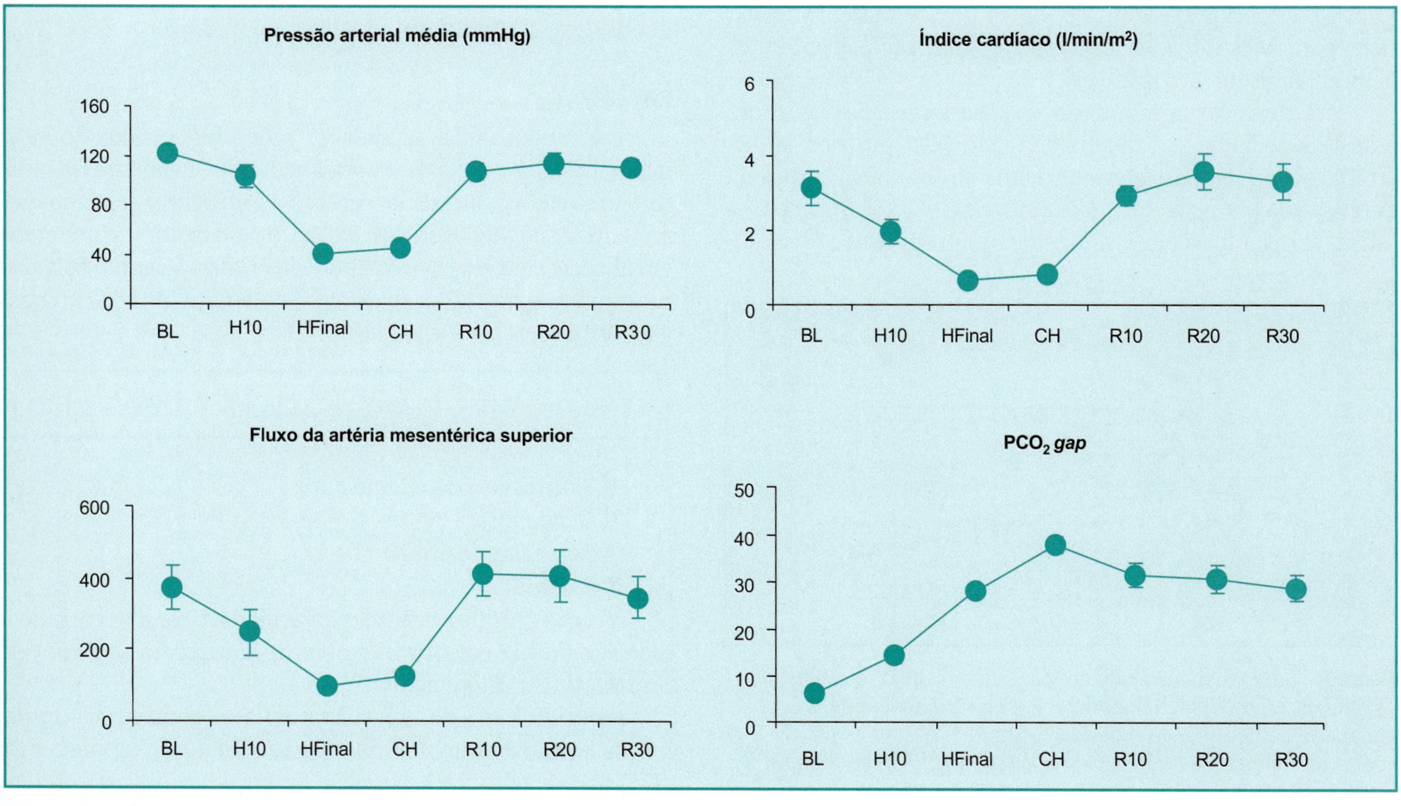

Fig. 47-5. Relação entre oferta e consumo de oxigênio e CO_2 tecidual.[30]

reta com fluxo regional, pode falsear a análise isolada do CO_2 tecidual, não levando em conta a análise do CO_2 arterial (hipercarbia sistêmica).

A tonometria gástrica é um bom método que possibilita a mensuração do CO_2 tecidual à beira do leito.[31,32] Estudos experimentais e clínicos demonstraram que hipercarbia tecidual reflete diminuição da perfusão tecidual, seja por queda de fluxo ou de oferta de oxigênio, seja por diminuição da depuração do CO_2, relacionada à adequação da drenagem venosa.[33-35]

Sabe-se que, especialmente em pacientes sépticos, há distribuição irregular do DC e que as alterações induzidas por drogas vasoativas, em nível sistêmico, não encontram, necessariamente, correspondência em nível regional. Especificamente, o território esplâncnico, investigado em estudos clínicos, apresenta perfis hemodinâmicos distintos daqueles das variáveis sistêmicas.[32,36]

Em modelos experimentais de choque séptico hipodinâmico, a expansão volêmica com Ringer lactato reverte completamente as alterações hemodinâmicas sistêmicas e regionais (fluxo de artéria mesentérica superior), sem no entanto reverter a hipercarbia da mucosa gástrica.[34] Os mesmos achados foram encontrados em animais submetidos a choque hemorrágico e tratados por retransfusão do sangue (Fig. 47-6).[35] Conclui-se, dessa forma, que as alterações hemodinâmicas sistêmicas e no leito esplâncnico não refletem o que ocorre em nível de mucosa, camada mais vulnerável às conseqüências do choque.[36-38]

Esses dados evidenciam um distúrbio na oferta de oxigênio inter e intra-órgãos. A distribuição do fluxo sangüíneo nos estados de choque não é uniforme; também não é uniforme sua redistribuição durante o período de ressuscitação. Assim, a análise da perfusão regional pode ser uma ferramenta importante para avaliação mais precisa da ressuscitação de pacientes hemodinamicamente instáveis.

Para descartar a influência da ventilação alveolar sobre essa PCO_2 tecidual, utiliza-se o PCO_2 *gap* (PCO_2 gástrico – PCO_2 arterial). Um gradiente elevado, acima de 10 mmHg, indica diminuição da perfusão da mucosa gástrica, o que, em vários estudos, apresentou correlação com mau prognóstico.[39]

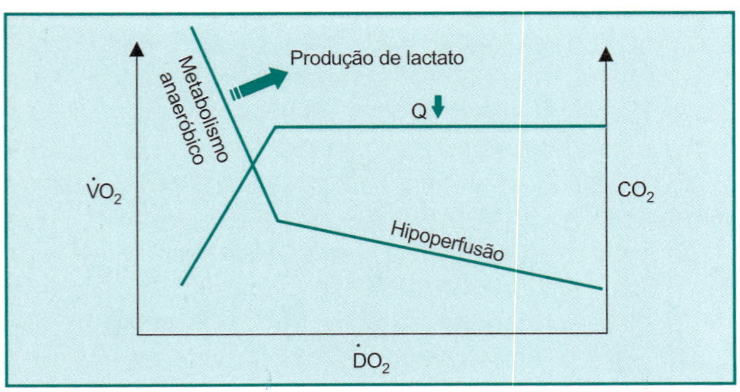

Fig. 47-6. Estudo experimental em cães, demonstrando os efeitos sistêmicos (pressão arterial média e índice cardíaco), regionais (fluxo artéria mesentérica superior) e da mucosa gástrica (PCO_2 *gap*) após a retirada de 20 ml/min sangue até atingir PAM de 40 mmHg, mantida nesses níveis por 15 min, e da retransfusão do sangue, 40 ml/min.[35]

VARIÁVEIS LABORATORIAIS DE PERFUSÃO TECIDUAL

Saturação venosa mista de oxigênio – $S\bar{v}O_2$

Estudos pioneiros da década de 1970[40-42] detectaram que alterações na $P\bar{v}O_2$ e na $S\bar{v}O_2$ se correlacionavam com alterações agudas ventilatórias, hemodinâmicas ou na taxa metabólica de pacientes. Além disso, estariam associadas a acidose metabólica com hiperlactatemia e eram preditores de mau prognóstico em pacientes com alterações cardiopulmonares. A $S\bar{v}O_2$, que reflete adequada relação entre oferta e consumo de oxigênio, está em torno de 65-75%, e valores inferiores a esse em geral estão associados a comprometimento da $\dot{D}O_2$ (principalmente em condições hipodinâmicas).[43]

Estudos recentes sugerem que a análise da saturação venosa central (ScO_2) pode substituir a análise da $S\bar{v}O_2$,[7,8] tornando-se uma alternativa atraente em ambientes fora da terapia intensiva. Essa característica indica a necessidade da obtenção precoce de acesso venoso central e propicia um maior refinamento na monitorização da perfusão tecidual.

A maior dificuldade de interpretação da $S\bar{v}O_2$é em pacientes com choque séptico. Quando baixa, sinaliza *hipodinamismo*; entretanto, quando elevada (> 75-80%), principalmente por muitas horas, perde a precisão e a confiabilidade e somente permite a interpretação de estado *hiperdinâmico*. Assim, deve-se interpretar as variáveis hemodinâmicas e oximétricas em conjunto, e nunca de forma isolada, bem como não se deve interpretar valores numéricos puros. A correção é do estado metabólico e hemodinâmico do paciente, e não a correção de números do monitor. Mesmo assim, em algumas situações, há completa contradição entre as medidas, e a interpretação dos dados deve ser bastante cuidadosa.

Lactato

É o produto final da glicólise anaeróbia, produzido, normalmente, numa taxa de 1 mmol/kg/h, especialmente no músculo esquelético, intestino, cérebro e eritrócitos. O lactato gerado nesses tecidos pode ser extraído pelo fígado e convertido em glicose (ciclo de Cori), ou pode ser utilizado como substrato primário para oxidação (fonte de energia). A reação para a glicólise anaeróbia é a seguinte:

$$\text{Glicose} + 2\,\text{ATP} + 2\,H_2PO_4 \Rightarrow 2\,\text{Lactato} + 2\,\text{ADP} + 2\,H_2O$$

ATP: trifosfato de adenosina
ADP: adenosina
H_2PO_4: ácido fosfórico
H_2O: água

A reação produz lactato, não ácido láctico. É necessária a hidrólise do ATP para fornecer íons de hidrogênio para converter lactato em ácido láctico.[37]

Fisiopatologia da hiperlactatemia. A concentração normal de lactato no sangue é inferior a 2 mMol/l em repouso e de até 5 mMol/l durante o exercício. Inúmeras condições podem propiciar hiperlactatemia, incluindo: privação de oxigênio (hipóxia tecidual), sepse, infusão de adrenalina, deficiência de tiamina, alcalose (metabólica ou respiratória), disfunção hepática e intoxicação por nitroprussiato.[44]

A *sepse* pode causar hiperlactatemia por vários motivos: a) hipóxia tecidual (principalmente na fase inicial do choque séptico); b) inibição da enzima piruvato desidrogenase (PDH), a qual inicia a oxidação do piruvato na mitocôndria; c) glicólise aumentada, uma vez que aumenta a oferta de substrato (piruvato), saturando a enzima PDH. Disfunção hepática também colabora para hiperlactatemia nos pacientes sépticos, por redução da depuração de lactato. Esses dois últimos fatores explicam a hiperlactatemia na sepse, mesmo na ausência de hipóxia tecidual. A infusão de *adrenalina* também aumenta a glicólise.

A tiamina serve como co-fator para a piruvato-desidrogenase, portanto sua *deficiência* pode ser acompanhada de hiperlactatemia. A *alcalose* intracelular aumenta a atividade de enzimas pH-dependentes, na via glicolítica, que promovem a produção de lactato. Eis mais um motivo a ser considerado no sentido de se evitar a terapêutica com álcalis durante hiperlactatemia.

Finalmente, hiperlactatemia secundária à *disfunção hepática* isolada não é uma causa freqüente. Geralmente é encontrada em pacientes com falência hepática aguda grave e em pacientes com cirrose em fase avançada (*Child C*).

Assim, lactato sérico aumentado não significa *obrigatoriamente* hipóxia tecidual.

Interpretação clínica da hiperlactatemia. O principal mecanismo de hiperlactatemia nos pacientes com choque é hipóxia tecidual. No entanto, devemos dividir a síndrome do choque em duas categorias: a) **síndromes de baixo fluxo** (débito cardíaco deprimido – choque cardiogênico, hipovolêmico e obstrutivo); b) **síndromes com alto fluxo** (débito cardíaco elevado – choque séptico, anafilático e secundário a insuficiência adrenal aguda).

Nas síndromes de baixo fluxo, a hiperlactatemia é por hipóxia tecidual. Nesse caso, estão presentes achados que traduzem baixa oferta de oxigênio aos tecidos. Observam-se sinais clínicos de baixa perfusão tecidual, como diminuição do nível de consciência (por vezes agitação), da diurese, do enchimento capilar e, a *posteriori*, hipotensão arterial. Do ponto de vista laboratorial, encontra-se aumento do déficit de base (BE), da diferença venoarterial de oxigênio e de dióxido de carbono, bem como diminuição da $S\bar{v}O_2$; esta obedece a um paralelismo com a queda do débito cardíaco. Ainda nessa fase, observa-se uma dependência estrita do consumo em relação à oferta de oxigênio. A hiperlactatemia persistente, nesses pacientes, é sinal de mau prognóstico devido ao vínculo fisiopatológico entre hiperlactatemia e hipóxia tecidual persistente – um dos "motores" da disfunção de múltiplos órgãos.[37]

Nas síndromes de alto fluxo, em virtude da interação de vários componentes fisiopatológicos, propiciando hiperlactatemia, a interpretação clínica dos níveis de lactato merece alguns cuidados. Nas fases iniciais da ressuscitação, possivelmente encontraríamos hipóxia tecidual e dependência do consumo em relação à oferta de oxigênio. Assim, nas primeiras 48-72 horas, o lactato sérico elevado é um sinal de mau prognóstico. Em contrapartida, após a fase em que o débito cardíaco foi restaurado, a saturação venosa mista de oxigênio supera 65%, e habitualmente o comportamento da oferta e do consumo de oxigênio é imprevisível, o lactato sérico pode ser normal, mesmo na vigência de disfunção orgânica galopante. Em outras palavras, o poder prognóstico do nível sérico do lactato (uma vez que ele pode ser normal) perde em precisão, assim como a $S\bar{v}O_2$. No entanto, independentemente do mecanismo preponderante da hiperlactatemia (hipóxia tecidual, inibição da piruvato desidrogenase, hipermetabolismo ou diminuição da depuração hepática), a mesma sinaliza atividade patológica. Assim, nesses pacientes, o nível sérico de lactato é especialmente útil nas fases iniciais, devendo ser analisado com cautela a *posteriori* na evolução clínica dos mesmos.

É importante ressaltar que em todos os pacientes monitorados com catéter de artéria pulmonar deve-se realizar três medidas hemodinâmicas diárias, sempre concomitantes à coleta de amostras de sangue arterial e venoso misto. O lactato deve ser mensurado na amostra de sangue venoso misto, e, em caso de lesão pulmonar, a análise do lactato arterial pode ser útil.[45,46] Em casos de alterações perfusionais mais graves ou após uma nova intervenção terapêutica (reposição volêmica, drogas vasoativas etc.), nova medida hemodinâmica e metabólica deve ser realizada.

INTERVENÇÕES TERAPÊUTICAS COMO FORMA DE AVALIAR PERFUSÃO TECIDUAL (HIPÓXIA OCULTA)

A infusão de líquidos é *fundamental* para o tratamento. Não há evidência na literatura para a administração de soluções colóides, exceto em pacientes com cirrose hepática e peritonite bacteriana espontânea.[47] A primeira escolha deve ser sempre a utilização de cristalóides, pois, além de apresentar resultados semelhantes à infusão de colóide, é mais barata e não apresenta contra-indicações.

Em geral, a análise inicial subestima, e muito, a real necessidade de reposição volêmica. Como destacado, a adição de alíquotas de soluções líquidas aumenta o retorno venoso e, ao ultrapassar o volume não-estressado, incrementa sobremaneira o débito cardíaco e, por conseguinte, a oferta de oxigênio aos tecidos. Esse aumento da oferta de oxigênio pode revelar áreas de hipóxia tecidual. A redução dessas áreas disóxicas é, em geral, traduzida por aumento do $\dot{V}O_2$, queda dos gradientes venoarterial de CO_2 (análise do sangue venoso misto através do catéter de artéria pulmonar), gástrico-arterial de CO_2 (analisado pela tonometria) e dos níveis plasmáticos de lactato. Para se avaliar se houve aumento do consumo de oxigênio, basta observar o comportamento da $S\bar{v}O_2$ em relação ao aumento da $\dot{D}O_2$ após a reposição volêmica. Se a $S\bar{v}O_2$ não se alterar, significa que houve aumento do $\dot{V}O_2$ (vide, neste capítulo, a relação entre IC e TEO_2). No entanto, o aumento do $\dot{V}O_2$ não necessariamente significa que todas as áreas hipóxicas foram normalizadas. Silva *et al* mostraram que a reposição volêmica inicial em pacientes sépticos pode aumentar o índice cardíaco sem queda paralela do PCO_2 *gap*.[48] Os autores especula-

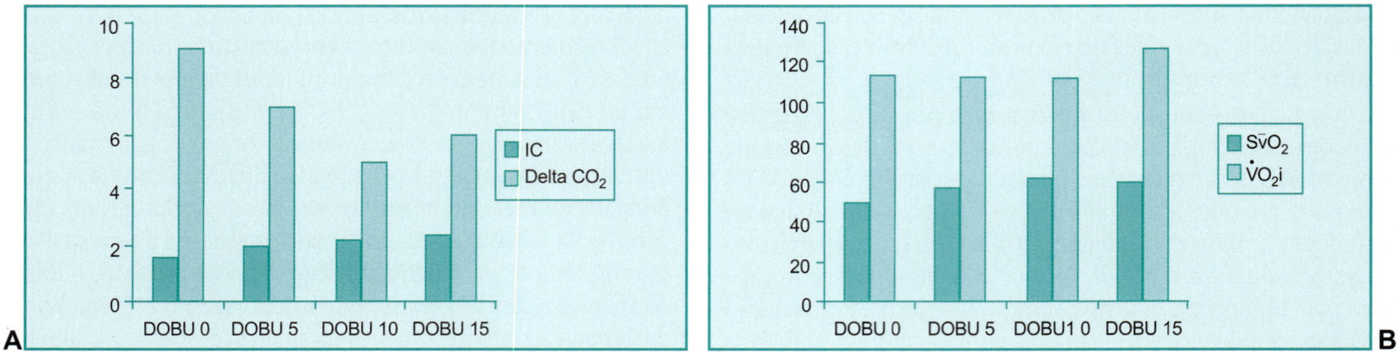

Fig. 47-7. Os gráficos acima demonstram a média dos valores do índice cardíaco, do gradiente venoarterial de CO_2 (**A**), da saturação venosa mista de O_2 e do consumo de oxigênio indexado (**B**) em pacientes com falência cardíaca recebendo doses crescentes de dobutamina (DOBU, em μg/kg/min).[50]

ram, entre outras possibilidades, que nesses pacientes pode haver redistribuição desse incremento de fluxo que, inicialmente, não foi dirigido à mucosa gástrica. Os autores concluíram ainda que os parâmetros sistêmicos de oxigenação tecidual não se traduzem necessariamente em nível regional.

Essa observação foi mais bem evidenciada em estudos que utilizaram drogas vasoativas. Vallet *et al* demonstraram que a infusão de dobutamina (*teste de dobutamina*) em pacientes sépticos com lactato normal discriminava dois grupos de pacientes.[49] Aqueles que aumentaram o $\dot{V}O_2$ após o aumento da $\dot{D}O_2$ induzido pela dobutamina e aqueles que não aumentaram. O primeiro grupo apresentou menor mortalidade. Esses achados podem indicar que pacientes com hipóxia oculta, mesmo com níveis séricos de lactato normais, podem se beneficiar do aumento adicional do fluxo de oxigênio aos tecidos, ou mesmo que esses pacientes foram capazes de utilizar o oxigênio ofertado. Assim, pode-se inferir que todo paciente deveria ser submetido a esse teste durante a fase de ressuscitação do choque. Resultados semelhantes foram encontrados por Creteur *et al* em nível regional.[50] Mostraram que os pacientes que diminuíam o PCO_2 *gap*, após a infusão de dobutamina, apresentavam também fluxo esplâncnico global diminuído, revelando importante área tecidual hipóxica.

De forma complementar, Teboul *et al* titularam doses progressivas de dobutamina mostrando que seria possível encontrar a dose exata desse inotrópico, ao confrontar índice cardíaco, gradiente venoarterial de CO_2 e $\dot{V}O_2$.[51] Aumentos progressivos de IC foram correspondidos por queda do gradiente de CO_2 enquanto o $\dot{V}O_2$ se mantinha inalterado. O incremento ulterior da dose levou ao aumento do IC, porém com alargamento do gradiente venoarterial de CO_2 e aumento do consumo de oxigênio (Fig. 47-7). Dois mecanismos fisiopatológicos podem explicar esses achados. O primeiro seria reflexo do efeito calorigênico da dobutamina, o que geralmente ocorre após 10 μg/kg/min. A segunda hipótese, menos provável, seria que a dobutamina poderia estar induzindo *shunt* tecidual. De qualquer forma, a análise concomitante desses parâmetros norteia nossa metodologia de ressuscitação e esclarece o estado de oxigenação tecidual.

Além de reposição volêmica e drogas vasoativas, a transfusão de glóbulos pode ser útil como instrumento de estudo sobre a perfusão tecidual. Os intensivistas muitas vezes se angustiam com níveis de hemoglobina abaixo do normal. Além disso, imaginam que esses níveis possam agravar o transporte de oxigênio aos tecidos, ameaçando a vitalidade celular. Como destacado, a recomposição, pura e simples, desses níveis pode não otimizar a oferta de oxigênio, bem como pode não haver utilização desse O_2 ligado à hemoglobina. Isso é especialmente verdadeiro quando se utiliza sangue estocado por mais de 10 dias. Alguns estudos mostraram que não há aumento do $\dot{V}O_2$ após a transfusão, seja em nível sistêmico[52] ou em nível regional.[53] Além disso, nível de hemoglobina em torno de 7 g% não é prejudicial a pacientes graves. Assim, deve haver uma política racional para o uso de derivados do sangue em unidades de terapia intensiva.[18]

CONCLUSÃO

A avaliação da perfusão tecidual, especialmente à beira do leito, pode ser complexa em muitos pacientes graves. Assim, impõe-se, atualmente, uma reavaliação da monitoração das variáveis de perfusão tecidual. Oferta e consumo de oxigênio são variáveis importantes; no entanto, principalmente a oferta de oxigênio apresenta pouca relação com prognóstico. Da mesma forma, os níveis séricos de lactato e a análise da saturação venosa de oxigênio ($S\bar{v}O_2$ ou ScO_2) traduzem o equilíbrio sistêmico entre oferta e consumo de oxigênio. Por fim, a monitoração da PCO_2 da mucosa gástrica, que traduz fluxo regional, pode ser mais precisa como marcador prognóstico.

REFERÊNCIAS BIBLIOGRÁFICAS

1. Ander DS, Jaggi M, Rivers E *et al*. Undetected cardiogenic shock in patients with congestive heart failure presenting to the emergency department. *Am J Cardiol* 1998, 82:888–891.
2. Backer DD. $\dot{V}O_2/\dot{D}O_2$ relationship: how to get rid of methodological pitfalls? *Intensive Care Med* 2000, 26(12):1719-22.
3. Bakker J. Physiology of tissue oxygen delivery. *In* Pinsky MR. Applied cardiovascular physiology. *Update in Intensive Care and Emergency Medicine*. Springer-Verlag: 1997;64.

4. Carrico CJ, Meakins JL, Marshall JC. Multiple organ failure syndrome. The gastrintestinal tract: the "motor" of MOF. *Arch Surg* 1986;121:196.
5. Carson JL, Terrin ML, Barton FB *et al.* A pilot randomised trial comparing symptomatic vs. hemoglobin-level-driven red blood cell transfusions following hip fracture. *Transfusion* 1998;38:522–529.
6. Cláudio LO, Marilyn TH. Persistent Gastric Intramucosal Ischemia in Patients With Sepsis Following Resuscitation From Shock. *Chest* 1999;115:1390–1396.
7. Creteur J, De Backer D, Vincent JL. A Dobutamine Test Can Disclose Hepatosplanchnic Hypoperfusion in Septic Patients *Am J Respir Crit Care Med* 1999;160(3):839–845.
8. Cruz Jr., RJ, Figueiredo LFP, Diniz E, Lagoa CE, Braz JL, Rocha e Silva M. Effects of aortic occlusion and reperfusion on gastric tonometry and splanchnic blood flow after hemorrhagic shock. *Crit Care Med* 1999;27:A148.
9. Dantzker DR. Pulmonary gas exchange. *In* Dantzker DR, Scharf SM. *Cardiopulmonary critical care*, 3rd edition, W.B. Saunders Company, Philadelphia: 1998 pp 29–49.
10. Dantzker DR. The gastrointestinal tract. The canary of the body? *JAMA* 1993 8;270(10):1247–8.
11. De Backer D, Creteur J, Zhang H, Norrenberg M, Vincent JL. Lactate Production by the Lungs in Acute Lung Injury. *Am J Respir Crit Care Med* 1997;156(4):1099–1104.
12. Fernandes Jr., CJ, Akamine N, De Marco FV, De Souza JA, Lagudis S, Knobel E. Red blood cell transfusion does not increase oxygen consumption in critically ill septic patients. *Crit Care* 2001;5:362–7.
13. Fink MP. Cytopathic hypoxia in sepsis. *Acta Anaesthesiol Scand* 1997; 41(suppl 100):87.
14. Fink MP. Cytopathic hypoxia. Mitochondrial dysfunction as mechanism contributing to organ dysfunction in sepsis. *Crit Care Clin* 2001; 17(1):219–37.
15. Fitzgerald RD, Martin CM, Dietz GE, Doig GS, Potter RF, Sibbald WJ. Transfusing red blood cells stored in citrate phosphate dextrose adenine-1 for 28 days fails to improve tissue oxygenation in rats. *Crit Care Med* 1997;25:726–732.
16. Friedman G, Berlot G, Kahn RJ, Vincent JL. Combined measurements of blood lactate concentrations and gastric intramucosal pH in patients with severe sepsis. *Crit Care Med* 1995 23:1184–1193.
17. Gattinoni L, Brazzi L, Pelosi P, Latini R, Tognoni G, Pesenti A, Fumagalli R. A trial of goal-oriented hemodynamic therapy in critically ill patients. SvO_2 Collaborative Group. *NEJM* 1995;333(16):1025–32.
18. Granton JT, Walley KR, Phang PT, Russell JA, Lichtenstein S. Assessment of three methods to reduce the influence of mathematical coupling on oxygen consumption and delivery relationships. *Chest* 1998;113(5):1347–55.
19. Hayes MA, Timmins AC, Yau EH, Palazzo M, Hinds CJ, Watson D. Elevation of systemic oxygen delivery in the treatment of critically ill patients. *NEJM* 1994; 330(24):1717–22.
20. Hébert PC, Wells G, Blajchman MA *et al.* A multicenter randomised controlled clinical trial of transfusion requirements in critical care. Transfusion Requirements in Critical Care Investigators, Canadian Critical Care Trials Group. *NEJM* 1999;340:409–417.
21. Kasnitz P, Druger GL, Yorra F *et al.* Mixed venous oxygen tension and hyperlactatemia: survival in severe cardiopulmonary disease. *JAMA* 1976;236:570–574.
22. Krauss XH, Verdouw PD, Hughenholtz PG *et al.* On-line monitoring of mixed venous oxygen saturation after cardiothoracic surgery. *Thorax* 1975;30:636–643.
23. Lagoa CE, Figueiredo LFP, Cruz Junior RJ, Rocha e Silva, M. Effects of large volume crystalloid infusion on systemic and splanchnic blood flow, oxygen metabolism and tonometry in septic shock. *Crit Care Med* 1999;27:A102.
24. Lieberman JA, Weiskopf RB, Kelley SD, Feiner J, Noorani M, Leung J, Toy P, Viele M. Critical oxygen delivery in conscious humans is less than 7.3 ml O_2 x kg(-1) x min(-1). *Anesthesiology* 2000;92(2):407–13.
25. Marik PE, Sibbald WJ. Effect of stored-blood transfusion on oxygen delivery in patients with sepsis. *JAMA* 1993, 269:3024–9.
26. Marshall JC, Nathens AB. The gut in critical illness: evidence from human studies *Shock* 1996; (6 Suppl) 1:S10–6.
27. Misock BA, Falk JL. Lactic acidosis in critical illness. *Crit Care Med* 1992;20:80–93.
28. Mizock BA. Metabolic derangements in sepsis and septic shock. *Crit Care Clin* 2000;16(2):319–36.
29. Muir AL, Kirby BJ, King AJ *et al.* Mixed venous oxygen saturation in relation to cardiac output in myocardial infarction. *Br Med J* 1970;4:276–278.
30. Peters J, Mack GW, Lister G. The importance of the peripheral circulation in critical illnesses. *Int Care Med* 2001;27:1446–1458.
31. Phang PT, Cunningham KF, Ronco JJ, Wiggs BR, Russell JA. Mathematical coupling explains dependence of oxygen consumption on oxygen delivery in ARDS. *Am J Respir Crit Care Med* 150:318–323.
32. Piagnerelli M, Silva E, Garrido AG, Lambermont M, Vincent JL, De Backer D. Is it feasible to transfuse only "fresh" red blood cell in critically ill patients? *(Submitted to Intensive Care Medicine).*
33. Poli de Figueiredo LF, Cruz Jr., RJ, Capone Neto A, Silva E, Rocha e Silva MR. Persistent gastric mucosal acidosis cannot be adequately predicted by global and splanchnic oxygen-derived variables following hemorrhage and resuscitation. *Crit Care Med* 2000;28:178A.
34. Rady MY, Rivers EP, Nowak RM. Resuscitation of the critically ill in the ED: responses of blood pressure, heart rate, shock index, central venous oxygen saturation, and lactate. *Am J Emerg Med* 1996;14:218–225.
35. Rivers E, Ander DS, Powell D. Central venous oxygen saturation monitoring in the critically ill patient. *Current Opinion in Critical Care* 2001;7(3):204–211.
36. Rivers E, Nguyen B, Havstad S, Ressler *et al.* Early Goal-Directed Therapy in the Treatment of Severe Sepsis and Septic Shock. *NEJM* 2001;345(19):1368–1377.
37. Rivers EP, Nguyen HB, Havstad S *et al.* Early goal directed therapy in the treatment of severe sepsis and septic shock: an outcome evaluation. *Chest* 2000;118:87S.
38. Roukonen E, Takala J, Kari A. Regional blood flow and oxygen transport in septic shock. *Crit Care Med* 1993;21:1296–1303.
39. Salzman AL, Wang HZ, Wollert PS, Vandermeer TJ, Compton CC, Denenberg AG, Fink M.P. Endotoxin-induced ileal mucosal hyperpermeability in pigs: role of tissue acidosis. *Am J Physiol* 1994;266(4 Pt 1):G633–46.
40. Schlichtig R, Mehta N, Gayowski TJ. Tissue-arterial PCO_2 difference is a better marker of ischemia than intramural pH (pHi) or arterial pH-pHi difference. *J Crit Care* 1996;11:51–56.
41. Silance PG, Simon C, Vincent, JL. The relation between cardiac index and oxygen extraction in acutely ill patients. *Chest* 1994;105(4):1190–7.
42. Silva E, Blecher S, Kai MH, Assunção MC, Martins PC, Rigato Jr., O, Garrido AG, Knobel E. A high gradient

between gastric and arterial PCO_2 is related to multiple organ failure and mortality in severe septic patients. *Crit Care Med* 1999;27:A136.

43. Silva E, Garrido A, Barbas CSV, Hoelz C, Knobel E. Pulmonary lactate production in septic patients with and without ARDS. *Critical Care Forum* 2001;5:S63-S64, Suppl.
44. Silva E, Creteur J, De Backer D, Vincent JL. Effects of norepinephrine and epinephrine on splanchnic oxygen utilization in septic shock patients. *Crit Care Med* 1998;26:63A.
45. Silva E, De Backer D, Creteur J, Vincent JL. Effects of fluid challenge on arterial-gastric gradient in septic patients CO_2. *Crit Care Med* 1998;26:136A.
46. Sort P, Navasa M, Arroyo V *et al*. J. Effect of Intravenous Albumin on Renal Impairment and Mortality in Patients with Cirrhosis and Spontaneous Bacterial Peritonitis. *NEJM* 1999;341:403–409.
47. Task Force of the American College of Critical Care Medicine. Practice parameters for hemodynamic support of sepsis in adult patients in sepsis. *Crit Care Med* 1999;27:639–660.
48. Teboul JL, Mercat A, Lenique F, Berton C, Richard C. Value of the venous-arterial PCO_2 gradient to reflect the oxygen supply to demand in humans: effects of dobutamine. *Crit Care Med* 1998;26:1007–10.
49. Teboul JL, Michard F, Richard C. Critical analysis of venoarterial CO_2 gradient as a marker of tissue hypoxia. *In* Vincent JL (ed). *Yearbook of Intensive Care and Emergency Medicine*. Springer-Verlag, Berlin, 1996, pp. 296–307.
50. Vallet B, Chopin C, Curtis SE, Dupuis BA *et al*. Prognostic value of the dobutamine test in patients with sepsis syndrome and normal lactate values: a prospective, multicenter study. *Crit Care Med* 1993;21:1868–75.
51. Van der Linden, P. Transfusion strategy. *European Journal of Anaesthesiology* 2001;18(8)495–498.
52. Vincent JL. Lactate levels in critically ill patients. *Acta Anaesthesiol Scand* 1995;107:261–266 Suppl.
53. Wo CC, Shoemaker WC, Appel PL *et al*. Unreliability of blood pressure and heart rate to evaluate cardiac output in emergency resuscitation and critical illness. *Crit Care Med* 1993;21:218–223.

48

Hipóxia Tecidual

Gilberto Friedman

A manutenção da oferta de oxigênio às células, para satisfazer o metabolismo celular, é a principal função do sistema cardiorrespiratório. Fisiologicamente, a oferta de oxigênio ($\dot{D}O_2$) aos tecidos é controlada pela taxa metabólica celular.[1,2] O processo de oferta de oxigênio aos tecidos segue uma complexa seqüência que envolve a captação do oxigênio da atmosfera transportado pela ventilação pulmonar até a membrana capilar alveolar, difusão do O_2 do espaço alveolar para as moléculas de hemoglobina (Hb) no sangue capilar pulmonar pela existência de um gradiente de PO_2, que é transportado ligado a hemoglobina e uma pequena parte dissolvida no plasma, distribuída através do fluxo sangüíneo (débito cardíaco) através da macrocirculação até a microcirculação. O oxigênio então libera-se da hemoglobina e difunde-se do espaço intravascular, pela existência de um gradiente de PO_2 entre os capilares e os tecidos vizinhos, até o espaço intracelular para ser utilizado na manutenção das funções vitais das células. Moléculas carreadoras de O_2 dentro das células aumentam a concentração de O_2, e o processo de difusão é pouco limitado em condições normais. Finalmente, o O_2 na mitocôndria aceita elétrons de baixa energia ao final da cadeia de transporte de elétrons produtora de ATP. Em condições patológicas, o sistema cardiorrespiratório pode ser incapaz de ofertar oxigênio na quantidade necessária para as necessidades metabólicas teciduais.

Disponibilidade adequada de O_2 é essencial para a respiração celular para produzir adenosina trifosfato (ATP) suficiente para manter a função orgânica.[3] Em essência, obter energia de um substrato metabólico é o processo de tomar elétrons em estados de energia elevados e achar um estado de energia mais baixo para aí deixá-los. A energia disponível é a diferença do estado de energia mais elevado e o mais baixo. O receptor de elétrons de baixa energia mais universal e disponível é o átomo de oxigênio. Uma molécula de dois átomos de oxigênio pode prontamente receber dois elétrons, cada um dos dois pode se combinar com dois prótons e formar duas moléculas de água. Alguns organismos e células eucarióticas deixam elétrons indesejados em outras moléculas para formar lactato ou etanol. Entretanto, elétrons deixados na molécula de lactato estão em um estado energético muito mais elevado, e é por isso que o metabolismo de substratos a lactato gera pouco ATP.[4] Assim, em condições de metabolismo aeróbico, mesmo após a produção de energia até lactato ainda resta muita "comida" a ser transformada em energia. Nesse aspecto, o O_2 é o último e mais eficaz "lixeiro" de elétrons. Caso não haja O_2 em quantidade para a aceitação de elétrons, entenda-se produção de energia, a maquinaria metabólica pára, e a vida não pode ser mantida.

Não existem definições bem aceitas de hipóxia tecidual. Hipóxia é usualmente definida como uma diminuição na pressão de oxigênio (PO_2), e, como tal, a definição de hipóxia tecidual poderia ser a diminuição da pressão parcial de oxigênio em um dado tecido. Não existem valores normais para a PO_2 tecidual e não existem métodos clinicamente aplicáveis para medir PO_2 tecidual à beira do leito. Portanto, assume-se hipóxia tecidual como uma condição na qual as células têm uma utilização anormal de oxigênio numa dimensão em que os tecidos iniciam o metabolismo anaeróbico.

O termo hipóxia tecidual pode ser distinguido de outros termos usados para descrever baixos níveis de oxigênio, tais como hipóxia hipóxica, estagnante, anêmica ou citopática.[5] O transporte do O_2 pode ser prejudicado em qualquer etapa. A hipóxia hipóxica refere-se às etapas que dependem da difusão do O_2, tanto ao nível do alvéolo como dos capilares. A diminuição de Hb é chamada de hipóxia anêmica. A diminuição da distribuição de sangue oxigenado para os capilares é chamada de hipóxia estagnante. O "envenenamento" de qualquer molécula carreadora de O_2 é chamado hipóxia citopática.

Para esclarecer o papel e o efeito da limitação da disponibilidade do O_2, este capítulo aborda os quatro tipos de hipóxia como causas de hipóxia tecidual e, finalmente, as ferramentas clínicas disponíveis para a avaliação de hipóxia tecidual no ambiente de terapia intensiva.

HIPÓXIA HIPÓXICA

A hipóxia hipóxica refere-se as etapas que dependem da difusão do O_2, ou seja, difusão do alvéolo para o sangue arterial e difusão do sangue oxigenado para os tecidos. Por isso, o termo hipóxia hipóxica é usado quando se fala em redução arterial da PaO_2 (hipoxemia) e/ou da PO_2 tecidual.

Hipoxemia

A velocidade de difusão do O_2 depende de diferenças de PO_2. A lei de Fick estabelece que a velocidade de difusão de um gás ($V_{gás}$) através de uma membrana depende da diferença na pressão parcial do gás (P1-P2) existente entre os lados dessa membrana, da difusibilidade do gás (D), da área de superfície (A) e inversamente da espessura dessa membrana (E).[6]

$$V_{gás} = (P_1\text{-}P_2) \times A \times D / E$$

A difusibilidade de um gás é uma constante física que é proporcional à solubilidade do gás no meio e inversamente proporcional ao tamanho da molécula. A área de difusão e a espessura de difusão dependem da anatomia. Assim, a PO_2 em condições fisiológicas torna-se o principal fator limitante em todas as etapas de difusão desde o pulmão até os capilares, e, conseqüentemente, uma redução na PaO_2 (hipoxemia) é a marca da hipóxia hipóxica.

Causas de hipoxemia

Alterações da difusão

A diminuição da difusão do O_2 nos pulmões é uma causa potencial de hipoxemia arterial, mas raramente com relevância clínica. A limitação da difusão pulmonar pode ser encontrada em várias doenças, mas é excepcional que essa etapa comprometa o transporte de O_2 a ponto de causar hipóxia. A lei de Fick indica que o transporte de O_2 do alvéolo para capilar pulmonar ocorre quando a diferença da PO_2 é pequena. Respirar um gás com uma fração inspirada reduzida de O_2 é causa rara de hipoxemia e pode ocorrer em altas altitudes. Atletas exercitando-se em altas altitudes podem aumentar o fluxo sangüíneo nos capilares pulmonares e pode não haver tempo suficiente para o O_2 ser carregado na Hb, resultando em hipoxemia. Contudo, mesmo em doenças pulmonares, a difusão pouco limita o transporte de gás.[7]

Além disso, um aumento no espaço entre hemoglobina e célula (mitocôndria) pode também limitar o fluxo de oxigênio. Esse espaço consiste em plasma, endotélio, interstício e citosol. Em outras palavras, a existência de edema intersticial tecidual pode dificultar a difusão do O_2 em qualquer órgão.

Hipoventilação

Uma causa freqüente de redução da PO_2 alveolar é a hipoventilação. A equação do gás alveolar simplificada ajuda a melhor entender o que ocorre na hipoventilação:[8]

$$PAO_2 = P_IO_2 - (PaCO_2/QR)$$

onde:

PAO_2: pressão parcial de O_2 no alvéolo
PiO_2: pressão inspiratória de O_2
$PaCO_2$: pressão parcial de dióxido de carbono (CO_2)
R: quociente respiratório ($\dot{V}CO_2/\dot{V}O_2$).

Essa equação mostra que a PAO_2 diminui quando a $PaCO_2$ aumenta. A diminuição da PAO_2 resulta em diminuição da PaO_2. A $PaCO_2$ é proporcional à produção de CO_2 e inversamente proporcional à ventilação alveolar. A hipoventilação alveolar resulta em elevação da $PaCO_2$ e em diminuição da PaO_2. Medidas podem ser tomadas para aumentar a ventilação alveolar, incluindo a ventilação mecânica para reduzir a $PaCO_2$, ou prevenir a hipoxemia durante a hipoventilação, com elevação da $PaCO_2$ enriquecendo a mistura de gases com O_2 suplementar.

Curto-circuito *(shunt)*

A passagem de sangue venoso misto diretamente para as artérias pulmonares pode ser uma das principais causas de hipoxemia arterial. *Shunt* significativo pode ocorrer quando os alvéolos estão inundados em edema pulmonar cardiogênico ou após lesão pulmonar aguda.[9] *Shunt* tem um grande efeito sobre a diminuição da PO_2 arterial, pois a dessaturação do sangue para níveis de 80% resulta em uma PaO_2 de apenas 45 mmHg, conforme pode ser observado pela curva de dissociação da hemoglobina.

Alterações da relação ventilação/perfusão

A causa mais importante de hipoxemia arterial é o desequilíbrio na relação ventilação/perfusão ($\dot{V}/\dot{Q}$).[10] Algumas áreas alveolares apresentam um excesso de ventilação em relação à perfusão de sangue capilar, ou, ao contrário, outras áreas recebem uma quantidade de sangue desproporcional à ventilação alveolar. As áreas com excesso de ventilação contribuem para o espaço morto (área ventilada e não-perfundida), e as áreas com excesso de perfusão contribuem para o *shunt* (área perfundida e não-ventilada).

Diminuição da saturação venosa mista

Em condições patológicas, a saturação venosa mista ($S\bar{v}O_2$) possui um papel importante. Quando a $S\bar{v}O_2$ é reduzida substancialmente, a SaO_2 diminui concomitantemente. O aumento da $S\bar{v}O_2$ pode melhorar a SaO_2 na presença de um *shunt* significativo. A $S\bar{v}O_2$ é regulada pela SaO_2 e pela taxa de extração de O_2 (TEO_2).[11]

$$S\bar{v}O_2 = SaO_2 \times (1 - \dot{V}O_2/\dot{D}O_2), \text{ ou } S\bar{v}O_2 = SaO_2 \times (1 - TEO_2)$$

Olhando $S\bar{v}O_2$ a fórmula, pode-se definir duas formas de aumentar a $S\bar{v}O_2$. O aumento do $\dot{D}O_2$, por exemplo, aumentando o débito cardíaco (DC), ou a diminuição do $\dot{V}O_2$, por exemplo, usando sedação e paralisia.

HIPÓXIA ESTAGNANTE

A hipóxia estagnante caracteriza-se pelo fluxo sangüíneo inadequado. A diminuição do fluxo sangüíneo pode ser generalizada como no choque circulatório ou localizada como em obstrução arterial ou síndrome compartimental. Sistemicamente, o transporte de oxiemoglobina para os tecidos é dependente do fluxo sangüíneo convectivo através do débito cardíaco. Os componentes do débito cardíaco são a freqüência cardíaca e o volume sistólico. Os fatores que influenciam o volume sistólico são a pré-carga, a contratilidade miocárdica e a pós-carga. A disfunção miocárdica por alterações na contratilidade, pré-carga, pós-carga e freqüência cardíaca reduz o desempenho ventricular, podendo comprometer a $\dot{D}O_2$ aos tecidos e levando a metabolismo anaeróbico. A falência cardíaca induz a respostas compensatórias que incluem a liberação de catecolaminas e a estimulação do sistema renina-angiotensina-aldosterona. Ocorre um aumento da freqüência cardíaca, da resistência vascular e do volume intravascular. Esse tipo de falência circulatória associada a redução profunda do débito cardíaco é característica de choque hipovolêmico, cardiogênico e obstrutivo.[12]

Em nível tecidual, a hipóxia estagnante (isquêmica) é provavelmente a maior causa de dano celular em forma de choque com débitos cardíacos reduzidos. A perfusão inadequada e a conseqüente falta de O_2 levam a dependência de metabolismo anaeróbico. A acidose intracelular ocorre, o metabolismo anaeróbico leva a um acúmulo de lactato e outros metabólitos resultantes da hipóxia tecidual (*e. g.*, CO_2, espécies reativas de O_2) que não podem ser adequadamente removidos pela diminuição da "lavagem" pelo fluxo sangüíneo. Em quadros isquêmicos, a reperfusão com a conseqüente lavagem (fenômeno da isquemia/reperfusão) desses metabólitos pode aumentar a acidose sistêmica ou levar a disfunção de órgãos quando estes são liberados à circulação sistêmica.[13]

HIPÓXIA ANÊMICA

A Hb carrega a maior parte do O_2 entregue aos tecidos. O gradiente da PO_2 determina a "força" da difusão. A hemoglobina desempenha um papel importante na manutenção de um gradiente constante de PO_2 para a difusão. A adequação do nível de hemoglobina deve ser avaliada em cada contexto clínico através de critérios objetivos de oxigenação tecidual, pois os mecanismos compensatórios geralmente garantem a adequação do $\dot{D}O_2$.[14]

Resposta fisiológica à anemia

Os mecanismos compensatórios à anemia aguda para a manutenção da oxigenação tecidual incluem um aumento do DC e um aumento da extração de oxigênio pelos tecidos.

■ *Débito cardíaco*

A principal resposta adaptativa à anemia isovolêmica é o aumento do débito cardíaco. O volume sistólico e a freqüência cardíaca aumentam. O volume sistólico aumenta pela redução da resistência vascular periférica, com redução da pós-carga e aumento do retorno venoso.[15] A diminuição da resistência vascular está relacionada à diminuição da viscosidade. Um dos principais determinantes da viscosidade é o hematócrito. Pode-se alterar a viscosidade diminuindo (hemodiluição) ou aumentando (hemoconcentração) o hematócrito. A hemodiluição aumenta o fluxo sangüíneo, porém diminui o conteúdo arterial de oxigênio. Dessa forma, fica difícil analisar o efeito final sobre a $\dot{D}O_2$. A queda da resistência vascular pode também estar relacionada à diminuição da capacidade de "varrer" óxido nítrico, que é uma das funções da hemoglobina. A contratilidade miocárdica também aumenta com a estimulação simpática do coração e contribui para o aumento do volume sistólico.[16] Por último, o tônus alfa-adrenérgico dos vasos de capacitância (tônus venoso) aumenta e diminui o represamento periférico de sangue e aumenta o retorno venoso.[17] Essa adaptação é o resultado da estimulação de quimiorreceptores aórticos induzidos pela hemodiluição.

■ *Extração de oxigênio*

A TEO_2 aumenta após anemia aguda para adequar a entrega de O_2 aos tecidos. Sistemicamente, ocorre redistribuição do fluxo sangüíneo a áreas de maior demanda como o cérebro e o coração. Ocorre vasodilatação nesses territórios que é proporcionalmente maior que o aumento do DC.[18] O aumento do fluxo coronariano é o mais impressionante, pois o $\dot{V}O_2$ do miocárdio aumenta muito durante a anemia. A vasodilatação coronariana é quase máxima com hematócritos (Ht) de 12,5%, e só em hemodiluição mais intensa pode ocorrer falência cardíaca.[19] O aumento da perfusão cerebral e cardíaca ocorre à custa de outros territórios que ficam vasoconstritos (hepático, esplâncnico, renal).

A microcirculação também se altera para melhor utilizar a menor quantidade de O_2 que chega. A entrega de O_2 aos tecidos melhora nas arteríolas mais distais em conseqüência do aumento da velocidade capilar da célula vermelha, da diminuição da perda pré-capilar de O_2 e da transferência difusional de O_2 para outros microvasos.[20]

Durante anemia grave, ocorre desvio para a direita da curva de dissociação, relacionada ao aumento do 2,3-difosfoglicerato (2,3 DPG) nos eritrócitos. A diminuição da afinidade da Hb pelo O_2 aumenta a disponibilidade de O_2 aos tecidos. Esse mecanismo precisa de tempo e é mais importante em anemias isovolêmicas crônicas.

A quantidade de O_2 dissolvido aumenta de forma importante durante hemodiluição. Experimentalmente, o O_2 dissolvido em $FiO_2 = 1{,}0$ e $FiO_2 = 0{,}35$ correspondem a 25,4 e 10,1% da $\dot{D}O_2$ sistêmica após hemodiluição (Ht 10%) e quando comparada a 10,7 e 3,9% em normodiluição (Ht 33%).[21] Esse mecanismo pode explicar por que, em cirurgia eletiva, o nível de hemoglobina só é marcador de prognóstico quando os níveis chegam a atingir 3 g%.

Hemoglobina crítica

Até o momento, os intensivistas dependeram de juízo clínico para decidir transfusão em um paciente grave. Até o momento, gatilhos transfusionais foram comparados em 10 estudos clínicos randomizados. Desses 10 estudos, apenas três incluíram mais de 100 pacientes, e apenas um avaliou o impacto da transfusão nos sintomas. Nenhum desses estudos encontrou benefício na transfusão sangüínea.[22] Em 1999, Hebert *et al* publicaram os resultados do estudo TRICC.[14] Os pacientes foram randomizados em dois grupos para uma estratégia restritiva (Hb 7-9 g%, gatilho de transfusão: 7 g%) e uma liberal (10-12 g%, gatilho de transfusão 10 g%). A observação chave desse estudo não é que a estratégia restritiva seja melhor, mas ela é ao menos equivalente ou talvez superior. Essa estratégia restritiva parece ser segura, inclusive em doença cardiovascular, com a exceção possível de infarto agudo do miocárdio ou angina instável.

HIPÓXIA CITOPÁTICA

Outra forma de prejuízo ao metabolismo aeróbico é o impedimento da produção de ATP mesmo com uma disponibilidade de O_2 dentro da célula. Essa forma de condição patológica é denominada hipóxia citopática e é particularmente encontrada em estados sépticos. Os mecanismos mais prováveis são: diminuição da entrega de piruvato dentro do ciclo do ácido tricarboxílico (TCA), inibição de enzimas mitocondriais envolvidas no ciclo TCA ou na cadeia de transporte de elétrons, ativação da enzima poli-(ADP)-ribosilpolimerase (PARP) ou colapso do gradiente protônico através da membrana mitocondrial que leva a desacoplamento da fosforilação oxidativa.[5] Se esse mecanismo de hipóxia está correto, as implicações terapêuticas são enormes. Esforços para corrigir a hipóxia tecidual devem considerar não apenas a $\dot{D}O_2$ ou fluxo sangüíneo, mas o desenvolvimento de terapêuticas farmacológicas para restaurar a função mitocondrial.

RESPOSTAS CELULARES À HIPÓXIA

As células mantêm taxas de respiração durante hipóxia grave até que um valor crítico de concentrações de O_2 é alcançado. Isso é mais bem observado em situações isquêmicas, quando o aporte de O_2 aos tecidos cessa. Em situações de hipóxia moderada mas prolongada como nas situações de choque circulatório, as células possuem a habilidade de suprimir a demanda de ATP e a respiração mitocondrial.[23] As células parecem detectar níveis de hipóxia via um mecanismo sensível a O_2 que envolve a mitocôndria. As alterações redox na mitocôndria durante a hipóxia resultam na geração de espécies reativas de O_2 pela mitocôndria que parecem ativar etapas subseqüentes de sinalização para transdução que resultam na inibição da demanda de ATP. A inibição resultante da função celular e da demanda metabólica é limitada a funções celulares não-essenciais para o funcionamento orgânico e, portanto, contribuindo para a disfunção orgânica.

TRANSPORTE, OFERTA E CONSUMO DE OXIGÊNIO

Há quase 30 anos Powers *et al* demonstraram que o consumo de oxigênio pode co-variar com a oferta de oxigênio durante mudanças no débito cardíaco.[24] O fenômeno de dependência do consumo de oxigênio ($\dot{V}O_2$) no transporte de TO_2 foi observado em vários estudos de pacientes com sepse ou síndrome de desconforto respiratório agudo.[25-27]

Embora o transporte de oxigênio (TO_2) não signifique necessariamente a quantidade de oxigênio entregue perifericamente aos tecidos ($\dot{D}O_2$), geralmente se utiliza $\dot{D}O_2$ como TO_2.

Dependência fisiológica do consumo na oferta de oxigênio

Em condições normais, quando as necessidades de oxigênio estão estáveis, o $\dot{V}O_2$ permanece inalterado com mudanças da $\dot{D}O_2$, pois os tecidos regulam a extração de oxigênio (TEO_2) e compensam a redução da $\dot{D}O_2$. Contudo, quando a $\dot{D}O_2$ é ainda mais diminuída, a capacidade de extração se esgota e o $\dot{V}O_2$ torna-se dependente na $\dot{D}O_2$. Essa relação bifásica, com as partes independente e dependente e a identificação de uma $\dot{D}O_2$ crítica, $\dot{V}O_2$ crítico e TEO_2 crítica, foi bem caracterizada em condições experimentais, quando o fluxo sangüíneo era reduzido por hemorragia ou tamponamento cardíaco (Fig. 48-1).[28,29]

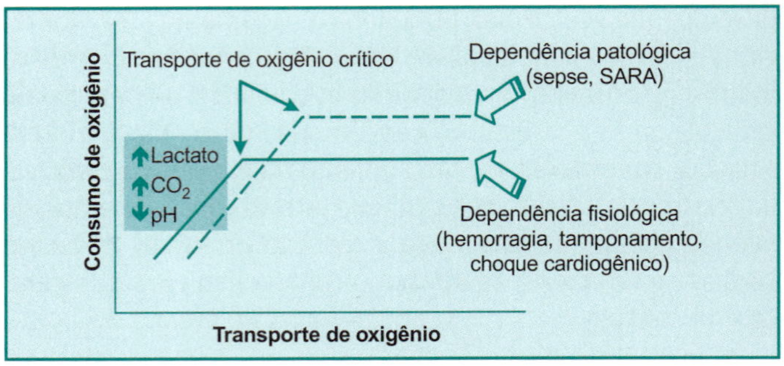

Fig. 48-1. A relação do transporte ($\dot{D}O_2$) e consumo de oxigênio ($\dot{V}O_2$) é bifásica. Inicialmente os tecidos se adaptam e extraem mais oxigênio para manter o $\dot{V}O_2$. Ao atingir um valor crítico de $\dot{D}O_2$, o $\dot{V}O_2$ cai pois a capacidade de extrair oxigênio dos tecidos se esgota. Nesta fase, a acidose surge e os marcadores metabólicos de hipoperfusão se alteram.

Dependência patológica da oferta de oxigênio

Diversos estudos animais relataram que o choque séptico experimental é responsável por um padrão anormal de utilização do oxigênio. Em cães recebendo infusão contínua de *Pseudomonas aeruginosa*, Nelson *et al* observaram que o $\dot{V}O_2$ tornava-se dependente do suprimento de O_2 com altos níveis de $\dot{D}O_2$ quando comparados com os controles, quando o $\dot{D}O_2$ era reduzido progressivamente através de hemorragia.[28] No valor crítico de $\dot{D}O_2$, a taxa de extração de oxigênio era de 51%, um valor significativamente mais baixo que 71% medidos em cães controles. A dependência do $\dot{V}O_2$ com valores mais elevados de $\dot{D}O_2$ e taxa de TEO_2 mais baixa é conhecida como *dependência patológica*. Esses achados foram repetidamente encontrados em outros estudos experimentais.[29,30]

O exato mecanismo desse desarranjo na microcirculação após um desafio de endotoxina permanece desconhecido. Aparentemente, o defeito na extração de oxigênio durante choque endotóxico está relacionado à má distribuição do fluxo sangüíneo num determinado órgão, como também entre os diversos órgãos. As alterações na distribuição do fluxo sangüíneo regional têm sido extensamente investigadas em modelos experimentais de choque séptico e demonstradas também em estudos em humanos.[31-33] Esses estudos procuraram demonstrar que essa distribuição do fluxo sangüíneo poderia acarretar hipoperfusão relativa à demanda metabólica em alguns órgãos ou tecidos.

Adicionalmente, a sepse e os estados inflamatórios sistêmicos podem levar a defeitos na utilização do oxigênio pelos tecidos. Essa alteração poderia ser explicada pela presença de *shunts* arteriovenosos, pela diminuição da capacidade de difusão e da captação de oxigênio e por anormalidades microvasculares, tais como microembolizações, lesão da célula endote-

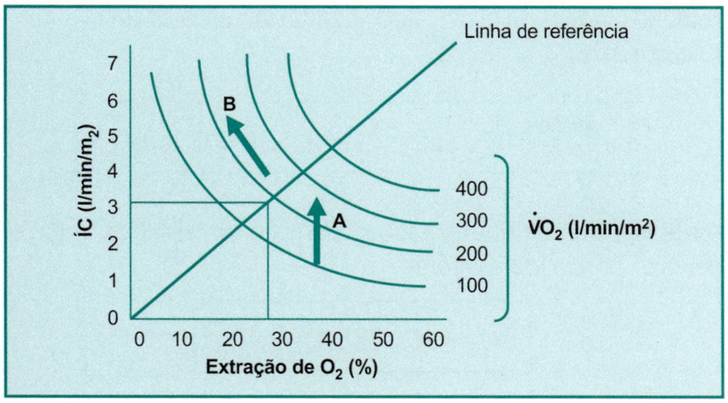

Fig. 48-2. A fase A estuda a relação do transporte de oxigênio ($\dot{D}O_2$) e consumo de oxigênio ($\dot{V}O_2$) durante instabilidade hemodinâmica inicial de 10 pacientes com choque séptico. Observa-se que o $\dot{V}O_2$ aumenta junto com o $\dot{D}O_2$ e a taxa de extração de oxigênio (EO_2) não se altera. Após a ressuscitação ter sido completada (fase B), o $\dot{V}O_2$ torna-se independente do $\dot{D}O_2$.

lial, alterações na auto-regulação dos vasos e uma utilização defeituosa do oxigênio pelas células.[5,34-37]

As alterações no desempenho miocárdico também contribuem para as alterações perfusionais da sepse. Caracteristicamente, os pacientes com choque séptico, após terem sido ressuscitados com um volume de líquidos substancial, apresentam débitos cardíacos que são normais ou até aumentados.[38,39] Entretanto, o débito cardíaco pode ser insuficiente para suprir as necessidades metabólicas de diferentes órgãos.[40] Além disso, a depressão miocárdica em conjunto com as anormalidades microvasculares favorece para que as alterações na relação suprimento/demanda de oxigênio possam impedir a habilidade do organismo de ajustar a extração de oxigênio em resposta a mudanças no transporte de oxigênio e assim levar a dependência anormal do $\dot{V}O_2$ na $\dot{D}O_2$ (Fig. 48-2).[25,27]

Estudos clínicos

Contudo, a aplicação desse conceito em estudos clínicos não é tão uniforme e é menos convincente que nos estudos animais. A primeira limitação deriva das dificuldades encontradas pela presença de fatores confusionais nos pacientes que diferem em respeito à gravidade do choque, perfil hemodinâmico, estágio de evolução da doença e intervenções terapêuticas. A segunda limitação está relacionada com a existência de problemas metodológicos.

Primeiro, essa relação deve ser estudada numa base individual, paciente por paciente. A colocação numa mesma figura dos valores de correlação de $\dot{V}O_2$ e $\dot{D}O_2$ medidos em pacientes diferentes pode levar a conclusões errôneas. Segundo, o estudo precisa ser conduzido durante um período curto de tempo, isto é, durante não mais que duas a quatro horas. Desse modo é possível assumir que o estado metabólico, e portanto o $\dot{V}O_2$, permanecerá espontaneamente estável no mesmo paciente. Nessas condições, pode-se inferir que o $\dot{V}O_2$ é dependente do $\dot{D}O_2$ quando uma intervenção clínica aumentar o $\dot{V}O_2$ (excluído um efeito termogênico), conseqüentemente ao aumento do $\dot{D}O_2$.

A terceira preocupação refere-se ao método usado para medir o $\dot{V}O_2$. Em vários estudos clínicos, o $\dot{V}O_2$ não foi medido diretamente, mas calculado usando a equação de Fick. Nessas condições, o $\dot{V}O_2$ e o $\dot{D}O_2$ compartilham variáveis necessárias ao seu cálculo (débito cardíaco e conteúdo arterial de O_2), e, assim, a relação de dependência entre as duas variáveis pode ser artificial devido ao erro experimental denominado acoplamento matemático.[41] Portanto, vários grupos de investigadores têm recomendado que se estude a relação entre as duas variáveis utilizando a determinação do $\dot{V}O_2$ através de medidas de trocas gasosas.[42-44] Entretanto, as determinações diretas do $\dot{V}O_2$ têm também seus problemas metodológicos e suas limitações. Esses aspectos metodológicos têm importantes implicações clínicas, pois se a determinação independente do $\dot{V}O_2$ provar ser clinicamente útil, o uso rotineiro de dispendiosos computadores metabólicos poderia ser recomendado.

Uma quarta linha de argumentos está relacionada com a falta de documentação de dependência e independência de $\dot{V}O_2$ na $\dot{D}O_2$ em pacientes. Contudo, em pacientes para os quais o suporte cardiorrespiratório foi retirado, Ronco *et al* puderam estudar a relação entre $\dot{V}O_2$ e $\dot{D}O_2$.[45] Eles observaram uma relação bifásica entre o $\dot{V}O_2$ e o $\dot{D}O_2$, mas o valor crítico de $\dot{D}O_2$ foi bastante baixo e semelhante em pacientes sépticos e não-sépticos, de modo que eles questionaram a existência da dependência patológica do $\dot{V}O_2$ no $\dot{D}O_2$. Contudo, os mecanismos fisiopatológicos podem ser muito diferentes em doenças terminais que nos estágios precoces de doenças agudas quando a falência orgânica começa a desenvolver. Friedman *et al* demonstraram que o $\dot{V}O_2$ pode ser dependente do $\dot{D}O_2$ durante instabilidade hemodinâmica e independente do $\dot{D}O_2$ após a estabilização em 10 pacientes sépticos.[46] Nesses pacientes, o $\dot{D}O_2$ foi agudamente alterado durante um episódio de choque séptico (fase A) e após a recuperação (fase B) desse episódio. Na fase A, as mudanças do $\dot{V}O_2$ foram paralelas às mudanças do $\dot{D}O_2$, mas a extração de oxigênio (TEO_2) permaneceu estável. Na fase B, as mudanças no $\dot{D}O_2$ foram associadas a mudanças opostas na TEO_2 e o $\dot{V}O_2$ permaneceu inalterado (Fig. 48-2). Esses achados são compatíveis com o conceito que a dependência $\dot{V}O_2/\dot{D}O_2$ é um marcador de choque séptico e que intervenções para aumentar o $\dot{D}O_2$ estão provavelmente indicadas quando o fenômeno está presente.

Como uma quinta preocupação existe o potencial do efeito termogênico dos agentes adrenérgicos. A dobutamina pode aumentar diretamente o $\dot{V}O_2$ ao nível celular. Em voluntários sãos, a dobutamina aumenta a taxa metabólica.[47] Contudo, em pacientes criticamente enfermos esse efeito não parece tão importante. O efeito termogênico é dose-dependente e tornase significativo a partir de 10 g/kg/min.[48] O aumento do $\dot{V}O_2$ é parcialmente inibido durante o estresse metabólico.[49] Adicionalmente, a hipótese termogênica não explica por que o $\dot{V}O_2$ é marcadamente aumentado apenas em um subgrupo de pacientes com insuficiência circulatória.[27] Finalmente, observam-se aumentos similares no $\dot{V}O_2$ com prostaciclina ou nitroprussiato (drogas sem o efeito termogênico) em pacientes estáveis.[50]

Por último, é freqüente a falta da medida da concentração de lactato sangüíneo. Mesmo sabendo-se que o nível de lactato pode ser influenciado por diversos fatores, incluindo uma depuração hepática diminuída ou a inibição da piruvato desidrogenase como a que ocorre na sepse grave, uma lactatemia elevada é considerada uma boa evidência de hipóxia tecidual, e certamente deve ser levada em conta quando se estuda a utilização de oxigênio em pacientes gravemente sépticos.[51] Consistentemente, no nosso estudo, a concentração de lactato estava elevada na fase A (3,3 ± 1,8 mMol/l), mas não na fase B (1,60 ± 0,6 mMol/l).[46]

■ *Estudos controlados randomizados de aumento do transporte de oxigênio em pacientes criticamente enfermos*

Existem poucos estudos controlados e randomizados para comparar os efeitos de um $\dot{D}O_2$ aumentado com um $\dot{D}O_2$ normal.[52-58] Quatro estudos acharam que o aumento do $\dot{D}O_2$ diminuiu a mortalidade de pacientes cirúrgicos de alto risco e de pacientes que tinham um pH gástrico intramucoso normal na admissão à unidade de tratamento intensivo (UTI).[54,55,57] Em contraste, cinco estudos acharam que o $\dot{D}O_2$ aumentado não mudou a mortalidade de pacientes com síndrome do estresse respiratório agudo,[58] pacientes com choque séptico,[59] pacientes que tinham um pH gástrico intramucoso baixo na admissão da UTI e dois importantes estudos em populações mistas de pacientes.[52,53,57] Além disso, com exceção desses últimos estudos, a qualidade dos outros estudos foi limitada pela dificuldade de se fazer um estudo controlado e randomizado com a proposta de aumento do $\dot{D}O_2$ em pacientes de UTI.

Outra hipótese para explicar os diferentes resultados é que o aumento do $\dot{D}O_2$ pode ter um efeito diferente em cada grupo de pacientes, especialmente os pacientes cirúrgicos estudados por Shoemaker *et al*[54] ou Lobo *et al*[55]. Adicionalmente, pode-se observar que a estratégia de se aumentar o $\dot{D}O_2$ só pareceu ser eficaz na prevenção de complicações em pacientes que inicialmente não apresentam evidência de hipóxia tecidual.[54,55,57] Contudo, esse não parece ser o caso de pacientes em que a apresentação inicial do quadro inclua instabilidade hemodinâmica.[52,53,57,58]

COMO MEDIR OXIGENAÇÃO TECIDUAL

Medidas sistêmicas

Embora existam medidas bioquímicas capazes de avaliar hipóxia tecidual (diminuição de ATP, aumento de NADH e diminuição de citocromo oxidado aa_3), essas não são disponíveis à beira do leito.[5] Dessa forma, existem alguns sinais ou índices bioquímicos que indicariam a presença de redução do fluxo sangüíneo e possível hipóxia tecidual.

■ *Transporte, consumo e extração de oxigênio*

A medida dessas variáveis informa sobre a quantidade de O_2 transportado, usado e extraído pelos tecidos.

Na maioria dos estudos clínicos, o $\dot{D}O_2$, o $\dot{V}O_2$ e a TEO_2 são calculados da seguinte forma:

$$\dot{D}O_2 = IC \times CaO_2 \times k$$

onde IC: índice cardíaco; CaO_2: conteúdo arterial de O_2; k: constante.

$$CaO_2 = (Hb \times SaO_2 \times 1,34) + (0,003 \times PaO_2)$$

onde Hb: hemoglobina; SaO_2: saturação arterial de O_2; PaO_2: pressão parcial de oxigênio.

$$\dot{V}O_2 = IC \times (CaO_2 - C\bar{v}O_2)$$

onde $C\bar{v}O_2$: conteúdo venoso misto de O_2.

$$C\bar{v}O_2 = (Hb \times S\bar{v}O_2 \times 1,34) + (0,003 \times P\bar{v}O_2)$$

onde $S\bar{v}O_2$: saturação venosa mista de O_2.

$$TEO_2 = \dot{V}O_2/\dot{D}O_2$$

onde TEO_2: taxa de extração de O_2.

A $\dot{D}O_2$ é, por definição, a quantidade de oxigênio que é entregue perifericamente aos tecidos. A relação entre essas variáveis pode ser confundida por vários fatores. Assim, na prática clínica recomenda-se utilizar a relação entre o índice cardíaco e a taxa de extração de oxigênio.[12] As vantagens dessa abordagem prática incluem a exclusão do acoplamento matemático por serem variáveis independentes e a simplicidade da interpretação que evita cálculos complexos à beira do leito. Essa relação ainda pode ser mais bem entendida se utiliza um gráfico que relaciona essas variáveis com o $\dot{V}O_2$.[12] Em pacientes estáveis, pode-se testar essa relação através de um teste de dobutamina ou outra intervenção hemodinâmica que induza um aumento do débito cardíaco.[46] A TEO_2 pode permanecer estável e sugere que a relação é de dependência ou a TEO_2 pode diminuir e indica que a relação é de independência.

■ *Saturação venosa mista de oxigênio ($S\bar{v}O_2$)*

A $S\bar{v}O_2$ correlaciona-se com o nível de transporte de oxigênio, em particular com o débito cardíaco, em várias formas de falência circulatória.[11] A diminuição na saturação venosa mista de oxigênio pode ser causada por uma diminuição na $\dot{D}O_2$, geralmente o débito cardíaco, e/ou por um aumento na demanda.

$$S\bar{v}O_2 = SaO_2 - [\dot{V}O_2/(IC \times Hb \times k)]$$

Na ausência de anemia e hipoxemia, a $S\bar{v}O_2$ reflete a relação entre $\dot{V}O_2$ e DC. Para a correta interpretação de uma redução da $S\bar{v}O_2$ é preciso que a saturação arterial esteja próxima de 100%, e assim a redução da $S\bar{v}O_2$ indica necessariamente uma extração tecidual de oxigênio elevada. A $S\bar{v}O_2$ tem demonstrado ter um valor prognóstico quando diminuída e pode ser útil como um si-

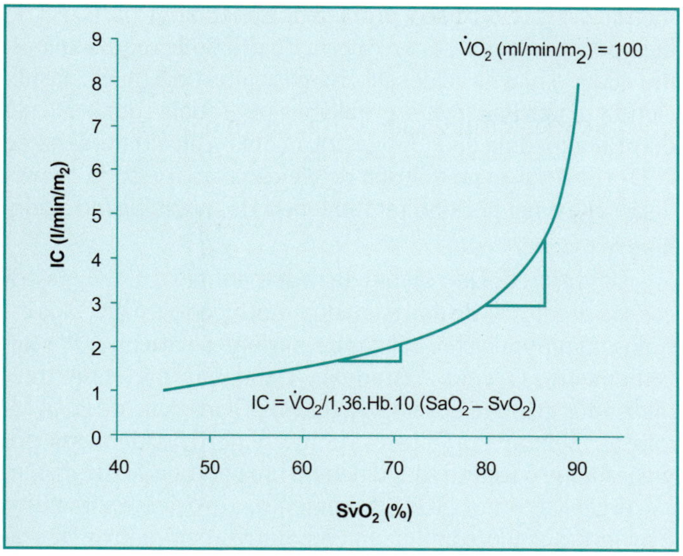

Fig. 48-3. A linha de referência se reporta à resposta fisiológica ao exercício e as linhas curvas representam níveis de consumo de oxigênio ($\dot{V}O_2$). É fácil observar que se uma manobra hemodinâmica aumentar o índice cardíaco (IC) e a taxa de extração de oxigênio (TEO_2) não alterar, o novo ponto obtido representará um $\dot{V}O_2$ mais elevado (A = dependência). Se a taxa de TEO_2 diminuir, o novo ponto se manterá na mesma linha de referência, *i. e.,* o $\dot{V}O_2$ não se modificou (B = independência).

nal de alarme de que o $\dot{D}O_2$ esteja inadequado. Contudo, um valor normal ou mesmo aumentado não afasta hipóxia tecidual, especialmente na sepse, e é de difícil interpretação. Gattinoni *et al* estudaram pacientes criticamente enfermos e randomizaram em três grupos,[53] o primeiro visando atingir um índice cardíaco normal, o segundo visando a atingir um índice cardíaco "supranormal" e o terceiro, para atingir e manter uma $S\bar{v}O_2 \geq$ 70%. A taxa de mortalidade dos três grupos não foi diferente, a e os autores concluem que intervenções visando a alcançar os parâmetros hemodinâmicos e de oxigenação preestabelecidos não alteram a mortalidade global (Fig. 48-3).

■ *Lactato*

O lactato é produzido por diversos tecidos como o produto final da glicólise. Lactato é formado a partir do piruvato no citosol em uma reação reversível e catalisada pela enzima desidrogenase láctica (LDH).

$$\text{Piruvato} + \text{NADH} + \text{H}^+ \leftrightarrow \text{lactato} + \text{NAD}$$

onde NAD: nicotinamida adenina dinucleotídeo; H^+: hidrogênio.

O equilíbrio dessa reação normalmente mantém a relação piruvato/lactato em 10:1. O piruvato é metabolizado via piruvato desidrogenase a acetil-CoA, o qual é oxidado a dióxido de carbono e água em reação irreversível. O piruvato pode também ser transaminado com glutamato para formar alanina e alfa-cetoglutarato. A produção de lactato pode aumentar quando a taxa de formação de piruvato no citosol exceder sua utilização na mitocôndria (p. ex., exercício), ou em condições de hipóxia a relação NADH/NAD aumenta e os níveis de lactato aumentam.

$$\text{Lactato} \leftrightarrow \text{piruvato} \times k\ (\text{NADH} \times \text{H}^+)/\text{NAD}$$

onde k é a constante de equilíbrio da reação LDH.

A queda do $\dot{D}O_2$ a níveis críticos torna o suprimento de O_2 insuficiente para a mitocôndria manter o metabolismo aeróbico. Em conseqüência, o metabolismo anaeróbico é utilizado para produzir ATP (glicólise anaeróbica), aumentando a produção de lactato. Assim, a acidose metabólica freqüentemente aparece num paciente com hipóxia tecidual, e, em geral, a causa é a acidose láctica. A hiperlactatemia possui um excelente valor prognóstico em diversas formas de falência circulatória e, em especial, na sepse grave (Fig. 48-4). Apesar disso, a interpretação desse achado possui algumas limitações, em particular na sepse. Altos níveis de lactato podem não ser secundários a metabolismo anaeróbio, e, portanto, não indicariam a presença de hipóxia tecidual. O aumento do lactato nesses pacientes pode ser secundário a disfunção da piruvato desidrogenase, aumento da glicólise aeróbica (relação piruvato/lactato normal), fenômeno de *wash-out*, diminuição da depuração do lactato (*e. g.*, hepatopatia) e produção de lactato pulmonar.[51,60] Portanto, mais valioso que um valor isolado é a avaliação da duração da hiperlactatemia que é mais sensível em diversas situações clínicas (Fig. 48-4).[61,62]

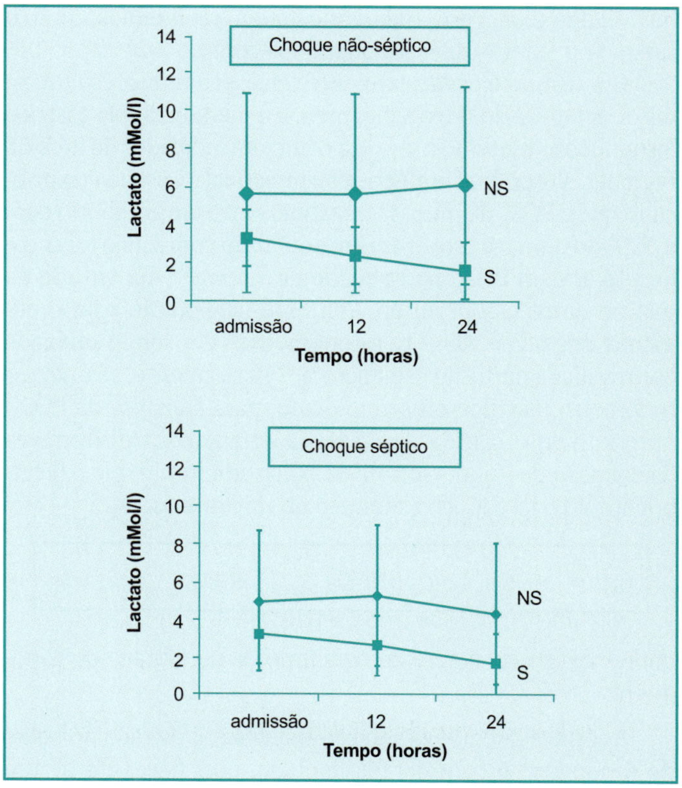

Finalmente, as concentrações de lactato não fornecem informação confiável sobre a distribuição regional do fluxo sangüíneo e portanto a presença de hipóxia regional. Na prática clínica, a diminuição dos níveis de lactato de pelo menos 10% após um intervalo de 4-6 horas após manobras de estabilização hemodinâmica em choque parece ser um bom indicativo de ressuscitação quando combinado com repetidas avaliações clínicas e outras medidas de perfusão tecidual.[63]

Medidas regionais

A oxigenação tecidual não é homogênea na falência circulatória. Dessa forma, todos os índices sistêmicos de oxigenação representam uma média global do que está ocorrendo no organismo. Assim, valores normais, ou mesmo "supranormais" de $\dot{D}O_2$ e $S\bar{v}O_2$, por exemplo, não garantem que todos os órgãos estejam adequadamente oxigenados. Portanto, a procura de medidas regionais deve ser utilizada para uma melhor avaliação de um paciente principalmente quando a ressuscitação avaliada pelas medidas globais de oxigenação estiver completada. No entanto, não existem muitos métodos clinicamente utilizáveis.

Tonometria (capnografia regional)

A mensuração da pressão parcial do CO_2 a nível regional vem se constituindo praticamente na única possibilidade clinicamente disponível e relativamente pouco invasiva de mensurar perfusão/oxigenação regional.[51,57] Na fisiologia da troca gasosa, a tonometria refere-se à equalização das pressões parciais de um gás conhecido através de uma membrana semipermeável que separa dois meios que podem ser líquidos, como o sangue ou solução salina, ou gasosos como o ar.

O intestino é particularmente sensível a reduções absolutas ou relativas do fluxo sangüíneo, e a medida do pH gástrico intramucoso tem sido proposta como um indicador de hipóxia regional. A tonometria gástrica ou intestinal é baseada no princípio que a PCO_2 da mucosa intestinal entre em equilíbrio com a PCO_2 do lúmen e esta entre em equilíbrio com salina ou ar colocado em um balão na cavidade da víscera.[64] Em virtude da relação entre hipoperfusão e/ou hipo-oxigenação com o aumento dos níveis de CO_2, a tonometria vem sendo utilizada para avaliar a perfusão esplâncnica.[65] Basicamente, se utiliza o tonômetro, gástrico ou sigmoidiano, para a análise da PCO_2. Anteriormente, calculava-se o pH da intramucosa (pHi) através da equação de Henderson-Hasselbalch admitindo que o bicarbonato arterial (HCO_3^-) é idêntico ao da intramucosa.

$$pHi = 16,1 + \text{Log}_{10}([HCO_{3\ \text{arterial}}]/PCO_{2,\ \text{tonômetro}} \times k)$$

onde *k* é uma constante de equilíbrio da membrana do tonômetro.

A técnica que utiliza solução salina administrada no balão do tonômetro é considerada limitada, pois necessita de um longo tempo de equilíbrio e introduz erros como o resultado de manipulação errônea da solução salina ou de variações dos diferentes analisadores de gases sangüíneos. O uso de tonometria gasosa evita esses problemas metodológicos. O uso do bicarbonato arterial para o cálculo do pHi pode reduzi-lo mesmo quando não há acidose da mucosa intestinal (p. ex., insuficiência renal). Para evitar problemas potenciais com o cálculo do pHi, a medida da PCO_2 gástrica com o cálculo do delta de PCO_2 constitui-se no método de eleição para o estudo da perfusão intestinal por não ter influência do metabolismo ácido-base sistêmico.

Um pHi reduzido ou um delta aumentado de PCO_2 gástricos são preditivos de mortalidade e morbidade em diversos estudos com populações mistas de pacientes críticos.[51,66-69] Recentemente, Calvete e Friedman estudaram pacientes traumatizados graves e observaram que o pHi e o delta de PCO_2 foram os melhores preditores de morbimortalidade nessa população que o lactato sangüíneo ou uma pontuação de disfunção orgânica como o SOFA. Finalmente, o uso desse parâmetro é melhor quando combinado com outros parâmetros laboratoriais ou clínicos de oxigenação tecidual.

Outros

Além da utilização de técnicas sofisticadas, a avaliação clínica usual da perfusão regional é válida. A função renal pode ser aferida pela diurese e creatinina, e a função cerebral, pelo exame clínico (p. ex., escala de Glasgow) ou oximetria no bulbo jugular e Doppler transcraniano.

CONCLUSÃO

A hipóxia tecidual contribui para o desenvolvimento de disfunção de múltiplos órgãos. Até a obtenção do controle total do insulto que levou a hipoperfusão ou hipoxemia, a garantia de um suprimento adequado de oxigênio aos tecidos é imperativo. O conceito de adequação do suprimento de oxigênio representa uma estratégia racional que pode contribuir para a prevenção do processo fatal que culmina na falência orgânica. A monitorização da oxigenação tecidual ainda é limitada. A tendência futura é procurar ferramentas de monitorização cada vez mais regional como o pHi ou a PCO_2 gástrica. Contudo, nenhum desses marcadores de oxigenação deve ser utilizado isoladamente, mas como complemento da avaliação clínica e hemodinâmica.

REFERÊNCIAS BIBLIOGRÁFICAS

1. Granger HJ, Goodman AH, Cook BH. Metabolic models of microcirculatory regulation. *Fed Proc* 1975;34(11):2025–30.
2. Shepherd AP, Granger HJ, Smith EE, Guyton AC. Local control of tissue oxygen delivery and its contribution to the regulation of cardiac output. Am J Physiol 1973;225(3):747–55.
3. Walley KR, Becker CJ, Hogan RA, Teplinsky K, Wood LD. Progressive hypoxemia limits left ventricular oxygen consumption and contractility. *Circ Res* 1988;63(5):849–59.
4. Hotchkiss RS, Karl IE. Reevaluation of the role of cellular hypoxia and bioenergetic failure in sepsis. *JAMA* 1992;267(11):1503–10.

5. Fink MP. Cytopathic hypoxia. Mitochondrial dysfunction as mechanism contributing to organ dysfunction in sepsis. *Crit Care Clin* 2001;17(1):219–37.
6. Guyton AC, Hall JE (Eds.). Physical principles of gas exchange; diffusion of oxygen and carbon dioxide through the respiratory membrane. *Textbook of Medical Physiology.* Philadelphia: WB Saunders, 2001, pp 501–12.
7. Wagner PD, West JB. Effects of diffusion impairment on O_2 and CO_2 time courses in pulmonary capillaries. *J Appl Physiol* 1972;33(1):62–71.
8. Kreuzer F, Hoofd LJ. Facilitated diffusion of CO_2 and oxygen in the presence of hemoglobin or myoglobin. *Adv Exp Med Biol* 1976;75:207–15.
9. Rossaint R, Hahn SM, Pappert D, Falke KJ, Radermacher P. Influence of mixed venous PO_2 and inspired O_2 fraction on intrapulmonary shunt in patients with severe ARDS. *J Appl Physiol* 1995;78(4):1531–6.
10. Melot C. Contribution of multiple inert gas elimination technique to pulmonary medicine. V: ventilation-perfusion relationships in acute respiratory failure. *Thorax* 1994;49(12):1251–8.
11. Friedman G, Alves FA, Weingartner R, Oliveira E, Oliveira ES, Azambuja LA. Choque séptico e SvO_2: revisão e análise da literatura. *Rev Bras Terap Intens* 1997;9(1):19–24.
12. Silance PG, Simon C, Vincent JL. The relation between cardiac index and oxygen extraction in acutely ill patients. *Chest* 1994;105(4):1190–7.
13. Hurtado FJ, Gothard JW. Síndrome de isquemia y reperfusión. *In* Castro J, Hernández GP (Eds.): *Sepsis y Falla Multiorgánica.* Santiago: Mediterráneo, 1999, pp 84–106.
14. Hebert PC, Wells G, Blajchman MA, Marshall J, Martin C, Pagliarello G *et al.* A multicenter, randomized, controlled clinical trial of transfusion requirements in critical care. transfusion requirements in critical care investigators, Canadian critical care trials group. *N Engl J Med* 1999;340(6):409–17.
15. Fowler NO, Holmes JC. Blood viscosity and cardiac output in acute experimental anemia. *J Appl Physiol* 1975;39(3):453–6.
16. Escobar E, Jones NL, Rapaport E, Murray JF. Ventricular performance in acute normovolemic anemia and effects of beta blockade. Am J Physiol 1966;211(4):877–84.
17. Szlyk PC, King C, Jennings DB, Cain SM, Chapler CK. The role of aortic chemoreceptors during acute anemia. *Can J Physiol Pharmacol* 1984;62(5):519–23.
18. Crystal GJ, Rooney MW, Salem MR. Regional hemodynamics and oxygen supply during isovolemic hemodilution alone and in combination with adenosine-induced controlled hypotension. *Anesth Analg* 1988;67(3):211–8.
19. von Restorff W, Hofling B, Holtz J, Bassenge E. Effect of increased blood fluidity through hemodilution on coronary circulation at rest and during exercise in dogs. *Pflugers Arch* 1975;357(1–2):15–24.
20. Lipowsky HH, Firrell JC. Microvascular hemodynamics during systemic hemodilution and hemoconcentration. *Am J Physiol* 1986;250(6 Pt 2):H908–H922.
21. Schou H, Perez DSV, Roscher R, Larsson A. Nitrous oxide reduces inspired oxygen fraction but does not compromise circulation and oxygenation during hemodilution in pigs. *Acta Anaesthesiol Scand* 1997;41(7):923–30.
22. Alvarez G, Hebert PC, Szick S. Debate: transfusing to normal haemoglobin levels will not improve outcome. *Crit Care* 2001;5(2):56–63.
23. Schumacker PT, Chandel NS. Cellular responses to hypoxia: Possible relevance to multiple organ failure in critical illness? *In* Sibbald WJ, Messmer K, Fink MP (Eds.): *Tissue Oxygenation in Acute Medicine.* Berlin/Heidelberg/New York: Springer-Verlag, 1998, pp 159–73.
24. Powers JR. SR, Mannal R, Neclerio M, English M, Marr C, Leather R *et al.* Physiologic consequences of Positive End-Expiratory Pressure (PEEP) ventilation. *Ann Surg* 1973;178(3):265–72.
25. Gilbert EM, Haupt MT, Mandanas RY, Huaringa AJ, Carlson RW. The effect of fluid loading, blood transfusion, and catecholamine infusion on oxygen delivery and consumption in patients with sepsis. *Am Rev Respir Dis* 1986;134(5):873–8.
26. Danek SJ, Lynch JP, Weg JG, Dantzker DR. The dependence of oxygen uptake on oxygen delivery in the adult respiratory distress syndrome. *Am Rev Respir Dis* 1980;122(3):387–95.
27. Vincent JL, Roman A, De Backer D, Kahn RJ. Oxygen uptake/supply dependency. Effects of short-term dobutamine infusion. *Am Rev Respir Dis* 1990;142(1):2–7.
28. Nelson DP, Beyer C, Samsel RW, Wood LD, Schumacker PT. Pathological supply dependence of O_2 uptake during bacteremia in dogs. *J Appl Physiol* 1987;63(4):1487–92.
29. Zhang H, Vincent JL. Oxygen extraction is altered by endotoxin during tamponade-induced stagnant hypoxia in the dog. *Circ Shock* 1993;40(3):168–76.
30. Nelson DP, Samsel RW, Wood LD, Schumacker PT. Pathological supply dependence of systemic and intestinal O_2 uptake during endotoxemia. *J Appl Physiol* 1988;64(6):2410–9.
31. Martinell S, Hogstrom H, Haglund U. Cardiac output and its distribution in peritonitis. Septic shock in the rat. *Res Exp Med* (Berl) 1987;187(2):87–94.
32. Zhang H, Rogiers P, Friedman G, Preiser JC, Spapen H, Buurman WA *et al.* Effects of nitric oxide donor SIN-1 on oxygen availability and regional blood flow during endotoxic shock. *Arch Surg* 1996;131(7):767–74.
33. Ruokonen E, Takala J, Kari A, Saxen H, Mertsola J, Hansen EJ. Regional blood flow and oxygen transport in septic shock. *Crit Care Med* 1993;21(9):1296–303.
34. Archie JP Jr. Anatomic arterial-venous shunting in endotoxic and septic shock in dogs. *Ann Surg* 1977;186(2):171–6.
35. Cronenwett JL, Lindenauer SM. Direct measurement of arteriovenous anastomotic blood flow in the septic canine hindlimb. *Surgery* 1979;85(3):275–82.
36. Curtis SE, Vallet B, Winn MJ, Caufield JB, King CE, Chapler CK *et al.* Role of the vascular endothelium in O_2 extraction during progressive ischemia in canine skeletal muscle. *J Appl Physiol* 1995;79(4):1351–60.
37. Vallet B. Vascular reactivity and tissue oxygenation. *Intens Care Med* 1998;24(1):3–11.
38. Dhainaut JF, Huyghebaert MF, Monsallier JF, Lefevre G, Dall'Ava-Santucci J, Brunet F *et al.* Coronary hemodynamics and myocardial metabolism of lactate, free fatty acids, glucose, and ketones in patients with septic shock. *Circulation* 1987;75(3):533–41.
39. Parker MM, Shelhamer JH, Bacharach SL, Green MV, Natanson C, Frederick TM *et al.* Profound but reversible myocardial depression in patients with septic shock. *Ann Intern Med* 1984;100(4):483–90.
40. Vincent JL, Van der LP. Septic shock: particular type of acute circulatory failure. *Crit Care Med* 1990;18(1 Pt 2):S70-S74.
41. Archie JP Jr. Mathematic coupling of data: a common source of error. *Ann Surg* 1981;193(3):296–303.

42. Ronco JJ, Phang PT, Walley KR, Wiggs B, Fenwick JC, Russell JA. Oxygen consumption is independent of changes in oxygen delivery in severe adult respiratory distress syndrome. *Am Rev Respir Dis* 1991;143(6):1267–73.
43. Pepe PE, Culver BH. Independently measured oxygen consumption during reduction of oxygen delivery by positive end-expiratory pressure. *Am Rev Respir Dis* 1985;132(4):788–92.
44. Annat G, Viale JP, Percival C, Froment M, Motin J. Oxygen delivery and uptake in the adult respiratory distress syndrome. Lack of relationship when measured independently in patients with normal blood lactate concentrations. *Am Rev Respir Dis* 1986;133(6):999–1001.
45. Ronco JJ, Fenwick JC, Tweeddale MG, Wiggs BR, Phang PT, Cooper DJ *et al.* Identification of the critical oxygen delivery for anaerobic metabolism in critically ill septic and nonseptic humans. *JAMA* 1993;270(14):1724–30.
46. Friedman G, De Backer D, Shahla M, Vincent JL. Oxygen supply dependency can characterize septic shock. *Intens Care Med* 1998;24(2):118–23.
47. Green CJ, Frazer RS, Underhill S, Maycock P, Fairhurst JA, Campbell IT. Metabolic effects of dobutamine in normal man. *Clin Sci* 1992;82(1):77–83.
48. Abdul-Rasool IH, Chamberlain JH, Swan PC, Ward DS. Cardiorespiratory and metabolic effects of dopamine and dobutamine infusions in dogs. *Crit Care Med* 1987;15(11):1044–50.
49. Uusaro A, Hartikainen J, Parviainen M, Takala J. Metabolic stress modifies the thermogenic effect of dobutamine in man. *Crit Care Med* 1995;23(4):674–80.
50. De Backer D, Berre J, Zhang H, Kahn RJ, Vincent JL. Relationship between oxygen uptake and oxygen delivery in septic patients: effects of prostacyclin versus dobutamine. *Crit Care Med* 1993;21(11):1658–64.
51. Friedman G, Berlot G, Kahn RJ, Vincent JL. Combined measurements of blood lactate concentrations and gastric intramucosal pH in patients with severe sepsis. *Crit Care Med* 1995;23(7):1184–93.
52. Hayes MA, Timmins AC, Yau EH, Palazzo M, Hinds CJ, Watson D. Elevation of systemic oxygen delivery in the treatment of critically ill patients. *N Engl J Med* 1994;330(24):1717–22.
53. Gattinoni L, Brazzi L, Pelosi P, Latini R, Tognoni G, Pesenti A *et al.* A trial of goal-oriented hemodynamic therapy in critically ill patients. SvO_2 Collaborative Group. *N Engl J Med* 1995;333(16):1025–32.
54. Shoemaker WC, Appel PL, Kram HB. Role of oxygen debt in the development of organ failure, sepsis, and death in high-risk surgical patients. *Chest* 1992;102(1):208–15.
55. Shoemaker WC, Appel PL, Kram HB, Waxman K, Lee TS. Prospective trial of supranormal values of survivors as therapeutic goals in high-risk surgical patients. *Chest* 1988;94(6):1176–86.
56. Tuchschmidt J, Fried J, Swinney R, Sharma OP. Early hemodynamic correlates of survival in patients with septic shock. *Crit Care Med* 1989;17(8):719–23.
57. Gutierrez G, Palizas F, Doglio G, Wainsztein N, Gallesio A, Pacin J *et al.* Gastric intramucosal pH as a therapeutic index of tissue oxygenation in critically ill patients. *Lancet* 1992;339(8787):195–9.
58. Bone RC, Slotman G, Maunder R, Silverman H, Hyers TM, Kerstein MD *et al.* Randomized double-blind, multicenter study of prostaglandin E1 in patients with the adult respiratory distress syndrome. Prostaglandin E1 Study Group. *Chest* 1989;96(1):114–9.
59. Tuchschmidt J, Fried J, Astiz M, Rackow E. Elevation of cardiac output and oxygen delivery improves outcome in septic shock. *Chest* 1992;102(1):216–20.
60. Friedman G, Bohrer O, Moreira DM, Schneider CN. Valor prognóstico do gradiente arteriovenoso de lactato pulmonar em lesão pulmonar aguda. Anais do VI Panamerican Iberic Congress of Intensive and Critical Care Medicine, 1999.
61. Meregalli A, Sant'Anna UL, Oliveira ES, Friedman G. Blood lactate: an excellent prognostic indicator in high-risk surgical patients. *Crit Care* 1999;3(3):73.
62. Alves FA, Sant'Anna UL, Oliveira E, Weingartner R, Friedman G. O valor prognóstico do curso hemodinâmico inicial de pacientes com falência circulatória. *Rev Bras Terap Intens* 1998;10(10):68–75.
63. Metrangolo L, Fiorillo M, Friedman G, Silance PG, Kahn RJ, Novelli GP *et al.* Early hemodynamic course of septic shock. *Crit Care Med* 1995;23(12):1971–5.
64. Lebuffe G, Robin E, Vallet B. Gastric tonometry. *Intens Care Med* 2001;27(1):317–9.
65. Fiddian-Green RG. Associations between intramucosal acidosis in the gut and organ failure. *Crit Care Med* 1993;21(Suppl. 2):S103–S107.
66. Maynard N, Bihari D, Beale R, Smithies M, Baldock G, Mason R *et al.* Assessment of splanchnic oxygenation by gastric tonometry in patients with acute circulatory failure. *JAMA* 1993;270(10):1203–10.
67. Poeze M, Takala J, Greve JW, Ramsay G. Pre-operative tonometry is predictive for mortality and morbidity in high-risk surgical patients. *Intens Care Med* 2000;26(9):1272–81.
68. Bonham MJ, Abu-Zidan FM, Simovic MO, Windsor JA. Gastric intramucosal pH predicts death in severe acute pancreatitis. *Br J Surg* 1997;84(12):1670–4.
69. Ivatury RR, Simon RJ, Islam S, Fueg A, Rohman M, Stahl WM. A prospective randomized study of end points of resuscitation after major trauma: global oxygen transport indices versus organ-specific gastric mucosal pH. *J Am Coll Surg* 1996;183(2):145–54.

49

Capnometria Sublingual

Heitor Portella Póvoas Filho • Aldo Junqueira Rodrigues Júnior
Alex Sandro Almeida • Alessandra Franklin

Um dos grandes desafios da Medicina Intensiva é o reconhecimento precoce da hipoperfusão orgânica em pacientes gravemente enfermos. As patologias cardiovasculares e as síndromes de resposta inflamatória sistêmica são as condições clínicas mais freqüentemente associadas a defeitos de perfusão e por isso são as principais causas de disfunção orgânica e óbito em unidades de terapia intensiva.[1] Como as isquemias são potencialmente reversíveis na maioria dos casos, o reconhecimento precoce de inadequações no suprimento sangüíneo pode significar a preservação de um órgão ou sistema através de terapias de reperfusão ou otimização hemodinâmica instituídas precocemente.[2]

O problema é que os sinais e sintomas de isquemia regional são na maioria das vezes inespecíficos e tardios, e a maioria dos órgãos não fornece nenhuma informação sobre seu suprimento sangüíneo até que haja lesão irreversível com morte celular. Como a maioria dos marcadores de isquemia tecidual disponíveis na prática clínica representa parâmetros sistêmicos, eles geralmente não refletem precocemente uma isquemia significativa em nível de órgãos ou tecidos.

O coração é o único órgão em que alterações isquêmicas podem ser detectadas com aceitável precisão e precocidade. Através de dados da história clínica e de um exame simples, não-invasivo e amplamente utilizado na prática clínica, é possível estabelecer o diagnóstico precoce de isquemia, iniciar terapia de reperfusão e evitar a lesão celular irreversível importante.[4] Outros órgãos como o intestino, o fígado e os rins, entretanto, podem se tornar severamente isquêmicos sem que sintomas ou sinais sejam detectados antes que se instale uma lesão orgânica irreversível.

HISTÓRICO

Aumentos na pressão parcial de dióxido de carbono (PCO_2) nos órgãos, tecidos e no sangue venoso vêm há muito sendo estudados para monitorização ventilatória e estimativa de perfusão tecidual.[6,7] O melhor entendimento da hipercarbia tecidual propiciou a investigação desse parâmetro como um recurso diagnóstico ou variável de monitorização disponível capaz de identificar a presença de isquemia tecidual com boa sensibilidade, especificidade e acurácia.[8]

O reconhecimento do papel da PCO_2 tecidual foi deflagrado por observações iniciais de aumentos na PCO_2 do sangue venoso misto em quadros de extremo baixo fluxo, como por exemplo durante a ressuscitação cardiopulmonar e o choque hemorrágico.[9;10] Aumentos na PCO_2 no coração, parênquima hepático, rim e córtex cerebral foram também demonstrados em condições de choque circulatório e durante ressuscitação cardíaca.[11-16] Os mesmos aumentos na PCO_2 do estômago foram também demonstrados em situações experimentais de choque hemorrágico, anafilaxia e choque séptico.[17-19] Paralelamente, investigadores publicaram uma experiência inicial com a tonometria gástrica, a qual se baseou no princípio de que reduções no débito cardíaco e/ou no fluxo sangüíneo periférico afetavam preferencialmente o fluxo sangüíneo mesentérico, de forma que havia uma isquemia precoce da mucosa gástrica e intestinal.

PCO_2 COMO MARCADOR DE ISQUEMIA CELULAR E TECIDUAL – BASES FISIOPATOLÓGICAS

Metabolismo celular aeróbico

A respiração celular é o processo pelo qual as células utilizam o oxigênio (O_2) para queimar glicose e gerar energia. A primeira etapa desse processo é chamada de *glicólise* e consiste na "quebra" da molécula de glicose para gerar duas moléculas de piruvato.

$$\text{glicose} + 2\,NAD^+ + 2\,ADP + 2\,Pi \rightarrow 2\,\text{piruvato} + 2\,NADH + 2\,H^+ + 2\,ATP + 2\,H_2O$$

A glicólise ocorre no citoplasma celular e é um processo metabólico comum a todos os organismos vivos. A degradação da glicose até piruvato libera apenas 5,2% da energia total que pode ser obtida pela sua oxidação completa. Portanto, as duas moléculas de piruvato formadas pela glicólise ainda retêm a maior parte da energia biológica disponível na molécula de glicose.

Na segunda etapa da respiração celular, o piruvato é oxidado a acetil-CoA, que é o substrato principal para o *ciclo de Krebs.*

$$\text{Piruvato} + \text{CoA-SH} + \text{NAD}^+ \rightarrow \text{CoA-S-acetil} + CO_2 + \text{NADH} + H^+$$

O ciclo de Krebs, também conhecido como ciclo do ácido cítrico, ocorre na mitocôndria e é composto de oito etapas enzimáticas.

A última etapa da respiração celular é a *fosforilação oxidativa*, a qual permite a ressíntese de ATP a partir de ADP, Pi e H^+:

$$O_2 + 4\,H^+ + 4e^- \leftrightarrow 2\,H_2O \text{ e } \text{ADP} + \text{Pi} + H^+ \leftrightarrow \text{ATP}$$

Ao fim das três etapas desse processo metabólico aeróbico, cada molécula de glicose é convertida a CO_2, gerando cerca de 36 moléculas de ATP:

$$C_6H_{12}O_6 + 6\,O_2 \rightarrow 6\,CO_2 + 6\,H_2O$$

Metabolismo anaeróbico e acidose celular

Situações clínicas que levam a baixas concentrações teciduais de O_2 fazem com que as células deixem de realizar as duas últimas etapas da respiração celular. Com isso, o organismo promove um desvio para uma via metabólica alternativa, que consiste em glicólise anaeróbica ou fermentação láctica. Na ausência de O_2, essa nova via metabólica subseqüiente promove a conversão de piruvato para lactato, regenerando NAD^+ e acumulando excessos de ácido láctico para continuar a glicólise.[8]

$$\text{piruvato} + \text{NADH} + H^+ \leftrightarrow 2\text{ lactato} + H^+$$

A conversão de piruvato a lactato utiliza o co-fator NADH e com isso diminui a concentração intracelular de substâncias reduzidas. A produção de lactato, juntamente com a hidrólise de ATP, gera excesso de prótons e acidose metabólica. Outras fontes de prótons são o metabolismo de outros nucleotídeos e a produção de ácidos graxos livres pela quebra de fosfolipídios da membrana celular. Entretanto, a produção de lactato é quantitativamente o fator mais importante para a produção de prótons e conseqüiente acidose intracelular.[21]

Tampões intracelulares e produção de CO_2

Uma grande proporção de prótons formados pelos processos metabólicos mencionados anteriormente vai ser tamponada imediatamente por bases fracas nos tecidos. A maior parte das substâncias tampões consiste em proteínas e bicarbonato, além de fosfatos inorgânicos em menor proporção. As concentrações de proteínas na maioria das células variam de 20 a 25 g%, e com isso a capacidade de tamponamento do meio intracelular é significativamente maior que no meio extracelular. As concentrações intracelulares de bicarbonato são semelhantes às concentrações no compartimento extracelular e no plasma e variam de 12 a 30 mM em condições fisiológicas normais. O poder de tamponamento do bicarbonato intracelular é importante devido ao fato de se tratar de um sistema aberto em que o CO_2 pode ser removido. Portanto, os prótons formados durante o metabolismo anaeróbico serão tamponados e formarão CO_2 e água de acordo com a equação de Henderson-Hasselbalch:[23]

$$CO_2 + H_2O \leftrightarrow H_2CO_3 \leftrightarrow HCO_3^- + H^+$$

Como conseqüiência do tamponamento da acidose metabólica celular, grandes quantidades de CO_2 são produzidas pelas células. Além disso, em quadros de choque circulatório em que o fluxo sangüíneo está dramaticamente diminuído, os excessos de CO_2 não são efetivamente removidos e acumulam-se nos tecidos. Portanto, a idéia de utilizar a PCO_2 para detectar isquemia regional é baseada no acúmulo de CO_2 nos tecidos como resultado da acidose intracelular primária tamponada por bicarbonato.[8]

Como visto anteriormente, o CO_2 produzido durante o metabolismo celular pode ser proveniente de ambas as vias metabólicas: aeróbica e anaeróbica. Portanto, é preciso ter em mente algumas noções importantes para diferenciar a origem metabólica da hipercarbia tecidual.

Como distinguir o CO_2 produzido pelo metabolismo aeróbico com o CO_2 produzido anaerobicamente?

Durante o metabolismo aeróbico, existe uma relação entre a produção de CO_2 e o consumo de O_2. Essa relação é o quociente respiratório (QR), que geralmente é menor que 1, implicando que nem todo o O_2 consumido pela célula é utilizado na fosforilação oxidativa. A relação entre o suprimento de O_2 para um órgão e o seu consumo de O_2 pode ser representada pelo método de regressão linear dupla (Fig. 49-1).[24] Isso significa que, em situações de redução no suprimento sangüíneo, o órgão irá

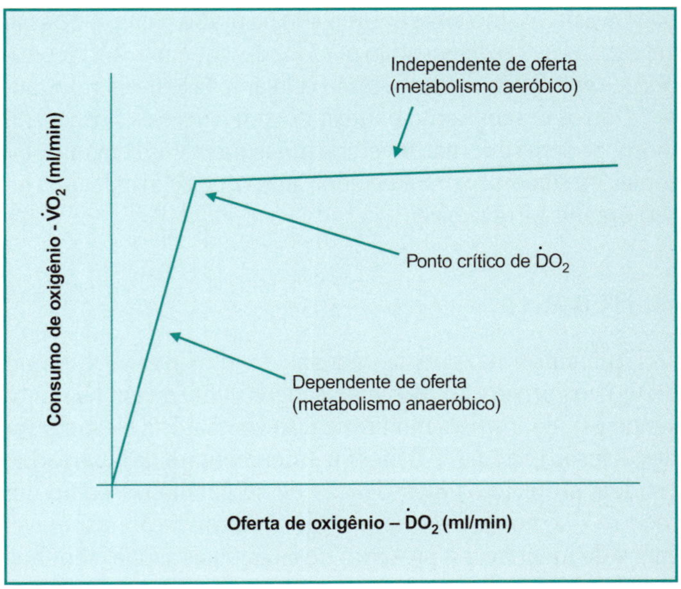

Fig. 49-1. Relação entre oferta e consumo de O_2 tecidual – modelo de regressão linear dupla.

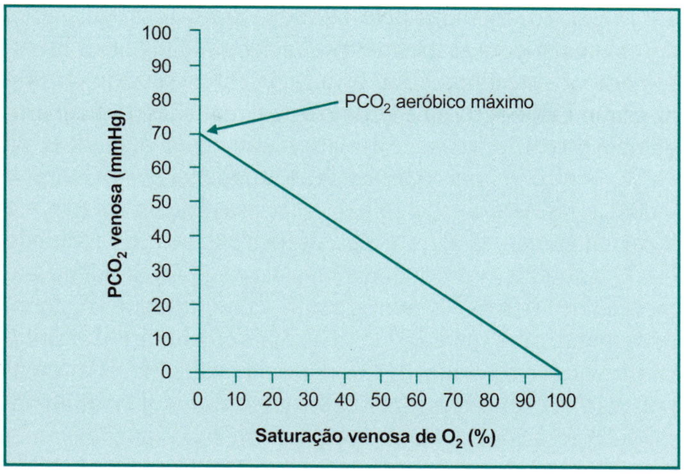

Fig. 49-2. Relação entre a saturação venosa de O_2 e a PCO_2 venosa durante o metabolismo aeróbico puro.

extrair mais O_2 da hemoglobina durante a passagem das hemácia pelos capilares celulares, visando a manter o consumo próximo do basal até que seja alcançada extração de O_2 máxima (faixa de limite aeróbico). Se as reduções no fluxo sangüíneo persistem além do limite máximo de extração, haverá uma queda no consumo, dependente da oferta de O_2. Com isso, mesmo durante o metabolismo aeróbico pode haver aumentos na produção de CO_2 para os tecidos e o sangue venoso. A relação entre a saturação da hemoglobina e a PCO_2 no sangue venoso é inversamente linear.[25] Ou seja, aumentos na extração de O_2 resultam em aumentos na PCO_2 venosa (Fig. 49-2). Teoricamente, a extração máxima de O_2 é 100%, e a saturação de O_2 no sangue não pode ser obviamente negativa. Portanto, obrigatoriamente existe uma PCO_2 venosa máxima que pode ser atribuída ao metabolismo anaeróbico puro. Isso significa que valores de PCO_2 maiores que a PCO_2 *aeróbica máxima* devem ser atribuídos à formação de CO_2 pelo metabolismo anaeróbico, isto é, tamponamento intracelular de prótons pelo HCO_3^-.

O fator complicador dessa teoria é que a PCO_2 venosa aeróbica máxima varia de acordo com a condição clínica. De acordo com o nomograma de Dill, a concentração de hemoglobina de 15 g% e QR = 1, a PCO_2 aeróbica máxima será próxima a 77 mmHg (Fig. 49-2).[25] Os seguintes fatores reduzem a PCO_2 venosa aeróbica máxima: PCO_2 arterial baixa (hipocapnia), hemoglobina baixa, extração máxima de O_z reduzida, alcalose, hipotermia e outros fatores que desviam a curva de dissociação da hemoglobina para a esquerda. Em contrapartida, hemoglobina aumentada, acidose respiratória e metabólica e febre irão aumentar a PCO_2 aeróbica máxima. Assim, um valor fixo universal para a PCO_2 aeróbica máxima não pode ser determinado; esse varia em diferentes órgãos e também no mesmo órgão, dependendo dos fatores mencionados. Essas variações, entretanto, são pequenas e não diminuem a acurácia clínica do método.[27]

Tonometria gástrica

Estudos recentes sugerem que o estômago e o intestino são órgãos-alvo em que se detectam reduções no fluxo sangüíneo tecidual precocemente durante o choque circulatório. Isso promoveu o aparecimento da tonometria gástrica como método de diagnóstico e quantificação precoce da severidade do choque circulatório. A tonometria gástrica e o cálculo do pH intramucoso (pHi) promoveram meios de acessar a adequação de perfusão na mucosa intestinal. O valor do pHi é obtido indiretamente através da medida da PCO_2 no lúmen do estômago usando uma sonda nasogástrica com um balão de silicone na extremidade. Depois de obtida a concentração de bicarbonato no sangue arterial, esse valor é inserido na equação de Henderson-Hasselbalch para o cálculo do pHi.[28] O pHi emergiu como um preditor de prognóstico em pacientes sob risco de hipoperfusão tecidual no pós-operatório de cirurgias cardiovasculares. Porém, os primeiros tonômetros, os quais usavam balões preenchidos por solução salina, revelaram problemas metodológicos, incluindo longos períodos para equilíbrio e erros nos valores de pH devido à baixa estabilidade do CO_2 no meio salino aspirado do balão e à retrodifusão de CO_2 do suco gástrico para a mucosa. A segunda geração de tonômetros resolveu parte desses problemas usando um sistema de monitorização em que o uso de ar ambiente substituiu a solução salina. Apesar dos trabalhos validando esse método como monitor confiável de perfusão tecidual, a tonometria gástrica ainda apresenta a desvantagem de ser uma técnica laboriosa, semi-invasiva e ainda propensa a erros.[30] Esses erros são provavelmente gerados devido aos métodos removerem CO_2 dos tecidos, causando um desequilíbrio nos níveis de bicarbonato tecidual. Além disso, a técnica de fluxo de ar introduz O_2 no local da medida, alterando o status energético no tecido adjacente ao balão.

PCO_2 SUBLINGUAL

A tonometria gástrica baseou-se no princípio de que órgãos intra-abdominais representam os únicos locais apropriados para o diagnóstico precoce da hipoperfusão regional. Existem evidências de que reduções no débito cardíaco e/ou no fluxo sangüíneo periférico afetam preferencialmente o fluxo sangüíneo mesentérico, de forma que ocorre isquemia precoce da mucosa gástrica e intestinal.[32] Observações clínicas e experimentais em endotoxemia e sepse sugeriram um papel único para as vísceras intra-abdominais. Investigações subseqüentes, porém, demonstraram que não apenas as vísceras infradiafragmáticas irrigadas pela circulação esplâncnica mas também a parede do esôfago serviam como local apropriado para medidas de PCO_2 tecidual, visando a quantificar a gravidade do choque hemorrágico.[35] Com a evidência de que aumentos na PCO_2 tecidual eram também medidas em órgãos supradiafragmáticos e distantes da circulação esplâncnica, o Dr. Max H. Weil e seu grupo iniciaram estudos medindo a PCO_2 no tecido sublingual ($P_{SL}CO_2$) e observaram estreita correlação com a PCO_2 gástrica, com o índice cardíaco e a concentração de lactato arterial durante choque hemorrágico e choque séptico. Após a confirmação de que a $P_{SL}CO_2$ estava significativamente correlacionada com a PCO_2 nas vísceras intra-abdominais, foi demonstrado que reduções no fluxo sangüíneo não seriam seletivas para as vísceras e que as reduções proporcionais no flu-

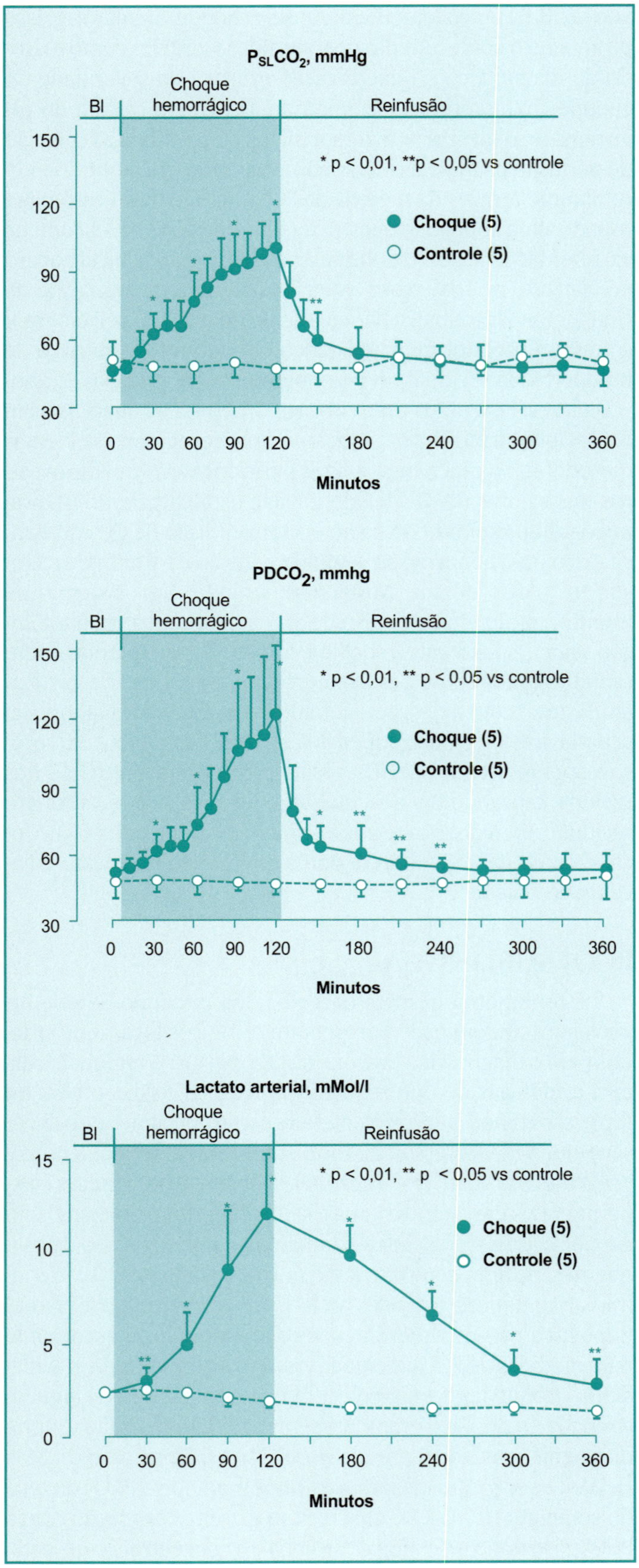

Fig. 49-3. PCO_2 sublingual ($P_{SL}CO_2$), PCO_2 duodenal ($PDCO_2$) e lactato arterial antes, durante e após reversão do choque hemorrágico. Valores com médias ± desvio-padrão estão representados para 5 animais submetidos ao choque e 5 animais-controles.

xo sangüíneo, medidas pelo método de microesferas, eram aproximadamente as mesmas nos tecidos sublinguais e no estômago ou intestinos.[37] Em estudo recente realizado em suínos submetidos a choque hemorrágico, reduções no fluxo sangüíneo mesentérico se correlacionaram com aumentos na $P_{SL}CO_2$ ($r = 0,91$, $p < 0,001$) e PCO_2 duodenal ($r = 0,89$, $p < 0,001$). Nesse estudo, o débito cardíaco se reduziu em 81%, e o fluxo sangüíneo da artéria mesentérica superior foi reduzido em 77% durante o choque hemorrágico. A PCO_2 duodenal aumentou de 50 para 121 mmHg, e a $P_{SL}CO_2$ aumentou concomitantemente de 46 para 101 mmHg. Após 60 minutos de reinfusão do sangue coletado, a PCO_2 duodenal e sublingual retornaram para valores basais. Em 5 animais controles, não foram observadas reduções no débito cardíaco ou fluxo sangüíneo mesentérico, assim como aumentos na $P_{SL}CO_2$ (Fig. 49-3).

O próximo passo foi a comparação da capnometria sublingual com a tonometria gástrica no mesmo modelo experimental em suínos.[27] Nesse estudo foram usados dois sensores de PCO_2 sublingual (CapnoProbe®, Optical Sensors Inc., Minneapolis, MN) e dois tonômetros gástricos a ar (TRIP NGS catheter, Tonocap TC-200, Tonometrics Division, Instrumentarium Corp., Helsinqui, Finlândia). As medidas foram realizadas simultaneamente em um modelo bem-estabelecido de choque hemorrágico seguido de ressuscitação (Figs. 49-4 e 49-5).[39] Essa análise mostrou uma correlação estatisticamente significativa entre os dois métodos (Fig. 49-6). Esses experimentos também demonstraram uma aceitável precisão e viés entre os dois métodos através da análise pelo método de Blant-Altman.[40]

O primeiro estudo com a capnometria sublingual em humanos avaliou a $P_{SL}CO_2$ em voluntários sadios e em pacientes com sinais de choque circulatório admitidos em unidades de emergência e em unidades de terapia intensiva cirúrgica.[41] Em

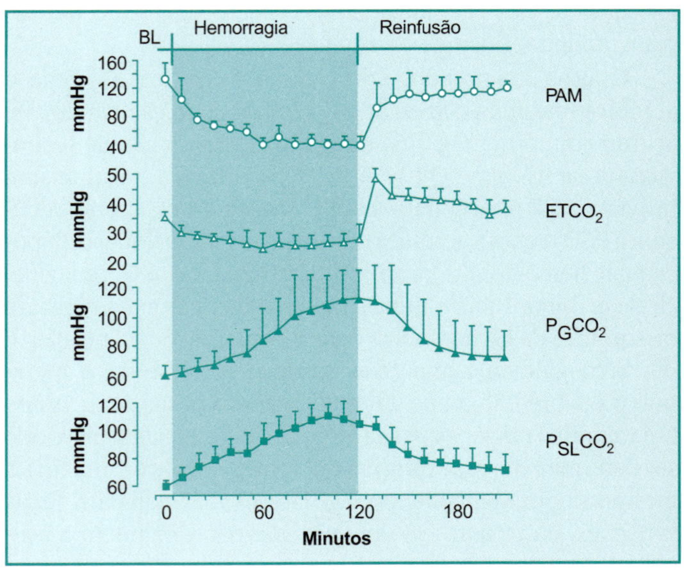

Fig. 49-4. Pressão arterial média (PAM), CO_2 expirado final ($ETCO_2$), PCO_2 – tonômetro gástrico (P_GCO_2) e PCO_2 sublingual ($P_{SL}CO_2$) antes, durante e após reversão do choque hemorrágico em 5 animais. Os valores estão representados com médias ± desvio-padrão.

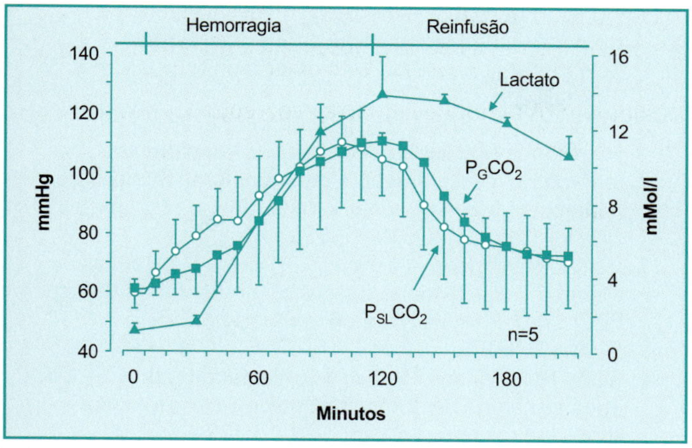

Fig. 49-5. Comparação entre o lactato arterial, antes, durante e após a reversão do choque hemorrágico.

5 voluntários humanos, a $P_{SL}CO_2$ basal em repouso foi de 45,2 ± 0,7 mmHg (média ± DP). Em 26 pacientes com sinais de choque circulatório e com lactato arterial > 2,5 mMol/l, a $P_{SL}CO_2$ foi 81 ± 24 mmHg. Em pacientes admitidos sem sinais de choque circulatório e com lactato arterial < 2,5 mMol/l, a $P_{SL}CO_2$ foi 53 ± 8 mmHg ($p < 0{,}001$). Aumentos na $P_{SL}CO_2$ se correlacionaram com aumentos no lactato arterial ($r^2 = 0{,}84$; $p < 0{,}001$). A $P_{SL}CO_2$ dos 12 pacientes que não se recuperaram do choque foi 93 ± 27 mmHg, ao contrário de pacientes com $P_{SL}CO_2$ de 58 ± 11 mmHg ($p < 0{,}001$), os quais receberam alta hospitalar.

A capnometria sublingual foi recentemente validada em pacientes com sepse severa, choque séptico e choque cardiogênico.[42] Esse estudo mostrou estreita correlação entre a $P_{SL}CO_2$ e a tonometria gástrica. O autor sugere também que o gradiente $P_{SL}CO_2 - PaCO_2$ pode ser utilizado como preditor de mortalidade nesse grupo de pacientes.

Esses são os dados recentes desse novo método para diagnóstico e avaliação da perfusão regional. Os trabalhos mostram que esse é um método simples, não-invasivo e baseado em evidências fisiopatológicas sólidas. Ainda existem poucos dados avaliando a capnometria sublingual em pacientes sépticos, porém o aperfeiçoamento do método em estudos clínicos bem-controlados deve comprovar sua utilidade nessa população de doentes.[45]

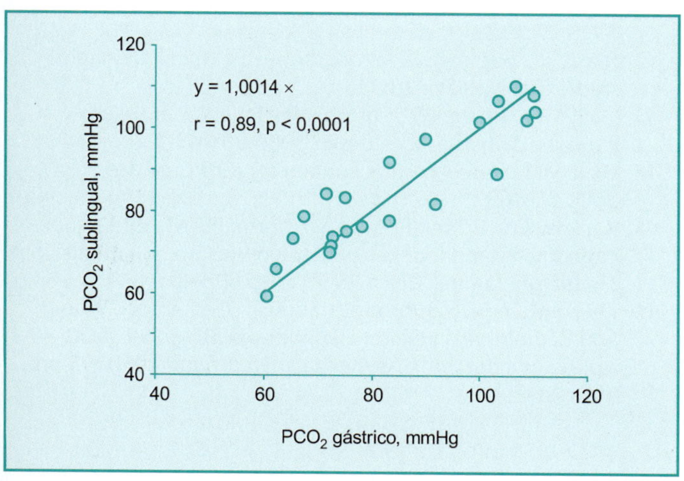

Fig. 49-6. Correlação entre medidas simultâneas da PCO_2 sublingual ($P_{SL}CO_2$) e da PCO_2 gástrica (P_GCO_2).

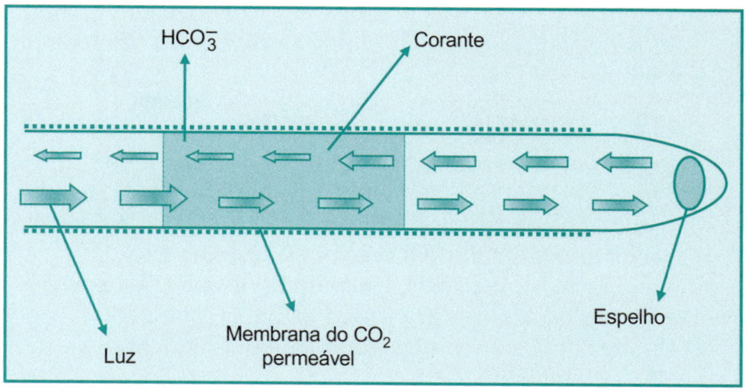

Fig. 49-7. Sensor óptico de PCO_2 tecidual.

Os sensores ópticos de PCO_2 são descartáveis e consistem em um cabo de fibra ótica que termina em uma minúscula cápsula contendo um corante fluorescente envolto em uma membrana permeável ao CO_2. As mudanças nos feixes de luzes que atravessam o corante são captadas por um instrumento portátil que fornece o valor da PCO_2 (Fig. 49-7). Esse método e equipamento de capnometria sublingual foram recentemente aprovados para utilização clínica nos Estados Unidos e devem estar disponíveis no mercado em breve.

REFERÊNCIAS BIBLIOGRÁFICAS

1. Angus DC, Linde-Zwirble WT, Lidicker J, Clermont G, Carcillo J, Pinsky MR. Epidemiology of severe sepsis in the United States: analysis of incidence, outcome, and associated costs of care. *Crit Care Med* 2001;29:1303–10.
2. Tonnessen TI. Biological basis for PCO_2 as a detector of ischemia. *Acta Anaesthesiol Scand* 1997;41:659–69.
3. Dabrowski GP, Steinberg SM, Ferrara JJ, Flint LM. A critical assessment of endpoints of shock resuscitation [in process citation]. *Surg Clin North Am* 2000;80:825–44.
4. Myocardial infarction redefined — a consensus document of The Joint European Society of Cardiology/American College of Cardiology Committee for the redefinition of myocardial infarction. *J Am Coll Cardiol* 2000;36:959–69.
5. Desai VS, Weil MH, Tang W, Gazmuri R, Bisera J. Hepatic, renal, and cerebral tissue hypercarbia during sepsis and shock in rats. *J Lab Clin Med* 1995;125:456–61.
6. Bergofsky EH. Determination of tissue oxygen tensions by hollow viscus tonometry: effect of breathing enriched oxygen mixtures. *J Clin Invest* 1964;43:193–200.
7. Boda D, Murányi L. Gastrotonometry – an aid to the control of ventilation during artificial respiration. *Lancet* 1959;273:181–2.
8. Johnson BA, Weil MH. Redefining ischemia due to circulatory failure as dual defects of oxygen deficits and of carbon dioxide excesses. *Crit Care Med* 1991;19:1432–8.
9. Grundler W, Weil MH, Rackow EC, Falk JL, Bisera J, Miller JM, Michaels S. Selective acidosis in venous blood during human cardiopulmonary resuscitation: A preliminary report. *Crit Care Med* 1985;13:886–7.

10. Grundler W, Weil MH, Rackow EC. Arteriovenous carbon dioxide and pH gradients during cardiac arrest. *Circulation* 1986;74:1071–4.
11. Weil MH, von Planta M, Gazmuri RJ, Rackow EC. Incomplete global myocardial ischemia during cardiac arrest and resuscitation. *Crit Care Med* 1988;16:997–1001.
12. Desai VS, Weil MH, Tang W, Gazmuri R, Bisera J. Hepatic, renal, and cerebral tissue hypercarbia during sepsis and shock in rats. *J Lab Clin Med* 1995;125:456–61.
13. von Planta M, Weil MH, Gazmuri RJ, Bisera J, Rackow EC. Myocardial acidosis associated with CO_2 production during cardiac arrest and resuscitation. *Circulation* 1989;80:684–92.
14. Johnson BA, Weil MH, Tang W, Noc M, McKee D, McCandless D. Mechanisms of myocardial hypercarbic acidosis during cardiac arrest. *J Appl Physiol* 1995;78:1579–84.
15. Kette F, Weil MH, Gazmuri RJ, Bisera J, Rackow EC. Intramyocardial hypercarbic acidosis during cardiac arrest and resuscitation. *Crit Care Med* 1993;21:901–6.
16. Rackow EC, Astiz ME, Mecher CE, Weil MH. Increased venous-arterial carbon dioxide tension difference during severe sepsis in rats. *Crit Care Med* 1994;22:121–5.
17. Noc M, Weil MH, Sun S, Gazmuri RJ, Tang W, Pakula JL. Comparison of gastric luminal and gastric wall PCO_2 during hemorrhagic shock. *Circ Shock* 1993;40:194–9.
18. Tang W, Weil MH, Sun S, Noc M, Gazmuri RJ, Bisera J. Gastric intramural PCO_2 as monitor of perfusion failure during hemorrhagic and anaphylactic shock. *J Appl Physiol* 1994;76:572–7.
19. Desai VS, Weil MH, Tang W, Yang G, Bisera J. Gastric intramural PCO_2 during peritonitis and shock. *Chest* 1993;104:1254–8.
20. Grum CM, Fiddian-Green RG, Pittenger GL, Grant BJ, Rothman ED, Dantzker DR. Adequacy of tissue oxygenation in intact dog intestine. *J Appl Physiol* 1984;56:1065–9.
21. Vandenberg JI, Metcalfe JC, Grace AA. Mechanisms of pHi recovery after global ischemia in the perfused heart. *Circ Res* 1993;72:993–1003.
22. Boron WF. Intracellular pH regulation in epithelial cells. *Annu Rev Physiol* 1986;48:377–88.
23. Henderson LJ. The theory of neutrality regulation in the animal organism. *Am J Physiol* 1908;21:427–48.
24. Samsel RW, Schumacker PT. Determination of the critical O_2 delivery from experimental data: sensitivity to error. *J Appl Physiol* 1988;64:2074–82.
25. Dill DB, Edwards HT, Consolazio WV. Blood as a physicochemical system. *J Biol Chem* 1937;118:635–66.
26. Schlichtig R, Bowles SA. Distinguishing between aerobic and anaerobic appearance of dissolved CO_2 in intestine during low flow. *J Appl Physiol* 1994;76:2443–51.
27. Povoas HP, Weil MH, Tang W, Moran B, Kamohara T, Bisera J. Comparisons between sublingual and gastric tonometry during hemorrhagic shock. *Chest* 2000;118:1127–32.
28. Fiddian-Green RG, Amelin PM, Herrmann JB, Arous E, Cutler BS, Schiedler M, Wheeler HB, Baker S. Prediction of the development of sigmoid ischemia on the day of aortic operations. Indirect measurements of intramural pH in the colon. *Arch Surg* 1986;121:654–60.
29. Fiddian-Green RG, Baker S. Predictive value of the stomach wall pH for complications after cardiac operations: comparison with other monitoring. *Crit Care Med* 1987;15:153–6.
30. Antonsson JB, Boyle CC, III, Kruithoff KL, Wang HL, Sacristan E, Rothschild HR, Fink MP. Validation of tonometric measurement of gut intramural pH during endotoxemia and mesenteric occlusion in pigs. *Am J Physiol* 1990;259:G519–G523.
31. Wall P, Henderson L, Buising C, Rickers T, Cardenas A, Mattson T *et al.* Monitoring gastrointestinal intraluminal PCO_2: problems with airflow methods. *Shock* 2001;15:360–5.
32. Reilly PM, Wilkins KB, Fuh KC, Haglund U, Bulkley GB. The mesenteric hemodynamic response to circulatory shock: an overview. *Shock* 2001;15:329–43.
33. Landow L, Phillips DA, Heard SO, Prevost D, Vandersalm TJ, Fink MP. Gastric tonometry and venous oximetry in cardiac surgery patients. *Crit Care Med* 1991;19:1226–33.
34. Bailey RW, Brengman ML, Fuh KC, Hamilton SR, Herlong HF, Bulkley GB. Hemodynamic pathogenesis of ischemic hepatic injury following cardiogenic shock/resuscitation. *Shock* 2000;14:451–9.
35. Sato Y, Weil MH, Tang W, Sun S, Xie J, Bisera J, Hosaka H. Esophageal PCO_2 as a monitor of perfusion failure during hemorrhagic shock. *J Appl Physiol* 1997;82:558–62.
36. Nakagawa Y, Weil MH, Tang W, Sun S, Yamaguchi H, Jin X, Bisera J. Sublingual capnometry for diagnosis and quantitation of circulatory shock. *Am J Respir Crit Care Med* 1998;157:1838–43.
37. Jin X, Weil MH, Sun S, Tang W, Bisera J, Mason EJ. Decreases in organ blood flows associated with increases in sublingual PCO_2 during hemorrhagic shock. *J Appl Physiol* 1998;85:2360–4.
38. Povoas HP, Weil MH, Tang W, Sun S, Kamohara T, Bisera J. Decreases in mesenteric blood flow associated with increases in sublingual PCO_2 during hemorrhagic shock. *Shock* 2001;15:398–402.
39. Wiggers CJ. The present status of the shock problem. *Physiol Rev* 1942;22:74–123.
40. Bland JM, Altman DG. Statistical methods for assessing agreement between two methods of clinical measurement. *Lancet* 1986;1:307–10.
41. Weil MH, Nakagawa Y, Tang W, Sato Y, Ercoli F, Finegan R, Grayman G, Bisera J. Sublingual capnometry: a new noninvasive measurement for diagnosis and quantitation of severity of circulatory shock. *Crit Care Med* 1999;27:1225–9.
42. Marik PE. Sublingual capnography: a clinical validation study. *Chest* 2001;120:923–7.
43. Weil MH. Tissue PCO_2 as universal marker of tissue hypoxia. *Minerva Anesthesiol* 2000;66:343–7.
44. Weil MH, Sun S. Tissue capnometry. *Crit Care Med* 2001;29:460.
45. Rackow EC, O'Neil P, Astiz ME, Carpati CM. Sublingual capnometry and indexes of tissue perfusion in patients with circulatory failure. *Chest* 2001;120:1633–8.
46. US Food and Drug Administration — Center for Device and Radiological Health. CapnoProbe SL Model 2000 — Approval letter. http://www.fda.gov/cdrh/pdf/k010795.pdf. 4–11–2001.

50 Sepse e Síndrome da Disfunção Orgânica Múltipla

Cid Marcos David

A sepse é importante causa de patologia e de mortalidade. Estima-se que em torno de 6,3% das admissões em Unidades de Terapia Intensiva sejam por sepse, podendo variar até 39%, considerando a evolução do paciente na UTI (Vincent TL, 15th ESICM Annual Congress, 2002). Cerca de 500.000 a 750.000 pacientes desenvolvem sepse severa anualmente nos Estados Unidos, com mortalidade média de 40% (30 a 50%), sendo 5% maior em pacientes do sexo masculino. Há vários outros fatores que influenciam na mortalidade, como o estado imunológico, a hereditariedade e a antibioticoterapia inicial inadequada.

A sepse produz alterações perfusionais e metabólicas que levam à *síndrome de disfunção orgânica múltipla* (SDOM), já descrita desde a década de 1970. As disfunções orgânicas comuns são as cardiovasculares, pulmonares, renais, neurológicas, da coagulação e do aparelho digestivo. As disfunções orgânicas aumentam a mortalidade. Mais de 60% dos pacientes sépticos utilizam ventilação mecânica, e o custo do tratamento da sepse corresponde a 24-32% do custo total da UTI.

Quadro 50-1. Fatores de risco de desenvolvimento de sepse

- Extremos de idade
- Neoplasias hematológicas
- Neoplasias metastáticas
- AIDS
- Insuficiência hepática
- Insuficiência renal
- Drogas imunossupressoras (corticóides, quimioterápicos)
- Politraumatismo
- Grande queimado
- *Diabetes mellitus*
- Hipoesplenismo
- Procedimentos invasivos
- Desnutrição

FATORES DE RISCO

Observa-se entre os fatores de risco a importância da hereditariedade. Filhos de pais que morreram de infecção têm cinco vezes maior probabilidade de morrer de infecção; mulheres com genótipo homozigótico para TNF-B1 têm menor mortalidade (33%) do que as que têm TNF-B2 (53%) porque têm menor expressão gênica de TNF. Pacientes do sexo feminino expressariam mais IL-10, citocina que tem efeitos antiinflamatórios, do que os homens.

Entre os fatores de risco para o desenvolvimento de sepse, além da hereditariedade, destacam-se os extremos da idade (neonatal e idosos) e co-morbidades que deprimam a resposta imune normal (neoplasias hematológicas, insuficiência hepática e renal, AIDS). Os fatores de risco para sepse estão no Quadro 50-1.

Associam-se com maior mortalidade pacientes com:

- Idade > 70 anos.
- Escore APACHE II > 20.
- Resposta anormal à infecção:
  - Hipotermia (temperaturas menores que 35,5°C) está associada a maior letalidade. Sabe-se que a febre é instrumento de incremento da atividade fagocitária, e a sua ausência é potencialmente desvantajosa para o hospedeiro.
  - A leucopenia (< 4.000 céls/mm^3) é mais freqüente em não-sobreviventes com sepse (15% × 7%). A leucopenia indica uma alteração na resposta inflamatória e representa um sinal de gravidade para os doentes sépticos.
- Sítio de infecção:
  - A sepse urinária apresenta um bom prognóstico, associando-se a baixa incidência de disfunções orgânicas e letalidade (30%); em comparação, quando o sítio primário é pulmonar, abdominal ou desconhecido, a letalidade aumenta para até 50-55 %.[14,16,18,23]
- Resultados positivos de hemoculturas:
  - A ausência ou a presença de germes nas culturas de sangue parece não alterar o prognóstico.
- Agente infeccioso:
  - Infecções por fungos, *Enterococcus* spp e *Pseudomonas aeruginosa* parecem ter maior letalidade.
  - Processos infecciosos nosocomiais são em geral mais graves e debilitantes que os da comunidade.
- Terapia antibiótica:
  - Parece haver benefício quando antimicrobianos apropriados são iniciados precocemente. A introdução de antibioticoterapia tardia para a qual o microrganismo é resistente associa-se com maior letalidade. Cerca de

60% dos pacientes da UTI utilizam antibióticos (15th ESICM, 2002).

- Choque e disfunção orgânica:
  – O choque aumenta a letalidade. Ocorre em cerca de 15 a 40% dos casos de sepse, e a mortalidade alcança 50-60%. A disfunção circulatória associa-se com óbito mais precoce; as disfunções hepática e hematológica são mais tardias e indicadoras de maior letalidade. Aumentam a mortalidade:
- Acidemia, lactato sérico aumentado.
- Índice de oferta tecidual de oxigênio ($I\dot{D}O_2$) < 600 ml/min/m² (Alia *et al*, 1999).[4]
- Índice de consumo tecidual de oxigênio ($I\dot{V}O_2$) baixo que não aumenta para > 150 ml/min/m² nas primeiras 12 horas de tratamento.
- Número de disfunções orgânicas > 2.
- A presença de SARA e de insuficiência renal.
- Doenças prévias – A presença de insuficiências orgânicas prévias também leva à menor chance de sobrevivência; esses pacientes têm reserva funcional diminuída e suportam menos agressões como choque e insuficiência respiratória.
- Localização prévia do paciente – Aqueles que chegam ao hospital com infecção comunitária têm melhor evolução na maioria das vezes, pois as infecções hospitalares ocorrem freqüentemente em pacientes já debilitados e com doenças graves. Os pacientes provenientes do setor de Emergência têm prognóstico melhor que aqueles de enfermarias ou de outros centros de tratamento intensivo.

DEFINIÇÕES

Observa-se na literatura que várias pesquisas sobre esse tema confundiam os termos *sepse*, *síndrome séptica*, *choque séptico* e *síndrome inflamatória* e que havia a necessidade de uniformização da terminologia. Em 1992, o consenso da SCCM/ATS definiu importantes conceitos sobre inflamação, sepse e gravidade da sepse.[11] Foram criadas algumas definições, para que, a partir de então, a linguagem sobre esse tema fosse homogênea, e os estudos pudessem ser comparáveis.[2,11]

Infecção. É um fenômeno microbiano caracterizado por resposta inflamatória à presença de microrganismos ou à invasão de um tecido normalmente estéril por esses microrganismos.

Bacteremia. É definida pela presença de bactérias viáveis no sangue.

Síndrome da resposta inflamatória sistêmica (SIRS). É a resposta inflamatória generalizada a uma variedade de insultos clínicos graves. É reconhecida pela presença de dois ou mais sinais a fonte de infecção descritos no Quadro 50-2. Embora esse conceito seja muito utilizado, o critério de SIRS tem pouca especificidade e seus sinais podem também não ser significativos para o processo inflamatório.

Sepse. É a resposta sistêmica à infecção; ou seja, a presença concomitante de SIRS e infecção. Embora conste da definição, no momento da internação pode não estar evidente.

Quadro 50-2. **Sinais de SIRS**[11]

Sinais
• Temperatura corporal > 38°C ou < 36°C
• Freqüência cardíaca > 90 bpm
• Freqüência respiratória > 20 ipm ou $PaCO_2$ < 32 mmHg
• Leucócitos > 12.000 ou < 4.000 cels/mm³, ou > 10% de formas imaturas (bastões)

Sepse severa. É a sepse associada a alguma disfunção orgânica, hipoperfusão ou hipotensão. As manifestações de baixa perfusão tecidual podem incluir acidose láctica, oligúria ou alteração do estado mental, mas não estão limitadas somente a esses sinais.

Hipotensão. Define-se por uma pressão arterial sistólica menor que 90 mmHg ou redução maior que 40 mmHg do nível basal do paciente.

Choque séptico. É a sepse com hipotensão que não respondeu à infusão adequada de líquidos, combinada com sinais de hipoperfusão tecidual (acidose láctica, alteração do estado mental e/ou oligúria). Quando o paciente está usando vasopressores, mesmo se a pressão arterial for normal, pode ocorrer choque séptico.

Síndrome de disfunção orgânica múltipla (SDOM). Refere-se à presença de função(es) orgânica(s) alterada(s) no doente grave em que a homeostasia não pode ser mantida sem intervenções.[2]

Mais recentemente está sendo desenvolvido um novo modelo para caracterização da sepse, que é o sistema PIRO:

- P – fatores predisponentes: doenças crônicas, uso de imunodepressores.
- I – infecção: local e microbiologia.
- R – resposta: sinais de sepse.
- O – disfunção orgânica.

Em R estariam incluídos sinais clássicos de sepse como febre/hipotermia, taquicardia, taquipnéia, aumento de DC, diminuição da RVS, aumento do metabolismo celular, aumento da necessidade de insulina. Seriam consideradas também marcadores laboratoriais como: contagem de leucócitos, proteína C reativa, níveis de citocinas, procalcitonina, prolactina e outros.

FISIOPATOLOGIA

Resposta de fase aguda

Os microrganismos têm padrões moleculares antigênicos que são reconhecidos pelas células do organismo e geram uma reação que, dependendo de vários fatores, produzem respostas localizadas e limitadas ou sistêmicas e intensas. A resposta normal do ser humano à agressão, como a infecção, é um processo complexo que serve para localizar e controlar a invasão microbiana e iniciar o reparo do tecido lesado. Este processo inflamatório normalmente ocorre com a ativação de células fagocíticas circulantes e nos tecidos e pela geração de mediadores inflamatórios.

Três importantes fatores devem ser considerados:

1. O microrganismo, quanto ao tipo, à densidade e à virulência.
2. Os mecanismos de defesa, específica e inespecífica, local e sistêmica.
3. O ambiente onde ocorre a infecção, quanto ao tecido lesado, à presença de isquemia e de necrose e às condições preexistentes.

A *reação de fase aguda* caracteriza-se por processos sistêmicos e celulares (monócitos, macrófagos e outras células) que se associam a manifestações clínicas sintomáticas de infecção, como febre, mialgia, anorexia, letargia e sonolência. Nesses processos estão envolvidos o fator de necrose tumoral (TNF-α) e a interleucina 1 (IL-1), fatores de crescimento que produzem leucocitose e a síntese de proteínas de fase aguda. Na produção dessas proteínas são importantes a IL-1, o TNF-α, o interferon gama (INF-γ), mas principalmente a IL-6. Essa resposta indutora pode ser modificada por corticosteróides e pela insulina. O TNF-α também relaciona-se na sepse com as alterações observadas no metabolismo glicídico.[52]

Na *resposta de fase aguda* ocorre aumento das catecolaminas, do CRF e do ACTH e do cortisol. Ocorrem leucocitose, trombocitose, equilíbrio nitrogenado negativo e diminuição do ferro sérico. Há aumento da produção hepática das *proteínas de fase aguda* como a proteína C reativa (PCR), opsoninas, fibrinogênio, alfa-1-antitripsina, fibronectina, ferritina e haptoglobina. Aumentam também outros fatores, como o fator ativador do plasminogênio tissular, a proteína S, a uroquinase, a substância amilóide, antiproteases e fatores do complemento. Há diminuição da produção de albumina. A PCR participa da resposta imune inata (opsonização de microrganismos e de debris) e da resposta inflamatória e antiinflamatória, e diminui em quantidade (cerca de 50%) após a cessação do estímulo em 1 a 3,5 dias. Observou-se que a PCR pode ser usada clinicamente para monitorização seqüencial da resposta orgânica à agressão, sendo seus valores geralmente mais altos na sepse do que na síndrome da resposta inflamatória sistêmica (SIRS).[51]

A sepse é uma *desregulação da expressão gênica*, com uma resposta sistêmica caracterizada pela ativação de vários mecanismos que produzem mediadores pró-inflamatórios e antiinflamatórios, alterações endoteliais com aderência de leucócitos e ativação da coagulação (aumento da coagulação e diminuição da fibrinólise). A hipóxia pode induzir a expressão gênica.[49] Todos esses mecanismos levam ao ***choque séptico***, à hipóxia tecidual, a grave distúrbio metabólico e morte celular (necrose e apoptose) e à ***síndrome de disfunção orgânica múltipla* (SDOM)**.

As alterações observadas na síndrome da resposta inflamatória sistêmica e na sepse compreendem manifestações cardiovasculares e perfusionais, do metabolismo do oxigênio conseqüente a hipóxia isquêmica, hipóxia citopática e a hipóxia hipóxica e às conseqüentes às disfunções orgânicas e às alterações extra e intracelulares produzidas pelos mediadores inflamatórios e o LPS.

Basicamente, à infecção e à reação imune inicial segue-se uma resposta inflamatória de amplificação, que é lesiva ao organismo. Embora os processos sejam simultâneos e contínuos, pode-se dividir a resposta sistêmica em três importantes mecanismos fisiopatológicos:

1. Inflamação:
   - Liberação de citocinas e de outros mediadores inflamatórios.
2. Alteração da coagulação:
   - Coagulação e anticoagulação.
   - Fibrinólise.
3. Alteração da imunidade:
   - Imunoparalisia.
   - Há correlação entre a imunoparalisia e a infecção secundária.

Certos antimicrobianos que atuam na PBP3, como a ceftazidima, transformam as bactérias em formas filamentosas e liberam maior quantidade de endotoxinas, que por sua vez aumentarão a resposta inflamatória. Esse conceito sugere que o tratamento com antimicrobianos deve ser iniciado após ter sido iniciado o suporte hemodinâmico com reposição volêmica e drogas vasoativas. Japiassu, David *et al* (2002) mostraram em pacientes com choque séptico que o uso de betalactâmicos pode aumentar a liberação de TNF.[30] Esse fato pode ser relevante no início do tratamento do choque séptico.

1. Dilatação microvascular com aumento do fluxo sangüíneo, edema e aumento de leucócitos locais.
2. Aumento e ativação de células de origem local, como células endoteliais, macrófagos residentes, mastócitos e fibroblastos (resposta compartimental).
3. Aumento e ativação de células de origem sangüínea, como os neutrófilos (resposta sistêmica).

A ativação inicial pelo microrganismo ou seus produtos, como o LPS e outros produtos de gram-positivos (peptidoglican) e de fungos (menan), pode ativar a produção e a liberação de interleucinas TNF-α e IL-1-β e outras interleucinas, adesinas que facilitarão a aderência de neutrófilos e outras células no endotélio microvascular e a passagem dessas células para o interstício tecidual e sua conseqüente lesão.[1,32,33] O LPS liberado da parede das bactérias gram-negativas é transportado por uma proteína produzida no fígado denominada LBP (*LPS binding protein*), que se ligará com receptores (CD14 e *Toll Like Receptor* 4 da parede celular) com *transdução* do estímulo e permitindo a *translocação* do NFkB e de outros fatores até o núcleo celular e a *expressão gênica* para a de produção de mediadores e receptores inflamatórios. O TLR-2 se relaciona a bactérias gram-positivas. É possível a internalização "direta" em grandes concentrações do LPS. DNA de microrganismos podem atuar em receptores TLR-9 e gerar esse processo. Há um sinergismo entre o LPS e o DNA (motivo CpG demetilado).

Os superantígenos de estafilococos, estreptococos, citomegalovírus e outros podem produzir importante ativação de citocinas, como na síndrome do choque tóxico, e interagir com sensibilização ou sinergismo com a endotoxina.

Há liberação hepática de proteínas de fase aguda, como a proteína C reativa (PCR), estimulação neuroendócrina com aumento do ACTH e do cortisol e aumento da endorfina. Os neutrófilos liberam mediadores, como radicais livres de oxigênio e elastases, produzindo lesão tecidual.

Nesse processo são geradas citocinas. As citocinas têm efeito dentro da própria célula (efeito autócrino), nas células teciduais adjacentes (efeito parácrino) e sistêmico (efeito endócrino). As citocinas permitem a comunicação intercelular, a mediação e regulação da inflamação, participam da coagulação, de processos imunes e não-imunes (hematopoiese). Existem citocinas que aumentam rapidamente no desafio séptico como o TNF-α, a IL-1, a IL-6, a IL-8, e outras mais tardiamente como a IL-4, a IL-10 e a HMGB-1 (*High Mobility Group B-1*). Teoriza-se que a estimulação através das células apresentadoras de antígenos (APC) geraria uma resposta inflamatória (paradigma Th1/Th2) através de macrófagos ativados com uma resposta predominante Th1 (linfócito T helper 1) e Th2 (linfócito T helper 2). A resposta Th1 estimularia mais macrófagos e a imunidade celular, e a resposta Th2 estimularia mais os linfócitos tipo B (LB) com a produção de imunoglobulinas (anticorpos).

Na sepse observa-se aumento de receptores aos mediadores inflamatórios circulantes e nas células. São também ativados mecanismos do complemento pela via clássica e alternativa com aumento de C3a. Há aumento de derivados do ácido araquidônico (eicosanóides) e de fatores da coagulação.

Ocorre disfunção endotelial. O endotélio vascular é ativado com aumento da expressão de adesinas (ICAM, ILAM), que permitirão a aderência de neutrófilos e sua passagem para o interstício dos tecidos, aumento da permeabilidade vascular e edema. A disfunção endotelial vai permitir ocorrer:

1. Migração celular.
2. Alteração da coagulação.
3. Disfunção celular.
4. Geração de mediadores inflamatórios PAF, prostaglandinas, citocinas, quimocinas, fatores do complemento.
5. Alteração da produção de NO, endotelinas e prostaciclinas.

Essas alterações produzirão uma anormalidade do controle da microcirculação com áreas hipoperfundidas ao lado de áreas hiperperfundidas (efeito *shunt*), caracterizando grave alteração distributiva do fluxo sangüíneo (choque distributivo).

Células endoteliais e outras células sofrem apoptose (*morte programada da célula*). Células endoteliais circulantes foram observadas em pacientes com choque séptico (Mutunga *et al*, 2001).[42] Há aumento de nucleossomas e de Fas solúvel (relaciona-se com a apoptose) na circulação. Foi observada também a presença de DNA humano circulante nos pacientes com choque séptico, que, embora possa ser um mecanismo de comunicação intercelular, a importância desse fato ainda está para ser correlacionada com os mecanismos fisiopatológicos da sepse e do choque séptico (Martins, 2002).[40]

A coagulação se altera na sepse e tem um curso simultâneo e *pari passu* com a inflamação. Há alteração da coagulação em vários tecidos, variando sua intensidade na dependência da quantidade de fatores teciduais da coagulação existente nesses tecidos (Fig. 50-1). As manifestações pulmonares da sepse são freqüentes e podem ser observadas como uma reação do que ocorre em todo o organismo.

Na sepse há diminuição de plaquetas, da proteína C e da ATIII, aumento de D-dímeros e de fibrinopeptídeos. A presença de D-dímeros em alta quantidade se correlacionaria com o desequilíbrio entre a inflamação e a antiinflamação. Há relação entre a maior quantidade de D-dímeros com aumento da mortalidade e a SDOM (DD2+ 56,6% × ausente 8,1%) e também correlação positiva entre a quantidade de D-dímeros com o escore APACHE II, IL-6, IL-8 e o TNF.

A antitrombina III e a proteína C ativada, ao atuarem, vão diminuir a formação da trombina e conseqüentemente diminuem também a inflamação e podem ser consideradas como inibidores da coagulação e antiinflamatórias. A antitrombina III (ATIII) pode facilitar a depuração de patógenos, inibir a ação mediada por citocinas e por enzimas liberadas pelas células T citotóxicas. Na sepse há *down regulation* da ATIII pelo fígado. A ATIII é destruída pela elastase dos polimorfonucleares. Entretanto, sua administração terapêutica não teve comprovada sua eficácia quando medida pela diminuição da mortalidade nos pacientes sépticos. A proteína C também diminui na sepse, e essa redução correlaciona-se com maior mortalidade.[62] A proteína C ativada é anticoagulante, pró-fibrinolítica e antiinflamatória. Diminui a IL-6 e a mortalidade.

Na fisiopatologia da sepse tem grande importância o óxido nítrico, que tem papel significativo na fisiopatologia do choque. É vasodilatador e produz diminuição da resistência vascular sistêmica. O óxido nítrico é produzido pela NO sintetase atuando sobre a arginina de duas formas, constitutiva, que é presente principalmente no endotélio, e outra forma induzida, que é ativada em situações de inflamação no endotélio e também em outras células, como nos macrófagos. Essa forma de NO sintetase pode ser induzida após a incubação de endotélio e músculo liso com endotoxina (lipopolissacarí-

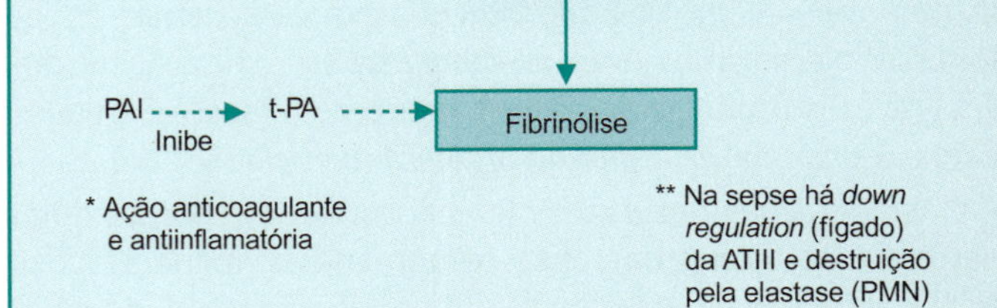

Fig. 50-1. Na sepse há ativação dos mecanismos de coagulação. A ATIII e a PC inibem a coagulação e têm ação anticoagulante. ATIII = Antitrombina III; PC = proteína C; PAI = inibidor do ativador do plasminogênio.

Quadro 50-3. Necrose e apoptose
Necrose
• Lesão da parede celular • Liberação de enzimas dos lisossomas (*suicide bag*) • Remoção por células mononucleares • Gera inflamação
Apoptose
• Lisossomas, ribossomas e mitocôndria preservados • Encolhimento (retração) celular cromatina condensada • Não gera inflamação

deo–LPS). O NO deprime os mecanismos de controle de oferta e consumo de oxigênio em nível de circulação central, regional e microrregional.

Nos mecanismos da disfunção orgânica estão envolvidas a hipóxia celular, a diminuição da produção e do consumo celular de energia (ATP), a necrose e a apoptose.[21,29] Os mediadores inflamatórios, como o TNF-α, podem produzir a morte celular, por necrose e apoptose (Quadro 50-3 e Fig. 50-2).

A transdução intracelular da ação dos mediadores inflamatórios vai influenciar na expressão gênica. O TNF atuando em receptores da membrana celular ativa determinadas moléculas intracelulares, como a *TRADD* (*TNF Related Domain of Death*), que pode ativar a apoptose ou no citosol o sistema *NFkB*, que atuará no núcleo celular, permitindo a expressão gênica e a produção de novos mediadores inflamatórios e adesinas.

Na isquemia e na reperfusão tecidual são gerados radicais livres de oxigênio ROS (superóxido, peróxido de hidrogênio, radical hidroxila), que produzem lesão em ácidos graxos, proteínas, carboidratos, DNA, lesão lisossomal e na parede celular e têm ação quimiotáxica. Quanto maiores o tempo e a intensidade da isquemia, maior a liberação de ROS (Fig. 50-3). As alterações energéticas influenciarão nas bombas de cálcio e de

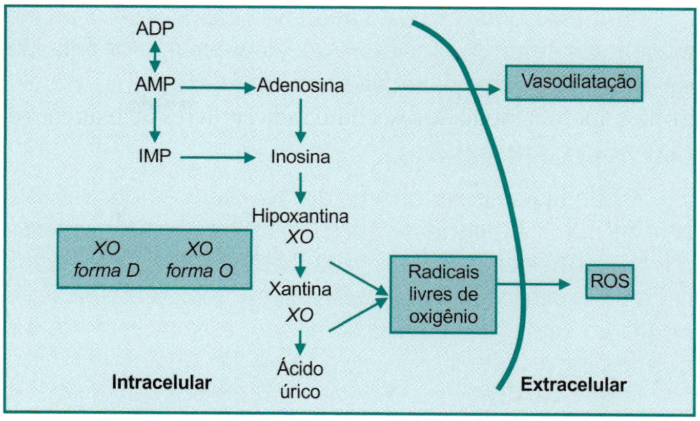

Fig. 50-3. Formação de radicais livres de oxigênio. A adenosina atua localmente produzindo vasodilatação. *XO* = Xantina oxidase; ROS = radicais livres de oxigênio.

sódio, com aumento desses íons intracelulares e alterações enzimáticas e lesão do citoesqueleto por suas próprias enzimas.

As repercussões desses mecanismos variam nos diferentes órgãos. No tubo gastrintestinal há lesão epitelial e do GALT (*Gut-Associated Lymphoid Tissue*), com alterações do *efeito barreira* e permitindo a translocação microbiana e de outros produtos da luz intestinal para a circulação, além da estimulação dos linfócitos.[63] Esses produtos translocados na circulação porta estimularão as células de Kupffer e monócitos circulantes para a liberação de citocinas.[24] Esses mecanismos fisiopatológicos estariam envolvidos na manutenção da sepse e da disfunção orgânica múltipla.

SEPSE EXPERIMENTAL E HUMANA

Os trabalhos experimentais em animais freqüentemente evidenciam sucesso com determinadas drogas e falham quando têm sua aplicação clínica. Geralmente os modelos animais têm início bem-definido, diferentemente da sepse humana. Na Figura 50-4 observam-se algumas alterações experimentais.

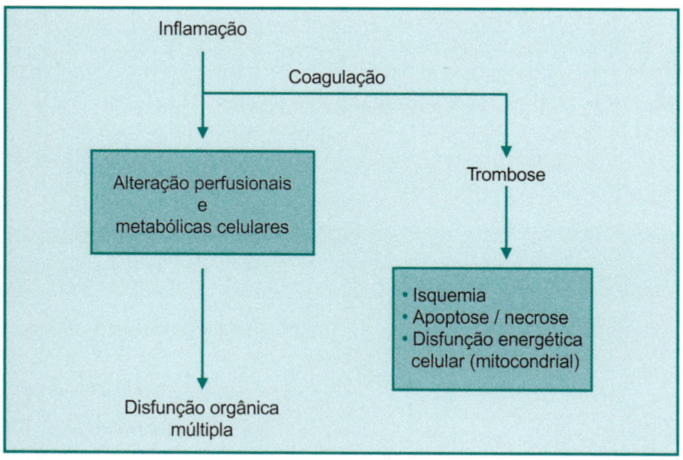

Fig. 50-2. Mecanismos da produção da disfunção orgânica múltipla na sepse. As alterações perfusionais e metabólicas celulares são conseqüentes ao LPS, aos mediadores inflamatórios e à coagulação com trombose microvascular. Há isquemia, necrose e apoptose e disfunção energética celular.

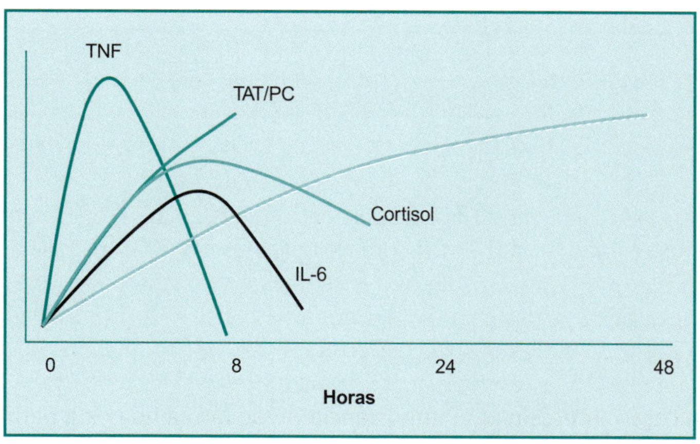

Fig. 50-4. Sepse experimental. Observa-se que após o desafio com LPS há início da sepse com aumento do TNF que dura cerca de 8 horas. A IL-6 tem pico próximo de 8 horas e dura maior tempo. Há aumento do cortisol plasmático e de fatores da coagulação (TAT/PC, FT).

Por outro lado, na sepse humana o modelo pode ser representado como se houvesse sucessivos estímulos pela LPS ou outro fator estimulante da reação inflamatória.

IMUNODEPRESSÃO

É freqüente serem observadas na evolução do paciente séptico novas e repetidas infecções. Essas infecções *secundárias* são atribuídas a diminuição das barreiras de defesa orgânica como as conseqüentes a catéteres venosos, sondas vesicais, intubação traqueal etc., mas soma-se a esse mecanismo um outro que é a *imunoparalisia* pela sepse.

Vários mediadores liberados durante o processo de SIRS/sepse têm ação antiinflamatória, como a IL-10 e a IL-4, constituindo a denominada síndrome da resposta antiinflamatória complementar (CARS). Embora o processo da sepse constitua um único evento, é possível identificar-se os mediadores envolvidos em dois componentes: SIRS (mediadores pró-inflamatórios) e CARS (mediadores antiinflamatórios) (Fig. 50-5). A imunodepressão facilitaria as infecções secundárias freqüentemente observadas nos pacientes com SIRS/sepse.

MEDIADORES INFLAMATÓRIOS E EVOLUÇÃO – BIOMARCADORES

Conhecer a evolução do processo séptico e suas possíveis complicações é uma necessidade para o acompanhamento do paciente. Vários biomarcadores são propostos, incluindo a quantidade de polimorfonucleares bastões, proteínas de fase aguda, citocinas e quimocinas (IL-8); entretanto são inespecíficas. Certamente no futuro haverá maior desenvolvimento desses aspectos, permitindo a tomada prévia de decisões e a profilaxia de complicações. Atualmente, do ponto de vista molecular, é possível acompanhar a evolução do quadro séptico pela determinação da *IL-6*, da *PCR*, que indicam a presença de lesão tecidual, da procalcitonina (*PCT*), que indica infecção sistêmica, e do *HLA-DR +monócitos,* orientadora da competência imunológica. A HMGB-1 se correlacionaria com a mortalidade na sepse.

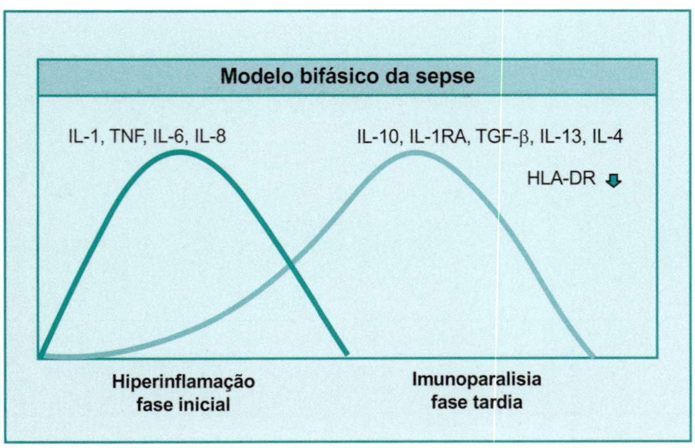

Fig. 50-5. Modelo bifásico da sepse. Após a fase de hiperinflamação inicial, segue-se a fase de imunoparalisia. Nessas fases estão envolvidos vários mediadores inflamatórios e antiinflamatórios.

Proteína de choque térmico (*heat shock protein* – HSP)

Além dos mediadores inflamatórios extracelulares, é importante entender que na dinâmica do processo séptico ocorrem importantes alterações intracelulares que modulam a reação inflamatória e participam da expressão gênica de novos mediadores.[7,25,34,39]

A HSP é uma proteína associada à termotolerância e à proteção celular. Aumenta também quando a célula é exposta a vários mediadores como a LPS, o óxido nítrico, a isquemia e o TNF.[23,31,49] A HSP é capaz de proteger a célula na sepse, à exposição da endotoxina, a situações com isquemia e contra agentes oxidantes. É encontrada no citosol e no núcleo celular. A HSP diminui a ação do TNF e da LPS mediada pelo *NFkB* e a inflamação. Martins, David *et al* (1999)[39] demonstraram que a HSP70 modificava-se durante a evolução da sepse (Fig. 50-6). Observaram que, nos pacientes com choque séptico que evoluíram favoravelmente, a HSP73 era maior do que a HSP72, e nos pacientes que evoluíram negativamente a HSP72 elevava-se mais do que a HSP73.

É possível que esses mediadores intracelulares possam ser utilizados no futuro como marcadores da evolução do processo séptico.

A resposta inflamatória e antiinflamatória na sepse pode ser monitorizada através da determinação da tendência evolutiva de mediadores (Quadro 50-4).

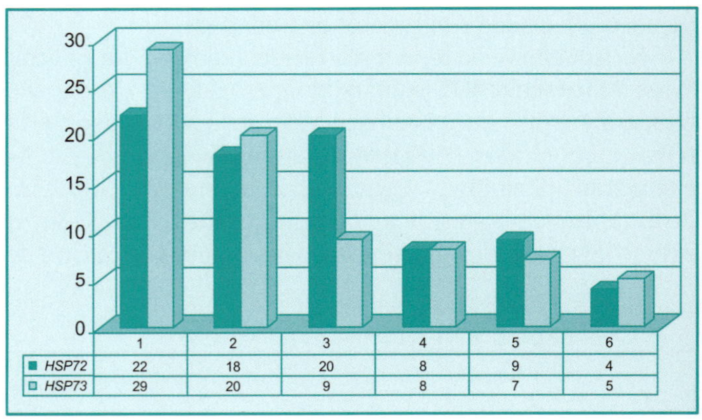

Fig. 50-6. HSP na sepse. Normalmente (1) a HSP73 é encontrada em maior concentração nos leucócitos, invertendo-se essa relação (5) nos pacientes que têm má evolução na sepse. (Martins, David *et al*, 1999.)

***Quadro 50-4.* Marcadores da reação inflamatória, coagulação e evolução**

Mediador	*Relação na avaliação clínica*
PCR	Inflamacão
IL-6	Lesão tissular
Procalcitonina	Infecção sistêmica
HLA Dr + monócitos	Competência imunológica
HMGB1	Evolução
D-dímeros, PC, ATIII, plaquetas	Coagulação

Procalcitonina

É útil no diagnóstico de sepse severa e choque séptico, diferenciando SIRS de sepse. Entretanto, há alguns pacientes não-sépticos que apresentam níveis aumentados (trauma múltiplo, cirurgia cardíaca). Níveis acima de 2 ng/ml são indicadores de infecção bacteriana com sepse. Sua diminuição rápida indica bom prognóstico. A PCR tem comportamento semelhante, mas é menos específica.

Proteína C reativa (PCR)

A PCR é uma proteína de fase aguda. Soares e David (2000, 2002) observaram a sua importância no diagnóstico diferencial entre sepse e SIRS (sepse $\geq$ 5,08 mg%; $p < 0,05$; IC = 95) e na avaliação evolutiva dos pacientes.

OFERTA E CONSUMO DE OXIGÊNIO – $\dot{D}O_2$ E $\dot{V}O_2$

Entender os mecanismos envolvidos na oferta e no consumo tecidual de oxigênio é fundamental no manuseio do paciente séptico.

Oferta de oxigênio – $\dot{D}O_2$

A perfusão tecidual depende do débito cardíaco e da distribuição sangüínea nos tecidos.

O débito cardíaco depende da volemia, que constitui a pré-carga ventricular, da contratilidade e da freqüência cardíaca e da resistência vascular sistêmica, que constitui a pós-carga.

A oferta tecidual de oxigênio ($\dot{D}O_2$) depende do débito ou índice cardíaco e do conteúdo arterial de oxigênio.

$$\dot{D}O_2 = DC \times CaO_2 \times 10$$
$$I\dot{D}O_2 = IC \times CaO_2 \times 10$$

$I\dot{D}O_2$: índice de oferta tecidual de oxigênio
DC: débito cardíaco
CaO_2: conteúdo arterial de oxigênio

$$CaO_2 = Hb \times 1,36 \times SaO_2 + PaO_2 \times 0,0031$$

Hb: hemoglobina (g%)
SaO_2: saturação arterial de oxigênio
PaO_2: pressão arterial de oxigênio
0,0031: constante (dissolução do oxigênio no plasma)

A distribuição do débito cardíaco não é igual nos diferentes compartimentos orgânicos, assim como os mecanismos adaptativos do processo à reação neuroendócrina e aos mediadores inflamatórios podem variar. A quantidade maior ou menor de um determinado receptor adrenérgico pode ser diferente nos vários compartimentos e órgãos. No compartimento esplâncnico há uma retenção sangüínea *(pooling)* no choque séptico. Essas alterações são diferentes na circulação pulmonar e em outros compartimentos.

Compartimentos e sepse

■ *Unidade de controle*

A microcirculação não é um conjunto homogêneo de microvasos, mas uma rede de unidades vasculares heterogêneas com propriedades reológicas e resistivas.

Normalmente vários mecanismos periféricos atuam no controle da perfusão dos tecidos. Fisiologicamente, os capilares podem estar parcialmente não-funcionantes, mas recrutáveis quando há maior necessidade de perfusão e oferta tecidual de oxigênio. A microvasculatura é influenciada localmente pelo estado de contração do esfíncter pré-capilar, pelo NO, pela PaO_2, pela concentração de ATP, pela adenosina, pelas prostaglandinas, pelos eletrólitos e pela osmolalidade (Fig. 50-7). Na microcirculação os efeitos dos mediadores (NO, prostaciclina) são os mais proeminentes. Ocorrem *shunts* de capilares funcionais, compressão por edema tecidual, edema endotelial, obstrução por agregados de leucócitos, hemácias (que têm menor propriedade de deformação) e fibrina. Ocorre também maior tendência a coagulação, ativação plaquetária (PAF) e propriedades de adesão molecular (ICAM-1).[17,18,20]

Unidades microvasculares (unidades fracas) que têm propriedades resistivas e reológicas não-favoráveis sofrem mais precocemente nos estados de hipovolemia, isquemia e sepse e são as últimas a se recuperarem na reperfusão. Nas unidades microvasculares bem-perfundidas ocorre *shunt* do fluxo sangüíneo. A conseqüência funcional é que passa a existir *gap* de oxigênio (PO_2 *gap*), pois a PO_2 local torna-se menor do que a PO_2 venosa.

A microvasculatura sofre influência de aminas vasoativas que atuam em receptores alfa-1 e alfa-2. Na sepse parece haver *down regulation* de receptores adrenérgicos, com diminuição da resposta às catecolaminas.

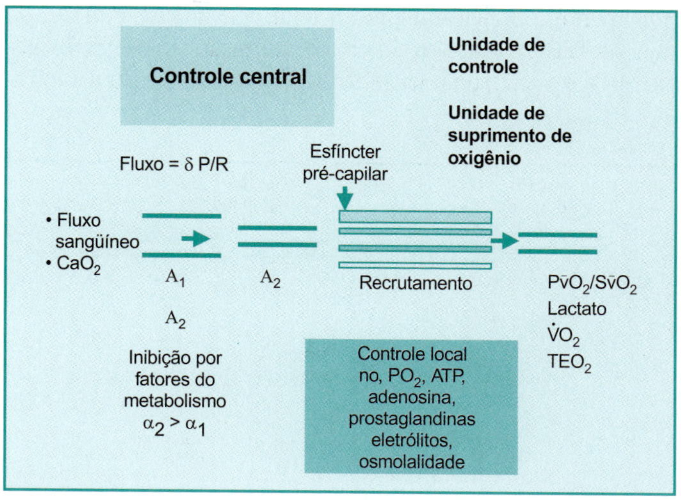

Fig. 50-7. Unidade de *controle da perfusão tecidual.* Parte do controle é por influência ***central*** por liberação de aminas vasoativas que atuam em receptores α-adrenérgicos e parte é ***local***. Na sepse há perda do controle fisiológico do tônus microvascular, havendo alteração da distribuição do fluxo sangüíneo, com áreas hiper e hipoperfundidas. Essas alterações associadas com os distúrbios intracelulares conseqüentes à ação de mediadores inflamatórios e da LPS alteram a produção de energia e produzem a grave disfunção celular.

Pela ação de mediadores inflamatórios, radicais livres de oxigênio, do aumento do NO e da alteração de receptores adrenérgicos, ocorre na sepse uma alteração do controle da perfusão tecidual com áreas vasodilatadas (*shunt* arteriovenoso tecidual) e com aumento da perfusão ao lado de áreas com vasoconstrição e hipoperfusão, além de vasos trombosados, podendo haver heterogeneidade da distribuição do fluxo sangüíneo com áreas hipóxicas.[29] Por esse motivo, o choque séptico é classificado como choque distributivo.

Consumo de oxigênio tecidual – $\dot{V}O_2$

O metabolismo celular aeróbico depende do consumo de oxigênio.

Na Figura 50-8 observam-se as relações entre a oferta e o consumo de oxigênio. A partir de um déficit da oferta tecidual de oxigênio ($\dot{D}O_2$), há diminuição da oferta abaixo do ponto crítico (região de suprimento dependente) e ocorrerá desvio do metabolismo celular para anaerobiose. Aumentos da oferta de oxigênio na região de suprimento independente (oferta supranormal de oxigênio) não melhoram a evolução da sepse nem a mortalidade. Esse fato é atribuído a vários mecanismos observados no choque séptico, como as microtromboses, a perda da auto-regulação microvascular, a disfunção endotelial com aumento da permeabilidade e edema e a disfunção mitocondrial e energética (hipóxia citopática).

A anaerobiose é associada com menor produção de energia (ATP) e acidose tecidual com diminuição do pH do sangue.

A Figura 50-9 resume as alterações fisiopatológicas observadas na sepse.

■ *Avaliação da perfusão tecidual*

Um dos objetivos do manejo da sepse é determinar e tratar as alterações microcirculatórias na sua fase inicial, evitando assim a evolução para a síndrome de disfunção orgânica múltipla. Atualmente a avaliação clínica é feita pela análise da $\dot{D}O_2$, da $\dot{V}O_2$, da TEO_2, do lactato sérico, da saturação venosa de oxigênio $S\bar{v}O_2$ e $SvcO_2$, da relação $S\bar{v}O_2$ /lactato sérico, do pH intra-

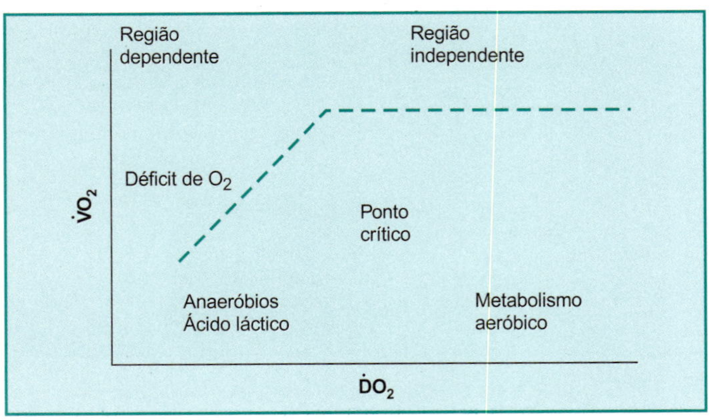

Fig. 50-8. Relações entre a oferta ($\dot{D}O_2$) e o consumo ($\dot{V}O_2$) de oxigênio. A partir de uma determinada diminuição da $\dot{D}O_2$ há déficit de oxigênio e diminuição da $\dot{V}O_2$, havendo anaerobiose e produção de ácido láctico. O ponto onde a $\dot{V}O_2$ deixa de ser suprimento-dependente e passa ser independente é o ***ponto crítico***, teoricamente importante para manter adequado metabolismo tecidual.

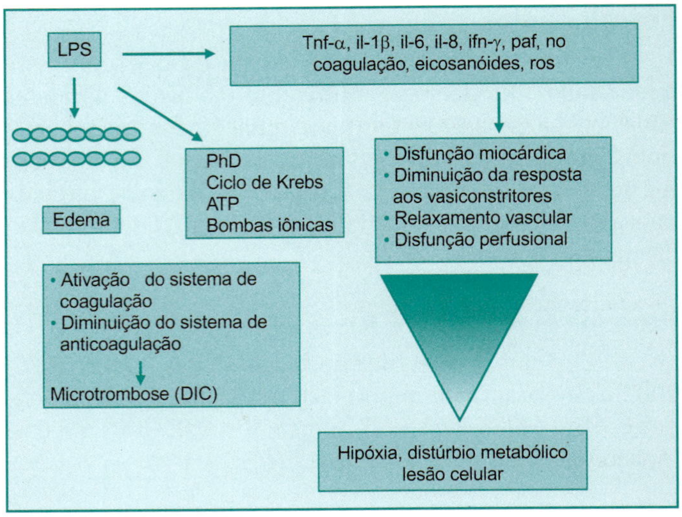

Fig. 50-9. Mecanismos fisiopatológicos da sepse e da SDOM.

mucoso e da PCO_2 tecidual.[35-37] Por causa do *shunt* arteriovenoso, a saturação venosa mista de oxigênio ($S\bar{v}O_2$) tem menor valor na sepse do que nas situações de baixa perfusão como na hipovolemia (p. ex., choque hemorrágico etc.) ou na diminuição do débito cardíaco (p. ex., choque cardiogênico). Embora haja limitações, a saturação do sangue venoso da veia cava superior pode ser usada de modo contínuo para monitorização.

A avaliação da perfusão tecidual na sepse pode ser realizada clinicamente e com exames complementares de modo global e regionalizada. Os parâmetros clínicos são fundamentais, como a pressão arterial, a freqüência cardíaca, a PVC, a depressão da consciência ou agitação, a temperatura das extremidades e retal, a sudorese, o enchimento capilar, os pulsos periféricos, o estado de consciência e a diurese, além dos dados fornecidos pela monitorização hemodinâmica invasiva e não-invasiva (ou minimamente invasiva). O pulso pedioso normal (4+/4+) indica bom índice cardíaco.

A avaliação da perfusão de modo global pode ser feita pela determinação da $\dot{D}O_2$, da $\dot{V}O_2$, da TEO_2 da $S\bar{v}O_2$ e $SvcO_2$, da acidose metabólica e do lactato sérico, e regionalmente pela determinação do pH intramucoso e da PCO_2 tecidual. Diferenças entre a PCO_2 gástrica e a PCO_2 arterial ou do final da expiração ($PETCO_2$) podem ser usadas para avaliar a perfusão regional e podem substituir a tonometria gástrica por solução salina.

O aumento da concentração de H^+ é conseqüente à produção de ácido láctico, que se dissocia em H^+ e lactato, e do H^+ proveniente da passagem do ATP para ADP. Esse H^+ reagindo com o bicarbonato do sangue forma ácido carbônico, que se dissocia em H_2O e CO_2. Nos tecidos hipóxicos, pode haver aumento do CO_2. Esse mecanismo é aplicado na monitorização da perfusão tissular regional (estômago, retossigmóide, sublingual etc.) através da determinação do pH intramucoso (pHi) ou da PCO_2 tissular.[45]

Recentemente, ainda em fase clínica experimental, estuda-se a avaliação da perfusão tecidual através da análise da imagem ortogonal de polarização espectral (OPS), onde as repercussões da terapêutica sobre a vasculatura (dilatação, constrição) podem ser visualmente observadas.

Quadro 50-5. Critérios para SDOM. Os critérios podem ser únicos ou associados	
Disfunção orgânica	***Critérios diagnósticos***
Insuficiência respiratória aguda	$PaO_2/FiO_2 \leq 200$, $PaCO_2 \geq 50$ mmHg, ventilação mecânica por mais de 72 horas
Insuficiência renal aguda	Creatinina ≥ 3,5 mg%, uréia ≥ 100 mg%, *clearance* da creatinina < 30 ml/min, diurese < 480 ml/dia
Distúrbio hematológico	Leucócitos ≤ 1.000, plaquetas ≤ 20.000 TAP/PTT > 1,5 × normal
Cardiovascular	Necessidade de medicações vasoativas para manter PAM ≥ 70 mmHg
Insuficiência cardíaca pela sepse	Troponina > 3 + Ecocardiograma com FE < 50% e disfunção global
Insuficiência hepática	Bilirrubina > 2 mg%
Neurológico	Escala de Coma de Glasgow ≤ 12 (sem sedação)
Insuficiência adrenal na sepse	Cortisol plasmático ≤ 15 μg%, teste de cortrosina com elevação cortisol < 9 μg%
Metabólico	Necessidade de insulinoterapia, Na < 125 ou > 150 mEq/l, lactato ≥ 4 mMol/l ou > 24 mg%

Todos os marcadores têm suas vantagens e desvantagens e devem ser considerados no contexto clínico e na sua cinética (dosagens repetidas) em vez de uma simples determinação em um momento da evolução.

Mecanismos fisiopatológicos e manifestações clínicas. Abordagens específicas da disfunção orgânica múltipla

Existem hoje críticas quanto à definição de SIRS, considerada muito abrangente, assim como das síndromes relacionadas com as disfunções orgânicas. Os trabalhos sobre as terapêuticas na sepse fazem comparação de grupos muito diversos para tratamentos, como os descritos com antiinflamatórios ou dirigidos a citocinas. Deve-se progredir para síndromes mais específicas e entidades mais homogêneas, delineadas por mecanismos imunológicos ou bioquímicos, que, embora já sejam definidas, ainda não estão em uso clínico.

A síndrome da disfunção orgânica múltipla (SDOM) no paciente agudo refere-se à impossibilidade do paciente de poder manter a homeostase orgânica sem que haja intervenção terapêutica.

As disfunções orgânicas mais freqüentes são a cardiovascular, pulmonar, renal, hematológica, hepática e neurológica. Embora diferentes disfunções possam ter *pesos* diversos, cada disfunção orgânica aumenta a mortalidade em cerca de 15 a 20%. A insuficiência cardíaca, renal e hepática tem alta associação com a mortalidade.

Os critérios usados para caracterização das disfunções orgânicas não é o mesmo utilizado por diferentes autores. No Quadro 50-5 estão as disfunções e os critérios usualmente utilizados.

O escore *Sequential Organ Failure Assessment* (SOFA) permite avaliar a evolução das disfunções orgânicas. Os critérios do escore SOFA estão no Quadro 50-6.

Disfunção cardiovascular

O desarranjo funcional na circulação geral é uma das características mais marcantes da sepse.[47,48,53] Constitui um processo de desequilíbrio entre a oferta e o consumo de oxigênio tecidual.

A redistribuição de fluxo sangüíneo, que ocorre normalmente para coração, cérebro e rins na maioria dos tipos de

Quadro 50-6. Escore SOFA						
Características		***Grau da disfunção***				
Disfunção	***Parâmetro***	***0***	***1***	***2***	***3***	***4***
Respiratório	PaO_2/FiO_2	> 400	≤ 400	≤ 300	≤ 200 e VM	≤ 100 e VM
Cardiovascular	PAM Droga (μg/kg/min)	Normal –	< 70	DP1 ou DB	DP2 ou NA1 ou A1	DP3 ou NA2 ou A2
Neurológico	CGS	15	13-14	10-12	6-9	< 6
Renal	Creatinina Diurese	< 1,2	1,2-1,9	2,0-3,4	3,5-4,9	≥ 5
Hepático	Bilirrubina	< 1,2	1,2-1,9	2,0-5,9	6,0-11,9	≥ 12
Hematológico	Plaquetas	> 150.000	≤ 150.000	≤ 100.000	≤ 50.000	≤ 20.000

VM = Ventilação mecânica; PAM = pressão arterial média; DP1 = dopamina em dose ≤ 5 μg/kg/min; DP2 = > 5 μg/kg/min; DP3 = 15 μg/kg/min; DB = dobutamina (qualquer dose); NA = noradrenalina; A = adrenalina; NA1 e A1 = ≤ 0,1 μg/kg/min, NA2 e A2 = > 0,1 μg/kg/min; CGS = Coma Glasgow Score; Creatinina em mg%; Bilurrubina em mg%.
Vincent JL, Moreno R, Takala J *et al.* The SOFA. *Intensive Care Med* 1996; 22: 707-10.

choque, está muito alterada na sepse. Alguns mediadores inflamatórios estão sendo implicados nesse fenômeno, tais como o óxido nítrico e a prostaciclina, que são produzidos principalmente por células endoteliais.

Ao nível central, alterações na performance ventricular são proeminentes na fase precoce da sepse e observadas à ecocardiografia em até 40% dos paciente após rigorosa reposição volêmica (2.000 ml/30-60 min). Ocorre disfunção miocárdica com dilatação ventricular, e a fração de ejeção pode estar reduzida em cerca de 30%, apesar de o débito cardíaco medido poder estar aumentado. Pacientes que morrem tendem a ter volume diastólico final e complacência diastólica ventricular menores do que os pacientes sobreviventes.

Pode haver dilatação cardíaca. O ventrículo esquerdo mantém a pressão arterial, a despeito de uma vasodilatação periférica e uma hipovolemia relativa, que ocorre por aumento de permeabilidade vascular. É descrito que a troponina cardíaca T sérica poderia ser um marcador prognóstico da isquemia miocárdica na sepse e que se associaria a aumento da mortalidade.

Na circulação regional, ocorre uma heterogeneidade da distribuição do fluxo sangüíneo entre os órgãos e sistemas. Por exemplo, na sepse, há perda da capacidade de redirecionamento de fluxo para áreas nobres, como cérebro, coração e rins. Também acontece uma distribuição heterogênea de fluxo dentro dos próprios órgãos, isto é, regiões sendo perfundidas com fluxos diferentes em um só órgão.

Outros processos igualmente importantes são: diminuição do retorno venoso, a secreção diminuída de vasopressina na sepse grave, contribuindo para a persistência da vasodilatação e da falência cardiovascular. A vasopressina pode elevar a pressão arterial significativamente em pacientes já tratados com altos níveis de catecolaminas.

O quadro clínico é de vasodilatação periférica – rubor cutâneo, taquicardia, pulsos amplos, hipertermia e, em casos mais graves, hipotensão (definida como pressão sistólica menor que 90 mmHg ou queda maior de 40% dos níveis basais). Inicialmente o principal mecanismo de hipotensão é hipovolemia relativa pelo aumento de permeabilidade vascular, seqüestro de líquido para o espaço extravascular e aumento absoluto pela perda hídrica *insensível* (hiperpnéia, vasodilatação cutânea), muito comuns no começo do quadro séptico. Também contribuem para essa perda do volume sangüíneo a incapacidade do paciente de ingerir líquidos de forma independente, por causa de anorexia, e até diminuição da consciência, e ocorrem outras fontes de perda, como vômitos e íleo adinâmico. Em fases mais avançadas, a hipotensão pode ocorrer por outro mecanismo: a ação de fatores que deprimem o miocárdio (TNF e interleucina 1, NO). Nesse caso, as alterações hemodinâmicas pela vasodilatação se imbricam com parâmetros de disfunção cardiogênica (principalmente queda do débito cardíaco).

No Quadro 50-7 estão os mecanismos da hipotensão na sepse.

A hemodinâmica de pacientes sépticos é mais bem avaliada através de monitorização com catéter de Swan-Ganz. Indica-se a utilização desse método quando: há choque e o paciente está dependente de aminas; disfunção de outro(s) órgão(s), principalmente pulmonar e renal, situações em que o manuseio de infusão de líquidos é difícil de realizar apenas com parâmetros clínicos. Após correção da hipovolemia, os parâmetros hemodinâmicos usualmente observados são débito cardíaco elevado, resistência vascular sistêmica baixa, índice de trabalho de ventrículo esquerdo variável (alto no início do quadro e baixo nos casos de disfunção contrátil) e taxa de extração de oxigênio diminuída, demonstrando o desarranjo metabólico grave que surge na sepse. Essas características são muito úteis na diferenciação da sepse em relação a outros tipos de choque.

Quadro 50-7. **Mecanismos de hipotensão na sepse**

- Seqüestro de líquidos para o espaço extravascular (aumento da permeabilidade capilar e edema tecidual, íleo adinâmico, compartimento esplâncnico)
- Vasodilatação disseminada (territórios arterial e venoso)
- Aumento das perdas insensíveis (respiração e pele)
- Menor quantidade de líquidos ingeridos (anorexia, vômitos, torpor)
- Diminuição de contratilidade miocárdica

Insuficiência renal aguda

É uma complicação comum da SIRS e da sepse. Pode ser resultado de alterações na distribuição intra-renal de fluxo sangüíneo entre o córtex e a medula renal.

Nos pacientes sépticos, é essencial restaurar a volemia, com pressão de perfusão e débito cardíaco adequados para prevenção da insuficiência renal.

Manifestações neurológicas

Pode ocorrer na sepse um quadro de encefalopatia, semelhante a outras causas, como uremia e insuficiência hepática. Os sinais principais são: diminuição do nível de consciência (torpor, coma); sinais neurológicos simétricos (asterixia, mioclonia, tremor). É necessário afastar hipoxemia, hipotensão, presença de drogas sedativas e insuficiências orgânicas (principalmente renal e hepática).

A patogenia da encefalopatia séptica é multifatorial.[46] Não há como explicar a ocorrência das manifestações cerebrais simplesmente pela presença de microrganismos e microabscessos cerebrais. Os mediadores inflamatórios são provavelmente os maiores responsáveis pela disfunção de neurônios, astrócitos e células endoteliais. Diferentemente de outros órgãos, o cérebro é relativamente resistente a infiltração leucocitária (algumas razões para isso são: presença de *tight junctions*, baixos níveis de antígenos de complexo de histocompatibilidade e moléculas de adesão). Há evidências de efeitos importantes das catecolaminas nos vasos cerebrais: agentes alfa-1-adrenérgicos são pró-inflamatórios, enquanto os beta-2-adrenérgicos são antiinflamatórios. Além disso, níveis séricos elevados de catecolaminas podem resultar em vasodilatação cerebral e aumento de pressão de perfusão cerebral, mas outras evidências mostram que há diminuição de fluxo e do consumo de oxigênio cerebral, apesar do aumento da pressão de perfusão (possivelmente devido a edema ao redor de pequenos vasos cerebrais).

Além das manifestações cerebrais, pode ocorrer acometimento peculiar dos nervos periféricos.[6] O reconhecimento da polineuropatia do doente crítico é relativamente recente e acontece em muitos pacientes que desenvolvem sepse e disfunção de múltiplos órgãos e sistemas. Foi descrita inicialmente no meio da década de 1980, alguns dados demonstraram que até 50-70% dos pacientes com síndrome da resposta inflamatória sistêmica podem apresentar essa manifestação em algum momento da evolução.[10] O quadro clínico é de tetraparesia flácida e desmame difícil da prótese respiratória. Os exames complementares ajudam na sua confirmação: desde dosagem de CPK sérica e de outros marcadores de lesão muscular até a eletroneurofisiologia (ENMG) e a biopsia muscular.

Insuficiência respiratória

A insuficiência respiratória é complicação freqüente da sepse, e cerca de um quarto desenvolve SARA (Evans & Smithies, 1999).[24] A insuficiência respiratória pode ocorrer em 30 a 80% dos casos, dependendo da origem de sua causa (direta ou indireta). Significa também um fator prognóstico importante, sendo associada ao aumento de mortalidade na sepse.

Os sinais mais precoces são taquipnéia, hiperventilação e alcalose respiratória. As possíveis causas para essas manifestações são: efeito direto de endotoxinas, níveis séricos elevados de catecolaminas, aumento do débito cardíaco, hipoxemia e efeitos diretos de mediadores inflamatórios no centro respiratório (TNF-α e IL-1).

À medida que a sepse se desenvolve, ocorre aumento de permeabilidade vascular e transudação de líquido para o espaço intersticial e, posteriormente, alveolar. Como conseqüência, há diminuição de complacência pulmonar e alterações do equilíbrio ventilação-perfusão e *shunt* que levam à hipoxemia e ao aumento do trabalho respiratório. O paciente desenvolve taquipnéia, aumento de volume-minuto (FR × VC) e fadiga respiratória.

Ocorre insuficiência respiratória aguda com grave distúrbio da troca gasosa pulmonar com infiltrados alveolares observados na radiografia ou tomografia computadorizada do tórax, diminuição da complacência estática do sistema respiratório (Cst,sr), alteração da troca gasosa avaliada pela relação PaO_2/FiO_2 (lesão pulmonar aguda: $PaO_2/FiO_2 < 300$ e na SARA: $PaO_2/FiO_2 \leq 200$), sem evidências de insuficiência cardíaca esquerda.

A radiografia de tórax pode ser "normal" no início do quadro de insuficiência respiratória e posteriormente mostrar infiltrados intersticiais e alveolares, denotando preenchimento alveolar e atelectasias. O "edema" pulmonar é de aspecto periférico, se compararmos ao de origem cardiogênica, que se apresenta como peri-hilar. É notável que derrames pleurais são menos comuns do que na insuficiência ventricular esquerda.

Manifestações hematológicas

A sepse provoca em geral leucocitose, com desvio diferencial para a esquerda, isto é, maior taxa de formas jovens de polimorfonucleares na circulação. Entretanto, alguns pacientes cursam com neutropenia e eosinopenia, o que denota maior gravidade e mortalidade, podendo-se atribuir esse fato a possível menor reserva de medula óssea e da defesa imune.

Pode ocorrer também discrasia sangüínea característica, que se denomina coagulação intravascular disseminada. A coagulopatia de consumo costuma se iniciar com trombocitopenia, diminuição da atividade de protrombina e aumento dos tempos de tromboplastina tecidual e de protrombina, aumento de produtos de degradação de fibrina e diminuição de fibrinogênio e fatores V e VIII. Clinicamente, pode haver inicialmente fenômenos trombóticos, como obstruções arteriais e venosas, e, posteriormente, sangramentos difusos (em sítios de punções, digestivos, pulmonares e até cerebrais). Esse processo está sendo mais bem explicado nos últimos anos. O principal desencadeador do processo de desequilíbrio do sistema de coagulação é o fator tecidual, que ativa a via extrínseca da cascata de coagulação. Ele pode ser ativado pelos produtos microbianos (p. ex., bactérias gram-positivas e negativas e microrganismos), com subseqüente formação de trombina. Ao mesmo tempo, as endotoxinas podem ativar o inibidor do ativador de plasminogênio (PAI-1), que reduz a trombólise e a fibrinólise no sangue. Níveis elevados de PAI-1 já foram associados a pior prognóstico dos pacientes com sepse. O desequilíbrio entre coagulação e fibrinólise leva ao consumo exagerado de fatores de coagulação e, conseqüentemente, a maior incidência de fenômenos trombóticos e hemorrágicos. Observa-se diminuição da antitrombina III (ATIII) e da proteína C ativada. Um dos marcadores de sobrevida mais sensíveis nesse processo é a antitrombina III. Seus níveis estão 20 a 40% do normal no choque séptico, e a queda importante do nível sérico é um indicador preciso de prognóstico.

PREVENÇÃO DA SEPSE E DA DISFUNÇÃO ORGÂNICA MÚLTIPLA

Existem algumas medidas que podem prevenir infecções e com isso o surgimento de sepse.

A maioria dessas medidas é para impedir infecções nosocomiais, que são transmitidas muitas vezes pela falta de cuidados de assepsia dos profissionais de saúde.

As infecções podem ser classificadas em comunitárias, comunitárias modificadas (pacientes em assistência domiciliar) e hospitalares (nosocomiais). As infecções comunitárias podem ser classificadas como doenças infecciosas que chegam geralmente para cuidados médicos com o quadro clínico já instalado. As infecções hospitalares são complicações freqüentes e resultam da quebra de barreiras do sistema imune em paciente com uma doença de base já debilitante e se manifestam após 48 h de internação. Ocorrem também em conseqüência de vários procedimentos invasivos necessários para o manejo do paciente.

Entre as condutas utilizadas para a profilaxia das infecções e da sepse incluem-se:

Medidas gerais

- Lavagem cuidadosa das mãos; isolamento de contato para pacientes com colonização/infecção por germes multirresistentes; isolamento respiratório (pacientes com tuberculose ativa e varicela).

- Pneumonia: imunizações (*H. influenzae* e *S. pneumoniae*) principalmente em idosos e indivíduos asplênicos; boa toalete pulmonar e fisioterapia respiratória; analgesia adequada para doentes em pós-operatórios de tórax ou abdômen superior; minimizar o tempo de intubação endotraqueal; evitar a colonização bacteriana do estômago, mantendo-se o pH gástrico ácido por pelo menos algumas horas do dia; cabeceira do leito elevada para minimizar a aspiração traqueal de material gástrico regurgitado. A descontaminação seletiva tem eficácia variável nos estudos clínicos.
- Infecções por catéteres: Inserção com técnica asséptica estrita; preferir catéteres de uma só luz; entre os sítios sempre que possível deve ser evitado o acesso femoral; inspeção diária – ver eritema e secreção no sítio de inserção; retirar o catéter quando ele não for mais necessário; evitar curativos oclusivos.
- Infecções de feridas: desbridamento cuidadoso de material necrótico; curativos adequados; cobertura biológica (enxertos cutâneos – principalmente em grandes queimados); evitar uso de materiais tóxicos nos curativos (p. ex.: peróxido de povidona-iodo); evitar o fechamento da pele após reoperações contaminadas.
- Drenagem e controle de infecções cirúrgicas já estabelecidas.

Tratamento adequado do choque

- Restabelecimento rápido da volemia e correção da isquemia tecidual em 6 horas do diagnóstico da sepse severa diminuem a mortalidade de 50 para 33% (Rivers *et al*, 2001). Monitorizar a perfusão tecidual.

Suporte nutricional adequado

- Dieta enteral precoce.
- Imunonutrição.

No estado de jejum ocorre glicogenólise que mantém a glicemia. Persistindo o jejum, as reservas de glicogênio terminam clinicamente em dois a três dias, havendo consumo de proteínas estruturais para prover aminoácidos como substrato para a gliconeogênese. Entretanto, nesse processo ocorrem alterações adaptativas orgânicas como a metabolização de cetonas, a redução do metabolismo basal e a oxidação de lipídios como fonte de energia. No paciente séptico ocorre intenso catabolismo conseqüente à resposta neuroendócrina por hormônios, mediadores inflamatórios e catecolaminas. Há também aumento do metabolismo basal, com maior consumo das reservas energéticas. Esse mecanismo aumenta e prolonga o equilíbrio nitrogenado negativo devido ao consumo de proteínas (gliconeogênese).

Entre os métodos de manuseio de pacientes graves e da sepse está o suporte nutricional. Este deveria ser precoce, após reposição volêmica e estabilização hemodinâmica adequada e preferencialmente pela via enteral para proteger o tubo gastrintestinal. Discute-se o uso de dietas imunomoduladas com glutamina, aminoácidos de cadeia ramificada, ácidos graxos ômega-3, arginina e nucleotídeos. Embora várias propriedades nutricionais sejam descritas com a arginina, ela poderia aumentar a produção de óxido nítrico, não devendo ser indicada em situações que possam estar associadas a instabilidade hemodinâmica como na sepse. Alguns autores sugerem que a glutamina, antioxidantes e o ômega-3 poderiam influenciar na evolução da sepse e em pacientes cirúrgicos (imunomodulação). Metanálises recentes não sugerem melhora da evolução do paciente séptico com o uso de imunomodulação nutricional.[6,12,28] Dietas imunomoduladoras poderiam ter modesta redução em complicações infecciosas, especialmente em pacientes no perioperatório, mas sem efeito aparente na mortalidade, e em determinados subgrupos (p. ex., sépticos) de pacientes graves poderiam mesmo aumentar a mortalidade.[15,27] Gadek *et al* (1999) utilizaram em pacientes com SARA dietas pobres em carboidratos suplementadas com ácido graxos específicos e antioxidantes e relataram melhora na evolução.[26]

Imunoestimulação

- Embora ainda necessitando de maiores estudos clínicos, em determinadas condições clínicas podem estar indicadas imunoglobulinas policlonais (IgG, IgM e IgA associadas) para prevenção de sepse neonatal e infecções por bactérias gram-negativas em grandes pós-operatórios de tórax e abdômen superior.
- O interferon gama e o fator de estimulação de colônias de granulócitos (G-CSF) estão em estudo para aplicação clínica.

Tratamento da infecção

O sucesso e a sobrevida dependem da precocidade e da adequação ao tratamento. No aspecto custo-beneficio, é mais importante considerar o treinamento dos recursos humanos em relação às vantagens de novas e caras tecnologias. O tratamento é realizado sob a seguinte orientação:

1. Identificação e eliminação do foco de infecção.
2. Medidas de suporte.
3. Profilaxias.
4. Métodos capazes de interferir na evolução do processo inflamatório.
   O uso de antimicrobianos vai depender de:
   - Fonte de infecção.
   - Origem comunitária, comunitária modificada (tratamento domiciliar) ou nosocomial.
   - Presença de imunodepressão.
   - Presença de co-morbidades.
   - Gravidez.
   - História de hipersensibilidade.
   - Provável germe: isolamento anterior, tempo de hospitalização, perfil de resistência e sensibilidade e da existência de epidemias na UTI ou no hospital.

Certos antimicrobianos que atuam na PBP3, como a ceftazidima, transformam as bactérias em formas filamentosas e liberam maior quantidade de endotoxinas, que por sua vez aumentarão a resposta inflamatória. Esse conceito sugere que o tratamento com antimicrobianos deve ser iniciado após ter sido iniciado o suporte hemodinâmico com reposição volêmica e drogas vasoativas. Japiassu, David *et al* (2002) mostraram em pacientes com choque séptico que o uso de betalactâmicos pode aumentar a liberação de TNF.[30] Esse fato pode ser relevante no início do tratamento do choque séptico.

Medidas de suporte hemodinâmico

As medidas de suporte vão depender do órgão acometido e da intensidade da disfunção. Geralmente, são necessários suporte hemodinâmico e respiratório (oxigenoterapia e ventilação mecânica).

Embora o exame clínico evolutivo freqüente do paciente em instabilidade hemodinâmica (choque) possa orientar o médico quanto à evolução do tratamento do paciente, se há ou não há melhora, deve-se indicar monitorização hemodinâmica invasiva quando houver:

1. Dúvidas diagnósticas.
2. Ausência de rápida recuperação hemodinâmica e perfusional.
3. Instabilidade hemodinâmica e SARA.
4. Choque séptico e disfunção cardíaca.

Na região da curva em que o $\dot{V}O_2$ é dependente da $\dot{D}O_2$, o aumento da $\dot{D}O_2$ melhora o consumo de oxigênio tecidual. Essa relação de dependência seria manifestada na curva $\dot{D}O_2/\dot{V}O_2$ pelo ramo verticalizado. Entretanto, após a correção *adequada* da $\dot{D}O_2$, não se observa essa dependência quando se determina o $\dot{V}O_2$ por método de calorimetria indireta, porque assim se evita a influência da hemoglobina e do débito (índice) cardíaco na fórmula do cálculo do $\dot{V}O_2$. Como a distribuição do fluxo sangüíneo e da O_2 difere nos diferentes tecidos, pode não haver boa resposta nessas regiões com a simples tentativa de aumentar a $\dot{D}O_2$ sistêmica.

Estudos recentes não demonstraram déficit global de oxigênio nesses pacientes e que a terapêutica com aumentos da oferta tecidual de oxigênio (oferta supranormal de oxigênio) não foi associada a melhora na evolução.

O aumento da $\dot{D}O_2$, de acordo com a fórmula descrita anteriormente, pode ser feito aumentando-se o débito cardíaco, a hemoglobina e a saturação arterial de oxigênio. Aumentos do débito cardíaco são feitos com reposição volêmica e drogas vasoativas.

Aumento da hemoglobina

Existe atualmente reconhecimento das potenciais complicações das transfusões sangüíneas, além das limitações de doadores e do custo, da falta de demonstração de efeitos benéficos e da boa tolerância à anemia por pacientes normovolêmicos.

A tolerância à anemia ocorre em geral pelo aumento do débito cardíaco e pela maior extração de oxigênio pelos tecidos (TEO_2).

Até recentemente a literatura indicava transfusões de sangue no tratamento do paciente séptico quando a hemoglobina estivesse inferior a 10 g%. Entretanto, comparando valores de hemoglobina e evolução dos pacientes *graves não-cardiopatas*, foi observado que a mortalidade foi semelhante quando os níveis de hemoglobina estavam entre 7-9 g% ou maiores do que 10-12 g%. Pacientes mais jovens e menos graves se beneficiariam mais dessa estratégia restritiva da transfusão sangüínea. O índice cardíaco (IC), a taxa de extração de oxigênio (TEO_2) e a relação IC/TEO_2 podem orientar quanto à resposta à anemia. Em pacientes anêmicos e com função cardíaca normal, a relação IC/TEO_2 é > 10. A diminuição dessa relação (< 10) indicaria débito cardíaco inadequado conseqüiente a anemia ou a disfunção cardíaca miocárdica.[59,61]

O sangue estocado por longo tempo tem diminuição do 2,3 DPG e ATP, havendo desvio da curva de dissociação da hemoglobina para a esquerda. Ocorrem também alterações morfológicas nessas hemácias. Considerar que na reposição volêmica o uso de soluções salinas e expansores plasmáticos produz hemodiluição, que pode falsear o nível de anemia medido pelo hematócrito e a hemoglobinemia.

Saturação arterial de oxigênio (SaO_2)

A oxigenoterapia aumenta a PaO_2 e a SaO_2 e conseqüentemente a $\dot{D}O_2$. Em instabilidade hemodinâmica, deve-se aumentar a fração inspirada de oxigênio (FiO_2) para manter a $SaO_2 >$ 92%.

O suporte ventilatório à pressão positiva melhora a eliminação de CO_2 e a PaO_2, mas pode diminuir o débito cardíaco, por aumentar a pressão intratorácica e diminuir o retorno venoso às cavidades cardíacas direitas e aumentar a impedância à ejeção ventricular direita. A PEEP deve ser evitada quando houver instabilidade hemodinâmica com choque séptico. Nessas situações, em que é necessário usar ventilação mecânica, não se deve prescindir da monitorização hemodinâmica invasiva (catéter de Swan-Ganz).

Reposição volêmica

No corpo humano cerca de 50 a 60% do peso corporal são água, e somente 7% estão no espaço intravascular. A reposição volêmica é o fator determinante do sucesso do suporte hemodinâmico. Deve ser vigorosa e adequada. Temer sem justificativa a reposição volêmica é condenar o tratamento ao insucesso. É mais importante preencher o espaço intravascular e melhorar a perfusão tecidual do que querer proteger do edema pulmonar. Na hipoperfusão tecidual podem ser liberados mediadores que produzirão maior lesão pulmonar por aumento da permeabilidade e acentuação da disfunção orgânica múltipla.

Quanto repor, isto é, a quantidade da reposição volêmica pode ser avaliada clinicamente pela direção em que o tratamento está evoluindo. Avaliar se houve melhora hemodinâmica (PA, PVC, POAP, FC), do pulso pedioso, da temperatura das extremidades e do enchimento capilar, da temperatura retal, da diurese e do estado neurológico. A literatura chama a atenção para o fato de que, mesmo após esses parâmetros estarem corrigidos, usualmente ainda há hipovolemia. O conceito de "hipovolemia permissiva" não se aplica na sepse. A monitorização invasiva através do cateter de Swan-Ganz com a determinação dos parâmetros hemodinâmicos (PAP encunhada e o débito cardíaco) e metabólicos ($S\bar{v}O_2$ e $SvcO_2$, pH, BE, $\dot{D}O_2$, $\dot{V}O_2$ e TEO_2) auxilia o tratamento, assim como a determinação evolutiva do lactato sérico e sua normalização, da $\dot{D}O_2$ e da $\dot{V}O_2$, do pH intramucoso > 7,32 e da PCO_2 tecidual. A diferença entre a PCO_2 arterial e venosa mista (normal 2 a 5 mmHg) relaciona-se com o débito cardíaco, estando aumentado na diminuição do débito cardíaco e da perfusão tissular. Entretanto, na sepse essa interpretação deve ser cautelosa.

A quantidade e a velocidade da reposição volêmica podem ser avaliadas pelo teste da sobrecarga demonstrado no Quadro 50-8.

O que infundir: soluções cristalóides ou colóides? Os colóides ficam mais tempo no espaço intravascular do que os cristalóides. Os colóides estariam indicados, de acordo com alguns intensivistas, quando a albuminemia for < 2,5 g% ou a proteinemia total < 5g%. É importante lembrar que a administração de líquidos será distribuída não somente no espaço intravascular, mas também nos espaços intersticiais e intracelulares. Assim, na reposição volêmica com colóides é importante administrar-se também cristalóides. Alguns autores citam como indicações de colóides a peritonite e a insuficiência hepática. Não há vantagem comprovada de maior benefício de soluções salinas hipertônicas na sepse.

O aumento do débito cardíaco depende do tipo de líquido utilizado para a reposição volêmica. Comparativamente, ao se infundir um volume de 500 ml, o aumento do débito cardíaco é maior ao se usar dextran-70, dextran-40 e albumina a 5%, seguindo-se sangue e após Ringer lactato. A reposição volêmica inicial deve ser com soluções eletrolíticas como a solução de Ringer. Soro fisiológico (NaCl a 0,9%) em grande quantidade pode levar a acidose hiperclorêmica. O aumento do índice cardíaco é mínimo após infusão de 1.000 ml de solução de glicose a 5%. Plasma somente deve ser usado para reposição de fatores da coagulação. No Quadro 50-9 estão as características das soluções freqüentemente usadas na reposição volêmica.

Quadro 50-8. Prova da sobrecarga volêmica em solução salina

	Volume infundido em 10 min	*Conduta*
PVC (cmH_2O)		
≤ 8	200 ml	Se a PVC aumentar > 5 para a infusão
8-14	100 ml	Se a PVC aumentar entre 2-5, diminuir a velocidade ou parar a infusão. Reavaliar em 10 min
> 14	50 ml	Se a PVC aumentar ≤ 2, continuar a infusão
POAP (mmHg)		
≤ 12	200 ml	Se a POAP aumentar > 7, parar a infusão
> 12-16	100 ml	Se a POAP aumentar entre 3-7, diminuir a velocidade de infusão ou parar e fazer nova medida em 10 min
> 16	50 ml	Se a POAP aumentar ≤ 3, repetir e manter a infusão

Quadro 50-9. Permanência intravascular das soluções usadas para reposição volêmica

Solução	*Permanência intravascular em 2 horas**
SG a 5%	8%
Salina a 0,9%	25%
Ringer	25%
Ringer lactato	20%
Salina a 7,5%	Os efeitos intravasculares se dissipam rapidamente. A associação com dextran aumenta a permanência intravascular
Albumina a 25%	100 ml aumenta a volemia de 465 ml por 24 horas*
Dextran 40	Aumenta a volemia do dobro do volume infundido; 30% permanecem no vaso por 24 horas. Efeito negativo na coagulação varia com o tipo de gelatina. Podem liberar histamina*
Gelatinas	Permanecem no plasma durante 4–5 horas*
Amido-hidroxietílico (hetastarch) a 6%	Expansão volêmica ≥ à do dextran-70 e da albumina a 5%*

*Alterações da permeabilidade vascular modificam a permanência intravascular.

Drogas vasoativas

O objetivo do tratamento não é simplesmente corrigir a pressão arterial. Esse é um erro freqüente, quando se administram *pequenos volumes de líquidos* e *altas doses de drogas com efeito alfa* (dopamina em dose alfa, noradrenalina, adrenalina) para produzir vasoconstrição periférica, aumentar a resistência vascular sistêmica e a pressão arterial. Essa conduta errônea produz isquemia tecidual, hipóxia e morte celular com insuficiência orgânica múltipla. É importante que todos os tecidos estejam bem perfundidos. Entretanto, mesmo com a pressão arterial e a perfusão periférica satisfatórias pode ocorrer perfusão inadequada em determinados órgãos e tecidos, como no tubo gastrintestinal. As drogas vasoativas aumentam o consumo de oxigênio tecidual.

Pacientes com choque séptico utilizam freqüentemente drogas vasoativas. O objetivo é manter a pressão arterial e promover fluxo microcirculatório adequado, com boa perfusão orgânica e adequada oferta tecidual de oxigênio. Esses objetivos são alcançados com a reposição volêmica e o uso de drogas vasoativas. O uso de drogas vasodilatadoras, após reposição volêmica e controle da pressão arterial, como a PGI_2, *N*-acetilcisteína, doadores de óxido nitrico (p. ex., nitroglicerina) e a pentoxifilina, com o objetivo de corrigir a isquemia regional e a $\dot{D}O_2$, ainda é discutível. Para a hipotensão arterial conseqüente à diminuição da resistência vascular sistêmica (RVS), geralmente se utiliza um vasoconstritor, preferencialmente a noradrenalina, associada ou não a outras drogas, como a dobutamina e menos freqüentemente a dopamina. A adrenalina tem efeitos globais (sistêmicos) semelhantes aos da associação noradrenalina-dobutamina, entretanto produz diminuição da perfusão e oxigenação esplâncnica.

A dobutamina tem efeito vasodilatador na microcirculação e aumenta a perfusão da mucosa do tubo gastrintestinal. A noradrenalina associada à dobutamina em pacientes com diminuição da resistência vascular sistêmica aumenta a PA e o débito cardíaco. A dopamina, quando associada à noradrenalina, aumenta o débito cardíaco e a diurese, mas não altera o *clearance* da creatinina, fato que indica que a dopamina não melhora a função renal, mas somente aumenta a diurese. Além desse fato, diminui a prolactina, que se relaciona com a imunidade, e outros hormônios, diminui a resposta dos quimiorreceptores periféricos à hipoxemia e diminui a perfusão do tubo gastrintestinal nos pacientes sépticos.

A literatura cita que as drogas vasoativas, por aumentarem o ATP, poderiam ter efeito imunomodulador, melhorando a imunidade por diminuírem mediadores inflamatórios. A acidemia altera a resposta cardiovascular a essas drogas.

No Quadro 50-10 estão as drogas vasoativas mais usadas, suas ações, doses e efeitos. É importante considerar que os efeitos das doses das drogas vasoativas podem variar, embora geralmente exista certa relação entre a dose e o efeito esperado. Na sepse pode haver alteração (*down regulation*) dos receptores adrenérgicos.

Experimentalmente, no músculo de ratos sépticos, a dobutamina e a dopexamina restauram o conteúdo de fosfato energético (creatina fosfato, ATP), que está diminuído no choque séptico. Essa melhora é atribuída a alterações na microcirculação. Novas drogas vasoativas estão sendo utilizadas, como a vasopressina e o levosimendan (efeitos inotrópicos positivos e vasodilatadores).

A conduta atual no choque séptico é a reposição volêmica adequada, e, persistindo a hipotensão arterial, acrescenta-se noradrenalina ou dopamina (dose alfa). Baixas doses de dobutamina aumentam o inotropismo cardíaco.

Os efeitos colaterais das drogas vasoativas incluem hipotensão ou hipertensão arterial sistêmica, aumento da PA pulmonar, arritmias cardíacas, excitação do sistema nervoso central, aumento do consumo de oxigênio global e miocárdico, piora da função pulmonar (vasodilatação arterial pulmonar e aumento do *shunt* arteriovenoso), hiperglicemia, acidose láctica (com vasoconstritores), isquemia e necrose no membro e no local em que está sendo infundida a droga, alterações hormonais (ADH, aldosterona, hormônio de crescimento, hormônio natriurético atrial, hormônio tireoidiano e secreção de insulina) e diminuição da motilidade gastrintestinal. A dopamina é ocitócica e pode induzir contrações uterinas na grávida a termo, enquanto a adrenalina e o isoproterenol diminuem essas contrações. Alterações eletrolíticas podem facilitar as arritmias durante o uso das catecolaminas.

As interações medicamentosas mais citadas das catecolaminas são com os inibidores da MAO (potencialização da ação), alcalóides derivados do ergot (isquemia e gangrena do membro), betabloqueadores (hipertensão, bradicardia reflexa e parada cardíaca), anestésicos halogenados (arritmias) e no *clearance* de drogas. Há aumento do *clearance* da teofilina e da lidocaína com o isoproterenol.

Acidose metabólica

A administração de bicarbonato deve ser feita quando a acidose metabólica for acentuada (pH < 7,20-7,25) e houver instabilidade hemodinâmica. A acidose produz vasodilatação periférica, diminui a contratilidade cardíaca e a resposta às catecolaminas. A administração isolada de bicarbonato para corrigir a acidose metabólica não melhora o estado hemodinâmico.

A administração de bicarbonato com correção muito vigorosa e produção de alcalose é prejudicial. A alcalose desvia a curva de dissociação da hemoglobina para a esquerda, diminuindo a liberação de oxigênio nos tecidos. Há trabalhos experimentais que demonstram, na acidose láctica aguda, aumento da produção de lactato quando se administra bicarbonato.

Como o bicarbonato administrado se distribuirá por todos os líquidos corporais, a dose de bicarbonato é calculada pela água corporal total (cerca de 50% do peso). A metade da dose calculada deve ser administrada em infusão rápida, e o restante lentamente nas 8 a 12 horas seguintes.

Profilaxia

É importante a profilaxia para a lesão aguda da mucosa gástrica com bloqueadores H_2 e da doença tromboembólica (heparina natural ou de baixo peso molecular: enoxaparina ou nadroparina).

Quadro 50-10. Drogas vasoativas: dose, receptores e efeitos

Droga (dose usual μg/kg/min)	***Predomínio da ação em receptor***					
	Dose μg/kg/min	α	β_1	β_2	***D***	***Efeito***
Dobutamina (5-20)	≤ 10		4+	4+	–	↑ contratilidade ↑ DC, ↔ RVS Pode aumentar a PA
	> 10		4+	4+	–	↑ contratilidade ↑ DC, ↓ RVS Pode diminuir a PA
Dopamina	≤ 3-5					↑ perfusão renal e a diurese
	> 3-10 (15)			2+	2+	↑ contratilidade e o DC
	> 10-15	4+				↑ RVS, RVP e a PA Não aumenta o *clearance* renal
Dopexamina		–		4+	4+	↓ RVS e a PA ↑ Perfusão renal e esplâncnica
Isoproterenol (0,01-0,10)		–	+	4+	4+	↓ RVS
Noradrenalina (0,05 a > 0,30)		4+	2+	–	–	↑ RVS e a PA ↑ RVP
Adrenalina	≤ 0,05		4+	2+	–	–
	Dose alta	4+				↑ RVS e RVP
Fenilefrina (0,15-5,0)		4+				↑ RVS
Amrinona *bolus:* 0,75-3 mg/kg e após 4-10 μg/kg/min	–	–	–	–	–	Sem efeito alfa ou beta, ↓ RVS e ↑ DC
Milrinona *bolus:* 50 μg/kg e após 0,37-0,75 μg/kg/min	–	–	–	–	–	↓ RVS e a POAP, ↑ DC
Nitroprussiato de sódio (0,3-10 μg/kg/min)	–	–	–	–	–	Em baixas doses ↑ DC ↓ RVS, RVP e a PA

DC = Débito cardíaco; RVS = resistência vascular sistêmica; RVP = resistência vascular pulmonar; PA = pressão arterial; POAP = pressão ocluída da artéria pulmonar; + = efeito leve; 2+ = efeito intermediário; 4+ = efeito acentuado; ↑ ou ↓ = aumenta ou diminui; ↔ = sem alteração significativa; ação em β1 = inotropismo e cronotropismo; ação em β2 = vasodilatação.

Outras drogas

Estudos anteriores e atuais indicam o benefício de outras drogas. Antioxidantes, usados precocemente, estão sendo avaliados com a finalidade de melhorar as condições locais de perfusão e metabólicas para aumentar a extração de oxigênio tecidual. A fibronectina mantém a integridade da parede da célula endotelial. Esse aspecto mostra a complexidade das importantes interações locais existentes entre os mediadores inflamatórios e a célula endotelial na determinação da lesão tecidual e orgânica.

Anticorpos monoclonais inibidores de endotoxina e de ***mediadores inflamatórios específicos*** não mostraram bons resultados em estudos clínicos. Várias dessas moléculas ainda estão em estudo. Por outro lado, ***anticorpos policlonais*** (com IgG, IgA e enriquecidos com IgM) parecem ter valor quando usados nas primeiras horas da sepse, principalmente em pneumonias graves. O uso de imunoglobulinas policlonais pode diminuir a mortalidade.[3]

Trabalhos utilizando filtração plasmática para a retirada de mediadores inflamatórios não mostraram diminuição da SDOM ou da mortalidade.

Mediadores de fatores da coagulação estão sendo estudados e com perspectiva de sucesso terapêutico quando usados no início da sepse. A proteína C ativada (aPC) tem potente ação anticoagulante, bloqueia a geração de trombina e tem atividade fibrinolítica. Relaciona-se com mediadores inflamatórios e com a cascata do complemento pela interação com a proteína S, a proteína carreadora para C4BP. Além do seu papel antitrombótico, também tem propriedades antiinflamatórias e inibe a adesão celular mediada pela selectina E. A aPC (drotrecogin-alfa) mostrou redução de 6% na mortalidade absoluta na sepse.

Agentes anestésicos, analgésicos e sedativos influenciariam a resposta inflamatória, diminuindo-a. Drogas vasoativas que aumentam o AMP cíclico intracelular podem alterar sua função, como a inibição da quimiotaxia de neutrófilos. Outras drogas também são citadas com essa ação, como os corticosteróides, as quinolonas e os antagonistas de receptores H_2.

■ *Corticosteróides no choque séptico*

A literatura recente indica que na sepse pode ocorrer diminuição da função adrenal. Nos pacientes que não respondem adequadamente às aminas vasoativas após adequada reposição volêmica e correção da acidose metabólica, está indicado o uso da hidrocortisona por tempo prolongado (> 5 dias). A dose inicial para adultos é de 100 mg em 30 min e após 0,18 mg/kg/h até a melhora hemodinâmica (retirada das drogas vasoativas), quando a dose deve ser diminuída para 0,08 mg/kg/h por seis dias e diminuir a dose de 24 mg/dia,[12] Annane *et al* (2002)[5] observaram em pacientes sépticos em uso de catecolaminas diminuição do tempo de uso de drogas vasoativas e da mortalidade utilizando por sete dias a hidrocortisona (50 mg EV de 6/6/h) associada à fludrocortisona (50 μg/dia por sonda)

CONCLUSÕES

O tratamento geral do paciente séptico consiste na retirada da fonte de infecção através da antibioticoterapia apropriada e a drenagem de focos, e retirada de corpos estranhos e próteses infectadas.

O principal e melhor objetivo da fase inicial é a ressuscitação precoce da perfusão tecidual através da reposição volêmica vigorosa e adequada, e nos pacientes que permanecerem hemodinamicamente instáveis ou com manifestações de hipóxia tecidual devem-se utilizar drogas vasoativas.

A ventilação mecânica, a sedação e a analgesia, as profilaxias e outros métodos de suporte devem ser considerados, dependendo das necessidades clínicas do paciente.

Outros tratamentos adjuvantes que podem melhorar a evolução e diminuir a mortalidade dos pacientes sépticos incluem o controle da glicemia, o uso de imunoglobulinas policlonais (27% × 43%) (Alejandria *et al* 2001)[3] e da drotrecogin α (aPC recombinante humana) em sepse severa com disfunção orgânica recente (Bernard *et al* 2001).[9]

REFERÊNCIAS BIBLIOGRÁFICAS

1. Abbas KA, Lichtman AH, Pober JS. *Cellular and Molecular Immunology.* 3rd ed. Philadelphia: WB Saunders, 1997, pp. 1–494.
2. Abraham E, Dinarello C, Vincent JL, Opal S. Consensus conference definitions for sepsis, septic shock, acute lung injury, and ARDS: time for a reevaluation. *Crit Care Med* 2000;28(1):232–5.
3. Alejandria MM, Lansang MA, Dans LF, Mantaring JB. Intravenous immunoglobulin for treating sepsis and septic shock. Cochrane Database Syst Review, 2001.
4. Alia I, Esteban A, Gordo F *et al.* A randomized and controlled trial of the effect of treatment aimed at maximizing oxygen delivery in patients with severe sepsis or septic shock. *Chest* 1999;115(2):453.
5. Annane D, Sébille V, Carpentier C *et al.* Effect of treatment with low doses of hydrocortisone and fludrocortisone on mortality in patients with septic shock. *JAMA* 2002;288:282–871.
6. Beale RJ, Bryg DJ, Bihari DJ. Immunonutrition in the critically ill: a systematic review of clinical outcome. *Crit Care Med* 1999;27:2799–805.
7. Benjamin IJ, Greenberg ML, Alpern RJ, Williams RS. Induction of stress proteins in culture myogenic cells. Molecular signals for the activation of heat shock transcription factor during ischemia. *J Clin Invest* 1992;89:1685–9.
8. Berg RA. Synthesis of proteins. *In* Crystal RG, West JB *et al.* The Lung: Scientific Foundations. New York: Raven Press, 1991, pp 13–24.
9. Bernard GR, Vincent JL, Laterre PF *et al.* Recombinant human activated Protein C. Worldwide Evaluation in Severe Sepsis (PROWESS) Study Group. Efficacy and safety of recombinant human activated protein C for severe sepsis. *N Engl J Med* 2001;344:699–709.
10. Bolton C. Critical illness polyneuropathy, a useful concept. *Muscle & Nerve* 1999;(3):419–22.
11. Bone RC, Balk RA, Cerra FB, Dellinger RP, Fein AM, Knaus WA *et al.* Definitions for sepsis and organ failure and guidelines for the use of innovative therapies in sepsis. The ACCP/SCCM Consensus Conference Committee. American College of Chest Physicians/Society of Critical Care Medicine. *Chest* 1992;101(6):1644–55.
12. Briegel J, Forst H, Haller M *et al.* Stress doses of hydrocortisone reverse hyperdynamic septic shock: a prospective randomized double-blind single center study. *Crit Care Med* 1999;27:723–32.
13. Briegel J. Hydrocortisone and the reduction of vasopressors in septic shock therapy or only chart cosmetics? *Intens Care Med* 2000;26(12):1723.
14. Craven DE, Driks MR. Nosocomial pneumonia in the intubated patient. *Semin Respir Infect* 1987;2(1):20–33.
15. David A, Teitelbaum, Albina J, Bothe A, Guenter P, Irethon-Jones C *et al.* Guidelines for the use of parenteral and enteral nutrition in adult and pediatric patients. *JPEN* 2002;26(1):1SA–138SA.
16. David CMN. A nutrição enteral estéril diminui a colonização microbiana do estômago e das vias aéreas inferiores no paciente em ventilação mecânica? Tese Doutorado. Departamento de Doenças Infecto-Contagiosas, Faculdade de Medicina Universidade Federal do Rio de Janeiro, 1996.
17. David CMN. Fisiopatologia do choque séptico. *In* Raad JA (Ed.): *50 Años 50 Temas.* Quito, Equador: Imprenta Nación, 1999, p 137.
18. David CMN. Hiperinflamação e imunoparalisia. Simpósio Internacional de Sepse — Rio de Janeiro, RJ, 2000.
19. David CMN. Pneumonia na UTI: Bases para a antibioticoterapia empírica. *Rev Bras Terap Intens* 1998;10(1):5–11.
20. David CMN. Sepse. *In* David CMN, Goldwasser RS, Nácul F (Eds.): *Medicina Intensiva: Rotinas do Hospital Universitário Clementino Fraga Filho.* Rio de Janeiro: Revinter, 1997.
21. David CMN. Complicações infecciosas da ventilação mecânica. *In* David CMN (Ed.): *Ventilação Mecânica: da Fisiologia ao Consenso Brasileiro.* Rio de Janeiro: Revinter, 1996, pp 221–9.
22. David CMN. Ventilação mecânica: repercussões hemodinâmicas. *In* David CMN (Ed.): *Ventilação Mecânica: da Fisiologia ao Consenso Brasileiro.* Rio de Janeiro: Revinter, 1995, pp 77–85.
23. Donati YRA, Kantengwa S, Polla BS. Phagocytosis and heat shock response in human monocytes-macrophages. *Pathobiology* 1991;59:156–61.
24. Evans TW, Smithies M. Organ dysfunction. *BMJ* 1999;318:1606–9.

25. Fagon JY, Chastre J, Hance AJ, Domart Y, Trouillet JL, Gilbert C. Evaluation of clinical judgment in the identification and treatment of nosocomial pneumonia in ventilated patients. *Chest* 1993;103:(2):547–53.
26. Fagon JY, Chastre J, Hance AJ. Nosocomial pneumonia in ventilated patients: a cohort study evaluating attributable mortality and hospital stay. *Am J Med* 1993;94:281–8.
27. Gadek JE, Demichele SJ, Karlstad MD. Effect of enteral feeding with eicosapentaenoic acid, glinolenic acid, and antioxidants in patients with acute respiratory distress syndrome. *Crit Care Med* 1999;27:1409–20.
28. Heyland DK, Novak F, Drover JW. Should immunonutrition became routine in critically ill patients? A systematic review of the evidence. *JAMA* 2001;286:944–53.
29. Heys SD, Walker LG. Enteral nutritional supplementation with key nutrients in patients with critical ilness and cancer. A meta-analysis of randomized controlled trials. *Ann Surg* 1999;229:467–77.
30. Ince C, Sinaasappel M. Microcirculatory oxygenation and shunting in sepsis and shock. *Crit Care Med* 1999;27:1369–77.
31. Japiassu A, David CMN, Pinto J, Koats V. TNF-alfa kinetic in septic shock patients treated with human polyclonal immunoglobulin vs. placebo. *Crit Care Med* 2001;29(12):A291.
32. Lan J, Junod AF. Heat shock proteins. *In* Barnes PJ, Stockley RA (Eds.): *Molecular Biology of Lung Disease*. Oxford: Blackwell Scientific Publications, 1994.
33. Karima R, Matsumoto S, Higashi H, Matsushima K. The molecular pathogenesis of endotoxic shock and organ failure. *Molec Medicine Today* mar 1999:123–32.
34. Majno G, Joris I. *Cells Tissues and Diseases: Principles of General Pathology.* Boston: Blackwell Science, 1996, Chap 5.
35. Mandell GL, Bennett JE, Dolin R. *Principles and Practice of Infectious Diseases.* 4th ed. London, and New York: Churchill Livingstone, 1995.
36. Marik PE, Cook D, Sibbald W. The hemodynamic derangements in sepsis: implications for treatment strategies. *Chest* 1998;114:854–60.
37. Marik PE. Sublingual capnography: a clinical validation study. *Chest* 2001;120:923–7.
38. Marik PE. Pulmonary artery catheterization and esophageal doppler monitoring in the ICU. *Chest* 1999;116:1085–1091.
39. Marshall JC, Cook D, Sibbald W. Multiple organ dysfunction score: a reliable descriptor of a complex clinical outcome. *Crit Care Med* 1995;23(10):1638–52.
40. Martins GA, David CMN, Carvalho MGC. Expression of heat shock protein 70 in leukocytes of patients with sepsis. *Int J Mol Med* 1999;3:401–4.
41. Martins GA. Aspectos moleculares da sepse. Tese Pós-Graduação em Terapia Intensiva Universidade Federal do Rio de Janeiro, 2002.
42. Murrray JF, Mathay MA, Luce J *et al.* An expandel definition of the adult respiratory distress syndrome. *Am Rev Respir Dis* 1988;138:720–3.
43. Mutunga M, Fulton B, Bullock R, Batchelor A, Gascoigne A, Gillespie JI, Baudouin SV. Circulating endothelial cells in patients with septic shock. *Am J Respir Crit Care Med* 2001;163:195–200.
44. Niederman MS, Fein AM. The interaction of infection and the adult respiratory distress syndrome. *Crit Care Clin* 1986;2(3):471–95.
45. Olson NC, Hellyer PW, Dodam JR. Mediators and vascular effects in response to endotoxin. *Br Vet J* 1995;151(5):489–522.
46. Oud L, Haupt MT. Persistent gastric intramucosal ischemia in patients with sepsis following resuscitation from shock. *Chest* 1999;115:1390–6.
47. Papadopoulos M, Bennett E. Pathophysiology of septic encephalopathy: a review. *Crit Care Med* 2000;28(8):3019–24.
48. Parillo JE, Bone RC. *Critical Care Medicine: Principles of Diagnosis and Management.* St. Louis: Mosby, 1995.
49. Parillo JE, Balk RA, Calvin Jr. JE, Franklin CM, Shapiro BA. *Yearbook of Critical Care Medicine*. St. Louis: Mosby, 1995.
50. Ratcliffe PJ. Hipoxically inducible gene expression. *In* Crystal RG, Barnes PJ, West JB, Oweibel ER (Eds.): *The Lung: Scientific Foundations.* 2nd ed. Philadelphia: Lippincott–Raven, 1997, pp 319–32.
51. Rouby JJ, Martin de La Salle E, Poette P, Nicolas MH, Bodin JL, Le Carpentier Y *et al.* Nosocomial bronchopneumonia in the critically ill. *Am Rev Respir Dis* 1992;46:1059–66.
52. Soares AC. Avaliação do comportamento da proteína C-reativa em pacientes com sepse na UTI. Tese Pós-Graduação em Terapia Intensiva — Universidade Federal do Rio de Janeiro, 2002.
53. Soares J, David CMN, Japiassú A, Koats V. TNF-alfa and glucose metabolism in septic patients. *Crit Care Med* 2001;29(12):A209.
54. Spies C, Haude V, Fitzner R, Schroder K, Overbeck M, Runkel N, Schaffartzik W. Serum cardiac troponin T as a prognostic marker in early sepsis. *Chest* 1998;113:1055–63.
55. Varon J, Fromm RE Jr. Fluid balance in sepsis: Are we ready for a negative balance? *Chest* 2000;117:1535–6.
56. Vianna R. Tese Pós-Graduação em Terapia Intensiva Universidade Federal do Rio de Janeiro, 2002.
57. Vianna RCS, Bozza PT, Castro-Faria Neves HC, David CMN. Comparação entre o uso de antibióticos betalactâmicos e não-betalactâmicos na liberação de endotoxina e na resposta inflamatória e antiinflamatória em um modelo experimental de sepse. *RBTI* (Supl.) abr 2002.
58. Vincent TJ, Silva E. Choice of pharmacological agents in hypoperfusion syndrome. *In* Grello A: *Anaesthesia Pain Intensive Care and Emergency Medicine.* Berlin/Heidelberg/New York: Springer-Verlag, 1997, pp 223–34.
59. Waxman K. What mediates tissue injury after shock? *New Horizons* 1996;4(2):151–318.
60. Weiskopf RB, Viele MK, Feiner J *et al.* Human cardiovascular and metabolic response to acute, severe isovolemic anemia. *JAMA* 1998;279:217–21.
61. Wheeler A, Bernard G. Treating patients with severe sepsis. *N Engl J Med* 1999;340(3):207–14.
62. Yalavatti HS, Debacker D, Vincent JL. Assessment of cardiac index in anemic patients. *Chest* 2000;118:782–7.
63. Yan SB, Helterbrand JDH, Hartman DL, Wright TJ, Bernard GR. Low levels of protein C are associated with poor outcome in severe sepsis? *Chest* 2001;120:915–22.
64. Yu P, Martin CM. Increased gut permeability and bacterial translocation in Pseudomonas pneumonia-induced sepsis. *Crit Care Med* 2000;28(7):2573.

51 Coagulopatia na Sepse

Eliézer Silva

A sepse é uma das doenças mais intrigantes da medicina. Do ponto de vista epidemiológico, apresenta elevadas prevalência, incidência e taxa de mortalidade, comparáveis inclusive ao infarto agudo do miocárdio.[1,2] Do ponto de vista fisiopatológico, reúne situações absolutamente paradoxais. Durante a evolução da doença, observa-se hipóxia tecidual em concomitância ao elevado catabolismo; liberação de mediadores inflamatórios, simultânea à produção de substâncias antiinflamatórias; elevados níveis plasmáticos de compostos vasodilatadores e vasoconstritores e, finalmente, o próprio processo de cura – mecanismos de defesa do organismo ao patógeno invasor – pode lesar gravemente ou mesmo matar o paciente. É dentro desse complexo cenário que se coloca, de forma não menos paradoxal, o sistema de coagulação. Como se observará, substâncias com propriedades anticoagulantes e antiinflamatórias apresentam também propriedades coagulantes e inflamatórias. Acresce-se o fato de que, embora a sepse seja um estado trombofílico adquirido, podem-se observar fenômenos hemorrágicos graves e ameaçadores à vida. Vale destacar que, assim como outras disfunções orgânicas relacionadas com a sepse, a coagulopatia divide a mesma base fisiopatológica e está inserida dentro de um modelo conceitual que inclui infecção não-controlada, resposta inflamatória sistêmica, alteração da resposta imunológica, disfunção endotelial, hipóxia tecidual, apoptose e eixo intestino-hepático (translocação bacteriana/produção de citocinas). O espectro clínico da coagulopatia na sepse abrange desde leves alterações laboratoriais até seu extremo de gravidade, que é a coagulação intravascular disseminada.

O objetivo deste capítulo é o de revisar a fisiopatologia da coagulopatia, destacando os mais recentes achados, do ponto de vista diagnóstico e terapêutico, descritos nos últimos 20 anos.

FISIOLOGIA DA COAGULAÇÃO

Neste tópico, destacar-se-ão apenas os elementos-chave, envolvidos na cascata da coagulação, que são fundamentais para o entendimento fisiopatológico da coagulopatia na sepse, não fazendo parte do escopo deste capítulo revisar toda a fisiologia da cascata da coagulação. Destacar-se-ão: a) substâncias coagulantes – fator tecidual e trombina; b) anticoagulantes – inibidor da via do fator tecidual, antitrombina e proteína C; c) sistema fibrinolítico/antifibrinolítico – plasminogênio, ativador do plasminogênio e inibidor do ativador do plasminogênio (PAI, do inglês, *plasminogen-activator inhibitor*).

Fisiologicamente, cada fenômeno trombótico desencadeado no organismo é acompanhado pela geração de substâncias anticoagulantes e fibrinolíticas. Lesão endotelial, de qualquer natureza (incluindo endotoxina), estimula a produção do *fator tecidual*, composto que desencadeia uma seqüência de reações enzimáticas, ativando substâncias, até então inertes no plasma, capazes de gerarem, em última instância, fibrina. O complexo, ora formado, fator tecidual-fator VII, é capaz de ativar os fatores IX e X, desencadeando o processo fisiológico responsável pela geração de uma segunda molécula crucial na fisiologia da coagulação, a *trombina*. A trombina, por sua vez, atua na transformação do fibrinogênio em fibrina, a qual é um dos principais componentes do coágulo.

A trombina possui várias outras propriedades além dessa atividade pró-coagulante. Uma de suas principais funções é a de se ligar à trombomodulina, que é expressa na superfície das células endoteliais. Em contrapartida, a trombomodulina impede boa parte das ações coagulantes da trombina, através de sua ligação ao mesmo sítio que a trombina se ligaria ao fibrinogênio ou às plaquetas. Além disso, o complexo trombina-trombomodulina ativa a proteína C, desencadeando a via da proteína C ativada (atividade anticoagulante e pró-fibrinolítica). A Figura 51-1 descreve a clássica cascata da coagulação, e a Figura 51-2 sintetiza as principais funções da trombina, destacando também sua participação na cascata inflamatória.[3]

Três importantes vias controlam a cascata da coagulação: antitrombina (AT), proteína C ativada/proteína S e inibidor da via do fator tecidual.

AT, produzida no fígado (e, possivelmente, nas células endoteliais), é um dos mais potentes inibidores da cascata da coagulação. Exerce seu papel como anticoagulante através da inibição da trombina, formando o complexo AT-trombina, que é um marcador de ativação da cascata de coagulação. AT também inibe os fatores XIIa, XIa, IXa, Xa, plasmina e calicreína. Além disso, em conjunção com a heparina ou com inibidor do fator tecidual, pode bloquear o complexo VIIa-FT. AT também possui atividade antiinflamatória. Além de inibir a trombina e estimular a produção de prostaciclinas (efeito antiinflamatório indireto), AT inibe a produção de citocinas inflamatórias como, por exemplo, IL-6.[4]

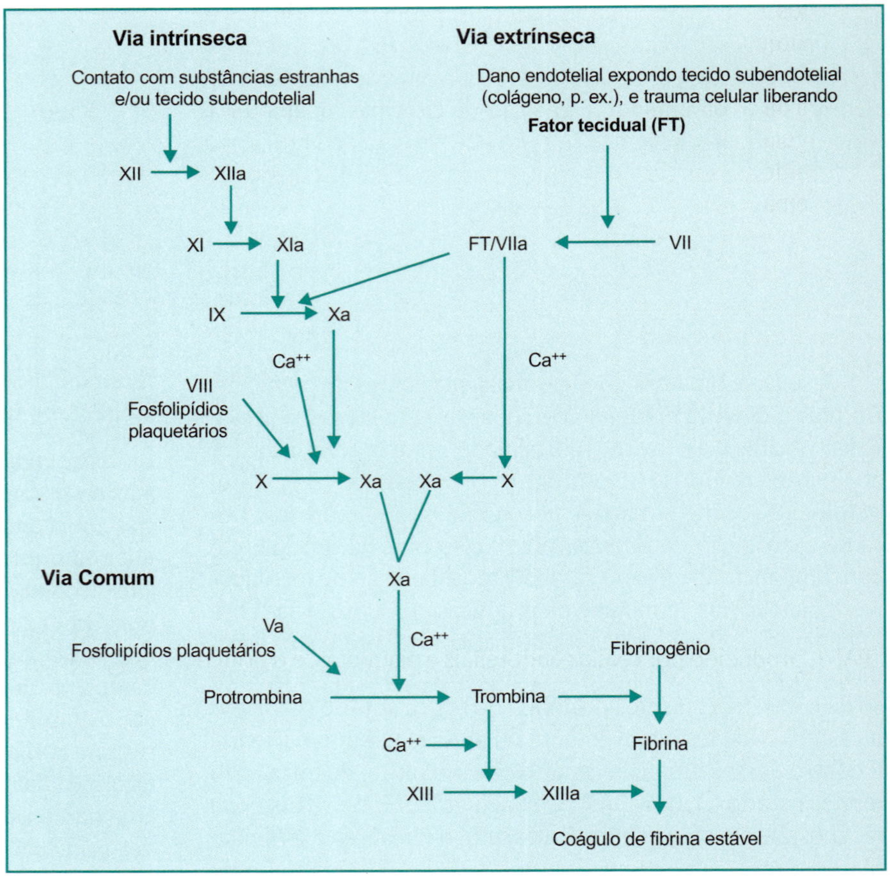

Fig. 51-1. Cascata clássica da coagulação.

O inibidor da via do fator tecidual bloqueia a ação do complexo fator VIIa-FT ao se ligar com o fator Xa, impedindo o desencadeamento da cascata da coagulação em sua fase mais inicial. A principal fonte do inibidor da via do fator tecidual são as células endoteliais.

Outra molécula importante no controle da cascata de coagulação é a via da proteína C. Essa molécula, quando ativada, exerce seu papel como anticoagulante ao inativar os fatores Va e VIIIa, bloqueando a geração de trombina. Como destacado, a própria trombina, ao se ligar à trombomodulina, ativa a proteína C, funcionando como uma "alça" de controle da própria geração de trombina. Além dessa ação anticoagulante, a proteína C ativada é capaz de bloquear a ação do PAI-1 e do TAFI (inibidor da fibrinólise dependente de trombina – do inglês *thrombin-activatable fibrinolysis inhibitor*), diminuindo o efeito supressivo desses compostos sobre a fibrinólise. Portan-

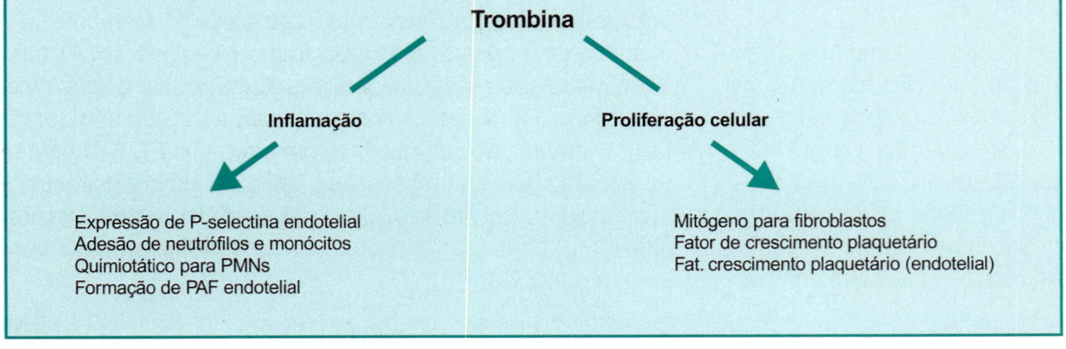

Fig. 51-2. Respostas celulares e humorais a pequenas concentrações de trombina.[3]

to, a proteína C ativada apresenta um papel pró-fibrinolítico. Por fim, a proteína C ativada é capaz de reduzir a resposta inflamatória por vários mecanismos: a) diminuindo a geração de trombina; b) diminuindo a geração de citocinas inflamatórias (bloqueando a ação intracelular do NF-kB); c) impedindo a ligação do LPS ao seu receptor de membrana o CD14; e d) diminuindo a expressão do fator tecidual.

Finalmente o sistema fibrinolítico. O plasminogênio é uma proteína inativa, circulante no plasma, que se liga à fibrina à medida que o coágulo está sendo formado. O plasminogênio é convertido a plasmina no momento da formação desse complexo com a fibrina, iniciando a fibrinólise. Por sua vez, o plasminogênio é ativado pelo ativador tecidual do plasminogênio (tPA, do inglês *tissue plasminogen activator*) e pelo ativador do plasminogênio, tipo-uroquinase (uPA, do inglês *urokinase-type plasminogen activator*), que são sintetizados pelo endotélio. Vale ressaltar que tanto a proteína C ativada quanto a trombina podem estimular as células endoteliais a secretarem tPA.

Os compostos que controlam a fibrinólise são os inibidores do ativador do plasminogênio (PAI). Especificamente, o PAI-1, produzido por células endoteliais e plaquetas, é o principal inibidor do tPA. A secreção de PAI-1 é estimulada pela trombina. Embora a plasmina ligada à fibrina seja, habitualmente, resistente à inativação, existem algumas substâncias que inibem a atividade da plasmina circulante, incluindo α-2 antiplasmina, α-2 macroglobulina, α-1 antitripsina e inibidor da C1-esterase. A Figura 51-3 demonstra a ação dos anticoagulantes endógenos na cascata da coagulação.

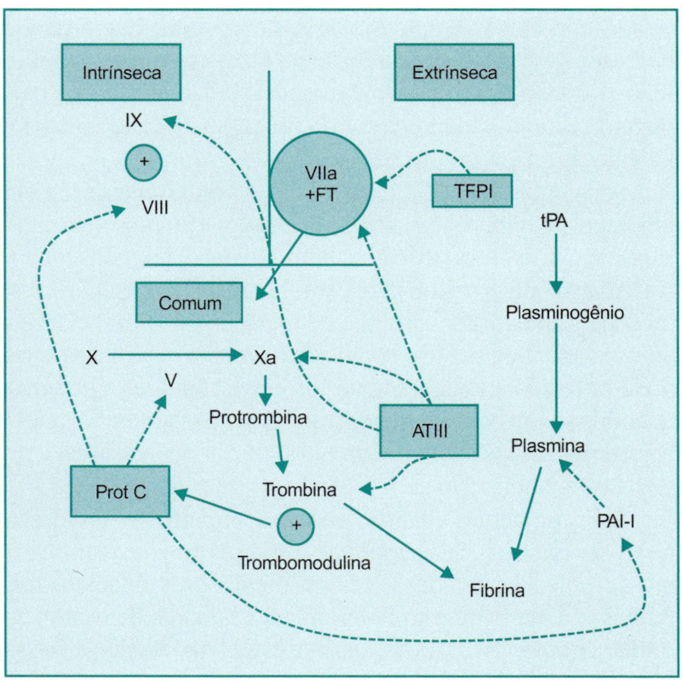

Fig. 51-3. Ação dos principais anticoagulantes endógenos, antitrombina (AT), proteína C ativada (Prot C) e inibidor da via do fator tecidual (TFPI), na cascata da coagulação – adaptado de Opal SM [10]. PAI-1 – do inglês, *plasminogen activator inhibitor*-1; t-PA – do inglês, *tissue plasminogen activator.* Setas contínuas significam *estímulo,* e as tracejadas, *inibição.*

RELAÇÃO ENTRE COAGULAÇÃO E INFLAMAÇÃO

Vários mecanismos fisiopatológicos interligam coagulação e resposta inflamatória. Como destacado, a trombina é uma das principais proteínas que exercem esse papel. Para se exemplificar e facilitar a compreensão desse processo fisiopatológico, utilizar-se-á o modelo de endotoxemia ou de sepse por gram-negativos.

Vários estudos têm demonstrado que inflamação sistêmica é acompanhada por ativação do sistema de coagulação.[5,6] Como se sabe, a infusão de LPS pode desencadear tanto uma resposta inflamatória (liberação de citocinas, de produtos da degradação do ácido araquidônico, ativação leucocitária etc.) quanto, direta ou indiretamente, desencadear a cascata de coagulação através da expressão do fator tecidual (FT). Como destacado, esse FT liga-se ao fator VIIa, desencadeando a coagulação. Portanto, a partir dessa informação, pode-se concluir que sepse é uma condição pró-coagulante.

As principais citocinas liberadas a partir da infusão de LPS são TNF-α, interleucina (IL)-1β e IL-6. IL-6 parece ser a grande responsável pela expressão de FT. TNF também atua, via interação com IL-6, principalmente estimulando a produção de PAI-1. Citocinas inflamatórias inibem a síntese de trombomodulina, que é essencial para a ativação da proteína C.[7] A inibição da trombomodulina, diminuindo a ação anticoagulante da proteína C, potencializa a ação pró-coagulante dessas citocinas. IL-10, uma citocina antiinflamatória, inibe a ativação da coagulação (diminui a expressão do FT), bem como inibe o potencial antifibrinolítico observado durante a sepse.[8] Esses efeitos podem ser independentes da inibição da ação das citocinas inflamatórias.

As citocinas, além de estimularem o sistema de coagulação, diminuem a ação de substâncias anticoagulantes e podem também reduzir a atividade fibrinolítica, embora esta esteja bastante ativada (pensar sepse sempre de forma dialética). Explicando: durante a ativação do sistema de coagulação, o sistema fibrinolítico é também ativado, exaurindo-se com o tempo. Essa exaustão do sistema fibrinolítico (queda dos níveis de plasminogênio), associada ao aumento dos níveis séricos de PAI-1 (que inibe a ativação do ativador de plasminogênio) e de TAFI, resulta em um desequilíbrio de forças, favorecendo a ação pró-coagulante e, mais tarde, antifibrinolítica.[9,10]

Outro aspecto a ser destacado é a participação da ativação do sistema de coagulação na resposta inflamatória (funcionando como um *feedback* positivo desse ciclo vicioso).[11] Boa parte desse papel é desempenhada pela trombina. A trombina pode estimular a produção de citocinas inflamatórias, promover a expressão de P-selectina pelas células endoteliais – causando adesão de neutrófilos e monócitos – e de fator ativador plaquetário (PAF) – levando à formação de *plugues* plaquetários. Por sua vez, PAF é um dos principais ativadores de neutrófilos, que desempenham importante papel na lesão tecidual na sepse.[12]

Outra conseqüência da ativação da resposta inflamatória é a redução dos níveis plasmáticos de antitrombina (AT) e proteína C ativada. Os mecanismos responsáveis pela redução da atividade da AT são a diminuição de sua síntese no fígado, consumo durante a formação dos complexos AT-trombina – presente nos estados de ativação da cascata da coagulação –, o extravasamento capilar e a sua degradação pela elastase (produzida por neutrófilos ativados).[13] Quanto à proteína C, além da diminuição da expressão da trombomodulina induzida pelo TNF e da ação da elastase neutrofílica, tem atividade diminuída pelo consumo durante a coagulopatia, diminuição da síntese e da sub-regulação de seu receptor de membrana endotelial. A própria geração da proteína de fase aguda C4bBP, que se liga à proteína S, diminuindo a disponibilidade da fração, reduz a ativação da proteína C.[14] Todos esses mecanismos reduzem a atividade desses anticoagulantes endógenos, favorecendo a formação de microtromboses. Existe uma relação inversa entre níveis circulantes de AT e proteína C e sobrevida em pacientes com meningococcemia e outros tipos de sepse.[6,15,32]

Uma vez ativado esse estado pró-coagulante, uma das principais conseqüências é a diminuição do fluxo sangüíneo capilar secundário a microtromboses. Essa diminuição do fluxo capilar é traduzida por hipóxia tecidual, que, por sua vez, pode agir como estímulo inflamatório. Estudos têm mostrado que existe um aumento da produção de proteínas de fase aguda durante hipóxia tecidual, principalmente α_1-antitripsina, α_1-antiquimiotripsina, complemento C3, haptoglobina e glicoproteína ácida.[16] Embora não existam provas definitivas do significado fisiológico da indução de proteínas de fase aguda pela hipóxia tecidual, elas podem servir para minimizar a lesão tecidual secundária à deprivação de oxigênio. α_1-antitripsina e α_1-antiquimiotripsina bloqueiam as proteases neutrofílicas, elastase e catepsina G,[17] podendo prevenir lesão pulmonar aguda secundária à ativação neutrofílica.[18] Além disso, hipóxia tecidual aumenta os níveis de NF-IL-6 e NF-κB no núcleo celular.[19,20] Outro dado complementar é que, durante estados de privação de oxigênio, as células ativam o fator de transcrição HIF-1 (do inglês, *hypoxia-inducible factor)*. A ativação desse fator resulta, entre outros, em aumento da expressão dos genes de PAI-1 e do fator de crescimento endotelial vascular (EGF). Dados recentes demonstram que a trombina pode estimular a expressão de HIF-1, resultando em níveis mais elevados de PAI-1. Por fim, vale a pena destacar que hipóxia tecidual é um estímulo à produção de catecolaminas. Sabe-se que os α-agonistas participam na indução de citocinas inflamatórias, enquanto os β-agonistas são inibidores. Alguns autores postulam que essa propriedade pode interferir na evolução de pacientes submetidos à infusão de catecolaminas.[21]

Em resumo, pode-se inferir alguns conceitos chaves para o entendimento da relação entre inflamação e coagulação: a) o LPS pode desencadear a cascata de coagulação tanto direta quanto indiretamente (através da liberação de citocinas no plasma); b) IL-6, especialmente, e TNF-α e IL-1, secundariamente, são as principais citocinas envolvidas na expressão do FT, na inibição da trombomodulina, na diminuição de proteína C, proteína S e AT e, na elevação dos níveis séricos de PAI-1; c) a trombina participa tanto nas atividades pró-coagulantes quanto inflamatórias (estimulando a produção de citocinas, P-selectina e PAF); d) hipóxia tecidual (HIF-1) secundária a microtromboses, também é responsável pela produção de citocinas inflamatórias, e, por fim, e) as catecolaminas podem participar tanto como inflamatórias (α-agonistas) quanto antiinflamatórias (β-agonistas). O Quadro 51-1 descreve os fenômenos pró-coagulantes e antifibrinolíticos responsáveis, em última instância, pela microtrombose difusa.

Quadro 51-1. **Fenômenos pró-coagulantes e antifibrinolíticos presentes durante a sepse e que favorecem a microtrombose difusa**

Diminuição da ação anticoagulante	***Estímulo à coagulação***	***Inibição da fibrinólise***
⇓ trombomodulina	⇑ expressão do fator tecidual	⇑ PAI-1
⇓ antitrombina	⇑ trombina	⇑ TAFI
⇓ proteína C ativada	⇑ micropartículas	⇓ proteína C ativada
⇓ da expressão do receptor endotelial para proteína C	⇑ PAF	

PAI-1 = Inibidor do ativador do plasminogênio - tipo I; TAFI = inibidor de fibrinólise ativado pela trombina; PAF = fator ativador plaquetário.

DISFUNÇÃO ENDOTELIAL E COAGULOPATIA NA SEPSE

As células endoteliais estão, continuamente, em contato com plasma e células circulantes do sangue. Apesar de desenvolver inúmeras funções fisiológicas, que contribuem para a homeostase e para a manutenção do fluxo sangüíneo, o endotélio, por ser o principal alvo da resposta inflamatória na sepse, pode servir como mantenedor do processo de coagulopatia e inflamação.

Sob condições fisiológicas, as células endoteliais exercem um papel de inibição da cascata de coagulação por vários mecanismos: a) expressão de trombomodulina e, por conseqüência, ativação de proteína C; b) expressam, em suas superfícies, proteoglicanos, como o sulfato de heparan, que potencializa a ação de anticoagulantes, como antitrombina e inibidor da via do fator tecidual; c) liberam, na corrente sangüínea, pequenas quantidades de tPA e, d) inibem a agregação plaquetária, por liberarem prostaciclinas e óxido nítrico e por expressarem a difosfatase de adenosina.[22]

Sob condições inflamatórias, no entanto, o endotélio torna-se "ativado". Sua superfície torna-se pró-coagulante, expressa moléculas de adesão e libera mediadores inflamatórios. Primeiro, a perda de trombomodulina e heparan da superfície celular endotelial e o início da síntese de fator tecidual. Dessa forma, as células endoteliais deixam de ativar proteína C. Em segundo lugar, diminui a produção de antitrombina e do inibidor da via do fator tecidual, prejudicando, sobremaneira, sua ação anticoagulante e "liberando" a trombina como substância coagulante e inflamatória (junto com os fatores VIIa e Xa, atua como um *feedback* positivo, reativando as células endoteliais, através de proteólises). Em terceiro lugar, ocorre a interação do FT com o fator VII, iniciando a cascata da coagulação.

Mais recentemente, tem-se acrescido aos mecanismos fisiopatológicos acima enumerados a função das micropartículas de fosfolipídios. Estas podem ser oriundas de plaquetas, células endoteliais e fagócitos, e são pequenas vesículas que freqüentemente carreiam a fosfatidilserina fosfolipídica sobre a parte externa de suas membranas, que serve como âncora para fatores de coagulação vitamina K-dependentes. Podem também conter FT, expondo-o ao sangue e iniciando a coagulação. Nieuwland *et al*[23] recentemente descreveram micropartículas geradoras de trombina em pacientes sépticos, complicando ainda mais a complexa coagulopatia na sepse.

Da mesma forma que o endotélio torna-se pró-coagulante pelas razões expostas, assume também um papel antifibrinolítico, favorecendo ainda mais a formação de microtromboses. Infusão de TNF, inicialmente, faz com que o endotélio desencadeie a ativação do plasminogênio, dando origem à plasmina. No entanto, e novamente de forma paradoxal, o mesmo TNF estimula a produção de PAI-1 pelas mesmas células endoteliais, inibindo o estado fibrinolítico inicialmente gerado. Esse desequilíbrio da relação trombina-plasmina, em favor da primeira, é a via final do estado pró-coagulante que o endotélio passa a assumir após o início da reação inflamatória sistêmica.

Como destacado anteriormente, o endotélio passa a expressar moléculas de adesão, tais como P-selectina, E-selectina, ICAM-1 e VCAM-1. A resultante é a interação e, posteriormente, adesão de leucócitos ao endotélio. Outro papel pró-inflamatório do endotélio envolve a produção de mediadores lipídicos, como PAF e prostaglandinas, produção de IL-6, fatores do complemento e quimiotáticos para leucócitos e distúrbios da sinalização redox. O endotélio tem função primordial na síntese de óxido nítrico (NO). A diminuição da produção do NO pode gerar distúrbios de reatividade vascular e promover aumento da adesividade plaquetária. Alterações de sinalização intracelular vascular causadas pela geração de espécies reativas de oxigênio também podem decorrer da atividade anormal de enzimas associadas ao balanço redox de células endoteliais, musculares lisas vasculares e fibroblastos de adventícia como a isomerase de dissulfetos protéicos (PDI), NAD(P)H oxidases, xantina-oxidase, entre outras.[24,25]

Conclui-se assim que o endotélio participa ativamente da fisiopatologia da sepse. Colabora para o estado pró-coagulante e inflamatório, liberando substâncias vasoativas (não fazem parte do escopo deste capítulo) que interferem sobremaneira nas alterações hemodinâmicas, contribuindo para o estado de má perfusão tecidual.

SEPSE, COAGULOPATIA E DISFUNÇÃO DE MÚLTIPLOS ÓRGÃOS

A integração dos conceitos acima remete-nos às seguintes assertivas: a) a reciprocidade de efeitos entre coagulação e inflamação é um forte componente da fisiopatologia da sepse; b) o endotélio ativado altera a fisiologia da homeostase, promovendo, em última análise, microtrombose difusa; c) o impedimento da perfusão tecidual, secundária a esses fenômenos de trombose na microcirculação, é, em parte, responsável pela hipóxia tecidual, e esta pode ampliar a resposta inflamatória que, por sua vez, agrava a coagulopatia (Fig. 51-4).

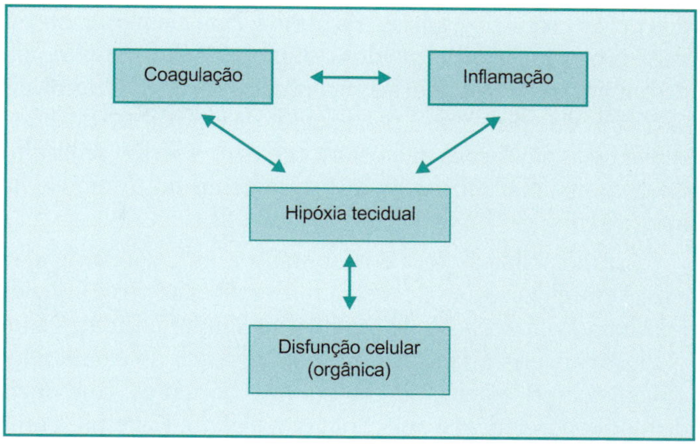

Fig. 51-4. Hipóxia tecidual, *per se*, é responsável pela liberação de mediadores inflamatórios. Alguns desses mediadores, direta ou indiretamente, levam à ativação da cascata da coagulação que, por sua vez, agravam a resposta inflamatória. Coagulopatia difusa determina a formação de trombose na microcirculação, deteriorando ainda mais a perfusão tecidual (hipóxia tecidual). A conjunção desses fenômenos determina disfunção celular, que, quando difusa, se traduz por disfunção orgânica. A disfunção cardiovascular, por exemplo, pode agravar ainda mais a hipóxia tecidual.

Com esses dados, podemos afirmar que coagulação intravascular disseminada (CIVD) é uma condição adquirida caracterizada pela ativação intravascular da coagulação até a formação de fibrina na microcirculação, podendo ser acompanhada ou não por fibrinólise. As manifestações clínicas variam desde leves alterações laboratoriais até a disfunção de múltiplos órgãos, associada ou não a fenômenos hemorrágicos. A incidência da CIVD, nas diferentes formas de apresentação de sepse, varia desde 16% na sepse sem disfunção orgânica, 18% na sepse grave e 38% no choque séptico.[26] Assim, CIVD pode ser considerada uma das disfunções orgânicas relacionadas à sepse. No entanto, deveria ser mais bem considerada como a *base fisiopatológica das disfunções orgânicas*.

Existem várias evidências na literatura relacionando a coagulopatia disseminada com disfunção orgânica, especialmente na sepse. Modelos experimentais revelam que a infusão de *E. coli* desencadeia os seguintes fenômenos: a) perda de líquidos e choque (síndrome do extravasamento capilar e colapso vascular); b) fenômenos hemorrágicos; c) obstrução do fluxo (trombose microvascular reversível ou irreversível). Hipóxia tecidual é secundária, em boa parte, a esse último mecanismo, e, quando persistente, desencadeia a disfunção de múltiplos órgãos.[27]

Revisando as alterações hemostáticas responsáveis pela microtrombose difusa secundária à infusão de *E. coli*, pode-se sintetizar da seguinte forma. Observa-se elevação, seguida de queda progressiva dos níveis séricos de fibrinogênio e da contagem de plaquetas, acompanhada de elevação progressiva dos produtos de degradação da fibrina. Paralelamente, observa-se progressiva formação dos complexos TAT (trombina/ antitrombina) e de elastase, acompanhados de queda dos níveis circulantes de proteína C. O marcador de hipóxia tecidual que segue essas alterações hemostáticas é o nível sérico de lactato que acompanha, *pari passu,* o espraiamento da trombose na microcirculação.[27]

Estudos clínicos têm corroborado a íntima relação que existe entre expressão de mediadores inflamatórios e aqueles relacionados à ativação da coagulação. Em 29 pacientes com resposta inflamatória sistêmica, o nível sérico de trombomodulina solúvel estava diminuído nos pacientes com mais disfunções orgânicas e que evoluíram a óbito. Esses pacientes apresentavam também níveis séricos elevados de TNF e IL-1β.[28] Em outro estudo, envolvendo pacientes politraumatizados, plaquetopenia < 80.000 cel/mm^3 apresentou sensibilidade de 83% e especificidade de 100% na predição de disfunção de múltiplos órgãos.[29]

Outra forma de se verificar a relação entre sepse, coagulopatia e disfunção de órgãos é a constatação em estudos clínicos envolvendo pacientes sépticos de que há diminuição de anticoagulantes endógenos e elevação de substâncias antifibrinolíticas. Fourrier *et al*[30] demonstraram que em pacientes com choque séptico há diminuição importante de antitrombina e proteína C. Kidokoro *et al* demonstraram que os pacientes sépticos com disfunções orgânicas apresentavam níveis mais elevados de PAI-1, inibindo a ação do t-PA, que também estava elevado.[31] Mais recentemente, Yan *et al* demonstraram a nítida relação entre níveis séricos diminuídos de proteína C e má evolução em pacientes com sepse grave,[32] assim como Faust *et al* detectaram a diminuição da expressão de trombomodulina e dos receptores endoteliais de proteína C em pacientes com meningococcemia grave.[33]

Em resumo, constata-se uma associação entre marcadores pró-coagulantes, diminuição dos anticoagulantes e aumento da expressão de moléculas antifibrinolíticas em pacientes com sepse que evoluem para disfunção orgânica. A justificativa dos estudos clínicos envolvendo antitrombina, proteína C ativada e inibidor da via fator tecidual repousa no fato de essas substâncias apresentarem, em maior ou menor grau, atividades anticoagulantes, antiinflamatórias e pró-fibrinolíticas.

MARCADORES DIAGNÓSTICOS DA COAGULOPATIA RELACIONADA À SEPSE

Durante a evolução de um paciente com choque séptico, costuma-se monitorar parâmetros relacionados à condição hemodinâmica, respiratória, metabólica/renal, hepática e neurológica. A própria má evolução, caracterizada por disfunções progressivas e cumulativas de órgãos, desperta no clínico o interesse em revisar esses parâmetros, bem como procurar por focos infecciosos passíveis de drenagem e reavaliar a antibioticoterapia. No entanto, avaliação criteriosa dos parâmetros que refletem a condição hemostática do paciente e seu "estado de ativação endotelial" permite um melhor entendimento fisiopatológico e se constitui em uma importante fonte de dados para possíveis intervenções terapêuticas. Com esse novo paradigma envolvendo a evolução do paciente com sepse, deve-se englobar, de forma sistemática, a avaliação rotineira da coagulopatia, que pode ser um fator mantenedor ou desencadeador da disfunção de múltiplos órgãos. Portanto, devemos elevar nosso nível de suspeição quanto à provável existência de um estado trombofílico adquirido.

Marcadores habitualmente utilizados para se caracterizar a coagulopatia e mesmo para se utilizar como índices prognósticos são: contagem de plaquetas, fibrinogênio, produtos da degradação da fibrina, tempo de atividade da protrombina, tempo de atividade parcial da protrombina, níveis séricos e de ativação de antitrombina e proteína C, nível sérico de PAI-1 e mensuração do complexo trombina-antitrombina circulante.

Embora os critérios de coagulação intravascular disseminada sejam controversos, utilizaremos aqueles propostos pelo Scientific Subcommittee on Disseminated Intravascular Coagulation (DIC) da International Society on Thrombosis and Haemostasis (ISTH). Esse subcomitê estabeleceu que "tradicionalmente CIVD é diagnosticada a partir dos seguintes eventos clínicos e fisiopatológicos":

1. Surgimento de resposta inflamatória maciça, sistêmica ou localizada com liberação pelo hospedeiro de proteases, citocinas e hormônios, a partir de vários células inflamatórias e vasculares, levando a grave dano endotelial.
2. Esse quadro é acompanhado por: a) vasodilatação, ruptura das *tight junctions* entre as células endoteliais, levando a extravasamento capilar e choque; b) perda do controle regulatório, ativação da cascata da coagulação e excessiva geração de trombina com formação de microtrombos, de forma localizada e sistêmica, levando a isquemia tecidual e disfunção de múltiplos órgãos; e c) conseqüente consumo e exaustão de plaquetas e fatores da coagulação, levando a fenômenos hemorrágicos na intimidade dos tecidos.

Considerando essas premissas, a definição consensual de CIVD, proposta pelo subcomitê, é a seguinte: "CIVD é uma síndrome adquirida caracterizada pela ativação intravascular da coagulação secundária a diferentes causas. Pode-se originar de e causar grave dano à microvasculatura, o qual pode ser suficientemente grave a ponto de desencadear disfunção de múltiplos órgãos."

Esse mesmo subcomitê criou um algoritmo para se diferenciar os quadros clássicos, multissintomático de CIVD (*overt DIC*) daqueles menos claros, com poucas manifestações clínico-laboratoriais (*non overt DIC)* (Anexos 51-1 e 51-2).

Anexo 51-1. Algoritmo para o diagnóstico de CIVD clássica (*overt DIC*)

1. Avaliação do risco: o paciente apresenta uma doença de base que sabidamente está associada à CIVD clássica?
   Se a resposta for positiva, prossiga neste algoritmo; caso contrário, abandone-o
2. Coagulograma (contagem de plaquetas, tempo de protrombina (TP), fibrinogênio, monômeros solúveis de fibrina ou produtos da degradação de fibrina)
3. Pontuação global para os testes da coagulação
   - Contagem de plaquetas *(> 100 = 0; < 100 = 1; < 50 = 2)* ❑
   - Marcadores relacionados com elevação da formação de fibrina (p. ex., produtos da degradação de fibrina *(sem elevação: 0; elevação moderada: 2; elevação acentuada: 3)* ❑
   - Tempo de protrombina prolongado *(< 3 s = 0; > 3 s mas < 6 s = 1; > 6 s = 2)* ❑
   - Nível de fibrinogênio *(> 1,0 g/l = 0; < 1,0 g/l = 1)* ❑
4. Cálculo da pontuação ❑
5. Se ≥ 5: compatível com CIVD clássica; repetir a pontuação diariamente
   Se < 5: sugestivo (não-afirmativa) de CIVD não-clássica; repetir a pontuação em 1-2 dias

Anexo 51-2. Sistema de pontuação para CIVD não-clássica (*non overt DIC*)

1. Avaliação de risco: o paciente possui alguma doença de base sabidamente associada à CIVD? *sim = 2; não = 0*							❑
2. Critérios maiores							
Plaquetas	> 100 × 10^9/l = **0**	< 10 0× 10^9/l = **1**		elevando = –1	estável = 0	caindo = 1	❑
			+				
TP alargamento	< 3 s	> 3 s		caindo = –1	estável = 0	elevando = 1	❑
			+				
Fibrina solúvel ou PDF	normal	elevada		caindo = –1	estável = 0	elevando = 1	❑
			+				
3. Critérios específicos							
Antitrombina	normal = –1			baixo = 1			❑
Proteína C	normal = –1			baixo = 1			❑
TAT-complexos	normal = –1			alto = 1			❑
	normal = –1			anormal = 1			❑
4. Cálculo da pontuação							❑

Esse sistema de pontuação é útil não somente para realizar o diagnóstico de CIVD clássica ou não-clássica, bem como, para monitorar a gravidade e a evolução da coagulopatia na sepse. Outra utilidade desse sistema é permitir maior homogeneização dos parâmetros que definem a presença ou não de coagulopatia intravascular.

INTERVENÇÕES TERAPÊUTICAS NA COAGULOPATIA RELACIONADA À SEPSE

Fortes evidências têm emergido de estudos clínicos e experimentais sugerindo que a simples reposição de antitrombina e proteína C e, mais recentemente, do inibidor da via do fator tecidual poderia reduzir a incidência de disfunções orgânicas, melhorar a coagulopatia e até diminuir a mortalidade. Especialmente durante a última década, estudos clínicos de fase III foram conduzidos no sentido de confirmar ou rejeitar as hipóteses oriundas dos estudos experimentais e clínicos de preliminares. No entanto, a expectativa da comunidade científica e leiga não era favorável, pois vínhamos assistindo a mais de 20 *megatrials* em sepse falharem ou mesmo aumentarem a mortalidade.

O primeiro estudo clínico de fase III concluído e recentemente publicado avaliou o efeito da infusão de antitrombina (AT) em pacientes com sepse grave e choque séptico.[34] Esse estudo (KyberSept) envolveu 2.314 pacientes adultos, divididos igualmente entre os grupos placebo e tratamento. Os pacientes randomizados para esse último grupo recebiam, durante

96 horas, um total de 30.000 U, IV, de antitrombina. A mortalidade global, no 28º dia, foi de 38,9% no grupo AT contra 38,7% no grupo placebo ($p = 0{,}94$). Apenas em um subgrupo de pacientes, os que não receberam concomitantemente heparina durante a fase de tratamento, houve uma tendência à redução de mortalidade no 28º dia ($p = 0{,}08$). Essa tendência tornou-se significativa após o 90º dia ($p = 0{,}03$). Além disso, naqueles pacientes que receberam, de forma concomitante, AT e heparina, houve maior incidência de sangramentos ($p < 0{,}001$). Similarmente a outros estudos, essa fase III não corroborou os achados encontrados na fase II, quando houve redução de mortalidade. Os autores especularam algumas razões para o insucesso. Os níveis plasmáticos de AT estavam baixos em mais de 50% dos pacientes; no entanto, essa freqüência ficou abaixo do esperado; assim como ficou abaixo do esperado o nível de atividade após a infusão da droga. Talvez essa baixa atividade pudesse justificar parte do insucesso. Outra hipótese seria do uso concomitante de heparina em alguns pacientes. Sabe-se que a heparina compete com a antitrombina à ligação com glicosaminoglicanos de membrana endotelial ou de alguns polimorfonucleares, diminuindo tanto o efeito anticoagulante quanto antiinflamatório. Independentemente do motivo real, a não-observância de redução significativa na mortalidade foi ressaltada quando o estudo clínico, fase III, envolvendo a utilização de proteína C ativada, foi divulgado.

Em estudo concluído e publicado recentemente, foi avaliada a infusão de proteína C ativada recombinante humana em pacientes com sepse grave e choque séptico.[35] Antes de se detalhar esse estudo, e mesmo compará-lo com o estudo KyberSept, vale pontuar a diferença que existe entre terapêutica de reposição com proteína C e a infusão do composto já ativado. A reposição de proteína C em pacientes com deficiência congênita ou adquirida tem sido exaustivamente demonstrada. Terapêutica utilizando concentrado de proteína C para crianças com púrpura fulminante congênita ou mesmo adquirida (secundária a meningococcemia) foi descrita em alguns estudos com resultados variáveis. No entanto, deve-se lembrar que, principalmente na deficiência congênita de proteína C, os outros componentes da coagulação, bem como aqueles pertinentes à função endotelial, estão preservados. Assim, a terapêutica substitutiva pode apresentar resultados favoráveis. Contudo, na sepse há diminuição importante de trombomodulina, não havendo, dessa forma, ativação da proteína C. Nesse caso, seria de pouca utilidade a infusão de uma substância sem propriedades ativas e que não poderá ser ativada, perdendo assim todas as suas funções como anticoagulante, antiinflamatória e pró-fibrinolítica.

Retornemos ao estudo de fase III com proteína C ativada (PROWESS). Esse estudo foi interrompido, já que, pela primeira vez, houve redução significativa da taxa de mortalidade. Esse foi o primeiro estudo com impacto favorável na terapêutica da sepse envolvendo os mecanismos fisiopatológicos ligados à resposta inflamatória/ microtromboses. Foram avaliados 1.690 pacientes, de forma randômica, nos grupos placebo ($n=840$) e tratamento ($n = 850$, recebendo 24 µg/kg/hora de proteína C ativada, durante 96 horas). Houve redução do risco relativo de morte em aproximadamente 20% ($p = 0{,}006$), sendo que para cada 16 tratamentos (NNT) uma vida pode ser salva. O principal efeito colateral observado foi a ocorrência de sangramentos graves em 3,5% dos pacientes no grupo tratamento contra 2,0% no grupo placebo ($p = 0{,}06$). Esses eventos motivaram a realização de outro grande estudo multicêntrico, não-cego, para averiguar a real taxa de fenômenos hemorrágicos na população de pacientes com sepse grave / choque séptico (em andamento). Em novembro de 2001, a FDA americana liberou a droga para uso clínico, fazendo a ressalva de que esse composto deve ser usado em pacientes mais graves (APACHE II > 25), uma vez que houve maior benefício nesse grupo de pacientes contra maior risco de sangramento nos pacientes menos graves.

A grande polêmica que se criou foi de por que a infusão de proteína C ativada diminuiu a mortalidade de pacientes com sepse grave e antitrombina não. Essa discussão ilustra bem boa parte dos mecanismos fisiopatológicos expostos neste capítulo. Em primeiro lugar, o mecanismo de ação desses dois compostos poderia, em parte, explicar a diferença observada. Tanto proteína C quanto antitrombina são importantes inibidores da geração de trombina e da deposição de fibrina na microcirculação, e seus níveis plasmáticos estão igualmente diminuídos durante a sepse, correlacionando-se com mau prognóstico. Apesar de efeitos e comportamentos similares, os mecanismos moleculares são distintos. A proteína C age como anticoagulante a partir do estímulo oriundo da formação de trombina (*feedback* negativo), que por sua vez transforma a molécula inativa (zimogênio) em enzima ativa, através de sua ação proteolítica. Essa ação só ocorre quando a trombina se liga à trombomodulina localizada nas células endoteliais. A proteína C, agora ativada, diminui a produção de trombina ao degradar os fatores Va e VIIIa. No entanto, para sua plena efetividade, a proteína C ativada necessita de um co-fator, uma proteína vitamina K dependente, denominada proteína S. Essa proteína só se liga à proteína C quando está livre no plasma. Durante estados inflamatórios sistêmicos, a proteína S liga-se a uma proteína de fase aguda, derivada da cascata do complemento, denominada C4b, diminuindo sua disponibilidade para se ligar à proteína C ativada, diminuindo sua eficácia. Outro dado fundamental é atividade pró-fibrinolítica desempenhada pela proteína C ativada, uma vez que inibe dois importantes inibidores da fibrinólise, PAI-1 e TAFI. *Essa propriedade pró-fibrinolítica não é compartilhada com a antitrombina*. A ação antiinflamatória desempenhada pela proteína C ativada deve-se, em grande parte, à inibição da trombina. Recentemente, no entanto, tem-se demonstrado um papel antiinflamatório direto da proteína C ao se ligar a seu receptor em células endoteliais e de leucócitos (receptor celular para proteína C).[36] Esse complexo transloca-se até o núcleo e apresenta múltiplos efeitos, incluindo limitação da atividade pró-inflamatória do NF-κB, atenuação da geração de citocinas inflamatórias e quimiocinas e maior expressão de genes antiapoptose de células endoteliais da família Bcl-2. Esse último mecanismo parece importante, uma vez que, embora as células endoteliais sejam constitutivamente resistentes à apoptose, durante quadros infecciosos essa resistência cai, propiciando, talvez, um efeito benéfico adicional à proteína C ativada.

Como destacado, a ativação da proteína C depende da interação da trombina com trombomodulina na superfície endotelial. Grande parte da trombomodulina encontra-se na microvasculatura. Assim, pacientes com deficiência congênita de proteína C morrem em virtude de púrpura fulminans (doença microangiopática). O mesmo padrão é visto na sepse. Já os portadores de deficiência de AT apresentam doença macroangiopática, isto é, trombose venosa ou arterial de grandes vasos. Essa diferença pode explicar, em parte, os diferentes resultados apresentados pelos compostos.

Antitrombina compartilha com a proteína C os efeitos anticoagulantes e antiinflamatórios indiretos, ao inibir a atividade da trombina. Outros efeitos antiinflamatórios se dão à medida que a AT se liga a glicosaminoglicanos específicos (na ausência de heparina) na superfície das células endoteliais, induzindo a síntese de prostaciclina, que, por sua vez, inibe a agregação plaquetária, a ligação de neutrófilos às células endoteliais e atenua a liberação de IL-6, IL-8 e TNF a partir das células endoteliais. AT também possui efeitos antiinflamatórios diretos ao se ligar com receptores de membrana específicos (syndecan-4), reduzindo a expressão de RNA mensageiros para IL-6. Como visto, ficaria difícil explicar através dessas diferenças no mecanismo de ação os resultados distintos observados nos estudos fase III.

Outra explicação – mais provável – origina-se da discussão sobre a interação entre heparina e AT e as diferenças entre as populações estudadas quanto ao risco de sangramento. Os pacientes incluídos no estudo com AT apresentavam, provavelmente, maior risco de sangramento relacionado, principalmente, a maior gravidade (mortalidade no grupo placebo de 38,7% contra 30,8% no grupo placebo do estudo com proteína C) e maior probabilidade de intervenções cirúrgicas (40% *vs* 27%). Contudo, a principal explicação recai sobre o uso concomitante com heparina. Embora ambos os estudos permitissem heparina em doses baixas, o efeito aditivo da heparina e AT sobre o risco de sangramento e o próprio efeito da heparina inibindo a ligação da AT com seu receptor de membrana, bloqueando os efeitos antiinflamatórios e de síntese de prostaciclina, podem ter sido capitais na falta de eficácia da AT.

Por fim, a discussão sobre o desenho do estudo. Os critérios de inclusão de ambos os estudos foram similares. Contudo, pacientes, para tornarem-se qualificados no estudo com AT, tiveram que aguardar todos os seis critérios mínimos, o que, muitas vezes, atrasava suas inclusões, permitindo a entrada de pacientes em uma fase mais posterior de suas doenças. Esse fato foi limitado a 24 horas no estudo com proteína C. Ainda, quando se reviram as características dos pacientes antes da administração das drogas, observou-se que apenas cerca de 50% dos pacientes apresentavam níveis reduzidos de AT no plasma, o que poderia ter interferido na análise final. A própria dose de AT não foi ajustada pelo peso, e, em muitos pacientes, não atingiu a faixa terapêutica esperada e observada em outros estudos. Outro ponto importante quanto ao desenho do estudo foi a disponibilidade de um centro coordenador universitário, que discutia cada caso no estudo com proteína C. A falta de centro no estudo com AT poderia ter permitido a inclusão de pacientes com qualificação questionável e com patologias mais graves, interferindo na homogeneidade do grupo a ser estudado.

Em resumo, algumas diferenças no mecanismo de ação (atividade pró-fibrinolítica e antiapoptose de células endoteliais exclusivas da proteína C), interferência da heparina e dose não-ajustada pelo peso no estudo com AT, e falta de um centro coordenador acadêmico garantindo homogeneidade dos pacientes e aderência ao protocolo, podem ter sido decisivas na diferença final observada entre os dois estudos.

O último estudo de fase III concluído avaliou a eficácia da infusão endovenosa do inibidor da via do fator tecidual recombinante. Esse estudo avaliou mais de 2.000 pacientes, e, embora ainda não publicado, não houve diferença estatisticamente significativa quanto à taxa de mortalidade entre os grupos placebo e tratamento.

Em síntese, esses resultados apontam para as seguintes conclusões: a) intervenções terapêuticas que interfiram na cascata de coagulação, revertendo o estado trombofílico adquirido, parecem contribuir para a melhora desses pacientes; b) essas medicações, além do efeito anticoagulante evidente, apresentam vários efeitos antiinflamatórios direto e indireto. Não se sabe, porém, se esses efeitos são responsáveis, pelo menos em parte, pela redução na taxa de mortalidade observada no estudo com proteína C ativada; c) independentemente da eficácia, trata-se de uma terapia adjuvante, e não se deve perder a noção de que toda a terapia básica do choque séptico deve ser mantida e otimizada diariamente.

CONCLUSÕES

Durante anos relegada a segundo plano e, para muitos, apenas um epifenômeno, a coagulopatia observada em pacientes com sepse é responsável, em grande parte, pela disfunção de múltiplos órgãos. Assim, o maior entendimento fisiopatológico desse complexo processo resultou, pelo menos até o momento, em resultados positivos do ponto de vista terapêutico.

Embora grande parte desses conceitos já seja conhecida há décadas, só recentemente a discussão sobre a intricada relação entre o processo inflamatório sistêmico, coagulopatia com microtrombose difusa e hipóxia tecidual tem sido claramente demonstrada. De alguma forma, nossa visão do paciente séptico vem mudando, bem como deve mudar nossa visão diagnóstica, preventiva e terapêutica da evolução da disfunção de múltiplos órgãos nesses pacientes.

REFERÊNCIAS BIBLIOGRÁFICAS

1. Friedman G, Silva E, Vincent JL. Has the mortality of septic shock changed with time? *Crit Care Med* 1998;26:2078–86.
2. Angus DC, Linde-Zwirble WT, Lidicker J, Clermont G, Carcillo J, Pinsky MR. Epidemiology of severe sepsis in the United States: analysis of incidence, outcome, and associated costs of care. *Crit Care Med* 2001;29:1303–10.
3. Esmon C. The normal role of activated protein C in maintaining homeostasis and its relevance to critical illness. *Crit Care Med* 2001;5:S7–S12.

4. Souter PJ, Thomas S, Hubbard AR, Poole S *et al.* Antithrombin inihibits lipopolysaccharide-induced tissue factor and interleukin-6 production by mononuclear cells, human umbilical vein endothelial cells, and whole blood. *Crit Care Med* 2001;29:134–9.
5. Vervolet NG, Thijs LG, Hack CE. Derangements of coagulation and fibrinolysis in critically ill patients with sepsis and septic shock. *Semin Thromb Hemost* 1998;24:33–4.
6. Lorente JA, Garcia-Frade L, Landin L *et al.* Time course of hemostatic abnormalities in sepsis and its relation to outcome. *Chest* 1993;103:1536–42.
7. Levi M, Van der Poll T, Ten Cate H *et al.* The cytokine-mediated imbalance between coagulant and anticoagulant mechanisms in sepsis and endotoxemia. *Eur J Clin Invest* 1997;27:3–9.
8. Pajkrt D, Van Der Poll T, Levi M, Cutler DL, Affrime MB *et al.* Interleukin-10 inhibits activation of coagulation and fibrinolysis during human endotoxemia. *Blood* 1997;89:2701–5.
9. Watanabe R, Wada H, Watanabe Y *et al.* Activity and antigen levels of thrombin-activatable fibrinolysis inhibitor in plasma of patients with disseminated intravascular coagulation. *Thromb Res* 2001;104:1–6.
10. Mavrommatis AC, Theodoridis T, Economou M *et al.* Activation of the fibrinolytic system and utilization of the coagulation inhibitors in sepsis: comparison with severe sepsis and septic shock. *Intens Care Med* 2001;27:1853–9.
11. Rigato O, Silva E, Kallas EG *et al.* Pathogenetic aspects of sepsis and possible targets for adjunctive therapy. *Curr Drug Targets — Immune, Endocrine & Metabol Disord* 2001;1:13–20.
12. Opal SM. The interaction between the coagulation system and the systemic inflammatory mediators. *In* Marshall JC, Cohen J: *Immune Response in the Critically Ill.* Berlin/Heidelberg/New York: Springer-Verlag, 2000, pp 280–91.
13. Levi M, Ten Cate H. Disseminated intravascular coagulation. *N Engl J Med* 1999;341:586–92.
14. Esmon CT. The normal role of activated protein C in maintaining homeostasis and its relevance to critical illness. *Crit Care* 2001;5:S7–S12.
15. Fourrier F, Lestavel P, Chopin C, Marey A *et al.* Meningococcemia and purpura fulminans in adult: acute deficiency of protein C and S and early treatment with antithrombin III concentrates. *Intens Care Med* 1990;16:121–4.
16. Wenger RH, Rolfs A, Marti HH *et al.* Hypoxia, a novel inducer of acute phase gene expression in a human hepatoma cell line. *J Biol Chem* 1995;270:27865–70.
17. Perlmutter DH, Pierce JA. The alpha 1-antitrypsin gene and emphysema. *Am J Physiol* 1989;257:L147-L162.
18. Karakurum M, Shreeniwas R, Chen J *et al.* Hypoxic induction of interleukin-8 gene expression in human endothelial cells. *J Clin Invest* 1994;93:1564–70.
19. Yan SF, Tritto I, Pinsky D *et al.* Induction of interleukin-6 (IL-6) by hypoxia in vascular cells. Central role of the binding site for nuclear factor-IL-6. *J Biol Chem* 1995;270:11463–71.
20. Yan SF, Zou YS, Mendelsohn M *et al.* Nuclear factor interleukin-6 motifs mediate tissue-specific gene transcription in hypoxia. *J Biol Chem* 1997;272:4287–94.
21. Uusaro A, Russell JA. Could antiinflammatory actions of catecholamines explain the possible beneficial effects of supranormal oxygen delivery in critically ill surgical patients? *Intens Care Med* 2000;26:299–304.
22. Hack CE, Zeerleder S. The endothelium in sepsis: source of and a target for inflammation. *Crit Care Med* 2001;29:S21–7.
23. Nieuwland R, Berckmans RJ, McGregor S, Boing AN, Romijn FP, Westendorp RG *et al.* Cellular origin and procoagulant properties of microparticles in meningococcal sepsis. *Blood* 2000;95(1):930–5.
24. Irani K. Oxidant signaling in vascular cell growth, death, and survival: a review of the roles of reactive oxygen species in smooth muscle and endothelial cell mitogenic and apoptotic signaling. *Circ Res* 2000;87:179–83.
25. Kunsch C, Medford RM. Oxidative stress as a regulator of gene expression in the vasculature. *Circ Res* 1999;85:753–66.
26. Rangel-Frausto MS, Pittet D, Costigan M *et al.* The natural history of the systemic inflammatory response syndrome (SIRS) — a prospective study. *JAMA* 1995;273:117–23.
27. Taylor FB, Wada H, Kinasewitz G. Description of compensated and uncompensated. Disseminated Intravascular Coagulation (DIC) responses (non-overt and overt DIC) in baboon models of intravenous and intraperitoneal *Escherichia coli* sepsis and in the human model of endotoxemia: toward a better definition of DIC. *Crit Care Med* 2000;28:S12–S19.
28. Gando S, Kameue T, Nanzaki S, Nakanishi Y. Cytokines, soluble thrombomodulin and disseminated intravascular coagulation in patients with systemic inflammatory response syndrome. *Thromb Res* 1995;80:519–26.
29. Gando S, Nanzaki S, Kemmotsu O. Disseminated intravascular coagulation and sustained systemic inflammatory response syndrome predict organ dysfunctions after trauma: application of clinical decision analysis. *Ann Surg* 1999;229:121–7.
30. Fourrier F, Chopin C, Goudemand J, Hendrycx S, Caron C, Rime A *et al.* Septic shock, multiple organ failure, and disseminated intravascular coagulation. Compared patterns of antithrombin III, protein C, and protein S deficiencies. *Chest* 1992;101:816–23.
31. Kidokoro A, Iba T, Fukunaga M, Yagi Y. Alterations in coagulation and fibrinolysis during sepsis. *Shock* 1996;5:223–8.
32. Yan SB, Helterbrand JD, Hartman DL, Wright TJ, Bernard GR. Low levels of protein C are associated with poor outcome in severe sepsis. *Chest* 2001;120:915–22.
33. Faust SN, Levin M, Harrison OB, Goldin RD, Lockhart MS, Kondaveeti S *et al.* Dysfunction of endothelial protein C activation in severe meningococcal sepsis. *N Engl J Med* 2001;345:408–16.
34. Warren BL, Eid A, Singer P, Pillay SS, Carl P, Novak I *et al.* Caring for the critically ill patient. High-dose antithrombin III in severe sepsis: a randomized controlled trial. *JAMA* 2001;286:1869–78.
35. Bernard GR, Vincent JL, Laterre PF, Larosa SP, Dhainaut JF, Lopez-Rodriguez A *et al.* Recombinant human Protein C Worldwide Evaluation in Severe Sepsis (PROWESS) study group. Efficacy and safety of recombinant human activated protein C for severe sepsis. *N Engl J Med* 2001;344:699–709.
36. Lópes-Aguirre Y, Páramo JA. Endothelial cell and hemostatic activation in relation to cytokines in patients with sepsis. *Thromb Res* 1999;94:95–101.

52 Choque Hipovolêmico

Mirella Cristine de Oliveira

Choque hipovolêmico pode ser definido como um distúrbio agudo da circulação comprometendo a relação oferta e demanda de oxigênio nos tecidos, causado por uma queda no volume circulante efetivo.

O progressivo déficit de oxigênio para os tecidos resulta em isquemia celular e posteriormente em morte celular. Tal situação, que é potencialmente tratável, pode tornar-se irreversível após certo período crítico. Portanto, uma ressuscitação volêmica rápida e adequada é mandatória e salvadora.

O choque hipovolêmico é conhecido há mais de 110 anos, mas foi Wiggers, em 1940, quem primeiro o definiu de forma adequada: *Choque hipovolêmico pode ocorrer em pacientes hospitalizados ou não, em politraumatizados, pacientes cirúrgicos complicados com perda excessiva de sangue, em grandes queimados, secundário a diarréia, hemorragia gastrintestinal, diabetes descompensado e outros*.

Além das causas acima descritas, outros tipos de choque, como o séptico, anafilático e cardiogênico, podem estar acompanhados de hipovolemia. Seu prognóstico é habitualmente favorável, se rapidamente reconhecido e tratado.

FISIOPATOLOGIA

Durante o choque hipovolêmico, a perda de volume circulante efetivo pode ser de 15 a 80%, sendo hipotensão encontrada nas perdas a partir de 40%, e a severidade do choque determinada pela duração e magnitude da perda do volume circulante efetivo.

Da fisiopatologia da hipovolemia aguda fazem parte eventos primários, diretamente relacionados à perda do volume circulante efetivo, e mecanismos secundários referentes à compensação dessa queda.

Alterações circulatórias

Há uma queda na pré-carga cardíaca, com pressões de enchimento diminuídas, e conseqüente queda do débito cardíaco. Na seqüência, há ativação do sistema nervoso simpático com desenvolvimento de taquicardia; alguns pacientes com perda súbita e severa do volume circulante efetivo podem apresentar bradicardia vagal mediada por inibição do sistema nervoso simpático.[16,54]

A taquicardia compensa parcialmente a queda do volume sistólico. Uma queda moderada do débito cardíaco pode ser reconhecida por uma diminuição na pressão de pulso e hipotensão ortostática.[25]

Apesar de a ativação do sistema nervoso simpático e da resultante vasoconstrição arterial durante uma queda moderada do débito cardíaco evitar uma queda acentuada do débito cardíaco, a perda contínua do volume circulante efetivo acarretará hipotensão e choque. A resistência vascular sistêmica (RVS) aumenta precocemente, mas pode diminuir nos estados de choque prolongados.

Balanço de oxigênio

A oferta de oxigênio é determinada pelo débito cardíaco e pelo conteúdo arterial de oxigênio, ou seja, pela concentração de hemoglobina do sangue arterial e pela saturação da hemoglobina pelo oxigênio. Obviamente, a curva de dissociação da oxiemoglobina determina a saturação da hemoglobina pelo oxigênio, para uma dada pressão parcial de O_2, e durante o choque hipovolêmico uma queda na concentração da hemoglobina, saturação de O_2 ou ambas agrava os efeitos da queda do débito cardíaco, com comprometimento da oferta de oxigênio para os tecidos.

Durante a queda na oferta de oxigênio, os tecidos só conseguem manter o aporte adequado de O_2 se a extração aumentar e se o gradiente do conteúdo arteriovenoso de O_2 alargar, o que resultará na queda da saturação venosa de O_2 do sangue venoso misto ($S\bar{v}O_2$).

Associada à queda da oferta de oxigênio, a PO_2 tecidual diminui e a heterogeneidade aumenta, possivelmente indicando isquemia focal.. Nos modelos animais, está demonstrado que o aumento na extração de oxigênio pode compensar a queda na oferta por determinado período de tempo, como mostra a Figura 52-1.

Durante a queda na oferta de oxigênio abaixo do nível crítico, desenvolve-se isquemia celular, e os tecidos passam a utilizar mecanismo anaeróbico para o desenvolvimento de suas funções, o que resulta em acidose láctica.

A demanda de O_2, por sua vez, aumenta, como conseqüência do aumento da atividade da musculatura respiratória e das catecolaminas circulantes pela ativação do sistema nervoso simpático.[13]

Finalmente, a posição da curva de dissociação da oxiemoglobina pode influenciar a extração crítica de O_2; em modelos experimentais, a infusão de ácidos aumenta a extração, en-

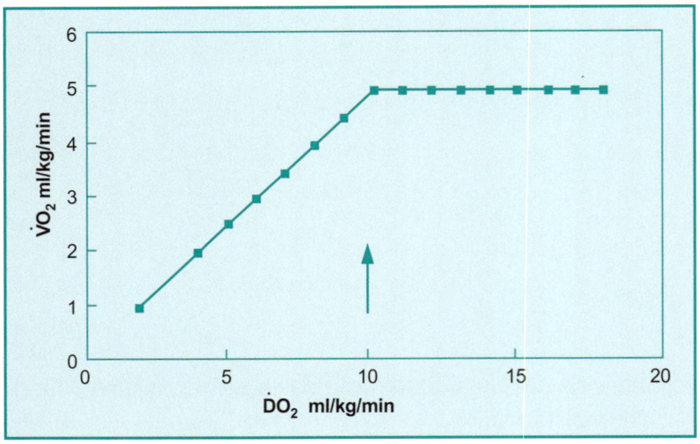

Fig. 52-1. Relação entre oferta e utilização de oxigênio durante hipovolemia progressiva. A seta indica a oferta de oxigênio crítica.

quanto a infusão de base diminui a extração de oxigênio, por desviar a curva de dissociação da oxiemoglobina. Outro fator a afetar a extração é a viscosidade sangüínea.

A oferta crítica de oxigênio varia de acordo com os tecidos. A necessidade de oxigênio pelo rim pode diminuir durante uma queda na oferta renal de O_2, com um resultante declínio na filtração glomerular e no consumo de energia da absorção tubular.[5]

Em contraste, durante hipovolemia progressiva o intestino é o órgão que mais precocemente é afetado pela dependência oferta/demanda, em comparação com os outros tecidos, parcialmente pelo aumento do limiar de oxigênio crítico, mas também pela vasoconstrição dessa região para favorecimento de leitos vasculares teciduais mais nobres. O músculo respiratório também é afetado de forma adversa pela hipovolemia, em benefício de outros tecidos.

Estudos sugerem que a severidade e a duração do déficit de oxigênio acumulado durante a hipovolemia é que determinarão a sobrevida.[38]

Após trauma e hemorragia, o déficit de volume circulante efetivo, débito cardíaco e oferta de oxigênio pode ser ainda maior nos pacientes que desenvolvem disfunção de múltiplos órgãos.

Alterações celulares

Durante o choque hipovolêmico, o déficit de O_2 nos tecidos causa uma queda na concentração e produção mitocondrial de fosfatos de alta energia (ATP), proporcional à severidade e duração da hipoperfusão regional relativa à demanda de oxigênio. Essa queda, em modelos experimentais, é mais pronunciada em alguns tecidos, tais como diafragma, fígado, rins e intestinos, e menos pronunciada em coração e músculos. Os níveis de ATP circulantes estão diminuídos, e seus produtos de degradação, incluindo adenosina, inosina, hipoxantina, xantina, podem estar aumentados.[43]

Em torno de 60% da energia produzida pela mitocôndria na cadeia respiratória são utilizados para a manutenção da bomba de Na/K celular. Na ausência de ATP suficiente, há inibição da bomba, com possibilidade de aumento seletivo da permeabilidade da membrana celular, com saída de potássio e entrada de sódio. Estudos animais têm demonstrado que no choque hipovolêmico o potencial transmembrana diminui rapidamente, com passagem de eletrólitos e líquidos através da membrana transcelular.[11] A queda na atividade da bomba de Na/K pode contribuir para a ocorrência de hiperpotassemia, freqüentemente encontrada nesse grupo de pacientes.

Finalmente, o cálcio que migra para o interior da célula inibe a respiração celular, também contribuindo para lesão da célula, particularmente durante a ressuscitação; devido à migração do cálcio para o intracelular, o cálcio livre diminui. As lisoenzimas intracelulares perdem sua integridade, e há síntese de enzimas proteolíticas que participam da lesão celular; essas enzimas eventualmente ganham a circulação sistêmica e podem lesar órgãos a distância.

Ficou claro, nos últimos anos, que a resposta celular ao estresse, como a que ocorre durante a hipóxia tecidual, em que há o envolvimento da expressão de certos genes codificados para síntese das chamadas proteínas do choque, desempenha um papel importante na proteção celular contra o estresse. O significado clínico dessas alterações moleculares permanece desconhecido.

Macrocirculação

Durante a perda de volume sangüíneo, são vários os mecanismos que contribuem para a queda do débito cardíaco e, portanto, da oferta de oxigênio. A queda do débito resulta da redistribuição do fluxo sangüíneo periférico que é resultado da auto-regulação regional, com produção de vasodilatadores endógenos pelas células endoteliais, tais como ácido nítrico, monóxido de carbono e metabólitos: potássio e adenosina.[10]

No endotélio o óxido nítrico pode ser regenerado para constituir a óxido nítrico sintetase, que relaxa a musculatura lisa da parede dos vasos via estimulação da guanilato ciclase e do monofosfato de guanosina. O monóxido de carbono atua na mesma via. Alguns autores descrevem que a inibição da enzima óxido nítrico sintetase atenua a hipotensão precoce e mesmo a mortalidade durante sangramento.

Os fatores vasoconstritores, por outro lado, incluem as catecolaminas circulantes, liberadas pelo sistema nervoso simpático e a medula adrenal, estimulação direta simpática na parede do vaso, liberação de angiotensina II, vasopressina e endotelina. A queda nas pressões de enchimento cardiovasculares reduz a secreção do peptídeo natriurético atrial, diminuindo os efeitos vasodilatador e diurético.[1,34]

Dependendo da magnitude da ação dos mecanismos acima descritos, o resultado é o desvio do fluxo sangüíneo de intestino, músculo e pele para órgãos vitais como o coração e cérebro. O rim é também um alvo no choque hipovolêmico, a perfusão renal é mantida durante hipotensão moderada, mas cai rapidamente se houver hipotensão severa.

Vasoconstrição ocorre nas artérias e arteríolas de médio calibre, mas as arteríolas terminais podem estar dilatadas, o fluxo capilar usualmente diminui e a heterogeneidade pode aumentar. O choque hipovolêmico secundário ao trauma induz a expressão de moléculas endoteliais de adesão nos neutrófilos e no endotélio vascular; tal fenômeno, associado à redução de fluxo, promove a aderência de neutrófilos no endotélio.

A vasoconstrição não está restrita às artérias, mas também ocorre na vasculatura venosa, preferencialmente nas vênulas maiores que nas menores, particularmente na circulação esplâncnica.

Alterações imunológicas e mediadores inflamatórios

Durante e após a hemorragia, choque hipovolêmico e ressuscitação, macrófagos, incluindo os pulmonares, e as células de Kupffer do fígado liberam citocinas, interleucinas 1, 6, 8 e TNF-alfa.

Durante a reperfusão, após ressuscitação, as citocinas induzem e amplificam a resposta inflamatória à isquemia, promovendo lesão local e remota em diversos órgãos.

A ativação de complemento produz acentuada vasodilatação e agregação de células inflamatórias. Isquemia gera fosfolipase A2, catalisando metabólitos do ácido araquidônico, liberação de tromboxano e prostaciclina. O tromboxano sintetizado por plaquetas, neutrófilos e células de membrana tem potente ação vasoconstritora e promove a agregação de trombócitos e neutrófilos, enquanto as prostaciclinas têm ação vasodilatadora e inibem a agregação dessas células. Os leucotrienos têm ação vasoconstritora, aumentam a permeabilidade capilar e atraem neutrófilos. Prostaglandinas vasoconstritoras podem estar envolvidas na lesão tecidual durante isquemia/reperfusão, e as vasodilatadoras podem estar envolvidas nos estados terminais do choque hipovolêmico.[49] Outro mediador lipídico liberado é o fator ativador de plaquetas (PAF), cuja ação precisa é desconhecida.

A síntese de radicais livres de oxigênio durante o processo de isquemia/reperfusão induz a síntese e liberação de citocinas. Os radicais livres de oxigênio causam lesão do endotélio vascular e das membranas celulares dos tecidos, através da peroxidação lipídica.[12] O choque hipovolêmico deprime o sistema imunológico por suprimir a função de linfócitos, macrófagos, e neutrófilos, deprime a resposta humoral e a celular e diminui a apresentação antigênica, predispondo à sepse. Nos pacientes com hemorragia e trauma, o déficit imunológico é diretamente proporcional à extensão e gravidade do trauma e à magnitude da transfusão/reposição volêmica. A depressão imunológica não depende do tipo de trauma ou do tipo de solução utilizado para reperfusão; em modelos animais, a hemorragia diminui a capacidade de proliferação dos linfócitos e da produção de linfocinas, secundária ao déficit de energia e ao acúmulo de cálcio intracelular, associada à diminuição da expressão da histocompatibilidade classe III e ao aumento da síntese de prostaglandina E_2. Por outro lado, as conseqüências imunológicas da hemorragia, trauma e choque hipovolêmico dependem de fatores adicionais, entre eles a idade e a predisposição genética. Homens podem apresentar mais depressão imunológica que mulheres, o que os predispõe a maior tendência à infecção.

PERFUSÃO DE ÓRGÃOS E TECIDOS NO CHOQUE HIPOVOLÊMICO

O efeito do choque hipovolêmico no miocárdio em modelo animal é controverso; dependendo do método, modelo e definição de disfunção cardíaca, alguns autores descrevem uma queda e outros dizem que não há mudança na função miocárdica; a última teoria pode ser explicada pela ação inotrópica das catecolaminas e da endotelina liberadas durante o choque hipovolêmico.

O coração de animais com choque pode apresentar diminuição na função, apesar de adequados fluxo coronariano e consumo de oxigênio, mas a isquemia que se desenvolve após o limite de extração de oxigênio contribui para a queda na contratilidade.[4]

No pulmão, a hipovolemia induz a um aumento na ventilação minuto, resultante da taquipnéia ou hiperventilação, e uma queda na $PaCO_2$ arterial. Essas alterações são inicialmente resultantes do aumento do espaço morto ventilatório, conseqüente da queda da perfusão pulmonar. O desequilíbrio entre o aumento da demanda de oxigênio pelo diafragma e a redução do fluxo sangüíneo produzirá fadiga do músculo respiratório e posterior queda do volume-minuto.

O choque hipovolêmico secundário a trauma e hemorragia e seguido por transfusão maciça de papas de hemácias estocadas pode complicar com lesão pulmonar e hipoxemia. Alguns estudos sugerem que até 30% dos traumas severos com hemorragia cursam com SARA.

Experimentos com animais sugerem que vários fatores contribuem para o desenvolvimento da lesão pulmonar, entre eles a liberação de mediadores pró-inflamatórios, ativação de neutrófilos circulantes nos pulmões e outros órgãos após lesão de reperfusão, contusão pulmonar, microtrombos pulmonares, plaquetas e partículas de gorduras de ossos longos fraturados. Em vários estudos experimentais o choque secundário ao trauma é responsável por inúmeras e extensas alterações morfológicas no pulmão, com edema endotelial e intersticial, acúmulo de neutrófilos degranulados e êmbolos de gordura.

O cérebro é relativamente poupado nas fases iniciais do choque hipovolêmico, devido à sua extensa capacidade de auto-regulação arterial; o fluxo sangüíneo regional cerebral pode inclusive aumentar. Nos casos de comprometimento da auto-regulação, como nos casos de traumatismo cranioencefálico, a perfusão cerebral pode diminuir, e a posterior reperfusão contribuirá para a lesão cerebral secundária.

O choque hemorrágico sem lesão cerebral e a ressuscitação podem alterar a auto-regulação, por comprometerem a capacidade de auto-regulação dos vasos cerebrais, pela disfunção endotelial e a queda na reatividade para vasodilatação, dependente do óxido nítrico. Dessa forma, o cérebro experimenta uma situação de déficit de oxigênio e metabólico que acarretará deterioração funcional.

Hipotensão por hipovolemia é um importante fator de risco para insuficiência renal aguda após trauma. Durante uma queda do débito cardíaco, secundária a hemorragia progressiva, o fluxo sangüíneo renal pode ser mantido à custa de vasodilatação renal, portanto o rim não participa da vasoconstrição sistêmica associada à hipovolemia.[34] No entanto, quando a pressão arterial cai, os vasos renais tornam-se vasoconstritos, comprometendo o fluxo plasmático renal mais do que em outros órgãos. Essa vasoconstrição é secundária a barorreflexo devido a um aumento na atividade simpática, ativação do sistema renina-angiotensina-aldosterona, liberação de catecolaminas, angiotensina II, vasopressina e hormônio antidiurético. Por outro lado, a inibição da síntese de óxido nítrico aumenta a pressão arterial, que por sua vez aumenta a perfusão renal e a filtração glomerular. Há também liberação de prostaglandinas vasodilatadoras.[36]

No choque hipovolêmico, o balanço desses fatores favorece a perfusão renal durante uma queda moderada do débito cardíaco e da pressão arterial, mas é insuficiente durante uma queda severa do débito. Isquemia renal resulta em queda na filtração glomerular, por vasoconstrição da arteríola eferente e altos níveis de angiotensina II, com conseqüente oligúria ou anúria.

Durante hipovolemia, o fluxo sangüíneo do estômago ao cólon é redistribuído para outros órgãos; a isquemia intestinal pode ser agravada pelo mecanismo de contracorrente do fluxo sangüíneo da mucosa , promovendo *shunt* de oxigênio das artérias para veias. O fluxo sangüíneo porta diminui, e o nível de lactato sérico porta aumenta. A isquemia e reperfusão da mucosa gástrica após sangramento pode ser agravada pelo ácido gástrico, neutrófilos, mediadores inflamatórios, endotelina, radicais de oxigênio e proteases. A isquemia intestinal e a lesão comprometem a função de barreira da mucosa, facilitando a migração de bactérias e endotoxinas da luz intestinal através da parede para os linfonodos e sangue venoso porta. Essa translocação bacteriana associada ao choque hipovolêmico tem revelado, em modelos experimentais, aumento da mortalidade.[46]

Outra alteração é a queda na capacidade de absorção de carboidratos, aminoácidos e lipídios. A perfusão sinusoidal microvascular do fígado diminui, devido à queda no fluxo arterial hepático e porta, na mesma proporção da queda no débito. Mecanismos intrínsecos defendem o fígado da queda no fluxo, tais como aumento da síntese de óxido nítrico e óxido de carbono, mas não o suficiente para evitar completamente a disfunção endotelial. Uma queda no fluxo sangüíneo pode resultar em isquemia hepática, diminuição do conteúdo de fosfato de alta energia, função de depuração. A isquemia hepática resulta numa diminuição da capacidade para o metabolismo de drogas e da gliconeogênese, contribuindo para o desenvolvimento de hipoglicemia nos estágios finais do choque hipovolêmico.

Clinicamente, encontra-se elevação transitória de bilirrubinas e enzimas hepáticas; anormalidade severa costuma ser chamada de hepatite isquêmica. O baço se contrai, provavelmente por ação da atividade simpática, o que resulta na liberação de células vermelhas no sangue; portanto, a dosagem do hematócrito na fase aguda do choque hipovolêmico subestima a severidade da perda. O baço também libera plaquetas armazenadas. O pâncreas torna-se severamente isquêmico durante a hipovolemia, o que leva à autodigestão das células acinares e à liberação de lisoenzimas pancreáticas na circulação sistêmica, incluindo proteases e fatores com propriedades inotrópicas negativas, como o fator depressor do miocárdio.

Quanto ao sistema endócrino, uma queda severa do débito cardíaco resulta em ativação do sistema nervoso simpático, com liberação de noradrenalina e adrenalina. Há inibição da secreção de insulina e aumento da síntese de glucagon. O sistema renina-angiotensina-aldosterona é ativado, e a secreção de vasopressina e opióide aumenta. A resposta da hipófise inclui aumentar o hormônio adrenocorticotrópico, com resultante síntese e liberação de corticosteróide.

ASPECTOS CLÍNICOS

Causas

■ *Perda de sangue*

Ruptura de vasos, baço, fígado, gravidez extra-uterina, trauma gastrintestinal, trauma pulmonar, trauma renal, hemoptise etc.

■ *Perda de plasma*

Queimaduras, perdas gastrintestinais (diarréia, íleo, pancreatite etc.).

■ *Perda de fluidos e eletrólitos*

Perdas gastrintestinais e renais (*diabetes mellitus* descompensado, insuficiência adrenal, *diabetes insipidus* etc.)

Uma das causas mais freqüentes de choque hipovolêmico é a perda de sangue após trauma, incluindo a perda de sangue após grande cirurgia. Ruptura de aneurisma aórtico e hemorragia gastrintestinal são outras causas freqüentes de choque hipovolêmico.

Sangramento gastrintestinal alto pode ser secundário a doença péptica, esofagite de refluxo, varizes esofagianas, gastrite erosiva ou fístula aortoduodenal após cirurgia vascular. Hemorragia gastrintestinal baixa pde ser secundária a doença diverticular e carcinomas ou pólipos no cólon, por exemplo. Hemoptise maciça pode ser secundária a tuberculose, tumor, bronquiectasia ou infecção fúngica e pode resultar em choque hipovolêmico. Hematúria após trauma ou tumor é uma causa rara de choque hipovolêmico.

Durante um politrauma, a perda de sangue constitui-se no motivo principal de choque, mas o trauma por si só pode ativar uma série de substâncias vasoativas que contribuem para o desenvolvimento do choque. Nos pacientes com trauma, a perda sangüínea externa pode estar acompanhada de perdas invisíveis internas, por lesão de fígado, baço, vasos ou secundária a fratura de pelve ou fêmur.

Traumas de tórax podem cursar com ruptura de aorta, hemotórax, hemopericárdio, pneumotórax ou tamponamento. Sepse, com alteração severa da permeabilidade, é causa comum de perda intravascular – plasma e *diabetes mellitus* descompensado são um bom exemplo de perda de eletrólitos e fluidos.

Sinais e sintomas

O Quadro 52-1 mostra os sinais clínicos para cada grau de perda intravascular, revelando que pequenas perdas apresentam sinais pouco sensíveis.

DIAGNÓSTICO

História clínica. Exame físico

Objetiva a identificação da presença de perdas intravasculares – hemorragia, trauma, diarréia, vômito, poliúria e outras.

O diagnóstico de choque hipovolêmico não é difícil na presença de hipotensão com perda de volume sangüíneo visível, como ocorre no trauma e na hemorragia pulmonar ou gastrintestinal. Para o diagnóstico clínico, hipotensão e sinais clínicos de hipoperfusão de órgãos devem estar presentes, tais como oligúria e alteração do estado mental.[28,33] Pode-se reconhecer a presença de choque quando a pressão arterial sistólica for menor que 90 mmHg ou houver uma queda de 40 mmHg ou mais da pressão arterial sistólica habitual, acompanhada de sinais de hipoperfusão de órgãos.

Laboratório

Dos exames de admissão de pacientes com suspeita de choque hipovolêmico devem fazer parte: hemograma com plaquetas, eletrólitos, creatinina, lactato, gasometria e tipagem sangüínea.

Imediatamente após hemorragia, a hemoglobina e o hematócrito costumam estar normais, mas diminuem na seqüência. Na perda de plasma puro, podemos encontrar hematócrito aumentado, como ocorre nos casos de queimaduras e diarréia.

Choque hipovolêmico agudo pode acompanhar-se de leucopenia discreta, seguida de leucocitose. Se há suspeita de distúrbio da coagulação (terapia com anticoagulante, doença hepática, discrasias sangüíneas), contagem de plaquetas e testes de coagulação devem ser solicitados. Trombocitopenia transitória pode ocorrer após perdas maciças de sangue, com reposição de grande volume de hemácias.

Choque secundário ao trauma pode complicar com coagulação intravascular disseminada, com resultante consumo de plaquetas e fatores da coagulação. Permanece controversa a questão do tratamento da hipotermia e da acidose e seu efeito sobre a melhora da coagulação.

A concentração de eletrólitos (sódio, potássio e cloreto) no sangue é essencialmente normal, a menos que o choque seja acompanhado de acidose metabólica severa, situação em que há desvio iônico, com saída de potássio intracelular e entrada de íon hidrogênio, resultando em hiperpotassemia. Mais freqüentemente, formas menos severa de choque são acompanhadas de hipopotassemia, por estímulo adrenérgico na bomba de Na/K/ATP/ase.

Insuficiência adrenal pode resultar em hiponatremia, hiperpotassemia e acidose hiperclorêmica, causadas por alterações na excreção urinária induzidas por deficiência de mineralocorticóide.

Em pacientes com doença hepática, as anormalidades correspondentes poderão ser encontradas nos testes laboratoriais.

Nos casos de *diabetes mellitus* descompensado, hiperglicemia e glicosúria são observadas. A concentração de glicose sangüínea está aumentada precocemente nos estados de choque e pode estar diminuída nos casos tardios.

Finalmente, a concentração de cálcio livre pode diminuir durante o choque hipovolêmico, secundário à entrada na célula e à transfusão maciça de hemoderivados contendo citrato com anticoagulante.

A acidose metabólica acompanhada por lactato aumentado é comum, o pH é subnormal, parcialmente compensado pela hiperventilação, com conseqüente queda na $PaCO_2$. O lactato sérico deve ser dosado seriadamente, a cada 2 horas, como critério prognóstico, considerando que um tratamento de sucesso levará a queda contínua do nível de lactato, aumento do pH e da concentração de bicarbonato; o aumento sucessivo da concentração do lactato sérico está associado com morbidade, incluindo sepse, disfunção de órgãos e mortalidade.

O intervalo aniônico aumentado (sódio – bicarbonato + cloro) pode ser o primeiro sinal de acidose láctica. A creatinina sérica é inicialmente normal; a uréia pode aumentar por insuficiência renal pré-renal, catabolismo aumentado ou degradação de sangue no trato gastrintestinal durante hemorragia digestiva.

Quadro 52-1. Classificação clínica do choque hipovolêmico secundário a hemorragia

Perda de sangue	*Classe I*	*Classe II*	*Classe III*	*Classe IV*
Em ml	< 750	750-1.500	> 1.500-2.000	> 2.000
Em %	< 15	15-30	> 30-40	> 40
FC	< 100	> 100	> 120	> 140
PA sistólica	Normal	Normal	Diminuída	Diminuída
Pressão de pulso	Normal	Diminuída	Diminuída	Diminuída
Reenchimento capilar	Demorado	Demorado	Demorado	Demorado
FR	14-20	20-30	30-40	> 35
Débito urinário ml/h	> 30	20-30	5-15	Mínimo
Estado mental	Ansiedade leve	Ansiedade	Confusão	Confusão e letargia

A osmolaridade urinária aumenta, com sódio urinário baixo e fração excretora de sódio diminuída, nos casos de insuficiência renal pré-renal; na necrose tubular aguda, o sódio urinário aumenta e a fração excretora de sódio também aumenta.

Outras anormalidades laboratoriais incluem elevação transitória de bilirrubinas e transaminases, elevação de creatinoquinase secundária a lesão muscular, cardíaca ou de tecido cerebral. Troponina elevada significa especificamente lesão cardíaca.

Diagnóstico – Aspectos gerais

Após a história e o exame físico, além da avaliação laboratorial, outros procedimentos diagnósticos vão depender das causas subjacentes do choque.

Um trauma fechado de tórax pode cursar com hemotórax ou ruptura de aorta, tamponamento cardíaco ou pneumotórax; nesse caso, uma radiografia de tórax é imperativa.

Na presença de trauma fechado de abdômen, com possível lesão de baço, fígado ou vasos, deverão ser realizados um lavado peritoneal diagnóstico e outros procedimentos, tais como uma ultra-sonografia abdominal ou tomografia. A ruptura de um aneurisma abdominal poderá ser confirmada através de uma ultra-sonografia ou angiografia.

Nos casos de hemorragia digestiva, será necessária a realização de endoscopia digestiva para os casos de hemorragia alta e de sigmoidoscopia para os casos de hemorragia digestiva baixa, ou de angiografia.

Nas hemoptises maciças, estão indicadas a broncoscopia e a angiografia, e assim sucessivamente.

TRATAMENTO

Princípios gerais

O tratamento do choque não pode ser retardado, e na prática o diagnóstico e o tratamento são realizados simultaneamente. O tratamento do choque hipovolêmico consiste em restaurar o volume circulante efetivo e abordar a causa subjacente.

A normalização da pressão como objetivo terapêutico não é suficiente para equilibrar a balança oferta e consumo de oxigênio e a oxigenação tecidual, particularmente na presença de disfunção miocárdica após ressuscitação.

A reposição volêmica adequada deve visar aos sinais clínicos e laboratoriais que indiquem melhora da perfusão, tais como diurese efetiva, estado mental normal, queda do lactato sérico e compensação da acidose metabólica. Hipoxemia deve ser tratada e prevenida; a saturação arterial de oxigênio deve ser mantida em 90%, no mínimo.

Um acesso venoso de grosso calibre deve ser providenciado para infusão de líquidos, incluindo hemoderivados. A via de preferência é a periférica; caso seja impossível, será obtido acesso central – veias jugular interna, femoral ou subclávia. A via intra-óssea poderá ser utilizada em crianças.

A rapidez com que o choque pode ser revertido depende da sua gravidade e do tempo de demora para instituir o tratamento. A magnitude da infusão de volume, por sua vez, dependerá da situação clínica, da freqüência cardíaca, da freqüência respiratória, do volume urinário e do comportamento do lactato sérico e do bicarbonato medidos a cada 2 horas.

O tratamento do choque hipovolêmico depende da causa de base. Cirurgia imediata está indicada nos casos de trauma com sangramento interno ou externo; hemorragia gastrintestinal pode ser controlada com bloqueador de bomba de próton ou tratamento endoscópico; varizes esofagianas podem ser tratadas com escleroterapia ou tratamento medicamentoso com vasopressina ou somatostatina, e assim sucessivamente.

Reposição volêmica

A utilidade da ressuscitação volêmica imediata no curso de sangramento não-controlado tem mudado nos últimos anos. Estudos mostraram que a reposição volêmica com soluções que não hemoderivados, com normalização da pressão arterial, na vigência de sangramento, aumenta a incidência de coagulopatia, por hemodiluição e aumento da mortalidade. Portanto, a proposta é a utilização da estratégia da reposição volêmica controlada, sem normalização da pressão arterial, enquanto a hemorragia não for controlada.[47,48]

■ *Fluidoterapia*

O objetivo do tratamento do choque hipovolêmico é a restauração do volume circulante efetivo, para a restauração do débito cardíaco e do transporte de oxigênio.[9]

O Quadro 52-2 mostra a distribuição das soluções para reposição disponíveis no mercado e sua distribuição nos espaços corporais.

Quadro 52-2. Distribuição de líquidos nos compartimentos corporais após infusão

Compartimento	*Glicose 5%*	*NaCl 0,9%*	*Salina hipertônica*	*Colóides Pressão colóide normal*	*Colóide Pressão colóide aumentada*
Intravascular	↑	↑	↑↑	↑↑	↑↑↑
Intersticial	↑↑	↑↑	↓	–	↓
Intracelular	↑↑↑	–	↓	–	↓

↑ = Aumento discreto; ↑↑ = aumento moderado; ↑↑↑ = aumento acentuado.

Farmacologia dos colóides e cristalóides

Cristalóides

Genericamente, podemos considerar soluções cristalóides como aquelas em que o sódio é o elemento osmótico principal. Essas soluções podem ser isotônicas, hipertônicas ou hipotônicas em relação ao plasma (Quadro 52-3). As soluções hipotônicas não se prestam para a reposição volêmica; toda vez que o texto referir-se a cristalóides, estará se referindo às soluções iso ou hipertônicas.

As soluções isotônicas disponíveis no nosso meio são a solução salina isotônica (0,9%) e a solução de lactato de Ringer, cujas composições são mostradas no Quadro 52-3. Para efeitos de reposição volêmica, não há diferença prática entre as duas soluções, podendo ser usadas indistintamente, com observação da pequena quantidade de potássio na solução de Ringer.

As *soluções hipertônicas* são foco de extenso estudo, pela necessidade de soluções que expandam rapidamente o espaço intravascular e que sejam de baixo custo, situação encontrada principalmente nos ambientes pré-hospitalar e militar. As soluções disponíveis são salinas, com concentrações de 3%, 5% e 7,5%, sendo a última a mais utilizada. Por retirar volume do interstício, as soluções hipertônicas expandem o EIV com um volume maior do que o infundido, com efeitos muito rápidos no IC, resistência vascular sistêmica (RVS), pressão arterial média (PAM) e pressão intracraniana (PIC). Porém, esses efeitos são transitórios, e efeitos colaterais desenvolvem-se freqüentemente, devidos à tonicidade, hipernatremia, hipercloremia e "a hiperosmolaridade,[52] sendo os mais graves mielinólise pontino-central, sangramento em SNC e convulsões. Efeitos terapêuticos mais sustentados têm sido observados na combinação de soluções hipertônicas e colóides (por exemplo, dextran-70 + solução salina a 7,5%).[32,37]

Complicações com o uso de cristalóides

Uma das principais complicações do uso de cristalóides é a reposição volêmica inadequada, geralmente fruto da não-observação da regra de distribuição de líquidos, que mostra que a quantidade de solução infundida deve ser três a quatro vezes maior do que o volume estimado de perda do EIV. Isso esbarra, muitas vezes, em problemas operacionais, como a obtenção de uma boa via venosa e a manutenção de uma taxa rápida de infusão.

O outro efeito colateral do uso de cristalóides consiste na formação de edema periférico e pulmonar. O edema periférico, visualizado nas partes pendentes do corpo, era, até há algum tempo, considerado sinal de boa reposição volêmica. Hoje, sabe-se que, além de o edema subcutâneo ser prejudicial (principalmente em relação a suturas cirúrgicas), o edema de alças intestinais pode ser deletério, ao facilitar translocação bacteriana. O uso de grandes quantidades das soluções também leva à diluição das proteínas plasmáticas, com diminuição da P_{onc} (pressão oncótica) e maior edema. O surgimento de edema pulmonar parece não depender do tipo de fluido usado, mas sim da sua quantidade, superando a capacidade de depuração linfática, levando a acúmulo de líquido no interstício pulmonar e posteriormente no alvéolo.

Colóides

Albumina

A albumina endógena é a principal proteína sintetizada no fígado, com peso molecular de aproximadamente 69.000 dáltons. É responsável por 80% da pressão oncótica; 30 a 40% da albumina encontram-se no espaço intravascular (EIV), sendo que 60 a 70% estão no espaço extravascular (EIT). A meia-vida sérica é de 18 horas, com eliminação total em 20 dias; quando administrada exogenamente, 90% estão no EIV após 2 horas. Cada grama de albumina carreia consigo 18 ml de água.[15]

Para fins de reposição volêmica, a albumina é comercializada em soluções a 20 e 25%, geralmente diluídas em 50 ml de solução salina isotônica (SSI, contendo 10 e 12,5 g de albumina, respectivamente), que geram P_{onc} de 100 mmHg. O uso de 100 ml da solução a 25% leva a uma expansão de 450 ml no EIV. Os efeitos adversos da albumina consistem em anafilaxia (0,1%), coagulopatia por diluição dos fatores de coagulação e alto custo. Com as preparações atuais, não há risco de transmissão dos vírus das hepatites e do HIV.

Quadro 52-3. Soluções cristalóides

Soluções	*Na mMol/l*	*K*	*Cl*	*Ca*	*Glicose*	*Lactato*	*HCO*	*Osmol (mOsmol/l*
Glicose 5%					278			278
NaCl 0,65%	111		111					222
NaCl 0,95%	154		154					308
NaCl 3,0	513		513					1.025
NaCl 7,5%	1.283		1.283					2.567
NaCl 30%	5.000		5.000					10.000
Ringer lactato	130	4	110	3		27		275
$NaHCO_3$	167						167	334
$NaHCO_3$	500						500	1.000
$NaHCO_3$	1.000						1.000	2.000

Dextran

Os dextrans são colóides constituídos de polímeros de glicose de diversos pesos moleculares, sintetizados a partir de bactérias em um meio de sacarose. Os dois preparos mais utilizados são o dextran-70, em que o peso molecular médio é de 70.000 dáltons, com geração de P_{onc} de 40 mmHg; e o dextran-40, com moléculas de 40.000 dáltons. A duração e o grau de expansão no EIV induzidos pelos dextrans dependem do total infundido, da taxa de infusão, do peso molecular da solução e da rapidez de clareamento das moléculas. Dessa forma, o dextran-40 induz uma expansão no EIV mais rápida (por estar geralmente concentrado nas soluções disponíveis), mas essa é de curta duração, pela rápida depuração das moléculas pelo rim.[30]

Além de sua ação como expansor de volume, os dextrans, principalmente o dextran-40, foram implicados como portadores de ações sobre a reologia sangüínea, melhorando a microcirculação tecidual nos estados de choque. O dextran-40 está disponível em soluções a 3% e 10%, diluídas em soluções glicosadas, fisiológicas ou de Ringer-lactato; o dextran-70 é disponível da mesma maneira. Os efeitos colaterais relacionados com o dextran são a coagulopatia (3%), defeitos de hemostasia, causados tanto por diluição nos fatores de coagulação como por ação direta no fator VIII, e insuficiência renal aguda por *plugging* tubular induzido pelo dextran-40.

Gelatinas

Mais usadas na Europa, são derivados modificados do colágeno, nas formas de gelatina fluida modificada e gelatina ligada à uréia. O peso molecular médio é de 35.000 dáltons, com meia-vida sérica de aproximadamente 2,5h, sendo rapidamente eliminadas pelos rins. No nosso meio, a gelatina disponível é aquela ligada à uréia, em soluções de 3,5% em SSI. Os efeitos colaterais são sobretudo a anafilaxia (0,1%), principalmente na gelatina ligada à uréia e coagulopatia dilucional.

Amidos (Starches)

Hetastarch é o termo utilizado para descrever uma molécula derivada da amilopectina, semelhante ao glicogênio e resistente à ação da amilase sérica. É encontrado em misturas bastante heterogêneas, com peso molecular médio de 69.000 dáltons. Possui efeito expansor muito semelhante ao da albumina (P_{onc} de 43 mmHg), mas com farmacocinética bastante complexa, permanecendo até 8 dias no organismo, sendo excretado por via renal. É encontrado em soluções a 6% em SSI. Os efeitos colaterais são anafilaxia (rara), coagulopatia e aumento nos níveis séricos da amilase.[50]

O Pentastarch é um derivado do Hetastarch, com maior peso molecular médio (120.000 dáltons) e com excreção mais previsível. Possui um efeito expansor de 12 horas e P_{onc} de 40 mmHg; alguns estudos relatam um efeito *plug* em síndromes com aumento da permeabilidade capilar. Efeito colateral: coagulopatia (Quadro 52-4).

Técnica

A reposição volêmica inicial nos paciente críticos inicia-se em conjunto com as outras medidas de ressuscitação básica (principalmente vias aéreas); para a otimização da fluidoterapia, deve-se sempre ter em mente três pontos básicos:

- O compartimento corporal que interessa para a reposição volêmica é o EIV, que em adultos corresponde a 70 ml por kg de peso; ou seja, uma pessoa de 70 kg deve conter 4.900 ml no EIV.
- Após 1 hora da administração de 1.000 ml EV rapidamente, 250 ml das soluções cristalóides e 600 a 700 ml das soluções colóides permanecerão no EIV, aproximadamente.
- A depleção do IV pode ser inferida da seguinte forma:
  - 10%: pacientes agudamente doentes sem sinais de perda.
  - 20%: pacientes com evidência de perda com PAM superior a 80 mmHg, com hipotensão e taquicardia posturais.
  - 25% ou mais: pacientes com PAM abaixo de 80 mmHg e sinais clínicos de baixa perfusão periférica: pele fria, alteração mental, oligúria.

Citando-se uma situação hipotética: um paciente de 70 kg apresenta-se com quadro de depleção do EIV de 20% por diarréia infecciosa. O seu EIV é de aproximadamente 5.000 ml, e a depleção do IV é 1.000 ml. Para fazermos a reposição da perda com solução cristalóide, seriam necessários 4.000 ml da mesma para que se atingisse o objetivo em 1 hora de reposição; uma reposição com 1.000 ml de solução colóide mais 1.000 ml de solução cristalóide, ao final de uma hora teríamos 700 ml + 250 ml no EIV, perfazendo o déficit de 1.000 ml.

Para otimizar a expansão no EIV, algumas normas técnicas devem ser levadas em consideração: os acessos venosos devem ser de grosso calibre, para maior rapidez de infusão (quanto mais rápida a infusão, maior a compartimentalização dentro do EIV); esses catéteres devem drenar para território de veia cava superior; atentar para a temperatura do soro (não injetar soluções frias).

A monitorização da eficácia da reposição volêmica pode ser inferida através de sinais clínicos, como débito urinário, FC, FR, PA, pulso, nível de consciência, que geralmente são úteis mas pouco precisos. Em pacientes selecionados, monitorização invasiva, com cálculo de $\dot{D}O_2$, associada a métodos de avaliação de metabolismo anaeróbico, como dosagem seriada de lactato, $ETCO_2$ e tonometria gástrica, levam a uma avaliação mais precisa da perfusão tecidual.

A depleção do EIV deve ser continuamente reacessada, e novos graus de déficit devem ser corrigidos. Nessa fase, é útil o algoritmo de Weiel *et al* para uso em pacientes monitorizados. A avaliação repetida da pressão venosa jugular e a ausculta pulmonar devem ser feitas continuamente para prevenir hiperidratação e edema pulmonar. Se a medida da pressão venosa central ou da artéria pulmonar estiver disponível, poderá ser realizada prova de volume, conforme Quadro 52-5.

A escolha do tipo de solução a ser administrada depende da extensão e do tipo de fluido perdido, de sua composição e localização e da propriedade do líquido a ser infundido, de sua

Quadro 52-4. Soluções colóides

Nome	*Substância/g/l*	*Na mMol/l*	*K*	*Cl*	*Ca*	*Glicose*	*Lactato*	*Osmol (mOsmol/l)*
Colóides naturais								
Albumina 5%	50 g	130-160		130-160				308
Albumina 25%	240 g + 10 g de globulina	130-160		130-160				1.500
Fração proteína plasmática 5%	Albumina 44 g + globulina 6 g	145	< 2			167		290
Gelatinas								
Uréia + gelatina + eletrólitos	35 g	152	5,1	145	6,25			391
Gelatina modificada + eletrólitos	30 g	154	5,0	100			30	320
Dextrans								
Dextran – 40 + glicose 5% + NaCl 0,9%	50 g	154		154		278		278 310
Dextran – 40 + glicose 5% + NaCl 0,9%	100 g	154		154		278		278 310
Dextran – 70 + glicose 5% + NaCl 0,9%	60 g	154		154		278		278 310
Amidos								
Amido hidroxietil 200 + NaCl 0,9%	60/100 g	154		154				310
Amido hidroxietil 450 + NaCl 0,9%	60 g	154		154				310
Pentastarch + NaCl 0,9%	100 g	154		154				354

Quadro 52-5. Fluidoterapia

Linha guia	*PVC em cmH_2O*	*POAP*	*Infusão*
Início	< 8	< 10	200 ml/10 min
	< 12	< 14	100 ml/10 min
	> 12	> 14	50 m/10 min
Durante infusão	↑ > 5	↑ > 7	Pare
Após 10 min	< 2	< 3	Continue
	2 > ↑ < 5	3 > ↑ < 7	Espere 10 min
	↑ > 5	↑ > 7	Pare
Após esperar 10 min	Até ↑ > 2	Até ↑ > 3	Pare
	↑ < 2	↑ < 3	Repetir

Adaptado de Weil MH, Henning RJ: *Anesthesiology* 58:14, 1979.
POAP = Pressão ocluída da artéria pulmonar.

distribuição nos diversos compartimentos corporais e dos custos associados.[14,35] A utilização dos vários tipos de soluções disponíveis no choque tem sido amplamente discutida,[39] particularmente porque a importância da pressão colóide para ressuscitação e prevenção do edema pulmonar é incerta.[42] Portanto, o relativo mérito ou os efeitos deletérios dos colóides naturais ou sintéticos permanecem sem esclarecimento.[7]

■ *Reposição de hemoderivados*

O hematócrito é o principal determinante da viscosidade sangüínea e, em última análise, associado às características geométricas do leito vascular, do fluxo através dos diversos órgãos.[51] Estudos experimentais sugerem que, durante hemodiluição normovolêmica, uma oferta normal de oxigênio é garantida com uma taxa de hematócrito de 12% a 65% para o coração, 30% a 65% para o cérebro, 30% a 55% para o fígado, intestinos e rins, desde que adaptações no diâmetro dos vasos e mudanças no fluxo sangüíneo compensem as mudanças no conteúdo de oxigênio.

Devido ao fato de o sangue não ser um fluido newtoniano, a sua viscosidade não depende apenas do hematócrito, mas também da velocidade do fluxo sangüíneo, com probabilidade de agregação de hemácias nas vênulas pós-capilares, onde o fluxo é mais lento que nas arteríolas, particularmente no choque hipovolêmico. Dessa forma, a agregação de hemácias contribui para a hipoperfusão tecidual durante o choque. Em contrapartida, o estado do volume intravascular, a função miocárdica e o tônus vascular contribuem para a viscosidade sangüínea; por exemplo, o *hematócrito ótimo* para a oferta de oxigênio é menor durante a hipovolemia.

Considerando o exposto acima, é difícil definir qual o valor ideal para o hematócrito durante o choque hipovolêmico. A maioria dos autores, mas não a totalidade deles, considera que uma hemodiluição moderada, com hematócrito em torno de 30%, pode trazer benefícios para a perfusão tecidual, sendo a hemodiluição severa, assim como a hemoconcentração, deletérias para o balanço oferta/consumo de oxigênio.[2]

Hemoderivados e substitutos da hemoglobina

No tratamento do choque hipovolêmico secundário à hemorragia, a infusão de papa de hemácias é crucial para o tratamento. Isso pode ser realizado através de autotransfusão de sangue coletado de áreas não-contaminadas, como o tórax; pela infusão de sangue O Rh positivo, em situações de emergência, nos casos de choque grau IV, por exemplo, com sangramento ativo ou em situações mais estáveis de sangue tipo-específico.[45]

A posição da curva de dissociação da hemoglobina, quando da utilização de sangue estocado, é seu desvio para a esquerda. Apesar de isso, teoricamente, afetar a oferta de oxigênio para os tecidos, os efeitos dessa mudança são limitados, segundo estudos experimentais.[19] A importância clínica das mudanças na afinidade das células vermelhas pelo oxigênio, limitando a oferta durante anemia, débito cardíaco baixo ou diâmetros de vasos fixos, é desconhecida.

A transfusão de grande quantidade de concentrados de hemácias é preferencialmente realizada com a utilização de microfiltros, para evitar a infusão de agregados de plaquetas, eritrócitos e neutrófilos, que poderiam alojar-se nos pulmões, levando à lesão pulmonar aguda.

De qualquer forma, transfusão maciça é fator de risco para sepse, SARA e disfunção de múltiplos órgãos, independentemente do choque hipovolêmico *per se*.[55] Outro conceito que deve ficar em mente é que na fase aguda do choque hemorrágico o hematócrito é normal, mas choques graus III ou IV provavelmente necessitarão de transfusão. Como a perda de sangue acarreta também a perda de fatores da coagulação durante a ressuscitação sem utilização de sangue total, emerge a discussão de se fatores da coagulação e plaquetas deveriam ser transfundidos.

São vários os protocolos para a utilização de transfusão de plasma fresco ou plaquetas, mas a princípio transfusão só deverá ser realizada se houver sangramento ativo, não-cirúrgico, com provas da coagulação alteradas e plaqueta abaixo de 50.000.[26] Uma regra a ser utilizada é a transfusão de 4 U de plasma fresco para cada 1 U de papa de hemácías. Lembrar que 1 U de papa aumenta o hematócrito em torno de 3 a 4 pontos, e 6 U de plaquetas aumentam em 10.000 a contagem das plaquetas.

Por causa dos inúmeros problemas associados à transfusão de sangue de doadores, pesquisadores têm desenvolvido substitutos da hemoglobina para utilização clínica. Esses compostos incluem carreadores químicos de oxigênio, hemoglobinas modificadas e hemoglobinas com lipossomo encapsulado. As hemoglobinas modificadas têm sido desenvolvidas na tentativa de prevenir ou limitar a toxicidade renal.

A utilização de hemoglobinas modificadas está sob investigação clínica, e alguns compostos recombinantes demonstraram capacidade de aumentar a pressão arterial, particularmente a pressão da artéria pulmonar.

Drogas vasoativas

Habitualmente, a utilização de drogas vasoativas não está indicada no tratamento do choque hipovolêmico, a menos quando utilizada como ponte no período em que a infusão de fluidos não está disponível ou a reposição volêmica não está sendo suficiente para restaurar a pressão arterial e a perfusão.[31,44]

Hipotensão persistente apesar de reposição volêmica adequada pode ser causada por débito cardíaco diminuído em conseqüência de disfunção miocárdica ou por vasodilatação periférica. Nessa circunstância, está indicada monitorização da artéria pulmonar para identificação do padrão hemodinâmico do choque e escolha da droga mais adequada. A administração deve ser feita através de acesso central e sob infusão contínua.

Correção da acidose

A idéia subjacente é que a acidose metabólica é deletéria para a função miocárdica, por aumentar a pressão da artéria pulmonar e a pós-carga do ventrículo direito, diminuir a sensibilidade às catecolaminas, diminuindo os betarreceptores e o transporte intracelular de cálcio necessário para a contração e aumentando a tendência a arritmias graves.[29] No entanto, os efeitos deletérios da acidose são controversos; por exemplo, acidose intracelular protege a célula isquêmica da morte.[27]

A administração de bicarbonato de sódio agrava a acidose intracelular, devido à formação de CO_2 durante a sua ação tampão, que atravessa rapidamente a membrana celular, mais rapidamente que o íon bicarbonato; desvia a curva de dissociação da hemoglobina para a esquerda, aumentando a afinidade da hemoglobina pelo oxigênio e diminuindo a oferta tecidual.[8,18]

MONITORIZAÇÃO

A menos que haja reversão rápida do quadro com a infusão de volume inicial, esses pacientes devem ser monitorizados em Unidade de Tratamento Intensivo.

Clinicamente, serão acompanhados os sinais vitais, além da ausculta pulmonar para monitorização do desenvolvimento de congestão pulmonar, secundária à reposição volêmica. A monitorização não-invasiva da pressão arterial pode ser suficiente para alguns pacientes com choque; no entanto, há grande diferença entre as monitorizações invasiva e não-invasiva da pressão arterial, favorecendo a cateterização arterial radial ou femoral. O débito urinário deve ser monitorizado a cada hora, com manutenção da diurese acima de 40 ml/h, como um bom indicador de perfusão renal adequada.

Nos casos persistentes de choque, está indicada a monitorização invasiva da artéria pulmonar, assim como na presença de doença cardíaca preexistente ou como guia para a reposição volêmica e o uso de drogas vasoativas.

Variáveis de perfusão são monitorizadas, como um índice de sucesso do tratamento; desde a variável clínica, como a melhora do estado mental, até a utilização de eletrodos de mensuração de PO_2 e PCO_2 na pele, músculo e conjuntiva. Além do quadro clínico, medidas mais usuais do estado perfusional são a gasometria arterial, com a pesquisa da presença de acidose, a medida do lactato sérico,[24] a mensuração da saturação venosa mista do sangue da artéria pulmonar e a tonometria gástrica com a medida do pHi e do Pg CO_2.[22]

COMPLICAÇÕES E PROGNÓSTICO

Como discutido anteriormente, o choque hipovolêmico afeta adversamente vários órgãos; mesmo após ressuscitação volêmica adequda, muitos pacientes evoluem com disfunção de múltiplos órgãos, evidenciada por SARA, insuficiência renal, hiperbilirrubinemia, colite isquêmica, encefalopatia hipóxica, perda muscular severa, disabsorção intestinal, coagulopatia, colecistite acalculosa e outros.[20,23]

A patogenia dessa síndrome é pouco conhecida e provavelmente multifatorial, secundária a politransfusão, isquemia, lesão de reperfusão, alterações inflamatórias e alterações metabólicas.

O tratamento é meramente de suporte e baseia-se na substituição da função orgânica quando possível, por exemplo, ventilação mecânica na presença de SARA, diálise na insuficiência renal.

Hemorragia, choque e ressuscitação após trauma alteram temporariamente a imunidade celular, predispondo a infecção bacteriana e sepse, causa importante de mortalidade tardia nessa população de pacientes. Como o trauma, por si só, produz leucocitose e febre, entre outros, o diagnóstico de infecção torna-se difícil; infecção suspeita ou confirmada deve ser tratada de acordo com o sítio e o perfil microbiológico da unidade.[17]

Apesar de medidas cardiovasculares de suporte adequadas, a presença de disfunção de múltiplos órgãos acarreta uma mortalidade de 100% na presença de falência de pelo menos três órgãos.[6]

O choque hipovolêmico é uma condição clínica que ameaça a vida e que necessita de diagnóstico e tratamento imediatos para prevenir disfunção de múltiplos órgãos e morte. Apesar das novas descobertas com relação à fisiopatologia e novos horizontes de tratamento, o princípio mais importante do tratamento continua sendo a completa reposição do volume circulante efetivo e o tratamento adequado da causa básica.

REFERÊNCIAS BIBLIOGRÁFICAS

1. Abou–Kalil B *et al.* Hemodynamic response to shock in young trauma patient need for invasive monitoring. *Crit Care Med* 1994;22:633.
2. Agarwal N *et al.* Blood transfusion increases the risk of infection after trauma. *Arch Surg* 1993;128:171.
3. Allison KP *et al.* Randomized trial of hydroxyethyl starch versus gelatin for trauma resuscitation. *J Trauma* 1999;47:1114.
4. Arlati S, *et al.* Myocardial necrosis in ICU patients with acute non-cardiac disease: a prospective study. *Intens Care Med* 2000;26:31.
5. Baker CH *et al.* Microvascular responses of intact and adrenal medullectomized rats to hemorrhagic shock. *Circ Shock* 1988;26:203.
6. Barton R, Cerra FB. The hypermetabolism multiple organ failure syndrome. *Chest* 1989;96:1153.
7. Beards SC *et al.* Comparison of the hemodynamic and oxygen transport responses to modified fluid gelatin and hetastarch in critically ill patients: a prospective, randomized trial. *Crit Care Med* 1994;22:600.
8. Benjamin E *et al.* Effects of acid-basic correction on hemodynamics, oxygen dynamics, and resuscitability in severe canine hemorrhagic shock. *Crit Care Med* 1994;22:1616.
9. Böck JC *et al.* Post traumatic changes in and effect of colloid osmotic pressure on the distribution of body water. *Ann Surg* 1989;210:395.
10. Bressack MA, Raffin TA. Importance of venous return, venous resistance, and mean circulatory pressure in the physiology and management of shock. *Chest* 1987;92:906.
11. Cairns CB *et al.* Evidence for early supply independent mitochondrial dysfunction in patients developing multiple organ failure after trauma. *J Trauma* 1997;42:532.
12. Chang H *et al.* Plasma endothelin level changes during hemorrhagic shock. *J Trauma* 1993;35:825.
13. Chiólero R *et al.* Effects of catecholamines on oxygen consumption and oxygen delivery in critically ill patients. *Chest* 1991;100:1676.
14. Choi PTL *et al.* Crystalloids vs colloids in fluid resuscitation: a systemic review. *Crit Care Med* 1999;27:200.

15. Cochrane Injuries Group Albumin Reviewers: Human albumin administration in critically ill patients: systemic review of randomized controlled trials. *Br J Med* 1998;17:235.
16. Demetriades D *et al.* Relative bradycardia in patients with traumatic hypotension. *J Trauma* 1998;45:534.
17. Douglas RG, Shaw JHF. Metabolic response to sepsis and trauma. *Br J Surg* 1989;76:115.
18. Forsythe SM, Schmidt GA. Sodium bicarbonate for the treatment of lactic acidosis. *Chest* 2000;117:260.
19. Fortune JB *et al.* Influence of hematocrit on cardiopulmonary function after acute hemorrhage. *J Trauma* 1987;27:243.
20. Garber BG *et al.* Adult respiratory distress syndrome: a systematic overview of incidence and risk factors. *Crit Care Med* 1996;24:687.
21. Grum CM *et al.* Evidence for adenosine triphosphate degradation in critically ill patients. *Chest* 1985;88:763.
22. Hamilton-Davies C *et al.* Comparison of commonly used clinical indicators of hypovolaemia with gastrointestinal tonometry. *Intens Care Med* 1997;23:276.
23. Heckert SR *et al.* Outcome after hemorrhagic shock in trauma patient. *J Trauma* 1998;45:545.
24. James JH *et al.* Lactate is an unreliable indicator of tissue hypoxia in injury or sepsis. *Lancet* 1999;345:505.
25. Kline JA *et al.* Heart function after severe hemorrhagic shock. *Shock* 1999;12:454.
26. Lucas CE *et al.* Plasma supplementation is beneficial for coagulation during severe hemorrhagic shock. *Am J Surg* 1996;171:399.
27. Makisato HJ *et al.* Effects of bicarbonate therapy on tissue oxygenation during resuscitation of hemorrhagic shock. *Crit Care Med* 1989, 17:1170.
28. McGee S, Abernethy WB, Simel DL. Is this patient hypovolemic? *JAMA* 1999;281:1022.
29. Mizock BA, Falk J. Lactic acidosis in critical illness. *Crit Care Med* 1992;20:80.
30. Modig J. Effectiveness of dextran 70 versus Ringer acetate in traumatic shock and adult respiratory distress syndrome *Crit Care Med* 1986;14:454.
31. Nordin A, Mäkisalo H, Höckerstedt K. Dopamine infusion during resuscitation of experimental hemorrhagic shock. *Crit Care Med* 1994;22:151.
32. Ogino R *et al.* Effects of hypertonic saline and dextran 70 on cardiac contractility after hemorrhagic shock. *J Trauma* 1997;42:602.
33. Prist R *et al.* A quantitative analysis of transcapillary refill in severe hemorrhagic hypotension in dogs. Shock 1994;1:188.
34. Putensen C *et al.* Atrial natriuretic factor release during hypovolemia and after volume replacement. *Crit Care Med* 1992;20:984.
35. Rackow EC *et al.* Fluid resuscitation in circulatory shock: a comparison of the cardiorespiratory effects of albumin, hetastarch, and saline solutions in patients with hypovolemic and septic shock. *Crit Care Med* 1983;11:839.
36. Ratcliffe PJ *et al.* Acute renal failure in hemorrhagic hypotension: cellular energetics and renal function. *Kidney Int* 1986;30:355.
37. Rizoli SB *et al.* Immunomodulatory effects of hypertonic resuscitation on development of lung inflammation following hemorrhagic shock. *J Immunol* 1998;161:62-88.
38. Ronco JJ *et al.* Identification of the critical oxygen delivery for anaerobic metabolism in critically ill septic and nonseptic patients. *JAMA* 1993;270:1724.
39. Schierhout G, Roberts I. Fluid resuscitation with colloid or crystalloid solutions in critically ill patients: a systematic review of randomized trials. *Br J Med* 1998;316:861.
40. Schoemaker WC. Relation of oxygen transport patterns to the pathophysiology and therapy of shock state. *Intens Care Med* 1987;13:230.
41. Shibutani K *et al.* Critical level of oxygen delivery in anesthetized man. *Crit Care Med* 1983;11:640.
42. Shippy CR, Shoemaker WC. Hemodynamic and colloid osmotic pressure alterations in the surgical patient. *Crit Care Med* 1983;11:191.
43. Shoemaker WC, Appel PL, Kram HB. Measurement of tissue perfusion by oxygen transport patterns in experimental shock and in high risk surgical patients. *Intens Care Med* 1990;16: S135.
44. Shoemaker WC *et al.* Comparison of hemodynamic and oxygen transport effects of dopamine and dobutamine in critically ill surgical patients. *Chest* 1989;96:120.
45. Singh G, Chaudry KI, Chaudry IH. Crystalloide is as effective as blood in the resuscitation of hemorrhagic shock, *Am Surgery* 1992;215:377.
46. Singh G *et al.* Severe depression of gut absorptive capacity in patients following trauma or sepsis. *J Trauma* 1994;36:803.
47. Solomonov E *et al.* The effect of vigorous fluid resuscitation in uncontrolled hemorrhagic shock after massive splenic injury. *J Trauma* 2000;28:749.
48. Spain DA *et al.* Complement activation mediates intestinal injury after resuscitation from hemorrhagic shock. *J Trauma* 1999;46:224.
49. Szabó C, Billiar TR. Novel roles of nitric oxide in hemorrhagic shock. Shock 1999;102:1220.
50. Treib J, *et al.* An international view of hydroxyethyl starches. *Intens Care Med* 1999;25:258.
51. Voerman HJ, Groeneveld ABJ. Blood viscosity and circulatory shock. *Intens Care Med* 1989;15:72.
52. Wade CE, *et al.* Efficacy of hypertonic 7.5% saline and 6% dextran 70 in treating trauma, a meta analysis of controlled clinical studies. *Surgery* 1997;122:609.
53. Wiggers CJ. Present status of shock problem. *Physiol Rev* 1942;22:74.
54. Wong DH, *et al.* Changes in cardiac output after acute blood loss and position changes in man. *Crit Care Med* 1989;17:979.
55. Zallen G, *et al.* Age of transfused blood is an independent risk factor for postinjury multiple organ failure. *Am J Surg* 1999;178:570.

53 Choque Cardiogênico

Elias Knobel • José Augusto Marcondes de Souza • Manes Roberto Erlichman

Apesar dos grandes avanços observados nas últimas duas décadas no tratamento das doenças cardíacas, incluindo a terapêutica trombolítica para tratamento do infarto agudo do miocárdio, o desenvolvimento de vários métodos de suporte circulatório artificial, parcial ou total, e do transplante cardíaco para o tratamento da insuficiência cardíaca refratária, o choque cardiogênico continua sendo uma condição com elevado nível de mortalidade, que varia de 30 a 90%.[1]

Essa complexa síndrome clínica pode ter múltiplas causas, ser de instalação aguda ou ser a expressão final da evolução da disfunção ventricular crônica. Recentemente, observa-se um aumento no número de pacientes com disfunção ventricular que está diretamente relacionado com o aumento da proporção de idosos na população e na introdução de novas terapias, como o uso da trombólise no infarto agudo do miocárdio e dos inibidores da enzima de conversão e dos betabloqueadores para os pacientes com insuficiência cardíaca, por exemplo.[2]

DEFINIÇÃO

É uma situação de hipoperfusão tecidual sistêmica devido à incapacidade do músculo cardíaco de fornecer débito adequado às necessidades do organismo. O diagnóstico clínico de choque é feito na presença de hipotensão arterial (pressão arterial sistólica menor que 90 mmHg ou 30 mmHg abaixo do valor basal), evidências de hipoperfusão tecidual, tais como oligúria, cianose, extremidades frias e alteração nos níveis da consciência.

A persistência do estado de choque após a correção de fatores miocárdicos e extracardíacos que contribuem para a redução da perfusão tecidual, como hipovolemia, arritmias, hipóxia, distúrbios metabólicos e do equilíbrio ácido-básico, corrobora o diagnóstico de choque cardiogênico. O diagnóstico hemodinâmico é feito quando são encontradas as alterações (parâmetros cujos valores têm certa variabilidade na literatura médica) descritas no Quadro 53-1.[3]

Quadro 53-1. Alterações hemodinâmicas encontradas nos quadros de choque cardiogênico

- Pressão arterial sistólica menor que 90 mmHg
- Pressão capilar pulmonar maior que 18 mmHg
- Índice cardíaco menor que 1,8 l/min/m^2
- Índice de resistência vascular sistêmica maior que 2.000 dinas/s/cm^5/m^2
- Aumento da diferença arteriovenosa de O_2: maior que 5,5 ml%

ETIOLOGIA

Apesar de ser encontrado em diversas situações clínicas, tais como depressão miocárdica devido à sepse ou pancreatite, ruptura de cordoalha ou válvula secundária a endocardite, miocardites, rejeição após transplante cardíaco, ruptura ou trombose de prótese valvar, arritmias ventriculares ou supraventriculares que produzam situação de baixo débito, a principal etiologia dessa situação continua sendo o infarto agudo do miocárdio (IAM). Na década de 70, em um hospital comunitário, observou-se entre 1.246 pacientes internados, consecutivamente, com o diagnóstico de IAM, que 12% desenvolveram choque cardiogênico, com uma mortalidade hospitalar de 87%. Estão mais predispostos a apresentar choque cardiogênico (CC) os pacientes idosos, com infarto localizado em parede anterior, história de infarto prévio, angina e insuficiência cardíaca, os diabéticos e pacientes do sexo feminino.[4,5]

O choque cardiogênico pode estar relacionado a complicações mecânicas (ruptura do septo interventricular, da parede livre do ventrículo esquerdo ou da musculatura papilar da valva mitral), elétricas (bloqueio atrioventricular total ou outros distúrbios da condução atrioventricular) ou a baixo débito do ventrículo direito associado ao grau de perda muscular (Quadro 53-2).

FISIOPATOLOGIA

A partir da oclusão de uma artéria coronária de grande importância para a perfusão miocárdica e a perda de quantidade significativa de massa muscular, desencadeia-se uma série de círculos viciosos, que, ao se perpetuarem, culminam no quadro de choque, insuficiência de múltiplos órgãos e sistemas e, por fim, óbito, quando não-revertidos (Fig. 53-1).

A hipotensão pode provocar hipoperfusão de áreas miocárdicas ainda viáveis, contribuindo para o agravamento da disfunção ventricular. Estima-se que seja necessário perda de, no mínimo, 40% da massa ventricular esquerda para que o choque cardiogênico se instale.[9] Mecanismos compensatórios como a ativação do sistema nervoso autônomo e do sistema

Quadro 53-2. Mecanismos fisiopatológicos envolvidos nos quadros de choque cardiogênico

1. Infarto agudo do miocárdio
2. Perda de miocárdio do VE em nível crítico
3. Falência do ventrículo direito
4. Complicações mecânicas:
   - Insuficiência mitral aguda devido à: ruptura ou disfunção de músculo papilar
   - Ruptura do septo interventricular
   - Ruptura da parede do VE
   - Aneurisma do VE
5. Outras condições:
   - Miocardiopatia em fase final
   - Contusão do miocárdio
   - Miocardite aguda
   - Obstrução da via de saída do VE
   - Estenose aórtica
   - Cardiomiopatia hipertrófica obstrutiva
   - Obstrução da via de entrada do VE
   - Estenose mitral
   - Mixoma ou trombose atrial
   - Seqüela de *bypass* cardiopulmonar

renina-angiotensina-aldosterona promovem aumento da freqüência cardíaca, vasoconstrição reflexa, retenção de sódio e água, elevando assim o consumo miocárdico de oxigênio. A persistência da situação de baixo débito tecidual acaba por acentuar a hipóxia, levando ao acúmulo de metabólitos, à acidose e ao dano endotelial e celular. O desenvolvimento de insuficiência de múltiplos órgãos é a via final dessa situação fisiopatológica.

DIAGNÓSTICO

Os pacientes apresentam sinais e sintomas de baixo débito cardíaco associados a graus variáveis de congestão pulmonar. Sudorese fria, confusão mental, oligúria, taquicardia e taquisfigmia filiforme, hipotensão arterial com aproximação dos níveis sistólicos e diastólicos da pressão arterial são achados freqüentes e refletem a situação de baixo débito.

A congestão pulmonar leva à hipoxemia e conseqüentemente à piora da oxigenação cerebral e miocárdica, proporcionando o aparecimento de confusão mental e arritmias cardíacas. A presença de terceira bulha, abafamento das bulhas, turgescência jugular e graus variáveis de estertoração pulmonar também são achados freqüentes do exame físico. O surgimento de sopros cardíacos antes ausentes é importante para o estabelecimento do diagnóstico de defeitos mecânicos (comunicação interventricular, disfunção de músculo papilar) pós-IAM e nas complicações da endocardite infecciosa. O ecocar-

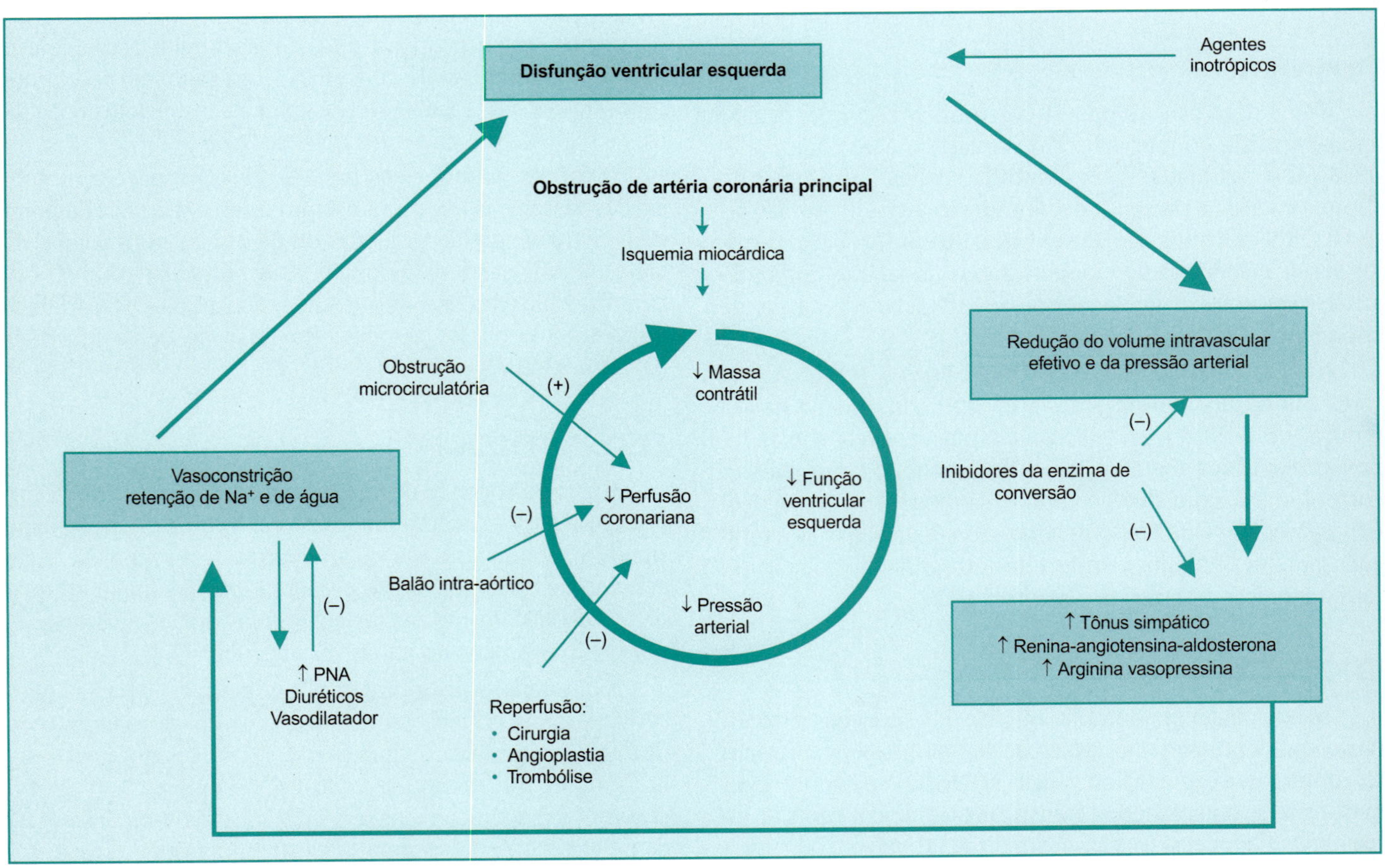

Fig. 53-1. Fisiopatologia do choque cardiogênico.

diograma apresenta-se de grande utilidade ao fornecer dados sobre função ventricular, global e regional, integridade da função valvar, presença de *shunts* intracardíacos e presença de derrame pericárdico.[10]

MONITORIZAÇÃO HEMODINÂMICA INVASIVA E METABÓLICA

A monitorização invasiva com catéter de Swan-Ganz permite um diagnóstico diferencial com outras situações de baixo débito e, principalmente, uma avaliação rápida e precisa das manobras terapêuticas adotadas.

Alguns pacientes inicialmente diagnosticados como choque cardiogênico respondem à reposição de volume, caracterizando uma condição de hipovolemia. As avaliações clínicas e hemodinâmicas permitem separar os pacientes conforme a classificação proposta por Killip-Kimball e Forrester que têm implicações terapêuticas e prognósticas (Quadro 53-3).[11,14]

A administração de drogas inotrópicas, como a dobutamina, tem sido utilizada com o objetivo de otimizar o transporte de O_2. Existem evidências recentes de que doses mais elevadas que as habituais são necessárias para a reversão da isquemia intramucosa gástrica. O uso da tonometria pode colaborar na titulação dessas drogas. Em algumas circunstâncias, demonstrou-se acentuação de acidose intramucosa com a infusão de dobutamina, provavelmente em função de redistribuição de fluxo para outras áreas em detrimento da esplâncnica.[15,16]

O estudo do metabolismo aeróbico por meio do cálculo indireto da oferta ($\dot{D}O_2$) e do consumo ($\dot{V}O_2$) de oxigênio pode ser realizado à beira do leito, com a utilização do catéter de Swan-Ganz e calorimetria indireta. O perfil encontrado nessa situação demonstra uma alta taxa de extração de oxigênio (TEO_2) que é decorrente da diminuição da oferta de O_2 (baixo débito) e do aumento do consumo devido à situação de estresse. O acompanhamento seqüencial do metabolismo do oxigênio permite que se avalie a adequação da terapêutica empregada.[17]

Quadro 53-3. Subgrupos clínicos e hemodinâmicos no infarto agudo do miocárdio

Subgrupo Killip	***Características clínicas***	***Mortalidade hospitalar %***
I	Sem sinais de congestão	< 6
II	B3, estertores basais	< 17
III	Edema agudo de pulmão	38
IV	Choque cardiogênico	81
Subgrupo Forrester	***Características hemodinâmicas***	***Mortalidade hospitalar %***
I	PCP < 18	IC > 2,2
II	PCP > 18	IC > 2,2
III	PCP < 18	IC < 2,2
IV	PCP > 18	IC < 2,2

PCP = Pressão capilar pulmonar; IC = índice cardíaco.

A perfusão tecidual inadequada leva à acidose metabólica, detectada através de gasometria ou, mais precocemente, através de elevação dos níveis séricos de lactato. Essa situação é potencialmente deletéria, pois promove diminuição da contratilidade cardíaca, do índice cardíaco e da responsividade vascular periférica, além de proporcionar aparecimento de arritmias ventriculares ou dificultar o controle de arritmias já existentes.

TRATAMENTO

O objetivo do tratamento é manter um débito cardíaco adequado às necessidades básicas do organismo e diminuir a perda de miocárdio isquêmico sob risco, o mais precocemente possível.

O resultado do tratamento clínico isoladamente, no choque cardiogênico, é extremamente desfavorável. A mortalidade intra-hospitalar é maior que 70%, e os pacientes que recebem alta hospitalar apresentam baixas expectativa e qualidade de vida devido ao grau de insuficiência cardíaca resultante.

De maneira didática, podemos esquematizar o tratamento do choque cardiogênico nos seguintes itens:

A) Medidas de suporte geral.
B) Tratamento farmacológico.
C) Assistência circulatória mecânica.
D) Reperfusão coronária.
E) Tratamento cirúrgico.

Medidas de suporte geral

1. **Controle da dor:** reduz o consumo de oxigênio miocárdico e o nível de catecolaminas séricas. Usa-se o sulfato de morfina e/ou meperidina ministrado de forma endovenosa, prestando-se especial atenção aos níveis pressóricos, pois essa medicação pode causar séria hipotensão, com prejuízo adicional na perfusão coronariana.
2. **Oxigenação e/ou ventilação mecânica:** a administração de oxigênio através de catéter nasal com 2 a 3 l/min propicia uma oferta maior de oxigênio em nível tecidual. Controles gasométricos devem ser feitos para a otimização terapêutica. Se necessário, a ventilação mecânica deve ser instituída, propiciando uma diminuição do consumo de oxigênio pela musculatura torácica.
3. **Sedação:** muitas vezes torna-se necessário, além da analgesia, sedação com benzodiazepínicos, de acordo com a necessidade.
4. **Tratamento de arritmias, acidose metabólica e/ou hipovolemia:** estas podem contribuir para o estado de choque, e, quando corrigidas a tempo, irão evitar a deterioração do quadro hemodinâmico do paciente, influindo em seu prognóstico.

Tratamento farmacológico

Agentes inotrópicos e vasopressores

As drogas mais utilizadas no tratamento desses pacientes são as aminas simpaticomiméticas. Devem ser administradas na presença de hipoperfusão tecidual, depois que o volume intravascular for adequadamente restaurado.

A norepinefrina deve ser o agente de primeira linha a ser empregado quando houver hipotensão arterial severa (pressão arterial sistêmica sistólica < 70 mmHg). A imediata reversão desses níveis pressóricos é fundamental na manutenção da pressão de perfusão coronária. A sua ação sobre os receptores betadrenérgicos promove aumento na contratilidade miocárdica e na velocidade de condução do estímulo cardíaco no cronotropismo do coração. Entretanto, o efeito alfa-agonista é o preponderante nas doses e com a finalidade com que é utilizado. Doses entre 0,2 a 1,5 mcg/kg/min provocam vasoconstrição periférica, com aumento significativo da resistência arterial sistêmica, com prejuízo da perfusão de órgãos como os rins, intestinos, pulmões, musculatura esquelética e pele. Pode haver bradicardia reflexa por aumento da pressão média de aorta e redução subseqüente do débito cardíaco Nas situações em que a hipotensão não é tão acentuada, a dobutamina é o agente de escolha. Essa droga tem a propriedade de estimular receptores alfa-1 e beta-1 e 2-adrenérgicos. Suas ações inotrópica e cronotrópica positivas não dependem da liberação de noradrenalina endógena como as da dopamina. Os efeitos hemodinâmicos da dobutamina são dose-dependentes. Doses de até 15 mcg/kg/min desencadeiam aumento da contratilidade miocárdica sem elevação significativa da freqüência cardíaca, aumentam o fluxo coronário diastólico, assim como o fluxo colateral para áreas isquêmicas.[21] Em geral, há diminuição das pressões venosa central e capilar pulmonar decorrentes do melhor desempenho do coração, sem ocorrer, entretanto, alteração da resistência vascular pulmonar. Doses superiores a 30 mcg/kg/min devem ser evitadas, pois favorecem o aparecimento de arritmias ventriculares, além de outros efeitos indesejáveis, como o acentuado aumento do consumo de oxigênio pelo miocárdio. Deve-se salientar que a dobutamina pode promover diminuição da resistência arterial periférica e da pressão sistêmica por sua interação com receptores betadrenérgicos vasculares, o que muitas vezes leva à sua associação com outras drogas vasopressoras como a noradrenalina. Como acima mencionado, essa droga não deve ser prescrita a pacientes portadores de hipotensão arterial severa, principalmente quando se pretende adequar níveis pressóricos com a mesma, devendo a noradrenalina ser empregada primeiramente. A dopamina também pode ser usada, principalmente quando hipotensão e hipoperfusão moderadas estão associadas, pois sua posologia pode ser ajustada e propiciar aumento do inotropismo, com discreta vasoconstrição periférica. Em baixas doses, de 1 a 3 mcg/min (efeito dopaminérgico), causa vasodilatação renal, além de discretos efeitos inotrópicos positivos. Em doses de até 10 mg/kg/min, obtém efeitos relacionados à estimulação de receptores beta-1-adrenérgicos. Doses maiores produzem efeito inotrópico adicional, porém à custa de aumento progressivo da freqüência cardíaca e do consumo de oxigênio. Doses elevadas de dopamina aumentam a pressão na artéria pulmonar, elevando a pré-carga do ventrículo esquerdo e a pós-carga do ventrículo direito.[20]

Os inibidores da fosfodiesterase promovem sua ação por via independente da estimulação adrenérgica, favorecendo o aumento do débito cardíaco e a queda na pressão capilar pulmonar através de uma ação inotrópica positiva associada à vasodilatação periférica. Não há evidências de que seu uso produza melhores efeitos que as drogas simpaticomiméticas, e atualmente são utilizados como terapêutica adicional nos casos refratários.

Deve-se ainda salientar que a maioria dessas drogas inibidoras da fosfodiesterase tem sua aplicação apenas na fase aguda do choque cardiogênico, servindo apenas como uma ponte para um tratamento definitivo, seja ele cirúrgico ou não. O uso crônico das mesmas não mostrou benefícios, causando até, em alguns grupos de pacientes, maior taxa de mortalidade.[33-36]

Deve-se salientar que em pacientes com choque cardiogênico devido a infarto do ventrículo direito dá-se preferência ao uso da dobutamina em relação à dopamina, devido a seus efeitos benéficos em território pulmonar. Nesses pacientes, a terapêutica básica consiste em restaurar a pressão de enchimento ventricular esquerda, através de infusão de volume, manutenção do ritmo sinusal, ou então uso de marcapasso atrioventricular seqüencial naqueles com bloqueio atrioventricular.[20,21,]

Os digitálicos podem piorar a condição hemodinâmica do paciente, pois causam vasoconstrição periférica e podem aumentar o consumo de oxigênio. Seu uso tem sido reservado para o controle de taquiarritmias atriais.

Vasodilatadores

São drogas úteis na diminuição da pré e pós-carga dos ventrículos, reduzindo a congestão pulmonar e facilitando a ejeção ventricular, além de diminuir o consumo de oxigênio do miocárdio. O principal problema relacionado ao uso dessas drogas é a hipotensão, que pode amplificar os mecanismos fisiopatológicos que agravam o choque e reduzir ainda mais o fluxo coronariano e cerebral. Os vasodilatadores preferenciais são os de administração endovenosa, que podem ser rapidamente suspensos, se necessário. A nitroglicerina é menos potente que o nitroprussiato de sódio como vasodilatador arteriolar, mas tem a vantagem de não produzir o roubo (*steal*) de fluxo, ou seja, o desvio de fluxo coronariano para territórios vasculares não-isquêmicos.[22] O nitroprussiato de sódio pode ser usado, iniciando-se com a dose de 0,5 mcg/kg/min, agindo principalmente em território arteriolar, causando acentuada queda da resistência vascular sistêmica. Vasodilatadores são particularmente importantes quando a insuficiência mitral tem uma participação destacada no processo fisiopatológico.

Os inibidores da enzima conversora, apesar de disponíveis por via endovenosa, possuem período de ação prolongado, o que dificulta sua retirada se ocorrerem efeitos deletérios após sua introdução.

Diuréticos

Podem ser considerados drogas de primeira escolha em pacientes com falência ventricular esquerda, porém devem ser usados com cautela, pois uma superdosagem pode levar a um estado hipovolêmico, com conseqüente redução acentuada da pressão de enchimento do ventrículo esquerdo, especialmente em indivíduos idosos. Essa manipulação estará facilitada com a monitorização hemodinâmica através do catéter de Swan-Ganz. Deve-se manter uma pressão capilar pulmonar em torno de 14-20 mmHg. Utiliza-se rotineiramente a furosemida administrada em forma endovenosa.

Outras drogas

O ácido acetilsalicílico reduz a mortalidade e o reinfarto na fase aguda do infarto do miocárdio. Deve ser administrado rotineiramente, embora a sua eficácia ainda não tenha sido testada nesse subgrupo de pacientes. A heparinização plena também está indicada com a finalidade de redução da formação de trombo intraventricular esquerdo, de trombose venosa profunda e propagação de trombo intracoronário.[23]

Os antiarrítmicos devem ser administrados rapidamente para controle de arritmias supraventriculares ou ventriculares que possam diminuir o débito cardíaco ou aumentar o consumo de oxigênio do miocárdio. A droga preferida, que apresenta pouca ação inotrópica negativa, é a amiodarona.

Associação de drogas

No choque cardiogênico, é freqüentemente necessária a associação de duas ou mais drogas para se obter um melhor resultado terapêutico. A utilização de monitorização invasiva permite que se encontre a combinação ideal rapidamente, minimizando a perda adicional de músculo cardíaco e o sofrimento de outros órgãos.

Assistência circulatória mecânica

O suporte mecânico cardíaco é indicado em todas as situações em que não for possível a manutenção de um débito cardíaco adequado às necessidades orgânicas.[38,39]

O propósito do suporte mecânico é permitir uma adequada pressão de perfusão nas artérias coronárias com menor utilização de drogas vasoativas, ou mesmo sem a utilização dessas drogas. O uso de dispositivos de assistência circulatória pode ser a única alternativa terapêutica nos casos de grande perda de massa ventricular.

O dispositivo mais utilizado é o balão intra-aórtico (BIA), que utiliza o princípio da contrapulsação para aumentar o débito cardíaco. Um catéter-balão é colocado na aorta torácica descendente, de tal modo que sua extremidade distal fique posicionada logo abaixo da emergência da artéria subclávia esquerda. Por meio de sincronismo com o eletrocardiograma, o balão é insuflado durante a diástole ventricular e desinsuflado durante a sístole, promovendo aumento da pressão de perfusão das artérias coronárias e facilitando o escoamento do sangue aos tecidos. Além disso, a desinsuflação rápida do balão durante a sístole promove um efeito de "vácuo" que diminui a impedância da via de saída do ventrículo esquerdo, facilitando seu esvaziamento. Essa redução da pós-carga diminui o consumo de oxigênio do miocárdio em cerca de 10%. O débito cardíaco pode se elevar de 10% a 20%, dependendo da contratilidade do ventrículo esquerdo e da extensão do infarto e da isquemia miocárdica. A presença de arritmias cardíacas dificulta o uso desse dispositivo, pois torna o sincronismo difícil.

Na prática clínica o BIA tem sido utilizado em pacientes não-cirúrgicos com choque cardiogênico ou baixo débito cardíaco, pacientes que aguardam cirurgia cardíaca e em alguns pacientes antes de transplante cardíaco. Mesmo em centros mais adiantados o uso do BIA tem sido menos utilizado do que seria esperado para essa situação.[41]

Outras técnicas de suporte circulatório mecânico estão disponíveis, porem estão em fase de avaliação da sua utilidade, e por isso seu uso está restrito a alguns centros.

Os dispositivos de assistência que substituem a função ventricular, como bombas centrífugas, circuitos de circulação extracorpórea utilizados em cirurgia cardíaca e ventrículos artificiais, são indicados se a utilização de balão intra-aórtico não for suficiente para estabilização do paciente. Entre eles podemos destacar os dispositivos de assistência ventricular (uni ou biventricular), a instalação do suporte cardiopulmonar percutâneo e o *hemopump*. Todos são capazes de promover um substancial aumento do débito cardíaco, reverter os distúrbios metabólicos e restaurar a função de órgãos comprometidos pelo baixo débito, porém são ainda considerados procedimentos que servem de "ponte" para a revascularização miocárdica (angioplastia e cirurgia de revascularização).

O uso de suporte mecânico não deve ser retardado por tentativas clínicas "máximas" de controle do baixo débito; o atraso na indicação de balão intra-aórtico ou outros dispositivos contribui para a alta mortalidade observada nessa situação.

Reperfusão coronária

Trombólise

O uso de agentes trombolíticos capazes de restaurar a patência coronária reduziu de forma importante a mortalidade no IAM.[32,33] A reperfusão, quando instituída precocemente, limita o dano miocárdico, melhora a função ventricular e promove estabilidade elétrica. A reperfusão tardia (> 12 horas de início dos sintomas) também pode ser benéfica ao favorecer a cicatrização e a remodelação ventricular.

O agente trombolítico e a maneira como este é administrado parecem ser importantes na redução dos casos de choque cardiogênico. O estudo ISIS-3 que comparou a administração de três agentes (estreptoquinase, rt-PA, e APSAC) não mostrou diferença entre esses agentes quanto à diminuição dos casos de choque cardiogênico.[34] No entanto, no estudo Gusto que administrou de forma mais rápida o rt-PA,[35] conseguiu-se uma maior velocidade nas taxas de reperfusão coronária e, provavelmente, como resultado uma menor incidência de choque cardiogênico (5,1% × 6,6%, $p < 0,05$). O desenvolvimento de novos agentes trombolíticos e adjuvantes (inibidores da glicoproteína IIb/IIIa plaquetária) deve favorecer ainda mais esses pacientes.

No entanto, para os pacientes com IAM que se apresentam em choque cardiogênico, na sua avaliação inicial o benefício dos agentes trombolíticos têm sido menos claro, com relatos de uma menor eficiência. O estado de hipoperfusão, principalmente coronária, é aparentemente responsável por isso. O emprego concomitante de agentes vasopressores e do BIA aumenta as taxas de reperfusão coronária.[31] De maneira oposta, o estudo publicado pelo *The Fibrinolitic Therapy Trialist Collaborative Group*, no qual compilaram dados dos mais importantes estudos (randomizados, placebo-controlados) de trombólise no IAM, mostrou importante redução na mortalidade (7 vidas salvas a cada 1.000 tratadas) para os pacientes com IAM que na admissão apresentavam pressão arterial sistêmica sistólica menor que 100 mmHg e freqüência cardíaca maior que 100 bpm.[38]

■ *Reperfusão mecânica*

A alta letalidade do choque cardiogênico devido ao IAM tratado clinicamente tem levado a tentativas de se modificar a história natural dessa situação, com realização de intervenções que possibilitassem a recanalização da artéria responsável e diminuição da massa ventricular perdida.

A angioplastia coronária (ATC) tem se mostrado alternativa à reperfusão química em pacientes com infarto agudo do miocárdio, com várias séries mostrando vantagens.[39,40] No estudo PAMI-I, a ATC primária esteve associada a uma menor ocorrência de acidentes vasculares cerebrais, isquemia recorrente e à combinação de eventos morte e IAM. Os pacientes considerados de alto risco foram os que apresentaram maior benefício. Da mesma forma, o estudo GUSTO II-B mostrou uma redução dos *end-points* combinados de morte, reinfarto e acidente vascular cerebral nos pacientes submetidos a reperfusão mecânica quando comparados a trombólise química.[41]

No entanto, não existe relatado até a presente data nenhum estudo que trate especificamente de comparar de forma randomizada pacientes com choque cardiogênico tratados com ATC contra a reperfusão química. Vários estudos não-randomizados têm mostrado uma vantagem dessa modalidade terapêutica por uma acentuada redução nos índices de mortalidade. Uma compilação de dados que reúne 433 pacientes com diagnóstico de choque cardiogênico pós-IAM mostra que a ATC foi capaz de produzir a recanalização arterial em 73% dos pacientes, e a mortalidade nesse grupo foi de 31%. Nos pacientes com falha de recanalização, a mortalidade foi de 81%.[42] A análise detalhada dos pacientes que foram encaminhados a ATC mostra um viés de seleção, por representarem um grupo de pacientes menos graves.

O estudo GUSTO I mostrou que 88% dos 1.321 pacientes com IAM (entre os 36.333 randomizados), que desenvolveram choque cardiogênico e que estavam vivos após 30 dias, sobreviveram pelo menos um ano.[42] Entre esses a sobrevida em um ano foi de 91,7% para os que foram revascularizados num período de 30 dias e de 85,3% para os que não foram reperfundidos ($p = 0,0003$). Dados preliminares do *SHOCK Trial Registry* revelaram que entre o grupo de 485 pacientes que foram revascularizados a mortalidade foi menor (41 *vs* 79%, $p < 0,001$) no grupo em relação ao submetido a tratamento clínico.[1]

O real papel da revascularização do miocárdio em pacientes com choque cardiogênico em decorrência do IAM deve ter importante contribuição a partir dos resultados definitivos do estudo randomizado acima referido entre tratamento clínico, ATC e revascularização cirúrgica. De qualquer maneira, enquanto se aguarda esses resultados, o tratamento percutâneo deve ser indicado, sempre que possível, para os pacientes com choque cardiogênico. Quando da sua apresentação em instituição que não tenha essa facilidade, o paciente deve receber agente trombolítico (de preferência rt-PA em regime acelerado) e ser transferido para outro serviço que possibilite a realização de cateterismo cardíaco.

O conceito que ainda prevalece é que pacientes com IAM e choque cardiogênico devem ser submetidos a cateterismo cardíaco precoce e angioplastia ou cirurgia ainda nas primeiras horas de evolução, antes que os danos miocárdico e sistêmico progridam irreversivelmente.

Tratamento cirúrgico

Apesar de apresentar taxas de mortalidade inferiores aos casos conduzidos clinicamente, ainda se observa uma substancial mortalidade perioperatória na cirurgia de revascularização do miocárdio, especialmente se comparada às taxas de mortalidade em cirurgias eletivas. Tem a potencial vantagem de promover uma revascularização mais completa, porém é procedimento difícil de ser implementado devido à complexidade de recursos que devem ser mobilizados. Alguns estudos em andamento evidenciam a eficácia da revascularização cirúrgica com melhora na sobrevida no choque cardiogênico pós-infarto do miocárdio.[43,44]

Deve ser a terapêutica de escolha nos casos de choque cardiogênico secundário a defeitos mecânicos, como a ruptura do septo interventricular, a disfunção mitral isquêmica, e ao tamponamento cardíaco por ruptura da parede livre do ventrículo.

CHOQUE CARDIOGÊNICO DEVIDO AO INFARTO DO VENTRÍCULO DIREITO

O infarto do ventrículo direito incide em cerca de 33% (20 a 40%) dos infartos ínfero-dorsais, embora seja clinicamente evidente em apenas 8% dos casos.[24,25]

O baixo débito cardíaco nessa situação deve-se à incapacidade do ventrículo direito de fornecer enchimento ventricular esquerdo adequado. Os achados hemodinâmicos típicos são baixas pressões de artéria e de capilar pulmonar e pressão venosa central extremamente elevada. O quadro clínico de congestão direita se apresenta concomitante ao baixo débito sistêmico. Condições que devem ser afastadas incluem tromboembolismo pulmonar, tamponamento cardíaco, pericardite constritiva e miocardiopatia restritiva.

O tratamento baseia-se na administração de volume para que se obtenham adequado enchimento ventricular direito e máxima utilização do mecanismo de Starling. Medidas que podem diminuir o enchimento ventricular direito, como o uso de vasodilatadores ou diuréticos, devem ser evitadas.

A utilização de aminas simpaticomiméticas é indicada para manutenção da freqüência cardíaca e aumento do inotropismo. A dopamina aumenta a resistência pulmonar e pode dificultar o esvaziamento ventricular direito, devendo portanto ser utilizada judiciosamente. A dobutamina não apresenta esse efeito.

Os distúrbios da condução atrioventricular que não respondem à utilização de aminas devem ser tratados com a utilização de marca-passo. A contração atrial é importante para a manutenção do enchimento ventricular direito e deve ser preservada. A restauração do ritmo sinusal com cardioversão ou marca-passo seqüencial não deve ser retardada.[45]

O balão intra-aórtico não é benéfico nos casos de comprometimento isolado do ventrículo direito. Nos casos refratários ao tratamento clínico, o suporte mecânico ao ventrículo direito pode ser tentado como suporte transitório até um eventual equilíbrio das condições hemodinâmicas ou como ponte para o transplante cardíaco.

ESTRATÉGIA GERAL DE TRATAMENTO

Suporte hemodinâmico

Deve-se iniciar a administração imediata de suporte pressórico e inotrópico. A utilização de monitorização hemodinâmica invasiva permite que o ajuste das drogas seja realizado mais rapidamente e de forma mais eficiente, de modo a se obter o melhor resultado com o mínimo de efeitos colaterais.

Suporte circulatório mecânico

Deve-se utilizar precocemente o balão intra-aórtico se houver instabilidade hemodinâmica, apesar do suporte farmacológico adequado.

Trombolíticos

O efeito da trombólise no choque cardiogênico ainda precisa ser mais bem avaliado. No entanto, o seu uso mais freqüente propiciou uma redução na incidência dessa grave complicação do infarto do miocárdio. Deve ser utilizado quando não houver possibilidade de uso de outros recursos terapêuticos invasivos.

Cateterismo cardíaco

Deve-se realizar precocemente para que eventualmente se possa realizar alguma intervenção terapêutica visando à revascularização miocárdica.

Angioplastia coronária ou cirurgia de revascularização

Ainda não há consenso sobre qual procedimento é mais adequado. Portanto, a escolha deve ser baseada no caso em particular e nas disponibilidades técnicas. Convém lembrar que esses são os únicos procedimentos que já demonstraram alterar a história natural do choque cardiogênico.

Transplante cardíaco

Procedimento de exceção deve ser reservado aos choques refratários. A seleção de determinado paciente para receptor de transplante cardíaco envolve outras considerações.

REFERÊNCIAS BIBLIOGRÁFICAS

1. Carnendran L, Gurunathan R, Webb J *et al.* Trends in cardiogenic shock: report from the Shock Trial Registry. *Annals of the Annual Meeting of the American College of Cardiology.* New Orleans, March 7–10, 1999 (Abstract 1155–139).
2. Califf RM. Acute myocardial infarction. *In* Smith W (Ed.): *Cardiovascular Therapeutics: a Comparison to Braunwald's Heart Disease.* Philadelphia: WB Saunders, 1996, pp 127–69.
3. Gun C, Timerman A, Ramos RF. Choque cardiogênico. *Rev Soc Cardiol Estado de São Paulo* 1998;3:435–45.
4. Leor J, Goldbourt U, Reicher-Reiss H, Kaplinsky E, Behar S and Sprint Study Group. Cardiogenic shock complicating acute myocardial infarction in patients without heart failure on admission: incidence, risk factors, and outcome. *Am J Med* 1993;94:265–73.
5. Hands ME, Rutherford JD, Muller JE *et al.* The in-hospital development of cardiogenic shock after myocardial infarction: incidence, preditors of occurrence, outcome and prognostic factors. *J Am Coll Cardiol* 1989;14:40–6.
6. ISIS-3 Third International Study of Infarct Survival Collaborative Group (1992). A randomized comparison of streptokinase vs. tissue plasminogen activator vs. anistreplase and of aspirin plus heparin vs. aspirin alone among 41,299 cases of suspected acute myocardial infarction. *Lancet* 1992;339:753–70.
7. TIMI IIIB Investigators. Effects of tissue plasminogen activator and a comparison of early invasive and conservative strategies in unstable angina and non-Q-wave infarction: results of the TIMI IIIB trial. *Circulation* 1994;89:1545–56.
8. Holmes DR, Bates E for the Gusto investigators. Cardiogenic shock during myocardial infarction. The Gusto experience with thrombolytic therapy. *Circulation* 1993;88:I-25.
9. Harnarayan C, Bennett MA, Pentecost BL, Brewer DB. Quantitative study of infarcted myocardium in cardiogenic shock. *Br Heart J* 1970;32:728–32.
10. Pastemak RC, Braunwald E. Acute myocardial infarction. *In* Wilson JD, Braunwald E, Isselbacher KJ (Eds.): *Harrison's Principles of Internal Medicine.* 12th ed. Vol. 1. New York: McGraw-Hill, 1991, pp 953–64.
11. Killip I III, Kimball JT. Treatment of myocardial infarction in a coronary care unit. *Am J Cardiol* 1967;20:457.
12. Knobel E, Gonçalves Jr. I, Cirenza C. Choque cardiogênico. *In* Knobel E (Ed.): *Condutas no Paciente Grave.* 2ª ed. Rio de Janeiro: Atheneu, 1998, p 47.
13. Knobel E, Baruzzi ACA, Cirenza C. Infarto agudo do miocárdio. *In* Knobel E (Ed.): *Condutas no Paciente Grave.* 2ª ed. Rio de Janeiro: Atheneu, 1998, p 151.
14. Forrester JS, Diamano G, Chatterjee K *et al.* Medical therapy of acute myocardial infarction by application of hemodynamic subsets. *N Engl J Med* 1976;295:1356–1404.
15. Akamine N, Silva E, Fernandes Jr. CJ, Knobel E. Tonometria gastrointestinal e perfusão tecidual. *Rev Soc Cardiol Estado de São Paulo* 1998;3:520–8.
16. Fernandes Jr. CJ, Akamine N, Santos BFC, Cendoroglo Neto M, Knobel E. Detrimental effects of high dobutamine doses on gastric pHi determinations in a critically ill septic patient. *J Crit Care* 1998;13:214–215.
17. Akamine N, Fernandes Jr. C, Knobel E. Fisiopatologia dos estados de choque. *In* Knobel E (Ed.): *Condutas no Paciente Grave.* 2ª ed. Rio de Janeiro: Atheneu, 1998, p 3.

18. ACC/AHA Task Force. Report guidelines for the early management of patients with acute myocardial infarction. *J Am Coll Cardiol* 1990;16:249–292.
19. The Task Force of the Management of Acute Myocardial Infarction of the European Society of Cardiology. Acute myocardial infarction: pre-hospital and in-hospital management. *Eur Heart J* 1996;89:1545–56.
20. Kasinski N, Andrei AM, Bueno MAS, Fernandes Jr. C. Drogas vasoativas. *In* Knobel E (Ed.): *Condutas no Paciente Grave.* 2ª ed. Rio de Janeiro: Atheneu, 1998, p 111.
21. Gillespie TA, Ambos HD, Sobel BE, Roberts R. Effects of dobutamine in patients with acute myocardial infarction. *Am J Cardiol* 1977;39:588–94.
22. Monrad ES, Baim DS, Smith HS, Lanoue AS. Milrinone, dobutamine, and nitroprusside: comparative effects on hemodynamics and myocardial energetic in patients with severe congestive heart failure. *Circulation* 1986;73 (Suppl. III):168-174.
23. Knobel E. Management of complicated acute myocardial infarction. *In* Roche O, Amaha K, Takeshita TA (Eds.): *Intensive and Critical Care Medicine.* Amsterdam: Elsevier, 1990, pp 173–80.
24. Zehender M, Kasper W, Kauder E *et al.* Right ventricular infarction as an independent predictor of prognosis after acute inferior myocardial infarction. *N Engl J Med* 1993;328:981–8.
25. Dell'Italia LJ, Starling MR, Crawford MH, Boros BL, Chaudhuri TK, O'Rourke RA. Right ventricular infarction: identification by hemodynamic measurements before and after volume loading and correlation with noninvasive techniques. *J Am Coll Cardiol* 1984;4:931–9.
26. Jugdutt BI, Warnica JW. Intravenous nitroglycerin therapy to limit myocardial infarct size, expansion and complications: effect of timing, dosage, and infarct location. *Circulation* 1988;78:906–19. [Erratum, *Circulation* 1989;79:1151].
27. Leirner AA, Moreira LFP, Stolf NAG. Assistência circulatória mecânica: aspectos atuais. *Rev Soc Cardiol Estado de São Paulo* 1998;3:464–75.
28. Souza JAM, Cirenza C, Knobel M. *In* Knobel E (Ed.): *Condutas no Paciente Grave.* 2ª ed. Rio de Janeiro: Atheneu, 1998, p 1401.
29. Scheidt S, Collins M, Goldstein J, Fisher J. Mechanical circulatory assistance with the intraaortic balloon pump and other counterpulsation devices. *Prog Cardiovasc Dis* 1982;25:55–76.
30. Anderson RD, Ohman EM, Holmes DR Jr., Col I, Stebbins AL, Bates ER *et al.* Use of intraaortic balloon counterpulsation in patients presenting with cardiogenic shock: observations from the GUSTO-I Study. Global utilization of streptokinase and TPA for occluded coronary arteries. *J Am Coll Cardiol* 1997;30:708–15.
31. Stone GW, Marsalese D, Brodie BR *et al.* A prospective, randomized evaluation of prophylactic intraaortic balloon counterpulsation in high risk patients with acute myocardial infarction treated with primary angioplasty. Second Primary Angioplasty in Myocardial Infarction (PAMI-II) Trial Investigators. *J Am Coll Cardiol* 1997;29:1459–67.
32. Gruppo Italiano per lo Studio della Streptochinasi nell'Infarto Miocardico (GISSI). Effectiveness of intravenous thrombolytic treatment in acute myocardial infarction. *Lancet* 1986;1:397–401.
33. ISIS-2 (Second International Study of Infarct Survival) Collaborative Group. Randomised trial of intravenous streptokinase, oral aspirin, both or neither among 17,187 cases of suspected acute myocardial infarction: ISIS-2. *Lancet* 1988;2:349–60.
34. ISIS-3 (Third International Study of Infarct Survival) Collaborative Group. A randomised comparison of streptokinase vs. tissue plasminogen activator vs. anistreplase and of aspirin plus heparin vs. aspirin alone among 41,299 cases of suspected acute myocardial infarction. *Lancet* 1992;339:753–70.
35. The GUSTO Investigators. An international randomized trial comparing four thrombolytic strategies for acute myocardial infarction. *N Engl J Med* 1993;329:673–82.
36. Satvendra G, Mitchel JF, Kiernan FJ, McKay RG *et al.* Adjunctive use of Abciximab improves clinical outcomes in acute myocardial infarction patients presenting with cardiogenic shock. *Annals of the Annual Meeting of the American College of Cardiology.* New Orleans: American College of Cardiology, March 7–10 1999, pp. 1006–40 (Abstract).
37. Prewitt RM, Gu S, Schick U, Ducas J. Effect of a mechanical vs. a pharmacologic increase in aortic pressure on coronary blood flow and thrombolysis induced by IV administration of a thrombolytic agent. *Chest* 1997;111:449–53.
38. Fibrinolytic Therapy Trialist (FTT) Collaborative Group. Indications for fibrinolytic therapy in suspected acute myocardial infarction: collaborative overview of early mortality and major morbidity results from all randomized trials of more than 1000 patients. *Lancet* 1994;343:315–22.
39. Grines CL, Browne KF, Marco J *et al.* A comparison of immediate angioplasty with thrombolytic therapy for acute myocardial infarction. *N Engl J Med* 1993;328:673–9.
40. Gibbons RJ, Holmes DR, Reeder GS, Bailey KR, Hopfenspirger MR, Gersh B. Immediate angioplasty compared with the administration of a thrombolytic agent followed by conservative treatment for myocardial infarction. *N Engl J Med* 1993;328:685–91.
41. A clinical trial comparing primary coronary angioplasty with tissue plasminogen activator for acute myocardial infarction. The Global Use of Strategies to Open Occluded Coronary Arteries in Acute Coronary Syndromes (GUSTO IIb) Angioplasty Substudy Investigators. *N Engl J Med* 1997;336:1621–8.
42. Berger PB, Tuttle RH, Holmes Jr. DR, Topol EJ, Aylward PA, Horgan JH, Califf RM. One-year survival among patients with acute myocardial infarction complicated by cardiogenic shock, and its relation to early revascularization: results from the GUSTO-I Trial. *Circulation* 1999;99:873–878.
43. Dunkman WB, Leinbach RC, Buckley MJ *et al.* Clinical and hemodynamic results of intraaortic balloon pumping and surgery for cardiogenic shock. *Circulation* 1972;46:465–77.
44. Donatelli F, Benussi S, Triggiani M, Guarracino F, Marchetto G, Grossi A. Surgical treatment for life-threatening acute myocardial infarction: a prospective protocol. *Eur J Cardiothorac Surg* 1997;11:2:228–33.
45. Topol EJ, Goldschlager N, Ports TA. Hemodynamic benefits of atrial pacing in right ventricular infarction. *Ann Intern Med* 1982;96:594–7.

54 Choque Séptico

Cid Marcos David

As infecções graves e a sepse são patologias freqüentes. Cerca de 750.000 casos de sepse severa e 210.000 mortes por ano ocorrem nos Estados Unidos. A mortalidade é muito alta (20 a 63%).[5] O choque séptico ocorre em 14,7% até 40 % dos casos de sepse, e a mortalidade alcança 50-60 %.[42]

FISIOPATOLOGIA

A sepse é conseqüência da intensa resposta orgânica à invasão de microrganismos.[2,10,41,53]

A sepse é um estado hipermetabólico. No choque séptico existem graves alterações que colocam o organismo em desvantagem metabólica. A fisiopatologia do choque séptico é muito complexa e não completamente entendida e é caracterizada pela dificuldade da utilização do oxigênio pelos tecidos.[14,15]

A resposta imune à agressão envolve mecanismos da imunidade inata e adquirida. Na imunidade inata, os componentes da resposta de fase aguda, células e mediadores inflamatórios, são ativados e secretados com a função de evitar a invasão do organismo pelo agente agressor, evitar e localizar a lesão e permitir a recuperação.[1] Na sepse ocorre desregulação de expressão gênica com acentuação da resposta inflamatória.[34] O risco de morte depende do polimorfismo dessa expressão gênica. Resultam desse mecanismo alterações da resposta metabólica, lesão e morte celular por apoptose e necrose e disfunção orgânica.

A resposta inicial é conseqüente à invasão do organismo por germes e seus produtos, como de bactérias gram-positivas (peptideoglicano, ácido lipoteicóico, exotoxinas) e gram-negativas (endotoxina – LPS), fungos (menan) e vírus (superantígenos). O modelo mais estudado na literatura é a infecção por bactérias gram-negativas e a inoculação de endotoxina. Esses produtos ligam-se a receptores celulares de reconhecimento do padrão molecular do agente infectante, como os receptores TLR (Toll Like Receptor) contidos em macrófagos, gerando o início de sinais e a produção de moléculas co-estimuladoras e citocinas.[49] Pesquisas experimentais em camundongos deficientes por mutação em TLRs mostram resistência à endotoxina, mas são mais sensíveis à infecção.[20] Ativam-se macrófagos, monócitos, linfócitos, neutrófilos, e células endoteliais e são liberados mediadores inflamatórios, e ocorre ativação da coagulação. Entre esses mediadores inflamatórios estão as citocinas. A complexidade do processo inflamatório no mecanismo de defesa orgânica pode ser demonstrada pela ação das citocinas TNF-alfa e da IL-1β – que aumentam a reação inflamatória, causando dano tecidual, mas quando bloqueadas aumentam a mortalidade.[18,19,39] Deficiência humana de TLR é descrita fazendo as pessoas mais suscetíveis à infecção. A IL-10 aumentada em pacientes sépticos prediz a mortalidade.[23,49]

Macrófagos e células dendríticas secretam interleucina-12 (IL-12) que estimulam linfócitos T *helper*. De um modo resumido, pode-se teorizar que a ingestão por macrófagos de células necróticas induziriam a inflamação (Th1), e a ingestão de células apoptóticas induziria antiinflamação ou anergia. Linfócitos T (LT) são células programadas para a secreção de citocinas. LT *helper* compreendem os Th1 e Th2. Os Th1 produzem citocinas inflamatórias (TNF-alfa, interferon-gama, IL-2) e Th2 citocinas antiinflamatórias (IL-4, IL-10). Os mecanismos que modulam a resposta desse *paradigma Th1-Th2* ainda não são totalmente conhecidos, mas parecem ser influenciados pelo tipo de microrganismo, pelo tamanho do inóculo de patógenos e pelo local da infecção. Em pacientes sépticos com peritonite são descritas diminuição da atividade Th1 e atividade aumentada de Th2.[22] Pacientes queimados e traumatizados têm citocinas Th1-dependente em menor quantidade e maior quantidade de citocinas Th2-dependente.

No choque séptico é possível que antibióticos betalactâmicos atuando em bactérias gram-negativas liberem LPS e conseqüentemente TNF e outros mediadores, acentuando a hipotensão arterial.[25] Alguns autores iniciam o tratamento hemodinâmico e a seguir o uso de antibioticoterapia, quando indicado utilizar betalactâmicos.

Na sepse há manifestações clínicas como febre, anorexia, alteração do estado da consciência, hiperglicemia, leucocitose ou leucopenia, hipotensão arterial, choque e disfunção orgânica. A ausência de manifestações clínicas como a febre sugere fase imunodepressiva da sepse e se associa com maior mortalidade.

A resposta orgânica gera hiperinflamação, imunoparalisia, que facilita infecções secundárias, e aumento da coagulação. Esses mecanismos induzem a produção e secreção de citocinas, ativação do complemento, eicosanóides, produção e liberação de óxido nítrico, radicais livres de oxigênio, ativação do sistema de coagulação e diminuição da anticoagulação e da fibrinólise. No choque séptico encontram-se no sangue células endoteliais e DNA livre. A sepse persistente produz um estado de imunoparalisia, com depressão da atividade do macrófago e diminuição da produção de TNF-alfa e IL-1β, que facilita as infecções secundárias. Observa-se restauração da atividade do macrófago com a administração de IFN-γ em pacientes sépticos.[17,26]

Os mecanismos descritos produzem descontrole da perfusão tecidual, por distúrbio vascular funcional e obstrução conseqüente a microtrombose, criando regiões vasodilatadas e vasoconstritas ou obstruídas, gerando grave distúrbio da distribuição do fluxo sangüíneo tecidual e causando hipóxia isquêmica. As áreas hiperperfundidas podem constituir funcionalmente *shunts* arteriovenosos.

À hipóxia isquêmica e à citotóxica soma-se, no caso da insuficiência respiratória, a hipóxia hipóxica. Esse déficit metabólico irá produzir alterações graves nas células com acidose intracelular e extracelular (láctica).

Disfunção cardiovascular

O desarranjo funcional na circulação geral é uma das características mais marcantes da sepse. O padrão hemodinâmico do choque séptico é de vasodilatação sistêmica e a depressão miocárdica. A diminuição da resistência vascular sistêmica é acompanhada por aumento compensador do débito cardíaco, apesar da diminuição da contratilidade, para manter a pressão arterial de perfusão. Entretanto, essa descrição simplista do choque séptico não explica as alterações microcirculatórias fundamentais na fisiopatologia de lesão celular do choque séptico.

Existe no processo da sepse disfunção enzimática intracelular produzida pelo LPS e outros mediadores que alteram o metabolismo do piruvato em sua passagem para a fase aeróbica da respiração celular, prejudicando a formação ATP. Essa alteração produz a hipóxia citotóxica.

Ao nível central, alterações na performance ventricular já são proeminentes na fase precoce da sepse. Ocorre disfunção miocárdica com dilatação ventricular, e a fração de ejeção pode estar reduzida em cerca de 30%, apesar de o débito cardíaco medido poder estar aumentado pela taquicardia associada. Pacientes que morrem tendem a ter volume diastólico final e complacência diastólica ventricular menor do que os pacientes sobreviventes. Vários mediadores inflamatórios estão envolvidos na disfunção cardíaca, como o TNF e interleucina 1 e o NO, assim como a responsividade do miofilamento ao cálcio.

As manifestações cardíacas variam desde grave estado hipodinâmico com diminuição do débito cardíaco (DC) ao estado hiperdinâmico com aumento do débito cardíaco e vasodilatação. Essa fase hiperdinâmica é freqüentemente observada em paciente com choque séptico com reposição volêmica efetiva.

Pode haver dilatação biventricular. O ventrículo esquerdo mantém a pressão arterial apesar da vasodilatação periférica e da hipovolemia relativa e absoluta, que ocorre por aumento de permeabilidade vascular. É descrito que a troponina cardíaca T sérica poderia ser um marcador prognóstico da isquemia miocárdica na sepse e que se associa com o aumento da mortalidade.

A pressão intratorácica e a volemia influenciam o retorno venoso e o débito cardíaco (Fig. 54-1).

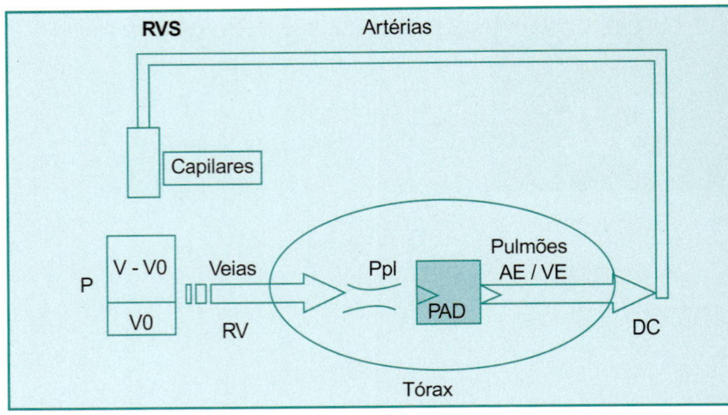

Fig. 54-1. O volume sistólico de ejeção ventricular é influenciado pelo retorno venoso (RV), pela volemia, pela resistência vascular sistêmica (RVS) e pela pressão intratorácica. O RV é influenciado pela pressão venosa sistêmica média e pela pressão do átrio direito (PAD). Normalmente a pressão intratorácica na inspiração é subatmosférica (pressão pleural Ppl ≈ 3 a 5 cmH_2O abaixo da pressão atmosférica), facilitando o retorno venoso, a pré-carga, o volume sistólico de ejeção (VSE) e o débito cardíaco (DC = VSE × FC). No paciente hipovolêmico, os efeitos da pressão positiva (ventilação mecânica, PEEP, CPAP), que se transmite para todos os órgãos intratorácicos, acentuam os efeitos da hipovolemia, reduzindo o RV, e podem produzir ou acentuar a hipotensão arterial e diminuir a perfusão tecidual. A ventilação mecânica pode produzir também hiperdistensão alveolar e compressão dos vasos alveolares, com aumento da resistência vascular e da pressão arterial pulmonar e sobrecarga ventricular direita.[6]

Oferta de oxigênio e consumo de oxigênio – $\dot{D}O_2$ e $\dot{V}O_2$. Taxa de extração de oxigênio – TEO_2

A perfusão tecidual depende do débito cardíaco e da distribuição do fluxo sangüíneo nos tecidos.

O débito cardíaco depende da volemia, que constitui a pré-carga ventricular, da contratilidade e da freqüência cardíaca e da resistência vascular sistêmica, que constitui a póscarga. A oferta tecidual de oxigênio ($\dot{D}O_2$) depende do débito ou índice cardíaco e do conteúdo arterial de oxigênio.

A oferta tussular de oxigênio é definida por:

$$\dot{D}O_2 = DC \times CaO_2 \times 10$$

$$I\dot{D}O_2 = IC \times CaO_2 \times 10$$

$\dot{D}O_2$: oferta tecidual de oxigênio
$I\dot{D}O_2$: índice de oferta tecidual de oxigênio ($ml/min/m^2$)
Normal: 520 a 720 (550 a 750) $ml/min/m^2$
DC: débito cardíaco
IC: índice cardíaco. Normal: 2,8-4,2 $ml/min/m^2$
CaO_2 : conteúdo arterial de oxigênio. Normal: 16-22 ml%

$$CaO_2 = Hb \times 1{,}36 \times SaO_2 + PaO_2 \times 0{,}0031$$

Hb: hemoglobina (g%)
SaO_2: saturação arterial de oxigênio. Normal: 97 ± 2%
PaO_2: pressão arterial de oxigênio
0,0031: constante de dissolução do oxigênio no plasma

O consumo de oxigênio tissular é definida por:

$$\dot{V}O_2 = DC \times (CaO_2 - C\bar{v}O_2) \times 10$$

$$I\dot{V}O_2 = IC \times (CaO_2 - C\bar{v}O_2) \times 10$$

$\dot{V}O_2$: consumo de oxigênio
$C\bar{v}O_2$: conteúdo venoso misto de oxigênio

$$C\bar{v}O_2 = Hb \times 1{,}36 \times S\bar{v}O_2 + P\bar{v}O_2 \times 0{,}0031$$

$S\bar{v}O_2$: saturação venosa mista de oxigênio. Normal: 70 a 75% (68 a 78%)
$I\dot{V}O_2$: Índice de consumo de oxigênio. Normal: 110-150 ml/min/m²
$P\bar{v}O_2$: pressão venosa mista de oxigênio. Normal: 35 a 45 (40 a 45) mmHg

Na sepse o consumo de oxigênio aumenta de 60%. A febre aumenta o $\dot{V}O_2$ de 10 a 13% para cada grau acima do normal. Calafrios aumentam até 100%.

A taxa (TEO_2) de extração de oxigênio e definida pela relação:

$$TEO_2 = (\dot{V}O_2/\dot{D}O_2) \times 100$$

TEO_2 normal: 22 a 33%
$CaO_2 - C\bar{v}O_2$ Normal: 3 a 5,5 ml% (ml/dl, vol%)

A diferença do conteúdo arteriovenoso de oxigênio normal é 3 a 5,5 vol%. Nas coronárias é 12%.

Em pacientes graves sépticos a relação IC/TEO_2 aumenta, e na disfunção cardíaca diminui.

O metabolismo celular aeróbico depende da oferta e do consumo de oxigênio. Normalmente o $\dot{V}O_2$ global se distribui nos diversos compartimentos (órgãos e sistemas), como no Quadro 54-1.

Observa-se que a quantidade do débito cardíaco que cada órgão recebe não tem correlação direta com o consumo de oxigênio.[13,46] Em condições de hipermetabolismo, os órgãos aumentam a perfusão e o consumo de oxigênio. Na sepse, essas relações se modificam.

Na Figura 54-2 observam-se as relações entre a oferta e o consumo de oxigênio. A partir de um déficit da oferta tecidual de oxigênio ($\dot{D}O_2$), há diminuição da oferta abaixo do ponto crítico (região suprimento-dependente), e ocorrerá desvio do metabolismo celular para anaerobiose. Aumentos da oferta de oxigênio na região suprimento-independente (oferta supranormal de oxigênio: IC > 4,5 l/min/m² e $S\bar{v}O_2$ > 70% comparados com o IC normal) não melhoram a evolução da sepse nem a mortalidade. Esse fato é atribuído a vários mecanismos observados no choque séptico como as microtromboses, a perda da auto-regulação microvascular, a disfunção endotelial com aumento da permeabilidade e edema e a disfunção mitocondrial e energética (hipóxia citopática).

A anaerobiose está associada com menor produção de energia (ATP) e acidose tecidual (láctica) com diminuição do pH do sangue (Fig. 54-3).

Quadro 54-1. Proporção do $\dot{V}O_2$ basal e da perfusão distribuídos nos diferentes órgãos

Órgão	$\dot{V}O_2$%	Perfusão%
Fígado	25-33	10
Cérebro	16-21	15
Coração	9-11	4
Rins	4-8	23
Músculo	16-30	15

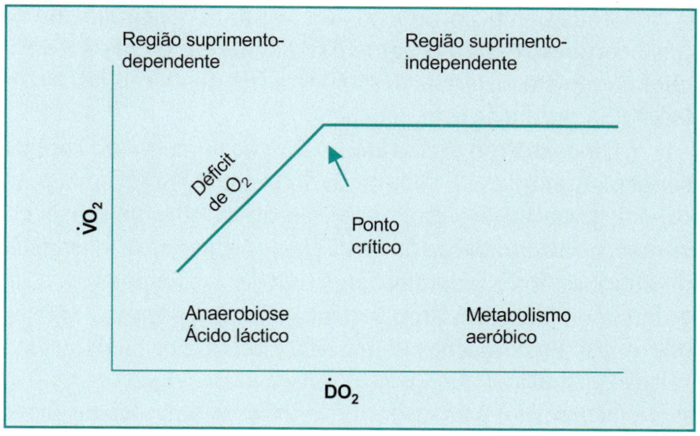

Fig. 54-2. Relação entre a oferta e o consumo de oxigênio. Na diminuição da oferta ($\dot{D}O_2$) abaixo de um determinado ponto (ponto crítico), há déficit de oxigênio e anaerobiose com aumento do lactato.

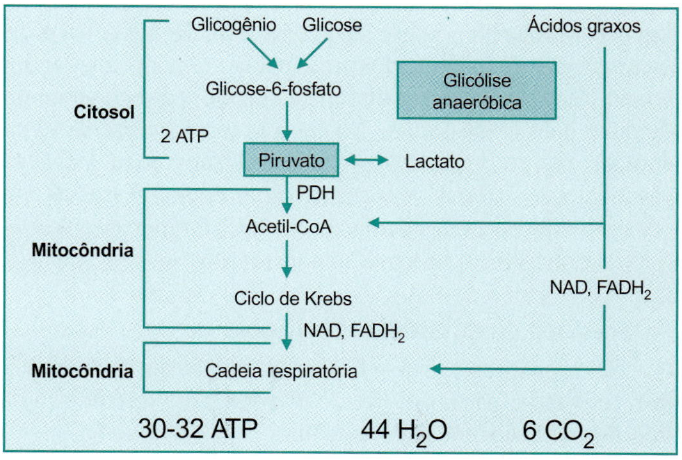

Fig. 54-3. Normalmente, para uma molécula de glicose são formados 30 a 32 ATP. A diminuição do oxigênio ofertado à célula impede a fase mitocondrial da respiração celular. Na glicólise anaeróbica (citoplasma) são formados 4 ATP e consumidos 2 ATP, sendo o resultado final (+) 2 ATP. Na sepse também existe bloqueio da piruvato desidrogenase (PDH) e conseqüentemente há aumento do piruvato e do lactato. O óxido nítrico (NO) e mediadores inflamatórios também participariam nesse bloqueio. O piruvato pode também ser proveniente da oxidação do lactato e da proteólise, mas a glicólise é a fonte mais importante. Lactatemia persistentemente elevada é mau prognóstico no choque séptico.

Normalmente a produção de ATP por dia é semelhante ao peso corporal (0,5 a 1,0 kg de ATP / kg de peso corporal). No choque séptico há alterações importantes no metabolismo celular e na produção energética.

A concentração do lactato no sangue aumenta no choque séptico. Alterações na depuração do lactato (disfunção hepática) e da piruvato desidrogenase são observadas na sepse. Há aumento da degradação de proteínas, produzindo a conversão de aminoácidos a piruvato. Em situações não-hipóxicas, a hiperlactatemia ocorre com a relação lactato/piruvato normal (L/P < 10). Em situações de hiperlactatemia por hipóxia, essa relação é > 10.

A isquemia e a posterior reperfusão geram radicais livres de oxigênio (ROS). Esses produtos lesam ácidos graxos, proteínas, DNA, carboidratos, prostaglandinas, a membrana celular e a membrana lisosomal e geram fatores quiotáticos. Além de lesarem também produzem morte celular.

Alterações compartimentais

Na circulação sistêmica regional, ocorre fisiologicamente heterogeneidade da distribuição do fluxo sangüíneo entre compartimentos, os órgãos e sistemas. A distribuição do débito cardíaco não é igual nos diferentes compartimentos orgânicos, assim como os mecanismos adaptativos do processo à reação neuroendócrina e aos mediadores inflamatórios podem variar. A quantidade maior ou menor de um determinado receptor adrenérgico pode ser diferente nos vários compartimentos e órgãos.

Na reação ao estresse há normalmente diminuição da perfusão visceral com redirecionamento do fluxo sangüíneo. A redistribuição de fluxo sangüíneo, que ocorre normalmente para coração, cérebro e rins na maioria dos tipos de choque, está muito alterada na sepse. Alguns mediadores estão sendo implicados nesse fenômeno, tais como o óxido nítrico e a prostaciclina, que são produzidos principalmente por células endoteliais. Na sepse, há perda da capacidade de redirecionamento de fluxo para áreas nobres. No choque séptico observa-se no compartimento esplâncnico, retenção sangüínea (*pooling*), vasodilatação arterial, venoconstrição e edema. Essas alterações são diferentes na circulação pulmonar (hipertensão arterial pulmonar) e em outros compartimentos.

Alterações circulatórias teciduais

Na resposta ao estresse *fisiologicamente* há aumento do débito cardíaco e do transporte de oxigênio com diminuição da diferença arteriovenosa de oxigênio.

O controle da perfusão local envolve um complexo mecanismo em que são importantes os mecanismos neural, humoral e local. Alterações do calibre do vaso dependem de alterações físicas e químicas locais adjacentes aos vasos e por alterações na atividade neural e agentes circulantes vasoativos. Uma antiga teoria (teoria miogênica) de controle do fluxo tecidual considera que normalmente há resposta de dilatação das arteríolas quando a pressão intraluminal diminui e há vasoconstrição quando ela aumenta, fato que representaria uma proteção para os capilares e garantiria um fluxo relativamente constante. Entretanto, na microcirculação há importante influência do estado metabólico do tecido, através de produtos químicos liberados localmente (H^+, NO, osmolaridade, prostagladinas, adenosina). A diminuição da PO_2 produz vasodilatação.

A microvasculatura sofre influência de aminas vasoativas que atuam em receptores alfa-1 e alfa-2. O maior local de resistência vascular sistêmica são as arteríolas. Na sepse há *down regulation* de receptores adrenérgicos, com diminuição da resposta às catecolaminas.

Pela ação de mediadores inflamatórios, do aumento do NO e da alteração de receptores adrenérgicos, ocorre na sepse alteração do controle da perfusão tecidual com áreas vasodilatadas (*shunt* arteriovenoso tecidual) e com aumento da perfusão ao lado de áreas com vasoconstrição e hipoperfusão, podendo haver heterogeneidade da distribuição do fluxo sangüíneo com áreas hipóxicas. Por esse motivo, o choque séptico é classificado como choque distributivo (Fig. 54-4).[24]

Outros processos igualmente importantes são: diminuição do retorno venoso, a secreção diminuída de vasopressina na sepse grave contribuindo para a persistência da vasodilatação e da falência cardiovascular. A vasopressina pode elevar a pressão arterial significativamente em pacientes já tratando com altos níveis de catecolaminas.

Unidade de controle

Normalmente vários mecanismos periféricos atuam no controle da perfusão dos tecidos. Fisiologicamente, os capilares podem estar parcialmente não-funcionantes, mas recrutáveis quando há maior necessidade de perfusão e oferta tecidual de oxigênio. O aumento da atividade metabólica do tecido aumenta normalmente a perfusão.

Na sepse observa-se na microcirculação que os efeitos dos mediadores (NO, prostaciclina) são mais proeminentes. Ocorrem *shunts* de capilares funcionais, compressão por edema te-

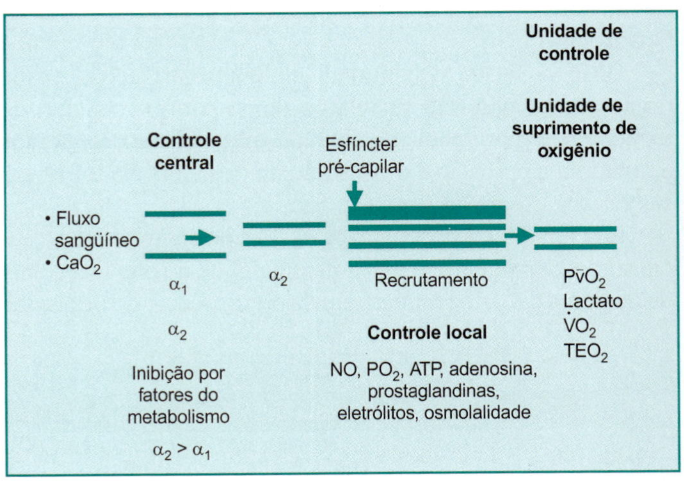

Fig. 54-4. Controle central por liberação de catecolaminas com ação em receptores adrenérgicos e regional da perfusão tecidual. Participam nesse controle catecolaminas, vasopressina, fatores locais endoteliais e metabólicos e mediadores inflamatórios. Na sepse há perda do controle fisiológico do tônus microvascular, havendo alteração da distribuição do fluxo sangüíneo, com áreas hiper e hipoperfundidas.

cidual, edema endotelial, obstrução por agregados de leucócitos, alteração das hemácias (com menor propriedade de deformação) e fibrina. Ocorre também maior tendência a coagulação por ativação plaquetária (PAF) e aumento das propriedades de adesão celular.

O óxido nítrico é produzido a partir da L-arginina por ação das NO sintetases (NOs). O NO pode ser de origem da NO sintetase constitutiva (eNOs) e induzida (iNOs). A eNOs produz pequenas quantidades de NO e participa do controle fisiológico da perfusão tecidual normal. Na sepse o NO tem importante papel na fisiopatologia. A produção de óxido nítrico ocorre em vários órgãos pela ação de citocinas inflamatórias e o LPS na NOs indutiva. O NO estimula a guanilato ciclase e há geração de 3'-5' guanosina monofosfato cíclico (GMPc). O GMPc pode produzir depressão da contratilidade cardíaca e diminuição à resposta aos vasoconstritores. A Figura 54-4 resume as alterações fisiopatológicas observadas na sepse.

Inicialmente o principal mecanismo de hipotensão é hipovolemia pelo aumento de permeabilidade vascular e pelo seqüestro de líquido para o espaço extravascular e aumento absoluto pela perda hídrica *insensível* (hiperpnéia, vasodilatação cutânea), muito comuns no começo do quadro séptico. Também contribui para essa perda do volume sangüíneo a incapacidade do paciente de ingerir líquidos de forma independente, por causa da anorexia e até diminuição da consciência, e ocorrem outras fontes de perda, como vômitos e íleo adinâmico. Em fases mais avançadas, a hipotensão pode ocorrer por outro mecanismo: a ação de fatores que deprimem a contratilidade do miocárdio. Nesse caso, as alterações hemodinâmicas pela vasodilatação se imbricam com parâmetros de disfunção cardiogênica (principalmente queda do débito cardíaco). No Quadro 54-2 estão os mecanismos da hipotensão na sepse.

O quadro clínico é de vasodilatação periférica – rubor cutâneo, sudorese, taquicardia, pulsos amplos, hipertermia e, em casos mais graves, hipotensão arterial, definida como pressão sistólica menor que 90 mmHg ou queda maior de 40% dos níveis basais. Choque séptico é hipotensão arterial persistente mesmo após a reposição volêmica efetiva, com sinais de má perfusão tecidual como mau enchimento capilar, depressão da consciência e oligúria. Ocorrem alterações funcionais nos vários órgãos.

Tubo gastrintestinal

Pode haver isquemia esplâncnica apesar da normalização dos parâmetros perfusionais globais.

Quadro 54-2. Mecanismos de hipotensão na sepse

- Seqüestro de líquidos para o espaço extravascular – aumento da permeabilidade capilar e edema tecidual, íleo adinâmico, compartimento esplâncnico
- Vasodilatação disseminada (territórios arterial e venoso); *down regulation* dos receptores adrenérgicos
- Aumento das perdas insensíveis (respiração e pele)
- Menor quantidade de líquidos ingeridos (anorexia, vômitos, torpor)
- Diminuição de contratilidade miocárdica

A integridade estrutural e funcional do tubo gastrintestinal (TGI) está alterada no choque séptico. É importante na lesão esplâncnica a lesão produzida pela isquemia e pela reperfusão com a geração de radicais livres de oxigênio. A diminuição do débito cardíaco produz na região esplâncnica vasoconstrição pelo mecanismo renina-angiotensina.

No choque séptico outros mecanismos se somam, como desvio do fluxo sangüíneo das camadas mais superficiais (ponta da vilosidade) para as mais profundas (*muscularis mucosae*) da parede intestinal. Ocorre perda do *efeito barreira* do tubo gastrintestinal, atribuída inicialmente à falta da integridade intercelular das *tight junction* e que se agrava evolutivamente. Há também redução da capacidade absortiva. A essas alterações são atribuídas a translocação do conteúdo da luz do tubo gastrintestinal (microbiano e seus produtos), e contribuem para a perpetuação do estado inflamatório e a SDOM.

A lesão perfusional do TGI produz importantes alterações no mecanismo de defesa e na resposta inflamatória. Cerca de 60% do tecido linfóide encontram-se no TGI e produzem 80% das imunoglobulinas.

DIAGNÓSTICO E MONITORIZAÇÃO

A monitorização básica do paciente com choque séptico inclui a PA, a PA média, a FC, o ECG, a PVC, a SaO_2 e a $SvcO_2$. Freqüentemente são necessários outros parâmetros que avaliam pressões, o débito cardíaco e as variáveis metabólicas. Parâmetros hemodinâmicos e metabólicos normais nem sempre indicam normalização das alterações perfusionais regionais.

Catéteres arteriais pulmonares foram introduzidos na prática médica antes de 1976 e foram considerados pela FDA *(Food and Drug Administration, EUA)* como classe II, isto é, requerem controle do seu uso para segurança e efetividade. Permitem medir diretamente variáveis de pressão, o débito cardíaco e a saturação do sangue venoso misto, e indiretamente outros parâmetros derivados, como as resistências e o trabalho cardíaco e as variáveis metabólicas do oxigênio. A determinação dessas variáveis premite auxiliar no diagnóstico e no tratamento e orienta a evolução hemodinâmica.[48] Um consenso da FDA orienta para a necessidade de educação e treinamento para o uso correto desse método de monitorização.[9] É considerado atualmente de benefício incerto quanto à evolução, mas quando a PVC aumenta e existe instabilidade hemodinâmica a monitorização é provavelmente necessária, embora não exista consenso.

A hemodinâmica de pacientes sépticos é mais bem avaliada através de monitorização com catéter de Swan-Ganz. Indica-se a utilização desse método quando: há choque e o paciente está dependente de aminas; há disfunção de outro(s) órgão(s), principalmente pulmonar e renal, situações em que o manuseio de infusão de líquidos é difícil de realizar apenas com parâmetros clínicos. Após correção da hipovolemia, os parâmetros hemodinâmicos usualmente observados são débito cardíaco elevado, resistência vascular sistêmica baixa, índice de trabalho de ventrículo esquerdo variável (alto no início do quadro e baixo nos casos de disfunção contrátil) e taxa de extração de oxigênio diminuída, demonstrando o desarranjo metabólico grave que surge na sepse. Essas características são muito úteis na diferenciação da sepse em relação a outros tipos de choque.

Avaliação da perfusão tecidual

Um dos objetivos do tratamento da sepse é determinar e tratar as alterações microcirculatórias na sua fase inicial, evitando assim a evolução para a síndrome de disfunção orgânica múltipla. Pode-se utilizar a avaliação clínica, a monitorização hemodinâmica e metabólica com a análise da $\dot{D}O_2$, da $\dot{V}O_2$, da TEO_2, da $S\bar{v}O_2$, do lactato sérico e do déficit de base e a avaliação da perfusão regional através do pH intramucoso e da PCO_2 tissular.

O consumo de oxigênio baixo que não aumenta com o tratamento indica mau prognóstico. O lactato do sangue também tem valor prognóstico. São importantes os altos valores iniciais e a sua evolução. Valores persistentemente elevados indicam prognóstico ruim.

$S\bar{v}O_2$

A saturação de oxigênio do sangue venoso misto depende da hemoglobina, da saturação arterial de oxigênio, do débito cardíaco e do consumo de oxigênio tecidual. Normalmente é 70-75%, que correspondem a PO_2 de 40-45 mmHg. Pode ser monitorizada de modo intermitente ou contínuo.

Por causa do *shunt* arteriovenoso, a saturação venosa mista de oxigênio ($S\bar{v}O_2$) tem menor valor na sepse do que nas situações de baixa perfusão, como na hipovolemia (p. ex., choque hemorrágico etc.) ou na diminuição do débito cardíaco (p. ex., choque cardiogênico).

No choque séptico, a $S\bar{v}O_2$ pode estar *alta* ou *normal* por causa da anormalidade da distribuição do fluxo sangüíneo tecidual e das alterações do metabolismo de oxigênio geradas pelo LPS e os mediadores inflamatórios. Assim, seu valor mesmo alto ou normal não reflete adequadamente a oferta tecidual de oxigênio. Entretanto, valores *abaixo* do normal ($\leq$6 5%) indicam má oferta de oxigênio ($\dot{D}O_2$). A saturação venosa central ($SvcO_2$) pode ser usada.

Lactato sérico

Pacientes sépticos necessitando de catecolaminas freqüentemente têm hiperlactaemia. A duração da acidose láctica está relacionada com a SDOM.

O lactato sérico elevado resulta de vários mecanismos na sepse, como:

1. Hipoperfusão e hipóxia celular.
2. Alteração metabólica celular produzida por disfunção da piruvato desidrogenase e mediadores inflamatórios.
3. Diminuição da depuração hepática.

Diferentes órgãos produzem maior ou menor quantidade de lactato. Os pulmões na SARA produzem muito lactato.

Valores elevados têm grande valor prognóstico, associando-se com má evolução e mortalidade. Nos pacientes sobreviventes há diminuição evolutiva da lactatemia. Bakker *et al* (1991) mostraram que a lactatemia tem valor prognóstico superior às outras variáveis de oxigênio.[8]

Tonometria do tubo gastrintestinal

No choque existe hipoperfusão esplâncnica. No intestino a hipoperfusão produz redirecionamento do fluxo sangüíneo da mucosa para a *muscularis* e a serosa. A determinação regional da perfusão do tubo gastrintestinal (TGI) pode ser feita com a determinação do pH intramucoso (pHi), que necessita da determinação do bicarbonato do sangue, da PCO_2 gástrica, que é influenciada pela $PaCO_2$, e da ΔPCO_2. A determinação do pHi está em desuso, e atualmente prefere-se a PCO_2 ou melhor, o *gap* de PCO_2 (PCO_2 gástrica – PCO arterial). $PiCO_2$ é mais específica do que o pHi. Alguns autores observaram relação entre o pHi > 7,32 com IC > 3,0 l/min/m^2, a $PslCO_2$ (PCO_2 sublingual), a diurese e a $PiCO_2$; outros não encontraram correlação nem com o lactato, o pH arterial e a $\dot{D}O_2$. A melhora perfusional diminui rapidamente a $PslCO_2$ em contraste com a acidose láctica, que leva maior tempo.[33,38]

O mecanismo do aumento do PCO_2 tissular advém do aumento da concentração de H^+, é conseqüente à produção de ácido láctico, que se dissocia em H^+ e lactato, e do H^+ proveniente da passagem do ATP para ADP. Esse H^+ reagindo com o bicarbonato do sangue forma ácido carbônico, que se dissocia em H_2O e CO_2. Nos tecidos hipóxicos pode haver aumento do CO_2. Esse mecanismo é aplicado na monitorização da perfusão tecidual regional (estômago, retossigmóide etc.) através da determinação do pH intramucoso (pHi) ou da PCO_2 tecidual.[45] A tonometria gástrica, do retossigmóide e sublingual são métodos não-invasivos ou de baixa invasibilidade que medem a perfusão regional.

Em conclusão, a avaliação da perfusão tecidual na sepse pode ser realizada clinicamente e com exames complementares de modo global e regionalizado. Os parâmetros clínicos são fundamentais, como a pressão arterial, a freqüência cardíaca, a PVC, a depressão da consciência ou agitação, a temperatura das extremidades e retal, a sudorese, o enchimento capilar, os pulsos periféricos e a diurese, além dos dados fornecidos pela monitorização hemodinâmica invasiva e não-invasiva (ou minimamente invasiva). O pulso pedioso normal (4+/4+) indica bom índice cardíaco.

Recentemente, ainda em fase clínica experimental, estuda-se a avaliação da perfusão tecidual através da análise da imagem espectral (OPS), em que as repercussões da terapêutica sobre a vasculatura podem ser observadas visualmente.

Todos os marcadores têm suas vantagens e desvantagens e devem ser considerados no contexto clínico e na sua cinética (dosagens repetidas), em vez de uma simples determinação em um momento da evolução.

Os marcadores da perfusão tecidual serão abordados mais profundamente em outros capítulos.

TRATAMENTO

O tratamento do choque séptico tem como objetivos a restauração da perfusão tecidual e a normalização da disfunção metabólica.

Reposição volêmica

A reposição volêmica agressiva e precoce é fator determinante do sucesso do suporte hemodinâmico e melhora a sobrevida.[30-32] Temer sem justificativa a reposição volêmica é condenar o tratamento ao insucesso. É mais importante preencher o espaço intravascular e melhorar a perfusão tecidual do que o medo de proteger do edema pulmonar. Na hipoperfusão tecidual podem ser liberados mediadores que produzirão maior lesão tissular por aumento da permeabilidade e acentuação da disfunção orgânica múltipla. É importante manter a reposição volêmica mesmo após a melhora clínica e a normalização dos parâmetros que avaliam a perfusão tecidual.

Rivers *et al* (2001) usaram a *terapia precoce dirigida por objetivos* com reposição volêmica (cristalóides ou colóides), aminas vasoativas e hemotransfusões para aumentar a oferta de oxigênio no tratamento do choque séptico.[45] Os objetivos eram a normalização do lactato, da saturação de sangue venoso, do déficit de base e do pH. Observaram nesses pacientes, que usaram a *terapia precoce dirigida por objetivos* em relação ao grupo controle em 7 h a 72 h de tratamento, maior concentração central média de oxigênio ($S\bar{v}O_2$), lactatemia e déficits de base menores e maior pH. A mortalidade diminuiu em relação ao grupo controle (30,5% × 46,5%).

Quanto repor, isto é, a quantidade da reposição volêmica, pode ser avaliada clinicamente pela direção em que o tratamento está evoluindo. Avaliar se houve melhora hemodinâmica (PA, PVC, POAP, FC), do pulso pedioso, da temperatura das extremidades e do enchimento capilar, da temperatura retal, da diurese e do estado neurológico. Geralmente a PVC após reposição volêmica adequada está acima de 14 cmH_2O.[27] A literatura chama a atenção para o fato de que, mesmo após esses parâmetros estarem corrigidos, usualmente ainda há hipovolemia. A monitorização invasiva da artéria pulmonar através do catéter de Swan-Ganz, com a determinação dos parâmetros hemodinâmicos (POAP e o débito cardíaco) e metabólicos ($S\bar{v}O_2$, $\dot{D}O_2$, $\dot{V}O_2$ e TEO_2), auxilia no tratamento, assim como a determinação evolutiva do lactato sérico e sua normalização, do pH intramucoso > 7,32 e da PCO_2 tecidual. *É importante ter objetivos bem determinados, como a lactatemia, a saturação de oxigênio do sangue venoso misto e o equilíbrio ácido-básico.*

A literatura mostra que o objetivo de *oferta supranormal de oxigênio* não trouxe benefícios para o tratamento do choque séptico.[4] A quantidade e a velocidade da reposição volêmica devem ser avaliadas pela clínica, pela hemodinâmica e pelo metabolismo.

O que infundir: soluções cristalóides ou colóides? Essa é ainda uma discussão, mas, quando a pressão de enchimento (POAP) é o objetivo a ser atingido, o uso de cristalóides implica maiores quantidades (volumes) e colóides em maiores custos. Teoricamente, os colóides ficam mais tempo no espaço intravascular do que os cristalóides. A literatura cita maior mortalidade de pacientes que usaram colóides (albumina), enquanto outras pesquisas não observaram aumento da mortalidade. Os colóides poderiam ser indicados quando a proteinemia e a albuminemia estiverem muito baixas; entretanto, na disfunção endotelial há aumento da permeabilidade e a passagem do conteúdo intravascular para fora do vaso. É importante lembrar que a administração de fluidos se distribuirá não somente no espaço intravascular, mas também nos espaços intersticiais e intracelulares. Assim, se na reposição volêmica forem utilizados colóides, é importante administrar-se também cristalóides. Alguns autores citam como indicações de colóides a insuficiência hepática e peritonite. Não há vantagem comprovada de maior benefício de soluções salinas hipertônicas na sepse.

O aumento do débito cardíaco depende do tipo de fluido utilizado para a reposição volêmica. Comparativamente, ao se infundir um volume de 500 ml, o aumento do débito cardíaco é maior ao se usar dextran-70, dextran-40 e albumina a 5%, seguindo-se sangue e após Ringer lactato. Soluções salinas de NaCl em grandes volumes podem produzir acidose hiperclorêmica. O aumento do índice cardíaco é mínimo após infusão de 1.000 ml de solução de glicose a 5%. Plasma somente deve ser usado para reposição de fatores da coagulação. No Quadro 54-3 estão as características das soluções freqüentemente usadas na reposição volêmica.

Hemotransfusão

Yalavati *et al* (2000), estudando indivíduos saudáveis por hemodiluição isovolêmica, observaram que havia manutenção do $\dot{V}O_2$ por idêntico aumento do IC e a TEO_2.[54,55]

A relação entre o índice cardíaco (IC) e a taxa de extração de oxigênio (TEO_2) pode auxiliar na interpretação da função

Quadro 54-3. **Permanência intravascular das soluções usadas para reposição volêmica**

Solução	*Permanência intravascular em 2 horas*
SG a 5%	8%
Salina a 0,9%	25%
Ringer	25%
Ringer lactato	20%
Salina hipertônica	Os efeitos intravasculares se dissipam rapidamente. A associação com dextran aumenta a permanência intravascular
Albumina a 25%	100 ml aumentam a volemia de 465 ml por 24 horas*
Dextran-40	Aumenta a volemia do dobro do volume infundido; teoricamente 30% permanecem no vaso por 24 horas*
Gelatinas	Permanecem no plasma durante 4-5 horas*
Derivados de amido Amidohidroxi-etílico (Hetastarch) a 6%	Expansão volêmica ≥ a do dextran-70 e da albumina a 5%, mantendo altos níveis por pelo menos 3 horas; 50% do infundido são eliminados em 12 horas* Também atua diminuindo a ativação da célula endotelial, diminui a atividade do fator VIII e prolonga o tempo de protrombina

* O aumento da permeabilidade vascular pode alterar esses valores.

cardíaca em pacientes anêmicos. A relação $IC/TEO_2 < 10$ em não-cardiopatas sugere hipovolemia mesmo quando o índice cardíaco não está diminuído.[55]

A maioria dos intensivistas procura manter no choque séptico hemoglobina em 9 a 10g%. Entretanto, essa conduta é incerta, mas recomenda-se um mínimo de hemoglobina de 7-8g%.[21]

Drogas vasoativas

O objetivo do tratamento não é simplesmente corrigir a pressão arterial. Esse é um erro freqüente, quando se administram *pequenos volumes de líquidos* e *altas doses de drogas com efeito alfa* (dopamina em dose alfa, noradrenalina, adrenalina) para produzir vasoconstrição periférica, aumentar a resistência vascular sistêmica e a pressão arterial. Essa conduta errônea produz isquemia tecidual, hipóxia e morte celular com insuficiência orgânica múltipla. É importante que todos os tecidos estejam bem perfundidos. Entretanto, mesmo com a pressão arterial e a perfusão periférica satisfatórias pode ocorrer perfusão inadequada em determinados órgãos e tecidos, como no tubo gastrintestinal. As drogas vasoativas adrenérgicas aumentam o consumo de oxigênio tecidual.

Pacientes com choque séptico utilizam freqüentemente drogas vasoativas. O objetivo do suporte hemodinâmico é manter boa perfusão orgânica e adequada oferta tecidual de oxigênio. Esses objetivos são alcançados com a reposição volêmica e o uso de drogas vasoativas. Para a hipotensão arterial conseqüente à diminuição da resistência vascular sistêmica (RVS), geralmente se utiliza um vasoconstritor preferencialmente a noradrenalina, associada ou não a outras drogas como a dobutamina, e menos freqüentemente com a dopamina. A adrenalina tem efeitos globais (sistêmicos) semelhantes aos da associação noradrenalina-dobutamina, mas produz diminuição da perfusão e oxigenação esplâncnica.

Utilizam-se drogas para manter a pressão arterial sistólica acima de 90 mmHg ou a pressão arterial média > 65-70 mmHg, mas pode haver diferentes respostas regionais aos vasoconstritores por causa da heterogeneidade observada, com vasos dilatados e constritos. Assim, drogas vasoativas podem produzir acentuação da isquemia, apesar da elevação da pressão arterial, como na perfusão esplâncnica. A escolha da droga vasoativa deve ser com objetivos específicos e usada criteriosamente.

É incorreto utilizar drogas vasoativas sem reposição volêmica adequada.

Drogas vasoativas adrenérgicas

Catecolaminas atuam no choque por suas ações cardíacas e vasoconstritoras. Os efeitos nos receptores variam com as diversas drogas. Noradrenalina, principalmente, e dopamina são as drogas adrenérgicas mais usadas no tratamento do choque séptico.[52]

A combinação de agentes vasoativos poderia ser benéfica, mas existem poucos estudos comparativos. Na escolha da droga, devem ser considerados:

1. O objetivo terapêutico, que é manter adequada perfusão orgânica.
2. O aumento da perfusão orgânica é realizado por reposição volêmica e drogas vasopressoras.
3. Adrenalina é usada quando as drogas adrenérgicas falharam.
4. A dopamina em *dose renal* não tem indicação no tratamento do choque séptico.

No Quadro 54-4 estão as drogas vasoativas mais usadas, suas ações, doses e efeitos. É importante considerar que os efeitos das doses das drogas vasoativas podem variar, embora geralmente exista certa relação entre a dose e o efeito esperado. Na sepse pode haver alteração dos receptores adrenérgicos.

■ *Dopamina*

- Seus efeitos são dose-dependentes.
- Produz liberação de noradrenalina.
- Aumenta a pressão basicamente por aumento do débito cardíaco, atuando na contratilidade (volume de ejeção) e aumentando a freqüência cardíaca.
- Em baixas doses, produz vasodilatação, aumento no fluxo sangüíneo renal, na filtração glomerular e na excreção de sódio. Em altas doses, produz vasoconstrição.
- A dopamina em pacientes sépticos não tem efeitos benéficos comprovados na função renal, na perfusão esplâncnica ou na evolução. Aumenta a $PgCO_2$ e diminui o pHi gástrico.
- Produz diminuição da liberação de hormônios (prolactina, TSH e outros).
- A dopamina, quando associada à noradrenalina, aumenta o débito cardíaco e a diurese, mas não altera a depuração da creatinina, fato que indica que a dopamina não melhora a função renal, mas somente aumenta a diurese. A dopamina não deve ser prescrita no choque séptico para proteção renal.
- Diminui a resposta dos quimiorreceptores periféricos à hipoxemia.

■ *Noradrenalina*

É mais efetiva do que a dopamina no tratamento da hipotensão.

Produz:

- Aumento da pressão arterial média, do débito cardíaco e da resistência arterial sistêmica.
- Aumento da filtração glomerular. Melhora a perfusão renal.
- Melhora a função renal medida pela depuração de creatinina.[44]
- Aumenta a PA mesmo em pacientes sépticos resistentes à reposição volêmica e ao uso da dopamina.
- Diminui o lactato do sangue e melhora a oxigenação tecidual.[52]

Quadro 54-4. Drogas vasoativas: dose, receptores e efeitos						
	Predomínio da ação em receptor					
Droga	***Dose μg/kg/min***	α	β_1	β_2	***D***	***Efeito***
Dobutamina (5-15)	≤ 10	+	4+	4+	–	↑ contratilidade ↑ DC, ↔ RVS Pode aumentar a PA
	> 10		4+	4+	–	↑ contratilidade ↑ DC, ↓ RVS Pode diminuir a PA
Dopamina	≤ 3				2+	↑ perfusão renal e a diurese
	> 3-10 (15)			2+	2+	↑ contratilidade e o DC
	> 10-15	4+				↑ RVS, RVP e a PA Não aumenta a depuração renal
Dopexamina		–		4+	4+	↓ RVS e a PA ↑ Perfusão renal e esplâncnica
Isoproterenol (0,01-0,10)		–		4+		↓ RVS
Noradrenalina (0,05 a > 0,30)		4+	2+	–	–	↑ RVS e a PA ↑ RVP
Adrenalina	≤ 0,05		4+	2+	–	↑ RVS e ↑ DC
	Dose alta	4+				↑ RVS e RVP
Fenilefrina (0,15-5,0)		4+				↑ RVS

DC = Débito cardíaco; RVS = resistência vascular sistêmica; RVP = resistência vascular pulmonar; PA = pressão arterial; + = efeito leve; 2+ = efeito intermediário; 4+ = efeito acentuado; ↑ ou ↓ = aumenta ou diminui; ↔ = sem alteração significativa. D = receptor dopaminérgico. Ação em β_1: inotropismo e cronotropismo; ação em β_2: vasodilatação.

O uso de noradrenalina no choque séptico evidencia que ela produz aumento da pressão arterial sem produzir deterioração do índice cardíaco ou nas funções orgânicas.[52]

No choque séptico, o uso da noradrenalina deve ser feito precocemente, e não na fase tardia.

■ *Adrenalina*

A adrenalina aumenta a PA em pacientes que não responderam às outras drogas vasoativas, mas tem efeitos deletérios na perfusão esplâncnica e aumenta a lactatemia.

■ *Dobutamina*

A dobutamina aumenta a perfusão da mucosa do tubo gastrintestinal. A noradrenalina associada à dobutamina em pacientes com diminuição da resistência vascular sistêmica aumenta a PA e o débito cardíaco. A dobutamina aumenta o débito cardíaco por aumentar o volume sistólico de ejeção e a freqüência cardíaca.

■ *Fenilefrina*

Aumenta a PA e potencialmente reduz o débito cardíaco. É descrita diminuição da circulação esplâncnica em comparação à noradrenalina.

■ *Dopexamina*

Não tem seu uso clínico aprovado nos Estados Unidos. Melhora o índice cardíaco e a perfusão mesentérica.

Outras drogas não-adrenérgicas

■ *Vasopressina*

A vasopressina produz vasoconstrição por ação em receptores específicos (V) e por potencializar as ações das catecolaminas. Pode reverter o choque quando as catecolaminas são inefetivas. A dose indicada varia de 0,05 a 0,1 U/min.

A vasopressina diminui o fluxo sangüíneo mesentérico e renal. Pode ser associada às catecolaminas.

■ *Levosimendan*

Trabalhos experimentais demonstram que há melhora do débito cardíaco e da oferta e consumo de oxigênio sistêmico e aumento da $\dot{D}O_2$ gastrintestinal.[36]

O papel do levosimendan no choque séptico ainda está por ser esclarecido.

■ *Azul-de-metileno*

No choque séptico, o uso de azul-de-metileno em infusão contínua melhora a depressão do miocárdio, mantém o transporte de oxigênio e diminui a necessidade de drogas vasoativas. Não tem efeitos deletérios nas funções orgânicas.[28]

Vasodilatadores

Inibidores da fosfodiesterase (amrinona, milrinona) aumentam o índice cardíaco e o volume de ejeção. Não são usados no tratamento do choque séptico. É possível seu uso associado com outras drogas vasoativas.

Imunoglobulinas

Alejandria *et al* (2001) relataram que o uso de imunoglobulinas policlonais no choque séptico melhora a evolução dos pacientes.[2]

Corticosteróides

Corticosteróides aumentam a expressão de receptores adrenérgicos. Paciente sépticos podem ter insuficiência adrenal.

O uso de *doses farmacológicas* (30 mg/kg) de metilprednisolona não melhora a sobrevida e pode aumentar as complicações infecciosas.[29] Briegel *et al* (2000) mostraram que a hidrocortisona na fase hiperdinâmica do choque séptico diminuía o tempo de uso de drogas vasoativas.[11,12] Annane (2001) utilizou em pacientes sépticos com choque persistente e ventilação mecânica *doses fisiológicas* de corticosteróides e observou melhora hemodinâmica.[7] Atribuiu esse resultado da resposta aos corticosteróides a ação nos receptores adrenérgicos. Outro estudo realizado mostrou diminuição da mortalidade com o uso de hidrocortisona (50 mg EV de 6/6h) associada à fludrocortisona (50 µg/dia) durante 7 dias em pacientes com choque séptico.[6]

REFERÊNCIAS BIBLIOGRÁFICAS

1. Abbas KA, Lichtman AH, Pober JS. *Cellular and Molecular Immunology.* WB Saunders Company. Philadelphia. 3ª ed. 1997, p. 494.
2. Abraham E, Dinarello C, Vincent JL, Opal S. Consensus conference definitions for sepsis, septic shock, acute lung injury, and ARDS: Time for a reevaluation. *Crit Care Med* 2000;28(1):232–235.
3. Alejandria MM, Lansang MA, Dans LF, Mantaring JB. Intravenous immunoglobulin for treating sepsis and septic shock. *Cochrane Database Syst Rev* 2001.
4. Aliai, Esteban A, Gordo F *et al.* A Randomized and controlled trial of the effect of treatment aimed at maximizing oxygen delivery in patients with severe sepsis or septic shock. *Chest* 1999;115(2):453.
5. Angus DC, Linde Zwirble WT, Lidicker I, Clermont G, Garcillo J, Pinsky MR. Epidemiology of severe sepsis in the United States: Analysis of incidence, outcome, and associated costs of care. *Crit Care Med* 2001;9:1303–10.
6. Annane D, Sebille V, Charpentier C, Bollaert PE, François B, Korach JM, Capellier G, Cohen Y, Azoulay E, Troche G, Chaumet Riffaut P, Bellissant E. Effect of treatment with low doses of hydrocortisone and fludrocortisone on mortality in patients with septic shock. *JAMA* 1999;288:282–871.
7. Annane D. Corticosteroids for septic shock. *Crit Care Med* 2001;29(Suppl):S117–S120.
8. Bakker J, Coffernils M, Leon M, Gris P, Vincent JL. Blood lactate levels are superior to oxygen derived variables in predicting outcome in human septic shock. *Chest* 1991;99:956–62.
9. Bernard GR, Sopko G, Cerra F, Demling R, Edmunds H, Kaplan S, Kessler L, Masur H, Parsons P, Shure D, Webb C, Weidemann H, Weinmann G, Williams D. Pulmonary artery catheterization and clinical outcomes: National Heart, Lung, and Blood Institute and Food and Drug Administration Workshop Report. Consensus Statement. *JAMA* 2000;83(19):2568–72.
10. Bone RC, Balk RA, Cerra FB, Dellinger RP, Fein AM, Knaus WA, Schein RM, Sibbald WJ. Definitions for sepsis and organ failure and guidelines for the use of innovative therapies in sepsis. The ACCP/SCCM Consensus Conference Committee. American College of Chest Physicians/Society of Critical Care Medicine. *Chest* 1992;101(6):1644–55.
11. Briegel J. Hydrocortisone and the reduction of vasopressors in septic shock therapy or only chart cosmetics *Intensive Care Med* 2000;26(12):1723.
12. Briegel J, Forst H, Haller M *et al.* Stress doses of hydrocortisone reverse hyperdynamic septic shock: a prospective randomized double-blind single center study. *Crit Care Med* 1999;27:723–732.
13. Buram MJ, Oxygen Consumption. *In* Snyder V, Pinsky MR. *Oxygen Transport in the Critically Ill.* Year Book Medical Publishers, Inc. Chicago, 1987, pp 16–21.
14. David CMN. Fisiopatologia do Choque Séptico. *In* Raad JÁ. (ed.). *50 Años 50 Temas.* Imprenta Nación, Quito, Equador, 1999, p 137.
15. David CMN. Sepse. *In* David CMN, Goldwasser RS, Nácul F. (eds.). *Medicina Intensiva: Rotinas do Hospital Universitário Clementino Fraga Filho.* Editora Revinter, Rio de Janeiro, 1997.
16. David, CMN. Ventilação Mecânica: Repercussões Hemodinâmicas. *In* David, CMN (ed.). *Ventilação Mecânica: Da Fisiologia ao Consenso Brasileiro.* Rio de Janeiro: Editora Revinter. 1995, pp 77–85.
17. Docke WD, Randow F, Syrbe U *et al.* Monocyte deactivation in septic patients: restoration by IFN-gamma treatment. *Nat Med* 1997;3:678–81.
18. Echtenacher B, Weigl K, Lehn N, Mantel DN. Tumor necrosis factor dependent adhesions as a major protective mechanism early in septic peritonitis in mice. *Infect Immun* 2001;69:3550–5.
19. Eskandari MK, Bolgos G, Miller C, Nguyen DT, DeForge LE, Remick DG. Antitumor necrosis factor antibody therapy fails to prevent lethality after cecal ligation and puncture or endotoxemia. *J Immunol* 1992;148:2724–30.
20. Hagberg L, Briles DE, Eden CS. Evidence for sepse rated genetic defects in C3H/HeJ and C3HeB/FeJ mice, that effect susceptibility to gram-negative infections. *J Immunol* 1985;134:4118–22.
21. Hebert PC, Wells G, Blajchman MA, Marshall J, Martin C, Pagliarello G, Tweeddale M, Schweitzer I, Yetisis E. A multicenter, randomized, controlled clinical trial of transfusion requirements in critical care. *N Engl J Med* 1999;340:409–17.
22. Heidecke CD, Hensler T, Weighardt H *et al.* Selective defects of T lymphocyte function in patients with lethal intraabdominal infection. *Am J Surg* 1999;178:288–92.
23. Hotchlkiss R, Karl E. The pathophysiology and treament of sepsis. *N Engl J Med* 2003;348:138.
24. Ince C, M Sinaasappel. Microcirculatory oxygenation and shunting in sepsis and shock. *Crit Care Med* 1999;27:1369–1377.
25. Japiassu A, Cid David MN, Pinto J & Koats V. TNF-alfa kinetic in septic shock patients treated with human

polyclonal immunoglobulin x placebo. *Crit Care Med* 2001;29(12):A291.

26. Karima R, Matsumoto S, Higashi H & Matsushima K. The molecular pathogenesis of endotoxic shock and organ failure. *Molecular Medicine Today,* March, 1999, pp 123–132.
27. Kellum JA, Pinsky MR. Use of vasopressor agents in critically ill patients. *Current Opinion in Critical Care* 2002;8:236–41.
28. Kirov M, Evgenov OV, Evgenov NV *et al.* Infusion of methylene blue in human septic shock: a pilot randomized, controlled study. *Crit Care Med* 2001;29:1860–1867.
29. Lefering R, Neugebauer EA. Steroid controversy in sepsis and septic shock: a meta-analysis. *Crit Care Med* 1995;23(7):1294–1303.
30. Marik PE, Varon J. The hemodynamic derangements in sepsis: implications for treatment strategies. *Chest* 1998;114:854–860.
31. Marik PE, Cook D, Sibbald W. The hemodynamic derangements in sepsis: implications for treatment strategies. *Chest* 1998;114:854–860.
32. Marik PE. Pulmonary artery catheterization and esophageal doppler monitoring in the ICU. *Chest* 1999;116:1085–1091.
33. Marik PE. Sublingual capnography: a clinical validation study. *Chest* 2001;120:923–927.
34. Martins GA, Cid David MN, Carvalho MGC. Expression of heat shock protein 70 in leukocytes of patients with sepsis. *Intl J Mol Med* 1999;3:401–4.
35. Mutunga M, Fulton B, Bullock R, Batchelor A, Gascoigne A, Gillespie JI, Baudouin SV. Circulating endothelial cells in patients with septic shock. *Am J Respir Crit Care Med* 2001;163:195–200.
36. Older A, Konrad D, Weitzberg E, Redehill A, Rossi P, Wanecek M. Effects of levosimendan, a novel inotropic calcium-sensitizing drug, in experimental septic shock. *Crit Care Med* 2001;29(11):2185.
37. Olson NC, Hellyer PW, Dodam JR. Mediators and vascular effects in response to endotoxin. *Br Vet J* 1995;151(5):489–522.
38. Oud L, Haupt MT. Persistent gastric intramucosal ischemia in patients with sepsis following resuscitation from shock. *Chest* 1999;115:1390–1396.
39. Opal SM, Cross AS, Jung JW *et al.* Potential hazards of combination immunotherapy in the treatment of experimental septic shock. *J Infect Dis* 1996;173:1415–21.
40. Opal SM, DePalo VA. Anti-inflammatory cytokines. *Chest* 2000;117:1162–72.
41. Pinto Jess, Japiassú AM, David CMN *et al.* Glucose metabolism and tumor necrosis factor-alfa in gram-negative septic shock patients. *Intens Care Med* 2002;(suppl):S194:756.
42. Rangel-Frausto MS, Pittet D, Costigan M *et al.* The natural history of the Systemic Inflammatory Response Syndrome (SIRS): a prospective study. *JAMA* 1995;273:117.
43. Ratcliffe PJ. Hipoxically Inducible Gene Expression. *In* Crystal RG, Barnes PJ, West JB, Weibel ER. (Eds). *The Lung: Scientific Foundations.* 2nd ed. Lippincott-Raven, Philadelphia, 1997, pp 319–32.
44. Redl-Wenzel EM, Armbruster C, Edelmann G, Fischl E, Kolacny M, Wechsler-Fordos A, Sporn P. The effects of norepinephrine on hemodynamics and renal function in severe septic shock states. *Intens Care Med* 1993;19:152–54.
45. Rivers E, Nguyen B, Havstad S *et al.* Early goal-directed therapy in the treatment of severe sepsis and septic shock. *N Eng J Med* 2001;345:1368–77.
46. Snyder VS. Oxygen Transporte: The Model and Reality. *In* Snyder V & Pinsky MR. *Oxygen Transporte in the Critically Ill.* Year Book Medical Publishers, Inc. Chicago, 1987, pp 3–21.
47. Soares JE, Cid David MN, Japiassú A, Koats V. TNF-alfa and glucose metabolism in septic patients. *Crit Care Med* 2001;29(12):A209.
48. Sprung CL, Eidelman LA. The issue of a U.S. Food and Drug Administration moratorium on the use of the pulmonary artery catheter. *New Horiz* 1997;5(3):277–80.
49. Underhill DM, Ozinsky A. Toll-like receptors: key mediators of microbe detection . *Curr Opin Immunol* 2002;14:103–10.
50. Van den Berghe G. Beyond diabetes: saving lives with insulin in the ICU. *Int J Obes Relat Metab Disord* 2002;26(Suppl)3:S3–8.
51. Vincent TJ, Silva E. Choice of Pharmacological Agents in Hypoperfusion Syndrome. *In* Grello A. *Anaesthesia, Pain, Intensive Care and Emergency Medicine.* Milano, Springer-Verlag, 1997, pp 223–234.
52. Vincent JL. Hemodynamic support in septic shock. *Intens Care Med* 2001;27:S80–92.
53. Waxman K. What Mediates Tissue Injury after Shock? *New Horizons,* 1996;4(2):151–318.
54. Weiskopf RB, Viele MK, Feiner J *et al.* Human cardiovascular and metabolic response to acute, severe isovolemic anemia. *JAMA* 1998;279:217–221.
55. Yalavatti GS, Debacker D, Vincent JL. Assessment of cardiac index in anemic patients. *Chest* 2000;118:782–787.

55

Choque Anafilático

Cleovaldo Tadeu dos Santos Pinheiro

O termo *anaphylaxis* deriva do grego e significa "contra a proteção", e serve para designar a mais severa e potencialmente fatal das reações de hipersensibilidade.

Mortes por reações anafiláticas e reações anafilactóides vêm aumentando nos últimos anos,[1] afetando mais particularmente crianças e adultos jovens de uma forma súbita, inesperada e quase sempre inevitável. Suas manifestações costumam evoluir rapidamente a formas de grande severidade e com risco imediato de morte. Ocorre em praticamente todos os campos da atividade da saúde, fazendo com que os profissionais dessas áreas necessitem de treinamento no reconhecimento e manejo dessas situações.

DEFINIÇÃO

Não existe uma definição totalmente adequada, por haver grande confusão, já que as reações alérgicas podem apresentar-se de forma leve, moderada ou severa. Angioedema, urticária e rinite não são consideradas reações anafiláticas, uma vez que hipotensão e asfixia – as manifestações potencialmente fatais — não estão presentes. Anafilaxia pode ser definida como uma reação alérgica sistêmica severa causada por uma liberação sistêmica de histamina e de outros mediadores.[2] A causa comum na anafilaxia é a sensibilidade a alimentos (amendoim, castanhas e assemelhados, frutos do mar, laticínios), picadas de insetos (abelhas, vespas, marimbondos), drogas e látex mediada por anticorpos específicos IgE com a ativação de mastócitos e basófilos, que liberam mediadores pré-formados, armazenados em seus grânulos (histamina, por exemplo) e mediadores rapidamente sintetizados. A reação anafilactóide corresponde a uma liberação dos mesmos mediadores, pela ativação das mesmas células, mas sem a participação dos anticorpos IgE. Do ponto de vista clínico, não é relevante fazer-se a diferenciação entre reação anafilática e reação anafilactóide, sendo essa diferenciação importante apenas para fins de investigação.

Uma boa definição de trabalho é a que envolve uma ou mais das manifestações severas de alergia: asfixia e hipotensão, a primeira manifestada por edema de laringe ou asma e a segunda, por colapso ou perda de consciência.[1]

EPIDEMIOLOGIA

A epidemiologia da anafilaxia é mal conhecida. Inúmeros estudos têm apontado aumento de incidência de doenças relacionadas à alergia (entre elas a anafilaxia), embora sejam passíveis de inúmeras críticas metodológicas.[3,4] Esse aumento tem sido atribuído ao modo de vida ocidental. Em um estudo inglês, foi identificado aumento de quase duas vezes no diagnóstico de alta de anafilaxia entre os anos de 1991 e 1995.[5] No período de 4 anos do estudo, foram realizadas 32,4 milhões de altas hospitalares. Em 2.424 delas, o diagnóstico primário foi anafilaxia. Houve um aumento de 5,6 ocorrências/100.000 altas entre 1991-1992 para 10,2 ocorrências /100.000 altas no período 1994-1995 ($\chi^2 = 141$, $p < 0{,}001$).[5]

Outro estudo, realizado em Cambridge, Inglaterra, no departamento de emergência, mostrou uma freqüência de 1/1.500 atendimentos, correspondendo a uma incidência na população de 1/10.000/ano.[6]

ETIOLOGIA E FISIOPATOLOGIA

Alimentos são a principal causa de anafilaxia, e as evidências sugerem que esse é um problema crescente. Picadas de insetos são a próxima causa em freqüência, e a seguinte, o contato com látex (fato de extrema relevância entre o pessoal da saúde pelo uso generalizado de luvas de látex) (Quadros 55-1 e 55-2). No Quadro 55-3, são apresentados os causadores mais comuns de reações anafilactóides.

Merecem especial atenção as penicilinas. As mais sérias reações de hipersensibilidade produzidas pelas penicilinas são o angioedema e a anafilaxia, que têm sido observados após a administração tópica, oral ou sistêmica de penicilinas de vários tipos. Essas reações agudas anafiláticas ou anafilactóides constituem-se no mais importante perigo imediato relacionado ao uso dessas drogas em pacientes de qualquer idade. As penicilinas estão entre as drogas mais responsabilizadas por essas reações. A incidência é estimada entre 0,004% a 0,04% das pessoas tratadas.[7] Cerca de 0,001% dos pacientes tratados com essas drogas morrem de anafilaxia, estimando-se que pelo menos 300 mortes por ano dessa complicação ocorram nos EUA. Cerca de 70% dos paciente têm história de exposição prévia à penicilina, e um terço deles relata ter tido alguma reação prévia a ela. A anafilaxia costuma ocorrer após a injeção de penicilina, mas também tem sido observada após a administração oral ou a instilação intradérmica de uma mínima quantidade com o propósito de testar uma possível hipersensibilidade.[8] Outros antibióticos betalactâmicos dividem com as penicilinas os mesmos riscos quando administrados a pacientes com hipersensibilidade.

Quadro 55-1. **Agentes mais comumente envolvidos em anafilaxia**

Causas comuns de anafilaxia
• Alimentos • Picadas de abelha, marimbondos e vespas • Drogas • Borracha de látex • Alimentos que mais freqüentemente causam anafilaxia: – Amendoim – Outras castanhas (castanha-do-pará, amêndoas, nozes etc.) – Frutos do mar – Ovos (a clara do ovo) – Laticínios • Drogas: – Antibióticos (especialmente penicilina) – Anestésicos intravenosos – Aspirina – Antiinflamatórios não-esteróides – Contrastes radiológicos injetáveis – Analgésicos opióides

Quadro 55-2. **Classificação dos alérgenos de acordo com a natureza química**

Tipo	*Agente*	*Exemplo*
Proteínas	Extratos de alérgenos	Pólen, poeira com ácaros, mofo
	Enzimas	Quimiopapaína, estreptoquinase, L-asparaginase
	Alimentos	Clara de ovo, legumes, leite, nozes e castanhas, frutos do mar, aipo, *psyllium*
	Soro heterólogo	Antitoxina tetânica, globulina antitimócito, soro antiofídico
	Hormônios	Insulina, ACTH, TSH, progesterona, calcitonina
	Vacinas	Influenza
	Venenos	*Hymenoptera*
	Outros	Heparina, látex, tiobarbituratos, líquido seminal
Haptenos	Antibióticos	β-lactâmicos, etambutol, nitrofurantoína, sulfonamidas, estreptomicina, vancomicina
	Desinfetantes	Óxido de etileno
	Anestésicos locais	Benzocaína, tetracaína, lidocaína, mepivacaína
	Outros	Aminopirina, bromossulftaleína,

Quadro 55-3. **Causas de reação anafilactóide (não-mediada por IgE)**

Mecanismo	*Exemplo*
Ativação de complemento	Transfusão de hemoderivados em pacientes deficientes de IgA Hemodiálise com filtros de membrana de cuprofane
Liberação direta de mediadores químicos da anafilaxia	Protamina, meios de contraste radiológicos, dextran, *amido* de hidroxietila, relaxantes musculares, ketamina, anestésicos locais, codeína e outros opiáceos, alguns antibióticos como a anfotericina B
Geração de leucotrienos	Antiinflamatórios não-esteróides, indometacina, aspirina, ácido mefenâmico, sulindac, zomepirace sódico, tolmetin sódico
Outros	Agentes antineoplásicos, exercício, anafilaxia recorrente idiopática

Acidentes com insetos da ordem *Hymenoptera* (abelhas, marimbondos, vespas) são responsáveis por cerca de 40 mortes por ano nos EUA, e estima-se que causem reação significativa para cada 10.000 pessoas por ano naquele país.[9]

A reação anafilática em humanos envolve uma série de eventos. Primeiro, contato de um antígeno, que é processado por uma célula dendrítica ou macrófago (células apresentadoras de antígenos) e por elas apresentado ou célula T *helper* (Th). A célula Th produz citocinas que estimularão os linfócitos B que gerarão os anticorpos (da classe IgE). Como se verá adiante, o fenótipo das células Th determinará o tipo de citocina a ser produzido. A interleucina-4 estimula a produção de IgE, ao contrário do interferon-γ, que a inibe (Fig. 55-1).

Locais de ligação Fab específicos na molécula de IgE reconhecem o antígeno. No passo seguinte, as moléculas de IgE ligam-se através de seus receptores Fc (FcεRI-α) a uma glicoproteína receptora na superfície das células-alvo (mastócitos e basófilos); por isso, as IgE são chamadas de anticorpos citotrópicos.[10,11] Essa ligação pode perdurar por semanas ou meses.

Quando duas moléculas de IgE com a mesma especificidade de ligação Fab estão em grande proximidade na superfície da célula-alvo, essa célula é dita *sensibilizada*. Numa exposição seguinte, para o antígeno liberar os mediadores dos mastócitos e basófilos, ele deve ligar-se às porções Fab de duas moléculas de IgE fixadas nas células. Essa ligação desencadeia a seqüência de eventos que se seguem (Fig. 55-2).

A reação alérgica ocorre, como se viu, por interação de um alérgeno com o anticorpo específico IgE, que está ligado às membranas dos mastócitos e basófilos através da cadeia α do receptor de alta afinidade (FcεRI-α).[13] Pessoas com atopia apresentam uma resposta exagerada, caracterizada por uma produção de anticorpos específicos IgE e elevadas concentrações séricas dessa imunoglobulina. Cerca de 7.000-10.000 moléculas de IgE estão normalmente ligadas a uma célula-alvo de uma pessoa comum e de 100.000 a 500.000 moléculas a uma

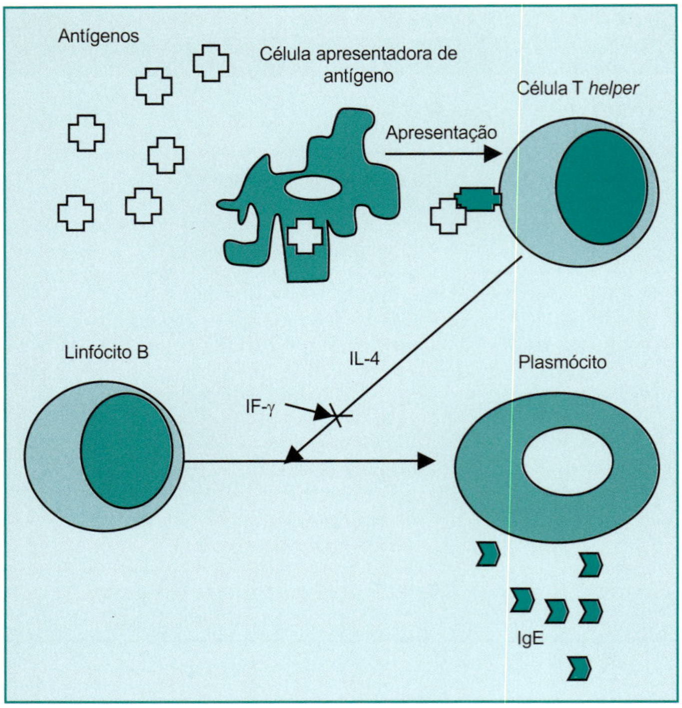

Fig. 55-1. A produção de imunoglobulinas E. O processo de sensibilização resulta na produção de anticorpos específicos da classe IgE. O processo se inicia com a apresentação do antígeno, pelas células apresentadoras de antígenos (macrófagos e células dendríticas), ao linfócito T *helper*. Este produz citocinas, principalmente interleucina-4 (IL-4), que estimula a citodiferenciação do linfócito B em plasmócito, que secretará os anticorpos IgE. O interferon-γ inibe essa última etapa do processo. (Ver *Prancha* em *Cores*.)

célula de um indivíduo atópico.[14,15] Os receptores FcεRI-α também são encontrados nas células apresentadoras de antígenos, que podem facilitar o aprisionamento do antígeno e sua apresentação às células T,[16] e no interior de eosinófilos, onde parecem ter algum efeito regulador local da concentração da IgE.[17] Essa ligação resulta em liberação dos mediadores

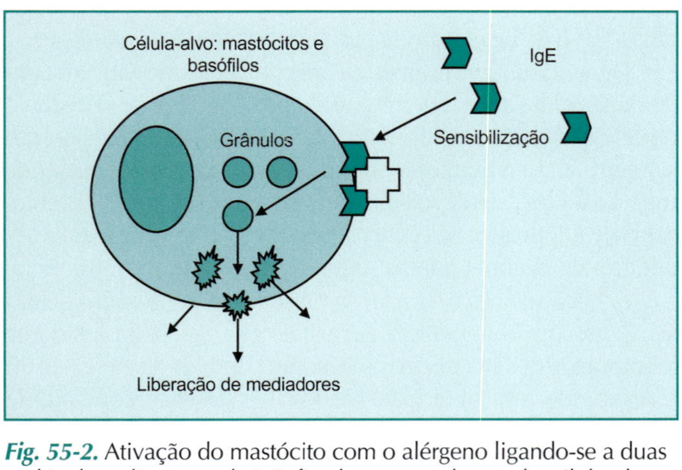

Fig. 55-2. Ativação do mastócito com o alérgeno ligando-se a duas moléculas adjacentes de IgE, fixadas na membrana da célula-alvo, desencadeando a liberação de mediadores pré-formados que estavam armazenados nos grânulos intracitoplasmáticos. (Ver *Prancha* em *Cores*.)

pré-formados associados aos grânulos, lipídios derivados das membranas, citoquinas e quimoquinas.

Os mais importantes indutores da produção de IgE são as interleucinas-4 e 13, e essas citocinas estão ligadas ao fenótipo tipo 2 das células T *helpers* (Th2), o que explica a relação entre o modo de vida ocidental desenvolvido e o aumento da incidência das doenças relacionadas à alergia.

Nos países desenvolvidos, o sistema imunológico é privado do estímulo de antígenos microbianos, que desenvolvem as células Th1 (células T *helpers* tipo 1) em favor do desenvolvimento das células Th2 (células T *helpers* tipo 2),[18,19] porque o ambiente é relativamente limpo e o uso de antibióticos para doenças de menor monta nos primeiros anos de vida é disseminado. Os fatores que concorrem para a seleção do fenótipo Th1 na criança é a presença de irmãos mais velhos, exposição a creches (onde o contato com outras infecções, particularmente virais, das vias aéreas é mais freqüente), exposição à tuberculose e ao sarampo, vida em ambiente rural, hepatite. Isto é quanto mais higiene e cuidados médicos precoces e mais conforto doméstico, mais alergia. Para a expressão do fenótipo Th2, concorrem o uso precoce de antibióticos, o ambiente urbano e a exposição aos alérgenos comuns em casas fechadas: carpetes, cortinas, dejetos de baratas, poeira doméstica, ácaros e dieta.[21,22,23,24,25,26]

As células T respondem a alérgenos com uma indução da produção de citocinas: as células Th2 produzem as citocinas do tipo interleucina-4, 5 e 13, e as células Th1, as citocinas interferon-γ e interleucina-2.[27,28]

Na seqüência dos eventos, ocorre a secreção de mediadores pré-formados a partir dos grânulos das células-alvo, incluindo histamina e serotonina, fator quemotático da anafilaxia dos eosinófilos (ECF-A), heparina, fator quemotático dos neutrófilos e enzimas proteolíticas, inclusive a triptase.[29]

A ativação também causa a síntese de calicreína; mediadores lipídicos, que incluem o fator de ativação plaquetária (PAF); prostaglandina D2 (PGD2), produto da via da ciclo-oxigenase do metabolismo do ácido araquidônico;[30] leucotrienos C4, D4 e E4 (LTC4, LTD4 e LTE4), produtos da via da lipo-oxigenase do metabolismo do ácido araquidônico. LTC4, LTD4 e LTE4 são quimicamente semelhantes à SRS-A.[31] Inúmeras outras citoquinas são também liberadas após a ativação, incluindo interleucinas (IL-1, IL-2, IL-3, IL-4, IL-5 e IL-6), fator de necrose tumoral-alfa (TNF-α), endotelina-1 e fator estimulante de colônias de granulócitos e macrófagos.[32]

As substâncias mediadoras dos mastócitos e basófilos são moduladas pelo monofosfato de adenosina cíclico (AMPc), que suprime a liberação desses mediadores, e pelo monofosfato de guanosina cíclico (GMPc), que aumenta a liberação dos mesmos.[33] As substâncias que elevam a concentração intracelular de AMPc, tais como os agonistas β-adrenérgicos (adrenalina) e prostaglandinas da série E, inibem a liberação de mediadores, enquanto substâncias que aumentam a concentração intracelular de GMPc, como a adenosina, drogas colinérgicas e possivelmente α-agonistas, aumentam a sua liberação.[35] Pacientes em uso de drogas β-bloqueadoras costumam apresentar maior severidade nas manifestações da anafilaxia, bem como respondem menos aos efeitos da adrenalina.[36]

Quadro 55-4. Efeitos fisiológicos causados pela liberação dos mediadores da anafilaxia
• Aumento da permeabilidade vascular
• Aumento de secreção nas glândulas da via respiratória
• Vasodilatação periférica
• Contração da musculatura lisa, bronquíolos, no trato gastrintestinal e útero
• Migração-atração dos neutrófilos e eosinófilos
• Geração de bradicinina pelo estímulo da calicreína
• Indução da adesividade e desgranulação das plaquetas

As conseqüências da liberação dos mediadores são as expostas no Quadro 55-4. Esses eventos coordenam o aumento da permeabilidade, que, por seu turno, permite o acesso de uma variada gama de proteínas (anticorpos, complemento, cininas, proteínas da coagulação) aos tecidos, favorecendo a inflamação sistêmica.

MANIFESTAÇÕES CLÍNICAS

É importante reconhecer que a apresentação clínica varia de acordo com a causa e de pessoa para pessoa. Quando o alérgeno é injetado sistemicamente (injeções intravenosas, picadas de insetos), problemas cardiovasculares, especialmente hipotensão e choque, predominam.[9] Isso é mais verdadeiro quando grandes quantidades são administradas intravenosamente, como na indução de anestesias.[37-38] Alimentos, que são absorvidos pela mucosa digestiva, costumam causar mais edema de lábios, de face, de língua e de laringe.[39] O inchaço pode se estender à hipofaringe e à traquéia, e assim a dificuldade respiratória predomina. Entre 25-50% dos pacientes que morrem por anafilaxia apresentam manifestações de asma severa.[9] Nas reações severas, o início dos sintomas costuma ocorrer em poucos segundos ou minutos após a exposição e progridem rapidamente; outras vezes pode demorar horas.[1] O colapso cardiocirculatório está entre as manifestações mais graves, podendo estar associado a isquemia miocárdica e arritmias cardíacas. A queda da pressão sangüínea pode ser causada pela diminuição do retorno venoso, causado pela vasodilatação periférica difusa e permeabilidade vascular aumentada, causadas pelos mediadores, com conseqüente diminuição do volume efetivo circulante, secundário a fuga de líquidos para os tecidos, hipoxemia e disfunção cardíaca primária. No Quadro 55-5, observam-se as principais manifestações da anafilaxia.

As manifestações gastrintestinais incluem náuseas, vômitos, dor abdominal e diarréia, e as manifestações neurológicas incluem delírio e convulsões, causados por hipoxemia e hipotensão.

DIAGNÓSTICO DIFERENCIAL

Quando a história é sugestiva, o diagnóstico de anafilaxia é óbvio, principalmente se houver relato de exposições anteriores ao alérgeno e reações semelhantes anteriores. A confirmação pode ser obtida pela demonstração de anticorpos IgE à substância envolvida por testes cutâneos ou radioalergoabsorventes. Quando a história for pouco esclarecedora ou as manifestações clínicas incompletas, pode se tornar difícil a exclusão de doenças cardíacas ou neurológicas.[9] Entram nas considerações de diagnóstico diferencial de anafilaxia, dependendo da forma de apresentação, as situações listadas no Quadro 55-6.

Quadro 55-5. Manifestações clínicas da anafilaxia
• Eritema
• Prurido (generalizado)
• Urticária
• Angioedema
• Edema de laringe
• Asma
• Rinite
• Conjuntivite
• Prurido no palato ou no conduto auditivo externo
• Náuseas, vômitos, dor abdominal
• Palpitações
• Sensação de morte iminente
• Sensação de desfalecimento
• Colapso
• Perda de consciência

O infarto agudo do miocárdio pode ser facilmente descartado com um eletrocardiograma e dosagens enzimáticas, na maioria dos casos. A embolia pode ser cogitada na presença de fatores de risco, tais como pós-operatório, imobilidade, estados de hipercoagulabilidade, obesidade etc. Na asma aguda costuma haver uma história prévia de crises de hiper-responsividade brônquica intercaladas por períodos assintomáticos clássicos. O angioedema hereditário é uma condição transmitida por um gene autossômico dominante (portanto, deve haver uma história familiar característica), que causa a ausência ou disfunção do inibidor de C1, levando a quadros de edema laríngeo, angioedema periférico e dor abdominal aguda. Estresse causado por trauma e infecções pode precipitar os ataques. Pacientes com urticária pelo frio têm ataques que se seguem a banhos frios, como quando nadam em águas com baixas temperaturas. Podem ter angioedema e hipotensão. Reações vasovagais podem ocorrer durante a aplicação de inje-

Quadro 55-6. Situações a serem consideradas no diagnóstico
• Diferencial da anafilaxia
• Infarto agudo do miocárdio
• Embolia pulmonar
• Asma aguda
• Angioedema hereditário
• Síndrome da anafilaxia induzida pelo exercício
• Urticária ao frio
• Causas de síncope
• Reações idiossincrásicas
• Reações transfusionais
• Reação vasovagal

ções e incluem sintomas como palidez, sudorese, hipotensão, bradicardia, náuseas, vômitos, podendo ser confundidas com anafilaxia. Uma síndrome de episódios recorrentes de anafilaxia sem desencadeante identificável é conhecida como "anafilaxia idiopática".[9]

TRATAMENTO

A anafilaxia aguda é freqüentemente pouco reconhecida e mal manejada. O fato decorre de sua variada forma de apresentação e acarreta o prejuízo de que a adrenalina não é administrada mesmo quando formalmente indicada.

A adrenalina é a droga de escolha para o tratamento da anafilaxia, por reverter a maioria dos efeitos cardiovasculares desencadeados pelos mediadores químicos. Pensa-se, ainda, que ela seja capaz de inibir a liberação de mediadores químicos a partir dos mastócitos através da estimulação dos receptores β-adrenérgicos. Deve ser administrada tão logo a hipótese de anafilaxia seja cogitada. Isso é mais ou menos consenso.[1] O assunto de debate é a via de administração. Alguns, mais conservadoramente, preconizam a administração subcutânea, outros advogam a via intramuscular e outros defendem a utilização da via endovenosa, existindo aqueles que a proíbem categoricamente.[36,40,41] Em casos de anafilaxia sem choque, 0,5 mg (meia ampola) por via intramuscular está bem indicado (cada ampola de 1 ml de solução a 1:1.000 contém 1 mg de substância ativa); quando houver choque e a perfusão periférica estiver severamente comprometida, sugerimos, desde que o paciente esteja adequadamente monitorizado, uma dose de 0,250 mg por via endovenosa. As sugestões de repetição da dose a cada 5 minutos de intervalo, até um máximo de 3 doses, são puramente empíricas, carecendo de evidências de que seja a forma mais correta. Um esquema de tratamento para a anafilaxia em adultos pode ser visto no Quadro 55-7.

Quadro 55-7. Tratamento da anafilaxia em adultos

Medidas mandatórias imediatas
Medidas gerais
• Adrenalina aquosa (1:1.000) 0,25 a 0,50 mg IM, ou EV, em até 3 doses, com intervalos de 5 minutos
• Torniquete proximal ao local de injeção do alérgeno
• Adrenalina aquosa (1:1.000) 0,10 a 0,30 mg infiltrada no local da injeção do alérgeno
Para a obstrução laríngea ou parada respiratória
• Mantenha a via aérea pérvia: intubação endotraqueal, cricotireoidotomia ou traqueostomia
• Oxigênio suplementar
• Ventilação mecânica
Depois de uma avaliação clínica
Medidas gerais
• Difenidramina 1,25 mg/kg até um máximo de 50 mg IV ou IM
• Cimetidina 300 mg IV em 3-5 minutos
Para a hipotensão
• Infusão de líquidos
• Noradrenalina ou dopamina nas doses preconizadas
• Glucagon se o paciente estiver em uso de betabloqueadores, 1 mg/ml em *bolus* IV ou infusão de 1 mg em 1.000 de solução glicosada a 5%, 5-15 ml/min
• Em caso de hipotensão prolongada ou disfunção cardíaca, cateterismo cardíaco direito com catéter de Swan-Ganz
Para broncoconstrição
• Aminofilina 6 mg/kg de dose de ataque administrada em 20 minutos, seguida de uma infusão de 0,5 a 1 mg/kg/h
• Simpaticomiméticos β_2

O paciente gravemente comprometido deve ser colocado em ambiente de terapia intensiva, ter uma linha venosa de bom calibre canulada, monitorizado na sua oximetria, eletrocardiograma e pressão arterial. Caso as primeiras medidas não surtam efeitos, atitudes mais invasivas como catéteres centrais e monitorização hemodinâmica devem ser cogitadas.

A via aérea pérvia é mandatória, assim como a suplementação de oxigênio. Nos casos mais sérios, como na obstrução de laringe ou parada respiratória, a intubação traqueal e a ventilação mecânica devem ser realizadas sem demora.

O controle da hipotensão é crucial. Uma infusão generosa de líquidos, preferencialmente cristalóides (solução salina a 0,9% ou Ringer lactato), deve preceder a administração de aminas vasopressoras para o controle da pressão arterial. Cerca de 1.000 a 2.000 ml podem ser necessários nos primeiros 30 minutos de reanimação.[42]

Gasometrias arteriais são necessárias para as devidas correções da oxigenação e controle do equilíbrio ácido-básico.

A utilização de corticosteróides, embora freqüentemente preconizada, parece não ter valor algum. Essas drogas têm efeito tardio e não se prestam para o tratamento da situação aguda, podem auxiliar nas manifestações tardias que possam ocorrer 24 a 48 horas após o episódio agudo. Os anti-histamínicos ajudam no controle do episódio agudo, da urticária, do angioedema e do prurido. Os bloqueadores dos receptores H_2 podem auxiliar o controle da hipotensão.[9]

Pacientes com anafilaxia devem permanecer internados e monitorizados pelo menos por 24 horas, pois recidivas podem acontecer.

REFERÊNCIAS BIBLIOGRÁFICAS

1. Ewan PW. Anaphilaxys. *Brit Med J* 1998;316:1442–5.
2. Kay AB. Allergy and allergic diseases. Second of two parts. *N Engl J Med* 2001;344:109–13.
3. Von Mutius E, Martinez FD, Fritzsch C, Nicolai T, Roell G, Thiemann III. Prevalence of asthma and atopy in two areas of East and West Germany. *Am J Respir Crit Care Med* 1994;149:149:358–64.
4. Von Mutius E, Weinland SK, Fritzsch C, Duhme H, Keil U. Increasing prevalence of hay fever and atopy among children in Leipzig, East Germany. *Lancet* 1998;351:862–6.
5. Scheik A, Alves B. Hospital admissions for acute anaphylaxis: time trend study. *Br Med J* 2000;320:1441.
6. Stewart AG, Ewan PW. The incidence, aetiology and management of anaphylaxis presenting to an accident and emergency department. *Q J Med* 1996;89:859–64.

7. Kucers A, Bennett NM. *The Use of Antibiotics: a Comprehensive Review with Clinical Emphasis.* Philadelphia: JB Lippincott, 1987.
8. Petri WA. Penicilins, cephalosporins, and other β-lactamic antibiotics. *In* Hardman JG, Limbird LE: *Goodman and Gilman's The Pharmacological Basis of Therapeutics.* 11th ed. New York: McGraw-Hill, 2001.
9. Kaplan AP. Anaphylaxis. *In* Goldman L, Bennett JC: *Cecil Textbook of Medicine.* 21st ed. Philadelphia: WB Saunders, 2001.
10. Frick OL. Immediate hypersensitivity. *In* Fudenbergh HH, Stites DP, Caldwell LL *et al.*: *Basic and Clinical Immunology.* Los Altos, CA: Lange Medical, 1980.
11. Austen KF. Tissue mast cell in hypersensitivity. *Hosp Pract* nov 1982:98–104.
12. Ishizaka T, Ishizaka K, Orange RP *et al.* The capacity of human immunoglobulin E to mediate the release of histamin and slow reacting substance of anaphylaxis (SRS-A) from monkey lung. *J Immunol* 1970;104:335–9.
13. Kinet JP. The high-affinity IgE receptor (Fc epsilon RI): from phisiology to pathology. *Annu Ver Immunol* 1999;17:931–72.
14. Manuel PV, Bahna SL. Clinical aspects of serum total IgE level. *Immunol Allergy Pract* 1983;7:212–20.
15. Geha RS. Regulation of IgE synthesis in humans. *J Allerg Clin Immunol* 1992;90:143–51.
16. Stingl G, Maurer D. IgE mediated allergen presentation via FcεRI on antigen-presentin cells. *Int Arch Allergy Immunol* 1997;113:24–9.
17. Smith SJ, Ying S, Meng Q *et al.* Blood eosinophils from atopic donors express messenger RNA for the α, β and γ subunits of the high affinity IgE receptor (FcεRI) and intracellular, but not cell surface, α subunit protein. *J Allergy Clin Immunol* 2000;105:309–17.
18. Prescott S, Macaubas C, Ilolt BJ *et al.* Transplacental priming of the human immune system to environmental allergens: universal skewing of initial T cell response toward Th2 cytokine profile. *J Immunol* 1998;160:4730–7.
19. Halonen M, Martinez FD. A deficient capacity to produce interferon-gamma: Is it a risk for asthma and allergies? *Clin Exp Allergy* 1997;27:1234–6.
20. Kay AB. Allergy and allergic diseases. First of two parts. *N Engl J Med* 2001;344:30–7.
21. Strachan DP. Hay fever, hygiene, and household size. *Brit Med J* 1989;299:1259–60.
22. Mattes J, Karmaus W. The use of antibiotics in the first year of life and development of asthma: Which comes first? *Clin Exp Allergy* 1999;29:729–32.
23. Shirakawa T, Enomoto T, Shimazu S, Hopkin JM. The inverse association between tuberculin responses and atopic disorder. *Science* 1997;275:77–9.
24. Shaheen SO, Aaby P, Hall AJ *et al.* Measles and atopy in Guinea-Bissau. *Lancet* 1996;347:1792–6.
25. Matricardi PM, Rosmini F, Ferrigno L *et al.* Cross sectional retrospective study of prevalence of atopy among Italian military students with antibodies against hepatitis A virus. *Brit Med J* 1997;314:999–1003.
26. Ball TM, Castro-Rodriguez JA, Griffith KA, Holberg CJ, Martinez FD, Wright AL. Siblings, day-care attendance, and the risk of asthma and wheezing during childhood. *N Engl J Med* 2000;343:538–43.
27. Romagnani S. Human Th1 abd Th2 subsets: doubt no more. *Immunol Today* 1991;12:256–7.
28. Till S, Durhan S, Dickason R *et al.* IL-13 production by allergen-stimulated T cells is increased in allergic disease associated with IL-5 but not IFN gamma expression. *Immunology* 1997;91:53–7.
29. Sullivan TJ, Kulczycki A. Immediate hypersensitivity responses. *In* Parker CW: *Clinical Immunology.* Philadelphia: WB Saunders, 1980.
30. Newball HH, Talamo RC, Lichtenstein LM. Anaphylactic release of basophil kallikrein-like activity. II: A mediator of immediate hypersensivity reactions. *J Clin invest* 1979;64:466.
31. Weiszer I. Allergic emergencies. *In* Patterson R: *Allergic Diseases: Diagnosis and Treatment.* Philadelphia: JB Lippincott, 1980.
32. Roberts LJ, Lewis RA, Lawson JA *et al.* Arachidonic acid metabolism by rat mast cells. *Prostaglandin* 1978;15:717.
33. Kaliner M, Lemanske R. Rhinitis and athma. *JAMA* 1992;268:2807.
34. Kaliner M, Austen KF. A sequence of biochemical mediators from sensitized human lung tissue. *J Exp Med* 1973;138:1077.
35. Kazimierczac W, Diamant B. Mechanisms of histamine release in anaphylactic and anaphylactoid reactions. *Progr Allerg* 1978;24:295.
36. Hughes G. Managing acute anphylaxis: new guidelines emphasise importance of intramuscular adrenaline. *Brit Med J* 1999;319:1–2.
37. Sith PL, Kagey-Sobotka A, Bletcher ER *et al.* Physiologic manifestations of human anaphylaxis. *J Clin Invest* 1980;66:1072.
38. Lowel FC, Franklin W, Schiller IW. Acute allergic reactions induced in subjects with hay fever and asthma by the intravenous administration of allergens with observation on blood clot lysis. *J Allergy* 1956;37:369.
39. Kelly JF, Patterson R. Anaphylaxis: course, mechanisms and treatment. *JAMA* 1974;227:1431.
40. Project Team, Resuscitation Council (UK). Emergency medical treatment of anaphylactic reactions. *J Accid Emerg Med* 1999;16:243.
41. Brown AFT. Therapeutic controversies in the management of acute anaphylaxis. *J Accid Emerg Med* 1998;15:89.
42. Kishiyama JL, Adelman DC. Allergic and immunologic disorders. *In* Tierney Jr. LM, McPhee SJ, Papadaskis MA: *Current Medical Diagnosis and Treatment.* 40th ed. New York: McGraw-Hill–Large Medical Books, 2001.

56 Drogas Vasoativas

Luiz Francisco Poli de Figueiredo • Eliézer Silva

CONSIDERAÇÕES GERAIS

Em pacientes com instabilidade hemodinâmica, as drogas vasoativas são freqüentemente utilizadas para restaurar e manter a perfusão efetiva aos órgãos vitais, minimizando o risco de disfunção de múltiplos órgãos. As drogas vasoativas são geralmente introduzidas após a otimização do volume intravascular através da reposição volêmica adequada. Tanto a reposição volêmica insuficiente quanto a excessiva podem causar complicações.

As drogas vasoativas também podem promover efeitos colaterais significativos, induzidos pela própria ação farmacológica das drogas, tais como taquicardia e taquiarritmias, hipotensão ou hipertensão e vasoconstrição excessiva, com isquemia de órgãos e tecidos. O uso desses agentes deve ser baseado em avaliações clínicas e fisiológicas criteriosas. Estabelecer qual o momento ideal para a introdução das diversas drogas vasoativas, assim como qual o agente ideal, ou a combinação ideal, para uma determinada condição hemodinâmica, permanece um dos mais complexos desafios em terapia intensiva.

Neste capítulo, discutiremos as drogas vasoativas mais utilizadas como inotrópicos positivos e vasopressores, em pacientes internados em unidades de terapia intensiva. A aplicação clínica desses e de outros agentes vasoativos é extensamente discutida nos diversos capítulos ao longo deste livro.

MECANISMOS DE AÇÃO DAS CATECOLAMINAS

As catecolaminas são as drogas vasoativas mais freqüentemente utilizadas como inotrópicos positivos e vasopressores. Agem estimulando receptores α-adrenérgicos, β-adrenérgicos e dopaminérgicos.

Os agentes β-agonistas ligam-se a receptores β-adrenérgicos na superfície celular, causando alterações conformacionais que levam à ativação da subunidade da proteína G_s (*membrane-bound guanine nucleotide binding protein*). A ativação dessa subunidade, por sua vez, ativa a adenilciclase, a qual converte o ATP em AMPc, o segundo mensageiro da função dos receptores β-adrenérgicos. O AMPc ativa a proteína cinase-C, a qual fosforila certas proteínas-chave, incluindo os canais de cálcio, fosfolambina e troponina I, promovendo aumento do influxo de cálcio e aumentando a sensibilidade do cálcio a essas proteínas reguladoras. Paradoxalmente, os agonistas β-adrenérgicos diminuem a sensibilidade dos miofilamentos contráteis ao cálcio intracelular, auxiliando no relaxamento miocárdico.[1]

Os receptores β_1 se localizam principalmente no miocárdio, aumentando o inotropismo e o cronotropismo cardíaco. Os receptores β_2 são encontrados, entre outros, nos vasos sangüíneos, promovendo vasodilatação, e nas células adiposas, causando lipólise.[2] Esses receptores também estão presentes na musculatura lisa brônquica, promovendo broncodilatação, nos pneumócitos tipo II, aumentando a produção de surfactante, e nos mastócitos, reduzindo a produção de mediadores, entre eles o fator de necrose tumoral-α (TNF-α) e a interleucina-6 (IL-6).[3,4] Receptores β_3-adrenérgicos também foram descritos, desempenhando papel na regulação da taxa metabólica.[5,6]

Os agentes α-agonistas ligam-se a receptores α-adrenérgicos na membrana e, através da proteína G_s, estimulam a fosfolipase C, que promove a liberação de mensageiros intracelulares, incluindo o trifosfato de inositol (IP_3) e o diacilglicerol (DAG). O IP_3 aumenta a liberação de cálcio pelo sistema retículo sarcoplasmático, e o DAG ativa a proteína cinase-C, aumentando o influxo intracelular de cálcio e aumentando a sensibilidade das proteínas contráteis ao cálcio.[1]

Os receptores α-adrenérgicos são subdivididos em dois subtipos, α_1 e α_2; ambos promovem vasoconstrição periférica e intra-órgãos ao serem estimulados por agonistas α_1 e α_2-adrenérgicos. Classicamente, a ativação dos receptores α_1-adrenérgicos vasculares pós-sinápticos promove vasoconstrição, enquanto a ativação pré-sináptica dos receptores α_2-adrenérgicos reduz a liberação do neurotransmissor através de um mecanismo de *feedback* inibitório da noradrenalina, o que também promove constrição de arteríolas e de vasos venosos de capacitância. Na circulação coronariana, Chilian demonstrou que a ativação dos receptores α_1 e α_2-adrenérgicos produz efeitos constritores distintos, tanto em condições basais, com a auto-regulação preservada, quanto durante a hipoperfusão coronariana, quando essa auto-regulação está comprometida.[7] Os receptores α_1-adrenérgicos são distribuídos pela microcirculação coronariana, enquanto os α_2-adrenérgicos são preferencialmente distribuídos nas arteríolas. Ainda, os dados de Chilian sugerem que os ajustes auto-regulatórios miocárdicos intrínsecos do tônus vascular podem superar o efeito constritor tanto α_1 quanto α_2-adrenérgico arteriolar coronariano.

Os receptores dopaminérgicos também são subdivididos em dois subtipos, DA_1 e DA_2. A ativação dos receptores DA_1

pós-sinápticos promove vasodilatação renal, mesentérica, coronariana e cerebral, além de inibir diretamente a reabsorção tubular renal de sódio, promovendo natriurese. A ativação dos receptores DA_2 pré-sinápticos inibe a liberação de prolactina e noradrenalina, resultando em vasodilatação.[1,8]

DOPAMINA

A dopamina é o precursor imediato da noradrenalina na via biossintética das catecolaminas endógenas. A dopamina estimula, de modo dose-dependente, receptores dopaminérgicos, β_1 cardíacos, β_2 periféricos e α_1 vasculares. Os receptores dopaminérgicos DA_1 e DA_2 são preferencialmente estimulados por baixas doses de dopamina, entre 0,2 e 3,0 μg/kg/min. Os receptores DA_2 são ativados por doses entre 0,2 e 0,4 μg/kg/min. Doses entre 0,5 e 3,0 μg/kg/min ativam receptores DA_1. Como resultado, essas baixas doses de dopamina promovem vasodilatação com aumento dos fluxos mesentérico e renal, além de modular a distribuição corticomedular do fluxo renal, sem associação com aumentos do débito cardíaco.[9,10]

Esses efeitos na circulação renal, associados à inibição de reabsorção tubular de sódio, têm sido utilizados para manter ou aumentar a diurese em pacientes oligúricos no intra ou no pós-operatório de cirurgias de grande porte, na sepse e na ressuscitação de diversos estados de choque. O uso concomitante de baixas doses de dopamina poderia antagonizar os efeitos vasoconstritores renais de outras drogas vasopressoras, como a noradrenalina.[10,11] Entretanto, esse efeito na diurese é mais efetivo em pacientes hemodinamicamente estáveis, sendo questionado qualquer benefício em pacientes com instabilidade hemodinâmica.[9] Nesses, a diurese induzida pela dopamina em baixa dose não melhora a depuração de creatinina.[12] Kellum e Decker realizaram recentemente uma metanálise para determinar se a dopamina em baixas doses reduz a incidência e a gravidade da insuficiência renal, a necessidade de diálise ou a mortalidade de pacientes de terapia intensiva. Concluíram que o emprego de dopamina para proteção renal não deve ser recomendado com base na evidência clínica atualmente disponível. Sugerem que essa conduta seja eliminada da prática clínica.[13]

Também é controverso o uso de baixas doses de dopamina para aumentar o fluxo esplâncnico. Na verdade, essas doses geralmente promovem aumento de fluxo global ao território esplâncnico. Entretanto, ocorre uma redistribuição do fluxo na parede, piorando a acidose da mucosa gástrica, conforme demonstrado por estudos com tonometria.[14,15] Animais submetidos a hemorragia progressiva, na vigência de baixas doses de dopamina, demonstraram isquemia intestinal mais precoce do que animais sem dopamina.[16] Apesar de não haver evidência clínica demonstrando isquemia ou infarto intestinal induzido pela dopamina em baixas doses, essa não deve ser utilizada nos pacientes hipotensos, pela ausência de benefícios renais em pacientes instáveis, além da possibilidade de piorar o comprometimento da perfusão intestinal. Outro efeito potencialmente deletério da dopamina em baixas doses é a redução da prolactina sérica, comprometendo a imunidade celular.[17]

Doses de dopamina, entre 5,0 e 10 μg/kg/min, estimulam tanto os receptores β_1 cardíacos quanto os β_2 periféricos, e em menor extensão os receptores α_1 e α_2 vasculares. A estimulação desses receptores aumenta a freqüência cardíaca, a contratilidade miocárdica, o tônus venoso e o tônus arteriolar periférico. Nessas doses intermediárias, o predomínio das ações sobre os receptores β-adrenérgicos geralmente promove aumento do débito cardíaco e da oferta de oxigênio aos tecidos.[18-20]

Dopamina em doses maiores do que 10 μg/kg/min estimula preferencialmente os receptores α-adrenérgicos, desencadeando vasoconstrição arteriolar e venosa e aumentando a possibilidade de efeitos colaterais. As complicações mais freqüentes do uso de dopamina, principalmente nas doses maiores, e que superam os efeitos vasodilatadores regionais do estímulo de receptores dopaminérgicos, são taquiarritmias atriais e ventriculares, hipertensão, aumento da pressão de oclusão da artéria pulmonar, vasoconstrição periférica excessiva, isquemia miocárdica e de outros órgãos e vísceras. A dopamina deve ser infundida através de veia central, evitando variabilidade na dose infundida, e os riscos de necrose tecidual em casos de extravasamento.[18-20]

Em pacientes com insuficiência cardíaca congestiva ou síndrome da angústia respiratória do adulto, os efeitos da dopamina, em doses moderadas ou altas, nas pressões de enchimento cardíaco e conseqüente aumento da pressão hidrostática, aumentam o risco de edema pulmonar. Em portadores de doença valvar cardíaca e no pós-operatório de revascularização miocárdica, tem sido observado que doses de dopamina maiores que 5 μg/kg/min aumentam a freqüência cardíaca, a tensão na parede ventricular e a pressão diastólica ventricular, incrementando a produção de lactato pelo miocárdio, efeitos esses que podem ser deletérios em portadores de isquemia coronariana ou miocardiopatia.[1] Por esses motivos, a maioria dos autores não recomenda o uso de dopamina em doses superiores a 5 μg/kg/min.

DOBUTAMINA

A dobutamina é uma catecolamina sintética com afinidade especial sobre receptores β-adrenérgicos. No miocárdio, atua sobre os receptores β_1, promovendo inotropismo e cronotropismo positivos e, na parede vascular, sobre receptores β_2, causando vasodilatação. Tanto o aumento do débito cardíaco quanto a redução das pressões de enchimento diastólicas com a dobutamina são dose-dependentes.[1] Como a dobutamina é uma mistura racêmica de dois isômeros, negativo e positivo, sendo que o positivo atua sobre receptores β_2 e o negativo sobre os receptores β_1, essa propriedade vasodilatadora é balanceada, não se constituindo na principal resultante farmacológica do composto. As alterações hemodinâmicas resultantes da infusão da dobutamina são o aumento da freqüência cardíaca e do débito cardíaco e a diminuição da resistência vascular sistêmica. Ocorre ainda, por um efeito mediado por receptores, uma redução na capacitância venosa, o que aumenta o volume circulante efetivo, contribuindo para o aumento do débito cardíaco.[21] A infusão de dobutamina pode determinar hipotensão arterial, principalmente nos pacientes hipovolêmicos, nos quais o mecanismo compensatório de aumento do débito cardíaco não acontece, constituindo-se, dessa maneira, um sinal indireto de hipovolemia. A dose habitual para incrementar o débito cardíaco é de 5 a 15 μg/kg/min. A dobutamina, diferentemente da dopamina, reduz as pressões venosa central e de oclusão da artéria pulmonar, podendo beneficiar portadores de insuficiência cardíaca ou síndrome da angústia respiratória do adulto.[1,18]

Por todos esses efeitos β-adrenérgicos complementares e sinérgicos, aumentando a contratilidade e reduzindo a pós-carga, a dobutamina tem sido a droga vasoativa mais freqüentemente utilizada na insuficiência cardíaca congestiva grave e no choque cardiogênico, promovendo aumento do débito cardíaco, redução da resistência vascular sistêmica e das pressões de enchimento e mantendo a pressão arterial relativamente constante. Ainda, apesar de aumentar a contratilidade, a dobutamina apresenta efeitos metabólicos miocárdicos superiores aos da dopamina, aumentando o consumo de oxigênio miocárdico sem aumentar a oferta, enquanto com a dobutamina o aumento de consumo é acompanhado de aumento de fluxo coronariano e da oferta de oxigênio.[22,23]

Nos estudos clínicos em pacientes sépticos avaliando os efeitos da dobutamina, esta geralmente estava associada com outros agentes vasoativos. No entanto, pode-se imputar à dobutamina dois importantes efeitos, o aumento do débito cardíaco e, conseqüentemente, da oferta de oxigênio aos tecidos[24] e o aumento do fluxo sangüíneo regional.[25] Este último é secundário ao aumento do débito cardíaco, ou mesmo por ação local da droga.

A dobutamina foi utilizada, em estudos controlados e randomizados, em associação com a reposição volêmica, para se atingir valores supranormais de oferta de oxigênio.[26,27] Não se pode considerar que valores supranormais de oferta de oxigênio induzidos por dobutamina estejam relacionados à diminuição de mortalidade,[26-28] tampouco que a dobutamina melhore sobrevida de pacientes sépticos.[29]

Os principais efeitos colaterais da infusão de dobutamina são as taquiarritmias atriais e ventriculares, a isquemia miocárdica e a hipotensão; entretanto, esses efeitos costumam ser menos freqüentes do que os observados com a infusão de dopamina ou adrenalina.

ADRENALINA

A adrenalina é uma catecolamina endógena, liberada pela glândula adrenal em resposta à estimulação simpática. Assim como as demais catecolaminas, sua ação é dose-dependente, estimulando receptores β_1, β_2 e α_1-adrenérgicos. O efeito predominante da adrenalina é o aumento da contratilidade, pelo estímulo dos receptores β-adrenérgicos em baixas doses (0,005 a 0,02 μg/kg/min), provocando aumento do débito cardíaco e vasodilatação periférica. O resultado é a melhora da perfusão tecidual e o alargamento da pressão de pulso. Raramente, essa ação em receptores β_2 nessas doses baixas pode causar hipotensão.[1]

Essas baixas doses de adrenalina são geralmente bem toleradas, com poucos efeitos adversos, e têm sido utilizadas no pós-operatório de cirurgia cardíaca, facilitando a saída de circulação extracorpórea e no suporte farmacológico ao miocárdio "atordoado".[30,31] A infusão de adrenalina através de catéteres colocados diretamente no átrio esquerdo durante a cirurgia cardíaca tem sido utilizada por alguns cirurgiões para ofertar concentrações maiores da droga ao coração esquerdo e à circulação periférica, e concentrações muito menores na circulação pulmonar do que as obtidas pela infusão através de veia central, reduzindo a possibilidade de hipertensão pulmonar induzida pela adrenalina.[1]

Doses maiores de adrenalina promovem estímulo predominante em receptores, aumentando a resistência vascular sistêmica e a pressão arterial. A adrenalina é de grande utilidade no choque anafilático e durante a reanimação de parada cardíaca. A vasoconstrição resultante pode aumentar a pós-carga ventricular esquerda e produzir efeitos variáveis sobre o débito cardíaco. Nos pacientes com comprometimento da contratilidade miocárdica, a pós-carga aumentada pelo estímulo α_1-adrenérgico reduz o débito cardíaco, assim como o seu uso no tratamento do choque pode reduzir a perfusão tecidual, apesar da melhora na pressão arterial. Os principais efeitos colaterais da adrenalina são semelhantes aos da dopamina, porém as taquiarritmias e a isquemia miocárdica são mais freqüentes com a adrenalina.[1]

O uso da adrenalina como vasopressor e inotrópico positivo no tratamento de pacientes sépticos vem sendo reavaliado.[32,33] Em geral, a adrenalina é considerada agente de segunda escolha em situações de choque normovolêmico resistente à dopamina e/ou à dobutamina. Nessas condições, a infusão de adrenalina aumenta os níveis de lactato, em virtude do seu efeito metabólico. Day *et al* compararam adrenalina e dopamina em 23 pacientes com sepse severa ou malária grave e observaram que, enquanto a dopamina proporcionou uma queda dos níveis de lactato, a adrenalina induziu a um estado de acidose láctica,[19] apesar de ambas terem aumentado o débito cardíaco e a oferta de oxigênio. Diversos estudos têm comprovado os prováveis efeitos deletérios da adrenalina sobre a perfusão e oxigenação esplâncnica.[34,35] Esses estudos corroboram o estudo de Levy *et al*, que mostraram que a adrenalina piora a acidose da mucosa gástrica.[36] É importante lembrar que aumentar os níveis de lactato *per se*, não significa necessariamente indução de hipóxia tecidual.[37] Outros indicadores precisam ser analisados, como por exemplo queda do consumo de oxigênio, aumento da relação piruvato/lactato[36] e diminuição dos níveis de ATP celular, avaliada por ressonância magnética.[38]

NORADRENALINA

A noradrenalina estimula receptores α_1 e β_1-adrenérgicos. Em baixas doses, predominam os efeitos β_1 -adrenérgicos. Doses maiores de noradrenalina produzem efeitos mistos da ativação α_1 e β_1 -adrenérgica, aumentando a resistência vascular sistêmica e a contratilidade miocárdica, com conseqüente elevação da pressão arterial. O débito cardíaco aumenta, desde que o aumento da resistência vascular seja tolerado pelo ventrículo. Essa elevação da pressão arterial geralmente não é acompanhada de aumento da freqüência cardíaca, pelo efeito α_1-adrenérgico predominante.

Por esses efeitos, a noradrenalina tem sido muito utilizada no tratamento dos estados de choque associados à redução do tônus vascular, especialmente no choque séptico. Na maioria dos estudos envolvendo pacientes sépticos, a noradrenalina foi administrada após a falência de outros vasopressores, como dopamina ou a combinação de dopamina com dobutamina, para melhorar o perfil hemodinâmico.[39-42] Em geral, a dose de noradrenalina foi tateada segundo os valores hemodinâmicos prévios. Os principais achados desses estudos foram aumento significativo da pressão arterial, aumento ou não alteração do índice cardíaco e manutenção da pressão de oclusão da artéria pulmonar.[39-43]

Martin *et al* realizaram um estudo clássico comparando dopamina e noradrenalina em 32 pacientes sépticos, ressuscitados previamente com fluidos.[20] Os pacientes foram randomizados para receberem dopamina (2,5 a 25 μg/kg/min) ou noradrenalina (0,5 a 5,0 μg/kg/min) para atingir e manter em níveis normais, por no mínimo 6 horas, os parâmetros hemodinâmicos e de transporte de oxigênio. Se esses parâmetros não fossem atingidos, a outra droga seria adicionada. Com o uso da dopamina 10 a 25 μg/kg/min, cinco dos 16 pacientes (31%) foram tratados com sucesso, comparados com 15 dos 16 pacientes (93%) tratados com noradrenalina em dose média de $1,5 \pm 2$ μg/kg/min ($p < 0,001$).

Doses de noradrenalina entre 0,5 e 1,5 μg/kg/min, associadas a dopamina em baixas doses, promoveram melhora no débito urinário e na função renal em pacientes sépticos hipotensos em vez de dopamina isolada, numa dose média de 14 μg/kg/min.[39] Apesar de muitos clínicos associarem doses baixas de dopamina para proteção renal em todo paciente recebendo noradrenalina, não há evidência clínica que justifique essa prática.[13]

Em estudo recente, Martin *et al* nos fornecem mais evidências que justificam o uso de noradrenalina como benéfico no suporte hemodinâmico de pacientes em choque séptico, demonstrando que o seu emprego modifica favoravelmente a evolução desses pacientes, reduzindo significativamente a mortalidade.[44] Portanto, esse é mais um estudo que fornece elementos contrários à noção antiga de que a noradrenalina pioraria a perfusão de órgãos no choque séptico.

VASOPRESSINA

A vasopressina é um hormônio com importantes funções, incluindo efeitos antidiuréticos e vasoconstritores. É liberada em resposta à elevação da osmolaridade plasmática, hipovolemia grave e/ou hipotensão.[45] A vasopressina provoca vasoconstrição pela interação com receptores V_1 presentes na musculatura lisa vascular, e exerce seu efeito antidiurético pela ativação de receptores V_2 presentes nos ductos coletores renais, aumentando a absorção de água livre. Em baixas concentrações, promove vasodilatação coronariana, cerebral e da circulação pulmonar. [45]

A vasopressina vem sendo utilizada na prática clínica há mais de cinco décadas, principalmente no tratamento da hemorragia de varizes esofágicas e do *diabetes insipidus*. Estudos experimentais e clínicos mais recentes têm demonstrado mais benefícios com o uso de vasopressina durante a parada cardíaca e no período pós-ressuscitação, melhorando o fluxo para órgãos vitais e cérebro na fibrilação ventricular resistente à desfibrilação do que a adrenalina.[46]

A vasopressina tem sido utilizada com boas perspectivas no controle da hipotensão por vasodilatação generalizada após circulação extracorpórea[47] e no choque séptico.[45,48] Normalmente, a liberação de vasopressina aumenta de quatro a seis vezes após circulação extracorpórea e permanece aumentada por várias horas. A hipotensão e a vasodilatação generalizada no pós-operatório de cirurgia cardíaca, assim como a sepse, são multifatoriais, incluindo níveis baixos de vasopressina, lesão endotelial difusa pela circulação extracorpórea, liberação de mediadores inflamatórios e ativação dos canais de potássio ativados por ATP na musculatura lisa vascular.[1,47] Os principais fatores de risco identificados para esses quadros foram fração de ejeção baixa e tratamento pré-operatório com inibidores da enzima de conversão.[47]

A infusão de vasopressina nesses casos é titulada para manter uma pressão arterial média ao redor de 70 mmHg, por infusão inicial de 0,05 a 0,1 U/min, inferiores às utilizadas para o controle do sangramento por varizes esofagianas, e que podem desencadear vasoconstrição coronariana e mesentérica,[1] além de poderem promover intensa absorção de água, com intoxicação hídrica e hiponatremia.[45,48] Baixas doses de vasopressina estão associadas a redução da dose de outras drogas vasoativas e são geralmente suficientes para aumentar a resistência vascular sistêmica e a pressão arterial, sem alterar o débito cardíaco. Uma ação potencialmente benéfica da vasopressina é a constrição seletiva das arteríolas glomerulares eferentes, mantendo a filtração glomerular, mesmo quando há uma redução global no fluxo sangüíneo renal, enquanto a maioria das aminas vasoativas contrai ambas as arteríolas aferentes e eferentes, com conseqüente redução da filtração glomerular.[1]

Nos pacientes com choque séptico, são vários os argumentos que sugerem benefício pela infusão de vasopressina. Nesses, os níveis de vasopressina endógena estão geralmente reduzidos por alteração na liberação do hormônio, que é multifatorial. Ocorre depleção dos estoques de vasopressina na hipófise, pela liberação intensa nas fases iniciais do choque, disfunção autonômica, elevação sérica dos níveis de noradrenalina com efeito inibitório central na liberação de vasopressina e aumento da produção de óxido nítrico endotelial na hipófise posterior, também reduzindo a liberação da vasopressina.[45,48,49]

Pacientes com choque séptico são muito sensíveis à infusão de baixas doses de vasopressina, pois sua ação vasoconstritora ocorre independentemente de receptores adrenérgicos, freqüentemente deprimidos pela sepse.[45,49] Ainda, a vasopressina aumenta a sensibilidade vascular a outros agentes vasopressores e incrementa a liberação do cortisol, cujos níveis séricos estão comprometidos por insuficiência adrenal relativa na sepse, distúrbio preditor de mortalidade.[50] Por todos esses motivos, no choque vasoplégico refratário a vasopressores adrenérgicos, a infusão de vasopressina parece ser promissora no restabelecimento da perfusão tecidual, devendo ser devidamente avaliada em estudos multicêntricos em prospectiva.

AMRINONA

A amrinona é uma droga vasoativa não-adrenérgica que aumenta a contratilidade miocárdica e reduz o tônus vascular. Age através da inibição da fosfodiesterase tipo III, aumentando as concentrações intracelulares de AMPc e de cálcio, com resultante efeito inotrópico positivo e vasodilatação sistêmica e pulmonar. Como essas ações são independentes da ativação de receptores β-adrenérgicos, esses benefícios hemodinâmicos podem ser obtidos mesmo em pacientes betabloqueados ou nos que apresentam depressão dos receptores β-adrenérgicos, com conseqüente "resistência" à ação das catecolaminas e que oferecem limitação para se atingir os efeitos hemodinâmicos desejados.[32,51] Adicionalmente, as catecolaminas podem aumentar a demanda metabólica e o consumo de oxigênio em taxas variáveis,[52,53] limitando a eficácia terapêutica da infusão de catecolaminas nesses pacientes.[54] Os inibidores da fosfodiesterase aumentam a contratilidade miocárdica e o débito cardíaco, com pequeno aumento, entre 3 a 5%, no consumo de oxigênio e na taxa metabólica.[55-57] Essas propriedades fazem da amrinona uma droga eficaz no tratamento da insuficiência cardíaca congestiva grave, edema agudo pulmonar, choque cardiogênico e saída de circulação extracorpórea.[1] A associação de amrinona com dobutamina promove efeitos hemodinâmicos superiores a qualquer uma das duas drogas isoladamente no tratamento da insuficiência cardíaca grave.[58]

Os principais efeitos colaterais da amrinona são hipotensão por vasodilatação excessiva, arritmias ventriculares e trombocitopenia. A hipotensão é mais freqüente nos pacientes hipovolêmicos e nos portadores de disfunção ventricular contrátil grave. A trombocitopenia é causada por destruição periférica aumentada das plaquetas e raramente torna-se clinicamente significativa, exceto nos portadores de disfunção renal, nos quais a trombocitopenia combinada com a redução na eliminação da droga e a disfunção plaquetária, induzida pela uremia, podem provocar coagulopatia grave.

A milrinona, com mecanismo de ação semelhante, apresenta uma incidência desprezível de trombocitopenia e é mais estável do que a amrinona nas soluções IV padrões.[59] Prielipp *et al* estudaram doses crescentes de milrinona num grupo heterogêneo de pacientes graves, com APACHE II entre 19 e 23. A milrinona promoveu aumentos na freqüência cardíaca, de modo dose-dependente, enquanto todas as doses de milrinona aumentaram o débito cardíaco e a oferta sistêmica de oxigênio. A saturação venosa mista de oxigênio aumentou em 3 a 5% após a dose de ataque. A pressão arterial média diminuiu de 6 a 16% e a pressão média da artéria pulmonar de 9 a 15%.[59]

Alguns estudos experimentais mostram que os inibidores da fosfodiesterase possuem a propriedade de inibir a produção de mediadores inflamatórios induzidos por bactérias e toxinas.[60,61] Apesar desses efeitos "antiinflamatórios", em condições sépticas os estudos experimentais e clínicos não demonstraram benefícios importantes com esses agentes. Num modelo porcino de choque séptico, Lindgren *et al* demonstraram que a milrinona manteve o débito cardíaco, porém induziu uma queda acentuada da pressão arterial, e a vasoconstrição pulmonar, foi pouco afetada pela droga.[62] Em outro estudo experimental, foram observados apenas um discreto aumento da oferta de oxigênio aos tecidos e queda da pressão arterial.[63] Em síntese, a milrinona, quando administrada concomitantemente a outras drogas vasoativas, aumenta a oferta de oxigênio aos tecidos. No entanto, seu uso isolado não encontra sustentação científica ou mesmo prática. Um potencial benéfico desses agentes é sua ação independente dos receptores β-adrenérgicos, disfuncionantes durante o choque séptico.

EFEITOS ADVERSOS DOS INOTRÓPICOS E DOS VASOPRESSORES

Os efeitos adversos dos inotrópicos positivos e dos vasopressores está associado à extensão de suas ações farmacológicas. Os principais efeitos indesejados, entre outros, incluem taquicardia excessiva, arritmias cardíacas, isquemia e o infarto do miocárdio, taquifilaxia, hipotensão ou hipertensão e vasoconstrição exagerada, comprometendo a perfusão de órgãos e tecidos vitais.

Entre os efeitos adversos mais freqüentes, comuns a todos os agonistas adrenérgicos, estão a taquifilaxia e a perda de resposta terapêutica a esses agentes. A taquifilaxia pode iniciar-se em um ou dois dias de exposição, relacionada à disfunção dos receptores adrenérgicos causada por estímulo adrenérgico intenso e sustentado. A perda de resposta terapêutica pode ser provocada por taquifilaxia, choque prolongado, hipovolemia, acidose metabólica severa, bloqueio betadrenérgico, insuficiência cardíaca terminal, choque cardiogênico pós-infarto, tromboembolismo pulmonar, tamponamento cardíaco, valvulopatia aguda e vasodilatação acentuada, como a observada nos quadros de choque séptico.

Tanto a adrenalina quanto a dopamina aumentam a freqüência cardíaca e a contratilidade miocárdica, tendo como conseqüência um aumento importante da demanda e do consumo de oxigênio pelo miocárdio. Pode ocorrer isquemia miocárdica caso o aumento de fluxo coronariano e da oferta de oxigênio não atenda à demanda aumentada pela miocárdio. Por outro lado, pode ocorrer uma redução na tensão na parede ventricular pela redução da pré e de pós-carga, melhorando o fluxo coronariano e a oferta de oxigênio, atendendo à demanda e ao consumo de oxigênio, resultando em melhor performance miocárdica.

Algumas das drogas vasoativas adrenérgicas e não-adrenérgicas por nós discutidas neste capítulo aumentam o débito cardíaco pelos benefícios no aumento da contratilidade e na redução da pós-carga. Entretanto, drogas como a dobutamina podem causar hipotensão e redução da perfusão tecidual pelos efeitos na pré-carga e pelo estímulo β_2-adrenérgico, causando vasodilatação periférica. Esses efeitos indesejáveis são mais freqüentes nos pacientes hipovolêmicos e naqueles com comprometimento grave da função ventricular por choque cardiogênico ou insuficiência cardíaca congestiva grave. A amrinona também pode apresentar efeito adverso semelhante na pressão arterial, limitando seu uso no choque cardiogênico, por ter uma meia-vida mais prolongada do que a dobutamina.

Arritmias ocorrem mais freqüentemente com a adrenalina e a dopamina do que com a dobutamina, por reduzirem o período refratário ventricular. Qualquer agonista adrenérgico pode aumentar a freqüência e a complexidade de arritmias cardíacas e desencadear taquicardia ou fibrilação ventricular subitamente. Por esse motivo, a monitorização contínua do ritmo é absolutamente essencial em qualquer paciente recebendo drogas vasoativas.

As catecolaminas promovem alterações circulatórias pulmonares que podem ser importantes. A dopamina pode diminuir a resposta ventilatória, tanto a hipoxêmica quanto a hipercárbica. A dobutamina e a dopamina podem aumentar o *shunt* intrapulmonar por atenuação da vasoconstrição pulmonar hipóxica, piorando a hipoxemia, especialmente de pacientes com lesão pulmonar aguda.

Hipertensão arterial e vasoconstrição exagerada são complicações possíveis com o uso dos vasopressores dopamina, adrenalina e noradrenalina. O aumento da pós-carga pode resultar em diminuição do débito cardíaco e redução da oferta de oxigênio aos tecidos. A vasoconstrição pode comprometer a perfusão de órgãos vitais como os do território esplâncnico, e precipitar e manter a síndrome da resposta inflamatória sistêmica e disfunção de múltiplos órgãos. Isquemia cerebral, miocárdica, intestinal, renal ou mesmo de extremidades pode ocorrer. A hipertensão arterial pode provocar hemorragia intracraniana ou ser altamente deletéria em pacientes com comprometimento da auto-regulação do fluxo cerebral, como as vítimas de trauma craniano ou de hemorragias intracranianas.

CONCLUSÃO

As drogas vasoativas são ferramentas fundamentais à preservação ou restauração da pressão arterial e perfusão tecidual, após a correção do volume intravascular. Conhecer os mecanismos de ação, os benefícios e as complicações dessas drogas é essencial. Utilizá-las com objetivos terapêuticos bem-definidos, incluindo monitorização sistêmica e regional, pode minimizar os efeitos deletérios tanto da instabilidade hemodinâmica *per se* quanto dos efeitos fisiológicos ocasionalmente indesejáveis dessas drogas.

REFERÊNCIAS BIBLIOGRÁFICAS

1. Prielipp RC, Butterworth J. Cardiovascular failure and pharmacologic support after cardiac surgery. *New Horizons* 1999;7:472–88.
2. Barnes PJ. Beta-adrenergic receptors and their regulation. *Am J Respir Crit Care Med* 1995;152:838–60.
3. Severn A, Rapson NT, Hunter CA, Liew FY. Regulation of tumor necrosis factor production by adrenaline and beta-adrenergic agonists. *J Immunol* 1992;148:3441–5.
4. van-der-Poll T, Jansen J, Endert E, Sauerwein HP, van Deventer SJ. Noradrenaline inhibits lipopolysaccharide-induced tumor necrosis factor and interleukin-6 production in human whole blood. *Infect Immun* 1994;62:2046–50.
5. Emorine LJ, Marullo MM, Briend-Sutren G *et al.* Molecular characterization of the human β3-adrenergic receptor. *Science* 1989;245:1118–21.
6. Kriff S, Lonnqvist F, Raimbault S *et al.* Tissue distribution of β-adrenergic receptor mRNA in man. *J Clin Invest* 1993;91:344–9.
7. Chilian WM. Functional distribution of alpha1- and alpha2-adrenergic receptors in the coronary microcirculation. *Circulation* 1991;84:2108–22.
8. Goldberg LI. Dopamine and new dopamine analogs: receptors and clinical applications. *J Clin Anesth* 1988;1:66–74.
9. Frishman WH, Hotchkiss H. Selective and nonselective dopamine receptor agonists: an innovative approach to cardiovascular disease treatment. *Am Heart J* 1996;132:861–70.
10. Richer M, Robert S, Lebel M. Renal hemodynamics during norepinephrine and low-dose dopamine infusions in man. *Crit Care Med* 1996;24:1150–6.
11. Hoogenberg K, Smit AJ, Girbes ARJ. Effects of low-dose dopamine on renal and systemic hemodynamics during incremental norepinephrine infusion in healthy volunteers. *Crit Care Med* 1998;26:260–5.
12. Duke GJ, Briedis JH, Weaver RA. Renal support in critically ill patients: low-dose dopamine or low-dose dobutamine? *Crit Care Med* 1994;22:1919–25.
13. Kellum JA, Decker J. Use of dopamine in acute renal failure: a meta-analysis. *Crit Care Med* 2001;29:1526–31.
14. Silva E, DeBacker D, Creteur J, Vincent JL. Effects of vasoactive drugs on gastric intramucosal pH. *Crit Care Med* 1998;26:1749–58.
15. Marik P, Mohedin M. The contrasting effects of dopamine and norepinephrine on systemic and splanchnic oxygen utilization in hyperdynamic sepsis. *JAMA* 1994;272:1354–7.
16. Segal J, Phang P, Walley K. Low dose dopamine hastens onset of gut ischemia in a porcine model of hemorrhagic shock. *J Appl Physiol* 1992;73:1159–64.
17. Bailey AR, Burchett KR. Effect of low-dose dopamine on serum concentration of prolactin in critically ill patients. *Br J Anesth* 1997;78:97–99.
18. Hannemann L, Reinhart K, Grenzer O *et al.* Comparison of dopamine to dobutamine and norepinephrine for oxygen delivery and uptake in septic shock. *Crit Care Med* 1995;23:1962–70.
19. Day NP, Phu NH, Bethell DP *et al.* The effects of dopamine and adrenaline infusions on acid-base balance and systemic haemodynamics in severe infection. *Lancet* 1996;348:219–23.
20. Martin C, Papazian L, Perrin G *et al.* Norepinephrine or dopamine for the treatment of hyperdynamic septic shock? *Chest* 1993;103:1826–31.
21. MacGregor DA, Butterworth JF IV, Zaloga GP *et al.* Hemodynamic and renal effects of dopexamine and dobutamine in patients with reduced cardiac output following coronary artery bypass grafting. *Chest* 1994;106:835–41.
22. Unverferth DV, Magorien RD, Altschuld R *et al.* The hemodynamic and metabolic advantages gained by a three-day infusion of dobutamine in patients with congestive cardiomiopathy. *Am Heart J* 1983;106:29–34.
23. Fowler MB, Alderman EL, Oesterle SN *et al.* Dobutamine and dopamine after cardiac surgery: greater augmentation of myocardial blood flow with dobutamine. *Circulation* 1984;70(Suppl. I):I103–111.
24. Vincent JL, Roman A, Kahn RJ. Dobutamine administration in septic shock. *Crit Care Med* 1990;18:689–93.
25. Gutierrez G, Clark C, Brown SD *et al.* Effect of dobutamine on oxygen consumption and gastric mucosal pH in septic patients. *Am J Respir Crit Care Med* 1994;150:324–9.

26. Hayes MA, Timmins AC, Yau EH *et al.* Elevation of systemic oxygen delivery in the treatment of critically ill patients. *N Engl J Med* 1994;330:1717–22.
27. Gattinoni L, Brazi L, Pelosi P *et al.* A trial of goal-oriented hemodynamic therapy in critically ill patients. *N Engl J Med* 1995;333:1025–32.
28. Rudis MI, Basha MA, Zarowitz BJ. Is it time to reposition vasopressors and inotropes in sepsis? *Crit Care Med* 1996;24:525–37.
29. Hannemann L, Reinhart K, Grenzer O *et al.* Comparison of dopamine to dobutamine and norepinephrine for oxygen delivery and uptake in septic shock. *Crit Care Med* 1995;23:1962–70.
30. Royster RL, Butterworth JF IV, Prielipp RC *et al.* A randomized, blinded, placebo-controlled evaluation of calcium chloride and epinephrine for inotropic support after emergence from cardiopulmonary bypass. *Anesth Analg* 1992;74:3–13.
31. Butterworth JF IV, Prielipp RC, Royster RL *et al.* Dobutamine increases heart rate more than epinephrine in patients recovering from aortocoronary bypass surgery. *J Cardiothorac Vasc Anesth* 1992;6:535–41.
32. Bollaert PE, Bauer P, Audibert G *et al.* Effects of epinephrine on hemodynamic and oxygen metabolism in dopamine resistant shock. *Chest* 1990;98:949–53.
33. MacKenzie SJ, Kapadia F, Nimmo GR *et al.* Adrenaline in treatment of septic shock: effects on hemodynamic and oxygen transport. *Intensive Care Med* 1991;17:36–9.
34. Cheung JY, Barrington KJ, Pearson J *et al.* Systemic, pulmonary and mesenteric perfusion and oxygenation effects of dopamine and epinephrine. *Am J Respir Crit Care Med* 1997;155:32–7.
35. Meier-Hellmann A, Reinhart K, Bredle DL *et al.* Epinephrine impairs splanchnic perfusion in septic shock. *Crit Care Med* 1997;25:399–404.
36. Levy B, Bollaert PE, Charpentier C *et al.* Comparison of norepinephrine and dobutamine to epinephrine for hemodynamics, lactate metabolism, and gastric tonometric variables in septic shock. *Intensive Care Med* 1997;23:282–7.
37. Gutierrez G, Wulf ME. Lactic acidosis in sepsis: a commentary. *Intensive Care Med* 1996;22:6–16.
38. Weiner MW, Hetherington, Hubesch B *et al.* Clinical magnetic resonance spectroscopy of brain, heart, liver, kidney, and cancer. A quantitative approach. *NMR Biomed* 1989;2:290–7.
39. Desjars P, Pinaud M, Potel G *et al.* A reappraisal of norepinephrine therapy in human septic shock. *Crit Care Med* 1987;15:134–7.
40. Meadows D, Edwards JD, Wilkins RG *et al.* Reversal of intractable septic shock with norepinephrine. *Crit Care Med* 1988;16:663–6.
41. Ruokonen E, Takala J, Kari A *et al.* Regional blood flow and oxygen transport in septic shock. *Crit Care Med* 1993;21:1296–303.
42. Fukuoka T, Nishimura M, Imanaka H *et al.* Effects of norepinephrine on renal function in septic patients with normal and elevated serum lactate levels. *Crit Care Med* 1989;17:1104–107.
43. Meier-Hellmann A, Specht M, Hannemann L *et al.* Splanchnic blood flow is greater in septic shock treated with norepinephrine than in severe sepsis. *Intensive Care Med* 1996;22:1354–9.
44. Martin C, Viviand X, Leone M, Thirion X. Effect of norepinephrine on the outcome of septic shock. *Crit Care Med* 2000;28:2758–65.
45. Holmes CL, Patel BMP, Russell JA, Walley KR. Physiology of vasopressin relevant to management of septic shock. *Chest* 2001;120:989–1002.
46. Babbs CF, Berg RA, Kette F *et al.* Use of pressors in the treatment of cardiac arrest. *Ann Emerg Med* 2001;37(Suppl. 4):S152–162.
47. Argenziano M, Chen JM, Choudhri AF *et al.* Management of vasodilatory shock after cardiac surgery: identification of predisposing factors and use of a novel pressor agent. *J Thorac Cardiovasc Surg* 1998;116:973–80.
48. Garrido AG, Poli de Figueiredo LF. Vasopressina, uma nova perspectiva para o manejo do choque séptico. *Rev Ass Med Brasil* 2001;47:273–4.
49. Landry DW, Levin HR, Gallant EM *et al.* Vasopressin deficiency contributes to the vasodilation of septic shock. *Circulation* 1997;95:1122–5.
50. Briegel J, Forst H, Haller M *et al.* Stress doses of hydrocortisone reverse hyperdynamic septic shock: a prospective, randomized, double-blind single-center study. *Crit Care Med* 1999;27:723–32.
51. Ginsburg R, Bristow MR, Billingham ME *et al.* Study of the normal and failing isolated human heart: decreased response of failing heart to isoproterenol. *Am Heart J* 1983;106:535–40.
52. Chiolero R, Flatt JP, Revelly JP *et al.* Effects of catecholamines on oxygen consumption and oxygen delivery in critically ill patients. *Chest* 1991;100:1676–84.
53. De Backer D, Berre J, Zang H *et al.* Relationship between oxygen uptake and delivery in septic patients: effects of prostacyclin versus dobutamine. *Crit Care Med* 1993;21:1658–64.
54. Silver PJ, Lepore RE, O'Connor B *et al.* Inhibition of the low Km cyclic AMP phosphodiesterase and activation of the cyclic AMP system in vascular smooth muscle by milrinone. *J Pharmacol Exp Ther* 1988;247:34–42.
55. Evans DB. Overview of cardiovascular physiologic and pharmacologic aspects of selective phosphodiesterase peak III inhibitors. *Am J Cardiol* 1989;63:9A-11A.
56. Kass DA, Grayson R, Marino P. Pressure-volume analysis as a method for quantifying simultaneous drug (amrinone) effects on arterial load and contractile state *in vivo*. *J Am Coll Cardiol* 1990;16:726–32.
57. Ruttiman Y, Chiolero R, Revelly JP *et al.* Thermogenic effect of amrinone in healthy men. *Crit Care Med* 1994;22:1235–40.
58. Gage J, Rutman H, Lucido D, LeJemtel TH. Additive effects of dobutamine and amrinone on myocardial contractility and ventricular performance in patients with severe heart failure. *Circulation* 1986;74:367–73.
59. Prielipp RC, MacGregor DA, Butterworth JF *et al.* Pharmacodynamics and pharmacokinetics of milrinone administration to increase oxygen delivery in critically ill patients. *Chest* 1996;109:1291–301.
60. Giroir BP, Beutler B. Effects of amrinone on tumor necrosis factor production in endotoxic shock. *Circ Shock* 1992;36:200–7.
61. Endress S, Sinha B, Fülle HJ. Amrinone suppresses the synthesis of tumor necrosis factor-alpha in human mononuclear cells. *Shock* 1994;1:377–80.
62. Lindgren S, Almqvist P, Arvidsson D, Montgomery A, Andersson KE, Haglund U. Lack of beneficial effects of milrinone in severe septic shock. *Circ Shock* 1990;31:365–75.
63. Hermiller JB, Mehegan JP, Nadkarni VM, Paschall JA, Nevola JJ *et al.* Amrinone during porcine intraperitoneal sepsis. *Circ Shock* 1991;34:247–51.

57 Drogas Vasoativas em Pediatria

Francisco Bruno • Jefferson Pedro Piva • Pedro Celiny R. Garcia • Paulo R. Einloft

Um dos grandes desafios no atendimento de pacientes críticos é otimizar a distribuição de oxigênio aos órgãos vitais. Essa oferta de oxigênio aos tecidos ($\dot{D}O_2$) depende do conteúdo de oxigênio arterial e do débito cardíaco,[1] podendo ser expressa através da seguinte fórmula:

$$\dot{D}O_2 = \text{débito cardíaco} \times \text{conteúdo arterial de oxigênio}$$
$$\dot{D}O_2 = [\text{freqüência cardíaca} \times \text{volume sistólico}] \times [O_2 \text{ plasmático} + O_2 \text{ ligado a hemoglobina}]$$

A quantidade de oxigênio arterial pode ser incrementada através da suplementação de oxigênio ou por suporte ventilatório.[1] A manutenção da hemoglobina em níveis acima de 10 g%,[1-3] embora desejado, tem sido questionada nos últimos anos, principalmente por seus efeitos adversos, sejam agudos ou crônicos, hemolíticos ou imunológicos. Somente para exemplificar tais reações: a transmissão da hepatite C ocorre em 1 para cada 6.000, e HIV, 1 para cada 400.000 unidades transfundidas.[1] Recentes estudos em adultos têm evidenciado que níveis de hemoglobina de 7 g% são suficientes, por exemplo, para tolerar o desmame ventilatório, diminuindo o número de complicações (edema pulmonar e infarto de miocárdio).[4,5] A literatura carece ainda de estudos sobre quais níveis de hemoglobina seriam aceitáveis e desejáveis em pacientes pediátricos criticamente enfermos.

O débito cardíaco é a quantidade de sangue distribuída (bombeada) pelo coração por unidade de tempo, sendo representado pelo produto da freqüência cardíaca e o volume de ejeção. O débito cardíaco depende, além da freqüência cardíaca, de três variáveis: a pré-carga, a pós-carga e a contratilidade do miocárdio.

A pré-carga cardíaca, definida como o comprimento de fibra miocárdica no final da diástole, relaciona-se ao volume circulante. A pré-carga depende do retorno venoso ao coração e é medida pela pressão de enchimento do átrio esquerdo, ou mais comumente, pela pressão do átrio direito ou pressão venosa central (PVC); portanto, para sua elevação utilizamos reposição de volume.[2]

Mesmo com várias alternativas para a expansão volumétrica e as controvérsias existentes entre cristalóides e colóides, permanece ainda o soro fisiológico como solução padrão para a reposição inicial de volume. O estudo clássico de Carcillo *et al* em 1991 definiu 60 ml/kg/hora como uma expansão mais adequada do que os 20 ml/kg/hora utilizados anteriormente nos pacientes com choque séptico.[6] Em relação aos colóides, a reposição de volume com albumina a 5% teve boa resposta em pacientes com sepse por meningococo, e o plasma somente deve ser considerado, quando existe a necessidade de correção de fatores de coagulação.[3,7] Embora recente metanálise mostre que os colóides (albumina) em adultos aumentam a mortalidade em relação aos cristalóides,[8] não há estudos em pediatria comparando as duas soluções.

A pós-carga sofre influência do tônus vascular, que modifica a resistência vascular sistêmica de acordo com as demandas metabólicas e está sob controle humoral e do tônus adrenérgico e vagal.[2]

A contratilidade do miocárdio representa a habilidade intrínseca do coração em "bombear o sangue" e depende da pré-carga, da pós-carga, do pH, da PaO_2, da glicose, do cálcio, da temperatura corporal e de substâncias inotrópicas. O inotropismo refere-se à capacidade contrátil miocárdica, enquanto o cronotropismo refere-se à influência sobre a freqüência cardíaca.[1,2]

A partir do conhecimento dos fatores envolvidos na distribuição de oxigênio, podemos considerar três grupos terapêuticos principais: drogas inotrópicas, vasopressoras e vasodilatadoras.

DROGAS INOTRÓPICAS

Dobutamina

■ *Farmacologia*

É uma catecolamina (amina simpaticomimética que causa estimulação ou replicação da ação do sistema nervoso simpático) sintetizada com o objetivo de ter efeito inotrópico exclusivo. Existe na forma de uma mistura racêmica de isômeros + e –, com alta afinidade para receptores β_1 (efeito na função miocárdica, aumentando o cronotropismo e o inotropismo) e mínimo efeito nos receptores α_1 (vasoconstrição em órgãos efetores) e β_2 (vasodilatação em músculo esquelético). Tem efeito cronotrópico mais evidente em crianças. Assim como as outras catecolaminas, tem meia-vida curta, de 2,37 minutos.[1,9,10]

■ *Ação*

É um potente agente inotrópico que atua diretamente nos receptores β_1 no coração. Tem efeito mínimo na pressão arterial (lenta queda da pressão arterial média em doses altas), na freqüência cardíaca e na resistência vascular quando comparada às outras catecolaminas.[1,10] Pode ser o inotrópico ideal após a ressuscitação volumétrica e o uso de vasopressores, melhorando a performance do miocárdio, aumentando o consumo e a distribuição de oxigênio e o pH da mucosa gástrica e diminuindo o lactato sérico.[11] Útil na melhora da depuração da creatinina em adultos, provavelmente por seu efeito no débito cardíaco,[12] porém recentemente Ichai *et al* não conseguiram demonstrar tal ação na função renal, nem na diurese, quando compararam várias doses de dopamina e dobutamina em pacientes estáveis hemodinamicamente e com leve alteração na função renal.[13]

■ *Indicações*

O candidato ideal para uso da dobutamina é aquele com insuficiência cardíaca congestiva com baixo débito associada a pressão de enchimento alta e pressão arterial normal ou levemente reduzida. Em pediatria, é utilizada em doenças com comprometimento miocárdico, como miocardite, pós-operatórios cardíacos com baixo débito e choque séptico. Por causar vasodilatação pulmonar, deve ser considerada na hipertensão pulmonar ou até na síndrome da angústia respiratória aguda.[1,3,14]

■ *Dose*

Tem marcado efeito inotrópico, com infusões entre 5 e 15 µg/kg/min, porém deve-se ressaltar que, com o passar do tempo, pode ocorrer tolerância (necessidade de doses maiores para se obter o mesmo efeito inotrópico).[1,15,16]

No fim do capítulo apresentaremos uma fórmula prática para o cálculo da infusão contínua das drogas vasoativas.

■ *Efeitos adversos*

Menos freqüentes do que com outras catecolaminas, entretanto, podem ocorrer com doses acima de 15 µg/kg/min, tais como taquicardia ou arritmias. O aparecimento de edema pulmonar, conseqüente ao aumento da pressão capilar pulmonar, apesar de descrito em crianças, não contra-indica seu uso.[1,2]

Dopamina

■ *Farmacologia*

Catecolamina endógena precursora da norepinefrina na medula da supra-renal e nos neurônios simpáticos. Rapidamente metabolizada tanto por via oral quanto endovenosa, atinge uma concentração estável em 30 minutos. A eliminação é rápida, até 9 minutos, com metilação no fígado e excreção na urina, portanto alterações hepáticas ou renais podem prolongar a depuração da dopamina. A resposta em recém-nascidos é imprevisível, devido à maturação dos receptores adrenérgicos ser variável, podendo os efeitos α preceder os β, e além disso o coração imaturo pode ter estoque de norepinefrina diminuído.[10] Desestabiliza em pH maior que 5.[1]

■ *Ação*

Catecolamina com efeito dose-dependente, podendo estimular vários tipos de receptores, tais como receptores dopaminérgicos, betadrenérgicos e alfa-adrenérgicos.

Em doses entre 0,5 a 2 µg/kg/min, estimula receptores dopaminérgicos, resultando em vasodilatação renal, mesentérica, coronariana e cerebral. No córtex supra-renal, inibe a secreção de aldosterona, resultando em natriurese (ação sinérgica à vasodilatação renal).[11,17,18] O efeito diurético da dopamina, conhecido há mais de 30 anos, tem ainda seu efeito questionado, pois não tem diminuído a incidência e a gravidade da insuficiência renal e a mortalidade em pacientes criticamente doentes.[19]

Doses entre 2 a 5 µg/kg/min têm efeito tanto σ-dopaminérgico quanto β enquanto em infusões entre 5-10 µg/kg/min predomina o efeito β. Parte da resposta inotrópica depende do aumento de norepinefrina endógena das terminações nervosas autonômicas.

Doses entre 10 a 20 µg/kg/min apresentam aumento do efeito α, aumentando a freqüência cardíaca, a pressão arterial e a resistência vascular periférica. Com doses acima de 20 µg/kg/min predomina o efeito α, com vasoconstrição periférica e pulmonar.[1,2,16] As doses altas aumentam o consumo de oxigênio pelo miocárdio e aumentam a pós-carga, piorando os pacientes em insuficiência cardíaca.[1]

■ *Indicações*

É o agente mais estudado no suporte circulatório pediátrico, portanto a primeira droga a ser utilizada, seja como inotrópico, vasopressor ou até vasodilatador renal.[1,2,10,11] É droga inicial em pós-operatório cardíaco,[10] pós-operatório de transplante renal e hepático e no choque séptico.[1,3]

■ *Dose*

Utilizamos doses entre 0,5 a 20 µg/kg/min, dependendo do efeito desejado.[1,15]

■ *Efeitos adversos*

Pelo aumento do consumo de oxigênio pelo miocárdio, pode causar isquemia miocárdica e também taquiarritmias. Piora a relação ventilação/perfusão, aumentando o *shunt* intrapulmonar. Cuidar quando for usada por acesso venoso periférico, pois a infiltração subcutânea produz vasoconstrição local, com lesão tecidual.[1,15]

DROGAS VASOPRESSORAS

Dopamina

Como já citado anteriormente é a droga mais conhecida no suporte circulatório em pediatria , portanto deve ser a primeira medicação vasopressora a ser utilizada.[1,2,3,16,20] Consideramos uma dose inicial de 10 µg/kg/min para tal efeito, chegando até 20 µg/kg/min; entretanto, a necessidade de doses altas impõe a escolha de outro vasopressor mais potente.[1,2,3,11,15]

Epinefrina

■ *Farmacologia*

A epinefrina é derivada da norepinefrina, sendo sintetizada e depositada em grânulos da medula supra-renal (80%). Atua nos receptores α_1, causando o aumento de fluxo do cálcio para dentro da célula muscular (especificamente no citoplasma), que, através do processo de fosforilação, promove a formação das pontes de actina-miosina e, conseqüentemente, a contração muscular, e atua também nos receptores α_2, β_1 e β_2 e, pela estimulação da adenilciclase, aumenta o AMPc (promove uma maior necessidade de cálcio intracelular, e portanto causa vasodilatação).[1,10]

É a catecolamina endógena com maior efeito tanto α quanto β, atuando em receptores α_1, α_2, β_1 e β_2 (é dose-dependente).[1,9,11] Doses abaixo de 0,3 µg/kg/min estimulam receptores β_1 no miocárdio e sistema de condução nervosa, aumentando a freqüência cardíaca (cronotropismo) e a contração miocárdica (inotrópico). O estímulo de receptores β_2 leva ao relaxamento de arteríolas, diminuindo a resistência vascular sistêmica e a pressão arterial diastólica. O aumento da dose de epinefrina superior a 0,3 µg/kg/min ativa receptores α_1, aumentando a resistência vascular sistêmica e com isso a pressão arterial média.[1,2] Diminui o fluxo sangüíneo esplâncnico e o pH da mucosa gástrica e aumenta o nível de lactato plasmático.[14] Resumindo, a epinefrina aumenta o débito cardíaco, a pressão arterial, a freqüência cardíaca, estimula o sistema nervoso central, causa estado hipermetabólico e aumenta o consumo de oxigênio pelo miocárdio.[11] Doses acima de 1 µg/kg/min podem causar dano miocárdico irreversível em recém-nascidos.[10]

■ *Indicações e uso*

Agonista adrenérgico potente que melhora a disfunção miocárdica em diferentes situações como hipotensão, disfunção miocárdica ou baixo débito, é útil em pós-operatório cardíaco, pois melhora a contratilidade miocárdica nas primeiras 12 a 24 horas e no choque séptico,[9,10] porém seu maior efeito nessa situação é o de vasopressor, tendo recomendação definida em crianças com choque séptico, hipotensas e com vasoconstrição periférica ("choque frio").[3]

Também é recomendada para bradicardia sintomática, assistolia e dissociação eletromecânica.[21]

■ *Dose*

Pode ser utilizada em doses que oscilam de 0,1 a 1 µg/kg/min, dependendo do efeito desejado.[1,15] Doses mais elevadas, como 5 µg/kg/min, podem ser necessárias, principalmente em choque séptico, provavelmente pelo esgotamento de receptores adrenérgicos ou pela baixa afinidade a esses receptores.[14]

■ *Efeitos adversos*

Devido ao aumento do consumo de oxigênio pelo miocárdio, pode causar isquemia miocárdica e também taquiarritmias, como a taquicardia ventricular e supraventricular e a ectopia ventricular . Doses mais altas produzem vasoconstrição profunda, comprometendo a perfusão das extremidades. Outro efeito encontrado quando utilizada doses altas é a hipertensão.[1,15]

Norepinefrina

■ *Farmacologia*

Catecolamina endógena produzida no cérebro, na suprarenal e no sistema nervoso simpático. Após a estimulação nervosa, atua nos receptores adrenérgicos de maneira semelhante à epinefrina, porém com atuação nos receptores β não tão evidente.[1,10]

■ *Ação*

Potente α-agonista, entretanto o efeito β não é tão importante quanto o da epinefrina.[1,2,10,11]

■ *Indicações*

Pelo seu mínimo efeito inotrópico e significativo aumento da resistência vascular sistêmica e pressão arterial média, deve ser usada somente como vasopressor.[14] Tem sido recomendada no choque séptico na criança hipotensa com vasodilatação periférica (choque quente), aumentando a pressão arterial média, a diurese, o consumo e a distribuição de oxigênio.[3,10,11,22,23]

Existem várias combinações de drogas vasoativas, desde a tradicional dopamina mais dobutamina, sendo todas muito boas, pelo menos teoricamente; entretanto, uma combinação sugerida em pacientes com choque séptico é o uso de norepinefrina com dobutamina em vez de epinefrina sozinha, que mostrou superioridade no aumento do índice cardíaco no fluxo sangüíneo esplâncnico, no consumo de oxigênio e na melhora do pH da mucosa gástrica e da atividade metabólica hepática.[14,22]

■ *Dose*

Utilizada em doses a partir de 0,05 até 1,5 µg/kg/min, porém, assim como na epinefrina, pela baixa afinidade dos receptores adrenérgicos, pode ter sua dose aumentada até o efeito desejado.[10,15]

■ *Efeitos adversos*

Causa vasoconstrição excessiva, piorando o fluxo sangüíneo regional; mesmo assim, não deve ser desconsiderada na hipotensão ou hipofluxo, pois no rim promove a melhora na filtração glomerular (atua na resistência da arteríola eferente).[1,14]

DROGAS VASODILATADORAS

A vasodilatação é um objetivo terapêutico racional quando o uso de fluidos e os inotrópicos não melhoram o débito cardíaco; mas, para usá-los, devemos ter uma pressão arterial média normal.[1,2,11]

Amrinona

■ *Farmacologia*

O biperideno tem efeito inotrópico e vasodilatador (inodilatador) através da inibição da enzima fosfodiesterase fração III (predomina no músculo miocárdico), resultando no aumento da concentração intracelular do AMPc no miocárdio e na musculatura lisa dos vasos sangüíneos, que por sua vez estimula o metabolismo do cálcio celular, aumentando a contratilidade miocárdica. A meia-vida é de 6,8 h em crianças e de 22,2 h em recém-nascidos em pós-operatório de cirurgia cardíaca. A metabolização ocorre no fígado, mas 40% são eliminados sem alteração pelo rim.[1,10]

■ *Ação*

Efeito inotrópico e vasodilatador idade-dependente, sendo inotrópico negativo nos primeiros 3 dias de vida (devido à imaturidade do sistema tubular-sarcoplasma do miócito). Os efeitos hemodinâmicos parecem ser mais devidos à redução da pós-carga.[1,10,16] Também pode aumentar o relaxamento diastólico pela reutilização do cálcio após a sístole (efeito conhecido como lusitropia), induz a vasodilatação arterial e venosa e reduz o consumo de oxigênio.[10] Tem sinergia com baixas doses de β-agonistas.[1,16]

■ *Indicações*

É usada para pacientes com diminuição do volume de ejeção, sendo efetiva em miocardiopatias, em baixo débito após cirurgia cardíaca com extracorpórea e também em crianças com hipertensão pulmonar.[1,10,16] Em choque séptico, especialmente na fase refratária, tem sido utilizada em associação às drogas de primeira linha quando são desejados diminuição da resistência vascular periférica, aumento da distribuição de oxigênio e aumento do índice cardíaco.[16,24]

■ *Dose*

Dose de ataque de 0,75 a 3 mg/kg seguidos da infusão contínua de 5 a 20 μg/kg/min. É incompatível com soro glicosado, deve ser usada com cautela na insuficiência renal e evitada na insuficiência hepática.[1,3,10,16]

■ *Efeitos adversos*

Hipotensão usualmente associada a rápida infusão do ataque e tratada com expansão volumétrica, alteração reversível das enzimas hepáticas e trombocitopenia. Por sua meia-vida longa, tem tido seu uso limitado.[1,10]

Milrinona

■ *Farmacologia*

Inibidora da fosfodiesterase III, análoga à amrinona, cerca de 10 a 75 vezes mais potente, com propriedades vasodilatadoras que aumentam o índice cardíaco sem aumento do consumo de oxigênio pelo miocárdio. A meia-vida é menor do que a da amrinona, cerca de 3 horas, 70% ligam-se à proteína sérica, é excretado pelo rim, devendo ser ajustada quando há alteração da função renal.[1,10,11,25]

■ *Uso*

Em pacientes com baixo débito em pós-operatório cardíaco com extracorpórea, com hipertensão pulmonar e choque séptico refratário. Comparando à dobutamina, é superior em diminuir a resistência vascular sistêmica.[1,10,11,26,27]

■ *Doses*

Apesar da citação do ataque de 25 a 75 μg/kg , tem-se sugerido a utilização da infusão contínua direta (sem o bolo inicial) na dose de 0,25 a 1 μg/kg /min , pelo menor risco de hipotensão.[3,10,16]

■ *Efeitos adversos*

Hipotensão e taquiarritmias supraventriculares e ventriculares. Causa menos trombocitopenia do que a amrinona.[1,10,11]

Nitroprussiato de sódio

■ *Farmacologia*

Uma das drogas vasodilatadoras mais comumente usadas em terapia intensiva. Decompõe-se quando em contato com o sangue, liberando óxido nítrico, que promove, na musculatura vascular, a vasodilatação. Tem início em segundos, devendo ser usada em infusão contínua pela sua rápida inativação. Durante sua decomposição, forma cianeto livre, metabolizado no fígado em tiocianeto, o qual é lentamente excretado pelo rim, podendo ocorrer toxicidade, principalmente no paciente em insuficiência renal.[1,2,10]

■ *Efeito*

Potente vasodilatador arterial e venoso (efeito na pré e na pós-carga), diminuindo a pressão de enchimento, a resistência vascular sistêmica e a pulmonar, e aumentando o débito cardíaco. Não tem efeito direto no coração.[1,2,10]

■ *Indicações*

Potente agente anti-hipertensivo, é o agente de primeira linha na hipertensão severa. O pico de ação ocorre em 2 minutos do início da infusão contínua.

Pode ser usado para aumento do débito cardíaco quando o volume e os agentes inotrópicos não estão sendo efetivos.[1,2,10]

■ *Dose*

Iniciar com a dose de 0,5 μg/kg/min (até ± 5 μg/kg/min) e ir testando até obter o melhor efeito, diluído em glicose a 5%. Não utilizar soluções alcalinas e evitar exposição à luz, pois é inativado.[1,2,10,16]

■ *Efeitos adversos*

Agudamente, pode causar hipotensão e taquicardia, sendo mandatória a monitorização contínua. A toxicidade do cianeto pode ser encontrada quando existe falência hepática, com a apresentação de acidose metabólica, taquicardia, taquipnéia, cefaléia, vômitos e depressão do sensório. A toxicidade pelo tiocianeto ocorre por uso prolongado e dose alta (5 μg/kg/min), manifestada por fadiga, náusea, desorientação e espasmos musculares. Deve-se monitorizar o nível de tiocianeto após 48 h de uso, se a dose for maior que 5 μg/kg/min ou se houver insuficiência renal.[1,2,10]

Nitroglicerina

■ *Farmacologia*

É convertida em óxido nítrico no endotélio vascular, aumentando o GMPc, um potente relaxante da musculatura vascular. Diminui o consumo de oxigênio pelo miocárdio e a pré e a pós-carga. A meia-vida é de 5 minutos.[10]

■ ***Usos***

Por ser um efetivo vasodilatador das arteríolas sistêmicas e pulmonares, é adequada em hipertensão arterial sistêmica e pulmonar. Tem a vantagem de evitar os metabólitos tóxicos do nitroprussiato de sódio, porém é menos vasodilatadora.[10,16]

■ ***Doses***

De 0,5 a 10 μg/kg/min.[16]

■ ***Efeitos adversos***

Hipotensão dose-dependente.[10]

OUTRAS DROGAS

Vasopressina

A secreção de vasopressina é aumentada em situações de estresse, como choque hemorrágico ou séptico.[1] É um hormônio não-peptídeo da hipófise posterior, com efeito vasoconstritor em receptores V1 na musculatura vascular e efeito antidiurético em receptores V2 nos ductos coletores renais.[9,28,29] Causa uma constrição seletiva nas arteríolas glomerulares eferentes, mas mantém a filtração glomerular. Em altas doses, produz intensa absorção de água, com retenção hídrica e hiponatremia.[9]

Utilizada em hipotensão refratária a catecolaminas, causa aumento da pressão arterial média, da resistência vascular periférica e do débito urinário, sem melhorar o débito cardíaco;[10] entretanto, seu uso em pediatria restringe-se a algumas crianças com choque e hipotensas em circulação extracorpórea, em que permitiu a diminuição das outras drogas vasopressoras.[11]

Pode ser considerada no choque (séptico) refratário, quando já estão sendo utilizadas doses altas de epinefrina ou norepinefrina (> 0,5 μg/kg/min).[11]

A dose é de 0,003 a 0,002 U/kg/min.[16]

Óxido nítrico

O óxido nítrico (NO) inalado é um vasodilatador seletivo que atua diretamente na musculatura vascular pulmonar sem efeito sistêmico, rapidamente inativado pela hemoglobina. Tem seu uso bem definido nas crises de hipertensão pulmonar no pós-operatório de cirurgias cardíacas congênitas, na dose inicial de 10 ppm.[30-33]

CÁLCULO PARA USO DE DROGAS VASOATIVAS EM INFUSÃO CONTÍNUA EM PEDIATRIA

$$\text{ml / kg} = \frac{\text{velocidade de infusão } (\mu g/\text{ kg/ min}) \times \text{peso}}{\text{concentração da droga } (\mu g / \text{ml})}$$

Droga	*Normal comercial*	*Concentração (μg/ml)**	*Dose infusão contínua (μg/kg/min)*	*Diluente*
Epinefrina	Adrenalina	1.000	0,1-1	SF/SG
Amrinona	Inocor	5.000	5-20	SF
Dobutamina	Dobutrex	12.500	5-15	SF/SG
Dobutamina	Dobutan	25.000	5-15	SF/SG
Dopamina	Revivan	5.000	2,5-20	SF/SG
Milrinona	Primacor	1.000	0,25-1	SF/SG
Nitroglicerina	Tridil	5.000	0,5-10	SF/SG
Nitroprussiato de sódio	Nipride	25.000	0,5-5	SG
Norepinefrina	Norepinefrina	1.000	0,05-1,5	SF/SG

*As concentrações dessas drogas somente têm valor para os respectivos nomes comerciais.
Adaptado de Bruno F, Prado C. do apêndice. *In*: Piva JP, Carvalho P, Garcia PC. *Terapia Intensiva em Pediatria*. 4ª ed. Rio de Janeiro. Medsi, 1997.

REFERÊNCIAS BIBLIOGRÁFICAS

1. Ziegler JW, Englander R, Fugate JH. Pharmacologic support of the circulation. *In* Todres D, Fugate JH: *Critical Care of Infants and Children*. 10th ed. Boston: Little, Brown & Co., 1996, pp 313–34.
2. Garcia PCR, Piva JP, Carvalho PRA, Osório Jr. EJ. Choque. *In* Piva JP, Carvalho P, Garcia PC: *Terapia Intensiva em Pediatria*. 4ª ed. Rio de Janeiro: Medsi Editora Médica e Científica, 1997, pp 54–89.
3. Carcillo JA. Clinical practice parameters for hemodynamic support of pediatric and neonatal septic shock. *Crit Care Med* 2001 (no prelo).
4. Hébert PC *et al.* Do blood transfusions improve outcomes related to mechanical ventilation? *Chest* 2001;119:1850–7.
5. Hebert PC, Szick S. The anemic patient in the intensive care unit: How much does the heart tolerate? *Curr Opin Critical Care* 2000;6:372–80.
6. Carcillo JA, Davis Al, Zaritsky A. Role of early fluid resuscitation in pediatric septic shock. *JAMA* 1991;266:1242–5.
7. Pollard AJ, Britto J, Nadel S, DeMunter C, Habibi P, Levin M. Emergency management of meningococcal disease. *Arch Dis Child* 1999;80:290–6.
8. Cochrane Injuries Group Albumin Reviewers. Human albumin administration in critically ill patients: systematic review of randomised controlled trials. *BMJ* 1998;317:235–40.
9. Prielipp RC, Butterworth J. Cardiovascular failure and pharmacologic support after cardiac surgery. *New Horizonts* 1999;7:472–88.
10. Shekerdemian LS, Redington A. Cardiovascular pharmacology. *In* Chang AC, Hanley FL, Wernovsky G, Wessel DL: *Pediatric Cardiac Intensive Care*. Baltimore, MD: Williams & Wilkins, 1998, pp 45–65.
11. Butt W. Septic shock. *In* Orlowski JP: *Pediatric Critical Care: a New Millennium. The Pediatric Clinics of North America* 2001;48:601–25.

12. Duke GJ, Briedis JH, Weaver RA. Renal support in critically ill patients: low-dose dopamine or low-dose dobutamine? *Crit Care Med* 1994;22:1919–25.
13. Ichai C, Soubielle J, Carles M, Giunti C, Grimaud D. Comparison of the renal effects of low to high doses of dopamine and dobutamine in critically ill patients: a single-bind randomized study. *Crit Care Med* 2000;28:921–8.
14. Vincent J-L. Hemodynamic support in septic shock. Guidelines for the management of severe sepse and septic shock. *Intensive Care Med* 2001;27:S80–S92.
15. Taketomo CK, Hodding JH, Kraus DM. *Pediatric Dosage Handbook.* 70th ed. Hudson: AphA, 2000–2001.
16. Wessel DL. Management low cardiac output syndrome after congenital heart surgery. *Pediatr Crit Care Med* 2001;2(Suppl.):52–62.
17. Duke GJ, Briedis JH, Weaver RA. Renal support in critically ill patients: low-dose dopamine or low-dose dobutamine. *Crit Care Med* 1994;22:1919–25.
18. Ichai C, Passeron C, Carles M, Bouregba M, Grimaud D. Prolonged low-dose dopamine infusion induces a transient improvement in renal function in hemodinamically stable, critically ill patients: a single-bind, prospective, controlled study. *Crit Care Med* 2000;28:1329–35.
19. Kellum JA, Decker JM. Use of dopamine in acute renal failure: a meta-analysis. *Crit Care Med* 2001;29:1526–31.
20. Tabbut S. Heart failure in pediatric septic shock: utilizing inotropic support. *Pediatr Crit Care Med* 2001;2(Suppl.):S63–S68.
21. Guidelines 2000 for Cardiopulmonary Resuscitation and Emergency Cardiovascular Care. *Circulation* 2000;102(Suppl. I):291–342.
22. Martin C, Viviand X, Leone M, Thirion X. Effect of norepinephrine on outcome of septic shock. *Crit Care Med* 2000;28:2758–65.
23. Redl-Wenzl EM *et al.* The effects of norepinephrine on hemodynamics and renal function in severe septic shock states. *Intensive Care Med* 1993;19:151–4.
24. Irazuzta JE, Pretzlaff RK, Rowin ME. Amrinone in pediatric refractory septic shock: an open-label pharmacodynamic study. *Pediatr Crit Care Med* 2001;2:24–8.
25. Lindsay CA *et al.* Pharmacokinetics and pharmacodynamics of milrinone lactate in pediatric patients with septic shock. *J Pediatr* 1998;132:329–34.
26. Barton P *et al.* Hemodynamic effects of IV milrinone lactate in pediatric patients with septic shock. *Chest* 1996;109:1302–12.
27. Chang AC, Atz AM, Wernovsky G, Burke RP, Wessel DL. Milrinone: systemic and pulmonary hemodynamic effects in neonates after cardiac surgery. *Crit Care Med* 1995;23:1907–14.
28. Tsuneyoshi I, Yamada H, Kakihana Y, Nakamura M, Nakano Y, Boyle III WA. Hemodynamic and metabolic effects of low-dose vasopressin infusions in vasodilatory septic shock. *Crit Care Med* 2001;29:487–93.
29. Holmes CL, Patel BM, Russel JA, Walley KR. Physiology of vasopressin relevant to management of septic shock. *Chest* 2001;120:989–1002.
30. Miller OI, Tang SF, Keech A, Pigott NB, Beller E, Celermajer DS. *Lancet* 2000;356:1464–9.
31. Morris K, Beghetti M, Petros A, Adatia I, Bohn D. Comparison of hyperventilation and inhaled nitric oxide for pulmonary hypertension after repair of congenital heart disease. *Crit Care Med* 2000;28:2974–8.
32. Deb B, bradford K, Pearl RG. Additive effects of inhaled nitric oxide and intravenous milrinone in experimental pulmonary hypertension. *Crit Care Med* 2000;28:795–9.
33. Cockrill BA *et al.* Comparison of the effects of nitric oxide, nitroprusside and nifedipine on hemodynamics and right ventricular contractility in patients with chronic pulmonary hypertension. *Chest* 2001;119:128–36.

58 Trauma – Controle de Danos

José Gustavo Parreira • Samir Rasslan

Na última década houve mudanças consideráveis no tratamento operatório das vítimas de hemorragia grave. Aproximadamente metade das mortes por trauma está relacionada à hemorragia.[1] Acredita-se que a exsanguinação esteja envolvida em 44% das mortes pré-hospitalares, em 55% das mortes após a admissão hospitalar e em 82% das mortes intra-operatórias em traumatizados.[1,2]

A hemorragia grave resulta em diminuição da oferta de oxigênio, desencadeando metabolismo anaeróbio, acidose metabólica e necrose tecidual. A reanimação com cristalóides e hemoderivados, bem como a perda de calor para o meio ambiente e o bloqueio na termogênese dificultam a manutenção da temperatura corporal.[3] A hipotermia que se segue influencia diretamente a cascata de coagulação, uma vez que esta depende de reações enzimáticas sensíveis a alterações na temperatura.[4] A função plaquetária também está comprometida.[3] É provável que alterações no equilíbrio da produção de prostanóides e problemas na adesividade plaquetária ocorram em estados hipotérmicos.[3] A hemodiluição é outro fator envolvido na coagulopatia dos politransfundidos, e, nessa situação, a trombocitopenia e depleção de fatores V e VIII são descritas.[3] Aparentemente, a hipotermia e a hemodiluição têm efeitos independentes e adicionais sobre a coagulação e a hemostasia.[6]

Com a coagulopatia, instala-se um ciclo vicioso que determina a perpetuação da hemorragia. Alguns autores denominam a associação de acidemia, hipotermia e coagulopatia como "tríade letal" pela alta mortalidade associada (Fig. 58-1).[3,7]

Durante muito tempo, frente a traumatizados em choque, acidemia e coagulopatia, o tratamento definitivo de todas as lesões encontradas na operação era a regra. Contudo, freqüentemente a agressão operatória ultrapassava as reservas fisiológicas, o choque hemorrágico alcançava sua fase irreversível e o doente falecia durante ou logo após a operação. Atualmente sabe-se que na presença da "tríade letal" a única maneira de mudar o prognóstico é interromper esse ciclo. Essa idéia é o principio do chamado "controle de danos".

CONTROLE DE DANOS

Em 1983, Stone *et al* estudaram 31 doentes que desenvolveram coagulopatia intra-operatória.[7] Em 14, mesmo frente ao desarranjo fisiológico, a operação transcorria até o final, com o tratamento definitivo. Desses, apenas um indivíduo sobreviveu (7,1%). No outro grupo com 17 doentes, na presença de coagulopatia a operação era interrompida, mesmo que a proposta cirúrgica inicial não tivesse sido alcançada totalmente. Somente após a estabilização na unidade de terapia intensiva o doente era levado novamente ao centro cirúrgico e a operação terminada. Onze (64,7%) desse grupo sobreviveram, portanto uma diferença estatisticamente significativa.

O conceito de antecipar o término da operação através da colocação de compressas na cavidade peritoneal para o controle da hemorragia é conhecido desde o início do século, mesmo em nosso meio.[8] Pringle, em 1908, e posteriormente Halsted, em 1913, descreveram a hemostasia de lesões hepáticas pelo tamponamento com compressas.[3] Essas manobras foram pouco utilizadas nos anos seguintes, devido ao desenvolvimento da técnica operatória e de materiais cirúrgicos que permitiram um melhor controle da hemorragia intraoperatória. Na década de 80, novas publicações a respeito de tamponamento de lesões hepáticas graves surgiram.[9-13]

Talbert *et al,* em 1992, empregaram a laparotomia abreviada e reoperação programada para tratamento de lesões em outros órgãos abdominais além do fígado, o que trouxe o conceito da interrupção da operação antes que a falência metabólica esteja instalada.[13] Nesse ponto, notou-se que essa é uma forma efetiva de tratamento não só para lesões hepáticas e que o tamponamento com compressas seria apenas mais uma opção tática.

O termo *damage control*, ou "controle de danos", surgiu em 1993, proposto por Rotondo *et al*, definindo a conduta de

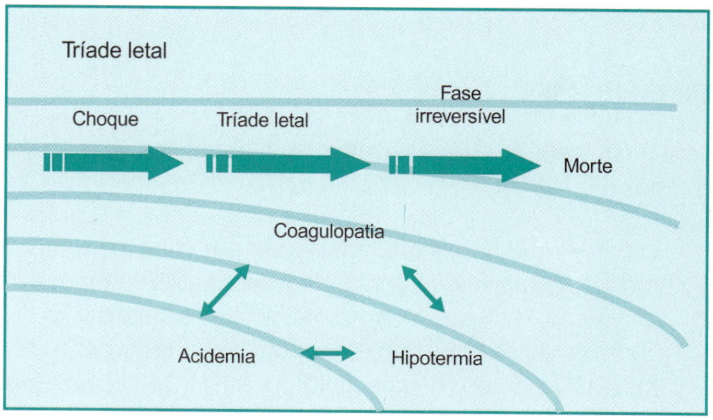

Fig. 58-1. Tríade letal: ciclo vicioso de hemorragia, acidose metabólica, hipotermia e coagulopatia.

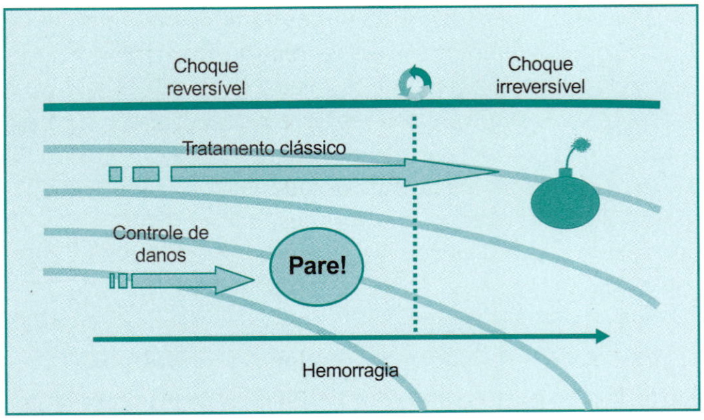

Fig. 58-2. Momento para interrupção da operação deve ocorrer antes da fase irreversível do choque hemorrágico.

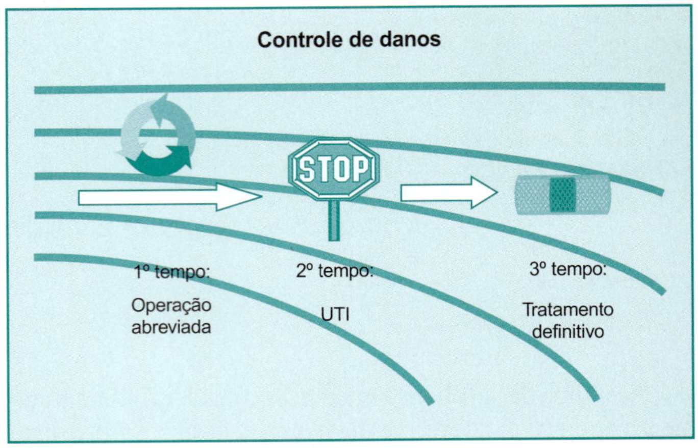

Fig. 58-3. Seqüência do Controle de Danos.

interromper a laparotomia na presença de acidose, coagulopatia e hipotermia, através de um controle parcial da hemorragia e contaminação, com reoperação programada.[14] Atualmente sua aplicação ultrapassa os limites do trauma abdominal, sendo utilizado também para o tratamento de lesões torácicas, ortopédicas e mesmo no trauma vascular de extremidades.[15-17] São descritas cervicotomias, toracotomias, reparos vasculares e ortopédicos abreviados, com o intuito de interromper a tríade letal.

É importante compreender que o controle de danos não é definido por novas técnicas operatórias, mas pelo conceito de interromper a operação antes que o choque hemorrágico alcance a fase irreversível. Freqüentes são os casos em que, exauridas as reservas fisiológicas do doente e frente a hipotermia, coagulopatia e choque persistente, tenta-se o tamponamento da cavidade peritoneal com compressas como a última alternativa possível. Essa tática não deve ser empregada apenas como uma medida desesperada ao término de uma laparotomia malsucedida. Nessa situação os resultados são precários, pois a fase irreversível do choque hemorrágico já está instalada, e o óbito é apenas uma questão de tempo (Fig. 58-2). Não há dúvida de que a opção pelo emprego do *damage control* deve ser precoce, contudo devem existir limites para que essa técnica não seja utilizada indevidamente, o que resultaria em complicações.[18-22]

DEFINIÇÕES

O controle de danos envolve, na maioria das vezes, três tempos (Fig. 58-3).[3,19-21]

1. **Laparotomia abreviada,** através de um controle temporário da hemorragia e contaminação e síntese temporária da parede. Nesse primeiro momento após a indicação do controle de danos, o objetivo principal é alcançar o término da operação o mais rápido possível. Técnicas como o tamponamento hepático com compressas, ligadura de cotos intestinais e síntese da parede abdominal com pinças de campo podem ser empregadas. Anastomoses intestinais, reparos vasculares complexos ou outros procedimentos que levem ao aumento do tempo operatório devem ser evitados.
2. **Reanimação na Unidade de Tratamento Intensivo (UTI),** quando são repostos volume e hemoderivados, e a acidemia, coagulopatia e hipotermia são corrigidas. Dessa forma quebra-se o ciclo vicioso e limita-se a perda sangüínea, fornecendo condições para a recuperação dos parâmetros fisiológicos. Somente após a estabilização do doente o próximo passo é dado.
3. **Reoperação programada,** para o tratamento definitivo de todas as lesões, retirada das compressas e síntese da parede. Nesse ponto, a cavidade é reavaliada, o trânsito intestinal é reconstituído e as compressas, removidas.

INDICAÇÕES

A decisão pelo controle de danos vai além dos detalhes técnicos, sendo fundamentais a disponibilidade de vagas na Unidade de Terapia Intensiva e o acompanhamento minucioso por uma equipe cirúrgica preparada para intervir quando necessário. Trata-se de uma técnica que deve ser restrita a centros especializados, ou que pelo menos tenha supervisão cirúrgica contínua. O cirurgião que optou pela indicação do controle de danos deve ser o responsável pelo acompanhamento desde o início até o final do tratamento.

Infelizmente, não há normas precisas disponíveis que auxiliem na decisão de interromper a operação.[19,23] Vários autores tentaram definir as indicações, mas ainda há pouca objetividade. Acidemia, hipotermia e coagulopatia são termos qualitativos e que ajudam pouco na decisão.

Carrilo *et al,* em 1993, baseavam sua decisão em critérios fisiológicos e na perda inicial de sangue.[24] Os doentes que apresentavam $pH < 7,25$, temperatura corporal central menor que 34°C ou tivessem uma perda inicial estimada maior que 4 litros de sangue deveriam ser submetidos à laparotomia abreviada. Feliciano *et al,* em 1996, consideraram que a indicação precisa para o *damage control* seria a acidemia persistente ($pH < 7,2$) mesmo com o controle da hemorragia e reposição hídrica e eletrolítica adequadas.[25]

Quadro 58-1. Principais fatores para a indicação do Controle de danos

Condições
• Trauma fechado de tronco de alta dissipação de energia • Múltiplos ferimentos penetrantes de tronco • Instabilidade hemodinâmica • Coagulopatia e hipotermia
Complicações
• Trauma vascular abdominal grave, com múltiplas lesões viscerais • Exsanguinação com focos de hemorragia, com múltiplas lesões viscerais • Politraumatismo com prioridades concorrentes
Fatores críticos
• Acidose metabólica grave (pH < 7,30) • Hipotermia (temperatura corporal < 35°C) • Tempo de reanimação e operação > 90 minutos • Evidência de coagulopatia pela presença de sangramento difuso • Transfusões múltiplas (> 10 unidades de concentrado de hemácias)

Fonte: Rotondo & Zonies, 1997.

Garrison *et al*, em 1996, avaliaram os traumatizados submetidos a laparotomias abreviadas e encontraram associação da letalidade com *Injury Severity Score* (ISS) maior que 35, tempo total de hipotensão maior que 70 minutos, tempo de protrombina maior que 19 segundos, tempo parcial de tromboplastina ativada maior de 60 segundos, número total de transfusões acima de 15 unidades de concentrados de hemácias e pH < 7,2.[23] Esses dados sugerem que a operação deva ser abreviada antes desse nível de comprometimento fisiológico.

É importante ressaltar que a presença das alterações fisiológicas ocorre com uma situação limítrofe já instalada, e que talvez esperar por esses sinais representaria perder o momento ideal para a indicação do *damage control*. Alguns autores propõem que essa decisão seja baseada preferencialmente na avaliação da magnitude das lesões e no mecanismo de trauma.[25-30] Portanto, atualmente considera-se que a indicação do controle de danos deva ser baseada tanto em dados fisiológicos como na gravidade das lesões. Rotondo & Zonies classificaram esses fatores como condições predisponentes, complexidade do trauma e fatores críticos (Quadro 58-1).[3]

No Serviço de Emergência da Santa Casa de Misericórdia de São Paulo, analisamos os indicadores de morte por hemorragia em vítimas de trauma penetrante de tronco admitidas em choque.[31] Determinamos os fatores mais importantes pela análise multivariada, e, através de regressão logística, alcançou-se um modelo capaz de prever a chance de morte por hemorragia baseado nas variáveis pressão arterial sistólica no início da operação e volume de concentrado de hemácias transfundido até o momento. Dessa forma, dispõe-se de uma matriz com valores aleatórios que nos fornece dados objetivos para a interrupção da operação (Quadro 58-2).

LAPAROTOMIA ABREVIADA

Existem vários métodos para o controle da hemorragia, dependendo do órgão em questão. As técnicas propostas para o tratamento das lesões hepáticas englobam suturas do parênquima, digitoclasia e ligadura direta dos vasos sangrantes, tamponamento com compressas ou balões hepáticos.[32-35] Técnicas mais complexas, como ressecções regradas, devem ser evitadas.[32-34]

O método de controle da hemorragia em grandes vasos é definido com base na análise da gravidade da lesão e na importância do vaso lesado. Lesões simples e passíveis de correção apenas com uma sutura lateral devem ser reparadas. Lesões complexas que requerem mais tempo para a correção devem

Quadro 58-2. Probabilidade de hemorragia letal, em %, calculada com base na pressão arterial sistólica aferida no início da operação e o volume de concentrado de hemácias infundido durante a operação

PAS/CH	900	1200	1500	1800	2100	2400	2700	3000	3300	3600	3900	4200
0	67	72	77	81	84	87	90	92	93	95	96	97
10	58	64	69	74	78	82	85	88	90	92	94	95
20	48	54	60	66	71	75	80	83	86	89	91	93
30	38	44	50	56	62	67	72	77	81	84	87	90
40	29	35	40	46	52	58	64	69	74	78	82	85
50	22	26	31	36	42	48	54	60	66	71	75	80
60	16	19	23	28	33	38	44	50	56	62	67	72
70	11	14	17	21	25	29	35	40	46	52	58	64
80	8	10	12	15	18	22	26	31	37	42	48	54
90	5	7	8	10	13	16	19	23	28	33	38	44
100	4	5	6	7	9	11	14	17	21	25	30	35
110	2	3	4	5	6	8	10	12	15	18	22	26

CH = Volume de concentrado de hemácias transfundido, em mililitros; PAS = pressão arterial sistólica aferida no início da operação, em mmHg.

Fonte: Parreira, 1999.[31]

ser tratadas por ligadura do vaso ou passagem de *shunt* temporário, dependendo do vaso em questão.[20,32,36,37]

Hemorragia proveniente de lesões esplênicas e renais podem ser controladas por sutura do parênquima. Contudo, se houver necessidade de algum procedimento mais complexo, a ressecção do órgão deve ser realizada. Por vezes o sangramento pancreático é volumoso, e a sutura simples não é efetiva para a hemostasia. Nesses casos, o tamponamento com compressas é uma opção, mas é importante reavaliar sua eficácia, pois algumas vezes somente a ressecção controla o sangramento.[20,32]

Os métodos de escolha para o controle do sangramento retroperitoneal associado à fratura de bacia incluem a fixação externa precoce da fratura e angiografia percutânea com embolização seletiva.[15,38] Eventualmente, nos casos de hematomas rotos, podem ser necessários embolização intra-operatória e tamponamento com compressas.[39]

A contaminação a partir de lesões em vísceras ocas deve ser tratada com suturas em plano único. Se a ressecção intestinal é necessária, os cotos devem ser grampeados ou ligados com fita cardíaca.[20,32] Como regra não são realizadas anastomoses ou ostomias durante a laparotomia abreviada, sendo a reconstituição do trânsito intestinal postergada para a reoperação programada. Se o trânsito intestinal for obstruído, sugere-se a manutenção da sonda gástrica com aspiração para a descompressão.

Uma vez que a reoperação é programada, há preferência por métodos temporários para síntese da parede abdominal. O emprego de pinças de campo para a aproximação das bordas traz problemas, pois se relatam necrose de pele, perda de líquido peritoneal pela ferida e aumento da pressão intra-abdominal (Fig. 58-4).[40] A sutura de coletor de urina na pele foi uma opção empregada inicialmente em Bogotá, na Colômbia, e hoje é conhecida como "Bolsa de Bogotá" (Fig. 58-5).[18,19] Qualquer tela ou prótese pode ser suturada à pele com o objetivo de conter as vísceras abdominais, contudo, o coletor de urina é transparente, permitindo a avaliação das alças intestinais e sangramento intracavitário, tem baixo custo e alta disponibilidade. Um problema observado é a perda de líquido peritoneal pela ferida operatória.

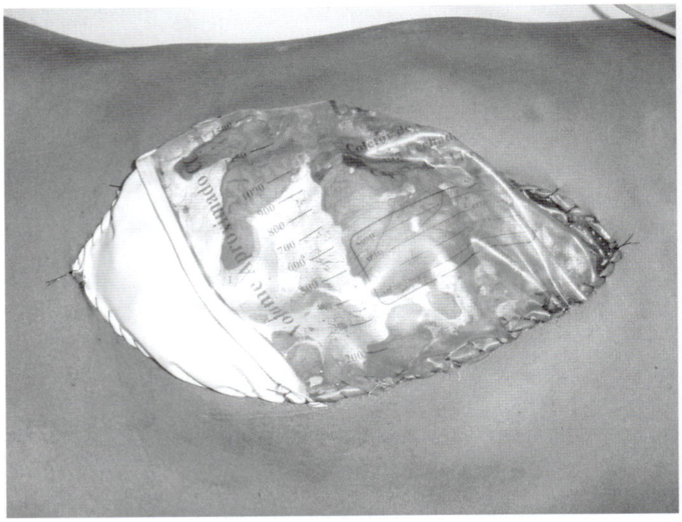

Fig. 58-5. Bolsa de Bogotá. (Ver *Prancha* em *Cores*.)

Atualmente preferimos os campos plásticos estéreis adesivos (Fig. 58-6). As alças são envolvidas com plásticos estéreis e, em seguida, com uma compressa. Campos plásticos adesivos estéreis são fixados à pele, cobrindo a compressa e prote-

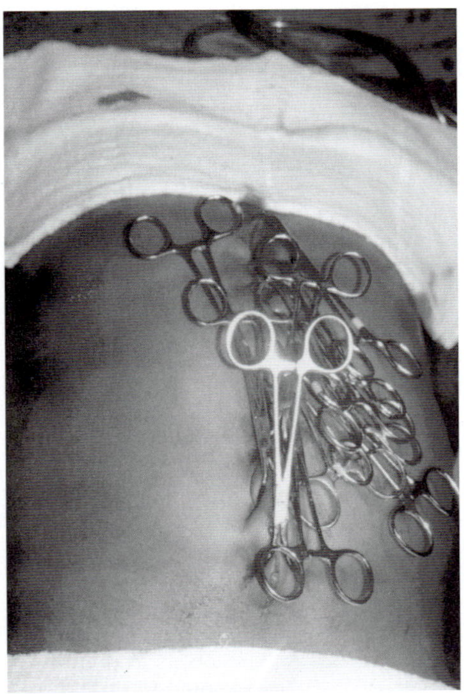

Fig. 58-4. Síntese da parede abdominal com pinças de campo. (Ver *Prancha* em *Cores*.)

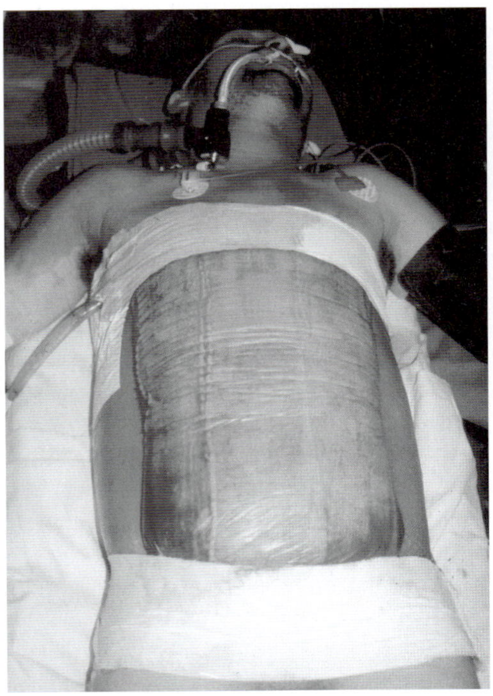

Fig. 58-6. Síntese da parede abdominal com campo plástico estéril. (Ver *Prancha* em *Cores*.)

gendo o conteúdo abdominal. Essa técnica apresenta vantagens, especialmente por evitar a perda de líquido peritoneal e não aumentar a pressão abdominal, além de, teoricamente, diminuir a contaminação da cavidade.[41]

RECUPERAÇÃO NA UNIDADE DE TERAPIA INTENSIVA (UTI)

Após o término da laparotomia abreviada, o doente deve ser encaminhado à Unidade de Terapia Intensiva (UTI). É importante ressaltar que o cirurgião responsável deve ter uma participação ativa na condução do caso e estar disponível para uma eventual reoperação não-programada.

Alguns autores propõem um passo intermediário entre a laparotomia abreviada e a transferência para a Unidade de Terapia Intensiva.[21] Trata-se da reanimação na sala cirúrgica mesmo após o término da laparotomia abreviada, o que pode durar até algumas horas. Nesses casos inicia-se a reposição volêmica e a correção dos distúrbios metabólicos, com uma monitorização minuciosa da possibilidade de sangramento persistente. Se houver dúvidas quanto à presença de hemorragia ativa não-controlada, o doente é reoperado para o controle efetivo, antes mesmo de ser encaminhado para a UTI.

À admissão na UTI, propõe-se uma avaliação terciária.[42] Um novo exame físico detalhado é realizado, com o objetivo de identificar lesões não-diagnosticadas inicialmente, visto à emergência que envolve o tratamento desses traumatizados graves. Os esforços na UTI envolvem o controle da acidemia, hipotermia e coagulopatia.

Distúrbios ácido-básicos e reposição volêmica

A idéia principal é que a acidemia seja considerada secundária à hipóxia sistêmica e, portanto, representa falha na reanimação. Dessa forma, mais que a infusão de bicarbonato de sódio, deve-se otimizar a oferta de oxigênio, melhorando parâmetros como concentração de hemoglobina e a sua saturação por oxigênio, pressão parcial de oxigênio arterial e débito cardíaco.

Há controvérsias sobre os parâmetros e objetivos finais a serem atingidos com essa reanimação, mas certamente a avaliação clínica é prejudicada por uma série de fatores.[3,32] Geralmente são doentes que receberam um volume grande de cristalóides durante a operação, determinando extravasamento de líquido para o interstício e edema. A resposta neuroendócrina ao trauma é responsável por oligúria e retenção hídrica. A resposta inflamatória sistêmica mascara os dados vitais e torna impossível a avaliação da pré-carga através dos mesmos. A ventilação mecânica, tamponamento com compressas e eventual síndrome compartimental do abdômen alteram as pressões de câmaras direitas.[3,20,25,32]

Portanto, a monitorização invasiva é muito útil no manejo desses doentes graves, uma vez que vários fatores interferem na avaliação clínica. O catéter de artéria pulmonar (Swan-Ganz) fornece dados objetivos para a reposição volêmica e a otimização das drogas vasoativas. A pHmetria gástrica tem fornecido parâmetros para a reanimação em várias condições clínicas, e é um método promissor também para os submetidos ao controle de danos.[3,20,25,32]

O excesso de base e lactato séricos são freqüentemente empregados como parâmetros para a reanimação.[3,20,32] Enquanto o excesso de base mantém relação com a letalidade até 48 horas após o trauma, o pH apresentou a mesma correlação somente até 2 horas, o que é explicado pela ação de outros sistemas-tampão corrigindo o pH, mesmo na presença de metabolismo anaeróbico. A maioria dos traumatizados sobrevive se o lactato sérico é normalizado em 24 horas. No entanto, quando a dosagem persiste elevada por mais de 48 horas, somente 14% se recuperam.[43]

Correção da hipotermia

A correção da hipotermia é um dos fatores mais importantes para o controle das demais alterações fisiopatológicas. Entre as formas de reaquecimento possíveis, ressaltamos a infusão endovenosa somente de líquidos aquecidos a 39°C, a cobertura da cabeça do doente com turbante (que pode ser confeccionado com algodão ortopédico), o emprego de colchão térmico e sistemas de aquecimento pela circulação de ar aquecido (*Bair Hugger*).[5,32] Há a possibilidade de irrigação de sondas gástrica e vesical com solução salina aquecida a 39 ou 40°C. As cavidades torácica e abdominal podem ser irrigadas com líquidos aquecidos através de drenos de tórax ou catéteres de diálise peritoneal. O ambiente deve ser aquecido. Nos casos de hipotermia grave, Gentilello *et al*, em 1997, preconizaram o emprego de dispositivos de reaquecimento arteriovenoso contínuo, através da cateterização da artéria e veia femoral.[44] Nesses casos, contudo, a pressão arterial sistólica deve estar acima de 80 mmHg, pois a mesma é responsável pela propulsão do sangue através de sistemas de tubos do aparelho.

Correção da coagulopatia

Não só a acidemia e hipotermia determinam disfunção da coagulação, mas também a própria hemodiluição tem um cofator importante. Dessa forma, a reposição de fatores de coagulação e plaquetas é fundamental. Plasma fresco, crioprecipitado, concentrado de plaquetas e cálcio devem ser considerados no tratamento desses distúrbios.[20,32,45] A coagulação intravascular disseminada pode ocorrer, e, nesses casos, heparina e ácido aminocapróico podem ser opções para o tratamento.[20,32,45] A reposição desses fatores não deve ser guiada apenas por provas de coagulação, uma vez que a própria hipotermia determina alterações expressivas nesses testes.[46]

Outros pontos também são importantes. A antibioticoprofilaxia está indicada. É recomendável sedação contínua durante o período de recuperação na unidade de terapia intensiva, visando não somente à melhora do padrão respiratório, mas também ao controle da pressão abdominal e à limitação do sofrimento do doente.

A arteriografia deve ser considerada um passo intermediário entre a primeira e a segunda operação. A mesma pode ser indicada em casos de trauma hepático grave ou fraturas de bacia, quando o tamponamento com compressas foi realizado na

Quadro 58-3. Síndrome compartimental	
Grau	***Pressão (cmH_2O)***
I	< 15
II	15 a 25
III	25 a 35
IV	> 35

laparotomia abreviada, sem o controle adequado do sangramento no pós-operatório.[47,48]

Não há um período mínimo ou máximo para o retorno à sala operatória e o tratamento definitivo das lesões. O mais importante é reverter a falência fisiológica e alcançar condições mínimas para a segurança do procedimento cirúrgico. Não há regras fixas, mas consideramos o retorno eletivo para a sala de operações quando alcançados temperatura acima de 36 °C, excesso de base > (–) 5 mEq/l, lactato normal ou em correção progressiva, tempo de protrombina menor que 15 segundos, tempo parcial de tromboplastina ativada menor que 35 segundos, contagem de plaquetas acima de 50.000, índice cardíaco acima de 3 l/min/m² com baixa dosagem de inotrópicos e saturação O_2 acima de 95% (FiO_2 < 50%).[20]

Há situações em que a reavaliação da cavidade é necessária antes do tempo previsto. A principal causa é o sangramento persistente, provavelmente pela falha na identificação de foco hemorrágico ativo durante a laparotomia abreviada. Isso pode ocorrer em até 15% dos casos.[20] Há queda hematimétrica e necessidade crescente de transfusão de concentrados de hemácias. Normalmente a reoperação não-programada é indicada quando há necessidade de transfusão de mais de 2 unidades de concentrados de hemácias por hora em doentes sem hipotermia ou quando se excede a administração de 15 unidades de concentrados de hemácias nos hipotérmicos.[20]

Outra indicação para relaparotomias não-programadas é a síndrome compartimental abdominal.[20,32,40,49,50] O aumento da pressão abdominal pode ser progressivo, e determina a síndrome compartimental do abdômen quando associado a alterações hemodinâmicas, distúrbios na dinâmica respiratória e na filtração renal. Várias causas são descritas, e, em trauma, estão principalmente associadas ao edema retroperitoneal e de mesentério pela reposição acentuada de cristalóides, grandes hematomas de retroperitônio, tamponamento com compressas e ao sangramento intra-abdominal.[40,49,50] O tratamento inicial é a otimização da reposição volêmica; entretanto, em certos casos, a descompressão abdominal com laparotomia e peritoneotomia pode ser necessária.[40,49,50]

Por tal motivo, consideramos importante aferir a pressão intra-abdominal de rotina nesses casos, especialmente se o tamponamento com compressas for associado à síntese primária da aponeurose. A pressão intra-abdominal é aferida de maneira indireta. Para esse fim, empregamos o próprio catéter vesical de duas vias conectado em um esfigmomanômetro ou equipo de pressão venosa central. De maneira asséptica, infundem-se 200 ml de solução salina em uma das vias, e a coluna de líquido que ascender acima da sínfise púbica é considerada a pressão intra-abdominal.[49]

Burch *et al* descreveram uma classificação prática para a hipertensão abdominal (Quadro 58-3).[50] Os graus I e II são de tratamento clínico, com otimização do débito cardíaco e função respiratória. A descompressão abdominal pode ser necessária no grau III e é obrigatória no grau IV.

REOPERAÇÃO PROGRAMADA

Uma vez que as metas da reanimação foram alcançadas, o doente é levado ao centro cirúrgico para a reoperação programada. Em média, isso ocorre após 48 horas da laparotomia abreviada. Nos casos de tamponamento de lesões hepáticas complexas, o período até a retirada das compressas deve ser de 3 a 5 dias, para hemostasia adequada da lesão. Se as mesmas forem retiradas precocemente há risco de sangramento; entretanto, sua permanência por período prolongado propicia infecção intra-abdominal. Todas as possíveis dificuldades devem ser previstas, e as providências antecipadas para a sua resolução.

O trânsito intestinal é restaurado. Se houver indicação, esse é o momento para a realização de colostomia. A cavidade deve ser novamente avaliada minuciosamente, pois lesões podem ter passado despercebidas no momento da primeira laparotomia.

É importante a lavagem e irrigação da cavidade com soro morno, especialmente se a ferida abdominal permaneceu aberta, no intuito de diminuir a contaminação e a ocorrência de abscessos intra-abdominais no pós-operatório. A aproximação das bordas da aponeurose para a síntese definitiva da cavidade peritoneal muitas vezes não é fácil, especialmente se o intervalo entre os dois procedimentos cirúrgicos for maior que 5 dias.[20,32] A sutura da aponeurose sobre tensão é fadada ao insucesso, além de predispor à síndrome compartimental do abdômen.

Se há dificuldade na síntese, próteses de márlex ou prolene podem ser empregadas para a correção do defeito da aponeurose. Preferencialmente, deve-se evitar o contato direto desses materiais com alças intestinais pelo risco de formação de fístulas entéricas.[32,51]

COMPLICAÇÕES

O objetivo principal no controle de danos é manter o doente vivo, e, dessa forma, aceita-se que haja um aumento controlado da morbidade. Trata-se de doentes críticos que, apenas pela gravidade do trauma, são suscetíveis a uma série de intercorrências na sua evolução. São relatadas complicações como abscessos intracavitários, hemorragia, infecção de ferida operatória, síndrome compartimental do abdômen, hérnia incisional e fístulas digestivas.[42] Enfrentar essas dificuldades é a regra na condução desses casos. Portanto, além das complicações esperadas no manejo de traumatizados graves, há algumas especificamente relacionadas com o controle de danos.

A possibilidade de uma lesão não-diagnosticada deve sempre ser levada em consideração. Nessas situações, geralmente existe traumatismo em diversos segmentos corporais, o nível de consciência está diminuído, o doente está sob ventilação mecânica ou sedado, e, portanto, associam-se vários fatores para que lesões não-evidentes passem despercebidas.

Quadro 58-4. Letalidade dos traumatizados submetidos ao controle de danos para o tratamento de lesões abdominais diversas (excluídos os casos de tamponamento exclusivamente para lesões hepáticas)

Autor	*Ano*	*Número*	*Mortalidade*
Stone *et al*	1983	17	35%
Burch *et al*	1992	200	66%
Talbert *et al*	1992	11	36%
Carillo *et al*	1993	14	14%
Rotondo *et al*	1993	24	42%
Hirchberg *et al*	1994	124	58%
Garrison *et al*	1996	70	67%

Infecção peritoneal e abscessos cavitários são relatados em 12 a 67% dos casos.[32,42] A exposição peritoneal em ambiente de UTI, bem como a permanência de compressas na cavidade peritoneal por tempo prolongado são fatores relacionados à maior freqüência de infecção. A vigilância quanto à permanência de compressas ou outros corpos estranhos na cavidade deve ser reforçada. Alguns autores sugerem que radiografias de abdômen sejam realizadas para excluir esse risco antes da síntese definitiva, uma vez que, na presença de sangramento e em situação de emergência, a contagem nem sempre é fidedigna.[42]

Problemas com a síntese da cavidade são freqüentemente encontrados. Se o período até a reoperação programada for muito extenso, há retração das bordas da ferida operatória, e a sutura sob tensão resulta em hipertensão abdominal ou em deiscência. Nesses casos, pode-se empregar uma prótese sintética para cobertura da falha da aponeurose. O maior problema dessa situação é a formação de fístulas digestivas.[51]

RESULTADOS

Não há estudos prospectivos e controlados sobre o emprego do controle de danos, mas aceita-se seu valor baseado na experiência clínica.[7,20,32,52]

Burch *et al*, em 1992, publicaram o estudo com maior número de casos envolvendo laparotomias abreviadas.[26] Foram avaliados 200 traumatizados em 7 anos. A probabilidade de sobrevivência da amostra foi calculada em 57%. Um terço foi submetido a toracotomia de reanimação, e, em média, houve necessidade de transfusão de 22 unidades de concentrado de hemácias. Dentro desse cenário dramático, no qual a sobrevivência é uma exceção, técnicas de controle de danos foram empregadas. Cerca de 50% sobreviveram até a reoperação programada, e, desses, 66% se recuperaram recebendo alta hospitalar.

Em relação ao tamponamento hepático com compressas os resultados são melhores. Cogbill *et al*, em 1988, analisando o tratamento dos traumatismos de fígado, descreveram 52 casos de tamponamento com compressas, com letalidade próxima de 40%.[12]

Os dados variam nas séries em que técnicas de controle de danos foram empregadas para o tratamento de lesões abdominais diversas (Quadro 58-4). Existem muitas variáveis que interferem na letalidade final, mas certamente o tempo até a indicação da interrupção da operação é fundamental. Quanto antes a laparotomia for abreviada e os parâmetros fisiológicos recuperados, melhor será o prognóstico.

Johnson *et al*, em 2001, relataram um impacto positivo do emprego do controle de danos sobre a letalidade de vítimas de ferimentos penetrantes de abdômen com hemorragia grave.[52] Esses autores associaram a experiência adquirida com o controle de danos a uma menor freqüência de complicações e a melhores resultados.

CONCLUSÕES

- Durante a última década, o emprego do controle de danos se disseminou nos centros mais avançados de atendimento ao traumatizado. Frente à tríade letal, a única forma de alterar a evolução é a quebra do ciclo vicioso.
- Esse é um recurso que não pode ser resumido à última opção de uma laparotomia malsucedida. Deve ser empregado precocemente, com indicação precisa.
- Tais técnicas devem ser empregadas somente em centros onde haja os devidos recursos para o tratamento adequado.
- É fundamental o papel do cirurgião participando na fase de reanimação na unidade de terapia intensiva.
- Apenas com o tratamento adequado do choque, coagulopatia e o aquecimento do doente, é que se alcançarão condições para o tratamento definitivo na reoperação programada.
- O controle de danos é reservado para doentes críticos, e o tratamento multidisciplinar é essencial para um melhor prognóstico. Apesar de ser acompanhado de uma alta morbidade, o objetivo final é a preservação da vida.

REFERÊNCIAS BIBLIOGRÁFICAS

1. Sauaia A, Moore F, Moore E *et al.* Epidemiology of trauma deaths: a reassessment. *J Trauma* 1995;38:185.
2. Hoyt DB, Bulger EM, Knudson MM *et al.* Death in the operating room: an analysis of a multi-center experience. *J Trauma* 1994;37:426.
3. Rotondo MF, Zonies DH. The damage control sequence and underlying logic. *Surg Clin North Am* 1997;77:761.
4. Patt A, McCroskey B, Moore EE. Hypothermia induced coagulopathies in trauma. *Surg Clin North Am* 1988;68:775.
5. Gentilello LM. Progressos no controle da hipotermia. *Clín Cirúrg Am Norte* 1995;2:245–59.
6. Gubler K, Gentilello L, Hassantash S *et al.* The impact of hypothermia on dilutional coagulopathy. *J Trauma* 1994;36:847.
7. Stone H, Strom P, Mullins R. Management of the major coagulopathy with onset during laparotomy. *Ann Surg* 1983;197:532.
8. Mauro C. Um caso grave de traumatismo de fígado. *Rev Med São Paulo* 1906;9:468.
9. Feliciano D, Mattox K, Jordan G. Intra-abdominal packing for control of hepatic hemorrhage. A reappraisal. *J Trauma* 1981;21:285.

10. Carmona R, Peck D, Lim R. The role of packing and planned reoperation in severe hepatic trauma. *J Trauma* 1984;24:779.
11. Ivatury R, Nallathambi M, Gunduz Y *et al*. Liver packing for uncontrolled hemorrhage: a reappraisal. *J Trauma* 1986;26:744.
12. Cogbill T, Moore E, Jurkovich G *et al*. Severe hepatic trauma: a multi-center experience with 1335 liver injuries. *J Trauma* 1988;28:1433.
13. Talbert S, Trooskin S, Scalea T *et al*. Packing and re-exploration for patients with nonhepatic injuries. *J Trauma* 1992;33:121.
14. Rotondo M, Schwab WW, McGonival M *et al*. Damage Control: an approach for improved survival in exsanguinating penetrating abdominal injury. *J Trauma* 1993;35:375.
15. Henry SM, Tornetta IP, Scalea T. Damage control for devastating pelvic and extremity injuries. *Surg Clin North Am* 1997;77:879.
16. Porter JM, Ivatury R, Nassoura ZE. Extending the horizons of damage control in unstable trauma patients beyond the abdomen and gastrointestinal tract. *J Trauma* 1997;42:559.
17. Wall MJ, Soltero E. Damage control for thoracic injuries. *Surg Clin North Am* 1997;77:863.
18. Mattox KL. Introduction, background, and future projections of damage control surgery. *Surg Clin North Am* 1997;77:753.
19. Hirshberg A, Walden R. Damage control for abdominal trauma. *Surg Clin North Am* 1997;77:813.
20. Morris J, Eddy VA, Rutherford EJ. The trauma celiotomy: the evolving concepts of damage control. *Curr Probl Surg* 1996;33:609.
21. Moore EE, Burch JM, Franciose R *et al*. Staged physiologic restoration and damage control surgery. *World J Surg* 1998;22:1184.
22. Bruscagin V, David AI, Coimbra RSM *et al*. Laparotomia abreviada: um novo conceito na cirurgia do trauma. *Rev Col Bras Cir* 1997;24:431.
23. Garrison JR, Richardson JD, Hilakos AS *et al*. Predicting the need to pack early for severe intra-abdominal hemorrhage. *J Trauma* 1996;40:923.
24. Carrillo C, Fogler RJ, Shaftan GW. Delayed gastrointestinal reconstruction following massive abdominal trauma. *J Trauma* 1993;34:233.
25. Feliciano D, Moore EE, Mattox KL. Damage control and alternative wound closures in abdominal trauma. *In* Feliciano D, Moore EE, Mattox KL: *Trauma*. 3ª ed. Norwalk, CT: Appleton & Lange, 1996, pp 717–31.
26. Burch JM, Ortiz V, Richardson RJ *et al*. Abbreviated laparotomy and planned reoperation for critically injured patients. *Ann Surg* 1992;215:476.
27. Morris J, Eddy VA, Blinman BS *et al*. The staged laparotomy for trauma. Issues in unpacking and reconstruction. *Ann Surg* 1993;217:576.
28. Cushman JG, Feliciano D, Renz BM *et al*. Iliac vessel injury: operative physiology related to outcome. *J Trauma* 1997;42:1033.
29. Cosgriff N, Moore EE, Sauauia A *et al*. Predicting life-threatening coagulopathy in the massively transfused trauma patient: hypothermia and acidoses revisited. *J Trauma* 1997;42:857.
30. Krishna G, Sleigh JW, Rahman H. Physiological predictors of death in exsanguinating trauma patients undergoing conventional trauma surgery. *Aust N Z J Surg* 1998;68:826.
31. Parreira JG. Indicadores de hemorragia letal em vítimas de ferimentos penetrantes de tronco admitidas com hipotensão arterial sistêmica. Tese de Mestrado-Mestre em Medicina Faculdade de Ciências Médicas da Santa Casa de São Paulo. São Paulo, 1999.
32. Feliciano D, Moore EE, Mattox KL. Damage control and alternative wound closures in abdominal trauma. *In* Mattox K, Feliciano D, Moore EE: *Trauma*. 4th ed. New York: McGraw-Hill, 2000, pp 907–32.
33. Kasai T, Kobayashi K. Searching for the best operative modality for severe hepatic injuries. *Surg Gynecol Obstet* 1993;177:551.
34. Pachter HL, Spencer FC, Hofstetter SR *et al*. Significant trends in the treatment of hepatic trauma: experience with 411 injuries. *Ann Surg* 1992;215:492.
35. Favero SSG, Corsi PR, Coimbra RSM *et al*. Treatment of transfixing hepatic lesions with a hydrostatic balloon. *São Paulo Med J* 1994;112:629.
36. Aucarja, Hirshberg A. Damage Control for vascular injuries. *Surg Clin North Am* 1997;77:853.
37. Reilly PM, Rotondo M, Carpenter JP *et al*. Temporary vascular continuity during damage control: intraluminar shunting for proximal superior mesentery artery injury. *J Trauma* 1995;39:757.
38. ScAlea T, Burgess A. Pelvic fractures. *In* Mattox K, Feliciano D, Moore EE: *Trauma*. 4th ed. New York: McGraw-Hill, 2000, pp 807–36.
39. Saueracker AJ, McCroskey BL, Moore EE *et al*. Intraoperative hypogastric artery embolization for life threatening pelvic hemorragic: a preliminary report. *J Trauma* 1987;27:1127.
40. Meldrum DR, Moore F, Moore EE *et al*. Prospective characterization and selective management of the abdominal compartment syndrome. *Am J Surg* 1997;174:667.
41. Sherk J, Seiver A, Shatney C *et al*. Covering the open abdomen: a better technique. *Am Surg* 1998;64:854.
42. Martin RR, Byrne M. Postoperative care and complications of damage control surgery. *Surg Clin North Am* 1997;77:929.
43. Abrahamson D, Scalea T, Hitchcock R *et al*. Lactate clearance and survival following injury. *J Trauma* 1993;35:584.
44. Gentilello LM, Jurkovich GJ, Stark MS *et al*. Is hypothermia in the victim of major trauma protective or harmful? A randomized, prospective study. *Ann Surg* 1997;226:439.
45. Rotondo M, Reilly P. Bleeding and coagulation complications. *In* Mattox K, Feliciano D, Moore EE: *Trauma*. 4th ed. New York: McGraw-Hill, 2000, pp 1267–86.
46. Rohrer M, Natale A. Effect of hypothermia on the coagulation cascate. *Crit Care Med* 1992;20:1402.
47. Flint L, Babikian G, Anders M *et al*. Definitive control of mortality from severe pelvic fractures. *Ann Surg* 1990;211:704.
48. Asensio J, Demetriades D, Chahwan S *et al*. Approach to the complex hepatic injuries. *J Trauma* 2000;48:66.
49. Burch JM, Amoore EE, Moore FA *et al*. The abdominal compartment syndrome. *Surg Clin North Am* 1997;76:833.
50. Bruscagin V, Rasslan S. Síndrome compartimental do abdome. *Clín Bras Med Int* 2001;10:451.
51. Fabian TC, Croce MA, Pritchard E *et al*. Planned ventral hernia. Staged management for acute abdominal wall defects. *Ann Surg* 1994;219:643.
52. Johnson J, Gracias V, Schwab W *et al*. Evolution in damage control for exsanguinating penetrating abdominal injury. *J Trauma* 2001;51:261.

59 Criança Traumatizada

João Fernando Lourenço de Almeida • Werther Brunow de Carvalho

O trauma múltiplo no paciente pediátrico pode ser definido como o conjunto de alterações causadas, intencional ou acidentalmente por um agente físico. O politraumatismo é caracterizado como lesões a mais de um órgão causadas por trauma fechado, fraturas múltiplas, ferimento penetrante profundo ou trauma grave que leve a disfunção de um ou mais órgãos ou sistemas.

Trauma é a principal causa de óbito em crianças maiores de 1 ano nos Estados Unidos, atingindo cerca de 15.000 a 31.000 mortes/ano.[1,2] Apesar dos avanços em estratégias de prevenção de acidentes e no atendimento da criança vítima de trauma, a morbimortalidade vem aumentando progressivamente, principalmente em traumas automobilísticos, quedas e espancamentos, representando um custo anual de aproximadamente 12 bilhões de dólares.[3]

No Brasil, as causas externas (acidentes de trânsito, homicídios, suicídios, afogamentos, quedas) já representam a maior porcentagem de óbitos em crianças com idade de 5 a 19 anos, com cerca de 18.000 mortes/ano.[4]

Geralmente, em crianças que evoluem para óbito logo após o trauma, os principais mecanismos que levam à morte envolvem comprometimento de vias aéreas, choque hipovolêmico, acometimento do sistema nervoso central ou trauma torácico e abdominal com lesão grave de um ou mais órgãos. Portanto, o manuseio das vias aéreas é um dos fatores fundamentais no atendimento inicial da criança politraumatizada, assim como o reconhecimento precoce do choque, do trauma cranioencefálico (TCE) e de complicações graves como pneumotórax hipertensivo ou hemorragias intra-abdominais.

Neste capítulo discutiremos sobre o reconhecimento desses mecanismos e sua avaliação rápida, os principais aspectos epidemiológicos, anatômicos e fisiopatológicos que diferenciam crianças e adultos vítimas de trauma, assim como os aspectos sobre estabilização e manuseio inicial da criança vítima de trauma múltiplo, com enfoque específico para cada tipo de trauma.

ASPECTOS EPIDEMIOLÓGICOS/ETIOLOGIA

Nos EUA os traumas são responsáveis por 20% das hospitalizações pediátricas, com aproximadamente 16 milhões de consultas de emergência anuais e com alta mortalidade.[5] No Brasil e em outros países em desenvolvimento, as causas externas de morte representavam um papel menos importante em relação a outras causas no quadro geral de mortalidade, especialmente entre crianças recém-nascidas e lactentes; contudo, à medida que situações como a desnutrição e as doenças infecciosas e parasitárias vão sendo controladas, cresce a importância relativa das mortes na infância por acidentes e outras causas violentas.[6] As causas externas (acidentes e violências) representam em nosso país a principal causa de morte em crianças e adolescentes na faixa dos 5 aos 19 anos de idade. [7] As agressões são a causa mais importante desse grupo, sendo responsáveis por 33% desse total, seguidas pelos acidentes de transporte (colisão e atropelamentos), que representam 25,6 %.[4] Na faixa de 1 aos 14 anos de idade predominam as mortes por causas externas relacionadas a acidentes de transporte, seguidas de afogamentos, enquanto na faixa dos 15 aos 19 anos de idade a principal causa de morte são as agressões. Em lactentes e pré-escolares, em virtude de sua inexperiência e curiosidade, estão freqüentemente expostos a acidentes, que variam de acordo com as crescentes habilidades motoras e cognitivas, estratégias de prevenção e orientação aos pais revelam importância crucial.[8] Nessa faixa etária, outros acidentes freqüentes são as quedas não-intencionais, representando o motivo mais comum de procura ao pronto-socorro nos Estados Unidos, podendo atingir taxas de mortalidade de aproximadamente 6%.[9] Em contrapartida, em escolares e adolescentes, nota-se o aumento de mortes por agressões que estão intimamente relacionadas ao grau de desenvolvimento social e econômico de cada região ou país. No Quadro 59-1, pode-se comparar a mortalidade por causas externas entre o Brasil e os Estados Unidos, mostrando a discrepância em relação às mortes por agressão e a grande importância em ambos das mortes por acidentes de trânsito.[4,10]

Quadro 59-1. **Mortalidade por causas externas (< 19 anos)**

Brasil	***Estados Unidos***
Agressões (33%)	Agressões (22,4%)
Acidentes automobilísticos (26%)	Acidentes automobilísticos (47%)
Afogamentos (13%)	Afogamentos (9,2%)
Quedas (2%)	Queimaduras (7,2%)
Outros (26%)	Outros (14,1%)

AVALIAÇÃO INICIAL PRÉ-HOSPITALAR E ENCAMINHAMENTO

O prognóstico das crianças traumatizadas depende de um pronto e apropriado serviço de emergência, com integração do atendimento pré-hospitalar, hospitalar e de reabilitação.

O atendimento da criança traumatizada se inicia no próprio local do acidente, com as equipes de resgate com médicos e paramédicos, sendo a primeira hora de atendimento fundamental para a estabilização do paciente, servindo até como fator prognóstico.[11] Avaliações iniciais inadequadas, resultando em tratamentos inapropriados, representam aproximadamente 30% das mortes precoces em crianças vítimas de trauma.[12] Preferencialmente, o atendimento do paciente pediátrico deve ser individualizado e realizado por equipe especializada e treinada para lidar com as diferenças anatômicas, fisiológicas e emocionais que a criança apresenta em relação ao adulto.

O primeiro objetivo da equipe de atendimento é iniciar imediatamente pelo tratamento das situações que colocam a vida em risco. Utiliza-se a regra do ABCDE do trauma, em que *Airway* = via aérea; *Breathing* = respiração / ventilação; *Circulation* = circulação / controle de hemorragias; *Disability* = Incapacitação / condição neurológica; *Exposure* = exposição de todo o corpo e controle da temperatura.

Após avaliação e estabilização inicial, a criança deve ser encaminhada para um hospital (de preferência, especializado no cuidado de pacientes pediátricos) para seguimento do suporte avançado de vida. No Quadro 59-2, encontram-se as principais indicações para encaminhamento para esses centros.[13]

PONTUAÇÕES PROGNÓSTICAS

Pontuações prognósticas foram criadas para melhor caracterização da gravidade do trauma e para predizer a mortalidade. São úteis e largamente utilizadas no atendimento pré-hospitalar em países como os Estados Unidos para determinar o nível de gravidade do paciente e, assim, facilitar a triagem e o melhor encaminhamento. Servem também para comparar com maior precisão os pacientes vítimas de trauma.

Uma das primeiras pontuações utilizadas em pacientes vítimas de trauma foi a Pontuação de Gravidade de Lesão *(Injury Severity Score* – ISS), criada em 1974, que é fundamentada na avaliação anatômica do trauma.[14] Apesar de apresentar uma boa correlação entre traumas graves e ISS > 20, não se trata de uma pontuação de fácil aplicação, não podendo ser calculada rapidamente no atendimento pré-hospitalar ou na beira do leito. Essa pontuação foi modificada e adaptada para crianças.[15]

Outra pontuação amplamente utilizada é o *Trauma Score* (TS), criada em 1981. De fácil aplicação, essa pontuação avalia a freqüência respiratória, a pressão arterial sistólica, a pontuação de coma de Glascow (CGS), o enchimento capilar e a expansibilidade pulmonar. Por subestimar a gravidade, principalmente em pacientes com TCE, essa pontuação foi revisada em 1987 e nomeada *Revised Trauma Score* (RTS), sendo excluídos o enchimento capilar e a expansibilidade pulmonar, melhorando o poder estatístico dessa pontuação (Quadro 59-3).[16]

Como essas pontuações avaliam separadamente as disfunções anatômicas (ISS) e fisiopatológicas (RTS), e uma análise prognóstica ideal deve englobar ambos os parâmetros, foi desenvolvida uma pontuação anacrônica, o TRISS *(Trauma Injury Severity Score)*, que combina a avaliação da disfunção neurológico e cardiorrespiratória do RTS com os dados anatômicos do ISS. Tem como vantagem a maior precisão e maior simplificação no cálculo.[17]

Especificamente na faixa etária pediátrica, pode-se utilizar a pontuação de trauma pediátrico *(Pediatric Trauma Score* – PTS), que foi inicialmente descrita em 1987.[18] Essa pontuação é utilizada nos Estados Unidos para triagem de pacientes e adequado encaminhamento, avaliando dados antropométricos, o mecanismo e a natureza da lesão e dados fisiológicos (Quadro 59-4). Crianças com pontuação menor que 8 devem ser transferidas para centros de referência. Essa pontuação é adotada pelo Colégio Americano de Cirurgiões no Manual do ATLS *(Advanced Trauma Life Support)*.[19]

Ainda na faixa etária pediátrica, uma pontuação amplamente utilizada em unidades de terapia intensiva é o PRISM *(Pediatric Risk of Mortality)*.[20] O PRISM não foi especificamente idealizado para utilização em pacientes vítimas de trauma, porém estudos recentes têm mostrado que ele é uma boa ferra-

Quadro 59-2. Indicações para transporte de uma criança para um hospital especializado/terciário

1. Trauma grave a mais de um órgão
2. Necessidade ou potencial necessidade de ventilação mecânica
3. Instabilidade cardiovascular e/ou sinais de choque
4. Trauma cranioencefálico grave: alteração ou oscilação do nível de consciência, afundamento ou fratura de crânio aberta, alteração aguda no exame físico neurológico, fratura maxilofacial, sinais de hipertensão intracraniana
5. Necessidade de intervenção cirúrgica
6. Necessidade > 1 unidade de transfusão sangüínea
7. Suspeita de trauma intra-abdominal
8. Suspeita de trauma ou lesão medular
9. Fratura de osso longo ou fratura complexa/instável, amputação ou suspeita de comprometimento neurovascular de uma ou mais extremidades
10. Necessidade de Unidade de Cuidados Intensivos Pediátrica

Quadro 59-3. Pontuação de trauma revisada (RTS)

Freqüência respiratória (FR)	*Pressão arterial sistólica (PAS)*	*CGS*	*RTS*
10-29/min	89 mmHg ou >	13-15	**4**
> 29/min	76-89 mmHg	9-2	**3**
6-9/min	50-75 mmHg	6-8	**2**
1-5/min	0-49 mmHg	4-5	**1**
Ausente	Ausente	3	**0**

RTS = (FR × 0,2908) + (Pas × 0,7326) + (Glascow × 0,9368).
RTS = 13 equivale a mortalidade de 10%.
Modificado de Boyd CR e cols: *J Trauma* 27: 370, 1987.

Quadro 59-4. Pontuação de trauma pediátrico

Peso	*Via aérea*	*SNC*	*PAS*	*Feridas abertas*	*Ossos*	*Escore*
> 20 kg	Normal	Acordado	> 90 mmHg	Nenhuma	Sem fratura	**2**
10-20 kg	Sustentável	Dim. nível consc.	50-90 mmHg	Pequenas	Fratura fechada	**1**
< 10 kg	Não sustent.	Comatoso	< 50 mmHg	Penetrantes	Fratura aberta	**–1**

menta para avaliação prognóstica para esse grupo de pacientes.[21,22] Apesar disso, o estudo de Castello e cols., com 125 pacientes pediátricos vítimas de trauma, mostrou que o PRISM tende a subestimar a mortalidade quando comparado com o TRISS.[23]

De todos os fatores de risco estudados (após análise estatística mais aprofundada), alguns têm uma maior correlação com mortalidade e estão altamente relacionados com probabilidade de óbito relacionado ao trauma; são eles: presença de TCE, PRISM > 35, PTS ≤ 5, pontuação de coma de Glascow < 7, transfusão sangüínea de emergência > 20 ml/kg e ISS ≥ 25.[24]

Recentemente, uma pontuação de aplicação extremamente simples foi validada para utilização no trauma. Trata-se da utilização da pontuação da síndrome da resposta inflamatória sistêmica (SIRS Score) em pacientes vítimas de trauma. Utilizando as variáveis temperatura (hipotermia ou hipertermia), freqüência cardíaca (taquicardia), freqüência respiratória (taquipnéia) e leucograma (leucócitos > 12.000/mm^3 ou < 4.000/mm^3), sendo que a positividade para cada um desses itens representa um ponto (total = 4 pontos), podem-se correlacionar pontuações > ou = a 2 com mortalidade dentro da unidade de cuidados intensivos. Temperatura < 36°C foi o maior item preditivo de mortalidade, e leucocitose o maior item preditivo em relação a tempo de internação.[25]

PARTICULARIDADES DA CRIANÇA POLITRAUMATIZADA EM RELAÇÃO AO ADULTO

Embora as prioridades na avaliação e conduta da criança politraumatizada sejam as mesmas de um adulto, algumas características anatômicas peculiares da faixa etária pediátrica merecem atenção especial.

Primeiramente, uma diferença importante da criança em relação ao adulto é sua menor massa corpórea. Quando submetida a um impacto de qualquer natureza, a energia gerada é transmitida a um corpo com menos tecido adiposo e menos tecido conjuntivo elástico. Além disso, devido à menor massa corpórea, existe uma proximidade maior entre os órgãos, explicando o motivo pelo qual, na maioria das vezes, a criança é vítima de lesão em múltiplos órgãos.

A superfície corpórea da criança é maior em relação ao seu volume quando comparada a um adulto; isso resulta em maior perda de calor e conseqüente predisposição a hipotermia.

Outra consideração que deve ser mencionada é quanto aos ossos da criança. Em lactentes e pré-escolares, a calcificação não é completa, tornando o esqueleto mais flexível e com maior predisposição a lesões de órgãos internos sem fraturas ósseas. Por esse motivo, as fraturas de costelas são raras na faixa etária pediátrica. Em contrapartida, lesões e contusões pulmonares e de vísceras são extremamente comuns.

Embora os médicos pediatras estejam acostumados a lidar com situações de estresse da criança e já tenham estratégias para "driblar" as variações do seu estado psicológico, no paciente vítima de trauma esses fatores externos estão extremamente aumentados. A dor, o medo, as medidas terapêuticas, que sempre representam uma ameaça, tornam a criança mais instável psicologicamente. Isso pode ser um problema em situações nas quais precisamos de algum tipo de colaboração do paciente (imobilização da coluna cervical, por exemplo).

Finalmente, vale ressaltar a importância do preparo pré-hospitalar e hospitalar quanto à disponibilidade de materiais e equipamentos específicos para a faixa etária pediátrica. Cânulas, sondas, catéteres, bolsas de ventilação são alguns dos materiais indispensáveis para esse atendimento. Muitas vezes, as doses das drogas, o volume de líquidos ou o tamanho de sondas durante a reanimação e o atendimento inicial são fatores de confusão e atraso. A fita ou escala de Broselow® é um acessório que auxilia, de acordo com a estatura da criança, na escolha da melhor dose, sonda ou catéter.

ATENDIMENTO INICIAL

Como já citado anteriormente, a criança deve ser avaliada rapidamente e o tratamento iniciado prontamente seguindo o ABCDE. A causa e a extensão do trauma geralmente direcionam e auxiliam no manuseio daquela que deve ser a prioridade número 1 do atendimento: o estabelecimento de via aérea pérvia em qualquer criança vítima de trauma com algum grau de insuficiência respiratória, com atenção para imobilização da coluna cervical.

Vias aéreas e imobilização cervical

O manuseio da via aérea no paciente vítima de trauma é o componente vital de todo atendimento. Atrasos e complicações nessa fase levam a morte em um curto período de tempo.[26] Na maioria das vezes esses óbitos precoces se devem a lesões que direta ou indiretamente interferem na via aérea e ventilação (Quadro 59-5). Algumas vezes essas lesões não existem, mas a insuficiência respiratória se desenvolve por causas mais simples como obstrução por posteriorização da língua, por secreções ou corpos estranhos.

Quadro 59-5. Traumas com impacto na via aérea
Traumas diretos
• Fraturas mandibulares • Fraturas maxilares • Lesões penetrantes de região cervical e face
Traumas com lesão indireta
• Trauma medular • Hematomas extensos em tecidos moles de face e região cervical • Pneumotórax • Enfisema ou edema de região cervical e face • Queimaduras/Lesões por inalação • Tórax instável/Fratura de arcos costais

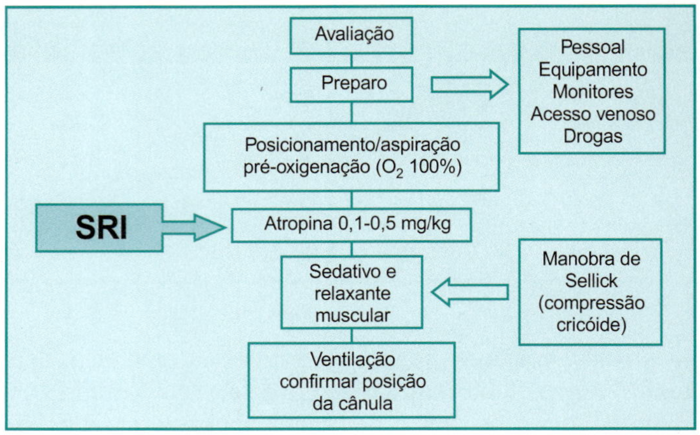

Fig. 59-1. Seqüência rápida de intubação.

Inicialmente, qualquer criança vítima de trauma deve receber oxigênio a 100% e monitorização da oximetria de pulso, além de desobstrução mecânica da via aérea com aspiração de secreções com sonda de grosso calibre (Sonda de Yankauer, de preferência). Se a criança não consegue manter a via aérea pérvia espontaneamente, a manobra de tração da mandíbula ou uma via aérea orotraqueal (Guedel) podem ser utilizadas. A via aérea nasotraqueal pode ser utilizada em crianças que não sofreram trauma de crânio.

Se o paciente melhora após as condutas acima, mas não consegue sustentar espontaneamente a via aérea pérvia, a intubação intratraqueal está indicada. A intubação orotraqueal é preferível em relação à nasotraqueal.[19,27] Além de a via orotraqueal ser de mais fácil obtenção, a via nasotraqueal está contra-indicada em situações como otorréia, rinorréia liquórica, equimoses ao redor dos olhos e orelhas pela suspeita de fratura de base do crânio. Durante o procedimento de intubação, é obrigatória a passagem de uma sonda gástrica de grosso calibre com o objetivo de esvaziar o conteúdo gástrico pré-intubação, bem como evitar o risco de aspiração do conteúdo gástrico para a via aérea.

Devido às particularidades da via aérea pediátrica, o número de complicações da intubação traqueal previamente à admissão na unidade de cuidado intensivo pediátrica podem atingir taxas de até 66% em crianças menores que 1 ano.[28] Um mecanismo que pode facilitar a intubação em crianças com uma via aérea normal, produzindo inconsciência, paralisia e melhorando as condições gerais para visualização da via aérea, é a seqüência rápida de intubação (SRI). Nos dias de hoje, a SRI é considerada por muitos especialistas o procedimento de escolha para a intubação orotraqueal.[27] Apesar de facilitar a intubação, algumas drogas que aumentam a pressão intracraniana ou que causam hipotensão devem ser evitadas no paciente vítima de trauma, tornando a escolha das medicações extremamente cautelosa e dependente do grau e do tipo de trauma. A SRI deve seguir os passos propostos na Figura 59-1. Quanto à escolha do melhor sedativo (indutor anestésico) e do melhor bloqueador neuromuscular, as principais drogas e seus efeitos benéficos e colaterais estão listados no Quadro 59-6.[29,30]

Quadro 59-6. **Sedativos e relaxantes musculares para crianças politraumatizadas**

Agente	*Dose intravenosa (mg/kg)*	*Vantagens e desvantagens*
Midazolam*	0,05-0,15	Propriedade amnésica Pode causar hipotensão
Cetamina	1-2	Efeito simpático (aum. FC e PA) Aumenta secreção oral Aumenta pressão intracraniana
Tiopental*	2-5	Propriedade neuroprotetora Pode causar hipotensão
Propofol	2-3	Propriedade neuroprotetora Pode causar hipotensão
Etomidato	0,2-0,3	Propriedade neuroprotetora Preserva estabilidade hemodinâmica
Succinilcolina*	1-2	Ação rápida e duração ultracurta Aumenta pressão intracraniana Aumenta pressão intragástrica Bradicardia e hiperpotassemia
Rapacurônio	2-3	Ação rápida e curta duração
Rocurônio	0,6-1,2	Ação rápida em altas doses Duração intermediária Ação vagolítica (taquicardia)
Cisatracúrio	0,25-0,3	Altas doses para ação curta
Pancurônio	0,15	Altas doses para ação curta Ação vagolítica (taquicardia)
Vecurônio	0,1-0,3	Altas doses para ação curta Longa duração Sem ação vagolítica

Fonte: *Drogas preconizadas no ATLS.[18]

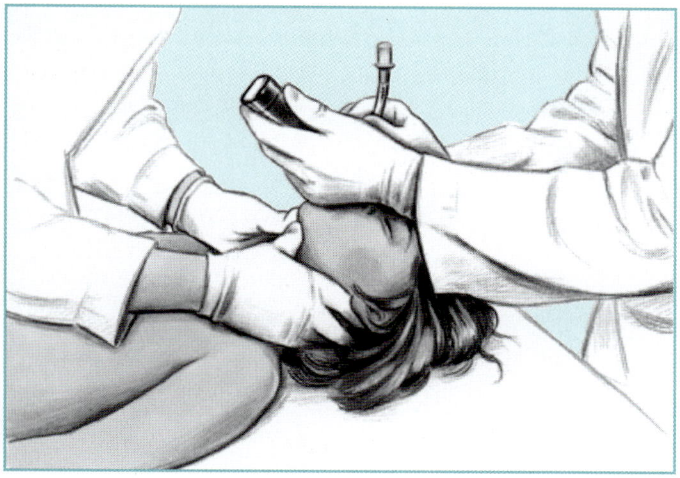

Fig. 59-2. Intubação orotraqueal em criança vítima de trauma. O segundo examinador mantém a estabilidade da coluna cervical. *American Heart Association – Pediatric Advanced Life Support. Circulation,* 2000.

Máscara laríngea/Cricotireoidostomia. Se não for obtido sucesso na intubação após várias tentativas, a máscara laríngea pode ser utilizada. O seu uso vem sendo encorajado em situações como falha nas tentativas de intubação intratraqueal e para paramédicos não habituados a esse procedimento no atendimento pré-hospitalar.[31] Outra opção de via aérea em casos de insucesso é a realização da cricotireoidostomia, geralmente realizada em traumas faciais graves, de preferência ao método por punção.[19]

Durante a obtenção de uma via aérea pérvia e de ventilação adequada, deve-se manter a imobilização da coluna cervical. A cabeça deve ser mantida em posição neutra com o auxílio de um segundo reanimador (imobilização manual). Esta deve ser mantida até o estabelecimento de via aérea, quando finalmente deve ser utilizado colar cervical rígido ou fixação com qualquer material rígido (frascos de soro, talas de madeira). Preferencialmente, deve ser utilizado o colar cervical proporcional ao tamanho da criança, até uma lesão raquimedular ser definitivamente afastada por método de imagem. A mortalidade em crianças vítimas de trauma com lesão raquimedular é de aproximadamente 42% (Fig. 59-2).[13]

Respiração

Em crianças vítimas de trauma múltiplo, cerca de 4,5% têm trauma torácico. A grande maioria desses traumas está relacionada com acidentes automobilísticos, com um aumento recente das lesões por armas de fogo e armas brancas.[4,6,7,10]

As lesões que levam a pneumotórax hipertensivo são potencialmente fatais, pois desviam estruturas do mediastino, com compressão cardíaca, de grandes vasos e pulmão contralateral, comprometendo simultaneamente a ventilação e o débito cardíaco. Lesão de grandes vasos ou de estruturas do mediastino pode resultar no acúmulo de líquido entre as pleuras, como hemotórax, quilotórax ou hemopneumotórax. Todas essas lesões necessitam de descompressão ou drenagem pleural de urgência. Para o pneumotórax hipertensivo, uma toracotomia com agulha (punção com agulha) deve ser realizada imediatamente no 2º espaço intercostal, na linha hemiclavicular. Para tratamento definitivo, deve ser realizada drenagem pleural com drenos de diâmetros pediátricos no 5º espaço intercostal, na linha axilar média.[18]

O pneumotórax por trauma fechado é pouco freqüente na infância. Já o pneumotórax aberto (ferimento perfurante) e o tórax instável (múltiplas fraturas de arcos costais) são extremamente raros. Para tratamento do pneumotórax aberto, deve-se restituir a integridade da parede torácica com gaze estéril no local da lesão com posterior drenagem torácica para prevenir pneumotórax hipertensivo. No tórax instável recomendam-se intubação intratraqueal imediata e ventilação com pressão positiva.

Circulação/Choque

A grande maioria dos traumas múltiplos graves resulta em perdas sangüíneas significativas; portanto, assim que a via aérea e a ventilação adequadas forem estabelecidas, a avaliação e o tratamento da circulação são as prioridades. O choque hemorrágico normalmente é causado por lesão esplênica ou hepática (discutido em trauma abdominal), mas fraturas ósseas com lesão vascular, hemotórax, fraturas pélvicas e hemorragia intracraniana também são fatores importantes de perda sangüínea.

Qualquer alteração da circulação se apresenta como choque. O choque é uma situação clínica caracterizada por oferta inadequada de oxigênio e substratos metabólicos para atender às necessidades metabólicas da célula.

A volemia de uma criança varia entre 70 a 80 ml/kg, e uma perda sangüínea que poderia ser considerada pequena no adulto pode levar uma criança a um quadro de choque. Os sinais de choque podem ser observados imediatamente após o trauma ou podem evoluir gradualmente. Os primeiros sinais de falência respiratória aparecem após uma perda sangüínea de aproximadamente 15% da volemia, com taquicardia, diminuição da intensidade dos pulsos periféricos, extremidades frias e aumento do tempo de enchimento capilar. A hipotensão só estará presente após uma perda mínima de aproximadamente 25 a 30% da volemia, sendo assim um sinal tardio do choque no trauma.[32] Os sinais clínicos e a classificação do choque hemorrágico em relação à gravidade estão presentes no Quadro 59-7.[13,19]

O tratamento da criança vítima de trauma em choque deve ser imediato e vigoroso, para controle de hemorragias externas, acesso vascular rápido e reposição volêmica agressiva.

- *Controle de hemorragias externas:* deve ser imediato e realizado com compressão direta da lesão com compressas estéreis. Compressas finas são melhores que compressas grossas e volumosas por não dissiparem a pressão exercida na lesão. É contra-indicada a utilização de torniquetes. Fraturas devem ser imobilizadas com talas apropriadas.
- *Acesso vascular:* deve ser dada prioridade ao acesso venoso periférico, com pelo menos dois catéteres curtos e calibrosos, dando preferência às veias de membros superiores e tentando evitar acessos em cabeça e couro cabeludo. O tempo para considerar insucesso no acesso periférico deve

Quadro 59-7. **Classificação do choque hemorrágico em pacientes pediátricos vítimas de trauma baseado em sinais sistêmicos**

Sistema	*Classe I (perda < 15% da volemia)*	*Classe II (perda de 15 a 25% da volemia)*	*Classe III (perda de 26 a 39% da volemia)*	*Classe IV (perda ≥ a 40 % da volemia)*
Cardiovascular	Freq. cardíaca normal ou discretamente elevada	Taquicardia	Taquicardia significativa	Taquicardia intensa
	Pulsos normais	Pulsos periféricos podem estar diminuídos	Pulsos periféricos filiformes	Pulsos centrais filiformes
	Pressão arterial normal	Pressão arterial normal	Hipotensão	Hipotensão significativa
	pH normal	pH normal	Acidose metabólica	Acidose significativa
Respiratório	Freqüência normal	Taquipnéia	Taquipnéia moderada	Taquipnéia grave
SNC	Ansioso	Irritado, confuso	Irritado ou letárgico	Letárgico
	Responsivo	Responsivo	Resposta diminuída à dor	Comatoso
Pele	Quente, rósea	Extremidades frias, rendilhado	Extremidades frias, rendilhado, palidez	Extremidades frias, palidez, cianose
Rins	Débito urinário normal	Oligúria	Oligúria	Anúria
		Densidade aumentada	Uréia aumentada	

Modificado do *American College of Surgeons, Advanced Trauma Life Support,* 6a ed, Chicago, *American College of Surgeons;* 1997 e Young GM, Eichelberger MR. *Pediatric Critical Care* – Fuhrman BP, Zimmerman JJ, Mosby. 2nd ed, 1998.

ser o tempo de duas tentativas (na orientação do ATLS).[19] No PALS *(Pediatric Advanced Life Support)* deve ser considerado insucesso após três tentativas ou o tempo de 90 segundos, com maior flexibilidade se o paciente estiver estável.[33]

Como segunda opção, graças à facilidade de obtenção e segurança, deve ser realizada tentativa de acesso intra-ósseo. Anteriormente limitado a pacientes menores de 6 anos, atualmente pode ser realizada em crianças de todas as idades.[33] Deve ser dada preferência ao acesso tibial, na sua porção proximal (1 a 3 cm abaixo da tuberosidade da tíbia). Tíbia distal (maléolo medial), fêmur distal, crista ilíaca ântero-superior, rádio distal e ulna são outros exemplos de locais para inserção do acesso intra-ósseo. As complicações desse procedimento são raras.

Outras opções de acesso venoso em crianças vítimas de trauma são: dissecção venosa da veia safena (tornozelo) e inserção percutânea de catéter venoso de veias profundas (veia femoral, veia subclávia e veia jugular externa e interna), com preferência para a técnica de Seldinger.

- *Reposição volêmica:* na suspeita de choque, o procedimento inicial apropriado é a administração de volume, na forma de soluções cristalóides aquecidas (Ringer lactato ou soro fisiológico), com volume de 20 ml/kg. Como já citado anteriormente, a volemia da criança é de aproximadamente 80 ml/kg; portanto, se a solução cristalóide permanecesse no intravascular, seria suficiente para repor perdas de até 25% da volemia. Como apenas 25 a 30% do volume de cristalóides infundidos permanecem no intravascular, pode ser necessário repetir o volume de 20 ml/kg até três vezes, totalizando 40 a 60 ml/kg.

Em pacientes com perda sangüínea importante e que mantêm sinais de choque apesar de reposição volêmica inicial com cristalóides adequada, deve-se administrar reposição sangüínea no volume de 10 ml/kg de concentrado de hemácias ou 20 ml/kg de sangue total de acordo com a gravidade do trauma e choque. Em circunstâncias extremas, sangue tipo O negativo pode ser utilizado. Convém relembrar que necessidade de transfusão sangüínea maior que 20 ml/kg está relacionada a maior mortalidade.[24] Um algoritmo para manuseio do choque pós-trauma em pediatria é apresentado na Figura 59-3.

A escolha do melhor fluido para reposição volêmica no trauma continua a ser motivo de controvérsia. A opção por soluções cristalóides pela grande maioria dos hospitais e cursos (como ATLS) se fundamenta na maior facilidade de obtenção da solução, facilidade de estocagem e disponibilidade, menor preço e menor risco de complicações. Para o Colégio Americano de Cirurgiões, o cristalóide de escolha deve ser o Ringer lactato, e a solução salina 0,9% ou soro fisiológico (SF) deve ser a segunda opção. Essa escolha se deve ao potencial risco de acidose metabólica hiperclorêmica com ânions não-mensuráveis normais, pelo uso excessivo de soro fisiológico na reposição inicial. De maneira geral, essa acidose ocorreria pela diluição do bicarbonato sérico após administração de grandes volumes de fluidos para reposição plasmática que não contém bicarbonato (soro fisiológico). Esse componente de acidose, associado a hipercapnia, hipoperfusão, hipóxia celular e produção de ácido láctico, contribuiria para comprometimento da função miocárdica, menor resposta a drogas e agentes inotrópicos e menor perfusão renal, com aumento da mortalidade.[34]

Quanto aos colóides, sua principal vantagem está na sua manutenção por tempo mais prolongado dentro do intravascular, necessitando de volumes totais menores para reposição volêmica inicial.

Independentemente do fluido inicial escolhido, pacientes que recebem reposição volêmica adequada, resultando em aumento da pré-carga (volume diastólico final do ventrículo direito), têm uma melhor perfusão de órgãos em comparação com pacientes que mantiveram pré-carga normal e necessitaram de associação com inotrópicos.[35]

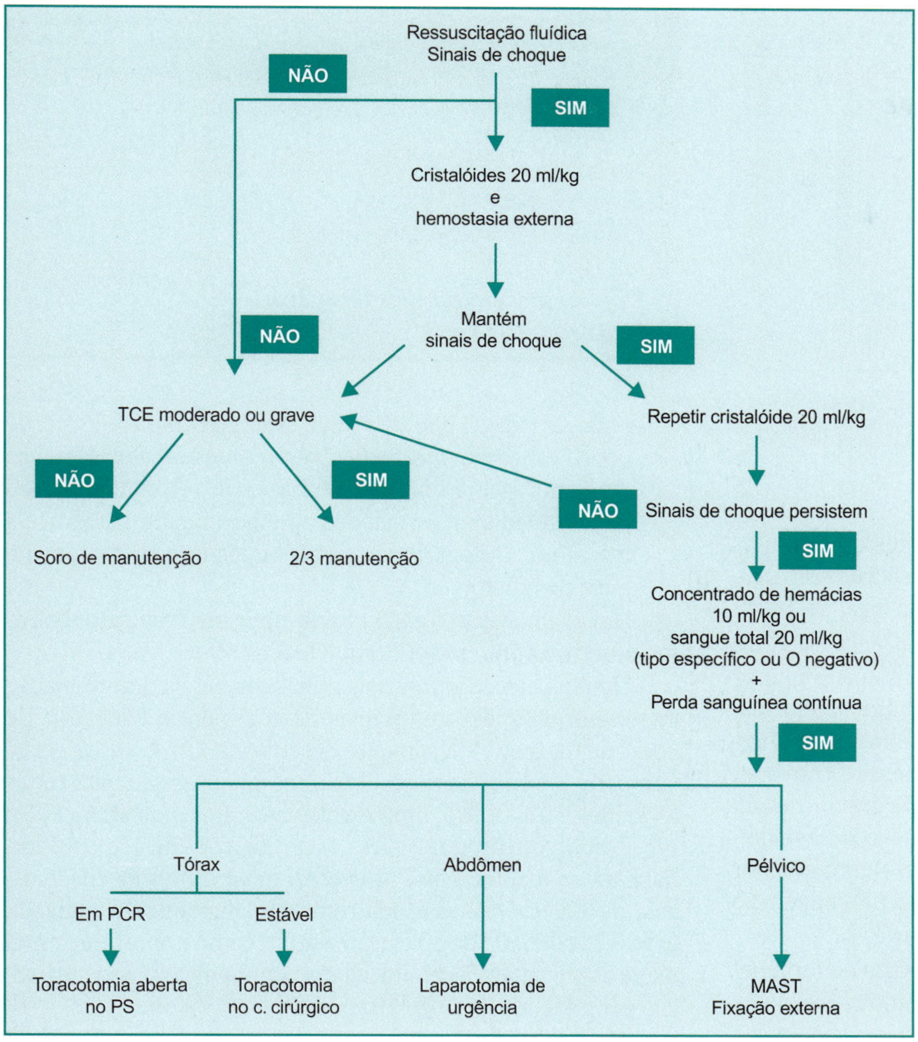

Fig. 59-3. Algoritmo para manuseio do choque pós-trauma. (Modificado de Young GM, Eichelberger MR. *Pediatric Critical Care* – Fuhrman BP, Zimmerman JJ, Mosby. 2nd ed., 1998.)

A utilização de calças médicas antichoque *(Medical Anti-shock Trousers* – MAST) não tem sido eficaz no manuseio do choque hemorrágico em crianças. Exceção deve ser feita às fraturas graves de pelve. Sua utilização tem sido desencorajada pela alta incidência de complicações, como síndrome compartimental e fenômenos isquêmicos.[33]

Após manuseio inicial na sala de emergência, a terapia hemodinâmica pode ser otimizada com monitorização de parâmetros hemodinâmicos dentro da unidade de terapia intensiva. Apesar de pouco utilizado em pediatria, o catéter de artéria pulmonar (Swan-Ganz) pode auxiliar o manuseio de pacientes politraumatizados com choque. Em estudo prospectivo, Bishop *et al* mostraram que terapêutica para manter valores supranormais de índice cardíaco, oferta do oxigênio ($\dot{D}O_2$) e consumo de oxigênio ($\dot{V}O_2$) pode reduzir a mortalidade quando comparada com a terapêutica habitual. Esses resultados devem ser interpretados com cautela devido ao número pequeno de pacientes envolvidos no estudo.[36]

TRAUMA CRANIOENCEFÁLICO

Em crianças vítimas de trauma múltiplo, o trauma cranioencefálico (TCE) grave está presente em aproximadamente 50% dos casos, com 75% de todas as hospitalizações por trauma. O seu impacto é extremamente significativo, já que respondem por 80% das mortes secundárias a politraumatismo.[30,37]

Geralmente o TCE apresenta diferenças demográficas em relação à idade da criança. Enquanto em adultos e adolescentes o TCE na maioria das vezes é secundário a acidentes automobilísticos e lesões intencionais (arma de fogo), em crianças menores causas como acidentes domésticos (quedas) e lesões secundárias a recreação (bicicleta, *skate*, patins) ganham importância, embora também haja uma alta incidência de acidentes automobilísticos.

As lesões cranioencefálicas não-acidentais (intencionais) em lactentes jovens também representam uma proporção importante dos TCE em menores de 2 anos. Nesses politraumatismos por abuso, aproximadamente 20% apresentam TCE, sendo conhecido como *shaking baby,* ou "bebê sacudido".[38]

As quedas de alturas são causas importantes de TCE em lactentes, apresentando uma incidência de aproximadamente 50% de TCE em pacientes vítimas de quedas.[9] Essa maior proporção de TCE em lactentes vítimas de quedas pode ser explicada pela maior massa cefálica proporcional ao resto do corpo, aumentando a chance de impacto com a cabeça. Assim como no trauma abdominal, a altura da queda não parece in-

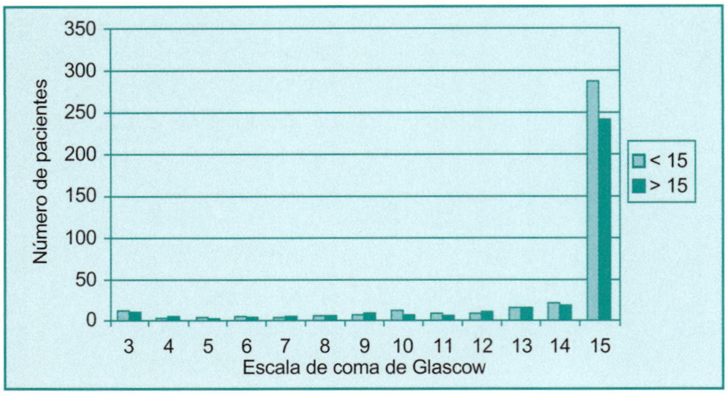

Fig. 59-4. Crianças vítimas de quedas < 15 pés e > 15 pés, comparadas pela escala de coma de Glascow. (DE Wang *et al* – *J Pediatr Surg* 36(10), 2001.

Quadro 59-8. Exame neurológico rápido para crianças com politrauma
1. Nível de consciência
2. Avaliação pupilar
3. Movimentos oculares
4. Fundo de olho
5. Avaliação motora/Resposta motora
6. Resposta à dor
7. Reflexos profundos/Reflexos cerebrais
8. Padrão da respiracão

terferir na gravidade da lesão, sugerindo que quedas de alturas baixas (< 4 m) podem produzir energia de desaceleração suficiente para produzir hemorragia intracraniana (Fig. 59-4).[9]

- *Particularidades do TCE em crianças/Principais diferenças em relação aos adultos:* existem diferenças anatômicas importantes entre o cérebro da criança e do adulto. A principal delas está no rápido crescimento do cérebro da criança, que dobra de tamanho nos primeiros 6 meses e com apenas 2 anos já atinge 80% do tamanho do cérebro de um adulto. Outra diferença se encontra no espaço subaracnóide relativamente menor da criança, que oferece menor proteção e conseqüentemente maior suscetibilidade do parênquima cerebral a lesões estruturais.

  Em lactentes, que ainda apresentam abertura de fontanela e não-consolidação das linhas de sutura cranianas, os sinais clínicos de hipertensão intracraniana são muito mais tardios do que nos adultos.

  Todas essas diferenças tornam a criança mais susceptível a lesões secundárias a hipóxia, hipotensão, convulsões e hipertermia. Portanto, a restauração rápida e adequada da volemia e a atenção para evitar hipóxia e convulsões são de extrema importância no manuseio da criança com TCE e conseqüentemente no seu prognóstico.
- *Avaliação:* o tratamento inicial deve ser direcionado para a manutenção da ventilação e parâmetros hemodinâmicos estáveis, bem como a avaliação da extensão das lesões. Durante ou logo após a estabilização inicial, uma avaliação neurológica mais detalhada deve ser realizada, a fim de identificar lesões potencialmente graves que representem risco de vida. O pediatra deve estar atento para lesões de couro cabeludo, lacerações, depressões ou afundamento craniano. Hematoma periorbitário ou retroauricular (ou somente edema) associados a hemotímpano e liquorréia (nasal ou otológica) são sinais sugestivos de fratura de base de crânio.

  Um exame neurológico rápido pode ser realizado de forma objetiva, como sugerido no Quadro 59-8.

  Um dos mecanismos mais utilizados para a determinação da extensão da lesão e do nível de consciência é a escala de coma de Glascow. Inicialmente descrita em 1974, a escala clássica para adultos não apresenta a mesma precisão para todas as idades.[39] Com isso, uma escala específica para crianças foi idealizada, com modificações das pontuações de resposta verbal para se adaptar à fase pré-verbal de lactentes jovens. A escala de Glascow modificada tem sido amplamente utilizada graças à facilidade de aplicação, não só como importante arma diagnóstica na avaliação inicial mas também com boa correlação prognóstica (Quadro 59-9).[12,30]

  Além da avaliação clínica, toda criança com trauma cranioencefálico grave ou com alteração do nível de consciência deve ser submetida a uma avaliação radiológica secundária com radiografia simples de crânio, tomografia computadorizada (TC) e, dependendo do caso e da gravidade, ressonância magnética e angiografia cerebral.

  Embora seja amplamente utilizada, a radiografia simples de crânio é de pouco auxílio no TCE, sendo sua importância na avaliação inicial questionada, já que, mesmo na presença de fratura de crânio, ela não dá maiores informações quanto à extensão e à gravidade da lesão. Mesmo para traumas leves, em crianças sem comprometimento neurológico, o custo da realização de radiografias de crânio de rotina não compensa os poucos benefícios que ela pode proporcionar.[37] Já a tomogra-

Quadro 59-9. Escala de coma de Glascow modificada (6-12 meses)

Abertura ocular		***Melhor resposta verbal***		***Melhor resposta motora***	
Espontânea	4	Vocalização de vogais	5	Obedece a comando	6
Estímulo verbal	3	Balbucio	4	Localiza estímulo	5
Estímulo doloroso	2	Reconhece com choro ou sorriso	3	Flexão inespecífica	4
Sem resposta	1	Geme ao ser estimulada	2	Postura de flexão (decorticação)	3
		Sem resposta	1	Postura de extensão (descerebração)	2
				Sem resposta	1

fia computadorizada tem grande valor na localização das lesões, sendo importante na indicação cirúrgica das crianças vítimas de TCE, sendo o exame de escolha para esses pacientes.

O TCE pode causar vários tipos anatomopatológicos de lesão, que podem ser divididos em cinco grupos:

1. **Ferimentos do couro cabeludo**: cortantes; contusos; com perda de substância e o hematoma subgaleal (extremamente freqüente em pediatria).
2. **Lesões ósseas**: fraturas lineares; fraturas cominutivas; afundamentos ósseos; hematoma subperiostal; fraturas da base do crânio e disjunções traumáticas das suturas cranianas.
3. **Lesões de dura-máter**: laceração; avulsão.
4. **Lesões do parênquima nervoso**: contusão cerebral; laceração cerebral; lesão axonal difusa.
5. **Hematomas intracranianos**: hematoma extradural; subdural e intraparenquimatoso.

O manuseio da criança vítima de TCE se inicia com o ABCDE já descrito anteriormente. Em particular, nesses pacientes, a condução adequada no atendimento pré-hospitalar e na sala de emergência é fundamental na determinação de um melhor prognóstico, já que quase 80% das crianças com TCE têm agravamento da lesão primária por hipóxia e/ou hipotensão e conseqüente aumento da morbimortalidade.[37,40]

A criança deve ser mantida em decúbito dorsal, com cabeça em posição neutra e elevação de 30°, facilitando o retorno venoso do sistema nervoso central, mantendo as veias jugulares desobstruídas com o objetivo de reduzir a pressão intracraniana (PIC).

Secundariamente, o pediatra deve concentrar todos os esforços para manter parâmetros hemodinâmicos estáveis, com o intuito de manter uma pressão de perfusão cerebral (PPC) maior que 50 mmHg. Para auxiliar nesse objetivo, a monitorização da PIC com um catéter intraventricular vem se mostrando extremamente útil, já que PPC = PAM – PIC. Catéteres subaracnóideos, extradurais e intraparenquimatosos também podem ser utilizados. Embora ainda não haja consenso de quais pacientes devem receber ou não essa monitorização, a escala de coma de Glascow < 8 e alteração na TC de crânio se mostraram bons parâmetros para o auxílio na indicação desse procedimento.[37] Geralmente não apresenta muitas complicações, sendo as principais hemorragia intracraniana em 1-2% dos casos e infecção em aproximadamente 5% dos casos.[41,42]

Em crianças com hipertensão intracraniana, se houver indicação, a resolução cirúrgica deve ser imediata. Em crianças com lesões difusas e sem indicação cirúrgica, o tratamento clínico deve ser instituído. A hiperventilação, mantendo PaO_2 em 100 mmHg e $PaCO_2$ entre 30 a 35 mmHg, leva a rápida diminuição do fluxo sangüíneo cerebral (cerca de 2 minutos) e conseqüente queda da PIC. Quedas maiores da $PaCO_2$ devem ser evitadas por levar a vasoconstrição excessiva, com diminuição importante do fluxo sangüíneo cerebral, podendo levar a isquemia.

Quanto ao tratamento medicamentoso, agentes hiperosmolares (manitol 0,5 a 1 g/kg) são substâncias que não atravessam a barreira hematoencefálica e possuem grande poder osmótico, com o objetivo de retirar água do tecido nervoso e passar para a corrente sangüínea, com potencial diminuição do edema e da PIC. Alguns autores sugerem uso conjunto de furosemida para diminuição do efeito rebote pós-manitol. A utilização de corticóide sistêmico não parece alterar a evolução do paciente agudamente ou quanto à morbimortalidade. Já o uso de barbitúricos, como o tionembutal, com dose de ataque de 3 a 5 mg/kg e dose de manutenção de 10 a 20 mcg/kg/minuto, pode ser útil na diminuição do metabolismo cerebral e também na diminuição do tônus vascular e conseqüentemente da PIC. Alguns autores preconizam a utilização profilática de anticonvulsivantes, sendo o mais utilizado o hidantal.[30,37]

Embora ainda não seja encarada como uma terapêutica viável em pacientes vítimas de trauma, alguns autores sugerem a utilização de hipotermia, principalmente em pacientes com TCE grave. Segundo as grandes revisões e no ATLS, a hipotermia deve ser fortemente combatida devido ao seu aumento na mortalidade. O real papel da hipotermia no trauma grave ainda não está estabelecido.[43]

Quanto ao manuseio dentro da unidade de terapia intensiva, deve ser dada atenção para as principais complicações presentes nos quadro de TCE grave como hiperglicemia, *diabetes insipidus*, síndrome da secreção inapropriada do hormônio antidiurético e infecções secundárias.

TRAUMA RAQUIMEDULAR

A incidência de trauma raquimedular em crianças americanas é de aproximadamente 18 casos por 1.000.000 crianças por ano, sendo a grande maioria desses em crianças maiores de 10 anos. De todos os pacientes vítimas de trauma, 2 a 3% apresentam trauma raquimedular, e desses até 25% sofrem progressão da lesão por atraso no diagnóstico ou condução inadequada durante o atendimento emergencial.[44] A incidência é maior em meninos, e as principais etiologias são acidentes automobilísticos e acidentes relacionados a brincadeiras de rua ou esportes, além do aumento recente do número de lesões raquimedulares secundárias a violência (ferimentos por arma de fogo e arma branca).

Clinicamente, a criança se apresenta com dor cervical, parestesias, retenção fecal ou urinária, fraqueza de membros e inabilidade de mobilizar o pescoço. Em estágios mais avançados ou traumas mais graves, a criança pode apresentar alterações específicas da motricidade ou sensibilidade no exame neurológico, espasmos dos músculos cervicais, choque neurogênico (bradicardia, hipotermia e hipotensão), priapismo, íleo paralítico, instabilidade térmica, reflexos anormais, síndrome de Horner e mioclonias. Como nos outros tipos de trauma, o exame clínico é o maior aliado do pediatra para um diagnóstico preciso.

Considerando todas as lesões traumáticas da coluna vertebral, 55% ocorrem na região cervical, 15% na região torácica, 15% na transição toracolombar e 15% na região lombossacra.[19] Na maioria das vezes, o trauma cervical se apresenta como fratura vertebral sem déficit neurológico (60%), mas também pode se apresentar com fratura e lesão medular (20%) ou somente com lesão medular (20%).[45]

Devido à maior freqüência e importância, será dada maior ênfase às lesões cervicais. Quanto à localização das lesões cervicais, diferentemente do adulto, a criança menor de 8 anos apresenta cerca de 30% das lesões abaixo de C3 (em adultos essas lesões representam 85%). As principais lesões cervicais em crianças são em nível de C2 e C3.[30,44-46] Isso pode ser explicado pelas diferenças anatômicas e biomecânicas existentes entre adultos e crianças. Em primeiro lugar, os ligamentos interespinhosos e as cápsulas articulares são mais flexíveis; os corpos vertebrais têm forma de cunha, sendo mais baixos em sua face anterior, tendendo ao deslizamento anterior com a flexão; as facetas articulares são planas, e a diferença da proporção cabeça-corpo é maior na criança, propiciando uma força maior aplicada ao pescoço.

As principais lesões secundárias ao trauma cervical são:

1. Lesão medular sem alteração radiológica (do inglês: SCIWORA = *spinal cord injury without radiographic abnormality).*
2. Luxação atlantoccipital.
3. Fratura do processo espinhoso.
4. Fratura do atlas (C1).
5. Fraturas do áxis (C2): fraturas do odontóide/fraturas dos elementos posteriores de C2.
6. Fratura por compressão do corpo vertebral.

O manuseio da criança vítima de trauma raquimedular deve seguir o atendimento normal para qualquer tipo de trauma, que, além do ABCDE, envolve a correta imobilização cervical. A imobilização cervical é mais bem atingida colocando-se a criança em cima de uma superfície rígida, com colar cervical apropriado para a idade para manter a coluna cervical em posição neutra (deve ser utilizado em crianças maiores que 1 ano). As regiões frontal e mentoniana devem ser imobilizadas com faixas à superfície rígida, como mostrado na Figura 59-5.

Após imobilização, o paciente deve ser transferido para investigação radiológica, se as condições clínicas gerais (principalmente respiratórias, hemodinâmicas e neurológicas) permitirem o transporte. Convém lembrar que, após imobilização adequada, qualquer investigação para suspeita de lesão cervical pode ser postergada até ser atingida estabilização completa do paciente, e que o principal objetivo do manuseio inicial consiste em evitar agravamento de lesão preexistente ou causar nova lesão.

Na avaliação radiológica da coluna cervical, é importante que sejam analisadas a base do crânio, as sete vértebras cervicais e a primeira vértebra torácica. Para a visualização completa devem ser solicitadas radiografias simples da coluna cervical: lateral, ântero-posterior (AP) e transoral (para melhor visualização de C1 e C2). Quando não é possível visualizar todas as sete vértebras cervicais na radiografia lateral convencional, deve ser realizada uma radiografia em posição de nadador para melhor visualização das vértebras cervicais inferiores e torácicas superiores. A incidência lateral e suas complementações citadas resultam em sensibilidade de aproximadamente 92% da radiografia simples (Fig. 59-6).[19]

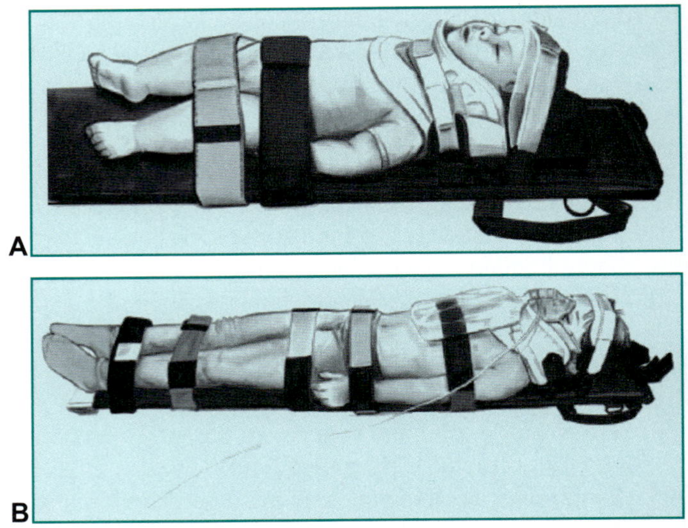

Fig. 59-5. Imobilização da coluna cervical. **(A)** Em lactente. **(B)** Em escolar. *American Heart Association. – Pediatric Advanced Life Support. Circulation,* 2000.

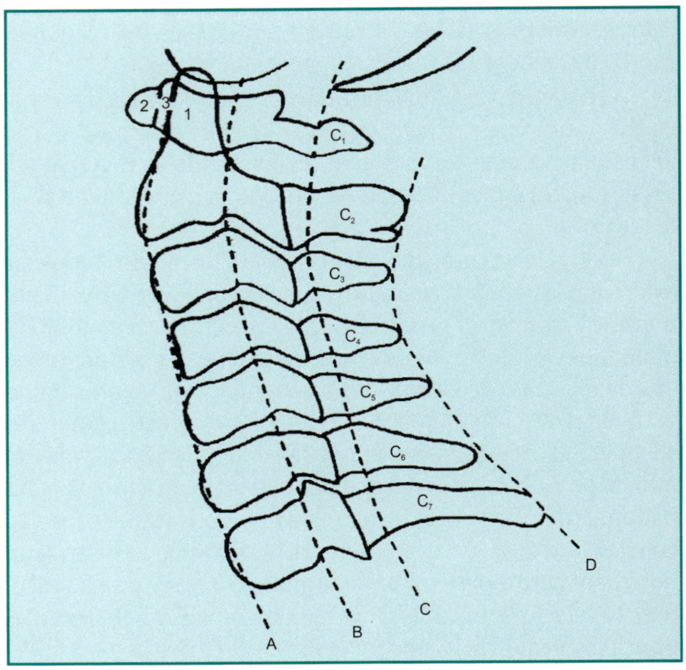

Fig. 59-6. Critérios para considerar Rx de coluna cervical normal. Modificado de Manary MJ *et al, Pediatr Annals,* 1996. *1.* Todos as sete corpos vertebrais devem ser claramente visualizados, incluindo a transição C7–T1. *2.* Avaliar o alinhamento adequado do linha cervical posterior e das quatro curvas lordóticas: ligamento longitudinal anterior (A), ligamento longitudinal posterior (B), linha espinolaminal (C) e bordas dos processos espinhosos (D). Não devem ser visualizados descontinuidades. *3.* Avaliar o processo pré-dental (3), medindo 3 a 4 mm em crianças. *4.* Avaliar cada vértebra à procura de fraturas e/ou aumento da densidade (sugestivo de fratura por compressão). *5.* Avaliar os espaços intervertebrais e interespinhosos. Angulação abrupta de 11° em um dos espaços é anormal. *6.* Avaliar se há falha dos processos espinhosos, sugestivos de rompimento do ligamento posterior. *7.* Avaliar a região atlantoccipital. *8.* Avaliar a distância de tecidos moles pré-vertebral; < 7 mm C2 e < 5 mm em C3-C4.

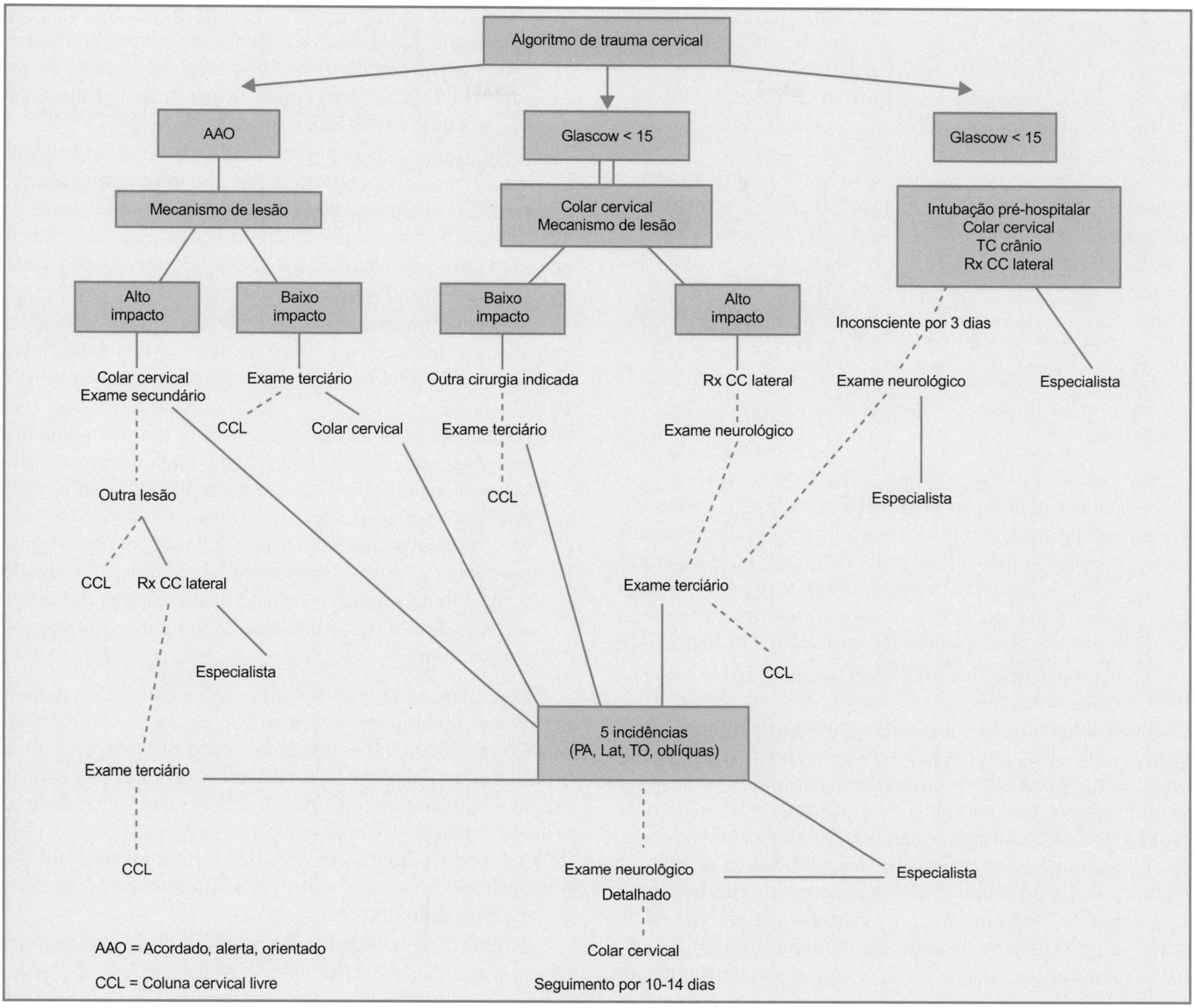

Fig. 59-7. Algoritmo para trauma cervical. Modificado de Banit *et al. J Trauma,* 2000.

Em crianças com lesão medular, comprovada por tomografia computadorizada ou ressonância magnética, estudos multicêntricos mostram que o uso de corticóides em altas doses pode ser benéfico. Deve ser utilizada metilprednisolona – dose de ataque de 30 mg/kg em 30 minutos, seguida de dose de manutenção por 23 horas (após pausa de 45 minutos) de 5,4 mg/kg/hora, diluídos em 500 ml de solução fisiológica (NaCl 0,9%). Em todos os pacientes com indicação de corticoterapia, deve ser realizada profilaxia para úlcera de estresse. Essa terapêutica só está indicada até 8 horas pós-trauma. Se o ataque foi realizado entre 4 e 8 horas, a manutenção deve ser ampliada para 48 horas.

Apesar de ainda ser controverso para alguns autores, principalmente por problemas metodológicos nos trabalhos multicêntricos realizados, a lesão medular traumática (dentro das primeiras 8 horas) se constitui na única indicação para utilização de corticoterapia nos pacientes com trauma múltiplo, com boa evidência científica até o momento atual.[46] Na Figura 59-7 está o algoritmo para trauma cervical.

TRAUMA ABDOMINAL

O trauma abdominal pode ser classificado em aberto ou fechado. O trauma fechado corresponde a aproximadamente 85% dos traumas abdominais na faixa etária pediátrica.[30,47] Acidentes automobilísticos, atropelamentos, quedas, acidentes com bicicletas e abuso representam as principais causas de traumas fechados, com mortalidade de 9%.[30,48] As lesões em vísceras sólidas como baço, fígado e rins são mais comuns em relação à lesão de vísceras ocas, sendo o baço o órgão mais acometido.[49] Em relação aos traumas fechados por quedas, a diferença entre as alturas das quedas parece interferir no tipo de lesão, aumentando a incidência de lesões abdominais, principalmente em vísceras sólidas como fígado e baço em quedas < 4 m (Fig. 59-8).[9]

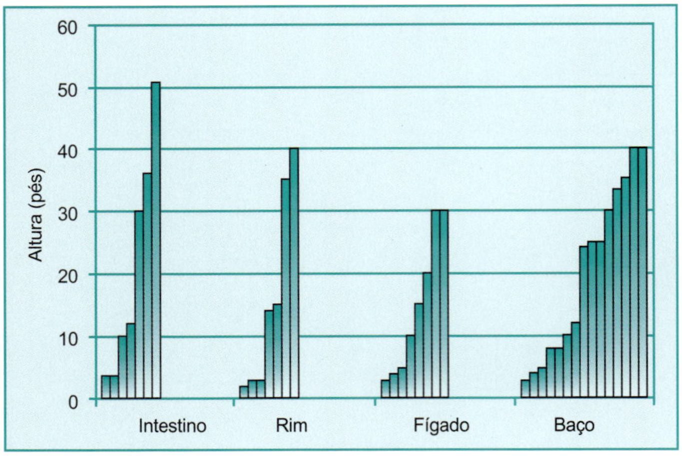

Fig. 59-8. Altura da queda (em pés) em relação à lesão de órgãos abdominais.

O trauma abdominal penetrante geralmente é causado por projétil de arma de fogo ou lesão por arma branca. Normalmente a lesão por projétil de arma de fogo é mais grave em relação à lesão por arma branca por diferença de energia cinética. Pacientes que são vítimas de ferimento por arma de fogo apresentam lesões intraperitoneais graves em 89% dos casos.[50]

O reconhecimento de uma lesão potencialmente grave se inicia com o exame físico do abdômen, incluindo inspeção da parede abdominal à procura de áreas com perda cutânea, equimoses, lesões perfurantes e distensão abdominal. A palpação pode ser dolorosa e com contrações involuntárias (defesa) sugerindo lesão intra-abdominal. Alterações do exame físico da porção superior do abdômen, associadas a fratura de costelas, são fortes indicadores de lesão de baço ou fígado. Alterações no terço médio do abdômen são indicadores de lesão de intestino delgado. Também deve ser realizada inspeção da pelve devido à possibilidade de lesão vesical associada a fratura de bacia. A ruptura de bexiga extraperitoneal se apresenta com dor à palpação suprapúbica, e a ruptura intra-abdominal se apresenta com distensão abdominal generalizada.[48]

Geralmente os exames laboratoriais não são muito úteis no diagnóstico e na determinação da extensão do trauma abdominal; contudo, alguns deles podem sugerir o órgão acometido: elevação das transaminases pode sugerir lesão hepática não-específica; aumento da amilase e lipase pode indicar lesão pancreática; no exame de sedimento urinário, a presença de hematúria mostra-se altamente sensível na determinação de lesão renal.[51]

- *Diagnóstico radiológico no trauma abdominal:* crianças com suspeita de lesão de vísceras intra-abdominais por trauma fechado, após estabilização inicial, devem ser submetidas a exames radiológicos para confirmação da suspeita clínica e melhor definição da extensão da lesão. O ultra-som (US) e a tomografia computadorizada com contraste (TC) abdominal são os exames mais utilizados para esses pacientes, sendo a última considerada exame de escolha, podendo ser utilizada para identificar lesões hepáticas, esplênicas, renais, pancreáticas e vesicais.[38] Nos Estados Unidos, um comitê desenvolveu um sistema de graduação para estimar a extensão das lesões abdominais *(The Organ Injury Scaling Committee of the American Association for the Surgery of Trauma)*, com a utilização de imagens tomográficas, evitando explorações cirúrgicas.[52-54]

  O ultra-som também pode ser utilizado no diagnóstico de lesões abdominais traumáticas, porém com menor precisão que a tomografia computadorizada. O US pode identificar com boa sensibilidade a presença de líquido livre na cavidade abdominal, que é um forte indicador de lesão visceral, entretanto com baixa especificidade para identificar o tipo e o grau de lesão.[55]

  Convém lembrar que, apesar de serem armas diagnósticas importantes para a criança vítima de trauma, os exames radiológicos só são úteis nas crianças hemodinamicamente estáveis.
- *Lavado peritoneal diagnóstico:* constitui um procedimento extremamente útil na criança hemodinamicamente instável para diagnóstico de sangramento intra-abdominal. Deve ser realizado com solução de Ringer lactato ou solução fisiológica aquecida, sendo infundidos 10 ml/kg no peritônio por aproximadamente 10 minutos. O resultado é considerado positivo caso se aspire sangue durante a inserção do catéter ou um número superior a 100.000 eritrócitos/mm^3.[19]

Resumidamente, pode-se dizer que a escolha do melhor método secundário (após exame físico) para auxílio no diagnóstico de lesões intra-abdominais depende principalmente do estado hemodinâmico do paciente. Portanto, se a criança está hemodinamicamente estável, deve ser dada prioridade ao exame com maior precisão que é a TC com contraste. No caso de a criança apresentar instabilidade hemodinâmica, o US e principalmente o lavado peritoneal se tornam mais úteis devido à facilidade de obtenção.

É importante ressaltar que a positividade de qualquer um desses exames auxiliares não se constitui em indicação absoluta de cirurgia. Muitos sangramentos de baço, fígado ou rim podem cessar espontaneamente, o que torna a reavaliação clínica, sempre acompanhada da avaliação de um cirurgião, a principal arma diagnóstica para indicação de cirurgia.

O manuseio não-operatório do trauma abdominal fechado baseado em parâmetros fisiológicos e não em achados tomográficos tem se mostrado eficiente em estudos recentes.[39,56] Mehall *et al,* em trabalho em prospectiva, apresentavam um algoritmo que mostra que crianças com lesão de vísceras sólidas podem ser seguramente conduzidas com monitorização de parâmetros hemodinâmicos e, se permanecerem estáveis, podem até ficar na enfermaria, sem cuidados intensivos, diminuindo o tempo de internação (Fig. 59-9).[57]

No caso de lesões perfurantes ou lesão em vísceras ocas, o tratamento cirúrgico deve ser imediato.

- *Lesões viscerais particulares da faixa etária pediátrica:* devido à falta de desenvolvimento do tônus muscular do abdômen, os hematomas de duodeno, lesões pancreáticas, perfurações de intestino delgado e avulsões do mesentério são mais freqüentes na criança do que no adulto. A ruptura de

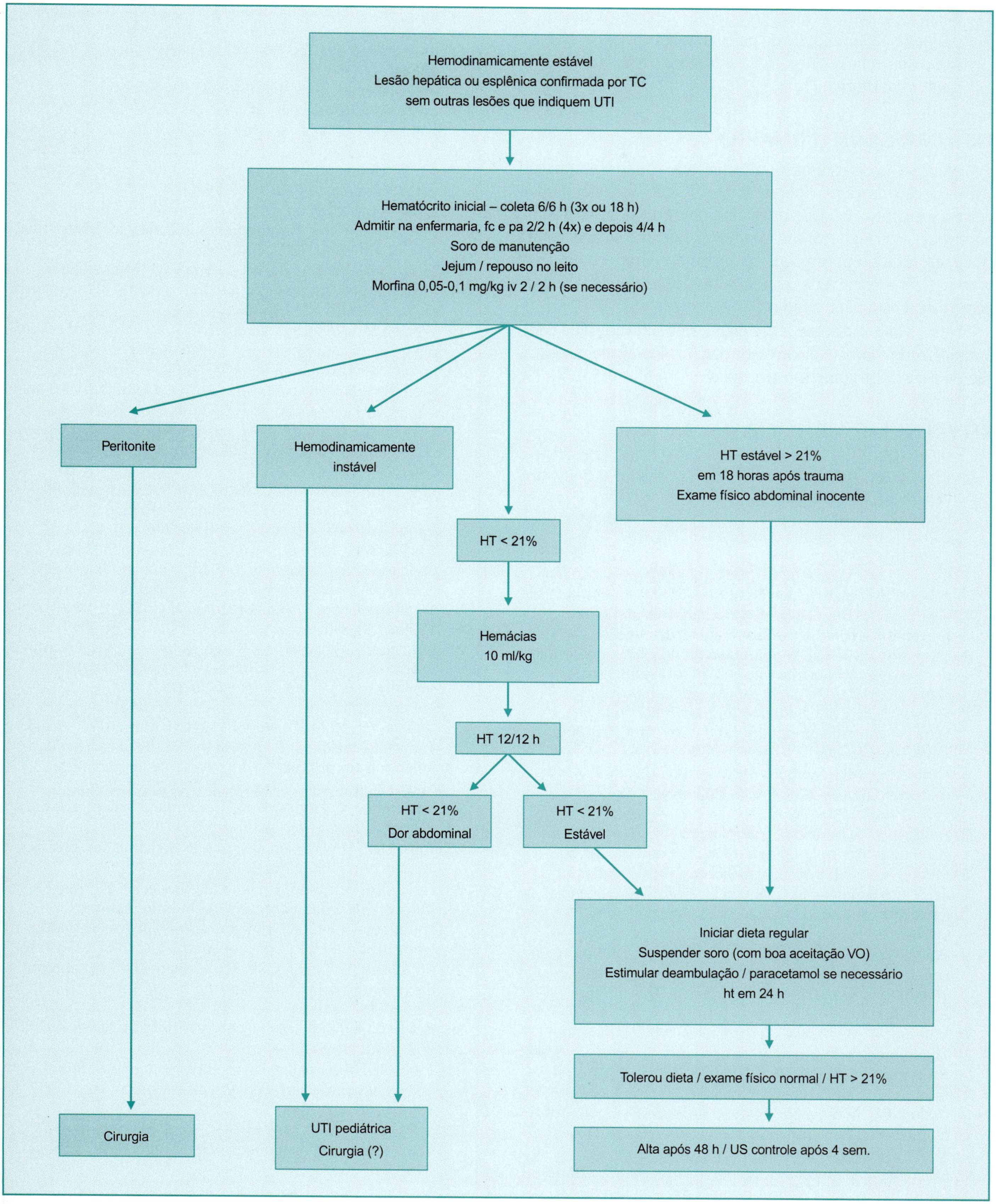

Fig. 59-9. Algoritmo do manuseio do paciente hemodinamicamente estável com lesão de víscera abdominal. Modificado de Mehall et al. *J Am Coll Surg,* 2001.

bexiga também é mais freqüente na criança devido à pequena profundidade da pelve. Lesões em baço e fígado são comuns na criança, mas raramente necessitam de tratamento cirúrgico.[19]

TRAUMA GENITURINÁRIO

A avaliação do trauma geniturinário em pediatria consiste em inspeção da região perineal, verificação da estabilidade pélvica e exame retal. Os principais sinais que indicam trauma potencial são: sangue no meato uretral, hematúria, hematoma labial, escrotal ou perineal. É extremamente importante lembrar que, na presença de qualquer um desses sinais, a sondagem vesical está contra-indicada.

Nesses casos, devem ser realizadas uma tomografia computadorizada e consulta com especialista para avaliar a indicação de possível tratamento cirúrgico.

REFERÊNCIAS BIBLIOGRÁFICAS

1. Vital Statistic of the United States, 1991, II. Mortality, Part B, Section 8, Table 8-5. Washinton DC: National Center for Health Statistics, 1995.
2. Cantor RM, Leaming JM. Evaluation and management of pediatric major trauma. *Emerg Med Clin Am* 1998;16:229–56.
3. Rice DP, Mackenzie EJ. Cost of injury in the United States: a report to Congress. San Francisco, California. Institute for Health and Aging, University of California and Injury Prevention Center, The Johns Hopkins University, 1989.
4. Ministério da Saúde. Mortalidade proporcional por grupos de causas e faixa etária. Centro de Processamento de Dados. Brasília, 1998. Fonte: www.datasus.gov.br.
5. Guyer B, Ellers B. Childhood injuries in the United States — mortality, morbidity, and cost. *Am J Dis Child* 1990;144:649–52.
6. Mello Jorge MH, Marques MB. Mortes violentas em menores de 15 anos no Brasil. *Bull of Sanit Panam* 1986;100(6):590–602.
7. Abramovici S, Souza RL. Abordagem em criança politraumatizada. *J Pediatria* 1999;75(Supl. 2).
8. Mello Jorge MH. Investigação sobre a mortalidade por acidentes e violências na infância. Tese Livre-Docência Faculdade de Saúde Pública da Universidade de São Paulo, 1988.
9. Wang MY, Kim KA, Griffith PM, Summers S, McComb JG, Levy ML, Mahour GH. Injuries from falls in the pediatric population: an analysis of 729 cases. *J Pediatr Surg* 2001;36(10):1528–34.
10. Moront ML, Williams JA, Eichelberger MR, Wilkinson JD. The injured child. An approach to care. *Pediatr Clin North Am* 1994;41(6):1201–26.
11. Contais E, Pault O, Giorgi R, Viard L, Camboulives J. Evaluating the prognosis of multiple, severely traumatized children in the Intensive Care Unit. *Intens Care Med* 2001;27:1511–7.
12. Orliaguet GA, Meyer PG, Blanot S, Jarreau MM, Charron B, Carli PA. Predictive factors of outcome in severely traumatized children. *Anesth Analg* 1998;87(3):537–42.
13. Young GM, Eichelberger MR. Evaluation, stabilization and initial management after multiple trauma. *In* Fuhrman BP, Zimmerman JJ: *Pediatric Critical Care.* 2nd ed. St. Louis: Mosby, 1998, pp 1212–20.
14. Baker SP, O'Neill, Haddon W Jr., Long WB. The injury severity score: a method for describing patients with multiple injuries and evaluating emergent care. *J Trauma* 1974;14(3):187–96.
15. Mayer T, Matlak ME, Johnson DG, Walker ML. The modified injury severity scale in pediatric multiple trauma patients. *J Pediatr Surg* 1980;15(6):719–26.
16. Boyd CR, Tolson MA, Copes WS. Evaluating trauma care: the TRISS method. Trauma score and the injury severity score. *J Trauma* 1987;27(4):370–8.
17. Osler T, Baker SP, Long W. A modification of the injury severity score that both improves accuracy and simplifies scoring. *J Trauma* 1997;43(6):922–5.
18. Tepas JJ, Mollitt DL, Talbert JL, Briant M. The pediatric trauma score as a predictor of injury severity in the injured child. *J Pediatr Surg* 1987;22(1):14–8.
19. Weigelt JA. *Advanced Trauma Life Support Student Manual.* 6th ed. Chicago: American College of Surgeons, 1997.
20. Pollack MM, Ruttiman EU, Getson PR. Pediatric Risk of Mortality (PRISM) score. *Crit Care Med* 1988;16:1110–6.
21. Cantais E, Paut O, Giorgo R, Viard L, Camboulives J. Evaluating the prognosis of multiple, severely traumatized children in the Intensive Care Unit. *Intens Care Med* 2001;27:1511–7.
22. Klen AS, Pollack MM, Glass NL. Resource use, efficiency, and outcome prediction in pediatric intensive care of trauma patients. *J Trauma* 1990;30:32–6.
23. Castello FV, Cassano A, Gregory P, Hammond J. The Pediatric Risk of Mortality (PRISM) score and Injury Severity Score (ISS) for predicting resource utilization and outcome of intensive care in pediatric trauma. *Crit Care Med* 1999;27:985–8.
24. Orliaguet GA, Meyer PG, Blanot S, Jarreau MM, Charron B, Buisson C, Carli PA. Predictive factors of outcome in severely traumatized children. *Anesth Analg* 1998;87(3):537–42.
25. Malone DL, Kuhls D, Napolitano LM, McCarter R, Scalea T. Back to basics: validation of the admission systemic inflammatory response syndrome score in predicting outcome in trauma. *J Trauma* 2001;51(3):458–63.
26. Thierbach AR, Lipp MDW. Airway management in trauma patients. *Anesth Clin North Am* 1999;17(1):1–21.
27. Tobias JD. Airway management for pediatric emergencies. *Pediatr Ann* 1996;25(6):317–20.
28. Easley RB, Selegeon JE, Haun SE, Tobias JD. Prospective study of airway management of children requiring endotracheal intubation before admission to a pediatric Intensive Care Unit. *Crit Care Med* 2000;28(6):2058–63.
29. McAllister JD, Gnauck KA. Rapid sequence intubation of the pediatric patient. *Pediatr Clin North Am* 1999;46(6):1249–84.
30. Ross AK. Pediatric trauma. *Anesthesiol Clin North Am* 2001;19(2):309–37.
31. Tobias JD. The laringeal mask airway: a review for the emergency physician. *Pediatr Emerg Care* 1996;12(5):370–3.
32. Schwaitzberg SD, Bergman KS, Harris BH. A pediatric trauma model of continuous hemorrhage. *J Pediatr Surg* 1988;23(7):605–9.
33. American Heart Association. Guidelines 2000 for Cardiopulmonary Resuscitation and Emergency Cardiovascular Care. Part 10: Pediatric Advanced Life Support. *Circulation* 2000;102(8)(Suppl. I):291–42.
34. Ho AM, Karmakar MK, Contardi LAH, Ng SSW, Hewson JR. Excessive use of normal saline in managing traumatized

patients in shock: a preventable contributor to acidosis. *J Trauma* 2001;51:173–7.

35. Miller PR, Meredith JW, Chang MC. Randomized, prospective comparison of increased preload versus inotropes in the resuscitation of trauma patients: effects on cardiopulmonary function and visceral perfusion. *J Trauma* 1998;44(1):107–13.
36. Bishop MH, Shoemaker WC, Appel PL, Meade P, Ordog GJ, Wasserberger J *et al.* Prospective, randomized trial of survivor values of cardiac index, oxygen delivery, and oxygen consumption as resuscitation endpoints in severe trauma. *J Trauma* 1996;40(5):852.
37. Dias MS, Borchers J, Hernan LJ, Tullous MW. Evaluation and management of pediatric head trauma. *In* Fuhrman BP, Zimmerman JJ: *Pediatric Critical Care.* 2nd ed. St. Louis: Mosby, 1998, pp 1221–48.
38. Merten DF, Osborne DRS. Cranialcerebral trauma in the child abuse syndrome. *Pediatr Ann* 1983;12:882–7.
39. Teasdale G, Jennet B. Assessment of coma and impaired consciousness. *Lancet* 1974;2:81–5.
40. Lam WH, MacKersie A. Paediatric head injury: incidence, aetiology and management. *Paediatr Anaesth* 1999;9:377–85.
41. Narayan RK, Kishore PRS, Becker DP. Intracranial pressure: to monitor or not to monitor? A review of our experience with severe head injury. *J Neurosurg* 1982;56:822–30.
42. North B, Reilly P. Comparison among three methods of intracranial pressure recording. *Neurosurgery* 1986;18:730–6.
43. Kirkpatrick AW, Chum R, Brown R, Simons RK. Hypotermia and the trauma patient. *Can J Surg* 1999;42:333–43.
44. Bannit DM, Grau G, Fisher R. Evaluation of the acute cervical spine: a management algorithm. *J Trauma* 2000;49(3):450–6.
45. Manary MJ, Jafee DM. Cervical spine injuries in children. *Pediatr Ann* 1996;25(8):423–8.
46. Nesathurai S. Steroids and spinal cord injury: revisiting the NASCIS 2 and NASCIS 3 trials. *J Trauma* 1998;45(6):1088–93.
47. Cooper A, Barlow B, DiScala C. Mortality and truncal injury: the pediatric perspective. *J Pediatr Surg* 1994;29(1):33–7.
48. Gilbert JC, Bailey PV. Abdominal trauma in pediatric critical care. *In* Fuhrman BP, Zimmerman JJ: *Pediatric Critical Care.* 2nd ed. St. Louis: Mosby, 1998, pp 1212–20.
49. Al-Shanafey S, Giacomantonio M, Jackson R. Splenic injuries in children: correlation between imaging and clinical management. *Pediatr Surg Int* 2001;17:365–8.
50. Muckard DDJ, Adool-Carrim ATO, King B. Selective conservative management of abdominal gunshot wounds: a prospective study. *Br J Surg* 1990;77:652–7.
51. Knudson MM, McAninch JW, Gómez R. Hematuria as a predictor of abdominal injury after blunt trauma. *Am J Surg* 1992;164:482–5.
52. Moore EE, Cogbill TH, Malangoni MA, Jurkovich GJ, Champion HR, Gennarelli TA *et al.* Organ injury scaling. II: pancreas, duodenum, small bowel, colon, and rectum. *J Trauma* 1990;30(11):1427–9.
53. Moore EE, Shackford SR, Pachter HL, McAninch JW, Browner BD, Champion HR *et al.* Organ injury scaling: spleen, liver, and kidney. *J Trauma* 1989;29(12):1664–6.
54. Leone Jr. RJ, Hammond JS. Nonoperative management of pediatric blunt hepatic trauma. *Am Surg* 2001;67:138–42.
55. Goletti O, Ghisell G, Lipollis PV. The role of ultra-sonography in blunt abdominal trauma: results in 250 consecutive cases. *J Trauma* 1994;36(2):178–84.
56. Bond SJ, Eichelberger MR, Gotchall CS, Sivit CJ, Randolph JG. Nonoperative management of blunt hepatic and splenic injury in children. *Annals Surg* 1996;223(3):286–9.
57. Mehall JR, Ennis JS, Saltzman DA, Chandler JC, Grewal H, Wagner CW, Jackson RJ, Smith SD. Prospective results of a standardized algorithm based on hemodynamic status for managing pediatric solid organ injury. *J Am Coll Surg* 2001;193(4):347–53.

60 Conduta Inicial no Grande Queimado

Dino Roberto Gomes • Maria Cristina do Valle Freitas Serra

Definimos queimadura como sendo uma lesão tecidual decorrente de um trauma térmico, elétrico, químico ou radioativo.

Estima-se que no Brasil ocorram em torno de 1.000.000 de acidentes/ano, sendo que 100.000 pacientes procurarão atendimento hospitalar e, desses, cerca de 2.500 pacientes irão falecer, direta ou indiretamente, de suas lesões.

Cerca de 2/3 dos acidentes ocorrem em casa, atingindo na sua maioria crianças e adolescentes, sendo que as crianças se acidentam mais com líquido superaquecido, e os adolescentes, com líquidos combustíveis (principalmente o álcool).

No Brasil, ainda são muito poucas as estatísticas sobre queimaduras, mas as causas mais comuns podem ser observadas na Figura 60-1.

SEQÜÊNCIA FISIOPATOLÓGICA[2,5]

Com o trauma térmico, há exposição do colágeno no tecido afetado e, conseqüentemente, ativação e liberação de histamina pelos mastócitos. A histamina provoca o aumento da permeabilidade capilar, que por sua vez permite a passagem de um filtrado plasmático para o interstício dos tecidos afetados, provocando, por um lado, importante edema tecidual e, por outro, significativa hipovolemia.

O sistema calicreína ativado produz cininas, que colaboram mais ainda para o aumento da permeabilidade capilar, agravando, por conseguinte, o edema tecidual e a hipovolemia.

As cininas e a exposição do colágeno ativam o sistema fosfolipase-ácido araquidônico, liberando prostaglandinas e, entre essas, a prostaciclina (PGI_2), aumentando ainda mais a permeabilidade capilar.

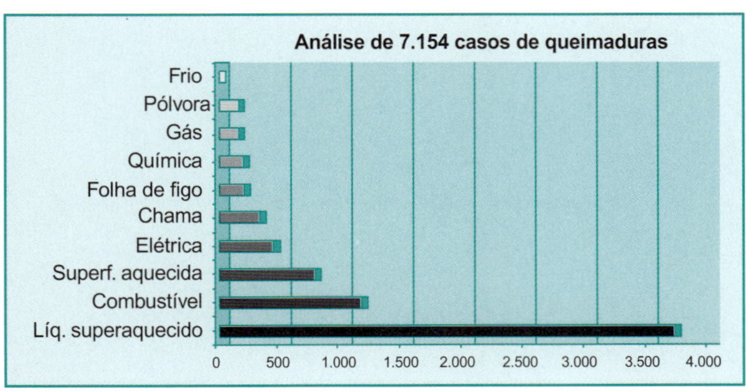

Fig. 60-1. Análise da Causa de Queimaduras (H. Andaraí, 7.154 casos, 2000/2001).

Uma outra via ativada é a do tromboxano, que, junto da plasmina e da trombina circulante, provoca depósito nas paredes desses capilares, provocando um aumento da pressão hidrostática de até 250% e contribuindo ainda mais para o edema tecidual.

O aumento da permeabilidade capilar decorrente da queimadura permite a passagem, através de poros muito aumentados, não só das soluções cristalóides como também das soluções colóides. Conseqüentemente, há importante edema dos tecidos afetados, e a passagem dos colóides ainda acarreta aumento da pressão coloidosmótica desses tecidos e agravando a retenção hídrica.

O conhecimento da fisiopatologia teve um impacto direto no aporte terapêutico de ressuscitação do queimado, em que são utilizadas as soluções cristalóides e evitadas as soluções colóides, na tentativa de minimizar o edema da queimadura.

Após a metabolização das substâncias desencadeadoras, o que ocorre em torno de 18 a 24 h, o poro capilar retorna ao seu diâmetro original, aprisionando todo esse colóide na área queimada e sustentando o edema tecidual.

Recentemente foi descrito, utilizando técnicas ultramodernas de micropipetagem celular, o aumento de 2.000 a 4.000 % de uma força de sucção intersticial que irá aumentar e facilitar a inundação tecidual acima descrita.

Somente alguns anos atrás foi provado que o aumento da permeabilidade capilar dos tecidos queimados só ocorre no tecido queimado e que o edema observado no tecido não-queimado se dá à custa da redução aguda da pressão coloidosmótica plasmática do paciente queimado.

Todos esses conhecimentos fisiopatológicos refletiram de uma maneira direta no moderno enfoque terapêutico do paciente queimado, reformulando não só a quantidade como a qualidade dos líquidos empregados na ressuscitação do choque do paciente queimado. Um outro ponto que difere enormemente da terapia dos anos 1940, 50 e 60 é a não mais utilização de fórmulas na reposição do choque do queimado, infundindo apenas as quantidades necessárias na manutenção de um débito urinário satisfatório e de um quadro hemodinâmico estável.

GRAVIDADE E PROGNÓSTICO

- Vários são os fatores que vão influenciar o prognóstico e determinar a maior ou menor gravidade de uma queimadura. Alguns fatores irão influenciar o prognóstico de uma maneira indireta. São eles:

- Doença de base.
- Agente causal (queimadura elétrica).
- Traumas associados.
- Idade do paciente (abaixo de 3 anos e acima de 60, prognóstico mais grave).
- Lesão de vias aéreas.

Dois fatores irão influenciar diretamente o prognóstico na lesão térmica:

- Profundidade da lesão.
- Extensão de superfície corporal queimada.

Quanto mais profunda e mais extensa, pior será o prognóstico de sobrevida desse paciente.

CLASSIFICAÇÃO DAS QUEIMADURAS QUANTO À PROFUNDIDADE

Lesão de primeiro grau

Atinge a camada mais externa da pele, a epiderme. Clinicamente, a região atingida se encontra hiperemiada, úmida e dolorosa. Esse tipo de queimadura não provoca alterações hemodinâmicas (Fig. 60-2). Ex.: os eritemas provocados pelos raios solares.

Lesão de segundo grau

Atinge tanto a epiderme como parte da derme, poupando uma parte dessa. Lesão úmida dolorosa, sendo a característica clínica mais marcante a formação das bolhas ou flictenas. Ex.: a escaldadura ou lesão térmica causada por líquido superaquecido (Fig. 60-3).

Lesão de terceiro grau

Acomete a totalidade das camadas da pele (epiderme e derme), e em muitos casos outros tecidos, tais como tecido celular subcutâneo, músculo e tecido ósseo. Clinicamente, apresenta um aspecto esbranquiçado ou marmóreo; há redução da elasticidade tecidual, tornando-se rígido. Pode apresentar por transparência vasos sangüíneos trombosados. É a mais grave de todas as lesões térmicas, provocando lesões deformantes. Pode ser de causa elétrica ou térmica (Fig. 60-4). Alguns autores consideram a lesão de "quarto grau" as áreas carbonizadas.

Sinais e sintomas da profundidade da queimadura são mostrados no Quadro 60-1.

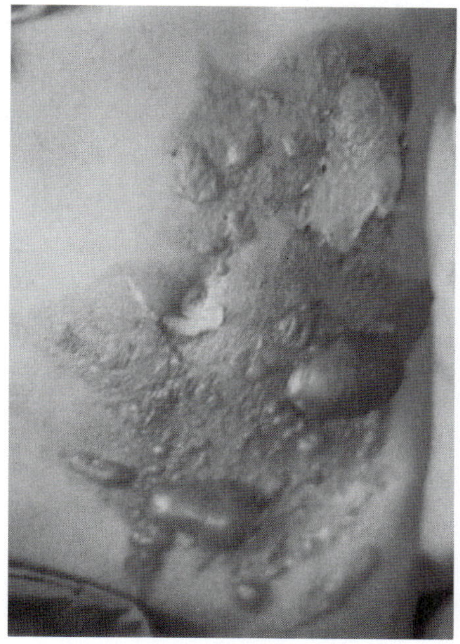

Fig. 60-3. Lesão de 2º grau. (Ver *Prancha* em *Cores.*)

Fig. 60-4. Lesão de 3º grau. (Ver *Prancha* em *Cores.*)

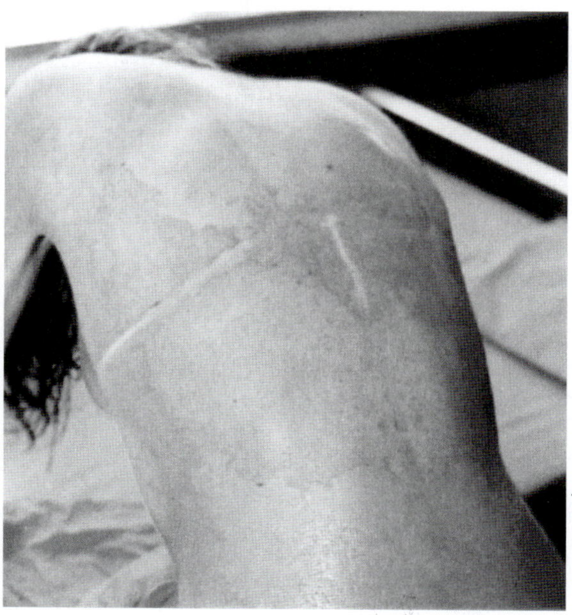

Fig. 60-2. Lesão de 1º grau. (Ver *Prancha* em *Cores.*)

Quadro 60-1. **Sinais e sintomas da profundidade da queimadura**

Grau	*Sinais*	*Sintomas*
Primeiro	Eritema	Dor
Segundo	Eritema + Bolha	Dor, choque
Terceiro	Branca nacarada	Choque
"Quarto"	Carbonização	Choque grave

DETERMINAÇÃO DA EXTENSÃO DA ÁREA QUEIMADA

Para determinação da superfície corporal, o diagrama de Lund e Browder é mais usado, estando adaptado às diversas faixas etárias. Em adultos, de uma forma mais grosseira, pode-se usar a fórmula dos "9", sendo considerados o tronco anterior e posterior como 18% da superfície corporal, a cabeça e cada membro superior, 9% e cada membro inferior, 18%. Em crianças, essa fórmula poderá ser modificada, devido à maior extensão corporal da cabeça. Consideramos a cabeça da criança 18% e os membros inferiores 9% (Quadro 60-2).

As **queimaduras graves**, que necessitam de internação imediata são as lesões de 2º grau que excedem 20% da SC, e de 3º grau as que excedem 10% da SC.

AVALIAÇÃO INICIAL DO GRANDE QUEIMADO

Em razão de a queimadura ser um processo dinâmico, o médico que faz o primeiro atendimento tem em suas mãos a possibilidade de modificar a evolução final da lesão se agir com rapidez, precisão e bom senso.

O princípio básico do atendimento é começar imediatamente pelo tratamento das condições que colocam a vida em risco para em seguida obter uma completa avaliação da área queimada. O sucesso desse atendimento dependerá da abordagem sistemática, realizada por uma equipe, atuando simultânea e coordenadamente.

É importante ter em mente que uma queimadura de qualquer tamanho pode ser uma lesão séria, e a observação dos princípios básicos de reanimação inicial no trauma e a aplicação, em tempo apropriado, de medidas simples de emergência, minimizam a morbidade e a mortalidade dessas lesões.

O roteiro do tratamento imediato pode ser resumido como:

A) As vias respiratórias e a respiração devem ser avaliadas imediatamente tentando afastar lesão por inalação. Checar vias aéreas com atenção para as queimaduras de vibrissas, escarro carbonado e história de confinamento que indicam inalação de fumaça. A lesão de coluna vertebral deve ser presumida, e a imobilização de todo paciente com história de trauma associado deve ser mantida até que radiografias sejam obtidas e as fraturas ou fraturas-luxações sejam excluídas.

B) Verificar a qualidade e a profundidade da respiração. Auscultar o tórax, checar lesão por inalação – oferta de oxigênio e umidificação, avaliar necessidade de intubação. Realizar gasometria arterial.
Queimaduras circunferenciais de 3º grau em tronco superior podem prejudicar a ventilação e devem ser rigorosamente monitoradas.

C) Instalar acesso venoso, preferencialmente periférico, com jelco, ou punção-dissecção de veia profunda, dependendo da situação. Iniciar reposição com Ringer lactato (2.000 ml em *bolus* para adultos e 30 ml/kg para crianças). Instalar catéter vesical para avaliar a diurese. O débito urinário deve ser mantido entre 30 a 50 ml/h para os

Quadro 60-2. Tabela de Lund Browder

Área	*1 ano*	*1 a 4*	*5 a 9*	*10 a 16*	*Adulto*	*T 2º G*	*T 3º G*	*Total*
Cabeça	19	17	13	11	7			
Pescoço	2	2	2	2	2			
Tronco anterior	13	13	13	13	13			
Tronco posterior	13	13	13	13	13			
Nádega direita	2,5	2,5	2,5	2,5	2,5			
Nádega esquerda	2,5	2,5	2,5	2,5	2,5			
Genitália	1	1	1	1	1			
Braço direito	4	4	4	4	4			
Braço esquerdo	4	4	4	4	4			
Antebraço direito	3	3	3	3	3			
Antebraço esquerdo	3	3	3	3	3			
Mão direita	2,5	2,5	2,5	2,5	2,5			
Mão esquerda	2,5	2,5	2,5	2,5	2,5			
Coxa direita	5,5	6,5	8	8,5	9,5			
Coxa esquerda	5,5	6,5	8	8,5	9,5			
Perna direita	5	5	5,5	6	7			
Perna esquerda	5	5	5,5	6	7			
Pé direito	3,5	3,5	3,5	3,5	3,5			
Pé esquerdo	3,5	3,5	3,5	3,5	3,5			
Total								

T 2º G e T 3º G: total de 2º e 3º graus.

adultos e 1 ml/kg/hora para as crianças.
Elevar cabeceira para reduzir edema nas queimaduras de face, checar lesões outras: oculares, face em geral.

D) Checar nível de consciência. Avaliar se houve traumatismo craniano concomitante Classicamente, o paciente queimado está lúcido e orientado. A desorientação pode ser hipóxia.
E) Para uma completa avaliação do paciente queimado, é necessário remover as roupas do paciente. O resfriamento da área queimada só tem valor quando aplicado imediatamente após o acidente, que pode ser feito envolvendo a vítima com um lençol embebido em água, bloqueando com isso a onda de calor que continua agindo no tecido queimado por alguns minutos. A água não precisa estar gelada, pois pode provocar hipotermia e a temperatura ambiente já se encontra bem abaixo da temperatura do tecido queimado.

Se o paciente vai ser transferido, as queimaduras de segundo grau devem ser cobertas para aliviar a dor, não-devendo romper bolhas ou aplicar agentes anti-sépticos. Antibióticos profiláticos não estão indicados logo após a queimadura.

Devem ser retirados todos os anéis, relógios e outras jóias dos membros atingidos para prevenir isquemia.

TRATAMENTO IMEDIATO

Vias aéreas

Em pacientes com grande extensão de queimadura e vítimas de acidentes em ambientes fechados, devemos estar atento quanto à possibilidade de queimaduras de vias aéreas, e todo o arsenal para a confirmação do diagnóstico deverá ser utilizado. Nesses pacientes, edema severo de vias aéreas pode se desenvolver, e, se houver qualquer dúvida quanto à necessidade de realização da intubação orotraqueal, ela deverá ser realizada. A intubação será sempre realizada naqueles pacientes atendidos com alteração do nível de consciência, avaliado na escala de Glasgow igual ou abaixo de 8, para proteção das vias aéreas da broncoaspiração. A broncoscopia deverá ser realizada precocemente para diagnóstico, toalete brônquica e auxílio nas intubações difíceis.

Os pacientes com suspeita ou confirmação da intoxicação por monóxido de carbono deverão receber oxigênio a 100%, conseguindo dessa forma mais rapidamente liberar a carboxiemoglobina das hemácias.

Pacientes com pequenas e médias queimaduras, principalmente quando vítimas de acidente com líquidos superaquecidos, dificilmente terão comprometimento de vias aéreas. Deverão ser examinados e observados quanto ao padrão respiratório. A gasometria arterial seriada ou a oximetria do pulso poderão ser úteis na avaliação. Não é necessário que esses pacientes, mesmo quando apresentem queimaduras da face, perioral ou que apresentem vibrissas nasais chamuscadas, sejam prontamente intubados, ou, pior ainda, traqueostomizados, procedimentos que aumentam em muito o risco de complicações como pneumonia, lesão pulmonar, estenose de traquéia, entre outros.

Hidratação

O aumento da permeabilidade capilar promove uma inundação dos tecidos queimados, provocada pela fuga maciça de filtrado plasmático. De maneira direta, há diminuição do volume circulante e conseqüentemente elevação do hematócrito a valores entre 45 e 55% nessa fase inicial, além do aumento da viscosidade sangüínea e da resistência vascular periférica.

A passagem desse filtrado plasmático, rico em proteínas, através dos poros capilares aumentados, provoca redução importante da pressão coloidosmótica plasmática e nova fuga de líquidos dos vasos para o interstício dos tecidos NÃO-queimados, resultando em hipovolemia severa.

O *burn shock* é simplesmente um grave choque hipovolêmico que se instala de forma rápida (Fig. 60-5).

MONITORIZAÇÃO DO CHOQUE DO QUEIMADO[1,3,4]

- *Freqüência cardíaca:* apesar de parecer um dado sem maior importância, trabalhos científicos mostraram validade estatística e é considerado um bom método. Freqüências acima de 120 bpm indicam insucesso na reposição.
- *Pressão arterial:* em paciente grande queimado, em decorrência da liberação maciça de catecolaminas endógenas, a pressão arterial não reflete volemia. Uma pressão arterial sistólica de 120 mmHg pode ocorrer em queimados em franca hipovolemia. A medida da pressão arterial não é considerada um bom parâmetro de monitorização hemodinâmica.
- *Pressão venosa central:* sua medida não é considerada um bom parâmetro, pois ela reflete apenas a situação das cavidades direitas do coração, não refletindo a volemia. Normalmente, nas primeiras 24 h após a lesão térmica, a PVC é igual a zero.
- *Débito cardíaco:* em queimados, as medidas do débito por métodos não-invasivos (bioimpedância transtorácica) não mostraram resultados fidedignos e por isso foram abandonadas. A medida invasiva do débito pelo catéter de Swan-Ganz é o mais preciso de todos os métodos para monitorar o choque do queimado. Porém, não devemos esquecer que, provavelmente pela grande manipulação do catéter e desenvolvimento de imensa microbiota cutânea, esse método apresenta um índice altíssimo de infec-

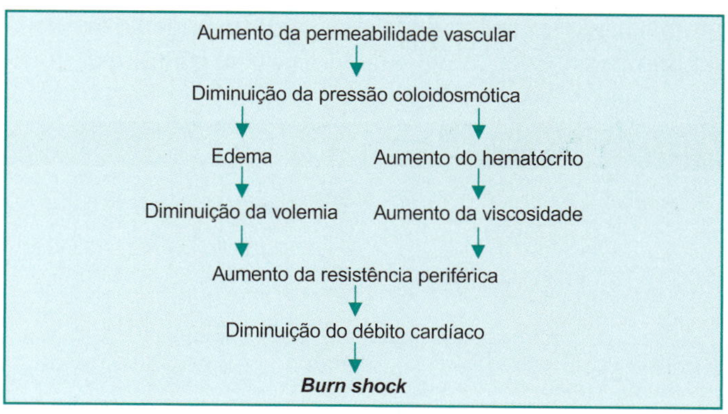

Fig. 60-5. Fisiopatologia do *Burn Shock.*

ção causada por catéter, devendo a sua indicação ficar restrita aos pacientes cardiopatas.

- *Débito urinário:* consideramos, entre todos os métodos de monitorização hemodinâmica durante a ressuscitação do paciente grande queimado, a medida do débito urinário horário o melhor de todos. Tanto pela sua praticidade quanto pela sua facilidade de realização, constitui o método indicado rotineiramente no paciente grande queimado. O débito desejado nos adultos é de 30 a 50 ml/h, e nas crianças, 1 ml/kg/h.
- *pH do sangue arterial:* também é considerado estatisticamente um bom método para acompanhar a terapêutica de reposição de um grande queimado, em que o pH permanentemente acidótico pode significar insucesso na reposição ou o pH equilibrado pode significar que a reposição volêmica está correta.

MÉTODOS DE REPOSIÇÃO DO CHOQUE

A reposição volêmica no choque do paciente queimado deve ser realizada com soluções cristalóides.

A escolha do líquido de reposição deverá obedecer a alguns critérios em relação ao estado clínico no qual o paciente se encontra por ocasião da chegada à unidade e também em relação ao tipo e à região afetada pela queimadura, pois irá influenciar o procedimento cirúrgico (Quadro 60-3).

Solução isotônica

A maioria dos centros de queimados dos Estados Unidos da América do Norte utiliza, na ressuscitação do choque do queimado, a solução de Ringer lactato.

Se for realizada a opção pela cirurgia tangencial precoce, sugerimos dar preferência ao método isotônico e não ao hipertônico, pois é considerado uma ressuscitação isovolêmica, não devendo desencadear hipotensão com o uso de anestésicos (quase sempre vasodilatadores).

Em resumo, infunde-se solução de Ringer lactato no intuito de manter o paciente com um débito urinário entre 30 e 50 ml/h, sendo esperado que um grande queimado necessite de 10, 12 ou até 16 litros nas primeiras 24 horas depois do acidente, para uma adequada ressuscitação. A conseqüência da reposição com grandes volumes é o enorme e desfigurante edema.

Nas primeiras 24 h após o acidente, só utilizamos soluções cristalóides, pois é o tempo necessário para a normalização da permeabilidade capilar. Após esse período, podemos iniciar a infusão de soluções colóides (albumina com o intuito de corrigir a pressão coloidosmótica no plasma e resgatar todo o excesso de cristalóides remanescente no interstício do tecido queimado e não-queimado).

Quadro 60-3. A escolha do tipo de solução

Chocado	*Não chocado*
Lesão grave de face	Queimadura de tronco
Queimadura circular de extremidades	Lesão não circular
Grande queimado ↓ Sol. hipertônica	Médio ou pequeno queimado ↓ Sol. isotônica

Solução hipertônica

É utilizada por muito tempo, desde a década de 80, a solução hipertônica na ressuscitação do paciente queimado, com bons resultados e praticamente sem complicações. Utilizávamos solução hipertônica com 250 mEq de Na^+ por litro de solução. Mas a partir de 1990, com a publicação do trabalho clássico de Baxter, propondo a utilização de soluções de cloreto de sódio a 7,5% complementando com solução isotônica de Ringer lactato a solução hipertônica alcançou a maioridade.

Temos utilizado com grande sucesso a solução hipertônica a 7,5 % de cloreto de sódio. Ela é constituída por 35 ml de NaCl a 20% e 65 ml de soro fisiológico, fazendo-se assim 100 ml de uma solução hipertônica a 7,5 % de cloreto de sódio, popularmente conhecida como "salgadão".

Inicialmente, administram-se 4 ml/kg (dose única), em infusão por 30 minutos, seguida da infusão de Ringer lactato isotônico na quantidade necessária para manter o débito urinário entre 30 e 50 ml/h.

As vantagens desse método são inúmeras, sendo a principal delas a menor necessidade de líquidos na ressuscitação (em média 1/3 a menos), e por conseguinte menor edema e menor morte tecidual.

Choque = Sol. hipertônica 7,5%
4 ml × kg + *Ringer lactato*
Volume necessário
30-50 ml diurese/h

Uma boa indicação para essa solução hipertônica consiste nos casos de pacientes que demoram no socorro médico e que se apresentem chocados por ocasião da entrada na emergência. A solução hipertônica provoca rápida recuperação do choque e pronto restabelecimento do débito urinário. Ela também é indicada nas grandes queimaduras de face com alto risco de desenvolvimento de edema e insuficiência respiratória e nas queimaduras circulares de extremidades, devido ao risco de garroteamento. A redução do edema poderá evitar a escarotomia mutilante.

Em pacientes nos quais a cirurgia tangencial precoce está indicada, não se deve utilizar as soluções hipertônicas, pois estas são consideradas ressuscitações do tipo **hipovolêmica** e podem desencadear severa hipovolemia durante a anestesia.

A solução hipertônica deve sempre ser infundida através de veia de grosso calibre para se evitar a flebite, além de ser contra-indicada na ressuscitação de recém-natos.

Apesar de ser um método relativamente novo (Baxter, 1990), temos encontrado excelentes resultados na sua utilização em muitos dos nossos pacientes, que, na maioria das vezes, já chegam em grau avançado de choque hipovolêmico.

Choque em crianças

A fisiopatologia da queimadura no paciente pediátrico, em termos gerais, não difere da dos adultos. Porém a criança, principalmente menor de 2 anos de idade, apresenta na sua fisiologia algumas peculiaridades que representam desvantagens. Ela é sempre um paciente queimado mais grave, quando comparado a um adulto com lesão semelhante. A diferença mais marcante é a sua maior superfície corporal em relação ao peso quando comparada ao adulto. Isso significa maior perda de água e calor, necessitando dessa forma de mais líquidos. O choque pode ocorrer rapidamente em crianças com superfície corporal queimada (SCQ) maior que 12%.

Utiliza-se a infusão de Ringer lactato ou soro fisiológico, nas primeiras 24 horas após o acidente nas crianças com queimaduras acima de 20% SC e na maioria das crianças pequenas com lesões acima de 10%. Os volumes iniciais administrados dessas soluções são de 30 ml/kg em 30 minutos, mantendo débito urinário em torno de 1 ml/kg/h.

A solução hipertônica a 7,5% administrada rapidamente em crianças pequenas pode ocasionar hemorragia cerebral. Por esse motivo, essa solução só deve ser utilizada em crianças acima de 3 anos de idade e que cheguem à emergência chocadas em razão da demora no socorro médico. A dose é de 4 ml/kg para correr em 20 minutos, infundida através de uma veia de grosso calibre para se evitar a flebite. Logo após, iniciamos a infusão de Ringer lactato na quantidade necessária para manter o débito urinário de 1 ml /kg/h. Em crianças que apresentem hemoglobinúria ou mioglobinúria, como é freqüente nas queimaduras elétricas, deve-se obter diurese em torno de 2 ml/kg/hora.

A escolha da solução colóide

A albumina constitui a melhor escolha, pois praticamente não apresenta nenhum risco, possui maior poder oncótico, não necessita de tipagem e é de fácil aquisição,

Na prática clínica, utilizamos a infusão de albumina, imediatamente após as 24 h iniciais decorridas da lesão térmica, em quantidade necessária para corrigir a volemia, esperando obtermos um débito urinário entre 30 e 50 ml/h (no adulto). Paralelamente, mantemos a infusão de Ringer lactato, como linha de manutenção venosa.

Essa estratégia (infusão × deb. urinário) deve ser continuada durante, no mínimo, 72 h, período esse necessário para a reestabilização hemodinâmica.

Duração da infusão de colóides

Os colóides são administrados praticamente durante toda a internação. Os colóides contribuem para o sucesso cirúrgico; a redução do edema permite melhor pega dos enxertos.

O controle da infusão é realizado através de dois indicadores: nível sérico de albumina e a presença de edema. O nível sérico de albumina deve ser mantido acima de 3 g%. Em relação ao edema, é importante a avaliação clínica diária, pois a presença de edema de uma região não-queimada é bastante sugestiva de hipoalbuminemia, na ausência de patologia renal ou cardiovascular subjacente.

Sem sombra de dúvida, o suporte nutricional correto irá determinar menor necessidade de infusão de colóides por toda a internação do queimado.

Em um grande queimado (85 % SCQ), chegamos a utilizar, em toda sua internação, 172 frascos de 50 ml com albumina a 20%.

Devemos nos preocupar em repor um adequado suplemento protéico ao queimado, através da suplementação dietética, para se evitar que o organismo lance mão da albumina como fonte energética.

ANALGESIA

A dor é sensação que praticamente todos os pacientes queimados experimentam, e deve ser aliviada mesmo antes que outras medidas de ressuscitação sejam tomadas. A profundidade e a extensão da queimadura estão relacionadas com a intensidade da dor. Muitos outros fatores também estão relacionados, tais como traumatismos associados, estado psicológico dos pacientes, detritos aderidos à queimadura, como tecido e alcatrão, nível de consciência, uso prévio de álcool ou outras drogas etc.

O uso de opiáceos em queimadura tem sido preconizado há mais de 150 anos. Na fase aguda do atendimento, permanece como a droga mais eficaz. Na admissão, com o paciente hipovolêmico, o opiáceo pode ser administrado intravenosamente, em pequenos *bolus*, sob supervisão dos parâmetros vitais. Uso intramuscular ou subcutâneo nessa fase deve ser evitado devido à redução do fluxo sangüíneo muscular e dérmico pela hipovolemia, levando posteriormente à absorção de grande quantidade da droga após a fase de ressuscitação, com risco de depressão respiratória, especialmente se doses repetidas forem usadas. O medo de levar o paciente posteriormente a dependência da droga e o medo da depressão respiratória levam o médico a não usar ou a administrar nos pacientes subdoses não-eficazes de opiáceo.

Para submetermos o paciente ao desbridamento, banho e curativo, usamos a associação de midazolam e ketamina.

ATENDIMENTO SEQÜENCIAL

Profilaxia da hemorragia digestiva

A hemorragia digestiva alta por lesão de mucosa gástrica tem como base fisiopatológica a isquemia da mucosa por diminuição da perfusão induzida pela hipovolemia. Portanto, a profilaxia inicial é a rápida e adequada ressuscitação volêmica. A alimentação precoce também atuará na prevenção, elevando de modo natural o pH gástrico. O uso de hidróxido de alumínio, bloqueador H_2 e bloqueador de bomba de prótons será útil naqueles pacientes graves que não conseguem se alimentar e ainda não iniciaram dieta enteral.

Profilaxia do tétano

A profilaxia do tétano deverá ser feita em todos os pacientes queimados, principalmente naqueles com lesões profundas, com importante comprometimento isquêmico tecidual.

Exames laboratoriais iniciais

São necessários para se avaliar o progresso subseqüente do paciente queimado. Colher amostra da sangue para os seguintes exames:

- Hemograma completo.
- Eletrólitos (sódio e potássio).
- Uréia e creatinina.
- Glicose.
- Proteínas totais e frações.
- Radiografia de tórax.
- ECG (nas queimaduras elétricas).

PROCEDIMENTOS INICIAIS ESPECÍFICOS DOS TIPOS DE QUEIMADURAS

Queimaduras elétricas

A corrente elétrica passando através de um indivíduo pode causar um dano interno extenso. Essas lesões são extremamente difíceis de se avaliar clinicamente e necessitam de reavaliação freqüente, pois tipicamente evoluem com o aprofundamento das lesões, levando às vezes à exposição de tendões e ossos, além de apresentarem significativas repercussões clínicas, dependendo da intensidade, duração e características do agente ao qual o paciente foi exposto.

Pode haver sérios danos do músculo e do tecido em torno do osso num membro em que a pele, a não ser no ponto de contato carbonizado, está intacta e não-lesionada. Uma preocupação maior é o efeito na atividade elétrica cardíaca normal. Arritmias sérias podem ocorrer mesmo depois que um ritmo cardíaco estável tenha sido obtido. É necessária uma monitorização cardíaca contínua durante as primeiras 24 horas após a lesão.

Queimaduras químicas

Agentes químicos devem ser removidos imediatamente da superfície do corpo com água corrente. O atraso dessa medida permite a continuação do dano ao tecido. Produtos químicos em pó devem ser retirados da pele antes de se lavar a área da superfície do corpo. Remover todas as roupas contaminadas. Nenhum agente tem sido superior à água. A irrigação deve ser contínua desde o cenário pré-hospitalar até que o paciente experimente uma diminuição da dor ou da ardência no ferimento. Esforços para neutralizar os agentes químicos são contra-indicados devido à geração de calor, que contribui para uma destruição do tecido. Lesões nos olhos por substâncias químicas requerem irrigação contínua.

Queimaduras faciais

São consideradas lesões sérias e usualmente requerem tratamento em um hospital.

Devido ao rico suprimento de sangue e ao tecido frouxo, as queimaduras faciais são associadas com a formação extensa de edema, podendo levar a alterações importantes de estruturas anatômicas, com dificuldade respiratória e/ou na ingesta de alimentos.

Para minimizar essa formação de edema, o tronco superior e a cabeça do paciente devem ser elevados a um ângulo de 30 graus. Nas crianças, a elevação da cabeça pode diminuir o potencial de convulsões durante a ressuscitação.

Queimadura dos olhos

Um exame cuidadoso dos olhos deve ser feito o mais precocemente possível, porque a rápida progressão do edema de pálpebra tornará o exame ocular extremamente difícil depois disso. A fluoresceína deve ser usada para identificar uma lesão de córnea, e nesses casos deve-se utilizar colírio ou pomada de antibiótico.

Queimadura das mãos e pés

São áreas de importância funcional e, como extremidades, propensas a maior comprometimento circulatório pelo pequeno calibre dos vasos.

O aspecto mais importante da avaliação física é determinar a situação vascular e a possível necessidade de uma escarotomia. A presença de um pulso radial não exclui a síndrome de compartimento. A monitorização dos pulsos digitais e palmares com o medidor ultra-sônico é o meio mais preciso de se avaliar a perfusão dos tecidos na mão.

Elevar a extremidade acima do nível do coração para minimizar a formação de edema. A movimentação dos membros envolvidos por 5 minutos a cada hora diminuirá o edema. Curativos somente prejudicarão a capacidade de monitorar a circulação e devem ser evitados.

Queimadura da genitália

Apresenta maior risco de contaminação. As queimaduras no pênis requerem a inserção imediata de um catéter de Foley para manter a abertura da uretra.

Escarotomias

As queimaduras profundas circulares podem funcionar como "garrotes", não permitindo a vascularização das extremidades. As escarotomias são incisões nessas áreas de queimadura profunda com o objetivo de descomprimir (incisões de descarga). Geralmente não é necessária anestesia para o procedimento, pois a área incisada é indolor em virtude da queimadura das terminações nervosas. Pode ser realizada ainda no tórax, para permitir movimentos respiratórios.

REFERÊNCIAS BIBLIOGRÁFICAS

1. Backer D, Dubois MJ. Assessment of the microcirculatory flow in patients in the intensive care unit. *Curr Opin Crit Care* 2001;7:200–3.
2. Kane TD, Johnson SR *et al.* Detection of intestinal bacterial translocation using PCR. *J Surg Res* 1996;63(1):59–63.
3. Nelson LD. The new pulmonary arterial catheters. *Crit Care Clin* 1996;12(4):795–817.
4. Rhodes A, Cusack RJ. Arterial blood gas analysis and lactate. *Curr Opin Crit Care* 2000;6:227–31.
5. Tadros T, Traber DL *et al.* Angiotensin II inhibitor DuP753 attenuates burn and endotoxin-induced gut ischemia, lipid peroxidation, mucosal permeability, and bacterial translocation. *Ann Surg* 2000;231:566–76.

61

Queimaduras das Vias Aéreas

Dino Roberto Gomes • Maria Cristina do Valle Freitas Serra • João de Lucena Gonçalves

Nas últimas três décadas ocorreram avanços significativos no tratamento das queimaduras. A compreensão da necessidade de reposição de líquidos quase eliminou a mortalidade devido ao choque hipovolêmico nas primeiras 24h. Da mesma forma, a melhor abordagem clínica e as cirurgias mais agressivas e precoces diminuíram a mortalidade do paciente gravemente queimado.

No entanto, a presença ou não de lesão pulmonar devido à inalação de gases, vapor ou partículas suspensas, resultante da combustão incompleta, continua sendo causa importante de mortalidade, podendo ser um determinante mais importante de gravidade que a profundidade e/ou extensão da queimadura.[6]

Dessa forma, torna-se obrigatório, ao examinar um paciente queimado, investigar a presença de queimadura das vias aéreas, mesmo que aparentemente o paciente não apresente sinais sugestivos dessa grave complicação, na maioria das vezes fatal.

LESÃO POR INALAÇÃO

As vias aéreas superiores são capazes de reduzir a temperatura do ar inspirado, protegendo o trato respiratório inferior das queimaduras. A lesão direta do calor na maioria das vezes permanece restrita à face, à orofaringe e às vias aéreas superiores. O ar superaquecido é rapidamente esfriado antes de alcançar o trato respiratório inferior. A exceção é o vapor, que possui cerca de 4.000 vezes mais capacidade de armazenar calor do que o ar.[3,4,5]

A lesão por inalação ocorre em três formas básicas, isoladamente ou em associação:

1. Envenenamento por monóxido de carbono (envenenamento).
2. Lesão por inalação acima da glote (lesão direta do calor).
3. Lesão por inalação abaixo da glote (lesão química).

Envenenamento por monóxido de carbono

No estrito senso, o envenenamento por monóxido de carbono (CO) não é uma lesão e sim uma intoxicação, sendo a causa mais comum de morte imediata relacionada a incêndios. O CO tem afinidade para a hemoglobina 200 a 240 vezes maior que o oxigênio (O_2), gerando a hipóxia tecidual, acidose e redução na oferta de O_2 ao cérebro. Isso é particularmente importante nos casos de pacientes torporosos e/ou que não tenham autonomia motora; crianças que não iniciaram a deambulação e ficam expostas por períodos prolongados e principalmente em ambientes fechados.

Cerca de 80% dos óbitos ocorrido no local do incêndio são por asfixia e ou envenenamento por monóxido de carbono. Níveis de carboxiemoglobina de 50-70% ou mais são normalmente encontrados nesses pacientes.

A hipóxia pode causar danos ao tecido pulmonar, mas a ameaça mais imediata de lesão é ao cérebro. Níveis de 15-40% podem causar sonolência ou perda da consciência. Níveis de carboxiemoglobina menores de 15% são geralmente encontrados em fumantes ou em motoristas de caminhão expostos ao tráfego intenso e são na maioria das vezes assintomáticos.

Pacientes com altos níveis de carboxiemoglobina podem ter uma coloração vermelho-cereja na pele, e pacientes com envenenamento por monóxido de carbono podem se apresentar seriamente hipóxicos sem cianose, apenas com palidez cutânea e labial. Embora o teor de oxigênio do sangue esteja reduzido, a PaO_2 não é afetada pelo envenenamento por CO, e tais pacientes freqüentemente não são taquipnéicos. Devido à variabilidade de sintomas, é essencial determinar o nível de carboxiemoglobina em pacientes expostos ao monóxido de carbono.

Pacientes com níveis altos de carboxiemoglobina devem receber oxigênio de 100% até que níveis menores de 15% sejam alcançados.

Em pacientes com suspeita de inalação de CO, que apresentem sinais neurológicos que não sejam revertidos com a administração de altas concentrações de oxigênio sob máscara, a utilização de oxigenoterapia hiperbárica está indicada.

Lesão por inalação acima da glote (lesão direta do calor)

A lesão direta por calor é rara e costuma ficar confinada à face, à orofaringe e às vias aéreas superiores, em razão da eficiente capacidade de troca de calor das vias respiratórias.

A lesão por inalação acima da glote pode ser térmica ou química, enquanto aquela abaixo da glote é normalmente química.

Lesões por calor das vias respiratórias superiores são normalmente sérias, e a obstrução, quando ocorre, pode progredir muito rapidamente em qualquer momento da reposição volêmica. Em pacientes severamente hipovolêmicos, o edema supraglótico pode ser retardado no início até que a reposição de líquidos esteja bem estabelecida.

Pacientes com queimaduras faríngeas, rouquidão ou estridor têm uma alta probabilidade de desenvolver obstrução das vias respiratórias superiores e devem ser intubados de urgência antes de serem transferidos ao Centro de Queimados.

Lesão por inalação abaixo da glote

O ar superaquecido é esfriado rapidamente antes de alcançar o trato respiratório inferior, pela eficiente permuta de calor na orofaringe, portanto a lesão no parênquima por insulto térmico é rara. A exceção é o vapor, que possui uma capacidade térmica muito superior à do ar.

A inalação de produtos de combustão determina alterações nas vias aéreas superiores e inferiores, em maior ou menor grau, estando relacionadas com o tipo e a quantidade de material de combustão inalado. Mudanças fisiopatológicas associadas à lesão abaixo da glote incluem:

- Atividade ciliar debilitada.
- Eritema.
- Edema.
- Ulceração de membrana mucosa.
- Circulação de sangue elevada.
- Espasmo de brônquios e bronquíolos.

Ocorre edema progressivo determinando obstrução da via aérea superior, broncoespasmo secundário a irritantes inalados, hiperemia do epitélio ciliado, presença de exsudação traqueobrônquica, obstrução das vias aéreas inferiores por edema e perda do mecanismo de depuração ciliar; microatelectasias difusas por perda de surfactante e mudanças na permeabilidade capilar pulmonar, resultando em edema pulmonar. A perda do mecanismo de depuração ciliar e a redução da função imunitária pulmonar facilitam o crescimento bacteriano e a pneumonia.

Nas grandes inalações de material de combustão, há queda na relação $PaO_2/FiO_2 < 200$ mmHg e importante elevação da resistência das vias aéreas, sendo que 20% dos pacientes que inalaram grande quantidade de material de combustão podem em curto período de tempo (24 a 30 horas) apresentar a síndrome de angústia respiratória

Na investigação da causa do acidente térmico, deve-se questionar se a queimadura:

- Ocorreu em ambiente fechado (porão, ficou preso em local fechado)?
- Houve inalação de fumaça (grandes incêndios com demora de resgate)?
- Houve inalação de vapor superaquecido (explosão de caldeira)?
- Existe história de inconsciência?
- Substâncias químicas nocivas estavam envolvidas?

■ *Quadro clínico*

A reação do tecido à lesão por inalação abaixo da glote é relacionada à quantidade e ao tipo de substâncias voláteis inaladas e é clinicamente imprevisível.

A angústia respiratória é normalmente evidente durante a exposição a gases nocivos, como amônia, cloro, cloreto de hidrogênio, cloreto de carbonila, aldeído, óxido sulfúrico e óxido de nitrogênio, que estão entre os muitos produtos de combustão conhecidos por produzirem lesão por inalação.

A traqueobronquite com espasmo severo e sibilos pode ocorrer nos primeiros minutos até horas após a lesão. Embora existam exceções, quanto maior a dose de fumaça absorvida, mais provável será que o paciente tenha um elevado nível de carboxiemoglobina, uma radiografia do tórax anormal na admissão e angústia respiratória nas primeiras horas após a lesão.

O começo dos sintomas é tão imprevisível que o paciente com possível lesão por inalação deve ser observado de perto por no mínimo 24 h.

O curso clínico dos pacientes com inalação de material de combustão pode ser dividido , de uma forma didática, em três estágios:

- *1º Estágio:* insuficiência respiratória aguda
  Ocorre dentro das primeiras 36 horas após a inalação e cursa com asfixia, envenenamento por monóxido de carbono, broncoespasmo, obstrução de vias aéreas e lesão do parênquima pulmonar.
- *2º Estágio:* edema pulmonar
  Ocorre em 5 a 30% dos pacientes, usualmente depois de 48 a 96 horas de queimadura.
- *3º Estágio:* broncopneumonia
  A obstrução inflamatória dos bronquíolos terminais e a necrose da mucosa endobrônquica tornam o parênquima pulmonar suscetível às infecções, que ocorrem 3 a 10 dias após a lesão em 15 a 60% de pacientes e cursa com mortalidade de 50 a 86%.

■ *Diagnóstico*

A queimadura das vias aéreas provoca uma lesão progressiva, entre elas o broncoespasmo intenso, que, conforme o agravamento do edema da mucosa brônquica lesionada, pode levar a um grave quadro de insuficiência respiratória.[8,10,11]

Sinais clínicos

- História de exposição a fumaça em locais fechados (paciente que está torporoso ou inconsciente).

Achados físicos

- Queimadura de face está presente em 70% dos pacientes com inalação, porém 70% ou mais dos pacientes com queimadura de face não têm lesão significativa em vias aéreas.
- Estridor e rouquidão são achados precoces e freqüentes, embora não possam predizer o curso clínico nem as seqüelas em longo prazo.

- Queimadura das vibrissas nasais e lacrimejamento são sinais sutis de inalação.
- Escarro carbonáceo é um sinal grosseiro de inalação, observado em quase metade dos pacientes. Está relacionado com o achado broncoscópico de fuligem na traquéia.
- Hipersecreção brônquica, tosse, ausculta pulmonar com roncos e sibilos difusos, dispnéia, desorientação e coma. Esses sintomas têm inicio, na maioria das vezes, 24 a 48 horas após a queimadura. O início mais precoce desses sintomas pode representar um sinal de gravidade.

Achados laboratoriais

- Hipoxemia e/ou elevação dos níveis de monóxido de carbono.

Em resumo, as manifestações clínicas da lesão por inalação são:

- Tosse metálica, voz rouca.
- Esforço respiratório.
- Agitação, taquipnéia.
- Roncos, sibilos, MV diminuído.
- Secreção pulmonar carbonácea.
- Queimadura das vibrissas nasais.

Métodos diagnósticos[2,7]

- *Radiografia de tórax:* não é um exame específico, pois na maioria das vezes é normal, mas deve ser solicitado em todos os casos, independentemente da suspeita de inalação de material de combustão.
- Gasometria arterial é realizada quando há suspeita de lesão por inalação. É um exame importante para avaliar e quantificar alterações na hematose, assim como para o diagnóstico precoce da hipoxemia grave (síndrome de angústia respiratória) e para acompanhamento evolutivo.
- Broncoscopia é o método diagnóstico mais eficaz Os achados positivos são edema de via aérea, ulcerações, palidez, eritema ou necrose de mucosa, presença de secreção e material carbonáceo na via aérea. Todos os pacientes que têm sinais clínicos ou suspeita de inalação de produtos de combustão devem ser submetidos a broncoscopia para diagnóstico.
- A cintigrafia pulmonar com xenônio radioativo é o método mais específico para definir as lesões do parênquima pulmonar. Esse exame identifica áreas de obstrução total ou parcial de vias aéreas.

Tratamento

O tratamento da lesão pulmonar inalatória permanece ainda de suporte, embora se saiba que determinadas técnicas ventilatórias parecem reduzir a incidência de complicações e, de certa forma, ter um efeito protetor sobre o parênquima pulmonar.

Oxigenoterapia

Em pacientes com suspeita ou com diagnóstico clínico de inalação de material de combustão a administração de oxigênio a 100% através de máscara facial deve ser a mais precoce possível; especialmente nos pacientes passíveis de inalação concomitante de CO, a administração de oxigênio em altas concentrações irá competir com o CO em relação à saturação da hemoglobina.

Existe uma evidência experimental de que volumes insuficientes de líquidos durante a reposição volêmica podem ser mais prejudiciais do que volumes excessivos para a função pulmonar. Portanto, uma monitorização cuidadosa é desejável. Colóide na reposição de fluidos não tem sido correlacionado a uma melhor recuperação após a inalação.

A profilaxia antibiótica é injustificada, o diagnóstico precoce e o tratamento da bronquite e da broncopneumonia bacteriana são importantes.

Os corticóides não estão indicados.

Via aérea artificial

A manutenção da via aérea é crítica. A presença de edema na via aérea superior gerando desconforto respiratório indica a necessidade de intubação traqueal, pois o edema geralmente é progressivo, aumentando em 8 a 12 h.

A intubação traqueal não deve ser feita em pacientes sem sinais clínicos de comprometimento respiratório agudo.

A via de intubação traqueal deve ser aquela mais familiar ao médico.

CRITÉRIOS PARA INTUBAÇÃO TRAQUEAL E VENTILAÇÃO

- $PaO_2 < 60$ mmHg.
- $PaCO_2 > 50$ mmHg.
- $PaO_2/FiO_2 < 200$.
- Sinais de desconforto respiratório.
- Severo edema de vias aéreas superiores.

VENTILAÇÃO ARTIFICIAL

Pacientes que necessitam de via aérea artificial e ventilação mecânica são aqueles cujas lesões do parênquima pulmonar pela inalação impedem que as trocas gasosas sejam efetivas.

As lesões pulmonares podem evoluir para a síndrome de angústia respiratória, que necessitará de todo suporte ventilatório para a reversão do quadro.

Uma vez instalada a lesão pulmonar, pode-se utilizar a ventilação convencional, a ventilação a pressão positiva inspiratória mais pressão positiva expiratória final ou métodos de suporte como a ventilação com suporte pressórico e pressão positiva expiratória final (PSV + PEEP).

Caso o quadro clínico piore e haja redução progressiva da complacência pulmonar com ou sem elevação da resistência das vias aéreas, a ventilação com limitação de pressão e pressão positiva expiratória final, utilizando a técnica de volume corrente reduzido (4 a 7 ml/kg), estará indicada.[11] Pode ocorrer hipercapnia permissiva, pois durante seu emprego os níveis de CO_2 arterial podem chegar a 80/90 mmHg. As vantagens são a diminuição dos níveis de pressão inspiratória e conseqüentemente do barotrauma e principalmente a redução no volutrauma.

Nas formas graves também pode ser associada, desde que possível devido ao quadro do paciente, a ventilação prona, que é a rotação periódica do paciente da posição supina no leito para a posição prona, melhorando transitoriamente a pressão parcial de oxigênio arterial (PaO_2).

Também nas formas graves de falência respiratória, associadas ou não à inalação de CO, a oxigenação extracorpórea (ECMO) pode ser associada a qualquer método ventilatório, permitindo a redução nos parâmetros de ventilação, a redução na fração inspirada de oxigênio (FiO_2), até a recuperação pulmonar. A ventilação de alta freqüência também está indicada nos pacientes com lesões pulmonares por inalação, pois, além de prover suporte ventilatório adequado, tem se mostrado eficaz na redução da incidência de pneumonia. Estudos experimentais em animais mostram que a ventilação líquida com perfluorocarbono tem futuro no tratamento das lesões pulmonares por inalação.

LESÃO POR INALAÇÃO EM PACIENTE PEDIÁTRICO[1]

A inalação, mesmo sendo pouco freqüente nas crianças pequenas, quando ocorre, é potencialmente mais grave devido aos seguintes fatores:

A) Pequeno diâmetro das vias aéreas, que, em termos absolutos são menores e mais inclinadas, o que determina obstrução particularmente rápida com pequenos edemas.
B) A parede torácica é flexível e estruturalmente imatura.
C) Há menor reserva respiratória, e a insuficiência respiratória devido à fadiga é mais provável.

A presença de estridor e rouquidão é achada com maior correlação, embora todos eles sejam pobres em predizer o curso clínico subseqüente a as seqüelas a longo prazo. Deve ser lembrado que a presença de níveis sangüíneos de carboxiemoglobina acima de 10% na admissão do paciente pode ser também preditiva de lesão inalatória.

Quando ocorre obstrução da via aérea superior, a intubação deve ser realizada, de preferência antes do pico máximo de edema. Muito cuidado deve ser tomado para usar um tubo de tamanho apropriado, devendo ser adequadamente posicionado e fixado, uma vez que pode ser impossível repor um tubo em razão do rápido aumento do edema agravando a obstrução das vias aéreas.

Se não houver progressão da lesão, com comprometimento de parênquima pulmonar, a criança poderá ser extubada quando houver regressão do edema de face com aparecimento de fuga aérea ao redor do tubo endotraqueal.

A fisioterapia respiratória, com agressiva remoção de secreção, é uma etapa essencial no tratamento. Nos pacientes com significativo *shunt* intrapulmonar devem ser evitadas altas pressões na via aérea, especialmente acima de 35 cm de H_2O, bem como elevadas frações de oxigênio inspirado. Esses pacientes apresentam-se com alterações importantes de complacência pulmonar e devem ser ventilados com níveis ideais de PEEP, mantendo baixos limites pressóricos, o que pode ser conseguido através de hipercapnia permissiva. A ventilação em posição prona tem se mostrado também um bom método, de aplicação relativamente fácil em crianças e que parece resultar em melhora na relação ventilação-perfusão, com conseqüente melhora na oxigenação.

REFERÊNCIAS BIBLIOGRÁFICAS

1. Cosner AC, Barreto MX, Fadel LCB, Leonardi DF, Deus M. Lesão Inalatória. *In* Serra MC, Gomes DR: *A Criança Queimada.* 25:267-76 Ed. Eventos, 1999.
2. Clark WR. Smoke inhalation: diagnosis and treatment. *World J Surg* 1992;16:24–9.
3. Herndon DN, Traber DL. *Pathophysiology of Inhalation Injury.* Philadelphia: WB Saunders, 1996, pp 175–83.
4. Hantson P, Butera R, Clemessy J-L *et al.* Early complications and value of initial clinical and paraclinical observations in victims of smoke inhalation without burns. *Chest* mar 1997;111:671.
5. Alia L. Lesión por inhalación de humo. *In* Lorente JA & Esteban: *Cuidados Intensivos del Paciente Quemado.* Barcelona: Springer-Verlag Ibérica, 1998.
6. Rue DW, Cioffi WG, Masson AD *et al.* Improved survival of burned patients with inhalation injury. *Arch Surg* 1993;1228:772–80.
7. Clark WR. Smoke inhalation: diagnosis and treatment. *World J Surg* 1992;16:24–9.
8. Traber DL, Herndon DN. Pulmonary injury in burned patients. *Crit Care Clin* 1985;1(1):79–96.
9. Herndon DN, Thompson PB. Pulmonary injury in burned patients. *Crit Care Clin* 1985;1(1):79–96.
10. Almeida MA. Inhalation lesions in the burn patient. *Acta Med Port* Feb 1998;11(2):171–5.
11. Hollingsed TC, Saffle JR *et al.* Inhalation injury. *Am J Surg* dez 1993;166(6):592–6.
12. Demling R, Lalonde C, Heron P *et al.* Effect of increasing the tidal volume of smoke breaths on smoke-induced lung dysfunction. *J Appl Physiol* Jan 1994;76(1):283–90.
13. Fizpatrick JC, Jordan BS, Salman N *et al.* The use of perfluorocarbon-associated gas exchange to improve ventilation and decrease mortality after inhalation injury in a neonatal swine model. *J Pediatr Surg* fev 1997;32(2):192–6.
14. McCunn M, Reynolds HN, Cotingham CA *et al.* Extracorporeal support in an adult with severe carbon monoxide poisoning and shock following smoke inhalation: a case report. *Perfusion* Mar 2000;15(2):169–73.
15. Alpard SK *et al.* New clinically relevant sheep model of severe respiratory failure secondary to combined smoke inhalation/cutaneous flame burn injury. *Crit Care Med* May 2000;28(5):1469–76.
16. Cioffi WG Jr., Rue LW III, Graves TA *et al.* Prophylactic use of high-frequency percussive ventilation in patients with inhalation injury. *Ann Surg* Jun 1991;213(6):575–80.
17. Cortiella J, Micak R, Herndorn D. High frequency percussive ventilation in pediatric patients with inhalation injury. *J Burn Care Rehabil* May–Jun 1999;20(3):232–5.

62 Pós-Operatório da Cirurgia Abdominal

Cláudio Piras

Procedimentos cirúrgicos abdominais levam a graus variados de resposta neuroendócrina e metabólica, dependendo do porte da cirurgia, do grau de destruição tecidual e da perda volêmica, entre outros. O pós-operatório de tais procedimentos engloba um período imediato, um período intermediário e um período tardio ou de convalescença. É no período imediato e intermediário que pacientes submetidos a cirurgias de grande porte e, portanto, com grande lesão tecidual, tempo cirúrgico prolongado e perdas volêmicas significativas, necessitam de cuidados intensivos. É nesse ambiente que o paciente recebe atenção ininterrupta com o objetivo de manter a sua homeostase e corrigir os fatores responsáveis pelo aumento ou manutenção da resposta neuroendócrina e metabólica. Entre os fatores que mais freqüentemente desencadeiam a resposta neuroendócrina e metabólica destacam-se a hipovolemia, o choque, a infecção, a dor e a ansiedade. É igualmente importante a antecipação das complicações pós-operatórias, tanto cirúrgicas quanto clínicas, que podem impedir uma evolução satisfatória. As principais complicações encontradas estão relacionadas com o equilíbrio hidroeletrolítico e ácido-básico, com o aparelho respiratório, com o aparelho circulatório, com o aparelho gastrintestinal e com a ferida operatória.

CUIDADOS GERAIS

Ao ingressar na Unidade de Terapia Intensiva, o paciente deve ser monitorizado de forma ampla e não-invasiva.[14,16] A pressão arterial, a freqüência cardíaca, a freqüência respiratória, a saturação de pulso de oxigênio, a capnografia e a monitorização eletrocardiográfica devem ser obtidas de forma rotineira, sendo as medições intermitentes registradas em períodos não superiores a 30 minutos. A diurese horária é outro dado de suma importância e deve ser superior a 0,5 ml a 1 ml por hora. Nas situações de maior gravidade, como nos pacientes que apresentem hipotensão severa ou alterações volêmicas importantes, pode-se optar por monitorização invasiva, como a punção arterial para a monitorização contínua da pressão arterial média e a introdução do catéter de artéria pulmonar para a obtenção de dados mais específicos, como a pressão ocluída da artéria pulmonar, o débito cardíaco, a resistência vascular pulmonar, a resistência vascular sistêmica e o consumo e a oferta de oxigênio. Os dados obtidos da monitorização nos auxiliam na identificação e correção de arritmias cardíacas, hiperventilação inadvertida, hipoxemia, hipovolemia e instabilidade hemodinâmica. O paciente deve ter a sua ventilação e oxigenação otimizadas e sua volemia reposta adequadamente. Ele deve permanecer em decúbito dorsal, podendo estar a cabeceira elevada em até trinta graus. A mobilização do mesmo deve ser feita cuidadosamente e a transferência para outros setores planejada antecipadamente. Se o paciente estiver portando sonda nasogástrica, esta deverá permanecer aberta. Nos casos em que o volume drenado for superior a 50 ml por hora, podemos utilizar aspiração contínua com pressões baixas. A dieta deve ser liberada levando-se em consideração o trauma cirúrgico, as condições clínicas do paciente, a presença de anastomoses intestinais, a existência de doenças preexistentes e a observação de sinais compatíveis com o retorno funcional do aparelho gastrintestinal (diminuição da distensão abdominal, presença de ruídos peristálticos e eliminação de flatos).

A reposição hídrica se baseia na necessidade basal associada às perdas provenientes da respiração, sudorese, diurese, hipertermia, sondas e drenos, fístulas digestivas, diarréia e ostomias. O cálculo diário do balanço hídrico, associado à pesagem do paciente, confirma a reposição adequada ou nos alerta para a possibilidade de perda de líquidos para o terceiro espaço, com formação de edema e retenção hídrica. A reposição eletrolítica deve ser guiada pela dosagem dos eletrólitos, sendo que a reposição de potássio quase sempre não é necessária no primeiro dia de pós-operatório, devido à passagem desse íon para a circulação, decorrente da destruição tecidual proveniente do ato operatório. Exames pós-operatórios são solicitados quando da necessidade de se avaliar a evolução clínica do paciente. Os exames mais comumente solicitados são: hemograma, gasometria arterial, as provas de função hepática, as provas de coagulação, as provas de função renal, as proteínas totais e frações e os íons. Podem ser necessários a ultra-sonografia, a tomografia computadorizada, a cintilografia, a arteriografia e o Doppler.

O uso de medicamentos nas fases imediata e intermediária deve ser criterioso e dependente das necessidades de cada paciente e de sua condição clínica.

CUIDADOS COM A FERIDA OPERATÓRIA

A evolução natural da ferida operatória não-complicada é de preenchimento do espaço criado pela incisão por exsudato inflamatório, divisão celular das células epidérmicas nas bordas da ferida, migração das células epidérmicas sobre a superfície da ferida, fusão das estruturas profundas e, finalmente, bloqueio entre o meio externo e os tecidos abaixo da derme. Essa "impermeabilização" da ferida operatória ocorre em cerca de 48 horas. Fica claro, portanto, que não deve existir, a partir do segundo dia de pós-operatório, eliminação de secreções pela ferida operatória, assim como os curativos oclusivos não são mais necessários. No período que antecede as 48 horas iniciais, o curativo deve ser oclusivo e deve ser substituído sempre que estiver úmido, medida que evita a contaminação da ferida operatória em ambientes de risco. Das complicações da ferida operatória, a infecção e a deiscência, parcial ou total, são as mais freqüentes. A infecção tem um grande impacto negativo na convalescença do paciente, pois retarda a alta e inclui a necessidade de procedimentos adicionais, como a abertura da ferida para drenagem da secreção infectada e sua posterior sutura. A infecção de ferida fica aparente, em geral, a partir do quarto dia de pós-operatório e se caracteriza por edema, dor, rubor e calor nas regiões adjacentes à incisão. A palpação deve ser diária, com técnica asséptica. Durante a palpação podemos identificar áreas de "flutuação", demonstrando a presença de uma coleção líquida localizada sob a ferida operatória, que pode fluir entre os pontos durante essa manobra. Toda secreção obtida da ferida operatória, por ocasião de sua drenagem, deve ser enviada para análise microbiológica, cultura e antibiograma. Infecções graves se iniciam com dor intensa, vermelhidão e crepitação. Geralmente estão associadas com febre alta e leucocitose e devem ser tratadas com a abertura total da ferida operatória e curativos oclusivos. Antibioticoterapia só é necessária quando sinais de infecção sistêmica estão presentes. As complicações da ferida operatória devem sempre ser antecipadas, principalmente nos pacientes em uso de corticóides ou imunossupressores.

A deiscência da ferida operatória pode ser total (evisceração) ou parcial (eventração). Ocorrem, na maioria das vezes, em pacientes portadores de fatores de risco sistêmico (obesidade, *diabetes melitus,* uremia, imunossupressão, desnutrição, neoplasias, insuficiência hepática, sepse e neoplasias) ou por fatores locais (técnica cirúrgica inadequada, aumento da pressão intra-abdominal e deficiência de cicatrização). O diagnóstico é feito, nos casos de deiscência parcial, pela palpação da ferida operatória, em que observamos uma falha na sutura aponeurótica, com afastamento dos tecidos que compõem as camadas da parede abdominal suturadas. Aparecem mais freqüentemente entre o quinto e o oitavo dia de pós-operatório, sendo um sinal de alerta a saída de secreção serossangüinolenta pela ferida operatória. O paciente pode, ocasionalmente, referir uma sensação de "estouro" que se segue a um esforço abdominal repentino, como tosse ou espirro. A deiscência pode ser o primeiro sinal de um abscesso intraperitoneal. Nas eventrações o paciente deve permanecer em decúbito dorsal e sua ferida coberta por curativo oclusivo. Não existe urgência na reconstituição da parede abdominal nas eventrações; elas podem ser realizadas, de forma eletiva, quando o paciente apresentar condições clínicas satisfatórias. As eventrações parciais da ferida operatória devem ser observadas atentamente, pois através de pequenas fendas aponeuróticas alças intestinais podem herniar e evoluir com obstrução intestinal ou isquemia, necrose e perfuração. A conduta na evisceração é cobrir as alças intestinais com uma compressa estéril úmida até que o paciente possa ser transferido para o centro cirúrgico e sua parede abdominal suturada novamente, o que deve ser feito o mais brevemente possível.

CUIDADOS COM OS DRENOS

Os drenos têm por função a retirada de coleções líquidas localizadas, sejam elas constituídas de sangue ou pus. Podem, da mesma forma, servir de via de contaminação retrógrada e, portanto, devem ser manuseados com técnica asséptica e mantidos pelo tempo estritamente necessário, devendo ser retirados tão logo seja possível. São, normalmente, exteriorizados por incisão independente, o que facilita o manuseio e a realização de curativos, além de dificultarem a contaminação da ferida operatória. Os drenos devem ser fixados à pele, evitando-se dessa forma que migrem para dentro da cavidade abdominal, o que levaria à necessidade de uma laparotomia para a sua retirada. Se a drenagem for volumosa (superior a 10 ml por hora), levando à necessidade de troca de curativo constante, podemos optar pelo uso de bolsas coletoras. A permanência dos drenos laminares não deve exceder 14 dias, pois nesse período há a formação de um trajeto fistuloso, não havendo mais finalidade em sua permanência. Drenos de sucção são utilizados em drenagens de alto débito. Esses drenos podem ser conectados a bolsas sanfonadas ou a aspiradores, dependendo do nível de pressão desejada.[1,5] São drenos mais rígidos para poderem resistir à pressão negativa a que são expostos e permitem, igualmente, a irrigação da loja em que foram instalados. A substituição por drenos de menor calibre permite o fechamento progressivo do trajeto formado.

REPOSIÇÃO HIDROELETROLÍTICA NO PÓS-OPERATÓRIO

A reposição de fluidos no pós-operatório se baseia na soma das necessidades diárias com as perdas. O requerimento diário para as perdas sensíveis e insensíveis de um homem adulto gira em torno de 1.500 ml a 2.500 ml. A necessidade diária de água varia com a idade, o sexo, a superfície corporal, a presença de febre, a presença de taquipnéia e a presença de hipercatabolismo, e gira em torno de 30 ml de peso do paciente.

O controle dos eletrólitos está indicado em reposições volêmicas prolongadas, na presença de complicações clínicas ou cirúrgicas e em pacientes portadores de doenças preexistentes. A avaliação do balanço hídrico requer a anotação diária dos ganhos e das perdas, assim como da pesagem dos pacientes. O potássio não deve ser reposto nas primeiras 24 horas de pós-operatório, salvo nos casos de hipopotassemia prévia importante. Após esse período, o potássio deve ser reposto na relação de 20 mEq por litro de solução infundida. Na presença de perdas consideráveis de secreções digestivas (superiores a 1.500 ml), os eletrólitos devem ser repostos de acordo com o volume de perda e o tipo de secreção (Quadro 62-1). A reposição de eletrólitos deve sempre ser feita com controle laboratorial.

Quadro 62-1. Perda média de eletrólitos, em miliequivalentes por litro de secreção digestiva

	Na^+ (mEq/l)	K^+ (mEq/l)	Cl^- (mEq/l)	HCO_3^- (mEq/l)
Suco gástrico (pH baixo)	20	10	120	0
Suco gástrico (pH alto)	80	15	90	5-25
Suco pancreático	140	5	75	80
Bile	148	5	100	35
Intestino delgado	110	5	105	30
Íleo distal e ceco	80	8	45	30
Fezes diarréicas	120	25	90	45

DOR NO PÓS-OPERATÓRIO

A dor é uma constante em qualquer pós-operatório. Sua intensidade varia de leve a severa. Por ser subjetiva, a dor pode ser percebida pelo paciente de acordo com seu estado físico e emocional. Fator significativo na percepção da dor é o componente cultural. Dos fatores que influenciam a percepção da dor, a ansiedade vem recebendo maior atenção ultimamente. A fisiologia da dor pós-operatória envolve a transmissão do impulso nervoso através de fibras aferentes sensitivas esplâncnicas. No sistema nervoso central esses estímulos liberam respostas reflexas na medula espinhal, no tronco encefálico e no córtex cerebral. A resposta medular resulta do estímulo da coluna anterior da substância cinzenta e manifesta-se através de íleo adinâmico, vasoespasmo e espasmos musculares. A resposta do tronco encefálico se manifesta por alterações na ventilação, pressão arterial, freqüência cardíaca e contratilidade cardíaca. Essas respostas são provenientes da formação reticular no tronco encefálico, onde se localizam o centro vasomotor e o centro respiratório. A resposta cortical inclui movimentos voluntários e alterações psíquicas, como o medo e a apreensão. A ansiedade, assim como outras alterações emocionais, facilita a transmissão nociceptiva, diminui o limiar de percepção da dor e permite a perpetuação da experiência dolorosa. A dor não tem nenhum benefício no pós-operatório e causa alterações funcionais (respiratórias, cardiovasculares e musculares), endócrinas e metabólicas. Essas alterações levam ao catabolismo e ao consumo de oxigênio, prejudiciais à recuperação dos pacientes operados. A liberação de catecolaminas e demais hormônios leva ao vasoespasmo e à estase venosa, responsáveis por várias complicações que ocorrem no pós-operatório como: a hipertensão arterial, o infarto agudo do miocárdio, o acidente vascular cerebral, a trombose venosa e a embolia pulmonar. O tratamento da dor envolve apoio psicológico e uso de analgésicos. Os analgésicos mais utilizados são os opióides, os antiinflamatórios não-esteróides e os antiespasmódicos.[7,8,12] Podem ser utilizados de forma endovenosa, intramuscular ou oral, dependendo da intensidade e da origem da dor. Os opióides agem sobre a dor por efeito direto nos receptores opióides e pelo estímulo das vias descendentes do tronco encefálico inibidoras da dor. Não têm, portanto, ação sobre o espasmo muscular e o vasoespasmo. Entre os opióides utilizados temos a morfina (10 mg IM a cada 6 horas), a meperidina (75 a 100 mg IM a cada 3 a 4 horas), a hidromorfina (1 a 2 mg IM a cada 2 a 3 horas) e a metadona (10 mg IM a cada 4 a 6 horas) A meperidina é contra-indicada para uso em paciente graves da UTI por causa dos efeitos colaterais. O uso venoso, de forma contínua ou intermitente, deve ser utilizado sob vigilância constante, necessariamente em unidades de recuperação anestésica ou Unidades de Terapia Intensiva. Os efeitos adversos do uso venoso são a depressão respiratória, as náuseas, os vômitos e as alterações do sensório. O grupo de analgésicos não-opióides é representado pelos antiinflamatórios não-esteróides, dipirona, aspirina, acetaminofen, hioscina, entre outros. Esses últimos têm como vantagem o uso oral e são utilizados em dores de intensidade moderada ou leve.

CUIDADOS PULMONARES PÓS-OPERATÓRIOS

As alterações funcionais pulmonares mais freqüentes no pós-operatório são a diminuição da capacidade vital, a diminuição da capacidade residual funcional e o edema pulmonar. A capacidade vital diminui, no pós-operatório, cerca de 40%.[22,52] Essa diminuição perdura por 12 horas e retorna gradativamente ao normal em um período de 7 a 14 dias. As alterações pulmonares são mais intensas nos obesos, fumantes e portadores de patologias pulmonares. Os pacientes idosos possuem complacência pulmonar diminuída, espaço morto aumentado e volume residual igualmente aumentado. Essas alterações levam a maior dificuldade em eliminar as secreções brônquicas e, conseqüentemente, os tornam mais susceptíveis a complicações infecciosas. A atelectasia, outra complicação freqüente no pós-operatório de cirurgias abdominais do andar supramesocólico, decorre da queda do volume corrente causada pela dor. A prevenção é feita com o uso adequado de analgésicos, mobilização precoce do paciente e fisioterapia respiratória.[13,49,63]

CUIDADOS GASTRINTESTINAIS PÓS-OPERATÓRIOS

Após a cirurgia o peristaltismo gastrintestinal diminui temporariamente. Ele retorna no intestino delgado em 24 horas, no cólon em 48 a 72 horas e no estômago em 24 a 48 horas. Quando a cirurgia abdominal inclui procedimento sobre o estômago ou jejuno, o peristaltismo pode permanecer alterado por 3 a 4 dias. O uso de sonda nasogástrica não é mais uma rotina no pós-operatório e seu uso se restringe a alguns procedimentos sobre o esôfago e o estômago.[9,17,20,26,45] Pode estar indicada em pacientes que desenvolvem íleo adinâmico no pós-operatório, distensão gástrica aguda ou nos que se apresentam com o nível de consciência alterado, em que há o risco de aspiração do conteúdo gástrico.[9] Quando a drenagem pela sonda nasogástrica é volumosa (maior que 50 ml por hora), essa pode ser acoplada a um sistema de aspiração contínua de baixa pressão. A sonda deve ser retirada quando ocorre a diminuição da drenagem (inferior a 10 ml/h), associada ao aparecimento de ruídos peristálticos.

SÍNDROME COMPARTIMENTAL DO ABDÔMEN

A Síndrome Compartimental do Abdômen (SCA) se caracteriza por um aumento da pressão intra-abdominal (PIA) decorrente do aumento de volume das estruturas localizadas dentro da cavidade abdominal.[70,71,72,77] A cavidade abdominal é um compartimento único e fechado, e, portanto, aumentos na pressão interna levam ao aumento de pressão sobre as vísceras e vasos presentes em seu interior. A pressão sobre a veia cava inferior resulta em diminuição do retorno venoso e aumento na pressão pós-capilar. Como o fluxo sangüíneo depende de um gradiente de pressão entre a pressão pré-capilar e a pressão pós-capilar, os pacientes que apresentam uma PIA elevada evoluem com falência na microcirculação e, conseqüentemente, hipóxia e morte celular. A SCA é, portanto, resultante do aumento da PIA quando esse está associado à falência da microcirculação.[83] A elevação da PIA que gera SCA geralmente é aguda, apesar de que em alguns casos decorre de aumentos mais insidiosos. As condições associadas ao aumento da PIA estão listadas no Quadro 62-2.

O valor normal da PIA é de 0 a 5 mmHg ou de 0 a 7 cm de H_2O (1 mmHg corresponde a 1,36 cm de H_2O), sendo que no pós-operatório não-complicado é de 5 a 12 cm de H_2O (3 a 9 mmHg). As várias publicações sobre os valores normais e patológicos da PIA têm demonstrado uma certa variância. Alguns autores a classificam em elevada (11 a 15 mmHg) e significativamente elevada (acima de 15 mmHg), outros utilizam a mesma classificação porém com valores de 15 a 20 cm de H_2O e acima de 25 cm de H_2O, respectivamente e um outro grupo prefere classificá-la em graus (Quadro 62-3).

Quadro 62-2. Causas mais freqüentes de aumento da pressão intra-abdominal

Causas agudas

- Espontâneas
  - Peritonites e abscessos intraperitoneais
  - Obstrução intestinal e íleo adinâmico
  - Pancreatite aguda
  - Infarto êntero-mesentérico
  - Ruptura de aneurisma da aorta abdominal

Pós-operatórias

- Peritonites e abscessos intraperitoneais
- Íleo pós-operatório
- Distensão gástrica aguda
- Hemorragias intraperitoneais

Iatrogênicas

- Pneumoperitônio hipertensivo em cirurgias videolaparoscópicas
- Uso de compressas intraperitoneais *(damage control)*
- Fechamento da parede abdominal sob tensão
- Correção de hérnias incisionais volumosas

Causas crônicas

- Ascite
- Tumores
- Diálise peritoneal
- Gravidez

Quadro 62-3. Graduação do aumento da pressão intra-abdominal

Grau	*Pressão em cmH_2O*	*Pressão em mmHg*
I	10 a 15	7 a 11
II	16 a 25	11 a 18
III	26 a 35	19 a 25
IV	Acima de 35	Acima de 25

A PIA pode ser medida de forma direta ou de forma indireta. A forma direta é obtida através da introdução de catéter na cavidade peritoneal acoplada a um sistema de medição, que pode ser por um transdutor de pressão, por uma coluna de água ou por uma coluna de mercúrio. A medição indireta mais utilizada é por meio de uma sonda vesical introduzida na bexiga urinária. O método é simples e, na maioria dos casos, confiável. Esvaziamos a bexiga, introduzimos 50 ml a 100 ml de solução fisiológica na mesma e, em seguida, conectamos o sistema de medição de pressão ao sistema coletor. O ponto zero do sistema de medição deve ser colocado no nível da sínfise púbica. Um método que tem sido utilizado em estudos experimentais com boa correlação é a medição da pressão da veia cava inferior, por meio de um catéter introduzido pela veia femoral.

As alterações funcionais decorrentes do aumento da PIA são mais evidentes nos sistemas cardiovascular, urinário e respiratório.[104,123] Os efeitos cardiovasculares são diminuição do débito cardíaco, diminuição da fração de ejeção do ventrículo esquerdo, aumento da resistência vascular sistêmica e diminuição do retorno venoso.[115] No sistema urinário ocorrem diminuição do fluxo sangüíneo renal, diminuição da taxa de filtração glomerular, aumento da resistência vascular renal e aumento dos níveis de hormônio antidiurético.[118] Os efeitos sobre o sistema respiratório são diminuição da complacência pulmonar e torácica, diminuição do volume pulmonar, diminuição da capacidade residual funcional, diminuição do volume corrente, aumento da pressão intratorácica e aumento da pressão das vias aéreas. Outras alterações encontradas são translocação bacteriana, falência múltipla de órgãos, aumento da pressão intracraniana, trombose venosa, tromboembolismo e hemorragia gastrintestinal. As alterações funcionais são diretamente proporcionais às pressões atingidas. Um resumo das alterações funcionais está contido no Quadro 62-4.

O diagnóstico da SCA é dado pela identificação de uma PIA elevada associada a alguma disfunção orgânica. Convém salientar que as alterações funcionais decorrentes da elevação da PIA antecedem a clínica. Estudos objetivando confirmar o valor do exame clínico no diagnóstico da SCA demonstraram que o exame abdominal tem valor preditivo negativo de 94%, porém seu valor preditivo positivo é de apenas 35%. A tomografia pode contribuir para o diagnóstico mostrando infiltrado retroperitoneal, compressão da veia cava inferior, distensão abdominal maciça e aumento da relação ântero-posterior-transversa do abdômen.

Quadro 62-4. Efeitos da elevação da pressão intra-abdominal

Variante	*Efeito*
Freqüência cardíaca	Aumentada
Pressão ocluída da artéria pulmonar	Aumentada
Pressão de pico das vias aéreas	Aumentada
Pressão arterial média	Inalterada
Pressão venosa central	Aumentada
Pressão intratorácica	Aumentada
Pressão da veia cava inferior	Aumentada
Pressão da veia renal	Aumentada
Resistência vascular sistêmica	Aumentada
Débito cardíaco	Diminuído
Retorno venoso	Diminuído
Fluxo sangüíneo mesentérico	Diminuído
Fluxo sangüíneo renal	Diminuído
Taxa de filtração glomerular	Diminuída
Complacência da parede abdominal	Diminuída

O tratamento de consenso para a SCA é a descompressão abdominal por laparotomia. Essa descompressão pode ser feita de forma profilática ou terapêutica. A descompressão profilática é realizada nas seguintes situações: quando a PIA atinge valores superiores a 15 mmHg (equivalente a 20 cm de H_2O); quando o cirurgião necessitar manter compressas dentro da cavidade abdominal (*damage control*); quando o fechamento abdominal é difícil; e quando existe a necessidade do uso de níveis elevados de PEEP (pressão expiratória final positiva). A descompressão terapêutica é realizada sempre que a elevação da PIA for acompanhada da evidência de disfunção de um ou mais órgãos, ou se essa atingir níveis superiores a 25 mmHg (35 cm de H_2O). Para se manter uma boa perfusão capilar nos pacientes com elevação da PIA, é importante uma volemia adequada. Como o aumento da PIA altera vários parâmetros de monitorização, entre os quais a pressão venosa central e a pressão ocluída da artéria pulmonar, o melhor parâmetro para monitorização do paciente com SCA é o índice de volume diastólico final do ventrículo direito. A pressão de perfusão abdominal (PPA) tem sido, igualmente, utilizada para avaliação da necessidade de descompressão abdominal. Pressões de perfusão abdominal (PPA = PAM – PIA) inferiores a 50 mmHg, após reposição volêmica adequada, são indicativas de perfusão mesentérica inadequada e, conseqüentemente, de isquemia, estando indicada a descompressão. Uma vez feito o diagnóstico da SCA, a descompressão da cavidade abdominal deve ser precoce, pois a mortalidade se eleva com o passar do tempo. Maxwell *et al* identificaram taxa de mortalidade de 0% quando a descompressão era feita até a terceira hora após o diagnóstico, enquanto atingia 100% quando a descompressão era feita após a vigésima quinta hora.

A descompressão abdominal também não é isenta de complicações, tendo sido relatadas hipotensão severa, arritmias e assistolia. A síndrome de reperfusão tem sido, igualmente, descrita após descompressões abdominais.

REFERÊNCIAS BIBLIOGRÁFICAS

1. Bashey AA, Cuschieri A. Patient comfort after upper abdominal surgery. Effect of routine nasogastric suction. *J R Coll Surg Edinb* 1985;30(2):97–100.
2. Beier B, Bergman EA, Morrissey MJ. Factors related to the use of early postoperative enteral feeding in thoracic and abdominal surgery patients in the United States. *J Am Diet Assoc* 1997;97(3):293–5.
3. Beydon L, Saada M, Liu N, *et al.* Can portable chest x-ray examination accurately diagnose lung consolidation after major abdominal surgery? A comparison with computed tomography scan. *Chest* 1992;102(6):1697–703.
4. Billeaud C, Piedboeuf B, Chessex P. Respiratory gas exchange in response to fat-free parenteral nutrition: a comparison after thoracic or abdominal surgery in newborn infants. *J Pediatr Surg* 1993;28(1):11–3.
5. Campbell WB. Nasogastric suction after abdominal surgery. *Ann R Coll Surg Engl* 1992;74(2):151.
6. Chikenji T, Mizutani M, Furukawa H, Kitsukawa Y. Stimulation of protein, RNA, and nucleotide synthesis in lymphocytes after abdominal surgery is not affected by postoperative amino acid supply. *JPEN J Parenter Enteral Nutr* 1991;15(4):371–5.
7. Dahl JB, Rosenberg J, Hansen BL, Hjortso NC, Kehlet H. Differential analgesic effects of low-dose epidural morphine and morphine-bupivacaine at rest and during mobilization after major abdominal surgery. *Anesth Analg* 1992;74(3):362–5.
8. Dawkins CJ, Steel GC. Thoracic extradural (epidural) block for upper abdominal surgery. *Anaesthesia* 1971;26(1):41–8.
9. Dinsmore JE, Maxson RT, Johnson DD, Jackson RJ, Wagner CW, Smith SD. Is nasogastric tube decompression necessary after major abdominal surgery in children? *J Pediatr Surg* 1997;32(7):982–4; discussion 984–5.
10. Doglietto GB, Gallitelli L, Pacelli F, *et al.* Protein-sparing therapy after major abdominal surgery: lack of clinical effects. Protein-Sparing Therapy Study Group. *Ann Surg* 1996;223(4):357–62.
11. Drummond GB, Wright DJ. Oxygen therapy after abdominal surgery. *Br J Anaesth* 1977;49(8):789–97.
12. Esteve M, Vedrenne J. Postoperative analgesia by peridural morphine injection in abdominal surgery. *J Chir (Paris)* 1984;121(4):295–6.
13. Fagevik Olsen M, Hahn I, Nordgren S, Lonroth H, Lundholm K. Randomized controlled trial of prophylactic chest physiotherapy in major abdominal surgery. *Br J Surg* 1997;84(11):1535–8.
14. Fischer AT, Jr. Intensive care of the patient after abdominal surgery. *Vet Clin North Am Equine Pract* 1988;4(1):79–89.
15. Foster ED, Olsson CA, Rutenburg AM, Berger RL. Mechanical circulatory assistance with intra-aortic balloon counterpulsation for major abdominal surgery. *Ann Surg* 1976;183(1):73–6.
16. Franco D, Bismuth H. Five years of experience with an intensive care unit specializing in abdominal surgery. *Prog Surg* 1977;15:37–48.
17. Gouzi JL, Moran B. Nasogastric tubes after elective abdominal surgery is not justified. *J Chir (Paris)* 1998;135(6):273–4.
18. Gui D, Tazza L, Boldrini G, Sganga G, Tramutola G. Effects of supine versus sitting bedrest upon blood gas tensions, cardiac output, venous admixture and ventilation-perfusion ratio in man after upper abdominal surgery. *Int J Tissue React* 1982;4(1):67–72.

19. Haarberg G, Berg V, Holter O. Self-regulated intake of food and drinks after abdominal surgery. *Tidsskr Nor Laegeforen* 1993;113(13):1571–3.
20. Hall JC, Mander J, el Saleh H, Archer C, Fermanis M, Britto A. The use of nasogastric tubes after abdominal surgery — a criteria audit. *Aust Clin Rev* 1987;7(26):159–61.
21. Hammarqvist F, Wernerman J, Ali R, von der Decken A, Vinnars E. Addition of glutamine to total parenteral nutrition after elective abdominal surgery spares free glutamine in muscle, counteracts the fall in muscle protein synthesis, and improves nitrogen balance. *Ann Surg* 1989;209(4):455–61.
22. Hansen G, Drablos PA, Steinert R. Pulmonary complications, ventilation and blood gases after upper abdominal surgery. *Acta Anaesthesiol Scand* 1977;21(3):211–5.
23. Heberer M, Bodoky A, Iwatschenko P, Harder F. Indications for needle catheter jejunostomy in elective abdominal surgery. *Am J Surg* 1987;153(6):545–52.
24. Hessov I. Oral feeding after uncomplicated abdominal surgery. *Br J Clin Pract Suppl* 1988;63:75–9.
25. Hollender LF, Jahn H, Harf C, Pottecher T, Kohler JJ. Urgent abdominal surgery in hemodialysis patients. *Zentralbl Chir* 1974;99(36):1121–6.
26. Jamieson WG, DeRose G, Harris KA. Routine nasogastric decompression after abdominal surgery? *Can J Surg* 1992;35(6):577–8.
27. Jung R, Wight J, Nusser R, Rosoff L. Comparison of three methods of respiratory care following upper abdominal surgery. *Chest* 1980;78(1):31–5.
28. Kaukinen L. Results of intensive care in abdominal surgery patients. *Ann Chir Gynaecol* 1982;71(3):168–71.
29. Kissmeyer-Nielsen P, Jensen MB, Laurberg S. Perioperative growth hormone treatment and functional outcome after major abdominal surgery: a randomized, double-blind, controlled study. *Ann Surg* 1999;229(2):298–302.
30. Klimenko GA, Adeiemi MK. Puncture-catheterization microjejunostomy for enteral feeding in abdominal surgery. *Vestn Khir Im I I Grek* 1990;145(10):113–4.
31. Kollef MH, Allen BT. Outcome in medical intensive care unit patients requiring abdominal surgery: prospective validation of a risk classification system. *South Med J* 1997;90(4):405–12.
32. Korepanov VI, Brekhov EI, Novruzov F. Prevention of suppuration of surgical wounds in abdominal surgery. *Vestn Khir Im I I Grek* 1984;132(6):129–34.
33. Kutsuzawa M, Sakuma Y, Kaiho E, Komaki R. Posture changes of patients following abdominal surgery. *Kurinikaru Sutadi* 1986;7(9):948–51.
34. Leiper JB. Some aspects of enteral feeding after abdominal surgery. *Br J Clin Pract Suppl* 1988;63:80–4.
35. Ma YL, Bai JL. Monitoring of postoperative hypertension after abdominal surgery. *Zhonghua Hu Li Za Zhi* 1995;30(4):202–4.
36. Maetani S, Nishikawa T, Tobe T, Hirakawa A. Role of blood transfusion in organ system failure following major abdominal surgery. *Ann Surg* 1986;203(3):275–81.
37. Masuo K, Yasui A, Nishida Y, *et al.* The usefulness of postoperative continuous epidural morphine in abdominal surgery. *Surg Today* 1993;23(2):95–9.
38. Mellors JW, Kelly JJ, Gusberg RJ, Horwitz SM, Horwitz RI. A simple index to estimate the likelihood of bacterial infection in patients developing fever after abdominal surgery. *Am Surg* 1988;54(9):558–64.
39. Merkle NM, Dolp R, Wiedeck H. Postoperative and enteral feeding following abdominal surgery. Clinical study using a peptide diet. *Chirurg* 1980;51(8):524–8.
40. Mizote H, Yatsuka K, Nagasato Y, Kakegawa T. Sequential system failure after abdominal surgery — an important problem in postoperative care. *Kurume Med J* 1984;31(2):145–9.
41. Motin J, Rochet J. Changes in urinary sodium-potassium ratio after abdominal surgery. *Lyon Med* 1971;225(4):309–12.
42. Murata Y, Endoh M. Wound care in thoracic and abdominal surgery. *Kango Gijutsu* 1983;29(13):1718–21.
43. Myshkin KI, Agapov VA. Prevention of suppuration of postoperative wounds in emergency abdominal surgery. *Khirurgiia (Mosk)* 1991(12):139–45.
44. Nathan BN, Pain JA. Nasogastric suction after elective abdominal surgery: a randomised study. *Ann R Coll Surg Engl* 1991;73(5):291–4.
45. Pearl ML, Valea FA, Fischer M, Chalas E. A randomized controlled trial of postoperative nasogastric tube decompression in gynecologic oncology patients undergoing intra-abdominal surgery. *Obstet Gynecol* 1996;88(3):399–402.
46. Pearl ML, Valea FA, Fischer M, Mahler L, Chalas E. A randomized controlled trial of early postoperative feeding in gynecologic oncology patients undergoing intra-abdominal surgery. *Obstet Gynecol* 1998;92(1):94–7.
47. Peitsch W, Wagner H. Peripheral venous parenteral feeding in abdominal surgery. *Infusionsther Klin Ernahr* 1984;11(6):299–304.
48. Powell-Tuck J. Total parenteral nutrition with glutamine dipeptide shortened hospital stays and improved immune status and nitrogen economy after major abdominal surgery. *Gut* 1999;44(2):155.
49. Richardson J, Sabanathan S. Prevention of respiratory complications after abdominal surgery. *Thorax* 1997;52 Suppl 3:S35–40.
50. Rosenberg-Adamsen S, Lie C, Bernhard A, Kehlet H, Rosenberg J. Effect of oxygen treatment on heart rate after abdominal surgery. *Anesthesiology* 1999;90(2):380–4.
51. Rotman N, Flamant Y, Hay JM, Fagniez PL. Antibiotic prophylaxis in abdominal surgery. Prospective randomized study organized by the French Surgical Research Association. *Presse Med* 1991;20(34):1659–63.
52. Roukema JA, Carol EJ, Prins JG. The prevention of pulmonary complications after upper abdominal surgery in patients with noncompromised pulmonary status. *Arch Surg* 1988;123(1):30–4.
53. Salim AS. Duration of intravenous fluid replacement after abdominal surgery: a prospective randomised study. *Ann R Coll Surg Engl* 1991;73(2):119–23.
54. Savel'ev VS, Gel'fand BR. Infection in abdominal surgery: present and future problems. *Vestn Khir Im I I Grek* 1990;144(6):3–8.
55. Schein M, Assalia A, Bachus H. Minimal antibiotic therapy after emergency abdominal surgery: a prospective study. *Br J Surg* 1994;81(7):989–91.
56. Schmidt GB. Prophylaxis of pulmonary complications following abdominal surgery, including atelectasis, ARDS, and pulmonary embolism. *Surg Annu* 1977;9:29–73.
57. Simmen HP, Battaglia H, Giovanoli P, Blaser J. Analysis of pH, pO2 and pCO2 in drainage fluid allows for rapid detection of infectious complications during the follow-up period after abdominal surgery. *Infection* 1994;22(6):386–9.

58. Sugawara M, Miura Y. Materials to cover the surgical wounds and safety of showering by patients before the removal of sutures following abdominal surgery. *Kurinikaru Sutadi* 1986;7(9):1001–6.
59. Tan PJ, Prokop EM, Petryszyn SC. Decompression-feeding regimen. Accelerating recovery after abdominal surgery. *Aorn J* 1989;50(6):1236–40.
60. Tzamaloukas AH, Garella S, Chazan JA. Peritoneal dialysis for acute renal failure after major abdominal surgery. *Arch Surg* 1973;106(5):639–43.
61. van der Werken C, Stassen LP, van Vroonhoven TJ. Prevention of wound infection following abdominal surgery. *Ned Tijdschr Geneeskd* 1990;134(14):697–701.
62. van Vroonhoven TJ, van der Werken C. Open-wound treatment following abdominal surgery. *Ned Tijdschr Geneeskd* 1990;134(14):683–5.
63. Wallis NZ. Physiotherapy involvement in upper abdominal surgery. *Physiotherapy* 1978;64(2):41–2.
64. Wernerman J, von der Decken A, Vinnars E. Protein synthesis in skeletal muscle in relation to nitrogen balance after abdominal surgery: the effect of total parenteral nutrition. *JPEN J Parenter Enteral Nutr* 1986;10(6):578–82.
65. Wiklund L, Jorfeldt L. Effects of abdominal surgery under general anaesthesia and of postoperative analgesic therapy on splanchnic exchange of some blood borne energy metabolites. *Acta Anaesthesiol Scand Suppl* 1975;58:41–58.
66. Wong WK, Soo KC, Nambiar R, Tan YS, Yo SL, Tan IK. The effect of recombinant growth hormone on nitrogen balance in malnourished patients after major abdominal surgery. *Aust N Z J Surg* 1995;65(2):109–13.
67. Wozniewski M, Liebhart J, Bader O. Effect of rehabilitation on pulmonary ventilation after abdominal surgery. *Wiad Lek* 1982;35(15–16):941–6.
68. Wu KH, Hsu YS, Kuo WC, Wang HC. Abdominal surgery without routine gastric decompression, intravenous infusion and fasting. Analysis of 250 cases of subtotal gastrectomy. *Zhonghua Yi Xue Za Zhi* 1974;7:390–3.
69. Zaloga GP, Bortenschlager L, Black KW, Prielipp R. Immediate postoperative enteral feeding decreases weight loss and improves wound healing after abdominal surgery in rats. *Crit Care Med* 1992;20(1):115–8.
70. Bailey J, Shapiro MJ. Abdominal compartment syndrome. *Crit Care* 2000;4(1):23–9.
72. Bendahan J, Coetzee CJ, Papagianopoulos C, Muller R. Abdominal compartment syndrome. *J Trauma* 1995;38(1):152–3.
73. Berger P, Nijsten MW, Paling JC, Zwaveling JH. The abdominal compartment syndrome: a complication with many faces. *Neth J Med* 2001;58(5):197–203.
74. Biffl WL, Moore EE, Burch JM. Femoral arterial graft failure caused by the secondary abdominal compartment syndrome. *J Trauma* 2001;50(4):740–2.
75. Birkhahn BH, Gaeta TJ. Abdominal compartment syndrome in a patient with congenital megacolon. *Pediatr Emerg Care* 2000;16(3):176–8.
76. Blevins DV, Khanduja KS. Abdominal compartment syndrome with massive lower-extremity edema caused by colonic obstruction and distention. *Am Surg* 2001;67(5):451–3.
77. Bloomfield GL, Dalton JM, Sugerman HJ, Ridings PC, DeMaria EJ, Bullock R. Treatment of increasing intracranial pressure secondary to the acute abdominal compartment syndrome in a patient with combined abdominal and head trauma. *J Trauma* 1995;39(6):1168–70.
78. Burch JM, Moore EE, Moore FA, Franciose R. The abdominal compartment syndrome. *Surg Clin North Am* 1996;76(4):833–42.
79. Burrows R, Edington J, Robbs JV. A wolf in wolf's clothing — the abdominal compartment syndrome. *S Afr Med J* 1995;85(1):46–8.
80. Carlo VM, Ramirez Schon G, Suarez Irrizary G, Villareal Olivas D, Camps Barazoin J, Medina Torres A. The abdominal compartment syndrome: a report of 3 cases including instance of endocrine induction. *Bol Asoc Med P R* 1998;90(7–12):121–5.
81. Chen RJ, Fang JF, Lin BC, Kao JL. Laparoscopic decompression of abdominal compartment syndrome after blunt hepatic trauma. *Surg Endosc* 2000;14(10):966.
82. Ciresi DL, Cali RF, Senagore AJ. Abdominal closure using nonabsorbable mesh after massive resuscitation prevents abdominal compartment syndrome and gastrointestinal fistula. *Am Surg* 1999;65(8):720–4; discussion 724–5.
83. DeCou JM, Abrams RS, Miller RS, Gauderer MW. Abdominal compartment syndrome in children: experience with three cases. *J Pediatr Surg* 2000;35(6):840–2.
84. Diebel LN, Dulchavsky SA, Brown WJ. Splanchnic ischemia and bacterial translocation in the abdominal compartment syndrome. *J Trauma* 1997;43(5):852–5.
85. Eddy VA, Key SP, Morris JA, Jr. Abdominal compartment syndrome: etiology, detection, and management. *J Tenn Med Assoc* 1994;87(2):55–7.
86. Eddy V, Nunn C, Morris JA, Jr. Abdominal compartment syndrome. The Nashville experience. *Surg Clin North Am* 1997;77(4):801–12.
87. Ertel W, Oberholzer A, Platz A, Stocker R, Trentz O. Abdominal compartment syndrome after severe abdominal and/or pelvic trauma. *Langenbecks Arch Chir Suppl Kongressbd* 1998;115:1189–90.
88. Ertel W, Oberholzer A, Platz A, Stocker R, Trentz O. Incidence and clinical pattern of the abdominal compartment syndrome after "damage-control" laparotomy in 311 patients with severe abdominal and/or pelvic trauma. *Crit Care Med* 2000;28(6):1747–53.
89. Fietsam R, Jr., Villalba M, Glover JL, Clark K. Intra-abdominal compartment syndrome as a complication of ruptured abdominal aortic aneurysm repair. *Am Surg* 1989;55(6):396–402.
90. Fraipont V, Lambermont B, Ghaye B, *et al.* Unusual complication after percutaneous dilatational tracheostomy: pneumoperitoneum with abdominal compartment syndrome. *Intensive Care Med* 1999;25(11):1334–5.
91. Gorecki PJ, Kessler E, Schein M. Abdominal compartment syndrome from intractable constipation. *J Am Coll Surg* 2000;190(3):371.
92. Grubben AC, Broering DC. Simple diagnosis and treatment of the abdominal compartment syndrome. *Dtsch Med Wochenschr* 2001;126(17):501–3.
93. Hessmann M, Rommens P. Bilateral ureteral obstruction and renal failure caused by massive retroperitoneal hematoma: is there a pelvic compartment syndrome analogous to abdominal compartment syndrome? *J Orthop Trauma* 1998;12(8):553–7.
94. Hopgood P, Moody P, Nelson RA, Edwards P. The abdominal compartment syndrome: the physiological and clinical consequences of elevated intra-abdominal pressure. *J Am Coll Surg* 1996;183(4):420–2.
95. Hunter JG. Laparoscopic pneumoperitoneum: the abdominal compartment syndrome revisited. *J Am Coll Surg* 1995;181(5):469–70.

96. Ivatury RR, Diebel L, Porter JM, Simon RJ. Intra-abdominal hypertension and the abdominal compartment syndrome. *Surg Clin North Am* 1997;77(4):783–800.
97. Ivatury RR, Porter JM, Simon RJ, Islam S, John R, Stahl WM. Intra-abdominal hypertension after life-threatening penetrating abdominal trauma: prophylaxis, incidence, and clinical relevance to gastric mucosal pH and abdominal compartment syndrome. *J Trauma* 1998;44(6):1016–21; discussion 1021–3.
98. Ivatury RR, Sugerman HJ. Abdominal compartment syndrome: a century later, isn't it time to pay attention? *Crit Care Med* 2000;28(6):2137–8.
99. Ivy ME, Possenti PP, Kepros J, *et al.* Abdominal compartment syndrome in patients with burns. *J Burn Care Rehabil* 1999;20(5):351–3.
100. Ivy ME, Atweh NA, Palmer J, Possenti PP, Pineau M, D'Aiuto M. Intra-abdominal hypertension and abdominal compartment syndrome in burn patients. *J Trauma* 2000;49(3):387–91.
101. Johna S, Taylor E, Brown C, Zimmerman G. Abdominal compartment syndrome: does intra-cystic pressure reflect actual intra-abdominal pressure? A prospective study in surgical patients. *Crit Care (Lond)* 1999;3(6):135–138.
102. Katz R, Meretyk S, Gimmon Z. Abdominal compartment syndrome due to delayed identification of a ureteral perforation following abdomino-perineal resection for rectal carcinoma. *Int J Urol* 1997;4(6):615–7.
103. Kopelman T, Harris C, Miller R, Arrillaga A. Abdominal compartment syndrome in patients with isolated extraperitoneal injuries. *J Trauma* 2000;49(4):744–7; discussion 747–9.
104. Loi P, De Backer D, Vincent JL. Abdominal compartment syndrome. *Acta Chir Belg* 2001;101(2):59–64.
105. Losanoff JE, Kjossev KT. Re: Abdominal compartment syndrome: prompt recognition and treatment. *Am Surg* 1999;65(1):93–4.
106. Lozen Y. Intraabdominal hypertension and abdominal compartment syndrome in trauma: pathophysiology and interventions. *AACN Clin Issues* 1999;10(1):104–12; quiz 135–7.
107. MacDonnell SP, Lalude OA, Davidson AC. The abdominal compartment syndrome: the physiological and clinical consequences of elevated intra-abdominal pressure. *J Am Coll Surg* 1996;183(4):419–20.
108. Maxwell RA, Fabian TC, Croce MA, Davis KA. Secondary abdominal compartment syndrome: an underappreciated manifestation of severe hemorrhagic shock. *J Trauma* 1999;47(6):995–9.
109. Mayberry JC, Mullins RJ, Crass RA, Trunkey DD. Prevention of abdominal compartment syndrome by absorbable mesh prosthesis closure. *Arch Surg* 1997;132(9):957–61; discussion 961–2.
110. Mayberry JC. Prevention of the abdominal compartment syndrome. *Lancet* 1999;354(9192):1749–50.
111. Mayberry JC, Goldman RK, Mullins RJ, Brand DM, Crass RA, Trunkey DD. Surveyed opinion of American trauma surgeons on the prevention of the abdominal compartment syndrome. *J Trauma* 1999;47(3):509–13; discussion 513–4.
112. Meldrum DR, Moore FA, Moore EE, Franciose RJ, Sauaia A, Burch JM. Prospective characterization and selective management of the abdominal compartment syndrome. *Am J Surg* 1997;174(6):667–72; discussion 672–3.
113. Nathens AB, Brenneman FD, Boulanger BR. The abdominal compartment syndrome. *Can J Surg* 1997;40(4):254–8.
114. Nayduch DA, Sullivan K, Reed RL, 2nd. Abdominal compartment syndrome. *J Trauma Nurs* 1997;4(1):5–11.
115. Nebelkopf H. Abdominal compartment syndrome. *Am J Nurs* 1999;99(11):53–6, 58–60.
116. Offner PJ, de Souza AL, Moore EE, *et al.* Avoidance of abdominal compartment syndrome in damage-control laparotomy after trauma. *Arch Surg* 2001;136(6):676–81.
117. Peppriell JE, Bacon DR. Acute abdominal compartment syndrome with pulseless electrical activity during colonoscopy with conscious sedation. *J Clin Anesth* 2000;12(3):216–9.
118. Peralta R, Hojman H. Abdominal compartment syndrome. *Int Anesthesiol Clin* 2001;39(1):75–94.
119. Pickhardt PJ, Shimony JS, Heiken JP, Buchman TG, Fisher AJ. The abdominal compartment syndrome: CT findings. *AJR Am J Roentgenol* 1999;173(3):575–9.
120. Pottecher T, Segura P, Launoy A. Abdominal compartment syndrome. *Ann Chir* 2001;126(3):192–200.
121. Reeves ST, Pinosky ML, Byrne TK, Norcross ED. Abdominal compartment syndrome. *Can J Anaesth* 1997;44(3):308–12.
122. Rendl KH, Prenner K. Intra-abdominal compartment syndrome as a rare complication after aortic reconstruction. *Vasa* 1992;21(1):81–4.
123. Rosin D, Ben Haim M, Yudich A, Ayalon A. Abdominal compartment syndrome. *Harefuah* 1998;134(5):356–60, 423.
124. Saggi BH, Sugerman HJ, Ivatury RR, Bloomfield GL. Abdominal compartment syndrome. *J Trauma* 1998;45(3):597–609.
125. Schein M, Wittmann DH, Aprahamian CC, Condon RE. The abdominal compartment syndrome: the physiological and clinical consequences of elevated intra-abdominal pressure. *J Am Coll Surg* 1995;180(6):745–53.
126. Schein M, Ivatury R. Intra-abdominal hypertension and the abdominal compartment syndrome. *Br J Surg* 1998;85(8):1027–8.
127. Schneider CG, Scholz J, Izbicki JR. Abdominal compartment syndrome. *Anasthesiol Intensivmed Notfallmed Schmerzther* 2000;35(8):523–9.
128. Sieh KM, Chu KM, Wong J. Intra-abdominal hypertension and abdominal compartment syndrome. *Langenbecks Arch Surg* 2001;386(1):53–61.
129. Solheim K. Abdominal compartment syndrome. *Tidsskr Nor Laegeforen* 1996;116(27):3209–10.
120. Tan IK, Kua JS. Abdominal compartment syndrome and acute anuria. *Nephrol Dial Transplant* 1998;13(10):2651–3.
131. Tons C, Schachtrupp A, Rau M, Mumme T, Schumpelick V. Abdominal compartment syndrome: prevention and treatment. *Chirurg* 2000;71(8):918–26.
132. Varela JE, Cohn SM, Giannotti GD, *et al.* Near-infrared spectroscopy reflects changes in mesenteric and systemic perfusion during abdominal compartment syndrome. *Surgery* 2001;129(3):363–70.
133. von Gruenigen VE, Coleman RL, King MR, Miller DS. Abdominal compartment syndrome in gynecologic surgery. *Obstet Gynecol* 1999;94(5 Pt 2):830–2.
134. Watson RA, Howdieshell TR. Abdominal compartment syndrome. *South Med J* 1998;91(4):326–32.
135. Williams M, Simms HH. Abdominal compartment syndrome: case reports and implications for management in critically ill patients. *Am Surg* 1997;63(6):555–8.

63 Pós-Operatório da Cirurgia Torácica

Marcelo Garcia da Rocha • Márcio Hetzel • Spencer Marcantonio Camargo

As cirurgias torácicas envolvem aspectos únicos de avaliação perioperatória, manipulações técnicas e alterações fisiológicas agudas que não são vistas ou entendidas através do tratamento de pacientes da cirurgia geral ou da terapia intensiva. Além disso, o tratamento hemodinâmico, respiratório e analgésico requer habilidades que são específicas para a cirurgia torácica na maioria das vezes.

A maioria dos pacientes submetidos a cirurgia torácica é extubada ainda no bloco cirúrgico e transferida para a Unidade de Tratamento Intensivo (UTI) para o pós-operatório. É necessário que haja uma relação harmoniosa entre o intensivista, o anestesista e o cirurgião, pois só havendo um amplo entendimento sobre o tipo de procedimento realizado e com a antecipação de possíveis complicações é que podemos tomar as medidas necessárias para cada caso e proporcionar o máximo de segurança para o paciente. O intensivista recebe o paciente na UTI com a presença do anestesista e um membro da equipe cirúrgica, e nesse momento são oferecidas informações importantes sobre o diagnóstico, procedimento cirúrgico realizado, balanço hídrico, sangramento e reposição sangüínea e intercorrências do transoperatório. A radiografia de tórax imediatamente à chegada na UTI é parte fundamental da avaliação inicial, pois fornece informações quanto ao posicionamento de próteses traqueais, drenos de tórax, catéteres venosos, expansão pulmonar e posicionamento do mediastino. Ao mesmo tempo, toda a atenção deve estar dirigida para a monitorização da função respiratória e cardíaca, cuidados com o sistema de drenagem torácica, infusão hídrica e analgesia. Exames laboratoriais necessários na primeira avaliação do paciente são gasometria arterial, hematócrito e hemoglobina e fatores de coagulação para aqueles pacientes que apresentaram sangramento importante no transoperatório e necessitaram de transfusão sangüínea. O tratamento hídrico requer cuidado devido às alterações peculiares da cirurgia torácica, como a impossibilidade de grandes deslocamentos de líquido para o terceiro espaço, a diminuição da drenagem linfática e a alteração da interface alveolocapilar devido à manipulação pulmonar e ao colapso transoperatório.[7] A manipulação cirúrgica do pulmão e o colapso pulmonar realizado durante o procedimento cirúrgico causam diminuição da drenagem linfática, levando à ruptura da membrana alveolocapilar e causando extravasamento de líquido no espaço intersticial. As requisições de reposição volêmica devem ser sugeridas pela avaliação hemodinâmica criteriosa e a lembrança de que hipotensão pode ser o sinalizador de complicações cirúrgicas que requeiram abordagem em vez de simplesmente hipovolemia. De maneira sumária, a reposição deve ser a mínima possível para manter a perfusão tecidual adequada e ser compatível com manutenção do equilíbrio eletrolítico. A hipoxemia resultante da ventilação pulmonar unilateral do pulmão dependente que é obrigatória no transoperatório é exacerbada pela infusão excessiva de líquidos. No contexto de uma hemodinâmica normal, a manutenção de um débito urinário de 0,5 a 1 ml/kg/hora é adequado na maioria das vezes.

FATORES DE RISCO

De acordo com Fernandes, em trabalho realizado no nosso meio, várias situações podem prever um desfecho com complicações ou óbito em cirurgia torácica, como por exemplo:[4]

- Idade acima de 65 anos.
- Sexo masculino.
- Tabagismo com consumo de 25 ou mais anos-maço.
- CVF e VEF_1 reduzidos são preditores de complicações respiratórias (RR 1,81 e 2,6).
- VEF_1 reduzido isoladamente é preditor de complicações infecciosas (RR 3,31).
- PaO_2 reduzida tem valor preditor de óbito (RR 3,56).
- Baixo consumo de O_2 e arritmias graves no exercício são preditores de óbito (RR 15,5 e 9,67).
- Necessidade de transfusão de sangue elevado no transoperatório (RR 4,53).
- Tempo de permanência acima de 5 dias associa-se com maior risco de complicações respiratórias, infecciosas, cardiovasculares e óbito.

De maneira resumida, os pacientes com maior risco de complicações pós-operatórias em cirurgia torácica são aqueles que apresentam reserva respiratória diminuída. São os grandes fumantes, portadores de doença pulmonar obstrutiva crônica, aqueles com baixa tolerância ao exercício e anêmicos.

COMPLICAÇÕES

Arritmias

As arritmias cardíacas são uma complicação comum em cirurgia torácica, ocorrendo de 20 até 40% dos pacientes.[13] A arritmia mais comum é a fibrilação atrial, e a causa da sua ocorrência não é clara, mas pode estar relacionada com manipulação ou trauma no átrio, distensão atrial, hipoxemia, dor e atividade simpática excessiva.[10] A profilaxia com digoxina ou bloqueador de cálcio é de benefício duvidoso, e a abordagem do tratamento é a usual. Eventualmente essas arritmias podem associar-se ou ser sinalizadoras de complicações cirúrgicas que requerem intervenção na causa e não na conseqüência. A ocorrência de arritmias associa-se com pior função pulmonar e/ou cardíaca no pré-operatório, idade avançada, extensão do procedimento, sangramento transoperatório, aumento do tempo de permanência na UTI e pior desfecho.

Ventilação mecânica

A necessidade de ventilação mecânica no pós-operatório de cirurgia torácica é exceção, e resulta de intercorrências intra-operatórias não-previstas, como sangramento excessivo com conseqüente necessidade de altos volumes de reposição, tempo cirúrgico elevado, reversão incompleta do bloqueio neuromuscular, hipotermia ou parada cardíaca intra-operatória. Se existir a previsão de ventilação mecânica por mais de algumas horas no pós-operatório, o tubo duplo lúmen utilizado no transoperatório deve ser trocado para um tubo endotraqueal convencional, que é mais fácil de manipular e provoca menos lesão na via aérea. Os parâmetros utilizados para a ventilação mecânica devem estar ajustados para evitar a distensão pulmonar excessiva e picos de pressão elevados nas vias aéreas (menos de 30 cmH_2O). Níveis altos de PEEP devem ser evitados, pois podem comprometer a integridade de anastomoses brônquicas e resultar no surgimento de fístula broncopleural. Os pacientes com doença pulmonar obstrutiva (DPOC) tendem a desenvolver alçaponamento aéreo ou PEEP intrínseca, que pode ser evitado com a utilização de volumes correntes baixos, fluxo inspiratório alto e tempo inspiratório pequeno. Nos pacientes com doença restritiva, o problema é o pico elevado de pressão com um volume corrente pequeno. Nesses pacientes, a solução é reduzir o volume corrente e o fluxo inspiratório, mantendo o volume-minuto através do aumento da freqüência e do aumento do tempo inspiratório. Os demais aspectos da ventilação mecânica são os habituais, e o desmame deve ser antecipado tanto quanto possível, em função das complicações adicionais que podem ocorrer, especialmente infecção.

Conduta no escape aéreo

O escape aéreo *(air-leak,* ou saída de ar pelos drenos torácicos com manobras de tosse, movimentos respiratórios ou expiração profunda) com maior ou menor intensidade é sempre esperado quando a cirurgia realizada é uma ressecção pulmonar parcial. O escape aéreo ocorre pela aerostasia incompleta na sutura de bronquíolos ou alvéolos. Quando ocorrer solução de continuidade na sutura brônquica, o escape é normalmente maior. O intensivista deve concentrar-se na observação da quantidade de ar que escapa pelos drenos no exame inicial, pois não há forma objetiva de mensurarmos a fuga de ar. Na avaliação do escape aéreo, a informação recebida do cirurgião é de especial importância, pois a presença de enfisema pulmonar, cissura incompleta, uso de sutura manual em vez de grampeadores e presença de aderências pleurais são situações em que se espera um escape aéreo maior e mais prolongado. É de grande importância uma alteração súbita na fuga aérea (parada ou aumento). Torna-se necessária uma revisão do exame físico, do sistema de drenagem e do radiograma de tórax. A parada repentina no escape aéreo pode ser tanto por obstrução dos drenos por coágulos quanto por atelectasia parcial do pulmão, situações com abordagens terapêuticas distintas. Um aumento súbito do escape aéreo pode ocorrer no surgimento de fístula brônquica. O escape aéreo normalmente é autolimitado e tratado de forma conservadora. A abordagem cirúrgica com reintervenção é reservada para os casos de suspeita de rompimento de bolhas ou diagnóstico precoce de fístulas brônquicas. Algumas medidas podem ser utilizadas para diminuir o tempo de drenagem, como por exemplo o menor tempo possível em ventilação mecânica; a retirada dos drenos de aspiração contínua quando o escape for pequeno e o pulmão estiver completamente expandido; o uso de broncodilatadores em doses ótimas em pacientes com história de broncoespasmo; a modificação do posicionamento dos drenos através da tração dos mesmos e analgesia eficiente para obter o máximo de colaboração do paciente.

Sangramento pleural

O controle do volume e do aspecto do líquido pleural drenado é importante como indicativo da boa evolução do procedimento cirúrgico realizado e também um sinal de alterações que necessitam de medidas imediatas. Novamente, as informações colhidas da equipe cirúrgica podem prever o volume de drenagem esperado e eventuais alterações. Podemos exemplificar com dois procedimento distintos. No primeiro foi realizada uma ressecção pulmonar com uso de grampeador mecânico em um pulmão livre de aderências pleurais, e no segundo o paciente foi submetido a uma lobectomia por uma doença inflamatória em que havia intensas aderências pleurais. Na primeira situação, qualquer aumento de volume drenado deve redobrar nossa atenção para uma possível complicação, pois, não havendo dissecção cruenta, a drenagem deve se limitar à pequena quantidade de exsudação pleural. Ao contrário, no segundo caso, em que a dissecção do pulmão resultou em extensa área cruenta na superfície pleural remanescente, uma drenagem mais elevada é antecipada. Como regra, um volume que exceda 400 ml na primeira hora deve ser monitorizado de hora em hora, e havendo persistência do sangramento com um volume de 100 ml/hora nas próximas horas, sem indicativo de redução, esse paciente deve ser avaliado para uma possível reintervenção. Outro fator importante a ser considerado é a alteração súbita na drenagem. Um paciente que vem apresentando uma drenagem sanguinolenta que cessa repentinamente deve ter seu sistema de drenagem examinado para afastar a possibilidade de obstrução por coágulos, e um novo radiograma deve ser obtido. A presença de borramento do diafragma deve levantar a suspeita da presença de coágulos pleurais, situação que normalmente requer reintervenção para limpeza da cavidade e prevenção de ocorrência de coagulopatia. Sempre que houver necessidade do estudo de líquido ou sangue na pleura, devemos realizar o radiograma no leito com decúbito de 45 graus.

Derrame pleural

O aumento da drenagem pleural ou a modificação para uma cor mais escura, quando associada à presença de febre, piora na dor e aparecimento de leucocitose, deve levantar a suspeita de empiema pleural. Essa situação é mais freqüente em casos em que houve persistência do escape aéreo por mais de 7 dias, preenchimento incompleto da cavidade pleural pelos lobos remanescentes e pacientes com doenças pulmonares supurativas. Caso a radiografia do tórax mostre persistência de coleção pleural, o tratamento dessa complicação só será obtido com a realização de drenagem pleural aberta. Outra situação que leva ao aumento no volume de drenagem é o quilotórax, que ocorre mais freqüentemente após ressecções pulmonares associadas a extensa dissecção linfonodal, cirurgias do esôfago e cirurgias cardíacas. O líquido tem aspecto leitoso característico, com dosagem de triglicerídios acima de 110 mg%.

Retenção de secreções

A efetividade da tosse é garantida pelo adequado tratamento da analgesia no pós-operatório visando a evitar a retenção de secreções e a formação de atelectasias pulmonares. Ainda assim pode ser necessária a resolução de atelectasias pulmonares, através de broncoscopia ou inserção de catéter transtraqueal. Para a realização da broncoscopia é necessária adequada anestesia tópica da traquéia para prevenir crises de broncoespasmo ou arritmias, o que é feito com a administração de lidocaína a 1% pelo tubo traqueal em pacientes em ventilação mecânica ou diretamente na traquéia através de uma punção na membrana cricotireóidea em pacientes ventilando espontaneamente. Uma forma mais barata e bastante eficaz de remover as secreções é com a inserção de um *intracath* traqueal, procedimento realizado com anestesia local da membrana cricotireóidea e punção da mesma com um *intracath* venoso adulto. Esse procedimento, quando associado a analgesia eficaz, promove a remoção de secreções mesmo em pacientes idosos em que a tosse não é efetiva ou em pacientes pouco colaborativos. A fisioterapia respiratória também tem papel importante na profilaxia e resolução das atelectasias no pós-operatório.

Edema pulmonar pós-pneumectomia

O edema pulmonar que surge no pós- operatório da pneumectomia é caracterizado pelo surgimento de disfunção respiratória aguda, hipoxemia grave e infiltrado pulmonar difuso nas primeiras 72 horas.[17] Não tem etiologia conhecida, ocorre com uma freqüência de 2-5% e é três vezes mais comum após pneumectomia direita. Além dos mecanismos mais usuais de falência respiratória (aspiração, sepse, tromboembolismo, insuficiência cardíaca), a ressecção pulmonar envolve mecanismos novos de hipóxia e hipercapnia. Primeiro, o pulmão remanescente pode estar edematoso e com sangue. Esse pulmão ficou em situação dependente durante a cirurgia, desenvolvendo edema como resultado de efeito gravitacional (em zonas III e IV) e aspirando sangue, se um tubo de duplo lúmen não foi usado ou não funcionou adequadamente. Em segundo lugar, o tamanho do leito vascular remanescente diminui, e essa diminuição pode levar ao edema pulmonar, especialmente em pacientes com má reserva pulmonar e/ou cardíaca. O tratamento é de suporte, e um fator importante é a restrição hídrica. A mortalidade dessa complicação ultrapassa 50%.

Hérnia cardíaca

Para a realização de uma pneumectomia radical, o cirurgião necessita de uma abordagem intrapericárdica para facilitar o acesso aos grandes vasos e permitir uma dissecção hilar ampla. Essa técnica resulta em um extenso defeito no pericárdio que por vezes não é possível de ser corrigido após o término da pneumectomia. A hérnia cardíaca ocorre quando o coração projeta-se através do defeito do pericárdio para dentro do hemotórax vazio, causando pinçamento da veia cava superior, veia cava inferior, traquéia distal, veias pulmonares e constrição do coração pelo pericárdio. Sua ocorrência é rara, sendo mais comum em pneumectomias direitas. Essa condição deve ser sempre suspeitada quando o paciente apresentar hipotensão súbita e choque, cianose, dor torácica e sintomas de síndrome da veia cava. O radiograma confirma o diagnóstico, mostrando um desvio acentuado do mediastino e o coração completamente herniado para o lado pneumectomizado. O tratamento é cirúrgico, com reposicionamento do coração e fechamento do defeito pericárdico. Essa complicação ocorre normalmente nas primeiras 24 horas, e, mesmo quando prontamente reconhecida e tratada, apresenta uma mortalidade de 50%.

Infecções pulmonares

As infecções pulmonares, pleurais ou sistêmicas podem ocorrer em uma variedade de condições após a toracotomia. Várias situações críticas e controversas ocorrem, incluindo profilaxia pré-operatória em pacientes com doença pulmonar obstrutiva crônica ou doença supurativa, uso prévio e recente de antibióticos dentro ou fora do hospital para tratamento de alguma condição pulmonar ou pleural; o tempo de permanência do antibiótico profilático no pós-operatório com grande escape aéreo; os padrões locais de germes e sua resistência e o estado imunológico do paciente. As complicações infecciosas podem ocorrer em dois grupos de pacientes, principalmente: aqueles com pulmões aparentemente normais que desenvolvem anormalidades respiratórias secundárias a agentes anestésicos e a cirurgia ou aqueles com doença pulmonar crônica nos quais os problemas da anestesia e da cirurgia são somados a um parênquima pulmonar previamente doente. Algumas atitudes pré-operatórias são dirigidas à prevenção de complicações infecciosas no pós-operatório, tais como cessação do tabagismo, tratamento ótimo do broncoespasmo, fisioterapia respiratória e antibióticos, se houver purulência no escarro. De maneira simplificada, a toracotomia sem infecção prévia ou uso de antibiótico segue os padrões universais de profilaxia perioperatória com cefazolina; cefuroxime pode ser utilizado em pacientes com DPOC. Os demais aspectos dos tratamentos de infecções no pós-operatório seguem o padrão individual de cada paciente, e seu detalhamento está além dos objetivos deste capítulo.

Transplante pulmonar

Os principais aspectos do pós-operatório de receptores de transplante pulmonar relacionam-se à ventilação mecânica, administração de líquidos e hemodinâmica, rejeição, nutrição e sepse. As dificuldades do transplante concentram-se fundamentalmente no trauma cirúrgico importante.[1] O pulmão transplantado recebe a maior parte do débito cardíaco já no pós-operatório imediato (menor complacência relativa do sistema vascular no implante), e encontra um leito capilar com hiperpermeabilidade, mais propenso à lesão de reperfusão e sem drenagem linfática. Há uma significativa quantidade de fármacos necessários para a imunossupressão, antibioticoterapia bacteriana, viral e fúngica, que isolados ou somados apresentam nefrotoxicidade significativa, entre outros paraefeitos de interesse para o intensivista. A conduta básica do transplante pulmonar é semelhante à da cirurgia pulmonar, em que o cuidado com a administração de volumes é rigoroso. Aqui, no entanto, o perfil hemodinâmico inicial pode ser um quadro hiperdinâmico com aumento do índice cardíaco e diminuição da resistência vascular periférica. Se houver hipotensão com baixo débito, devemos administrar volume com controle das pressões de enchimento ventriculares. As drogas vasoativas (dopamina, dobutamina, norepinefrina) são usadas da forma habitual. Em transplante pulmonar podem ocorrer situações que mimetizam tamponamento cardíaco, por pressão do pulmão transplantado muito grande sobre o coração ou ainda de um pulmão nativo muito enfisematoso que se distende de forma exagerada com a ventilação mecânica (em situações de perda de complacência do pulmão transplantado, o pulmão nativo enfisematoso pode receber praticamente todo o fluxo aéreo). A rejeição aguda tipicamente ocorre no 4º ou 5º dia pós-operatório, levando a episódios de piora da troca gasosa, infiltrados pulmonares, febre e hipertensão pulmonar, podendo ocorrer necessidade de ventilação mecânica. O diagnóstico diferencial entre rejeição e infecção deve sempre ser tentado. Na disfunção aguda do transplante pulmonar – caracterizada por desequilíbrio ventilatório-perfusional, hipertensão pulmonar e resistência vascular pulmonar elevada –, o óxido nítrico inalado tem sido usado para melhorar a troca gasosa e reduzir a resistência vascular pulmonar seletivamente e a hipertensão pulmonar, sem alterar a resistência vascular sistêmica. A sepse também é considerada um problema grave nesses pacientes. O padrão temporal do surgimento de infiltrados pulmonares pode fornecer pistas para o diagnóstico diferencial, com a pneumonia bacteriana ocorrendo no segundo e terceiro dias e a rejeição do quarto ao sexto dia. A pneumonia por citomegalovírus é mais tardia, ocorrendo após a quarta semana pós-transplante. A profilaxia infecciosa perioperatória é variada, necessitando de múltiplos regimes de drogas antibacterianas, antivirais, antifúngicas e da análise de amostras retiradas do doador do pulmão e do receptor durante a cirurgia.

Analgesia pós-toracotomia

A analgesia adequada é ponto importante tanto para evitar complicações pós-operatórias quanto para o bem-estar do paciente.[2] Existem várias razões para surgir dor pós-toracotomia muito significativa. Inicialmente, a intensidade da dor está entre as mais severas de qualquer procedimento cirúrgico. Em segundo lugar, os trajetos neuronais envolvidos na transmissão da dor podem envolver o nervo frênico e os intercostais. Em terceiro, a natureza da lesão que produz a síndrome dolorosa é complexa e envolve tecidos cortados de forma intencional, bem como nervos intercostais interrompidos, fraturas de costelas, parênquima pulmonar lacerado e rompimento da pleura. Em quarto, a dor é exacerbada pelos drenos torácicos. Todos esses fatores contribuem para a complexidade e a severidade da dor pós-toracotomia e podem tornar uma terapia ótima difícil. Muitas modalidades podem ser sugeridas, como analgésicos sistêmicos, opióides neuraxiais e anestésicos locais (epidural); técnicas de anestesia regional (bloqueio intercostal). Entre os analgésicos sistêmicos, os opióides permanecem como as drogas de escolha, apesar da possibilidade de vários efeitos adversos, como náuseas, vômitos, prurido, íleo, depressão respiratória e hipotensão. A morfina é o analgésico opióide mais freqüentemente utilizado, podendo ser administrada endovenosa ou subcutaneamente, de maneira intermitente ou contínua. A meperidina é uma droga que não deve ser utilizada pelo risco de acúmulo do seu metabólito, a normoperidina, que pode levar a ansiedade, alterações do humor, tremores, mioclonias e convulsões. O tramadol age sobre os receptores opióides, afetando minimamente o trânsito intestinal e tendo como efeitos adversos menores, náuseas e vômitos, e efeitos adversos maiores a ocorrência de crises convulsivas. Pode ser usado de forma intravenosa, oral ou retal. A codeína é um derivado opióide, indicado para o alívio de dores leves a moderadas, sendo uma boa opção à morfina. Uma alternativa eficaz para o uso de doses menores de opióides e conseqüentemente com menos efeitos adversos é o uso concomitante de antiinflamatórios não-esteróides. A administração de opióide com ou sem anestésico local através de um catéter epidural tem se mostrado muito eficaz em toracotomias de grande porte, sendo considerado superior ao uso de analgesia sistêmica isolada e diminuindo o risco de complicações pulmonares.[12] O bloqueio intercostal é uma opção também eficaz, de realização técnica mais simples, podendo ser iniciado no bloco cirúrgico, sendo útil em procedimentos menores.

Em conclusão, a introdução de novas técnicas expandiu nossa capacidade de avaliar pacientes com doença pulmonar, fornece alternativas de cuidado mais amplas com menos transgressão fisiológica, tem o potencial de melhorar ou reverter doenças progressivas e de cuidar de pacientes mais idosos e comprometidos.

Os pacientes que sofrem procedimentos cirúrgicos no tórax têm necessidades perioperatórias únicas. Uma avaliação pré-operatória focada na mecânica respiratória basal, troca gasosa e reserva cardiopulmonar determina aqueles que terão função pós-operatória adequada para permitir a intervenção cirúrgica. Além disso, um balanço hídrico perioperatório criterioso, cuidados respiratórios e tratamento da dor são necessários para fornecer um cuidado ótimo.

REFERÊNCIAS BIBLIOGRÁFICAS

1. Arcasoy SM, Kotloff RM. Lung Transplantation. *N Engl J Med* 1999;340:1081–1089.
2. Conacher ID. Post thoracotomy Analgesia. *Anesthesiol Clin North Am* 2001;19(3):611–25.
3. Deschamps C. Empyema and Bronchopleural Fistula After Pneumonectomy: Factors Affeting Incidence. *Ann Thorac Surg* 2001;721):243–7.
4. Fernandes EO. Fatores de Risco Operatório em Cirurgia Torácica. Tese (Doutorado) – Universidade Federal do Rio Grande do Sul. PGM: Pneumologia, 1998.
5. Goodnough LT, Brecher ME *et al.* Transfusion Medicine. *N Engl J Med* 1999;340:438–447.
6. Hébert PC, Wells G *et al.* A multicenter, Randomized, Controled Clinical Trial of Transfusion Requirements in Critical Care. *N Engl J Med* 1999;340:409–417.
7. Hucthin P, Terzi RG *et al.* The Influence of Intravenous Fluid Administration on Postoperative Urinary Water and Electrolyte Excretion in Thoracic Surgery Patients. Ann Surgery 1969;170(5):813–823.
8. Kaiser GC. Practice Guidelines in Cardiothoracic Surgery. *Ann Thorac Surg* 1995;59:1264–1271.
9. Murray MJ, Prough DS. editors. Critical Care Medicine – Perioperative Management. Lippincott-Raven Publishers. 1997.
10. Ommen SR, Odell JA, Stanton MS. Current Concepts: Atrial Arrhythmias After Cardiothoracic Surgery. *N Engl J Med* 1997;336(20):1429–1434.
11. Pinto Filho DR, Cardoso PFG. (Eds.) Manual de Cirurgia Torácica. Editora Revinter 2001.
12. Rawal N. Epidural and Spinal Agents for postoperative analgesia. *Surg Clin North Am* 1999;79(2):313–44.
13. Sloan SB. Postoperative Arrhythmias and Conduction Disorsders. *Med Clin North Am* 2001;85(5):1171–89.
14. Stephan F, Boucheseich S *et al.* Pulmonary Complication Following Lung Ressection. *Chest* 2000;118(5):1263–70.
15. Szegedi LL. Pathophysiology of One-Lung Ventilation. *Anesthesiol Clin North Am* 2001;19(3):435–53.
16. Tobin MJ. Advances in Mechanical Ventilation. *N Engl J Med* 2001;344(26):1986–1996.
17. Zeldin RA, Normandin D *et al.* Postpneumonectomy Pulmonary Edema. *J Thorac Cardiovasc Surg* 1984;87:359–365.

64 Fisioterapia no Pós-Operatório da Cirurgia Torácica

Vanessa Pereira de Lima

Hoje, com o advento das mais modernas técnicas operatórias, desenvolvimento das Unidades de Terapia Intensiva (UTIs), antibioticoterapia, compreensão das agressões cirúrgicas e suas repercussões, assim como pessoal especializado, a cirurgia de tórax apresentou significativa evolução.

Apesar do seu desenvolvimento, a cirurgia de tórax não se encontra isenta de complicações, sendo as pulmonares o segmento mais freqüente no período pós-operatório; entre essas destacamos: broncoespasmo, atelectasias, infecções traqueobrônquicas, pneumonias, insuficiência respiratória, intubação orotraqueal e ventilação mecânica prolongada.[9]

A incidência de complicações pulmonares varia em torno de 25-80%. Em parte, elas são explicadas pela disfunção diafragmática (decréscimo em sua contratilidade) ocasionada pelo reflexo inibitório do comando respiratório, o que é causado pela estimulação dos receptores simpáticos vagais ou esplênicos abdominais,[4] pela dor, ausência de suspiros e alterações da complacência pulmonar e da parede torácica.[3,4,6] Essas alterações levam à redução em torno de 50-60% dos volumes e capacidades pulmonares no período pós-operatório. Além das complicações pulmonares, são freqüentes as complicações circulatórias, como por exemplo a trombose venosa profunda (TVP).

Trabalhos têm demonstrado a importância da fisioterapia no importante papel de reduzir as complicações pós-operatórias. Entre eles, destacamos o trabalho pioneiro de Thoren (1954), que documentou a redução da incidência de complicações pulmonares decorrentes de cirurgias abdominais altas de 42% para 12% quando a fisioterapia foi incluída no pós-operatório. Em 1957, Wiklander também evidenciou redução das complicações severas e moderadas em torno de 50% no grupo que fez fisioterapia. Castillho e Hara, em 1985, concluíram que a fisioterapia realizada no período pré e pós-operatório conduz a uma redução do número de pacientes que desenvolvem atelectasias.[3] No ano de 1998, Chumillas demonstrou uma redução das alterações radiológicas em pacientes submetidos a fisioterapia no pré e pós-operatório.[7]

A prevenção das complicações no período pós-operatório de cirurgias torácicas é responsabilidade da equipe, sendo o fisioterapeuta um importante membro dessa. A meta do fisioterapeuta respiratório em pacientes submetidos à cirurgia torácica é melhorar a ventilação, reduzir a dor, diminuir o trabalho respiratório, prevenir retenções de secreções pulmonares, promover a mobilidade precoce , facilitando assim que o paciente retorne as suas atividades da vida diária tão logo possível.

CIRURGIA DE TÓRAX

As cirurgias mais habitualmente realizadas são:

- Ressecções pulmonares (pneumonectomias, lobectomias etc).
- Drenagens pleurais (empiema, derrame pleural, pneumotórax etc).
- Toracotomias exploradoras etc.

FISIOTERAPIA RESPIRATÓRIA NA FASE PRÉ-OPERATÓRIA

O período pré-operatório consiste em medidas realizadas nas 12 horas que antecedem a operação.[1] Os principais objetivos do ponto de vista fisioterapêutico são os seguintes:[16]

1. **Conhecer e ganhar a confiança do paciente.**
2. **Avaliar o paciente** no pré e no pós-operatório, com os seguintes quesitos:
   - Anamnese
     Nome, sexo, idade, RG, procedência, naturalidade, queixa principal, data de internação, data da operação, história da doença atual – HDA, os antecedentes pessoais e familiares e por fim o diagnóstico.
   - Inspeção:
     - Tipo de respiração (espontânea, mecânica, uso de O_2).
     - Padrão respiratório (por exemplo, misto de predomínio apical).
     - Tipo de tórax.
     - Expansibilidade torácica.
     - Presença de deformidades, cicatrizes, sondas, drenos etc.
     - Trofismo.
     - Postura.
   - Palpação:
     - Expansibilidade torácica.
     - Frêmito toracovocal (FTV).
     - Percussão.
     - Força muscular (principalmente dos músculos respiratórios e acessórios).
     - Encurtamentos musculares.
   - Ausculta:
     - Ausculta da voz.
     - Ausculta pulmonar.

- Efetividade da tosse.
- Presença ou não de secreção pulmonar (quantidade eliminada por dia, aspecto, cor, odor e viscosidade)

- Ventilometria (medidas com ventilômetro):
  - Volume corrente (VC).
  - Volume-minuto ($\dot{V}m$).
  - Capacidade vital forçada (CVF).
  - Manuovacuometria (medidas com manuovacuômetro).
  - Pressão inspiratória máxima ($PI_{máx}$).
  - Pressão expiratória máxima ($PE_{máx}$).
  - Espirometria.
- Radiografia do tórax.
- Gasometria arterial.

3. **Orientação do paciente**: o paciente será orientado da importância da fisioterapia no período pré e pós-operatório e dos seus efeitos, o que redunda na recuperação mais rápida, do período na UTI, da intubação orotraqueal, da ventilação mecânica, da presença de sondas e drenos, incisão operatória etc.
4. **Ensinamento**: serão ensinados ao paciente os exercícios respiratórios que serão utilizados no período pós-operatório, objetivando o incremento da ventilação pulmonar (como por exemplo inspiração máxima sustentada, utilização de incentivadores respiratórios (Triflo, Respiron etc.), tosse assistida, baforada *(huffing)*.

   Os trabalhos de Thoren, Castilho e Chumillas demonstram que os procedimentos são rápida e efetivamente aprendidos, e com melhor cooperação dos pacientes no pós-operatório, se a fisioterapia for iniciada no pré-operatório, antes da dor, da presença de drenos e/ou de sondas etc.[3,7]
5. **Higiene brônquica (expectoração)**: envolve o uso de técnicas não-invasivas de depuração das vias aéreas destinadas a auxiliar na mobilização e na depuração de secreções e melhorar o intercâmbio gasoso. Essas técnicas são muito utilizadas em nosso meio em pacientes com doenças supurativas que serão submetidos a ressecções pulmonares, facilitando com isso os procedimentos operatórios.

   As principais técnicas utilizadas são as seguintes:

- Drenagem postural, que utiliza a ação da gravidade e a energia mecânica para mobilizar as secreções, melhorar o equilíbrio $\dot{V}/\dot{Q}$ e normalizar a capacidade residual funcional (CRF). O posicionamento do paciente dependerá da área pulmonar comprometida.
- Percussões e a vibração, que envolvem a aplicação da energia mecânica sobre a parede torácica utilizando-se as mãos ou vários dispositivos elétricos ou pneumáticos associam-se à drenagem postural.[19]

Com todos esses procedimentos, objetivamos que o paciente vá para a operação na melhor condição clínica possível, dentro de suas possibilidades para a cirurgia, limitados pela maior ou menor alteração anatômica provocada pela doença.

FISIOTERAPIA RESPIRATÓRIA NA FASE DE PÓS-OPERATÓRIO

O paciente, ao chegar à UTI ou à enfermaria, será reavaliado pelo fisioterapeuta, que analisará os itens observados no pré-operatório, além dos seguintes:

- Qual foi a operação realizada?
- Que incisão operatória foi realizada (dependendo do tipo de incisão, poderão ter sido seccionados grandes grupos musculares ou arcos costais, que causam dor, por exemplo, as incisões póstero-laterais clássicas)?
- Presença de drenos (localização, número, tipo de drenagem, aspecto do material drenado, quantidade drenada, se há saída de ar, presença de enfisema subcutâneo).
- Se a drenagem está sob aspiração contínua e quanto de pressão de aspiração deverá ser mantida.
- Presença de sondas nasogástricas, uretral etc.
- Presença de catéter peridural para analgesia.

Objetivos

- O objetivo principal no período pós-operatório, quando o paciente não saiu extubado do centro cirúrgico, é retirá-lo o mais rapidamente da ventilação mecânica e da intubação orotraqueal em condições ideais.[8] Sabe-se que a ventilação mecânica por tempo prolongado nos casos de pacientes que foram submetidos a ressecções pulmonares aumenta em até 9% a probabilidade de apresentar fístulas broncopleurais, principalmente após pneumectomias.[11]
- Promover a expansão pulmonar.
- Promover a higiene brônquica e a eliminação do excesso de secreções pulmonares.
- Promover a analgesia.
- Orientar o paciente para os cuidados com os drenos pleurais.
- Manter mobilidade suficiente para prevenir complicações circulatórias e movimentos restritivos do tórax, da cintura escapular e dos membros superiores.
- Prevenção de úlceras de decúbito (com a mobilização e mudanças de decúbito freqüentes).
- Correção postural.

Terapêutica realizada

Inicialmente devemos ter em mente que o número de atendimentos fisioterapêuticos por dia em pós-operatórios de cirurgia torácica irá depender exclusivamente das condições do paciente. Entretanto, em média, realizamos dois atendimentos por dia, e se necessário aumentamos o número de atendimentos. O tratamento tem início no pós-operatório a partir do momento em que o paciente retorna do centro cirúrgico

Expansão pulmonar

As medidas consideradas como expansivas visam à prevenção ou à correção de atelectasias, e além disso possibilitam melhor mobilidade do gradil costal e também intensificam o uso de músculos respiratórios. As mais utilizadas são as seguintes:

- Espirometria de incentivo (através do uso de incentivadores respiratórios). Projetada para mimetizar o suspiro natural por meio da estimulação dos pacientes, que fazem inspirações profundas e lentas.[12,14,20] Pode-se associar posturas que favoreçam a ventilação em áreas específicas, e que o paciente poderá realizar sem a presença do terapeuta (Fig. 64-1).
- Respiração por pressão positiva intermitente (RPPI). Denominamos RPPI quando utilizamos pressão positiva intermitente administrada ao paciente que respira espontaneamente. Apesar de ser bastante utilizada em nosso meio, a RRPI apresenta certas restrições para o seu uso, por exemplo: pneumotórax não-drenado, pressão intracraniana (PIC) >15 mmHg, hemoptise ativa, fístula traqueoesofágica, evidência de bolhas a radiografia e aerofagia. Assim como os incentivadores, a RRPI pode ser utilizada associada a posturas que favoreçam a ventilação em áreas específicas, ou ainda com manobras realizadas pelo terapeuta que favoreçam a mobilidade torácica (estímulos proprioceptivos) (Fig. 64-2).[5]
- Pressão positiva contínua nas vias aéreas (CPAP): promove o enchimento dos segmentos hipoventilados, através da ventilação colateral e da prevenção do colapso pulmonar e, com isso, uma maior mobilização das secreções brônquica, através do uso de pressão positiva ao final da expiração (PEEP). Por isso é considerada por alguns autores também como uma terapia de higiene brônquica.
- Padrões ventilatórios: são exercícios que estimulam a mudança do padrão respiratório pós-operatório. O paciente realiza respirações profundas promovendo o aumento da capacidade residual funcional, com redução do colapso alveolar e a formação de atelectasias. Citamos como exemplo: inspiração máxima sustentada, inspiração em tempos, respiração diafragmática e intercostal. Esses

Fig. 64-1. RPPI. (Ver *Prancha* em *Cores*.)

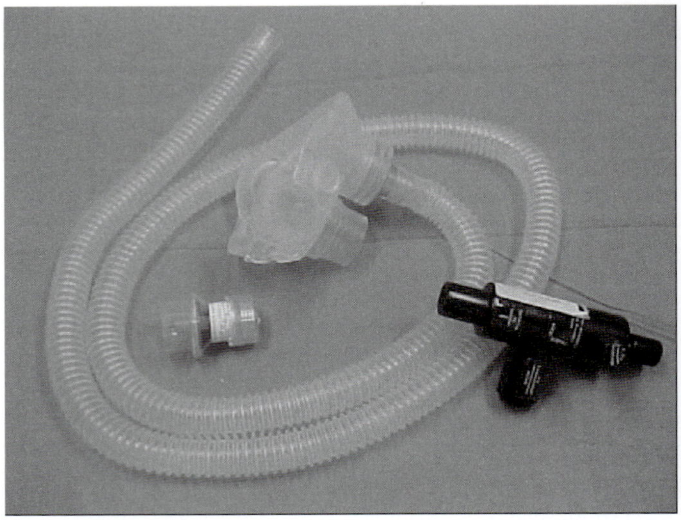

Fig. 64-2. CPAP.

exercícios são mais bem aproveitados quando associados a mudanças de posição do corpo, já que a ventilação é dependente dessas mudanças e também de estímulos proprioceptivos na parede costal ou região abdominal. O trabalho de Roussos e Fixley demonstrou que pessoas normais respirando altos fluxos ao nível da capacidade residual funcional (CRF) produzem um aumento da distribuição da ventilação na região dependente na respiração diafragmática e uma distribuição preferencialmente para as regiões não-dependentes da respiração intercostal. Embora esses exercícios sejam amplamente utilizados, nenhum estudo mostra a superioridade de um ou outro método.[3,7,16,18]

Higiene brônquica

Além da terapia com drenagem postural, das percussões e vibrações torácicas já descritas anteriormente, utilizamos com freqüência:

- A válvula de *flutter*, que é uma válvula que combina a ação da pressão positiva ao final da expiração (PEEP) com oscilações de alta freqüência. Essas oscilações, quando em alta freqüência, atuam como um "mucolítico físico", acentuando a tosse e a eliminação de secreções (Fig. 64-3).[10,19]
- Tosse assistida (ou mais recentemente denominada tosse controlada).
- Técnicas de expiração forçada (TEF), ou *luffing*, em que são realizadas uma ou duas expirações forçadas com a glote aberta, começando a meio volume pulmonar e continuando até o volume residual.[10]

Em nosso serviço, as técnicas que se utilizam de modificações do fluxo (TEF), ou que trabalham com oscilações de alta freqüência como o *flutter*, são bastante utilizadas, principalmente por não provocarem picos de pressão positiva, que poderiam afetar o coto brônquico ou aumentar a saída de ar.[11,13]

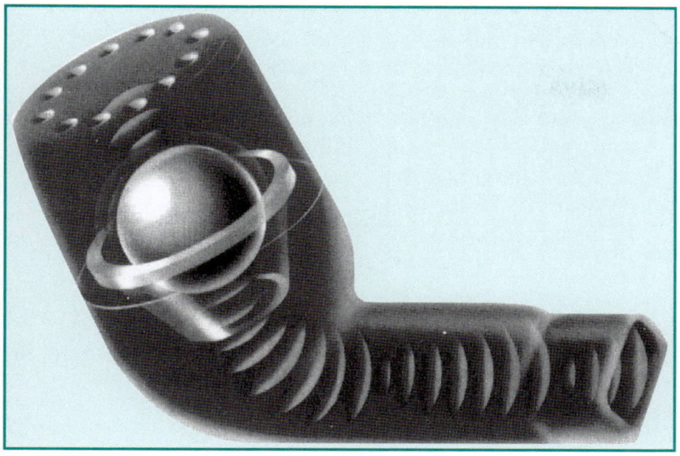

Fig. 64-3. *Flutter.* (Ver *Prancha* em *Cores*.)

Analgesia

Sabemos que um dos fatores limitantes ao trabalho da fisioterapia no pós-operatório é a dor, apesar do uso de medicações analgésicas. Por isso, uma das técnicas utilizadas com sucesso para a analgesia é a aplicação da eletroestimulação transcutânea (TENS). Já foi comprovado, através de diversos estudos, que o TENS diminui a dor, principalmente em pacientes de cirurgia de pequeno e médio portes.

Cuidados com os drenos pleurais

Os drenos pleurais irão acompanhar o paciente no período pós-cirúrgico, portanto o paciente deve ser orientado quanto aos cuidados com o dreno. Os principais cuidados são os seguintes:[1,8,17]

- Não elevar o dreno acima do tórax, para que não haja refluxo dos líquidos do frasco coletor.
- Evitar movimentos corpóreos bruscos, de modo a não tracionar a extensão do sistema de drenagem manual dos drenos.
- Não deitar sobre o dreno nem tracioná-lo.
- Realizar os exercícios respiratórios para que se favoreça a drenagem dos líquidos e a expansão pulmonar.
- Ao deambular, deixar o dreno do lado oposto para se evitar posturas antálgicas.

Mobilização

Outro fator que é um adjuvante da terapia respiratória em pacientes submetidos à cirurgia de tórax é a mobilização precoce. Há trabalhos demonstrando que após cirurgias abdominais a capacidade residual funcional (CRF) apresenta um acréscimo quando os pacientes são colocados sentados, quando comparados com pacientes em posição supina.[15] O trabalho de Scheidgger demonstrou que os pacientes que deambularam no primeiro dia de pós-operatório apresentavam uma melhora da função pulmonar comparados com os pacientes que não deambularam.[15] Portanto, devemos estimular a deambulação precoce no primeiro dia de pós-operatório, excetuando-se os pacientes com alterações hemodinâmicas ou que apresentem alguma contra-indicação médica. Os pacientes que não podem deambular deverão ser estimulados a realizar exercícios ativos de fortalecimento muscular e alongamentos para a prevenção de posturas antálgicas.

CONCLUSÃO

A fisioterapia tem se mostrado uma grande aliada no combate às complicações do período pós-operatório de cirurgia torácica, junto à equipe multidisciplinar. Cabe ao fisioterapeuta avaliar o paciente e, através da avaliação completa e diária, concluir qual será a melhor terapêutica a ser adotada no momento, tendo sempre uma visão global do paciente, objetivando o retorno do paciente à sua rotina diária tão logo possível e nas melhores condições clínicas.

REFERÊNCIAS BIBLIOGRÁFICAS

1. Bogossian L. Manual prático de pré e pós-operatório. 2. ed. Medsi: Rio de Janeiro 1995.
2. Brandstetter RD, Cohen RP. Hypoxemia after thoracocentesis: a predictable and treatable condition. *JAMA* 1979;242:1060–1061.
3. Castillo Regina, Haas Albert. Chest physical therapy: comparative efficacy of preoperative and postoperative in the elderly. *Arch Phys Med Rehabil* 1985;66:376–379.
4. Celli Bartolome R. What is the value of preoperative pulmonary function testing? Medical Clinics of North America 1983;77(2):309–325.
5. Celli Bartolome R, Rodriguez Katharine S, Snider Gordon L. A controlled trial of intermittent positive pressure breathing, incentive spirometry, and deep breathing exercices in preventing pulmonary complications after abdominal surgery. *American Review of Respiratory Disease* 1984;130(1).
6. Chiavegato LD. Alterações funcionais respiratórias na colecistectomia por via laparoscópica. *Jornal de Pneumologia* 2000;26(2):69–76.
7. Chumillas Soledad, Ponce José L, Delgado Fernando, Viciano Vicente, Mateu Miguel. Prevention of postoperative pulmonary complications through perspiratoy rehabilitation: a controlled clinical study. *Arch Phys Med Rehabil* 1998;79:5–9.
8. Curi Nagib, Tedde Miguel L, Jatene Fábio B. Temas de cirurgia torácica. Manual de cuidados e procedimentos em drenagem de tórax. Disciplina da Cir. tórax HC-FMUSP.
9. Christensen EF, Schultz P, Jensen OV, Egebo K. Postoperative pulmonary complications and lung function in high-risk patients: a comparison of three physiotherapy regimens after upper abdominal surgery in general anesthesia. *Acta Anaesthesiol Scan* 1991;35:97–104.
10. Feltrim MIZ, Parreira VF. Fisioterapia Respiratória, Consenso de Lyon (1994–2000), 2001.
11. Forte Vicente. Fistula Broncopleural após ressecções pulmonares. Pneumologia: atualização e reciclagem. Vol. III, São Paulo: Editora Atheneu 2000; 376–388.
12. Gosselink Rik, Schrever Katleen, Cops Philippe. Incentive spirometry does not enhance recovery after thoracic surgery. *Critical Care Medicine* 2000;28(3):679–683.
13. Bateman JRM, Newman SP, Kathleen M, Daunt. Is cough as effective as chest physiotherapy in the removal of excessive tracheobronchial secretions? *Thorax* 1981. p 36.683–687.
14. Vilaplana J, Sabaté A, Ramon R, Gasolibe V, Villalonga R. Ineficacia de la espirometría incentiva como coadyuvante

de la fisioterapia convencional em la prevención de las complicaciones respiratorias de la cirugía torácica y esofágica. *Rev. Esp. Anestesiol. Reanim* 1990. pp 321–325.

15. Jenkins SC. Effect of Postoperative physiotherapy on lung function. *Physiotherapy* 1990;76(6):325–327.
16. Stiller KR, Munday RM. Chest physiotherapy for the surgical patient. *Br. J. Surg* 1992;79:745–749.
17. Lyra RM. Manual de manuseio do sistema coletor de drenagem torácica – Biomedical.
18. Fagevik Olsén M, Hahn I, Nordgren S. Randomized controlled trial of prophylactic chest physiotherapy in major abdominal surgery. *British Journal of Surgery* 1997;84:1535–1538.
19. Scalan Craig, Myslinski Jane. Terapia de higiene brônquica. Fundamentos da Terapia Respiratória de Egan. 7. ed. São Paulo: Editora Manole, 2000; 817–843.
20. Wilkins RL,Scalan Craig L. Terapia de expansão pulmonar. Fundamentos da Terapia Respiratória de Egan. 7. ed São Paulo: Editora Manole. 2000, pp. 797–811.

65 Pós-Operatório da Cirurgia Cardíaca

José Otávio Costa Auler Jr. • João Galantier

Nos últimos anos, numerosas mudanças aconteceram nas condutas intra-operatórias e pós-operatórias imediatas que influenciaram na velocidade de recuperação da cirurgia cardíaca. Avanços tecnológicos na circulação extracorpórea (CEC); melhora na proteção miocárdica; aparecimento de procedimentos minimamente invasivos; disponibilidade de agentes anestésicos de curta duração e o uso de terapia antifibrinolítica permitem uma recuperação cada vez mais rápida da maioria dos pacientes.[1]

Por outro lado, houve mudança progressiva no tipo de paciente que é submetido à cirurgia cardíaca. Cada vez mais a idade média dos pacientes, a gravidade das lesões coronarianas, o grau de disfunção ventricular e as patologias associadas, bem como a incidência de cirurgias de emergência, têm aumentado, levando a uma maior dificuldade no manuseio desses pacientes.[2]

O bom resultado da cirurgia cardíaca baseia-se não somente nos detalhes técnicos intra-operatórios mas também em condutas adequadas no período pós-operatório, período este que, na maioria dos pacientes, se caracteriza por um padrão típico de alterações fisiopatológicas, e, portanto, o seu conhecimento nos possibilita uma melhor padronização de medidas a serem tomadas.[3,4]

Vamos discutir aspectos não-cirúrgicos de cuidados intraoperatórios, bem como de sua relação com o período pós-operatório imediato, que podem influenciar significativamente nos resultados da cirurgia.

MONITORIZAÇÃO INTRA-OPERATÓRIA

Pacientes submetidos à cirurgia cardíaca são extensamente monitorizados. Alterações hemodinâmicas e isquemia miocárdica que podem ocorrer durante a indução anestésica, no período pré-circulação extracorpórea, durante a circulação extracorpórea e após a recuperação da atividade cardíaca podem causar efeitos adversos importantes na função miocárdica e na sua recuperação. Deve ser ressaltado que nem só a hipotensão é prejudicial ao músculo cardíaco, mas a hipertensão e a taquicardia podem aumentar o consumo de oxigênio pelo miocárdio, determinando aparecimento ou aumento da isquemia miocárdica.[4,5]

A monitorização de rotina na sala de cirurgia consiste em traçado eletrocardiográfico, linha arterial radial (e eventualmente femoral), oximetria de pulso, capnógrafo, sonda vesical para medida de débito urinário e termômetro esofágico. Ao final da cirurgia, fios de marca-passo são posicionados, e drenos mediastinal e pleural são conectados aos coletores.

O catéter de artéria pulmonar (Swan-Ganz) se tornou rotina em vários centros para medidas das pressões de enchimento, bem como débito cardíaco e saturação mista de oxigênio (para determinar o consumo tecidual de oxigênio). Em alguns casos, pode ser posicionado catéter em átrio esquerdo.[6]

A ecocardiografia transesofágica (ETE) pode ser utilizada em muitas situações. O transdutor é posicionado após a indução anestésica e antes da heparinização. A ETE proporciona a avaliação da função ventricular global ou segmentar e é bastante sensível na detecção de presença de isquemia. Também avalia doenças valvares e anatomia da aorta para doença ateromatosa. Após a circulação extracorpórea, a ETE pode ser usada para avaliar a função ventricular, a volemia adequada, a presença de ar nas cavidades cardíacas, bem como a eficácia dos procedimentos valvares.[7,8]

CIRCULAÇÃO EXTRACORPÓREA

A circulação extracorpórea (CEC) envolve um circuito extracorpóreo que fornece fluxo sangüíneo para o corpo enquanto o coração e o pulmão não estão funcionando. Apesar de em alguns casos selecionados de cirurgia de revascularização do miocárdio (com manipulação externa do coração) ela não ser indispensável, na maioria dos casos de revascularização em que a manipulação do coração leva a instabilidade hemodinâmica, ou em casos de procedimentos intracardíacos, a CEC é essencial.[3,9]

Devemos ter em mente que a fisiologia anormal da circulação extracorpórea pode causar agressões, nem sempre compreendidas, em praticamente todos os sistemas, o que pode ser especialmente danoso em pacientes com outras patologias preexistentes.[10,11]

O circuito da circulação extracorpórea

O sangue venoso é drenado, por gravidade, do átrio direito ou das veias cavas para um reservatório; passa através de um oxigenador que está conectado a uma máquina que o aquece/esfria, e retorna para o sistema arterial através de um filtro, impulsionado por uma bomba de rolete ou centrífuga (Fig. 65-1).

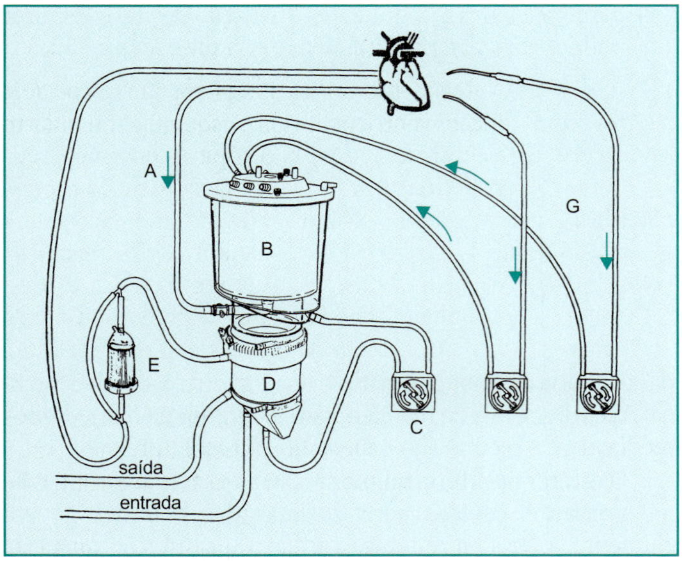

Fig. 65-1. O circuito de circulação extracorpórea: (A) linhas venosas; (B) reservatório de cardiotomia; (C) bomba rolete; (D) oxigenador/trocador de calor; (E) filtro de linha arterial; (F) linha arterial; (G) aspiradores.

A cânula arterial é, geralmente, introduzida na aorta ascendente, mas ocasionalmente pode ser introduzida em uma artéria periférica (usualmente a femoral e raramente a artéria axilar) quando a canulação da aorta for impossível por causa de calcificação ou aterosclerose, ou for considerada com alto risco de embolização de debris, levando a AVC.

Linhas de aspiração também retornam sangue para o reservatório de cardiotomia, no qual o perfusionista pode acrescentar medicações. Um *blender* regula os fluxos de oxigênio e CO_2 para o oxigenador. Um aspirador adicional é freqüentemente utilizado para a realização da drenagem do sangue das câmaras cardíacas esquerdas (proveniente do retorno venoso do coração e dos pulmões).

Iniciando a circulação extracorpórea

1. A heparinização com 3-5 mg/kg de dose inicial e sua monitorização através do TCA são essenciais e obrigatórias para minimizar a coagulação e o consumo de fatores de coagulação no circuito extracorpóreo.
2. Quando a circulação é iniciada, um fluxo não-pulsátil é gerado com hemodiluição normovolêmica (o hematócrito irá diminuir 30 a 50%, dependendo do volume sangüíneo). A pressão sangüínea deverá ser mantida entre 55-65 mmHg, ajustando-se o fluxo da máquina e/ou administrando-se vasodilatadores ou vasopressores. O paciente pode ser aquecido ou resfriado, dependendo da preferência do cirurgião e do procedimento cirúrgico.
3. Se houver um fluxo adequado durante a CEC, a perfusão dos diversos órgãos deve estar adequada. A perfusão cerebral é sempre a principal preocupação e é determinada primariamente pela pressão sangüínea arterial, bem como pelo fluxo na bomba. Existe ainda um mecanismo de auto-regulação do fluxo cerebral até pressões de 40 mmHg, que, no entanto pode estar comprometido em pacientes diabéticos e hipertensos.[12]
4. Os pulmões não são ventilados durante a CEC.
5. Medidas para otimizar a função renal devem ser consideradas em pacientes com disfunção renal pré-operatória (creatinina >1,5 mg/%), especialmente em pacientes diabéticos e hipertensos. Essas medidas incluem o uso de manitol (25 g), dopamina (3 µg/kg/min), furosemida e eventualmente Diltiazem (3 µg/kg/min) durante a extracorpórea. Manter uma pressão arterial média mais elevada (em torno de 80 mmHg) durante a CEC e manter o paciente o menor tempo possível em bomba também é benéfico. No entanto, a maior causa de insuficiência renal pós-operatória é o estado de baixo débito, portanto a manutenção de parâmetros hemodinâmicos satisfatórios é essencial.[13,14]

Proteção miocárdica

Um resultado cirúrgico ideal depende também de uma proteção miocárdica adequada contra os danos que o coração sofre durante a correção cirúrgica. Algumas operações selecionadas podem ser realizadas com o coração batendo sem a necessidade de circulação extracorpórea (revascularização sem CEC).[15] Outras podem ser feitas com a utilização de circulação extracorpórea com o coração batendo e vazio (aneurismectomia de ventrículo esquerdo, atriosseptorrafia). No entanto, quase todos os procedimentos intracardíacos e a grande maioria das revascularizações necessitam de um coração vazio e imóvel, que permita o emprego de técnica cirúrgica precisa e evite embolização aérea. Para isso se faz necessário o uso de alguma forma de proteção miocárdica.[16]

1. **Parada anóxica intermitente** (pinçamento intermitente) consiste em pinçar a aorta intermitentemente por curtos períodos de tempo para realizar os procedimentos no coração, sejam as anastomoses, sejam as manipulações intracardíacas. Essa técnica de proteção é usada rotineiramente por vários cirurgiões com resultados satisfatórios, e pode ser aplicada em certas situações, sobretudo na cirurgia de revascularização miocárdica.[17]
2. **Cardioplegia** é usada por grande parte dos cirurgiões para causar interrupção da atividade eletromecânica cardíaca, minimizando os efeitos deletérios ao músculo cardíaco. O pinçamento da aorta sem o uso de cardioplegia resulta em metabolismo anaeróbico e gasto das reservas energéticas. Dessa forma, sem uma redução no metabolismo cardíaco, seja através da hipotermia ou parada cardíaca química, o pinçamento da aorta por um período superior a 15-20 minutos resultaria em disfunção miocárdica severa.[18]
3. **Princípios da cardioplegia**, bem como os principais métodos para sua obtenção, estão listados no Quadro 65-1.[19]
   - Rápida *parada cardíaca em diástole* é conseguida pela utilização de cloreto de potássio. A necessidade de oxigênio pelo coração é reduzida em cerca de 90% simplesmente pela parada cardíaca.[20]

Quadro 65-1. **Princípios da cardioplegia**

Princípio	*Método*
Rápida parada cardíaca	K^+, Mg^{++}, xilocaína
Hipotermia*	5°-10°C
Substrato	Oxigênio, glicose, glutamato, aspartato
Controle de pH	Fosfato, bicarbonato, sangue
Estabilização da membrana	Ca^{++}, corticóides, xilocaína, quelantes de radicais livres do O_2, sangue
Impedir edema	Osmolaridade, sangue

- Tradicionalmente, a **hipotermia** foi usada isolada, e posteriormente conjuntamente com a cardioplegia para redução do metabolismo cardíaco. No entanto, a redução do metabolismo atribuída a hipotermia é insignificante se comparada com a conseguida pela parada em diástole. Muitos cirurgiões têm preferido a utilização de "**cardioplegia quente**" para proteção miocárdica, uma vez que enzimas e processos de reparação celular funcionam melhor em normotermia. Porém, devido à tendência do coração de manter atividade elétrica em normotermia, ela precisa ser administrada continuamente ou com períodos mais curtos. Quando feita continuamente, pode atrapalhar o campo operatório. Portanto, alguns cirurgiões preferem administrar a solução aquecida somente antes de despinçar a aorta para melhorar o metabolismo miocárdico.
- A solução utilizada pode ser cristalóide, porém mais recentemente tem sido usado sangue da máquina, que pode fornecer oxigênio e agentes tampões, bem como manter o equilíbrio oncótico.
- Outras substâncias, como agentes para manter discreta hiperosmolaridade, agentes tampões e antagonistas de cálcio, podem ser utilizadas. Diferentes fórmulas são propostas pela adição de substâncias como glutamato, aspartato, quelantes de radicais livres do oxigênio, bem como pelas diferentes misturas de sangue com a cardioplegia. Dessa forma, existem quase tantas fórmulas de cardioplegia quantas equipes de cirurgia cardíaca.
- A cardioplegia pode ser administrada por via anterógrada na raiz da aorta ou por via retrógrada no seio coronário. Na defesa dessa última via estão aqueles que consideram a dificuldade da perfusão miocárdica pela via anterógrada para lesões coronarianas graves e incompetência aórtica.

Finalizando a circulação extracorpórea

1. O paciente deve ser aquecido para normotermia (37°C) e os pulmões ventilados.
2. Quando necessário, inicia-se estimulação elétrica com marca-passo externo, e o coração é cheio com volume por restrição do retorno venoso enquanto se diminui o fluxo da máquina até desligá-la. A presença de resistência periférica baixa é comum, e a utilização de vasopressores pode ser necessária para melhorar a pressão sistêmica.
3. Apesar de proteção miocárdica adequada, muitos pacientes com função ventricular ruim, isquemia ou infarto recente precisam de drogas inotrópicas durante horas para suporte da função ventricular. O anestesista precisa trabalhar em harmonia com o cirurgião avaliando a função miocárdica e a necessidade de inotrópicos. Inspeção visual do coração, obtenção de débito cardíaco e pressões de enchimento com o catéter de Swan-Ganz e avaliação com ETE podem ser usadas para avaliar a função ventricular e a volemia.
4. Quando o paciente estiver estável, a protamina é administrada para reversão do efeito da heparina, e as cânulas são retiradas do coração. Realizam-se hemostasia cuidadosa, drenagem e fechamento do tórax.
5. A protamina é administrada para antagonizar o efeito da heparina na relação de 1:1. Dada na dose certa, o TCA deverá retornar à faixa inicial. Entretanto, pacientes com trombocitopenia importante ou coagulopatias podem manter o TCA elevado, apesar de o efeito da heparina já estar neutralizado.
6. Se o sangramento persistir e não parecer ser de natureza cirúrgica, o tratamento deve ser baseado na suspeita de distúrbio de coagulação, a não ser que o laboratório forneça rapidamente o resultado de TP, TTPA e contagem de plaquetas e esses resultados não estiverem alterados. Geralmente, fatores de coagulação, incluindo plasma fresco, crioprecipitado e/ou plaquetas são necessários; em algumas situações, pode ser necessário o uso de antifibrinolíticos.

Efeitos deletérios da circulação extracorpórea

As alterações induzidas pela circulação extracorpórea são de múltiplas causas, desde hemodinâmicas até bioquímicas. Entre elas ressaltam a perfusão dos órgãos com fluxo contínuo, não-pulsátil; o contato do sangue com superfícies estranhas do oxigenador e circuitos, hipotermia, hemodiluição e a inibição do sistema de coagulação pela heparina.[21]

1. A alteração do padrão de fluxo de pulsátil para contínuo gera alterações na resistência vascular periférica, na função renal e na perfusão cerebral.
2. O contato do sangue com superfícies estranhas determina alterações em todos os elementos figurados do sangue, desde diminuição de vida média das hemácias, como ativação de agregação leucocitária e alteração da função plaquetária.[22]
3. A circulação extracorpórea ativa inúmeras cascatas, incluindo a da calicreína, da coagulação e do sistema complemento. Uma das maiores preocupações está no aparecimento da resposta sistêmica inflamatória causada pela liberação de citocinas proinflamatórias. Isso contribui para a adesividade endotelial de neutrófilos, que parece ter papel importante no aparecimento do dano miocár-

dico pela reperfusão, lesão pulmonar e extravasamento capilar por aumento da permeabilidade.[23,24]

4. Entre outras preocupações das conseqüências da CEC estão a coagulopatia (diluição de fatores de coagulação e plaquetas, disfunção plaquetária) e a hipoperfusão renal e esplâncnica, levando a insuficiência renal e complicações gastrintestinais.
5. A utilização de oxigenadores de membrana, bombas centrífugas, corticóides intra-operatoriamente, filtro de leucócitos e manitol pode reduzir a extensão dessas lesões.

Todos os pacientes submetidos à circulação extracorpórea apresentam resposta a essa agressão, porém, em geral, é de difícil quantificação e de duração limitada. Em alguns casos, no entanto, essa resposta pode ser de tal magnitude que resultará em um quadro clínico grave, com disfunção pulmonar e renal, discrasias sangüíneas, extravasamento de líquidos, vasoconstrição e febre. Esse quadro tem sido designado como síndrome pós-perfusão.[25]

Parada circulatória com hipotermia profunda

É utilizada em situações em que a aorta não pode ser pinçada. O paciente é então resfriado para 18°-20°C. A cabeça é envolvida em gelo e medicações são administradas (corticóides, barbitúricos) no intuito de minimizar a lesão cerebral. A linha arterial é pinçada e o sangue é drenado para a máquina, com o cuidado de não permitir a entrada de ar na linha. O tempo limite seguro de parada circulatória com hipotermia profunda é de 45-60 minutos. A infusão retrógrada de sangue a baixa pressão pela veia cava superior parece contribuir para a proteção cerebral, mantendo a hipotermia cerebral e eliminando ar e possíveis microêmbolos dos vasos cerebrais.[26]

Considerações pericirculação extracorpórea

1. Medidas para evitar isquemia miocárdica antes de iniciar a circulação extracorpórea são fundamentais. A identificação de alterações elétricas sugestivas de isquemia ou elevação de pressões de enchimento requer atenção constante. A manipulação cardíaca, perda sangüínea durante reoperações e fibrilação atrial na canulação atrial são algumas das possíveis agressões que se somam ao efeito dos agentes anestésicos escolhidos. Uma cuidadosa utilização de fluidos e drogas vasopressoras para contrabalançar vasodilatação; β-bloqueadores ou anestésicos adicionais, para hipertensão ou taquicardia; e nitroglicerina para isquemia devem ser objetivados para manter estabilidade hemodinâmica.
2. A determinação do tempo de coagulação ativado (TCA) inicial deve ser realizada após o início da cirurgia e antes da heparinização. Após a administração de 3-5 mg/kg de heparina o TCA deve ser mantido acima de 480 segundos para minimizar a ativação do sistema de coagulação e a formação de fibrina no circuito de circulação extracorpórea. Com o uso de aprotinina, recomenda-se a manutenção do TCA em limites superiores para evitar sub-heparinização.
3. O uso de drogas antifibrinolíticas tem demonstrado reduzir significativamente a perda sangüínea perioperatória em cirurgia cardíaca. A maioria dos protocolos preconiza a administração inicial na incisão da pele ou antes da heparinização, uma dose no perfusato, e a administração de infusão contínua durante o procedimento. O ácido épsilon-aminocapróico (Épsilon) apresenta baixo custo, sendo efetivo e usado na maioria dos procedimentos cardíacos. A aprotinina (Trasylol) apresenta maior custo e deve ser reservada para pacientes com maior risco para sangramento (reoperações, disfunção hepática, coagulopatias).[27,28]

TRANSPORTE E ADMISSÃO NA UTI

Transporte

O transporte da mesa cirúrgica para o leito de UTI pode parecer simples, mas é uma situação que envolve diversos riscos que podem comprometer o bom resultado da cirurgia.

O objetivo nessa situação é minimizar esses riscos com uma monitorização adequada e atenção aumentada, uma vez que freqüentemente há uma tendência a distração e uma menor disponibilidade de recursos no atendimento de intercorrências.

Um problema comum é o aparecimento de hipotensão como resultado da interrupção de administração de líquidos, ou drogas vasoativas, bem como uma infusão inadvertida de drogas hipotensoras durante o transporte. Por outro lado, picos hipertensivos, levando a risco de sangramento e resistência vascular periférica elevada, podem ocorrer por causa de superficialização anestésica assim como problemas com a infusão de drogas. A extubação acidental e reflexos traqueais excessivos podem acontecer pela tração da cânula endotraqueal.

Por isso, é fundamental um mecanismo eficiente de transporte, cuidados com a transferência das linhas de monitorização e medicações, além de uma tentativa de diminuir ao máximo o período em que o paciente estiver nessas condições.

Admissão na UTI

Na chegada à UTI, a cânula endotraqueal deve ser conectada ao ventilador, e o ECG e as linhas de pressão ao monitor do leito. A utilização de módulos que transferem a monitorização diretamente do monitor da sala para o monitor de transporte e depois para o leito pode facilitar o transporte. As taxas de infusão das drogas devem ser reajustadas nas bombas de infusão, de preferência nas mesmas que foram utilizadas para o transporte, para se evitar a interrupção de drogas, ainda que temporária. O sistema de drenagem deve ser conectado à aspiração.

Dessa forma, logo após a transferência para o leito da UTI, devem-se observar os seguintes parâmetros:[29]

A) O paciente está sendo bem ventilado, pela observação da movimentação do tórax e auscultando murmúrios vesiculares bilateralmente.
B) O traçado do ECG apresenta boa freqüência e ritmo no transporte e no monitor do leito.

C) A pressão sangüínea é adequada no monitor de transporte e se mantém assim após a sua transferência para o monitor do leito.

Uma resposta imediata às anormalidades é obrigatória, sejam elas reais ou artefatos. Os dois problemas mais comuns são pressão arterial baixa e ausência de traçado satisfatório de ECG.

1. **Pressão arterial baixa** é causada mais freqüentemente por hipovolemia ou interrupção súbita da infusão de drogas. Também pode ser conseqüência de falha na calibração do transdutor, ou *kinking* ou obstrução na linha arterial, produzindo um traçado alterado. Se a pressão arterial estiver baixa:
   - Continue a ventilação manual e ausculte os murmúrios vesiculares bilaterais.
   - Palpe as artérias braquial ou femoral para confirmar um pulso e uma pressão satisfatória. Conecte um manguito acima da linha arterial radial e confirme a pressão manualmente. Nunca presuma que a causa da pressão baixa é a obstrução da linha arterial até que uma pressão maior seja confirmada por outro método. A obtenção de outra linha arterial (freqüentemente a artéria femoral) pode ser necessária.
   - Tenha certeza de que todas as drogas estejam bem identificadas, e principalmente que estejam conectadas e sendo infundidas adequadamente ao paciente. Nota: Se houver hipotensão, certifique-se de que o paciente está recebendo nitroprussiato, pois pode ter ocorrido infusão inadvertida, causando queda na pressão.
   - Observe rapidamente os drenos torácicos à procura de sangramento maciço.
   - O tratamento inicial para hipotensão deve incluir infusão de volume, e, se não houver resposta imediata, drogas vasoativas devem ser iniciadas ou ajustadas se já estiverem em uso.
   - Se não houver resposta a essas manobras, e o ECG também estiver alterado, considere que o paciente está em parada cardíaca, iniciando RCP até que o problema seja resolvido.
2. **Alterações no ECG** são geralmente causadas por artefato com mau posicionamento ou desconexão de eletrodo; nesse caso, a onda de pressão deve estar normal, assim como o oxímetro de pulso (se conectado). No entanto, se a pressão arterial estiver baixa ou ausente, os pulsos estiverem irregulares ou baixos, ou houver dificuldade na leitura do monitor, palpe os pulsos e proceda como mencionado acima.
   - Reajuste os eletrodos no paciente e no monitor. Se a interpretação ainda for difícil, realize um ECG convencional para certificar-se do ritmo.
   - Se houver fibrilação ou taquicardia ventricular, inicie protocolo para desfibrilação.
   - Se estiver sendo usado marca-passo examine as suas conexões e parâmetros e confirme a captura no ECG.
   - Conecte e inicie o marca-passo se houver bloqueio ou bradicardia. Atente para o desenvolvimento de fibrilação atrial durante utilização de marca-passo. Isso pode contribuir para queda no débito cardíaco e pressão arterial apesar de freqüência ventricular adequada.
   - Procure por evidências de isquemia ou outras arritmias que possam precisar de tratamento específico.

Avaliação inicial do paciente na UTI

Uma vez que a freqüência, o ritmo e a pressão arterial do paciente forem considerados satisfatórios e houver confirmação de uma ventilação adequada, deve-se passar ao plantonista um relatório completo por parte do membro da equipe cirúrgica e/ou anestésica. Este deve incluir o diagnóstico primário, fatores de risco, outros diagnósticos (como disfunção ventricular, insuficiência renal, DPOC etc.), procedimento cirúrgico, intercorrências durante a cirurgia e instruções especiais para o cuidado pós-operatório. Inicia-se então a avaliação do paciente:

- O paciente deve ser examinado completamente (em especial coração, pulmões e perfusão periférica).
- Medidas hemodinâmicas (pressão venosa central [PVC], pressão diastólica de artéria pulmonar [PADp], pressão capilar pulmonar [POAP] e/ou pressão de átrio esquerdo) devem ser feitas, assim como medida de débito cardíaco (DC) e cálculo da resistência vascular sistêmica.
- Radiografia do tórax no leito deve ser realizada, com atenção especial para posicionamento da cânula endotraqueal, dos drenos e do catéter de Swan-Ganz, largura do mediastino e área cardíaca e a presença de pneumotórax, congestão pulmonar, atelectasia ou derrame pleural.
- Um ECG de 12 derivações deve ser realizado e comparado com o do pré-operatório, à procura de sinais de isquemia ou arritmias.
- Coleta de exames laboratoriais iniciais (gasometria arterial e venosa, eletrólitos, Hb/Ht, glicose).

FISIOPATOLOGIA DURANTE AS PRIMEIRAS 24 HORAS

Visão geral

- Os pacientes em geral estão ligeiramente hipotérmicos e sob efeito de anestesia na chegada à UTI, necessitando de ventilação mecânica por algumas horas.
- Suporte com drogas inotrópicas pode ser necessário na saída de CEC e freqüentemente é mantido ao menos por 6 a 8 horas para otimizar o débito cardíaco enquanto o coração se recupera da lesão sofrida pela isquemia e pela reperfusão associadas a cardioplegia.[30]
- Os pacientes podem apresentar sangramento mediastinal devido a problemas técnicos ou por coagulopatia secundária a CEC.
- O débito urinário é freqüentemente elevado, em decorrência de hemodiluição durante a cirurgia. A função renal é um bom marcador dos parâmetros hemodinâmicos, apesar de estar sujeita a inúmeras variáveis.

Aquecimento da hipotermia a 37°C

1. A circulação extracorpórea é geralmente acompanhada de hipotermia sistêmica de 25° a 32°C e é finalizada após o paciente ter chegado a uma temperatura central de no mínimo 36°C. Ainda assim, podemos ter hipotermia secundária a perfusão periférica prejudicada, perda intra-operatória de calor para o ambiente cirúrgico e uma inibição anestésica de mecanismos termorreguladores. Mesmo os pacientes mantidos em normotermia durante a cirurgia têm uma tendência a esfriar vários graus antes do término da operação. Os pacientes freqüentemente chegam à UTI com temperatura central em torno de 35°C.
2. Apesar de a hipotermia leve poder ser resolvida com perfusão tecidual adequada, hipotermias mais acentuadas necessitam de medidas mais agressivas devido aos efeitos deletérios potenciais:
   - Predispõe a arritmias ventriculares e diminui a resposta cardíaca na fibrilação ventricular.[31]
   - Aumenta a resistência vascular sistêmica (RVS) causando hipertensão. Isso pode contribuir para sangramento aumentado; aumentar a pós-carga e a demanda miocárdica de oxigênio, potencializando a disfunção miocárdica e a queda de débito cardíaco e também aumentar as pressões de enchimento mascarando hipovolemia por vasoconstrição periférica.
   - Desencadeia tremores que aumentam o consumo periférico de O_2 e produção de CO_2.
   - Produz alterações generalizadas na cascata de coagulação.
3. Apesar de a vasoconstrição periférica ser um mecanismo compensatório para levar a aquecimento central, contribui para um aquecimento mais lento dos demais tecidos, especialmente quando o débito cardíaco é limítrofe. A utilização de nitroprussiato de sódio é útil na prevenção de hipotermia que ocorre após a CEC, produzindo vasodilatação e melhorando a perfusão periférica. No entanto, deve ser usado com muito cuidado, uma vez que há vasodilatação que segue ao aquecimento e melhora do débito cardíaco que pode produzir hipotensão importante se o paciente estiver hipovolêmico. A vasodilatação gradual com nitroprussiato acompanhada de infusão de volume pode minimizar esse problema.
4. O aquecimento central pode ser retardado em pacientes que estejam recebendo drogas vasodilatadoras, como propofol ou nitroprussiato; nesse caso a hipotermia central pode persistir devido à perda de calor periférica.
5. O aquecimento pode ser acelerado com o uso de cobertores, aquecedores elétricos ou umidificadores no circuito de ventilação. Existem vários sistemas de aquecimento, todos eles atuam prevenindo a perda de calor periférica e não no aquecimento central, reduzindo os tremores e o consumo periférico de O_2, e permitindo uma extubação mais rápida.
6. Alguns pacientes podem aquecer rapidamente para 37°C e "superaquecer" a temperaturas mais altas devido à alteração no centro de termorregulação.

Síndrome de baixo débito cardíaco

O diagnóstico de baixo débito, bem como de suas causas, pode ser feito através da avaliação dos parâmetros hemodinâmicos:

Débito cardíaco. Considera-se adequado, no pós-operatório de uma cirurgia cardíaca, um índice cardíaco de 2,2 l/min/m_2 ou maior, sendo que um índice cardíaco adequado mantido no decorrer do pós-operatório sugere quase sempre uma boa recuperação.[32]

Freqüência cardíaca. Sempre que possível, deve-se procurar manter o paciente em ritmo sinusal. A restauração do ritmo sinusal pode trazer um ganho de 10% a 25% no débito cardíaco. Uma vez em ritmo sinusal, a freqüência cardíaca ideal, para a maioria dos pacientes, estará entre 80 e 100 bpm. Para pacientes com freqüência inferior a 70 bpm, pode ser necessário estimulação com fios de marca-passo atrial, ou eventualmente estimulação AV seqüencial. Em freqüência cardíaca >130 bpm, o débito cardíaco pode estar diminuído devido a um déficit de enchimento diastólico e/ou a isquemia. Essa situação pode ser tratada por uma combinação de diminuição de infusão de catecolaminas, associação de sedação, antitérmicos quando indicados e adequação da volemia. Em alguns casos específicos, pode ser necessária a utilização de drogas cronotrópicas negativas como ß-bloqueadores.[33]

- A fibrilação atrial (FA) é a arritmia mais freqüente no período pós-operatório, ocorrendo em até 30% dos pacientes submetidos a revascularização do miocárdio e em até 64% dos pacientes submetidos a cirurgia valvar. Procedimentos com manipulação dos átrios e em pacientes idosos parecem determinar uma maior incidência de aparecimento de FA.
- Na presença de instabilidade hemodinâmica, deve-se proceder a cardioversão elétrica, assim como iniciar a investigação e o tratamento dos principais fatores desencadeantes:
  - Distúrbios eletrolíticos (hipopotassemia e hipomagnesemia).
  - Aparecimento de isquemia ou infarto do miocárdio.
  - Hipertensão.
  - Pericardite.
  - Retirada de β-bloqueadores.
- Na ausência de instabilidade hemodinâmica, pode-se tentar o tratamento farmacológico com administração de amiodarona:

  Dose de ataque: amiodarona – 300 mg (2 amp) diluídos em SG 5% – 100 ml em 30-60 minutos, seguidos ou não de dose de manutenção.
- Caso não haja retorno ao ritmo sinusal, ao menos o controle da resposta ventricular pode ser suficiente. Outras drogas que podem ser utilizadas nessa situação são digitais (cedilanide) ou verapamil. Pode-se tentar, como alternativa, a estimulação com marca-passo atrioventricular em freqüência superior à freqüência da FA, *overdrive*.
- A **taquicardia ventricular sustentada** (TVS) ou a **fibrilação ventricular** (FV) são arritmias mais graves que estão relacionadas a um aumento da mortalidade dos pacientes.

Devem ser tratadas imediatamente seguindo o protocolo da unidade para parada cardíaca. Paralelamente, devemos lembrar de pesquisar as principais causas que determinaram essa arritmia, com ênfase em distúrbios eletrolíticos (sobretudo níveis de potássio sérico), mas principalmente, descartar a presença de isquemia miocárdica. A disfunção miocárdica também pode determinar o aparecimento de tais arritmias.

- Para controle de arritmias ventriculares, devemos administrar lidocaína (xilocaína) ou ainda amiodarona em doses de manutenção:
  - Xilocaína: 1.000 mg (50 ml) diluídos em SG 5% – 200 ml
  - Amiodarona: 900 mg (6 amp) diluídos em SG 5% – 250 ml
- Em alguns casos de bradicardia em que não temos um comando adequado do marca-passo, pode ser necessária a utilização de marca-passo transcutâneo ou ainda de passagem de marca-passo transvenoso temporário.

Pré e pós-cargas. A volemia deve ser avaliada juntamente com a otimização da freqüência cardíaca. As pressões de enchimento ideais para cada paciente devem ser estimadas individualmente. De uma forma geral, considera-se como ideal uma pressão capilar pulmonar entre 14 e 18 mmHg, com base na premissa de que pressões de enchimento maiores podem levar a um aumento de água livre nos pulmões sem aumento no débito cardíaco.[34] Mesmo assim, cada coração obedece à sua própria curva de Starling, e essas considerações devem ser tomadas individualmente. Por exemplo, o ventrículo esquerdo do paciente com estenose aórtica severa é bem pouco complacente, e pode apresentar disfunção diastólica, necessitando de pressões de enchimento menores, o que pode dificultar bastante o manuseio desse paciente, uma vez que ele pode ficar taquicárdico, piorando a disfunção diastólica.

- Para um determinado estado contrátil e uma pós-carga constante, a manipulação da pré-carga determina uma movimentação na curva de Starling. Para a mesma condição de contratilidade, no entanto, a diminuição da pós-carga (dentro de algum limite) permite ao coração se mover para uma curva mais eficiente. Se a pós-carga for reduzida farmacologicamente antes de uma adequação da volemia, o retorno venoso pode cair drasticamente, levando a uma queda no débito cardíaco (Fig. 65-2).

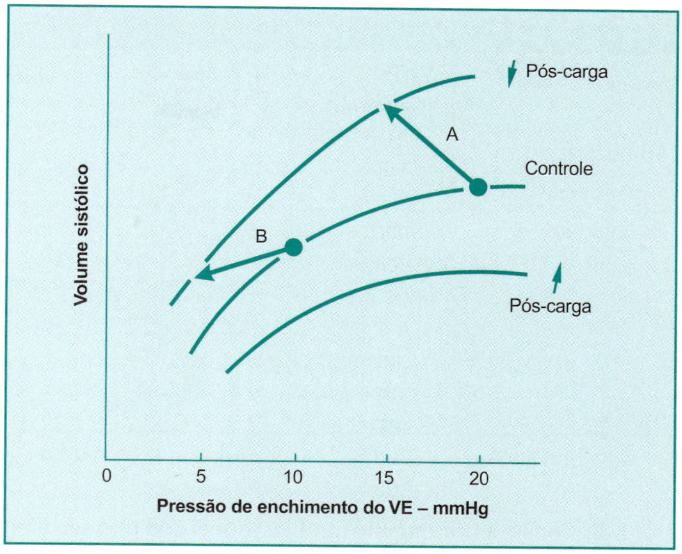

Fig. 65-2. A relação de Frank-Starling pode ser alterada pela pós-carga. A diminuição da pós-carga desloca a relação para cima e para a esquerda. Uma redução de 5 mmHg na pressão de enchimento causada por diminuição de pós-carga pode levar a um aumento (A) ou diminuição (B) do volume sistólico, dependendo da pressão de enchimento antes da intervenção.

- Se o débito cardíaco permanecer inadequado após reposição volêmica apropriada, a pós-carga pode ser diminuída na tentativa de otimizar a função ventricular. Deve-se ter em mente que a diminuição da pós-carga também pode prejudicar a pressão de perfusão miocárdica (é a diferença entre a pressão diastólica na raiz da aorta e a pressão diastólica do ventrículo esquerdo). Conseqüentemente, distensão do ventrículo (pré-carga excessiva) e redução acentuada de pós-carga podem levar a uma má perfusão miocárdica, piorando o débito cardíaco.
- A pós-carga pode ser manipulada farmacologicamente por diversas drogas. A droga mais freqüentemente utilizada é o nitroprussiato de sódio (NPS); é um potente vasodilatador. O NPS reduz a pressão arterial rapidamente, e seu efeito cessa entre 1 e 10 minutos depois de desligado. Os efeitos colaterais mais sérios são acúmulo de cianeto, acidose metabólica e arritmia (outras drogas podem ser usadas para causar redução na pós-carga e serão discutidas no capítulo do controle da hipertensão).

Contratilidade miocárdica. Quando a freqüência cardíaca, o ritmo, a concentração de hemoglobina, a pré e a pós-carga estiverem otimizados e o débito cardíaco permanecer inadequado, deve-se suspeitar de falência ventricular. O fator que mais contribui para a disfunção miocárdica no pós-operatório é a própria patologia cardíaca preexistente. O procedimento cirúrgico também pode levar a uma deterioração da função ventricular. Eventos intra-operatórios como má proteção miocárdica, tempo longo de pinçamento da aorta, períodos de CEC prolongados, distensão do ventrículo esquerdo, lesões valvares não-corrigidas e revascularização incompleta podem levar a piora da condição prévia.

Inicialmente devemos eliminar qualquer possibilidade de causas cirúrgicas como oclusão ou espasmo de enxertos, disfunções valvares e tamponamento. Paralelamente iniciamos o tratamento com suporte farmacológico. Os agentes inotrópicos mais utilizados podem ser divididos em catecolaminas e não-catecolaminas. As catecolaminas mais usadas como agentes inotrópicos são dobutamina, dopamina, noradrenalina e adrenalina. Os principais agentes inotrópicos não-catecolaminas são milrinona e cálcio.[35]

A escolha adequada das drogas inotrópicas requer um conhecimento dos seus mecanismos de ação e seus efeitos sobre freqüência cardíaca, pós e pré-carga, bem como do consumo miocárdico de oxigênio. O Quadro 65-2 resume as principais drogas inotrópicas e seus principais efeitos.

Quadro 65-2. Efeitos hemodinâmicos das principais drogas inotrópicas

Droga	*Dose (μg/kg/min)*	*DC*	*Inotropismo*	*FC*	*Rv*	*RVS*	*Fr*
Adrenalina	0,01-0,1	↑↑	↑↑	↑↑	↑	↑–↑↑↑	↑–↓
Noradrenalina	0,01-2	–↓	↑	↑↑	↑	↑↑↑	↓↓
Dobutamina	5-20	↑↑	↑↑	↑↑	?	–	↑
Dopamina	0,05-2	±↑	–	–	±↑	±↓	↑↑
	2-5	↑	–	–	↑	↑–↓	↑–↓
	5-10	↑–↓	↑↑	↑↑↑	↑	↑↑	↓
Milrinona	0,5-0,75	↑↑	↑↑↑	±↑	↓	↓↓	↑
Amrinona	5-20	↑	↑↑	±↑	±↓	↓↓	±↑

DC = Débito cardíaco; FC = freqüência cardíaca; Rv = resistência venosa; RVS = resistência sistêmica, Fr = fluxo renal.

Milrinona e amrinona são inodilatadoras que têm seu efeito como inibidoras da fosfodiesterase, agindo na inibição da degradação do AMP cíclico. Têm moderado efeito inotrópico positivo e vasodilatação do leito vascular pulmonar e sistêmico, sendo particularmente úteis em casos de falência ventricular direita ou biventricular por sua capacidade de diminuir a pós-carga ao ventrículo direito. Sua utilização deve ser feita com cautela, uma vez que podem determinar o aparecimento de hipotensão importante.

O cálcio é um fator importante na adequada atividade miocárdica bem como da musculatura dos vasos, além de ser necessário para a função adequada das catecolaminas.

A resposta insuficiente ao tratamento farmacológico requer a instalação de algum dispositivo de assistência ventricular. O dispositivo mais utilizado é o **balão intra-aórtico**.[36] Consiste em um balão que é posicionado na aorta descendente, logo abaixo da emergência da subclávia, até a altura do diafragma (Fig. 65-3), conectado a um módulo que através de sincronização, mediante ECG ou curva da pressão arterial (Fig. 65-4), insufla o mesmo por ocasião da diástole e o esvazia por ocasião da sístole (contrapulsação).

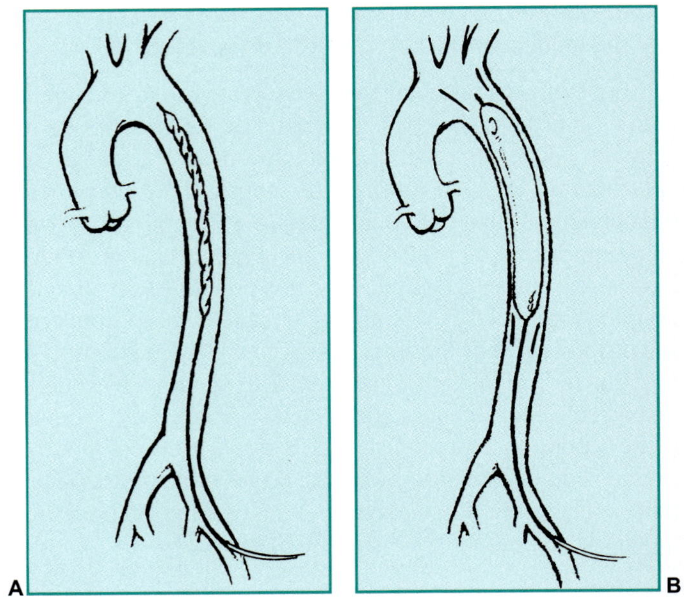

Fig. 65-3. Posicionamento do balão intra-aórtico.

O princípio de funcionamento do balão intra-aórtico está em:

- Aumentar a perfusão coronariana na diástole.
- Reduzir a resistência no início da sístole ventricular, pela deflação rápida imediatamente antes da mesma.
- Permitir melhoria da relação entre demanda e suplemento de oxigênio ao miocárdio.

O balão deve ser mantido até melhoria das condições do miocárdio controlada pelas medidas através do Swan-Ganz, como melhora do débito e redução da pressão capilar; pela necessidade de doses decrescentes de drogas e principalmente pela melhora na contratilidade ao ecocardiograma.

Nos casos em que não há melhora das condições hemodinâmicas, pode ser necessária a utilização de outros dispositivos de assistência circulatória.[37]

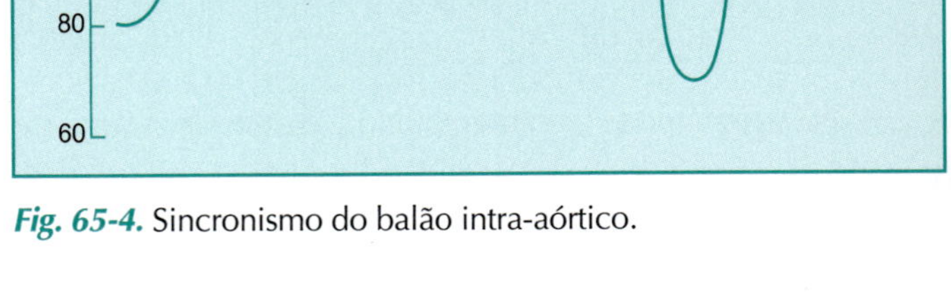

Fig. 65-4. Sincronismo do balão intra-aórtico.

Conduta no sangramento pós-operatório

O aparecimento de sangramento excessivo no pós-operatório de cirurgia cardíaca pode levar não só a risco aumentado ao paciente mas também a um aumento na permanência na UTI e a maiores incidências de complicações.[38]

Apesar de o sangramento pós-operatório diminuir gradualmente na maioria dos pacientes, sangramento mediastinal pode persistir ocasionalmente. O sangramento pode produzir hipovolemia ou comprometimento hemodinâmico por tamponamento cardíaco. Além disso, pode exigir a administração de vários componentes sangüíneos para reposição do sangue perdido e/ou correção de coagulopatia. Isso pode levar a insuficiência respiratória, falência do ventrículo direito, reações transfusionais e transmissão de doenças virais.

Informações cirúrgicas sobre sangramento, o aparecimento súbito e considerável de sangramento em qualquer período pós-operatório, bem como a persistência de sangramento, podem indicar necessidade de reexploração cirúrgica. Controle rápido e agressivo pode quase sempre corrigir causas "não-cirúrgicas" de sangramento, mas a reexploração cirúrgica é necessária em cerca de 1-2% dos pacientes com sangramento persistente.

A abordagem do sangramento requer documentação adequada do débito de sangue nos sistemas de drenagem, identificação das possíveis causas, avaliação dos parâmetros hemodinâmicos, suspeita de possíveis coleções de sangue no mediastino ou pleuras e perigo de tamponamento em instalação. Permeabilidade dos drenos, padrão de drenagem (súbita *vs*. contínua) e sua cor (arterial *vs*. venosa) devem ser critérios a levar em consideração quando da avaliação de sangramento.

Os sangramentos mais significativos são cirúrgicos por natureza. Porém, uma causa "não-cirúrgica", como uma coagulopatia devida à CEC prolongada, pode ser eventualmente a fonte do sangramento persistente. Independentemente da causa, um sangramento persistente tende a se perpetuar pelo consumo progressivo de plaquetas e fatores de coagulação.

As principais causas de sangramento "não-cirúrgico" estão listadas no Quadro 65-3.

Quantifique o débito pelos drenos. Certifique-se de que os drenos estejam pérvios; a extensão do sangramento pode ser mascarada pela obstrução dos drenos por coágulos ou o sangue pode drenar para a pleura. Lembre-se de que sangramento sem drenagem leva a tamponamento. Nota: Quando o paciente é movimentado ou mobilizado, ele pode eventualmente drenar uma quantidade maior de sangue que foi coletado por horas. Isso pode sugerir o aparecimento agudo de sangramento, com necessidade de reexploração cirúrgica. A presença de sangue escuro, ou de sangramento adicional mínimo, é pista de que isso não representa sangramento ativo. Radiografias de tórax seriadas podem ser úteis.

Avalie os parâmetros hemodinâmicos. Pressões de enchimento em ascensão com queda do débito cardíaco sugerem aparecimento de tamponamento cardíaco. Se as medidas hemodinâmicas forem limítrofes, porém o tamponamento não puder ser descartado, um ecocardiograma transesofágico pode ser fundamental na realização de um diagnóstico preciso.

Quadro 65-3. Principais causas de sangramento não-cirúrgico no pós-operatório de cirurgia cardíaca

- Efeito residual de heparina
- Neutralização pela protamina inadequada
- Recirculação de heparina
- Defeito quantitativo de plaquetas
- Disfunção plaquetária pré-operatória devida à medicação antiplaquetária (aspirina, ticlopidina, clopidogrel), inibidores das glicoproteínas IIb/IIIa (abciximab, tirofiban, eptifibatide) ou uremia
- Exposição plaquetária ao circuito da CEC com liberação de granulações alfa e alteração de receptores da membrana plaquetária. O grau dessa disfunção está relacionado com a duração de CEC e o grau de hipotermia
- Depleção nos fatores de coagulacão
- Hemodiluição na CEC (que reduz a maioria dos fatores em 50% e o fator V em 80%). Essa alteração está mais presente em pacientes com pequenos volumes sangüíneos (crianças)
- Perda de fatores de coagulação pela utilização de sistemas tipo *cell-saver*
- Insuficiência hepática prévia, efeito residual de anticoagulantes, deficiência de fatores de coagulação dependentes de vitamina K, doença de von Willebrand, terapia trombolítica (que reduz os fatores I, II, V e VIII)
- Fibrinólise (causando degradação de fatores de coagulação e disfunção plaquetária)
- Uso pré-operatório de agentes trombolíticos
- Ativação de plasminogênio durante a CEC

■ *Radiografia do tórax*

1. Observe a largura do mediastino. Alargamento de mediastino sugere a presença de coágulo acumulando no pericárdio, que pode levar a tamponamento. A comparação das radiografias pré e pós-operatórias pode ser enganosa devido à diferença de técnica. A comparação com uma nova radiografia pode ser útil, principalmente se houver interrupção rápida do sangramento.
2. Observe a distância da borda do Swan-Ganz (ou outro catéter central) no átrio direito com a borda da silhueta mediastinal. Se essa distância aumentar, suspeite de acúmulo de sangue (coágulo) junto do átrio direito.
3. Observe o acúmulo de sangue no espaço pleural que não esteja sendo drenado pelos drenos.

Solicite coagulograma na admissão na UTI. Isso não é necessário para pacientes com sangramento mínimo. No entanto, se houve dificuldade de hemostasia no centro cirúrgico ou se houver sangramento persistente, os exames laboratoriais são fundamentais para determinar se a coagulopatia é fator predisponente do sangramento. Os exames para identificar as principais causas não-cirúrgicas de sangramento (efeito residual da heparina, trombocitopenia e deficiência em fatores de coagulação) são de rápida interpretação, porém documentar disfunção plaquetária ou fibrinólise é mais difícil. A análise conjunta dos testes vai ajudar na interpretação da causa de sangramento.

1. O tempo de protrombina (TP) mede a via extrínseca da cascata da coagulação. O TP pode estar levemente prolongado após a CEC, mas níveis de fatores de coagulação superiores a 30% do normal devem permitir uma hemostasia adequada.
2. O tempo de tromboplastina parcial ativada (TTPA) mede a via intrínseca da cascata de coagulação e também pode detectar efeito residual de heparina.
3. Contagem de plaquetas; apesar de ser geralmente reduzida em torno de 30-50% durante a CEC, e a maioria restante estar malfuncionante, elas são normalmente suficientes para produzir hemostasia. A avaliação da função plaquetária é cara e ineficaz após a cirurgia, portanto raramente é feita.

Se o paciente permanecer com sangramento significativo após as medidas habituais de correção (protamina, plasma fresco, crioprecipitado, plaquetas, conforme a indicação), geralmente se trata de sangramento cirúrgico, e a reexploração está indicada. Geralmente outros testes mais específicos não estão disponíveis em nossas UTIs.

INDICAÇÃO PARA REEXPLORAÇÃO CIRÚRGICA

Presença de sangramento importante persistente ou suspeita de tamponamento cardíaco é indicação de reexploração urgente. Esternotomia de emergência na UTI é indicada para exsangüinação ou tamponamento levando a parada cardíaca iminente. O aparecimento súbito de sangramento sugere causa cirúrgica, assim como sangramento persistente na ausência de defeito de coagulação específico. Também é indicação de reoperação:

- 500 ml/h por 1 hora.
- 400 ml/h por 2 horas.
- 300 ml/h por 3 horas.

Reoperação por sangramento está associada a mortalidade e morbidade aumentadas, quase sempre pelo retardo no encaminhamento do paciente ao centro cirúrgico e a necessidade de massagem cardíaca interna. A reexploração precoce para sangramentos importantes diminui a necessidade de transfusão sangüínea, o risco de insuficiência respiratória, e pode diminuir a taxa de infecção de ferida cirúrgica associada a hematomas mediastinais não-drenados. Reexploração de emergência na UTI para tamponamento ou sangramento está relacionada a taxas de sobrevida maiores que aquelas associadas a toracotomia de emergência por arritmias ou infarto do miocárdio.

O diagnóstico de tamponamento cardíaco pode ser sugerido por comprometimento hemodinâmico com pressões de enchimento elevadas, geralmente em pacientes com sangramento importante. Dessa forma, os seguintes sinais devem ser observados:

- Interrupção abrupta de sangramentos importantes.
- Baixo débito cardíaco e hipotensão que varia com a ventilação e pinçamento na pressão de pulso (pulso paradoxal). Nota: Esse sinal não é aplicável em pacientes em ventilação mecânica devido à pressão positiva.
- Equilíbrio das pressões intracardíacas com POAP=PVC=PAE resultante de uma pressão intrapericárdica aumentada.
- Alargamento do mediastino na radiografia do tórax.
- Taquicardia compensatória.
- Arritmias.
- Diminuição da voltagem dos complexos do ECG.
- Dissociação eletromecânica.

O diagnóstico de tamponamento nem sempre é fácil de ser feito, principalmente em pacientes com função ventricular limítrofe e sangramento moderado. Se os parâmetros hemodinâmicos não melhorarem com a reposição de volume e a otimização de drogas vasoativas, o tamponamento deve estar presente. Se houver tempo, o ecocardiograma transesofágico poderá auxiliar no diagnóstico pela visualização de colapso diastólico de ventrículo esquerdo ou presença de coágulo comprimindo as câmaras esquerdas (difícil de avaliar ao eco transtorácico). Quando não há disponibilidade do ETE e/ou o paciente estlver deteriorando, deve-se indicar a reoperação de emergência.

REFERÊNCIAS BIBLIOGRÁFICAS

1. Engelman RM, Rousou JA, Flack JE III *et al.* Fast-track recovery of coronary bypass patient. *Ann Thorac Surg* 1994;58:1742–6.
2. Hendren WG, Higgins TL. Immediate postoperative care of the cardiac surgical patient. *Semin Thorac Cardiovasc Surg* 1991;3(1):3–12.
3. Deiss JM, Bojar RM. Cardiopulmonary bypass. *In* Bojar RM: *Adult Cardiac Surgery.* Boston: Blackwell Science, 1992, pp 1–36.
4. Bojar RM. Intraoperative considerations in cardiac surgery. *Manual of Perioperative Care in Cardiac Surgery.* 3rd ed. Boston: Blackwell Science, 1999, pp 95–106.
5. Augoustides J, Weiss SJ, Pochettino A. Hemodynamic monitoring of the postoperative adult cardiac surgical patient. *Semin Thorac Cardiovasc Surg* 2000;12(4):309–15.
6. Taylor RW. Controversies in pulmonary artery catheterization. *New Horizons* 1997;5(3):173–296.
7. Daniel WG, Mugge A. Transesophageal echocardiography. *Ann Thorac Surg* 1990;50:1010–8.
8. Murphy PM. Pro-intraoperative transesophageal echocardiography is a cost-effective strategy for cardiac surgical procedures. *J Cardiothorac Vasc Anesth* 1997;11:246–9.
9. Utley JR. Cardiopulmonary bypass. *CVE* 1996;1:7–26.
10. Hall TS. The pathophysiology of cardiopulmonary bypass. The risk and benefits of hemodilution. *Chest* 1995;107:1125–33.
11. Bert AA, Stearms GT, Feng W, Singh AK. Normothermic cardiopulmonary bypass. *J Cardiothorac Vasc Anesth* 1997;11:91–9.
12. Schwartz AE. Regulation of cerebral blood flow during hypothermic cardiopulmonary bypass. Review of experimental results and recommendations for clinical practice. *CVE* 1997;2:133–7.
13. Hines R. Pro-dopamine and renal preservation. *J Cardiothorac Vasc Anesth* 1995;9:333–4.

14. Royster RL. Intraoperative administration of inotropes in cardiac surgery patients. *J Cardiothorac Vasc Anesth* 1990;4(Suppl. 5):17–28.
15. Puskas JD, Johansen JV, Muraki S, Guyton RA. Myocardial protection for off-pump coronary artery bypass surgery. *Semin Thorac Cardiovasc Surg* 2001;13(1):82–8.
16. Buckberg GD. Update on current techniques of myocardial protection. *Ann Thorac Surg* 1995;60:805–14.
17. Elias DO, Souza MHL. Proteção do miocárdio. Bases e métodos. *Fundamentos da Circulação Extracorpórea.* Rio de Janeiro, 1995, pp. 351–69.
18. Buckberg GD. Cardioplegia solutions — unproven herbal approach versus tested scientific study. *Semin Thorac Cardiovasc Surg* 2001;13(1):52–5.
19. Buckberg GD. Recent progress in myocardial protection during cardiac operations. *Cardiovascular Clinics — Cardiac Surgery.* 2nd ed. Philadelphia, PA: FA Davis, 1987, pp 291–319.
20. Hoffenberg EF, Ghomeshi HR, Deslauriers R, Salerno TA. Perspectives on myocardial protection. *CVE* 1997;2:3–10.
21. Bartlett RH, Gazzaniga AB. Physiology and pathophysiology of extracorporeal circulation. *In* Ionescu MI: *Techniques in Extracorporeal Ciculation.* 2nd ed. London: Butterworth-Heinemann, 1981.
22. Butler J, Rocker GM, Westaby S. Inflammatory response to cardiopulmonary bypass. *Ann Thorac Surg* 1993;55:552–9.
23. Miller BE, Levy JH. The inflammatory response to cardiopulmonary bypass. *J Cardiothorac Vasc Anesth* 1997;11:355–66.
24. Hill GE. Cardiopulmonary bypass-induced inflammation: Is it important? *J Cardiothorac Vasc Anesth* 1998;12(Suppl. 1):21–5.
25. Elias DO, Souza MHL. Resposta do organismo humano à circulação extracorpórea. *Fundamentos da Circulação Extracorpórea.* Rio de Janeiro, 1995, pp. 373–91.
26. Kirklin JW, Bart-Boyes BG. Hypothermia, circulatory arrest, and cardiopulmonary bypass. *Cardiac Surgery.* Ney York Wiluy Medical Publication, 1986, pp. 29–82.
27. Chen RH, Frazier OH, Cooley DA. Antifibrinolytic therapy in cardiac surgery. *Texas Heart Inst J* 1995;22:211–5.
28. Cicek S, Demirkilic U, Kuralay E, Ozal E, Tatar H. Postoperative aprotinin: effect on blood loss and transfusion requirements in cardiac operations. *Ann Thorac Surg* 1996;61:1372–6.
29. Bojar RM. Admission to the ICU and monitoring techniques. *Manual of Perioperative Care in Cardiac Surgery.* 3rd ed. Boston: Blackwell Science, 1999, pp. 107–20.
30. Butterworth J. Selecting an inotrope for the cardiac surgery patient. *J Cardiothorac Vasc Anesth* 19?!;7(Suppl. 2):26–32.
31. Chung MK. Cardiac surgery: postoperative arrhythmias. *Crit Care Med* 2000;28(Suppl. 10):N136-N144.
32. Gorman JH, Gorman RC, Milas BL, Acker MA. Circulatory management of unstable cardiac patient. *Semin Thorac Cardiovasc Surg* 2000;12(4):316–25.
33. Creswell LL, Schussler RB, Rosembloom M, Cox JL. Hazards postoperative atrial arrhythmias. *Ann Thorac Surg* 1993;53:539.
34. Crexells C, Chatterjee K, Forrester JS *et al.* Optimal level of filling pressure in the left side of the heart in acute myocardial infarction. *N Engl J Med* 1973;289:1263.
35. Griffin MJ, Hines RL. Management of perioperative ventricular dysfunction. *J Cardiothorac Vasc Anesth* 2001;15(1).
36. Bolooki H. Clinical application of the intra-aortic balloon pump. 3rd ed. Mount Kisko, NY: Futura Publishing Company, 1998.
37. Goldstein DJ, Oz MC. Mechanical support for postcardiotomy cardiogenic shock. *Semin Thorac Cardiovasc Surg* 2000;12(3):220–8.
38. Milas BL, Jobes DR, Gorman RC. Management of bleeding and coagulopathy after heart surgery. *Semin Thorac Cardiovasc Surg* 2000;12(4):326–36.

66 Pós-Operatório da Cirurgia do Aneurisma da Aorta Abdominal

João Henrique Silva • Nilton Brandão da Silva

A cirurgia do aneurisma da aorta abdominal é indicada em todos os pacientes com aneurismas maiores de 4 cm de diâmetro e tem como objetivo, entre outros, prevenir a morte por ruptura e aliviar a dor das compressões dos processos expansivos. A cirurgia também evita tromboembolia de membros inferiores, viscerais e renais proveniente do aneurisma.

A cirurgia convencional poderá ser transperitoneal, a mais freqüente, ou retroperitoneal, em casos de abdômen multiplamente operado, por exemplo. Atualmente existem vários programas de realização do tratamento do aneurisma com prótese endovascular, com a promessa de ser menos invasiva e com menor morbimortalidade. As indicações para esse último se aplicam mais aos pacientes ditos "inoperáveis" pelo método convencional, e, nesse momento, são reduzidos o número de estudos e as evidências sobre seus benefícios terapêuticos a médio e longo prazos, o que torna precoce qualquer avaliação.

O aneurisma da aorta abdominal incide predominantemente em pacientes de idade avançada (> 65 anos) e, na maioria dos casos, é associado a co-morbidades significativas. As doenças associadas mais freqüentes são: coronariopatia severa em mais de 50% dos pacientes, muitos dos quais com infarto do miocárdio prévio, angina e disfunção cardíaca; doença das carótidas; hipertensão arterial sistêmica; doença pulmonar obstrutiva crônica em fumantes; diabetes e insuficiência renal.[1,2,3,8] O planejamento cirúrgico deve levar em conta esse cenário clínico, quantificando, em cada caso, o grau de disfunção orgânica e funcional relacionado a cada sistema orgânico comprometido e à capacidade de correção e ajuste dos mesmos com vistas ao procedimento cirúrgico-anestésico. A severidade da coronariopatia é conhecida como a maior causa de morte associada à cirurgia da aorta.[2-5,7]

A mortalidade da cirurgia eletiva está entre 1,8 a 8%, bem abaixo da mortalidade relacionada à ruptura do aneurisma e à da cirurgia de urgência, que, nesse caso, sobe para um índice entre 25 a 80%. Na cirurgia eletiva, o fator mais diretamente relacionado à morbimortalidade perioperatória é a severidade da doença coronária associada, conforme Mangano.[10] O infarto perioperatório possui uma mortalidade elevada (acima de 70%) e geralmente ocorre de forma silenciosa nas primeiras 48 h após a cirurgia. Assim, a avaliação dos pacientes com o objetivo de estratificação do risco operatório procura sempre avaliar a presença de isquemia miocárdica e alterações da função ventricular, através de testes funcionais cardíacos no pré-operatório. Uma vez detectada a presença de isquemia, procura-se determinar a necessidade de revascularização miocárdica prioritária à correção do aneurisma, embora essa seja necessária em um número reduzido de casos.[1,2,4]

A disfunção respiratória (hipoxemia e hipercarbia), embora freqüente, pela presença de DPOC nesses casos, representa um risco inferior de complicações pulmonares maiores pós-operatórias, comparadas às complicações cardíacas. Da mesma forma, a insuficiência renal, o diabetes e a hipertensão arterial são preditores menos importantes de complicações operatórias, embora devam ser considerados e tratados caso a caso. A idade avançada possui um risco relativo menor, e cada vez mais são operados pacientes com idade superior a 80 anos, desde que estejam em boa condição física e mental (Quadros 66-1 e 66-2).[1-3]

De uma forma geral, a incidência de infarto perioperatório situa-se entre 4 e 15%; a insuficiência respiratória, entre 5 e 10%; a insuficiência renal, 2 e 5% (no aneurisma infra-renal) e 17% (no supra-renal); complicações intestinais, entre 3 e 4%; paraplegia, abaixo de 1% (no aneurisma infra-renal) e entre 1 e 5% (no supra-renal).

Quadro 66-1. Trabalhos sobre a mortalidade do aneurisma da aorta abdominal publicados no Brasil

Autores	*Ano*	*Número de pacientes*	*Mortalidade (%)*
Puech Leão	1976	80	12,5
Santos (H. Souza Aguiar e Servidores do Estado)	1983	–	7,0
Fernandes (H. Lagoa)	1983	–	2,8
Kafejiann (H. Heliópolis)	1983	68	5,8
HC – FMUSP	1990	265	6,5
Portilho	1992	21	4,7
von Ristow	1999	140	3,5
Bonamigo (1971-1997)	1999	500	3,0

Quadro 66-2. Mortalidade em cirurgias eletivas do aneurisma da aorta abdominal em grandes séries

Autores	*Ano*		*Número de casos operados*	*Mortalidade (%)*	*Número de óbitos*
Katz *et al*	1994	Experiência Estadual USA	8.185	7,5	614
Kazmers *et al*	1996	Veterans Administration USA	3.419	4,8	164
Dardik *et al*	1999	Experiência Estadual USA	2.335	3,5	82
Lawrence *et al*	1999	Experiência Nacional USA	32.389	8,4	2.721
Total			46.328	7,7	3.581

PRINCIPAIS ALTERAÇÕES FISIOLÓGICAS E MEDIDAS TERAPÊUTICAS DO PROCEDIMENTO CIRÚRGICO

Os bons resultados da cirurgia dependem basicamente de experiência e integração da equipe multiprofissional (cirurgião, anestesista, intensivista, enfermagem, fisioterapeuta), sem o que aumenta significativamente o risco cirúrgico; protocolo de atendimento, prevendo as ações de seleção pré-operatória, técnica anestésica e sistema de monitoração transoperatória, cuidados e monitoração pós-operatória.

As etapas mais importantes do procedimento são:

1. Pinçamento da aorta (PA)[27]
   As alterações fisiológicas e respectivas intervenções terapêuticas do pinçamento da aorta são:
   - Hemodinâmicas:
     - Pressão arterial.
     - Anormalidades da mobilidade da parede ventricular.
     - Tensão da parede ventricular.
     - Débito cardíaco.
     - Fluxo sangüíneo renal.
     - Fração de ejeção.
     - Pressão de capilar pulmonar.
     - Pressão venosa central.
     - Fluxo sangüíneo coronariano.
   - Mudanças metabólicas:
     - Consumo de oxigênio total.
     - Produção de CO_2.
     - Saturação de oxigênio misto venoso.
     - Extração de oxigênio.
     - Adrenalina e noradrenalina.
     - Alcalose respiratória.
     - Acidose metabólica.
   - Intervenções terapêuticas.
   - Redução da pós-carga:
     - Nitroprussiato de sódio.
     - Anestésicos inalatórios.
     - Amrinona ou milrinona.
   - Redução da pré-carga:
     - Nitroglicerina.
     - *Shunt* ou *bypass* do ventrículo esquerdo.
   - Proteção renal:
     - Manitol.
     - Baixa dose de dopamina.
     - Administração de fluidos.
   - Outras:
     - Diminuir volume-minuto.
     - Bicarbonato de sódio.
2. Retirada da pinça
   - Fisiologia do despinçamento da aorta:
     - Mudanças hemodinâmicas.
     - Contratilidade miocárdica.
     - Pressão arterial.
     - Pressão venosa central.
     - Retorno venoso.
     - Débito cardíaco.
   - Mudanças metabólicas:
     - Consumo de oxigênio total.
     - Lactato.
     - Saturação de oxigênio misto.
     - Prostaglandinas.
     - Complemento ativado.
     - Fatores de depressão do miocárdio.
     - Acidose metabólica.
   - Intervenções terapêuticas:
     - Anestésicos inalatórios.
     - Vasodilatadores.
     - Administração de fluidos.
     - Drogas vasoconstritoras.
     - Reaplicar o CA em caso de hipotensão severa.
3. Perda sangüínea[12,13]
   Na cirurgia de aneurisma de aorta, a perda sangüínea média é de aproximadamente de 1.500 ml. A reposição através de transfusão, a autotransfusão com pré-doação e o uso de *cell-saver* são empregados para repor perdas transoperatórias e contribuem significativamente para os bons resultados. A autotransfusão é sempre estimulada na cirurgia eletiva e tem sido progressivamente mais utilizada. Nesse grupo de pacientes, a hemoglobina abaixo de 10 é mal tolerada.
4. Translocação de líquidos
   A grande manipulação abdominal e incisões extensas promovem uma perda extravascular importante, e os

pacientes são hidratados em média com 4 a 5 litros de solução cristalóide, tornando na maioria das vezes um balanço hídrico positivo. Já em pacientes mais graves e com miocárdio comprometido, a hidratação é menos generosa.

5. Distúrbios da coagulação
O uso de heparina, comum em pinçamento aórtico, aumenta significativamente o tempo de coagulação. Na maioria dos casos, não se reverte o efeito anticoagulante pela possibilidade de trombose, facilitando a perda sangüínea. As transfusões maciças e o uso de *Cell-saver* levam muito freqüentemente à trombocitopenia, e a ocorrência de hipotermia também interfere na função plaquetária. Existe relação entre o número de unidades de sangue transfundido e mortalidade nessa cirurgia.[21,22]

6. Tendência à hipotermia
É devida ao tempo de exposição da cavidade, transfusões, hidratação, anestésicos e salas cirúrgicas com baixa temperatura, sendo comum a chegada do paciente ao CTI com temperaturas ao redor de 35°C. A hipotermia aumenta o sangramento cirúrgico, infecções e maior incidência de isquemia miocárdica. Atualmente no transoperatório se utilizam rigorosamente o aquecimento dos fluídos a serem infundidos, colchões e/ou mantas térmicas, controle da temperatura da sala, o que minimiza consideravelmente a ocorrência da hipotermia. Foi demonstrado que a fase de reaquecimento no pós-operatório imediato, com calafrios e tremor, é aquela que mais aumenta o consumo de oxigênio, principalmente pelo miocárdio, aumentando o risco de isquemia miocárdica aguda e severa.[6] Portanto, é nesse período que mais cuidado se exige no pós-operatório imediato, com monitorização cardíaca constante .[24-26]

ATUAÇÃO DO ANESTESIOLOGISTA PARA DIMINUIR O ESTRESSE CIRÚRGICO

O paciente deve ser mantido sedado, relaxado, com analgesia adequada e controle hemodinâmico intensivo e extensivo.

- Técnicas anestésicas:[12-16,23]
  - A anestesia geral com opióides e halogenados de baixo custo é muito utilizada.
  - Anestesia geral venosa total, que possibilitaria uma recuperação mais precoce a um custo mais elevado.
  - Anestesia combinada com associação de bloqueios, que permite extubação precoce e analgesia pós-operatória. O cuidado maior nesses casos se deve ao uso de anticoagulantes e bloqueios.[17-21]

O uso de alfa-2-agonistas permite sedação e analgesia no pré, trans e pós-operatório, em associação com anestesia geral. Hipotensão e bradicardia, além do custo, têm sido os fatores limitantes para seu uso generalizado.

PRINCIPAIS COMPLICAÇÕES PÓS-OPERATÓRIAS

O sistema de atendimento pós-operatório imediato deve dispor de UTI, monitoração hemodinâmica, ventilação mecânica no período pós-operatório imediato (até estabilização da temperatura, volemia e condição hemodinâmica), monitoração laboratorial e correção dos desvios, ajuste volêmico constante, monitoração de isquemia miocárdica, cuidado com função renal, realimentação retardada até a recuperação completa da função intestinal e fisioterapia respiratória precoce e constante.

Insuficiência respiratória

Tratando-se de pacientes pneumopatas na maioria dos casos, cuidar do momento do desmame do respirador, evitando a hipoxemia ou a retenção de CO_2, que podem ser fatores de precipitação de SDOM. São freqüentes as atelectasias por hipoventilação, a retenção de secreções e as infecções respiratórias. A pneumopatia prévia e a dificuldade de mobilização das secreções decorrem do efeito das grandes incisões sobre o abdômen e da dor resultante, exigindo atenção fisioterápica freqüente e preparo e treinamento pré-operatório do fumante para minimizar esses fatos. O tromboembolismo pulmonar ocorre em igual incidência à das demais cirurgias abdominais.

Insuficiência renal aguda

É comum no pinçamento da aorta acima das artérias renais e de ocorrência precoce. Uma vez instalada, deve exigir medidas dialíticas precoces para evitar alterações profundas da homeostase e precipitação das disfunções orgânicas. A recuperação parcial ou total é a regra na maioria dos casos, dependendo da função renal prévia, da qualidade da circulação renal (freqüentemente afetada nos pacientes ateroscleróticos) e da manipulação da artéria renal no transoperatório.[9,29]

Infarto do miocárdio

É a complicação mais temida e de maior mortalidade.[2-7,10,16] Exige monitoração constante nas primeiras 72 h e pode ser de difícil reconhecimento, pela ausência de dor e a baixa especificidade das enzimas cardíacas nos pacientes cirúrgicos recém-operados. Quando ocorre, traz como conseqüência imediata alterações hemodinâmicas, como o baixo débito cardíaco e as arritmias severas. Os pacientes com disfunção cardíaca prévia devem ser operados com monitoração com catéter de Swan-Ganz instalado no início da anestesia, permitindo monitorar as alterações hemodinâmicas desde o tempo cirúrgico/anestésico. O uso de betabloqueadores (atenolol) no início da anestesia e continuado em todo o período perioperatório diminui a incidência de IAM e de morte cardíaca em um ensaio clínico randomizado e hoje constitui rotina para todos os pacientes coronariopatas conhecidos.[10] O baixo débito cardíaco é manejado conforme as indicações vigentes, com o uso de inotrópicos e vasodilatadores, guiados pelos parâmetros hemodinâmicos.

Acidente vascular cerebral

Incide mais raramente e está relacionado à presença de doença carotídea e vascular cerebral associada. Quando reconhecida, a estenose significativa de carótida deve ser corrigida antes da cirurgia eletiva da aorta.

Paraplegia

Incide em 1 a 4 % das correções dos aneurismas toracoabdominais e é uma complicação severa e geralmente irreversível. É prevenida pela identificação e preservação, durante a cirurgia, da artéria inferior da medula espinhal (artéria de Adamkiewicz), e, quando não-preservada pela instalação de catéter de monitoração e drenagem liquórica no pós-operatório, evita aumento da pressão liquórica.

Complicação vascular periférica

Ocorre pela liberação de êmbolos provenientes da manipulação da aorta, ocasionando isquemia distal dos membros inferiores. É minimizada pela heparinização da artéria e pela técnica cuidadosa de manipulação da aorta pelo cirurgião durante a dissecção e a colocação do enxerto.[21,22]

Isquemia mesentérica

É uma complicação severa que ocorre quando a artéria mesentérica inferior não pode ser preservada e existe má vascularização colateral do cólon. Incide em 2 % das cirurgias e tem alta mortalidade, exigindo atenção permanente com o abdômen e diagnóstico precoce, colonoscopia de repetição e correção cirúrgica (colectomia) quando a isquemia atinge a camada muscular do cólon.

REFERÊNCIAS BIBLIOGRÁFICAS

1. Silva NB, Becker AB, Silva OB. Avaliação do risco operatório em cirurgia de aorta. *In* Bonamigo TP, Ristow AV: *Aneurismas*. Porto Alegre: Grupo Brasileiro de Estudos de Aneurismas, 1999, pp 67–78.
2. Executive Summary of the American College of Cardiology and American Heart Association Task/Force Report. Guidelines for perioperative cardiovascular evaluation for noncardiac surgery. *Anesth Analg* 1996;82:854–60.
3. Gottlieb A, Banoub M, Sprung J *et al.* Perioperative cardiovascular morbidity in patients with coronary artery disease undergoing vascular surgery after percutaneous transluminal coronary angioplasty. *J Cardiothorac Vasc Anesth* 1998;12:501–6.
4. Fleisher LA, Skolnick ED, Holroyd KJ *et al.* Coronary artery revascularization before abdominal aortic aneurysm surgery: a decision analytic approach. *Anest Analg* 1994;79:661–9.
5. Hertzer NR, Beven EG, Young JR *et al.* Coronary artery disease in peripheral vascular patients. A classification of 1000 coronary angiograms and results of surgical management. *Ann Surg* 1984;199:233–44.
6. Coriat P, Gosgnach M. La nécrose myocardique aiguë périopératoire chez l opere coronarien: consequence du 1 jour posopératoire plus que fatalité du 3 jour. *Actuar* 1993;25:37–42.
7. Slogoff S. Intraoperative myocardial ischemia: Is it important? Annual Meeting Society Cardiovascular Anesthesiologists, 1995, p 66.
8. Wallace AW, Mangano DT. Perioperative evaluation of the patient with ventricular dysfunction. *In* Warltier DC: *Ventricular Function*. Baltimore, MD: Williams & Wilkins, 1995, pp 279–325.
9. Aronson S, Blumenthal R. Perioperative renal dysfunction and cardiovascular anesthesia: concerns and controversies. *J Cardiothor Vasc Anesth* 1998;12(5):567–86.
10. Mangano DT, Layug EL, Wallace A *et al.* Effect of atenolol on mortality and cardiovascular morbidity after noncardiac surgery. *N Engl J Med* 1996;335:1713–9.
11. Vender JS. A pulmonary artery catheter should be used in management of the critically ill patient. Pro and Con. *J Cardiothor Vasc Anesth* 1998;12(Suppl. 2):9–16.
12. Cheung AT, Savino JS, Weiss SJ *et al.* Echocardiography and hemodynamic indexes of left ventricular preload in patients with normal and abnormal ventricular function. *Anesthesiology* 1994;81:376–87.
13. Priano LL. Anesthesia for vascular surgery. Patient assessment and anesthetic delivery. Review Courses Lectures. Proceedings of the IARS 67th Congress International Anesthesia Research Society. San Diego, 1993, pp 113–9.
14. Silva JH. Anestesia em cirurgia vascular. *In* Manica JT *et al.*: *Anestesiologia: Princípios e Técnicas*. 2ª ed. Porto Alegre: Artes Médicas, 1997, pp 523–35.
15. Gottlieb A. Aortic reconstructive surgery: anesthetic considerations. *Curr Opin Anesth* 1993;6:35–46.
16. Kheter E, Raby SJ, Timini BF *et al.* The effect of heart rate control on myocardial ischemia among high-risk patients after vascular surgery. *Anesth Analg* 1999;88:477–82.
17. Baron JF, Bertrand M, Barre E *et al.* Combined epidural and general anesthesia for abdominal aortic surgery. *Anesthesiology* 1991;75:611–18.
18. Christopherson R, Beattie C, Menert CL *et al.* Perioperative ischemia randomized anesthesia trial study group: perioperative morbity in patients randomized to epidural or general anesthesia for lower extremity vascular surgery. *Anesthesiology* 1993;79:422–34.
19. Bode RH, Lewis KP, Zarich SW *et al.* Cardiac outcome after peripheral vascular surgery. Comparison of general and regional anesthesia. *Anesthesiology* 1996;84:3–13.
20. Gelman S. General versus regional anesthesia for peripheral vascular surgery: Is the problem solved? *Anesthesiology* 1993;79:422–34.
21. Tuman KJ, McCarthy RJ, March RJ *et al.* Effects of epidural anesthesia and analgesia on coagulation and outcome after major vascular surgery. *Anesth Analg* 1991;73:696–704.
22. Rosenfeld BA, Beattie C, Christopherson R *et al.* The effects of different anesthetic regimens on fibrinolysis and the development of postoperative arterial thrombosis. Perioperative Ischemia Randomized Anesthesia Trial Study Group. *Anesthesiology* 1993;79:435–43.
23. Morris EJ, Martinez E, Traystman R. Hemodynamic assessment of a double blind protocol comparing regional and general anesthetic techniques during abdominal aortic surgery. *Anesth Analg* 1996;82:S55.
24. Frank SM, Beattie C, Christophersen R *et al.* Unintentional hypothermia is associated with postoperative myocardial ischemia. *Anesthesiology* 1993;78:468–76.
25. Frank SM, Sessler DI, Lenhardt R *et al.* Perioperative maintenance of normothermia reduces the incidence of morbid cardiac events: a randomized clinical trial. *JAMA* 1997;227:1127–34.

26. Kurz A, Sessler DI, Lenhardt R. Perioperative normothermia to reduce the incidence of surgical wound infection and shorten hospitalization. *N Engl J Med* 1996;334:1209–15.

27. Gelman S. The pathophysiology of aortic cross. *Anesthesiology* 1995;82:1026–60.

28. Brinkmann A, Wolf CF, Berger D *et al.* Perioperative endotoxemia and bacterial translocation during major abdominal surgery: evidence for the protective effect of endogenous prostacyclin? *Crit Care Med* 1996;24(8):1293–301.

29. Lundin S. Can we prevent renal dysfunction after major vascular surgery? Proceedings of the 17th Annual Meeting of Society of Cardiovascular Anesthesiologists (SCA). Philadelphia, 1995, pp. 76–77.

30. Rivier MC. Placement of aortic endoprostheses. *Curr Opin Anesth* 2000;13:409–13.

31. Baker AB, Lloyd G, Fraser TA *et al.* Retrospective review of 100 cases of endoluminal aortic stent-graft surgery from an anaesthetic perspective. *Anaesth Intensive Care* Ago 1997;25:378–84.

32. Kahn RA, Moskowitz DM, McConville JC *et al.* Hemodynamic stability of patients undergoing endovascular stent-graft procedures versus open aortic repair for abdominal aortic aneurysm. *Anesth Analg* 1998;86:S73.

67 Pós-Operatório em Neurocirurgia

Nazah Cherif Mohamad Youssef • Álvaro Réa Neto

A cirurgia de sistema nervoso central, mais precisamente de patologias intracranianas, é complexa e com um potencial de complicação elevado. A compreensão das alterações anatômicas da região operada, as falhas mecânicas de equipamentos utilizados para cirurgia; a posição do paciente durante o procedimento e o tempo de duração do mesmo; o conceito de complacência cerebral; o uso de corticóide, anticonvulsivantes e antibióticos; o tratamento adequado da pressão arterial, $PaCO_2$, temperatura corporal e equilíbrio hidroeletrolítico são extremamente importantes para que sejam feitas a monitorização do paciente e a profilaxia das possíveis complicações. Portanto, a permanência do paciente na unidade de terapia intensiva no pós-operatório (PO) imediato é imprescindível. As complicações no PO de neurocirurgia podem ser divididas em dois grupos: neurológicas e não-neurológicas. O objetivo deste capítulo é uma revisão desses dois grupos de complicações, auxiliando o médico a identificar o paciente de risco e tratá-lo. Para a introdução deste capítulo, abordaremos de maneira breve a monitorização dos suportes hemodinâmico, pulmonar e neurológico do paciente nas primeiras 24 horas de internamento na unidade de terapia intensiva.

ABORDAGEM DO PACIENTE NEUROCIRÚRGICO NA UNIDADE DE TERAPIA INTENSIVA

O objetivo do atendimento do paciente no PO imediato de neurocirurgia é favorecer a rápida recuperação do paciente que permita a alta hospitalar sem problemas. O envolvimento de uma equipe multidisciplinar – médicos, enfermeiros, fisioterapeutas, psicólogos, nutricionistas – habilitada tem um papel essencial no sucesso da recuperação pós-operatória. A monitorização desse doente envolve suporte hemodinâmico, pulmonar e neurológico, predominantemente.

Suporte pulmonar

Os pacientes que foram submetidos a cirurgias intracranianas geralmente chegam à UTI ainda em coma anestésico. Estão intubados e permanecem em ventilação mecânica invasiva até a recuperação plena da consciência, que depende somente da metabolização dos anestésicos utilizados no centro cirúrgico. Devem permanecer monitorizados com oximetria de pulso e capnografia contínuas. A gasometria arterial e a radiografia de tórax são exames solicitados para ajustes da ventilação pré e pós-extubação e diagnóstico de quaisquer complicações pulmonares relacionadas à ventilação mecânica.

Suporte hemodinâmico

A monitorização da pressão arterial é fundamental, uma vez que a hipotensão é a maior causa de lesão neuronal secundária, e a hipertensão pode levar a hemorragia e conseqüente hipertensão intracraniana. O recomendado é pressão arterial invasiva (geralmente em artéria radial) nas primeiras 24 horas de PO. O débito urinário geralmente é volumoso em caso de uso de manitol, e a reposição volêmica com cristalóides deve ser intensificada para não ocorrer depleção do espaço extracelular. A monitorização cardíaca contínua identifica arritmias que ocorrem eventualmente e que não estavam no eletrocardiograma da admissão.

Suporte neurológico

A monitorização do nível de consciência e pupilas (NeuroCheck) de 15 em 15 minutos até a extubação do doente identifica complicações neurológicas de maneira precoce e efetiva. Depois o registro do Glasgow; tamanho, simetria e fotorreação de pupilas e tipo de respiração pode passar para de 30 em 30 minutos e depois a cada hora. A cabeceira do leito deve permanecer em 30 graus, para facilitar retorno venoso cerebral. A temperatura corporal (esofagiana ou retal) deve ser medida de maneira contínua, e, em caso de ocorrer febre, o paciente deve receber antitérmicos e compressas frias, pois também é causadora de lesão neuronal secundária. A monitorização metabólica é principalmente de glicemia e sódio. A hipoglicemia pode levar a lesão neuronal irreversível e deve ser evitada ao máximo. Recomenda-se mensuração da glicemia capilar até de 4/4 horas para evitar uma catástrofe neurológica. A hiponatremia aguda e a hipernatremia têm manifestações neurológicas inespecíficas, mas podem deixar seqüelas graves e aumentar a taxa de mortalidade se não forem corrigidas a tempo e de maneira adequada.

Após esse breve resumo da monitorização mínima para todos os PO neurocirúrgicos, apresentamos a revisão das complicações neurológicas e não-neurológicas diagnosticadas e tratadas na Unidade de Terapia Intensiva.

COMPLICAÇÕES NEUROLÓGICAS

Convulsões

A incidência de convulsões precocemente (primeiros 7 dias após cirurgia) varia entre 4 a 19% dos casos. Quando são consideradas as convulsões tardias, a incidência aumenta para até 70%.[1-4]

Raramente ocorre crise convulsiva única como complicação. Na maioria das vezes são crises múltiplas, podendo até haver *status epilepticus*. Podem ser do tipo focal ou generalizado.

Há situações que são consideradas de risco para a ocorrência de crise. São elas:

1. Cirurgia que envolve o compartimento supratentorial: região frontal, para-selar, temporal e parietal. As convulsões após cirurgia de fossa posterior são raras e resultam de retração de estruturas supratentoriais.
2. Patologias específicas: abscessos cerebrais, tumores cerebrais, malformação arteriovenosa cerebral, aneurisma cerebral, colocação de *shunt* ventrículo-peritoneal, existência de convulsões no pré-operatório, hematomas cerebrais, alterações hidroeletrolíticas, hipóxia, hipoglicemia.

Os pacientes que não apresentam crise no pré-operatório e serão submetidos a cirurgia em compartimento supratentorial ou têm alguma patologia das citadas acima devem usar hidantoína antes da cirurgia e pemanecer em uso do anticonvulsivante pelo menos nos 7 primeiros dias de PO.

Caso esses pacientes apresentem convulsão no PO imediato, deve haver suspeita de complicação como hematoma, edema ou infarto. O doente deve ser submetido a exames laboratoriais e tomografia de crânio para diagnóstico das complicações citadas e planejar nova intervenção cirúrgica se necessário.

As conseqüências das crises convulsivas são diretas ao tecido cerebral e sistêmicas. Os efeitos diretos no cérebro incluem lesão neuronal com aumento da pressão intracraniana secundária ao aumento do fluxo sangüíneo cerebral. Os efeitos sistêmicos incluem hipóxia, acidose metabólica e hipertermia. Isso leva a lesão neuronal secundária por sobre um tecido edemaciado, criando um ciclo vicioso que aumenta a lesão final e a ocorrência de novas crises convulsivas.

Edema cerebral e hipertensão intracraniana

O edema cerebral é uma complicação comum após procedimento cirúrgico em sistema nervoso central.[5,6] O desenvolvimento de edema no PO imediato está associado com a manipulação de estruturas profundas e a retirada de tumores cerebrais. Em resposta ao trauma direto da intervenção cirúrgica e retração tecidual ocorrem isquemia tecidual relativa, diminuição do retorno venoso e diminuição da complacência cerebral. Há desenvolvimento de edema cerebral e aumento da pressão intracraniana. O uso do eletrocautério aumenta a lesão local também e está diretamente envolvido com o trauma do tecido cerebral.

O edema aparece 4 a 5 horas após a cirurgia e tem pico em 48-72 horas. As manifestações clínicas são conforme a área cerebral lesada. Alterações do estado mental, déficits motores ou sensitivos e paralisias de nervos cranianos são comuns. Pode até mesmo ocorrer herniação transtentorial, piorando o prognóstico do doente.

A tomografia de crânio confirma o diagnóstico e exclui outras complicações como hidrocefalia e hemorragia. Os achados tomográficos são: apagamento de sulcos, diminuição do tamanho do ventrículo lateral ipsilateral, desvio de linha média, hipodensidade e apagamento da interface entre substância branca e cinzenta.

Após o diagnóstico com a tomografia, deve ser iniciado tratamento. O objetivo principal é a manutenção da pressão de perfusão cerebral.

A cabeceira da cama deve permanecer elevada em 30 graus e favorecer o retorno venoso cerebral. A pressão de perfusão cerebral é mantida maior que 70 à custa de infusão de volume e uso de drogas vasoativas. A administração de corticóide – dexametasona em dose alta (10 mg 4/4 horas) – é recomendada para pacientes que foram submetidos à ressecção de tumores cerebrais. A administração de manitol na dose de 0,25 a 1 g/kg deve ser iniciada rapidamente e monitorizada com a osmolaridade sérica (manter Osm < 320). A conduta mais agressiva após todo tratamento clínico instituído é a descompressão cirúrgica, cuja indicação é precisa em hipertensão intracraniana após isquemia de território de cerebral média e continua questionada em outras situações.

Hemorragia

A ocorrência de hemorragia no PO imediato de neurocirurgia e o desenvolvimento de hematoma epidural, subdural ou intraparenquimatoso sempre foram a complicação mais temida, pois é uma situação significativa e potencialmente evitável. A incidência precisa dos hematomas foi possível de ser evidenciada após o uso da tomografia na prática clínica. Atualmente, a incidência de hematomas extradurais após intervenção neurocirúrgica varia entre 0,9 a 7,1%, enquanto a incidência de hematomas intracerebrais é de 3,9%. As cirurgias de derivação ventrículo-peritoneal têm uma porcentagem muito pequena de sangramento no trajeto operatório.[7,8]

As diversas causas associadas com essa terrível complicação estão relacionadas à técnica cirúrgica e a morbidades clínicas coadjuvantes. Hemostasia perioperatória inadequada, sutura tecidual inadequada, retração tecidual importante, descompressão ventricular abrupta, lesão direta do vaso cerebral, hipertensão arterial e plaquetopenia são as razões descritas. As cirurgias para ressecção de tumor cerebral e as craniotomias para drenagem de hematomas estão associadas com maior incidência de hemorragias.

O prognóstico é pior em hemorragias maiores de 3 cm, localizadas em região supra-selar e se associadas com outro sangramento extracerebral ou intraventricular. Esses doentes morrem ou ficam com seqüelas neurológicas graves em 37% dos casos.

As manifestações clínicas incluem cefaléia, novo déficit neurológico, crise convulsiva, diminuição do nível de consciência, sinais de herniação transtentorial com hipertensão, bradicardia e insuficiência respiratória. Em pacientes com sangramento em fossa posterior, as manifestações estão relacionadas ao grau de compressão de tronco cerebral e são predominantemente relacionadas a descompensação cardiovascular e respiratória.

O diagnóstico é feito através da tomografia de crânio, e o tratamento é cirurgia de emergência para drenagem do hematoma e alívio da hipertensão intracraniana.

Infecção extradural e intradural

A infecção de ferida operatória é uma complicação incomum nas neurocirurgias limpas. A incidência atual da infecção é menor de 5%.[9-14]

Obesidade, *diabetes mellitus,* desnutrição, neoplasia e imunodepressão são fatores sistêmicos que aumentam o risco de infecção da ferida operatória. O uso de corticóides e idade avançada não parecem estar correlacionados com maior incidência de infecção. O principal fator determinante do maior risco de infecção no PO é a conduta do neurocirurgião. A hospitalização prolongada no pré-operatório, a tricotomia 1 dia antes da cirurgia, cirurgia na presença de outra infecção, duração do ato operatório em si e anti-sepsia local são fatores de risco que praticamente duplicam a taxa de infecção.

O uso de antibiótico profilático tem sido alvo de discussão nas duas últimas décadas. Estudos controlados finalmente demonstraram a eficácia da administração de antibióticos apropriados.[10-14] Os agentes antiestafilocócicos são os mais estudados e recomendados.[34]

Em craniotomias (cirurgias limpas), é recomendado o uso de cefazolina por 24 horas. Como alternativa, é indicada vancomicina. Em cirurgias de *shunt* ventricular (manipulação do liquor), ainda há controvérsias, e a recomendação é oxacilina por 24 horas ou vancomicina associada a gentamicina (intratecal).

A infecção de ferida operatória raramente aparece nas primeiras 48 horas de PO. Dor local, hiperemia, edema, calor local, secreção purulenta e deiscência de sutura são os sinais locais. Febre, leucocitose, linfadenomegalia são sinais sistêmicos. A velocidade de hemossedimentação aumentada sugere osteomielite associada. A cultura da secreção coletada conduz o tratamento. A maioria dos casos é devida a *Staphylococcus aureus* e *S. epidermidis.*

A osteomielite do crânio pode ocorrer em até 14% dos casos. Pode ocorrer, também, formação de abscesso epidural (2% dos casos), abscesso subdural, meningite e abscesso cerebral.

Com o diagnóstico confirmado, faz-se necessária uma revisão cirúrgica com desbridamento de tecido desvitalizado incluindo pele, músculo, osso e tecido cerebral. O tratamento antibiótico usual é de 10 a 14 dias e pode estender-se por até 6 semanas se houver comprometimento intradural.

As infecções intradurais como meningite, empiema subdural, ventriculite, cerebrite e abscesso cerebral constituem um grupo de complicações vistas separadamente ou em combinação, de tratamento não difícil, mas com altas taxas de mortalidade. A incidência é alta e chega a 52% dos casos.[15-18] Os dois mecanismos de inoculação do germe são a extensão da superfície infectada e a contaminação direta do tecido cerebral durante a cirurgia.

O empiema subdural é mais comumente associado à sinusite complicada, embora haja vários relatos em PO de craniotomia. Os microrganismos isolados são o *S. aureus*, estreptococos e bacilos gram-negativos. Clinicamente há febre, déficits neurológicos focais, convulsões, meningismo e infecção de pele evidente. A tomografia de crânio com contraste é confirmatória. O tratamento é drenagem cirúrgica associada com antibioticoterapia.

A meningite/ventriculite de PO tem incidência de 2% e consiste em 46% das infecções de pós-operatório. Os germes mais comuns são os bacilos gram-negativos, *S. aureus* e *S. epidermidis*. As manifestações clínicas são cefaléia, febre, sinais meningorradiculares, confusão mental, irritabilidade, convulsões e déficits focais. Há leucocitose, e pode haver hemocultura positiva. A análise do liquor é essencial. Normalmente, pacientes em PO têm aumento de leucócitos e proteínas que confunde a interpretação do liquor. Nesses casos, a glicorraquia e a cultura com isolamento da bactéria podem ser o único indício de infecção. O esquema antibiótico escolhido inicialmente é cefalosporina de terceira geração associada com vancomicina. Se houver suspeita de germe anaeróbico associado, o metronidazol é necessário também. Após a identificação do germe, o antibiótico é adequado conforme antibiograma.

O abscesso cerebral é a infecção com taxas de mortalidade ainda elevadas, a despeito do diagnóstico e tratamento amplamente discutidos e conhecidos. Chega a 14% dos casos. Sua incidência é de 0,1% das infecções de PO de neurocirurgia. É causado por múltiplos organismos em até 50% dos casos, incluindo *S. aureus*, estreptococo, enterobactérias e germes anaeróbicos. Cefaléia, febre, sinais neurológicos focais, convulsões, evidência de lesão com efeito de massa de evolução rapidamente progressiva, meningismo e leucócitos aumentados no liquor são achados comuns. O diagnóstico é com tomografia de crânio com contraste, e o tratamento cirúrgico ainda é controverso, podendo ser feito ou não associado a antibioticoterapia.

Pneumoencéfalo

O pneumoencéfalo consiste em presença de ar no espaço subdural ou epidural, e é uma das causas de rebaixamento do nível de consciência após cirurgia de fossa posterior e procedimentos supratentoriais.[19,20] Ar no espaço epidural ocorre após cirurgias que envolvem a base de crânio anterior, onde é feita uma craniotomia bifrontal extensa. O ar subdural acumula no espaço subaracnóide longe do sítio cirúrgico e aparece quando a dura é aberta na operação. O ar acumulado faz efeito de massa, e há repercussão clínica importante. A manifestação clínica mais comum é cefaléia, rebaixamento do nível de consciência com confusão mental ou letargia. Pode evoluir até coma profundo sem sinais neurológicos focais. Hiponatremia é comum, e crises convulsivas podem piorar a situação. A tomografia de crânio identifica o ar e o local onde ele está acumulado. O ar fica evidente na TC de crânio até 7dias após a cirurgia. Não há tratamento específico, a não ser administração de oxigênio a 100%.

COMPLICAÇÕES NÃO-NEUROLÓGICAS

Trombose venosa profunda e tromboembolismo de pulmão

A trombose venosa profunda de membros inferiores (TVP) é documentada em 29 a 43% dos pacientes neurocirúrgicos, e a incidência de tromboembolismo pulmonar (TEP) chega a 15%.[21,22] Os fatores de risco são a imobilização por tempo prolongado (períodos pré, per e pós-operatório), plegia de membro inferior, idade avançada, neoplasia, lesão direta de veias de MMII, TEP anterior, doença cerebrovascular, uso de anticoncepcionais orais, insuficiência cardíaca congestiva, hipercoagulabilidade e gravidez.

A manifestação clínica clássica da TVP como calor + rubor + aumento do volume de panturrilhas é raramente vista. A maioria das TVP é assintomática e não chama a atenção do médico. Infelizmente, a primeira manifestação pode ser TEP. Ao confirmar TVP, é importante lembrar que a embolia pulmonar é proveniente de trombos nas veias ileofemorais. Estudo não-invasivo com Doppler de MMII tem alta sensibilidade em detectar trombose venosa profunda (maior que 90%).

Devido à incidência de TVP/TEP, a profilaxia dessas patologias se faz imprescindível. Vários estudos confirmam a utilidade de compressor pneumático em MMII desde o período peroperatório até o paciente ter condições de deambular.[24] A deambulação precoce é estimulada para evitar a formação de trombos venosos. Além do suporte mecânico, o uso de heparina em baixa dose ou heparina de baixo peso molecular também deve fazer parte da prescrição médica.

Em pacientes com TVP comprovada, o tratamento consiste em anticoagulação plena ou no uso de filtros de veia cava inferior. A complicação da anticoagulação em pacientes operados, especialmente cirurgias de tumor cerebral, chega a 29%.[23] Baseado nesse dado, caso haja TVP/TEP nos 14 primeiros dias de PO, o tratamento de escolha consiste em filtro de veia cava inferior. Se a complicação ocorrer após 14 dias, o tratamento é anticoagulação plena e deve permanecer por 6 semanas a 3 meses.

Complicações gastrintestinais

Úlceras de estresse são erosões da mucosa gastrintestinal vistas em pacientes que têm hipertensão intracraniana secundária a tumores cerebrais, trauma cranioencefálico ou cirurgias intracranianas. A taxa de incidência varia entre 1 a 79%.[25,26] Síndrome da secreção inapropriada de ADH, coma pré-operatório, complicações pós-operatórias, idade acima de 60 anos e infecções de sistema nervoso central estão associadas com aumento de hemorragia gastrintestinal. Pacientes neurocirúrgicos têm aumento da secreção de ácido gástrico com padrão diferente do visto em pacientes sem doença neurológica. Além disso, isquemia de mucosa e hipóxia secundária a hipotensão facilitam a lesão de mucosa em caso de hipersecreção gástrica. As lesões são localizadas em estômago ou duodeno.

Os corticóides, extensamente utilizados na população neurocirúrgica, contribuem na formação de ulcerações gastrintestinais.[26] O risco de desenvolver úlceras é duas vezes maior, e a perfuração intestinal pode ocorrer em usuários de corticosteróides. Nesses pacientes então, está indicada a profilaxia de úlceras de pressão com medicação.

Em pacientes com dieta via oral, o sucralfato é a droga de escolha. Em pacientes que não podem utilizar a via digestiva, os bloqueadores H_2 e os inibidores da bomba de prótons são as opções a serem usadas.

Complicações cardíacas

As complicações cardíacas em quaisquer pacientes submetidos a cirurgia dependem de uma boa avaliação do doente no pré-operatório. Sua incidência em doentes sem doença cardíaca prévia é muito baixa – menor que 0,2%, e a detecção de fatores de risco é de extrema importância. Há estudos que identificam fatores de risco para complicações do coração em pacientes submetidos a cirurgias não-cardíacas.[28-30] Evidência de infarto agudo do miocárdio (IAM) nos últimos 6 meses, diagnóstico de angina instável, presença de insuficiência cardíaca congestiva (ICC), radiografia de tórax com sinais de congestão pulmonar, doença valvular (principalmente estenose aórtica), idade acima de 70 anos, cirurgia de emergência, arritmias e condições gerais não-favoráveis são os principais dados a serem coletados e identificados em doentes neurocirúrgicos no pré-operatório.

Em pacientes com IAM nos últimos 3 a 6 meses, a taxa de reinfarto é de 30%, enquanto nos infartados há mais de 6 meses a taxa é de 5%. O reinfarto ocorre nas primeiras 72 horas após a cirurgia, mas pode aparecer até o sexto dia de PO. Mais da metade desses IAM é silenciosa, e estão indicados ECG e dosagem de enzimas seriadas até o sexto PO em pacientes com alto risco.

Os pacientes com ICC devem ter sua medicação otimizada no pré-operatório uma vez que 60% descompensam nas primeiras horas de PO.

Em pacientes com doença valvular cardíaca, não se podem esquecer a profilaxia para endocardite bacteriana e o cuidado com o uso de anticoagulantes em quem tem prótese biológica (devem ser suspensos 3 dias antes da cirurgia).

A hipertensão arterial deve ser controlada rigorosamente no pré-operatório e continuada no PO.

As arritmias cardíacas aparecem em até 28% dos casos e na maioria das vezes são supraventriculares.

Complicações pulmonares

As complicações pulmonares no PO de neurocirurgia são as mais freqüentes das complicações não-neurológicas. Aparecem em uma taxa de 17 a 25% dos casos e são principalmente a insuficiência respiratória aguda e a pneumonia.[31-33]

Com uma séria repercussão, a falência respiratória é a mais letal das complicações no PO de neurocirurgia. É definida como a incapacidade de manter a troca gasosa pulmonar e conseqüentemente leva a hipoxemia e hipoventilação. As causas neurológicas são alterações do nível de consciência que impedem a habilidade de manter uma via aérea. Hipertensão intracraniana e *status epilepticus* são as situações mais dramáticas. As causas pulmonares são atelectasias, pneumonia, tromboembolismo de pulmão, broncoespasmo, edema pulmonar neurogênico, doença pulmonar obstrutiva crônica e síndrome da angústia respiratória do adulto.

No PO imediato, a hipoventilação pode ocorrer devido a acúmulo de anestésicos na gordura corporal levando a nova sedação do doente. Isso ocorre com halotano e opióides.

A incidência de pneumonia após craniotomia é de 21%. Há fatores que contribuem para aumentar o risco da infecção: diminuição do nível de consciência, uso de corticóide, idade avançada (> 70 anos), insuficiência cardíaca, cirurgia de tumores (especificamente gliomas e meningiomas) e doenças prévias como tabagismo, *diabetes mellitus*, doença hepática e pulmonar. Os microrganismos responsáveis são os bacilos gram-negativos em 50% dos casos e em menor porcentagem os gram-positivos. A taxa de mortalidade é alta e varia entre 33 a 70%.

REFERÊNCIAS BIBLIOGRÁFICAS

1. Foy PM, Copeland GP, Shaw MDM. The incidence of postoperative seizures. *Acta Neurochirurgica* 1981;55:253–264.
2. North JB, Penhall R, Hanieh A, *et al.* Phenytoin and postoperative epilepsy: A randomized double-blind trial. *J Neurosurg* 1982;58:272–278.
3. Fukamachi A, Koizumi H, Nukui H. Immediate postoperative seizures: Incidence and computed tomographic findings. *Surg Neurol* 1985;24:671–676.
4. Kvam DA, Loftus CM, Copeland B *et al.* Seizures during the immediate postoperative period. *Neurosurgery* 1983;12:14–17.
5. Greenberg IM. Self-retaining retractor and hand-rest system for neurosurgery. *Neurosurgery* 1981;8:L205–208.
6. Kjellberg RN, Prieto A. Bifrontal decompressive craniectomy for massive cerebral edema. *J Neurosurg* 1981;34:488–493.
7. Fukamachia Koizumi H, Nogoseki Y *et al.* Postoperative extradural hematomas: computed tomographic survey of 1105 intracranial operations. *Neurosurgery* 1986;19:589–593.
8. Waga S, Shimosaka S, Sakakura M. Intracerebral hemorrhage remote from the site of the initial neurosurgical procedure. *Neurosurgery* 1983;13:662–665.
9. Haines SJ. Efficacy of antibiotic prophylaxis in clean neurosurgical operations. *Neurosurgery* 1989;24:401–405.
10. Haines SJ. Systemic antibiotic prophylaxis in neurosurgery. *Neurosurgery* 1980:355–361.
11. Djindjian M, Lepresle E, Homs JB. Antibiotic prophylaxis during prolonged clean neurosurgery. *J Neurosurg* 1990;73:383–386.
12. Mollman HD, Haines SJ. Risk factors for neurosurgical wound infection. A case control study. *J Neurosurg* 1986;64:902–906.
13. Young RF, Lawner PM. Perioperative antibiotic prophylaxis for the prevention of postoperative neurosurgical infections: a randomized clinical trial. *J Neurosurg* 1987;66:701–706.
14. Blomstedt GC, Kytta J. Results of randomized trial of vancomycin prophylaxis in craniotomy. *J Neurosurg* 1988;69:216–220.
15. Bannister G, Williams B, Smith S. Treatment of subdural empyema. *J Neurosurg* 1981;55:82–88.
16. Garvey G. Current concepts of bacterial infections of the central nervous system: Bacterial meningitis and bacterial brain abscess. *J Neurosurg* 1983;59:735–744.
17. Bloom WH, Tuazon CU. Successful treatment of multiple brain abscess with antibiotic alone. *Rev Infect Dis* 1985:189–199.
18. Burke LP, Ho SU, *et al.* Multiple brain abscesses. *Surg Neurol* 1981;16:452–454.
19. Goodie D, Taill R. Intraoperative subdural tension pneumocephalus arising after opening of the dura. *Anesthesiology* 1991;60:609.
20. Reasoner DK, Todd MM, Scamann FL, *et al.* The incidence of pneumocephalus after supratentorial craniotomy. *Anesthesiology* 1994;80:1008.
21. Valladares JB, Hankinson J. Incidence of lower extremity deep vein thrombosis in neurosurgical patients. *Neurosurgery* 1980;6:138–141.
22. Swann KW, Black P. Deep vein thrombosis and pulmonary emboli in neurosurgical patients: a review. *J Neurosurg* 1984;61:1055–1062.
23. Swann KW, Black P, Baker MF. Management of symptomatic deep venous thrombosis and pulmonary embolism on neurosurgical service. *J Neurosurg* 1986;64:563–567.
24. Bynke O, Hillman J, Lassvik C. Does preoperative external pneumatic leg muscle compression prevent postoperative venous thrombosis in neurosurgery? *Acta Neurochir* (Wien) 1987;88:46.
25. Reusser P, Gyr K, Scheidegger D, *et al.* Prospective endoscopic study of ulcers in critically ill neurosurgical patients: Current incidence and effect of acid-reducing prophylaxis. *Critical Care Medicine* 1990;18:270–274.
26. Chan KH, Mann KS, Lai ECS, *et al.* Factors influencing the development of gastrointestinal complications after neurosurgery: Results of multivariate analysis. *Neurosurgery* 1989;25:378–379.
27. Fadul CE, Lemann W, Thaler HT, *et al.* Perforation of the gastrointestinal tract in patients receiving steroids for neurologic disease. *Neurology* 1988;38:348–352.
28. Goldman L. Cardiac risks and complications of noncardiac surgery. *Ann Int Med* 1983;98:504–513.
29. Weitz HH, Goldman L. Noncardiac surgery in the patient with heart disease. *Medical Clinics of North America* 1987;71:413–431.
30. Tinker JH, Noback C, Vliestra R, Frye R. Management of patients with heart disease for non-cardiac surgery. *JAMA* 1981;246:1348.
31. Watson CA, Ross JE, Ramsey M. Identification of neurosurgical patients susceptible to pulmonary infection. *J Neurosurg* 1984;16:123.
32. Dauch WA, Landau G, Krex D. Prognostic factors for lower respiractory tract infections after brain-tumor surgery. *J Neurosurg* 1989;70:862.
33. Craven DE, Kunches LM, Kilinsky V *et al.* Risk factors for pneumonia and fatality in patients receiving continuous mechanical ventilation. *Am Rev Respir Dis* 1986;133:792.
34. Martin C. The French Study Group on Antimicrobial Prophylaxis in Surgery. General Concepts and Clinical Guidelines. *Infect Control Hosp Epidemiol* 1994;15:463–471.

68 Pós-Operatório do Transplante de Fígado

Júlio Cezar Uili Coelho • Jorge Eduardo F. Matias • Álvaro Réa Neto

INTRODUÇÃO

O primeiro transplante hepático em humanos foi realizado por Starzl *et al* em Denver, Estados Unidos, em 1963.[60,61] Os resultados nos primeiros 15 anos foram ruins, de modo que poucos centros realizavam o procedimento. Entretanto, com a descoberta da ciclosporina por Borel em 1976 e a sua introdução na prática clínica por Calne, em 1978, o transplante hepático obteve enorme impulso.[3] Estima-se que sejam realizados no EUA em torno de 4.500 transplantes de fígado ao ano. Na Europa são realizados anualmente cerca de 4.000. Em nosso meio, os dados dos últimos anos publicados pela ABTO (Associação Brasileira de Transplante de Órgãos) indicam aumento contínuo do número de transplantes de fígado. Mais precisamente, de 1995 a 2001, o número de transplantes hepáticos aumentou de 133 para 543 (308% de incremento) (Quadro 68-1). De forma similar, o número de centros de transplantes de fígado aumentou de somente 4 no início da última década para 42 atualmente.

CONVALESCENÇA NORMAL

A recuperação (convalescença) de um paciente submetido a transplante hepático é extremamente variável, dependendo da etiologia e do estágio de evolução da doença hepática, da condição geral do paciente, das doenças associadas, da idade do paciente e principalmente da dificuldade do ato operatório. Assim, a evolução pós-transplante hepático típica (comum) ocorre em apenas uma porcentagem pequena dos pacientes. Didaticamente, o período de recuperação pós-transplante hepático pode ser dividido em três períodos seqüenciais: Unidade de Terapia Intensiva, internação hospitalar na unidade de transplante e pós-internação hospitalar. Limitando-se ao objetivo deste livro, descreveremos somente o período de convalescença na Unidade de Terapia Intensiva (UTI).

O período de internação na UTI de um paciente sem complicação é de geralmente 1-2 dias. A colaboração do paciente ajuda muito nesse período crítico da recuperação, portanto é fundamental a orientação do paciente e de sua família durante o preparo pré-transplante de como será sua recuperação. Nos casos de transplantes de emergência por hepatite fulminante, esse preparo geralmente não é feito por indisponibilidade de tempo. Nessas condições, a ansiedade do paciente no pós-operatório pode ser muito grande, ao acordar em uma UTI com um "fígado novo".

Monitorização

Um catéter de artéria radial, de veia subclávia ou preferentemente de Swan-Ganz e uma sonda de Folley são inseridos para monitorização do paciente logo após a indução da anestesia no centro cirúrgico. A monitorização cardiovascular mínima no pós-operatório dos pacientes submetidos a transplante hepático deve incluir monitorização eletrocardiográfica contínua, oximetria de pulso, pressão arterial invasiva, pressão venosa central, débito urinário e avaliação clínica do nível de consciência, da perfusão periférica e dos campos pulmonares. Alguns pacientes podem necessitar de monitorização hemodinâmica invasiva, principalmente aqueles com doença cardiopulmonar prévia e aqueles com instabilidade significativa durante a cirurgia ou no pós-operatório.

Recuperação da anestesia

O fígado transplantado é capaz de metabolizar os anestésicos logo após o término da operação; assim, não é surpresa observar que a maioria dos pacientes "acorda" dentro de 6-8 horas após o transplante. Entretanto, a recuperação da anestesia pode ser retardada quando o fígado apresentar disfunção ou nos pacientes que tinham encefalopatia intensa no pré-operatório.

***Quadro 68-1.* Transplantes hepáticos realizados por ano no Brasil**

Ano	*1995*	*1996*	*1997*	*1998*	*1999*	*2000*	*2001*
Nº de transplantes	133	205	221	278	361	479	543
% aumento por ano	54	8	26	30	33	13	
% aumento cumulativo em relação a 1995	54	66	109	172	260	308	

Administração de imunossupressores

Os imunossupressores são administrados conforme protocolos de cada serviço.[29] Quase sempre os corticóides (metilprednisolona) são iniciados durante o transplante no centro cirúrgico e administrados em doses decrescentes nos dias subseqüentes. Dependendo do protocolo, a ciclosporina ou o tacrolimus (FK 506) é iniciado no pré ou no pós-operatório.[25] A dosagem é monitorizada pelo nível plasmático e deve ser reduzida na presença de insuficiência renal.

A azatioprina (Imuran®) ou o micofenolato mofetil (CellCept®) é freqüentemente utilizado em um grande número de esquemas de imunossupressão. O maior efeito colateral desses medicamentos é a mielossupressão, que é dose-dependente. Assim, a dose utilizada deve ser ajustada conforme o número de leucócitos no hemograma.

Administração de analgésicos e sedativos

Analgesia adequada é fundamental para manter o conforto do paciente e obter sua cooperação. Torna-se mais fácil o controle da função respiratória mecânica e da pressão arterial. Para evitar a sedação e a intubação desnecessariamente prolongada do paciente, deve-se evitar o uso de sedativos ou narcóticos de ação prolongada. Entretanto, o uso de narcóticos de ação curta, como o fentanil, permite uma analgesia adequada sem alterar a função hepática, porque esse medicamento é removido do organismo por redistribuição mais do que por metabolismo hepático. Assim, não existe acúmulo ou efeito prolongado do medicamento nos pacientes com função hepática inadequada.

Benzodiazepínicos devem ser evitados por terem vida média prolongada e sedarem o paciente, em vez de proporcionarem analgesia adequada. Antiinflamatórios não-esteróides também devem ser evitados em pacientes cuja função hepática não seja adequada pelo risco de causarem ou predisporem a insuficiência renal.

Administração de antibióticos

Antibioticoprofilaxia, normalmente uma cefalosporina de 3ª geração (cefotaxima 1 g IV) e ampicilina (1 g IV) são iniciadas na indução da anestesia e mantidas por 48-72 horas.

COMPLICAÇÕES PÓS-OPERATÓRIAS

Vários serviços têm relatado sobrevida pós-transplante hepático de 90% em um ano e de 80% em cinco anos. Esses excelentes resultados estimularam a criação de inúmeros centros de transplante hepático em vários países, inclusive no Brasil. Entretanto, esse ainda é um procedimento muito complexo, realizado em pacientes gravemente enfermos e freqüentemente cronicamente debilitados e desnutridos. Assim, não é surpresa que seja associado com morbidade e mortalidade significativas. A maioria dos pacientes apresenta pelo menos uma complicação pós-operatória. Essas variam de complicações simples como infecção da ferida operatória a complicações freqüentemente fatais, como disfunção primária do enxerto ou trombose da veia cava. Uma ou mais complicações ocorrem em ¾ dos pacientes, e complicações cirúrgicas ocorrem em 50% dos pacientes.[34] Cerca de 80% das mortes ocorrem nos 3 primeiros meses de pós-transplante. As principais complicações incluem infecção, complicações vasculares, pulmonares, renais e biliares, hemorragia, complicações da ferida operatória, disfunção do enxerto e rejeição.[34]

COMPLICAÇÕES CARDIOVASCULARES

O estado circulatório hiperdinâmico, observado na maioria dos pacientes no pré-operatório, freqüentemente persiste no pós-operatório. Posteriormente, dentro de algumas semanas, à medida que a função hepática melhora, o estado hemodinâmico se normaliza. No pós-operatório imediato, a preocupação principal deve ser com a manutenção da volemia e, conseqüentemente, do débito cardíaco e da perfusão periférica. Geralmente, nessa fase os pacientes necessitam de uma grande quantidade de volume para manutenção da pré-carga, devido à correção das perdas intra-operatórias e ao estado circulatório hiperdinâmico. Inicialmente, substâncias cristalóides são suficientes. Concentrados de hemácias são utilizados apenas se necessário para manter um nível de hemoglobina ao redor de 10 g%. Níveis mais elevados são indesejáveis por aumentarem a viscosidade do sangue e predispor a trombose da artéria hepática. Alguns pacientes podem apresentar hipotensão arterial persistente mesmo após correção da volemia. Esses pacientes devem receber inotrópicos e vasoconstritores para manter uma pressão arterial mínima para perfusão adequada de órgãos (PAM mínima de 60-70 mmHg). O uso desses medicamentos pode aumentar a incidência de trombose da artéria hepática (recém-anastomosada) pela vasoconstrição intensa.

Arritmias cardíacas no pós-operatório imediato estão geralmente relacionadas a distúrbios eletrolíticos ou ácido-básicos, e a rápida identificação e correção desses distúrbios são essenciais nessas situações.

Hipertensão arterial sistêmica é a complicação cardiovascular mais comum (10 a 20% dos casos) que necessita de tratamento no período pós-transplante. O uso da ciclosporina ou do tacrolimus pode ser o responsável pela hipertensão arterial. Bloqueadores do canal de cálcio, principalmente a nifedipina ou a isradipina, devem ser usados inicialmente. Vários bloqueadores do canal de cálcio, incluindo o verapamil, o diltiazem e a nicardipina, mas não a nifedipina e a isradipina, interferem no metabolismo da ciclosporina e requerem redução concomitante desse imunossupressor para evitar efeitos colaterais. Inibidores da enzima de conversão da angiotensina e diuréticos podem ser necessários quando não houver resposta adequada com os bloqueadores do canal de cálcio.

Outras complicações cardiovasculares são menos freqüentes e geralmente ocorrem em pacientes com doença cardíaca prévia. A incidência de isquemia cardíaca e de infarto agudo do miocárdio aumenta com a idade dos pacientes submetidos a transplante. Essas complicações tendem a ocorrer nos primeiros dias pós-transplante e acrescentam risco de arritmias e alterações hemodinâmicas nesses pacientes. Tanto o eletrocardiograma quanto a ecocardiografia no pós-operatório podem identificar esses pacientes, e o tratamento pode diminuir os riscos de complicações. O edema de pulmão não é incomum nessa fase e geralmente está relacionado com sobrecarga de volume e depressão miocárdica. Drogas inotrópicas, diuréticos e suporte respiratório são usados para compensação cardiopulmonar. Uma complicação rara é a insuficiência ventricular direita aguda por hipertensão pulmonar grave. A principal predisposição é uma arteriopatia pulmonar plexiforme inespecífica, que pode ocorrer em pacientes com hipertensão portal crônica. Vários agentes têm sido usados para corrigir a hipertensão pulmonar, como nitroprussiato de sódio, PGE_1 e óxido nítrico inalado, mas os resultados não são bons.

COMPLICAÇÕES PULMONARES

Complicações pulmonares ocorrem em até 75% dos pacientes submetidos a transplante de enxerto hepático e freqüentemente limitam a sobrevida desses pacientes. As complicações não-infecciosas predominam nos primeiros dias, e as complicações infecciosas são mais comuns após 4 a 7 dias do transplante.

A ventilação mecânica é necessária no período pós-transplante em praticamente todos os pacientes. O objetivo é manter a saturação de oxigênio arterial adequada, o equilíbrio ácido-básico e a estabilidade hemodinâmica e aguardar a recuperação do nível de consciência. Os pacientes que evoluem sem complicação são geralmente extubados dentro das primeiras 48 horas após a cirurgia (a maioria dentro das primeiras 24 horas). As indicações para extubação não são muito diferentes daquelas usadas no período pós-operatório de grandes cirurgias: nível de consciência suficiente para proteger as vias aéreas, estabilidade hemodinâmica, capacidade de manter troca gasosa adequada e saturação arterial de oxigênio mínima ($SpO_2 > 92\%$). Além disso, deve haver indicação de que a função do enxerto esteja adequada antes da extubação. Após a extubação, é essencial continuar com a fisioterapia e iniciar a deambulação precoce assim que possível.

Atelectasias são comuns no período pós-operatório, assim como em outras grandes cirurgias abdominais. Derrame pleural, ascite e secreção traqueobrônquica são os principais fatores predisponentes. São outros fatores contribuintes a desnutrição, a diminuição do nível de consciência e a complacência pulmonar diminuída. O tratamento é geralmente suficiente com fisioterapia e utilização de pequenos níveis de pressão expiratória final positiva (5 cmH_2O). A broncoscopia terapêutica deve ser reservada para casos de grandes áreas de colapso pulmonar ou de atelectasias recorrentes. Disfunção diafragmática por causa de dissecção do fígado para sua retirada pode complicar com atelectasias refratárias ou recorrentes e necessitar de suporte ventilatório prolongado. Quando do lado direito, ela pode decorrer de lesão do nervo frênico durante o clampeamento da veia cava na cirurgia. Nesses casos, a recuperação completa da função diafragmática pode levar vários meses. O implante de um fígado grande pode também limitar a expansibilidade pulmonar.

Derrames pleurais também são comuns no período pós-operatório, principalmente do lado direito. Geralmente são transudatos e acompanham o surgimento da ascite. Devem ser drenados (aspirados) sempre que estiverem causando prejuízo da ventilação. O exame do líquido pleural pode ajudar a esclarecer outras etiologias como infecção ou hemorragia.

A síndrome da angústia respiratória aguda ocorre em cerca de 5% dos pacientes e tem taxas de mortalidade ao redor de 80%. Caracteriza-se por um infiltrado pulmonar inflamatório difuso, *shunt* intrapulmonar, diminuição da complacência pulmonar, hipoxemia refratária e hipertensão pulmonar. Os principais fatores predisponentes são sepse subjacente, hipotensão prolongada, múltiplas transfusões de sangue, broncoaspiração, período operatório prolongado etc. Esses pacientes necessitam de correção de todos os fatores predisponentes, além de suporte ventilatório prolongado. A maioria desses pacientes morre de disfunção de múltiplos órgãos.

O pulmão é uma fonte comum de infecção no período pós-transplante. As infecções bacterianas e fúngicas predominam nos primeiros dias após a cirurgia. Nessa fase, as infecções pulmonares relacionadas com a ventilação mecânica são as mais prevalentes. Os microrganismos mais freqüentemente envolvidos diferem entre os serviços, mas os bacilos gram-negativos aeróbicos (*Pseudomonas* spp, *E. coli*, *Acinetobacter* sp, *Klebsiella* sp etc.), cocos gram-positivos (*Staphylococcus aureus* etc.) e *Candida* spp são geralmente os mais comuns. Além da utilização de antibióticos de largo espectro, cuidados especiais devem ser dados às disfunções orgânicas relacionadas à sepse, muito freqüentes nesses pacientes.

COMPLICAÇÕES RENAIS

A volemia, os eletrólitos e a função renal requerem avaliações freqüentes no período pós-transplante. A maioria dos receptores tem um volume extravascular aumentado (ascite, derrame pleural, edema periférico), mas um volume intravascular diminuído. O volume intravascular deve guiar a necessidade de reposição volêmica nos primeiros dias, para garantir a perfusão periférica e a manutenção da função renal e o equilíbrio eletrolítico, apesar do aumento do volume extravascular.

Atenção especial deve ser dada aos níveis de potássio, cálcio, magnésio, fósforo e glicose. Hiperpotassemia pode ser a preocupação principal inicial, devido a oligúria, múltiplas transfusões, lesão de reperfusão residual e ciclosporina. O magnésio deve ser mantido acima de 2 mg% para prevenir convulsões e arritmias, e o fósforo entre 2 e 5 mg% para manutenção dos músculos ventilatórios. Hipoglicemia deve ser corrigida vigorosamente e pode significar disfunção do enxerto.

Algum grau de disfunção renal é muito comum após transplante hepático e pode ser resultado de disfunção renal prévia ou se desenvolver no pós-operatório imediato. Rápida identificação e tratamento são essenciais para diminuir a morbidade e a mortalidade relacionadas com essa complicação.

Durante a cirurgia, períodos de hipovolemia e instabilidade hemodinâmica contribuem para a disfunção renal observada no pós-operatório. Monitorização hemodinâmica contínua pode ajudar a identificar o problema precocemente. Infusão rápida de volume para corrigir a hipovolemia durante a cirurgia e no pós-operatório é fundamental. Hipoperfusão renal leva à oligúria, a uma fração excretora de sódio menor que 1% e à azotemia progressiva. Causas mais comuns de hipovolemia que se desenvolve após a cirurgia são a perda de sangue contínua dentro do abdômen e a formação de 3º espaço (edema periférico, ascite, derrame pleural). Um aumento da pressão abdominal (ascite, hemorragia abdominal, isquemia de alças intestinais) também pode ser causa de hipoperfusão renal. Todas as causas devem ser corrigidas para que a hipoperfusão renal não se sustente. Eventualmente, a insuficiência renal se desenvolve como uma complicação da síndrome de disfunção de múltiplos órgãos. Nesses casos, o prognóstico é muito ruim. Nefrotoxicidade a drogas é comum, principalmente pela ciclosporina, tacrolimus e aminoglicosídeos. As doses dessas drogas devem ser monitorizadas e corrigidas de acordo com a necessidade, para evitar dano renal adicional.

O papel da dopamina na prevenção e no tratamento da insuficiência renal é muito controverso. Em doses pequenas (1 a 3 μg/kg/min) ela pode aumentar a perfusão esplâncnica e aumentar a diurese. Nem todos os pacientes respondem, mas uma tentativa por 24 horas pode ser feita, após serem corrigidas todas as causas predisponentes.

A síndrome hepatorrenal deve ser corrigida com o sucesso do transplante hepático, embora possa demorar alguns dias, principalmente se houver necrose tubular aguda concomitante. Um novo início da síndrome hepatorrenal após o transplante ocorre com uma disfunção grave do enxerto e pode indicar a necessidade de retransplante urgente.

Se as medidas para controle da função renal não forem suficientes e o paciente desenvolver insuficiência renal, suporte renal artificial pode ser necessário para controle da sobrecarga volêmica, da hiperpotassemia, da uremia e da acidemia progressivas. A hemodiálise regular intermitente não é a melhor alternativa nesses casos pela instabilidade hemodinâmica que ela freqüentemente acarreta. A hemofiltração venovenosa contínua impõe menos alterações hemodinâmicas bruscas e é uma das melhores opções. Eventualmente, hemofiltração pode ser indicada nos pacientes com sobrecarga volêmica.

Infecção

A infecção é a segunda complicação mais comum após o transplante hepático, sendo superada apenas pela rejeição/disfunção do enxerto. Estima-se que 50 a 70% dos pacientes submetidos a transplante hepático experimentem pelo menos um episódio de infecção grave.[34,35] Das que ocorrem após o transplante hepático, cerca de 50% são bacterianas, 25% virais e 25% fúngicas.[56] Infecções concomitantes são muito comuns. Infecção concomitante por fungo ocorre em 2/3 dos pacientes que morrem de infecção bacteriana, e 80% dos pacientes com infecção grave por fungo têm também uma infecção bacteriana associada.[35]

A maioria das infecções que ocorrem no primeiro mês pós-transplante é causada por bactérias e fungos. Mais de 95% das infecções se relacionam a complicações técnicas e cirúrgicas e são semelhantes às que ocorrem em indivíduos não-imunodeprimidos que se submetem a cirurgia comparável. O local mais comum de infecção precoce é o abdômen, seguido do pulmão, sangue, ferida cirúrgica, catéteres intravasculares e trato urinário. O principal fator na patogenia dessas infecções é a habilidade técnica com que são conduzidos o procedimento cirúrgico e o cuidado pós-operatório. Internamento prolongado em Unidade de Terapia Intensiva (UTI) pode aumentar o risco de infecções nosocomiais tais como colite associada ao *C. difficile* e infecção por enterococo resistente à vancomicina.[54,58] Mais raramente, ocorrem nesse período infecções transmitidas pelo enxerto (p. ex., hepatite, infecção pelo vírus da imunodeficiência humana adquirida, infecçção bacteriana aguda e infecções por *Candida*) ou infecções já presentes no receptor no período pré-transplante e que se exacerbam pelo uso de drogas imunossupressoras. Doadores com maior risco para sepse oculta e transmissão de infecção para o receptor incluem vítimas de afogamento ou queimadura e pacientes mantidos em ventilação mecânica com catéteres e linha intravasculares por mais de 7 dias.[34]

Infecções bacterianas

A maioria das infecções bacterianas graves ocorre no 1º mês pós-transplante, particularmente nas primeiras 2 semanas, coincidindo com período de intensa imunossupressão. Infecções intra-abdominais (p. ex., colangite, abscesso hepático e extra-hepático e peritonite) e na ferida cirúrgica são as mais freqüentes, sendo comum a associação com dificuldades técnicas e complicações do procedimento cirúrgico tais como obstrução biliar, fístula biliar, trombose ou estenose da artéria hepática. Em geral, qualquer episódio de febre ou bacteremia inexplicada nessa fase deve a princípio levantar a suspeita de problemas técnicos ou anatômicos relacionados ao enxerto.[46]

Fatores de risco para infecções bacterianas incluem tempo operatório prolongado (> 12 horas), transfusão de grande quantidade de hemoderivados, reconstrução da árvore biliar com coledocojejunostomia em Y de Roux, reoperação para tratamento de complicações cirúrgicas, retransplante e infecção por CMV.[21,47,76] Abscessos intra-hepáticos freqüentemente se relacionam a isquemia do enxerto por trombose da artéria hepática. Peritonite e abscessos extra-hepáticos podem ser secundários a fístulas biliares, enquanto colangite geralmente está relacionada à estenose biliar. Infecções intra-abdominais podem também resultar do acúmulo de coleções líquidas infectadas. Ultra-sonografia e tomografia computadorizada são úteis na identificação de abscessos intra-abdominais em pacientes com febre persistente ou leucocitose. Embora muitas das coleções intra-abdominais presentes no pós-operatório sejam estéreis, a aspiração e cultura do seu conteúdo são muitas vezes necessárias na investigação de um paciente submetido a transplante que apresente febre persistente e inexplicada.

Os patógenos mais freqüentemente implicados incluem organismos aeróbios gram-positivos (estafilococos coagulase-positivo e coagulase-negativo e estreptococo do grupo D) e gram-negativos (*Pseudomonas aeruginosa*, *E. coli* e *Enterobacter spp*). A presença de infecção intra-abdominal com enterococo resistente à vancomicina é um desafio terapêutico. A inabilidade de erradicar esses microrganismos devido à falta de terapia efetiva leva à necessidade de drenagens cirúrgicas repetidas. A mortalidade nesses pacientes é altamente dependente do grau de disfunção do enxerto ou da presença de peritonite difusa. A drenagem abdominal aberta pode oferecer algum benefício em termos de sobrevida em pacientes com infecção intra-abdominal por enterococo resistente à vancomicina e reduz a necessidade de laparotomias repetidas.[34]

Pneumonia é o segundo tipo de infecção bacteriana mais comum após o transplante hepático. A presença de encefalopatia, aspiração e intubação prolongada são fatores predisponentes para essa complicação A maioria dos casos é nosocomial e causada por bacilos gram-negativos. *Pseudomonas sp.* e *Enterocbacter* estão freqüentemente implicados, especialmente nos pacientes que estiveram em uso prolongado de drogas betalactâmicas. Embora o uso profilático de sulfametoxazol-trimetoprim para *P. carinii* possa também prevenir a infecção por *Legionella* no pós-operatório, esse agente deve ser considerado no diagnóstico diferencial das pneumonias, especialmente na presença de fatores de risco como uso excessivo de esteróides, intubação pós-operatória prolongada e contaminação do suprimento hospitalar de água.[21] Durante o pós-operatório imediato, qualquer suspeita de infecção pulmonar deve ser investigada agressivamente para identificação do potencial agente etiológico, pois a mortalidade da pneumonia nosocomial atinge níveis de até 40% nos receptores de transplante hepático.

Bacteremias ocorrem em até um quarto dos pacientes submetidos a transplante hepático e resultam em mortalidade de 13 e 36%. A porta de entrada mais comum é o abdômen (p. ex., obstrução biliar, fístula, coleções intra-abdominais infectadas, trombose da artéria hepática, infarto hepático), seguida de catéteres intravasculares infectados, ferida cirúrgica, trato urinário e pulmão. A detecção de bacteremia por gram-negativo deve alertar para a possibilidade de complicação envolvendo o sistema hepatobiliar. Apesar da elevada mortalidade, a maioria das bacteremias pode ser erradicada com sucesso pela pronta instituição de antibioticoterapia empírica e identificação do possível sítio primário de infecção.[76]

Na suspeita ou confirmação de infecção bacteriana, enquanto se aguarda o resultado das culturas, deve-se iniciar empiricamente cobertura antibiótica ampla para os patógenos mais prováveis. A escolha inicial dos agentes antimicrobianos é orientada pelo(s) sítio(s) mais provável(is) de infecção, pelo padrão de sensibilidade antibiótica dos microrganismos naquele ambiente hospitalar, pela presença de disfunção renal e pela possibilidade de organismos resistentes em um paciente previamente tratado por múltiplos cursos de agentes antimicrobianos. Como muitos dos receptores de transplante hepático apresentam algum grau de disfunção renal no pós-transplante precoce, o uso empírico de cefalosporina de 3ª geração oferece uma boa opção terapêutica. Vancomicina pode ser adicionada para cobertura de infecções causadas por estafilococos. Imipenem e quinolonas são reservados para infecções causadas por organismos resistentes a cefalosporina e penicilina. O uso de aminoglicosídeos deve ser evitado sempre que possível pelo risco de nefrotoxicidade sinérgica com a ciclosporina e o tacrolimus.

Infecções fúngicas

Infecções fúngicas invasivas ocorrem em aproximadamente 15% dos receptores de transplante hepático. A redução substancial da incidência dessa complicação nos últimos anos (de 40% para 15%) deve-se principalmente aos avanços na terapia antifúngica. Ainda assim, as infecções fúngicas permanecem como causa importante de morbidade e mortalidade nessa população. As taxas de mortalidade variam de 10 a 100% dependendo do organismo envolvido, do estado de saúde do paciente e do grau de comprometimento pela infecção. Devido à elevada mortalidade associada à infecção fúngica, o diagnóstico precoce e a pronta instituição de terapia adequada são cruciais no sucesso do tratamento.[26]

Cerca de 80% das infecções fúngicas ocorrem no 1º mês após o transplante hepático e são em sua maioria relacionadas a espécies de *Candida*.[21,76] As infecções fúngicas tendem a acometer pacientes com estado geral comprometido devido à presença de outras complicações médicas ou cirúrgicas.

As espécies de *Candida* (particularmente *Candida albicans*) são os agentes mais freqüentemente isolados e respondem por 80% de todas as infecções fúngicas nos receptores de transplante hepático. A maioria dos casos de candidíase se origina de fonte endógena, embora transmissão nosocomial possa ocorrer. As formas comuns de apresentação incluem infecção superficial da cavidade oral e pele, esofagite, abscessos intra-abdominais, peritonite, infecções de parede e fungemia.[76] Nos receptores de transplante hepático, a cavidade abdominal é o principal sítio inicial para as formas invasivas. As possíveis razões para essa localização incluem função deficitária do sistema reticuloendotelial, invasão direta da via biliar a partir da luz intestinal pela manipulação cirúrgica e obstrução biliar.[26] Pneumonia e infecção do trato urinário por *Candida spp* são incomuns, exceto nos pacientes com infecção disseminada.

Alto índice de suspeita clínica é necessário para o diagnóstico em tempo hábil das infecções invasivas por *Candida.* O diagnóstico das formas invasivas e disseminadas é difícil e, com freqüência, requer múltiplas culturas de sangue ou procedimentos invasivos como biopsia para a coleta de espécimes de tecido. As formas mucocutâneas podem ser tratadas com fluconazol na dose de 100 mg/dia por 7 a 10 dias. O tratamento de escolha da candidíase invasiva é a anfotericina B. A dose usual é de 0,7 a 1 mg/kg/dia em infusão endovenosa por 2 a 6 horas.[21] Nos casos de disfunção renal, a anfotericina B lipossomal é uma opção. Fluconazol pode ser utilizado em pacientes com organismos susceptíveis que tenham apresentado resposta inicial favorável à anfotericina B ou que estejam clinicamente estáveis.[26]

A infecção por *Aspergillus* é menos comum e responde por 15% de todas as infecções fúngicas nos receptores de transplante hepático. A aspergilose ocorre principalmente nas primeiras 6 semanas após o transplante (mediana, 1,2 mês).[21] Fatores de risco para desenvolvimento de aspergilose invasiva incluem infecção prévia por CMV, uso adicional de drogas imunossupressoras no tratamento de episódios de rejeição, insuficiência renal e retransplante.[21,71] Em mais de 90% dos casos o pulmão é a porta de entrada, refletindo a exposição ambiental a esse agente. A pneumonia por *Aspergillus* deve ser a primeira consideração em pacientes com mau funcionamento do enxerto, febre persistente apesar do uso de antibióticos e infiltrado pulmonar progressivo.[76] Quando presente, a hemoptise é uma pista para o diagnóstico. Uma vez no trato respiratório, esse patógeno causa ulceração, necrose e invasão tecidual, resultando em infecção disseminada. O isolamento de *Aspergillus spp* em alguma região do trato respiratório superior ou inferior em receptor de transplante de transplante hepático deve suscitar pronta investigação de possível doença invasiva, especialmente em portadores de fibrose cística. A infecção no SNC é uma complicação da forma disseminada da doença e usualmente se apresenta como abscesso único ou múltiplo e, mais raramente, como meningite. A infecção da ferida cirúrgica ocorre em 6 a 20% dos receptores com aspergilose e pode ser diagnosticada por biopsia de processo de necrose tecidual rapidamente progressivo na ferida cirúrgica.[21]

Lamentavelmente, o diagnóstico de aspergilose *ante mortem* é estabelecido em apenas metade dos pacientes acometidos e se fundamenta no encontro das hifas septadas características em espécimes de biopsia ou cultura de tecido. Resultados promissores têm sido obtidos com o emprego de teste para a detecção de antígeno do *Aspergillus*.[26] Infecções por *Aspergillus* requerem terapia vigorosa com anfotericina B (1 a 1,5 mg/kg/dia), com ou sem ressecção cirúrgica. A anfotericina B lipossomal, menos nefrotóxica, é igualmente eficiente.

Infecções virais

■ *Herpes simples*

A infecção viral mais comum nas primeiras semanas após o transplante hepático é a reativação da infecção pelo vírus herpes simples (HSV), afetando 30 a 40% dos pacientes. A maioria das infecções manifesta-se como ulceração mucocutânea oral ou genital.[34,58]

Raramente, a infecção primária ou reativação podem causar esofagite, pneumonite, hepatite ou infecção disseminada. A pneumonite por HSV associa-se a mortalidade de até 75%, apesar do tratamento com aciclovir. Usualmente ocorre como complicação secundária em pacientes intubados acometidos de formas graves de pneumonia causada por outro agente. A esofagite por HSV pode complicar infecção orolabial, particularmente se a mucosa foi traumatizada por intubação endotraqueal ou sonda nasogástrica. Esses procedimentos devem ser evitados, quando possível, nos pacientes com infecção ativa labial ou na cavidade oral. O HSV pode raramente causar hepatite, a qual se caracteriza por curso rapidamente progressivo acompanhado de hipotensão, coagulação intravascular disseminada, acidose metabólica, sangramento gastrintestinal e bacteremia.[46]

O uso de baixas doses de aciclovir (200 mg via oral 3 vezes ao dia) tem se mostrado efetivo na prevenção da infecção pelo HSV no período pós-transplante.[46,58] A infecção mucocutânea de curso benigno é tratada com 200 mg de aciclovir via oral 5 vezes ao dia; nos casos mais graves, se utiliza aciclovir endovenoso (5 mg/kg cada 8 horas). Formas viscerais e disseminadas devem ser sempre tratadas com aciclovir endovenoso.[46]

■ *Citomegalovírus (CMV)*

O CMV é o agente patogênico viral mais comum após o transplante hepático. A maioria das infecções ocorre entre a 3ª e a 12ª semana após o transplante, atingindo sua maior incidência em torno da 5ª semana.[21,34] A incidência global de infecção pelo CMV em receptores de transplante hepático está em torno de 50 a 60%. Infecção sintomática pelo CMV (doença) é observada em 20 a 30% de todos os pacientes.

Quadro 68-2. Manifestações clínicas da infecção por CMV em receptores de transplante hepático[54]

- Febre
- Síndrome semelhante à mononucleose
- Hepatite
- Inflamação e necrose da mucosa gastrintestinal
- Neutropenia e trombocitopenia
- Trombocitopenia
- Coriorretinite
- Pneumonite

A infecção por CMV após o transplante exibe ampla variedade de manifestações clínicas, desde formas assintomáticas até doença grave e letal (Quadro 68-2). A maioria dos casos de doença por CMV após o transplante é de intensidade leve a moderada. As manifestações mais comuns incluem febre, geralmente acompanhada de sintomas constitucionais tais como anorexia, mal-estar, mialgias, artralgias, linfocitose atípica (5 a 10%) e síndrome semelhante a mononucleose. Alguns casos podem se apresentar completamente assintomáticos, exceto pela presença de anormalidades nas enzimas hepáticas, indistinguíveis das encontradas na rejeição do enxerto. Além dos efeitos diretos da infecção pelo CMV, a sua ação imunomoduladora acentua o estado de imunossupressão, facilitando a ocorrência de infecções bacterianas graves e invasões fúngicas invasivas.[24,54]

Entre os métodos recentemente desenvolvidos para o rápido diagnóstico da infecção por CMV destacam-se a detecção do DNA do CMV pela reação em cadeia da polimerase (PCR) e a pesquisa no antígeno pp65 em leucócitos no sangue e em espécimes de biopsia hepática. Esses métodos são mais sensíveis que as técnicas tradicionais de cultura viral e permitem a detecção precoce da infecção pelo CMV após o transplante.[23,54]

O uso de ganciclovir endovenoso é o tratamento de eleição no tratamento da doença associada ao CMV.[76] O esquema padrão é de 5 mg/kg a cada 12 horas via endovenosa, devendo ser ajustado na presença de disfunção renal ou toxicidade sobre a medula óssea.

Complicações nutricionais

Devido ao papel fundamental que o fígado desempenha no metabolismo das proteínas, carboidratos e lipídios, não surpreende que 70 a 100% dos pacientes com doença hepática avançada apresentem evidências de desnutrição.[27,28] A causa da desnutrição na falência hepática é multifatorial, conforme ilustra o Quadro 68-3.

Candidatos a transplante hepático comumente sofrem de desnutrição e estão sob maior risco de complicações relacionadas ao estado nutricional. Pikul *et al*, avaliando retrospectivamente o efeito da desnutrição na morbidade e mortalidade

Quadro 68-3. Causas da desnutrição na doença hepática avançada

- Redução na qualidade e quantidade da dieta
- Anorexia e saciedade precoce
- Náuseas, vômitos, alteração no paladar
- Esteatorréia e má absorção
- Dietas restritivas
- Alterações no metabolismo protéico
- Perdas induzidas por medicamentos e paracenteses repetidas

pós-operatória de 68 receptores de transplante hepático, diagnosticaram a presença de desnutrição em 79% dos pacientes.[49] A desnutrição moderada ou severa associou-se a necessidade de ventilação mecânica por tempo mais prolongado, aumento na incidência de traqueostomia e tempo mais longo de permanência hospitalar e na UTI. A mortalidade também é maior nos pacientes desnutridos. Hasse *et al* detectaram a presença de desnutrição em 70% de 500 pacientes submetidos a transplante hepático e confirmaram que pacientes desnutridos apresentam período mais prolongado de permanência em UTI e internação hospitalar quando comparados aos indivíduos em bom estado nutricional.[27,28]

A desnutrição afeta de modo adverso os resultados do transplante hepático por prolongar a permanência hospitalar, elevar os custos do procedimento e aumentar a morbidade devido aos seus efeitos deletérios sobre a função imune, infecção e cicatrização. Felizmente, o impacto negativo da desnutrição pode ser minimizado pela intervenção nutricional nas fases pré e pós-transplante. A terapia nutricional ofertada ao candidato a transplante hepático visa a prover quantidades adequadas de calorias, proteínas, vitaminas, fluidos e eletrólitos, sem precipitar ou agravar sintomas tais como encefalopatia hepática e ascite. Os efeitos benéficos dessa abordagem na fase pré-transplante incluem melhora da defesa imunológica da cicatrização das feridas e recomposição das reservas nutricionais.[27]

Nutrição adequada é vital para a recuperação dos pacientes submetidos a transplante. No pós-transplante imediato, o estado de catabolismo causado pela doença hepática que motivou o transplante é exacerbado pelo estresse da cirurgia, pelo uso de doses elevadas de esteróides e, em alguns casos, pela presença de disfunção hepática, renal ou sepse.[27] Pacientes bem-nutridos ou com desnutrição leve no pré-operatório e que estejam aptos a se alimentar via oral em poucos dias após o transplante não necessitam de suporte nutricional específico. Dieta líquida é iniciada a partir do 3º ou 4ª dia de pós-operatório, progredindo para dieta livre com alimentos cozidos nos dias subseqüentes. A instalação de suporte nutricional especializado é necessária em torno do 5º dia pós-transplante naqueles pacientes incapazes de se alimentar via oral ou quando se torna aparente que o paciente não será capaz de consumir quantidades adequadas de nutrientes a partir da dieta oral.

Nos pacientes com desnutrição moderada a severa o suporte nutricional deve ser instituído precocemente no pós-operatório. Apesar da presença de íleo gástrico e colônico nos primeiros dias pós-transplante, a nutrição enteral pode ser administrada com segurança via sonda nasojejunal. Além de menos dispendiosa que a nutrição parenteral total, a nutrição enteral oferece inúmeros benefícios, tais como menor risco de infecção, menor resposta metabólica ao estresse, menos complicações técnicas e metabólicas, aumento da síntese proteica visceral e proteção contra translocação bacteriana. No período de transição da dieta enteral para via oral, a alimentação via sonda pode ser administrada no período noturno para aumentar o apetite e permitir maior movimentação durante o dia. A dieta enteral não deve ser interrompida antes que o paciente seja capaz de ingerir dois terços a três quartos das suas necessidades nutricionais diárias. Quando a nutrição enteral não for possível pela presença de complicações tais como íleo paralítico prolongado ou complicações intra-abdominais, está indicado o uso da nutrição parenteral total.[27]

Complicações biliares

No início da experiência com transplante hepático, as complicações biliares eram as causas principais de morbidade e mortalidade pós-operatória. Apesar da recente redução dessas complicações, as mesmas ocorrem em 10 a 30% dos pacientes nas grandes séries. As complicações mais comuns são fístulas, estenoses, colangite e hemobilia. Outras complicações ocorrem menos freqüentemente e incluem: obstrução ou torção da alça do Y de Roux, litíase da via biliar principal, migração ou retirada acidental do dreno de Kehr, necrose da alça do Y de Roux, intussuscepção da alça do Y de Roux e mucocele do ducto cístico.[7,8]

As técnicas de reconstrução da via biliar mais freqüentemente usadas são a coledococoledocostomia e a coledocojejunostomia em Y de Roux. A primeira é o método de escolha nos pacientes com diâmetro da via biliar normal ou dilatado, o que permite a realização de uma anastomose adequada e rápida. Para evitar estenose da anastomose, prefere-se utilizar a coledocojejunostomia nos pacientes em que o diâmetro da via biliar é pequeno.[35,38] Assim, essa técnica é empregada nos pacientes com doença das vias biliares (colangite esclerosante, atresia biliar), crianças, retransplantes e grande diferença no diâmetro do colédoco do receptor e do doador. Alguns autores inserem um dreno de Kehr através do colédoco do receptor, que serve para monitorizar a produção de bile e a ocorrência de complicações pela colangiografia. Entretanto, a maioria prefere a reconstrução biliar sem a colocação do dreno de Kehr.

As complicações biliares são geralmente secundárias a erros técnicos, tais como tensão excessiva na anastomose, dissecção excessiva dos ductos biliares com conseqüente desvascularização e isquemia, ducto biliar do doador muito longo, excesso de fios de sutura na anastomose, fios de sutura muito espessos. Trombose da artéria hepática, infecção pelo citomegalovírus, transplante entre indivíduos ABO incompatíveis e rejeição crônica ductopênica também predispõem a complicações biliares.

Como será discutido a seguir em Complicações Vasculares, estenose biliar ou extravasamento de bile podem ser secundários a trombose da artéria hepática com conseqüente isquemia e necrose da via biliar. Lesão grave de preservação do fígado pode ocasionar alterações ultra-estruturais das vias biliares e evoluir para complicações importantes.

A fístula biliar geralmente apresenta-se com uma ou mais das seguintes manifestações clínicas: febre, leucocitose com desvio nuclear à esquerda, dor abdominal, drenagem de bile pelos drenos, aumento da hiperbilirrubinemia e aumento da fosfatase alcalina. O diagnóstico pode ser confirmado por uma colangiografia pelo dreno de Kehr ou colangiorressonância, se o paciente não tiver dreno de Kehr. O tratamento é cirúrgico e inclui revisão da anastomose, drenagem ou conversão de uma coledococoledocostomia para coledocojejunostomia em Y de Roux.

A apresentação clínica da estenose biliar inclui: febre persistente ou periódica, calafrios, dor abdominal, náuseas, vômitos, icterícia e piora dos exames de função hepática. Se o paciente tiver um dreno biliar, deve-se realizar uma colangiografia pelo dreno. Na ausência do mesmo, a ultra-sonografia é o primeiro exame de imagem a ser realizado. Resultados ultra-sonográficos falsos-negativos não são incomuns. Se a ultra-sonografia evidenciar dilatação das vias biliares ou persistir a suspeita de estenose, deve-se realizar uma colangiorressonância. A colangiografia endoscópica retrógrada ou transparieto-hepática podem ser necessárias. Se a estenose for localizada, pode ser tentada dilatação percutânea da estenose com balões ou o uso de próteses biliares. Se não houver melhora ou a estenose for extensa ou ainda se houver litíase associada, está indicado o tratamento cirúrgico, que consiste na realização de coledocojejunostomia em Y de Roux se o paciente tiver uma coledococoledocostomia ou revisão da coledocojejunostomia, se ele já tiver essa derivação.

Complicações vasculares

Várias complicações vasculares podem ocorrer, sendo as principais trombose da artéria hepática e trombose da veia porta. Raramente pode ocorrer trombose da veia cava, tanto da porção supra-hepática como da infra-hepática.

A trombose da artéria hepática é a complicação vascular mais comum e é a segunda complicação grave mais comum.[42,48] No grupo pediátrico, é a complicação grave mais comum. Devido ao pequeno diâmetro da artéria nas crianças, a trombose da artéria hepática é mais comum nesse grupo etário (15-20%) do que em adultos (5 a 10%). Como todos os vasos colaterais dos vários ligamentos hepáticos são ligados durante a retirada do fígado para o transplante, a circulação arterial do fígado transplantado depende totalmente da artéria hepática. Assim, trombose da artéria hepática causa isquemia e lesão irreversível do fígado. A árvore biliar intra-hepática e extra-hepática do fígado transplantado é suprida somente por ramos da artéria hepática e, na presença de trombose dessa, ocorrem isquemia e necrose das vias biliares.

As manifestações de trombose da artéria hepática variam desde a ausência de sintomas até a ocorrência de choque séptico secundário a gangrena hepática fulminante. Os pacientes podem apresentar um dos quatro grupos de sintomas:

- Cerca de 50% dos pacientes apresentam insuficiência hepática fulminante com aumento rápido e elevado das transaminases e coagulopatia. As bilirrubinas também geralmente aumentam. A necrose maciça do fígado é acompanhada de sepse, febre, encefalopatia hepática, coagulopatia, hipotensão e dispnéia. Poucos pacientes chegam a desenvolver gangrena gasosa do fígado. A hemocultura é freqüentemente positiva para múltiplas bactérias entéricas.
- Bacteremia recidivante com febre, elevação discreta das enzimas hepáticas, leucocitose e hemoculturas positivas. Freqüentemente esses pacientes têm abscesso hepático reconhecido pela ultra-sonografia ou tomografia computadorizada.
- Complicações biliares, sendo as mais freqüentes colangite, estenose biliar, extravasamento de bile e bilioma. Alguns pacientes desenvolvem biloma intra ou extra-hepático secundário a gangrena das vias biliares, que se caracteriza por formação de cavidade de dimensões variáveis de poucos a mais de 10 centímetros. A estase de bile nessa cavidade leva a estase biliar e formação de cálculos biliares, às vezes ocupando toda a cavidade. Deiscência da anastomose biliar secundária à gangrena da via biliar principal pode ocorrer. Alguns pacientes sobrevivem sem retransplante e desenvolvem posteriormente uma ou múltiplas estenoses biliares intra-hepáticas.
- Assintomáticos com nenhuma ou mínima alteração dos exames de função hepática. Poucos adultos e cerca de 25% das crianças toleram a trombose da artéria hepática sem nenhuma seqüela.

Cerca de 2/3 dos pacientes apresentam sepse. Assim, a trombose da artéria hepática deve ser considerada em qualquer paciente com transplante hepático e bacteremia inexplicada.

O eco-Doppler colorido é o primeiro exame a ser solicitado e tem uma precisão de 80 a 95%. A maioria dos serviços realiza esse exame de rotina nos primeiros dias de pós-transplante para avaliar a permeabilidade da artéria e diagnosticar sua trombose o mais precocemente possível, caso ocorra. A arteriografia é indicada para confirmar o diagnóstico.

O tratamento depende do tempo em que a trombose ocorreu após transplante. Nos casos precoces, a revisão da anastomose arterial de emergência está indicada. A revisão da anastomose com trombectomia nos 10 primeiros dias após o transplante tem uma taxa de sucesso de 50% em adultos e de 20% em crianças. Entretanto, muitos desses pacientes desenvolvem estenoses múltiplas da via biliar intra-hepática e necessitam de retransplante mais tarde. Alguns com gangrena maciça do fígado necessitam de retransplante de emergência.

Quase todos que desenvolvem trombose mais tardiamente necessitam de retransplante.[56] A maioria pode ser tratada inicialmente com antibióticos e drenagem biliar enquanto aguarda o retransplante, que pode ser realizado semanas ou meses após, de acordo com o tempo de espera da fila da Central de Transplantes de Órgãos. Somente algumas crianças que desenvolvem uma rede arterial colateral efetiva não necessitam de retransplante.

A incidência de trombose da veia porta é muito menor do que a da artéria hepática. Ocorre em 1 a 2% dos pacientes. É mais freqüente em pacientes que tinham trombose da veia porta previamente ao transplante. Defeitos técnicos, condições associadas à hipercoagulação sangüínea e esplenectomia (causa redução do fluxo sangüíneo e trombocitose) também predispõem a essa grave complicação. A apresentação clínica depende de se a trombose ocorre precoce ou tardiamente. Na presença de trombose precoce, as conseqüências são graves. O paciente geralmente apresenta disfunção hepática grave, instabilidade hemodinâmica, insuficiência respiratória, ascite volumosa, varizes esofagianas e esplenomegalia. Quando a trombose da veia porta é tardia, a função hepática é geralmente preservada, e o paciente apresenta esplenomegalia e varizes esofagianas.

O diagnóstico é confirmado por eco-Doppler colorido. A fase venosa da arteriografia, ressonância magnética e venografia transportal podem ser necessárias.

Se a trombose for diagnosticada precocemente, está indicada revisão da anastomose da veia porta. Nos casos em que o diagnóstico é estabelecido tardiamente e a função hepática está preservada, a escleroterapia das varizes do esôfago ou se necessário a anastomose esplenorrenal pode ser suficiente para controlar a hemorragia das varizes do esôfago. Nos demais casos, o retransplante é necessário.

A trombose da veia cava é uma complicação incomum pós-transplante hepático, sendo relatada em cerca de 1% dos pacientes. Entretanto, a mortalidade é elevada, cerca de 50%. As manifestações clínicas incluem ascite, hepatomegalia gigante, edema dos membros inferiores e insuficiência hepática e renal. As causas mais comuns são defeito técnico e recidiva da síndrome de Budd-Chiari. O eco-Doppler colorido estabelece o diagnóstico. Venocavografia inferior pode ser necessária. Dilatação com balão, administração de uroquinase e uso de anticoagulantes por tempo prolongado podem ser eficazes. Retransplante hepático é indicado nos casos de falha do tratamento anterior.

Hemorragia

Cerca de 10 a 15% dos pacientes requerem reoperação para controle de sangramento no pós-operatório precoce. O sangramento pode ser proveniente das grandes áreas da superfície cruenta secundárias a dissecção e retirada do fígado, defeitos de coagulação, anastomoses vasculares, vasos colaterais não-ligados, leito da vesícula biliar e laceração hepática. O não-funcionamento adequado do fígado pode desempenhar um papel importante. O não-funcionamento do fígado transplantado ocasiona alteração progressiva e grave do TAP e KPTT, com sangramento persistente e fatal, a menos que seja realizado um novo transplante.

O maior risco de sangramento ocorre nas primeiras 48 horas após o transplante. O sangramento pára espontaneamente em um grande número de pacientes com função adequada do enxerto e é controlado somente com transfusão de sangue. Distúrbios de coagulação são geralmente corrigidos com transfusão de plasma fresco e plaquetas. Ácido épsilon aminocapróico pode ser importante nos pacientes com fibrinólise. Se o sangramento persistir ou for intenso (instabilidade hemodinâmica ou se for necessário mais de 5 U de hemácias em 24 horas), reexploração do abdômen com controle do sangramento deve ser realizada. Freqüentemente, o paciente apresenta grande quantidade de coágulos de sangue com sangramento difuso, que pára com a simples remoção dos coágulos.

Sangramentos tardios são infreqüentes e devidos à biopsia hepática percutânea, procedimentos percutâneos ou endoscópicos nas vias biliares e deiscência de anastomoses vasculares secundárias à infecção abdominal (pseudo-aneurismas micóticos).

Complicações da ferida operatória

Essas complicações ocorrem em 10% dos pacientes e incluem hematoma, infecção e deiscência da ferida operatória. Os hematomas são freqüentes devido à ocorrência de vários fatores de risco, como distúrbios de coagulação, circulação colateral na parede abdominal e administração pós-operatória de medicamentos antiplaquetários. Os hematomas grandes devem ser drenados para evitar infecção dos mesmos.

Os sinais e sintomas de infecção de ferida operatória são geralmente mascarados pelo uso de corticóides. A ferida deve ser sempre drenada rapidamente e deixada para cicatrizar por segunda intenção. Cultura da secreção da ferida deve ser realizada e antibióticos apropriados administrados na dependência da extensão da infecção e de outras condições do paciente. A presença de fungo na cultura geralmente indica a presença de sepse intra-abdominal.

DISFUNÇÃO DO ENXERTO

Várias condições podem interferir na função do enxerto no pós-operatório imediato do transplante hepático, sendo os mais comuns o não-funcionamento primário do enxerto, a rejeição celular (rejeição aguda) e a colestase funcional.

Não-funcionamento primário do enxerto

Todo fígado transplantado sofre alguma forma de lesão aguda durante o processo do transplante, a julgar pelas alterações nos níveis da aminotransferases e no tempo de protrombina observadas no pós-operatório. Entretanto, o termo não-funcionamento primário do enxerto se refere a alterações de função hepática extremamente graves que impedem a manutenção da vida no pós-operatório precoce, a menos que se realize retransplante de emergência. Disfunção ou insuficiência primária do enxerto (não-funcionamento ou funcionamento insuficiente do enxerto) ocorre em 10% dos transplantes hepáticos. A etiologia dessa complicação não está totalmente esclarecida, mas inclui doença hepática não-reconhecida no enxerto, defeito técnico na operação (trombose vascular), lesão isquêmica do enxerto (antes ou após a sua retirada) e fatores imunológicos peroperatórios. É importante salientar que o diagnóstico requer a exclusão de outras causas de falência hepática, tais como complicações técnicas (p. ex., trombose da artéria hepática) ou evidência histológica de rejeição.

Como o não-funcionamento primário do enxerto hepático é sempre um diagnóstico de exclusão, na presença de sinais de falência hepática é indispensável o estudo da perviedade da artéria hepática e da veia porta por eco-Doppler ou angiografia. Nos casos de encefalopatia grave, a realização de tomografia computadorizada de crânio exclui outras causas que possam estar contribuindo para o quadro confusional. Histologicamente, o não-funcionamento primário do enxerto se caracteriza pela necrose hepática na ausência de complicações vasculares.

A evolução clínica depende do grau de insuficiência do enxerto. Os pacientes com ausência de funcionamento do enxerto evoluem rapidamente para morte por edema cerebral com herniação do tronco cerebral, a menos que sejam retransplantados. Os pacientes com insuficiência parcial do enxerto podem apresentar disfunção de praticamente todos os órgãos e sistemas e evoluem para insuficiência renal, insuficiência respiratória, íleo paralítico, alteração do nível de consciência, distúrbios de coagulação e icterícia. Os pacientes com insuficiência parcial do enxerto podem se recuperar totalmente após cuidados intensivos, inclusive com transfusões freqüentes de derivados de sangue. Nessas condições, o custo hospitalar se eleva excessivamente. Entretanto, muitos pacientes necessitarão de um novo transplante.

Rejeição celular (rejeição aguda)

A rejeição aguda é muito freqüente após transplante hepático, ocorrendo em 50-60% dos adultos e em 30% das crianças. Geralmente ocorre no 5º-7º dia de pós-transplante. A bilirrubina sérica aumenta até níveis bastante elevados, enquanto as transaminases e fosfatase alcalina se elevam menos acentuadamente. Se o paciente tiver dreno de Kehr, pode-se observar alteração na bile, que se torna mais clara, e o seu volume diminui. Se a bile for normal, o diagnóstico de rejeição deve ser questionado.

O diagnóstico deve ser confirmado com biopsia hepática, que evidencia inflamação periportal com células mononucleares, destruição dos ductos biliares, invasão do endotélio dos vasos por células mononucleares e necrose hepatocelular variável. O diagnóstico diferencial é geralmente fácil, mas pode ser difícil, e deve ser feito com infecção, alterações da árvore biliar, trombose da veia porta, trombose da artéria hepática e outras complicações do fígado. O tratamento inicial consiste na administração de três doses elevadas de metilprednisolona, 1 g endovenoso em dias alternados.

Colestase funcional

Trata-se de condição benigna que ocorre tipicamente no pós-operatório precoce de transplante hepático e se caracteriza pelo aumento gradual das bilirrubinas, geralmente acompanhado de níveis de aminotransferases, fosfatase alcalina e TAP próximos do normal.[13,16] Os níveis séricos de bilirrubinas podem permanecer elevados por vários dias ou semanas, atingindo valores de até 30 mg%. Histologicamente, observa-se colestase hepatocanalicular nas zonas 2 e 3, geralmente associada a balonização dos hepatócitos, porém sem evidência de inflamação. Lesão das organelas durante o período de isquemia fria tem sido implicada na etiologia desse distúrbio transitório do fluxo biliar.

O conhecimento da distribuição temporal das complicações que mais comumente resultam em disfunção do enxerto no período precoce pós-transplante hepático é útil no tratamento dos receptores. As principais causas de falência do enxerto hepático nos 3 primeiros dias pós-transplante incluem o não-funcionamento primário, rejeição hiperaguda e trombose da artéria hepática ou veia porta. Essas condições podem apresentar-se com níveis significativamente elevados de aminotransferases, débito biliar pobre, coagulopatia, alteração da função renal e do estado mental e icterícia progressiva. O exame de eco-Doppler dos vasos hepáticos é, sem dúvida, o teste diagnóstico mais útil para diferenciar as complicações vasculares do não-funcionamento primário do enxerto e da rejeição hiperaguda. Entre o 3º dia e a 3ª semana pós-transplante, as complicações que mais comumente podem levar a alterações nas enzimas hepáticas incluem colestase funcional, rejeição celular e trombose de artéria hepática. A realização de eco-Doppler, colangiografia e biopsia hepática auxilia no diagnóstico diferencial. Convém lembrar que elevação inexplicada dos níveis séricos de bilirrubina 7 a 10 dias após o transplante pode ser a primeira manifestação de anemia hemolítica nos receptores de enxerto ABO-incompatível.[16]

OUTRAS COMPLICAÇÕES

Inúmeras outras complicações podem ocorrer, como pancreatite aguda, lacerações esplênicas, complicações relacionadas à biopsia hepática percutânea e complicações intestinais.[9,20,30,53]

REFERÊNCIAS BIBLIOGRÁFICAS

1. Anonymous. Banff Schema for Grading Acute Liver Allograft Rejection:An international consensus document. *Hepatology* 1997;25:658.
2. Buckel E, Sanches-Urdazpal L, Steers J, Sterioff S, Wiesner R, Krom RAK. Impaired initial function in liver grafts from donors > 50 years of age. *Transplant Proc* 1993;25:1558.
3. Calne RY, Rolles K, White DJ. Cyclosporin A initially as the only immunosuppressant in 34 recipients of cadaveric organs:32 kidneys, 2 pancreases, and 2 livers. *Lancet* 1979;11:1033.
4. Carone E, Chapchap P, Porta G, Miura I, Pugliese V. Transplante hepático com doador vivo familiar. Rio Janeiro. *J Pediatr* 1998;74:99.
5. Carone E, Chapchap P, Pugliese V, Averbach M, Abdalla R, Saad R. Transplante hepático com doador vivo familiar: técnica operatória no doador. *Rev Col Bras Cir* 1997;24:235.
6. Carrel A. La technique opératoire des anastomoses vasculaires et la transplantation des viscères. *Lyon Med* 1902;98:859.
7. Coelho JCU, Parolin MB, Costa PB, Yokochi JM, Kay AK. Cálculo primário do colédoco distal após transplante hepático. *Rev Col Bras Cir* 2001;28:68.
8. Coelho JCU, Wiederkehr JC, Campos ACL, Cat R, Carrero JE, Cat I. Cavidade biliar (bilioma) intra-hepática

secundária à trombose tardia da artéria hepática após transplante hepático. *Rev Col Bras Cirurg* 1994;21:29.
9. Coelho JCU, Wiederkehr JC, Campos ACL, Zeni Neto C, Oliva V. Pancréatite aiguë par le virus varicella-zoster après une transplantation du foie. *J Chir* (Paris) 1994;131:96.
10. Coelho JCU, Wiederkehr JC, Campos ACL. Uso de hemoderivados em transplante hepático. *Rev Col Bras Cir* 1996;23:253.
11. Coelho JCU, Wiederkehr JC, Cat R, Carrero JE, Oliveira ED, Campos ACL, Cat I. Extrapyramidal disorder secondary to cytomegalovirus infection and toxoplasmosis after liver transplantation. *Eur J Pediatr Surg* 1996;6:110.
12. Coelho JCU, Wiederkehr JC, Lacerda MA, Campos ACL, Zeni Neto C, Cat I. Os 50 primeiros transplantes hepáticos no Hospital de Clínicas da Universidade Federal do Paraná. *Rev Col Bras Cir* 1996;3:319.
13. Coelho JCU, Wiederkehr JC, Lacerda MA, Campos ACL, Zeni Neto C, Matias JEF, Campos GMR. Custo do transplante hepático no Hospital de Clínicas da Universidade Federal do Paraná. *Rev Ass Med Bras* 1997;43:53.
14. Coelho JCU, Wiederkehr JC, Lima ACF, Nigro MVAS, Moraes FM, Lacerda MA. Comparação do custo do transplante hepático com o do tratamento alternativo das complicações da hepatopatia avançada. *Rev Col Bras Cir* 1997;24:1.
15. Coelho JCU, Wiedekehr JC, Parolin MB, Balbi E, Nassif AE. Isolated tuberculosis of the pancreas after orthotopic liver transplantation. *Liver Transpl Surg* 1999;5:153.
16. Coelho JCU, Wiederkehr JC, Parolin MB, Balbi E, Tereza LA, Nassif AE. Gravidez após transplante hepático. *Rev Col Bras Cir* 1998;25:437.
17. Colquhoun SD, Busuttil RW. Graft failure: cause, recognition, and treatment. *In* Busuttil RW, Klintmalm GB (Eds.) Transplantation of the Liver. Philadelphia: W.B. Saunders, 1996. p 607.
18. De Freitas AT, Coelho JCU, Matias JEF, Zeni Neto C, Martins EL, Druszcz CC. Anatomia arterial hepática: Estudo em 150 transplantes hepáticos. *Rev Col Bras Cir* 2001;28:13.
19. Deschênes M, Belle SH, Krom RAF, Zetterman RK, Lake JR. Early allograft dysfunction after liver transplantation. *Transplantation* 1998;66:302.
20. Dodson SF, Issa S, Bonham A. Liver transplantation for chronic viral hepatitis. *Surg Clin North Am* 1999;79:131.
21. Emmanouilides C, Holt CD, Winston DJ. Infections after liver transplantation. *In* Busuttil RW, Klintmalm GB (Eds.) Transplantation of the Liver. Philadelphia: W.B. Saunders, 1996. pp 633-647.
22. Everson GT, Kam I. Liver transplantation:current status and unresolved controversies. *Adv Int Med* 1997;42:505.
23. Gaeta A, Nazzari C, Angeletti S, Lazzarini M, Mazzei E, Mancini C. Monitoring for cytomegalovirus infection in organ transplant recipients: Analysis of pp65 antigen, DNA and late mRNA in peripheral blood leukocytes. *J Med Virol* 1997;53:189.
24. George MJ, Snydman DR, Werner BG, Griffth J, Falagas ME, Dougherty NN, Rubin RH. The independent role of cytomegalovirus infection as a risk factor for invasive fungal disease in orthotopic liver transplant recipients. Boston Center for Liver transplantation CMVIG-Study Group. *Am J Med* 1997;103:106.
25. Gross CR, Malinchoc M, Kim WR. Quality of life before and after liver transplantation for cholestatic liver disease. *Hepatology* 1999;29:356.
26. Hadley S. Fungal infections in liver transplant recipients. *Infect Med* 1997;14:311.
27. Hasse J. Nutritional aspects of adult liver transplantation. In: Busuttil RW, Klintmalm GB, eds. Transplantation of the Liver. Philadelphia: W.B. Saunders, 1996. p 359.
28. Hasse JM, Blue LS, Crippin JS, Goldstein RM, Jennings LW, Gonwa JA. The effect of nutritional status on lenght of stay and clinical outcomes following liver transplantation. *J Am Diet Assoc* 1994; 94 (suppl):A-38.
29. Klintmalm GB, Goldstein R, Gonwa T, Wiesner RH, RAF Krom, Shaw BW. Prognostic factors for successful conversion from cyclosporine to FK 506-based imunosupressive therapy for refratory rejection after liver transplantation. US Multicenter FK 506 Liver Study Group. *Transplant Proc* 1993;25:641.
30. Langnas NA. Shunt versus transplantation. *Liver Transpl Surg* 1998;4:S105.
31. Lowell JA. Nutritional assessment and therapy in patients requiring liver transplantation. *Liver Transplant Surg* 1996; 2(suppl 1):79.
32. Ludwig J, Batts KP. Transplantation pathology – Including liver injury in graft versus host disease and in recipients of renal and other allografts. *In* MacSween RNM, Anthony PP, Scheuer PJ, Burt AD, Portman BC, eds. Pathology of the Liver. 3rd ed. Edinburgh: Churchill Livingstone, 1994. p 765.
33. Lumbreras C, Cuervas-Mons V, Jara P, del palacio A, Turrion VS, Barrios C, Moreno E, Noriega AR, Paya CV. Randomized trial of nystatin versus fluconazole prophylaxis of Candida infection following liver transplantation. *J Infect Dis* 1996;174:583-588.
34. Mazariegos GV, Molmenti EP, Kramer DJ. Early complications after orthotopic liver transplantation. *Surg Clin North Am* 1999;79:109.
35. McDiarmid SV, Millis MJ, Olthoff KM, So SK. Indications for pediatric liver transplantation. *Pediatr Transplant* 1998;2:157.
36. McDonald M, Perkins JD, Ralph D, Carithers RL. Postoperative care:Immediate. *In* Maddrey WC, Sorrel MF (Eds.) Transplantation of the Liver. 2nd ed. Norwalk:Appleton & Lange, 1995. p 171.
37. Millis JM. Treatment of liver allograft rejection. *Liver Transplant Surg* 1999;5(suppl 1):S98.
38. Mirza DF, Achilleos O, Pirenne J, Buckels JAC, McMaster P, Mayer AD. Encouraging results of split-liver transplantation. *Br J Surg* 1998;85:494.
39. Moore FD, Weeler HB, Demissianos HV. Experimental whole-organ transplantation of the liver and the spleen. *Ann Surg* 1960;151:374.
40. Nery JR, Weppler D, Lavandera R. Developing strategies for prevention and treatment of recurrent HBV in liver transplantation. *Transplant Proc* 1999;31:485.
41. Neuberger J. Liver allograft rejection – current concepts on diagnosis and treatment. *J Hepatol* 1995;23(suppl 1):54.
42. Neuberger J. Transplantation for alcoholic liver disease: a perspective from Europe. *Liver Transpl Surg* 1998;4:S51.
43. Neuberger J, Adams DH. What is the significance of acute liver allograft rejection? *J Hepatol* 1998;29:143.
44. Neuberger J. Incidence, timing, and risk factors for acute and chronic rejection. *Liver Transplant Surg* 1999;5(suppl 1):S30.
45. Parolin MB, Coelho JCU, Balbi E, Wiederkehr JC, Anghinoni M, Nassif AE. Normalização dos ciclos menstruais e gravidez após transplante de fígado. *Arq. Gastroenterol* 2000;37:3.
46. Patel R, Paya CV. Infections in solid-organ transplant recipients. *Clin Microbiol Rev* 1997;10:86.

47. Paya CV, Wiesner RH, Hermans PE, Larson-Keller JL, Ilstrup DM, Krom RAF, Rettke S, Smith TF. Risk factors for cytomegalovirus and severe bacterial infections following liver transplantation: a prospective multivariate time-dependent analysis. *J Hepatol* 1993;18:185.
48. Perrillo R, Rakela J, Dienstag J. Multicenter study of lamivudine therapy for hepatitis B after liver transplantation. Lamivudine transplantation group. *JAMA* 1999;281:1381.
49. Pikul J, Sharpe MD. Lowndes R, Chen CN. Degree of preoperative malnutrition is predictive of postoperative morbidity and mortality in liver transplant recipients. *Transplantation* 1994;57:469.
50. Raia S, Nery JR, Mies S. Liver transplantation from live donors. *Lancet* 1989;2:497.
51. Ramos HC, Todo S, Kang Y, Felekouras E, Doyle HR, Starzl TE. Liver transplantation without the use of blood products. *Arch Surg* 1994;528:33.
52. Ratziu V, Samuel D, Sebagh M. Long-term follow-up after liver transplantation for autoimmune hepatitis: evidence of recurrence of primary disease. *Hepatology* 1999;120:95.
53. Rosen HR, Shackleton CR, Martin P. Indications for and timing of liver transplantation. *Med Clin North Am* 1996;80:1169.
54. Rubin RH. Infections disease problems. *In* Maddrey WC, Sorrel MF, eds. Transplantation of the Liver. 2nd ed. Norwalk: appleton&Lange, 1995. p 367.
55. Rubin RH, Ikonen T, Gummert JF, Morris RE. The therapeutic prescription for the organ transplant recipient:the linkage of immunosuppression and antimicrobial strategies. Transplant Infectious Disease 1999;(1):29.
56. Shaw BW Jr, Gordon RD, Iwatsuki S, Starzl TE. Hepatic retransplantation. *Transplant Proc* 1995;17:264.
57. Singh N, Gayowski T, Wagener M. Infections complications in liver transplant recipients on tacrolimus. *Transplant* 1994;58:774.
58. Snydman DR. Infections in solid organ transplantation Transplant Infectious Disease 1999;1:21.
59. Southard JH, van Gulik TM, Ametani MS, Vreugdenhil PK, Lindell SL, Pineaar BL, Belzer FO. Important components of the UW solution. *Transplantation* 1990;49:251.
60. Starzl TE, Kaupp HP, Broch DR. Reconstructive problems in canine liver homo transplantation with special reference to the postoperative role of hepatic venous flow. *Surg Gynecol Obstet* 1960. p 111.
61. Starzl TE, Marchioro TL, Von Kaulla KN. Homo transplantation of the liver in humans. *Surg Gynecol Obstet* 1963;117:659.
62. Strasberg SM. Preservation injury and donors selection: it all starts here. *Liver Transplant Surg* 1997;3(Suppl 1):S1.
63. Strasberg SM, Howard TK, Molmenti EP, Hertl M. Selecting the donor liver: risk factors for poor function after orthotopic liver transplantation. *Hepatology* 1994;20:829.
64. Tang H, Boulton R, Gunson B, Hubscher S, Neuberger J. Patterns of alcohol consumption after liver transplantation. *Gut* 1998;43:140.
65. Todo S, Fung J, Starzl TE, Tzakis A, Doyle H, Abu-Elmagd K . Single-center experience with primary orthotopic liver transplantation with FK506 immunossuppression. *Ann Surg* 1994;220:397.
66. Tollemar J, Hockerstedt K, Ericzon BG, Jalanko H, Ringdén O. Prophylaxis with liposomal amphotericin B (AmBisome) prevents fungal infections in liver transplant recipients: Long term results of a randomized, placebo-controlled trial. *Transplant Proc* 1995;27:1195.
67. Torbenson M, Wang J, Nichols L, Jain A, Fung J, Nalesnik MA. Causes of death in autopsied liver transplantation patients. *Mod Pathol* 1998;11:37.
68. Totsuka E, Dodson F, Urakammi A, Moras N, Ishii T, Lee MC, Gutierrez J, Gerardo M, Molmenti E, Fung JJ. Influence of high donor-serum sodium levels on early postoperative graft function in human liver transplantation: effects of correction of donor hypernatremia. *Liver Transplant Surg* 1999;5:421.
69. Ullmann E. Experimentalle nieren transplantation. Wien Klin Wschr 1902;15:281.
70. Welch CS. A note on transplantation of the whole liver in dogs. *Transplant Bull* 1955;2:54.
71. Villacian JS, Paya CV. Prevention of infections in solid organ transplant recipients. *Transplant Infectious Disease* 1999;1:50.
72. Wiesner RH. Advances in diagnosis, prevention and management of hepatic allograft rejection. *Clin Chem* 1994;40:2174.
73. Wiesner RH. Is hepatic histology the true gold standard in diagnosing acute hepatic allograft rejection? *Liver Transplant Surg* 1996;2:165.
74. Wiesner RH, Ludwig J, Krom RAF, Hay JE, Hoek B. Hepatic allograft rejection: new developments in terminology, diagnosis, prevention, and treatment. *Mayo Clin Proc* 1993;68:69.
75. Wiesner RH, Demetris AJ, Belle SH, Seaberg EC, Lake JR, Zetterman RK, Everhart J, Detre KM. Acute hepatic allograft rejection: Incidence, risk factors, and impact on outcome. *Hepatology* 1998;28:638.
76. Winston DJ, Emmanouilides C, Busuttil RW. Infecitons in liver recipients. *Clin Infect Dis* 1995;21:1077.

69 Fisioterapia no Transplante de Fígado

Eliane Maria de Carvalho • Maria Rita Montenegro Isern • Aline Rodrigues Valesin
Renata Angélica Bongiorno • Meire Tiemi Takada • Vanessa Sampaio Nunes
Poliana Andrade de Lima

HISTÓRICO

O transplante de fígado é um dos procedimentos mais complexos da cirurgia moderna e o único método de tratamento para as doenças hepáticas irreversíveis. No Brasil, as cinco primeiras tentativas foram realizadas no Hospital das Clínicas entre 1968 e 1972, todas sem sucesso.[9,23] Somente em 1985, a Unidade de Fígado do Hospital das Clínicas da Faculdade de Medicina da Universidade de São Paulo (HCFMUSP) realizou o primeiro transplante de fígado bem-sucedido na América Latina.[18]

O sucesso do transplante depende de uma completa infra-estrutura hospitalar e de uma equipe multiprofissional composta por enfermeiros, psicólogos, nutricionistas, assistente social, fisioterapeutas e médicos altamente treinada no procedimento e no acompanhamento de pacientes gravemente debilitados. Todos esses profissionais trabalham em conjunto para que o objetivo seja alcançado o mais rapidamente possível, oferecendo uma melhor qualidade em todos os serviços prestados, otimizando os resultados e a qualidade de vida para esses pacientes.

O serviço de fisioterapia foi implantado no grupo de transplante do HCFMUSP em 1987. Inicialmente, a fisioterapia era realizada no período diurno apenas para os pacientes transplantados. Em 1989, foi iniciado um trabalho contínuo estendendo-se a todos os pacientes internados, transplantados ou não, observando-se melhora na evolução. Desde então, o serviço de fisioterapia é mantido 24 horas por dia.

INDICAÇÕES PARA O TRANSPLANTE DE FÍGADO

As principais indicações estão no Quadro 69-1.

***Quadro 69-1.* Principais doenças hepáticas indicadas para transplante**

CIRROSE: criptogênica, auto-imune, vírus B, vírus C, vírus D, alcoólica
DOENÇA COLESTÁTICA DO FÍGADO: cirrose biliar primária, atresia biliar, esclerose colestática primária, esclerose colestática secundária, reação crônica a drogas (rara), doença do enxerto *versus* hospedeiro, rejeição hepática crônica, sarcoidose colestática
DOENÇA HEREDITÁRIA: polineuropatia amiloidótica familiar (PAF)
INSUFICIÊNCIA HEPÁTICA AGUDA GRAVE (IHAG)
DOENÇAS MALIGNAS: carcinoma hepatocelular, hepatoblastoma, hemangioendoteliomaepitelióide
DOENÇAS METABÓLICAS PRIMÁRIAS
OUTRAS: síndrome de Budd-Chiari

O transplante de fígado tem apresentado grande progresso quanto aos seus resultados. O aprimoramento da técnica cirúrgica, o uso de novos medicamentos imunossupressores, métodos mais eficazes de conservação do enxerto e controle dos fenômenos imunológicos têm sido determinantes para esse progresso.

Existem várias doenças, como as relatadas no quadro, que são indicações para o transplante, porém existe uma em particular, a polineuropatia amiloidótica familiar, em que a atuação do fisioterapeuta é essencial desde a entrada desse paciente na lista de receptores.

A polineuropatia amiloidótica familiar é uma doença autossômica dominante caracterizada pelo depósito progressivo de proteína amilóide em diversos tecidos do corpo, afetando predominantemente o sistema nervoso periférico e atingindo os grandes troncos nervosos, começando pelos membros inferiores, seguidos dos superiores. Com a progressão da doença, há déficit de tônus e trofismo muscular, e perda da sensibilidade, primeiro a térmica e dolorosa, depois a tátil e proprioceptiva.[15]

Essa proteína é composta por polímeros de variantes genéticas da transtirretina (TTR), uma proteína plasmática produzida pelo fígado. Existem muitas mutações na TTR capazes de induzir diferentes tipos de amiloidose sistêmica. A mais comum, encontrada nos pacientes com PAF, é a mutação TTR-Met 30, na qual uma valina é substituída por uma metionina na posição 30 da molécula.[19,22]

A doença caracteriza-se por sintomas progressivos de polineuropatia periférica sensitiva e motora, de disautonomia caracterizada pelas alterações da motilidade gastrintestinal, hipotensão postural, impotência sexual, incontinência urinária e bexiga neurogênica. As alterações cardíacas, renais e oculares aparecem mais tardiamente, no entanto são graves. Muitas vezes pela manifestação cardíaca está indicada a passagem de marca-passo.[15]

Por se tratar de uma doença de sintomatologia distal, a marcha é um marco para a percepção da doença para muitos pacientes. São de fundamental importância o acompanhamento e a orientação fisioterapêutica tanto antes quanto depois da cirurgia.[1]

O transplante de fígado é o tratamento indicado para a interrupção da doença.

Outra doença que merece destaque é a insuficiência hepática aguda grave (IHAG). Esta é definida como uma síndrome clínica resultante da necrose maciça das células hepáticas ou do comprometimento repentino e grave da função hepática.[26] O diagnóstico baseia-se no surgimento de icterícia seguida de encefalopatia progressiva e alteração da coagulação sangüínea.

Pelo alto risco de infecções, sangramentos e aumento da pressão intracraniana (PIC), o paciente necessita de cuidados especiais, como posicionamento da cabeceira a 35° e cabeça na linha média. Além disso, quando o paciente estiver intubado, merece atenção quanto à normoventilação e sedação para aspiração, evitando aumento excessivo da PIC.

O atendimento precoce em unidade de terapia intensiva e a perspectiva de transplante hepático têm melhorado o prognóstico da IHAG.

CIRURGIAS PARA O TRANSPLANTE DE FÍGADO

Atualmente, existem dois métodos principais de realização do transplante de fígado.[12]

Método convencional

No método convencional, a porção retroepática da veia cava inferior é pinçada e ressecada em bloco com o fígado. Essa manobra interrompe o retorno venoso da região infradiafragmática, durante a fase anepática, podendo levar a diversas conseqüências indesejáveis devido à redução do débito cardíaco e à congestão venosa.[8,21] Para evitar esses inconvenientes, geralmente é utilizado um sistema de circulação extracorpórea (CEC) que desvia para a veia cava superior o sangue proveniente da veia cava inferior e da veia porta (*bypass* venovenoso).

O órgão a ser transplantado vem com um segmento de cava, e a sua reconstrução é feita por meio de duas anastomoses (veia cava supra-hepática e veia cava infra-hepática). Praticamente não há estase esplâncnica, uma vez que o pinçamento da veia porta ocorre apenas durante a realização da anastomose portal.

Método *piggyback* isolado

Já no método *piggyback*, descrito mais recentemente, o fígado é retirado com preservação da veia cava inferior.[30] O fígado doente é liberado totalmente da veia cava inferior na sua porção retro-hepática, e as veias hepáticas são pinçadas de modo que seus orifícios sejam seccionados, de forma a produzir óstio único. Nesse óstio é anastomosada a veia cava supra-hepática do enxerto. A veia cava infra-hepática do fígado é simplesmente ligada. A veia porta do receptor é mantida pinçada desde a hepatectomia total até terminar sua anastomose com a veia correspondente. Dessa forma, é possível manter o retorno venoso sem o uso da CEC.[3] Em nosso serviço, esse método tem sido empregado rotineiramente desde julho de 1996.

Método *piggyback* com anastomose portocava

É realizado quando há instabilidade hemodinâmica com o pinçamento portal ou quando há necessidade de espera do enxerto que ainda não está pronto para o implante. Aqui também praticamente não há estase esplâncnica.

Independentemente do método utilizado, os vasos colaterais importantes são interrompidos com base em estudos angiográficos pré-operatórios ou em observações no campo cirúrgico (*shunts* portossistêmicos).

Vários estudos têm sido desenvolvidos com o objetivo de comparar as duas técnicas cirúrgicas. A experiência no acompanhamento de vários pacientes submetidos a transplante de fígado levou à observação de que os operados pelo método *piggyback* apresentam infiltrados pulmonares mais nítidos e pior relação PaO_2/FiO_2 do que os operados pelo método convencional. Seguiu-se a essa observação um estudo retrospectivo dos pacientes operados por um e outro método. Uma série de variáveis foi analisada, incluindo os parâmetros gasométricos e o grau de infiltrado pulmonar. O resultado do estudo confirmou a impressão inicial.[4] Encontra-se também em andamento no grupo um estudo em que os pacientes estão sendo avaliados nos mesmos moldes do trabalho anterior, com a distinção de que agora o estudo é prospectivo e aleatorizado. Eventuais diferenças que tenham sido geradas pela possível falta de homogeneidade dos grupos, comum em estudos retrospectivos, tendem a desaparecer.

COMPLICAÇÕES DO TRANSPLANTE DE FÍGADO

Várias são as complicações:

- Rejeição.
- Não-funcionamento primário (*primary nonfunction* – PNF).
- Mau funcionamento precoce do fígado.
- Hemorragia pós-operatória.
- Trombose da artéria hepática.
- Trombose da veia porta.
- Trombose da veia cava inferior.
- Sangramento intra-abdominal.
- Sangramento gastrintestinal.
- Fístula biliar.
- Obstrução biliar.
- Insuficiência renal.
- Hipertensão arterial.
- Complicações neuropsiquiátricas.
- Infecções.
- Recidiva da doença sobre o fígado transplantado.
- Complicações pulmonares.

COMPLICAÇÕES PULMONARES DO TRANSPLANTE DE FÍGADO

As complicações pulmonares são freqüentes e graves no pós-operatório do transplante de fígado e são responsáveis por um alto índice de morbidade e mortalidade.[14] As principais delas são:

Atelectasia. Refere-se não só à expansão incompleta dos pulmões como também ao colapso de uma região pulmonar previamente insuflada, produzindo áreas de parênquima pulmonar relativamente não-aerado. As atelectasias significativas reduzem a oxigenação e predispõem à infecção.[2,27]

No transplante de fígado, essa complicação é freqüente devido ao tempo de cirurgia, ao tamanho da incisão, ao uso de anestésicos e à compressão do pulmão pelo afastador cirúrgico. No pós-operatório, o paciente pode apresentar dor, causando hipoventilação. Uma causa de dor e conseqüente diminuição da ventilação são fraturas de costelas que podem ser causadas pelo afastador cirúrgico. Além disso, atelectasia também pode ser decorrente de restrição causada por derrame pleural e ascite volumosa.[14]

Derrame pleural. Essa presença de líquido na cavidade pleural ocorre, basicamente, nas seguintes condições: a) aumento da pressão hidrostática nos capilares sangüíneos e/ou linfáticos subpleurais; b) decréscimo da pressão osmótica no sangue; c) alterações dos capilares subpleurais por inflamação ou pela ação de substâncias que atuam sobre os vasos.[24,28]

O derrame pleural nesses pacientes é freqüente devido à própria doença de base, podendo ocorrer passagem do líquido da cavidade abdominal para o espaço pleural devido à pressão torácica negativa através de pequenos espaços existentes no diafragma.[14] No entanto, no pós-operatório, mesmo com o fígado funcionando bem, ainda assim podem ocorrer produção de ascite e conseqüente derrame pleural.

Pneumonia. É um termo usado para indicar a inflamação da porção distal do pulmão – vias aéreas terminais, espaços alveolares e interstício.[24] Podem ser classificadas em:

- Adquiridas na comunidade.
- Adquiridas no hospital ou nosocomiais.
- Pneumonia no hospedeiro imunocompetente.[28]
- Os pacientes submetidos ao transplante de fígado são mais susceptíveis às doenças oportunistas devido ao uso de imunossupressores para evitar rejeição do órgão, sendo a pneumonia a infecção mais comum no pós-operatório.

Insuficiência respiratória. A insuficiência respiratória pode ocorrer tanto no pós-operatório imediato quanto no tardio por diversos fatores, como infecções respiratórias (vírus, protozoários e fungos) e em alguns casos associada a hipervolemia.[6,20]

Paresia do diafragma. Segundo muitos autores, a paresia diafragmática é um problema muito comum no pós-operatório de transplante de fígado. Essas lesões podem ser reversíveis, dependendo da gravidade, demorando em média 6 meses para retornar ao normal. O mecanismo da alteração pode ser lesão do diafragma ou do nervo frênico durante o procedimento. A extensão da manipulação do diafragma varia no transplante de acordo com o método operatório. No método convencional, o posicionamento da pinça vascular utilizada para pinçar a veia cava inferior acima do fígado junto com parte do diafragma pode determinar lesão do nervo frênico direito.[10,25] No método *piggyback*, a manipulação do diafragma é reduzida, já que o fígado é ressecado, com preservação da veia cava inferior. Além disso, nesse método o pinçamento da veia cava é lateral, sem englobar o diafragma.[17]

ROTINA DE AVALIAÇÕES PRÉ-OPERATÓRIAS NO TRANSPLANTE DE FÍGADO

Todo paciente submetido ao transplante de fígado é previamente avaliado pela equipe multiprofissional. As avaliações pré-operatórias são realizadas no momento em que o paciente é incluído na lista de espera para o transplante. Cada profissional deverá realizar uma avaliação minuciosa, pois esta será de grande importância não só para determinar se o paciente está preparado para a cirurgia, como também para estabelecer um programa de tratamento pós-operatório.

FISIOTERAPIA

O fisioterapeuta integra a equipe multiprofissional, e tornou-se responsável pela assistência ventilatória e motora desses pacientes. A fisioterapia respiratória é iniciada desde o pré-operatório, trazendo inúmeros benefícios, porém raramente é realizada de maneira isolada, ou seja, é sempre que possível associada aos exercícios motores, auxiliando na prevenção ou correção de deformidades, incentivando o retorno precoce do indivíduo às suas atividades. As indicações e utilizações das técnicas não devem ser feitas de forma indiscriminada, pois isso pode afetar negativamente as condições clínicas do paciente.

OBJETIVOS DA FISIOTERAPIA

- Prevenção de complicações ou mesmo doenças e seus agravamentos.
- Manter as vias aéreas livres e desobstruídas.
- Promover expansão pulmonar.
- Desmame da ventilação mecânica.
- Prevenir, manter e melhorar as condições funcionais do aparelho respiratório.
- Reeducar a respiração, evitando gastos energéticos desnecessários.
- Promover relaxamento muscular.
- Promover condicionamento físico.
- Fortalecer todos os grupos musculares, inclusive de assoalho pélvico.
- Corrigir alterações posturais no pós-operatório.
- Alongamento muscular.
- Treinar marcha nos pacientes com alteração do equilíbrio e coordenação.

PROGRAMA DE ATENDIMENTO FISIOTERAPÊUTICO

1. Ambulatório
   - Avaliação fisioterapêutica pré-operatória.
   - Esclarecimento sobre o serviço de fisioterapia, assim como a cirurgia e suas complicações.
   - Orientação quanto à importância da fisioterapia e quanto aos exercícios realizados.
   - Acompanhamento fisioterapêutico após alta hospitalar.
2. Enfermaria
   - Avaliação fisioterapêutica realizada no dia da internação hospitalar.
   - Atendimento fisioterapêutico do pós-operatório imediato até o dia da alta hospitalar.

AVALIAÇÃO FISIOTERAPÊUTICA

A avaliação fisioterapêutica tem como objetivo conhecer o paciente, fornecer informações quanto ao procedimento cirúrgico, a importância da fisioterapia na prevenção e no tratamento de infecções pulmonares.

A avaliação pré-operatória consta de:[11,13,29]

- *Dados pessoais* (nome, idade, sexo, cor, naturalidade, nacionalidade; profissão, religião e estado civil).
- *Peso e altura,* podendo assim classificar o indivíduo em distrófico, eutrófico ou de sobrepeso, através do índice de massa corpórea.
- *História pregressa da doença:* incluindo antecedentes pessoais (cirurgias prévias, doenças associadas – cardíacas, neurológicas, hipertensão, diabetes, entre outras – uso de drogas, etilismo) e antecedentes pulmonares (tabagismo, doenças pulmonares prévias como bronquite, pneumonia, asma, tuberculose, ou, ainda, presença de derrame pleural freqüentemente associado à presença de ascite).
- *História da doença atual* (quando e como se iniciou a doença e as queixas atuais).
- *Exame físico:* na inspeção é possível avaliar alterações específicas do hepatopata, como alterações cutâneas (eritema palmar, telangiectasias mais comuns nas regiões da base do pescoço, face e dorso da mão), ginecomastia (observada nos doentes com hepatite crônica ativa devido à alteração endócrina e naqueles que fazem uso de diuréticos), icterícia e hálito hepático (odor adocicado característico do paciente cirrótico); presença de edemas, manchas, cicatrizes, feridas, sondas e catéteres.
- *Avaliação respiratória:* ritmo respiratório, padrão respiratório, tipo de tórax, expansibilidade torácica, mobilidade do diafragma, perimetria torácica e abdominal e percussão torácica. Avaliação da musculatura respiratória, incluindo a força desses músculos realizada de forma indireta pela medida da pressão inspiratória máxima ($PI_{máx}$) e pressão expiratória máxima ($PE_{máx}$). Também são avaliados por meio de um ventilômetro o volume-minuto, o volume corrente (VC) e a capacidade vital. Verifica-se também a ausculta pulmonar, a saturação de pulso de oxigênio (SaO_2), tosse e secreção pulmonar.
- *Avaliação motora:* avaliam-se a força muscular, dinamometria de membros superiores, trofismo muscular, perimetria dos membros inferiores e amplitude de movimento;
- *Avaliação postural* (deformidades congênitas ou adquiridas pela doença).

Além de uma avaliação detalhada, são também necessárias orientações quanto ao:

- *Procedimento cirúrgico:* local e tamanho da incisão, tempo de cirurgia.
- *Tratamento fisioterapêutico:* a importância da fisioterapia na prevenção e no tratamento de complicações pulmonares, assim como instruções sobre exercícios respiratórios realizados no pós-operatório e importância da deambulação.

Todos os pacientes avaliados no pré-operatório são orientados a retornar 1 mês, 3 meses, 6 meses e 1 ano depois do transplante, a fim de acompanhar toda a sua evolução e para atendimento nos casos em que houver necessidade.

PÓS-OPERATÓRIO IMEDIATO (ATÉ A EXTUBAÇÃO)

A fisioterapia é fundamental no pós-operatório do transplante de fígado. No entanto, não existe um protocolo comum para todos os pacientes submetidos à cirurgia. Assim, a fisioterapia é realizada conforme as necessidades ou particularidades de cada paciente. Além disso, não é determinado o tempo ou o número de repetições para cada tipo de terapia, pois isso também é adequado às condições do paciente.

Ao chegar do centro cirúrgico, o paciente é recebido na Unidade de Terapia Intensiva, onde é colocado sob ventilação mecânica. Uma avaliação fisioterapêutica detalhada é realizada para analisar as condições clínicas do paciente, possibilitando um tratamento adequado.

O fisioterapeuta deve manter o paciente em um posicionamento adequado e avaliar os parâmetros hemodinâmicos, tais como: pressão arterial, freqüência cardíaca, traçado do eletrocardiograma e pressão venosa central. Nível de consciência, reflexo pupilar, presença de drenos, sondas e catéteres, pontos de sangramento e edemas também devem ser cuidadosamente observados. Devem ser realizadas a ausculta pulmonar, a avaliação da radiografia de tórax e a gasometria arterial. No caso de o paciente apresentar-se secretivo, devem ser realizadas as manobras para a higienização brônquica.

O fisioterapeuta é o responsável pelo controle dos parâmetros do ventilador, bem como pela avaliação das condições da cânula orotraqueal, seu posicionamento e pressão do balonete. Os parâmetros utilizados na ventilação mecânica variam para cada tipo de paciente, porém normalmente são iniciados da seguinte maneira:

- *Modalidade ventilatória:* assistido-controlada, a volume ou a pressão.
- *Volume corrente:* 6 a 8 ml/kg.

- *Freqüência respiratória:* 12 ipm.
- *Fração inspiratória de oxigênio FiO_2:* o suficiente para manter $PaO_2 \geq 80$ mmHg.
- *Fluxo:* 40 a 60 l/min/ou tempo inspiratório necessário para manter relação I:E de 1:2.
- *PEEP:* 3 cmH_2O.

Preconiza-se o uso de baixos valores de PEEP, uma vez que esta leva a diminuição do retorno venoso, causando resistência à saída do sangue hepático, com conseqüente aumento da pressão no sistema portal. Apesar de esses efeitos não serem claros na literatura, a prática clínica mostra que o uso de PEEPs elevadas promove aumento de ascite, sangramentos digestivos e sofrimento hepático.

A partir da recuperação do estímulo respiratório, inicia-se o desmame do ventilador. Quando os parâmetros mínimos são atingidos (FR = 20 rpm, pressão de suporte = 5 a 8 cmH_2O, $SaO_2 \geq 94\%$ com $FiO_2 \leq 40\%$), força e ventilometria adequados ($PI_{máx} \leq$) – (30 cmH_2O e $PE_{máx} \geq$) + (30 cmH_2O; FR/VC ≤ 100, relação $PaO_2/FiO_2 \geq 200$), estabilidade hemodinâmica, equilíbrio ácido-básico adequado e nível de consciência aceitável, a extubação é realizada.[5]

O paciente deve ser orientado quanto ao procedimento de retirada da cânula. Além disso, o fisioterapeuta realizará a higienização brônquica para manter o trato respiratório em condições adequadas para a extubação. Imediatamente após a extubação, o paciente receberá um suplemento de oxigênio para manter $SaO_2 \geq 95\%$.

O tempo que cada paciente permanece intubado é bastante variado, sendo em média de 12 horas.[6] Durante o período em que o indivíduo permanece intubado, o fisioterapeuta deve manter a higiene brônquica e os pulmões expandidos.[7,16]

Em alguns casos o desmame é dificultado pela diminuição da força muscular desses pacientes, sendo necessária a realização de treinamento muscular. O uso de resistores lineares, do tipo "pressão-dependente", e a estimulação diafragmática são recursos que proporcionam força e propriocepção, respectivamente. O treinamento muscular deve ser realizado três vezes ao dia, pode ser iniciado com uma carga de 30 a 40% da $PI_{máx}$ e aumentada gradualmente. Esses exercícios devem ser realizados até que o paciente apresente uma respiração independente e um grau de força muscular satisfatório, permitindo a retirada da ventilação mecânica.

Os exercícios motores devem ser iniciados no pós-operatório imediato, desde que o paciente esteja estável hemodinamicamente, seja de forma passiva ou conforme a colaboração do paciente de forma ativa. A retirada precoce do leito é essencial, e o paciente deve pelo menos sentar-se em poltronas.

APÓS A EXTUBAÇÃO

O tratamento fisioterapêutico continua após a extubação, objetivando a expansão, a higienização pulmonar, a prevenção de atrofia muscular e de complicações pulmonares, visando à reabilitação completa e rápida. O paciente deve ser orientado quanto à importância da realização de exercícios, da manutenção do pulmão sem secreção e da deambulação.

A tosse deve ser sempre estimulada e treinada, pois ela é um mecanismo extremamente importante na eliminação da secreção. Quando o paciente não for capaz de tossir, mesmo com estimulação, a aspiração traqueal deve ser realizada.

A cinesioterapia respiratória através de exercícios como a inspiração fracionada e a apnéia máxima pós-inspiratória visa à expansão pulmonar. Também podem ser utilizados recursos mecânicos, tais como máscaras de CPAP, respiração com pressão positiva intermitente (RPPI), *flutter* e inspirômetros de incentivo. Esses exercícios devem ser realizados respeitando o limite e as condições de cada paciente, o número de repetições deve ser inicialmente curto e aumentado de acordo com a tolerância do paciente, e os exercícios devem ser realizados enquanto este apresentar alguma alteração pulmonar.

ALTA HOSPITALAR E FASE AMBULATORIAL

A alta hospitalar ocorre quando o paciente apresenta condição clínica satisfatória, e a média de internação dos pacientes do HCFMUSP é de 17 dias.[4]

Cabe ao fisioterapeuta orientar o paciente e seus familiares sobre os exercícios a serem realizados em casa, como a continuidade da cinesioterapia motora e respiratória.

REFERÊNCIAS BIBLIOGRÁFICAS

1. Andrade LM, Mies S, Figueira ERR, Massarollo PCB, Carvalho EM, Raia S. Functional evaluation in patients with familial amyloidotic polyneuropathy. 4th International Symposium on Familial Amyloidotic Polyneuropathy and other Transthyretin Related Disorders and the Third International Workshop on Liver Transplantation in Familial Amyloidotic Polyneuropathy. Umea, Sweden, June 1999.
2. Bennett J, Claude & Plum F. *Tratado de Medicina Interna.* Vol. I. 20ª ed. Rio de Janeiro: Guanabara-Koogan, 1997.
3. Busque S, Esquivel CO, Concepcion W, So SK. Experience with the piggyback technique without caval occlusion in adult orthotopic liver transplantation. *Transplantation* 1998;65:77–82.
4. Carvalho EM, Massarollo PCB, Isern MRM, Toledo NS, Kawacama J, Mies S, Raia S. Pulmonary evolution in conventional liver transplantation with venovenous bypass and the piggyback method. *Transplant Proc* 1999;31:3064–6.
5. Carvalho EM, Lima PA, Isern MRM, Massarolo PCB, Mies S, Raia S. Evaluation of predictive weaning indexes for mechanical ventilation in liver transplantation. *Transplant Proc* 1999;31:3053–4.
6. Carvalho EM, Mies S, Bongiorno R, Abdala E, Massarollo PCB, Raia S. Tipo de suporte ventilatório e evolução clínica da pneumonite por CMV ou *Pneumocystis carini* no transplante de fígado. *Transplantes* (Sociedad Argentina de Transplantes) 1998;4(2):14–6.
7. Costa D. *Fisioterapia Respiratória Básica.* 1ª ed. Rio de Janeiro: Atheneu, 1999.
8. Estrin JA, Belani KG, Ascher NL, Lura D, Payne W, Najarian JS. Hemodynamic changes on clamping and unclamping of major vessels during liver transplantation. *Transplant Proc* 1989;21:3500–5.

9. Gonçalves EL, Machado MCC, Bevilaqua RG. Apresentado no 21º Congresso Brasileiro de Gastroenterologia, Recife, 1969.
10. Gurakar A, Hassanein T, Van TDH. Right diaphragmatic paralysis following orthotopic liver transplantation. *J Okla State Med Assoc* 1995;88:149–53.
11. Irwin S, Tecklin JS. *Fisioterapia Cardiopulmonar.* 2ª ed. São Paulo: Manole, 1994.
12. Jovine E, Mazziotti A, Grazi GI, Ercolani G, Maseti M, Morganti OM *et al.* Piggyback versus conventional technique in liver transplantation: Report of a randomized trial. *Transpl Int* 1997;10:109–12.
13. Kisner C, Colby LA. *Exercícios Terapêuticos — Fundamentos e Técnicas.* 3ª ed. São Paulo: Manole, 1998.
14. Krowka MJ. Recent pulmonary observation in α1-antitrypsin deficiency, primary biliary cirrhosis, chronic hepatitis C, and other hepatic problems. In Chang S, Ohara N: *Clinics in Chest Medicine — The Lung in Liver Transplantation.* Philadelphia: WB Saunders, 1996.
15. Lianza S. Avaliação clínica da incapacidade. *In* Lianza S: *Medicina de Reabilitação.* Rio de Janeiro: Guanabara-Koogan, 1995.
16. Mackenzie CF, Cusla N, Imle CP, Klemic N. *Fisioterapia Respiratória em Unidade de Terapia Intensiva.* 1ª ed. São Paulo: Editorial Médica Panamericana, 1988.
17. McAlister VC, Grant DR, Roy A *et al.* Right phrenic nerve injury in orthotopic liver transplantation. *Transplantation* 1993;55:826–30.
18. Mies S, Massarollo PCB, Baia CES, Kallas MRE, Raia S. Liver transplant in Brazil. *Transplant Proc* 1998;30:2880–2.
19. Monteiro E, Perdigoto R, Furtado AL. Liver transplantation for familial amyloid polyneuropathy. *Hepato-Gastroenterology* 1998;45:1375–89.
20. O'Brien JD, Ettinger NA. Pulmonary complications of liver transplantation. *Clinics in Chest Medicine* 1996;17:99–114.
21. Pappas G, Palmer WM, Martineau GL, Penn I, Halgrimson CG, Groth G, Starzl TE. Hemodynamic alterations caused during orthotopic liver transplantation in humans. *Surgery* 1971;70:72–5.
22. Pomfret EA. Effect of orthotopic liver transplantation on the progression of familial amyloidotic polyneuropathy. *Transplantation* 1998;65:918–25.
23. Raia S, Silva LC, Pinto I *et al.* Monografia apresentada para a Academia Nacional de Medicina, 1969.
24. Robbins SL. *Patologia Estrutural e Funcional.* 5ª ed. Guanabara-Koogan, 1996.
25. Roy A, Lapointe R, Dagenais M *et al.* Paralysie diaphragmatic droite après transplantation hépatique. *Ann Chir* 1993;47:810–5.
26. Sherlock S. *Doenças do Fígado e do Sistema Biliar.* 8ª ed. Rio de Janeiro: Guanabara-Koogan, 1991.
27. Silveira IC. *O Pulmão na Prática Médica. Sintoma, Diagnóstico e Tratamento.* 3ª ed. Rio de Janeiro: Epume Editora de Publicações Médicas Ltda., 1992.
28. Tarantino AB. *Doenças Pulmonares.* 4ª ed. Rio de Janeiro: Guanabara-Koogan, 1997.
29. Thomson A, Skinner A, Piercy J. *Fisioterapia de Tidy.* 12ª ed. São Paulo: Santos Livraria Editora, 1994.
30. Tzakis A, Todo S, Starzl TE. Orthotopic liver transplantation with preservation of the inferior vena cava. *Ann Surg* 1989;210:649–52.

70 Pós-Operatório do Transplante Pulmonar

José J. Camargo • Gisela Martina B. Meyer

O transplante pulmonar emergiu nos últimos 20 anos como uma terapia salvadora para muitos pacientes com doença respiratória terminal e se estabeleceu como opção terapêutica para algumas doenças respiratórias refratárias ao tratamento convencional, medicamentoso ou cirúrgico.

Apesar dos avanços no entendimento dos fatores que influenciam o curso do transplante e de aprimoramentos no tratamento dos pacientes, a evolução clínica ainda apresenta complicações, como lesão de reperfusão, falência do enxerto, infecção, rejeição aguda e crônica, além de toxicidade a drogas indispensáveis no pós-transplante.

Nos primeiros anos de experiência em transplante pulmonar, toda a atenção das equipes estava focada em detalhes da técnica cirúrgica a fim de evitar complicações pós-operatórias precoces, como disfunção do enxerto e isquemia de via aérea do doador. Nesse período, a melhora na técnica cirúrgica e no modo de preservação do enxerto e o uso de biopsia transbrônquica como padrão ouro para diagnóstico de rejeição fizeram com que as intercorrências relacionadas ao ato cirúrgico diminuíssem muito. O rápido progresso no entendimento dos fatores que conduziam a complicações, bem como a experiência dos grupos no diagnóstico e tratamento das mesmas, fez com que se adicionasse maior tempo e qualidade de vida aos pacientes.

A mortalidade nos primeiros 30 dias está em torno de 10% e é causada, principalmente, por infecções e falência do enxerto. Nesse sentido, a adoção de drogas como rotina para profilaxia e/ou tratamento de infecções oportunistas, a detecção precoce de rejeição e a monitorização hemodinâmica contínua no trans e no pós-operatório têm auxiliado muito.

Neste capítulo, abordaremos as complicações clínicas e cirúrgicas mais freqüentes nos primeiros 30 dias pós-transplante, bem como algumas condutas de tratamento e prevenção das mesmas.

COMPLICAÇÕES CIRÚRGICAS

As complicações cirúrgicas são comparativamente menos comuns do que as clínicas, mas algumas delas merecem, pela maior incidência, uma abordagem mais detalhada. São elas:

- Hemorrágicas.
- Hiperinsuflação do pulmão nativo em enfisema.
- Brônquicas.
- Outras.

A ocorrência de sangramento no trans e no pós-operatório imediato em transplante de pulmão é bastante previsível. Pacientes portadores de enfermidades supurativas com aderências pleurais densas e vascularizadas, os que se submeteram a procedimentos cirúrgicos prévios, incluindo pleurodese ou pleurectomia parietal, e especialmente os que necessitam de circulação extracorpórea de apoio (CEC) são candidatos potenciais a sangramentos importantes. Nesses casos, além de cuidados especiais com a hemostasia, dissecção e hemostasia rigorosa de todas as estruturas pertinentes antes da instalação da CEC, tem sido recomendada a utilização de aprotinina como elemento minimizador do sangramento (Royston, 1992).

Na maioria das vezes, o sangramento é autolimitado, e o tratamento se restringe à observação clínica e à reposição das perdas. A monitorização laboratorial hematológica é fundamental para o diagnóstico precoce e o tratamento das coagulopatias. Quando as perdas são superiores a 200 ml hora e por mais de 4 horas seguidas, indica-se o tratamento cirúrgico. Se o sangramento é precoce, ou seja, nas primeiras 48 horas de pós-operatório, a grande probabilidade de sangramento ativo recomenda a indicação de reintervenção, com abertura da toracotomia e ampla exposição da cavidade e revisão dos pontos de sangramento. Depois de 48 horas e, especialmente, com a evidência de coágulos pleurais, está indicada a pleuroscopia com ou sem auxílio de videotoracoscopia. Evitar a toracotomia, nessa situação, representa uma vantagem apreciável, especialmente na redução da morbidade e dos riscos de infecção pleural, substancialmente aumentada nas reintervenções tardias pela colonização inevitável da ferida cirúrgica por germes hospitalares. Além disso, na chamada síndrome do coágulo, o sangramento é usualmente decorrente de um porejamento secundário a uma atividade proteolítica localizada e raramente se encontra um vaso sangrante.

No transplante unilateral por enfisema, outro risco potencial é o de hiperinsuflação do pulmão nativo. Com um regime ventilatório que propicie volume inspiratório pequeno (<10 ml/kg) e tempo expiratório longo, e muito especialmente com o desmame precoce, essa dificuldade pode ser evidenciada, mas nos casos em que há necessidade de ventilação mecânica a hiperinsuflação pode ser um problema importante. A repercussão funcional hemodinâmica é maior quando o pulmão hiperinsuflado estiver à direita, devido à maior facilidade de compressão das câmaras cardíacas desse lado, de baixa pressão. A hiperinsuflação do pulmão esquerdo raramente traz grandes distúrbios hemodinâmicos, porque há um descenso mais fácil do hemidiafragma esquerdo, que não encontra a oposição do fígado, e também porque as cavidades cardíacas esquerdas são menos suscetíveis de serem comprimidas. Por essas razões, tem sido recomendado que o transplante por enfisema de distribuição simétrica seja feito, preferencialmente, à direita. Em um dos nossos casos, a hiperinsuflação do pulmão direito atingiu tais proporções que chegou a provocar parada cardíaca por tamponamento cardíaco, e foi necessária uma lobectomia inferior direita para a descompressão. Imediatamente todos os problemas hemodinâmicos desapareceram (Fig. 70-1).

Na maioria das vezes esse intervencionismo pode ser dispensado com o uso de medidas clínicas que visam a diminuir a tendência de alçaponamento de ar no pulmão nativo. Quando o uso de broncodilatadores e o regime ventilatório adequado não conseguem evitar a repercussão hemodinâmica da hiperinsuflação, recomenda-se a ventilação com intubação seletiva com tubo de Carlens, que, uma vez instalada, permitirá duas alternativas:

- Manter a ventilação com dois respiradores independentes. Ou
- Ventilar exclusivamente o pulmão transplantado, excluindo o pulmão hiperinsuflado, cujo ramo do tubo de Carlens é mantido aberto, observando-se então uma reabsorção gradativa do ar alçaponado.

De qualquer maneira, o mais importante na prevenção e no tratamento dessa complicação é o desmame do ventilador, tão precocemente quanto possível.

Nos casos em que se considera provável a ocorrência de hiperinsuflação do pulmão nativo, especialmente pela presença de bolhas grandes, existem duas alternativas para enfrentar esse problema:

- Transplante duplo, recomendável principalmente em pacientes com menos de 50 anos de idade, considerando-se o melhor desempenho funcional do transplante duplo e a maior tolerância a eventuais perdas futuras decorrentes de bronquiolite obliterante.
- Transplante unilateral e cirurgia de redução de volume pulmonar contralateral, no mesmo tempo cirúrgico. Essa é uma boa alternativa, especialmente quando o doador não tem os dois pulmões aproveitáveis, o que é freqüente.

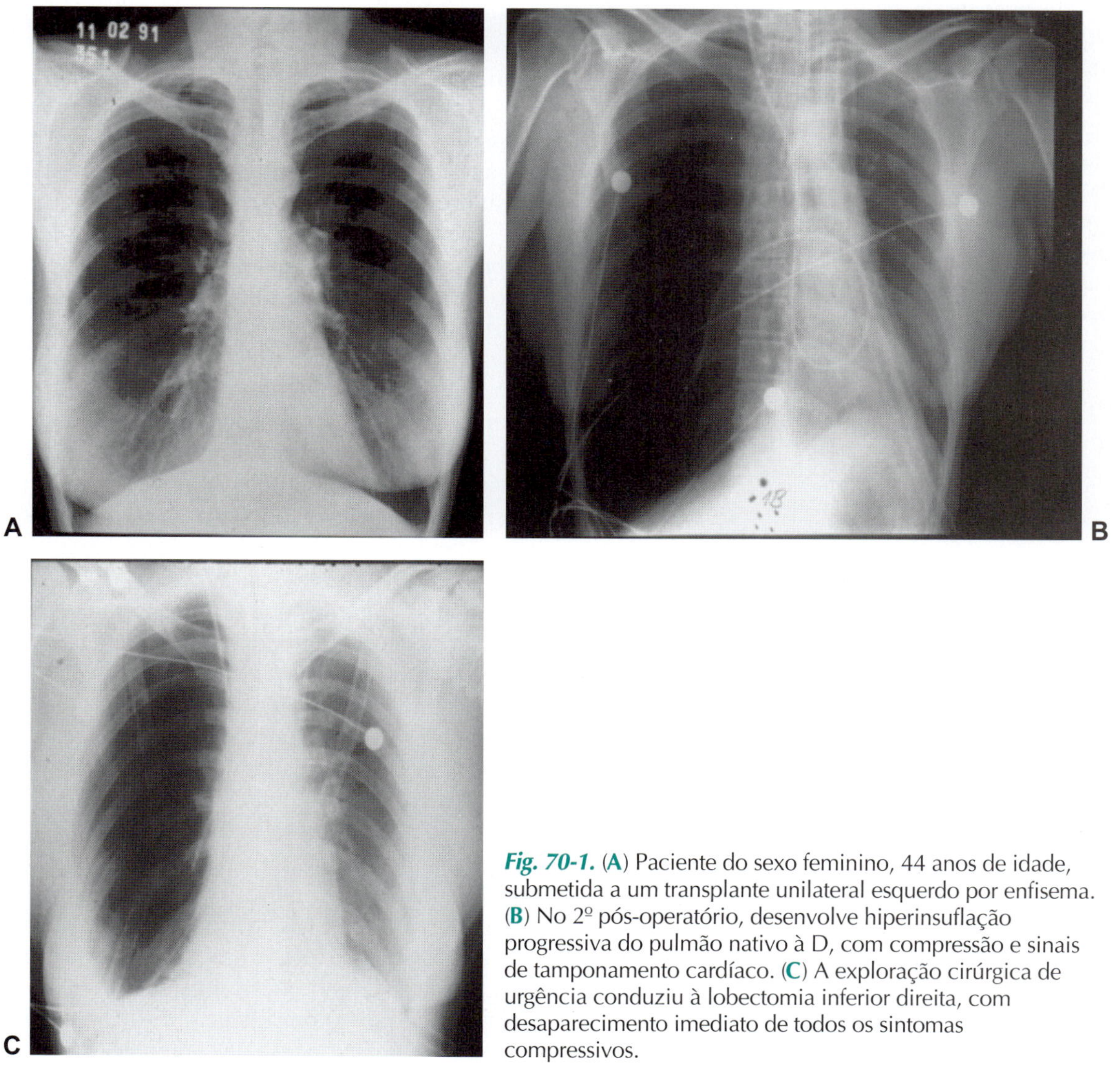

Fig. 70-1. (**A**) Paciente do sexo feminino, 44 anos de idade, submetida a um transplante unilateral esquerdo por enfisema. (**B**) No 2º pós-operatório, desenvolve hiperinsuflação progressiva do pulmão nativo à D, com compressão e sinais de tamponamento cardíaco. (**C**) A exploração cirúrgica de urgência conduziu à lobectomia inferior direita, com desaparecimento imediato de todos os sintomas compressivos.

Uma situação mais esporádica é a hiperinsuflação tardia e progressiva do pulmão nativo. Numa série de 53 pacientes transplantados por enfisema, tivemos 3 casos de hiperinsuflação gradual do pulmão contralateral até determinar insuficiência respiratória devido à compressão do pulmão transplantado pelo desvio do mediastino. Nesses casos, a redução de volume do pulmão nativo por ressecções múltiplas com suturas mecânicas (*stapler*) é a única possibilidade terapêutica.

As complicações brônquicas que representaram o maior problema do transplante pulmonar em sua fase inicial se tornaram muito menos freqüentes, mas ainda seguem sendo uma causa expressiva de morbidade e representam cerca de 7% das mortes precoces (menos de 90 dias), segundo o *International Registry for Lung Transplant,* St. Louis, EUA (1997).

Como a circulação brônquica do doador não é conectada à do receptor durante o transplante, o brônquio implantado terá a sua perfusão dependente da circulação pulmonar retrógrada e das conhecidas comunicações que existem entre a circulação pulmonar e brônquica. Sendo assim, a primeira medida técnica importante consiste em amputar o brônquio do doador bem próximo da carena lobar para que a extensão de brônquio isquêmico seja a mais curta possível. Por outro lado, é perfeitamente previsível que qualquer problema com a microcirculação pulmonar, decorrente de lesão de reperfusão, rejeição precoce, edema ou o que seja, repercuta imediatamente sobre a perfusão brônquica que funciona como a circulação terminal do sistema. E, mesmo quando nenhuma intercorrência comprometer a microcirculação pulmonar, a perfusão brônquica por via retrógrada se fará por sangue venoso e de baixo fluxo, o que quer dizer que alguma isquemia do coto brônquico é inevitável.

A técnica de telescopagem brônquica, já referida, aparentemente aumenta a proteção da anastomose, reforçando a porção cartilaginosa, que, por ser a porção brônquica menos perfundida, se torna a mais suscetível de desenvolver necrose por isquemia. A cobertura da anastomose com epíploon, ao contrário do que se supôs no início da década de 80 (Goldberg, 1981), não reduz a chance de complicações brônquicas (Patterson, 1994), e acrescenta, isso sim, um aumento de morbidade pela adição da laparotomia.

A nossa estratégia atual é recobrir a anastomose com tecido peribrônquico disponibilizado por uma dissecção planejada que preserva o tecido conjuntivo que reveste os brônquios do doador e do receptor, de maneira que, ao se completar a anastomose brônquica, haja tecido redundante dos dois lados, permitindo a cobertura da linha de sutura com tecido viável.

O processo de cicatrização brônquica é seguido no pós-operatório por endoscopias diárias enquanto o paciente estiver intubado, e a cada semana depois disso, até a alta hospitalar. Entre 4 e 6 semanas, a cicatrização brônquica se estabelece de maneira definitiva.

Couraud (1991) propôs uma classificação para a avaliação endoscópica da lesão isquêmica da via aérea pós-TX de pulmão:

- *Tipo I:* via aérea com aparência normal.
- *Tipo II:* presença de necrose e/ou deiscências parciais envolvendo a linha de sutura.
- *Tipo III:* presença de extensa necrose e/ou deiscência envolvendo a anastomose.
- *Tipo IV:* áreas de necrose grosseira distal à anastomose.

Alguma área necrótica envolvendo a anastomose é bastante freqüente e usualmente não tem nenhum significado clínico. As necroses limitadas (Tipo II) da porção membranosa geralmente cicatrizam sem seqüelas estenóticas, exigindo apenas a remoção de crostas ou de tecido de granulação, enquanto as necroses mais extensas (Tipo III), e especialmente quando envolvendo amplamente a porção cartilaginosa em geral, evoluem para a estenose brônquica durante a fase cicatricial e necessitam de tratamento específico, com dilatações e eventualmente próteses brônquicas (Patterson, 1993).

Existem no mercado diversos modelos de próteses: as de silicone, temporárias e facilmente removíveis, e que funcionam bem em estenoses suficientemente rígidas para sustentar a prótese, e as de metal (Higgins, 1995), que, pela dificuldade de remoção, seriam, em princípio, definitivas. Na nossa experiência, as próteses de Hood e especialmente as de Dumond são adequadas para a subtotalidade dos casos. As próteses auto-expansíveis de Palmaz ou de Schneider são excelentes para qualquer tipo de estenose, e exclusivas para as estenoses funcionais decorrentes de broncomalacia, nas quais as próteses comuns são algumas vezes inadequadas pela ausência de enrijecimento parietal que sustente a prótese. Infelizmente, as próteses auto-expansíveis americanas são excessivamente caras para a nossa realidade. Recentemente surgiu no mercado uma prótese auto-expansível de procedência colombiana (Techostent), de boa qualidade e a preço mais acessível.

Nas necroses brônquicas precoces com deiscência e fístula broncopleural ou, ainda mais grave, broncoarterial, a evolução costuma ser catastrófica. Nesses casos, a reintervenção é infrutífera, e o retransplante, apesar dos riscos inerentes à perda de condição clínica, ainda representa a única alternativa de salvação, mas raramente haverá um doador disponível naquele momento crítico. Assim sendo, se a exploração endoscópica mostrar o brônquio viável distal à área necrótica, a exploração cirúrgica poderá permitir a reconstrução, eventualmente com sacrifício de um dos lobos, como tivemos oportunidade de executar em cinco de nossos pacientes com três sucessos.

No rol de outras complicações cirúrgicas, vale a pena referir algumas situações que são relativamente freqüentes: 1) a ocorrência de pneumotórax contralateral em transplante simples, relacionado à progressão da doença de base e que pode representar uma complicação grave e recorrente. Nesse caso, a pleurodese química pode ser empregada com sucesso. 2) Os pacientes que permanentemente utilizam corticóide apresentam incidência aumentada de úlcera péptica. Na nossa série de 124 pacientes, tivemos três casos de úlceras gástricas perfuradas, e chamou-nos a atenção a total ausência de reação inflamatória, também atribuível à corticoterapia. Dois desses pacientes não tinham sinais de irritação peritoneal no exame clínico, e o diagnóstico foi feito com atraso, pela evidência de ar livre na cavidade peritoneal ao estudo radiológico. Da mesma maneira, na laparotomia deparamo-nos com úlceras abertas, com extravasamento livre de conteúdo gástrico para a cavidade peritoneal, sem nenhum indício de bloqueio da reação inflamatória. Dois dos três pacientes desenvolveram sepse e morreram nas 48 horas subseqüentes à laparotomia.

Ainda menos freqüentemente, podemos ter trombose no nível da anastomose venosa. O diagnóstico após o transplante é estabelecido em 9 a 24% dos pacientes, embora um estudo com uma série maior, de 87 pacientes, tenha encontrado a incidência de 15%. Ela pode assemelhar-se clinicamente a rejeição, infecção, insuficiência cardíaca ou sobrecarga de volume. As conseqüências após a sua instalação são catastróficas, como edema pulmonar severo, devido à obstrução do fluxo da veia pulmonar, levando à falência primária do enxerto e óbito.

Essa trombose venosa é definida como uma massa ecogênica aderente à parede da veia com movimentação independente ou com diferença na ecogenicidade, diagnosticada no ecocardiograma transesofágico (ETE), o qual tem sensibilidade de 100% e especificidade de 99% na detecção de trombos. É um método diagnóstico acessível e rápido, podendo ser utilizado até mesmo no transoperatório.

O tamanho do trombo formado e a velocidade do fluxo na anastomose conduzirão a forma de tratamento. A anticoagulação sistêmica é recomendada para os trombos médios e grandes com velocidade de fluxo elevada; a cirurgia de trombectomia está indicada nos grandes trombos e quando houver velocidade de fluxo acelerada, sugerindo obstrução severa. A conduta pode ser mais conservadora na presença de trombos pequenos e com mínima aceleração na velocidade do fluxo sangüíneo no local do trombo.

Também a lesão do nervo frênico, uni ou bilateralmente, a qual é uma complicação bem-documentada nas cirurgias cardíacas, pode ocorrer após o transplante pulmonar, sendo mais comum nos transplantes duplos em que se usa a via anterior e nos transplantes unilaterais por doenças supurativas, ou naqueles casos em que há adenomegalias volumosas no hilo pulmonar, como por exemplo em silicose. O diagnóstico é estabelecido por ultra-sonografia ou fluoroscopia. Pode ocasionar dificuldade no desmame da ventilação mecânica e, quando em ventilação espontânea, levar ao emprego de suporte ventilatório não-invasivo. O tempo de internação na UTI e de hospitalização pode aumentar, mas não há alteração nos resultados a longo prazo.

A história de cirurgias torácicas ou as drenagens torácicas prévias, ainda que eventualmente determinem maior sangramento, não representam aumento na morbidade e na mortalidade, ao contrário do que se observa quando há necessidade do uso de circulação extracorpórea.

COMPLICAÇÕES CLÍNICAS

Identificação e conduta trans e pós-operatória

Alterações no equilíbrio hemodinâmico

A administração de líquidos no trans e pós-operatório necessita de cuidado extremo e é um dos aspectos importantes na determinação da evolução do paciente nos dias subseqüentes. Para tanto, todos são monitorizados, desde o início da cirurgia, com catéter de Swan-Ganz. Com isso, temos uma idéia clara e instantânea da pressão pulmonar, pressão capilar e débito cardíaco e, assim, podemos interferir com a administração de cristalóides e colóides de forma mais adequada a manter o débito cardíaco normal, evitando-se o desenvolvimento de insuficiência renal e/ou edema pulmonar tão indesejáveis.

Efeitos da circulação extracorpórea

Apesar de envolver diversas complicações potenciais, o uso de circulação extracorpórea (CEC), muitas vezes, é inevitável, sendo inclusive perfeitamente previsível naqueles casos em que o paciente apresenta hipertensão pulmonar prévia.

Embora a CEC permita uma melhor estabilidade hemodinâmica e de oxigenação durante o procedimento, ela adiciona riscos significativos ao receptor, principalmente pelo desequilíbrio na permeação de fluidos, e pode favorecer o extravasamento de líquido para o extravascular, e nos fatores de coagulação, aumentando a perda sangüínea e determinando a necessidade de transfusão.

A CEC não somente aumenta a complexidade do procedimento e prolonga o tempo cirúrgico como também interfere com os mecanismos inflamatórios que produzem relaxamento vascular pulmonar, como cGMP endotélio-dependente e β-adrenérgicos, podendo agravar a hipertensão pulmonar. A sobrecarga de volume associada à CEC pode predispor a maior gravidade de edema alveolar no enxerto e a lesão de reperfusão, aumento na demanda de oxigênio e suscetibilidade a infecções, conduzindo a tempo prolongado de ventilação mecânica (VM). Trabalho publicado por Aeba e Griffith (1994) analisou os efeitos da CEC na disfunção precoce do enxerto pulmonar e demonstrou que a média da tensão de oxigênio arterioalveolar no grupo que a utilizou foi mais baixa que no controle (0,48 × 0,60 ($p = 0{,}025$).[1] Também o infiltrado pulmonar na radiografia de tórax nas primeiras 12 horas foi maior nesse grupo, com tempo de intubação mais prolongado e aumento da mortalidade precoce (Fig. 70-2).

Ventilação mecânica prolongada

Em geral, todos os pacientes são ventilados com técnicas padrões. A extubação é feita de acordo com as rotinas estabelecidas para trocas de gás, mecânica ventilatória e nível de consciência. A maioria é extubada dentro das primeiras 24-48 h pós-transplante. Alguns casos, com distúrbios vasculares pulmonares, lesão de reperfusão, edema ou sangramento, necessitam de maior tempo de VM. Quando, por alguma razão, há necessidade de VM prolongada, a manipulação da via aérea deve ser feita da forma mais asséptica possível, utilizando-se, para tanto, sistemas fechados de aspiração traqueal. O uso freqüente de fibrobroncoscopia é recomendável, tanto para a avaliação da anastomose quanto para a aspiração de secreções, que tendem a se acumular na vigência de próteses respiratórias, favorecendo atelectasias e infecções.

Nos casos de transplante unilateral por enfisema, é recomendável ventilar os pacientes com volume corrente baixo e tempo expiratório longo, evitando-se, assim, alçaponamento de ar e hiperinsuflação do pulmão nativo.

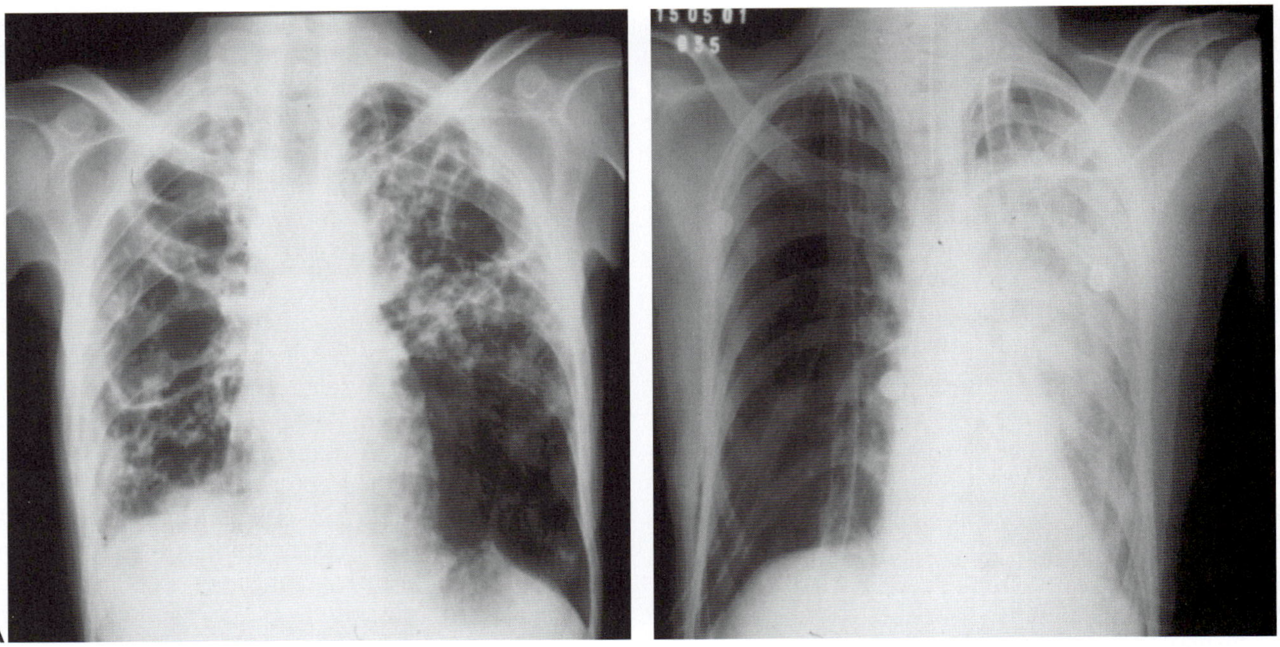

A B

Fig. 70-2. (**A**) Paciente com fibrose cística grave, encaminhado para transplante duplo seqüencial dos pulmões, iniciado pelo pulmão esquerdo, sem CEC. Durante o implante do segundo pulmão, à direita, houve necessidade de CEC. (**B**) Pós-operatório imediato, mostrando pulmão E com lesão de reperfusão severa, apesar de o tempo de isquemia ter sido curto (2 h). Enquanto isso, o pulmão D, com tempo de isquemia longo (4,5 horas), estava normal.

Papel do óxido nítrico no transplante pulmonar

Nos últimos anos, a introdução de óxido nítrico inalatório (NO) como auxiliar na conduta trans e pós-operatória de muitos receptores de transplante pulmonar favoreceu a redução de morbidade e mortalidade. O risco-benefício é muito variável, dependendo inclusive da enfermidade que conduziu ao transplante.

Em duas situações o óxido nítrico tem sido modernamente usado no intra-operatório de transplante de pulmão:

1. No momento em que é clampeada a artéria pulmonar para a pneumectomia do receptor, pode haver um aumento brusco da resistência vascular pulmonar, conduzindo a hipotensão, dessaturação e arritmias. O uso de óxido nítrico iniciado pouco antes do clampeamento pode manter níveis pressóricos na artéria pulmonar dentro de parâmetros aceitáveis e evitar a necessidade de CEC. O emprego profilático de NO é mais importante em pacientes com hipertensão pulmonar prévia e raramente necessário em doenças obstrutivas, com pressão pulmonar geralmente baixa.
2. Um segundo momento no qual o NO parece ser útil é após o implante do pulmão, quando pode ocorrer hipertensão pulmonar, secundária provavelmente a edema de baixa pressão, o qual está associado a vários fatores que incluem má preservação, tempo de isquemia aumentado, lesão de reperfusão, desnervação pulmonar e destruição da circulação linfática brônquica.
3. No pós-operatório é benéfico o uso de óxido nítrico no tratamento da lesão de reperfusão e da falência primária do enxerto.

Falência primária do enxerto

Essa complicação tem sido atribuída à má preservação pulmonar, à isquemia muito prolongada e, menos freqüentemente, à rejeição hiperaguda, e caracteriza-se por consolidação difusa, precoce e assimétrica, acompanhada de repercussão funcional catastrófica com hipertensão pulmonar, hipoxemia severa e, nas formas mais graves, hipercapnia. Numa publicação recente do grupo de Philadelphia, o percentual de falência precoce chegou a 15%, em relato de 100 transplantes consecutivos, com uma mortalidade de 9/15 (75%). O tratamento é basicamente de suporte, e muito esporadicamente se conseguirá a tempo um novo doador para retransplante. O emprego precoce de óxido nítrico tem conduzido a melhores resultados, e o uso de prostaciclina contínua, também atuando sobre a hipertensão pulmonar, parece efetivo.

Resposta ao reimplante pulmonar – lesão de reperfusão

A ocorrência de edema pulmonar não-cardiogênico no período do PO imediato é também denominada resposta pulmonar ao reimplante. Representa a lesão vascular à isquemia, após a reperfusão, devido ao aumento da permeabilidade capilar da microcirculação pulmonar, com conseqüente edema alveolar e intersticial.

A disfunção resultante desse edema é variável, desde um edema leve, sem repercussão funcional, até as formas mais graves que podem determinar a falência primária do enxerto.

O aparecimento da lesão de reperfusão é precoce, diferentemente de infecção ou rejeição, que só se manifestam usualmente depois de alguns dias. A ocorrência de lesão implica dificuldade de desmame da ventilação mecânica e, conseqüentemente, a manutenção de uma porta aberta para a infecção, responsável pela maioria das mortes precoces pós-transplante de pulmão.

A radiografia das primeiras 24 horas é considerada o mais importante elemento preditivo de tempo de terapia intensiva e de prognóstico. Quando o radiograma do primeiro dia se mostra limpo, isso significa que não houve lesão de reperfusão significativa, e a evolução em geral é favorável.

A lesão de reperfusão (IR) pode contribuir de forma significativa para a disfunção pulmonar no pós-operatório. Em recente estudo, os pacientes com lesão pulmonar com manifestações clínicas apresentaram maior mortalidade e morbidade hospitalar, resultando em ventilação prolongada, aumento da permanência na Unidade de Tratamento Intensivo (UTI) e hospitalar e aumento do custo hospitalar. A ocorrência da IR não foi dependente do tempo de isquemia do enxerto, mas teve aumento em sua incidência, com a presença de hipertensão pulmonar preexistente.

Conforme demonstrado por Schulman, através de análise multivariada, o único fator de risco para a mortalidade nos primeiros três meses é a presença de lesão de reperfusão no PO. A gravidade do infiltrado pulmonar no radiograma de tórax foi graduada usando a escala de 0, nenhuma infiltração, a 5, infiltração severa (Fig. 70-3).

O diagnóstico de IR é de exclusão e pode ser estabelecido se ocorrer nas primeiras 24 horas, através da presença de infiltrado no radiograma de tórax, hipoxemia, com $FiO_2 > 0{,}30$ para manter $PaO_2 > 65$ mmHg, pressão capilar pulmonar (POAP) < 12 mmHg e ausência de infecção e de rejeição. A IR geralmente piora com o tempo, alcançando o pico em 4 a 7 dias.

Sua patogenia não está completamente esclarecida. Sugere-se que várias citocinas e a formação de radicais de O_2 livres durante a reperfusão do enxerto estariam implicadas no processo. A isquemia e a reperfusão parecem ser essenciais para seu desenvolvimento.

Em casos em que houver hipóxia severa e instabilidade hemodinâmica, apesar da otimização do suporte ventilatório e

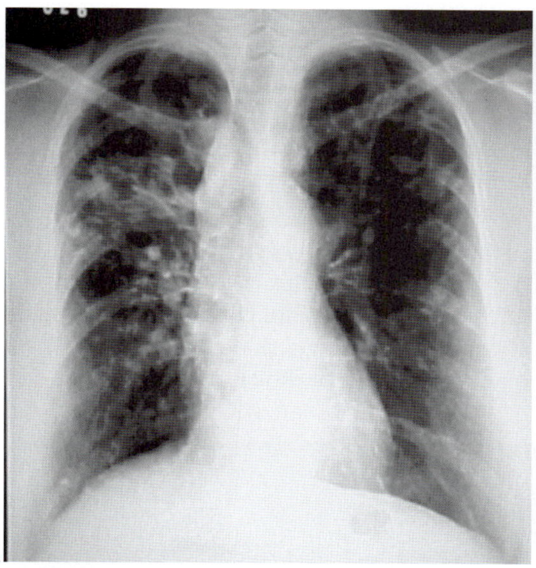
A

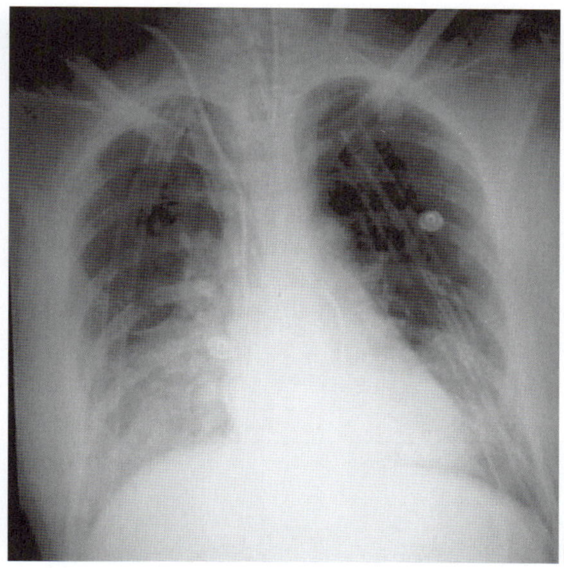
B

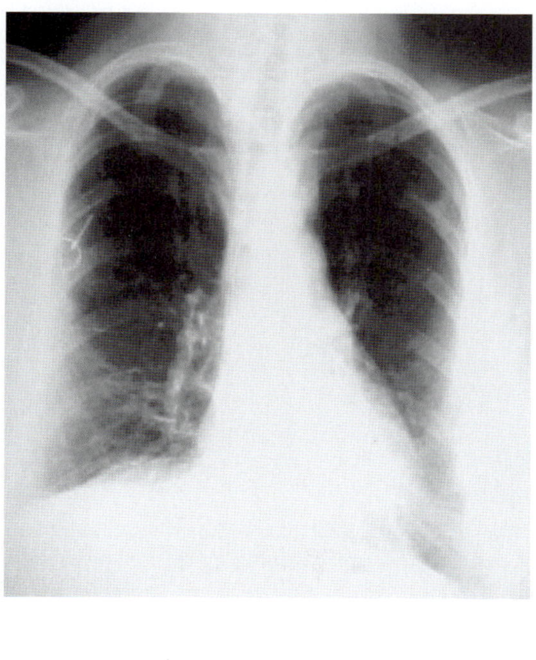
C

Fig. 70-3. (**A**) Paciente do sexo feminino, 33 anos de idade, portadora de fibrose cística. (**B**) Pós-operatório imediato de transplante bilateral com importante lesão de reperfusão, exigindo altas concentrações de O_2 e o uso de óxido nítrico com resposta satisfatória. (**C**) Controle de alta hospitalar com função pulmonar normal.

hemodinâmico, pode-se utilizar a circulação de membrana extracorpórea (ECMO). Dirk *et al* apresentaram um relato do uso de ECMO, usando a via femoral, à beira do leito, na Unidade de Tratamento Intensivo, evitando o acesso cardíaco, com melhora clínica em 50 horas e excelente evolução em longo prazo. No PO precoce, o retransplante está indicado em duas situações: falência primária do enxerto e complicações brônquicas. Segundo Wenkerle *et al*, a sobrevida dos pacientes transplantados em ventilação mecânica e no primeiro mês após o transplante é inferior quando comparada aos pacientes em condições estáveis e no período de PO tardio. O elevado índice de mortalidade geralmente é secundário a infecções, com evolução para sepse.

A reabsorção da lesão de reperfusão costuma ocorrer em poucos dias, e a persistência da consolidação deve alertar para outras causas de edema renitente, entre elas infecção, rejeição aguda ou, menos freqüentemente, trombose venosa.

Rejeição hiperaguda

Ocorre logo após o início da perfusão pulmonar, no transoperatório, desencadeando uma reação imunológica, com evolução para o óbito. É mediada por aloanticorpos pré-formados contra antígeno leucocitário humano (HLA) tipo I e II ou antígenos sangüíneos (ABO), que se ligam ao endotélio vascular e ativam imediatamente o sistema de complemento. O exame anatomopatológico evidencia edema pulmonar e hemorragia durante ou imediatamente após o transplante, com infiltrado intersticial neutrocitário e dano alveolar difuso, podendo ocorrer trombos de plaquetas e fibrina, vasculite em vênulas, necrose fibrinóide arterial ou arteriolar.

É diagnosticado através do resultado positivo do *cross-match*, que testa diretamente o soro do receptor, com gânglio linfático do doador. Na grande maioria das vezes, devido à necessidade de o tempo de isquemia ser o mais breve possível, não se pode aguardar o resultado.

Rejeição aguda

É mediada por linfócitos T, desencadeada pelo reconhecimento dos aloantígenos do doador, e culmina com lesão inflamatória do enxerto. Cerca de 75% dos pacientes desenvolvem rejeição aguda (RA) no primeiro mês após um transplante pulmonar.

Passada a fase inicial, ela pode ocorrer em pacientes assintomáticos, e a biopsia transbrônquica de vigilância tem obtido esse diagnóstico entre 11 e 29% dos pacientes descritos em diferentes publicações.

A apresentação clínica inclui: febrícula ou elevação de 0,5°C na temperatura corporal basal, hipoxemia ou queda de 10 mmHg da PaO_2 basal, dispnéia, tosse seca, mal-estar, desconforto generalizado, ansiedade, queda ≥ 10% no volume expiratório no final do primeiro segundo (VEF_1) e a rápida resposta à terapêutica instituída.

A radiografia de tórax é inespecífica, mas há achados sugestivos, como infiltração peri-hilar, edema intersticial, opacidades nos lobos inferiores e derrame pleural (Fig. 70-4). Na evolução mais tardia, os achados radiológicos podem estar ausentes em até 80% dos casos (Otulana, 1990).

Se o paciente estiver com os drenos torácicos, pode ocorrer aumento da drenagem pleural de forma súbita. Na evolução pós-operatória tardia, o uso de espirômetro domiciliar tem sido recomendado, considerando-se que uma queda de 10% ou mais de FEV_1 em dois dias sucessivos é indicativa de rejeição ou infecção (Kukafka, 1997).[23]

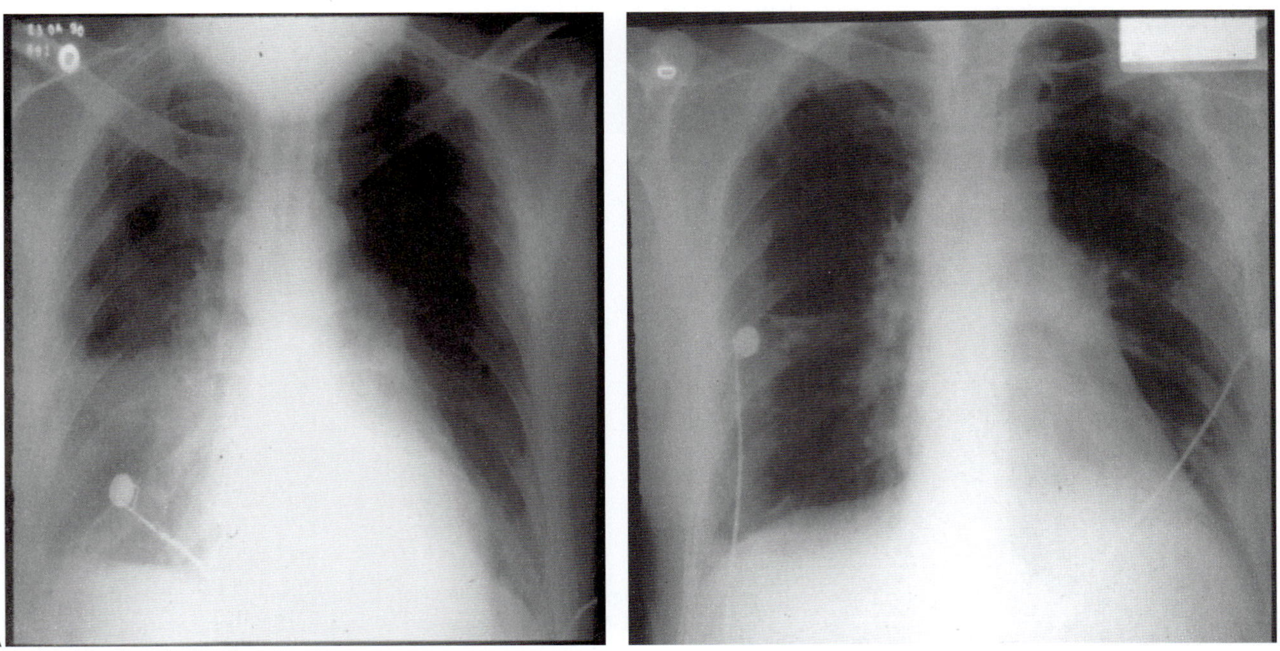

A B

Fig. 70-4. (**A**) Paciente do sexo masculino, 32 anos de idade, submetido a transplante unilateral à D por hipertensão pulmonar primária. No oitavo dia apresenta quadro clínico típico de rejeição aguda. (**B**) Seis horas depois da administração de 1 g de metilprednisolona as manifestações clínicas desapareceram e a melhora radiológica era evidente.

Na vigência de perda funcional aguda, o diagnóstico diferencial entre rejeição e infecção é fundamental, e nesse sentido a biopsia transbrônquica com lavado alveolar é considerada padrão ouro, chegando a 69% de efetividade (Trulock, 1992).[42]

Evidentemente, a disponibilidade de um patologista experiente é indispensável no reconhecimento de achados sugestivos de rejeição e daqueles que possam sugerir infecção, como, por exemplo, abundância de células inflamatórias, como polimorfonucleares, inclusões virais e bactérias ou outros microrganismos nas colorações específicas.

Em 1990, foi proposta por Yousem *et al* uma nova nomenclatura para classificar a rejeição aguda, conforme o grau de intensidade da infiltração de mononucleares.[48]

No exame anatomopatológico, são analisadas a presença e a intensidade da infiltração linfocítica perivascular, que servirão para definir o grau de rejeição aguda.

A atitude em face do paciente com suspeita de rejeição aguda é variável entre os diferentes serviços. Alguns grupos, diante do quadro clínico sugestivo, instituem a pulsoterapia e aguardam a resposta clínico-radiológica, que, quando se trata de rejeição isolada, costuma ser pronta e dramática. Não havendo a resposta prevista, procede-se à biopsia transbrônquica. Outros preferem fazer a biopsia inicialmente e retardam a pulsoterapia, sempre que possível, até que se obtenha a amostra anatomopatológica confirmadora.

No seguimento em longo prazo, a indicação de biopsias periódicas (*surveillance biopsies*) se justifica, na medida em que 25% dessas demonstram a presença de rejeição aguda. Entretanto, seu uso sistemático em relação à redução do risco futuro de bronquiolite obliterante ainda não é consensual, e alguns grupos abandonaram essa prática depois de resultados decepcionantes (Tamm, 1997). Recentemente, sugeriu-se que a medida de óxido nítrico exalado seria um marcador sensível para o diagnóstico de rejeição aguda, num estudo numa população de 108 pacientes (Silkoff, 1998).[35]

■ *Tratamento da rejeição aguda*

As formas de rejeição mínima ou moderada ainda podem ser observadas, mas as formas mais severas são tratadas com aumento da imunossupressão, obtido com a administração de metilprednisolona (1 g IV/dia/3 dias), seguida do aumento da dose de prednisona para 1 mg/kg e a redução progressiva a cada 5 a 7 dias.

Tão raramente se observa algum paciente com rejeição corticorresistente, que esse diagnóstico deve sempre ser questionado, evitando-se o erro catastrófico de aumentar a imunossupressão em paciente que não respondeu à pulsoterapia. Na falta de resposta à pulsoterapia, o mais provável é que não se trate de rejeição, ou, pelo menos, que não se trate de rejeição pura. O aumento equivocado da imunossupressão em paciente portador de infecção, bacteriana, fúngica ou viral, pode significar a morte por sepse.

Na falta da resposta característica da suposta rejeição à pulsoterapia, a única atitude racional é indicar a biopsia imediata. Usualmente se inicia a investigação diagnóstica com a biopsia transbrônquica, e, se esta não for conclusiva, se avança para a biopsia a céu aberto, cuja indicação pode ser antecipada pela gravidade do caso.

Em pacientes com risco aumentado para infecção por citomegalovírus, o uso profilático de ganciclovir durante o aumento da imunossupressão tem se revelado efetivo, à semelhança do que já tinha sido observado em pacientes transplantados renais (Hibberd, 1995).[15]

O seguimento dos pacientes tratados para rejeição aguda envolve a obrigatoriedade de repetir a biopsia transbrônquica, para confirmar o efetivo controle do problema.

Alguns mostram tendência à rejeição aguda persistente, e, para esses, há terapêuticas alternativas:

1. Retratamento com altas doses de corticóide.
2. Substituição da azatioprina por micofenolato.
3. Substituição da ciclosporina por tacrolimus (FK506).
4. Ciclosporina em aerossol.
5. Anticorpos antilinfocíticos (OKT3, MALG, ATGAM).
6. Irradiação linfóide total.

É fundamental obter-se o controle efetivo dessa complicação, pois há indícios sugestivos de que sua recorrência seja fator de risco para o desenvolvimento futuro de bronquiolite obliterante (rejeição crônica).

INFECÇÕES

Bacterianas

A maioria das infecções no pós-operatório precoce é provocada por bactérias e causada por bacilos gram-negativos como a *Klebsiella pneumoniae* e a *Pseudomonas aeruginosa* e menos freqüentemente por *Staphylococcus aureus*. Pela experiência de Pittsburgh, a pneumonia ocorre em 35% dos pacientes nas primeiras semanas após o transplante, e aproximadamente três quartos são causados por gram-negativos, da família das *Enterobacteriaceae* e *Pseudomonas*. Após as duas primeiras semanas, *S. aureus* e *H. influenzae* também são notados.

O diagnóstico diferencial entre infecção e rejeição é muitas vezes difícil no período de PO precoce, no momento em que surge um infiltrado na radiografia de tórax e o paciente apresenta uma clínica mista. A biopsia transbrônquica com freqüência é inconclusiva, mostrando alterações inespecíficas, rotuladas como dano alveolar difuso. Isso entretanto não dispensa a fibrobroncoscopia, porque ela permite avaliar a quantidade e a natureza da secreção e coletar material para cultura.

O tratamento inicial é empírico, exceto se houver cultura do período do pré-operatório, como na fibrose cística. Deve-se revisar as culturas dos materiais coletados dos cotos brônquicos do doador e do receptor durante o transoperatório e inclusive da solução de preservação.

Os pacientes com fibrose cística em geral não apresentam maior incidência de infecções pós-operatórias em relação às outras patologias, mas, se apresentarem colonização por bactérias multirresistentes, como *Burkholderia cepacia* e fungos, como *Aspergillus* spp, cursam com maior mortalidade no período de PO precoce.

Virais

A infecção viral mais importante, não só pela freqüência (cerca de 40% dos casos antes da profilaxia de rotina), mas também pela gravidade, é a provocada pelo *Citomegalovírus*.

A infecção prévia, estabelecida por contato sexual ou por elementos do sangue, é muito freqüente e permanece latente por toda a vida. Nos EUA, mais da metade da população adulta tem sorologia positiva para CMV. Na nossa série de pacientes avaliados para transplante pulmonar, esse índice ultrapassa 70%.

A infecção por CMV, no paciente transplantado, pode ocorrer por três caminhos:

- Através do transplante de um órgão de um doador com sorologia positiva.
- Através da transfusão de sangue ou elementos do sangue contaminados.
- Por ativação do vírus latente no receptor soropositivo.

Um aspecto importante é a distinção entre infecção por CMV e doença por CMV. Nem todos os pacientes com infecção por CMV vão apresentar manifestações de doença.

A "infecção" é caracterizada pelo achado do vírus no sangue, no lavado alveolar e em outros tecidos, pela soroconversão ou pelo aumento súbito dos níveis prévios dos títulos de IgG anti-CMV. Esses elementos podem ser encontrados em paciente assintomático. A "doença" é definida pela presença de inclusão citomegálica em preparações de células ou tecidos. As manifestações clínicas costumam estar presentes não de forma obrigatória.

O risco de desenvolvimento de infecção por CMV pós-transplante pode ser aumentado ou reduzido, dependendo de uma série de medidas. Em geral, ocorre em cerca de metade da população transplantada. O elemento de maior valor preditivo para essa complicação é o estado prévio do receptor e a sorologia do doador, sendo zero apenas na combinação de doador/receptor negativos. Nas outras três combinações possíveis o risco existe e é particularmente grande na situação de receptor (–) e doador (+).

Quando um receptor com sorologia negativa é infectado por algum elemento sangüíneo contaminante, o risco de que a infecção evolua para a doença é de pelo menos 80%, o que tem sido atribuído à ausência de imunidade intrínseca para CMV. Nessa situação específica tem sido descrita uma mortalidade de 22%.

A pneumonia é a apresentação mais freqüente de uma infecção por CMV em transplantado de pulmão, mas outras infecções como hepatite, gastrenterite e colite têm sido descritas. No caso de pneumonia existem problemas de diagnóstico diferencial com rejeição aguda, devido à similitude da apresentação clínica e radiológica das duas situações. Para aumentar ainda mais o dilema diagnóstico, os pacientes com pneumonite por CMV mostram também um infiltrado inflamatório perivascular (Tazelaar, 1991), o que explica a melhora clínica e funcional parcial que esses pacientes apresentam depois de pulsoterapia, administrada na presunção diagnóstica equivocada de rejeição aguda.[38]

Um elemento importante para o diagnóstico diferencial é o tempo de evolução, considerando-se que rejeição pode ocorrer depois de 5 dias de pós-operatório, enquanto a viremia e a infecção por CMV ocorrem em torno de 40 e 55 dias de pós-operatório, respectivamente (Ettinger, 1993).[11]

A sorologia do doador e do receptor é verificada por ocasião do transplante para determinar a necessidade ou não de profilaxia. Com exceção da combinação doador/receptor negativa, todas as outras alternativas recomendam o uso de profilaxia antiviral. Posteriormente, uma quadruplicação do título sérico de CMV IgG ou o título positivo de CMV IgM indicam a ocorrência de contaminação recente.

Como a infecção por CMV aumenta a morbimortalidade do transplante, ela tem sido identificada com um fator de risco para a rejeição (Keenan, 1991).[20] Tem havido um interesse crescente pela profilaxia, e duas estratégias têm sido utilizadas: profilaxia universal de todos os receptores com risco (exceção ao receptor negativo que recebeu órgão de um doador negativo) e tratamento dos receptores que apresentam indícios de infecção, no sentido de impedir que evoluam para a doença.

A mais usada atualmente é a terapia antiviral com ganciclovir, e, aparentemente, o tempo de uso da droga no pós-operatório é um fator importante na eficácia do método (Fig. 70-5).

O uso combinado de imunoglobulina humana e ganciclovir em formas graves de doença por CMV parece vantajoso (Valantine, 1997).[44] O uso do aciclovir como profilático tem sido ineficiente (Bailey, 1993),[4] e o emprego de ganciclovir oral é ainda muito limitado. Aos pacientes que apresentam intolerância ao ganciclovir, desenvolvendo, por exemplo, leucopenia severa, o uso do foscarnet representa uma boa alternativa.

O tratamento da doença ativa é feito com ganciclovir durante 3-4 semanas, e a resposta costuma ser satisfatória, especialmente nos casos de doença pura. A associação, por exemplo, com infecções fúngicas aumenta muito a gravidade do quadro. O índice de recorrência é alto, mas pode ser reduzido por tratamentos mais prolongados (4-6 semanas).

A eficácia do tratamento antiviral pode ser potencializada pela redução da imunossupressão, o que evidentemente aumenta o risco de rejeição, que precisa sempre ser monitorada no curso das semanas seguintes.

Nas eventuais falhas do tratamento com ganciclovir, o uso de foscarnet é a melhor alternativa, mas a nefrotoxicidade é importante, especialmente quando essa droga é empregada em associação com a ciclosporina.

Outras infecções virais podem ocorrer pós-transplante de pulmão, mas todas são menos agressivas do que a infecção por CMV, entre elas: *herpes simples*, *influenza*, *vírus sincicial respiratório*, *parainfluenza* e *adenovírus*. Apesar de menos graves, tem sido sugerido que essas infecções podem aumentar o risco de desenvolvimento ulterior de bronquiolite obliterante, ainda que isso não esteja definitivamente estabelecido (Palmer, 1998).

O *herpes* pode causar traqueobronquite e pneumonite, mas essas infecções são usualmente evitadas com o uso profilático de aciclovir nos pacientes com sorologia positiva. Ganciclovir e foscarnet também são efetivos contra o herpes.

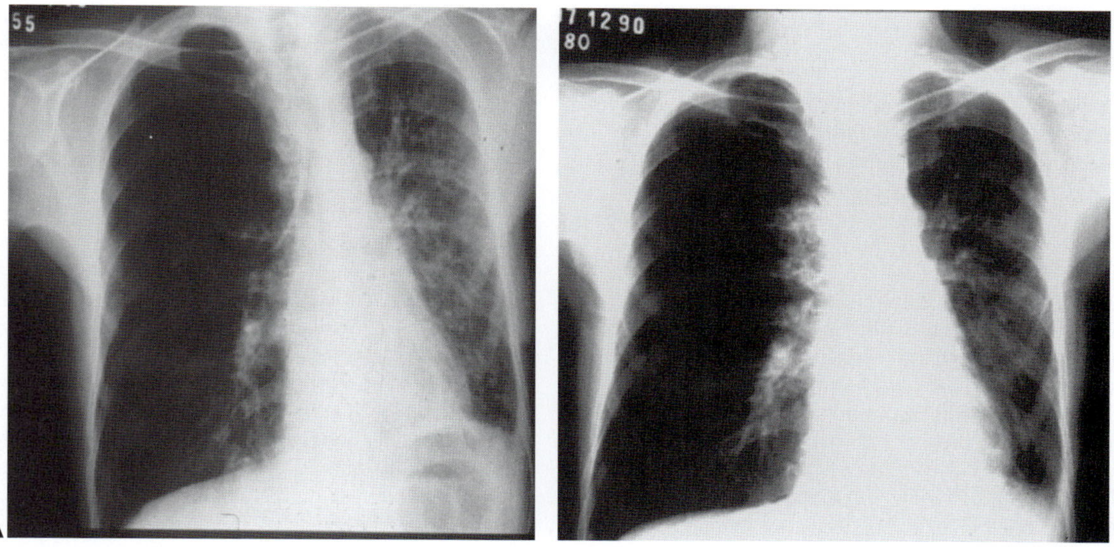

A B

Fig. 70-5. (**A**) Infiltrado pulmonar difuso do pulmão esquerdo, depois de 90 dias de um transplante unilateral por enfisema. A biopsia transbrônquica revelou inclusão citomegálica. (**B**) Controle radiológico depois de um mês de tratamento com ganciclovir, mostrando remissão radiológica completa.

A infecção por *Herpes simplex* tornou-se causa rara de morbidade e mortalidade, desde que se iniciou a profilaxia com ganciclovir para CMV, ou, se não fosse necessário, com aciclovir para herpes.

O uso de vacina anual antiinfluenza tem sido recomendado, mas o seu efeito protetor não é uniforme.

A infecção por *vírus sincicial respiratório* em geral é sazonal (meses de inverno), enquanto o *parainfluenza* ocorre durante todo o ano. O diagnóstico é feito através do lavado alveolar (ELISA ou cultura viral para o *vírus sincicial* e cultura do *parainfluenza)*. Essas duas infecções virais juntas somam de 10 a 20% das infecções de via aérea inferior de pacientes transplantados de pulmão. O tratamento com ribavirina em geral é bem-sucedido.

COMPLICAÇÕES GASTRINTESTINAIS

Quase a metade dos pacientes apresenta uma ou mais complicações gastrintestinais. As mais comuns são sensação de plenitude, anorexia, náuseas e vômitos, devido a efeitos colaterais das medicações e dos anestésicos e devido à presença de íleo paralítico. Outras mais graves são megacólon, isquemia intestinal e colite. Como os sintomas são freqüentemente sutis, o diagnóstico pode ser retardado e aumentar a mortalidade e a morbidade.

A gastroparesia é diagnosticada através de endoscopia ou de radiogramas e resulta da manipulação do nervo vago durante o transplante. É mais comum no transplante bilateral ou de coração-pulmão. Apresenta-se como intolerância à dieta via oral, distensão gástrica, dor e vômitos. O tratamento consiste na suspensão dos analgésicos, sedativos, bloqueadores dos canais de cálcio e o uso de pró-cinéticos, como metoclopramida. Há aumento do risco de aspiração, desnutrição e imunossupressão insuficiente.

REFERÊNCIAS BIBLIOGRÁFICAS

1. Aeba R, Griffith BP *et al.* Effect of cardiopulmonary bypass on early graft dysfunction in clinical lung transplantation. *Ann Thorac Surg* 1994;57:715–22.
2. Aguado JM, Gomez-Sanchez MA, Lumbreras C, Delgado J *et al.* Prospective randomized trial of efficacy of ganciclovir versus that of anti-cytomegalovirus (CMV) immunoglobulin to prevent CMV disease in CMV-seropositive heart transplant recipients treated with OKT3. *Antimicrob Agents Chemother* 1995;39:1643.
3. Aris RM, Gilligan PH, Neuringer IP *et al.* The effect of panresistent bacteria in cystic fibrosis patients on lung transplant outcome. *Am J Respir Crit Care Med* 1997;155:1699.
4. Bailey TC, Trulock EP, Ettinger NA *et al.* Failure of prophylactic ganciclovir to prevent cytomegalovirus disease in recipients of lung transplants. *J Infect Dis* 1992;165:548.
5 Bando K, Paradis IL, Komatsu K *et al.* Analysis of time-dependent risks for infection, rejection and death after pulmonary transplantation. *J Thorac Cardiovasc Surg* 1995;109:49.
6. Chan CC, Abi-Saleh WJ, Arroliga AC *et al.* Diagnostic yield and therapeutic impact of flexible bronchoscopy in lung transplant patients. *J Heart Lung Transplant* 1996;15:196.
7. Chaparro C, Maurer JR, Chamberlain D, De Hoyos A, Winton T, Westney G, Kesten S. Causes of death in lung transplant recipients. *J Heart Lung Transplant* 1994;13:758–66.
8. Dauber JH, Paradis IL, Dummer JS. Infectious complications in pulmonary allograft recipients. *Clin Chest Med* 1990;11:291.
9. Detterbeck FC. Lung transplantation after precious thoracic surgical procedures. *Ann Thorac Surg* Jul 1995;60(10):139–43.
10. Egan JJ, Barber L, Lomax J *et al.* Detection of human cytomegalovirus antigenaemia: a rapid diagnostic technique for predicting cytomegalovirus infection/pneumonitis in lung and heart transplant recipients. *Thorax* 1995;50:9.

11. Ettinger NA, Bailey TC, Trulock EP *et al.* Cytomegalovirus infection and pneumonitis: impact after isolated lung transplantation. *Am Rev Respir Dis* 1993;147:1017.
12. Flume PA, Egan TM, Paradowski LJ *et al.* Infectious complications of lung transplantation. Impact of cystic fibrosis. *Am J Respir Crit Care Med* 1994;149:1601.
13. Gammie JS, Cheul Lee J *et al.* Cardiopulmonary bypass is associated with early allograft dysfunction but not death after double-lung transplantation. *J Thorac Cardiovasc Surg* Mai 1998;115(5):990–7.
14. Guilinger RA, Paradis IL, Dauber JH *et al.* The importance of bronchoscopy with transbronchial biopsy and bronchoalveolar lavage in the management of lung transplant recipients. *Am J Respir Crit Care Med* 1995;152:2037.
15. Hibberd PL, Tolkoff-Rubin NE, Conti D *et al.* Preemptive ganciclovir therapy to prevent cytomegalovirus disease in cytomegalovirus antibody-positive renal transplant rejection. A randomized controlled trial. *Ann Intern Med* 1995;123:18.
16. Hosepud JD, Bennett LE *et al.* The Registry of the International Society for Heart and Lung Transplantation: Seventeenth Official Report — 2000. *J Heart Lung Transplant* 2000;19:909–31.
17. Husni RN, Gordon SM, Longworth DL *et al.* Cytomegalovirus infection is a risk factor for invasive aspergillosis in lung transplant recipients. *Clin Infect Dis* 1998;26:753.
18. Johnson BA, Duncan SR, Ohori NP *et al.* Recurrent of sarcoidosis in pulmonary allograft recipients. *Am Rev Respir Dis* 1993;148:1373.
19. Keenan RJ, Iacono A, Dauber JH *et al.* Treatment of refractory acute allograft rejection with aerosolized cyclosporine in lung transplant recipients. *J Thorac Cardiovasc Surg* 1997;113:335.
20. Keenan RJ, Lega ME, Dummer JS *et al.* Cytomegalovirus serologic status and postoperative infection correlated with risk of developing chronic rejection after pulmonary transplantation. *Transplantation* 1991;51:433.
21. King RC, Reperfusion injury significantly impacts clinical outcome after pulmonary transplantation. *Ann Thorac Surg* 2000;69:1681–5.
22. Kramer MR, Marshall SE, Starnes VA *et al.* Infectious complications in heart-lung transplantation. *Arch Intern Med* 1993;153:2010.
23. Kukafka DS, O'Brien GM, Furukawa S, Criner GJ. Surveillance bronchoscopy in lung transplant recipients. *Chest* 1997;111:377.
24. Low DE, Kaiser LR, Haydock DA *et al.* The donor lung: infectious and pathologic factors affecting outcome in lung transplantation. *J Thorac Cardiovasc Surg* 1993;106:614.
25. Macha M, Griffith BP, Keenan R *et al.* ECMO support for adult patients with acute respiratory failure. *ASAIO J* 1996;42:M841–M844.
26. Maurer JR, Tullis E, Grossman RF *et al.* Infectious complications following isolated lung transplantation. *Chest* 1992;101:1056.
27. Maziak DE. Diaphragmatic paralysis: a complication of lung transplantation. *Ann Thorac Surg* 1996;61:170–3.
28. McDermott CD, Gavita SM, Shennib H, Giaid A. Immunohistochemical localization of nitric oxide synthase and the oxidant peroxynitrite in lung transplant recipients with obliterative bronchiolitis. *Transplantation* 1997;64:270.
29. McQuitty CK. Inhaled nitric oxide should not be used routinely in patients undergoing lung transplantation. 1995.
30. Meyer DM, Bennett LE, Novick RJ, Hosenpud JD. Effect of donor and ischemic time on intermediate survival and morbidity after lung transplantation. *Chest* 2000;118.
31. Millet B, Higenbottam TW, Flower CDR *et al.* The radiographic appearances of infection and acute rejection of the lung after heart-lung transplantation. *Am Rev Respir Dis* 1989;140:62.
32. Palmer SM, Henshaw NG, Howell DN *et al.* Community respiratory viral infection in adult lung transplant recipients. *Chest* 1998;113:944.
33. Paradis IL, Duncan SR, Dauber JH *et al.* Distinguishing between infection, rejection, and the adult respiratory distress syndrome after human lung transplantation. *J Heart Lung Transplant* 1992;11:S232.
34. Paradis IL, Williams P. Infection after lung transplantation. *Semin Respir Infect* 1993;8:207.
35. Silkof PE, Caramori M, Tremblay L *et al.* Exhaled nitric oxide in human lung transplantation. A noninvasive marker of acute rejection. *Am J Respir Crit Care Med* 1998;157:1822.
36. Snell G, deHoyos A, Krajden M *et al.* Pseudomonas cepacia in lung transplant recipients with cystic fibrosis. *Chest* 1993;103:466.
37. Soghikian MV, Valentine VG, Berry GJ *et al.* Impact of ganciclovir prophylaxis on heart-lung and lung transplant recipients. *J Heart Lung Transplant* 1996;15:881.
38. Tazelaar HD, Nilsson FN, Rinaldi M *et al.* The sensitivity of transbronchial biopsy for the diagnosis of acute lung rejection. *J Thorac Cardiovasc Surg* 1993;105:674.
39. Tazelaar HD. Perivascular inflammation in pulmonary infections: implications for the diagnosis of lung rejection. *J Heart Lung Transplant* 1991;10:43724.
40. Trulock EP, Ettinger NA, Brunt EA *et al.* The role of transbronchial lung biopsy in the treatment of lung transplant recipients: an analysis of 200 consecutive procedures. *Chest* 1992;102:1049.
41. Trulock EP, Nilsson FN, Finaldi M el al. The sensitivity of transbronchial biopsy for the diagnosis of lung transplant recipients: an analysis of 200 consecutive procedures. *Chest* 1992;102:1049.
42. Trulock EP. Lung transplantation. *Am J Respir Crit Care Med* 1997;155:789.
43. Valantine HA. CMV hyperimmune globulin and ganciclovir is more effective than ganciclovir alone for CMV prophylaxis after cardiothoracic transplantation. *Circulation* 1997;96:I-64.
44. Valentine VG, Robbins RC, Wehner JH *et al.* Total lymphoid irradiation for refractory acute rejection in heart lung and lung allografts. *Chest* 1996;109:1184.
45. Venuta F. Complications in the native lung after single lung transplantation. *Eur J Cardiothorac Surg* Jul 1999;16(1):54–8.
46. Whyte RI, Rossi SJ, Mulligan MS *et al.* Mycophenolate mofetil for obliterative bronchiolitis syndrome after lung transplantation. *Ann Thorac Surg* 1997;64:945.
47. Yeldandi V, Laghi F, McCabe MA *et al.* Aspergillus and lung transplantation. *J Heart Lung Transplant* 1995;14:883.
48. Yousem SA, Berry GJ, Cagle PT, Chamberlain D. Revision of the 1990 working formulation for the classification of pulmonary allograft rejection: lung rejection study group. *J Heart Lung Transplant* 1996;15:1.
49. Zander DS, Baz MA, Visner GA, Staples ED, Donnelly WH, Faro A, Scornik JC. Analysis of early deaths after isolated lung transplantation. *Chest* Jul 2001;120(1).
50. Zenati M, Dowling RD, Dummer JS *et al.* Influence of the donor lung on development of early infections in lung transplant recipients. *J Heart Transplant* 1990;9:502.
51. Zenati M, Pham SM, Keenan FJ *et al.* Extracorporeal membrane oxygenation for lung transplant recipients with primary severe donor lung dysfunction. *Transpl Int* 1996;9:227–30.

71 Pós-Operatório no Transplante Cardíaco

Edimar A. Bocchi • Victor Sarli Issa

O transplante cardíaco é recomendado como forma de tratamento para pacientes com insuficiência cardíaca refratária, arritmia ventricular sustentada ou episódio de fibrilação ventricular com disfunção ventricular importante ou angina refratária intolerável, e está associado a sobrevida de 85% a 95% após um ano e de 70 a 80% após cinco anos da operação.[1] Casuísticas nacionais têm mostrado sobrevida global aos 3 meses, 1, 4, 8 e 12 anos de 72%, 66%, 54%, 40% e 27%, respectivamente;[2] a sobrevida é ainda maior para os pacientes portadores de miocardiopatia chagásica.[36]

O transplante de coração não somente prolonga a sobrevida mas também melhora a qualidade de vida de pacientes com insuficiência cardíaca.[3] A sobrevida no período pós-operatório de transplante ortotópico de coração é determinada pela ocorrência de diferentes variáveis; algumas são comuns à maior parte das operações cardíacas e estão geralmente relacionadas com o ato cirúrgico e com o estabelecimento de circulação extracorpórea artificial. Há ainda ocorrências específicas do período pós-operatório de transplante cardíaco, tais como a disfunção de ventrículo direito, o uso de medicação imunossupressora, a rejeição aguda celular e humoral do enxerto e infecções (Quadro 71-1).

CONDIÇÕES RELACIONADAS COM A OPERAÇÃO CARDÍACA

Após o transplante de coração podem ocorrer situações inerentes a operações cardíacas e ao uso de circulação extracorpórea, cardioplegia e isquemia cardíaca. Os pacientes nessa situação podem apresentar sangramento pós-operatório, hipotensão, vasoplegia, coagulopatia de consumo, insuficiência renal, pneumonia relacionada à ventilação mecânica, síndrome da angústia respiratória do adulto, entre outros. Em face dessas situações, o manejo pós-operatório de pacientes submetidos a transplante de coração segue os princípios gerais de pacientes que se recuperam de procedimentos cardíacos. O suporte hemodinâmico e ventilatório deve ser retirado gradativamente conforme tolerado pelo doente, e a mobilização e a fisioterapia devem ser iniciadas o mais breve possível. Recomenda-se manter o paciente em local reservado e com medidas habituais para profilaxia de transmissão de infecções.[29]

Quadro 71-1. **Complicações pós-operatórias do transplante de coração**

Complicações gerais	
Sangramento	Convulsão
Hipotensão	SARA
CIVD	Derrame pleural pós-operatório
Insuficiência renal	Derrame pericárdico
Distúrbios metabólicos	Tromboembolia pulmonar
Infecção	Dano miocárdico por má proteção
Infecção de sítio operatório	Agitação psicomotora
Pneumonia relacionada com a VM	Acidentes vasculares encefálicos
Infecção relacionada a catéteres	

Entre as complicações possíveis, vale destacar, pela sua freqüência e gravidade, o estado inflamatório sistêmico que ocorre após o uso de circulação extracorpórea; ele se caracteriza pelo surgimento de hipotensão, vasodilatação, hipertermia e acidose e tem sido descrito para pacientes submetidos a circulação extracorpórea tanto para o transplante cardíaco quanto para outros procedimentos cardíacos.[4] A hipotensão que ocorre é atribuída a lesão endotelial pela circulação extracorpórea, com liberação de citocinas e de outros mediadores inflamatórios. A vasodilatação resultante leva a hipotensão com hipoperfusão tecidual, acidose e choque. Estudos mostram que até 54% dos pacientes submetidos a transplante cardíaco podem apresentar tais fenômenos.[1] O uso de bloqueadores da enzima de conversão da angiotensina, baixa fração de ejeção, obesidade e tempo de isquemia do doador são fatores de risco.[1,5]

Como complicações adicionais, esses pacientes podem apresentar insuficiência renal, síndrome da angústia respiratória do adulto e falência múltipla de órgãos. O surgimento de vasodilatação com hipotensão e acidose tem sido relacionado a maior mortalidade,[1] e é comum a necessidade de drogas vasopressoras e inotrópicas no período pós-operatório imediato.[4] A dificuldade em se excluir processo infeccioso sistêmico associado pode levar à utilização empírica de antibioticoterapia de amplo espectro.

CONDIÇÕES ESPECÍFICAS DO PÓS-OPERATÓRIO DE TRANSPLANTE CARDÍACO

Hemodinâmicas

Os pacientes submetidos a transplante cardíaco devem receber particular atenção para o surgimento de sinais de falência de ventrículo direito, que é responsável por até 50% das complicações cardíacas e por 19% dos óbitos no pós-operatório imediato.[6] De fato, a disfunção do ventriculo direito tem sido relacionada não somente a maior mortalidade como também a maior freqüência de infecções e arritmias. Estudos têm demonstrado que o surgimento de insuficiência tricúspide e de dilatação ventricular direita ocorre em grande parte dos pacientes submetidos a transplante cardíaco e faz parte da remodelação ventricular direita pós-operatória. Tais achados podem persistir por até um ano após a operação.[7]

Os fatores que predominantemente contribuem para o surgimento de falência aguda do ventrículo direito após o transplante cardíaco são a hipertensão pulmonar nos receptores e o estado de preservação do enxerto. Este depende tanto das condições clínicas do doador como do grau de proteção miocárdica perioperatória (tempo de isquemia e cuidados para preservação do enxerto). Já a hipertensão e a hiper-resistência pulmonares no receptor ocorrem por diferentes razões, sendo a mais comum a transmissão retrógrada para os vasos pulmonares do aumento da pressão diastólica final do ventrículo esquerdo. Esse fenômeno leva a aumento da pressão de capilar pulmonar com remodelamento da vasculatura.[8] O remodelamento pode ser funcional ou estrutural; o primeiro corresponde ao componente reversível da hipertensão pulmonar e é dado pela vasoconstrição do leito vascular pulmonar mediada por diversas substâncias como a endotelina e catecolaminas. O remodelamento estrutural leva a hipertensão pulmonar fixa pelo surgimento de fibrose perivascular. O ventrículo direito normal do doador nessa situação pode ser incapaz de se adaptar agudamente a um regime de alta pressão, com conseqüiente dilatação e disfunção.

Após o transplante cardíaco, deve-se suspeitar de disfunção ventricular direita em pacientes que desenvolvam hipotensão, baixo débito cardíaco, hipoxemia, concomitantemente ou não ao surgimento de sinais de insuficiência cardíaca direita. O método mais preciso para o diagnóstico pré-operatório de hipertensão pulmonar é a cateterização cardíaca e de artéria pulmonar. O cateterismo cardíaco permite não somente a confirmação diagnóstica como também estabelece se predominam na hipertensão pulmonar componentes reversíveis (fixa) ou irreversíveis (reacional), o que pode ser obtido pela monitorização hemodinâmica concomitante à administração de drogas vasodilatadoras pulmonares (nitroprussiato de sódio, adenosina, prostaciclina, óxido nítrico). Pacientes com hipertensão pulmonar reversível tendem a ter melhor prognóstico; apesar disso, sua mortalidade ainda é maior do que a de pacientes sem hipertensão pulmonar.[9] A pressão média na artéria pulmonar normal é de até 15 mmHg; acima desse valor tem-se o diagnóstico de hipertensão pulmonar. Pressão sistólica de artéria pulmonar maior ou igual a 60 mmHg, resistência vascular pulmonar maior ou igual a 6 *woods* ou gradiente transpulmonar maior ou igual a 15 mmHg podem constituir contra-indicação ao transplante cardíaco quando persistem tais níveis após a administração de vasodilatadores.[8] Vale ressaltar ainda que a ausência de hipertensão pulmonar na avaliação pré-operatória não exclui a ocorrência de hipertensão pulmonar e falência ventricular direita no pós-operatório. Outros mecanismos além da hipertensão pulmonar têm papel na disfunção ventricular direita, como a condição pré-operatória do enxerto, lesão de isquemia e reperfusão associada à preservação do órgão, má proteção do enxerto, rejeição, pequena massa corpórea do doador em relação ao receptor, entre outros.

Além da monitorização hemodinâmica invasiva, dados ecocardiográficos podem contribuir para o diagnóstico de disfunção ventricular direita. Os achados ecocardiográficos mais comuns são dilatação e hipocinesia do ventrículo direito, abaulamento do septo interventricular em direção ao ventrículo esquerdo, insuficiência tricúspide por dilatação dos anéis valvares e aumento da pressão de artéria pulmonar.[7] Nos casos em que o ecocardiograma detecta disfunção biventricular, deve-se levar em consideração como diagnóstico diferencial a rejeição aguda do enxerto.

O tratamento da disfunção de ventrículo direito inclui uma série de ajustes hemodinâmicos entre os quais:

- *Adequação da pré-carga do ventrículo direito:* grandes elevações da pressão venosa central com conseqüente distensão ventricular e perda de inotropismo devem ser evitadas; por outro lado, quando a pressão venosa central estiver abaixo de 10 mmHg, deve-se considerar a administração de fluidos. Um dos parâmetros utilizados para se interromper a expansão volêmica é o aumento da pressão de átrio direito sem que ocorra aumento concomitante do débito cardíaco.
- *Adequação do fluxo coronário para o ventrículo direito*, que pode ser obtida evitando-se a hipotensão e conseqüente queda da pressão de perfusão coronária.
- *Aumento do inotropismo ventricular:* pode ser obtido pela administração de betadrenérgicos (dobutamina) e inibidores da fosfodiesterase (milrinona), que têm como efeitos adversos seu potencial arritmogênico e o aumento do consumo de oxigênio.
- *Vasodilatação pulmonar:* diferentes medidas têm sido propostas para se reduzir a hiper-resistência pulmonar, incluindo a administração de altas frações inspiradas de oxigênio e o uso de drogas vasodilatadoras pulmonares. As drogas vasodilatadoras apresentam diferentes taxas de sucesso, sendo a complicação mais comum a hipotensão arterial sistêmica com conseqüente queda do fluxo coronário e piora da função sistólica do ventrículo direito. Segue abaixo breve resumo das principais drogas utilizadas.

Isoproterenol. É um betagonista não-seletivo com efeitos inotrópico e cronotrópico positivos; promove vasodilatação pulmonar e sistêmica. Trata-se de um dos agentes vasodilatadores pulmonares de escolha quando se deseja aumento concomitante de freqüência cardíaca no pós-operatório de transplante cardíaco. Deve ser descontinuado gradativamente pela possibilidade de efeito rebote.

Dobutamina. É primariamente um betagonista com mínimo efeito alfa-adrenérgico. Em altas doses pode induzir taquicardia, arritmias atriais e ventriculares e aumentar o consumo de oxigênio. Tem como mediador intracelular de seu efeito inotrópico a adenosina 3'5'monofosfato cíclico (AMPc), e o uso continuado dessa droga pode levar à tolerância por internalização dos receptores betadrenérgicos e à depleção de estoques intracelulares de AMPc.

Milrinona. Pertence à classe dos inibidores da fosfodiesterase. Tem efeito inotrópico positivo e promove relaxamento de musculatura lisa, com vasodilatação pulmonar e periférica. Como sua ação independe de receptores betadrenérgicos e dos níveis de catecolaminas, é útil nos casos de tolerância à dobutamina e tem como vantagens não elevar o consumo de oxigênio e promover vasodilatação pulmonar.

Prostaglandina E1 e Prostaciclina. São potentes vasodilatadores de ocorrência natural com estruturas e meias-vidas semelhantes. Após infusão, a prostaglandina E1 é quase completamente clareada da circulação na sua primeira passagem pelos pulmões. A prostaciclina também tem meia-vida curta, sendo, entretanto, metabolizada pelo fígado. Tem-se demonstrado que tanto a prostaciclina quanto a prostaglandina são ao menos tão eficientes quanto o nitroprussiato de sódio e a nitroglicerina para a reversão da hipertensão pulmonar.[10,11] Em muitos pacientes tratados com prostaciclina a mortalidade foi semelhante à dos pacientes sem hipertensão pulmonar. O alto custo e a experiência clínica restrita ainda limitam o uso rotineiro dessas drogas.

Adenosina. É um vasodilatador pulmonar de meia-vida extremamente curta. Foi inicialmente usado para avaliação pré-operatória de pacientes com hipertensão pulmonar. Sua ação se dá através de um receptor A_2 da membrana de células musculares lisas de vasos, com ativação da adenil ciclase e liberação de AMPc. A adenosina é clareada pela adenosina desaminase após sua primeira passagem pelos pulmões. Sua ação seletiva provém da sua meia-vida curta (inferior a 10 segundos), o que impede que a droga atinja a circulação sistêmica. Seu uso é limitado pelo seu efeito de aumentar a pressão de capilar pulmonar. O risco de provocar edema pulmonar torna essa droga raramente utilizada para o manejo de falência aguda do ventrículo direito.

Óxido nítrico inalável. Trata-se de um mediador biológico liberado pelo endotélio vascular. É um potente vasodilatador pulmonar seletivo que não interfere com a resistência vascular sistêmica.[12] Sua ação se dá pela estimulação do monofosfato de adenosina cíclico (GMPc) em células musculares lisas. Como sua meia-vida é menor que 1 minuto, seu efeito cessa assim que é interrompida a inalação. O óxido nítrico é inativado pela hemoglobina, formando metaemoglobina e íons nitrato e nitrito. O fato de o óxido nítrico ser inativado ainda na luz vascular limita sua ação à região perialveloar.

Estudos sugerem que a inalação do óxido nítrico imediatamente após o transplante possa prevenir o surgimento da insuficiência ventricular direita.[13] Além de promover vasodilatação pulmonar, o óxido nítrico melhora a relação entre a perfusão e a ventilação pulmonar, já que se trata de droga administrada de forma inalatória. O oposto ocorre com vasodilatadores administrados por via endovenosa, pois a vasodilatação ocorre de forma difusa pelo pulmão.

A *tiroxina* e o *glucagon* aumentam a atividade da adenil ciclase, aumentando a liberação de AMPc. Seu uso em casos esporádicos tem sido relatado.[8]

Nos casos em que há grave disfunção do ventrículo direito, sem controle adequado com medidas clínicas já citadas, as opções terapêuticas são o retransplante cardíaco e a assistência mecânica. Apesar de ser considerado suporte hemodinâmico preferencial para o ventrículo esquerdo, estudos têm demostrado que o *balão intra-aórtico de contrapulsação* é capaz de elevar o índice cardíaco do ventrículo direito, reduzir a pressão de átrio direito, a pressão venocapilar pulmonar e a resistência pulmonar, constituindo, assim, uma das modalidades de suporte mecânico para o tratamento de insuficiência aguda do ventrículo direito.[14] O uso de membranas de oxigenação extracorpórea (ECMO) e de ventrículo artificial tem sido descrito.[8,15,16] O ventrículo artificial é desenhado para promover substituição da função ventricular direita ou esquerda completa com melhora da perfusão sistêmica e pulmonar. Na assistência ventricular direita, o sangue é drenado do átrio direito, passa por um sistema de propulsão artificial e retorna para a artéria pulmonar; à esquerda o sangue é retirado do átrio esquerdo ou do ápice do ventrículo esquerdo, sendo injetado na aorta. Pode ser usada assistência univentricular (direita ou esquerda) ou biventricular. Quanto ao sistema de propulsão empregado, os ventrículos artificiais podem ser centrífugos, pneumático pulsátil ou elétrico pulsátil. O ventrículo artificial foi estudado em 68 pacientes com choque cardiogênico no pós-transplante, com recuperação de 19% dos pacientes.[40]

Distúrbios do ritmo cardíaco

Após o transplante cardíaco, a freqüência cardíaca tende a se elevar, ficando ao redor de 100 batimentos por minuto, o que se deve à ausência de inervação autonômica do coração transplantado. A depender da técnica operatória empregada, pode restar cicatriz de sutura entre os átrios do receptor e doador, que é capaz de bloquear o estímulo elétrico; nessa situação não existe relação entre a atividade elétrica atrial do doador e receptor, que pode ser registrada separadamente. De fato, ritmos atriais independentes como ritmo sinusal na porção atrial do receptor e *flutter* na porção atrial do doador têm sido observados.

As bradicardias são freqüentes e têm sido atribuídas a fenômenos como rejeição, tempo prolongado de isquemia, anomalias das artérias coronárias, doença do nó sinusal no doador, lesões operatórias e uso de drogas como amiodarona.[18]Estudo realizado com 114 pacientes submetidos a transplante cardíaco mostrou que 14 (12,2%) necessitaram de estimulação cardíaca artificial por meio de marca-passo provisório e 4 pacientes tiveram implantados marca-passos definitivos. As indicações de marca-passo provisório foram disfunção do nó sinusal em 11 pacientes, bloqueio atrioventricular do 2º grau tipo II em 1 paciente e bloqueio atrioventricular total em 2 pacientes. Dos 11 pacientes submetidos a estimulação por marca-passo provisório por disfunção do nó sinusal, 6 recuperaram o ritmo cardíaco. As indicações de marca-passo definitivo foram disfunção do nó sinusal em três pacientes e bloqueio atrioventricular total em 1 paciente. Rejeição foi detectada em 7 dos 14 pacientes, e a mortalidade dos pacientes que necessitaram de marca-passo provisório foi de 63,6%.[19]

Arritmias atriais são comuns no período pós-operatório, ocorrendo em até 70% dos pacientes, e estão relacionadas ao surgimento de rejeição, especialmente o *flutter* e fibrilação atrial.[17,20,37] Extra-sístoles ventriculares são freqüentes, podendo ocorrer em mais de 50% dos pacientes durante o período pós-operatório;[18] sua incidência é maior quanto maior o tempo decorrido desde o transplante. O surgimento de arritmia ventricular complexa relaciona-se a maior mortalidade por morte súbita,[17,18] assim como o surgimento de bloqueio de ramo relaciona-se a rejeição do enxerto.[5]

Imunossupressão

Um dos mais importantes aspectos no tratamento de pacientes imediatamente após o transplante cardíaco é a administração de regime imunossupressor. As drogas inicialmente utilizadas foram a ciclosporina, a prednisona, a azatioprina e a imunoglobulina antilinfocitária de eqüinos (ATGAM); posteriormente tornaram-se disponíveis o mofetil micofenolato,[21] o FK 506 (tacrolimus)[22] e anticorpos contra receptores da interleucina-2 e o OKT3.[23] Essas medicações são usadas em associação para que sejam minimizados seus efeitos colaterais e potencializados seus efeitos imunossupressores. Os protocolos atuais mais comuns envolvem esquemas tríplices de ciclosporina ou tacrolimus, azatioprina ou mofetil micofenolato e prednisona,[24] ao que pode ser associado bloqueador de receptor da interleucina-2, OKT3 ou ATGAM como indutores da imunossupressão (Quadro 71-2).

Quadro 71-2. Drogas utilizadas e sugeridas no pós-operatório de transplante cardíaco

Drogas	*Dose**
Imunossupressores	
Metilprednisolona	250-1.000 mg/dia por 5 dias
Prednisona	1 mg/kg/dia com regressão progressiva
OKT3	1-5 mg/dia por 5-14 dias
Ciclosporina	2-6 mg/kg/dia VO ou 0,5-2 mg/kg/dia EV
Tacrolimus	0,15-0,30 mg/kg/dia dividido em duas doses diárias
Azatioprina	1,5-4 mg/kg/dia uma vez ao dia
Mofetil Micofenolato	1-3 g/dia dividido em duas doses diárias
Daclizumab	1 mg/kg nas primeiras semanas; repetir a cada 2 semanas, até o total de 5 doses
ATGAM	10-20 mg/kg por 7-14 dias
Metotrexato	10-15 mg por semana
Ciclofosfamida	3-4 mg/kg por 4 dias, seguido por 1 mg/kg/dia

* As doses acima mencionadas são sugestões, ficando a critério do médico que atende ao paciente a utilização das doses que julgar adequadas.

A ciclosporina liga-se à ciclofilina formando um complexo que inibe a expressão da interleucina-2 através do bloqueio da enzima calcineurina; isso impede a transdução até o núcleo de linfócitos de sinais cálcio-dependentes iniciados na membrana celular. Esses sinais são deflagrados pela interação do CD4 linfocitário com receptor MHC classe II de células apresentadoras de antígenos. A ciclosporina também inibe receptores de interleucina -2 em linfócitos T-auxiliares e linfócitos T citotóxicos.

A apresentação mais freqüentemente utilizada é a ciclosporina A neoral, que é uma microemulsão com melhores absorção e distribuição. O advento da ciclosporina A permitiu grandes avanços em transplantes de órgão sólidos, mas seus efeitos colaterais levaram a que se buscassem drogas alternativas. Insuficiência renal é o efeito colateral mais comum, ocorrendo em 40-70% dos pacientes.[24] Praticamente todos os pacientes que recebem ciclosporina apresentam queda do *clearance* de creatinina; supõe-se que esse efeito nefrotóxico envolva alterações do sistema das prostaglandinas, com elevação dos níveis de tromboxano B_2. Isso acarreta vasoconstrição e agregação plaquetária, e conseqüente redução da perfusão renal, o que justifica o surgimento de fenômenos como hipertensão e uremia. Elevações abruptas da dose de ciclosporina podem promover anúria. O controle da lesão renal causada pela ciclosporina inclui controle de seu nível sérico, otimização da pressão arterial, volemia e débito cardíaco, além de evitar-se o uso concomitante de outras drogas nefrotóxicas (especialmente os antiinflamatórios não-hormonais e contrastes iodados) e de drogas que interfiram com o seu nível sérico (Quadro 71-3).

Outros efeitos colaterais da ciclosporina são nefrotoxicidade, hipertensão arterial sistêmica, hiperplasia gengival e hirsutismo e colecistopatia.

O tacrolimus é um antibiótico macrolídeo com potente efeito imunossupressor. Seu uso inicial foi em transplantes de rim e fígado, com redução significativa na intensidade e gravidade dos episódios de rejeição.[25,26] O mecanismo de ação é também através da inibição da calcineurina; porém o tacrolimus não se liga à ciclofilina, mas sim a outras proteínas. Estudos randomizados têm demonstrado que a profilaxia com essa droga, em termos de incidência de rejeição e mortalidade, é

Quadro 71-3. Drogas que interferem com o nível sérico de ciclosporina

Elevam o nível sérico de ciclosporina		*Reduzem o nível sérico de ciclosporina*
Eritromicina	Cimetidina	Omeprazol
Imipenem	Ranitidina	Rifampicina
Norfloxacina	Varfarina	Nafcilina
Cetoconazol	Metoclopramida	Fenitoína
Itraconazol	Acetazolamida	Carbamazepina
Danazol	Amiodarona	Ácido valpróico
Andrógenos	Diltiazem	Primidona
Estrógenos		

comparável à da ciclosporina,[22] mas pode apresentar graves efeitos colaterais, em especial a nefrotoxicidade e a hiperglicemia.[27] Em crianças e adolescentes há relatos de que a substituição de ciclosporina A por tacrolimus está associada ao desaparecimento de hipertensão, hirsutismo e hiperplasia gengival sem aumento do número de rejeições

A azatioprina inibe a proliferação de células em replicação, através da inibição da síntese de purinas. Seu efeito imunossupressor é dado pela inibição da proliferação de linfócitos. Foi um dos primeiros agentes utilizados em imunossupressão e apresenta vários efeitos colaterais, dos quais principais são a hepatotoxicidade e a mielotoxicidade.

O mofetil micofenolato possui mecanismo de ação semelhante ao da azatioprina; ele é rapidamente hidrolisado a ácido micofenólico, que é um inibidor seletivo reversível não-competitivo da inosina monofosfato desidrogense. Essa enzima tem papel fundamental na síntese de purinas em linfócitos, tendo pequeno efeito sobre células parenquimatosas e hematopoiéticas. Essa seletividade permite menores efeitos sobre o fígado e a medula óssea. A profilaxia com o mofetil micofenolato reduz a mortalidade e a necessidade de drogas para o tratamento da rejeição após 1 ano;[21] estudos têm demonstrado que o efeito do micofenolato de mofetil em prolongar a sobrevida de pacientes pode ser maior do que a da azatioprina.[28] Essa droga, entretanto, foi associada a aumento da incidência de infecções oportunistas quando comparada à azatioprina.[21] Seus principais efeitos colaterais envolvem o trato gastrintestinal, não provocando alteração na função renal.

Os anticorpos antilinfócitos e os inibidores de receptores da interleucina-2 são drogas usadas como indutores da imunossupressão e para o tratamento de rejeição grave ou refratária. Os anticorpos antilinfócitos podem ser monoclonais (OKT3, daclizumab, basiliximab) ou policlonais (ATGAM, ATG).

Os anticorpos policlonais são obtidos após imunização de cavalos (ATGAM) ou coelhos (ATG) e contêm anticorpos contra vários receptores de membrana dos linfócitos; são usados tanto na indução de tolerância quanto no tratamento da rejeição aguda grave ou refratária a corticóides. O controle do tratamento é feito pela contagem de linfócitos CD3 por citometria de fluxo, cujo valor absoluto no sangue periférico deve ser mantido inferior a 100 células/mm^3.

O OKT3 é um anticorpo monoclonal derivado de murinos contra o antígeno CD3 de linfócitos T e promove lise celular, com a liberação de grande quantidade de diversas citocinas, causando graves efeitos sistêmicos. Geralmente é necessária a administração prévia de drogas como paracetamol, anti-histamínicos e hidrocortisona. Sua principal indicação é nos casos de pacientes em estado grave com insuficiência renal aguda, quando se deseja postergar o início da ciclosporina.

Os anticorpos monoclonais contra receptores de interleucina-2 ligam-se com alta afinidade a esses antígenos, impedindo a expansão monoclonal de linfócitos T ativados. Demonstrou-se que a associação de daclizumab a esquema imunossupressor (ciclosporina, mofetil micofenolato e prednisona) foi capaz de reduzir a freqüência e a gravidade dos casos de rejeição após transplante cardíaco.[23]

Rejeição

A rejeição do enxerto pode ser classificada com relação ao momento do seu surgimento (hiperaguda, aguda, crônica) com base nos seus mecanismos imunológicos (humoral ou celular) e nos componentes do coração preferencialmente agredidos (vasos ou miócitos).

A rejeição hiperaguda é forma rara de agressão ao enxerto e é atribuída à presença de anticorpos pré-formados no receptor contra antígenos do doador. Caracteriza-se por disfunção súbita e na maior parte das vezes irreversível do enxerto minutos a horas após o transplante. Ocorre oclusão trombótica de vasos, seguida de infiltrado neutrofílico e hemorragia intramiocárdica.[38] Trata-se de rejeição grave que leva a perda do enxerto na maioria dos casos, e cujo tratamento envolve imunossupressão e plasmaférese.

A rejeição aguda pode ser humoral, celular ou mista, e tem pico de incidência durante os 3 primeiros meses após o transplante. A rejeição humoral caracteriza-se por dano à microcirculação mediada por anticorpos que se depositam juntamente com complemento no endotélio vascular. O achado histopatológico é de vasculite com pequena agressão a miócitos. A rejeição humoral não tem sido considerada complicação rotineira na maioria dos centros.[29]

A rejeição aguda celular é a forma mais comum de agressão ao enxerto no período pós-operatório e é importante causa de óbito, principalmente quando há comprometimento hemodinâmico ou surgimento de bloqueio de ramo. A intensidade e a distribuição do infiltrado linfocitário e da necrose de miócitos definem o grau de rejeição e são importante parâmetro para o tratamento (Quadro 71-4). Fatores de risco para o desenvolvimento de rejeição são sexo feminino, infecção por citomegalovírus, gestações múltiplas, sorologia do receptor positiva para citomegalovírus e episódios prévios de rejeição.

Quadro 71-4. **Classificação da rejeição pela biopsia endomiocárdica**
Hiperaguda
• Oclusão trombótica de vasos, infiltrado neutrofílico, hemorragia intramiocárdica
Humoral
• Vasculite com depósito de anticorpos e complemento com intumescimento do endotélio
Celular
• 0 – Ausência de rejeição • 1A – Infiltrado focal (perivascular ou intersticial) sem necrose • B – Infiltrado difuso sem necrose • 2 – Foco único de intenso infiltrado inflamatório e/ou necrose focal • 3 A – Vários focos de intenso infiltrado inflamatório e/ou de necrose • B – Infiltrado inflamatório difuso com necrose • 4 – Infiltrado inflamatório intenso, polimórfico, com edema, hemorragia, vasculite e necrose
Mista
• Possui componentes humoral e celular

A biopsia endomiocárdica tem sido considerada o método diagnóstico mais preciso para o diagnóstico de rejeição. Por se tratar de método invasivo, técnicas alternativas de diagnóstico têm sido propostas, porém o seu uso clínico ainda está por ser definido; entre elas estão prolongamento do intervalo QT corrigido,[31] dosagem de troponina sérica[32] e dosagem de miosina sérica.[34] O eletrograma intramiocárdico de alta resolução e a cintilografia com gálio 67 podem servir como métodos de triagem em pacientes sem disfunção ventricular ou sintomas em casos de baixo risco.[29,30,39]

A biopsia é realizada por técnica de cateterização cardíaca, com introdução do biótomo pela veia jugular interna direita até a região de septo interventricular do ventrículo direito, onde são realizadas múltiplas biopsias. Entre as complicações da biopsia endomiocárdica estão pneumotórax, hemotórax, punção arterial, lesão valvar tricúspide, perfuração ventricular e, raramente, endocardite infecciosa. Atualmente recomenda-se que a biopsia endomiocárdica seja feita semanalmente durante o primeiro mês após o transplante, quinzenalmente até o terceiro mês, mensalmente até o sexto mês e em seguida sempre que houver suspeita clínica ou de exame complementar.

A análise histológica das amostras tem como objetivo a gradação tanto do infiltrado inflamatório linfocitário quanto da intensidade da necrose celular. Diferentes sistemas de classificação existem, e o mais aceito atualmente é a estratificação proposta pela Sociedade Internacional para o Transplante de Coração e Pulmão (Quadro 71-4).[33] Nos casos em que há suspeita de rejeição humoral, devem-se pesquisar depósitos de imunoglobulinas e complemento no endotélio.

O tratamento dos episódios de rejeição usualmente envolve o uso de altas doses de corticosteróides, sendo o esquema habitual a pulsoterapia com metilprednisolona ou prednisona. Na terapia de resgate para os casos em que não há controle da rejeição após corticoterapia ou nos casos graves em que há comprometimento hemodinâmico ou surgimento de bloqueio de ramo, as opções são a globulina antilinfocitária derivada de cavalos (ATGAM) e o OKT3. Uma alternativa para os episódios leves de rejeição é o aumento transitório da dose de ciclosporina. Nos casos refratários, deve-se considerar o uso de metotrexato e ciclofosfamida. O controle da resposta ao tratamento é usualmente feito pela biopsia endomiocárdica.

Infecções

As infecções constituem grande problema após o transplante cardíaco, tanto pela sua freqüência quanto pela sua gravidade. Em nosso meio, a infecção é a principal causa de morte de pacientes após o transplante.[2] Em estudo multicêntrico envolvendo 792 pacientes submetidos a transplante ortotópico, as infecções de maior letalidade foram: infecções bacterianas (61,3%), infecções virais (6,5%), infecções fúngicas (2,15%) e infecções por protozoários (9,7%). Infecções por *Toxoplasma gondii* foram a causa de morte de 6,5% dos pacientes, reativação de *Trypanosoma cruzi* em 2,2%, *Pneumocystis carinii* em 1,1%, Citomegalovírus em 6,5% e dengue em 2,2%. O foco inicial da infecção foi pulmonar em 27% dos casos, endocardite em 3%, mediastinite e pericardite purulenta em 2,1%, abscessos em 2,1%, meningite (por bactérias ou micobactérias) em 2,1%, erisipela em 1%, colite pseudomembranosa em 1%, peritonite em 1%, miocardite e meningoencefalite por *T. cruzi*, 1% cada uma. Sepse foi a manifestação clínica inicial em 26% dos pacientes que faleceram por causa infecciosa.

Durante o período pós-operatório, deve ser dada grande ênfase à profilaxia de infecções. O paciente deve ser mantido em local reservado, apesar de não haver necessidade de isolamento respiratório ou de contato, a não ser durante os episódios de infecção ou colonização por germes multirresistentes ou doenças transmissíveis. A lavagem de mãos é o procedimento mais importante na prevenção e no controle de infecções.

Preferencialmente, os pacientes devem ser vacinados antes do transplante para hepatite B, hepatite A, influenza e pneumococo. Para a profilaxia de infecção de ferida operatória são recomendadas a cefazolina (1 grama endovenoso em 30 minutos durante indução anestésica, repetindo-se 1 grama a cada 8 horas por 24 horas) ou a cefuroxima (1,5 grama endovenoso em 30 minutos durante indução anestésica, repetindo-se 1,5 grama a cada 8 horas por 24 horas). Nos centros onde há alta prevalência de *Pneumocystis carinii* a profilaxia é feita com cotrimoxazol (400 mg de sulfametoxazol/800 mg de trimetoprim) 1 vez ao dia por 12 meses. Para receptores com sorologia negativa para toxoplasmose que recebem coração de doador soropositivo, deve-se administrar 0,5 mg/kg/dia de pirimetamina por 45 dias. A monitorização de infecção por citomegalovírus é feita com coleta quinzenal com antigenemia ou reação polimerásica em cadeia (PCR).

As infecções no período pós-operatório imediato e até o final do primeiro mês após o transplante são causadas por agentes bacterianos encontrados em pacientes cirúrgicos de maneira geral. Microrganismos como *Legionella, Staphylococcus epidermidis, Pseudomonas aeruginosa, Proteus, Klebsiella* e *Escherichia coli* estão tipicamente envolvidos. Especial atenção deve tomada com relação a mediastinite, pela sua gravidade. Estudo com 214 pacientes constatou mediastinite em 5,6% dos pacientes; os sinais clínicos de infecção foram secreção na ferida operatória (83,3%), instabilidade do esterno (41,7%), empiema pleural (33,3%) e dor torácica (8,3%). Os agentes etiológicos mais freqüentes foram *Staphylococcus aureus* (66,7%), *Staphylococcus epidermidis* (16,7%) e *Enterococcus faecalis* (8,7%), e a mortalidade foi de 41,7%.[35] Outros focos comuns de infecção são trato urinário, corrente sangüínea, pulmões e catéteres.

Infecções que ocorrem de 1 a 4 meses após a operação envolvem predominantemente agentes oportunistas, especialmente o citomegalovírus. Infecções após o quarto mês de transplante podem envolver tanto agentes habituais quanto oportunistas, entre os quais estão vírus *(Citomegalovirus, Herpesvirus), Pneumocystis carinii, Candida, Aspergillus* e, menos freqüentemente, *Nocardia* e *Toxoplasma gondii.*

Outras complicações

Pacientes submetidos a transplante cardíaco podem apresentar complicações outras que não as previamente descritas, tais como hipertensão arterial, osteoporose, dislipidemia, síndrome de Cushing, descontrole de *diabetes mellitus*, úlcera péptica, atrofia muscular, fragilidade vascular, convulsões, pancreatite, elevação de enzimas hepáticas, leucopenia, colecistite.

REFERÊNCIAS BIBLIOGRÁFICAS

1. Chemmalakuzhy J, Costanzo MR, Meyer P *et al. J Heart Lung Transplant* 2001;20(10):1075–83.
2. Bocchi EA, Fiorelli A. *J Heart Lung Transplant* 2001;20:637–45.
3. Copeland JG, Emery RW, Levinson MM *et al. Circulation* 1987;75:2–9.
4. Argenziano M,Chen JM, Choudhri AF *et al. J Thoracic Cardiovasc Surg* 1998;116(6):973–80.
5. Osa A, Almenar L, Arnau MA *et al. J Heart Lung Transplant* 2000;19:207–214.
6. Hosenpud JD, Bennet LE, Keck BM *et al. J Heart Lung Transplant* 2000;19:909–31.
7. Bhatia SJS, Kirshenbaun JM, Shemin RJ *et al. Circulation* 1987;76(4):819–26.
8. Stobierska-Dzierzek B, Awad H, Michler RE. *J Am Coll Cardiol* 2001;38:923–31.
9. Delgado JF, Goméz-Sanchez MA, Calzada CS *et al. J Heart Lung Transplant* 2001;20:942–8.
10. Pascual JM, Fiorelli AI, Bellotti GM *et al. J Heart Lung Transplant* 1990;9:644–51.
11. Kieler-Jensen N, Lundin S, Ricksten SE. *J Heart Lung Transplant* 1995;14:436–43.
12. Carrier M, Blaise G, Bélisle S *et al. J Heart Lung Transplant* 1999;18:664–7.
13. Auler JO, Carmona MJ, Bocchi EA *et al. J Heart Lung Transplant* 1996;15:443–50.
14. Arafa OE, Geiran OR, Andersen K *et al. Ann Thorac Surg* 2000;70:1587–93.
15. Barzaghi N, Olivei M, Minzioni G *et al. Ann Thorac Surg* 1997;63:533–5.
16. Whyte RI, Deeb GM, McCurry KR. *Ann Thorac Surg* 1994;58:754–9.
17. Berke Dk *et al. Circulation* 1973;48(Suppl. 3):112.
18. Pomhilt DW *et al. Circulation* 1982;66:219.
19. Bacal F, Bocchi EA, Vieira MLC *et al. Arq Bras Cardiol* 2000;74(1):5–8.
20. Cui G, Tung T, Kobashigawa J *et al. Am J Cardiol* 2001;88(3):280–4.
21. Kobashigawa J, Miller L, Renlund D *et al. Transplantation* 1998;66(4):507–15.
22. Rinaldi M, Pellegrini C, Martinlli L *et al. J Heart Lung Transplant* 1997;16(10):1001–10.
23. Beniaminovitz A, Itescu S, Lietz K *et al. N Engl J Med* 2000;342(9):613–9.
24. Braunwald E, Zipes DP, Libby P. *Heart Disease: a Textbook of Cardiovascular Medicine.* 6th ed. Philadelphia: WB Saunders, 2001.
25. The US Multicenter FK506 Liver Study Group. *N Engl J Med* 1994;331:1110–5.
26. Starlz TE, Jordan M, Fung JJ *et al. JAMA* 1990;264:63–7.
27. Maes BD, Kuypers D, Messiaen T *et al. Transplantation* 2001;72(10):1655–61.
28. Hosenpud JD, Bennett LE. *Transplantation* 2001;72(10):1655–61.
29. I Diretriz da Sociedade Brasileira de Cadiologia para o Transplante Cardíaco. *Arq Bras Cardiol* 1999;72(Suppl. V).
30. Bourge R, Eisen H, Hershberger R *et al. PACE* 1998;21:2338;1998.
31. Richartz BM, Radovancevic B, Bologna MT, Frazier OH *et al. Thorac Cardiovasc Surg* 1998;46:217–21.
32. Dengler TJ, Zimmermann R, Braun K *et al. J Am Coll Cardiol* 1998;32(2):405–12.
33. Billingham ME, Cary NRB, Hammond ME. *J Heart Lung Transplant* 1990;9(6):587–93.
34. Warraich RS, Pomerance A, Stanley A *et al. Transplantation* 2000;69:1609–17.
35. Stolf NAG, Fiorelli AI, Bacal F *et al. Arq Bras Cardiol* 2000;74(5):419–24.
36. Bocchi EA, Fiorelli. *Ann Thorac Surg* 2001;71:1833–8.
37. Bocchi EA, Vilas-Boas F, Sosa EA *et al. Arq Bras Cardiol* 1994;64:301–5.
38. Bocchi EA, Higuchi ML, Bellotti G *et al. J Heart Lung Transpl* 1992;11:31–6.
39. Bocchi EA, Mocelin AO, Moraes AV. *Transplant Proc* 1997;29:586–8.
40. Pae WE Jr. *Ann Thorac Surg* 1993;55:295.

72 Fisioterapia no Pós-Operatório de Cirurgia Cardíaca

Marisa de Moraes Regenga

A evolução da cirurgia cardíaca deu-se principalmente nas últimas quatro décadas, período em que o desenvolvimento científico e o avanço tecnológico reduziram significativamente a mortalidade desses pacientes, permitindo que indivíduos antes considerados de alto risco tivessem a sobrevida bastante aumentada.

Essa nova característica redirecionou o enfoque terapêutico para o reconhecimento das complicações mais freqüentes no pós-operatório, seu diagnóstico e tratamento precoce, com o objetivo de melhorar a qualidade de vida desses indivíduos e diminuir o tempo de internação hospitalar.

A inclusão do fisioterapeuta na equipe multiprofissional que acompanha esses pacientes ocorreu, inicialmente, como uma tentativa de combater as complicações pulmonares dessas cirurgias. No entanto, o enfoque atual do atendimento fisioterapêutico direciona-se cada vez mais no sentido de uma maior compreensão dos mecanismos fisiopatológicos que, direta ou indiretamente, irão alterar tanto a função do aparelho respiratório quanto do aparelho motor, para que possam ser definidas medidas de prevenção e tratamento compatíveis com o quadro clínico do paciente.

COMPLICAÇÕES PÓS-OPERATÓRIAS

A complicação pulmonar mais freqüente no pós-operatório de cirurgia cardíaca é sem dúvida nenhuma a ocorrência de atelectasias de magnitude variável;[1] a sua etiologia é multifatorial e tem sido tema de ampla discussão no sentido de evitar a sua ocorrência e facilitar a sua resolução.

O mecanismo básico das complicações pulmonares no pós-operatório de cirurgias torácicas está relacionado com: 1) diminuição da insuflação pulmonar, decorrente de uma respiração mais superficial, com diminuição da freqüência e da amplitude dos suspiros inspiratórios;[2,3] 2) permanência prolongada em um mesmo decúbito; 3) disfunção diafragmática temporária, de magnitude variável;[4] 4) alteração do *clearance* mucociliar; 5) ineficácia do mecanismo da tosse.

Reduções nos valores das capacidades vital, pulmonar total, inspiratória e residual funcional tendem a persistir até 4 meses após a cirurgia, no entanto, não estão sempre acompanhadas de alterações nas trocas gasosas.[5]

A mudança na mecânica da caixa torácica pode estar relacionada com incisão cirúrgica, decorrente de: 1) divisão do esterno, no caso da esternotomia mediana, que pode alterar a estabilidade do gradil costal; 2) rotação das costelas, nas toracotomias laterais; 3) grande manipulação dos tecidos musculares, vide Quadro 72-1. Porém, poucas complicações pulmonares pós-operatórias estão isoladamente relacionadas a esse fator em indivíduos sem alteração pulmonar prévia.

Por outro lado, a associação de esternotomia e a utilização de enxerto de mamária podem predispor a alterações da função respiratória pela interferência na estabilidade torácica, diminuição do suprimento sangüíneo para a musculatura intercostal, levando a deterioração da força da musculatura respiratória com correspondente piora da mecânica pulmonar.[6] Na ocorrência de abertura da pleura durante o ato cirúrgico, a incidência de derrame pleural, atelectasias e alterações da relação PaO_2/FiO_2 se tornam bastante aumentadas, podendo repercutir em aumento do tempo de intubação orotraqueal (IOT).[7]

A disfunção do nervo frênico também é uma ocorrência bastante freqüente, com incidência ao redor de 26%, principalmente em decorrência da manipulação da mamária interna para retirada do enxerto e da utilização de hipotermia para a proteção miocárdica. Apesar de a maioria dos pacientes com esse achado pós-operatório não evoluir com complicações respiratórias, alguns indivíduos com disfunção pulmonar prévia podem desenvolver complicações pulmonares e evoluir com suporte respiratório prolongado.[8]

Em geral, as complicações pulmonares e um período superior a 24 h de permanência em assistência ventilatória mecânica correlacionam-se com instabilidade clínica pré-operatória, geralmente secundária à disfunção ventricular com uso de inotrópicos ou cronotrópicos, disfunção valvar mitral, insu-

***Quadro 72-1.* Incisões cirúrgicas**

Incisões	*Músculos acometidos*
Esternotomia mediana	Peitoral maior
Toracotomia ântero-lateral direita/esquerda	Intercostal, peitoral maior, peitoral menor, serrátil
Toracotomia ântero-posterior esquerda	Intercostal, serrátil, trapézio, grande dorsal, rombóide
Minitoracotomia	Intercostal, peitoral, serrátil
Abdominal	Reto abdominal
Toracoabdominal	Intercostal, oblíquo, diafragma, reto-abdominal

ficiência coronariana associada a doença valvar e insuficiência renal; também tem importância a associação de idade avançada e cirurgia cardíaca prévia.[9]

Um outro importante índice preditivo de complicações no pós-operatório, quando se analisam exclusivamente indivíduos cardiopatas, é a presença de índice de massa corpórea (IMC) diminuída, que pode significar a ocorrência de caquexia cardíaca nos pacientes portadores de cardiomiopatia,[10] estado que, isoladamente, predispõe a perda e disfunção da musculatura esquelética, inclusive a musculatura respiratória, aumento do trabalho respiratório, redução dos volumes pulmonares e grande diminuição da capacidade funcional.[11] A maior ocorrência de taquipnéia aos esforços e fadiga da musculatura inspiratória pode ser reflexo de um metabolismo anaeróbico precoce.

Até 50% dos pacientes em pós-operatório de cirurgia cardíaca podem apresentar fibrilação atrial (FA), o que contribui para razoável incidência de acidente vascular cerebral (AVC) perioperatório.[12] O risco de AVC é maior nos pacientes com disfunção ventricular pós- IAM, nos cardiomiopatas com fração de ejeção menor do que 40% e nos indivíduos com estenose mitral reumática que apresentem dilatação atrial esquerda. Nesses grupos, o mecanismo fisiopatológico da ocorrência de AVC é a formação de trombos intracavitários por estase sangüínea, o que propicia o desenvolvimento de quadros embólicos. Esses indivíduos, quando submetidos à cirurgia de revascularização do miocárdio (RM), têm o risco ainda mais aumentado, já que, com freqüência, esse procedimento necessita de canulação da aorta, que pode provocar o deslocamento de êmbolos de cálcio para a região cerebral e isquemia.[12]

A ocorrência de insuficiência renal aguda (IRA) no pós-operatório costuma ser decorrente da redução acentuada do fluxo sangüíneo renal, que por sua vez pode ser secundária a hemorragias, diminuição do débito cardíaco, uso excessivo de diuréticos, septicemia, vasodilatação periférica, hipercalemia entre outros.[13]

ROTINA DE ATENDIMENTO

Admissão

O paciente é transportado à UTI, onde é recebido pela equipe multiprofissional. Caso esteja submetido à ventilação mecânica invasiva, é necessário que o fisioterapeuta selecione os parâmetros do ventilador de acordo com a rotina do serviço e o quadro clínico do paciente. Nos pacientes que apresentaram dificuldade ventilatória durante o ato cirúrgico, pode ser útil a instalação de módulos de análise da mecânica respiratória e capnografia.

Alguns pacientes submetidos aos procedimentos cirúrgicos mais simples podem chegar extubados à UTI; nesse caso, deverá ser feita a seleção da fonte mais adequada de oferta adicional de oxigênio, e discutida a necessidade de utilização de ventilação mecânica não-invasiva (VNI) com o médico. Caso se opte pelo seu uso, a seleção do tipo de VNI e dos parâmetros selecionados deverá respeitar o quadro clínico do paciente.

Todos os parâmetros selecionados deverão ser registrados em folha própria de controle da fisioterapia, para que possam ser confrontados e posteriormente regulados após a chegada dos exames de rotina do pós-operatório.

Avaliação

Uma avaliação inicial detalhada poderá auxiliar na identificação de possíveis fatores complicadores do pós-operatório, na definição dos objetivos do atendimento fisioterapêutico e na seleção do tipo de terapia mais adequada ao paciente. É importante o registro de dados relativos ao procedimento cirúrgico realizado, intercorrências, tempo de duração da cirurgia, duração da circulação extracorpórea quando utilizada, função ventricular, condições ventilatórias e hemodinâmicas, o quadro clínico do paciente no período pré-operatório e as possíveis patologias associadas.

Seleção da terapia

Tradicionalmente, a prevenção e o tratamento das alterações pulmonares mais freqüentes no pós-operatório incluem a mobilização precoce e a utilização de uma série de técnicas de higienização brônquica e reexpansão pulmonar aplicadas tanto em indivíduos sob assistência ventilatória mecânica (invasiva ou não-invasiva) quanto para aqueles em ventilação espontânea.

No entanto, nos cardiopatas, a seleção das técnicas a serem utilizadas não deve ser feita baseando-se exclusivamente no tipo de alteração pulmonar que o paciente apresenta, já que esses indivíduos apresentam alto grau de complexidade e freqüentemente a complicação pulmonar do momento é decorrência de um processo fisiopatológico muito mais amplo, que deve ser adequadamente compreendido para que a prescrição da terapia seja de intensidade adequada e não-provoque desajustes no sistema cardiovascular (Quadro 72-2).

TÉCNICAS FISIOTERAPÊUTICAS

Posicionamento. A utilização da posição do corpo como uma técnica específica de tratamento pode estar indicada para: 1) redirecionamento do fluxo sangüíneo pulmonar em situações de alteração da relação ventilação/perfusão $\dot{V}/\dot{Q}$;[14] 2) aumento do volume pulmonar;[15,16] 3) redução do trabalho da respiração; 4) redução da sobrecarga cardíaca; 5) estimulação do *clearance* mucociliar;[17,18] 6) prevenção de broncoaspiração em paciente sob ventilação mecânica invasiva (decúbito > 45°).[19]

Mobilização. Mobilização passiva, ativoassistida, ativa ou resistida de extremidades no leito ou fora dele. 1) Melhora as trocas gasosas pelo aumento da ventilação alveolar; 2) otimiza o transporte de oxigênio para a musculatura em atividade; 3) facilita o retorno venoso por meio de contração muscular; 4) previne encurtamentos e contraturas musculares e aderência articular; 5) estimula os receptores sensoriais periféricos; 6) mantém a arquitetura da musculatura esquelética;[20] 7) favorece a manutenção da capacidade funcional.[17,18]

Já foi demonstrado que exercícios passivos de membros inferiores irão promover aumento de aproximadamente 15% no consumo de oxigênio nos pacientes graves,[21] dessa forma, a progressão dos exercícios de mobilização deve respeitar o estado hemodinâmico do paciente, já que irá promover au-

Quadro 72-2. Fatores de risco para maior duração da ventilação mecânica[9]

Características	*Nº pacientes (% total)*	*% Pacientes IOT (4 a 14 dias)*	*% Pacientes IOT (> 14 dias)*
Insuf. renal crônica	194 (4)	10,8	9,7
Disfunção da valva aórtica	187 (3,8)	9,6	5,3
Cardiomiopatia	105 (2,2)	8,6	8,6
Disfunção da valva mitral	670 (13,8)	8,1	5,4
ICC	439 (9,0)	6,8	4,1
DPOC	896 (18,4)	5,8	2,5
Balão intra-aórtico (BIA)	43 (0,9)	30,2	11,6
Arritmias	662 (13,6)	7,6	3,3
RM isolada	4.419 (90,9)	3,6	1,3
RM + válvula	434 (8,9)	10,8	5,5

IOT = Intubação orotraqueal.

mento da demanda metabólica proporcional à carga e à duração da terapia.

Percussão e vibração. Técnicas que são indicadas para a melhora do *clearance* das secreções pela transmissão de ondas de energia mecânica através do gradil costal. Apesar de durante muito tempo terem sido amplamente utilizadas, vêm caindo em desuso, devido à ausência de comprovação científica de sua eficácia terapêutica.

Tosse assistida. A tosse pode ser realizada com alto volume, quando iniciada na capacidade pulmonar total ou com baixo volume, quando iniciada na capacidade residual funcional. Em ambos os casos, o objetivo é a remoção da secreção brônquica, sendo realizada ao final da terapia. A eficácia da terapia está intimamente relacionada ao resultado, ou seja, a tosse não-produtiva, irritativa e ineficaz, não deve ser estimulada.

A técnica de Huffing, em que é realizada uma inspiração profunda, seguida de uma expiração forçada, com a glote aberta, enquanto o paciente emite um som parecido com "huh", é uma maneira eficaz de mobilização de secreções e pode ser utilizada alternativamente, quando a tosse é ineficaz. A repetição dessa manobra pode estimular a tosse espontânea.[22]

Cinesioterapia respiratória. É a terapia específica de exercícios respiratórios que objetiva a expansão pulmonar localizada. Pode estar associada ao posicionamento específico, com o objetivo de otimizar os resultados da terapia. Os exercícios respiratórios podem priorizar a respiração diafragmática ou intercostal.

Respiração diafragmática. Inspirar lentamente pelo nariz, expandindo a região abdominal e torácica com afastamento das costelas, expirar pela boca, enquanto realiza o movimento inverso. Essa respiração pode estar associada a diferentes padrões ventilatórios:

1. **Respiração fracionada:** inspiração nasal curta, interrompida por curtos períodos de apnéia pós-inspiratória até o alcance da capacidade pulmonar total.
2. **Inspiração sustentada:** inspiração nasal suave e uniforme até a capacidade inspiratória máxima, seguida por um período de apnéia que varia de 3 a 10 segundos. A expiração oral é lenta, contínua e sem esforço até o volume de reserva expiratório.[23]
3. **Expiração abreviada:** inspiração fracionada, intercalada a pequenas expirações.

Respiração intercostal. Inspiração e expiração pelo nariz, mantendo a boca fechada, direcionando a expansão à região lateral do tórax. O paciente deve estar sentado ou deitado em decúbito contralateral àquele que deve ser tratado.[24]

Durante a realização da cinesioterapia respiratória pode-se observar aumento da freqüência cardíaca, da pressão arterial sistólica, do débito cardíaco e do consumo de oxigênio, principalmente nos indivíduos com maior comprometimento ventricular. Em indivíduos mais instáveis hemodinamicamente, a cinesioterapia deve ser associada ou até mesmo substituída por outras técnicas de facilitação da expansão pulmonar que promovam menor gasto energético.

Também é comum a associação dos exercícios respiratórios com a elevação ativa ou ativoassistida dos membros superiores com o objetivo de otimizar a reexpansão pulmonar. No entanto, esses exercícios promovem um importante aumento do gasto energético, devido ao recrutamento de músculos acessórios da respiração, que pode estar mais acentuado nos indivíduos com deterioração da função da musculatura diafragmática, seja decorrente de diminuição da força ou da *endurance* muscular.[25]

Manobras de expansão pulmonar. Técnicas de facilitação que promovem maior contração da musculatura inspiratória:

1. **Estimulação proprioceptiva:** pressão constante durante a inspiração, com retirada rápida da pressão ao seu final.
2. **Bloqueio inspiratório:** bloqueio manual constante durante a inspiração, com o objetivo de expandir o pulmão contralateral. Essa técnica exige cautela no caso de esternotomia mediana para não provocar dor e desequilíbrio na incisão.[23]

RECURSOS TERAPÊUTICOS

Exercícios de respiração com pressão positiva intermitente (RPPI). Utilização de um aparelho ventilatório que gera pressão positiva intermitentemente com o objetivo de promover insuflação pulmonar. Em geral, nesses aparelhos regula-se a pressão inspiratória, que pode variar entre 25 e 35 cmH_2O, o fluxo de ar, a fração inspirada de oxigênio (40 ou 100% de O_2 de acordo com o modelo do aparelho) e a sensibilidade de disparo do ventilador, determinando-se o nível de esforço inspiratório capaz de acionar a fase inspiratória e a adequada sincronia da respiração. Para sua aplicação, pode-se utilizar máscara facial ou bucal.

A eficácia da terapia será dependente da cooperação do paciente e da orientação dada pelo terapeuta. É importante que o indivíduo esteja bem posicionado, não utilize musculatura acessória durante o esforço inspiratório, não retenha ar na boca durante a realização dos exercícios e efetue uma adequada higienização brônquica antes e após a terapia. A freqüência e a duração dos exercícios irão variar de acordo com a estabilidade clínica e a tolerância do paciente; em geral preconiza-se a sua realização na UTI pelo menos 4 vezes ao dia, por períodos que podem variar de 10 a 20 min, com séries de 10 repetições com intervalos para descanso, quando podem ser realizados outros exercícios para reexpansão pulmonar e estimulação da tosse.

Pelo fato de a expansão torácica ser decorrente da insuflação pulmonar provocada pelo ventilador, ela irá ocorrer de forma praticamente passiva, gerando menor gasto energético e sobrecarga do aparelho cardiovascular quando comparada aos exercícios ativos de reexpansão pulmonar.

É importante que a utilização da RPPI não seja encarada como uma substituição à cinesioterapia tradicional; deve ser uma técnica para complementação da terapia nos indivíduos com maior comprometimento cardíaco ou pulmonar e com dificuldade de execução dos exercícios, devendo ser descontinuada o mais precocemente possível.

Ventilação percussiva intrapulmonar (IPV). Aparelho pneumático capaz de gerar fluxos intermitentes rápidos a uma freqüência de 100 a 300 ciclos/min, mantendo o volume pulmonar em estado parcial de inspiração enquanto as vias aéreas são percutidas internamente. Favorecem melhor hematose e eliminação de CO_2, além de induzir melhor *clearance* mucociliar, e pode ser bastante eficiente na recuperação de atelectasia lobar.[26] Pode ser utilizado em indivíduos em ventilação espontânea ou intubados com assistência ventilatória mecânica.

Durante a terapia, que deve ter duração de cerca de 20 min, o botão que desencadeia o ciclo percussivo (válvula *Phasitron*) é pressionado intermitentemente por períodos que variam de 5 a 10 s; com a liberação do botão, cessa o ciclo percussivo e a expiração é iniciada. Pode ser adicionada medicação broncodilatadora ou antiinflamatória, de acordo com prescrição médica.

Treinamento muscular inspiratório *(Threshold)*. Aparelho dependente de pressão, em que uma válvula na extremidade mantém o sistema fechado pela pressão positiva de uma mola; caso seja gerada uma pressão negativa com valor absoluto maior que a pressão da mola, a válvula irá se abrir e permitir a passagem de ar. O valor da pressão negativa necessária para a abertura da mola deverá ser determinado anteriormente através de manuvacuômetro, para se mensurar as pressões inspiratória e expiratória máximas realizadas pelo paciente a partir da sua capacidade residual funcional. Essa medida pode ser executada tanto em pacientes intubados quanto em pacientes extubados.

Geralmente não se realiza o treinamento da musculatura expiratória, já que o seu benefício tem sido pouco documentado.[22]

Antes de se iniciar o programa de treinamento, deve-se definir qual será a sua prioridade: ganho de força muscular (maior carga com menor repetição) ou ganho de resistência muscular (menor carga com maior repetição).

Preconiza-se a utilização do *Threshold* para o treinamento da musculatura inspiratória nos indivíduos com $PI_{máx}$ superior a (–) 20 cmH_2O. Nos indivíduos cardiopatas, inicia-se o treinamento com uma carga que varia de 30 a 60% da pressão inspiratória máxima ($PI_{máx}$), com freqüência de treinamento ao redor de 3 vezes ao dia, com duração que varia de 15 a 30 min. Quanto melhores a função ventricular e o estado hemodinâmico do paciente, maior poderá ser a carga prescrita de treinamento.

Em especial nos pacientes com cardiomiopatia associada, deve-se iniciar o treinamento com carga ao redor de 30%, objetivando-se principalmente o ganho de resistência muscular, na maioria das vezes esses indivíduos não toleram o treinamento pelo período total necessário. Dessa forma, ele pode ser realizado com períodos de descanso intercalados, que vão tendo a duração diminuída gradativamente até que se alcance o período esperado de treinamento, para, então, promover o aumento da carga de trabalho.[27]

Ventilação mecânica não-invasiva (VNI). Aplicação de pressão positiva via trato respiratório superior, sem o emprego de qualquer tipo de prótese traqueal, sendo a conexão entre o respirador e o paciente feita através de uma máscara.[28] Objetiva a melhora da ventilação alveolar e a diminuição do trabalho respiratório. Geralmente mais utilizada nos modos limitados a pressão com fluxo livre: CPAP (pressão constante tanto na inspiração quanto na expiração), PSV (pressão de suporte inspiratório = pressão positiva constante apenas na fase inspiratória) e pressão bifásica nas vias aéreas (CPAP + PSV ou BiPAP = combinação de dois níveis de pressão positiva, maior na fase inspiratória e menor na expiratória). Está principalmente indicada nos indivíduos em pós-operatório de cirurgia cardíaca nos quadros de: ICC, edema agudo de pulmão, nos indivíduos com disfunção ventricular importante numa tentativa de se diminuir o gasto energético, no desmame difícil visando a evitar a reintubação, nas grandes atelectasias, nos indivíduos com complicações neurológicas e com complicações pulmonares prévias associadas que possam vir a comprometer a evolução pós-operatória (asma, DPOC etc.).[29]

A instalação da VNI é um processo detalhado em que o paciente deve ser corretamente informado sobre a importância da terapia, o tempo adequado de uso, as conseqüências desfavoráveis da sua não-utilização e até o mecanismo do ventila-

Quadro 72-3a. Efeitos adversos da utilização da VNI[29]	
Relacionados com o tipo de máscara	
Efeitos adversos	***Reparação***
Máscaras facial e nasal	
Desconforto	Adaptação exata, ajuste da tensão das tiras, troca da máscara
Úlcera de pressão	Redução da tensão das tiras, usar espaçador na testa, usar pele artificial (duoderme)
Erupção pele	Corticosteróide tópico
Máscara facial	
Impede a fala e a alimentação	Retirada periódica se tolerada pelo paciente
Claustrofobia	Eleição de máscara de menor tamanho
Aspiração	Exclusão de paciente incapaz de proteger as vias aéreas, sonda nasogástrica para paciente com náusea e distensão abdominal

Quadro 72-3b. Efeitos adversos da utilização da VNI[29]	
Relacionados com o sintoma	
Efeitos adversos	***Reparação***
Dor ouvido/nariz	↓ da pressão
Ressecamento, frio, ardência ou epistaxe nasal	Emoliente nasal, aquecimento
Congestão nasal	Esteróide nasal tópico, anticolinérgicos, descongestionante oral (critério médico)
Insuflação gástrica	↓ da pressão
Barotrauma	↓ da pressão
Ressecamento oral	Tiras no queixo, umidificação
Irritação nos olhos	Tamanho certo da máscara
Falta de sincronia, autociclagem	Análise do ajuste da sensibilidade do ventilador

dor, o que pode facilitar o sincronismo paciente/aparelho. A orientação da equipe de enfermagem também é de fundamental importância.

Uma das maiores dificuldades da utilização da VNI é a sua manutenção pelo tempo necessário, devido à intolerância ao tipo de máscara selecionado ou a sintomas que podem gerar desconforto para o paciente. No entanto, a maioria dos problemas relatados pode ser solucionada, favorecendo a eficácia da terapia (Quadro 72-3a e b).

Inspirometria de incentivo. Utilização de artefato mecânico para estimulação inspiratória, podendo ser do tipo volume-orientado ou fluxo-orientado. Em geral, os aparelhos do tipo fluxo-orientado tendem a promover aumento do trabalho respiratório, quando comparados com os de volume-orientado.[30] Tem como objetivo: 1) estimular o paciente; 2) controlar a ventilação; 3) aumentar o volume pulmonar enquanto é possível a visualização do trabalho ventilatório realizado pelo paciente.

Os pacientes devem ser orientados a realizar os exercícios até a sua capacidade de inspiração máxima e sustentada, a partir do volume residual, com o corpo bem-posicionado, evitando-se a utilização de musculatura acessória. É importante que os exercícios sejam realizados lentamente para que o paciente tenha um melhor desempenho da expansão pulmonar.

Não devem ser realizados em indivíduos com instabilidade hemodinâmica ou com arritmias associadas, principalmente nas arritmias ventriculares ou supraventriculares induzidas pelo esforço.

Apesar de ser um utensílio amplamente utilizado e de grande aceitação por parte dos pacientes, não existe até o presente momento nenhuma comprovação da sua maior eficácia na resolução de atelectasias em pós-operatório de cirurgia cardíaca, quando comparado com outros recursos terapêuticos Quadro 72-4.[31]

ABORDAGEM DO PACIENTE GRAVE

Choque cardiogênico. Decorrente de uma disfunção cardíaca primária, resultando na incapacidade do coração de manter fluxo sangüíneo adequado aos tecidos, levando a deficiência metabólica mesmo em repouso, com hipóxia tecidual na presença de volume intravascular adequado.[32]

Esses pacientes são freqüentemente mantidos sedados e em ventilação mecânica até a estabilização do quadro, com o objetivo de evitar aumento do consumo de oxigênio ($\dot{V}O_2$) e do

Quadro 72-4. Resumo de estudos investigando a eficácia do tratamento com inspirometria de incentivo[31]			
Estudo/ano	***População***	***Grupos/Protocolo***	***Resultados***
Gale e Sanders	1980	POCC (n = 109)	II
Dull, 1983	POCC (n = 49)	MP	MP + II
Stock	1984	ETM (n = 38)	II
Matte	2000	POCC (n = 90)	II + FT-20 repetições CPAP + FT

Abreviações: POCC = pós-operatório de cirurgia cardíaca; II = inspirometria de incentivo; MP = mobilização precoce; RD = respiração diafragmática profunda; RDT = respiração diafragmática profunda mais tosse; FT = fisioterapia clássica.

consumo de oxigênio miocárdico ($M\dot{V}O_2$). As manobras de higienização brônquica e os exercícios de mobilização devem ser executados com os indivíduos sedados para evitar estresse. Quando hemodinamicamente estáveis e após liberação médica, o desmame do ventilador pode ser iniciado de maneira lenta e criteriosa, dando-se preferência a modalidades ventilatórias que promovam menor trabalho respiratório, evitando-se sobrecargas desnecessárias ao coração. Geralmente, esses pacientes não toleram a utilização de Tubo T, optando-se pelo desmame com pressão de suporte.

À medida que durante a respiração assistida o consumo de O_2 pela musculatura respiratória é diminuído,[33] a utilização do RPPI e da ventilação mecânica não-invasiva (VNI) nos pacientes em ventilação espontânea fica justificada, sendo o mesmo raciocínio utilizado para a seleção de exercícios ativoassistidos de extremidades em substituição aos exercícios ativos tão encorajados no pós-operatório. Freqüentemente esses pacientes necessitam de um aporte adicional de O_2, sendo utilizada máscara de Venturi, em concentrações que variam entre 50 e 60%, tomando-se o cuidado adicional de não se suprimir a oferta de O_2 durante os exercícios respiratórios ativos e/ou de extremidades.

Síndrome da resposta inflamatória sistêmica (SRIS). Estado inflamatório sistêmico em virtude da resposta orgânica imunoendócrino-metabólica secundária a uma variedade de graves agressões ao corpo, com ativação dos mediadores do sistema inflamatório.[34] No pós-operatório pode ser decorrente a: circulação extracorpórea, estados de choque prolongado, hipotermia profunda, sepse, SARA, entre outros. As principais manifestações clínicas são insuficiência respiratória, insuficiência renal, discrasias sangüíneas graves, acidose metabólica, estado de choque e depressão da função ventricular, podendo por vezes evoluir para óbito.[35]

Esses pacientes geralmente requerem IOT prolongada, necessitando de ventilação mecânica específica: $FiO_2 \geq 60\%$, ou o necessário para $SaO_2 \geq 90\%$, PEEP adequada para SaO_2 satisfatória e que não provoque alterações hemodinâmicas, VC baixos (4 a 7 ml/kg) com o intuito de se evitar hiperinsuflação pulmonar e transtornos hemodinâmicos. O paciente no período crítico deve ser mantido sedado e curarizado.

Durante a realização das manobras de higienização brônquica, aspiração e qualquer manipulação, o paciente deve ser mantido sedado para se evitar aumento do gasto energético. A mobilização de extremidades está indicada para a prevenção de fenômenos tromboembólicos.

Assistência circulatória mecânica. É geralmente indicada em pacientes que apresentam falência ventricular de etiologia diversa e que não respondem às medidas terapêuticas convencionais; deve ser considerada como forma de tratamento temporário e visa a restaurar o fluxo sangüíneo adequado aos órgãos vitais e diminuir o trabalho cardíaco. Os sistemas de circulação assistida mais comumente encontrados são: balão intra-aórtico (BIA), *biopump*, *Hemopump* e ECMO.

Devido ao fato de a maioria desses dispositivos (BIA, ECMO e *Hemopump*) utilizar como via de acesso as artérias femorais, é prudente que seja realizada a inspeção regular da perfusão periférica do membro, estando indicados os exercícios ativos de extremidades, desde que a região inguinal da perna onde esse se encontre inserido se mantenha imobilizada. Esses pacientes devem permanecer em repouso no leito durante a utilização da assistência circulatória , evitando-se que ocorra deslocamento acidental; decúbitos superiores a 45° estão contra-indicados.

Desde que o paciente se mantenha clinicamente estável, ele pode ser mantido em ventilação espontânea, podendo, se intubado, ser desmamado do ventilador. Nos pacientes extubados, os exercícios de expansão torácica associados à movimentação dos membros superiores e ao uso do RPPI são considerados favoráveis, no intuito de minimizar-se os efeitos da hipoventilação decorrente da imobilidade. Inspirômetros de incentivo também podem ser utilizados, desde que o paciente não demonstre sinais de fadiga após a realização dos exercícios.[36] A utilização da VNI pós-extubação pode ser um excelente recurso, mesmo nos indivíduos com imagem radiológica adequada, com o objetivo de se diminuir a sobrecarga do coração.

A drenagem postural, pelo risco de provocar instabilidade hemodinâmica, está contra-indicada. Porém, manobras de higiene brônquica podem ser realizadas, devendo-se ter especial cuidado com a tapotagem, principalmente nos pacientes mais instáveis, pelo risco de desencadear arritmias, mantendo-se, sempre que possível, o paciente sedado durante esse procedimento. Orienta-se aguardar cerca de 2 h após a retirada do dispositivo para a realização de exercícios respiratórios e/ou de extremidades, pelo risco de indução de instabilidade clínica e/ou sangramento no local.

Em particular nos pacientes em uso de *biopump* as manobras de higiene brônquica estão contra-indicadas, pelo risco de deslocamento das cânulas posicionadas dentro do AE e da aorta. A mobilização de extremidades está indicada na medida em que irá prevenir a ocorrência de fenômenos tromboembólicos. Devido à necessidade de heparinização contínua, os riscos de sangramento nesses pacientes têm sido maior; assim como a incidência de complicações respiratórias,[37] a utilização de tapotagem está contra-indicada pelo maior risco de desenvolvimento de hematomas, e é necessário cuidado especial durante a aspiração endotraqueal, já que o maior risco de sangramento nesses pacientes predispõe à formação de coágulos que possam vir a obstruir a cânula de IOT.

Devido ao fato de que para a retirada desse dispositivo é necessária a realização de nova toracotomia, com retorno do paciente ao centro cirúrgico, o processo de desmame do ventilador somente deverá ser iniciado após a retirada do *biopump*.

Insuficiência renal aguda (IRA). É caracterizada pelo declínio relativamente abrupto da função renal, levando a distúrbios da volemia, alteração da excreção de nitrogênio e elevação dos níveis de uréia e creatinina circulantes.[38]

Devido ao fato de os indivíduos portadores de IRA freqüentemente cursarem com estado de catabolismo e perda acentuada de massa muscular,[39] podendo estar associados a hipercalemia e acidose metabólica que podem levar a maior incidência de arritmias, é prudente, após a instalação do quadro de IRA, a realização de exercícios em menor intensidade da que estava até então sendo realizada. A introdução de exercícios com auxílio de RPPI ou da ventilação mecânica não-invasiva pode ser um recurso positivo, principalmente nos indivíduos que apresentam grande congestão pulmonar e aumento do trabalho respiratório.

Nos pacientes que são submetidos a diálise peritoneal, a VNI pode ser de grande auxílio, pela grande alteração da mecânica respiratória presente durante os períodos de infusão de líquidos na cavidade. Recomenda-se aguardar o período de drenagem de líquido da cavidade para a realização de exercícios de fisioterapia.

Outra medida interessante é a diminuição da duração (máximo 15 min) e da intensidade de cada atendimento, compensados com um menor intervalo entre cada terapia (3/3 h), o que em geral tende a aumentar a tolerância dos pacientes aos exercícios.[40] Podem ser realizados tanto exercícios de alongamento quanto exercícios resistivos de baixa intensidade de membros superiores e inferiores, desde não predisponham ao surgimento de arritmias ou hipotensão arterial nem provoquem aumento da freqüência cardíaca em mais de 20 batimentos.[40] Os exercícios de alongamento devem ser sustentados por um período máximo de 15 segundos e não devem provocar manobra de Valsalva. Quanto aos exercícios resistivos, eles podem ser executados contra uma resistência manual, o que gera dificuldade de se quantificar a intensidade do esforço, ou com o auxílio de faixas elásticas com resistência predeterminada, o que permite uma padronização para a evolução da intensidade do esforço.

Durante a execução dos exercícios, é prudente a oferta adicional de O_2, em intensidade suficiente para a manutenção de uma saturação arterial de O_2 mínima de 95% (monitorada por oximetria digital).

Arritmias cardíacas. Ocorrência freqüente no pós-operatório e de etiologia diversa, é importante a observância das alterações hemodinâmicas que podem ser precipitadas pelo seu surgimento.

O surgimento de bradicardia sinusal durante a realização dos exercícios deve ser imediatamente comunicado ao médico, pelo fato de poder significar falência ventricular, com incapacidade de adequação do DC frente à sobrecarga de trabalho.

A utilização de marca-passo externo serve como segurança à realização de exercícios respiratórios e/ou de extremidades, nos pacientes com bloqueios atrioventriculares, desde que esteja adequadamente regulado. Se o marca-passo estiver em demanda, isto é, garantindo uma FC mínima porém permitindo uma resposta própria do coração, a resposta da FC será a resposta esperada, com aumento da freqüência cardíaca proporcional à intensidade de esforço exigida. Por outro lado, quando o marca-passo estiver comandando, predeterminando uma FC fixa do coração, não haverá aumento da FC com a realização dos exercícios, não se podendo utilizar esse parâmetro para o controle da intensidade da terapia, sendo necessário o controle rigoroso de sinais e sintomas clínicos, como sudorese, palidez, tontura, taquipnéia ou oscilação da PA para se quantificar a intensidade do esforço exigido do paciente.

Os bloqueios atrioventriculares de surgimento abrupto contra-indicam a realização de qualquer tipo de exercício até que seja instalado um marca-passo.

Extra-sístoles supraventriculares (ESV) esparsas ou pareadas não-sustentadas, desde que preexistentes, não contraindicam a realização de fisioterapia quando não provocam sintomas. Por outro lado, quando o surgimento de ESV é induzido pelo exercício, é adequado que seja revista a sua intensidade ou até mesmo suspensa a terapia. A ocorrência de ESV freqüentes, com sintomas que indiquem queda do DC, contraindica a realização de fisioterapia, pela probabilidade de induzirem ao aparecimento de TV ou FV.

A presença de arritmias como a FA em geral não contraindica a realização de fisioterapia, desde que não provoquem sintomas. Na eventualidade de o paciente ter sido revertido de FA para ritmo sinusal pós-cardioversão elétrica ou reversão química, é aconselhável que se aguarde algumas horas para a realização da fisioterapia, enquanto se espera a estabilização elétrica do coração, evitando-se o risco do ressurgimento da arritmia induzida pelo exercício.

Como a hipóxia e a ICC são importantes fatores desencadeantes de arritmias, é necessário especial atenção às arritmias que se manifestam durante o processo de desmame do ventilador, já que estas podem significar inadequação do paciente à manutenção da ventilação espontânea, sendo indicada a suspensão do processo de desmame até que seja definido qual é o mecanismo desencadeante da arritmia.

PARTICULARIDADES DE CARDIOPATIAS CONGÊNITAS NO PÓS-OPERATÓRIO

A grande maioria dos defeitos congênitos cursa com alterações anatômicas que irão determinar alterações hemodinâmicas e no aparelho respiratório. Quanto mais precoces forem a intervenção cirúrgica e a recuperação pós-operatória, menores serão as seqüelas da criança. O atendimento fisioterápico deve levar em consideração as alterações fisiopatológicas que essas crianças apresentam, o tipo de cirurgia realizado e o grau de adaptação do miocárdio ao procedimento, já que uma intervenção na mecânica ventilatória pode alterar tanto o sistema respiratório quanto o cardiovascular.

Hipertensão pulmonar (HP). No pós-operatório, podem ocorrer crises de HP com súbita elevação da pressão na artéria pulmonar, freqüentemente acompanhada de broncoespasmo, redução do débito cardíaco e da SaO_2.[41] O principal objetivo da fisioterapia é favorecer a troca gasosa adequada e com isso evitar a hipoxemia, a acidose metabólica e a hipercapnia, já que o O_2 tem ação vasodilatadora, enquanto a acidose metabólica e o CO_2, ao contrário, têm ação vasoconstritora.

Em crianças intubadas, os níveis de O_2 são mantidos por meio de FiO_2 adequada; algumas vezes, seguindo orientação médica, pode-se lançar mão do óxido nítrico (NO) inalatório, um potente vasodilatador pulmonar, de ação seletiva, que promove a redução da pressão no leito vascular pulmonar, em concentrações que podem variar de 10 ppm até 80 ppm.[42] Os parâmetros ventilatórios devem ser selecionados; com o objetivo de reduzir a hipoxemia e o *shunt* pulmonar, utilizam-se VC altos, procurando-se evitar o aumento das pressões médias de vias aéreas por meio de tempo inspiratório curto, PEEP e FR baixas.[43]

Nas crianças extubadas, a otimização da oxigenação pode ser feita pela utilização de: 1) nebulização enriquecida com O_2, em oxitenda, com fluxo de O_2 maior que 7 l/min para evitar retenção de CO_2; 2) sistema de máscaras de Venturi com graduação da porcentagem de O_2 que pode variar de 21 até 60%, de acordo com a SaO_2 obtida e a resposta da PAP. Manobras como tapotagem, exercícios de expansão torácica com Ambu com máscara e até mesmo aspiração naso ou orotraqueal podem ser contra-indicadas nessas crianças por provocarem grande irritabilidade e possível broncoespasmo, com aumento da PAP.

Na eventualidade de aumento do trabalho respiratório ou de grandes atelectasias associadas, pode-se utilizar a VNI (CPAP ou BiPAP) para a melhora da oxigenação alveolar, tomando-se o cuidado de se eleger baixos níveis pressóricos.

A seleção da terapia deve sempre levar em conta a relação custo/benefício da criança, já que, ao mesmo tempo em que a fisioterapia tende a aumentar a PAP, o acúmulo de secreções e a atelectasia irão provocar piora das trocas gasosas, com o mesmo efeito deletério no leito vascular pulmonar.

Insuficiência cardíaca congestiva (ICC). Uma porcentagem significativa das crianças evolui com ICC no pós-operatório, devido a um período de adaptação mecânica ou de adaptação de pressão e de fluxo sangüíneo. Uma outra possibilidade é a ocorrência de ICC devido à persistência de um defeito residual pós-operatório.

O atendimento fisioterápico visa à manutenção de uma oxigenação adequada, no intuito de se evitar a hipoxemia e possível acidose metabólica que irão instabilizar ainda mais o quadro clínico da criança. Em princípio nenhuma manobra fisioterápica está contra-indicada, desde que não provoque instabilidade hemodinâmica com aumento significativo da FC e PA. Nesses casos pode ser necessária uma leve sedação da criança, a critério médico, para que seja possível a adequada higienização brônquica sem maior deterioração do quadro clínico.

A drenagem postural pode ser feita de forma seletiva, desde que a criança não esteja instável clinicamente e recebendo dieta enteral contínua ou que tenha acabado de receber dieta via oral, pelo risco de broncoaspiração. A posição de Trendelenburg está contra-indicada por favorecer o aumento do retorno venoso, podendo piorar o desconforto respiratório e agravar os sintomas. A posição prona é bem indicada por promover melhora das trocas gasosas e diminuição do trabalho respiratório.[44]

O uso de VNI está bem indicado, preferencialmente nas modalidades com PEEP + PSV ou BiPAP, com prongas nasais ou máscaras, por comprovadamente diminuírem o trabalho respiratório e conseqüentemente o gasto energético e melhorarem as trocas gasosas. Deve-se estar atento à ocorrência de distensão abdominal, que pode agravar o desconforto respiratório; nesses casos, a associação da VNI com posição prona otimiza o resultado da terapia. A RPPI pode ser utilizada em crianças maiores, em geral acima de 2 anos, para reverter atelectasias; nas crianças menores essa terapia não apresenta resultados satisfatórios pela maior dificuldade de sincronismo da criança com o ventilador.

Pós-operatório de cirurgias especiais

1. **Blalock-Taussig:** anastomose da artéria subclávia esquerda no tronco da pulmonar. Tratamento paliativo das patologias com hipofluxo pulmonar, melhora o fluxo pulmonar e favorece o desenvolvimento da árvore arterial pulmonar.[45]

   As complicações pulmonares mais freqüentes nesse tipo de cirurgia são: atelectasia no lado da incisão por hematoma local, infecções pulmonares, derrame pleural e hiperfluxo pulmonar com congestão pulmonar. A adaptação da criança ao novo sistema de fluxo pulmonar pode ser lenta e gradativa, por vezes retardando o desmame do ventilador. Dessa forma, manobras de higiene brônquica, drenagem postural (decúbito contralateral à incisão) e posição prona serão fundamentais nesse processo. Pelo fato de ser uma cirurgia paliativa, a SaO_2 se manterá ao redor de 80%, sendo desnecessárias grandes ofertas de O_2.
2. **Derivações cavopulmonares:** anastomose das veias cavas superior e inferior (cirurgia de Fontan) ou somente da veia cava superior (cirurgia de Glenn bidirecional) na artéria pulmonar. Realizadas em cirurgias complexas como ventrículo único, atresia pulmonar e atresia tricúspide. Nessas cirurgias, a pressão da artéria pulmonar e a resistência vascular pulmonar devem estar baixas para facilitar a drenagem do sangue no leito pulmonar.

Devido ao fato de a pressão positiva aumentar a pressão intratorácica e com isso dificultar a drenagem de sangue para os pulmões, recomenda-se a extubação dessas crianças o mais rapidamente possível. Caso elas se mantenham intubadas, utilizam-se FR e pico inspiratório baixos, tempo inspiratório curto e PEEP próxima à fisiológica. As crianças devem ser mantidas em decúbito superior a 45° para facilitar o deságüe sangüíneo.

Em crianças extubadas, o próprio ato inspiratório auxilia a drenagem de sangue para o leito pulmonar pela pressão negativa gerada durante a inspiração. No entanto, a manutenção do decúbito elevado irá facilitar esse trabalho. Caso elas apresentem grande aumento do trabalho respiratório ou atelectasia importante que possa favorecer a hipoxemia e hipercapnia e conseqüentemente o aumento da resistência vascular pulmonar, pode-se utilizar a VNI, desde que não seja de forma contínua. Nesse caso, deve-se seguir os mesmos critérios citados anteriormente para a seleção dos parâmetros do ventilador.[35]

REFERÊNCIAS BIBLIOGRÁFICAS

1. Wilcox P, Bayle EM, Hards J *et al.* Phrenic nerve function and its relationship to atelectasis after coronary bypass surgery. *Chest* 1988;93:693–8.
2. Bendixen HH, Smith GM, Mead J. The pattern of ventilation in young adults. *J Appl Physiol* 1964;19:195–8.
3. Zikria BA, Spencer JL, Kinney JM. Alterations in ventilatory function and breathing patterns following surgical trauma. *Ann Surg* 1974:1–7.
4. Ford GT, Rosenal TW, Clergue FC *et al.* Respiratory physiology in upper abdominal surgery. *Clin Chest Med* 1993;14:237–52.
5. Braun SR, Birbaum ML, Chopra P. Pre and postoperative pulmonary function abnormalities in coronary artery revascularization surgery. *Chest* 1978;73:316–20.

6. Berrizbeitia LD, Tessler S, Jacobowitz IJ *et al.* Effect of sternotomy and coronary bypass surgery on postoperative pulmonary mechanics. *Chest* 1989;96:873–6.
7. Bonacchi M, Prifti E, Giunti G *et al.* Respiratory dysfunction after coronary artery bypass grafting employing bilateral internal mammary arteries: the influence of intact pleura. *Eur J Cardiothoracic Surg* 2001;19:827–33.
8. Tripp HF, Bolton JWR. Phrenic nerve injury following cardiac surgery: a review. *J Cardiol Surg* 1998;13:218–23.
9. Branca P, McGraw P, Light RW *et al.* Factors associated with prolonged mechanical ventilation following coronary artery bypass surgery. *Chest* 2001;119:537–46.
10. Anker SD, Chua TP, Ponikowski P *et al.* Hormonal changes and catabolic/anabolic imbalance in chronic heart failure and their importance for cardiac caquexia. *Circulation* 1997;96:526–34.
11. Mazolewski P, Turner JF, Baker M *et al.* The impact of nutritional status on the outcome of lung volume reduction surgery. *Chest* 1999;116:693–6.
12. Furlan A, Sila C, Chimowitz M *et al.* Neurologic complications related to cardiac surgery. *Neurol Clin* 1992;10:145–66.
13. Bihari D, Nield G. *Acute Renal Failure in Intensive Therapy Unit.* 1st ed. New York: Springer-Verlag, 1990.
14. Chatte G, Sab JM, Dubois JM *et al.* Prone positioning in mechanically ventilated patients with severe acute respiratory failure. *Am J Respir Crit Care Med* 1997;155:473–8.
15. Ibanez J, Raurich JM, Abizanda R *et al.* The effect of lateral positions on gas exchange in patients with unilateral lung disease during mechanical ventilation. *Intens Care Med* 1981;7:231–4.
16. Prokocimer P, Garbino J, Wolff M *et al.* Influence of posture of gas exchange in artificially ventilated patients with focal lung disease. *Intens Care Med* 1983;9:69–72.
17. Dean E, Ross J. Discordance between cardiopulmonary physiology and physical therapy: toward a rational basis for practice. *Chest* 1992;101:1694–8.
18. Dean E. Oxygen transport: a physiologically-based conceptual framework for the practice of cardiopulmonary physiotherapy. *Physiotherapy* 1994;80:347–55.
19. Orozco-Levi M, Torres A, Ferrer M *et al.* Semirecubent position protects from pulmonary aspiration but not completely from gastroesophageal reflux in mechanically ventilated patients. *Am J Respir Crit Care Med* 1995;152:1387–90.
20. Griffiths RD, Palmer TEA, Helliwell T *et al.* Effect of passive stretching on the wasting of muscle in the critically ill. *Nutrition* 1995;11:428–32.
21. Weissman C, Kemper M, Damask MC *et al.* Effect of routine intensive care interactions on metabolic rate. *Chest* 1984;86:815–8.
22. Irwin S, Tecklin JS. *Fisioterapia Cardiopulmonar.* 2ª ed. São Paulo: Manole, 1994.
23. Taniguchi LNT, Piheiro APA. Particularidades do atendimento ao paciente em pós-operatório de cirurgia cardíaca. *In* Regenga MM: *Fisioterapia em Cardiologia da Unidade de Terapia Intensiva à Reabilitação.* 1ª ed. São Paulo: Roca, 2000.
24. Roncati VLC, Portiolli CY. Rotinas e recursos de fisioterapia respiratória em UTI. *In* Knobel E: *Condutas no Paciente Grave.* 2ª ed. Rio de Janeiro: Atheneu, 1998.
25. Martinez FJ, Straderman RL, Flaherty KR *et al.* Respiratory response during arm elevation in isolated diaphragm weakness. *Am J Respir Crit Care Med* 1999;169:480–6.
26. Birnkrant DJ, Pope JF, Lewarski J *et al.* Persistent pulmonary consolidation treated with intrapulmonary percussive ventilation: a preliminary report. *Pediatric Pulmonol* 1996;21:246–9.
27. Mancini DM, Henson D, La Manca J *et al.* Benefit of seletive respiratory muscle training on exercise capacity in patients with chronic congestive heart failure. *Circulation* 1995;91:320–9.
28. Bach JR, Brougher P, Hess DR *et al.* Consensus conference: noninvasive positive pressure ventilation. *Respir Care* 1997;42(4):364–9.
29. Dealis SMO, Benvenga RH, Negreiros GV. Ventilação não-invasiva em cardiologia. *In* Regenga MM: *Fisioterapia em Cardiologia da Unidade de Terapia Intensiva à Reabilitação.* 1ª ed. São Paulo: Roca, 2000.
30. Weindler J, Keifer RT. The efficacy of postoperative incentive spirometry is influenced by the device-specific imposed work of breathing. *Chest* 2001;119:1858–64.
31. Overend TJ, Anderson CM, Lucy SD *et al.* The effect of incentive spirometry on postoperative pulmonary complications. *Chest* 2000;120:971–8.
32. Forrester JS, Diamond G, Chatterjee K *et al.* Medical therapy of acute myocardial infarction by application of hemodynamic subsets. *N Engl J Med* 1976;295:1356–404.
33. Barbas CSV, Amato MBP. Ventilação artificial aplicada. *In* Knobel E: *Condutas no Paciente Grave.* 2ª ed. Rio de Janeiro: Atheneu, 1998.
34. Filho GFT. *Temas Atuais em Circulação Extracorpórea.* Porto Alegre: Sociedade Brasileira de Circulação Extracorpórea (SBCEC), 1997.
35. Laginestra M, Amorin EF. Atendimento fisioterápico em pós-operatório de cirurgia cardíaca em crianças. *In* Regenga MM: *Fisioterapia em Cardiologia da Unidade de Terapia Intensiva à Reabilitação.* 1ª ed. São Paulo: Roca, 2000.
36. Faling LJ. A guide to clinical practice: chest physical therapy. *Resp Care* 1991:625–4.
37. Gun C, Timerman A, Ramos RF. Choque cardiogênico. *Ver Soc Cardiol Est São Paulo* 1998;8(3):435–45.
38. Santos OFP, Anção MS, Santos BFC. Insuficiência renal aguda. *In* Knobel E: *Condutas no Paciente Grave.* 2ª ed. Rio de Janeiro: Atheneu, 1998.
39. Chertow GM, Christiansen CL, Clearly PD *et al.* Prognostic stratification in critically ill patients with acute renal failure requiring dyalisis. *Arch Intern Med* 1995;155:1501–11.
40. Regenga MM. Fisioterapia no paciente cardiopata grave na terapia intensiva. *In* Regenga MM: *Fisioterapia em Cardiologia da Unidade de Terapia Intensiva à Reabilitação.* 1ª ed. São Paulo: Roca, 2000.
41. Abelan DM, Goshi LH, Marino WT *et al.* Hipertensão pulmonar. *In* Stape A, Troster EJ, Kimura HM *et al.*: *Terapia Intensiva Pediátrica — Manual de Normas.* São Paulo: Sarvier, 1998.
42. Russel Isobel AM, Zwass MS. The effects of nitric oxide on postoperative pulmonary hypertension in infants and children undergoing surgical repair of congenital heart disease. *Anesth Analg* 1998;87:46–51.
43. Ambar RB. Repercussões pulmonares das cardiopatias congênitas interferindo na ventilação mecânica. *In* Regenga MM: *Fisioterapia em Cardiologia da Unidade de Terapia Intensiva à Reabilitação.* 1ª ed. São Paulo: Roca, 2000.
44. Wagaman MJ, Shutack JG, Moomjian AS *et al.* Improved oxygenation and lung compliance with prone positioning of neonates. *J Pediatrics* 1979;94(5):787–91.
45. Maluf MA, Andrade JCS, Carvalho A *et al.* Operação de Blalock–Taussig modificada para o tratamento paliativo de cardiopatias congênitas com hipofluxo pulmonar. *Ver Bras Cir Cardiovasc* 1995;10(3):126–32.

73 Coma, Diagnóstico e Conduta

Rogério da Silveira

DEFINIÇÃO

Para uma melhor compreensão da definição do coma, é preciso que se conheça o significado de consciência. Consciência é definida como um "estado cônscio de si mesmo e do ambiente", segundo Fred Plum e Jerome Pôster, publicado na clássica obra *Diagnóstico de Estupor e Coma* em 1972.[1] Existem duas características da consciência de grande importância clínica, uma vez que podem ser afetadas de formas diferentes. Uma das características é o *conteúdo*, que é a essência das funções mentais, dependentes da integridade da região cortical. O outro é o *despertar*, intimamente relacionado à vigília, dependente da integridade das estruturas do tronco cerebral, conhecidas como sistema reticular ativador ascendente (SRAA). Tanto o conteúdo quanto o despertar podem variar amplamente. Os distúrbios do conteúdo da consciência são chamados de estados confusionais agudos (*delirium*). Os distúrbios do despertar podem variar desde a sonolência até o coma.

O termo coma deriva do verbo *koimã*, que significa ato de dormir. O coma é um estado de inconsciência que difere da síncope por ser prolongado, e do sono, pela incapacidade de ser revertido por estímulos externos.

Embora seja realmente difícil descrever o significado da consciência e estabelecer diferenciações das fases intermediárias entre vigília e coma, as alterações do nível da consciência refletem severa disfunção cerebral. Devemos enfatizar que o estado de coma é uma síndrome clínica, situando-se no extremo do espectro das alterações da vigília, sendo observada no curso de inúmeras doenças sistêmicas e intracranianas, e que toda tecnologia diagnóstica disponível deverá ser utilizada na investigação do diagnóstico etiológico dessa emergência médica.[2,3]

ETIOLOGIA

A manutenção da vigília é feita por conexões ascendentes, a partir de núcleos reticulares do tronco cerebral que alcançam o córtex cerebral através do SRAA. A tentativa de esquematizar núcleos, vias e neurotransmissores envolvidos na organização do SRAA ainda é considerada uma utopia pela complexidade das funções exercidas por esse sistema no controle de sono e vigília, atividade motora, função oculomotora, respiração e controle vasomotor. O SRAA é mais bem definido como um sistema fisiológico, e não um sistema anatômico.

Toda a energia necessária para manutenção do cérebro depende do metabolismo oxidativo da glicose. Como não há reserva de oxigênio no cérebro e apenas uma pequena reserva de glicose, é necessário um suprimento constante e pleno desses substratos. O cérebro utiliza aproximadamente 5 mg por 100 g/min de glicose e 3,5 ml por 100 g/min de oxigênio; essas taxas equivalem a cerca de 1/4 e 1/5, respectivamente, da utilização corporal total de oxigênio. Os depósitos de glicose no cérebro proporcionam energia durante aproximadamente 2 minutos após a interrupção do fluxo sangüíneo, embora ocorra perda da consciência dentro de 8 a 10 segundos. Quando ocorre hipóxia simultânea a hipoglicemia, a glicose disponível esgota-se mais rapidamente.

O coma é o resultado da destruição mecânica de áreas cruciais do tronco cerebral (coma anatômico) ou da ruptura global dos processos metabólicos do cérebro (coma metabólico). O coma de origem metabólica pode ser produzido por interrupção do fornecimento de substrato energético (hipóxia, isquemia, hipoglicemia) ou alteração das respostas neurofisiológicas das membranas neuronais (intoxicação por drogas ou álcool, epilepsia ou lesão encefálica aguda).

Segundo revisão da literatura, as principais causas de coma são decorrentes de lesões expansivas supratentoriais, infratentoriais e desordens metabólicas difusas.

No Quadro 73-1 estão listadas as causas mais comuns de coma sem diagnóstico inicial atendidos numa emergência.

Como podemos observar nesse quadro, os distúrbios metabólicos são a causa mais comum de complicação neurológica nas unidades de terapia intensiva.

SINTOMAS E SINAIS

Os sintomas e sinais do coma são extensos e variados.

Plum e Posner caracterizaram cinco parâmetros fisiológicos para serem avaliados e valorizados:[3]

1. Estado de consciência.
2. Padrão respiratório.
3. Tamanho e reatividade das pupilas.
4. Movimentos oculares e respostas oculovestibulares.
5. Resposta motora musculoesquelética.

Através da interpretação desses cinco parâmetros, teremos informações que nos ajudarão a localizar a disfunção neurológica, auxiliando assim a esclarecer a etiologia do coma.

Quadro 73-1. **Diagnóstico de 500 pacientes em coma de etiologia desconhecida à admissão hospitalar**

1. Lesões expansivas supratentoriais	101
• Hematoma intracerebral	44
• Hematoma subdural	26
• Hematoma epidural	4
• Tumor cerebral	7
• Infarto cerebral	11
• Abscesso cerebral	6
• Apoplexia pituitária	2
• Trauma fechado	1
2. Lesões expansivas infratentoriais	65
• Infarto de tronco encefálico	40
• Hemorragia de tronco encefálico	11
• Tumor de tronco encefálico	3
• Hemorragia cerebelar	5
• Infarto cerebelar	2
• Abscesso cerebelar	1
• Desmielinização do tronco	1
• Hemorragia subdural de fossa posterior	1
• Migrânia basilar	1
3. Metabólicas e difusas	326
• Intoxicações exógenas	149
• Anoxia/Isquemia	87
• Meningites/Encefalites/Encefalomielite	14
• Hemorragia subaracnóide	13
• Encefalopatia hepática	17
• Encefalopatia urêmica	8
• Doença pulmonar	3
• Doença endócrina	12
• Distúrbio térmico	9
• Nutricional	1
• Coma metabólico inespecífico	1
• Distúrbios ácido-básicos	12
4. Desordens psiquiátricas	8

Extraído de Plum e Posner.[3]

Estado de consciência

Recomenda-se que se evitem termos genéricos na descrição dos achados do exame da consciência. Sempre que possível, devemos nos limitar à descrição pormenorizada dos achados clínicos, como "paciente com abertura ocular apenas aos estímulos álgicos, sem resposta às solicitações verbais simples", no lugar de "paciente em estupor". A descrição dos termos genéricos mais utilizados é:

- *Sonolência:* estado de embotamento ou entorpecimento da vigilância em que o paciente pode ser prontamente despertado de forma verbal ou por estímulo doloroso, tendo capacidade de resposta verbal coerente.
- *Estupor:* síndrome funcional aguda de bloqueio completo ou incompleto da vida mental, em geral transitória, em que o paciente pode ser despertado por estímulos mais vigorosos e repetidos, com abertura dos olhos, mas a resposta aos comandos do examinador é ausente, lenta e inadequada.
- *Obnubilação:* estado de turvação ou nebulosidade do pensamento, alternando periodicamente sonolência com excitabilidade, irritabilidade e confusão mental, podendo ocorrer sintomas produtivos de ilusões, alucinações, falsos reconhecimentos e atividades delirantes.
- *Delírio:* estado caracterizado pela presença de desorientação, irritabilidade, alucinações visuais e agitação psicomotora. É uma situação comum em desordens metabólicas ou tóxicas do sistema nervoso central.
- *Mutismo acinético:* síndrome caracterizada por estado de acinesia ou hipocinesia e mutismo ou diminuição dos movimentos vocais, com preservação das reações de fixação e motricidade oculares, indiferença faciovocal à dor, com movimento lento ou retardado de retirada do membro.
- *Estado apálico:* síndrome de degeneração cortical cerebral difusa e bilateral ou do SRAA. Não há fixação do olhar. Observam-se movimentos oculares ao acaso, postura em flexão, resposta motora generalizada à dor, reflexos axiais de face como sucção automática, mastigação e palmomentoniano, reflexos de preensão facilmente evocados e mecanismo tátil para iniciar os reflexos orais. Secundário a anoxia, encefalites e traumatismo cranioencefálico.
- *Estado vegetativo crônico ou persistente:* quadro semelhante ao mutismo acinético e ao estado apálico, sem qualquer característica diferencial. Quando o fenômeno ultrapassa um ano de duração, usamos o termo "persistente".
- *Síndrome do cativeiro:* também chamada de síndrome pontina-ventral, homem fechado em si mesmo, ou *locked-in*. Esta se caracteriza por tetraplegia, anartria e paralisia dos movimentos de lateralização do olhar, sendo que este último pode falhar. A sensibilidade dolorosa e a consciência estão íntegras. Mantém comunicação com o meio por movimentos verticais e piscar dos olhos ("síndrome do olhar inteligente").

Padrão respiratório

Ao observar o ritmo respiratório do paciente em coma, podemos nos deparar com diversos padrões diferentes, muitas vezes localizando o nível da lesão.

- *Respiração de Cheyne-Stokes:* períodos de respiração profunda (hiperpnéia) alternando-se com períodos de apnéia ou lipopnéia. Aparece em lesão dos dois hemisférios cerebrais ou no diencéfalo, assim como nos distúrbios metabólicos. Pode também ser decorrente de tempo circulatório lento.

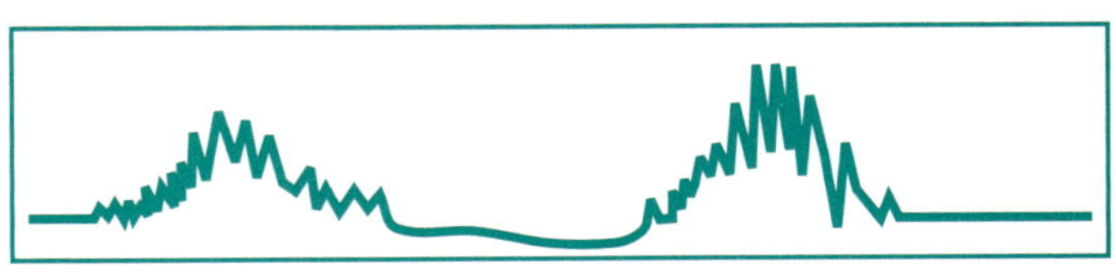

- *Hiperventilação neurogênica central:* caracteriza-se por respiração rápida e profunda, porém contínua e regular. Aparece em disfunções do mesencéfalo ou mais raramente na ponte. Hipóxia, hipoglicemia, congestão pulmonar, encefalopatia hepática e tireotoxicose podem estar relacionadas com esse padrão.

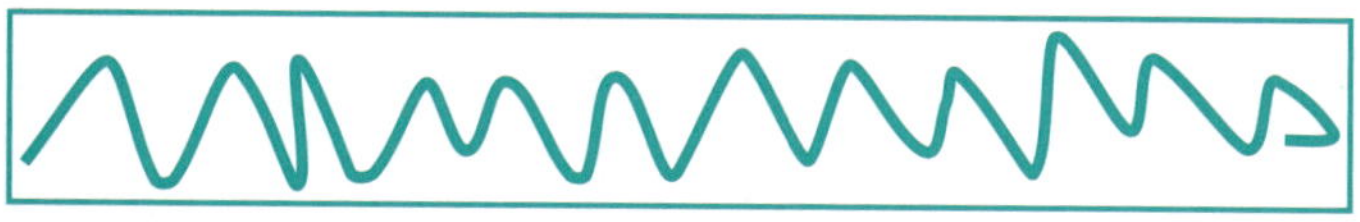

- *Apnêustica:* caracteriza-se por espasmos inspiratórios prolongados, pausa inspiratória total e expiração cíclica. Aparece classicamente em lesões pontinas.

- *Biot (respiração atáxica):* caracteriza-se por irregularidade imprevisível, com incursões respiratórias superficiais ou profundas. Aparece em lesões bulbares.

- *Respiração periódica de ciclo curto*: Ocorre em situações de hipertensão intracraniana (HIC), lesões pontinas baixas e na fossa posterior. O padrão respiratório que lembra o Cheyne-Stokes mais curto, com uma ou duas respirações com amplitude aumentada seguidas por duas a quatro rápidas (também com amplitude aumentada) e, então, uma ou duas respirações com amplitudes decrescentes.

- *Apnéia:* ausência total de respiração, causada por lesão estrutural grave no bulbo, intoxicação por drogas sedativas ou lesão de vias motoras associadas (por ex., lesão de medula cervical alta).

Alterações pupilares

Assim como o padrão respiratório, as alterações pupilares nos auxiliam na localização de lesões em diversas partes do encéfalo.

- *Pupilas fixas em posição intermediária:* estas são na maioria das vezes medianas ou discretamente dilatadas (4 a 6 mm), redondas, fixas à luz porém respondendo à acomodação. Aparece em lesões mesencefálicas.
- *Pupilas midriáticas bilateralmente:* estas pupilas podem ser reativas ou fixas à luz. No primeiro caso, podemos exemplificar intoxicações por cocaína, anfetamina e LSD. No segundo caso, intoxicações por atropina, fenotiazinas e antidepressivos tricíclicos.
- *Pupila midriática unilateral:* esta se encontra também fixa à luz. Aparece em herniação do lobo temporal, que causa compressão das vias parassimpáticas que vão através do oculomotor até a órbita ou em lesões unilaterais do mesencéfalo.
- *Pupilas mióticas:* com tamanho entre 1 e 2,5 mm com reações à luz na maioria das vezes normais. Aparecem principalmente em lesões de vias simpáticas no hipotálamo ou em falência difusa da função cerebral, que possui como causa o uso de algumas drogas como opiáceos.
- *Pupilas mióticas em cabeça de alfinete:* com tamanho < 1 mm, podemos observar reações à luz ao usarmos uma lente de aumento. Sugerem principalmente hemorragia pontina ou intoxicações por morfina, heroína ou outros narcóticos.
- *Síndrome de Horner:* caracterizada por miose reativa à luz, hemiptose palpebral, enoftalmia e anidrose homolaterais. Aparece em infartos maciços de um hemisfério cerebral ou em lesão de tronco cerebral cursando com outras associações.

Movimentos oculares e respostas oculovestibulares

Ao avaliarmos os reflexos oculares e oculovestibulares, as alterações são, na maioria das vezes, ocasionadas mais comumente por lesões estruturais do que por causas metabólicas.

- *Reflexo oculocefálico (movimento dos olhos de boneca):* para realizar o exame inicialmente, devemos nos certificar de que o paciente não apresenta lesão na coluna cervical. Mantendo-se as pálpebras superiores abertas de modo a que os olhos sejam vistos, devemos virar a cabeça rapidamente para um lado e para o outro. Pode-se também realizar movimentos de flexão e extensão do pescoço. Ao realizar a manobra em paciente sem lesão de tronco, os olhos se deslocarão para o lado oposto ao movimento. A resposta negativa ou perda do movimento de olhos de boneca sugere a presença de lesão mesencefálica, pontina ou coma muito profundo.
- *Reflexo oculovestibular:* para realizar esse exame, devemos nos certificar de que os tímpanos estão íntegros e os condutos auditivos limpos. Coloca-se o paciente com a cabeça centrada e a 30°. Com uma seringa de 50 ml, injeta-se água gelada no conduto auditivo externo. A resposta normal será o aparecimento de nistagmo com o componente lento em direção ao lado irrigado e rápido em direção contrária. Em alguns casos serão necessários 120 ml de água gelada e aguardar até 5 minutos para que ocorra resposta. De forma geral, podemos dizer que lesões de tronco encefálico provocam ausência de resposta à estimulação.
- *Reflexo corneopalpebral:* reflexo de fechamento da pálpebra e desvio do olho para cima pelo toque suave na córnea. Analisa-se o nervo trigêmeo (via aferente), o nervo facial (via eferente) e a área tectal que controla os movimentos verticais do olhar.

Resposta motora musculoesquelética

Ao se avaliar o paciente em coma, a função motora deve ter uma atenção especial. Caso o paciente não apresente movimentação espontânea, deve-se aplicar estímulos álgicos a fim de se identificar posturas anormais (decorticação, descerebração, hemiplegia ou ausência de movimentos) ou movimento de localização. As respostas motoras nem sempre se correlacionam com a profundidade do coma.

Algumas anormalidades motoras auxiliam na localização da lesão:

- *Hemiparesia associada a comprometimento facial:* sugere envolvimento hemisférico contralateral.
- *Hemiparesia associada a comprometimento facial e paratonia:* sugere envolvimento hemisférico contralateral com herniação central incipiente ou afecção frontal predominante.
- *Decorticação:* consiste na postura em que ocorrem adução do ombro, flexão do cotovelo, flexão do punho, dos dedos e do membro superior e hiperextensão do membro inferior. Sugere disfunção supratentorial.
- *Descerebração:* consiste na postura em que ocorrem adução, extensão, hiperpronação do membro superior, e extensão, flexão plantar do membro inferior, muitas vezes com opistótono e fechamento de mandíbula. Indica lesão do diencéfalo para baixo.
- *Resposta extensora anormal no membro superior com flacidez ou resposta flexora fraca no membro inferior:* Sugere lesão ao nível do tegmento pontino.
- *Flacidez e ausência de resposta:* Sugere lesão periférica associada, ou lesão pontina baixa e bulbar.

DIAGNÓSTICO

O diagnóstico do coma é exclusivamente clínico. Minuciosa anamnese e exame físico, assim como os exames laboratoriais e de imagem, são fundamentais no esclarecimento etiológico do quadro. Sempre que possível, devemos nos basear na anamnese para a solicitação dos exames complementares. De caráter emergencial, os exames laboratoriais mais comuns são:[2]

- *Bioquímica sangüínea:* hemograma, glicemia, dosagem de sódio, potássio, cálcio, uréia, creatinina, provas de função hepática, gasometria arterial, hormônios tireoidianos, testes toxicológicos sangüíneos ou urinários, incluindo níveis de sedativos e etanol. Estudos de coagulação e outros testes metabólicos devem ser baseados na suspeição para cada caso.
- *Punção liquórica lombar*, para dosagem de celularidade, proteínas, glicose e Gram. Esse procedimento encontra-se contra-indicado em caso de hipertensão intracraniana por lesão focal.
- *Tomografia computadorizada de crânio e ressonância magnética nuclear.*
- *Eletroencefalograma (EEG):* bastante útil na inconsciência psicogênica ou na síndrome do encarceramento. O EEG pode mostrar assimetrias ou evidenciar uma atividade convulsiva não-suspeitada clinicamente. Sugestivo nos comas de origem metabólica.

TRATAMENTO

O atendimento a pacientes em coma tem por objetivo:

- Administrar suporte vital (prioridade absoluta e urgente).
- Obter história detalhada e, através de exame clínico geral e especializado, obter informações que identifiquem se o coma é de etiologia local ou sistêmica.
- Solicitar estudo laboratorial e de imagem apropriado e informativo.
- Iniciar tratamento mais definitivo conforme as informações obtidas.

Suporte vital

Anteriormente a qualquer conduta diagnóstica, deve-se obter os sinais vitais e inspecionar o corpo desnudo do paciente. Independentemente da causa do coma, certos princípios terapêuticos devem ser seguidos, atuando-se da melhor forma possível sobre:

- Respiração (desobstrução, oxigênio, intubação, gasometria).
- Circulação (verificar pressão arterial, freqüência cardíaca e puncionar acesso venoso calibroso e seguro).
- Retirar sangue para exames laboratoriais de rotina.
- Metabolismo (injetar 25 g de glicose hipertônica – IV).

■ *Respiração*

Inicialmente, deve-se checar as vias aéreas e as incursões respiratórias. Quando houver dúvida, procede-se a intubação traqueal. Quando há suspeita de traumatismo raquimedular e as condições clínicas do paciente permitirem, realiza-se estudo radiográfico da coluna vertebral. Caso contrário, em insuficiência respiratória aguda, deve-se realizar uma cricotireoidostomia de emergência. Deve-se checar os gases sangüíneos para assegurar ventilação adequada.

■ *Circulação*

Avaliar a pressão arterial e a freqüência cardíaca. Disfunção cardíaca grave ou choque podem causar coma. Independentemente da causa, a manutenção da pressão arterial e do débito cardíaco é essencial para a sobrevida. Monitorização eletrocardiográfica e pressórica e da saturimetria é mandatória.

■ *Metabolismo*

- *Retirar sangue e administrar glicose*: deve ser coletado sangue para dosagem sérica de eletrólitos, glicose, hemograma, TSH, T_3, T_4, osmolalidade, provas de função hepática e renal. Deve ser colhido sangue extra para estudos adicionais, quando necessário (avaliação toxicológica, sorologia para sífilis, anti-HIV, amônia, análise reumatológica). A glicose deverá ser administrada por via venosa em todos os pacientes logo após a coleta do sangue, sem esperar os resultados laboratoriais. Recomenda-se dose mínima de 25 g de glicose hipertônica. A hipoglicemia pode causar todas as alterações da consciência, da sonolência ao coma, e, eventualmente, sinais neurológicos focais.

Outros

- *Diminuir a pressão intracraniana:* o aumento da pressão intracraniana é uma causa freqüente de coma, com morbidade e mortalidade elevada quando não prontamente tratado.
- *Interromper crises convulsivas:* crises convulsivas repetidas de qualquer etiologia produzem dano cerebral e devem ser prontamente combatidas com diazepam 10 mg IV, seguido de fenitoína 15 mg/kg em *bolus,* em taxa de infusão não superior a 50 mg/min (nunca diluir em soluções glicosadas). Esses medicamentos não estão livres de efeitos colaterais e devem ser administrados com cautela, pois pode ocorrer apnéia com a administração do diazepam ou hipotensão com a fenitoína.
- *Tratar infecções:* uma infecção em qualquer parte do corpo pode levar ao coma. Deve-se rastrear todo paciente febril à procura de focos infecciosos. Realizar punção lombar, caso haja suspeita de meningoencefalite.
- *Ajustar equilíbrio ácido-básico e temperatura corporal:* a acidose ou alcalose metabólica grave poderá piorar ou levar ao coma, portanto deve ser corrigida adequadamente. Similarmente, a hipotermia e a hipertermia podem contribuir para a alteração do nível de consciência e devem ser tratadas.
- *Administrar tiamina:* apesar de a encefalopatia de Wernicke raramente levar ao coma, muitos pacientes com alteração do nível da consciência são alcoólicos crônicos ou desnutridos. Nesses pacientes, a injeção de glicose pode precipitar agudamente a encefalopatia de Wernicke. A dose de tiamina é de 50 a 100 mg IV.
- *Considerar antídotos:* uma causa comum de coma é o abuso de drogas. O tratamento inicial desses pacientes é de suporte, particularmente a manutenção ventilatória. No caso de intoxicação por narcóticos, benzodiazepínicos e sedativos anticolinérgicos, é possível terapia mais definitiva. Nas intoxicações por narcóticos, administra-se 0,2 mg de cloridrato de naloxona IV lentamente, repetindo-se a cada 5 minutos até o retorno da consciência; nas intoxicações por benzodiazepínicos, administra-se 1 mg de flumazenil IV lentamente, repetindo-se até um total de 3 mg. No coma causado por sedativos anticolinérgicos, pode-se reverter o quadro com fisostigmina IV lentamente.

REFERÊNCIAS BIBLIOGRÁFICAS

1. Brust JCM. Coma. *In* Rowland LP. Merrit *Tratado de Neurologia.* Rio de Janeiro: Guanabara Koogan 2002, pp. 14–19.
2. Feske SK. Coma and confusional states: emergency diagnosis and management. *Neurol Clin* 1998;16:237-256.
3. Plum F, Posner JB. *Diagnosis of stupor and Coma,* 3ª ed. Philadelphia: Davis, 1980.

74 Emergências Diabéticas

Jorge Eduardo S. Soares Pinto

As emergências associadas com o *diabetes mellitus* compreendem a cetoacidose diabética, o coma hiperosmolar e a hipoglicêmia.[14,15]

CETOACIDOSE DIABÉTICA

A cetoacidose diabética (CAD), juntamente com o coma hiperglicêmico hiperosmolar não-cetótico, certamente é a complicação aguda mais grave do diabético. É caracterizada por hiperglicemia e acidose sistêmica, aliadas a cetonemia com cetonúria. A CAD em geral ocorre em pacientes diabéticos do tipo 1, podendo ser o evento de abertura do quadro, também manifestando-se a qualquer momento após o diagnóstico, e em certas condições pode ocorrer também em pacientes diabéticos tipo 2.[1,2]

Da descrição do quadro em 1886 até a descoberta da insulina em 1922, a mortalidade dessa complicação era de aproximadamente 100%. Com o avanço das técnicas e a melhor compreensão da fisiopatologia, com maior disponibilidade também para o tratamento para os fatores precipitantes, a mortalidade por volta de 1983 já havia caído para cerca de 10%; hoje a mortalidade já é inferior a 5%.

É extremamente comum em pacientes jovens, com uma incidência na população geral de aproximadamente 14 por 100.000, sendo 20% de casos recém-diagnosticados. Representa aproximadamente 1,6% das internações hospitalares e aproximadamente 8% das internações de pacientes diabéticos.[2,4]

FATORES PRECIPITANTES

Os fatores precipitantes em ordem de importância são:

1. Infecção.
2. Omissão ou uso inadequado de insulina.
3. Abertura de quadro de *diabetes mellitus*.
4. Outros eventos, como infarto do miocárdio, acidente vascular cerebral, traumatismo e pancreatite.

DIAGNÓSTICO

História e exame físico

O paciente com CAD geralmente traz história de poliúria com polidipsia e polifagia, com emagrecimento associado a astenia e debilidade progressivas. Dores abdominais, náuseas e vômitos são comuns, e podem ser causados pela CAD, mas também por outras patologias, como pielonefrite, pancreatite e abdômen agudo, que sempre devem ser descartadas. O estado mental pode variar de discreta sonolência a uma letargia profunda; o coma profundo é uma condição rara. Outros sinais de importância são a respiração rápida e profunda de Kussmaul e o hálito cetônico. O turgor da pele estará diminuído e haverá ressecamento das mucosas. Pode haver taquicardia e hipotensão, sendo a última um sinal de mau prognóstico. A presença de febre sugere infecção associada, mas o paciente pode apresentar-se hipotérmico.[5]

Exames laboratoriais

1. Hiperglicemia: glicose > 250 mg%.
2. Cetonúria/cetonemia (+).
3. Gasometria arterial: acidose metabólica (pH $< 7{,}3$ e bicarbonato < 15 mEq/l).
4. Intervalo aniônico (*anion gap*) estará aumentado, devendo ser calculado com a fórmula:

$$AG = (Na^+) - (HCO_3^- + Cl^-)$$

Normal: 8-16 mMol.

5. K^+ sérico: pode estar normal ou discretamente aumentado, mas o *pool* total está diminuído.
6. Fosfato: o nível sérico pode estar aumentado, mas o *pool* total se encontra diminuído.
7. Sódio: pode estar diminuído.
   Observação: para cada 100 mg% de glicemia acima do normal, ocorre queda de 1,6 mEq/l do Na^+ sérico.
8. Osmolaridade plasmática: geralmente está > 300 mOsm; níveis em torno de 320 mOsm se associam ao coma.
9. Uréia e creatinina: encontram-se aumentadas pela depleção volumétrica.
10. Hemograma: pode haver leucocitose, mesmo sem infecção associada.

Após a avaliação inicial, não se deve atrasar a terapêutica de reposição volumétrica, devendo ser iniciada a terapia enquanto outros exames são feitos, como culturas, radiografia de tórax e ECG.

DIAGNÓSTICO DIFERENCIAL

O quadro de alteração do nível de consciência é facilmente diferenciável de hipoglicemia, outra complicação freqüente do diabetes. Raramente acidentes vasculares cerebrais podem levar a cetonúria e glicosúria, mas a evolução do quadro rapidamente não deixará dúvidas quanto à natureza do quadro.

A CAD é uma acidose metabólica com intervalo aniônico aumentado, dessa forma o diagnóstico diferencial deve ser feito com outras patologias que causem essa condição: acidose láctica, insuficiência renal, cetoacidose alcoólica e intoxicações por substâncias como metanol e salicilatos. O jejum prolongado, principalmente durante a gravidez e a lactação, pode raramente causar intervalo aniônico com cetoacidose.

TRATAMENTO[1,2,4-8]

O tratamento deve ter como metas básicas:

- Melhorar o volume circulatório e a perfusão tecidual.
- Correção de distúrbios eletrolíticos.
- Correção da acidose.
- Tratamento do fator precipitante.

Hidratação

- Nas duas horas iniciais, repor de 1 a 2 litros de solução salina isotônica. Em casos de hipotensão, hiperglicemia extrema ou oligúria, pode ser necessário reposição mais generosa.
- Manter nas horas subseqüentes em infusão de 200 a 1.000 ml/h, dependendo do estado de hidratação. Alguns autores recomendam, após a reposição inicial, o uso de solução de Ringer lactato para minimizar a hipercloremia, que tem como resultado final a acidose hiperclorêmica.
- Em casos de hipernatremia ou após restauração do volume intravascular, iniciar salina hipotônica a 0,45%.
- Após atingir glicemia em torno de 250 mg%, substituir salina por solução glicosada a 5%, o que minimizará o risco de hipoglicemia e de edema cerebral, além de auxiliar na reposição do déficit de água livre.

Insulinoterapia

Ainda existem várias controvérsias no que tange ao tratamento com insulina na CAD, principalmente no que se refere à dose a ser administrada. Vários trabalhos mostram que não há vantagem entre a administração de baixas e altas doses, sendo que no último há maior risco de hipoglicemia e hipopotassemia. Outros defendem o uso de altas doses de insulina devido a uma possível resistência insulínica de grau desconhecido. A maioria dos autores preconiza o seguinte:

- Administração em *bolus* como dose inicial, 0,1 a 0,4 U/kg.
- Infusão contínua de 0,1 U/kg/h. Deve ser esperado um decréscimo de 15% por hora nos níveis de glicemia, caso contrário a dose deve ser reajustada, dobrando a dose inicial, até que essa meta seja atingida.

Quadro 74-1. Esquema de insulina regular

Glicemia	*Dose de insulina regular*
< 180	Não administrar
180-240	4 U
241-320	8 U
321-400	12 U

- Após atingir níveis de aproximadamente 200 mg%, reduzir dose de insulina progressivamente até a dose de manutenção para manter níveis de glicemia entre 150 e 200 mg%, que deve ser mantida até o controle metabólico (*i. e.*, pH > 7,3 e HCO_3^- > 15). Atingida esta meta, administrar insulina regular subcutânea na dose de aproximadamente 0,1 U/kg e suspender infusão 1 hora depois.
- Manter insulina regular conforme esquema de 4/4 horas (Quadro 74-1).
- Assim que for reiniciada a dieta do paciente, iniciar insulina NPH, com dose ideal inicial de 1/3 da dose total de insulina regular administrada nas últimas 24h com 2/3 administrados pela manhã e 1/3 administrado antes do jantar, ou, se o paciente já usasse insulina previamente, 1/3 da dose anterior.

NOTA: Se não houver condições de internação em UTI, a administração de insulina deverá ser feita preferencialmente intramuscular, devido aos riscos da infusão de insulina e à baixa eficácia de insulina venosa intermitente.

Reposição de potássio

O potássio inicialmente pode estar normal ou alto, não só devido à presença de acidose, que provoca a saída do íon do intracelular, mas também pela hipovolemia, que pode levar a insuficiência renal pré-renal e conseqüente elevação de escórias. Dessa forma, nas primeiras horas de tratamento, a reposição de potássio deve ser feita de forma cautelosa, com avaliação freqüente dos seus níveis séricos (pelo menos de 2/2 horas) (Quadro 74-2).

Alguns autores recomendam que, por causa do déficit de fosfato, o potássio deva ser reposto em solução 2/3 KCl e 1/3 KPO_4. Não devemos exceder a concentração de 40 mEq de potássio por litro de hidratação venosa.

Quadro 74-2. Reposição de potássio

Potássio sérico (mEq/l)	*Administrar (KCl 10%)*
> 5	Não administrar
Entre 4 e 5	20 mEq/h
Entre 3 e 4	30 mEq/h
< 3	40 mEq/h

Terapia com bicarbonato

A terapia com bicarbonato é outro ponto controverso no tratamento da cetoacidose diabética, principalmente devido às suas potenciais desvantagens, como:

- Piora da hipopotassemia.
- Acidose paradoxal do sistema nervoso central.
- Piora da acidose intracelular, com piora da contratilidade miocárdica.
- Aumento no tempo de recuperação da CAD.
- Piora da oxigenação tecidual, por aumento da afinidade da hemoglobina pelo oxigênio, podendo levar a acidose láctica.

A maioria dos autores recomenda que não se use bicarbonato, a menos que o pH seja menor que 7,0 (Quadro 74-3).

Recomenda-se fazer 15 mEq de KCl para cada 44 mEq de bicarbonato, que deve ser repetido a cada 2 horas até o pH ser maior do que 7,0.

MONITORIZAÇÃO

1. Glicemia horária (pode ser feito com tiras reagentes).
2. Eletrólitos, pH e bicarbonato no diagnóstico e a cada 2 a 4 horas, dependendo do quadro – após a primeira coleta de gasometria arterial, se não houver hipoxemia ou retenção de CO_2, as coletas subseqüentes podem ser feitas a partir do sangue venoso.
3. Controle rigoroso do balanço hídrico com diurese horária e avaliações freqüentes de sódio e fosfato.
4. A cetonemia e a cetonúria podem ser bons métodos para auxiliar no diagnóstico, mas são insatisfatórios como parâmetros para avaliação da evolução, devido à principal cetona, o β-hidroxibutirato, não ser avaliada pela metodologia usual.

Atentar para o quadro refratário ao tratamento, pois pode haver fator precipitante não-identificado.

COMPLICAÇÕES[2,4,5,7,8]

- *Edema cerebral:* reposição excessiva de fluidos, principalmente hipotônicos, ou queda rápida nos níveis de glicemia. Em caso de suspeita clínica, deve ser iniciado imediatamente tratamento com manitol 20% (dose: 1-2 g/kg/24 h), em intervalos de 4 h.
- *SARA:* sobrecarga hídrica, SIRS, sepse.
- *Hipoglicemia:* infusão insuficiente de glicose.
- *Hipocalemia:* infusão iunsuficiente de potássio.
- *Acidose hiperclorêmica:* infusão excessiva de cloro.

Quadro 74-3. Reposição de bicarbonato	
pH > 7,0	Não administrar
pH 6,9-7,0	44 mEq de HCO_3^-
pH < 6,9	88 mEq de HCO_3^-

PROGNÓSTICO[2,4,5,7,8]

A mortalidade ainda é alta, principalmente quando há retardo no diagnóstico. São sinais de mau prognóstico:

- Nível de consciência diminuído.
- Hipotensão com oligúria.
- Permanência da acidose.
- $K^+ > 6$ ou $< 2,8$ mEq/l.
- Extremos de idade: lactentes e idosos.

ESTADO HIPERGLICÊMICO HIPEROSMOLAR NÃO-CETÓTICO

Complicação aguda do *diabetes mellitus* tipo 2, caracterizada por: intensa hiperglicemia, hiperosmolaridade sérica, desidratação, ausência de cetose e/ou acidose graves, grau variável de confusão mental.[9]

Apesar de não haver estudos epidemiológicos definitivos sobre essa complicação, ela é muito menos freqüente do que a cetoacidose diabética e causa cerca de 25 vezes menos internações; entretanto, a sua mortalidade é muito maior, chegando a ser de 15 a 50%, devido à maior idade dos pacientes (quase sempre acima de 60 anos), e por freqüentemente apresentarem outras doenças associadas. [10]

FATORES PRECIPITANTES

1. Infecção (pneumonia, abscesso, infecção do trato urinário, sepse, gastroenterite).
2. Idade avançada, pacientes acima dos 60 anos, acamados, com risco aumentado de desidratação.
3. Iatrogenia: nutrição parenteral total, outros fluidos contendo glicose, diuréticos, diálise peritoneal, drogas que inibem a secreção ou ação da insulina (betabloqueadores, diazóxido, fenitoína, corticosteróides, cimetidina).
4. Outras causas: IAM, AVC, estresse cirúrgico, trauma, pancreatite aguda. [11]

DIAGNÓSTICO

História e exame físico

Em geral o paciente apresenta-se com evolução prolongada de poliúria, polidipsia e desidratação progressiva e diminuição do nível de consciência. Cerca de 40% dos pacientes não têm diagnóstico prévio de DM. Dos que conhecem o diagnóstico, 25% têm história de pouca adesão ao tratamento. O paciente pode apresentar febre baixa e taquicardia, com pressão arterial e freqüência respiratória usualmente normais. Estarão presentes sinais evidentes de desidratação, e pode haver sinais de gastroparesia, distensão abdominal, dor, náuseas e vômitos. Pode haver uma grande gama de achados neurológicos, desde alterações focais até coma. O paciente pode erroneamente ser rotulado como apresentando acidente vascular encefálico (AVE), mas evolui com melhora do déficit após correção da hipertonicidade. Pode haver convulsões focais ou generalizadas; estas geralmente são resistentes à terapia anticonvulsivante, e a fenitoína pode piorar o quadro de base por inibir a liberação de insulina.[12]

Exames laboratoriais

1. Glicemia > 600 mg%.
2. Osmolaridade: geralmente > 330 mOsm/kg. Normal = 280-300 mOsm/kg.
3. pH > 7,3.
4. HCO_3^- > 20 mEq/l.
5. Cetonas: ausência ou fraca presença na urina e/ou no sangue.
6. A potassemia pode estar normal, baixa ou elevada, mas o potássio corporal total está invariavelmente baixo.
7. Na^+ sérico: pode estar aumentado, normal ou diminuído.

> Na^+ corrigido:
> Na^+ encontrado + 1,6 × glicose – 100/100

8. Elevação de transaminases, LDH, colesterol total e triglicerídios. A hipertrigliceridemia pode levar a falsa elevação de albumina, amilase, bilirrubina e cálcio e diminuição nos níveis de sódio.
9. Leucocitose mesmo sem infecção, o hematócrito e a hemoglobina estarão elevados pela desidratação.[12,13]

TRATAMENTO

1. Diagnosticar e tratar a causa precipitante.
2. Hidratação
   O déficit em geral é muito grande, às vezes maior do que 10 litros.
   Déficit de água = 0,6 × peso em kg × (Na^+/140 – 1)
   - Na 1ª hora infundir 1 a 2 litros de solução salina 0,9% (para repor as perdas).
   - Na 2ª hora, caso a PA esteja normal, infundir solução salina 0,9% 250 ml + H_2O destilada 250 ml/hora, ou seja, solução salina a 0,45% até a 6ª hora (para corrigir a hiperosmolaridade).
   - Caso a PA diminua, fazer infusão de solução salina a 0,9%, também a 500 ml/hora.
   - Metade do déficit de água livre deverá ser reposta nas primeiras 12 horas, e o restante nas próximas 24 horas.
   - Caso o Na^+ < 145 mEq/l, não fazer solução salina a 0,45%, e sim a 0,9%.
3. Insulinoterapia
   - Administrar 0,1 a 0,4 U/kg EV em *bolus*.
   - Prosseguir com 0,1 U/kg/h em infusão venosa ou com administração intramuscular intermitente horária (caso não haja disponibilidade de UTI).
   - Se não houver diminuição de pelo menos 10% da glicemia/hora, por 2 horas, deve-se dobrar a dose da insulina a cada 2 horas.
   - Quando glicemia < 250 mg%, reduzir o *dripping* para a metade da dose e iniciar soro glicosado a 5% por 24 horas e/ou até o paciente poder se alimentar.
   - Iniciar insulina regular SC, aplicar 30 a 60 minutos antes de suspender o *dripping*.
   - Quando for iniciada alimentação, aplicar insulina NPH em 1/3 da dose prévia, ou 1/3 do total de insulina regular em 24 horas, com 2/3 pela manhã e 1/3 à noite.
4. Potássio
   - Se K^+ sérico < 5,5 mEq/h, colocar 20 ml de KCl a 10% no 1º litro de solução salina e, posteriormente, 5 ml em cada litro infundido (acompanhando com sua monitorização).
   - Manter K^+ entre 4,0 e 5,0 mEq/l.
   - Se a diurese for < 25 ml/h, suspender K^+.[4-7]

MONITORIZAÇÃO

Na maioria dos casos, os parâmetros clínicos, como hipotensão postural, pulso, diurese, turgor da pele, turgência jugular e ausculta cardíaca e respiratória para avaliação de sinais de sobrecarga hídrica são suficientes para monitorar a terapia de reposição hídrica. A monitorização invasiva raramente é necessária.

Na internação: hemograma completo, glicose, uréia e creatinina, sódio, potássio, glicemia capilar, gasometria arterial, EAS, corpos cetônicos urinários, cetonemia, calcular a osmolaridade, urinocultura, radiografia de tórax e ECG, avaliar distúrbios eletrolíticos e isquemia silenciosa. Outros exames, quando necessário, ficam na dependência do fator precipitante.

ACOMPANHAMENTO

- Glicemia capilar horária.
- Sinais vitais e balanço hídrico horário.
- Perfil bioquímico: glicose; uréia, creatinina, Na^+, K^+ e osmolaridade de 4/4 horas.

COMPLICAÇÕES DO TRATAMENTO

1. Hipoglicemia
   Pode ser conseqüente a:
   - Infusão rápida de insulina.
   - Correção rápida da glicemia.
   - Ao se fazer insulina IM ou SC nos pacientes com perfusão tecidual diminuída e, após a reposição volêmica, a periferia passa a ser mais bem perfundida, ocorrendo a entrada na circulação de alta dose de insulina.
2. Hipopotassemia
   Por reposição inadequada de K^+ com aplicação de grandes doses de insulina.
3. Edema cerebral
   Conseqüente a correção glicêmica rápida, com grandes quantidades de solução salina hipotônica.

4. Outros: insuficiência ventricular esquerda, insuficiência cardíaca congestiva, edema agudo de pulmão, síndrome de angústia respiratória do adulto e infarto agudo do miocárdio.
5. Mielinólise pontina
   Por rápida correção do déficit de sódio.

HIPOGLICEMIA

É a emergência endócrina mais comum, correspondendo a síndrome clínica de causas diversas, na qual os níveis baixos de glicemia levam a neuroglicopenia, ocorrendo quando os níveis glicêmicos são menores que 50 mg%.

O diagnóstico baseia-se nos elementos da tríade de Wipple: hipoglicemia laboratorial, sinais e sintomas de neuroglicopenia e melhora desses com correção da glicemia.[16]

Recentemente, dois estudos abordaram dados epidemiológicos dessa complicação nos pacientes dos tipos 1 e 2. Os pacientes do tipo 1 apresentaram 2,7 a 85,7 episódios por grupo de 100 pacientes, no período de 1 ano.[17] Já nos pacientes do tipo 2, a prevalência foi de: 12% nos pacientes apenas com tratamento dietoterápico; 16% naqueles que faziam uso de pelo menos uma droga oral antidiabetogênica; e 30% nos que faziam uso de insulina. A hipoglicemia severa só ocorreu em 0,5% dos pacientes, sendo que esses casos ocorreram apenas em pacientes que utilizavam insulina.[18]

CLASSIFICAÇÃO E PRINCIPAIS CAUSAS

1. Hipoglicemia de jejum:
   - Drogas: insulina, sulfoniluréias, álcool, pentamidina, quinina, salicilatos, sulfonamidas.
   - Lembrar que a metiformina e os inibidores da alfa-glicosidase (acarbose) não causam hipoglicemia quando usados isoladamente.
   - Doenças graves: doenças hepáticas, doenças cardíacas, doenças renais, sepse, inanição.
   - Deficiências hormonais: cortisol, GH, glucagon, epinefrina.
   - Tumores outros que não os de célula beta (p. ex., mesoteliomas).
   - Hiperinsulinismo endógeno:
     - Doenças pancreáticas das células beta: tumorais (insulinoma), não-tumorais.
     - Secretagogos da célula beta (sulfoniluréia).
     - Hipoglicemia auto-imune (anticorpos contra insulina ou seus receptores).
     - Hipoglicemia da infância.
     - Pós-nutrição parenteral ou hemodiálise.
   - Hipoglicemia pós-prandial:
     - Déficits congênitos de enzimas do metabolismo dos carboidratos.
     - Galactosemia, intolerância à frutose.
     - Hipoglicemia alimentar (pós-gastrectomia).
     - Idiopática (funcional).
   - Hipoglicemia factícia.

Causas diversas de hipoglicemia em diabéticos insulinodependentes incluem o excesso de exercícios, a superdosagem de insulina, o atraso ou omissão alimentar, a insuficiência renal, a gravidez, o uso de drogas (etanol, salicilatos, betabloqueadores), a gastroparesia diabética e o hipocortisolismo (Addison, síndrome de Schmidt).[16]

QUADRO CLÍNICO

Os sinais e sintomas são inespecíficos e subdividem-se em dois grupos:

1. **Hiperatividade autonômica:** taquicardia, palpitação, sudorese, tremores (simpático); náuseas e fome (parassimpático).
2. **Neuroglicopenia:** confusão mental, alteração comportamental, estupor, convulsões e coma.
   - Pacientes que utilizam agentes betabloqueadores ou com neuropatia autonômica podem não ter os sinais de hiperatividade simpática, exceto sudorese.[16]

TRATAMENTO

Em indivíduos com nível de consciência preservado, utilizam-se tabletes contendo 0,3 g de glicose VO ou balas e açúcares, ou ainda, quando disponível, 0,1 mg IM de glucagon em dose única.

Em pacientes inconscientes, preconizam-se:

1. Manter permeabilidade das vias aéreas.
2. Acesso venoso, com coleta de sangue para determinação de glicemia, níveis de eletrólitos, função renal e hepática. Caso possível, deverá ser averiguada a glicemia por glicosímetros capilares e dosagem de insulina e peptídeo C plasmático.
3. Administração de 50 ml de glicose a 50% ou glucagon 0,1 mg IM, seguidos de infusão de SG 5% ou SG 10% por 4-6 horas.
   - Não se utiliza glucagon em indivíduos com baixa reserva de glicogênio (p. ex., alcoólatras crônicos e desnutridos).
   - Em pacientes com dificuldade de acesso venoso, deve-se friccionar a mucosa gengival com açúcar.
4. Avaliação da resposta ao tratamento, a qual geralmente é imediata. As funções cognitivas devem estar completamente recuperadas 30 a 45 minutos após a administração da glicose. Podem, entretanto, ocorrer seqüelas, principalmente quando há demora no reconhecimento e tratamento da hipoglicemia.
5. Deve-se monitorar a glicemia a cada 1-2 horas e mantê-la em níveis mínimos de 100 mg%.
6. Caso não se obtenham esses níveis após 1.000 ml de glicose a 10% e não se tenha história adequada para a causa da hipoglicemia, deve-se administrar 100 mg de hidrocortisona IV e 1 mg de glucagon IM (dose máxima = 2 mg). Repete-se a dose de hidrocortisona para cada 1.000 ml de solução glicosada necessitada.

7. Nos pacientes em uso de sulfoniluréias, especialmente com insuficiência renal, a hipoglicemia pode se prolongar, devendo-se indicar internação, mantendo hidratação venosa com soro glicosado 10% e monitorização da glicemia 4/4 h por até 72 h dependendo da meia-vida da droga.[19]

REFERÊNCIAS BIBLIOGRÁFICAS

1. Kitabchi AE, Fisher JN, Murphy MB *et al.* Diabetic Ketoacidosis and Hyperglycemic, Hyperosmolar Nonketotic State . *In* Kahn CR, Weir GC. *Joslin's Diabetes Mellitus,* 13 ed., Philadelphia: Lea & Febiger, 1994. p 738.
2. Axelrod L. Diabetic Ketoacidosis. *The Endocrinologist* 1992;2(6):375–383.
3. Faich GA, Fishbein HA, Ellis SE. Epidemiology of diabetic acidosis: A population-based study. *Am J Epidemiol* 1983;117:551–58.
4. Siperstein MD. Diabetic ketoacidosis and hyperosmolar coma. *Endocrinol Metab Clin North Am* 1992;21:415–32.
5. Micmacher E, Pinto JESS, Netto LS *et al.* Cetoacidose Diabética. *In* Martins S, Souto MID. *Manual de Emergências Médicas,* Rio de Janeiro Editora Revinter, 1998. p 75.
6. Rosenbloom AL, Hanas R. Diabetic ketoacidosis (DKA). Treatment guidelines. Philadelphia. *Clin Pediatr* 1996;35(5):261–6.
7. Kitabchi AE, Wall BM. Diabetic Ketoacidosis. *Med Clin North Am* 1995;79(1):9–37.
8. Cefalu WT. Diabetic Ketoacidosis. *Crit Care Clin* 1991;7(1):91–110.
9. Kitabchi AE, Fisher JN, Murphy MB *et al.* Diabetic Ketoacidosis and Hyperglycemic, Hyperosmolar Nonketotic State. *In* Kahn CR, Weir GC. *Joslin's Diabetes Mellitus,* 13 ed. Philadelphia: Lea & Febiger, 1994. p 738.
10. Centers for Disease Control and Prevention. *Diabetes Surveillance* 1993. CDC, Division of Diabetes Translation, Atlanta, GA, 1994.
11. GEHAB MA. Clinical approach to the hyperosmolar patient. *Critical Care Clinics* 1987;5:797–805.
12. Micmacher E, Pinto JESS, Netto LS *et al.* Estado Hiperglicêmico Hiperosmolar Não-Cetótico. *In* Martins S, Souto MID. *Manual de Emergências Médicas,* Rio de Janeiro: Revinter, 1998. p 177.
13. Ennis ED, Stahl EJB, Kreisberg RA. The Hyperosmolar hyperglycemic syndrome. *Diabetes Review* 1994;1:115–126.
14. Alberti KG. Diabetic emergencies. *Br Med Bull* 1989;45:242–250.
15. Kitabchi AE, Murphy MB. Diabetic ketoacidosis and hyperosmolar hyperglycemic nonketotic coma. *Med Clin North Am* 1988;72:1545–1563.
16. Philip EC, Kenneth SP. Glucose homeostasis and Hypoglycemia *In Willians Textbook of Endocrinology* 9th ed. Saunders, 1998. p 9–72.
17. Chiarelli F, Verrotti A, Catino M, Sabatino G, Pinelli L. Hypoglycaemia in children with Type 1 diabetes mellitus. *Acta Paediatr* (Suppl) 1999;88(427):31–4.
18. Miller C, Phillip L, Ziemer D, Gallina D, Cook C, El-Kebbi I. Hypoglycaemia in Patients With Type 2 Diabetes Mellitus. *Arch Intern Med* 2001;161:1653–1659.
19. John FS. Hypoglicemia. *Medical Clinics of North America.* January 1995.

75 Traumatismo Cranioencefálico

Jorge Luiz da Rocha Paranhos • Anselmo Dornas Moura

Nos países industrializados, a expansão demográfica assim como o desenvolvimento tecnológico nas diferentes áreas têm contribuído bastante para o aumento da incidência de acidentes, levando a índices crescentes e alarmantes de politraumatizados, e em mais da metade desses pacientes vamos encontrar o traumatismo cranioencefálico associado.[8]

Quanto à etiologia, o TCE pode ser provocado por acidentes de trânsito, quedas (aqui incluídas as famosas quedas de laje, tão constantes em nosso meio e ignoradas nas estatísticas internacionais), agressões por instrumento contundente ou projétil de arma de fogo, grandes catástrofes e atividades esportivas, sendo variável com a idade nas estatísticas nacionais ou internacionais. Há predomínio dos acidentes de trânsito no pós-adolescente e adulto jovem e da queda nos pacientes com mais de 60 anos de idade. Até os 14 anos, as duas causas têm freqüência bastante semelhante.

Milhares de crianças falecem por ano nas principais estatísticas publicadas e na idade dos 15 aos 24 anos, e os acidentes de trânsito são responsáveis por mais mortes que todas as outras causas de morte associadas.[1]

O TCE tornou-se uma epidemia em muitos países e é certamente a principal causa de óbito entre as pessoas com menos de 40 anos de idade. Nos Estados Unidos, cerca de 500.000 TCEs ocorrem por ano e cerca de 80.000 pessoas morrem dessa causa. Dos que sobrevivem, 37.000 têm seqüelas moderadas e 17.000 apresentam seqüelas severas, capazes de tornar o paciente dependente em suas atividades de vida diária.

Estima-se em 500.000 o número de mortes por ano ocasionados por TCE, sendo aproximadamente 10% aqui no Brasil. Trauma com TCE é a terceira causa de morte em todas as faixas etárias e a segunda causa de morte por desordens do SNC. É a principal causa de morte em pessoas entre 1 e 44 anos de idade, com três seqüelados definitivos para cada morte, acometendo principalmente homens jovens (77%) e causando violento impacto social. É a causa direta de óbito em mais de 50% das vítimas de trauma.

Torna-se evidente a necessidade de programas educativos visando à melhoria das condições de segurança no trânsito funcionando como verdadeira profilaxia dessa epidemia.

Com freqüência tão elevada, é natural que o assunto TCE tenha se tornado um grande laboratório de pesquisa, com importantes avanços e conquistas nos últimos anos, sendo freqüente que artigos originalmente publicados com conceitos ou orientações dirigidos ao TCE acabem por ser empregados em outras situações no paciente neurológico (p. ex: Escala de Coma de Glasgow, extração cerebral de O_2).

Apesar de sua evidente importância médica, só recentemente ocorreram progressos significativos na compreensão das lesões encefálicas traumáticas. Um dos fatores determinantes para tal deve-se ao fato de que o exame anatomopatológico do encéfalo de vítimas de trauma geralmente se restringe às lesões macroscópicas e tem seu valor limitado ao aspecto médico-legal.

A partir das duas últimas décadas, com a maior freqüência dos estudos microscópicos *post-mortem* associados aos estudos experimentais em animais, houve melhor caracterização das lesões e compreensão da evolução e dos seus mecanismos, trazendo algumas informações úteis na elaboração de condutas no tratamento clínico e cirúrgico desses pacientes.

O resgate com manuseio adequado, a melhoria do atendimento de emergência e os protocolos de atendimento seqüencial clínico e cirúrgico vêm de certa forma minimizar o número de óbitos e influenciar o tratamento e a evolução, colaborando para a redução das seqüelas e melhorando a qualidade de vida dos pacientes.

> *"O tratamento intensivo não aumenta o número de sobreviventes gravemente incapacitados sem um aumento proporcional no número de pessoas que têm uma boa recuperação."*[14]

PATOLOGIA E AVALIAÇÃO DO PACIENTE

As estatísticas sobre TCE, apesar de alarmantes, são poucas e divergentes, e, entre os vários fatores epidemiológicos discrepantes, um é notável, que é a conceituação do TCE, ou seja, ausência de acordo para determinar se um paciente foi vítima de TCE ou não, pela evidência de inexistir um critério absoluto para definir um TCE.[2]

Em estudo epidemiológico escocês, foi adotada uma definição prática e simples, segundo a qual os casos de TCE seriam confirmados quando houvesse:[5]

1. História definida de golpe sobre a cabeça.
2. Laceração do couro cabeludo ou fronte.
3. Alteração da consciência independente da duração.

Com o passar do tempo, essa definição foi sendo corrigida por não ser tão abrangente quanto se mostrava inicialmente, deixando de considerar situações como o sacolejar de crianças, os traumas sem perda de consciência e outras mais, e atualmente parece bastante satisfatória a recomendação de Gennarelli de considerar o TCE como sendo *qualquer agressão física que acarrete lesão anatômica ou comprometimento funcional do couro cabeludo, crânio, meninges, liquor ou encéfalo em qualquer combinação.*[6]

As lesões do TCE, do ponto de vista temporal, poderiam ser classificadas em:

Lesões primárias ou imediatas

Ocorrem no momento do trauma e estão intimamente relacionadas ao mecanismo e à energia da força agressora. Seu principal perfil profilático estaria nas campanhas educacionais, reduzindo a violência e assegurando maior segurança no trânsito (Quadros 75-1 e 75-2).

Lesões secundárias

Decorrem de alterações estruturais encefálicas pela lesão primária ou de alterações sistêmicas conseqüentes ao traumatismo. Podem surgir ao final do momento do trauma ou após um período de tempo (Quadros 75-1, 75-3 e 75-4).

Os mecanismos dinâmicos do trauma coexistem e provavelmente estão presentes nos diversos tipos de TCE, sendo improvável que estejam isolados num determinado tipo de lesão (Quadro 75-1).

Recentes publicações têm chamado a atenção para a ocorrência de grande acúmulo de água no tecido cerebral dos traumatizados graves nas primeiras 8 horas, independentemente de condutas médicas adotadas, e que esse edema, quando de grande monta, seria o grande responsável pelas alterações de fluxo e perfusão cerebral nas primeiras horas do TCE grave (Fig. 75-1).

O mecanismo de lesão por aceleração angular é o mais freqüente e o mais lesivo, levando a deformação encefálica por compressão, cisalhamento e tração (Quadro 75-1), ocasionando lesões teciduais envolvendo estruturas cranioencefálicas mistas ou isoladas:[3,4]

Quadro 75-1. Biomecanismo das lesões

- *Estático:* é circunstancial e envolve deformações do crânio, gerando fraturas. Seria exemplo uma roda de carro que passasse sobre a cabeça do paciente ou a colocação de fórceps
- *Dinâmico:* apresenta duas situações freqüentes que seriam a forma de **IMPACTO**, mais freqüente, e ocorrendo pela ação de uma força de contato deformando o crânio ou ondas de choque deformando o encéfalo, e ocasionalmente o **IMPULSIVO**, que é observado por uma força inercial com aceleração e desaceleração e mecanismos angulares ou lineares que levam a deformações do encéfalo

Deformação cranioencefálica

- Compressão
- Cisalhamento
- Tração

Quadro 75-2. Lesões primárias

Couro cabeludo e escalpo	
Hematoma subgaleal	Avulsão
Escalpos	Laceração
Lesões ósseas	
Fraturas simples e compostas	
Disjunção de suturas	Afundamentos
Céfalo-hematoma	Base do crânio
Lesões da dura-máter ou vasos	
Laceração	Avulsão
Hemorragia subaracnóide	Traumática
Lesões do parênquima nervoso	
Concussão	Contusão
Laceração	LAD – Lesão axonal difusa
Lesão dos nervos extracranianos	
Paralisia facial	
Hipoacusia ou zumbidos	
Paralisia dos movimentos oculares	
Midríase	

Quadro 75-3. Lesões secundárias

Hematomas intracranianos	
Subdural	Epi ou extradural
Intracerebral	Hemorragia do tronco
Hemorragia meníngea	
Higroma subdural	
Infecções	
Lesões isquêmicas	
Córtex	Cerebelo
Hipocampo	Gânglios da base
Hipertensão intracraniana	
Hérnias cerebrais internas	
Subfoiçal	
Transtentorial lateral ou uncal	
Transtentorial mediana	
Cerebelar ascendente	
Amígdalas cerebelares	

Quadro 75-4. Hérnia cerebral internas

SUBFOIÇAL: desvio do giro do cíngulo e artéria cerebral anterior (ACA)

TRANSTENTORIAL LATERAL/UNCAL: é o deslizamento da última circunvolução temporal pela borda livre da tenda do cerebelo, com compressão do III par e artéria comunicante posterior (ACP) e desvio lateral do tronco cerebral

TRANSTENTORIAL MEDIANA: deslocamento bi-hemisférico pela borda livre da tenda bilateral com desvio inferior do tronco cerebral

CEREBELAR ASCENDENTE: exerce compressão sobre a região tectal e ACP

AMÍGDALAS CEREBELARES: compressão bulbar

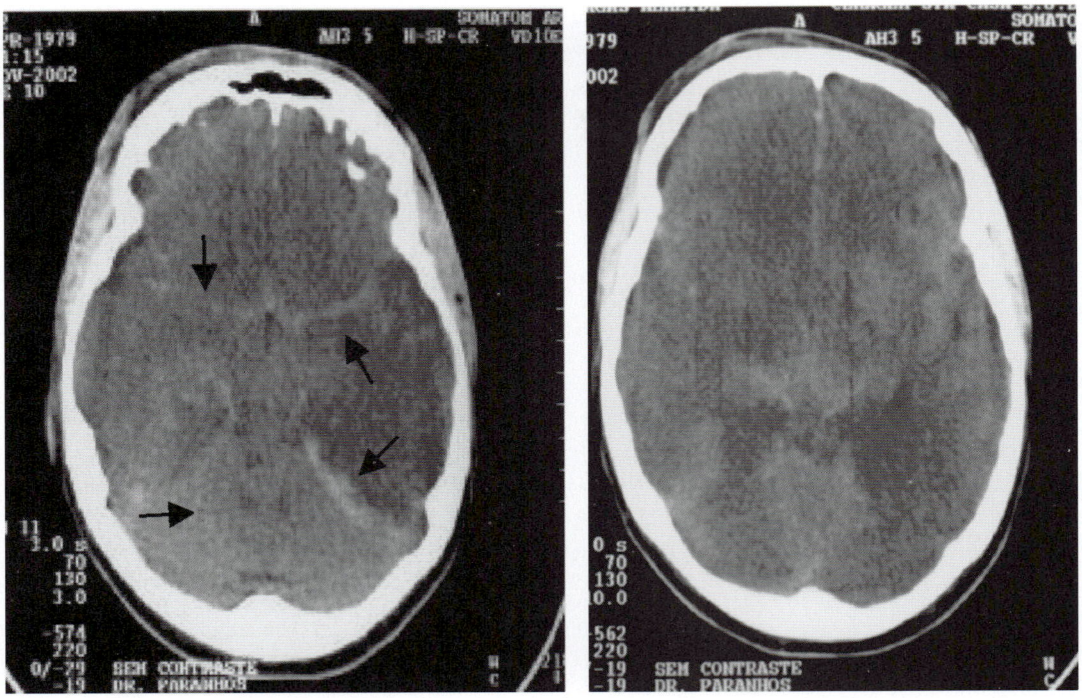

Fig. 75-1. Paciente 18 anos de idade, sexo masculino, TCE grave. Exame realizado 2 horas após o acidente. Observar a área de hiperdensidade nos diversos lobos cerebrais (edema pós-trauma) e a presença de sangue (hemorragia subaracnóidea traumática – HSA) na tenda do cerebelo e nas cisternas do polígono de Willis (setas).

- *Neural:* lesão axonal difusa.
- *Vascular:* hematoma subdural agudo e hemorragia meníngea.
- *Neural/Vascular:* contusões e hematoma intraparenquimatoso.
- *Ósseas:* hematoma extradural.

A hipertensão intracraniana (HIC) é uma das complicações mais freqüentes do TCE, sendo a principal causa de óbito nos momentos iniciais da evolução. Surge quando o continente crânio resulta incompetente para alojar e manter relações normais entre os elementos que ocupam o espaço intracraniano: encéfalo, sangue, liquor, massas expansivas (hematomas). Sua principal conseqüência mecânica é a formação das hérnias cerebrais (Quadro 75-4) e outra grave conseqüência seriam as alterações circulatórias e os malefícios na perfusão cerebral que possa acarretar, sendo responsável por lesões cerebrais isquêmicas, a depender do acoplamento metabólico cerebral, permitindo maior ou menor extração de O_2, variações do fluxo sangüíneo cerebral relacionadas ao consumo e ainda da reatividade vascular pérvia ou não. Sua abordagem e conduta adequadas terão capítulo específico, e portanto não vamos nos aprofundar em detalhes neste momento.[9]

Nas Figuras 75-2 a 75-9 e 75-12 a 75-15 observam-se diversos aspectos do TCE.

Além dos cuidados com o tratamento adequado da HIC e da profilaxia das infecções com devida limpeza e correto desbridamento das lesões abertas, as publicações na literatura têm nos chamado a atenção para fatores muitas vezes não-valorizados, e que estariam se efetivando como grandes causadores de lesão secundária grave com incremento da morbimortalidade, sendo o grande papel do intensivista e do médico da emergência dedicar-se ostensivamente ao combate a tais complicações sistêmicas:

- Hipotensão.
- Hipoxemia e/ou hipercapnia.
- Hiperglicemia e/ou hipoglicemia.
- Distúrbios hidroeletrolíticos.
- Febre.

O atendimento protocolar do ATLS, visando à ressuscitação volêmica, ao controle da PAM, à ventilação adequada e oxigenação tecidual necessária, são medidas importantes e muitas vezes negligenciadas. Considerando o limite da PAM $<$ 90 mmHg para diagnóstico de hipotensão e $PaO_2 < 60$ mmHg e $SaO_2 < 90\%$ para diagnóstico de hipóxia, Marmarou publicou, em 1991, a impressionante estatística de 35% de pacientes hipotensos e 47% de pacientes com hipóxia.

Segundo Chesnut *et al* a piora do prognóstico ocorre em larga escala quando nos deparamos com hipotensão e/ou hipóxia durante a fase de evolução do TCE:[7]

Hipotensão = mortalidade aumenta de 26,9% para 50%
Hipotensão + Hipóxia = motalidade de 57% a 75%

A Figura 75-10 mostra a seqüência do atendimento que necessariamente deve ser protocolada em todos os serviços de emergência e de tratamento intensivo.

O atendimento do paciente com TCE além do protocolo de ressuscitação do ATLS, deverá seguir critérios bem-definidos, conforme Quadros 75-5 e 75-6, quanto a avaliação e diagnóstico, e do Quadro 75-7, quanto a prioridades do atendimento.

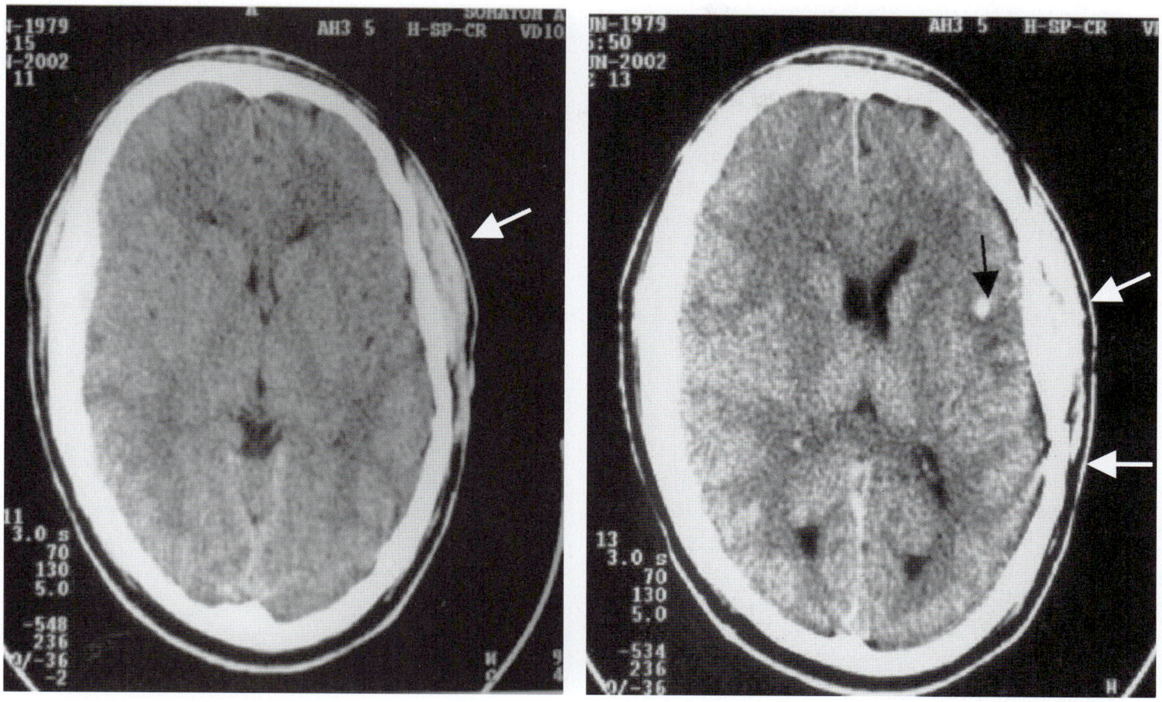

Fig. 75-2. Paciente com 23 anos de idade, TCE grave, exame realizado após manobras de ressuscitação volêmica no PS. Observamos à esquerda importante diminuição das cisternas de base, que é um sinal relevante de congestão vascular, além de hematoma subgaleal, que na imagem direita mostra fratura subjacente (seta branca) e pequena área de contusão (seta preta).

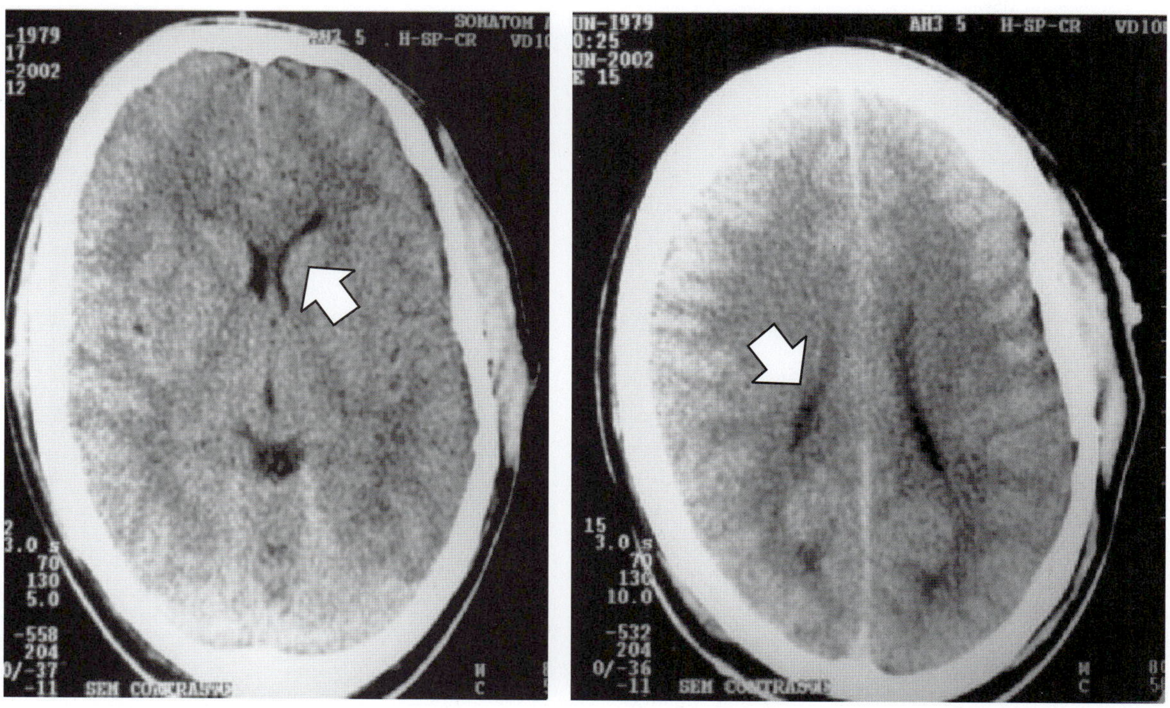

Fig. 75-3. Mesmo paciente com melhor evidência do hematoma subgaleal (HSG) e da fratura subjacente. Observar a assimetria dos ventrículos em cortes diferentes (mais baixo menor à esquerda e mais alto menor à direita) e a alteração difusa do parênquima, que está esbranquiçado, hiperdenso e com apagamento de sulcos da convexidade, confirmando congestão vascular.

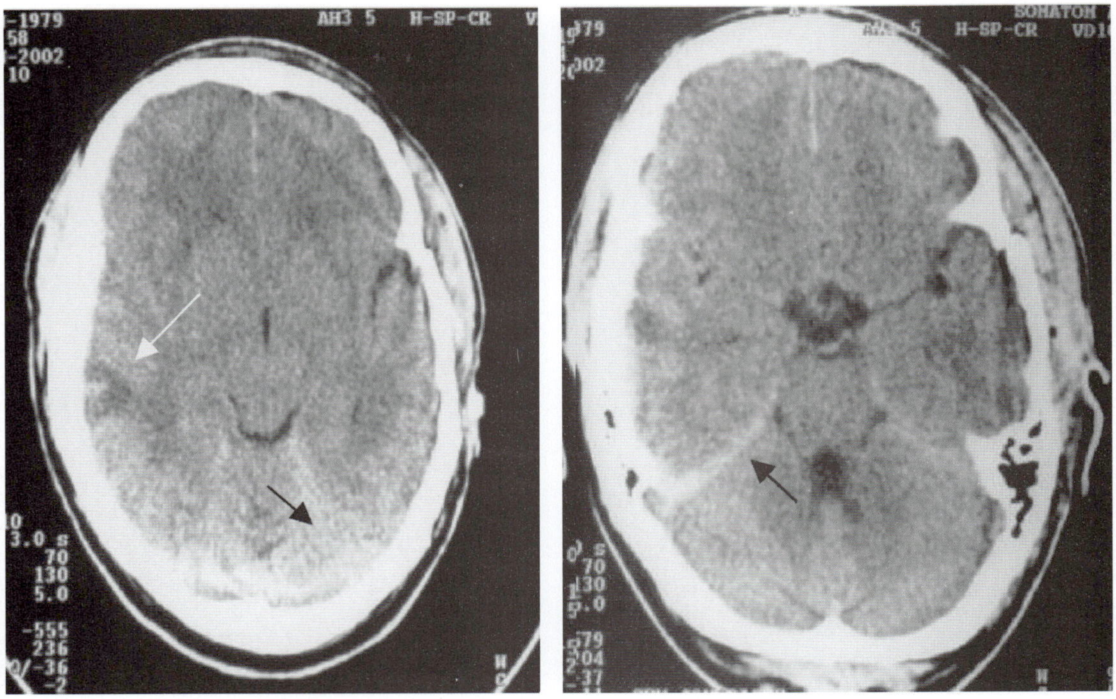

Fig. 75-4. Paciente com TCE grave. Observamos na imagem esquerda HSG esquerdo com fratura temporal e área de contusão temporal direita por lesão de contragolpe (seta branca) e na imagem direita o mesmo HSG temporal esquerdo com maior volume, fratura temporal anterior e presença de sangue na tenda do cerebelo – HSA traumática (seta preta).

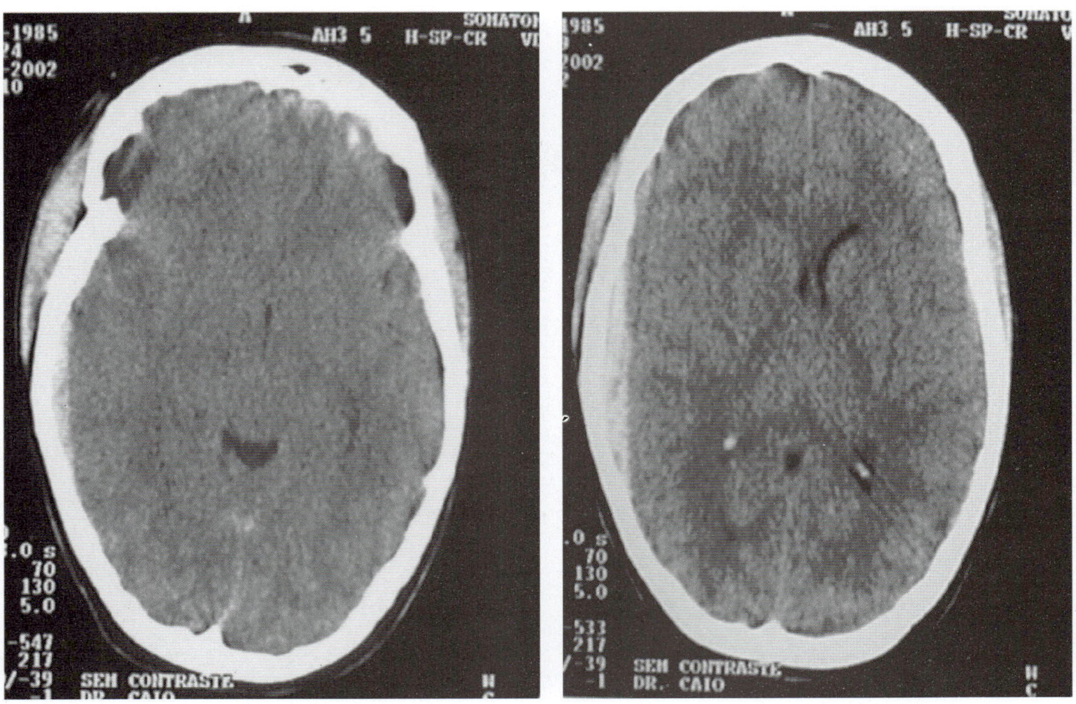

Fig. 75-5. Paciente com TCE grave. Observamos na imagem esquerda hematoma subgaleal direito com fratura e afundamento temporal e na imagem direita o mesmo HSG temporal esquerdo com menor volume, e presença de hematoma subdural (HSD) parietal direito com efeito de massa e desvio da linha média e estruturas adjacentes.

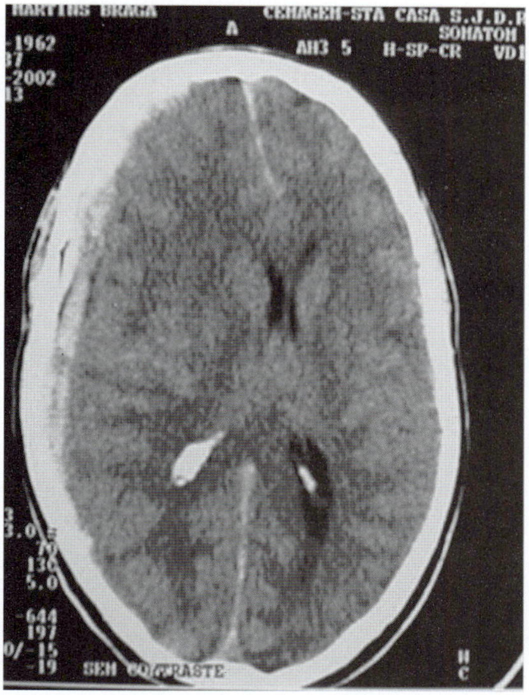

Fig. 75-6. Hematoma subdural parietal direito que, apesar do pequeno volume, exerce importante efeito de massa sobre a linha média e estruturas ventriculares adjacentes.

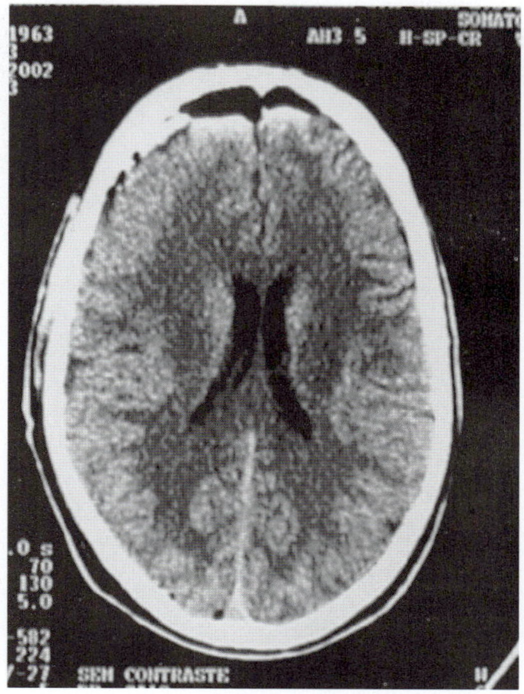

Fig. 75-7. Rara imagem de pneumoencéfalo pós-TCE em paciente com pequena coleção de sangue no pólo frontal direito e parênquima cerebral sem alterações.

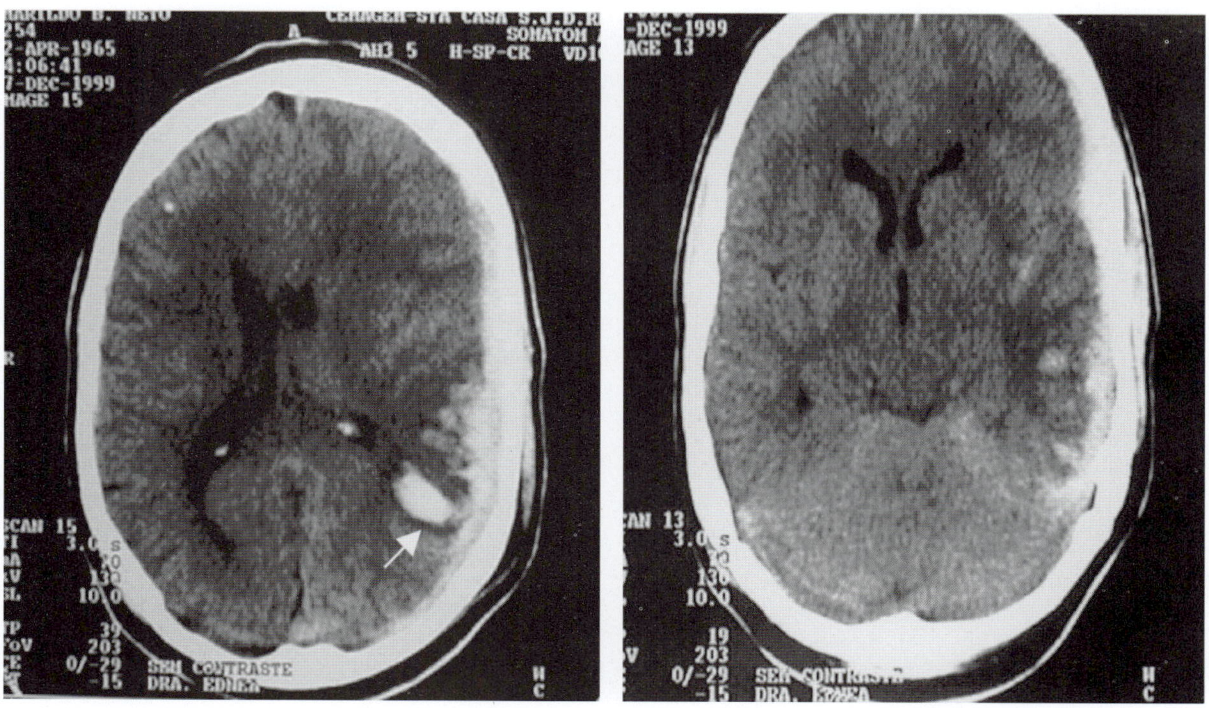

Fig. 75-8. Paciente com TCE grave, com HSD parietal posterior esquerdo e hematoma intracerebral ou intraparenquimatoso – HIP (seta). Importante área de sufusão hemorrágica cortical parietal posterior, com provável laceração cerebral e lesão da pia-máter, além de várias áreas de contusão hemorrágica, constituindo típico caso de lesão neurovascular por aceleração angular.

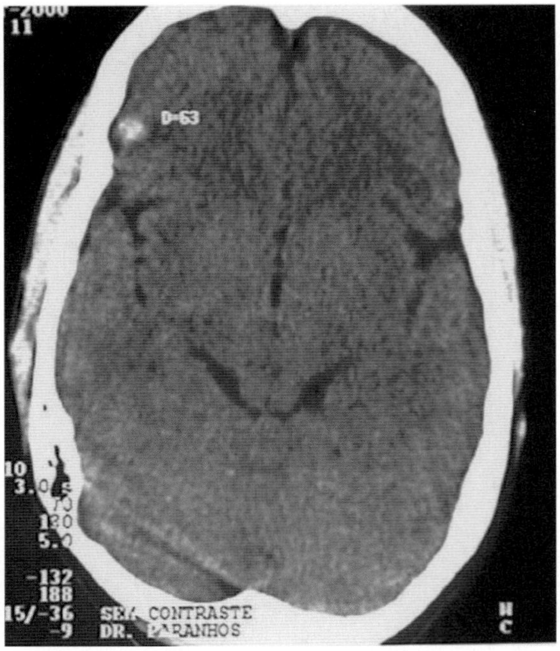

Fig. 75-9. Pequena contusão hemorrágica isolada em paciente com TCE moderado e cisternas basais livres.

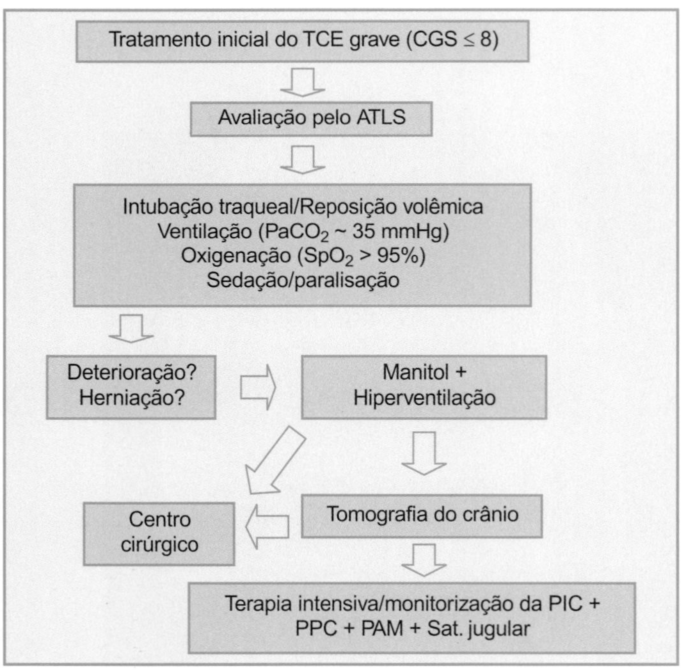

Fig. 75-10. Seqüência de atendimento ao paciente com TCE.

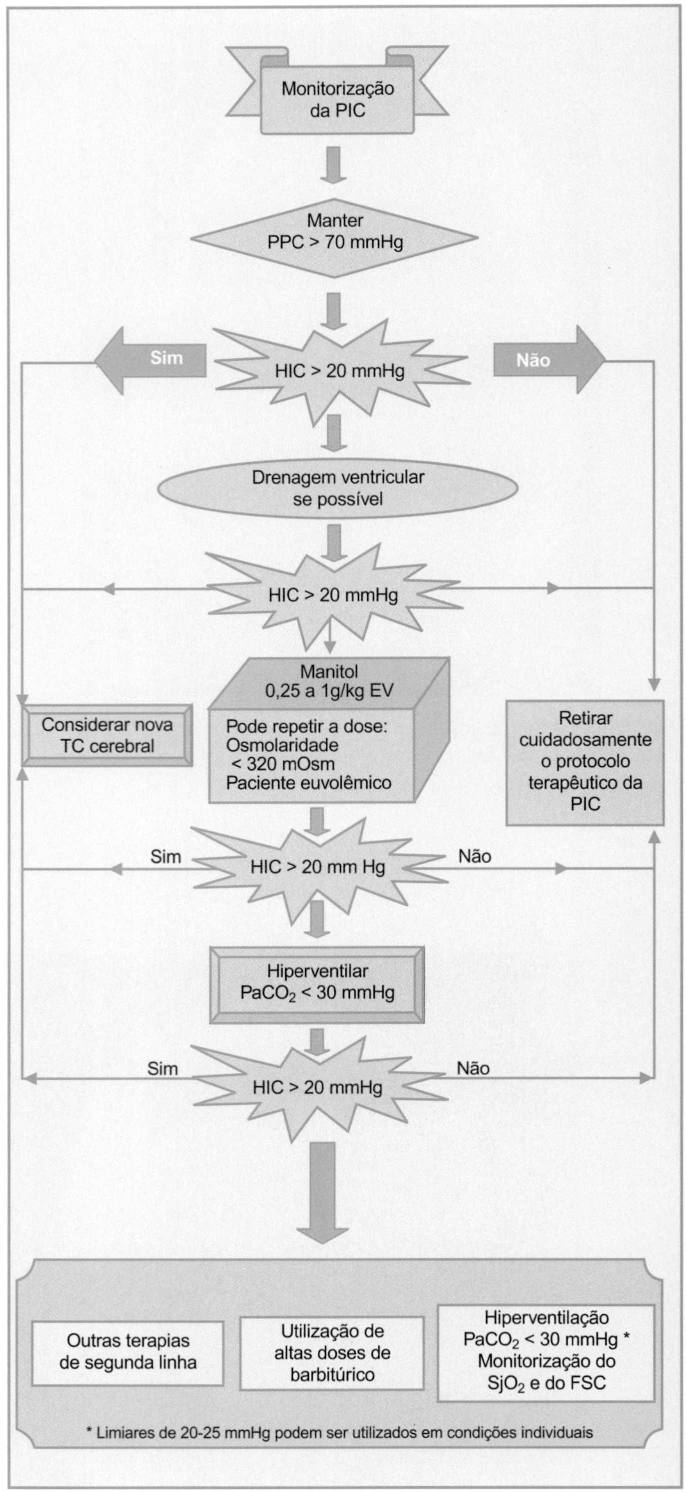

Fig. 75-11. Seqüência dos passos dos cuidados intensivos no tratamento e na estabilização da HIC.

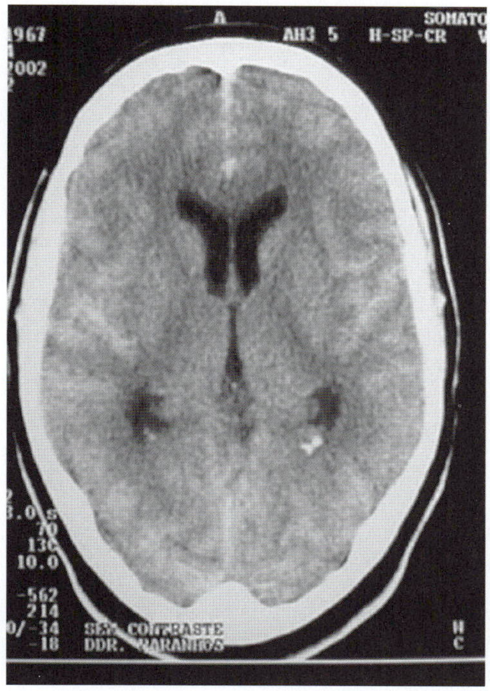

Fig. 75-12. Paciente com TCE moderado e presença de sangue em grande quantidade nos sulcos e giros cerebrais (aspecto de manchas algodoadas).

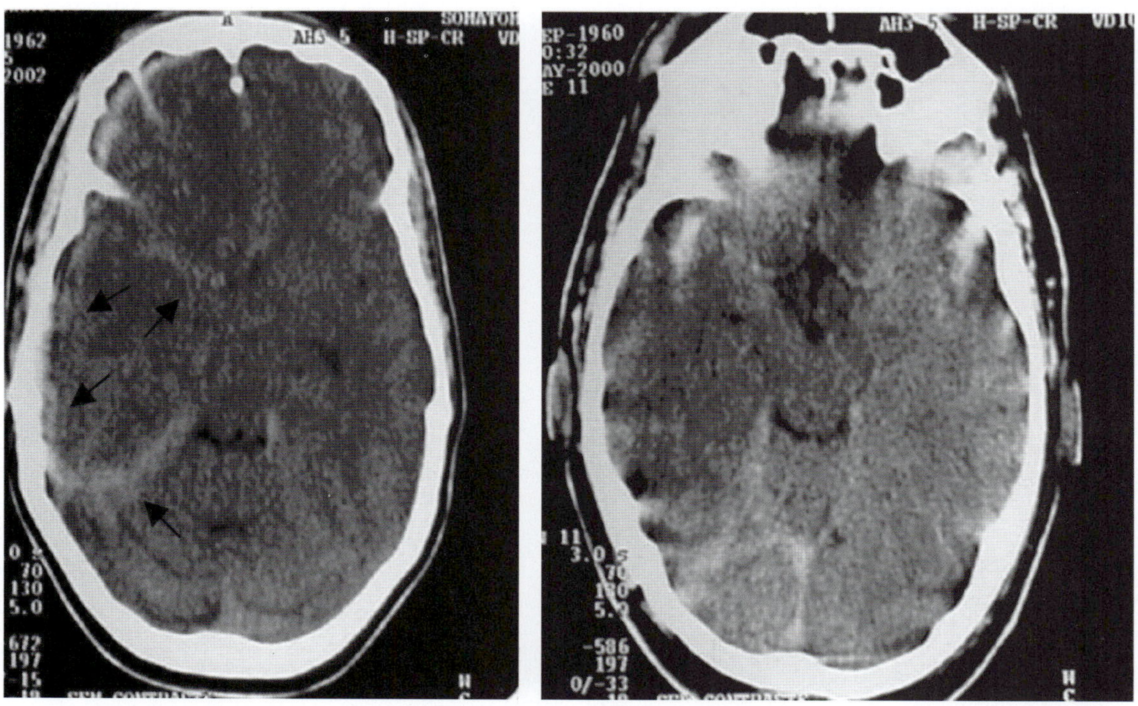

Fig. 75-13. Dois casos de TCE grave com evidência de lesão vascular. Na figura à esquerda, HSD frontal (seta branca) e HSA traumática nas cisternas da base, convexidade temporal esquerda e na tenda do cerebelo esquerda (setas pretas). Na figura à direita, importante HSA traumática evidente nas cisternas de base e fossa posterior nos hemisférios cerebelares (setas pretas) e áreas de contusão hemorrágica nos pólos temporais – *pumping* (setas brancas).

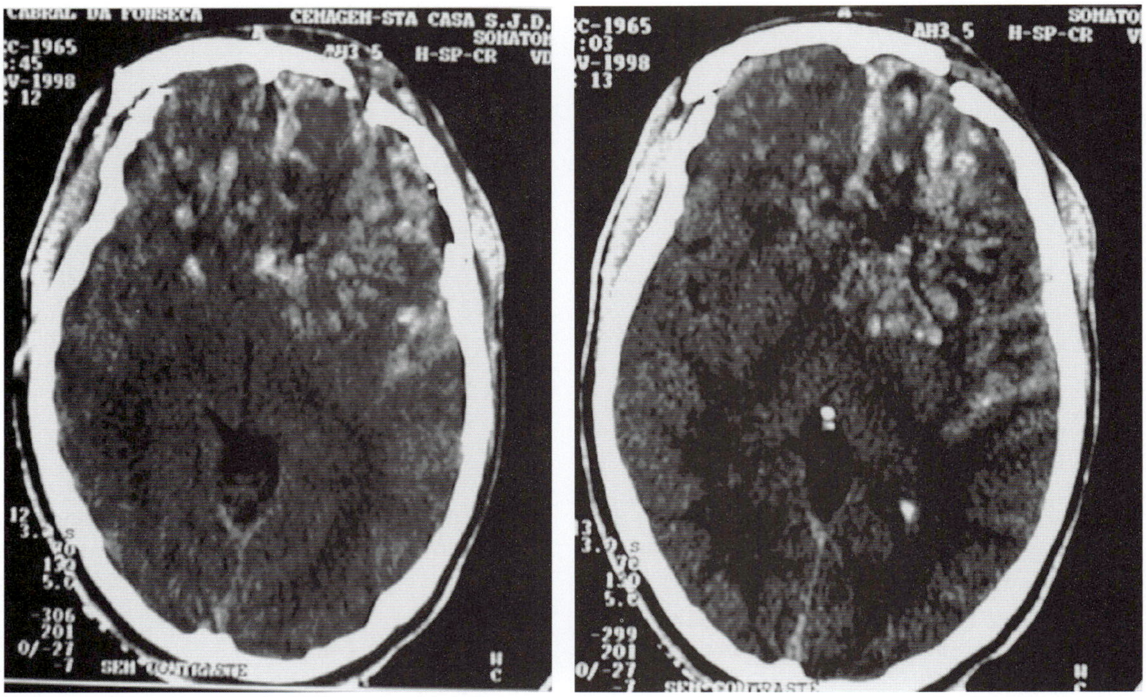

Fig. 75-14. TCE grave com fratura cominutiva e afundamento bilateral. Grande energia no trauma com lesão grave por aceleração angular com explosão do lobo frontal bilateral e extensa área de laceração e contusões hemorrágicas.

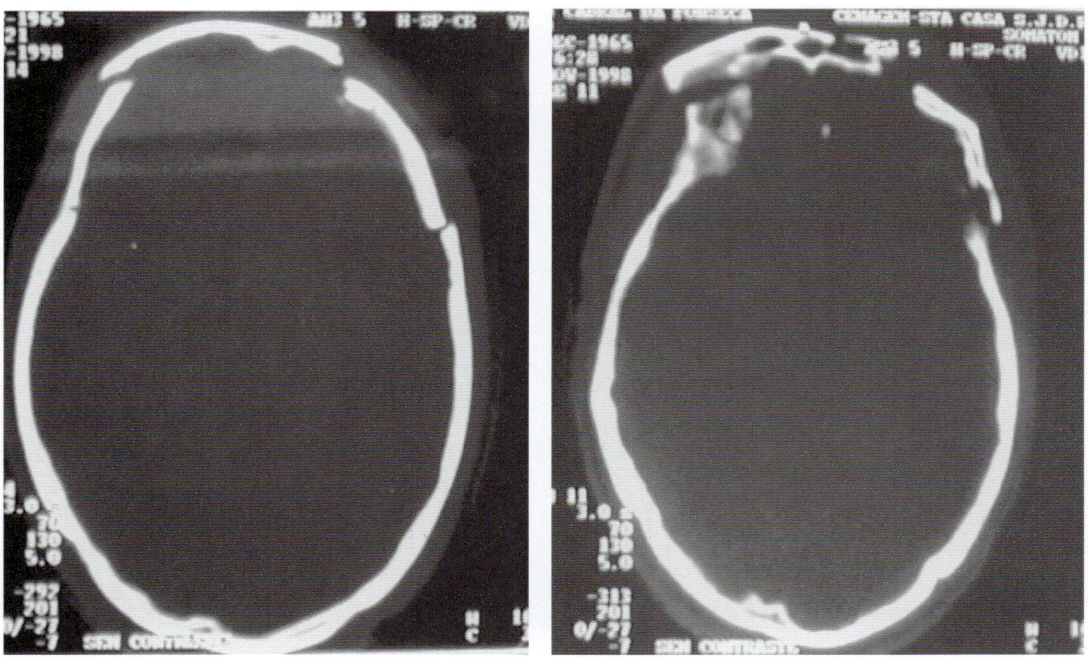

Fig. 75-15. Tomografia computadorizada com janela para densidade óssea mostrando fraturas cominutivas com afundamento e deformidade da caixa craniana.

Quadro 75-5. TCE – avaliação	
Exame físico	***Dados vitais***
Lesões concomitantes – tórax, abdômen, extremidades.	Gasometria arterial
Exame meticuloso do escalpo	ECGl para nível consciência
Sinais de fratura de base de crânio	Plun e Posner
Hemotímpano	Exame das pupilas
Rino/Otorréia Liquórica	Motricidade
Battle	Padrão respiratório
Guaxinim	MOE e MOC
Otorragia	Ciliopalpebral
	Corneopalpebral
	Cilioespinhal

Quadro 75-6. TCE – Escala de Coma de Glasgow

Pontos	*Abertura ocular*	*Resposta verbal*	*Resposta motora*
6	–	–	Obedece a comandos
5	–	Orientado	Localiza a dor
4	Espontânea	Desorientado	Retirada
3	Ao chamado	Palavras inapropriadas	Flexão de MMSS
2	À dor	Sons ininteligíveis	Extensão de MMSS
1	Não	Não	Não

Quadro 75-7. Prioridades no atendimento

- Prevenir ou identificar rapidamente lesões secundárias
- Estabilidade respiratória:
  - Abertura das vias aéreas
  - Intubação endotraqueal + Ventilação mecânica
- Estabilidade circulatória:
  - Reposição volêmica
  - Manutenção da PPC > 70 mmHg com PAM > 90 mmHg
- Propiciar rapidamente condições para identificação e drenagem de massas intracranianas:
  - Estabilização clínica
  - TC de crânio após ABC do trauma
- Transporte rápido e adequado para centro de trauma
- Craniotomia de urgência

Classificação

TCE leve	GLASGOW 14 a 15
TCE moderado	GLASGOW 9 a 133
TCE grave	GLASGOW 3 a 8

No Capítulo sobre Avaliação do Paciente em Coma, podemos observar um melhor detalhamento do exame neurológico e da abordagem diagnóstica do paciente com TCE grave. As prioridades do atendimento estão descritas no Quadro 75-7.

É de se considerar a grande importância que os centros de trauma têm dado para o atendimento primário pré-hospitalar e intra-hospitalar. Seria bastante simples organizar em cada serviço unidades de primeiro atendimento bem-preparadas e organizadas para tal fim. Foram de grande importância os estudos realizados pela *Brain Trauma Foundation* que empreendeu sucessivas publicações, informações importantes que nos ajudaram a nortear nossas condutas.

Diretrizes no paciente com TCE

Os estudos multicêntricos nas diversas áreas e especialidades têm nos fornecido nas últimas décadas importantes análises que podem ser bem adaptadas em hospitais de diferentes níveis técnicos, porque servem como parâmetro, permitindo e provocando eficiente e progressiva melhora de qualidade no atendimento inicial e seqüencial, além de poder uniformizar condutas nos centros mais desenvolvidos e preparados para atendimento do paciente grave.[12]

Os resultados negativos em contraposição aos esperados nos pacientes com TCE, a partir da uniformização de condutas do *Data Bank of Trauma* na década de 1980, levaram alguns pesquisadores a rever a mortalidade e as condutas nos diferentes centros de trauma. Entre as várias publicações, uma foi relevante pela agitação no meio científico e a revolução de idéias que causou, dando origem ao movimento que produziu as atuais diretrizes que norteiam as condutas do TCE no momento.

Foram Sosim *et al* que levantaram e publicaram dados epidemiológicos alarmantes, com dados de estatística de mortalidade anual bem acima do esperado:[7]

- 60.000/ano óbitos de pacientes com TCE.
- 44.000/ano na cena ou no transporte.
- 16.000/ano evolução natural ou pela lesão ou trauma secundário.

Ao concluir sua publicação, chamavam a atenção para um conceito que iria despertar nos pesquisadores seu interesse: *É fundamental reduzir a mortalidade e melhorar resultados*.

O passo seguinte foi colher dados para saber como andava o atendimento global do paciente com TCE desde o resgate até a indicação cirúrgica e o acompanhamento clínico. Seguiram-se várias publicações.[13]

Apostando na linguagem do novo milênio, da importância da Medicina Baseada em Evidência, e analisando o fato do grande número de publicações anuais sobre TCE, que só no ano de 1997 foram acima de 1.300, apenas no *Medline*, o que foi considerado impraticável que um médico pudesse ter acesso a todos os dados e a partir daí traçar sua conduta individual, foi criada uma entidade que se denominou *Brain Trauma Foundation*, constituída cientificamente pelo *Critical Care Department da American Association of Neurological Surgeons* e pelo *Joint Section on Neuro Trauma* da *Critical Care Society* e financeiramente custeada pela *Aitken Society*.

Quadro 75-8. Prioridades e necessidades do paciente com TCE
1. Atendimento pré-hospitalar e sistematização do atendimento
2. Tratamento específico para o cérebro na ressuscitação inicial do paciente com TCE
3. Ressuscitação visando a pressão arterial e oxigenação
4. Indicação para monitorização da PIC
5. Métodos de monitorização da PIC
6. Limites da PIC e tratamento das alterações
7. Controle da pressão de perfusão cerebral (PPC)
8. Hiperventilação
9. Manitol
10. Glicocorticóides
11. Barbitúricos
12. Anticonvulsivante profilático
13. Suporte nutricional
14. Cuidados intensivos no tratamento e na estabilização da hipertensão intracraniana

Definiram-se prioridades e necessidades, com base nas dúvidas que existiam em diversas fases e situações no atendimento do TCE grave, e assim foram publicadas 14 perguntas, ou tópicos (Quadro 75-8), que seriam respondidas e justificadas por análise bibliográfica, e, dependendo da qualidade ou nível da sustentação, a afirmativa seria classificada em:

- *Recomendação:* evidência Classe I, representa princípios que refletem alto grau de certeza clínica.
- *Diretriz:* evidência Classe II, representa princípios que refletem grau moderado de certeza clínica.
- *Opção:* evidência Classe III, representa princípios que refletem grau muito fraco de certeza clínica com dados não muito claros.

TÓPICO 1: ATENDIMENTO PRÉ-HOSPITALAR E SISTEMATIZAÇÃO DO ATENDIMENTO

Opção

É sugestão da Sociedade Americana de Atendimento ao Trauma que os neurocirurgiões devam ter um sistema de atendimento ao neurotrauma organizado e abrangente com um planejamento para o tratamento inicial bem-definido, incluindo cuidados pré-hospitalares, sistema de triagem, manutenção de programas apropriados, revisão dos registros e dos cuidados para melhora da qualidade e participação em programas de educação em trauma.

Recomendação

A análise adequada de fatores ou preditores de maior morbimortalidade é importante no controle e tratamento dos pacientes com TCE, melhorando a qualidade da alta.

Os fatores preditores de maior risco nas primeiras 24 h são:

- Idade.
- Escala de Coma de Glasgow na admissão.
- Tamanho e reatividade das pupilas.
- Diagnóstico de massas intracranianas pelo TC.
- Hipotensão em alguma fase pós-trauma.

TÓPICO 2: TRATAMENTO ESPECÍFICO PARA O CÉREBRO NA RESSUSCITAÇÃO INICIAL DO PACIENTE COM TCE

Opções

1. "A primeira prioridade para o paciente com trauma de crânio é a rápida ressuscitação fisiológica volêmica e ventilatória. Não deveria haver tratamento específico inicial dirigido para a hipertensão intracraniana, na ausência de sinais de herniação transtentorial ou de deterioração neurológica progressiva que não fosse atribuída a causas extracranianas."
2. "A sedação e analgesia, ou ainda os bloqueadores neuromusculares (BNM), podem ser utilizados na otimização do transporte dos pacientes com trauma de crânio. Entretanto, são procedimentos que podem interferir no resultado do exame neurológico. Na ausência de estudos baseados em resultados, a escolha do sedativo será feita pelo profissional. O BNM deverá ser empregado quando a sedação/analgesia isolada mostrarem-se inadequadas, e agentes de curta duração devem ser os escolhidos quando possível."

TÓPICO 3: RESSUSCITAÇÃO VOLÊMICA, HEMODINÂMICA E VENTILATÓRIA (OXIGENAÇÃO)

Diretriz

"Hipotensão (pressão sistólica < 90 mmHg) ou hipóxia (apnéia ou cianose na cena do acidente, ou ainda PaO_2 < 60 mmHg) devem ser meticulosa e exaustivamente evitadas e se possível corrigidas imediatamente.

Opção

"A pressão arterial média (PAM) deverá ser mantida acima de 90 mmHg durante todo o tempo para que o paciente com TCE possa manter pressão de perfusão cerebral acima de 70 mmHg."

TÓPICO 4: INDICAÇÕES PARA MONITORIZAÇÃO DA PRESSÃO INTRACRANIANA (PIC)

Diretrizes

1. "A monitorização da PIC é indicada e apropriada para pacientes com traumatismo craniano grave (Escala de Coma de Glasgow 3 a 8) e que apresentam alterações na tomografia cerebral realizada na admissão (hematomas, contusões, edema, desvios, efeito de massa ou ainda compressão dos ventrículos ou cisternas da base)."

2. "A monitorização da PIC é indicada e apropriada em pacientes com traumatismo craniano grave com TC cerebral da admissão *NORMAL*, quando dois ou mais dos fatores abaixo forem observados na admissão:
   - Pressão sistólica mantida abaixo de 90 mmHg.
   - Idade maior que 40 anos.
   - Presença de postura patológica uni ou bilateral.
   - Perda de 2 ou mais pontos na pontuação da escala de coma de Glasgow.
3. "A monitorização da PIC não é rotineiramente indicada em pacientes com traumatismo craniano leve ou moderado. Entretanto, o médico poderá determinar a monitorização da PIC em pacientes conscientes mas que apresentam massas ou lesões traumáticas na TC cerebral da admissão."
4. "Os pacientes com pontuação de avaliação da escala de coma de Glasgow > 8 são candidatos à monitorização da PIC pelo baixo risco e vantagens do método, quando os pacientes tiverem risco de subitamente apresentar herniações cerebrais na presença de massa ou lesão temporal, e ainda pacientes cujo exame neurológico estiver temporariamente comprometido, como nos casos de sedação, analgesia e BNM."

TÓPICO 5: MÉTODOS DE MONITORIZAÇÃO DA PRESSÃO INTRACRANIANA (PIC)

Recomendações

1. "A avaliação do método empregado na monitorização da PIC não pode conferir a si mesmo uma classificação de evidência como em outras seções das diretrizes; desse modo, a tecnologia usada na monitorização da PIC deverá ser avaliada em termos de sua precisão, segurança e fidedignidade dos valores medidos, potencial terapêutico e sua relação custo-benefício."
2. "Na situação atual dos procedimentos avaliados, o catéter ventricular conectado a um sensor externo hidrostático eletrônico (*strain gauge*) é o de melhor precisão, mais baixo custo e um método seguro com valores medidos fidedignos na monitorização da PIC. Ele igualmente permite uma ação terapêutica com a drenagem do liquor ventricular. A transdução pela utilização de sensores de fibra ótica ou eletrônicos internos colocados em catéteres intraventriculares pode levar a benefício semelhante, porém com custo muito mais elevado."
3. "A monitorização da PIC com catéter de fibra ótica ou catéter eletrônico colocados em posição intraparenquimatosa tem transdução semelhante à da monitorização da PIC ventricular, mas com grande potencial de leituras com desvios não-considerados. Monitores com catéteres subaracnóideos, subdurais ou extradurais (fluidos comunicantes ou pneumáticos) freqüentemente têm menor precisão."

TÓPICO 6: LIMITES DA PIC E TRATAMENTO INICIAL DAS ALTERAÇÕES DA PIC

Diretriz

"O tratamento da pressão intracraniana deverá ser iniciado quando houver elevação inicial acima de 20 mmHg por mais de 10 minutos."

Opção

"Interpretação e tratamento da pressão intracraniana baseado em medidas iniciais podem ser corroborados por exames clínicos freqüentes e avaliação da pressão de perfusão cerebral (PPC)."

TÓPICO 7: CONTROLE DA PRESSÃO DE PERFUSÃO CEREBRAL (PPC)

Recomendação

"A pressão de perfusão cerebral (PPC) é a diferença entre a pressão arterial média (PAM) medida por catéter intra-arterial e a pressão venosa representada pela pressão dos seios venosos, que é difícil de ser medida no homem. Como a pressão venosa equivale à pressão intracraniana, a PPC será dada pela fórmula PPC = PAM – PIC."

Opção

"A PPC deverá ser mantida no mínimo nos níveis de 70 mmHg."

TÓPICO 8: O USO DA HIPERVENTILAÇÃO

Recomendação

"Na ausência de elevações significativas da pressão intracraniana, a hiperventilação crônica e prolongada ($PaCO_2 \leq$ 25 mmHg) deverá ser evitada como terapia nos casos de TCE grave."

Diretrizes

1. "O uso da hiperventilação profilática ($PaCO_2 \leq 35$ mmHg) como tratamento durante as primeiras 24 horas após traumatismo craniano grave deve ser evitado porque ela pode comprometer a perfusão cerebral durante o período no qual o fluxo sangüíneo cerebral se encontra reduzido."
2. "O recurso da hiperventilação como terapêutica pode ser necessário por breves períodos quando houver deterioração neurológica aguda do nível de consciência, ou por longos períodos se a hipertensão intracraniana for refratária a sedação, analgesia, bloqueio neuromuscular, drenagem liquórica e diuréticos osmóticos."

Opção

"A medida ou monitorização da saturação do bulbo jugular, assim como a medida da diferença arteriovenosa cerebral de O_2 e a monitorização do fluxo sangüíneo cerebral, podem auxiliar na identificação de uma isquemia cerebral, que seria secundária a uma hiperventilação que se faça necessária, com valores da $PaCO_2 \leq 30$ mmHg."

TÓPICO 9: O USO DO MANITOL

Diretriz

"O manitol é eficaz no controle dos aumentos da pressão intracraniana após traumatismo grave de crânio. Alguns dados limitados sugerem que o uso de *bolus* intermitentes pode ser mais efetivo do que a infusão contínua. Serão recomendadas doses efetivas ente 0,25 e 1,0 g/kg de peso corporal/dose."

Opções

1. "A osmolaridade plasmática deverá ser mantida abaixo de 320 mmHg, quando esse procedimento poderia estar relacionado com a falência renal.

   A euvolemia deverá ser mantida nesses pacientes, e a colocação de uma catéter de Foley para monitorização da diurese é essencial."

2. "Está indicado o uso do manitol antes da monitorização da PIC, quando há sinais de herniação transtentorial ou deterioração neurológica progressiva, não atribuídas a patologia sistêmica. É importante ressaltar que a hipovolemia deverá ser evitada, com reposição volêmica adequada."

TÓPICO 10: O USO DO CORTICÓIDE

Recomendação

"O uso de glicocorticóides não é recomendado para melhorar resultados ou reduzir a pressão intracraniana em pacientes com traumatismo craniano grave. Seu uso está contraindicado devido aos malefícios observados."

TÓPICO 11: O USO DE BARBITÚRICOS

Diretrizes

1. "A terapia com barbitúricos em altas doses pode ser considerada em pacientes hemodinamicamente estáveis com TCE grave potencialmente curável e que apresentam hipertensão intracraniana refratária a tratamentos clínicos e cirúrgicos realizados."
2. "A terapia com barbitúricos deve ser cercada de cuidados de monitorização hemodinâmica e do nível da sedação, para evitar efeitos indesejáveis."

TÓPICO 12: O USO DE ANTICONVULSIVANTE PROFILÁTICO OU NÃO

Recomendação

"O uso profilático de anticonvulsivante como a fenitoína, a carbamazepina e o fenobarbital não é recomendado para prevenir crises convulsivas pós-traumáticas tardias."

Opção

"Está recomendado como tratamento o uso opcional de anticonvulsivantes, para prevenir crises convulsivas precoces póstraumáticas em pacientes com alto risco de desenvolver crises pós-traumatismo craniano (Escala de Coma de Glasgow < 9), relato de convulsão na cena, no resgate ou no atendimento inicial. Fenitoína e carbamazepina têm sido demonstradas como efetivas e eficazes em prevenir crises pós-traumáticas precoces."

Diretrizes

1. "O uso indiscriminado de anticonvulsivantes profiláticos para as crises tardias ou precoces piorou a morbimortalidade."
2. "O uso da fenitoína na hidantalização dos pacientes está indicado com as seguintes doses: 20 mg/kg de peso corporal. Infundir em *bolus* endovenoso sem diluição metade da dose calculada e com velocidade de infusão menor que 50 mg por minuto; 6 horas após realizar mesmo procedimento para infundir ¼ da dose calculada e 12 horas após a primeira dose, infundir mais ¼ da dose calculada, com os mesmos cuidados do procedimento inicial. Manter nível sangüíneo com 5 mg/kg de peso corporal/dia dividido em 3 doses com intervalo de 8 horas com doses ideais máximas de 100 mg EV de 8/8 h."

Opção

"O uso da fenitoína na hidantalização dos pacientes está indicado nos seguintes casos:

- Escala de Coma de Glasgow 13 a 15:
  - Crise convulsiva após evento do trauma; na cena, no resgate ou no atendimento inicial hospitalar.
  - Uso rotineiro de anticonvulsivante.
- Escala de Coma de Glasgow 9 a 12:
  - História pregressa de convulsões.
  - Idem 13 a 15.
- Escala de Coma de Glasgow < 9:
  - Todos os pacientes.

TÓPICO 13: O USO DE SUPORTE NUTRICIONAL

Diretriz

"Reposição de 140% do consumo metabólico em pacientes sem utilização de bloqueio neuromuscular (BNM) e 100% nos pacientes com uso de BNM, utilizando fórmulas enterais ou parenterais para repor calorias, assim como de proteínas a partir do sétimo dia pós-trauma."

TÓPICO 14: CUIDADOS INTENSIVOS NO TRATAMENTO E NA ESTABILIZAÇÃO DA HIPERTENSÃO INTRACRANIANA (HIC)

Opção

"A seqüência dos passos a serem dados será determinada pela relação de risco-benefício para estratégias terapêuticas individualizadas. Ela deverá ser vista como a opinião de um especialista e usada como uma estrutura a qual poderá ser útil ou aproveitável para orientar a abordagem e o tratamento da hipertensão intracraniana (Fig. 75-11)."

Com certeza ainda teremos nos próximos anos outras publicações com análise melhor de alguns fatores ainda polêmicos. Sem dúvida esse fabuloso laboratório de pesquisas que é o grande número de pacientes com TCE nos lança a cada dia um belo desafio científico que só será vencido com análise crítica e sistematizada dos dados colhidos com seriedade e a participação de todos os centros de atendimento ao trauma com disponibilidade para tal.

REFERÊNCIAS BIBLIOGRÁFICAS

1. Sichez J. Les traumatisms Crânio-encephaliques Graves. Paris: Etim. 1984. p 168.
2. Langfitt TW, Gennarelli TA *et al.* Prospects for the future in the diagnosis and management of head injury: pathophysiology, brain imaging, and population-based studies. *Clin Neurosurg* 1982;29:353–76.
3. Gusmão SNS, Pittella JEH. Patologia do Trauma Cranioencefálico - Ed. Revinter, 1995.
4. Gudicissi MF, Holanda CV. Biomecânica do traumatismo cranioencefálico – Ed. Revinter – Neurotraumatologia 2000. p. 1–4.
5. Jennett B, Teasdale G. Management of Head Injuries. Philadelphia: Davis, 1981. pp 385–389.
6. Gennarelli TA. Head Injury in man and experimental animals: clinical aspects. *Acta Neurochir Suppl* 1983;32:1–13.
7. Chesnut RM, Marshall LF, Klauber MR *et al.* The role of secondary brain injury in determining outcome from severe head injury: *J Trauma* 1993;34:216–222.
8. Cooper DJ, Murray L. Trauma – Yearbook of Intensive Care and Emergency Medicine 2001. Springer Verlag Berlin Heidberg 2001.
9. Muizelaar JP, Marmarou A, DeSalles AA, Ward JD, Zimmerman RS, Li Z, Choi SC, Young HF: Cerebral blood flow and metabolism in severely head-injured children. Part 1: Relationship with GCS score, outcome, ICP, and PVI. *J Neurosurg* 71(1):63–71, 1989 Jul.
10. Sosim DM, Sniezek JE, Waxweiler RJ *et al.* Trends in death associated with traumatic brain injury, 1979 through 1992. Success and failure. *JAMA* 1995 Jun 14;273(22):1778–80.
11. Ghajar J, Hariri RJ, Narayan RK, Iacono LA, Firlik K, Patterson RH. Survey of critical care management of comatose head injured patients in the United States. *Critical Care Med* 1995;23:560–567.
12. Stávale MA. Bases da Terapia Intensiva Neurológica – Santos livraria e Editora, 1996.
13. Narayan RK, Teasdale G, Bullock MR, Ghajar J, Marmarou A, Marshall LF, Robertson CS, Muizelaar JP, Kochanek PM *et al.* Clinical trials in head injury. *J Neurotrauma* 2002;May;19(5):503–57. Review
14. CITIN – Curso de Imersão em Terapia Intensiva Neurológica. AMIB – 2003.

76 Traumatismo Cranioencefálico – Assistência Intensiva

Jorge Luiz da Rocha Paranhos

A assistência ao paciente politraumatizado, especialmente ao paciente com lesão sobre o sistema nervoso central, deve começar idealmente na hora e no local do acidente. Nesse momento, a imobilização, especialmente da coluna cervical, a estabilização respiratória e hemodinâmica com a proteção das vias aéreas, suplementação de oxigênio, tratamento agressivo do choque hipovolêmico com reposição volêmica e transporte rápido e adequado para um centro de trauma podem interferir positivamente no prognóstico do paciente.[1,2]

Ao contrário do que muitos acreditam, a moderna terapêutica para os que sofreram traumatismo de crânio não aumenta a proporção de pacientes com seqüelas graves sem uma proporção igual de pacientes que apresentam boa recuperação.

Após um trauma craniano, deverão ser admitidos no CTI os pacientes que apresentarem:

- Escala de coma de Glasgow (CGS) menor ou igual a 8 (caracterizando trauma craniano grave).
- Pós-operatório imediato de craniotomia.
- Pacientes que se apresentem com CGS maior que 8 mas que apresentem lesão extracraniana severa, que necessitem de monitorização hemodinâmica e/ou de ventilação mecânica.
- Pacientes que apresentam CGS maior que 8 e menor ou igual a 13 (caracterizando-se como TCE moderado) também deverão ser admitidos, para que possa ser efetuada monitorização neurológica contínua, a fim de se surpreender precocemente deterioração neurológica.

CONSIDERAÇÕES FISIOLÓGICAS

Antes de se falar sobre o tratamento do traumatismo de crânio, devemos conhecer e entender alguns termos usados com freqüência. Em primeiro lugar, chamamos de lesão primária alterações conseqüentes ao impacto no momento do acidente, seja ele causado por impacto direto ou por forças de aceleração ou desaceleração rápida. Lesões secundárias se iniciam logo após o momento do acidente ou após alguns dias. Essas podem ser secundárias a lesões hipóxico-isquêmicas, secundárias a insultos sistêmicos ou lesões de massa, levando a aumento da pressão intracraniana e deslocamento do parênquima cerebral.[12,13]

Devemos entender a caixa craniana como uma cavidade limitada pelo crânio inextensível contendo três compartimentos: parênquima cerebral, sangue e liquor (Fig. 76-1). Se houver o aumento de um desses compartimentos, para que haja manutenção da pressão intracraniana, deve haver a redução de uma das outras, caso contrário haverá aumento da pressão intracraniana de uma forma exponencial (curva pressão-volume).

A vasculatura cerebral apresenta propriedades que lhes são próprias e que devemos conhecer não só para entendermos a fisiopatologia do aumento da pressão intracraniana mas como também entendermos os princípios do tratamento. Ainda devemos entender que na lesão cerebral pode haver perda maior ou menor dessas propriedades e não se caracterizando um fenômeno de tudo ou nada.

- *Acoplamento metabólico:* em condições normais, o metabolismo cerebral é que determina a quantidade do fluxo sangüíneo para cada região do encéfalo, e quanto maior for o metabolismo cerebral, maior será o fluxo sangüíneo cerebral (Fig. 76-2).
- *Auto-regulação cerebral*, isto é, para limites extremos de pressão arterial média (entre aproximadamente 50 e 150 mmHg), o fluxo sangüíneo cerebral se mantém exatamente o mesmo, à custa de alterações na resistência vascular cerebral (Fig. 76-3).
- *Vasorreatividade à $PaCO_2$:* Alterações na $PaCO_2$ levam a profundas alterações proporcionais no fluxo sangüíneo cerebral secundário a alterações da resistência vascular cerebral. Aumento na $PaCO_2$ leva a aumento importante no FSC, e redução na $PaCO_2$ leva à redução do FSC, inclusive capaz de levar a isquemia cerebral (Fig. 76-4).

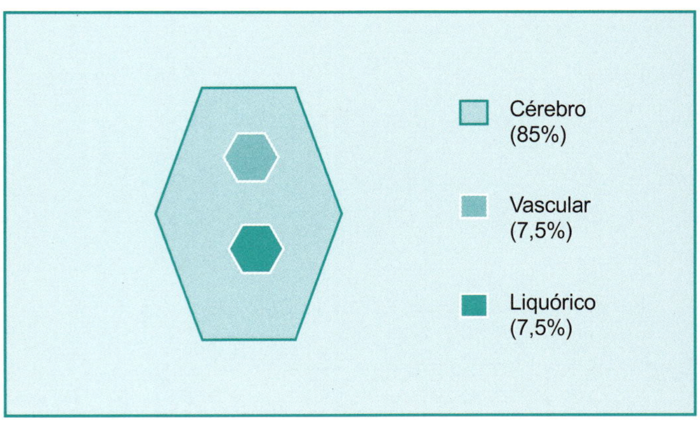

Fig. 76-1. Compartimentos intracranianos. (Ver *Prancha* em *Cores.*)

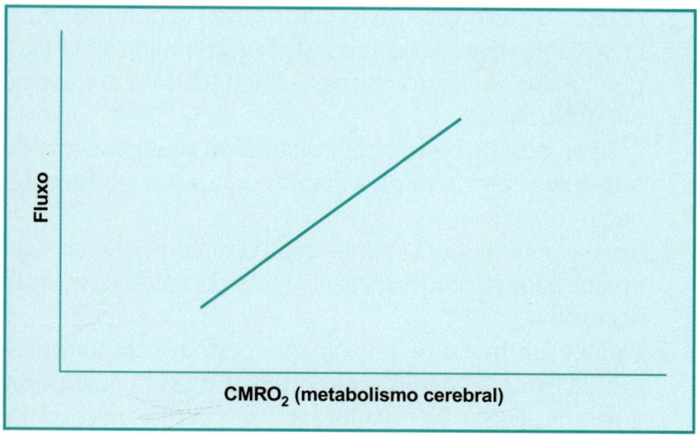

Fig. 76-2. Relação entre metabolismo e o fluxo sangüíneo cerebral.

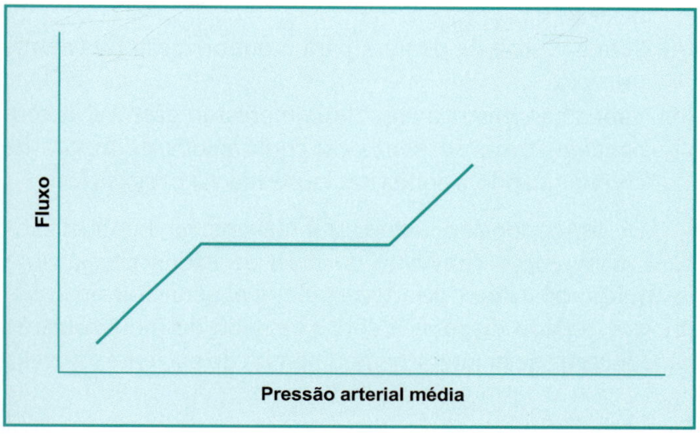

Fig. 76-3. Auto-regulação cerebral.

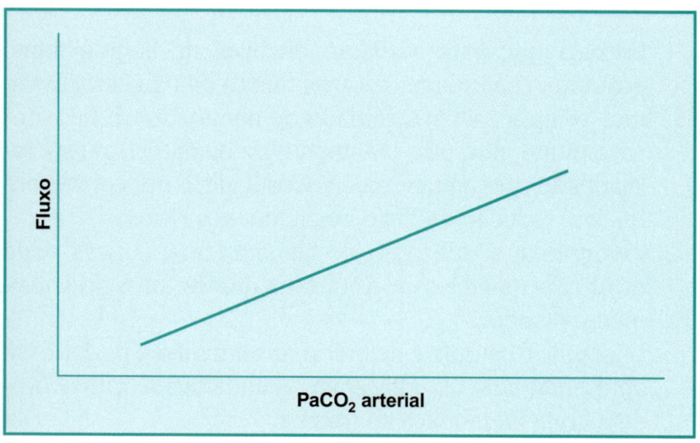

Fig. 76-4. Vasorreatividade à $PaCO_2$.

- *Barreira hematoencefálica:* a barreira hematoencefálica é formada por células endoteliais do cérebro unidas por junções fortes. A água tem livre passagem por esse endotélio, mas, diferentemente de capilares de outros territórios, esse endotélio é impermeável aos eletrólitos. Ocorre a passagem dos mesmos por mecanismos ativos, que dependem de gasto de energia.

Como dito anteriormente, no local lesado pode haver perda de uma ou até de todas essas propriedades. Quanto maior a intensidade do trauma e as lesões secundárias que se seguirem, maior a possibilidade da perda dessas propriedades. Devemos reconhecer também que a vasculatura cerebral das crianças é mais vulnerável à lesão do que dos pacientes adultos. Quando se perdem, parcial ou completamente, as propriedades, a alteração na função auto-reguladora faz com que o fluxo sangüíneo cerebral seja influenciado pela pressão de perfusão cerebral e pela viscosidade. A pressão de perfusão cerebral é calculada como se segue:

$$PPC = PAM - PIC$$

onde:

PAM: pressão arterial média medida com catéter intra-arterial

PIC: pressão intracraniana medida por meio de um dos diversos dispositivos para monitorização da PIC

Consideramos hoje que a pressão de perfusão cerebral é um dos parâmetros mais importantes no manuseio desses pacientes e que deve ser sempre mantida em valores maiores que 70 mmHg, a fim de garantir fluxo sangüíneo cerebral e o fornecimento apropriado de oxigênio.

Devemos também reconhecer que, após um trauma sobre o SNC, alterações importantes vão ocorrer sobre o metabolismo cerebral, com queda expressiva do metabolismo, que pode chegar, nos casos graves, a até 50% do metabolismo basal. Espera-se nos casos em que se mantém o acoplamento metabólico uma redução de 50% do FSC.

ABORDAGEM INICIAL[4]

Como já foi dito o tratamento ideal, a fim de evitar lesões secundárias, deve se iniciar no local da cena do acidente. Se de todo não for possível, o atendimento inicial na sala de emergência é fundamental para evitar várias complicações.[4]

Conforme preconizado pelo ATLS, uma sistematização de atendimento deve ser sempre seguida. A primeira providência deve ser em relação à permeabilidade da via aérea, com proteção da coluna cervical. Pacientes que apresentam ECG menor ou igual a 8 não são capazes de proteger vias aéreas e portanto devem receber via aérea artificial. O momento da intubação é um momento crítico, porque nosso paciente exige uma prótese de via aérea a fim de proteger as vias aéreas inferiores, mas ao mesmo tempo sabemos que o manuseio das vias aéreas pode causar aumentos expressivos da pressão intracraniana. Ainda devemos considerar todo paciente vítima de trauma contuso como portador de trauma raquimedular cervical associado, e nunca efetuar extensão da coluna durante a intubação, dificultando ainda mais o procedimento. De maneira ideal, o paciente deve ser sedado e curarizado conforme protocolo de drogas e ser intubado por profissional extremamente hábil no manuseio de vias aéreas, sem qualquer grau de extensão da coluna cervical.

A partir daí o paciente deve ser normoventilado, e a hiperventilação, mesmo que leve, deve ser evitada. Existem trabalhos na literatura que demonstram de forma inequívoca que a hiperventilação rotineira piora o prognóstico funcional em relação a pacientes normoventilados, sendo hoje essa a recomendação. A única indicação de hiperventilação é a evidência de herniação evidente. Asseguradas via aérea e ventilação adequadas, a atenção deve ser destinada à hemodinâmica com ressuscitação volêmica, com colocação de pelo menos dois catéteres venosos periféricos de grosso calibre, a fim de manter PAM e conseqüentemente PPC. Visto que nesse momento ainda não temos a monitorização de PIC, e mesmo estimando que a mesma esteja normal, menor que 20 mmHg, devemos manter então uma PAM de 90 mmHg, o que deve ocorrer com uma pressão arterial de pelo menos 120/80, e não os preconizados 90 mmHg de pressão sistólica. Existem também trabalhos que demonstram que uma pressão semelhante a essa melhora o prognóstico neurológico em relação a protocolos padrões de ressuscitação.

Somente após estabilização respiratória e hemodinâmica e completados o exame primário e a reavaliação é que esses pacientes podem ser encaminhados para o departamento de radiologia para a realização de tomografia computadorizada de crânio e radiografia de coluna cervical em perfil. Após esses métodos propedêuticos, devemos diferenciar dois grupos de pacientes:

- Aqueles que necessitarão de tratamento cirúrgico para a drenagem de um hematoma intracraniano.
- Aqueles que serão manejados sem procedimento cirúrgicos maior, pelo menos inicialmente.

Consideramos que os primeiros 60 minutos são tempo mais que suficiente para que possamos realizar todos esses procedimentos, e devemos deixar claro que o maior impacto no prognóstico de pacientes vítimas de neurotrauma é o reconhecimento precoce de massas intracranianas e sua drenagem imediata; portanto devemos, da mesma forma que caçamos fibrilação ventricular em pacientes com parada cardiorrespiratória, caçar massas intracranianas para drenagem rápida.

Os pacientes que se submetem a procedimentos cirúrgicos maiores deverão, no bloco cirúrgico após o procedimento, receber um dispositivo para monitorização intracraniana. Os que serão manuseados sem um procedimento cirúrgico maior deverão, no CTI ou no próprio bloco cirúrgico, receber também dispositivo para monitorização da pressão intracraniana, fazendo com que todos os pacientes com TCE grave estejam sob monitorização da PIC, o que será fundamental para o tratamento posterior, o qual iremos discutir.

MONITORIZAÇÃO[6]

Todos os pacientes admitidos no CTI terão sinais vitais e neurovitais medidos, em formulários apropriados, de hora em hora até estabilização completa, no intuito de surpreender qualquer deterioração do quadro clínico. Deverão ser observadas principalmente pupilas (simetria e reações) e reações motoras (também simetria). Todos os pacientes terão ainda:

1. Método para monitorização da pressão intracraniana.
2. Catéter em artéria radial monitorizando continuamente a PAM, juntamente com a monitorização da PIC e da PPC, que, como já mencionamos, é um dado de extrema importância.
3. Catéter venoso central para quantificação da volemia de forma mais precisa e para manter o paciente normovolêmico.
4. Acesso venoso puncionado com catéter periférico calibroso, para permitir infusão rápida de volume, quando necessário.
5. Catéter em bulbo de jugular, que permite a monitorização de extração de oxigênio cerebral e assim quantificar a magnitude da hiperventilação, se esta for necessária, reduzindo o risco de isquemia cerebral (VN: 24 a 42).
6. Tubo endotraqueal para proteção de vias aéreas, para os que apresentam CGS menor ou igual a 8.
7. Oxímetro de pulso para detecção precoce de qualquer nível de hipoxemia.
8. Sonda vesical de demora para monitorização de volume urinário.
9. Sonda nasogástrica para descompressão gástrica, exceto naqueles casos suspeitos ou confirmados de fratura de crânio, quando a sonda será inserida via orogástrica.

De forma ideal, a capnografia deveria ser monitorizada para manutenção constante do nível de $PaCO_2$ desejável. A instituição do catéter de artéria pulmonar será realizada sempre que o dado disponível com esse grau de monitorização não for capaz de manter a hemodinâmica do paciente estável.

Exames laboratoriais

A monitorização de variáveis bioquímicas se faz necessária ou pela freqüência com que se mostrar alterada ou pelo risco de lesão secundária que sua alteração pode causar.

1. **Eritrograma**: para avaliação do nível de hemoglobina, portanto, capacidade de carreamento de oxigênio. Devemos sempre tomar o cuidado de não manter o hematócrito muito alto, pois o aumento de hematócrito está relacionado com aumento de viscosidade, e por conseguinte, com redução do fluxo nos pequenos vasos.
2. **Ionograma**: a utilização de algumas terapêuticas pode estar relacionada com distúrbios desses íons, principalmente o sódio.
3. **Glicemia**: é comum e deletério na admissão o paciente se apresentar com hiperglicemia secundária à reação neuroendócrina metabólica ao trauma.
4. **Uréia e creatinina.**
5. **Gasometria arterial**: avaliar não só o grau de oxigenação mas também monitorar a $PaCO_2$ a fim de se evitar tanto hipoventilação quanto hiperventilação.
6. **Osmolaridade**: monitorar a terapêutica osmótica e evitar desvios da normalidade, que poderão ser muito deletérios.
7. **Coagulação** (atividade da protombina, TTPa, plaquetas e fibrinogênio): são bastante freqüentes e extremamente deletérios distúrbios da coagulação relacionados ao TCE. Os desvios encontrados devem ser imediatamente e

especificamente tratados. É freqüente a ocorrência de coagulação intravascular disseminada.

Em relação à tomografia de crânio, julgamos que ela deve ser realizada antes da admissão do paciente na unidade de tratamento intensivo e repetida nos seguintes casos:

- Quando houver mudança no padrão da pressão intracraniana com elevação da mesma.
- Nos casos de HIC refratária, antes da indução do coma barbitúrico.
- Para controle do paciente entre as primeiras 24 e 36 horas.

MANUSEIO DO PACIENTE[10]

Medidas gerais. Chamamos de medidas gerais aquelas que são instituídas em todos os pacientes admitidos no CTI com traumatismo cranioencefálico. Muitas delas são simples, mas nem por isso menos importantes. Todas essas medidas exigem o empenho de vários profissionais que deverão estar familiarizados com o atendimento desse tipo de paciente.

1. Posicionamento:
   - Altura da cabeceira a 30°, com o intuito de facilitar a drenagem venosa do crânio; inclinações maiores que essa poderão comprometer a pressão arterial média e interferir negativamente na pressão de perfusão cerebral.
   - Posicionamento da cabeça em linha média para se evitar compressão das veias jugulares e assim facilitar o retorno do sangue do sistema nervoso central.
2. Cuidados de enfermagem:
   - Manobras descompressivas para se evitar o aparecimento de úlceras de pressão no lugar de mudanças de decúbito que poderão desencadear HIC.
   - Monitorização neurológica.
   - Evitar estímulos desnecessários que possam desencadear aumentos da pressão intracraniana.
3. Controle de temperatura

   O aumento da temperatura corporal levará ao aumento do metabolismo cerebral e, no local onde o acoplamento metabólico estiver intacto, a aumento do FSC e, conseqüentemente, ao aumento da pressão intracraniana. Devemos ser bastante agressivos no tratamento do aumento da temperatura corporal. Para isso, lançamos mão de antipiréticos e de esfriamento externo ativo, como compressas de água e gelo e colchões térmicos. Se existe dúvida em relação ao benefício da hipotermia no tratamento do TCE grave, não existe a menor dúvida que a hipertermia é extremamente deletéria nesse grupo de pacientes.
4. Prevenção de úlceras de estresse

   Vários pacientes no CTI estão sob risco de hemorragia digestiva, mas desses os que têm o maior risco são exatamente os que apresentam traumatismo cranio-encefálico. Portanto, devemos iniciar profilaxia em todos estes pacientes com a utilização de bloqueadores H2 (ranitidina).
5. Prevenção de tromboembolismo pulmonar

   Não se tem dúvidas de que medidas na profilaxia de TVP nesses pacientes são necessárias, mas não existe consenso na literatura sobre o que pode e o que não pode ser usado. Recomendamos que a admissão de medidas mecânicas como meias de compressão graduada ou dispositivos pneumáticos intermitentes sejam utilizadas. Após 48 horas e com a normalização do coagulograma, iniciamos baixas doses de heparina subcutânea (5.000 unidades a cada 12 horas).
6. Fisioterapia respiratória

   Sempre atentos à pressão intracraniana, a mesma deve ser realizada em período de sedação máxima e com o intuito de permitir uma boa toalete traqueobrônquica; como dissemos, qualquer estímulo desnecessário deve ser evitado, mas a não-realização desse procedimento irá causar o acúmulo de secreções, com conseqüente hipoventilação.
7. Hidratação

   Há alguns anos, a orientação era de se manter os pacientes em estado de hipovolemia controlada. Hoje, valorizamos muito uma hemodinâmica estável, para assim mantermos uma PAM adequada e, por conseguinte, uma PPC adequada. Procuramos manter esses pacientes absolutamente normovolêmicos ofertando as necessidades diárias de líquidos (30 ml/kg), depois de a volemia ter sido estabelecida. Apesar de sermos generosos na oferta de líquidos para os pacientes, devemos evitar qualquer solução hipotônica, pois poderíamos aumentar o edema cerebral em áreas em sofrimento.

   Devemos lembrar que a solução glicosada deve ser evitada, pois, além de ser uma solução hipotônica, propicia o aparecimento de hiperglicemia nesses pacientes, pois os mesmos já estão sob a ação dos hormônios contra-reguladores. Sabemos que a hiperglicemia é um fator que piora o prognóstico desse grupo de pacientes. Fazemos então a hidratação dos nossos pacientes com SF com a adição de KCl.
8. Sedação

   Uma adequada sedação dos pacientes é fundamental, pois permite que eles tolerem os diversos dispositivos de manutenção da vida e que não dificultem a ventilação mecânica, proporcionando um nível de ventilação adequado e, portanto, uma $PaCO_2$ estável. Utilizamos a infusão contínua de midazolam, por ser droga de ação curta, interferir em menor grau na hemodinâmica dos pacientes e possuir um antagonista (Flumazenil). Associamos de rotina solução de morfina ou fentanil contínuo, pois o componente de dor nesses pacientes nunca deve ser esquecido. Somente quando isso não é o suficiente e os pacientes estão sob sedação adequada, mas ainda assim dificultando a ventilação mecânica, utilizamos bloqueadores neuromusculares a fim de permitir uma boa ventilação. Muitos autores, assim como nós, consideram esse tópico, a sedação apropriada, um dos mais importantes no manuseio desses pacientes.

9. Profilaxia de crises convulsivas.

MEDIDAS ESPECÍFICAS

Medidas específicas assim designadas são aquelas que são instituídas para controle da hipertensão intracraniana (HIC). Serão posteriormente divididas em tratamento de primeira linha, aqueles que são rotineiros e mais bem fundamentados do ponto de vista científico e tratamentos de segunda linha os não usualmente utilizados ou ainda em estudos nos diversos trabalhos científicos. Essas medidas devem sempre ser baseadas em valores de pressão intracraniana e sua resposta avaliada imediatamente. Devemos ter uma abordagem sistematizada e hierarquizada, e quando uma medida não for efetiva, adicionamos uma nova terapêutica, e assim sucessivamente.

Em primeiro lugar, devemos conceituar o que devemos entender como HIC. Apesar de haver controvérsia na literatura, consideramos que PIC maior ou igual a 20 mmHg por período maior que 10 minutos, sem estímulo externo responsável, mereça tratamento.

Duas observações devem ser feitas nesse momento:

1. Quanto maior o nível da PIC, menor a tolerância do sistema nervoso central e mais agressivamente deve ser tratada.
2. Em algumas circunstâncias, devemos utilizar o valor de 15 mmHg para iniciarmos o tratamento, a saber: craniectomia extensa, fístula liquórica, lesões em lobo temporal, criança menor que 2 anos.

TRATAMENTO DE PRIMEIRA LINHA

Hiperventilação[11]

Depois de inserido o dispositivo para monitorização da PIC e esta demonstrar que o paciente não apresenta HIC, o paciente deve ser mantido neuroticamente normoventilado, isto é, manter valores de $PaCO_2$ entre 35 e 40 mmHg. Se porventura os pacientes apresentarem algum episódio de hipertensão intracraniana, devemos elevar o volume-minuto dos mesmos, a fim de se criar uma $PaCO_2$ nunca inferior a 30; de forma ideal, devemos manter a maior $PaCO_2$ capaz de se manter uma PIC menor que o valor anteriormente definido como máximo. Também devemos monitorizar o nosso tratamento com um catéter colocado em bulbo de jugular, a fim de manter uma extração apropriada, isto é, extração inferior a 42. Devemos utilizar a hiperventilação pelo menor período possível, pois durante as primeiras 24 horas de hiperventilação a vasculatura cerebral irá se readaptar a um novo valor e retornar à resistência vascular cerebral inicial. Trabalhos demonstram que pacientes que são hiperventilados como rotina têm pior prognóstico funcional aos 3 e 6 meses do que pacientes que não são hiperventilados de forma rotineira, provavelmente secundário a isquemia cerebral. Então, para resguardarmos essa modalidade terapêutica e para evitarmos isquemia cerebral, devemos hiperventilar nossos pacientes somente de forma moderada, devidamente monitorizada e no menor tempo possível, isto é, somente para tratarmos períodos de HIC.

Para hiperventilar nossos pacientes, devemos lembrar que a $PaCO_2$ arterial é diretamente proporcional à produção de CO_2 pelo organismo e inversamente proporcional ao volume-minuto. Este por sua vez é decorrente da equação matemática ($VM = FR \times VC$). Conhecendo a equação, podemos então utilizar o aumento da FR ou do aumento do VC para reduzir o $PaCO_2$ dos pacientes, devendo sempre levar em conta que modificações em quaisquer dessas variáveis poderão levar a modificações na pressão média das vias aéreas e conseqüentemente na hemodinâmica e também no retorno venoso do segmento cefálico.

DRENAGEM LIQUÓRICA

Drenagem liquórica é uma medida extremamente eficiente, pelo menos inicialmente, de redução da PIC. Sua grande desvantagem é a necessidade da colocação de um catéter intraventricular, com todas as suas dificuldades técnicas e também de suas complicações. É inequívoco o mecanismo de redução da PIC por esse processo, pois ele nada mais faz do que jogar o ponto da curva pressão × volume para a esquerda no gráfico. Quando todo o liquor é retirado, esta modalidade terapêutica perde o seu efeito, pois não existe liquor adicional para ser retirado.

TERAPÊUTICA HIPEROSMOLAR

Após sedação e hiperventilação eficientes, o próximo passo para os pacientes que ainda mantêm valor de PIC elevado é a utilização de manitol. O controle da PIC com a utilização de manitol se dá por três mecanismos:

- Aumento de volume intravascular.
- Redução da viscosidade por hemodiluição.
- Redução de líquido intersticial cerebral.

Manitol a 20% deve ser utilizado como *bolus* intravenoso (0,25 g a 1 g/kg/dose), podendo ser repetido, até que seja conseguido efeito terapêutico, ou atingida osmolaridade limite. Durante o tratamento com o manitol, a osmolaridade plasmática deve ser monitorizada com o objetivo de ser mantida entre 310 e 320 mOsm/l. Valores acima de 320 mOsm/l não aumentam a eficiência terapêutica, podendo levar a maiores riscos de efeitos indesejáveis, principalmente insuficiência renal aguda e hipovolemia.

Com a utilização do diurético osmótico, o maior risco é uma redução do volume intravascular, levando à redução do débito cardíaco e até da pressão arterial média, com efeitos danosos sobre a PPC . Todos os esforços devem ser feitos para se manter o paciente absolutamente normovolêmico, para isso; devem ser utilizadas soluções cristalóides isotônicas e, idealmente, soluções colóides.

Alguns autores recomendam o uso de furosemida concomitantemente ao manitol. Não julgamos essa prática segura, já que a associação das drogas pode levar a um efeito somatório e não-titulável e conseqüentemente a uma grande redução do volume intravascular, com comprometimento da PPC.

TRATAMENTO DE SEGUNDA LINHA

Coma barbitúrico[7]

Após falência das terapêuticas acima citadas, se o paciente mantém HIC, devemos considerar a terapêutica barbitúrica. Apesar da controvérsia na literatura, existem trabalhos que demonstram que o coma barbitúrico foi capaz de reduzir a pressão intracraniana de pacientes refratários a outras terapêuticas.

Antes de se iniciar a indução do coma barbitúrico, os pacientes, além da monitorização habitual, devem receber monitorização com um catéter de artéria pulmonar para que o débito cardíaco, bem como a PWAP, e outras variáveis derivadas possam ser monitorizados e intervenções possam ser feitas para preservar a hemodinâmica dos pacientes. Ainda com o objetivo de excluir qualquer lesão cirurgicamente tratável, uma nova tomografia computadorizada de crânio deve ser providenciada.

Após todos esses cuidados, iniciamos uma dose de pentobarbital inicial de 10 mg/kg em 30 minutos, a seguir 5 mg/kg/hora nas próximas 3 horas. A dose de manutenção varia entre 1 e 3 mg/kg/hora, sendo monitorizada idealmente com EEG – supressão em surtos – e nível sérico de drogas para manutenção da droga entre 3 a 4,5 mg/dia.

A terapêutica barbitúrica leva a várias complicações cardiopulmonares e infecciosas. Em suma, a terapêutica barbitúrica deve ser usada em pacientes hemodinamicamente estáveis, bem-monitorizados e que estejam refratários a outras terapêuticas.

HIPERVENTILAÇÃO OTIMIZADA

O receio de hiperventilar agressivamente pacientes com TCE está na possibilidade de causar isquemia focal adicional; esse risco pode ser reduzido quando monitorizamos a extração de oxigênio do cérebro ($ECCO_2$), pois poderemos identificar o ponto em que essa isquemia apareceria. Em 1998, Julio Cruz publicou uma grande série que demonstra a possibilidade de hiperventilar pacientes com HIC refratária com maior agressividade, usando valores de $PaCO_2$ muito inferiores a 30 mmHg, sem prejuízo neurológico, e inclusive com redução da mortalidade.

CRANIECTOMIA DESCOMPRESSIVA

Craniectomia descompressiva (CD) consiste em retirada de parte de osso craniano, uni ou bilateralmente, devendo ser acompanhada de abertura e "alargamento" da dura-máter. O objetivo é o alívio de pressão do compartimento, com o aumento desse compartimento. Tal procedimento minimiza os danos do déficit de PPC e, dependendo da técnica, impede herniação transtentorial. Muitas dúvidas permanecem, principalmente quanto à eficácia, momento, complicações e momento ideal para realização (a demora a torna inútil). Recentemente alguns trabalhos com bons resultados, principalmente em crianças, reacenderam o interesse pela técnica.

A técnica mostra-se promissora, necessitando, no entanto, de trabalhos com maior número de casos e com um melhor desenho. Em pacientes em que o valor de PIC se mantém > 25 mmHg, refratários a outras medidas terapêuticas nas primeiras 48 horas pós-trauma, a CD deve ser considerada.

MANUTENÇÃO DE PPC

Teoricamente, quando a propriedade de auto-regulação cerebral é perdida, ou pelo menos comprometida, uma PPC de 50 a 60 mmHg pode não ser suficiente para manter bom fluxo sangüíneo cerebral. Provavelmente nessas circunstâncias, segundo Rosner, a manutenção de uma PPC mais elevada, e esse autor recomenda valores de até 100 mmHg de PPC, pode inclusive superar o limite inferior da auto-regulação cerebral, e, após superado esse limite, até iniciar algum grau de vasoconstrição cerebral, levando conseqüentemente a redução do compartimento vascular da caixa craniana e finalmente a redução da PIC. Segundo então o autor, todas as medidas devem ser feitas para manter a PPC e não necessariamente a PIC, utilizando medidas que otimizem a hemodinâmica e a pressão arterial. Dessa forma, ele recomenda manutenção de adequado volume intravascular, cabeceira a zero grau, e, em uso de manitol, substituição ml por ml do volume urinário, manutenção de normoventilação e não-utilização de coma barbitúrico.

HIPOTERMIA[8,9]

A hipotermia moderada ou profunda é há muito estabelecida como mecanismo de proteção cerebral para lesão cerebral isquêmica em parada circulatória durante cirurgia cardíaca ou neurológica. O nível de hipotermia utilizado para essas situações interfere em muito no quadro sistêmico, principalmente na hemodinâmica, na coagulação e na facilitação de processos infecciosos, impossibilitando de ser usada de forma habitual no tratamento do TCE. Recentemente vários trabalhos menores têm demonstrado a eficiência da hipotermia leve em reduzir a PIC, e em alguns deles em melhorar o prognóstico neurológico, sem interferência importante na hemodinâmica do paciente ou em outros sistemas, fazendo supor que esse método possa contribuir para tratar a HIC refratária. Um trabalho recentemente publicado, multicêntrico e randomizado, avaliou a indução de hipotermia dentro das 6 primeiras horas de trauma em 392 pacientes, não demonstrando aumento da sobrevida, mas não cremos que isso seja definitivo, e outros trabalhos devem continuar a avaliar a eficiência da hipotermia em pacientes traumatizados. Em um futuro próximo, esperamos que trabalhos bem-desenhados possam nos responder quanto ao melhor momento e forma de induzir a hipotermia, qual temperatura considerar e qual a forma e momento de reaquecer nossos pacientes.

MANUTENÇÃO DA PRESSÃO ARTERIAL

A pressão arterial média (PAM), como mencionado anteriormente, deverá ser monitorizada com catéter intra-arterial e mantida entre 80 a 100 mmHg, permitindo sempre uma pressão de perfusão cerebral (PPC) > 70 mmHg . Hipertensão bem como hipotensão serão imediatamente pesquisadas e tratadas, pois constituem uma ameaça imediata à vida do paciente, pois interferem negativamente na equação de PPC.

$$PPC = PIA - PIC$$

Hipotensão. Pacientes que se apresentem hipotensos, isto é, PAM < 70 mmHg, deverão receber reposição volêmica, conforme ditado pela PVC. Utilizamos soluções cristalóides ou idealmente colóides para reduzirmos o risco de aumento do edema cerebral. Soluções hipotônicas nunca devem ser administradas; devemos lembrar que Ringer lactato é uma solução levemente hipotônica em relação ao plasma, e, na nossa opinião, deve ser evitado. Após reposição volêmica adequada (PVC > 15 cmH_2O), iniciamos a utilização de drogas vasoativas, conforme a necessidade. Nesse momento, a colocação de um catéter em artéria pulmonar é mandatória, e a escolha das várias drogas será ditada pelos dados hemodinâmicos derivados. As drogas mais freqüentemente utilizadas são dobutamina, noradrenalina, dopamina e adrenalina. Devemos sempre ter em mente que mesmo discretos períodos de hipotensão podem ser catastróficos para pacientes com TCE, sendo que muito rapidamente devemos reverter essa situação; então, se mostra justificado às vezes utilizarmos drogas vasoativas, mesmo antes de se monitorizar completamente os pacientes, mesmo sabendo que algumas vezes teremos que alterar nossas estratégias após se completar a monitorização.

Hipertensão. Todo paciente vítima de TCE grave que se apresenta hipertenso deve ser considerado portador de HIC até prova em contrário. Isso porque qualquer tratamento feito no objetivo de reduzir essa PAM poderá ser catastrófico, pois reduzirá a PPC e conseqüentemente o FSC. A primeira abordagem a esses pacientes é observar com atenção o valor da PIC e avaliar a necessidade de sua redução, conforme protocolado acima.

Outras causas de HAS no paciente traumatizado deverão ser pesquisadas, depois de excluída a HIC, a saber dor, que deve ser adequadamente controlada com a utilização de analgésicos potentes, idealmente opióides. Em traumatismos sistêmicos graves, optamos pelo uso de fentanil de forma contínua.

A hipoxemia, além de ser causa de HAS, é outra lesão secundária que pode contribuir adversamente para o prognóstico dos pacientes. Todos os pacientes com TCE devem ser monitorizados com oximetria de pulso contínua, para que possa haver pronta detecção da hipoxemia e tratamento adequado.

Somente após completada toda investigação, e em casos especiais, é que deveremos iniciar o tratamento anti-hipertensivo. Se for de todo necessário, o tratamento deve ser com droga titulável, por via venosa contínua e que não tenha efeitos vasodilatadores diretos.

MANUSEIO DA VENTILAÇÃO MECÂNICA[3]

Atenção a níveis adequados de PaO_2 deverá ser constante. Hipoxemia no paciente neurológico, mesmo que por curtos períodos, poderá levar a danos irreparáveis. Os níveis de PaO_2 deverão ser mantidos entre 80 e 200 mmHg, de modo a manter uma saturação de hemoglobina > 94%. O manuseio da ventilação mecânica deve ser o habitual, mantendo em mente que elevações de PEEP e outras intervenções que elevem a pressão média das vias aéreas, habitualmente realizadas para melhorar as trocas gasosas, podem reduzir o retorno venoso do SNC e conseqüentemente elevar a PIC, além de poderem comprometer a hemodinâmica, alterando a PIA, finalmente podendo alterar as duas variáveis capazes de comprometer a PPC. Devemos ter sempre em mente que manobras que elevem a pressão média das vias aéreas podem de fato comprometer a PPC, mas muito mais importante que isso é a hipoxemia. Então, sempre que possível, devemos evitar essas intervenções, mas não podemos de forma nenhuma permitir mesmo períodos curtos de hipoxemia; se manobras como elevação da PEEP forem necessárias, elas devem ser utilizadas, sempre observando a curva de PIC, tendo como primeira prioridade a manutenção de níveis PaO_2 sempre satisfatórios.

Também através do manuseio adequado da ventilação mecânica é que podemos manter a $PaCO_2$ em valores ditados pela necessidade do paciente a cada momento. Aumentos no volume-minuto ($VM = FR \times VC$) reduzirão a $PaCO_2$ e reduções no VM aumentarão a $PaCO_2$, levando a alterações no FSC e conseqüentemente na PIC. O objetivo nesse momento é manter uma $PaCo_2$ estável, dentro dos limites da normalidade, e, somente quando indicado através de uma medida de HIC, iniciar hiperventilação, a fim de preservar essa resposta da vasculatura cerebral tão importante, mas que pode ser também bastante deletéria.

DISTÚRBIOS DO SÓDIO

Alterações do sódio sérico poderão levar a alterações na osmolaridade plasmática, que levam potencialmente a problemas sérios aos pacientes com TCE. Essas alterações podem estar relacionadas à redução dos níveis séricos ou a aumentos do mesmo.

Hiponatremia. A hiponatremia, desde que relacionada à redução da osmolaridade plasmática, pode agravar o edema cerebral e, portanto, elevar a PIC.[14] Em caso de hiponatremia, a primeira medida deve ser a mensuração direta da osmolaridade plasmática. Se esta for superior a 285 mOsm/l, não haverá risco, pois não existe hipo-osmolaridade; nesse caso, o diagnóstico é a presença de um osmol ativo (manitol ou glicose). Se a osmolaridade for < 285 mOsm/l, existirá risco para o paciente. Faremos então a medida de sódio em amostra única de urina. Duas síndromes são possíveis:

1. **Síndrome de secreção inapropriada de hormônio antidiurético (SSIHAD):** apresenta sódio urinário alto (maior que 20 mEq/l), com volume intravascular aumentado.
2. **Doença cerebral perdedora de sal (DCPS):** é a mais freqüente síndrome relacionada a hiponatremia; possui também sódio urinário alto, mas, diferentemente da primeira, apresenta volume intravascular diminuído.

Como o volume intravascular é diferente nas duas situações, o tratamento também deve ser. Nos casos leves de SSIHAD, em que não haja sintomas decorrentes da hiponatremia, o tratamento deve ser restrição hídrica somente. Em casos mais graves ($Na^+ < 125$ mEq/l) ou naqueles que apresentem sintomas além da restrição hídrica, devemos iniciar furosemida + solução salina a 3%, para correção mais rápida. Em casos de DCPS, como a volemia está diminuída, a reposição hídrica com solução salina a 0,9% até alcançar normovolemia e reposição de sódio a 3% se faz necessária. Independentemente do diagnóstico, devemos lembrar sempre que, em casos de hiponatremia de instalação lenta (> 48 h), a normalização do sódio deve se fazer de forma lenta, nunca superior a 0,5 mEq/l/hora, pois existe risco de edema cerebral. Nos casos de instalação aguda a reposição pode ser mais agressiva.

A identificação incorreta de uma dessas síndromes e conseqüentemente com tratamento inapropriado pode levar a catástrofes neurológicas, porque um tratamento inapropriado pode levar a piora do quadro hemodinâmico e neurológico. Do ponto de vista estatístico, em pacientes neurológicos é muito mais freqüente a DCPS que a SSIHAD, e o tratamento deve ser iniciado para a primeira, quando a avaliação confiável do volume intravascular for impossível.

Hipernatremia. Pacientes hipernatrêmicos com diurese abundante provavelmente apresentam *diabetes insipidus*. Osmolaridade plasmática alta com osmolaridade urinária baixa faz confirmar esse diagnóstico. O tratamento deve fazer com que o sódio e a osmolaridade plasmática retornem ao normal. DDAVP 2 a 4 microgramas SC, IM ou até IV (se solução aquosa), repetido a cada 8 ou 12 horas, associado com reposição volêmica com ringer lactato até estabilização hemodinâmica. Após se conseguir correção da hipovolemia, iniciamos infusão de solução salina a 0,45% até novamente conseguirmos sódio normal, sempre monitorizando o sódio plasmático e os valores da PIC.

RESUMO

O paciente vítima de TCE exige uma equipe multidisciplinar bastante bem coordenada e motivada para que se possam obter os melhores resultados terapêuticos. O conhecimento das propriedades da vasculatura do sistema nervoso central é importante no manuseio desses pacientes, que, desde que adequadamente tratados, podem apresentar resultados surpreendentes.

REFERÊNCIAS BIBLIOGRÁFICAS

1. Albanese J, Leone M, Martin C. Severe head injury in patients with multiple trauma. *Yearbook of Intensive Care and Emergency Medicine.* Berlin/Heidelberg/New York: Springer-Verlag, 2001, pp 353–75.
2. American College of Surgeons. Advanced Trauma Life Support Instructors Manual. Chicago, IL: American College of Surgeons, 1997.
3. Barbas CSV, Amato MBP. Suporte ventilatório do doente neurológico. *In* Stávale MA: *Bases da Terapia Intensiva Neurológica.* São Paulo: Santos Livraria e Editora, 1996, pp 533–62.
4. Chesnut RM, Marshall LF, Klauber MR *et al.* The role of secondary brain injury in determining outcome from severe head injury. *J Trauma* 1993;34:216–22.
5. Cooper DJ, Murray L. Trauma. *Yearbook of Intensive Care and Emergency Medicine.* Berlin/Heidelberg/New York: Springer-Verlag, 2001, pp 342–9.
6. Cruz J. The first decade of continuous of jugular bulb oxyhemoglobin saturation: management strategies in clinical outcome. *Crit Care Med* 1998;26:344–51.
7. Eisengerg HM, Frankowsk RF, Constant CF *et al.* High dose barbiturate control of elevated intracranial pressure in patient with severe head injury. *J Neurosurg* 1998;69:15–23.
8. Narayan RK. Hypothermia for traumatic brain injury: a good idea proved ineffective. *N Engl J Med* 2001;344:602–3.
9. Clifton GL, Miller ER, Choi SC *et al.* Lack of effect of induction of hypothermia after acute brain injury. *N Engl J Med* 2001;344:556–63.
10. Matamoros MR, Dias MA. Suporte clínico intensivo do paciente com hipertensão intracraniana. *In* Stávale MA: *Bases da Terapia Intensiva Neurológica.* São Paulo: Santos Livraria e Editora, 1996, pp 397–423.
11. Muizelaar JP, Marmarou A, Ward JD *et al.* Adverse effects of prolonged hyperventilation in patients with severe head injury: a randomized clinical trial. *J Neurosurg* 1991;75:731–9.
12. Prough DS, Rogers AT. Fisiologia e farmacologia do fluxo sangüíneo e metabolismo cerebral. *Clínicas de Terapia Intensiva* 1989;5:751–67.
13. Rosner MJ, Rosner SD, Johnson AH. Cerebral perfusion pressure: management protocol and clinical results. *J Neurosurg* 1995;83:949–62.
14. Soriano FG. Hiponatremias em neurocirurgia. *In* Stávale MA: *Bases da Terapia Intensiva Neurológica.* São Paulo: Santos Livraria e Editora, 1996, pp 591–604.

Monitorização da Pressão Intracraniana

Anselmo Dornas Moura • Cássio Morano Peluso

A lei de Poiseuille determina que:

- O fluxo sangüíneo (FS) é diretamente proporcional à quarta potência do raio do vaso.
- A resistência vascular (RV) é diretamente proporcional à viscosidade do sangue e ao comprimento do vaso, mas inversamente proporcional à quarta potência do raio do vaso.

Substituindo os elementos da equação, obtemos:

$$FS = (\pi \times \Delta P \times r^4) / (8 \times \eta \times l)$$

onde:

FS: fluxo sangüíneo

ΔP: diferença de pressão entre as extremidades do vaso

A viscosidade sangüínea e o diâmetro do vaso expressam em conjunto a resistência ou dificuldade que o sangue encontra para atravessar um determinado ponto do sistema cardiovascular, quando o comprimento do vaso não é alterado.

Quanto menor o diâmetro (ou continente), maior é a resistência à circulação do sangue. O diâmetro do vaso é resultado de componentes internos (placas, trombos etc.) e externos (musculatura lisa, pressão externa sobre o vaso etc.).

A resistência vascular varia nos diferentes segmentos vasculares, porém a resistência total é igual à soma da resistência em cada segmento. Por exemplo, a resistência total periférica é igual à soma das resistências das artérias, arteríolas, capilares e veias.

Esse conceito ajuda a compreender as alterações hemodinâmicas observadas no vasoespasmo cerebral, ou seja, o aumento da resistência implica o aumento da pressão para manter o fluxo sangüíneo estável.

Quanto maior a viscosidade, menor é a fluidez e maior é a dificuldade para a circulação (resistência).

O sangue com hematócrito normal é cerca de três vezes mais viscoso que a água, e essa viscosidade aumenta a dificuldade com que o sangue flui através dos pequenos vasos.

Para fins práticos, a viscosidade do sangue em condições normais é determinada pela quantidade de glóbulos vermelhos. Os glóbulos brancos representam, em condições normais, menos de 1% das células presentes no sangue. A viscosidade do plasma sangüíneo é de cerca de 1,5 vez a da água.

Ao transportarmos essas noções de hemodinâmica geral para a circulação encefálica, poderemos conceituar fluxo sangüíneo cerebral, pressão de perfusão cerebral, resistência vascular cerebral e velocidade de fluxo.

Fluxo sangüíneo cerebral (FSC)

O FSC indica a quantidade de sangue que atravessa uma determinada região ou porção do encéfalo por unidade de tempo.

Em condições de repouso, o FSC médio é de 50 ml/100 g de tecido/minuto. O fluxo é maior na substância cinzenta (80 ml/100 g de tecido/minuto) e menor na branca (20 ml/100 g de tecido/minuto).

Como vimos das noções de física, a pressão em um determinado ponto da parede do sistema cardiovascular é o resultado da relação entre FSC e resistência vascular (RV). A RV é dita sistêmica (RVS) periférica para expressar as alterações na hemodinâmica em geral e cerebral (RVC) para caracterizar as alterações na circulação encefálica.

$$\text{Pressão} = FSC \times RVC$$

Pressão de perfusão cerebral (PPC)

É a pressão necessária para que o sangue atinja os pontos finais de distribuição e entregue os nutrientes ao tecido neuronal.

A pressão final no ponto de troca mais remoto, a microcirculação, deve ser maior ou igual a 25 mmHg (pressão capilar) para manter a perfusão do tecido. Esse valor indica a pressão local mínima (sem interferência de fatores intrínsecos ou extrínsecos) necessária para garantir a perfusão dos capilares e serve para análise da hemodinâmica de diferentes tecidos (p. ex.: mucosa traqueal, intestinal etc.).

De maneira genérica, é calculada como o resultado da diferença entre a pressão arterial média (PAM) e a pressão intracraniana (PIC).

$$PPC = PAM - PIC$$

A PPC pode variar para diferentes áreas da circulação cerebral, na dependência dos fatores citados anteriormente.

A dificuldade técnica envolvida na monitorização contínua da pressão da microcirculação nos remete a trabalhar com os valores médios, que, por vezes, extrapolam as necessidades locais.

Admite-se que uma PPC maior ou igual a 60 mmHg é suficiente para manter a oferta adequada ao encéfalo, porém em determinadas situações e/ou regiões pressões mais elevadas poderão ser necessárias.

O encéfalo apresenta mecanismos regulatórios que mantêm o volume do fluxo sangüíneo estável quando ocorrem variações abruptas da pressão arterial entre os limites de 60 e 150 mmHg.

Essa propriedade é conhecida como auto-regulação cerebral. Isto é, a pressão arterial pode ser reduzida agudamente para apenas 60 mmHg ou aumentada para até 150 mmHg sem qualquer modificação significativa no FSC. Por outro lado, se a pressão arterial cai para menos de 60 mmHg o FSC fica extremamente comprometido, e se a pressão ultrapassa o limite superior de auto-regulação, o FSC aumenta rapidamente e produz intensa distensão dos vasos sangüíneos cerebrais.

Nas pessoas que sofrem de hipertensão arterial, essa variação auto-reguladora se desvia para níveis tensionais mais altos, de até 180 a 200 mmHg.

Resistência vascular cerebral

Wahl & Schilling (1993) descreveram os fatores que influenciam a RVC:

1. Diâmetro do vaso: afetado pela acidose do LCR ($PaCO_2$), CO_2, O_2, K^+, Ca^{++}, adenosina e nucleotídeos.
2. Viscosidade do sangue.
3. Viscosidade do plasma.
4. Velocidade do fluxo sangüíneo.
5. Inervação: a regulação da inervação vascular pode ser colinérgica, serotoninérgica ou adrenérgica (ansiedade e dor aumentam o fluxo).

Hoje se sabe que o controle da RVC depende da função e do metabolismo das células neuronais. As variações no metabolismo celular produzem alterações no líquido intersticial, levando à produção de determinadas substâncias que, por ação local, alteram a resistência vascular.

Entre todos os fatores conhecidos de ação local, o pH tecidual e a concentração de íons potássio são os mais importantes, estando o primeiro relacionado à produção local de CO_2.

Nas situações de acidose tecidual observa-se aumento progressivo da $PaCO_2$ com conseqüente vasodilatação e aumento do FSC, de forma focal ou difusa, acompanhado ou não de aumento da PIC, na dependência da extensão das lesões cerebrais.

A variação da $PaCO_2$ é o estímulo de **ação difusa** mais intenso, promovendo alteração do FSC em relação direta com sua concentração.

Reivich (1964) relatou que a pressão parcial arterial de CO_2 e o FSC variavam diretamente na relação percentual de 3% do FSC para cada unidade de variação da $PaCO_2$, em torr, no intervalo de 20 a 50 torr.

À medida que esses conceitos foram se consolidando, novas dúvidas surgiram, e hoje o parâmetro mais difícil de se avaliar é a reatividade vascular ao CO_2. Esse gás é o maior responsável pelo controle da resistência vascular, agindo via anidrase carbônica na contração e relaxamento da musculatura lisa.

Em determinadas situações, observa-se completa arreatividade vascular às mudanças da $PaCO_2$, em pacientes com TCE na fase aguda, sugerindo que as áreas de lesão encefálica podem perder a reatividade ao CO_2 de forma temporária ou definitiva. Isso torna de extrema importância o conhecimento do grau de reatividade ao CO_2 em dado momento, para a otimização da ventilação.

Portanto, componentes intrínsecos e extrínsecos determinam a resistência que o sangue encontra para atingir e perfundir o encéfalo, através de um sistema de distribuição.

Velocidade de fluxo

Como o FSC representa um conceito de movimento, o líquido necessariamente apresentará uma velocidade de deslocamento através do vaso.

A velocidade varia de acordo com o fluxo sangüíneo e a resistência vascular.

Quando o sangue flui de forma estável e contínua, através de um vaso longo e liso, ele flui em camadas laminares, com cada camada de sangue permanecendo à mesma distância da parede. Este tipo de fluxo denomina-se fluxo laminar.

O fluxo se torna turbulento quando o sangue passa por uma obstrução num vaso, faz uma curva brusca ou quando a velocidade se torna muito grande. Fluxo turbulento significa que o sangue flui tanto radial quanto longitudinalmente ao vaso, em geral formando espirais denominadas correntes em redemoinho.

Nas correntes em redemoinho, o sangue flui com muito maior resistência do que quando o fluxo é laminar, pois os redemoinhos aumentam a fricção global.

Adams *et al* (1992) revisaram 15 estudos para determinação da velocidade normal da artéria cerebral média (ACM) por Doppler transcraniano e encontraram grandes variações no resultado, de 41 ± 7 a 94 ± 10 cm/s.

Essas variações explicam por que em situações patológicas (p. ex.: vasoespasmo cerebral) o acompanhamento de medições seriadas e do índice (relação entre a velocidade da ACM e as demais; artéria cerebral anterior, posterior, carótida interna e basilar) é mais importante que o valor mensurado inicialmente.

Podemos concluir que, na tentativa de manter o fluxo sangüíneo constante, a velocidade aumentará com a resistência vascular. Velocidades na ACM acima de 120 cm/s indicam resistência aumentada.

Como vimos, o volume do fluxo depende da diferença entre as pressões no segmento da circulação analisada. Assim, um aumento exponencial da PIC resultará em um aumento da PAM, na tentativa de manutenção do fluxo.

Quando os mecanismos de compensação falharem, o sistema atingirá a pressão crítica de perfusão e áreas de infarto aparecerão de forma difusa, até o desaparecimento do fluxo sangüíneo cerebral (morte encefálica).

Ao realizarmos as substituições nas fórmulas citadas, obtemos as seguintes equações, que expressam a hemodinâmica da circulação encefálica:

$$FSC = PPC / RVC \text{ ou } PPC = FSC \times RVC \text{ ou } RVC = PPC / FSC$$

onde:

FSC: fluxo sangüíneo cerebral
PPC: pressão de perfusão cerebral
RVC: resistência vascular cerebral

$$FSC = (\pi \times PPC \times r^4) / (8 \times \eta \times l) \text{ e } RVC = (8 \times \eta \times l) / (\pi \times r^4)$$

$$FSC = [\pi \times (PAM - PIC) \times r^4] / (8 \times \eta \times l) \text{ e } RVC = (8 \times \eta \times l) / (\pi \times r^4)$$

onde:

FSC: fluxo sangüíneo cerebral
PPC: pressão de perfusão cerebral
RVC: resistência vascular cerebral
r: raio
η: viscosidade
l: comprimento do vaso

FISIOPATOLOGIA DA HIPERTENSÃO INTRACRANIANA

O aumento da PIC é conseqüência da quebra do princípio de Monro-Kellie. Determina o princípio, que o volume do compartimento intracraniano deve permanecer constante porque o crânio é uma caixa não-expansível.

O volume intracraniano em adultos é de aproximadamente 1.900 ml. Cerca de 80% do volume são ocupados pelo encéfalo, 10% pelo sangue e 10% pelo líquido cefalorraquidiano (LCR).

Os hematomas, contusões, edema e hemorragias são resultantes de diferentes etiologias e ocupam parte do volume intracraniano.

A acomodação desse volume adicional só ocorre com a diminuição dos constituintes básicos, principalmente o sangue venoso e LCR. Enquanto a acomodação não atinge o limite, a PIC não se altera.

Quando o ponto de compensação é ultrapassado, ocorre aumento exponencial da PIC. A capacidade dos componentes intracranianos se deslocarem para acomodar volumes adicionais determina a forma característica da curva pressão-volume descrita por Langfitt e também reconhecida como "curva de elastância" (Fig. 76-5).

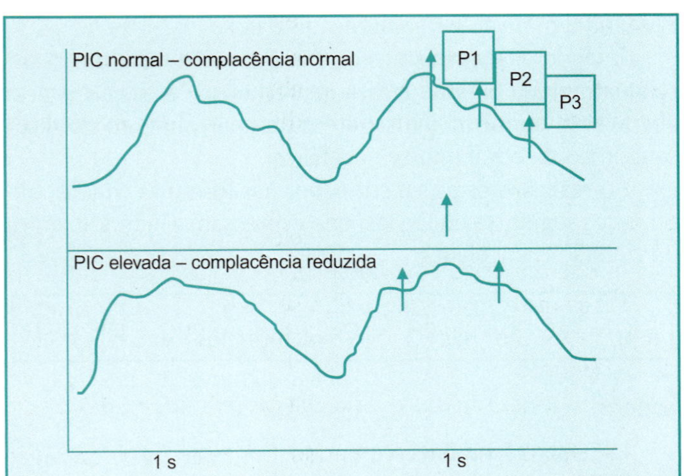

Fig. 76-5. Curva pressão-volume.

Dessa forma, lesões expansivas cursam com PIC normal enquanto o ponto de descompensação não for ultrapassado.

Em adultos, o sistema de compensação consegue acomodar, no máximo, cerca de 150 ml de volume adicional devendo-se considerar o local, dentro do crânio, onde esse volume aparece, ou seja, volumes menores podem ocasionar dano neuronal irreparável antes que a hipertensão intracraniana se manifeste, como acontece nas regiões temporais e fossa posterior.

Alguns conceitos foram criados para tentar avaliar em que ponto da curva pressão-volume o paciente se encontra e a capacidade de acomodação para volumes adicionais.

- *Elastância cerebral:* é determinada pela variação quantitativa da PIC que resulta da injeção de 1 ml de LCR em 1 segundo. Em adultos normais, a alteração é de 0-2 mmHg/ml. Aumento de 10-20 mmHg/ml indica a possibilidade de descompensação imediata.
- *Complacência cerebral:* é o inverso da elastância e se traduz pela habilidade do conteúdo intracraniano em acomodar massa sem aumento significativo da PIC. Pode ser determinada pelo Índice Volume – Pressão (IVP), que é o volume de fluido injetado para obtermos aumento exponencial da PIC (volume que deve ser injetado para elevar a PIC em dez vezes). Em adultos normais, o volume é de 26 ± 4 ml. Valores de 13 ml ou menos são sugestivos de comprometimento da complacência

$$IVP = \text{variação de volume} / \log . \text{pipf}$$

onde:

IVP: índice volume – pressão
pi: PIC inicial
pf: PIC final

O aumento exponencial da PIC reduz a PPC e causa isquemia.

A enorme avidez do tecido neuronal pelos constituintes básicos, oxigênio e glicose, torna-o extremamente vulnerável aos processos anóxico-isquêmicos. O equilíbrio entre a oferta e a demanda é vital para o funcionamento adequado dos circuitos cerebrais.

Quanto maior for o tempo de redução do fluxo sangüíneo para um determinado estado metabólico, maior será a lesão cerebral. A lesão será ***diretamente proporcional*** ao ***tempo*** decorrido e ao ***consumo cerebral de oxigênio*** do tecido afetado, o que pode ser esquematizado pela seguinte fórmula conceitual:

$$\text{Lesão cerebral} = (CCO_2 \times \text{tempo}) / PPC$$

onde:

CCO_2: consumo cerebral de oxigênio
PPC: pressão de perfusão cerebral

A lesão isquêmica é o evento final mais comum na destruição do tecido encefálico. Achados anatomopatológicos confirmam o papel danoso da isquemia.

O achado de áreas de infarto cerebral em 91% das necropsias de vítimas de traumatismo cranioencefálico (TCE) grave mostra o aspecto desfavorável da lesão secundária na evolução desses pacientes. Robertson & Simpson (1987) relataram aumento na morbimortalidade, de 25% para 56%, em pacientes com TCE grave, em que havia lesões isquêmicas associadas.

Fica claro que a chegada dos nutrientes ao neurônio é essencial para a integridade celular.

HÉRNIAS ENCEFÁLICAS

A acomodação de volumes adicionais dentro da cavidade craniana determina o deslocamento das estruturas encefálicas através dos compartimentos intracranianos, causando a compressão de diferentes porções do tronco encefálico.

A tenda do cerebelo (ou tentório) e a foice são prolongamentos da dura-máter que dividem a cavidade intracraniana em compartimentos. O tentório determina os compartimentos infra e supratentorial; e a foice os compartimentos direito e esquerdo.

As manifestações clínicas das hérnias encefálicas obedecem a uma sucessão de sinais e sintomas que se modificam à medida que o deslocamento ocorre, afetando diferentes estruturais neurais.

As hérnias são classificadas conforme a localização em:

1. Supratentoriais:
   - *Hérnia central:* o diencéfalo é deslocado para baixo através do forame da tenda do cerebelo atingindo o tronco encefálico.
   - *Hérnia lateral:* a porção medial e anterior do lobo temporal (uncus) ocupa o espaço livre entre a borda do tentório e o mesencéfalo, comprimindo o nervo oculomotor e tronco encefálico.
2. Infratentoriais:
   - *Hérnia transtentorial ascendente:* deslocamento de estruturas da fossa posterior para cima, através da porção posterior do forame do tentório, com compressão do tecto mesencefálico.
   - *Hérnia para o forame magno:* deslocamento de estruturas da fossa posterior para baixo, através do forame magno, com compressão do bulbo.

CAUSAS DE AUMENTO DA PIC

As lesões traumáticas são as mais freqüentemente relacionadas com o aumento da PIC. A literatura relata taxas de mortalidade em torno de 92% nos pacientes com trauma cranioencefálico grave e com hipertensão intracraniana de difícil controle ou não-controláveis. De forma geral, 50% dos pacientes com TCE grave associados a hipertensão intracraniana atingem o êxito letal.

Na ruptura dos aneurismas intracranianos, a PIC pode atingir valores semelhantes aos da pressão arterial. No pós-operatório desses pacientes, aqueles que evoluem ou permanecem com PIC elevada têm pior prognóstico ao se comparar àqueles com PIC estável e em níveis desejáveis.

Os mecanismos homeostáticos de tampão e a diminuição do processo inflamatório determinam uma fase de estabilização da PIC que pode ser quebrada por um segundo sangramento, hidrocefalia e/ou edema.

Nos tumores, o crescimento lento permite uma acomodação da pressão com o deslocamento do LCR e do volume sangüíneo, a PIC tende à normalidade até próximo dos estágios finais, quando se aproxima da porção vertical da curva de Langfitt. Nesse momento, pequenos aumentos do volume intracraniano são percebidos pela presença de ondas com alta amplitude, principalmente no período noturno.

São várias as causas de aumento da pressão intracraniana, além das já mencionadas, tais como: hidrocefalia, pseudotumor cerebral, AVC hemorrágico, AVC isquêmico extenso, meningite, abscesso cerebral, trombose dos seios venosos da dura-máter, Síndrome de Reye etc.

Quase todas as formas de lesão cerebral são acompanhadas de aumento do conteúdo de água do encéfalo, conhecido como edema cerebral, podendo ser localizado ou difuso, e está associado ao incremento da PIC.

Klatzo (1967) classificou o edema cerebral em citotóxico e vasogênico para diferenciar o acúmulo de água intracelular do acúmulo intersticial.

Com os novos conhecimentos da fisiopatologia do edema cerebral, há a tendência de chamá-los de edema com "barreira íntegra" (*intactbarrier*) e "barreira aberta" (*openbarrier*), respectivamente, de acordo com o estado da barreira hemato-encefálica.

O edema de barreira íntegra é resultado do aumento do líquido intracelular devido a aumento da concentração de substâncias osmoticamente ativas e de baixo peso molecular no interior das células do tecido cerebral em relação ao plasma. Bom exemplo é a falência da bomba de sódio e potássio com acúmulo de sódio intracelular.

O edema vasogênico, ou de barreira aberta, é resultado de uma "quebra" na barreira hematoencefálica, permitindo que a diferença da pressão oncótica do interstício (0,6 mmHg) e do intravascular (20 mmHg) diminua e o influxo de líquidos para o interstício seja favorecido. Com a lesão celular há acúmulo de sódio no intracelular, levando à formação de edema citotóxico e incremento dos valores da PIC devido a um edema misto.

Um terceiro tipo de edema pode ser observado pelo "extravasamento" do líquido cerebrospinhal como acontece nas hidrocefalias, sendo também conhecido como edema intersticial.

QUADRO CLÍNICO NA HIC

O quadro clínico depende da velocidade de instalação e da magnitude do processo etiológico.

Os sinais e sintomas podem ser discretos e lentamente progressivos nos casos crônicos ou intensos e expressivos nos casos agudos.

Na HIC de instalação subaguda ou crônica, predominam:

- *Cefaléia:* referida como em peso, bifrontal, moderada a forte, mais intensa pela manhã e que piora com o esforço.
- *Náuseas* e *vômitos*.

- *Turvação visual:* em conseqüência do edema de papila e/ou de eventuais hemorragias peripapilares.
- *Déficits focais localizatórios:* hemiparesia, hemianestesia, hemianopsia, disfasia etc.

Dada a maior dificuldade de adaptação, a HIC aguda costuma ser mais grave. O quadro clínico se caracteriza por comprometimento progressivo do nível de consciência, alterações pupilares, respiratórias e déficits focais localizatórios.

A velocidade de instalação do processo dependerá da doença de base e de presença ou não de hérnias encefálicas. Essas características explicam as rápidas alterações do quadro clínico observadas em pacientes vítimas de TCE que eventualmente chegam ao PS conscientes e evoluem em horas para o estado de coma.

O grau de comprometimento do nível de consciência deve ser avaliado pela Escala de Coma de Glasgow, devido à sua objetividade e potencial de comunicação universal.

O Quadro 76-1 apresenta um resumo das manifestações clínicas determinadas pela compressão das estruturas neurais nas herniações encefálicas.

EXAMES SUBSIDIÁRIOS NA HIC

A tomografia computadorizada (TC) de encéfalo é fundamental. Com ela conseguimos diagnosticar a maioria das possíveis lesões cerebrais, avaliar a necessidade de cirurgia imediata (drenagem de hematoma etc.), avaliar a possibilidade/necessidade de punção ventricular (hidrocefalia), determinar a presença de hérnias encefálicas e planejar a conduta terapêutica.

Os exames seriados de TC determinam a eficácia das medidas terapêuticas e fornecem subsídios para mudanças.

Nas lesões vasculares, a angiografia cerebral demonstra a localização de aneurismas ou MAV avalia a extensão e a intensidade do vasoespasmo, ajudando na indicação de cirurgia precoce ou tratamento endovascular.

A ressonância nuclear magnética (RM) de encéfalo tem indicação, na fase aguda, nos casos suspeitos de encefalite.

Vários autores citaram a possibilidade de utilizar o eletroencefalograma (EEG) e o potencial evocado visual para o acompanhamento, de forma não-invasiva, da PIC em pacientes com contra-indicação aos métodos invasivos.

O Doppler transcraniano (DT) tem se mostrado uma importante ferramenta de diagnóstico. Os exames são realizados no leito da UTI, de forma não-invasiva, sem a necessidade de infusão de contrastes, e repetido na freqüência desejada.

O DT auxilia na monitorização não-invasiva da PIC e na avaliação da evolução do vasoespasmo cerebral, além de fornecer informações sobre infarto de áreas encefálicas e confirmação da morte encefálica.

MÉTODO DE MONITORIZAÇÃO DA PIC

No início do século XX, Quincke, Queckenstedt, Ayala e Ayer determinaram as bases fisiológicas relacionadas com a PIC através de punções lombares. Os resultados confirmaram as proposições de Monro, Kellie e Burroughs.

Em 1930, Browder e Meyers sugeriram que a monitorização da PIC deveria ser utilizada para tratamento do trauma de crânio.

Somente a partir dos trabalhos de Guillaume e Janny (1951) e Lundberg (1960) foram estabelecidas a viabilidade e utilidade da monitorização contínua da PIC para o diagnóstico e tratamento de várias desordens intracranianas.

O método para monitorização contínua da PIC foi aplicado por Lundberg a partir de 1960. Ele relatou os resultados da monitorização direta da PIC através de ventriculostomia em 143 pacientes.

Lundberg descreveu a fisiopatologia e o significado clínico das três formas de onda (A, B e C) encontradas durante a monitorização da PIC.

Becker *et al* (1977) e Marshall *et al* (1979) estabeleceram as bases do tratamento do paciente vítima de TCE grave ao proporem a intubação precoce, uso de paralisia muscular e monitorização da PIC.

A proposta determinou muita discussão. Alguns autores acreditavam que a sedação e paralisia muscular dificultavam a avaliação neurológica, restrita ao exame pupilar, e retardavam o tratamento adequado.

O consenso final estabeleceu que os sinais iniciais de aumento da PIC (náuseas, vômitos e cefaléia) não eram específicos e confiáveis para justificar a observação clínica em pacientes com TCE agudo e grave. Nessa situação, a pesquisa de papiledema também se mostrou inespecífica.

***Quadro 76-1.* Manifestações clínicas resultantes da compressão de diferentes estruturas neurais**

Local da compressão	*Pupilas*	*MOE*	*Respiração*	*Motricidade*
Hemisfério	Normais	Normal	Normal	Hemiparesia
Úncus	Midríase ipsilateral	Ptose e déficit de adução	Normal	Hemiparesia
Diencéfalo	Miótica e RFM +	Normal	Cheyne-Stokes	Decorticação
Mesencéfalo	Médio-fixa	Déficit adução	Hiperventilação	Descerebração
Ponte	Médio-fixa	Abolido	Apnêustica	Extensão MS e flexão MI
Bulbo	Médio-fixa	Abolido	Apnéia	Flacidez

MOE = Movimentação ocular extrínseca; RFM + = Reflexo fotomotor presente.

A monitorização contínua da PIC foi adotada de forma disseminada e diferentes métodos foram propostos. Todos requerem uma trepanação no crânio para passagem de um catéter ou fibra que transmite a PIC a um equipamento ou sensor externo.

As diferenças consistem em:

- *Local de posicionamento da ponta distal do catéter ou fibra:* ventrículo lateral, parênquima cerebral, espaço subdural ou subaracnóideo.
- *Tipo de sensor:* mecânico, eletrônico *(chip)* ou sensor de membrana externo (domus).
- *Meio de transmissão (material contido no catéter ou fibra):* água, fibra óptica, fibra metálica.
- *Leitor externo:* equipamento específico ou monitor de pressão invasiva com sensor de membrana associado à coluna de água.

As características, vantagens e desvantagens de cada método são comparadas no Quadro 76-2.

Quando utilizamos métodos de monitorização cujo resultado é expresso em cm de água (cmH_2O), é necessário realizar a conversão para mmHg.

$$1 \text{ mmHg} = 1{,}36 \text{ cmH}_2\text{O}$$

INDICAÇÕES

A indicação deve ser precisa. A monitorização da PIC requer um procedimento invasivo que não é isento de riscos e complicações.

É utilizada, principalmente, em pacientes com TCE grave, edema cerebral pós-operatório ou AVCH. Porém qualquer acometimento encefálico que possa resultar em hipertensão intracraniana deve ter a PIC monitorizada, tais como os exemplos já citados: AVCI extenso, hemorragia subaracnóidea grave, encefalite, hidrocefalia, síndrome de Reye, pós-parada cardiorrespiratória prolongada etc.

A monitorização está formalmente indicada nos pacientes com lesão cerebral focal ou difusa, em fase aguda, sem indicação de cirurgia imediata e que preencham um dos três critérios abaixo:

- Escala de Coma de Glasgow (ECG) ≤ 8, após manobras de ressuscitação.
- Queda de 2 (dois) pontos no intervalo de 3 horas nos exames seriados do EEG.
- Necessidade de sedação por outro problema clínico que impossibilita o acompanhamento do nível de consciência.

A escolha pela monitorização com catéter subdural, subaracnóideo ou intraventricular estará na dependência das condições clínicas do paciente, tamanho do ventrículo lateral e etiologia da doença neurológica.

***Quadro 76-2.* Métodos de monitorização da PIC**

Local	*Vantagens*	*Desvantagens*
Ventrículo lateral	Método mais preciso	Dificuldades para canular o ventrículo
	Permite drenagem de LCR para controle da PIC e diagnóstico de infecção	
Espaço subdural ou espaço subaracnóideo	Não invade o encéfalo ou ventrículo	Menor precisão, possibilidade de obstrução
	Menor taxa de infecção	
Meio de transmissão		
Água	Uso subdural ou intraventricular	Coluna pode ser obstruída por bolhas de ar ou resíduos
	Permite verificar a calibração após a inserção	Presença de artefatos pela movimentação do tubo
		Precisa reposicionar o transdutor após alterações na posição da cabeça
Fibra óptica	Mínimo desvio e artefato	Quebra da fibra
	Alta resolução da forma da onda	Incapacidade para verificar a calibração após a inserção
	Não precisa reposicionar o transdutor após alterações na posição da cabeça	
	Uso subdural, intraventricular ou intraparenquimatoso	
Fibra metálica	Boa precisão	
	Passagem do catéter por contra-abertura	

Contudo, deve-se sempre ponderar, como primeira opção, a instalação do catéter ventricular, pois tem a vantagem da drenagem de LCR, facilitando o controle da PIC.

COMPLICAÇÕES

Sangramentos e infecções são as complicações mais freqüentes. A taxa de incidência e a gravidade variam conforme o método de monitorização usado.

O método intraventricular apresenta maior incidência de complicações que o subdural ou o subaracnóideo.

As infecções podem ser superficiais (na pele ao redor do catéter ou parafuso de fixação) ou profundas (ventriculite ou abscesso).

A taxa de ventriculite associada a ventriculostomia varia de 1-10% e parece aumentar com o tempo de permanência do catéter. Estudos demonstraram que a taxa de infecção é desprezível em pacientes monitorizados com catéter intraventricular por até 3 dias, porém as taxas aumentam após o 5ª dia de inserção.

Cuidados rigorosos de assepsia e anti-sepsia durante a realização da ventriculostomia, o uso de antibiótico profilático, a troca do catéter e do sítio de inserção a cada 5 dias tendem a reduzir a incidência de ventriculite.

O risco de sangramento importante varia de 1 a 2%. Eventualmente será necessário indicar cirurgia descompressiva para evacuação de um hematoma subdural, intraparenquimatoso ou mais raramente extradural.

Novamente o método intraventricular apresenta maior probabilidade de sangramento, principalmente em pacientes com coagulopatias.

As alterações do estado de coagulação constituem a única contra-indicação relativa do método. Cabe ao cirurgião julgar a relação risco × benefício nesses casos.

INSTALAÇÃO

Uma vez indicada a monitorização da PIC, o catéter escolhido deve ser instalado o mais rápido possível.

A sedação deve ser realizada antes do início do procedimento.

A trepanação é, geralmente, realizada na região frontal no lado mais afetado. Quando as lesões são difusas sugerimos a instalação no lado direito.

A técnica cirúrgica está resumida no Quadro 76-3.

No Quadro 76-4 estão listados os cuidados e controles a serem adotados após a instalação do catéter.

INTERPRETAÇÃO DA MONITORIZAÇÃO DA PRESSÃO INTRACRANIANA

A PIC normal em adultos varia de 0 a 10 mmHg. Em crianças de 5 a 10 mmHg. Breves elevações fisiológicas ocorrem com a tosse, espirro, esforço ou na posição de Trendelenburg.

Admite-se que PIC maior que 20 mmHg deve ser tratada. A HIC é considerada moderada até 40 mmHg e é considerada severa a partir de 41 mmHg.

Quadro 76-3. Técnica cirúrgica para trepanação

1. Paciente em decúbito dorsal horizontal a 30° com ligeira flexão da cabeça
2. Tricotomia do quadrante escolhido
3. Assepsia, anti-sepsia e colocação de campos estéreis
4. Anestesia local
5. Determinar o ponto de trepanação que está localizado cerca de 2 cm à frente da sutura coronal e 3 cm lateralmente ao seio sagital no hemisfério escolhido
6. Incisão linear, paralela à sutura coronal, de ± 3 cm sobre o ponto de trepanação
7. Colocar Jansen (afastador autostático)
8. Descolar o periósteo
9. Trepanação
10. Perfurar dura-máter com agulha 7 ou 8G e colocar o parafuso
11. Dilatação da perfuração
12. Calibrar (zerar) o sistema
13. Introduzir a fibra ou catéter
14. Observar a forma da onda e confirmar a posição adequada
15. Fixação da fibra ou catéter ao parafuso ou diretamente na pele
16. Observar, novamente, a forma da onda e confirmar a posição adequada
17. Retirar Jansen
18. Fechamento da pele com pontos hemostáticos
19. Curativo

Alguns autores relataram que os resultados foram mais benéficos com a PIC mantida em níveis de 15 mmHg quando comparados com os resultados obtidos com PIC entre 20-25 mmHg.

Os limites adequados para manutenção da PIC devem ser determinados pela análise de diferentes condições, tais como: causa e localização da lesão neurológica, idade, doenças associadas, tempo de evolução, condição clínica etc.

Quadro 76-4. Cuidados e controles após início da monitorização

Medidas gerais

- Decúbito a 30°, cabeça centrada (sem desvios laterais)
- Evitar hipo ou hipertensão, hipóxia e hipertermia (a febre aumenta o consumo cerebral de O_2)
- Iniciar dieta, assim que possível. Manter a hidratação adequada
- Fisioterapia respiratória
- Evitar escaras (utilizar colchão de ar, água ou caixa de ovo)
- Evitar trombose venosa profunda
- Controle rigoroso da pressão arterial, freqüência cardíaca, temperatura, débito urinário e parâmetros respiratórios
- Não mobilizar o paciente desnecessariamente (evitar banhos, mudar paciente de leito ou transporte)
- Controle hidroeletrólitico, gasimétrico e bioquímico (manter Ht ≥ 30 mg%)
- Curativo diário na ferida operatória. Cuidado com a manipulação do catéter

Ondas

A análise da morfologia das ondas é tão importante quanto a monitorização do valor da PIC.

Variações de forma podem indicar falência nos mecanismos de compensação e antecipar elevações na PIC.

As formas das ondas são avaliadas de duas formas distintas:

1. Análise do registro gravado de forma contínua em papel.
2. Análise de cada pulso arterial demonstrado na tela do aparelho.

Através da análise do registro gráfico e contínuo da PIC a uma velocidade de 50 mm/h, Lundberg descreveu as características de três ondas:

1. **Onda A** (ou onda de platô): representada por um aumento progressivo da PIC até alcançar níveis de 50 a 100 mmHg que mantêm um platô por 2-15 minutos seguida de uma queda abrupta para níveis ligeiramente maiores que a PIC inicial. Com o tempo ocorre aumento na freqüência, duração e amplitude das ondas. Indicam diminuição da complacência e estão associadas a um prognóstico ruim (Fig. 76-6). São distinguíveis qutro fases, a saber:
   - *Fase de tendência:* ocorre redução na PPC para níveis de 70 mmHg, causando vasodilatação e aumento da PIC.
   - *Fase de platô:* caracterizada pelo aumento do fluxo sangüíneo cerebral ainda em conseqüência da vasodilatação que mantém os níveis elevados da PIC.
   - *Fase de resposta isquêmica:* a PIC elevada reduz a PPC. Ocorre queda do fluxo sangüíneo cerebral que atinge níveis de isquemia com conseqüente resposta adrenérgica (Cushing) e aumento significativo da PAM.
   - *Fase de resolução*: estabelecido o retorno dos níveis da PPC e conseqüente vasoconstrição, há diminuição do fluxo sangüíneo cerebral com redução nos valores da PIC.
2. **Onda B:** representada por aumentos abruptos da PIC até 50 mmHg com freqüência de 1 a 2 por minuto. São as ondas mais freqüentemente observadas e podem variar com a respiração. Também indicam diminuição da complacência. Experimentos mostram que essas ondas estão relacionadas diretamente com o fluxo sangüíneo cerebral e o diâmetro dos vasos. Não estão associadas à pressão arterial e à concentração de dióxido de carbono. Por isso, são consideradas de questionável significância clínica (Fig. 76-7).
3. **Onda C:** é reflexo da onda arterial de Traube-Hering, sendo também conhecida como onda de Mayer, e pode ser considerada normal. Contudo, pode também ser causada por aumento da transmissão do pulso arterial intracraniano por diminuição da complacência sendo observada mesmo com o valor absoluto da PIC dentro dos limites da normalidade (Fig. 76-8).

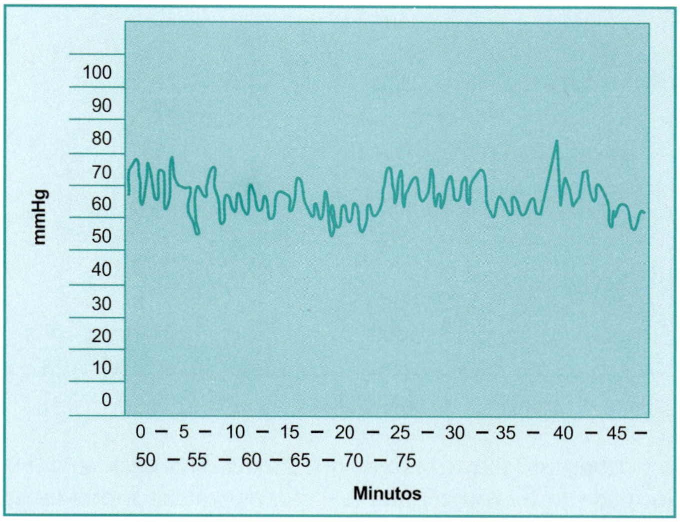

Fig. 76-7. Onda B de Lundberg.

Na busca de melhores condições e resultados para a monitorização da PIC e à luz de novos conhecimentos técnicos, surgiram aparelhos que permitem uma monitorização mais fidedigna com curvas gráficas mais precisas.

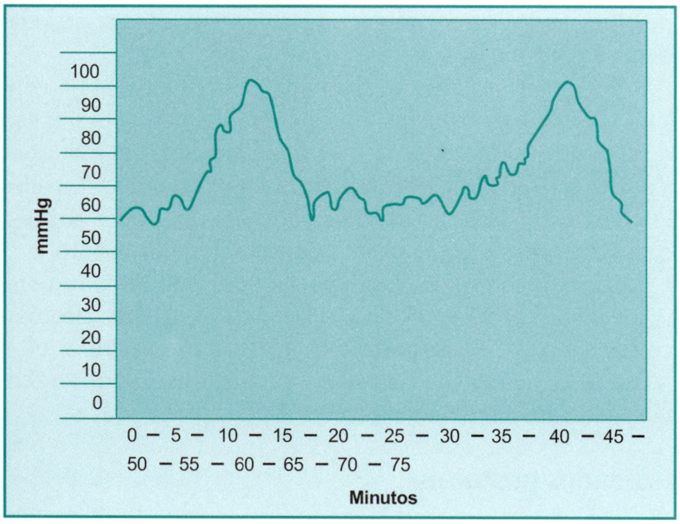

Fig. 76-6. Onda A de Lundberg.

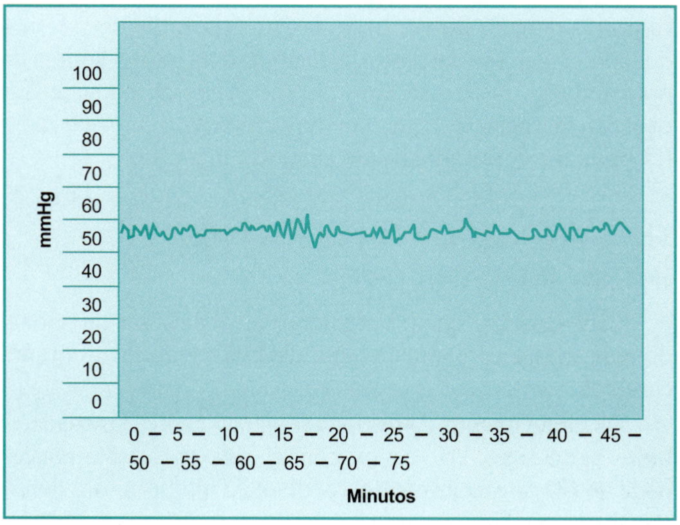

Fig. 76-8. Onda C de Lundberg.

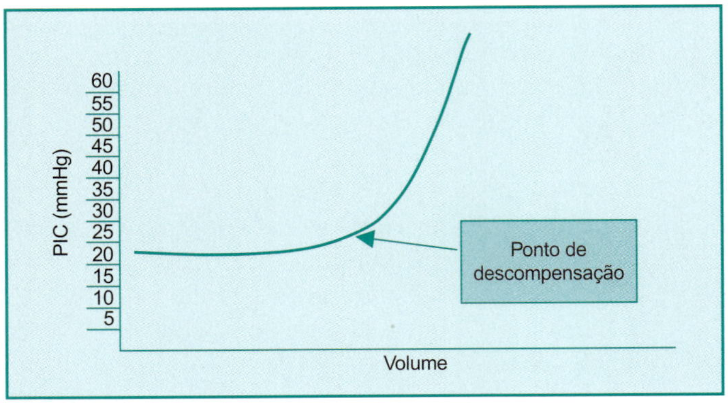

Fig. 76-9. Morfologia de uma onda PIC normal e anormal.

Isto possibilitou o estudo do formato das ondas a uma velocidade de 25 mm/s. Foram descritas três ondas principais em um ciclo de pulso, conhecidas como P1, P2 e P3.

Assim como uma pedra atirada na superfície de um lago, a passagem de pulsos de sangue através da circulação cria ondas secundárias que se difundem e reverberam.

A onda P1 ou onda de pulso representa a transmissão e dissipação da onda de pulso para o interior do crânio e tem maior amplitude em relação às outras, em condições normais de complacência.

As ondas P2 *(tidal wave)* e P3 *(dicrotic wave)* representam a propagação e reverberação da onda de pulso e estão relacionadas à elastância cerebral, têm amplitude menor que a primeira, sendo vistas graficamente uma subseqüente à outra como ilustra a Figura 76-9. Podem ser observadas ondas de menor amplitude após P3 que se admite representarem a transmissão da circulação nas veias.

Outrossim, em condições de menor complacência cerebral, em que, na verdade, há um aumento na densidade cerebral, as ondas se propagam mais rapidamente, aproximando-se da amplitude da onda de pulso o que graficamente se traduz pela equivalência ou superioridade do tamanho da onda P2 em relação a P1.

Isto é de grande valia na interpretação da monitorização contínua da PIC, uma vez que o diagnóstico da falência dos mecanismos-tampão do controle da PIC está próximo, mesmo quando os valores absolutos estiverem dentro dos limites da normalidade, fato esse que vem corroborar com nossas observações pessoais, que têm mostrado que a curva de Langfitt pode ter deslocamento no sentido horizontal.

TRATAMENTO DA HIPERTENSÃO INTRACRANIANA (HIC)

Cabe ressaltar que o tratamento ideal deve ser direcionado pela análise conjunta da hemodinâmica e do metabolismo cerebral.

O conhecimento da fisiopatologia da doença de base, estados agravantes, PIC, complacência, auto-regulação, reatividade ao CO_2 e extração cerebral de oxigênio permitirá determinar em que fase evolutiva o paciente se encontra e qual o melhor esquema de tratamento para aquele momento.

O caráter dinâmico das doenças neurológicas reforça a necessidade da monitorização contínua e da adequação das medidas em cada situação específica.

Não existe, portanto, uma fórmula única para o tratamento da HIC, mas uma série de medidas que poderão ser aplicadas seqüencialmente e em intensidades diferentes até o controle da PIC ser restaurado.

Em primeiro lugar devemos estabelecer um diagnóstico preciso para a causa do aumento da PIC (edema cerebral, hiperemia, hematoma, estímulo traqueal, agitação, aumento da PAM etc.).

Devemos considerar se a lesão encontrada necessita de tratamento cirúrgico imediato ou não (hidrocefalia, hematoma extradural, subdural etc.).

Cruz *et al* (1993) identificaram as principais causas de aumento da PIC nos pacientes monitorizados e com causas cirúrgicas afastadas:

- Estímulo traqueal ou movimento do paciente (33,3%).
- Aumento da $PaCO_2$ e PAM (causando aumento da PPC → hiperemia) = perda da auto-regulação (30,4%).
- Aumento da PAM (16,7%).
- Diminuição da oximetria jugular (9,8%).
- Idiopática (9,8%).

Afastado o tratamento cirúrgico imediato, iniciamos as medidas clínicas listadas abaixo:

- Medidas gerais.
- Cuidados posturais.
- Sedação, analgesia e paralisia muscular.
- Ventilação otimizada.
- Drenagem de LCR.
- Terapia osmótica.
- Abordagem cirúrgica.
- Hipotermia.

Medidas gerais

O Quadro 76-4 lista as medidas gerais para controle da PIC. Ainda que simples, as medidas gerais são de extrema importância, porém freqüentemente são esquecidas, na ansiedade para controle da HIC.

As convulsões causam aumento súbito e intenso no consumo cerebral de oxigênio e na PIC. Frente a esse risco o uso de anticonvulsivantes de forma profilática pode ser indicado.

Dez a 15% dos pacientes apresentarão convulsão e para eles indicamos a hidantalização terapêutica na dose de 18 mg/kg, com velocidade máxima de infusão de 50 mg por minuto.

O uso de esteróides está formalmente indicado no edema vasogênico. Os resultados são discutíveis no edema citotóxico, havendo evidências positivas para uso na hemorragia subaracnóidea e no hematoma intraparenquimatoso. Vários trabalhos falharam em demonstrar benefícios no TCE grave.

Cuidados posturais

Alguns autores estudaram a relação entre o decúbito, PPC e PIC. Eles verificaram que a 30° ocorria a melhor relação entre

PPC e PIC. A 15° o decúbito era insuficiente para reduzir a PIC e a 45° ocorria queda na PPC.

A cabeça deve permanecer centrada, em posição de repouso (sem hiperflexão ou extensão), para evitar compressões na veia jugular interna com redução da drenagem venosa intracraniana.

Devemos evitar a mobilização desnecessária do paciente (banhos, mudança de leito ou transporte).

Mantemos a rotina de fisioterapia respiratória pelos benefícios observados. A preservação da funcionabilidade dos alvéolos pulmonares garante a eficácia da ventilação otimizada. A perda de área de troca compromete o controle da $PaCO_2$, tornando crítico o tratamento, principalmente, nos estados de hiperemia cerebral.

Incentivamos a higiene traqueobrônquica e as manobras de recrutamento alveolar somente em pacientes sob monitorização da PIC e sedação adequada. Desta forma evitamos o aumento da PIC por tosse, agitação motora ou ventilação inadequada durante a fisioterapia.

Sedação, analgesia e paralisia muscular

A sedação, analgesia e paralisia muscular reduzem a atividade motora, o esforço físico e a dor, permitindo estabilização da PAM e conseqüentemente a PIC. A sedação também reduz o consumo cerebral de O_2 e a paralisia muscular permite o controle da ventilação otimizada.

Diferentes esquemas de sedação foram propostos com várias medicações. É importante manter em mente o objetivo da sedação e controlar sua infusão de maneira adequada. Portanto a escolha da droga, dose, via e velocidade de infusão devem estar de acordo com os objetivos propostos.

Ventilação otimizada

A ventilação otimizada será discutida em detalhes no capítulo sobre Metabolismo Cerebral.

Ela permite o tratamento da hiperemia cerebral diminuindo o risco de causar hipóxia oligoêmica.

Portanto a $PaCO_2$ ideal para cada paciente deve ser determinada conforme a extração cerebral de oxigênio e PIC.

Drenagem de LCR

A drenagem de LCR é a maneira mais rápida e efetiva para controle da PIC. As indicações, complicações e dificuldades relacionadas com o método já foram citadas. Relembramos que ventrículos pequenos ou deslocados da linha média dificultam a punção e aumentam a incidência de intercorrências.

A drenagem pode ser realizada de forma contínua ou intermitente. Indicamos a drenagem contínua, principalmente, nas hemorragias intraventriculares. A altura da bolsa coletora, em relação ao conduto auditivo externo (CAE), determina a pressão para drenagem. Por exemplo, ao colocarmos a bolsa de drenagem 20 cm acima do CAE, será necessário uma PIC de 15 mmHg (1 mmHg = 1,36 cm de H_2O) para ocorrer o gotejamento na bolsa.

O método contínuo apresenta como vantagens: a drenagem uniforme sem variações bruscas, a possibilidade de determinar a PIC desejada pelo controle da altura da bolsa e o menor risco de aumento da PIC sem diagnóstico. Esse método só deve ser utilizado com sistemas que possuam válvulas antirefluxo que diminuem a chance de contaminação e infecção (ventriculite).

A retirada intermitente de determinados volumes de LCR, também, permite a possibilidade de controle da PIC. As desvantagens associadas a esse método incluem: variações bruscas na PIC, retirada de quantidades indeterminadas de LCR para controle da PIC, risco de HIC e manipulação excessiva do catéter ventricular.

Terapia osmótica

O uso de agentes osmótico está reservado para os casos refratários ou na preparação de pacientes para cirurgia descompressiva de urgência.

Eles parecem ter mais do que um mecanismo de ação:

- Alteram o gradiente osmótico sangue – encéfalo e reduzem o volume do fluido extracelular.
- Reduzem a viscosidade do sangue, causando vasoconstrição reflexa.

O manitol é o agente de escolha. Deve ser infundido em doses de 0,25 a 1 g/kg em "bolus". Administrações freqüentes podem induzir a estados hiperosmolares que reduzem a eficácia do manitol e causam insuficiência renal.

O glicerol é outra opção. O início da ação parece ser mais demorado, porém o efeito é mais duradouro.

Os efeitos colaterais impedem o uso dos agentes osmóticos por períodos prolongados. Controles rigorosos da hidratação, diurese, PAM, natremia, osmolalidade e creatinina sérica são necessários nesse período.

Hipotermia

A indicação da hipotermia para o tratamento da HIC e redução do metabolismo cerebral será discutida em outro capítulo.

Abordagem cirúrgica

Indicamos a cirurgia descompressiva interna ou externa quando todas as medidas clínicas falharam. Os resultados, ainda que discutíveis, estão em correlação direta com o tempo decorrido de sofrimento encefálico.

Pacientes com HIC e sinais de compressão de tronco encefálico (midríase bilateral ou anisocoria) com duração superior a 6 horas apresentam resultados mais reservados, apesar da cirurgia descompressiva.

A descompressão interna consiste em uma craniotomia com a amputação da ponta do lobo temporal e/ou frontal associado a plástica da dura-máter. A externa consiste em uma craniectomia ampla associada a dura-máter, plástica sem aspiração do encéfalo.

A cirurgia descompressiva por abordagem unilateral está indicada nos casos em que a lesão ocorre em apenas um hemisfério. Nos edemas difusos ou lesões graves e bilaterais recomenda-se a abordagem bilateral. Esse cuidado diminui a chance de formação de hérnias internas com aumento da compressão sobre o tronco encefálico.

FIM DA MONITORIZAÇÃO

A decisão pela suspensão da monitorização envolve a análise dos seguintes fatores:

- Doença de base (história natural, evolução, fase crítica etc).
- Condição clínica geral do paciente.
- Hemodinâmica cerebral.
- Metabolismo cerebral.

A PIC e a complacência cerebral devem permanecer normais e estáveis por pelo menos 24 horas. Devemos procurar por sinais de retorno da auto-regulação e reatividade normal ao CO_2.

A sedação deve ser retirada de forma gradual, ainda sob controle da monitorização da PIC.

O retorno do controle da hemodinâmica cerebral pode ser determinado pelo sinal da inversão da tendência hemometabólica do paciente, também chamado de Alarme ou Alerta Hemometabólico.

Por exemplo, em um paciente com hiperemia cerebral mantido em hiperventilação otimizada, o aumento da ECO_2, sem alteração no padrão ventilatório ou nos parâmetros monitorizados, indica um retorno do controle hemodinâmico. A hiperventilação passa a apresentar efeitos deletérios por aumento da vasoconstrição e tendência à hipóxia oligoêmica.

REFERÊNCIAS BIBLIOGRÁFICAS

1. Ayala G. Über den diagnostischen Wert des Liquordruckes und Einenapparat zu seiner Messung. *Zeitschrift für Neurologic und Psychiatrie* 1923;84:42.
2. Ayer J. Analysis of the lumbar cerebrospinal fluid in 67 cases of tumours and cysts of the brain. *Assoc Res Nerv Ment Dis* 1923;8:189.
3. Cardoso ER, Rowan JO, Galbraith S. Analysis of the cerebrospinal fluid pulse wave in intracranial pressure. *J Neurosurg* 1983;59:817.
4. Becker DP et al. The outcome from severe head injury with early diagnosis and intensive management. *J Neurosurg* 1977;47:491–502.
5. Browder J, Meyers R. Behavior of the systemic blood pressure, pulse rate, and spinal fluid pressure associated with acute changes in intracranial pressure artifically produced. *Arch Surg* 1938;36:1.
6. Cruz J, Miner ME, Allen SJ, Alves WM, Gennarelli TA. Continuous monitoring of cerebral oxygenation in acute brain injury: assessment of cerebral hemodynamic reserve. *Neurosurgery* 1991;29:743–9.
7. Cruz J, Raps EC, Hoffstad OJ, Jaggi JL, Gennarell TA. Cerebral oxygenation monitoring. *Crit Care Med* 1993;21(8):1242–6.
8. Guillaume J, Janny P. Monometrie intracranienne continue: intérêt physio-pathologique et clinique de la methode. *Presse Med* 1951;59:953.
9. Kellie G. *The kind of appearances observed in the dissection of two or three individual with some reference to the pathology of the brain.* Transactions of the Medico-Chirurgical Society of Edinburgh 1824;1:84–169.
10. Langfitt TW. Increased intracranial pressure. *Clin Neurosurg* 1969;16:436–471.
11. Langfitt TW. And the cerebral circulation. *In* Youmans JR (ed). *Neurological surgery.* Philadelphia: Saunder, vol. 2, 1982, pp 846–930.
12. Lundberg N. Continuous recording and control of ventricular fluid pressure in neurosurgical practice. *Acta Psychiatrica et Neurologica Scandinavica* 1960;(suppl)149:1.
13. Luzio J. Síndrome de hipertensão intracraniana. *In* Nitrini R, Bacheschi LA (cord.). *A Neurologia que todo médico deve saber.* São Paulo: Maltese, cap. 5, 1995. pp 87–95.
14. Marmarou A, Anderson JD, Eisenberg HM et al. The traumatic coma data bank: Monitoring of ICP. *In* Hoff Jt, Betz AL (eds). *Intracranial pressure VII.* Berlin: Springer-Verlag, 1989. pp 549.
15. Marshall LF, Smith RW, Shapiro HM. The outcome with aggressive treatment in severe head injuries. *J Neurosurg* 1979;50:20–25.
16. Miller D, Adams H. Physiopathology and management of increased intracranial pressure. *In* Critchley M, O'Leary JL, Jennett B (eds). *Scientific fundations of neurology.* London: William Heinemann, 1972. pp 332–342.
17. Monro A. Observations on the structure and function of the nervous system. Edinburgh: Creech and Johnson, 1783. pp 5–6.
18. Narayan RK, Kishore PRS, Becker DP et al. Intracranial pressure: to monitor or not to monitor. *J Neurosurg* 1982;56:650.
19. Peluso CM, Prandini MN, Forte LV. *Monitorização da oximetria cerebral trancutânea durante circulação extracorpórea. In* Tese de Mestrado pela Universidade Federal de São Paulo. São Paulo, 1998. pp 1–86.
20. Queckenstedt H. Zur diagnose der Ruckenmark-Kompression. *Deutsche Zeitschrift für Nervenheil-Kunde* 1916;55:325.
21. Quincke H. Die diagnosticheund therpeutische bedeutung der lumbalpunktion. *Klinische im Vortrag deutsche Medizinische Wochenschrift* 1905;31:1825.
22. Reivich M. Arterial PCO_2 and cerebral hemodynamics. *Am J Physiol* 1964;206:25–35.
23. Robertson CS, Simpson Jr RK. Neurophysiologic monitoring of patients with head injuries — cerebral blood flow monitoring. *Neurosurg Clin North Am* 1991;2:291–9.
24. Ropper AH, O'Rourke D, Kennedy SK. Head position, intracranial pressure, and compliance. *Neurology* 1982;32:1288.
25. Rosner MJ, Coley IB. Cerebral perfusion pressure, intracranial pressure, and head elevation. *J Neurosurg* 1986;60:636.
26. Wahl M, Schilling L. Regulation of cerebral blood flow — a brief review. *Acta Neurochir* 1993;(suppl.) 59:3–10.

77 Tomografia Computadorizada de Crânio Normal no Paciente em Coma por TCE

Almir Ferreira de Andrade

Uma nova classificação do TCE baseada principalmente em informações reveladas através da TC de crânio realizada precocemente no atendimento inicial intra-hospitalar, após avaliação preconizada no *ATLS*, foi inicialmente descrita por Lawrence F. Marshall em 1981. A lesão difusa tipo I categoriza-se por não apresentar lesões patológicas reveladas no TC; as cisternas basais: perimesencefálica, quadrigeminal, supra-selar, cisternas do segmento M1 das artérias cerebrais médias e as cisternas verticais silvianas, como também os ventrículos cerebrais, se apresentam com dimensões e morfologia normais, não existindo desvio das estruturas da linha mediana. Essa situação neurotraumatológica é muito angustiante para o neurocirurgião que atende a adultos ou crianças em coma por TCE, pois o que fazer de tratamento específico ainda é muito controverso. Essa situação se apresenta em 10% dos pacientes em coma, com mortalidade de 10 %.Várias situações envolvidas no paciente com múltiplos traumatismos podem ser responsáveis por essa situação.[6]

COMOÇÃO CEREBRAL CLÁSSICA

Essa entidade é caracterizada, de uma maneira geral, por reversibilidade total do estado de coma pós-traumático, podendo até mesmo o paciente ir a óbito em casos raros. O nível de consciência nesses pacientes determinado pela escala de Coma de Glasgow varia de 3 a 9 pontos, por até 6 horas após o TCE.[5] A síncope vasovagal pode ser distinguida desse quadro clínico, porque, apesar de o paciente se apresentar em coma por uma hiperatividade vagal, resultando em bradicardia e hipotensão arterial sistêmica, ao recuperar o nível de consciência ele não apresenta amnésia retrógrada ou pós-traumática, enquanto na comoção cerebral clássica o coma ocorre exatamente no momento do impacto e sempre devido ao TCE, mais do que a outros traumatismos em outras regiões do corpo, e, além disso, apresenta amnésia retrógrada ou pós-traumática. A biomecânica da comoção cerebral foi verificada como sendo determinada por aceleração angular, enquanto a aceleração linear, mesmo de grande intensidade, não a produzia.[10] Nesses pacientes deve ser realizada TC de crânio, que comumente não revela lesões patológicas intracranianas (lesão difusa tipo I de Mashall). A evolução clínica após os cuidados básicos de UTI irá conduzir a esse diagnóstico pela completa recuperação do nível de consciência, nos levando a crer que esse quadro clínico se deve a uma disfunção neuroaxonal difusa reversível, e não a uma lesão axonal difusa efetiva, de forma que a monitorização da PIC nesses casos deve ser postergada.[5] No entanto, Cecil *et al* em 1990 encontraram que nos pacientes com TCE leve com nível de consciência normal, através da ressonância magnética (RM) por difusão, as seguintes alterações neuroquímicas: diminuição do coeficiente de difusão aparente, se traduzindo por imagem de hipersinal ao nível do esplênio do corpo caloso, e através da espectroscopia de prótons demonstraram diminuição da relação aspartato/creatina ao nível do esplênio do corpo caloso.[3] O declínio da relação aspartato/creatina pode ser um marcador de lesão difusa, especialmente nos pacientes com TCE leve que apresentam lesões neurológicas ou déficits cognitivos inexplicáveis. A diminuição do aspartato é resultante do cisalhamento neuronal e axonal que pode ser responsável por esses déficits. A RM por espectroscopia prova ser útil para o diagnóstico desse tipo de trauma.[3]

LESÃO AXONAL DIFUSA (LAD)

A LAD consiste na ruptura dos axônios em graus variados causada pelo movimento de aceleração e desaceleração entre as diversas camadas corticais e estruturas subcorticais. A principal biomecânica na determinação da LAD é a aceleração angular de longa duração.[5,10]

Essa lesão é caracterizada clinicamente por apresentar três gradações neurológicas e prognóstico diferente, além do estado de coma.[5,10]

A) A LAD tipo leve se caracteriza por estado de coma pós-traumático no intervalo de tempo que pode variar de 6 a 24 horas, déficit neurológico e neuropsicológico e distúrbio de memória podem estar presentes, assim como evoluir para óbito em 15% dos casos.

B) A LAD tipo moderada se apresenta com o estado de coma prolongado por mais de 24 horas sem sinais proeminentes do tronco cerebral (posturas de descerebração ou descorticação), e a recuperação clínica é freqüentemente incompleta nos pacientes sobreviventes, chegando a atingir mortalidade de 24%.

C) A LAD tipo grave é uma forma extrema de lesão difusa cerebral na qual o prolongamento do coma maior do que 24 horas é associado com sinais de acometimento do tronco cerebral; lesão considerável permanente aos axônios está presente no hemisfério, no tronco cerebral e no cerebelo. A mortalidade nesses pacientes é de 51%.

Não se pode observar radiologicamente essa ruptura axonal; entretanto, a ruptura dos axônios é acompanhada de ruptura de vasos sangüíneos adjacentes que são submetidos às mesmas forças, causando hemorragia. A identificação dessas hemorragias é que faz o diagnóstico indireto de LAD. Tomograficamente, a LAD pode manifestar-se freqüentemente como lesões hemorrágicas pequenas situadas nas regiões cortical frontal e parietal anterior uni ou bilateral, caracterizando lesões por cisalhamento *(glinding contusions)*, subcortical frontal para ventricular, corpo caloso, geralmente joelho ou esplênio, núcleos da base e tálamo e porção dorsolateral do mesencéfalo uni ou bilateral. Na ausência dessas imagens, o diagnóstico diferencial com lesões anóxico-isquêmicas pode ser difícil, o que ocorre em cerca de 5 a 10% dos pacientes.[2,6]

Devido à localização e às dimensões das lesões, a TC muitas vezes é incapaz de demonstrá-las. Nesses pacientes, a RM tem grande sensibilidade para determinar a presença de lesões anatômicas bem-definidas.[2] Estudo em andamento do Serviço de Emergência Neurocirúrgica do HC-FMUSP, em pacientes com LAD grave clinicamente, revelou na TC lesão dorsolateral do mesencéfalo, enquanto na RM por difusão foi evidenciado hipersinal na região do esplênio do corpo caloso, tendo o paciente evoluído a estado vegetativo persistente.

EMBOLIA GORDUROSA ENCEFÁLICA (EG)

A incidência de embolia gordurosa (EG) varia entre 1 até 3,5%, seguindo-se a fratura dos ossos longos, qual ocorre em 32% de TCE grave, como fratura do fêmur; também pode ocorrer depois de fraturas da clavícula, tíbia e mesmo em fraturas cranianas isoladas. A EG pode ocorrer em 28% dos pacientes com fraturas esqueléticas ou sem evidência de fraturas ósseas em pacientes politraumatizados. É referido na literatura que as fraturas pélvicas determinam com maior freqüência a embolia gordurosa. As cirurgias ortopédicas devem ser realizadas o mais precocemente possível para a prevenção da embolia gordurosa.[2]

O diagnóstico da embolia gordurosa baseia-se fundamentalmente na sintomatologia clínica. A síndrome da EG é usualmente leve ou subclínica, ou somente 10 a 20% dos casos podem ser graves, podendo até se apresentar assintomática.

As **manifestações cerebrais** incluem cefaléia, irritabilidade, confusão mental, desorientação, delírio, crise convulsiva com a pressão parcial de O_2 não muito baixa para ocorrerem essas alterações neurológicas, o déficit motor é raramente encontrado, porém o paciente pode evoluir para coma ou morte. O estado neurológico está presente em 84% dos casos e geralmente é reversível. Esse quadro pode ser recuperado com as resoluções das manifestações pulmonares e dérmicas com nenhuma seqüela. As mudanças tipicamente neurológicas ocorrem entre 24 a 72 horas após o traumatismo. O exame neuropatológico evidencia infartos hemorrágicos petequiais difusos associados com microembolismo gorduroso. O exame do fundo de olho pode se apresentar com hemorragia nas retinas, determinando a retinopatia de Purtcher.[12]

Na maioria das vezes existe **insuficiência respiratória**, incluindo hipoxemia, taquipnéia e dispnéia com infiltrado pulmonar difuso usualmente bilateral, que pode constituir o quadro inicial, levando a uma insuficiência respiratória aguda em 75% dos pacientes, que irá produzir hipóxia cerebral, determinando quase sempre uma evolução fatal. Mudanças na permeabilidade endotelial podem determinar o edema pulmonar não-cardiogênico, usualmente entre 12 a 72 horas após as lesões traumáticas.[2]

As **lesões dérmicas** que são encontradas nas regiões supra e infraclaviculares, axilares, abdominais e nas conjuntivas oculares sob a forma de petéquias ocorrem em 20 a 40% dos pacientes, e são evidenciadas geralmente após 24 a 72 horas do traumatismo.[2]

Os **achados de laboratório** que podem sugerir a embolia gordurosa incluem demonstrações de hipoxemia, trombocitopenia, anemia ou hipopotassemia, mas não são específicos. Vários investigadores têm demonstrado glóbulos gordurosos no sangue, na urina, no escarro, e atividade da lipase sérica pode estar presente no paciente politraumatizado.[2,12]

Os **achados radiológicos**, geralmente por TC de crânio, são normais. Existem referências na literatura de que foram evidenciadas lesões multiformes semelhantes àquelas da LAD, apresentando-se como lesões hemorrágicas ou isquêmicas. Ainda é referido que a TC pode revelar imagens de tumefação cerebral hemisférica ou difusa. O diagnóstico radiológico mais sugestivo de embolia gordurosa é através da ressonância magnética, que mostra pequenas áreas, que não ultrapassam 1 cm, de hipossinal em T1 e hipersinal em T2 e DP, localizados especialmente na substância branca subcortical, mas também no tronco encefálico. As lesões costumam desaparecer em cerca de 20 dias após o início do quadro e tornam o exame de controle normal, sugerindo que a lesão pode ser predominantemente inflamatória e não necrótico-isquêmica.[2,12]

HEMORRAGIA MENINGEA TRAUMÁTICA – FISHER I

Macpherson e Graham, em 1973, através de estudo angiográfico cerebral em trauma craniano grave, observaram o vasoespasmo traumático (VET) em 57,5%, no qual estava associado um tempo de circulação prolongada em 42,4%.[1]

O vasoespasmo vertebrobasilar resultante do TCE tem recebido menos atenção pelos pesquisadores. O exame neurológico nesses pacientes pode sugerir um processo expansivo supratentorial com herniação uncal. Contudo, em muitos casos sinais neurológicos presentes na admissão indicam disfunção primária do tronco cerebral inconsistente com o depois de o processo expansivo ter sido excluído, a angiografia vertebral pode ajudar a esclarecer o diagnóstico e subseqüentemente o tratamento do paciente. Marshall *et al* que, em 1978, documentaram cuidadosamente pacientes que tinham vasoespasmo vertebrobasilar que era responsável por déficit neurológico. A piora clínica desses pacientes ocorreu em poucas horas depois do trauma ou às vezes 7 dias após o TCE, sendo o vasoespasmo diagnosticado por estudo angiográfico vertebrobasilar. O vasoespasmo na circulação anterior tem sido reconhecido como fator significativo na seqüela em paciente com TCE. Manifestações neurológicas de vasoespasmo arterial no paciente com TCE são raras, e o diagnóstico clínico torna-se quase impossível.[1]

Atualmente, seguimos o método de Fisher para gradação de hemorragia subaracnóidea através da TC. A ausência de sangue na TC constitui a gradação I de Fisher, cujo risco de vasoespasmo é pequeno.[14]

Em 2001, Aguiar, em sua tese apresentada à Universidade Federal de São Paulo, Escola Paulista de Medicina, demonstrou, através dos seus resultados, aumento da velocidade na artéria cerebral média, detectada através do Doppler transcraniano (DTC), em pacientes com TCE grave, uma incidência de 77%, sendo o diagnóstico de vasoespasmo na artéria cerebral média através do DTC numa freqüência de 47% dos casos e a de hiperemia em 37%, também no território da artéria cerebral média. Concluiu que o DTC se mostra um exame de grande sensibilidade para avaliação em pacientes com TCE grave, permitindo predizer, em algumas situações, padrões hemodinâmicos e distúrbio da pressão de perfusão cerebral de grande importância terapêutica. No TCE grave, nessa casuística, categorizou cinco grupos de pacientes, o primeiro grupo com velocidade de FSC normal, o segundo grupo de vasoespasmo, o terceiro, hiperemia, o quarto, hiperemia e vasoespasmo contralateral e o quinto grupo, os padrões de alterações no DTC que podem ocorrer em situações de HIC que evoluem para a morte encefálica. Nessa casuística, o autor encontrou hemorragia meníngea traumática no TCE grave Fisher 1 em 16,7%.[1]

O paciente com TCE grave e TC normal com hemorragia meníngea Fisher I pode de imediato apresentar-se com quadro compatível com LAD, entretanto, na verdade, o diagnóstico se trata de vasoespasmo cerebral traumático, que é entidade que, quando devidamente tratada, tem melhor evolução clínica.[14]

ISQUEMIA E HIPÓXIA

A isquemia e a anóxia constituem o mecanismo predominante de lesão secundária no TCE. A lesão hipóxica é uma das causas de coma na ausência de lesão expansiva intracraniana no TCE e constitui o segundo achado mais freqüente depois da LAD em pacientes que permanecem em estado vegetativo persistente ou com incapacidade grave após TCE.[11]

O encéfalo representa 2% do peso corporal e consome 20% do débito cardíaco e 20% do oxigênio corporal, com um fluxo sangüíneo cerebral (FSC) normal em média de 55 ml/100 g/min para manter as necessidades metabólicas do encéfalo.[7,9] A hipotensão arterial sistêmica moderada se estabelece quando a PAS se encontra entre 90 a 60 mmHg e grave entre 60 a 0 mmHg. Um simples episódio de hipotensão ocorrendo entre o TCE grave e a reanimação é associado com aumento da mortalidade em 50% dos casos. A hipotensão arterial sistêmica ocorre em 34,6% dos pacientes com TCE grave. Os sinais e sintomas neurológicos ocorrem quando o FSC atinge níveis entre 30 e 23 ml/100 g/min, e em segundos são reveladas alterações no EEG. Quando o FSC atinge níveis entre 20-18 ml/100 g/min, o EEG apresenta-se isoelétrico, e começam a aparecer distúrbios iônicos; quando abaixo de 10 ml/100 g/min, ocorre a privação do encéfalo à glicose e do oxigênio e o FSC é < 10-15 ml/100 g e a morte celular no SNC. Em pacientes com a gasometria em níveis de $PaCO_2$ de 25 mmHg o FSC se reduz em 40 %, sendo de aproximadamente 30 ml/100 g/min. Com 20 mmHg, o FSC está entre 20-25 ml/100 g/min, valor no qual a hipocapnia começa a provocar um achatamento no EEG,[13] motivo pelo qual a hiperventilação como atendimento inicial para diminuir a HIC não deve ser realizada, apesar de ser adotada como conduta de rotina em atendimento inicial, principalmente em pacientes com lesões intracranianas passíveis de tratamento cirúrgico imediato, supondo-se que se está protegendo o encéfalo da HIC aguda. Em pacientes com isquemia global completa de 15 minutos de duração seguida de reperfusão, existe uma rápida perturbação do metabolismo cerebral. Quando a reperfusão é tardia, o paciente poderá evoluir para morte celular ou uma TCD por lesão de reperfusão.[4,9]

O cérebro apresenta um consumo de oxigênio normal em média de 3,2 ml/100 g/min.[7] A lesão cerebral hipóxica é comum em pacientes que morrem como resultado de TCE fechado, ocorre em aproximadamente 28% dos pacientes em coma. Nos pacientes com TCE grave admitidos com respiração espontânea, há hipóxia em 50% dos casos. A hipóxia é definida quando a PaO_2 é ≤ 60 mmHg ou ocorre apnéia ou cianose no palco do acidente. Sinais de hipóxia cerebral surgem quando a tensão arterial de O_2 cai abaixo de 50 mmHg, ocorrendo perda rápida do nível de consciência que atinge o máximo quando a PaO_2 atinge níveis menores que 30 mmHg.[11]

Esses pacientes com hipóxia e/ou isquemia cerebral, quando atendidos adequada e precocemente, não apresentam achados à TC de crânio, apesar de estarem em coma, confundido com o diagnóstico de LAD. Quando há retardo no atendimento, geralmente encontramos TCD por lesão de reperfusão isquêmica ou hipóxica. Sendo assim, a melhor prevenção a estas lesões é um atendimento pré-hospitalar e hospitalar o mais adequada e rapidamente possível.

MONITORIZAÇÃO INTERMITENTE DA PIC COM DRENAGEM CONTÍNUA DE LCR EM SISTEMA FECHADO

Existem pacientes com menos de 40 anos de idade, sem evidência de posturas patológicas anormais e exame pupilar normal, sem história significativa de hipóxia ou choque, que apresentam a TC normal (tipo I de Marshall) em estado neurológico moderado e grave na Escala de Coma de Glasgow, quando medida a pressão intraventricular foi verificado que apresentavam baixo risco de desenvolver hipertensão intracraniana (HIC) e que a monitorização deveria ser postergada.[4] Narayan *et al*, em 1982, publicaram sobre monitorizar ou não a PIC diante de lesões reveladas através da TC em pacientes em coma com TC normal, que apresentaram 13% de PIC elevada, enquanto nessa categoria de pacientes com idade superior a 40 anos, com posturas patológicas (descorticação/descerebração) e pressão arterial sistólica menor do que 90 mmHg, apresentavam 60% de risco de evoluir com HIC. Essa situação ocorre em 16% dos pacientes com TCE grave e TC normal.[8]

À exceção da concussão cerebral, nas demais patologias acima citadas, preconiza-se a monitorização intermitente da PIC com drenagem contínua do LCR.

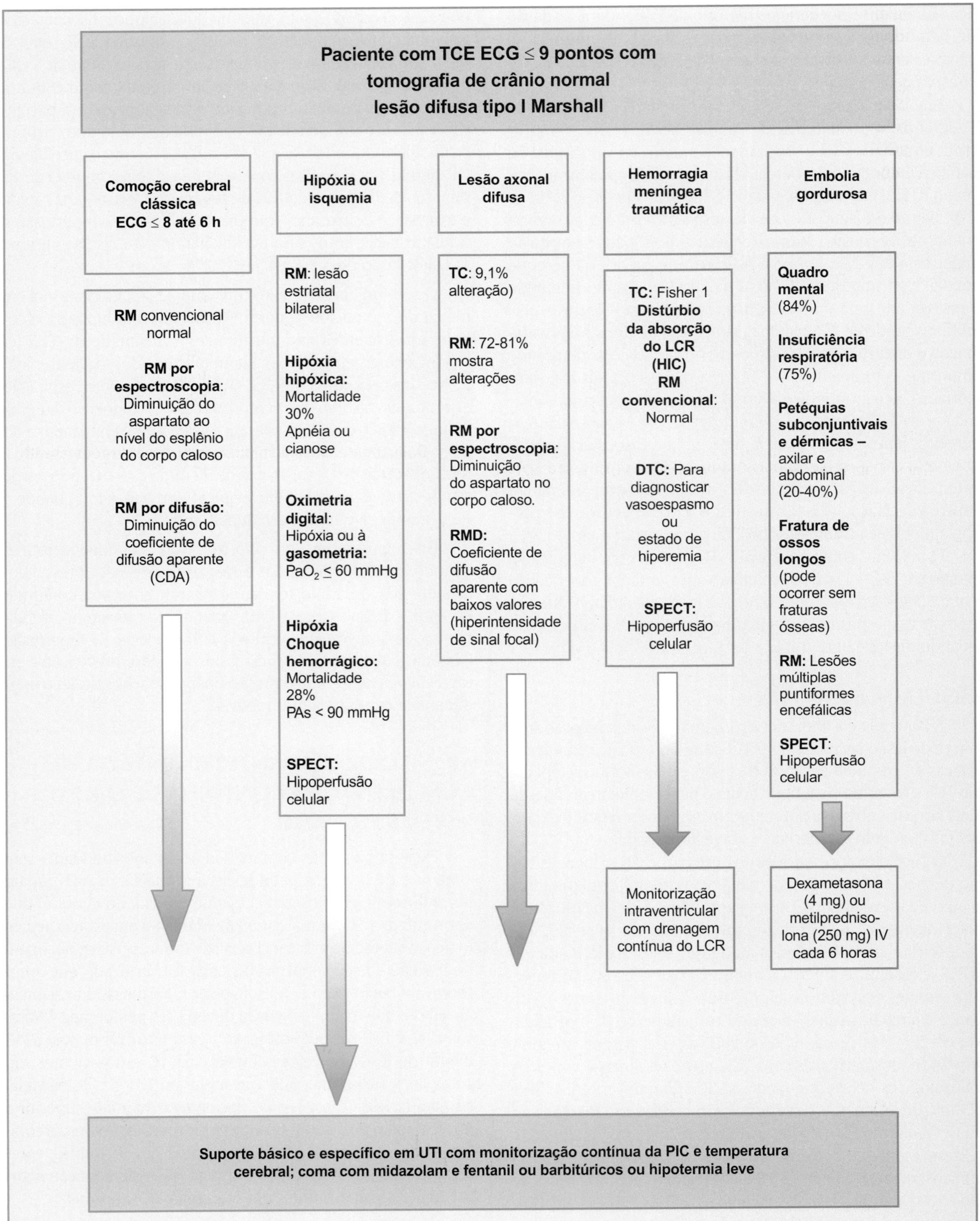

Fig. 77-1. Algoritmos do paciente em coma com TCE normal. ECG: escala de coma de Glasgow.

REFERÊNCIAS BIBLIOGRÁFICAS

1. Aguiar LR. Doppler Transcraniano em Traumatismos Cranio-encefálicos Graves. Tese apresentada à Universidade Federal de São Paulo – Escola Paulista de Medicina – Título em Doutor. 2001.
2. Andrade AF, Bacheschi LA, Miura FK, Neves VD. Ressonância Magnética no Traumatismo Cranienceíálico. *In* Magalhães ACA. Ressonância Magnética do Sistema Nervoso Central. Ed. Atheneu. 1999. p 151–164.
3. Cecil KM, Hills EC, Sandell ME, Smith DH, McIntosh TK, Mannon LJ *et al.* Proton magnetic respnance spectroscopy for detection of axonal injury in the splenium of the corpus callosum of brain-injured patients. *J Neurosurgery* 1998;88:795–801.
4. Chesnut RM, Marshall LF, Marshall SB. Medical Management of Intracranial Pressure. In *Cooper* PR. Head Injury. 1993; p 225–246.
5. Gennarelli TA. Cerebral Concussion and Diffuse Brain Injuries. In Cooper. PR. Head Injury. 1993. p. 137–158.
6. Marshal LF *et al.* A new classification of head injury patients based on computerized tomography. In: Traumatic Coma Data Bank. *Suppl of Neurosurgery.* 1991. p S14–S20.
7. Muizelaar JP. Cerebral Blood Flow, Cerebral Blood Volume, and Cerebral Metabolism after Severe Head Injury. *In* Becker DP, Gudeman SK. Textbook of Head injury. 1989. p. 221–240.
8. Narayan RK. Intracranial pressure: to monitor or not to monitor? A review of our experience with severe head injury. *J Neurosurgery* 1982. p 56.
9. Pasqualin A. Cerebral Metabolism. *In* Youmans JR. Neurologycal Surgery. 1996;1:455–482.
10. Pittella JEH, Gusmão SNS. Lesão Axonal Difusa. *In* Pittella JEH, Gusmão SNS. Patologia do Trauma Cranioencefálico. Editora Revinter. 1995. p 79–116.
11. Pittella JEH, Gusmão SNS. Lesão Cerebral Hipóxica. *In* Pittella JEH, Gusmão SNS. Patologia do Trauma Cranioencefálico. Editora Revinter. 1995. p 65–71.
12. Roden D, Fitzpatrick G, O'Donoghue H, Phelan D. Purtcher's retinopathy and fat embolism. *British J Ophtalmol* 1989;73:677–679.
13. Stávale MA. Bases Teóricas das Alterações Hemodinâmicas e Metabólicas Encefálicas Pós-Traumáticas. *In* Stávale MA. Bases da Terapia Neurológica. Editora Santos. 1996. p. 97–132.
14. Weir B, Macdonald RL. Pathophysiology and Clinical Evaluation of Subarachnoid Hemorrhage. *In* Youmans JR. Neurologycal Surgery. 1996;2:1224–1242.

78 Monitorização do Bulbo da Jugular

Claudia Camargos Carneiro • Jorge Luiz da Rocha Paranhos

A monitorização da saturação de oxiemoglobina no bulbo da jugular foi primeiramente apresentada em 1985 com o objetivo de avaliar as condições da oxigenação cerebral em pacientes neurocríticos.[1]

Através da colocação de catéter no bulbo jugular, é possível a avaliação do hemometabolismo pela análise da relação entre o fluxo sangüíneo cerebral (FSC) e o consumo cerebral de oxigênio (CCO_2).[2]

Como a microcirculação, principal determinante da oferta tecidual de oxigênio, ainda não pode ser diretamente avaliada, a análise das diversas variáveis obtidas (FSC, CCO_2, resistência vascular cerebral, pressão de perfusão cerebral) permite o desenvolvimento de um raciocínio clínico mais claro para as diferentes intervenções terapêuticas.[2]

A associação com outras formas de monitorização do traumatismo craniano oferece uma abordagem mais abrangente do paciente neurocrítico, com maiores chances de sucesso.[3]

As explicações a seguir apresentam as conclusões obtidas a partir desse modelo proposto e sua aplicabilidade clínica na terapia intensiva.

$$PPC = PAM - PIC$$

PAM: pressão arterial média
PIC: pressão intracraniana

Valores normais:
PAM $\approx$ 90 mmHg
PIC $\approx$ 10 mmHg (máxima 20 mmHg)
PPC $\geq$ 70 mmHg

$$ECO_2 = SaO_2 - SjVO_2$$

$$DAVjO_2 = CCO_2/FSH$$

$SjVO_2$: 55 a 69%
ECO_2: 24 a 42%
FSC: 50 a 55 ml/100 g/min
CCO_2: 3 a 4 ml/100 g/min
$DAVO_2$: 6,7 ml O_2/100 ml de sangue

Valores normais:
CCO_2: consumo cerebral de oxigênio
SaO_2: saturação arterial de oxigênio (%)
$SjVO_2$: saturação venosa jugular de oxigênio (%)
ECO_2: extração cerebral de oxigênio
$DAVO_2$: diferença arteriovenosa cerebral global do conteúdo de oxigênio

$$DAVO_2 = [(SaO_2 - SjVO_2) \times Hb \times 1{,}36] / 100$$

onde:

Hb: hemoglobina total
1,36: capacidade de carregamento de oxigênio pela hemoglobina

Como a hemoglobina e a capacidade de carregamento são iguais no sangue arterial e venoso, a extração cerebral de oxigênio depende apenas das variações da SaO_2 e $SjVO_2$ e é mais bem representada pela ECO_2.[5]

A avaliação da PPC considera que a PIC equivale à pressão venosa cerebral em condições normais. Em estados de hipertensão intracraniana, a avaliação da PPC pode subestimar aumentos anormais da PIC que demandam intervenção imediata.[5]

TÉCNICAS DE CUIDADOS E INSERÇÃO DO CATÉTER

A circulação venosa cerebral drena o sangue para as veias jugulares internas, bilateralmente. Pode haver contaminação de sangue extracerebral em cerca de 3% a partir da drenagem das veias facial e retromandibular.[6]

A escolha do lado para a inserção do catéter deve seguir algumas considerações. A veia jugular interna direita é a predominante na maior parte da população, devendo ser a escolhida em situações de lesão cerebral difusa ou para monitorização peroperatória de indivíduos normais. A certificação do lado predominante pode ser obtida pela compressão de cada veia jugular – aquela que causar maior aumento da pressão intracraniana (PIC) será identificada como sendo predominante. A avaliação da tomografia computadorizada de encéfalo parte do princípio de que pelo maior forame jugular passa a veia jugular de maior calibre e, portanto, de maior drenagem venosa. O ultra-som vascular também pode ser útil na comparação das duas veias quando a monitorização da PIC ou a tomografia não estiverem disponíveis.[6] Se não houver diferença entre as duas veias jugulares, é utilizada a veia ipsilateral à lesão cerebral mais importante.

Após a anti-sepsia e anestesia local, punciona-se a veia jugular interna via retrógrada. O catéter, comum ou de fibra óptica, é inserido até perceber discreta resistência, indicando a provável localização do teto do bulbo jugular (cerca de 15 a 17 cm). Exterioriza-se cerca de 0,5 a 1,0 cm do catéter para melhor posicionamento e o catéter é fixado na pele.[6]

É imperativa a confirmação por radiografia do crânio em perfil – o bulbo jugular é medial ao mastóide e curva-se medialmente ao nível da base do mastóide;[6] a extremidade do catéter situa-se acima da segunda vértebra cervical. Lembrar que existe a possibilidade de o catéter migrar para a veia occipital, falseando as medidas a serem analisadas.

O lúmen do catéter deverá ser mantido pérvio com solução salina a 0,9%, devendo-se ter o cuidado de não administrar drogas. O catéter deve ser usado apenas para monitorização e coleta de amostras de sangue para as análises. Os demais cuidados de manutenção são semelhantes aos outros catéteres utilizados em terapia intensiva.

O uso de um catéter comum demanda a coleta de várias amostras de sangue do bulbo jugular a intervalos que variam conforme a necessidade (intervenções terapêuticas, alterações de PIC ou PPC etc.). O catéter de fibra óptica permite a monitorização contínua da $SvjO_2$, sendo necessários a calibração do sistema a cada 6 ou 8 horas e reposicionamentos freqüentes do catéter.

VANTAGENS

- Medidas podem ser realizadas freqüentemente ou de forma contínua.
- Oferece informações quanto à oxigenação cerebral.
- É um procedimento de fácil realização à beira do leito.

DESVANTAGENS

- É um método invasivo.[1]
- A monitorização contínua requer recalibração e reposicionamento freqüentes.[1]
- A análise da relação FSC e CCO_2 é global (considera-se que os valores da direita e da esquerda são semelhantes) e pode não detectar isquemia regional.[1]
- Oferece uma avaliação indireta do metabolismo cerebral.
- Aceita que há pouca contaminação da circulação extracerebral.

LIMITAÇÕES

- A maior limitação é a restrição anatômica.
- A monitorização é global, logo, pode haver lesões em regiões contralaterais àquelas monitorizadas pelo catéter.
- À medida em que há redução do fluxo sangüíneo cerebral, há maior contaminação extracerebral, artificialmente levando ao aumento da $SjVO_2$.
- Os limites para isquemia são mais bem avaliados por conteúdo de O_2 da veia jugular ($SjVO_2$).[6]

INDICAÇÕES

A monitorização da $SjVO_2$ deve ser precoce, pois há redução da $SjVO_2$ nas primeiras 24-48 horas, tendendo a elevar-se após 72 horas do evento agudo.

1. TCE grave: Glasgow $\leq$ 8, principalmente se hipertensão intracraniana associada.[6]
2. Peroperatório de neurocirurgia: detecta redução da $SjVO_2$ mesmo em condições anestésicas estáveis.[6]
3. Peroperatório de cirurgia cardiovascular:
   - $SjVO_2$ não altera no início do *bypass* cardiopulmonar, mesmo com redução da PAM e mantém-se estável durante o período hipotérmico.
   - No reaquecimento, há redução da $SjVO_2$ que é proporcional à velocidade de reaquecimento.[6]
4. Encefalopatias metabólicas graves.[4]
5. Algumas formas de meningites e meningoencefalites.[4]
6. Algumas formas de hemorragia intracraniana espontâneas.[4]

CONTRA-INDICAÇÕES

1. TRM cervical.
2. Trauma local.
3. Coagulopatia: principalmente naqueles pacientes que já usaram trombolíticos.
4. Traqueostomia: pelo maior risco de infecção.

COMPLICAÇÕES

1. Relacionadas com a inserção do catéter:[6]
   - Punção da artéria carótida – é a complicação mais comum:
     - A punção deve ser lateral ao pulso carotídeo.
     - As seqüelas são raras se há pressão local por 10 minutos.
   - Lesão de estrutura nervosa e pneumotórax são mais descritos durante a punção da veia jugular interna para acesso venoso central.
2. Relacionadas com a permanência do catéter:[6]
   - *Infecção:* 1 a 5%.
   - *Aumento da PIC:* ocorre por obstrução do retorno venoso cerebral e é menos comum com catéter 4F.
   - *Trombose:* ocorre raramente; o risco aumenta com o aumento do diâmetro do catéter.

LIMITAÇÕES

A monitorização da oximetria do bulbo jugular é global, logo lesões focais podem não ser avaliadas. Além disso, pode ocorrer isquemia em área não-drenada pela veia jugular cateterizada. Quando há queda do FSC, há maior risco de contaminação extracerebral, podendo contribuir para o aumento artificial da $SjVO_2$.

FISIOPATOLOGIA

Em condições normais, o cérebro consome cerca de 20% da oferta total de O_2 do organismo, o que corresponde a ± 20% do débito cardíaco. Cerca de 60% da energia total consumida pelo cérebro são gastas em funções sinápticas, e o restante é utilizado em funções metabólicas basais (manutenção da integridade celular).

Na fisiologia normal, o metabolismo aeróbico cerebral consome glicose e O_2, levando à produção de CO_2, que atravessa facilmente a barreira hematoencefálica, e é eliminado pela respiração. Nessas situações, o CCO_2 equivale a 3,5 ml/100 g/min, ou seja, 100 g de tecido cerebral consomem 3,5 ml de oxigênio por minuto.

Existe um acoplamento fisiológico entre o fluxo sangüíneo cerebral (FSC) e o consumo cerebral de O_2 (CCO_2):

$$CCO_2 = FSC \times DAVjO_2$$

$$DAVjO_2 = CCO_2/FSC$$

A $DAVjO_2$ revela como o FSC se comporta mediante alterações metabólicas. Assim, há dois mecanismos que o cérebro utiliza na tentativa de manutenção do consumo de O_2:

- Aumento da $DAVjO_2$ mediante a diminuição do FSC; contudo, uma diminuição do fluxo abaixo de 50% do normal implica isquemia cerebral.
- Manutenção do FSC através de mecanismos autoregulatórios de pressão arterial, pCO_2 e viscosidade sangüínea no controle do diâmetro microvascular.

O neurônio extrai cerca de 32% do oxigênio ligado à hemoglobina arterial, restando 62% do lado venoso e jugular. A extração cerebral de oxigênio (ECO_2) reflete a diferença entre a saturação arterial de oxigênio (SaO_2) e saturação do bulbo jugular da oxiemoglobina ($SjVO_2$). A ECO_2 não analisa diretamente o FSC ou CCO_2, mas mostra a relação entre essas duas variáveis.

Vários fatores, tais como hipóxia, anemia, hipo ou hipertermia, convulsões e hipotensão, podem alterar a oferta e o consumo cerebral de oxigênio em pacientes críticos e devem ser levados em consideração durante a avaliação dos resultados obtidos.[6]

Em situações de hipometabolismo cerebral ou estados de coma com consumo cerebral de oxigênio reduzido há diminuição da produção de CO_2 e conseqüente vasoconstrição com redução do FSC. O acoplamento entre FSC e CCO_2 está preservado, e a ECO_2 permanece dentro dos limites da normalidade.[4]

Durante a hipoperfusão cerebral relativa ou hipóxia oligoêmica cerebral, devido à vasoconstrição excessiva, o fluxo sangüíneo cerebral está muito diminuído para um consumo já reduzido de oxigênio. Há aumento da ECO_2 e diminuição da $SjVO_2$, com SaO_2 normal (ao contrário da hipóxia hipoxêmica cerebral).[4] Esse quadro ocorre nas primeiras 48 horas e há freqüente associação com redução da pressão de perfusão cerebral e hipocapnia.

Em situações de hiperperfusão cerebral relativa, há um aumento do FSC em relação ao consumo reduzido de O_2, levando à redução da ECO_2 e conseqüente aumento da $SjVO_2$. Nessa condição, há perda total do acoplamento entre FSC e CCO_2, pois não ocorre vasoconstrição mediante redução do CCO_2 (e da $PaCO_2$).[4] É necessário afastar a possibilidade de contaminação com sangue extracerebral que apresenta maior conteúdo de oxigênio.

Os modelos descritos acima foram avaliados em pacientes com hipertensão intracraniana aguda traumática, em que se tentou manter a PIC abaixo de 20 mmHg durante a normalização da hipóxia oligoêmica cerebral e da hiperperfusão cerebral relativa.

APLICAÇÕES CLÍNICAS

1. ECO_2 normal:
   - PIC normal → não há indicações de intervenções terapêuticas adicionais.
   - PIC aumentada → deve-se diminuir a PIC através da redução da $PaCO_2$, mantendo a ECO_2 dentro dos limites da normalidade, ou através do manitol em *bolus*, que causa redução da PIC e da ECO_2, simultaneamente.[4]
2. ECO_2 reduzida:
   - PIC normal → deve-se avaliar a necessidade da correção isolada da ECO_2, pois a hiperventilação, indicada para prevenir o desenvolvimento da hiperperfusão cerebral relativa, pode causar vasoconstrição mais acentuada e conseqüente piora da perfusão cerebral.[4]
   - PIC aumentada → a hiperventilação, rigorosamente controlada, vai reduzir o FSC e, conseqüentemente, normalizar PIC e ECO_2.[4]
   - Os pacientes que cursam com ECO_2 reduzida apresentam menor sobrevida e devem ser prontamente tratados.[4]
   - A literatura mostra que a hiperventilação relativa (ECO_2 reduzida) é o achado mais freqüente desde as primeiras horas do trauma, sendo encontrado por até 1 semana após o insulto neurológico.[7]
   - Há alguns fatores que podem ser determinantes da ECO_2 diminuída:
     - Síndrome hiperêmica pós-hipóxia hipóxica.
     - Síndrome hiperêmica pós-hipóxia isquêmica em situações de hipovolemia, hipotensão ou lesão vascular primária ou secundária.
     - Situações de hiperfluxo com hipervolemia em pacientes hiperidratados.
     - Resultado da cascata inflamatória sistêmica nos vasos cerebrais.
3. ECO_2 aumentada:
   - PIC normal → a ECO_2 pode ser controlada através da normalização da $PaCO_2$ (se esta estiver baixa) e conseqüente vasodilatação cerebral global, ou através da infusão em *bolus* de manitol (se $PaCO_2$ normal ou

aumentada), com rigoroso controle da PIC (entre 15 e 20 mmHg).[4]

- PIC aumentada → a administração de manitol em *bolus* tem duplo efeito, pois diminui a PIC e a ECO_2. Se não houver resposta adequada, o coma barbitúrico ou a hipotermia podem ser cuidadosamente avaliados devido ao risco de complicações associadas (hipóxia oligoêmica acentuada, hipotensão).[4]
- Os pacientes que evoluem com ECO_2 aumentada têm maior sobrevida, provavelmente devido à melhor viabilidade cerebral global.[7]
- É importante ressaltar que a hipovolemia é a principal causa de ECO_2 aumentada com PIC normal, sendo facilmente identificada e corrigida através da monitorização hemodinâmica.
- A manutenção da normovolemia é, então, mandatória durante a condução desses pacientes.

CONCLUSÃO

A avaliação da oximetria do bulbo jugular é útil no diagnóstico diferencial entre diversas situações neurológicas (vasoespasmo, hiperemia, hipoperfusão cerebral), ajudando na orientação da conduta a ser tomada.

A monitorização da ECO_2, associada a PIC e PPC, permite otimização do tratamento intensivo destes pacientes através de avaliações seqüenciais (a cada 6 a 8 horas) dessas variáveis, além do controle clínico e tomográfico.

Publicações recentes mostram que a mortalidade gira em torno de 5 a 13% e que os pacientes têm 70 a 80% de chances de boa recuperação neurológica.[7]

REFERÊNCIAS BIBLIOGRÁFICAS

1. Prough DS, DeWitt DS, Zornow MH. Monitoring cerebral oxygenation in the twilight years of the decade of the brain. *Crit Care Med* 1998;26:1482–1484.
2. Cormio M, Valadka AB, Robertson CS. Elevated jugular venous oxygen saturation after severe head injury. *J Neurosurg* 1999;90:9–15.
3. Chesnut RM. Hyperventilation versus cerebral perfusion pressure management. *Crit Care Med* 1998;26:210–212.
4. Cruz J. Extração cerebral de oxigênio – um modelo prático e suas aplicações clínicas. *Arq Neuropsiquiatr* 1997;55(1):24–30.
5. Cruz J. Hemometabolismo cerebral – de medidas isoladas a medidas de monitorização e terapêutica. *Arq Neuropsiquiatr* 1993;51(1):1–7.
6. Feldman Z, Robertson C. Monitoring of cerebral hemodynamics with jugular bulb catheters. *In* Diringer MN, Carlson RW, Geheb MA (eds): Critical Care Clinics – Update on neurologic critical care. Philadelphia, W.B. Saunders, 1997, vol. 13, p. 51–77.
7. Cruz J. Relationship between early patterns of cerebral extraction of oxygen and outcome from severe acute traumatic brain swelling. *Crit Care Med* 1996;24:953–956.

79 Monitorização da Temperatura Cerebral

Jorge Luiz da Rocha Paranhos

A necessidade de melhor conhecer a fisiopatologia e as constantes alterações evolutivas além da instabilidade clínica do paciente neurológico/neurocirúrgico (NL/NC) nos leva a cada vez mais procurar melhor monitorizar parâmetros clínicos e dados físicos numéricos de nossos enfermos.[2]

A partir das publicações de Guy Clifton (USA), Alberto Biestro (Uruguai) e Nariyuki Hayashi (Japão) entre 1994 e 1998 sobre hipotermia cerebral e monitorização da temperatura cerebral,[1,14] tornou-se evidente que mais um parâmetro a ser estudado e monitorizado poderia ajudar no melhor entendimento das nuances dos pacientes NL/NC, e principalmente nos casos de TCE.[3]

A Temperatura Cerebral (TeCe) é basicamente determinada pelos seguintes fatores:

- Produção local de calor (metabolismo cerebral e cascata inflamatória).
- Temperatura do sangue arterial (menor que do parênquima e maior que do liquor).
- Temperatura corporal (maior 1°C a 2°C em relação ao parênquima).
- Fluxo sangüíneo cerebral (importante fator termorregulador e dissipação do calor).
- Produção e circulação liquórica (dissipação do calor).

A utilização de catéteres ou sensores não-centrais no tímpano (Tti) e no esôfago (Tef) foram utilizados durante muito tempo, mas não se mostrou verdadeiro nos casos de hipertensão intracraniana pelo desvio fisiológico do fluxo sangüíneo para o território da artéria carótida externa, que altera sobremaneira a relação antes considerada fidedigna entre TC e Tti e Tef.

A utilização de catéteres com sensores intraparenquimatosos, intraventriculares e subaracnóideos nos permitiu melhor estudar as variações da TeCe, mas ainda não se tornou evidente uma relação clara com a temperatura corporal, seja axilar ou retal, isso porque não sabemos qual é a TeCe e sua variação fisiológica num paciente hígido.[2,4]

Na literatura atual, admitimos como TeCe ideal para o metabolismo entre 35 e 36°C, e para hipotermia terapêutica, entre 33 e 35°C. A manutenção da TeCe em torno de 35°C sem utilização de hipotermia está sendo considerada o padrão ouro para melhor prognóstico nos casos de TCE com ECG < 9 ou de HIC grave por diferentes nosologias.[9]

As publicações de Hayashi em 1994 sobre pacientes com TCE grave que, apesar de mantidos com parâmetros ideais como $\dot{D}O_2 > 800$ ml/min, $PaO_2 > 80$ mmHg, PIC < 20 mmHg, PAM > 90 mmHg com PPC > 70 mmHg, SjO_2 em torno de 65% e temperatura corporal < 37,5°C, evoluíram mal e observaram entre vários outros parâmetros analisados, que todos apresentavam TeCe elevada e hipóxia cerebral ($PO_2 < 15$ mmHg). Essa foi a grande indicação de que um melhor estudo e conhecimento das variações da TeCe poderiam melhorar o prognóstico da lesão secundária.

Nos diferentes estudos e pesquisas realizados e publicados na literatura, alguns fatores já são bem definidos e aceitos como responsáveis por alterações da TeCe:

- *Temperatura corporal* (TeCo): inúmeros trabalhos e estudos demonstraram que a elevação da temperatura corporal eleva imediatamente a TeCe com importante piora prognóstica na hipertermia > 38°C.[5-7]
- *Pressão de perfusão cerebral baixa:* causando hipóxia isquêmica.
- *Fluxo sangüíneo cerebral baixo:* é fator importante na dissipação de calor produzido.
- *Bloqueio de metabolismo cerebral mitocondrial:* a ação paradoxal (vazamento de elétrons na atividade mitocondrial) provocada por algumas drogas sobre o NMDA diminuindo os níveis de 2, 3, DPG, como demonstrado nos efeitos deletérios em alguns pacientes com sedação e analgesia, sendo mais comum na utilização de derivados opioides (fentanil e derivados) e barbitúricos, mas também já foram encontrados com menor freqüência em uso de benzodiazepínicos, sendo raros (não descritos) no uso de propofol, indometacina, ketamina e dexmedetomidina.
- *Hipóxia sistêmica primária (PaO_2) com conseqüente hipóxia cerebral:* hipóxia hipóxica.
- *Hipermetabolismo agudo:* crise convulsiva, agitação psicomotora e cascata inflamatória (processo infeccioso, trauma, lesões vasculares cerebrais hemorrágicas e isquêmicas).

As publicações de N. Hayashi em 1998, 1999 e 2000 foram importantes na determinação dos graves efeitos deletérios da hipertermia cerebral:

- Importante diminuição de 2, 3, DPG circulante abaixo de 10 μmol ou mol/g, ocasionando hipóxia tecidual cerebral e elevação da SjO_2 e baixa extração cerebral de O_2.

- Disfunção da auto-regulação das catecolaminas com liberações inadequadas e ocorrência de tempestade dopaminérgica.
- Hiperglicemia com baixa glicose tecidual.
- Queda do transporte de O_2 abaixo de 800 ml/min.
- Alterações mitocondriais.
- Piora acentuada da neurotoxicidade, com aceleração da cascata do piruvato e glutamato.
- Desequilíbrio na produção das isoformas da sintase do óxido nítrico (NOs), com aumento da produção do Tipo I ou forma neuronal (nNOs) e do Tipo II ou forma imunológica (iNOs), que, fazendo parte dos processos inflamatórios do SNC, facilitam a produção de espécies reativas de oxigênio (ROs) com peroxidação da membrana e morte neuronal; e diminuição da isoforma Tipo III ou forma endotelial (eNOS). O NO produzido no nível do endotélio reduz a agregação plaquetária, inibe a adesão leucocitária, diminuindo a expressão de moléculas de adesão, e promove vasodilatação, elevando o FSC; portanto a inibição de eNOS é um efeito indesejável na evolução da lesão neuronal.
- Acúmulo de ROs pela inativação das enzimas glutatião peroxidase (GSH) e glutatião redutase (GSSG).
- Aumento do consumo exagerado das reservas de tiamina que têm grande importância no processo de proteção da morte neuronal, pois é com sua presença que se dá a redução do NADP no ciclo das pentoses criando o co-fator reduzido NADPH que é utilizado pelas enzimas GSSG redutase na detoxificação das ROs.

Recentemente, várias publicações nos mostraram outras importantes alterações nas elevações de TeCe acima de 37°C ou nas variações agudas e/ou súbitas maior que 1,5°C como:[9,11]

- Predomínio das alterações precoces das cadeias do piruvato e glutamato.
- Elevação dos níveis de NFκB (IL-1 e TNF) com aumento das iNOS circulante e tecidual.
- Lesão do DNA neuronal com apoptose e apoptose com lesão mitocondrial.
- Queda da PO_2, da glicose tecidual e do pH tecidual e liquórico.
- Importantes alterações da curva do lactato, evidenciando isquemia e hipóxia tecidual.

As publicações quanto à função da proteína glicina como fator ativador do NMDA e principal responsável pela cadeia inflamatória cerebral, irão nos trazer com certeza novos esclarecimentos para nossas dúvidas e fortalecer nossos conhecimentos.

A manutenção da temperatura do ambiente a 18°C, uso rotineiro de antitérmicos, alimentação fria por SNG e SNE, além da escolha adequada para cada caso da droga a ser utilizada na sedação e analgesia, são fatores importantes na manutenção da temperatura corporal baixa; no entanto; não podemos esquecer dos fatores do cotidiano que elevam a *temperatura cerebral* sem elevar a *temperatura corporal*, como hipóxia hipóxica e hipóxia isquêmica (hipotensão e hipovolemia) e situações de hipermetabolismo, que por essa e outras razões, devem ser monitorizados com atenção e intensivamente para que possamos atuar preventivamente na lesão secundária, pois as variações da temperatura cerebral vão permitir maior precocidade na percepção de alterações evolutivas relevantes.[12,14,15]

REFERÊNCIAS BIBLIOGRÁFICAS

1. N. Hayashi *et al.* Brain Resuscitation & Brain Death – Edit by University Research Center, Nihon University, Tokio; 1994.
2. Mellergard P. - Monitoring of rectal, epidural, and intraventricular temperature in neurosurgical patients. *Acta Neurochir Suppl* (Wien); 1994;60:485–7.
3. Childers MK, Rupright J, Smith DW. Post-traumatic hyperthermia in acute brain injury rehabilitation. *Brain Inj* 1994 (May-Jun); 8(4):335–43.
4. Ko K, Ghajar J, Hariri RJ. A method for monitoring intracranial temperature via tunneled ventricular catheter: technical note. *Neurosurgery* 34(5):927–9. discussion 1994 May, 929–30.
5. Meythaler JM, Stinson AM 3rd. Fever of central origin in traumatic brain injury controlled with propranolol. *Arch Phys Med Rehabil* 1994 (Jul); 75(7):816–8.
6. Chaney RH, Olmstead CE. Hypothalamic dysthermia in persons with brain damage. *Brain Inj* 1994 (Jul); 8(5):475–81.
7. Matthews DS, Bullock RE, Matthews JN, Aynsley-Green A, Eyre JA. Temperature response to severe head injury and the effect on body energy expenditure and cerebral oxygen consumption. *Arch Dis Child* 1995 (Jun); 72(6):507–15.
8. Behr R, Ehrlinspiel D, Christophis P. Temperature regulation as possible prognostic indicator in patients with acute intracranial lesions. *Acta Neurochir (Wien)* 1996;138(2):192–9.
9. Verlooy J, Heytens L, Veeckmans G, Selosse P. Intracerebral temperature monitoring in severely head injured patients. *Acta Neurochir (Wien)* 1995;134 (1–2):76–8.
10. Whalen MJ, Carlos TM, Clark RS, Marion DW, DeKosky ST, Heineman S, Schiding JK, Memarzadeh F, Kochanek PM. The effect of brain temperature on acute inflammation after traumatic brain injury in rats. *J Neurotrauma* 1997 (Aug); 14(8):561–72.
11. Rumana CS, Gopinath SP, Uzura M, Valadka AB, Robertson CS. Brain temperature exceeds systemic temperature in head-injured patients [see comments]. *Crit Care Med* 1998 (Mar); 26(3):562–7. Comment in: Crit Care Med 1998 (Mar); 26(3):431–2.
12. Dearden NM. Mechanisms and prevention of secondary brain damage during intensive care. *Clin Neuropathol* 1998 (Jul-Aug); 17(4):221–8.
13. Kushi H, Moriya T, Saito T, Kinoshita K, Shibuya T, Hayashi N. Importance of metabolic monitoring systems as an early prognostic indicator in severe head injured patients. *Acta Neurochir* Suppl (Wien) 1999;75:67–8.
14. Clifton GL, Miller ER, Choi SC, Levin HS, McCauley S, Smith KR, Muizelaar JP, Wagner FC, Marion DW, Luerssen TG, Chesnut RM, Schwartz M. Lack of effect of induction of hypothermia after acute brain injury. *N Engl J Med* 2001 (Feb. 22); 344(8):556–63. Comment In: *N Engl J Med 2001* (Feb 22); 344(8):602–3.
15. Robertson CL, Clark RS, Dixon CE, Alexander HL, Graham SH, Wisniewski SR, Marion DW, Safar PJ, Kochanek PM. No long-term benefit from hypothermia after severe traumatic brain injury with secondary insult in rats [see comments]. *Crit Care Med* 2000 (Sep); 28(9):3218–23. Comment in: Crit Care Med/2000 (Sep); 28(9):3358–9.

80 Doppler Transcraniano como Monitoramento Vascular Cerebral Dinâmico em Medicina Intensiva

Roberto Hirsch

DESBALANÇO DA HEMODINÂMICA CEREBRAL

Sendo o cérebro constituído de tão sensível tecido, encarcerado por uma câmara dura óssea e constantemente ávido de nutrientes, torna-se clara a importância dos intricados mecanismos de controle da perfusão sangüínea, principalmente considerando-se as mais variadas situações que os movimentos cefálicos, cervicais, corporais e os deslocamentos de qualquer sorte proporcionam. Sangue demais ou insuficiente, ambas as condições se relacionam proporcionalmente, nas suas respectivas características, conforme o grau de comprometimento e a reversibilidade de uma dada lesão que agudamente vier a transtornar o equilíbrio dos gradientes perfusionais.

Dos mecanismos de controle de perfusão envolvidos, podemos conhecê-los e estimar sua participação no equilíbrio do gradiente extra/intracraniano principalmente através de estudos de neuroimagem e testes dinâmicos funcionais.

Assim, a circulação liquórica pode ser estimada funcionalmente pelas provas relativas à punção do líquido cefalorraquidiano (LCR), sua composição, pressões e eventual presença de bloqueios à sua circulação. Também pode ser estimada pela ocorrência de evidências de bloqueio, composição alterada e entupimento dos ventrículos por imagem. *Mutatis mutandis,* o mesmo ocorre com o fluxo sangüíneo cerebral (FSC), que deixa evidências indiretas de desbalanço através de alterações de densidade tecidual provocada pelo represamento de água e cálcio à tomografia, e presença de isquemia e hiperemia por alteração de sinal tecidual como resposta à ressonância magnética dos seus elementos subatômicos constituintes.

Com efeito, não há como ignorar que imagem não é tudo para quem precisa saber, emergencialmente, sobre as condições de nutrição e vitalidade desse tecido tão importante para a economia do organismo. É preciso que se ressalte que, sem as provas funcionais, não se pode ter uma visão sequer perto de conclusiva ao FSC, e, com isso, traçar um prognóstico da situação que agudamente transtornou a homeostase seja por hipo ou por hiperperfusão.

Quando se fala sobre os mecanismos ligados a esse controle, fala-se principalmente do continente e conteúdo cerebrocirculatório. Macro e microcirculação cerebral, portanto, e seus respectivos parâmetros hemodinâmicos, controlados por um lado pela bomba cardíaca e seu débito cíclico, e por outro pela resistência a esse fluxo, que no leito capilar deverá promover pressão hidrostática o mais próximo de constante quando saudável. Elasticidade do grande e médio vasos, velocidade do fluxo e sentido da corrente na artéria para a macrocirculação, e resistência do FSC para a microcirculação, além de velocidade de drenagem de algumas veias, estão entre os importantes parâmetros funcionais que podem ser apreciados de forma não-invasiva pelo doppler transcraniano (DTC).

Entre as emergências neurocirúrgicas enfatizaremos a avaliação do *trauma encefálico (TCE) e politrauma, avaliação não-invasiva da pressão intracraniana, do vasoespasmo, AVCI de evolução maligna* e *detecção de morte encefálica,* e que serão abordados separadamente.

Porém antes, dado o relativo pouco conhecimento desse método, que em nosso meio crescentemente se propaga, tomaremos a oportunidade, numa tentativa de explicar de forma suscinta, ainda que completa, como o DTC funciona.

PRINCÍPIOS FÍSICOS E METODOLOGIA DE ABORDAGEM

Idealizado e concebido por Ruhne Aaslid em 1982,[1] o DTC inovou no sentido de prover a leitura de aspectos funcionais da circulação cerebrovascular através da barreira óssea craniana. O método Doppler de detecção da velocidade e do sentido do fluxo sangüíneo, muito utilizado até então para diagnóstico em circulação cervical e vasos periféricos, ganhou acesso transcraniano por intermédio de um transdutor de ondas pulsadas de freqüência mais baixa, de 2 MHz. Se por um lado uma freqüência de emissão ultra-sonora mais baixa oferece limite mais baixo de resolução, por outro *proporciona trânsito mais livre* por entre os obstáculos naturais às ondas sonoras provenientes dos vasos intracranianos, já que ocorre menos refração sonora ou dispersão de ondas de freqüência menor.

Através de pontos cranianos estrategicamente localizados chamados de *janelas ultra-sônicas* (Fig. 80-1), o transdutor de 2 MHz *insona* os segmentos proximais das artérias cerebrais médias (M1) e anteriores (A1), segmentos pré e pós-comunicantes das cerebrais posteriores (P1 e P2), sifões carotídeos (segmentos parasselar e supraclinóideo) e topo das carótidas internas, artérias oftálmicas, cerebelosas póstero-inferiores, vertebrais e basilar integralmente.

Esses pontos da cabeça caracterizam-se não somente por terem espessura óssea menor e mais favorável, mas também

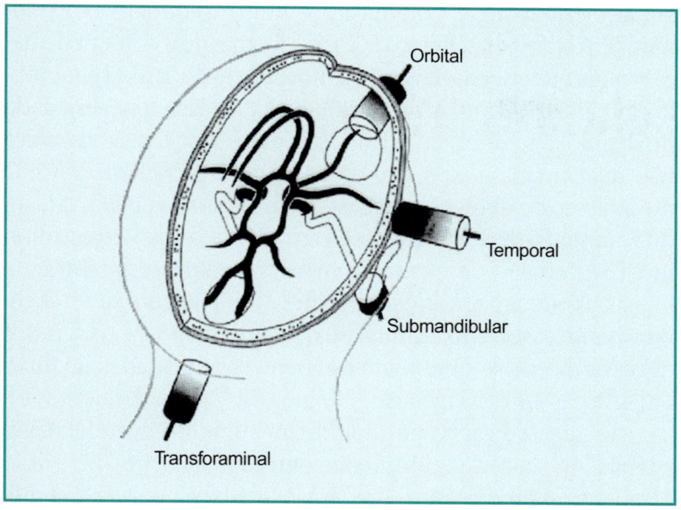

Fig. 80-1. Janelas ultra-sônicas. Observar o posicionamento das janelas ultra-sonográficas e a porção insonável de carótidas internas intracranianas. Adaptado de Fujioka e Douville.[15]

por propiciarem ângulo zero de insonação. Esse detalhe técnico, segundo a equação Doppler (Fig. 80-2), *proporciona fidelidade de transformação dos dados fisiológicos* obtidos em MHz (freqüência Doppler desviada) para velocidade de fluxo em cm/s.

FÓRMULA DOPPLER

Freqüência Doppler

$$f_d = 2 \times ft \times V \times \cos\beta / Vo$$

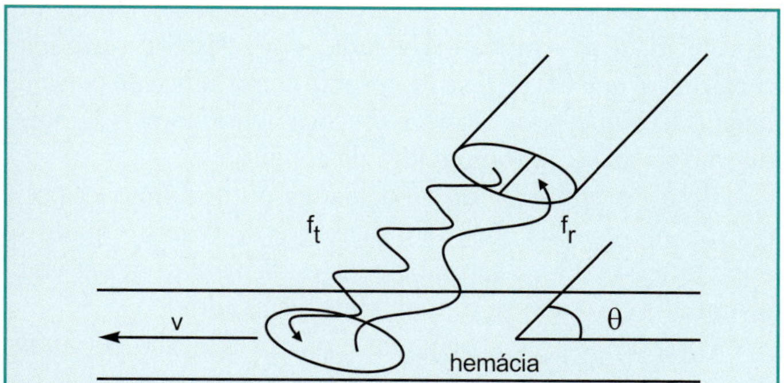

$$\Delta f = \frac{2 f_t v \cos\theta}{c}$$

Δf: desvio Doppler
f_t: freqüência transmitida
v: velocidade de fluxo
c: velocidade do som
θ: ângulo entre a projeção sonora e o eixo do fluxo

Fig. 80-2. Detalhe da obtenção dos dados.

Velocidade

$$V = Vo \times f_d/2 \times f_t \times \cos\beta$$

f_d: freqüência Doppler desviada ou variada pelo movimento
f_t: freqüência transmitida (2 MHz)
V: velocidade de fluxo sangüíneo
Vo: velocidade do som no tecido (1540 cm/s)
β: ângulo de insonação (ideal: $\beta = 0°$, $\cos 0° = 1$)

Simplificado

$$V = f_d \times 1.540 \text{ m/s}/2 \times 2\text{MHz} \times 1$$

Com isso, os dados de velocidade são ainda mais fidedignos do que os obtidos por metodologia Doppler em outros locais do organismo, como artérias cervicais, já que dificilmente além do cérebro os ângulos de insonação são tão próximos de zero.

As velocidades de fluxos variam conforme o período do ciclo cardíaco, sendo máximas na sístole e mínimas na diástole. Utilizamos conceitualmente a velocidade média (Vm), uma mediana que exprime ambas as situações de sístole e diástole (Fig. 80-3).

O DTC é portanto um método fisiológico sensível que detecta distúrbios direcionais, hemodinâmicos e sonoros em resposta a variações de diâmetro arterial nos sistemas de capacitância e resistência (Fig. 80-4), ou seja, de maneira direta nas artérias de maior calibre (sistema de condutância) e indiretamente na pequena e microcirculação (resistência cerebrovascular). Mais ainda, o *Doppler permite saber a direção do fluxo*, ou seja, se corre em direção ao transdutor ou fugindo dele.

Determinação da velocidade do fluxo

De imediato surge então até intuitivamente a propriedade com que se utiliza o DTC para medir velocidade do fluxo sangüíneo. É próprio do método Doppler detectar velocidade, como é do radar de trânsito detectar infratores. A transformada de Fourier proporciona um número que representa, em cm/s, a velocidade das partículas intravasculares insonadas pelo método com grande precisão.

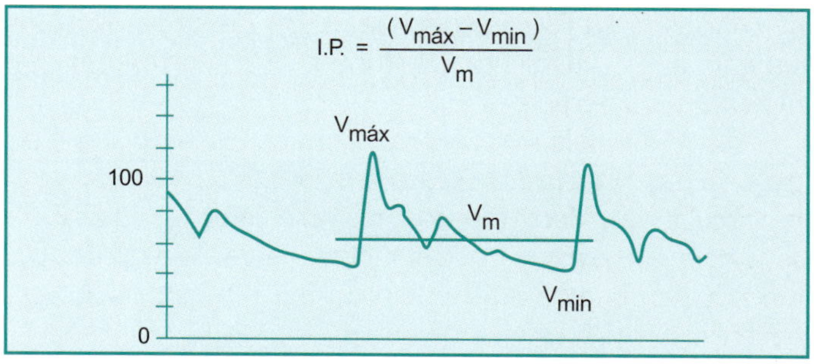

Fig. 80-3. Velocidade de fluxo e o ciclo cardíaco.

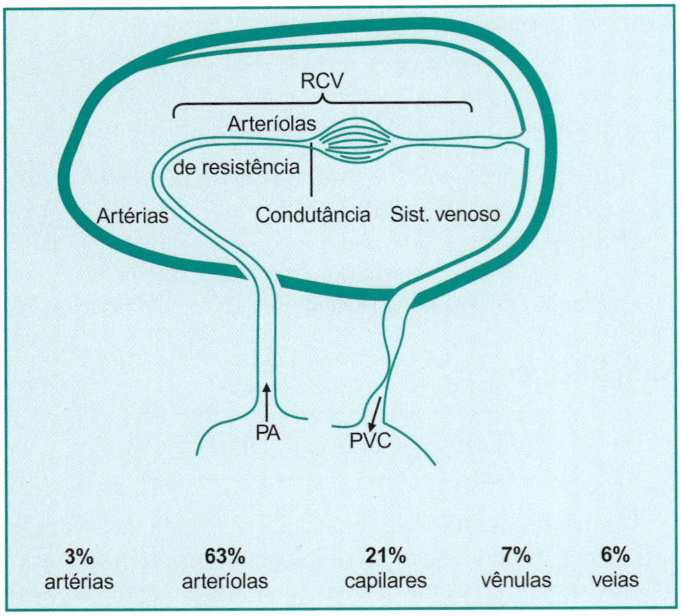

Fig. 80-4. Distribuição de resistência através do sistema cerebrovascular.

No caso do DTC, é velocidade de fluxo *intravascular*, e aqui fica importante frisar que a velocidade lida ao DTC, embora numericamente expressa, não representa maior ou menor fluxo em si. Segundo as leis da mecânica de fluidos, a um determinado fluxo corresponde uma velocidade, *desde que não se altere o diâmetro do condutor*. No cérebro, assim como em todo o corpo humano, os condutores são os vasos sangüíneos, cujos diâmetros notavelmente se alteram. Por isso podemos ter no DTC situações com velocidades de fluxo altas, mas cujo fluxo real não se alterou ou mesmo diminuiu (Fig. 80-5), e o contrário também com velocidades reduzidas e fluxo alto, como no caso de veias cerebrais.

O fenômeno, ou efeito de Bernouille, nos explica como, ao pisarmos numa mangueira de jardim, o fluxo sai turbulento e portanto com maior velocidade, desde que a mangueira não seja totalmente obstruída. Isso equivale, em circulação cerebrovascular, à redução do calibre arterial intracraniano em casos de vasoespasmo, dissecção e estenose arterial, traumáticos ou não. O DTC é exame extremamente sensível para detecção de aumento de velocidade de fluxo causado por essas patologias, embora a especificidade dependa muito dos critérios utilizados no diagnóstico.

Pela praticidade do exame em leito de UTI, sem necessidade de anestesia e transporte inoportuno, o exame tem também grande apelo na já conhecida capacidade de demonstrar vasoespasmo arterial secundário a hemorragia meníngea, nesse caso traumática. Complicação muito freqüente em traumatismo cranioencefálico (TCE), é a forma mais comum de hemorragia meníngea, elevando a morbidade do TCE e requerendo medidas adicionais de tratamento. Por isso a necessidade do diagnóstico dessa condição, que pode suscitar piora clínica não relacionada a aumento da pressão intracraniana (PIC). O mecanismo de detecção é o baseado no *efeito Bernouille,* que induz aumento de velocidade de fluxo (VF) em caso de estreitamento arterial.[2] O aumento de velocidade em artérias intracranianas obedece a critérios específicos para que possa estar clinicamente associado à condição que o predispôs, e para isso é necessário que se obtenham também as velocidades de fluxo em artérias extracranianas.

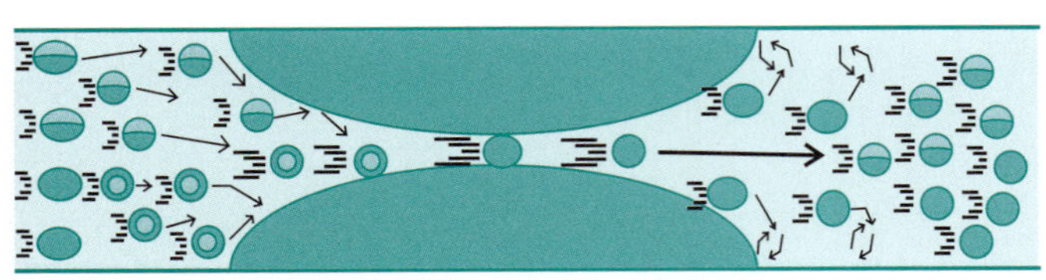

Fig. 80-5. Diâmetro e fluxo intravascular.

No caso de vasoespasmo, há um aumento de velocidade apenas na artéria turbulenta intracraniana, e por isso estabelece-se índice que compara velocidade em cerebral média com carótida interna cervical ipsilateral,[18] ou seja:

$$IL = Vm\ ACM/Vm\ ACI$$

Vm: velocidade média
ACM: artéria cerebral média
ACI: artéria carótida interna
IL: índice de Lindegaard

Em um caso de vasoespasmo, o índice de Lindegaard eleva-se necessariamente, acima de 3.

Velocidades elevadas podem existir, no entanto, sem que haja vasoespasmo. Nesse caso, o índice não se eleva, pois há um aumento proporcional de velocidade da carótida interna tributária. Em trauma de crânio, a principal condição que induz a aumento de velocidade em todo o sistema carotídeo é a tumefação cerebral, ou *brain swelling*, que o faz por perda da auto-regulação, e uma precoce vasodilatação microcirculatória, que pode ser circunscrita a um território arterial. Nesse caso, o aumento de velocidade se acompanha de índices de resistência arteriolar rebaixados, que em DTC se representa como índice de pulsatilidade (IP), e que pode ocorrer precocemente num TCE, antes mesmo da aparição tomográfica da condição.

Como o aumento de velocidades puro e simples pode ocorrer não apenas quando o diâmetro do vaso insonado se encontra reduzido, a especificidade do achado pode ser comprometida caso não se tomem alguns cuidados.

Por exemplo, se a pequena e microcirculação cerebrais, que são contínuas e portanto em série com o sistema de condutância ou capacitância formado pelas artérias de maior calibre, encontram-se dilatadas, a menor resistência que aplicam ao fluxo permitirá uma maior vazão do mesmo.

A isso se denomina circulação hiperdinâmica ou hiperêmica. Mantido o débito cardíaco constante, a maior vazão se refletirá em maior velocidade de fluxo nas artérias de condução. Portanto, aumento de velocidade de fluxo pode ocorrer tanto em situações de redução de diâmetro como em circulação hiperdinâmica. Entretanto, existem aspectos que, articulados com a velocidade de fluxo, poderão diferenciar a circulação hiperêmica das alterações de lúmen, causando estenose, pois são fenômenos fisiologicamente distintos.

Numa situação de circulação hiperdinâmica, a vazão maior se reflete nas artérias do polígono de Willis e nas artérias cervicais alimentadoras. Tomando-se dois exemplos:

- Um paciente tem elevadas as velocidades de fluxo em artérias vertebrais e basilar após um ferimento por arma de fogo em que se detectou oclusão traumática de carótida interna. Nesse caso, a circulação hiperdinâmica se verifica, pela elevação das velocidades em artérias cervicais e intracranianas, para que haja compensação hemodinâmica via circulação posterior da falta de fluxo pela artéria ocluída na circulação anterior.
- Um paciente, no segundo dia pós-TCE, apresenta aumento de velocidades de fluxo em carótida interna e cerebral média ipsilateral, sendo que à tomografia se suspeita de uma tumefação cerebral naquele mesmo lado.

O que ambos os casos apresentam em comum é a elevação de velocidade de fluxo intra e extracraniana. Quando entretanto o aumento de velocidade de fluxo dá-se apenas em um dos segmentos, suspeita-se então de estreitamento de lúmen, já que a velocidade aumenta sem que haja evidência de compensação hiperdinâmica. Em ambiente intracraniano, nos casos de TCE, suspeita-se principalmente de vasoespasmo, notadamente nos casos após o terceiro dia pós-TCE e principalmente quando se detecta hemorragia meníngea. No extracraniano, fístulas arteriovenosas, dissecções arteriais e compressões extravasculares devem ser consideradas.

Determinação da resistência cerebrovascular

Alterações de pressão intracraniana que influenciem o diâmetro dos vasos do sistema de resistência far-se-ão detectar através de alterações fisiológicas que aumentam ou diminuem o diferencial entre velocidades de pico sistólico e diastólica final (VPS e VDF), na medida em que a pressão extrínseca sobre esse sistema respectivamente aumente ou diminua. Sendo assim sensível às variações de diâmetro microarterial, o DTC detecta também a diminuição da resistência cerebrovascular em situações em que há colapso vasoplégico ou hiperemia por vasodilatação microcirculatória, sob a forma de diminuição no diferencial entre as VPS e VDF. Uma das formas de se medir esse diferencial é o índice de pulsatilidade (IP, Fig. 80-3). Quando há aumento de resistência microcirculatória, por exemplo, devido a uma contusão com extenso efeito de massa, promove-se a montante um aumento de resistência que se faz sentir mais acentuadamente sobre o fluxo diastólico, aumentando o diferencial VPS/VDF, aumentando por conseguinte o IP. O inverso também é verdadeiro, ou seja, a uma dada diminuição de resistência microcirculatória, como por exemplo na tumefação vasoplégica cerebral, a montante detecta-se nas artérias insonadas ao DTC uma diminuição dos IP.

A precisão do método em relação a outros métodos diagnósticos como os de imagem depende fortemente dos critérios adotados para padronização, e sobretudo do entendimento da natureza funcional e complementar dos achados que o DTC proporciona.

OBSTÁCULOS AO DTC

Como já mencionamos anteriormente, ainda que o DTC associe os benefícios da não-invasibilidade, praticidade e realismo temporal de avaliação funcional, *a ausência de visualização das artérias insonadas é um obstáculo*. Isso faz com que o DTC seja *operador-dependente*, podendo suscetibilizar o resultado ou laudo do exame, por exemplo, a erros advindos de dificuldades técnicas de posicionamento do transdutor sobre as *janelas*. *Variações anatômicas* em polígono de Willis podem ser estimadas em 50% da população, e a presença de hipoplasias e assimetrias em circulação vertebrobasilar, e tais variações podem ser *erradamente interpretadas* pelo iniciante como patológicas, uma vez que não há visualização direta ao DTC.

Pondera-se que ao DTC pode-se somar os benefícios da *visualização direta ao modo B pelo dúplex transcraniano*, mas em nosso entender tal tecnologia ainda está *longe de um poder de definição de imagem que justifique o seu uso*. É de nossa opinião que a *prática* de realizações do exame rotineiramente acaba por *eliminar facilmente esse problema*.

Desvios vasculares são também fontes de obstáculo, uma vez que quando ocorrem, por exemplo um *efeito de massa contusional, sangramento* ou outros, o *ângulo de insonação* muda e o valor interpretativo da velocidade perde a precisão.

Cumpre lembrar sempre que o DTC é um exame de *natureza essencialmente funcional*, o que por um lado permite uma forma de abordagem complementar a qualquer exame diagnóstico disponível, sempre adicionando elementos em tempo real e no sentido construtivo de um diagnóstico mais abrangente. Por outro lado, essa mesma natureza o *suscetibiliza a mudanças de interpretação* quando alguns *parâmetros funcionais fisiológicos* estão alterados. É necessário que se preste atenção a parâmetros que modificam a dinâmica macro e microcirculatória como a *$PaCO_2$, hematócrito, viscosidade sangüínea, freqüência cardíaca, temperatura* e *pressão arterial sistêmica.* Na verdade esta última, se o indivíduo insonado tem auto-regulação autonômica vascular preservada, não deve produzir variações de leitura ao DTC quando alterada. Apenas aqueles indivíduos com *perda ou prejuízo da auto-regulação sofrerão alterações ao DTC por variações substanciais da PA*, como é o caso de tumefação cerebral (TC) ou *brain swelling* e em grandes áreas isquêmicas cerebrais.

Tendem a *elevar as velocidades* de fluxo a *hipercapnia, a anemia, a febre, a hemodiluição e a taquicardia*, uma vez que essa última artificialmente faz com que as velocidades diastólicas sejam sempre mais elevadas. Tendem a *rebaixar as velocidades* a *hiperviscosidade (diabetes etc.), policitemia e poliglobulia, hematócrito elevado, hipotermia e hipocapnia. A bradicardia*, por permitir que as velocidades diastólicas caiam a números baixos, tende a reduzir artificialmente as velocidades médias de fluxo.

Por fim, a *espessura da barreira óssea tende a ser o obstáculo mais comum*. Indivíduos da raça negra e asiáticos, sexo feminino e idade mais avançada expressam mais comumente os biotipos em que a ossatura espessa atrapalhará o exame. Entretanto, *contrastes com microbolhas (Levovist®)*[25] e a *recente introdução do transdutor de 1 MHz* vieram a reduzir senão abolir o obstáculo ósseo.

INTERPRETAÇÃO DOS ACHADOS

Uma das mais crescentes atuações do DTC em neurologia vem sendo o uso em UTI,[2,6,10,20,28] e notadamente nos pacientes com trauma de crânio. Isso porque, além das vantagens já assinaladas anteriormente, temos procurado estabelecer normas e padrões terapêutico-intensivos associados a achados fisiológicos desse método, que *permite também facilmente a análise evolutiva de um mesmo paciente.*

É fundamental, portanto, que os diagnósticos a partir dos achados de DTC possam ser entendidos e mesmo frisados como potencialmente mutáveis, posto que dinâmicos.

TRAUMATISMO CRANIOENCEFÁLICO

É uma das mais úteis aplicações do Doppler transcraniano (DTC), sem dúvida. O interesse nessa metodologia é crescente pelos neurocirurgiões e neurointensivistas, em grande parte por sua aplicabilidade no neurotrauma.

Devemos enfatizar sempre que o DTC, como ferramenta que é de avaliação funcional cerebral, não visa a substituir qualquer outro método diagnóstico. Se conseguirmos entendê-lo como um excelente provedor de dados fisiológicos vasculares, não-invasivo e portátil, e sobretudo com excelente capacidade de monitoração inócua, então será fácil compreender esse interesse crescente e, mais ainda, a observação de que não é mais possível atender neurotrauma sem o DTC por perto, que é parte de alguns dos mais importantes serviços de neurocirurgia do Brasil.

Princípios que norteiam a aplicabilidade em TCE

Além da lesão mecânica causada pelas forças físicas a que se submete o parênquima encefálico na ocasião de um dado impacto, constata-se que se alternam condições de natureza vasomotora, e que influenciam sobremaneira no prognóstico do paciente traumatizado. O entendimento dessas alterações, da magnitude das mesmas e da seqüência com que se alternam é um importante progresso que o tratamento dos pacientes com trauma cranioencefálico (TCE) vem obtendo nos últimos anos.

O cérebro recebe de 15 a 20% do débito cardíaco, pesando somente 2% do total corpóreo. A análise da dinâmica vascular cerebral revela condições privilegiadas de fluxo peculiares proporcionadas pelo balanço harmonioso de pressões. Variações de volume sangüíneo cerebral (VSC) alteram dramaticamente a pressão intracraniana (PIC), segundo necessidades metabólicas e mecanismos reflexos de auto-regulação.

É portanto lógico que métodos diagnósticos da funcionalidade circulatória cerebral sejam úteis na orientação terapêutica intensiva desses doentes. Muito do que hoje se sabe sobre as alterações circulatórias em TCE advém da necessidade desse conhecimento, já que o delicado equilíbrio de pressões dentro do crânio, colapsado numa situação de TCE mais grave, pode facilmente ser agravado com medidas terapêuticas sem o devido embasamento. Um método de diagnóstico dos aspectos vasculares ideal é o que congregue precisão das informações, não-invasibilidade, baixo risco de manipulação, praticidade e portabilidade. O Doppler transcraniano (DTC) alia esses componentes e proporciona também análise em tempo real, ou seja, simultâneo com a realidade, embora não forneça imagem dos vasos com a mesma definição e sua análise seja restrita aos vasos que veremos a seguir.

Explicaremos também sobre os parâmetros diagnósticos de maior interesse para o TCE: velocidades de fluxo nas artérias intracranianas e extracranianas, IP, IL e vasorreatividade.

Elevação dinâmica das velocidades de fluxo

Entre os exemplos mais flagrantes da utilidade e necessidade da avaliação evolutiva está o da avaliação do vasoespasmo arterial.[2] Complicação freqüente e temida da hemorragia subaracnóidea, ocorrendo em cerca de 30 a 50% dos casos, o *vasoespasmo arterial* é facilmente detectado pelo DTC, cuja sensibilidade encontra-se em torno de 100% para a artéria cerebral média quando se utiliza como critério uma velocidade média superior a 120 cm/s. Entretanto, como dissemos acima, outras alterações existem que elevam a velocidade e que não são vasoespasmo arterial. Com isso, usando-se esse critério,[18] a especificidade do achado passa a ser de 70%, o que é muito baixo. Por isso, utilizamos mais correntemente o critério de Lindergaard, segundo o qual, não importando o valor numérico, deve-se proporcionar a velocidade média de cerebral média com a de carótida interna cervical.[18] Uma proporção maior que 3 (Vm ACM/Vm ACI $\geq$ 3) indica vasoespasmo em artéria cerebral média (ACM). Tal índice tem apoio na explicação descrita mais acima, em que devemos diferenciar espasmo arterial de circulação hiperêmica ou hiperdinâmica.

Em nossa experiência, mesmo o IL apenas pode não corresponder-se a vasoespasmo clínico, necessitando-se de avaliação seqüencial em que, havendo elevação de velocidade de ACM diariamente em torno de 50% ou maior, com IL $\geq$ 3 e subindo, aí sim a correlação com vasoespasmo clínico é muito boa. Por isso frisamos a necessidade de não se levar em conta apenas uma medida de velocidade em ACM como parâmetro para se identificar presença ou ausência de vasoespasmo.

Redução das velocidades de fluxo

Geralmente, a redução de velocidades de fluxo em artérias intra- e extracranianas está associada a hipertensão intracraniana (HIC). Caso haja uma redução em artéria específica, pode-se levantar hipótese de desvio vascular ou de efeito de massa dentro do território arterial em questão, ainda mais quando a isso se associa um aumento do IP. Isso é indiferenciável ao DTC de um infarto arterial nesse território, a não ser que haja oclusão arterial, com sua característica inconfundível de fluxo sistólico bidirecional com diástole zero ou fluxo reverberante[5,8,11,15,22] (Fig. 80-6). Tal achado de oclusão pode ser de péssimo prognóstico, como quando se detecta oclusão de artéria cerebral posterior (ACP) ou anterior (ACA) em virtude de uma herniação uncal. Um outro exemplo importante de redução focal de velocidade de fluxo com aumento de IP sem efeito de massa é o espasmo de microcirculação, ou mesmo mais raramente o vasoespasmo distal. Tal diagnóstico só pode ser afirmado pelo DTC

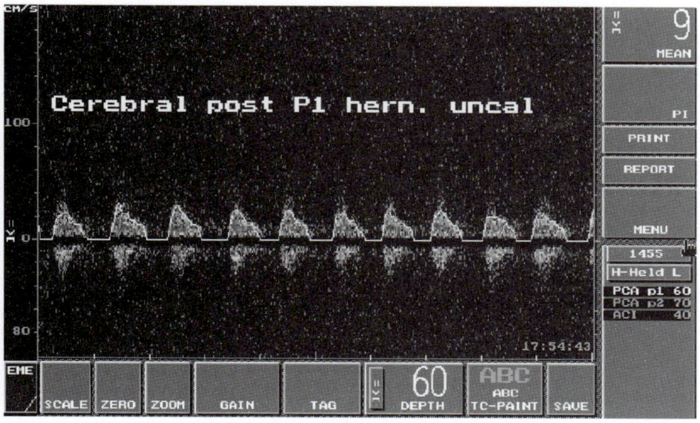

Fig. 80-6. A redução focal de velocidades em artérias extracranianas, notadamente carótidas internas extracranianas (ACI-ec) pode ser de valor diagnóstico importante, uma vez que diz respeito à volemia mais diretamente, e pode significar que ainda haja espaço para expansão volumétrica. (Ver *Prancha* em *Cores.*)

quando em conjunto com exame de imagem, seja tomografia ou ressonância magnética de crânio, que afasta efeito de massa e revela em geral infarto ou desorganização tecidual isquêmica mais distal.

Entretanto, redução global das velocidades pode ocorrer por outros motivos que HIC. Comprometimento miocárdico (ICC) ou valvulopatia (estenose aórtica), além das descritas anteriormente como fatores fisiológicos redutores da velocidade como poliglobulia etc., podem e devem ser considerados sempre. Para ajudar na diferenciação, usamos sempre os IP, que na HIC encontram-se elevados de um modo geral, o que não ocorre nos exemplos citados.

Redução dos índices de pulsatilidade

A redução dos IP em TCE *somente se associa a fenômenos hiperêmicos*, que podem se dar por diminuição da auto-regulação como na tumefação cerebral, ou por reperfusão pós-isquêmica,[9,31-33] exceção feita à enxaqueca, o que foge ao escopo deste livro. Geralmente a reperfusão pós-isquêmica está presente em apenas um território vascular, e ocorre mais infreqüentemente em TCE, sendo que a tumefação é bem mais comum. Além do que, ambos os fenômenos são diferenciáveis pela história, já que a isquemia que antecede a reperfusão ocorre ora antes do TCE, mesmo provocando-o, como no caso de um AVCI, ora mais tardiamente em uma situação mais grave de herniação. A única situação em que isquemia arterial pode ocorrer em TCE fora desses padrões é quando ela é *provocada por parada cardiorrespiratória,*[31] *e aí é um fenômeno global intracraniano, ou então por embolização gordurosa do politrauma.*[13] *Nesse último caso, o DTC é o único método de que se dispõe para esse fim, e a sua importância diagnóstica é fundamental.*

Aumento dos IP

Além do que já expusemos no tocante a espasmo microcirculatório, edema intersticial e contusões com ou sem desvio vascular, cabe que se mencionem os aumentos de IP globais e não setoriais a um ou dois territórios arteriais.

Indivíduos idosos, com esclerose vascular e degeneração ateromatosa, degeneração microangiopática isquêmica e hipertensão arterial, notadamente sistólica, apresentam aumento dos IP sem que apresentem HIC. Insuficiência aórtica também pode evoluir com IP elevados ao DTC, e nesse como nos casos anteriores os IP aumentam globalmente. Entretanto, indivíduos da faixa etária dos TCE, e com IP elevados setorialmente, têm no aumento dos IP um dado relevante que diz respeito à dinâmica vascular e seu prognóstico.

A microcirculação durante a evolução de um paciente com TCE responde basicamente a duas necessidades, aparentemente antagônicas: melhorar ou não prejudicar o aporte de nutrientes para as células cerebrais comprometidas e não-comprometidas com o evento traumático e ainda acomodar o aumento da PIC com uma diminuição do conteúdo vascular. As respostas ideais nos casos acima são a vasodilatação e a vasoconstrição, respectivamente. Somente quando a segunda se sobrepuja à primeira é que teremos o aumento dos IP, *e é por isso que nem sempre o aumento da PIC se correlaciona a aumento dos IP, ou mesmo a HIC não é proporcionalmente relacionada a aumento do IP.*

Pode-se afirmar que um paciente com IP elevado globalmente tem HIC caso possa se comprovar que ele não tenha insuficiência aórtica ou não seja idoso ou hipertenso crônico. *Porém o contrário não se pode afirmar, ou seja, que um paciente com HIC tenha IP elevado sempre*. Condições típicas disso são a HIC associada a perda de massa encefálica ou craniectomia, em que *os IP não sobem no lado em que o crânio se torna não-inelástico*, e também, de forma mais freqüente, quando as forças pressóricas parenquimatosas *ainda encontram acomodação entre conteúdo vascular microcirculatório e o espaço liquórico.*

Mais uma vez enfatizamos a avaliação evolutiva, que nos casos de aumento de IP subseqüentes a IP diminuídos pode sugerir exatamente que a fase de acomodação foi vencida pelas forças incrementadoras da PIC e que a mesma faz pressionar extrinsecamente a microcirculação cerebral. Por fim, o IP é uma medida da resistência sobre a condutância vascular em polígono de Willis, e pode-se indiretamente inferir sobre mudanças de PIC. Um aumento da PIC provocará aumento diretamente proporcional do IP, e portanto numa avaliação seqüencial pode-se observar se há tendência a elevação ou estabilização da PIC em um quadro inicial de TCE em que ainda não se dispõe de pino de medida de PIC. Em crianças hidrocefálicas, a medida da pulsatilidade pode informar sobre elevação da PIC por eventual descompensação da hidrocefalia por pressão de fluido ou por insuficiência da válvula.[27]

Utilidade em tratamento da hipertensão intracraniana tem sido defendida, uma vez que um dado aumento de PIC pode ser identificado como de natureza vascular ou não, podendo isso por sua vez sugerir se o tratamento da condição será com hipnóticos ou agentes hiperosmolares.[10,20]

A reserva funcional vasomotora, metodologia promissora que citaremos a seguir, tem sido utilizada como fator prognóstico e de monitoração de tratamento do TCE num número ainda limitado de séries.[6]

Em nossa experiência, nos casos em que rapidamente se atinge níveis de PIC iguais ou maiores que a pressão hidrostática diastólica, o que é facilmente detectado ao DTC, desenha-se um prognóstico mais sombrio de iminente colapso circulatório compatível apenas com morte encefálica caso não haja reversão rápida.

Ainda em nossa experiência, conforme estudo em andamento na Divisão de Clínica Neurológica do HCFM-USP, podemos observar que os vasos que melhor refletem as condições de PIC e a resistência arteriolar colapsada na tumefação cerebral são as artérias carótidas internas intracranianas, e, quando encontramos baixa velocidade nas mesmas, isso pode mais comumente significar necessidade de aumento de volemia efetiva para o tratamento da condição em pacientes com TCE e vasoespasmo.

DTC e a reatividade vasomotora cerebral no TCE

O teste de CO_2 e o da acetazolamida, como são conhecidos, são testes de reatividade vasomotora cerebral. Consistem na administração de uma dessas substâncias com a finalidade de promover vasodilatação de pequena e microcirculação, o que é perceptível e padronizado ao DTC como aumento de velocidades de fluxo e diminuição dos IP nas artérias da macrocirculação ou sistema de capacitância. Tal aumento é padronizado na população normal. No caso do CO_2, ele é inspirado pelo paciente a 5,7%, e da acetazolamida, é administrado endovenosamente 1 g da substância. As respostas padronizadas são comparadas às do paciente, e nesse caso se saberá se houve dilatação adicional da microcirculação (Fig. 80-7), o que é normal, ou se a mesma já se encontrava residual ou maximamente vasodilatada por conta de perda da auto-regulação, e nesses casos a velocidade de fluxo pouco ou nada aumentará. São hoje utilizados principalmente para as seguintes atividades diagnósticas:

- *Identificação do hemisfério de risco,* ou identificação do risco hemodinâmico a que o tecido cerebral está submetido no leito arterial que sofre de estenose crítica.[5]
- *Identificação de fístula arteriovenosa traumática (FAVT).* As MAV produzem situações fisiológicas que atuam fortemente sobre a dinâmica vascular encefálica. São portanto passíveis de diagnóstico pelo DTC.[10]
- *Identificação de colapso circulatório ou vasoplegia* em condições de lesão cerebral por TCE ou hemorragia meníngea, com finalidade também prognóstica. Entretanto, se há HIC, o emprego de vasodilatadores pode ser arriscado.[6]

Hemodinâmica cerebrovascular aplicada ao TCE

Agora que alguns fundamentos básicos foram transmitidos, podemos discorrer um pouco mais especificamente sobre a hemodinâmica evolutiva aplicada aos pacientes críticos.

Modificações cerebrovasculares peculiarmente ligadas ao TCE podem existir temporalmente distintas e seqüenciais ou coexistir, e cujo reconhecimento torna-se importante para o tratamento clínico adequado em ambiente intensivo.

Pode-se reconhecer ao DTC três fases de reatividade cerebrovascular conseqüentes ao TCE: hipoperfusão, hiperemia e vasoespasmo.

Hipoperfusão

Dia zero do TCE, em que *o fluxo cerebral é diminuído, bem como as velocidades ao DTC*. Há aumento da resistência na microcirculação, compressão microvascular extrínseca, constrição muscular ativa secundária a substâncias vasoativas ou depressão do metabolismo oxidativo cerebral (Fig. 80-8).

Hiperemia

Dias 1 a 3 do TCE, em que há *aumento de fluxo e das velocidades, aumentando a PIC*. Aumento da taxa de glicólise cerebral (hiperglicólise pós-traumática) ou redução da resistência da microvasculatura (vasoplegia) (Fig. 80-9).

Vasoespasmo

Dias 4 a 14 após o TCE, em que há aumento das velocidades acompanhado de aumento do índice de Lindegaard, quando aproximadamente 50% dos pacientes evoluem em seus mais variados graus (Fig. 80-10).

Algoritmos em DTC no TCE

Embora seja nossa opinião que algoritmos de um modo geral são dimensionamentos que formatam um pensamento

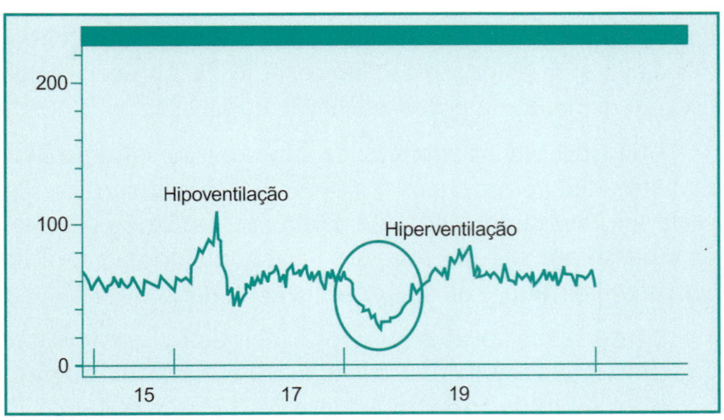

Fig. 80-7. Respostas aos testes de reatividade vasomotora.

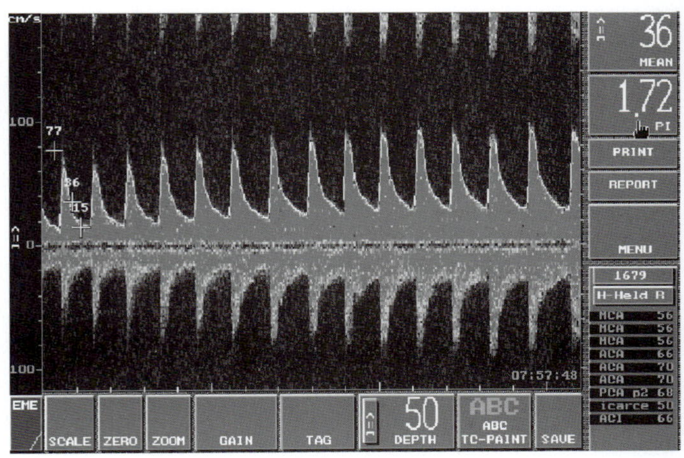

Fig. 80-8. Hipoperfusão. (Ver *Prancha* em *Cores.*)

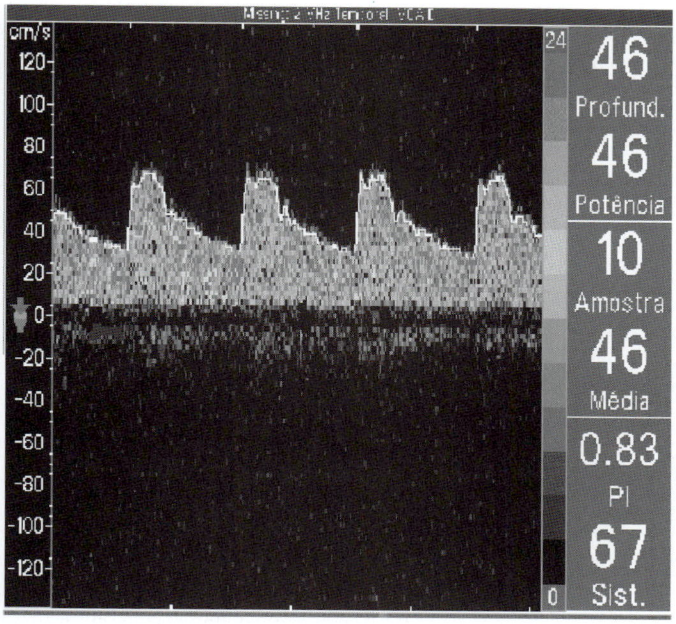

Fig. 80-9. Hiperemia. (Ver *Prancha* em *Cores*.)

na tentativa de facilitá-lo, mas podem acabar por complicar o mesmo, na Figura 80-11 está uma proposta de encadeamento de ações terapêuticas baseadas em achados de DTC.

MORTE ENCEFÁLICA (ME)

Por vezes, sabemos que o aumento progressivo da PIC é intratável. A pressão intracraniana supera a pressão de perfusão, produzindo fluxo oscilatório intracraniano inconfundível ao DTC, e traduz o aumento da PIC, que afeta diretamente a pressão de perfusão cerebral até a sua abolição.

O diagnóstico de morte encefálica, pelas suas repercussões éticas, legais e sociais, tem se tornado importante papel do médico em suas atribuições profissionais. Dado o seu impacto no prognóstico e conduta a serem tomados, o diagnóstico de irreversibilidade da lesão encefálica não permite dúvidas.

Apesar de sua importância, não há unanimidade no conceito de morte encefálica na comunidade médica mundial, haja vista como os critérios necessários à sua definição variam de país para país. Segundo o Conselho Federal de Medicina (CFM), Resolução nº 1480/97, *a morte encefálica é caracterizada através da realização de exames clínicos e complementares, considerando-se coma aperceptivo como ausência de atividade motora supra-espinal e apnéia. Os exames complementares a serem observados devem demonstrar de forma inequívoca ausência de atividade elétrica, metabólica ou perfusão cerebral.*

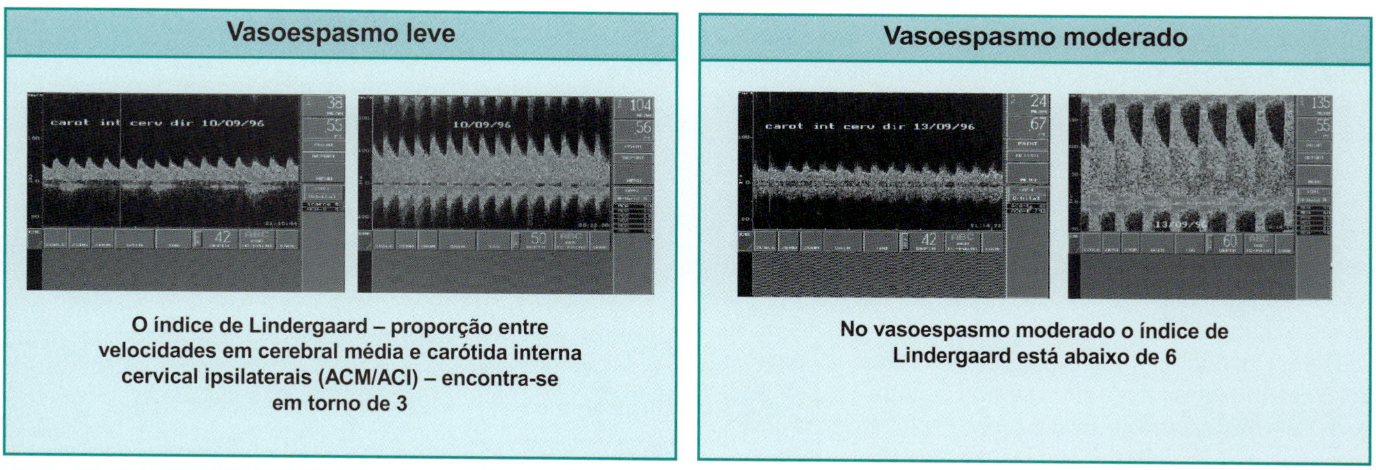

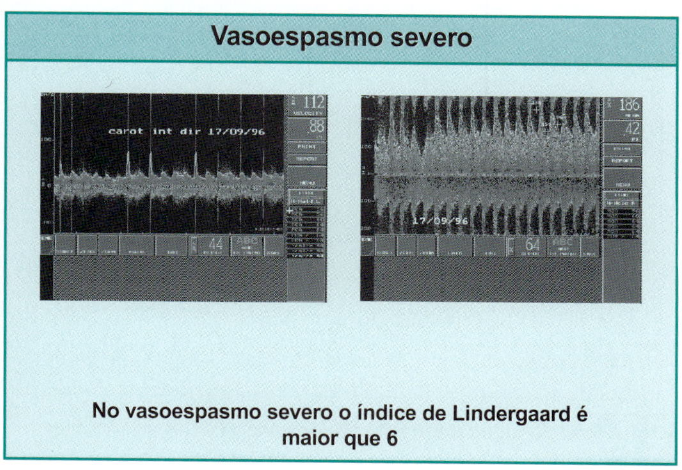

Fig. 80-10. Vasoespasmo leve, moderado e severo. (Ver *Prancha* em *Cores*.)

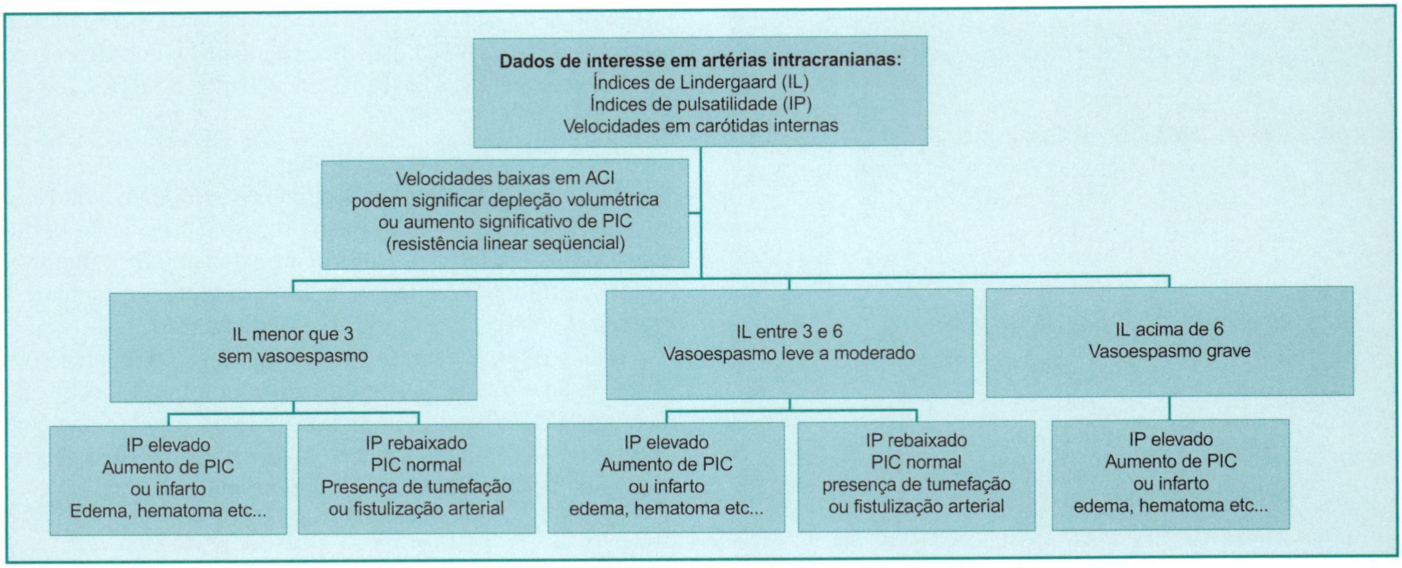

Fig. 80-11. Algoritmo da DTE no TCE.

O exame de DTC vem sendo largamente utilizado em nosso meio como ferramenta adjuvante no diagnóstico da ME conjuntamente aos exames clínicos neurológicos padronizados pelo CFM. Muitos autores passaram a estudar esse método na detecção da morte encefálica, dada a sua praticidade.[21,24,26,27,35]

Padrões para diagnóstico de morte encefálica

No estudo de pacientes em morte encefálica, é comum encontrarmos ao Doppler transcraniano reflexos hemodinâmicos da HIC. Os dados de velocidade e direção de fluxo vão se alterando conforme a PIC, e, conseqüentemente, a pressão de perfusão cerebral vai se modificando.

Em situações de morte encefálica, obtêm-se alguns padrões gráficos típicos, cuja fisiopatologia entende-se como reflexo do aumento da pressão intracraniana acima da pressão arterial diastólica, levando inicialmente a uma diminuição progressiva do fluxo diastólico. Posteriormente ocorrem colapso dos vasos durante diástole e fluxo intracraniano ausente ou até invertido. Quando há um colapso total intraluminal, uma pequena quantidade de fluxo anterógrado durante a sístole pode ocorrer devido à complacência arterial, evoluindo para ausência completa de fluxo intracraniano (Fig. 80-12).

Em situações de HIC, podemos obter alguns padrões de curvas gráficas ao Doppler transcraniano:

- *Ausência de fluxo na fase diastólica:* fluxo anterógrado na fase sistólica, sem sinais de fluxo durante o período diastólico (Fig. 80-13).
- *Fluxo diastólico invertido:* fluxo sistólico ortógrado com fluxo diastólico retrógrado porém com velocidades bem diferentes (Fig. 80-14).
- *Fluxo oscilatório:* fluxo sistólico anterógrado com fluxo diastólico retrógrado com dimensões de velocidade equânimes. Kirkham *et al* sugeriram um índice de direção de fluxo, definido como 1 menos a razão entre a velocidade invertida e a velocidade anterógrada.[3] O resultado menor que 0,8 em módulo seria sugestivo de morte cerebral (Fig. 80-15).
- *Espículas sistólicas:* efêmero sinal durante a sístole, sem componente diastólico (Fig. 80-16).

Entre esses, os padrões validados em estudos prévios para morte encefálica são o fluxo oscilatório e as espículas sistólicas. O encontro de fluxo diastólico invertido ou ausente ou espículas sistólicas em mais de uma artéria intracraniana em paciente comatoso tem especificidade de 100% e sensibilidade de 91,3%. Além da conformação da curva, especula-se que os índices de pulsatilidade também devam ser avaliados para diagnóstico de morte encefálica.

Em estudo retrospectivo realizado pelo Serviço de Doppler Transcraniano do Hospital das Clínicas da Faculdade de Medicina da Universidade de São Paulo, no período de janeiro de 1996 a março de 1998, foram analisados os resultados dos exames de 119 pacientes em morte encefálica clínica. Os achados mais freqüentes foram o encontro de espículas sistólicas e a ausência de fluxo na fase diastólica.

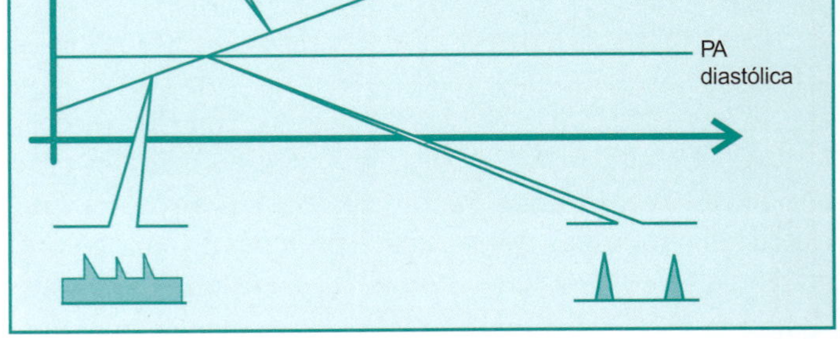

Fig. 80-12. Relação entre PIC, PA e curvas obtidas ao Doppler transcraniano.

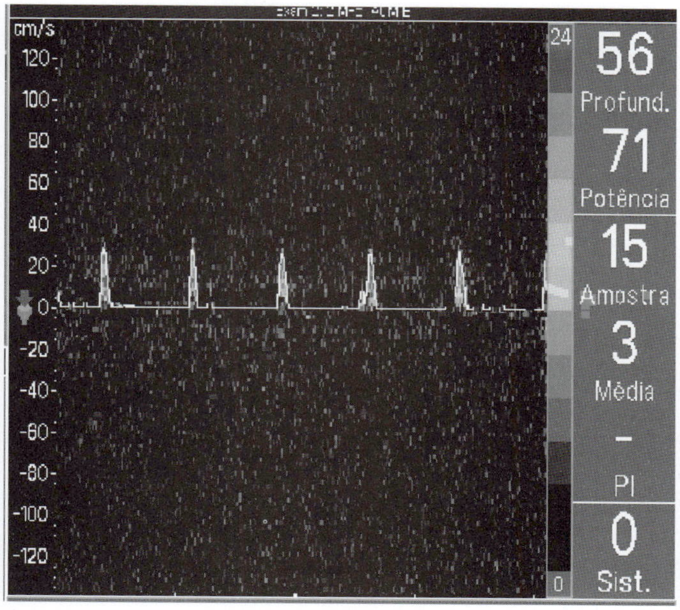

Fig. 80-13. Ausência de fluxo na fase diastólica. (Ver *Prancha* em *Cores.*)

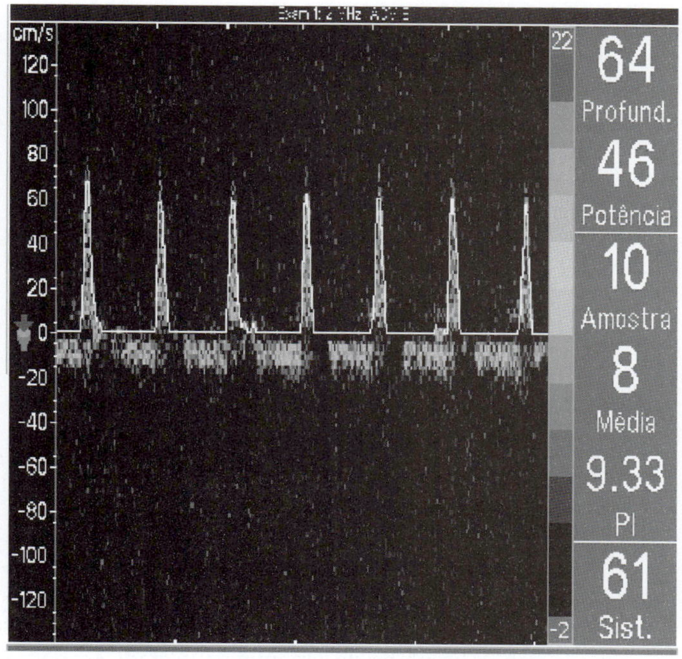

Fig. 80-15. Fluxo oscilatório. (Ver *Prancha* em *Cores.*)

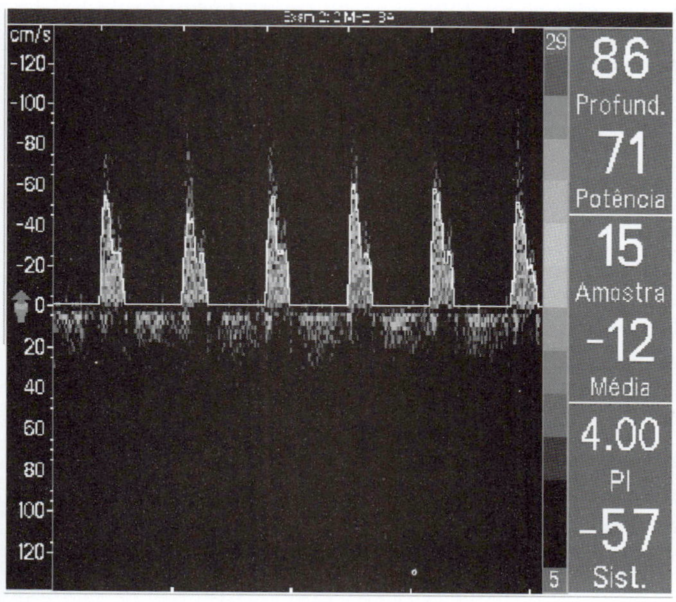

Fig. 80-14. Fluxo diastólico invertido. (Ver *Prancha* em *Cores.*)

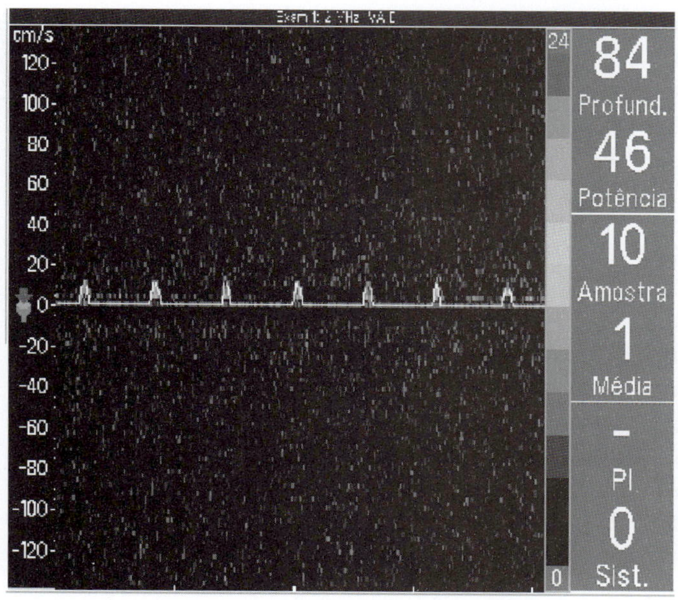

Fig. 80-16. Espículas sistólicas. (Ver *Prancha* em *Cores.*)

Em 21 casos, foi necessário repetição dos exames pelo achado de fluxo normal anterógrado nos sistemas estudados. O padrão de curva mais associado à necessidade de repetição foi justamente a ausência de fluxo na fase diastólica, levando a crer ser esse um dos padrões mais precoces em situações iniciais de hipertensão intracraniana. A presença de fluxo anterógrado em sifões carotídeos apresentou-se concomitante aos achados de fluxo oscilatório e espículas sistólicas nas demais artérias, demonstrando a pequena especificidade dessas artérias para o diagnóstico de morte cerebral.

Situações que irão interferir na interpretação

Em situações clínicas de aumento agudo e reversível da pressão intracraniana, tais como hemorragia subaracnóidea e hemorragia intracerebral prontamente abordadas, registraram-se padrões de curva típicos de morte encefálica. Tais casos, porém, não preenchem os princípios de critérios clínicos de morte cerebral.

A simples não-insonação de determinada artéria não significa ausência de fluxo, uma vez que variações na configuração anatômica, na ossificação temporal, efeito de massa secundário a hematomas intraparenquimatosos e instabilidade hemodinâmica podem interferir tecnicamente na realização do exame.

Uma determinada artéria agudamente ocluída pode apresentar padrão de pequenas espículas sistólicas em sua topografia. Essa é a razão pela qual se orienta que se deve insonar adequadamente pelo menos duas artérias intracranianas; tal fato tem particular importância em pacientes com antecedente de acidente vascular cerebral.

Uma vez que a abordagem fisiopatológica do DTC na ME é essencialmente de distúrbio da hemodinâmica intracerebral secundário a hipertensão intracraniana, a presença de defeitos na calota óssea (ferimento por arma de fogo, perda de massa encefálica, craniotomia, presença de fontanela) ou derivações ventriculares permite a preservação da perfusão cerebral mesmo na presença de morte cerebral.[27]

Lesões diretas em tronco cerebral, de natureza mecânica, que não interfiram na perfusão cerebral, também poderão fornecer sinais clínicos de morte encefálica sem repercussão hemodinâmica e alterações ao Doppler transcraniano.[21]

Em resumo, a utilidade do Doppler transcraniano como ferramenta diagnóstica de morte encefálica é inquestionável; sua praticidade, a não-influência por parte de drogas depressoras do sistema nervoso central, a simplicidade, a segurança, a capacidade de monitoração, a sensibilidade e a especificidade são fatores que auxiliam o diagnóstico de morte encefálica e, por conseqüência, facilitam o processo de doação de órgãos.

Cumpre ressaltar que, como toda ferramenta, seus produtos serão resultado direto da habilidade de como for manipulada; seu uso no diagnóstico de morte encefálica deve sempre se submeter a uma análise pormenorizada dos dados e correlação clínica.

EMBOLIA CEREBRAL NO POLITRAUMA

Como dissemos anteriormente, o DTC representa papel peculiar na detecção de material embólico de passagem pela artéria insonada (*Hyperintense transient signals,* ou HITS). As diferenças dos HITS sobre os artefatos de movimentação da sonda são marcadas, embora sutis, requerendo alguma experiência do operador, uma vez que envolve treino visual e auditivo. Os HITS são unidirecionais, ocorrem em geral na sístole e se acompanham de ruído peculiar como *blip* ou *tchip*[3,4,7,14,16,28,29] (Fig. 80-17).

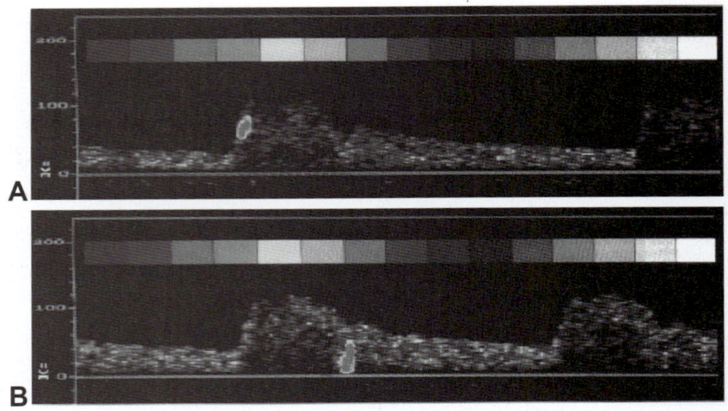

Fig. 80-17. (**A**) Êmbolo (imagem laranja) em paciente com valvulopatia cardíaca, apresentando EIT de repetição. (**B**) Êmbolo detectado em artéria cerebral média em paciente com amaurose fugaz apenas. (Ver *Prancha* em *Cores*.)

ACIDENTE VASCULAR ENCEFÁLICO DE EVOLUÇÃO MALIGNA

O tecido acometido por um acidente vascular cerebral (AVC) costuma exibir alterações estruturais celulares e extramembranosas que alteram profundamente a sua composição hídrica, seja no isquêmico (AVCI) ou no hemorrágico (AVCH). Essa complicação parece ser diretamente dependente do tamanho da área comprometida com o hematoma ou com o infarto, e também da pressão hidrostática no vaso irrigador, freqüentemente friável. Essa combinação fisiopatológica explosiva se traduz clinicamente por uma evolução para hipertensão intracraniana de forma progressiva, o que por sua vez reduz mais ainda a perfusão no território envolvido por penumbra isquêmica. A zona malperfundida, sem condição de reversão, se agrega ao território de células já mortas, agravando o problema com mais edema.

Apesar de ser voz corrente que tal ciclo possa ser interrompido por uma craniectomia em tempo hábil, há relativamente pouco material em literatura proporcionalmente à quantidade de casos em que tal procedimento pode ser indicado.

Com o uso do DTC, temos tido a oportunidade de presenciar a melhora hemodinâmica em casos de evolução clinicamente maligna, em sua maior parte constituída de AVCI em nossa casuística, em que podemos objetivamente quantificar o comprometimento do FSC pela HIC e a subseqüente melhora do mesmo, o que pode respaldar a melhor evolução que os casos operados têm em relação aos que não tiveram a oportunidade de realizar o procedimento (Figs. 80-18 e 80-19).

Dada a exigüidade de estudos em perspectiva com número maior de pacientes, os achados do DTC podem vir a configurar importante ferramenta de pesquisa nesse campo ainda tão cheio de dúvidas sobre a relação risco-benefício da craniectomia descompressiva.

COMPLEMENTARIEDADE DE MÉTODOS

Por fim, uma vez estabelecido que o DTC tem papel prático e peculiar no tratamento e na compreensão do TCE, e sendo ele um método essencialmente fisiológico, é nossa opinião que tal metodologia deve exercer papel intrínseco e deve ser incorporado às rotinas terapêuticas em centros intensivistas que tratam de pacientes com TCE.

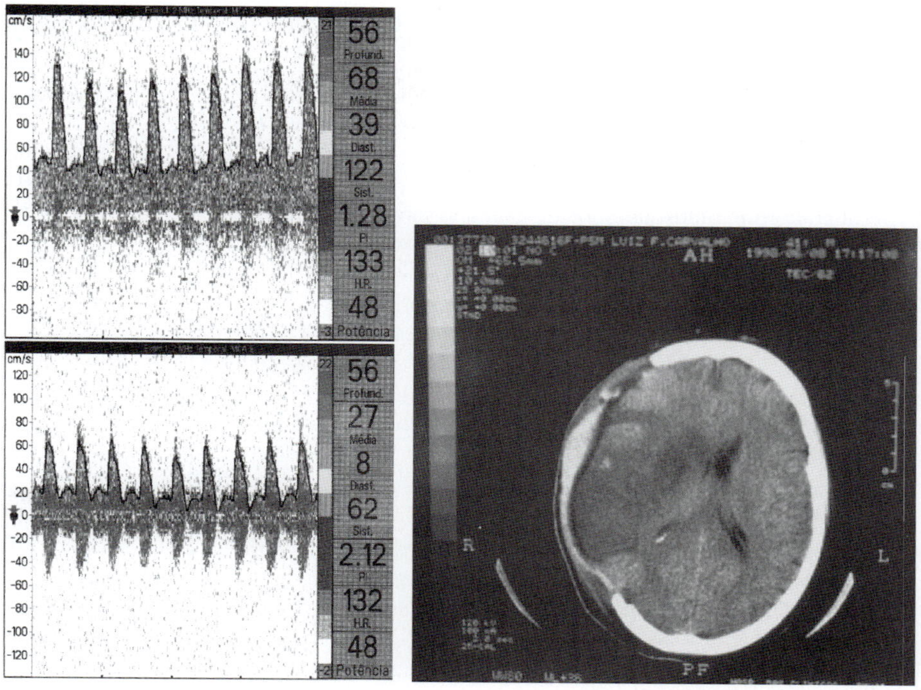

Fig. 80-18. Paciente com AVCI em cerebral média direita com evolução clinicamente maligna. Os índices de pulsatilidade na artéria são muito elevados (2,12), e, além de a velocidade de fluxo diastólica cair para zero, a velocidade média do FSC pela ACM é baixa (27 cm/s). (Ver *Prancha* em *Cores*.)

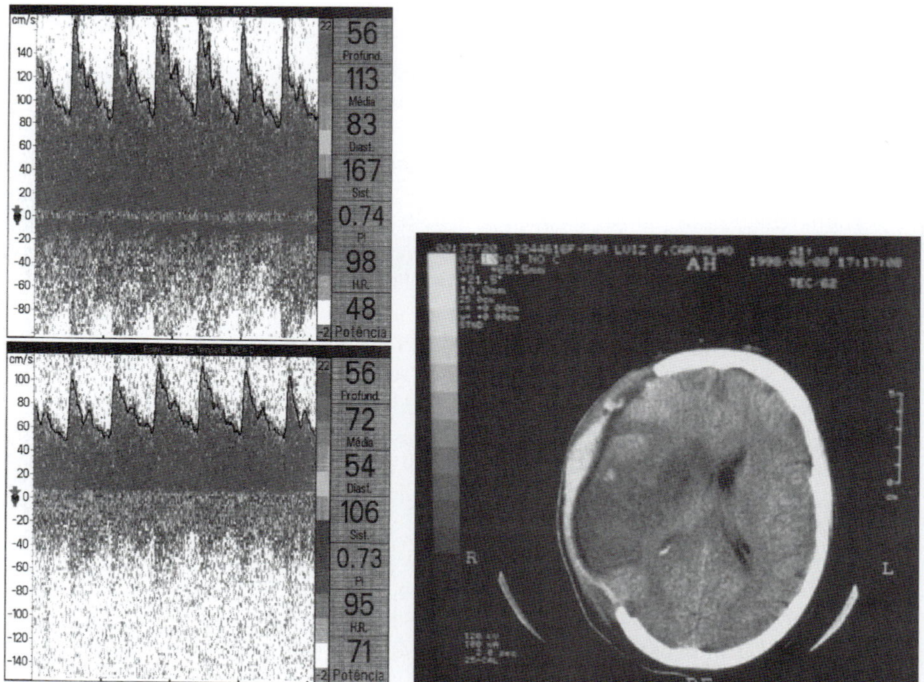

Fig. 80-19. O mesmo paciente no dia seguinte, PO imediato de craniectomia descompressiva direita mostrando importante melhora do fluxo e clínica em relação ao pré-operatório em ambas as ACM. (Cortesia Dr. Edson Borg Seng Shu.) (Ver *Prancha* em *Cores*.)

REFERÊNCIAS BIBLIOGRÁFICAS

1. Aaslid R, Markwalder TM, Nornes H. Noninvasive transcranial Doppler ultrasound recording of flow velocity in basal cerebral arteries. *J Neurosurg* 1982;57: 769–774.
2. Aaslid R, Huber P, Nornes H. Evaluation of cerebrovascular spasm with transcranial Doppler ultrasound. *J Neurosurg* 1984:60:37–41.
3. Babikian VL, Hyde C, Pochay V, Winter MR. Clinical correlates of high-intensity transient signals detected on transcranial Doppler sonography in patients with cerebrovascular disease. *Stroke* 1994;25:1570–1573.
4. *Consensus Committee of the Ninth International Cerebral Hemodynamic Symposium.* Basic identification criteria of Doppler microembolic signals. *Stroke* 1995;26:1123.
5. Crew JR, Dean M, Johnson JM, *et al.* Carotid surgery without angiography. *Am J Surg* 1984;148:217–220.

6. Czernicki Z, Tomita H, Ito U, Jurkiewicz J, Stepinska G, Walecki J. Application of transcranial Doppler ultrasonography in the assessment of cerebrovascular reactivity studies and cerebral vascular reserve estimation in patients with focal brain injury. *Neurol Neurochir Pol* 1994;28(3):351–361.
7. Droste DW, Markus HS, Brown MM. The effect of alterations in ultrasound power, gain and sample volume on the appearance of emboli studied in a transcranial Doppler model. *Cerebrovasc Dis* 1994;4:152–156.
8. Ferguson GG. Intra-operative monitoring and internal shunts: are they necessary in carotid endarterectomy. *Stroke* 1982;13:287–289.
9. Friberg L, Olesen L, Iversen HK, *et al.* Migraine pain associated with middle cerebral artery dilation: reversal by sumatriptan. *Lancet* 1991;338:13–17.
10. Granry JC. Transcranial Doppler in anesthesia and intensive care. *Ann Fr Anesth Reanim* 1991;10(2):127–136.
11. Halsey JH, McDowell HA, Gelmon S, Morawetz RB. Blood velocity in the middle cerebral artery and regional cerebral blood flow during carotid endarterectomy. *Stroke* 1989;20:53–58.
12. Haring HP, Aichner F. Hemodynamic findings in migraine patients on Transcranial Doppler sonography. *Wien Klin Wochenschr* 1992;104(20):620–625.
13. Herndon JH, Bechtol CO, Dallas P, Crickenberger DP. Use of ultrasound to detect fat emboli during total hip replacement. *Acta Orthop Scand* 1975;46:108–118.
14. Jansen C, Ramos LMP, van Heesewijk, Moll FL, van Gijn J, Ackerstaff RGA. Impact of microembolism and hemodynamic changes in the brain during carotid endarterectomy. *Stroke* 1994;25:992–997.
15. Kase CS, Wolf PA, Chodosh EH, *et al.* Prevalence of sylent stroke in patients presenting with initial stroke. The Framingham study. *Stroke* 1989;20:850–852.
16. Kempster PA, Gerraty RP, Gates PC. Asymptomatic cerebral infarction in patients with chronic atrial fibrillation. *Stroke* 1988;19:955–957.
17. Kirkham FJ, Levin SD, Padayachee TS, *et al.* Transcranial pulsed Doppler ultrasound findings in brain stem death. J Neurol Neurosurg Psychiatry 1989;50:1504–1513.
18. Lindegaard KF, Nornes H, Bakke SJ, Sorterberg W, Nakstad P. Cerebral vasospasm diagnosis by means of angiography and blood velocity measurements. *Acta Neurochir* 1989;100:12–24.
19. Markus HS, Brown MM. Differentiation between different pathological cerebral embolic materials using transcranial Doppler in an in vitro model. *Stroke* 1993;24:1–5.
20. Miller JD, Dearden MN, Piper IR, Chan KH. Control of intracranial pressure in patients with severe head injury. *J Neurotrauma* 1992;9(1):317–326.
21. Newell DW, Grady MS, Sirotta P, Winn HR. Evaluation of brain death using transcranial Doppler. Neurosurgery 1989;68: 745–751.
22. Padayachee TS, Gosling RG, Bishop CC, Burnand K, Browse NL. Monitoring middle cerebral artery blood velocity during carotid endarterectomy. *Br J Surg* 1986;73:98–100.
23. Padayachee TS, Parsons S, Theobald R, Linley J, Gosling RG, Deverall PB. The detection of microemboli in the middle cerebral artery during cardiopulmonary bypass: a transcranial Doppler ultrasound investigation using membrane and bubble oxygenators. *Ann Thorac Surg* 1987;44:298–392.
24. Petty, GW, Mohr JP, Pedley TA, *et al.* The role of transcranial Doppler in confirming brain death: sensitivity, specificity, and suggestions for performance and interpretation. Neurology 1990;40:300–303.
25. Ries F, Schulthei, Kaal K, Solymosi L. Clinical duplications and perspectives of TCD-signal enhancement with standardized air microbubbles. *J Cardiovasc Tech* 1989;8:177–178.
26. Ropper AH, Kehne SM, Wechsler L. Transcranial Doppler in brain death. Neurology 1987;37:1733–1735.
27. Sanker P, Richard KE, Weigl HC, Klug N, van Leyen K. Transcranial Doppler sonography and intracranial pressure monitoring in children and juveniles with acute brain injuries or hydrocephalus. *Child Nerv Syst* 1991;7(7):391–393.
28. Siebler M, Nachtmann A, Sitzer M, Steinmetz H. Anticoagulation monitoring and cerebral microemboli detection. *Lancet* 1994;344:555. Letter.
29. Siebler M, Sitzes M, Rose G, Bendfeldt, Steinmetz H. Silent cerebral embolism caused by neurologically symptomatic carotid high-grade stenosis: event rates before and after carotid endarterectomy. *Brain* 1993;116:1005–1015.
30. Steiger HJ, Schaeffler L, Boll J, Liechti S. Result of microsurgical carotid endarterectomy. A prospective study with transcranial Doppler and EEG monitoring, and elective shunting. *Acta Neurochir (Wien)* 1989;100:31–38.
31. Tegeler CH, Hitchings LP, Eicke M, *et al.* Microemboli detection in stroke associated with atrial fibrillation (abstract). *J Cardiovasc Tech* 1990;9:283–284.
32. Tegeler CH. Embolus detection in stroke patients. In: American Society of Neuroimaging, ed. *Neurosonology Course.* Minneapolis, Minn: *American Society of Neuroimaging* 1994:181–183.
33. Terenzi TJ. DeFabio DC. The role of transcranial Doppler sonography in the identification of patients at risk of cerebral and brainstem ischemia. *J Manipulative Physiol Ther.* 1996;19(6)406–414.
34. Totaro R, De-Matteis G, Marini C, Principe M. Cerebral blood flow in migraine with aura: a Transcranial Doppler sonography study. *Headache* 1992;32(9):446–451.
35. Young WB, Silberstein SB. Transcranial Doppler: technique and application to headache. *Headache* 1992;32:136–142. Paolin A, Manuali A, Di Paola F, *et al.* Reliability in diagnosis of brain death. *Int Care Med* 1995;21:657–662.
36. Lewis RR, Beasley MG, Gosling RG, *et al.* Investigation of brain death with Doppler-shift ultrasound. *J R Soc Med* 1983;76:308–310.

81 Acidente Vascular Cerebral Isquêmico

Odin Barbosa da Silva

O tecido cerebral necessita de boa oxigenação e bom aporte de glicose a fim de manter o seu perfeito funcionamento. Sabendo-se que a célula nervosa não se reproduz, a perda de neurônios secundária à falta de circulação pode ser um evento catastrófico, necessitando de diagnóstico precoce e tratamento adequado a fim de salvar vidas e limitar a extensão dos danos.

Embora seja uma doença de origem vascular e de alterações na coagulação sangüínea, a repercussão sobre o tecido cerebral é a causa dos sintomas, e é pensando na manutenção e recuperação neuronal que devemos atuar frente a essa patologia.

As primeiras descrições de quadros semelhantes a acidente vascular cerebral (AVC) são de Hipócrates, há 2.400 anos, vindo dessa época o termo apoplexia, do grego antigo (queda violenta).[15] Posteriormente, o termo apoplexia passou a ser relacionado a um sangramento intracraniano; somente no século XVII, Jacob Wepfer (Suíça, 1620-95), realizando dissecções na Universidade de Pádua, relacionou apoplexia com distúrbios isquêmicos, além de hemorrágicos. Esse conhecimento foi a base para a definição da doença como vascular cerebral, mas a classificação desses acidentes vasculares somente ocorreu no início do século XX, após o desenvolvimento de angiografias com contraste.[29] Entre os anos 1960 e 70 passou-se a enfatizar os fatores de risco, principalmente hipertensão arterial, na etiopatogenia dos AVCs, o que levou a queda nos índices de morbimortalidade pela patologia. A tomografia cerebral computadorizada foi um divisor de águas no diagnóstico precoce, e no fim dos anos 90 o uso de trombolíticos permitiu que a medicina pudesse intervir na história natural do acidente vascular cerebral isquêmico (AVCI), e não apenas em suas complicações.

No Brasil, dados do Datasus referem que o acidente vascular cerebral foi a 5ª causa de internação hospitalar em pessoas com mais de 60 anos de idade em 1998, após insuficiência cardíaca, bronquite/enfisema pulmonar, pneumonia e *diabetes mellitus*, acarretando mais de 83.000 óbitos.[16]

Nos Estados Unidos da América (EUA), mais de 750.000 pessoas apresentam novos AVCs anualmente, 72% têm mais de 65 anos, dois terços são negros, 8% morrem em 30 dias e 29% em 1 ano; cerca de um terço dos sobreviventes sofre novo episódio dentro dos próximos cinco anos. Estima-se um gasto anual de 43 bilhões de dólares. Lá os acidentes vasculares cerebrais são a terceira causa de morte, vindo logo atrás das doenças cardíacas e das neoplasias; mais de 160.000 americanos morrem por algum tipo de acidente vascular cerebral a cada ano.[15,31]

Entre os acidentes vasculares cerebrais, cerca de 80% são isquêmicos. Isso tem levado a grande produção científica sobre o assunto. Um levantamento feito pelo Cochrane Group, em 1995, mostrava que havia mais de 315 trabalhos randomizados para o acidente vascular cerebral isquêmico (AVCI), 78 para a hemorragia subaracnóidea (HSA) e 8 para o acidente vascular cerebral hemorrágico (AVCH).[26]

DEFINIÇÃO E CLASSIFICAÇÃO

Conceitua-se doença vascular cerebral como uma alteração patológica do tecido do sistema nervoso central decorrente de alteração nos vasos sangüíneos. O local de alteração vascular freqüentemente é intracraniano, mas o quadro pode estabelecer-se por distúrbios a distância (Quadro 81-1).

Quando há sangramento, pode ser para o espaço subaracnóideo (hemorragia subaracnóidea) ou para o tecido cerebral (acidente vascular cerebral hemorrágico propriamente dito).

O acidente vascular cerebral isquêmico pode ser definido como uma lesão neurológica aguda decorrente da redução ou suspensão total de perfusão sangüínea a um ou mais territórios arteriais cerebrais. Se não há reperfusão em curto prazo, aparece uma área de infarto; a reperfusão tardia desse local pode produzir um sangramento nesse tecido. Como o cérebro não consegue regenerar-se, após alguns dias forma-se uma reação cicatricial.[11,14]

Quadro 81-1. **Classificação dos acidentes vasculares cerebrais**

Hemorragia cerebral

- Hemorragia subaracnóidea
- Acidente vascular cerebral hemorrágico

Isquemia cerebral

- Ataque isquêmico transitório
- Acidente vascular cerebral isquêmico
  - Trombose cerebral
  - Embolia cerebral
  - AVC lacunar
  - Lesão por hipoperfusão

Define-se ataque isquêmico transitório (AIT) como um quadro de aparecimento súbito de alteração neurológica focal, produzido por distúrbio da circulação sangüínea, e que permanece por menos de 24 horas.[18]

ETIOLOGIA E FISIOPATOLOGIA

O sangue é levado ao cérebro através das circulações anterior e posterior. A circulação anterior é suprida pelas artérias carótidas e irriga 80% do tecido cerebral. As artérias carótidas dividem-se em cerebral média e cerebral anterior, formando o círculo ou polígono de Willis. A artéria cerebral anterior irriga as regiões basais e mediais de cada hemisfério e dois terços anteriores do lobo parietal; ainda supre áreas anteriores do núcleo caudado, cápsula interna e hipotálamo. A cerebral média irriga o putâmen, parte da cápsula interna, núcleo lentiforme e cápsula externa, além das superfícies laterais do córtex.

A circulação posterior vem das artérias vertebrais que penetram no crânio pelo forame magno e unem-se para formar a artéria basilar e, posteriormente, as cerebrais posteriores. A circulação posterior irriga o tronco cerebral, cerebelo, tálamo, orelha e lobo temporal médio.[14]

Existe uma rede de colaterais entre os dois hemisférios cerebrais, e a perviedade ou não desses vasos pode ser fator predominante na sintomatologia do AVC, por causa da reperfusão proveniente do lado oposto.[13]

O fluxo sangüíneo normal é de 40 a 60 ml/100 g/min. Fluxos menores que 15-18 ml/100 g/min causam alterações fisiológicas cerebrais importantes, e abaixo de 10 ml/100 g/min aparecem lesões anatômicas irreversíveis. É importante realçar que, similarmente ao que acontece com o miocárdio isquêmico, o AVC produz uma área de lesão máxima, com fluxo sanguíneo ausente ou muito baixo, circundada por uma "área de penumbra", com fluxo entre 10 e 18 ml/100 g/min. Essa área de lesão intensa tem recuperação difícil, mas é pensando na área de penumbra que o tratamento deve ser intensificado visando à sua recuperação.[20]

Diferentes fatores podem produzir AVC, sendo a formação de trombos intravasculares o principal desses (Quadro 81-2). Outros fatores facilitam o aparecimento da lesão vascular, destacando-se a hipertensão arterial e o *diabetes mellitus* (Quadro 81-3).

Os ataques isquêmicos transitórios (AIT) normalmente são produzidos por lesões embólicas provenientes de carótidas estenosadas ou do coração; AIT lacunares são provocados por estenose de pequenos vasos, normalmente por lipo-hialinose associada à hipertensão arterial. Embora, por definição, lesões com reversão de sintomas em até 24 horas sejam enquadradas nos AITs, sabe-se que poucas horas de isquemia já produzem lesões irreversíveis no parênquima encefálico.

***Quadro 81-2.* Fatores etiológicos para o AVCI**

Ateroesclerose	Embolismo cardíaco	Vasculites
Trombofilias	Vasoespasmo	Dissecção aórtica
Anticoncepcionais	Desidratação	Policitemia

***Quadro 81-3.* Fatores predisponentes do AVCI**

Hipertensão arterial	Fibrilação atrial	Idade > 60 anos
Hereditariedade	Estenose mitral	Infarto agudo do miocárdio
Diabetes mellitus	Hipercolesterolemia	Ataque isquêmico transitório
Estenose carotidiana	Anemia falciforme	Púrpura trombocitopênica trombótica
Tabagismo	Cocaína/anfetaminas	Sedentarismo

O AVCI trombótico desenvolve-se secundariamente a aterosclerose de vaso intracraniano, causando obstrução local ao fluxo ou deslocando-se para obstrução de uma artéria de menor calibre. Ateromas ou lipo-hialinólise são as causas mais comuns (essa última mais nas lesões lacunares).[32]

Os AVCIs de origem embólica são secundários a lesões cardíacas ou carotidianas e podem ser precedidos de AITs.

MANIFESTAÇÕES CLÍNICAS

No nível de conhecimentos atuais na prática clínica, o AVCI deve ser considerado uma emergência médica. O rápido reconhecimento dos sintomas, o diagnóstico e a confirmação com exames complementares permitem instituir terapias específicas e medidas de suporte que possibilitam a reversão da área isquemiada e a recuperação de parte das células nervosas atingidas.

A história da instalação dos sintomas com ênfase no horário de início (que costuma ser súbito) e na forma de progressão vai ajudar a definir o quadro e orientar quanto à provável localização da obstrução vascular. Freqüentemente, o paciente não pode relatar sua história, devido a problemas cognitivos, e os familiares presentes na ocasião podem fornecer os informes mais precisos.

Alterações do nível de consciência, cefaléia, náuseas, tonturas, convulsões, sudorese, palidez, taquicardia e hipertensão arterial são alguns dos sintomas sistêmicos mais comuns. Paresias, paralisias e outros distúrbios neurológicos específicos vão variar de acordo com os vasos atingidos e a área comprometida pelo processo isquêmico (Quadro 81-4).

Classicamente, conceitua-se o quadro como ataque isquêmico transitório (AIT) se esses sintomas e sinais revertem completamente em menos de 24 horas, embora existam propostas para redução desse tempo ou conceituação baseada na presença de lesões na RNM.[2,10] É importante o diagnóstico dos AITs, pois eles podem preceder um quadro definitivo, e há referência de que até 29% de pacientes que apresentaram um AIT terão um AVCI nos próximos 5 anos (4-8% no primeiro mês).[17]

O National Institutes of Health (NIH) publicou uma escala de AVC que deve ser utilizada para avaliação da gravidade e extensão da lesão e avaliação da resposta terapêutica (Quadro 81-5).[4] Em pacientes mais graves, a Escala de Coma de Glasgow,[30] embora tendo sido criada para avaliação de pacientes com traumatismo craniano, é largamente utilizada, tendo a

Quadro 81-4. Síndromes isquêmicas agudas

Artéria envolvida	***Síndrome***	***Fisiopatologia***
Artéria cerebral anterior	Déficit motor e/ou sensorial (pés > face e braços). Reflexos de sucção e preensão. Abulia, rigidez, apraxia do andar	Embolia > trombose
Artéria cerebral média	Hemisfério dominante: afasia, déficit motor e sensitivo (face e braço > perna > pé). Hemianopsia homônima	Embolia > trombose
	Hemisfério não-dominante: negligência, déficit motor e sensitivo (face e braço > perna > pé). Hemianopsia homônima	
Artéria cerebral posterior	Hemianopsia homônima. Dislexia (hemisfério dominante), alucinações visuais. Perda sensorial, coreoatetose, dor (tálamo). Paralisia do III nervo, paralisia do olhar vertical. Déficit motor (pedúnculo cerebral)	Embolia > trombose
Vasos penetrantes	Hemiparesia motora pura (síndrome lacunar clássica), déficit sensitivo puro. Hemiparesia, ataxia homolateral. Disartria, incoordenação das mãos	Infarto de pequenas artérias (lacunar)
Vertebrobasilar	Paralisia de nervos cranianos, déficit sensorial cruzado, diplopia, tontura, náusea, vômito, soluços, disartria, disfagia. Ataxia, déficit motor. Coma e sinais bilaterais sugerem lesão da basilar	Embolia = trombose
Artéria carótida interna	Síndrome de cerebral média (ocasionalmente anterior) progressiva ou intermitente; fluxo colateral insuficiente	Trombose > embolia

Adaptado de Overview of the evaluation of stroke – www.uptodate.com

Quadro 81-5. Escala de AVC do NIH

Nível de consciência	Alerta	0
	Acorda facilmente	1
	Torporoso	2
	Comatoso (apenas reflexos)	3
Orientação (perguntado pelo mês atual e idade)	Ambas as respostas corretas	0
	Uma resposta correta	1
	Nenhuma resposta correta	2
Comandos (abrir e fechar olhos e apertar e soltar mão não-parética)	Realiza ambas as tarefas	0
	Realiza apenas uma das tarefas	1
	Não realiza nenhuma das tarefas	2
Olhar	Normal	0
	Paralisia parcial	1
	Desvio forçado ou paralisia total	2
Campos visuais	Sem perda visual	0
	Hemianopsia parcial	1
	Hemianopsia completa	2
	Hemianopsia bilateral	3
Paralisia facial	Normal	0
	Mínima	1
	Parcial	2
	Completa	3
Motricidade MSE	Mantém posição	0
Estender os membros a 90° (sentado) ou 45° (supino) e sustentar por 10 s	Membro desce (um pouco) antes de 10 s	1
	Força pequena contra a gravidade, membro cai no leito	2
	Nenhum esforço contra a gravidade	3
	Nenhum movimento	4
	Membro amputado ou derrame articular no ombro	9

Quadro 81-5. Escala de AVC do NIH *(Cont.)*		
Motricidade MSD	Mantém posição	0
Estender o membro a 90°(sentado) ou 45°(supino) e sustentar por 10 s	Membro desce (um pouco) antes de 10 s	1
	Força pequena contra a gravidade, membro cai no leito	2
	Nenhum esforço contra a gravidade	3
	Nenhum movimento	4
	Membro amputado ou derrame articular no ombro	9
Motricidade MIE	Mantém posição	0
Deitado (supino), elevar a perna 30° e sustentar por 5 s	Membro desce (um pouco) antes de 5 s	1
	Força pequena contra a gravidade, membro cai no leito	2
	Nenhum esforço contra a gravidade	3
	Nenhum movimento	4
	Membro amputado ou derrame articular no ombro	9
Motricidade MID	Mantém posição	0
Deitado (supino), elevar a perna 30° e sustentar por 5 s	Membro desce (um pouco) antes de 5 s	1
	Força pequena contra a gravidade, membro cai no leito	2
	Nenhum esforço contra a gravidade	3
	Nenhum movimento	4
	Membro amputado ou derrame articular no ombro	9
Ataxia de membros	Ausente	0
	Presente em um membro	1
	Presente em dois membros	2
Sensibilidade (face, MMSS ou MMII)	Normal	0
	Perda parcial	1
	Perda severa ou total	2
Linguagem (nomear itens numa figura padronizada)	Sem afasia	0
	Afasia leve/moderada	1
	Afasia severa	2
	Afasia global/mutismo	3
Disartria	Articulação normal	0
	Disartria leve/moderada	1
	Disartria severa	2
	Intubado ou outra barreira física	9
Desatenção (durante o exame dos itens anteriores, observar visão, tato, audição, orientação espacial, cuidados pessoais)	Atenção normal	0
	Desatenção parcial	1
	Desatenção profunda	2

vantagem da facilidade da aplicação, podendo ser realizada por uma equipe bem-treinada de auxiliares de enfermagem na evolução diária (Quadro 81-6).

DIAGNÓSTICO DIFERENCIAL

O principal diagnóstico diferencial é com o acidente vascular cerebral hemorrágico (AVCH); essa diferenciação é fundamental na condução do tratamento e pode ser realizada através da tomografia cerebral precoce; o quadro clínico não é confiável para afastar hemorragia cerebral. A tomografia também mostra tumores e abscessos intracranianos que podem apresentar quadros semelhantes aos AVCIs, normalmente de instalação mais lenta e progressiva.

Hematomas pós-traumáticos, epi ou subdurais, principalmente em idosos, podem simular um quadro isquêmico e nem sempre são relacionados à ocorrência do trauma, que pode passar despercebido.

Distúrbios metabólicos, como hiperglicemia e encefalopatia hepática ou renal, podem produzir queda do nível de consciência e, se não há um acompanhante para descrever a história do evento, podem confundir no atendimento inicial; o mesmo pode ocorrer nas intoxicações exógenas.

Crises convulsivas podem ou não estar relacionadas a acidentes isquêmicos e podem produzir uma paralisia pós-ictal temporária (paralisia de Todd). Embolia gasosa deve ser lembrada se há história de mergulho ou de procedimentos médi-

Quadro 81-6. Escala de Coma de Glasgow		
Abertura ocular	Espontânea	4
	A estímulo verbal	3
	A estímulo doloroso	2
	Não abre os olhos	1
Resposta verbal	Orientado	5
	Confuso	4
	Palavras inapropriadas	3
	Sons incompreensíveis	2
	Nenhuma	1
Melhor resposta motora	Obedece a comando	6
	Localiza dor	5
	Retirada à dor	4
	Flexão anormal à dor	3
	Extensão à dor	2
	Nenhuma	1

cos que permitam entrada de ar no sistema vascular. Vasculites podem produzir distúrbios de perfusão cerebral com fisiopatologia e tratamento completamente diferentes. Paralisias periféricas levam a distúrbios motores localizados e sem queixas centrais.

Síndrome de Ménière e patologias que desencadeiam tonturas podem simular isquemia na área das artérias vertebrais.

DIAGNÓSTICO LABORATORIAL

A tomografia computadorizada (TC) cerebral é um exame que deve estar disponível e ser realizado rapidamente. Nas primeiras horas de um AVCI podem não aparecer alterações significativas, principalmente em aparelhos mais antigos e com tecnologia menos desenvolvida. Apesar disso, sua grande indicação é afastar processo hemorrágico, principalmente AVCH e HSA; a ausência de sangramento num paciente com queixas características reforça o diagnóstico de AVCI e libera o médico para o uso de fibrinolíticos, dependendo do tempo de instalação e da história anterior do paciente (Fig. 81-1). Após 24 a 48 horas, a TC deve ser repetida, mostrando então as áreas isquêmicas já definidas.

A ressonância nuclear magnética (RNM) tem sensibilidade melhor que a tomografia nas primeiras 24 horas, possibilitando, ainda, melhor visualização do território vertebrobasilar. Como é exame mais demorado e menos sensível para demonstrar hemorragias pequenas, não há indicação de ser usado na avaliação inicial. Em muitos serviços, a rotina é uma TC na admissão e RNM com 48 horas de evolução (Fig. 81-2).

A angiografia cerebral, com uso de contraste, mostra o ponto da obstrução e vem sendo usada para injeção local de trombolíticos (ainda aguardando maior experiência para comprovação científica).[8] A angiorressonância é um exame não-invasivo que vem sendo progressivamente mais usado para localização dos vasos afetados.

Embora não necessariamente no atendimento inicial, a investigação etiológica inclui ultra-sonografia com Doppler

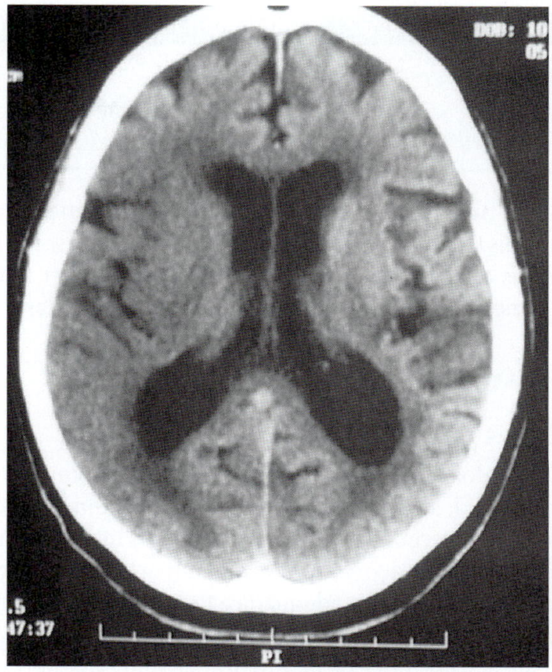

Fig. 81-1. Tomografia computadorizada num paciente com AVCI, 4 horas após o início de sintomas – sinais de isquemia anterior à esquerda, sem sangramentos ou infartos recentes.

das artérias carótidas e vertebrais, eletro e ecocardiograma e radiografia de tórax.

Doppler transcraniano e SPECT (*single photon emission computed tomography*) são alguns exames que ainda não são realizados rotineiramente, mas podem ser de ajuda na avaliação da circulação cerebral e do funcionamento tecidual.

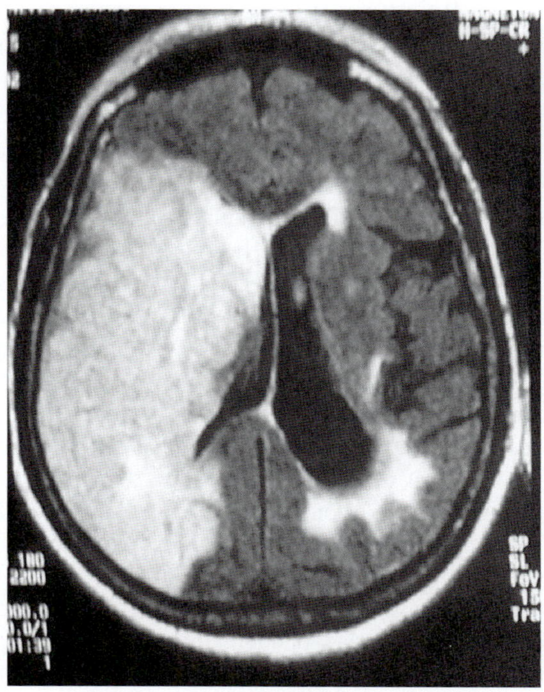

Fig. 81-2. RNM do mesmo paciente da Figura 81-1 após 48 horas – grande área isquêmica no território da artéria cerebral média direita; importante efeito de massa.

Quadro 81-7. Exames laboratoriais importantes no AVCI

Hemograma	Glicemia	Uréia
Creatinina	Ionograma	Gasometria arterial
Coagulograma	Triglicerídios	Colesterol total e frações

Ainda na emergência, deve ser retirado sangue para exames iniciais (Quadro 81-7). Recomendam-se testes sorológicos para sífilis e doença de Chagas.[22] Podem, ainda, ser necessários exames para doenças auto-imunes e trombofilias.

TRATAMENTO

Unidades de AVC

O uso dos trombolíticos mudou radicalmente a conduta frente ao AVCI; se até 20 anos atrás a abordagem ao paciente com isquemia cerebral consistia em tratar as intercorrências e prevenir as complicações, hoje se exigem um diagnóstico rápido e uma história clínica adequada a fim de identificar aqueles pacientes que serão beneficiados com seu uso.

Realizada correta e prontamente, a trombólise permite reversão do quadro, algumas vezes completamente. Em alguns países, como a Inglaterra e os EUA, campanhas de saúde pública esclarecem a população sobre a possibilidade de tratamento dos AVCIs e a necessidade do encaminhamento urgente para um serviço especializado.

Outro passo importante para recuperação do paciente com isquemia cerebral foi o aparecimento das Unidades de AVC (*Stroke Units*). Existem hoje evidências médicas de que, utilizando área própria, com pessoal especificamente treinado, a morbimortalidade dos AVCIs pode ser muito reduzida.[28] O departamento de saúde britânico recomenda que "todo paciente que possa ter um AVC deve ser tratado por uma equipe especializada e numa unidade designada para esse tratamento".[7] No Brasil ainda são poucos esses serviços, mas a sua disseminação deve ser estimulada como fator fundamental no tratamento do AVC.

Trombolíticos

Existem evidências de que exames angiográficos revelam que mais de 80% dos acidentes cerebrais isquêmicos decorrem de oclusão arterial.[21] Logo, parece claro que a desobstrução arterial deve ser tentada e pode melhorar o paciente. Estudos iniciais com estreptoquinase revelaram alta taxa de complicações e foram abandonados.

Trabalhos com o rt-PA foram mais efetivos, e desde a publicação, pelo *National Institute of Neurological Disorders and Stroke* (NINDS-NIH), de um grande estudo e a apresentação oficial de suas recomendações,[1,19] hoje existe consenso do uso dessa medicação, por via intravenosa, nas primeiras 3 horas após o início de um quadro de acidente vascular cerebral isquêmico, desde que sejam afastados os pacientes com contra-indicações. Estudos ainda são indefinidos quanto ao uso entre 3 e 6 horas.[5,24] O uso intra-arterial do rt-PA ainda é considerado experimental, embora haja indícios de que poderá vir a ser padronizado no futuro, principalmente naqueles pacientes com mais de 3 horas de sintomas.[1,8]

1. Eis os critérios de inclusão para uso de trombolítico no AVCI (AHA):
   - Serviço capacitado para atendimento emergencial e para lidar com possíveis complicações.
   - AVCI em qualquer território vascular.
   - Diagnóstico estabelecido por um médico com experiência em AVC e TC avaliada por médico experiente no procedimento.
   - TC com ausência de hemorragia ou outra doença que eleve risco de sangramento.
   - Início da infusão do rt-PA antes de 3 horas do início dos sintomas (horário inicial bem-estabelecido).
   - Paciente com mais de 18 anos de idade.
   - Consentimento por escrito do paciente ou responsável.
2. Critérios de exclusão para uso de trombolítico no AVCI (AHA):
   - Uso atual de anticoagulantes ou TP > 15 s (INR > 1,7).
   - Uso de heparina nas últimas 48 h e TTP alargado.
   - Plaquetas < 100.000/mm^3.
   - PA sistólica > 185 mmHg ou PA diastólica > 110 mmHg.
   - Sintomas melhorando rapidamente.
   - Deficiência neurológica leve ou isolada.
   - Hemorragia intracraniana anterior.
   - Glicemia < 50 mg% ou maior que 400 mg%.
   - Convulsões no início do quadro.
   - AVC ou traumatismo cranioencefálico (TCE) grave nos últimos 3 meses.
   - Cirurgia de grande porte nos últimos 14 dias.
   - Sangramento gastrintestinal ou urinário nos últimos 21 dias.
   - Infarto agudo do miocárdio (IAM) recente.

A dose total venosa do rt-PA é de 0,9 mg/kg (máximo de 90 mg); 10% são administrados em *bolus* e o restante em 60 minutos por bomba de infusão contínua. A infusão deve ser realizada por dois acessos venosos periféricos de bom calibre. Evitar punção venosa ou arterial e passagem de sonda nasogástrica antes e até 24 horas após a aplicação; sonda vesical de demora só deve ser usada após 30 minutos do término da infusão. O paciente deve ser monitorizado em Unidade de Terapia Intensiva (UTI) por pelo menos 24 horas após a infusão.[22] A principal complicação é o sangramento.

Medidas gerais

O paciente acometido de um AVCI deve ser rapidamente conduzido a um hospital e internado, de preferência numa Unidade de AVC ou, se esta não estiver disponível, numa UTI com pessoal treinado e capacitado para lidar com o problema. A cabeceira deve ser elevada a cerca de 30° e oxigênio nasal administrado se a oximetria de pulso estiver abaixo de 95%. Monitorização cardíaca contínua, vigilância não-invasiva de pressão arterial e avaliação seqüencial pelo hemoglicoteste. Ele deve ser adequadamente hidratado, evitando-se soluções que contenham glicose; a solução fisiológica (NaCl a 0,9%) é a mais indicada.[14,22]

Se há comprometimento respiratório, o paciente deve ser colocado em ventilação mecânica, recomendando-se manter PaO_2 pouco acima dos valores normais (100-120 mmHg) e PCO_2 entre 35-40 mmHg. A hiperventilação justifica-se apenas em casos de hipertensão intracraniana grave, com risco de herniação, e deve ser feita por curtos períodos de tempo, preferencialmente com monitorização do consumo cerebral de O_2.

Controle da pressão arterial

A pressão arterial costuma estar elevada durante a fase aguda de um AVCI, embora esse aumento da pressão possa ter efeito deletério sobre o tecido cerebral; na maioria das vezes a hipertensão é uma resposta fisiológica a fim de tentar manter uma adequada pressão de perfusão nas áreas de comprometimento circulatório. Por isso, alguns especialistas defendem não tratar a hipertensão com medicamentos nas fases iniciais e suspender os hipotensores de uso crônico anterior.[12,18] As diretrizes da AHA recomendam tratar pressão sistólica acima de 220 mmHg e pressão diastólica acima de 120 mmHg (Quadro 81-8). Se o paciente é candidato ao uso de trombolíticos, os valores devem estar abaixo de 180 para a sistólica e 110 para a diastólica.

A hipotensão pode ser um acontecimento de péssimas conseqüências para o tecido cerebral isquêmico e deve ser rapidamente tratada com expansão volêmica e vasopressores, se necessário. A monitorização hemodinâmica com catéter de Swan-Ganz não costuma ser necessária e deve ser evitada nas primeiras 24-48 horas se houver uso de trombolíticos.

Controle da glicemia

Sabe-se que a hiperglicemia agrava o quadro do AVC e a glicose deve ser medida pelo menos a cada 6 horas nas primeiras 72 horas de evolução. Pacientes diabéticos devem ser intensivamente tratados para manter valores próximos dos normais.[9]

Medicações que possam elevar a glicemia, como corticosteróides e glicose exógena, devem ser evitados. Não há consenso sobre o nível máximo a ser aceito da glicemia antes de iniciar o tratamento com insulina; alguns sugerem manter abaixo de 150 mg%, mas quase todos concordam em tratar com insulina sempre que ultrapassar 180 mg%.

Hipoglicemia produz outra fonte de agressão à célula nervosa, e níveis glicêmicos abaixo de 70 mg% precisam ser rapidamente revertidos.

Controle da temperatura

A temperatura corporal deve ser mantida em níveis normais. A hipertermia é deletéria ao sistema nervoso central, ainda mais quando isquêmico.[23] Essa situação é mais preocupante quando trabalhos mostram que a temperatura cerebral costuma estar acima daquela corporal medida.[25]

Estudos com hipotermia não são conclusivos e seu uso não se justifica, exceto com diminuição leve da temperatura e em estudos controlados.

Antiagregantes plaquetários e anticoagulantes

O uso de antiagregantes plaquetários tem sido defendido na fase aguda do AVC e como prevenção de episódios futuros. Apesar dos diversos medicamentos disponíveis no arsenal terapêutico, metanálise recente[6] apenas achou evidência de resultados favoráveis com ácido acetilsalicílico (aspirina); recomenda-se a dose de 160 a 325 mg/dia. Quanto aos outros antiagregantes, necessitam de maiores estudos antes de entrarem na prática médica para essa patologia.

Heparina subcutânea, não-fracionada ou de baixo peso deve ser utilizada para a prevenção de trombose venosa profunda, embora, em pacientes com AVC, falte evidência de diminuição de casos de embolia pulmonar.[6] Pacientes devem ser vi-

Quadro 81-8. Tratamento da pressão arterial no AVCI

Pacientes sem indicação de trombolíticos	
Nível da PA	Tratamento (A, B, C)
PAD > 140 mmHg	A
PAS > 220 + PAD 120-140 mmHg	B
PAS < 220 + PAD < 120 mmHg	C
Pacientes com indicação de trombolíticos	
Nível da PA	Tratamento (A, B, C)
PAD > 140 mmHg	A
PAS > 230 + PAD 121-140 mmHg	B
PAS 180-230 ou PAD 105-120 mmHg	B
A = **Nitroprussiato de sódio:** iniciar com 0,5 micrg/kg/min, até queda de 10 a 20% da PA	
B = **Labetalol*:** 10 a 20 mg EV em 1 a 2 min, se necessário repetir em 20 min até atingir dose total de 150 mg ou após a primeira dose, manter em 2 a 8 mg/min	
C = **Só tratar em vigência de outras complicações clínicas**	

Adaptada das recomendações da *American Heart Association (AHA)/Acute Stroke Collaboration.*[3]
* Não disponível do Brasil. Pode ser trocado por metoprolol – 5 mg, IV, a cada 10 min (máximo de 20 mg).

giados quanto ao risco de sangramentos, principalmente a transformação hemorrágica do AVC.

O uso de heparina, não-fracionada ou de baixo peso, em doses profiláticas ou terapêuticas, por via subcutânea ou venosa, em qualquer dos subtipos de AVCI, não foi comprovado alterar a extensão dos danos causados pela isquemia ou prevenir recorrência de eventos sucessivos. Os possíveis benefícios não são maiores que aqueles alcançados com aspirina isoladamente.

COMPLICAÇÕES

A complicação mais temida nos acidentes isquêmicos é a transformação hemorrágica. Na grande maioria dos infartos cerebrais acontece sangramento petequial discreto, freqüentemente assintomático e que poucas vezes evolui para hematoma volumoso que comprometa o prognóstico.

Convulsões ocorrem em até 10% dos AVCs na primeira semana, sendo a maior parte delas nas primeiras horas. O tratamento profilático não deve ser realizado rotineiramente e não influencia na evolução. As crises devem ser tratadas com benzodiazepínicos e hidantoína por via venosa; o cuidado principal é quanto ao aparecimento de arritmia, hipotensão e depressão respiratória.

Hidrocefalia é um evento pouco freqüente no AVCI, ocorrendo mais comumente em infartos cerebelares com compressão do IV ventrículo ou aqueduto.[22]

REFERÊNCIAS BIBLIOGRÁFICAS

1. AdamsJr HP, Brott TG, Furlan AJ *et al.* AHA Medical/Scientific Statement – Guidelines for Thrombolytic Therapy for Acute Stroke: A Supplement to the Guidelines for the Management of Patients With Acute Ischemic Stroke A Statement for Healthcare Professionals From a Special Writing Group of the Stroke Council, American Heart Association. *Circulation* 1996;94:1167–74.
2. Albers GW, Caplan LR, Easton JD *et al.* Transient Ischemic Attack - proposal for a new definition. *N Engl J Med* 2002; 347:1713–6.
3. Bath FJ, Bath PMW. What is the correct management of blood pressure in acute stroke? The Blood Pressure in Acute Stroke Collaboration. *Cerebrovasc Dis* 1997;7:205–213.
4. Brott TG, Adams Jr HP, Olinger CP *et al.* Measurements of acute cerebral infarction: a clinical examination scale. *Stroke* 1989;20:864–870.
5. Clark WM, Wissman S, Albers GW *et al.* Recombinant Tissue-Type Plasminogen Activator (Alteplase) for Ischemic Stroke 3 to 5 Hours After Symptom Onset. The ATLANTIS Study: A Randomized Controlled Trial. *JAMA* 1999;282:2019–2026.
6. Coull BM, Williams, LS, Goldstein LB *et al.* Joint Stroke Guideline Development Committee of the American Academy of Neurology and the American Stroke Association. Anticoagulants and Antiplatelet Agents in Acute Ischemic Stroke. *Stroke* 2002;33:1934–1942.
7. Department of Health. National service framework for older people. Standard 5: Stroke. London: Stationery Office, March 2001.
8. Hill MD, Barber PA, Demchuk AM *et al.* Acute Intravenous–Intra-Arterial Revascularization Therapy for Severe Ischemic Stroke. *Stroke* 2002;33:279–282.
9. Hill MD, Hachinski V. Stroke treatment: time is brain. *Lancet* 1998;352: (Suppl III) 10–14.
10. Johnston SC. Transient Ischemic Attack. *N Engl J Med* 2002;347:1687–92.
11. Kistler JP, Furie KL, Ay H. Definition and clinical manifestations of stroke and transient cerebral ischemia. acessado em 12/06/2002.
12. Lees KR. If I had a stroke. *Lancet* 1998; 352:(suppl III) 10–14.
13. Love BB, Biller J. Neurovascular System in Goetz, Textbook of Clinical Neurology 1999 W.B. Saunders Company.
14. Marx: Rosen's Emergency Medicine: Concepts and Clinical Practice, 5th ed., 2002 Mosby, Inc.
15. Methodist Health Care System. History of Stroke. www.methodisthealth.com/stroke/history.htm acessado em 27/11/2002.
16. Ministério da Saúde, Secretaria Executiva. A Saúde no Brasil: estatísticas essenciais 1990–2000 – Brasília, Ministério da Saúde, 2002.
17. Mohr JP, Caplan LR, Melski JW, *et al.* The Harvard Cooperative Stroke Registry: a prospective registry. *Neurology* 1978;28:754–762.
18. National Clinical Guidelines for Stroke – Update 2002. Royal College of Physicians of London. Lavenham Press Ltd, Sudbury, Suffolk, England.
19. National Institute of Neurological Disorders and Stroke rt-PA Stroke Study Group. Tissue plasminogen activator for acute ischemic stroke. *N Engl J Med* 1995;333:1581–1587.
20. Neurologic Support in Fundamental Critical Care Support. 1998, Society of Critical Care Medicine.
21. Paranhos JL e Equipe de Coordenação do CITIN. Curso de Imersão em Terapia Intensiva Neurológica – Associação de Medicina Intensiva Brasileira. 1ª Edição, 2002.
22. Primeiro consenso brasileiro do tratamento da fase aguda do Acidente Vascular Cerebral acessado em 17/11/2002.
23. Reith J, Jorgensen S, Pedersen PM, *et al.* Body temperature in acute stroke: relation to stroke severity, infarct size, mortality, and outcome. *Lancet* 1996;347:422–5.
24. Ringleb PA, Schellinger, MD, Schranz, MD *et al.* Thrombolytic Therapy Within 3 to 6 Hours After Onset of Ischemic Stroke – Useful of Harmful? *Stroke* 2002; 33:1437–41.
25. Schwab S, Spranger M, Aschoff A, et al. Brain temperature monitoring and modulation in patients with severe MCA infarction. *Neurology* 1997;48:762–67.
26. Stroke Council, American Heart Association. Guidelines for the Management of Spontaneous Intracerebral Hemorrhage. *Stroke,* 1999;30:905–915.
27. Stroke Ischemic. *http:www.pdxmd.com/framework/m_site.htm* Mdconsult acessado em 21/11/2002.
28. Stroke unit Trialists' Collaboration. Organised impatient (stroke unit) care for stroke. *Cochrane Database Syst Rev* 2000;(2):CD000197.
29. Stroke: Hope Through Research. National Institute of Neurological Disorders and Stroke. *www.ninds.nih.gov/health_and_medical/pubs/stroke_hope_through_research.htm* acessado em 27/11/2002.
30. Teasdake G. et al. Adding up the Glasgow Coma Score. *Acta Neurochir.* Suppl. 1979;28:13–6.
31. Thurman RJ, Jauch EC. *Acute ischemic stroke: emergent evaluation and management. Emerg Med Clin North Am* – 2002 Aug; 20(3);609.
32. Warlow CP, Epidemiology of stroke. *Lancet* 1998, 352:(suppl III) 1–4.

82

Tratamento Fibrinolítico no Acidente Vascular Cerebral Isquêmico

Antonio Claudio do Amaral Baruzzi • Elias Knobel

O acidente vascular cerebral isquêmico agudo (AVCI) é uma urgência vascular. Uma vez instalada a obstrução arterial, a necrose progride de uma área central para outras mais periféricas, isquêmicas e ainda viáveis. O uso de fibrinolítico em tempo hábil visa a restabelecer o fluxo arterial e a salvar os neurônios da área isquêmica, minimizando-se as seqüelas neurológicas decorrentes de sua obstrução.

As principais causas do AVCI são: ***aterotrombótica*** (80%), secundária a ruptura da placa aterosclerótica e formação de trombo oclusivo, e ***embólica*** (20%), geralmente êmbolos provenientes das câmaras cardíacas esquerdas.

O AVC é a primeira causa de óbitos no Brasil. A maioria dos sobreviventes apresenta seqüelas, com limitação da atividade física e intelectual, com elevado custo social.

A hipertensão arterial sistêmica, fumo, obesidade, *diabetes mellitus*, fibrilação atrial e a hipercolesterolemia são importantes fatores de risco para o AVCI.

FIBRINOLÍTICOS

O único fibrinolítico aprovado pelo FDA é o ativador do plasminogênio tecidual recombinante (rt-PA), baseado em um estudo americano conduzido pelo National Institute of Neurologic Diseases and Stroke (NINDS) e supervisionado pelo National Institute of Health (NIH).[1,2,3]

Esse estudo randomizou 624 pacientes, tratados com rt-PA (0,9 mg/kg – até 90 mg – EV) ou placebo nas primeiras 3 horas do AVCI. Ao término do terceiro mês, o grupo fibrinolítico apresentou pontuação neurológica 40% melhor do que o placebo, porém sem diferença na mortalidade (17% × 21%, $p = 0,30$). O risco de sangramento no SNC (observado na 36ª hora), em relação ao placebo, foi de 10,9% × 3,5% ($p < 0,001$), e a presença de hematoma foi de 6,4% × 0,6% ($p < 0,001$). Embora o risco de sangramento do SNC tenha sido maior para o grupo rt-PA, este não aumentou a mortalidade global observada no terceiro mês de evolução (Quadro 82-1).

Quadro 82-1. rt-PA no acidente vascular cerebral isquêmico agudo
Critérios de inclusão
1. Idade ≥ 18 anos
2. Início dos sintomas < 3 horas
3. Confirmação tomográfica
4. Ausência de alterações tomográficas: edema, efeito de massa, apagamento de sulcos, hemorragia
Excluir se algum item foi assinalado com NÃO
Critérios de exclusão
1. AVCI com pouca sintomatologia (<4 pontos na escala NIH)
2. AVCI com rápida melhora neurológica
3. História de AVCI, trauma craniano nos últimos 3 meses ou qualquer cirurgia intracraniana
4. AVCH pregresso, aneurisma cerebral ou malformação arteriovenosa
5. Crise convulsiva no início dos sintomas
6. Uso atual de anticoagulante oral
7. Uso atual de antiagregante plaquetário (exceto AAS)
8. Uso de heparina terapêutica nas últimas 48 horas
9. Alterações no coagulograma:
• Tempo da protrombina > 15 s
• INR > 1,7
• Plaquetas < 100.000/mm^3
10. Glicemia < 50 mg% ou > 400 mg%
11. Cirurgia de grande porte nos últimos 14 dias
12. Suspeita de sangramento ativo

Quadro 82-1. rt-PA no acidente vascular cerebral isquêmico agudo *(Cont.)*
13. Suspeita de dissecção carótida ou vertebrais 14. Infarto do miocárdio recente (entre 24 horas e 21 dias) 15. PAS >185 e PAD > 110 mmHg sem resposta ao hipotensor Excluir se em algum item foi assinalado com SIM. Cautela quando pontuação NIH > 22 pontos
Dose do rt-PA
1. EV periférico 0,9 mg/kg (máximo 90 mg): 10% *bolus* + restante em 60 min 2. EV intra-arterial (angiografia seletiva) 0,5 mg/kg: 10% *bolus* + restante em 60 min • Não existem estudos comparativos entre uso EV x intra-arterial do rt-PA • Até 3 horas do início dos sintomas: infundir rt-PA EV ou intra-arterial seletivo. • Entre 3 e 6 horas do início dos sintomas: infusão somente intra-arterial Não utilizar anticoagulantes ou antiagregantes nas 24 horas seguintes ao rt-PA
Cuidados no CTI
1. Observação neurológica contínua 2. Monitorização cardíaca e pressórica 3. Não realizar cateterização venosa central e punção arterial 4. Não passar sonda vesical até 30 min do término da infusão do rt-PA 5. Não passar SNG nas próximas 24 horas 6. Controle pressórico nas primeiras 24 horas: • 15/15 min nas primeiras 2 horas • 30/30 min nas próximas 6 horas • 60/60 min até completar 24 horas 7. Manter PAS < 180 mmHg e PAD < 105 mmHg com anti-hipertensivos
Suspeita de sangramento
1. Quando houver piora neurológica 2. Descontinuar rt-PA 3. Realizar CT de crânio com urgência 4. Colher coagulograma 5. Corrigir as suas alterações: infundir crioprecipitado (CRIO), plasma fresco, plaquetas e hemácias 6. Consultar neurocirurgião
Tratamento das complicações hemorrágicas
1. CRIO: 10 unidades EV (manter fibrinogênio sérico > 100 mg%) 2. Plasma fresco: 2 a 6 unidades 3. Se o tempo de sangramento > 9 min: plaquetas 10 unidade EV 4. Concentrado de hemácias: manter hemoglobina >10 g% 5. Épsilon (ácido épsilon-aminocapróico): 5 g EV 30-60 min + 0,5 g/h
Justificativa
• O CRIO é rico em fibrinogênio e fator VIII • PF é rico em fatores V, VIII e alfa$_2$-antiplasmina • Uma unidade de CRIO = 200-500 mg de fibrinogênio + 80 UI fator VIII • A meia-vida do fibrinogênio = 3-4 dias, fator VII = 9-18 h, fator V = 15-36 h • Manter o fibrinogênio sérico > 100 mg% e a atividade do fator VIII > 30%

Pelo risco hemorrágico, não é recomendada a utilização de heparina, anticoagulantes ou antiagregantes plaquetários nas primeiras 24 horas após a terapia fibrinolítica. No Anexo 1 é mostrado o protocolo utilizado pelo CTI-HIAE, conforme orientação da *American Heart Association e American Society of Neurology*.

PROTOCOLO (ANEXO 1)

Exames complementares

1. Hematócrito, glicemia, eletrólitos, colesterol total e frações, triglicerídios, coagulograma.
2. Radiografia do tórax; ECG; ecocardiograma; doppler da carótida.

ANEXO 1. Pontuação do *National Institute of Health* (NIH)	
I. **Consciência**	total ⇒
• Alerta	0
• Sonolento, porém acorda e responde coerentemente aos estímulos	1
• Torporoso, responde somente com a repetição dos estímulos, ou torporoso e necessita de estímulos mais vigorosos (dor) para realizar movimento (não-estereotipado)	2
• Coma, responde somente com reflexos motores ou automáticos ou totalmente sem resposta, flácido e arreflexo	3
II. **Nível de consciência**	total ⇒
1. ***Perguntas: mês e idade do paciente***	
• Responde a ambas corretamente?	0
• Responde apenas a uma delas corretamente?	1
• Responde incorretamente (inclusive se afasia)?	2
2. ***Comandos: fechar os olhos e levantar os braços***	
• Obedece corretamente	0
• Obedece apenas a um comando corretamente	1
• Não obedece (inclusive se afasia)	2
III. **Olhar conjugado**	total ⇒
• Normal	0
• Paralisia parcial do olhar conjugado. Essa pontuação é dada quando o olhar conjugado é anormal para um ou ambos os olhos, mas quando não há desvio do olhar ou paralisia total do olhar conjugado	1
• Desvio do olhar forçado, ou paralisia total do olhar conjugado não-modificada pelas manobras oculocefálicas	2
IV. **Visual**	total ⇒
• Ausência de déficit visual	0
• Hemianopsia parcial	1
• Hemianopsia completa	2
• Hemianopsia bilateral (incluindo cegueira cortical)	3
V. **Paralisia facial**	total ⇒
• Normal	0
• Paralisia leve (apagamento do sulco nasolabial, assimetria)	1
• Paralisia parcial (total ou quase total paralisia inferior da face)	2
• Paralisia completa de um ou ambos os lados (ausência de movimento facial superior e inferior)	3
VI. **Membro superior (D) e (E)?**	total ⇒
• Sem queda, mantém o membro em 90 (ou 45) graus por 10 s	0
• Queda, mantém o membro por 90 (ou 45) graus mas queda antes de completar 10 s, não chega a cair	1
• Apresenta esforço contra a gravidade, o membro não pode manter 90 (ou 45) graus, o membro cai até a cama e tem dificuldade de vencer a gravidade	2
• Não consegue vencer a gravidade, o membro cai	3
• Sem movimento	4
• Se amputação ou problemas osteoarticulares, explicar	

ANEXO 1. Pontuação do *National Institute of Health* (NIH) *(Cont.)*	
VII. **Membro superior (D) e (E)?**	total ⇒
• Sem queda, segura a perna em 30 graus por 5 s	0
• Queda, a perna cai no final de 5 s, mas não chega na cama	1
• Tem esforço contra a gravidade, a perna cai na cama nos 5 s, mas vence a gravidade	2
• Não consegue vencer a gravidade, o membro cai	3
• Sem movimento	4
• Se amputação ou problemas osteoarticulares, explicar	
VIII. **Sensibilidade**	total ⇒
• Normal	0
• Leve a moderado déficit de sensibilidade, hipoestesia	1
• Anestesia na face, membro superior e membro inferior	2
IX. **Linguagem**	total ⇒
• Normal	0
• Leve a moderada afasia, perda de fluência ou facilidade na compreensão, sem significativa limitação nas idéias expressas ou nas formas de expressão. Redução na fala e/ou na compreensão	1
• Afasia severa, toda comunicação é através de expressões fragmentadas, grande necessidade de inferir, questionar e adivinhar	2
• Mutismo, afasia global, sem expressão ou compreensão	3
X. **Disartria**	total ⇒
• Normal	0
• Leve a moderada, paciente pode ser compreendido com certa dificuldade	1
• Severa, quase ininteligível	2
• Se intubado ou outras barreiras, explicar	
XI. **Extinção e inatenção**	total ⇒
• Sem anormalidades	0
• Inatenção visual, tátil, espacial ou extinção aos estímulos simultâneos bilaterais em uma das modalidades sensoriais	1
• Hemi-inatenção severa ou hemi-inatenção a várias modalidades	2
• Assomatognosia	3
XII. **Função motora distal (D) e (E)**	total ⇒
• Normal (sem fletir após 5 s)	0
• Pelo menos alguma extensão após 5 s, mas não totalmente entendido. Qualquer movimento dos dedos que não é em resposta aos comandos não será avaliado	1
• Sem extensão voluntária nos 5 s	2
XIII. **Ataxia apendicular (MSD) (MSE) (MID) (MIE)?**	total ⇒
• Ausente	0
• Presente em um membro (superior ou inferior)	1
• Presente em dois membros (superior ou inferior)	2
Se amputação ou problemas osteoarticulares, explicar	

TOTAL DA PONTUAÇÃO:
Quando < 4: excluir do protocolo.
Quando > 22: individualizar a indicação do fibrinolítico.

REFERÊNCIAS BIBLIOGRÁFICAS

1. Broderick JP, Hacke W. Treatment of acute ischemic stroke. Circulation. 2002:106:1563–1569.
2. Ninds rt-PA Stroke Study Group. Tissue plasminogen activator for acute ischemic stroke. *N Engl J Med.* 1995;333:1581-1587.
3. Marler JR, Tilley BC, Lu M, et al. Early stroke treatment associated with better outcome: the NINDS rt-PA stroke study. *Neurology.* 2000, 55:1649–1655.

83 Acidente Vascular Encefálico Hemorrágico – Hemorragia Intraparenquimatosa

Rogério da Silveira

A hemorragia intraparenquimatosa (HIP) pode ser de origem traumática ou espontânea. Enfocaremos neste capítulo a HIP espontânea, especialmente a hipertensiva, por ser essa a etiologia mais comum.

Outras causas menos comuns de HIP espontâneas são as malformações vasculares, aneurismas, angiopatias congofílicas, vasculites, doença de moyamoya, drogas e medicações, tumores metastáticos, tumores primários e distúrbios da coagulação.

Resulta da ruptura de vasos intracerebrais, levando à formação de hematoma dentro da substância cerebral.

A HIP é responsável por 10% a 30% de todos os casos de acidente vascular cerebral (AVC), com potencial de piora em um terço dos pacientes. Apresenta morbidade e mortalidade piores que o AVC isquêmico e a hemorragia subaracnóide (HSA).[1] Por esse motivo, todos os pacientes com esse diagnóstico devem permanecer monitorizados em Unidades de Terapia Intensiva por período mínimo de 24 horas.

De 35% a 52% dos pacientes evoluem para óbito no primeiro mês. Metade dos óbitos ocorre nos primeiros dois dias.[1,3,4] Apenas 20% terão vida independente aos 6 meses de evolução.[2,4]

Os fatores de risco mais importantes para a HIP são a hipertensão arterial e o avançar da idade.[2] A origem africana, hispânica ou asiática tem incidência maior de HIP que os brancos. Os homens são mais acometidos que as mulheres.

A HIP é decorrente da vasculopatia da hipertensão arterial crônica que afeta os vasos de pequeno calibre, especialmente os penetrantes. Com o enfraquecimento das paredes dessas arteríolas ocorre a formação de microaneurismas (Charcot-Brouchard) que se rompem em situações de estresse e aumento súbito da pressão arterial.[14]

QUADRO CLÍNICO[5]

O quadro clínico clássico é a presença de déficit neurológico de instalação em minutos ou horas, cefaléia, náuseas, vômitos e rebaixamento do nível da consciência em associação a níveis pressóricos arteriais elevados. Todavia, é sabido que 34% a 38% dos pacientes têm seu déficit neurológico instalando-se subitamente.[5] Apenas 50% dos pacientes apresentam rebaixamento do nível da consciência na fase inicial da HIP, cefaléia em 40%, náuseas e vômitos em 49%.[5] A elevação da pressão arterial é observada em 90% dos casos.

Com o advento da tomografia computadorizada de crânio (TCC), ficou demonstrado que, apenas com dados clínicos, a diferenciação segura entre AVC isquêmico e hemorrágico não é possível.

A evolução progressiva, a presença de vômitos e cefaléia nos pacientes com suspeita de AVC são achados clínicos mais comuns na hemorragia cerebral, sugerindo a etiologia hemorrágica e não a isquêmica para o déficit neurológico agudo.

O tipo de déficit neurológico encontrado dependerá da localização e do volume do hematoma. As apresentações clássicas são:

1. Putâmen

Responsável por 25% das HIP.[6] O quadro clínico inicial é dominado pelo déficit motor dimidiado (hemiparesia ou hemiplegia) contralateral. Perda hemissensorial em menor grau. Podemos encontrar também desvio horizontal do olhar contralateral e dificuldade na linguagem (disfasia global) transitória nos hematomas no putâmen do hemisfério dominante (usualmente o esquerdo).[8]

2. Tálamo

Responsável por 23% das HIP.[6] O quadro clínico inicial é dominado pelo déficit sensitivo, com perda hemissensorial contralateral. O déficit motor contralateral é menos marcante ou de aparecimento secundário. Podemos encontrar desvio vertical do olhar, com os olhos desviados para baixo. Quando o tálamo acometido for do hemisfério dominante, podemos encontrar disfasia não-fluente.[8]

3. Ponte

Responsável por 4% das HIP.[6] Usualmente encontramos o paciente em coma, com distúrbios respiratórios e do controle térmico. Os achados de pupilas puntiformes, reagentes à luz, em posição central, são bem característicos dessa localização. Também característica é a presença de movimentos rápidos dos globos oculares para baixo, seguidos de movimento lento para cima.[8]

4. Lobos cerebrais

Responsável por 32% das HIP.[6] Ocorre mais comumente nos 2/3 posteriores dos hemisférios. Sua diferenciação com o AVC isquêmico é mais difícil, uma vez que a presença de vômitos e evolução progressiva é menos comum. Também nessas regiões encontramos mais freqüentemente malformações vasculares, angiopatia congofílica e os tumores. A manifestação clínica depende do lobo acometido: lobo frontal – distúrbio comportamental, déficit motor e desvio do olhar contralateral; lobo parietal – déficit sensitivo contralateral, déficit de campo visual contralateral, distúrbios da gnosia; lobo temporal – estado confusional, afasia (hemisfério dominante), déficit de campo visual contralateral; lobo occipital – déficit de campo visual contralateral, dor ocular ipsilateral.

5. Cerebelo

Responsável por 11% das HIP.[6] Cefaléia occipital, náusea, vômitos, incoordenação dos membros, marcha ebriosa, alteração da consciência e anormalidades nos nervos cranianos são os achados mais freqüentes.

EXAMES COMPLEMENTARES

Rotina laboratorial

Os exames úteis na avaliação inicial são: hemograma, coagulograma, eletrólitos, funções renal e hepática, eletrocardiograma, radiografia de tórax. O leucograma pode auxiliar na detecção de uma HIP associada a endocardite. O coagulograma pode tornar evidente uma anormalidade na coagulação. A função renal e os eletrólitos podem estar alterados na falência renal comumente associada a HIP. Não é incomum a presença de disritmias ou de isquemia miocárdica, potencialmente demonstráveis pelo eletrocardiograma.

Tomografia cerebral

É o exame de imagem inicial de escolha. O hematoma aparece como imagem hiperdensa, com bordas nítidas, de difícil erro de interpretação. Diante de achados como hemorragia subaracnóide, hemorragia intraventricular, calcificações anormais intraparenquimatosas, estruturas vasculares proeminentes ou hemorragia perissilviana, a solicitação de arteriografia cerebral poderá ser de auxílio no diagnóstico etiológico da HIP.[9]

Arteriografia cerebral

A angiografia cerebral deve ser considerada quando houver a possibilidade de malformação vascular ou aneurisma, especialmente em pacientes jovens, normotensos, com hematoma lobar e clinicamente estáveis.[9]

Pacientes com HIP em putâmen, tálamo, ponte ou cerebelo, hipertensos crônicos e TCC sem achados que sugiram lesão estrutural não deverão realizar arteriografia.

O momento para a realização da arteriografia é controverso. Nos pacientes estáveis candidatos a cirurgia com hematoma lobar e suspeita de ruptura de aneurisma normalmente a realização da arteriografia é precoce. Nos demais casos, normalmente se espera 2 meses para a realização da arteriografia.

Ressonância cerebral

Pode ser útil em pacientes selecionados, devendo ser considerada nos pacientes normotensos, com hemorragia lobar e angiografia normal, em que há a possibilidade de malformação cavernosa.

TRATAMENTO[9]

Clínico

■ *Abordagem inicial*

A abordagem inicial é semelhante à de todo paciente com quadro emergencial: realização do ABCD. A avaliação das vias aéreas, da ventilação, do estado circulatório e dos déficits neurológicos deve ser sistematizada.

Oxigênio deve ser administrado em todos os pacientes. Considerar a intubação orotraqueal precoce naqueles com alteração do nível da consciência, hipóxia, insuficiência respiratória aguda ou risco evidente de broncoaspiração.

Esteróides, hemodiluição e o uso do manitol não foram benéficos em quatro estudos randomizados.[10-13]

Pressão arterial

Hipertensão arterial é observada em mais de 90% dos pacientes; 34% apresentam pressão arterial média superior a 140 mmHg e 78% com PAM superior a 120 mmHg.[5] Um grande declínio espontâneo ocorre nas primeira 24 horas. Poderíamos pressupor que se deve baixar a pressão arterial para reduzir os riscos de expansão do hematoma. Um estudo prospectivo não demonstrou relação entre o crescimento do hematoma e o nível da pressão arterial.[7] Rebaixamento excessivo da pressão arterial pode levar a queda na perfusão cerebral, piorando o quadro neurológico, especialmente diante de aumento da pressão intracraniana.

A recomendação da *American Heart Association* é para se manter a PAM abaixo de 130 mmHg nos pacientes com história de hipertensão arterial sistêmica.[9,14] Nos pacientes com monitorização da pressão intracraniana, a PAM deve ser ajustada objetivando-se manter pressão de perfusão cerebral (PAM – PIC) superior a 70 mmHg. Nos pacientes que forem submetidos a intervenção neurocirúrgica, a PAM deve permanecer inferior a 110 mmHg no pós-operatório imediato. Caso a PA sistólica fique menor que 90 mmHg, soluções pressóricas devem ser administradas.[9,14]

Recomendações da *American Heart Association* no controle da PA:[9]

- Se PA sistólica > 230 mmHg ou PA diastólica > 140 mmHg em duas medidas com 5 minutos de intervalo, iniciar nitroprussiato (0,5-10 μg/kg/min).
- Se PA sistólica for de 180 a 230 mmHg ou PA diastólica de 105 a 140 mmHg ou PAM ≥ 130 mmHg em duas medidas com 20 minutos de intervalo, iniciar labetalol (não-disponível no Brasil), esmolol, enalapril via venosa.
- Se a PA sistólica for < 180 mmHg e a PA diastólica for < 105 mmHg, não utilizar terapia hipotensora.

Tratamento hídrico

Devemos utilizar apenas soluções isotônicas na hidratação de qualquer paciente com lesão do sistema nervoso central. A euvolemia deve ser perseguida, mantendo-se a pressão venosa central entre 5 e 12 mmHg ou a pressão de oclusão da artéria pulmonar entre 10 e 14 mmHg.

■ *Prevenção de convulsões*

Devido ao alto potencial de evolução desfavorável que pode piorar mediante uma crise convulsiva, recomenda-se a utilização de fenitoína (15 a 20 mg/kg em *bolus* seguido de 100 mg IV 8/8 horas). Não se deve esquecer que a fenitoína precipita em soluções contendo glicose e que a administração nunca deve superar a taxa de 50 mg/minuto. Caso não haja crise convulsiva, recomenda-se a suspensão em 30 dias.

Outros

A glicemia deve ser monitorizada de forma intensiva principalmente nas primeiras 48 a 72 horas. Sugere-se um intervalo de 6 horas. Dar glicose hipertônica (mínimo de 25 gramas) aos pacientes com glicemia menor que 70 mg%. Sugere-se o uso de insulina regular sempre que os níveis glicêmicos excedam 150 mg%.[15]

A temperatura deve ser mantida nos valores normais. O uso de dipirona, acetaminofen ou de compressas frias pode ser útil. Devemos evitar ácido acetilsalicílico, heparina ou heparinóides, especialmente na fase aguda.

Cirúrgico

É possível estimar-se o volume da HIP pelo cálculo do volume elipsóide. A fórmula é: volume = $4/3\ \pi\ 0{,}5A \times 0{,}5B \times 0{,}5C$. A é o maior diâmetro do hematoma, B é o maior diâmetro a 90° de A, e C é o maior diâmetro vertical contando os cortes da tomografia em que aparece sangue.

Não são candidatos a intervenção neurocirúrgica todos os pacientes com hematomas < 10 cm^3, ou que tenham pontuação na Escala de Coma de Glasgow ≤ 4.

Indica-se intervenção neurocirúrgica:

- Na hemorragia cerebelar com > 3 cm de diâmetro e piora do quadro neurológico ou caso haja sinais de compressão do tronco cerebral e hidrocefalia.
- Nos pacientes com HIP associados a lesão estrutural (malformação arteriovenosa, aneurisma ou angioma cavernoso) se houver bom prognóstico e a lesão for acessível do ponto de vista cirúrgico.
- Pacientes jovens com hematomas de tamanho moderado a grande (≥ 50 cm^3), que evoluem com piora neurológica.

REFERÊNCIAS BIBLIOGRÁFICAS

1. Broderick J, Brott T, Tomsick T, Miller R, Huster G. Intracerebral hemorrhage is more than twice as common as subarachnoid hemorrhage. *J Neurosurg.* 1993;78:188–191.
2. Broderick J. Intracerebral hemorrhage. *In* Gorelick PB, Alter M (Eds.) *Handbook of Neuroepidemiology.* New York, NY: Marcel Dekker, Inc; 1994. pp. 141–167.
3. Anderson CS, Chakera TM, Stewart-Wynne EG, Jamrozik KD. Spectrum of primary intracerebral haemorrhage in Perth, Western Australia, 1989. p. 90: incidence and outcome. *J Neurol Neurosurg Psychiatry.* 1994;57:936–940.
4. Counsell C, Boonyakarnkul S, Dennis M, Sandercock P, Bamford J, Burn J, Warlow C. Primary intracerebral haemorrhage in the Oxfordshire community stroke project, 2: prognosis. *Cerebrovasc Dis.* 1995;5:26–34.
5. Caplan L. General symptoms and signs. In: Kase CS, Caplan LR (eds.) *Intracerebral Hemorrhage.* Boston, Mass: Butterworth-Heinemann; 1994. pp. 31–43.
6. Massaro AR, Sacco RL, Mohr JP *et al.* Clinical discriminators between labor and subcortical hemorrhage. *Neurology* 1991;41:1881–1885.
7. Brott T, Broderick J, Kothari R, Barsan W, Tomsick T, Sauerbeck L, Spilker J, Duldner J, Khouri J. Early hemorrhage growth in patients with intracerebral hemorrhage. *Stroke.* 1997;28:1–5.
8. Tsubouchi MH, Arruda WO. Hemorragia intracerebral. *In* Gagliardi RJ. *Doenças Cerebrovasculares: condutas.* São Paulo, Editora Geográfica; 1996. pp 235–241.
9. Guidelines for the Management of Spontaneous Intracerebral Hemorrhage – AHA. *Stroke.* 1999;30:905–915.
10. Italian Acute Stroke Study Group. Haemodilution in acute stroke: results of the Italian haemodilution trial. *Lancet.* 1988;1:318–321.
11. Yu YL, Kumana CR, Lauder IJ, Cheung YK, Chan FL, Kou M, Chang CM, Cheung RT, Fong KY. Treatment of acute cerebral hemorrhage with intravenous glycerol: a double-blind, placebo-controlled, randomized trial. *Stroke.* 1992;23:967–971.
12. Poungvarin N, Bhoopat W, Viriyavejakul A, Rodprasert P, Buranasiri P, Sukondhabhant S, Hensley MJ, Strom BL. Effects of dexamethasone in primary supratentorial intracerebral hemorrhage. *N Engl J Med.* 1987;316:1229–1233.
13. Tellez H, Bauer R. Dexamethasone as treatment in cerebrovascular disease, 1: a controlled study in intracerebral hemorrhage. *Stroke.* 1973;4:541–546.
14. Diringer MN. Intracerebral hemorrhage: pathophysiology and management. *Crit Care Med.* 1993;21:1591–1603.
15. Andre C. Controle da glicemia na fase aguda do acidente vascular cerebral. In: Gagliardi RJ. Tratamento da Fase Aguda do Acidente Vascular Cerebral. São Paulo, Editora Lemos; 2000, pp. 33–35.

84 Infecções do Sistema Nervoso Central

Joaquim Duarte Silva • Roberto Outeiro Jr. • Cinara Jorge da Cunha

As infecções do Sistema Nervoso Central (SNC) constituem causa freqüente de internação em Unidades de Tratamento Intensivo, podendo ter uma evolução rapidamente progressiva, por vezes ocasionando lesões permanentes no SNC ou mesmo levando ao óbito. A suspeição e o diagnóstico precoce possibilitam o início de terapêutica específica, contribuindo para a reversão desse cenário.

Na avaliação de um paciente com suspeita de infecção do SNC, é necessário estabelecer uma seqüência na abordagem, buscando, em primeiro lugar, caracterizar se estão presentes ou não sinais focais ao exame neurológico. A seguir, buscar evidências de hipertensão intracraniana, o que pode postergar a realização de punção liquórica, até a obtenção de uma tomografia computadorizada do crânio. Outra diferenciação de relevância clínica nessa abordagem inicial é a identificação de comprometimento do sistema imunológico, principalmente em decorrência de infecção pelo HIV.

Apresentaremos neste capítulo as infecções do SNC divididas em *difusas* (meningites e encefalites) e *focais* (abscessos, tromboses sépticas), decorrentes de *toxinas bacterianas* e *neuroinfecções em imunodeprimidos*.

As principais manifestações clínicas que sugerem infecções do SNC incluem manifestações devidas a alterações generalizadas tais como cefaléia, convulsões, rebaixamento do nível de consciência, entre outras; e/ou sinais e sintomas decorrentes de lesões focais do SNC.

INFECÇÕES DIFUSAS DO SNC

Meningite bacteriana[1,8]

Decorre da infecção bacteriana das leptomeninges, sendo mais incidente em crianças, idosos e em pacientes imunocomprometidos. Apenas cerca de 1/3 dos casos ocorre em adultos.

O reconhecimento imediato dessa patologia e o conseqüente início do tratamento podem reverter totalmente o quadro. No entanto, o retardo no diagnóstico, bem como uma abordagem terapêutica inadequada, contribui significativamente para aumento do risco de óbito ou para graves seqüelas neurológicas entre os que sobrevivem.

O característico sinal de irritação das meninges pode estar ausente, principalmente nas faixas etárias de maior incidência. Apenas a dificuldade do paciente em informar com coerência uma história clínica pode levar a uma suspeição de infecção do SNC.

A fundoscopia revelando edema de papila é indício de hipertensão intracraniana (HIC) severa. O aparecimento de petéquias sugere meningococcemia. *Hemophilus influenzae, Neisseria meningitidis* (meningococo) e *Streptococcus pneumoniae* (pneumococo) são os agentes etiológicos responsáveis por até 85% das meningites bacterianas.

A freqüência dos sinais clínicos – associados ao agente etiológico – nas meningites bacterianas é demonstrada no Quadro 84-1.

Exames de imagem antecedendo a punção do liquor só estão indicados quando houver suspeita de HIC, com sinais de localização. Assim mesmo, o início da antibioticoterapia empírica não deve ser retardado em função da realização desses exames.

A avaliação do líquido cefalorraquidiano (LCR) é fundamental para o diagnóstico das meningites. A associação de baixos níveis de glicose com elevada contagem de leucócitos polimorfonucleares no liquor estabelece o diagnóstico de "meningite purulenta", justificando a introdução imediata de antibioticoterapia empírica. A pesquisa de microrganismo na bacterioscopia ou mesmo na cultura do liquor só será útil quando positiva. Quando os resultados forem negativos, a detecção de antígenos por imunoensaio poderá ser útil (Quadro 84-2).

Os princípios para introdução da terapia antimicrobiana empírica nas infecções do SNC são os mesmos aplicados a qualquer outra infecção. Esses são: a identificação dos mais prováveis agentes etiológicos e o conhecimento de suas respectivas sensibilidades aos antibióticos disponíveis. No caso da infecção do SNC é fundamental o conhecimento da capacidade de penetração e concentração da droga no LCR (Quadro 84-3).

A existência de fratura da base do crânio, em associação com sinusite, competência imunológica, entre outras condições específicas, influi na escolha das drogas a serem utilizadas. Antes de iniciarmos algum antibiótico de maneira empírica, é necessário caracterizar se existe alguma dessas características.

O uso de esteróides de rotina nas meningites bacterianas é controverso; quando utilizado, deve ser restringido aos casos mais graves; com elevada pressão do LCR; bacterioscopia do LCR com presença maciça de bactérias gram-positivas, es-

Quadro 84-1. Meningite bacteriana: freqüência dos sinais clínicos associados ao agente etiológico

	Agente etiológico			
Sinais clínicos (%)	***N. meningitidis* (53 casos)**	***S. pneumoniae* (53 casos)**	***H. influenzae* (53 casos)**	***Outros* (58 casos)**
Artralgia	8	0	0	2
Calafrios	38	21	3	19
Cefaléia	47	25	17	38
Confusão mental	38	56	49	50
Dor de garganta	25	5	9	3
Dor de ouvido	4	10	11	10
Febre	85	46	83	66
Fotofobia	4	0	0	0
Mialgia	4	2	0	2
Rigidez de nuca	28	11	49	24
Rinorréia	21	14	40	17
Vômitos	70	25	54	43

Quadro 84-2. Análise do LCR – achados típicos nas meningites

	Meningite bacteriana	*Meningite não-bacteriana*
Contagem de células	1.000 a 10.000 cel/mm³	10 a 1.000 cel/mm³
Contagem específica	> 80% neutrófilos	< 40% neutrófilos
Proteínas	100-500 mg%	50-100 mg%
Glicose	< 40 mg%	> 40 mg% ou normal (45-80 mg%)
Glic. sérica/Glic. LCR	< 0,4	Normal (0,6)

pecialmente se houver mínima pleocitose. Nesses casos, a dexametasona é o esteróide de eleição. Nos casos de meningite bacteriana em crianças por *H. influenzae*, está formalmente indicado o uso de esteróides.

Aproximadamente metade dos pacientes irá desenvolver algum tipo de complicação, a despeito de um tratamento adequado. Entretanto, sabe-se que a maior incidência dessas complicações residirá nos casos em que houver demora no início da antibioticoterapia.

As complicações mais freqüentes são:

- Acidente vascular encefálico.
- Déficit focal permanente.
- Edema cerebral.
- Hidrocefalia.

Quadro 84-3. Antibioticoterapia empírica para meningites bacterianas

Situação clínica	*Agente etiológico provável*	*Antibiótico de escolha*	*Penetração no LCR*
Prematuro até < 1 mês	Estreptococos do grupo B: *E. coli*	Ampicilina + cefotaxima	+ + +
1-3 meses	*S. pneumoniae* *H. influenzae* *N. meningitidis*	Ampicilina + (cefotaxima ou ceftriaxona)	+ + +
3 meses a 18 anos	*S. pneumoniae* *H. influenzae* *N. meningitidis*	Cefotaxima ou ceftriaxona	+ + +
18 a 50 anos	*S. pneumoniae* *N. meningitidis*	Cefotaxima ou ceftriaxona	+ + +
> 50 anos/alcoolismo co-morbidade	*S. pneumoniae* *Listeria*	Ampicilina + (cefotaxima ou ceftriaxona)	+ + +
Pós-neurocirurgia ou pós-TCE	*S. pneumoniae* (mais comum) *S. aureus/ P. aeruginosa*	Vancomicina + ceftazidima	+ + +

- Paralisia dos nervos cranianos.
- Surdez.
- Tromboflebite de seios venosos.

Nos casos em que há contato íntimo com o paciente, ou exposição às secreções de vias aéreas superiores de pacientes com meningococcemia, está indicada a antibioticoprofilaxia. A droga de escolha é a rifampicina por VO (10 mg/kg) a cada 12 horas, durante 2 dias.

Encefalites e encefalomielite[2]

Encefalite é uma infecção do parênquima cerebral caracterizada por febre, cefaléia e alteração do nível de consciência. Pode ocasionar déficit neurológico focal ou multifocal, assim como crises convulsivas focais ou generalizadas.

Entre as principais causas, estão o herpesvírus tipo 1 e o herpesvírus tipo 2 em neonatos. Os principais agentes etiológicos nos pacientes imunocomprometidos são o herpesvírus tipo 1(HSV-1), varicela-zoster (VZV), Epstein-Barr (EBV), citomegalovírus (CMV), herpesvírus tipo 6 (HHV-6) e enteroviroses.

A encefalomielite pós-infecciosa é uma doença inflamatória aguda desmielinizante que pode acometer o cérebro, o nervo óptico ou a medula espinhal, ocorrendo tipicamente dias ou semanas após infecções respiratórias ou vacinação. É estabelecido que a encefalomielite pós-infecciosa é uma doença auto-imune.

As encefalites e a encefalomielite pós-infecciosa não podem ser diferenciadas pela apresentação clínica, sendo a última freqüentemente um diagnóstico de exclusão (Quadros 84-4 e 84-5).

Quadro 84-4. **Causas virais de encefalomielite aguda**

Infecção direta	***Pós-infecção***
Adenovírus	Caxumba
Arenavírus	Epstein-Barr
Caxumba	Herpesvírus
Citomegalovírus	Influenza
Coxsackievírus	Morbilivírus
Dengue	*Paramyxoviridae*
Ebola	*Poxviridae*
Echovírus	Rubéola
Enterovírus	Sarampo
Epstein-Barr	Vacínia
Flavivírus	Varicela-zoster
Hepatite A	
Herpesvírus	
HIV	
Lentivírus	
Morbilivírus	
Paramixovírus	
Picornavírus	
Poliovírus	
Retroviridae	
Rhabdoviridae	
Sarampo	
Varicela-zoster	

Quadro 84-5. **Causas não-virais de encefalomielite**

- *Acantamoeba*
- Actinomicose
- Carcinoma
- Clamídia
- Criptococos
- Doença da arranhadura do gato
- Doença de Lyme
- Doença de Whipple
- Endocardite bacteriana subaguda
- Febre das Montanhas Rochosas
- Febre Q
- Histoplasma
- *Legionella*
- Leptospirose
- Micoplasma
- *Naegleria*
- *Nocardia*
- *Plasmodium falciparum*
- Reações medicamentosas
- Sífilis (meningovascular)
- Tifo
- Toxoplasma
- Tripanossomíase
- Tuberculose
- Vasculite

Fisiopatologia

O acometimento do sistema nervoso central pelo agente infeccioso pode ser por via direta ou indireta. A via de invasão mais comum é a hematogênica, principalmente por infecções virais. O sítio inicial de entrada do patógeno e de sua replicação pode ser: o trato respiratório (sarampo, caxumba, varicela-zoster, *Micobacterium tuberculosis, Criptococcus neoformans*), trato gastrintestinal (poliovírus, echovírus, *Listeria monocytogenes)*, trato genital (herpesvírus) ou o tecido subcutâneo (*Rickettsia rickettsia, Rickettsia typhi*, tripanossoma). O envolvimento do sistema nervoso central, em sua maior parte, é pouco comum nas infecções mais freqüentes.

Uma vez presente no sistema nervoso central, o agente infeccioso atingirá apenas determinadas células, proporcionando a partir daí uma variedade de manifestações clinicas, como crises convulsivas focais ou generalizadas, alteração do nível de consciência ou até mesmo coma ou insuficiência respiratória, quando a região acometida é o tronco cerebral.

Manifestações clínicas

Quando a infecção se limita à leptomeninge, a apresentação clínica é de uma irritação meníngea com presença de cefaléia, rigidez de nuca e pleocitose. No caso de cronicidade do processo meníngeo (tuberculose), a apresentação clínica é compatível com a de hidrocefalia comunicante (cefaléia, náuseas e vômitos, declínio cognitivo ou paraparesia espástica), infarto cerebral decorrente de vasculite ou ambos. A forma crônica da meningite criptocócica pode se manifestar como um declínio mental progressivo em vez de cefaléia, febre e meningismo vistos na forma aguda.

Os pacientes com encefalite viral usualmente apresentam sinais e sintomas de irritação das meninges, além de cefaléia e febre; porém, associadas a esses sintomas verificam-se alterações do nível de consciência, podendo evoluir do estado confusional até o coma. Sinais neurológicos focais são observados, e crises convulsivas são comuns. Fraqueza muscular, reflexos profundos acentuados e presença de reflexo cutâneo-plantar podem ocorrer. Movimentos anormais são observados apenas em alguns casos.

O eixo hipotálamo-hipofisário pode estar envolvido, causando hipertermia ou poiquilotermia, *diabetes insipidus* e secreção inapropriada do hormônio antidiurético.

Na encefalite herpética, freqüentemente estão presentes alterações de personalidade, alucinações e afasia, que são indícios de localização temporal. Esse tipo de localização é característico dessa infecção. A hemiparesia contralateral pode ocorrer após zoster oftálmico pela vasculite cerebral localizada se esta causar infarto em lobo frontal.

O envolvimento da medula espinhal pode levar a paralisia flácida, diminuição dos reflexos tendinosos e distúrbios intestinais e miccionais. O aumento da pressão intracraniana pode ocasionar paralisia do III ou VI par craniano.

A mielite pode ocorrer com ou sem encefalite. A mielite transversa apresenta-se clinicamente de forma semelhante a uma transecção medular, com fraqueza muscular, nível sensitivo e perda do controle esfincteriano.

Na encefalomielite pós-infecciosa, o tempo entre a infecção primária e o início dos sintomas neurológicos varia de 2 a 12 dias. O início é abrupto, com queda do nível de consciência ou crises convulsivas.

Laboratório

O hemograma não apresenta grande utilidade, na medida em que, nas patologias que causam encefalite, ele pode se apresentar normal ou com moderada leucocitose ou leucopenia. A lâmina do sangue periférico pode mostrar linfócitos atípicos na mononucleose infecciosa; gametófitos do *Plasmodium falciparum* na malária ou tripanossomas na doença de Chagas. A amilase sérica pode se elevar na caxumba. Infiltrados pulmonares associados ao quadro neurológico sugerem infecção por legionela, clamídia e micoplasma.

O exame do liquor é essencial. A pleocitose da encefalomielite é variável (10 a 2.000 células/mm^3), havendo predomínio usualmente de células mononucleares. No início do quadro clínico, pode não haver células ou um número considerável de polimorfonucleares. A realização de novo exame de liquor 24 h após é de grande valia. Hemácias podem ser encontradas no caso de encefalite herpética ou leucoencefalite hemorrágica necrotizante aguda. Na infecção fúngica crônica e na meningite bacteriana encontra-se uma moderada pleocitose mononuclear. As meningoencefalites causadas por *Neiesseria*, *Nocardia*, *Actinomyces*, *Candida* ou *Aspergillus* apresentam predomínio de polimorfonucleares.

A proteinorraquia está usualmente elevada na encefalomielite e nos casos de infecções crônicas (principalmente naquelas com níveis de IgG normais). Na presença de anticorpos contra um determinado patógeno em maior nível liquórico do que sérico – com a proteinorraquia moderadamente elevada –, caracteriza-se um forte indicativo de infecção do sistema nervoso central.

Para se realizar o diagnóstico através da dosagem de anticorpos séricos, é importante obter dosagens na fase inicial do processo infeccioso. Uma nova dosagem após 1 ou 3 semanas de doença visa a demonstrar aumento significativo dos níveis de anticorpos. Os testes para dosagem especifica de IgM no soro e no liquor permitem diagnósticos precoces com isso, a terapêutica presuntiva iniciada precocemente pode ser interrompida ou não.

O nível liquórico de glicose encontra-se freqüentemente dentro dos limites de normalidade nas infecções virais ou por rickéttsia no sistema nervoso central, embora possa apresentar-se um pouco baixo. Apresenta-se baixo no caso da tuberculose, infecções crônicas, bacterianas ou amebiana. O exame direto do liquor através da utilização do Gram, BAAR ou tinta da China (*Criptococcus*) deve ser realizado, e pode ser diagnóstico.

O eletroencefalograma encontra-se freqüentemente com alterações nas formas agudas e crônicas da encefalite herpética e pode favorecer uma localização precoce do evento.

A tomografia de crânio tem por objetivo descartar lesões expansivas e, na maioria dos casos, mostra-se pouco elucidativa nas encefalites e mielites. A ressonância magnética permite melhor visualização da medula espinhal, sendo um indicador sensível de desmielinização, além de poder detectar edema, que ocorre freqüentemente nas formas iniciais.

ETIOLOGIA DAS ENCEFALOMIELITES

Muitas das infecções virais do sistema nervoso central possuem variações sazonais distintas que são úteis para o diagnóstico diferencial.

Entre as causas não-virais de encefalomielite, estão patologias de causas conhecidas e outras não, com apresentação clínica idêntica à de outras encefalites virais. Muitas são tratáveis. Entre estas se incluem as reações medicamentosas tais como a síndrome neuroléptica maligna e a leucoencefalopatia induzida por quimioterapia, que podem vir a se confundir com outras causas infecciosas. A consideração mais importante na avaliação de um paciente com encefalomielite é atentar para as possíveis causas tratáveis.

A mielite transversa causada por vasculite da artéria espinhal anterior tem sido observada na infecção por varicela-zoster, tuberculose, sífilis e esquistossomose. A infecção direta da medula espinhal por varicela-zoster ou borrélia podem ocasionar mielite transversa. A mielite transversa pós-infecciosa tem sido associada com sarampo, rubéola, caxumba e infecções virais do trato respiratório superior.

Infecção por HTLV-1 causa acometimento primário da porção torácica da medula espinhal, levando a paraparesia espástica progressiva. A infecção pelo HIV causa mielopatia com paraparesia e afasia sensorial.

TRATAMENTO PRESUNTIVO

Em relação ao tratamento, deve ser lembrado que existe terapêutica específica para boa parte das patologias citadas, devendo ser instituído tão logo o diagnóstico presuntivo possa ser feito. O aciclovir é utilizado no tratamento de encefalites causadas por herpes simplex, varicela-zoster e encefalite por herpesvírus B. A encefalite e radiculomielite por citomegalovírus podem ser tratadas com ganciclovir ou foscarnet. As manifestações neurológicas associadas ao HIV melhoram com o uso da terapia anti-retroviral.

É importante lembrar que os tratamentos estabelecidos não eliminam o estado latente dessas viroses no sistema nervoso central. Pacientes em coma causado por encefalite ou encefalomielite pós-infecciosa apresentam recuperação satisfatória, mesmo após períodos prolongados de coma. Tendo em vista esse fato, o tratamento de suporte intensivo está indicado, e as complicações da ventilação mecânica e do uso de catéteres venosos, entre outras, devem ser evitadas e, caso aconteçam, acompanhadas e tratadas rigorosamente.

A glicemia e os eletrólitos devem ser acompanhados com atenção, por causa da possibilidade do envolvimento da área epitalâmica na encefalite. Crises convulsivas devem ser controladas, caso ocorram. A existência de febre de leve a moderada intensidade pode ser benéfica, mas a hipertermia extrema pode agravar crises convulsivas, assim como a hipóxia. O edema cerebral pode ocasionar danos e deve ser controlado com corticóides, se necessário.

DOENÇAS FOCAIS

Abscesso cerebral[5,25]

Abscesso cerebral é uma infecção intracerebral focal que se inicia como uma área localizada de cerebrite. A seguir, desenvolve-se em seu interior uma coleção de pus, tendo ao redor uma cápsula bem-vascularizada.

O abscesso cerebral é uma das complicações mais temidas nas infecções da cabeça e do pescoço. Há um predomínio maior em homens entre 30 e 40 anos de idade. A distribuição por idade pode variar de acordo com a condição predisponente que leva à formação do abscesso cerebral. Quando o abscesso está relacionado a um foco nos seios paranasais na maioria das vezes atinge pacientes entre 10 e 30 anos de idade; quando o abscesso tem como foco uma otite, os pacientes encontram-se entre os menores de 20 e maiores de 40 anos de idade. Aproximadamente 25% dos abscessos cerebrais ocorrem em crianças, a maioria entre 4 a 7 anos de idade. O abscesso cerebral é raro em pacientes com menos de 2 anos de idade.

Com o advento da tomografia computadorizada de crânio (TCC), houve um declínio vertiginoso na mortalidade devido à TCC ter proporcionado uma maior facilidade para o diagnóstico precoce e para o acompanhamento no pós-operatório. O diagnóstico precoce é extremamente importante, pois influencia diretamente no prognóstico (Quadro 84-6).

Quadro 84-6. Principais sinais e sintomas em avaliação de 43 casos

Cefaléia	72%
Letargia	71%
Febre	60%
Rigidez de nuca	49%
Náusea, vômitos	35%
Crises convulsivas	35%
Oftalmoplegia	27%
Confusão mental	26%
Distúrbios visuais	21%
Fraqueza	21%
Torpor	12%
Papiledema	10%
Disfasia	9%
Hemiparesia	9%
Distúrbios do equilíbrio	7%

EXAME DE LIQUOR[6,13]

O exame de liquor não e útil no diagnóstico, devido aos achados que variam do normal aos encontrados na meningite purulenta, e irá depender também da proximidade do abscesso dos compartimentos liquóricos. Mais importante ainda é que, se houver expansão rápida do abscesso, a punção lombar pode favorecer a ocorrência de uma herniação transtentorial. Sempre que for possível, tal procedimento não deve ser realizado até que se tenha um exame de imagem descartando a necessidade do estudo liquórico (Quadro 84-7).

ABSCESSO CEREBRAL BACTERIANO

Os estreptococos (aeróbicos, anaeróbicos e microaerofílicos) são as bactérias mais isoladas (até 70% dos casos) em culturas, e são encontradas freqüentemente em infecções mistas (30 a 60% dos casos). *Staphylococcus aureus* correspondem a 10 a 15% dos casos, freqüentemente em TCE ou endocardite infecciosa. Devemos atentar para que seja utilizado o método correto de cultura, tendo por objetivo o isolamento de anaeróbios, tais como *Bacteroides* (Quadro 84-8).

Embora o *Haemophilus influenzae*, *Streptococos pneumoniae* e *Listeria monocytogenes* sejam agentes comuns de meningite bacteriana, raramente são isolados em pacientes com abscesso cerebral piogênico (< 1% dos casos). Embora as meningites causadas por outros organismos gram-negativos (*Proteus* spp, *Serratia marcescens* ou *Enterobacter* spp) sejam menos freqüentes, sua associação com abscesso cerebral ocorre em mais de

Quadro 84-7. Alterações liquóricas no abscesso cerebral

	Pacientes	*%*
Pressão (cmH_2O)		
< 20	38	38
20-30	35	35
> 30	26	26
Total	99	
Leucócitos/mm^3		
< 5	61	29
5-100	81	38
> 100	71	33
Total	213	
Proteína (mg%)		
< 50	26	24
50-100	38	35
> 100	44	41
Total	108	
Glicose (mg%)		
> 40	89	79
< 40	23	21
Total	112	

*A maioria desses dados foi obtida antes da realização do exame de imagem.

Quadro 84-8. Condições predisponentes e microbiologia do abscesso cerebral[8]

Condição predisponente	*Germes freqüentemente isolados*
Abscesso pulmonar, empiema, bronquiectasia	*Fusobacterium, Actinomyces, Bacteroides, Prevotella* spp, *Streptococcus, Nocardia* spp
Cardiopatia congênita	*Streptococcus, Haemophilus* spp
Endocardite bacteriana	*S. aureus, Streptococcus*
Infecção pelo HIV	*Toxoplasma gondii, Myocardial* spp, *Mycobacterium* spp, *Listeria monocytogenes, Cryptococcus neoformans*
Neutropenia	Bacilos gram-negativos aeróbicos, *Aspergillus* spp, *Candida* spp
Otite média ou mastoidite	*Streptococcus (anaeróbico* ou *aeróbico), Prevotella* spp, *Enterobacteriaceae*
Sepse por abscesso dentário	*Fusobacterium, Prevotella* e *Bacteroides* spp, *Streptococcus*
Sinusite (frontoetmóide ou esfenóide)	*Streptococcus, Bacteroides* spp, *Enterobacteriaceae, Staphylococcus aureus, Haemophilus* spp
Transplantados	*Aspergillus* spp, *Candida* spp, *Muckrakes, Enterobacteriaceae, Toxoplasma gondii*
Trauma ou pós-op. neurocirurgia	*S. aureus, streptococcus, Enterobacteriaceae, Clostridium*

75% dos casos. Crianças com bacteremia ou meningite causadas por esses organismos devem ser avaliadas quanto à possibilidade de abscesso cerebral.

Actinomicose do sistema nervoso central pode se apresentar como abscesso cerebral, freqüentemente secundário à disseminação hematogênica a partir de um foco primário (pulmão, abdômen ou pelve) ou à disseminação por contigüidade.

O abscesso cerebral por nocárdia ocorre mais freqüentemente em pacientes imunodeprimidos. Em até 50% dos casos, os pacientes acometidos não apresentam co-morbidades prévias.

O *Micobacterium tuberculosis,* assim como outras micobactérias, tem aumentado sua incidência consideravelmente como causa de lesões focais do sistema nervoso central, muitas vezes associadas à infecção pelo HIV.

Abscesso por fungos

Conforme tem sido observado, a incidência de casos de abscesso cerebral por fungos vem aumentando em decorrência da administração de agentes imunossupressores, antibióticos de largo espectro e corticosteróides. Em muitos casos, o diagnóstico de abscesso cerebral por fungos é feito em estudos de necropsia, que apresentam *Candida* spp na maioria das vezes. Sendo este o agente, podemos ter como lesões os microabscessos, macroabscessos, granulomas não-caseosos e nódulos gliais difusos. Além de pacientes imunodeprimidos, também incide conjuntamente a neoplasias, neutropenia, doença granulomatosa crônica, *diabetes mellitus* ou em pacientes em uso de catéteres venosos profundos.

A infecção por *Aspergillus* spp tem sido relatada em todo o mundo, principalmente em adultos. Infecção central por *Aspergillus* é observada em 10 a 20% dos casos de aspergilose invasiva, e raramente o cérebro é o único local de infecção. Os pulmões costumam ser o sítio primário de infecção. O acometimento cerebral ocorre durante a disseminação do organismo por contigüidade a partir de um sítio primário, como os seios paranasais. O grupo de risco para essa infecção inclui os pacientes com doença hepática, síndrome de Cushing, *diabetes mellitus*, usuários de drogas, craniotomizados, transplantados, entre outras co-morbidades.

A mucormicose é a infecção fúngica de acometimento mais fulminante conhecida. Entre as condições predisponentes estão o *diabetes mellitus* (70% dos casos) associado à acidose resultante de doença sistêmica grave (sepse, desidratação e diarréia grave, insuficiência renal crônica).

Muitos dos agentes etiológicos de meningites crônicas podem causar abscesso cerebral *(Cryptococcus neoformans, Coccoidioides immitis, Histoplasma capsulatum* e *Blastomices dermatitidis).*

Abscesso cerebral por protozoários e helmintos

Vários protozoários e helmintos têm sido observados como causadores de abscesso cerebral. Entre eles estão: *Tripanosoma cruzi, Entamoeba histolytica* e *Schistosoma*. A neurocisticercose, causada pela larva da *Taenia solium*, é uma das grandes causas de lesões cerebrais no mundo.

A toxoplasmose causada pelo *Toxoplasma gondii* é a causa mais comum de abscesso cerebral por protozoário. A incidência depende dos hábitos alimentares (especialmente a quantidade de consumo de carne e as condições de preparo), convivência com gatos, condições climáticas que favoreçam a sobrevivência dos cistos, além de nível de saúde e higiene.

O *Toxoplasma gondii* pode infectar o sistema nervoso central ocasionando diversas síndromes, sendo freqüentemente associado com o desenvolvimento de lesões expansivas intracerebrais ou encefalite em imunocomprometidos. Atualmente, o uso de profilaxia para pneumonia por *Pneumocystis carinii* e a terapêutica anti-retroviral efetiva têm diminuído consideravelmente a incidência de encefalite por toxoplasma.

Patogenia

Os agentes infecciosos causadores de abscesso cerebral alcançam o sistema nervoso central por diferentes mecanismos. O mecanismo mais comum é por contigüidade a partir de um sítio próximo (orelha média, mastóide ou seios paranasais). O abscesso cerebral secundário a otite média usualmente ocorre no lobo temporal ou cerebelo. Estudos recentes relatam que 40% dos abscessos cerebrais estão associados com otite média, porém esse número está em queda. O lobo frontal é a principal localização do abscesso cerebral secundário a infecção dos seios paranasais. As infecções dentárias são causas menos freqüentes de abscesso cerebral, sendo o lobo frontal o sítio usual de formação do abscesso cerebral, havendo também relatos com relação ao lobo temporal. Quando ocorre sinusite esfenoidal, o lobo temporal e a sela túrcica estão envolvidos.

Outro mecanismo de acometimento do sistema nervoso central é a disseminação hematogênica a partir de um foco distante. Esses abscessos são usualmente múltiplos, e possuem taxa de mortalidade superior aos abscessos originados por contigüidade. Entre as causas mais comuns de sítio infeccioso primário estão as doenças pulmonares piogênicas, entre elas a bronquiectasia, o empiema e a fibrose cística. Podem ocorrer também a partir de sítios primários de infecção de feridas cutâneas, infecções de pele, osteomielite, infecção pélvica, colecistite e outras infecções intra-abdominais. Os abscessos cerebrais são raros após endocardite infecciosa (menos de 5% dos casos em vários trabalhos), apesar da presença de bacteremia contínua. Abscessos cerebrais desenvolvem-se também após dilatação esofagiana ou escleroterapia de varizes esofagianas.

O trauma é o terceiro mecanismo de desenvolvimento de abscesso cerebral, após neurocirurgia, ou como resultado de injúria por corpo estranho.

Quadro clínico

A evolução do quadro clínico do abscesso cerebral pode variar de indolente a fulminante. A maioria das manifestações clínicas não é devida a sinais sistêmicos de infecção e, sim, ao tamanho e à localização da lesão expansiva cerebral e à virulência do agente infeccioso.

Cefaléia é o sintoma mais freqüente, sendo observada em aproximadamente 70% dos pacientes. Pode ser de moderada a severa, generalizada ou hemicraniana, sem qualquer característica específica, resultando muitas vezes em retardo do diagnóstico. A súbita piora da cefaléia, acompanhada por meningismo, pode significar ruptura do abscesso no espaço ventricular. Esta complicação está associada com alta mortalidade. Menos de 50% dos pacientes com abscesso cerebral apresentam a tríade clássica de febre, cefaléia e déficit neurológico focal. É importante ressaltar que a apresentação do abscesso cerebral em pacientes imunocomprometidos pode ser mascarada pela resposta inflamatória diminuída.

A localização do abscesso cerebral define a apresentação clínica.

Determinados patógenos podem desenvolver características clínicas específicas após infectarem o sistema nervoso central. Em pacientes com abscesso por nocárdia, a apresentação não é específica como a tríade clássica de febre, cefaléia e sinal de localização. A suspeita aumenta ao se observar lesões por nocárdia em pele, pulmão ou músculos que estão presentes em muitos dos casos.

Os pacientes com abscesso cerebral por *Aspergillus* freqüentemente apresentam sinais de AVC isquêmico (secundários a isquemia ou hemorragia intracerebral, ou ambos) relacionável à área envolvida. Cefaléia, encefalopatia e crises convulsivas podem ocorrer. Sinais de irritação meníngea são raros. Os pacientes que são severamente imunocomprometidos freqüentemente apresentam-se com achados não-específicos (alteração do nível de consciência, crises convulsivas ou ambos). Os pacientes com abscesso cerebral por *Aspergilus* comumente têm evidências de aspergilose em outros órgãos.

A apresentação clínica da toxoplasmose no paciente imunocomprometido pode ser variável, desde um processo insidioso por várias semanas até uma forma mais aguda com estado confusional. Os sinais e sintomas iniciais podem ser focais, não-focais ou ambos. O *Toxoplasma gondii* tem predileção por se localizar nos gânglios da base e tronco cerebral, resultando em sintomas extrapiramidais semelhantes à doença de Parkinson. As evidências neurológicas não-localizadas podem predominar e incluem fraqueza generalizada, cefaléia, confusão, letargia, alteração do *status* mental, alterações de personalidade e coma.

Diagnóstico

A tomografia computadorizada de crânio (TCC) tem sido fundamental para o diagnóstico de abscesso cerebral, contribuindo para a redução da morbidade e da mortalidade. A TCC não é apenas um excelente método para avaliar o parênquima cerebral como também os seios paranasais, mastóide e orelha média. O abscesso cerebral apresenta-se na TCC como uma imagem com o centro hipodenso e um halo periférico realçado pela injeção do contraste, sendo esta imagem ainda rodeada por área hipodensa variável devido a edema cerebral.

A ressonância nuclear magnética de crânio (RNM) tem sido utilizada com muita freqüência no diagnóstico de abscesso cerebral, sendo o método de imagem de escolha na avaliação de pacientes com suspeita de abscesso cerebral. A RNM é mais sensível do que a TCC e, por isso, oferece vantagens significativas na detecção precoce de cerebrite, edema cerebral e lesões satélites, entre outras vantagens.

Quando a TCC e a RNM são inconclusivas, a imagem com radionuclídeo (cintilografia cerebral) pode ajudar a esclarecer o diagnóstico. A ressonância magnética espectroscópica, em combinação com a RNM, pode ser útil, porém necessita de maior comprovação.

A TCC e a RNM são extremamente úteis no diagnóstico de neurotoxoplasmose. A imagem tomográfica característica é uma lesão isodensa ou hipodensa com a presença de halo após uso de contraste (90% dos pacientes). Existem lesões múltiplas em 70 a 80% dos casos, envolvendo freqüentemente a junção corticomedular e os gânglios da base, embora qualquer parte do sistema nervoso central possa estar envolvida. Freqüentemente a TCC subestima o número de lesões em relação às que são encontradas em necropsias. A RNM é mais sensível do que a TCC e tem detectado lesões em pacientes com doença ativa em que a TCC foi normal.

O maior avanço no uso da TCC em pacientes com suspeita de abscesso cerebral é a possibilidade de realização de biopsia estereotáxica guiada, facilitando o diagnóstico etiológico e orientando a terapêutica. A aspiração durante a fase de cerebrite pode se complicar com hemorragia. Após ser aspirado, o material deve ser enviado para realização de coloração pelo Gram, culturas para anaeróbio, aeróbio e micobactérias, entre outros.

AVALIAÇÃO DO PACIENTE COM ABSCESSO CEREBRAL[1,8]

A avaliação de um paciente com suspeita de abscesso cerebral deve levar em consideração:

1. Realização de TCC ou RNM.
2. Se houver lesões únicas ou múltiplas com aspecto compatível com abscesso cerebral, os pacientes devem ser operados com urgência. Todas as lesões maiores do que 2,5 cm de diâmetro devem ser retiradas ou aspiradas por estereotaxia, enviado-se o material para análise microbiológica. No caso de abscesso na fase inicial, estando com 2,5 cm de diâmetro ou menos, a maior lesão deve ser aspirada para realizar o diagnóstico etiológico.
3. Uma vez retirado material para análise, a antibioticoterapia empírica deve ser iniciada baseada na predisposição de cada paciente e no diagnóstico presuntivo. No caso de a fonte primária de infecção, que provavelmente tenha levado à formação do abscesso, ser fora do SNC, a antibioticoterapia empírica pode ser baseada em estudos microbiológicos de outras fontes. Por exemplo, hemocultura positiva em pacientes com endocardite infecciosa.
4. A corticoterapia deve ser iniciada em pacientes com edema significativo e na associação de efeito de massa causando aumento da pressão intracraniana ou predisposição a herniação transtentorial. A fenitoína deve ser considerada para prevenir crises convulsivas em estágios iniciais da terapêutica.

A terapêutica empírica deve ser orientada de acordo com os germes mais freqüentes. Devido à grande freqüência com que ocorre o isolamento de estreptococos nos abscessos cerebrais das mais variadas causas, altas doses de penicilina G ou outras drogas (cefalosporinas de 3ª geração – cefotaxima ou ceftriaxona) podem ser incluídas no combate a esse germe.

A penicilina G é também ativa contra a maioria dos anaeróbios, com exceção do *B. fragilis*, que é isolado em muitos casos, devendo-se incluir metronidazol no esquema inicial, caso haja suspeita do mesmo. O metronidazol tem atividade bactericida contra *B. fragilis* e alcança altas concentrações em abscessos cerebrais. Sua entrada no SNC não é afetada pelo uso de corticosteróides.

Quando há suspeita de *Staphylococcus aureus* (TCE, pós-op. neurocirurgia), nafcilina deve ser utilizada, com a vancomicina reservada para pacientes alérgicos à penicilina ou com MARSA. Vancomicina também deve ser utilizada em casos de TCE ou neurocirurgia recentes.

No caso de suspeita de *P. aeruginosa*, ceftazidima é o agente de escolha. Quando o paciente é portador de abscesso cerebral de etiologia pouco evidente, recomenda-se a terapia empírica com vancomicina, metronidazol e cefalosporina de 3ª geração (cefotaxima ou ceftriaxona, ou ceftazidima em suspeita de *P. aeruginosa*).

Em pacientes imunodeprimidos com lesões expansivas no SNC, a abordagem inicial torna-se diferente por causa da alta probabilidade de encefalite por toxoplasmose. Para pacientes com grandes lesões com efeito de massa e risco de herniação, a biopsia aberta com descompressão é o procedimento adequado. No caso de pacientes com lesões múltiplas com halo realçado na TCC ou RNM e IgG positiva para toxoplasmose, a terapêutica empírica para toxoplasmose deve ser iniciada (Quadro 84-9).

A melhora clínica e radiológica deve ser observada dentro de 10 a 14 dias em pacientes com encefalite por toxoplasma. Para pacientes com IgG positiva para toxoplasmose e lesão única na RNM, deve-se considerar a realização do SPECT. Este, embora não seja sensível quando positivo, é altamente específico para o diagnóstico de linfoma primário do SNC. Resultados semelhantes têm sido obtidos com a tomografia por emissão de pósitron (PET-scan). Em pacientes com lesões de massa e sorologia (IgG) negativa para toxoplasmose, o diagnóstico é possível porém pouco provável, podendo o uso do SPECT ou PET-SCAN ser útil nesta situação. A biopsia cerebral é de escolha, embora tenha sido recomendado terapêutica empírica para encefalite por toxoplasmose em pacientes com múltiplas lesões com halo realçado mesmo com sorologia negativa. A biopsia cerebral deve ser realizada em pacientes que não respondem ao tratamento.

Pacientes com lesão única a RNM e sorologia negativa devem realizar biopsia cerebral.

TRATAMENTO

Uma vez determinado o agente etiológico, a terapêutica será específica.

Quadro 84-9. Antibioticoterapia empírica para tratamento de abscesso cerebral bacteriano

Condição predisponente	*Esquema antibiótico*
Abscesso pulmonar, empiema, bronquiectasia	Penicilina + metronidazol + uma sulfonamida[§]
Cardiopatia congênita	Cefalosporina de 3ª geração
Endocardite bacteriana	Vancomicina + gentamicina ou nafcilina + ampicilina + gentamicina
Otite média ou mastoidite	Metronidazol + cefalosporina de 3ª geração
Sepse a partir de infecção odontológica	Penicilina + metronidazol
Sinusite (frontoetmóide ou esfenóide)	Metronidazol + cefalosporina de 3ª geração[£]
Trauma ou pós-op. neurocirurgia	Vancomicina + cefalosporina de 3ª geração
De causa desconhecida	Vancomicina + metronidazol + cefalosporina de 3ª geração[¥]

[£]Adicionar vancomicina quando a infecção é causada por *Staphylococcus aureus* – MRSA.
[¥] Usar ceftazidima como cefalosporina de 3ª geração com atividade anti*Pseudomonas*, havendo suspeita de *Pseudomonas*.
[§] Sulfametoxazol-trimetoprim; deve ser incluído havendo suspeita de *Micoplasma*.

ABSCESSO CEREBRAL BACTERIANO[8]

Os antimicrobianos a serem utilizados devem ter a capacidade de penetrar no abscesso. A concentração de penicilina G só tem sido obtida de forma satisfatória quando sua dose diária ultrapassa 24 milhões de unidades; em alguns casos pode ocorrer a inativação da penicilina no pus, estando a cultura$^+$ mesmo em vigência do uso de penicilina G. Existem poucos dados relacionados à penetração das penicilinas semi-sintéticas (nafcilina, oxacilina) no abscesso cerebral, embora existam estudos que afirmam que a concentração possa variar. O metronidazol tem excelente atividade *in vitro* contra anaeróbios estritos, e possui boa penetração na cavidade do abscesso. Porém o metronidazol deve sempre ser utilizado em combinação com agentes efetivos contra *Streptococcus*, porque infecções polimicrobianas são comuns em pacientes com abscesso cerebral. A vancomicina possui excelente concentração em abscesso cerebral (90% da concentração cediça) após período terapêutico prolongado.

As cefalosporinas de 3ª geração são boas opções terapêuticas para abscesso cerebral, devido à boa penetração no SNC e excelente atividade *in vitro* contra muitos germes encontrados nesta situação (Quadros 84-10 e 84-11).

A ceftriaxona, a ceftazidima e a ceftazidima têm sido utilizadas no tratamento de abscesso cerebral, embora poucos pacientes tenham sido estudados. A ampicilina-sulbactam tem demonstrado também sucesso terapêutico, e suas concentrações intracavitárias são variáveis mas adequadas na maioria dos casos.

O imipenem tem sido utilizado com sucesso para tratamento de abscesso cerebral piogênico e por nocárdia, embora o seu uso esteja associado com o aparecimento de crises convulsivas, limitando seu uso às lesões com efeito de massa. Meropenem: segundo avaliações realizadas, pode ser útil em pacientes com abscesso cerebral, especialmente em casos resistentes.

A fluoroquinolona tem boa penetração no SNC, sem dados adequados para indicar seu uso no abscesso cerebral.

A terapêutica antimicrobiana em altas doses intravenosas tem sido administrada por 6 a 8 semanas em pacientes com abscesso cerebral, sendo freqüentemente seguida por antibiótico oral por 2 a 6 meses, embora a necessidade dessa conduta não tenha sido estabelecida. Períodos curtos (3 a 4 semanas) de terapia antimicrobiana podem ser adequados para pacientes submetidos à abordagem cirúrgica do abscesso. A abordagem cirúrgica (excisão ou aspiração) freqüentemente é necessária para otimizar o tratamento do abscesso cerebral, embora alguns pacientes possam ser tratados apenas com terapêutica antimicrobiana. Estes pacientes são aqueles que correm risco se operados, múltiplos abscessos, abscessos profundos, em área dominante, meningite concomitante ou ependimite, redução precoce do abscesso após tratamento clínico e abscesso menor que 3,0 cm. Entretanto, há estudos demonstrando que nenhum abscesso maior que 2,5 cm de diâmetro se resolve sem tratamento cirúrgico. Além disso, os pacientes tratados com terapêutica antimicrobiana somente podem vir a necessitar de terapêutica parenteral por tempo prolongado, acompanhamento clínico e radiológico.

TERAPÊUTICA CIRÚRGICA

A maioria dos pacientes com abscesso cerebral bacteriano precisa de tratamento cirúrgico. Os procedimentos disponíveis são a aspiração e a excisão completa após craniotomia. A escolha do procedimento deve ser individualizada para cada paciente, pois não há relato de estudo comparativo realizado. A excisão por craniotomia é infreqüente por causa do desenvolvimento das técnicas de aspiração e drenagem fechada, mas pode ser necessária em pacientes com abscessos multiloculados ou para abscesso com falha de tratamento.

ABSCESSO FÚNGICO

O tratamento do abscesso fúngico freqüentemente requer a combinação do tratamento clínico e cirúrgico. Porém, o tratamento em pacientes imunocomprometidos está associado com alta mortalidade, sendo necessário o reconhecimento precoce do quadro infeccioso para uma evolução clínica satisfatória. O pilar principal do tratamento do abscesso por *Candida* spp é a anfotericina B + 5 flucitosina. A eficácia do fluconazol no tratamento da *Candida* tem sido avaliada.

O tratamento de escolha para o abscesso por *Aspergillus* é a anfotericina B (0,8 a 1,25 mg/kg/dia); doses acima de 1,5 mg/kg/dia podem ser utilizadas dependendo da resposta clínica.

Quadro 84-10. Terapêutica antimicrobiana para abscesso cerebral		
Germe	***Terapia padrão***	***Terapêutica alternativa***
Bactéria		
Actinomyces spp	Penicilina G	Clindamicina
Bacteroides fragilis	Metronidazol	Clindamicina
Enterobacteriaceae	Cefalosporina de 3ª geração*	Aztreonam, sulfametoxazol-trimetoprim, fluoroquinolona, meropenem
Fusobacterium spp	Penicilina G	Metronidazol
Haemophilus spp	Cefalosporina de 3ª geração*	Aztreonam, sulfametoxazol-trimetoprim
Listeria monocytogenes	Ampicilina ou penicilina G↑	Sulfametoxazol-trimetoprim
Mycobacterium tuberculosis	Isoniazida + rifampicina + pirazinamida ± etambutol	
Myocardiae spp	Sulfametoxazol-trimetoprim ou sulfadiazina	Minociclina, imipenem, cefalosporina de 3ª geracão,* amicacina
Prevotella melaninogenica	Metronidazol	Clindamicina, cefotaxima
Pseudomonas aeruginosa	Ceftazidima¥	Aztreonam,¥ fluoroquinolona,¥ meropenem¥
Staphylococcus aureus		
Meticilina-sensível	Nafcilina ou oxacilina	Vancomicina
Meticilina-resistente	Vancomicina	
Streptococcus grupo intermediário (*milleri*), outros streptococos	Penicilina G	Cefalosporina de 3ª geração,* vancomicina
Fungo		
Aspergillus spp	Anfotericina B¥	Itraconazol,§ anfotericina B complexo lipídico, anfotericina B lipossomal
Candida spp	Anfotericina B°	Fluconazol, anfotericina B lipossomal,§ anfotericina B complexo lipídico§
Cryptococcus neoformans	Anfotericina B°	Fluconazol, anfotericina B lipossomal,§ anfotericina B complexo lipídico§
	Anfotericina B	Anfotericina B lipossomal,§ anfotericina B complexo lipídico§
Pseudallescheria boydii	Miconazol	Itraconazol§
Protozoário		
Toxoplasma gondii	Pirimetamina + sulfadiazina	Pirimetamina + clindamicina; pirimetamina + azitromicina, claritromicina, atovaquona ou dapsona

*Cefotaxima, ceftriaxona ou cefepime.
¥ O acréscimo de um aminoglicosídeo deve ser considerado.
° A associação de flucitosina deve ser considerada.
§ Eficácia não-comprovada em abscesso cerebral causado por esse germe.

Quadro 84-11. Doses recomendadas para infecções do sistema nervoso central em adultos*

Antimicrobiano	*Dosagem diária*	*Intervalo das doses (h)*
Amicacina¥	15 mg/kg	8
Ampicilina	12 g	4
Anfotericina B	0,6-1,0 mg/kg¤	24
Anfotericina B complexo lipídico	5 mg/kg	24
Anfotericina B lipossomal (Ambisome)	3-5 mg/kg	24
Atovaquona	3000 mg	6
Azitromicina	1.200-1.500 mg	24
Aztreonam	6-8 g	6-8
Cefepime	4-6 g	8-12
Cefotaxima	8-12 g	4-6
Ceftazidima	6 g	8
Ceftriaxona	4 g	12
Ciprofloxacina	800 mg	12
Clindamicina	1.200-4.800 mg§	6
Cloranfenicol	4-6 g	6
Dapsona£	100 mg	24
Etambutol£	15 mg/kg	24
Flucitosina£	150 mg/kg	6
Fluconazol	400-800 mg	24
Gentamicina¥	3-5 mg/kg	8
Imipenem	2 g	6
Isoniazida£	300 mg	24
Itraconazol	800 mg	12
Meropenem	6 g	8
Metronidazol	30 mg/kg	6
Miconazol	1,5-3 g	8
Nafcilina	9-12 g	4
Oxacilina	9-12 g	4
Penicilina	24 milhões de unidades	4
Pirazinamida£	15-30 mg/kg	24
Pirimetamina£	50-75 mg§	24
Rifampicina£	600 mg	24
Sulfadiazina£	4-6 g	6
Sulfametoxazol-trimetoprim	10-20 mg/kg	6-12
Tobramicina£	3-5 mg/kg	8
Vancomicina	2-3 g	8-12

*Pacientes com funções renal e hepática normais.
¥Há necessidade de se monitorar o pico plasmático e a concentração sérica.
¤Doses de até 1,5 mg/kg/dia podem ser usadas para aspergilose ou mucormicose.
§Doses maiores utilizadas em pacientes HIV+ com encefalite por toxoplasma.
£Dose para administração oral.

A oxigenoterapia hiperbárica tem sido relatada como terapêutica adjunta na mucormicose cerebral, embora sem comprovação por estudos controlados randomizados.

O uso de fatores estimuladores de colônia de macrófagos ou granulócitos melhora a resposta dos neutrófilos *in vitro*. O seu uso pode ser cogitado no caso de falha do tratamento convencional.

PROGNÓSTICO

A mortalidade varia de 5 a 15%, dependendo da localização e doença preexistente.

ACOMETIMENTO DO SISTEMA NERVOSO CENTRAL EM PACIENTES IMUNODEPRIMIDOS[9,10,11,27]

A avaliação inicial do paciente imunocomprometido quanto ao acometimento do sistema nervoso central deve basear-se no evento primário da imunodepressão, ou seja, classificar o tipo de imunocomprometimento (imunidade celular, humoral ou barreiras naturais). Essa avaliação tem por objetivo facilitar o diagnóstico presuntivo e iniciar a terapêutica antimicrobiana com maior precisão. Inicialmente será realizada uma abordagem do paciente HIV+ e posteriormente das outras patologias que ocasionam imunodepressão.

Aproximadamente metade dos pacientes HIV+, incluindo crianças, apresenta acometimento neurológico durante o curso da doença, podendo ser ocasionado por ação direta do vírus ou por infecções secundárias ou tumores associados. A proporção da doença neurológica nos pacientes imunodeprimidos está diretamente relacionada ao estágio da infecção e imunocompetência do paciente. Durante o período assintomático da infecção, a apresentação de acometimentos neurológicos assemelha-se ao da população em geral.

Várias complicações neurológicas têm sido descritas no período de dias a meses após a infecção primária pelo HIV. Entre os mecanismos propostos para esses acometimentos, temos a viremia primária e a resposta inflamatória ou autoimune que ocorre após o inicio da infecção. Muitos são monofásicos e autolimitados (exemplos no Quadro 84-12).

DECLÍNIO COGNITIVO

As infecções do sistema nervoso central em pacientes imunocompetentes ou imunodeprimidos apresentam-se primariamente com o envolvimento das meninges (meningites, meningoencefalites) ou como lesões com efeito de massa (abscesso cerebral). A meningite clinicamente é definida como a infecção do sistema nervoso central que se apresenta com febre e rigidez de nuca. Pacientes com meningite usualmente apresentam-se sem sinais e sintomas de encefalopatia.

A encefalite, ao contrário, apresenta-se com confusão mental, letargia ou coma sem rigidez de nuca. Meningoencefalite é um termo utilizado para caracterizar aqueles pacientes com infecção do sistema nervoso central que se apresentam com encefalite e meningite. Os pacientes com abscesso cerebral apresentam sinais clínicos de efeito de massa e sintomas

Quadro 84-12. Complicações neurológicas da fase inicial da infecção pelo HIV Tipo 1

- Ansiedade
- Ataxia
- Cefaléia
- Depressão
- Doença neurológica endêmica
- Doença semelhante à esclerose múltipla
- Infecção assintomática
- Infecção recente (após soroconversão)
- Meningite asséptica
- Meningoencefalite
- Meningorradiculite aguda
- Mielopatia aguda
- Neurite braquial aguda
- Paralisia de Bell
- Rabdomiólise
- Síndrome de Guillain-Barré
- Síndromes dolorosas

Quadro 84-13. Infecções do sistema nervoso central em imunocompetentes e imunocomprometidos

- Infecção do sistema nervoso central em imunocompetentes
- Os sinais e sintomas freqüentemente iniciam-se agudamente
- Patógeno único
- Diagnóstico presuntivo baseado na epidemiologia, idade, alterações anatômicas na cabeça e pescoço e imunidade do hospedeiro
- Meningite ou encefalite (manifestação mais freqüente de infecção do SNC em imunocomprometidos)
- Início subagudo de sinais e sintomas do SNC
- Germes únicos ou múltiplos (simultaneamente ou em seqüência)
- Os germes são determinados pelo tipo de acometimento do sistema imune e pelo grau e duração da imunossupressão
- Abscessos ou lesões de massa como manifestação comum de infecção do SNC

relacionados. Podem apresentar déficits cognitivos porém sem clínica de encefalopatia. A sintomatologia em pacientes imunocomprometidos difere dos imunocompetentes. Com exceção do abscesso cerebral, que freqüentemente é polimicrobiano, as infecções do sistema nervoso central em pacientes imunocompetentes são causadas por patógeno único. A possibilidade de infecções polimicrobianas surge em pacientes imunocomprometidos.

O maior problema em relação aos pacientes imunocomprometidos, ao contrário dos imunocompetentes, é a possibilidade de causas não-infecciosas poderem mimetizar infecções do sistema nervoso central (Quadro 84-13).

Condições não-infecciosas

Os pacientes imunocomprometidos freqüentemente utilizam tratamentos com efeitos colaterais que mimetizam processos infecciosos no liquor. A meningite asséptica induzida por drogas, causada por instilação de contraste ou por ingestão de medicamentos por via oral (antiinflamatórios não-esteroidais) em pacientes imunocompetentes, freqüentemente pode simular uma meningite séptica em um paciente imunodeprimido.

Os pacientes com neoplasias em uso de quimioterapia freqüentemente são trombocitopênicos, podendo apresentar hemorragias cerebrais, mimetizando um abscesso cerebral ou ocasionando um quadro clínico de encefalopatia. Outros pós-craniotomia podem desenvolver a síndrome de fossa posterior que se assemelha à meningite bacteriana. A síndrome de fossa posterior reproduz todas as alterações do liquor que ocorrem na meningite asséptica (Quadro 84-14).

ABORDAGEM CLÍNICA

A apresentação clínica define algumas possibilidades diagnósticas. Por exemplo, pacientes com encefalite não devem ter o *H. influenza* incluído no diagnóstico diferencial. Outros com meningite, mesmo imunocomprometidos, não devem ter toxoplasmose como diagnóstico diferencial (Quadros 84-15 a 84-20).

Após realizar o diagnóstico sindrômico, o próximo passo é avaliar o tipo e a severidade do comprometimento do sistema imunológico, o uso de imunossupressores ou a presença de patologia que ocasione imunodepressão. A abordagem deve ser realizada levando-se em conta a síndrome clínica associada ao agente ou à condição causadora de imunodepressão.

A abordagem do sistema imunológico leva em consideração mais de um componente. A "quebra" das barreiras naturais (pele, membranas mucosas etc.) predispõe a invasão pela flora normal local. O comprometimento da imunidade celular e humoral pode envolver granulócitos ou linfócitos (B e T).

O conhecimento do tipo de comprometimento do sistema imunológico é de suma importância, pois através dele pode-se predizer qual o agente etiológico mais provável do quadro infeccioso. No mieloma múltiplo, por exemplo, a imunodepressão ocorre ao nível de linfócito B, acometendo a imunidade humoral, favorecendo infecções por bactérias encapsuladas (*S. pneumoniae, H. influenza, N. meningitidis*).

Alterações combinadas do sistema imunológico são comuns. Assim, em pacientes com mieloma múltiplo recebendo quimioterápicos há alteração também da imunidade celular. Porém, em caso de início de antibioticoterapia para pacientes com mieloma múltiplo, deve-se avaliar o comprometimento ocasionado pela doença de base, por ser o evento principal.

ANTIBIOTICOTERAPIA DAS INFECÇÕES DO SISTEMA NERVOSO CENTRAL

Antes do início da antibioticoterapia, deve-se afastar as condições não-infecciosas do SNC que possuem apresentação semelhante, por exemplo, sarcoidose ou lúpus. A cerebrite lúpica pode mimetizar a cerebrite bacteriana e a meningite basilar, ou a sarcoidose pode mimetizar a meningite basilar da tuberculose.

Pacientes com história prévia de neoplasia maligna podem apresentar metástases, levando a meningite carcinomatosa, ou lesões cerebrais semelhantes a abscesso cerebral.

***Quadro 84-14.* Condições que mimetizam infecções do sistema nervoso central**

- AINES
- GTA
- AVC embólico ou trombótico
- Azatioprina
- Carcinoma broncogênico
- Cerebrite lúpica
- CID
- Coagulopatia
- Desordens linfoproliferativas em transplantados por vírus Epstein-Barr
- Disfunção plaquetária
- Doença dos legionários
- Êmbolo benigno da endocardite marântica
- Êmbolo tumoral
- Hemorragia intracerebral
- Hemorragia subaracnóide
- Hipernefroma (carcinoma renal)
- Leucoestase do SNC
- Linfoma de Hodgkin
- Linfoma não-Hodgkin
- Linfoma primário do SNC
- LLA
- LMA
- Melanoma
- Meningite asséptica induzida por drogas
- Meningite sarcóidea
- Metástases cerebrais
- Neoplasia de mama
- Neoplasias primárias ou metastáticas no SNC (carcinomatosa meníngea)
- OKT-3
- Síndrome de fossa posterior
- SMX-TMP
- Tóxica/alterações metabólicas
- Trombocitopenia
- Tumor de células germinativas
- Vasculite do SNC

LES = Lúpus eritematoso sistêmico; LMA = leucemia mielóide aguda; LLA = leucemia linfocítica aguda; AINEs = antiinflamatórios não-esteróides; GTA = globulina antilinfócito; CID = coagulação intravascular disseminada; SMX-TMP = sulfametoxazol-trimetoprim.

Pacientes HIV^+ podem apresentar-se freqüentemente com lesões expansivas como linfomas primários do SNC. Durante a avaliação, o uso de métodos diagnósticos invasivos confirma ou não a presença de etiologia infecciosa.

A terapêutica antimicrobiana empírica em pacientes imunocomprometidos é a mesma de pacientes imunocompetentes. Caso seja isolado algum germe incomum no liquor, a terapêutica antimicrobiana passará a ser orientada pela susceptibilidade do organismo.

Pacientes com meningoencefalite com prejuízo funcional dos linfócitos T (imunidade celular) são mais suscetíveis a meningite por *Listeria monocytogenes*. O tempo de evolução do processo infeccioso também é importante, na medida em que, na meningite crônica, o germe mais freqüente é o *M. tuberculosis*.

Os pacientes com quadro clínico de encefalite receberão tratamento de forma semelhante aos pacientes imunocompetentes. Caso seja necessário, pode-se ajustar as doses das drogas. Uma vez identificado o germe responsável pela infecção, pode ser instituída terapêutica específica. O acompanhamento dos exames laboratoriais e de imagem é importante para determinação do prognóstico e de possíveis mudanças de conduta.

A abordagem dos abscessos cerebrais será também semelhante. O médico deve estar atento à maior variedade de patógenos possíveis nesses casos. Todas as lesões de massa de origem infecciosa podem ter crescimento diferente nesses pacientes em relação aos imunocompetentes. Pode-se direcionar o tratamento empírico de acordo com a suspeita clínica do patógeno infectante enquanto se aguarda confirmações laboratoriais.

Tromboflebite do seio venoso

Esta entidade pode ocorrer em pacientes portadores de infecções ou patologia que predisponham a infecção ou trombose venosa do SNC, como é visto no Quadro 84-21.

Clinicamente haverá suspeita diagnóstica quando encontrarmos cefaléia, convulsões parciais ou generalizadas, tonteiras, confusão, déficits neurológicos focais e, às vezes, sinais de irritação meníngea. A PIC normalmente está aumentada, e é freqüente o achado de papiledema.

O diagnóstico é confirmado por TCC, RNM, venografia ou angiografia.

O tratamento inclui anticonvulsivantes e agentes antiedema na tentativa de reduzir a PIC. A abordagem cirúrgica nem sempre é recomendável. A anticoagulação com heparina reduz a morbimortalidade. Se houver associação com infecções, torna-se necessário o uso de antibióticos. O controle da causa de base reduz a possibilidade de recidiva.

Quadro 84-15. Abordagem diagnóstica em pacientes imunocomprometidos com sinais e sintomas no SNC

Apresentação sindrômica	*Procedimento diagnóstico*	*Comentários*
Sinais meníngeos	Punção e coleta de LCR: Leucócitos total e diferencial Eritrócitos total Glicose e proteínas Ácido láctico Citologia Bactérias corada e cultura Fungos lâmina e cultura	Determinar o defeito na defesa do hospedeiro para prever os possíveis germes no SNC Excluir mimetismo de meningite Terapia empírica é baseada nos achados do LCR
Encefalite/ Encefalopatia ou lesão de massa	TCC e RNM: Para excluir cerebrite Para excluir lesões de massa Para excluir hidrocefalia Para excluir hemorragia do SNC Punção lombar se não houver papiledema Leucócitos total e diferencial Glicose/proteínas/ eritrócitos Ácido láctico Citologia Bactérias corada e cultura Fungos lâmina e cultura	Determinar o defeito na defesa do hospedeiro para prever os possíveis germes no SNC Excluir causas não-infecciosas pela história/exame físico e imagens Terapia específica baseada na amostra de tecido ou empírica para o germe mais provável

Quadro 84-16. Defeitos anatômicos ou na barreira hemática relacionados a infecções do SNC

Associados a procedimento fora do SNC
- Catéteres de Hickman/Broviac (*Listeria monocytogenes, Candida, Aspergillus*)
- Cirurgia gastrintestinal
- Mastectomia (*Staphylococcus aureus*)

Associados com proteção deficiente da barreira hematoencefálica
- Cirurgia craniana
- Dispositivos de monitorização do SNC
- Drenos do SNC
- Fraturas de crânio
- Placa cribriforme
- Reservatórios de Ommaya

***Shunts* do SNC**[14]

Patógenos do SNC associados a defeitos em barreiras anatômicas

Comuns	*Incomuns*
Enterobacter spp.	*Aspergillus*
Klebsiella spp.	*Candida albicans*
Staphylococcus aureus	*Flavobacterium meningosepticum*
Staphylococcus epidermidis	

Quadro 84-17. **Patógenos e desordens associadas com redução da imunidade celular mediada por linfócitos T/macrófagos**

Desordens associadas a redução da imunidade celular mediada por linfócitos T/macrófagos

- Citomegalovírus (CMV)
- Corticoterapia crônica
- Doenças malignas linforreticulares
- Doenças vasculares do colágeno
- Elementos reumatóides
- HIV/AIDS
- Insuficiência renal crônica
- Linfoma de Hodgkin
- Terapia imunossupressora crônica
- Transplante de órgão (medula óssea, rim, coração, pâncreas, fígado etc.)
- Vasculite sistêmica

Patógenos associados a redução da imunidade celular mediada por linfócitos T /macrófagos

Comuns	***Incomuns***	***Raros***
Listeria	*Mycobacterium tuberculosis*	PML
Nocardia	Brucelose	*Strongyloides stercoralis*
Cryptococcus neoformans	*Aspergillus*	*Toxicara canis*
Cytomegalovirus (CMV)	*Mucor*	*Pneumocystis carinii*
Herpes simplex vírus (HSV)		*Pseudallescheria boydii*
Varicela zoster vírus (VZV)		
Toxoplasma gondii		

PML = Leucoencefalopatia progressiva multifocal.

Quadro 84-18. **Patógenos e desordens associadas com redução da imunidade humoral /função dos linfócitos B**

Desordens associadas a redução da imunidade humoral /função dos linfócitos B

- Anemia falciforme
- Artrite reumatóide
- CLL
- Deficiência de IgA
- Deficiências hereditárias das imunoglobulinas
- Doença hepática alcoólica
- Doenças infiltrativas do baço
- Doenças inflamatórias intestinais
- Hipoesplenismo
- Idade avançada
- Infartos esplênicos
- Linfoma de células B
- Mieloma múltiplo
- Macroglobulinemia de Waldenström
- Esplenectomia

Patógenos associados a redução da imunidade humoral/função dos linfócitos B

Comuns	***Incomuns***	***Raros***
Streptococcus pneumoniae	*Neisseria meningitidis*	*Pseudomonas aeruginosa*
Hemophilus influenzae	*Klebsiella pneumoniae*	*Echovirus*
		Poliovirus

Quadro 84-19. **Patógenos e desordens associadas com redução da função dos granulócitos**

Desordens associadas a redução da função dos granulócitos

- Anemia aplásica
- Anemias mielopáticas
- Leucopenia induzida por drogas
- Leucopenia induzida por quimioterapia
- Leucopenia induzida por radioterapia
- LLA
- LMA
- Neutropenia cíclica
- Linfomas
- Transplante de medula óssea
- Tumores sólidos

Patógenos associados a redução da função/ número dos granulócitos

Comuns	***Incomuns***	***Raros***
Streptococcus pneumoniae *Staphylococcus aureus* *Escherichia coli* *Pseudomonas aeruginosa*	*Hemophilus influenzae* *Neisseria meningitidis*	*Klebsiella* *Enterobacter* *Candida* *Aspergillus* *Mucor*

Quadro 84-20. **Agentes infecciosos imunossupressores predisponentes a infecções do SNC**

Agentes infecciosos	***Defeito imune***	***Predispõe a infecção do SNC***
Cirurgia gastrintestinal	↓CMI	*Listeria monocytogenes* meningite
Citomegalovírus (CMV)	↓CMI	CMV encefalite
Vírus Epstein-Barr (EBV)	↓CMI	EBV cerebrite
Vírus Hepatite B (HBV)	↓CMI	Vírus da hepatitis C (HCV)
Vírus da Imunodeficiência Humana (HIV)	↓CMI	*Pneumocystis carinii* SNC
Plasmodium falciparum	↓CMI	*Aspergillus* infarto e abscesso

Quadro 84-21. **Alterações predisponentes a trombose do seio venoso**

- Anemia falciforme
- Cardiopatia cianótica congênita
- Estado de hipercoagulabilidade
- Gravidez
- Infecções do SNC
- Infecções maxilofaciais
- Leucemia
- Linfoma
- Policitemia
- Puerpério

REFERÊNCIAS BIBLIOGRÁFICAS

1. Almirante B, Saballs M, Ribera E *et al.* Favorable prognosis of purulent meningitis in patients infected with human immunodeficiency virus. *Clin Infect Dis* 1998;27:176.
2. Bale JF. Viral encephalitis. *Med Clin North Am* 1993;77:25.
3. Bross JE, Gordon G. Nocardial meningitis: Case reports and review. *Rev Infect Dis* 1991;13:160.
4. Case records of the Massachusetts General Hospital (Case I). *N Engl J Med* 1999;340:127.
5. Chan CH, Johnson JD, Hofstetter M *et al.* Brain abscess: A study of 45 consecutive cases. The Williams & Wilkins Company, Baltimore. Medicine 1986;65:415.
6. Cherian T, Lalitha MK, Manoharan A *et al.* PCR-enzyme immunoassay for detection of Streptococcus pneumoniae DNA in cerebrospinal fluid samples from patients with culture-negative meningitis. *J Clin Microbiol* 1998;36:3605.
7. Cunha BA. Clinical features of legionnaires' disease. *Semin Respir Infect* 1998;13:166.
8. Cunha BA. The diagnosis and therapy of acute bacterial meningitis. *In* Schlossberg D. ed. Infections of the Nervous System: Clinical Topics in Infectious Diseases. New York, Springer-Verlag, 1990. p 3.
9. Curry WA. Human nocardiosis, a clinical review with selected case reports. *Arch Intern Med* 1980;140:818.
10. Dale DC. Defects in host defense mechanisms in compromised patients. *In* Rubin RH, Young LS (eds). Clinical Approach to Infection in the Compromised Host. New York, Plenum Publishing, 1981.
11. Donnelly JP. Bacterial complications of transplantation: Diagnosis and treatment. *J Antimicrob Chemother* 1995;36(Suppl B):59.
12. Dukes CS, Luft BJ, Durack DT. Toxoplasmosis of the central nervous system. *In* Scheld WM, Whitley RJ, Durack DT (eds). Infections of the Central Nervous System, ed 1. New York, Raven Press, 1991. p 801.
13. Fishman RA. Cerebrospinal Fluid in Diseases of the Nervous System. Philadelphia, WB Saunders, 1980. p. 264.
14. Gardner P, Leipzig T, Phillips P. Infections of central nervous system shunts. *Med Clin North Am* 1985;69:297.
15. Gnann JW, Whitley RJ. Neurologic manifestations of varicella and herpes zoster. *In* Scheld WM, Whitley RJ, Durack DT (eds). Infections of the Central Nervous System. 2 ed. Philadelphia, Lippincott-Raven, 1997. p 91.
16. Hadley S. Fungal infections in liver transplant recipients. *Infect Med* 1997;14:311.
17. Hanley DF, Ray G. Viral encephalitis: When it's likely. *Patient Care June* 1992;15:293.
18. Harrison MJG, McArthur JC. Cerebral infections in AIDS. Coccidioidomycosis, histoplasmosis, and other fungal infections. *Infect Med* 1998;15:474.
19. Hughes I, Jenney ME, Newton RW, *et al.* Measles encephalitis during immunosuppressive treatment for acute lymphoblastic leukemia. *Arch Dis Child* 1993;68:775.
20. Infectious Disease Clinics of North America. Vol 15. n. 2. June 2001 Copyright © 2001 W. B. Saunders Company.
21. Mampalam TJ, Rosenblum ML. Trends in the management of bacterial brain abscesses: A review of 102 cases over 17 years. *Neurosurgery* 1988;23:451.
22. Mandell. Principles and Practice of Infectious Diseases. 5th ed., Copyright © 2000 Churchill Livingstone, Inc.
23. McArthur JC. Neurologic manifestations of AIDS. Medicine (Baltimore) 1987;66:407.
24. Mintz L, Drew WL, Miner RC, *et al.* Cytomegalovirus infections in homosexual men. *Ann Intern Med* 1983;99:326.
25. New PFJ, Davis KR. The role of CT scanning in diagnosis of infections of the central nervous system. *In* Remington JS, Swartz MN (eds). Current Clinical Topics in Infectious Diseases. Vol 1. New York: McGraw-Hill Book, 1980.
26. Poscher ME. Successful treatment of varicella zoster virus meningoencephalitis in patients with AIDS. *AIDS* 1994;8:1115.
27. Rubin RH, Hooper DC. Central nervous system infection in the compromised host. *Med Clin North Am* 1985;69:281.
28. Schiff D, Rosenblum MK. Herpes simplex encephalitis (HSE) and the immunocompromised. A clinical and autopsy study of HSE in the settings of cancer and human immunodeficiency virus-type 1 infection. *Hum Pathol* 1998;29:215.
29. Sepkowitz K, Armstrong D. Space-occupying fungal lesions of the central nervous system. *In* Scheld WM, Whitley RJ, Durack DT (eds). Infections of the Central Nervous System. 1 ed. New York: Raven Press, 1991. p 741.
30. Whitley RJ, Kimberlin DW, Roizman B. Herpes simplex viruses. *Clin Infect Dis* 1998;26:541.
31. Whitley RJ, Soong SJ, Linneman C, *et al.* Herpes simplex encephalitis: Clinical assessment. *JAMA* 1982;247:317.
32. Whitley RJ. Viral encephalitis. *N Engl J Med* 1990;323:242.

85 Crise Hipertensiva

Armando da Rocha Nogueira • Elizabeth Silaid Muxfeldt • Gil Fernando Salles

A crise hipertensiva tradicionalmente tem sido classificada em emergências hipertensivas, que requerem a imediata redução dos níveis pressóricos (não necessariamente para níveis normais), e urgências hipertensivas, que geralmente são tratadas com anti-hipertensivos orais para redução da pressão arterial dentro de 24 a 48 horas.

As cifras tensionais não são o marco mais importante para definir a emergência hipertensiva. A pressão diastólica igual ou acima de 120 mmHg define crise hipertensiva. Porém, é a evidência de lesão vascular em progressão que caracteriza, com qualquer nível tensional, a emergência hipertensiva.[1,2]

Nos países desenvolvidos, a prevalência de emergências hipertensivas está em declínio desde a década de 40 devido à eficácia dos tratamentos anti-hipertensivos. No Brasil, apesar da pobreza de dados epidemiológicos, as emergências hipertensivas são relativamente freqüentes, pois grande parte da população hipertensa não está controlada. Segundo alguns trabalhos, somente 10% dos hipertensos estão controlados um ano após o diagnóstico por causa da não-adesão ao regime terapêutico.

CAUSAS[3,10]

A causa mais comum de crise hipertensiva é a hipertensão arterial não-tratada, sendo também mais freqüente na raça negra, em fumantes, em mulheres em uso de contraceptivos orais, nos pacientes com hipertensão arterial secundária (principalmente renovascular) e em estados de excesso de catecolaminas, como feocromocitoma e cocainômanos. Pode ainda ser causa de crise hipertensiva a retirada abrupta de betabloqueadores e de clonidina ou a ingesta de alimentos contendo tiramina em pacientes em uso de inibidores da monoaminoxidase.

FISIOPATOLOGIA

Alguns autores dividem a crise hipertensiva quanto ao seu mecanismo fisiopatológico: hipertensão mediada por renina (atividade de renina plasmática elevada > 0,65 ng/ml/h) e hipertensão mediada por volume (baixa atividade de renina plasmática < 0,65 ng/ml/h). A partir do diagnóstico fisiopatológico, podemos orientar de forma mais racional a melhor terapêutica a ser adotada.

A crise hipertensiva mediada por renina caracteriza-se por aumento da resistência vascular periférica com elevação severa da PA e conseqüente necrose fibrinóide das arteríolas e perda do mecanismo de auto-regulação, levando a isquemia e lesão vascular em progressão (emergência hipertensiva). Conseqüentemente, sintomas ou sinais neurológicos, cardíacos e renais, tais como encefalopatia, hemorragia subaracnóide ou intraparenquimatosa, isquemia miocárdica e necrose da arteríola aferente glomerular estão presentes nesses pacientes.

A crise hipertensiva volume-dependente (renina baixa) geralmente evolui sem lesão vascular, caracterizando portanto uma urgência hipertensiva.

DIAGNÓSTICO[12]

Clínico

O diagnóstico é baseado na história e na duração da hipertensão arterial e na história do início da crise atual. Os níveis tensionais devem ser aferidos, e um exame rigoroso do sistema nervoso, fundo-de-olho, coração, pulmão, abdômen e pulsos arteriais periféricos deve ser realizado para identificar órgãos lesados e lesões vasculares em progressão.

Laboratorial

Bioquímica de sangue, incluindo glicemia, uréia, creatinina, sódio, potássio e cálcio e análise de urina (EAS).

O eletrocardiograma deverá ser realizado imediatamente, com o objetivo de identificar a presença de doença coronariana aguda, pois o seu resultado será importante para o início do tratamento.

Telerradiografia de tórax em todos os pacientes, seguida de ressonância nuclear magnética ou tomografia computadorizada de tórax se houver suspeita de dissecção de aorta.

Caso o paciente esteja confuso ou comatoso ou se existir sinal neurológico de localização ao exame físico, a ressonância nuclear magnética ou a tomografia computadorizada de crânio está indicada.

TRATAMENTO

Objetivo da terapêutica[7-9]

A auto-regulação do fluxo sangüíneo para os órgãos precisa ser bem entendida para um tratamento correto da crise hipertensiva, principalmente das emergências hipertensivas. A auto-regulação é a forma que os órgãos nobres como cérebro, coração e rins têm de se proteger de lesões isquêmicas ocasionadas por redução abrupta da pressão arterial.

A melhor exemplificação é dada pela auto-regulação cerebral. Quando a pressão arterial cai, ocorre vasodilatação cerebral, e quando a pressão arterial se eleva ocorre vasoconstrição. Em indivíduos saudáveis, o fluxo sangüíneo cerebral permanece constante durante flutuações da pressão arterial média entre 60 e 150 mmHg. Enquanto indivíduos com uma vascularização cerebral normal suportam rápida redução da pressão arterial a níveis de hipotensão, isso não é verdade para indivíduos com hipertensão arterial. Em hipertensos, a auto-regulação do fluxo sangüíneo está prejudicada, se dando em níveis mais elevados (120 a 160 mmHg), fazendo com que uma diminuição do fluxo cerebral ocorra em níveis pressóricos maiores do que em indivíduos normais.

Por esse motivo, o tratamento das emergências hipertensivas deve ter como objetivo a redução em torno de 25% da pressão arterial média (PAM) em um período de tempo que depende do órgão mais comprometido; por exemplo, para pacientes com dissecção da aorta ou edema agudo de pulmão, esse objetivo deve ser alcançado em 30 minutos; para pacientes com encefalopatia, em 2 a 3 horas; e em pacientes com infarto ou hemorragia cerebral, a redução da PA deve ser mais lenta, ao final de no mínimo 8 horas, devendo ser mantido nesses pacientes a PA sistólica em 170 mmHg e a PA diastólica em 100 mmHg.

Na emergência hipertensiva, em que a principal lesão é cardiovascular, essa redução, além de ser mais rápida, pode ser mantida em níveis mais baixos, pois a demanda de oxigênio do ventrículo esquerdo diminui com a redução da pressão arterial. Porém deve ser tomado muito cuidado, pois normalmente esses pacientes são também portadores de aterosclerose cerebral.

Atualmente, acredita-se que a decisão terapêutica da crise hipertensiva deve se dar em função do mecanismo fisiopatológico causal, diferente do tratamento tradicional, cujo objetivo era apenas diminuir a pressão arterial, sem atuar diretamente no mecanismo inicial.

Mecanismo fisiopatológico das diferentes apresentações clínicas da crise hipertensiva

1. Mediada por renina (lesão vascular em coração, cérebro, retina e rins):
    - Hipertensão maligna com/sem encefalopatia.
    - Estenose unilateral da artéria renal.
    - Trauma ou infarto renal.
    - Tumores secretores de renina.
    - Vasculite renal (colagenoses).
    - Crises adrenérgicas: feocromocitoma, abuso de cocaína e retirada abrupta de clonidina e metildopa.
    - Hipertensão perioperatória.
2. Provavelmente mediada por renina:
    - AVC isquêmico.
    - AVC hemorrágico (hemorragia subaracnóide ou cerebral).
    - EAP e/ou ICC.
    - IAM ou angina instável.
    - Dissecção de aorta.
3. Dependente de renina e de volume:
    - ICC.
    - Estenose bilateral da artéria renal.
    - Coarctação da aorta.
4. Volume-dependente (renina baixa):
    - Insuficiência renal aguda.
    - Glomerulonefrite aguda.
    - Obstrução do trato urinário baixo.
    - Hiperaldosteronismo primário.
    - Eclâmpsia.

Fonte: *Laragh*, J. How to mechanistically diagnose and correctly treat a hypertensive crisis. *Am J. Hypertension*, 14(9), p.839, 2001.[5]

O ideal seria a dosagem da atividade da renina plasmática no momento da chegada do paciente na sala de emergência. Porém esse exame não é disponível na maioria dos grandes centros, e, quando o é, o resultado só é obtido em 24 horas. Assim, o tratamento inicial deve ser feito como prova terapêutica para os diferentes mecanismos fisiopatológicos.

■ *Primeiro "teste farmacológico"*

- Presença de lesão vascular em progressão: renina alta.

Enalaprilato IV. Observar em 30 a 60 minutos. Se houver diminuição da PA, manter a medicação; caso contrário, tratar como sobrecarga de volume utilizando diurético de alça (furosemida IV).

■ *Segundo "teste farmacológico"*

- Suspeita de sobrecarga de catecolaminas: feocromocitomas, abuso de cocaína e retirada abrupta de clonidina.

A liberação de catecolaminas leva à vasoconstrição renal e conseqüente liberação de renina.

1ª escolha. Labetalol (alfa e betabloqueador).

2ª escolha. Bloqueador ganglionar (fentolamina) + betabloqueador parenteral (propranolol ou metaprolol).

■ *Terceiro "teste farmacológico"*

- Suspeita de sobrecarga de volume.

Diuréticos de alça (furosemida) e espironolactona.

DROGAS MAIS UTILIZADAS

Nitroprussiato de sódio

Ainda é a droga mais usada no tratamento convencional das emergências hipertensivas, apesar de não atuar no mecanismo fisiopatológico da crise hipertensiva e das inúmeras desvantagens observadas na sua utilização.

O nitroprussiato é um potente vasodilatador, tanto arterial quanto venoso, reduzindo a pré-carga e a pós-carga. Essa droga é metabolizada no fígado para tiocianato e assim excretada pela urina. A dose varia de 0,25 a 10 µg/kg/min, injetada de preferência com bomba de infusão intravenosa (IV), devendo a solução estar envolvida em papel de alumínio para evitar a fotodegradação. O ajuste da dose é feito à beira do leito, pois o efeito é instantâneo, permitindo a redução da pressão ao nível programado.

Doses maiores que 8 µg/kg/min ou o uso por tempo prolongado podem levar o paciente à intoxicação pelo cianeto, cujos sintomas são anorexia, desorientação, fadiga, alucinação, náuseas e psicose. O tratamento dessa intoxicação é feito através da retirada do nitroprussiato e o uso de tiossulfato de sódio na dose de 12,5 g em 50 ml de glicose a 5% infundido em 10 minutos. É fundamental a monitorização contínua do paciente para evitar queda excessiva dos níveis pressóricos e a intoxicação pelo cianeto, devendo ser iniciado algum anti-hipertensivo para terapia da pressão arterial em longo prazo após a estabilização dos níveis pressóricos pelo nitroprussiato.

■ *Desvantagens*

- Necessidade de pessoal treinado à beira do leito durante todo o período de infusão.
- Flutuações importantes da PA, levando à taquicardia reflexa.
- Intoxicação por cianeto.
- Ausência de ação ou desenvolvimento de rápida resistência nas crises hipertensivas mediadas por renina, isto é, aquelas que envolvem lesão vascular em progressão.
- Age somente na diminuição da pressão arterial, sem alterar o mecanismo fisiopatológico desencadeador do quadro hipertensivo

Bloqueador de canais de cálcio tipo DHP

A nicardipina é um bloqueador de canal de cálcio do grupo das diidropiridinas disponível por via intravenosa. É administrado na dose de 5 a 15 mg/h IV. Apesar de ser uma droga eficaz em diminuir os níveis tensionais, apresenta as seguintes desvantagens:

- Pouco eficaz na crise hipertensiva mediada por renina.
- Diminuição abrupta e muito intensa da pressão arterial.
- Edema cerebral e insuficiência pré-renal, decorrente da auto-regulação, com diminuição da perfusão desses órgãos.
- Ativa o sistema nervoso simpático, levando à taquicardia e a flutuações bruscas da PA.

Durante muito tempo a nifedipina foi utilizada nas salas de emergência por sua capacidade de baixar rapidamente a pressão arterial e facilidade de administração via sublingual. Atualmente não deve mais ser utilizada. Essa droga age principalmente em pacientes com renina baixa (que geralmente não apresentam lesão vascular em progressão) e causa efeitos deletérios pela queda brusca e imprevisível dos níveis tensionais.

Nitroglicerina

É a droga de escolha nas emergências hipertensivas quando existe isquemia coronariana. Deve ser iniciada a infusão IV na dose de 5 µg/min, sendo aumentada a taxa de infusão em intervalos de 5 minutos até ser alcançado o efeito desejado ou até a dose máxima de 100 µg /min. Em doses baixas, a nitroglicerina aumenta a capacitância venosa, e à medida que a dose é aumentada ocorre dilatação arteriolar.

Os problemas principais da nitroglicerina são a tolerância à droga, que pode ocorrer em 24 a 48 horas após seu início, a diminuição da ação da heparina, muitas vezes necessária em pacientes com doença coronariana, e principalmente sua ação de aumentar a pressão intracraniana, que torna a nitroglicerina contra-indicada nos pacientes com encefalopatia hipertensiva associada.

Fenoldopam

Aprovada pela *Food and Drug Administration* (FDA) para o tratamento das emergências hipertensivas, é um agonista seletivo de receptores de dopamina tipo I. Ao estimular esses receptores, ocasiona vasodilatação periférica e aumenta o fluxo sangüíneo renal, a taxa de filtração glomerular e a excreção de sódio; portanto, age principalmente em pacientes volume-dependente. Tem sua melhor indicação na crise hipertensiva associada à insuficiência renal. A dose mínima é de 0,1 µg/kg/min em infusão IV, e a máxima é de 1,7 µg/kg/min. O início da ação ocorre em 5 min, e a resposta máxima, em 15 min. Não apresenta efeito rebote após sua suspensão. Os efeitos colaterais são cefaléia, zumbido e taquicardia em doses elevadas. O fenoldopam pode ocasionar hipocalemia. A sua principal contra-indicação é o glaucoma, pois aumenta a pressão intra-ocular. A eficácia do fenoldopam é semelhante à do nitroprussiato no tratamento da emergência hipertensiva, com a vantagem de apresentar efeito natriurético, o que não ocorre com o nitroprussiato de sódio.

Hidralazina

Tem sua indicação mais importante na mulher grávida, pois melhora o fluxo sangüíneo uterino. É administrada em infusão de 1 mg/min em doses de 10 a 20 mg IV, não devendo ser ultrapassada a dose de 100 mg em 24 horas. A hidralazina causa taquicardia reflexa e retenção de sódio e água, agravando a isquemia miocárdica e aumentando a pressão intracraniana. Pelo seu efeito imprevisível e prolongado (até 100 horas), deve ser evitada em outras situações.

Fentolamina

É um bloqueador α-adrenérgico, podendo ser usada nos estados de excesso de catecolaminas, como na crise do feocromocitoma. A dose é de 2 a 5 mg em *bolus* IV, podendo ser repetida a cada 10 minutos até o controle da crise. Por ter seu efeito muito fugaz e ocasionar taquicardia e isquemia miocárdica, atualmente se prefere usar nesses casos o nitroprussiato de sódio.

Trimetafam

É um bloqueador ganglionar que tem sua maior indicação em aneurisma dissecante da aorta, pois diminui a pré e a pós-carga sem causar taquicardia reflexa. A dose é de 0,5 a 15 mg/min em infusão IV. Devido à dificuldade no seu manuseio, hoje se dá preferência ao uso do nitroprussiato de sódio associado a betabloqueador, nesses casos.

Inibidor de enzima de conversão da angiotensina

O enaprilato é usado na dose de 1,25 a 5 mg IV de 6/6h. O início da ação ocorre em 15 min, com duração de 12 a 24 horas.

A resposta terapêutica varia com o grau de atividade da renina plasmática e a concomitância com sobrecarga de volume, tendo portanto resposta imprevisível.

Betabloqueadores

- *Esmolol:* betabloqueador seletivo de ação rápida:
  - Início da ação em 1 min e duração de 10 a 20 min.
  - Dose inicial de 0,5 mg/kg, seguida de infusão de 25 a 300 μg/kg/min.
- *Labetalol:* bloqueador α e β-adrenérgico:
  - Início da ação em 2 a 5 min, com pico em 5 a 15 min.
  - A dose inicial é de 20 mg IV, seguida de doses de 20-80 mg a cada 10 min ou infusão de 1-2 mg/min até atingir o objetivo terapêutico.
  - Aumenta o débito cardíaco sem reduzir o fluxo sangüíneo periférico, cerebral e coronariano.
  - Está indicada na hipertensão mediada por renina, em especial nos casos de doença coronariana aguda.
- *Propranolol e metoprolol:* bloqueador β-adrenérgico. São também disponíveis para uso intravenoso, porém apresentam a desvantagem de diminuir o débito cardíaco devendo ser evitados em pacientes com ICC.

TRATAMENTO EM SITUAÇÕES ESPECIAIS

Encefalopatia hipertensiva

A encefalopatia hipertensiva é um quadro decorrente do mecanismo de auto-regulação do fluxo cerebral descrito anteriormente. A elevação dos níveis tensionais é mediada por escape de renina. Está indicado o uso de IECA (enaprilato).

AVE isquêmico

No momento do episódio agudo, 80% dos pacientes têm elevação da PA que normaliza em 4 a 10 dias, porém não há vantagens em diminuir a pressão arterial, sendo essa ação freqüentemente deletéria devido ao mecanismo de auto-regulação cerebral.

A *American Heart Association* (AHA) recomenda que a hipertensão arterial no AVE isquêmico só deve ser tratada com PAD > 130 mmHg, objetivando reduzir esses níveis em apenas 20% nas primeiras 24 horas; entretanto, a maioria dos autores acredita que a PAM deve ser reduzida em 25% nas primeiras 8 horas.

As drogas preconizadas nesse caso são IECA e betabloqueadores que favorecem a hemodinâmica cerebral. O bloqueador de cálcio tipo DHP está contra-indicado pois aumenta o edema cerebral e diminui a perfusão cerebral. O nitroprussiato deve ser usado com cautela, pois aumenta a pressão intracerebral.

Hemorragia subaracnóide ou cerebral

Ainda não se sabe qual o anti-hipertensivo ideal, porém parece que a diminuição da PA não diminui o risco de ressangramento nem a magnitude do edema vasogênico. Ao contrário, uma rápida redução dos níveis pressóricos está associada a maior mortalidade.

Apenas os níveis tensionais mais elevados (PAS > 200 mmHg e PAD > 120 mmHg) parecem estar associados a maior risco de ressangramento e portanto devem ser tratados.

O nitroprussiato não deve ser utilizado, pois aumenta a pressão intracerebral e tem faixa terapêutica estreita, levando a grandes oscilações da PA, deletéria para a perfusão cerebral devido ao mecanismos de auto-regulação de fluxo sangüíneo.

O uso de betabloqueador parece ser uma alternativa segura, estando contra-indicados os bloqueadores de cálcio do tipo DHP.

Crise hipertensiva com ICC ou EAP

As drogas mais utilizadas na insuficiência cardíaca congestiva são os IECA e diuréticos de alça. Em caso de taquicardia importante, o bloqueador de canal de cálcio do tipo verapamil pode ser associado.

Freqüentemente esses pacientes já fazem uso de diuréticos (depleção de sódio) e apresentam algum grau de insuficiência renal aguda. Nesses casos, a IECA em dose plena pode diminuir agudamente a PA, devendo ser dada metade da dose e se observar a evolução.

No edema agudo de pulmão, a redução dos níveis pressóricos se faz mais urgente, e portanto o nitroprussiato de sódio pode ser utilizado em um primeiro momento em associação à IECA e ao diurético de alça.

A síndrome de EAP recorrente freqüentemente está relacionada à estenose bilateral da artéria renal, que deve ser investigada, e está indicada a revascularização.

IAM ou angina instável

Esse quadro está freqüentemente associado a renina plasmática elevada, estando indicado na fase aguda nitroglicerina, associada a betabloqueador e IECA.

Dissecção da aorta

A dissecção da aorta é um quadro grave, que deve ser avaliado juntamente com a equipe cirúrgica. O objetivo da terapêutica medicamentosa é reduzir a sobrecarga pulsátil sobre a aorta, diminuindo a força de contração do VE. Devido à necessidade premente de redução da pressão arterial, o nitroprussiato de sódio está indicado, devendo ser usado de forma cuidadosa e associado ao betabloqueador, pois aumenta a tensão da parede e a freqüência cardíaca. Pelo mesmo motivo, o bloqueador de cálcio tipo DHP e a hidralazina estão contra-indicados nesses pacientes. O uso do labetalol (antagonista alfa e beta-adrenérgico) está indicado, porém pode ser usado também propranolol, esmolol ou metaprolol venoso.

O trimetafan (bloqueador ganglionar e VD direto) também está indicado pela sua ação de diminuir pré e pós-carga sem causar taquicardia reflexa, podendo ser associado ou não ao betabloqueador.

Crise adrenérgica: feocromocitona, cocaína e retirada súbita de clonidina/metildopa

A fentolamina, bloqueador do receptor alfa-adrenérgico de curta duração, é pouco utilizada pela sua ação fugaz.

O nitroprussiato de sódio e o fenoldopam podem ser utilizados diante de níveis tensionais muito elevados que necessitem de intervenção mais efetiva.

O uso do betabloqueador isolado está contra-indicado, porém o labetalol e o carvedilol (bloqueador α e β-adrenérgico) podem ser utilizados. Seu uso é questionável em cocainômanos, pois aumentam a atividade convulsiva e não aliviam a vasoconstrição coronariana induzida pela cocaína.

Em caso de taquicardia severa, a droga de escolha é o verapamil. A IECA deve ser utilizada e mantida em longo prazo devido à ativação secundária do sistema RAA.

Nos casos de retirada da clonidina, está indicado o seu retorno imediato nas doses habituais.

Insuficiência renal aguda

Nesses pacientes, freqüentemente identificamos, no exame do fundo-de-olho, a presença de papiledema, porém sem evidência de lesão vascular na retina, reforçando o diagnóstico fisiopatológico de hipertensão arterial dependente de volume.

A droga indicada é o diurético de alça (furosemida em altas doses), também podendo ser utilizado fenoldopam, bloqueador de cálcio tipo verapamil e alfabloqueador.

Eclâmpsia[6]

A hidralazina, por aumentar a perfusão uterina, tem sua grande indicação nesse quadro clínico, podendo ser associado diurético de alça.

O labetalol e a nicardipina podem ser utilizados nessas pacientes, porém a diminuição efetiva dos níveis tensionais só se dá após a retirada do concepto, devendo portanto ser avaliada junto com a equipe obstétrica.

Hipertensão perioperatória

Ocorre principalmente por liberação de catecolaminas seguida de ativação do sistema RAA. Está indicado o uso do labetalol ou carvedilol associado à IECA. Algumas vezes é necessário adicionar um diurético de alça.

A clonidina tem sido muito utilizada no peroperatório pela sua ação anti-hipertensiva, analgésica e sedativa.

Urgências hipertensivas

Quando não se tem evidências de lesão vascular em progressão e os níveis tensionais estão elevados (pressão arterial maior que 180/120 mm/Hg), deverá ser iniciado esquema terapêutico oral ou sublingual, para redução da pressão arterial dentro de 24 horas. As drogas de escolha são o captopril e a clonidina, conforme preconizado pelo *VI Joint National Committee on Hypertension* e pelo III Consenso Brasileiro para o Tratamento da Hipertensão Arterial.[4,11]

REFERÊNCIAS BIBLIOGRÁFICAS

1. Bales A. Hypertensive crisis. *Postgrad Med* 1999;105(5):119–26.
2. Braunwald E *et al. Heart Disease. A Textbook of Cardiovascular Medicine.* 6th ed. Philadelphia: WB Saunders, 2001.
3. Gifford Jr. RW. Management of hypertensive crises. *JAMA* 1991;266(6):829–35.
4. IV Consenso Brasileiro de Hipertensão Arterial. São Paulo: Ed. BG Cultural, 2002.
5. Laragh J. Laragh's lessons in pathophysiology and clinical pearls for treating hypertension. Lesson XXV: How to mechanistically diagnose and correctly treat a hypertensive crisis. *Am J Hypertension* 2001;14(9):837–54.
6. Lindleimer MD. Hypertension in pregnancy. *Hypertension* 1993;22(1):127–37.
7. Nogueira AR *et al.* Hipertensão arterial secundária: diagnóstico diferencial. *Rev SOCERJ* 1993;VI(2):77–83.
8. Nogueira AR *et al.* Qualidade de atendimento ao paciente hipertensivo no Hospital Universitário Clementino Fraga Filho. *Rev Acadêmica* 1992;4(1):9–14.
9. Nogueira AR *et al.* Rotina para o diagnóstico e tratamento da hipertensão arterial. Programa de Hipertensão Arterial. Hospital Universitário Clementino Fraga Filho, UFRJ, 2000.
10. Prisant LM *et al.* Treating hipertensive emergencies. *Medicine* 1993;93(2):92–110.
11. The Sixth Report of the Joint National Committee on Detection, Evaluation, and Treatment of High Blood Pressure. *Arch Intern Med* 1997;157:2413–45.
12. Varon J, Marik PE. The diagnosis and management of hypertensive crises. *Chest* 2000;118(1):214–27.

86 Fisioterapia no Paciente Neurológico

Sandra Regina Alouche

Distúrbios neurológicos comumente causam distúrbios temporários ou permanentes que impedem tanto funções simples do cotidiano como atividades físicas e intelectuais complexas. Esses danos causam profundo impacto na vida do paciente e de seus familiares nos âmbitos físico, emocional, financeiro e social.

As investigações a respeito dos mecanismos envolvidos na recuperação da função após uma lesão encefálica estão mais freqüentes. Observam-se, em paralelo, o avanço na pesquisa relacionada à fisiopatologia da recuperação e a eficácia de tratamentos para melhorar a recuperação e torná-la mais rápida e completa. Nesse cenário, a preocupação com a qualidade de vida do indivíduo que sofre lesão neurológica e dos seus familiares, apesar dos distúrbios neurológicos persistentes, tem sido progressivamente considerada.

Este capítulo trata da abordagem fisioterapêutica no paciente neurológico. A imagem de um paciente neurológico grave, internado em um Centro de Terapia Intensiva, portando sondas, catéteres e monitores em todas as partes do corpo, pode afastar um profissional inexperiente de uma conduta mais efetiva, pelo simples receio de causar prejuízo adicional ao paciente. Conhecer a função de cada um dos equipamentos e, principalmente, todos os detalhes da história, quadro clínico e funcional do paciente é necessário. A partir daí, traçar objetivos terapêuticos adequados permitindo ao paciente, o mais brevemente possível, a reintegração social é o papel do fisioterapeuta.

A fisioterapia é parte de um contexto maior de reabilitação necessária ao paciente, sendo conveniente serem discutidos, de antemão, alguns conceitos atuais sobre esse tópico. Da mesma forma, a reabilitação não pode ser dissociada da educação contínua traçada para o paciente e seus familiares e cuidadores e em conjunto com eles para que o processo seja efetivo. Este capítulo é em parte dedicado a uma discussão acerca do plano educacional. Baseados nesse contexto mais amplo, aspectos específicos da fisioterapia no paciente neurológico serão então considerados.

FUNDAMENTOS DA REABILITAÇÃO

A atuação dos profissionais da reabilitação deveria ocorrer dentro do âmbito da saúde pública no aspecto preventivo e de educação da população em relação aos riscos e benefícios de determinadas práticas do dia-a-dia. No entanto, nossa realidade faz com que a atenção desses profissionais ainda esteja voltada para o processo de recuperação da função após uma lesão.

A reabilitação é vista por muitos como a área que possibilita ao paciente a melhora da independência funcional, a reinserção na comunidade e o retorno ao trabalho. Por trás desses objetivos, a melhora do sentimento de bem-estar, a qualidade e a satisfação com a vida dos pacientes e de seus familiares, respeitando seus desejos, são os verdadeiros objetivos da reabilitação.[1]

A reabilitação deve considerar simultaneamente: o que é importante para o paciente (medos, desejos e aborrecimentos sobre saúde e estilo de vida); o que é importante para a família (confiança na competência da equipe, ser provida de informações sobre evolução para ter vaga idéia do futuro e serem consultadas nas decisões) e o que é importante para a fonte pagadora (se a equipe é competente e o paciente está confortável com ela, se é possível fazer uma comparação entre o tratamento que o paciente recebe e o que outros recebem, quais serão os resultados da reabilitação e quanto tempo durará e qual sua relação custo-benefício, o que é possível para torná-lo mais rápido e barato).[1]

Para auxiliar na identificação dessas necessidades, a prática da reabilitação moderna é baseada na *International Classification of Functioning, Disability and Health*, desenvolvida pela Organização Mundial de Saúde.[2] Essa classificação define separadamente o que são a estrutura e função do corpo, a atividade e a participação do indivíduo (Quadro 86-1).

***Quadro 86-1.* Definições relacionadas à reabilitação baseadas na *International Classification of Functioning, Disability and Health* da Organização Mundial de Saúde[2]**

Estrutura e funções do corpo	Funções fisiológicas dos sistemas corporais, incluindo as funções psicológicas e suas partes anatômicas, sejam elas órgãos, membros e seus componentes
Atividade	Execução de uma tarefa ou ação por um indivíduo
Participação	Envolvimento do indivíduo em uma situação de vida

Consideram-se como funções do corpo as funções fisiológicas dos sistemas corporais, incluindo as funções psicológicas, e estruturas do corpo como suas partes anatômicas, sejam elas órgãos, membros e seus componentes. A deficiência da estrutura pode envolver uma anomalia, defeito, perda ou outro desvio significativo nas estruturas corporais. É a manifestação de uma doença, e pode ser temporária ou permanente; progressiva, regressiva ou estática; intermitente ou contínua. O desvio da faixa de normalidade pode ser sutil ou severo ou pode flutuar com o tempo. Essas deficiências podem resultar em outras deficiências, ditas secundárias. A atividade se refere à execução de uma tarefa ou ação por um indivíduo, e as limitações da atividade são as dificuldades que um indivíduo apresenta ao executá-las. A participação se refere ao envolvimento em uma situação de vida. Restrições quanto à participação são problemas que um indivíduo pode vir a experimentar ao se encontrar envolvido em uma situação de vida.

Tomemos um paciente com distrofia muscular progressiva como exemplo. A função muscular desse paciente encontra-se alterada pela doença, o que torna os membros inferiores fracos, restringindo-o a uma cadeira de rodas. O indivíduo é capaz de se locomover de forma independente com auxílio da cadeira de rodas, mas apresenta limitações em manter-se em ortostatismo ou em realizar outras atividades que dependam dessa postura. A função corporal e a atividade desse paciente geram restrições quanto à sua participação. As características descritas permitem que o paciente participe de algumas situações de vida e o restringem em outras.

Os fatores ambientais e pessoais interagem com os componentes das funções e estruturas do corpo, com a atividade e com a participação. Fatores ambientais se referem ao ambiente físico, social e de atitude no qual as pessoas vivem e conduzem suas vidas. Fatores pessoais são os antecedentes da vida do indivíduo e a composição das características do indivíduo não-relacionadas a condições de saúde. Esses fatores podem incluir sexo, gênero, raça, idade, estilo de vida, educação, entre outros.

Para que um programa de reabilitação neurológica abranja todos os componentes relacionados à qualidade de vida do indivíduo, uma equipe multidisciplinar é necessária. Essa equipe deve ser composta por médico, fisioterapeuta, terapeuta ocupacional, fonoaudiólogo, enfermeiro, psicólogo, assistente social e neuropsicólogo. O planejamento conjunto da reabilitação por todos os profissionais e juntamente com o paciente permitirá a melhora da qualidade de vida do indivíduo. Duas pessoas com a mesma função corporal podem não realizar a mesma atividade. Duas pessoas com condições de execução de atividades similares podem não ter a mesma participação. O programa de reabilitação é altamente individualizado.

Quatro categorias de função devem ser consideradas em um programa de reabilitação: a função física, mental, afetiva e social.[3] Função física refere-se àquelas habilidades sensóriomotoras necessárias ao desempenho de atividades diárias usuais, como sair da cama, andar e subir escadas. Os fisioterapeutas estão tradicionalmente mais envolvidos com essa categoria de avaliação e tratamento funcional. Dentro dessa função física, tarefas que dizem respeito aos cuidados pessoais da vida diária são denominadas atividades de vida diária. As habilidades avançadas e consideradas vitais para a independência do indivíduo na comunidade são denominadas atividades instrumentais de vida diária e envolvem cuidar dos negócios pessoais, cozinhar e fazer compras, executar tarefas domésticas e dirigir. A função mental está relacionada com a capacidade intelectual e cognitiva do indivíduo. Habilidades afetivas e estratégias de lidar com os problemas e dificuldades dizem respeito à função afetiva. Função social se refere à capacidade do indivíduo em interagir com outras pessoas de forma bem-sucedida, no desempenho dos papéis e obrigações sociais.[3]

A reabilitação é um processo ativo e dinâmico que deve ser iniciado precocemente, qualquer que seja a condição do paciente. Se a equipe da reabilitação estiver envolvida em um estágio precoce, mesmo na Unidade de Terapia Intensiva, é provável que complicações como contraturas musculares e úlceras de pressão possam ser evitadas.[4]

As unidades específicas para pacientes neurológicos ou unidades de reabilitação têm demonstrado vantagens para a reabilitação e o prognóstico do paciente em relação às unidades gerais. A unidade alocada em uma área geograficamente distinta permite o cuidado multidisciplinar coordenado.[5] A unidade permite que a enfermagem aja como facilitador para a independência do paciente e fornecedores de terapia continuada durante todo o dia. É possível, em tais unidades, focar o desenvolvimento de pesquisa e grupos de suporte voluntário, além de facilitar o uso de protocolos clínicos. O trabalho da equipe é coordenado por reuniões multidisplinares formais regulares, que ocorrem no mínimo uma vez por semana. Já são bastante divulgadas na literatura unidades exclusivas para pacientes com acidente vascular encefálico, as *Stroke Units* e as unidades de reabilitação mistas que envolvem outras deficiências, a *Mixed Rehabilitation Unit*.[5] Barnes relaciona uma série de estudos mostrando que a duração do coma, o tempo de reabilitação e a função cognitiva mostram benefícios significativos no grupo atendido precocemente por um time de reabilitação. A intensidade da reabilitação produz redução na duração da internação e, portanto, redução na taxa de ocupação de leitos hospitalares.

O processo de reabilitação tem início na internação hospitalar e deve ser continuado fora do hospital, seja em domicílio ou em centros de reabilitação, ao menos até que a recuperação tenha atingido um platô.

PLANO EDUCACIONAL

A falta de informações sobre a doença e o tratamento ou a não-compreensão das informações recebidas dos profissionais que assistem o doente podem ser determinantes para a não-adesão involuntária do paciente ao tratamento.[6] Informar o paciente sobre sua doença, discutir seus medos e percepções ajudarão o paciente a ter interesse em realizar as atividades propostas tanto durante as terapias quanto de forma independente. O objetivo é facilitar um bom tratamento, reduzindo a morbidade (física e psicológica) dos pacientes, a deturpação de informações, o medo, a aflição causada pelo diagnóstico e pelas conseqüências pós-lesão. O objetivo geral é melhorar o prognóstico e reduzir o impacto do trauma nos pacientes e cuidadores.

É notável a grande quantidade de tempo que o fisioterapeuta gasta no contato frente a frente com o paciente. A esse respeito, o fisioterapeuta tem uma vantagem sobre a maioria dos outros profissionais de saúde, que vêem o paciente em intervalos infreqüentes e que raramente tocam o paciente como o fisioterapeuta o faz. O contato físico em si pode prover suporte psicológico e promover um relacionamento íntimo com o paciente.[7] É importante então que o fisioterapeuta fique ciente da importância desse relacionamento. Cabe a esse profissional uma grande parcela do plano educacional.

É necessário ressaltar que as atitudes e valores do terapeuta podem afetar as expectativas do paciente com respeito ao resultado do tratamento. As expectativas do paciente podem também se tornar realistas, se ele for um participante ativo na assistência desde o começo. Entende-se valor como uma *força interna que propicia os critérios pelos quais são elaborados os padrões de escolha*.[8] Os valores são compostos de crenças, emoções e atitudes a respeito do que é melhor e do que não é bom e estão refletidos em nossas ações, especialmente o padrão de nossas ações ao longo de um determinado tempo. O conflito entre os valores do terapeuta e do paciente, da família do paciente, colegas, o sistema mais amplo de saúde e/ou a sociedade é freqüente.[8] O plano educacional tem como objetivo envolver o paciente através de todo o processo, mostrando a ele o objetivo e a importância dos procedimentos e minimizando os conflitos de valores.

Na medida em que o paciente se torna mais envolvido no processo terapêutico, o mesmo deve ocorrer com a família. Isso raramente é observado na prática. A inclusão da família no processo torna-a menos ansiosa, e ela passa a dar mais suporte.[7] Todos esses fatores facilitam o trabalho do fisioterapeuta. O terapeuta, contudo, precisa estar disposto a facilitar o envolvimento da família e ajudá-la a assumir a responsabilidade por parte da assistência e pela tomada de decisões. A maioria dos profissionais de saúde, no entanto, não está preparada para que o paciente e sua família assumam maior autoridade.[7]

Pela necessidade da atuação de uma equipe multidisciplinar frente ao paciente neurológico, o plano educacional deve se estender também entre os componentes dessa equipe. Cabe ao fisioterapeuta, por exemplo, orientar a equipe quanto ao posicionamento mais indicado para facilitar o procedimento de outro profissional ou para manter o paciente durante o repouso. Da mesma forma, o neuropsicólogo pode orientar a equipe sobre como abordar com o paciente os aspectos relacionados à lesão. O mesmo deve acontecer com todos os profissionais da equipe que assiste o paciente, tornando a reabilitação coordenada e eficiente.

PROCESSO FISIOTERAPÊUTICO NA ASSISTÊNCIA AO PACIENTE NEUROLÓGICO

Pelo menos três fases distintas na evolução do paciente neurológico podem ser identificadas. A fase aguda corresponde ao coma e ao estado de despertar, quando a alteração das funções e da estrutura do corpo pode ser avaliada e a instalação de deficiências secundárias deve ser prevenida. A lesão neurológica pode ser decomposta em lesão primária e lesão secundária. A lesão primária é aquela causada diretamente pelo trauma ou afecção neurológica. A lesão secundária ocorre algum tempo depois e resulta da pressão intracraniana (PIC) elevada e da pressão de perfusão cerebral (PPC) diminuída, além da hipóxia e isquemia.[9]

Na fase aguda, a hipertensão intracraniana é a afecção de maior importância em pacientes neurológicos internados em unidades de terapia intensiva. O aumento da PIC acontece em 50-75% dos pacientes que sofrem de traumatismo cranioencefálico e requer medidas terapêuticas específicas pela extrema vulnerabilidade do sistema nervoso central a esse tipo de acometimento.[10] A PIC é resultante da presença dos componentes parenquimatoso, liquórico e vascular dentro da caixa craniana. Dos três componentes, o vascular é o mais dinâmico e o que mais influi no valor de pressão intracraniana. O volume sangüíneo cerebral tem como fator determinante o diâmetro vascular. Considerando o indivíduo em decúbito dorsal e a cabeça levemente elevada, admite-se como valores normais da PIC aqueles inferiores a 10 mmHg, e toleráveis, até 20 mmHg. Por mecanismos de auto-regulação, o fluxo sangüíneo cerebral é constante mesmo em variações da pressão arterial.[11]

O aumento de qualquer volume dentro da caixa craniana desencadeia mecanismos de proteção e minimizam o aumento da PIC. Essa capacidade é limitada e depende da magnitude do incremento de volume e da velocidade com que ele é introduzido. Inicialmente um aumento de volume acarreta pequena elevação da PIC, enquanto aumentos equivalentes posteriores causam acentuada elevação.[11]

A pressão de perfusão cerebral (PPC) se refere ao gradiente existente entre a pressão arterial média (PA_m) e a PIC, sendo o valor normal (FSC) 70 mmHg.[11]

$$\text{PPC} = \text{PA}_m - \text{PIC}$$

O fluxo sangüíneo cerebral (FSC) tem relação direta com a pressão de perfusão cerebral e indireta com a resistência vascular cerebral:[11]

$$\text{FSC} = \text{PPC/RVC}$$

A fase subaguda, iniciando-se geralmente ainda na internação hospitalar e abrangendo os primeiros meses de recuperação, é o momento no qual a atividade é crucial para a recuperação da função. A independência física e psicológica é o maior objetivo a ser alcançado, e o sucesso em alcançá-la dependerá também da afecção neurológica em questão.[1] No traumatismo cranioencefálico, por exemplo, ao final da fase subaguda, por volta de 40% dos traumas severos se mantêm com deficiências motoras, 50% sofrem de alterações cognitivas e 60% de alterações psicoafetivas.[1] No acidente vascular encefálico, na maior parte das vezes a alteração motora é mais notável que a alteração cognitiva nessa fase de evolução.

A terceira fase, ou a fase crônica, inclui a necessidade da aquisição da independência social, aumentando a participação do indivíduo e sua reinserção na comunidade, trabalho e lazer. Os sobreviventes de longo prazo apresentam problemas de longo prazo.[12] Estudos mostram que metade dos pacientes com acidente vascular encefálico está viva em 5 anos e apenas 10-10% sobrevivem após 10 anos. Desses, 10% apresentam deficiências severas e boa parte está sob cuidados institucionais, segundo dados apresentados por Gladman.[12] O autor coloca ainda que intervenções da reabilitação tardia podem produzir benefícios mensuráveis, mesmo 9 meses, 1 ano ou até mesmo muitos anos após o quadro ictal.

A intervenção fisioterapêutica nas diversas fases de evolução do paciente neurológico se confunde. Alguns passos são básicos, qualquer que seja o momento, no processo fisioterapêutico de assistência ao paciente neurológico. Esses passos básicos incluem a avaliação clínica e funcional, o estabelecimento de objetivos, a abordagem fisioterapêutica e a avaliação do resultado do processo (Fig. 86-1).

Avaliação clínica e funcional

A avaliação do paciente neurológico é uma etapa que se inicia na admissão do paciente e que deve permear todo o processo fisioterapêutico. Qualquer procedimento realizado requer atenção para as respostas que o paciente produz, e isso se trata de avaliação. Permite ao fisioterapeuta adequar sua terapia às demandas do paciente, não subestimando sua capacidade e atuando sobre a deficiência utilizando o potencial remanescente do indivíduo. Conhecer com detalhes o paciente possibilita maiores chances de sucesso na terapia e permite ao terapeuta ousar na solicitação do paciente sem receio de complicações.

A monitorização contínua do paciente permite maior liberdade de atuação do fisioterapeuta, daí a vantagem da atuação precoce na Unidade de Terapia Intensiva. O paciente está continuamente monitorizado, permitindo que a abordagem seja avaliada e reformulada, quando necessário, de forma constante. Os sinais vitais são monitorizados continuamente enquanto houver instabilidade vigente do quadro ou algum risco de vir a ocorrer. Quando necessário, a monitorização da pressão intracraniana fornece importantes informações que precedem o aparecimento de sinais e sintomas de descompensação, o que permite avaliar de forma mais objetiva a eficácia de medidas terapêuticas.[13]

A monitorização através de equipamentos modernos e de última geração permite um maior controle do paciente e do processo terapêutico. No entanto, alguns sinais clínicos, quando adequadamente avaliados, permitem ao fisioterapeuta inferir a gravidade do quadro ou sua progressão e/ou a localização da lesão, sejam eles: consciência, aspectos respiratórios, reflexos pupilares, motricidade ocular extrínseca e atividade motora postural e apendicular.

Consciência se refere ao estado de completa percepção de si e do meio e é avaliada pela análise de dois parâmetros: o grau de alerta e o conteúdo da consciência. O grau de alerta se refere ao despertar, o quão acordado está o indivíduo, e depende da integridade do tronco encefálico e do córtex cerebral. O conteúdo da consciência é a soma das funções cognitivas e afetivas e é dependente da atividade hemisférica cerebral. Coma é um estado de inconsciência sem resposta ao meio. O indivíduo permanece de olhos fechados, e nem uma estimulação enérgica o desperta. É decorrente de uma lesão do sistema ativador reticular ascendente, o qual se origina na formação reticular do tronco encefálico e se distribui difusamente para o córtex cerebral, ou de um comprometimento difuso dos hemisférios cerebrais ou de ambos.

Uma das formas mais difundidas para avaliação do grau de consciência de um indivíduo é o uso da Escala de Coma de Glasgow. Esta escala avalia três parâmetros: estímulo necessário para que ocorra abertura ocular, melhor resposta motora e a melhor resposta verbal. A utilização de uma escala quantitativa permite que todos os membros da equipe estabeleçam os mesmos critérios para avaliação se evitando subjetividade e, permitindo que o grau de consciência seja acompanhado por todos de perto. A avaliação das funções cognitivas superiores, que incluem percepção, razão, linguagem, memória e julgamento, deve ser considerada. A *Escala Rancho Los Amigos* foi desenvolvida com o intuito de auxiliar os profissionais nessa avaliação.

É comum na prática clínica o fisioterapeuta detectar pequenas alterações da consciência ou sua recuperação antes dos demais membros da equipe. Não se trata de nenhum mérito. O fisioterapeuta, normalmente, é um dos profissionais que despende mais tempo em contato direto com o paciente, manuseando-o e estimulando-o. Dessa forma, tem mais oportunidades para conhecê-lo melhor, bem como a suas reações, notando modificações sutis, muitas vezes desacreditadas pelos outros membros da equipe.

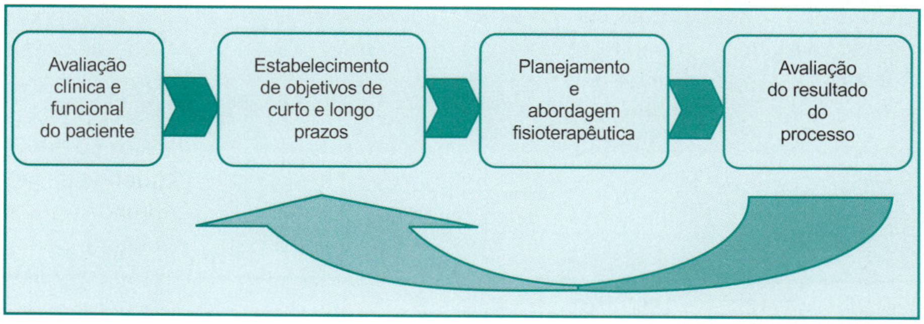

Fig. 86-1. Fluxograma do processo fisioterapêutico na assistência ao paciente neurológico.

Quanto aos aspectos respiratórios, a monitorização contínua da saturação arterial de O_2, através da oximetria digital, é fundamental nos pacientes neurológicos, visto que a hipóxia pode levar a lesão neurológica secundária. O mesmo pode ser dito em relação à monitorização através da capnometria do CO_2 expirado, já que tanto níveis elevados quanto muito diminuídos interferem no fluxo sangüíneo cerebral.

A avaliação deve abranger a análise do *drive* e do padrão respiratório e a autonomia do paciente em manter a oxigenação e a ventilação adequadas. A partir dessa avaliação, o suporte necessário poderá ser fornecido. O *drive* respiratório se refere às descargas rítmicas do centro respiratório localizado na porção caudal do bulbo que geram o início do ciclo respiratório. São vários os padrões respiratórios já descritos que denotam lesões em determinados níveis do sistema nervoso. Entre eles cita-se a respiração de Cheyne-Stokes, a neurogênica central, a atáxica, entre outras. Qualquer alteração do *drive* e do padrão respiratório deve ser cuidadosamente observada pelo fisioterapeuta a fim de detectar um prejuízo adicional ou algum grau de recuperação, possibilitando a adequação ou a suspensão da sessão.

A incapacidade do paciente neurológico em manter oxigenação e ventilação adequadas se deve, principalmente, à fraqueza dos músculos respiratórios. A avaliação da força muscular é obrigatória e é um critério valioso para guiar a terapia respiratória em pacientes com lesões medulares cervicais e torácicas altas e nas doenças que causam fraqueza muscular rapidamente progressiva. Essas doenças envolvem alterações do neurônio motor (como a esclerose lateral amiotrófica e a poliomielite), do nervo periférico (como a polirradiculoneurite aguda), da junção neuromuscular (por exemplo, a *miastenia gravis* e o botulismo) e as miopatias.[14] Nesses casos deve-se proceder à avaliação do volume corrente (VC) e da capacidade vital (CV), bem como da pressão inspiratória máxima ($PI_{máx}$) e da pressão expiratória máxima ($PE_{máx}$) a cada 4-6 horas e seus valores devem ser acompanhados a fim de verificar deterioração rápida que requeira instalação de suporte ventilatório externo. A correlação entre a medida da CV e a disfunção respiratória nas disfunções neuromusculares (Quadro 86-2) norteia a conduta respiratória.

Lesões como acidente vascular encefálico, esclerose múltipla e traumatismo cranioencefálico podem também apresentar fraqueza muscular, mas a instalação do quadro é, normalmente, mais lenta. Tanto alterações do sistema nervoso central quanto periférico são importantes causas de insuficiência respiratória. A falência respiratória pode ser atribuída à ausência de controle da respiração pelo centro respiratório, às alterações mecânicas e à fadiga muscular. Na maioria dos pacientes com doenças neuromusculares, o *drive* respiratório está intacto ou até mesmo aumentado. Nesses pacientes, a fraqueza dos músculos respiratórios não pode gerar pressões respiratórias normais. Além disso, a ineficiência do movimento da caixa torácica leva ao aumento do trabalho respiratório. São também freqüentes as alterações de complacência pulmonar e de parede, aumentando ainda mais tal trabalho. A combinação de fraqueza, ineficiência da bomba respiratória e anormalidades do componente elástico pode predispor esses pacientes à fadiga. Os sinais clínicos mais comuns da fadiga muscular são taquipnéia, sudorese e respiração paradoxal. Quando a hipoventilação é franca, ocorre retenção de CO_2.[15]

Os reflexos pupilares de constrição e dilatação são controlados pelo sistema nervoso autônomo simpático e parassimpático. Grande parte das lesões que acometem diretamente o tronco encefálico ou indiretamente, por compressão, leva a anormalidades pupilares, tanto quanto à sua forma quanto ao seu tamanho. A avaliação antes, durante e após a sessão de fisioterapia deve ser procedida verificando-se prejuízo adicional ao quadro durante o procedimento. A presença de anisocoria, ou seja, assimetria do tamanho pupilar e alterações do reflexo fotomotor, é forte indício de agravamento da lesão encefálica e deve ser notificada prontamente à equipe. Observar a posição dos olhos e pálpebras em repouso e durante o movimento passivo da cabeça, procurando movimentos oculares errantes, nistagmo, desvios laterais ou para baixo e ausência de piscamento, que também traz informação adicional sobre a lesão e sua localização.

A avaliação da atividade postural no leito, estando o indivíduo em repouso, traduz o resultado da ação do tônus muscular sobre os segmentos corporais. Tônus muscular é definido como o estado de tensão de um músculo em repouso. Clinicamente, ele é avaliado pela palpação do ventre muscular e pela resistência que o músculo oferece ao alongamento passivo. O tônus postural se refere à tensão muscular necessária para que o corpo esteja pronto para se mover e não desabar frente à ação da gravidade. Alterações do tônus muscular são extrema-

Quadro 86-2. **Correlação entre a capacidade vital, a fisiopatologia da disfunção respiratória e o suporte ventilatório indicado nas doenças neuromusculares**

CV (ml/kg)	*Fisiopatologia da disfunção respiratória*	*Suporte ventilatório indicado*
65	Ausência de disfunção respiratória	–
< 30	Redução da tosse e do suspiro; acúmulo de secreção pulmonar e formação de atelectasia	–
< 20	Perda do suspiro; efeito *shunt* presente	Ventilação não-invasiva
< 15	Hipoventilação; fadiga muscular	Intubação eletiva em modalidade assistida
< 10	Insuficiência respiratória	Ventilação controlada

Baseado em Ferraz AC, 1999.[14]

mente comuns nas disfunções neurológicas, e sua fisiopatologia não é bem conhecida.[16]

Não existe um padrão determinado de distribuição do tônus muscular. O tônus normalmente está reduzido nas lesões periféricas ou na fase aguda das lesões centrais, conhecida como fase de choque. No entanto, a hipotonia pode persistir em alguns grupos musculares em fases mais crônicas de lesões centrais e ser característica de distúrbios cerebelares. O aumento de tônus, ou hipertonia, pode ter características variadas, sendo classificado, basicamente, em dois tipos: a hipertonia elástica e a hipertonia plástica. A hipertonia elástica tem distribuição predominante em um grupo muscular, enquanto o grupo antagonista é pouco ou nada afetado. Durante o alongamento, uma resistência inicial pode ser sentida para, em seguida, haver liberação do movimento até sua amplitude final. Esse é o chamado *sinal do canivete*, comum no acidente vascular encefálico e no traumatismo cranioencefálico. Essa resistência tende a aumentar com a velocidade e ceder com a mobilização. A hipertonia plástica, classicamente descrita como o tônus encontrado em pacientes com doença de Parkinson, caracteriza-se por um aumento da resistência ao alongamento durante toda a amplitude do movimento, tanto no músculo agonista quanto no antagonista, gerando o *sinal da roda denteada* ou o *sinal do cano de chumbo*. Paratonia é a resistência ao movimento passivo que, diferentemente da rigidez da doença de Parkinson, aumenta com a velocidade do movimento e, diferentemente da hipertonia elástica, continua por todo o limite do movimento. A paratonia é atribuída a uma disfunção difusa do prosencéfalo e acompanha-se freqüentemente de um reflexo de preensão.[17]

A avaliação do tônus muscular é extremamente subjetiva. A quantificação do aumento de tônus é um problema de difícil solução, pois o tônus sofre influência de fatores como ansiedade, depressão, fadiga e temperatura ambiente.[16] A escala de Ashworth e a sua versão modificada (Quadro 86-3), ambas validadas,[16] são as mais freqüentemente usadas como medida clínica. Essa escala gradua as alterações do aumento de tônus segundo a resistência apresentada ao alongamento na amplitude de movimento. No entanto, não é sensível o suficiente para descrever modificações mais sutis da apresentação do tônus muscular. Quanto mais minucioso for o exame do tônus muscular, maiores as chances de o terapeuta compreender as alterações da atividade postural e apendicular que o indivíduo apresenta. Não se trata de uma regra, no entanto, a distribuição do tônus muscular costuma determinar o padrão postural do indivíduo no leito, tanto de tronco quanto de extremidades.

Posturas fixas são consideradas inadequadas. Os termos *rigidez de descerebração* e *rigidez de descorticação* são designações fisiologicamente incorretas, mas denotam respostas posturais estereotipadas a estímulos nocivos.[17] Na rigidez de descerebração, o indivíduo mantém os membros superiores e inferiores estendidos e rodados medialmente, bem como a cabeça, podendo assumir a posição de opistótono, sendo, portanto, mais bem descrita como *resposta extensora dos quatro membros*. Essa postura indica desconexão do mesencéfalo das estruturas inferiores. A resposta em flexão de membros superiores e em extensão dos membros inferiores é a característica da rigidez de descorticação e é causada por interrupção das vias corticoespinhais.

Quadro 86-3. **Escala de Ashworth modificada**[16]

Grau	*Descrição*
0	Tônus muscular normal
1	Discreto aumento do tônus muscular, manifestado por contração e relaxamento ou por uma resistência mínima no final do movimento quando a articulação afetada é fletida ou estendida
1+	Discreto aumento do tônus muscular, manifestado por contração associada a uma resistência mínima durante o restante (menos da metade) da amplitude de movimento (ADM)
2	Aumento mais pronunciado do tônus muscular durante a maior parte da ADM, mas a movimentação passiva é facilmente realizada
3	Aumento considerável do tônus muscular, e a movimentação passiva é realizada com dificuldade
4	Articulação afetada, rígida em flexão ou extensão

A atividade postural causada por reações cervicais, como o reflexo tônico-cervical assimétrico ou o reflexo tônico-labiríntico, também pode ser freqüentemente notada em lesões centrais. A perda da modulação desses reflexos devido à lesão gera posturas estereotipadas e fixas. As reações de suporte positivo e de *endireitamento* que caracterizam a necessidade de o indivíduo manter-se em alinhamento corporal concomitante ao alinhamento da cabeça, refletindo integridade medular e mesencefálica, devem ser avaliadas. Outra reação de *endireitamento* a ser avaliada é a visual, que ajusta a cabeça no espaço e que depende de integridade cortical, também é parte das reações posturais.

O tônus muscular também varia em função da postura do indivíduo e seus deslocamentos. Esses ajustes são conhecidos como ajustes tônicos e fásicos e devem ser analisados durante a manutenção e troca das diversas posturas do desenvolvimento neuropsicomotor do indivíduo. A análise deve englobar se o indivíduo assume e como assume, se mantém e como mantém e se realiza atividade sobre a postura.[18]

A motricidade voluntária eficiente requer envolvimento cortical interagindo com os diversos níveis de controle do movimento, desde núcleos da base e cerebelo, até a medula espinhal e os nervos periféricos. Pontos a serem avaliados em relação à motricidade voluntária são a iniciação, a direção e velocidade do movimento, o seqüenciamento e a especificidade necessária para a função e o equilíbrio requerido durante o movimento, o qual envolve a integração do controle de tronco com o controle da extremidade.[19] Deficiências primárias como alterações de tônus muscular, alterações da força muscular, alterações da sensibilidade e da ativação muscular afetam diretamente a motricidade voluntária. Essas alterações possibilitam a ocorrência de deficiências secundárias incapacitantes, tais como alterações ortopédicas, alterações no comprimento dos músculos e outros tecidos moles, dor e edema, e devem ser cuidadosamente avaliadas.[19]

Além da avaliação clínica, uma extensa gama de medidas tem sido descrita na literatura com a finalidade de tornar a avaliação do paciente mais objetiva. Essas medidas englobam desde escalas amplas que buscam avaliar a qualidade de vida dos indivíduos e medidas de independência funcional até medidas específicas de determinada deficiência. A medida mais apropriada a ser utilizada depende da localização física, se o paciente está dentro ou fora do ambiente hospitalar dos diferentes profissionais integrantes do serviço, do tempo do quadro inicial, de fazer parte de uma rotina de prática clínica ou de pesquisa. Conforme o tempo da lesão inicial aumenta, a medida tende a mudar de uma ênfase para a sobrevida, analisada pelas deficiências e incapacidades, para a ênfase na participação, incluindo reintegração social e qualidade de vida.[20] O Índice de Barthel e a Medida de Independência Funcional são as medidas mais comumente usadas. São escalas utilizadas para avaliação da independência funcional, embora a segunda abranja o componente cognitivo.[20]

Estabelecimento de objetivos

Nesse programa, o estabelecimento de objetivos é a chave para um programa de reabilitação de boa qualidade. Randall e McEwen[21] definem como objetivos funcionais aqueles que envolvem atividades individualmente significativas que uma pessoa não é capaz de realizar como resultado de uma lesão, doença ou condição congênita ou adquirida, mas que pode ser capaz de alcançar como resultado da fisioterapia.[21] Os profissionais envolvidos devem, em conjunto e com o paciente, associar a história natural da doença e o quadro clínico atual ao contexto individual e social do paciente e de seus familiares para que objetivos realistas sejam estabelecidos. Desenvolver objetivos funcionais centrados no paciente, cujo foco são atividades significativas para eles e que fazem diferença em suas vidas, permite maiores ganhos. O terapeuta deve olhar para o paciente como um indivíduo completo considerando-se suas atividades em três áreas: autocuidado, trabalho e lazer.

Uma vez que objetivos de longo prazo são estabelecidos, eles devem ser segmentados em unidades mensuráveis a serem atingidas a cada terapia ou em um pequeno número de terapias.[4] Quanto menor e mais objetiva for essa unidade, mais fácil será alcançá-la, proporcionando motivação tanto ao paciente quanto ao terapeuta e garantindo que a continuidade e eficiência do tratamento sejam estabelecidas. Supondo que o objetivo em longo prazo seja tornar o paciente capaz de levantar-se da cadeira independentemente, essa função pode ser segmentada em um número de pequenos objetivos de curto prazo, tais como sustentar a cabeça em extensão, sentar-se com apoio, sentar-se sem apoio, transferir a base de suporte para os pés, levantar-se com apoio, levantar-se sem apoio.

Essa abordagem centrada na solução de problemas[22] pode ser considerada na perspectiva do terapeuta e do paciente. O fisioterapeuta identifica os problemas do paciente e adota uma abordagem de tratamento apropriada. O próprio paciente aprende a lutar contra a deficiência através de estratégias compensatórias. Solucionar os problemas de forma adequada requer do fisioterapeuta um preciso e extenso conhecimento do movimento, levando em consideração todos os danos que possam contribuir para a sua ineficiência. Requer também que o paciente determine a maneira mais eficiente de lutar com a sua incapacidade. A função é o objetivo final para ambas as partes.

A proposta de objetivos funcionais deve conter os seguintes elementos: quem irá fazer o quê, sob quais condições; quão bem e quando.[21] Quem será sempre o paciente, já que os familiares e cuidadores podem estar envolvidos, mas não são o foco do objetivo, mesmo que seja necessária assistência para que o paciente complete a atividade. O que é a atividade que o paciente irá realizar. As atividades envolvidas no objetivo devem ser observáveis, replicáveis e ter início e fim definidos. Bater em uma tecla e atender ao telefone são funções de uma secretária e podem ser vistas como atividades requeridas para que o paciente retorne ao trabalho. As condições sob as quais a atividade será realizada podem envolver o ambiente, medidas de distância, tempo para realizar uma atividade. O quão bem o paciente irá realizar tal atividade inclui o montante de assistência requerida de outras pessoas para que o paciente realize a atividade. Nesse caso, o uso de termos descritivos pode ser necessário (por exemplo, ficar em pé com assistência no tronco). Quando se refere à data aproximada para que o objetivo seja alcançado. Esse tempo é normalmente baseado no conhecimento da doença, pesquisas disponíveis, experiência pessoal e o progresso individual do paciente. Esse tempo pode ser alterado à medida que a terapia prossegue.

Desenvolver objetivos funcionais centrados no paciente permite que os terapeutas estejam de acordo com a política de saúde, tenham suas intervenções reembolsadas, estejam de acordo com as expectativas dos processos de acreditação e legislação e finalmente estejam de acordo com as necessidades dos seus pacientes.

Abordagem fisioterapêutica

São inúmeras as técnicas desenvolvidas dentro da fisioterapia as quais poderiam ser utilizadas e trariam benefícios ao paciente neurológico. Parte das técnicas foi desenvolvida pela descrição de procedimentos realizados na prática, com os quais o paciente demonstrava melhora da sua função corporal ou da relação do seu corpo com o espaço durante determinadas habilidades. Com o desenvolvimento do conhecimento neurofisiológico, muito do que foi descrito na prática passou a receber embasamento científico de seu mecanismo de ação, enquanto outras abordagens foram adequadas a essa nova realidade. A intenção neste capítulo, no entanto, não é relacionar uma lista de técnicas, mas traçar pontos básicos utilizados em todas as sessões independentemente da técnica a ser utilizada. Serão discutidas as bases do posicionamento adequado do paciente no leito, os cuidados respiratórios, a cinesioterapia, a estimulação sensorial e a utilização de recursos auxiliares.

■ *Posicionamento do paciente*

Qualquer que seja a função, ela depende da integração entre a postura e o movimento. A separação dessas duas entidades facilmente nos faz incorrer no erro de pensarmos na prática em separado desses dois componentes. O posicionamento adequado do paciente não deve ser apenas preconizado ao término de qualquer procedimento fisioterapêutico, mas deve estar incluído nele. Apesar de bastante divulgada a necessidade do posicionamento adequado no leito, na prática ela é pouco utilizada. Quer por tempo, quer por falta de informação, a prática efetiva do posicionamento no leito tem, em geral, sido negligenciada.

Pacientes comatosos ou com restrições motoras severas têm, como única possibilidade de experimentar outras posturas, a troca postural realizada pelos profissionais da equipe que o assistem. Nos estágios iniciais, as posições geralmente são restritas ao decúbito dorsal ou supina e ao decúbito lateral. Mais raramente o indivíduo é colocado em sedestação. Posturas como decúbito ventral ou prono e ortostatismo poderiam ser opções viáveis mesmo na fase aguda, desde que devidamente indicadas.

No paciente agudo, uma das grandes preocupações é o cuidado com os níveis de PIC. O cuidado normalmente padronizado com a finalidade de reduzir a pressão intracraniana é a elevação da cabeceira. As posições supina e de elevação da cabeceira a 45º são comumente utilizadas durante as sessões de fisioterapia em pacientes críticos. No entanto, não existe um consenso sobre o real efeito da manutenção do paciente em decúbito horizontal, seja dorsal ou lateral, sobre a pressão intracraniana. A PIC tende a ser significativamente menor com o indivíduo posicionado com elevação do decúbito até 45º,[23-26] quando comparado ao decúbito horizontal. Elevações adicionais mostram efeitos deletérios sobre a PIC.[23] A pressão de perfusão encefálica (PPC), no entanto, pode alcançar os maiores valores no decúbito dorsal horizontal.[24] Apesar de divergentes, todos os artigos enfatizam que a resposta individual ao posicionamento deve ser considerada, em vez do estabelecimento de uma rotina fixa e padronizada.

O posicionamento adequado deve se basear nas posições funcionais dos segmentos e no alinhamento da cabeça e do tronco; todos os segmentos corporais devem estar apoiados para evitar a sobrecarga da gravidade, principalmente sobre as articulações; deve permitir o acesso ao paciente e deve ser trocado freqüentemente, evitando-se a formação de pontos de pressão sobre proeminências ósseas e de alterações secundárias ósseas ou envolvendo os tecidos moles. Esses princípios devem ser considerados qualquer que seja a postura em questão. A utilização de rolos, toalhas e travesseiros, entre outros, é necessária para que o posicionamento adequado seja alcançado (Figs. 86-2 a 86-4). É importante enfatizar que a postura adotada para o repouso do paciente deve pressupor segurança e conforto. Posturas mantidas forçadamente, para um alongamento ou sobrecarga, por exemplo, deveriam ser utilizadas apenas durante a sessão fisioterapêutica, quando o terapeuta pode observar a resposta do paciente àquele procedimento.

O humano tem como característica ser bípede. O ortostatismo exige do organismo uma série de adaptações cardiovasculares, respiratórias, metabólicas, gastrintestinais, neurais, musculoesqueléticas, além de psicológicas normais para um indivíduo sadio. O paciente neurológico, quer por sua lesão, ou pelos cuidados necessários para a estabilidade do seu qua-

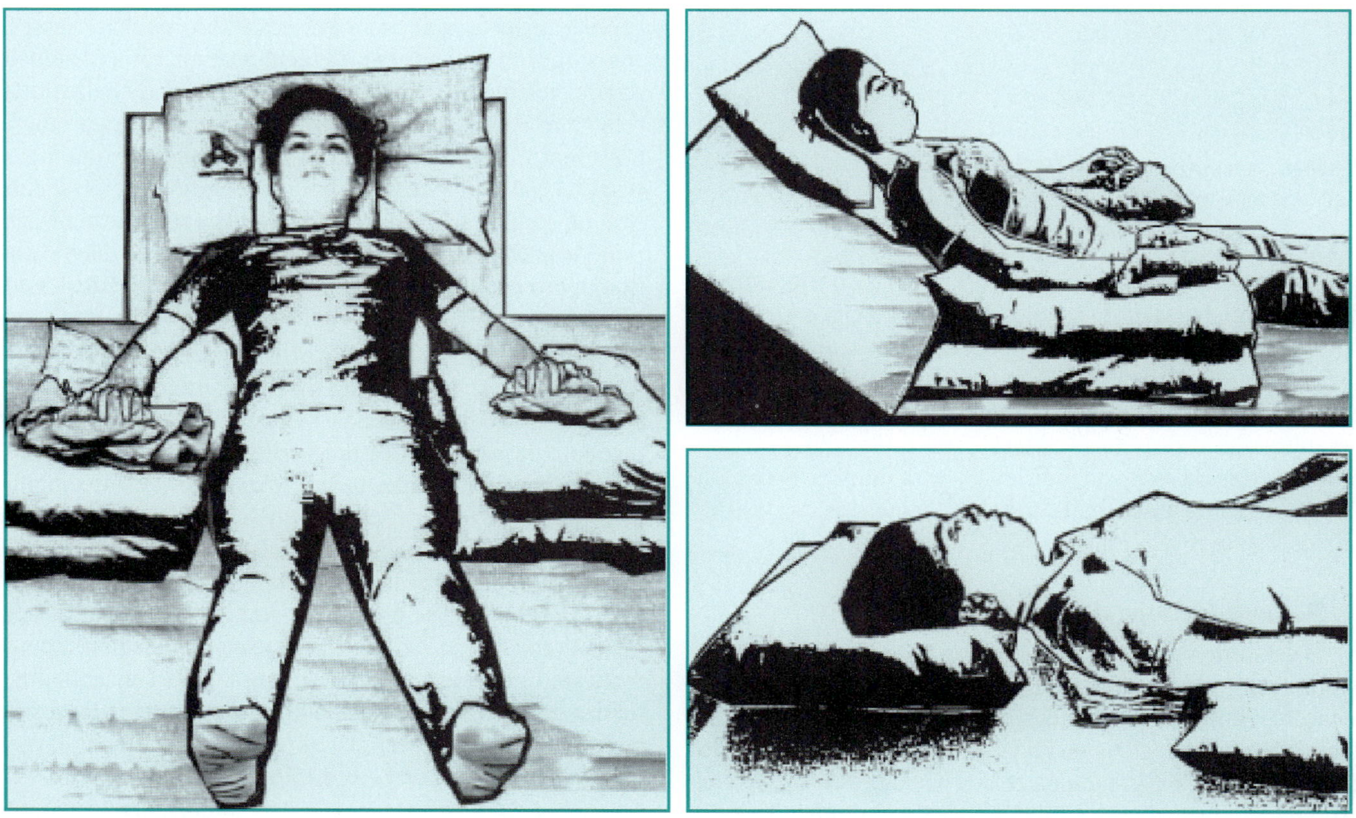

Fig. 86-2. Posicionamento do paciente em decúbito dorsal elevado e horizontal. (Ilustrações: Laura Alouche.)

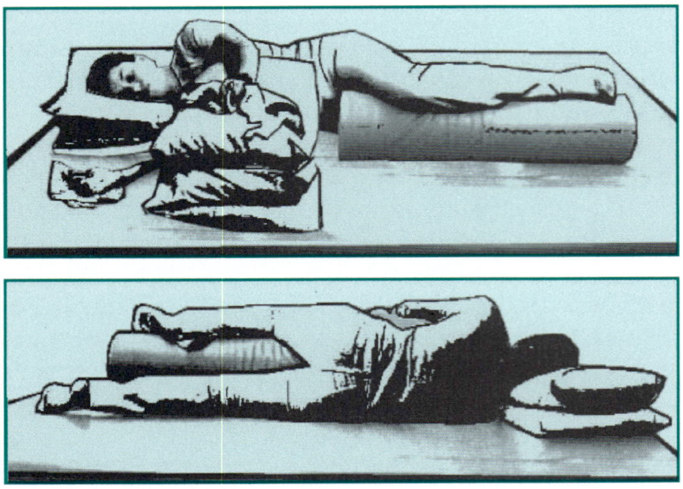

Fig. 86-3. Posicionamento do paciente em decúbito lateral. (Ilustrações: Laura Alouche.)

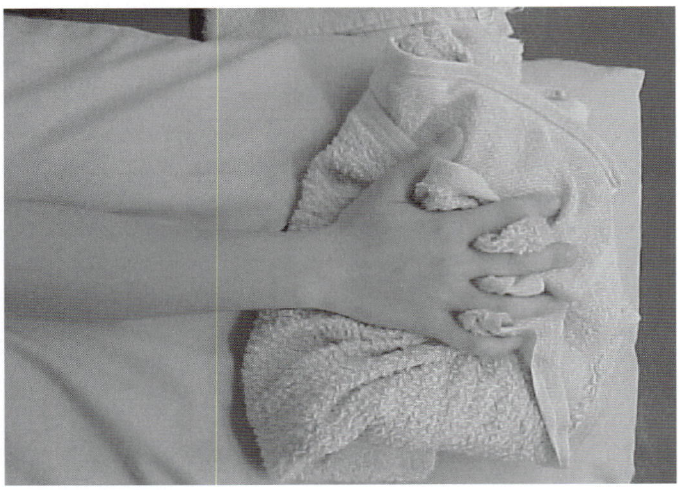

Fig. 86-4. Detalhe do posicionamento da mão do paciente com o auxílio de uma toalha.

dro clínico, é mantido por muito tempo apenas no leito, ou, no máximo, em sedestação. A utilização da prancha ortostática para proporcionar o ortostatismo deveria ser considerada já no Centro de Terapia Intensiva, mesmo nos estados de rebaixamento da consciência. Associar a elevação progressiva com a monitorização disponível nesses centros permitiria o completo controle da resposta individual a essa mudança postural e proporcionaria ao paciente todos os benefícios da postura para os sistemas relacionados.

■ *Cuidados respiratórios*

O fisioterapeuta deve visar, em relação aos cuidados respiratórios com o paciente neurológico, à manutenção da oxigenação e ventilação adequadas, visto que ambas podem acarretar danos neurológicos secundários, conforme mencionado anteriormente. Uma grande parte dos pacientes neurológicos é submetida ao suporte ventilatório mecânico, qualquer que seja o diagnóstico. Esses pacientes requerem sedação e relaxamento muscular para a tolerância ao tubo endotraqueal e o controle da pressão intracraniana. Esses procedimentos, em conjunto com a imobilidade no leito, favorecem a instalação de complicações respiratórias.

Os procedimentos convencionais de higiene brônquica incluem manobras de drenagem postural, tapotagem, tosse assistida e aspiração endotraqueal, e maior sucesso é alcançado se o paciente mantém algum reflexo de tosse presente. Qualquer desses procedimentos tende a aumentar a pressão intracraniana, seja por aumento da atividade do sistema nervoso simpático, seja pelo aumento da pressão intratorácica e concomitante redução do retorno venoso encefálico.[27] Na ausência do reflexo da tosse, uma manobra realizada com o ambu, que produz uma tosse artificial, conhecida como *bag squeezing*, pode ser utilizada. Esse procedimento implica uma insuflação pulmonar de ar oxigenado seguida de uma expiração forçada, manualmente assistida, e sucção endotraqueal. Na comparação entre os efeitos da aspiração endotraqueal e o *bag squeezing*, observa-se que a manobra com o ambu elicita menores efeitos na dinâmica intracraniana do que a aspiração.[27] A aspiração envolve o reflexo de tosse responsável pelo aumento da pressão intracraniana sem aumento concomitante da pressão de perfusão encefálica, podendo acarretar diminuição do fluxo sangüíneo encefálico. Visto que esses procedimentos são necessários e constituem riscos, a constante monitorização dos parâmetros deve ser novamente lembrada.

Ventilação mecânica no paciente neurológico

No caso dos pacientes submetidos às neurocirurgias eletivas, sendo previamente sadios, normalmente a necessidade de ventilação artificial se atém a poucas horas ou dias. Nesses casos, a opção por determinada técnica ventilatória é estabelecida principalmente pelo conforto do paciente ou pela rotina da terapia intensiva. Na maior parte dos pacientes neurológicos, no entanto, a instauração de ventilação artificial é urgente, seja pela afecção primária, seja para a prevenção de lesão secundária e/ou complicações. Tal necessidade de ventilação mecânica pode se prolongar por semanas, dependendo do diagnóstico e do quadro evolutivo, tornando necessária a otimização desse procedimento.

O cuidado com a pressão intracraniana nesses pacientes é preponderante. A ventilação mecânica interfere diretamente com a pressão intracraniana de duas formas principais: pelo aumento da pressão intratorácica e pelo controle da $PaCO_2$. Vimos anteriormente que, quanto maior for o fluxo sangüíneo cerebral (FSC), maior é a PIC e que o FSC tem relação direta com a resistência vascular cerebral. O controle da resistência vascular cerebral é mediado metabolicamente pela variação do pH extracelular. Esse controle químico pode ser manipulado pelas alterações da $PaCO_2$. A acidose acarretada pela hipercapnia leva a uma vasodilatação cerebral com conseqüente aumento do FSC e elevação da PIC. Já a alcalose do pH, possibilitada por uma diminuição da $PaCO_2$ sangüínea, favorece vasoconstrição cerebral e redução da PIC.[15]

A hiperventilação é uma medida importante no tratamento da hipertensão intracraniana pela abrupta elevação do pH com conseqüente vasoconstrição. Em média ocorrem 4% de diminuição do FSC para cada mmHg de $PaCO_2$ até 25 mmHg. Uma hiperventilação vigorosa pode causar vasoconstrição suficiente para provocar isquemia e agravar o quadro inicial. O uso profilático da hiperventilação pode dissipar seus efeitos pelo equilíbrio que o organismo busca para o pH, deixando de ser eficiente nos momentos em que a PIC começa a elevar-se.[15]

A instauração de ventilação mecânica em qualquer paciente implica o uso de pressão positiva intratorácica. Tal aumento de pressão intratorácica leva a diminuição do débito cardíaco e elevação da pressão venosa central, além de diminuição do retorno venoso, inclusive cerebral, favorecendo o aumento da PIC. É necessário ressaltar que o maior determinante das repercussões cardiocirculatórias durante a ventilação mecânica é a pressão média das vias aéreas. Freqüentemente tem-se receio quanto ao uso da pressão positiva expiratória final (PEEP) nos pacientes neurológicos; no entanto, o emprego de altos volumes correntes ou um tempo inspiratório muito elevado poderia ser muito mais deletério.

A escolha do modo ventilatório adequado deve ser individualizada e dependente do nível de lesão em questão. Em pacientes com lesão encefálica nos quais o centro respiratório pode estar comprometido e as conseqüências de uma ventilação inadequada podem favorecer a hipertensão intracraniana, preconiza-se o uso de **ventilação controlada**. A ventilação pode ser controlada por volume ou por pressão. Como nos pacientes neurológicos a necessidade do controle da ventilação alveolar é preponderante pelas conseqüências diretas sobre a PIC, preconiza-se o uso da ventilação controlada ciclada a volume. Deve-se lembrar que um volume-minuto constante não é sinônimo de uma $PaCO_2$ constante nesses doentes, em vista das grandes flutuações na produção de CO_2 causadas pelo hipermetabolismo. Assim, a monitorização dos níveis de CO_2 deve ser contínua através de um capnógrafo ou capnômetro. A opção pela ventilação ciclada a pressão pode ser interessante nos casos de trauma torácico associado e outras alterações cardiopulmonares, pela diminuição da pressão média nas vias aéreas gerada por esse tipo de ventilação. Nesse caso, a monitorização torna-se ainda mais relevante.

Na ventilação controlada, o controle de uma sedação adequada é de extrema importância, já que esta será a responsável pela sincronia paciente/respirador necessária para uma adequada oxigenação e ventilação. Uma possível disputa entre o paciente e o aparelho de ventilação mecânica leva a um aumento da pressão média das vias aéreas, com conseqüente aumento da pressão intratorácica e da PIC. A ventilação controlada também é preconizada nos pacientes em fase aguda de trauma raquimedular em nível cervical/torácico alto nos quais a perda completa ou parcial da inervação de grande parte dos músculos respiratórios compromete uma mecânica adequada, favorecendo o aparecimento de atelectasias e fadiga muscular.

A **ventilação assistida** é a escolha adequada para aqueles pacientes que mantêm um *drive* respiratório adequado, que mantêm um fluxo sangüíneo cerebral adequado e que não estejam em franca insuficiência respiratória por fadiga muscular. Tem sido o modo mais utilizado como forma de desmame da ventilação mecânica. Nesse tipo de ventilação, o ajuste da sensibilidade do ventilador pode ter grandes implicações no trabalho muscular respiratório durante a ventilação mecânica. Quanto mais sensível o aparelho, menor será o gasto energético.

Os pacientes neurológicos de forma geral encontram-se dentro de um grupo de 5 a 30% de pacientes que não conseguem ser removidos do ventilador em uma primeira ou segunda tentativas. A causa fundamental do insucesso do desmame quase sempre pode ser vista como um desbalanço entre a capacidade ventilatória diminuída e uma demanda ventilatória aumentada. A capacidade para atender à demanda ventilatória pode ser limitada pela insuficiência do próprio *drive* ventilatório ou pela incapacidade do sistema músculo-esquelético em gerar um determinado trabalho mecânico exigido pelo centro respiratório em resposta a determinada situação. Nesses casos em que a causa do insucesso é neuromuscular, preconiza-se a instauração de treinamento dos músculos respiratórios adequado antes da progressão do desmame. Alguns critérios e condições clínicas básicas devem estar presentes durante o processo de desmame:

- Estabilidade cardiovascular.
- Estabilidade da mecânica respiratória: ausência de atelectasias, broncoespasmo, hipersecreção.
- Estabilidade das trocas gasosas (saturação de $O_2 > 90\%$ com $FiO_2 \leq 40\%$; volume minuto < 10 l/min).
- Estabilidade hidroeletrolítica.
- Estabilidade do centro respiratório.

Normalmente utiliza-se a técnica de pressão de suporte para desmame do ventilador, pois ela permite uma transição mais gradual da ventilação assistida para a espontânea. Reduzem-se seus níveis gradualmente de acordo com a tolerância do paciente até proceder-se a extubação direta. O uso da PEEP em níveis baixos (3-5 cmH_2O) é preconizado durante o processo de desmame mesmo que não haja doença parenquimatosa evidente, pois seu uso costuma suprimir a perda do papel fisiológico da glote que ocorre pela intubação.

A ventilação mecânica não-invasiva é mais freqüentemente usada em condições crônicas. São indicações particularmente apropriadas aquelas condições neurológicas crônicas como lesões medulares altas estáveis, esclerose lateral amiotrófica, distrofias musculares. Os efeitos imediatos da ventilação não-invasiva são facilmente documentáveis e geralmente incluem: diminuição da atividade dos músculos inspiratórios (repouso da musculatura ventilatória), melhora da oxigenação; melhora da hipercapnia, melhora da fragmentação do sono, diminuição do trabalho respiratório e diminuição dos episódios de falência respiratória. Durante o seu uso, a associação de treinamento dos músculos respiratórios pode levar a melhora da força e resistência musculares.[15]

■ *Cinesioterapia*

A cinesioterapia, ou terapia pelo movimento, principal recurso utilizado pela fisioterapia qualquer que seja a técnica, faz uso das forças que atuam sobre o corpo e da manipulação dessas forças para que o desempenho humano seja melhorado e lesão adicional seja prevenida.[28] A estratégia normalmente envolve a maximização do potencial remanescente do indivíduo.

Deve-se considerar que para cada movimento uma adequação postural é necessária: o movimento das extremidades ocorre quando há estabilidade da região proximal. Uma postura fixa não é uma postura estável, pois na postura fixa não existe adequação durante o movimento, causando sua restrição. Para abrir a porta da geladeira, por exemplo, são necessários movimentos do membro superior. Para que esses movimentos sejam efetivos, ajustes posturais que antecedem a ação e que estabilizem o tronco para trás são necessários, para que durante a ação o indivíduo tenha estabilidade para fletir o membro superior e abrir a porta. Caso contrário ele iria de encontro à porta. É necessário ainda que a região proximal do membro superior não esteja fixa, pois o movimento do membro superior depende de movimentos concomitantes e em menor amplitude da escápula para alcançar a amplitude do membro superior necessária para a função.

Enfatizar inicialmente o controle de tronco é fundamental para o desempenho das habilidades funcionais. Considera-se que o controle de tronco de um indivíduo é adequado quando ocorre rotação em todos os seus segmentos, próximo à amplitude máxima. A rotação pode ser descrita como uma resposta coordenada entre flexão e extensão em todos os planos de movimento,[29] daí sua importância para o controle de tronco.

A ênfase sobre a simetria é particularmente importante durante a cinesioterapia, pois designa a linha média do corpo. A linha média é um ponto de referência abstrato para o alinhamento corporal e para os movimentos que ocorrem nos planos sagital, frontal ou horizontal.[29]

A postura e o movimento do paciente podem ser efetivamente controlados pelo terapeuta através dos chamados pontos-chave de controle. Os principais pontos-chave são identificados como sendo proximal e distal. Na região proximal os pontos-chave são o tronco, a cabeça e os cíngulos escapular e pélvico. Os pontos-chave distais são as mãos e os pés.[29] Se o paciente não apresenta um tônus postural adequado no tronco para que ele realize o alcance de um objeto, o terapeuta pode utilizar o ponto-chave em tronco e cíngulo escapular para obter uma resposta apropriada. Se com a falta de controle proximal o terapeuta fizer a facilitação pelo ponto-chave distal, poderá traumatizar o ombro do paciente. Edwards coloca que, para garantir a estabilidade do tronco antes de facilitar o movimento dos membros, os pontos-chave proximais são mais freqüentemente utilizados que os distais.[29]

Considerando-se o controle de tronco, o alinhamento corporal e os pontos-chave de controle, a cinesioterapia pode ocorrer de forma passiva, ativo-assistida, ativa livre ou resistida, dependendo das possibilidades do pacientes e dos objetivos traçados. Em cada uma dessas formas de produção do movimento a solicitação da participação do paciente é progressivamente maior para a geração de força muscular. No entanto, já no movimento passivo, a participação efetiva do paciente, prestando atenção e acompanhando o movimento, deve ser requerida para que nos próximos estágios o sucesso seja maior.

Os movimentos podem ser realizados de forma analítica, envolvendo um único plano, ou envolvendo os três planos de movimento, o que os torna mais complexos e, ao mesmo tempo, mais próximos da função normal.

Qualquer que seja a postura ou o movimento a ser solicitado, ele deve ser parte integrante da função a ser treinada. Pelas teorias atuais de controle do movimento, o sistema nervoso não controla particularmente cada um dos músculos de cada segmento corporal, mas organiza a ação para que a meta seja alcançada. É fácil notar isso durante o movimento de preensão. Durante a preensão de uma caneta, a forma e a dimensão da pinça realizada pela mão são absolutamente proporcionais à forma e à dimensão da caneta a ser apreendida. O mesmo ocorre na preensão de uma bola ou de qualquer outro objeto.

■ *Estimulação sensorial*

Qualquer que seja a postura a ser assumida ou o movimento a ser realizado, eles dependem da informação sensorial disponível. Se o controle é sensório-motor, não devemos estimular apenas a motricidade, mas também a sensibilidade. A utilização de informações táteis, térmicas, visuais, auditivas, olfativas, vestibulares, proprioceptivas e dolorosas facilita o controle do movimento e a função. O movimento, mesmo quando realizado passivamente, ativa diretamente o córtex motor primário, indicando a profunda relação entre a sensibilidade e a motricidade.[30]

Por outro lado, toda a informação sensorial atinge a formação reticular no tronco encefálico. Como discutido anteriormente, o despertar depende do sistema ativador reticular ascendente, que parte da formação reticular e se espalha difusamente para o córtex cerebral. Lesões no tronco encefálico, nas fibras de projeção ou no córtex cerebral podem levar ao rebaixamento da consciência. As aferências sensoriais que chegam na formação reticular podem, dessa forma, estimular o despertar.

Diferentes tipos de textura, gelo, diferentes posições da cabeça e do corpo, estímulos visuais etc. são recursos que podem ser utilizados para a estimulação sensorial, seja para adequar a postura e o movimento, seja para promover o despertar.

■ *Recursos auxiliares*

Estimulação elétrica neuromuscular

O uso da estimulação elétrica no controle da atrofia muscular por desnervação foi difundido nos anos 1960. Atualmente, as principais aplicações clínicas da eletroestimulação incluem a manutenção da amplitude de movimento, o controle da espasticidade, a facilitação/reeducação do movimento, além do incremento da força e resistência musculares.[32] A aplicação da corrente é realizada através da colocação de eletrodos de superfície sobre o ponto motor. Esse é o ponto na superfície da pele que reveste o músculo no qual a menor quantidade de corrente promove sua contração.[31]

A observação cuidadosa de reações adversas e contra-indicações para o uso da estimulação elétrica deve ser considerada pois pode levar a lesão secundária. Permitir o uso independente da estimulação elétrica pelo paciente requer segurança do terapeuta de que o paciente foi treinado adequadamente para o uso seguro do aparelho e está ciente dos sinais e dos sintomas adversos que podem ocorrer.[31]

Aplicação de talas e órteses

O uso de talas e órteses em pacientes com disfunções neurológicas é bastante discutido na prática clínica. Chama-se órtese aparelhos projetados para aplicar, distribuir ou remover forças para o corpo ou a partir desse,[32] promovendo a estabilidade e/ou facilitando a mobilidade de um segmento corporal. A discussão sobre a adequada indicação ou não de uma órtese ocorre principalmente na vigência de espasticidade e reflexos exacerbados. Questiona-se a adequação do uso de uma órtese tornozelo-pé em paciente com traumatismo cranioencefálico em fase aguda, quando o reflexo positivo de suporte é facilmente deflagrado pelo apoio em antepé.[32] A colocação da órtese poderia deflagrar a resposta extensora do tornozelo e do membro inferior, levando ao encurtamento dos músculos posteriores da perna e ao chamado *pé eqüino*. Por outro lado, a não-colocação da órtese permitiria a ação constante da gravidade sobre o pé, levando-o a permanecer em extensão, favorecendo, da mesma forma, o encurtamento muscular. Em outro caso, o uso da mesma órtese é freqüentemente indicado para os paciente com acidente vascular encefálico em fase subaguda ou crônica para proporcionar uma marcha mais adequada, quando esses pacientes não realizam flexão do pé suficiente durante a fase de oscilação. O uso precoce da órtese evitaria compensações em nível proximal, isto é, abdução excessiva da coxa ou elevação da pelve, que seriam ainda mais prejudiciais para a eficiência da tarefa, no entanto não permitiria que o paciente realizasse voluntariamente o movimento de flexão do pé.

É possível descrever inúmeros exemplos nos quais a indicação da órtese é controversa. Cabe ao fisioterapeuta em conjunto com o terapeuta ocupacional discutir os benefícios e prejuízos do uso da órtese para cada paciente, individualmente, e concluir se há indicação ou não do seu uso. É importante ressaltar, que nenhuma órtese tem como função promover o alongamento de um músculo ou grupo muscular ou *forçar* uma articulação a manter determinada posição. A órtese é de uso individual, deve ser moldada de acordo com as características de cada paciente e reavaliada a cada sessão, verificando-se a real necessidade de sua utilização ou o ajuste na sua modelagem.

O benefício do uso de uma órtese pode ser avaliado pela utilização prévia de uma bandagem temporária realizada com uma faixa crepe ou elástica. As bandagens melhoram a estabilidade e facilitam o alinhamento normal articular, no entanto só devem ser indicadas para uso temporário pela possibilidade de restringir a circulação. Da mesma forma, a confecção de órtese de gesso (mais comumente usadas em membros superiores) pode predizer a vantagem da confecção de uma órtese definitiva de material mais caro e resistente.

Avaliação do resultado do processo

A abordagem fisioterapêutica ao paciente neurológico é particularmente peculiar no que se refere à avaliação do resultado do processo. Alguns quadros neurológicos detalhadamente descritos na literatura se apresentam bastante diferentes na prática clínica. Apesar de uma lesão na mesma área, com mesmo tempo de lesão e mesma abordagem terapêutica, estar presente em dois pacientes, a reabilitação de ambos pode tomar rumos diferentes por causa da evolução. Determinado procedimento fisioterapêutico que mostrou resultados positivos com um paciente pode mostrar resultados negativos e até contra-indicados em outro paciente com mesmo diagnóstico. Não existem regras para o atendimento fisioterapêutico ao paciente neurológico. Existem princípios, cuidados, indicações, contra-indicações e, principalmente, bom senso e experiência do terapeuta na organização do tratamento fisioterapêutico.

A conduta mais adequada para cada paciente neurológico só será estabelecida se a constante reavaliação do quadro clínico e funcional for realizada. A partir daí, novos objetivos de curto e longo prazos podem ser traçados e a abordagem terapêutica, reconduzida ou redirecionada. Quanto mais detalhada e minuciosa for essa reavaliação, maior será o conhecimento do fisioterapeuta sobre o seu paciente, e decisões acertadas serão tomadas para o benefício do próprio paciente.

ASPECTOS ESPECIAIS DA FISIOTERAPIA MOTORA

A fisioterapia motora lida diretamente com a aquisição de novas habilidades ou o reaprendizado de funções perdidas como resultado da lesão. Aspectos relacionados à aquisição de habilidades motoras podem ser englobados no estudo do aprendizado motor. Muitos dos princípios do aprendizado motor são pouco considerados pelo fisioterapeuta durante suas sessões de fisioterapia ou são até mesmo ignorados por esses profissionais.

Organização da prática

A organização da prática está relacionada em como o terapeuta estrutura as atividades que serão utilizadas na sessão de treinamento.[33] Quais atividades devem ser realizadas? Por quanto tempo? Em que ordem? Essas perguntas tratam de questões que podem interferir no aprendizado do paciente.

Uma das formas de organizar uma sessão terapêutica se refere à prática blocada e à prática randomizada. Na prática blocada, todas as repetições de uma mesma tarefa são realizadas para, em seguida, se partir para a prática da segunda atividade. Na prática randomizada, as repetições da primeira e da segunda atividades são intercaladas randomicamente a fim de não se repetirem várias vezes consecutivamente. A prática blocada produz um desempenho melhor do que a prática randômica durante a fase de aquisição da habilidade.[33] A prática blocada produz melhora mais rápida do desempenho. No entanto, a preocupação no aprendizado motor está na capacidade do indivíduo em reter determinado comportamento. Para a retenção, as condições da prática randômica são mais benéficas do que a prática blocada.[33]

Esses dados sugerem que, na estruturação de uma sessão de fisioterapia, o terapeuta deve considerar a fase de aprendizado da habilidade na qual seu paciente se encontra. Se uma nova atividade está sendo proposta para a terapia, talvez a prática blocada seja a melhor opção a fim de que o indivíduo obtenha uma rápida melhora do desempenho e possa compreender o que está sendo solicitado. A partir do momento em que o indivíduo já tem ciência do que deve ser executado, a prática randomizada deve ser introduzida para que a retenção da atividade se torne mais efetiva.

A preferência pela organização de uma sessão utilizando-se a prática randomizada pode ser reforçada pelo seguinte exemplo. Imagine que você está tentando encontrar a solução de um mesmo problema durante horas. Em determinado momento você desiste, ou resolve deixar para mais tarde e vai buscar uma atividade diferente para fazer. No retorno ao problema você se dá conta de que a solução dele era muito mais óbvia do que você imaginava. A interrupção da prática permitiu que o problema fosse visto por perspectiva diferente e a solução foi encontrada. O mesmo pode ser transportado para os *problemas* motores. O indivíduo que pratica continuamente, de forma blocada, uma determinada atividade não encontrará resolução para seus problemas, visto que essa prática continuada não lhe permitiu outras tentativas.

A quantidade de prática necessária após a aquisição de uma nova habilidade é um fator crítico para o aprendizado, especialmente se o indivíduo pretende alcançar um desempenho acima da média, como no caso de uma atividade esportiva competitiva.[34] Em relação ao paciente neurológico, a questão se encontra na quantidade de prática para o indivíduo atingir um objetivo específico durante um período determinado. O benefício desse tipo de prática parece depender do tipo de tarefa em questão. A prática adicional realizada após o aprendizado da tarefa se mostra particularmente benéfica nas habilidades procedurais ou de procedimento comuns nas atividades industriais e ocupacionais,[34] tais como digitar um texto, separar cartas em locais específicos, encaixar uma peça em um pequeno orifício. O desempenho em atividades envolvendo o equilíbrio dinâmico também é beneficiado pela prática adicional. No entanto, estudos mostram que a prática adicional excessiva não traz benefícios adicionais proporcionais.[34]

A noção de que quanto maior a prática melhor para o paciente deve ser considerada com cuidado no que tange ao aprendizado motor. A quantidade de prática não é uma variável crítica que influencie a aquisição de habilidades motoras.[34] A prática adicional leva à interação com outras variáveis, tais como fadiga, perda da atenção, automatização, as quais acabam por interferir no aprendizado. Tais variáveis devem ser sempre consideradas na organização da prática.

Retroalimentação durante o aprendizado

É bastante conhecido que as informações fornecidas pelo terapeuta durante o aprendizado de habilidades motoras são fator crítico para o aprendizado motor. Tais informações sobre o desempenho dadas pelo terapeuta são conhecidas como retroalimentação ou *feedback*. O *feedback* pode ser classificado como intrínseco ou extrínseco e pode trazer o conhecimento do resultado ou o conhecimento do desempenho.[33,34] O *feedback* intrínseco é aquele inerente à tarefa, ou seja, a informação sensorial disponível durante ou após o desempenho fornece a informação do sucesso da tarefa. Para tanto, informações visuais, auditivas, proprioceptivas e/ou táteis podem ser utilizadas. Um indivíduo sabe que atingiu o objetivo de passar da postura sentada para o ortostatismo quando ele já se encontra em ortostatismo.

O *feedback* extrínseco é aquele fornecido pelo terapeuta ao paciente ou por outro recurso independente do desempenho. O terapeuta pode informar ao paciente que ele se manteve em ortostatismo sem apoio por 10 segundos ou que o paciente não mantém simetria nessa postura; ambas as informações são exemplos de *feedback* extrínseco e trazem uma informação adicional ao paciente. Note que, apesar de essas informações serem classificadas como *feedback* extrínseco, o seu conteúdo é pouco similar. O primeiro exemplo traz informação sobre o resultado da prática: o movimento foi realizado em 10 segundos. É uma informação apresentada externamente sobre o resultado do desempenho de uma tarefa. Esse tipo de *feedback* traz o conhecimento do resultado. No segundo exemplo, o terapeuta informa sobre as características do movimento que foi executado. Fornece as características cinemáticas do desempenho. Esse tipo de informação ou o conhecimento do desempenho é freqüentemente utilizado na prática da fisioterapia.

O *feedback* extrínseco tem dois papéis no processo de aprendizado.[34] O primeiro é facilitar o alcance do objetivo da tarefa; o segundo é motivar o indivíduo a continuar perseguindo o seu objetivo. Qualquer informação dirige a atenção individual para uma característica particular do desempenho em questão. Sendo assim, a forma como a informação é fornecida ao paciente deve ser considerada. Ser específico em relação à informação nos parece essencial. *Muito bom!*, *Isso mesmo!* são comentários freqüentes em sessões de fisioterapia que não trazem nenhuma informação. O que foi muito bom? Todo o desempenho foi adequado? O que é possível melhorar? Seriam questões inevitáveis. A objetividade da informação será determinante para sua efetividade.

Informar o indivíduo sobre os erros ou sobre os acertos de seu desempenho tem sido motivo de discussão. Pesquisas a esse respeito têm consistentemente demonstrado que a informação sobre o erro é mais efetiva na melhora do desempenho.[34] Em contrapartida, o papel motivacional da informação sobre os aspectos adequados do desempenho é indiscutível. A combinação dos dois tipos de informação parece ser a melhor opção a ser adotada. No início da prática, quando os erros são mais freqüentes e variados, optar pela informação sobre os aspectos corretos do desempenho se torna mais viável, motivando o indivíduo a dar continuidade à prática. Quando o desempenho se torna mais proficiente e aspectos específicos precisam de reparo, a opção por informar o erro, se tornaria mais adequada.

Quando e quanto são questões sobre o *feedback* a serem consideradas. A informação pode ser dada durante, imediatamente após ou após algum tempo do término do desempenho. Considera-se normalmente que a informação dada após o desempenho é efetiva para fins de aprendizado. A informação dada durante o desempenho parece valiosa quando a informação intrínseca à tarefa é lenta, o indivíduo mostra alguma deficiência em utilizar essa informação sensorial ou se a própria informação sensorial é distorcida pela ocorrência de lesão.[34] Um exemplo de informação simultânea é o *biofeedback* eletromiográfico. Popularizado nos últimos anos, é indicado para fornecer uma informação a um indivíduo sobre uma função ou resposta fisiológica. Dessa forma, o indivíduo torna-se ciente de suas respostas e pode, a partir dessa informação, alterar o sinal de forma a modificar a resposta, tornando-a mais adequada para a função desejada.[35]

Intuitivamente, parece que a maior freqüência de informação dada ao paciente é a mais eficiente para a melhora do desempenho. A literatura a esse respeito não apóia essa idéia.[34] O importante é considerar com que freqüência o indivíduo recebe a informação em relação ao número de repetições realizadas. A utilização de informação a cada repetição faz com que o indivíduo guie seu desempenho por ela, tornando-se dependente, não havendo um aprendizado efetivo. A informação menos freqüente permite que o indivíduo explore as possibilidades encontrando a forma mais adequada de atingir um ótimo desempenho.

Variabilidade da prática

Segundo Magill, "variabilidade da prática se refere à variedade de movimentos e características do contexto que o indivíduo experimenta enquanto pratica uma tarefa."[34] Quando um indivíduo bate repetidamente uma bola de basquete contra o chão, deve mudar constantemente a direção do movimento do seu membro superior e do restante do corpo a fim de ter sucesso na tarefa. Tal tarefa é ainda mais árdua se for realizada em um terreno irregular. Quando o fisioterapeuta realiza treino de marcha com seu paciente apenas dentro do ambiente de seu consultório e se dá por satisfeito com esse treinamento, não espera que o paciente encontre dificuldades em andar em uma avenida movimentada às 6 horas da tarde.

A variabilidade da prática permite ao indivíduo aumentar sua capacidade em realizar tarefas, se adaptando às diferentes condições que lhe são impostas. Observar as características das futuras situações em que as tarefas serão realizadas é um caminho adequado para a implementação da variabilidade da prática, sejam características físicas, sejam características da tarefa.

Iniciar a prática em contextos estáveis e seguros favorece o melhor desempenho. A imposição de condições gradativamente mais complexas favorece a ocorrência de erros, mas aprimora o desempenho final do indivíduo na tarefa. O treino de marcha pode ser iniciado dentro do consultório, mas deve ter continuidade em bases de suporte mais instáveis para que, em seguida, o treinamento externo seja iniciado.

REFERÊNCIAS BIBLIOGRÁFICAS

1. Alouche SR. Ventilação mecânica no paciente neurológico. *Anais do Curso de Terapia Intensiva Neurológica para Fisioterapeutas.* Hospital Israelita Albert Einstein, São Paulo, 1999.
2. Barnes MP. Rehabilitation after traumatic brain injury. *British Medical Bulletin* 1999;55(12):927–943.
3. Binder-Macleod SA. *Biofeedback* eletromiográfico para melhorar o controle voluntário. *In* Robinson AJ, Snyder-Mackler L. *Eletrofisiologia clínica: eletroterapia e teste eletrofisiológico.* 2ª ed. Editora Artes Médicas Sul, Porto Alegre, 2001.
4. Brimioulle S, Moraine JJ, Norrenberg D, Kahn RJ. Effects of positioning and exercise on intracranial pressure in a neurosurgical intensive care unit. *Physical Therapy* 1997;77(12):1682-1689.
5. Brust JCM. Coma. *In* Rowland LP. *Merritt Tratado de Neurologia.* 9ª ed. Editora Guanabara Koogan, Rio de Janeiro, 1995.
6. Carter P, Edwards S. Princípios gerais de tratamento. *In*: Edwards S. *Fisioterapia neurológica: uma abordagem centrada na solução de problemas.* Editora Artes Médicas Sul, Porto Alegre, 1999.
7. Davis CM. Influência dos valores na assistência ao paciente: base para a tomada de decisões. In O'Sullivan SB, Schmitz TJ. *Fisioterapia: avaliação e tratamento.* 2ª ed., Editora Manole, São Paulo, 1993.
8. Durward QJ, Amacher L, Maestro RFD, Sibbald WJ. Cerebral and cardiovascular responses to changes in head elevation in patients with intracranial hypertension. *Journal of Neurosurgery* 1983;59:938–944.
9. Edwards S, Charlton P. Aplicação de tala e uso de órteses no controle de pacientes com distúrbios neurológicos. *In* Edwards S. *Fisioterapia neurológica: uma abordagem centrada na solução de problemas.* Editora Artes Médicas Sul, Porto Alegre, 1999.
10. Edwards S. Uma análise do movimento normal como base para desenvolvimento das técnicas de tratamento. *In*: Edwards S. *Fisioterapia neurológica: uma abordagem centrada na solução de problemas.* Editora Artes Médicas Sul, Porto Alegre, 1999.
11. El-Din D. Educação de saúde: a chave para um ambiente enriquecido. *In* Umphred DA. *Fisioterapia Neurológica,* 2ª ed., Editora Manole, São Paulo, 1994.
12. Ersson U, Carlson H, Mellström A, Pontén U, Hedstrand , Jakobsson S. Observations on intracranial dynamics during respiratory physiotherapy in unconscious neurosurgical patients. *Acta Anaesthesiol Scand* 1990;34:99–103.
13. Feldman Z, Kanter MJ, Robertson CS, Contant CF, Hayes C, Scheinberg MA, Villareal CA, Narayan RK, Grossman RG. Effect of head elevation on intracranial pressure, cerebral perfusion pressure, and cerebral blood flow in head-injured patients. *Journal of Neurosurgery* 1992;76:207–211.
14. Ferraz AC. Exame neurológico do paciente grave. *Anais do Curso de Terapia Intensiva Neurológica para Fisioterapeutas.* Hospital Israelita Albert Einstein, São Paulo, 1999.
15. Gladman JRF. Improving long-term rehabilitation. *British Medical Bulletin* 2000;56(2):495-500.
16. Gobbi FCM, Souza Junior JÁ, Alouche SR. Fisioterapia motora no paciente grave. *In* Knobel E. *Condutas no paciente grave.* 2ª edição. Volume 2. Editora Atheneu, São Paulo, 1998.
17. Guccione AA, Cullen KE, O'Sullivan SB. Avaliação funcional. *In* O'Sullivan SB, Schmitz TJ. *Fisioterapia:*

avaliação e tratamento. 2ª ed. Editora Manole, São Paulo, 1993.

18. *International Classification of Functioning, Disability and Health.* Geneva: World Health Organization, 2001.
19. Langhorne P. Organization of acute stroke care. *British Medical Bulletin* 2000;56(2):436–443.
20. Magill RA. *Motor learning: concepts and applications.* Fifth edition. McGraw-Hill, 1998.
21. Mazaux JM, Richer E. Rehabilitation after traumatic brain injury in adults. *Disability and Rehabilitation* 1998;20(12):435–447.
22. Randall KE, McEwen IR. Writing patient-centered functional goals. *Physical Therapy* 2000;80(12):1197–1203.
23. Ribas GC, Feres Junior H. Monitorização de parâmetros encefálicos. *In* Knobel E. *Condutas no paciente grave.* 2ª edição. Volume 1. Editora Atheneu, São Paulo, 1998.
24. Ribas GC, Fernandes Júnior CJ, Joaquim MAS. Hipertensão Intracraniana: edema cerebral. *In* Knobel E. *Condutas no paciente grave.* 2ª ed. Volume 1. Editora Atheneu, São Paulo, 1998.
25. Robinson AJ. Estimulação elétrica neuromuscular no controle da postura e do movimento. *In* Robinson AJ, Snyder-Mackler L. *Eletrofisiologia clínica: eletroterapia e teste eletrofisiológico.* 2ª ed. Editora Artes Médicas Sul, Porto Alegre, 2001.
26. Roizblatt AS, Cueto G, Alvarez P. Diagnóstico y tratamiento. Que san los pacientes? *Boletín de la Oficina Sanitaria Panamericana* 1984;7:491–495.
27. Rosner MJ, Coley IB. Cerebral perfusion pressure, intracranial pressure, and head elevation. *Journal of Neurosurgery* 1986;5:636-641.
28. Rothwell J. *Control of human voluntary movement.* Second Edition, Chapman & Hall, London, 1994.
29. Ryerson S, Levit K. *Functional movement reeducation.* Churchill Livingstone, 1996.
30. Schmidt RA. *Motor control and learning: a behavioral emphasis.* Second edition. Human Kinetics Publishers, Champaign, 1988.
31. Simmons BJ. Management of intracranial hemodynamics in the adult: a research analysis of head positioning and recommendations for clinical practice and future research. *Journal of Neuroscience Nursing,* 1997;9(1):44-49.
32. Smith LK, Weiss EL, Lehmkuhl LD. *Cinesiologia clínica de Brunnstrom.* 5ªed. Editora Manole, São Paulo, 1997.
33. Teixeira LF, Olney SJ, Brouwer B. Mecanismos e medidas de espasticidade. *Revista de Fisioterapia da Universidade de São Paulo* 1998;(1):4–19.
34. Tennant A. Measuring outcome. *British Medical Bulletin* 2000;6(2):287–295.
35. Umphred DA. Modelo conceitual: uma estrutura para a solução de problemas clínicos. *In* Umphred DA. *Fisioterapia Neurológica,* 2ªed.Editora Manole, São Paulo, 1994.

87 Dor Torácica

Evandro Tinoco Mesquita

A prática emergencial com qualidade é hoje um grande desafio frente ao aumento de demanda pelos serviços de emergência, sobrecarga de trabalho desses profissionais, falta de uma política de formação especializada de recursos humanos e carência de estratégia gerencial envolvendo uma política de melhoria contínua da qualidade dos cuidados de emergência. O resultado desses fatos é que no Brasil o atendimento emergencial é citado pela população como o pior desempenho entre os setores públicos de saúde (fonte – Ministério da Saúde/1995). Buscar novos paradigmas é a solução para que se possa criar um novo modelo que contemple efetividade das ações e satisfação das necessidades do paciente (cliente).

Uma das importantes peculiaridades da medicina de emergência é o seu padrão dicotômico. Situações de risco iminente de vida convivem com condições clínico-ambulatoriais comuns. A formação do médico emergencista contemporâneo tem, nesse sentido, se modificado, não bastando apenas experiência no julgamento clínico mas também capacidade de rápida integração de dados e informações, habilidades psicomotoras na realização de procedimentos invasivos, conhecimentos de epidemiologia clínica (particularmente em relação às características operacionais de testes diagnósticos) e espírito de liderança e compromisso com trabalho em equipe. Através de uma história clínica objetiva e exame físico dirigido com especial ênfase aos sinais vitais e achados objetivos do exame físico, devem-se tomar medidas terapêuticas imediatas e solicitar exames complementares. Tais ações objetivam restaurar instabilidades ameaçadoras da vida utilizando algoritmos; isso tem sido sistematizado e difundido no Brasil pela Sociedade Brasileira de Cardiologia através do curso de ACLS (ACLS/AHA – Funcor SBC).

Nesse novo cenário da era do custo da medicina, a prática emergencial torna-se um importante elo na cadeia assistencial. Modificações em diferentes processos assistenciais estão ocorrendo nas salas de emergência, buscando a melhoria contínua da qualidade dos cuidados cardiovasculares. A avaliação do paciente com dor torácica aguda permanece em modificação, e a porcentagem de pacientes que procuram as salas de emergência com dor torácica encontra-se progressivamente aumentando. Acredita-se que, ainda hoje, cerca de 5% dos pacientes na fase aguda do IAM sejam liberados das emergências devido a uma avaliação inadequada. Esses pacientes são os principais responsáveis por ações legais de má prática médica, levando ao ressarcimento médio de 100.000 dólares por paciente. Dessa forma, com aumento de pressão econômica sobre os cuidados em saúde, muitos médicos, planos de saúde e centros hospitalares estão interessados em melhorar sua eficiência nos cuidados de pacientes com dor torácica.[2] As Unidades de Dor Torácica (UDT) tiveram o seu início em 1981 através do Dr. Raymond Bahr, em Baltimore, EUA.[1] As razões que motivaram essa nova filosofia de atendimento à dor torácica pelo Dr. Bahr foram inicialmente humanitárias. Esse ano o grupo do Dr. Bahr comemorou 20 anos dessa estratégia, existindo 2.000 UDTs nos EUA e 300 UDTs fora dos EUA. Os dados nacionais do DataSUS apontam um aumento nas internações, óbitos e nos custos hospitalares com síndromes isquêmicas agudas (Projeto Emerge Brasil) (Fig. 87-1).

Em julho de 1995 foi inaugurada, no Hospital Pró-Cardíaco, a primeira Unidade de Dor Torácica no Brasil. A partir de novembro de 1996 iniciamos a nossa experiência sistematizada com um protocolo padronizado. Desde então atendemos cerca de 1.000 pacientes por ano.

Neste atual momento, portanto, o modelo UDT já está tropicalizado para o cenário nacional, após 7 anos de experiência no Hospital Pró-Cardíaco, e disseminado em diferentes regiões do Brasil (Fig. 87-2). Em resumo, as UDTs representam um conjunto de ações de saúde aplicadas ao paciente-família e à comunidade que busca o reconhecimento precoce da dor no peito, o seu rápido atendimento (utilização de estratégia da reperfusão coronária), prática orientada por protocolo, educação do paciente, liberação rápida dos pacientes de baixo risco e internação dos pacientes de alto risco e educação da comunidade, uma real alternativa ao modelo convencional de atendimento à dor torácica nos departamentos de Emergência.

MARCOS HISTÓRICOS DA LUTA CONTRA O ATAQUE CARDÍACO

O processo clínico-patológico que une a trombose coronariana, a necrose miocárdica e o surgimento do quadro clínico de infarto do miocárdio somente foi elucidado no início do século 20, em 1901, por Krehl.

A descrição inicial foi seguida, uma década após, pelos relatos dos russos Obrastzow e Straschesko e pelo americano James Henrick, que descreveram os achados clínicos do infarto do miocárdio. Henrick utilizou o eletrocardiograma, desenvolvido por Einthoven em 1902, para identificar o infarto.

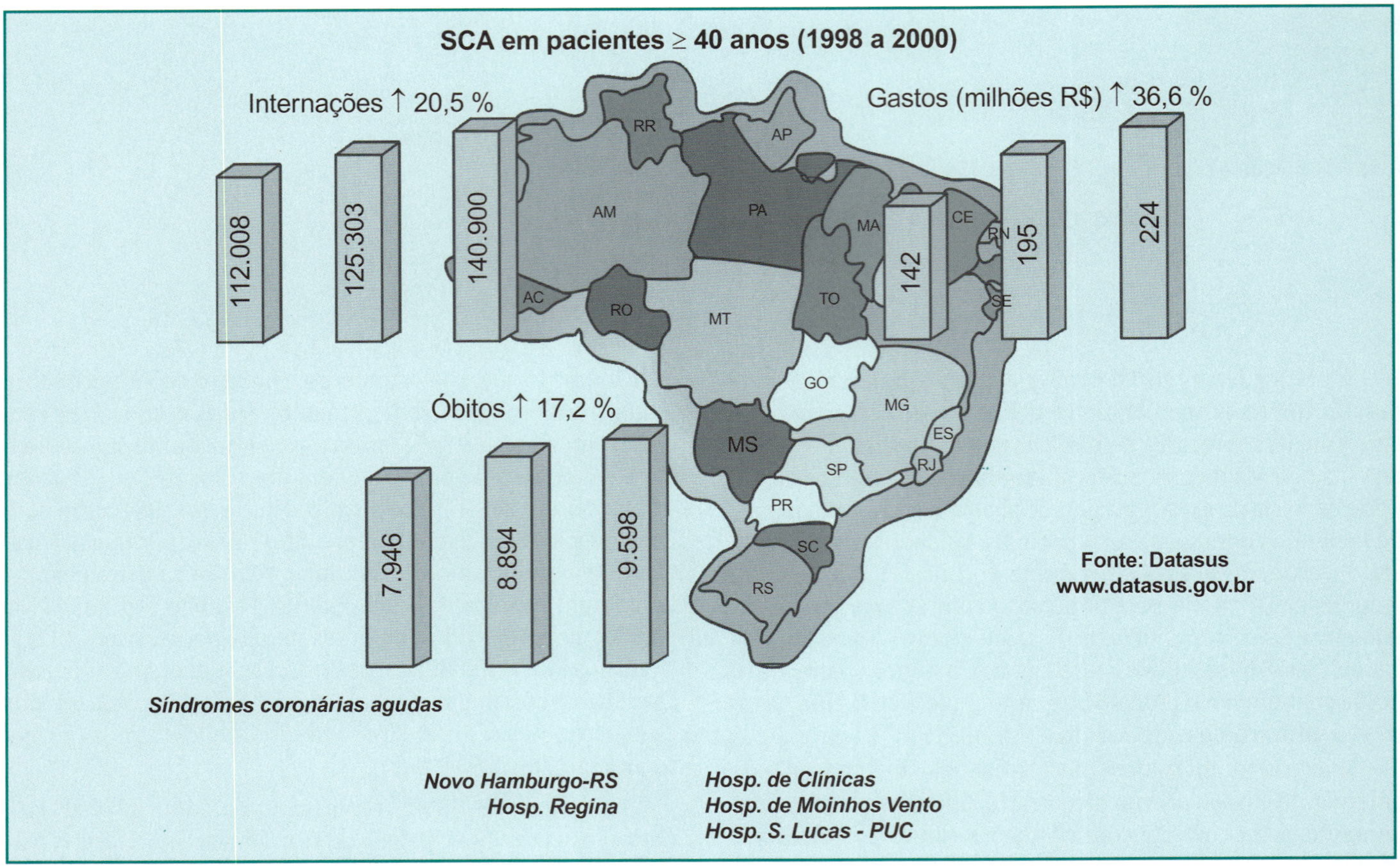

Fig. 87-1. Crescimento das internações, óbitos e custos hospitalares com síndromes isquêmicas agudas. (Fonte: Projeto Emerge Brasil.) SCA = Síndromes coronárias agudas. (Ver *Prancha* em *Cores.*)

Em 1929, Samuel Levine escreveu o primeiro livro sobre o infarto do miocárdio, descrevendo o risco das arritmias cardíacas e recomendando o uso de morfina para a dor, adrenalina para o bloqueio cardíaco e repouso prolongado no leito na fase de convalescença.

Em 1948 deu início ao trabalho pioneiro do Estudo Framingham, coordenado pelo Prof. Willian Kannel, que durante mais de 50 anos tem identificado os fatores de risco responsáveis pela doença aterosclerótica coronária.

Ao longo da década de 60, uma importante mudança de paradigma foi a introdução da assistência em Unidades Coronarianas, propostas por Desmond Julian, na Escócia, e introduzidas nos EUA por Hughes Day no Hospital Bethania, cidade de Kansas.[3]

A Unidade Coronariana foi desenvolvida para melhorar os cuidados cardiovasculares do paciente infartado objetivando o tratamento de complicações elétricas. Seu desenvolvimento deveu-se à integração de três pontos fundamentais: a) avanços tecnológicos – desenvolvimento de monitores cardíacos (osciloscópios de raios catódicos), desfibrilador por Paul Zoll e o emprego da estimulação cardíaca artificial com uso de marcapasso; b) científico – manobras de reanimação desenvolvidas por William Kouwenhoven; e c) assistencial – treinamento de enfermeiros em reconhecimento de arritmias, permitindo rápido atendimento e reversão da parada cardíaca.[3,4]

Graças a essa integração de conceitos, a mortalidade na fase aguda do infarto do miocárdio foi reduzida para a metade, passando de 30% para em torno de 15%, estabelecendo a era das Unidades Coronarianas.

Outro importante marco foi o desenvolvimento da angiografia coronariana seletiva por Mason Sones, em 1962, o que permitiu a abertura de um novo caminho – a revascularização cirúrgica (Rene Favarollo) – e a angioplastia coronariana (Andreas Gruntzig), em 1977.[4]

Os anos 70 assistem ao desenvolvimento do catéter de artéria pulmonar por Swan e Ganz, possibilitando o tratamento fisiopatológico dos distúrbios hemodinâmicos na fase aguda do infarto. A principal causa de morte intra-hospitalar passa a ser o dano do miocárdio extenso.

Os anos 80 são marcados pelo encontro de uma estratégia capaz de reduzir o dano miocárdico através da recanalização coronariana, pois, conforme demonstrado por Dewood, a trombose coronariana estava presente em cerca de 90% das angiografias na fase aguda do infarto. Outra estratégia é a sistematização do atendimento aos pacientes com dor torácica atendidos em unidades de emergência através das Unidades de Dor Torácica, que permitem a ampliação do potencial de uso das estratégias de reperfusão coronariana e evitam a liberação de pacientes de risco sem uma estratificação adequada. O Dr. Raymond Bahr, do *Hospital Saint Agnes* (Baltimore), foi o fundador da primeira Unidade de Dor Torácica (1983), ideali-

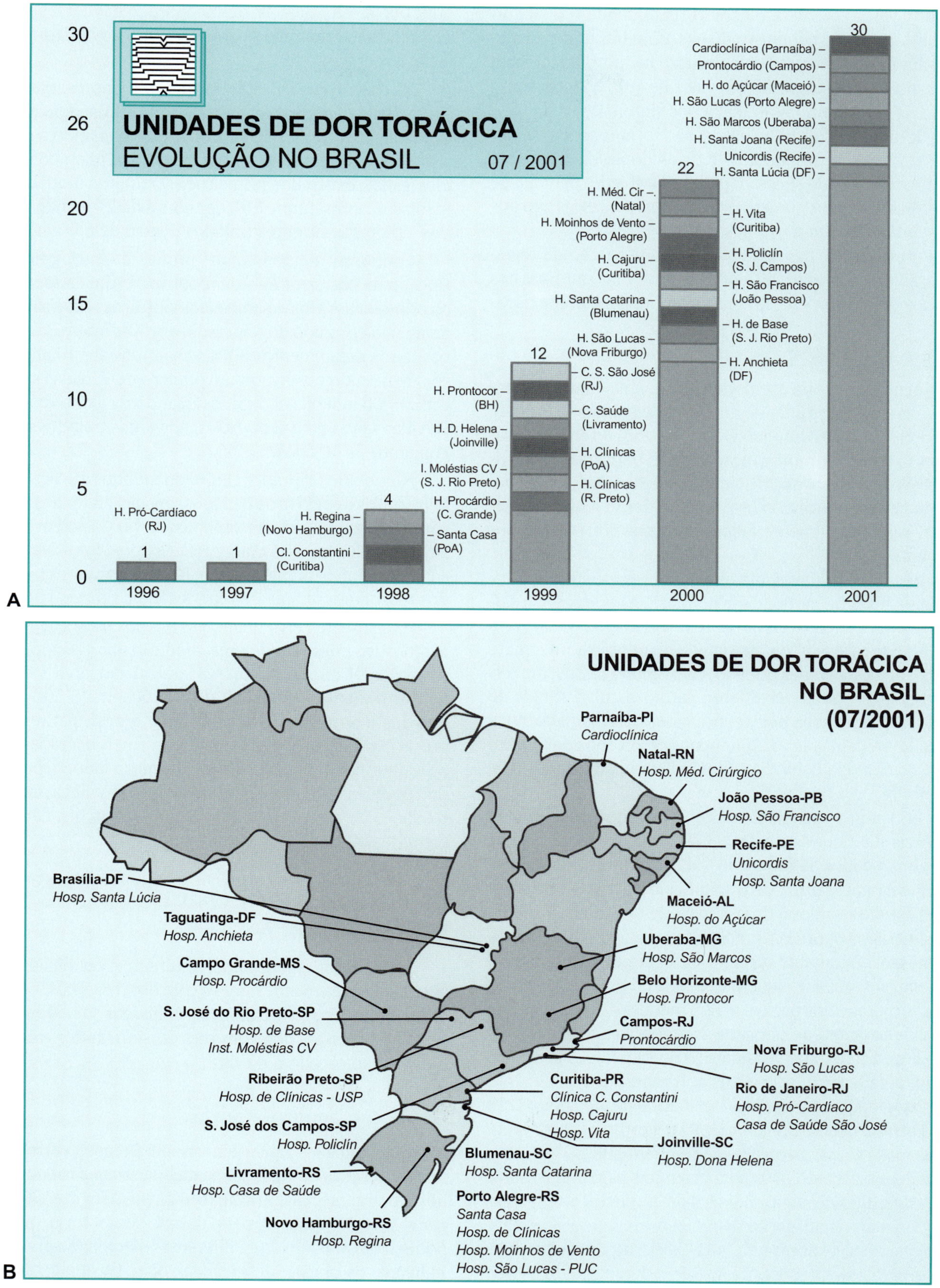

Fig. 87-2. (**A**) Evolução temporal do crescimento e da disseminação das UDT no Brasil. (**B**) Unidades de dor torácica no Brasil – cidades. Material cedido pelo Dr. R. Bassan. (Ver *Prancha* em *Cores*.)

zador do EHAC. Em 1986, o estudo GISSI define o papel do trombolítico quando administrado nas primeiras horas do ataque cardíaco, promovendo uma redução na mortalidade para 6% e alcançando o extraordinário valor de 1,6% quando administrado na primeira hora do início dos sintomas.[5,6]

Na década de 90, o principal desafio foi ampliar os benefícios do tratamento trombolítico e da angioplastia coronária, aumentando a taxa de sucesso (padrão TIMI-3 de perviedade angiográfica) ao maior número de pacientes com emprego dos inibidores IIb-IIIa com o uso dos *stents*.

No novo século, nasce o conceito da utilização de revascularização precoce, entre 40 e 48 h do início dos sintomas nos pacientes com IAM não-SUPRA e na angina instável de alto risco.

BASES RACIONAIS DA UDT

A doença coronária aterosclerótica é uma condição pandêmica, sendo a causa líder de mortalidade em todo o mundo. Na maioria dos países desenvolvidos, a doença arterial coronária é a maior causa de morte, incapacidade, perda de produtividade e reduzida qualidade de vida nos adultos. Nos EUA, o infarto agudo foi a principal causa de óbito desde o início do século XX, sendo atualmente responsável por 500.000 vítimas anualmente.

As doenças cardiovasculares e cerebrovasculares são as principais causas de mortalidade no Brasil. As doenças cardiovasculares são responsáveis por aproximadamente 85.000 óbitos. O "ataque cardíaco" (infarto agudo do miocárdio) acomete cerca de 100.000 pessoas por ano, com 35.000 óbitos, um terço de todos os óbitos por doença cardiovascular. A taxa de mortalidade cumulativa por doença cardiovascular isquêmica para um homem brasileiro com menos de 65 anos de idade é de 42%, comparada com 25% em países industrializados (DataSUS, 1995).

Os EUA têm aproximadamente 6.000 departamentos de emergência (DE) que atendem 95 milhões de pacientes por ano, segundo dados do American College of Emergency Physicians. Anualmente, cerca de 8 milhões de atendimentos em emergência são devidos à dor torácica, sendo admitidos 5 milhões e liberados para casa 3 milhões de pacientes. Os pacientes admitidos estão sob suspeita de estarem apresentando uma provável síndrome isquêmica aguda (SIA). Após avaliação nos DEs, a metade dos pacientes (2,5 milhões) é diagnosticada como não-portadora de síndrome isquêmica aguda tais como distúrbio gastrintestinal, psiquiátrico ou musculoesquelético. Na outra metade encontram-se os portadores de real SIA: IAM (1,5 milhão), angina instável (1,2 milhão) e morte súbita (250 mil) – (*American Heart Association*, 1997).[7] Portanto, atualmente a angina instável está presente tão freqüentemente quanto o IAM, tendo um elevado risco para progredir para IAM e morte (até 20% no grupo de angina instável de alto risco) e tem comparável impacto na utilização de recursos de saúde. Entretanto, a angina instável apresenta uma excelente janela de oportunidade para ação precoce, dessa forma minimizando o risco da progressão para IAM (utilização de heparina de baixo peso molecular, inibidor IIb-IIIa e/ou angioplastia coronária no grupo de alto risco), enquanto o grupo de não alto risco pode ser admitido na emergência, permanecendo na UDT e após avaliação sendo encaminhado para segmento ambulatorial após 6-12 h.

Na chegada ao DE, 500.000 pacientes apresentam suspeita de SIA e demonstram supradesnível do segmento ST (1/2 dos pacientes com IAM). Esses pacientes, quando submetidos a intervenção terapêutica com reperfusão (trombólise ou angioplastia) dentro dos primeiros 60 minutos (hora do ataque cardíaco), apresentam 1,6% de mortalidade quando comparados a 6% para pacientes tratados dentro de 6 horas.

Conforme demonstrado primeiramente pelo estudo GISSI, o uso da estratégia de reperfusão com estreptoquinase na primeira hora após o início dos sintomas reduz a mortalidade no infarto agudo do miocárdio em 50%. Interessantemente, os efeitos dessa medicação são mantidos até 10 anos após o seu uso, sendo observado um número de 72 vidas salvas para cada 1.000 indivíduos tratados quando da alta hospitalar e de 90 vidas salvas para cada 1.000 indivíduos tratados após o seguimento de 10 anos.[8]

No cenário da prática clínica do mundo real, avaliando pelos estudos de registros de casos, apenas 25,7% dos pacientes com IAM-Supra ST vão a trombólise, e 12,3% são enviados para angioplastia coronária (*National Registry of Myocardial Infarction* – 2, 1998). Infelizmente, apenas 10% dos pacientes trombolisados receberam terapia de reperfusão na primeira hora.[9]

Anualmente cerca de 40.000 (5% dos IAM) pacientes com diagnóstico equívoco de uma condição não-cardíaca são liberados dos DE e se confirma IAM fatal ou não-fatal. A mortalidade dos pacientes não-admitidos no hospital é 50% maior do que dos internados. Essa condição é a principal responsável por ações judiciais contra médicos emergencistas (20% das ações por má prática nos EUA). Por outro lado, ocorrem mais de 2 milhões de internações hospitalares por SIA a um custo de 8 bilhões de dólares; em 3/4 dessas internações não se comprova real isquemia miocárdica ou IAM.[10]

DOR TORÁCICA DE ORIGEM NÃO-ISQUÊMICA

Na prática emergencial, diferentes condições clínicas não-isquêmicas manifestam-se com dor torácica. Os emergencistas, internistas, intensivistas e clínicos gerais necessitam reconhecer essas condições que ocasionam dor torácica que pode ser ameaçadora da vida.

Dissecção aguda da aorta

Ocorre mais freqüentemente em homens entre a sexta e sétima décadas de vida. É uma das causas que requerem diagnóstico urgente. Esses pacientes apresentam dor súbita, "rasgada", com irradiação para dorso, pescoço ou mandíbula; pode ser acompanhada de diferentes medidas de pressão arterial entre os braços, déficit focal, deficiência na palpação de pulso, ou ainda de dor que não melhora com narcóticos. No exame físico podemos encontrar sopro de regurgitação aórtica devido à incompetência valvular.

Em 95% das vezes provém de uma solução de continuidade iniciada de forma transversa na íntima vascular que evolui em direção à média, criando um falso lúmen. Essa dissecção, quando se dirige proximalmente, pode levar ao tamponamento cardíaco ou ao infarto agudo do miocárdio no caso de acometimento da artéria coronária direita, mostrando a sua alteração no ECG. A hipertensão está presente em 78% dos casos.[2]

A chave do diagnóstico é a suspeita clínica. A sua importância na diferenciação do IAM está na avaliação quanto ao uso do trombolítico, contra-indicado nesses pacientes. A realização do ecocardiograma transesofágico na sala de emergência para esse diagnóstico tem sido uma ótima ferramenta, assim como a angiotomografia ou a angiorressonância de tórax.

Tromboembolismo pulmonar (TEP)

A embolia pulmonar apresenta dor do tipo pleurítica em 66% dos casos, geralmente de caráter súbito, mas não é o sintoma mais freqüente, que é a dispnéia em 73%.[2] A dor pleurítica ocorre por irritação da pleura parietal em um infarto pulmonar. Normalmente é aguda e bem-localizada no final da inspiração. Pode sumir se ao final da expiração, for presa a respiração. Essa dor pode ser referida no ombro.

Se não tratado, a sua mortalidade pode chegar a 30%, acometendo principalmente os idosos. Não é infreqüente a presença de história de fibrilação atrial, tumor, coagulopatia, obesidade na história recente ou gravidez. O quadro clínico geralmente é iniciado com um pós-operatório ou relacionado a vida sedentária. O paciente pode referir respiração curta, taquipnéia e dor pleurítica. É bastante sugestivo quando encontramos um paciente com hipoxemia e radiografia do tórax limpa. Na avaliação da perna, a presença do sinal de Homan pode encaminhar a investigação de forma mais direta para um dúplex scan venoso de membros inferiores à procura de algum trombo. No ECG encontramos apenas alterações inespecíficas do segmento ST, com taquicardia sinusal na maioria das vezes. Em apenas 20% encontramos a clássica alteração S1,Q3T3. A radiografia do tórax também não é específica. A dosagem de D-dímero com resultado positivo tem 93% de sensibilidade, porém apenas 25% de especificidade para TEP.[7]

O diagnóstico é dado pela cintilografia pulmonar de ventilação-perfusão, porém alguns serviços já utilizam o ecocardiograma transesofágico em pacientes instáveis e a angiorressonância magnética em pacientes estáveis para esse diagnóstico. A angiografia pulmonar ainda é considerada o padrão ouro para o diagnóstico.

Pneumotórax

Acompanha-se geralmente de dor torácica no dorso e ombros e é acompanhado de dispnéia. Traduz-se por graus variados de ar no espaço pleural, podendo chegar ao colapso pulmonar. Um pneumotórax pequeno na radiografia do tórax se apresenta com espaço pleural de 4 cm no ápice e 1 cm lateral. Grandes pneumotórax levam ao desvio do mediastino para o lado contrário ao afetado e sinais de insuficiência respiratória e/ou colapso cardiovascular (pneumotórax hipertensivo).

O pneumotórax apresenta uma taxa de absorção em torno de 1,25% por dia, e pode recorrer em 20 a 50% dos casos. Acomete principalmente homens entre 20 a 40 anos e longilíneos.[2] Alguns fatores oferecem risco de desenvolvimento do pneumotórax, como por exemplo doença pulmonar obstrutiva crônica, biopsia pulmonar, trauma ou ferimentos em tórax, laparoscopia, o uso de sondas nasogástricas e em pacientes portadores de síndrome de imunodeficiência adquirida com infecção pneumocística. Em mulheres, existe relação entre a época catamenial e a gravidez. Ao exame físico, podemos encontrar enfisema subcutâneo, e à ausculta pulmonar , ausência de ruídos, caso o pneumotórax seja extenso.

Ruptura esofagiana

A ruptura pode ser causada por vômitos incoercíveis, como na síndrome de Mallory-Weiss, em que a lesão é geralmente encontrada na mucosa gástrica, logo abaixo da junção gastresofagiana, porém pode se estender em direção ao esôfago. Dessas apenas 5% necessitam de tratamento cirúrgico.

Mais grave é a lesão esofagiana da síndrome de Boerhaave, encontrada geralmente à esquerda e acima da junção gastresofagiana, se tratando dessa vez de uma ruptura completa da parede esofagiana. Também está relacionada a episódios de vômitos que estão associados a causas que aumentam a pressão intra-abdominal.

É um quadro em que encontramos uma dor excruciante presente em 83% dos casos, de localização retroesternal ou em andar superior do abdômen, geralmente acompanhada de um componente pleurítico à esquerda . Apresenta alta morbimortalidade e é de evolução fatal se não tratada. Seus sintomas pouco específicos retardam o diagnóstico.

O diagnóstico é firmado quando encontramos pneumomediastino na radiografia de tórax ou a presença de derrame pleural à esquerda de aparecimento súbito. Encontramos a presença de enfisema subcutâneo em 27% dos casos.[7]

Pericardite

Seu sintoma clínico mais comum é a dor torácica, geralmente de natureza pleurítica, retroesternal ou à esquerda, simulando a isquêmica, que piora quando o paciente deita ou deglute e melhora na posição sentada e inclinada para a frente. A causa dessa dor está relacionada com a pleura ou o esôfago, visto que o pericárdio é minimamente inervado. No exame físico podemos encontrar atrito pericárdico (que é um dado patognomônico), atrito pleural, aumento da pressão dos vasos do pescoço e pulso paradoxal nos casos de tamponamento cardíaco. Desses pacientes, 60% se recuperam em 1 semana. É importante a pesquisa de um quadro viral recente, pois as pericardites de origem viral correspondem a 20% dos casos. A causa mais freqüente de pericardite é idiopática em cerca de 40% dos casos. No ECG encontramos alterações com supradesnível do segmento ST difuso e depressão do segmento PR, porém a elevação do segmento PR em AVR é altamente sugestiva de pericardite.[8]

O diagnóstico definitivo é dado pela presença de derrame pericárdico observado ao ecocardiograma.

Valvular

O prolapso da válvula mitral (PVM) é uma causa de dor torácica em repouso, podendo ser acompanhada de fadiga, ansiedade, depressão, hiperventilação e palpitação. O prolapso mitral associado à dor torácica é mais freqüentemente encontrada em mulheres entre 15 e 40 anos de idade. O seu diagnóstico é obtido através da ausculta em que encontramos um *clique* e sopro na meso e telessístole, e é confirmado pela imagem ecocardiográfica.

Na estenose aórtica, o paciente permanece assintomático por bastante tempo, porém em torno da sexta década inicia o quadro sintomático com dor torácica, síncope e insuficiência cardíaca. Esses pacientes geralmente evoluem com prognóstico ruim, com sobrevida de 3 anos após o início de angina. O quadro anginoso ocorre mesmo na ausência de doença coronariana por desbalanço no consumo de oxigênio. Apenas 50% das estenoses aórticas com angina têm doença coronariana significativa. Porém a ausência de angina não afasta a possibilidade de doença coronariana.

Nos pacientes com estenose aórtica, segundo Aronow *et al.*, a angina, dispnéia e síncope ocorreram em 27% dos idosos com estenose leve, 69% das estenoses moderadas e 90% dos portadores de estenose aórtica grave. Essas pioram com o esforço e melhoram com o repouso assim como a dor anginosa. Na ausência de coronariopatia, a dor é decorrente da excessiva compressão dos vasos coronarianos pelo miocárdio hipertrofiado.[11]

Miocardiopatia hipertrófica

Geralmente são assintomáticos e a sua primeira manifestação clínica pode ser a morte súbita. Existe grande correlação entre a extensão da hipertrofia e os sintomas. O mais comum é a dispnéia, que ocorre em 90 % dos que têm sintomas. A angina ocorre em 75% dos pacientes sintomáticos, e tem como causa o desequlíbrio entre suprimento e consumo de oxigênio. Alterações de pequenas artérias coronárias podem levar a isquemia miocárdica durante esforços. No exame físico podemos encontrar: B4, grande onda a, sopro sistólico em crescendo – decrescendo mais bem audível entre o ápex e o bordo esternal esquerdo. O diagnóstico é dado pelo ecocardiograma transtorácico. A radiografia do tórax pode ser normal ou apresentar cardiomegalia. O ECG pode ser normal. Em 20 a 50% das vezes encontramos ondas Q proeminentes que podem envolver a parede anterior ou inferior. A presença de arritmias ventriculares é freqüente.[7]

Hipertensão arterial pulmonar

Os quadros de hipertensão pulmonar grave podem cursar com dor torácica tipo *angina pectoris*. Geralmente são causadas por isquemia do ventrículo direito durante esforço. Estão associados a tonteira e síncope. Na ausculta cardíaca notaremos grande intensidade do segundo componente da segunda bulha. Ao ECG podemos encontrar hipertrofia ventricular direita.

Refluxo gastresofagiano

Pode mimetizar um IAM. Em 10% de pacientes com refluxo a única queixa é o desconforto torácico em queimação (pirose) com regurgitação, que pode melhorar com nitratos, bloqueadores dos canais de cálcio ou repouso. Pode estar acompanhado de sensação de dispepsia ou indigestão. A pirose é originada da movimentação motora anormal do esôfago, do refluxo do ácido ou bile até o esôfago ou da irritação direita da mucosa esofagiana. Alguns pacientes podem apresentar irradiação para pescoço, braços ou dorso (20%). Pode ser desencadeada por ingestão de bebidas cítricas ou álcool, com piora nas posições deitada e inclinada. A sua melhora acontece com o uso de antiácidos ou com a posição ereta. Uma tosse noturna pode traduzir broncoaspiração recorrente.[2]

Estudo realizado em Cingapura que mostrou dados semelhantes aos da literatura quanto à prevalência de refluxo gastresofagiano mostra que 40% das dores torácicas não-isquêmicas são conseqüência de refluxo gastresofagiano e apenas 6,3% ocorrem por alteração apenas da motilidade esofagiana (com ou sem refluxo). Panju *et al* demonstraram que, dos pacientes pós-alta da Unidade Coronariana com precordialgia sem diagnóstico, 75% apresentavam doenças esofagianas.[7]

Espasmo esofagiano

A dor torácica é a forma de apresentação mais comum dos distúrbios motores do esôfago. No caso do espasmo esofagiano, essa dor em queimação é na região central no tórax, subesternal com irradiação para dorso , pescoço, mandíbula ou braços. Pode demorar de segundos a horas. É considerado espasmo esofagiano quando temos 20% ou mais de contração simultânea durante a manometria esofagiana. Apenas em 3% dos pacientes com queixa de disfagia e dor torácica são encontradas essas alterações.

Úlcera péptica

Acredita-se que a dor da úlcera péptica seja produzida pela ação irritante direta do ácido sobre as terminações nervosas ou pelas alterações da atividade motora no segmento gastroduodenal onde se nota a dor. Pode estar acompanhada de sensação de distensão abdominal relacionada com maior produção de gases intestinais. Essas dores com freqüência aparecem de 30 a 90 minutos após a refeição, e estão relacionadas à ingestão de alimentos cítricos e álcool. Melhoram com o uso de antiácidos ou após episódio de vômito. Portanto, a existência de um ritmo dói-come-passa pode estar presente na úlcera péptica duodenal. É importante lembrar que a incidência de úlcera e suas recorrências são maiores em pacientes fumantes.[2]

Musculoesquelética

Em uma avaliação prospectiva em pacientes com dor torácica não-relacionada com trauma, febre ou malignidade, 30% tiveram o seu diagnóstico firmado como costocondrite. Geralmente essa dor tem características pleuríticas, e 15% reproduzem a dor durante a palpação da parede torácica. São dores prolongadas, com duração superior a 30 minutos.[2]

Outras causas podem ter origem em doenças radiculares ou mesmo herpes zoster. O herpes zoster é uma infecção pelo vírus da varicela e pode iniciar com sensação de hiperestesia, seguida pelo aparecimento de exantema e vesículas que seguem a distribuição do nervo acometido, respeitando a linha média do corpo. O exantema pode durar de 4 a 7 dias.

Psicogênica

A dor psicogênica não tem substrato orgânico, sendo gerada por mecanismos psíquicos. Tende a ser difusa, generalizada e imprecisa . A localização da dor corresponde à da estrutura que o paciente julga estar doente. Quando irradiada, não segue o trajeto de qualquer nervo e é relatada como muito intensa e muitas vezes incapacitante. Geralmente os sinais de ansiedade são detectáveis, e muitas vezes a utilização abusiva e inadequada de medicações é observada.

REFLETINDO SOBRE O MUNDO REAL

- *Cenário 1:* paciente de 70 anos de idade, sexo feminino, com dor no peito. Atendida na emergência. Liberada para residência sem realizar ECG e enzimas. Diagnóstico: "IAM" (Intoxicação Aguda por Mortadela). Orientada para ter cuidado com alimentação gordurosa (tinha comido mortadela no dia anterior). Após 18 h evolui em casa com falta de ar, e deu entrada na emergência com Edema Agudo de Pulmão, realizado ECG: IAM ântero-septal.

  Esse exemplo demonstra claramente o modelo em que há falta de uma política organizada de atuação para atendimento de dor torácica. Esse caso é semelhante a milhares que ocorrem no dia-a-dia em pacientes com dor no peito, não somente no Brasil mas em todo mundo. A prática emergencial não-organizada e padronizada e sem monitoração das ações de saúde, emergências superlotadas, médicos de diferentes especialidades com conhecimentos não-uniformes, que complementam sua remuneração mensal com plantão em salas de emergência, e a falta de estrutura com não-disponibilidade de eletrocardiogramas e de enzimas cardíacas, fazem parte do cenário caótico de muitos serviços de emergência.

- *Cenário 2:* paciente de 40 anos de idade branco, empresário, dor tipo pontada na região precordial com duração de 5 minutos durante estresse emocional. Ausência de fatores de risco. Após 3 dias internado em Unidade Coronária, liberado, depois de ser submetido a cateterismo normal.

  Esse exemplo fictício é o outro extremo, em que uma estratégia com elevada custo foi disponibilizada para proteger o paciente frente ao risco de estar tendo um ataque cardíaco.

O sistema de saúde no Brasil e no mundo vive uma crise de financiamento, em que economizar recursos para aplicá-los racionalmente onde ele são úteis é um compromisso importante dos profissionais de saúde.

Esses exemplos ilustram os extremos do pêndulo, o "excesso de cuidados" e a escassez de ações efetivas, com a posição central do pêndulo passando pelas unidades de Dor Torácica, onde a liberação da intensidade dos cuidados é individualizada de acordo com o perfil de risco do paciente. Nas Unidades de Dor Torácica, embora se utilizem protocolos, a atuação médica deve ser individualizada após critérios de análise pormenorizada de dados de anamnese, exames físicos e exames complementares básicos (ECG e marcadores de necrose miocárdica seriados).

CARACTERÍSTICAS OPERACIONAIS DAS UDT

As Unidades de Dor Torácica têm os seguintes componentes essenciais, conforme as normas dos médicos de emergência e da nova Sociedade de Centros de Dor Torácica:

1. A área física da UDT no Departamento de Emergência.
2. Corpo de profissionais apropriado (recursos humanos).
3. Protocolo para avaliar pacientes de não alto risco.
4. Gerenciamento focado em melhoria contínua da qualidade dos cuidados.
5. Programa Educacional para a comunidade – EHAC.

Estrutura da unidade de dor torácica (UDT)

A experiência internacional e brasileira mostra que não é necessária a aquisição de qualquer tecnologia adicional àquela presente nos DE para a criação de uma UDT. O ponto central é a disponibilidade de uma quantidade de leitos exclusivos para o atendimento de pacientes com dor torácica equipados com monitor cardíaco, material padronizado para ressuscitação cardiorrespiratória, aparelho de eletrocardiograma e laboratório capaz de realizar a dosagem dos marcadores de necrose miocárdica CPK, CPK-MB e troponinas.

A UDT deve dispor de uma área física que contemple: 1) local para triagem imediata dos pacientes que chegam com dor torácica; 2) área destinada a observação dos pacientes (6 a 12 h); e 3) área para realização da estratégia de estratificação, como, por exemplo, teste ergométrico.

Recomenda-se que idealmente os leitos da área destinada à observação devam apresentar o conceito PTT (privacidade, telefone e televisão com videocassete); essa tem sido a recomendação dos centros-padrão. Atualmente *kits* de beira de leito que possibilitam a determinação em 15 minutos da positividade ou não dos marcadores de necrose miocárdica (mioglobina, CK massa e troponinas) estão sendo utilizados nas UDT.

Recursos humanos

O maior investimento deverá ser na área de recursos humanos, principal responsável pelos resultados dessa nova estratégia de abordagem à dor torácica. Todos os elementos dessa cadeia, da recepcionista ao médico, devem priorizar o atendimento de indivíduos com dor torácica. A simples chegada de um paciente com dor torácica a uma sala de emergência aumenta as suas chances de que uma doença com potencial de gravidade esteja presente.

O desenvolvimento e a operacionalidade efetiva de uma UDT requerem a coordenação em diferentes setores institucionais, incluindo:

1. Suporte administrativo.
2. Desenvolvimento de protocolos por médicos emergencistas, cardiologistas, nutricionistas e enfermeiras.
3. Integração com outros serviços, tais como laboratório, ergometria, cardiologia nuclear, ecocardiografia, laboratório de cardioimagem, laboratório de cardiologia intervencionista e farmácia.
4. Cooperação com Unidade Coronária e Cirurgia Cardíaca na organização da liberação contínua de cuidados cardiovasculares.

A enfermagem tem importante papel no manuseio, intervenção e liberação dos cuidados (ECG < 10 minutos de admissão, terapia trombolítica < 30 minutos e encaminhamento para hemodinâmica < 60 minutos). Treinamento em ACLS e experiência com eletrocardiografia e marcadores de necrose miocárdica são um ponto importante a ser incorporado pela equipe de enfermagem.

Embora as UDT possam estar associadas a estruturas de atendimento de nível secundário, terciário ou quaternário, elas atualmente representam um novo e importante papel no campo da prevenção cardiovascular. A partir do momento em que o quadro álgico e hemodinâmico do paciente se encontra estabilizado, inicia-se uma abordagem educativa em relação aos fatores de risco. A experiência pioneira do grupo do Dr. Bahr demonstrou que durante o período de observação intra-hospitalar o paciente está bastante vulnerável, disposto a se comprometer com mudanças em seus hábitos de vida. Uma equipe multidisciplinar com enfermeiras, nutricionistas e psicólogos pode iniciar um trabalho de orientação que enfoque principalmente o tabagismo, a hipercolesterolemia, a obesidade, o diabetes, a hipertensão, o sedentarismo e o estresse.

A coordenação das UDT e a rotina médica devem ser realizadas por cardiologistas que interagem com os médicos emergencistas, na orientação e padronização do atendimento. Essa coordenação organiza mudanças operacionais nos protocolos, avalia a satisfação dos pacientes e estabelece uma política de melhoria contínua da qualidade dos cuidados oferecidos aos pacientes da UDT.

Protocolos na UDT

O raciocínio médico pode ser realizado através de um método hipotético-dedutivo, probabilístico ou determinístico. Enquanto o método hipotético-dedutivo é o raciocínio tradicionalmente utilizado nas enfermarias e ambulatórios, hoje se procura difundir o método determinístico nas salas de Emergência. O raciocínio determinístico (*Gestat*) é definido como a aplicação de regras predeterminadas no processo diagnóstico, podendo ser expresso em fluxogramas e algoritmos. Acreditamos ser importante essa forma de raciocínio na tomada de decisões em condições emergenciais, pois objetivam e reduzem o tempo nas tomadas de decisão.

Observa-se hoje uma grande quantidade de protocolos, *orientações*,diretrizes e consensos publicados por sociedades médicas, órgãos governamentais, hospitais e seguradoras. O impacto do uso desses documentos é ainda pequeno. Uma das principais causas para essa baixa adesão é o fato de a população médica alvo não ter participado da discussão para a criação desses protocolos; daí, muitas vezes, a resistência. Portanto, elaborar protocolos de dor torácica localmente é o primeiro passo para a adesão ao processo; respeitar características de cada hospital e do seu corpo clínico é um outro ponto crítico. Para a criação de uma sistematização de atendimento, são necessários conhecimentos básicos de epidemiologia clínica, para que se procure na literatura médica as melhores evidências científicas que serão utilizadas na elaboração de um protocolo (Cardiologia Baseada em Evidências).

Portanto, a atuação médica realizada com o auxílio de um protocolo, desde que cientificamente embasado e metodologicamente validado, tem se mostrado de grande valor para a tomada de decisão. A liberdade e a criatividade do médico não estão cerceadas com a adoção de protocolos, que podem ser reformulados a qualquer momento pelo corpo clínico que o construiu. O protocolo nos permite padronizar a assistência, auditar os resultados, otimizar o custo do atendimento e, eventualmente, servir de defesa profissional. O que deve ser considerado um grave problema no atendimento nas salas de emergência é a utilização de uma prática empírica e com grande variabilidade da qualidade assistencial, que ocorre devido à heterogeneidade da formação dos emergencistas. Um bom protocolo pode auxiliar na redução dessa variabilidade na qualidade de atendimento ao paciente. Observamos que mesmo os médicos que não participam formalmente da instituição têm aderido com entusiasmo e interesse ao protocolo da dor torácica.

■ *Estratificação do risco de eventos – o papel fundamental dos protocolos*

O embasamento para o desenvolvimento de alternativas ao modelo tradicional da avaliação da dor torácica está respaldado na evidência de que pacientes de baixo risco podem ser identificados entre aqueles que, se DE, têm uma baixa taxa de eventos cardíacos e complicações e não requerem nem se beneficiam de internação hospitalar (Fig. 87-3). É possível, com o auxílio da história clínica, do exame físico e do ECG, realizar uma estratificação primária desses pacientes. Embora a utilização dos dados clínicos e eletrocardiográficos seja de considerável valor na estratificação primária do risco na triagem dos pacientes em alto e não alto risco, esses marcadores têm limitada habilidade de identificar pacientes específicos com síndrome isquêmica aguda. Dessa forma, a utilização de marcadores de necrose miocárdica, o teste ergométrico seriado, ecocardiograma de estresse, cintilografia miocárdica e marcadores inflamatórios (proteína C reativa e moléculas de adesão) têm sido usados para a avaliação seqüencial na estratificação do risco: estratificação secundária do risco nos protocolos de dor torácica.

Em população de alta probabilidade de doença coronária com sintomas sugestivos de IAM e ECG normal ou inespecífico, a estratégia de usar coronariografia imediata pode ser eficaz

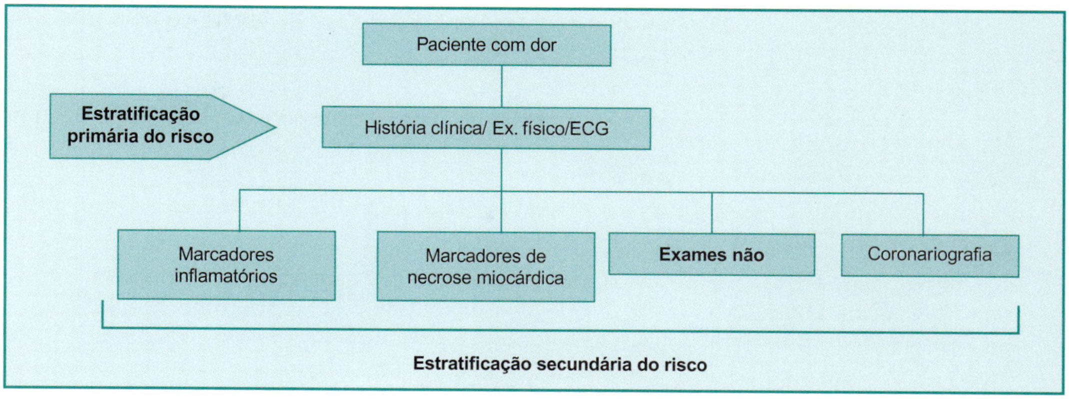

Fig. 87-3. Desenho básico dos protocolos de dor torácica.

em termo de custo. Algoritmos utilizando vários parâmetros da história clínica e exame físico têm sido desenvolvidos e validados prospectivamente são empregados para aumentar a precisão da estratificação do risco quanto à possibilidade de síndrome isquêmica aguda. Entretanto, estudos prospectivos avaliando esses algoritmos demonstram pouco impacto na rotina da prática clínica.

Plano de ação (*critical pathways*)

Protocolos institucionais têm aumentado a eficiência e geralmente enfatizado duas estratégias: 1) triagem de pacientes em baixo risco para leitos monitorados fora do ambiente de Unidade Coronária (UC), ou seja, mantidos na UDT dentro do DE; e 2) encurtar o tempo de permanência nas UC e no hospital.

Uma outra estratégia para otimizar a qualidade dos cuidados e monitorar resultados é a utilização de planos de ação *(critical pathways)*. Essas fichas delimitam passo a passo o conjunto de ações a serem liberadas para os pacientes com dor torácica aguda, podendo padronizar as estratégias diagnósticas, terapêuticas e educacionais e ser um instrumento para análise do custo hospitalar.

Os planos de ação têm como objetivo melhorar a qualidade dos cuidados ordenados ao paciente, reduzir a variabilidade e aumentar a eficiência dos cuidados aos pacientes liberados.

Os dados são coletados para cada grupo de pacientes (rotas) e são analisados, e dessa forma promovem *feedback* para os provedores de saúde e o corpo administrativo das UDT.

■ *Protocolo da unidade de dor torácica*

O protocolo de dor torácica de UDT objetiva alcançar duas metas: 1) afastar pacientes com provável síndrome isquêmica aguda; e 2) excluir a presença de doenças vasculares torácicas potencialmente fatais – dissecção aguda da aorta e tromboembolismo pulmonar. Portanto, ao serem admitidos no DE, os pacientes com dor torácica são imediatamente atendidos, submetidos a avaliação das características da dor torácica (Quadro 87-1), e analisado o padrão do ECG admissional (supra ST, infra ST, BRE do 3ª grau ou ECG normal ou inespecífico) (Figs. 87-4 e 87-5).

Os pacientes, após terem sido colocados numa rota preestabelecida, submetidos à intervenção terapêutica e admitidos na UC permanecem em observação na UDT.

No Quadro 87-2 estão os indicadores clínicos para doença vascular torácica, segundo protocolo do Hospital Pró-Cardíaco.

ABORDAGEM PRÉ-HOSPITALAR E O PROGRAMA COMUNITÁRIO DE ATAQUE CARDÍACO

Atualmente existem várias causas que impedem a aplicação precoce de estratégia da reperfusão coronária aos pacientes com dor torácica. O intervalo de tempo compreendido entre o início de dor precordial e a administração da terapia de reperfusão é dividido classicamente em três períodos. O primeiro deles é da procura da assistência médica, seja por telefone ou chegando à emergência do hospital (60 a 70%). Na nossa instituição, esse tempo tem permanecido inalterado nas últimas duas décadas, sendo em média de 2 horas nos EUA, esse tempo varia entre 2,5 a 7 h.[10]

O segundo período compreende da decisão de procurar atendimento médico ao momento de chegada ao hospital – tempo de transporte (3 a 8% do tempo total). Finalmente, o terceiro tempo de chegada ao setor de emergência e a instalação da terapia definitiva – (tempo porta-agulha ou tempo porta-balão), 25 a 33% do tempo total de retardo.[10]

Quadro 87-1. Tipos de dor torácica

1. Definitivamente anginosa
   - Pacientes que apresentam dor torácica cujas características dão a certeza do diagnóstico de ICA, independentemente do resultado de exames complementares
2. Provavelmente não-anginosa
   - Pacientes que apresentam dor torácica cujas características fazem da ICA a principal hipótese diagnóstica, necessitando de exames complementares para confirmação diagnóstica
3. Provavelmente não-anginosa
   - Pacientes que apresentam dor torácica cujas características não fazem da ICA a principal hipótese diagnóstica, necessitando de exames complementares para exclusão diagnóstica
4. Definitivamente não-anginosa
   - Pacientes que apresentam dor torácica cujas características não incluem a ICA como diagnóstico diferencial

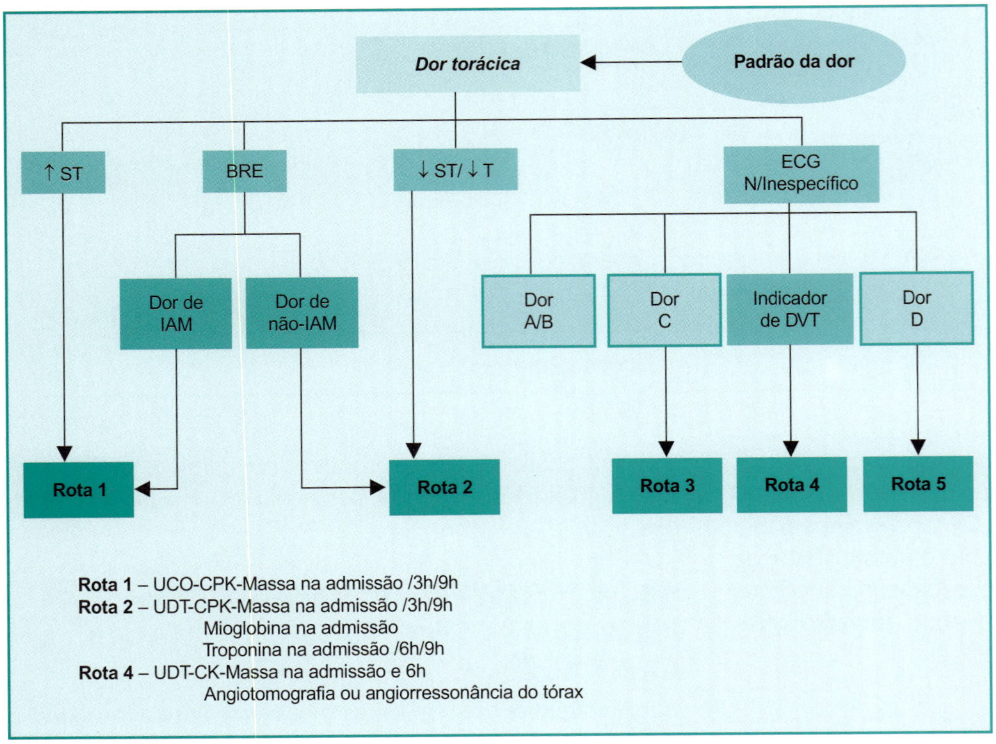

Fig 87-4. Fluxograma de abordagem global da dor torácica do Hospital Pró-Cardíaco. DVT = Doença vascular torácica. (Ver *Prancha* em *Cores*.)

Um dos compromissos das UDT é interferir com a redução de todos os tempos para efetivamente atuarmos na primeira hora do ataque cardíaco. Os membros das equipes de cada UDT devem localmente avaliar os diferentes processos envolvidos no retardo e propor soluções inovadoras e acompanhar os resultados de novas estratégias através dos planos de ação *(critical pathways)*.

Abordagem pré-hospitalar da dor torácica

A UDT faz parte do complexo mecanismo da medicina emergencial e tem um papel importante na organização do contínuo de cuidados a ser fornecido ao paciente com dor torácica. Hoje o atendimento pré-hospitalar da dor torácica necessita ser reorganizado para atender as milhares de vítimas

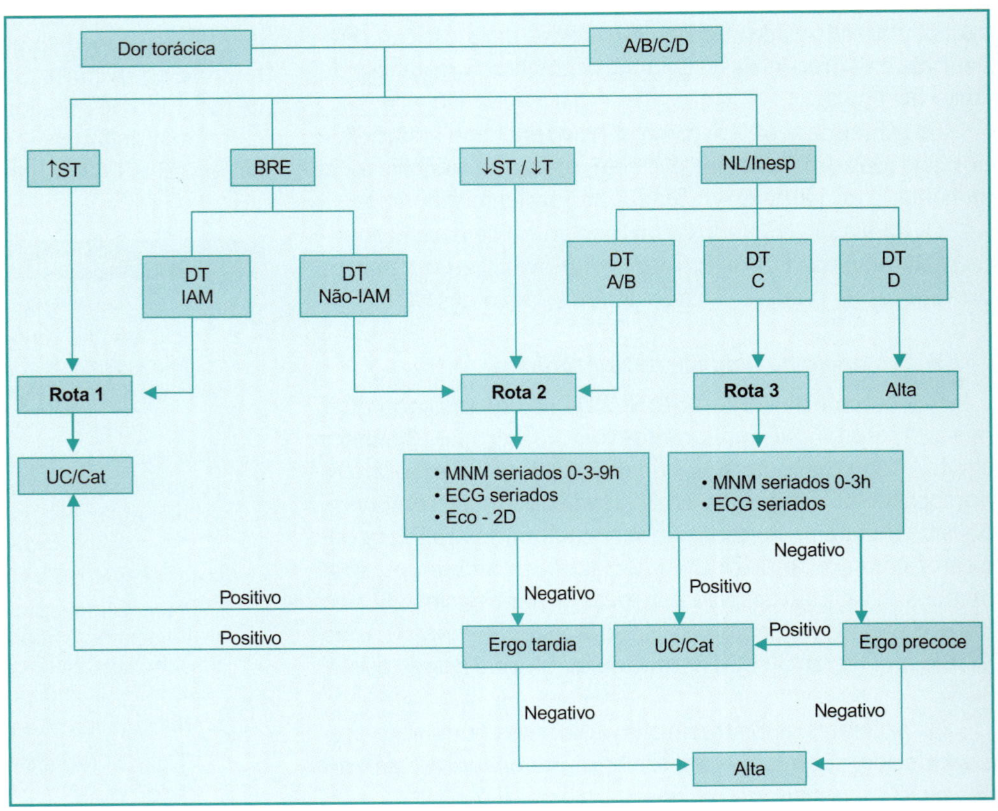

Fig. 87-5. Esquema da abordagem da dor torácica e conduta diagnóstica do Hospital Pró-Cardíaco.

Quadro 87-2. Indicadores de doença vascular torácica
1. Dor dorsal
2. Dor torácica + síncope e/ou déficit neurológico
3. Dor torácica + choque
4. Dor torácica + hemoptóicos
5. Dor torácica + história prévia de trombose venosa profunda ou tromboembolismo pulmonar
6. Dor torácica + dispnéia + imobilização
7. Dor torácica + alargamento do mediastino
8. Dor torácica + diferença entre os pulsos

que apresentam dor torácica no Brasil. No Brasil, o Corpo de Bombeiros atende as vítimas de trauma ou que tenham problemas de saúde na via pública, porém não é responsável pelo atendimento domiciliar dos pacientes com dor torácica. O número de telefone 192 (telefone de emergência) deveria estar disponível em nível nacional também para os pacientes com dor torácica. Nos EUA, médicos e paramédicos estão sendo treinados no atendimento pré-hospitalar da dor torácica, utilizando programas de análise eletrocardiográfica automática ou passando através de telemedicina para os hospitais. Durante o transporte, existe uma efetiva comunicação agilizando o atendimento e orientando a transferência de pacientes com IAM de alto risco (choque cardiogênico) para hospitais terciários com cirurgia e angioplastia 24 horas.[10,13]

A importância dos pródromos no IAM

Hoje se reconhece que mais da metade dos pacientes com IAM teve um desconforto precordial ou relatou uma mudança no seu padrão anginoso nas 2 semanas, em média nos 2 dias, que precederam o IAM. Portanto, devemos orientar a comunidade de profissionais de saúde para esses dados, já que, através da adoção de uma estratégia de investigação diagnóstica e terapêutica precoce, o IAM pode ser evitado. Atualmente um trabalho importante de educação para leigos vem sendo realizado nos EUA, principalmente na Flórida, em Michigan e Washington, orientando para a procura das UDT e esclarecendo os profissionais de saúde sobre a fase prodrômica do IAM.[5,6,14,15]

O reconhecimento precoce do ataque cardíaco é hoje um ponto crítico, pois o quadro de dor que precede o IAM é de maior intensidade e de características diferentes.

Empregando drogas antitrombóticas e anticoagulantes (AAS, inibidores II-b/III-a) e heparina, podemos abortar a progressão para necrose e dano miocárdico – Terapia Proativa (Fig. 87-6).

UNIDADE DE DOR TORÁCICA NA ERA DO CUSTO EM SAÚDE

As UDT têm inovado como um novo elemento de divulgação de medidas de cardioprevenção através da educação de pacientes, familiares e comunidade. Esse fato tem atraído a mídia, pois as doenças cardiovasculares continuam a ser a principal causa de morbimortalidade no mundo ocidental. Nos EUA, existem grupos de médicos que atacam o modelo UDT, colocando-o apenas como um instrumento de marketing institucional.

Na era da análise econômica dos cuidados médicos, diferentes estudos na década de 90 apresentam evidências (Quadro 87-3) de que as UDT reduzem o custo hospitalar, em média, em $ 2.000 por paciente, devido à redução no tempo de internação hospitalar.[16] Não há análise do papel das UDT na redução do custo em ações médico-legais. Entretanto, este pode ser reduzido com uma estratégia padronizada que diminua as chances de liberação de pacientes com IAM. A Unidade de Dor Torácica oferece avaliação rápida e segura e redução dos custos entre 20 e 50% em curto tempo de internação em 2 dias, além de reduzir as internações.

Em abril de 2000, o *American College of Cardilogy* na sua Conferência de Bethesda sobre Emergência Cardiovascular, elegeu o modelo UDT o paradigma para o atendimento hospitalar do paciente com dor torácica.[10]

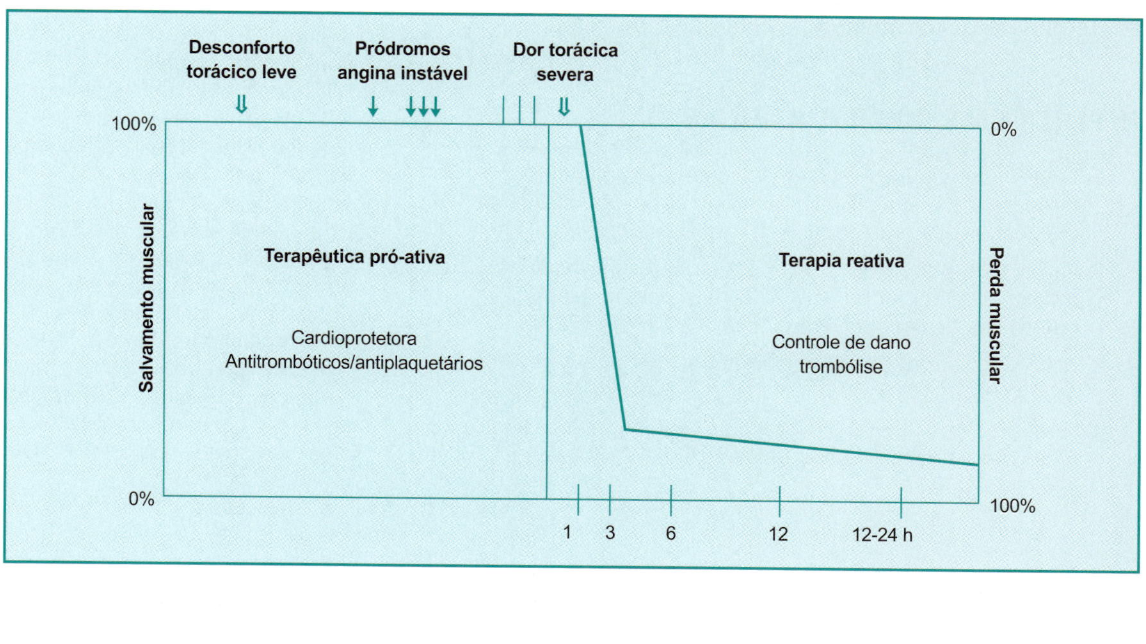

Fig. 87-6. Eficácia terapêutica no momento da intervenção terapêutica.

Quadro 87-3. **Estudos que analisaram o custo-efetividade das UDT**

	1992	*1992*	*1994*	*1994*	*1995*	*1995*	*1996*	*1997*	*1998*
Autor	***Gibler***	***Amsterdam***	***Rodriguez***	***Graff***	***Myerberg***	***Stewart***	***Gomez***	***Nicholson Ornato***	***Farkouh***
Região estudada	Ohio	Califórnia	Maryland	Connecticut	Flórida	Michigan	Utah	Virgínia	Rochester
				$ 5.374	$ 6.358				
UCO	$ 3.500		$ 2.800				$ 2.063		
UDT	$ 1.200		$ 1.246	$ 1.428	$ 1.428		$ 893		
Redução de custos	$ 2.300	$ 2.000	$ 1.586	$ 1.586	$ 3.946	$ 1.771	$ 1.170	< 15% dos pacientes admitidos	↓ 64% custos em 6 meses

A sistematização da abordagem constitui-se em uma poderosa ferramenta para a melhoria contínua da qualidade dos cuidados cardiovasculares e tem permitido e facilitado a adesão a outros protocolos, como o do ACLS (Advanced Cardiac Life Support). Ao lado disso, o atendimento sistematizado auxilia na auditoria de resultados e na redução de custos, bem como na identificação de falhas em processos, como o retardo de exames complementares.

CONCLUSÃO

As UDT constituem-se hoje numa nova estratégia assistencial para o Brasil de grande alcance médico-social, podendo representar uma importante ferramenta para o melhor manuseio de recursos e a qualidade assistencial. Finalizando, criar UDT significa compromisso humano, assistencial, socioeconômico e de responsabilidade com a aplicação da melhor prática médica disponível aos pacientes.

As UDT, através de uma abordagem integrada e sistematizada, representam um grande potencial para a melhoria da qualidade e da eficiência na observação da avaliação de pacientes com dor torácica aguda. As UDT, como local de observação de pacientes de não alto risco, são hoje uma estratégia eficaz em termos de custo/comparação ao modelo tradicional.

REFERÊNCIAS BIBLIOGRÁFICAS

1. Bahr R. Growth in chest pain emergency departments throughout the United States: cardiologist's spin on solving the heart attack problem. *Corn Artery Dis* 1995;6:827–30.
2. Gibler WB, Runyon JP, Levy RC. A rapid diagnostic and treatment center for patients with chest pain in the emergency department, *Ann Emerg Med* 1995;25:1–8.
3. Bahr RD. State-of-the-art in community coronary care. *Md Med J* 1983;32:516–20.
4. Hoekstra JW, Gibler WB. Chest pain evaluation units an idea whose time has come. *JAMA* 1997;278:1701–2.
5. Bahr RD. Access to early cardiac care chest pain as a risk factor for heart attacks, and the emergence of early cardiac care centers. *Md Med J* 1993;41:133–7.
6. Bahr RD. Reducing time to therapy in AMI patients the new paradigm. *Am J Emerg Med* 1994;12:501–3.
7. Selker HPL, Zalenski RJ, Antman WM. An evolution for technologies for identifying acute cardiac ischemia in the emergency department executive summary of a National Heart Attack Alert Program Working Group Report. *Ann Emerg Med* 1997;29:1–12.
8. Ryan TJ, Antaman EM, Brooks NH. 1999 Update ACC/AHA guidelines for the management of patients with acute myocardial infarction — a report of the American College of Cardiology/American Heart Association Task Force on Practice Guidelines (Committee on Management of Acute Myocardial Infarction). *J Am Coll Cardiol* 1999;34:890–911.
9. National Registry of Myocardial Infarction Investigators, Canto JG, Rogers WJ, Bowlby LJ, French WJ, Pearce DJ, Weaver WD. The prehospital electrocardiogram in acute myocardial infarction is its full potential being realized? *J Am Coll Cardiol* 1997;29:498–505.
10. Proceedings of the 31th Bethesda Conference. Emergency cardiac care. Bethesda, MD. *JACC* 2000;35:825–80.
11. The prehospital management of acute heart attacks. Recommendations of a Task Force of the European Society of Cardiology and the European Resuscitating Council. *Eur Heart J* 1998;19:1140–64.
12. Boersma E, Maas, ACP, Deckers JW. Early thrombolytic treatment in acute myocardial infarction reappraisal of the golden hour. *Lancet* 1996;348:771–5.
13. MITI Project Investigators, Kudenchuk PJ, Ho MT, Weaver WD. Accuracy of computer-interpreted electrocardiography in selecting patients for thrombolytic therapy. *Am Coll Cardiol* 1997;17:1486–91.
14. Newby LK, Mark DB. The chest pain unit — ready for prime time? *N Engl J Med* 1998;339:1930–2.
15. Cannon CP, Johnson EB, Cermignani M, Scirica BM, Sagarin MJ, Walls RM. Emergency department thrombolysis critical pathway reduces door-to-drug times in acute myocardial infarction. *Clin Cardiol* 1999;22:17020.
16. Bahr DR. Chest pain centers: moving toward prospective acute coronary care. *Internat J Cardiol* 2000;72:101–10.
17. Lee HT, Goldman L. Evaluation of the patient with acute chest pain. *New Engl J Med* 2000;342:1187–97.

Síndromes Coronarianas Agudas

88

Evandro Tinoco Mesquita • Luiz Antonio de Almeida Campos

Serão consideradas as síndromes isquêmicas agudas sem elevação do segmento SE e infarto agudo do miocárdio com elevação do segmento ST.

SÍNDROMES ISQUÊMICAS AGUDAS SEM ELEVAÇÃO DO SEGMENTO ST[1,2]

Nos Estados Unidos da América (EUA), aproximadamente 2 milhões de pacientes apresentam síndrome isquêmica aguda (SIA) por ano. A angina instável (AI) e o infarto agudo do miocárdio sem elevação do segmento ST (IAM sem EST) correspondem a 1,4 milhão desses pacientes, sendo que 60% têm mais de 65 anos e cerca da metade é do sexo feminino. Essas duas últimas patologias podem ser agrupadas na chamada síndrome isquêmica aguda sem elevação do segmento ST (SIA sem EST). No mundo todo, o número total de pacientes atingidos pelas SIA é mais que o dobro que nos EUA. No Brasil, observa-se aumento no número de casos nos últimos 5 anos, na taxa de mortalidade e no custo médico-hospitalar dos pacientes com SIA. Apesar de menor que a mortalidade por IAM com EST, as SIA sem EST podem alcançar até 15% de risco de reinfarto e morte em 30 dias em determinados grupos de maior gravidade. Nos últimos anos, apesar dos vários avanços que ocorreram na terapia das SIA sem EST, principalmente na terapia antitrombótica, como por exemplo o uso da heparina de baixo peso molecular, do clopidogrel e dos inibidores da glicoproteína IIb/IIIa, ainda não conseguimos melhorar esses altos valores de morbimortalidade.

Reconhecimento e atendimento pré-hospitalar

Ao contrário do IAM com EST, a terapia de reperfusão precoce não está indicada nos casos de SIA sem EST, estando em alguns casos, como na terapia com trombolíticos, contra-indicada. O plano de ação discutido no tema IAM com EST pode ser aplicado nos atendimentos de pacientes com SIA sem EST (uso de ácido acetilsalicílico [AAS], nitrato sublingual e contato com unidade médica de emergência [UME]). Apesar de menos comuns quando comparadas com IAM com EST, as arritmias ventriculares devem receber tratamento agressivo quando detectadas.

Atendimento intra-hospitalar

O ideal é que exista um protocolo local da UME para o atendimento dos pacientes com IAM com EST. Os critérios de admissão na UME para SIA sem EST (rota 2 – vide algoritmo de dor torácica) são a presença de dor torácica tipo isquêmica (A ou B) sem supradesnível de ST > 1,0 mm em duas ou mais derivações anatomicamente contíguas ou BRE agudo (novo ou presumivelmente novo).

Avaliação

■ *Eletrocardiograma*

Deve ser obtido um ECG de 12 derivações (idealmente de 18 derivações, com V3R V6R, V7 e V8). A maior parte dos pacientes com dor torácica apresenta ECG normal ou inespecífico na admissão. A realização de ECG seriados aumenta o índice de confirmação de IAM e identifica pacientes com angina instável em 95% dos casos. As alterações eletrocardiográficas mais características são a inversão simétrica de onda T (maior que 1 mm) e o desvio inferior do segmento ST (infradesnivelamento do segmento ST maior que 0,5 mm), mas o ECG normal, como já foi mencionado, não afasta a SIA sem EST.

■ *História e exame físico*

Os mesmos cuidados já citados para o IAM com EST devem ser tomados quando forem feitos a história e o exame físico dos pacientes com SIA sem EST, exceto a obrigação com relação ao tempo de coleta dos dados.

■ *Marcadores de necrose miocárdica*

Devem ser feitas dosagens seriadas de mioglobina, CK-MB massa e troponina I ou T. A mioglobina serve basicamente para afastar o diagnóstico de IAM quando negativa após 6 horas do início dos sintomas e como marcador precoce quando positiva (quando observada em conjunto com outros marcadores, devido à sua baixa especificidade). A CK-MB pelo método de massa serve como marcador precoce (nas primeiras 3 a 6 horas do início dos sintomas, retornando aos valores normais em 24 a 36 horas) e para diagnosticar infartos recorrentes. As troponinas devem ser utilizadas como marcadores mais específicos que a mioglobina e a CK-MB massa (após 6 horas do início dos sintomas), para avaliação de eventos prévios (nos últimos 10-14 dias, pela sua maior meia-vida) e principalmente para a avaliação de risco (TIMI *Risk Score*). As troponinas, quando positivas em casos de SIA sem EST, configuram IAM sem EST e são marcadores independentes de maior gravidade.

■ *Outros exames complementares*

Além dos exames laboratoriais já discutidos, devem ser solicitados: hemograma completo, eletrólitos, glicose, tempo parcial de tromboplastina ativada (aPTT), tempo de ativação da protrombina (TAP), lipidograma (colesterol total, TG, LDL-colesterol e HDL-colesterol nas primeiras 24 horas), uréia e creatinina. A proteína C reativa titulada parece ser um fator de prognóstico de gravidade independente nos pacientes com DAC.

Uma radiografia de tórax no leito deve ser obtida, principalmente para ajudar no diagnóstico diferencial de dor torácica.

Estratificação de risco

A estratificação de risco nas SIA sem EST tem um papel central, pois o risco de cada paciente irá servir como guia para uma terapêutica específica em cada grau de gravidade. O TIMI Risk Score (TRS) é considerado uma pontuação de risco, tendo sido validada em vários estudos (Quadro 88-1). Além dos critérios do TRS, podemos observar que pacientes com instabilidade hemodinâmica (sinais de insuficiência cardíaca, alterações da pressão sistólica e da freqüência cardíaca) têm pior prognóstico e devem ser tratados mais agressivamente.

Em pacientes nos quais o eletrocardiograma e as enzimas seriadas são negativos ou inespecíficos devem ser utilizados métodos de investigação de isquemia não-invasivos. O teste ergométrico pode ser realizado em pacientes atendidos com dor torácica que sejam caracterizados como de baixa e média probabilidades de doença coronariana e que apresentem baixo risco para eventos cardíacos (Quadro 88-2). Ele é capaz de excluir o diagnóstico de insuficiência coronariana aguda, assim como estratificar o risco de complicações imediatas ou tardias nos portadores de doença. Apresenta ampla disponibilidade e baixo custo. Como complicações podem ocorrer IAM e morte em 0,04% dos casos.

O ecocardiograma transtorácico (ECOTT) também pode ser utilizado e, quando uma alteração na contratilidade segmentar no ECOTT está presente, em pacientes sem história de infarto prévio, ela é específica para isquemia ou necrose miocárdica. É útil na avaliação do comprometimento do músculo cardíaco e da função ventricular na presença de isquemia e em avaliações comparativas posteriores, durante o tratamento.

O ecocardiograma com estresse farmacológico pode complementar a estratificação de risco de pacientes com dor torácica e diagnóstico maldefinido, principalmente naqueles com ECG de repouso que apresente alterações que impossibilitem a realização de teste ergométrico ou nos pacientes incapazes de realizar o esforço por limitações físicas. Um exame normal identifica pacientes de baixo risco para eventos cardíacos futuros. A presença de alteração contrátil segmentar induzida por estresse é fator prognóstico independente para ocorrência de eventos cardíacos (IAM, revascularização do miocárdio e morte cardíaca). Pode ser utilizado o dipiridamol em pacientes em uso de betabloqueadores para aumentar a sensibilidade do método.

A cintigrafia do miocárdio de repouso e esforço apresenta precisão global diagnóstica semelhante ao exame de ecocardiograma com estresse. Defeitos de perfusão aumentam o risco de evento coronariano.

Quadro 88-1. **TIMI Risk Score para SIA sem EST**

História

- Idade ≥ 65 anos
- 3 ou mais fatores de risco para DAC (HAS, DM, HF, tabagismo corrente e hipercolesterolemia)
- DAC conhecida (estenose ≥ 50%)
- Uso de AAS nos últimos 7 dias

Apresentação

- Angina recente (mais de 2 episódios nas últimas 24 h)
- Desvio do segmento ST ≥ 0,5 mm
- Marcadores cardíacos aumentados (troponina)
- Cada item vale um ponto, e a classificação varia de 0 a 7 pontos

TIMI Risk Score	Risco de eventos cardíacos (%)	
	Morte	Morte/IAM/revascularização urgente
0/1	3	5
2	3	8
3	5	13
4	7	20
5	12	26
6/7	19	41

Quadro 88-2.		
Alta probabilidade	***Média probabilidade***	***Baixa probabilidade***
(Qualquer dos itens abaixo)	(Ausência de itens de alta probabilidade e um dos itens abaixo)	(Ausência de itens de alta e média probabilidade e um dos itens abaixo)
História prévia de IAM ou morte súbita ou história conhecida de DAC	Angina definitiva em homens < 60 anos e mulheres < 70 anos	Dor torácica provavelmente não-anginosa
Angina definitiva em homens > 60 anos e mulheres > 70 anos	Angina provável em homens > 60 anos e mulheres > 70 anos	1 fator de risco que não diabete
Alterações hemodinâmicas e eletrocardiográficas transitórias durante a dor	Dor torácica provavelmente não-anginosa em pacientes diabéticos	Inversão da onda T < 1 mm nas derivações com R dominante
Angina variante (dor e elevação reversível do segmento ST)	Dor torácica provavelmente não-anginosa e dois a três fatores de risco que não diabetes	ECG normal
Inversão acentuada e simétrica da onda T em múltiplas derivações	Doença vascular extracardíaca	
	Depressão do segmento ST de 0,5 a 1/mm ou inversão da onda T > 1 mm nas derivações com R dominante	

Tratamento[1,2,5,6,7]

■ *Terapia antiisquêmica*

- *Oxigênio:* deve ser administrado em pacientes com cianose ou desconforto respiratório e naqueles com saturação de oxigênio < 90% *(Classe I).*
- *Nitratos:* devem ser administrados nitratos sublinguais ou em *spray*, seguidos de nitroglicerina intravenosa *(Classe I).* [Dose IV 10 a 200 mcg/min]. Não utilizar se o paciente fez uso de sildenafil (Viagra®) nas últimas 24 h.
- *Betabloqueadores:* devem ser administrados sempre que houver dor torácica, com a primeira dose IV, seguida de doses VO *(Classe I).* Contra-indicações relativas: bradicardia (< 60 bpm), BAV de segundo ou terceiro grau ou BAV de primeiro grau com PR > 240 ms, PAS < 100 mmHg ou baixo débito, insuficiência ventricular esquerda moderada a grave, asma brônquica, hiper-reatividade brônquica, sinais de hipoperfusão periférica, doença vascular periférica grave. Dose variável conforme o medicamento: [metoprolol ou atenolol 5 mg a cada 5-10 minutos IV até total de 15 mg IV, ou 10 a 40 mg VO a cada 8 a 6 horas (propranolol) e 25-50 mg VO a cada 12 horas (metoprolol)].
- *Bloqueadores dos canais de cálcio (não-diidropiridínicos):* devem ser administrados sempre que houver contra-indicações ao uso dos betabloqueadores, na ausência de disfunção grave do VE ou outras contra-indicações *(Classe I).* Podem ser utilizados também em pacientes com isquemia recorrente apesar de tratamento com betabloqueadores e nitratos *(Classe IIa).* Doses: 30 a 80 mg de 6 em 6 horas ou de 8 em 8 horas (diltiazem) e 80 a 180 mg de 8 em 8 horas (verapamil).
- *Inibidores da enzima conversora do angiotensinogênio:* para todos os pacientes com SIA sem EST *(Classe IIa).* Dose de captopril 6,25 a 25 mg de 6 em 6 horas.
- *Morfina:* deve ser utilizada como analgésico nos casos em que não há melhora da dor com o uso de nitroglicerina venosa e nos casos de congestão pulmonar e/ou grande agitação *(Classe I).* Cuidado com o uso concomitante da nitroglicerina pela indução de hipotensão. Dose 2 a 4 mg a cada 5 minutos, até a dose de 24 a 30 mg.

■ *Terapia antitrombótica*

- *Ácido acetilsalicílico* (AAS): deve ser administrado o mais precocemente possível após a apresentação do quadro e continuado indefinidamente.
- *Clopidogrel:* deve ser administrado em pacientes hospitalizados, que não podem tomar aspirina por hipersensibilidade ou intolerância gastrintestinal *(Classe I).* Em pacientes hospitalizados nos quais uma estratégia invasiva precoce não está sendo planejada durante a internação, adicionado ao AAS, administrado o mais precocemente possível, por pelo menos 30 dias e até 9 meses *(Classe I).* Em pacientes nos quais intervenção percutânea (IPC) está sendo planejada e que não apresentem alto risco de sangramento, por pelo menos 30 dias e até 9 meses *(Classe I).* Em pacientes que estão em uso de clopidogrel e têm indicação de CRM, a droga deve ser descontinuada por pelo menos 5 dias (idealmente 7 dias) antes da cirurgia *(Classe I).*
- *Inibidores da GP IIb/IIIa:* devem ser administrados em pacientes nos quais IPC está sendo planejada, adicionado ao AAS e à heparina *(Classe I).* Podem ser administrados momentos antes da IPC (na sala de hemodinâmica). Todos os antagonistas IIb/IIIa podem ser utilizados. Resultados discretamente melhores com o uso de abcximab. Em pacientes com isquemia mantida, troponina elevada ou outras características de alto risco, nos quais uma estratégia invasiva de tratamento não está sendo planejada durante a internação, adicionado ao AAS e à heparina *(Classe IIa).* Somente para tirofiban e eptifibatide (não disponível no

Brasil). Em pacientes já em uso de AAS, heparina e clopidogrel nos quais IPC está sendo planejada *(Classe IIa)*. Podem ser administrados momentos antes da IPC (na sala de hemodinâmica). Todos os antagonistas IIb/IIIa podem ser utilizados. Resultados discretamente melhores com o uso de abcximab. Em pacientes sem isquemia mantida, troponina elevada ou outras características de alto risco, nos quais uma estratégia invasiva de tratamento não está sendo planejada durante a internação *(Classe IIb)*. Somente tirofiban e eptifibatide (não disponível no Brasil).

- *Heparinas:* devem ser administradas em todos os pacientes, adicionadas ao AAS e/ou clopidogrel, heparina não-fracionada [HNF] IV ou heparina de baixo peso molecular [HBPM] SC *(Classe I)*. HBPM (enoxaparina) é melhor como anticoagulante que HNF, em pacientes com SIA sem SST, na ausência de insuficiência renal e de planejamento para CRM dentro de 24 horas *(Classe IIa)*.

A recomendação atual para terapia antitrombótica em pacientes com SIA provável ou definitiva sem EST é a utilização de pelo menos AAS + HBPM SC ou HNF IV. Nos pacientes com isquemia mantida, troponina elevada ou outras características de alto risco ou naqueles nos quais uma estratégia invasiva de tratamento está sendo planejada durante a internação, podemos adicionar inibidores de GP IIb/IIIa. Esses pacientes de maior risco (TRS ≥ 3, troponina positiva ou desvio do segmento ST) se beneficiam de tratamento invasivo precoce (estudo hemodinâmico até 48 horas após início do quadro) em uso de tirofiban (em média 22 h antes do procedimento). Pacientes com TRS ≥ 4, nos quais uma estratégia invasiva de tratamento não está sendo planejada durante a internação, podem se beneficiar de tratamento com tirofiban. Um recente estudo que incluiu pacientes de médio risco também mostrou benefício da intervenção precoce em sua população, porém só houve significância estatística para a incidência de angina refratária em 2 anos. Os pacientes com SIA sem EST e sem co-morbidades sérias são candidatos à intervenção precoce, uma vez que apresentem quaisquer dos critérios de risco apresentados no Quadro 88-3.

Quadro 88-3. Candidatos a intervenção precoce. SAI sem EST

1. Angina/isquemia recorrente em repouso ou em pequenos esforços, apesar de terapia antiisquêmica plena
2. Troponina I ou T elevada
3. Nova ou presumivelmente nova depressão do segmento ST
4. Angina/isquemia recorrente com sintomas de insuficiência cardíaca, B3, edema pulmonar, estertores ou regurgitação mitral evolutivamente piores
5. Achados de alto risco em testes não-invasivos
6. Função sistólica de VE deprimida (FE < 40% em teste não-invasivo)
7. Instabilidade hemodinâmica
8. Taquicardia ventricular sustentada
9. IPC nos últimos 6 meses
10. CRM prévia

Quadro 88-4. Terapia antitrombótica. SAI sem RST

TRS*0-2 – AAS

- HBPM
- Clopidogrel

TRS3 – AAS

- HBPM ou HNF (preferível se IPC)
- Tirofiban (se for submetido a IPC, na sala de hemodinâmica, vide critérios para intervenção precoce)
- Clopidogrel (na sala de hemodinâmica se IPC ou após cateterismo se não for feita IPC, em pacientes não candidatos a CRM)

TRS4-7 – AAS

- HBPM ou HNF (preferível se IPC)
- Tirofiban (se for submetido a IPC, na sala de hemodinâmica, vide critérios para intervenção precoce, ou se isquemia mantida, troponina elevada, ou outras características de alto risco, mas não candidato a IPC)
- Clopidogrel (na sala de hemodinâmica se IPC ou após cateterismo se não for feita IPC, em pacientes não candidatos a CRM)

*TRS = TIMI Risk Score.

A seguinte estratégia de terapia antitrombótica pode ser sugerida para as SIA sem EST em instituições que apresentem um perfil de intervenção precoce (disponibilidade de serviços de hemodinâmica e cirurgia cardíaca em tempo integral), nos vários grupos de risco de acordo com o TIMI Risk Score (Quadro 88-4).

Qualquer paciente que apresentar um dos critérios de intervenção precoce, independentemente de seu TRS, deverá ser submetido a cateterismo em até 48 h, com o uso de inibidores da GP IIb/IIIa conforme o seu risco (pacientes com TRS ≥ 3, troponina positiva ou desvio do segmento ST podem se beneficiar do uso de inibidores da GP IIb/IIIa).

INFARTO AGUDO DO MIOCÁRDIO COM ELEVAÇÃO DO SEGMENTO ST

Nos Estados Unidos da América (EUA), aproximadamente 1 milhão de pacientes são diagnosticados com infarto agudo do miocárdio com elevação do segmento ST (IAM com EST), e mais de 1 milhão de pacientes com clínica sugestiva de IAM com EST são admitidos em unidades de dor torácica por ano. Cerca de 200.000 desses pacientes falecem, metade deles antes de chegar ao hospital, na maior parte das vezes na primeira hora após o início dos sintomas e principalmente por arritmia cardíaca. Segundo a Organização Mundial de Saúde (OMS), no mundo inteiro, de cada 100 doentes infartados, 62 chegam com vida ao hospital, 50 estarão vivos no primeiro mês e 40 no primeiro ano. Nas últimas décadas, houve uma grande redução na mortalidade, e atualmente aproximadamente 7 a 10% dos pacientes acometidos de IAM com EST falecem. No Brasil, entre 300.000 a 500.000 indivíduos apresentam IAM com EST por ano. O número de internações e os custos com as síndromes isquêmicas agudas (SIA) vêm aumentando nos últimos 5 anos, mostrando que, apesar dos avanços terapêuticos, o IAM com EST continua um desafio médico, social e econômico, principalmente em um país em desenvolvimento, com recursos financeiros limitados para a saúde, como o Brasil.

O aspecto mais importante no tratamento do IAM com EST é a sua característica de o prognóstico depender do intervalo de tempo desde o início dos sintomas ao acesso às terapias de reperfusão, de modo que, quanto mais rápido os pacientes têm acesso a esse tratamento, idealmente na primeira hora, melhor seu prognóstico (menor mortalidade, menor área de infarto e melhor função do ventrículo esquerdo).

Reconhecimento e atendimento pré-hospitalar

A maior parte dos pacientes somente procura uma unidade médica de emergência (UME) após mais de 2 horas de sintomas, sendo que boa parte deles somente após 12 horas. Isso diminui o sucesso da terapia de reperfusão, que é o melhor tratamento disponível hoje para o IAM com EST. Os componentes para o atraso na chegada à UME são: 1) relacionados ao paciente (dificuldade de reconhecer a seriedade dos sintomas e atraso na procura de ajuda médica de emergência), 2) relacionados com o atendimento médico pré-hospitalar (tempos de avaliação, tratamento e transporte) e 3) relacionados com o atendimento médico intra-hospitalar (tempo para diagnóstico e início do tratamento específico). Na maior parte dos casos, os componentes relacionados com o paciente têm maior importância no atraso na instituição da terapia de reperfusão, mas os outros componentes têm contribuição decisiva na perda da primeira hora antes do tratamento *(golden first hour)*.

Com relação ao atraso do paciente, as medidas devem ser educacionais, com ênfase no ensinamento dos sinais e sintomas do IAM com EST e o que fazer no caso de aparecimento dos mesmos. Os pacientes com doença coronária estabelecida devem receber essa orientação de seus médicos, enfermeiros e outros profissionais de saúde envolvidos em seu tratamento.

As instituições médicas que tratam pacientes com doença coronária devem ter material educativo de fácil compreensão para a divulgação de informações de como agir em casos de dor torácica. Os pacientes devem receber um plano de ação que englobe: 1) o uso imediato de nitrato sublingual e ácido acetilsalicílico (AAS) assim que se iniciarem os sintomas, 2) como acessar um serviço médico de emergência (telefone de fácil memorização e amplamente divulgado para a população que se deseja atender [nos EUA o famoso 911]), 3) a localização da UME mais próxima que ofereça atendimento cardiológico de emergência durante 24 horas e 4) idealmente que o paciente leve um eletrocardiograma (ECG) antigo para fins de comparação e sua prescrição médica.

No atendimento pré-hospitalar, são essenciais a capacidade de realizar desfibrilação rápida (a sobrevida dos pacientes com fibrilação ventricular [FV] depende da capacidade de realização de desfibrilação rápida) e a proximidade da UME que realizará o atendimento (tempo de transporte). Além disso, uma história e um exame físico direcionados e um ECG pré-hospitalar devem ser feitos em menos de 20 minutos. Pode ser utilizada uma lista (*check list*) na tentativa de determinar a probabilidade de um IAM com EST, sua gravidade, e afastar condições subjacentes que possam contra-indicar terapia trombolítica. O uso de trombolíticos de modo pré-hospitalar ainda é controverso, principalmente pela dificuldade em estabelecer o grupo de pacientes que teria maior benefício dessa estratégia, uma vez que apenas 5 a 10% dos pacientes com dor torácica no modelo pré-hospitalar têm IAM com EST e são candidatos a terapia trombolítica. O surgimento de novas drogas de ação rápida e fácil administração, como a TNK-t-PA (tenecteplase), provavelmente estimulará novos estudos nessa área. Atualmente, em situações em que o tempo transporte até a UME não seja superior a 90 minutos, a utilização de trombolíticos de modo pré-hospitalar não está indicada. Entretanto, recente estudo mostra que, em pacientes com IAM com EST e início dos sintomas há mais de 3 horas, o transporte para a realização de angioplastia coronária transluminal percutânea primária (ACTP) parece ser melhor (redução da mortalidade em 30 dias), quando comparado com o uso de trombolítico (estreptoquinase).

Atendimento intra-hospitalar

O ideal é que exista um protocolo local da UME para o atendimento dos pacientes com IAM com EST. Os dois critérios para a entrada na UME como IAM com EST (rota 1 – vide algoritmo de dor torácica) são a presença de dor torácica tipo isquêmica (A ou B) e/ou a elevação de segmento ST > 1,0 mm em duas ou mais derivações anatomicamente contíguas ou BRE agudo (novo ou presumivelmente novo).

Avaliação

■ *Eletrocardiograma*

Deve ser obtido um ECG de 12 derivações (idealmente de 18 derivações, com V3R a V6R, V7 e V8). Em pacientes com dor torácica tipo isquêmica (dor A), a elevação do segmento ST no ECG tem uma especificidade de 91% e uma sensibilidade de 46% para diagnosticar IAM. Existe uma correlação direta entre o número de derivações com elevação do ST e a mortalidade. Em casos nos quais o ECG não é diagnóstico (50% dos pacientes com IAM com EST não apresentam a elevação do ST), outros métodos para determinar o diagnóstico e estimar o risco, como os marcadores séricos de lesão miocárdica, o ecocardiograma bidimensional transtorácico (ECOTT) para procurar alterações segmentares da contração ventricular e métodos de imagem de perfusão miocárdica, podem ser utilizados.

■ *História*

Deve ser feita em menos de 10 minutos, incluindo hora de início dos sintomas, característica, localização e duração da dor, presença ou não de irradiação, presença ou não de fatores agravantes ou atenuantes e sintomas associados (cansaço, dispnéia, palidez, náuseas, vômitos, diaforese, diarréia, palpitações). Certos subgrupos, como mulheres, diabéticos e idosos, merecem especial atenção por terem apresentações de IAM atípicas, algumas vezes sem dor ou somente com dispnéia, no caso dos idosos.

Uma pesquisa de fatores de risco para doença arterial coronariana (DAC) deve ser feita. Os fatores de risco independentes para DAC são: hipertensão arterial sistêmica (HAS), dislipidemia (incluindo aumento de LDL-colesterol [maior que 125 mg% nos que não têm DAC e maior que 100 mg% nos que têm DAC]), HDL-colesterol [menor que 40 mg%], *diabetes mellitus* (DM) em uso de medicação, tabagismo (independentemente da intensidade e do tempo de abstinência), idade (≥ 65 anos), história familiar precoce para DAC (parentes de 1º grau – homem < 55 anos e mulher < 65 anos).

Outros dados que devem ser pesquisados na história médica pregressa são: IAM prévio (com ou sem EST), angina instável, angina estável, angioplastia coronária transluminal percutânea, cirurgia de revascularização do miocárdio, cineangiocoronariografia, doença cerebrovascular e doença vascular periférica, medicações em uso (AAS, anti-hipertensivos, anticoagulantes, entre outros) e uso de drogas ilícitas (cocaína).

■ *Exame físico*

Deve ser dirigido para não aumentar o tempo para o início do tratamento. Devem ser avaliados o nível de consciência, os sinais vitais, a ausculta cardíaca (bulhas acessórias, sopros ou atrito), a ausculta pulmonar (sinais de congestão pulmonar), os pulsos periféricos (dissecção aórtica e presença de DAP), o pulso carotídeo (sinais de doença aterosclerótica carotídea) e o pulso venoso jugular (observar, entre outros sinais, a presença de turgência jugular a 45º).

■ *Marcadores de necrose miocárdica*

Devem ser feitas dosagens seriadas de mioglobina, CK-MB massa e troponina I ou T. A mioglobina serve basicamente para afastar o diagnóstico de IAM quando negativa após 6 horas do início dos sintomas e como marcador precoce quando positiva (quando observada em conjunto com outros marcadores, devido à sua baixa especificidade). A CK-MB pelo método de massa serve como marcador precoce (nas primeiras 3 a 6 horas do início dos sintomas, retornando aos valores normais em 24 a 36 horas) e para diagnosticar infartos recorrentes. As troponinas devem ser utilizadas como marcadores mais específicos que a mioglobina e a CK-MB massa, principalmente após 6 horas do início dos sintomas, podendo ser utilizadas ainda para estimar a gravidade no caso de elevações precoces (antes de 6 horas do início dos sintomas) e para avaliação de eventos prévios (nos últimos 10 a 14 dias, pela sua maior meia-vida) [as troponinas nos casos de SIA sem EST têm outras indicações que não serão discutidas neste texto]. Em casos de não-disponibilidade da dosagem de CK-MB massa, devem ser feitas dosagens de CK total e CK-MB atividade, utilizando a fórmula 100 × CK-MB/CPK total, sendo que valores < 4% sugerem lesões musculares periféricas, valores entre 4 e 25% sugerem IAM com EST e valores > 25% sugerem macromoléculas (falso-positivo).

■ *Outros exames complementares*

Além dos exames laboratoriais já discutidos, devem ser solicitados: hemograma completo, eletrólitos, glicose, tempo parcial de tromboplastina ativada (APTT) e tempo de ativação da protrombina (TAP), lipidograma (colesterol total, TG, LDL-colesterol, HDL-colesterol nas primeiras 24 h), uréia e creatinina. A proteína C reativa titulada elevada parece ser um fator de prognóstico de gravidade independente nos pacientes com DAC.

Uma radiografia de tórax no leito deve ser obtida, principalmente para ajudar no diagnóstico diferencial de dor torácica.

O ECOTT tem utilidade sobretudo nos pacientes com ECG inespecífico, ao mostrar alterações da contratilidade segmentar da parede ventricular, além de estimar a função global do coração, ajudando na estratificação de risco.

Tratamento[1,2,5,6,7,8]

■ *Tratamento de rotina*

- *Oxigênio:* deve ser administrado em pacientes com evidente congestão pulmonar ou com diminuição na saturação de oxigênio (saturação de O_2 < 90%) *(Classe I)*. Pode ser administrado de rotina em todos os pacientes com IAM com EST não-complicado pelas primeiras 2 a 3 horas *(Classe IIa)* e mesmo além de 3 a 6 horas *(Classe IIb)*.
- *AAS:* deve ser administrado no primeiro dia AAS na dose de 160 a 325 mg, em todos os pacientes com IAM com EST, e continuado indefinidamente *(Classe I)*. Em casos de intolerância gastrintestinal ou alergia ao AAS, podem ser utilizados dipiridamol, ticlopidina ou clopidogrel *(Classe IIb)*. Dose (clopidogrel de ataque) 300 mg e (clopidogrel de manutenção) 75 mg /dia.
- *Nitroglicerina intravenosa:* deve ser administrada nas primeiras 24 a 48 horas em pacientes com IAM com EST e insuficiência cardíaca congestiva, grandes infartos anteriores, isquemia persistente ou hipertensão. Seu uso pode se estender por mais de 48 horas em pacientes com angina recorrente ou congestão pulmonar persistente *(Classe I)* e em pacientes com infartos grandes ou complicados *(Classe IIb)*. Pode ser utilizada nas primeiras 24 a 48 horas em todos os pacientes com IAM com EST que não apresentem hipotensão, bradicardia ou taquicardia *(Classe IIb)*. Não está indicada em pacientes com pressão arterial sistólica < 90 mmHg ou bradicardia grave (freqüência cardíaca [FC] < 50 bpm). Dose 10 a 200 mcg/min.
- *Betabloqueadores:* devem ser administrados, salvo contra-indicações, em todos os casos de IAM com EST, principalmente nos pacientes com FC elevada, HAS, DM, portadores de IAM anterior e nos submetidos a terapia trombolítica. Contra-indicações relativas: bradicardia (< 60 bpm), BAV de segundo ou terceiro grau ou BAV de primeiro grau com PR > 240 ms, PAS < 100 mmHg ou baixo débito, insuficiência ventricular esquerda moderada a grave, asma brônquica, hiper-reatividade brônquica, sinais de hipo-

perfusão periférica, doença vascular periférica grave. [Dose variável conforme o medicamento] [metoprolol ou atenolol 5 mg a cada 5 a 10 minutos IV até total de 15 mg IV, ou 10 a 40 mg VO a cada 8 a 6 horas (propranolol) e 25 a 50 mg VO a cada 12 horas (metoprolol).

- *Morfina*: deve ser utilizada como analgésico nos casos em que não há melhora da dor com o uso de nitroglicerina venosa. Cuidado com o uso concomitante de nitroglicerina pela indução de hipotensão. Dose 2 a 4 mg a cada 5 minutos, até a dose de 24 a 30 mg.

Estratificação de risco

Antes do tratamento específico para o IAM com EST (terapia de reperfusão), deve ser feita uma estimativa de risco do paciente. Podemos utilizar a pontuação de risco de TIMI para IAM com EST (Quadro 88-5), sendo que os pacientes de alto risco (com um número ≥ 4 de pontos) podem apresentar até 36% de mortalidade em 30 dias (pacientes com mais de 8 pontos) (Quadro 88-6).

Tratamento de reperfusão

Atualmente a reperfusão através de angioplastia coronária transluminal percutânea (ACTP) primária, nos locais onde um centro de hemodinâmica com uma equipe treinada no método (médicos com mais de 75 ACTP/ano e centros com mais de 200 ACTP/ano) está disponível nas 24 horas, é o tratamento de escolha para o IAM com EST. Idealmente, o tempo porta-balão, ou seja, o intervalo de tempo entre a entrada na UME e a dilatação da artéria culpada pelo IAM, deve ser menor que 90 minutos.

Quadro 88-5. **Pontuação de Risco para IAM sem EST – TIMI**

História	***Pontos***
Idade ≥ 75 anos	3
65-74 anos	2
DM ou HAS ou Angina	1
Exame físico	
PA sistólica < 100 mmHg	3
FC > 100 bpm	2
Classe Killip II-IV	2
Peso < 67 kg	1
Eletrocardiograma e tempo até terapia específica	
Supra de ST ou BRE anterior	1
Delta T até reperfusão > 4 h	1
Pontuação de risco 0-14 pontos	
Baixo risco 0-3 pontos	
Alto risco ≥ 4 pontos	
Classificação de Killip	
I: Sem congestão pulmonar e sem hipoperfusão periférica	
II: Congestão pulmonar	
III: Edema agudo de pulmão	
IV: Choque cardiogênico	

DM = *Diabetes mellitus;* HAS = hipertensão arterial sistêmica; BRE = bloqueio de ramo esquerdo.

Quadro 88-6. **Risco de eventos cardíacos**

Pontuação de risco	***Mortalidade em 30 dias (%)***
0	0,8
1	1,6
2	2,2
3	4,4
4	7,3
5	12
6	16
7	23
8	27
> 8	36

As principais indicações *(Classe I)* para ACTP primária são 1) o IAM com EST dentro de 12 horas do início dos sintomas ou com mais de 12 horas caso ocorra persistência dos sintomas isquêmicos e 2) o IAM com EST dentro de 36 horas do início dos sintomas, com desenvolvimento de choque cardiogênico, em pacientes com < 75 anos e nos quais o procedimento possa ser feito dentro do prazo de 18 horas do início do choque. A ACTP também pode ser utilizada como tratamento de resgate nos casos de falha na terapia trombolítica.

A outra alternativa para o tratamento de reperfusão é a utilização de medicamentos trombolíticos. O tempo porta-agulha, ou seja, o intervalo de tempo entre a entrada na UME e a administração do medicamento, deve ser menor que 60 minutos. A principal indicação *(Classe I)* são pacientes com IAM com EST, tempo para o início da terapia menor que 12 horas e idade < 75 anos. O tratamento é benéfico independentemente do sexo, da presença ou não de DM ou HAS (se PAS < 180 mmHg), da FC ou de história prévia de IAM. O benefício é maior em pacientes com IAM anterior, DM, hipotensão (PAS < 100 mmHg) ou FC > 100 bpm. Quanto mais precoce o início da terapia, melhor o resultado do tratamento, sendo que o maior benefício se concentra nas 3 primeiras horas, mas existe benefício comprovado até 12 horas do início dos sintomas. O benefício é menor no IAM com EST inferior, exceto no grupo com infarto de ventrículo direito (elevação de ST em V4R) ou depressão do segmento anterior indicando corrente de lesão posterior.

Outras indicações para terapia trombolítica são: 1) os pacientes com IAM com EST e mais de 75 anos *(Classe IIa)*. Nesse grupo, a mortalidade por IAM com EST é alta com ou sem terapia trombolítica, e ainda assim há uma redução absoluta de mortalidade da ordem de 10 vidas salvas para cada 1.000 pacientes tratados (1:100), 2) os pacientes com IAM com EST e tempo para terapia > 12 a 24 horas *(Classe IIb)* e 3) os pacientes com PAS > 180 mmHg e/ou PAD > 100 mmHg na admissão, associada a características de alto risco *(Classe IIb)*. Há pouco benefício na terapia após 12 a 24 horas, mas em pacientes com isquemia e elevação extensa do ST mantida essa estratégia pode ser utilizada. O risco de sangramento intracraniano com PA acima de 180/110 mmHg aumenta muito, e nesses casos recomenda-se o controle da pressão antes da terapia. Os principais indicadores de maior risco de sangramento (até mais de 2% de risco na presença dos 3) são idade > 65 anos, peso < 70 kg e hipertensão na admissão.

Os trombolíticos não devem ser utilizados nos casos de SIA sem elevação do segmento ST e após 24 horas do início dos sintomas se a dor isquêmica se resolveu *(Classe III)*. Entre as contra-indicações absolutas do tratamento com trombolíticos estão: 1) acidente vascular encefálico hemorrágico (AVE) em qualquer data e outros tipos no último ano, 2) neoplasia intracraniana conhecida, 3) sangramento interno ativo (não incluída a menstruação) e 4) suspeita de dissecção aórtica.

As contra-indicações relativas são: 1) hipertensão arterial grave incontrolável na admissão (PA > 180/110 mmHg), 2) AVE ou patologias intracranianas não citadas nas contra-indicações absolutas, 3) uso de anticoagulantes em doses terapêuticas (INR entre 2 e 3) ou diátese hemorrágica conhecida, 4) trauma recente (2 a 4 semanas) incluindo trauma craniano, ressuscitação cardiopulmonar traumática ou prolongada (> 10 minutos) ou grande cirurgia, 5) em caso de uso de estreptoquinase ou anistreplase a exposição prévia ao medicamento (especialmente dentro de 5 dias a 2 anos) ou reações alérgicas, 6) gravidez, 7) doença ulcerosa péptica em atividade e 8) história de HAS crônica grave.

Doses:

- *Estreptoquinase*: principalmente em pacientes com tempo de início dos sintomas maior que 4 horas, baixo risco de morte (por exemplo, em um paciente jovem com infarto inferior pequeno) e alto risco de hemorragia intracraniana com uso de rt-PA. [Dose 1.500.000 U IV em 60 min].
- *rt-PA:* principalmente em pacientes com tempo de início dos sintomas menor que 4 horas, e alto risco de morte (por exemplo, em pacientes com infarto anterior, BRE, BRD ou FC > 100 bpm). A PAS deve ser < 100 mmHg. Dose 15 mg (0,75 mg/kg) em *bolus*, 50 mg em 30 minutos e 35 mg (0,5 mg/kg) em 60 minutos IV.

Terapia adjuvante

- *Anticoagulação:* deve ser administrada heparina não-fracionada IV quando utilizarmos como trombolítico o rt-PA e em casos de infartos extensos, trombos cavitários, disfunção grave e fibrilação atrial. Dose 60U/kg em *bolus*, seguido de 12U/kg/h IV. A heparina de baixo peso molecular (enoxaparina) também pode ser utilizada na dose de 1 mg/kg de 12 em 12 horas SC].
- *Inibidores da enzima conversora do angiotensinogênio:* devem ser utilizados após a fibrinólise ou ACTP, principalmente para pacientes com infartos extensos, HAS, disfunção ventricular ou insuficiência cardíaca sem hipotensão. Deve ser iniciado nos primeiras 24 após o IAM e tem papel no remodelamento ventricular. Dose (captopril) 6,25 a 25 mg de 6 em 6 horas.
- *Antagonistas dos canais de cálcio (não-diidropiridínicos):* devem ser utilzados o diltiazem ou o verapamil em pacientes com contra-indicações aos betabloqueadores. Dose (diltiazem) 30 a 80 mg em intervalos de 6 a 8 horas e (verapamil) 80 a 180 mg de 8 em 8 horas.
- *Amiodarona e lidocaína:* devem ser utilizadas como terapia para arritmias ventriculares freqüentes ou complexas. A profilaxia com lidocaína não é indicada. Dose (amiodarona) 1 a 2 g IV em intervalos de 5 a 30 minutos.
- *Atropina:* recomendações aplicáveis desde logo após o início do quadro de IAM com EST até de 6 a 8 horas após. Deve ser administrada em casos de bradicardia sinusal com evidência de baixo débito e hipoperfusão periférica ou em presença de complexos prematuros ventriculares no início dos sintomas de IAM com EST *(Classe I)*. Em infartos inferiores com bloqueio atrioventricular (BAV) tipo I do segundo ou terceiro grau associado a sintomas de hipotensão, desconforto isquêmico ou arritmas ventriculares *(Classe I)*. Em casos de bradicardia sinusal e hipotensão após a administração de nitroglicerina *(Classe I)*. Em casos de náuseas e vômitos associados a morfina *(Classe I)*. Em casos de assistolia ventricular *(Classe I)*. Em pacientes sintomáticos com IAM inferior e BAV tipo I do segundo ou terceiro grau no nível do nó atrioventricular (como, por exemplo, complexos QRS estreitos ou com bloqueio de ramo conhecido) *(Classe IIa)*. Concomitantemente à administração da morfina, em presença de bradicardia sinusal *(Classe IIb)*. Em pacientes assintomáticos com IAM inferior e BAV tipo I do segundo ou terceiro grau no nível do nó atrioventricular *(Classe IIb)*. Em pacientes com BAV do segundo ou terceiro grau de mecanismo desconhecido quando marca-passo não está disponível *(Classe IIb)*. Estão contra-indicados nos casos de bradicardia sinusal com FC > 40 bpm sem sinais e sintomas de hipoperfusão ou presença de contrações ventriculares prematuras freqüentes, e nos casos de BAV tipo II e BAV de terceiro grau e BAV de terceiro grau com um novo complexo QRS alargado presumivelmente pelo IAM *(Classe III)*. Dose de 0,5 a 1,0 mg IV repetida de 3 a 5 minutos se necessário até um total de 2,5 mg (para bradicardia) e dose de 1,0 mg IV repetida de 3 a 5 minutos de necessário até um total de 2,5 mg em 2,5 horas (para assistolia).
- *Sulfato de magnésio:* deve ser utilizado em casos de hipomagnesemia documentada ou arritmias ventriculares, especialmente taquicardia ventricular.
- *Estatinas:* deve ser considerado o perfil lipídico do paciente. Estão indicadas em casos de LDL-colesterol >125 mg% ou > 100 mg% em pacientes sabidamente coronariopatas e/ou HDL-colesterol < 35 mg%. Reduzir LDL-colesterol abaixo de 100 mg% como principal objetivo. O exame deve ser feito nas primeira 24 h do IAM, pois após esse período poderá ocorrer uma falsa redução nos níveis de colesterol relacionado a doenças agudas.
- *Fibratos:* devem ser utilizados se os triglicerídios estão > 150 mg% *(Classe IIb)* ou quando o HDL-colesterol estiver < 40 mg% *(Classe IIa)*.

REFERÊNCIAS BIBLIOGRÁFICAS

1. Braunwald E, Antman EM, Beasley JW, Califf RM, Cheitlin MD, Hochman JS, Jones RH, Kereiakes D, Kupersmith J, Levin TN, Pepine CJ, Schaeffer JW, Smith EE III, Steward DE, Theroux P. ACC/AHA 2002 guideline update for the management of patients with unstable angina and non-ST-segment elevation myocardial infarction: summary article: a report of the American College of Cardiology/ American Heart Association Task Force on Practice Guidelines (Committee on the Management of Patients With Unstable Angina). *Circulation* 2002;106:1893–1900.
2. Braunwald E, Antman EM, Beasley JW, Califf RM, Cheitlin MD, Hochman JS, Jones RH, Kereiakes D, Kupersmith J, Levin TN, Pepine CJ, Schaeffer JW, Smith EE III, Steward DE, Theroux P. ACC/AHA 2002 guideline update for the management of patients with unstable angina and non-ST-segment elevation myocardial infarction: a report of the American College of Cardiology/ American Heart Association Task Force on Practice Guidelines (Committee on the Management of Patients With Unstable Angina). 2002. Available at: http://www.acc.org/clinical /guidelines/unstable/unstable.pdf.
3. Braunwald E, Ziper DP, Libby P. Heart disease: A textbook of cardiovascular medicine. 6th ed.
4. Fox KA. A randomized trial of a conservative treatment versus interventional treatment strategy in patients with unstable angina (British Heart Foundation RITA 3 Program). Program and abstracts of the European Society of Cardiology Congress 2002; August 31-September 4, 2002; Berlin, Germany.
5. Emergências Clínico-Cardiológicas: 40 Anos de Experiência do Hospital Pró-Cardíaco. Responsáveis: Editora Revinter, 2000.
6. Mesquita ET, Clare CM. Rotinas das emergências cardiovasculares: Hospital Pró-Cardíaco. PROCEP. Editora Atheneu, São Paulo, 2002.
7. Ryan TJ, Antman EM, Brooks NH, Califf RM, Hillis LD, Hiratzka LF, Rapaport E, Riegel B, Russell RO, Smith EE III, Weaver WD. ACC/AHA guidelines for the management of patients with acute myocardial infarction: 1999 update: a report of the American College of Cardiology/American Heart Association Task Force on Practice Guidelines (Committee on Management of Acute Myocardial Infarction). Available at www.acc.org.
8. Widimsky P. The PRAGUE-2 study. Program and abstracts of the European Society of Cardiology Congress 2002; August 31-September 4, 2002; Berlin, Germany.

89 Arritmias Cardíacas

Leandro I. Zimerman • Maurício Pimentel • Solano V. Berger

As arritmias cardíacas são encontradas com freqüência em pacientes atendidos em serviços de emergência, seja ela responsável ou não pela busca do atendimento médico.[2]

O tratamento do paciente com arritmia cardíaca deve levar em consideração não somente o distúrbio do ritmo mas também a apresentação do paciente como um todo. Os pacientes que se apresentam com arritmias cardíacas devem ser cuidadosamente avaliados do ponto de vista clínico e laboratorial a fim de que se possa estabelecer o diagnóstico, definir possíveis causas, avaliar o significado clínico do distúrbio do ritmo e indicar corretamente o tratamento. Deve-se buscar o reconhecimento de possíveis fatores desencadeantes, tais como distúrbios hidroeletrolíticos, desequilíbrio ácido-básico, hipoxemia, isquemia miocárdica, insuficiência cardíaca e hipertireoidismo. Além disso, deve-se considerar o efeito proarrítmico do uso de diversas drogas, especialmente os próprios antiarrítmicos; psicotrópicos como os antidepressivos tricíclicos e fenotiazidas; antimicrobianos como eritromicina, pentamidina, cetoconazol; xantinas; compostos organofosforados e outras.

A avaliação eletrocardiográfica do distúrbio do ritmo é muito importante. Sempre que possível, deve ser realizado eletrocardiograma (ECG) de superfície completo, com traçados longos das derivações DII e V1. A monitorização cardíaca contínua também tem papel reconhecido, sendo indicada nas situações clínicas descritas no Quadro 89-1. No diagnóstico diferencial dos distúrbios do ritmo, é essencial a identificação da presença ou não de atividade atrial e de sua relação com o complexo QRS. Para tanto, pode-se lançar mão de recursos como manobras vagais, obtenção das derivações eletrocardiográficas de Lewis, derivação esofágica ou mesmo intra-atrial. As manobras vagais (massagem do seio carotídeo, manobra de Valsalva) aumentam o tônus vagal, diminuindo a taxa de despolarização do nó sinusal e de condução atrioventricular (AV), o que, em boa parte dos casos, facilita a identificação do ritmo.

O significado clínico da arritmia depende de vários fatores. Entre estes, encontram-se o tipo de arritmia, sua duração, a freqüência ventricular, a presença ou não de cardiopatias associadas e o grau de instabilidade hemodinâmica causado pela arritmia. Do ponto de vista clínico, consideram-se fatores indicativos de instabilidade a presença de hipotensão, descompensação de quadro de insuficiência cardíaca, desencadeamento ou intensificação de angina, alteração no estado mental por baixo débito, sinais de hipoperfusão periférica ou síncope. O exame físico, além de auxiliar na avaliação da repercussão da arritmia sobre os vários sistemas, pode fornecer pistas sobre a arritmia envolvida, basicamente pela avaliação do ritmo, intensidade e constância da primeira bulha, desdobramento da segunda bulha e ondas a no pulso jugular.

Quadro 89-1. Indicações para monitorização cardíaca contínua

- Por 3 dias em infarto agudo do miocárdio não-complicado ou 2 dias após controle da complicação
- Suspeita de infarto agudo do miocárdio
- Por 2 dias após cirurgia cardíaca
- Pós-reanimação de parada cardiorrespiratória
- Presença de arritmia de alto risco (taquicardia ventricular sustentada)
- Pacientes criticamente enfermos
- Fase aguda de intoxicação por drogas com cardiotoxicidade
- Fase aguda de pericardite
- Início do uso de antiarrítmicos Classes I e III para arritmias de alto risco em pacientes predispostos a efeito proarrítmico
- Angina instável até estabilização
- Pós-implante de cardioversor-desfibrilador e marca-passo

Adaptado de Zimerman LI, Chodosz ELK. Arritmias Cardíacas de Alto Risco. *In*: Barreto SSM, Vieira SRR, Pinheiro CTS. *Rotinas em Terapia Intensiva*. Artes Médicas, 3ª ed., Porto Alegre, 2001.

EXTRA-SÍSTOLES

Extra-sístoles supraventriculares

As extra-sístoles supraventriculares compreendem as extra-sístoles atriais e juncionais. Ocorrem comumente em indivíduos normais, embora apareçam com maior freqüência em pacientes com doença cardíaca. As extra-sístoles atriais são reconhecidas pela presença de onda P habitualmente de morfologia diferente da basal que ocorre antes de completar o intervalo P-P esperado. As extra-sístoles juncionais caracterizam-se por complexos QRS similares ao basal não-precedidos por onda P ou com presença de onda P retrógrada (negativa em DII, DIII e AVF) antes, durante ou após o QRS.

As extra-sístoles supraventriculares são usualmente assintomáticas, mas alguns pacientes queixam-se de palpitações.

Podem estar associadas a estados emocionais, isquemia miocárdica, febre, consumo de álcool, cafeína e tabaco. Geralmente não requerem tratamento específico. Em pacientes sintomáticos, deve-se procurar remover fatores desencadeantes, e pode-se considerar emprego de betabloqueadores ou bloqueadores dos canais de cálcio. Raramente se faz necessário o uso de drogas antiarrítmicas dos grupos I ou III.

Extra-sístoles ventriculares

Ocorrem tanto em pacientes com ou sem doença cardíaca. Caracterizam-se por complexos QRS alargados (por definição > 0,12s, em geral com mais de 0,14s), não precedidos por onda P e, em boa parte das vezes, seguidos de uma pausa compensatória completa (o intervalo RR entre a extra-sístole e o complexo normal subseqüente é igual a 2 vezes o intervalo RR normal do paciente). O termo bigeminismo refere-se a um ritmo no qual uma extra-sístole é intercalada com um complexo normal, trigeminismo quando uma extra-sístole é intercalada com dois complexos normais e assim sucessivamente. Podem ser assintomáticas ou provocar sensação de palpitações e desconforto torácico ou na região cervical. Podem estar associadas a isquemia, infecção, hipóxia, anormalidades eletrolíticas (especialmente hipocalemia), consumo de álcool, cafeína e tabaco. Em pacientes assintomáticos sem doença cardíaca associada, não requerem tratamento. Nos pacientes sintomáticos, deve-se afastar fatores desencadeantes e considerar a presença de doença cardíaca. Os betabloqueadores são a primeira escolha de tratamento. Drogas antiarrítmicas dos grupos I e III são eventualmente usadas.

BRADIARRITMIAS

As bradiarritmias podem ser divididas em dois grandes grupos: disfunção do nó sinusal e os bloqueios atrioventriculares. Várias drogas podem causar disfunção do nó sinusal e bloqueios atrioventriculares, incluindo digital, betabloqueadores, antagonistas do cálcio, metildopa, clonidina e lítio. No diagnóstico das bradiarritmias deve-se observar que indivíduos normais podem apresentar bradicardia sinusal de 35-40 batimentos/min, pausas sinusais de 2-3 segundos, batimentos de escape juncional ou bloqueio atrioventricular de primeiro ou segundo grau tipo I, principalmente durante o sono.

Disfunção do nó sinusal

Pode-se manifestar como bradicardia sinusal, parada sinusal, bloqueio sinoatrial e síndrome braditaquicardia. Nos casos de bradicardia em que o paciente se apresenta com alteração hemodinâmica, redução do nível de consciência, angina ou congestão pulmonar, o tratamento deve ser imediato, com a administração de atropina (0,5-1,0 mg IV). Caso esteja disponível, pode-se empregar como primeira escolha a estimulação cardíaca externa transcutânea, enquanto se implanta o marca-passo temporário transvenoso (nos casos de doença do nó sinusal, o cabo do marca-passo pode ser colocado tanto no átrio quanto ventrículo D). O tratamento segue com o posterior implante de marca-passo definitivo se houver indicação conforme avaliação clínica subseqüente; deve-se ter cautela na indicação de marca-passo definitivo, devendo-se excluir, antes, causas reversíveis de bradiarritmia (por exemplo, hipotireoidismo e intoxicação medicamentosa). O emprego do isoproterenol intravenoso deve ser evitado, por seu efeito proarrítmico, porém tem indicação preferencial nas bradiarritmias por uso excessivo de betabloqueadores, administrado na dose de 1 a 10 μcg/min IV. Essa droga deve ser evitada em pacientes isquêmicos.

Bloqueios atrioventriculares

Os bloqueios atrioventriculares estão mais freqüentemente associados à doença degenerativa do sistema de condução, à cardiopatia isquêmica, à cardiopatia chagásica e à ação de agentes farmacológicos. São classificados de acordo com o nível de bloqueio no sistema de condução. O bloqueio atrioventricular de 1° grau se caracteriza por um intervalo P-R maior que 0,20s, sendo que todos os impulsos são conduzidos; sua presença não requer tratamento específico. No bloqueio atrioventricular de 2° grau, nem todos os impulsos são conduzidos, podendo ser classificado em Mobitz tipo I (ou Wenckebach) e Mobitz tipo II. No bloqueio tipo I ocorre um prolongamento progressivo do intervalo P-R precedendo onda P não-conduzida. No bloqueio tipo II o intervalo P-R é constante, precedendo onda P não-conduzida. No bloqueio atrioventricular de 3° grau ou bloqueio completo, nenhum estímulo atrial é conduzido aos ventrículos e não há correlação entre as ondas P e os complexos QRS (dissociação AV).

O bloqueio de 2° grau Mobitz tipo I é geralmente benigno e raramente progride para bloqueios avançados, necessitando de tratamento com atropina apenas quando houver comprometimento hemodinâmico. Não havendo resposta ao tratamento farmacológico, pode ser utilizado marca-passo transitório (transvenoso ou transcutâneo). Já o bloqueio Mobitz tipo II está associado a um comprometimento mais severo do sistema de condução, com freqüente evolução para bloqueio completo e síndrome de Stokes-Adams, na qual existe isquemia cerebral transitória por diminuição do débito cardíaco devido à alteração do ritmo ou freqüência cardíaca. Devido ao risco aumentado, os pacientes com Mobitz tipo II e bloqueio de 3° grau com comprometimento hemodinâmico devem ser tratados inicialmente com marca-passo transitório. Cabe lembrar que, nesses casos, o cabo do marca-passo deve, obrigatoriamente, ser colocado no ventrículo. A indicação de marca-passo definitivo segue os mesmos princípios já citados para pacientes com disfunção do nó sinusal.

TAQUIARRITMIAS

O diagnóstico diferencial das taquiarritmias baseia-se na duração do complexo QRS e na regularidade ou irregularidade do ciclo RR. Taquicardias com QRS estreito são basicamente supraventriculares, e podem ser divididas entre as dependentes e as independentes do nó AV (essa classificação refere-se à gênese da taquiarritmia). Já as taquicardias com QRS alargado podem ser divididas em ventriculares ou supraventriculares com condução aberrante. O Quadro 89-2 mostra a relação das drogas utilizadas no tratamento das taquiarritmias.

Quadro 89-2. Drogas utilizadas no tratamento das taquiarritmias[1,3,5,6,18]		
Droga	***Dose intravenosa***	***Dose oral***
Adenosina	6 mg em *bolus*, não havendo resposta pode-se repetir outro *bolus* de 12 mg, 1 a 2 minutos após	
Amiodarona	150 mg em 10 min de dose de ataque seguida de infusão de 1 mg/min/6 horas seguida de 0,5 mg/min	600-1.200 mg de dose de ataque seguida de 200 a 800 mg/dia
Deslanosídeo C	0,4 a 1,2 mg em *bolus*	–
Digoxina[1]	0,50 a 0,75 mg de dose de ataque seguido de 0,25 mg/dia se função renal normal	0,50 a 0,75 mg de dose de ataque seguido de 0,25 mg/dia se função renal normal
Disopiramida	–	100 a 150 mg 6/6 h
Diltiazem	0,25 mg/kg em 2 minutos, seguido de infusão contínua de 10 mg/hora, ajustando conforme resposta, por 24 horas	90-360 mg/dia a cada 8 ou 12 h, conforme apresentação
Fenitoína	100 mg 5/5 min até 1 g	1 g em 24 h, seguido de manutenção de 200-600 mg/dia
Ibutilida*	1 mg em 10 min, seguido de mais 1 mg em 10 min conforme necessidade	–
Metoprolol	5 mg a cada 5 min até 15 mg, infundidos em 1 mg/min	100-400 mg/dia
Procainamida	100 mg a cada 5 min até 1.000 mg em infusão de 2-6 mg/min	250-500 mg a cada 3-4 h
Propafenona	1-2 mg/kg de dose de ataque com manutenção de 8 mg/kg/dia	450-900 mg/dia
Propranolol	1-2 mg/min até 5-10 mg	80-640 mg/dia
Quinidina	–	200-400 mg cada 4-6 h ou 325-600 mg cada 8-12 h
Lidocaína	1 mg/kg repetido a cada 5 min até 3 mg/kg em infusão de 1-4 mg/min	–
Sotalol	–	80-240 mg a cada 12 h
Verapamil	5 a 10 mg	40-120 mg a cada 6-8 h

*Apresentação endovenosa não-disponível no mercado nacional.

TAQUIARRITMIAS COM COMPLEXO QRS ESTREITO

Como já foi referido, deve-se considerar com sendo supraventriculares, e dividem-se em dependentes e independentes do nó AV. No primeiro grupo, encontram-se a reentrada nodal AV e a reentrada AV (presença de feixe anômalo), previamente englobadas sob o termo "taquicardia supraventricular paroxística (TSVP)". No segundo grupo, estão a fibrilação atrial, o *flutter* atrial e as taquicardias atriais.

Taquicardia supraventricular (reentrada nodal AV e reentrada AV)

Nesse grupo encontramos a reentrada nodal AV e a reentrada AV por feixe acessório. A primeira caracteriza-se eletrocardiograficamente por ausência de ondas P, por estarem juntas ao complexo QRS, enquanto a segunda apresenta onda P imediatamente após o QRS. Ambas podem apresentar freqüências entre 150 e 250 bpm (comumente entre 180-200 bpm), caracterizando-se por início e término abruptos. Por serem dependentes do nó AV, a realização de manobras vagais provoca diminuição da freqüência ou até interrupção da taquicardia. Costumam ocorrer em pacientes jovens, sem cardiopatia estrutural, apresentando-se com palpitações, taquicardia e ansiedade, porém podem causar angina, congestão pulmonar, síncope e choque, especialmente em pacientes cardiopatas.

O tratamento do quadro agudo depende da presença de cardiopatia estrutural, sintomas, estabilidade hemodinâmica e história natural dos episódios prévios. Inicia-se com manobras vagais, seguindo-se de adenosina e verapamil, tendo-se como opções digitálico e betabloqueador (esses dois últimos menos usados). As manobras vagais devem ser repetidas após cada droga administrada. Caso haja sinais/sintomas de descompensação cardíaca, deve-se lançar mão de cardioversão elétrica, sincronizada com o QRS e com carga inicial geralmente de 50 J. Os antiarrítmicos das classes IA, IC e III devem ser empregados apenas caso as medidas anteriores falhem, o que é extremamente incomum. Quanto ao manejo crônico, tem havido tendência crescente no uso da ablação por radiofreqüência, procedimento curativo em aproximadamente 90% dos casos.

Fibrilação atrial

Extremamente comum, em geral não é o motivo da busca de auxílio médico, apresentando-se associada com outros quadros, cardíacos ou não. Sua prevalência aumenta com a idade, tendo uma prevalência de 5% em pacientes maiores de 69 anos. Os sintomas são os mais variados, indo de simples palpitações até descompensação de quadros prévios, dependendo da presença de cardiopatia estrutural. Ao exame físico, observam-se um ritmo "irregularmente irregular", ausência de ondas a no pulso jugular e variabilidade da intensidade da primeira bulha. No ECG, caracteriza-se por pequenas oscilações na linha de base, de amplitude e morfologia variáveis (chamadas ondas f), com resposta ventricular grosseiramente irregular com freqüência entre 100 e 160 bpm. Vale lembrar que, quando a freqüência ventricular está muito alta ou baixa, o ritmo pode parecer regular.

Em pacientes hemodinamicamente instáveis, cardioversão elétrica (sincronizada pelo QRS com carga inicial de 100 J) deve ser prontamente realizada. Nos demais casos, o tratamento tem dois objetivos: controle da resposta ventricular e interrupção da arritmia. Inicialmente, busca-se o controle da resposta ventricular para um nível em que o paciente tolere e permaneça hemodinamicamente estável, o que pode ser feito com verapamil, betabloqueador ou digital, intravenoso ou oral, dependendo da urgência do quadro e das doenças subjacentes (por exemplo, evitar uso de betabloqueadores em pacientes asmáticos ou com insuficiência cardíaca descompensada). Quanto à reversão, deve-se lembrar que a maioria delas reverte espontaneamente em 24 horas, não sendo necessário qualquer tipo de intervenção nesse período. Caso seja uma fibrilação aguda (com menos de 48 horas), pode-se realizar cardioversão elétrica ou química (procainamida, quinidina, propafenona, ibutilida), com baixo risco de embolização sistêmica. Caso tenha mais de 48 horas de evolução, deve-se realizar ecocardiograma transesofágico para excluir trombos em átrio esquerdo ou anticoagular o paciente por 3 semanas, lançando mão, após, das medidas referidas acima. Cabe lembrar que, nas formas permanentes, o paciente deve permanecer anticoagulado por 3-4 semanas após a cardioversão. Nos casos em que se recomenda clinicamente o uso de drogas para manutenção do ritmo sinusal pós-reversão, várias drogas podem ser usadas, como o sotalol e a propafenona. Estudo recente usando amiodarona (dose de ataque seguida de dose de manutenção de 200 mg/dia) mostrou ter esta superioridade sobre outros antiarrítmicos na prevenção de recorrência (em 16 meses, 35% de recorrência com amiodarona *versus* 63% com sotalol ou propafenona, $p < 0{,}001$). Mais recentemente, o uso de ibutilida tem sido recomendado, tanto para cardioversão química, mas especialmente com o objetivo de diminuir a energia requerida para cardioversão elétrica e aumentar a taxa de sucesso desta, fato já demonstrado em ensaio clínico randomizado (taxas de conversão com ibutilida pré-cardioversão de 100%). Cabe lembrar que essa droga, por ter efeito proarrítmico, requer monitorização por pelo menos 3-4 horas após administração, especialmente em pacientes com disfunção ventricular.

Flutter atrial

É menos comum que fibrilação atrial, sendo que os casos paroxísticos geralmente ocorrem em pacientes sem cardiopatia estrutural e os casos crônicos normalmente associam-se a patologias, como cardiopatias reumática, isquêmica ou miocardiopatias.

O quadro clínico é semelhante, porém o exame físico pode revelar ondas rápidas no pulso venoso jugular, enquanto a primeira bulha apresenta intensidade e regularidade constantes. Ao ECG, observa-se uma linha de base (atividade atrial) com ondas regulares em formato de "dentes de serra", com freqüência de aproximadamente 300 ciclos por minuto (ondas F). A freqüência ventricular vai depender do grau de bloqueio AV, que pode ser 2:1, 3:1 e 4:1, por vezes intermitentemente (tornando o ritmo ventricular temporariamente irregular). Em casos em que a freqüência ventricular se encontra muito alta, pode-se lançar mão de manobras vagais ou uso de adenosina, o que aumenta o grau de bloqueio AV e facilita a visualização das ondas F.

Para fins de tratamento, consideram-se o *flutter* e a fibrilação atriais arritmias semelhantes, com estratégias terapêuticas similares. Em relação a drogas para reversão, a dificuldade é maior no *flutter* do que na fibrilação. A única droga que parece apresentar bons resultados é a ibutilida. Quanto ao controle da resposta ventricular, é mais difícil no *flutter* do que na fibrilação atrial. Cabe lembrar que, quando se considera a hipótese de cardioversão elétrica, o *flutter* requer níveis mais baixos de energia (10 a 50 J).

Taquicardia atrial

Caracteriza-se eletrocardiograficamente por freqüências entre 150-200 e ondas P de contorno e eixo diferentes da onda P sinusal. A presença de linha isoelétrica diferencia do *flutter* atrial. Em geral ocorre em pacientes com cardiopatia estrutural, hipocalemia ou uso de digitálicos, porém pode ocorrer em pessoas saudáveis. Ao exame físico, o ritmo pode ser variável, assim como a intensidade da primeira bulha, decorrente da variação do bloqueio AV.

O tratamento deve passar, prioritariamente, pela possibilidade de intoxicação digitálica, e, portanto, em pacientes em uso dessa droga, a primeira medida é suspendê-la. Nos demais casos, as drogas antiarrítmicas são geralmente empregadas.

Taquicardia atrial multifocal

É reconhecida quando pelo menos três morfologias distintas de onda P forem identificadas e existir variação irregular do intervalo PP. É freqüentemente encontrada em pacientes portadores de doença pulmonar obstrutiva crônica (DPOC), especialmente em uso de broncodilatadores, porém também pode ocorrer em cardiopatas isquêmicos portadores de insuficiência cardíaca.

Prioritariamente, o tratamento deve visar a melhorar as condições da pneumopatia ou cardiopatia subjacente. Como opções, podemos lançar mão de verapamil em pacientes com DPOC e de digitálico em pacientes com insuficiência cardíaca.

TAQUIARRITMIAS COM COMPLEXO QRS ALARGADO

Podem ser divididas em dois grandes grupos: as taquiarritmias ventriculares e as supraventriculares com condução AV aberrante. No primeiro grupo, encontramos a fibrilação, a taquicardia e o *flutter* ventricular. No segundo, encontram-se todas as taquiarritmias supraventriculares anteriormente citadas com condução aberrante devido a bloqueio ou à presença de feixe anômalo AV com condução anterógrada (*Wolff-Parkinson-White*). O diagnóstico diferencial entre os dois grupos, apesar de essencial do ponto de vista terapêutico e prognóstico, nem sempre é fácil. A procura de ondas P no ECG, pelos métodos citados no início do capítulo, é fundamental. Estatisticamente, em torno de 80% desses casos são ventriculares. Para essa diferenciação, vários algoritmos foram propostos, sendo o mais aceito o de *Brugada* (Fig. 89-1 e Quadro 89-3). Além dos

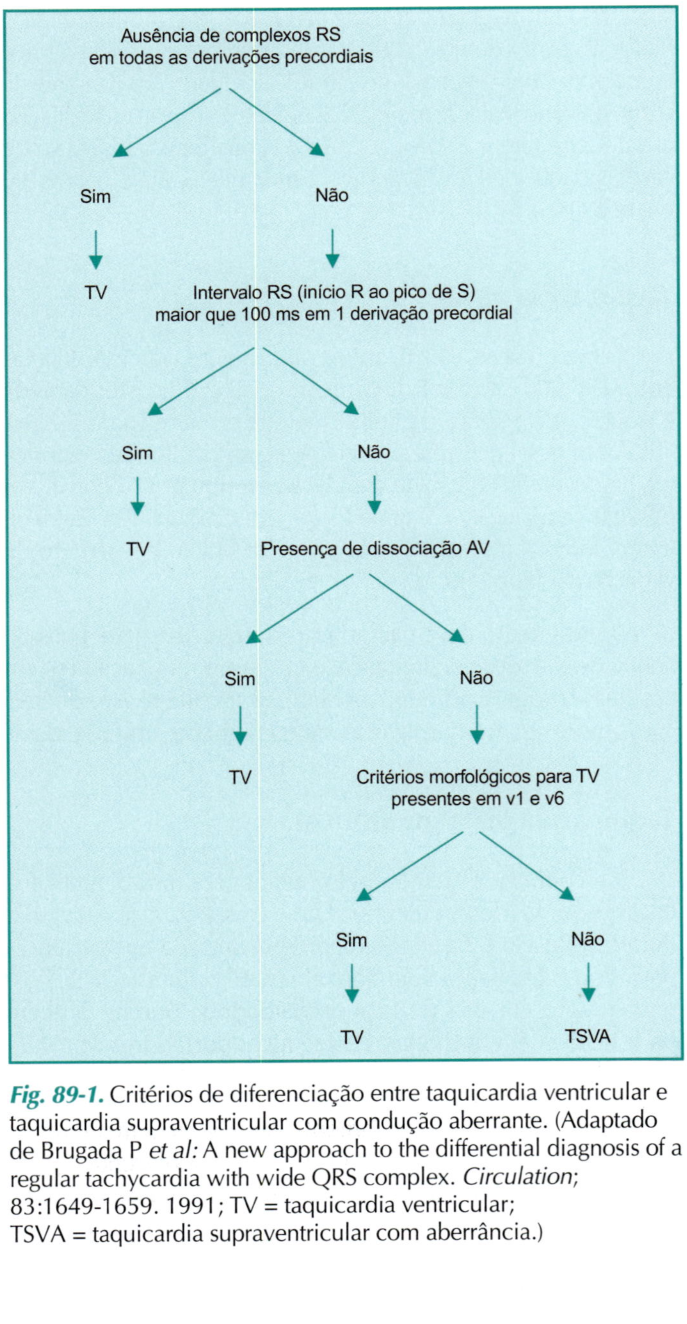

Fig. 89-1. Critérios de diferenciação entre taquicardia ventricular e taquicardia supraventricular com condução aberrante. (Adaptado de Brugada P *et al:* A new approach to the differential diagnosis of a regular tachycardia with wide QRS complex. *Circulation*; 83:1649-1659. 1991; TV = taquicardia ventricular; TSVA = taquicardia supraventricular com aberrância.)

Quadro 89-3. **Critérios morfológicos para diferenciação entre taquicardia ventricular e taquicardia supraventricular com aberrância**

Taquicardia ventricular
• Derivação V1: – R ou qR com pico mais elevado à esquerda – R ou qR com pico único – QR ou RS – QS ou rS (r alargado), com nadir tardio • Derivação V6: – QS ou rS – Onda negativa mais profunda que 15 mm
Taquicardia supraventricular com aberrância
• Derivação V1: – Complexo trifásico com RSR' – QS ou rS com nadir precoce (< 60 ms) • Derivação V6: – Complexo trifásico com Qrs

Adaptado de Brugada P *et al:* A new approach to the differential diagnosis of a regular tachycardia with wide QRS complex. *Circulation*; 83:1649-1659, 1991.

critérios especificados no algoritmo, alguns outros aspectos eletrocardiográficos auxiliam; a presença de batimentos de fusão (complexos QRS com morfologia intermediária entre QRS normal e QRS da taquicardia, indicando ativação ventricular de dois diferentes focos, o que implica que um deles é ventricular), captura ventricular (presença, dentro da taquicardia com QRS alargado, de um QRS com configuração semelhante ao normal [estreito] e com intervalo RR menor do que o da taquicardia em questão, indicando que uma extra-sístole supraventricular interrompeu um ritmo ventricular) e morfologia do QRS diferente durante a taquicardia em paciente com bloqueio de ramo preexistente sugerem fortemente taquicardia ventricular; a presença de onda P e de complexo QRS "ligados" pelo ritmo, ritmo ventricular irregularmente irregular [sugerindo fibrilação atrial – atentar para taquicardia ventricular polimórfica] e diminuição da freqüência ou mesmo término da taquiarritmia com manobras vagais sugerem taquicardia supraventricular com aberrância.

No caso das taquicardias supraventriculares com aberrância, o tratamento é o mesmo anteriormente citado para taquicardias supraventriculares com QRS estreito. Trataremos, a seguir, de aspectos relacionados a taquicardia ventricular e pré-excitação (*Wolff-Parkinson-White*).

Taquicardia ventricular

O diagnóstico eletrocardiográfico de taquicardia ventricular (TV) é dado pela ocorrência de uma série de três ou mais extra-sístoles ventriculares consecutivas, com o vetor ST-T apontando para o lado oposto ao QRS. Arbitrariamente, define-se TV sustentada quando a mesma tem uma duração maior do que 30 segundos e/ou o quadro é hemodinamicamente instável.

Os sintomas, novamente, dependem da freqüência ventricular, da duração da taquicardia, da presença e extensão da cardiopatia, de vasculopatia periférica ou doença cerebrovascular. Pode ser assintomática, em episódios não-sustentados ou sustentados com freqüência baixa; ou determinar palpitações, angina, dispnéia, alterações neurológicas e até ausência de pulso arterial central (parada cardiorrespiratória).

Quando a TV é sustentada e resulta em ausência de pulso, deve ser tratada como fibrilação ventricular, ou seja, a cardioversão elétrica não-sincronizada deve ser realizada com carga inicial de 200 J. Em casos em que haja pulso, porém com instabilidade hemodinâmica, cardioversão sincronizada com carga inicial de 50 J é recomendada. Em pacientes hemodinamicamente estáveis, atualmente a primeira opção recai sobre a amiodarona, pelo fato de a mesma ser efetiva na reversão da TV e ter demonstrado, ao contrário dos outros antiarrítmicos, diminuir a incidência de morte por arritmia em estudos de prevenção primária e secundária de morte súbita (obviamente, contexto diferente do enfrentado por médico que está atendendo, na emergência, pacientes com TV). Como opções, pode-se lançar mão de lidocaína ou procainamida (para doses, vide Quadro 89-2). A associação de drogas, apesar de não-testada, é uma opção aceitável em pacientes refratários.

Após controle do episódio agudo, deve ser considerada a possibilidade de prevenção de novos episódios. Os pacientes ressuscitados de morte súbita, nos quais não se identificaram causas tratáveis, devem receber cardioversor-desfibrilador implantável, sendo a amiodarona uma opção terapêutica aceitável.

■ *Torsade des Pointes*

Essa é uma taquicardia ventricular atípica, caracterizada por complexos QRS polimórficos, com intervalos R-R variáveis e complexos QRS de amplitude variável em torno de uma linha de base isoelétrica, com freqüência de 200 a 250 batimentos por minuto, geralmente não-sustentada, associada a intervalo QT prolongado (visualizado no ECG que precede ou sucede a taquicardia). Nos casos em que o intervalo QT não é prolongado, deve ser considerado como TV polimórfica e tratada como descrito acima para TV. Pelas características descritas, nota-se que por vezes é difícil o diagnóstico diferencial com fibrilação atrial com bloqueio de ramo associado.

Os fatores etiológicos envolvidos são, basicamente, aqueles que causam prolongamento do intervalo QT: uso de quinidina e outros antiarrítmicos (procainamida, disopiramida), fenotiazínicos, antidepressivos tricíclicos, hipocalemia, hipomagnesemia, bradicardia congênita e síndrome do QT longo.

O tratamento inclui a correção dos fatores envolvidos na gênese, uso de sulfato de magnésio intravenoso seguido de estimulação com marca-passo atrial ou ventricular transitório. O isoproterenol pode ser usado para aumentar a freqüência enquanto a estimulação com marca-passo é instituída. Em casos refratários, lidocaína, mexiletina e fenitoína podem ser tentadas. É importante a diferenciação de *torsade des pointes* de TV polimórfica, visto que na segunda o tratamento pode envolver uso de antiarrítmicos de classes IA, IC e III, sendo que todos podem prolongar o intervalo QT e piorar a arritmia.

Pré-excitação (síndrome de Wolff-Parkinson-White)

Caracteriza-se, no ECG sem taquiarritmia, por: 1) um intervalo PR menor de 120 ms; 2) um QRS com mais de 120 ms com um empastamento inicial (onda delta) em algumas derivações e com porção terminal normal; 3) alterações secundárias no segmento ST-T que se dirigem no sentido oposto ao vetor do QRS com onda delta. Apesar de incomum, eventualmente as taquiarritmias supraventriculares nesses pacientes com feixe anômalo são conduzidas antidromicamente (anterogradamente), apresentando aberrância.

A maioria dos adultos com síndrome de pré-excitação não apresenta cardiopatia estrutural, e a apresentação clínica e o tratamento são os mesmos descritos para os casos de taquicardia supraventricular dependente do nó AV. Outras opções terapêuticas nesses casos são a amiodarona ou procainamida endovenosas. Em casos de fibrilação atrial, deve-se evitar o uso de digoxina ou verapamil devido à possibilidade de essas drogas reduzirem o período refratário do feixe acessório e, em decorrência, promoverem deterioração do ritmo para fibrilação ventricular.

Cardioversão – Desfibrilação

A cardioversão/desfibrilação externa consiste no tratamento de arritmias cardíacas a partir da aplicação de uma corrente elétrica contínua sobre o tórax. A passagem de corrente elétrica pelo coração visa a promover a despolarização simultânea das células miocárdicas, podendo levar ao término da arritmia. As indicações para seu uso já foram descritas previamente.

O procedimento inicia-se pela monitorização do paciente com eletrodos conectados ao cardioversor/desfibrilador. Nas cardioversões eletivas, o paciente deve ter um período mínimo de jejum de 6 horas. Deve ser afastada a presença de distúrbios hidroeletrolíticos e de intoxicação digitálica. Analgesia e sedação adequadas podem ser obtidas com o uso de barbitúricos, opióides e benzodiazepínicos. O paciente deve manter boas condições de ventilação utilizando-se oxigenoterapia e, se necessário, ventilação com Ambu e máscara e até mesmo tubo endotraqueal.

A energia deve ser selecionada de acordo com o tipo de arritmia e a fim de se obter um resultado adequado com menor lesão elétrica para o coração (questão das ondas mono ou bifásicas). A energia inicial recomendada para cardioversão de fibrilação atrial é de 100 a 200 J. Ensaio clínico randomizado recente demonstrou que cardioversores que usam choques com formato de onda bifásico retilinear têm eficácia maior e requerem menos energia para cardioversão na fibrilação atrial do que os que usam choques monofásicos (taxa de sucesso cumulativa 94% *versus* 79%, respectivamente, $p = 0{,}005$; energia no primeiro choque 77 *versus* 105 joules, respectivamente, $p < 0{,}0001$). *Flutter* atrial e taquicardia supraventricular paroxística (ver denominação utilizada previamente) geralmente requerem níveis menores, iniciando-se com 50-100 J. Taquicardias ventriculares monomórficas podem responder a uma carga inicial de 100 J. Nas taquicardias ventriculares polimórficas e na fibrilação ventricular inicia-se com 200 J. O nível de energia deve ser aumentado progressivamente se houver falha na cardioversão. A fim de se reduzir o risco de indução de fibrilação ventricular, a cardioversão deve ser sincronizada com o complexo QRS nos casos de fibrilação atrial, *flutter* atrial e taquicardias supraventriculares e ventriculares monomórficas. Na fibrilação ventricular, a aplicação da carga não deve ser sincronizada. Nas taquicardias ventriculares, a sincronização pode ser difícil devido a formas variáveis dos complexos QRS. Havendo instabilidade hemodinâmica, deve-se utilizar o modo não-sincronizado.

Para reduzir a impedância transtorácica e reduzir a queimadura da pele, deve-se aplicar gel ou pasta condutora na superfície das pás ou colocar sobre a parede torácica gazes embebidas em solução salina. Uma das pás deve ser colocada no lado direito do esterno, na região infraclavicular, e a outra ao nível do ápice, na linha axilar média esquerda. Como alternativa, pode-se colocar uma das pás anteriormente sobre o precórdio e a outra posteriormente na região infra-escapular direita. Deve-se verificar que o gel ou solução salina não se espalhe demasiadamente sobre o tórax, de modo que a corrente elétrica não tenha um sentido superficial. Se houver marca-passo definitivo ou cardioversor/desfibrilador implantável, as pás não devem ser colocadas próximas do gerador.

As pás devem ser aplicadas firmemente sobre o tórax. O operador deve verificar que não haja contato físico entre o paciente e qualquer outra pessoa. Deve pedir em voz alta para afastar e visualizar se ninguém está em contato com o paciente. Os botões de descarga nas pás devem ser acionados simultaneamente, ou a descarga pode ser liberada através de um comando no cardioversor/desfibrilador por um auxiliar. A descarga pode retardar-se por alguns instantes até que haja a sincronização. As possíveis complicações incluem arritmias induzidas pela corrente elétrica, embolização pulmonar ou sistêmica, depressão miocárdica e queimadura da pele no local das pás.

REFERÊNCIAS BIBLIOGRÁFICAS

1. Connoly S. Evidence-based analysis of amiodarone efficacy and safety. *Circulation* 1999;100:2025–34.
2. Danias P, Caulfield T, Weigner M *et al.* Likelihood of spontaneous conversion of atrial fibrillation to sinus rhythm. *J Am Coll Cardiol* 1998;31:588–92.
3. Di Marco J, Sellers T, Lerman B *et al.* Diagnostic and therapeutic use of adenosine in patients with supraventricular tachyarrhythmias. *J Am Coll Cardiol* 1985;6:417–25.
4. Grant A. Proarrhythmia: classification, incidence, risk factors, monitoring, prevention and management. *CEPR* 2000;4:206–11.
5. Levine J, Massumi A, Scheinman M *et al.* Intravenous amiodarone for recurrent sustained hypotensive ventricular tachyarrhytmias. *J Am Coll Cardiol* 1996;27:67–75.
6. Li H, Natale A, Tomassoni G *et al.* Usefulness of ibutilide in facilitating successful external cardioversion of refractory atrial fibrillation. *Am J Cardiol* 1999;84:1096.
7. Mittal S, Ayati S, Stein KM *et al.* Transthoracic cardioversion of atrial fibrillation: comparison of rectilinear biphasic versus damped sine wave monophasic shocks. *Circulation* 2000;101:1282.
8. Olgin JE, Zipes DP. Specific arrhythmias: diagnosis and treatment. *In* Braunwal E, Zipes DP, Libby P: *Heart Disease.* 6th ed. Philadelphia: WB Saunders, 2001.
9. Oral H, Souza JJ, Michaud GF *et al.* Facilitating transthoracic cardioversion of atrial fibrillation with ibutilide pretreatment. *N Engl J Med* 1999;340(24):1849.
10. Roy D, Talajic M, Dorian P *et al.* Amiodarone to prevent recurrence of atrial fibrillation. *N Engl J Med* 2000;342(13):913.
11. Stroobandt R, Stiels B, Hoebrechts R. Propafenone for conversion and prophylaxis of atrial fibrillation. *Am J Cardiol* 1997;79:418–23.
12. Zimerman LI, Chodosz ELK. Arritmias cardíacas de alto risco. *In* Barreto SSM, Vieira SRR, Pinheiro CTS: *Rotinas em Terapia Intensiva.* 3ª ed. Porto Alegre: Artes Médicas, 2001.
13. Borgeat A, Goy JJ, Maendly R, Kaufmann U, Grbic M, Sigwart U. Flecainide versus quinidine for conversion of atrial fibrillation to sinus rhythm. *Am J Cardiol* 1986;58:496–8.
14. Suttorp MJ, Kingma JH, Lie AH, Mast EG. Intravenous flecainide versus verapamil for acute conversion of paroxysmal atrial fibrillation or flutter to sinus rhythm. *Am J Cardiol* 1989;63:693–6.
15. Suttorp MJ, Kingma JH, Jessurun ER, Lie AH, van Hemel NM, Lie KI. The value of class IC antiarrhythmic drugs for acute conversion of paroxysmal atrial fibrillation or flutter to sinus rhythm. *J Am Coll Cardiol* 1990;16:1722–7.
16. Platia EV, Michelson EL, Porterfield JK, Das G. Esmolol versus verapamil in the acute treatment of atrial fibrillation or atrial flutter. *Am J Cardiol* 1989;63:925–9.
17. Capucci A, Lenzi T, Boriani G *et al.* Effectiveness of loading oral flecainide for converting recent-onset atrial fibrillation to sinus rhythm in patients without organic heart disease or with only systemic hypertension. *Am J Cardiol* 1992;70:69–72.
18. Capucci A, Boriani G, Rubino I, Della CS, Sanguinetti M, Magnani B. A controlled study on oral propafenone versus digoxin plus quinidine in converting recent onset atrial fibrillation to sinus rhythm. *Int J Cardiol* 1994;43:305–13.
19. Azpitarte J, Alvarez M, Baun O *et al.* Value of single oral loading dose of propafenone in converting recent-onset atrial fibrillation. Results of a randomized, double-blind, controlled study. *Eur Heart J* 1997;18:1649–54.
20. Vaughan Williams EM. A classification of antiarrhythmic actions reassessed after a decade of new drugs. *J Clin Pharmacol* 1984;24:129–47.
21. Tieleman RG, Gosselink AT, Crijns HJ *et al.* Efficacy, safety, and determinants of conversion of atrial fibrillation and flutter with oral amiodarone. *Am J Cardiol* 1997;79:53–7.

90 Insuficiência Cardíaca

Cyntia Aguiar Ribeiro • Nadine Clausell

A insuficiência cardíaca (IC) representa na atualidade um grande problema de saúde pública devido aos seus números crescentes, sendo uma causa maior de hospitalizações e caracterizada por múltiplas reinternações. Do ponto de vista mecanístico, grandes têm sido os progressos no entendimento dos seus mecanismos patogênicos e fisiopatológicos, e hoje a IC é entendida como resultante de um processo neuro-humoral, com múltiplos envolvimentos celulares e moleculares e com evolução inexorável e progressiva. Apesar desses aspectos sombrios, avanços importantes foram demonstrados na última década em relação ao manejo da IC. Paradigmas ancilares foram derrubados. Neste capítulo, será buscada uma revisão ampla do tema, enfocando os progressos no entendimento de seus mecanismos básicos e os avanços terapêuticos mais significativos.

EPIDEMIOLOGIA

A insuficiência cardíaca tem uma prevalência de 1-2% na população em geral, sendo um grande problema clínico e de saúde pública. Aproximadamente 5 milhões de pacientes nos Estados Unidos da América têm diagnóstico de IC atualmente, e estima-se que 450 a 500 mil novos casos são diagnosticados a cada ano. Essa doença é o motivo para 12 a 15 milhões de consultas e 6,5 milhões de dias de internação hospitalar por ano. Quase 300.000 pacientes morrem por IC como causa primária ou causa contributória a cada ano.[1] Apesar dos grandes avanços no tratamento e na prevenção das doenças cardiovasculares nos últimos 40 anos, a incidência de IC tem-se alterado muito pouco, e a sua prevalência vem aumentando.[2]

Além do fato de hoje a IC já se constituir em um problema de saúde de magnitude acentuada, sua prevalência deve continuar aumentando. Isso se deve a dois fatores principais: 1) o progresso no manejo das síndromes coronarianas agudas, por sua vez conseqüentes ao sucesso das novas terapias, de um lado diminuiu a mortalidade mas levou a um aumento no número de indivíduos sob risco de desenvolver IC como conseqüência tardia da lesão miocárdica decorrente do infarto agudo do miocárdio; e 2) o envelhecimento progressivo da população (maior expectativa de vida) expõe os indivíduos idosos a um risco crescente de desenvolver IC por vários mecanismos.[3]

A IC está associada a importante morbimortalidade. O Estudo Framingham relatou uma taxa de sobrevida geral em 5 anos de somente 25% para homens e 38% para mulheres.[2] Dados de sobrevida provenientes de grupos controle de pacientes incluídos em grandes ensaios clínicos de IC revelam que a mortalidade está diretamente relacionada à gravidade funcional e à disfunção ventricular esquerda.[4]

As taxas de mortalidade da IC têm se alterado muito pouco nas últimas quatro décadas.[2] Isso ocorreu apesar da explosão no conhecimento da fisiopatologia da IC e de tratamentos altamente eficazes e facilmente disponíveis estabelecidos por estudos randomizados. Embora isso possa ser parcialmente atribuível ao aumento da população de idosos e a pacientes mais doentes nos últimos anos, avaliações críticas dos dados disponíveis têm mostrado que os tratamentos que são comprovadamente benéficos não são maximamente aplicados, ou seja, não há uma busca direcionada à obtenção de doses-alvo, por exemplo, na prática clínica diária.[4]

ETIOLOGIA

Há uma aparente disparidade na importância relativa da hipertensão e da doença coronariana como causas de IC, conforme sugerido por estudos de coorte e pela experiência clínica. No Estudo Framingham, a hipertensão foi a causa mais comum de IC.[2,5] Entre os pacientes com diagnóstico clínico de IC 75% tinham hipertensão. A hipertensão foi a única causa de insuficiência cardíaca em 25% desses pacientes. Hipertensão ou doença coronariana (ou ambas) são a maior causa de IC nos Estados Unidos. Muitos estudos recentes em pacientes com IC indicam uma prevalência menor de hipertensão e uma maior proporção de doença coronariana como causa presuntiva de disfunção ventricular.

O diagnóstico de miocardiopatia dilatada está aumentando, e isso pode refletir um aumento verdadeiro na incidência dessa doença ou um maior conhecimento dessa entidade com a crescente utilização de avaliação não-invasiva da função sistólica, tal como ecocardiografia.

A disfunção ventricular global e a disfunção sistólica são freqüentemente referidas como miocardiopatia até mesmo quando a causa básica é bem conhecida (p. ex., miocardiopatia isquêmica, miocardiopatia alcoólica, miocardiopatia hipertensiva).[3]

Portanto, as principais causas de IC são doença coronariana e hipertensão arterial sistêmica. Pacientes cuja IC não pode ser atribuída à hipertensão ou a doença arterial coronariana devem sofrer uma avaliação direcionada para outras etiologias

Quadro 90-1. *Causas menos comuns de disfunção sistólica ventricular esquerda*

- Agentes infecciosos: vírus, bactérias e fungos
- Febre reumática aguda
- Doenças infiltrativas: amiloidose, hemocromatose, sarcoidose
- Tóxicas: heroína, cocaína, álcool, anfetaminas, adriamicina, ciclofosfamida, sulfonamidas, arsênico, chumbo, cobalto, fósforo, etilenoglicol
- Deficiências nutricionais: proteína, tiamina, selênio
- Desordens eletrolíticas: hipocalcemia, hipofosfatemia, hiponatremia, hipocalemia
- Doenças vasculares do colágeno: lúpus eritematoso sistêmico, artrite reumatóide, esclerose sistêmica, poliarterite nodosa, vasculite de hipersensibilidade, síndrome de Takayasu, polimiosite, síndrome de Reiter
- Doenças metabólicas e endócrinas: diabetes, doenças da tireóide (tendo hiper- quanto hipo-), hipoparatireoidismo com hipocalcemia, feocromocitoma, acromegalia
- Taquicardias induzidas: taquiarritmias supraventriculares incessantes ou fibrilação atrial com alta freqüência ventricular
- Miscelânea: síndrome hipereosinofílica, miocardiopatia periparto, síndrome da apnéia do sono, doença de Whipple, deficiência de L-carnitina

específicas; a designação "miocardiopatias dilatadas idiopática" deve ser somente aplicada como um diagnóstico de exclusão após uma avaliação apropriada ter sido realizada (Quadro 90-1).[6] Outras causas de IC associadas a tipos mais raros de miocardiopatias (hipertrófica, restritiva) não serão abordadas neste capítulo.

CLASSIFICAÇÃO

O *American College of Cardiology* (ACC) e a *American Heart Association* (AHA) divulgaram uma nova abordagem para a classificação da IC que enfatiza tanto a evolução quanto a progressão da doença. Foram então identificados quatro estágios da insuficiência cardíaca: o Estágio A identifica o paciente que é de alto risco para desenvolver IC devido à presença de condições que são altamente associadas com desenvolvimento de IC, porém não há alteração estrutural ou funcional no coração; o Estágio B refere-se ao paciente com alteração estrutural do coração e que são altamente associadas com desenvolvimento de IC mas que nunca desenvolveu sintomas de IC; o Estágio C refere-se ao paciente com sintomas passados ou presentes de IC associados a doença cardíaca estrutural básica; o Estágio D designa paciente com doença em estágio final que requer estratégias de tratamento especializadas tais como suporte circulatório mecânico, infusão contínua de inotrópico, transplante cardíaco ou cuidados hospitalares. Somente os últimos dois estágios qualificam tradicional diagnóstico clínico de IC. Essa classificação reconhece que há fatores de risco estabelecidos e pré-requisitos estruturais para o desenvolvimento da IC e que intervenções terapêuticas feitas antes do aparecimento de disfunção ventricular ou sintomas podem reduzir a morbimortalidade da IC. Esse novo sistema de classificação é destinado a complementar, mas não substitui a classificação funcional da *New York Heart Association* (NYHA), a qual primariamente avalia a gravidade dos sintomas de pacientes nos estágios C e D. Contudo, a classificação funcional da NYHA reflete uma avaliação subjetiva pelo médico e muda freqüentemente em um curto intervalo de tempo, e os tratamentos não diferem significativamente entre as classes. Esse novo esquema de classificação adiciona uma dimensão útil à maneira de pensar a respeito da IC, similares àquelas vistas em sistemas de estagiamento de outras doenças (p. ex., classificação do câncer).[1]

DEFINIÇÕES

Disfunção ventricular esquerda assintomática

Disfunção ventricular esquerda assintomática é definida como a presença de significativa disfunção ventricular sistólica na ausência de sintomas ou tratamento para IC. A importância do reconhecimento e do tratamento para a disfunção ventricular esquerda assintomática é prevenir ou atrasar a progressão para IC. Isso tem sido altamente reconhecido e evidenciado por estudos direcionados a pacientes com disfunção ventricular esquerda assintomática como *Studies of Left Ventricular Dysfunction* (SOLVD) e *Survival and Ventricular Enlargement* (SAVE). Pacientes com disfunção ventricular assintomática progridem para o desenvolvimento de franca IC e têm alta mortalidade, como foi demonstrado tanto por SOLVD quanto por SAVE.[7,8]

Insuficiência cardíaca congestiva

IC crônica é uma síndrome clínica caracterizada por sinais e sintomas de sobrecarga de volume, com reduzida tolerância ao exercício como uma característica proeminente. Classicamente, IC tem sido definida como um estado fisiopatológico no qual uma anormalidade na função cardíaca é responsável pela falência no coração em bombear sangue em uma taxa compatível com as necessidades metabólicas requeridas pelos tecidos. Nem todos os pacientes com disfunção sistólica têm síndrome clínica de IC. Muitos pacientes com disfunção sistólica têm disfunção ventricular compensada e assintomática. Por outro lado, nem todos os pacientes com clínica de IC têm disfunção sistólica. Pacientes com disfunção diastólica isolada podem ter todos os sinais e sintomas de IC.[3]

Insuficiência cardíaca diastólica

Insuficiência cardíaca diastólica é uma condição na qual há uma resistência ao enchimento de um ou ambos os ventrículos, levando ao aumento das pressões de enchimento ventricular e a sintomas congestivos na presença de função sistólica normal ou quase normal. O problema fundamental em pacientes com disfunção diastólica é uma diminuição do relaxamento ventricular e diminuição da complacência na diástole. Como resultado, pacientes com disfunção diastólica usualmente têm função ventricular esquerda normal mas pressão atrial esquerda aumentada.[4]

A distinção entre insuficiência cardíaca sistólica e diastólica pode ser difícil. Em pacientes com insuficiência cardíaca diastólica, o volume sistólico pode ser maior se as pressões de enchimento durante a diástole forem completas. Falência cardíaca diastólica deve ser suspeitada em pacientes com sintomas de IC, com o coração de tamanho normal ou até hipertrófico, ou isquemia miocárdica em idosos.

O diagnóstico de insuficiência cardíaca sistólica ou diastólica tem implicações terapêuticas. Pacientes com falência cardíaca diastólica, especialmente aqueles com corações pequenos e angina ou dispnéia como sintomas limitantes na presença de isquemia miocárdica ou hipertrofia, podem beneficiar-se com nitratos, drogas vasodilatadoras ou β-bloqueadores. Em geral o prognóstico é melhor do que da insuficiência sistólica.[9]

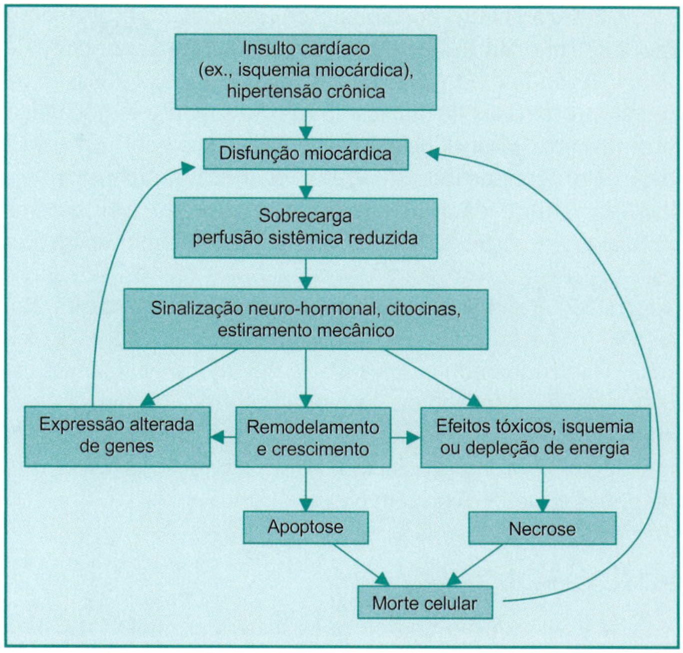

Fig. 90-1. Círculo vicioso que ocorre na presença de lesão miocárdica levando a disfunção. Uma cascata de eventos levando à expressão alterada de genes e/ou à morte celular, ambas as quais diminuem ainda a função miocárdica.[11]

PATOGENIA

A IC resulta de anormalidades intrínsecas e extrínsecas no coração, onde vários mecanismos celulares estão envolvidos. Há uma perda de miócitos cardíacos por necrose celular e apoptose; ocorrem também alterações estruturais nos miócitos por hipertrofia celular e alterações ultra-estruturais envolvendo mudanças no padrão da matriz extracelular, anormalidades no complexo contração-excitação, deficiência na utilização de energia, alteração na responsividade neuro-humoral celular; todos esses mecanismos levam à falência cardíaca global.[10] Independentemente da causa inicial do insulto ao coração, este vai sofrer a série de eventos citados acima, que levam finalmente a mudanças profundas na sua geometria e eficiência mecânica. Esse conjunto de eventos que resulta em disfunção ventricular é conhecido como remodelamento ventricular.

A maioria dos tipos de IC é precedida por hipertrofia celular e das câmaras cardíacas. O desenvolvimento de hipertrofia miocárdica inicialmente representa um importante mecanismo adaptativo ao estresse hemodinâmico. Os benefícios iniciais da resposta hipertrófica incluem um aumento no número de elementos contráteis, uma diminuição do estresse da parede através do aumento da espessura na hipertrofia concêntrica e aumento no volume sistólico pelo aumento do volume diastólico final na hipertrofia excêntrica. O processo hipertrófico é caracterizado por alterações estruturais no miócito cardíaco que são traduzidas em alterações no tamanho e na geometria da câmara, caracterizando uma forma de remodelamento.[11]

Quais são os mecanismos responsáveis por essa inexorável deterioração no fenótipo da câmara cardíaca? A Figura 90-1 mostra que, quando o coração é danificado por um insulto, cujo exemplo mais ilustrativo é o infarto agudo do miocárdio, mecanismos compensatórios são ativados para estabilizar a performance miocárdica. Esses mecanismos, através de um aumento na freqüência cardíaca, contratilidade, expansão de volume e hipertrofia, estabilizam a performance miocárdica por um curto período. Entretanto, o uso contínuo desses mecanismos compensatórios leva a uma piora progressiva da falência cardíaca (Fig. 90-1 e Quadro 90-2).

Quadro 90-2. Vias de sinalização envolvidas na disfunção miocárdica progressiva e remodelamento

Via de sinalizacão	*Efeito compensatório*	*Efeitos biológicos adversos*
Adrenérgica	↑ freqüência cardíaca, ↑ contratilidade, expansão de volume, hipertrofia	Efeitos tóxicos nos miócitos, apoptose, remodelamento e crescimento, expressão alterada de genes
Angiotensina II	Expansão de volume, hipertrofia	Apoptose, remodelamento e crescimento, expressão alterada de genes, deposição de colágeno
Endotelina	Hipertrofia	Crescimento e remodelamento, expressão alterada de genes
TNF-α	Hipertrofia	Apoptose, inflamação, crescimento e remodelamento, expressão alterada de genes, ativação de metaloproteinase
Estresse da parede/Estiramento	Expansão de volume, hipertrofia	Apoptose, remodelamento e crescimento, expressão alterada de genes

A ativação neuro-hormonal e de citocinas e o estiramento mecânico miocitário sinalizam vias que alteram a expressão de genes, levando à perda de miócitos cardíacos e à ativação de metaloproteinases que desestabilizarão a matriz extracelular, promovendo o remodelamento ventricular, o qual constitui a base da progressão da disfunção miocárdica, caracterizando a história natural da IC. Ativação adrenérgica e do sistema renina-angiotensina-aldosterona está intrinsecamente ligada a esse processo, contribuindo com múltiplos efeitos biológicos adversos.[12] A endotelina-1(ET-1) e o fator de necrose tumoral-α (TNF-α) têm também sido implicados em muitos desses efeitos,[13,14] introduzindo o conceito de que mecanismos inflamatórios podem contribuir para a progressão da IC. Finalmente, aumento do estresse na parede ou a própria sinalização mecânica são um potente sinalizador para a alteração na expressão de genes e também podem causar apoptose.[12]

FISIOPATOLOGIA

Na IC, a redução do débito cardíaco é o sinal inicial para que uma série de mecanismos compensatórios seja recrutada com a finalidade de manter a perfusão de órgãos-alvo. Assim, a redução crônica do enchimento arterial, secundária ao baixo débito cardíaco, resulta em um decréscimo na sinalização inibitória ao centro reflexo cardiovascular, causando um aumento significativo na resistência vascular sistêmica. Em contrapartida, a disfunção dos reflexos cardiovasculares na IC resulta numa atividade adrenérgica aumentada, com vasoconstrição sistêmica. Adicionalmente, ativação simpática pode causar ações secundárias, levando à ativação de sistemas locais e neuro-humorais, por exemplo, sistema renina-angiotensina-aldosterona, levando à retenção ávida de sódio secundária à reabsorção renal aumentada de sódio.

Sistema renina-angiotensina-aldosterona (SRAA)

A angiotensina II é um dos mais potentes vasoconstritores e peptídeos mitogênicos produzidos sistemicamente e localmente no coração, pulmões, rins e endotélio como resultado da presença da enzima conversora da angiotensina (ECA).[15] A IC é caracterizada por concentrações teciduais e circulantes elevadas de angiotensina II, um vasoconstritor que aumenta a pós-carga e causa hipertrofia de miócitos, apoptose, fibrose intersticial, remodelamento cardíaco e vascular e secreção de aldosterona. Esta última também tem um papel importante no remodelamento cardíaco, na proliferação de fibroblastos e na deposição de colágeno. Essas alterações aumentam o endurecimento passivo dos ventrículos e do leito arterial, interferindo com o enchimento ventricular e reduzindo a complacência arterial. Concentrações elevadas de aldosterona circulante são preditivas de prognóstico adverso na IC. Por outro lado, inibidores do SRAA, isto é, inibidores da enzima conversora da angiotensina (ECA), bloqueadores dos receptores da angiotensina e inibidores da aldosterona, todos exercem afeitos salutares no tratamento da IC. Além disso, inibidores da ECA são considerados fundamentais no manejo de muitas formas de IC e de hipertrofia cardíaca.[11]

Existem evidências crescentes sobre a interligação do sistema adrenérgico com o SRAA. A aldosterona reduz a reutilização neuronal de norepinefrina e portanto aumenta as arritmias cardíacas. Assim, em pacientes com IC, inibidores da ECA parecem reduzir o impulso nervoso simpático periférico que está aumentado e o *drive* cardíaco adrenérgico.[16]

Sistema nervoso simpático

Na IC crônica há uma ativação do sistema nervoso simpático como uma resposta à redução da contratilidade miocárdica e do débito cardíaco.[15] Embora a vasoconstrição e o aumento da contratilidade miocárdica sejam essenciais para manter a pressão sangüínea, a contínua ativação aumenta a pós-carga ventricular, sobrecarregando um ventrículo já insuficiente. Ao mesmo tempo, a ativação desse sistema contribui para um aumento na freqüência cardíaca e do consumo de energia pelo miocárdio; isso pode causar hipertrofia, isquemia, taquiarritmias e dano adicional aos miócitos, talvez através da sobrecarga de cálcio para o miocárdio ou de apoptose. Ainda como efeito deletério da hiperativação simpática nesse contexto, há uma diminuição tanto no número como na sensibilidade dos receptores beta-1-adrenérgicos miocárdicos, contribuindo para uma dessensibilização miocárdica ao estímulo adrenérgico.[17] Finalmente, a estimulação β-adrenérgica crônica parece induzir a expressão de citocinas pró-inflamatórias FNT-α, interleucina-1 e 6 (IL-1 e IL-6), as quais podem deprimir a contração cardíaca e promover aumento das câmaras, tendo um papel importante no fenótipo da miocardiopatia dilatada.[11]

Na IC grave, um bloqueio agudo dos receptores β-adrenérgicos pode intensificar a IC. Entretanto, um aumento gradual da dose de β-bloqueadores tem mostrado ter um benefício clínico substancial,[18,19] e o tratamento com β-bloqueadores é agora recomendado para todos os casos mais avançados de insuficiência cardíaca sistólica crônica. Os efeitos funcionais no miocárdio produzidos pelo β-bloqueio crônico são de fato opostos aos efeitos agudos, porque no longo prazo ($\geq$ 3 meses) o bloqueio está associado a uma melhora da função sistólica intrínseca e a um decréscimo no volume ventricular. O uso de betabloqueadores parece restaurar o número e a sensibilidade dos receptores beta-1-adrenérgicos na superfície do miocárdio, modulando de maneira benéfica a resposta do coração ao estímulo simpático sistêmico.[17] Esses efeitos salutares na função e estrutura miocárdicas são provavelmente os responsáveis pela maioria dos benefícios clínicos produzidos pelos β-bloqueadores, os quais incluem uma redução na mortalidade e nas hospitalizações relacionadas à IC na insuficiência cardíaca crônica.[20]

A *vasopressina arginina (VPA)* é sintetizada no hipotálamo e então estocada e liberada desde a neuro-hipófise; sua liberação está aumentada por estímulos osmolares, bem como por concentrações elevadas de norepinefrina e angiotensina II. Liberação aumentada de VPA no coração causa vasoconstrição, retenção de água e hiponatremia dilucional.[11]

Sistema endotelina. A endotelina (ET) é um peptídeo de 21 aminoácidos que é produzido pelo endotélio. Múltiplas moléculas sinalizadoras, incluindo angiotensina II, norepinefrina, VPA, IL-1, todos estimulam a produção de ET, a qual, por ativação dos receptores da endotelina A, causa vasoconstrição na musculatura lisa. A ET também tem um potencial mitogênico de estimular o crescimento, podendo portanto contribuir para o remodelamento cardíaco e vascular. Essa também serve para estimular SRAA e aumentar a ativação de fibroblastos cardíacos. Estudos têm sugerido que o aumento na ET plasmática tem um importante papel preditivo de prognóstico na IC.[15] O bloqueio dos receptores desses agonistas tem se mostrado eficaz em pacientes e em modelos experimentais de IC.[21,22] Embora esses agentes ainda não tenham sido aprovados para o uso clínico, eles representam uma área promissora para o futuro.

Citocinas pró-inflamatórias. Em adição à ativação neuro-humoral, um número de citocinas pró-inflamatórias, incluindo o TNF-α e IL-1β, está presente de forma aumentada na IC. O TNF-α é produzido como conseqüência da sobrecarga de volume e produz respostas inflamatórias sistêmicas e locais (coração). A primeira inclui caquexia e miopatia da musculatura esquelética que é característica da IC, e a última causa inflamação miocárdica, proliferação celular e apoptose, contribuindo portanto para o remodelamento ventricular e a progressão da falência cardíaca. Além disso, a liberação de TNF-α e de outras citocinas no coração pode ativar a óxido nítrico (NO) sintetase, uma enzima que aumenta a produção de NO, por sua vez uma substância que pode diminuir a função miocárdica (Fig. 90-2).[11]

QUADRO CLÍNICO

Os sinais e sintomas de IC podem ser atribuídos, na maioria das vezes, a pressões elevadas de enchimento cardíaco, aos efeitos do baixo débito ou a ambos. Os dois sintomas cardinais de IC são dispnéia e fadiga. A dispnéia varia na severidade, desde dispnéia ao exercício até ortopnéia, dispnéia paroxística noturna, dispnéia ao repouso e edema agudo de pulmão.[23]

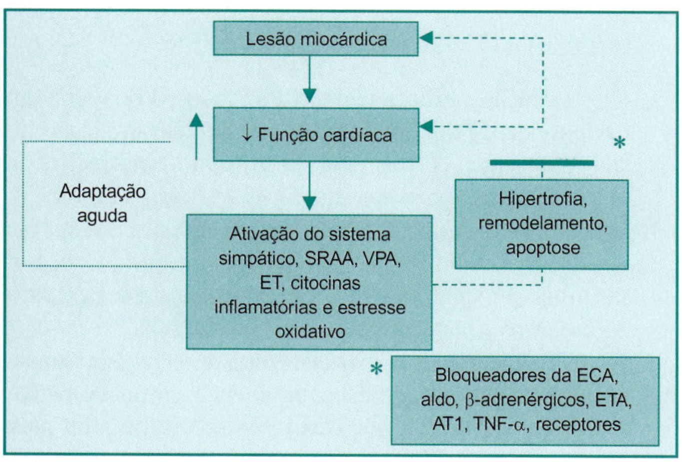

Fig. 90-2. Inter-relação entre função cardíaca e sistemas neuro-humorais e citocinas. A lesão miocárdica por muitas causas pode deprimir a função cardíaca, o que ativa o sistema simpático adrenal e SRAA e elaboração de ET, VPA e citocinas, tais como TNF-α. Na falência cardíaca aguda (esquerda) essa adaptação tende a manter a pressão arterial e a função cardíaca. Na falência cardíaca crônica (direita), elas causam remodelamento hipertrófico e apoptose, causando ainda lesão miocárdica e diminuição da função cardíaca. A linha horizontal na direita (*) mostra que as influências mal-adaptativas crônicas podem ser inibidas por inibidores da ECA, β-bloqueadores, bloqueadores do receptor 1 da angiotensina (AT1), antagonistas da aldosterona (aldo) e bloqueadores do receptor da ET (ETA).

***Quadro 90-3.* Sintomas de insuficiência cardíaca congestiva**

- Nenhum
- Verdadeiramente assintomática
- Assintomática devido ao estilo de vida sedentário
- Dispnéia ao exercício
- Tolerância diminuída ao exercício
- Ortopnéia
- Dispnéia paroxística noturna
- Fadiga
- Edema
- Dor e distensão abdominal
- Palpitações
- Síncope e pré-síncope
- Eventos embólicos (sistema nervoso central e periférico)

Porém os sinais e sintomas de IC são pouco sensíveis e inespecíficos. Pacientes com disfunção sistólica podem não ter qualquer um desses sinais, e o achado físico desses sintomas não pode ser usado para excluir a presença de disfunção ventricular sistólica (Quadro 90-3).

Em pacientes com IC, pressão venosa jugular elevada e presença de terceira bulha cardíaca estão associadas com prognóstico adverso, incluindo subseqüentes hospitalizações por IC e progressão da IC; portanto, esses sinais devem ser pesquisados em todo paciente com insuficiência cardíaca.[24]

Quando falência cardíaca é suspeitada, o médico deve fazer uma estimativa da classe funcional do paciente, baseada na avaliação das atividades diárias e limitações impostas pelos sintomas de IC do paciente. O sistema de classificação funcional da *New York Heart Association* (NYHA) é o mais comumente usado e fornece importante informação prognóstica (Quadro 90-4).

DIAGNÓSTICO LABORATORIAL

Todos os pacientes que se apresentam com sinais e sintomas de IC devem sofrer uma avaliação diagnóstica qual deve ser limitada inicialmente àqueles estudos necessários para: 1) determinar o tipo e o grau de disfunção cardíaca, 2) determi-

***Quadro 90-4.* Classificação funcional da IC da NYHA**

Classe	*Sintomas*
I	Sem limitação à atividade física
II	Dispnéia ou fadiga com atividades físicas diárias
III	Dispnéia ou fadiga com atividades menores que as diárias
IV	Dispnéia ou fadiga ao repouso

nar causas etiológicas corrigíveis, 3) determinar prognóstico e 4) guiar o tratamento.[6]

Identificação dos pacientes. Geralmente os pacientes com disfunção ventricular esquerda podem apresentar-se ao médico de três diferentes formas: com uma síndrome de diminuída tolerância ao exercício; com uma síndrome de retenção de líquidos; ou assintomático porém com disfunção ventricular descoberta incidentalmente.

Identificação da anormalidade estrutural. Uma completa história e exame físico são as primeiras etapas na avaliação da anormalidade estrutural ou da causa responsável pelo desenvolvimento da IC. Além da história e do exame físico, a identificação da anormalidade estrutural em geral requer testes de imagem não-invasivos e invasivos de estruturas cardíacas. Um teste diagnóstico simples e muito útil na avaliação do paciente com IC é a ecocardiografia bidimensional, acoplada com estudos de fluxos por doppler. Ventriculografia por radionuclídeos pode fornecer medidas altamente precisas da função regional e global e também avaliar o aumento ventricular, mas não é útil para avaliar diretamente anormalidade valvular ou hipertrofia cardíaca. Tanto a radiografia de tórax quanto o eletrocardiograma com 12 derivações fornecem informações básicas em muitos pacientes, porém são pouco sensíveis e inespecíficos para avaliar pacientes com IC.

Recentemente medidas de níveis circulantes de peptídeo natriurético cerebral têm sido um meio disponível para identificar paciente com pressões elevadas de enchimento ventricular esquerdo. A medida desse peptídeo não parece diferenciar pacientes com disfunção sistólica ou diastólica.

Avaliação da causa da disfunção ventricular. A identificação da desordem que leva a IC pode ser importante, porque muitas causas de disfunção ventricular esquerda são reversíveis ou tratáveis. Entretanto, pode não ser possível descobrir a causa da IC em muitos pacientes que se apresentam com essa síndrome, e em outros a condição básica pode não ser passível de tratamento. A avaliação de potenciais fatores causadores deve incluir uma história do paciente e de seus familiares, testes laboratoriais gerais, avaliação da possibilidade de doença arterial coronariana e avaliação da probabilidade de doença miocárdica primária.

As recomendações citadas a seguir foram extraídas das orientações do ACC/AHA e são classificadas conforme seu nível de evidência.[1]

- *Classe I:* usualmente indicado, sempre aceitável.
- *Classe II:* aceitável, mas de eficácia incerta, e pode ser controverso.
  - Classe IIa: o peso opinião/evidência são a favor da utilidade/eficácia.
  - Classe IIb: eficácia/utilidade não são bem estabelecidas.
- *Classe III:* geralmente não indicada, e em alguns casos pode ser prejudicial.

Os níveis de evidência nos quais essas recomendações estão baseadas foram categorizados como: **nível A** se os dados foram derivados de múltiplos estudos clínicos randomizados; **nível B** quando os dados foram derivados de um simples estudo randomizado ou de estudos não-randomizados; e **nível C**, quando a fonte de recomendação vem da opinião de especialistas. A força da evidência não necessariamente reflete a força da recomendação.

Recomendações para a avaliação de pacientes com insuficiência cardíaca

Classe I

1. Realizar a história e o exame físico para identificar causas cardíacas e não-cardíacas que podem levar ao desenvolvimento de IC ou acelerar a progressão da IC. *(Nível de evidência: C.)*
2. Avaliação inicial e seguimento do paciente na sua habilidade de realizar atividades diárias. *(Nível de evidência: C.)*
3. Avaliação e seguimento da volemia. *(Nível de evidência: C.)*
4. Avaliação laboratorial inicial com hemograma completo, exame de urina, eletrólitos (incluindo cálcio e magnésio), uréia, creatinina, glicemia, testes de função hepática e hormônio estimulante da tireóide (TSH). *(Nível de evidência: C.)*
5. Monitorização seriada dos eletrólitos e da função renal. *(Nível de evidência: C.)*
6. Eletrocardiograma com 12 derivações e radiografia de tórax. *(Nível de evidência: C.)*
7. Ecocardiografia bidimensional com Doppler ou ventriculografia radioisotópica para avaliar a função sistólica do ventrículo esquerdo. *(Nível de evidência: C.)*
8. Cateterização cardíaca com arteriografia coronariana em pacientes com angina e que são candidatos a revascularização. *(Nível de evidência: B.)*

Classe IIa

1. Cateterização cardíaca com arteriografia coronariana em pacientes com dor torácica e que não têm avaliação de sua anatomia coronariana nem contra-indicações à revascularização coronariana. *(Nível de evidência: C.)*
2. Cateterização cardíaca com arteriografia coronariana em pacientes com doença coronariana conhecida ou suspeitada mas sem angina e que são candidatos a revascularização. *(Nível de evidência: C.)*
3. Testes de imagem não-invasivos para detectar isquemia e viabilidade em pacientes com doença coronariana conhecida e sem angina que estão sendo considerados para revascularização. *(Nível de evidência: C.)*
4. Teste de exercício máximo com medidas de trocas de gases respiratórios e/ou saturação sangüínea de oxigênio para auxiliar na determinação de se a IC é a causa da limitação ao exercício quando a contribuição da IC é incerta. *(Nível de evidência: C.)*
5. Teste de exercício máximo com medidas de trocas de gases respiratórios para identificar pacientes de alto risco que são candidatos a transplante cardíaco ou outros tratamentos avançados. *(Nível de evidência: B.)*
6. Ecocardiografia em parentes de 1° grau de pacientes com miocardiopatia dilatada idiopática. *(Nível de evidência: C.)*

7. Medidas repetidas da fração de ejeção em pacientes que têm tido uma alteração no estado clínico ou que experimentaram ou se recuperaram de um evento clínico ou recebem tratamento que pode ter tido um efeito significativo na função cardíaca. *(Nível de evidência: C.)*
8. Exame de hemocromatose. *(Nível de evidência: C.)*
9. Medidas em pacientes selecionados de anticorpo antinuclear, fator reumatóide, ácido vanilmandélico urinário e metanefrinas. *(Nível de evidência: C.)*

■ *Classe IIb*

1. Testes de imagem não-invasiva para definir a probabilidade de doença arterial coronariana em pacientes com disfunção ventricular. *(Nível de evidência: C.)*
2. Teste de exercício máximo com medidas de trocas de gases respiratórios para facilitar a prescrição de um programa apropriado de exercícios. *(Nível de evidência: C.)*
3. Biopsia endomiocárdica em pacientes com suspeita de doença inflamatória ou infiltrativa do coração. *(Nível de evidência: C.)*
4. Avaliação do anti-HIV. *(Nível de evidência: C.)*

■ *Classe III*

1. Biopsia endomiocárdica como avaliação de rotina na IC. *(Nível de evidência: C.)*
2. Monitorização por Holter de rotina. *(Nível de evidência: C.)*
3. Repetir arteriografia coronariana ou testes não-invasivos para isquemia em pacientes cuja doença arterial coronariana tenha sido previamente excluída como causa da disfunção ventricular. *(Nível de evidência: C.)*
4. Medidas de rotina dos níveis de norepinefrina e endotelina. *(Nível de evidência: C.)*

TRATAMENTO

Os objetivos no tratamento da IC são redução da morbidade e da mortalidade associada a melhora da qualidade de vida e estabilização da doença, diminuindo a sua progressão. O atual tratamento de pacientes com IC envolve o entendimento de que a IC é o resultado da ativação de vários mecanismos fisiopatológicos que contribuem para o que se denomina remodelamento ventricular, o que finalmente justifica o caráter progressivo da síndrome clínica de IC.

A primeira etapa no manejo dos pacientes com IC inclui a determinação da etiologia básica e o reconhecimento e o tratamento dos fatores precipitantes agudos. Como em qualquer outra doença crônica, são também necessários um aconselhamento e educação de pacientes e familiares a respeito das metas do tratamento, necessidade de adesão à dieta e restrição hídrica e o importante papel da medicação.[4] Com a finalidade de tornar a abordagem didática , dividimos as estratégias conforme o estágio da IC, segundo proposto pelo último consenso da ACC/AHA.[1]

Recomendações para pacientes com alto risco para desenvolver IC (Estágio A)

Muitas condições ou comportamentos estão associados a um risco aumentado para desenvolver disfunção ventricular esquerda, e elas podem ser identificadas antes de o paciente mostrar qualquer evidência de doença cardíaca estrutural.

■ *Classe I*

1. Controle da hipertensão sistólica ou diastólica conforme as orientações recomendadas. *(Nível de evidência: A.)*
2. Tratamento das dislipidemias conforme as orientações recomendadas. *(Nível de evidência: B.)*
3. Evitar comportamentos que podem aumentar o risco de desenvolver IC (p. ex.: tabagismo, consumo de álcool e uso de drogas ilícitas). *(Nível de evidência: C.)*
4. Uso de inibidores da ECA em pacientes com história de doença vascular aterosclerótica, diabetes melito ou hipertensão e fatores de risco cardiovascular associados. *(Nível de evidência: B.)*
5. Controle da freqüência ventricular em pacientes com taquiarritmias supraventriculares. *(Nível de evidência: B.)*
6. Tratamento das doenças da tireóide. *(Nível de evidência: C.)*
7. Avaliação periódica para sinais e sintomas de IC. *(Nível de evidência: C.)*

■ *Classe IIa*

Avaliação não-invasiva da função ventricular esquerda em pacientes com importante história familiar de miocardiopatia ou naqueles recebendo intervenção cardiotóxica. *(Nível de evidência: C.)*

■ *Classe III*

1. Exercício para prevenir o desenvolvimento de IC. *(Nível de evidência: C.)*
2. Redução do sal da dieta além do qual é prudente para indivíduos saudáveis em pacientes sem hipertensão ou retenção hídrica. *(Nível de evidência: C.)*
3. Testes de rotina para detectar disfunção ventricular esquerda em pacientes sem sinais ou sintomas de IC ou evidência de doença cardíaca estrutural. *(Nível de evidência: C.)*
4. Uso rotineiro de suplementos nutricionais para prevenir o desenvolvimento de doença cardíaca estrutural. *(Nível de evidência: C.)*

Recomendações para pacientes com disfunção ventricular esquerda assintomática (Estágio B)

Em geral são pacientes assintomáticos que tiveram um infarto miocárdico e pacientes assintomáticos que têm evidência de disfunção ventricular e são considerados de risco para desenvolver IC.

Classe I

1. Uso de inibidores da ECA em pacientes com história recente ou remota de infarto do miocárdio independente da fração de ejeção. *(Nível de evidência: A.)*
2. Uso de inibidores da ECA em pacientes com uma reduzida fração de ejeção, tenham eles sofrido ou não infarto miocárdico. *(Nível de evidência: B.)*
3. Uso de β-bloqueadores em pacientes com recente infarto do miocárdio independente da fração de ejeção. *(Nível de evidência: A.)*
4. Uso de β-bloqueadores em pacientes com reduzida fração de ejeção, tenham eles sofrido ou não infarto do miocárdio. *(Nível de evidência: B.)*
5. Substituição valvular ou plastia em pacientes com estenose ou regurgitação com repercussão hemodinâmica. *(Nível de evidência: B.)*
6. Avaliação regular para sinais ou sintomas de IC. *(Nível de evidência: C.)*
7. Recomendações Classe I listadas para pacientes no estágio A. *(Nível de evidência: A, B e C conforme apropriado.)*

Classe IIb

Tratamento a longo prazo com vasodilatadores sistêmicos em pacientes com regurgitação aórtica grave. *(Nível de evidência: B.)*

Classe III

1. Tratamento com digoxina em pacientes com disfunção ventricular esquerda que têm ritmo sinusal. *(Nível de evidência: C.)*
2. Redução do sal dietético além do que é prudente para indivíduos sadios em pacientes sem hipertensão ou retenção de líquidos. *(Nível de evidência: C.)*
3. Exercício para prevenir o desenvolvimento de IC. *(Nível de evidência: C.)*
4. Uso rotineiro de suplementação nutricional para tratar doença cardíaca estrutural ou prevenir os sintomas de IC. *(Nível de evidência: C.)*

Pacientes com disfunção ventricular esquerda com sintomas prévios ou presentes de IC (Estágio C)

1. **Medidas gerais:** as medidas listadas nas recomendações classe I para pacientes nos estágios A e B são também apropriadas para pacientes com sintomas prévios ou presentes de IC. Adicionalmente, medidas com restrição moderada de sódio, juntamente com medidas e peso diário, estão indicadas para permitir o uso eficaz de baixas doses de diurético. Imunização com influenza e vacina pneumocócica podem reduzir o risco de infecção respiratória. A atividade física deve ser encorajada, exceto nos períodos de descompensação aguda ou em pacientes com suspeita de miocardite. A não-adesão à dieta e às medicações pode afetar rapidamente o estado clínico do paciente.
2. **Medicações recomendadas para uso de rotina:** a maioria dos pacientes com disfunção ventricular esquerda sintomática deve rotineiramente ser tratada com uma combinação de quatro tipos de drogas: um diurético, um inibidor da ECA, um β-bloqueador e (usualmente) digitais.[25] O valor dessas drogas tem sido estabelecido por numerosos estudos com boas evidências suportando o uso desses medicamentos (Quadros 90-5 e 90-6). Pacientes com retenção evidente de líquidos devem receber diuréticos até o estado euvolêmico ser alcançado, e a terapia com diuréticos deve ser continuada para prevenir a recorrência da retenção de fluidos. Mesmo que o paciente tenha respondido favoravelmente ao diurético, o tratamento com inibidor da ECA e β-bloqueador deve ser iniciado e mantido em pacientes que podem tolerá-los, porque eles têm mostrado que podem influenciar favoravelmente o prognóstico da IC em longo prazo. O tratamento com digoxina pode ser iniciado a qualquer momento para reduzir os sintomas e aumentar a tolerância ao exercício.
3. **Intervenções que devem ser consideradas para uso em pacientes selecionados:** muitas intervenções têm-se mostrado úteis em estudos clínicos controlados em uma coorte limitada de pacientes com IC. Algumas dessas estão sendo investigadas em estudos de grande escala para determinar seu papel no tratamento da IC. Eles incluem antagonistas da aldosterona, bloqueadores do receptor da angiotensina, hidralazina e dinitrato de isossorbida e treinamento com exercícios.

***Quadro 90-5.* Estudos randomizados com inibidores da ECA**

Estudo	*Comparação*	*Seguimento (meses)*	*↓ risco relativo em mortalidade (95% IC)*	*NNT em 3 anos (morte)*
SOLVD[8] prevenção	Enalapril 20 mg *vs* placebo	37,5	8 (–8 a 21)	104
SOLVD[26] tratamento	Enalapril 40 mg *vs* placebo	41,4	16 (5 a 26)	26
Consensus[27]	Enalapril 40 mg *vs* placebo	12	31	6 em 1 ano
V-HeFT-II[28]	Enalapril 20 mg *vs* hidralazina 300 mg *vs* nitrato 160 mg	30	14% (inclui 0)	15
ELITE II[29]	Captopril 150 mg *vs* losartan 50 mg	18	1,13 (p = 0,16)	

Quadro 90-6. Estudos randomizados de β-bloqueadores em pacientes com IC: Características dos estudos

Estudo	*Betablo-queadores*	*N° de pacientes*	*Classe funcional NYHA*	*FEVE (%) (média)*	*Seguimento (meses)*	*Redução de mortalidade*
US Carvedilol[18]	Carvedilol	1.094	II-III	23	6,5	65%
Aust. New Zea[30]	Carvedilol	415	I-III	29	19	Não avaliada
MERIT-HF[19]	Metoprolol	3.991	II-III	28	12	35%
CIBIS-II[31]	Bisoprolol	2.647	II-IV	27	15	34%
COPERNICUS[32]	Carvedilol	2.289	IV	20	10	35%
CAPRICORN[33]	Carvedilol	1.959	Pós-IAM	33	15	

4. **Drogas e intervenções sob investigação ativa:** muitas drogas e intervenções estão sob investigação ativa em estudos de grande escala e longo prazo porque mostraram-se promissores em estudos-piloto que envolveram um pequeno número de pacientes. Até os resultados desses estudos serem definitivos, nenhuma dessas intervenções pode ser recomendada para uso de rotina em pacientes com IC. Eles incluem inibidores da vasoptidase, antagonistas das citocinas, antagonistas da endotelina, marca-passo biventricular sincronizado, contrapulsação externa e técnicas de suporte ventilatório.
5. **Intervenções de valor não-comprovado e não-recomendadas:** elas incluem os suplementos nutricionais e terapias hormonais, tratamento com inotrópicos positivos intravenosos e cardiomioplastia dinâmica.

Recomendações para o tratamento da disfunção ventricular esquerda sintomática (Estágio C)

■ *Classe I*

1. Uso de diuréticos em pacientes que têm evidência de retenção hídrica. *(Nível de evidência: A.)*
2. Inibidores da ECA em todos os pacientes, a menos que contra-indicado. *(Nível de evidência: A.)*
3. Uso de β-bloqueadores em todos os pacientes estáveis, a menos que contra-indicado. Pacientes não podem ter evidência de retenção de líquidos e não podem ter requerido tratamento recentemente com inotrópicos positivos intravenosos. *(Nível de evidência: A.)*
4. Uso de digitais para o tratamento dos sintomas de IC, a menos que contra-indicado. *(Nível de evidência: A.)*
5. Suspensão de drogas que reconhecidamente piorem o estado clínico do paciente (p. ex.: antiinflamatórios não-esteróides, antiarrítmicos, a maioria dos bloqueadores dos canais de cálcio). *(Nível de evidência: B.)*
6. Medidas classe I listadas nas recomendações para pacientes em estágios A e B. *(Nível de evidência: A, B e C conforme apropriado.)*

■ *Classe IIa*

1. Uso de espironolactona em pacientes com sintomas classe IV recorrentes ou presentes, função renal preservada e uma concentração de potássio normal. *(Nível de evidência: B.)*
2. Treinamento com exercícios como medida coadjuvante para melhorar o estado clínico em pacientes ambulatoriais. *(Nível de evidência: A.)*
3. Bloqueio dos receptores da angiotensina em pacientes que estão sendo tratados com digitais, diuréticos e um β-bloqueador e que não podem receber um inibidor da ECA por causa de tosse ou angioedema. *(Nível de evidência: A.)*
4. Uma combinação de hidralazina e nitrato em pacientes que estão sendo tratados com digitais, diuréticos e um β-bloqueador e que não podem receber um inibidor da ECA em virtude de hipotensão ou insuficiência renal. *(Nível de evidência: B.)*

■ *Classe IIb*

1. Adição de um bloqueador do receptor da angiotensina a um inibidor da ECA. *(Nível de evidência: B.)*
2. Adição de um nitrato isoladamente ou em combinação com hidralazina a um inibidor da ECA em pacientes que também estão recebendo digitais, diuréticos e um β-bloqueador. *(Nível de evidência: B.)*

■ *Classe III*

1. Uso intermitente e a longo prazo de uma infusão com inotrópicos positivos. *(Nível de evidência: C.)*
2. Uso de um bloqueador do receptor da angiotensina em vez de um inibidor da ECA em pacientes com IC que não têm recebido ou que não toleram um inibidor da ECA. *(Nível de evidência: B.)*
3. Uso de um bloqueador do receptor da angiotensina antes de um β-bloqueador em pacientes com IC que estão recebendo inibidor da ECA. *(Nível de evidência: A.)*
4. Uso de um bloqueador do canal de cálcio como tratamento da IC. *(Nível de evidência: B.)*
5. Uso de rotina de suplementos nutricionais (coenzima Q10, carnitina, taurina e antioxidantes) ou terapias hormonais (hormônio do crescimento e hormônio da tireóide) para tratamento da IC. *(Nível de evidência: C.)*

Pacientes com IC refratária e em estágio terminal (Estágio D)

Antes de o paciente ser considerado como tendo IC refratária ao tratamento, é fundamental que os médicos confirmem a precisão do diagnóstico; identifiquem e revertam, se possível, qualquer condição contribuinte; e assegurem que todas as estratégias médicas convencionais estão sendo otimamente empregadas.

Muitos pacientes com avançada IC têm sintomas que estão relacionados à retenção de sal e de água e assim irão responder favoravelmente a intervenções destinadas a restaurar o balanço de sódio. Portanto, uma etapa crítica no tratamento com sucesso na IC classe IV é o reconhecimento e o meticuloso controle da retenção de líquidos.

Estudos controlados sugerem que pacientes com IC avançada respondem favoravelmente ao tratamento tanto com inibidores da ECA quanto com β-bloqueadores de maneira similar àqueles com doença leve a moderada.[32,34] Contudo, com a progressão da IC, há um importante papel do mecanismo neuro-hormonal no suporte da homeostasia circulatória; então, um antagonismo neuro-hormonal pode ser menos tolerado em pacientes com graves sintomas. Pacientes que estão em estágios final de sua doença são de risco particular para desenvolver hipotensão e insuficiência renal após a administração de inibidores da ECA, e há uma piora da IC após o tratamento com β-bloqueadores. Como resultado, pacientes com IC refratária podem tolerar somente doses pequenas desses antagonistas neuro-hormonais ou podem não os tolerar.

Revascularização miocárdica é rotineiramente recomendada para pacientes com disfunção ventricular esquerda que têm angina, porém o papel em pacientes sem sintomas de isquemia permanece controverso.

Recomendações para pacientes com IC refratária e em estágio terminal (Estágio D)

■ *Classe I*

1. Identificação meticulosa e controle da retenção hídrica. *(Nível de evidência: B.)*
2. Encaminhamento de pacientes qualificados para transplante cardíaco. *(Nível de evidência: B.)*
3. Encaminhamento para centros especializados no tratamento da IC refratária. *(Nível de evidência: A.)*
4. Medidas listadas nas recomendações classe I para pacientes nos estágios A, B e C. *(Nível de evidência: A, B e C.)*

■ *Classe IIb*

1. Colocação de catéter na artéria pulmonar para guiar tratamento em pacientes com sintomas persistentes e graves. *(Nível de evidência: C.)*
2. Plastia ou troca da válvula mitral para regurgitação mitral secundária grave. *(Nível de evidência: C.)*
3. Infusão contínua de agentes inotrópicos positivos como tratamento paliativo dos sintomas. *(Nível de evidência: C.)*

■ *Classe III*

1. Ventriculectomia parcial esquerda. *(Nível de evidência: C.)*
2. Infusão intermitente de agentes inotrópicos positivos como rotina. *(Nível de evidência: B.)*

Tratamento de populações especiais e doenças concomitantes

Muitos pacientes com IC são membros de subpopulações ou têm condições de co-morbidade que contribuem para o desenvolvimento da sua IC ou tornam o tratamento dos sintomas mais difícil.

Recomendações para o tratamento de doenças concomitantes em pacientes com IC

■ *Classe I*

1. Controle da hipertensão sistólica ou diastólica em pacientes com IC de acordo com as orientações recomendadas. *(Nível de evidência: A.)*
2. Nitratos e β-bloqueadores (em conjunto com diuréticos) para o tratamento da angina em pacientes com IC. *(Nível de evidência: B.)*
3. Revascularização coronária em pacientes que têm tanto IC quanto angina. *(Nível de evidência: A.)*
4. Anticoagulação em pacientes com IC que têm fibrilação atrial crônica ou paroxística ou evento tromboembólico prévio. *(Nível de evidência: A.)*
5. Controle da resposta ventricular com um β-bloqueador (ou amiodarona, se o β-bloqueador é contra-indicado ou não-tolerado) em pacientes com IC fibrilação atrial. *(Nível de evidência: A.)*
6. Bloqueio β-adrenérgico (a menos que contra-indicado) em pacientes com IC para reduzir o risco de morte súbita. Os pacientes devem ter mínima ou nenhuma retenção de líquidos e não podem ter recentemente necessitado de tratamento com agentes inotrópicos positivos intravenosos. *(Nível de evidência: A.)*
7. Desfibrilador-cardioversor implantável, unicamente ou em combinação com amiodarona, em pacientes com IC e história de morte súbita, fibrilação ventricular ou taquicardia ventricular que cause instabilidade hemodinâmica. *(Nível de evidência: A.)*

■ *Classe IIa*

1. Uso de agentes antiplaquetários para a prevenção de infarto do miocárdio e morte em pacientes com IC que têm doença arterial coronariana. *(Nível de evidência: B.)*
2. Uso de digitais para controlar a freqüência ventricular em pacientes com IC e fibrilação atrial. *(Nível de evidência: A.)*

■ *Classe IIb*

1. Revascularização coronária em pacientes que têm IC e doença arterial coronariana porém não têm angina. *(Nível de evidência: B.)*
2. Restauração do ritmo sinusal por cardioversão elétrica em pacientes com IC e fibrilação atrial. *(Nível de evidência: C.)*

3. Amiodarona para prevenir morte súbita em pacientes com IC e arritmia ventricular assintomática. *(Nível de evidência: B.)*
4. Anticoagulação em pacientes com IC que não têm fibrilação atrial ou um evento tromboembólico prévio. *(Nível de evidência: B ou C.)*

■ *Classe III*

1. Uso de rotina de um cardioversor-desfibrilador implantável em pacientes com IC. *(Nível de evidência: C.)*
2. Uso de drogas antiarrítmicas classe I ou III (exceto amiodarona) em pacientes com IC para prevenção ou tratamento de arritmias ventriculares assintomáticas. *(Nível de evidência: A.)*

Tratamento da disfunção diastólica

Em contraste com o tratamento da IC devida à disfunção sistólica, poucos estudos clínicos são disponíveis para guiar o tratamento de pacientes com IC devido à disfunção. Contudo, muitos pacientes com IC diastólica recebem tratamento com essas drogas devido à presença de condições de co-morbidade (p. ex.: fibrilação atrial, hipertensão, diabetes, doença arterial coronariana). Além disso, recomendações quanto ao uso de agentes anticoagulantes e antiarrítmicos aplicam-se a ambas IC, tanto sistólica quanto diastólica.

Na ausência de estudos clínicos controlados, o tratamento de pacientes com disfunção diastólica é freqüentemente determinado por um conjunto de princípios terapêuticos.[35] Estes incluem controle da pressão arterial, controle da taquicardia, redução da volemia e alívio da isquemia miocárdica.

■ *Classe I*

1. Controle da hipertensão sistólica e diastólica de acordo com orientações publicadas. *(Nível de evidência: A.)*
2. Controle da freqüência ventricular em pacientes com fibrilação atrial. *(Nível de evidência: C.)*
3. Uso de diuréticos para controlar congestão pulmonar e edema periférico. *(Nível de evidência: C.)*

■ *Classe IIa*

Revascularização coronária em pacientes com doença arterial coronariana e cuja isquemia miocárdica é sintomática ou demonstra ter um efeito adverso na função diastólica. *(Nível de evidência: C.)*

■ *Classe IIb*

1. Restauração do ritmo sinusal em pacientes com fibrilação atrial. *(Nível de evidência: C.)*
2. Uso de agentes β-bloqueadores, inibidores da ECA, bloqueadores dos receptores da angiotensina ou antagonistas do cálcio em pacientes com hipertensão controlada para minimizar os sintomas de IC. *(Nível de evidência: C.)*
3. Uso de digitais para minimizar os sintomas de IC. *(Nível de evidência: C.)*

PROGNÓSTICO

A insuficiência cardíaca é uma síndrome comum e potencialmente letal cuja prevalência está aumentando no mundo inteiro. A estratificação do risco dos pacientes é essencial para identificar aqueles com maior risco de morrer e com o objetivo de tratar a doença de uma maneira mais agressiva. Os fatores associados a um pobre prognóstico na disfunção ventricular estão listados no Quadro 90-7.

Dados de mortalidade na IC, derivados de estudos randomizados com tratamento usando drogas vasodilatadoras comparados contra placebo, tais como Consensus, SOLVD e SAVE mostraram claramente que o risco de morte associado à IC foi significativamente reduzido em pacientes tratados com inibidores da ECA, porém esse risco permanece ainda inaceitavelmente alto.[7,26,27] Interessantemente, dados desde o Estudo Framingham sugerem que não tem havido alteração significativa na taxa de sobrevida em 5 anos nos últimos 40 anos apesar dos importantes avanços na identificação e no tratamento da doença cardíaca isquêmica e hipertensiva nesse período.[2]

Na IC sistólica, a fração de ejeção (FE) é o melhor marcador independente de sobrevida. Uma FE menor que 25% representa um risco aumentado quando comparado a uma FE maior

Quadro 90-7. Fatores de prognóstico pobre na disfunção ventricular

- Causas isquêmicas*
- Idade avançada
- Duração dos sintomas
- Fração de ejeção
  - Ventricular esquerda < 25%*
  - Ventricular direita < 35%*
- Hemodinâmica
  - Baixo índice cardíaco
  - Aumentada pressão capilar pulmonar e pressão sistólica na artéria pulmonar
  - Padrão de enchimento "restritivo" na ecodoppler
- Funcional
  - Classe funcional III e IV da NYHA*
  - Diminuída duração ao exercício
  - Pico de consumo de oxigênio <14 ml/kg/min*
  - Distância < 350 m em 6 min de caminhada
- Fatores neuro-humorais – níveis aumentados de:
  - Norepinefrina
  - Atividade da renina plasmática
  - Aldosterona
  - Angiotensina II
  - Fator natriurético atrial ou cerebral
  - Vasopressina – arginina
  - Endotelina
  - Fator de necrose tumoral
- Arritmias
  - Morte súbita e taquicardia ventricular sintomática*
  - Contração ventricular prematura assintomática
- Taquicardia ventricular não-sustentada

* Clinicamente mais úteis.

que 35%.[36] Uma alteração progressiva da FE também tem importância prognóstica, e uma diminuição maior que 5% em 1 ano está associada a uma mortalidade dobrada.

Quando a FE e a classe funcional são similarmente comprometidas, muitos estudos têm documentado uma pior sobrevida em pacientes com IC associada à doença cardíaca isquêmica.

Valores hemodinâmicos medidos após a otimização do tratamento têm algum valor prognóstico, especialmente pressão capilar pulmonar e índice sistólico.

Ativação neuroendócrina ocorre precocemente no curso da IC e correlaciona-se diretamente com a mortalidade. Níveis aumentados de norepinefrina (NE) precedem e predizem o risco de desenvolvimento de sintomas de IC e morte, mesmo em pacientes com disfunção ventricular assintomática. Um nível de NE plasmática de 400-800 ng/ml corresponde a um aumento no risco de mortalidade, um nível superior a 800 ng/ml prediz um alto risco de mortalidade em 1 ano devido à IC progressiva.[37] Os investigadores do *Consensus I* foram os primeiros a demonstrar que aumentados níveis de NE, angiotensina II (ANGII), aldosterona e fator natriurético atrial correlacionavam-se significativamente com mortalidade. Além disso, ANG II e NE foram reduzidos pelo tratamento com inibidor da ECA.[38] O fator natriurético atrial foi analisado nos estudos *Consensus* e SAVE e foi notado haver uma boa correlação com a sintomatologia do paciente, com o índice cardíaco e as pressões de enchimento do VE, porém não com a FE. Portanto, esses parâmetros são usados em estudos clínicos de pesquisa e centros de referência no tratamento da IC.

CONSIDERAÇÕES FINAIS

A IC é uma condição com prevalência crescente, acarretando custos elevados aos sistemas de saúde. Os mecanismos envolvidos na sua patogenia são múltiplos, e os conceitos atuais apontam para a importância dos eventos neuro-humorais como agentes centrais ao desenvolvimento progressivo da doença, acarretando alterações geométricas conhecidas como remodelamento ventricular. O conhecimento desses mecanismos fundamenta hoje a maior parte do tratamento da IC, que busca bloquear uma ou mais dessas vias anormalmente ativadas. A identificação de marcadores precoces de risco aumentado para disfunção ventricular deverá permitir intervenções terapêuticas prévias ao estabelecimento de dano miocárdico irreversível.

REFERÊNCIAS BIBLIOGRÁFICAS

1. Baker D, Chin MH, Cinquegrani MP *et al.* ACC/AHA guidelines for the evaluation and management of chronic heart failure in adult: executive summary. A report of the American College of Cardiology/American Heart Association Task Force on Practice Guidelines (Committee to Revise the 1995 Guidelines for the Evaluation and Management of Heart Failure). *J Am Coll Cardiol* 2001;38:2101–13.
2. Ho KKL, Pinsky JL, Kannel WB, Levy D. The epidemiology of the heart failure: The Framingham Study. *J Am Coll Cardiol* 1993;22(Suppl. A):6A–13A.
3. Rodeheffer RJ, Redfield MM. Congestive heart failure: diagnosis, evaluation, and surgical therapy. *In* Murphy JG (Ed.): *Mayo Clinic Cardiology Review.* 2nd ed. Philadelphia: JB Lippincott–Williams & Wilkins, 2000, pp 55–74.
4. McAllister FA, Teo KK. The management of congestive heart failure. *Postgrad Med J* 1997;73:194–200.
5. Sharpe N, Doughty R. Epidemiology of heart failure and ventricular dysfunction. *Lancet* 1998;352(Suppl. I):3–7.
6. Williams JF Jr., Bristow MR, Fowler MB *et al.* ACC/AHA guidelines for the evaluation and management of heart failure: report of the American College of Cardiology/American Heart Association Task Force on Practice Guidelines (Committee on Evaluation and Management of Heart Failure). *J Am Coll Cardiol* 1995;26:1376–98.
7. Pfeffer MA, Braunwald E, Moye LA *et al.* On behalf of the SAVE Investigators. Effect of captopril on mortality and morbidity in patients with left ventricular dysfunction after myocardial infarction: results of the survival and ventricular enlargement trial. *N Engl J Med* 1992;327:669–77.
8. The SOLVD Investigators. Effect of enalapril on mortality and the development of heart failure in asymptomatic patients with reduced left ventricular ejection fractions. *N Engl J Med* 1992;327:685–91.
9. Wilson AP. History, definition, and classification of heart failure. *In* Poole-Wilson, Colucci, Massie, Chatterjee, Coats (Eds.): *Heart Failure.* London, and New York: Churchill Livingstone, 1997, pp 269–77.
10. Brady P, Terzic A. Essentials of cellular heart failure. *In* Murphy JG (Ed.): *Mayo Clinic Cardiology Review.* 2nd ed. Philadelphia: JB Lippincott–Williams & Wilkins, 2000, pp 93–8.
11. Braunwald E, Bristow MR. Congestive heart failure: fifty years of progress. *Circulation* 2000;102:IV14–IV23.
12. Bristow MR. Why does the myocardium fail? Insights from basic science. *Lancet* 1998;352(Suppl. I):8–14.
13. Mulder P, Richard V, Derumeaux G *et al.* Role of endogenous endothelin in chronic heart failure: effect of long-term treatment with an endothelin antagonist on survival, hemodynamics, and cardiac remodeling. *Circulation* 1997;96:1976–82.
14. Bryant D, Becker L, Richardson J *et al.* Cardiac failure in transgenic mice with myocardial expression of tumor necrosis factor-α. *Circulation* 1998;97:1375–81.
15. Clavell AL, Burnett JC. Cardiovascular reflex and humoral control of the circulation. *In* Murphy JG (Ed.): *Mayo Clinic Cardiology Review.* 2nd ed. Philadelphia: JB Lippincott–Williams & Wilkins, 2000, pp 21–6.
16. Francis GS, Chon JN, Johnson G *et al.* for the V-HeFT VA Cooperative Studies Group. Plasma norepinephrine, plasma renin activity, and congestive heart failure: relation to survival and the effects of therapy in V-HeFT. *Circulation* 1993;83(Suppl. IV):IV40–IV48.
17. Bristow MR. Mechanism of action of beta-blocking agents in heart failure. *Am J Cardiol* 1997;80(11A):26L–40L.
18. Packer M, Bristow MR, Cohn JN *et al.* Effect of carvedilol on morbidity and mortality in patients with chronic heart failure. *N Engl J Med* 1996;334:1349–55.
19. Merit HF, Effect of Metoprolol CR/XL in chronic heart failure: Metoprolol CR/XL. Randomized Intervention Trial in Congestive Heart Failure (MERIT-HF). *Lancet* 1999;353:2001–7.
20. Bristow MR. β-adrenergic receptor blockade in chronic heart failure. *Circulation* 2000;101:558–69.

21. Packer M, Caspi A, Charlon V *et al.* Multicenter, double-blind, placebo-controlled study of long-term endothelin blockade with bosentan in chronic heart failure: results of the REACH-1 trial. *Circulation* 1998;98(Suppl. I):I3.
22. Thibonnier M, Kilani A, Rahmm M *et al.* Effects of nonpeptide V(1) vasopressin receptor antagonist SR 49059 in hypertensive patients. *Hypertension* 1999;34:1293–300.
23. McCall D. Clinical features, general therapeutic measures, and diuretics. *In* McCall D, Raimtoola SH (Eds.): *Heart Failure.* London: Chapman and Hall, 1995, pp 215–28.
24. Drazner MH, Rame E, Phil M, Stevenson LW, Dries DL. Prognostic importance of elevated jugular venous pressure and a third heart sound in patients with heart failure. *N Engl J Med* 2001;345:574–81.
25. Packer M, Cohn JN, Abraham WT *et al.* Consensus recommendations for the management of chronic heart failure. *Am J Cardiol* 1999;83:1A-38A.
26. The SOLVD Investigators. Effect of enalapril on survival in patients with reduced left ventricular ejection fractions and congestive heart failure. *N Engl J Med* 1991;325:293–302.
27. Swedberg K for the Consensus Trial Study Group. Effects of enalapril on mortality in severe congestive heart failure: results of Cooperative North Scandinavian Enalapril Survival Study (CONSENSUS). *Lancet* 1997;349:747–52.
28. Cohn JN, Johnson G, Ziesche S *et al.* A comparison of enalapril with hydralazine-isosorbide dinitrate in the treatment of chronic congestive heart failure. *N Engl J Med* 1991;325:303–10.
29. Pitt B, Poole-Wilson PA, Segal R *et al.* Effect of losartan compared with captopril on mortality in patients with symptomatic heart failure: randomized trial — Losartan Heart Failure Survival Study ELITE II. *Lancet* 2000;355:1582–7.
30. Australia/New Zealand Heart Failure Research Collaborative Group. *Lancet* 1997;349:375–80.
31. CIBIS II Investigators and Committees. The Cardiac Insufficiency Bisoprolol Study (CIBIS-II): a randomized trial. *Lancet* 1999;353:9–13.
32. Packer M, Coats AJ, Fowler MB *et al.* for The Carvedilol Prospective Randomized Cumulative Survival Study Group (COPERNICUS). Effect of carvedilol on survival in severe chronic heart failure. *N Engl J Med* 2001;344:1651–8.
33. The Consensus Trial Study Group. Effects of enalapril on mortality in severe congestive heart failure: results of the Cooperative North Scandinavian Enalapril Survival Study (consensus). *N Engl J Med* 1987;316:1429–35.
34. Litwin SE, Grossman W. Diastolic dysfunction as cause of heart failure. *J Am Coll Cardiol* 1993;22:49A–55A.
35. Cohn JN, Johnson GR, Shabetai R *et al.* Ejection fraction, peak exercise oxygen consumption, cardiothoracic ratio, ventricular arrhythmias, and plasma norepinephrine as determinants of prognosis in heart failure. *Circulation* 1993;87(Suppl. IV):5.
36. Packer M, Lee WH, Kessler PD *et al.* Role of neurohormonal mechanisms in determining survival in patients with severe chronic heart failure. *Circulation* 1987;75(Suppl. IV):80.
37. Swedberg K, Eneroth P, Kjekshus J, Wilhelmsen L. Hormones regulating cardiovascular function in patients with severe congestive heart failure and their relation to mortality. *Circulation* 1990;82:1730.

Hemorragia Digestiva

91

Michele Maria Gonçalves Godoy • Odin Barbosa da Silva
Cíntia Gonsalves de Faria Machado

A hemorragia digestiva é uma patologia comum na Unidade de Terapia Intensiva (UTI). Pacientes que apresentam sangramento gástrico importante necessitam de tratamento intensivo para estabilização do quadro clínico, e os casos graves devem ser acompanhados numa UTI. Além disso, todos os pacientes internados em UTIs, qualquer que seja o motivo, têm risco aumentado de apresentar lesões gastrintestinais que podem levar a sangramento. O estresse físico e emocional, estados de alteração de perfusão esplâncnica (choque), distúrbios de coagulação, efeitos colaterais de drogas, presença de sonda gástrica são alguns dos fatores que aumentam o risco de hemorragia digestiva no paciente criticamente enfermo. Até mesmo a endoscopia digestiva, usada como diagnóstico e tratamento, tem suas complicações; a incidência de sangramento secundário a colonoscopia fica em torno de 0,1%.[19]

É um desafio para o intensivista o manuseio da hemorragia digestiva grave; dependendo da sua atuação pronta e correta, o paciente sob seus cuidados terá chance de recuperação adequada.

Reposição rápida da homeostase hemodinâmica, equilibrando a freqüência cardíaca, a pressão arterial e a perfusão tecidual alteram o prognóstico, permitindo o funcionamento orgânico ideal e evitando a liberação de fatores mediadores da resposta inflamatória. A identificação rápida do local do sangramento permite tratamento específico conveniente.

HEMORRAGIA DIGESTIVA ALTA (HDA)

A hemorragia digestiva alta (HDA) é uma emergência médica muito freqüente. Dados dos Estados Unidos da América citam entre 100 e 150 internamentos por 100.000 habitantes/ano.[45,17] Nos casos mais severos, apesar dos avanços terapêuticos, a mortalidade por HDA permaneceu constante, em torno de 10%, nos últimos 30 anos.[46] Várias razões têm sido propostas para essa constância: 1) a proporção de pacientes acima de 60 anos tem aumentado nos últimos anos; 2) pacientes com co-morbidades como insuficiência renal, doença cardiovascular, sepse e câncer são cada vez mais freqüentes, o que contribui para um aumento na mortalidade.[6]

Por outro lado, há evidências de declínio na mortalidade por HDA nos últimos 10 anos, provavelmente por implemento da terapia endoscópica, ampliação e maior sofisticação das UTIs e melhor treinamento do pessoal técnico envolvido.[28]

Definição

A HDA é definida como uma perda sangüínea originária da mucosa gastrintestinal localizada proximal ao ângulo de Treitz e que comumente se apresenta como hematêmese (vômito de sangue vivo ou em borra de café) e/ou melena (evacuação de fezes enegrecidas, de consistência pastosa e odor característico, decorrente da ação de enzimas digestivas sobre a hemoglobina, transformando-a em hematina). Cerca de 5% dos casos de HDA podem apresentar-se como hematoquezia (sangue vivo nas fezes) decorrente de hemorragias volumosas e trânsito intestinal acelerado, ou, menos freqüentemente, fístulas gastrocólicas.

Nem sempre a lavagem gástrica evidencia sinais de sangramento digestivo alto, fato que ocorre se o sangramento tiver cessado ou se for abaixo do piloro e este estiver fechado (evitando o refluxo duodeno-gástrico do sangue). Se a lavagem gástrica vier com retorno bilioso, livre de sangue, podemos afastar sangramento gastrintestinal alto ativo.[27] Epistaxe e sangramento orofaringiano podem simular HDA. Uma elevação da uréia desproporcional ao nível de creatinina pode ocorrer na HDA, o que não se observa em pacientes com hemorragia do intestino delgado distal ou grosso, já que a absorção dos produtos derivados da proteólise (dipeptídeos, tripeptídeos e aminoácidos) não ocorre nas porções baixas do tubo digestivo.

São necessários apenas 50 a 100 ml de sangue no trato gastrintestinal alto para resultar em melena. Uma perda de 1.000 ml ou mais de sangue no trato gastrintestinal alto sempre leva a hematoquezia, pelo menos inicialmente.[48,49] A mortalidade é proporcional à intensidade do sangramento: pacientes que apresentam apenas melena têm 5% de mortalidade; já os que apresentam melena e hematêmese (em borra de café) têm 8%, e os com melena mais hematêmese (com sangue vivo) têm 12% de mortalidade. Isso representa apenas uma probabilidade estatística, não sendo seguro avaliarmos a intensidade do sangramento baseada apenas nesses sinais. Resultados encontrados pela *American Society for Gastrointestinal Endoscopy (ASGE)* mostraram que a mortalidade geral em pacientes com HDA que tinham hematoquezia foi de 18%, e naqueles que tinham hematoquezia mais sangue vivo no aspirado gástrico a mortalidade geral foi de 29%.[35]

Os fatores clínicos que predizem um pior prognóstico incluem idade avançada do paciente, co-morbidades, início do sangramento enquanto o paciente está internado, hemorragia recorrente, etiologia específica e severidade do episódio de sangramento.[33] Os indicadores clínicos de sangramento severo incluem instabilidade hemodinâmica, hipotensão persistente, necesidade de transfusão de 4 a 6 unidades de concentrado de hemácias dentro de 24 horas da admissão hospitalar ou sangramento manifestado por hematêmese e hematoquezia, ou aspirado gástrico com sangue vivo que não clareia com a lavagem[1] (Quadro 91-1).

Achados endoscópicos, clínicos e laboratoriais devem ser usados para estratificação do risco de pacientes com hemorragia gastrintestinal. Combinando essas informações, é possível desenvolver protocolos de acompanhamento e modelos preditivos que permitam identificar pacientes de baixo risco para hemorragia recorrente ou ameaçadora à vida. Achados que indicam a permanência do paciente sob cuidados intensivos são os que se seguem:

- Prostração.
- Mudança ortostática em sinais vitais.
- Doença hepática severa.
- Doença grave associada.
- Coagulopatia ou terapia anticoagulante.
- Hematêmese volumosa com sangue fresco ou com múltiplos episódios de melena.
- Anemia severa (hemoglobina < 8 g%).[45]

Para reduzir custos médicos potencialmente desnecessários, alguns pesquisadores têm sugerido que a maioria dos pacientes hospitalizados com hemorragia gastrintestinal aguda poderia ser adequadamente tratada em uma unidade de tratamento intermediário ou em enfermaria, sem necessidade de admissão na UTI. Assim, Kollef *et al* elaboraram um sistema de classificação de risco para previsão do curso clínico em pacientes com hemorragia gastrintestinal alta e baixa, cuja sigla em inglês é *BLEED:* atividade do sangramento (*bleeding*), pressão sistólica baixa (*low pressure*), tempo de protrombina elevado (*elevated PT*), estado mental errático (*erratic*), doença associada instável (*disease*). Os autores consideram que a validação da classificação *BLEED* permite a estratificação dos pacientes em alto e baixo risco, podendo ser aplicada nos critérios admissionais em UTIs, sem necessidade de procedimentos invasivos, reduzindo a admissão desnecessária de pacientes de baixo risco e assegurando o monitoramento apropriado àqueles classificados como de alto risco.[31]

Quadro 91-1. Fatores prognósticos adversos na hemorragia digestiva alta (HDA)

- Idade > 60
- Sangramento contínuo ou recorrente
- Co-morbidades
- Início da HDA no hospital
- Gravidade da hemorragia
- Aspirado gástrico com sangue vivo
- Hematêmese/hematoquezia
- Transfusões múltiplas
- Instabilidade hemodinâmica
- Tipo da lesão
- Necessidade de intervenção cirúrgica de urgência

Quadro 91-2. Previsores de ressangramento

1. Idade avançada
2. Choque/instabilidade hemodinâmica/ortostasia
3. Co-morbidades (p. ex., doença arterial coronariana, insuficiência cardíaca, doença hepática e renal, câncer)
4. Diagnóstico endoscópico específico (p. ex., malignidade gastrintestinal)
5. Uso de anticoagulantes/coagulopatia
6. Presença de lesão de alto risco (p. ex., sangramento arterial, vaso visível não-sangrante ou coágulo)

Vários autores têm desenvolvido sistemas de pontuação para diferenciar entre pacientes de alto e baixo risco de sangramento recorrente.[43,33] Rockall *et al* baseados nos achados da *National Audit of Acute Upper Gastrointestinal Hemorrhage*, da Inglaterra, tentaram predizer a mortalidade associada com HDA. A pontuação naquele estudo considerava a idade, choque/quantidade do volume perdido, co-morbidades, diagnóstico e estigmas de sangramento. Vinte e nove por cento dos pacientes foram categorizados como sendo de baixo risco para ressangramento, com risco de morte desprezível, sugerindo que poderiam ser tratados com sucesso e segurança em regime ambulatorial, ou considerados para alta hospitalar precoce. Além desse, outros estudos demonstraram que as variáveis endoscópicas e clínicas podem ser usadas como preditivo de baixo risco, identificando aqueles pacientes que não necessitam de cuidados hospitalares prolongados ou que podem ser tratados ambulatorialmente, levando também a uma diminuição dos custos com esses pacientes (Quadro 91-2).

As causas mais comuns de HDA severa são úlcera péptica (nesses pacientes o consumo de AAS ou outros antiinflamatórios não-hormonais (AINH) e a presença de *Helicobacter pylori* são freqüentes), Mallory-Weiss, varizes esofágicas, malformações vasculares,e lesões gastroduodenais erosivas (Quadro 91-3).

Serão enfocados neste capítulo dois grandes grupos de causas de hemorragia alta que envolvem o acompanhamento em UTI: hemorragia gastrintestinal não-relacionada a varizes e hemorragia GI por varizes esofagogástricas.

HEMORRAGIA GI NÃO-RELACIONADA COM VARIZES

Etiologia

Desde a descrição por Curling, em 1942, de que a incidência de úlcera duodenal está aumentada em pacientes com queimaduras graves,[11] as alterações de mucosa gastrintestinal descritas em pacientes criticamente doentes têm recebido várias denominações, incluindo úlcera de estresse, gastrite erosiva de estresse, gastrite erosiva hemorrágica e úlcera péptica aguda.

Quadro 91-3. Causas comuns de hemorragia digestiva alta (HDA)

Lesão	*Prevalência (%)*	*Comentários*
Doença ulcerosa péptica (DUP)	21 (úlcera gástrica) 24 (úlcera duodenal) 2 (úlcera anastomótica)	Responsáveis por até 50% de todas as HDAs Até 40% podem não ter sintomas dispépticos antes do sangramento Qualquer idade, mas mais comum em idosos Taxa de mortalidade de 5%
Gastrite erosiva	5-25	Sangramento usualmente limitado e o tratamento semelhante a DUP Múltiplas etiologias: estresse, drogas (NSAIDs, álcool, ferro, cloreto de potássio), corrosivos, isquemia, vasculite, radiação, causas mecânicas, hipertensão porta
Varizes esofágicas	9-21	Responsável por uma alta proporção de graves hemorragias
Mallory-Weiss	11-14	Sangramento arterial de lacerações longitudinais na mucosa O sangramento pára espontaneamente em até 90% dos casos
Duodenite erosiva	5-9	A maioria é uma forma primária não-específica, mas algumas resultam de estresse, AINHs, isquemia, infecção, doença inflamatória intestinal ou insuficiência renal
Malignidade	~3	Sangramentos clinicamente significativos em neoplasias do trato gastrintestinal alto são incomuns Se ocorrer sangramento, a endoscopia terapêutica é geralmente uma medida temporizadora antes da cirurgia definitiva
Esofagite	2-8	Sangramento oculto é mais comum do que vivo A maioria responde terapia conservadora Múltiplas etiologias: refluxo gastrintestinal, infecção, corrosivos, drogas, radioterapia, trauma nasogástrico

Modificado de Gilbert DA, Silverstein FE, Tedesco FJ, et al: The national ASGE survey on upper gastrointestinal hemorrhage. Part III. Endoscopy in upper gastrointestinal bleeding, *Gastrointest Endosc* 27:94, 1981.
AINHs = Antiinflamatórios não-hormonais.

Essas lesões agudas do trato gastrintestinal alto vão desde erosões puntiformes, superficiais, até ulcerações profundas, e são vistas em quase todos os pacientes, clínicos e cirúrgicos, admitidos em UTIs.[31]

As lesões habitualmente são rasas e bem-demarcadas, e primariamente envolvem a porção superficial do epitélio gástrico. Menos freqüentemente, a erosão pode penetrar na *muscularis mucosae*, resultando em lesão semelhante à da úlcera gástrica verdadeira. A lesão relacionada ao estresse pode ser distinguida da ulceração péptica pela pobreza de achados inflamatórios e acompanhamento de fibrose na biopsia. Além disso, a erosão gástrica do estresse quase sempre afeta áreas secretoras proximais do estômago, apesar de antro, duodeno ou esôfago poderem estar envolvidos [4,18] (Fig. 91-1).

As lesões da mucosa gastroduodenal no paciente criticamente doente desenvolvem-se rapidamente, frequentemente em poucas horas após a admissão na UTI. Lucas *et al* descreveram áreas de palidez (isquemia) e hiperemia no corpo proximal do estômago nas primeiras 24 horas após trauma severo.[38]

Quanto às úlceras pépticas, têm como fatores principais o uso de antiinflamatórios não-hormonais(AINH) e a presença de *Helicobacter pylori*. Em todo o mundo, cerca de 30 milhões de pessoas diariamente fazem uso de AINE;[20] sabendo-se que 2 a 4% de usuários crônicos de AINH desenvolvem sangramento digestivo grave,[21] pode-se ter uma idéia da magnitude do risco. O *H. pylori* é responsável por mais de 90% das úlceras pépticas duodenais e divide com os antiinflamatórios a etiologia principal das gástricas (Fig. 91-2A e B).

Úlcera de estresse e risco de sangramento

Apesar da demonstração de que praticamente todo paciente criticamente doente apresenta algum tipo de lesão no trato gastrintestinal alto, a hemorragia ocorre apenas em torno de 20% dos casos.[6]

Os critérios que definem sangramento em estudos de pacientes críticos variam consideravelmente, tornando as comparações entre estudos por vezes difíceis. Apesar de a endoscopia gastroduodenal provavelmente ser o padrão-ouro para o diagnóstico de lesão de mucosa relacionada ao estresse e sangramento, ela pode ser impraticável em algumas circunstâncias.

Numerosos estudos têm definido o sangramento oculto como um bom parâmetro de avaliação de lesão de mucosa relacionada ao estresse, porém testes para sangue oculto em aspirados nasogástricos são muito inespecíficos na avaliação de sangramento clinicamente significativo. Assim, sangramento evidente oferece a indicação mais precisa de dano à mucosa, e inclui hematêmese, secreção em "borra de café" no aspirado gástrico ou melena.

Sangramento gastrintestinal clinicamente significativo causado por ulcerações ocorre aproximadamente em 2 a 6% de pacientes críticos. A mortalidade entre esses pacientes está es-

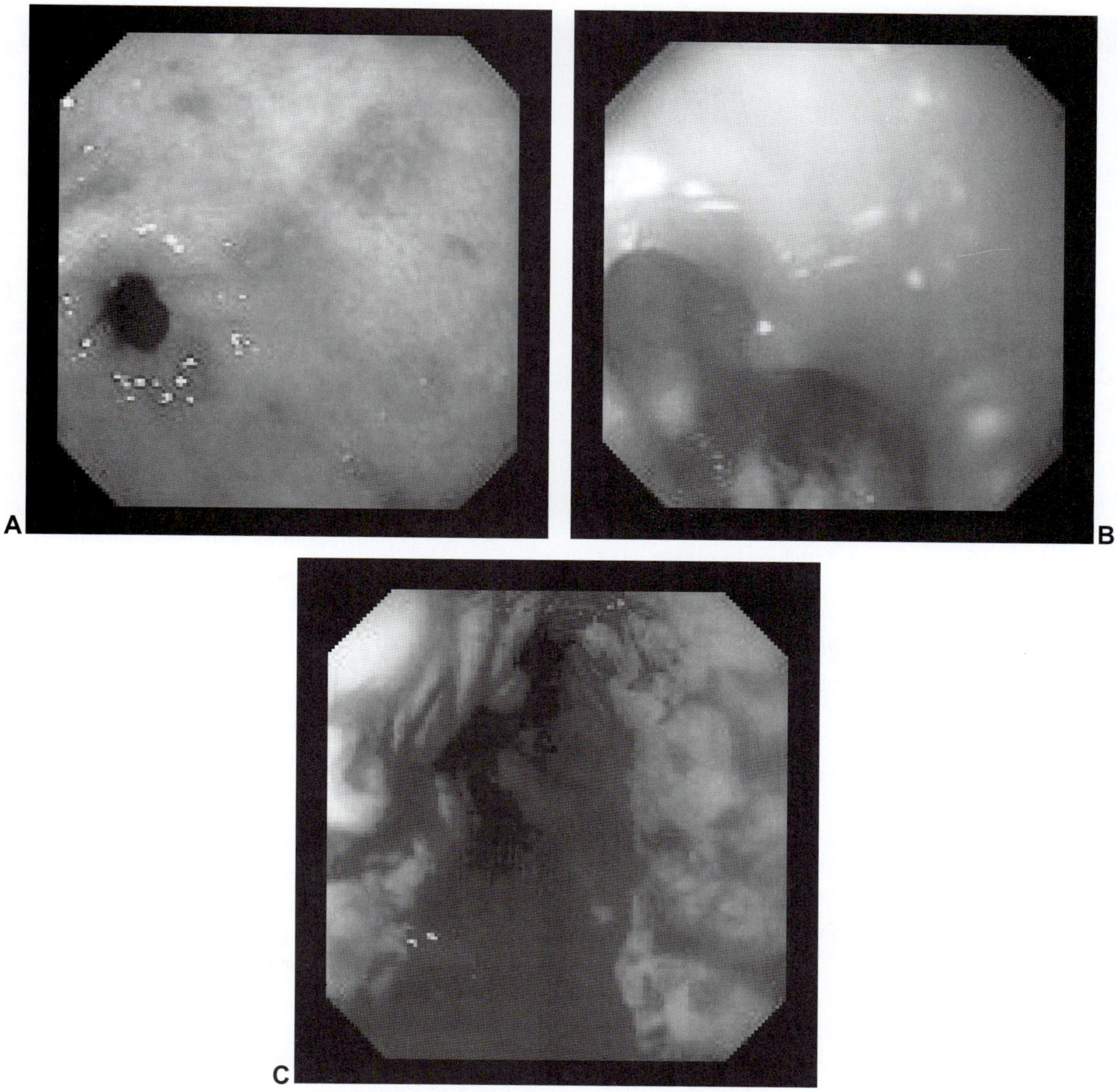

Fig. 91-1. Em **A**, gastrite erosiva por AINH; em **B**, úlcera duodenal com vaso visível; em **C**, variz esofagiana sangrante. (Ver *Prancha* em *Cores.*)

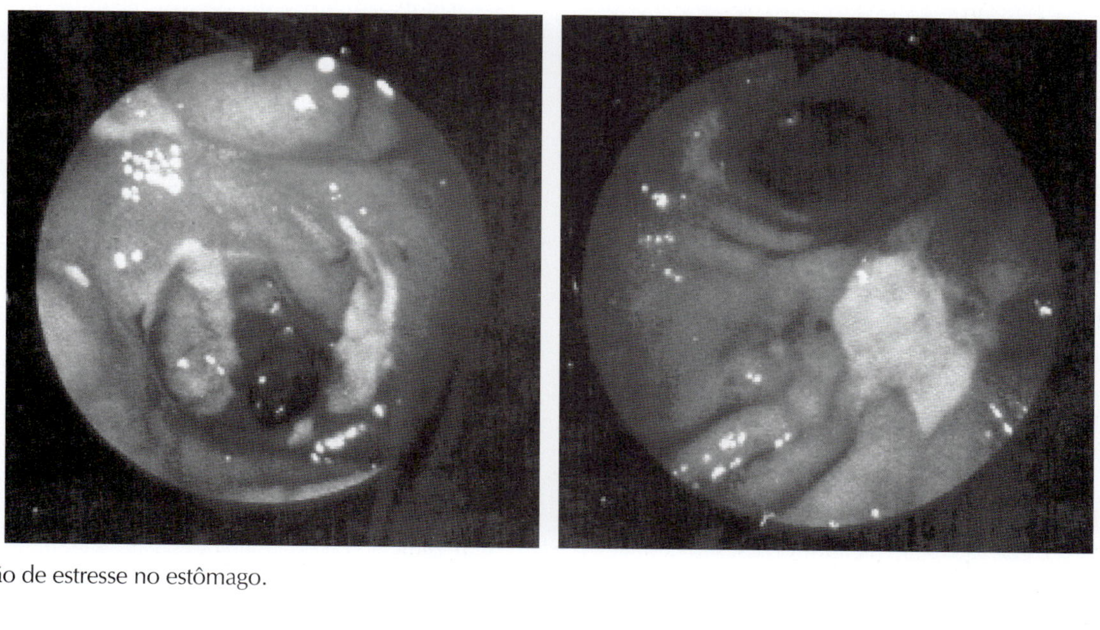

Fig. 91-2. Erosão de estresse no estômago.

Quadro 91-4. Fatores de risco para úlcera de estresse	
Politraumatismo	Sepse
Hipotensão/choque	Traumatismo craniano
Coagulopatia	Grande queimado
Falência hepática/renal	Grandes cirurgias
Ventilação mecânica	Falência de múltiplos órgãos

timada entre 50 a 80%. Cook *et al* relataram que, entre 2.252 pacientes admitidos em clínicas de repouso, a taxa de mortalidade foi de 49% naqueles com sangramento clinicamente significativo e de 9% naqueles sem sangramento.[8] A morte, no entanto, não foi causada pelo sangramento gástrico na maioria dos pacientes, sendo relatada em apenas 12% daqueles com sangramento evidente. Metanálises da literatura confirmam que o sangramento gastrintestinal é causa infreqüente de morte, em que apenas cinco mortes foram relacionadas à hemorragia gastrintestinal em 15 estudos que incluíram quase 2.000 pacientes (Quadro 91-4).[18]

Fatores de risco para hemorragia GI

Os fatores de risco para úlcera de estresse e sangramento gastrintestinal são bem estabelecidos e exibidos no Quadro 91-3.

Seis maiores fatores de risco foram analisados por Hastings *et al*, sendo eles: falência respiratória, sepse, peritonite, icterícia, insuficiência renal e hipotensão. A maior freqüência de sangramento correlacionou-se com a prevalência dos fatores de risco, ocorrendo sangramento em 9% dos pacientes com apenas um fator de risco, em 20% dos pacientes com dois fatores de risco e em 40% quando três fatores estavam presentes (Quadro 91-4).[24]

Patogenia

Apesar de a patogenia da úlcera de estresse não ser totalmente esclarecida, provavelmente o choque, a sepse e o trauma levam a profundas modificações fisiológicas, incluindo produção alterada de ácido gástrico, pepsina e bile, alteração no fluxo sangüíneo da mucosa gástrica e no pH intramural. Ocorrem ainda alteração no muco gástrico e no grau de renovação das células epiteliais e a influência do sistema nervoso central na fisiologia gástrica. Há um consenso de que a úlcera de estresse resulta de interações envolvendo a combinação desses fatores, e, apesar de mecanismos multifatoriais contribuírem para o desenvolvimento do dano à mucosa gastroduodenal, a presença do ácido gástrico luminal parece ser o fator essencial.[31]

Manuseio da HDA não-varicosa

O objetivo inicial é avaliar o estado hemodinâmico do paciente, devendo-se estabelecer a presença de HDA em atividade e as condições clínicas associadas que podem agravar o prognóstico, dando suporte para a estabilização cardiovascular, a ressuscitação, que é prioridade em relação à identificação da origem do sangramento.[1] Seguem-se os estudos para o diagnóstico (usualmente endoscopia), que, por vezes, são utilizados no tratamento de patologias específicas (Quadro 91-5).[38]

A avaliação clínica inicial inclui história e exame físico (avaliar fatores complicantes como idade, co-morbidades, uso de anticoagulantes, coagulopatia, questionar sobre uso de AINHs, incluindo uso de AAS, antecedentes de úlcera péptica, ingesta de bebida alcoólica, vômitos, estigmas periféricos de hepatopatia crônica, hipotensão postural, taquicardia, sudorese fria, entre outros) que vão nos ajudar a identificar a etiologia e a severidade do sangramento.

A colocação de, pelo menos, um catéter de grosso calibre em uma veia calibrosa é necessária para a infusão de cristalóides e/ou colóides, de acordo com as necessidades.

A retirada de sangue para exames laboratoriais, tais como hematócrito, hemoglobina, tempo de protrombina, plaquetas e classificação sangüínea, é importante para o seguimento subseqüente do paciente, e eles devem ser obtidos com brevidade. A correção das alterações da coagulação e/ou da trombocitopenia melhora o sucesso em alcançar uma hemostasia inicial e reduz a probabilidade de ressangramento após procedimento terapêutico endoscópico.[16]

Todos os pacientes com instabilidade hemodinâmica (choque, hipotensão ortostática, necessidade de mais de 2 concentrados de hemácias, queda do hematócrito em mais de 6 pontos) ou sangramento ativo (manifestado por sangue vivo pela sonda nasogástrica ou hematoquezia) devem estar na UTI para ressuscitação e monitorização hemodinâmica. Nesses casos, a diminuição do débito cardíaco estimula a elevação da freqüência cardíaca como mecanismo compensatório, salvo algumas exceções (uso de propranolol, neuropatia autonômica como exemplo, *diabetes mellitus*, entre outros), refletindo o grau de perda volêmica. Ocasionalmente predomina um estímulo vagal, resultando em bradicardia paradoxal. A perda sangüínea severa é também compensada por uma importante vasoconstrição muscular e esplâncnica, podendo originar um quadro de acidose láctica, isquemia hepática e azotemia pré-renal, esta última podendo evoluir para necrose tubular aguda. Essas alterações ainda são mais acentuadas naqueles pacientes com patologias prévias, principalmente *diabetes mellitus*, vasculopatia e insuficiência renal.[20]

Pacientes com ICC ou doença valvar podem beneficiar-se de monitorização através de catéter pulmonar para minimizar o risco de sobrecarga hídrica.

Quadro 91-5. Manuseio emergencial da hemorragia digestiva alta aguda

1. Ressuscitação e estabilizacão
2. Avaliação do início e severidade do sangramento
3. Endoscopia diagnóstica:
   - Preparação para panendoscopia de emergência
   - Localização e identificação do sítio de sangramento
   - Estratificação do risco de ressangramento
4. Endoscopia terapêutica:
   - Controle de sangramento ativo ou de lesões de alto risco
   - Minimização das complicações relacionadas com o tratamento
   - Tratamento de sangramento persistente ou recorrente

A passagem da sonda nasogástrica (SNG) servirá para lavagem gástrica, facilitando a endoscopia e a monitorização do sangramento e para diminuir o risco de aspiração maciça, embora não altere o curso do sangramento.

A intubação endotraqueal eletiva está indicada naqueles pacientes com hematêmeses volumosas e freqüentes, com alteração do nível de consciência ou com desconforto respiratório, o que facilitará a endoscopia e diminuirá o risco de broncoaspiração.

No manuseio da HDA é necessário o trabalho de uma equipe multidisciplinar, com intensivistas, gastrenterologistas/endoscopistas e cirurgiões.

Reposição volêmica

O paciente com sangramento importante por hemorragia digestiva necessita de reposição da sua volemia. Sendo a causa da hipovolemia óbvia na grande maioria dos casos, a avaliação da perda pode ser feita pelo exame clínico habitual, sem o uso de aparelhos sofisticados (Quadro 91-6).

Quanto à solução a ser usada na reposição volêmica, deve ser iniciada por cristalóides, e a gravidade do caso ou a falta de resposta após volume adequado indicarão a necessidade do uso de derivados de sangue.

O cristalóide mais usado é a solução de Ringer lactato, podendo também ser o soro fisiológico (NaCl a 0,9%). Soluções salinas hipertônicas podem manter a volemia temporariamente, até a disponibilidade de soluções isotônicas habituais (durante atendimento em via pública ou ambulâncias, por exemplo).

Colóides são desnecessários na hemorragia grave, exceto sangue. Colóides sintéticos ou albumina humana ficam apenas para casos excepcionais em que não há resposta aos cristalóides e não se dispõe de derivados do sangue.

A reposição sangüínea dependerá da idade do paciente, da freqüência do sangramento e da presença de co-morbidades (doença coronariana, enfisema ou cirrose). Nos pacientes jovens e/ou previamente saudáveis, a reposição sangüínea será indicada para manter um hematócrito maior de 20%.[15] Nesses pacientes, é aceitável um hematócrito de 20 - 25%, mas em um paciente idoso com doença coronariana esses níveis de hematócrito poderão ser catastróficos.

Na perda aguda de sangue, o hematócrito só irá refletir a magnitude da perda após um período de tempo. O hematócrito não muda durante as primeiras horas após a hemorragia, desde que ocorram reduções proporcionais nos volumes de plasma e hemácias. Durante esse período, deve-se ter cuidado para não subestimar a severidade do sangramento. Somente quando o fluido extravascular entra para o espaço vascular é que o hematócrito diminui, e isso só ocorrerá completamente em 24 a 72 horas após o evento. Nesse momento, o volume de plasma é maior que o normal, e o hematócrito está no seu menor valor. Essa seqüência é alterada se existirem anormalidades preexistentes do volume vascular ou pela infusão exógena de líquidos e sangue.[44]

Pacientes com sangramento ativo e que tenham coagulopatia (tempo de protrombina prolongado, com INR > 1,5) e/ou plaquetopenia (< 50.000) devem receber plasma fresco e/ou plaquetas, respectivamente.[44]

Tratamento farmacológico

Os estudos variam amplamente, mas parece que o uso de inibidor de bomba de prótons (IBP) intravenoso ou, quando não possível, oral pode reduzir a necessidade de transfusão, taxa de ressangramento e a necessidade de endoscopia de repetição e/ou intervenção cirúrgica. Entretanto, é reconhecido que o uso da supressão ácida não deve ser uma intervenção isolada, a maioria dos estudos mostrando uma eficácia em curto prazo apenas após a hemostasia ter sido alcançada usando-se alguma forma de intervenção endoscópica terapêutica.

Agentes farmacológicos que agem como antifibrinolíticos (p. ex.: ácido tranexâmico), que diminuem a acidez gástrica (p. ex.: antagonistas H_2, IBP e análogos da prostaglandina), que atuam como vasoconstrictores mesentéricos (vasopressina) ou ambos, reduzindo a acidez e atuando como vasoconstritores (somatostatina), têm sido estudados na tentativa de controlar as úlceras sangrantes. Apesar de alguns trabalhos mostrarem benefícios, a maioria não encontra eficácia nesses agentes, e no presente nenhuma terapia farmacológica pode ser fortemente recomendada para o tratamento da HDA não-varicosa.

Dados de estudos *in vitro* sugerem que a coagulação ocorre mais efetivamente e que a lise do coágulo, pelas enzimas prote-

Quadro 91-6. Avaliação do sangramento agudo

	Classe I	*Classe II*	*Classe III*	*Classe IV*
Perda sangüínea (ml)	Até 750	750-1.500	1.500- 2.000	> 2.000
Perda sangüínea (%)	Até 15%	15-30%	30-40%	> 40%
Pulso	< 100	101-120	121-140	> 140
Pressão arterial	Normal	Normal	Diminuída	Diminuída
Pressão de pulso	Normal ou alta	Diminuída	Diminuída	Diminuída
Freqüência respiratória	14-20	21-30	31-40	> 40
Diurese (ml/h)	> 30	21-30	5-20	Desprezível
Estado mental (SNC)	Ansiedade leve	Ansiedade moderada	Ansioso/confuso	Confuso/letárgico
Reposição volêmica	Cristalóide	Cristalóide	Cristalóide e sangue	Cristalóide e sangue

olíticas, ocorre mais lentamente em níveis elevados de pH intraluminal.[40] Isso é a base para os regimes de redução da acidez gástrica em pacientes com hemorragia gastrointestinal. Nenhum estudo tem convincentemente demonstrado benefício dos antagonistas H_2 em parar o sangramento ativo ou prevenir ressangramento. Os resultados em relação aos potentes IBPs são promissores, mas inconclusivos.[9,36] No entanto, é prudente iniciar o tratamento com o IBP devido ao potencial benefício, e como terapia alternativa quando a endoscopia é contra-indicada, não bem-sucedida, ou não-possível. Os IBPs também podem ser utilizados uma vez diagnosticada uma alteração ácido-péptica, agudamente para promover a cicatrização da lesão e como terapia de manutenção para prevenir recorrências.

Endoscopia

A endoscopia digestiva alta (EDA) deverá ser realizada dentro das primeiras 24 horas após admissão do paciente. Entretanto, ainda não está claro qual o melhor momento dentro dessas 24 horas. A EDA é um método imprescindível no diagnóstico da HDA, detectando a origem do sangramento em 95 a 98% dos casos, além de nos dar informação prognóstica de diminuir a chance de ressangramento, o número de intervenções cirúrgicas e os custos hospitalares.[16] Coagulopatia não-corrigida é contra-indicação relativa para a hemostasia endoscópica naqueles pacientes que não estão com sangramento ativo.

A endoscopia de urgência é geralmente feita nos pacientes que estão hemodinamicamente instáveis, com hipotensão ortostática, taquicardia, choque e/ou sinais que indicam sangramento ativo. A razão é que a hemostasia da lesão pode ser alcançada com a intervenção endoscópica terapêutica, dando ao clínico a oportunidade de estabilizar hemodinamicamente o paciente. Em contraste, a endoscopia pode ser feita em condições mais adequadas (dentro das 24 horas) após ressuscitação, nos pacientes sem evidência de sangramento ativo e que estão estáveis.

A endoscopia com intenção terapêutica deve ser fortemente considerada como intervenção precoce para o controle e a prevenção do sangramento. O tempo exato de sua realização e o manuseio pós-endoscópico não são bem definidos.[15] Muitos estudos têm demonstrado que a terapia endoscópica usando injeções de epinefrina, agentes esclerosantes, eletrocautério, probes aquecidos e outras intervenções hemostáticas facilita o controle precoce do sangramento, reduz a taxa de ressangramento e melhora a curto prazo a morbidade e a mortalidade.[1,37]

Embora as técnicas endoscópicas terapêuticas não sejam desprovidas de complicações (por exemplo: perfuração e piora do sangramento se a hemostasia não for conseguida) elas são ferramentas importantes e promovem uma série de benefícios no manuseio dos pacientes de alto risco. Como descrito por Gralneck *et al* num estudo prospectivo randomizado controlado em pacientes que apresentavam sangramento ativo por úlcera, a taxa de hemostasia primária foi de 100 e 90 % para técnica do aquecimento e de injeções terapêuticas, respectivamente, *versus* 8% para os pacientes tratados clinicamente. Essa melhora do prognóstico também estava associada a uma diminuição da necessidade de transfusão e de cirurgia de urgência. No momento da endoscopia, na presença de úlcera gástrica e/ou duodenal, o teste para o *Helicobacter pylori* deve ser obtido. Se o teste for positivo para a erradicação do *H. pylori*, tem-se a redução do índice de ressangramento agudo em longo prazo, comparado com os que não trataram.[7]

Uma vez aplicada a intervenção endoscópica, o procedimento pode ser considerado de sucesso se o sangramento parar e não ocorrer ressangramento. Estudos sugerem que o ressangramento pode ocorrer em mais de 20% dos pacientes após endoscopia terapêutica, usualmente dentro de 48-72 horas.[23,45] Em paciente em que a terapia endoscópica inicial não for bem-sucedida, deverá ser considerada a repetição da endoscopia, a angiografia ou cirurgia. Em um estudo em que foi comparada a endoscopia para retratamento *versus* cirurgia, ficou claramente demonstrado que o retratamento endoscópico reduziu a necessidade de intervenção cirúrgica e estava associado a menos complicações que a cirurgia.[41]

A conferência de consenso do *National Institute of Health* (NIH) em relação a úlceras sangrantes e endoscopia terapêutica concluiu que a terapia endoscópica deve ser limitada a pacientes com maior risco para sangramento persistente ou recorrente e morte.[40] Esse grupo inclui aqueles com evidência clínica de perda sangüínea significativa e evidência endoscópica de sangramento ativo ou vaso visível não-sangrante. Estudo de metanálise avaliando a hemostasia endoscópica para HDA não-varicosa encontrou uma significativa redução na mortalidade (risco relativo de redução de 30 %) e uma queda nos índices de persistência do sangramento e ressangramento (69%), assim como na necessidade de cirurgia de urgência (62%).[27]

Os pacientes com características endoscópicas indicando baixo risco de posterior sangramento podem, portanto, começar a comer logo depois do procedimento. Os pacientes com achados endoscópicos sugerindo risco mais alto não devem receber nada por via oral ou apenas líquidos claros nos 2 primeiros dias de hospitalização para que o alimento no estômago não interfira em um procedimento endoscópico ou cirúrgico urgente, o que pode ser necessário se ocorrer novo sangramento (Quadro 91-7).

As duas maiores complicações da terapia endoscópica são indução de sangramento (0,5%) e perfuração intestinal (0,3%).

***Quadro 91-7.* Fatores prognósticos endoscópicos para recorrência de sangramento por úlcera**

Estigma endoscópico de hemorragia recente	*Prevalência (%)*	*Risco de ressangramento no tratamento médico (%)*
Sangramento arterial ativo	10	90
Vaso visível não-sangrante	25	50
Coágulo aderente	10	25 a 30
Sangramento sem vaso visível	10	10 a 20
Manchas planas	10	7 a 10
Úlcera de base limpa	35	3 a 5

Os estudos radiográficos contrastados devem ser evitados no momento do sangramento, que tem como desvantagens: 1) interferir nos procedimentos endoscópicos e arteriográficos diagnósticos e terapêuticos; 2) pouca sensibilidade para identificação de sangramentos de mucosa superficial (p. ex., Mallory-Weiss, gastrite, malformação vascular) e 3) incapacidade de distinguir o local da hemorragia em pacientes com mais de uma lesão mucosa.

Arteriografia

É uma terapia infreqüentemente utilizada para paciente com HDA, sendo considerada somente para sangramentos persistentes e severos se a cirurgia for de maior risco e a terapia endoscópica não tiver tido sucesso ou não estiver disponível.

Cirurgia de urgência

Todos os pacientes com HDA severa o suficiente para causar instabilidade hemodinâmica, e que requerem internamentos em UTIs devem ter a avaliação do cirurgião.

Os critérios para uma cirurgia de urgência incluem:

1. Falência em controlar o sangramento com medidas clínicas.
2. Sangramento severo, apesar de duas tentativas de hemostasia endoscópica.
3. Lesão inacessível por endoscopia em virtude de cirurgia prévia, anomalia anatômica ou estenose pilórica.
4. Choque severo quando a cirurgia de urgência pode prevenir exsanguinação.
5. Complicações severas da terapia endoscópica (p. ex., perfuração, piora da lesão sangrante).

HEMORRAGIA GI RELACIONADA A VARIZES ESOFAGOGÁSTRICAS NA HIPERTENSÃO PORTA

Definições

Para alguns autores, é importante que se definam os termos usados no contexto de um sangramento por varizes, e existem definições que são consideradas consensuais.[6,49]

Hemorragia por varizes

A hemorragia por varizes é definida como sangramento de uma variz esofágica ou gástrica no momento da endoscopia ou a presença de grandes varizes esofagianas com sangue no estômago e nenhuma outra causa reconhecida de sangramento. Um episódio de sangramento é considerado clinicamente significativo quando há necessidade transfusional de 2 unidades de sangue ou mais nas primeiras 24 horas a partir do tempo zero, juntamente com uma pressão sistólica menor que 100 mmHg ou uma mudança postural maior que 20 mmHg e/ou pulsação maior que 100 bpm no tempo zero (tempo zero é o momento de admissão no primeiro hospital).

Definição de tempo de sangramento agudo

O episódio de sangramento agudo é representado por um intervalo de 48 horas do tempo zero, sem evidência de sangramento significativo entre 24 e 48 horas. Evidência de qualquer sangramento depois de 48 horas é considerada como primeiro episódio de ressangramento.

Ressangramento

O ressangramento é definido como a ocorrência de novos episódios de hematêmese ou melena após um período de 24 horas de estabilidade dos sinais vitais e do hematócrito e hemoglobina, seguindo-se de sangramento agudo.

Falha em controlar o sangramento agudo

A falha em controlar o sangramento é separada em dois momentos:

1. Falha no controle do sangramento agudo em 6 horas.
   Necessidade transfusional de 4 ou mais unidades de sangue e impossibilidade de alcançar um acréscimo de 20 mmHg na pressão sangüínea ou elevá-la para 70 mmHg, e/ou impossibilidade de reduzir a freqüência de pulso para menos que 100 bpm.
2. Falha no controle do sangramento após 6 horas.
   Ocorrência de hematêmese após 6 horas.
   Redução na pressão sangüínea de mais de 20 mmHg após 6 horas; transfusão de 2 unidades de sangue ou mais (além das transfusões prévias), requeridas para elevar o hematócrito acima de 27% ou a hemoglobina acima de 9 g%.

Mortalidade precoce

Morte nas 6 semanas do início do sangramento.

História natural de varizes na cirrose hepática

Os fatores que predispõem e precipitam a hemorragia ainda não são totalmente claros, e a sugestão de que a esofagite poderia precipitar a hemorragia foi descartada. Atualmente os fatores mais importantes incluem:

- Pressão dentro das varizes.
- Tamanho das varizes.
- Tensão na parede da variz.
- Gravidade da doença hepática.[28]

O risco do primeiro sangramento tem sido avaliado por diversos autores, mas é necessária uma cuidadosa interpretação desses dados, já que muitos estudos não comentam sobre a severidade da doença hepática ou se o paciente com cirrose alcoólica mantém a ingestão de álcool, já que esses dois fatores têm efeito significativo no risco de sangramento. Barker *et al*[4] relataram sangramento por varizes em 33 de 115 pacientes, acompanhados por um período de 3,3 anos, com mortalidade de 48% no primeiro sangramento. Esses dados foram confirmados por outros autores, e cerca de 70% dos episódios hemorrágicos ocorreram nos 2 primeiros anos do diagnóstico.[28,29]

O sangramento por varizes esofágicas cessa espontaneamente em 20% a 30% dos pacientes, mas cada episódio de sangramento está associado a 25% a 40% de mortalidade. O risco

Quadro 91-8. Objetivos e principais medidas terapêuticas na hemorragia por varizes gastresofágicas
Objetivos
• Prevenir primeiro sangramento • Controlar sangramento agudo • Prevenir ressangramento
Principais medidas terapêuticas
• Reduzir pressão portal • Terapêutica farmacológica • *Shunts* cirúrgicos ou intervencionais (TIPS) • Controle local/obliteração das varizes • Tamponamento por balão • Escleroterapia endoscópica • Ligação/bandeamento endoscópico • Desvascularização cirúrgica (transecção, procedimento de Sugiura)

de ressangramento é muito alto nos sobreviventes, ocorrendo o risco máximo nos primeiros dias após a hemorragia, decrescendo, mas permanecendo alto, até o segundo ou terceiro meses.[31]

Assim, esses dados indicam que o manuseio terapêutico desses pacientes deve contemplar o controle do sangramento ativo e prevenir o ressangramento após o episódio inicial e, talvez essencialmente, prevenir o primeiro episódio hemorrágico. Os objetivos e as principais medidas para o manuseio do sangramento por varizes estão resumidos no Quadro 91-8.

Controle do sangramento agudo

Durante o episódio hemorrágico agudo, o objetivo imediato é obter a estabilidade hemodinâmica do paciente, com uma pronta e apropriada ressuscitação, seguida pela implantação de medidas que cessem e previnam a recorrência do sangramento.[1] Para isso, cuidados intensivos são requeridos. A endoscopia digestiva precoce permite o diagnóstico do local do sangramento e decisões quanto ao manuseio terapêutico.

O sangramento por varizes gastresofágicas é uma das mais graves emergências médicas. Está associado a uma maior morbimortalidade do que outras causas de sangramento gastrintestinal, assim como a alto custo hospitalar.[5,52] O primeiro episódio de sangramento carrega uma mortalidade de até 30% de sangramento, e até 70% dos sobreviventes irão ter episódio recorrente de sangramento (Fig. 91-2).

Diferentes abordagens têm sido usadas para controlar o sangramento por varizes, incluindo drogas, tamponamento esofágico, tratamento endoscópico e TIPS ou cirurgia.

Como em qualquer outro sistema vascular, o gradiente de pressão portal é o produto do fluxo sangüíneo e da resistência vascular dentro do sistema porta colateral. Portanto, a pressão portal pode ser reduzida por uma diminuição do fluxo sangüíneo portal colateral (vasoconstritores), pela diminuição da resistência vascular (vasodilatadores) ou pela combinação de ambos.

Nesses pacientes, temos que ter cuidado para não hiperhidratá-los, já que uma sobrecarga de volume pode aumentar a hipertensão porta e precipitar sangramento posterior.[3]

Antibioticoterapia sistêmica (p. ex., cefalosporinas de terceira geração) deve ser usada, diminuindo-se assim o risco de infecção bacteriana e a mortalidade, principalmente naqueles pacientes com ascite.[2,25]

A hemorragia por varizes gástricas é caracterizada por um sangramento maciço, geralmente mais severo que o da hemorragia por varizes de esôfago e de mais difícil controle, especialmente por via endoscópica. Tanto a escleroterapia como a ligadura são comumente ineficazes em controlar o sangramento agudo das varizes gástricas por serem essas de localização mais profunda na submucosa do que as esofágicas. O *N*-butil-2-cianoacrilato (cola tecidual) tem se mostrado efetivo no sangramento por varizes gástricas, apesar de não haver nenhum estudo randomizado.[22]

Tratamento farmacológico

A principal vantagem da terapia farmacológica na hemorragia digestiva aguda é que ela pode ser administrada precocemente e não requer equipamento sofisticado e nem técnico experiente para sua utilização, sendo a terapia de início imediato em pacientes com provável sangramento por varizes.

As drogas usadas no tratamento do sangramento varicoso agudo incluem: vasopressina sozinha ou combinada com nitroglicerina, terlipressin – derivado da vasopressina, somatostatina e análogos da somatostatina –, octreotide e mais recentemente vapreotide.

A vasopressina, em estudos controlados randomizados (ECRs), mostrou controlar com sucesso o sangramento agudo de varizes em 52% dos pacientes, comparados com 18% do grupo placebo, estando associado à taxa de ressangramento de 45%, além de significativas complicações, como isquemia miocárdica, hipertensão, hiponatremia e retenção hídrica. Nenhum dos ECRs mostrou melhora na sobrevida.[13] Devido às suas complicações, outras drogas estão sendo utilizadas.

O terlipressin análogo sintético da vasopressina, com poucos efeitos colaterais e meia-vida mais longa, permite seu uso em *bolus* (1 a 2 mg, intravenoso, a cada 4 ou 6 horas). É o único agente farmacológico que tem mostrado diminuição da mortalidade (34% de redução).

A somatostatina e seus análogos sintéticos, octreotide e vapreotide, pararam o sangramento em até 80% dos pacientes e têm poucos efeitos colaterais, que incluem hiperglicemia e cólicas abdominais. A dose usual da somatostatina é de 250 g em injeção intravenosa em *bolus*, seguida de 250 g/hora em infusão contínua, mantida por 2 a 5 dias. O octreotide poderá ser administrado em infusão contínua de 50 g/hora, por via intravenosa, durante 12 horas a 5 dias. Em alguns estudos, após 48 horas de administração intravenosa, o octreotide foi dado por via subcutânea, 1.000 g/8horas, até 5 dias.

A melhor abordagem para hemorragia ativa por varizes é a combinação do uso de drogas mais endoscopia terapêutica, que é superior ao uso de cada uma isoladamente. O terlipressin seguido de escleroterapia é significativamente melhor em alcançar o controle do sangramento e a redução da mortalidade do que a escleroterapia sozinha.[10,26] Semelhantemente, a combinação tanto da somatostatina ou do octreotide com a escleroterapia melhorou a eficácia em controlar o sangramento, embora não a sobrevida.[26,42]

A abordagem proposta para o paciente com HDA ativa por varizes está resumida na Figura 91-3. Quando existe uma suspeita de sangramento por varizes, a administração de drogas (vasopressina + nitroglicerina, terlipressin, somatostatina ou octreotide) deve ser iniciada o mais breve possível. A endoscopia diagnóstica deve ser realizada tão logo possível, e, se o sangramento pelas varizes for confirmado, a endoscopia terapêutica (escleroterapia ou ligadura elástica, dependendo do especialista) será feita. Se novo sangramento ocorre, uma segunda intervenção endoscópica deve ser considerada. Se o controle do sangramento não foi alcançado, a terapia de resgate com procedimentos derivativos (TIPS – *Transjugular Intrahepatic Portosystemic Shunt*, ou *shunts* cirúrgicos) deve ser realizada.

O tamponamento por balão tem sido usado há muitos anos para controlar o sangramento através da compressão da variz sangrante. É de grande importância, deve ser colocado por um médico experiente, o paciente deve ser monitorizado continuamente, e o tubo deverá ser removido o mais breve possível, não devendo permanecer mais de 24 horas em insuflação contínua. Os pacientes podem ser temporariamente controlados em mais de 90% dos casos, mas infelizmente a recorrência de sangramento após descompressão do balão é comum, além de complicações como perfuração esofágica, pneumonia aspirativa e raramente asfixia.[34] Ele serve como uma ponte para uma terapia mais definitiva (TIPS ou cirurgia) nos casos de hemorragia descontrolada.

HEMORRAGIA DIGESTIVA BAIXA (HDB)

A hemorragia digestiva baixa (HDB) é definida como uma perda de sangue proveniente de um sítio localizado abaixo do ângulo de Treitz. Geralmente o paciente queixa-se de hematoquezia. A certeza diagnóstica em relação à classificação do sangramento em alto ou baixo não poderá estar baseada apenas na coloração das fezes. Como já foi dito anteriormente, o paciente poderá ter hematoquezia decorrente de sangramento gastrintestinal alto, assim como melena poderá ser proveniente de sangramento em cólon direito, portanto uma HDB. Em uma série de 80 pacientes com hematoquezia importante, por exemplo, 74% tinham lesões colônicas (angiodisplasia primária, divertículo e pólipo ou câncer), 11% tinham HDA, 9% de origem presumível em intestino delgado, e em 6% nenhum sítio foi identificado.[45]

A separação das causas de HDB de acordo com a idade, apresentação clínica e freqüência ajudam na progamação do melhor tratamento (Quadros 91-9 e 91-10).

Uma vez determinado que a hemorragia digestiva é baixa, a colonoscopia é o exame inicial de escolha para o diagnóstico e o tratamento. Outros procedimentos diagnósticos podem ser úteis, e incluem cintilografia e arteriografia mesentérica, cada procedimento com suas vantagens e desvantagens.[46] Estudo com bário não tem indicação na avaliação da HDB aguda. Raramente, pacientes com HDB exsanguinante vão necessitar de cirurgia de urgência. A morbidade e a mortalidade associadas com colectomia na ausência de localização do sangramento previamente são maiores que naqueles pacientes que têm seu sítio de sangramento localizado antes da cirurgia. Portanto, todos os esforços devem ser feitos na tentativa de localizar o sangramento no pré-operatório. A Figura 91-5 mostra o

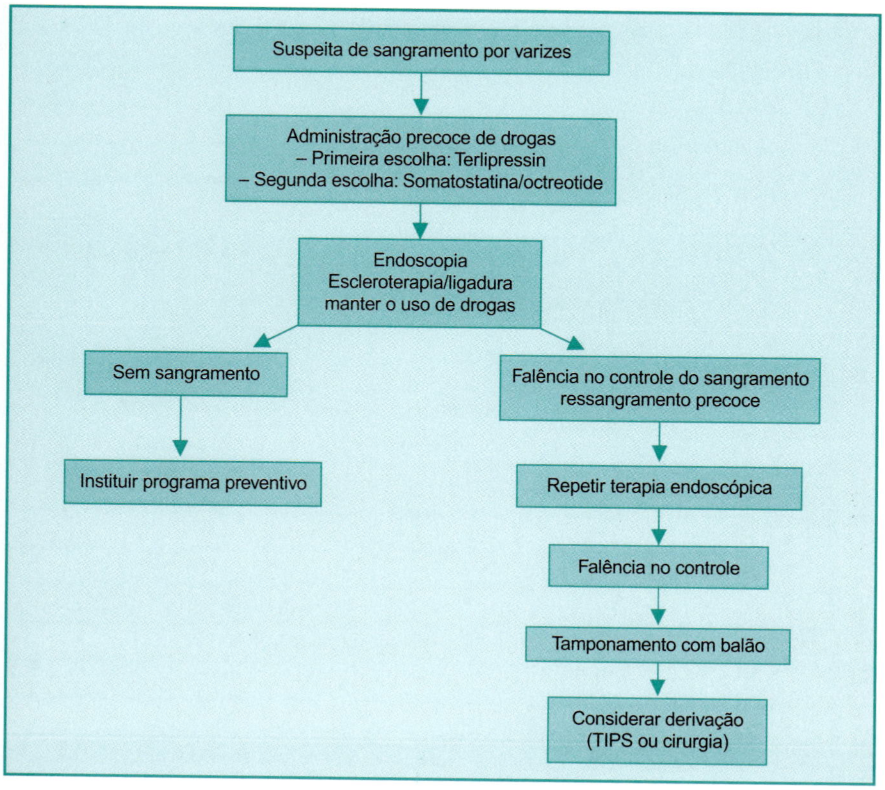

Fig. 91-3. Manuseio clínico da hemorragia aguda por varizes.

Quadro 91-9. Causas comuns de hemorragia digestiva baixa		
Lesão	***Prevalência (%)***	***Comentários***
Doença diverticular	17-40	80% são autolimitadas
Neoplasia colônica, sangramento pós-polipectomia	11-14	Sangramentos pós-polipectomia são geralmente autolimitados e tendem a ocorrer 7 a 10 dias após a polipectomia
Causas anorretais	4-10	Proctoscopia pode ser útil na avaliação inicial
Origem HDA	0-11	Apesar do aspirado gástrico bilioso tornar improvável a HDA, não podemos eliminá-la totalmente como origem
Origem intestino delgado (ileíte de Crohn, divertículo de Meckel, ectasia vascular, tumores)	2-9	Diagnostico é freqüentemente feito pela radiologia e enteroscopia após ter parado o sangramento agudo

DII = Doença inflamatória intestinal; HAD = hemorragia digestiva alta.

Quadro 91-10. Idade e apresentação clínica da hemorragia digestiva baixa				
Apresentação clínica	***Criança***	***Adulto jovem***	***Adulto meia-idade***	***Idoso***
Dor abdominal	DII, intussuscepção	DII	DII	Isquemia
Sangramento indolor	Pólipo juvenil de Meckel	Divertículo de Meckel	Diverticulose, pólipos, malignidade	Angiodisplasia, diverticulose, pólipo, malignidade
Diarréia	DII, infecção	DII, infecção	DII, infecção	Isquemia, infecção
Constipação/Disquezia	Fissuras	Hemorróidas, fissuras, úlceras retais	Hemorróidas, fissuras	Malignidade, hemorróidas, fissuras

DII = Doença inflamatória intestinal.

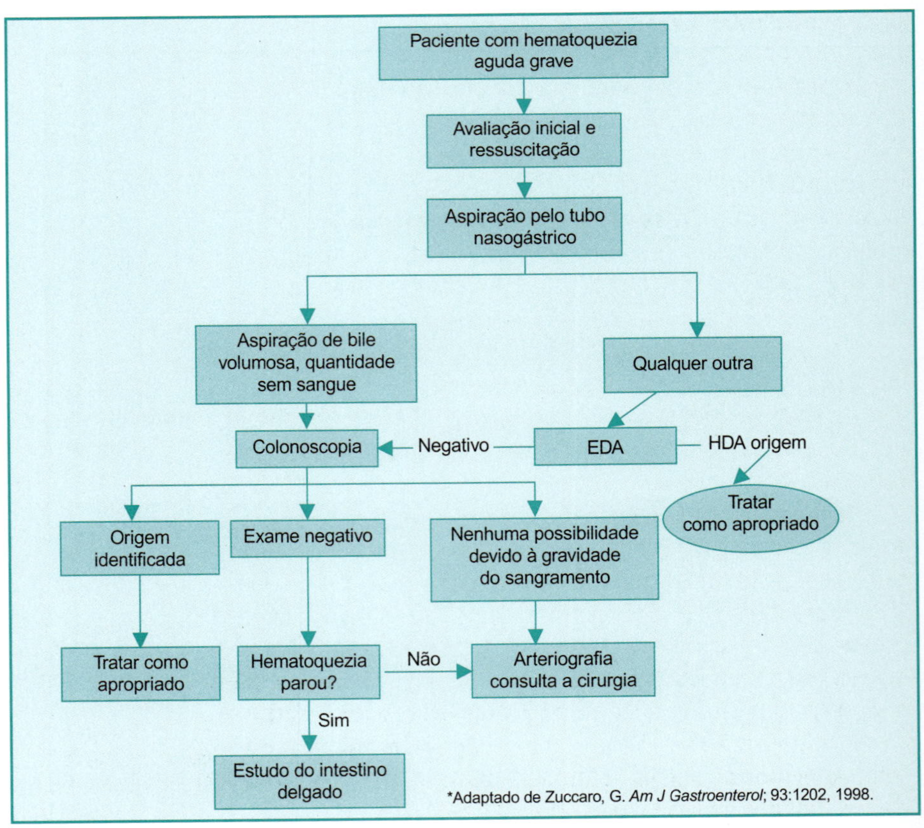

Fig. 91-4. Abordagem do paciente com hemorragia digestiva baixa.

algoritmo para a conduta no paciente com hemorragia digestiva baixa.

A colonoscopia geralmente deve ser precedida de endoscopia digestiva alta (EDA), pois cerca de 10 a 15% dos pacientes com suspeita de HDB têm HDA. Agora, se na aspiração gástrica for evidenciada secreção biliar volumosa sem sangue, podemos realizar a colonoscopia diretamente.[32]

Cerca de 60 a 80% dos casos de HDB são diagnosticados pela colonoscopia.

A colonoscopia poderá nos mostrar três resultados:

1. Identificará a lesão.
2. Não identificará a lesão.
3. Incompleta, em função de grande sangramento. Identificada a lesão, devemos proceder ao tratamento adequado.

Se o exame não conseguiu identificar a causa do sangramento, seja porque ele é súbito e intermitente, ou é grave, a arteriografia está indicada. Esta poderá ser útil quando o sangramento for ativo e não for localizado pela colonoscopia; o sangramento deverá ser arterial e com uma vazão de pelo menos 0,5 ml/minuto.[32]

As vantagens da colonoscopia incluem uma precisa localização do sangramento, capacidade de realização de biopsia e o potencial de intervenção terapêutica. O tratamento colonoscópico pode reduzir substancialmente o risco de ressangramento em pacientes com hemorragia diverticular comparados com os pacientes tratados conservadoramente.[46] Suas desvantagens incluem pobre visualização num cólon não-preparado e risco de sedação nos pacientes com sangramento ativo.

Alguns médicos realizam a colonoscopia sem preparar o cólon, uma vez que o sangue é um catártico, enquanto outros preferem utilizar enemas ou soluções eletrolíticas balanceadas para preparação rápida administradas por via oral ou sonda nasogástrica. Não existem evidências de que o preparo do intestino possa reativar ou aumentar a taxa de sangramento.

A cintilografia detecta sangramento que está ocorrendo a uma taxa de 0,1 a 0,5 ml/ min. Ela é mais sensível que a arteriografia, mas menos específica que o exame endoscópico ou arteriográfico. As suas vantagens são maior sensibilidade e não-invasibilidade. A maior desvantagem é que localiza o sangramento numa área do abdômen, numa precisão que varia de 24 a 91%.

A arteriografia necessita de um sangramento ativo com um fluxo de 1 a 1,5 ml/min sob ótimas condições de visualização do local de sangramento. A vantagem da arteriografia é que ela não necessita de preparo do cólon e tem uma localização anatômica precisa.

Também permite intervenção terapêutica em alguns pacientes, desde que a infusão de vasopressina ou embolização possa ser feita pelo catéter. Até 91% dos pacientes com HDB devido à doença diverticular ou angiodisplasia que receberam vasopressina intra-arterial pararam de sangrar, embora até 50% voltassem a sangrar uma vez parada a vasopressina. Nesses pacientes, portanto, a vasopressina permitiu uma cirurgia semi-eletiva.

A embolização através do catéter pode significar um controle da hemorragia mais definitivo, mas está associada a um risco de infarto intestinal que pode chegar a 20%.

Resumindo, a colonoscopia é recomendada antes da arteriografia na maioria dos pacientes com HDB devido ao seu alto poder diagnóstico e baixa taxa de complicações. A arteriografia é reservada para aqueles nos quais a colonoscopia não é possível, ou naqueles com sangramento persistente ou recorrente e nos quais a colonoscopia não foi diagnóstica.

Complicações da arteriografia, tais como trombose arterial, embolização e insuficiência renal, ocorrem em aproximadamente 9% dos pacientes.

REFERÊNCIAS BIBLIOGRÁFICAS

1. Alves JG, Maleh E, Rodrigues R, Portinho AS. Hemorragia digestiva alta não-varicosa. *JBM* 2002;2(6):4–6.
2. Bernard B, Grange JD, Khac EM, Amiot X, Opolon P, Poynard T. Antibiotic prophylaxis for the prevention of bacterial infections in cirrhotic patients with gastrointestinal bleeding: a meta-analysis. *Hepatology* 1999;29:1655–61.
3. Blaise M, Pateron D, Trinchet JC, Levacher S, Beaugrand M, Pourriat JL. Systemic antibiotic therapy prevents bacterial infection in cirrhotic patients with gastrointestinal hemorrhage. *Hepatology* 1994;20:34–8.
4. Brown TH, Davidson PF, Larson GM. Acute gastritis occurring within 24 hours of severe head injury. *Gastrointest Endosc* 1989;35:37–43.
5. Cello JP, Grendel JH, Crass RKA, Weber TE, Trunkey DD. Endoscopic escleropathy versus portocaval shunt in patients with severe cirrhosis and acute variceal hemorrhage: long-term follow-up. *N Eng J Med* 1987;316:11–5.
6. Chojkier N, Laine L, Coon HD *et al.* Predictors of outcome in massive upper gastrointestinal hemorrhage. *J Clin Gastroenterol* 1995;8:16–22.
7. Choudari CP, Rajgopal C, Elton RA, Palmer KR. Failures of endoscopic therapy for bleeding peptic ulcer: an analysis of risk factores. *Am J Gastroenterol* 1994;89(11):1968–72.
8. Cook DJ, Fuller HD, Guyatt GH *et al.* Risks factors for gastrointestinal bleeding in critically ill patients. *N Engl J Med* 1994;330:377.
9. Cook DJ, Giuatt GH, Salena BJ, Laine LA. Endoscopic therapy of acute nonvariceal upper gastrointestinal hemorrhage: a meta-analysis. *Gastroenterology* 1992;102:139.
10. Corley DA, Cello JP, Adkisson, Ko WF, Kerlikowske K. Octeotride for acute esophageal variceal bleeding: a meta-analysis. *Gastroenterology* 2001;120:946–54.
11. Curling TB. An acute ulceration of the duodenum in cases of burns. *Med Chir Transac* 1842;25:260–281.
12. Czaja A, McAlhany JC, Pruitt BA. Acute gastroduodenal disease after thermal injury. An endoscopic evaluation of incidence and natural history. *N Engl J Med* 1974;291:925–930.
13. D'Amico G, Pagliaro L, Boch J. Pharmacological treatment of portal hypertension: an evidence based approach. *Sem Liv Dis* 1999;19:475–505.
14. Daniel WA, Egan S. The quantity of blood required to produce a tarry stool. *JAMA* 1939;113:2232.
15. Ebert RV, Stead EA, Gibson JG. Response of normal subject to acute blood loss. *Arch Intern Med* 1941;68:578.
16. Eisen M, Glenn *et al.* An annotated algorithmic approach to upper gastrointestinal bleeding. *Gastroint Endoscopy* jun 2001;53(7).
17. Fallah MA, Prakash C, Edmundowicz S. Acute gastrointestinal bleeding. *Med Clin North Am* 2000;5.

18. Fisher RL, Pipkin GA, Wood JR. Stress-related mucosal disease. *Crit Care Clin* 1995;11:323–345.
19. Fruhmorgen P, Demling L. Complications of diagnostic and therapeutic colonoscopy in the Federal Republic of Germany: results of an inquiry. *Endoscopy* 1979;11:146–152.
20. Garcia Rodriguez LA, Cattaruzzi C, Troncon MG *et al.* Risk of hospitalization for upper gastrointestinal tract bleeding associated with ketorolac, other nonsteroidal anti-inflammatory drugs, calcium antagonists, and other hypertensive drugs. *Arch Intern Med* 1998;158:33–39.
21. Goldstein JL, Larson LR, Yamashita BD *et al.* Management of NSAID-induced gastropathy: an economic decision analysis. *Clin Ther* 1997;19:1496–1509.
22. Grace ND. Diagnosis and treatment of gastrointestinal bleeding secondary to portal hypertension. *Am J Gastroent* 1997;92(7):1081–88.
23. Gralnek IM, Jensen DM, Kovacs TOG *et al.* The economic impact of esophageal variceal hemorrhage: cost-effectiveness implications of endoscopic therapy. *Hepatology* 1999;29:44–50.
24. Hastings PR, Skillman JJ, Rushell LS *et al.* Antacid titration in the prevention of acute gastrointestinal bleeding. A controlled, randomized trial in 100 critically ill patients. *N Engl J Med* 1978;298:1041–1045.
25. Huang YH, Yeh HZ, Chen GH etal. Endoscopic treatment of bleeding gastric varices by N-butyl-2-cyanoacrylate (histoacryl) injection: long-term efficacy and safety. *Gastroint Endosc* 2000;52:160–7.
26. Ioannou G, Doust J, Rockey DC. Terlipressin for acute esophageal variceal hemorrhage (Cochrane review). *The Cochrane Library,* 2001. Oxford: Update Software.
27. Jutabha R, Jansen DM. Approach to the patient with upper gastrointestinal bleeding. *www.uptodate.com.* Acessado em 28 de março de 2002.
28. Kankaria AG, Fleisher DE. The critical care management of non variceal upper gastrointestinal bleeding. *Critical Care Clinics* 1995;11:347–368.
29. Katsching B, Logan R, Davis J *et al.* Etiology of acute upper gastrointestinal bleeding. *Dig Dis Sci* 1994;39:706–712.
30. Khuroo MS, Yattoo GN, Javid G *et al.* A comparison of omeprazole and placebo for bleeding peptic ulcer. *N Engl J Med* 1997;336:1054.
31. Kollef MH, O´Brien JD, Zuckerman GR, Shannon W. Bleed: a classification tool to predict outcomes in patients with acute upper and lower gastrointestinal hemorrhage. *Crit Care Med* 1997;25:1125–1132.
32. Laine L, Peterson WL. Bleeding peptic ulcer. *N Engl J Med* 1994;331:717.
33. Laine LA. *Helicobacter pylori* and complicated ulcer disease. *Am J Med* 1996;100(5A):52S–57S.
34. Lau JYW, Sung JJY, Chan ACW, Ng EKW, Lee DWH *et al.* Endoscopic retreatment compared with surgery in patients with recurrent bleeding after initial endoscopic control of bleeding ulcers. *N Engl J Med* 1999;340:751–6.
35. Lichtenstein D, Beejay U. Gastrointestinal hemorrhage. *In* Noble J: *Textbook of Primary Care Medicine.* 3rd ed. St. Louis: Mosby, 2001, pp 991–999.
36. Lin HJ, Low WC, Lee FY *et al.* A prospective randomized comparative trial showing that omeprazole prevents rebleeding in patients with bleeding peptic ulcer after successful endoscopic therapy. *Arch Intern Med* 1998;158:54.
37. Longstreth GF, Feitelberg SP. Successful outpatient management of acute upper gastrointestinal hemorrhage: use of practice guidelines in a large patient series. *Gastrointest Endosc* 1998;47(3):219–22.
38. Lucas CE, Sugawa C, Riddle J *et al.* Natural history and surgical dilemma of stress gastric bleeding. *Arch Surg* 1971;102:266–270.
39. Miller TA, Tornwall MS, Moody FG. Stress erosive gastritis. *Curr Probl Surg* 1991;28:453–459.
40. NIH Consensus Conference. Therapeutic endoscopy and bleeding ulcers. *JAMA* 1989;262:1369.
41. Patchett SE, Enright H, Afdhal N *et al.* Clot lysis by gastric juice: an in vitro study. *Gut* 1989;30:1704.
42. Peterson WL, Loren L. Gastrointestinal bleeding. *In* Sleisenger MH, Fordtran JS *et al*: *Gastrointestinal Disease.* 5th ed. Philadelphia: WB Saunders, 1993, Chap. 1, pp 162–92.
43. Rocktall TA, Logan RFA, Devlin HB, Northfield TC. Risk assessment after acute upper gastrointestinal hemorrhage. *Gut* 1996;38:316–21.
44. Rollhauser C, Fleischer DE. Ulcers and nonvariceal bleeding. *Endoscopy* 1999;31(1):17–25.
45. Saab S, Jutabha R. Etiology of lower gastrointestinal bleeding approach to the patient with upper gastrointestinal bleeding. *www.uptodate.com.* Acessado em 17 de abril de 2002.
46. Saab S, Jutabha R. Approach to the patient with lower gastrointestinal bleeding. *www.uptodate.com.* Acessado em 17 de abril de 2002.
47. Saeed ZA, Cloe RA, Ramirez FC, Schneider FE, Hepps KS, Graham DY. Endoscopic retreatment after successful initial hemostasis prevents ulcer rebleeding: a prospective randomized trial. *Endoscopy* 1996;28:288–94.
48. Savides TJ, Jensen DM. Severe gastrointestinal hemorrhage. *In* Shoemaker WC: *Textbook of Critical Care.* 3rd ed. Philadelphia: WB Saunders, 1995, p 1003.
49. Schiff L, Stevens RJ, Shapiro N, Goodman S. Observations on the oral administration of citrated blood in man. II. The effect on the stools. *Am J Med Sci* 1942;203:409.
50. Silverstein FE, Gilbert DA, Tedesco FJ *et al.* The national ASGE survey on upper gastrointestinal bleeding. II. Clinical prognostic factors. *Gastroint Endosc* 1981;27:80.
51. Silverstein FG, Gilbert DA, Tedesco FJ *et al.* The national ASGE survey of upper gastrointestinal bleeding: Part II. Clinical Prognostic Factors. *Gastrointest Endosc* 1981;27:80–93.
52. Vargas HE, Gerber D, Abu-Elmagd K. Liver transplantation: current management — management of portal hypertension-related bleeding. *Surg Clinics North Am* 19?!;79(1).
53. Wolfe MM, Lichtenstein DR, Singh G. Gastrointestinal toxicity of nonsteroidal antiinflammatory drugs. *N Engl J Med* 1999;340(24):1888–99.

92 Hemorragia Digestiva Alta – Aspectos Pediátricos

Gisele Limongeli Gurgueira • Werther Brunow de Carvalho

A incidência de hemorragia digestiva alta (HDA) em crianças é relativamente incomum, mas não é rara, e está associada ao quadro clínico que gera uma grande ansiedade nos pacientes, nos pais e na equipe de saúde. Felizmente, a maioria das crianças encaminhadas para a sala de emergência apresenta quadros leves e autolimitados. A HDA nos pacientes pediátricos é decorrente de diversas causas, que variam desde anomalias congênitas e hereditárias até aquelas freqüentemente encontradas nos adultos.[22] Os primeiros estudos realizados em crianças demonstraram que a úlcera péptica era a principal causa de HDA (40-75%), pois o diagnóstico era baseado nos exames contrastados, achados cirúrgicos e necropsia.[5,54] Com o advento da endoscopia digestiva pediátrica, iniciada por volta dos anos 70, houve uma mudança importante em relação à etiologia, ao diagnóstico e à terapêutica, diminuindo os riscos de complicações, inclusive demonstrando que as esofagites e gastrites são causas igualmente prevalentes de HDA na faixa etária pediátrica.[12,62]

A maioria dos estudos está relacionada com as crianças internadas na Unidade de Cuidados Intensivos pediátricos (UCI); nesses pacientes, a HDA pode ter conseqüências catastróficas e levar a inúmeras complicações, resultando em um prolongamento da internação ou até mesmo no óbito.[17] Uma pesquisa relatou a incidência de 6,4% de HDA, e apenas 0,4% dos episódios foi considerado clinicamente significativo.[33] Outros estudos relataram uma incidência de até 25% de HDA entre os pacientes internados na UCI e que não haviam recebido terapia profilática.[10,11]

A HDA clinicamente significativa era rara até metade do século passado; a partir da instituição dos cuidados intensivos, houve um aumento drástico nos episódios de sangramentos gastrintestinais, com elevação das taxas de morbidade e mortalidade. A partir da década de 60, esforços foram feitos para a identificação dos fatores de risco relacionados com a úlcera de estresse, e na década de 80 foi instituída a profilaxia como rotina na Unidade de Cuidados Intensivos, mostrando um declínio importante em sua incidência, que também pode ser atribuído a melhora do atendimento e da terapêutica. Apesar disso, alguns pacientes internados na UCI ainda apresentam episódios de HDA clinicamente significativos, incluindo os pacientes pediátricos.[59]

A abordagem inicial da HDA deve priorizar a avaliação e a estabilização hemodinâmica do paciente, seguida da identificação etiológica e da terapêutica específica.

DEFINIÇÕES

A hemorragia digestiva alta é definida como a hemorragia do trato gastrintestinal proximal ao ângulo de Treitz. Aproximadamente 20% de todos os sangramentos gastrintestinais em crianças estão localizados nessa área.[48]

A hemorragia digestiva clinicamente significativa ou com risco de vida é definida como o sangramento que leva a alterações hemodinâmicas ou aquele em que há necessidade de transfusão sangüínea.[40]

No estudo de Lacroix *et al*, em pacientes pediátricos, a HDA clinicamente significativa foi definida quando pelo menos uma das seguintes complicações fosse atribuída ao episódio de HDA: diminuição da concentração de hemoglobina, necessidade de transfusão, hipotensão, disfunção de múltiplos órgãos e sistemas (SDMO), cirurgia ou óbito.[18]

ETIOLOGIA E FISIOPATOLOGIA

As principais causas de HDA em crianças estão relacionadas no Quadro 92-1.[48] Algumas causas de HDA podem ser encontradas somente no período neonatal e nos lactentes jovens.

No período neonatal é comum a ingestão do sangue materno durante o parto ou posteriormente durante a mamada se a mãe apresentar fissura mamária.

As hemorragias verdadeiras podem ser oriundas de esofagites, gastrites ou de úlceras gastroduodenais e acometem os prematuros e recém-nascidos de termo. Os mecanismos para que isso ocorra são ainda obscuros. Em alguns casos representam o estresse decorrente da internação na UCI, e em outros casos não se encontra fator de risco associado.[17,62]

Algumas medicações administradas podem estar relacionadas com HDA na UTI neonatal como a tolazolina e os antiinflamatórios não-hormonais (indometacina). Após a administração de vitamina K de rotina em todos os recém-nascidos, a HDA decorrente de deficiência dessa vitamina praticamente desapareceu em nosso meio, persistindo apenas alguns casos decorrentes da não-resposta à administração de vitamina K, alteração da flora intestinal pelo uso de antibióticos e má absorção de gorduras, como na fibrose cística.[8,17,62]

Outra entidade observada nesse período é a disfunção hepática decorrente de doenças metabólicas ou lesões isquêmi-

Quadro 92-1. **Principais causas de hemorragia digestiva alta em crianças. Modificado de Rodgers B. M.**[48]

Neonato	*1 mês a 2 anos*	*3 a 5 anos*	*> 5 anos*
Ingestão de sangue materno, hemorragia importante Gastrite – Estresse – Sepse – Intolerância ao leite de vaca – Trauma pela sonda nasogástrica Duplicações Coagulopatias – Associada à infecção – Doença hemorrágica do neonato (deficiência de vitamina K) Malformações vasculares Idiopática	Úlcera péptica – Corpo estranho – Duplicações tubulares – Úlcera de estresse Hemorragia leve – Esofagite de refluxo – Gastrites – Estresse – Medicações (ácido acetilsalicílico, antiinflamatórios não-hormonais) – Ingestão cáustica – Estenose hipertrófica do piloro – Síndrome de Mallory-Weiss	Varizes Gastrite – Ácido acetilsalicílico – Antiinflamatórios não-hormonais – Corticosteróides Esofagite Varizes – Esofágicas – Gástricas – Duodenais Epistaxes Síndrome de Mallory-Weiss Ingestão cáustica Malformações vasculares Hemobilia	– Esofágicas – Gástricas – Duodenais Úlcera péptica Úlcera de estresse Coagulopatias – Púrpura trombocitopênica – Quimioterapia Síndrome de Mallory-Weiss Hemobilia

cas que são acompanhadas por distúrbios dos fatores de coagulação. Os distúrbios de coagulação também podem estar presentes nos pacientes com sepse.

A hematêmese também pode estar presente na alergia à proteína do leite de vaca e nas obstruções parciais do trato gastrintestinal alto, como na estenose hipertrófica do piloro ou nas faixas de constrição duodenal ou antral. Nesses casos, o sangramento pode ser secundário a ulceração péptica ou a algum mecanismo de lesão da mucosa como na laceração de Mallory-Weiss ou prolapso do cárdia. Outras causas mais raras de HDA no período neonatal incluem a duplicação do piloro gastroduodenal e o tecido pancreático ectópico no estômago.[17,62]

Esofagites

O refluxo gastresofágico (RGE) é muito comum na infância, e 20% a 30% dos lactentes apresentam sintomas até os 15 meses de vida. A esofagite de refluxo está presente em 60% dos pacientes com RGE patológico.[62] A HDA decorrente da esofagite ulcerativa nas crianças tem como principal causa o refluxo gastresofágico patológico, geralmente associado às doenças neuromusculares (paralisia cerebral) ou hérnia de hiato. Outras causas de esofagite que podem levar ao sangramento são a lesão traumática por corpo estranho, a ingestão de agentes cáusticos ou medicamentos e infecções *(Candida albicans, Aspergillus, Herpes simplex* e *Citomegalovírus).*[17]

Síndrome de Mallory-Weiss

A síndrome de Mallory-Weiss caracteriza-se por uma laceração da mucosa geralmente gástrica, imediatamente abaixo da junção gastresofagiana, podendo se estender até a mucosa esofágica. Classicamente, o paciente apresenta crises repetidas de vômitos, eliminando a princípio o conteúdo gástrico e posteriormente sangue vivo.

Gastropatias

A incidência de úlcera péptica em crianças ainda é desconhecida, porém é uma causa importante de HDA.[62] Com a introdução dos bloqueadores H_2 e dos inibidores da bomba de prótons, a incidência de hemorragia decorrente da úlcera péptica diminuiu de 36% para 15% nas últimas décadas.[14] Pode ser encontrada em qualquer faixa etária, porém é muito rara em crianças abaixo de 5 anos de idade.[62]

As úlceras extensas agudas ou crônicas em crianças são raras, particularmente as úlceras duodenais, ao contrário dos adultos. A infecção pelo *Helicobacter pylori* pode resultar em úlcera gastroduodenal em crianças, mas a gastrite nodular difusa é a lesão mais comumente encontrada nessa faixa etária. Os nódulos representam agregados linfocitários policlonais da mucosa, raramente tornam-se um linfoma de baixo grau que pode apresentar-se com uma superfície ulcerada e irregular. Outros tumores gástricos ulcerativos na criança são raros e incluem os leiomiossarcomas, teratomas e hemangiopericitomas.[17]

Úlcera de estresse

A incidência de complicações gastrintestinais nos pacientes internados na UCI pediátrica varia em torno de 25% dos pacientes, e elas se apresentam desde como pequenos sangramentos até como perfurações e hemorragias maciças.[10,11,33,35,36] Um estudo recente demonstrou que 15,5% das HDA na UCI pediátrica foram considerados clinicamente significativos.[10] Chaïbou *et al* relataram uma taxa de HDA clinicamente significativa de 1,6% dos pacientes admitidos na UTI pediátrica, e os fatores de risco relacionados seriam a falência respiratória, coagulopatias e o *Pediatric Risk Score of Mortality* (PRISM) ≥ 10.[10,18,42]

Os pacientes mais susceptíveis para o desenvolvimento da lesão da mucosa relacionada ao estresse (LMRE) e conseqüentemente sangramento gastrintestinal são aqueles que apresentam determinados insultos que favorecem o desequilíbrio entre fatores de agressão e fatores de defesa da mucosa gastrintestinal.[2,30]

As lesões aparecem após algumas horas do início da agressão aguda. No início, lesões macroscópicas tornam-se evidentes como petéquias subepiteliais progredindo para lesões variando de erosões superficiais até verdadeiras úlceras gástricas. Essas lesões da mucosa tendem a ser múltiplas e ocorrem predominantemente no fundo gástrico, poupando o antro. As erosões e/ou úlceras da mucosa antral e duodenal podem ocorrer mais tardiamente, tendem a ser mais profundas e podem estar associadas a aumento da incidência de HDA.[40] As erosões são restritas à mucosa e geralmente envolvem apenas os pequenos vasos; os sangramentos clinicamente detectáveis, na maioria das vezes, só são observados quando aparecem as úlceras verdadeiras. As úlceras se estendem através da submucosa e da muscular da mucosa onde se encontram as grandes artérias, como observado na Figura 92-1.[40,63]

A fisiopatologia da lesão da mucosa relacionada ao estresse é multifatorial, sendo as mais importantes a produção acidopéptica e a perfusão da mucosa.[2] A Figura 92-2 mostra os principais mecanismos associados com o desenvolvimento da LMRE.[6]

A importância da produção ácida no desenvolvimento da LMRE é confirmada pela observação de que as lesões aparecem na região da mucosa gástrica oxíntica (células parietais) e nos achados de estudos em que a manutenção do pH acima de 4 preveniu os sangramentos clinicamente significativos.[2,43] O estresse e as lesões cerebrais aumentam a produção ácida mediada pela gastrina.[2] Não foi demonstrado que ocorra a hiperacidez gástrica durante o processo patológico, mas mesmo assim o conteúdo gástrico permanece ácido e os íons H^+ em contato constante com a mucosa, o que facilita a lesão celular.[29,40] A hipersecreção ácida e a hipergastrinemia estão presentes principalmente nos pacientes com lesões do sistema nervoso central (traumas, infecções e cirurgias), produzindo a úlcera de Cushing.[2]

A diminuição da perfusão da mucosa, muito comum nos pacientes criticamente enfermos devido à diminuição do fluxo sangüíneo esplâncnico, é um outro fator importante no desenvolvimento da LMRE. A isquemia diminui a capacidade da mucosa em neutralizar os íons H^+, contribuindo para acidose intramural, morte celular e aparecimento da ulceração. A isquemia também diminui o fornecimento energético, interferindo na produção adequada de muco, bicarbonato, prostaglandinas citoprotetoras, rompimento da barreira gastrintestinal e

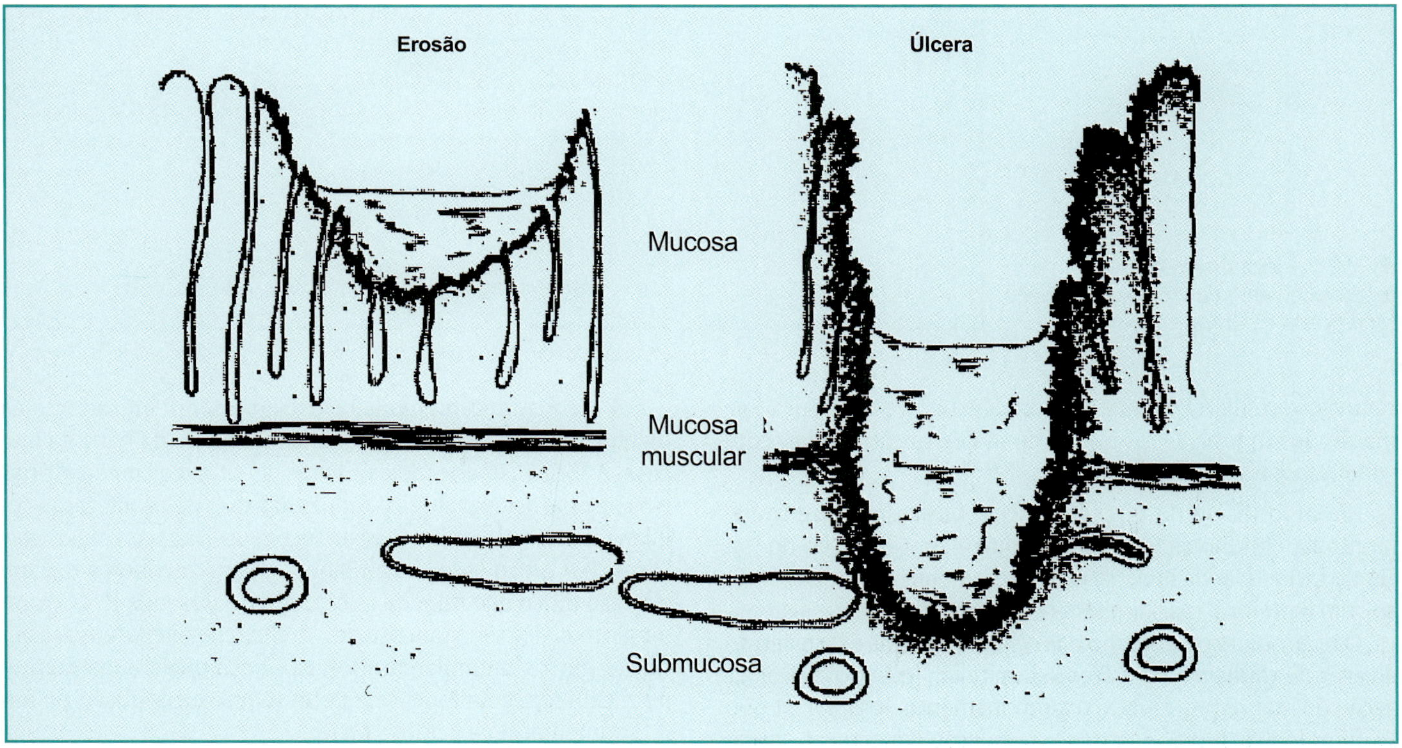

Fig. 92-1. Diferença entre erosão e úlcera. Observar o acometimento da muscular da mucosa e submucosa na úlcera. Modificado de Weinstein.[63]

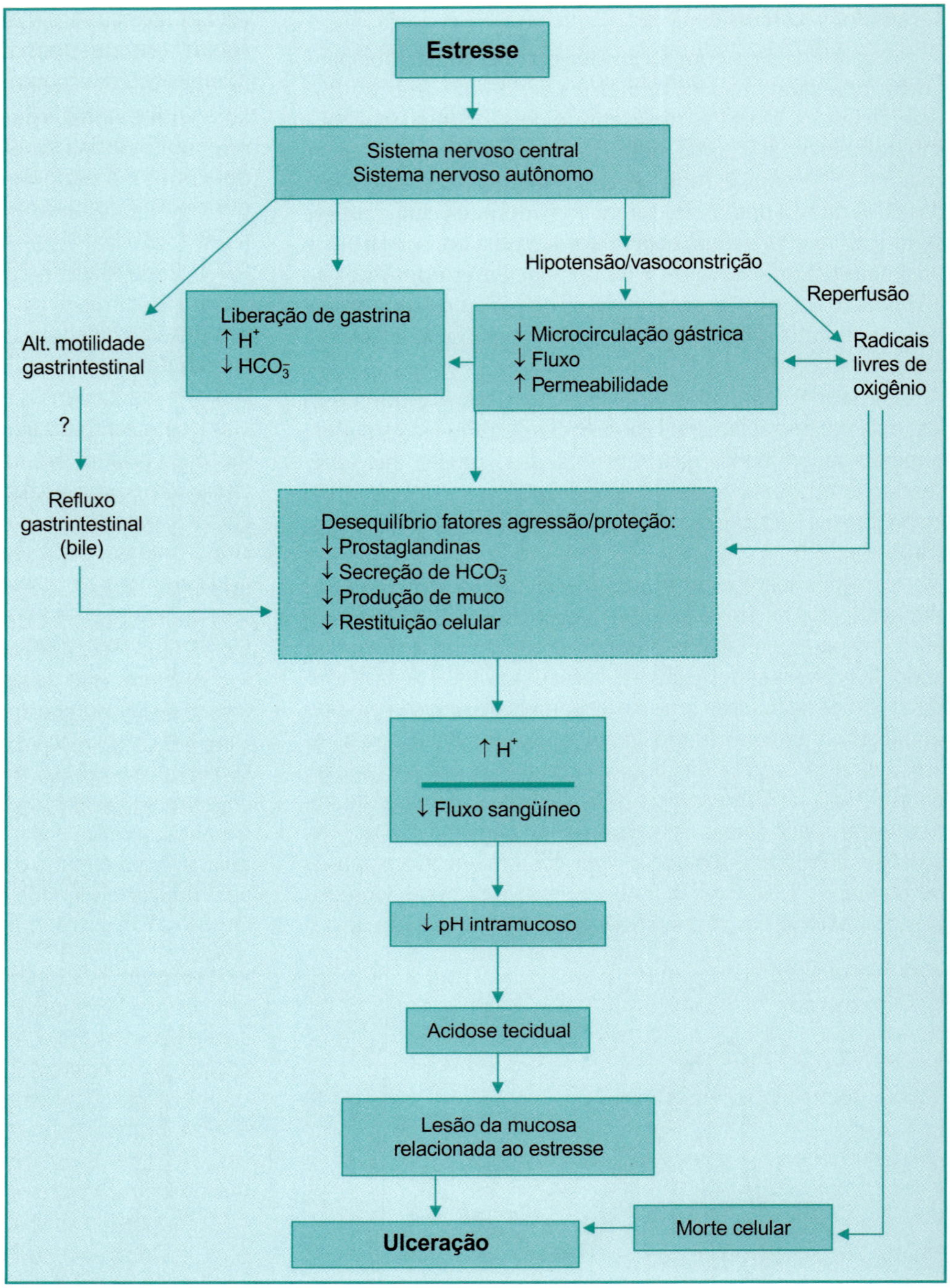

Fig. 92-2. Mecanismo para desenvolvimento da úlcera de estresse. Modificado de Bresalier.[6]

renovação celular. Durante a reperfusão ocorre também a formação dos radicais livres que levam à destruição celular, contribuindo para a lesão da mucosa.[29,40]

A importância do equilíbrio ácido-básico no desenvolvimento da LMRE reside no fato de que a concentração do íon H^+ no interstício da mucosa está diretamente relacionada não só com o pH local mas também com o grau de acidose sistêmica. O bicarbonato produzido nas células parietais é transferido através de capilares até a área subepitelial, levando à alcalinização do meio e permitindo o tamponamento dos íons H^+ que se difundem do lúmen gástrico. A regulação da secreção gástrica de bicarbonato é multifatorial, com implicação de mecanismos parácrino, endócrino e neuronal.[2]

A reconstituição epitelial é extremamente importante na manutenção da estrutura e no funcionamento da barreira mucosa. A formação dos radicais livres, as citocinas inflamatórias e o estresse fisiopatológico reduzem a taxa de proliferação celular, dificultando o processo de reconstituição das células gástricas. Por outro lado, o epitélio gástrico é recoberto por um espesso muco que impede a retrodifusão dos íons H^+. O rompimento da barreira mucosa pelo refluxo de bile, uremia, aspirina e outros antiinflamatórios não-hormonais aumentam a permeabilidade da mucosa e permitem a retrodifusão do íon H^+, aumentando a acidose tecidual.[2]

A prostaglandina, produto do metabolismo do ácido araquidônico, é produzida pela mucosa gástrica, aumenta na presença de agentes irritantes, e apresenta um papel citoprotetor importante, inibindo a secreção ácida por reduzir a produção celular do monofosfato de adenosina (AMP).[2]

Outros fatores envolvidos na LMRE são o refluxo do conteúdo duodenal que ocorre, levando à exposição da mucosa à pepsina e aos ácidos biliares, destruindo a barreira mucosa; e a formação dos radicais livres que levam à lesão oxidativa da mucosa e ao rompimento microvascular pela ativação do fator antiplaquetário, do fator de necrose tumoral (TNF-α) e das interleucinas.[2,40]

O jejum prolongado contribui para a LMRE. O início precoce da alimentação enteral demonstrou reduzir o aparecimento da LMRE, preservando a integridade da mucosa por neutralizar a secreção ácida, estimulando a perfusão da mucosa e melhorando a motilidade intestinal.[2,40,59]

Nem todos os pacientes internados na UCI desenvolverão a LMRE, porém determinadas patologias desencadeiam uma série de alterações neurológicas, hormonais e hemodinâmicas que resultam na diminuição da circulação esplâncnica, liberação de citocinas inflamatórias, radicais livres e diminuição da produção de fatores relacionados à proteção da mucosa. Os fatores de risco relacionados com a úlcera de estresse são apresentados no Quadro 92-2.[40]

Os pacientes que evoluem com qualquer tipo de choque (hemorrágico, cardiogênico, anafilático ou neurogênico), grandes queimados (área corpórea queimada acima de 25%), sepse e choque séptico apresentam inúmeras alterações fisiopatológicas que desencadeiam as lesões da mucosa gástrica, favorecendo o aparecimento de úlcera de estresse e conseqüentemente maior risco para HDA.[59]

A lesão do sistema nervoso central (SNC) e o trauma raquimedular também contribuem para o desenvolvimento da LMRE; o mecanismo exato para que isso ocorra não foi ainda totalmente identificado, mas esses pacientes geralmente apresentam uma associação de inúmeros fatores de risco, como falência respiratória, imobilização, estresse psicológico e falência dos mecanismos auto-reguladores do sistema nervoso central e autônomo.[59]

Quadro 92-2. Fatores de risco para o desenvolvimento da úlcera de estresse[40]

Fatores de risco para sangramento clinicamente significativo

- Falência respiratória necessitando de ventilação pulmonar mecânica > 48 h
- Coagulopatia
  - Plaquetas < 50.000/mm^3
  - Relação normatizada internacional (INR) > 1,5
  - Tempo de tromboplastina parcial (PTT) > 2 valor controle
- Sepse
- Hipotensão
- Falência hepática
- Falência renal
- Trauma extenso
- Queimadura extensa (> 25% de superfície corpórea)
- Hipertensão intracraniana
- Tetraplegia

Um dos principais fatores de risco associados a lesão da mucosa relacionada ao estresse é a necessidade de ventilação mecânica (VM) por mais de 48 horas, demonstrado na Figura 92-3.[40] Alguns fatores foram propostos para o seu desenvolvimento, mas a diminuição da perfusão esplâncnica parece ser o mecanismo principal. A hipoperfusão esplâncnica durante a VM pode ser conseqüente à diminuição da pressão arterial média e/ou ao aumento da resistência no leito vascular gastrintestinal. A VM, especialmente com níveis elevados de pressão expiratória final positiva (PEEP), aumenta a pressão intratorácica, reduzindo o retorno venoso, e estimula o sistema nervoso simpático, elevando os níveis de catecolaminas e ativando o sistema renina-angiotensina-aldosterona, diminuindo o débito cardíaco e aumentando a resistência vascular esplâncnica. Associados a isso, também temos os efeitos das medidas terapêuticas utilizadas na UTI, como por exemplo o uso de vasopressores e sedativos.[40]

Varizes gastresofágicas

As varizes gastresofágicas em crianças são decorrentes de hipertensão portal geralmente associada a lesões intra ou extra-hepáticas e raramente são decorrentes de cardiopatia congênita ou de malformação vascular. A cirrose hepática deve ser considerada nos pacientes com atresia das vias biliares, fibrose cística, colangite esclerosante, nutrição parenteral total e doenças hepatocelulares crônicas como hepatite auto-imune, hepatite viral, deficiência de α_1-antitripsina, glicogenólises e esteatoses. As causas não-cirróticas de hipertensão portal intra-hepática são menos comuns e incluem fibrose hepática congênita, doenças venoclusivas e esquistossomose.[17,49]

A atresia de vias biliares é a principal causa de insuficiência hepática em pediatria. As varizes podem se formar durante o período de lactência e primeira infância apesar do tratamento adequado. Os episódios de sangramento podem ocorrer no primeiro ano de vida e estão relacionados com a progressão da doença.[17] Apesar do sucesso dos programas de transplante hepático, as doenças hepáticas neonatais permanecem como uma das principais causas de sangramento gastrintestinal nos lactentes. Mesmo com a cirurgia de Kasai para a atresia de vias biliares, o prognóstico desses pacientes não se altera. As varizes esofágicas desenvolvem-se em 50% a 60% dos pacientes, e metade desses apresenta episódios de sangramentos. A trombocitopenia (< 50.000/mm^3) decorrente do hiperesplenismo aparece em apenas 10% dos casos.[62,49]

A obstrução da veia porta extra-hepática é uma causa importante de hipertensão portal em crianças. Outras causas incluem a trombose da veia esplênica e da veia hepática (Síndrome de Budd-Chiari).[17,49]

A pressão da veia porta está relacionada diretamente ao fluxo sangüíneo e à resistência através do fígado como descrita na lei de Ohm $P = Q \times R$, onde P é a pressão ao longo do vaso, Q é o fluxo e R é a resistência ao fluxo. A patogenia da hipertensão portal é complexa e na maioria dos casos resulta do au-

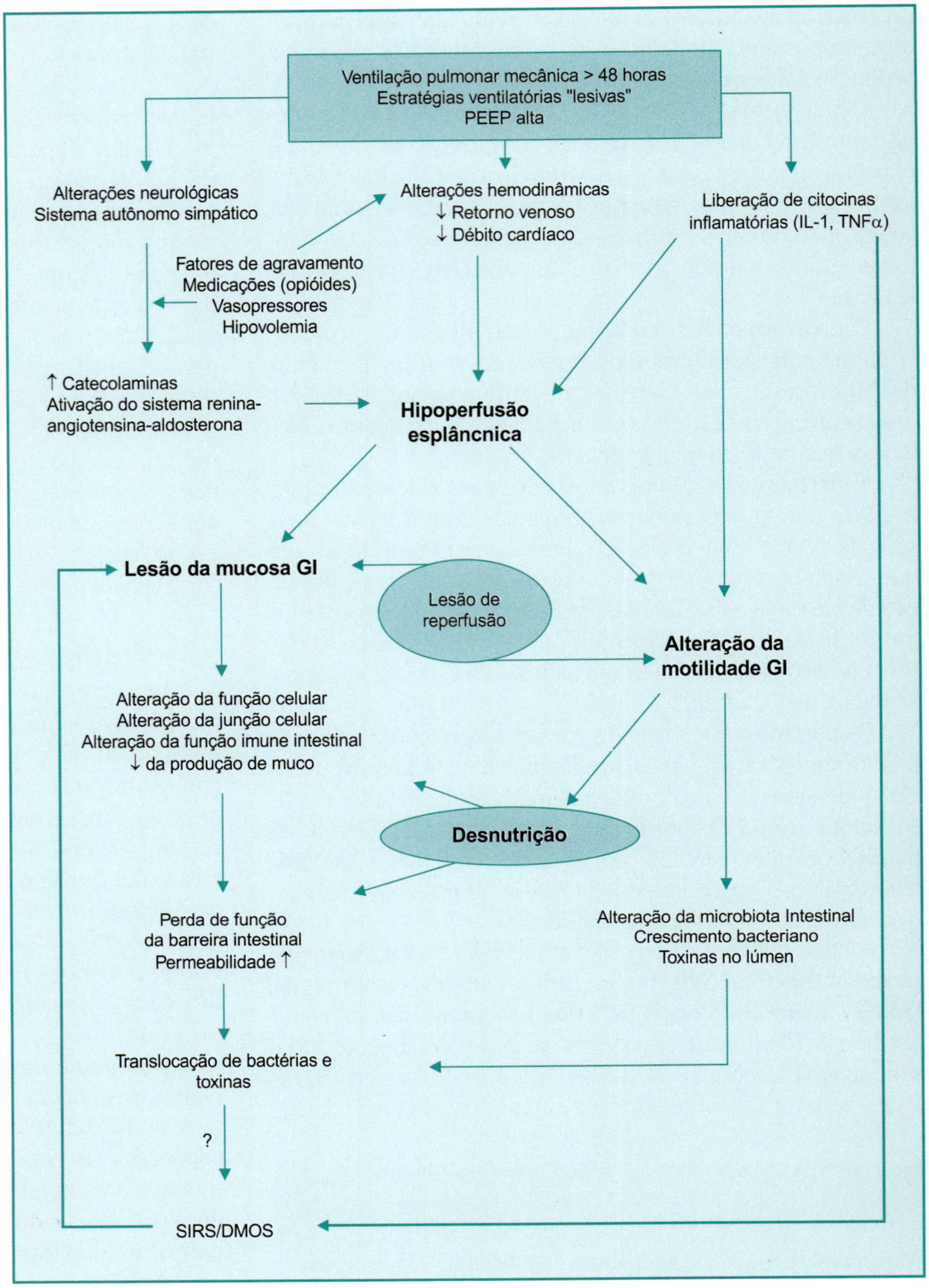

Fig. 92-3. Principais mecanismos propostos para desenvolvimento de lesões gastrintestinais durante a ventilação pulmonar mecânica. Modificado de Mutlu.[40]

mento da resistência intra-hepática (pré-sinusoidal, sinusoidal ou pós-sinusoidal) e também do aumento do fluxo decorrente de um sistema esplâncnico hiperdinâmico.[52] Estudos recentes demonstraram que um desequilíbrio entre um potente vasoconstritor como a endotelina-1 e um potente vasodilatador como o óxido nítrico (NO) pode ser um determinante importante do aumento da resistência intra-hepática, tornando-se um componente precoce e crítico em várias formas de hipertensão portal.[21,46,47]

As varizes são colaterais do sistema porta formadas após a dilatação de canais vasculares preexistentes. São mais freqüentemente encontradas no esôfago distal e podem se estender através da linha Z até a região do cárdia. A dilatação das varizes depende principalmente do gradiente de pressão venosa hepática, mas somente isso não é suficiente. As varizes gastresofágicas estão presentes em aproximadamente 40% a 60% dos pacientes com cirrose hepática, a sua presença e seu tamanho dependem também da doença de base, duração e severidade da cirrose. O gradiente de pressão venosa hepática normal é abaixo de 5 mmHg, porém um gradiente acima de 12 mmHg é necessário para a formação das varizes.[37,52]

O sangramento decorrente das varizes gastresofágicas é uma das principais e graves complicações decorrentes da hipertensão portal e corresponde de 10% a 15% das HDA na faixa etária pediátrica.[8]

Vários fatores estão relacionados com o sangramento das varizes gastresofágicas. Fatores físicos como a propriedade elástica dos vasos e as pressões intravascular e intraluminal são

Quadro 92-3. Classificação de Child-Pugh. Se o total dos pontos for 5 ou 6, a cirrose é designada de classe A; se a pontuação é de 7 a 9, a cirrose é classe B; e se a pontuação é acima de 10, a cirrose é classe C. Adaptado de Pugh *et al.*[44]

Variável	*Pontuação*		
	1 ponto	*2 pontos*	*3 pontos*
Encefalopatia	Ausente	Leve a moderada	Grave ou coma
Ascite	Ausente	Leve	Moderada
Bilirrubina (mg%)	< 2	2-3	> 3
Albumina (g%)	> 3,5	2,8-3,5	< 2,8
Tempo de protrombina (segundos acima do normal)	1-4	4-6	> 6

os principais determinantes do risco de sangramento. O fator principal relacionado com o sangramento é a tensão da parede do vaso (T), que é uma função da pressão transmural (TP), do raio do vaso (r) e da espessura da parede do vaso (w) ($T = [TP \times r] x/w^{-1}$). A combinação da apresentação clínica através da classificação de child, como é mostrada no Quadro 92-3, e dos achados endoscópicos, como a presença de manchas avermelhadas na superfície das varizes e seu calibre, tem uma alta correlação com o risco de sangramento, como demonstrado em pacientes adultos.[4,58] Apesar de não ser ideal para os pacientes pediátricos, esse índice também é utilizado para essa faixa etária. Após um episódio de hemorragia existe uma probabilidade de ressangramento; o risco é maior nas primeiras 48 horas, porém pode ocorrer com uma freqüência relativamente alta até 6 semanas após o episódio.[8,37]

Outras causas

As anomalias vasculares são causas raras de HDA em crianças. Podem ser lesões focais como o hemangioma gástrico, lesão de Dieulafoy e a fístula aortoesofágica, ou lesões difusas como a telangectasia hemorrágica hereditária, hemangiomatose neonatal e a síndrome de Kasabach-Merritt.[17,62]

A lesão de Dieulafoy consiste em uma variação congênita de artéria calibrosa com um trajeto anômalo até a submucosa, geralmente na parte alta do fundo gástrico. Apesar de ser rara, está associada a hemorragia gástrica maciça.[8]

As duplicações intestinais podem ocorrer no trato gastrintestinal alto e levar a HDA, apesar de serem típicas do intestino delgado. As esofagoplastias com interposição de segmentos do cólon podem levar a ulcerações das regiões anastomóticas, e episódios de sangramento são freqüentes nesses pacientes.[8,17,62] Os agentes parasitários, muito comuns em nosso meio, também podem levar a HDA, como na estrongiloidíase e giardíase. Outras causas, mais raras, incluem as vasculites (púrpura de Henoch-Schönlein), gastrite varioliforme, ruptura de pseudocisto pancreático, pólipos gástricos e corpos estranhos.[8,17,62]

MANIFESTAÇÕES CLÍNICAS

A HDA caracteriza-se pelo aparecimento de hematêmese e /ou melena. A hematêmese pode apresentar-se com vômitos com sangue vivo ou em "borra de café" geralmente associado com sangramento recente e lento, onde houve exposição do sangue ao suco gástrico. A melena (fezes enegrecidas) pode ser observada, igualmente, em sangramentos ativos ou mesmo em sangramentos pregressos e geralmente ocorre com perdas sangüíneas acima de 50 a 100 ml/ 24 horas. É importante ressaltar que a HDA clinicamente significativa pode resultar em choque antes mesmo do aparecimento de hematêmese e/ou melena.[56,57]

As lesões proximais ao ligamento de Treitz geralmente resultam em positividade do aspirado gástrico. A presença de sangue vivo indica que houve pouco ou nenhum contato do sangue com o conteúdo gástrico; geralmente resulta de sangramentos ativos de lesões situadas acima ou na região do cárdia, freqüentemente observados nas varizes ou esofagites e, raramente, na síndrome de Mallory-Weiss. Ocasionalmente um sangramento oriundo do duodeno ou do estômago pode ser tão rápido e volumoso que o conteúdo poderá ser vermelho vivo.[56,57]

A abordagem sempre começa com a avaliação do estado hemodinâmico do paciente. Um paciente com pulsos finos, enchimento capilar lento, taquicardia, alterações ortostáticas ou alteração do nível de consciência deve receber atenção imediata e reposição volêmica. É importante lembrar que até 15% de perda do volume de sangue circulante podem não resultar em alterações hemodinâmicas significativas. As perdas acima de 15% geralmente cursam com taquicardia, primeiro mecanismo compensatório de hipovolemia na faixa etária pediátrica. Somente em perdas superiores a 25% do volume de sangue circulante é que a hipotensão sistêmica se torna evidente.

Através de um exame físico cuidadoso poderemos obter informações adicionais para o diagnóstico etiológico. O exame da orofaringe e da cavidade nasal pode descartar um sangramento oriundo desses locais. A presença de hepatosplenomegalia e/ou icterícia pode indicar comprometimento hepático e hipertensão portal. A epigastralgia poderá ser um indício de úlcera péptica ou gastrite.

A presença de petéquias, hemartroses, sangramentos nos locais de venopunção ou gengivais pode indicar coagulopatias. A ausculta abdominal pode mostrar um trânsito acelerado devido à irritação que o sangue causa no trato gastrintestinal. Ruídos abdominais ausentes ou diminuídos na presença de sangramento clinicamente significativo sugere patologias cirúrgicas, como obstruções ou isquemias.

As HDAs clinicamente significativas freqüentemente resultam em sérias complicações, das quais uma das mais importantes é o choque hipovolêmico, responsável pela elevação da morbidade e mortalidade. A imediata restauração da perfusão é o melhor meio de prevenir as complicações relacionadas ao choque.[48,56,57]

A pneumonia aspirativa também é uma das complicações sérias, e nas HDA clinicamente significativa a proteção da via aérea torna-se necessária.

Outras complicações agudas geralmente estão associadas à doença de base (perfuração gastrintestinal) ou à terapia utilizada: sobrecarga hídrica, efeitos adversos das drogas utilizadas e das transfusões sangüíneas.

DIAGNÓSTICO

O diagnóstico nos pacientes com suspeita de hemorragia digestiva envolve três diferentes etapas.

A primeira etapa consiste na certificação de que realmente ocorreu o sangramento, pois existem determinadas situações que podem simular a HDA.

No período neonatal é muito freqüente a deglutição de sangue materno; nesses pacientes é útil a realização do teste de Apt-Downey, que diferencia a hemoglobina materna da hemoglobina fetal, como é demonstrado no Quadro 92-4.

Os alimentos de coloração avermelhada ou outras substâncias como o ferro e o bismuto também podem falsear o diagnóstico. Em alguns casos ocorre um relato de sangramento ou a adição de sangue no material do vômito, uma doença fictícia criada por um dos pais, geralmente a mãe, chamada de síndrome de Munchausen.

A segunda etapa consiste em diferenciar se a hemorragia é alta (proximal ao ângulo de Treitz), ou se é baixa. Hematêmese, grande quantidade de sangue vivo no aspirado gástrico e/ou índice nitrogênio-ureico/ creatinina sérica elevados sugerem sangramento alto.[22]

A colocação de uma sonda nasogástrica é útil na avaliação e quantificação do sangramento. A lavagem com solução salina quando houver sangue presente até que o aspirado clareie pode ser útil para a detecção de sangramentos subseqüentes.[57]

A relação entre nitrogênio uréico e a creatinina plasmática é um índice de simples execução, e níveis acima de 30 têm uma forte correlação com HDA. Uroshima *et al* avaliaram esse índice em pacientes pediátricos e demonstraram uma especificidade de 98% com uma sensibilidade de 68,8%.[60]

A última etapa será a identificação precisa do local sangrante. Uma história detalhada e um exame físico cuidadoso acompanhado de alguns exames podem identificar a doença de base e inferir a severidade da hemorragia gastrintestinal. Um inquérito sobre a ingestão de medicamentos e drogas que possam ser causas de sangramentos, como é o caso da aspirina, teofilina, corrosivos, ferro, corticosteróides, ácido bórico ou metais pesados, também deve ser realizado. A nasofaringe deve ser avaliada cuidadosamente para excluir um sangramento nessa região. Alterações na pele podem ajudar a identificar doenças sistêmicas e hepáticas. A monitorização e avaliação laboratorial seriada devem ser realizadas, não devem ser extensas, mas devem incluir hemograma completo, morfologia das hemácias, atividade de protrombina e tempo de tromboplastina parcial ativado para avaliação da função de coagulação; se coagulação intravascular disseminada é suspeitada, deve ser dosado o fibrinogênio sérico. Agudamente o hematócrito pode não ter valor, porque tanto plasma quanto glóbulos vermelhos são perdidos proporcionalmente, refletindo um valor normal do hematócrito. A função hepática pode ser avaliada com dosagens das transaminases (TGO, TGP), e a função renal, através da uréia e creatinina sérica. A tipagem sangüínea e prova cruzada deve ser realizada imediatamente. A radiografia simples de abdômen é útil na avaliação inicial de obstrução intestinal, massas ou perfuração de alças. O Quadro 92-5 sintetiza os principais exames laboratoriais indicados para avaliação inicial dos pacientes com HDA.

O exame endoscópico é um dos melhores métodos para identificação da causa do sangramento, e, sendo o equipamento portátil, poderá ser feito à beira do leito. Nas mãos de um endoscopista experiente, esse procedimento pode diagnosticar a causa da HDA corretamente em mais de 90% dos casos.[48]

Exames radiológicos e medicina nuclear

Os exames radiológicos são limitados e estão indicados na suspeita de presença de corpo estranho, perfuração gastrintestinal ou obstrução. O exame contrastado com bário é pouco sensível na detecção de lesões superficiais da mucosa. A ultrasonografia com Doppler está indicada quando há suspeita de comprometimento hepático, hipertensão portal ou anomalias vasculares. A tomografia computadorizada ou a ressonância magnética são úteis para o diagnóstico de malformações vasculares e lesões de massa.

A cintilografia está indicada na suspeita de duplicação intestinal (mapeamento com tecnécio-99m ligado ao colóide sulfúrico) ou nos sangramentos obscuros utilizando hemácias marcadas com tecnécio-99m.

A angiografia é utilizada seletivamente em crianças em que o sangramento é maciço e a endoscopia e a terapêutica habitual não foram suficientes para diagnosticar ou controlar o sangramento; também é indicada na suspeita de hemobilia e

Quadro 92-4. Teste de Apt-Downey para diferenciar a hemoglobina fetal da hemoglobina materna

Teste de Apt-Downey
1. Misturar fezes ou material emético com água (1:5)
2. Centrifugar a mistura
3. Adicionar 1 ml 0,25 N de hidróxido de sódio em 5 ml do sobrenadante e esperar 5 minutos
4. A coloração marrom-amarelada indica hemoglobina de adulto; a coloração rósea indica hemoglobina fetal

Quadro 92-5. Avaliação laboratorial do paciente com hemorragia digestiva

- Hemograma completo
- TAP e TTPA
- Tipagem e Prova cruzada
- TGO
- TGP
- Amônia
- Creatinina
- Nitrogênio – Uréia no sangue
- Radiografia de abdômen e tórax

anomalias vasculares. A angiografia, assim como a endoscopia, têm a vantagem de ser diagnóstica e terapêutica ao mesmo tempo.

A angiografia realizada através do tronco celíaco e da artéria mesentérica superior visualiza os vasos que irrigam o trato gastrintestinal da junção gastresofágica até o ligamento de Treitz. Esses estudos podem detectar hemangiomas sangrantes e malformações arteriovenosas do intestino, as quais são normalmente difíceis de serem diagnosticadas através da endoscopia e de exames contrastados. Uma taxa de sangramento de 0,5 a 1 ml/ min é necessária para que se localize o sítio do sangramento. A fase venosa da injeção arterial do contraste demonstra a anatomia da veia porta e pode ser útil na visualização de varizes gástricas e esofágicas. A embolização seletiva dos vasos sangrantes pode controlar o sangramento nessas crianças.

Endoscopia

A endoscopia digestiva é o método de escolha na avaliação da criança com HDA, pois é sensível, específico, e em algumas patologias pode ser terapêutico e utilizado como fator prognóstico.

As indicações para a endoscopia precoce em crianças não estão padronizadas, pois não existem estudos pediátricos comparando a sobrevida entre o procedimento endoscópico precoce e a terapia conservadora geralmente deve ser realizado após a estabilização do paciente, de preferência nas primeiras 12 horas do episódio de sangramento, pois aumenta a chance de sucesso do diagnóstico.[8,17] O prognóstico e os riscos de ressangramento em crianças, baseado em achados endoscópicos (vasos visíveis), não foram ainda avaliados, mas os estigmas da hemorragia foram descritos por Forrest e ainda hoje são amplamente utilizados por apresentarem correlação com a incidência de hemoragia e de ressangramento, como pode ser observado no Quadro 92-6.[16] A endoscopia é geralmente recomendada nas crianças que apresentam hemorragia maciça aguda com necessidade de hemotransfusão ou um sangramento pequeno porém recorrente e inexplicável. Balsells *et al* avaliaram retrospectivamente 2.711 procedimentos endoscópicos em crianças e observaram somente 0,3% de complicações e nenhum óbito, mostrando que a endoscopia digestiva em crianças é um método seguro.[1]

Quadro 92-6. Classificação de Forrest e correlação com a incidência de HDA

Classificação	*Incidência (%)*	*Recidiva (%)*
I. Hemorragia ativa		
a) Sangramento vivo de alto débito	8 a 15	> 90
b) Sangramento lento	10 a 20	20 a 30
II. Hemorragia recente		
Ia. Vaso visível (vermelho) não-sangrante	26 a 55	30 a 51
IIb. Coágulo aderido na base da lesão	10 a 18	25 a 41
IIc. Pontos pigmentados planos	12	0 a 5
III. Sem evidência de sangramento (base limpa)	36	0 a 2

Durante a realização do exame endoscópico existem algumas dificuldades em relação à identificação dos vasos sangrantes, principalmente quando há formação de coágulo, e após o tratamento pode ocorrer dúvida sobre a completa obliteração do vaso. Somente em 48% dos casos de úlceras consegue-se identificar ou suspeitar visualmente da existência de vasos sangüíneos na base da úlcera. A ultra-sonografia endoscópica com Doppler é um método útil que permite identificar a localização correta dos vasos. O equipamento é colocado facilmente através do canal do endoscópio, e utilizando-se um Doppler pulsátil consegue-se localizar vasos mais profundos ou que estejam abaixo de coágulos. É utilizado para avaliar o sucesso da terapêutica endoscópica após a escleroterapia. Nos casos de varizes esofágicas, é particularmente útil na avaliação terapêutica quando é utilizado o cianoacrilato como esclerosante.[28]

Alguns autores relataram os achados nos procedimentos endoscópicos realizados em crianças com HDA, conforme mostrado no Quadro 92-7.[12,23,45] A variabilidade dos achados endoscópicos encontrados nos estudos pode ser explicada pela idade dos pacientes, exposição a medicamentos e a especialidade de referência, como por exemplo os centros de doenças hepáticas apresentam uma freqüência maior de sangramentos por varizes de esôfago.[1]

Quadro 92-7. Achados endoscópicos encontrados por diferentes autores em crianças com HDA

Cox e Ament 1979	*(%)*		*Quack* et al *1990*	*(%)*	
Úlcera duodenal	20	Erosão gástrica	27,6	Gastrites	29,2
Úlcera gástrica	18	Esofagites	17,2	Úlcera duodenal	24,0
Esofagites	15	Varizes	13,8	Varizes	15,6
Gastrites	13	Úlcera duodenal	10,3	Esofagites	8,5
Varizes	10	Síndrome de Mallory-Weiss	3,5	Úlcera gástrica	5,8
Outras causas ou não identificado	24	Outras causas ou não identificado	27,6	Outras causas ou não identificado	16,9

TRATAMENTO

O tratamento das hemorragias digestivas baseia-se em medidas gerais para restabelecer a volemia e o estado hemodinâmico e medidas específicas para controle da hemorragia, as quais deverão levar em consideração a etiologia, a quantidade e o local do sangramento. Sinais que indiquem necessidade de intervenção cirúrgica devem ser pesquisados como distensão abdominal, descompressão brusca positiva, defesa abdominal, ascite, massas palpáveis e história de trauma abdominal. Algumas patologias deverão ser abordadas cirurgicamente tão logo sejam diagnosticadas (intussuscepção, volvo, divertículo de Meckel etc.).

Evidência de doenças sistêmicas, como púrpura de Henoch-schönlein, síndrome hemolítico-urêmica, doença hepática ou hematológica, acarreta maiores implicações quanto ao diagnóstico e tratamento.

Se o sangramento é mínimo ou externo ao trato gastrintestinal (epistaxe ou ingestão de sangue materno), o paciente pediátrico poderá seguramente ser observado por seus pais no seu domicílio. As crianças com sangramentos maiores requerem admissão para observação da perda sangüínea, se necessário reposição volêmica e restauração da perfusão. Um sangramento oriundo de varizes esofágicas de qualquer grau deverá ser tratado dentro de uma unidade de cuidados intensivos; para outras causas, a indicação de terapia intensiva dependerá do estado clínico do paciente.

Uma equipe multidisciplinar composta de pediatra, radiologista, gastroenterologista e cirurgião é necessária para o tratamento e acompanhamento do paciente pediátrico com HDA clinicamente significativa ou recorrente.

MEDIDAS GERAIS

É imprescindível tentar quantificar a perda sangüínea, pois em crianças, devido à capacidade de lançar mão dos mecanismos compensatórios como vasoconstrição, é muito fácil subestimar a perda. Palidez, taquicardia, perfusão capilar pobre e diminuição no débito urinário são melhores indicadores do que a pressão arterial. Uma queda na pressão arterial indica uma perda maior que 25% do volume sangüíneo. O cálculo do volume sangüíneo baseado no peso em quilogramas é útil na determinação da quantidade das perdas e ajuda no momento do cálculo da reposição:

Volume sangüíneo (ml) = 80 ml × peso (kg) e 85 em neonatos e lactentes.

Para restabelecer e manter o volume sangüíneo circulante, deveremos ter acesso venoso de bom calibre, permitindo assim a infusão rápida de líquidos, utilizando solução de NaCl 0,9% ou Ringer lactato. Nas crianças abaixo de 6 anos com dificuldade de acesso venoso periférico poderá ser utilizada a via intra-óssea. Se o paciente continuar sangrando, a reposição de sangue total será necessária, mas se não houver evidência de sangramento é preferível utilizar concentrado de hemácias. Após a transfusão de mais de 50% da volemia, plasma fresco e concentrado de plaquetas deverão ser considerados. A transfusão de plaquetas é recomendada quando estiverem abaixo de 50.000/mm^3, e a de plasma fresco se o paciente apresentar coagulopatia.

O acesso venoso central deverá ser obtido nos pacientes que apresentem outros fatores de complicações como falência hepática ou renal. O sangramento decorrente de varizes esofágicas requer monitorização constante e cuidado na restauração da volemia, pois as expansões em excesso poderão acarretar persistência do sangramento; o objetivo é manter o hematócrito ao redor de 30%. Para uma adequada avaliação do volume reposto, o débito urinário deverá ser monitorizado e mantido acima de 1 ml/kg/hora.

A perda sangüínea leva a diminuição da capacidade de transporte de oxigênio para as células, e uma oferta adequada de oxigênio torna-se necessária. Nos pacientes com alteração do nível de consciência ou nos casos de HDA clinicamente significativa, a intubação intratraqueal deverá ser realizada no intuito de prevenir a aspiração do conteúdo gástrico.

Nos pacientes com doença hepática, a hemorragia gastrintestinal poderá desencadear a encefalopatia hepática. O nível de consciência e a dosagem de amônia devem ser monitorizados, e a terapia com enema com lactulose e neomicina instituída quando necessário. A hemorragia de varizes esofágicas apresenta um risco elevado para complicações bacterianas (66% em adultos com cirrose). Alguns estudos demonstraram que o uso de antibiótico profilático por 7 dias diminui a incidência de infecções, com aumento da sobrevida.[20]

Após o afastamento de perfuração e obstruções intestinais, a lavagem gástrica com solução salina poderá ser feita, apesar de que sua eficácia seja controversa. Em crianças utiliza-se solução de NaCl 0,9%, 20 a 50 ml por vez, para evitar distúrbios hidroeletrolíticos. Deve-se ter especial atenção em neonatos e lactentes para não produzir hipotermia.

TERAPIA ESPECÍFICA

Os medicamentos utilizados para HDA são na prática similares aos dos adultos, diferindo apenas na dosagem. O Quadro 92-8 mostra as principais medicações utilizadas para o tratamento da HDA em crianças.[8,17,22,49]

Antiácidos

Os antiácidos diminuem a acidez gástrica pela neutralização direta e ligação com a pepsina. Os antiácidos com base de alumínio parecem atuar também aumentando a produção de muco e bicarbonato, melhorando a perfusão da mucosa e estimulando a renovação do epitélio gástrico. O objetivo da terapia com antiácidos é atingir um pH acima de 4, inibindo assim a conversão de pepsinogênio em pepsina e reduzindo a atividade proteolítica. A agregação plaquetária aumenta com pH acima de 5,9. A sua administração é inconveniente com intervalos muito curtos, necessitam de monitorização do pH constante e podem aumentar o risco de pneumonias nosocomiais e interferir com a absorção de vários medicamentos como cimetidina, ranitidina, digoxina e fenitoína, apresentar toxicidade aos pacientes com insuficiência renal, diarréia ou constipação, alcalose metabólica, depleção de fósforo e hipermagnesemia.[2,22]

Quadro 92-8. Principais medicamentos utilizados para o tratamento da HDA

Medicamentos	*Dose*	*Principais efeitos colaterais*
Antiácidos		
Hidróxido de alumínio ou de magnésio	0,5-1,0 ml/kg/dose 1-4 h VO, não exceder 30 ml/dose e ajustar para manter pH gástrico > 4	Risco de pneumonia nosocomial, diarréia, constipação, interferência com a absorção de medicamentos, depleção de fósforo e hipermagnesemia
Antagonista de receptor H_2		
Ranitidina	4 a 6 mg/kg/dia divididos 3 doses IV ou de 6 a 10 mg/kg/dose divididos 2-3 doses VO, máximo de 150 mg/dose	Arritmias cardíacas, neurotoxicidade, interação medicamentosa, nefrotoxicidade, cefaléia, insônia e distúrbios gastrintestinais
	Infusão contínua de 0,1 a 0,25 mg/kg/h	
Cimetidina	20 a 24 mg/kg/dia divididos 4 doses IV ou VO, máximo de 2,4 g/dia	Arritmias cardíacas, neurotoxicidade, interação medicamentosa, nefrotoxicidade, hepatotoxicidade, cefaléia, insônia, mialgias, reações hipersensibilidade e distúrbios gastrintestinais
	Infusão contínua de 35 a 50 mg/1,73 m^2/h	
Inibidor da bomba de próton		
Omeprazol	0,7-3,3 mg/kg/dose cada 12-24 h IV ou VO, máximo 40 mg	Diarréia, cefaléia e reações cutâneas
Citoproteção		
Sucralfato	1 g/1,73 m^2/dose divididos em 4 doses VO, máximo de 4 g/dose	Constipação e náuseas
Misoprostol (agonista da prostaglandina)	100-200 g cada 6-8 h VO	Náuseas, diarréia, distúrbios ginecológicos
Vasoconstrição		
Vasopressina	0,3U/kg IV em 20 a 30 minutos, máximo de 20 U, seguida de infusão contínua de 0,001U/kg/min, podendo ser aumentada a cada 2h até atingir 0,01U/kg/min	Arritmias cardíacas, isquemia miocárdica e cerebral, hipertensão arterial e hiponatremia
Somatostatina	1 a 2 g/kg IV em 5 minutos, máximo de 250 mcg, seguidos de infusão contínua de 1 a 2 g/kg/h, máximo de 250 g/h	Efeitos cardiovasculares discretos, náuseas e vertigem
Octreotida (análogo da somatostatina)	1 g/kg IV em *bolus*, máximo 100 g, seguido de infusão contínua de 1/kg/h, máximo de 50 g/h 1 g/kg/dose (máximo 100 g) cada 8-12 h subcutâneo	Efeitos cardiovasculares discretos, náuseas e vertigem
β-bloqueadores		
Propranolol	0,5-1 mg/kg/dia dividido em 3 doses. Ajustar de acordo com a freqüência cardíaca	Broncoespasmo, insuficiência cardíaca, bradiarritmias e hipotensão
Antibióticos*		
Amoxicilina	20 mg/kg/dose cada 12 h VO, máximo de 1,5 g	Reações de hipersensibilidade, náuseas e diarréia
Claritromicina	7,5 mg/kg/dose cada 12 h VO, máximo de 500 mg	Náuseas, vômitos, diarréia e elevação das transaminases
Metronidazol	10 mg/kg/dose cada 12 h VO, máximo de 500 mg	Náuseas, vômitos, anorexia, prurido, urticária, confusão e alucinações

*Para 80 a 90% de erradicação do *H. pylori* usar claritromicina + metronidazol ou claritromicina + amoxicilina juntos com omeprazol duas vezes por dia por 1 a 2 semanas. IV= Intravenoso, VO = via oral.

Antagonistas de receptor H_2

Os bloqueadores H_2 inibem a secreção do ácido clorídrico através da ligação com os receptores H_2 localizados na membrana basolateral das células parietais. A administração contínua parece promover um efeito mais estável da supressão ácida do que a administração em *bolus*. Apesar de sua eficácia comprovada, apresentam vários efeitos colaterais como hipotensão, arritmias cardíacas, interação medicamentosa com benzodiazepínicos, teofilina, lidocaína, fentanil, midazolam, anemia, granulocitopenia, trombocitopenia, alteração do nível de consciência, entre outros.[2,22]

Os bloqueadores H_2 mais utilizados são a cimetidina, a ranitidina e a famotidina. Nos pacientes pediátricos utilizamos preferencialmente a ranitidina, por apresentar menores efeitos adversos que a cimetidina.[22,25,31]

Inibidores da bomba de próton

Os inibidores da bomba de próton são substâncias precursoras que são metabolizadas em uma sulfonamida ativa no meio extremamente ácido dos canalículos secretores das células parietais. Atuam inibindo especificamente a enzima H^+K^+-ATPase nas células parietais, diminuindo a secreção ácida do estômago. Em adultos, têm mostrado uma maior eficácia em relação aos bloqueadores H_2, porém em crianças a dose e a segurança ainda não estão bem estabelecidas.[2] Atualmente existem quatro tipos de inibidores da bomba de próton: o omepreazol, o lansoprazol, o pantoprazol e o rabeprazol, sendo que nem todos estão disponíveis comercialmente no Brasil. Em crianças, o omeprazol pode ser utilizado na dose de 0,7-3,3 mg/kg/dia; nos adultos a dose é de 20 mg/dia, podendo chegar a 40 mg, e o lansoprazol é utilizado nas doses de 30 mg/dia. Apresentam alguns efeitos colaterais, como diarréia, cefaléia e reações cutâneas.[2,17,22]

Agentes citoprotetores

■ *Sucralfato*

É uma sacarose sulfato básico de alumínio que protege a mucosa gástrica por vários mecanismos: cobre a mucosa gástrica com um filme protetor que absorve a pepsina e os sais biliares que refluem para o lúmen gástrico; impede a retrodifusão dos íons H^+ do estômago para os vasos sangüíneos; protege as regiões profundas da mucosa gástrica de onde provêm as células proliferativas, permitindo uma reepitelização rápida; e estimula a produção de prostaglandinas E_2, que têm como efeito aumentar a produção de bicarbonato pela mucosa gástrica e duodenal. Geralmente é bem tolerado, mas pode levar a constipação e diarréia em 1% a 2% dos casos, e nos pacientes com insuficiência renal foi descrita toxicidade por alumínio.[2,22]

■ *Análogos da prostaglandina*

Os derivados sintéticos da prostaglandina exercem um efeito protetor da mucosa gástrica a determinados agentes, mesmo em baixas doses. Um dos mais conhecidos é o misoprostol, porém apresenta alguns efeitos colaterais indesejados e um alto custo.[2,40]

Anticolinérgicos

A pirezempina é uma substância anticolinérgica que atua predominantemente nos receptores muscarínicos do estômago, inibindo a secreção de ácido clorídrico. Muitos estudos demonstraram que sua eficácia é comparável à dos bloqueadores H_2, porém atua diminuindo o suco gástrico e não diminuindo a concentração dos íons H^+, não interferindo com a atividade da pepsina e dos ácidos biliares.[59] Apresenta também um efeito citoprotetor, provavelmente através da estimulação da produção de prostaglandina e da produção de muco associado a um aumento do fluxo sangüíneo da mucosa.[59]

Vasopressores

■ *Vasopressina*

É um potente vasoconstritor que atua nos receptores V1 nas células musculares arteriais, induzindo a contração pela ativação da fosfolipase C. A vasopressina leva a vasoconstrição esplâncnica e diminui o fluxo da veia porta, com queda da pressão portal, porém não se limita apenas à circulação esplâncnica, levando a hipertensão arterial, isquemia periférica e diminuição do débito cardíaco. Devido aos efeitos deletérios da vasopressina, alguns análogos foram desenvolvidos, com menor efeito sistêmico como a terlipressina, que não possui o efeito de aumentar a ação do plasminogênio ativado, porém apresenta os mesmos efeitos na vasculatura coronariana. O esquema terapêutico está descrito no Quadro 92-8.[2]

■ *Somatostatina*

A somatostatina é um peptídeo que aumenta a resistência vascular esplâncnica através da inibição da liberação esplâncnica de hormônios vasodilatadores, especialmente o glucagon e o peptídeo intestinal vasoativo. O seu efeito hipotensor na circulação portal é atribuído à redução do fluxo sangüíneo. A somatostatina também diminui a pressão venosa intra-hepática. Apresenta menor efeito sistêmico, pois é rapidamente degradada na circulação, possuindo uma meia-vida curta, dificultando sua utilização, e pode ser utilizada como observado no Quadro 92-8.[2,3]

■ *Octreotida*

É um análogo sintético da somastotatina que apresenta uma meia-vida mais longa e se liga a receptores específicos, diminuindo assim os efeitos hemodinâmicos. Siafakas *et al* avaliaram o efeito da octreotida em crianças e demonstraram que é uma medicação efetiva e segura no controle das hemorragias gastrintestinais severas.[53] Apresenta efeitos colaterais mínimos, e os mais freqüentes são náuseas, vômitos e diarréia. A dose recomendada é 0,3 U/kg em *bolus* seguida de infusão contínua de 0,001 U/kg/minuto, com aumentos a cada 2 horas, até a dose de 0,01 U/kg/minuto.[3,49,53]

Antagonistas β-Adrenérgicos

■ *Propranolol*

A atividade simpática adrenérgica influencia na regulação da resistência arteriolar esplâncnica. Os agentes α-adrenérgicos atuando localmente levam a vasoconstrição, e os β-adrenérgicos causam vasodilatação. O bloqueio dos receptores β-adrenérgicos permite o aumento da atividade α-adrenérgica, produzindo uma vasoconstrição arteriolar esplâncnica e conseqüente diminuição do fluxo venoso portal. O propranolol é um dos β-bloqueadores não-seletivos mais utilizados para o tratamento preventivo das varizes hemorrágicas. Não pode ser administrado em vigência de sangramento até o restabelecimento da pressão arterial sistêmica e é contra-indicado em choque cardiocirculatório, bradicardia sinusal, bloqueios ou broncoespasmos.[20,22,49]

HEMORRAGIAS NÃO-VARICOSAS

A maioria das HDAs em crianças apresenta remissão espontânea, e, nesses casos, a melhor opção é o tratamento da patologia de base.

A administração inicial de antiácidos está justificada pelo predomínio de lesões pépticas. Os agentes citoprotetores e o aumento do pH gástrico (> 4) são utilizados como terapêutica das hemorragias digestivas não-varicosas. Os inibidores da bomba de próton apresentam a vantagem teórica de serem mais potentes na supressão ácida do que os antagonistas H_2 e antiácidos. Alguns estudos demonstraram que o omeprazol é mais efetivo no controle do sangramento proveniente de úlceras hemorrágicas, diminuindo a incidência de ressangramento, a necessidade de transfusões sangüíneas e cirurgias. Apresenta, também, uma diminuição de recidiva quando associado a terapia endoscópica.[24,27] As doses preconizadas para crianças estão relacionadas no Quadro 92-8, e devem ser utilizados por um período de 4 a 6 semanas.

O risco de sangramento das úlceras e gastrites aumenta quando há associação com o *Helicobacter pylori*. As crianças com gastrite hemorrágica ou ulceração gastroduodenal decorrente de infecção por *Helicobacter pylori* devem ser tratadas com erradicação do agente, prevenindo o reaparecimento da ulceração e do sangramento, conforme demonstrado no Quadro 92-8.[17,61]

Nos casos de hemorragia persistente, a infusão de drogas vasopressoras está recomendada para diminuir o sangramento. Alguns estudos demonstraram que a somatostatina e a octreotida diminuíram o risco de sangramentos persistentes ou recorrentes e apresentaram excelentes resultados quando utilizados em associação com o tratamento endoscópico ou como alternativa quando este não era possível. A desvantagem dessas drogas é que elas não devem ser utilizadas por um período prolongado.[3,8,38]

As crianças que apresentam hemorragias maciças, sangramentos recorrentes, necessidade de múltiplas transfusões e patologias perfurativas ou obstrutivas são candidatas a intervenção cirúrgica ou a angiografia de urgência.

Terapia endoscópica

Os pacientes que apresentam HDA ativa devem ser submetidos à terapia endoscópica imediatamente após a estabilização hemodinâmica; caso isso não seja possível pela presença de hemorragia maciça e instabilidade clínica, a endoscopia deve ser realizada no centro cirúrgico, concomitantemente com a reanimação fluídica. Por outro lado, nos sangramentos controlados, o procedimento poderá ser postergado, porém deve ser realizado nas primeiras 24 horas, com um endoscopista experiente.[8,50,55]

As técnicas endoscópicas empregadas variam e dependem de cada serviço.

Térmicas

A cauterização térmica consiste em promover a cauterização dos vasos sangrantes; pode ser com contato utilizando um *probe* (*heater probe*) ou eletrocoagulação (mono ou bipolar) e sem contato com laser ou coagulação com gás de argônio. A vantagem do uso do *probe* em relação à eletrocoagulação é que a primeira técnica apresenta um menor risco de desenvolvimento de lesões térmicas profundas, evitando a formação de úlceras e perfurações.[50]

Injeção

Essa técnica consiste em injetar um composto líquido internamente ou ao redor do vaso sangrante. O composto mais utilizado é a epinefrina (1:10.000 ou 1:20.000), levando ao tamponamento local, vasoconstrição, e possivelmente aumentando a agregação plaquetária. A epinefrina é injetada na submucosa, ao redor dos quatro quadrantes no sítio do sangramento. Outros esclerosantes como o polidocanol e a etanolamina podem causar necrose tecidual. A injeção de álcool absoluto produz a desidratação e fixação do tecido, podendo levar a necrose e ulceração; por esse motivo, a infusão de pequenos volumes é recomendada, no máximo de 2 ml. A trombina e o fibrinogênio atuam reagindo entre si e formando um composto ativo que veda o vaso sangrante. Outra substância utilizada é o cianoacrilato, um líquido com propriedades adesivas que polimeriza em contato com o sangue.[50]

Mecânicos

Os dispositivos que permitem o tratamento mecânico permanente incluem os clipes de metal (hemoclipes), ligadura elástica, suturas e o *endoloop*. Nos casos de úlceras hemorrágicas, os hemoclipes são mais utilizados, pois a ligadura elástica e o *endoloop* são tecnicamente difíceis de serem colocados na base da úlcera fibrótica.[50]

As crianças com sangramento ativo focal ou com lesão de alto risco para ressangramento são candidatas ao tratamento endoscópico, sendo esse o tratamento de escolha nas crianças com hemorragia franca. A maioria das técnicas endoscópicas hemostáticas usadas com sucesso em adultos, incluindo a eletrocoagulação, fotocoagulação com laser, injeção de epinefrina e esclerosantes, ligação elástica e mecânica com clipes, tem sido aplicada em crianças.[15,26,39] Com exceção da erradicação de varizes, a experiência em crianças tem se limitado a relato de casos. Conseqüentemente, nenhuma conclusão pode ser feita sobre a melhor técnica para tratamento de sangramentos provenientes de lesões não-varicosas. Algumas vezes a escolha da técnica empregada fica limitada devido ao diâmetro do canal do aparelho (2 mm), que não permite a passagem de alguns catéteres terapêuticos. As técnicas com injeção de esclerosantes são as mais utilizadas, devido ao baixo custo, simplicidade, transporte e, no caso da epinefrina, ausência de lesão tecidual.[8,17]

O tratamento endoscópico das úlceras depende do aspecto da base da lesão e está indicado nas lesões que apresentam maior risco de ressangramento, principalmente nos sangramentos ativos e vasos visíveis, conforme mostrado no Quadro 92-6. O tratamento endoscópico nas lesões com coágulo aderido é controverso, devido ao fato de que a retirada do coágulo poderá desencadear um novo sangramento; já nas úlceras com base limpa ou com pontos pigmentados planos, não está indicado.[8,50] A úlcera duodenal com um vaso visível e a lesão de Dieulafoy pode levar a um sangramento arterial maciço, e uma equipe cirúrgica deve estar preparada para uma eventual intervenção. Nesses casos, o sangramento é mais bem controlado com a combinação da injeção de epinefrina e coagulação térmica, com diminuição de 15% na taxa de recidiva, comparado a 30% de recidiva com a monoterapia.[50] Na síndrome de Mallory-Weiss, a utilização da eletrocoagulação bipolar isoladamente mostrou-se eficaz e com menor risco de recidiva.[50]

As crianças com sangramentos importantes e com tratamento endoscópico bem-sucedido devem ser mantidas em jejum por um período aproximado de 48 horas e observadas por pelo menos 72 horas, por apresentarem maior risco de ressangramento nesse período.[8]

Radiologia intervencionista

A arteriografia terapêutica está indicada nos casos em que houver falha terapêutica com a endoscópica para controle da hemorragia.[34,51] É potencialmente útil para controle dos sangramentos de úlceras pépticas, de estresse, síndrome de Mallory-Weiss, esofagites e gastrites hemorrágicas ou anomalias vasculares. As lesões do estômago na porção proximal (95% da LMRE e na síndrome de Mallory-Weiss) geralmente são irrigadas pela artéria gástrica esquerda, a qual é facilmente identificada na arteriografia, facilitando o procedimento e a hemostasia.[34]

A injeção intra-arterial seletiva de vasopressina tem sido considerada de primeira escolha para a terapia angiográfica. Após a identificação do local da hemorragia, inicia-se a infusão de vasopressina por aproximadamente 20 minutos e o local é reavaliado com nova injeção de contraste; caso o sangramento persista, a infusão poderá ser aumentada evitando-se altas doses, que podem levar a isquemia miocárdica ou intestinal. Após controle da hemorragia, o catéter deverá permanecer no local para infusão contínua por um período de 12 a 24 horas.[34]

Recentemente a embolização com gelfoam ou microesferas tem sido utilizada com o mesmo índice terapêutico e com menor taxa de complicações. Apresenta a vantagem de controle imediato da hemorragia, o que permite a retirada do catéter, diminuindo os riscos de complicações relacionadas ao catéter e aos efeitos colaterais da vasopressina.[2,34,38]

Tratamento cirúrgico

O tratamento cirúrgico na HDA está reservado apenas para aqueles sangramentos incontroláveis, pois está associado a inúmeras complicações e alta taxa de mortalidade. Nos pacientes pediátricos, as causas mais freqüentes de indicação cirúrgica são a hemorragia oriunda da úlcera duodenal com rompimento arterial, perfurações ou obstruções gastrintestinais. A incidência de cirurgia nos pacientes com úlcera péptica reduziu drasticamente após a introdução dos antagonistas dos receptores H_2, inibidores da bomba de prótons e erradicação do *Helicobacter pylori*.[17]

O tipo de intervenção cirúrgica varia de acordo com a etiologia da HDA e inclui gastrotomia com sutura das lesões, fundoplicatura, vagotomia, gastrectomias subtotal e total e devascularização gástrica.

PROFILAXIA DA ÚLCERA DE ESTRESSE

A instituição de profilaxia em todos os pacientes admitidos na UCI é controversa. A maioria dos pacientes desenvolve lesões visíveis de mucosa precocemente durante o curso de sua enfermidade.[31] O grau da lesão e o subseqüente risco de sangramento correlacionam-se com a severidade da doença de base.[22] O sucesso da profilaxia depende da aplicação de princípios fisiopatológicos específicos: manutenção do pH gástrico acima de 4, otimização da perfusão e manutenção dos sistemas protetores da mucosa gástrica.[2]

A instituição precoce de alimentação enteral parece estar associada com diminuição do risco de sangramento por úlcera de estresse. A administração enteral de proteínas leva à liberação de gastrina, um potente estimulador da renovação das células da mucosa gástrica, permitindo que as áreas lesadas se recuperem rapidamente, evitando a retrodifusão dos íons hidrogênios. Adicionalmente, durante a infusão da dieta há o tamponamento do ácido gástrico, mantendo o pH acima de 4.[2,40,59]

Também devemos levar em consideração que os pacientes internados na UCI apresentam-se ansiosos, estressados e muitas vezes com dor; portanto, é de grande importância o emprego de analgésicos e ansiolíticos.

Quando o controle cuidadoso do pH gástrico intraluminal é feito, o risco de sangramento ou de gastrite de estresse diminui sensivelmente. O pH gástrico deve ser mantido acima de 4, diminuindo assim a acidez do suco gástrico e ao mesmo tempo a atividade da pepsina.

O sucralfato, os antiácidos e os bloqueadores H_2 constituem os medicamentos mais utilizados para a profilaxia. O Quadro 92-9 mostra os diferentes mecanismos de ação de cada uma das opções terapêuticas. Os bloqueadores H_2 são freqüentemente utilizados para profilaxia tanto em neonatos quanto em crianças maiores.[31] Poucos estudos prospectivos avaliaram a profilaxia da úlcera de estresse na faixa etária pe-

Quadro 92-9. Mecanismos de ação das diferentes medicações utilizadas para profilaxia da úlcera de estresse[59]

Medicação	*Mecanismos de ação*	*Outros mecanismos de proteção*
Antiácidos	Neutralização direta da acidez gástrica (dose-dependente), manter pH gástrico > 4	Liga-se aos ácidos biliares (drogas com Al $^{+++}$), há produção local de PG Estimula a regeneração epitelial
Bloqueadores H_2	Aumento do pH gástrico pelo bloqueio dos receptores H_2 Ausência de efeitos citoprotetores	
Inibidores de bomba de próton	Inibe na célula parietal a ATPase H^+-K^+ e bloqueia a produção final do íon H^+	Ausência de efeitos citoprotetores, produção local de PG
Sucralfato	Não altera o pH intraluminal	Estimula a produção de muco/HCO_3 (independente da PG) Estimula o fator de crescimento epidérmico
Análogos da prostaglandina	Efeitos anti-secretórios e citoprotetores na mucosa gástrica	Inibe a secreção gástrica em doses altas
Pirenzepina	Anticolinérgico Inibe a secreção ácida via receptor muscarínico M_1	Estimula a produção de muco/HCO_3; melhora o fluxo sangüíneo da mucosa (independente da PG)

diátrica. Em adultos foi observado que a profilaxia com antiácidos, antagonistas H_2 ou sucralfato reduziu a incidência de sangramento decorrente da úlcera de estresse de 20% para 5%, comparando com controles não-tratados. A menor incidência foi observada com o uso do sucralfato.[2] Em um estudo controlado e randomizado, em 48 neonatos internados na UCI neonatal em VM e submetidos a avaliação endoscópica, foi observado que, dos 23 neonatos que receberam ranitidina profilaticamente durante um período de 4 dias, 14 (61%) apresentaram mucosa gástrica normal no momento da endoscopia, em relação a apenas 5 (20%) dos que não receberam profilaxia. Esse estudo também demonstrou uma menor incidência de lesões gástricas nos neonatos que receberam surfactante, mostrando que a redução dos parâmetros ventilatórios do aparelho diminuiu os riscos de complicações gastrintestinais; por outro lado, pode ser que o surfactante apresente um efeito citoprotetor direto na mucosa gástrica.[31]

Considerando a baixa incidência de HDA clinicamente significativa e os potenciais efeitos adversos dos diferentes regimes terapêuticos, a profilaxia da úlcera de estresse deverá ser instituída somente nos pacientes com maior risco de sangramento, como apresentado no Quadro 92-2.[32,40]

A principal complicação associada à profilaxia está relacionada com a elevação do pH gástrico (pH > 4), que leva ao aumento do crescimento bacteriano em poucos dias, principalmente dos gram-negativos encontrados no aspirado gástrico. Driks *et al* observaram uma incidência de 23% de pneumonia nosocomial com o uso de antiácidos e antagonistas H_2, enquanto o sucralfato apresentou uma incidência de 12%, mas, quando a amostra foi estratificada, a incidência de pneumonia nosocomial com o uso de antagonista H_2 foi de apenas 5,9%.[13] Estudos futuros deverão ser feitos no intuito de demonstrar qual medicação será mais efetiva e com menor risco de complicação.

HEMORRAGIA VARICOSA

Prevenção primária de sangramento

β-*bloqueadores*

Todos os estudos avaliando o uso dos β-bloqueadores demonstraram uma redução significativa na incidência do primeiro sangramento das varizes, mas nenhum deles demonstrou um efeito significativo na sobrevida em longo prazo.[20] Esse benefício é mais acentuado nos pacientes com maior risco de sangramento, com gradiente de pressão venosa intra-hepática maior do que 12 mmHg. O uso de β-bloqueadores na prevenção primária da hemorragia foi avaliado por Ozsoylu *et al*, apresentando resultados positivos em todas as crianças, independentemente da classificação de CHILD.[41]

A utilização de propranolol para reduzir o fluxo sangüíneo portal pode ser útil na prevenção de hemorragia ou como coadjuvante para a escleroterapia. A dose inicial de propranolol recomendada está apresentada no Quadro 92-8 e deve ser ajustada de acordo com a freqüência cardíaca, objetivando uma redução de 25% da freqüência cardíaca basal.[8,22,49] Uma vez iniciada, a terapia não deve ser interrompida abruptamente, pois isso pode desencadear o sangramento e está contra-indicado nas crianças asmáticas ou com bloqueios cardíacos.

Escleroterapia endoscópica

A escleroterapia endoscópica como prevenção do primeiro sangramento ainda não está totalmente estabelecida; em adultos não está indicada nos pacientes cirróticos, mas a ligadura elástica parece apresentar resultados melhores.[20] Em crianças, a escleroterapia profilática reduziu a incidência de sangramento de 42% para 6% em um estudo controlado e randomizado. Apesar do sucesso inicial, 16% dos pacientes desenvolveram gastropatia hipertensiva congestiva, e desses, 38%

apresentaram sangramentos desse local. No grupo controle somente 6% apresentaram a gastropatia hipertensiva congestiva, e nenhuma das crianças apresentou sangramento. A escleroterapia profilática não alterou a sobrevida em relação ao grupo controle.[19] Em crianças, a terapia endoscópica está reservada para o controle da hemorragia e a prevenção de recidiva.[8,49]

Outras medidas

Os nitratos (mononitrato de isossorbida) podem ser igualmente eficazes e são uma alternativa para os pacientes que não toleram os β-bloqueadores.[20,37]

O *shunt* portossistêmico transjugular intra-hepático (TIPS), apesar de reduzir os episódios de sangramento, parece não ter um papel na prevenção do primeiro sangramento por aumentar a incidência de encefalopatias.[20,49]

Tratamento da fase aguda

Para controle inicial da hemorragia ativa, podem ser utilizados os agentes vasopressores e/ou o tratamento endoscópico, com excelentes resultados, reservando-se a colocação de TIPS ou a intervenção cirúrgica para as hemorragias incontroláveis. A Figura 92-4 ilustra as diferentes modalidades terapêuticas para tratamento das varizes de esôfago.[52]

Os agentes vasopressores mais conhecidos são a vasopressina, a terlipressina, a somatostatina e a octreotida. Atualmente

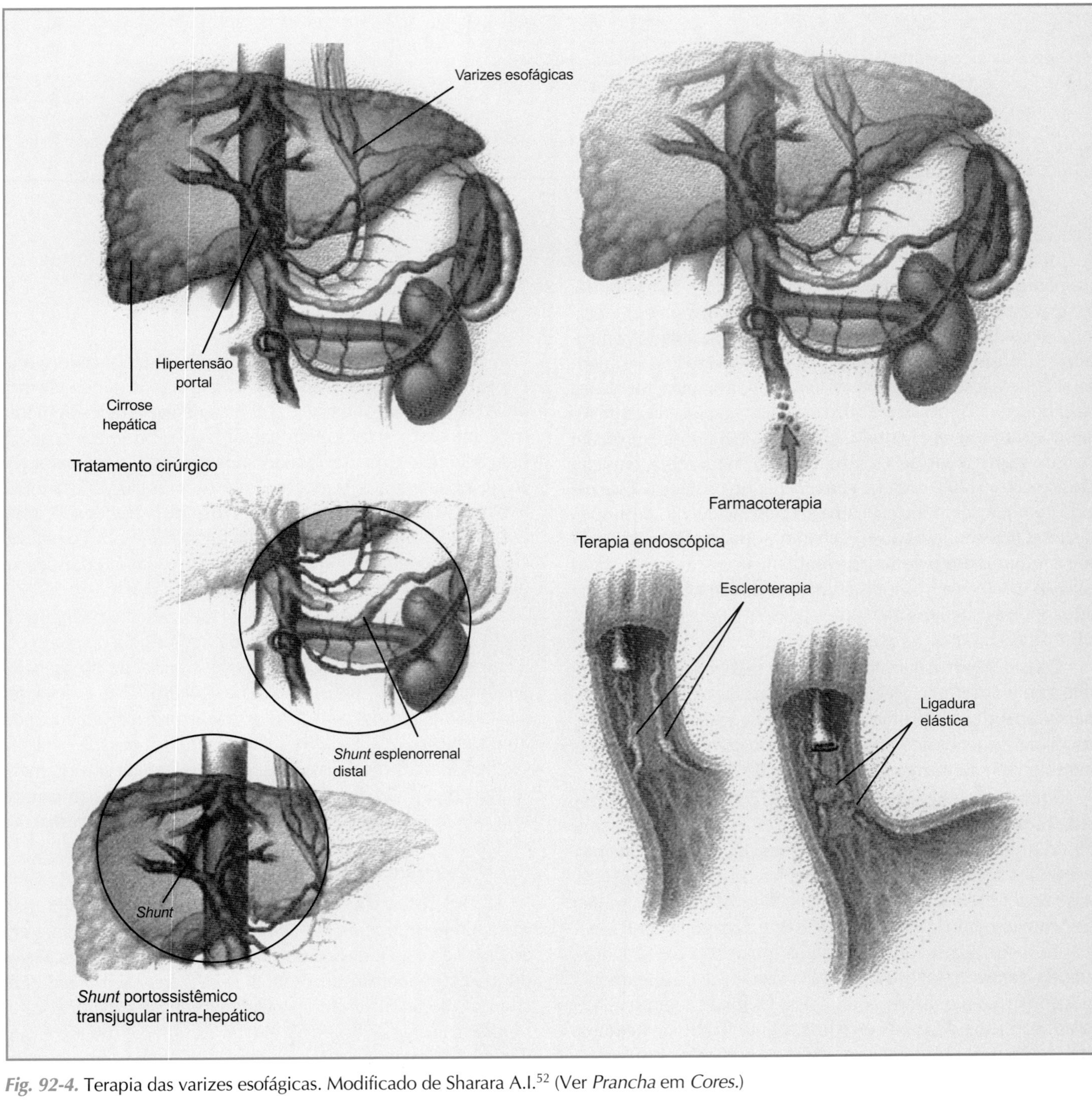

Fig. 92-4. Terapia das varizes esofágicas. Modificado de Sharara A.I.[52] (Ver *Prancha* em *Cores*.)

a somatostatina e a octreotida, devido à ação seletiva, são as mais utilizadas. A octreotida apresenta eficácia semelhante à - escleroterapia no controle da hemorragia e apresenta uma meia-vida mais longa, podendo ser utilizada intermitentemente.[7] Uma dose inicial de 1 μg/kg deve ser feita, seguida de infusão contínua de 1 μg/kg/h. Após o controle do sangramento, deverá ser utilizada por um período de no mínimo 24 horas, sendo então diminuída gradativamente 50% da dose a cada 12 horas. O controle da glicemia deverá ser feito constantemente.[8,49]

A combinação do tratamento endoscópico com a octreotida apresenta uma efetividade maior com menor risco de complicações, e sempre que possível deverá ser realizada.[20,37]

■ *Endoscopia*

A endoscopia exerce um papel fundamental no manejo dos pacientes com hemorragia varicosa, pois permite a confirmação do local do sangramento concomitantemente com o tratamento, sendo essa a terapia de escolha na maioria dos casos.

A escleroterapia de varizes esofágicas com injeção de substâncias é um procedimento hemostático bem-estabelecido em crianças. A eficácia dessa técnica, demonstrada em diversos estudos, excedeu 90%.[8,37,49] A substância mais utilizada para esclerose das varizes é a etanolamina, com injeções intra e paravasais. Porém o sangramento pode recorrer mesmo após a erradicação completa das varizes esofágicas, como resultado do aparecimento de outros locais de sangramento, como nas varizes gástricas, na gastropatia hipertensiva congestiva ou nas varizes duodenais. As varizes gástricas tendem a ser mais calibrosas e o sangramento mais volumoso, apresentam menor resposta com a escleroterapia, os melhores resultados são com o uso do cianoacrilato e estão associadas com maior taxa de mortalidade e de recidivas.[8] O tempo de reincidência das varizes e sangramento é mais comum nas crianças com hipertensão portal intra-hepática do que nas crianças com obstrução portal extra-hepática. A maioria das complicações mais graves associadas à escleroterapia relatadas em adultos também é descrita nas crianças. O estreitamento esofágico é a mais comum, aparecendo em 5% a 20% dos estudos pediátricos.[17,49] A ulceração superficial é comum, mas a ulceração profunda e perfuração são raras. Também foi relatada lesão espinhal isquêmica. Após o tratamento com escleroterapia está indicada a utilização de bloqueadores H_2, sucralfato ou inibidores da bomba de próton, no intuito de prevenir e tratar as complicações descritas anteriormente.[17,49]

A ligadura elástica das varizes tem sido relatada com eficácia e segurança comparáveis aos adultos, com obliteração dos vasos em 73% a 100% dos casos.[49] Apesar disso, apenas alguns centros têm utilizado essa técnica. Comparada com a escleroterapia, há necessidade de maior habilidade do endoscopista para manipular o dispositivo de ligadura no estreito esôfago das crianças.[17,49]

■ *Tamponamento com catéter-balão*

A indicação do tamponamento com catéter-balão (Sengstaken-Blakemore ou Minnesota) está cada vez mais restrita e não deve ser utilizada como primeira alternativa, limitando-se apenas aos casos de hemorragia maciça não-controlada com a terapia endoscópica e/ou farmacológica. Esse tamponamento produz uma hemostasia temporária através da compressão direta das varizes na junção esofagogástrica, e sua eficácia varia de 40% a 90%. A recidiva do sangramento ocorre em aproximadamente 50% dos casos nas primeiras 24 horas após a desinsuflação do balão. Está associado a uma taxa de mortalidade elevada, em torno de 6% a 20%, principalmente devido à perfuração esofágica e aspiração pulmonar.[20,37,49]

A colocação do balão deve ser feita cuidadosamente, como descrita na Figura 92-5.[9] A pressão do balão esofágico deve permanecer abaixo da pressão arterial média, evitando o risco de isquemia da mucosa. A aspiração da cavidade oral deve ser feita constantemente no intuito de prevenir a aspiração pulmonar. O catéter-balão não deve permanecer insuflado por mais de 24 horas.[8]

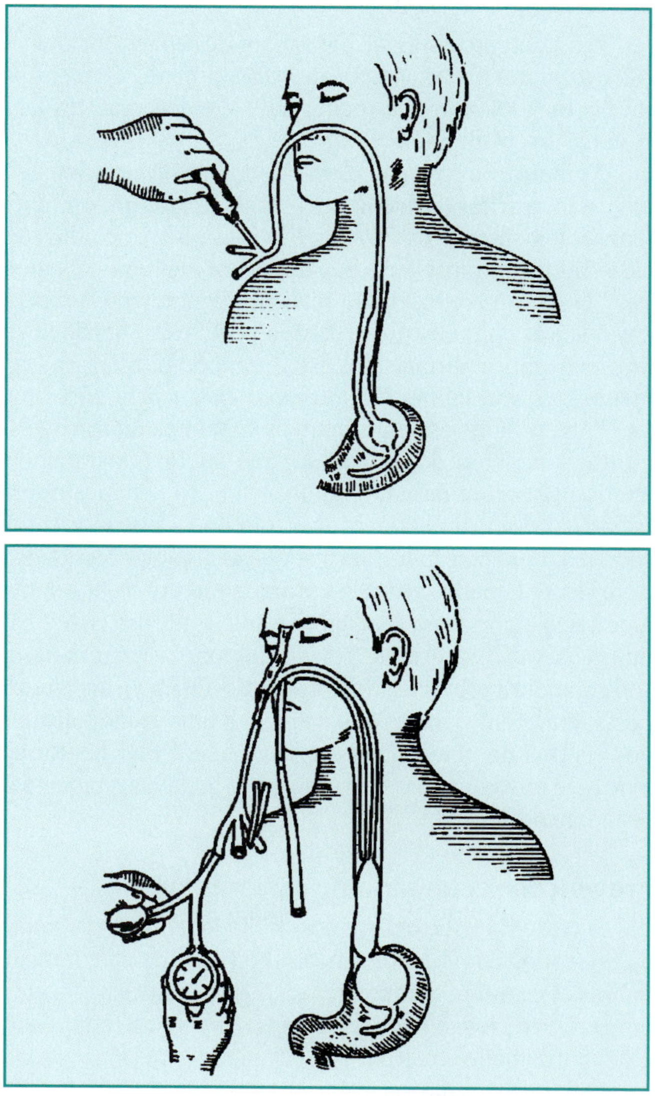

A

B

Fig. 92-5. Passagem do balão de Sengstaken-Blakemore de três vias. (**A**) Após a passagem do catéter-balão insuflar o balão gástrico parcialmente e verificar a posição com radiografia de abdômen. Confirmada a posição, insuflar o balão gástrico totalmente, tracionando e fixando-o. (**B**) Insuflar o balão esofágico com manometria, mantendo a pressão abaixo da pressão arterial média. Modificado de Carvalho W.B.[9]

Shunt portossistêmico transjugular intra-hepático

A intervenção radiológica permite a colocação de uma prótese conectando a veia hepática e a veia porta. O *shunt* portossistêmico transjugular intra-hepático (TIPS) está indicado principalmente nas crianças com hipertensão portal de etiologia intra-hepática. Na fase aguda é utilizado quando o tratamento endoscópico não for efetivo, que é definido como a hemorragia varicosa recorrente após duas intervenções endoscópicas, durante a mesma internação. Utilizado nessa situação, promove a hemostasia em 73% a 96% dos casos.[20] A experiência em crianças é limitada, porém promissora. Pode não ser possível em algumas crianças devido ao calibre dos vasos ou a anatomia vascular desfavorável. Pode levar a encefalopatia e estenose do *shunt*, as quais ocorrem em 25% a 75% dos casos.[17,49]

Tratamento cirúrgico

O tratamento cirúrgico das varizes de esôfago inclui a criação de um dos variados tipos de *shunts* portossistêmicos portocava ou esplenorrenal e cirurgias de transecção esofágica e/ou desvascularização.

As indicações para a colocação dos *shunts* portossistêmicos estão restritas devido ao sucesso da terapia endoscópica e farmacológica para controle da HDA e, também, pelos avanços alcançados no transplante hepático com melhora da sobrevida.[49] Essas intervenções são mais freqüentemente utilizadas nas crianças com obstrução da veia porta extra-hepática com função hepática normal, mas estão sendo utilizadas cada vez menos por apresentarem um elevado risco para encefalopatia.[17] Alguns autores consideram as seguintes indicações: hemorragia varicosa documentada, que apesar do tratamento endoscópico continua sangrando, e função hepática normal; falha do tratamento endoscópico com doença hepática intrínseca, mas com função hepática adequada, sem necessidade de transplante hepático em curto prazo (somente *shunt* seletivo); hipertensão portal grave acompanhada de fibrose cística e hemorragia varicosa e presença de microflora bacteriana que comprometa a sobrevida do transplante hepático; hipertensão portal grave em crianças que residam a uma grande distância dos centros de emergência e podem apresentar hemorragia maciça; e obstrução da veia porta extra-hepática e hiperesplenismo incontrolável.[49]

Prevenção secundária de sangramento

A prevenção secundária com β-bloqueadores está indicada em todos os pacientes após o episódio de sangramento. Inúmeros estudos demonstraram a eficácia desses agentes, em geral reduzem o risco de ressangramento ao redor de 40% e de mortalidade em 20%.[20]

Os benefícios da escleroterapia têm sido confirmados pela maioria dos estudos, e há uma diminuição da recidiva e da mortalidade quando utilizada em combinação com a terapia farmacológica. A ligadura elástica parece estar relacionada com melhora da sobrevida e com índices de recidiva ainda menores e apresenta a vantagem de necessitar de menor número de sessões e mínimo risco de complicações.[49] A ligadura elástica seguida de escleroterapia para obliteração de pequenas varizes residuais parece ser mais eficaz em prevenir a recorrência das varizes com menor risco de complicação.[17,49]

Apesar de os estudos demonstrarem menores riscos para ressangramentos com a utilização do TIPS, esses estão associados a maior incidência de encefalopatias.

O transplante hepático é o tratamento definitivo para as crianças com HDA varicosa e doença hepática avançada e devem ser considerados em todos os casos. O TIPS, ao contrário dos *shunts* cirúrgicos, não compromete a realização de transplante posteriormente.

CONCLUSÃO

A HDA em crianças raramente é fatal. Existem alguns relatos de casos com hemorragia maciça e óbito em crianças com doença preexistente. Fatalidades têm sido relatadas como um caso de esofagite por *Candida albicans* e síndrome da imunodeficiência adquirida (AIDS), úlcera perfurada em neonatos criticamente enfermos, polipose em uma criança com doença de Menkes, anomalia vascular e varizes associadas a drenagem anômala de veias pulmonares.[17]

As crianças que apresentam hemorragia digestiva alta necessitam de avaliação e estabilização hemodinâmica. A endoscopia é o método de escolha para o diagnóstico e tratamento. A história e a idade do paciente são importantes para o diagnóstico etiológico. Após a confirmação do diagnóstico, a maioria das crianças pode ser tratada com sucesso através de manobras simples.

REFERÊNCIAS BIBLIOGRÁFICAS

1. Balsells F, Wyllie R, Kay M *et al.* Use of conscious sedation for lower and upper gastrointestinal endoscopic examination in children, adolescents, and young adults: a twenty-year review. *Gastrointest Endosc* 1997;45:375–80.
2. Beejay U, Wolfe MM. Acute gastrointestinal bleeding in the Intensive Care Unit. *Gastroenterol Clin North Am* 2000;29(2):309–35.
3. Beglinger C, Drewe J. Somatostatin and octreotide: physiological background and pharmacological application. *Digestion* 1999;60(Suppl. 2):2–8.
4. Beppu K, Inokuchi K, Koyanagi N *et al.* Prediction of variceal hemorrhage by esophageal endoscopy. *Gastrointest Endosc* 1981;27:213–8.
5. Brayton D, Norris W. Gastrointestinal hemorrhage in infancy and childhood. *JAMA* 1952;150:668–71.
6. Bresalier RS. The clinical significance and pathophysiology of stress-related gastric mucosal hemorrhage. *J Clin Gastroenterol* 1991;13:S35-S43.
7. Büchler M, Beglinger C. A decade of octreotide. *Digestion* 1999;60(Suppl. 2):1.
8. Carvalho E, Nita MH, Paiva LMA, Silva AAR. Hemorragia digestiva. *J Pediatr* 2000;76(Suppl. 2):S135-S46.
9. Carvalho WB, Gerstler JG. Passagem da sonda de Sengstaken-Blakemore. *In* Matsumoto T, Carvalho WM, Hirschhimer MR (Eds.): *Terapia Intensiva Pediátrica.* 2ª ed. Rio de Janeiro: Atheneu, 1997, pp 1110–12.
10. Chaïbou M, Tucci M, Dugas MA *et al.* Clinically significant upper gastrointestinal bleeding acquired in a pediatric care unit: a prospective study. *Pediatrics* 1998;102(4):933–8.

11. Cochran EB, Phelps SJ, Tolley EA *et al.* Prevalence of, and risk factors for, upper gastrointestinal bleeding in critical ill pediatric patients. *Crit Care Med* 1992;20:1519–23.
12. Cox K, Amment ME. Upper gastrointestinal bleeding in children and adolescents. *Pediatrics* 1979;63:408–13.
13. Driks MR, Craven DE, Celli BR *et al.* Nosocomial pneumonia in intubated patients given sucralfate as compared with antiacids or histamine type 2 blockers: the role of gastric colonization. *N Engl J Med* 1987;317:1376–82.
14. Drumm B, Rhoads JM, Stringer DA *et al.* Peptic ulcer in children: etiology, clinical findings, and clinical course. *Pediatrics* 1988;82:410–4.
15. Ebina K, Kato S, Abukawa D *et al.* Endoscopic hemostasis of bleeding duodenal ulcer in a child with Henoch–Schölein purpura. *J Pediatr* 1997;131:934–6.
16. Forrest JAH, Finlayson NDC, Shearman DJ. Endoscopy in gastrointestinal bleeding. *Lancet* 1974;2:394–7.
17. Fox VL. Gastrointestinal bleeding in infancy and childhood. *Gastroenterol Clin North Am* 2000;29(1):37–65.
18. Gauvin F, Dugas MA, Chaïbou M *et al.* The impact of clinically significant upper gastrointestinal bleeding acquired in a Pediatric Intensive Care Unit. *Pediatr Crit Care Med* 2001;2(4):294–8.
19. Gonçalves ME, Cardoso SR, Maksoud JG. Prophylactic sclerotherapy in children with esophageal varices: long-term results of a controlled prospective randomized trial. *J Pediatr Surg* 2000;35:401–5.
20. Gow PJ, Chapman RW. Modern management of oesophageal varices. *Postgrad Med J* 2001;77:75–81.
21. Gupta TK, Toruner M, Chung MK, Groszmann RJ. Endothelial dysfunction and decreased production of nitric oxide in intrahepatic microcirculation of cirrhotic rat liver. *Hepatology* 1998;28:926–31.
22. Gurgueira GL, Maranhão RFA. Hemorragias digestivas. *In* Carvalho ES, Carvalho WB (Eds.): *Terapêutica e Prática Pediátrica*. 2ª ed. Rio de Janeiro: Atheneu, 2000, pp 353–64.
23. Haro AL, Ramírez PC. Utilidad de la endoscopia en el diagnóstico diferencial de la hemorragia del tubo digestivo alto en niños. *Bol Med Hosp Infant Mex* 1992;49(11):743–9.
24. Israel DM, Hassal E. Omeprazole and other proton pump inhibitors: pharmacology, efficacy, and safety, with special reference to use in children. *J Ped Gast Nut* 1998;27:568–79.
25. Janes LP, Marotti T, Stowe CD *et al.* Pharmacokinetics and pharmacodynamics of famotidine in infants. *J Clin Pharmacol* 1998;38:1089–95.
26. Kato S, Ozawa A, Ebina K *et al.* Endoscopic ethanol injection for treatment of bleeding peptic ulcer. *Eur J Pediatr* 1994;153:873–5.
27. Khuroo MS, Yatoo GN, Javid G *et al.* A comparison of omeprazole and placebo for bleeding peptic ulcer. *N Engl J Med* 1997;336:1054–8.
28. Kohler B, Riemann JF. The role of endoscopic doppler-sonography. *Hepato-Gastroenterology* 1999;46:732–6.
29. Kupfer Y, Cappell MS, Tessler S. Acute gastrointestinal bleeding in the Intensive Care Unit. *Gastroenterol Clin North Am* 2000;29(2):275–307.
30. Kuusela A-L, Mäki M, Ruuska T, Laippala P. Stress-induced gastric findings in critically ill newborn infants: Frequency and risk factors. *Intens Care Med* 2000;26:1501–6.
31. Kuusela A-L, Ruuska T, Karikoski R, Laippala P, Ikonen RS, Janas M, Mäki Markku. A randomized, controlled study of prophylactic ranitidine in preventing stress-induced gastric mucosal lesions in neonatal Intensive Care Unit patients. *Crit Care Med* 1997;25:346–51.
32. Lacroix J, Gauthier M, Farrell CA, Lapierre G. Prophylaxie des hémorragies gastroduodénales de stress acquises en soins intensifs pédiatriques. *Pédiatrie* 1991;46:393–403.
33. Lacroix J, Nadeau D, Laberge S *et al.* Frequency of upper gastrointestinal bleeding in a Pediatric Intensive Care Unit. *Crit Care Med* 1992;20:35–42.
34. Lefkovitz Z, Capell MS, Kaplan M, Gerard P. Radiology in the diagnosis and therapy of gastrointestinal bleeding. *Gastroenterol Clin North Am* 2000;29(2):489–511.
35. Lopez-Herce J, Dorao P, Elola P *et al.* Frequency and prophilaxis of upper gastrointestinal hemorrhage in critical ill children: a prospective study comparing the efficacy of almagate, ranitidine, and sucralfate. *Crit Care Med* 1992;20:1082–9.
36. Lugo AR, Harrison AM, Cash J *et al.* Pharmacokinetics and pharmacodynamics of ranitidine in critically ill children. *Crit Care Med* 2001;29(4):759–64.
37. Luketic VA, Sanyal AJ. Esophageal varices I. Clinical presentation, medical therapy and endoscopic therapy. *Gastroenterol Clin North Am* 2000;29(2):337–85.
38. Meier R, Wettstein AR. Treatment of acute nonvariceal upper gastrointestinal hemorrhage. *Digestion* 1999;60(Suppl. 2):47–52.
39. Murray KF, Jennings RW, Fox VL. Endoscopic band ligation of a Dieulafoy lesion in the small intestine of a child. *Gastrointest Endosc* 1996;44:336–9.
40. Mutlu GM, Mutlu EA, Factor P. GI complications in patients receiving mechanical ventilation. *Chest* 2001;119:1222–41.
41. Ozsoylu S, Kocak N, Demir H *et al.* Propranolol for primary and secondary prophylaxis of variceal bleeding in children with cirrhosis. *Turk J Pediatr* 2000;42:31–3.
42. Pollack MM, Ruttimann EU, Getson PR. Pediatric risk of mortality (PRISM) score. *Crit Care Med* 1998;16:1110–6.
43. Priebe HJ, Skillman JJ, Bushnell LS *et al.* Antiacid versus cimetidine in preventing acute gastrointestinal bleeding: a randomized trial in 75 critically ill patients. *N Engl J Med* 1980;302:426–30.
44. Pugh RNH, Murray-Lyon IM, Dawson JL *et al.* Transection of the oesophagus for bleeding oesophageal varices. *Br J Surg* 1973;60:646–9.
45. Quack SH, Lan SK, Low PS. Upper gastrointestinal endoscopy in children. *Singapore Med J* 1990;31:123–6.
46. Rockey DS, Chung JJ. Reduced nitric oxide production of nitric by endothelial cells in cirrhotic rat liver: endothelial dysfunction in portal hypertension. *Gastroenterology* 1998;114:344–51.
47. Rockey DS, Fouassier L, Chung JJ *et al.* Cellular localization of endothelin-1 and increased prodution in liver injury in the rat: potential for autocrine and paracrine effects on stellate cells. *Hepatology* 1998;27:472–80.
48. Rodgers BM. Upper gastrointestinal hemorrhage. *Pediatr Rev* 1999;20(5):171–4.
49. Ryckman FC, Alonso MH. Portal hypertension: causes and management of portal hypertension in the pediatric population. *Clin Liver Dis* 2001;5(3).
50. Savides TJ, Jensen DM. Therapeutic endoscopy for nonvariceal gastrointestinal bleeding. *Gastroenterol Clin North Am* 2000;29(2):465–87.
51. Shapiro MJ. The role of the radiologist in the management of gastrointestinal bleeding. *Gastroenterol Clin North Am* 1994;29(2):123–60.
52. Sharara AI, Rockey D. Gastroesophageal variceal hemorrhage. *N Engl J Med* 2001;345(9):669–80.

53. Siafakas C, Victor LF, Samuel N. Use of octreotide for the treatment of severe gastrointestinal bleeding in children. *J Ped Gast Nut* 1998;26:356–9.
54. Spencer R. Gastrointestinal hemorrhage in infancy and childhood: 476 cases. *Surgery* 1964;55:718–34.
55. Spiegel BMR, Vakil NB, Ofman JJ. Endoscopy for acute nonvariceal upper gastrointestinal tract hemorrhage: Is sooner better? A systematic review. *Arch Intern Med* 2001;161:1393–404.
56. Squires RH. Gastrointestinal bleeding. *Pediatr Rev* 1999;20(3):95–101.
57. Surpure JS, Vyas DR. Gastrointestinal bleeding. *In* Rosen: *Emergency Medicine Concepts and Clinical Practice.* 4th ed. St. Louis: Mosby Yearbook, 1998, pp 1178–99.
58. The North Italian Endoscopic Club for the Study and Treatment of Esophageal Varices. Prediction of the first variceal hemorrhage in patients with cirrhosis of the liver and esophageal varices: a prospective multicenter study. *N Engl J Med* 1988;319:983–9.
59. Tryba M, Cook D. Current guidelines on stress ulcer prophylaxis. *Drugs* 1997;54(4):581–96.
60. Urashima M, Toyoda S, Nakano T *et al.* BUN/Cr ratio as an index of gastrointestinal bleeding mass in children. *J Ped Gast Nut* 1992;15:89–92.
61. Van der Voot PHL, Van Der Hulst RWM, Zandstra DF *et al.* Prevalence of *Helycobacter pylori* infection in stress-induced gastric mucosal injury. *Intens Care Med* 2001;27:68–73.
62. Vinton NE. Gastrointestinal bleeding in infancy and childhood. *Gastroenterol Clin N Am* 1994;23(1):93–21.
63. Weinstein WM. Gastritis, and gastropathy. *In* Sivak MVJ (Ed.): *Gastroenterologic Endoscopy.* Vol. 1. 2nd ed. Philadelphia: WB Saunders, 2000, pp 642–70.

93 Pancreatite Aguda

Valter Nilton Felix

A pancreatite aguda é afecção de etiologia múltipla e fisiopatologia complexa, cujo tratamento é controverso.

As estatísticas hospitalares indicam de 1 a 5 desses casos por 10.000 admissões por ano. A mortalidade é de cerca de 10%, mas, se complicada por necrose pancreática, pode chegar a 20-40%.

Muitos desses pacientes necessitam de internação prolongada em Unidade de Terapia Intensiva, e alguns necessitam de operações de grande porte.

Critérios como os de Ranson *et al* e de Balthazar estabelecem o grau de severidade da afecção.[1,2]

Os óbitos na pancreatite aguda severa habitualmente não estão diretamente relacionados especificamente à inflamação pancreática ou à infecção de áreas de necrose da glândula ou do tecido periglandular, mas à falência de múltiplos órgãos, indistinguível da que ocorre em casos de sepse, trauma ou queimadura extensa, por exemplo.

Demonstrações experimentais do mecanismo de produção da pancreatite aguda descrevem rupturas acinares e ductais, com desestruturação parenquimatosa e liberação de enzimas prematuramente ativadas.[3,4]

Ocorre, então, lesão da microcirculação glandular, com extravasamento de hemácias, hemaglutinação, acúmulo neutrofílico, edema, perda de líquido para o espaço intersticial; a liberação de mediadores e de radicais livres para a circulação sistêmica e seu controle endógeno e terapêutico vão mediar a evolução do caso.[5,6]

Essa riqueza de eventos e de pesquisas clínicas e experimentais a respeito do assunto destaca a pancreatite aguda como assunto dos mais relevantes na prática da Medicina Intensiva.

DEFINIÇÃO

O I Simpósio sobre Pancreatites realizado em Marselha, em 1963,[7] definiu alguns cursos clínicos após a lesão inicial da glândula. Assim, a integridade anatomofuncional do pâncreas é mantida após a remissão de um episódio de pancreatite aguda. Na persistência do fator etiológico, ainda com manutenção da estrutura glandular, define-se a pancreatite aguda recorrente. Por outro lado, a forma crônica define-se pela irreversibilidade das lesões anatômicas; apesar da retirada do fator etiológico. A apresentação clínica em surtos ou de maneira persistente distingue a forma crônica simples da recidivante.

Durante o II Simpósio sobre Pancreatites realizado em Marselha em 1984,[8] quanto à pancreatite aguda, determinou-se que a presença de necrose no parênquima e/ou de hemorragia caracterizaria a pancreatite necro-hemorrágica, forma grave em geral relacionada à falência de múltiplos órgãos e sistemas.

No Simpósio Internacional de Atlanta (1992), a presença de falência orgânica múltipla foi considerada o mais importante indicador de gravidade da pancreatite aguda.[9] No entanto, nem sempre a constatação de insuficiência respiratória, choque e sangramento digestivo ainda pode ter valor na condução terapêutica, pois já podem significar situação irreversível para o paciente.

O que se observa na prática clínica é que a pancreatite aguda é leve na maioria dos casos, constituindo inflamação aguda da glândula, limitada por si mesma, proporcionando mínima disfunção orgânica e recuperação completa do enfermo.

Por sua vez, a pancreatite aguda severa é caracterizada por falência de outros órgãos e/ou complicações locais.

ETIOLOGIA

Embora várias condições já tenham sido implicadas na etiologia da pancreatite aguda, o papel mais importante é desempenhado pela doença biliar litiásica.[10]

Destaque-se, no entanto, que há muitas outras causas para a afecção:[11]

- Trauma.
- Intervenções cirúrgicas sobre o segmento gastroduodenal, o sistema biliar e o próprio pâncreas.
- Cateterismo endoscópico.
- Circulação extracorpórea.
- Aortografias.
- Hiperlipemias.
- Hiperparatireoidismo.
- Infecções virais.
- Ascaridíase (verme obstruindo a papila).
- Ação de drogas (corticóides, sulfas, clortiazídicos, furosemida, tóxicos).
- Úlcera péptica terebrante sobre o pâncreas.
- Câncer obstrutivo do sistema canalicular.

FISIOPATOLOGIA

Uma vez deflagrada, a pancreatite aguda tem fisiopatologia muitas vezes independente do fator causal.[12] Terá amplo espectro evolutivo, desde pequeno edema glandular, processo habitualmente de remissão espontânea em poucos dias, até enorme seqüestro regional de volume e inflamação necrosante, suscetível a infecção (Fig. 93-1).

A pancreatite aguda grave propaga-se como resposta inflamatória sistêmica, com alterações da fisiologia normal e falência de múltiplos órgãos (Fig. 93-2).

A SIRS é normalmente responsável pela mortalidade que incide até o sétimo dia de evolução da doença; daí em diante, o óbito é desencadeado por sepse na maioria dos casos.

A indução de pancreatite em animais de experimentação para maior conhecimento da fisiopatologia da doença tem sido obtida por métodos imunológicos, por administração de secretagogos, por dietas especiais, por ligaduras do ducto, infusão de substâncias intraductais e isquemia glandular.[13]

O método mais utilizado é o bile-induzido, porque, além de tentar revelar o curso dos fenômenos do tipo de pancreatite mais freqüente no homem, provoca as mais severas formas experimentais da afecção.[14]

Convencionalmente, a pancreatite aguda resulta da autodigestão glandular por fermentos proteolíticos prematuramente ativados, e o principal desencadeante é a tripsina, capaz de ativar a cascata inflamatória que inclui complemento, cininas, sistema de coagulação-fibrinólise, com liberação de inúmeros compostos vasoativos.[15]

É extremamente importante a excessiva estimulação leucocitária que ocorre, geralmente determinante de evolução grave da doença.[16] O ataque neutrofílico libera enzimas proteolíticas, com produção de grande quantidade de radicais livres;[17] já se demonstrou taxa sérica de elastase polimorfonuclear, marcadora específica de ativação neutrofílica, mais elevada em pacientes com forma severa do que naqueles com evolução frustra da enfermidade.[18]

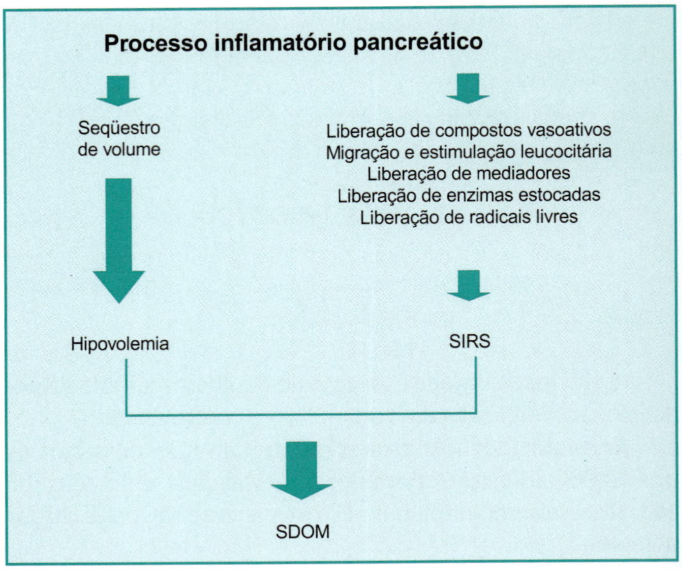

Fig. 93-2. Comprometimento sistêmico na pancreatite aguda.

Também já foi evidenciada, por estudos cintilográficos, em pacientes com pancreatite aguda severa,[19] migração franca de leucócitos para o pâncreas inflamado, atraídos por áreas de necrose ou compostos quimiotáticos, e alguns trabalhos experimentais atribuíram controle das complicações locais e sistêmicas severas à depleção sangüínea prévia de leucócitos,[20] ao uso de anticorpos antineutrófilos e ao uso de antioxidantes, como a acetilcisteína.[21,22]

Os macrófagos pancreáticos ativados podem liberar citocinas inflamatórias, tais como IL-1, IL-6, IL-8 e TNF, que agem inclusive de forma parácrina, sinergizando a produção das outras, que propagam a inflamação sistêmica e podem deflagrar a síndrome de disfunção múltipla de órgãos.[23-25]

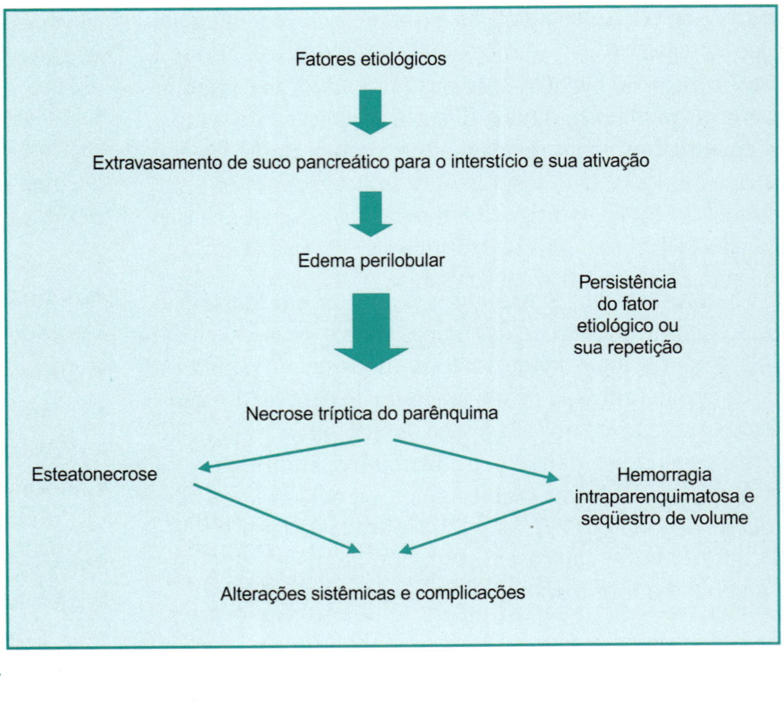

Fig. 93-1. Fisiopatologia da pancreatite aguda.

Níveis sangüíneos elevados de citocinas inflamatórias foram comprovados em modelos experimentais e portadores de pancreatite aguda grave, e o bloqueio da ação de tais elementos em animais reduziu a mortalidade da afecção.[24,26,27] O TNF em especial aumenta a aderência de neutrófilos às células endoteliais e a permeabilidade microvascular.[28]

Em modelo de pancreatite aguda biliar severa em coelhos, o nível sérico de TNF mostrou-se diretamente proporcional a necroses pancreáticas extensas, SARA, ascites pancreáticas volumosas e índice de mortalidade.[29]

No entanto, a curta meia-vida da substância, a variabilidade natural dos imunoensaios e a presença constante no sangue de inibidores endógenos de TNF, como a elastase polimorfonuclear, podem ser responsáveis por resultados contraditórios nos estudos a respeito.[30] Na mesma linha, já foi demonstrada correlação direta entre taxa sérica de IL-1 e severidade da doença, e presença de graus intensos de inflamação e necrose está associada com grande concentração local da substância.[31,32] A expressão do gene IL-1 está aumentada no pâncreas no curso da afecção, sendo os macrófagos glandulares os seus principais produtores.[33] Talvez pelos mesmos motivos apresentados em relação ao TNF, alguns estudos clínicos não conseguiram detectar elevação de IL-1 sérica em portadores de pancreatite aguda grave.[34]

Níveis de IL-6 elevados no sangue de portadores de pancreatite aguda complicada têm sido evidenciados até mesmo 24 a 36 horas mais precocemente do que a detecção de maior concentração de proteína C reativa, [35] o que tem sido valorizado por alguns para aplicação clínica potencial.[35,36]

A IL-8 é o principal mediador secundário de ativação neutrofílica induzida por TNF,[25] estando envolvida com quimiotaxia, ativação de migração leucocitária, expressão de moléculas de adesão de superfície, liberação de enzimas estocadas e produção de metabólitos reativos de oxigênio.[37] A administração intravenosa de IL-8 em coelhos causa interação neutrófilos-endotélio, com lesão vascular e aumento de permeabilidade às proteínas plasmáticas.[38] A expressão de IL-8 foi vista aumentada no pâncreas de coelhos com pancreatite aguda severa, e já foi mostrada sua elevação sérica no curso de pancreatite aguda em pesquisas clínicas.[39-41]

As citocinas antiinflamatórias influenciam a produção e a ação das pró-inflamatórias, podendo atenuar a resultante. A mais conhecida é a IL-10, originalmente identificada por causa de sua ação inibitória sobre a produção de IL-1, TNF e IL-6, além de suprimir parcialmente sua função.[42] Além disso, é fator quimiotático para as células T CD-8, bloqueando assim o efeito quimiotático da IL-8 em relação às células T CD4.[43]

Integrinas são heterodímeros não-covalentes que participam do processo de adesão leucocitária às células endoteliais e levam à desgranulação dos leucócitos, à queima oxidativa e à liberação de radicais livres.[44,45]

A ativação das subunidades CD11b e CD18 das integrinas é iniciada pela IL-8 e pelo TNF, processo que está estimulado na pancreatite severa.[46,47] Moléculas de adesão celular da família das selectinas têm comportamento diferente conforme o grau de gravidade da pancreatite aguda; é muito maior a velocidade de aumento da concentração sérica da selectina E, solúvel no soro, durante os 3 primeiros dias de doença, na pancreatite grave do que na forma leve da doença. Tanto ela quanto a selectina P solúvel têm concentrações séricas maiores, naquele período, nos não-sobreviventes ($p < 0,005$).[48]

O fator de ativação plaquetária (PAF) também tem importância na fisiopatologia da pancreatite aguda. É fosfolipídio pró-inflamatório, pois interfere na agregação plaquetária e na ativação leucocitária,[28] além de induzir a expressão de moléculas de adesão intercelular como a ICAM-1.[49] É produzido por células endoteliais, polimorfonucleares, macrófagos e plaquetas, e sua administração exógena determina níveis supramáximos de amilasemia em ácinos pancreáticos isolados;[50] em modelos de pancreatite aguda induzida por sais biliares, seus níveis séricos estão bastante elevados.[51] Em contraprova, a administração de seus antagonistas, BB882, intraperitoneal, em estudo experimental envolvendo ratos e Lexipafant, intravenoso, em humanos, levou à redução da resposta inflamatória local e sistêmica, respectivamente.[52,53]

MANIFESTAÇÕES CLÍNICAS

Os principais sinais e sintomas da pancreatite aguda estão resumidos no Quadro 93-1.

A principal manifestação clínica da pancreatite aguda é a dor, de intensidade variável, independentemente da gravidade das lesões. Começa no epigástrio e tem irradiação em faixa, clássica, em 50% dos casos.

O paciente inquieta-se, não suporta o decúbito e procura comprimir o abdômen para obter alívio. A irradiação para os ombros caracteriza acometimento diafragmático pelas enzimas liberadas, que se espalham pela cavidade abdominal, provocando o aparecimento de dor difusa. O caráter principal do quadro doloroso é a cólica, e há freqüentemente peritonismo no epigástrio, náuseas, vômitos, íleo paralítico (decorrente também do extravasamento de enzimas ativadas), distensão abdominal variável e febre.

Como a principal causa de pancreatite aguda é a doença biliar calculosa, é fundamental, na suspeita da afecção, investigar antecedentes de cólica biliar, dispepsia e episódios passa-

***Quadro 93-1.* Quadro clínico da pancreatite aguda**

Sinais e sintomas	*Incidência (%)*
Dor	90-100
Náuseas, vômitos	75-85
Íleo paralítico	70-80
Febre	60-80
Dor em faixa	50
Distensão abdominal	50
Choque	40-60
Insuficiência respiratória	20-45
Icterícia	20
Anúria e oligúria	20
Hemorragia digestiva	07

geiros de icterícia. A icterícia, durante o surto, pode ser decorrência da doença biliar primária, de obstrução do colédoco pela inflamação pancreática ou de colangite.

As hiperlipemias, por sua vez, podem se associar com xantomas nas pálpebras e nos cotovelos, sinais facilmente observáveis.

Os sinais de Grey-Turner e de Cullen, manchas roxas localizadas nos flancos e na região periumbilical, respectivamente, indicam hemorragia retroperitoneal. Às vezes, aparecem, pela ação a distância das enzimas pancreáticas sobre o tecido gorduroso, nódulos subcutâneos dolorosos, principalmente em membros inferiores, que podem evoluir para resolução espontânea, calcificação ou fistulização.

Podem surgir contrações musculares por hipocalcemia, ascite, hemorragias digestivas (hematêmese e melena), desconforto respiratório, oligúria (por hipovolemia ou necrose tubular aguda) e choque nos casos mais graves.

O quadro pode evoluir para sepse nas formas necrosantes, por infecção do parênquima pancreático necrosado, ou então, mais insidiosamente, para a formação de pseudocistos, às vezes palpáveis ou mesmo visíveis à inspeção abdominal, determinantes de dor persistente, ou ainda de abscessos, quando, por volta da terceira-quarta semanas após o início do surto, o enfermo apresenta dor localizada, alterações do trânsito intestinal, episódios de febre e sinais de toxemia.

A pancreatite de origem traumática merece consideração especial, pois é caracterizada por ferimento penetrante – que constitui entidade à parte, visto sempre determinar atitude cirúrgica imediata – ou por contusão abdominal, ao nível do epigástrio. Nesses casos, após horas de observação, ou o quadro começa a apresentar remissão (contusões pancreáticas pouco intensas) ou evolui com dor progressivamente maior, às vezes acompanhada de anemia por sangramento de vasos pancreáticos ou regionais. Nesse caso, indica-se exploração cirúrgica.

DIAGNÓSTICO

À suspeita de pancreatite aguda, lança-se mão de meios que possam confirmar a hipótese diagnóstica, descartando os principais diagnósticos diferenciais, quais sejam, isquemia mesentérica aguda, colecistite aguda, úlcera perfurada, aneurisma aórtico dissecante.

LABORATÓRIO

Em termos de laboratório, a amilasemia é tida classicamente como ponto inicial nessa pesquisa, já que taxas acima de 500 unidades MFR nas primeiras 24 horas de evolução praticamente definem o diagnóstico, enquanto persistência de níveis séricos altos da enzima sugere continuação da agressão pancreática.

No entanto, há vários problemas a serem considerados:

- A existência da macroamilase, que não é excretada pelos rins, já que, por suas dimensões, não ultrapassa a membrana basal glomerular; em pacientes com amilasemia elevada, sua presença é caracterizada por baixo índice de excreção urinária da enzima, bem como por eletroforese de proteínas, pois se comporta como betaglobulina, de progressão lenta, ao contrário da amilase, que migra com a gama-globulina.
- A possibilidade de insuficiência renal impedir a excreção da enzima, elevando seu nível sérico – problema detectável pela realização de "*clearance* de amilase".
- Há outras fontes de produção da enzima (glândulas salivares, fígado) – problema que tende a ser solucionado com modernos métodos de determinação exclusiva da amilase pancreática em amostras de sangue.
- A perfuração de vísceras digestivas coloca o suco intestinal, rico em amilase, em contato com o peritônio – ocorrem absorção da enzima e elevação de seus níveis séricos, embora não costumem atingir mais que cinco vezes o valor normal.
- Não há relação entre a gravidade da afecção e a taxa sérica de amilase, pois grande destruição da glândula rebaixa sua capacidade de produção enzimática.

A dosagem de amilase nos derrames cavitários é muito importante, pois valores acima de 500 unidades MFR definem a origem pancreática da coleção enzimática.

A pancreatite aguda costuma determinar lipasemia, glicemia, velocidade de hemossedimentação e transaminasemia elevadas. Na maioria dos casos, observa-se leucocitose, superior a 15.000 células/mm^3, mesmo sem instalação de processo infeccioso sobre as áreas de necrose. Aumento das bilirrubinas (principalmente da direta) e da fosfatase alcalina no sangue pode decorrer da compressão do colédoco terminal pela pancreatite ou da doença biliar desencadeante do surto.

Algumas alterações laboratoriais estão freqüentemente associadas à pancreatite aguda grave:

- Albuminemia menor que 3 g%.
- Hematócrito menor que 30%.
- Creatinina sérica maior que 2 mg%.
- Cálcio sérico menor que 8 mg%.

Dosagens de proteína C, procalcitonina, IL-1, IL-6, IL-8 e TNF não têm especificidade alguma na pancreatite aguda e não têm caráter preditivo definido, estando longe de serem universalmente aceitas como exames vantajosos na relação custo/benefício.

ENDOSCOPIA DIGESTIVA ALTA

Tem extremo valor na investigação de hemorragia digestiva que evolui com a pancreatite aguda, mas não é exame diagnóstico de primeira escolha nos casos não-complicados da afecção. Durante o surto agudo, não deve ser realizada colangiopancreatografia transpapilar, que pode desencadear fenômeno infeccioso grave.

RADIOLOGIA

Os exames radiológicos contrastados do tubo digestivo estão praticamente proscritos na busca da confirmação diagnóstica da pancreatite aguda; têm valor apenas em fase mais tardia, por volta da terceira-quarta semanas de evolução, quando

Quadro 93-2. Achados radiológicos na pancreatite aguda	
Sinal radiológico	***Incidência (%)***
Sinal da "alça sentinela"	41
Dilatação do cólon	22
Apagamento das margens dos psoas	19
Diminuição da transparência dos tecidos moles epigástricos	19
Distorção da grande curvatura gástrica	15
Derrame pleural	11

podem demonstrar compressão extrínseca de vísceras ocas por pseudocistos, abscessos pancreáticos ou fístulas digestivas.

A radiografia simples de abdômen, no entanto, é de extremo valor, pela facilidade de realização e pelo grande número de dados que podem ser obtidos (Quadro 93-2).

ULTRA-SONOGRAFIA, TOMOGRAFIA COMPUTADORIZADA E RESSONÂNCIA MAGNÉTICA

A ultra-sonografia é o exame mais importante para o diagnóstico da pancreatite aguda, podendo também verificar, concomitantemente, a presença de afecções biliares. A praticidade do método, não-invasivo, é determinante na importância que adquire em termos propedêuticos, servindo também para acompanhamento sucessivo do tratamento clínico. Evidencia inclusive, com muita clareza, os abscessos pancreáticos e os pseudocistos. Também pode ser empregado para verificar a presença de coleções peripancreáticas nas contusões abdominais com agressão da glândula.

A tomografia computadorizada é reservada para os casos em que grande distensão abdominal diminui a resolução da ultra-sonografia e para quando há suspeita de necrose pancreática extensa infectada, permitindo punções direcionadas a áreas de necrose ou coleções para coleta de material para cultura.

É também utilizada para acompanhamento pós-operatório e determinação de reoperações por novos acúmulos na loja glandular.

A colangiorressonância (RNM) pode ser muito útil, inclusive para o planejamento terapêutico em casos de pancreatite aguda de origem biliar.

Com isso, a cintilografia está praticamente afastada na investigação diagnóstica da pancreatite aguda.

ARTERIOGRAFIA SELETIVA DO TRONCO CELÍACO

Está indicada na abordagem de casos que apresentam sangramento digestivo após surto de pancreatite aguda sem evidências de focos hemorrágicos à endoscopia. Nesses enfermos, pode demonstrar o local do sangramento ou pseudoaneurismas de vasos pancreáticos.[54]

COLANGIOGRAFIA E WIRSUNGRAFIA INTRA-OPERATÓRIAS

A colangiografia, por punção do colédoco ou por cateterização do cístico, quando se realiza colecistectomia, é indispensável em todo caso de pancreatite aguda tratado cirurgicamente.

Nos portadores de pancreatite traumática, a wirsungrafia transpapilar ou pela cauda do pâncreas, seccionado para possibilitá-la, define a existência ou não de lesão do ducto pancreático principal, orientando a conduta a ser adotada.[55]

TRATAMENTO

A terapêutica da pancreatite aguda segue as normas da Figura 93-3.

A persistência do quadro após as medidas convencionais adotadas geralmente está associada a evolução complicada do paciente.

A pancreatite aguda grave pode ser definida utilizando-se os critérios estabelecidos por Ranson *et al* (1). Considerando onze parâmetros clínicos e laboratoriais na admissão do paciente e nas primeiras 48 horas de evolução (Quadro 93-3), caracteriza-se gravidade caso três ou mais índices estejam alterados e extrema gravidade, se mais de seis.

A pancreatite aguda severa, associada às necroses pancreáticas, merece algoritmo próprio de tratamento, diretamente direcionado ao intensivista (Quadro 93-4 e Figs. 93-4 e 93-5).

Primeiro período – dias 1 a 4

São eventos clássicos as lesões vasculares e o extravasamento de líquido para o interstício da glândula, para o espaço peripancreático e, às vezes, à cavidade peritoneal, determinando ascite. Esse seqüestro líquido acarreta, com freqüência, hipovolemia.

Os procedimentos intervencionistas realizados nesse período podem implicar complicações. Intervenção cirúrgica sobre áreas de necrose focal ou extensa em formação podem levar a maior liberação de mediadores, com agravamento da SIRS. Por outro lado, a retirada, por via endoscópica, de cálculo encravado na papila, levando a descompressão canalicular, reduz a passagem de enzimas para a circulação.

A endoscopia também tem importante papel nessa fase, no sentido de posicionar sonda nasojejunal para além do ângulo de Treitz, permitindo desde cedo a instituição de nutrição enteral, mesmo que elementar, associada à nutrição parenteral.

Os critérios de determinação de gravidade, que foram criados com o intuito de determinar os candidatos a operação precoce, falharam nesse preceito; servem, isso sim, para detectar aqueles pacientes que merecem medidas clínicas mais enérgicas precocemente, internação em unidade de terapia intensiva e monitorização invasiva.

Nesse perfil, a diálise peritoneal não se enquadra, visto que a remoção inicial de mediadores liberados para o líquido

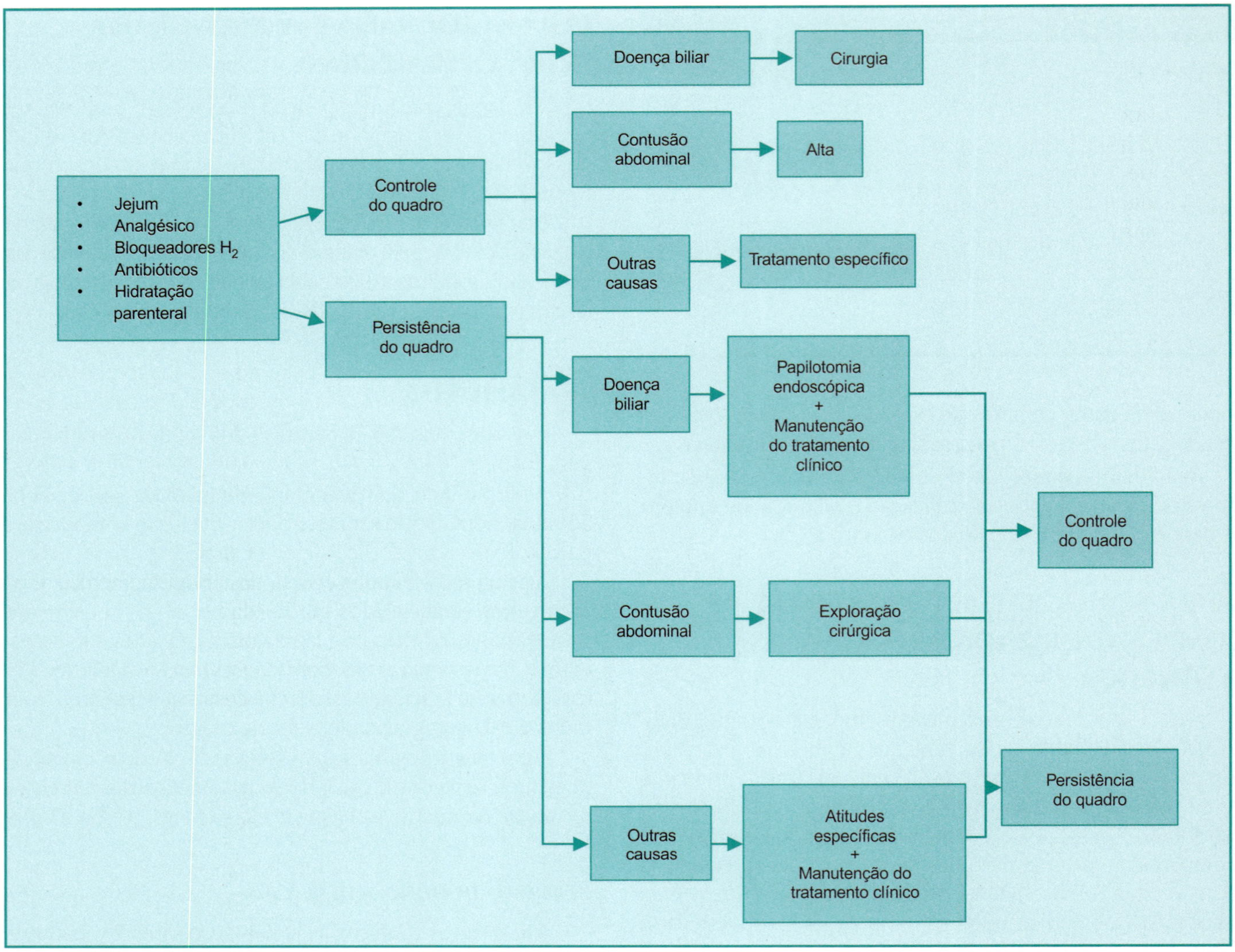

Fig. 93-3. Terapêutica da pancreatite aguda.

ascítico, depois, é contemplada com peritonite irritativa e aumento da permeabilidade da serosa às enzimas, sem contar o aumento do risco de infecção pela manipulação repetida.

Quadro 93-3. Critérios prognósticos de Ranson
À admissão
• Idade > 55 anos
• Glicemia > 200 mg%
• Leucocitose > 16.000 células/mm^3
• Desidrogenase láctica > 700 UI
• Transaminase glutâmico-oxalacética > 250 U*
Depois de 48 horas
• Hematócrito < 10%
• Cálcio sérico < 8 mg%
• Déficit de bases > 4 mEq/l
• Nitrogênio uréico > 5 mg%
• Seqüestro fluido > 6 l
• PaO_2 < 60 mmHg

*Sigma-Frankel.

O descrédito que ainda se tem na instituição de medidas clínicas deve-se à extemporaneidade das atenções, muitas vezes adotadas tardiamente demais, quando de DMOS instalada, e à visão errada da afecção, julgando-a localizada, quando suas características são claramente sistêmicas.

Quadro 93-4. Algoritmo de tratamento de pancreatite aguda necrosante: dias 1-4
• Internação em Unidade de Terapia Intensiva
• Suporte respiratório
• Monitorização hemodinâmica invasiva
• Reposição volêmica/drogas vasoativas/diuréticos
• Inibidor de bomba protônica
• Nutrição parenteral
• Sonda nasojejunal – dieta enteral ao menos elementar
• Antibioticoterapia de amplo espectro
• Agente de "terapêutica local" – somatostatina
• Papilotomia endoscópica (se coledocolitíase)

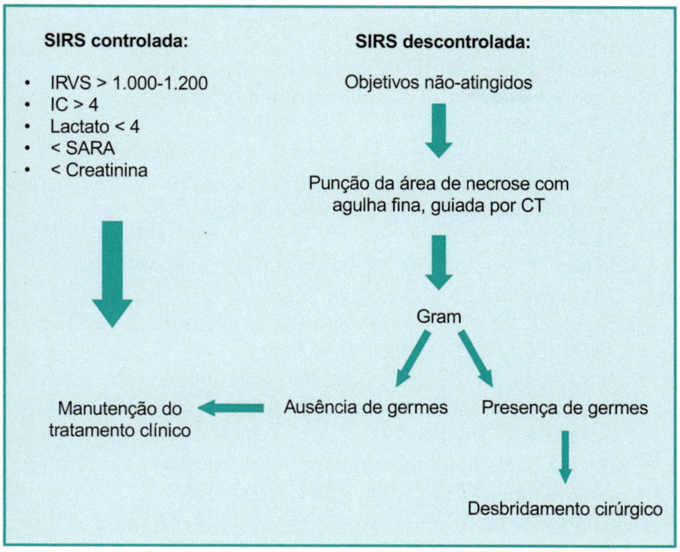

Fig. 93-4. Algoritmo de tratamento de pancreatite aguda necrosante: dias 5-7.

A neutralização do pH duodenal, com o uso de inibidor de bomba protônica ou de bloqueador H_2, é útil por desestimular a produção de secretina. O uso de atropina, glucagon, calcitonina, aprotinina e FOY não está solidamente embasado, mas o de somatostatina, apesar da redução secundária da motilidade intestinal e do fluxo esplâncnico, não impede a instituição de nutrição enteral em volume suficiente para proteção intestinal e tem claro fundamento na capacidade da droga de promover redução da atividade glandular.

O potencial de infecção das áreas de necrose, da ordem de 70%, justifica a introdução de antibioticoterapia de amplo espectro desde a instalação do quadro, destacando-se o imipenem e cefuroxime.

Mais importante que isso é a monitorização invasiva para orientação da reposição volêmica e do uso de drogas vasoativas, e os suportes respiratório e renal, muitas vezes necessários no curso da doença.

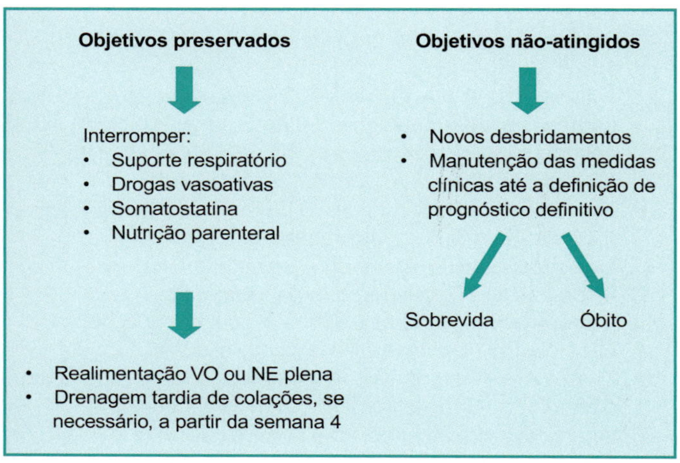

Fig. 93-5. Algoritmo de tratamento de pancreatite aguda necrosante: dias 8-21.

Segundo período – dias 5-7

Os pacientes que chegam ao segundo período com SIRS instalada têm marcante facilitação à translocação bacteriana de *E. coli*, enterococos, *Klebsiella* spp, *Enterobacter* spp, *Staphylococcus aureus* e fungos.

As áreas de necrose pancreática constituem foco de instalação dos germes que ganham a circulação sistêmica.

Aqueles que vêm recebendo nutrição enteral, mesmo que elementar, desde o primeiro período abrandam o fenômeno; a nutrição parenteral total e exclusiva deve ser reservada aos casos de íleo paralítico severo.

A descontaminação seletiva do trato gastrintestinal nos casos de pancreatite aguda severa pode ser útil, embora se corra o risco de seleção de germes. Muito melhor é promover maior resistência da mucosa à custa de manutenção da função intestinal, com a administração de substrato alimentar por via digestiva desde cedo.

Tratamento cirúrgico deve ser precedido de incansáveis esforços de demonstrar infecção nas áreas de necrose, e para isso os índices de aferição de gravidade ou mesmo as imagens tomográficas são inúteis. A única comprovação realmente válida é a cultura positiva de material obtido por punção de focos necróticos, guiada por tomografia computadorizada.

Nesses casos está indicada "necrosectomia", ou seja, o amplo desbridamento local, seguido de drenagem. Seus resultados são, no entanto, desapontadores, com índices de mortalidade que superam 30-40%, em decorrência de que, quando:

- A necrose é focal a limpeza é facilitada, mas na verdade está-se fazendo remoção mínima em relação à quantidade de focos infecciosos distribuídos, naquele momento, por todo o organismo.
- A necrose é extensa, a intervenção toma grande porte, com significativa resposta neuro-hormonal, havendo também elevada chance de não se conseguir eliminar sequer o tecido infectado localizado na área pancreática. Daí serão necessárias reintervenções, plenas de complicações iatrogênicas.

Terceiro período – dias 8-21

Esse é o período de definição; com objetivos atingidos e controle da afecção, promove-se progressivo desmame das medidas adotadas, implementa-se a nutrição enteral, ou mesmo oral, e adiam-se para a terceira ou quarta semana de evolução eventuais procedimentos operatórios necessários para tratamento de complicações locais.

Caso o paciente já tenha sido operado e venha evoluindo mal, é caracterizado, muitas vezes, por reoperações e grande turbulência clínica.

Portanto, o grande desafio no tratamento da pancreatite aguda necrosante é conduzir o paciente a período tardio, tentando eliminar a necessidade de intervenção cirúrgica ou aumentando sua eficácia e reduzindo seus riscos e efeitos negativos sobre o quadro geral.

PERSPECTIVAS TERAPÊUTICAS

Os progressivos conhecimentos a respeito da fisiopatologia da doença têm estimulado o surgimento de novas propostas terapêuticas, ou ao menos sugerido o uso de novos agentes medicamentosos.

O uso prévio de anticorpo anti-TNF aumentou de 15 para 85% a sobrevida de ratos com pancreatite aguda induzida, efeito nem sempre reprodutível experimentalmente.[56,57] Também em animais já se conseguiu, com antagonista de IL-1, reduzir a produção de IL-6 e TNF, diminuindo a gravidade de pancreatite provocada.[58]

Por outro lado, o emprego da citocina antiinflamatória murina recombinante IL-10 resultou em inibição de necrose acinar em modelo de pancreatite aguda induzida por ceruleína, através do bloqueio da expressão do RNA mensageiro de TNF no parênquima glandular.[59] Agonista da IL-10, o IT9302, mostrou-se, *in vitro,* com propriedades capazes de mimetizar a citocina no bloqueio de produção de TNF e IL-8.[60] Estudo clínico recente, no entanto, desestimula tais iniciativas, pois em 50 pacientes com pancreatite aguda demonstrou-se, em pelo menos 75% deles, elevação indiscriminada de citoninas pró (TNF, IL-6) e antiinflamatórias (IL-1ra e IL-10) e, à luz da regressão logística, apenas a pontuação de gravidade foi válida na predição de mortalidade, deixando clara impressão da dificuldade em eventualmente selecionar paciente que pudesse se beneficiar do uso terapêutico daqueles agentes capazes de interferir na resposta inflamatória sistêmica.[61]

Imunorreguladores inespecíficos (levamisol, glucan) chegaram a ser testados experimentalmente com algum sucesso na pancreatite aguda experimental, sem prosseguimento em busca de aplicação clínica.[62,63]

Mais recentemente as atenções têm-se voltado ao fusidato sódico, capaz de antagonizar IL-1 e IL-6, reduzindo a produção de TNF e IL-8, com resultados aparentemente favoráveis quando da aplicação em modelos de pancreatite aguda induzida,[64] mas volta-se ao problema discutido acima, quando se procura interferir na reação inflamatória orgânica. Mostra disso é que o uso de corticosteróides continua sendo contra-indicado, apesar de sabidamente capazes de inibir a produção de IL-1, IL-6, IL-8 e TNF.[65,66]

De qualquer forma, todas as evidências apontam que o futuro do tratamento da pancreatite aguda grave está cada vez mais intimamente ligado aos esforços direcionados ao melhor controle terapêutico da SIRS.

REFERÊNCIAS BIBLIOGRÁFICAS

1. Ranson JHC, Rifkind KM, Turner JW. Prognostic signs and nonoperative peritoneal lavage in acute pancreatitis. *Surg Gynecol Obstet* 1976;143:209–19.
2. Balthazar EJ. CT diagnosis and staging of acute pancreatitis. *Radiol Clin North Am* 1989;27:19–37.
3. Fallon MB, Gorelick FS, Anderson JM *et al.* Effect of cerulein hyperstimulation on the paracellular barrier of rat exocrine pancreas. *Gastroenterology* 1995;108:1863–72.
4. Jungermann J, Lerch MM, Weidenbach H *et al.* Disassembly of rat pancreatic acinar cell cytoskeleton during supramaximal secretagogue stimulation. *Am J Physiol* 1995;268:328–38.
5. Banerjee AK, Steele RJC. Current views on the pathophysiology of acute biliary pancreatitis. *Gut* 1995;36:803–5.
6. McKay CJ, Gallagher G, Brooks B *et al.* Increased monocyte cytokine production in association with systemic complications in acute pancreatitis. *Br J Surg* 1996;83:919–23.
7. Sarles H. Pancreatitis. *In* Sarles H (Ed.): *Symposium of Marseille.* Karger: Basel, Switzerland, 1970, pp 30–43.
8. Sarles H. Revised classification of pancreatitis. Marseille, 1984. *Dig Dis Sci* 1985;30:573–9.
9. Bradley EL. A clinically based classification system for acute pancreatitis: summary of Atlanta symposium. *Arch Surg* 1993;128:586–92.
10. Becker V. Pathological anatomy and pathogenesis of acute pancreatitis. *World J Surg* 1981;5:303–12.
11. Chaib SA, Felix VN. Pancreatite aguda. *In* Chaib SA (Ed.): *Abdome Agudo.* São Paulo: Sarvier, 1988, pp 56–62.
12. Marshall JB. Acute pancreatitis: a review with an emphasis on new development. *Arch Intern Med* 1993;153:1185–98.
13. Rattner DW. Experimental models of acute pancreatitis and their relevance to human disease. *Scand J Gastroenterol* 1996;31:6–9.
14. Lankisch PG, Ihse I. Bile-induced acute experimental pancreatitis. *Scand J Gastroenterol* 1987;22:257–60.
15. Nagai H, Henrich H, Wunsch PH *et al.* Role of pancreatic enzymes and their substrates in autodigestion of the pancreas. In vitro studies with isolated rat pancreatic acini. *Gastroenterology* 1989;96:838–47.
16. Rinderknecht H. Fatal pancreatitis, a consequence of excessive leukocyte stimulation? *Int J Pancreatol* 1988;3:105–12.
17. Weiss SJ. Tissue destruction by neutrophils. *N Engl J Med* 1989;320:365–76.
18. Dominguez-Munoz JE, Carballo F, Garcia MJ *et al.* Clinical usefulness of polymorfonuclear elastase in predicting the severity of acute pancreatitis: results of a multicenter study. *Br J Surg* 1991;78:1230–4.
19. Scholmerich J, Sehumichen C, Lauwen M *et al.* Scintigraphy assessment of leukocyte infiltration in acute pancreatitis using technetium-99m-hexamethyl propylene amine oxine as leukocyte label. *Dig Dis Sci* 1991;36:65–70.
20. Barie PS, Tahamont MV, Malik AB. Prevention of increased pulmonary vascular permeability after pancreatitis by granulocyte depletion in sheep. *Am Rev Resp Dis* 1982;126:904–8.
21. Han SL, Abe Y, Miyauchi K *et al.* Therapeutic efficacy of an anti-neutrophil monoclonal antibody, Urge-8, against acute necrotizing pancreatitis in rats. *Surgery* 1996;119:585–91.
22. Rutledge PL, Saluza AK, Powers RE *et al.* Role of oxygen-derived free radicals in diet-induced hemorrhagic pancreatitis in mice. *Gastroenterology* 1987;93:41–7.
23. Gross V, Leser HG, Heinisch A *et al.* Inflammatory mediators and cytokynes: new aspects of the pathophysiology and assessment of severity of acute pancreatitis? *Hepatogastroenterology* 1993;40:522–30.
24. Kusske AM, Rongione AJ, Reber HA. Cytokynes and acute pancreatitis. *Gastroenterology* 1996;110:639–42.
25. Lowry SF. Cytokine mediators of immunity and inflammation. *Arch Surg* 1993;128:1235–41.
26. Scholmerich J. Interleukins in acute pancreatitis. *Scand J Gastroenterol* 1996;31:37–42.

27. McKay C, Imrie CW, Baxter JN. Mononuclear phagocyte activation and acute pancreatitis. *Scand J Gastroenterol* 1996;31:32–6.
28. Formela LJ, Galloway SW, Kingsnorth NA. Inflammatory mediators in acute pancreatitis. *Br J Surg* 1995;82:6–13.
29. Hughes CB, Gaber LW, Kotb M *et al.* Induction of acute pancreatitis in germ-free rats: evidence of a primary role for tumor necrosis factor-alpha. *Surgery* 1995;117:201–5.
30. Banks RE, Evans SW, Alexander D *et al.* Is fatal pancreatitis a consequence of excessive leukocyte stimulation? The role of tumor necrosis factor alpha. *Cytokine* 1991;3:12–6.
31. Norman JG, Franz MG, Fink GS *et al.* Decreased mortality of severe acute pancreatitis after proximal cytokine blockade. *Ann Surg* 1995;221:625–34.
32. Norman JG, Fink G, Franz M *et al.* Active interleukin-1 receptor required for maximal progression of acute pancreatitis. *Ann Surg* 1996;223:163–9.
33. Norman JG, Fink GW, Sexton C *et al.* Transgenic animals demonstrate a role for the IL-1 receptor in regulating IL-1beta gene expression at steady-state and during systemic stress induced by acute pancreatitis. *J Surg Res* 1996;63:231–6.
34. Pianko S, Bellomo R, Tipping P *et al.* Elevated serum IL-8 and TNF are associated with acute pancreatitis (Abstract). *Gastroenterology* 1993;104:328.
35. Leser HG, Gross V, Scheinbenbogen *et al.* Elevation of serum interleukin-6 concentration precedes acute phase response and reflects severity in acute pancreatitis. *Gastroenterology* 1991;101:782–5.
36. Tran DD. Interleukin-6 in the early assessment of acute pancreatitis (Letter). *Gut* 1993;34:1467.
37. Baggiolini M, Walz A, Kunkel SL. Neutrophil-activating peptide-1/interleukin-8, a novel cytokine that activates neutrophils. *J Clin Invest* 1989;84:1045–9.
38. Beaubien BC, Collins PD, Jose PJ *et al.* A novel neutrophil chemoattractant generated during inflammatory reaction in the rabbit peritoneal cavity in vivo. Purification, partial amino acid sequence and structural relationship to interleukin-8. *Biochem J* 1990;271:797–801.
39. De Beaux AC, Goldie AS, Ross JA. Serum concentrations of inflammatory mediators related to organ failure. *Br J Surg* 1996;83:349–53.
40. Gross V, Andreesen R, Leser HG *et al.* Interleukin-8 and neutrophil activation in acute pancreatitis. *Eur J Clin Invest* 1992;22:200–3.
41. Schulz HU, Schmidt D, Kunz D *et al.* Altered immune function in acute pancreatitis. Pathogenic role and prognostic indicator? (Abstract). *Digestion* 1993;54:307–8.
42. Moore KW, O'Garra A, deWall Malefyt R *et al.* Interleukin-10. *Annu Rev Immunol* 1993;11:165–90.
43. Mossmann TR. Interleukin-10. *In* Thomsan A (Ed.): *The Cytokine Handbook.* New York: Academic Press, 1994, pp 223–37.
44. Peri G, Chiaffarino F, Bernasconi S *et al.* Cytotoxicity of activated monocytes on endothelial cells. *J Immunol* 1990;144:1444–8.
45. Tamatani T, Kotani M, Miyasaka M. Characterization of the rat leukocyte integrin: CD11/CD18 by the use of monoclonal antibodies. *Eur J Immunol* 1991;21:627–33.
46. Lee J, Vilcek J. Tumor necrosis factor and interleukin-1: cytokines with multiple overlapping biological activities. *Lab Invest* 1987;56:234–48.
47. Wassef W, Boyd J, Foxx-Omstein A *et al.* The role of ICAM-1 in predicting the severity of acute pancreatitis (Abstract). *Gastroenterology* 1995;108:818.
48. Powell JJ, Siriwardena AK, Fearon KCH *et al.* Endothelial-derived selectins in the development of organ dysfunction in acute pancreatitis. *Crit Care* Med 2001;29:567–72.
49. Milhoan KA, Lane TA, Bloor CM. Hypoxia induces endothelial cells to increase their adherence for neutrophils: Role of PAF. *Am J Physiol* 1992;263:956–62.
50. Jaworek J, Konturek SJ. Effects of prostaglandins (PG) of E, F and I series leukotrienes (LT) and platelet-activating factor (PAF) on amylase release from isolated pancreatic acini (Abstract). *Digestion* 1992;52:92.
51. Kald B, Kald A, Ihse I *et al.* Release of platelet-activating factor in acute experimental pancreatitis. *Pancreas* 1993;8:440–2.
52. Formela LJ, Wood LM, Whittaker M *et al.* Amelioration of experimental acute pancreatitis with a platelet-activating factor antagonist. *Br J Surg* 1994;81:1783–5.
53. Kingsnorth NA, Galloway SW, Formela LJ. Randomized, double-blind phase II trial of Lexipafant, a platelet activating factor antagonist, in human acute pancreatitis. *Br J Surg* 1995;82:1414–20.
54. Felix VN, Cecconello I, Reina Neto JH *et al.* Sangramento digestivo de origem pancreática. *An Paul Med Cir* 1982;109:71–6.
55. Felix VN, Yogi I, Maluf Filho F *et al.* Aspectos controversos na lesão traumática do pâncreas. *Arq Gastroenterol* 1989;26:120–6.
56. Grewal HP, Mohey el-Din AB, Gaber L *et al.* Amelioration of the physiologic and biochemical changes of acute pancreatitis using an anti-TNF-alpha polyclonal antibody. *Am J Surg* 1994;167:214–9.
57. Guice KS, Oldham KT, Remick DG *et al.* Anti-tumor necrosis factor antibody augments edema formation in caerulein-induced acute pancreatitis. *J Surg Res* 1991;51:495–9.
58. Norman J, Franz M, Messina J *et al.* Interleukin-1 receptor antagonist decreases severity of experimental acute pancreatitis. *Surgery* 1995;117:648–55.
59. Van Laethem JL, Marchant A, Delvaux A *et al.* Interleukin-10 prevents necrosis in murine experimental acute pancreatitis. *Gastroenterology* 1995;108:1917–22.
60. Gesser B, Leffers H, Jinquan T *et al.* Identification of a functional domain on human IL-10. *Proc Nat Acad Sci* 1997;94:14620–5.
61. Brivet FG, Emilie D, Galanaud P *et al.* Pro and antiinflammatory cytokines during acute severe pancreatitis: an early and sustained response, although unpredictable of death. *Crit Care Med* 1999;27:749–55.
62. Widdison AL, Karanjia ND, Alveraz C *et al.* Influence of Levamisole on pancreatic infection in acute pancreatitis. *Am J Surg* 1992;163:100–4.
63. Browder IW, Sherwood E, Williams D *et al.* Protective effect of glucan-enhanced macrophage function in experimental pancreatitis. *Am J Surg* 1987;153:25–33.
64. Bendtzen K, Diamant M, Horn T *et al.* Effect of fusidic acid on interleukin-1 (IL-1) and IL-6-induced pancreatic beta-cell functions in rats. *J Endocrinol* 1992;132:345–52.
65. de Dios I, San Roman JI, Manso M *et al.* Glucocorticoids effects on exocrine pancreatic in caerulein-induced acute pancreatitis in the rat. *Arch Int Physiol Biochem* 1990;98:361–70.
66. Zenker B, Walz A, Wieder KJ *et al.* Evidence that glucocorticoids block expression of human interleukin-6 gene by accessory cells. *Transplantation* 1990;49:183–5.

94

Insuficiência Renal Aguda na Terapia Intensiva

Walter L. Gouvêa

Um dos mais temidos problemas médicos enfrentados numa Unidade de Tratamento Intensivo (UTI) é a perda total ou parcial da função renal. Quer esse fenômeno esteja presente antes da admissão do paciente ou quer ela apareça ao longo da sua internação, a disfunção renal é, *per se*, causa de elevada morbidade e mortalidade, além de representar co-morbidade que dificulta sobremaneira os cuidados, contribuindo, portanto, direta ou indiretamente, de maneira adversa, contra o sucesso das terapias introduzidas.[1-4]

Na prática clínica, a existência ou não de doença renal é, na maioria das vezes, primeiro identificada através da avaliação da filtração glomerular. Por causa disso estratificar os indivíduos de acordo com sua função renal deve fazer parte da rotina de internação de todas as UTIs (Fig. 94-1). Esse hábito certamente proporcionará uma melhor compreensão dos inúmeros fenômenos biológicos que a todo o momento ocorrem nessas unidades, possibilitando um tratamento mais adequado dos pacientes criticamente enfermos.[5]

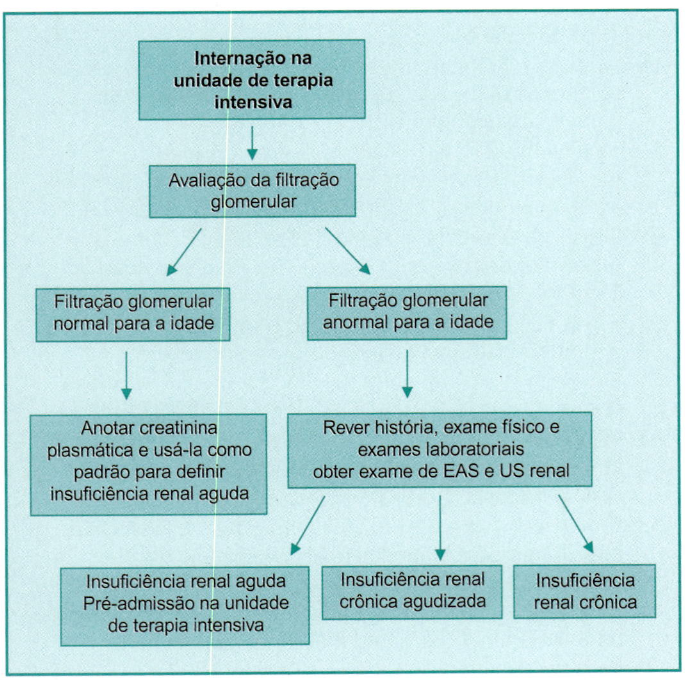

Fig. 94-1. Diferentes cenários de disfunção renal numa Unidade de Terapia Intensiva. Notar que desde o momento da internação é necessário preocupar-se com a função renal e estratificar os pacientes de acordo com o algoritmo proposto. EAS = Exame de elementos anormais e sedimento; U/S = ultra-sonografia.

O objetivo deste capítulo é o de expor a experiência clínica do autor no tratamento da Insuficiência Renal Aguda (IRA) na UTI, numa população adulta, discutindo aspectos fisiopatológicos importantes, explorando dados epidemiológicos e clínicos relevantes, enfatizando intervenções terapêuticas que com consistência contribuem para a recuperação do paciente, e apontando perspectivas futuras. Ficarão de fora desta revisão os problemas médicos inerentes aos pacientes com síndromes nefrológicas previamente existentes, inclusive a insuficiência renal crônica (IRC) e a IRA pós-transplante de qualquer tipo.

DEFINIÇÃO

IRA é definida como a queda súbita e sustentada da filtração glomerular (FG), independentemente ou não da redução do débito urinário, associada à incapacidade dos nefros de manterem a homeostasia do meio extracelular e cuja causa pode estar localizada em qualquer das estruturas que compõem o aparelho urinário ou mesmo fora delas.

Organização morfofuncional dos rins

Os rins são órgãos responsáveis pela manutenção da homeostasia do meio extracelular. Presente em todos os animais pluricelulares, o meio extracelular funciona como uma interface entre o meio intracelular, local onde o segredo da Vida (DNA) é guardado, e o meio-ambiente é, portanto, responsável por carrear nutrientes para as células e transportar delas os seus metabólitos.

Assim, para que a vida prossiga é necessário que o meio extracelular mantenha certas condições físico-químicas básicas, ou seja, que sua quantidade absoluta de água, volume, equilíbrio ácido-base, equilíbrio eletrolítico e, principalmente, que seja mantida constante a concentração dos produtos finais do metabolismo nitrogenado, sendo, pois, competência dos rins zelar pela sua homeostasia.

Os rins são pequenos órgãos, habitualmente em número de dois, localizados em ambas as regiões lombares e pesando cada um em média entre 150 a 250 gramas. Sua unidade funcional é o nefro, composto de um corpúsculo glomerular ao qual se seguem vários segmentos de túbulos. Cada órgão possuí, em média, 1×10^6 (um milhão) dessas unidades funcionais, e a função renal de um indivíduo nada mais é do que o somatório da função dos nefros individuais.

Estudando-se, pois, o funcionamento individual do glomérulo e dos vários segmentos tubulares, pode-se compreender o funcionamento do rim como um todo, e é esse um dos pilares sobre os quais se fundamenta a Nefrologia.

Circulação renal

Os rins são, em essência, órgãos vasculares, recebendo por minuto cerca de 25 por cento do débito cardíaco, o que os torna, por grama de tecido, as estruturas mais vascularizadas de todo nosso organismo. Evidentemente, a acomodação desse elevado volume de sangue somente é possível graças a uma extraordinária rede de vasos sangüíneos, que têm características estruturais e funcionais próprias.

O fluxo sangüíneo renal (FSR) é direcionado predominantemente para o córtex (80 por cento), uma vez que é nessa região em que os glomérulos estão dispostos. Os 20 por cento restantes são dirigidos para a medula, onde repousam os segmentos tubulares, notadamente a alça de Henle e os túbulos coletores.

A medida da diferença arteriovenosa de oxigênio entre a artéria renal e a veia renal principal demonstra que a extração de oxigênio pelo órgão é muito pequena, apontando para o fato de que o trabalho renal é realizado com baixo gasto de energia, valendo-se da utilização predominantemente de forças físicas.

Uma outra peculiaridade é que a medida de concentração de oxigênio do parênquima renal mostra níveis muito reduzidos desse elemento nas partes mais profundas da medula renal, permitindo-nos concluir que o trabalho de reabsorção do ultrafiltrado do plasma (UP) realizado pelos túbulos é executado em condições críticas de oxigenação, tornando suas células particularmente suscetíveis a dano resultante do desequilíbrio entre oferta e demanda de oxigênio.

O sangue adentra o rim pela artéria renal principal, que habitualmente é única, e que se origina diretamente da aorta. A artéria renal principal se divide em artérias lobares, que dão origem às artérias arqueadas, de imensa importância, porque delimitam o córtex da medula renal e porque dela surgem as artérias interlobulares, que se ramificam até darem origem às arteríolas aferentes (AA), que por sua vez se transformam no chamado capilar glomerular (CG).

O CG, na verdade, não é um vaso capilar comum, uma vez que, ao contrário desse, não desemboca numa vênula, mas sim numa outra arteríola, a arteríola eferente (AE). Esse achado anatômico tem grande aplicação funcional, já que o CG é, de fato, uma arteríola modificada, e, como tal, é capaz de se contrair e relaxar, podendo alterar, por conseguinte, o fluxo de sangue no seu interior e a área disponível para a formação do UP.

Uma outra característica peculiar da circulação renal é que a AE, por sua vez, também não desemboca numa vênula, e sim dá origem a uma outra rede capilar, os capilares peritubulares, que envolvem os túbulos renais como um novelo e desempenham papel fundamental na reabsorção do UP.

Finalmente, a medida das pressões no interior dos vasos arteriais renais permite identificar que as maiores resistências a circulação do sangue no interior do rim estão localizadas nas AA e AE, e que a pressão hidrostática (PH) no interior do CG é mantida constante, graças à capacidade que essas arteríolas têm de se contrair e relaxar.

Esse fenômeno, originado na musculatura lisa desses vasos, possibilita manter constantes numa ampla faixa de variação da pressão arterial o FSR e FG, ou seja, permite o rim autoregular essas variáveis, e funcionar contínua e adequadamente, independentemente dos níveis tensionais sistêmicos. São exceção a essa regra os extremos, superiores e inferiores, de variação da pressão arterial, onde tanto o FSR quanto a FG se tornam pressão-dependentes, explicando por que um indivíduo com hipertensão acelerada exibe a chamada "natriurese relacionada à pressão" e por que um outro com hipotensão arterial tem queda significativa do FSR e FG.

Filtração glomerular

A principal função do rim, a eliminação dos produtos finais do metabolismo nitrogenado, que nos mamíferos é representado principalmente pela uréia, é realizada através da FG. Assim, um rim é dito insuficiente quando ele não é capaz de executar essa função, e levando-se em consideração que a função renal total é o somatório da função dos nefros individuais, pode-se facilmente concluir que existem diferentes graduações de disfunção renal, e isso tem imensa aplicação na prática clínica.

O trabalho renal fundamenta-se no uso de forças físicas. Mantido constante no interior do CG, graças à contração e/ou relaxamento das AA e AE, a PH fornece energia suficiente para impulsionar o sangue através das barreiras presentes nos glomérulos, dando origem, como conseqüência, a um UP, isto é, uma solução de características idênticas ao plasma, porém livre de proteínas com peso molecular igual ou maior do que a albumina e as substâncias que a elas porventura estejam ligadas.

Essas barreiras são representadas pelo endotélio, pela membrana basal glomerular (principal barreira) e pelo podócito e suas interdigitações. Assim, impedindo a passagem de proteínas de peso molecular igual ou maior que a albumina, à medida que o sangue trafega pelo CG e o UP é formado eleva-se a pressão coloidosmótica (PCO) no seu interior, e esses dois fenômenos, formação do UP e elevação da PCO, ocorrem em sentidos opostos, até que no terço final do CG a PH se iguala à PCO e a FG cessa.

Dessa maneira, temos uma reserva renal que poderá ser recrutada quando da necessidade de aumento da FG, recrutamento esse que é conseguido através da dilatação preferencial da AA, com conseqüente aumento da PH no interior do CG.

A FG é definida como o volume de plasma, que circulando pelos rins numa dada unidade de tempo, é totalmente livre das impurezas com peso molecular igual ou menor do que a albumina que nele se encontrem livremente dissolvidas. Na prática clínica, a FG é expressa pelo volume de plasma por minuto que sofre esse processo de depuração, tendo o valor normal de 125 ml/min.

A dinâmica da FG permite-nos identificar como seus determinantes o FSR, a PH, a PCO e o coeficiente de ultrafiltração (Kf), que é uma variável matemática que expressa o produto entre a área de troca e o coeficiente de permeabilidade da membrana basal glomerular.

Como em nenhuma outra entidade médica, na IRA o reconhecimento de qual determinante da FG está afetado tem marcante aplicabilidade clínica. Assim, por exemplo, na oclusão da artéria renal a FG cairá, já que o FSR estará reduzido;[6] na sepse, por sua vez, a intensa vasoconstrição das AA e AE resultará em queda do FSR e da PH, e em conseqüência da FG;[7] e, na eventualidade de que uma substância que seja capaz de elevar significativamente a PCO do plasma, tal como a dextrana 40, esteja presente em elevadas concentrações, poder-se-á identificar queda na FG.[8]

Desse modo, para o correto manuseio do paciente com IRA na UTI, não é suficiente simplesmente identificar a queda da FG, é necessário compreender o porquê desse fenômeno.

Função tubular

A FG produz diariamente cerca de 180 litros de UP (equivalente a 125 ml/min, usado aqui nessas diferentes unidades para facilitar a compreensão da função tubular), valor mais de quatro vezes maior que o volume de água corporal total, e como eliminamos cerca de um a dois litros de urina por dia, compete aos túbulos reabsorver cerca de 99 por cento desse ultrafiltrado.

A reabsorção de 99 por cento do UP diariamente produzido é função dos túbulos renais, proporcionando uma oportunidade ímpar para regulação do volume do meio extracelular (controle do sódio corporal total) e da regulação do metabolismo da água.

As células que constituem o epitélio tubular são polarizadas. Seu pólo apical caracteriza-se pela existência da bordadura em escova, que amplia a área de contato com o UP, e pela presença na membrana celular de co-transportadores e de contratransportadores que participam no intercâmbio dos solutos entre a luz tubular e o citoplasma. A esse pólo se opõe o basolateral, que repousa sobre a membrana basal tubular em contato com os capilares peritubulares. A estrutura que caracteriza esse pólo é a bomba de Na/K ATPase, que com gasto de energia movimenta sódio do interior das células para o interior dos vasos sangüíneos, assegurando a manutenção de baixas concentrações de sódio no espaço intracelular, ponto de capital importância na geração de gradientes iônico e elétrico entre o líquido tubular e o citosol, criando condições fundamentais para a adequada reabsorção do UP.

O epitélio tubular, por sua vez, tem características de permeabilidade muito peculiares. O túbulo contornado proximal é caracterizado pela sua elevadíssima permeabilidade, permitindo que cerca de 70 por cento do UP formado sejam através dele reabsorvidos (cerca de 130 litros por dia). O ramo ascendente espesso da alça de Henle é totalmente impermeável à água, o que, acoplado à reabsorção de sódio por suas células, possibilita a diluição do UP. Finalmente, o túbulo coletor também é completamente impermeável à água, porém, quando da presença do hormônio antidiurético, é capaz de ter canais específicos, por onde a água atravessa (aquaporin 2), incorporados a seu pólo apical, permitindo, pois, concentrar a urina final.

Esses achados têm grande aplicabilidade clínica. Eles indicam que num indivíduo adulto, qualquer que seja seu grau de FG, sempre haverá uma perda obrigatória de água, uma vez que é num certo volume de urina que são removidos do organismo os produtos finais do metabolismo nitrogenado. O volume de urina eliminado diariamente, por sua vez, dependerá da necessidade de se eliminar o excesso ou de se preservar água, nesse mesmo organismo, e essas variações são possíveis graças aos processos de diluição e de concentração da urina.

As células do epitélio tubular são mantidas em posição devido a moléculas de adesão. As caderinas e cateninas unem as células entre si, e as integrinas as fixam à membrana basal tubular.[9]

Diariamente, um certo número dessas células, quer seja por processo de necrose ou quer seja por processo de apoptose completam seu ciclo de vida e se desprendem de suas posições nos túbulos e são eliminadas na urina. Seu espaço é ocupado por células vizinhas que, através de fatores de crescimento produzidos por células mesenquimais (parácrinos), se desdiferenciam, se multiplicam e novamente se diferenciam, restabelecendo a integridade do epitélio.[10]

Integração das funções glomerulares e tubulares

Dois importantes conceitos permeiam a regulação do funcionamento dos rins: o balanço glomerulotubular e o *feedback* tubuloglomerular.

Os túbulos renais têm, de certo modo, seu funcionamento regulado pela quantidade de UP produzido. Assim, quando do uso da reserva renal com o objetivo de eliminar uma maior quantidade de produtos finais do metabolismo nitrogenado produzidos, os túbulos aumentam sua capacidade de reabsorver o UP formado, impedindo que pela urina haja uma volumosa perda de água e sais.

Por outro lado, a mácula densa, zona de diferenciação celular presente no túbulo contornado distal, possui a capacidade de monitorar a reabsorção do UP que ocorreu nos segmentos tubulares que a antecedem, de modo que, quando seus sensores detectam que excessiva quantidade de água, sódio e cloro está presente no líquido tubular que a banha, imediatamente sinaliza para o glomérulo (*feedback* tubuloglomerular) gerando uma resposta que leva a redução do volume de formação do UP, adequando-o à capacidade de reabsorção dos túbulos ou muitas das vezes fazendo cessar por completo a FG.[11]

AVALIAÇÃO CLÍNICA DA FUNÇÃO RENAL

A avaliação clínica da função renal é um dos mais difíceis e complexos exercícios da prática médica, cuja importância freqüentemente é negligenciada. Essa dificuldade é ilustrada na Figura 94-2, onde se pode ver o evoluir da arte do diagnóstico

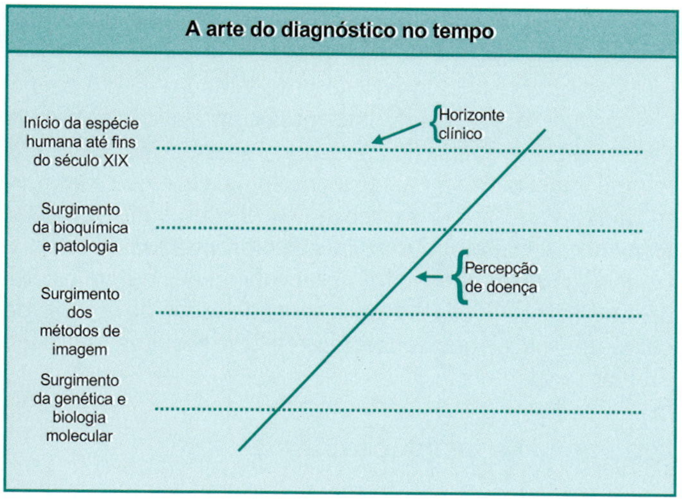

Fig. 94-2. A arte do diagnóstico no tempo. Notar que ao longo da linha do tempo (eixo do y) a percepção de doença (linha sólida) definida como rompimento do horizonte clínico (linha tracejada) vem sofrendo progressivas modificações, ficando cada vez mais distante da definição clássica de doença que imperava até o final do século XIX. O diagnóstico de insuficiência renal aguda ainda depende exclusivamente de dados clínicos e de exame físico acoplados à dosagem de uréia e creatinina plasmática, o que o torna um dos mais difíceis exercícios da prática médica.

através da linha do tempo. Nota-se que a evolução e o aperfeiçoamento dos métodos diagnósticos permitiram-nos mudar o conceito de percepção da doença (rompimento do horizonte clínico), possibilitando a identificação de processos patológicos em níveis subclínicos e mais recentemente no nível genético e de biologia molecular. Lamentavelmente, no que concerne a doenças renais, e mais especificamente, à avaliação da função renal, ainda dependemos única e exclusivamente de recursos da bioquímica e da patologia clínica que foram incorporados à prática clínica no início do século passado.

AVALIAÇÃO DA FILTRAÇÃO GLOMERULAR

A avaliação clínica da FG é constantemente executada numa UTI, e, portanto, ela idealmente deveria ser realizada através de um método simples e confiável, de fácil reprodução e de baixo custo, principalmente levando-se em consideração a dificuldade de movimentação e as numerosas variáveis que envolvem o manuseio diário desses pacientes. Desse modo, testes de medicina nuclear e exames laboratoriais complexos, que exigem infusões parenterais de substâncias, não preenchem tais requisitos e, portanto, não serão aqui discutidos.

Diversos fenômenos biológicos dificultam a aferição clínica da FG numa UTI (Quadro 94-1).

Quadro 94-1. Fenômenos biológicos que dificultam a aferição clínica da filtração glomerular numa Unidade de Terapia Intensiva

- Desconhecimento da verdadeira toxina urêmica
- Ausência de relação direta entre diurese e filtração glomerular
- Utilização da reserva renal
- Fenômeno de adaptação (*trade-off*)
- Uso de marcadores que não são exclusivamente influenciados pela filtração glomerular
- Instabilidade das condições médicas
- Envelhecimento progressivo das populações
- Intervariabilidade da dosagem de creatinina plasmática numa população
- Relação entre filtração glomerular e nível de creatinina plasmática

Desconhecimento da verdadeira toxina urêmica

Os solutos retidos no sangue dos pacientes com disfunção renal recebem coletivamente a denominação de toxinas urêmicas. *In vitro*, muitos dos compostos nitrogenados que se acumulam, quer sejam de baixo ou de médio peso molecular, são tóxicos a um sem-número de sistemas biológicos e enzimas, mas infelizmente, quando testados *in vivo*, esses dados não são reproduzíveis, impedindo-nos, pois, de definir a verdadeira toxina urêmica (e portanto dificultando sobremaneira a avaliação clínica da FG).[12]

Assim, a busca da verdadeira toxina urêmica continua, e enquanto ela não for identificada o recurso que continuaremos a utilizar para mensurar a FG continuará sendo fundamentado em marcadores plasmáticos, isto é, substâncias nitrogenadas que são produzidas no organismo de diferentes maneiras e eliminadas predominantemente por FG.

É digno de nota o fato de que a elevação dos níveis de uréia plasmática, por qualquer meio, tanto em indivíduos normais quanto em pacientes com disfunção renal, não reproduz os sinais e sintomas da *uremia*, exceto pelas manifestações gastrintestinais.[13] Assim o termo *uremia*, cunhado em 1840 por Piorry e L'Héritier, deve ser utilizado com muita cautela,[14] já que ele não traduz nenhum fundamento fisiopatológico.

Ausência da relação direta entre diurese e filtração glomerular

Os mecanismos de preservação da água, no homem, não são perfeitos, e a concentração máxima de urina é, num indivíduo jovem e sadio, de, no máximo, 1.200 mOsm/kg. Assim, considerando que numa dieta ocidental típica ingerimos diariamente cerca de 600 mOsm, pode-se concluir que o volume mínimo de urina capaz de permitir a eliminação dessa carga osmolar é de 0,5 litro por dia, contanto que essa urina seja maximamente concentrada. Um volume inferior a esse será incapaz de realizar esse trabalho, e, como a função dos rins é a de manter a homeostasia do meio extracelular, urinar menos de 400 ml por dia, mesmo que produzindo-se urina maximamente concentrada, não permite a eliminação da carga osmolar ingerida, e diz-se então que o rim está insuficiente. Essa é a linha de raciocínio que nos permite definir oligúria, ou seja, a identificação de um volume urinário diário inferior a 400 ml, insuficiente, portanto, para eliminar a carga osmolar habitualmente ingerida.[15]

Por outro lado, a presença de dano estrutural renal impede os rins de diluir e de concentrar a urina. A mesma se torna isotônica com o plasma, mantendo uma osmolalidade fixa de 300 mOsm/kg. Desse modo, um doente renal necessita produzir, diariamente, um volume de dois litros de urina isotônica, a fim de eliminar uma carga osmolar habitual de 600 mOsm e impedir acúmulo progressivo de escórias nitrogenadas no organismo.

Um outro ensinamento clínico de grande importância é a pouca relação existente entre a diurese diária e a função renal. Assim, indivíduos em anúria (volume urinário menor que 50 ml/dia) ou em oligúria sofrem de insuficiência renal, porém é freqüente identificar-se o mesmo quadro em pacientes que não exibem qualquer modificação de seu volume urinário diário, exigindo do médico uma especial atenção a esse problema afora extrema habilidade e competência em diagnosticá-lo.

O volume urinário deve ser diariamente quantificado numa UTI, e a IRA, quando diagnosticada, imediatamente correlacionada com o mesmo. A aplicabilidade clínica dessa informação é imensa. As causas de IRA que cursam com anúria são habitualmente distintas daquelas em que predomina a oligúria, que por sua vez também são geralmente diferentes daquelas em que não se registra redução do débito urinário (não-oligúrica), conforme descrito no Quadro 94-2.

A expressão *oligoanúria*, freqüentemente identificada na prática clínica, deve, portanto, ser abandonada, já que desprovida de qualquer significado fisiopatológico, priva o médico de, com correção, exercitar suas habilidades no diagnóstico da causa da IRA usando o singelo fundamento do débito urinário.

Utilização da reserva renal

Embora não exista comprovação experimental desse ponto, é possível argumentar que na IRA os nefros, muitas das vezes, sofrem danos de maneira não-uniforme e que isso deve fazer com que os nefros remanescentes aumentem, de modo compensatório, o seu trabalho, o que somente é possível com a utilização da reserva renal. Assim sendo, apesar da redução do número de nefros funcionantes, a função renal global não se modificaria e as lesões renais seriam de difícil identificação.

Certamente, quando do desenvolvimento da IRA em pacientes que fazem uso de pacientes com elevado conteúdo de proteínas, a utilização da reserva renal é ponto de fundamental importância na sua fisiopatologia, visto que o aumento da FG necessário à excreção dos produtos nitrogenados formados pelo metabolismo protéico proporcionará uma excessiva perda de água, com desenvolvimento de um estado de hiperosmolalidade extremamente deletério ao organismo como um todo e que subseqüentemente resultará em dano tubular renal.

Quadro 94-2. **Classificação da insuficiência renal aguda de acordo com o débito urinário diário**

Tipo de insuficiência renal aguda	*Principais causas*
Anúria (débito urinário inferior a 50 ml/24h)	Uropatia obstrutiva completa; necrose cortical bilateral; doença obstrutiva das artérias renais; insuficiência renal aguda hiperoncótica
Oligúria (débito urinário entre 50 e 400 ml/24h)	Necrose tubular aguda; sepse; síndrome hemolítico-urêmica; síndrome hepatorrenal; glomerulonefrite rapidamente progressiva
Não-oligúrica (débito urinário habitualmente variando entre 800 e 1.400 ml/24h)	Nefrotoxicidade; síndromes hiperosmolares; uso indiscriminado de diuréticos; nefrite tubulointersticial

Fenômeno da adaptação (*trade-off*)

A capacidade do organismo de desenvolver mecanismos adaptativos à perda da função renal é fenômeno biológico muito bem definido da IRC, tendo como seu melhor exemplo a elevação progressiva dos níveis de paratormônio, com o objetivo de manter equilibrados os níveis séricos de cálcio e fósforo.[16]

Dependendo do padrão com que a IRA se desenvolve e do estado de saúde prévio do indivíduo, essa adaptação poderá estar ou não presente, minimizando as manifestações clínicas e laboratoriais, e trazendo demora no reconhecimento da perda da FG.

Uso de marcadores que não são exclusivamente influenciados pela filtração glomerular

Os principais marcadores da FG utilizados na prática clínica são os níveis plasmáticos de uréia e creatinina, sendo seus valores inversamente proporcionais ao grau de função renal. Infelizmente, ambos são influenciados por outras variáveis que não a FG, *per se*.

A uréia é o principal produto do metabolismo protéico, sofrendo, portanto, imensa influência da dieta. Indivíduos que ingerem uma dieta muito rica em proteína animal têm reconhecidamente níveis plasmáticos mais elevados, enquanto vegetarianos tendem a exibir níveis plasmáticos menores do que o normal. A ocorrência de hemorragia digestiva alta aumenta a oferta de substrato para a síntese hepática de uréia, elevando seus níveis plasmáticos independentemente do grau de disfunção renal. Estados hipercatabólicos ou a administração de corticosteróides também aumentam sobremaneira a geração da uréia, a despeito do nível da FG.[13]

Após ter sido eliminada pela formação do UP, a uréia sofre reabsorção no túbulo contornado proximal e, de modo mais importante, no túbulo coletor, quando da presença do hormônio antidiurético. Desse modo, em estados de hipovolemia ou de desidratação a reabsorção tubular de uréia poderá elevar seu nível plasmático em desproporção ao nível de queda da FG.[13]

A creatinina é uma substância endógena produzida no interior da célula muscular, através da conversão da creatinina e fosfocreatina, e eliminada do organismo predominantemente pelos rins. A produção diária de creatinina é, em condições normais, constante, alcançando valores entre 15 a 20 mg/kg de peso/dia nas mulheres e de 20 a 25 mg/kg de peso/dia nos homens. Sua eliminação renal se dá principalmente através da FG, embora secreção tubular possa ser identificada em ratos do sexo masculino e em seres humanos que exibam níveis reduzidos de função renal, situações em que seu valor no plasma não reflete com confiabilidade a FG.[17]

A ocorrência de rabdomiólise, de qualquer etiologia, resulta na liberação no meio extracelular de generosa quantidade de creatinina, causando elevação do seu nível plasmático independentemente da redução concomitante ou não da FG. Por outro lado, indivíduos nos quais grave atrofia muscular esteja presente poderão ter disfunção renal significativa sem elevações muito expressivas da creatinina plasmática (Pcreat).

Outras condições que elevam o nível da Pcreat independente da FG são: a) uso de cimetidina ou trimetoprim, já que são drogas que bloqueiam a sua secreção tubular; b) presença de cetoácidos, que, por serem cromógenos, interferem com o método colorimétrico habitualmente utilizado para a sua dosagem; c) ingesta de elevadas quantidades de creatina ou de creatinina pela dieta, uma vez que isso aumenta sua geração.

Instabilidade das condições médicas

Embora esse fenômeno seja a marca registrada do paciente na UTI e motivo de constante preocupação dos profissionais que militam nesses ambientes, ele é esquecido quando se trata da aferição da FG, e métodos desenvolvidos para serem utilizados em pacientes renais crônicos, no contexto de equilíbrio de suas condições clínicas, são freqüentemente empregados, sem que uma visão crítica permeie a interpretação dos resultados obtidos.

A depuração *(clearance)* é um conceito matemático que possibilita avaliar a FG, mas que conceitualmente tem pouca ou nenhuma utilidade na IRA. A sua obtenção exige a coleta da urina produzida pelos rins durante um período de tempo determinado, a sua conservação de maneira apropriada, a eliminação na urina, de modo constante, de um marcador da FG e a manutenção em equilíbrio do nível plasmático do marcador da FG utilizado. Esses quatro pressupostos básicos dificilmente podem ser atingidos num ambiente de terapia intensiva, e muito menos se aplica na IRA. Quando a IRA se estabelece, os níveis plasmáticos das escórias nitrogenadas estão em freqüente oscilação, e dependendo do grau de disfunção renal poderá haver também redução da excreção urinária desses marcadores, tornando a realização do *clearance* nessas situações um exercício de futilidade, retardando sobremaneira a tomada de posições terapêuticas apropriadas, com óbvio prejuízo para o paciente.

A mesma crítica pode ser feita à interpretação isolada do contexto dos níveis plasmáticos dos marcadores nitrogenados da FG e utilização de fórmulas que permitem uma estimativa do *clearance*. Pacientes em anúria ou que estejam sendo submetidos a processos de substituição de função renal têm nível de FG próximo a zero, muito embora o cálculo de *clearance* baseado no nível de Pcreat possa acusar valores razoáveis. Aqui o erro tem origem na interpretação exclusiva do valor da Pcreat, desconsiderando a sua produção e eliminação pela diálise.

Uma outra e mais contundente crítica é o fato de que todas as fórmulas de estimativas de *clearance* foram obtidas de pacientes renais crônicos ou na população normal, sem que tenham sido validadas de modo sistemático em indivíduos com IRA, e notadamente aqueles expostos a instabilidade de suas condições clínicas que caracterizam a terapia intensiva.

Os argumentos acima devem trazer profunda reflexão a todos interessados por esse tema, já que para adequada solução de qualquer problema é fundamental se ter consciência de sua gravidade antes de se propor uma solução.

Envelhecimento progressivo das populações

Esse fato único na história da humanidade vem provocando grandes mudanças e trazendo crescentes desafios à prática médica.

O envelhecimento parece ser particularmente cruel com os rins. A FG e FSR declinam após a quarta década de vida, e as respostas adaptativas a modificações do metabolismo da água, sódio e potássio ocorrem muito mais lentamente no idoso em comparação com o jovem.

Interessantemente, a redução da FG ocorre sem que existam elevações dos níveis plasmáticos das substâncias utilizadas como marcadores da função renal. Isso porque habitualmente registra-se redução da ingestão de proteínas na dieta nessa fase da vida associada ao fato de que a uréia não é exclusivamente manuseada nos rins pela FG e porque o mesmo processo de envelhecimento que produz queda da FG também promove redução da massa muscular, impedindo que o nível plasmático de creatinina se modifique.

Recentemente esses conceitos foram explorados por Clase que, ao analisar a base de dados do *Third National Health and Nutrition Examination Survey* (NHANES III), demonstrou, de modo alarmante, ser a disfunção renal crônica quase que um imperativo da terceira idade.[18]

Pode-se especular que, ao admitir um idoso numa UTI, o intensivista estará assumindo os cuidados de um paciente com certo grau de disfunção renal, e que compete a esse profissional definir com a maior rapidez e precisão possíveis o seu nível de FG e habilitar-se para tratar desse problema.

Um outro corolário é que, se essas informações forem confirmadas, todas as equações que predizem mortalidade necessitarão ser refeitas.

Intervariabilidade da dosagem da creatina plasmática numa população

Apesar de todas as dificuldades anteriormente expostas e a despeito da grande expectativa que cerca a introdução na prática clínica de outros marcadores de FG, notadamente a cistatina C, a dosagem do nível de Pcreat é ainda considerada o melhor marcador da FG disponível.[17]

Sua correta utilização exige, no entanto, conhecimento dos valores normais de Pcreat numa população. Hsu recentemente trouxe grandes informações acerca dessa matéria, e embora tenha sido analisada a base de dados da NHANES III, seus resultados são, provavelmente, extrapoláveis para a população brasileira.[19] Foi demonstrado que os valores aceitos como normais na prática clínica representam a distribuição normal da Pcreat numa dada população e que existe uma grande intervariabilidade na dosagem desse composto. Esses achados tornam possível que indivíduos normais possam estar localizados nos extremos da curva de Gauss, tendo portanto função renal normal, a despeito de níveis elevados de creatinina plasmática, e que outros, embora situados dentro da faixa da normalidade, possam exibir redução da FG.

Relação entre filtração glomerular e nível de creatinina plasmática

Essa informação é de capital importância e é bem demonstrada na Figura 94-3. A relação é inversa, porém não-linear, e esse comportamento matemático do fenômeno biológico resulta no fato de que a utilização isolada do nível plasmático de creatinina permitirá reconhecimento de disfunção renal somente após a FG ter se reduzido em mais de 40 por cento de seu valor, impossibilitando a identificação precoce desse problema.

Assim a análise isolada do nível de Pcreat tem sérias restrições para aferição da FG e várias fórmulas têm sido criadas visando a potencializar o seu poder de mensuração. Duas atualmente gozam de credibilidade e popularidade: a) Cockroft-Gault[20]; b) MDRD – *Modification Diet and Renal Disease*,[21] sendo essa última agora utilizada na sua forma simplificada (Fig. 94-4).[22]

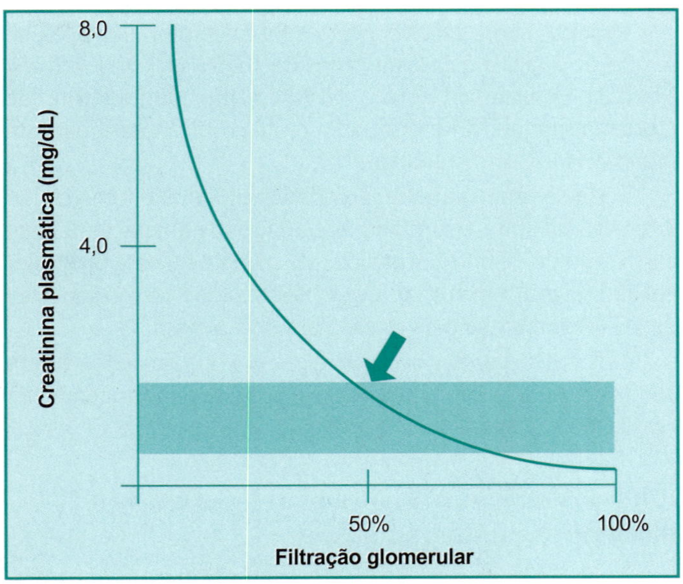

Fig. 94-3. Relação entre filtração glomerular e creatinina plasmática. Identificados no gráfico estão a faixa de normalidade para uma dada população e o nível acima do qual a creatinina plasmática é facilmente reconhecida como anormal (seta). Deve ser notado que é necessário uma queda superior a 40 por cento da filtração glomerular para que o nível de creatinina plasmática se eleve acima do normal, o que muito dificulta a identificação precoce da disfunção renal.

Fórmulas para cálculo da filtração glomerular

Cockroft – Gault	MDRD
CCr = (140 – Idade) x Peso/72 x P Creat Homem – 100% Mulher – 85%	FG (ml/min/1,73 m^2) = 186 x [P Creat]$^{-1,154}$ x [Idade]$^{-0,203}$ x [0,742 se mulher] x [1,210 se negro]

MDRD descrita é a forma simplificada.

Idade (anos); Peso (quilogramas); P creat – Creatinina plasmática (mg%).

Fig. 94-4. Fórmulas atualmente utilizadas para cálculo estimativo da filtração glomerular. Notar que nenhuma das duas fórmulas foi validada num ambiente de terapia intensiva, devendo ser usadas apenas para aferição inicial da filtração glomerular.

Não é o escopo deste trabalho discuti-las em detalhe, mas é necessário chamar atenção para o fato de que elas foram obtidas de uma base de dados de mais de 500 indivíduos, composta predominantemente de renais crônicos, tendo sido expurgado das mesmas condições mórbidas freqüentes, como *diabetes mellitus* e pessoas de faixa etária avançada, ou seja, condições bem diferentes das vivenciadas num ambiente de terapia intensiva. Portanto, elas somente se prestam para a aferição inicial da FG dos pacientes admitidos à UTI, uma vez que nunca foram validadas para o acompanhamento seriado da FG e muito menos para diagnosticar IRA.

AVALIAÇÃO DA FUNÇÃO TUBULAR

Ao contrário da FG, a avaliação da função tubular é muito mais precisa e facilmente reproduzida. Os principais obstáculos existentes na prática clínica ao seu uso são: a) desconhecimento dos recursos que podem ser empregados; b) a dificuldade na interpretação das informações clínicas e laboratoriais que traduzem o correto ou incorreto funcionamento desses segmentos do nefro; e, c) a utilização indiscriminada de diuréticos.[23]

Além disso, como uma função tubular adequada somente é possível com uma função glomerular adequada, a avaliação da função tubular, quando cuidadosamente executada, pode indicar com muita precisão e precocidade dano renal subjacente.

Na IRA, as principais funções tubulares a serem aferidas são as ligadas à conservação de água e de sódio.

Conservação de água

Os mecanismos renais de conservação de água envolvem a medula renal hipertônica e o nível de hormônio antidiurético circulante.

Para que o gradiente hipertônico da medula seja constituído, o ramo ascendente espesso da alça de Henle deve estar integro e funcionante. Nesse segmento do nefro, sódio é reabsorvido do líquido tubular graças à presença na borda apical da célula do co-transportador Na/K/2Cl, e subseqüentemente levado para a medula renal. A impermeabilidade das células desse segmento tubular à água dilui o líquido tubular, que segue seu caminho até o túbulo coletor.

No túbulo coletor, quando da presença do hormônio antidiurético que é liberado fisiologicamente pela hipófise quando da presença da hiperosmolalidade ou da queda do volume efetivo circulante, canais de água (aquaporin 2) serão incorporados à borda apical das células, criando caminho para que, regulada pela diferença de osmolalidade entre a medula e o líquido tubular diluído, a água seja retirada, a urina torne-se adequadamente concentrada e o paciente se torne oligúrico.

Assim, em condições em que a conservação de água se faça necessária (hipovolemia, por exemplo), todo esse sistema deverá funcionar de modo integrado e pode ser facilmente aferido à beira do leito.

Por outro lado, quando da presença de dano estrutural dos túbulos ou da queda da FG, tornar-se-á impossível identificar adequada preservação de água e a urina eliminada não sofrerá diluição e nem concentração; ela será isotônica com o plasma.

Conservação de sódio

Os mecanismos renais de conservação de sódio são muito mais complexos do que os envolvidos na conservação de água, estando praticamente distribuídos ao longo de todo os segmentos tubulares.

Dois segmentos tubulares, o túbulo contornado proximal, notadamente na sua porção S3, e o ramo ascendente espesso da alça de Henle, têm importância na IRA, isso porque o volume de sódio reabsorvido neles é expressivo e esse trabalho, conforme anteriormente descrito, é realizado em condições críticas de oferta de oxigênio.

Assim, em condições em que a conservação de sódio de faça necessária (hipovolemia ou hipotensão arterial sistêmica), as células tubulares trabalharem intensamente de modo que a perda urinária de sódio seja reduzida ao mínimo.

Por outro lado, quando da presença de dano estrutural dos túbulos, perda urinária de sódio será identificada. Nessas condições, o *feedback* tubuloglomerular será ativado, e, como é crítica para a manutenção da homeostasia do meio extracelular, a preservação de seu volume, função das quantidades totais de sódio corporal, a FG cessará.

Os testes passíveis de serem realizados com esse propósito estão delineados no Quadro 94-3; é digno de nota o fato de que a realização desses exames não exige coleta de urina num certo período de tempo, isto é, basta uma amostra de urina e de sangue; porém deve ser registrado que eles somente têm valor quando da presença de oligúria e que a administração de diuréticos de alça torna inviável a interpretação dos mesmos. [15]

Apesar dessas dificuldades, é mister definir qual a função renal dos pacientes e identificar IRA na UTI. Recomenda-se que preocupação acerca da saúde renal dos pacientes internados em UTIs faça parte constante do dia-a-dia destas unidades, não sendo suficiente assegurar-lhes um bom débito urinário. No momento da internação, quantificação do grau de filtração glomerular deve ser realizada utilizando-se uma das fórmulas apresentadas, e o nível de Pcreat correspondente anotado. Esses dados devem ser considerados valores basais contra os quais permanentemente valores de Pcreat posteriormente obtidos serão comparados (Fig. 94-1). A partir daí, dois cenários diferentes podem ser encontrados, a IRA com queda do débito urinário (oligúria ou anúria) e a IRA sem queda do débito urinário (não-oligúrica). No primeiro caso, utilizar os dados dos Quadros 94-2 e 94-3 para definição diagnóstica. No segundo caso, o cálculo da variação percentual da elevação da Pcreat deverá permitir sua identificação precoce. Caso a tendência de elevação da Pcreat seja identificada em duas mensurações sucessivas, o paciente deve ser considerado como sendo portador de IRA não-oligúrica e investigação diagnóstica apropriada iniciada.

Quadro 94-3. **Índices urinários utilizados no diagnóstico diferencial da oligúria**

Teste	*Insuficiência pré-renal*	*Insuficiência renal parenquimatosa*
Conservação de água		
Osmolalidade urinária	Maior que a plasmática	Igual à plasmática
Relação osmolalidade urinária/plasmática	Maior que 1,5	Menor que 1,1
Relação creatinina urinária/plasmática	Maior que 40	Menor que 20
Conservação de sódio		
Sódio urinário	Menor que 20	Maior que 40
Fração de excreção de sódio	Menor que 1%	Maior que 3%

Deve-se ressaltar que os exames de elementos anormais e sedimento e ultra-sonografia renal, embora de grande importância no diagnóstico de doenças renais, têm utilidade limitada na avaliação funcional renal. Maiores informações sobre esses testes podem ser obtidas em outros trabalhos.[15,24]

FISIOPATOLOGIA

Fatores vasculares

Três fenômenos caracterizam de uma maneira geral a IRA: vasoconstrição intra-renal ou aumento do tônus vascular intrínseco, perda da auto-regulação e redução seletiva do fluxo sangüíneo na parte externa da medula renal.

Os vasos renais demonstram uma sensibilidade aumentada a vários estímulos vasoconstritores, tais como: angiotensina II, endotelina, serotonina e estimulação dos nervos renais.

A perda da capacidade de auto-regulação tem uma grande importância fisiopatológica, uma vez que torna o FSR e a FG totalmente dependentes da pressão arterial sistêmica, passando, pois, a variar de acordo com essa. Assim, hipotensão arterial passa a refletir diretamente dentro do parênquima renal, contribuindo para o agravamento das lesões isquêmicas.

A parte externa da medula renal é altamente vulnerável a baixa perfusão. Os túbulos localizados nessa região aumentam significativamente seu trabalho quando há necessidade de aumentar a reabsorção do UP, e nessas situações a redução do fluxo sangüíneo para essa área ocasionará um grave desequilíbrio entre a oferta e a demanda de oxigênio, com grave dano celular.[25]

Fatores tubulares

Inúmeras respostas metabólicas ocorrem após episódio de isquemia renal ou de exposição a uma nefrotoxina. Elas incluem: depleção de ATP, edema celular, aumento das concentrações intracelulares de cálcio livre, ativação das fosfolipases com conseqüente alteração da composição das camadas lipídicas da membrana celular e das organelas, ativação das proteases e formação de espécies reativas de oxigênio.

Essas anormalidades resultam na perda da polaridade da célula epitelial, cuja importância já foi anteriormente discutida, e disrupção do citoesqueleto. Assim, as integrinas que são responsáveis pela ancoragem das células na membrana basal tubular migram da membrana basolateral para a membrana basal, e as células se desprendem dos seus nichos e caem na luz tubular.

Na luz tubular, as integrinas permitem que as células interajam uma com as outras e com a proteína de Tamm-Horsfall, formando uma massa que obstruirá a luz tubular, que por sua vez ocasionará redução da FG.

A reabsorção do UP ficará muito prejudicada com a ausência de células epiteliais viáveis, gerando uma situação em que expressiva perda urinária de sódio e água seria possível, situação essa que é contornada com a ativação do *feedback* tubuloglomerular, que reduzirá a FG.[10,25]

Recuperação, regeneração e reparo

Durante a fase de recuperação de necrose tubular aguda, as células intactas remanescentes nas áreas afetadas dos nefros sofrem um processo de desdiferenciação, mitose e subseqüente diferenciação celular, com a integridade estrutural e funcional do epitélio sendo readquirida.

Cabe ressaltar que esse processo ocorre com uma rapidez muito maior do que o normal e é regulado por estímulos parácrinos, inúmeros genes e por fatores de transcrição.

O reparo do dano tubular cria condições para que a FG retorne e a IRA se resolva.[10,25]

As Figuras 94-5 e 94-6 ilustram os mecanismos fisiopatológicos da IRA.

EPIDEMIOLOGIA

Os dados epidemiológicos acerca da IRA na UTI evidentemente variam de acordo com o contexto na qual a UTI está inserida. Dessa maneira, o perfil da IRA na UTI é um num hospital geral e outro num hospital especializado, como por exemplo as instituições voltadas para doenças cardiovasculares ou doenças oncológicas.

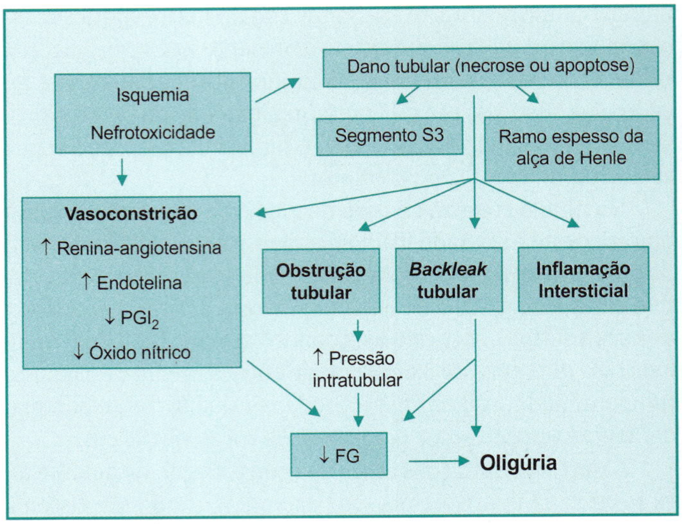

Fig. 94-5. Mecanismos fisiopatológicos da insuficiência renal aguda. São pontos de fundamental importância: o insulto inicial, o dano tubular, a obstrução tubular e a subseqüente queda da filtração glomerular. A oligúria é resultado da queda da filtração glomerular e do *backleak* tubular. PGI_2 = Prostaciclina I_2.

Esse aspecto é de grande importância na análise crítica dos dados apresentados e dificulta sobremaneira a sua comparação e a reprodutibilidade das intervenções terapêuticas.

Como não há consenso sofre a definição clínica da IRA, esforços vêm sendo desenvolvidos por numerosos investigadores para estratificá-la, porém a multiplicidade de variáveis torna essa tarefa difícil.[26]

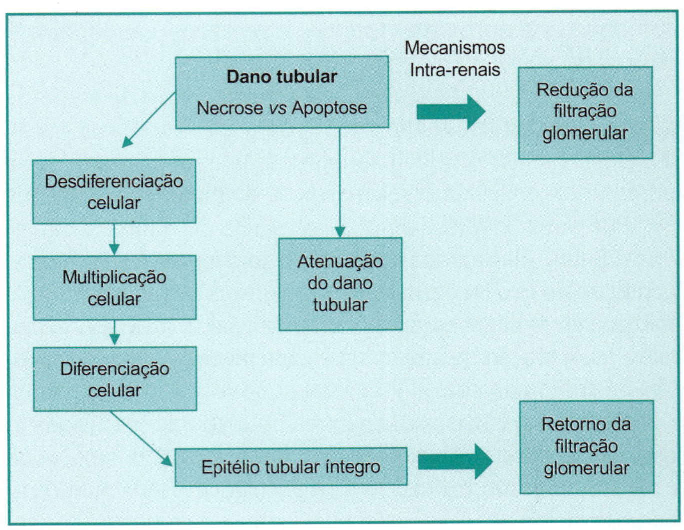

Fig. 94-6. Mecanismos envolvidos no processo de reparo da necrose tubular aguda. Notar que os processos de regeneração tubular ocorrem concomitantemente aos de dano tubular, e que somente após a restauração da integridade do epitélio é que a filtração glomerular retorna. Essa dependência entre a necessidade de haver um certo grau de reparo do epitélio para que o retorno da filtração glomerular ocorra, talvez explique os resultados clínicos negativos de algumas intervenções.

Nesse sentido, é de grande importância que todos os envolvidos com pacientes criticamente enfermos desenvolvam mecanismos capazes de permitir domínio sobre o perfil epidemiológico e clínico da população sob sua responsabilidade.

Algumas tendências são, no entanto, identificadas:

1. A incidência de IRA é elevada numa UTI, podendo atingir valores de cerca de 17 por cento.[5]
2. As principais causas de IRA nessa população são: hipotensão, sepse e nefrotoxicidade (uso de aminoglicosídeos e de contraste iodado).[1]
3. É notório o impacto do envelhecimento.[1]
4. Os indivíduos do sexo masculino parecem ser mais suscetíveis do que os do sexo feminino.[1]
5. A mortalidade da IRA é elevada em quaisquer circunstâncias, porém na UTI ela é mais elevada do que em outros ambientes, podendo atingir valores superiores a 70 por cento.[1,5]
6. A elevada mortalidade da IRA na UTI não pode ser atribuída única e exclusivamente às co-morbidades,[2] embora estas, quando presentes, tenham um impacto muito negativo nas chances de sobrevivência.[27]
7. Os pacientes que sobrevivem têm boa probabilidade de recuperarem sua função renal, muito embora um percentual expressivo tenha uma longa convalescença e necessite de diálise por um tempo prolongado.[11]

Definir sobrevida é, sob o ponto de vista científico, impossível. Embora existam várias pontuações de gravidade, são poucos os estudos nos quais elas foram validadas fora do ambiente onde foram criadas,[5] e além disso tanto o criador de um desses índices[28] quanto a confecção de curvas ROC de todos esses testes demonstram que eles são incapazes de predizer com certeza absoluta quem irá ou não sobreviver,[27] limitando sua utilidade somente à comparação de populações, não sendo aplicáveis a um dado indivíduo.

Um outro aspecto importante sob o ponto de vista epidemiológico é o custo do tratamento do paciente com IRA na UTI, uma vez que esse aspecto cada vez mais se faz presente na nossa prática médica.

A melhor informação disponível sobre esse tema vem do estudo realizado Hamel *et al.*[3] Esses autores avaliaram cerca de 490 pacientes na terapia intensiva nos quais diálise de alguma espécie se fez necessária. A sobrevida mediana dessa população foi de 32 dias, com 27 por cento dela vivos ao final de 6 meses. Aqueles que se encontravam vivos julgavam ter uma qualidade de vida boa ou muito boa. O custo estimado de manter os esforços terapêuticos em vez de suspendê-los foi estimado em US$128.200,00 para os pacientes com mau prognóstico, enquanto o custo de manutenção do tratamento para aqueles que o prognóstico era realmente muito ruim foi estimado em US$274.100,00. Para os sobreviventes, o custo de seu tratamento foi estimado em US$ 61.900,00, muito acima do valor de US$50.000,00 considerado, sob ponto de vista econômico, adequado para a manutenção do equilíbrio financeiro de um sistema de saúde.

TRATAMENTO

Prevenção

Embora o conhecimento fisiopatológico da IRA tenha experimentado grandes avanços, a complexidade dos múltiplos mecanismos que ocasionam dano renal nos pacientes na UTI torna a sua prevenção uma tarefa árdua.

A compulsória avaliação inicial da FG quando da internação na UTI (Fig. 94-1) é de grande utilidade, uma vez que permite adequado ajuste de doses de medicamentos, além de criar uma barreira contra o uso de drogas com potencial nefrotóxico intrínseco.

Manter o volume do meio extracelular apropriadamente expandido é ponto de fundamental importância, embora de difícil implementação. Ao contrário da crença generalizada, não há na prática clínica um meio absolutamente confiável para se mensurá-lo.[29]

O uso do catéter de Swan-Ganz não é solução para esse grave problema, além de ocasionar outros totalmente indesejáveis.[30] A administração generosa de soluções de reposição volêmica pode, por outro lado, precipitar extravasamento de líquido pelos capilares pulmonares, gerando um quadro conhecido como *pseudo*-SARA.[31]

Uma diurese apropriada é o melhor instrumento disponível para a avaliação do volume do meio extracelular. No entanto, ao se administrar indiscriminadamente diuréticos, não só se deixa de dispor desse parâmetro como se retarda a identificação da IRA, produzindo um impacto negativo na recuperação da função renal e na sobrevida dos pacientes.[32]

O uso de manitol é benéfico na profilaxia da IRA associada a hemólise intravascular e a rabdomiólise, possivelmente porque impede a precipitação intratubular desses pigmentos, porém, para que seja de utilidade, é necessário ser administrado o mais precocemente possível.[33]

A administração de *N*-acetilcisteína, que foi demonstrada ser de valor na prevenção de nefrotoxicidade por contraste radiográfico em exames de tomografia computadorizada, teve recentemente essa propriedade questionada quando testada em pacientes submetidos a cineangiocoronariografia.[34,35] Devemos, pois, continuar tendo cautela ao indicar e realizar exames contrastados.

Quando da necessidade de suporte hemodinâmico, este deve ser preferencialmente realizado com a administração de noradrenalina, não havendo nenhuma evidência experimental ou clínica que apóie o uso de "doses renais" de dopamina.[11,36]

Tratamento clínico

Até hoje, nenhuma medida terapêutica eficaz foi desenvolvida para o tratamento da IRA. Uma vez estabelecida a IRA, o nosso papel resume-se à observação dos fenômenos biológicos, identificando e tratando as causas responsáveis pelo dano tubular renal subjacente, impedindo que a homeostasia comprometida do meio extracelular se torne um obstáculo à continuação da vida e aguardando a recuperação da FG.

Quadro 94-4. Avaliação clínica das intervenções terapêuticas específicas da insuficiência renal aguda

Tipo de intervenção	*Resultado clínico*
Ressuscitação volêmica	Medida de grande importância; meta a ser atingida desconhecida; melhor solução de reposição volêmica a ser utilizada ainda não definida
Uso de drogas vasopressoras	Noradrenalina deve ser preferencialmente usada; na sepse, elevação da pressão arterial sem redução da filtração glomerular; vasopressina pode ser tentada em pacientes refratários
Baixas doses de dopamina	Não há nenhuma evidência clínica que dê suporte ao conceito de renoproteção das baixas doses de dopamina
Diuréticos	Apesar do amplo uso, poucos estudos são disponíveis; utilização deve ser feita com cautela, sem prejudicar a avaliação da função renal; sem benefício na IRA oligúrica parenquimatosa
Nutrição	Nutrição parenteral não promove uma recuperação mais rápida da IRA; balanço nitrogenado positivo é difícil de ser atingido; ingesta de proteína não deve exceder 1,5 grama por quilo de peso; o verdadeiro papel da nutrição enteral e do uso da glutamina é desconhecido
Terapias anti-fator de necrose tumoral	Evidências experimentais apóiam papel importante na fisiopatologia da IRA na sepse; benefício em seres humanos apenas marginal
Inibição do fator de ativação plaquetário	Antagonistas desse fator previnem efeitos hemodinâmicos adversos da endotoxemia em ratos; ausência de dados em seres humanos
Inibição da formação de óxido nítrico	Ausência de inibição seletiva do óxido nítrico induzível impede o uso dessa estratégia
Antagonistas da endotelina	Resultados experimentais controversos; possível uso em seres humanos sendo reavaliado após resultado deletério na nefrotoxicidade por contraste
Inibidores do metabolismo do ácido araquidônico	Ausência de dados clínicos com inibidores seletivos de tromboxano e leucotrienos dificulta alguma conclusão
Peptídeos natriuréticos	Resultados negativos do uso de anaritide e urodilatina rejeitam a hipótese de que possam ser úteis na IRA
Inibidores da coagulação	O uso na sepse foi recentemente aprovado. Ausência de dados quanto a possíveis efeitos na IRA
Tiroxina	Sem efeito benéfico na IRA; sua administração pode ter efeito negativo por suprimir TSH
Fatores de crescimento	Experimentalmente, em ratos, são capazes de abreviar a fase de recuperação da IRA; estudos clínicos nunca demonstraram qualquer efeito benéfico

Baseada em De Vriese, AS,[36] Lameire e Vanholder,[25] Esson, ML e Schrier, RW.[11]

No Quadro 94-4, pode-se apreciar um resumo de todas as intervenções terapêuticas específicas para o tratamento da IRA já testadas.[11,25,36]

A furosemida é um diurético de alça e um vasodilatador. Seu uso na IRA é fundamentado na redução das necessidades metabólicas do ramo ascendente espesso da alça de Henle, que diminuiria o desequilíbrio entre oferta e demanda de oxigênio nessa região do nefro, atenuando o dano celular e o aumento do fluxo do líquido intratubular, que dificultaria a precipitação das células desgarradas da membrana basal tubular.[37]

Apesar dessas considerações, não existe qualquer evidência de que, em seres humanos, a furosemida altere a história natural da IRA estabelecida.[4,37] Em alguns pacientes, a furosemida é capaz de converter a IRA oligúrica em não-oligúrica, permitindo uma maior facilidade no tratamento do paciente de forma conservadora e inferindo estar presente uma forma menos grave da IRA.[4] Porém, a dose necessária para essa conversão, assim como o momento correto de sua administração, nunca foram corretamente definidos. Recomenda-se que, caso a administração de furosemida não produza a conversão, o seu uso seja suspenso.

A utilização de métodos de substituição de função renal faz-se necessária toda vez que a homeostasia do meio extracelular está tão gravemente comprometida que a vida ameaça extinguir-se.

O método mais utilizado é a diálise, que é necessária em 85 por cento dos pacientes com IRA oligúrica e em 30 por cento daqueles com IRA não-oligúrica.[4] Diálise nada mais é do que um princípio químico que permite que, através de uma membrana semipermeável, substâncias com peso molecular inferior ao de seus poros possam atravessá-la, desde que do outro lado exista uma solução em que a concentração desses solutos seja inferior à do sangue. O principal problema enfrentado na sua realização é o desconhecimento da verdadeira toxina urêmica (ver discussão anterior), fazendo com que a sua execução seja baseada no julgamento médico e monitorada pela cinética de marcadores plasmáticos, sendo a uréia o mais utilizado.

A introdução da diálise na IRA deve ser única e exclusivamente baseada na avaliação do grau de comprometimento da homeostasia do meio extracelular, e em qual a perspectiva de seu posterior agravamento. Assim, por exemplo, num indivíduo com grave rabdomiólise não-traumática e hiperpotassemia, a diálise deve ser imediatamente realizada, uma vez que não se tem qualquer controle sobre o fenômeno de ruptura das células musculares e muito rapidamente o extracelular poderá ser inundado com os solutos presentes no intracelular.

Assim, conceitos de diálise precoce e/ou profilática devem ser abandonados, não só porque não têm qualquer aplicação clínica, como também porque, ao serem avaliados, não foram capazes de modificar a história natural da IRA.[11]

A freqüência e a intensidade com que precisa ser oferecida têm sido motivo de grande discussão, não havendo sido bem definida uma metodologia para o seu emprego.[4,11] O que parece claro é que o não-oferecimento de uma dose adequada de diálise implica elevada mortalidade. Nesse sentido, na maioria dos casos de IRA na UTI, a utilização de diálise peritoneal deve ser evitada, uma vez que essa modalidade de tratamento não consegue fazer frente às necessidades metabólicas dos pacientes.[39]

Os conceitos de biocompatibilidade vêm sendo progressivamente incorporados aos métodos de substituição de função renal utilizados no tratamento da IRA. A utilização de material não-biocompatível na realização de hemodiálise desencadeia uma resposta inflamatória com ativação de complemento e neutrófilos, que podem migrar para os rins, retardando a regeneração dos túbulos renais.[4] Quando submetidos a processo de hemodiálise utilizando-se material biocompatível, os pacientes portadores de IRA têm uma redução da duração da IRA não-oligúrica, menor tempo de hospitalização e melhor sobrevida.[40]

Muita expectativa tem surgido com a possibilidade de remoção de substâncias pró-inflamatórias que, presentes no meio extracelular, contribuiriam para o desenvolvimento dos inúmeros problemas freqüentemente presentes numa UTI. Infelizmente, nenhum dos estudos até agora realizados demonstrou de modo consistente ser essa uma opção viável.[41]

O dilema de continuar ou não com os esforços terapêuticos num indivíduo com IRA na UTI é constante na prática clínica. Conforme anteriormente discutido, como não há um meio infalível de se identificar o não-sobrevivente,[27,28] e a decisão de suspender ou não os esforços é única e exclusivamente de competência do médico responsável pelos cuidados do paciente, e exige desse profissional um profundo conhecimento da história natural da doença de seu cliente, uma visão apurada acerca do grau de reversibilidade das suas condições atuais e elevados valores humanos e éticos para que a melhor decisão possa ser tomada.

REFERÊNCIAS BIBLIOGRÁFICAS

1. Liaño F, Pascual J. Epidemiology of acute renal failure: a prospective, multicenter, community-based study. Madrid Acute Renal Failure Study Group. *Kidney Int* 1996;50:811–818.
2. Levy EM, Viscoli CM, Horwitz RI *et al.* The effect of acute renal failure on mortality. A cohort analysis. *JAMA* 1996;275:1489-1494.
3. Hamel MB, Phillips RS, Davis RB. Outcomes and cost-effectiveness of initiating dialysis and continuing aggressive care in seriously ill hospitalized adults. *Ann Intern Med* 1997;127:195–202.
4. Star RA. Treatment of acute renal failure. *Kidney Int* 1998;54:1817–1831.
5. Clermont G, Acker CG, Angus DC *et al.* Renal failure in the ICU. Comparison of the impact of acute renal failure and end-stage renal disease on ICU outcomes. *Kidney Int* 2002;62:986–996.
6. Gouvêa WL, Costa JLF, Peixoto ECS *et al.* Insuficiência renal aguda secundária à oclusão da artéria renal em rim único funcionante e seu tratamento com utilização de angioplastia transluminal percutânea. Revista da *SOCERJ* 1990;3:49-53.
7. Schor N. Acute renal failure and the sepsis syndrome. *Kidney Int* 2002;61:764–776.
8. Gouvêa WL, Hoette M, Carvalho H *et al.* Insuficiência renal aguda causada por infusão contínua de dextran-40. *J Bras Nefrol* 1989;11:65-69.
9. Glassberg KI. Normal and abnormal development of the kidney: A clinician's interpretation of current knowledge. *J Urol* 2002;167:2339–2351.
10. Thadhani R, Pascual M, Bonventre JV. Acute renal failure. *N Engl J Med* 1996;334:1448-1460.
11. Esson ML, Schrier RW. Diagnosis and treatment of acute tubular necrosis. *Ann Intern Med* 2002;137:744-752.
12. Kopple JD. Products of nitrogen metabolism. *In* Massry SG, Glassock RJ (Eds). *Textbook of Nephrology* , 4ª ed, Philadelphia, EUA, Lippincott Williams & Wilkins, 2001.
13. Bankir L. Urea and the kidney. *In* Brenner, BM. (Ed). *The Kidney*, 5ª ed, Philadelphia, EUA, WB Saunders, 1996.
14. Knochel JP. Biochemical, electrolyte, and acid-base disturbances in acute renal failure. *In* Brenner BM, Lazarus JM (Eds). *Acute Renal Failure*, 1ª ed. Philadelphia, EUA, WB Saunders, 1983.
15. Gouvêa WL. Estudo clínico da insuficiência renal aguda. *In* Santos, OM (ed). *Insuficiência Renal Aguda* . Revinter, Rio de Janeiro, Brasil 1992.
16. Bricker NS. On the pathogenesis of the uremic state: an exposition of the "trade off" hypothesis. *N Engl J Med* 1972;286:1093-1098.
17. Reiser IW, Porush JG. Evaluation of renal function. *In* Massry SG, Glassock RJ (Eds). *Textbook of Nephrology*, 4ª ed, Lippincott Williams & Wilkins, Philadelphia, EUA , 2001.
18. Clase CM, Garg AX, Kiberd BA. Prevalence of low glomerular filtration rate in nondiabetic americans: Third National Health and Nutritional Examination Survey (NHANES III). *J Am Soc Nephrol* 2002;13:1338–1349.
19. Hsu CY, Chertow GM, Curhan GC. Methodological issues in studying the epidemiology of mild to moderate chronic renal insufficiency. *Kidney Int* 2002;61:1567–1576.
20. Cockroft DW, Gault MH. Prediction of creatinine clearance from serum creatinina. *Nephron* 1976;16:31–41.
21. Levey AS, Bosch JP, Lewis JB *et al.* A more accurate method to estimate glomerular filtration rate from serum creatinine. A new prediction equation. Modification of Diet in Renal Disease Study Group. *Ann Intern Med* 1999;130:461–470.
22. Levey AS, Greene T, Kusek JW *et al.* A simplified equation to predict glomerular filtration rate from serum creatinine. *J Am Soc Nephrol* 11:A0828 (abstract), 2000.

23. Lamiere N, Vanholder R, Van Biesen W. Loop diuretics for patients with acute renal failure. Helpful or harmful? *JAMA* 2002;288:2599–2601.
24. Uflacker R. Diagnóstico por imagens na insuficiência renal, incluindo a insuficiência renal aguda, em Santos, OM (ed.). Insuficiência Renal Aguda. Revinter, Rio de Janeiro, Brasil, 1992.
25. Lameire N, Vanholder R. Pathophysiologic features and prevention of humans and experimental acute tubular necrosis. *J Am Soc Nephrol* 2001;12:S20-S32.
26. Bellomo R, Kellum J, Ronco C. Acute renal failure: time for consensus. *Intensive Care Med* 2001;27:1685–1688.
27. Mehta RL, Pascual MT, Gruta CG *et al.* Refining predictive models in critically ill patients with acute renal failure. *J Am Soc Nephrol* 2002;13:1350–1357.
28. Liaño F, Junco E, Pascual J *et al.* The spectrum of acute renal failure in the intensive care unit compared with that seen in other settings. *Kidney Int* 1998;53:S16-S24.
29. Schrier RW. Pathogenesis of sodium and water retention in high-output and low-output cardiac failure, nephritic syndrome, cirrhosis, and pregnancy. *N Engl J Med* 1988;319:1065–1072.
30. Dalen JE, Bone RC. Is it time to pull the pulmonary catheter? *JAMA* 1996;276:916–918.
31. Schrier RW, Abraham E. Aggressive volume expansion and pesudo-ARDS. *Hosp Pract* 1995;30:19–23.
32. Mehta RL, Pascual MT, Soroko S *et al.* Diuretics, mortality, and nonrecovery of renal function in acute renal failure. *JAMA* 2002;288:2547–2553,.
33. Better O, Rubinstein I, Winaver JM *et al.* Mannitol therapy revisited (1940-1997). *Kidney Int* 52:886-894, 1997.
34. Tepel M, Van Der Giet M, Schwarzfeld C *et al.* Prevention of radiographic-contrast-agent-induced reductions in renal function by acetylcysteine. *N Engl J Med* 2000;343:180-184.
35. Durham JD, Caputo C, Dokko J *et al.* A randomized controlled trial of N-acetylcysteine to prevent contrast nephropathy in cardiac angiography. *Kidney Int* 2002;62:2202-2207.
36. De Vriese AS. Prevention and treatment of acute renal failure in sepsis. *J Am Soc Nephrol* 2003;14:792–805.
37. Kellum JÁ. Use of diuretics in the acute care setting. *Kidney Int* 1998;53:S67-S70,.
38. Phu NH, Hien TT, Mai NTH *et al.* Hemofiltration and peritoneal dialysis in infection-associated acute renal failure in Vietnam. *N Engl J Med* 2002;347:895–902.
39. Hakim RM, Wingard RL, Parker RA. Effects of the dialysis membrane in the treatment of patients with acute renal failure. *N Engl J Med* 1994;331:1338–1342.
40. Vanholder R, Van Biesen W, Lameire N. What is the renal replacement method of first choice for intensive care patients ? *J Am Soc Nephrol* 2001;12:S40–S43.

95 Insuficiência Renal em Pediatria – Métodos Dialíticos

Karl Gert Weiger Rosenfeld • Janete Honda Imamura

É cada vez mais freqüente o uso de diálise em Terapia Intensiva Pediátrica e cada vez mais precoce sua instituição. Levando-se em consideração as condições particulares de cada paciente e as modalidades dialíticas disponíveis em cada serviço, muitas vezes podemos instalar a diálise antes das indicações clássicas e até mesmo antes de medidas conservadoras, na tentativa de se evitar a piora da evolução do paciente. Por exemplo, em situações nas quais a função renal está temporariamente incapacitada de manter a homeostase frente ao hipercatabolismo que a criança está apresentando.[1]

ESCOLHA DO MÉTODO DIALÍTICO

A remoção de solutos é denominada "*clearance*", e a de fluidos, "ultrafiltração", e descrevem o movimento destes através de membranas semipermeáveis, que no caso dos rins é a membrana basal glomerular e é a membrana (peritoneal ou sintética) de diálise durante a substituição renal. A efetividade de qualquer método deve ser avaliada em termos de sua capacidade de promover suficiente *clearance* e ultrafiltração para manter homeostase.

Em qualquer método dialítico existem dois mecanismos de transporte que podem estar envolvidos na transferência de soluto através da membrana semipermeável: difusão e convecção. A difusão ocorre pelo gradiente de concentração de soluto que existe entre o sangue e a solução de diálise. As moléculas de soluto são transferidas através da membrana na direção da concentração menor de soluto, numa relação inversamente proporcional ao peso molecular. A convecção ocorre quando a molécula de soluto é arrastada através da membrana por uma corrente de ultrafiltrado. A convecção é independente de qualquer gradiente de concentração de soluto que possa estar presente através da membrana. A direção e a força do fluxo do fluido transmembrana são determinantes importantes de transporte por convecção.

Os métodos disponíveis são a hemodiálise (HD), a diálise peritoneal intermitente (DPI), a hemofiltração arteriovenosa contínua (HFAVC) ou venovenosa (HFVVC), a hemodiafiltração arteriovenosa (HDFAVC) ou venovenosa contínua (HDFVVC).

A DPI e a HDFVVC são as mais utilizadas em nosso e em outros centros pediátricos. Há uma tendência atual de cada vez menos se utilizar a via arterial em decorrência dos riscos inerentes à sua manipulação e à sua baixa eficiência em instabilidade circulatória. A HFVVC estaria restrita a ocasiões em que desejamos retirar líquidos, como em pós-operatórios de cirurgia cardíaca ou intoxicações hídricas. Pela alta velocidade de retirada de solutos e líquidos, bem como pela impossibilidade de realização de balanço hídrico adequado, indicamos a HD apenas em crianças maiores e hemodinamicamente estáveis, fato esse raro em UTI Pediátrica.

A escolha do método, na verdade, se baseará mais na experiência da equipe, nas necessidades do paciente e no equipamento disponível na terapia intensiva do que na comparação das vantagens e desvantagens de cada procedimento.

DIÁLISE PERITONEAL INTERMITENTE

A DPI tem sido utilizada há décadas em Terapia Intensiva Pediátrica visando na maioria das vezes a substituir parcialmente a função renal e mais raramente como auxílio no tratamento de certas intoxicações exógenas. Tem como aliado o fato de o peritônio da criança ter superfície de troca proporcionalmente ao peso corpóreo muito maior do que a de adultos, apresentando eficiência dialítica de até 100% a mais. Os custos reduzidos e a facilidade de instalação e manipulação desta contribuíram significativamente para sua manutenção como tratamento de primeira escolha na falência renal.

Porém as complicações metabólicas, infecciosas, hemodinâmicas e respiratórias ocorrem com relativa freqüência e levam o intensivista por vezes a postergar excessivamente sua implementação. Na verdade, a diálise precoce até em situações limítrofes está associada a melhores prognósticos.

Além das indicações clássicas de diálise, a DPI pode ser usada em pacientes portadores da síndrome do ventre em ameixa, colostomia, vesicostomia, ileostomia, ureterostomia, uso de sonda nasogástrica e sonda nasoenteral. Em quadros de severa hipo ou hipertermia, a DPI pode ser a primeira escolha terapêutica. Casos de hiperamonemia associada a erros inatos do metabolismo ou tratamento de intoxicações não constituem indicações para a DPI.

Existem atualmente dois tipos de catéteres de diálise para crianças: o do tipo rígido (mais barato, de implantação mais fácil, porém mais sujeito a infecções e complicações do tipo perfurativas) e o tipo Tenckhoff (mais compatível biologicamente, menos susceptível a infecções, mais oneroso e que requer técnica mais apurada à introdução).

Os catéteres de DPI podem ser inseridos percutaneamente tanto na UTI como no centro cirúrgico. A escolha do catéter depende da prática e da experiência do médico, da estabilidade do paciente, das condições financeiras da instituição e da necessidade potencial de uso prolongado. Alguns pacientes podem receber o catéter durante procedimentos prolongados em centro cirúrgico, local inegavelmente melhor, desde que apresentem quadro metabólico e circulatório adequado. A maioria dos pacientes pediátricos de terapia intensiva, entretanto, requer a colocação do catéter à beira do leito. Após 5 a 6 dias de DPI usando um catéter percutâneo, o risco de peritonite aumenta de modo considerável, e assim sendo nos pacientes estáveis dá-se preferência à implantação do catéter no centro cirúrgico. Porém os autores são enfáticos em recomendar a todo médico de Terapia Intensiva Pediátrica que domine a técnica de passagem do catéter tipo Tenckhoff. O volume calculado para cada banho varia de 20 até 50 ml/kg, conforme a tolerância do paciente.

O fluxo da solução de diálise para o paciente geralmente ocorrerá em menos de 5 minutos, enquanto a sua permanência na cavidade abdominal será em torno de 15 a 45 minutos – quanto menor, mais eficiente será a retirada de solutos – com período de drenagem após cada ciclo por volta de 5 a 15 minutos.

A capacidade de ultrafiltração da DPI, o tempo de drenagem e o volume de troca irão depender da concentração de glicose da solução de diálise, que raramente deve ultrapassar 1,5%, dado o risco de peritonite química.

A presença de insuficiência cardiocirculatória na SDOM, com conseqüente hipoperfusão esplâncnica, resulta habitualmente em insucessos dialíticos por má perfusão peritoneal. Tentativas de adicionar vasodilatadores aos banhos ou de aumentar as concentrações de glicose nos banhos se mostraram muitas vezes, além de ineficazes, iatrogênicas. Esse fato conduziu a pesquisas que visavam a substituir com maior segurança e eficiência a função renal.

INDICAÇÕES

As indicações de DPI em pediatria são geralmente as mesmas do adulto:

- Sobrecarga hídrica, freqüentemente acompanhada por hipertensão e/ou insuficiência cardíaca congestiva.
- Hipercalemia.
- Acidose não-responsiva a medidas conservadoras.
- Encefalopatia urêmica.
- Sangramento devido à uremia.
- Hipo ou hipernatremia severa.
- Uremia severa.
- Necessidade de remoção fluídica para promover adequada nutrição, hemotransfusão e outras terapias, na presença de estabilidade hemodinâmica.

CONTRA-INDICAÇÕES

Absolutas

Defeitos de parede abdominal (extrofia de bexiga, onfalocele, gastrosquise), defeitos do diafragma (hérnia diafragmática).

Relativas

Cirurgia abdominal extensa, extensa aderência (bridas) intra-abdominal, visceromegalia importante (doença renal policística), íleo severo com distensão intestinal, hipoperfusão esplâncnica severa, queimadura abdominal extensa e *shunt* ventriculoperitoneal.

COMPLICAÇÕES

- Mau funcionamento do catéter.
- Obstruções com o omento muitas vezes permitem o influxo, mas não o refluxo.
- Sangramento intraperitoneal pela introdução do catéter, podendo promover coágulos que obstruem o catéter.
- A utilização de heparina diluída na solução de diálise pode ajudar a evitar a formação de coágulos.
- Peritonite.
- Observa-se que a solução de diálise drenada torna-se turva, com elevação dos leucócitos no exame citológico e predomínio de neutrófilos.

VANTAGENS

- Simples de se instalar e manipular.
- Custo baixo do processo, caso não se utilizem máquinas cicladoras.
- Acesso peritoneal à beira do leito, se necessário.
- Fácil de se usar em lactentes.
- Não impõe riscos hemodinâmicos.
- Não necessita de anticoagulação sistêmica.
- Crianças têm superfície peritoneal proporcionalmente maior que os adultos, aumentando a eficácia do procedimento.

DESVANTAGENS

- Remoção mais lenta de fluidos e solutos.
- Baixa eficácia em situações de insuficiência circulatória e hipoperfusão peritoneal.
- Problemas técnicos como vazamento, falha na drenagem, obstrução do catéter.
- Comprometimento respiratório.
- Hiperglicemia.
- Peritonite química ou infecciosa.

A fim de minimizar as complicações infecciosas, otimizar o equilíbrio térmico e apurar o balanço hídrico, algumas Unidades de Terapia Intensiva dispõem de máquinas cicladoras e circuitos fechados de soluções de diálise ("aranhas"), porém o custo dessa máquina é geralmente proibitivo a grande parte dos serviços. O investimento necessário para a compra de um ciclador que promova aquecimento, balanço hídrico e seja dotado de alarmes assemelha-se ao de uma máquina de HDFVVC.

HEMODIAFILTRAÇÃO VENOVENOSA CONTÍNUA

Em 1977, Kramer *et al* iniciaram a utilização clínica da HFAVC com resultados satisfatórios. A pressão sistólica do paciente impulsionava o sangue arterial heparinizado através do conjunto circuito/hemofiltro e, atuando hidrostaticamente, promovia a ultrafiltração de água, íons e solutos de baixo peso molecular, com trabalhos que demonstravam entusiasmo na sua utilização, pela eficácia e facilidade da técnica.[2,3]

No início dos anos 80, para melhor eficiência na depuração de catabólitos e menor perda de íons, acrescentou-se ao sistema um mecanismo de contrafluxo de líquido padrão de diálise peritoneal, aquecido à temperatura corpórea na superfície externa do hemofiltro, a HDFAVC.

A limitação em sistemas que utilizam artérias é a presença de labilidade pressórica nos pacientes portadores de SDOM, com conseqüentes alterações nos gradientes de filtração, baixo poder de depuração, lentificação do fluxo no circuito, obstruções freqüentes e, portanto, utilização de grandes doses de heparina com subseqüentes coagulopatias. Para superar tais limitações e evitar o sacrifício de uma artéria em crianças menores, utilizamos o sistema venovenoso com interposição de rolete ciclador no circuito e utilização de catéter de duplo lúmen venoso.[4] Essa técnica utiliza bombas propulsoras de sangue e duas vias venosas, uma aferente e outra eferente, que permitem a utilização de fluxos maiores e minimizam as complicações trombóticas com menor demanda de anticoagulantes e aumenta a via útil e a eficiência dos filtros.[5,6] Essas novas técnicas foram chamadas de terapia contínua lenta de substituição renal, e seu uso no tratamento de pacientes graves com insuficiência renal tem aumentado,[7] havendo vários trabalhos que corroboram sua utilidade.[9]

Indicações

- Hipervolemia com descompensação cardíaca não-responsiva a diuréticos e agentes inotrópicos.
- Hipervolemia com impossibilidade de utilização do peritônio ou má perfusão esplâncnica.
- Oligoanúria quando a criança necessita de grandes volumes para suporte hemodinâmico e/ou metabólico.
- Falência renal associada à falência hepática.
- Instabilidade hemodinâmica após cirurgia cardíaca, acompanhada de oligúria.
- Tempo prolongado de circulação extracorpórea.
- Choque séptico acompanhado de oligúria após reposição volêmica.
- Síndrome da lise tumoral.
- Algumas intoxicações exógenas.

Vantagens

- Controle contínuo do estado fluídico.
- Correção acessível e rápida dos distúrbios ácido-básicos e eletrolíticos sem afetar a volemia.
- Bem tolerada por pacientes hemodinamicamente instáveis.
- Permite utilização plena de suporte nutricional enteral ou parenteral.
- *Clearance* e ultrafiltração superiores ao método peritoneal.
- Fácil de se manipular em setor de terapia intensiva.
- Acesso vascular acessível à beira do leito.

Desvantagens

- Custo inicial do equipamento.
- Uso de anticoagulação contínua sistêmica.
- Hipotensão que pode ocorrer no início do processo em lactentes jovens.

Complicações

- Distúrbios de coagulação.
- Distúrbios volêmicos.
- Plaquetopenia.
- Obstrução do circuito ou filtro.
- Embolia gasosa por ruptura ou desconexão do sistema.
- Perfuração do vaso onde está instalado o catéter.

ACESSO VASCULAR

Pela preferência que damos ao método de HDFVVC, temos instalado em crianças com mais de 8 kg catéter de hemodiálise de duplo lúmen que permita infusão de alto fluxo (tipo Shilley). A preferência recai sobre a veia femoral, que, embora tenha menor dialisância, é a que apresenta maior fluxo. Abaixo desse peso, optamos pela utilização de dois catéteres de único lúmen, geralmente de calibre 5F, em duas veias calibrosas distintas. Em ambas as situações, utilizamos a técnica de Seldinger, em vez de flebotomias. Quanto mais curto for o catéter, menor será a resistência ao fluxo sangüíneo, sendo todo o processo mais eficaz.

TIPOS DE FILTRO

Os filtros mais primitivos, como o de cuprofane, devem ser evitados, pois, além de terem porosidade menor, são capazes de desencadear a ativação do sistema complemento. Filtros de polissulfona ou poliacrilonitrila são mais biocompatíveis e apresentam poros de maior diâmetro, dando vazão a moléculas maiores como as interleucinas. Apesar de serem mais onerosos, devem ser preferidos.

ANTICOAGULAÇÃO

O ponto de equilíbrio entre a obstrução do sistema dialítico e a coagulopatia por excesso de heparina é de difícil obtenção.[10] Em se utilizando hemofiltros de polissulfona ou poliacrilonitrila e otimizando-se o fluxo de sangue pelo circuito, a manutenção do TTPA em duas vezes acima do normal parece prevenir as complicações.

Para tanto, utilizam-se três etapas de heparinização:

1. Na preparação do conjunto circuito/filtro realiza-se lavagem do mesmo com 1 a 2 litros de solução salina isotônica acrescida de 5.000 U/l de heparina.
2. No enchimento (*priming*) posterior à lavagem, a solução deve conter 1 U/ml de anticoagulante. Em crianças menores pode ser necessário o *priming* com solução de albumina e concentrado de hemácias, onde a heparina não é utilizada em decorrência da presença do citrato no hemoderivado.
3. Dose carga de heparina de 200 U/kg em *bolus*, seguida de manutenção com 20 U/kg/h diluídas em soro fisiológico.

Como geralmente os pacientes que necessitam de diálise apresentam com freqüência distúrbios de coagulação, utiliza-se a protamina na proporção de 1 mg/1.000 U de heparina na porção venosa do sistema (no retorno do sangue ao paciente), que apresenta bons resultados e reduz a incidência de distúrbios hemorrágicos.

Heparinas de baixo peso molecular são promissoras, porém as dosagens e sua segurança em pediatria ainda não estão bem estabelecidas.

FLUXOS DO SISTEMA

Bellomo descreveu bem a técnica de hemofiltração e hemodiafiltração e sua interação com as drogas.[11,12]

Fluxos no circuito sangüíneo são geralmente ajustados para 10 ml/kg/min, com bons resultados. Velocidades menores, apesar de mais seguras do ponto de vista hemodinâmico, trazem a possibilidade de formação de trombos no circuito. Taxas maiores fornecem maior poder dialítico, mas podem levar a distúrbios circulatórios.

O contrafluxo do líquido de diálise em contracorrente varia entre 200 a 600 ml/h.

Na tentativa de remover interleucinas e outros fatores mediadores da resposta inflamatória sistêmica, vários autores, especialmente Ronco e Bellomo,[13] têm utilizado altos fluxos de solução de diálise (2.000 a 4.000 ml/h), obtendo resultados promissores.

REPOSIÇÃO HÍDRICA

Após a retirada desejada de líquidos excedentes e persistindo a indicação de diálise (aumento de escórias, intoxicações, SDOM, suporte metabólico etc.), surge a necessidade de reposição de líquidos.

Tal reposição é geralmente realizada com Ringer lactato e eventualmente colóides e pode ser feita após o filtro (na porção venosa do circuito), também chamada de pós-diluição. A solução de Ringer tem as vantagens da conveniência, custo reduzido e eliminação dos erros de composição. Porém a reposição antes do filtro (porção arterial), a pré-diluição, é preferível, pois diminui a hemoviscosidade, reduzindo a possibilidade de obstrução do filtro e a necessidade de heparina. A eficiência dialítica de ambos os métodos é semelhante. O cálculo da reposição, caso não se disponha de máquinas que o fazem automaticamente, deve ser baseado no balanço hídrico da hora anterior. É necessária a realização desses balanços de hora em hora até que se perceba a tendência do binômio paciente/hemofiltro: a partir daí, pode-se prescrever a pré-diluição de maneira mais regular e espaçada. A reposição de aminoácidos, no entanto, pode variar entre 10 a 16 g/dia. Recomenda-se, assim, em situações de hipermetabolismo, a oferta agressiva de proteínas na nutrição.[14]

NOVAS PERSPECTIVAS

A porosidade maior que as membranas de polissulfona e poliacrilonitrila apresentam gerou grande interesse no início da década, quando se notou que a hemodiafiltração através delas aumentava a sobrevida de pacientes com síndrome de disfunção de múltiplos órgãos e anúricos quando comparados aos com função renal preservada e não-dialisados,[15,16] bem como estudos em pacientes vítimas de trauma e conseqüente síndrome da resposta inflamatória sistêmica.[17] Tiveram início em vários centros, trabalhos titulando no dialisato eferente concentrações de mediadores da resposta inflamatória. Dosagens significativas de fator de necrose tumoral (TNF-α), interleucina-1 e 6, foram obtidas.[18] Vislumbrou-se então a sua utilização em pacientes sépticos.[19-23] Relatou-se redução de 15 a 25% nas taxas de mortalidade de pacientes sépticos submetidos à hemodiafiltração mesmo que não-oligúricos,[24-26] e, da mesma maneira, houve indícios de melhora em pacientes com síndrome do desconforto respiratório tipo adulto.[27,28] Existem ainda reservas quanto à aplicabilidade rotineira desse método, pois tais estudos, geralmente não-randomizados, foram realizados em serviços isolados, embora seja um método promissor,[29,30] mesmo em situações não-habituais de indicação.[31,32]

CONCLUSÕES

A DPI ainda é o método de escolha na maioria das UTIs Pediátricas, porém deve avançar tecnicamente com a utilização de:

- Catéteres biocompatíveis (tipo *Tenckhoff*).
- Bolsas de solução e circuitos fechados.
- Máquinas cicladoras e que promovam o aquecimento do banho e o balanço fluídico do procedimento.

Como tais equipamentos demandam um custo alto, a HDFVVC se torna viável financeiramente, com custo de investimento inicial elevado, porém de manutenção baixa.

Ambos os processos implicam reciclagem técnica da equipe média e de enfermagem, equipes essas infelizmente ainda arraigadas ao velho catéter rígido e sistemas de infusão e drenagem abertos com diálise peritoneal.

REFERÊNCIAS BIBLIOGRÁFICAS

1. Alexander SR. Renal replacement therapy in Pediatric Intensive Care Unit. *In* Fineman JR, Giroir BP: *Current Concepts in Pediatric Critical Care*: Society of Critical Care Medicine, 2000, Chap. 10, pp 113–39.
2. Lopez-Herce J, Dorao P *et al.* Continuous arteriovenous haemofiltration in children. *Intens Care Med* 1989;15:224–7.
3. Zobel G, Ring E. Five years experience with continuous extracorporeal renal support in paediatric intensive care. *Intens Care Med* 1991;17:315–9.
4. Menezes UP, Imamura JH, Rosenfeld KGW *et al.* Hemofiltração venovenosa contínua em 8 pacientes pediátricos portadores de insuficiência de múltiplos órgãos e sistemas: Evolução clínica e laboratorial. Trabalho apresentado no V Congresso Paulista de Terapia Intensiva e V Congresso Paulista de Terapia Intensiva Pediátrica, São Paulo (abril de 1998).
5. Ronco C. Continuous renal replacement therapies for the treatment of acute renal failure in intensive care patients. *Clin Nephrol* 1993;40:187–98.
6. Heinrich A *et al.* Functional characteristics of pediatric veno-venous hemofiltration. *Crit Care Med* 1994;22:320–5.
7. Sigler MH *et al.* Slow continuous therapies. *In* Daugirdas JT, Ing TS: *Handbook of Dialysis.* 2nd ed., 1994, Chap. 10, pp 169–97.
8. Freebairn RC *et al.* Continuous venovenous haemodiafiltration — an audit demonstrating control of electrolytes with haemodynamic stability in the critically ill. *South Afr J Surg* 1994;32(2):77–82.
9. Hon H *et al.* Paediatric acute renal failure. *South Afr J Surg* 1994;32(2):74–6.
10. Stefanidis I *et al.* Influence of coagulation parameters on filter running time during continuous venovenous hemofiltration. Continuous extracorporeal treatment in multiple organ dysfunction syndrome. *Contrib Nephrology* (Karger: Basel, Switzerland) 1995;116:145–9.
11. Bellomo R. Hemofiltration. *In* Shoemaker WC, Thompson WL, Hoebrook PR (Ed.): *Textbook of Critical Care.* Philadelphia: WB Saunders, 1995, Chap. 115, pp 1041–53.
12. Bellomo R. Drug-kidney interactions. *In* Shoemaker WC, Thompson WL, Hoebrook PR (Eds.): *Textbook of Critical Care.* Philadelphia: WB Saunders, 1995, Chap. 116, pp 1053–61.
13. Ronco C, Bellomo R. Technical requirements for high volume hemofiltration. In http://www invivo net/hemofiltration/journal/texts/hvhf html, 1998.
14. Frankenfield DC *et al.* Aminoacid loss and plasm concentration during continuous hemofiltration. *JPEN* 1993;17:551–61.
15. Groeneveld ABJ. Septic shock and multiple organ failure: treatment with haemofiltration. *Intens Care Med* 1990;16:489–90.
16. Grootendorst AF *et al.* High volume hemofiltration improves hemodynamics of endotoxin-induced shock in pig. *J Crit Care* 1992;7:65–75.
17. Riegel W *et al.* Influence of venovenous hemofiltration on posttraumatic inflammation and hemodynamics. Continuous extracorporeal treatment in multiple organ dysfunction syndrome. *Contrib Nephrology* (Karger: Basel) 1995;116:56–61.
18. Journois D. Complement fragments and cytokines: Production and removal as consequences of hemofiltration. Continuous extracorporeal treatment in multiple organ dysfunction syndrome. *Contrib Nephrology* (Basel: Karger) 1995;116:80–5.
19. Hoffmann JN *et al.* Hemofiltration in human sepsis: evidence for elimination of immunomodulatory substances. Continuous extracorporeal treatment in multiple organ dysfunction syndrome. *Contrib Nephrology* (Karger: Basel) 1995;116:76–9.
20. Braun N *et al.* Effect of continuous hemodiafiltration on IL-6, TNF-α, C3a, and TCC in patients with SIRS/septic shock using two different membranes. Continuous extracorporeal treatment in multiple organ dysfunction syndrome. *Contrib Nephrology* (Karger: Basel) 1995, Chap. 116, pp 89–98.
21. Sander A *et al.* The influence of continuous hemofiltration on cytokine elimination and the cardiovascular stability in the early phase of sepsis. Continuous extracorporeal treatment in multiple organ dysfunction syndrome. *Contrib Nephrology* (Karger: Basel) 1995, Chap. 116, pp 99–103.
22. Redl-Wenzl EM *et al.* Continuous hemofiltration in phase of recovery from septic shock. Continuous extracorporeal treatment in multiple organ dysfunction syndrome. *Contrib Nephrology* (Karger: Basel) 1995, Chap. 116, pp 104–7.
23. Krüger I *et al.* Effects of continuous venovenous hemofiltration on pulmonary function and hemodynamics in postoperative septic multiorgan failure. Continuous extracorporeal treatment in multiple organ dysfunction syndrome. *Contrib Nephrology* (Karger: Basel) 1995, Chap. 116, pp 108–11.
24. Kierdorf H *et al.* Elimination of tumor necrosis factor by continuous venovenous hemofiltration (CVVH). *Renal Failure* 1992;14:98.
25. Bellomo R *et al.* Continuous veno-venous hemofiltration with dyalisis removes cytokines from the circulation of septic patients. *Crit Care Med* 1993;21:522–6.
26. Tonnesen E *et al.* Cytokines in plasma and ultrafiltrate during continuous arteriovenous haemofiltration. *Anaesth Intensive Care* 1993;21:752–8.
27. Gotloib L *et al.* Sequential hemofiltration in nonoliguric high capillary permeability pulmonary edema of severe sepsis: preliminary report. *Crit Care Med* 1984;12:997–1000.
28. Bellomo R *et al.* Combined acute respiratory and renal failure: management by continuous hemodiafiltration. *Ressucitation* 1994;28:123–31.
29. Zobel G *et al.* Prognosis in pediatric patients with multiple organ system failure and continuous extracorporeal renal support. Continuous extracorporeal treatment in multiple organ dysfunction syndrome. *Contrib Nephrology* (Karger: Basel) 1995;116:163–8.
30. Zobel G *et al.* Early experience with a new hemofilter for small infants. Continuous extracorporeal treatment in multiple organ dysfunction syndrome. *Contrib Nephrology* (Karger: Basel) 1995;116:169–72.
31. Journois D *et al.* Ultrafiltration allows to reduce cytokine plasma concentrations during pediatric cardiopulmonary bypass. Continuous extracorporeal treatment in multiple organ dysfunction syndrome. *Contrib Nephrology* (Karger: Basel) 1995;116:86–8.
32. Druml W. Nonrenal indications for continuous hemofiltration therapy in patients with normal renal function? Continuous extracorporeal treatment in multiple organ dysfunction syndrome. *Contrib Nephrology* (Karger: Basel) 1995;116:121–9.

96 Importância da Terapia Nutricional no Paciente Grave

Rosa Goldstein Alheira Rocha

A oferta inadequada de oxigênio ao paciente grave é universalmente considerada inaceitável, e seguramente não há nenhum intensivista que não lance mão de todos os meios terapêuticos e procedimentos para otimizá-la. Entretanto, a esse mesmo paciente, muitas vezes, pouca ou nenhuma atenção é dada à provisão de nutrientes. Tal atitude poderia encontrar explicação parcial se consideradas as diferentes alterações fisiopatológicas ocasionadas pelos dois distúrbios. O consumo de oxigênio pode ser imediatamente percebido pela escassez de reservas sistêmicas, o mesmo não acontecendo com a redução de nutrientes, que, por suas reservas maiores, não tem tradução clínica imediata e os benefícios advindos de sua reposição não são imediatamente reconhecidos.

A desnutrição protéico-calórica caracteriza-se por perda de peso, com diminuição da massa muscular e reservas de lipídios; há hipoalbuminemia e linfopenia. É um processo contínuo, que se inicia com ingestão inadequada de nutrientes e se perpetua com alterações metabólicas e funcionais, com taxas de prevalência entre 30 a 50 % em pacientes hospitalizados.

Vários estudos têm demonstrado a associação de desnutrição com aumento de morbidade[1,2] e duração de internação e custos hospitalares.[1-4] Portanto, se entre desnutrição e aumento da morbimortalidade for entendida uma relação causal, a prevenção e a correção da primeira diminuem ou até mesmo eliminam essa última, restaurando as alterações bioquímicas e imunológicas,[5,6] o que faz do suporte nutricional, em sua acepção ampla, item fundamental da terapêutica médica. Essa relação vem sendo amplamente investigada em indivíduos gravemente enfermos. Por si só, a resposta metabólica à lesão aguda já é responsável por consumo de massa muscular, além de diminuição das funções orgânicas e imunidade.[7] A falta de reservas nutricionais resulta em diminuição da imunidade, fraqueza da musculatura respiratória com conseqüente aumento do tempo de ventilação mecânica, taxa de infecção e mortalidade.[4,8] Perdas protéicas acima de 20% seriam responsáveis por esse comprometimento multissistêmico, embora em trauma e grande cirurgias esses valores não estejam bem estabelecidos.

Nossa programação biológica está ajustada para sobreviver ou não após agressão, a recuperação ocorre geralmente em espaço curto de tempo, seguido de período de convalescença, e se isso não ocorre sobrevém a morte. Esse processo talvez tenha sido alterado com o aparecimento das modernas UTIs e suas medidas de suporte. Está bem essabelecido na literatura que em pacientes desnutridos a reabilitação é mais lenta e a evolução, mais grave.[9]

Quanto tempo pacientes graves podem ficar em jejum ou ser subnutridos sem seqüelas clínicas significativas, ou se a introdução do suporte nutricional pode modificar a evolução clínica (que está relacionada à doença de base) tem sido matéria de diversos estudos, que comparam a terapia nutricional enteral (TNE) e parenteral (TNP) à não-introdução de suporte nutricional.

O trato digestivo é atualmente reconhecido por suas funções imunológicas e de barreira. A função imunológica do TGI associada ao seu tecido linfóide tem sido evidenciada experimental e clinicamente. A síntese de mucina e de IgA secretora são função-dependentes, principalmente de substratos nitrogenados no conteúdo intraluminal. Muitos estudos demonstram a redução de IgA secretora em situações de estresse importante (queimados, politraumatizados, sepse, pancreatite), bem como nas secreções pulmonares, com incidência aumentada de pneumonia. Vários estudos documentam que o repouso intestinal associa-se ao rompimento da barreira mucosa estrutural e funcionalmente, aumentando a resposta inflamatória e a morbidade.[10,11]

Na década de 90, Berg observou que bactérias viáveis passavam através da mucosa intestinal para os linfonodos mesentéricos e órgãos a distância, o que denominou translocação bacteriana; como, além desses microrganismos,[12] fungos também podem ser translocados, o termo translocação microbiana (TM) parece ser mais adequado. Esse fenômeno foi observado em situações clínicas de reperfusão, choque e trauma, em que havia aumento da permeabilidade ou supercrescimento bacteriano, e mais recentemente em quadros de desnutrição.[13,14]

O conhecimento dessas associações e observações tem levado ao estudo continuado das implicações da terapia nutricional parenteral e enteral no tratamento e na evolução dos pacientes graves traumatizados, sépticos, pós-cirúrgicos.

Nos trabalhos experimentais em que a TNP foi contraposta à TNE na observação da resposta imunológica, demonstrou-se maior nível de Ig A na secreção biliar e tecido linfóide associado ao intestino mais preservado,[14] maior espessamento da mucosa e diminuição dos hormônios catabólicos após lesão em queimados.[15,16]

Recentemente, uma revisão sistemática da literatura procurou determinar se um período de jejum após a cirurgia gastrintestinal eletiva teria algum benefício prognóstico específico.[17] A conclusão foi que parece haver diminuição significativa da incidência de deiscências de anastomoses e do risco de infecção, o que levaria a redução do tempo de internação.

A terapia nutricional no pós-operatório está indicada quando a presença de complicações resulte na incapacidade de tolerar dieta por via oral após 7 a 10 dias naqueles bem-nutridos, ou após 5 a 7 dias nos previamente desnutridos.[18]

A TN perioperatória pode ser feita por via enteral, parenteral ou combinada. Sem dúvida a NPT tem as vantagens de prover mais rapidamente as necessidades energéticas, uma vez que um acesso venoso central é estabelecido tanto mais rápida e seguramente de acordo com a experiência de quem o faz. As discussões em relação à NPT giram em torno do provável aumento da incidência de complicações infecciosas. Entretanto, trabalho recente avaliou as terapias nutricionais enteral e parenteral sob aspectos de complicações sépticas, não evidenciando qualquer predisposição a essas complicações naqueles indivíduos sob terapia nutricional parenteral.[19]

Uma metanálise feita a partir de estudos randomizados comparando NPT com dieta oral em pacientes com diagnósticos tão diferentes como pancreatite pós-operatório de grandes cirurgias e queimaduras graves pode demonstrar que parte desses estudos indicava uma tendência à diminuição da taxa de complicações nos pacientes previamente desnutridos.[20-23]

Em relação à terapia nutricional enteral, sua importância pode ser constatada a partir de trabalhos experimentais que demonstraram que os animais que recebiam nutrição enteral NE tinham menor translocação após lesão por queimadura.[24] Autores que avaliaram a TNE em idosos com fratura de colo de fêmur encontraram menores taxas de complicação e de tempo de internação.[25,26]

Recentemente, estudos randomizados em pacientes cirúrgicos têm constatado que a TNE precoce é segura, bem-tolerada e está relacionada a melhor cicatrização,[27] melhor prognóstico nutricional e melhora da permeabilidade do TGI.[28,29] Nesses pacientes, houve diminuição da incidência de complicações e possivelmente do número de dias de hospitalização.[30]

A análise da literatura sugere que a TNE em indivíduos politraumatizados relacionada a menor incidência de complicações sépticas seja iniciada o mais precocemente possível, e em trauma abdominal e pancreatite essa terapêutica seja preferida sempre que possível.[31-33] A função e a integridade da mucosa parecem ser mantidas pela nutrição enteral, quaisquer que sejam os tipos de acessos.[34]

Ressalte-se porém que, principalmente em pós-operatórios de cirurgias abdominais, freqüentemente é difícil alcançar a meta calórica proposta com a utilização da via enteral, por intolerância e complicações relacionadas aos modos de administração.[35]

A síndrome da resposta inflamatória sistêmica ou a sepse constitui, ainda, um desafio nutricional. Nesses pacientes, a resposta hipermetabólica e eventualmente o uso de drogas adrenérgicas podem afetar a oferta de nutrientes ou inibir o eixo hipotálamo-hipofisário, alterando o metabolismo. As disfunções orgânicas resultantes determinarão dificuldades no ajuste da terapêutica nutricional, e os índices de mortalidade chegam a atingir mais de 90% quando mais de três falências orgânicas se instalam.

O futuro do suporte nutricional desses indivíduos consiste não somente no suporte calórico-protéico mas sobretudo numa melhor abordagem metabólica.

Pesquisas clínicas e experimentais importantes têm sido conduzidas usando nutrientes específicos na TNE (arginina, glutamina, nucleotídeos, ômega 3, lipídios estruturados), além de alguns hormônios (crescimento e anabolizantes) que poderiam modificar a resposta imune e metabólica e nutricional aos grandes traumas e cirurgias.[36-40]

As novas formulações ou abordagens nutricionais que surgem incessantemente tentam tornar cada vez mais apropriada e efetiva a terapêutica dos indivíduos hospitalizados; contudo, antes de introduzi-las, deve-se ter certeza de que realmente praticamos o que imaginamos. O estabelecimento de protocolos simples, que contemplam os tipos de pacientes e o balanço calórico regular, pode ajudar sobremaneira nesse aspecto.

Concluindo, a administração do suporte nutricional deve ser precoce e respeitar sempre critérios clínicos de viabilidade e tolerância do trato gastrintestinal, e aqueles pacientes que não tolerem terapia nutricional enteral devem recebê-la por via parenteral independentemente do diagnóstico, muito embora não haja evidências que apóiem a utilização de TNP com o trato gastrintestinal intacto.

A equipe de cuidados deve ser estimulada a administrar a NE conforme a tolerabilidade individual, e, se volumes adequados são tolerados, fica clara a ausência da falência intestinal, o que torna a TNP evidentemente não-necessária.

A nutrição combinada (parenteral/enteral, enteral/oral) é alternativa atraente de prescrição, na medida em que as metas calóricas propostas são atingidas mais rapidamente, o que permite a transição gradual para a via enteral/oral, conforme a aceitação.

E, finalmente, nos pacientes gravemente doentes com risco de morte e nos quais a disfunção orgânica única ou múltipla é o problema central, o real papel prognóstico do suporte nutricional é ainda tema que necessita de amplificação na literatura, o que não invalida sua prescrição, já que evidências consistentes na literatura o associam a modificações nos índices de complicações, melhora nos marcadores nutricionais e diminuição de dias de hospitalização.

REFERÊNCIAS BIBLIOGRÁFICAS

1. Mullen JL, Gertner MH, Buzby GP, Goodhart MH, Rosato EF. Implications of malnutrition in the surgical patient. *Arch Surg* 1979;114:121.
2. Torosian MH, Buzby GP, Mullen JL. Why nutritional support? *Contemp Surg* 1981;18:66.
3. Warnold I, Lundholm K. Clinical signification of preoperative nutritional status in 215 non-cancer patients. *Ann Surg* 1984;199:299.

4. Dempsey DT, Mullen JL, Buzby GP. The link between nutrional status and clinical outcome: Can nutrional intervention modify it? *Am J Clin Nutr* 1988;47:351.
5. Reihardt GF, Myscofski JW, Wilkens DB, Dobrin PB, Mangan JE, Stunnard RT. Incidence and mortaliry of hipoalbuminemic patients in hospitalized veterans. *JPEN* 1980;4:357.
6. Young GA, Chen C, Hill GL. Assesment of protein caloric malnutrition in surgical patients from plasma proteins and and antropometric measurements. *Am J Clin Nutr* 1978;39:429.
7. Barton RG. Nutrition support in critical illness. *Nutr Clin Pract* 1994;9:127.
8. DarK DS, Pingleton SK. Nutrition and nutritional support in critical ill patients. *J Intensive Care Med* 1993;8:16.
9. Bistrian Br, Blackburn GL, Vitale J, Cochran D, Naylor J. Prevalence of malnutrition in general medical patients. *JAMA* 1976;235:1567.
10. Border JR, Hasset J, LaDuca J, Seibel R, Steinberg S, Mills B *et al.* The gut origin septic states in blunt multiple trauma (ISS = 40) in the ICU. *Ann Surg* 1987;206:427.
11. Deitch EA, Winterton J, Li M, Berg R. The gut as portal of entry for bacteremia: role of protein malnutrition. *Ann Surg* 1987;205:681.
12. Berg RD. Bacterial translocation from the gastrointestinal tract. *Trends Microbiol* 1995;34:149.
13. Wells CL, Erlandsen SL. Bacterial translocation: intestinal permeability. *In* Rombeau JL, Takala J (Eds.): *Gut Dysfunction in Critical Illness.* Berlin/Heidelberg/New York: Springer-Verlag, 1996, pp 131–49.
14. Welsh FKS, Farmery SM, Maclennan K, Sheridan MB, Barclay GR, Guillou PJ, Reynolds JV. Gut barrier function in malnourished patients. *Gut* 1998;42:396.
15. Li J, Kudsk KA, Gocinski B, Glezer J, Langkamp-Heņeken B. Effects of parenteral and enteral nutrition on gut-associated lymphoid tissue. *J Trauma* 1995;39:44.
16. Saito H, Trocki O, Alexander JW, Kopcha R, Heyd T, Joffe SN. The effect of route of administration on the nutritional state, catabolic hormone secretion on gut mucosal integrity after burn injury. *JPEN* 1987;11:1.
17. Lewis SJ, Egger M, Sylvester PA, Thomas S. Early enteral feeding versus nil by mouth after gastrointestinal surgery: systematic review and meta-analysis of controlled trials. *BMJ* 2001;323:773.
18. Torosian MH. Perioperative nutrition support for patients undergoing gastrointestinal surgery: critical analysis and recommendations. *World J Surg* 1999;23:565.
19. Woodcock NP, Zeigler D, Palmer D, Buckley P, Mitchell CJ, Macfie J. Enteral versus parenteral nutrition: a pragmatic study. *Nutrition* 2001;17:1.
20. Sax HC, Warner BW, Talamini MA, Hamilton FN, Bell RH Jr., Fischer JE, Bower RH. Early total parenteral nutrition in acute pancreatitis: lack of beneficial effects. *Am J Surg* 1987;153:117.
21. Sandstron R, Drott C, Hyltander A, Arfividson B, Schersten T, Wickstron L, Lindholm K. The effect of postoperative intravenous feeding on outcome following major surgery evaluated in a randomized prospective study. *Ann Surg* 1993;217:185.
22. Hwang TL, Mou SC, Chen MF. The importance of a source of sufficient protein in postoperative hypocaloric partial parenteral nutritional support. *JPEN* 1993;17:254.
23. Herndon DN, Barrow RE, Stein M, Linares H, Rutan HC, Rutan R, Abston S. Increased mortality with intravenous supplemental feeding in severely burn patients. *J Burn Care Rehabil* 1989;10:309.
24. Gianotti L, Alexander JW, Nelson JL, Fukushima R, Pyles T, Chalk CL. Role of early enteral feesing and acute starvation on post burn bacterial translocation and host defense: prospective, randomized trial. *Crit Care Med* 1994;22:265.
25. Bastow DM, Rawlings J, Allison SP. Benefits of supplementary tube feeding after fratured neck of femur: a randomized controlled trial. *Br Med J* 1983;287:1589.
26. Sullivan DH, Nelson CL, Bopp MM, Puskarich-May CL, Walls RC. Nightly enteral nutrition support of elderly fracture patients: a phase 1 trial. *J Am Coll Nutr* 1998;17:155.
27. Schroeder D, Gillanders L, Mahr K, Hill GL. Effects of immediate postoperative enteral nutrition on body composition, muscle function, and wound healing. *JPEN* 1991;15:376.
28. Carr CS, Ling E, Boulos P, Singer M. Randomised trial of safety and efficacy of immediate postoperative enteral feeding in patients undergoing gastrointestinal resection. *Br Med J* 1996;312:869.
29. Hasse JM, Blue LS, Liepa GS, Goldstein RM, Jennings LW, Mor E *et al.* Early enteral nutrition in patients undergoing liver transplantation. *JPEN* 1995;19:437.
30. Beier Holgersen R, Besby S. Influence of postoperative enteral nutrition on postsurgical infections. *Gut* 1996;39:833.
31. McClave AS, Geene LM, Snider HL, Makk LJ, Cheadle WG, Owens NA *et al.* Comparison of the safety of early enteral vs. parenteral nutrition in mild acute pancreatitis. *JPEN* 1997;21:14.
32. Windsor ACJ, Kanwar S, Li AGK, Barnes E, Guthrie JA, Spark JI *et al.* Compared with parenteral nutrition, enteral nutrition attenuates the acute phase response and improves disease severity in acute pancreatitis. *Gut* 1998;42:431.
33. Kalfarentzos F, Kehagias J, Mead N, Kokkinis K, Gogos CA. Enteral nutrition is superior to parenteral nutrition in severe acute pancreatitis: results of a randomized prospective trial. *Br J Surg* 1997;84:1665.
34. Moore EE, Jones TN. Benefits of immediate jejunostomy feeding after major abdominal trauma: a prospective randomized trial. *J Trauma* 1986;26:874.
35. De Jonghe B, Appere-Devechi C, Fournier M, Tran B, Merrer J, Melckior JC, Outin H. A prospective survey of nutritional predictors in intensive care unit: What is presented? What is delivered? *Crit Care* 2001;29:8–12.
36. Evoy D, Lieberman DM, Fahey TJ, Daly JM. Immunonutrition: the role of arginine. *Nutrition* 1998;14:618.
37. Hall JC, Heel K, McCauley R. Glutamine. *Br J Surg* 1996;83:305.
38. Willmore DW, Shabert JK. Role of glutamine in immunologic responses. *Nutrition* 1998;14:611.
39. Leleiko NS, Walsh MJ. Dietary purine nucleotides and the gastrointestinal tract. *Nutrition* 1995;11:725.
40. Alexandre JW. The role of omega-3 fatty acids. *Nutrition* 1998;14:627.

97 Avaliação Nutricional no Paciente Grave

Carlos Daniel Magnoni • Alessandra Rauba • Satiko Watanabe • Celso Cukier

Na avaliação nutricional repousa um dos principais pilares da relação médico-paciente.

A partir das definições conceituais anamnésicas e do estabelecimento de estratégias clínicas, o profissional envolvido com ações de terapia nutricional deve elaborar o planejamento dietoterápico.

Merecem imensa consideração, na discussão acerca da avaliação nutricional, os resultados do Inquérito Brasileiro de Desnutrição Hospitalar (IBRANUTRI). Nesse amplo estudo, observou-se a existência de parâmetros nutricionais, no momento da internação hospitalar, em 4.000 prontuários médicos de hospitais brasileiros.

Paralelamente às constatações de desnutrição hospitalar, outro dado de relevante importância foi levantado: cerca de 80% dos pacientes não apresentavam qualquer anotação de parâmetros nutricionais.

Dessa forma, merecem imensa discussão científica as ações didáticas que envolvem a avaliação nutricional. O profissional de atenção à saúde envolvido com a nutrição deve constantemente ser reciclado e atualizado, seja nas modernas técnicas e formulações ou nas ações primárias e norteadoras dos processos educativos e terapêuticos.

RESPOSTA METABÓLICA NO JEJUM E NO TRAUMA

O metabolismo de nutrientes está alterado nas situações clínicas de jejum e de trauma.

Durante o jejum, os processos metabólicos diminuem de velocidade para conservar energia e adaptar-se à privação de calorias. Respostas endócrinas, como o aumento de catecolaminas, glicocorticóides e glicogênio, levam à mobilização das reservas de energia teciduais. Essas reservas abrangem ácidos graxos e glicerol provenientes das reservas de lipídios, a glicose do glicogênio hepático e precursores gliconeogênicos do músculo. Após a situação de trauma, a homeostase hormonal do organismo se altera, aumentando a demanda de energia, proteína e micronutrientes.

A manutenção da energia é uma das respostas adaptativas do organismo animal à redução de aporte calórico: quando o suprimento de alimentos decresce, a atividade metabólica decai como forma de poupar combustível.[1]

Quadro 97-1. Resposta metabólica ao jejum e ao trauma

	Jejum	*Trauma*
Taxa metabólica	↓	↑↑
Reserva energética	Conservado	Consumido
Proteína corpórea	Conservado	Consumido
Nitrogênio urinário	↓	↑↑
Perda de peso	Lenta	Rápida

Popp MB *et al*, In Fischer JF. *Surgical Nutrition*, 1983.

Se as necessidades nutricionais não forem atingidas durante o trauma, haverá perda de proteína e de massa corpórea, o que pode resultar em comprometimento importante das funções orgânicas.

As necessidades nutricionais durante o jejum e o trauma devem ser reconhecidas para efetuar terapia nutricional adequada, evitando-se perda de massa corpórea, principalmente relacionada à massa magra (Quadro 97-1).

O estresse metabólico prolongado, comum a inúmeras situações clínicas em pacientes graves internados nas unidades de cuidados intensivos, sem uma provisão protéico-calórica adequada, leva ao comprometimento de funções orgânicas e posteriormente à desnutrição hospitalar.[3]

A desnutrição hospitalar, diagnóstico presente em 48% dos pacientes do Sistema Único de Saúde, promove incremento na morbidade e na mortalidade e diminui a eficiência do sistema, uma vez que diminui a rotatividade de leitos.

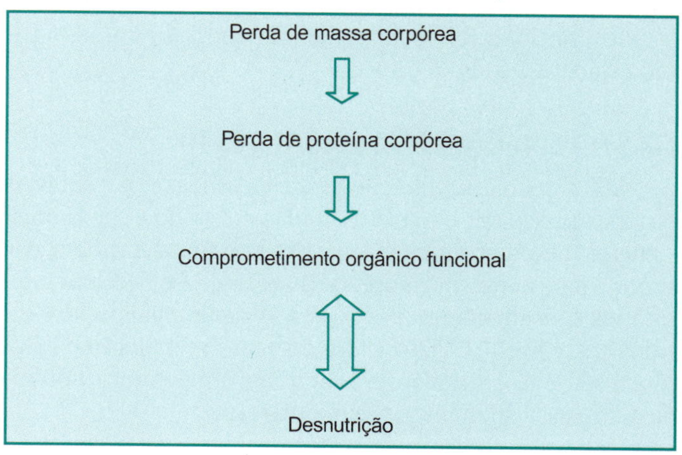

AVALIAÇÃO NUTRICIONAL

Tem como objetivo evidenciar deficiências isoladas ou globais de nutrientes, possibilitando classificar os indivíduos em níveis distintos de estado nutricional. Serve como instrumento para a determinação da terapêutica clínica e dietética a ser empregada, modificando favoravelmente a recuperação do paciente.[4]

Deve-se rastrear os pacientes com desnutrição ou risco nutricional. Para isso, utiliza-se a avaliação subjetiva global (ASG).

A ASG configura-se, hoje em dia, em um globalizado exame de triagem e classificação nutricional dos pacientes no momento da internação.

A ação do profissional coleta informações como alterações no peso e ingestão da dieta, sinais e sintomas gastrintestinais, capacidade funcional e da relação entre a doença e necessidades nutricionais.

Adicionam-se fatores provenientes do exame físico como distúrbios na boca, dentes e gengivas que dificultam a mastigação e a deglutição bem como alterações ósseas e cutâneas. O exame físico contempla modificações no tecido gorduroso subcutâneo, no tecido muscular, edemas e ascite.

Todas as informações colhidas são finalmente dispostas em um sistema de pontos, para classificar os pacientes adultos em nutridos, desnutridos moderados e desnutridos graves (Quadro 97-2).[5]

A avaliação objetiva está indicada quando existem modificações detectadas na ASG que indiquem estado nutricional inadequado. Entre os dados considerados estão:

Perda ou ganho de peso involuntária 10% do peso corpóreo habitual em 6 meses ou 5% do peso habitual em 1 mês ou um peso de 20% abaixo ou acima do ideal, associados a uma doença crônica ou aumento das necessidades metabólicas.

Alterações de ingestão alimentar (recebendo terapia nutricional enteral ou parenteral, cirurgia recente ou trauma).

Ingestão calórico-protéica inadequada por mais de 7 dias.

A avaliação objetiva permite o seguimento do estado nutricional do paciente e complementa dados obtidos na ASG, obtendo um diagnóstico mais preciso do estado nutricional. Inclui: parâmetros antropométricos, bioimpedância, provas bioquímicas e imunológicas, considerando também o diagnóstico e o exame clínico, bem como exames laboratoriais.[7]

Os principais valores bioquímicos que indicam desnutrição estão no Quadro 97-3.

Quadro 97-2. Ficha de coleta de dados para avaliação subjetiva global

Ficha avaliação subjetiva global

A) Anamnese

1. Peso corpóreo
   Mudou nos últimos seis meses? ( ) sim ( ) não
   Continua perdendo atualmente? ( ) sim ( ) não
   Peso atual....kg Peso habitual....kg
   Perda de peso (PP)....% se > 10% (2) ( )
   se < 10% (1) ( )
   Total parcial de pontos....

2. Dieta
   (1) Mudança da dieta ( ) sim ( ) não
   A mudança foi para:
   ( ) dieta hipocalórica
   ( ) dieta pastosa hipocalórica
   (2) ( ) dieta líquida > 15 dias ou solução de infusão intravenosa > 5 dias
   ( ) jejum > 5 dias
   ( ) mudança persistente > 30 dias
   Total parcial de pontos....

3. Sintomas gastrintestinais (persistem por mais de 2 semanas)
   ( ) disfagia e/ou odinofagia
   ( ) náuseas
   ( ) vômitos
   ( ) diarréia
   ( ) anorexia
   Total parcial de pontos....

4. Capacidade funcional física (por mais de 2 semanas)
   ( ) abaixo do normal
   ( ) acamado
   Total parcial de pontos....

5. Diagnóstico
   (1) ( ) estresse baixo
   (2) ( ) estresse moderado
   (3) ( ) estresse alto
   Total parcial de pontos....

B) Exame físico
   (0) Normal
   (+1) leve ou moderadamente depletado
   (+2) gravemente depletado
   ( ) perda gordura subcutânea (tríceps)
   ( ) músculo estriado
   ( ) edema sacral
   ( ) ascite
   ( ) edema no tornozelo
   Total parcial de pontos....

Somatório do total parcial de pontos....

C) Categorias da ANSG
   Bem-nutrido < 17 pontos
   Desnutrido moderado 17 ≤ 22 pontos
   Desnutrido grave > 22 pontos

GASTO ENERGÉTICO BASAL (GEB)

GEB é definido como energia despendida para manter os processos teciduais e celulares fundamentais do organismo. É a energia necessária para manter a temperatura corpórea, dar suporte para o trabalho muscular do coração e músculos respiratórios e, finalmente, suprir as necessidades mínimas dos tecidos em repouso. Os fatores que afetam o metabolismo basal são: idade, sexo, massa magra corpórea, temperatura, hormônios, drogas, estado nutricional e estresse.[8]

Na prática, o GEB pode ser estimado por meio de calorimetria indireta com relativa precisão, determinando o consu-

Quadro 97-3. **Avaliação nutricional. Parâmetros bioquímicos e risco de desnutrição**

Albumina sérica	< 3,5 g%
Contagem de linfócitos totais	< 1.500 células/mm^3
Transferrina sérica	< 200 mg%
Pré-albumina sérica	< 15 mg%
Capacidade total de ligação ao ferro	Valores médios de referência 250-450 g%
Colesterol sérico	< 150 mg%

Heymsfield, SB *et al, Modern Nutrition in Health and Disease,* 1994.

mo de O_2 do paciente em condições basais durante dois períodos de 6 minutos. O consumo médio de oxigênio para os dois períodos é multiplicado por 4,823 kcal, que é a produção de calor para cada litro de O_2 consumido.[9]

A equação de Harris-Benedict (Quadro 97-4) envolve três variáveis: peso (kg); altura (cm) e idade (anos), para os dois sexos, e estima o GEB sem a necessidade do uso do calorímetro.

O estresse metabólico referido pela gravidade do trauma, atividade física, metabolização de nutrientes, febre, perdas extras de proteína por fístulas, diarréia etc. é estimado por meio de fatores de correção para cada situação (Quadro 97-5).

A oferta diária de 25 a 30 kcal/kg de peso corpóreo pode suprir as necessidades calóricas da maior parte dos pacientes, facilitando o cálculo da energia fornecida.[10]

CARBOIDRATOS

Utilizam-se 50 a 60% do total calórico oferecido, diminuindo-se essa quantidade quando houver esteatose hepática, colestase ou excesso na produção de CO_2, como ocorre no paciente com DPOC.

Na vigência de hiperglicemia acentuada, com grande resistência insulínica, pode-se fazer uso alternativo de frutose, sorbitol e xilitol. Esses açúcares são metabolizados no fígado primariamente e dispensam a insulina, propiciando menor hiperglicemia e hiperinsulinismo.[9]

Durante o estresse hipermetabólico, o nível recomendado de carboidratos é 60 a 70% das calorias não-protéicas.

PROTEÍNAS

A oferta varia de 0,8 a 1,0 g/kg/dia no indivíduo normal. Na presença de quadro hipercatabólico, esse fornecimento pode alcançar 2,0 g/kg/dia, dependendo do nível de estresse. Durante o estresse, as proteínas devem compreender aproximadamente 20% do total de ingestão de energia.

Quadro 97-4. **Fórmula de Harris-Benedict**

Homens

GEB = 66 + (13,7 × peso) + (5 × altura) – (6,8 × idade)

Mulheres

GEB = 665 + (9,6 × peso) + (1,9 × altura) – (4,7 × idade)

Quadro 97-5. **Fator de correção para cálculo de demanda energética**

Fator atividade	Acamado	1,2
	Acamado + móvel	1,25
	Móvel	1,3
Fator térmico	38°C	1,1
	39°C	1,2
	40°C	1,3
	41°C	1,4
Fator trauma	Paciente não-complicado	1,0
	Pós-operatório	1,1
	Fratura	1,2
	Sepse	1,4-1,8
	Peritonite	1,2-1,5
	Multitrauma (reabilitação)	1,5
	Multitrauma + sepse	1,6
	Queimadura (até 20%)	1,0-1,5
	Queimadura 30-50%	1,7
	Queimadura 50-70%	1,8
	Queimadura 70-90%	2,0
	Câncer	1,1-1,45
	Jejum ou inanição	0,85-1,0
	Pequena cirurgia	1,2
	Cirurgia eletiva	1,0-1,1
	Pequeno trauma de tecido	1,14-1,37
	Fraturas múltiplas	1,2-1,35
	PO cirurgia geral	1,0-1,5
	PO cirurgia cardíaca	1,2-1,5
	Infecção grave	1,3-1,35
	Pancreatite	1,3-1,8
	Insuficiência renal aguda	1,3
	Insuficiência cardíaca	1,3-1,5
	Insuficiência hepática	1,3-1,55
	Desnutrição grave	1,5
	Doença cardiopulmonar	0,8-1,0
	Doença cardiopulmonar com cirurgia	1,3-1,55
	Transplante de fígado	1,2-1,5

Fonte: *Barnes Hospital Nutrition Support Handbook,* 1992. Extraído de Ewald & Mackenzie. *Manual de Terapêutica Clínica,* 1995.

Na presença de insuficiência renal, insuficiência hepática com encefalopatia e obesidade, esses valores devem ser readequados.

GORDURAS

A gordura da dieta fornece aproximadamente 15 a 40% da ingestão calórica. Quando são ministradas emulsões lipídicas intravenosas, é recomendada uma taxa máxima de infusão de 1,0 a 1,5 g/kg/dia. Os triglicerídeos séricos devem ser controlados nos pacientes em estresse para assegurar o clareamento lipídico adequado.

Principais funções:

- Fornecem a maior quantidade média de energia por grama (9 kcal/g).
- Forma eficiente de reservar energia no organismo, pela alta densidade calórica.
- Participam da estrutura de membrana celular.
- Compõem as lipoproteínas.
- Auxiliam no isolamento térmico do organismo.
- Protegem órgãos vitais contra choques mecânicos.[11]

HIPERALIMENTAÇÃO

O excesso da ingestão de glicose eleva a produção de CO_2, ocasiona esteatose hepática e prejuízo na função dos neutrófilos, e essa glicose passa a ser utilizada como substrato para o crescimento bacteriano, aumentando a possibilidade de infecções.

O consumo excessivo de proteínas aumenta o nitrogênio urinário, o qual pode complicar a função renal (azotemia renal), e, em pacientes com falência hepática, pode ocorrer o desenvolvimento de encefalopatia, devido ao acúmulo de resíduos nitrogenados.

O excesso da ingestão de gordura ocasionará prejuízo da função dos neutrófilos, linfócitos, função pulmonar, bloqueio do sistema imunoclear fagocitário e aumento da produção de eicosanóides da série par, agentes pró-inflamatórios em pacientes hipermetabólicos.[12]

CONSIDERAÇÕES FINAIS

O acompanhamento e a terapia nutricional propostos ao paciente devem ser personalizados e individualizados, obtendo-se o máximo de dados possíveis para se concluir o diagnóstico nutricional e estabelecer a conduta dietoterápica adequada.

Interferir positivamente na evolução clínica do paciente, favorecer a recuperação e diminuir o período de internação, com conseqüente redução no custo do tratamento, são o objetivo principal da terapia nutricional.

A equipe multiprofissional favorece a condução do tratamento, possibilitando melhores resultados.

Nesse aspecto relevante da definição de atuações dentro das equipes de terapia nutricional, torna-se desnecessário centralizar em um único profissional a função da avaliação nutricional. Os resultados coletados com as observações clínicas e anamnésicas advêm das atuações médicas, nutricionais e de enfermagem e dos demais integrantes da equipe.

REFERÊNCIAS BIBLIOGRÁFICAS

1. Landsberg L *et al.* *N Engl J Med* 1978;298:1295.
2. Poop MB *et al.* *In* Fischer JF (Ed.): *Surgical Nutrition.* Boston: Little, Brown & Co., 1983.
3. Moore EE *et al.* *J Am Coll Nutr* 1991;10:633–8.
4. Augusto AL *et al.* *Terapia Nutricional.* Rio de Janeiro: Atheneu, 1995.
5. Coppini LZ. Estado nutricional: métodos de avaliação, diagnóstico e significado clínico. *In* Magnoni D, Cukier C: *Perguntas e Respostas em Nutrição Clínica.* São Paulo: Roca, 2000, Cap. 3, pp 11–9.
6. Detsky AS, Baker JP, Mendelson RA *et al.* Evaluating the accuracy of nutritional assessment techniques applied to hospitalized patients: methodology and comparisons. *JPEN* 1984;8:153–9.
7. Jensen MD. Research techniques for body composition assessment. *J Am Diet Assoc* 1992;92:454–60.
8. Troster EJ, Stape A. Suporte nutricional em UTI. *Pediatria Moderna* ago 1995;XXXI;5.
9. Santoro S. Bases para a nutrição parenteral no trauma e na sépsis: requerimentos energéticos. *Monografias em Nutrição Clínica* 1999;VI(GANEP).
10. Bistrian MD. Controle nutricional do paciente hiperglicêmico. *Atualidades Dietéticas* 1998;IV(5).
11. Francelozo ER *et al.* Necessidades nutricionais. *In* Magnoni D, Cukier C: *Perguntas e Respostas em Nutrição Clínica.* São Paulo: Roca, 2000, Cap. 10, pp 78–83.
12. Vasconcelos MIL. Aspectos práticos na atuação do nutricionista em UTI. Programa Abbott de Especialização em Terapia Intensiva, 1999.

98

Calorimetria Indireta

Anibal Basile Filho • Paulo Antoniazzi • Maria Auxiliadora Martins

Desde o século XVIII, foi demonstrado que a respiração modifica o ar atmosférico, diminui o seu volume, modifica a sua natureza e, em curto período de tempo, perde a propriedade de manter a vida. Foi Lavoisier quem descobriu a existência do oxigênio e demonstrou a produção de gás carbônico. Escreveu, então: "A respiração é apenas uma combustão lenta de carbono e hidrogênio, que se assemelha ao que se passa em uma lâmpada ou vela acesa, e, sob esse ponto de vista, os animais que respiram são verdadeiros corpos combustíveis que se queimam e se consomem."[1] Em 1770, Lavoisier e Laplace construíram um instrumento que seria o primórdio do calorímetro. Os animais de experimentação eram colocados, um a um, em um recipiente contendo neve, onde o calor produzido pelo animal era medido através da quantidade de neve derretida em um determinado período de tempo.[2]

Apesar da construção do primeiro calorímetro de corpo inteiro (calorimetria direta) ter sido construído no início do século XX, desde então passou-se a denominar calorimetria indireta a medida da produção de energia pelo organismo, ao oxidar os três nutrientes básicos, a saber: os carboidratos, as proteínas e os lipídios, através da quantidade de oxigênio consumido e de gás carbônico produzido.[3] A relação entre a produção de gás carbônico ($\dot{V}CO_2$) e o consumo de oxigênio ($\dot{V}O_2$) é chamada de quociente respiratório (RQ).

Somente a partir da década de 80, o calorímetro foi incorporado ao arsenal dos intensivistas, sendo atualmente largamente utilizado à beira do leito do paciente crítico. O calorímetro é um aparelho simples, portátil, do tipo "circuito aberto", que possibilita a respiração do paciente com ar ambiente ou que pode ser conectado a um ventilador, e, nos dois casos, amostras do gás inspirado/expirado são coletadas pelo aparelho para análise da fração do CO_2 no ar expirado, da fração de O_2 no ar inspirado e expirado e dos fluxos inspiratório e expiratório (Fig. 98-1). A partir da análise desses parâmetros, o consumo de oxigênio ($\dot{V}O_2$) e a produção de dióxido de carbono ($\dot{V}CO_2$) são medidos. Além disso, a partir desses parâmetros, o calorímetro efetua uma série de medidas importantes, como o coeficiente respiratório e o gasto energético de repouso, através da equação clássica de Weir, cujas técnicas serão descritas detalhadamente mais adiante.[4-6]

De maneira geral, a $\dot{V}CO_2$ é calculada como o produto do fluxo constante (Q) pela fração de excreção de dióxido de carbono (F_ECO_2) a jusante da via de saída da câmara misturadora interna (Fig. 98-2):

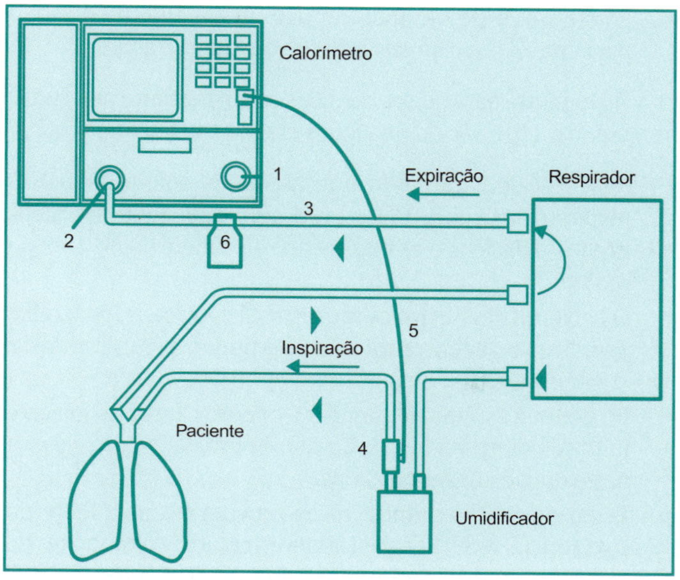

Fig. 98-1. Conexão do calorímetro portátil Deltatrac II® com o ventilador, onde: *1.* saída do gerador de fluxo; *2.* entrada da câmara misturadora; *3.* linha coletora dos gases expiratórios; *4.* adaptador para coleta dos gases inspiratórios; *5.* linha coletora dos gases inspiratórios; *6.* coletor de água (*water trap*).

$$\dot{V}CO_2 = Q \times F_ECO_2$$

durante as medidas no ventilador, o quociente respiratório (RQ) é calculado a partir da clássica equação de Haldane, transformada a partir das frações dos gases, como se segue:

$$RQ = 1 - FiO_2/FiO_2 - F_EO_2 \,/\, F_ECO_2 - FiO_2$$

onde:

FiO_2: fração de oxigênio no ar inspirado
F_EO_2: fração de oxigênio no ar expirado

O $\dot{V}O_2$ é calculado a partir do RQ do seguinte modo:

$$\dot{V}O_2 = \dot{V}CO_2 \,/\, RQ$$

Vários aspectos do calorímetro portátil parecem ser especialmente interessantes para o seu uso rotineiro nas Unidades de Terapia Intensiva,[7-9] a saber:

- Permite medições diretas do $\dot{V}O_2$, $\dot{V}CO_2$, Gasto Energético (EE = *Energy Expenditure)* e RQ.
- Oferece as opções de se estudar pacientes em respiração espontânea (sistema de capacete) ou conectados ao ventilador.
- Permite estabelecer a demanda diária de energia, evitando-se, assim, a oferta excessiva ou insuficiente de nutrientes.
- Por se tratar de um método não-invasivo de medição, o paciente não é exposto a riscos ou complicações.

No entanto, para que as medidas sejam bastante precisas, é necessária a observância de alguns critérios e/ou condições:[10]

- Ausência de vazamento no sistema de coleta dos gases respiratórios, particularmente pelo tubo endotraqueal, drenos torácicos e conexões do calorímetro com o respirador.
- O paciente deve estar calmo, estável. Opiáceos, benzodiazepínicos ou agentes curarizantes podem ser utilizados, a critério médico.
- Proceder à aspiração traqueal 5 minutos antes de iniciar a medição dos parâmetros do calorímetro, a fim de se evitar interrupções desnecessárias.
- Evitar os efeitos termogênicos provocados pela febre do paciente ($T > 39°C$) e pela administração de altas doses de catecolaminas vasopressoras que podem acarretar um aumento momentâneo do $\dot{V}O_2$ e do gasto energético.
- A FiO_2 deve ser estável e abaixo de 60%, pois valores maiores aumentam os erros dos valores obtidos.
- A rede elétrica e de gases hospitalar deve ser estável, e, se possível, o ambiente deve ser climatizado (temperatura ambiente entre 21 e 24°C).
- Calibrar o aparelho antes de utilizá-lo, conforme as especificações do fabricante (gás de calibração com 95% de O_2 e 5% de CO_2).
- Evitar a circulação do pessoal no momento da calibração, para não comprometer a pressão barométrica medida, de maneira automática, pelo calorímetro.
- A modalidade de assistência ventilatória que mais se adapta às medições do $\dot{V}O_2$ e $\dot{V}CO_2$ é a ventilação volume-controlado, pois outras modalidades, tais como a ventilação mandatória intermitente sincronizada SIMV ou a pressão contínua nas vias aéreas (CPAP), podem tornar essas medidas instáveis.
- A determinação dos parâmetros obtidos pelo calorímetro não deve ser inferior a 20 minutos, pois intervalos muito curtos podem levar a erros grosseiros de interpretação.
- O ventilador não deve estar ciclando com pressões de platô maiores do que 40 cmH2O ou altos valores de PEEP (> 20 cmH_2O), pois esses valores podem influenciar o analisador de gases.

DETERMINAÇÃO DO CONSUMO DE ENERGIA (GASTO ENERGÉTICO REAL)

O termo gasto energético real (ou total) passou a ser utilizado em indivíduos saudáveis para definir: metabolismo basal, efeito térmico do exercício, efeito térmico do alimento ou ação específica de um determinado nutriente ingerido. O metabolismo basal é a energia gasta pelo organismo para manter suas funções vitais, em repouso, após jejum de 12 horas, à temperatura ambiente de 20°C, em estado de vigília. Efeito térmico do alimento ou ação específica de um nutriente é o gasto de energia acima do basal, provocado pela ingestão e absorção alimentar. Isso é atribuído a todo o processo da digestão, desde a absorção do alimento ao seu grau de aproveitamento celular.[11]

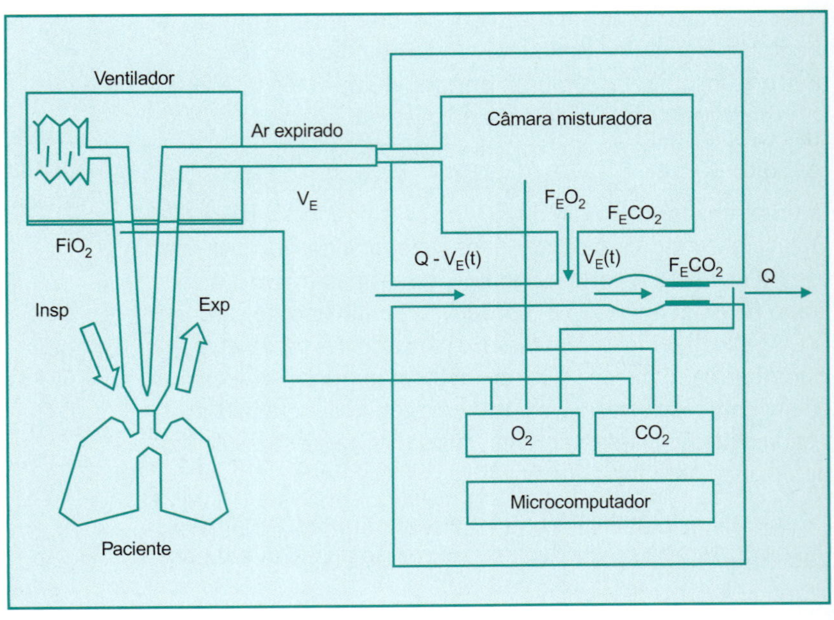

Fig. 98-2. Diagrama do sistema de medição por calorimetria indireta em pacientes sob ventilação mecânica, onde: FiO_2 = fração de oxigênio no ar inspirado; F_EO_2 = fração de oxigênio no ar expirado; F_ECO_2 = fração de dióxido de carbono no ar expirado; Q = fluxo de ar; V_E = volume-minuto; INSP = via inspiratória do circuito do respirador; EXP = via expiratória do circuito do respirador.

A determinação do gasto energético real, através do calorímetro, é realizada ainda empregando-se a equação de Weir. A taxa de produção de energia que é igual ao gasto energético real (EE – *Energy Expenditure*) é obtida pela soma das taxas de $\dot{V}O_2$ e $\dot{V}CO_2$, subtraídas da produção de uréia nitrogenada (U_N), cujo valor normal situa-se entre 13 e 15 g/dia:

$$EE = 3{,}82\dot{V}O_2 + 1{,}22\dot{V}CO_2 - 1{,}99U_N$$

Em virtude de valores calorimétricos utilizados pelo fabricante, a equação acima difere da clássica equação de Weir em, no máximo, 1%, que é:

$$EE = 3{,}94\dot{V}O_2 + 1{,}11\dot{V}CO_2 - 2{,}17U_N$$

Se considerarmos a variação fisiológica normal dos valores acima, essa diferença não é importante. Por exemplo, um paciente com $\dot{V}O_2 = 250$ ml/min, $\dot{V}CO_2 = 200$ ml/min e $U_N =$ 13 g/dia, obtém-se um EE de 1.701 e 1.710 kcal/dia para a equação do calorímetro e a de Weir, respectivamente.

No entanto, no paciente grave vítima de trauma ou sepse, outros fatores contribuem para o incremento do gasto energético, sendo o reparo dos tecidos lesados o maior fator. Sabe-se que nesses pacientes o aumento do gasto energético ocorre, principalmente, nos 2 a 7 dias que se seguem à agressão (fase *flow*), devido ao aumento da taxa de renovação de proteínas.

É interessante notar que no paciente queimado, por exemplo, o aumento do gasto energético é devido a várias razões: síntese protéica acelerada (22%); gliconeogênese (11%); ciclo da uréia (3%); ciclo dos ácidos graxos (17%); ciclo glicolítico-gliconeogênico (4%). É curioso, contudo, salientar que (43%) do aumento energético são devidos ao vazamento de prótons (*proton leakage*) através da membrana mitocondrial e à hiperatividade do sistema Na^+-K^+-ATPase.[12] Nesse particular, a atividade excessiva da bomba de sódio e potássio parece ser a maior razão para o aumento do gasto energético no paciente em estado crítico. No cérebro e nos rins, por exemplo, o bombeamento de sódio é o responsável por 50 a 60% do $\dot{V}O_2$.[13] Além disso, esse sistema enzimático contribui para a manutenção da integridade do gradiente eletroquímico nas membranas citoplasmáticas, facilitando o transporte transmembranar de solutos, como a glicose e certos aminoácidos.[14] Salienta-se, ainda, que alguns hormônios (insulina, hormônio do crescimento e iodotironina) também afetam a atividade do sistema Na^+-K^+-ATPase.[15]

Por outro lado, muitos outros fatores ainda podem ter uma contribuição significativa e adicional no gasto de energia do paciente crítico, por incremento da atividade do sistema Na^+-K^+-ATPase; entre eles destacam-se: a liberação de citocinas, conhecidas como substâncias pirógenas, que se observa na fase de agressão, por ativação endotelial e macrofágica, e que agem, provavelmente, modulando o transporte membranar de glicose e aminoácidos, e o aumento da produção de lactato, observada em modelos experimentais de sepse e de choque hemorrágico.[16-18]

Finalmente, particular ênfase deve ser dada ao cálculo do gasto energético total para fins de administração de suporte nutricional, embora no passado, quando a calorimetria indireta não era disponível em nosso meio, fosse rotineiro o uso da equação de Harris-Benedict para o cálculo do gasto energético basal (GEB)[16-19] multiplicado pelos fatores de estresse de Long,[20] para calcular, teoricamente, o gasto energético real GER. Esses cálculos, normalmente, superestimam as necessidades energéticas dos pacientes críticos em até 50%, conduzindo à administração excessiva de nutrientes. Dados mais recentes, obtidos através de calorimetria indireta à beira do leito, apontam para o fato de essas necessidades reais não ultrapassarem, por exemplo, na sepse, mais do que 20% do GEB.[21,22]

DETERMINAÇÃO DO CONSUMO DE OXIGÊNIO

As alterações orgânicas no pós-trauma ou na sepse originam um desbalanço entre a oferta ($\dot{D}O_2$) e o consumo de oxigênio ($\dot{V}O_2$) pelos diferentes tecidos orgânicos. Em ambientes especializados, como nas unidades de terapia intensiva, é de crucial importância determinar-se, com precisão, certos parâmetros fisiológicos indicadores do nível de oxigenação tecidual, sobretudo o $\dot{V}O_2$, permitindo o norteamento de decisões terapêuticas nos pacientes críticos admitidos nessas unidades.

O $\dot{V}O_2$ reflete o estado metabólico de todo o organismo, e não apenas de determinados tecidos localizados. A determinação do $\dot{V}O_2$ no paciente crítico é considerada um dos parâmetros fisiológicos mais importantes, uma vez que existe uma relação entre o seu valor e a taxa de sobrevida desses pacientes.[23]

Existem dois métodos possíveis de monitorização do $\dot{V}O_2$ nos pacientes críticos. Um dos métodos mais utilizados é invasivo, obtido através da inserção do catéter triluminal de Swan-Ganz na artéria pulmonar, por punção venosa subclávia ou jugular. O segundo método de monitorização do $\dot{V}O_2$ é não-invasivo, sendo obtido através da calorimetria indireta, em que o $\dot{V}O_2$ é obtido, imediatamente, à beira do leito. O valor normal do $\dot{V}O_2$ situa-se entre 180 a 300 ml/min, podendo também ser indexado à superfície corpórea do paciente.

O método da medida do $\dot{V}O_2$ através do catéter de Swan-Ganz baseia-se no princípio de Fick ou termodiluição, em que os cálculos são efetuados a partir da diferença entre a temperatura do sangue do paciente e da injeção de uma solução gelada, através do catéter. Muitas limitações são imputadas ao seu uso, tais como: o custo elevado e o caráter invasivo do procedimento; uma subestimação do consumo total de oxigênio em 10% em pacientes com infecções pulmonares, pois esse método não leva em conta o consumo pulmonar de oxigênio,[24] e a limitação dos cálculos pela possibilidade de erros matemáticos cumulativos (*mathematical coupling*), pois o cálculo do $\dot{V}O_2$ utiliza, em sua equação, diversas variáveis provenientes de outras equações, como por exemplo o débito cardíaco e o conteúdo arterial e venoso de oxigênio.[24-26]

Embora vários estudos comparativos não tenham apontado uma diferença significativa entre o $\dot{V}O_2$ obtido pelo método de Fick e pela calorimetria indireta, em pacientes críticos uma atenção especial deve ser dada à interpretação dos resultados obtidos pela calorimetria indireta.[27-29] Dessa maneira, deve-se proceder a calibrações freqüentes do aparelho e impedir a possibilidade de qualquer vazamento de gás no circuito, pois todo o volume expirado do paciente deve ser recolhido pelo aparelho, e, finalmente, as medidas do $\dot{V}O_2$ necessitam ser repetidas através do tempo, uma vez que o momento metabólico de cada paciente pode ser modificado, em virtude da gravidade do quadro clínico e das diferentes intervenções terapêuticas efetuadas. Apesar das vantagens e desvantagens dos dois métodos de determinação do $\dot{V}O_2$ (Fick *vs*. calorimetria), a maioria dos autores recomenda o uso da calorimetria indireta como método mais seguro, mais preciso, não-invasivo, menos oneroso e quase isento de complicações.[30-32]

REFERÊNCIAS BIBLIOGRÁFICAS

1. Coutinho R. Breve resumo do metabolismo. *Noções de Fisiologia da Nutrição.* Rio de Janeiro: Ed. Cultura Médica, 1981, pp 3–16.
2. Schutz Y. The basis of direct and indirect calorimetry and their potentials. *Diabetes Metab Rev* 1995;11:383–408.
3. Ferrannini E. The theoretical basis of indirect calorimetry. *Metabolism* 1988;37:287–301.
4. Frayn KN. Calculation of substrate oxidation rates in vivo from gaseous exchange. *J Appl Physiol* 1983;55:628–34.
5. Simonsen DC, DeFronzo R. Indirect calorimetry: methodological and interpretative problems. *Am J Physiol* 1990;258:E399–E412.
6. Suen VMM, Da Silva GA, Marchini JS. Determinação do metabolismo energético no homem. Ribeirão Preto: Medicina (Ribeirão Preto), 1998, Chap. 31, pp. 13–21.
7. Takala J, Keinänen O, Väisänen P, Kari A. Measurement of gas exchange in intensive care: laboratory and clinical validation of a new device. *Crit Care Med* 1989;17:1041–7.
8. Liposky JM, Nelson LD. Ventilatory response to high caloric loads in critically ill patients. *Crit Care Med* 1994;22:796–802.
9. Brandi LS, Bertolini R, Calaf M. Indirect calorimetry in critically ill patients: clinical applications and practical advice. *Nutrition* 1997;13:349–358.
10. Takala J, Merilänen P. Handbook of gas exchange and indirect calorimetry. Datex-Ohmeda — Doc. No. 876710–1, 1990.
11. Reed GW, Hill JO. Measuring the thermal effect of food. *Am J Clin Nutr* 1996;63:164–9.
12. Yu Y-M, Tompkins RG, Ryan CM, Young VR. The metabolic basis of the increase in energy expenditure in severely burned patients. *JPEN* 1999;23:160–8.
13. Rolfe DFS, Brown GC. Cellular energy utilization and molecular origin of standard metabolic rate in mammals. *Physiol Rev* 1997;77:731–58.
14. Park HS, Kelly JM, Milligan LP. Energetics and cell membranes. *In* Kiney JM, Tucker HN (Eds.): *Energy Metabolism: Tissue Determinants and Cellular Corollaries.* New Yok: Raven Press, 1992, pp 411–35.
15. Ewart HS, Klip A. Hormonal regulation of the Na^+–K^+-ATPase activity: physiological relevance and cellular mechanisms. *Am J Physiol* 1993;265:F743–55.
16. Souba WW. Cytokine control of nutrition and metabolism critical illness. *Curr Probl Surg* 1994;31:577–643.
17. James JH, Fang C-H, Schrantz SJ. Linkage of anaerobic glycolysis to sodium-potassium transport in rat skeletal muscle. Implications for increased lactate production in sepsis. *J Clin Invest* 1996;98:2388–97.
18. Luchette FA, Frend LA, Brown CC. Increased skeletal muscle Na^+-K^+-ATPase activity as a cause of increased lactate production in hemorrhagic shock. *J Trauma* 1998;44:796–801.
19. Harris JA, Benedict FG. A biometric study on basal metabolism in man. Washington DC, Carnegie Institute of Washington, Publication No. 279, 1919.
20. Long CL, Schaffel N, Geiger JW. Metabolic response to injury and illness: estimation of energy and protein needs from indirect calorimetry and nitrogen balance. *JPEN* 1979;3:452–8.
21. Frankenfield DC, Wiles CE, Bagley S, Siegel JH. Relationships between resting and total energy expenditure in injured and septic patients. *Crit Care Med* 1993;22:1796–804.
22. Zauner C, Schuster BI, Schneeweiss B. Similar metabolic responses to standardized total parenteral nutrition of septic and nonseptic critically ill patients. *Am J Clin Nutr* 2001;74:265–70.
23. Shoemaker W, Kram H. Oxygen transport measurements to evaluate tissue perfusion and titrate therapy: dobutamine and dopamine effects. *Crit Care Med* 1991;16:672–88.
24. Light B. Intrapulmonary oxygen consumption in experimental pneumococcal pneumonia. *J Appl Physiol* 1988;64:2490–5.
25. Ronco J, Phang T, Walley K. Oxygen consumption is dependent of changes in oxygen delivery in severe adult respiratory distress syndrome. *Am Rev Respir Dis* 1991;143:1267–73.
26. Yu M, Burchell S, Takiguchi SA, McNamara JJ. The relationship of oxygen consumption measured by indirect calorimetry to oxygen delivery in critically ill patients. *J Trauma* 1996;41:41–50.
27. Bracco D, Chioléro R, Pasche O, Revelly JP. Failure in measuring gas exchange in the ICU. *Chest* 1995;107:1406–10.
28. Chioléro R, Mavrocordatos P, Bracco D, Schutz Y, Cayeux C, Revelly JP. O_2 consumption by the Fick method. *Am J Respir Crit Care Med* 1994;149:1118–22.
29. Matarese L. Indirect calorimetry: technical aspects. *J Am Diet Assoc* 1997;97:S154–S160.
30. Cheong KF, Lee TL. Oxigen consumption: a comparison between calculation by Fick's principle and measurement by indirect calorimetry. *Med J Malaysia* 1997;52:70–5.
31. Epstein CD, Peerless JR, Martin JE, Malangoni MA. Comparison of methods of measurements of oxygen comsuption in mechanically ventilated patients with multiple trauma: The Fick method versus indirect calorimetry. *Crit Care Med* 2000;28:1363–9.
32. Marson F. Análise comparativa do consumo de oxigênio VO_2 obtido pelo método de Fick e pela calorimetria indireta no paciente grave. Dissertação de Mestrado Faculdade de Medicina de Ribeirão Preto. Universidade de São Paulo, 108, p. 2001.

99 Terapia Nutricional Enteral

Cid Marcos David • Paulo César Ribeiro

Desnutrição é definida como qualquer desordem do estado nutricional conseqüente à deficiência ou ao excesso da ingestão de nutrientes ou alteração do metabolismo. É observada em 30 a 55% dos pacientes hospitalizados.[4] *Terapia nutricional* é o conjunto de procedimentos terapêuticos para manutenção ou recuperação do estado nutricional do paciente por meio de nutrição enteral ou parenteral.[4]

Os alimentos têm papel na estrutura corporal e nas funções fisiológicas. O organismo necessita de calorias e nutrientes para realizar as suas funções bioquímicas. A inadequação dos nutrientes durante a agressão orgânica produz um conjunto de respostas que leva à desnutrição calórico-protéica e à imunodepressão.[5,8,32]

A desnutrição associa-se à diminuição da imunidade, infecções, maior morbidade e mortalidade. No aparelho respiratório ocorrem diminuição da mecânica ventilatória com atrofia das fibras musculares diafragmáticas, diminuição da efetividade da tosse, diminuição da *endurance* muscular favorecendo a fadiga e a insuficiência ventilatória, diminuição dos suspiros e atelectasias. A literatura mostra que a desnutrição associa-se a redução da função pulmonar e que a terapia nutricional adequada facilita o desmame da prótese ventilatória.

Resposta metabólica à agressão orgânica

No pacientes graves da UTI, durante a agressão orgânica ocorrem resposta neuroendócrina e a produção das citocinas e de outros mediadores inflamatórios que produzem uma série de alterações metabólicas, resultando em hipermetabolismo, aumento da gliconeogênese e hiperglicemia com resistência à insulina. Há aumento acentuado da lipólise com hipertrigliceridemia e diminuição da atividade da carnitina, substância que metabolicamente facilita a entrada dos triglicerídios de cadeia longa (TCL) na mitocôndria hepática, e conseqüentemente diminui a utilização dos TCL. Os triglicerídios de cadeia média (TCM) não necessitam da carnitina para sua metabolização.

No metabolismo protéico observam-se equilíbrio nitrogenado negativo (proteólise e gliconeogênese) e diminuição relativa da sua síntese. Há aumento da produção de proteínas de fase aguda e diminuição da síntese de albumina pelo fígado.

A esses mecanismos somam-se a ingestão inadequada de calorias e nutrientes, repouso e a ação de drogas, havendo imunodepressão e a depleção da massa corporal magra.

Os objetivos da terapia nutricional são nutrir, minimizar o catabolismo protéico e poupar as proteínas musculares e evitar a depressão imunológica.

Nutrição enteral (TNE) é a administração de alimento para fins especiais, com ingestão controlada de nutrientes, na forma isolada ou combinada, de composição definida ou estimada, especialmente formulada e elaborada para uso por sondas ou via oral, industrializada ou não, utilizada exclusiva ou parcialmente para substituir ou complementar a alimentação oral em pacientes desnutridos ou não, conforme as necessidades nutricionais, em regime hospitalar, ambulatorial ou domiciliar, visando à síntese ou manutenção dos tecidos, órgãos ou sistemas.[23,49]

IMUNIDADE E TERAPIA NUTRICIONAL ENTERAL. COLONIZAÇÃO MICROBIANA DO TUBO GASTRINTESTINAL

A microbiota do tubo gastrintestinal é um ecossistema composto por muitos germes, que podem ser patogênicos ou não, e normalmente contém mais de 400 espécies de bactérias. As concentrações microbianas (ufc/g de fezes) são: 10^{11} a 10^{12} bactérias anaeróbicas, cerca de 10^8 bactérias gram-negativas aeróbicas (predominantemente *E. coli*) e gram-positivas (predominantemente *Enterococcus* spp) e 10^3 leveduras. Esse ecossistema, iniciado cedo na vida, é dependente da natureza da alimentação e da qualidade da composição dos alimentos e pode sofrer influência da idade, da antibioticoterapia, de doenças sistêmicas e do tubo digestivo. A microbiota do tubo gastrintestinal, principalmente a colônica, tem funções nutritivas, imunológicas e protetoras do organismo humano. Essas funções ocorrem através do crescimento e proliferação bacterianos, poupança energética, controle da proliferação e diferenciação celular epitelial, imunoestimulação, resistência à infecção e prevenção da translocação bacteriana. A microbiota intestinal complexa e normal parece ser crucial para o desenvolvimento e a homeostase do sistema imune intestinal e provavelmente da imunidade sistêmica.[1,6,26] O efeito da microbiota colônica protege o hospedeiro contra a invasão e proliferação das bactérias exógenas potencialmente patogênicas.[34]

O processo de colonização é um pré-requisito para a manutenção da microbiota normal e o estabelecimento e perpetuação de patógenos potenciais nas superfícies biológicas. Nesse processo as bactérias apresentam uma grande variedade de mecanismos moleculares que permitem firme aderência às superfícies biológicas. Dietas contaminadas alteram a colonização.[2,3,12]

Durante o estabelecimento de um determinado germe no corpo humano e sua colonização, vários fatores estão envolvidos, tais como a interferência com os microrganismos da microbiota, o efeito de *limpeza* biológica (*flush*) efetuado pelos líquidos orgânicos (muco, secreção gástrica, líquidos entéricos), a descamação epitelial, a constituição nociva do meio (pH do estômago, cargas eletrostáticas) e mecanismos imunes celulares (células fagocíticas) e humorais locais (imunoglobulina A). Nas pessoas saudáveis a colonização microbiana resulta da interação estável entre esses mecanismos do hospedeiro e o agente colonizador, que nos pacientes graves pode ser quebrada, havendo multiplicação microbiana.[36]

Entre as vantagens da nutrição enteral citam-se a estimulação do fluxo sangüíneo da mucosa do tubo gastrintestinal (TGI), a manutenção da integridade e do *efeito barreira* da mucosa e da integridade funcional do *tecido linfóide associado ao tubo gastrintestinal* (GALT). São importantes no mecanismo de defesa do TGI a produção de muco, a descamação celular, a peristalse, o movimento ciliar e a secreção de água. O GALT é o maior tecido imune do organismo e é formado pelas placas de Peyer, lâmina própria e linfócitos intra-epiteliais. Estariam envolvidos nesse processo os linfócitos T e B. O GALT participa da *função barreira*, processando os antígenos, provendo imunidade regional (patógenos e toxinas intraluminais) e relacionando-se com a imunidade sistêmica. A função barreira evitaria a passagem de patógenos, para a circulação, mas tolera a absorção de alimentos.[43]

É importante que a *barreira intestinal* seja mantida, principalmente em pacientes de risco como os traumatizados, queimados e sépticos e na pancreatite aguda.[16] Existe uma relação direta entre o trofismo do TGI e a precocidade da nutrição enteral.

Para o trofismo do TGI são considerados importantes as fibras solúveis e insolúveis, lipídios, glutamina e a ecoimunonutrição. Fibras influenciam na absorção de carboidratos e lipídios e aumentam a massa fecal. Fibras solúveis (pectinas, gomas, mucilagens) são metabolizadas no cólon pela microbiota bacteriana e formam ácidos graxos de cadeia curta (AGCC). Os AGCC servem de fonte energética para os colonócitos, aumentam o fluxo sangüíneo, previnem a translocação microbiana, influenciam o crescimento bacteriano por reduzir o pH e aumentam a resistência à infecção pelo *C. difficile*.

INDICAÇÃO

Está indicada a terapia nutricional em pacientes que *tenham previsão de terem ou que já estejam com ingestão oral inadequada de alimentos por 7 ou mais dias*. A terapia nutricional pode ser por via parenteral, enteral ou associadas (enteral e parenteral).

Existem situações clínicas em que o tubo digestivo está íntegro, mas o paciente não quer, não pode ou não deve se alimentar pela boca.

As principais indicações estão no Quadro 99-1. Pacientes quando desnutridos devem fazer terapia nutricional antes de se submeterem a grandes cirurgias.

***Quadro 99-1.* Principais indicações da terapia nutricional[48]**
1. Neuroencefalopatias e psicopatias: acidentes cerebrovasculares, neoplasia, doenças desmielinizantes, depressão grave, anorexia nervosa
2. Neoplasias, infecção e sepse, trauma, grande queimado
3. Cirurgia gastrintestinal. Pancreatite
4. Doenças inflamatórias do intestino
5. Síndrome do intestino curto, má absorção
6. Preparo intestinal pré-operatório
7. Fístulas digestivas

A manutenção do estado nutricional adequado é essencial para a conservação da saúde e para o restabelecimento da mesma, quando esta for alterada em conseqüência de traumatismo acidental, intervenções cirúrgicas ou enfermidades. A manutenção do estado nutricional pressupõe o fiel e exato conhecimento do mesmo e o controle eficaz das medidas nutricionais adotadas.

A alimentação enteral é a melhor escolha em relação à parenteral e deve sempre ser indicada quando as funções digestivas e absortivas do tubo gastrintestinal estiverem íntegras. Seu custo é consideravelmente menor e com menos complicações técnicas, metabólicas e infecciosas. *A administração da terapia nutricional deve preferentemente ser por via enteral.*[37]

As contra-indicações da nutrição enteral estão no Quadro 99-2.[51]

AVALIAÇÃO DO ESTADO NUTRICIONAL

A avaliação do estado nutricional é essencialmente a primeira etapa na assistência ao paciente, uma vez que a subnutrição é fator relevante na morbidade e mortalidade de pacientes hospitalizados.

A prática clínica oferece vários desafios aos profissionais de saúde. Um deles é a difícil tarefa de manter o estado nutricional de um enfermo dentro dos padrões nutricionais aceitáveis. A depleção nos reservatórios de nutrientes e, em última instância, a perda das funções celulares são comuns na maioria das doenças agudas e crônicas.

OBJETIVOS DA AVALIAÇÃO DO ESTADO NUTRICIONAL

- Identificar indivíduos com risco nutricional ou candidatos a terapia nutricional
- Coletar dados que permitam realizar o acompanhamento dietoterápico.

***Quadro 99-2.* Contra-indicações da NE**
1. Vômitos incoercíveis
2. Diarréia não-controlada (> 1.500 ml/dia) e originária do intestino delgado
3. Íleo adinâmico
4. Obstrução intestinal
5. Fístula digestiva de alto débito (> 500 ml/dia)
6. Instabilidade hemodinâmica

As atividades envolvidas nesse procedimento são:

1. Traçar o perfil do estado nutricional inicial do doente.
2. Estabelecer e adotar um plano dietoterápico.
3. Realizar sucessivas avaliações do estado nutricional para monitorizar as condutas adotadas até que sejam atingidos os objetivos do plano dietoterápico.

A avaliação nutricional pode ser realizada utilizando-se de métodos diretos, avaliando-se os compartimentos a partir da composição corpórea, e indiretos, que avaliam os compartimentos a partir de cálculos estimados.

INDICADORES CLÍNICOS

Envolvem o reconhecimento dos sinais físicos de deficiência nutricional.

Ao exame físico, embora apresentando bom estado geral, o paciente pode encontrar-se com desnutrição relativa como resultado de processos catabólicos antigos ou em andamento em que através da anamnese e do exame físico pode-se estabelecer o grau desse comprometimento nutricional. São avaliados: a anamnese alimentar, a avaliação nutricional subjetiva, indicadores antropométricos (peso, altura, índice de massa corporal, dobras cutâneas, circunferência do braço), balanço nitrogenado e indicadores laboratoriais e testes imunológicos.

Esses indicadores devem ser criticamente avaliados no paciente grave da UTI, pois encontram-se alterados pela resposta neuroendócrina do estresse, pela administração de líquidos usados na ressuscitação volêmica (peso, edema, dobras cutâneas), pela diminuição da produção de albumina pelo fígado e sua passagem para o espaço extravascular conseqüente ao aumento da permeabilidade vascular na SIRS/sepse. Há modificação dos componentes dos espaços orgânicos (extravascular: intersticial e intracelular, e intravascular).

Pacientes que apresentam grandes traumas estão em grande risco nutricional apesar de os dados clínicos evidenciarem bom estado nutricional.

GASTO ENERGÉTICO

A manutenção das funções corporais é dependente de uma quantidade constante voluntária ou não de gasto de energia para as atividades dos microprocessos como atividade de transporte, síntese de macromoléculas e contração muscular. O total de energia despendida pelo homem consiste em vários componentes, e essa extensão varia para cada indivíduo. Esses componentes incluem: taxa de metabolismo basal, gasto energético em repouso, efeito térmico dos alimentos e energia gasta nas atividades físicas.

Em pacientes saudáveis, a quantidade de calorias deve ser administrada em quantidade suficiente para as necessidades energéticas basais e para suprir as necessidades da atividade física, mantendo adequado índice de massa corporal. Metabolismo basal (MB) é definido como o mínimo de calor produzido por um indivíduo. Taxa de metabolismo basal (TMB) é a energia gasta para a manutenção das atividades biológicas básicas, como batimento cardíaco, respiração, função renal, balanço osmótico, atividade cerebral e temperatura corporal. Gasto energético de repouso (GER) é a TMB mais a energia gasta após o despertar com o mínimo de atividade.

O efeito térmico dos alimentos é um processo obrigatório devido ao inevitável gasto energético nos processos de digestão, absorção, no processamento ou estoque de substratos e de componentes que estão envolvidos na estimulação do sistema nervoso simpático, correspondendo de 5 a 10% do aumento do gasto diário sobre o GER.

Atividade física é o componente mais difícil de se prognosticar no gasto energético, variando com composição e tamanho corporal, idade e sexo, e é proporcional à área de superfície corporal e à porcentagem de massa magra.

CÁLCULO DAS NECESSIDADES NUTRICIONAIS

Na formulação da dieta são importantes as necessidades calóricas, os macronutrientes, os micronutrientes (vitaminas, eletrólitos, oligoelementos) e a água (1,0 a 1,5 ml/kcal). Vitaminas e elementos traços são co-fatores e coenzimas. Devem ser consideradas as interações droga-nutrientes e as vantagens, desvantagens e controvérsias da imunomodulação nutricional. Fibras podem ser acrescentadas.[55] Rayes *et al* demonstraram a influência dos probióticos e das fibras na diminuição das infecções em pacientes submetidos a grandes cirurgias abdominais.[47]

Não há nível de evidência científica clínica que demonstre vantagens do uso *rotineiro* de dietas imunomoduladoras nos pacientes graves da UTI. Os dados são conflitantes e controversos quanto à melhora da evolução, à ausência de vantagens e mesmo ao aumento da mortalidade.[27] Aminoácidos de cadeia ramificada, glutamina, arginina, ômega-3, ácidos graxos e nucleotídeos (RNA) em vários estudos são usados combinados, fato que dificulta a avaliação dos resultados da ação isolada desses suplementos.

A suplementação de glutamina à dieta em traumatizados graves mostrou diminuição da taxa de pneumonia, bacteremia e sepse.[28] Gadek *et al* (1999) observaram em pacientes com insuficiência respiratória aguda por SARA que o uso de dieta com diminuição de carboidratos suplementadas com ácidos graxos (ácidos eicosapentanóide e gama-linolênico) e antioxidantes eram associados a melhora da evolução.[25,44] Na análise desses trabalhos é importante considerar o grau de acometimento orgânico apresentado pelos pacientes, a presença de disfunções associadas, a pontuação de prognóstico – pacientes que têm alta ou baixa probabilidade de morrer, quando submetidos a uma intervenção terapêutica, mesmo que possa ser benéfica, necessitarão de uma amostragem de pacientes muito grande para seu resultado ser estatisticamente evidente. Mulheres produzem menor quantidade de TNF do que homens para um mesmo padrão genético. Entretanto, essas afirmativas devem ser consideradas em situações especiais à luz dos dados científicos da literatura.

A determinação das necessidades energéticas é um dos primeiros passos para o início dos cuidados nutricionais do paciente. Esse processo é usualmente determinado por equações, calorimetria indireta ou outros métodos.

Embora existam diferentes publicações sobre cálculos de gasto energético, apenas poucas fórmulas são utilizadas. Algumas fórmulas são específicas para situações clínicas, enquanto outras são mais aplicadas para indivíduos normais e modificadas de acordo com a lesão ou a doença.

Na prática clínica, um dos métodos mais utilizados para estimar o gasto calórico de um paciente é a *fórmula de Harris-Benedict:*

$$\text{Homens: GEB} = 66 + (13{,}7 \times P) + (5{,}0 \times A) - (6{,}8 \times I)$$
$$\text{Mulheres: GEB} = 655 + (9{,}6 \times P) + (1{,}8 \times A) - (4{,}7 \times I)$$

onde:

P: peso em kg
A: altura em cm
I: idade em anos.

O gasto energético total (GET) é avaliado por:

$$\text{GET} = \text{GEB} \times \text{FA} \times \text{FI}$$

onde FA: fator atividade

Acamado 1,2
Acamado + Móvel 1,25
Ambulante 1,3

e FI: fator lesão

Paciente não-complicado 1,0
Pós-operatório de câncer 1,1
Fratura 1,2
Sepse 1,3
Peritonite 1,4
Multitrauma reabilitação 1,5
Multitrauma + sepse 1,6
Queimadura de 30-50% 1,7
Queimadura de 50-70% 1,8
Queimadura de 70-90% 2,0

Também pode-se destacar o cálculo de Ireton-Jones, que leva em consideração a presença ou não de obesidade.

Fórmula de Ireton-Jones

$$\text{GET (v)} = 1.784 - 11\,(I) + 5\,(P) + 224\,(S) + 239\,(T) + 804\,(Q)$$

$$\text{GET (e)} = 629 - 11(I) + 25(P) - 609\,(O)$$

onde:

GET: kcal/dia
(e): respiração espontânea
(v): ventilador-dependente

I: idade em anos
P: peso corporal em kg
S: sexo; homem = 1; mulher = 0
T: trauma
Q: queimado
O: obesidade se presente = 1; ausente = 0

Fórmula de bolso

É utilizada em pacientes graves da UTI. Calcula-se o gasto energético em 25 a 30 kcal/kg de peso por dia. Na prática a *fórmula de bolso* é geralmente utilizada para cálculo de GET:

$$\text{GET (kcal)} = 25 \times \text{peso atual do paciente}$$

No paciente grave, o excesso de calorias pode associar-se a maior morbidade e má evolução.

Calorimetria indireta

Calorimetria indireta é baseada no fato de que toda energia é derivada da oxidação de proteína, carboidrato e gordura e que a quantidade de oxigênio consumida e dióxido de carbono produzidos são características e constantes de cada nutriente. Quando usamos a calorimetria indireta, a energia despendida (calor) é determinada pela mensuração do consumo de oxigênio e produção de dióxido de carbono durante a troca gasosa na respiração.

A mensuração do O_2 consumido e CO_2 produzido originam dados requeridos para o cálculo do gasto energético. O volume de O_2 consumido e o CO_2 produzido por minuto são cada um multiplicados por uma constante e então extrapolados para 24h de gasto energético.

$$\text{GET (kcal)} = [(\dot{V}O_2 \times 3{,}94) + (\dot{V}CO_2 \times 1{,}11)] \times 1{,}44$$

O calorímetro, além de sua capacidade de mensuração do O_2 e do CO_2, tem a vantagem de permitir o cálculo do coeficiente respiratório (QR). O QR é calculado sobre a taxa de dióxido de carbono produzido ($\dot{V}CO_2$) pela de oxigênio consumido ($\dot{V}O_2$). A oxidação de cada macronutriente leva ao conhecimento do QR (Quadro 99-3).

O ponto-chave da compreensão do método da calorimetria indireta é a mensuração do gasto energético contido nos componentes diários do GET incluindo a TMB, efeito térmico dos alimentos e o efeito do estado de doença, estresse ou trauma.

***Quadro 99-3.* Fonte energética e o QR**

Fonte energética	*QR*
Gordura	0,70
Proteína	0,8
Glicose	0,95-1,00
Dieta mista	0,85
Taxa de síntese de gordura	> 1,01
Hiperventilação	> 1,10
Cetose	< 0,60

CLASSIFICAÇÃO DAS DIETAS

As dietas enterais podem ser classificadas:

A) Quanto ao modo de preparo:

1. **Artesanais ou naturais:** são preparadas a partir de alimentos *in natura* ou industrializados.
2. **Industrializadas ou quimicamente definidas:** são formuladas e preparadas integralmente por laboratórios especializados, exigindo ou não pequena manipulação prévia à administração da dieta.

B) Quanto ao fornecimento dos nutrientes:

1. **Nutricionalmente completas:** fornecem proteínas, hidratos de carbono, lipídios, vitaminas e minerais em quantidades suficientes para manter o estado nutricional de um indivíduo sadio e normal, sem que se utilize de qualquer outra fonte de nutrição.
2. **Nutricionalmente incompletas:** são chamados de suplementos dietéticos ou alimentação suplementar, não satisfazem às necessidades anteriormente citadas verificando-se a ausência ou o acréscimo de um ou mais nutrientes.

C) Quanto à complexidade dos nutrientes:

1. **Elementares ou monoméricas:** são aquelas em que os macronutrientes se apresentam na sua forma mais simples e hidrolisada. As proteínas se apresentam principalmente na forma de aminoácidos livres, os hidratos de carbono na forma simples, e os lipídios em forma de ácidos graxos essenciais, vitaminas e minerais.
2. **Oligoméricas ou peptídicas:** são aquelas em que principalmente as proteínas estão na forma de hidrolisado (p. ex: hidrolisado de lactoalbuminas, hidrolisado de soja e outros).

   Os hidratos de carbono podem ser complexos ou não, e os lipídios estão em sua maior concentração na forma de TCM e ácidos graxos essenciais.
3. **Poliméricas:** são aquelas em que os macronutrientes se encontram na sua forma intacta, necessitando de digestão prévia à sua absorção.

   As proteínas estão na forma de caseinatos, soja, lactoalbuminas; os lipídios na forma de óleo de milho, canola, girassol, podendo ter ou não adição de TCM, ácidos graxos essenciais, e os hidratos de carbono na forma de maltodextrina e sacarose. Podem ou não ter a presença de fibras.
4. **Dietas modulares:** são aquelas que usam como base da sua formação os módulos de macro e micronutrientes (proteínas intactas ou aminoácidos, hidratos de carbono, lipídios, vitaminas, minerais, fibras, glutamina e outros).

   Os módulos de nutrientes também podem ser utilizados para complementar uma dieta já formulada ou como complemento alimentar.
5. **Especiais ou especializadas:** indicadas para pacientes com TGI funcionante, mas que requerem formulações especiais devido à doença de base.

   Podem ter característica polimérica, oligomérica ou elementar, bem com ser nutricionalmente completas ou incompletas.

D) Quanto à osmolaridade:

1. **Hipotônicas:** osmolaridade < 350 mOsm/l.
2. **Isotônicas:** osmolaridade próxima a 350 mOsm/l.
3. **Hipertônicas:** osmolaridade > 550 mOsm/l.

E) Quanto à contribuição dos nutrientes sobre o valor calórico total da dieta (VCT) e características das formulações das dietas:

1. **Normocalóricas:** quantidade de caloria normal. A constituição usual da dieta em relação ao GET é de 50 a 60% de carboidratos, 25 a 30% de lipídios e 10 a 15% de proteínas.

   Cada grama de carboidrato fornece 4 kcal/g (formulações usuais da nutrição enteral), mas a glicose hidratada, como no soro glicosado e nutrição parenteral, fornece 3,4 kcal/g. A proteína fornece 4 kcal/g, e os lipídios, 9 kcal/g.

   - Na sepse utilizam-se usualmente dietas normocalóricas e hiperprotéicas.
   - O acréscimo de 1 g/kg/dia de proteína à dieta durante as 2 primeiras semanas parece suficiente para minimizar a perda de massa corporal protéica no paciente grave da UTI.[30] O TENUTI recomenda a utilização de 1,5 a 2,0 g de proteínas/kg/dia nos pacientes sépticos e hipermetabólicos.[51] Nos pacientes com encefalopatia hepática e nos renais não-dialisados esses valores são menores.
   - A glutamina é um aminoácido abundante do organismo e considerado não-essencial no indivíduo normal. No paciente grave sob estresse há diminuição do *pool* orgânico. Participa do equilíbrio ácido-básico pela eliminação de amônia nos rins e é combustível para enterócitos, leucócitos e células de elevada replicação.
   - Ácidos graxos específicos devem ser administrados. Ácidos graxos ômega-3 (ácido alfa-linolênico) são essenciais (não-sintetizados) e participam da estrutura funcional das membranas celulares. Os ácidos graxos ômega-3 competem com o ômega-6 (ácido linoléico) pela ciclooxigenase e lipooxigenase. Esses lipídios estão envolvidos na produção de mediadores da SIRS. O ômega-3 produziria mais prostaglandinas, que têm ação antiinflamatória, e o ômega-6 produziria mais leucotrienos e tromboxanos, que são mediadores inflamatórios. Nos pacientes graves, recomenda-se a administração de ácidos graxos ômega-6 para ômega-3 em uma relação $\omega 6/\omega 3 = 3 \alpha 10 / 1$.[51]

- Na SARA na fase precoce, o uso de ácidos graxos ômega-3 pode ser benéfico.[4] Pacth *et al* (2003) relataram melhora da lesão inflamatória pulmonar com o uso de ácidos eicosapentanóico e linolênico e antioxidantes.[44]
- Os triglicerídios de cadeia média, por não necessitarem da carnitina para sua metabolização, são freqüentemente utilizados para enriquecimento das soluções dietéticas. Os TCM não fornecem ácido linoléico e linolênico, e por isso se indica o uso de uma mistura de TCM/TCL.
- Não se justifica o uso rotineiro de carboidratos modificados e formulações com gordura para pacientes pneumopatas.[4]
- Rayes *et al* (2002) observaram diminuição da incidência de infecções em pacientes submetidos a grandes cirurgias abdominais com o uso de alimentos funcionais com microrganismos vivos (probióticos) e fibras.[47]

2. **Hipercalóricas**: acima dos valores descritos no item a) (dietas hipercalóricas hiperglicídicas, hiperprotéicas, hiperlipídicas).
   - Hiperglicemia pode estar associada ao aumento de infecções.
   - Dietas hipercalóricas podem ser nocivas para os pacientes graves da UTI.
3. **Hipocalóricas**: abaixo dos valores descritos no item (a) (dietas hipocalóricas hipoglicídicas, hipoprotéicas, hipolipídicas).

O papel das fórmulas enterais nos dias atuais na terapia nutricional é extremamente importante, não há dúvida dos benefícios da utilização das vias enterais nos seus diferentes aspectos. A seleção correta da dieta enteral de acordo com a função gastrintestinal do paciente, presença de doenças como o diabetes e a AIDS, de condições metabólicas específicas no paciente crítico e a real modificação nos resultados finais dos processos da doença em parte determinam o sucesso da terapia nutricional.

Com a variedade de fórmulas no mercado, o paciente precisa receber quantidades predeterminadas de nutrientes com características apropriadas para a adaptação da capacidade funcional do TGI para que ele possa obter os benefícios esperados da TN.

FATORES A SEREM CONSIDERADOS NA ESCOLHA DE UMA DIETA

- Integridade do trato gastrintestinal.
- Idade.
- Pacientes pediátricos e geriátricos tem particularidades diferentes nas formulações da dieta.
- Presença de doença específica.

As peculiaridades das doenças implicam a adequação da terapia nutricional a cada situação específica, como trauma, TCE e sepse, *diabetes melitus*, insuficiência cardíaca, respiratória, hepática e renal, grandes queimados, pancreatite aguda e etc. É possível os pacientes graves apresentarem várias associações de disfunções orgânicas, que podem estar ou não em método de suporte (p. ex. ventilatório, renal). As formulações das dietas têm que ser adaptadas a essas particularidades.

- Situação metabólica.
- Tipo de macronutriente da dieta em relação à capacidade absortiva e digestiva do paciente.
- Densidades calóricas e protéicas (kcal/ml, g de proteína/ml, relação kcal/nitrogênio).
- Capacidade da dieta, ingerida dentro das quantidades toleradas, para atingir as necessidades nutricionais do paciente.
- Conteúdo de minerais e eletrólitos especialmente para pacientes com disfunções renais, hepáticas e cardíacas.
- Custo e benefício da dieta.

VIAS DE ADMINISTRAÇÃO

Não nos restam dúvidas de que a via oral, quando for possível deve ser estimulada e preservada. Entretanto, existem algumas situações em que o paciente não pode ser alimentado por essa via e apresenta o TGI íntegro ou parte dele funcionante; então a nutrição é realizada através de outras vias.

Indicada a terapia nutricional enteral, faz-se necessário a melhor via de acesso para a sua administração. A via enteral é a preferida mesmo em pacientes com pancreatite aguda.

A administração de nutrientes pode ser através de sondas nasogástricas, nasoentéricas ou ostomias, podendo estar localizada em várias posições do trato gastrintestinal (gástrica percutânea endoscópica ou radiológica e cirúrgica aberta; jejunostomia endoscópica percutânea, através da sonda de gastrostomia ou cirúrgica aberta) (Figs. 99-1 a 99-4).

O acesso nasoenteral é o mais usado, e a sonda é colocada gástrica, duodenal ou jejunal. Existem sondas nasogastrojejunais que permitem a administração da dieta por via jejunal e a aspiração de secreções gástricas. O posicionamento da sonda pode ser feito às cegas, por endoscopia, fluoroscopia e cirurgia. A via jejunal poderia ser indicada na gastrectomia, na gas-

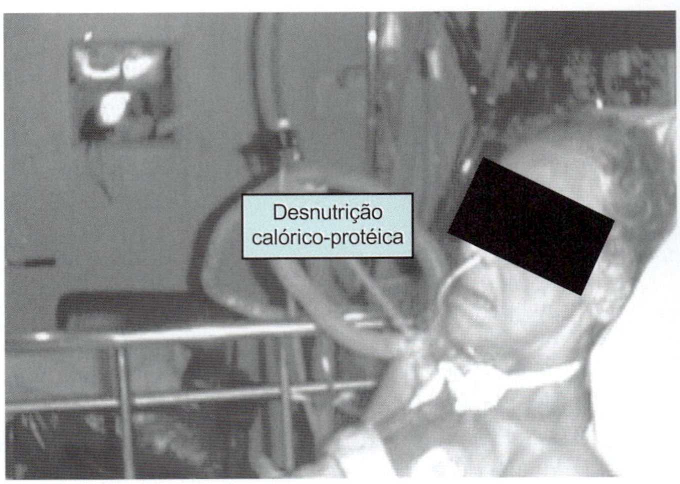

Fig. 99-1. Sonda por acesso nasoenteral.

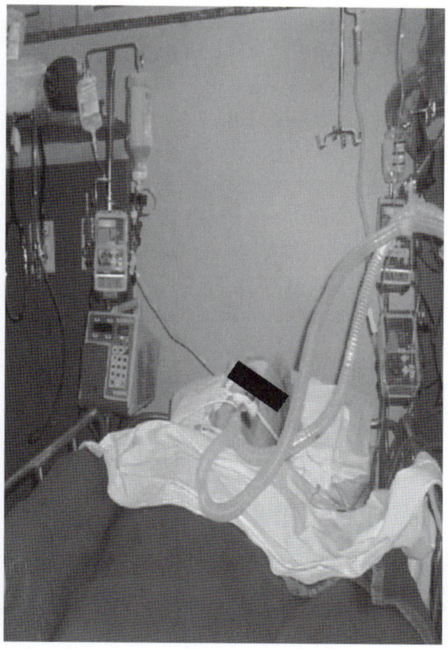

Fig. 99-2. Sonda enteral por via orogástrica em paciente com sinusite.

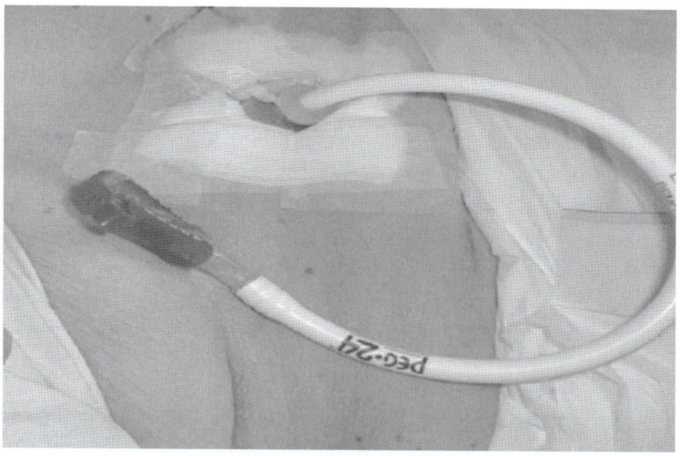

Fig. 99-3. Nutrição enteral por gastrostomia.(Ver *Prancha* em *Cores.*)

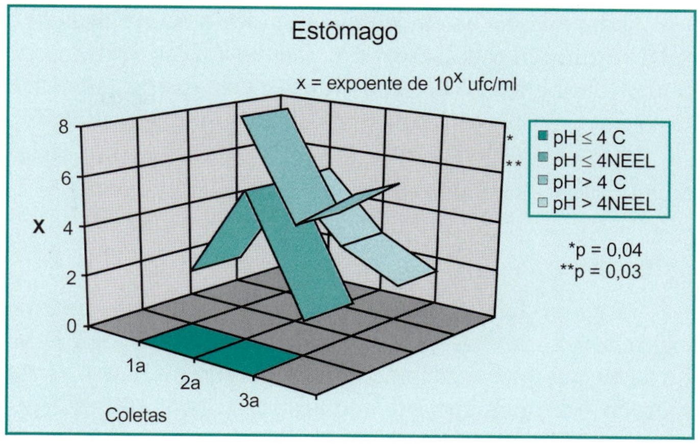

Fig. 99-4. Comparação da colonização gástrica de pacientes submetidos a dieta enteral estéril e pronta para uso e em sistema fechado (NEEL) e por dieta industrializada (controle: pó diluído, C) preparada no setor de Nutrição. Observa-se, por coletas repetidas de secreções gástricas, que, quando o pH gástrico é ≤ 4, há diminuição significativa do número de germes no estômago pelo efeito microbicida da acidez independente da dieta. Entretanto, quando o pH é > 4, o uso da dieta enteral estéril e pronta para uso em sistema fechado associa-se a menor colonização microbiana do estômago. C = Controle; NEEL: dieta estéril liquefeita pronta para uso; ufc = unidades formadoras de colônias. David CM (1996).[12] (Ver *Prancha* em *Cores.*)

troparesia, história de aspirações, na pancreatite aguda. Gastroparesia pode ser observada em patologias abdominais, ventilação mecânica,[15] em distúrbios eletrolíticos, acidose e no uso de certas drogas como a dopamina (receptores DA_2 gástricos) e opiáceos, entre outras. São complicações relatadas da via nasoenteral ulcerações nasais, faringite, sinusite e otite média, obstrução e migração da sonda, pneumonia e outras.[38,39]

As ostomias estão indicadas quando a terapia nutricional enteral for prolongada (> 8 semanas).

Após a colocação da sonda, deve-se realizar radiografia para verificar o seu posicionamento correto.

ADMINISTRAÇÃO CONTÍNUA × INTERMITENTE

Podemos utilizar a administração contínua por gotejamento gravitacional ou por bomba de infusão. Deve-se verificar rotineiramente o resíduo para determinar a velocidade da infusão, realizando a interrupção quando exceder 150 a 200 ml e retornando com velocidade menor.[44,51]

Contínua

A dieta contínua pode ser com ou sem período de interrupção (nutrição enteral contínua e interrompida). Quando a dieta é interrompida, geralmente é por cerca de 6 horas e no período noturno. A interrupção associa-se com menor colonização gástrica.[24]

As primeiras 12h são importantes, pois possibilita o desenvolvimento gradual de tolerância à osmolaridade da fórmula. A velocidade deve ser aumentada gradualmente de 25 ml até a velocidade final de 50 a 100 ml/h durante 18 a 24h. As fórmulas isotônicas podem ser utilizadas na sua concentração total, e as hipertônicas em concentração menor. Não se deve aumentar ao mesmo tempo concentração e velocidade de infusão.[48]

Atualmente já dispomos no mercado de sistema de administração gravitacional com equipo próprio para infundir soluções enterais que permitem uma boa qualidade no gotejamento. Esse tipo de sistema é ideal para unidades hospitalares que não possuem bomba de infusão ou nutrição domiciliar. O uso da bomba de infusão traz maior segurança e confiabilidade na infusão,[9] porém se o paciente está lúcido a presença da bomba de infusão pode influir psicologicamente de modo negativo, por confiná-lo ao leito.

A administração contínua é mais utilizada quando a sonda está em posição após o piloro, onde altas cargas osmolares e a rápida entrada de dieta podem ocasionar cólicas e diarréias. Também podemos indicar para pacientes com risco de aspiração e distensão abdominal.

Como a lesão aguda da mucosa gástrica ocorre quando o pH do estômago está abaixo de 4, a administração da dieta, que tem pH > 5, em uso contínuo evita a acidez gástrica, podendo ter efeito protetor da lesão aguda da mucosa gástrica.[11,12,14]

Deve-se injetar 20 a 50 ml de água a cada 4 horas de infusão contínua e antes e após a administração de medicamentos.[4,51]

Intermitente

Também chamada de nutrição em *bolus*. Indicada para pacientes que estão com sondas posicionada no estômago. Devido ao mecanismo de adaptação fisiológica do estômago, nesse método podemos iniciar a administração com 100 ml, chegando até 350 ml, com tomadas de 3/3 ou 4/4h. Tem a grande vantagem de se assemelhar à nutrição oral e permitir que o paciente deambule nos intervalos das dietas. É contra-indicada em pacientes com risco de aspiração e distensão abdominal.

Recomenda-se que após cada tomada a sonda seja lavada com 20 a 50 ml de água, pois a proteína da dieta tende a coagular em contato com o HCl gástrico, podendo então entupir a sonda.

COMPLICAÇÕES DO USO DA NUTRIÇÃO ENTERAL

A alimentação por via nasoenteral ou por ostomias não é isenta de complicações, que, uma vez conhecidas, podem ser tratadas ou prevenidas monitorizando-se de forma adequada os pacientes.

Alterações hidroeletrolíticas e orgânicas

A desidratação pode ser resultado de diarréia excessiva, excesso de proteínas ingeridas ou diurese osmótica. Devem-se monitorizar os eletrolitos (sódio, potássio, cloro, bicarbonato) e as funções hepática e renal. Fosfato deve ser monitorizado principalmente em pneumopatas.

A chamada *síndrome de nutrição por sonda*, quadro clínico de desidratação, hipernatremia, hipercloremia e azotemia, pode ser conseqüência da ingestão de proteínas associada à ingestão insuficiente de líquido. Entre os sintomas estão presentes confusão e estados involutivos de consciência. A síndrome pode ser prevenida aumentando a oferta de água e controlando os níveis de eletrólitos no soro.

No *diabetes*, trauma e na sepse pode ocorrer diurese osmótica com desidratação hiperosmolar, hiperglicemia não-cetônica. Convém avaliar a glicosúria a cada 4h, sempre que surgir diurese osmótica nesses grupos de doentes.

Colonização do TGI. Pneumonia por aspiração

É considerada a complicação de maior gravidade na terapia nutricional enteral.[17-19,21,50]

A seleção correta da sonda e sua posição são fatores importantes a considerar. As sondas de calibre grosso reduzem a competência do esfíncter gastresofágico, aumentando o risco de refluxo gástrico. Nos pacientes em ventilação mecânica há disfunção gastroduodenal.[29]

Deve-se considerar o risco de aspiração em pacientes muito debilitados, em coma ou submetidos a analgesias e sedação profundas. A administração contínua da dieta pode associar-se com aumento da incidência de pneumonia.[31,33]

Uma precaução muito importante é elevar a cabeceira do leito em cerca de 30° a 45° durante a nutrição.[42] A administração contínua em bomba de infusão, o uso de procinéticos e a elevação da cabeceira devem ser permanentes nos pacientes com suspeita de refluxo. A colocação da sonda em posição pós-pilórica deve ser avaliada em pacientes com risco de aspirações.[4] O resíduo gástrico deve ser medido e quando > 150 a 200 ml a infusão deve ser suspensa ou a velocidade diminuída. A terapia nutricional enteral deve ser iniciada com baixa velocidade de infusão.

O alimento enteral pode ser fonte de microrganismos que pode resultar em colonização do tubo gastrintestinal e infecções. Alimentos enterais preparados com técnicas artesanais, embora mais baratos, ou o acréscimo de ovos e óleos aos alimentos industrializados (pó diluído) podem ser contaminados de modo significativo (1×10^5 e 1×10^4 ufc/ml de alimento) (Quadro 99-4). Os germes contaminantes usuais são gram-positivos (*Streptococcus, Staphylococcus*), gram-negativos (*Enterobacteriaceae, Pseudomonas, Acinetobacter*) e fungos. São importantes a adequação do ambiente do preparo, o treinamento dos técnicos, a sanificação e a esterilização dos equipamentos utilizados.

O pH gástrico inferior a 4 diminui e previne a colonização do estômago.[10,13,38] Vários trabalhos de pesquisa enfatizam a importância do pH na colonização do estômago e o uso de drogas eficazes na profilaxia da lesão aguda da mucosa gástrica e que não aumentem o pH.

O pH gástrico igual ou menor que 4 relaciona-se com diminuição da colonização microbiana do estômago. A influência

Quadro 99-4. O preparo da dieta enteral artesanal. Comparação do preparo no Hospital – Setor de Nutrição e no Laboratório de Microbiologia (CCS-UFRJ). O acréscimo de ovos e soja associou-se a maior grau de contaminação, apesar de o preparo da fórmula da dieta ser em ambiente estéril

Amostra	Ingredientes	1ª coleta	2ª coleta
Sala de preparo do alimento hospitalar	Ovo	$4,0 \times 10^4$	$6,8 \times 10^5$
	Água	0	0
	TGM	0	0
	Óleos	$5,0 \times 10^4$	$4,0 \times 10^5$
	Açúcar	$1,0 \times 10^3$	$4,0 \times 10^3$
	Soja	$4,0 \times 10^3$	$5,0 \times 10^3$
Sala com fluxo laminar lab. microbiologia	Ovo	$6,0 \times 10^3$	$4,2 \times 10^4$
	Água	0	0
	TGM	0	0
	Óleos	0	0
	Açúcar	0	0
	Soja	$5,0 \times 10^3$	$2,4 \times 10^4$

David CM, Gontijo Filho P *et al* (1995).

da colonização gástrica na colonização das vias aéreas inferiores é discutida.[12,46]

A colonização microbiana do estômago ocorre por bactérias gram-negativas e positivas e leveduras. Predominam as bactérias gram-negativas: *K. pneumoniae*, *A. calcoaceticus*, *Enterobacter* spp, *P. aeruginosa* e *E.coli*. As leveduras são freqüentes e representam cerca de 14,2 %. A colonização do estômago varia desde ausência (0) até 10^{21} microrganismos /ml de secreção, com valor médio de $10^{4,7}$ ufc / ml.[12]

A dieta enteral estéril e pronta para uso também associa-se com menor concentração microbiana no estômago quando o pH encontra-se acima de 4, podendo ser importante sua utilização, nessas condições, em pacientes graves mecanicamente ventilados (Fig. 99-4).[12,41] Sistemas fechados (dieta pronta para uso e sistemas de administração) devem ser usados em pacientes mecanicamente ventilados.[12,52]

Diarréia

Uma série de fatores isolados ou em conjunto podem desencadear o quadro diarréico, a ver:[7,20]

■ *Diarréia por contaminação*

Pode ser prevenida a partir da adoção de técnicas de higiene adequadas durante o preparo, a conservação e a administração da dieta enteral.

■ *Diarréia por sobrecarga osmolar*

A administração de uma solução hiperosmolar na luz intestinal pode desencadear diarréia osmótica. Isso porque, para equilibrar a osmolaridade da solução de nutrientes no lúmen intestinal, os capilares cedem água por difusão. As conseqüências são hipermotilidade e diarréia.

A administração lenta e gradual da solução enteral pode evitar esse transtorno. Em casos mais graves, indica-se uma maior diluição da dieta, tornando-a o mais isosmolar possível em relação ao plasma.

■ *Diarréia por intolerância à lactose*

Pode ter sua origem numa deficiência primária à lactose, ou ser uma conseqüência transitória da enfermidade. Também pode ser secundária à desnutrição.

A lactose não-digerida cria uma sobrecarga hiperosmolar no lúmen intestinal que precipita a síndrome do esvaziamento rápido. O tratamento baseia-se na administração de dietas isentas de lactose.

■ *Diarréia por hipoalbuminemia*

A albumina sérica é importante na manutenção da pressão oncótica, aumentando a capacidade de absorção dos capilares das vilosidades intestinais. Por conseguinte, a hipoalbuminemia reduz essa capacidade, acarretando má absorção e quadro diarréico.

Nesses casos é conveniente optar pelo uso de soluções enterais isosmolares, administradas lentamente.

■ *Diarréia por farmacoterapia*

Existem algumas categorias de medicamentos (p. ex., antibióticos) que são imprescindíveis no tratamento do paciente, porém eles muitas vezes são aceleradores da motilidade intestinal, causando diarréias.

Obstipação intestinal

A terapia nutricional enteral prolongada pode associar-se a obstipação intestinal.

O tratamento consiste em substituir ou acrescentar à dieta alto teor de fibra, as quais têm demonstrado grandes benefícios na regularização do trânsito intestinal, tanto na constipação quanto na diarréia.

Não devemos esquecer do aumento da ingesta hídrica na suplementação de fibras na constipação intestinal.

Psicológicas

O desconforto da presença da sonda enteral, sede e boca seca levam a falta de estímulo ao paladar. Os horários fixos das refeições favorecem a monotonia alimentar, e a auto-imagem prejudicada interfere na sociabilidade e atividade do paciente, deixando-o oprimido e ansioso.

Em conclusão, o estado nutricional prévio, a gravidade da doença e a previsão da evolução clínica do paciente são importantes fatores para serem considerados no risco e na indicação da terapia nutricional. *Os pacientes em risco nutricional devem realizar terapia nutricional, preferentemente enteral, iniciada o mais precocemente possível quando for antecipado que o paciente não alcançará suas necessidades nutricionais por um período de 7 ou mais dias. Deve ser realizado um plano para alcançar metas e objetivos nutricionais. A terapia nutricional deve ser realizada através de um protocolo padronizado, monitorada e acompanhada por uma equipe multiinterdisciplinar.*

REFERÊNCIAS BIBLIOGRÁFICAS

1. Alexander JW, Boyce ST, Babcock GF. The process of microbial translocation. *Ann Surg* 1990;212:496.
2. Anderson KR, Norris GJ, Godfrey LB. Bacterial contamination of tube feeding formulas. *JPEN* 1984;8:673–78.
3. Anderton A, Aidoo KE. The effect of handling procedures on microbial contamination of enteral feeds-a comparison of the use of sterile vs non-sterile gloves. *J Hosp Infect* 1991;17:297–301.
4. Aspen Board of Directors and Clinical Guidelines Task Force. Guidelines for use of parenteral and enteral nutrition in adult and pediatric patients. *JPEN* 2002;26(1):1SA–138SA.
5. Baker JP, Lemoyne M. Nutritional support in the critically ill patients: if, when, how and what. *Crit Care Clin* 1987;3(1):97-113.
6. Barton RG, Cerra FB, Wells CL. Effect of a diet dificient in essential fatty acids on the translocation of intestinal bacteria. *JPEN* 1992;16:122.
7. Burns PE, Jairath N. Diarrhea and the patient receiving enteral feedings: a multifactorial problem. *J Wound Ostomy Continence Nurs* 1994;21(6):257–63.

8. Cerra FB. Role of nutrition in the management of malnutrition and immune dysfunction of trauma. *J Am Coll Nutr* 1992;11(5):512–8.
9. Ciocon JD, Galindo Ciocon DJ, Tiessen CH, Galindo D. Continuous compared with intermittent tube feeding in the elderly. *JPEN* 1992;16:525–28.
10. Cook DJ, Laine LA, Guyatt GH, Raffin TA. Nosocomial pneumonia and the role of gastric pH. *Chest* 1991;100:7.
11. Correa CMD, David CMN, Gontijo Filho PP. Uso de antimicrobianos e resistência bacteriana em um hospital universitário do Rio de Janeiro. *Rev Ass Med Brasil* 1989;35(2):46.
12. David CMN. A nutrição enteral estéril diminui a colonização microbiana do estômago e das vias aéreas inferiores no paciente em ventilação mecânica? Tese. FM - Universidade Federal do Rio de janeiro, 1996.
13. David CMN. Complicações Infecciosas do Paciente em Ventilação Mecânica. *In*: _____. Ventilação Mecânica: *Da Fisiologia ao Consenso Brasileiro.* Rio de Janeiro, Editora Revinter, 1995. p 221–29.
14. David CMN, Goldwasser RS, Gontijo Filho PP, Silva P. Pathogenesis of the pneumonia in mechanical ventilated patients. In: 7th European Congress on Intensive Care Medicine, Innsbruck, 1994. Anais. Austria, June, 1994, pp. 14–17.
15. Dive A, Moulart M, Jonard R, Jamart J, Mattieu P. Gastroduodenal motility in mechanically ventilated critically ill patients: a manometric study. *Crit. Care. Med* 1994;22(3):441–7.
16. Dunham CM, Frankenfield D, Belzberg H, Wiles C, Cushing B, Grant Z. Gut failure predictor of or contributor to mortality in mechanically ventilated blunt trauma patients? *J Trauma* 1994;37(1):30–4.
17. Duva G, Campinos L, Corbin JC. Risk of Infection from enteral feeding. *Cah Anesthesiol* 1986;34(5):373–6.
18. Ebiary M, Torres A, Gonzalez J, Bellacasa JP, Jimenez MT, Ferrer M, Roisin RR. Quantitative cultures of endotracheal aspirates for the diagnosis of ventilator-associated pneumonia. *Am Rev Respir Dis* 1993;148(6):1552-7.
19. Eickoff TC. Pulmonary Infections in Surgical Patients. *Surg Clin N Am* 1980;60:175.
20. Eisenberg PG. Causes of diarrhea in tube-fed patients: a comprehensive approach to diagnosis and management. *Nutr Clin Pract* 1993;8(3):119–23.
21. Elpern EH, Scott MG, Pedro L, Ries EH. Pulmonary aspiration in mechanically ventilated patients with tracheostomies. *Chest* 1994;105(2):563–6.
22. Emori TG, Banerjee SN, Culver DH, Gaynes RP, Horan TC, Edwards JR, Eickoff TC. Pulmonary Infections in surgical patients. *Surg Clin N Am* 1980;60:175.
23. Estudo de Normatização da Terapia de Nutrição Enteral – Secretaria de Vigilância Sanitária do Ministério da Saúde, nº 517, de 15/10/97.
24. Garson EAO, Gontijo Filho PP, David CMN. Comparação entre a nutrição enteral administrada de forma contínua e intermitente e o pH gástrico.Contagens bacterianas e risco de infecções hospitalares. I Congresso Sudeste Brasileiro Sobre Controle de Infecções Hospitalares. Belo Horizonte, 1993. Anais. Minas Gerais, 1993.
25. Gadek JE, DeMichele SJ, Karlstad MD *et al.* Effect of enteral feeding with eicosapentaenoic acid, γ-linolenic acid, and antioxidants in patients with acute respiratory distress syndrome. *Crit Care Med* 1999;27:1409–20.
26. Guarner F, Malagelada JR. Gut flora in health and disease. *Lancet* 2003;361:512-9.
27. Heyland DK, Novak F, Drover JW *et al.* Should immunonutrition become routine in critically ill patients. A systematic review of evidence. *JAMA* 2001;286:944-958.
28. Houdijk APJ, Rijnsburgerer, Jansen J *et al.* Randomized trial of glutamine-enriched enteral nutrition on infectious morbidity in patients with multiple trauma. *Lancet* 1998;352:772–6.
29. Inglis T, Sherrat MJ, Sproat LJ, Gibson JS, Hawkey PM. Gastroduodenal dysfunction and colonization of the ventilated lung. *Lancet* 1993;341:911–13.
30. Ishibashi N, Plank LD, Sando K *et al.* Optimal protein requirements during the first 2 weks after the onset of critical illness. *Crit Care Med* 1998;26:1529–35.
31. Jacobs S, Chang RWS, Lee B, Barlett FW. Continuous enteral feeeding: a major cause of pneumonia among ventilated intensive care unit patients. *JPEN* 1990;14:353–56.
32. Kinney JM. Nutrition in the intensive care patient. *Crit Care Clin* 1987;3(1):1-10.
33. Lee B, Chang RWS, Jacobs, S. Intermittent nasogastric feeding: a simple an effective method to reduce pneumonia among ventilated ICU patients. *Clin Intens Care* 1990;1:100-2.
34. Madera JL. Pathobiology of the intestinal epithelial barrier. *Am J Pathol* 1990;137:1273.
35. Mainous MR, Deitch EA. Nutrition and infection. *Surg Clin N Am* 1994;74(3):659-76.
36. Marshall JC. Ecology and immunology of the gastrointestinal tract in healthy and critical illness. *J Hosp Infec* 1991;19:7-17.
37. McMillen MA. Early enteral formula administration. *Crit Care Med* 1995;24(1):174.
38. Mehta S, Archer JF, Mills J. pH-dependent bactericidal barrier to gram negative aerobes: its relevance to airway colonisation and prophylaxis of acid aspiration and stress ulcer syndromes – study in vitro. *Intens Care Med* 1986;12(3):134-6.
39. Metheny NA, Spies M, Eisenberg P. Frequency of nasoenteral tube displacement and associated risk factors. *Res Nurs Health* 1986;9(3):241-7.
40. Ogawa S, Koichi K, Tofuku Y. Gastroesophageal reflux and respiratory tract infection in tube-fed elderly patients – a comparison between scintigraphy and 24-h pH monitoring. *Nippon Ronen Igakkai Zasshi* 1994;31(11):829–34.
41. Oie S, Kamiya A, Hironaga K, Koshiro A. Microbial contamination of enteral feeding solution and its prevention. *Am J Infect Control* 1992;20(4):202–5.
42. Orozco Levi M, Torres A, Ferrer M, Piera C, El Ebiary M, De La Bellacasa JP, Rodriguez Roisin R. Semirecumbent position protects from pulmonary aspiration but not completely from gastroesophageal reflux in mechanically ventilated patients. *Am J Respir Crit Care Med* 1995;152:1387–90.
43. Pasquale MD, Cipolle MD, Cerra FB. Bacterial translocation: myth versus reality. *In* Reinhart K, Eyrich K, Sprung C (Eds). *Sepsis: current perspectives in pathophysiology and therapy.* Berlin, Springer-Verlag, 1994. p 86-106.
44. Patch ER, DeMichele SJ, Nelson JL *et al.* Enteral nutrition with eicoisapentaenoic acid, gamma linolenic and antioxidants reduces alveolar inflammatory mediators and protein influx in patients with acute respiratory syndrome. *Crit Care Med* 2003;31(2):491.
45. Payne James JJ, Rana SK, Bray ML, McSwiggan D, Silk D. Retrogade (ascending) bacterial contamination of enteral diet administration systems. *JPEN* 1992;16:369–73.

46. Pingleton SK, Hinthorn DR, Liu C. Enteral nutrition in patients receiving mechanical ventilation. Multiple sources of tracheal colonization include the stomach. *Am J Med* 1986;80(5):827.
47. Rayes N, Seehofer D, Muller *et al.* Influence of probiotics and fiber on the incidence of bacterial infections following major abdominal surgery: results of a prospective trial. *Z Gastroenterol* 2002;40(10):869-76.
48. Ribeiro P. Nutrição Enteral. *In*: *Associação de Medicina Intensiva Brasileira. Terapia Nutricional no Paciente Grave.* Editora Revinter, Rio de Janeiro, 2000.
49. Secretaria de Vigilância Sanitária – Portaria 337 de 14 de Abril de 1999.
50. Silva PMF, Gontijo PP, David CMN. Enteral nutrition as a source of nosocomial pneumonia. *F méd (BR)* 1995;111(1):53-5.
51. Tenuti. Board do Curso de Terapia Nutricional do Paciente Grave da UTI. Associação de Medicina Intensiva Brasileira. Editora Revinter, Rio de Janeiro, 2000.
52. Wagner DR, Elmore MF, Knoll DM. Evaluation of "closed" vs "open" systems for the delivery of peptide-based enteral diets. *JPEN* 1994;18(5):453-7.
53. Weissman C, Hyman AL. Nutritional care of the critically ill patient with respiratory failure. *Crit Care Clin* 1987;3(10):185-302.
54. Wells CL, Barton RG, Jechorek RP, Cerra FB. Effect of three liquid diets on cecal bacterial flora and bacterial translocation in mice. *Nutrition* 1991;7(5):358–63.
55. Wells CL, Barton RG, Jechorek RP, Gillingham KJ, Cerra FB. Effect of fiber supplementation of liquid diet on cecal bacteria and bacterial translocation in mice. *Nutrition* 1992;8(4):266-71.

100 Nutrição Parenteral

Hélvio Chagas Ferro

A introdução da Terapia Nutricional Parenteral Total (TNPT) é relativamente recente como método terapêutico em humanos, porém o seu uso revolucionou a visão médica em relação ao tratamento dos pacientes graves, e hoje não temos como iniciarmos qualquer conduta sem darmos grande importância à dieta, o primeiro item da nossa prescrição, e naturalmente, se o paciente não consegue alimentar-se, automaticamente nos lembramos da terapia nutricional parenteral como uma alternativa viável e segura de nutrirmos o nosso paciente clínico ou cirúrgico, que ficará em jejum ou terá dificuldade para alimentar-se de forma adequada, suprindo as suas necessidades.

Tivemos algumas fases na evolução da TNPT, uma fase inicial em que o seu uso foi visto com reserva por muitos, e após resultados positivos foi encarada como a solução para todos os problemas nutricionais, uma fase de euforia, importante fase pois, como houve exacerbação da sua utilização, ficamos conhecendo melhor suas complicações, e implicações metabólicas da terapêutica nutricional parenteral nas diversas patologias, foram realizados inúmeros trabalhos sobre quais as formulações ideais, os seus componentes, aminoácidos, peptídeos, dipeptídeos, gorduras, ácidos graxos essenciais, não-essenciais, triglicerídeos de cadeias curtas, médias ou longas, substratos energéticos, glicose, frutose, sorbitol, xilitol, glicerol, etanol. Foi uma fase de descobertas, investigativa, de grande colaboração para a terapia nutricional parenteral, pois nos levou à fase de amadurecimento no emprego clínico da TNPT, começamos a relacionar de forma mais racional as suas indicações, o tempo de utilização, quais as melhores formulações, com maior atenção às complicações, desde a passagens dos catéteres, infecções, distúrbios metabólicos, ao maior cuidado com o preparo e a manipulação das soluções. Chegamos hoje a uma fase em que utilizamos a TNPT de forma segura, bem indicada, com pleno conhecimento e sabendo como vamos agir diante das suas complicações, com mecanismos de salvaguarda devido a toda a experiência adquirida nas últimas quatro décadas, tornando a sua indicação e administração segura principalmente em mãos de equipes experientes. Estamos ainda ultrapassando a fase de baixa que a TNPT sofreu em virtude da introdução e de fase de euforia da Terapia Nutricional Enteral (TNE), em especial na última década do século XX.

Porém, com a experiência em seu uso, com estudos e pesquisas, que está nos proporcionando a introdução de novos substratos a TNPT como a glutamina, que atuaria de forma mais benéfica e ampla quando utilizada por via venosa. Com a Portaria do Ministério da Saúde nº 272 de abril de 1998,[64] que regulamenta preparo, a administração, além da formação de equipes multidisciplinares de terapia nutricional, tal como aconteceu com a TNPT, iniciamos o século XXI ainda na fase de euforia com a TNE. Apesar do seu custo mais elevado, a TNPT se firma com suas indicações precisas como uma forma excelente, às vezes a única, de nutrirmos e melhorarmos a morbidade e mortalidade dos pacientes desnutridos e/ou hipercatabólicos, hipermetabólicos, em especial nas unidades de tratamento intensivo (UTI), onde nutrir de maneira precoce e adequada torna-se imperativo para a sua melhora, com um menor tempo de ventilação mecânica e permanência hospitalar diminuindo os custos, já tão escassos em nosso país.

HISTÓRICO

A dieta é um termo derivado do latim *diaeta* que significa *modo de vida*, portanto mais do que nunca vale dizer que *diga-me o que comes, que te direi quem és e como encontra-se tua saúde*, porém entram nesse contexto algumas variáveis, mas de uma forma geral o hábito alimentar nos dá informações valiosas.

A Bíblia, o Talmude e outras religiões, em seus livros sagrados definem regras alimentares rigorosas que até hoje são seguidas em sua totalidade ou em parte. Os alimentos sempre desempenharam papel importante na vida do homem, desde a antiguidade até os dias atuais. A busca para a conservação dos alimentos fez com que fossem descobertos novos continentes e com eles a introdução de novos alimentos, como o milho, o amendoim, o cacau e etc.

Hipócrates (460-370 a. C.) acreditava em dietas simples e tratou várias doenças. Elas e seus aforismos retratam, por exemplo: *Quando a enfermidade atingiu o seu grau mais intenso, devem-se empregar as dietas mais magras. Pessoas que são naturalmente muito gordas tendem a falecer mais precocemente que aquelas de biotipo delgado.* Continuam sendo uma verdade até os nossos dias.

Galeno (130-200 a. C.) reservava para as dietas um lugar de destaque em suas práticas médicas e dizia: *A saúde depende fundamentalmente da escolha dos alimentos.*

Aretaeus da Capadócia (século II a II d. C.) fez pela primeira vez a descrição do quadro de diabetes: *Trata-se de uma dissolução progressiva das carnes e dos membros em urina. . . o paciente nunca consegue diminuir a diurese... sua vida é curta... Visto que a dissolução é rápida, e a morte não espera.*

Aristóteles (383-322 a. C.) reconheceu no organismo os quatro humores, que seriam a causa das enfermidades humanas e que podiam predominar uns sobre outros e seriam o sangue, a linfa, a bile amarela e a bile negra, que representavam os quatros elementos do universo: fogo, água, terra e ar, também que os alimentos, secos, úmidos, quentes ou frios repercutiriam sobre a doença. Essa teoria perdurou até o século XVIII.

Com as contribuições, nas ciências químicas, de Boyle, Black, Cavendish, Priestley e Lavoisier, no século XIX, Magendie pôde realizar a separação dos nutrientes em substâncias nitrogenadas, carboidratos e gorduras. A Claude Bernard (1813-1878), discípulo de Magendie, devemos em 1843 a primeira infusão de soro glicosado em animais.

Justus Liebig (1803-1873), na Alemanha, identificou alguns aminoácidos. William Harvey, em 1615, descobriu a circulação sangüínea, e Sir Christopher Wren infundiu vinho e ópio por via venosa em animais. Jean-Baptiste Denis foi o autor da primeira transfusão sangüínea, do carneiro para o homem, logicamente com resultado desanimador. Stephen Hales, no século XVIII, realizou a introdução de água por via circulatória, e designou a síndrome clínica grave de *hidropsia*.

Lobowitz, em 1792, descobriria a glicose, que só seria introduzida na rotina a partir de 1890; James Latta, 1831, salvou vidas com a introdução de soluções hidrossalinas na desidratação do cólera, por via venosa. Rudolph Mattas utilizou por via venosa soro fisiológico no tratamento de pacientes em choque. Leibert descreveu os pirogênicos. Yamakawa, em 1920, experimentou pela primeira vez soluções lipídicas em humanos, e Elman, 1940, tornou possível o uso de hidrolisados de proteínas.

No início da década de 1960, eram lançados nos Estados Unidos da América hidrolisados protéicos como o Aminosol (Abbott); nessa mesma época é importado para o Brasil o Amygen em ampolas.[29]

Porém devemos considerar o inicio da moderna TNPT o ano de 1968, quando Stanley J. Dudrick[25] publicou os primeiros trabalhos sobre nutrição parenteral de longa duração em um lactente e em adultos.[24,25,87]

NO BRASIL

O Brasil também teve os seus pioneiros na TNPT; em 1960 foi utilizado no Pronto-Socorro do Hospital das Clínicas da Faculdade de Medicina da Universidade de São Paulo do HC-FMUSP o hidrolisado Amygen, anteriormente citado. Em 1968/69 a Darrow, Rio de Janeiro, lança o Soramin® em ampolas de 20 ml; baseado na fórmula e matéria-prima da Ajinomoto do Japão, na mesma época o HC-FMUSP utiliza frascos de 200 ml de aminoácidos da Morishita do Japão, através da interferência do Prof. Massayuki Okumura. O próprio Prof. M. Okumura, que realizou o 2º transplante de intestino delgado no mundo, foi um grande incentivador do uso dos aminoácidos.

A partir da década de 1970 iniciam-se os primeiros grupos de alimentação intravenosa, com Drs. Joel Faintuch, Marcel Cerqueira César Machado em São Paulo, João Amorim Filho em Londrina, Paraná, Geraldo Chini, e Alberto Barroso no Rio de Janeiro. Os catéteres venosos só chegariam a partir de 1974; vivia-se a era das flebotomias e das infecções dos catéteres. O Prof. Joel Faintuch tem uma frase primorosa para essa fase da terapia nutricional parenteral no Brasil: *essa não é uma empreitada para profissionais tímidos ou angustiados.* Em 1975 é fundada a Sociedade Brasileira de Nutrição Parenteral, que posteriormente passou a denominar-se Sociedade Brasileira de Nutrição Parenteral e Enteral. Em 1974 realizou-se em Montpellier na França o Congresso Internacional de Nutrição Parenteral com a presença dos brasileiros Drs. Geraldo Chini, Ronaldo Vianna, Giocondo Vilanova Artigas, Herminio Macedo e Joel Faintuch, assim como a fundação da ASPEN e ESPEN.[28] A partir desse momento estava definitivamente lançada com bases sólidas a Terapia Nutricional em nosso país, em especial a TPNT. Hoje temos vários serviços de referência em todo o Brasil, com excelentes resultados. Somos um grupo de profissionais com respeito internacional, evoluindo na terapêutica com segurança, avanços da tecnologia e conhecimentos recentes da moderna metabologia.

Daí a importância deste capítulo na formação do intensivista, necessitando de uma base de conhecimento para o acompanhamento da TNPT em pacientes graves internos em nossas UTIs, pois *só teremos futuro se tivermos conhecimento do passado.*

SINONÍMIA

Terapia nutricional parenteral total (TNPT), Nutrição parenteral total (NPT), Hiperalimentação parenteral total (HAPT), Suporte nutricional parenteral total (SNPT).

DEFINIÇÃO

A terapia parenteral total é a forma mais correta de se administrar todos os nutrientes para a sobrevivência que não seja o aparelho digestório, podendo ser:

1. Terapia nutricional parenteral total central

   Quando administramos os nutrientes necessários por veia de grosso calibre, diretamente na cavidade cardíaca, preferencialmente na veia cava superior, através de punção venosa da veias subclávia ou jugular interna, por haver nesse nível diluição sangüínea com fluxo de até 5 litros por minuto, fator de diluição de 1/1. 000, suportando soluções com concentrações de 2. 500 ou mais mOsm/l.[63]

2. Terapia nutricional parenteral periférica

   Quando administramos os nutrientes necessários por veia de menor calibre na mão, antebraço e braço do paciente, tratando-se de uma venóclise simples.[48] Ainda poderemos utilizar os catéteres venosos centrais de acesso periférico percutâneo.[3]

INDICAÇÕES PARA A TERAPIA NUTRICIONAL PARENTERAL TOTAL

Situações clínicas em que não haja possibilidade de utilização da via oral normal, ou a absorção dos nutrientes é incompleta se ainda houver condições como desnutrição e hipermetabolismo associados, cito:

- *Pré-operatório:* pacientes portadores de patologias que ocluem o trato digestório alto e com desnutrição.
- *Pós-traumáticas:* múltiplas lesões, fraturas, queimaduras, infecções, perdas teciduais.
- Complicações no pós-operatório, íleo adinâmico, peritonites, fístulas intestinais, intestino curto.
- *Insuficiência de órgãos:* insuficiências hepática, renal, respiratória etc.
- *Alterações gastrintestinais*: vômitos, distensões, infecções intestinais, pancreatites agudas graves, quimioterapia.
- *Doenças inflamatórias:* doença de Crohn, retocolite ulcerativa e outras.
- Qualquer outra situação clínica em que não se consiga nutrir adequadamente o paciente que esteja com desnutrição de > 20% de perda de peso e com albumina sérica < 2,5 g%.[4]

CONTRA-INDICAÇÕES DA TERAPIA NUTRICIONAL PARENTERAL TOTAL

- Todos os pacientes que tenham capacidade para alimentar-se oral e/ou enteralmente.
- Estado nutricional adequado.
- Pacientes terminais, com prognóstico muito sombrio. Devemos observar indicações que não levem a distanásia, ou seja, a utilização de alguma tecnologia ou método que estimule o prolongamento de processo longo, penoso e inútil em paciente com mau prognóstico definido, preocupando-se com a quantidade de vida, conhecida também como terapêutica fútil.[52,57]

QUANDO COMEÇAR?

O início da TNPT deve ser quando se necessitar de pelo menos 7 dias de duração ou mais; antes deve-se estabilizar as funções hemodinâmicas, equilíbrio ácido-básico e hidroeletrolítico, com boa perfusão tecidual e se possível bom transporte de oxigênio e substratos. Em algumas situações iniciamos a TNPT mesmo na vigência do uso de drogas vasoativas, desde que observadas as condições acima citadas, de forma precoce, favorecendo assim a diminuição da mortalidade nos pacientes graves.[92]

A TNPT deverá permanecer até o paciente ter condições de suprir as suas necessidades nutricionais básicas sem risco para a sua homeostase, com nutrição enteral (NE) ou com dieta oral normal, podendo-se retornar à TNPT se houver recidiva da causa que indicou a TNPT. Em algumas patologias, como a síndrome do intestino curto e lesões actínicas, doenças inflamatórias intestinais, pode haver a necessidade de longos períodos de TNPT, porém sempre que possível com a estimulação do intestino por via oral.[5]

AVALIAÇÃO NUTRICIONAL EM TNPT

A avaliação nutricional para o paciente é de grande relevância, já que dados do Inquérito Brasileiro de Avaliação Nutricional (IBRANUTRI) nos mostraram uma prevalência de ± 50% de desnutrição intra-hospitalar, daí a importância em se avaliar com o maior cuidado possível os pacientes que são submetidos a TNPT.[86]

AVALIAÇÃO NUTRICIONAL: OBJETIVOS

1. Identificar os pacientes desnutridos ou em risco de desnutrição, tentar, e/ou excluir as alterações que poderão ser evitadas ou minimizadas pela TNPT.
2. Sinalizar para o melhor método nutricional a ser administrado para o paciente.
3. Definir o período de utilização da terapia nutricional indicada.
4. Avaliar os resultados da terapia nutricional durante um certo período de tempo.[20]

De uma forma geral, a avaliação nutricional do paciente grave é bastante difícil, visto que os mecanismo de resposta ao trauma e/ou à agressão modificam as resposta normais à desnutrição.[72] Também não vamos encontrar no momento algum método ou teste que seja específico e sensível para avaliarmos desnutrição no paciente grave, já que as alterações não se relacionam com a deficiência nutricional e sim com as alterações da doença.[89]

Os pacientes graves com desnutrição evoluirão com mais complicações, que aumentarão a morbidade e a mortalidade. Pois, quando presente, a desnutrição só irá beneficiar a doença. Portanto, a atenção para a nossa avaliação nutricional deverá ser redobrada, e a união de vários métodos e testes será necessária para uma avaliação nutricional mais correta, assim como o maior conhecimento da resposta a agressão, trauma e a doença do paciente avaliado.[31]

AVALIAÇÃO NUTRICIONAL

História nutricional

Deve consistir em se pesquisar se houve perda de peso, anormalidades na ingesta alimentar, alterações do aparelho digestório, déficit na atividade física, uso de drogas que possam interferir no apetite ou metabolismo do paciente. A informação de uma perda de peso maior que 10% nos últimos 6 meses de forma involuntária já é considerada desnutrição. As informações do próprio paciente, ou pessoas que possam auxiliar, são de fundamental importância para nossa avaliação nutricional.[18]

Exame físico

São importantes a pesquisa das massas muscular e gordurosa, o peso e sinais de desnutrição, pois uma perda de 5% em 30 dias já apresenta risco nutricional, a presença de edemas, porque o paciente grave ganha rapidamente peso à custa de líquidos infundidos na ressuscitação, por isso devemos ter a informação de peso anterior à doença ou peso habitual, para fazermos uma comparação com o peso atual, avaliarmos a perda de volume muscular de deltóides, tríceps e quadríceps. Está ligada à perda de massa dos músculos diafragma, músculos intercostais e auxiliares da respiração.[54] Observar as alterações típicas nas deficiências de vitaminas e minerais, como: lesões de pele, mucosas, pêlos, assim como depressão e adinamia, após a recuperação do trauma.[16,20]

Avaliação subjetiva global (ASG)

Fazemos a avaliação subjetiva global (ASG), método que utiliza a história clínica e o exame físico, proposta por Detsky *et al* (1987) e revalidada por Coppini *et al* em 1995 e IBRANUTRI, com média de tempo para a sua realização de 9 minutos. Todas as informações são dispostas em forma de pontos para classificar em pacientes nutridos e desnutridos moderados e graves.[23,19,86]

Avaliação laboratorial

Essa avaliação se reporta à quantidade de proteínas viscerais, nitrogênio urinário, creatinina na urina e testes cutâneos de sensibilidade tardia, dosagem de proteínas de síntese hepática como: albumina, transferrina e pré-albumina, cuja síntese no paciente grave é desviada para a produção de proteínas de fase aguda – proteína C reativa, fibrinogênio, alfa-2 macroglobulina, que não têm valor na avaliação nutricional e sim na resposta inflamatória sistêmica por ativação hepática pelas citocinas, além da proteólise instalada. As proteínas sofrem influência do estado de hidratação, funções renal, hepática e cardíaca, além de uso de corticóides, estresse etc. É possível também a realização da contagem dos linfócitos, cujo valor menor que 800 demonstra déficit grave da função imune. A avaliação da eliminação do nitrogênio não tem valor para a avaliação da condição nutricional e sim para avaliarmos a intensidade do catabolismo e qual a velocidade da perda das reservas de proteínas. Os testes de hipersensibilidade cutânea estão praticamente abandonados, por serem pouco práticos e difíceis de interpretar.[72,30] No entanto, uma resposta positiva após anergia inicial representa boa evolução do quadro nutricional.

Testes da função muscular

Nos pacientes graves com hipermetabolismo, catabolismo protéico e calórico acentuado, a perda da massa muscular e da função é inevitável e progressiva se o processo não for detido. Por isso, os testes de avaliação da função muscular identificam as alterações precocemente e também a recuperação devido à intervenção nutricional.

Um dos métodos utilizados é a dinamometria, que avalia a força de preensão da mão, pois apresentando valores baixos fica demonstrada a desnutrição antes mesmo da perda de peso e/ou massa muscular visível. Esse método depende da colaboração do paciente, não sendo possível termos a avaliação da função muscular através da estimulação elétrica do nervo ulnar e contração do adutor do polegar, avaliamos força da contração, relaxamento muscular e estímulo tetânico, e suas diminuições indicam desnutrição.[18,72]

Ainda poderemos nos servir da espirometria, em que a desnutrição nos indica alterações como diminuição da pressão inspiratória e expiratória máxima, da capacidade vital e do volume expiratório forçado, além do volume ventilatório máximo.

Composição corporal

Tem como objetivo primordial avaliar a constituição atômica do organismo e seus compartimentos, porém com limitações, tais como: aumento da água corporal, extremos de idade e outros. Avaliamos a composição corporal em massa corporal adiposa e massa corporal magra, esta dividida em massa corporal extracelular e massa corporal celular. Mais recentemente, descobriu-se que é possível avaliar a composição corporal em mais compartimentos como atômico, celular, molecular, tecidual e total.[44]

Com esses métodos, torna-se viável a determinação de mais de 30 elementos individuais, como hidrogênio, carbono, oxigênio, sódio, potássio, nitrogênio, cálcio etc., tendo-se uma avaliação mais fidedigna da composição corporal.[26]

Todos esses métodos são de uso restrito na prática médica diária, por serem caros, usados mais para estudos científicos, por exemplo ressonância nuclear magnética, tomografia computadorizada, por não serem realizados com facilidade à beira do leito. Nos pacientes graves temos dificuldades para transportá-los, com evidentes riscos na sua manipulação.[73] Apenas a bioimpedância corporal total tem sido utilizada na prática clínica diária para avaliação nutricional à beira do leito.[55] Iremos descrever a seguir alguns métodos da avaliação nutricional com breves comentários, a título de informação.

Avaliação antropométrica

A interpretação desse método é difícil, pois existem implicações como aumento da água corporal total, peso, circunferências dos braços, pregas cutâneas, modificações dos compartimentos extra e intracelulares, o que nos leva a erros de interpretação do estado nutricional, em particular no paciente grave.

BIOIMPEDÂNCIA CORPORAL TOTAL (BCT)

A BCT torna-se um método fácil para a sua realização à beira do leito, é um procedimento não-invasivo, rápido, indolor, sensível, e baseia-se na passagem de corrente elétrica de baixa amplitude (500 a 800 mA) e com alta freqüência (50 kHz), mensurando: resistência (R), reatância (Xc), impedância (Z) e ângulo de fase (∅).

O percurso da corrente elétrica vai depender do volume do condutor (corpo), comprimento (altura) e impedância, que se traduzem na resistência à passagem de uma corrente elétrica. Dessa forma, a impedância é diretamente proporcional ao comprimento do condutor e inversamente proporcional ao diâmetro do mesmo.[16,55,45]

Nos pacientes graves, além de avaliar a composição corporal e a distribuição da água corporal total e compartimentos intra e extracelular, podem acontecer resultados imprecisos nos pacientes graves.[47]

MEDIDA DE ABSORÇÃO DE DUPLA ENERGIA DE RADIOGRAFIA (DEXA)

Normalmente utilizada como técnica cintilográfica para a medição de densidade óssea, pode também diferenciar o tecido corporal magro da gordura, estimando dessa forma a massa adiposa, sem subtrair outros compartimentos corporais. A musculatura total é prevista a partir da estimativa da massa muscular dos membros; o método é prático, rápido e não-invasivo, a emissão de radiação é baixa e pode ser repetido várias vezes, necessita de pouca colaboração do paciente, e portanto pode ser empregado no paciente crítico. Os erros ocorrem nos pacientes obesos, idosos e no indivíduo com alteração significativa na distribuição da água corporal.[53,77]

DOSAGEM DE POTÁSSIO CORPORAL TOTAL

Método que permite a avaliação da massa corporal magra, pois a presença do potássio estaria apenas presente no tecido magro, sendo a sua concentração variável de acordo com a idade e a adiposidade. Os obesos teriam uma concentração mais baixa. A desnutrição grave também reduziria a concentração de potássio, método de realização difícil, já que o paciente teria que permanecer em recinto fechado por ± 1 hora para que a dosagem *in vivo* fosse realizada por contador corporal total da emissão de raios gama do isótopo natural do potássio.[36]

MÉTODOS DE IMAGEM

A tomografia computadorizada (TC) e a ressonância nuclear magnética (RM) são métodos também utilizados para a avaliação da composição corporal. A tomografia computadorizada nos dá uma avaliação precisa do tecido adiposo subcutâneo e visceral: massa muscular esquelética; órgãos como cérebro, fígado, baço, rins e coração, pele e osso. A ressonância nuclear magnética realiza o mesmo que a TC, porém com menos precisão, além da limitação para pacientes obesos e com dispositivos metálicos, como portadores de marca-passo. São métodos que necessitam da colaboração dos pacientes.[73]

ABSORÇÃO DE LUZ INFRAVERMELHA

É um método fácil, seguro e barato para avaliação da composição corporal. Um aparelho que emite luz infravermelha é posicionado contra a pele, a energia refletida é medida pelo aparelho e por equação estima-se a quantidade de gordura. Essa avaliação deve ser realizada no bíceps, devido à sua pouca penetração. A ALIV é imprecisa em obesos.[82]

CALORIMETRIA INDIRETA (CI)

Esse método nos fornecerá duas importantes informações:

1. Mede as necessidades calóricas para 24 h.
2. Mede a utilização dos substratos refletida pelo quociente respiratório (QR), nos informando de que forma o organismo está utilizando os nutrientes e a quantidade de calorias consumidas em 24 h.

Com essas informações, poderemos adotar uma estratégia mais adequada a cada situação clínica no paciente grave, evitando excessos desnecessários na TNPT.[56]

A calorimetria indireta mede o consumo de oxigênio ($\dot{V}O_2$) e a produção de dióxido de carbono ($\dot{V}CO_2$), nos informando o cálculo do gasto energético em repouso, de acordo com a utilização de algumas equações; a mais usada é a equação de Wier.[72]

A calorimetria indireta nos dá com precisão o balanço calórico cumulativo. Os pacientes que evoluem com balanço calórico positivo medido pela CI apresentam menor taxa de mortalidade em relação aos que cursam com balanço calórico negativo.[69]

Existem dois sistemas para a realização do método: o circuito fechado e o circuito aberto. No circuito fechado o paciente fica isolado do ar ambiente e respira dentro de um reservatório de oxigênio puro. No circuito aberto paciente respira ar do ambiente e o $\dot{V}O_2$ é determinado pela medida da diferença entre a concentração de O_2 inspirado e expirado. O circuito fechado é o melhor para os pacientes em ventilação mecânica.[7,56,72]

Na prática clínica diária, o mais utilizado pelas equipes que lidam com a TNPT nos hospitais é a equação de Harris-Benedict para se estimar os gastos calóricos, assim como a *fórmula de bolso,* que são práticas pelo menos para se ter uma avaliação inicial rápida do paciente, levando-se em consideração que a diferença do resultado entre as diversas fórmulas é de ± 10%, não sofrendo o resultado final grande alteração.[31,69]

Tivemos especial atenção para avaliação nutricional neste capítulo por tratar-se do segmento mais importante para uma boa evolução da TNPT no paciente crítico.

VIAS DE ACESSO

Na TNPT, a via de acesso é fundamental, já que se trata do princípio básico para a administração da terapia. As vias mais utilizadas para a TNPT central são as veias subclávia, jugulares interna e externa, femoral e antecubital. Existem na literatura diversas descrições de variações para orientação de punções venosas; para a veia jugular temos mais de 10 variações descritas.[71] Têm surgido ultimamente vários trabalhos para introdução e utilização de fluoroscopia, ultra-sonografia e intensificadores de imagem e eletrocardiograma.[84] As técnicas mais utilizadas são a de Aubaniac, punção percutânea infraclavicular da v. subclávia e a de Seldinger, punção percutânea com utilização do fio-guia para a inserção do catéter venoso.[6,61]

Nos anos 1970, foram introduzidos os catéteres venosos semi-implantáveis, feitos de silicone, são os catéteres de Hickman e Broviac, ajudaram nas TNPT de longa duração.[11]

Nos anos 80, foram desenvolvidos os catéteres totalmente implantáveis no subcutâneo, com menor risco de contaminação; ao final dos anos 80, foi lançado o catéter de Groslong, de silicone semi-implantável e valvulado, que reduz o refluxo sangüíneo e a oclusão do mesmo.[43,42]

Atualmente a tendência é a colocação dos catéteres venosos centrais de inserção percutânea periférica. Também fabricados de silicone, foram utilizados pela primeira vez em 1929 e estão retornando agora.[3]

Devemos administrar as soluções parenterais sempre que possível em veias profundas para minimizarmos as complicações relacionadas com a alta osmolaridade das soluções de TNPT, devido ao grande fluxo sangüíneo nessas vias. Os catéteres venosos tornaram algumas intervenções médicas uma realidade, como a hemodiálise, a quimioterapia, a monitorização hemodinâmica e a própria TNPT, quando Dudrick *et al* a utilizaram com sucesso em 1968.[24] Porém o uso dos catéteres está associado a um maior risco de morbidade e mortalidade, por trazer complicações.[93]

COMPLICAÇÕES METABÓLICAS

Hiperglicemia e hiperosmolaridade

São comuns, no início da TNPT, níveis mais elevados da glicemia em relação aos basais, em especial nas primeiras 24 horas, com taxas sangüíneas entre 130 a 140 mg %, até taxas de 180 mg% ou 2 cruzes de glicosúria, em função da elevação gradativa da produção de insulina endógena; os valores citados correspondem a uma tolerância metabólica de utilização da glicose, que varia em torno de 400 g a 500 g/dia. Porém valores mais elevados correspondentes a 4 cruzes, ou cerca de 2, 0 g de glicose/100 ml de urina,[13] são o sinal de alarme para que sejam tomadas providências, sob pena de agravamento do paciente crítico devido a estresse, sepse e hipercatabolismo, geralmente apresentando sensibilidade aumentada à glicose, geralmente com hiperglicemia de 400 a 1.000 mg% e osmolaridade sérica de 350 mOsm/l. A manutenção de taxas altas de glicemia levará o paciente a apresentar diurese osmótica importante, tendo como complicação metabólica coma hiperglicêmico hiperosmolar de difícil controle e tratamento, com índice de mortalidade entre 30% e 50%, e tendo como causas principais: infusão muita rápida de soluções glicosadas, deficiência de insulina secundária a diabetes ou pancreatite, intolerância à glicose própria nos processos de sepse, ação de medicamentos como antimetabólicos, corticóides etc. Devemos ainda alertar que podem ser secundárias hipopotassemia e a deficiência de cromo, já relatadas como possíveis causas de hiperglicemia. O quadro clínico pode ter início insidioso, lento (± 24 h) ou súbito, sendo a acidose um ponto comum (pH em torno de 7, 2) e caracterizando condição irreversível. O sucesso do tratamento reside na precocidade do diagnóstico, no controle da desidratação sem administração hídrica excessiva, que pode levar a edema cerebral gravíssimo. O controle da glicemia deverá ser firme porém não brusco, a insulina se for necessária deve ser adicionada, inicialmente 1 unidade para 10 g de glicose (10 unidades para sol. glicosada 10%). Se a hiperglicemia persistir apesar do uso de mais de 2 unidades de insulina para 1 g de glicose, devemos interromper a infusão.[33]

Hipoglicemia

A hipoglicemia ocorre geralmente após a suspensão abrupta da solução com glicose hipertônica, a chamada hipoglicemia de rebote, que pode ser evitada com a diminuição gradativa da oferta de glicose em 24 h,[59] utilizando-se de glicose a 5% a 10%; com essa medida em 24 h os níveis elevados de insulina estarão normalizados. Outra maneira de o paciente apresentar hipoglicemia durante a terapia nutricional é a oferta exagerada de insulina, cujo quadro clínico apresenta sintomatologia clínica de ansiedade, sudorese, tontura, tremores, cefaléia, palidez, taquicardia, além de letargia e convulsão.[59] Portanto, deveremos estar alerta para a gravidade da hipoglicemia e lembrarmos que esporadicamente a hipoglicemia durante a terapia nutricional poderá ser a manifestação inicial de sepse, mesmo nos pacientes apiréticos e sem leucocitose.

Retenção de CO_2

Se houver oferta excessiva de calorias não-protéicas a base de glicose hipertônica é prejudicial em determinadas situações, como o paciente de UTI. Ofertas de glicose acima de 25 kcal/kg/dia podem levar a aumento da freqüência respiratória, maior produção de CO_2, concomitante consumo de O_2, aumento do gasto energético basal e alteração do quociente respiratório e dificuldade de desmame da prótese ventilatória, em especial nos pacientes portadores de doença pulmonar obstrutiva crônica (DPOC).

Deficiência de ácidos graxos essenciais

Os pacientes que utilizam sua terapia nutricional apenas como fonte calórica à glicose podem apresentar, após um período de 3 semanas, alterações compatíveis com deficiência de ácidos graxos essenciais, tanto clínicas como laboratoriais. Os ácidos graxos não-sintetizados pelo organismo são considerados essenciais, por exemplo os ácidos graxos poliinsaturados (linoléico, linolérico e araquidônico). Considera-se o mais importante o ácido linolérico, precursor do ácido araquidônico.

As alterações laboratoriais se manifestam por aumento da fragilidade das hemácias, já que fazem parte da membrana celular anemia, trombocitopenia e diminuição da síntese de prostaglandinas devido à sua participação nos processos de fosforilação oxidativa. Estudo pioneiro de Burr e Burr em 1929 demonstrou em animais de laboratório que a carência de gordura nas dietas por deficiência de ácidos graxos essenciais determinava retardo no crescimento, lesões descamativas de pele, necrose da cauda e lesão renais,[14] além de os machos tornarem-se estéreis e as fêmeas fecundadas abortarem constantemente.

Porém foi Collins que em 1969 registrou o primeiro caso de deficiência de ácidos graxos em paciente adulto, um paciente com 100 dias de TNPT após ressecção intestinal ampla.[17]

Portanto, deve-se evitar a terapia nutricional com insuficiência ou ausência de ácidos graxos essenciais na composição da solução, em particular nos pacientes críticos, em que essa alteração já acontece devido ao estresse.[92]

A prevenção e o tratamento da deficiência de ácidos graxos essenciais são conseguidos pela administração de emulsão de triglicerídios de cadeias longa e média em soluções 3,1 ou 2 vezes por semana.

Hipofosfatemia

Essa complicação metabólica ocorre em pacientes em uso exclusivo de terapia nutricional parenteral sem suplementação adicional de fosfato. A manifestação ocorre logo após os primeiros 10 dias do início da TNPT e o quadro clínico é caracterizado por: fraqueza muscular, parestesias, disartria, paralisia, hemólise, rabdomiólise, anemia, alterações da função fagocitária e da hematose, letargia, alterações respiratórias, coma, convulsão e morte. A deficiência de 2-3 difosfoglicerato e ATP nos eritrócitos leva ao aumento da afinidade da hemoglobina pelo oxigênio, o que contribui para o aparecimento de hipóxia; ainda observam-se anormalidades dos eritrócitos com formação de esferócitos rígidos e anemia hemolítica severa, reversível. Também observaremos alterações leucocitárias com depressão da atividade fagocitária dos glóbulos brancos.

A oferta normal em pacientes sem alterações da função renal fica em torno de 18 mMol, ou seja, 10 ml da solução de KH_2PO_4 a 10%, ou pode limitar-se a retirada da TNPT a infusão de solução glicosada ou à inclusão em soluções de terapia nutricional.

Hipomagnesemia

A deficiência de magnésio tem importância fundamental na função cardíaca, diminuindo os riscos de arritmia e aumentando o fluxo coronariano, e apresenta-se como manifestações clínicas, alterações do sistema venoso central e neuromuscular com inegável semelhança ao déficit de cálcio. Os sinais de Trousseau, Chvostek, formigamento das extremidades e da região perioral, espasmo carpopedal, tetania, tremores, fasciculações musculares, hiporreflexia, confusão mental, apatia, náuseas e vômitos em geral ocorrem com a deficiência de magnésio. O ECG e a dosagem dos eletrólitos são meios para diagnóstico diferencial entre as deficiências de cálcio e magnésio. No déficit do cálcio o intervalo QT fica prolongado, no déficit de magnésio o segmento ST está deprimido e há inversão da onda T. Os pacientes mais propensos a apresentarem hipomagnesemia são os que evoluem com diarréia, como portadores de doença de Crohn, retocolite ulcerativa, ressecções intestinais extensas, fístulas do aparelho digestório de alto débito, pancreatite aguda e aspiração gástrica prolongada. Em pacientes com a função renal preservada, usa-se para reposição 10 a 20 ml/dia, isoladamente, sob a forma de sulfato de magnésio a 10%.[38]

Alterações hepatobiliares

A TNPT em certas ocasiões pode provocar efeitos adversos sobre o sistema hepatobiliar, que geralmente são transitórios e não deixam seqüelas, mas podem levar a dano hepatocelular grave como esteatose, esteato-hepatite e raramente fibrose ou cirrose. Freqüentemente nos adultos a alteração mais comum é a elevação discreta e transitória dos enzimas hepáticas AST e ALT, em geral não ultrapassando 2 a 3 vezes o seu valor máximo normal. Em geral aparece entre a primeira e a quarta semana do início da TNPT e pode desaparecer espontaneamente, mesmo com a permanência da TNPT. As alterações de bilirrubinas e da fosfatase alcalina acontecem em fase mais tardia. Na NPT de curto tempo as alterações histopatológicas são a esteatose e a colestase intra-hepática, nas NPT prolongadas acrescentam-se a esteato-hepatite a partir da esteatose e eventualmente cirrose micronodular. A esteatose aparece com maior freqüência na fase inicial, com depósito de gordura macrovesicular nas áreas periportais, e adota um padrão centrolobular ou panlobular. As calorias em excesso na forma de glicose são transformadas em triglicerídios no fígado através de aumento da insulina plasmática, que tem ação lipogenética, estimulação da acetil-CoA, enzima que limita a síntese de ácidos graxos, e diminuição da secreção hepática de triglicerídios. Também o acúmulo de gordura no fígado levaria ao desequilíbrio entre as calorias ofertadas em excesso e os baixos níveis de aminoácidos necessários para a síntese de lipoproteínas. Essa situação é observada nos pacientes com esteatose grave e nos portadores de kwashiorkor.

A colestase intra-hepática se manifesta com elevação da fosfatase alcalina e às vezes das bilirrubinas. Histologicamente, caracteriza-se por proliferação ductal, presença de tampões biliares intracanaliculares, colestase centrolobular, depósito de pigmento biliar intra-hepatocitário e infiltrado misto periportal, manifestações que involuem após a retirada da TNPT. A patogenia da colestase tem sido atribuída à ação de ácidos biliares hepatotóxicos circulantes, e esses ácidos podem ser resultado do supercrescimento bacteriano durante o período de TNPT. Parece haver também associação entre a colestase em paciente com TNPT na presença de doença inflamatória intestinal ou de síndrome do intestino curto. Em pacientes sem colecistopatia prévia em uso de TNPT que apresentam colecistite clínica, um percentual maior é de colecistite litiásica. Para a prevenção, seria necessária a limitação da oferta calórica de carboidratos como a glicose, não se devendo ultrapassar o limite máximo de 5 mg/kg/min, porque níveis acima desse limite favorecem a lipogênese intra-hepática, e a oferta de um terço das calorias diárias calculadas na forma de gordura evitaria ou diminuiria o aparecimento de esteatose. A ectasia vesicular parece ser o fator predisponente para a colecistopatia, a oferta por via oral de pequenas quantidades de gordura e proteínas poderia prevenir essa complicação, uma vez que, manifesta e instalada a doença vesicular, só resta a alternativa cirúrgica.[35,66] No paciente crítico, as alterações hepatobiliares se revestem de conotação mais dramática, já que ficaremos na dúvida se a doença é devido à terapêutica nutricional ou faz parte de todo o contexto de insuficiências e alterações metabólicas funcionais tão características do paciente crítico.

Hipopotassemia

Ocorre na fase inicial da terapia nutricional parenteral em decorrência da doença de base ou de causas associadas, deve-se a um fluxo maior do espaço extracelular para o intracelular, por ação da insulina e da glicose, na fase de reversão do estado catabólico, tendo como sinais e sintomas clínicos: arritmias, náuseas, fraqueza, hiporreflexia, dificuldade respiratória, parestesias, irritabilidade e íleo paralítico. Todas essas alterações eletrolíticas devem ser monitorizadas e corrigidas de maneira rápida e contínua, pois o paciente crítico não as tolera.

Alterações ósseas

As alterações do metabolismo ósseo normalmente ocorrem em pacientes em uso prolongado de TNPT, estão associadas a dor óssea, das extremidades e periarticular; podem ainda vir associadas a osteomalacia, hipercalcemia intermitente, hipercalciúria, cálcio ósseo diminuído e paratormônio (PTH) circulante; porém nos pacientes com insuficiência renal, também há osteoporose e ingestão de cálcio deficiente.[76]

Excesso ou deficiência de vitaminas

Pacientes evoluindo em terapia nutricional podem apresentar alterações do quadro clínico devido a excesso ou deficiência de vitaminas.

Por exemplo, a deficiência de vitamina A leva o paciente a apresentar cegueira noturna, xeroftalmia, queratose folicular, pele áspera e seca; o excesso de oferta pode levar a sinais e sintomas como: dores ósseas, anorexia, alopecia, irritabilidade e hepatomegalia. A deficiência de vitamina D acarreta diminuição do cálcio e fósforo plasmáticos, fraqueza muscular, deformidades ósseas, osteomalacia, raquitismo e diminuição da absorção intestinal de cálcio. O excesso levará a cefaléia, anorexia, náuseas, arritmias cardíacas, hipercalcemia e hipertensão. A vitamina K, em quantidade deficiente, levará a esteatose hepática, dores musculares e alterações da espermatogênese; o excesso se acumula no tecido adiposo. A vitamina K, em se tratando da sua deficiência, aumenta a tendência de fenômenos hemorrágicos e hipoprotrombinemia plasmática. O seu excesso causa alterações hepáticas e anemia hemolítica.

A vitamina C, quando existe deficiência, aparecem o escorbuto, alterações hemorrágicas, anemia, distúrbios psicológicos, alterações dermatológicas, astenia, cefaléia, dores ósseas e emagrecimento; o seu excesso pode causar hiperoxalúria.

As deficiências das vitaminas do complexo B causam, de maneira generalizada, alterações dermatológicas, tipo dermatites, queratose, glossites, alterações das papilas gustativas, anemias, fraqueza muscular, palpitações, neuropatias periféricas, irritabilidade e depressão. Quando administradas em excesso, podem levar a diarréia, arritmias, vômitos, urticárias, pruridos.

Alterações da realimentação

Em pacientes criticamente doentes, a repleção nutricional vigorosa e rápida causará o distúrbio da realimentação, com diminuição importante de fosfato sérico por sua movimentação intracelular para produção de ATP, podendo levar a hemólise, alteração da função cardíaca, disfunção neuromuscular com perda sensorial, convulsões, rabdomiólise, paralisia e depressão respiratória. Pode ocorrer diminuição rápida de magnésio e potássio séricos.

Portanto, para evitá-la, devemos evoluir com a repleção nutricional em pacientes críticos de maneira lenta e cuidadosa, de preferência mista parenteral e enteral, com oferta calórica menor para evitarmos a hiperglicemia e hiperinsulinemia, que levarão a diminuição do potássio sérico, além do efeito antidiurético da insulina e sobrecarga de volume com posterior descompensação cardíaca.[78]

O volume necessita ser monitorizado continuamente através do peso, edemas, ascite, com as avaliações da pressão arterial, pressão venosa central, balanço hídrico e diurese. Em pacientes muito graves pode ser útil a monitorização da pressão capilar pulmonar através do catéter de Swan-Ganz.[51]

Alterações dos oligoelementos

Não devem serem esquecidos os oligoelementos, que também são chamados de elementos traços ou microelementos; são de fundamental importância nos processos bioquímicos das atividades inibidora e estimuladora do nosso organismo. Dos oligoelementos conhecidos, alguns são considerados de vital importância como zinco, cobre, cromo, manganês, selênio, molibidênio. Hoje na terapia nutricional os oligoelementos são repostos associados às soluções, e sinais e sintomas como anorexia, alopecia, alterações do paladar e olfato dermatites, anemia leucopenica, neutropenia, náuseas e vômitos, confusão mental, neuropatia periférica com ataxia e cardiomiopatias são manifestações raras, porém devem ser lembradas no paciente crítico.[2]

TERAPIA NUTRICIONAL PARENTERAL TOTAL CENTRAL

O inicio da administração da TNPT em via central deverá obedecer a alguns critérios, como uma menor velocidade de infusão nas primeiras 24h, como por exemplo 60 ml/hora.

Se não aparecerem complicações metabólicas como hiperglicemia, aumenta-se a velocidade de infusão para 100 a 150 ml/hora, dependendo das necessidades calculadas calóricas e protéicas. Havendo necessidade de redução da oferta hídrica, concentra-se a glicose e aumenta-se a oferta de lipídios na solução.

Nos doentes com inanição severa e baixo metabolismo, devemos fazer a progressão da TNPT mais lenta, podendo-se evoluir por uma semana se necessário, dessa forma evitaremos o distúrbio da realimentação;[78] já nos casos em que ocorre o contrário nos pacientes com metabolismo alto, em estresse, tentaremos atingir a oferta energética calculada entre 24 e 48 horas.

O término da TNPT em via central deve também ser efetuado de forma lenta, para que não ocorra hipoglicemia súbita. Para tal devemos infundir solução glicosada a 10% por 12 horas ou 24 horas, seguindo-se a retirada da via de infusão quando indicada. Nos pacientes com dieta oral ou dieta enteral esses cuidados são desnecessários.

TERAPIA NUTRICIONAL PARENTERAL TOTAL PERIFÉRICA

A terapia nutricional parenteral total periférica deve ser utilizada nos pacientes que tenham algumas das contra-indicações para a punção venosa central, e os que não têm indicação para TNPT prolongada devem ser pacientes com estado nutricional preservado, e que não poderão por algum período de tempo usar a via oral ou enteral para sua alimentação. Existe ainda a indicação para pacientes que não conseguem preencher as suas necessidades diárias de macronutrientes apenas por via intestinal, funcionando como suplemento para um aporte protéico-calórico adequado.

Devemos infundir, na composição da terapia nutricional parenteral total periférica, soluções de glicose (concentração 5% ou 10%) ou outros carboidratos como sorbitol, xilitol ou frutose, emulsão gordurosa e aminoácidos, sendo soluções de baixa osmolaridade.

Alguns autores, na década de 1970, propuseram o uso de aminoácidos em via periférica para poupar a degradação protéica em pacientes pós-cirúrgicos catabólicos, que resultariam na redução da gliconeogênese e aumento da produção dos corpos cetônicos, mimetizando a resposta ao jejum. Depois ficou demonstrado que essa terapêutica é ineficiente para vários grupos de pacientes cirúrgicos, não se justificando atualmente o seu uso como recomendação de rotina.

Temos também contra-indicações para o uso de terapia nutricional parenteral total periférica como:

1. Limitações para volumes (2.000 a 3.000 ml/24h).
2. Veias periféricas inadequadas.
3. Infarto agudo do miocárdio.
4. Dislipidemias.
5. Alergia a ovo ou a emulsões gordurosas.
6. Insuficiência hepática grave.
7. Indicação absoluta para terapia nutricional parenteral total central.
8. Terapia nutricional enteral efetiva.[10]

Na terapia nutricional parenteral total periférica deve-se ter alguns cuidados, como tentar manter a solução com osmolaridade em torno de 1.000 mOsmol/l e pouca quantidade de potássio, deve-se obter o acesso venoso nas veias periféricas distais da extremidade superior, a punção deve ser rodiziada a cada 48h para evitarmos ou minimizarmos a ocorrência de flebite.[83]

No início e no término da TNPT em via periférica não é necessário o cuidado que se tem com a TNPT em via central, apenas devemos ficar atentos ao clareamento dos lipídios.

MONITORIZAÇÃO DA TNPT

A monitorização da TNPT é extremamente importante para a boa evolução do paciente, porque irá prevenir complicações mecânicas, metabólicas e infecciosas. Essa deve ser seguida de acordo com a rotina da equipe da terapia nutricional, assim como individualizada de acordo com cada paciente e a sua resposta à terapêutica empregada e sua evolução clínica diante da sua patologia.

A observação do aparecimento de febre, calafrios ou sinais clínicos de bacteremia é importante para verificação do catéter venoso central ou periférico, no seu sítio de inserção, solicitando o resultado do controle microbiológico da solução, leucograma, hemoculturas. Hiperglicemia no paciente que se encontrava estável pode ser o primeiro sinal de infecção, antes mesmo do aparecimento de calafrios, febre e outros sinais e sintomas.[85]

Torna-se vital o controle de hemograma, glicemias, dosagens das proteínas (albumina, pré-albumina, transferrina), lipidograma (colesterol e triglicerídios), teste de turvação de 12h após o término da infusão da solução com gordura. Reavaliações da composição corporal com bioimpedância corporal total, calorimetria indireta ou uso da equação de Harris-Benedict ou outras nos auxiliam para o nosso balizamento da terapia nutricional e das modificações que poderão acontecer; veremos se está sendo ou não satisfatória a evolução nutricional do paciente. Portanto, o acompanhamento clínico diário realizado por equipe interdisciplinar experiente é fundamental para o sucesso da TNPT.

SOLUÇÕES DE TNPT

As soluções da TNPT e suas formulações serão adaptadas às situações individuais de cada paciente, respeitando as patologias envolvidas no seu quadro clínico, devendo sofrer as modificações que se façam necessárias, definindo os cálculos do gasto energético. A solução deverá ser composta por aminoácidos, carboidratos, gordura, macro e micronutrientes, vitaminas, insulina e heparina, se necessário. Podemos utilizar soluções com formulações ditas padrões que divergem nos vários serviços que trabalham com TNPT[32]

Exemplos básicos de formulações de TNPT

■ ***Solução padrão***

- Aminoácidos 10% com 20 aminoácidos 500 ml = 8 g de N.
- Sol. glicosadas 50% - 500 ml = 1.000 calorias 250 g/glicose.
- Sol. de lipídios 20% (LCT = MCT) = 200 ml.
- Insulina simples, regular – unidades.
- Heparina sódica – unidades.
- Polivitamínico – ampolas/frascos.
- Elementos-traço – ampolas.
- Eletrólitos – ampolas.

■ ***Solução para insuficiência hepática***

- Aminoácidos de cadeia ramificada a 8% – 500 ml.
- Sol. glicosada 50% – 500 ml = 250 g/glicose 1.000 calorias.
- Insulina simples – unidades.
- Polivitamínicos – ampolas/frascos.
- Elementos-traço – ampolas.
- Eletrólitos – ampolas.

■ ***Solução para insuficiência renal***

- Aminoácidos essenciais a 6, 9% – 250 ml = 2,8 g de N.
- Sol. glicosada 50% – 500 ml = 250 g/glicose = 1.000 cal.
- Sol. de lipídios 20% – 100 ml.
- Polivitamínicos – ampolas.
- Eletrólitos – ampolas.

Em algumas soluções, inclusive a padrão, também utilizamos glutamina nas quantidades de 50 ou 100 ml.

■ *Solução para veia periférica*

- Aminoácidos 10% com 20 aminoácidos – 500 ml 8 g de N.
- Sol. glicosada ou frutose 10% – 500 ml = 200 cal.
- Sol. de lipídios 20% – 200 ml.
- Heparina – unidades.
- Elementos traço – ampolas.
- Polivitamínicos – ampolas.
- Glutamina – 50 ou 100 ml.
- Eletrólitos – ampolas.

BREVES COMENTÁRIOS SOBRE SUBSTRATOS E TNPT

A nutrição artificial atualmente apresenta progressos e descobertas contínuas, relacionadas com bioenergética celular e biologia molecular, antecipando nossas possibilidades terapêuticas aplicáveis à clínica nutricional diária.[88]

Essa tecnologia está propiciando a oferta de substratos nutricionais específicos para o benefício de grupos específicos de pacientes; seriam formulações individuais, até para órgãos e tecidos, facilitando a resposta anabólica nos estados graves, porém indagamos, que nutriente deve ser utilizado? Qual a quantidade a ser administrada, serão *balas mágicas?*, pois a necessidade diária de 40 a 45 nutrientes necessários aos indivíduos normais, de preferência diariamente, para suprir as suas quantidades alteradas.[60,27]

A tendência atual, através da nova bioquímica, é pela modificação da classificação tradicional de aminoácidos essenciais e não-essenciais, denominando-os indispensáveis ou condicionalmente indispensáveis, reconhecendo as suas propriedades funcionais em determinados estados patológicos, pois um substrato é essencial se em termos de nutrição a sua dependência é determinada pela razão fornecimento *versus* demanda, desaparecendo assim a diferenciação entre essencial e não-essencial.[51] Dessa maneira, veremos abaixo algumas substancias que irão diferenciar vários substratos importantes para a nutrição.

Arginina

Sendo a arginina um metabólito intermediário do ciclo da uréia, ela irá reduzir eficientemente os níveis de amônia no sangue, controlando a carga de amônia proveniente de aminoácidos hidrolisados. Também está em foco devido a uma ação imunomoduladora em especial, melhorando a função das células T e aumentando a fagocitose. Alguns autores verificaram que a oferta de 30 a 35 g de arginina pode diminuir o crescimento tumoral e retarda a formação de metástases. Na sua administração parenteral, ela competirá com a lisina, e sua oferta aumentada irá resultar na privação da lisina.[21]

A arginina é importante como substrato na produção de óxido nítrico (NO), que por sua vez tem papel relevante na regulação da inflamação e na imunidade. A arginina parenteral pode melhorar a isquemia miocárdica por produzir vasodilatação periférica, melhorando a vasodilatação dependente do endotélio, devido à estimulação do NO dependente da insulina ou à geração do NO não-enzimático.[67]

Histidina

A histidina, há mais ou menos 30 anos, foi considerada substrato necessário à criança, e os estudos de Fürst *et al* demonstraram ser a histidina aminoácido indispensável na anemia, e sua suplementação resultou em melhora clínica do balanço nitrogenado.[34]

Serina

A serina em adultos é sintetizada a partir da glicina, e estimula a síntese protéica *in vitro*. Nos pacientes anêmicos com alteração da função renal, os seus níveis estarão reduzidos tanto intra como extracelularmente, sugerindo que a serina seria indispensável nos pacientes em hemodiálise. A sua baixa pode ser um fator limitante para a síntese protéica.[8]

Taurina

A taurina é o aminoácido livre mais encontrado no espaço intracelular e está reduzido nos pacientes com insuficiência renal crônica. Essa deficiência da taurina intracelular pode estar associada à fadiga muscular da uremia.[9] Outras funções da taurina intracelular como a estabilização do potencial de membrana e o transporte do cálcio, a tornam um agente antiarrítmico e inotrópico.

Existem evidências de que a taurina seria indispensável na TNPT; sua baixa concentração foi descrita na urina, plasma, plaquetas e em politraumatizados que recebiam TNPT por um prazo longo sem taurina na sua formulação e também sem cisteína, que é o precursor metabólico da taurina.[62] Mas a presença de metionina por conversão inadequada pode ter contribuído para esses níveis baixos de taurina. Também o déficit de taurina foi mais evidente no plasma dos pacientes submetidos a quimio e/ou radioterapia que receberam TNPT livre de taurina do que os que tiveram dieta oral.[72]

A depleção experimental das concentrações teciduais de taurina nos pulmões em especial produz inflamação; a administração de taurina melhora os sintomas.[38] A taurina oferece proteção contra o dano oxidativo na inflamação pulmonar, devido à sua interação com H_2O_2 e Cl^- na reação de mieloperoxidase, produzindo cloramina de taurina, um pró-oxidante com baixíssima reatividade, diminuindo a produção de radicais livres. A cloramina de taurina exerce uma ação antiinflamatória potente, extinguindo a formação de TNF e NO em linhagens celulares de macrófagos estimulados por interferon α e endotoxinas.[41] A taurina cristalina encontra-se disponível para uso parenteral, porém o seu alto gradiente transmembrana intra e extracelular (250:1) pode ser fator limitante para a captação celular da taurina.

No sentido de melhorar essa captação, foram sintetizados três conjugados de taurina, L-alanil-taurina, L-fenilalanil-taurina e L-tirosil-taurina. Na investigação, a captação aparentemente funciona.

Portanto, hidrolisados de taurina podem ser utilizados como suporte a tecidos deficientes em taurina.[35,46]

Cisteína

Nos adultos saudáveis, o aminoácido cisteína (contendo enxofre) pode ser sintetizado a partir da metionina pela via específica de transulfuração hepática. Nas hepatopatias, as necessidades básicas de cisteína podem não ser suficientes por causa da alteração da função de transulfuração. Portanto, a cisteína deve ser administrada nessas condições especiais.[91]

Alguns estudos demonstraram que a infusão de TNPT contendo metionina mas isenta de cisteína resultou na depressão das três formas de cisteína (cisteína livre, cistina livre e ligada à proteína). Por isso, as formulações de TNPT deveriam conter metionina assim como também cisteína em quantidades suficientes, o que ajudaria nas TNPT de longo prazo as necessidade de taurina.

Porém a sua adição em formulações de TNPT é complicada pois, devido ao seu pH neutro ou levemente alcalino, a cisteína oxida-se com rapidez durante a esterilização térmica e estocagem. O seu dímero cistina é pouco solúvel e precipita-se na solução.[80]

A cisteína melhora a função linfocitária como atividade citotóxica de células T. Uma alta relação glutamato/cisteína está associada a um baixo número de células T auxiliadoras N-acetilcisteína glutationa e cisteína, inibem a expressão do fator de transcrição nuclear em linhagens de células T ativadas. A utilização de N-acetilcisteína em humanos não é apropriada devido à falta da aciclases teciduais, exceto nos rins. Os dipeptídeos são facilmente disponíveis, com meia-vida de menos de 3 minutos.[35,81]

Tirosina

O aminoácido aromático tirosina tem sido classificado como não-essencial em humanos. Sintetizado exclusivamente por hidroxilação da fenilalanina, com a sua inclusão na dieta poupa a necessidade de fenilalanina. Mas em determinadas condições clínicas como fenilcetonúria clássica, nefropatias, hepatopatias, assim como nos prematuros, a tirosina torna-se condicionalmente indispensável.

A sua indispensabilidade é relacionada à falta ou redução da atividade da fenilanina hidroxilase hepática, ou a menor oxidação da tirosina à fenilanina com redução parcial desta.

Os pacientes cirróticos com TNPT padrão apresentam hipotirosinemia, hipocistinemia e hipotaurinemia devido à alteração do tecido hepático patológico.

Em situações mórbidas e por causa da sua baixa solubilidade em soluções aquosas, a concentração de tirosina em preparados de aminoácidos não excede 0, 4 a 0, 5 g/l, sendo quantidade insuficiente para suprir as necessidades dessa.[75]

Glutamina

A glutamina é o aminoácido livre mais encontrado no corpo humano. No músculo esquelético, constitui mais de 60% do *pool* de aminoácidos livres totais. Além de atuar como precursor da síntese protéica, também age em um grande número de vias metabólicas. Doa nitrogênio para a síntese das purinas, pirimidinas, nucleotídeos e aminoaçúcares. É substrato mais importante para a amoniogênese renal, participando dessa forma do equilíbrio ácido-básico; devido à sua concentração na corrente sangüínea, transporta nitrogênio para vários tecidos, participando das reações de transaminação. A glutamina é classificada como regulador da homeostase dos aminoácidos.

É o combustível metabólico para as células do aparelho digestório, enterócitos e colonócitos e é fornecedora de energia para todas as células de rápida proliferação, principalmente as do sistema imune.[5,879]

Vários estudos demonstram que condições de traumas com hipermetabolismo e hipercatabolismo evoluem com falta de glutamina apesar da TNPT e os níveis de glutamina livre muscular reduzem 50% do normal, constituindo padrão típico do trauma, e que a extensão e a duração da depleção são proporcionais à gravidade da lesão.[74]

O efluxo de glutamina muscular e também pulmonar é aumentado para abastecer o intestino, células imunes e rins, daí a queda importante nos níveis de glutamina nos músculos. Dados recentes apontam que a glutamina está relacionada com a regulação do equilíbrio protéico muscular, além da relação entre glutamina muscular e a taxa de síntese protéica e sua influência sobre os processos anabólicos *in vitro*. Se o *pool* de glutamina intracelular conserva a proteína muscular, a mesma torna-se importante na TNPT para pacientes graves desnutridos sob estresse.[68]

A utilização da glutamina suplementada na TNPT associa-se ao aumento da espessura da mucosa intestinal e do seu conteúdo de DNA e RNA, diminui a translocação bacteriana após a radiação, diminui os efeitos em enterocolite experimental, durante a TNPT preserva a mucosa intestinal, aumenta a hiperplasia mucosa após ressecção intestinal, melhora o metabolismo da glutamina no intestino delgado de sépticos, ainda evita a atrofia pancreática e hepática, auxiliando o metabolismo muscular de glutamina sem estimular o crescimento tumoral.[1]

A glutamina livre em formulações de TNPT é prejudicada por duas propriedades químico-físicas específicas: a decomposição quantitativa da glutamina aquosa para produto cíclico, ácido piroglutâmico, associada à liberação de amônia, é a solubilidade limitada à água.[49] Estudos clínicos têm demonstrado que o uso de TNPT suplementar com glutamina tem diminuído a freqüência de infecção hospitalar, melhora o balanço nitrogenado, menor tempo de internação hospitalar e diminui os custos.[90]

Nas UTIs, a prática do uso de formulações de TNPT suplementada com glutamina levou a uma redução de 15% dos custos totais; quando colocado custo por sobreviventes, foram 50% a menos, se comparados com a TNPT convencional.[65]

Os efeitos benéficos observados com o uso de glutamina suplementada são inter-relacionados. Torna-se prioridade o sistema imune do aparelho digestório, temos uma economia de nitrogênio e normalização das reservas intracelulares de glutamina. É provável que se torne difícil a reposição da reserva baixa intracelular com a glutamina exógena (dipeptídeo) porque está suprindo as demandas dos sistemas imune e digestório.

Nos pacientes graves com a formação de radicais livres e diminuição da capacidade antioxidativa, a glutamina tem preservado a glutamina hepática e estoques da mucosa intestinal, podendo ser usada em associação com a vitamina E, com sucesso. Sendo um aminoácido importante, em diferentes condições clínicas o uso da glutamina em formulações de TNPT irá corrigir as desvantagens da TNPT convencionais, em especial com a disponibilidade de glutamina em forma de dipeptídeos estáveis.[12,15,40]

CONCLUSÃO

A evolução de estudos experimentais e clínicos ao longo de quase 4 décadas demonstra que a evolução da TNPT assentada sobre esse lastro cientifico é uma terapia de indicações precisas e múltiplas, com bons resultados, incorporando novos substratos e outros ainda em estudos, como aminoácidos N-acetilados, novos lipídios, hidrolisados protéicos de cadeia curta, que estarão em breve sendo incorporados ao arsenal da TNPT. São as mais variadas situações clínicas em que estaremos utilizando a TNPT, como nos pacientes críticos da terapia intensiva, impossibilitados de ser utilizada a via natural, que seria a digestória, portadores de várias insuficiências, impondo nesses casos uma estratégia nutricional, que na sua grande maioria inicialmente é a TNPT.

A diferença entre o sucesso ou não depende da experiência da equipe multidisciplinar de terapia nutricional, realizando uma boa avaliação, indicando com precisão, no tempo certo, antecipando-se às complicações, que existem, porém muitas vezes são potencializadas pela ausência do que descrevemos acima ou pela pouca intimidade com a TNPT. O acompanhamento diário é fundamental, e os detalhes são importantes.

Portanto, a TNPT continua sendo uma valiosa arma terapêutica para o tratamento do paciente grave no início deste novo século.

REFERÊNCIAS BIBLIOGRÁFICAS

1. Albers S, Wernerman J, Stehle P *et al.* Availability of Amino acids supplied by constant intravenous infusion of. Synthetic dipeptides in healty man. *Clin Sci* 1989;76:643–648.
2. Albuquerque FPS. Complicações da nutrição parenteral. *In* Riella MC. 2ª ed. Suporte Nutricional Parenteral e Enteral. Rio de Janeiro. G. Koogan, 1993. pp 120–134.
3. Alhimary A, Fernandez C *et al.* Safety and efficacy of T.P.N. delivery via peripherally inserted central venous catheter. *Nutr Clin Pract* 1996;11:199–203.
4. Aspen-Board of Directors Guidelines for the use of parenteral and enteral nutrition in adult and pediatric patientes. *JPEN* 1993;17:15A–52AS.
5. Aspen-Board of Directors. Guidelenes for the use of total parenteral nutrition in the hospitalized adult patient. *J Parenter Enteral Nutr* 1986;10:441–445.
6. Aubaniac R. Une nouvelle voie d'injection on de ponction veinense. La voie sons-claviculaire. Sem Hop. Paris 1952;28:3445–3447.
7. Bartlett RH, Dechert RE, Mault JR *et al.* Measurements of metabolisn in multiple organ failure. *Surgery* 1988;92:771.
8. Bergström J, Alves Trand A, Fürst P. Plasma and muscle free amino acids in maintenance hemodialysis patients without protein malnutrition. *Kidney Int* 1990;38:108–114.
9. Bergström J, Alves Trand A, Fürst P *et al.* Sulphur amino acids in plasma and muscle in patients with chronic renal failure: evidence for taurine depletion. *J Int Med* 1989;226:189–194.
10. Blacburn GL, Flatt JP, Clowes GHA *et al.* Peripheral intravenous feeding with isotonic aminoacid solutions. *Am J Surg* 1973;125:447–454.
11. Broviac JW, Cole JJ, Scribner BH. A silicone rubber right atrial catheter for prolonged parenteral alimentation. *Surg Gynecol Obstet* 1973;136:602–606.
12. Brown SA, Goringe A, Fegan C *et al.* Parenteral glutamine protects hepatic function during bone marrow transplantation. *Bone Marrow Transplant* 1998;22:281–284.
13. Buchman AL, Klish WJ. Manual de Suporte Nutricional, 1ª edição. Editora Manole. São Paulo. 1998;4:59.
14. Burr GO, Burr MM. New deficiency disease produced by rigid exclusion of Fat. From diet. *J Biol Chem* 1929;82:745.
15. Calder PC. Glutamine and the imune system. *Clin Nutr* 1994;13:2–8.
16. Chertow GM, Lowrie EG, Wilmore DW *et al.* Nutrition assessment with bioelectrical impedance analysis in maintenance hemodialysis patients. *Am J Clin Nutr* 1195;(6):75–81.
17. Collins FD. A deficiency of essential fatty acids is man. Abstract of papers presented at the symposium on intravenous. Therapy and parenteral Nutrition. Melbourne. Austrália, 1969.
18. Coppini LZ. Estado Nutricional: Métodos de Avaliação, diagnóstico e significado clínico. Magnoni D, Cukier C. Perguntas e respostas em Nutrição Clínica. 1ª edição Roca, São Paulo 2001. pp 11–19.
19. Coppini LZ, Waitzberg DL, Teixeira MTS *et al.* Comparação da Avaliação Nutricional subjetiva, X Avaliação Nutricional objetiva. *Rev Ass Med Bras* 1995;41(1):6–10.
20. Daley BJ, Bistrian BR. Nutrition Assessment. *In* Zaloga GP (Ed.) Nutrition in critical care: Missouri: Mosby, 1994. p 9.
21. Daly JM. Reynolds J, Thom A. Immune and metabolic effects of arginine in the surgical patient. *Ann Surg* 1988;208:512–523.
22. Desai TK, Maliakkal J, Kinzie JL *et al.* Taurine deficency after intensive chemotherapy and for radiation. *Am J Clin Nutr* 1992;55:708–711.
23. Detsky AS, Mecloughlin JR, Bakers JP *et al.* what is subjective global assessment of Nutritional. *J Pen* 1987;11:8–14.
24. Dudrick SJ, Wilmore DW, Vars HM, Rhoads JE. Long Tem Total parenteral nutrition with growth, development. And positive nitrogen balance: *Surgery* 64:134–9–1968.
25. Dudrick SJ. Clínicas Cirúrgicas da América do Norte. 1991;3:477–487.
26. Elia M. Body composition analysis: An evaluation of two component models multicomponent models and bedside techniques. *Clin Nutr* 1992;11:114.
27. Elwyn DH. Nutritional requirements of adult surgical patients. *Crit Care Med* 1980;8:9–20.
28. Faintuch J. Os primórdios da nutrição clínica no Brasil – Estudo observacional não controlado. *Rev Bras de Nutri Clínica*. Vol. 15, nº04.436–441–2000.
29. Faintuch J, Machado MCC *et al.* Alimentação Parenteral prolongada. Ed. Manole. Cap. 1980;1(3):7.

30. Ferro HC, Santos TD, Batista, MSLP. Suporte Nutricional na cirurgia de urgência: *In* Neto JB. 2ª. Edição. Cirurgia de Urgência Condutas. Revinter. Rio de Janeiro 1999;8:26–33.
31. Ferro HC, Santos TD, Batista MSLP. Suporte Metabólico no paciente crítico, em Ratton, JLA. 2ª edição, Medicina Intensiva, Atheneu: São Paulo. 1997;35:311–316.
32. Ferro HC. Clínicas Brasileiras de Medicina Intensiva. *In* Ferro, H.C.Azevedo, JRA. Loss, S.H. Ano 06, Vol.11. 2001;11:217–232.
33. Ferro HC. Clínicas Brasileiras de Medicina Intensiva. *In* Ferro, H.C., Azevedo, JRA. Loss, S.H. Ano 06, Vol. 11. 2001;(14):257–280.
34. Fürst, P. Amino acid metabolism in uremia. *J am Coll Nutr* 1989;8:310–323.
35. Fürts P. Old and new substrates in clínical. *Nutrition J Nutr* 1998;128:789–796.
36. Gaddipati K, Yang P. The gastroenterologist. Mount Sinai Medical Center. Cleveland. USA. Jun. 1996; 4(2):98–106.
37. Garrow JS. Loss of brain potassiun in Kwashiorkor. *Lancet* 1967;2:643.
38. Gordon RE, Heller RF *et al.* Taurine protection of lungs. In hamster models of oxidanti. Injury. A morphologic time study of paraquat and bleomycin treatment. *Adu Exp Med Biol* 1992;315:319–328.
39. Grant TJP. *Nutrição Parenteral.* 2ª ed. Rio de Janeiro. Revinter, 1996.
40. Griffiths RD, Jones C, Palmer TEA. Six-month autcome of critcally ill patients given glutamine. Supplemented parenteral *Nutrition Nutrition* 1997;13:295–302.
42. Groshong NL, Catheter CV. *In* Nicholson L, Groshong NL. Nursing Procedure manual. Catheter Technology-Nursing Procedure manual. Catheter Technology corparation. 1989.
43. Gyves J, Ensminger W, Neiderhuber J *et al.* Totally implanted system for intravenous chemotherapy in patiente with cancer. *Am J Med* 1982;73:841–845.
44. Heymsfield SB, Wang ZM, Baumgartner RN *et al.* Human body composition: Advances in models and methods. *Annu Ver Nutr* 1997;17:527.
45. Heymsfield SB, Bioimpedance analysys: What are the next steps? *Nutr Clin Pract* 1997;(12):201.
46. Hummel M, Pogan K, Stehle P, Fürst P. Intestinal taurine availability. From synthetic aminoacid. Taurine conjugates – an in vitro perfusion study in rats. *Clin Nutr* 1997;16:137–139.
47. Jacobs DO. Biolectrical impedance analysis: Implications for clínical practice. *Nutr Clin Pract* 1997;(12):204–210.
48. Karkow FJA. Suporte Nutricional Parenteral e Enteral em Riella, M.C. 2ª edição, Guanabara-Koogan. Rio de Janeiro. 1993;6:69–79.
49. Khan K, Hardy G, McElroy B *et al.* The stability of L-glutamine in total parenteral nutrition solutions. *Clin Nutr* 1991;10:133–198.
50. Laidlaw SA. Kopple JD. Newer concepts of the indispensable aminoacids. *Am J Clin Nutr* 1987;46:593–605.
51. Larsson EJ, Nóbrega JL, Júnior CJF. Suporte Nutricional Parenteral. Em Knobel, E. 2ª ed. Condutas no paciente grave. Atheneu. São Paulo. 1998;42:589–598.
52. Leonard MM. Eutanásia e distanásia em Costa SIF, Oselka G, Garrafa V. Iniciação à Bioética – Brasília, Conselho Federal de Medicina, 1998.
53. Lin KJM, Jarad J, Donahue, PE. Gluconeogenesis in the Livers of o diet-restricted rats – A.C. Nuclear Magnetic. Ressonance study. *J Pen* 1996;20:178.
54. Lopes J, Russel DM, Whitewell J, Jeejeebhoy KN. Skeletal Muscle Function in Mal Nutrition. *Am J Clin Nutr* 1982;36:602.
55. Mattar JA. Bioimpedância, reatância e resistência: parâmetros biofísicos úteis em suporte nutricional e medicina intensiva. *Rev Metab Nutr* 1995;(2):58–62.
56. McClave SA, Snider HL. Use of indirect calorimetry in clínical nutrition. *Nutr Clin Pract* 1992;7:207.
57. Mitchell KR *et al.* Medical Futility. Treatment Withdrawal and the persistent vegetative state. *J Med Ethics* 1993;19(2):71–76.
58. Newsholme EA, Crabtree B, Ardawi MSM, Glutamine metabolism in lymphocytes: its biochemical, physiological and clínical importance. *A J Exp Physiol* 1985;70:473–489.
59. Nirula R, Yamada K, Waxman K. the effect abrupt cessation of total parenteral. Nutrition on serum glucose. A ranodomized trial. *Am Surg* 2000;66(09):866–9.
60. O'Dwyen, ST. Smith, RJ. Knipke, SA. Settle, RG, and Rombeau, JL. Newfuels for the gut. In: Rombram, JL, and caldwell, M.D. eds. Clinical nutrition: enteral and tube feeding. 2ª ed. Philadelphia: W.B. Saunders company 1990;540–555.
61. Orr ME. Vascular access device selection for parenteral nutrition: *Nutr Clin Pract* 1999;14:171–177.
62. Paauw JD. Davis AT. Taurine concentrations in serum of critically injured patients and age – and sex-matched healthy control subjects. *Am J Clin Nutr* 1990;52:657–66.
63. Padburg F, Ruggerio J. *et al.* Central venous catheterization for parenteral nutrition. *Ann Surg* 1980;193:3264–270.
64. Portaria, Brasil, Ministério da Saúde, nº 272 de 08 de abril de 1998, regulamento técnico para a terapia de nutrição parenteral. Diário Oficial da União, sessão Eip 78, Brasília, 09 de abril de 1998.
65. Powell-Tuck J. total parenteral nutrition with glutamine dipeptide shortened hospital stays and improved immune status and nitrogen economy after major abdominal surgery commentary by J. Powell Tuck. *Gut* 1999;44:155.
66. Quigley EM, Marsh MN *et al.* Hepatobiliary complication of total parenteral nutrition. *Gastroenterology* 1993;104:286–301.
67. Quyyumi AA. Does acute improvement of. Endothelial dysfunction in coronary artery disease improve myocardial ischemia? A double-blind comparison of parenteral D. and L Arginine. *J AM Coll Cardiol* 1998;32:904–911.
68. Rennie MJ, Maclennan P, Hundal HS *et al.* Skeletal muscle glutamine transport, intramuscular glutamine concentration, and muscle-protein turnover. *Metabolism* 1989; 38(suppl 1):47–51.
69. Rocha EEM. Determinação do Gasto energético em pacientes críticos. Clínicas Brasileiras de Medicina Intensiva. *In* Ferro HC, Azevedo JRA, Loss SH. Atheneu. S. Paulo. 2001;6(11):01–23. Cap. 1.
70. Rocha EEM. Há lugar para a calorimetria indireta em avaliação nutricional? *Ver Bras Nutr Clín* 1998;13(2):90–100.
71. Rosen M, Latto IP. Handbook of percutaneous central venous catheterization: London: England, Saunders, 1981.
72. Rosenfeld RS. Clínicas Brasileiras de Medicina Intensiva. *In* Ferro HC, Azevedo JRA, Loss SH. 2001; 6(11):2, 25–44.
73. Ross R, Shaw KD, Marte Y *et al.* Adipose tissue distribution measured by magnetic resonance imaging in obese women. *Am J Clin Nutr* 1993;57:470.
74. Roth E, Karner J *et al.* Alanyl glutamine reduce muscle loss of Alamine and glutamine in prostoperative anaesthec tized dogs. *Clin Sci* 1988;75:641–648.

75. Rudman D, Kutner M, Ansley J *et al.* Hypotyrosinemia, hypocystinemia and failure to ratain nitrogen during total parenteral nutrition of cirrhotic patients. *Gastroenterol* 1981;81:1025–1035.

76. Shike M, Harrison JE, Sturtrdge WE *et al.* Metabolic barre disease in patients receiving long term parenteral nutrition an intern. *Med* 1980;92:343–350.

77. Slosman DO, Casez JP, Pichard C *et al.* Assessment of Whole-body composition using dual X – ray absortiometry. *Radiology* 1992;185:593.

78. Solomon SM, Kirby DF. The refeeding syndrome- A review. *J Pen* 1990;14:90–97.

79. Souba WW, Smith RJ, Wilmore DW. Glutamine metabolisn by the intestinal tract. *J P.E.N.* 1985;9:608–617.

80. Stegink LD, Den Besten L. Synthesis of cysteíne from methionine in normal adult subjects: effect of route alimentation. *Science* 1972;178:514–516.

81. Stehle P, Albers S, Pollack L, Fürst P. In vivo utilization of cystine-containing synthetic short chain peptides after intravenous bolus injection in rats. *J Nutr* 1988;118:1470–1474.

82. Thomas D,W, Ryde SJ, Hancock D A *et al.* The performance of an infra-red interactance instrument for assessing total body fat. *Physid Meas* 1997;18:305.

83. Tighe MJ, Wong C, Martin IG *et al.* Do heparin hydrocortisone, and glyceryl trinitrate influence thrombophlebitis during full intravenous nutrition via peripheral vein? *J PEN* 1995;19:507–509.

84. Tripathi M. Subcutaneous vein cannulation: An approach with definite landmarks. *Ann Thorac Surg* 1996;61:238–240.

85. Vianna R, Lameu E, Maia F (Eds.) Suporte Nutricional Parenteral. Conceito geral em manual de suporte nutricional parenteral e enteral. Cultura Médica. Rio de Janeiro 1996. pp 1–3.

86. Waitzberg DL, Caiaffa WT, Correia MITD. Inquérito Brasileiro de Avaliação Nutricional Hospitalar (IBRANUTRI) *Ver Bras Nutr Clin* 1999;14:124–134.

87. Wilmore DW, Dudrick, SJ. Growth and development of an infant receiving all nutrients by vein. *J Amer Med Assoc* 1968;203–860–4.

88. Wilmore DW, Shabert JK. Role of Glutamine in immunologic repouses. *Nutritrion* 1998;14:618–626.

89. Zaloga GP. Frontiers in critical care nutrition. *New Horizons* 1994;2:121.

90. Ziegler, TR. Smith, RJ. Byrne TA *et al.* Potential role of Glutamine supplementation in nutrition support. *Clin Nutr* 1993;12:582–590.

91. Zlotkin SH, Bryan MH, Anderson GH. Cystine supplementation to cystine-free intravenous feeding regimens in new born infants. *Am J Clin Nutr* 1981;34:314–923.

92. Zoellner M. Lipid metabolisn in stress (dicussion). *In* Johnston IA (Ed.) Advennces in parenteral nutrition. Baltimore. University Park Press, 1978, pp. 192–194.

101 Formulários Contínuos em Nutrição Enteral

Michele Pereira da Silva • Cid Marcos David

A terapia nutricional enteral vem ganhando merecido espaço ao longo do tempo. Isso vem ocorrendo devido à necessidade de manutenção do estado nutricional daqueles que, de uma forma ou de outra, na impossibilidade de se alimentar adequadamente pela via oral durante um determinado período de tratamento, ou até mesmo por um longo período de sua vida, se beneficiam de suporte nutricional enteral.

Em virtude de tais fatos, observa-se a necessidade da programação tanto no que se refere à avaliação e à determinação de necessidades nutricionais como ao acompanhamento da evolução clínica e nutricional. O registro dessas informações coletadas durante a avaliação do paciente, bem como sua evolução durante a terapêutica adotada, faz-se um importante instrumento de coleta de dados para possíveis intervenções com o objetivo de auxílio no tratamento preconizado.

A complexidade da terapia de nutrição enteral exige o comprometimento e a capacitação de uma equipe multiprofissional para garantir a sua eficácia e segurança para os pacientes. Sabe-se que cada profissional responsável tem-se preocupado quanto à conduta a ser tomada, bem como aos parâmetros a serem considerados na coleta e interpretação de dados, sendo o mais fidedigno possível e mais próximo da realidade e das condições do local onde se trabalha, visando à maior precisão na conduta tomada e ao sucesso no tratamento.

Assim, considera-se que a padronização dentro de um serviço de suporte nutricional de formulários básicos que auxiliem na rotina diária de avaliação, prescrição, preparação, conservação e administração da terapia enteral facilita a interpretação pelos profissionais da equipe multidisciplinar ou daqueles interessados no acompanhamento e na evolução clínica nutricional adotada para o paciente.

Com o objetivo de auxílio no trabalho da equipe multidisciplinar quanto às informações coletadas e avaliadas, seguem-se modelos de formulários que utilizamos para triagem, avaliação nutricional, prescrição enteral, rotulagem de dietas, bem como fichas de acompanhamento da terapêutica adotada e da evolução clínica nutricional do paciente.

Antes de se traçar o programa de suporte enteral a ser adotado, é importante o conhecimento do paciente, detectar aqueles que se apresentam em risco nutricional dentro da UTI e, a partir daí, reconhecer os que se beneficiariam e que necessitam de um programa de suporte nutricional. Para isso, é necessário realizar uma avaliação do estado nutricional do paciente, utilizando indicadores nutricionais subjetivos e objetivos, com base em protocolos preestabelecidos, de forma a identificar o risco ou a deficiência nutricional e o momento correto para início do suporte.

Sendo assim, na admissão do paciente na UTI, propomos um modelo de ficha de triagem – modelo 1 – identificando os pacientes em risco nutricional.[3] Depois, ou num período máximo de 3 dias, é feita a avaliação subjetiva global por meio do questionário adaptado a partir do modelo de Detsky *et al*, (1987) – modelo 1.1.[4,5]

Segundo Detsky, o propósito da realização da avaliação nutricional subjetiva não seria apenas o "diagnóstico" da desnutrição, mas também a identificação dos pacientes que apresentam maior risco de sofrer complicações associadas ao estado nutricional durante a internação. Assim, a avaliação seria um instrumento tanto de prognóstico como de "diagnóstico".[6] Além de ser possível a adaptação para pacientes nefropatas, portadores de neoplasias, hepatopatas, geriátricos, HIV, como há em algumas adaptações amplamente distribuídas na literatura.[11] Vale lembrar que deve ser associada a outros métodos de avaliação nutricional, porém considerando sempre suas limitações frente a clínica atual do paciente para evitar falsos erros de interpretação, principalmente nos pacientes graves.

A avaliação subjetiva aborda mudanças de peso, o funcionamento do trato gastrintestinal, o padrão dietético, o grau de estresse, a avaliação física e a distribuição corpórea, conferindo ao final graduações que auxiliarão o examinador a traçar o perfil do paciente quanto ao seu estado nutricional por dados subjetivos colhidos durante o exame do doente. É notável[12] que essa avaliação tem apresentado igual sensibilidade e especificidade para o prognóstico da morbidade relacionada à desnutrição que a realização de medidas ou índices compostos biométricos.

Cabe também ao profissional nesse momento avaliar o paciente ectoscopicamente levando em consideração a prostração no leito, a face, os olhos, pele, pescoço, tronco, musculatura de perna etc., relatando as informações, para associar os dados colhidos com sua entrevista subjetiva com os dados clínicos, bioquímicos e antropométricos (relação peso-altura, prega cutânea tricipital, circunferência de braço e muscular do braço, proteínas séricas, balanço nitrogenado etc.) naqueles pacientes com indicação para tal. No entanto, sempre conferir bom senso às informações coletadas, comparando o paciente com ele mesmo, procurando não usar padrões desnecessários, cruzando sempre as informações obtidas desses parâmetros com o diagnóstico e medicações associadas, visto que as alterações que os pacientes de UTI apresentam (hiperidratação, edema, reação de fase aguda e neuroendócrina) nem sempre se adaptam a tais protocolos, evitando assim falsos resultados nas interpretações e classificações. Não é objetivo deste capítulo traçar os tipos de protocolos a serem adotados, pois existe na literatura vasta informação sobre tal assunto, devendo o profissional adaptar aquele que mais lhe convier e à sua clientela. Porém, qualquer que seja a metodologia adotada, deve-se acompanhar o paciente diariamente durante sua evolução, bem como reavaliá-lo a cada 7 dias globalmente, atualizando as informações nos formulários.

Após avaliado, o paciente segue a definição da equipe quanto à conduta a ser adotada e à prescrição de nutrição enteral a ser realizada. No modelo 2, propõe-se uma ficha de prescrição de nutrição enteral, a qual abrangem os cuidados a serem tomados com o paciente, a prescrição médica e a prescrição dietética, o tipo de formulação adotada com volume, cálculo dos nutrientes da fórmula e taxa de infusão a ser administrada, dados da avaliação nutricional com o APACHE para pronto uso e exames realizados, bem como evolução diária do paciente para possíveis intervenções pela equipe de suporte.

A avaliação metabólica do paciente também consta nesse modelo de formulário, através do cálculo das suas necessidades nutricionais, e essas, por sua vez, já deverão ser incorporadas à rotina da avaliação nutricional. Para tal, alguns métodos de cálculos das necessidades são utilizados de acordo com a clínica do doente e seu estado geral, como aqueles propostos por Cerra (1991), com as necessidades calóricas e protéicas do paciente em UTI,[2] por Ireton-Jones (2000),[7-9] que leva em consideração a condição ventilatória e a presença de obesidade, a fórmula de Ligget (1987) para cálculo de gasto energético por termodiluição, e para os locais que possuem aparelhagem adequada a calorimetria indireta constitui um outro método.[10] São métodos de cálculo das necessidades nutricionais sugeridos que podem ser empregados na UTI com boa especificidade, aplicando cada método de acordo com a indicação, suas limitações e sua realidade.

É importante a clareza na prescrição para evitar erros com os nomes similares das dietas em sistema fechado ou possíveis erros de manipulação quanto a dietas em sistema aberto. Em se tratando de dietas em sistema aberto, além do formulário do modelo 2 temos outro para requisição de dietas a serem manipuladas como segue no modelo 3, em que deverão constar todos os nutrientes envolvidos na formulação, com suas respectivas quantidades, além dos dados do paciente, volume e etapa, a forma de administração e a velocidade de infusão. Esses dados devem ser requisitados à UND (Unidade de Nutrição e Dietética) caso haja local adequado para a manipulação de acordo com as normas da Portaria nº 337, ou pelo serviço das EPBS (Empresas Prestadoras de Bens e Serviços em Terapia Nutricional), na confecção da dieta a ser administrada.[1]

A Portaria nº 337 de abril/99, que define o regulamento técnico para a terapia de nutrição enteral,[1] com as suas condições, atribuições da equipe multidisciplinar, bem como as boas práticas de preparação e administração da nutrição enteral, constitui um instrumento no auxílio da confecção de modelos de formulários a serem seguidos dentro das normas exigidas pela Vigilância Sanitária do Ministério da Saúde, no que se refere não só à preparação e aos cuidados de higiene durante a manipulação, mas também às atribuições e aos requisitos adotados e à rotulagem das dietas, facilitando o trabalho durante a administração da terapia nutricional ao paciente, fazendo com que o objetivo inicialmente traçado para o tratamento seja integralmente atingido.

Após confeccionada a dieta conforme a prescrição recomendada, é preciso identificá-la, realizando-se assim a rotulagem como no modelo 4 (para dietas em sistema fechado) e no modelo 5 (para dietas em sistema aberto). Deverá conter dados do paciente, tipo da formulação com via de acesso, volume e taxa de infusão, horário de início e término obedecendo a período de validade, responsável técnico e algumas observações que se façam necessárias.

Uma vez traçado todo o tratamento e a administração já esteja sendo processada, é importante o acompanhamento do paciente visando a avaliar a terapêutica preconizada, bem como sua evolução, no que tange à conduta adotada e possíveis complicações a serem corrigidas. No modelo 6 segue a ficha de evolução do paciente, procurando situar a equipe multidisciplinar na evolução da terapia de nutrição enteral, avaliando sua eficácia, necessidade de evolução ou suspensão no momento correto.

Os formulários referidos revelam um pouco do que é realizado no serviço de terapia nutricional, facilitando a rotina diária do serviço, dedicando mais tempo no envolvimento do trabalho com o doente e na terapêutica adotada, auxiliando, assim, no tratamento do paciente e no envolvimento da equipe multidisciplinar de terapia nutricional enteral em busca de novas condutas e procedimentos atualizados com bases científicas que possam ser incorporadas no tratamento. Cada serviço de suporte nutricional deverá contar com o envolvimento da equipe implementar formulários de terapia nutricional que mais lhe convierem contribuindo para o trabalho e a terapia empregada.

MODELO 1

Suporte nutricional
Avaliação de risco nutricional – Triagem

Paciente: ___________________________ Diagnóstico: ____________________ Idade: _________ anos

Nas partes A e B qualquer alteração indica risco nutricional

Parte A – Diagnóstico

Caquexia (hipotrofia muscular, fraqueza, câncer, caquexia cardíaca)
Coma
Anorexia/Bulimia
Síndrome de má absorção (doença celíaca, colite ulcerativa, doença de Crohn, síndrome de intestino curto)
Traumatismo múltiplo e/ou TCE
Cirurgia de grande porte do trato digestivo nos últimos 12 meses (esofagectomia, gastrectomia, colectomia, enterectomia extensa, gastroduodenopancreatectomia)
Hepatopatia avançada
Nefropatia avançada
Incisões não-cicatrizadas

Parte B – Sintomas GI e ingestão dietética

Diarréia (> 500 ml ou 3 evacuações líquidas por dia por mais de 2 dias)
Vômitos (> 5 dias)
Ingestão reduzida (< metade da ingestão habitual por 5 dias ou mais)

Parte C – Índice de massa corpórea (IMC)

Se o IMC estiver abaixo de 18,5, considera-se o paciente como de risco nutricional.
Peso: ______ kg Altura: ______ m IMC: _______ kg/m^2 IMC = Peso (kg)/Alt^2 (m^2)

Parte D – História de perda de peso

Se o paciente teve perda significativa ou severa, considera-se como de risco nutricional
Teve perda de peso não-planejada nos últimos 6 meses? ☐ Não _____ ☐ Sim _____
Se sim, essa perda ocorreu nas últimas _____ semanas ou _____ meses
Peso atual:_____kg Peso usual: _____ kg

$$\% \text{ de perda de peso: } \frac{\text{Peso usual} - \text{Peso atual} \times 100}{\text{Peso usual}}$$

Tempo	*Significativa %*	*Severa %*
1 semana	1-2	> 2
2-3 semanas	2-3	> 3

Tempo	*Significativa %*	*Severa %*
1 mês	3-5	> 5
3 meses	7-8	> 8
> 5 meses	9-10	> 10

Parte E – Paciente idoso

Paciente com duas ou mais alterações em risco nutricional:
❏ Demência ou depressão graves
❏ Escaras e lesões de pele
❏ Restrito ao leito ou à cadeira de rodas
❏ Deambula, não é capaz de sair de casa

Avaliação do risco nutricional

Risco nutricional: ☐ ***Sim*** _____ ☐***Não*** _____
Se o paciente tiver risco nutricional, segue para a avaliação subjetiva e outros métodos associados de avaliação nutricional.

MODELO 1.1

Avaliação nutricional subjetiva global – *Adaptada*

A) **História**

1. Mudança de peso
   Teve perda de peso não-planejada nos últimos 6 meses? □ Sim____ □ Não____
   Continua perdendo peso atualmente? Sim____ Não____
   A perda ocorreu nas últimas ___ semanas ou ____ meses
   Peso atual: _______kg Peso usual: _______ kg
   Quantos por cento e em quanto tempo?

$$\% \text{ de perda de peso} = \frac{\text{Peso usual} - \text{Peso atual} \times 100}{\text{Peso usual}}$$

Tempo da perda	***0*** %	***1*** %	***2*** %	***3*** %
> 5 meses	< 5	5-8	9-10	> 10
3 meses	< 4	4-6	7-8	> 8
1 mês	< 2	2	3-5	> 5
2-3 semanas	–	1	2-3	> 3
1 semana	–	–	1-2	> 2

2. Alterações da ingestão da dieta em relação ao normal
   Informação do paciente relativa ao hábito alimentar – se houve redução foi de ________ semanas
   alimentação subótima: ingere sólidos
   pobre: só alimentos líquidos >15 dias ou solução intravenosa > 5 dias
   muito pobre: ingere somente líquidos hipocalóricos, ou jejum > 5 dias

0	1	2	3
Normal	Subótima	Pobre	Muito pobre

3. Sintomas e alterações gastrintestinais
   Repercussão na ingestão e no estado geral (duração > 2 semanas)
   Náuseas, □vômitos, □anorexia, distensão abdominal, dor abdominal, □diarréia, □disfagia e/ou odinofagia

0	1	2	3
Ausente	Leve	Moderada	Importante

4. Capacidade funcional
   Houve diminuição de atividades? □ Sim___ □ Não ___
   Se houve redução durou ______ semanas

0	1	2	3
Sem Redução	Trabalha Subótimo	Reduzida Deambula	Limitado Leito

5. A doença em relação às necessidades nutricionais
   Quantificação subjetiva do estresse de acordo com o catabolismo

0	1	2	3
Ausente estresse	Baixo estresse	Mod. estresse	Alto estresse

B) **Exame físico** (Palpação: percepção de perda do TCSC e do volume muscular)
1. Distribuição do subcutâneo: prega do tríceps e tórax (linha axilar média, última costela)
2. Volume muscular: deltóide, quadríceps
3. Presença de edemas: tornozelo, sacro, ascite

Perda/Redução	***0*** Ausente	***1*** Leve	***2*** Moderado	***3*** Alto
1.				
2.				
3.				

C) **Paciente idoso**: Cada situação recebe **1 ponto**
Demência ou depressão grave □ Escaras e lesões de pele
Restrito ao leito ou à cadeira de rodas
Deambula, mas não é capaz de sair de casa

Graduação da avaliação subjetiva: ______ pts

A) **Eutrófico ≤ 4 pts**; B) **Moderadamente desnutridos 5 a 10 pts**; C) **Gravemente desnutridos > 10 pts**

OBS.: Desnutridos moderados e graves ou com risco nutricional alto têm indicação de acompanhamento pela EMTN.

MODELO 2

CTI Avaliação Nutricional
Suporte Nutricional
Ficha de Prescrição de Terapia Enteral

Nome: Idade: Leito:
Data: / / Convênio: Prontuário:

Observações:

1. Anotar número e aspecto das evacuações
   Suspender se: ocorrerem mais de 3 evacuações líquidas e em grande quantidade (> 500 ml)
2. Cabeceira elevada a ______ graus
3. Confirmar posição de SNE e anotar aspirado gástrico antes de infundir cada etapa
4. Suspender NE se: vômitos, distensão abdominal e/ou deslocamento de SNE
5. Enluvar o paciente se tentar arrancar SNE
6. Infundir _______ml de água após o término de cada etapa
7. Dieta oral:
8. Suspender dieta oral se houver engasgo, vômitos ou queda do nível de consciência
9. Infundir NE após laudo de radiografia do local da SNE se (re)posicionada
10. Se possível evitar a administração de medicações via SNE
11. Conferir dados do paciente quanto a dieta prescrita antes da administração
12. Verificar o aspecto e a validade da dieta antes do início de infusão.
13. Medir resíduo gástrico de ____/____ horas.

Administração da NE:
Volume total: _______ml _______horas _______Fluxo: _______ml/h em BI
Horários: / / / / Checagem / / / / Enfª responsável

Composição da dieta (NE):

Fórmula:	ml	GET		
Vitaminas:	PTN %	kcal	g	g/kgP
Minerais:	GLIC %	kcal	g	g/kgP
Fibras:	LIP %	kcal	g	g/kgP
Outros:	kcal/gN:	kcal/ml:		

SNE Nº Quant.:
Equipo de bomba infusora:

- AVALIAÇÃO NUTRICIONAL

Peso teórico: kg Alt: m

Peso atual: kg

CB: cm CMB: cm:

PCT: mm

- EXAMES

- EVOLUÇÃO

- RESÍDUO GÁSTRICO:

- Médico

- Nutricionista

MODELO 3

Suporte nutricional – CTI
Ficha de prescrição de terapia enteral
Solicitação para confecção de nutrição enteral modulada

Nome: Leito:
Data: Convênio: Prontuário:
kcal da fórmula: Vol. total: Vol./etapa: Forma de adm. ( ) bomba infusora ( ) gravitacional Veloc. de infusão: ml/h

PTN:	%	kcal:	g	g/kg/P	kcal/gN =
GLI:	%	kcal:	g	g/kg/P	
LIP:	%	kcal:	g	g/kg/P	

Formulação:

____
Nutricionista/Médico

MODELO 4

Serviço de suporte nutricional
Solução para nutrição enteral

Nome: Leito:

Volume: ml Fluxo: ml/h em:

Via de acesso

SNE/OE ( ) Gastrostomia ( ) Jejunostomia ( )

Início Data: / / Horário:

Término Data: / / Horário:

Fórmula:

Validade: Data: / / Horário:

Composição nutricional

Vide frasco e prescrição

Atenção

Conservar em local limpo, seco e sem exposição à luz e a altas temperaturas

Não utilizar o conteúdo se a sua embalagem estiver violada

Depois de aberta, consumir no prazo máximo de _____ h.

Responsável técnico:

MODELO 5

Serviço de suporte nutricional
Solução para nutrição enteral

Nome: Leito:

Volume: ml Fluxo: ml/h em:

Via de acesso

SNE/OE ( ) Gastrostomia ( ) Jejunostomia ( )

Início Data: / / Horário:

Término Data: / / Horário:

Fórmula:

Preparo: Data: / / Horário:

Validade: Data: / / Horário: Cota:

Composição nutricional

Vide frasco e prescrição

Atenção

Conservação: 2° a 8°C

Não utilizar se houver alteração da cor

Em casos de depósitos, agitar levemente o produto

Não misturar o conteúdo desta embalagem com medicamentos

Responsável técnico:

MODELO 6

Serviço de suporte nutricional
Evolução diária e balanço calórico dos pacientes em suporte nutricional

Paciente: Leito: GET/Volume previsto: Via de administração:

Responsável pela coleta de dados:

	Data: / /	Data: / /	Data: / /	Data: / /	Data: / /	Data: / /	Data: / /
Fórmula							
Horário/ Volume/Etapa							
Volume total no dia (infundido)							
Posicionamento da sonda							
Nº de dias em NE							
Resíduo gástrico/24 h							
Uso de procinéticos							
Nº de dias após avaliação para início de suporte							
Problemas com via de acesso							
Intercorrências durante a evolução							
Sinais de: • **H**ipervolemia • **H**ipovolemia • **D**esidratação • **E**dema • **I**nfecção							
Medicações associadas							
Outras observações							

REFERÊNCIAS BIBLIOGRÁFICAS

1. Regulamento Técnico para a Terapia Nutricional Enteral. Portaria nº 337 de 14 de abril de 1999. *Bras J Clin Nutr* 1999;14(3):176–212.
2. Cerra FB, Lehmann S, Konstantinides N *et al.* Improvement in immune function in ICU patients by enteral nutritional supplemented with arginina, RNA, and menhaden oil is independent of nitrogen balance. *Nutrition* 1991;7:193–199.
3. Associação de Medicina Intensiva Brasileira. *Terapia Nutricional no Paciente Grave da UTI – TENUTI.* Editora Revinter, Rio de Janeiro, 2001.
4. Detsky AS, McLaurghlieim JR, Baker JP *et al.* What is subjetive global assessment of nutritional status? *J Parenter Enteral Nutr* 1987;11(8–13):440–6.
5. Detsky AS, Baker JP, Mendelson RA *et al.* Evaluation the accuracy or nutritional assessment techniques applied to hospitalized patients: methodology and comparisons. *JPEN* 1984;8:153–9.
6. Detsky AS. Nutritional status assessment: Does it improve diagnostic or prognostic information? *Nutrition* 1991;7:37–38.
7. Ireton-Jones C. Indirect calorimetry. *In* Skipper A (ed.): *Dietitian´s Handbook of Enteral and Parenteral Nutrition.* Gaithersburg, MD: Aspen Publishers, 1997, revised 2000.
8. Ireton-Jones C. Energy expenditure assessment. *Predictive Equations Support Line* 1996;28(5):14–16.
9. Ireton-Jones C. Calculating macronutrient requirements. *Fundamentals I: Initiating Enteral and Parenteral Nutrition Support.* Gaithersburg, MD: Aspen Publishers, 2000.
10. Liggett MD *et al.* Determination of resting energy expenditure utilizing the thermodilution pulmonary artery catheter. *Chest* Apr 1987:562–65.
11. Waitzberg DL. *Nutrição Oral, Enteral e Parenteral na Prática Clínica.* 3ª ed. Rio de Janeiro, Atheneu, 2001.
12. Watzberg DL. *Nutrição Enteral e Parenteral na Prática Clínica.* Rio de Janeiro, Atheneu, 1995.

102 Infecção em Centros de Tratamento Intensivo

Nilton Brandão da Silva • Maritza Cantarelli

O incremento, nas últimas décadas, do número de leitos hospitalares dedicados aos cuidados intensivos é decorrente da maior complexidade dos pacientes que hospitalizam, na medida em que os casos mais simples são, cada vez mais, atendidos ambulatorialmente. Embora os leitos de CTI representem apenas 10 a 15% dos leitos hospitalares, os mesmos somam mais de 25% do total dos custos da hospitalização e, dependendo do hospital, de 25 a 30% dos casos de infecção nosocomial.[1] As infecções representam as complicações mais freqüentes dos pacientes internados nos Centros de Tratamento Intensivo (CTIs). Nesse aspecto, os CTIs compõem um ambiente que concentra os pacientes graves, portanto mais vulneráveis à infecção, tratados com uma medicina mais *agressiva* e sofisticada, através de procedimentos invasivos, cirurgias complexas, drogas potentes, antimicrobianos múltiplos e ampla interação com o pessoal hospitalar e os fomites. Esse cenário clínico-tecnológico amplia consideravelmente a probabilidade de complicações relacionadas ao processo assistencial, sendo freqüentes a iatrogenia e as infecções.

As complicações infecciosas possuem taxas de incidência que variam conforme o tipo de CTI e a população atendida, podendo atingir de 10 a 40% dos pacientes.[1-3] Nesse aspecto, as infecções caracterizam-se como importante causa de morbimortalidade, em que a mortalidade atribuída pode exceder 25%.[1-3] Além disso, a infecção contribui para o prolongamento do tempo de permanência e os custos no CTI.[3] Pittet relata como exemplo o custo do tratamento de um paciente que adquire infecção da corrente sangüínea em cuidados intensivos,[4] o qual aumenta em U$40.000 por paciente sobrevivente nos Estados Unidos. Os pacientes internados em CTI possuem um risco de 5 a 10 vezes maior de adquirir infecção do que aqueles de outras unidades gerais do hospital, e, diferentemente das unidades de internação abertas, onde as infecções urinárias são as mais freqüentes, nos CTIs as infecções do trato respiratório predominam invariavelmente,[5] o que foi demonstrado pelo estudo *European Prevalence of Infection in Intensive Care* (EPIC), que incluiu 10.038 pacientes de 1.417 CTIs em 1992, com taxas de pneumonia de 46,9%, outras infecções respiratórias com 17,8%, infecções urinárias com 17,6% e infecções da corrente circulatória com 12%.[6] As razões dessas diferenças relacionam-se à gravidade da doença básica, à restrição dos pacientes no leito, ao uso freqüente de sedação e às alterações do estado de consciência e aos múltiplos procedimentos invasivos das vias respiratórias (Fig. 102-1). Surtos de infecção também podem ocorrer nessas unidades. Numa revisão da literatura, Pittet encontrou que 75% dos surtos epidêmicos publicados em língua inglesa ocorreram em CTI. Essas infecções diferem das endêmicas quanto ao reservatório, modo de transmissão, agente etiológico e sítio de infecção. O reservatório é, freqüentemente, o ambiente inanimado, e os microrganismos envolvidos são aqueles que possuem facilidade para a proliferação em ambiente aquoso.[7]

O tipo funcional do CTI pode influenciar as taxas de infecção, conforme demonstram os relatórios periódicos do siste-

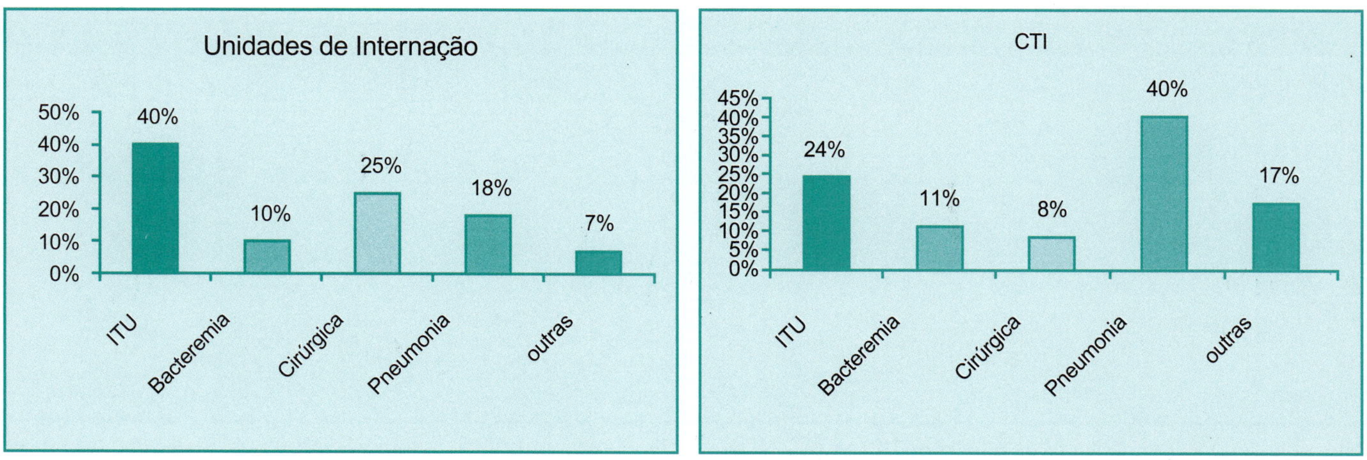

Fig. 102-1. Unidades de Internação × CTI. Proporção relativa entre os tipos de Infecções. (Conforme Pittet.[1])

Quadro 102-1. Taxas de infecção associadas ao uso de dispositivos de risco por tipo de CTI (adaptada do NNISS – janeiro 1995 a abril 2000)

	*Taxas de infecções associadas aos dispositivos de risco**			
Tipos de UTI	***Nº de unidades***	***Taxa associada ao CVC (%)***	***Taxa associada ao Cat Urin (%)***	***Taxa associada ao ventilador (%)***
Coronariano	95	4,6	5,8	8,9
Cardiotorácico	60	2,8	3,1	10,4
Clínico	125	6,1	6,8	7,5
Clínico-cirúrgico (ensino)	103	5,3	6,1	11,1
Clínico-cirúrgico (outros)	161	4,1	3,9	9,1
Neurocirúrgico	46	4,9	8,1	15,2
Pediátrico	69	7,7	5,1	5,2
Cirúrgico	144	5,3	5,2	13,6
Trauma	24	7,8	6,9	15,9
Queimados	16	10,0	10,2	14,9
Respiratório	6	3,6	5,7	4,1

*Taxa = Nº de infecções associadas/procedimento de risco-dia × 1.000; CVC = catéter venoso central; Cat Urin = catéter urinário.

ma NNISS (National Nosocomial Infections Surveillance System) do Centers for Disease Control and Prevention de Atlanta , que forem desenvolvidos com o objetivo de oferecer uma melhor sistematização do método de vigilância epidemiológica das infecções hospitalares, permitindo com isso comparar resultados de hospitais e UTIs.[7] O Quadro 102-1 resume as taxas médias de infecção por topografia, comparando os vários tipos de UTI no relatório de 2000.[8]

Dados brasileiros ainda são muito escassos. Um estudo brasileiro publicou dados da experiência de cinco UTIs de Minas Gerais utilizando o protocolo NNIS em 5 anos com taxas de infecção associada a catéter variando de 1,1 a 6,4%; associadas ao uso de ventilador 18,0 a 30,0% e ao catéter urinário de 9,0 a 20,0%, sendo que a implementação de intervenções dirigidas aos procedimentos de risco trouxe redução das taxas de infecção nosocomial e dos custos.[11] Dados de 5 anos do serviço dos autores (CTI do Hospital Moinhos de Vento de Porto Alegre) utilizando a metodologia NNISS estão relacionados no Quadro 102-2. As taxas observadas são mais elevadas do que as relatadas pelo NNISS.

Etiologia. Os principais agentes etiológicos de infecções em CTI são os cocos gram-positivos, os bacilos aeróbios gram-negativos, os anaeróbios e os fungos. Os cocos gram-positivos têm papel relevante nas infecções da corrente sangüínea, onde respondem por 57% dos casos, e nas relacionadas aos procedimentos cirúrgicos (39% dos casos). Os bacilos aeróbios gram-negativos são os principais causadores de 40% das infecções do trato respiratório e mais de 80% das do urinário, participando também das infecções pós-operatórias abdominais e infecções da corrente sangüínea. Bactérias anaeróbias têm participação menor nas estatísticas, provavelmente pela dificuldade de isolamento, mas estão implicadas em infecções cavitárias intra-abdominais, pneumonias aspirativas e nas infecções mistas da pele e tecido celular subcutâneo, como abscessos e fasciites

Quadro 102-2. Taxas (valores médios) de 5 anos do CTI do Hospital Moinhos de Vento, Porto Alegre

CTI adulto	***1996***	***1997***	***1998***	***1999***	***2000***	***Total***	***Média 5 anos***
TIHC	21,50	20,00	21,20	16,60	17,50	96,80	19,36
TIHD	48,70	41,30	41,20	34,10	47,80	213,10	42,62
Taxa IV	13,70	5,30	4,70	8,70	9,00	41,40	8,28
Taxa Urin	15,80	18,20	12,40	8,00	9,30	63,70	12,74
Taxa de PAVM	41,20	29,40	22,50	29,10	30,30	152,50	30,50
Taxa ajust por permanência	3,20	2,70	2,80	2,50	3,20	14,40	2,88
DU	1,68	1,70	1,90	1,50	1,90	8,68	1,74
Permanência	6,60	7,60	7,50	6,70	5,50	33,90	6,78

TIHC = Incidência cumulativa nº de infecções/100 altas; TIHD = incidência por densidade nº infecções/1000 pacientes-dia; taxa IV = infecções associadas a catéter IV; taxa urin = infecções associadas a catéter urinário; Taxa PAVM = infecções de pneumonia associada ao ventilador; DU = densidade de utilização de procedimentos de risco = total de procedimentos/paciente-dia.

necrosantes. Os fungos relacionam-se principalmente às infecções da corrente sangüínea e mucocutâneas de pacientes imunossuprimidos, em uso de antibióticos e naqueles utilizando nutrição parenteral total. É estimado que cerca de 30 a 45% de todas as bacteremias e fungemias hospitalares ocorrem em CTI. Os pacientes de CTI têm seis vezes mais chance de adquirir uma bacteremia do que os internados em outras unidades.[11]

Nos Quadros 102-3 e 102-4 estão demonstradas as distribuições dos patógenos mais freqüentes isolados dos quatro principais sítios de infecção em CTI (janeiro 1986 a abril 1997) em dados obtidos através do programa NNISS desenvolvido pelo CDC,[9] que não diferem basicamente daqueles relatados em serviços brasileiros.

FATORES DE RISCO PARA A AQUISIÇÃO DE INFECÇÃO EM CTI

Relativos ao paciente

Os pacientes internados em CTIs são particularmente suscetíveis à infecção nosocomial. Os que se encontram em extremos de idade têm risco aumentado. Além das condições clínicas desfavoráveis pela gravidade da doença, os mecanismos de defesa naturais podem estar comprometidos por doenças subjacentes ou como resultado de intervenções diagnósticas e terapêuticas.[14] Com freqüência a integridade das barreiras naturais de defesa como a pele e a eficiência dos fagócitos teciduais são suplantadas pela presença de catéteres, tubos, drenos , bem como na presença de tecidos desvitalizados em certos pacientes, tais como os cirúrgicos, em estado de choque, desnutridos ou politraumatizados. Por outro lado, a utilização freqüente de antiácidos da mucosa gástrica favorece a colonização da mucosa pela neutralização da barreira ácida, atuando como importante reservatório interno de infecções enterais e respiratórias. A desnutrição freqüente do paciente criticamente doente também desempenha papel importante no comprometimento das defesas orgânicas pela diminuição da síntese protéica e da formação de anticorpos, ocorrendo em 10 a 50% dos pacientes nos hospitais americanos.[11] Entre todos os fatores relacionados, o grau de severidade e a instabilidade funcional da doença e a sua repercussão sobre a homeostasia e o sistema imunológico são os considerados os mais importantes. A mensuração de severidade da doença através de pontuações fisiológicas, tais como o APACHE II e III e o SAPS II, entre outros, são preditores acreditados de mortalidade em CTI. Entretanto, nenhuma dessas pontuações mostrou correlação definitiva com a probabilidade de desenvolver infecção no CTI e não foram validadas como preditores de complicações infecciosas, tendo valor limitado nos casos de sepse.[10,14]

Quadro 102-3. Patógenos mais freqüentes na corrente sangüínea e na pneumonia

Corrente sangüínea			***Pneumonia***		
Patógenos	***Nº***	***%***	***Patógenos***	***Nº***	***%***
CoNS*	8.432	33.5	*P. aeruginosa*	8.307	17.4
S. aureus	3.381	13.4	*S. aureus*	8.292	17.4
Enterococcus spp	3.161	12.8	*Enterobacter* spp	5.446	11.4
C. albicans	1.467	5.8	*K. pneumoniae*	3.195	6.7
Enterobacter spp	1.301	5.2	*H. influenzae*	2.346	4.9
Outros	7.410	29.3	Outros	20.195	42.2
Total	25.152	100	Total	47.781	100

* CoNS = *Staphylococcus coagulase* negativo.

Quadro 102-4. Patógenos mais freqüentes no sítio cirúrgico e no CTI

Sítio cirúrgico			***ITU***		
Patógenos	***Nº***	***%***	***Patógenos***	***Nº***	***%***
Enterococcus spp	2.649	15.3	*E. coli*	8.119	19.2
CoNS*	2.190	12.6	*C. albicans*	6.092	14.4
S. aureus	1.951	11.2	*Enterococcus* spp	5.975	14.1
P. aeruginosa	1.788	10.3	*P aeruginosa*	4.757	11.2
Enterobacter spp	1.656	9.5	*K. pneumoniae*	2.47	5.8
Outros	7.127	41.1	Outros	14.942	35.3
Total	17.361	100	Total	42.355	100

* CoNS = *Staphylococcus coagulase* negativo.

Relativos ao ambiente

O tempo de permanência no CTI (OR:1,73 – IC 95% 1,31-2,14) , o uso de ventilação mecânica (OR: 1,75 – IC 95% 1,51-2,03) e de acessos vasculares (OR: 4,6 – IC 95% 3,12-6,81) têm sido identificados e citados pelos autores como fatores de risco importantes e preditores de infecção nos paciente de CTI.[12] Outros fatores têm sido citados, embora avaliados de forma menos rigorosa, tais como: relação enfermagem/paciente menor que 1/1; superlotação facilitando a infecção cruzada; uso de nutrição parenteral total; umidificadores de circuitos respiratórios; tamanho da unidade > 10 leitos; e outros. A colonização dos epitélios cutâneos e mucosos do hospedeiro por microrganismos patogênicos é um pré-requisito para o desenvolvimento futuro de infecção nosocomial. Ela se inicia desde o primeiro dia de internação e é progressiva com o tempo de permanência do paciente no CTI. Estudos têm mostrado que as mãos do pessoal hospitalar estão colonizadas transitoriamente ou não com bacilos gram-negativos em 75% das vezes e representam uma fonte importante da transmissão de infecção aos pacientes.[12] Pacientes colonizados representam um reservatório importante da cadeia epidemiológica da infecção hospitalar relacionada ao ambiente. Quando a colonização ocorre por microrganismos resistentes, as conseqüências são piores, visto a dificuldade de erradicação e de tratamento, dependendo da condição clínica do paciente. O aumento da resistência aos antimicrobianos no ambiente hospitalar é um problema crescente nos últimos anos, e tem preocupado os estudiosos e as autoridades sanitárias, que têm alertado para a perda da eficiência dos antimicrobianos e a necessidade de impor medidas restritivas como forma de tentar minimizar o problema. A aquisição de resistência bacteriana advém de dois mecanismos básicos: mutação cromossômica e transferência genética. Entretanto, a inadequação do uso dos antibióticos, que nos pacientes de CTI representam mais de 50% das utilizações, é o grande determinante da seleção de patógenos resistentes. A terapia antimicrobiana nos pacientes criticamente enfermos freqüentemente é iniciada antes da identificação do patógeno e com drogas de largo espectro ou combinação de antimicrobianos.[13] Em uma avaliação em nosso serviço, por um período de 8 meses, o uso de antibiótico foi empírico em 54,4% das vezes e a prescrição orientada por etiologia somente ocorreu em 27,8%. O uso empírico deriva de várias causas, entre elas o fato de muitos dos casos considerados como "sepse clínica" não possuírem uma etiologia demonstrável. Entretanto, é notória, em CTI e serviços de emergência , a atitude imediatista do médico de prescrever antibióticos de largo espectro antes mesmo de tentar colher exames de cultura ou identificar melhor a causa da possível infecção. Na avaliação geral, a inadequação do uso, considerado através de um critério mais rígido estabelecido pelo Serviço de Controle de Infecções, atingiu até 66,4% das prescrições, conforme o Quadro 102-5.

Os mecanismos para o surgimento e a expansão da resistência bacteriana aos antimicrobianos encontram-se relatados abaixo:[16]

- Introdução de microrganismo resistente ao paciente suscetível através de reservatórios não-identificados no ambiente da UTI.

Quadro 102-5. Uso de antibiótico e apropriação

	Nº de casos	*%*
Modo de uso		
Empírico	49	54,4
Etiologia definida	25	27,8
Apropriação		
Apropriado	42	33,6
Inapropriado	83	66,4
Causas de inapropriação		
Escolha	44	52
Sem ajuste pós-teste	13	15
Dose/intervalo	9	15
Associação	8	10
Discordância com protocolos	5	6
Superinfecção	3	4
Duração	2	2

- Aquisição de resistência por mutação espontânea ou transferência genética a partir da "pressão" do uso de antibióticos com ou sem critérios.
- Seleção progressiva de subpopulações resistentes.
- Disseminação de microrganismos resistentes pela proximidade, infecção cruzada e maus hábitos de higiene hospitalar.

A emergência de patógenos tais como o *Staphylococcus aureus* meticilino-resistente (MRSA), o desenvolvimento de *Enterococos* resistentes à vancomicina (VRE) e novos padrões de resistência em bactérias gram-negativas (*Pseudomonas aeruginosa, Enterobacter* spp, *Escherichia coli* e *Klebsiella pneumoniae)* trazem conseqüências importantes, entre elas o prolongamento do tempo de internação no CTI, custos adicionais da assistência e o aumento da morbimortalidade dos pacientes. A chave do controle de patógenos resistentes aos antibióticos em CTI é a adequação rigorosa às normas de controle de infecção, bem como a prevenção do uso inadequado de antibióticos.[5] O controle do surgimento de resistência bacteriana inclui as medidas tradicionais de controle das infecções e as orientações sobre o uso adequado de antimicrobianos, tais como: a diminuição do uso de drogas de amplo espectro como as cefalosporinas, a limitação do uso de carbapenêmicos (liberados somente para terapias dirigidas) e o uso criterioso de vancomicina.

IMPORTÂNCIA DOS PROCEDIMENTOS DE RISCO

Os sistemas de monitorização e tratamento através de dispositivos invasivos, realizados na maioria dos pacientes de CTI, cria condições para a colonização e posterior invasão dos microrganismos para a intimidade dos tecidos. Conforme o estudo SENIC, a capacidade de prevenção das medidas recomendadas na metodologia de controle de infecções é mais eficaz quando dirigida aos cuidados na instalação e manutenção dos chamados procedimentos de risco,[18] que influenciam mais de 65% das infecções hospitalares, principalmente nas UTIs. Assim, é bastante conhecida a influência do cateterismo vesical na patogenia de mais de 90% das infecções urinárias, dos catéteres vasculares que originam um risco de 1,9 a 4,0 vezes maior de infecção da corrente circulatória,[4] ou da ventilação mecânica em 16 a 30% das pneumonias em CTI. O uso freqüente desses dispositivos é considerado um fator preditivo conhecido de aquisição de infecção nosocomial, como demonstrado em estudos como o EPIC,[1-4,6] em que dos sete fatores de risco identificados no estudo de mais de 10.000 pacientes (catéter venoso central, catéter arterial pulmonar, catéter urinário, ventilação mecânica, profilaxia de úlcera de estresses, trauma e tempo de permanência), quatro estavam associados com dispositivos invasivos. A medicina moderna, não podendo prescindir do seu uso, deve adequar as indicações mais prudentes e judiciosas do seu emprego, além de aperfeiçoar os materiais, a técnica de instalação e os cuidados de manutenção, evitando o uso desnecessário e preconizando a menor permanência possível, com treinamento da equipe assistencial e campanhas de educação e esclarecimento.

ESTRATÉGIAS DE PREVENÇÃO E CONTROLE DE INFECÇÕES EM CTI

Os princípios do controle de infecções nos CTIs são baseados em conceitos simples, e sua aplicação não deve ser vista como medidas puramente administrativas ou punitivas, mas como estratégias úteis e de fácil aplicação à beira do leito. O entendimento da fisiopatologia e da epidemiologia das infecções hospitalares permite um entendimento racional da sua aplicação para todos os elementos que compõem a equipe de saúde. Dados recentes confirmam que essas estratégias somente são efetivas se aplicadas a longo prazo,[1,12] quando integradas ao comportamento de toda a equipe assistencial e vistas como prioritárias e integradas no processo contínuo de melhoria da qualidade do atendimento.

Faz-se necessária a interação entre o Serviço de Controle de Infecção Hospitalar e a Equipe Assistencial, com o desenvolvimento de um programa de treinamento em controle de infecção, manutenção atualizada de rotinas específicas e um sistema de vigilância que permita detectar desvios das taxas de infecções e o surgimento de surtos nessas unidades.

Um programa básico para um CTI deve incluir recomendações dirigidas a:

- *Estrutura e planta física:* distância adequada entre os leitos (10,0 m² por leito com distância de 1 m entre as paredes e o leito, exceto cabeceira, e de 2 m entre leitos);[21] sempre que possível, boxe individualizado para cada paciente, pois auxilia as políticas para a redução da transmissão de patógenos na unidade;[1] a existência de leitos de isolamento com 12 m² e distância de 1 m entre paredes e leito, exceto cabeceira;[21] pias em número suficiente e de fácil acesso e equipadas para a lavagem das mãos pela Equipe Assistencial, facilitando sua execução; proporção adequada entre o número de funcionários e o número de pacientes, não maior que 2:1.
- *Adoção das precauções básicas:* publicadas pelo *Centers for Disease Control*,[22] têm como objetivo reduzir o risco de transmissão de microrganismos de fontes conhecidas e desconhecidas de infecção no ambiente hospitalar, dirigidas ao tratamento de todo paciente .
- *Lavagem das mãos:* promover a remoção dos microrganismos da flora transitória presentes nas mãos. É um dos procedimentos básicos para a prevenção da transmissão cruzada de infecções. As mãos devem ser lavadas antes e após contato direto com o paciente, antes do preparo de medicações, após contato com sangue, fluidos corporais, secreções, excreções, pele não-íntegra e retirada de luvas.
- *Uso de luvas:* não substitui a lavagem de mãos. É utilizado em adição a esta para evitar a transmissão de microrganismos de paciente para paciente e para os profissionais da saúde. Devem ser trocadas entre procedimentos no mesmo paciente, após contato com material contaminado e removidas logo após o uso, lavando as mãos.
- *Aventais:* devem ser utilizados quando houver indicação de barreira para evitar contato com materiais infectantes e nos casos específicos de isolamentos.
- *Máscaras, óculos e protetores faciais:* indicados para a proteção de mucosas durante procedimentos e atividades de cuidado de pacientes com risco de produzir *sprays* de sangue, fluidos corporais, secreções e excreções. Máscaras também são indicadas para os casos que necessitem de precauções com gotículas ou precaução aérea. Para a precaução aérea deve ser usada máscara com alta eficiência de filtração.
- *Isolamentos:* as medidas oficiais de isolamento têm a finalidade de prevenir a transmissão de agentes infecciosos, sendo os mais importantes os relacionados à forma de transmissão da doença infecciosa em questão (contato, gotículas, vias aéreas).
- *Equipamentos, materiais e utensílios:* cuidados específicos com a limpeza, desinfecção e esterilização dos mesmos, bem como com a realização dessas atividades de forma adequada e em locais específicos.
- *Materiais perfurocortantes:* devem ser manipulados com cuidado e segurança para evitar acidentes e descartados em recipientes específicos, de paredes rígidas.
- *Pesquisa de colonização e infecção em pacientes admitidos no CTI:* realizada de rotina em pacientes provenientes de outras instituições de saúde ou do domicílio quando houver suspeita de infecção ou portadores de sondas, catéteres, traqueostomias, feridas, secreções. Nesses casos são coletadas amostras de secreções, urina e sangue, e o *swab* nasal e retal é indicado para a pesquisa de MRSA e VRE em pacientes provenientes de outros hospitais. Como regra, o paciente permanece em medidas de isolamento de contato até os resultados dos exames. Nos casos positivos são instituídas as medidas específicas. Nos colonizados por MRSA realiza-se a descolonização por 5 dias, com banho diário com clorexidina a 2% e aplicação de mupirocina

pomada 3 vezes ao dia nas narinas, axilas e regiões inguinais.

- *Uso criterioso de antimicrobianos:* adotam-se as medidas efetivas, restrição e controle da prescrição. De uma forma geral, a adequação para cada caso leva em conta as especificidades do paciente, a urgência do uso, a tentativa de identificação e a maior probabilidade etiológica dentro do contexto clínico-epidemiológico. Nessa discussão é de grande valia o conhecimento do perfil de sensibilidade/resistência dos patógenos locais da unidade, testados periodicamente em períodos nunca menores de 6 meses. A ocorrência de surtos de infecção por patógenos sistematicamente resistentes pode exigir a retirada do uso de determinados antibióticos.
- *Pesquisa e controle de surtos de infecção:* o sistema de vigilância deve atentar para a ocorrência de possíveis surtos de infecção. Comumente os surtos epidêmicos estão relacionados aos procedimentos utilizados para diagnóstico ou tratamento do doente grave. A equipe de controle de infecção deve interagir com a equipe multidisciplinar, reforçando as medidas convencionais de controle de infecções e implementando medidas específicas de acordo com as características do surto. Em surtos de maior gravidade, pode exigir-se uma revisão dos casos e a realização de estudos de caso-controle, identificando possíveis fatores de risco associados para dirigir a adoção de medidas preventivas-restritivas. Na investigação de um surto, é importante elaborar um relatório com informações resumidas sobre os passos das investigações, as medidas de controle recomendadas e reavaliações dos resultados obtidos.
- *Prevenção da infecção associada ao catéter venoso central:* inclui medidas desde a indicação criteriosa de uso e tempo de permanência, seleção do local de acesso e tipo de catéter a ser utilizado, rigor na técnica asséptica durante o procedimento de inserção e da sua manutenção. A contaminação do catéter pode ocorrer durante a sua instalação ou, mais comumente, através da pele junto ao ponto de inserção durante a permanência do catéter, podendo ainda haver contaminação do sistema pela manipulação pela equipe assistencial ou das soluções injetadas ou conectadas ao mesmo.[24] Em hospitais especializados, como os oncológicos ou CTIs, recomenda-se a criação de equipes treinadas em catéter venoso e nutrição parenteral responsáveis pela vigilância, treinamento, manutenção e orientação da enfermagem e dos médicos.
- *Prevenção da infecção pelo catéter urinário:* indicação criteriosa do uso, instalação com cuidados e técnica asséptica na cateterização urinária utilizando técnica asséptica e sistema fechado de drenagem, observação do fluxo urinário sem obstrução, higiene perineal e retirada do catéter assim que seu uso for dispensável.
- *Prevenção da pneumonia hospitalar:* mobilização precoce do paciente acamado, fisioterapia respiratória no período pós-operatório e restrição ao leito; medidas destinadas a evitar a aspiração para o trato respiratório inferior de secreções provenientes da orofaringe e gástricas, tais como a manutenção da cabeceira elevada nos pacientes restritos ao leito, com sonda gástrica e naqueles com sedação contínua ou distúrbio de consciência; rotinas destinadas ao cuidado dos pacientes intubados e/ou em ventilação mecânica, tais como evitar o uso desnecessário dos sistemas de umidificação, fazer controle periódico da pressão dos balonetes dos tubos endotraqueais, uso de sistemas de aspiração fechados ou individuais, alternância de decúbitos, toalete respiratória; uso judicioso das medicações antiácidas e profilaxia da lesão aguda da mucosa gástrica. Estabelecer barreiras e isolamento de pacientes em ventilação colonizados ou infectados com germe resistente.

REFERÊNCIAS BIBLIOGRÁFICAS

1. Pittet D, Harbarth SJ. The intensive care unit. *In* Bennett JV, Brachman PS. Hospital infections. Lippincott-Raven publishers, fourth ed., Philadelphia, PA, 1998. pp 381–402.
2. Silva NB. Infecção em centros de terapia intensiva. Rev. Médica Santa Casa, PA, 1992;3(6):573–583.
3. McKenney MG, Norwood S. The prevalence and importance of nosocomial infections in the intensive care units. Critical care, third ed., Philadelphia, PA. 1997. pp. 1573–1587.
4. Pittet D, Tarara D, Wenzel RP. Nosocomial bloodstream infection in critically ill patients: excess length of stay, extra costs, and attributable mortality. *JAMA* 1994;271:1598–1601.
5. Weber DJ, Rutala WA. Nosocomial infections in the ICU. The growing importance of antibiotic-resistant pathogens. *Chest* 1999;115:34S–41S.
6. Vincent JL, Bihari DJ, Suter PM *et al.* The prevalence of nosocomial infection in intensive care units in Europe: results of the european prevalence of infection in intensive care (EPIC) Study. *JAMA* 1995;274:639–644.
7. Wey SB. Infecções em unidades de terapia intensiva. Tratado de infectologia. *In* Veronesi R, Focaccia R. Tratado de Infectologia. Atheneu, São Paulo, 1997, pp. 1527–1532.
8. Hospital Infections Program CDC, Atlanta. National nosocomial infections surveillance (NNIS) System Report, Data Summary from January 1992 – April 2000. *Am J Infect Control* 2000;28:429–448.
9. Hospital infections program CDC, Atlanta. National nosocomial infections surveillance (NNIS) System Report, Data Summary from October 1986 – April 1997. *Am J Infect Control*; 1997;25:477–87.
10. Keita-Perse O, Gaynes RP. Severity of illness scoring systems to adjust nosocomial infection rates: A Review and Commentary. *Am J Infect Control* 1996;24:429–434.
11. Starling CE, Couto BR, Pinheiro SM. Applying the centers for disease control and prevention and national nosocomial surveillance system methods in brazilian hospitals. *Am J Infect Control* 1997;25:303–311.
12. Eggimann P, Pittet D. Infection control in the ICU. *Chest* 2001;120:2059–93.
13. Crawford GE, Emig M. An approach to the use of antimicrobial agents. *In* JM, Civetta RW, Taylor RR. Kirby critical care, third ed, Philadelphia, PA 1997, pp. 1555–158.
14. Fridkin SK, Welbel SF, Weinstein R. Magnitude and prevention of nosocomial infections in the intensive care

unit. *Infectious Disease Clinics of North America.* 1997;11(2):479–496.

15. Keita-Perse O, Edwards JR, Gaynes RP. Comparing nosocomial infection rates among surgical intensive-care Units: The importance of separating cardiothoracic and general surgery intensive-care units. *Infect Control Hosp Epidemiol* 1998;19:260–261.
16. Shlaes DM, Gerding DN, John JF, Craig WA, Bornstein DL, Duncan RA, Eckman MR, Farrer WE, Greene WH, Lorian V, Levy S, McGowan JE. SHEA Position Paper: Guidelines for the prevention of antimicrobial resistance in hospitals *Infect Control Hosp Epidemiol* 1997;18(4):275–291.
17. Duncan RA. Controlling Use of antimicrobial agents. *Infect control hosp Epidemiol* 1997;18:260–266.
18. Haley RW, Quade D, Freeman HE *et al.* Study on the efficacy of nosocomial infection control (SENIC Project): summary of study design. *Am J Epidemiol* 1980;111:472–485.
19. Rello J. Impact of nosocomial infections on outcome: Myths and Evidence. *Infect Control Hosp Epidemiol* 1999;20:392–394.
20. Mayer KH, Opal SM, Medeiros AA. Mechanisms of antibiotic resistance. *In* Mandell Douglas Bennetts. Principles and practice of infectious diseases. 4. ed. Churchill Livingstone, New York: 1995. pp 212–225.
21. Ministério da Saúde. Portaria 1884. Normas para Construções e Reformas em Estabelecimentos de Saúde. Brasilia, 11/11/1994.
22. Gardner JS. Hospital Infection Control Practices Advisory Committee: Guideline for Isolation Precautions in Hospitals. *Infect Control Hosp Epidemiol* 1996;17:53–80.
23. Gaynes R. The impact of antimicrobial use on the emergence of antimicrobial-resistant bacteria in hospitals. *Infectious Disease Clinics of America* 1997;11(4):757–765.
24. Department of Health: Guidelines for Preventing Infections Associated with the Insertion and Maintenance of Central Venous Catheters. *Journal of Hospital Infection* 2001;(47):S47–S67.

103 Endocardite Infecciosa

Cleovaldo Tadeu dos Santos Pinheiro

Endocardite infecciosa (EI) é uma doença causada por uma infecção no endocárdio. É caracterizada por vegetações que se desenvolvem nas valvas cardíacas e, ocasionalmente, em outras regiões. Existem, na prática médica, muitos termos correlatos: endocardite bacteriana, endocardite bacteriana subaguda, endocardite bacteriana aguda, endocardite de valva nativa, endocardite em valva protética, endocardite trombótica não-bacteriana e assim por diante. Muitos desses termos definem aspectos particulares da doença, como o termo endocardite bacteriana, que define um tipo de agente infeccioso: as bactérias, excluindo outros microrganismos igualmente importantes, como os fungos e as clamídias. Prefere-se o termo genérico endocardite infecciosa para designar o grupo de afecções causadas por agentes infecciosos, independentemente de suas naturezas, que comprometem o endocárdio. Os termos agudo e subagudo, usados antigamente, relacionavam-se mais ao curso clínico da doença para tentar uma correlação entre as manifestações e o agente etiológico. As formas subagudas eram mais devidas ao *Streptococcus viridans,* e as formas agudas mais decorrentes do *Staphylococcus aureus*. Hoje, prefere-se uma terminologia mais microbiológica: endocardite infecciosa por *Staphylococcus aureus*, coagulase-positiva, meticilina-resistente, por exemplo. Outros termos adjuvantes podem ser informativos: se a EI é originada em válvula nativa, ou tipo de válvula comprometida, ou se se trata de uma endocardite não-infecciosa e assim por diante.[1,2,3]

A doença já é conhecida há muito tempo: Rivieri em 1646, Lancisi em 1706 e Morgagni em 1761 descreveram pacientes que morreram por EI. Bouillaud, em 1824 e 1835, introduz os termos endocárdio e endocardite. Virschow, em 1846, reconhece as vegetações em autopsias. Posteriormente, Virschow, Winge e Heiberg (1869 e 1872) descrevem independentemente a presença de bactérias nas vegetações, estabelecendo um elo entre a doença e sua etiologia.[4,5,6]

EPIDEMIOLOGIA

Os dados epidemiológicos da EI têm mudado nos últimos 50 anos. Observam-se aumento na mediana da idade, aumento da proporção do número de homens em relação ao número de mulheres, aumento do número de casos com evolução aguda, diminuição dos casos causados por *S. viridans* com aumento dos casos de *Staphylococcus* spp e de outros germes. Outra mudança comportamental da doença tem sido a diminuição das manifestações clássicas como nódulos de Osler, baqueteamento digital, esplenomegalia e manchas de Roth. Atribuem-se essas mudança do comportamento epidemiológico ao uso disseminados de drogas injetáveis, ao aumento do uso de válvulas protéticas e à concomitância de infecção pelo HIV. Outra explicação plausível é a de que, sendo as manifestações de evolução mais aguda, não haveria tempo para o aparecimento dos sinais clássicos, que são mais prevalentes nas formas subagudas ou crônicas.[7,8,9]

A incidência estimada da EI em países em desenvolvimento deve situar-se entre 1,6-6 casos novos por ano para cada 100.000 habitantes.[10]

Alguns pacientes desenvolvem EI sem terem uma doença cardíaca preexistente. O fenômeno ocorre mais como forma aguda da doença, especialmente em crianças com menos de 2 anos de idade e em usuários de drogas ilícitas injetáveis. Entretanto, a maioria dos pacientes com EI tem doença cardíaca preexistente,[11] sendo um importante subgrupo o dos pacientes submetidos a cirurgia cardíaca.[12]

São considerados pacientes com maior risco para o desenvolvimento de endocardite os portadores de doença cardíaca valvular reumática, cardiopatas congênitos, usuários de drogas ilícitas injetáveis e portadores de infecção por HIV (Quadro 103-1).[13]

Em crianças, a EI é rara na primeira infância e pouco freqüente nas crianças maiores; quando ocorre, costuma ter um curso mais insidioso e está mais associada a queimaduras infectadas, pneumonias por estafilococos e estreptococos, ou acomete pacientes com cardiopatia congênita do grupo Fallot.[14,15]

Pacientes em pós-operatório de cirurgias cardíaca são especialmente suscetíveis à EI. O *Staphylococcus epidermidis*, raro em infecções em válvulas nativas, aparece como importante agente etiológico após o advento das cirurgias cardíacas.[16] O germe costuma ser inoculado pelas mãos do cirurgião ou pelos oxigenadores de bomba e cursa com manifestações subagudas,[17] e está associado a EI precoce em válvulas protéticas. Gram-negativos e fungos infectam, igualmente, mais próteses do que válvulas nativas e são responsáveis por algumas EIs precoces. O pico de incidência da endocardite precoce ocorre por volta da terceira e da nona semana após a cirurgia, caindo rapidamente após essa data. A endocardite tardia em válvulas protéticas ocorre numa taxa de 0,3 a 0,5 por cento por ano.[18]

Quadro 103-1. **Estratificação de lesões cardíacas quanto ao risco de desenvolvimento de endocardite infecciosa**

Alto risco para desenvolver endocardite infecciosa	*Risco intermediário para desenvolver endocardite infecciosa*	*Baixo risco ou risco insignificante para desenvolver endocardite infecciosa*
Válvulas protéticas	Prolapso mitral com regurgitação	Prolapso mitral sem regurgitacão
Endocardite prévia	Estenose mitral pura	Regurgitação valvular trivial, sem anormalidade no ecocardiograma
Doença valvular àórtica	Doença tricúspide	Comunicação interatrial do tipo *ostium secundum*
Regurgitação mitral	Doença valvular pulmonar	Placas de ateroma, doença coronariana aterosclerótica
Dupla lesão mitral	Hipertrofia septal assimétrica	Aortite sifilítica
Ducto arterioso prévio	Catéteres que atinjam o átrio direito	Marca-passo cardíaco
Comunicação interventricular	Implantes cardíacos não-valvulares	Lesões corrigidas cirurgicamente sem prótese, após 6 meses do procedimento
Coarctação da aorta	Doença degenerativa valvular em velhos	

Nos idosos, a incidência vem aumentando nos países desenvolvidos. A mediana de idade aumentou de cerca de 30 anos para cerca de 50 anos. É 1,5 vez mais comum em homens do que em mulheres e costuma ocorrer em válvulas com degeneração e com calcificação.[19]

Nos usuários de drogas ilícitas injetáveis, a etiologia da EI está mais associada à flora da pele do paciente do que à possível contaminação do solvente da droga. Cerca de 50% dos casos são causados por *Staphylococcus* spp, sendo a presença de gram-negativos e fungos mais comum do que em pacientes não-drogaditos. Cinco por cento deles apresentam microbiota mista, usualmente têm um curso mais agudo e apresentam lesões preferencialmente no coração direito (50-70% têm lesão na tricúspide).[20,21]

EI em gestantes é pouco freqüente, principalmente em gestações e partos normais, mesmo na presença de lesões predisponentes.[22] Quando ocorre, é mais provável que o faça por ocasião do parto e puerpério, principalmente na presença de bacteremia originada por endometrite, parametrite, tromboflebites sépticas em veias pélvicas e infecções urinárias.[23] Os germes mais comuns são *Enterococcus faecalis*, estreptococos do grupo B, estafilococos e, ocasionalmente, gram-negativos ou anaeróbios.

Os pacientes portadores de HIV costumam se infectar pelo uso de drogas injetáveis. A mortalidade nesse grupo costuma ser maior se a contagem de $CD4^+$ estiver inferior a 200/mm.[23,24]

PATOLOGIA

O principal elemento é o dano endocárdico, com depósito de fibrina e agregados plaquetários formando uma microvegetação. Após uma bacteremia, ou fungemia, ocorre o implante microbiano. A bacteremia sustentada, característica da endocardite, resulta de um equilíbrio entre a taxa de liberação de microrganismos dos fragmentos da vegetação e a taxa de remoção desses microrganismos pelo sistema retículo-endotelial no fígado, baço e medula óssea. A vegetação cresce quando mais germes são depositados a partir da circulação, estimulando mais depósito de fibrina. O resultante é uma sucessão de camadas de fibrina e depósitos de bactérias, com raras hemácias e leucócitos. A camada final, no lado da luz, é sempre uma camada de fibrina. O crescimento da vegetação é contrabalançado pela fragmentação da mesma. O tamanho final pode variar de uma protuberância granular séssil a uma grande massa pedunculada. As vegetações causadas por infecções por *H. parainfluenzae* e *C. albicans* costumam ser friáveis e por isso causam muitos fenômenos embólicos.[25]

Com tratamento efetivo, as vegetações tornam-se progressivamente organizadas na medida em que o edema e o tecido de granulação crescem da base e são substituídos por fibrose e até calcificação.

Em pacientes com doenças malignas e outras doenças devastadoras, como tuberculose e uremia, podem desenvolver-se vegetações estéreis potencialmente emboligênicas, conhecidas pelo nome de endocardite marântica. A gênese dessas lesões não é bem conhecida, mas parece envolver fenômenos imunológicos.[26] Outras lesões semelhantes constituem a endocardite de Libman-Csacks. São encontradas no lúpus eritematoso sistêmico e na síndrome de anticorpos antifosfolipídios.[27]

MICRORGANISMOS INFECTANTES

Cerca de 15 a 20% das endocardites infecciosas apresentam culturas repetidamente negativas. O fato é atribuído, com freqüência, ao uso prévio de antibióticos. Contudo, deve ser lembrada a possibilidade de endocardite por fungos (*Candida* spp e *Aspergillus* spp.) e por microrganismos que resultam sistematicamente em culturas negativas: micobactérias, *Coxiella burnettii* (febre Q) e *Chlamydia*.[28]

Outros diagnósticos devem ser meticulosamente excluídos, antes que o diagnóstico de EI com cultura negativa seja aceito.

Inúmeras são as portas de entrada para um microrganismo causar uma bacteremia. A flora infectante costuma ser representativa do local de invasão: estafilococo e difteróides, da pele; anaeróbios, da boca; estreptococo, da microbiota da orofaringe; anaeróbios, dos cólons; gram-negativos entéricos e enterococo, do trato geniturinário e mucosa intestinal baixa.[29,30] Todavia, apenas alguns desses microrganismos são capazes de causar endocardite. Os agentes etiológicos mais freqüentes são estreptococos orofaríngicos, estafilococos e enterococos.[31,32,33]

Germes gram-positivos

Em válvulas nativas, mais de 80% das infecções são causadas por estafilococos e estreptococos, sendo os estreptococos mais freqüentes do que qualquer outro grupo de microrganismos, e, entre eles, o *S. viridans* concorre com a maioria dos casos.[34] Nas formas subagudas de EI, após o *S. viridans*, aparecem em ordem decrescente de freqüência *S. sanguis*, *S. mutans*, *S. intermedius* e *S. mitis*.[35] Estreptococos do grupo D são os próximos em freqüência como causadores de EI.[36,37] *S. bovis*, um estreptococo do grupo D não-enterococo, é responsável por cerca de um quinto das EI por estreptococos. Associa-se a doenças gastrintestinais, especialmente pólipos colônicos e câncer.[38] Portanto, uma vez que as culturas forneçam espécimes desse microrganismo, investigação adicional sobre o trato digestivo deve ser realizada.

O *S. faecalis* (enterococo) causa cerca de 10 por cento das EI por estreptococos. Dizia-se que esse germe causava EI "em mulheres jovens e em homens velhos", porque se associava a infecções do trato urinário nas mulheres em idade fértil e em homens com doença prostática. Nos dias atuais, a EI por enterococo está mais associada ao uso de drogas injetáveis e, por associar-se a infecções de ferimentos e de catéteres intravenosos, e a bacteremias em pacientes com insuficiência renal crônica, relaciona-se a EIs nosocomiais.[39] Menos de 5% desses pacientes desenvolvem EI, mas, se a bacteremia for adquirida na comunidade, um terço delas causará endocardite.[40] Outros estreptococos podem causar EI, mas são raros. O *S. pneumoniae* como agente etiológico de EI tem se tornado raro após o advento dos antibióticos. Quando o faz, causa forma aguda de EI. A tríade endocardite, pneumonia pneumocócica e meningite pneumocócica em alcoólatras debilitados, conhecida como síndrome da Áustria, tem prognóstico extremamente reservado.[41]

O *Staphylococcus aureus* é a principal causa das formas agudas de EI; é também o agente etiológico mais importante em usuários de drogas injetáveis ilícitas. Pode causar lesões metastáticas em pele, ossos, articulações, olhos e cérebro.[42] Entretanto, apenas uma minoria dos pacientes com bacteremia por *S. aureus* desenvolve endocardite. Alguns elementos são apontados como fatores de risco: 1) bacteremia adquirida na comunidade; 2) ausência de foco primário da infecção e 3) presença de foco metastático da infecção por estafilococo. Cerca de dois terços dos pacientes que apresentam todas as três características têm EI.[43]

Válvulas nativas infectadas por *Staphylococcus epidermidis* são incomuns, mas, quando ocorrem, a endocardite costuma ter curso clínico subagudo ou crônico.[44]

Germes gram-negativos

Praticamente todas as bactérias gram-negativas que colonizam ou infectam os seres humanos podem causar EI, embora algumas, como a *Escherichia coli* e a *Klebsiella*, comuns como causa de bacteremias, sejam notavelmente raras na gênese de EI.[45] As causas para esse fenômeno são variadas, possivelmente relacionadas à baixa capacidade de adesividade dos bacilos gram-negativos aos tecidos das válvulas cardíacas e à fibrina, além de fatores imunológicos.[46,47,48] Um significativo número de casos é causado por um grupo de gram-negativos nutricionalmente fastidiosos conhecido pelo acrônimo HACEK, derivado das iniciais dos gêneros dessas bactérias: *Haemophilus* sp., *Actinobacillus actinomycetemcomitans*, *Cardiobacterium hominis*, *Eikenella corrodens* e *Kingella kingae*. Os casos causados pelo gênero *Haemophilus* (*H. aphrophilus, H. paraphrophilus, H. parainfluenzae* e *H. influenzae*) predominam, sendo a espécie *Haemophilus influenzae* a mais freqüente e a mais virulenta.[49]

Duas populações apresentam risco aumentado para EI por gram-negativos: os portadores de válvulas protéticas e os usuários de drogas injetáveis ilícitas. Os gram-negativos são responsáveis por cerca de 5% das endocardites em usuários de drogas injetáveis (com o predomínio de *Pseudomonas*, *Serratia* e *Enterobacter*).[51] Eles estão envolvidos em cerca de 15-20 % dos casos de endocardite em próteses recentes e em 10% dos casos em próteses tardias.[52]

Casos interessantes de EI têm sido reportados, como os causados por *Salmonella*, *Brucella* e *Acinetobacter*. EI por *Brucella* é bem conhecida na bacia do Mediterrâneo. EI por anaeróbios é rara.

Neisseria gonorrhoeae, após o advento dos antibióticos, é uma causa rara de EI, mas, quando ocorre, o faz de forma aguda, comprometendo o lado direito do coração.

Fungos

Do ponto de vista prático, apenas dois gêneros importam na gênese da EI em humanos: *Candida* e *Aspergillus*. *Candida* causa EI em válvulas nativas em usuários de drogas injetáveis ilícitas e em pacientes usando nutrição parenteral, enquanto *Aspergillus* acomete mais válvulas protéticas.[53] As lesões causadas por EI de origem fúngica costumam ser friáveis e, por isso, causam freqüentes fenômenos embólicos.

Miscelânea

Um grande número de outros microrganismos pode acometer o endocárdio e causar EI. *Coxiella burnettii* (febre Q) e *Chlamydia* causam doença crônica febril com envolvimento hepático proeminente. Embora rara, a EI pode ocorrer em criadores de pássaros. *Bartonella* pode causar um número significativo de EI.[54] A maioria dos casos é classificada como EI com cultura negativa ou confundida com *Chlamydia*, devido a provas sorológicas cruzadas.

Muitas espécies pouco usuais podem infectar válvulas protéticas: *Mycoplasma hominis*, *Legionella* spp e micobactérias.

MANIFESTAÇÕES CLÍNICAS

As manifestações clínicas podem ser agrupadas em três categorias: as decorrentes de uma infecção sistêmica, as decorrentes de uma lesão intravascular e as decorrentes de uma reação imunológica a uma infecção severa.[55]

A história clínica pode contemplar manifestações tais como: febre, calafrios, sudorese, tremores noturnos, anorexia, emagrecimento, adinamia, fraqueza, artralgias e mialgias. Os sintomas são mais insidiosos nas formas subagudas. As manifestações de lesão intravascular são insuficiência cardíaca (direita ou esquerda) e embolias, tais como: sinais neurológicos focais, hematúria, dores abdominais, torácicas e lombares.[56]

O exame clínico pode revelar petéquias, sinal do torniquete positivo e coagulação intravascular (mais comuns nas formas agudas); hemorragias em chama ocorrem em 20% das formas subagudas; nódulos de Osler (aparecem mais na pele das extremidades, como na polpa dos dedos), lesões de Janaway (manchas eritematosas, indolores, com menos de 5 mm de diâmetro nas palmas das mãos e solas dos pés). Podem ocorrer também lesões oculares: petéquias conjuntivais, hemorragias retinianas (em 10-25% dos casos), manchas de Roth (manchas com centro branco ou amarelado, circundadas por halo irregular vermelho claro); podem ocorrer também perda da visão por embolia da artéria central da retina e oftalmite. Baqueteamento digital ocorre em menos de 5% dos casos; esplenomegalia, em ¼ dos casos agudos e na metade dos casos subagudos. Oitenta e cinco por cento dos casos apresentam sopro cardíaco na primeira vez em que são vistos.[57,58]

COMPLICAÇÕES DA EI

Resumidamente, as complicações maiores da EI podem ser descritas como cardíacas, vasculares e neurológicas.

Complicações cardíacas

A insuficiência cardíaca é a complicação mais importante, exercendo impacto sobre o prognóstico.[59] Sua ocorrência, hoje, é menor do que já o foi no passado devido ao uso de antibióticos e de cirurgia. O início súbito ou a piora de insuficiência cardíaca preexistente são comuns durante o curso de uma EI aguda, causada pela perfuração de uma cúspide ou por ruptura de cordoalha tendínea. Pode ocorrer pelas mesmas razões em cursos subagudos. A ruptura de um seio de Valsalva para o átrio direito, ou ventrículo direito ou artéria pulmonar pode resultar em insuficiência cardíaca intratável. Essa condição deve ser suspeitada quando a magnitude da insuficiência cardíaca for muito maior do que esperado para o grau de disfunção valvular.[60] Ocasionalmente, uma vegetação de grande proporção pode ocasionar obstrução de um orifício valvular, causando estenose; esse fenômeno ocorre mais com infecções fúngicas em próteses valvulares.

Anormalidades de condução podem ocorrer em 4-16% dos pacientes com EI, especialmente nas infecções de válvula aórtica.[62] Bloqueio atrioventricular BAV de primeiro grau ocorre em 45% dos casos, BAV de terceiro grau em 20%, BAV de segundo grau, em 15%. Bloqueio isolado de ramo do feixe de His pode ocorrer em 15% dos casos. A presença de um distúrbio de condução pode sinalizar a presença de abscesso no anel valvular com extensão para as proximidades do sistema de condução e junção atrioventricular, que constitui uma indicação cirúrgica.

Complicações vasculares

Embolizações arteriais são reconhecidas em 12-40% dos casos de EI subaguda e em 40-60% dos casos de EI aguda. Podem comprometer cérebro, pulmões, artérias coronárias, baço, extremidades, aparelho digestivo e olhos.

Aneurismas micóticos ocorrem em 3-15% dos casos. As conseqüências, pela expansão e/ou ruptura, podem ser muito danosas. Por ordem de freqüência podem ocorrer na aorta proximal, incluindo seios de Valsalva (25%), artérias de vísceras (24%), artérias de extremidades (22%), artérias cerebrais (15%); nesse último caso, costumam ser múltiplos.

Complicações neurológicas

As complicações neurológicas são comuns e importantes. Alterações podem ocorrer entre 29-50% dos pacientes com EI. Uma variada gama de manifestações pode ser encontrada: estados confusionais tóxicos, distúrbios psiquiátricos, acidentes vasculares encefálicos isquêmicos e hemorrágicos de diferentes montas, meningoencefalite, cerebrite e envolvimento de nervos craniais ou periféricos. Em uma série, a presença do envolvimento neurológico ultrapassou a insuficiência cardíaca como causa líder determinante de mortalidade.[64]

DIAGNÓSTICO

O diagnóstico diferencial dos casos de EI diferem com o curso clínico da doença. As formas agudas devem ser diferenciadas de inúmeras formas de infecções agudas e sepse grave, tais como pneumonia, derrame pleural, meningite, abscessos cerebrais, malária, pericardite aguda e outras situações como acidentes vasculares encefálicos, causas de embolias, vasculites, coagulação intravascular disseminada. As formas subagudas devem entrar em protocolo de investigação de febre de origem obscura. Devem ser afastados febre reumática, osteomielite, tuberculose, meningite, salmonelose, infecções intra-abdominal, glomerulonefrite, brucelose, infarto agudo do miocárdio, acidentes vasculares encefálicos, trombo endocárdico, mixoma atrial, doenças do colágeno, doenças malignas (linfoma), causas de insuficiência cardíaca, pericardite.

No Quadro 103-2 são mostrados os critérios maiores e menores para o diagnóstico de endocardite infecciosa. O diagnóstico de certeza pode ser realizado apenas com critérios anatomopatológicos e pode ser sugerido por dois critérios maiores, ou um critérios maior e três menores, ou cinco critérios menores.[65]

Quadro 103-2. Critérios maiores e menores para o diagnóstico de endocardite infecciosa	
Critérios maiores	***Critérios menores***
Hemoculturas positivas	Predisposicão
Duas hemoculturas positivas com mais de 12 horas de intervalo (*S. viridans, S. bovis,* grupo HACEK*, *Staphylococcus aureus* da comunidade na ausência de foco)	Febre (< 38°C)
Três coletas positivas ou a maioria das coletas de 4 coletas separadas por uma hora de intervalo entre a primeira e a última coleta	Fenômenos vasculares: êmbolos arteriais, infartos pulmonares, aneurismas micóticos, hemorragia cerebral, hemorragias conjuntivais, lesões de Janaway Fenômenos imunológicos: glomerulonefrite, nódulos de Osler, manchas de Roth, fator reumatóide
Ecocardiograma mostrando massa oscilante na válvula ou estrutura de suporte valvular, ou em área de jato, ou em material implantado, presença de abscesso, deiscência parcial nova de prótese, ou regurgitação nova, ou aumento de regurgitação em relação a exame anterior	Evidências microbiológicas inferiores aos critérios maiores (exclui-se uma hemocultura positiva para estafilococo coagulase-negativo ou outros germes que não causem endocardite) Evidência sorológica de infecção ativa ou organismos compatíveis com endocardite infecciosa (germes como *Coxiella* e *Bartonella* podem ser considerados critérios maiores) Ecocardiograma compatível, mas sem os critérios maiores

* HACEK = *Haemophilus* spp., *Actinobacillus actinomycetemcomitans, Cardiobacterium hominis, Eikenella* spp, *Kingella kingae.*

TRATAMENTO

Acima de 90% das bactérias presentes numa vegetação estão metabolicamente inativas e não apresentam crescimento; isso implica que estão menos suscetíveis a antibióticos como os β-lactâmicos e aminoglicosídeos.

O tratamento empírico deve ser sempre evitado. Todos os esforços devem ser realizados para a identificação do agente etiológico e de sua sensibilidade antimicrobiana, embora nem sempre isso seja possível; sendo assim, é necessário que se tome sempre uma medida racional com relação à antibioticoterapia (Quadro 103-3).[66]

PREVENÇÃO

Os esquemas profiláticos para EI são apresentados no Quadro 103-4.[67] Os procedimentos de profilaxia baseiam-se em recomendações da *American Heart Association*; contudo, recente estudo prospectivo, com base populacional, pôs em dúvida o papel dos procedimentos dentários como predisponentes de EI e o valor profilático dos antibióticos.

Procedimentos dentários nos quais a profilaxia é ***muito*** recomendada em pacientes com risco alto ou intermediário (Quadro 103-1) incluem as extrações, procedimentos periodontais, implantes, tratamento de canal, tratamento ortodôntico inicial, anestesia local intraligamentar, limpeza de dentes ou procedimentos que se possam antecipar a possibilidade de sangramento. A profilaxia ***não*** está recomendada para obturações sob anestesia local, remoções de suturas, remoções ou ajuste de aparelhos ortodônticos, lavagem de dentes primários. Alguns agora só recomendam profilaxia em procedimentos dentários quando forem extrações ou cirurgias de gengivas (incluindo colocação de implantes), em pacientes com próteses valvulares ou com EI prévia. Se uma dessas quatro situações existe, isso determina a profilaxia.

Nos procedimentos respiratórios, a profilaxia é ***muito*** recomendada em pacientes com risco alto ou intermediário (Quadro 103-1) quando submetidos a tonsilectomia/adenoidectomia, cirurgias sobre mucosa respiratória e broncoscopia rígida. A profilaxia ***não*** está recomendada em casos de intubação, fibrobroncospia flexível e cirurgias do conduto auditivo médio.

Nos procedimentos gastrintestinais, a profilaxia é ***muito*** recomendada em pacientes com risco alto ou intermediário (Quadro 103-1) em escleroterapia de varizes de esôfago, dilatação de estenose de esôfago, colangiografia retrógrada endoscópica com obstrução biliar. A profilaxia ***não*** está recomendada em esofagogastroduodenoscopia sem biopsia e ecocardiograma transesofágico.

Nos procedimentos geniturinários, a profilaxia é ***muito*** recomendada em pacientes com risco alto ou intermediário (Quadro 103-1) nos casos de cirurgia de próstata, cistoscopia e dilatação de uretra. A profilaxia ***não*** está recomendada em casos de histerectomia vaginal e parto vaginal. Quando na ausência de infecção: cateterismo com sonda de Foley, dilatação e curetagem uterina, aborto terapêutico, laqueadura tubária, colocação e remoção de dispositivo intra-uterino e circuncisão.

Outras situações em que a profilaxia ***não*** está recomendada: cateterismo cardíaco e angioplastia com balão, colocação de *stent* coronariano, implante de marca-passo, desfibrilação e biopsia de pele.

Quadro 103-3. Esquemas de tratamento para endocardite infecciosa (doses recomendadas para adultos com função renal normal)

Endocardite em válvula nativa, tratamento empírico enquanto se aguardam resultados de hemoculturas				
		Regime sugerido		
Local/diagnóstico/situações modificantes	***Etiologia***	***Primário***	***Alternativo***	***Comentários***
Doença valvular ou congênita, incluindo prolapso de mitral	*Streptococcus viridans* (30-40%); outros estreptococos (15-25%); enterococos (5-18%); estafilococos (20-35%)	Penicilina G 20 milhões de unidades IV (divididos em 6 doses, de 4/4h); ampicilina 12 g IV, contínua ou dividida de 4/4h + oxacilina 2 g de 4/4h + gentamicina 1,0 mg/kg IM ou IV a cada 8 h (não usar dose única diária)	Vancomicina 15 mg/kg de 12/12 h (não exceder 2 g ao dia, exceto se a concentração sangüínea estiver sendo monitorizada) + gentamicina 1,0 mg/kg IM ou IV a cada 8h (não usar dose única diária)	Se o paciente não estiver agudamente doente, preferir esperar os resultados das hemoculturas. Se as 3 culturas iniciais estiverem negativas nas primeiras 48 horas, obter mais 3 culturas antes de iniciar o tratamento empírico. As doses devem ser corrigidas pela função renal do paciente
Endocardite em válvula nativa, tratamento após resultado positivo de culturas	*S. viridans, S. bovis*	Penicilina G 12-18 milhões de unidades IV divididos em 6 doses (de 4/4 h) ou contínua, (por 2 semanas) + gentamicina 1,0 mg/kg a cada 8 horas (por 2 semanas) *Ou*	Ceftriaxone 2,0 g IV 1× ao dia + gentamicina 1,0 mg/kg a cada 8 horas (ambos por 2 semanas)	Infundir a vancomicina em 1 hora para evitar a *red man syndrome* Corrigir as doses pela função renal
		Penicilina G 12-18 milhões de unidades IV divididos em 6 doses (de 4/4 h) ou contínua (por 4 semanas) + Ceftriaxone 2,0 g IV 1× ao dia (por 4 semanas)	Se houver alergia à penicilina ou ao ceftriaxone, usar vancomicina 15 mg/kg a cada 12 horas (não exceder a 2 g ao dia, exceto se a concentração sangüínea estiver sendo monitorizada) por 4 semanas	*S. bovis* sugere a presença de doença intestinal. Uma vez que a recidiva é freqüente em pacientes doentes por 3 meses ou mais, sugere-se, devido à sinergia, o uso de penicilina + gentamicina nesse grupo
	S. viridan, S. bovis, variante nutricional de estreptococo, tolerante à estreptomicina	Penicilina G 18 milhões de unidades IV divididos em 6 doses (de 4/4 h) ou contínua (por 4 semanas) + gentamicina 1,0 mg/kg a cada 8 horas (por 2 semanas)	Vancomicina 15 mg/kg a cada 12 horas (não exceder 2 g ao dia, exceto se a concentração sangüínea estiver sendo monitorizada) por 4 semanas	A cefazolina pode ser usada no lugar da penicilina G, assim como a vancomicina

(Continua)

Quadro 103-3. Esquemas de tratamento para endocardite infecciosa (doses recomendadas para adultos com função renal normal) (*Cont.*)

Endocardite em válvula nativa, tratamento empírico enquanto se aguardam resultados de hemoculturas				
		Regime sugerido		
Local/diagnóstico/situações modificantes	***Etiologia***	***Primário***	***Alternativo***	***Comentários***
Enterococos MIC estreptomicina > 2.000 µg/ml; MIC getamicina > 500-2.000 µg/ml, sem resistência à penicilina	Enterococos com alta resistência a aminoglicosídeos	Penicilina G 20 milhões de unidades IV (divididas em 6 doses, de 4/4 h) por 8-12 semanas *ou* ampicilina 12 g IV, contínua ou dividida de 4/4 h	Se o esquema falhar, considere remoção cirúrgica da válvula	10-25% dos *E. faecalis* e 40-50% dos *E. faecium* desse grupo podem ser sensíveis à estreptomicina, avalie o MIC
Enterococos com teste positivo para-produção de β-lactamase, sem resistência a aminoglicosídeos	Enterococos resistente à penicilina	Ampicilina+sulbactam 3 g IV a cada 6 horas + gentamicina 1,0 mg/kg a cada 8 horas (por 4-6 semanas)	Ampicilina+sulbactan 3 g IV a cada 6 horas + vancomicina 15 mg/kg a cada 12 horas (não exceder a 2 g ao dia, exceto se a concentração sangüínea estiver sendo monitorizada) por 4-6 semanas	Infundir a vancomicina em 1 hora para evitar a *red man syndrome* Corrigir as doses pela função renal Não usar gentamicina em dose única diária
Enterococos com teste negativo para β-lactamase, MIC para penicilina G > 16 µg/ml, sem resistência à gentamicina	Enterococos com resistência intrínseca à penicilina/ampicilina	Vancomicina 15 mg/kg a cada 12 horas (não exceder 2 g ao dia, exceto se a concentração sangüínea estiver sendo monitorizada) por 4-6 semanas + gentamicina 1,0-1,5 mg/kg a cada 8 horas (por 4-6 semanas)		Concentração de pico vancomicina desejada de 20-50 µg/ml
	Enterococos resistentes à vancomicina, usualmente *E. faecium*	Não existe tratamento eficaz Podem ser tentados quinupristin/dalfopristin (Synercid) 7,5 mg/kg IV em linha central ou linezolide (600 mg IV 1 × ao dia)	Teicoplamina pode ter algum efeito em algumas cepas	Synercid tem ação apenas contra o *E. faecium* e é bacteriostático, levando a altas taxas de recidiva. Linezolida também é bacteriostática
Febre, doença valvular, ecocardiograma com vegetações ± embolias e culturas negativas	*T. whippleii,* febre Q, psitacose, brucelose, bartonelose	Não existe tratamento específico, focar o diagnóstico		Tentar tratar a doença especificamente

Quadro 103-3. Esquemas de tratamento para endocardite infecciosa (doses recomendadas para adultos com função renal normal) *(Cont.)*

Endocardite em válvula nativa, tratamento empírico enquanto se aguardam resultados de culturas				
		Regime sugerido		
Local/diagnóstico/situações modificantes	***Etiologia***	***Primário***	***Alternativo***	***Comentários***
Precoce < 2 meses da cirurgia	*S. epidermidis, S. aureus,* enterobacteriáceas, difteróides, fungos	Vancomicina 15 mg/kg a cada 12h (não exceder 2 g ao dia, exceto se a concentração sangüínea estiver sendo monitorizada) + gentamicina 1,0 mg/kg a cada 8 horas		Mantenha a equipe cirúrgica de sobreaviso. Avalie a possibilidade de insuficiência cardíaca
Tardia > 2 meses da cirurgia	*S. epidermidis, S. viridans,* enterococos, *S. aureus*			
Endocardite em válvula protética com cultura positiva	*S. epidermidis*	Vancomicina 15 mg/kg a cada 12 horas (não exceder 2 g ao dia, exceto se a concentração sangüínea estiver sendo monitorizada) + rifampicina 300 mg VO 8/8 h (ambas por 6 semanas + gentamicina 1,0 mg/kg a cada 8 horas por 14 dias		Se o *S. epidermidis* for sensível à meticilina, o que é raro, substituir a vancomicina por oxacilina
	S. aureus	Sensível à meticilina: oxacilina 2 g IV de 4/4 h + rifampicina 300 mg VO 8/8h (ambas por 6 semanas + gentamicina 1,0 mg/kg a cada 8h por 14 dias		
		Resistente a meticilina: Vancomicina 15 mg/kg a cada 12 horas (não exceder a 2 g ao dia, exceto se a concentração sangüínea estiver sendo monitorizada) + rifampicina 300 mg VO 8/8 h (ambas por 6 semanas + gentamicina 1,0 mg/kg a cada 8 horas por 14 dias		
	S. viridans, enterococos	O mesmo esquema apresentado para válvulas nativas		
	Enterobactérias ou *P. aeruginosa*	Aminoglisoídeo antipseudomona (tobramicina se for *P. aeruginosa*) + penicilina pseudomonicida ou cefalosporina de 3ª ou 4ª geração		Em teoria, poder-se-ia substituir o aminoglicosídeo por ciprofloxacina
	Candida spp, ou *Aspergillus* spp	Anfotericina B ± um azole (fluconazole, por exemplo)		Alta mortalidade. Melhor prognóstico com cirurgia associada

(Continua)

Quadro 103-4. Esquema profilático sugerido para a profilaxia da endocardite infecciosa	
Regime padrão	
Para procedimentos odontológicos e para cirurgias do trato respiratório superior	Amoxacilina 2,0 g VO, uma hora antes do procedimento
Regimes especiais	
Regime parenteral para pacientes de alto risco; para procedimentos gastrintestinais e geniturinários	Ampicilina 2,0 g IM ou IV, mais gentamicina 1,5 mg/kg IM ou IV; 6 h mais tarde, Ampicilina 1 g IV ou IM, ou amoxacilina 1 g VO
Regime parenteral para pacientes alérgicos à penicilina	Vancomicina 1,0 g IV administrada *lentamente* num período de 1-2 horas, mais Gentamicina 1,5 mg/kg IM ou IV, o esquema deve estar completo 30 minutos antes do procedimento
Esquema oral para pacientes alérgicos à penicilina, procedimentos dentários ou de trato respiratório apenas	Clindamicina 600 mg VO, 30 minutos a 1 hora antes do procedimento
Esquema oral para procedimentos pequenos gastrintestinais ou geniturinários	Amoxacilina 2,0 g VO, uma hora antes do procedimento
Regime padrão para cirurgias cardíacas, incluindo próteses valvulares	Cefazolina 2,0 g IV na indução da anestesia, repetir em 8 e 16 horas *ou* vancomicina 1,0 g IV administrada *lentamente* num período de 1 hora, e 0,5 g IV em 8 e 16 horas mais tarde

Nota: As doses apresentadas são para pacientes adultos e com função renal normal.

REFERÊNCIAS BIBLIOGRÁFICAS

1. Blumer G. Subacute bacterial endocardites. *Medicine* 1923;2:105.
2. Thayer WS: Studies on bacterial (infective) endocardites. *Johns Hopkins Hosp Rep* 1926;22:1.
3. Hermans PE. The clinical manifestations of infective endocardites. *Mayo Clin Proc* 1982;57:15.
4. Major RH. Notes on the history of endocardites. *Bull Hist Med* 1945;17:351.
5. Pruitt RD. William Osler and Goulstonian lectures on malignant endocardites. *Mayo Clin Proc* 1982;57:4.
6. Osler W. The Goulstonian lectures on malignant endocardites. *Br Med J* 1985;1:467,522, 577.
7. Uwaydah MM, Weinberg AN. Bacterial endocardites: A changing pattern. *N Engl J Med* 1965;273:1231.
8. Lerner PI, Weinstein L. Infective endocardites the antibiotic era. *N Engl J Med* 1966;274:199,259,323,388.
9. Finland M, Barnes NW. Changing etiology of bacterial endocardites the antibacteria era: Experiences the Boston City Hospital. *Ann Intern Med* 1970;72:341.
10. Garvey GJ, Neu HC. Infective endocardites — an evolving disease: A review of endocardites at the Columbia-Presbyterian Medical Center, 1968–1973. *Medicine* 1978;57:105.
11. Weinstein L Rubin RH. Infective endocardites. *Prog Cardiovasc Dis* 1973;16:239.
12. Kaplan EL, Rich H, Gersony W, Manning J. A collaborative study of infective endocardites the 1970s: Emphasis on infections patients who have undergone cardiovascular surgery. *Circulation* 1979;59:327.
13. Dajani AS, Taubert KA, Wilson W. *et al.* Prevention of bacterial endocardites. Recommendation of the American Heart Association. *JAMA* 1997;277:1794.
14. Johnson DH, Rosenthal A, Nadas AS. A fourty-year review of bacterial endocardites infancy and childhood. *Circulation* 1975;51:581.
15. Johnson CM, Rhodes KH. Pediatric endocardites. *Mayo Clin Proc* 1982;57:86.
16. Reskenov L. Staphylococcal endocardites following mitral valvotomy with special reference to coagulase-negative *Staphylococcus albus. Lancet* 1959;2:597.
16. Douglas JL, Cobbs CG, Prosthetic valve endocardites.Kaye D (Ed). *Infective endocardites.* 2 nd ed. New York. Raven Press. 1992.
17. Ivert TSA, Dismukes WE, Cobb CG, *et al.* Prosthetic valve endocardites. *Circulation* 1984;69:223.
18. Bayliss R, Clarke C, Oakley CM, Somerville W, Whitfield AG, Young SE. The microbiology and pathogenesis of infective endocardites. *Br Heart J* 1983;50:513.
19. El-Khatib MR, Wilson FM, Lerner AM. Characteristics of bacterial endocardites heroin addicts. Detroit. *Am J Med Sci* 1976;271:197.
20. Reisberg BE. Infective endocardites narcotic addict. *Prog Cardiovasc Dis* 1979;22:193.
21. Sugrue D, Blake S, Troy P, MacDonald D. Antibiotic prophylaxis against infective endocardites after normal delivery. Is it necessary? *Br Heart J* 1980;44:499.
22. Seaworth BJ, Durack DT. Infective endocardites obstetric and gynecologic practice. *Am J Obst Gynecol* 1986;154:180.
23. Pulvirenti JJ, Kerns E, Benson C, Lisowski J, Demarais P, Weinstei RA. Infective endocardites injection drug users. Importance of human deficiency virus sero status and degree of immunosuppression. *Clin Infect Dis* 1996;22:40.
24. Durack DT. Experimental bacterial endocardites: IV. Structure and evolution of very early lesions. *J Path* 1975;115:81
25. Bryan CS. Nonbacterial thrombotic endocardites patients with malignant tumors. *Am J Med* 1969;46:787.
26. Hojnik M, George J, Ziporen L, Shoenfeld Y. Heart involvement (Libman-Sacks endocardites)the antiphospholipid syndrome. *Circulation* 1996;93:1579.
27. Aronson MD, Bohr D. Blood cultures. *Annals Intern Med* 1987;106:246.
28. Bayliss R, Clarke C, Oaklay C, Somerville W, Whitfield AG. The teeth and infective endocardites. *Brit Heart J* 1983;50:506.

29. Bayliss R, Clarke C, Oaklay C, Somerville W. The bowel, the genitourinary tract, and infective endocardites. *Brit Heart J* 1983;51:339.
30. Moellering RC Jr, Watson BK, Kunz LJ. Endocardites due to group D streptococci: Comparison of disease caused by *Streptococcus bovis* with that produced by the enterococci. *Am J Med* 1974;57:239.
31. Murray BE. The life and time of the enterococcus. *Clin Microbiol Rev* 1990;3:46.
32. Watanakunakorn C, Tan JS, Phair JP. Some salient features os Staphylococcus aureus endocardites. 1973;54:473.
33. Brennan RO, Durack DT. The viridans streptococci perspective.Remington JS, Swartz MN (Eds): *Current Clinical Topics Infectious Disease*. Vol. 5. New York. McGraw-Hill. 1984.
34. Malacoff RF, Frank E, Andriole VT. Streptococcal endocardites (nonenterococcal, non-group A). *JAMA* 1979;241:1807.
35. Wilson WR, Wilkowske CJ, Wright AJ, Sande MA, Geraci JE. Treatment of streptomycin-suscetible and streptomycin-resistant enterococcal endocardites. *Ann Intern Med* 1984;100:816.
36. Mandell GL. Enterococcal endocardites.Kaye D (Ed). *Infective Endocardites*. Baltimore. University Press. 1977.
37. Murray HW, Roberts RB. *Streptococcus bovis* bacteremia and underlying gastrointestinal disease. *Arch Intern Med* 1978;138:1097.
38. Eliopoulos GM. Enterococal endocardites.Kaye D (Ed) *Infective Endocardites*. 2nd. Ed. New York. Raven Press. 1992.
39. Maki DG, Agger WA. Enterococcal bacteremia: Clinical features, the risk of endocardites, and management. *Medicine* 1988;67:248.
40. Bruyn GAW, Thompson J, Van Der Meer JWM. Pneumococcal endocardites adult patients: A report of five cases and review of the literature. *Q J Med* 1990;74:33.
41. Baddur LM. Twelve-year review of recurrent native-valve infective endocardites. A disease of modern antibiotic era. *Ver Infect Dis* 1988;10:1163.
42. Bayer AS, Lam K, Gintzon L, Norman DC, Chiu C-Y, Ward JI; *Staphylococcus aureus* bacteremia: clinical, serologic, and echocardiographic finding patients with and without endocardites. *Arch Intern Med* 1987;147:457.
43. Keys TF, Hewitt WL. Endocardites due to micrococci and *Staphylococcus epidermidis. Arch Intern Med* 1973;132:216.
44. Cohen PS, Maguire JH, Weinstein L. Infective endocardites caused by gram-negative bacteria. A review of the literature, 1945-1977. *Prog Cardiovasc Dis* 1980;22:205.
45. Gould K, Ramirez-Ronda CH, Holmes RK, Sanford JP. Adherence of bacteria to heart valves *in vitro*. *J Clin Invest* 1975;56:1364.
46. Scheld WM, Valone JA, Sande MA. Bacterial adherence the pathogenesis of endocardites: Interaction of bacterial dextran, platelets, and fibrin. *J Clin Invest* 1978;61:1394.
47. Durack DT, Beeson PB. Protective role of complement experimental *E. coli* endocardites. *Infect Immun* 1977;16:213.
48. Chen YC, Chang SC, Luh KT, Hsieh WC. *Actinobacillus actinomycetemcomitans* endocardites. A report of four cases and review of the literature. *Q J Med* 1992;81:871
49. Geraci JE, Wilson WR. Endocardites due to gram-negative bacteria. Report of 56 cases. *Mayo Clin Proc* 1982;57:145.
50. Weisse AB, Heller DR, Schimenti RJ, Montgomery RL, Kapila R. The febrile parenteral drug user. A prospective study 121 patients. *Am J Med* 94:274.
51. Threkeld MG, Cobb CG. Infectious disorders of posthetic valves and intravascular devices. *In*: Mandell GL, Bennett JE, Dolin R (Eds) *Principles and practice of infectious diseases*. 4th Ed. New York. Churchill Livingstone. 1995.
52. Moyer DV, Edwards JE Jr. Fungal endocardites. Kaye D (Ed) *Infective endocardites*. 2nd Ed. New York. Raven Press. 1992.
53. Raoult D, Fournier PE, Drancourt M, Marrie TJ, Etienne J, Cosserat J, *et al.* Diagnosis of 22 new cases of *Bartonella* endocardites. *Ann Intern Med* 1966;125:646.
54. Bayer AS, Bolger AF, Taubert KA *et al.* Diagnosis and management of infective endocardites and its complications. *Circulation* 1998;98:2536.
55. Pelletier LL, Petersdorf RG. Infective endocardites. A review of 125 cases from the University of Washington Hospitals, 1963-1972. *Medicine* 1977;56:287.
56. Cates JE, Christie RV. Subacute bacterial endocardites. A review of 442 patients treated14 centers appointed by Penicillin Trial Committee of Medical Research Council. *Q J Med* 1951;20:93.
57. Wilson WR, Stecelberg JM (eds). Infective endocardites. *Infect Dis North Am* 1993;7:1.
58. Mills J, Abbott J. Heart failures infective endocardites. *Chest* 1974;66:151.
59. Scully RE, Mark EJ, McNeely WF, McNeely BU. Case record of Massachusetts General Hospital. *N Engl J Med* 1996;334:105.
60. Tanaka M, Abe T, Hosokawa Y, Suenaga Y, Hikosaka H. Tricuspid valve *Candida* endocardites cured by valve-sparing debridement. *Ann Thorac Surg* 1989;48:857.
61. DiNubile MJ, Calderwood SB, Steinhaus DM, Karchmer AW. Cardiac conduction abnormalities complicating native valve cative endocardites. *Am J Cardiol* 1986;58:1213.
62. Brust JCM Dickinson PCT, Hughes JEO, Holtzman RNN. The diagnosis and treatment of cerebral mycotic aneurisms. *Ann Neurol* 1990;27:238.
63. Francioli P. Central nervous complication of infective endocardites.Scheld RJ, Durack DT, (Eds) *Infections of the Central Nervous System*. 2nd ed. New York. Lippincott-Raven. 1997.
64. Durack DT, Lukes AS, Bright DK. New criteria for diagnosis of infective endocardites: utilization of especific fidings. *Am J Med* 1994;96:200.
65. Gilbert DN, Moellering RC Jr, Sande MA. The sanford guide to antimicrobial therapy. Thirty-first edition. Antimicrobial Therapy Inc. Hyde Park. 2001.
66. Durack DT. Nine controversies the management of infective endocardites.Petersdorf RG (Ed) *et al. Update V: Harrinson's Principles of Internal Medicine*. New York. McGraw-Hill.1984
67. Durack DT. Prevention of infective endocardites. *N Engl J Med* 1995;332:38.

104 Síndrome da Imunodeficiência Adquirida

André Villela Lomar • Décio Diament

A síndrome da imunodeficiência adquirida (AIDS) foi inicialmente descrita em 1981, quando casos não-usuais de pneumonia por *Pneumocystis carinii* e sarcoma de Kaposi foram descritos em populações de homossexuais e de haitianos nos EUA.[1-4] A esses relatos, seguiu-se a ocorrência da síndrome em hemofílicos,[5] hemotransfundidos,[6] usuários de drogas,[7] parceiros e/ou parceiras sexuais de indivíduos infectados,[9] crianças nascidas de mães infectadas e crianças amamentadas por mães ou mulheres infectadas.[8] O grande número de casos reportados a partir de então demonstrou a ocorrência de uma grande epidemia que logo se espalhou por todo o mundo, caracterizando-se numa pandemia de grandes proporções. A descoberta do agente causal só foi possível em 1983, por Luc Montaigner na França, que descreveu o vírus ao qual denominou LAV *(Lymphadenopathy-Associated Virus)*.[10] Outros autores confirmaram a descoberta do vírus e o designaram HTLV-III *(Human T cell Leukemia/lymphotropic Virus Type III)*[11] e ARV (*AIDS associated retrovirus*).[12] Em 1984 desenvolveu-se o teste sorológico específico para o vírus através das técnicas de ELISA e Western-Blot e que permitiu a identificação dos pacientes infectados e o conhecimento da extensão da pandemia. Em convenção internacional, o vírus causador da síndrome passou a receber a denominação de HIV *(Human Immunodeficiency Virus* = Vírus da Imunodeficiência Humana).[13] Tal fato veio permitir melhor conhecimento das características da pandemia e dos mecanismos de transmissão. Inicialmente observada, na sua grande maioria, em pacientes homossexuais do sexo masculino, verificou-se a seguir grande ocorrência do vírus na população africana, onde incidia em proporções iguais em pessoas de ambos os sexos. O Ministério da Saúde estima que haja cerca de 597.000 pessoas infectadas no Brasil entre 15 e 49 anos de idade. Até março de 2001, 210.447 casos de AIDs foram notificados, e cerca de 15 a 20.000 casos são registrados anualmente.

Muito embora a terapia específica contra o HIV tenha se iniciado com o advento da zidovudina (AZT) em 1987, somente 10 anos depois a terapia anti-retroviral veio determinar grande impacto na morbidade (diminuição na incidência e na gravidade das infecções oportunistas) e na mortalidade dessa doença (Fig. 104-1). A introdução da terapêutica tripla, contendo os novos inibidores de protease associados aos inibidores da transcriptase reversa já comercializados (divulgada pela mídia e conhecida pela população como "coquetel anti-AIDS"), foi capaz de transformar a carga viral do HIV medida por técnicas de PCR *(polymerase chain reaction)* de milhares para níveis indetectáveis, de acordo com a sensibilidade do método laboratorial empregado. Considera-se indetectável quando o número de cópias for menor que 400 cópias por ml de sangue, ou, quando se usam métodos ultra-sensíveis, abaixo de 50 cópias por ml.

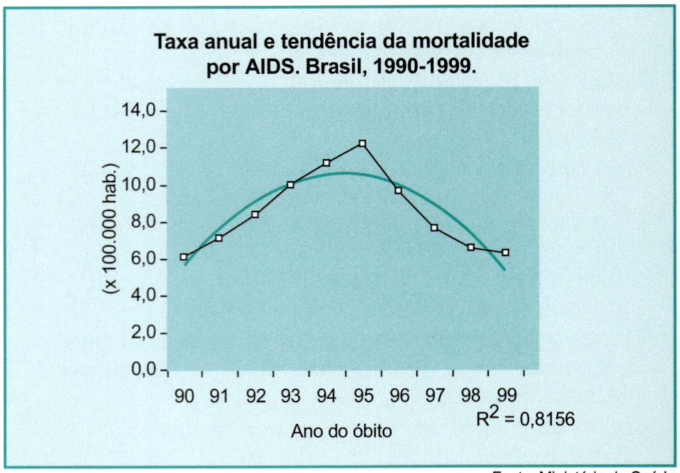

Fig. 104-1. Taxa anual e mortalidade por AIDS no Brasil.

Esse fato determinou, na grande maioria dos pacientes tratados com o esquema anti-retroviral altamente ativo (HAART = *Highly Active Antiretroviral Treatment),* recuperação de boa parte da sua função imune, determinada pelo aumento do número de linfócitos CD4, muito embora não atingisse os valores normais existentes antes de iniciada a infecção pelo HIV.

DEFINIÇÕES

AIDS aguda, também conhecida como "doença da soroconversão", é a forma clínica que ocorre logo após a infecção primária pelo HIV, podendo ser assintomática, oligossintomática (semelhante à gripe), ou apresentar-se como quadro clínico semelhante ao da mononucleose infecciosa, caracterizada por febre, dor de garganta, monilíase oral, hepatosplenomegalia, exantema maculopapular, linfadenopatia e, menos freqüentemente, disfagia. Geralmente inicia-se entre 30 a 60 dias do contágio inicial e pode durar até 30 dias em média. Acredita-se que sintomas de infecção surjam em 70% dos pacientes primoinfectados; entretanto, em somente de 20 a 30% dos pacientes a síndrome aguda pode ser identificada retrospectivamente. Nessa fase o diagnóstico deve ser aventado quando houver história de exposição de risco recente, tais como atividade sexual sem proteção pela camisinha, uso de droga intravenosa, acidente com material contendo sangue contaminado, etc.

Define-se paciente infectado pelo HIV, ou simplesmente "portador do HIV", o indivíduo assintomático e sorologicamente positivo para o HIV através das técnicas de Elisa e confirmado pela técnica de Western Blot. Durante esse período de latência, o paciente pode apresentar poucos ou nenhum sintomas. Todavia, a replicação viral continua, e a destruição dos linfócitos $CD4^+$ se processa, e ao longo de 5 a 12 anos em média a imunodeficiência progressiva se desenvolve, levando o paciente ao desenvolvimento das infecções oportunistas. Na sua maioria, tais infecções surgem quando o número de linfócitos $CD4^+$ atinge contagem inferior a 200 células/mm^3.

Paciente com AIDS é aquele que apresenta sinais clínicos decorrentes da imunodeficiência causada pelo HIV e determinados pelas manifestações clínicas e diagnóstico laboratorial das infecções oportunistas que ocorrem nessa fase da evolução da infecção pelo HIV. Os sintomas inespecíficos mais comuns são: monilíase oral, herpes zoster (principalmente em pacientes jovens), leucoplasia pilosa da língua, emagrecimento de mais de 10% do peso corporal inicial, diarréia prolongada usualmente superior a 30 dias e febre também prolongada. As infecções oportunistas mais freqüentemente diagnosticadas em nosso meio são: monilíase oral ou esofágica, pneumonia por *Pneumocystis carinii*, tuberculose pulmonar atípica (sem cavitação) ou de outra localização, toxoplasmose cerebral, meningite por *Cryptococcus neoformans*, criptosporidiose, infecção pelo herpes simples genital com apresentação atípica (úlceras rasas nas regiões anal e perianal ou nos genitais), infecção ocular por *Citomegalovírus*, infecção por *Mycobacterium* do complexo *avium*, histoplasmose e outras.

O quadro de AIDS surge em média 5 a 12 anos após a infecção primária e depende da carga viral estabelecida pelas defesas do indivíduo logo após a infecção primária. Estudos têm demonstrado relação direta entre a intensidade da carga viral e a velocidade de evolução da imunodeficiência.

ETIOLOGIA

A AIDS é causada pelos diversos subtipos do HIV-1 e HIV-2, pertencentes ao gênero *Lentivirus*. É um vírus de aproximadamente 100 nm de diâmetro, é envelopado e apresenta revestimento por membrana lipídica que é originária da membrana celular do hospedeiro. Apresenta ainda externamente duas glicoproteínas (gp41 e gp120) que são responsáveis pela ligação do vírus aos receptores celulares das células CD4+ do hospedeiro. Internamente, é constituído por uma matriz protéica que abriga o genoma viral constituído de duas cadeias de RNA e das enzimas necessárias à replicação viral. Os genes virais são divididos em dois grupos: os genes que codificam as proteínas estruturais (*gag, pol, env*) e os que codificam as proteínas não-estruturais (*tat, rev, nef, vif, vpu, vpr*). O gene *gag* codifica a matriz protéica, o capsídio viral e as proteínas nucleares. O gene *pol* (polimerase) codifica as enzimas transcriptase reversa, integrase e protease. O gene *env* codifica proteínas de membrana inicialmente de 160 kD e que é posteriormente clivada, dando origem às proteínas de superfície gp120 e de transmembrana gp41.[14-17]

Os genes não-estruturais podem ser regulatórios (*tat e rev*), necessários à ativação da replicação viral *in vitro* que atuam no processamento, transporte e tradução dos RNA mensageiros (*rev*), transativadores da transcrição (*tat*) e genes acessórios (*vif, vpu, vpr e nef*), que atuam como fator de infectividade (*vif*), na replicação viral (*vpu*), na liberação da replicação viral (*vpr*), e como redutores ou aumentadores da replicação viral, diminuindo a expressão de CD4 na superfície (*nef*).[18]

FISIOPATOGENIA

A infecção pelo HIV inicia-se pela entrada do vírus na célula do hospedeiro através da ligação da gp120 com o receptor celular, a molécula CD4. O vírus funde-se com a membrana celular através da ação da gp41.[19-21] Outros receptores foram descritos mais recentemente, tais como as moléculas CXCR4 e CCR5, e são também essenciais para a penetração do vírus na célula.[22-24] Indivíduos que não expressam geneticamente o gene CCR5 são resistentes à infecção pelo HIV, e indivíduos heterozigotos demoram mais a evoluir para AIDS.[25]

Uma vez inoculado o RNA viral para o interior da célula, dá-se início à transcrição do RNA viral, convertido a DNA no citoplasma celular. Essa transcrição é feita pelas enzimas transcriptase reversa e ribonuclease H.[26,27] O DNA formado é posteriormente integrado ao genoma do hospedeiro através da ação enzimática de uma integrase, e o DNA viral permanece na célula enquanto esta estiver viva.[26] Os genes regulatórios regulam a ativação da expressão viral, com a conseqüente síntese de outras partículas virais no interior da célula. Por brotamento, os vírus formados são liberados da célula, e no exterior as partículas virais sofrem maturação por ação enzimática da protease e irão infectar outras células suscetíveis.[26] Com o tempo, ocorre depleção progressiva no número de células CD4+. Sabe-se que a maioria das infecções oportunistas surge com contagem de linfócitos CD4 menor que 200 células/mm^3.

Esse processo de multiplicação viral é dinâmico e contínuo. Calcula-se que na fase aguda a carga viral seja de aproximadamente 10^5 a 10^7 cópias/ml, e 2 meses após essa quantidade de cópias cai rapidamente para níveis até 100 vezes menores.[28] Essa queda no número de cópias depende da resposta imune de cada indivíduo, provavelmente devido à maior ou menor resposta anti-HIV das células T citotóxicas.[29] Na fase de latência clínica, o nível basal da carga viral está diretamente relacionado à velocidade do desenvolvimento para AIDS.

Estudos da dinâmica viral têm demonstrado que a meia-vida viral é de apenas 6 horas, e cerca de 10^9 a 10^{10} partículas virais são produzidas diariamente, do mesmo modo que número semelhante de partículas virais é clareado nesse tempo.[30] Cerca de 93 a 99% das partículas virais estão dentro dos linfócitos T $CD4^+$ ativados e que apresentam meia-vida de 24 horas, aproximadamente.[30,31] O resto da carga viral está presente nas células com meia-vida mais prolongada, como os macrófagos, que apresentam meia-vida de 14 dias e correspondem aos 1 a 7% das células infectadas. As células T de memória albergam cerca de 1% da população viral e, por apresentarem meia-vida de 145 dias, impedem a completa erradicação e tratamento curativo para AIDS. Qualquer interrupção terapêutica faz com que a carga viral retorne a valores elevados.[31] Desse modo, não se vislumbra, em curto prazo, possibilidade de cura dessa doença, e acredita-se que elicitar resposta imune específica contra o HIV através do uso de vacinas terapêuticas seja a única maneira de controlar a doença, sem contudo garantir a eliminação viral.

MANIFESTAÇÕES CLÍNICAS

A história natural da infecção pelo HIV pode, didaticamente, ser subdividida em cinco síndromes ou fases.

Infecção primária pelo HIV, ou AIDS aguda ou síndrome retroviral aguda

A infecção primária pelo HIV é usualmente sintomática, e 50 a 70% dos pacientes podem apresentar algum sintoma relacionado. A falta de consideração da infecção pelo HIV pelo paciente e pelo médico faz com que essa fase aguda passe completamente despercebida na grande maioria dos casos.

A infecção aguda pelo HIV caracteriza-se por período de incubação de 2 a 4 semanas, ao fim do qual o paciente pode apresentar-se com febre, cefaléia, mal-estar, mialgia, artralgia, dor de garganta, náuseas, linfadenopatia e exantema maculopapular. Menos freqüentemente, podem ocorrer hepatite e meningite. Úlceras mucocutâneas, candidíase oral e/ou esofagiana podem acometer pacientes nessa fase. O espectro da doença varia de sintomas semelhantes aos da gripe até o quadro clínico típico da síndrome da mononucleose infecciosa. Muito embora o quadro clínico da síndrome da mononucleose infecciosa não seja o mais freqüente nos pacientes durante essa fase, o diagnóstico de síndrome aguda pelo HIV é feito mais freqüentemente quando é correlacionada com a mononucleose. Investigação epidemiológica deve ser realizada para identificar fatores de risco em todo paciente que se apresenta com quadro febril associado aos sintomas referidos acima.

As alterações laboratoriais são inespecíficas, e o hemograma apresenta-se com leucopenia e linfopenia, podendo ocorrer leucocitose. Linfócitos atípicos estão geralmente presentes (à semelhança da síndrome da mononucleose infecciosa), assim como inversão da relação CD4/CD8, com diminuição na contagem absoluta das células T $CD4^+$, e que melhoram com a resolução dos sintomas.[32,33]

A carga viral geralmente se eleva bastante durante esse período; entretanto, esses títulos virais declinam rapidamente com o desenvolvimento de resposta imune celular específica contra o HIV. Estudos recentes sugerem que a imunidade celular desempenha o papel principal no controle da replicação viral, uma vez que a atividade citotóxica celular dependente de anticorpo e a resposta citotóxica específica contra o HIV dos linfócitos T são detectadas antes do aparecimento dos anticorpos neutralizadores.

Os anticorpos HIV tornam-se detectáveis no sangue dias ou semanas após o início dos sintomas.[34] Desse modo, o diagnóstico de certeza é feito pela soroconversão observada entre o início do quadro (ausência de anticorpos pela técnica de Elisa) e 4 ou mais semanas após (presença de anticorpos). Testes positivos pela técnica de Elisa devem ser confirmados através da técnica de Western Blot. A determinação do DNA pró-viral por técnica de PCR é mais sensível para a detecção do HIV durante a infecção primária. A detecção do HIV-RNA por PCR ou pela técnica de bDNA deve ser interpretada com cautela na confirmação diagnóstica. Falsos-positivos podem ocorrer em até 3% dos casos, especialmente em níveis baixos de quantificação viral pelos métodos atuais, ou seja, abaixo de 1.000 cópias/ml.

Fase assintomática, ou período de latência clínica

Nessa fase, o paciente não apresenta sintomas de infecção crônica e que possam sugerir infecção por HIV. Cefaléia e linfadenopatia são manifestações que podem ocorrer nesse período, mas dificilmente o médico irá atribuí-los ao HIV, exceto se o paciente for conhecidamente soropositivo.[2,35]

Com maior freqüência, podem ocorrer alterações laboratoriais, tais como anemia, leucopenia, neutropenia, linfopenia, trombocitopenia e elevação nas transaminases. As alterações laboratoriais são geralmente moderadas, e a trombocitopenia pode ser grave, resultando em púrpura e podendo requerer terapia específica. A pequena elevação das transaminases observada em muitos pacientes pode estar associada a hepatite aguda ou crônica ou a reativação de hepatite com imunossupressão progressiva. Durante essa fase de latência clínica, a carga viral se mantém em níveis basais relativamente constantes e irá aumentando à medida que a imunodeficiência se aprofunda. O nível da carga viral (HIV-RNA plasmático quantitativo por PCR) se correlaciona com o estágio da doença, é utilizado como forte indicativo da velocidade da evolução da infecção, e está associado a diminuição das células CD4, aparecimento de infecções oportunistas e mortalidade.[31] Nessa fase, a contagem de células CD4 é o melhor parâmetro para estagiamento da imunodepressão induzida pelo HIV. Variação no declínio anual das células CD4 de 40 a 80 células é comumente observada em pacientes não-tratados. Declínios maiores estão associados a cargas virais mais elevadas e irão variar de paciente para paciente. Nessa fase da doença, o número de células CD4 geralmente é maior que 350 células/mm^3.

Uma vez que a infecção pelo HIV esteja adequadamente documentada, a contagem das células $CD4^+$ e os níveis plasmáticos de HIV-RNA devem ser monitorizados a cada 6 meses pelo menos.

A co-infecção do HIV com o *Mycobacterium tuberculosis* é freqüente em nosso meio, e durante esse período, se a reação do PPD for maior que 5 mm, deve-se iniciar quimioprofilaxia contra a tuberculose com isoniazida. Deve-se avaliar outras co-infecções nesses pacientes através da reação de exames sorológicos para sífilis, hepatites B e C, toxoplasmose, citomegalia e infecção por HTLV-I, uma vez que nas fases avançadas podem ocorrer reativações dessas infecções em pacientes sabidamente soropositivos para tais patologias. Devemos lembrar que a co-infecção com o HTLV-I determina elevação no número de linfócitos CD4 sem correspondente melhora da imunidade, dessa maneira determinando falso resultado de estagiamento do grau de imunidade.

Doença sintomática inicial do HIV (antigamente conhecida como "complexo relacionado à AIDS")

Nessa fase, os sintomas mais freqüentes são: fadiga, febre ou suores noturnos, emagrecimento, diarréia crônica, anorexia, distúrbios mucocutâneos tais como herpes zoster, sarcoma de Kaposi, herpes simples, leucoplasia pilosa da língua, candidíase oral e/ou vaginal e sinais e sintomas relacionados a outras doenças sexualmente transmissíveis. Tais sintomas podem ocorrer isoladamente ou em associação. Linfadenopatia extra-inguinal causada pelo HIV pode ocorrer com ou sem as manifestações já mencionadas. Aumento pronunciado dos linfonodos pode também indicar o surgimento de linfomas não-Hodgkin ou tuberculose.[36,37] Nessa fase, o número de linfócitos CD4 se situa entre 500 e 100 células/mm^3. Níveis de CD4 abaixo de 200 células indicam necessidade de se iniciar quimioprofilaxia contra infecções oportunistas, especialmente contra a pneumonia pelo *Pneumocystis carinii*. Nível abaixo de 350 células/mm^3 determina que se deva iniciar terapêutica anti-retroviral específica.

Doença sintomática avançada pelo HIV

Nesse período a contagem de células CD4 está situada abaixo das 200 células/mm^3. Clinicamente, caracteriza-se pelo aparecimento de sintomas constitucionais tais como fadiga, febre, anorexia, emagrecimento, náuseas, vômitos, diarréia e monilíase oral. A fadiga pode ser profunda e indicativa de infecção oportunista. A febre pode ser baixa ou elevada, e as náuseas e vômitos podem sugerir envolvimento gástrico por *Candida*, *Mycobacterium avium,* linfoma gástrico, citomegalovirose, sarcoma de Kaposi ou reação adversa a algum medicamento. A diarréia pode ser pronunciada e resultar em desidratação, perda de peso e caquexia. Os agentes etiológicos oportunistas mais freqüentemente associados são *Cryptosporidium parvum*, *Isospora belli*, *Microsporidium*, *Mycobacterium avium* e citomegalia.

É durante essa fase que ocorre o amplo espectro de infecções oportunistas associadas à doença do HIV, com envolvimento de vários órgãos e sistemas. Passamos a relatar as principais infecções oportunistas de acordo com o principal órgão acometido.

■ *Envolvimento pulmonar*

As principais infecções oportunistas que acometem os pulmões em nosso meio são a tuberculose e a pneumonia pelo *Pneumocystis carinii*.

A tuberculose é geralmente atípica nessa fase, e o paciente pode apresentar quadro pulmonar sem a clássica cavitação usualmente observada na fase assintomática do HIV ou nas pessoas imunocompetentes, podendo se assemelhar à pneumonia pelo *Pneumocystis carinii*. A tuberculose geralmente decorre de reativação de infecção pregressa, e o aparecimento de alterações intersticiais associado a adenopatia hilar ou mediastinal e derrame pleural na radiografia do tórax pode sugerir a presença da mesma.

A pneumonia pelo *Pneumocystis carinii* caracteriza-se clinicamente pelo aparecimento de febre, inicialmente baixa, e tosse. Tanto a febre quanto a tosse tendem a aumentar de intensidade à medida que a pneumonia continua evoluindo. A tosse é seca, a febre se eleva, e o paciente começa a referir dispnéia aos pequenos e médios esforços. A radiografia do tórax irá revelar infiltrado intersticial difuso. A saturação de oxigênio começa a diminuir, e a elevação da desidrogenase láctica é forte indicativo dessa etiologia. O diagnóstico pode ser feito pelo encontro do *P. carinii* no escarro ou no material obtido pelo lavado brônquico ou no tecido pulmonar obtido por biopsia transbrônquica ou a céu aberto. Se a pressão parcial de oxigênio arterial for menor que 70 mmHg, deve-se instituir corticoterapia, juntamente com a introdução do tratamento específico, pois o uso de corticosteróide provou ser capaz de diminuir a mortalidade desses pacientes. O diagnóstico precoce e tratamento adequado são fundamentais para a melhora e a sobrevida do paciente. Quimioprofilaxia específica deve ser mantida após o término da terapêutica contra o *Pneumocystis carinii*.

Pneumonias bacterianas causadas por *Streptococcus pneumoniae, Haemophilus influenzae, Staphylococcus aureus, Klebsiella pneumoniae* e outros patógenos são freqüentes nos pacientes com número de células CD4 abaixo de 200 células/mm^3, nos fumantes e usuários de drogas ilícitas injetáveis. Tosse produtiva, febre, dispnéia e dor torácica são fortemente sugestivas de etiologia bacteriana e auxiliam na diferenciação com outros processos. A radiografia do tórax é típica, correspondendo à consolidação alveolar segmentar ou lobar também verificada em pacientes HIV-negativos.

Outras causas de acometimento pulmonar são as doenças malignas e infecções fúngicas tais como candidíase, criptococose, histoplasmose, paracoccidioidomicose, entre outras. Adenopatia hilar, nódulos pulmonares e infiltrados cavitários retículo nodular ou intersticial podem sugerir tais etiologias.

■ *Envolvimento gastrintestinal*

Acometimentos do esôfago e dos cólons são os mais freqüentemente observados.[38,39] Disfagia e odinofagia são sinais de envolvimento esofágico. O agente infeccioso que mais acomete essa região anatômica é a *Candida* spp, e se caracteriza pela presença de placas brancas revestindo a mucosa esofágica, acompanhada de intensa disfagia. Geralmente o acometimento esofágico vem associado à candidíase oral. Outros agentes podem acometer esse órgão, determinando ulcerações tais como o herpes simples, citomegalovírus e úlceras aftosas. Compressão extrínseca causada por linfoma, infecção fúngica e até mesmo tuberculose podem ser causas de disfagia. A endoscopia é o exame de eleição para diagnóstico do comprometimento esofágico associado a biopsia.

Acometimento do intestino delgado resulta no aparecimento de manifestações clínicas de cólicas abdominais, ruídos hidroaéreos aumentados, náuseas em associação com diarréia do tipo secretória e podendo levar a desidratação e depleção volêmica. Geralmente o envolvimento do intestino delgado está associado a giardíase, criptosporidiose, isosporíase e micobacteriose atípica.

No intestino grosso são freqüentes as infecções pelos mesmos agentes relacionados no envolvimento do intestino delgado. Entretanto, o quadro clínico de diarréia é mais acentuado, e são freqüentes a febre e dor na parte inferior do abdômen. A citomegalia e a micobacteriose intestinal determinam quadros de distensão abdominal dolorosa, diarréia intensa, e são mais comumente observadas nas fases mais avançadas da doença pelo HIV, geralmente quando a contagem de linfócitos T $CD4^+$ está abaixo das 50 células/mm^3.

Úlceras anais são comuns e geralmente causadas pelo vírus do herpes simples e menos freqüentemente pelo citomegalovírus. Doença maligna no trato digestivo é freqüente, principalmente o câncer do reto e do ânus.

■ *Envolvimento neurológico*

Acometimento neurológico freqüente é o quadro de demência relacionada ao HIV.[40] O advento da terapia anti-retroviral altamente ativa tem modificado esse quadro, determinando acentuada diminuição na incidência do quadro demencial. Acometimento medular, a mielopatia, pode ocorrer, e geralmente é causado por doença maligna do SNC, incluindo os linfomas, micobacteriose, toxoplasmose e infecção pelo citomegalovírus.

No cérebro, o acometimento mais comum é causado pelo *Toxoplasma gondii*, e tipicamente se apresenta com déficit neurológico focal, convulsões, cefaléia, febre, alterações do estado mental, letargia e coma. O diagnóstico de toxoplasmose é feito usualmente pela imagem característica observada na tomografia computadorizada e que se caracteriza por lesão tomográfica envolvida por anel resultante da acentuação da imagem pela injeção de contraste. A doença de Chagas determina lesões muito semelhantes e deve ser cogitada em pacientes provenientes de áreas endêmicas ou quando não responderem ao tratamento específico da toxoplasmose. Os linfomas também são importantes no acometimento do SNC, quer sejam primariamente do cérebro quer sejam de origem metastática de locais extraneurais.[40] O diagnóstico das doenças malignas no SNC é feito com base nos achados tomográficos ou da ressonância nuclear magnética e confirmados por punção lombar ou biopsia cerebral.

A meningite também é freqüente no paciente em estado avançado da infecção pelo HIV. O agente etiológico mais comum é o *Cryptococcus neoformans*. O quadro clínico é insidioso, no qual a cefaléia constituía principal queixa inicial, seguida de alterações mentais, letargia e coma. O diagnóstico é feito pelo encontro do fungo no líquido cefalorraquidiano.

Pacientes com quadro atípico de envolvimento do SNC ou que não respondam à terapêutica devem ser submetidos a punção lombar e biopsia cerebral, se necessário.

Neuropatia periférica é freqüente nos casos com imunodeficiência avançada e constitui complicação comum da doença do próprio HIV, podendo ocorrer em qualquer estágio da doença. Diversos agentes terapêuticos anti-retrovirais podem causar neuropatia periférica, especialmente a estavudina, a zalcitabina e a didanosina. O tratamento é sintomático e inclui antidepressivos tricíclicos e analgésicos narcóticos.

Outra infecção importante do SNC é a leucoencefalite multifocal progressiva, causada pelo vírus JC e caracterizada pela desmielinização de múltiplas áreas da substância branca. As alterações na RNM podem sugerir essa patologia.

O complexo demencial relacionado à AIDS é caracterizado por disfunção cognitiva, comportamental e motora e é a manifestação freqüentemente observada nos pacientes. Geralmente a doença se inicia por diminuição da capacidade de concentração e diminuição das funções cognitivas. Alterações na personalidade e no comportamento se manifestam por apatia, agitação, irritabilidade, confusão e psicose. Com o evoluir, surgem incontinência urinária e fecal, quadro psicótico pronunciado, perda da memória, ataxia, espasticidade e mioclonia. O liquor pode se apresentar com moderada elevação das proteínas e do número de células.

■ *Doenças malignas*

As doenças malignas mais relacionadas ao HIV são: sarcoma de Kaposi, linfoma não-Hodgkin, linfoma altamente indiferenciado, linfoma de Burkitt, linfoma primário do SNC, doença de Hodgkin, carcinoma anogenital de células escamosas, carcinoma anal e carcinoma cervical. O sarcoma de Kaposi é o mais benigno de todos e é causado pelo vírus do grupo Herpes, denominado HHV-8 (herpesvírus humano tipo 8). A introdução do tratamento anti-retroviral com os inibidores de protease foi capaz de determinar o desaparecimento de lesões desse sarcoma na grande maioria dos pacientes tratados com combinações de anti-retrovirais.

■ *Fase terminal*

Nessa fase, a contagem de células CD4 está menor que 50 células/mm^3, e a síndrome da caquexia, infecções por citomegalovírus e micobactérias atípicas são as conseqüências mais observadas nesses pacientes. A morte advém em decorrência das infecções oportunistas. Devemos nos lembrar de que a sepse de origem na comunidade ou hospitalar é freqüente nesses pacientes e pode ser causa de óbito.

COMO A DOENÇA SE APRESENTA NA UNIDADE DE TERAPIA INTENSIVA

Com o sucesso do tratamento anti-retroviral triplo diminuindo mortalidade e morbidade, deve-se considerar que todo paciente HIV-positivo deve ser atendido na Unidade de Terapia Intensiva se a sua condição clínica assim o necessitar. Não há mais justificativas para não admitir paciente HIV na UTI por apresentar doença fatal ou pelo fato de ser portador do HIV. Há que se considerar que muitos pacientes que são internados em UTIs por outras causas, como acidentes de trânsito, por exemplo, são HIV-positivos, e tal situação é muitas vezes desconhecida pelo intensivista. As medidas de precaução na manipulação de sangue e secreções devem ser aplicadas a todos os pacientes internados na UTI, e independentemente do conhecimento da condição do paciente em relação a se está ou não infectado pelo HIV. Atualmente, é considerado falta de ética solicitar o teste para HIV sem o consentimento do paciente.

Embora o paciente infectado pelo HIV desenvolva muitas complicações médicas, as razões que levam tais pacientes a serem admitidos na UTI são poucas, especialmente quando se leva em conta aquelas relacionadas ao estado da imunodeficiência pelo HIV.

Duas situações diferentes devem ser consideradas:

1. O paciente HIV assintomático pode necessitar de cuidados intensivos não decorrentes da sua imunodeficiência. Tal situação é geralmente semelhante àquela encontrada nos indivíduos não-infectados idosos e de grupos de risco (usuário de drogas IV, homossexuais, profissionais do sexo etc.) comparáveis. Os pacientes HIV-positivos devem ser admitidos e tratados da mesma forma que as demais pessoas não-infectadas, e o prognóstico tende a ser determinado pela intensidade da imunodeficiência.
2. O paciente HIV-positivo pode necessitar de UTI por doença relacionada diretamente ao estado da imunodeficiência que o paciente apresenta, ou seja, admitido por apresentar infecção oportunista grave. Entre essas, a insuficiência respiratória causada por pneumonia por *P. carinii* constitui a causa mais comum de admissão em UTI entre pacientes com AIDS e apresenta altas morbidade e mortalidade. Outras causas respondem por cerca de 10% das causas de admissão na UTI, tais como: toxoplasmose cerebral, meningite por *Cryptococcus neoformans*, pneumonias bacterianas, infecções disseminadas (bacteremia e sepse), infecções por micobactérias, desidratação e choque hipovolêmico devido a diarréias volumosas causadas por *Cryptosporidium, Microsporidium* e outros, sangramentos intestinais, linfoma, miocardiopatia e mais raramente nos dias atuais o sarcoma de Kaposi.
3. Pacientes com AIDS submetidos a diversos esquemas anti-retrovirais determinados por falhas terapêuticas virológicas e clínicas, com caquexia, e múltiplas infecções oportunistas também devem ser admitidos na UTI quando se considerar a possibilidade de controle da viremia plasmática. Caso todos os anti-retrovirais disponíveis tenham sido utilizados e se verificar impossibilidade de se conseguir diminuição da carga viral, voltamos a situações que acompanharam os pacientes na época em que não existia terapia específica contra o HIV. Em outras palavras, o paciente apresenta-se em estado praticamente terminal. Nessas situações, é importantíssimo levar diversos fatores em consideração e que devem ser amplamente discutidos com o infectologista que cuida do paciente para se avaliar de maneira adequada a possibilidade ou não de o paciente se beneficiar dessa admissão. Nessa situação, o intensivista não deve agir preconceituosamente ou de modo fatalista. Deverá levar também em conta o desejo expresso do paciente, quando for possível obtê-lo, e considerar a opinião do especialista quanto às possíveis chances de uso de novas terapêuticas específicas, mesmo que experimentais. Sem dúvida, aceitar o paciente ou não na UTI depende, na maioria dos hospitais, de decisão tomada pelo intensivista, mas este deve se lembrar que nem sempre as infecções oportunistas, como a pneumonia por *P. carinii*, são necessariamente fatais e podem ser tratadas com sucesso, mesmo na ausência do tratamento anti-retroviral.

Enfim, o que determina a qualificação para o paciente com AIDS ser admitido na UTI são o prognóstico do paciente e o desejo deste no que diz respeito às medidas de suporte de vida. Como em qualquer outra doença grave, é da maior importância envolver o paciente (quando possível) nas discussões a respeito da conveniência de admiti-lo na UTI e de utilizar medidas de suporte de vida. De modo geral, a admissão na UTI não é adequada para pacientes com múltiplas complicações graves para as quais não há tratamento efetivo, como, por exemplo, linfomas indiferenciados. Finalmente, precisamos enfatizar que o desenrolar da AIDS e das infecções oportunistas está mudando rapidamente, e a recuperação tem sido cada vez mais freqüente. Por esse motivo, o intensivista deve olhar o paciente com AIDS com otimismo crescente. Trabalhar em conjunto com o infectologista irá contribuir para avaliação detalhada de cada caso e para melhorar as decisões a serem tomadas com o paciente.

TRATAMENTO DAS INFECÇÕES OPORTUNISTAS

Antes de iniciar o tratamento das infecções oportunistas, devemos utilizar previamente todos os meios diagnósticos para descobrirmos a etiologia da infecção atual do paciente. Nos pacientes com AIDS, isso pode demandar grande série de exames, uma vez que mais de um órgão pode estar afetado e mais de uma infecção pode estar presente simultaneamente. Alguns procedimentos poderão ser contra-indicados, como por exemplo a broncoscopia em paciente com insuficiência respiratória grave. Entretanto, procedimentos menos invasivos podem e devem ser realizados.

A terapêutica inicial será, de modo geral, empírica e baseada nas características clínicas e laboratoriais inespecíficas encontradas inicialmente no paciente, até que os resultados laboratoriais confirmem as suspeitas formuladas.

Apresentamos no Quadro 104-1 o tratamento dos principais agentes infecciosos encontrados no paciente com AIDS e os tratamentos de escolha, discriminados em ordem de prioridade. Vale salientar que patógenos não-usuais podem ser encontrados no paciente com AIDS, e a conduta terapêutica deve ser dirigida para o agente etiológico encontrado.

Quadro 104-1-. Tratamento das principais infecções oportunistas na AIDS

Agente infeccioso	*Tratamento*	*Dose*	*Duração*	*Efeitos adversos*
Pneumocistose (*Pneumocystis carinii*)	Sulfametoxazol/ Trimetoprim (SMX/TMP)	75 a100 mg/kg de SMX ou 15 a 20mg/kg de TMP IV divididos em 4 tomadas/dia	21 dias	Náuseas, vômitos, exantema, leucopenia, plaquetopenia, aumento das enzimas hepáticas e lesão renal São reversíveis com a suspensão da droga, e em casos de reação alérgica deve-se testá-lo novamente
	Dapsona isoladamente ou associada ao trimetoprim	100 mg 1 x ao dia + 300 mg de 8/8horas de TMP	21 dias	Dapsona: exantema, anemia hemolítica, metaemoglobinemia
	Clindamicina + primaquina	600 a 900 mg/kg de 8/8 h + 15 a 30 mg VO 1 x ao dia	21 dias	Clindamicina: diarréia, distensão abdominal, náuseas, vômitos, colite pseudomembranosa, anafilaxia, granulocitopenia Primaquina: febre, exantema e anemia hemolítica em deficientes de G6PD
	Pentamidina Pentamidina aerossol (casos leves e moderados)	3 a 4 mg IV 24/24 horas 600 mg 1 x ao dia via nebulizador Respigard II	21 dias	Pentamidina: nefrotoxicidade, hipoglicemia, hipotensão, neutropenia, arritmia cardíaca, pancreatite, diabetes Pentamidina aerossol: tosse e broncoespasmo
	Nos casos de insuficiência respiratória (PO_2 menor que 70 mmHg), está indicada a administração de corticóide juntamente com a introdução do tratamento ou nas primeiras 72 horas de tratamento, pois previne a falência respiratória e o óbito. Metilprednisolona na dose de 40 mg 2 x ao dia por 5 dias e decaindo a dose até completar mais 11 dias de tratamento Profilaxia primária deve ser administrada em todo paciente com menos de 200 células CD4/mm^3, e profilaxia secundária deve ser utilizada até que a contagem de CD4 seja > que 200 células CD4/mm^3. Drogas usadas: SMX/TMP na dose de 1 comprimido dose dupla (800 de SMX e 160 de TMP) 3 dias da semana. A administração diária também previne toxoplasmose cerebral, ou pentamidina 600 mg 1 x por mês via nebulizador Respigard II, ou dapsona na dose de 100 mg 1 x ao dia			
Toxoplasmose (*Toxoplasma gondii*)	Sulfadiazina + pirimetamina	100 mg/kg/dia ou de 2 a 8 g/dia de 6/6 horas 100 a 200 mg dose de ataque seguidos de 25 a 75 mg diários associados ao ácido folínico 10 mg/dia	4 a 6 semanas	Sulfadiazina: exantema alérgico, prurido cutâneo, náusea , vômitos, hematúria, síndrome de Stevens-Johnson, eritema multiforme, anemia hemolítica ou aplástica, leucopenia, hepatite, insuf. renal aguda, quernicterus no recém-nascido Pirimetamina: náuseas, vômitos, cólicas abdominais, tontura, mal-estar, boca seca, anemia aplástica, pancitopenia, exantema alérgico, eritema multiforme, síndrome de Stevens-Johnson, anemia megaloblástica, agranulocitose
	Clindamicina + pirimetamina	900 a 1.200 mg IV de 6/6 h mesmas doses acima	4 a 6 semanas	Clindamicina: diarréia, distensão abdominal, náuseas, vômitos, colite pseudomembranosa, anafilaxia, granulocitopenia Pirimetamina: náuseas, vômitos, cólicas abdominais, tontura, mal-estar, boca seca, anemia aplástica, pancitopenia, exantema alérgico, eritema multiforme, síndrome de Stevens-Johnson, anemia megaloblástica, agranulocitose
	Profilaxia secundária deve ser mantida com sulfadiazina (nas doses acima) e pirimetamina 25 mg/dia. Profilaxia primária pode ser indicada em pacientes com sorologia para toxoplasmose positiva em qualquer título e que apresentam contagem de células CD4 < 100 células /mm^3. A profilaxia somente deverá ser suspensa quando a contagem de células CD4 voltar a ser > que 200 células/mm^3 após tratamento anti-retroviral			

Quadro 104-1. Tratamento das principais infecções oportunistas na AIDS *(Cont.)*

Agente infeccioso	*Tratamento*	*Dose*	*Duração*	*Efeitos adversos*
Tuberculose (*Mycobacterium tuberculosis*) Paciente virgem de tratamento para TBC	Rifampicina (R) + isoniazida (H) + pirazinamida (Z)	600 mg/dia VO ou 10 mg/kg para abaixo de 45 kg 10 mg/kg ou máximo de 400 mg/dia 25 a 35 mg/kg ou máximo de 2.000 mg/dia	2 meses com R + H + Z seguidos de 4 meses com R + H	Rifampicina: hepatotoxicidade, anemia hemolítica, nefrite intersticial, anorexia, náuseas, tonturas, aumento das enzimas hepáticas, dor abdominal. Importante avaliar interação com anti-retrovirais Izoniazida: hepatite, neuropatia periférica (prevenida com a administração conjunta de piridoxina (Vitamina B6) 25 a 50 mg/dia) Pirazinamida: hepatotoxicidade, plaquetopenia e nefrite intersticial, hiperuricemia, gota, fotossensibilidade
Paciente com meningite tuberculosa	R + H + Z		2 meses com R + H + Z seguidos de 7 meses de R + H	
Retratamento de tuberculose	R + H + Z + etambutol (E)	25 mg/kg ou máx. de 1.200 mg	2 meses de R + H + Z + E seguidos de 4 meses com R + H + E	Etambutol: neurite ótica, neuropatia periférica, plaquetopenia, anafilaxia, visão borrada, dores nas juntas, anorexia, náuseas, vômitos , febre, mal-estar, desorientação, alucinação e prurido
Falha a tratamento anterior para TBC	Estreptomicina (S) + etionamida (Et) + E + Z	20 mg/kg ou máx. 1.000 mg/dia 12 mg/kg ou máx. 750 mg/dia	3 meses com S + Et + E + Z seguidos de 9 meses Et + E	Estreptomicina: ototoxicidade, nefrotoxicidade
	A profilaxia contra a tuberculose no paciente HIV$^+$ deve ser feita com isoniazida na dose de 5 a 10 mg/kg/dia ou 300 mg/dia por 6 meses consecutivos, se o paciente tiver PPD ≥ 5 mm, se tiver tido contato com portador de Tbc bacilífera ou PPD não-reator mas com induração de 0 a 4 mm, com registro de já ter sido previamente positivo para o teste tuberculínico sem ter sido tratado ou sem ter feito profilaxia. Do mesmo modo, pacientes com cicatriz de Tbc anterior documentada pela radiografia devem receber quimioprofilaxia com isoniazida. Esquema com Rifampicina + PZA por 2 meses pode ser alternativo quando houver resistência à INH			
Micobacteriose atípica (*Mycobacterium* complexo *avium*)	Claritromicina ou azitromicina + etambutol	500 mg de 12/12 horas 600 mg 1 × ao dia 800 a 1.200 mg/dia	Indeterminado Poderá ser suspenso quando CD4 voltar a ser > que 200 céls/mm^3 após tratamento anti-retroviral	Claritromicina: náuseas, diarréia, alterações do paladar, dor abdominal, cefaléia e alergia Azitromicina: náuseas, diarréia, dor abdominal, dispepsia, exantema, vômitos, anorexia, angioedema, Stevens-Johnson, colite pseudomembranosa
	Profilaxia secundária deve ser mantida até que os níveis de CD4 atinjam valores > que 200 células/mm^3			
Citomegalia	Ganciclovir seguido de manutenção ou Foscarnet seguido de manutenção	5 mg/kg/dose de 12/12 h 5 mg/kg/dose de 24/24 h 90 mg/kg/dose de 12/12 h 90 mg/kg/dose de 24/24 h	14 dias Indefinido ou CD4 > 200/mm3 idem	Foscarnet: aumento de creatinina, diminuição do Ca, Mg e K, diminuição ou aumento do P, náuseas, ulcerações nos genitais, na orofaringe e no esôfago Trombocitopenia, anemia, leucopenia, anafilaxia, anemia aplástica, náuseas, vômitos, artralgia, hipertensão, dispnéia, exantema, IRA
Varicela-zoster	Valaciclovir	1g VO de 8/8 horas	8 dias	

(Continua)

Quadro 104-1. **Tratamento das principais infecções oportunistas na AIDS** *(Cont.)*

Agente infeccioso	*Tratamento*	*Dose*	*Duração*	*Efeitos adversos*
Herpes simples	Aciclovir ou Valaciclovir ou Famciclovir	200 mg VO 5 × ao dia 500 mg VO 2 × ao dia 250 mg VO 2 × ao dia	10 dias ou até a resolução dos sintomas	Aciclovir: leucopenia, trombocitopenia, leucopenia, disfunção renal, convulsão e coma Valaciclovir (vide Varicela-zoster) Famciclovir: cefaléia, náuseas, diarréia, vômitos, fadiga, prurido, parestesia e flatulência
Criptococose (*Cryptococcus neoformans*)	Anfotericina B convencional ou Anfotericina B lipossomal ou Fluconazol	0,7 mg/kg/dia IV por infusão em solução glicosada a 5% 1 a 4 mg/kg/dia IV em infusão 400 a 800 mg/dia IV ou VO	Indeterminada Continuar tratamento com fluconazol 400 mg/dia se possível Avaliar suspensão se CD4 > 200 células/mm^3	Anfotericina B: febre, calafrios, hipotensão, nefrotoxicidade, hipocalemia, cardiotoxicidade, náuseas, vômitos, flebite, anemia A anfotericina B lipossomal pode determinar efeitos adversos semelhantes à formulação convencional, mas muito mais tolerável Fluconazol: náuseas, vômitos, cefaléia, dor abdominal, dispepsia, diarréia, S. de Stevens-Johnson, leucopenia e neutropenia
Histoplasmose (*Histoplasma capsulatum*)	Anfotericina B convencional ou Anfotericina B lipossomal Seguida de manutenção com itraconazol	0,7 mg/kg/dia IV por infusão em solução glicosada a 5% 1 a 4 mg/kg/dia IV em infusão 400 a 800 mg/dia VO	Indeterminada Continuar tratamento com itraconazol Avaliar suspensão se CD4 > 200 células/mm^3	Anfotericina B; idem acima Itraconazol: interação com inibidores da protease, rifampicina e outras drogas metabolizadas pelo citocromo p450 Hepatotoxicidade, insuficiência hepática (rara), angioedema, Stevens-Johnson, náuseas, vômitos, cefaléia, diarréia, fadiga, febre, prurido
Candidíase (*Candida* sp) Oral ou vaginal	Nistatina ou Fluconazol	100.000 U 5 × ao dia (oral 500.000 U 5 × ao dia (tabletes vaginais) 100 a 200 mg/dia	Indeterminada ou até a resolução dos sintomas	Nistatina: náuseas e diarréia, vômitos, reação local Fluconazol: idem acima
Esofágica	Fluconazol	100 a 300 mg/dia	Idem	
Refratária	Itraconazol	200 a 400 mg/dia	Idem	Itraconazol: idem acima
Disseminada	Anfotericina B convencional ou Anfotericina B lipossomal	0,7 mg/kg/dia IV por infusão em solução glicosada a 5% 1 a 2 mg/kg/dia IV em infusão	Até a resolução dos sintomas Continuar tratamento com fluconazol 400 mg/dia	Anfotericina B: idem acima

Quadro 104-1. Tratamento das principais infecções oportunistas na AIDS *(Cont.)*

Agente infeccioso	*Tratamento*	*Dose*	*Duração*	*Efeitos adversos*
Criptosporidiose (*Criptosporidium parvum*)	Sem tratamento comprovadamente eficaz Usa-se: Azitromicina ou Paramomicina	 1.250 ou 1.000 mg VO no 1º dia seguidos de 600 mg/dia 500 mg 4 × ao dia VO	Indefinida: mínimo de 4 semanas	 Azitromicina; idem acima Não
Isosporíase (*Isospora belli*)	SMX/TMP	50 a 75 mg/kg/dia divididos em 4 doses diárias	10 dias	SMX/TMP: idem acima
Amebíase (*Entamoeba hystolitica*)	Metronidazol	750 mg 3x ao dia	10 dias	Metronidazol: idem acima
Pneumonias bacterianas	Seguir tratamento semelhante ao preconizado para o imunocompetente. A incidência de pneumonia adquirida na comunidade é maior no HIV+ que na população em geral. Além do *S. pneumoniae, S. aureus* e pneumonias por gram-negativos são mais freqüentes no paciente com imunodeficiência severa			

TRATAMENTO ANTI-RETROVIRAL

O tratamento da infecção pelo HIV tem evoluído imensamente nos últimos 5 anos e ao mesmo tempo tornou-se muito mais complexo. Sem dúvida, o advento dos inibidores de protease (IP) mudou sensivelmente a história natural da AIDS, com diminuição na morbidade e mortalidade.[41]

A correlação clínica entre o grau de imunodeficiência e a contagem dos linfócitos CD4+ foi amplamente estabelecida.[42] De outro lado, o conhecimento da dinâmica viral e o surgimento de métodos laboratoriais capazes de mensurar a quantidade de vírus circulante no plasma (carga viral) tornaram possível a monitorização confiável e objetiva da evolução e do tratamento da infecção pelo HIV.[43]

Atualmente, três grupos de medicamentos são utilizados no tratamento anti-retroviral: os inibidores da transcriptase reversa, nucleosídeos e não-nucleosídeos e os inibidores da protease (Quadro 104-2).[44]

É importante salientar que irão para a Unidade de Terapia Intensiva pacientes que, desconhecendo seu estado de portador, procuram o hospital já com infecção oportunista grave, mais freqüentemente com pneumonia por *P. carinii* ou com sepse decorrente de infecção bacteriana sistêmica, geralmente de origem pulmonar. Outra situação freqüente nas UTIs é a admissão de pacientes com quadros infecciosos graves e cuja evolução da imunodeficiência decorre de falhas terapêuticas como conseqüência de vários fatores que serão mencionados mais adiante.

Quando iniciar a terapia

Uma vez que a cura da infecção pelo HIV não será obtida através dos anti-retrovirais conhecidos, os pacientes com AIDS terão que fazer uso dos anti-retrovirais por toda a vida.[45-47]

O tratamento prolongado com HAART pode induzir efeitos colaterais importantes. Os inibidores de protease podem determinar, a longo prazo, efeitos adversos que surgem meses ou anos após o início da terapêutica, tais como lipodistrofia, alterações metabólicas, como elevação do colesterol e triglicerídeos, resistência à insulina e indução de diabetes. Os efeitos adversos a longo prazo dos INTR estão mais relacionados à sua toxicidade mitocondrial, tais como rabdomiólise, neuropatia periférica, aumento do ácido láctico com ou sem acidose láctica e ainda, de modo semelhante aos IPs, podem também ser causa de lipodistrofia.[48,49]

Dessa forma, a tendência atual é iniciar o tratamento da infecção crônica pelo HIV com níveis mais baixos de linfócitos T CD4+, e não pela simples medida da carga viral, como preconizado por muitos especialistas alguns anos atrás.

Os critérios adotados para iniciar-se a terapêutica da fase crônica da infecção pelo HIV levam em consideração o estado clínico, a contagem de linfócitos CD4+ e a medida da carga viral.[50,54]

No Quadro 104-3 estão nossas recomendações sobre quando iniciar essa terapêutica.

O objetivo da terapia anti-retroviral inicial é a supressão da replicação viral e a conseqüente redução da carga viral para níveis abaixo dos limites de detecção por métodos laboratoriais utilizando técnicas de PCR ultra-sensível, ou seja, com limite de detecção de 50 cópias de RNA/ml. A duração da resposta à terapêutica é dependente da obtenção da máxima supressão da replicação viral. O tempo médio estimado para se obter a supressão máxima da replicação viral varia de 4 a 16 semanas, dependendo dos valores iniciais da carga viral.[51-53]

Mais recentemente há uma tendência a se iniciar o tratamento somente com contagens de CD4 abaixo de 350 células/mm^3.

Os argumentos que indicam tratamento tardio são os seguintes:

1. Como até o momento nenhum esquema terapêutico foi capaz de eliminar os últimos reservatórios virais existen-

Quadro 104-2. Anti-retrovirais disponíveis no Brasil[a]

Nome genérico	*Grupo*	*Apresentação*	*Dose diária para adultos*	*Interação com alimentos*
Zidovudina (ZDV/AZT)	INTR	Cáps. 100 mg	300 mg 12/12 h	Não há
Didanosina (DDI)	INTR	Comp. 25 e 100 mg	> 60 kg 200 mg 12/12 h < 60 kg 125 mg 12/12 h	Administrar em jejum[c]
Estavudina (D4T)	INTR	Cáps. 30 e 40 mg	> 60 kg 40 mg 12/12 h < 60 kg 30 mg 12/12 h	Não há
Lamivudina (3TC)	INTR	Comp. 150	150 mg 12/12 h	Não há
Abacavir (ABC)	INTR	Comp. 300	300 mg 12/12 h	Não há
Zidovudina + lamivudina (ZDV/3TC)	INTR	Comp. 300 + 150 mg	300 + 150 mg 12/12 h	Não há
Nevirapina (NVP)	INNTR	Comp. 200 mg	200 mg 12/12 h	Não há
Efavirenz (EFV)	INNTR	Cáps. 200 mg	600 mg 24/24 h	Não há
Indinavir[d] (IDV)	IP	Cáps. 400 mg	800 mg 8/8 h	Administrar em jejum[c] ou com alimentos sem gordura
Ritonavir (RTC)	IP	Cáps. 100 mg	600 mg 12/12 h	Não há interação, mas efeitos adversos diminuem com alimentação concomitante
Nelfinavir (NFV)	IP	Cáps. 250 mg	750 mg 8/8 h	Administrar com refeições
Amprenavir[d] (AMP)	IP	Cáps. 150 mg	1.200 mg 12/12 h	Evitar refeições gordurosas
Saquinavir cápsula dura[b] (SQV)	IP	Cáps. 200 mg	400 mg + 400 mg de RTV 12/12 h	Não há
Saquinavir cápsula gel[a] (SQV)	IP	Cáps. 200 mg	1.200 mg 8/8 h	Administrar em jejum[c]
Lopinavir/Ritonavir (LPV/RTV)	IP	Cáps. 133/33	400/100 mg 12/12 h	Não há

[a]O saquinavir cápsula gel ainda não está disponibilizado pelo Programa Nacional DST/AIDS do Ministério da Saúde.
[b]Não se recomenda o uso isolado do saquinavir cápsula dura, pois é mal absorvido. Bons níveis séricos são obtidos quando associado ao ritonavir nas doses apresentadas no Quadro. O saquinavir cápsula gel pode ser, do mesmo modo, associado ao ritonavir.
[c]Quando o medicamento tiver que ser tomado em jejum significa tomá-lo 1 hora antes ou 2 horas após a refeição.
[d]Da mesma forma que SQV/RTV e LPV/RTV, o ritonavir pode ser usado como adjuvante farmacológico associado ao indinavir (800 mg IDV + 100 ou 200 mg RTV) e ao amprenavir (600 mg AMP + 100 mg RTV).

tes, o controle da doença prevê que os pacientes deverão fazer uso da terapêutica pelo resto de suas vidas.

2. Os efeitos colaterais que surgem após longo tempo de terapia anti-retroviral colocam em dúvida a possibilidade de que os pacientes consigam tolerar a terapia por décadas.
3. Para muitos pacientes, a adesão ao tratamento é muito difícil, e é uma das causas de falha virológica e surgimento de resistência viral. Altas taxas de falhas virológicas estão associadas à resposta terapêutica pobre e, pior ainda, em pacientes com esquemas terapêuticos de resgate de 2ª ou 3ª linha.[56]
4. Dados da literatura indicam que pacientes tratados com CD4 entre 200 e 350 células/mm^3 evoluem tão bem quanto aqueles que iniciam a terapêutica com números de CD4 mais elevados.

Esquemas terapêuticos para início do tratamento

Uma vez decidido, o esquema terapêutico inicial deve combinar três medicamentos. Sempre deve incluir dois INTR associados a um IP ou INNTR. Pode-se também combinar ZDV + 3TC + ABC, que é a única combinação de três INTR com eficácia clínica comprovada.[26] Quando o ritonavir for combinado com outro IP e fizer parte do esquema somente como adjuvante farmacológico, considera-se como parte do esquema triplo somente o IP com atividade antiviral. No Quadro 104-4 encontram-se as possibilidades terapêuticas disponíveis.

Algumas combinações não são preconizadas, quer seja pela interação farmacológica desfavorável, quer seja pela potencialização dos efeitos adversos e ainda pela falta de eficácia clínica comprovada. A seguir, estão as principais combinações não-preconizadas e não-mencionadas no Quadro 104-3:

1. Terapia dupla com 1 INTR + 1 IP ou 1 INTR + 1 INNTR ou 1 INNTR + 1 IP.
2. Terapia dupla com INNTR.
3. Terapia tripla com INTR, exceto ZDV + 3TC + ABC.
4. Terapia dupla ou tripla com IPs, exceto: NFV + SQV em doses plenas ou associação de IP com ritonavir como adjuvante farmacológico mencionados no Quadro 104-3.
5. Três ou mais inibidores de protease.
6. Cinco ou mais anti-retrovirais. Em esquemas de resgate, é possível utilizar-se um número maior de anti-retrovirais, como, por exemplo, 2 INTR + 1 INNTR + RTV + APV ou SQV + RTV ou RTV + LPV.

***Quadro 104-3.* Recomendações sobre quando iniciar a terapêutica anti-retroviral em adultos e adolescentes**

Condição clínica	*Número de linfócitos CD4/mm³*	*Carga viral (cópias/ml)*	*Recomendação*
Assintomático	Não-disponível	Não-disponível	Não tratar
	> 500	Independe[b]	Não tratar
	> 350 e < 500	< 55.000[e]	1. Não tratar
		> 55.000	2. Considerar tratamento
	> 200 e < 350	Independe[b]	Tratar
	< 200	Independe[b]	Tratar
Sintomático[a]	Independe[b,f]	Independe[b]	Tratar

[a] Considera-se paciente sintomático aquele que apresenta febre, emagrecimento, diarréia, candidíase oral ou vaginal recorrente, leucoplasia pilosa da língua, herpes zoster, infecções bacterianas recorrentes do trato respiratório superior ou inferior ou qualquer das infecções oportunistas definidoras de AIDS.
[b] O termo "Independe" que aqui utilizamos não significa que a carga viral não precisa ser medida antes de se iniciar a terapêutica. Sua medida deve ser feita em todos os pacientes antes do tratamento para que possa ser comparada com as realizadas após a introdução da terapêutica, com o objetivo de se avaliar a eficácia do esquema introduzido.
[c] Em locais onde não há disponibilidade desses exames, a terapia anti-retroviral deve ser considerada nos indivíduos com linfopenia e anemia no hemograma (linfócitos totais < 1.000/mm³; hemoglobina < 12 g%), devido à grande probabilidade de a contagem de linfócitos $CD4^+$ ser inferior a 200 células/mm³.
[d] O início da terapêutica deve ser discutido com o paciente e levar em conta os efeitos colaterais em longo prazo, a adesão do paciente ao tratamento e a possibilidade de realização da contagem de CD4 e medida da carga viral em intervalos regulares máximos de 6 meses. Nessa fase de evolução da doença, é baixo o risco de infecção oportunista. Quanto menor for a carga viral, menor o risco de progressão da doença.
[e] Valor de carga viral medido por PCR. 55.000 cópias/PCR equivale a 30.000 cópias pelo método de bDNA.
[f] Pacientes sintomáticos ou com menos de 200 células/mm³ devem iniciar quimioprofilaxia das infecções oportunistas.

***Quadro 104-4.* Esquemas terapêuticos iniciais**

INTR[d]	*IP*		*INNTR*[g]
	IDV		
	NFV		
ZDV + ddI	RTV		
ZDV + 3TC	AMP		
ddI + 3TC	SQV[a,e] + RTV[b]	**ou**	EFV
+			
D4T + ddI			NVP
D4T + 3TC	AMP[e] + RTV[b]		
	IDV[f] + RTV[b]		
	LPV[f] + RTV[b]		
ZDV + 3TC + ABC[c]			

[a] O saquinavir não é recomendado para ser utilizado isoladamente devido à sua baixa absorção intestinal e conseqüente baixa biodisponibilidade. A associação com o ritonavir corrige com vantagens os níveis séricos do SQV e resulta em boa atividade antiviral.
[b] Quando associado ao saquinavir, amprenavir, indinavir e lopinavir, o ritonavir atua somente como adjuvante farmacológico, aumentando os níveis plasmáticos, através da inibição do metabolismo hepático dessas drogas. O ritonavir não deve ser associado ao nelfinavir.
[c] Esse esquema pode ter menor eficácia virológica com cargas virais muito elevadas, usualmente acima de 100.000 cópias/ml.
[d] Monoterapia ou terapia dupla de INTR não devem ser mais utilizadas, exceto o uso isolado da ZDV para quimioprofilaxia em gestantes infectadas pelo HIV. Associação da ZDV com D4T não deve ser empregada, pois apresenta mecanismos antagônicos. Não recomendamos a utilização do ddC (Zalcitabina) em nenhum esquema terapêutico, devido à sua menor eficácia antiviral.
[e] Muito embora o saquinavir, o amprenavir e o indinavir possam ser utilizados como esquemas iniciais, tem-se priorizado sua utilização em esquemas de resgate e associados ao ritonavir como adjuvante farmacológico.
[f] O indinavir associado ao ritonavir e ao lopinavir/ritonavir pode ser utilizado como esquema inicial ou como terapia de resgate.
[G] Quando se decidir pelo emprego de um INNTR em paciente com < 200 CD4/mm³, deve-se preferir a introdução do efavirenz.

Falha terapêutica

Define-se falha terapêutica quando, na vigência de tratamento anti-retroviral, o paciente apresentar:[55]

- Qualquer infecção oportunista (falha clínica).
- Queda progressiva na contagem de células CD4 (falha imunológica).
- Aumento repetido da carga viral (geralmente aumento maior que 0,5 log ou contagem superior a três vezes ou mais) ou quando a mesma permanecer constantemente elevada, ou seja, acima de 50 cópias/ml (falha virológica).

A falha terapêutica pode ocorrer como conseqüência de falta de adesão do paciente ao tratamento, absorção inadequada do medicamento, interação entre as drogas utilizadas, pouca potência antiviral do medicamento e conseqüente aquisição viral de resistência à(s) droga(s).

O aumento da carga viral na vigência de tratamento é a melhor expressão de emergência de cepa viral resistente. A resistência viral é demonstrada pela presença de mutações nos genes que expressam a transcriptase reversa ou a protease.[54,56] A caracterização dessas mutações é feita pelo teste da genotipagem do HIV para os genes mencionados. Os resultados dos testes de genotipagem podem ser difíceis de se interpretar devido à sua complexidade. Entretanto, é um teste que pode auxiliar na tomada de decisões quanto à mudança na terapêutica.

REFERÊNCIAS BIBLIOGRÁFICAS

1. Centers for Disease Control. Pneumocystis pneumonia. *Los Angeles Morbid Mortal Wkly Rep* 1981;30(1):50–2.
2. Gottlieb M, Schroof R, Schanker HM *et al.* Isolation of a T-cell leukemia virus in an acquired immune deficiency syndrome (AIDS). *Science* 1983;220:865–7.
3. Masur H, Michelis MA, Greene JB *et al.* An outbreak of community-acquired pneumocystis carinii pneumonia. *N Engl J Med* 1981;305:1431–8.
4. Schable CL, Zekeng L, Pau PC *et al.* Sensitivity of United States HIV antibody tests for detection of HIV-1 grupo O infection. *Lancet* 1994;344:1333–4.
5. Centers for Disease Control. Pneumocystis carinii pneumonia among persons with hemophilia A. *Morbid Mortal Wkly Rep* 1982;31:365–7.
6. Centers for Disease Control. Possible transfusion associated acquired immunodeficiency syndrome (AIDS) — California. *Morbid Mortal Wkly Rep* 1982;31:652–4.
7. Centers for Disease Control. Update on Kaposi's sarcoma and opportunistic infection in previously healthy person in the United States. *Morbid Mortal Wkly Rep* 1982;31:294–301.
8. Centers for Disease Control. Unexplained immunodeficiency and opportunistic infections in infants – New York, New Jersey, California. *Morbid Mortal Wkly Rep* 1982;31:665–7.
9. Centers for Disease Control. Immunodeficiency among female sexual partners of males with acquired immunodeficiency syndrome (AIDS). *Morbid Mortal Wkly Rep* 1983;31:697–8.
10. Barre-Sinoussi F *et al.* Isolation of a T-lymphotropic retrovirus from a patient at risk for acquired immunodeficiency syndrome (AIDS). *Science* 1983;220:868–70.
11. Gallo RC, Sarin PS, Gelman EP *et al.* Isolation of T-cell leukemia virus in acquired immunedeficiency syndrome (AIDS). *Science* 1983;220:865–7.
12. Levy JA, Hoffman AD, Kramer SM *et al.* Isolation of lymphocytopathic retrovirus from San Francisco patients with AIDS. *Science* 1984;225:804–2.
13. Coffin JM, Haase A, Levy JA *et al.* What to call the AIDS virus? *Nature* 1986;321:10.
14. Coffin JM. Structure and classification of retrovirus. *In* Levy J: *The Retroviridae.* New York: Plenum Press, 1993, pp 19–45.
15. Mervis RJ, Ahmad N, Lilehoj EP *et al.* The *gag* gene products of human immunodeficiency virus type 1: alignment within the *gag* open read frame, identification of post-translational modifications and evidence for alternative *gag* precursors. *J Virol* 1998;62:3993–4002.
16. Muesing MA, Smith DH, Cabradilha CD *et al.* Nucleic acid structure and expression of the human AIDS lymphadenopathy retrovirus. *Nature* 1985;313:450–58.
17. Robey WG, Safai B, Orozlan S *et al.* Characterization of envelope and core structural gene products of HTLV-III with sera from AIDS patients. *Science* 1985;228:593–5.
18. Desrosiers RC. HIV with multiple gens deletions as a live attenuated vaccine for AIDS. *AIDS Res Hum Retroviruses* 1992;8:411–21.
19. Dalgleish AG, Beverleym PC, Clapham PR *et al.* The CD4 (T4) antigen is an essential component of the receptor for the AIDS retrovirus. *Nature* 1984;312:763–7.
20. Lifson JD, Feinberg MR, Reyes GR *et al.* Induction of CD4-dependent cell fusion by HTLV-III/LAV envelope glycoprotein. *Nature* 1986;323:725–8.
21. McDougal JS, Mawle A, Cort SF *et al.* Cellular tropism of human retrovirus HTLV-III/LAV I role of T cell activation and expression of T4 antigen. *Immunology* 1985;135:3151–64.
22. Feng y, Broder C, Kennedy PE *et al.* EA. HIV-1 entry co-factor: functional cDNA cloning of a seven-transmembrane, G protein-coupled receptor. *Science* 1996;272:872–7.
23. Choe H, Farzan M, Sun Y *et al.* The β-chemokine receptors CCR3 and CCR5 facilitade infection by primary HIV-1 isolates. *Cell* 1996;85:1135–48.
24. Deng H, Liu R Ellmeier W *et al.* Identification of a major co-receptor for primary isolates of HIV-1. *Nature* 1996;381:661–6.
25. Dean M, Carrington M, Winkler C *et al.* Genetic restriction of HIV-1 infection and progression to AIDS by a deletion allele of the CKR5 structural gene. *Science* 1996;273:1856–62.
26. Luciw PA. Human immunodeficiency viruses and their replication. *In* Fields BN, Knipe DM, Hewley PM (Eds.): *Fields Virology.* Vol. 2. 3rd ed. Philadelphia: Lippincott–Raven, 1996, pp 1881–952.
27. Panganiban A, Fiore D. Ordered interstrand and intrastrand DNA transfer during reverse transcription. *Science* 1988;241:1064–9.
28. Piatak M, Saag MS, YangLC *et al.* High levels of HIV-1 in plasma during all stages of infection determined by competitive PCR. *Science* 1993;259:1749–54.
29. Koup RA, Safrit JT, Cao Y *et al.* Temporal association of cellular immune response with the initial control of viremia in primary human immunodeficiency virus. *J Virol* 1994:4650–5.
30. Perelson AS, Neumann AU, Markowitz M *et al.* HIV-1 dynamics in vivo: virion clearance rate, infected cell lifetime, and viral generation time. *Science* 1996;271:1582–6.
31. Ho DD. Toward HIV eradication or remission. *The Tasks Ahead* 1998;280:1866–7.
32. Coste J, Montes B, Reynes *et al.* Comparative evaluation of three assays for the quantitation of human immunodeficiency virus type 1 RNA in plasma. *J Med Virol* 1996;50:293–302.
33. Fenyo EM, Schuietmaker H, Asjo B *et al.* The history of HIV-1 biological phenotypes, past, present and future. Human retrovirus and AIDS 1997. A compilation and analysis of nucleic acid and amino acid sequences. Vol. III. Los Alamos: Los Alamos National Laboratory, 1997, pp 13–8.
34. Diaz R, Sabino EC, Mayer A *et al.* Evidence of Dual HIV-1 infection and recombination in dually exposed transfusion recipient. *J Virol* 1995;69:3272–81.
35. Granato C, Castelo A *et al.* Occurrence of HIV-1 and HIV-2 in Brazil. *J Acquir Immun Defic Syndrome* 1992;5:531–3.
36. Septowitz KA, Telzak EE, Carrow M *et al.* Fever among outpatients with advanced human immunodeficiency virus infection. *Arch Inter Med* 1993;153:1909–12.
37. Johnson JF, Sonnenberg A. Efficient management of diarrhea in the acquired immunodeficiency syndrome (AIDS): a medical decision analysis. *Ann Intern Med* 1990;112:942–8.
38. Pantongrag-Brown L, Nelson AM, Brown AE *et al.* Gastrointestinal manifestations of acquired immunodeficiency syndrome: radiologic-pathologic correlation. *Radiographics* 1995;15:1155–78.

39. Wicox CM. Serious gastrointestinal disorders associated with human immunodeficiency virus infection. *Crit Care Clin* 1993;9:73–88.

40. Simpson DM, Tagliati M. Neurologic manifestations of HIV infection. *Ann Intern Med* 1994;121:769–85.

41. Palella FJ Jr., Delaney KM, Moorman AC *et al.* The HIV Outpatient Study Investigators. Declining morbidity and mortality among patients with advanced human immunodeficiency virus infection. *N Engl J Med* 1998;338:853–60.

42. Mellors JW, Munoz A, Giorgi JV *et al.* Plasma viral load and $CD4^+$ lymphocytes as prognostic markers of HIV-1 infection. *Ann Intern Med* 1997;126:946–54.

43. Ho DD, Newmann AU, Perelson AS *et al.* Rapid turnover of plasma virions and CD4 lymphocytes in HIV-1 infection. *Nature* 1995;373:123–6.

44. Lomar AV, Diament D. Drogas disponíveis no tratamento específico contra a infecção pelo HIV. *In* Veronesi R, Focaccia R, Lomar AV (Eds.): *Retroviroses Humanas — HIV/AIDS.* Rio de Janeiro: Atheneu, 1999, pp 317–35.

45. Finzi D, Hermankova M, Pierson T *et al.* Identification of a reservoir for HIV-1 in patients on highly active antiretroviral therapy. *Science* 1997;278:1295–8.

46. Chun TW, Carruth L, Finzi D *et al.* Quantification of latent tissue reservoirs and total body viral load in HIV-1 infection. *Nature* 1997;387:183–8.

47. Wong JK, Hezareh M, Gunthard HF *et al.* Recovery of replication competent HIV despite prolonged suppression of plasma viremia. *Science* 1997;278:1291–4.

48. Carr A, Cooper DA. Adverse effects of antiretroviral therapy. *Lancet* 2000;356:1423–30.

49. Piscitelli SC, Gallicano KD. Interactions among drugs for HIV and opportunistic infections. *N Engl J Med* 2001;344:984–96.

50. Ministério da Saúde do Brasil. Recomendações para terapia anti-retroviral em adultos e adolescentes infectados pelo HIV — 2001. Publicado na internet: http://www.aids.gov.br

51. Huang W, Degruttola V, Fischl M *et al.* Patterns of plasma HIV RNA responses in antiretroviral treatment success and failure. Program and abstracts of the 7th Conference on Retroviruses and Opportunistic Infections; January 30–February 2 2000, San Francisco, California. Abstract 451.

52. King M, Bernstein B, Kempf D, Moseley J, Gu K, Sun E. Comparison of time to achieve HIV RNA < 400 copies/mL and < 50 copies/mL in a phase III, blinded, randomized clinical trial of ABT-378/r vs. NFV in ARV-naïve patients. Program and abstracts of the 8th Conference on Retroviruses and Opportunistic Infections; February 4–8 2001, Chicago, Illinois. Abstract 329.

53. Kempf DJ, Rode RA, Xu Y *et al.* The duration of viral suppression during protease inhibitor therapy for HIV-1 infection is predicted by plasma HIV-1 RNA at the nadir. *AIDS* 1998;12:F9–F14.

54. Gallant JE. Antiretroviral therapy: starting, continuing and fixing. Published at http://www.medscape.com/medscape/HIV/annualupdate/2001

55. Goldschmidt RH, Dong BJ. Treatment of AIDS and HIV-related conditions: 2001. *J Am Board Fam Pract* 2001;14:283–309.

56. Deeks SG, Wrin T, Liegler T *et al.* Virologic and immunologic consequences of discontinuing combination antiretroviral-drug therapy in HIV-infected patients with detectable viremia. *N Engl J Med* 2001;344:472–80.

105 Tétano

Janete Salles Brauner • Sílvia Regina Rios Vieira

O tétano é uma doença grave, que afeta humanos e outros vertebrados e que pode ser prevenida por imunização. Ela tem sido descrita e bem reconhecida desde a antiguidade, segundo os papiros de Edwin Smith, no qual o médico egípcio discute um caso de ferimento penetrante no crânio com aparecimento de trismo e rigidez de nuca.[1] A despeito da disponibilidade da imunização passiva desde 1983 e da vacinação ativa efetiva desde 1923, o tétano permanece um dos maiores problemas de saúde nos países em desenvolvimento, e ainda é encontrado em países desenvolvidos.[2]

O tétano é definido como uma intoxicação do sistema nervoso central causada pela exotoxina (tetanospasmina) do bacilo anaeróbico *Clostridium tetani*. É caracterizado por persistente espasmo tônico, com violentas exacerbações rápidas. O espasmo pode começar na musculatura do pescoço e mandíbula, causando fechamento das mandíbulas *(trismo)*, e envolver os músculos do tronco mais do que os dos membros.[3]

ASPECTOS EPIDEMIOLÓGICOS

Embora seja incomum no Primeiro Mundo devido à imunização e precauções com os ferimentos de risco para o desenvolvimento do tétano, este continua a ser uma causa importante de mortalidade em todo o mundo, principalmente em países não-industrializados.[4] Estima-se uma incidência de tétano de 18 por 100.000 pessoas por ano, com um milhão de mortes, das quais 400.000 são por tétano neonatal.[5] No entanto essas estimativas são incertas, provavelmente subestimando o número de mortes.[6] A mortalidade tem diminuído progressivamente a partir da década de 1940, refletindo a melhora no cuidado intensivo desses pacientes. Sem as facilidades da ventilação mecânica, a obstrução de vias aéreas, a insuficiência respiratória e a insuficiência renal são fatores determinantes de mortalidade. Com o advento das unidades de terapia intensiva, o distúrbio autonômico, a morte súbita e as complicações da doença crítica prolongada como as infecções nosocomiais, particularmente a pneumonia associada a ventilação mecânica, sepse, tromboembolismo e hemorragia gastrintestinal tornaram-se as principais causas de morte.[2]

A taxa atual de mortalidade por tétano é de aproximadamente 45%.[7,8] No tétano acidental grave a mortalidade variou de 40 a 60% na década de 80[9-11] e de 18 a 30% na década de 90 para aqueles que necessitam de ventilação mecânica.[9-13] No tétano neonatal, a taxa de mortalidade atual é de 60%.

No Brasil observa-se tendência de redução no número de casos de tétano neonatal e acidental, principalmente devido ao Programa Nacional de Imunização, mas, também, ao Programa de Eliminação do Tétano Neonatal, com a vacinação de mulheres em idade fértil e gestantes e com a incrementação da vigilância epidemiológica ativa dos casos de tétano neonatal. Em relação ao tétano acidental, o número de internações foi crescente de 1984 a 1991. A partir de 1992, no entanto, inicia-se uma curva descendente e constante. O coeficiente de internação de casos de tétano acidental por 100.000 habitantes diminuiu de 1,21 em 1993 para 0,44 em 1998, ou seja, ocorreram 1.833 internações em 1993 e 718 internações em 1998 (Quadros 105-1 e 105-2). Deve-se referir, no entanto, que a ocorrência de tétano é variável entre as diferentes regiões e localidades do país, sendo a Região Nordeste que tem maiores registros de casos (39,8% em média), seguida pela Região Sudeste (20,9% no mesmo período):[13-15]

Quadro 105-1. **Coeficientes de internação(SIH/SUS)/100.000 habitantes de casos de tétano acidental, por regiões do Brasil, 1993-1998**

	1993	*1994*	*1995*	*1996*	*1997*	*1998*
Brasil	1,21	1,00	0,82	0,72	0,63	0,44
Norte	2,35	1,85	1,43	1,65	1,09	0,81
Nordeste	1,70	1,34	1,17	0,99	0,88	0,65
Leste	0,57	0,51	0,44	0,33	0,30	0,25
Sul	1,44	1,30	0,92	0,88	0,83	0,41
Centro-oeste	1,47	1,10	0,91	0,77	0,71	0,47

Quadro 105-2. **Coeficientes de internação(SIH/SUS)/100.000 habitantes de casos de tétano neonatal, por regiões do Brasil, 1993-1998**

	1993	*1994*	*1995*	*1996*	*1997*	*1998*
Brasil	0,01	0,01	0,01	0,00	0,01	0,05
Norte	0,07	0,02	0,06	0,04	0,11	0,21
Nordeste	0,01	0,03	0,02	0,00	0,00	0,09
Leste	0,01	0,01	0,00	0,00	0,00	0,00
Sul	0,00	0,06	0,00	–	–	0,02
Centro-oeste	0,01	0,01	0,01	0,01	0,01	0,02

No caso do tétano neonatal houve aumento do número de internações, no Brasil, de 19 casos em 1993 para 77 casos em 1998. A inexistência de dados confirmados de notificação da doença não permite inferir se houve tendência de crescimento do número de casos.

Existe uma diferença entre o número de internações e o número de notificações do tétano neonatal, sempre com o número de internações muito baixo em relação aos casos notificados (19 internações e 216 notificações em 1993; 17 internações e 97 notificações em 1997), o que não era esperado diante da gravidade da doença, sendo que a região Nordeste é a que apresenta maior número de notificações, apesar de apresentar a mesma tendência decrescente observada no país como um todo. A razão internação/notificação evidencia que apenas 12%, em média, dos casos de 1993/97 levaram à internação dos pacientes. As hipóteses para esses achados são: o número grande de partos domiciliares no interior do país; a concepção da "naturalidade" da morte em neonatos por parcelas de população; a melhoria do sistema de vigilância epidemiológica com a descentralização para os municípios, que, associados aos critérios clínicos para confirmação do diagnóstico de tétano neonatal, leva a um número de notificações bem superior ao número de crianças assistidas nos hospitais; óbitos antes de gerar a internação ou conseqüência de internações, sem especificação do tipo de tétano.[15]

A distribuição do tétano por faixa etária relaciona-se ao índice de desenvolvimento do país. Nos países em que a vacinação da população não é sistemática, o tétano ocorre mais em crianças e adultos jovens. Ao contrário, nos países com desenvolvimento socioeconômico-educacional, a doença atinge pessoas de idade mais avançada, faixa composta por pessoas não-vacinadas ou com imunização não-adequada.[7,14]

Observa-se maior ocorrência no sexo masculino, na proporção de 2:1, provavelmente por maior exposição dos homens aos traumatismos. No entanto, em determinadas regiões, há predominância do sexo feminino, principalmente na idade mais avançada. Isso se deve a maior proteção dos homens pela vacinação durante o serviço militar.[14,16] Em países mais desenvolvidos, não há diferença na incidência de tétano em ambos os sexos em pessoas com mais de 65 anos.[12] Avaliações sorológicas, nos Estados Unidos, mostram que apenas 28-50% das pessoas acima de 65-70 anos estão imunizadas adequadamente quando comparadas com 80% entre 6-39 anos.[17,18]

ETIOLOGIA

O tétano é causado por um bacilo anaeróbico, gram-positivo, o *Clostridium tetani*, cujo organismo, em sua fase madura, perde seus flagelos e forma um esporo terminal. O *Clostridium tetani* é sensível ao calor e não sobrevive na presença de oxigênio. Em contraste, os esporos são resistentes a extremos de temperatura, umidade e tensão de oxigênio, podendo sobreviver indefinidamente. Os esporos podem ser isolados nas fezes de muitos animais (cavalos, ovelhas, gatos, cachorros, ratos, galinhas), no solo e em tapetes. Também podem ser encontrados na superfície da pele e na heroína contaminada. Dessa maneira, qualquer quebra nas defesas da pele, por exemplo, queimaduras, feridas, mordidas de animais e humanos e mesmo insetos, pode permitir a inoculação de esporos.[19]

As portas de entrada mais comuns são os membros inferiores, infecções uterinas pós-parto e pós-aborto, injeções intramusculares não-estéreis. Cerca de 30% das vezes a porta de entrada não é identificada.[2,20] O tétano também tem sido relatado por injeções intravenosas, colocação de *piercing* e infecções crônicas, como otite média e úlcera de decúbito.[21,22] No Brasil, o bicho de pé *(Tunga penetrans)* é uma causa incomum de tétano.[14]

FISIOPATOLOGIA

O tétano ocorre, tipicamente, após um ferimento profundo, no qual as bactérias anaeróbicas têm seu crescimento facilitado. Os esporos germinam quando introduzidos no ferimento e podem proliferar se o potencial de oxidorredução do tecido for baixo. Durante a proliferação, o *C. tetani* produz duas exotoxinas: a tetanospasmina e a tetanolisina. A função da tetanolisina no tétano humano não é clara, mas acredita-se que pode danificar o tecido são ao redor da ferida infectada, diminuindo o potencial de oxidorredução e promovendo o crescimento de organismos anaeróbicos. A tetanolisina pode produzir a quebra da membrana celular por mais de um mecanismo, podendo formar canais de membrana e danificar diretamente a camada de lipídios da membrana celular.[23] Embora a administração sistêmica de tetanolisina em animais produza alterações eletrocardiográficas e coagulação intravascular disseminada, a relevância desses achados permanece incerta.[24]

A tetanospasmina, chamada comumente de toxina tetânica, é sintetizada como uma simples cadeia de aminoácido de 151kD. A informação genética para essa molécula reside em um simples plasmídeo. As cepas de *C. tetani* em que falta esse plasmídeo não são tóxicas, mas são ativadas por uma protease da bactéria, produzindo uma cadeia pesada (100 kD) e uma cadeia leve (50 kD), ligadas por uma ponte dissulfídica. Essas cadeias ou seus vários fragmentos parecem ser ligados às diferentes fases de ligação à toxina, entrada na célula e toxicidade.[25] A tetanospasmina liberada pelos esporos é distribuída pelas circulações vasculares e linfáticas para as terminações das placas nervosas. Ela entra perifericamente na junção mioneural do sistema nervoso e é transportada centripetamente dentro dos neurônios do sistema nervoso central.[7] Todas as manifestações conhecidas do tétano resultam da capacidade da tetanospasmina de inibir a liberação do neurotransmissor no terminal pré-sináptico. Isso ocorre em três passos: ligação à membrana pré-sináptica, translação da toxina do sítio ativo e indução de paralisia. Como a tetanospasmina liga-se avidamente aos gangliosídeos, essas moléculas têm sido propostas como receptores. Uma vez no terminal pré-sináptico, a tetanospasmina pode exercer um efeito local, inibindo a transmissão do neurorreceptor por várias semanas.[26] A propriedade mais importante da tetanospasmina intraneural é a sua capacidade de viajar via um sistema de transporte retrógrado no corpo celular, permitindo que acesse vários neurônios, desde a periferia até a medula espinhal, e também atravesse várias ordens de neurônios conectados por sinapse no cérebro.[27] Esses neurônios afetados tornam-se incapazes de liberar neurotransmissores. Os neurônios que liberam ácido gama-aminobutírico (GABA) e glicina, que são neurotransmissores inibitórios, são particularmente sensíveis à tetanospasmina, levando à falência da inibição da resposta motora reflexa à estimulação sensorial, resultando em contrações generalizadas da musculatura agonista e antagonista, que caracterizam o espasmo tetânico. Uma vez que a toxina se liga aos neurônios, ela não pode ser neutralizada pela antitoxina.[7,28] Os efeitos sobre o sistema nervoso autônomo aparecem no final da primeira ou da segunda semana, como uma síndrome característica conhecida como disfunção autonômica.

MANIFESTAÇÕES CLÍNICAS

O tétano é tradicionalmente classificado em quatro tipos: generalizado, localizado, cefálico e neonatal. Essas distinções são úteis, mas não refletem diferenças e sim variações do sítio de ação da toxina, que predomina, às vezes, na junção neuromuscular ou no sistema inibitório.[28]

Os sintomas clínicos iniciam-se após um período de incubação de 3 a 10 dias (variação de 1 a 54 dias). O período de incubação estende-se desde o tempo de inoculação até o aparecimento do primeiro espasmo reflexo. Esse período reflete o tempo necessário para a germinação dos esporos, a proliferação da bactéria e a produção de tetanospasmina.[14] Embora uma porta de entrada possa ser definida na maioria das vezes, cerca de 20 a 25% dos casos não apresentam história clara de ferimento; no entanto, a falta de identificação não exclui o diagnóstico de tétano.

Após o período de incubação, inicia-se o período de progressão, que é o período entre o primeiro sintoma e as contraturas paroxísticas. O período de progressão reflete o tempo de transporte intraneural da toxina dos neurônios periféricos até o SNC, o que leva de 10 a 14 dias. No tétano acidental, o período de progressão é habitualmente de 24 a 72 horas, e, no tétano umbilical, de 12 a 24 horas. Nesse período, observam-se as manifestações neurológicas da toxina tetânica. Na forma generalizada, incluindo a forma neonatal, o paciente torna-se agitado, pode apresentar cefaléia, dores musculares e rigidez muscular. O pescoço e a mandíbula são afetados precocemente, causando trismo (espasmo tônico com fechamento das mandíbulas) e dificuldade de deglutição. A disfagia pode ser o único sintoma presente. A hipertonia de certos grupos musculares confere feições características da doença, como o riso sardônico (espasmo dos músculos faciais), opistótono, rigidez abdominal em tábua e rigidez de nuca.[14] Todos os grupos musculares podem ser afetados, incluindo os músculos respiratórios, levando a dificuldade respiratória, com diminuição da complacência da parede torácica. Há envolvimento progressivo dos grupos musculares até o aparecimento de espasmos generalizados, sem perda de consciência e extremamente dolorosos, que podem ser provocados por qualquer tipo de estímulo (luminoso, tátil ou acústico) ou surgir espontaneamente. Pode haver comprometimento respiratório com obstrução de via aérea alta durante as contrações. Pode haver envolvimento também do diafragma e da musculatura abdominal, levando à apnéia em pacientes inadequadamente tratados.[14,28,29] Antes do advento da ventilação mecânica, a insuficiência respiratória era a maior causa de óbito.[4]

Os efeitos do tétano no sistema nervoso autônomo foram descritos como uma síndrome autonômica característica, sendo o sistema nervoso simpático mais proeminentemente afetado. Os achados incluem hipertensão e taquicardia, irregularidades do ritmo cardíaco, marcada vasoconstrição periférica, sudorese profusa, hipertermia e aumento da excreção urinária de catecolaminas. Esses achados podem ser alternados rapidamente, com o desenvolvimento de hipotensão, bradicardia e parada cardíaca (envolvimento do sistema parassimpático). Essas alterações são resultantes, predominantemente, de alterações rápidas da resistência vascular sistêmica mais do que pelo volume de enchimento ou performance cardíaca.[30,32] A bradicardia parece ter relação com alterações no núcleo basal induzidas pelo tétano, levando a uma ação vagal excessiva.[33,34]

Os pacientes com tétano grave, geralmente, apresentam um estado hipercinético, com hipertensão mantida. A monitorização hemodinâmica desses pacientes mostra pressões de enchimento ventricular normal e resistência vascular normal ou baixa e aumento do volume sistólico (VS) e do índice cardíaco (IC = 5,8 l/min/m^2). Durante o distúrbio autonômico, os pacientes variam de um estado de hipertensão (PA de até 220/120 mmHg) e taquicardia (FC de 130-190 bpm) à hipotensão (PA de até 70/30 mmHg) e bradicardia e diminuição da PVC. O índice de resistência vascular sistêmica (IRVS) cai de 2.300 dinas/s/cm^{-5} m^{-2} para menos de 1.000 dinas/s/cm^{-5} m^{-2}, com pouca alteração no IC e pressões de enchimento. O IRVS normal ou baixo ocorre pela extensa atividade metabólica muscular, que leva a vasodilatação. Os pacientes mais graves parecem ser menos capazes de melhorar a performance cardíaca, sendo mais suscetíveis a hipotensão e choque. O mecanismo por que isso ocorre não é claro, mas parece se relacionar a súbita perda de estimulação das catecolaminas ou ação direta da toxina tetânica sobre o miocárdio.[30,32,35] Há sugestões de que a tetanospasmina tenha um efeito similar ao da enzima conversora da angiotensina e de que o componente de hipertensão, nesses pacientes, possa estar relacionado à angiotensina II, uma vez que o captopril antagoniza o efeito da tetanospasmina.[36]

Além dos efeitos cardiovasculares, outros efeitos autonômicos incluem salivação profusa e aumento das secreções brônquicas. Esvaziamento gástrico lento, íleo, diarréia e insuficiência renal de alto débito também podem ser relacionados ao distúrbio autonômico.[32] Embora esses sinais possam estar presentes no final da primeira semana, eles podem aparecer a partir da segunda semana.[37] Com o advento das Unidades de Terapia Intensiva, a disfunção autonômica, geralmente em estado hipersimpático, é notada após vários dias da doença em pacientes com tétano grave. A disfunção autonômica é agora a principal causa de morte em pacientes tetânicos graves.[38]

Começa então a recuperação, que ocorre aproximadamente em 4 semanas, refletindo, provavelmente, a síntese e o transporte dos constituintes pré-sinápticos. Na ausência de antitoxina, a doença persiste enquanto for produzida a tetanospasmina.[14,28,39]

No tétano localizado, os sintomas de dor e rigidez muscular estão limitados à área envolvida. Geralmente é classificado como leve e pode persistir por meses sem progressão e com resolução espontânea.

O tétano cefálico, que é uma forma de tétano localizado, pode apresentar como primeiro sintoma a dor ou paresia na face, sendo uma rara complicação de cáries dentárias ou procedimentos dentários, com prognóstico reservado. Têm sido descritos casos de tétano leve associados a otite média.

O tétano umbilical (ou *neonatorum* – "mal de sete dias") é secundário à contaminação do cordão umbilical por cuidados inadequados e ocorre em crianças cujas mães não são imunizadas. O quadro clínico aparece em torno de 5 a 13 dias após a contaminação. O bebê apresenta dificuldade de sucção, seguida por trismo e disfagia. Os membros superiores ficam em hiperflexão, junto ao tórax, com as mãos em flexão forçada. O opistótono pode ser intenso, acompanhado de riso sardônico, olhos cerrados, fonte pregueada e lábios contraídos.[14] A síndrome autonômica é comum e muitas vezes a causa da morte.[28]

PROGNÓSTICO E CLASSIFICAÇÃO

O prognóstico no tétano se relaciona à gravidade da doença, idade do paciente e complicações associadas. As crianças e os idosos apresentam pior prognóstico, assim como o desenvolvimento temporal dos sintomas. Independentemente do tipo de tétano, quanto menor o período de incubação, pior o prognóstico. O período de progressão menor de 48 horas também prognostica tétano grave,[14] assim como a instabilidade autonômica, que ocorre freqüentemente no tétano grave, se associa a prognóstico reservado.[4,40] A porta de entrada é outro fator importante no prognóstico, e as queimaduras, a infecção de cordão umbilical, os procedimentos cirúrgicos, as fraturas, o aborto séptico e as injeções intramusculares estão associados a menor chance de recuperação. Aditos a narcóticos parecem desenvolver um tétano particularmente severo.[41,42]

Várias escalas foram desenvolvidas para definir gravidade e prognóstico,[28] tais como:

Escala de Veronesi (dar um ponto por item):

A) Período de incubação < 7 dias.
B) Período de progressão < 48 horas.
C) Porta de entrada de alto risco.
D) Tétano generalizado.
E) Temperatura corporal > 40°C.
F) Taquicardia (FC > 120 bpm em adultos; > 150 em neonatos).

Pontuação	*Gravidade*	*Mortalidade (%)*
0-1	Leve	< 10
2-3	Moderada	10-20
4	Grave	20-40
5-6	Muito Grave	> 50

Exceções: Tétano cefálico é grave ou sempre grave.
Tétano neonatal é sempre muito grave.

Escala de ABLETT modificada

Grupo	*Sintomas*
Leve	Rigidez e espasmos leves
Moderado	Rigidez e espasmos mais intensos e disfagia
Grave	Rigidez e espasmos intensos e freqüentes, disfagia, insuficiência respiratória ou apnéia

DIAGNÓSTICO E DIAGNÓSTICO DIFERENCIAL

O tétano somente pode ser diagnosticado clinicamente, sendo que exames laboratoriais são utilizados para excluir outros diagnósticos ou determinar a imunidade. O tétano cefálico e o generalizado são de fácil reconhecimento, desde que se levante a suspeita. Já a forma neonatal inicial pode ser mais difícil, mas, com a evolução, torna-se óbvio. O tétano localizado é mais difícil de ser detectado precocemente. Poucos pacientes têm apresentação atípica, sendo que a não-identificação de uma porta de entrada não exclui o diagnóstico. Todos os pacientes devem ser avaliados no sentido de identificar a utilização do uso de drogas parenterais, manipulação vaginal, injeções e procedimentos cirúrgicos recentes e presença de otite.[2,14,28]

Dentro do diagnóstico diferencial, a intoxicação por estricnina é a que mais se assemelha ao tétano. No entanto, a falta de rigidez abdominal entre os espasmos fala a favor de intoxicação por estricnina. A presença de trismo favorece o diagnóstico de tétano. Devem ser realizadas análises bioquímicas séricas e urinárias do nível de estricnina quando houver suspeita de intoxicação por estricnina.

Reações distônicas ao bloqueio da dopamina envolvem a presença de torcicolo e crises oculogíricas, que não fazem parte do diagnóstico de tétano.

Na meningite, a rigidez de nuca pode lembrar a rigidez do tétano, no entanto, as outras manifestações resolvem o diagnóstico. Lembrar que o liquor no tétano é normal. Os abscessos dentários podem simular trismo; no entanto, a presença de sinais inflamatórios e dor e a ausência de espasmos e rigidez permitem o diagnóstico.

O estado convulsivo, com convulsões generalizadas e perda de consciência, sem espasmos, resolve o diagnóstico. A síndrome de "*stiff-man*" tem início insidioso, com envolvimento mínimo de pares cranianos, sem espasmo, com rigidez muscular flutuante, que alivia durante o sono.[2,14,28]

Algumas desordens psicogênicas podem simular alguns movimentos dos pacientes tetânicos, mas a postura é inconsistente e falta a rigidez característica.

A apresentação do tétano neonatal pode ser confundida com várias desordens, incluindo as de etiologia tóxica, infecciosa e metabólica. Com a evolução e o aparecimento dos espasmos, o diagnóstico torna-se claro.[43]

Quando disponíveis, os níveis séricos de antitoxina podem auxiliar no tratamento e diagnóstico. Um nível sérico de

0,01 IU/mL ou maior é considerado protetor, tornando o diagnóstico de tétano menos provável.[7]

TRATAMENTO

O tratamento do tétano é dirigido para a neutralização da toxina circulante, eliminação da fonte de contaminação, tratamento do espasmo muscular e prevenção das complicações.

O paciente com tétano generalizado necessita de cuidados intensivos devido ao envolvimento da musculatura respiratória e à necessidade de anestesia prolongada e de medicações tituladas.

Imunoterapia

A imunização passiva com imunoglobulina humana ou eqüina é utilizada para reduzir o curso da doença e sua gravidade. Deve ser administrada o mais rapidamente possível após o ferimento para a neutralização da tetanospasmina que ainda não entrou no sistema nervoso central, uma vez que a toxina que já se encontra no neurônio motor não está mais disponível para neutralização pelo anticorpo.[2,14,26] A antitoxina no soro liga-se à toxina circulante ou não-ligada, o que foi demonstrado em amostras séricas de apenas 10% de casos de tétano, na apresentação, e em 4% de amostras liquóricas.[44]

A imunoglobulina humana é isolada de um *pool* de doadores saudáveis imunes ao tétano, e tem uma meia-vida de 24,5 a 31,5 dias, raramente apresentando reações anafiláticas, criando uma imunidade duradoura, sendo a imunização passiva de escolha. A forma eqüina (ou bovina), que é amplamente disponível nos países em desenvolvimento, tem uma alta incidência de reações anafiláticas (20% dos casos) e meia-vida de apenas 2 dias, mas é barata. A concentração sangüínea de antitoxina passiva para proteção humana contra o tétano é de aproximadamente 0,1 IU/ml.[2]

Na profilaxia, a dose de tetanogama (gamaglobulina antitetânica humana) recomendada é de 250-500 UI ou 1.500-3.000 UI de eqüina, IM profunda. No tétano estabelecido, sabe-se que 3.000 UI IM alcançam concentrações máximas em 24-48 horas e são mantidas por 10-15 dias. A dose recomendada para pacientes com tétano não foi definida. Em trabalho retrospectivo, a dose de 500 UI por via intramuscular foi tão efetiva quanto a dose habitualmente recomendada de 3.000 a 5.000 UI, com menor dano muscular.[45] A dose de 500 UI tem sido utilizada pela vantagem do menor número de injeções (cada ampola de imunoglobulina tem 250 UI), produzindo menor estímulo para os espasmos.[28,46]

A administração de imunoglobulina intravenosa pode ser uma alternativa útil para pacientes em que a injeção intramuscular esteja contra-indicada e somente com produto que tenha atividade antitetanospasmina.

Em uma metanálise,[47] a utilização de imunoglobulina humana ou eqüina na terapia intratecal em neonatos ou adultos não mostrou evidência de benefício e de segurança por essa via.

Novas imunoglobulinas humanas estão sendo desenvolvidas para antígenos específicos, aumentando a possibilidade de produção de anticorpos de menor custo, com menor risco de infecção e talvez com melhor neutralização da toxina.[48]

Além da imunização passiva, a imunização ativa (toxóide tetânico) também é necessária em todos os pacientes, para conseguir imunidade humoral e celular em longo prazo. Assim, quando há declínio dos anticorpos pela imunização passiva, já existe o aparecimento de anticorpos dados pela imunização ativa, evitando uma janela sem proteção para o paciente. O toxóide e a imunoglobulina (humana ou eqüina) devem ser administrados em sítios diferentes para prevenir interação no sítio da injeção. Se forem administrados juntos, não devem ser utilizadas mais do que 1.000 UI de imunoglobulina humana ou 5.000 UI de eqüina, pois doses mais elevadas podem neutralizar a imunogenicidade do toxóide.[2]

Porta de entrada

Devemos localizar a porta de entrada e, se houver indicação cirúrgica, fazer o desbridamento do ferimento e drenar os abscessos para remover organismos e criar um meio aeróbico. Recomenda-se a excisão de pelo menos 2 cm de tecido normal ao redor do ferimento. Deve-se retardar a manipulação cirúrgica, preferencialmente por algumas horas após a imunização, pelo risco de liberação de tetanospasmina na corrente sangüínea.[7,14,28] Tal desbridamento não tem benefício aparente no tratamento do tétano em si, devendo ser realizado por indicações cirúrgicas.

Antibioticoterapia

A necessidade de antibioticoterapia no tétano tem sido questionada por se tratar de uma intoxicação. *In vitro*, o *Clostridium tetani* é sensível a penicilinas, metronidazol, macrolídeos, imipenem e tetraciclinas.[2,14,28] Recomenda-se o uso de penicilina cristalina, na dose de 8 a 12 milhões de UI, durante 7 a 10 dias, ou metronidazol na dose de 500 mg a cada 6 horas, durante 7 a 10 dias, por via endovenosa, em adultos. No entanto, devemos lembrar que a penicilina é um antagonista GABA de ação central que pode agir sinergicamente com a tetanospasmina, aumentando os espasmos e diminuindo a eficácia dos benzodiazepínicos. Em trabalho comparando metronidazol e penicilina procaína, o metronidazol apresentou melhor penetração que a penicilina, com diminuição da mortalidade.[49] Em outro estudo, não houve diferença na mortalidade entre o grupo da penicilina e do metronidazol. No entanto, os pacientes randomizados para o metronidazol apresentaram menor necessidade de sedativos e relaxantes musculares que o grupo da penicilina.[50]

- *Doses pediátricas:* penicilina 100.000-250.000 U/kg/dia dividida em 4 doses
  Metronidazol – 15-30 mg/kg/da cada 8 a 12 horas , não excedendo 2 g/dia.

Agentes antiespásticos

- *Benzodiazepínicos:* são os agentes mais comumente utilizados. Diminuem a espasticidade, produzem relaxamento da musculatura e são anticonvulsivantes. Eles são agonistas GABA e antagonizam indiretamente os efeitos da toxina nos sistemas inibitórios. A farmacocinética desses agentes não foi estudada no tétano, sendo excepcionais a dose e a duração utilizadas.

- *Diazepam:* tem uma grande margem de segurança, rápido início de ação, pode ser utilizado por via oral, retal ou endovenosa. É uma medicação barata e disponível na maior parte do mundo. Entretanto, tem uma meia-vida longa (72 horas) e metabólitos ativos, que podem interferir com a necessidade de suporte prolongado.[2,51,52]

A dose inicial do diazepam em adultos é de 5 a 10 mg EV, sendo aumentada progressivamente para controle das contraturas, em incrementos geralmente de 10 mg por hora. A dose utilizada em pacientes adultos tem sido de até 800-3.400 mg nas 24 horas, no tétano grave.[53] Do ponto de vista teórico, pode provocar acidose metabólica em altas doses pelo diluente de sua fórmula que é o propilenoglicol. Em tétano grave, pode-se usar uma solução de 50-100 mg em 55 ml de SG 5% e infundir até 40 mg/hora.[7,29] No tétano leve, pode ser utilizado diazepam VO.

A dose pediátrica para espasmos leves é de 0,1-0,8 mg/kg/dia, VO, dividida em 3 ou 4 vezes. Em casos moderados, e severos é de 0,1-0,3 mg/kg, EV, a cada 4-8 horas.[7]

- *Lorazepam:* é um benzodiazepínico de ação prolongada, e pode ser necessária dose maior que 200 mg por dia no tétano. A dose habitual de sedação é de 0,5 a 5 mg/h, com dose média de 96 mg/h, em infusão endovenosa contínua, para adultos. O lorazepam endovenoso não é disponível no Brasil.
- *Midazolam:* a indução endovenosa para sedação é feita com 10 a 15 mg em adultos e é infundido na velocidade de 0,1a 0,3 mg/kg. No tétano a dose é variável de 0,6 a 4,6 mg/kg por dia.[54] No entanto, o midazolam tem um custo alto e muitas vezes não é disponível em regiões onde a incidência de tétano é mais alta.

Após a utilização endovenosa de benzodiazepínicos, estes devem ser substituídos por via oral, com retirada gradativa, pois podem produzir síndrome de abstinência.

Outros sedativos

Embora outras drogas, como barbitúricos e neurolépticos, tenham sido empregadas para sedar pacientes tetânicos, costumam ser menos eficientes para esse propósito. Algumas drogas cujo uso pode ser tentado são:

- *Clorpromazina:* apresenta efeitos anticolinérgicos e α-adrenérgicos em alguns casos que não respondem aos benzodiazepínicos. A clorpromazina associada aos benzodiazepínicos pode auxiliar no controle das manifestações neuromusculares, nas doses de 50 a 300 mg por via endovenosa por dia em adultos ou 1 mg/kg/dia em recém-nascidos.
- *Propofol:* é um barbitúrico sedativo que tem sido proposto como um adjunto útil devido à sua curta duração de ação. A sedação com propofol tem sido utilizada para controle dos espasmos e rigidez, sem relaxamento adicional. A dose de manutenção é de 0,3 a 3 mcg/kg/h (adultos). As concentrações obtidas são quase anestésicas, necessitando de ventilação mecânica.[55,56]
- *Baclofen intratecal*: é um agonista GABA que pode diminuir a necessidade de sedação e suporte ventilatório em pacientes tetânicos (adultos) segundo pequenas séries de casos, e com sucesso variável. É uma técnica de alto custo, com risco importante de depressão respiratória. O baclofen pode ser utilizado em *bolus* ou infusão, em doses variáveis de 500-2.000 mg/dia.[57,58]

Bloqueio neuromuscular

Se a progressão das contraturas for muito importante e não controlada com o uso isolado de benzodiazepínico (na dose de pelo menos 10 mg/h) e se os espasmos interferirem com a ventilação mecânica, acrescenta-se bloqueador neuromuscular.

- *Brometo de pancurônio:* tem sido a droga de escolha por apresentar rápida depuração e excelente tolerabilidade. É um inibidor da recaptação de catecolamina e pode piorar a instabilidade autonômica em pacientes com tétano grave. Há relatos isolados de piora da taquicardia e hipertensão nesses pacientes.[59] Em outro trabalho, não houve diferença nas complicações quando comparado a outros bloqueadores neuromusculares.[60]
  - *Dose inicial (adultos)* de 0,06-0,1 mg/kg seguida de infusão contínua de 0,3 a 0,6 mcg/kg/min ou mais para conseguir o controle das contraturas. Pode causar taquicardia, hipertensão e débito cardíaco elevados que podem ser confundidos com os efeitos autonômicos do tétano.
  - *Dose pediátrica:* 0,04 mg/kg/ dose, EV, ou em infusão contínua.

Constituem alternativas ao pancurônio outros bloqueadores neuromusculares que competem com a acetilcolina nos receptores colinérgicos da placa neuromotora, tais como:

- *Cloreto de alcurônio* (derivado sintético de um alcalóide do curare): excelente efeito miorrelaxante, não libera histamina, não produz ação simpaticomimética relevante, mas não pode ser utilizado na vigência de insuficiência renal.[14] Utilização endovenosa, em solução de 15 mg com soro glicosado 5%, adequando-se a resposta clínica.
- *Vecurônio:* induz menor instabilidade autonômica, mas é um agente de ação relativamente curta. Pode ser utilizado na dose de ataque de 0,1 a 0,12 mg/kg e de infusão contínua de 6-8 mg/h.[61]
- *Atracurônio:* tem sido utilizado em pacientes tetânicos, mas, devido ao efeito convulsivante potencial do seu produto de degradação, a laudanosina, não é recomendado. Em relato de caso, em paciente tetânico com função renal e hepática normal, não houve acúmulo de laudanosina.[62] Durante o bloqueio neuromuscular, lembrar que o paciente deve estar adequadamente sedado e em ventilação mecânica.

- *Dantrolene:* é um relaxante muscular de ação direta. Em relato de caso, os espasmos foram reduzidos, e a paralisia foi desnecessária.[63]
  - *Dose adulto:* 1 mg/kg em 3 horas, repetir cada 4-6 horas.
  - *Dose pediátrica:* 0,5 mg/kg; aumentar de 0,5 mg/kg 2 a 4 vezes/dia e depois quando necessário até a dose máxima de 100 mg, 4 vezes/dia.

Tratamento da disfunção autonômica

Várias estratégias de tratamentos têm sido propostas para disfunção autonômica. A maioria dessas é baseada em relatos ou pequenas séries de casos, não havendo estudos comparativos ou controlados.

Métodos não-farmacológicos para prevenir a instabilidade autonômica baseiam-se na reposição de volume, de maneira a manter um volume circulante adequado.[38,64] A sedação utilizada para o controle da rigidez e espasmo no pacientes tetânicos também é o primeiro passo para o tratamento farmacológico da labilidade autonômica. Além dos benzodiazepínicos são utilizados fenotiazinas (clorpromazina), morfina e betabloqueadores.[32]

- *Morfina:* tem se mostrado efetiva no distúrbio autonômico do tétano, embora seu mecanismo de ação seja incerto. Uma possibilidade é que a morfina possa compensar a liberação de opiáceos endógenos, redução da atividade reflexa simpática e liberação de histamina. A tetanospasmina inibe a liberação de encefalinas, o que poderia ter um papel na modulação do sistema autonômico.[28,32,59]

A dose de ataque utilizada é de 5 mg, seguida por infusão contínua de 0,05 a 0,1 mcg/kg/min ou 5 mg de 3 em 3 horas, por via endovenosa. Parece ser mais efetiva quando associada a clonidina.

- *Clonidina:* faz estimulação alfa-adrenérgica no tronco cerebral, aumenta o tônus vagal, reduzindo a FC, a pressão arterial e a liberação de catecolaminas da medula adrenal. Perifericamente, inibe a liberação de norepinefrina na terminação nervosa pré-juncional. Produz sedação e diminuição da atividade motora espontânea por não bloquear os receptores adrenérgicos periféricos. Há dois relatos de caso com efeitos opostos, um com bom controle e outro sem modificação no controle da instabilidade hemodinâmica.[65,66] No trabalho de Gregorakos, foi utilizado clonidina EV em pacientes maiores de 12 anos. O grupo que recebeu clonidina apresentou menor mortalidade do que o que recebeu tratamento convencional.[67] Tem sido utilizada na dose de até 300 mg/dia (em adultos).

Betabloqueadores

O tratamento de escolha do estado de hiperatividade simpática do tétano seria o bloqueio alfa e betadrenérgico combinados. O bloqueio betadrenérgico isolado permite uma resposta alfa-constritora sem oposição, podendo resultar em piora da hipertensão e aumento do risco de morte súbita.[28,38,68]

Em alguns casos, porém, ocorre hiperatividade parassimpática, devendo ser utilizados bloqueadores parassimpáticos.

Os bloqueadores betadrenérgicos são utilizados para controlar episódios de hipertensão e taquicardia nos pacientes tetânicos, mas foram associados com hipotensão, edema pulmonar e morte súbita.[69]

- *Propranolol:* inicialmente utilizado, foi questionado devido sua relação com morte súbita em relato de caso, em criança com tétano, provavelmente associado à insuficiência cardíaca decorrente de miocardite tetânica.[70]
  Quando utilizado, a dose é baixa, de 10 a 30 mg por via oral por dia.
- *Labetalol:* tem sido preferido pela sua maior rapidez de ação e menor meia-vida. Tem efeitos alfa e betadrenérgicos associados.[28,71] Quando usado, a dose é de 0,25 a 1 mg/min, por via endovenosa.
- *Esmolol:* tem tido sucesso no controle de taquicardias com freqüências maiores do que 200 bpm em tétano neonatal.[68,72]

OUTROS TRATAMENTOS

Sulfato de magnésio

O magnésio é um bloqueador neuromuscular pré-sináptico, bloqueando as catecolaminas liberadas nas terminações nervosas e medula adrenal, diminuindo a responsividade do receptor de catecolaminas. Tem, ainda, propriedades anticonvulsivantes e vasodilatadoras.[2]

Em pacientes tetânicos, tem sido utilizado para controle dos espasmos com ou sem ventilação mecânica.[30,73,74] Tem sido empregado para controlar taquicardia supraventricular em pacientes tetânicos. Na instabilidade autonômica, parece ter efetividade quando associado a outras drogas.[30] A dose inicial empregada no tétano é de 37 mg/kg, seguida por infusão contínua de 25 mg/kg/h, de maneira a manter-se dentro de níveis não-tóxicos. No entanto, é necessário que sejam feitos outros trabalhos para definir seu papel no tratamento do tétano.

Atropina

A atropina foi testada no tétano em infusão contínua, em doses altas de até 5 g/dia, com resultado satisfatório em série de casos.[75] Além disso, nos pacientes com excessivo tônus parassimpático, devemos considerar o uso de marca-passo se houver bradicardia ou assistolia.

NUTRIÇÃO

A atividade muscular exagerada e a atividade autonômica excessiva produzem um gasto energético importante. Quando o paciente está sedado, as necessidades metabólicas são similares às de outros pacientes criticamente enfermos. A alimentação enteral deve ser estabelecida o mais rapidamente possível, a fim de manter a integridade do trato intestinal. A dieta deve conter calorias e proteínas necessárias para manter um balanço nitrogenado positivo. O manejo nutricional habitual em tétano grave é feito por via enteral, sendo que a dieta parenteral é indicada apenas se não houver possibilidade de usar essa via.

CUIDADOS GERAIS

O paciente tetânico necessita de vários cuidados intensivos gerais, tais como: a) quarto silencioso e com luz difusa; b) controle rigoroso de sinais vitais, diurese e balanço hídrico; c) monitorização hemodinâmica, se necessário; d) hidratação adequada e correção dos distúrbios eletrolíticos; e) controle laboratorial adequado, incluindo avaliação de hemograma, uréia, creatinina, eletrólitos, CPK, eletrocardiograma, radiografia de tórax; f) uso de talas nos pés em pacientes curarizados, g) profilaxia das úlceras de pressão; h) profilaxia do tromboembolismo pulmonar; i) fisioterapia motora e respiratória precoce.

A proteção da via aérea (tubo endotraqueal) e suporte ventilatório devem ser prioritários pelo risco de obstrução, hipóxia e parada respiratória. A traqueostomia deve ser realizada pelas mesmas indicações de outros pacientes críticos. A indicação de traqueostomia precoce por disfagia, insuficiência respiratória, espasmos freqüentes e intensos ou excesso de secreção foram baseados na não-disponibilidade de recursos adequados de manutenção de via aérea e ventilação mecânica. O transporte desses pacientes para centro cirúrgico para a realização de traqueostomia deve ser evitado pela estimulação desnecessária. Em hospitais disponíveis, pode-se optar pela traqueostomia percutânea à beira do leito. A vantagem é a diminuição da perda sangüínea, morbidade operatória e de seqüelas em longo prazo.[2,76] Não existem trabalhos para definir o melhor modo de ventilação em pacientes com tétano. A ventilação mecânica controlada é utilizada nos pacientes sedados e curarizados, adequando-se após as necessidades do paciente, de maneira a otimizar o padrão respiratório, reduzir a necessidade de sedação e a perda muscular.

Na fase de convalescença, após controle total das contraturas e espasmos, as drogas usadas no manejo das manifestações neuromusculares devem ser retiradas gradativamente, iniciando-se pelos bloqueadores neuromusculares e finalizando-se pelos benzodiazepínicos. Lembrar que, após a retirada dos benzodiazepínicos EV, estes devem ser mantidos por via oral , com retirada gradativa para evitar a síndrome de abstinência.

COMPLICAÇÕES

As complicações do tétano resultam da paralisia respiratória e hipóxia secundária que podem ocorrer pelo tratamento inadequado ou tardio. A disautonomia pode levar a complicações cardiovasculares, incluindo arritmias e miocardiopatia. A insuficiência renal por rabdomiólise ocorre com creatininofosfocinase maior que 5.000 U/ml, ou se for detectada mioglobina na urina. No entanto, hidratação e controle adequado das contraturas podem evitar essa complicação.

Neuropatia frênica e laríngea e outras neuropatias podem ocorrer. Cuidados especiais devem ser tomados com os pacientes curarizados e sedados para evitar a compressão do nervo peroneiro que produz o pé eqüino.

Atualmente as infecções do trato respiratório e urinário, associadas à utilização de ventilação mecânica prolongada e de catéteres, adicionam uma maior morbimortalidade a esses pacientes.[77]

As seqüelas associadas ao tétano neonatal são enurese, retardo mental e retardo de crescimento.[78]

IMUNIZAÇÃO PROFILÁTICA

O tétano não confere imunidade, e sua prevenção ocorre através da imunização.

A imunização com toxóide tetânico é a medida mais eficiente na prevenção dessa doença. A taxa de falha é de 4/100 milhões em pessoas imunocompetentes. Nos Estados Unidos, Inglaterra e Brasil são administradas três doses entre 2-6 meses, com dose de reforço entre 15 meses (EUA) e 5 anos (Inglaterra, Brasil). Depois disso é necessária uma dose de reforço a cada 5-10 anos.[2,14,28]

Em pacientes imunocompetentes, uma série de três injeções intramusculares imuniza para o tétano por pelo menos 5 anos. A segunda injeção confere imunidade através de concentrações séricas protetoras de anticorpos, e a terceira dose prolonga sua duração.[2,32] A imunidade neonatal é conferida pela vacinação materna e pela transferência transplacentária de imunoglobulina. Duas ou três doses de toxóide tetânico devem ser dadas, de preferência entre o quarto e o sétimo mês de gestação, sendo a última dose pelo menos um mês antes do parto.[14] Não existe evidência de anormalidade congênita associada ao toxóide na gestação.[79] Na mãe portadora de HIV essa imunidade fica comprometida.[80]

Pacientes expostos a ferimentos potencialmente suspeitos de desenvolver tétano cuja história de vacinação não seja conhecida ou incompleta devem receber imunização ativa com três doses de anatoxina tetânica ou uma dose se a vacinação ocorreu até há cinco anos. A anatoxina tetânica deve ser administrada a cada 30 dias de acordo com o CDC (Centers for Disease Control). No Brasil, o Ministério da Saúde utiliza anatoxina tetânica associada à da difteria e sugere administrá-la a cada 60 dias.

Deve-se acrescentar imunização passiva com imunoglobulina antitetânica, 250 UI por via intramuscular profunda, quando a história de vacinação for incerta. Pessoas não-imunocompetentes (por ex.: AIDS, leucemias, transplantados) devem receber sempre imunização passiva após tais ferimentos, independentemente do tempo de vacinação, a menos que seja demonstrada imunidade sorológica recente à tetanospasmina.

Pode-se concluir que o tétano é uma doença que pode ser evitada por vacinação sistemática da população. A mortalidade nesses pacientes diminuiu de 60% na década de 40 para 20% na década de 90, refletindo a melhora dos cuidados intensivos nesses pacientes. Embora o *Clostridium tetani* seja encontrado na natureza e nunca possa ser eliminado, o tétano pode tornar-se um evento raro. Ao prevenirmos um caso de tétano, o custo que seria despendido em seu tratamento poderia ser utilizado para imunizar milhares de pessoas.

REFERÊNCIAS BIBLIOGRÁFICAS

1. Breasted JH. *The Edwin Smith Surgical Papyrus.* Chicago: University of Chicago Press, 1930.
2. Farrar JJ, Yen LM, Cook T *et al.* Tetanus. *J Neurol Neurosurg Psychiatry* 2000;69:292–301.
3. Gowers WR. *A Manual of Diseases of the Nervous System.* Philadelphia: Blackinton, 1888.
4. Trujillo MH, Castillo A, Espanã J, Manzo A, Zerpa R. Impact of intensive care management on the prognosis of tetanus -analysis of 641 cases. *Chest* 1992;1:63–5.
5. Dietz V, Milstein JB, von Loon F, Cocchi S, Bennet J. Performance and patency of tetanus toxoid: implications for eliminating neonatal tetanus. *Bull WHO* 1996;74:619–28.
6. Edsall G. Proceedings of the Fourth International Conference on Tetanus. *In* Merieux F (Ed.): *Proceedings of the Fourth International Conference on Tetanus.* Dakar: Foundation Merieux, 1975, pp 19–20.
7. Dire JD. Tetanus. *Med J* 2001.
8. Patel JC, Mehta BC. Tetanus: study of 8,697 cases. *Indian J Med Sci* 1999;53(9):393–401.
9. Trujillo MH, Castillo A, Espera J, Manzo A, Zerpa R. Impact of intensive care management on the prognosis of tetanus: analyses of 641 cases. *Chest* 1987;92:63–5.
10. Vieira SRR, Tedoldi CL, Costa MBG, Teixeira CG. Tétano — experiência de sete anos no tratamento de pacientes tetânicos. *Rev Bras Terap Intens* 1989;1:13–7.
11. Sutter RW, Cocchi SL, BrinK EW, Sirotkin BL. Assessment of vital statistics and surveillance data for monitoring tetanus mortality, United States, 1979–1984. *Am J Epidemiol* 1990;131:132–42.
12. Bardenheier B, Prevots DR, Khetsuriani N, Melinda W. Tetanus surveillence — United States, 1995–1997. *MMWR* (Morbidity and Mortality Weekly Report CDC Surveillance Summ) 1998;47(SS-2):1–13.
13. MS/FNS/CENEPI (Eds.). Informe Epidemiológico do SUS. 13ª ed. Brasília: Ministério da Saúde, 1992.
14. Veronesi R, Focaccia R, Tavares W, Mazza CC. Tétano. *In* Ricardo Veronesi RF (Ed.): Tratado de Infectologia. Rio de Janeiro: Atheneu, 1999, pp 887–913.
15. Lyra TM, Mendes ACG, Silva Jr. JB, Duarte PO, Melo Filho DAM, Albuquerque PC. Sistema de informações hospitalares — fonte complementar na vigilância e monitoramento de doenças imunopreveníveis. *Informe Epidemiológico do SUS* 2000;9:87–110.
16. Valentino M, Papisarda V. Tetanus in a central Italian region: scope for more effective prevention among unvaccinated agricultural workers. Occup Med 2001;51(2):114–7.
17. Gergen PJ, McQuinllan GM, Kiely M *et al.* A population-based serologic survey of immunity to tetanus in the United States. *N Engl J Med* 1995;1995(332):761–813.
18. Alagappan K, Rennie W, Kwiatkwoski T *et al.* Seroprevalence of tetanus antibodies among adults older than 65 years. *Ann Emerg Med* 1996;28:18–21.
19. Willis AT. Clostridium: the spore bearing anaerobes. *In* Parker MT (Ed.): *Topley and Wilson's Principles of Bacteriology, Virology and Immunity.* Vol. 2. Baltimore, MD: Williams & Wilkins, 1983, pp 442–75.
20. Tetanus — United States 1985–1986. *MMWR* 1987;36:477–81.
21. DeSouza CE, Karnard DR, Tilve GH. Clinical and bacteriologic profile of the ear in otogenic tetanus: a case control study. *J Laryngol Otol* 1992;106:1051–4.
22. Luisto M. Unusual and iatrogenic sources of tetanus. *Ann Chir Gynaecol* 1993;82:25–9.
23. Rottem S, Groover K, Habig WH *et al.* Transmembrane diffusion channels in Mycoplasma gallisepticum induced by tetanolysin. *Infect Immun* 1990:598–602.
24. Hardgree MC, Palmer AE, Duffin N. Tetanolisyn: in vivo effects in animals. *J Infect Dis* 1971;123:51–60.
25. Kriegstein K, Henschen A, Weller U, Habermann E. Arrangement of disulfide bridges and positions of sulphydril groups in tetanus toxin. *Eur J Biochem* 1990;188:39–45.
26. Bleck TP. Pharmacology of tetanus. *Clin Neuropharmacol* 1986:103–120.
27. Manning KA, Erichsen JT, Evinger C. Retrograde transneural transport properties of fragment C tetanus toxin. *Neuroscience* 1990;34:251–63.
28. Bleck TP, Brauner JS. Tetanus. *In* Scheld RJW, Durack DT (Eds.): *Infections of the Central Nervous System.* 2nd ed. Philadelphia: Lippincott–Raven, 1997, pp 629–53.
29. Brauner JS, Vieira SRR. Tétano. *In* Sérgio S, Menna Barreto SRRV, Pinheiro CTS (Eds.): *Rotinas em Terapia Intensiva.* 3ª ed. Porto Alegre: Artes Médicas, 2001, pp 579–84.
30. James MFM, Manson EDM. The use of magnesium sulphate infusions in the management of very severe tetanus. *Intens Care Med* 1985;11:5–12.
31. Toothill C, Dykes JRW, Ablett JJL. Urinary catecholamine metabolites concentrations in tetanus. *Br J Anaesth* 1970;42:524–30.
32. Cook TM, Protheroe RT, Handel JM. Tetanus: a review of literature. *Br J Anaesth* 2001;87:477–87.
33. Ambasche N, Lippold OCH. Bradycardia of central origin produced by injections of tetanus toxin into the vagus nerve. *J Physiol* 1949;108:186–96.
34. Tsueda K, Oliver PB, Richter RW. Cardiovascular manifestations of tetanus. *Anesthesiology* 1974;40:588–92.
35. Udwadia FE, Sunavala JD, Jain MC *et al.* Haemodynamic studies during the management of severe tetanus. *Quarterly J Med* 1992;83(302):449–60.
36. Dayanithy G, Stecher B, Hohne-Zell B. Exploring the functional domain and the target of the tetanus toxin light chain in neurohypophysial terminals. *Neuroscience* 1994;58:423–31.
37. Kerr JH, Trawis KW, Prys-Roberts C, Crampton SA, Spauding JMK. Involvement of the sympathetic nervous system in tetanus. *Lancet* 1968;2:236–41.
38. Wright DK, Lalloo UG, Nayiager S, Govender P. Autonomic nervous system dysfunction in severe tetanus: current perspectives. *Crit Care Med* 1989;17:370–5.
39. Spenney JG, Lamb RN, Cobbs CG. Recurrent tetanus. *South Med J* 1971;64:859.
40. Henderson SO, Mody T, Groth DE, Moore J, Newton E. The presentation of tetanus in an emergency department. *J Emerg Med* 1998;16(5):705–8.
41. Cherubin CE. Clinical severity of tetanus in narcotic addicts in New York City. *Arch Intern Med* 1968;121:156–8.
42. Abrahamian FM, Pollack CV, Lo Vecchio F, Nanda R, Carlson RW. Fatal tetanus in a drug abuser with protective antitetanus antibodies. *J Emerg Med* 2000;18(2):189–93.
43. Hsu SS, Groleau G. Tetanus in the emergency department: a current view. *J Emerg Med* 2001;20(4):357–65.
44. Veronesi R. Clinical picture. *In* Veronesi R (Ed.): *Tetanus: Important New Concepts.* Amsterdam: Excerpta Medica, 1981, pp 183–206.
45. Blake PA, Feldmann RA, Buchanan TM *et al.* Serologic therapy of tetanus in the United States. *JAMA* 1976;236:42–4.

46. Sanford JP. Tetanus — forgotten but not gone. *N Engl J Med* 1995;332:761–813.
47. Abrutyn E, Berlin JA. Intratecal therapy intetanus. A meta-analysis. *JAMA* 1991;266:2262–7.
48. Larrick JW, Wallace EF, Coloma MJ *et al.* Therapeutic human antibodies derived from PCR amplification of B-cell variable regions. *Immunol Rev* 1992;130:69–85.
49. Ahmadsyah I, Salim A. Treatment of tetanus: an open study to compare the efficacy of procaine penicillin and metronidazole. *Br J Med* 1985;291:648–50.
50. Yen LM, Dao LM, Day NPJ *et al.* Management of tetanus: a comparison of penicillin and metronidazole. Symposium of antimicrobial resistance in southern Vietnam, 1997.
51. Kress JP, Pohlman AS, O´Connor MF, Hall JB. Daily interruption of sedative infusions in critically ill patients undergoing mechanical ventilation. *N Engl J Med* 2000;342:1471–7.
52. Kollef MH, Levy NT, Ahrens TS, Schaiff R, Prentice D, Sherman G. The use of continuous IV sedation is associated with prolongation of mechanical ventilation. *Chest* 1998;114:541–8.
53. Moughabghab AV, Prevost G, Socolovsky C. Fentanyl therapy controls autonomic hyperactivity in tetanus. *Brit J Clin Practice* 1996;50:477–8.
54. Gyasi HK, Fahr J, Kurian E, Mathew M. Midazolam for prolonged sedation in patients with tetanus. *Middle East J Anesthesiol* 1993;12:135–41.
55. Borgeat A, Popovic V, Schwander D. Efficiency of a continuous infusion of propofol in a patient with tetanus. *Crit Care Med* 1991;19:295–97.
56. Borgeat A, Dessibourg C MR *et al.* Sedation by propofol in tetanus: Is it a muscular relaxant? *Intens Care Med* 1991;17:427–9.
57. Saissy JM, Demaziere J, Vitris M *et al.* Treatment of severe tetanus by intratecal injections of baclofen without artificial ventilation. *Intens Care Med* 1992;1992(18):241–4.
58. Dressnant J, Konstanzer A, Weinzier FX *et al.* Intratecal baclofen in tetanus: four cases and review of reported cases. *Intens Care Med* 1997;23:896–902.
59. Buchanan N, Cane RD, Wolfson G *et al.* Autonomic dysfunction in tetanus: the effects of a variety of therapeutics agents, with special reference to morphine. *Intens Care Med* 1979;5:65–8.
60. Dance M, Lipman J. Tetanus: an intensivist´s view. *Int J Intens Care* 1994;1:56–60.
61. Fassoulaki A, Eforakopolou M. Vecuronium in the management of tetanus. Is it the muscle relaxant of choice? *Acta Anaesthesiol Belg* 1988;39:75–8.
62. Potter DR, Hunter JM. The prolonged use of atracurium in a patient with tetanus. *Anaesthesia* 1988;43:962–3.
63. Tidyman M, Prichard JG, Deamer RL *et al.* Adjuntive use of dantrolene in severe tetanus. *Anesth Analg* 1985;64:538–40.
64. Kerr JH. Insensible losses in severe tetanus. *Intens Care Med* 1981;7:209–12.
65. Sutton DN, Tremlett MR, Woodcock TE, Nielsen MS. Management of autonomic dysfunction in severe tetanus: the use of magnesium sulphate and clonidine. *Intens Care Med* 1990;16:75–80.
66. Brown JL, Sinding H, Mathias CJ. Autonomic disturbance in severe tetanus: failure of parenteral clonidine to control blood pressure. *J Infect* 1994;29:67–71.
67. Gregorakos L, Kerezoudi E, Dimopoulos G, Thomaides T. Management of blood pressure instability in severe tetanus: the use of clonidine. *Intens Care Med* 1997;23:893–5.
68. King WW, Cave DR. Use of esmolol to control autonomic instability of tetanus. *Am J Med* 1991;91:425–8.
69. Edmondson RS, Flowers MW. Intensive care in tetanus: management, complications and mortality in 100 cases. *BMJ* 1979;1:1401–4.
70. Buchanan N, Smith LC. Sympathetic overactivity in tetanus: fatality associated with propranolol. *BMJ* 1978;2:254–5.
71. Domenighetti GM, Savary GHS. Hyperadrenergic syndrome in severe tetanus: extreme rise in catecholamines responsive to labetalol. *BMJ* 1984;288:1483–4.
72. Luyt D, Dance M, Litmanivittch M, Mathivha R. Esmolol in the treatment of severe tachycardia in neonatal tetanus. *Anaesth Intens Care* 1994;22:303–4.
73. Attygalle D, Rodrigo N. Magnesium sulphate for control of spasms in severe tetanus. *Anaesthesia* 1997;52:956–62.
74. Lipman J, James MFM, Erskine J *et al.* Autonomic dysfunction in severe tetanus: magnesium sulphate as an adjunct to deep sedation. *Crit Care Med* 1987;15:987–8.
75. Dólar D. The use of continuous atropine infusion in the management of tetanus. *Intens Care Med* 1992;18:26–31.
76. Griggs WM, Myberg JA, Worthley LI. A prospective comparison of a percutaneous tracheostomy technique with a standard surgical tracheostomy. *Intens Care Med* 1991;17:261–3.
77. Brauner JS, Vieira SRR. Comparison of high (7500) versus low doses (500 UI) tetanus immunoglogulin in patients with severe tetanus. *Intens Care Med* 2000;26(3s):S256 (Abstract).
78. Anlar B, Yalaz K, Dizmen R. Long-term prognosis after neonatal tetanus. *Dev Med Child Neurol* 1989;31:76–80.
79. Silveira CM, Caceres VM, Dutra MG *et al.* Safety of tetanus toxoid in pregnant women: a hospital-based case control study of congenital anomalies. *Bull World Health Organ* 1995;73:605–8.
80. de Moraes-Pinto MI, Almeida ACM, Kenj G *et al.* Placental transfer and maternal acquired neonatal IgG immunity in human immunodeficency virus infection. *J Infect Dis* 1996;173:1077–84.

106

Leptospirose

Gustavo Trindade Henriques Filho • Maria de Fátima Magalhães Acioly Mendizabal
Odin Barbosa da Silva

A leptospirose é uma doença infecciosa aguda, febril, potencialmente grave, que acomete o homem e os animais (domésticos e selvagens), podendo determinar manifestações clínicas variadas.[12,39,42,47,50,63]

ETIOPATOGENIA E EPIDEMIOLOGIA

É causada por espiroquetas do gênero *Leptospira*, que são microrganismos aeróbios obrigatórios.[39,40,42,64]

Existem duas espécies de leptospiras: a *L. interrogans*, que possui cerca de 210 sorotipos patogênicos, sendo a forma patogênica para o homem, e a *L. biflexa*, forma saprofítica de vida livre encontrada na água, com cerca de 65 sorotipos. Tem sido proposta uma terceira espécie, a *L. illini.* Os três sorotipos mais comumente responsáveis pelo acometimento humano são: *L. icterohaemorrhagiae, L. canicola* e *L. pomona*.[16,26,39,42]

As leptospiras não crescem em meio ácido, sendo necessária a alcalinização da urina para seu isolamento nesse líquido.[26,39,40,64] Apresentam curta sobrevivência em água salgada, podendo sobreviver por longos períodos em água doce. Sua sobrevivência no solo úmido é longa, e têm curta viabilidade no leite não-diluído, mesmo naquele proveniente de animais doentes.[40,42]

É uma zoonose de distribuição mundial, ocorrendo de forma endêmica, exceto nas regiões polares. Em muitos países desenvolvidos, é uma doença ocupacional, ou está associada a atividades recreativas, como visitas a parques e a zoológicos. Na América Latina, muitos casos são observados durante os meses chuvosos, sendo a exposição a águas contaminadas de enchentes um fator de risco importante.[3,16,17,24,35,37,39,42,62,63]

A leptospirose é mais comum em áreas rurais e em indivíduos do sexo masculino, por seu maior grau de exposição a locais contaminados. Pode acometer indivíduos de qualquer faixa etária.[7,26,40,42]

No Brasil, constitui-se num importante problema de saúde pública, e apresenta-se de forma endêmica, acentuando-se em períodos de chuvas. Um fato importante a ser considerado com relação ao aumento de sua incidência é a transformação demográfica e o crescimento desorganizado das áreas urbanas, com limitadas condições de saneamento e higiene. No período de 1990 a 1995, foram constatados oficialmente 2.634 casos novos ao ano de hospitalização por leptospirose, com 348 óbitos anuais.[24,35,40,42]

Animais domésticos e selvagens infectados (sintomáticos ou assintomáticos) são os principais responsáveis pela transmissão da doença. Isso se deve ao fato de que a infecção freqüentemente leva o animal a um estado de portador crônico, tendo em vista que a leptospira pode sobreviver nos túbulos renais distais desses animais por longo período, sendo esse o principal fator na transmissão da doença ao homem. O principal animal reservatório é o rato, pois pode eliminar o microrganismo pela urina por toda a vida.[16,42,62]

A infecção em humanos comumente ocorre após contato indireto com a urina de animais infectados via água, comida ou solo; ou por contato direto com sangue, tecidos, órgãos ou urina de animais portadores. Outros modos de transmissão possíveis mas pouco freqüentes são através da contaminação acidental em laboratórios, por mordedura de rato e por via transplacentária em homens e animais.[16,17,42,62]

O homem é um hospedeiro casual e transitório. A transmissão interpessoal é improvável ou inexistente.[26,42]

O risco ocupacional é maior entre os limpadores de fossas e esgotos, militares, lavradores de plantações de arroz, veterinários, manipuladores de carnes e operários da construção civil.[26,40,42]

As vacinas aplicadas rotineiramente em cães contra leptospirose podem protegê-los da doença, mas não evitam o estado de portador.[40,42]

As principais portas de entrada das leptospiras são por mucosas (oral, nasal e conjuntival) ou pela pele (íntegra ou lesada). Um fator extremamente importante relacionado à possibilidade de penetração por pele íntegra é o tempo de exposição à área contaminada.[39,40,42]

Após penetrarem, chegam ao sangue e à circulação linfática e vão rapidamente para todas as partes do corpo, incluindo LCR e olhos. Aerossóis inalados podem também carrear microrganismos diretamente para os pulmões. Dessa forma, desenvolve-se o fenômeno de pancapilarite, pelo envolvimento indiscriminado de todos os vasos.[11,24,40,64]

A sobrevida do patógeno pode ser influenciada pela existência de anticorpos específicos de exposição prévia.[39]

As espiroquetas se aderem às células epiteliais, mas não causam lesão durante a penetração. A lesão tecidual é caracterizada como um grande dano celular na presença de poucos microrganismos, sugerindo o envolvimento de toxinas.[39,42]

A atividade citotóxica induzida pela glicoproteína bacteriana causa a perfuração da membrana celular, levando a célula à morte. Essa glicoproteína também pode inibir a atividade do sódio-potássio ATPase das células epiteliais renais de coelhos, aumentando sua afinidade por sódio, mas não por potássio. Isso pode explicar parcialmente algumas alterações eletrolíticas apresentadas por pacientes com insuficiência renal aguda, arritmia cardíaca ou diarréia.[55]

A falência renal, primariamente, resulta de dano tubular, e as leptospiras são vistas no lúmen dos túbulos renais. A principal causa dessa lesão parece ser por hipoxemia ou alguns efeitos tóxicos diretos das leptospiras. Agressão inflamatória pode ser vista tardiamente, e, em última instância, foi associada com imunocomplexos circulantes e deposição de componentes do complemento e de corpos eletrodensos nos glomérulos, sugerindo glomerulonefrite por imunocomplexo.[39,72]

O fenômeno de lesão vascular não se limita apenas ao rim. É multissistêmico, podendo acometer, entre outros órgãos, a pele, contribuindo para o aspecto rubínico da icterícia, que ocorre por disfunção hepatocelular, freqüentemente sem necrose. O dano hepático é aparentemente subcelular, e raramente se vê leptospira no fígado.[33,39,47,50,63]

As leptospiras podem permanecer por meses no humor aquoso, gerando uveítes crônicas ou recorrentes.[16,43,50,64]

Diátese hemorrágica devido à vasculite com lesão vascular, hemólise e miocardite hemorrágica focal são vistas raramente.[11,24,39,45]

O envolvimento pulmonar é extremamente grave (vasculite pulmonar), podendo levar a hemorragias severas.[27,39,46,58,61,68]

QUADRO CLÍNICO

O período de incubação varia de 5 a 14 dias, podendo chegar aos extremos de 1 a 30 dias.[40,42,43]

A doença pode seguir um curso bifásico, com a presença de uma fase inicial, a fase septicêmica (ou leptospirêmica), que geralmente dura de 4 a 7 dias, seguida da fase imune, que dura de 4 a 30 dias.[40,43,64]

Na fase septicêmica, observam-se sinais e sintomas *semelhantes à influenza*, como febre, cefaléia, dores musculares, astenia, prostração e, em casos raros, colapso circulatório. Nessa fase, as leptospiras podem ser isoladas no sangue, LCR e muitos tecidos. Ocorre então defervescência, em que o paciente se encontra afebril por 1 ou 2 dias. Inicia-se então a segunda fase, fase imune, com o desaparecimento das leptospiras do sangue e LCR, mas podendo ser encontrada no rim, urina e humor aquoso. É caracterizada pela presença de anticorpos circulantes do tipo IgM e pelo desenvolvimento de meningite, uveítes, *rash* (10 a 20%) e, nos casos severos, hepatite e envolvimento renal. Sangramentos podem ocorrer nessa fase. Nos casos ictéricos, as leptospiras, às vezes, são isoladas no sangue por 24 a 48 horas após o surgimento da icterícia.[26,39,40,43,64]

A leptospirose pode-se expressar de forma subclínica, a qual ocorre comumente em pessoas expostas a animais infectados, ou seja, naquelas que desenvolveram certo grau de imunidade por contato freqüente com as leptospiras.[39]

Entretanto, freqüentemente se apresenta sob duas formas clínicas distintas: a leptospirose anictérica, que corresponde a 90% dos casos, e a forma severa, com icterícia, que pode acometer de 5 a 10% dos pacientes (síndrome de Weil).[26,39,40,64]

Leptospirose anictérica

Constitui-se em um quadro *semelhante à influenza*, com febre alta remitente, calafrios, cefaléia persistente, mialgia severa, náuseas e vômitos, que persistem por 4 a 7 dias.[39,40,64,67]

A fase imune pode não ocorrer, mas, quando surge, a febre está ausente ou é baixa, e dura de 1 a 3 dias. Ocorre cefaléia intensa com ou sem dor retrobulbar. Freqüentemente está associada com meningite. Delírio é comum, mas alucinações são raras, estando associadas a encefalite.[39,64]

Mialgias, geralmente em panturrilhas, região paravertebral, abdômen e pescoço, podem ser severas. A dor abdominal pode chegar a simular um abdômen agudo. Achados físicos comuns são: sufusão conjuntival (cerca de 25%, segundo alguns autores), adenopatia, hepatosplenomegalia e *rash* (macular, maculopapular, eritematoso, urticariforme ou hemorrágico). A contagem de leucócitos totais está normal ou pouco elevada, mas exibe neutrofilia em muitos casos.[33,39,64]

Envolvimento pulmonar pode ocorrer com tosse, dor torácica e hemoptóicos (16 a 70% dos casos em diferentes séries). A radiografia de tórax mostra, caracteristicamente, infiltrado bilateral e difuso, intersticial ou alvéolo-intersticial, expressando o edema e extravasamento de sangue para o interstício e alvéolos, respectivamente. O quadro pode evoluir para uma situação semelhante à síndrome do desconforto respiratório agudo. Menos comum é a pneumonia atípica por leptospira.[25,27,39,40,46,47,58,61,64,65]

Meningite asséptica é a síndrome clínica mais observada (90% dos pacientes têm pleocitose no LCR, e 50% deles exibem sinais clínicos). Coincide com o surgimento de anticorpos e o desaparecimento das leptospiras. Leucócitos polimorfonucleares podem superar o número de células mononuclereares no início da meningite, mas essas caracteristicamente predominam. A proteína no LCR pode ser normal ou elevada (maior que 300 mg%) e a glicose é normal. Sinais focais e evidências de encefalite são incomuns. Outras apresentações infreqüentes são mielorradiculopatia, disfunção cerebelar e sangramento intracerebral.[9,39,48,64]

Uveíte ocorre em 2% dos casos, surgindo geralmente vários meses após a doença aguda, podendo seguir curso crônico ou recorrente, requerendo avaliação oftalmológica rotineira.[39,43]

Pancreatite é outra entidade que também se associa aos danos vasculares, sendo relativamente comum no nosso meio.[39,40,64]

Casos de insuficiência renal de gravidade variável podem apresentar-se nesse período.[12,26,39,40,64]

Cardiomiopatia provavelmente ocorre com maior freqüência do que se é constatado. A miocardite surge independentemente da miosite esquelética. Os achados mais comuns são os defeitos de condução (bloqueio atrioventricular do primeiro grau) e as arritmias (fibrilação atrial, *flutter* e taquicardia, sendo a primeira a mais freqüente). Quadro grave, com colapso circulatório e choque, pode ser súbito. Atrito pericárdico transitório, na ausência de derrame ou uremia, também pode estar presente.[11,39,53,69]

Leptospirose ictérica ou íctero-hemorrágica (síndrome de Weil)

É caracterizada por comprometimento das funções renal e hepática, hemorragias, colapso vascular, alterações graves do nível de consciência e alta letalidade (de 4 a 50%). O sorotipo mais envolvido com o surgimento de formas graves em nosso meio é a *L. icterohaemorrhagiae*.[14,16,39,40,64]

A icterícia, que ocorre em até 39% dos pacientes leptospiróticos conforme alguns autores, não está associada com necrose hepatocelular, e não há disfunção hepática residual. No Brasil, a icterícia ocorre em 82% dos pacientes hospitalizados. Os níveis de bilirrubinas séricas (predominantemente diretas) não ultrapassam 20 mg%, porém podem chegar a 60 mg%, geralmente quando associados à insuficiência renal.[33,40]

Ocorre de 3 a 7 dias do início da doença. Tem começo abrupto e uma coloração amarelo-avermelhada, a chamada icterícia rubínica (Fig. 106-1). O nível de fosfatase alcalina está levemente elevado, e as transaminases raramente excedem 200 UI. Hepatomegalia ocorre em 25% dos casos. Uma complicação rara que requer cirurgia é a colecistite. Insuficiência renal, fenômenos hemorrágicos e complicações cardiovasculares são mais comuns em pacientes com icterícia.[39,40,64]

O comprometimento renal caracteriza-se pela elevação dos níveis de uréia e creatinina, aumento da fração de excreção de sódio e alterações da urinálise: leucocitúria, proteinúria, hematúria e cristalúria. A insuficiência renal aguda (IRA) pode ser oligúrica (associadas a um pior prognóstico) e não-oligúrica. Os níveis de potássio estão geralmente normais ou diminuídos (muito raramente, elevados), em decorrência da alta fração de excreção de potássio pelos túbulos contorcidos distais em resposta à sobrecarga de sódio causada pela deficiência na sua reabsorção em nível dos túbulos contorcidos proximais.[15,39,64,72]

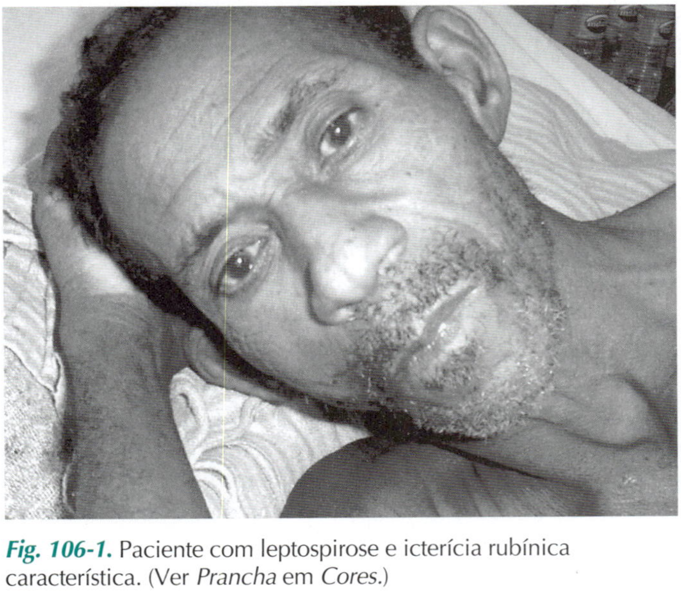

Fig. 106-1. Paciente com leptospirose e icterícia rubínica característica. (Ver *Prancha* em *Cores*.)

Um estudo sistemático prospectivo brasileiro sobre as alterações de coagulação durante os estágios agudos e de convalescença da forma ictérica revelou que, inicialmente, os tempos de protrombina e de trombina estão ligeiramente prolongados; o fibrinogênio e os produtos de degradação da fibrina estão moderadamente aumentados; e a contagem de plaquetas está marcadamente diminuída. Ao contrário do que ocorre na coagulação intravascular disseminada (CIVD), o grau de alteração do tempo de protrombina observado na leptospirose severa não leva a uma repercussão clínica importante e apresenta boa resposta ao uso de vitamina K. A plaquetopenia parece ser decorrente de consumo periférico, por reação inflamatória do endotélio vascular (vasculite), estimulando ativação, adesão e agregação plaquetárias. Estudos mostram que, nessa fase, a medula óssea encontra-se hipercelular.[15,26,30,35,39,40]

A forma pulmonar é mais grave quando associada à plaquetopenia e à IRA, visto que a própria uremia já pode levar a alteração da função das plaquetas. Nesses casos, sangramentos mais volumosos podem acontecer, com deterioração clínica passível de ocorrer em minutos ou horas.[39,45,46,64]

As principais causas de óbito são IRA (até 76% das mortes) e miocardite. Também importantes são os fenômenos hemorrágicos, como o pulmonar, principalmente quando associados a uremia e plaquetopenia.[7,13,39,66,68,69]

Leptospirose e gravidez

A leptospirose pode afetar o feto de duas formas: pelos efeitos febris e patológicos sofridos pela mãe, com conseqüências inespecíficas, levando ao retardo fetal, à isquemia fetal ou placentária e eventualmente à morte; ou pela invasão direta das leptospiras através da placenta, levando a uma primoinfecção fetal.[39]

Quando a mãe e o feto se recuperam, as seqüelas são raras. Se a mãe contrai a infecção no terceiro trimestre, o feto pode ser aparentemente saudável, mas é afetado por leptospirose congênita.[39]

DIAGNÓSTICO CLÍNICO

Apesar da apresentação inespecífica e de ser descrito que até 42% dos pacientes podem ter um diagnóstico clínico errado à admissão, a suspeita clínica é o principal fator para o diagnóstico precoce e, conseqüentemente, uma adequada condução terapêutica.[2,9,16,33,36,67]

Trabalhos sugerem que o diagnóstico clínico tem sensibilidade e especificidade moderadas para o diagnóstico de certeza de leptospirose, com alto valor preditivo negativo, ou seja, alto poder de exclusão, com boa precisão.[2]

Diante de um caso suspeito (clínica compatível e epidemiologia positiva), deve-se definir a intensidade do quadro clínico (Quadro 106-1), para que se possa fazer uma programação terapêutica, ou ambulatorial (casos leves), ou internado (casos moderados a graves).

Quadro 106-1. Critérios clínico-laboratoriais para estabelecimento de gravidade dos casos de leptospirose

Casos leves	*Casos moderados e graves*
Mialgia pouco expressiva	Mialgia importante (deambulação difícil)
Ausência de oligúria	Oligúria/anúria
Creatinina < 2,0 mg%	Creatinina > 2,0 mg%
Desidratação leve (quando existe)	Desidratação moderada ou grave
Ausência de sangramentos	Plaquetas < 100.000/mm^3
Ausência de dor abdominal ou vômitos	Sangramentos (hemoptise, hematêmese, melena)
Ausência de arritmias	Dor abdominal ou vômitos
	Icterícia
	Arritmia cardíaca

Sinais que sugerem um pior prognóstico, e que podem estar associados a maior risco de óbito segundo diferentes estudos, são: dispnéia, insuficiência respiratória e infiltrado alveolar à radiografia de tórax; IRA oligúrica e hipercalemia à admissão; rebaixamento do nível de consciência e convulsão; leucometria acima de 12.900/mm;[3] alterações eletrocardiográficas.[9,16,41,48]

DIAGNÓSTICO LABORATORIAL

Vários exames complementares inespecíficos podem mostrar alterações que, somadas aos achados clínicos, podem sugerir o diagnóstico de leptospirose (Quadro 106-2), porém o diagnóstico definitivo só pode ser dado pelo isolamento do agente etiológico ou por testes sorológicos (Quadro 106-3).[16,26,38-40,50,52,62,64]

DIAGNÓSTICO DIFERENCIAL E COMPLICAÇÕES

Como a leptospirose apresenta um quadro clínico bastante variado, em alguma fase de sua evolução ela pode simular qualquer uma das doenças descritas a seguir,[9,16,26,40,64,68] e apresentar complicações que podem ou não ser permanentes (Quadro 106-4).[8,16,27,39,44,48,58,61-63,66,67]

TRATAMENTO

O tratamento da leptospirose é de suporte, visando a evitar e a tratar precocemente as complicações que porventura aconteçam.[40,64]

Estudos de metanálise mostraram que não há qualquer consenso para o tratamento de leptospirose, sendo portanto descritas as orientações mais utilizadas e mais lógicas do ponto de vista fisiopatogênico.[7]

Quadro 106-2. Exames complementares inespecíficos que contribuem para o diagnóstico de leptospirose

Exames	*Comentários*
Hemograma	Anemia; número de leucócitos normal ou elevado (mais freqüente é neutrofilia com desvio à esquerda); pode haver plaquetopenia; VSH encontra-se elevada
Transaminases	Aumentam e raramente ultrapassam valores de 200 UI
Fosfatase alcalina	Elevada em cerca de 60% dos casos
Bilirrubinas	Aumentadas na forma ictérica, à custa de direta, podendo ultrapassar 20 mg%
CPK	Usualmente elevada
Mucoproteínas	Usualmente elevadas
Uréia e creatinina	Elevação dos seus níveis nos casos de comprometimento renal. Relação Ur/Cr plasmática ajuda na diferenciação entre IRA pré-renal (maior que 20/1) e necrose tubular aguda (10/1 a 15/1)
Potássio sérico	Normal ou baixo
Amilase sérica	Aumentada nos casos de envolvimento pancreático
TAP/INR	Pode estar alargado
Gasometria arterial	Acidose metabólica nos casos graves, com alcalose respiratória compensatória ou não
Sumário de urina	Leucocitúria, cilindrúria, hematúria, proteinúria
Sódio urinário	Para ajudar a diferenciar a IRA pré-renal (< 20 mEq/l) da necrose tubular aguda (> 20 mEq/l), antes do uso do diurético
LCR	Pressão normal; aspecto límpido ou xantocrômico (quando há icterícia); pleocitose não ultrapassa 500 células/mm^3 com predomínio de linfomononucleares, podendo ter predomínio de neutrófilos no início da fase imune; proteínas raramente excedem 300 mg/100 ml
Radiografia de tórax	Normal ou com infiltrado intersticial segmentar ou difuso; pode apresentar-se com aspecto semelhante ao da síndrome de angústia respiratória aguda (SARA) nos casos de sangramento volumoso
ECG	Pode evidenciar alterações de repolarização ventricular, arritmias cardíacas, sobrecargas de câmaras e bloqueios de diversos tipos
USG abdômen	Para afastar outras hipóteses diagnósticas, como quadro biliar ou abscesso renal, por exemplo, e alterações que sugiram doença renal crônica nos pacientes com insuficiência renal

Quadro 106-3. Exames específicos para o diagnóstico de leptospirose

Métodos	*Exames*	*Comentários*
Isolamento ou visualização da espiroqueta	Cultura	Sangue e LCR (1ª semana); urina (a partir da 2ª semana)
	Microscopia	Pode fornecer diagnóstico presuntivo, porém apresenta muito falso-positivo e falso-negativo
	Inoculação em animais de laboratório	Não apresenta vantagens sobre os outros métodos
	PCR (reação em cadeia de polimerase)	Para detecção do DNA da leptospira. Deve ser realizado na 1ª semana. Não disponível em nosso meio
Reações sorológicas	Reação de soroaglutinação macroscópica (macroaglutinação)	Mais acessível e de rápida execução. Pouco sensível, usada para diagnóstico de triagem. Deve ser seguida da reação de microaglutinação, pois não determina o sorotipo envolvido
	Reação de soroaglutinação microscópica (microaglutinação)	Altamente sensível e específica. Títulos superiores a 1:100 são considerados positivos. É o método recomendado pela OMS
	Outras reações	Reação de hemaglutinação indireta e testes de ELISA-IgM são mais rápidos e com sensibilidade e especificidade altas

Quadro 106-4. Diagnóstico diferencial e complicações da leptospirose

Diagnóstico diferencial	*Complicações*
Sepse por bactérias gram-negativas	Cegueira e catarata pela uveíte
Febres hemorrágicas	Alterações neurológicas por mielites ou neuropatias periféricas
Dengue (clássica e febre hemorrágica do dengue)	Complicações pulmonares, renais e hepáticas, que geralmente desaparecem completamente após a cura da doença
Febre amarela	Excepcionalmente pode ocorrer alteração permanente da função renal e miocárdica
Febre tifóide	
Malária pelo *Plasmodium falciparum*	
Abdômen agudo cirúrgico	
Gripe	
Pielonefrite aguda	
Meningites	
Toxoplasmose	
Hepatites virais	
Colecistite e colangite	

O ponto fundamental da terapêutica é a hidratação adequada, visto que previne e trata a maioria dos episódios de hipotensão, choque e insuficiência renal (pré-renal).[40,64]

Os casos leves, como citado anteriormente, devem ser acompanhados ambulatorialmente, com controles clínico e laboratorial regulares, e com o uso de doxiciclina – 100 mg VO de 12/12 h, por cinco a sete dias. Outras opções terapêuticas são: ampicilina – 500 mg VO de 6/6 h, e tetraciclina – 500 mg VO de 6/6 h, ambas pelo mesmo período de tempo.[40,62,64]

Os casos moderados a graves, por sua vez, devem ser internados, para adequada monitorização e correção das alterações já existentes. Para a unidade de terapia intensiva (UTI) vão os pacientes mais graves, que são a minoria, os quais apresentam instabilidade hemodinâmica, comprometimento neurológico secundário à uremia ou à própria leptospirose, e vasculite pulmonar.

O ideal é que todos os pacientes com sinais clínicos e/ou radiológicos de pneumonite, mesmo que ainda iniciais, sem hemoptóicos, sejam internados na UTI, com vigilância e monitorização respiratórias rigorosas. Isso se deve ao fato de que a piora do quadro respiratório, com hemorragia e hipoxemia, pode ser súbita, com rápida piora clínica e necessidade de intubação orotraqueal (IOT) e assistência ventilatória mecânica (VM),[39,40] como discutido a seguir.

As bases para o tratamento do paciente internado são descritas abaixo.

Dieta[10,26,40,64]

Como para todo paciente infectado, portanto hipercatabólico, a dieta ideal deve ser hipercalórica e hiperprotéica, por via oral ou enteral.

Nos pacientes com IRA, deve ser realizada dieta específica para nefropata. Nos casos em que está sendo feito o tratamento dialítico, a restrição protéica não precisa ser tão rigorosa. Nos pacientes normo ou hipocalêmicos, o potássio deve ser administrado em quantidade normal, além de reposição enteral ou parenteral, caso necessário.

Hidratação[1,4,6,26,40,51,60,64]

Os pacientes leptospiróticos precisam de uma hidratação adequada, visto que os casos mais graves podem ter hipovolemia devido ao aumento da permeabilidade vascular associada à restrição hídrica, que erroneamente e eventualmente é feita, por receio de IRA oligúrica. Entretanto, nesses casos, essa hipovolemia pode intensificar a IRA, somando a agressão pré-renal à lesão tubular.

Assim, como dito anteriormente, reposição hídrica é fundamental, e deve ser feita inclusive nos pacientes com pneumonite, tomando-se os devidos cuidados e realizando-se monitorização adequada, pela possibilidade de agravar o quadro respiratório.

A reposição deve ser feita com cristalóides, visto que os colóides, mesmo teoricamente aumentando a volemia com menor volume, podem agravar o edema intersticial, inclusive pulmonar, pelo aumento da permeabilidade capilar inerente à vasculite sistêmica leptospirótica. Ainda, não apresentam evidências de serem melhores que os cristalóides, e são mais caros, mais imunogênicos, mais passíveis de reação anafilática, e podem levar a alterações na coagulação, efeito indesejável nesses pacientes.

Hemoderivados, por sua vez, são colóides que têm sua utilização preconizada em situações mais graves. Plasma fresco deve ser administrado só quando da existência de distúrbios de coagulação, com alargamento dos tempos de protrombina (TAP, INR) e tromboplastina parcial ativada (TTPA), apesar de alguns já preferirem usá-lo logo quando do início da hemoptise, pelo consumo excessivo de fatores de coagulação existente nos plaquetopênicos com sangramento ativo. Porém o aumento do INR nem sempre ocorre, mesmo nos ictéricos com transaminases elevadas, visto que a lesão geralmente não é de necrose hepatocitária.

Plaquetas abaixo de 50.000/mm^3 com sangramento ou abaixo de 20.000/mm^3 mesmo sem sangramento, pelo alto risco de hemoptise nos pacientes com pneumonite, e potencial risco de hemorragia espontânea no sistema nervoso central quando abaixo de 10.000/mm^3, indicam reposição de concentrado de plaquetas.

Concentrados de hemácias são repostos de acordo com as necessidades.

Reposição eletrolítica[26,40,52,64]

É indispensável, como em todo paciente grave, o adequado controle eletrolítico, visto que alterações podem ocorrer devido à própria doença ou ao tratamento realizado.

Reposição de potássio deve ser feita, principalmente nos normo e hipocalêmicos, mesmo na presença de IRA não-oligúrica, e durante tratamento dialítico. Cuidados devem ser tomados nos pacientes oligúricos, e no potássio existente na penicilina cristalina (cerca de 1,7 mEq de K^+ em cada 1 milhão de unidades).

Quanto ao cálcio, sua monitorização deve ser regular, e reposição pode ser necessária, principalmente nos pacientes politransfundidos com concentrado de hemácias.

Distúrbios do potássio, sódio, cálcio e magnésio podem auxiliar na descompensação cardíaca de pacientes previamente doentes ou com arritmias e miocardite, complicações que eventualmente podem ocorrer, e na diminuição da força muscular, importante principalmente nos pacientes que serão submetidos ao desmame de ventilação mecânica.

Comprometimento neurológico também pode acontecer, desde sonolência a convulsão e coma, na presença de hipofosfatemia, hipomagnesemia, hipo ou hipercalcemia, hipo ou hipernatremia, o que pode dificultar a avaliação ou induzir a falsas conclusões quanto à evolução do paciente.

Antibioticoterapia[1,8,16,18,22,26,33,34,36,39,40,48,50,62,64,70,72]

Há controvérsia na literatura quanto ao uso da penicilina cristalina para o tratamento de leptospirose no paciente internado. O início nos 5 primeiros dias parece ter maior respaldo, porém o uso mais tardio ainda gera polêmicas.

Trabalhos sugerem que o esquema por 7 dias com penicilina cristalina, na dose diária de 6 milhões de unidades internacionais, diminui tempo de febre, tempo de hospitalização e tempo de leptospiúria, e os pacientes que não usam têm mais aumento dos níveis de creatinina sérica que os que são tratados. Entretanto, metanálises e estudos de medicina baseada em evidências não encontram dados suficientes que apóiem a indicação formal do uso da penicilina no tratamento da leptospirose.

Porém, diante da evidência de efeitos colaterais pouco expressivos (tais como possibilidade de flebite e aumento discreto da proteinúria no início da terapêutica), é sugerido que seu uso, independentemente do tempo de início da doença, deve trazer mais benefícios que riscos. Portanto, indica-se: penicilina cristalina – 1.500.000 UI, EV, de 6/6 h (6 milhões de unidades internacionais ao dia), por 7 a 10 dias. Drogas alternativas são ampicilina (1 g de 6/6 h) e ceftriaxona (1 g a 2 g ao dia), sendo esta última importante nos pacientes alérgicos à penicilina e nos portadores de outras infecções associadas (respiratória ou urinária, por exemplo).

Suporte renal[5,21,26,40,64,66]

Corrigido o componente pré-renal com hidratação adequada, diuréticos devem ser utilizados caso não se consiga manter um bom fluxo urinário. Usa-se furosemida, numa dose de até 600 mg ao dia (cinco ampolas de 4/4 h).

Se não houver resposta ao diurético, ou se mantiverem crescentes os níveis de uréia, além de existirem acidose refratária, hipercalemia ou hipervolemia, iniciar suporte dialítico. O método ideal deve ser o disponível no serviço, tendo-se boa resposta, inclusive com a diálise peritoneal. Atentar para a possível necessidade de reposição de potássio na diálise.

Os pacientes ictéricos com IRA têm acúmulo de bilirrubina no sangue. Hiperbilirrubinemia pode agravar as agressões hepática e renal, por efeito tóxico sobre os hepatócitos e células tubulares renais, respectivamente. Autores relatam melhora com plasmaférese nos pacientes que não respondem à terapêutica convencional, porém isso ainda é experimental.

Suporte respiratório[20,26-29,32,40,54,56,58,59, 60,61,64,65]

O primeiro passo no suporte do paciente taquipnéico, com provável pneumonite, com ou sem hemoptóicos, é a oferta de O_2, seja por catéter nasal ou, e de preferência, por sistema de altos fluxos e concentração de O_2, dependendo da necessidade.

A utilização de corticosteróide para a pneumonite da leptospirose, baseado no raciocínio fisiopatogênico de ser uma vasculite difusa, já foi descrita na literatura, mas não há comprovação de eficácia e nem evidências que indiquem seu uso. Argumentos para não o indicar falam em aumento do risco de sangramento digestivo, principalmente na coexistência de uremia e plaquetopenia. Outros advogam que sua indicação teria maior suporte exatamente nessas situações, visto que a plaquetopenia é decorrente de inflamação do endotélio vascular, o que melhoraria com pulsoterapia com corticóide, bem como a nefrite, diminuindo o risco de hemorragia pulmonar. Porém, atualmente, o uso de corticosteróides é apenas experimental.

Quando da necessidade de intubação traqueal, já que a pneumonite leptospirótica funciona clinicamente e fisiopatogenicamente como uma síndrome do desconforto respiratório agudo primária (Fig. 106-2), a assistência ventiatória deve ser feita com pressão controlada, com pressão inspiratória máxima de 35 cmH_2O, alta PEEP e baixo volume corrente, tanto para melhorar oxigenação e proteção pulmonar quanto para tentar conter o sangramento. Em algumas situações, a PEEP é determinada pela pressão suficiente para conter o sangramento pulmonar, e não necessariamente a PEEP ideal calculada pela curva pressão – volume ou PEEP – complacência. A hipoxemia durante o sangramento pulmonar geralmente é intensa, e ventilação em posição prona deve ser utilizada precocemente.

Com essa técnica ventilatória, pode haver retenção de CO_2 (hipercapnia permissiva), que deve ter seus níveis controlados e mantidos entre 40 e 80 mmHg, com pH acima de 7,2. Quando a $PaCO_2$ estiver acima de 80 mmHg, deve-se proceder a método para a retirada de CO_2. A instalação de fluxo de ar (2 a 6 litros por minuto) durante a expiração, através de catéter com extremidade cerca de 1 a 2 centímetros acima da carina (TGI – insuflação traqueal de gás), é o método mais utilizado. Pacientes com $PaCO_2$ naquela faixa, mas com queda súbita do pH (para 7,2 ou menos), devem ser compensados parcialmente com bicarbonato de sódio (infusão lenta de 150 mEq em 3 a 6 horas), para minimizar os riscos hemodinâmicos e metabólicos, principalmente nos pacientes de maior risco, como os cardiopatas e/ou coronariopatas (pelo aumento do trabalho miocárdico), os portadores de HIC (pela vasodilatação cerebral com hipercapnia) e os que tiveram parada cardiorrespiratória recente (pelo risco de edema cerebral).

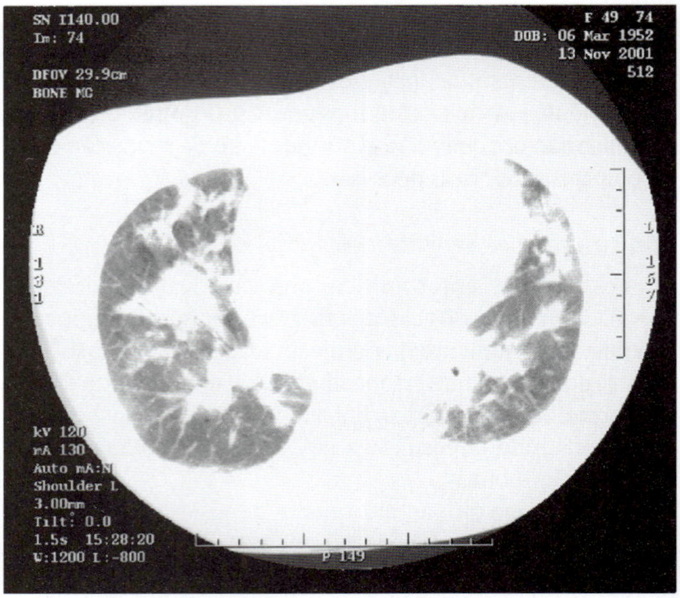

Fig. 106-2. Tomografia computadorizada de paciente com pneumonite e SARA.

Suporte cardiovascular[40,51,64,71]

Os pacientes mais graves devem ter vigilância do ponto de vista cardiológico, com monitorização eletrocardiográfica contínua, além de registro convencional de eletrocardiograma sempre que se observarem alterações no traçado do monitor, e controle pressórico, como rotineiramente feito com qualquer paciente grave internado em UTI.

Instabilidade hemodinâmica não-responsiva à reposição volêmica adequada pode requerer o uso de drogas vasoativas alfa-adrenérgicas e, eventualmente, monitorização invasiva com catéter em artéria pulmonar.

A ocorrência de miocardite, complicada com arritmias (fibrilação atrial mais freqüentemente) e descompensação da função miocárdica, deve ser tratada conforme necessidade, com drogas antiarrítmicas e/ou com efeito inotrópico positivo, como amiodarona e digitálicos, por exemplo.

Profilaxia de trombose venosa profunda (TVP) e tromboembolismo pulmonar (TEP)[49]

Pacientes acamados têm maior tendência a desenvolver TVP, principalmente se portadores de outros fatores de risco, tais como idade avançada, insuficiência cardíaca, obesidade, paralisia, reposição hormonal, hiperviscosidade sangüínea, hipercoagulabilidade, neoplasia, ou passado de tromboembolismo venoso.

A anticoagulação profilática, preferencialmente com heparina de baixo peso molecular (HBPM) à heparina não-fracionada (apresentação clássica), por apresentar menor risco de sangramento e plaquetopenia, é eficaz, está indicada desde o início do tratamento e deve ser mantida até a recuperação da capacidade de deambular, quando o risco de TVP diminui.

Contra-indicação existe nos casos de plaquetopenia abaixo de 100.000/mm^3, com distúrbios de coagulação, e com sangramentos não-controlados.

Medidas adjuvantes e também importantes, porém não tão eficazes, são a compressão pneumática intermitente e o uso de meias elásticas de compressão gradual até a raiz das coxas (média compressão). Devem ser usadas principalmente nos casos em que a anticoagulação é de risco.

Profilaxia de hemorragia digestiva alta (HDA) por úlcera de estresse (UE)[19,31]

O principal mecanismo fisiopatogênico da UE é a diminuição do fluxo sangüíneo da mucosa gástrica, fato que pode ter lugar durante hipotensão, hipovolemia e choque, situações que podem ocorrer nos quadros mais graves da leptospirose.

A profilaxia deve ser indicada na presença de ventilação mecânica, coagulopatias, choque, sepse, história prévia de úlcera péptica ou de HDA e insuficiência renal ou hepática.

A melhor droga a ser utilizada ainda é objeto de discussão, sendo sucralfato, bloqueador de receptor H2 e inibidor de bomba de prótons opções disponíveis. Quanto aos efeitos secundários dessas drogas, estudos mostram associação de infecção respiratória com os bloqueadores H2 e não com o sucralfato, sendo este ineficaz na prevenção de EU relacionada à ventilação mecânica. Não se têm trabalhos bem-controlados em relação aos inibidores de bomba de prótons e pneumonia. Assim, como primeira escolha está o bloqueador de receptor H2 (ranitidina), em infusão venosa intermitente, sendo o sucralfato indicado nos pacientes intolerantes e o inibidor de bomba de prótons nos pacientes que já apresentaram HDA durante a evolução, para evitar ressangramento.

Usualmente se mantém a profilaxia até o paciente iniciar dieta em quantidade razoável, porém autores indicam mantê-la mesmo após seu início, principalmente nos pacientes em ventilação mecânica.

Exames complementares[26,40,64]

Deve-se fazer um controle laboratorial mínimo diário, bioquímico e hematológico, no sentido de monitorizar melhor a função renal, eletrólitos, agressão hepática, coagulação, novos episódios de sangramento e prováveis infecções secundárias.

A realização da gasometria em sangue arterial dispensa comentários sobre sua importância, tanto do ponto de vista hemodinâmico e metabólico, quanto respiratório, seja no paciente em respiração espontânea ou sob assistência ventilatória, seja no paciente com insuficiência renal ou sem essa complicação.

Além da análise dos dados fornecidos, é importante lembrar do cálculo do índice de oxigenação (PaO_2/FiO_2), que, quando igual ou abaixo de 200 mmHg, compõe um dos critérios para o diagnóstico de SARA, que pode ocorrer na evolução dos pacientes com pneumonite leptospirótica.

Controle radiológico também deve ser feito, diariamente ou a cada dois dias, nos pacientes em ventilação mecânica e com pneumonite.

Profilaxia de leptospirose[16,17,23,39,40,62,64]

A profilaxia com vacinas para animais domésticos impede a doença manifesta e diminui a leptospirúria, e conseqüentemente a infecção do homem, mas não a impede por completo.

Quimioprofilaxia com doxiciclina (dose única semanal de 200 mg VO) está indicada para os indivíduos expostos profissionalmente, para os viajantes que vão para áreas de risco e para as pessoas expostas eventualmente, em períodos de chuvas e alagados, quando aumenta a incidência da doença. A manutenção da profilaxia deve ser feita enquanto durar a exposição.

REFERÊNCIAS BIBLIOGRÁFICAS

1. Alderson P, Schierhout G, Roberts I, Bunn F. Colloids versus crystalloids for fluid resuscitation in critically ill patients (Cochrane Review). *The Cochrane Library* 2002;2. Http://www update-software com/abstracts/ab000567 htm.
2. Bal AM, Kakrani AL, Bharadwaj RS, Kagal AS, Joshi AS, Arjunwadkar VP. Evaluation of clinical criteria for the diagnosis of leptospirosis. *J Assoc Phys India* 2002;50:394–6.
3. Bovet P, Yersin C, Merien F, Davis CE, Perolat P. Factors associated with clinical leptospirosis: a population-based case-control study in the Seychelles (Indian Ocean). *Int J Epidemiol* 1999;28(3):583–90.
4. Bunn F, Alderson P, Hawkins V. Colloid solutions for fluid resuscitation (Cochrane Review), 2002. *The Cochrane Library.* Http:// www.update-software.com/ abstracts/ ab001319.htm.
5. Chatoth DK, Golper TA. Use of peritoneal dialysis for the treatment of acute renal failure. *UpToDate Online* 2002;10(2).
6. Choi PTL, Yip G, Quinonez LG, Cook DJ. Crystalloids vs. colloids in fluid resuscitation: a systematic review. *Crit Care Med* 1999;27(1):200–10.
7. Costa E, Costa YA, Lopes AA, Sacramento E, Bina JC. Severe forms of leptospirosis: clinical, demographic and environmental aspects. *Rev Soc Bras Med Trop* 2001;34(3):261–7.
8. Coursin DB, Updike SJ, Maki DG. Massive rhabdomyolysis and multiple organ dysfunction syndrome caused by leptospirosis. *Intensive Care Med* 2000;26(6):808–12.
9. Davenport A, Bramley PN, Wyatt JI. Morbidity and mortality due to cerebral edema complicating the treatment of severe leptospiral infection. *Am J Kidney Dis* 1990;16(2):160–5.
10. David CM, Korteba E, Fonte JCM, Ribeiro P, Rocha RGA. *Terapia Nutricional no Paciente Grave.* Rio de Janeiro: Revinter, 2001.
11. De Brito T, Morais CF, Yasuda PH *et al.* Cardiovascular involvement in human and experimental leptospirosis: pathologic findings and immunohistochemical detection of leptospiral antigen. *Ann Trop Med Parasitol* 1987;81(3):207–14.
12. De Francesco Daher E, Nogueira CB. Evaluation of penicillin therapy in patients with leptospirosis and acute renal failure. *Rev Inst Med Trop S Paulo* 2000;42(6).
13. De Francesco Daher E, Oliveira Neto FH, Ramirez SM. Evaluation of hemostasis disorders and anticardiolipin antibody in patients with severe leptospirosis. *Rev Inst Med Trop S Paulo* 2002;44(2):85–90.
14. Divisão de Zoonoses. Centro de Vigilância Epidemiológica do Estado de São Paulo. Casos, coeficientes de incidência,

óbitos e letalidade por leptospirose no período de 1986 a 2000 no Estado de São Paulo; 2001.
15. Edwards CN, Nicholson GD, Everard CO. Thrombocytopenia in leptospirosis. *Am J Trop Med Hyg* 1982;31(4):827–9.
16. Everett ED. Leptospirosis. *UpToDate Online* 2002;10(2).
17. Freedman DO, Woodall J. Emerging infectious diseases and risk to the traveler. *Med Clin North Am* 1999;83(4).
18. Friedland JS, Warrell DA. The Jarisch-Herxheimer reaction in leptospirosis: possible pathogenesis and review. *Ver Infect Dis* 1991;13(2):207–10.
19. Friedman S, Manaker S, Weinhouse GL. Stress ulcer prophylaxis in the intensive care unit. *UpToDate Online* 2002;10(2).
20. Gattinoni L, Tognoni G, Pesenti A *et al.* Efect of prone positioning on the survival of patients with acute respiratory failure. *N Engl J Med* 2001;345(8):568–73.
21. Golper TA. Dialysis in acute renal failure: indications and dialysis prescription. *UpToDate Online* 2002;10(2).
22. Guidugli F, Castro AA, Atallah NA. Antibiotics for leptospirosis (Cochrane Review). *The Cochrane Library 2002;2.* Http://www.update-software.com/abstracts/ab001306.htm.
23. Guidugli F, Castro AA, Atallah NA. Antibiotics for preventing leptospirosis (Cochrane Review). *The Cochrane Library 2002;2.* Http://www.update-software.com/abstracts/ab001305.htm.
24. Guidugli F, Castro AA, Atallah NA. Systematic reviews on leptospirosis. *Rev Inst Med Trop S Paulo* 2000;42(1):47–9.
25. Gupta SK, Sarosi GA. The role of atypical pathogens in community-acquired pneumonia. *Med Clin North Am* 2001;85(6).
26. Henrichsen SL, Santos Neto LG. Leptospirose. *In* Filgueira NA, Costa Jr. JI, Leitão CCS, Lucena VG, Melo HRL, Brito CAA: *Condutas em Clínica Médica.* 2ª ed. Rio de Janeiro: Medsi Editora Médica e Científica, 2001, pp 669–78.
27. Hudson LD, Steinberg KP. Epidemiology of acute lung injury and ARDS. *Chest* 1999;116(1).
28. Hyzy RC. Alternate modes of mechanical ventilation. *UpToDate Online* 2002;10(2).
29. Hyzy RC. Conventional mechanical ventilation. *UpToDate Online* 2002;10(2).
30. Jaroonvesama N, Viranuvatti V, Charoenlarp K. Coagulation studies in leptospirosis. *South Asian J Trop Med Public Health* 1975;6(4):562–6.
31. Jutabha R, Jensen DM. Major causes of upper gastrointestinal bleeding. *UpToDate Online* 2002;10(2).
32. Kahn JB. A case of Weil's disease requiring steroid therapy for thrombocytopenia and bleeding. *Am J Trop Med Hyg* 1982;31(6):1213–5.
33. Katz AR, Ansdell VE, Effler PV, Middleton CR, Sasaki DM. Assessment of the clinical presentation and treatment of 353 cases of laboratory-confirmed leptospirosis in Hawaii, 1974–1998. *Clin Infect Dis* 2001;33(11):1834–41.
34. Klein NC, Cunha BA. New uses of older antibiotics. *Med Clin North Am* 2001;85(1).
35. Ko AI, Galvão Reis M, Ribeiro Dourado CM, Johnson WD Jr., Riley LW. Urban epidemic of severe leptospirosis in Brazil. Salvador Leptospirosis Study Group. *Lancet* 1999;354(9181):820–5.
36. Kobayashi Y. Clinical observation and treatment of leptospirosis. *J Infect Chemother* 2001;7(2):59–68.
37. Kupek E, de Sousa Santos Faversani MC, de Souza Philippi JM. The relationship between rainfall and human leptospirosis in Florianópolis, Brazil, 1991–1996. *Braz J Infect Dis* 2000;4(3):131–4.
38. Levett PN, Branch SL, Whittington CU, Edwards CN, Paxton H. Two methods for rapid serological diagnosis of acute leptospirosis. *Clin Diagn Lab Immunol* 2001;8(2):349–51.
39. Lomar AV, Diament D, Torres JR. Leptospirosis in Latin America. *Infect Dis Clin North Am* 2000;14(1):23–39.
40. Lomar AV, Veronesi R, Brito T, Diament D. Leptospiroses. *In* Veronesi R, Focaccia R: *Tratado de Infectologia.* 2ª ed. Rio de Janeiro: Atheneu, 2002, pp 1007–23.
41. Lopes AA, Costa E, Costa YA, Bina JC, Sacramento E. The association between serum potassium at hospital admission and the case-fatality rate of leptospirosis in men. *Rev Inst Med Trop S Paulo* 2001;43(4):217–20.
42. Martins FSV, Castiñeiras TMPP. Leptospirose. CIVES — Centro de Informação em Saúde para Viajantes, 1998–2000.
43. Martins MG, Matos KT, Da Silva MV, De Abreu MT. Ocular manifestations in the acute phase of leptospirosis. *Ocul Immunol Inflamm* 1998;6(2):75–9.
44. Mel'nik GV, Degtiar' LD, Andreev RE. Cardiovascular function in leptospirosis convalescents. *Ter Arkh* 1999;71(11):32–4.
45. Nicodemo AC, Duarte MI, Alves VA, Takakura CF, Santos RT, Nicodemo EL. Lung lesion in human leptospirosis: Microscopic, immunohistochemical, and ultrastructural features related to thrombocytopenia. *Am J Trop Med Hyg* 1997;56(2):181–7.
46. O'Neil KM, Rickman LS, Lazarus AA. Pulmonary manifestations of leptospirosis. *Ver Infect Dis* 1991;13(4):705–9.
47. Pai ND, Adhikari PM. Haemorrhagic pneumonitis: a rare presentation of leptospirosis. *J Postgrad Med* 2001;47(1):35–6.
48. Panicker JN, Mammachan R, Jayakumar RV. Primary neuroleptospirosis. *Postgrad Med* J 2001;77(911):589–90.
49. Pineo GF. Prevention of venous thromboembolic disease. *UpToDate Online* 2002;10(2).
50. Rathinam SR, Namperumalsamy P. Leptospirosis. *Ocul Immunol Inflamm* 1999;7(2):109–18.
51. Rose BD, Mandel J. Treatment of severe hypovolemia or hypovolemic shock. *UpToDate Online* 2002;10(2).
52. Rose BD. Diagnosis of acute tubular necrosis and prerenal disease. *UpToDate Online* 2002;10(2).
53. Sacramento E, Lopes AA, Costa E, Passos OL, Costa YA, Matos ED. Electrocardiographic alterations in patients hospitalized with leptospirosis in the Brazilian city of Salvador. *Arq Bras Cardiol* 2002;78(3):267–70.
54. Schwartz DR, Malhotra A, Kacmarek RM. Prone ventilation. *UpToDate Online* 2002;10(2).
55. Seguro AC, Lomar AV, Rocha AS. Acute renal failure of leptospirosis: nonoliguric and hypokalemic forms. *Nephron* 1990;55(2):146–51.
56. Siegel MD. Supportive care and oxygenation in acute respiratory distress syndrome. *UpToDate Online* 2002;10(2).
57. Slutsky AS. The acute respiratory distress syndrome, mechanical ventilation, and the prone position. *N Engl J Med* 2001;345(8):610–1.
58. Smythe L, Dohnt M, Symonds M *et al.* Review of leptospirosis notifications in Queensland and Australia: January 1998 to June 1999. *Commun Dis Intell* 2000;24(6):153–7.
59. Sociedade Brasileira de Pneumologia e Tisiologia, Associação de Medicina Intensiva Brasileira. Relatório do segundo consenso brasileiro de ventilação mecânica. Http://www.amib.com.br/consensos.htm.

60. Society of Critical Care Medicine. *FCCS: Fundamental Critical Care Support (Fundamentos em Terapia Intensiva).* Rio de Janeiro: Revinter, 2000, p 277.
61. Steinberg KP, Hudson LD. Acute lung injury and acute respiratory distress syndrome: the clinical syndrome. *Clin Chest Med* 2000;21(3).
62. Stone SC, McNutt E. Update: Outbreak of acute febrile illness among athletes participating in Eco-Challenge-Sabah 2000 — Borneo, Malaysia, 2000. *Ann Emerg Med* 2001;38(1).
63. Tangkanakul W, Tharmaphornpil P, Plikaytis BD *et al.* Risk factors associated with leptospirosis in northeastern Thailand, 1998. *Am J Trop Med Hyg* 2000;63(3–4):204–8.
64. Tappero JW, Ashford DA, Perkins BA. Leptospira species (leptospirosis). *In* Mandell GL, Bennett JE, Dolin R: *Mandell, Douglas and Bennett's Principles and Practice of Infectious Diseases.* 5th ed. London, and New York: Churchill Livingstone, 2000, pp. 2495–2501.
65. Trivedi SV, Chavda RK, Wadia PZ *et al.* The role of glucocorticoid pulse therapy in pulmonary involvement in leptospirosis. *J Assoc Phys India* 2001;49:901–3.
66. Tse KC, Yip OS, Hui KM *et al.* Potential benefit of plasma exchange in treatment of severe icteric leptospirosis complicated by acute renal failure. *Clin Diagn Lab Immunol* 2002;9(2):482–4.
67. Vieira A, Barros MS, Valente C, Trindade L, Faria MJ, Freitas F. Human leptospirosis. A short review concerning a caseload. *Acta Med Port* 1999;12(12):331–40.
68. Vinetz JM. Leptospirosis. *Curr Opin Infect Dis* 2001;14(5):527–38.
69. Watt G, Padre LP, Tuazon M, Calubaquib C. Skeletal and cardiac muscle involvement in severe, late leptospirosis. *J Infect Dis* 1990;162(1):266–9.
70. Watt G, Padre LP, Tuazon ML *et al.* Placebo-controlled trial of intravenous penicillin for severe and late leptospirosis. *Lancet* 1988;1(8583):433–5.
71. Weinhouse GL, Manaker S. Swan-Ganz catheterization: indications and complications. *UpToDate Online* 2002;10(2).
72. Yang CW, Wu MS, Pan MJ. Leptospirosis renal disease. *Nephrol Dial Transplant* 2001;16(5):73–7.

107 Doença Hipertensiva Específica da Gravidez – Eclâmpsia e Pré-Eclâmpsia

Leila Rezegue de Moraes Rêgo • Norma Suely de Carvalho Fonseca • Sônia Fátima da Silva Moreira

A hipertensão arterial é a complicação médica mais comum na gravidez, incidindo em cerca de 7 a 10% de todas as gestações.[1] Distúrbios relacionados à hipertensão arterial são a segunda maior causa de mortalidade materna nos EEUA.[2] No Brasil, a doença hipertensiva específica da gravidez representa a maior causa de morte materna.[3]

DEFINIÇÃO E DIAGNÓSTICO

Ao longo dos anos, várias denominações foram utilizadas para definir hipertensão relacionada à gravidez, como *gestose hipertensiva, toxemia gravídica, hipertensão induzida pela gravidez, pré-eclâmpsia-eclâmpsia, pré-eclâmpsia sobreposta à hipertensão crônica* e *hipertensão transitória*.

Em 1986, o *American College of Obstetricians and Gynecologists* propôs definição e classificação aos problemas relacionados à hipertensão na gravidez e puerpério, sendo hipertensão definida, em qualquer época da gravidez, como pressão diastólica maior ou igual a 90 mmHg ou pressão sistólica maior ou igual a 140 mmHg, ou o aumento de 15 mmHg na pressão diastólica e 30 mmHg na pressão sistólica em relação aos níveis anteriores à gestação.[4] A paciente geralmente tem história de ganho rápido de peso, com importante edema, especialmente em mãos e face.

O diagnóstico deve ser feito por duas medidas de pressão arterial com intervalo superior a 6 horas, sendo a segunda medida após repouso e em decúbito lateral esquerdo. Por definição, pré-eclâmpsia é a hipertensão arterial que ocorre após a 20ª semana de gestação, com proteinúria (maior que 2 mg/dia) e edema periférico, e eclâmpsia é o quadro de pré-eclâmpsia acompanhado de convulsões e/ou coma.[4]

CLASSIFICAÇÃO

Os distúrbios hipertensivos são classificados em três categorias (Quadro 107-1).

Os sinais e sintomas da pré-eclâmpsia grave estão listados no Quadro 107-2.

Faz-se importante ressaltar que pré-eclâmpsia sem nenhuma gravidade pode rapidamente transformar-se em pré-eclâmpsia grave ou eclâmpsia.

***Quadro 107-1.* Classificação dos distúrbios hipertensivos na gestação[5]**

1. Hipertensão induzida pela gravidez
   - Hipertensão arterial sem proteinúria ou edema patológico = HA transitória
   - Pré-eclâmpsia: com proteinúria e/ou edema patológico
     - Leve
     - Grave
   - Eclâmpsia: com convulsões
2. Hipertensão crônica agravada pela gravidez
   - Pré-eclâmpsia superposta
   - Eclâmpsia superposta
3. Hipertensão coincidente ou crônica

***Quadro 107-2.* Sinais e sintomas da pré-eclâmpsia grave**

Proteinúria	> 5 g/dia
Pressão arterial	> 160/110 mmHg
Oligúria	< 400-500 ml/24 h
SNC	Distúrbios visuais
Aparelho respiratório	Edema agudo de pulmão ou cianose
Alterações hepáticas	Epigastralgia, alterações enzimáticas
Alterações hematológicas	Trombocitopenia

INCIDÊNCIA

Pré-eclâmpsia é doença quase exclusiva de primigestas, ocorrendo em torno de 5 a 7% das gravidezes, sendo que a pré-eclâmpsia grave ocorre em apenas 10% de todas as pacientes pré-eclâmpticas.[5] Porém essa incidência pode variar de acordo com os critérios utilizados para o diagnóstico e a população estudada. A incidência de eclâmpsia é estimada em 0,5%, ocorrendo variações regionais, que dependem, basicamente, da qualidade da assistência pré-natal.

No Brasil, de acordo com revisão de literatura realizada por Rohloff (1994),[30] a incidência de DHEG variou de 5 a 10%, e a prevalência encontrada foi de cerca de 10%.

Estudos multicêntricos apontam para a multiplicidade de grupos de risco para morbimortalidade, sendo a idade acima de 34 anos, grupo étnico não-branco, passado ou presença de hipertensão arterial, hemorragia pós-parto prévia, cesárea de emergência, uso de fórceps, multíparas e exclusão social fatores predisponentes de severidade da patologia.[6] Alguns autores levantam a hipótese de que a doença diagnosticada como pré-eclâmpsia, ocorrendo em diferentes mulheres de diversos grupos de risco, provavelmente não seja uma mesma doença, já que o uso de aspirina beneficia apenas nulíparas de alto risco e gestantes com alto risco obstétrico.

FISIOPATOLOGIA

A fisiopatologia da pré-eclâmpsia não é completamente conhecida, e vários modelos em animais não reproduziram o processo da doença, gerando controvérsias. Várias causas são sugeridas, incluindo respostas placentárias à gravidez, como respostas imunológicas, endócrina e genética. O vasoespasmo sistêmico e a isquemia em região uteroplacentária são importantes mecanismos na fisiopatologia. Desequilíbrio na produção placentária de prostaciclina e tromboxano A^2 (vasoconstritor e indutor de agregação plaquetária) de mulheres pré-eclâmpticas constitui uma teoria promissora,[7] assim como a baixa refratariedade à infusão de angiotensina II mediada muito provavelmente por baixa produção endotelial de prostaglandinas vasodilatadoras.[8]

Hipertensão arterial e alterações hemodinâmicas

A reatividade vascular aumentada à angiotensina II precede o aparecimento do quadro de pré-eclâmpsia. Estudos através de monitorização invasiva mostram que a maioria das mulheres com pré-eclâmpsia apresenta diminuição do volume plasmático, queda da PVC e da pressão capilar pulmonar.[9]

Apesar de não haver estudos randomizados mostrando a necessidade de utilização de monitorização hemodinâmica através do uso de catéter de Swan-Ganz ou ecocardiografia, a terapia da pré-eclâmpsia grave baseada apenas em medidas da PVC não possui parâmetros de segurança, já que em cerca de 30% das pacientes a PVC não se relaciona com a pressão capilar pulmonar (volemia).[10,11]

Na pré-eclâmpsia grave não-tratada, a resistência vascular sistêmica apresenta-se muito elevada, assim como se encontram sinais de estado hiperdinâmico, como aumento do débito e índice cardíaco. No geral, encontram-se PVC e pressão capilar pulmonar normais ou diminuídas e hemoconcentração em decorrência de diminuição volumétrica do plasma.[12,13]

Edema agudo de pulmão pode ser resultado de hidratação não-criteriosa ou movimentação de líquidos no 3º espaço, com elevação dos níveis pressóricos, raramente ocorrendo devido à insuficiência cardíaca ou transudação capilar.[14]

Hipovolemia e oligúria

A redução volêmica ocorre como resultado de vasoespasmo generalizado e/ou por aumento da permeabilidade vascular, com perda de líquido e proteína para o interstício. A oligúria é um dos sinais mais comuns da pré-eclâmpsia grave; há aumento da água corporal total, com redução do volume intravascular por vasoespasmo.[15,16] Geralmente se associa com insuficiência renal aguda, que, habitualmente, responde à infusão criteriosa de líquidos.

O protocolo do *Parkland Memorial Hospital* prevê a infusão de não mais que 150 ml/h de solução de cristalóide para a remissão da oligúria em um prazo menor que 48 horas.[17]

Disfunção renal

Se não há doença vascular crônica subjacente, a função renal normal retorna após o parto. Ocorrem edema das células endoteliais capilares, estreitamento dos capilares glomerulares e depósitos de fibrina nos glomérulos. Há acentuada perda protéica através da urina. Normalmente a taxa de filtração glomerular (TFG) é aumentada 30% a 50% durante a gestação, mas o que se observa na pré-eclâmpsia e eclâmpsia é queda na TFG e na perfusão renal. A uréia e a creatinina elevam-se consideravelmente na doença grave, e o ácido úrico, apesar de se encontrar em níveis elevados, não apresenta relação com a severidade. A incidência de insuficiência renal aguda na doença hipertensiva da gravidez tem diminuído.[18]

Disfunção hematológica e hepática

O descolamento da placenta, com necessidade de interrupção imediata da gravidez, é mais comum em paciente pré-eclâmptica, sendo a trombocitopenia relativamente freqüente e o seu monitoramento útil como fator determinante para a retirada rápida do feto. O quadro apresentado é de sangramento vaginal, palpação uterina de consistência endurecida, sofrimento ou óbito fetal e hipotensão arterial, podendo ser observada coagulação intravascular disseminada (CIVD). Quando ocorrem elevação de enzimas hepáticas e bilirrubinemia devido a um quadro de hemólise e plaquetopenia, estamos diante da síndrome HELLP *(haemolysis, elevated liver enzymes, and low platelets)*, que corresponde a uma variante de pré-eclâmpsia grave, afetando de 2 a 12% das pacientes.[19]

TRATAMENTO

O tratamento definitivo é a retirada do feto, desaparecendo os sintomas em torno de 48 a 72 h de puerpério, com exceção dos casos em que ocorrem hemorragias cerebrais, insuficiência renal cortical e insuficiência cardíaca.[20]

O objetivo do tratamento clínico é a oxigenação, o controle das convulsões e da hipertensão arterial, com manutenção de pressão arterial sistólica maior que 90 mmHg, volume urinário maior que 25 ml/h e saturação de hemoglobina maior que 90-92%.

Oxigenação

A administração de oxigênio deve ser em concentrações tão altas quanto necessárias. Se há inconsciência, a paciente deve ser intubada e colocada sob ventilação mecânica com oxigênio a 100% enquanto for necessário. Por vezes se faz necessária a otimização de pré-carga através de infusão rápida de líquidos e uso de droga inotrópica para combater o choque cardiogênico associado ao uso de ventilação artificial, sendo de utilidade para o tratamento de alguns casos o uso de monitorização hemodinâmica à beira do leito, através do uso de catéter em artéria pulmonar.[2]

Controle das convulsões

A terapêutica comumente utilizada no controle das convulsões é o sulfato de magnésio hepta-hidratado, cujo mecanismo de ação é controverso.[21] Existem dois esquemas terapêuticos utilizando o sulfato de magnésio, conforme se vê no Quadro 107-3.

Durante a administração do sulfato de magnésio, a cada dose acrescentada é imperativo o controle dos seguintes sinais: reflexo patelar presente, freqüência respiratória igual ou superior a 12 movimentos respiratórios/minuto e diurese maior que 25 ml/h.

A abolição do reflexo patelar constitui o primeiro sinal de intoxicação pelo sulfato de magnésio, que, se não for revertida com a administração de gluconato de cálcio, pode levar a parada cardiorrespiratória.

Em caso de convulsões subintrantes, pode-se incluir no arsenal terapêutico: diazepínico, amobarbital, clormetiazol, pentobarbital e tiopental.

Controle da hipertensão arterial

Deve ser realizado um controle rigoroso dos níveis pressóricos. As pressões arteriais diastólicas acima de 110 mmHg devem ser tratadas imediatamente, com hidralazina 5 a 10 mg EV a cada 15 minutos ou 40 mg diluídos em 250 ml de solução glicosada 5%, a uma velocidade de 0,5 a 10 mg/hora, EV contínuo. Se não houver sucesso no controle pressórico após o uso de 40 a 60 mg ao longo de 2 horas ou não houver disponível a hidralazina, deve-se lançar mão de diazóxido na posologia de 30 mg a cada 5 minutos, porém seu uso é restrito devido aos efeitos colaterais maternos, como retenção de sódio, inibição das contrações uterinas, hiperglicemia etc., e fetais, como hipoglicemia neonatal.[17]

Quadro 107-3. Tratamento da eclâmpsia – $MgSO_4$-$7H_2O$[22]

Esquema de Pritchard (IM)	*Esquema de Zuspan (IV)*
Ataque	**Ataque**
Solução a 20% – 20 ml (IV) lentamente Solução a 50% – 20 ml (IM) profundamente – 10 ml em cada glúteo	Solução a 20% – 25 ml (IV) em 5 minutos
Manutenção	**Manutenção**
Solução a 50% – 10 ml a cada 4 h e até 24 h (IM profundamente)	Administração de 1-2 g (solução a 20%), em infusão venosa contínua de soro glicosado a 5%, a cada 4h e até 24 h

Neme & Pinotti (1992).

A nifedipina na dose de 5 a 10 mg sublingual pode ser utilizada, repetindo-se a dose a cada 30 minutos, porém a rápida redução dos níveis pressóricos causa prejuízo ao feto.

Na iminência de edema agudo de pulmão, lança-se mão do uso de nitroprussiato de sódio na dose de 0,5 a 10 mg/kg/min, além do uso de furosemida e suporte ventilatório, se necessário; no entanto, não deve ser utilizado com o feto intra-útero, pois tem sido relatado, em experimentos com animais, que seu metabólito, o cianeto, é tóxico para o feto.

Outras drogas utilizadas são o labetalol (alfa e betabloqueador) 20 mg EV com manutenção escalonada de 20 a 80 mg a cada 10 minutos até a dose total de 300 mg ou infusão contínua de 1 a 2 mg/min até a normalização da PA e em seguida mantendo-se dose de manutenção de 0,5 mg/min.[23,24]

O atendimento multidisciplinar é fundamental para o sucesso no tratamento da gestante com DHEG, necessitando haver integração absoluta entre intensivista e obstetra, para a decisão do melhor momento de interrupção da gravidez, que, como já vimos, é o único tratamento definitivo para essa patologia. Após o parto, o intensivista pode agir com maior segurança para estabilizar o quadro da paciente.

Mulheres com hipertensão arterial crônica grave podem desenvolver encefalopatia hipertensiva, edema agudo de pulmão e insuficiência renal no pós-parto, e esses riscos aumentam na vigência de cardiopatia, doença renal glomerular crônica, pré-eclâmpsia superposta no segundo trimestre, DPP complicada por CIVD e naquelas que necessitam de múltiplos anti-hipertensivos. Essas pacientes devem permanecer sob cuidados intensivos por, pelo menos, 48 horas após o parto.[25,26]

PROGNÓSTICO MATERNO E FETAL

Em geral, o prognóstico materno na DHEG é bom, com exceção dos casos que evoluem para pré-eclâmpsia grave, síndrome HELLP e eclâmpsia.[32] A mortalidade materna associada à DHEG tem causas variáveis, e a demora no diagnóstico e tratamento está presente em mais de 50% dos casos fatais.[26,27]

O óbito materno acontece em cerca de 1,5 a 2% dos casos, geralmente ocasionado por AVC, CIVD, ruptura hepática, edema agudo de pulmão e insuficiência renal aguda.[32]

Já o prognóstico do concepto é sempre reservado, pois, na DHEG, existe uma redução do fluxo uteroplacentário que leva a hipóxia fetal. As complicações perinatais incluem prematuridade, baixo peso ao nascer, hipóxia neonatal, hipoglicemia, síndrome do desconforto respiratório do recém-nascido e óbito intra-útero.[32]

REFERÊNCIAS BIBLIOGRÁFICAS

1. National High Blood Pressure Education Program working group report on high blood pressure in pregnancy. Consensus report: high blood pressure on pregnancy. *Am J Obstet Gynecol* 1990;163:1689–712.
2. Shoemaker WC, Ayres SM, Grenvik A, Holbrook PR. *Textbook of Critical Care*. 3rd ed. Philadelphia: WB Saunders, 1995, pp. 59–64.
3. Brasil. Ministério da Saúde. Dados de mortalidade materna. Disponível na internet em http//www.saude.gov.br/programas/mulher/mortal.htm.

4. American College of Obstetricians and Gynecologists. Management of Preeclampsia. ACOG Technical Bulletin 91. Washington DC, 1986.
5. American College of Obstetricians and Gynecologists. Hypertension in pregnancy. ACOG Technical Bulletin 219. Washington DC, 1996.
6. Civetta JM, Taylor RW, Kirby RR. *Tratado de Terapia Intensiva*. Vol. 2. São Paulo: Manole, 2000, pp 1557–67.
7. Waterstone M, Bewley S, Wolfe C. Incidence and predictors of severe obstetric morbidity: case-control study. *BMJ* 2001;322(7294):1089–93.
8. Romero R, Lockwood C, Oyarzun E *et al*. Toxemia: news concepts in an old disease. *Semin Perinatol* 1988;12:302.
9. Gant NF, Daley GL, Chand S *et al*. A study of angiotensin II pressor response throughout primigravid pregnancy. *J Clin Invest* 1973;52:2682.
10. Clark SL, Pavlova A, Horenstein J *et al*. Squamous cells in the maternal pulmonoembolism. *Am J Obstet Gynecol* 1986;154:104.
11. Clark SL, Cotton DB. Clinical indications for pulmonary artery catheterization in the patient with severe preeclampsia. *Am J Obstet Gynecol* 1988;158:453.
12. Young P, Johanson R. Haemodynamic, invasive and echocardiographic monitoring in the hypertensive parturient. *Baillières Best Pract Res Clin Obstet Gynaecol* 2001;15(4):605–22.
13. Cotton DB, Gonik B, Dorman KF. Cardiovascular alterations in severe pregnancy-induced hypertension: acute effects of intravenous magnesium sulfate. *Am J Obstet Gynecol* 1984;148:162.
14. Groenendjk R, Trimbos MJ, Wallemburg HCS. Hemodynamic measurements in preeclampsia: preliminary observations. *Am J Obstet Gynecol* 1984;150:232.
15. Hankins GDV, Wendel Jr. GD, Cunningham FG *et al*. Longitudinal evaluation of hemodynamic changes in eclampsia. *Am J Obstet Gynecol* 1984;150:506.
16. Pritchard JA, Baldwin RM, Dickey JC. Blood volume changes in pregnancy and puerperium. *Am J Obstet Gynecol* 1979;135:308.
17. Sattronor EC, Kartmann BM, Connaufrton JF. Intravascular volume determination and fetal outcome in hypertensive diseases of pregnancy. *Am J Obstet Gynecol* 1977;127:4.
18. Cunningham FG, Pritchard JA. How should hypertension during pregnancy be managed? *Med Clin North Am* 1984;68:505.
19. Mantel GD. Care of the critically ill parturient: oliguria and renal failure. *Baillières Best Pract Res Clin Obstet Gynaecol* 2001;15(4):563–81.
20. Weistein L. Syndrome of hemolysis, elevated liver enzymes and low platelet count. A severe consequence of hypertension in pregnancy. *Am J Obstet Gynecol* 1982;142:159.
21. Pitton MA, Petolillo M, Papi S, Grismondi GL, Masin GP, Forcellini F. Hemolytic uremic syndrome in twin pregnancy at 32 weeks gestation with HELLP syndrome. Case report. *Minerva Ginecol* 2001:279–81.
22. Pritchard JA. The use of magnesium sulfate in preeclampsia-eclampsia. *J Reprod Med* 1979;23:107.
23. Neme B, Pinotti JA. *Urgências em Ginecologia*. São Paulo: Sarvier, 1992, p 220.
24. Mabie WC, Gonzales AR, Sibai BM *et al*. A comparative trial of labetalol and hidralazine in the acute management of severe hypertension complicating pregnancy. *Obstet Gynecol* 1987;70:328.
25. Michael CA. Intravenous labetalol and intravenous diazoxide in severe hypertension complications in pregnancy. *Aust N Z J Obstet Gynecol* 1986;26:26.
26. Hou SH, Grossman SD, Madias NE. Pregnancy in women with renal disease and moderate renal insufficiency. *Am J Med* 1985;78:185–94.
27. Mabie WC, Ratts TE, Ramanathan KB, Sibai BM. Circulatory congestion in obese hypertensive women: a subset of pulmonary edema in pregnancy. *Obstet Gynecol* 1988;72:553–8.
28. Evans S, Frigoletto Jr. FD, Jewett JF. Mortality of eclampsia: a case report and the experience of the Massachusetts maternal mortality study, 1954–1982. *N Engl J Med* 1983;309:1644.
29. Porapakkan S. An epidemiologic study of eclampsia. *Obstet Gynecol* 1979;54:26.
30. Rohloff RD. Pré-eclâmpsia. *GO Atual* 1994;6:38–54.
31. Kent D. Prevenção de pré-eclâmpsia: tratamento com aspirina em baixas doses. *Gineconews* 2001;27:12–8.
32. Neme B, Parpinelli MA. Síndromes hipertensivas na gravidez. *In* Neme B: *Obstetrícia Básica*. 2ª ed. São Paulo: Sarvier, 2000.

108 Intoxicações Exógenas

Renato C. Viscardi

INTRODUÇÃO

Em tempos em que as síndromes infecciosas são tratadas com ênfase tanto pela literatura médica quanto pela leiga, o envenenamento torna-se um diagnóstico usualmente de exclusão. Como conseqüência, o tempo perdido e o grau de investimento nesse tipo de patologia fazem com que o seu atendimento seja postergado em detrimento de uma abordagem eficaz. O pudor com que a população em geral trata "a tentativa de suicídio" dificulta a suspeita e a percepção de tais eventos. É fundamental que os profissionais tenham em mente e se preparem para esse tipo de ocorrência, não só com conhecimentos teóricos mas com meios adequados para a sua resolução. O objetivo deste capítulo é chamar a atenção para os principais tipos de intoxicação, assunto que nem os livros-textos esgotam. Use tudo que puder, desde os centros de informação até sites da Internet e peritos locais.

EPIDEMIOLOGIA

A análise das intoxicações por faixas etárias, no ano de 1999, segundo o SINETOX, demonstra, como veremos abaixo, que o descuido, a armazenagem indevida e a curiosidade situam o maior número de acidentes na infância, revelando uma possibilidade de prevenção. Por exemplo, a lista de produtos no Quadro 108-1 revela a maior incidência de eventos na faixa etária de 1 a 4 anos e até 51 anos.

Dos 66.584 acidentes ocorridos em 1999, atendidos por 29 Centros de Controle de Intoxicação, 398 evoluíram para óbito, o que corresponde a 0,6 % do total, demonstrando a utilidade de tais serviços.

O abuso em atividades recreativas de drogas tóxicas está aumentando. O termo "club drugs" refere-se a drogas usadas por adolescentes e jovens adultos em festas durante toda a noite ou fins de semana para aumentar a experiência emocional e as sensações. Estas drogas podem se associar com alterações da consciência, depressão respiratória, arritmias, febre, rabdomiólise, coagulopatia, hiponatremia, insuficiência renal e hepática e encefalopatia. Geralmente são estimulantes e alucinógenos como o LSD, o MDMA (Ecstasy), e sedativos como o flumitrazepam (Rohypnol), cetamina, e o gama-hidroxibutirato (GHB).[4]

Quadro 108-1. **Produtos associados a intoxicações exógenas, por faixa etária**

De 1 a 4 anos	
Medicamentos	Agrotóxicos domésticos
Raticidas	Sanitários de uso doméstico
Cosméticos	Produtos químicos industriais
Metais	Plantas
Produtos veterinários	Desconhecidos
De 1 a 51 anos	
Alimento	1 a 51 anos
Drogas de abuso	20 a 39 anos
Agrotóxicos agrícolas	20 a 49 anos

HISTÓRIA CLÍNICA

O Quadro 108-2 orienta a investigação clínica.

SINAIS E SINTOMAS RELACIONADOS COM A CAUSA[2]

No Quadro 108-3 estão relacionados sinais e sintomas com relação ao agente envolvido na intoxicação.

Quadro 108-2. Aspectos clínicos da investigação clínica

Investigar com	Paciente Família Amigos Paramédicos Médico assistente Transeuntes Patrões etc.
O que investigar	Doenças preexistentes Uso de medicação Drogas de abuso Embalagens vazias de • Medicamentos • Produtos sanitários • Cosméticos • Alimentos • Inseticidas • Bebidas • Produtos tóxicos no ambiente de trabalho • Outros Ingestão de plantas (divertimento) Ingestão de alimentos Pica (ingestão compulsiva de determinados alimentos) Brinquedos com produtos tóxicos (corantes, chumbo etc.) Ambiente de trabalho insalubre Ambiente de lazer Sintomatologia semelhante presente em outras pessoas Substâncias tóxicas no ambiente • Inseticidas • Raticidas • Agrotóxicos • Gases • Fumaça • Produtos de aquecedores • Derivados de petróleo, solventes de inseticidas

Quadro 108-3. Manifestações clínicas e drogas

1. Coma	Álcool etílico Anticolinérgicos Antidepressivos tricíclicos Monóxido de carbono Opióides Organofosforados Salicilatos Sedativos
2. Delírio	Álcool etílico Anticolinérgicos Cocaína Fenotiazinas LSD Maconha Simpaticomiméticos
3. Depressão respiratória	Álcool etílico Antidepressivos tricíclicos Barbitúricos Clonidina Opióides Paralisia por ingestão de ostra Sedativos
4. Odores	Acetona • Álcool isopropílico • Álcool metílico • Salicilatos • Vernizes Álcool • Álcool etílico • Álcool metílico Alho • Ácido dimetilsulfóxido • Arsênico • Fósforo • Organofosforados • Selênio • Tálio Amêndoa • Abricó • Amigdalina • Cianureto Amendoim • Rodenticidas Cenoura • Cicotoxina Corda queimada • Maconha Escapamento de carro • Monóxido de carbono

(Continua)

Quadro 108-3 Manifestações clínicas e drogas *(Cont.)*	
4. Odores	Fruta • Acetona • Isopropanol • Removedor de esmalte Graxa de sapato • Nitrobenzeno Naftalina • Naftaleno • Paradiclorobenzeno Ovo podre • Gás de esgoto • Mercaptanos • Sulfito de hidrogênio Pêra • Hidrato de cloral • Paraldeído Pinho • Colutórios • Salicilatos de metila Pungentearomático • Etaclorovinil • Paraldeído Violeta (flor) • Turpentina
5. Pele	Adesivos transdérmicos • Clonidina • Escopolamina • Estradiol • Fentanil • Nicotina • Nitroglicerina • Testosterona Avermelhada • Anticolinérgicos • Ácido bórico • Escombróide (Histamina) Azulada • Cianose • Metaemoglobinemia Rosada • Anticolinérgicos • Monóxido de carbono • Metano Cianose • Metaemoglobinemia por nitratos, nitritos, benzocaína

Quadro 108-3 Manifestações clínicas e drogas *(Cont.)*	
5. Pele	Icterícia • Acetaminofen • Cogumelos • Arsênico • Tetracloreto de carbono • Clorofórmio • Etanol • Fenotiazinas • Ferro • Fósforo • Tolueno • Tricloretano • Tricloroetileno Lesões bolhosas • Cáusticos • Mordeduras por animais peçonhentos • Sedativos e hipnóticos – Barbitúricos – Difenoxilatos Seca • Anticolinérgicos Sudorese • Barbitúricos • Cocaína • Colinérgicos • Cogumelos • Hipoglicemiantes • LSD • Nicotina • Organofosforados • Paracetamol • Salicilatos
6. Edema pulmonar	Aspiração Opióides Salicilatos Simpaticomiméticos
7. Lacrimejamento	Cáusticos Gases irritantes Organofosforados
8. Fasciculações	Organofosforados
9. Fraqueza	Organofosforados Carbamatos
10. Hipertensão	Anfetaminas Antidepressivos tricíclicos Anti-histamínicos Antipsicóticos Cogumelos Inibidores da MAO Nicotina

Quadro 108-3. Manifestações clínicas e drogas *(Cont.)*

11. Hipotensão	Álcool Antidepressivos tricíclicos Anti-hipertensivos Barbitúricos Benzodiazepínicos Betabloqueadores Cianeto Dissulfiram Fenotiazinas Ferro Monóxido de carbono Nitratos Opióides Organofosforados Procainamida Quinidina Teofilina
12. Hipotermia	Álcool etílico Antidepressivos tricíclicos Clonidina Hipoglicemiantes Fenotiazinas Monóxido de carbono Opióides Sedativos
13. Lesões orais	Corrosivos Paraquat
14. Midríase	Álcool metílico Antidepressivos tricíclicos Cogumelos Glutetimida LSD Síndrome de abstinência (sedativos, opióides e etanol) Simpaticomiméticos
15. Mioclonia/rigidez	Anticolinérgicos Fenotiazinas Haldol
16. Mucosas secas	Anticolinérgicos
17. Salivação	Carbamatos Organofosforados
18. Hipertonia	Anticolinérgicos Estricnina Fenotiazinas

Quadro 108-3 Manifestações clínicas e drogas *(Cont.)*

19. Nistagmo	Álcool Barbitúricos Carbamazepina Depleção de tiamina Difenilidantoína Etileno glicol Fenitoína Isopropanol Hipnóticos Lítio Metanol
20. Respiração de Kussmaul	Etileno glicol Metanol
21. Sibilos	Organofosforados
22. Taquicardia	Álcool etílico Anfetaminas Anticolinérgicos Antidepressivos tricíclicos Aspirina Cocaína Fenotiazinas Ferro Teofilina
23. Taquipnéia	Anfetaminas Drogas associadas com alcalose respiratória • Dinitrofenol • Pentaclorofenol • Salicilatos Drogas associadas com acidose metabólica Drogas associadas com falência hepática Etileno glicol Metanol Monóxido de carbono Nicotina
24. Diarréia/Vômitos	Cogumelo Ferro Fluoreto Fósforo Lítio Metais Pesados Organofosforados

(Continua)

Quadro 108-3. Manifestações clínicas e drogas (Cont.)

25. Arritmias cardíacas	Anticolinérgicos Antidepressivos tricíclicos Betabloqueadores Cianureto Digoxina Fenotiazina Monóxido de carbono Organofosforados
26. Bradicardia	Antidepressivos tricíclicos (tardio) Antidisrítmicos cardíacos Betabloqueadores Bloqueadores do canal de cálcio Clonidina Colinérgicos (cogumelos, inseticidas) Digitálicos Etoclorovinil Opióides Sedativos
27. Cegueira	Álcool metílico
28. Coma	Álcool etílico Anticolinérgicos Antidepressivos tricíclicos Monóxido de carbono Opióides Organofosforados Salicilatos Sedativos
29. Convulsões	Ácido acetilsalicílico Agonistas da serotonina Álcool (etileno glicol, metanol) Anestésicos locais Anfetaminas

Quadro 108-3. Manifestações clínicas e drogas (Cont.)

29. Convulsões	Antibióticos Anticolinérgicos (antidepressivos tricíclicos) Anti-histamínicos Barbitúricos Benzodiazepínicos (retirada) Cânfora Cafeína Carbamazepina Chumbo Cianureto Clonidina Cocaína Colinérgicos Estricnina Fenotiazina Hidrocarbonetos clorados (DDT, lindano) Hipocalcemiantes/hipocalcemia Hipoglicemiantes Hipóxia Isoniazida Lítio Monóxido de carbono Meperidina Metais pesados Metilxantinas (teofilina) Opióides (retirada) Organofosforados Pentaclorofenol Pesticidas Propoxifeno Rodenticidas Salicilatos Simpaticomiméticos
30. Pneumonia	Hidrocarbonetos

SÍNDROMES TÓXICAS[1]

Acetaminofem (Paracetamol)

- Mecanismo de ação: O metabólito *N*-acetil-*p*-benzoquinoneimina é rapidamente removido pelo grupo sulfidril da glutationa. Na superdosagem, esse reage com outras macromoléculas, causando principalmente lesão hepática e renal.
- Dose tóxica:
  - Adulto: 10 g.
  - Criança abaixo de 10 anos: acima de 200 mg/kg.
- Sinais e sintomas:
  - Anorexia, dor no quadrante superior direito, enzimas hepáticas alteradas, icterícia, náuseas e vômitos. Estado mental e sinais vitais sem alterações.
  - Fase 1: de 2 a 24 horas: náuseas e vômitos, diaforese
  - Fase 2: 24 a 48 horas – melhora clínica, macicez hepática; bilirrubinas, transaminases e tempo de protrombina elevados.
  - Fase 3: 72 a 120 horas – insuficiência hepática declarada, encefalopatia hepática, insuficiência renal, arritmias, sangramento, icterícia.
  - Fase 4: 7 a 8 dias – recuperação.
- Tratamento:
  - Até 1 hora da ingestão: lavagem gástrica.
  - Até 4 horas: carvão ativado.
  - Se a dosagem sangüínea de acetaminofen for superior a 250 mg/l e o tempo de ingestão for acima de 24 horas:

Quadro 108-4. Principais causas de alterações na bioquímica do sangue

1. Acetonemia sem acidose	Acetona Álcool isopropílico
2. Acidose metabólica	Etanol Etileno glicol Metanol Salicilatos
3. Alcalose metabólica	Diurético Lítio
4. Acidose respiratória	Barbitúrico Benzodiazepínicos Botulismo Estricinina Opióides Organofosforados Tetrodotoxina
5. Alcalose respiratória	Anfetaminas Anticolinérgicos Cianeto Cocaína
6. Aumento de potássio	Betabloqueadores Digitálicos (agudo) Insuficiência renal
7. Aumento de CPK	Anfetaminas Cocaína Etanol Salicilatos
8. Aumento de creatinina com uréia normal	Álcool isopropílico Cetoacidose diabética
9. Diminuição de cálcio	Etileno glicol Oxalato Fluoreto
10. Diminuição de magnésio	Etanol Digitálicos
11. Diminuição de potássio	Corticosteróides Digitálicos (crônico) Diuréticos Salicilatos Simpaticométicos Teofilina
12. Hiperglicemia	Diazóxido Feniluréia Ferro Inseticidas Isoniazida Organofosforados Salicilatos Simpaticomiméticos Tireóide (extrato) Vasopressores
13. Hipoglicemia	Betabloqueadores Etanol Hipoglicemiantes orais Insulina Isoniazida

– *N*-Acetilcisteína: 70 mg/kg de peso via oral a cada 4 horas, num total de 17 doses. Iniciar com 140 mg/kg de peso via oral ou por sonda nasogástrica na primeira dose. Diluir em suco ou água, numa concentração de 5%. Eficaz se administrada de 8 a 16 horas após a ingestão. Se não houver dosagem sangüínea disponível e a ingestão for maior que 150 mg/kg de peso (criança 140 mg/kg de peso), começar o tratamento. Após iniciar o tratamento, dosar tempo de protrombina, TGO, TGP, uréia e creatinina de 6 em 6 horas. Até valores normais. Se a ingestão ocorreu entre 15 a 24 horas, iniciar tratamento sem esperar dosagem do tóxico. Após 24 horas, pedir exames, e, se dose maior que 150 mg/kg foi ingerida, iniciar tratamento.

Regime intravenoso: diluir 150 mg/kg em 200 ml de soro glicosado a 5% e administrar em 15 minutos; então 50 mg/kg em 50 ml de soro glicosado a 5% durante 4 horas. Repetir mais duas doses em 8 horas cada uma (total 20 horas).

Álcool isopropílico

- Sinais e sintomas: hipotensão, hipoventilação, coma, hiporreflexia, hálito cetônico.
- Dose letal: 150 a 240 ml.
- Laboratório: acidose com ou sem cetose, cetonúria, glicosúria.
- Tratamento:
  – Lavagem gástrica até 2 horas da ingestão.
  – Após, hemodiálise ou diálise peritoneal.

Alucinógenos

- *Sinais e sintomas:* despersonalização, desrealização, distúrbio de percepção, sinestesia.
- *Drogas envolvidas:* alcalóides do indol, cocaína, canabinóides, fenciclidina, psilocibina (cogumelo).
- *Tratamento:* benzodiazepínicos.

Anfetaminas/cocaína/simpaticomiméticos

- Sinais e sintomas:
  - Agitação, midríase, diaforese, vermelhidão, diarréia, convulsão.
  - Hipertensão, hipertermia, taquicardia.
  - Hiperatividade, alucinação, psicose.
  - Creatinofosfocinase alterada.
- Tratamento:
  - Agitação, delírio e psicose:
    Midazolam: 0,05-0,1 mg/kg IV.
    Diazepam: 0,1-0,2 mg/kg IV.
    Haloperidol: 0,1-0,2 mg/kg IM.
  - Convulsão: Além dos diazepínicos acima:
    Fenobarbital: 10 a 15 mg/kg IV em 20 minutos.
  - Hipertermia:
    Compressas geladas no corpo.
    O método mais eficaz é paralisia neuromuscular. Sedar o paciente e administrar pancurônio 0,1 mg/kg IV ou vecurônio 0,1 mg/kg IV e iniciar ventilação mecânica.
  - Hipertensão:
    Nitroprussiato de sódio: iniciar com 0,3 mg/kg IV e avaliar.
  - Taquiarritmias:
    Propranolol: 0,5 /3 mg IV. Repetir se necessário em 5 a 10 minutos.
    Esmolol: dose de ataque: 500 μg/kg dose de manutenção: 5 μg/kg/min.

Anticoagulantes

- Os anticoagulantes como cumadínicos, rodenticidas, warfarínicos e superwarfarínicos (brodifacoum, difenacoum, clorfacinona) diminuem a síntese hepática dos fatores da coagulação (II, VII, IX, X) dependentes da vitamina K. Os supercoumadínicos duram semanas após uma dose, e os rodenticidas podem conter metais pesados.
- Sinais e sintomas: sangramento interno e externo, dor lombar, disfonia, urticária, síndrome do dedo avermelhado, necrose da pele.
- Laboratório: diminuição dos fatores de coagulação acima. Aumento do PT, INR, PTT. Os warfarínicos duram até 5 dias, com pico entre 36 e 72 horas. Os superwarfarínicos duram 6 a 8 semanas, com pico entre 3 a 5 dias.
- Tratamento:
  - Lavagem gástrica em até 1 hora da ingestão.
  - Usar vitamina K_1 (fitonadiona), pois a vitamina K_3 (menadiona) e a K_4 (menadiol) são ineficazes. Dar 5 a 10 mg de vitamina K_1 IV lento. Tempo para restaurar os fatores de coagulação: de 6 a 24 horas. Doses de até 200 mg/dia foram usadas nos superwarfarínicos. Dose infantil 1-5 mg IV.
  - Se houver hemorragia ativa, usar plasma fresco congelado.

Anticolinérgicos (Atropina)

- Sinais e sintomas: taquicardia, hipotensão ou hipertensão, hipertermia, visão borrada, mucosas secas, retenção urinária, íleo paralítico, agitação, letargia, convulsão, mioclonia, coreoatetose, psicose com alucinação, QRS alargados.
- Tratamento:
  - Fisostigmina: 0,5-2 mg diluídos em 10 ml de SG 5% ou salina IV em 5 minutos (criança: 0,02-0,5 mg/kg). Se necessário, repetir segunda dose após 20 minutos.
  - Tratar arritmia com benzodiazepínicos ou fenitoína.
  - Tratar taquiarritmia com propranolol 0,1 mg/kg IV com incrementos de 1 mg.
  - Lavagem gástrica em até 48 horas após a ingestão.
- Outros anticolinérgicos: descongestionantes nasais:
  - Clorfeniramina.
  - Fenotiazinas.
  - Antiparkinsonianos.
  - Antidepressivos tricíclicos.
  - Midriáticos.
  - Anti-histamínicos.
  - Bloqueadores H2.
  - Plantas.

Antidepressivos tricíclicos

- Sinais e sintomas: taquicardia, hipotensão, hipertermia, coma, confusão, midríase, mucosas secas, distensão da bexiga, convulsão. No ECG, alargamento do QRS e aumento do espaço QT. Arritmias.
- Tratamento:
  - Objetivo: manter o paciente em alcalose, infundindo bicarbonato de sódio 1-2 mEq/kg IV em *bolus* e infundir IV continuamente 2-3 ml/kg/hora na seguinte solução: diluir 3 ampolas de bicarbonato de sódio em 1l de soro glicosado a 100%, mantendo o pH sérico entre 7,45-7,55.
  - Lavagem gástrica.
  - Marca-passo cardíaco.
  - Tratar hipotensão com infusão venosa.
  - O bicarbonato de sódio age sobre QRS alargado, as arritmias cardíacas e a hipertermia.

Barbitúricos

- Sinais e sintomas: hipoventilação, hipotensão, hipotermia, letargia, movimentos oculares desconjugados, hiporreflexia.
- Perfil farmacocinético: ação
  - Ultracurta.
  - Curta.
  - Intermediária.
  - Longa.
- Tratamento: medidas de suporte tais como: ventilação mecânica, infusão líquida etc.
- A alcalinização da urina no fenobarbital não é de valia. Considerar hemodiálise ou hemoperfusão se houver hipotensão arterial intratável.

Betabloqueadores

- Sinais e sintomas: braquicardia, hipotensão, letargia, confusão, tontura, cianose, convulsão, hipoglicemia, ECG normal.
- Tratamento:
  - Até 1 hora de ingestão: lavagem gástrica com carvão ativado, sorbitol 1 g/kg.
  - Glucagon:
    Adultos: 5-15 mg IV após, infusão de 1 a 5 mg/h.
    Crianças: 0,15 mg/kg IV seguido de infusão de 0,05-0,1 mg/kg/h.
    Nota: para infusão contínua, usar NaCl 0,9% se o diluente contiver fenol.
  - Se for necessário vasopressor, usar adrenalina.
  - Amrinona: ataque: 0,74 mg/kg. Manutenção: 2-20 μg/kg/min.

Bloqueador de canal de cálcio

- Sinais e sintomas: hipotensão, bradicardia e bloqueio atrioventricular.
- Tratamento:
  - Gluconato de cálcio:
    Adulto: 10 a 20 ml IV repetidos se necessário.
    Criança: 0,2-0,3 ml/kg repetido se necessário.
  - Glucagon: ver acima.
  - Bicarbonato de sódio: dar 1-2 mEq/kg IV em *bolus* repetidos se necessário, para manter o pH entre 7,45-7,5. A administração em *bolus* é preferida à infusão contínua.
  - Amrinona: ver acima.

Cáusticos e corrosivos

- Mecanismo de ação:
  - Ácido: necrose por coagulação usualmente superficial.
  - Bases: necrose por liquefação, profunda.
- Sinais e sintomas:
  - Cloro e amônia causam edema imediato, estridor, cornagem.
    Pele: dor, queimação, vermelhidão.
    Olho: lacrimejamento e conjuntivite.
    Ingestão oral: dor, disfagia, mediastinite se perfuração esofágica (ar livre no mediastino na radiografia de tórax).
- Tratamento:
  - ABC
  - O_2 a 100%.
  - Pele: irrigação tópica.
  - Ingestão oral: dar água ou leite.
  - Cáustico: não fazer lavagem gástrica, induzir êmese ou usar carvão. Há risco de perfuração e requeimadura no vômito.
  - Base: será neutralizada pelo ácido estomacal.
  - Ácido: considerar lavagem com SNG.
  - Formaldeído: corrosivo. Produz acidose metabólica com intervalo aniônico alterado por produção de ácido fórmico. Ver metanol.
  - Ácido hidrofluorídrico: queimaduras profundas, colapso circulatório, hipocalcemia, hipomagnesemia, hipercalemia.
  - Ácido oxálico: hipocalcemia, insuficiência renal aguda.
  - Permanganato: metaemoglobinemia.
  - Fenol: convulsão, coma, lesões hepática e renal.
  - Fósforo: lesões hepática e renal.
  - Ácido tânico: lesão hepática.

Chumbo

- Sinais e sintomas (ingestão aguda): dor abdominal, anemia hemolítica, hepatite tóxica, encefalopatia.
- Mecanismo de ação: causa inibição enzimática do grupo sulfidril e interage com cálcio, zinco e ferro, alterando a síntese do heme, membranas mitocondriais e celulares, metabolismo dos nucleotídeos e a liberação de neurotransmissores. Órgãos-alvo: sistema nervoso e hematopoiético, rins e sistema reprodutor.
- Dose tóxica: a ingestão aguda de 15 g determinou morte.
- Tratamento:
  - EDTA cálcico, dose 50-70 mg/kg/dia IV em 8-12 horas por 5 dias.
  - Hemodiálise se insuficiência renal.

Cianureto

- Sinais e sintomas: hipertensão arterial, confusão, náusea, arritmia cardíaca, isquemia cardíaca, edema pulmonar não-cardiogênico, depressão respiratória, hipotensão arterial prolongada, acidose metabólica grave.
- Mecanismo de ação: interfere com a enzima citocromo oxidase na mitocôndria, bloqueando a utilização aeróbica de oxigênio.
- Exposição ocupacional: armeiros, laboratoristas, metalúrgicos, aplicadores de fumigantes, trabalhos com plástico, tintas e acrilato, aço.
- Dose letal potencial:
  - Abricó (sementes): 100 g da pasta.
  - Amêndoa: 50-60 unidades.
  - Ácido hidrociânico: 50 g.
  - Azul da Prússia: 50 g.
  - Cianureto de K/Na: 130-300 mg.
- Tratamento:
  - ABC.
  - O_2 a 100%.
  - O *kit* antídoto para cianeto consiste em:
    Nitrito de amilo para produzir metaemoglobinemia, que consome o cianeto.
    Tiossulfato de sódio, que acelera a conversão de cianeto para tiocianato.
  - Hidroxicobalamina: administrar 50 vezes a quantidade de cianureto ingerido. Se a ingestão é desconhecida, dar 50 mg/kg de peso.

Clonidina

- *Sinais e sintomas*: hipotensão, hipertensão, bradicardia, hipoventilação, miose, letargia, confusão, bioquímica normal.
- *Tratamento*: medidas de suporte. A hipertensão arterial é normalmente transitória, não necessitando de tratamento.
- *Nota*: não usar tolazoline.

Colinérgicos

- Sinais e sintomas:
  - Muscarínicos: bradicardia, broncoespasmo, broncorréia, diarréia, diaforese, êmese, espasmos, incontinência urinária, lacrimejamento, salivação.
  - Nicotínicos (só organofosforados): comprometimento de músculos estriados, ou seja, fasciculações, câimbra, paralisias, comprometimento respiratório.
  - Gânglios simpáticos: hipertensão arterial, hiperglicemia, palidez.
  - Sistema nervoso central: ansiedade, voz pastosa, ataxia, convulsões.
- Exemplos: carbamados, organofosforados, inseticidas inibidores da colinesterase.
- Inseticidas carbamados:
  Aldicarb.
  Aminocarb.
  Bufencarb.
  Carbaril.
  Carbofuran.
  Dioxidacarb.
  Isocarb.
  Oxamil.
  Propoxur.
- Organofosforados:
  - Altamente tóxicos:
    Sarin.
    Tabun.
    Soman.
    TEPP.
    OMPA.
    Parathion.
    Fosdrin.
    Demeton.
    Disulfoton.
    Schradan.
    Toxicidade moderada:
    Calmophos.
    Diazinon.
    Dichlorvos.
  - Toxicidade média:
    Dimethoato.
    Malathion.
    Chlorathion.
- Tratamento:
  - Vias aéreas:
    Patência.
    Aspirar secreções.
    Oxigênio.
  - Anticolinérgicos:
    Adulto: 2-4 mg.
    Criança: 0,05 mg/kg.
    Repetir em intervalos de 5 a 10 min, até sinais de atropinização:
    Pulso: 90-100.
    Midríase.
    Boca seca.
    Ausência de estertores bolhosos.
  - Considerar infusão venosa contínua se houver recrudescência dos sintomas.
  - Pralidoxime: se houver fraqueza e depressão respiratória na intoxicação por organofosforados:
    Adulto: 1-2 g/kg.
    Criança: 20-50 mg/kg.
    Velocidade de infusão máxima: 200 mg/min.
    Repetir se necessário após 1-2 horas e então a cada 10-12 horas.
  - Descontaminação da pele e dos cabelos com água e sabão.
  - Monitorar por 72 horas.

Digitálicos (digitoxina, digoxina, glicosídeos cardíacos das plantas)

- Mecanismo de ação: inibe a Na-K-ATPase, causando saída do potássio e entrada do sódio e cálcio nas células. Toxicidade aumentada por hipo/hipercalemia, hipomagnesemia, hipocalcemia, alcalose.
- Sinais e sintomas: dor abdominal, anorexia, confusão, diarréia, moleza, psicose, hipotensão, distúrbios visuais.
- Eletrocardiograma: bloqueios cardíacos, taquicardia atrial, fibrilação atrial e ventricular, diminuição da condução dos nódulos sinoatrial e átrio ventricular, arritmia juncional.
- Tratamento:
  - *Kit Digibind.*
  - Lavagem gástrica se a ingestão foi há menos de 1 hora. Considerar colestiramina para digitoxina e pacientes com insuficiência renal.
  - Corrigir distúrbios eletrolíticos.
  - Tratar hipomagnesemia agressivamente, porque o magnésio se opõe frontalmente à ação da digoxina na bomba Na/K.
  - Arritmia cardíaca: 2 g de sulfato de magnésio em 20 min e então 1-2 g/h para manter o magnésio sérico 4-5 mEq/l. Considerar cardioversão. Outras drogas: atropina 0,5-1 mg IV. Lidocaína: 1-2 mg/kg IV e infusão contínua. Fenitoína.

Dissulfiram + sulfanol

- Sinais e sintomas: hipotensão, taquicardia, vertigem, diaforese, vermelhidão, arritmias ventriculares, timpanismo abdominal, depressão respiratória, síncope; pode ocorrer infarto do miocárdio.

- Mecanismo de ação: bloqueia a enzima acetoaldeído desidrogenase, aumentando a quantidade de acetoaldeído que junto com o etanol produz a reação tóxica.
- Tratamento:
  - Leve: 1 g de ácido ascórbico via oral.
  - Severa: 5-10 g de ácido ascórbico IV.
- Substâncias que causam reação semelhante ao dissulfiram:
  - Algumas cefalosporinas.
  - Cloranfenicol.
  - Hidrato de cloral.
  - Metronidazol.
  - Moxalactam.
  - Tolbutamida.

Estricinina

- Sinais e sintomas: Hiperexitabilidade, mioclono, convulsões de todos os músculos, hipertermia, opistótono, rabdomiólise, trismo, riso sardônico.
- Mecanismo de ação: antagoniza a glicina, que é neurotransmissor inibitório liberado pelos neurônios pós-sinápticos na medula espinhal, aumentando a excitabilidade neuronal. Eliminação por metabolismo hepático (aproximadamente 10 horas). Absorção rápida após ingestão.
- Dose tóxica: 5-10 mg/kg de peso.
- Tratamento:
  - Vias aéreas: intubação para prevenir asfixia.
  - Benzodiazepínicos ou fenobarbital IV.

Etanol

- Sinais e sintomas e nível alcoólico no sangue (mg%):
  - 50: euforia.
  - 75: ausência de sintomas ou aumento da sociabilidade. Metabolização em 3,5 horas.
  - 125-150: euforia e incoordenação.
  - 200-250: letargia ou dificuldade com controle motor e emocional.
  - 300-350: embotamento e eventualmente coma.
  - 500: coma e morte.
- Estimativa da concentração alcoólica:
  - 30 ml de uísque = 1 taça de vinho = 1 lata de cerveja. Aumenta a concentração de etanol em 25 mg%.
  - Regra geral: 1 ml de etanol a 100%/kg de peso produz concentração sangüínea de 100 mg%.
  - Homem = (0,8 × ml de álcool)/(0,68 × peso em kg)
  - Mulher = (0,8 × ml de álcool)/(0,55 × peso em kg).
- Sinais e sintomas gerais:
  - Depressão do sistema nervoso central.
  - Hipoglicemia por diminuição da gluconeogênese e consumo do glicogênio.
  - Hipotermia.
  - O metabolismo hepático de drogas toxinas endógenas fica diminuído; aumento da toxicidade hepática.
  - Hemorragias gastrintestinais (Mallory-Weiss).
  - Diminuição da tiamina, causando encefalopatia de Wernicke e psicose de Korsakoff.
  - Síndrome de abstinência alcoólica.
  - Cetoacidose alcóolica.
- Tratamento:
  - Intoxicação aguda:
    ABC.
    Glicose:
      Adulto: 50 ml de solução a 50%.
      Criança: 2-4 ml/kg de glicose a 25%.
    Tiamina: 100 mg IV (criança 50 mg).
    Corrigir hipotermia.

Etileno glicol

- Sinais e sintomas:
  - Fase 1: 0-12 horas – convulsões e ataxia.
  - Fase 2: 12-24 horas – hipertensão arterial, insuficiência cardíaca congestiva, taquicardia, taquipnéia.
  - Fase 3: acidose metabólica severa.
  - Fase 4: depois de 24 horas, insuficiência renal, letargia e coma.
- Dose tóxica: 1,5 ml/kg.
- Mecanismo de intoxicação: o etileno glicol é metabolizado a ácido oxálico e glicolítico, usando a enzima álcool desidrogenase. O mecanismo de lesão é causado pela deposição de cristais de oxalato e pelos efeitos dos ácidos.
- Laboratório: acidose de intervalo aniônico, cristalúria, hipocalcemia, QTc prolongado.
- Tratamento:
  - Fomepizol, um inibidor da álcool desidrogenase hepática, IV. Dose de ataque: 15 ml/kg diluídos em pelo menos 100 ml de salina ou glicosados a 5%. Dose de manutenção: dar 4 doses de 10 ml/kg a cada 12 horas e então aumentar para 15 ml/kg, até níveis de etileno glicol inferiores a 20 mg%.
  - Ou etanol via oral ou venosa. A concentração desejada é de 100 mg% de etanol no sangue, o que se consegue dando aproximadamente 750 mg/kg como dose de ataque seguidos de manutenção de 100 a 150 mg/kg/hora.
  - Hemodiálise. Remove eficazmente o etileno glicol e seus metabólitos, corrigindo rapidamente a acidose e o distúrbio hidroeletrolítico. Deve continuar até normalização do intervalo aniônico.
  - Administrar piridoxina (B6) 50 mg IV cada 6 horas; ácido fólico 50 mg IV a cada 6 horas (criança, 1 mg/kg); tiamina (B1) 100 mg IV a cada 6 horas (criança, 50 mg).

Ferro

- Sinais e sintomas:
  - Fase inicial gastrintestinal: náusea, vômito, diarréia, hematêmese; tem início de meia hora a 6 horas após a ingestão e dura aproximadamente 40 horas. Urina com coloração de vinho rosê.
  - Fase latente: sem sintomas gastrintestinais, surge letargia. Muitos pacientes não têm essa fase.

- Fase cardiovascular (recorrente): acidose, hipotensão, vômitos. Surge de 4-40 horas após ingestão e dura até 2 dias.
- Fase hepática: enzimas hepáticas anormais e coagulopatia persistem por 7-10 dias após a ingestão.
- Fase tardia: obstrução pilórica após 4-8 semanas.

- Laboratório: crianças normalmente têm hipoglicemia e leucocitose. Ferro nas fezes, acidose metabólica, anormalidades no ECG, o ferro é radiopaco, aparecendo na radiografia simples de abdômen.
- Tratamento:
  - Choque: reposição volêmica.
  - Convulsões: ver acima.
  - Específico: deferoxamina quando o nível sérico de ferro for maior que 400 µg%; 1 g de ferro é capaz de quelar 8,5 mg de ferro elementar. A administração deve ser intravenosa, na dose de 10-15 mg/kg/hora, não excedendo 6 g por dia. Calcular a dose pela quantidade ingerida. Não exceder, em crianças ou adultos, a dose de 15 mg/hora. O término da terapia coincide com o desaparecimento da urina com cor de vinho rosê.

Herbicidas

- Exemplo: Paraquat.
- Sinais e sintomas: dor e edema na boca e garganta, ulcerações podem ser visíveis, náusea, vômito e dor abdominal. Após alguns dias, o paciente evolui para a morte, com quadro de fibrose pulmonar.
- Dose tóxica: 2-4 g ou 10-20 ml da solução a 20% para adultos ou 4-5 ml para crianças.
- Mecanismo de ação: produto fortemente catiônico que reage com NADPH, produzindo radicais livres altamente reativos, levando à destruição tecidual através de peroxidação lipídica, causando fibrose pulmonar.
- Tratamento:
  - ABC:

    Até 1 hora, lavagem gástrica e administração de 100 g de carvão ativado. Também são eficazes as administrações de bentonite e terra de Fuller.

    Administrar oxigênio na concentração necessária para manter a PaO_2 ao redor de 60 mmHg, já que altas concentrações podem aumentar a fibrose pulmonar.

    Hemoperfusão com carvão ativado pode ser eficaz. Não existem estudos controlados com hemodiálise e diurese forçada, que também podem ser tentados.

Hipoglicemiantes orais

- Sinais e sintomas: hipoglicemia prolongada causa confusão, agitação, coma e anóxia cerebral, que causa apnéia, hipotensão e parada cardíaca.
- Duração da ação:
  - Acetoexamida 12-18 horas (metabólito ativo).
  - Clorpropamida 24-72 horas (metabólito ativo).
  - Fenformina 12-24 horas (metabólito ativo).
  - Glipsida 6-24 horas (sem metabólito ativo).
  - Gliburida 16-24 horas (metabólito ativo).
  - Talazamida 16-24 horas (metabólito ativo).
  - Tolbutamida 6-12 horas (metabólito ativo).
- Tratamento:
  - Glicose a 50% 50 ml IV e após infusão contínua de soro glicosado 10% IV.
  - Glucagon (após a glicose) 1-2 mg intramusculares. Repetir se necessário.

Isoniazida

- Sinais e sintomas: inicia-se com 30 minutos-2 horas, compostos por convulsões refratárias a tratamento usual, acidose metabólica e coma. Podem aparecer também náuseas, vômitos, tonturas, hipertermia, hipotensão e neuropatia periférica.
- Dose tóxica: ingestão maior que 200 mg/kg.
- Laboratório: acidose de intervalo aniônico, elevação de enzimas hepáticas.
- Tratamento:
  - ABC, tratamento das convulsões. Se o pH for menor que 7,1, usar bicarbonato de sódio.
  - Reposição de piridoxina (B6): se a concentração de INH é conhecida, dar 1 g de piridoxina para cada g do tóxico, lembrando-se de diluir em 50 ml de glicosado a 5% ou salina. Se a dose não for conhecida, dar 4-5 g de B6 IV empiricamente e repetir se necessário.
  - Se os sintomas persistirem, considerar hemodiálise.

Lítio

- Sinais e sintomas: hipotensão (estardia), letargia, diarréia, confusão, tremor, ataxia, mioclonia, convulsão, hiperreflexia.
- Tratamento:
  - Manter sódio sérico ao redor de 140 mEq/l.
  - Diálise se houver convulsões, insuficiência renal, insuficiência cardíaca e bloqueio cardíaco de segundo e terceiro graus.

Magnésio

- Sinais e sintomas:
  - Moderados: náusea, vômito, fraqueza e vermelhidão cutânea.
  - Grave: anormalidades da condução cardíaca, hipotensão, fraqueza muscular e letargia.
  - Gravíssimo: assistolia, coma, parada respiratória.
- Tratamento:
  - ABC.
  - Gliconato de cálcio 10% 10-20 ml IV repetidos sempre que necessário (criança 0,2-0,3 ml/kg).

Mercúrio

- Sinais e sintomas: distúrbios psiquiátricos, insônia, hipotensão, salivação, diarréia, estomatite, tremor.
- Formas de ocorrência:
  a) Elementar:
     - Líquido nos termômetros, barômetros muito pouco absorvidos tanto pela pele quanto se ingerido, toxicidade rara.

- Vapor pouco absorvido pela pele, no entanto absorção de 80% pelos pulmões.

b) Sais inorgânicos:
- Mercuroso encontrado nos anti-sépticos e no calomelano; se ingeridos, a absorção é de cerca de 10%.
- Mercúrico encontrado nas baterias.

c) Orgânico:
- Mercúrio metílico encontrado nos peixes predatórios (atum), absorção 100%.
- Mercúrio fenílico encontrado nos fungicidas e bactericidas, absorção pós-ingestão de 80%.
- *Tratamento*: succímero (DMSA): 1-2 g/dia IV.

Metanol

- *Sinais e sintomas*: hiperventilação, hipotensão, letargia, visão borrada.
- *Dose tóxica*: 100 ml.
- *Tratamento*: hemodiálise.

Metaemoglobina

- Sinais e sintomas:
  - Cianose com PaO_2 e SaO_2 normais.
    Leve: 10-20%, não necessita de tratamento específico.
    Moderado: 20-45%, depressão do sistema nervoso central, tontura, dispnéia.
    Forte: 45-55%, acidose láctica, choque, convulsão.
    Hiper: maior que 75%, alto risco de mortalidade.
- Drogas envolvidas: nitritos e nitratos encontrados nos preservativos de carnes, sucos de espinafre e cenoura, águas naturais contaminadas, propelentes de desodorantes ambientais, anestésicos locais, naftalina, dapsona, fenitoína, explosivos, fósforos, artefatos pirotécnicos, sulfonamidas, cloroquina e outras drogas.
- Dose tóxica: acima de 15%.
- Tratamento:
  - Azul-de-metileno solução a 1%, administrar 1-2 ml/kg diluídos em soro fisiológico 0,9% num período de 5-10 minutos. Repetir quando necessário. Há falso aumento da metaemoglobina sem medida por co-oximetria.
  - Oxigênio a 100%.
  - Câmara hiperbárica.
  - Exsanguineotransfusão.

Narcóticos/opióide

- Sinais e sintomas: miose, hipopnéia, bradipnéia, bradicardia, estado mental alterado, hipotermia.
- Tratamento: naloxone 0,4-2 mg IV repetidos a cada 2 ou 3 minutos. Tempo de ação, 1-2 horas. Se necessário, usar infusão contínua de 0,4-0,8 mg/hora dissolvidos em glicose a 5% ou soro fisiológico a 0,9%. Dose infantil igual à de adultos.

Salicilatos

- Sinais e sintomas:
  - Mínimos: se menores que 150 mg/kg.
  - Moderados: se 150-300 mg/kg.
  - Severos: se 350-500 mg/kg.
  - Potencialmente letal: se maiores que 500 mg/kg.
  - Agudos (3-8 horas): desidratação moderada, diminuição da audição, tinitus, taquipnéia, hiperpirexia. Aumento do tempo de protrombina, disfunção plaquetária.
  - Crônico: edema agudo de pulmão, agitação, convulsão, gastrite, aumento de enzimas hepáticas, insuficiência renal.
- Tratamento:
  - Com poucos sintomas:
    Hidratação venosa.
    Lavagem gástrica.
    Múltiplas doses de carvão ativado.
    Alcalinização da urina para manter seu pH 7-8 com uma solução contendo 40 mEq/l de sódio, 35 mEq/l de potássio, 50 mEq/l de cloro, 20 mEq/l de bicarbonato dissolvidos em glicose a 5%; infundir 4-8 ml/kg/hora.
  - Se os sintomas não regredirem, hemodiálise.
  - Tratar a hipoglicemia tardia.

Síndrome serotonérgica

- Sinais e sintomas:
  - Autonômicos: hipertemia, diaforese, taquicardia, hipertensão arterial, taquipnéia, pupilas dilatadas não-reagentes, náusea, salivação, cianose.
  - Cognitivos: confusão, agitação, ansiedade, convulsões, alucinação e coma.
  - Neuromusculares: mioclonia, hiper-reflexia, rigidez muscular, tremor, ataxia, trismo e nistagmo.
  - Outros: coagulação intravascular disseminada, rabdomiólise (CPK > 1.000).
- Etiologia: aumento de 5 HT devido ao aumento de serotonina no cérebro.
- Drogas envolvidas: ecstasy, anfetaminas, fenfluramina, reserpina, cocaína, buspar, LSD, amantadina, bromocriptina, levodopa.
- Tratamento: ABC, tratar hipertermia, propranolol, fenergan, clopromazina, dantrolene.

Tálio

- Sinais e sintomas: náusea, vômito, diarréia, dor, hemorragia. De 4-6, dias convulsão e coma. Após, neuropatias, alopecia e delírio.
- Mecanismo de ação: afeta numerosas enzimas e também é similar à hipotassemia.
- Dose tóxica: variável (p. ex., 200 mg). Provavelmente 12-15 mg/kg. É radiopaco.
- Tratamento:
  - ABC.
  - Azul-da-prússia (ferrocianeto férrico) na dose de 250 mg/kg/dia divididos em 2-4 doses.

– Carvão ativado semelhante ou até superior ao azul-da-prússia. Dose inicial 1 g/kg por sonda nasogástrica ou 10 vezes a quantidade de toxina ingerida peso por peso. Dose de manutenção, 0,25-0,5 g/kg cada 2-4 horas, administrar catártico a cada segunda ou terceira dose.

EFEITOS DO ABUSO DE DROGAS PROVENIENTES DAS PLANTAS[3]

As plantas, ao produzirem substâncias tóxicas, permanecem vivas porque esses compostos são isolados em estruturas especiais ou produzidos sob forma inativa. É necessário levar em conta esse fenômeno da natureza, já que muitas pessoas acreditam serem elas inócuas.

Algumas plantas usadas como medicamento

- *Alho*: crise de broncoespasmo.
- *Gingko biloba*: interfere no sistema de coagulação sangüínea.
- *Ginseng*: produz hipoglicemia, diminui o cortisol. Tríade da síndrome do abuso. Nervosismo. Insônia. Distúrbio gastrintestinal.
- *Hypericum perfuratum*: usado como antidepressivo, é provavelmente da classe dos inibidores da MAO.
- *Ma Huang*: contém efedrina, causando hipertensão e taquicardia.

PLANTAS TÓXICAS

Devido à necessidade de identificação da planta envolvida num acidente, sugerimos a consulta de livros específicos sobre o assunto, e também sites da Internet com figuras e princípios ativos, o que por si só constitui um capítulo à parte na Medicina, fugindo do escopo desta obra.

REFERÊNCIAS BIBLIOGRÁFICAS

1. Flynn JC, Gayou, Bob ED. *Clinical Trauma & Toxicology.* Handango in Palm 1997.
2. Olson KR (Ed.). *Poisoning & Drug Overdose.* Norwalk, CT: Appleton & Lange, 1999.
3. Schvartsman S. *Plantas Venenosas e Animais Peçonhentos.* 2ª ed., 1992.
4. Lheureux P, Penaloza A, Gris M. Club Drugs: A new challenge in JL. Yearbook of Intensive Care and Emergency Medicine. Springer-Verlag, Berlim, 2003, pp 811-20.

109 Acidentes por Animais Peçonhentos

Gerson Luiz de Macedo

Os acidentes por animais peçonhentos representam a segunda causa mais freqüente de intoxicação exógena no Brasil, sendo suplantados apenas pelas intoxicações medicamentosas (Fig. 109-1). No ano de 1999, foram notificados cerca de 15.000 acidentes, cuja mortalidade foi inferior a 1% dos casos. Em virtude das dimensões continentais de nosso país, os casos graves que necessitam de tratamento intensivo ocorrerão em áreas onde o acesso à soroterapia específica é mais difícil em virtude das longas distâncias e da dificuldade de condução até os postos de assistência, como ocorre principalmente nas regiões Centro-Oeste, Norte-Nordeste. O acidente ofídico é o mais freqüente e de maior morbidade e mortalidade, sendo as serpentes do gênero *Bothrops* (jararaca) as principais responsáveis pelos casos (80% a 90% dos casos) em todo o território nacional, e as do gênero *Crotalus* (cascavel) as com maior índice de letalidade. Antes da introdução do soro antiofídico, a mortalidade ocorria entre 10% e 35% dos casos. Cerca de 70% dos pacientes são do sexo masculino, em virtude da maior freqüência de atividade profissional no campo e nas lavouras, e a faixa etária dos casos se situa entre os 15 e 50 anos de idade. Os acidentes em crianças sempre devem ser considerados graves em virtude da menor superfície corpórea e conseqüentemente da maior quantidade de veneno circulando. Apesar de não ser uma causa comum de admissão nas unidades de terapia intensiva, as repercussões sistêmicas dos acidentes graves, habitualmente não-tratados em tempo hábil ou malconduzidos, justificam a atenção e a pesquisa por parte do médico intensivista neste capítulo.

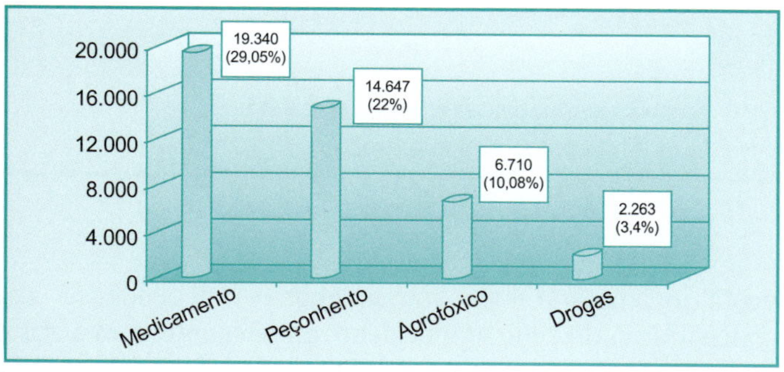

Fig. 109-1. Intoxicações exógenas registradas em 1999. (Fonte: Sistema Nacional de Informações Tóxico-Farmacológicas – Sitinox, 1999.)

ETIOLOGIA

- *Serpentes:* cerca de 75 a 90% dos acidentes notificados são atribuídos às cobras do gênero *Bothrops* (jararaca, jararacuçu, urutu); 7% ao gênero *Crotalus* (cascavel); 1,5% ao gênero *Lachesis* (surucucu), e em menos de 1% os acidentes ocorrem pela mordedura da coral verdadeira (gênero *Micrurus*).
- *Escorpiões:* são acidentes menos freqüentes, mas com gravidade relacionada à quantidade de veneno injetável e área de superfície corpórea, sendo os casos mais graves observados em crianças. Os escorpiões do gênero *Tityus bahiensis* (escorpião marrom) e *Tityus serrulatus* (escorpião amarelo) são os principais responsáveis, sendo este último o mais perigoso, com notificação de casos letais.[1]
- *Aranhas:* são acidentes menos graves, sendo a maioria dos casos notificados nas regiões Sul e Sudeste. De importância clínica destacam-se três gêneros: *Phoneutria* (aranha armadeira), *Loxosceles* e *Latrodectus* (viúva-negra). Os casos graves são muito raros, e, quando ocorrem, atingem crianças que apresentam bradicardia, hipotensão, arritmias, edema pulmonar e choque circulatório.[16]
- *Himenópteros:* as abelhas do gênero *Apis*, vespas e marimbondos são os mais perigosos, estando a maior morbidade relacionada com o número de picadas, sendo letal em alguns casos por choque e insuficiência renal aguda.
- *Animais aquáticos:* os acidentes graves por animais aquáticos peçonhentos são raros e têm como principais representantes a celenterada (água viva), porífera (esponjas), equinodermos (ouriços) e peixes (arraias). São acidentes que resultam habitualmente em manifestações locais de contato (queimaduras e necrose mediadas por enzimas, ou espinhos), não apresentando manifestações sistêmicas que justifiquem a abordagem do médico intensivista.

PATOGENIA

Os venenos inoculados nos seres humanos apresentam repercussões locais e/ou sistêmicas, dependendo das características do tipo de acidente (Quadros 109-1 e 109-2). De maneira geral, os venenos apresentam efeitos proteolítico, coagulante, neurotóxico, miotóxico, hemolítico (atividade atualmente questionada) e histamínico. Quando inoculados em grande quantidade, por liberação de bradicinina (ex.: acidente por *Bothrops*), pode ocorrer choque do tipo distributivo.

Quadro 109-1. **Sinais e sintomas dos acidentes por serpentes**[3,4,10,14,18]

Gênero da serpente	*Ações do veneno*		*Sintomas e sinais precoces (até 6 h após o acidente)*	*Sintomas e sinais tardios (6/12 h após o acidente)*
Bothrops	Proteolítica Coagulante Hemorrágica	Alterações locais evidentes	Dor, edema, calor e rubor no local da picada, imediato. Aumento do tempo de coagulação (TC). Hemorragias. Choque nos casos graves	Bolhas
Lachesis	Proteolítica Coagulante Hemorrágica Neurotóxica		Poucos casos estudados: manifestações clínicas semelhantes ao acidente por *Bothrops*, acrescidos de sinais de excitação vagal (bradicardia, hipotensão arterial e diarréia)	
Crotalus	Neurotóxica	Alterações locais discretas ou ausentes	Ptose palperal (fácies miastênica – neurotóxica), diplopia, oftalmoplegia e visão turva por acomodação visual. Relatos de insuficiência respiratória aguda em casos graves	
	Miotóxica		Dor muscular generalizada. Urina avermelhada ou marrom. Edema discreto no local da picada	Urina avermelhada ou marrom-escura (hemoglobinúria e mioglobinúria) Oligúria e anúria (insuficiência renal aguda)
	Hemolítica coagulante		Urina avermelhada	
Micrurus	Neurotóxica		Ptose palpebral (fácies miastênica – neurotóxica), diplopia, oftalmoplegia, sialorréia, dificuldade de deglutição e insuficiência respiratória aguda, de instalação precoce	

Fonte: Ministério da Saúde – 1988.

Quadro 109-2. **Sinais e sintomas dos acidentes por aranhas e escorpiões**[1,7]

Tipo de animal	*Sinais e sintomas*
Aranhas	
Phoneutria (armadeira)	Dor local intensa, freqüentemente irradiada, edema discreto, eritema e sudorese local
Latrodectus (viúva-negra)	Dor local intensa, irradiando-se para os gânglios regionais, contraturas musculares, fasciculação, opistótono, rigidez da parede abdominal, trismo, sudorese, hipertensão arterial, taquicardia que evolui para braquicardia, priapismo Casos graves: choque
Loxosceles (aranha-marrom)	Sinais e sintomas geralmente após 6-12 horas, cefaléia, febre, equimose no local da picada com eritema e edema duro, que pode evoluir com bolha e necrose local, deixando úlcera de contornos nítidos
Escorpiões	
Tityus (escorpião amarelo, escorpião marrom, escorpião preto)	Dor local intensa, freqüentemente irradiada, edema discreto e sudorese local Casos graves: alterações cardiovasculares e edema agudo de pulmão

Fonte: Ministério da Saúde – 1988.

Ação proteolítica. Efeito característico dos acidentes botrópicos (jararaca, jararacuçu) e laquético (surucucu), também é denominada citotóxica, caracterizando-se pelo desenvolvimento, no local da mordida, de liponecrose e mionecrose com gravidade variável, dependendo da quantidade de veneno inoculado. Essa atividade proteolítica ocorre em virtude de proteases que são responsáveis pela endotelite que gera uma resposta inflamatória local inicialmente, e, dependendo da concentração do veneno inoculado, em conjunto com a ação da fração coagulante, pode ser responsável pelo desenvolvimento de coagulação intravascular disseminada.

Pode evoluir para infecção bacteriana secundaria quando as presas das serpentes estão contaminadas por germes habitualmente gram-positivos e anaeróbios (*Clostridium* spp). As aranhas *Loxoceles* também apresentam efeito proteolítico significativo.

Ação coagulante. A fração coagulante do veneno da jararaca foi demonstrada pela primeira vez em 1958, e no ano seguinte foi conseguida a sua purificação. O mecanismo de ação do veneno não está totalmente esclarecido.

A ativação do fator X da cascata de coagulação, em última análise, pode explicar o mecanismo de ação do veneno do acidente botrópico levando a hemorragias, que é uma complicação mais freqüente dos acidentes por animais peçonhentos desse gênero. Estudo em cobaias (cães) mostram uma atividade semelhante a trombina, exacerbada como efeito predominante da ação coagulante do veneno de serpentes.

Nos casos graves também ocorrem plaquetopenia e coagulação intravascular disseminada em virtude da interação da lesão endotelial (vasculotóxica) sistêmica. Em até 30% dos casos dos acidentes por cascavel, quando o veneno é inoculado na vítima em grande quantidade, pode ocorrer incoagulabilidade sangüínea.

Ação miotóxica. Efeito sistêmico típico dos acidentes graves por serpentes de gênero *Crotalus* (cascavel), ocorre em virtude da ação da crotoxina, que é a fração do veneno crotálico mais conhecida, responsável pela liberação de mioglobina para o sangue e urina, caracterizando a rabdomiólise e conseqüentemente nefrotoxicidade e insuficiência renal aguda por necrose tubular, que é a causa de maior morbidade entre os acidentes por animais peçonhentos.

Ação neurotóxica. Uma das mais importantes repercussões dos venenos inoculados em seres humanos ocorre em virtude do bloqueio da transmissão na junção neuromuscular tanto em nível central quanto periférico, estando ligada aos acidentes por serpentes do gênero *Crotalus* (cascavel) e *Micrurus* (coral). Essas neurotoxinas atuam na pré-sinapse inibindo a acetilcolina, como ocorre nos acidentes por cascavel, e tanto na pré quanto na pós-sinapse, no caso do veneno por coral. Nesse tipo de acidente, em virtude do baixo peso molecular do veneno, o efeito neurotóxico é rápido, sendo a insuficiência respiratória aguda a repercussão clínica mais temida de todos os tipos de acidente. Os escorpiões e as aranhas apresentam efeito neurotóxico periférico com dor intensa no local da picada, não apresentando ação no sistema nervoso central.

Ação histamínica. Efeito característico dos acidentes por *Himenópteros* (abelhas, vespas, marimbondos e formigas). O veneno com o seu componente, peptídeo desgranulador de mastócitos, libera histamina, serotonina e fator ativador plaquetário, efeito habitualmente mínimo em indivíduos que não são hipersensíveis, mas que, quando inoculado em pessoas alérgicas ou em grande quantidade, pode ser responsável por um quadro grave de broncoespasmo, edema de glote e hipotensão. Na forma tóxica severa, rabdomiólise, insuficiência renal, choque distributivo, SARA e coagulação intravascular disseminada levam ao óbito a quase totalidade dos casos.

MANIFESTAÇÕES CLÍNICAS[18]

As manifestações clínicas vão depender do tipo de acidente ocorrido, da sensibilidade do paciente ao veneno e da quantidade de veneno inoculado. Os casos mais graves e letais habitualmente ocorrem em crianças e nos indivíduos que não tiveram acesso rápido à soroterapia (mais de 6 horas do acidente) e a um Centro de Tratamento Intensivo.

Manifestações locais. No local da mordida ou picada, a dor, edema e hiperemia são as principais manifestações dos acidentes por *Bothrops*, alertando para a ausência desses achados nos acidentes por cobras do gênero *Crotalus* (cascavel) e *Micrurus* (coral). Nos casos mais graves pode haver necrose tecidual, efeito dependente da quantidade de veneno inoculado habitualmente por serpentes do gênero *Bothrops*, como a jararaca, urutu e jararacuçu, sendo essa última muito temida, por poder inocular até cerca de 5,5 cm^3 de veneno de uma só vez, quando a média de veneno inoculado é em torno de 0,5 cm^3 dependendo da serpente. Os acidentes por escorpiões e aranhas caranguejeira e armadeira causam basicamente muita dor no local da picada, não apresentando ação proteolítica. As aranhas do gênero *Loxoceles* podem ser responsáveis por casos de necrose tecidual no local da picada.

Manifestações neurológicas. A fácies neurotóxica é clássica dos acidentes por serpente do gênero *Crotalus* (cascavel) e *Micrurus* (coral). Visão turva, ptose palpebral bilateral, midríase com diminuição do reflexo fotomotor, sonolência e obnubilação são as manifestações mais marcantes. Nos casos mais graves, principalmente com o acidente micrúrico, pode haver insuficiência respiratória aguda do tipo I (hipoventilação alveolar) e morte se o paciente não tiver acesso rápido a um Centro de Tratamento Intensivo.

Manifestações hemorrágicas. Epistaxe e gengivorragias são as manifestações clínicas freqüentemente encontradas em acidentes por mordida de cobra, principalmente do gênero *Bothrops*, e, em virtude da maior quantidade de veneno, a jararacuçu é a principal responsável. Os casos mais graves se apresentam com hemorragia digestiva associada e choque hipovolêmico e estão relacionados à incapacidade de o paciente se apresentar num pronto-socorro em tempo hábil para a utilização do soro antiofídico. Habitualmente, a partir da sexta hora do acidente, é pouco provável que o soro tenha alguma eficácia. Nas regiões onde é rápido e fácil o acesso ao antídoto (principalmente nas primeiras 3 horas após o acidente), a manifestação mais freqüente é a alteração do tempo de coagulação, que se apresenta incoagulável, porém sem manifestação hemorrágica.

Manifestações de hipersensibilidade. São vistas principalmente em acidentes por picadas de insetos (abelhas, vespas), em que lesões urticariformes, broncoespasmo, edema de glote e hipotensão podem surgir em indivíduos hipersensíveis ou quando há um grande número de picadas com inoculação de grande quantidade de veneno, sendo muito graves esses casos, levando ao óbito (esses acidentes são fatais em quase 100% dos casos, quando se documentam 500 ferroadas ou mais).

Manifestações miotóxicas. Mialgias generalizadas são manifestações comuns em acidentes por cobra do gênero *Crotalus* (cascavel). Nos casos graves, ocorre rabdomiólise, com insuficiência renal aguda oligúrica.

DIAGNÓSTICO

O diagnóstico dos acidentes por animais peçonhentos é clínico, podendo ser feito através da identificação do animal quando este é trazido pelo paciente, ou, como ocorre na maioria das vezes, pelas características clínicas do acidente. Os exames complementares servem principalmente para a avaliação prognóstica do caso, e de rotina devemos solicitar coagulograma e contagem de plaquetas, com o tempo de coagulação devendo ser solicitado imediatamente na chegada do acidente por *Bothrops*. Provas de função renal (uréia e creatinina), DHL e CPK são importantes principalmente quando a suspeita do acidente é por cobra do gênero *Crotalus*, responsável pelos casos de insuficiência renal aguda por mioglobinúria.

COMPLICAÇÕES

Não é freqüente a admissão desses acidentes nas Unidades de Terapia Intensiva, principalmente em regiões onde se aplica o tratamento específico de forma rápida. No Hospital Universitário Sul Fluminense em Vassouras, no Estado do Rio de Janeiro, que é referência regional para o tratamento dos acidentes, nos últimos dez anos não houve nenhum acidente por cobra admitido (mais de 1.000 acidentes notificados à Secretaria Municipal de Saúde) no Centro de Tratamento Intensivo.

Principais complicações de acidentes por animais peçonhentos

Choque circulatório. Pode ser hipovolêmico ou do tipo distributivo, ocorrendo nos acidentes por cobras (jararaca, jararacuçu), insetos (abelhas, vespas) e escorpiões nas formas graves dos acidentes em crianças.

Insuficiência respiratória aguda. Complicação temida no acidente por coral e em casos graves por picada de escorpião em crianças.

Insuficiência renal aguda. A necrose tubular aguda isquêmica (por hemorragias) ou tóxica (mioglobinúria) representa a principal causa de mortalidade nos acidentes por cobras do gênero *Crotalus* (cascavel).[2]

Necrose com gangrena seca do membro lesionado. Complicação observada em acidentes por serpentes do gênero *Bothrops* pelo efeito proteolítico do veneno, ou por infecção bacteriana secundaria. O uso inadvertido de torniquete e/ou sucção labial representa um fator predisponente importante para o surgimento dessa complicação. A síndrome compartimental é uma complicação temida, devendo ser reconhecida e tratada de forma agressiva cirúrgica e clinicamente, em virtude da possibilidade de amputação do membro afetado.

Escorpionismo grave em crianças. Observado habitualmente em crianças com menos de 7 anos de idade, representa uma emergência médica, podendo levar ao óbito. As crianças se apresentam com irritabilidade, distúrbios de comportamento, dificuldade de articular palavras, palidez cutaneomucosa e sudorese. Taquicardia, taquipnéia, hiper ou hipotensão podem acompanhar o quadro. Insuficiência cardíaca congestiva (pelo efeito miocardiotóxico do veneno), choque e insuficiência respiratória aguda definem os casos extremos de gravidade.

TRATAMENTO[8,17,19]

Na emergência

Na grande maioria dos casos dos acidentes por animais peçonhentos, os pacientes serão tratados no departamento de emergência, pois a medida terapêutica realmente eficaz será a soroterapia antipeçonha específica. Os casos mais graves serão observados naqueles pacientes que não utilizaram o tratamento num tempo adequado ou em crianças.

Medidas gerais

Aplicação do soro indicado em quantidade suficiente para neutralizar o veneno circulante, de acordo com a gravidade dos sintomas (Quadros 109-3 a 109-6).

- A via de administração ideal é a intravenosa, devendo ser aplicada toda a quantidade de soro calculada em dose única. A diluição em soro fisiológico para reduzir a possibilidade de reação anafilática é uma prática freqüente, mas não universalmente aceita.
- A prova intradérmica que visava a detectar pacientes suscetíveis a reação anafilática não é mais recomendada

Quadro 109-3. Acidente botrópico: classificação quanto à gravidade e à quantidade aproximada de veneno a ser neutralizada

Manifestações e tratamento	*Locais: principalmente edema*	*Sistêmicas: hemorragia grave, choque, anúria*	*Tempo de coagulação (TC)**	*Quantidade aproximada de veneno a ser neutralizada (mg)*	*Via de administração/ nº de ampolas*
Gravidade (avaliação inicial)					
Leve (L)	Discreto	Ausentes	Normal ou alterado	100	IV / 2-4
Moderada (M)	Evidente	Ausentes ou presentes	Normal ou alterado	200	IV / 4-8
Grave (G)	Intenso	Evidentes	Normal ou alterado	300	IV / 12

*TC normal até 10 minutos; TC prolongado de 10 a 30 minutos; TC incoagulável > 30 minutos.
Fonte: Ministério da Saúde – 1988.

Quadro 109-4. Acidente crotálico: classificação quanto à gravidade e à quantidade aproximada de veneno a ser neutralizada

Manifestações e tratamento	*Fácies miastênica/ visão turva*	*Mialgia*	*Urina vermelha ou marrom*	*Oligúria/ Anúria*	*Tempo de coagulação (TC)**	*Quantidade aproximada de veneno a ser neutralizada (mg)*	*Via de administração/ nº de ampolas*
Gravidade (avaliação inicial)							
Moderada (M)	Discreta ou evidente	Discreta ou ausente	Pouco evidente ou ausente	Ausente	Geralmente normal	150	IV / 10
Grave (G)	Evidente	Presente	Presente	Ausentes ou presentes	Normal ou alterado	300	IV / 20

Fonte: Ministério da Saúde – 1988.

Quadro 109-5. Acidente crotálico: classificação quanto à gravidade e à quantidade aproximada de veneno a ser neutralizada

Acidentes	*Orientação para tratamento*	*Quantidade aproximada de veneno a ser neutralizada (mg)*	*Via de administração / nº de ampolas*
Laquético	Poucos casos estudados. Gravidade avaliada pelos sinais locais e intensidade das manifestações vagais (bradicardia, hipotensão arterial e diarréia).	150 a 300	IV/10-20
Elapídico	Acidentes raros. Pelo risco de insuficiência respiratória aguda, devem ser considerados como graves	300	IV/10

Fonte: Ministério da Saúde – 1988.

Quadro 109-6. Acidentes aracnídeo e escorpiônico

Acidente causado por	*Classificação e nº de ampolas*			*Tipo de soro*
	Leve	*Moderado*	*Grave*	
Tityus (escorpião)	***	2-3	4-6	Soro antiescorpiônico
Phoneutria (armadeira)	***	2-4	5-10	Soro antiaracnídico
Loxosceles (aranha marrom)	***	5	10	Soro antiloxocélico
Latrodectus (viúva negra)	***	1	2	Soro antilatrodético

*** Dispensa soroterapia, indicando-se tratamento sintomático e observação hospitalar.
Fonte: Ministério da Saúde – 1988.

pelo Ministério da Saúde, em virtude de seu baixo valor preditivo.

- Não se devem utilizar sedativos na abordagem terapêutica inicial do paciente.
- Nos acidentes ofídicos botrópico (jararaca – jararacuçu) e laquético (surucucu), a ação proteolítica do veneno pode predispor a infecção bacteriana secundária, por isso recomenda-se uma limpeza rigorosa no local da mordida e o não-rompimento das bolhas, não estando indicado o uso rotineiro de antibioticoterapia sistêmica profilática de rotina, ficando essa medida reservada aos pacientes nos quais, devidamente tratados, surgirem 12 a 24 horas após o acidente, febre, piora ou nova hiperemia, acompanhada de dor e adenite ganglionar regional. Recomenda-se o uso de cefalotina como terapia antimicrobiana inicial em virtude de sua atividade contra germes gram-positivos aeróbios (*Streptococcus* spp e *Staphylococcus aureus*). A clindamicina e a cefoxitina são excelentes alternativas como terapia antibiótica. Nos casos em que ocorre abscesso, a drenagem cirúrgica é imperativa.
- A profilaxia do tétano não deverá ser feita de rotina nos acidentes ofídicos, a não ser que haja mionecrose com lesão cutânea extensa, não estando o paciente devidamente imunizado. O surgimento do tétano depois de mordida de serpente é muito raro.
- Os acidentes por escorpião e aranhas serão inicialmente tratados somente com analgesia local (infiltração de lidocaína) ou sistêmica; a soroterapia específica ficará reservada para crianças e adultos com manifestações clínicas sistêmicas ligadas principalmente aos aparelhos cardiovascular e respiratório.

ATENDIMENTO DO PACIENTE NA UNIDADE DE TERAPIA INTENSIVA

O choque e a insuficiência respiratória aguda são os principais e mais freqüentes motivos para a admissão de um paciente na UTI. De maneira geral, as principais medidas a serem adotadas nesses pacientes não diferem da abordagem habitual dessas duas situações clínicas na Unidade de Terapia Intensiva (Quadro 109-7).

Medidas gerais

- As medidas gerais de monitorização não-invasiva, como PAM, débito urinário e oximetria, são básicas e as mais importantes.
- Reposição volêmica com solução cristalóide inicialmente, e, nos casos de hemorragias graves (que são raros), concentrados de hemácias.
- Reposição de fator de coagulação usando plasma fresco ou crioprecipitado no tratamento da CID devido a acidentes por cobras do gênero *Bothrops* (jararaca/jararacuçu). O uso de antitrombina III deve ser considerado nas formas graves tanto em adultos quanto em crianças.
- Suporte ventilatório mecânico nos pacientes com insuficiência respiratória aguda com ventilação controlada nos pacientes com hipoventilação alveolar (acidente por coral) e congestão pulmonar (acidentes graves por escorpião e abelhas).
- Hidrocortisona intravenosa (500 mg a 1.000 mg/dia no adulto e 10 mg/kg/peso na criança), nos pacientes que apresentam acidentes por insetos, principalmente abelhas, vespas e marimbondos e estão hipotensos ou em choque anafilático, sendo que nesse caso a adrenalina (1:1.000) deve ser utilizada na dose de 0,5 ml IV em adultos ou 0,01 mg/kg/peso em crianças, podendo ser repetida em intervalos de 30 minutos (no máximo de três vezes).
- Terapia dialítica (hemodiálise) para os pacientes com insuficiência renal aguda devido a acidentes por cascavel que apresentam hiperpotassemia ou encefalopatia urêmica.
- Terapia hiperbárica para os pacientes com síndrome compartimental, fasciite necrosante, nos acidentes por *Bothrops*, principalmente devido à mordida por jararacuçu.
- No escorpionismo grave com edema pulmonar, o uso de diuréticos de alça (furosemida) associados a betabloqueador (propranolol, esmolol) estaria indicado para controle da congestão pulmonar, freqüência ventricular e dos níveis pressóricos hipertensivos. A clorpromazina representa uma opção terapêutica nesses casos.

CONCLUSÃO

Apesar de ser a segunda causa mais freqüente de intoxicação exógena no Brasil, os acidentes por animais peçonhentos são causas infreqüentes de admissões nas Unidades de Terapia Intensiva em virtude do acesso rápido à soroterapia específica na maioria das regiões do nosso país. Os casos graves ocorrem habitualmente em indivíduos que não utilizaram o soro em tempo hábil ou em crianças. Os acidentes por serpentes são os mais comuns, sendo a jararaca e a cascavel os animais responsáveis por mais de 95% dos casos notificados. Os efeitos proteo-

Quadro 109-7. **Principais complicações dos acidentes e abordagem terapêutica**

Complicação	*Etiologia*	*Tratamento*
Choque hipovolêmico (hemorragia)	Serpentes do gênero *Bothrops* (jararaca – jararacuçu)	Reposição volêmica Dopamina ou noradrenalina nos casos refratários
Coagulação intravascular disseminada	Serpentes do gênero *Bothrops* (jararaca – jararacuçu)	Plasma fresco Crioprecipitado Antitrombina III
Insuficiência respiratória aguda do tipo I (*shunt* pulmonar)	Escorpionismo em crianças Acidentes por himenópteros (abelhas e vespas)	Suporte ventilatório com PEEP Propranolo/esmolol (hipertensão e taquicardia)
Insuficiência respiratória do tipo II (hipoventilação alveolar)	*Micrurus* (coral)	Suporte ventilatório mecânico
Choque anafilático	Himenópteros (abelha e vespas) Soro heterólogo antipeçonha	Adrenalina Hidrocortisona Prometazina
Mionecrose – síndrome compartimental	Serpentes do gênero *Bothrops* (jararaca – jararacuçu)	Desbridamento Fasciotomia Terapia hiperbárica
Insuficiência renal aguda	*Crotalus* (cascavel)	Hemodiálise
Edema pulmonar cardiogênico	Escorpionismo grave em crianças	Furosemida Pronanolol/esmolol (hipertensão e taquicardia)

lítico e coagulante do veneno da jararaca e neurotóxico e miotóxico da cascavel são os principais responsáveis pelas manifestações clínicas desses acidentes. Mionecrose no local da mordida e hemorragias por coagulopatia de consumo são as principais complicações do acidente por jararaca e a insuficiência renal aguda nos acidentes por cascavel. O acidente por coral verdadeira, apesar de ser raramente notificado, tem no seu veneno o efeito mais temido de todos os acidentes, que é a insuficiência respiratória aguda por hipoventilação alveolar. O escorpionismo grave em crianças se traduz clinicamente por insuficiência cardíaca e respiratória, com congestão pulmonar e choque. A gravidade dos acidentes por abelhas e vespas vai depender do número de picadas, e as aranhas raramente serão responsáveis por admissões de pacientes num centro de tratamento intensivo.

REFERÊNCIAS BIBLIOGRÁFICAS

1. Amaral CFS *et al.* Tratamento intensivo do acidente escorpiônico. Análise de 35 casos. Anais do XXV Congresso da Sociedade Brasileira de Medicina Tropical. Florianópolis, 1989.
2. Amaral CFS, López da Silva OA, Ribeiro MMF, Reis MRA, Carneiro JG, Castro JRS. Insuficiência renal aguda secundária a acidentes ofídicos botrópico e crotálico: análise de 63 casos. *Rev Instit Med Trop São Paulo* jul–ago 1986;28(4):220–7.
3. Azevedo-Marques MM, Coimbra TM, Lure CJ, Lachat JJ, Fujil AA. Ação miotóxica sistêmica do veneno crotálico total rotamina-positivo (VCTC$^+$) e crotamina-negativo (VCTC$^-$) em ratos. *Rev Soc Brasil Med Trop* 1986;19(Suppl.):30.
4. Azevedo-Marques MM, Cupo P, Coimbra TM, Hering SE, Rossi MA, Laure CJ. Myonecrosis, myglobinuria and acute renal failure induced by South American rattlesnake (*Crotalus durissus terrificus*) envenomation in Brazil. *Toxicom* 1985;23(4):631–6.
5. Balk RA, Bone RC. Classification of acute respiratory failure. *Med Clin North Am* 1983;67(3):551–6.
6. Belluomini HE. Conhecimentos sobre as serpentes brasileiras e medidas de prevenção de acidentes. *Rev Bras Saúde Ocupac* jan–mar 1984;45(12):82–96.
7. Bucarethi F. Análise das principais diferenças clínicas e epidemiológicas dos acidentes por escorpiões das espécies T bahiensis e T serrulatus, e por aranhas do gênero Phoneutria, atendidos no CCI-HC-Unicamp, no período de janeiro de 1084 a julho de 1988. Dissertação de Mestrado, Faculdade de Ciências Médicas da Universidade Estadual de Campinas, outubro de 1990.
8. Campos JA. Soroterapia em acidentes por animais peçonhentos: experiência de 13 anos: anotações de protocolos de casos atendidos no Hospital João XXIII — Belo Horizonte, de 1972 a 1985 (s/d, s/vol.).
9. Chang CC, Lee JD. Crotoxin, the neurotoxin of South America rattlesnake venom, is a presynatic toxin acting like bungaratoxin. *Naunym-Schmiedeberg's Archives-Pharmacology* 1977;296:159–68.
10. Christopher DG, Rodning CB. Crotalidae envenomation. *South Med J* 1986;(79):159.
11. Fundação Nacional de Saúde. Acidentes por animais peçonhentos, Cap. 5-1. Guia de Vigilância Epidemiológica, 2001.
12. Heinig JH, Engel T, Week ER. Allergy to venom from bee or wasp: the relation between clinical and immunological reactions to insect stins. *Clinical Allergy* 1988;18:71–8.
13. Levi, Marcel & Cate, Hugo T. Disseminated Intravascular Coagulation. *N Engl J Med* 1999;341(8):586–92.
14. Magalhães RA. Contribuição ao estudo da rabdomiólise no acidente ofídico crotálico. Tese de Mestrado Faculdade de Medicina da UFMG. Belo Horizonte, 1986, 90 p.
15. Mejia Gonzalo, Arbelaez M, Henao J, Sus AA, Arango JL. Acute renal failure due to multiple sting by africanized bees. *Annals Int Med* 1986;104:210–11.
16. Ministério da Saúde — Fundação Nacional de Saúde — Centro Nacional de Epidemiologia — Centro de Controle de Zoonoses e Animais Peçonhentos. Araneísmo. Análise epidemiológica, 1991.
17. World Health Organization. Progress in the Characterization of venoms and standardization of antivenoms. Geneve, 1981, 44 p.
18. Pereira, Fernando AG. Contribuição ao estudo do tratamento dos acidentes por B. jararaca. Tese de Livre-Docência, Faculdade Fluminense de Medicina — Universidade Federal Fluminense, 1975.
19. Reid HA, Theakston RDG. The management of snake bite. *Bull World Health Organiz* 1983;61(6):885–95.
20. Rodrigues DS, Nunes TB. Latrodectismo na Bahia. *Rev Bahiana de Saúde Pública* 1985;12(1/3):38–43.
21. Simon TL, Grace TC. Envenomation coagulopathy in wounds from pit vipers. *N Engl J Med* 1981:305–443.
22. Tibbles, Patrick M, Edelsberg, John S. Hyperbaric-oxygen therapy. *N Engl J Med* 1996;334(25):1642–8.
23. Ware, Lorraine B, Matthay, Michael A. The acute respiratory distress syndrome. *N Engl J Med* 2000;342(18):1334–9.

110 Analgesia em Terapia Intensiva

Rioko Kimiko Sakata

Dor é um sintoma que praticamente todos apresentam em algum período da vida e que mais freqüentemente leva o paciente a procurar os hospitais ou clínicas. Também é muito freqüente em pacientes admitidos em unidades de terapia intensiva.

O tratamento da dor é importante para o conforto do paciente, e, especialmente no paciente com alterações em diversos órgãos, o benefício se torna mais evidente porque a dor causa alterações importantes que prejudicam a recuperação do paciente.[1]

A dor faz parte do estresse, que causa aumento de catecolaminas, de hormônio adrenocorticotrófico, de hormônio do crescimento, de interleucinas e de glucagon, causando hiperglicemia, aumento da gliconeogênese, retenção de sódio e de água, catabolismo protéico e gorduroso e alteração da resposta imunológica.

O alívio inadequado da dor impede a respiração profunda e a mobilização, importantes para melhorar a função pulmonar. A diminuição no esforço respiratório efetivo predispõe o paciente a complicações pulmonares. A dor causa diminuição das capacidades vital, inspiratória e residual funcional. A analgesia adequada diminui a incidência de pneumonia por melhorar o movimento do diafragma, possibilitar a tosse e facilitar a eliminação de secreção. Os exercícios respiratórios são feitos de maneira adequada na ausência da dor.

A dor causa ativação do sistema simpático com liberação de catecolaminas que pode comprometer a função do miocárdio. A taquicardia e a hipertensão arterial aumentam o trabalho cardíaco e o consumo de oxigênio do miocárdio.[1]

O aumento da atividade simpática causa diminuição da motilidade gastrintestinal e do fluxo sangüíneo esplâncnico. A analgesia é importante para a deambulação e a movimentação, que diminuem a incidência de tromboembolismo.

A dor causa alterações na sinapse e no processamento da dor no sistema nervoso central, com sensibilização de neurônios medulares, que pode ser responsável pelo desenvolvimento e a manutenção de síndromes dolorosas crônicas.[2-4]

Todos os fatores citados acima mostram que a analgesia é importante para diminuir o custo de uma internação.

PACIENTE GRAVEMENTE ENFERMO[5,6,13]

Muitos pacientes gravemente enfermos, acompanhados em unidades de terapia intensiva ou não, apresentam dor. Esses pacientes apresentam importantes alterações na farmacologia dos analgésicos. A doença que apresentam pode alterar o efeito às medicações utilizadas.[5,6] Além disso, há interações medicamentosas diversas e outras intervenções terapêuticas que podem afetar no tratamento da dor.[5,6] Muitas vezes não é possível administrar fármacos por via oral.

As insuficiências cardíaca, hepática e renal estão associadas com alterações significativas no volume de distribuição, na depuração plasmática e excreção de analgésicos.[5,6]

As alterações no fluxo hepático e a congestão hepática diminuem a depuração da droga. A diminuição do fluxo hepático acompanha-se de diminuição da extração de drogas, com grande captação e depuração hepática, ocorrendo o contrário com as drogas de baixa captação. Em pacientes portadores de insuficiência hepática leve e moderada, o aumento da extração é equilibrado pela diminuição do fluxo hepático. A lesão hepatocelular pode causar diminuição do metabolismo dos fármacos e hipoproteinemia com mais droga livre e maior possibilidade de toxicidade.

Na insuficiência renal, os analgésicos ou metabólitos ativos excretados pelos rins podem provocar efeitos colaterais. A dose deve ser ajustada para impedir acúmulo do analgésico assim que o nível terapêutico for alcançado, para evitar efeitos tóxicos. O grau de insuficiência renal é o determinante do ajuste da dose, sendo fundamental se a função renal é menor do que 50% do normal e o agente ou metabólito ativo é eliminado pelos rins.

Outro fator responsável pelo aumento da concentração plasmática do analgésico na insuficiência renal é a uremia, com diminuição dos níveis plasmáticos de proteína e da ligação do analgésico a proteínas. A acidemia também causa aumento da droga ativa.

Os pacientes com insuficiência cardíaca apresentam diminuição do fluxo sangüíneo hepático e renal com alterações do metabolismo e da eliminação. O fluxo sangüíneo para o coração, para os pulmões e para o sistema nervoso central está menos alterado e maior quantidade de analgésico atinge esses órgãos, podendo causar efeitos tóxicos. Qualquer depressão por medicamento pode ser deletéria para esses pacientes.

Os pacientes com alterações do sistema nervoso central têm maior risco para toxicidade por analgésico. A barreira hematoencefálica intacta limita a entrada de fármacos. Na insuficiência hepática ou renal ou quando há alteração do sistema nervoso central há alteração dessa barreira, facilitando a passagem de alguns medicamentos.

ANATOMIA, FARMACOLOGIA E FISIOLOGIA DA NOCICEPÇÃO[1,2,3,4,9]

A dor resulta de mecanismos periféricos, com estimulação de fibras aferentes nociceptivas periféricas e mecanismos centrais, resultando em transmissão facilitada no corno dorsal. A lesão tecidual provoca formação e liberação de substâncias que sensibilizam a ativação os nociceptores, seguida de transmissão do impulso para a medula espinhal e centros supra-espinhais.[1,7-9]

Nociceptores são terminações nervosas livres de fibras Aδ e C, responsáveis pela transmissão da dor e que respondem a estímulos mecânicos, térmicos ou químicos. Fibras C são amielínicas e as Aδ são pouco mielinizadas (velocidade de condução maior que fibras C). A diferença de condução entre as fibras Aδ e C faz com que as mesmas sejam responsáveis pela "primeira dor" e "segunda dor". O corpo celular dos neurônios que transmitem dor está no gânglio da raiz dorsal.

A percepção da dor resulta da estimulação de receptores presentes em tecidos somáticos e viscerais. Estímulos repetidos e intensos provocam hiperalgesia ou sensibilização, com diminuição do limiar da dor.

Diversas substâncias são responsáveis pela ativação ou sensibilização dos nociceptores: bradicinina, serotonina, histamina, íons hidrogênio e potássio, adenosina trifosfato (ATP), substância-P (SP), prostaglandinas (PGE_2, PGI_2, PGE_1, $PGF_{2\alpha}$), leucotrieno B_4 (LT_{B4}), interleucinas (IL_6, IL_8), fator de necrose tumoral-alfa (TNF_α), fator de crescimento neural (NGF), noradrenalina, óxido nítrico e adenosina.[1,7,8]

As cininas causam liberação de prostanóides, citocinas e radicais livres. Estimulam neurônios simpáticos pós-ganglionares, alterando o calibre dos vasos, e provocam extravasamento de plasma e liberação de histamina dos mastócitos. São algogênicas potentes, estimulando diretamente nociceptores e sensibilizando-os.[1,7,8]

Os mediadores inflamatórios desencadeiam a produção de ácido araquidônico, cujo metabolismo leva à formação de prostaglandinas através da via da ciclooxigenase (COX) e de leucotrienos através da lipooxigenase. A COX-1 está presente em diferentes tecidos com função essencial para balanço eletrolítico renal e para citoproteção da mucosa gástrica, enquanto a COX-2 é produzida na inflamação.

A serotonina provoca ativação e sensibilização dos nociceptores e vasodilatação com extravasamento de plasma. A histamina liberada dos mastócitos por ação da substância P (SP) causa prurido e dor. Os neuropeptídeos (neurocininas e CGRP) liberados de terminações nervosas contribuem direta e indiretamente para inflamação e hiperalgesia. As neurocininas são a SP e a neurocinina A.

As citocinas causam hiperalgesia. As principais são: a interleucina-1-beta ($IL_{1\beta}$), interleucina-6 (IL_6), interleucina-8 (IL_8) e fator alfa de necrose tumoral (TNF_α).

Medula espinhal

Na medula espinhal, a inter-relação entre neurônio espinhal, excitabilidade e inibição determina a mensagem que é transmitida para centros supra-espinhais (tálamo, formação reticular, sistema límbico e córtex). Nesse processo estão envolvidos diversos neurotransmissores excitatórios (substância P, glutamato, neurocinina A, aspartato) e inibitórios (encefalina, serotonina, noradrenalina, GABA, glicina, acetilcolina). Os neurotransmissores excitatórios ativam receptores neurocinina, AMPA e NMDA, com aumento da entrada de íons cálcio para dentro da célula, e o aumento da concentração de cálcio intracelular desencadeia uma série de eventos responsáveis pela sensibilização central.[1-4,10,11]

A estimulação de nociceptores periféricos causa liberação de neurotransmissores excitatórios no corno dorsal da medula espinhal, que resulta na ativação do segundo neurônio da dor e das vias ascendentes que transmitem dor para centros supra-espinhais.[1-3] A maior parte das fibras que transmite dor entra na medula espinhal através da raiz dorsal, porém 20-30% das fibras são ventrais.

A sinapse das fibras periféricas com o segundo neurônio é feita 2-3 metâmeros acima ou abaixo do local de entrada na medula espinhal, após as fibras periféricas terem feito parte do trato de Lissauer. Esse feixe está localizado na região periférica da medula espinhal e é constituído de fibras aferentes periféricas e de neurônios da medula espinhal.

O corno dorsal da medula é dividido em 6 lâminas, de acordo com diferenças histológicas de neurônios.

O glutamato, o aspartato, a substância P e a neurocinina A são liberados das terminações nervosas aferentes e agem como neurotransmissores excitatórios. A SP também é liberada na terminação nervosa periférica, contribuindo para a inflamação. A estimulação de fibras C provoca ativação e liberação de SP e glutamato com ação em receptores neurocinina e AMPA (alfa-amino-3-hidróxi-5-metilisoxasol-5-propionato), seguida de despolarização. Estímulos repetidos provocam ativação de receptores NMDA (*N*-metil-*D*-aspartato), seguida de despolarização maciça *(wind up)*.[2,3]

Os estímulos que atingem a medula espinhal também ativam neurônios do sistema simpático e motor, com vasoconstrição e contratura muscular.[1]

Vias ascendentes

A principal via ascendente é a espinotalâmica. Outras vias da região ântero-lateral são: espinorreticular, espinomesencefálica, espinossolitária, espino-hipotalâmica. Na região dorsal, estão as vias espinocervical, da coluna dorsal e proprioespinhal.

A via espinotalâmica cruza a linha média para a região ântero-lateral da medula, seguindo para tálamo e córtex somatossensorial.[1] É responsável pela localização, intensidade e qualidade da dor.

Modulação da dor

A dor provocada por estímulos semelhantes é percebida de maneira diferente por diferentes pessoas. O estímulo doloroso é modulado em diversos níveis no SNC através de sistemas distintos anatomicamente e neurofisiologicamente. A mensagem original pode ser modificada a cada sinapse.

Melzack e Wall, em 1965, descreveram o mecanismo de "portão", que fazia referência à ativação de neurônios do corno dorsal pelas fibras finas (A-delta e C) e inibição por fibras grossas (A-beta). Com a descoberta de receptores para diferentes substâncias, de neurotransmissores inibitórios, excitatórios e diversas vias, esse mecanismo é mais esclarecido atualmente.[1,12]

O controle da transmissão da dor é feito por aferências periféricas e por diversas estruturas supra-espinhais.

Controle inibitório da dor

A inibição da transmissão da dor pode ser feita por diversas substâncias: 5HT, noradrenalina, encefalina, GABA, glicina e acetilcolina.[1,12]

Os locais envolvidos são: hipotálamo anterior; área septal inferior; substância cinzenta periventricular anterior, mediana e posterior; núcleo centromediano do tálamo; cápsula interna; *locus coeruleus*, substância cinzenta periaqueductal e núcleo da rafe.

■ *Avaliação da dor*

A dor é avaliada através da história e do exame físico geral, seguido de exame neurológico, com ênfase na região afetada. A intensidade da dor pode ser avaliada através de escalas, sendo as mais utilizadas a analógica visual e a escala verbal. Na escala analógica visual, em uma linha de 10 cm, a extremidade à esquerda corresponde à ausência de dor, e à direita, a dor mais intensa possível. O paciente assinala na linha o local que ele considera que seja a intensidade da dor naquele momento; esse ponto é medido e serve para avaliar a dor em diferentes tempos e para verificar a resposta ao tratamento proposto. Na escala verbal, o paciente refere se sua dor é ausente (0), leve (1), moderada (2) ou intensa (3). Existem outras escalas: questionário de McGill, escala numérica, escala de cores, escala de faces etc. Alguns exames complementares são fundamentais para alguns pacientes.

Medicações e terapêuticas usadas previamente e em uso são importantes, porque podem ser causadoras da dor e também para saber se proporcionam alívio da dor. Informações sobre dose, intervalos e tempo de uso das medicações ou procedimentos também são úteis porque os mesmos podem não ter aliviado a dor devido à dose insuficiente ou ao tempo de tratamento inadequado.

■ *Condutas para tratamento da dor*

Os métodos de analgesia podem agir em diferentes pontos das vias da dor,[13] diminuindo a ativação de nociceptores ou passagem do estímulo, ativando as vias inibitórias e alterando a percepção da dor.

Quando é usada uma medicação ou uma técnica analgésica, é essencial o conhecimento dos mecanismos de ação, da farmacocinética, da latência e duração da analgesia e dos possíveis efeitos colaterais e complicações. Também é importante saber quais as alterações clínicas que o paciente apresenta, para que seja utilizado o tratamento adequado. Muitas vezes, o paciente faz uso de outras medicações, ocorrendo interações medicamentosas com os analgésicos.

A via de administração mais empregada para os pacientes em unidade de terapia intensiva é a venosa. A absorção após medicamento administrado por via oral é imprevisível devido à presença freqüente de íleo e da diminuição do fluxo sangüíneo esplâncnico. Por via muscular também a absorção é alterada devido à vasoconstrição muscular; outro problema que pode existir é a presença de coagulopatia ou o uso de anticoagulante, com tendência a formar hematoma.

Há alteração do volume de distribuição em pacientes com insuficiência hepática ou renal. Os pacientes gravemente enfermos apresentam volume de distribuição aumentado por expansão do volume extracelular e alteração da capacidade de ligação protéica. O fluxo sangüíneo hepático diminui na hipotensão arterial, no trauma, na sepse, na hipóxia e com o uso de alguns medicamentos.[1] A diminuição da albumina, que ocorre na insuficiência hepática e renal, causa aumento da fração livre de analgésicos.[5,6]

Com alteração renal, hepática ou pulmonar, os analgésicos podem ter efeito mais intenso e prolongado. As alterações de eletrólitos e do equilíbrio ácido-básico também alteram o efeito dos analgésicos. Na insuficiência cardiovascular, há diminuição do fluxo sangüíneo hepático e renal, alteração da absorção gastrintestinal de fármacos e aumento do volume de distribuição de droga.[5,6]

Na falência respiratória, a hipoxemia pode provocar diminuição do metabolismo, enquanto a alteração do pH pode alterar a excreção de alguns medicamentos.[5,6] As alterações do sistema nervoso central causam alterações respiratórias que podem modificar o efeito de analgésicos. No paciente com trauma, o tratamento da dor deve ser feito concomitantemente à monitoração da função cerebral, à estabilização da circulação e à ventilação e ao diagnóstico da natureza e extensão da lesão.

ANALGESIA SISTÊMICA

Antiinflamatórios[7]

Os antiinflamatórios são empregados para tratamento de diversas síndromes dolorosas e podem ser usados isolados ou associados com outros analgésicos ou técnicas. Apresentam efeito "teto", acima do qual não aumenta sua ação analgésica, havendo aumento apenas dos efeitos colaterais.

Esses fármacos apresentam grande ligação a proteínas, sendo maior que 90% para a maioria dos AINEs e, se a concentração plasmática for maior que a capacidade de fixação, haverá aumento desproporcional de droga livre e aumento dos efeitos colaterais. O início de ação dos antiinflamatórios é rápido (15-30 min), sendo o efeito máximo em 1/2 a 3 h. O metabolismo é hepático, e tanto a duração de ação (4-24 h) como a meia-vida de eliminação são muito variáveis.

Possuem ação periférica e central,[14-19] inibindo a síntese de prostaglandinas, de leucotrienos e da liberação da substância P e ação envolvendo opióide, serotonina e óxido nítrico.

Geralmente o efeito terapêutico dos antiinflamatórios não difere significativamente; entretanto, são observadas grandes variações individuais na resposta a esses fármacos. Parecem existir pequenas diferenças no mecanismo de ação entre esses agentes. Também existem diferenças entre pacientes nos efeitos colaterais, sendo alguns agentes mais bem tolerados.

As diferenças farmacocinéticas pronunciadas entre esses agentes podem influenciar na duração da analgesia e no tempo necessário para a requisição do fármaco para retornar ao estado normal após o fármaco ter sido suspenso.

O risco de efeitos colaterais é maior no idoso.[20] Nas condições clínicas em que ocorre hipoalbuminemia há maior fração livre do antiinflamatório, com aumento dos efeitos colaterais. Os antiinflamatórios, especialmente na hipovolemia, provocam diminuição do fluxo sangüíneo renal e retenção de sódio, podendo precipitar insuficiência renal.[16,21,22] Os problemas renais associados são freqüentes devido ao uso de grande quantidade de antiinflamatórios e ocorrem em 13 -18% dos pacientes que usam esses fármacos. Estudo controlado mostra que o uso diário de antiinflamatório está associado a aumento duas vezes maior do risco de doença renal. Pode haver alteração do *clearance* de creatinina de maneira súbita ou lenta. Em paciente susceptível pode ocorrer alteração significativa em 3 -7 dias de uso de antiinflamatórios. A insuficiência renal geralmente surge de maneira insidiosa.

As prostaglandinas têm função importante na função renal, no fluxo sangüíneo renal, na filtração glomerular, na liberação de renina, no transporte de íons e na troca de água.[15,17] Os rins dependem de prostaglandinas na desidratação, na hipovolemia, na insuficiência cardíaca e na insuficiência renal crônica. A regulação do fluxo sangüíneo renal através das prostaglandinas é clinicamente significativa em paciente com insuficiência cardíaca, insuficiência renal ou doença hepática, mas não no normal. Nesses, os antiinflamatórios podem provocar aumento da reabsorção de água e eletrólitos com antagonismo de anti-hipertensivo e mesmo insuficiência cardíaca congestiva. Os antiinflamatórios também causam alteração do efeito do hormônio antidiurético. Como os antiinflamatórios estão totalmente ligados a proteínas, eles não são dialisáveis.

A lesão renal é rara na ausência de fatores predisponentes e geralmente ocorre com o uso prolongado de antiinflamatórios. Os fatores predisponentes são: alteração renal prévia, hipovolemia, hipotensão arterial, hipertensão arterial, idade avançada, ascite, doença cardíaca, colagenose, insuficiência cardíaca congestiva, cirrose hepática, associação de antiinflamatórios e uso concomitante de outras medicações que causam lesão renal.[6,16,17,27] A insuficiência renal aguda ocorre em paciente predisposto, enquanto a insuficiência renal crônica é mais provável com o uso prolongado de doses grandes de antiinflamatórios.

Em pacientes com insuficiência cardíaca e hipertensão arterial, os antiinflamatórios, provocando retenção de sódio e água, podem piorar o quadro clínico.

Em nível gástrico, os antiinflamatórios podem causar úlcera, erosão e sangramento. São fatores de risco gastrintestinal: uso concomitante de múltiplos antiinflamatórios, história de úlcera ou queixa digestiva, antecedente de sangramento do trato digestivo alto, presença de doenças cardiovasculares, uso concomitante de corticosteróide ou de anticoagulantes e idade avançada:[20] Os antiinflamatórios são contra-indicados em pacientes com úlcera ativa e hemorragia digestiva recente e devem ser evitados em pacientes com história de úlcera péptica, varizes esofagianas, esofagite de refluxo e tendência a sangramento digestivo.[16,21,23]

Quadro 110-1. Antiinflamatórios injetáveis, doses, intervalos e vias

- Dipirona (Novalgina®, Dipirona®): 1.000 mg/ 6 h (10-20 mg/kg) EV, IM
- Diclofenaco (Voltaren®, Cataflan®): 50-75 mg/ 8 h (0,5-2 mg/kg) IM
- Aceclofenaco (Proflam®): 100-150 mg/12-24 h; IM
- Indometacina (Indocid®): 10-50 mg/8 h (2,5 mg/kg/d) IM
- Tenoxicam (Tilatil®): 20-40 mg/d IV, IM
- Cetoprofeno (Profenid®): 50-100 mg/6 h EV, IM
- Piroxicam (Feldene®, Inflamene®): 20 mg/d IM
- Meloxicam (Movatec®, Meloxil®): 7,5-15 mg/d IM
- Clonixinato de lisina (Dolamin®): 125-200 mg/6-12 h IM, EV

Esses analgésicos causam alteração da adesividade plaquetária de maneira irreversível ou não. Depressão medular e agranulocitose são complicações raras.

Os antiinflamatórios podem provocar lesão hepática. A hepatotoxicidade parece ser dose-dependente e associada ao uso prolongado de antiinflamatórios, sendo geralmente assintomática. A incidência de lesão hepática grave com antiinflamatórios é baixa, sendo menor que 0,1%.[5] Outros efeitos colaterais são: vômito, tontura, zumbido, vertigem e confusão.

Para uso intravenoso temos à disposição: tenoxicam, cetoprofeno, dipirona e clonixinato de lisina.

Os pacientes de unidades de terapia intensiva geralmente apresentam risco de complicações com o uso de antiinflamatórios (Quadro 110-1).

OPIÓIDES

Opiáceos são substâncias derivadas do ópio, e opióides são analgésicos semelhantes à morfina, naturais ou sintéticos, e que se ligam a receptores opióides. Os opióides podem ser agonistas, agonistas parciais, agonista-antagonistas e antagonistas. Os agonistas, ao se ligarem aos receptores, têm efeito farmacológico; os agonistas parciais produzem menos que resposta máxima, tendo atividade intrínseca baixa. Os antagonistas ocupam os receptores sem iniciar atividade, enquanto os agonistas-antagonistas possuem efeito agonista em um dos receptores e antagonista em outro.

A maioria dos opióides em uso é agonista com ação predominante em receptores μ (morfina, codeína, tramadol, fentanil, meperidina). A nalbufina é antagonista μ e agonista kappa.

Classificação dos opióides

1. Origem
   - Naturais:
     - Derivados fenantreno (morfina e codeína).
     - Derivados benzilisoquinonas (papaverina).
   - Semi-sintéticos:
     - Derivados da morfina (oximorfona e hidromorfona).
     - Derivados da tebaína (buprenorfina e oxicodona).
   - Sintéticos:
     - Morfinanos (levofarnol, nalbufina, naloxona e naltrexona).
     - Fenileptilaminas (metadona e propoxifeno).
     - Fenilpiperidinas (alfentanil, fentanil, meperidina e sufentanil).
2. Estrutura
   - Fenantreno.
   - Fenilpiperidina.
   - Fenilpentil.
   - Benzomorfano.
   - Morfina.
3. Intensidade da dor
   - Fraca (codeína, tramadol, oxicodona e propoxifeno).
   - Forte (morfina, metadona, oxicodona, fentanil e meperidina).
4. Farmacodinâmica
   - Afinidade: μ, σ e κ.
   - Eficácia:
     - Agonista (codeína, morfina, metadona, oxicodona).
     - Antagonista (naloxona).
     - Agonista parcial (buprenorfina).
     - Agonista-antagonista (nalbufina).
5. Farmacocinética
   - Duração curta (codeína, morfina, fentanil).
   - Duração longa (metadona).
6. Solubilidade
   - Hidrossolúvel (morfina).
   - Lipossolúvel (fentanil, meperidina).

Mecanismos de ação dos opióides

Os opióides agem através da ligação a receptores μ_1, μ_2, σ, κ_1, κ_2 e κ_3. Os receptores μ_1 estão relacionados com analgesia supra-espinhal e dependência; os receptores μ_2, com miose, depressão respiratória, sedação, inibição da motilidade gastrintestinal, bradicardia e analgesia espinhal. Os receptores sigma estão associados com disforia, alucinação, estimulação psicomotora e excitação, e kappa com analgesia espinhal, sedação, miose e inibição de hormônio antidiurético. Os receptores delta estão relacionados com analgesia e euforia.

A ligação opióide-receptor causa alteração da permeabilidade iônica, de AMP_c e de fosfolipases C e A_2. Os opióides causam diminuição da liberação de substância P das terminações nervosas. Ativam as vias descendentes envolvendo noradrenalina e serotonina e agem na reação emocional à dor.

Farmacodinâmica dos opióides

A biodisponibilidade do opióide se altera com diferentes vias de administração. A latência depende do gradiente de opióide entre sangue e tecido cerebral; outros fatores como droga livre, não-ionizada, volume de distribuição e lipossolubilidade também são importantes.

A analgesia é dependente da dose administrada, não havendo efeito "teto". Porém os efeitos colaterais como sedação, depressão respiratória, náusea, obstipação, inibição da tosse, euforia, disforia e miose também são dose-dependentes.

A obstipação resulta da diminuição do trânsito intestinal por ação dos opióides em receptores μ_2 no cérebro e no plexo nervoso periférico. A náusea e o vômito ocorrem por ação na área quimiorreceptora bulbar. O aumento do tônus do esfíncter de Oddi é maior com opióide mais potente (fentanil > morfina > meperidina). Os opióides causam retenção urinária, mas o tônus do detrusor também está aumentado, provocando sensação de urgência. Esses analgésicos causam poucas alterações cardiovasculares em doses terapêuticas. Em grandes doses, provocam bradicardia por ação vagal medular, exceto a meperidina, que causa taquicardia, por estrutura semelhante à atropina ou em resposta reflexa à hipotensão. A morfina pode causar taquicardia reflexa à hipotensão por liberação de histamina. A liberação de histamina é menor com meperidina, sufentanil e fentanil. Os opióides aumentam a liberação de vasopressina e inibem a liberação de hormônio adrenocorticotrópico, tireoestimulante e gonadotrofinas. Podem causar diminuição ou aumento da temperatura basal e diminuição do metabolismo. Outros efeitos colaterais dos opióides são: prurido, retenção urinária, tontura, confusão e alucinação.

Vias de administração de opióides

Os opióides podem ser administrados por diversas vias (oral, endovenosa, muscular, subcutânea, sublingual, transmucosa e transdérmica). A via oral pode ser empregada somente para pacientes em condições de ingestão por essa via. A via intramuscular é bastante utilizada, mas apresenta o inconveniente de fornecer altas doses iniciais (acima da concentração plasmática analgésica) e quedas da concentração plasmática abaixo do nível analgésico. A via sublingual promove absorção rápida do opióide, sendo uma alternativa para o tratamento da dor pós-operatória. A via subcutânea é uma opção simples para administração intermitente ou contínua de opióides. Através da injeção por via intravenosa, consegue-se controle melhor das concentrações plasmáticas dos opióides.

Indicações dos opióides

Os opióides são os analgésicos mais indicados para os pacientes de unidades de terapia intensiva, pelas características que apresentam.[24,25] Não causam lesão gastrintestinal, renal ou hepática, e existem diversos fármacos com possibilidade de administração para pacientes portadores de insuficiência em diferentes órgãos. Quando possível, os opióides são utilizados concomitantemente aos antiinflamatórios para obtenção de melhor analgesia através de mecanismos diferentes ou em associação com bloqueios regionais.

Medicamentos opióides

A morfina apresenta pouca ligação com albumina e é pouco lipossolúvel, de maneira que a distribuição ocorre mais em músculo. O volume de distribuição inicial é pequeno, mas a distribuição total é grande. Por via venosa, a meia-vida é de 2-4 h. A biodisponibilidade é de 20%, existindo variação individual na dose analgésica efetiva e na duração. Por via muscular, a absorção é rápida, com concentração máxima entre 5-60 min, porém, com diminuição da perfusão, a absorção é mais lenta.

A formulação de liberação lenta permite liberação gradual no trato gastrintestinal e leva 2,5 h para concentração plasmática máxima (1 h para simples). Não deve ser esmagada, porque se torna de liberação rápida.

O metabolismo é feito principalmente no fígado, formando morfina-3-glicuronídeo, que é inativo, mas se liga a receptores, impedindo ligação da morfina; a morfina-6-glicuronídeo é mais potente que a morfina, mas passa a barreira hematoencefálica lentamente. A excreção inalterada é de 10%, sendo de glicuronídeo de 70-90% e de normorfina de 5-10%.

Na lesão hepática grave há diminuição do metabolismo da morfina e aumento da concentração plasmática 2. A morfina é usada na doença hepática compensada, mas não é recomendada na hepatite aguda e na cirrose avançada.

A disfunção renal leve não altera a meia-vida da morfina, entretanto, na insuficiência renal, com oligúria ou anúria, há efeito prolongado e sedação, devido ao metabólito morfina-6 glicuronídeo (M6G) 1, que é 100 vezes mais potente no sistema nervoso central que a morfina. A M6G é mais hidrofílica, passando com dificuldade para o sistema nervoso central. Após uso crônico e sem excreção renal, a quantidade de M6G excede a da morfina e entra no sistema nervoso central; também pode haver alteração da permeabilidade da barreira hematoencefálica com uremia. Na insuficiência renal leve ou moderada a morfina é segura; na grave, devido à alteração da barreira hematoencefálica o efeito é exagerado.

No choque séptico, a eliminação é mais lenta.[5,6] No recém-nascido, a ligação protéica é menor e a eliminação é lenta, podendo ocorrer convulsão, especialmente com grandes doses. O risco de depressão respiratória é maior em recém-nascido, em pacientes com alteração mental, hemodinamicamente instável, história de apnéia e alterações em via aérea. No idoso há diminuição leve da excreção. Evitar a morfina em asmático porque pode causar broncoconstrição por liberação de histamina. Porém a vasodilatação provoca mínimo efeito circulatório se não houver hipovolemia. A morfina deprime a tosse por ação em centro da tosse bulbar e também a sensação de falta de ar.

A morfina pode apresentar aumento do efeito e da duração no paciente gravemente enfermo, especialmente com insuficiência renal, devido ao acúmulo de metabólito.[5,6] Com insuficiência renal ocorre diminuição da excreção de analgésicos e seus metabólitos. Quando necessário, os níveis plasmáticos de opióide podem ser diminuídos através da hemodiálise. A morfina é empregada para infarto agudo do miocárdio, mas pode diminuir o débito cardíaco e a pressão arterial em pacientes com valvulopatia e coronariopatia graves.

A incidência de dependência psíquica à droga é extremamente rara (< 1/10.000) em pacientes que não tinham história anterior.

Em unidade de terapia intensiva, geralmente é usada por via venosa. A dose habitual de morfina oral é 10-60 mg/4-8 h (0,1 mg/kg); 30-60 mg/8-12 h para a de liberação controlada; para via venosa é de 1-5 mg. A morfina simples (Dimorf®) é formulada em comprimidos de 10 e 30 mg, solução oral (10 mg/ml) e ampolas de 2 e 10 mg; a de liberação controlada (Dimorf LC®, MS Long®, MST Continus®), em comprimidos de 30 e 60 mg.

A codeína (Tylex®, Codein®) é um opióide fraco, que possui bom efeito antitussígeno, mas com base no peso é menos potente que a morfina. O efeito analgésico depende de seu metabolismo, formando morfina. Por via oral a analgesia ocorre em 20 min, e o efeito máximo, em 60-120 min. A meia-vida é de 2,5-3 h. Por via venosa, pode causar apnéia e hipotensão grave por liberação de histamina. Na insuficiência renal ocorre acúmulo desse opióide. A dose habitual é de 30-60 mg/4-8 h (0,5-1 mg/kg).

A metadona (Metadon®), diferentemente de outros opióides, tem meia-vida longa e grande biodisponibilidade oral (80%). A duração prolongada é decorrente da ligação protéica, com liberação lenta e da pequena capacidade do fígado de metabolizá-la. Os metabólitos são inativos, entretanto ocorre acúmulo porque é administrada mais freqüentemente que a meia-vida e com tempo longo para atingir dose eficaz. O volume de distribuição é variável, redistribuindo para músculo e gordura, e a meia-vida é de 30-40 h. Na primeira dose a duração é de 4-6 h devido à redistribuição. Para uso crônico, são administrados 10 mg conforme necessário por 3-5 d. Na criança a farmacologia da metadona é semelhante à do adulto. Os citotóxicos causam diminuição do metabolismo. Utilizam-se 5 e 10 mg/6-24 h.

O propoxifeno (Doloxene A®) é estruturalmente relacionado à metadona. Apresenta baixa eficácia analgésica e causa depressão da condução cardíaca semelhante à lidocaína; possui efeito anestésico local. Seu volume de distribuição é grande, a meia-vida é longa (8-24 h), e a biodisponibilidade de 43%. Na disfunção hepática aumenta a concentração de propoxifeno e diminui a de norpropoxifeno. Na insuficiência renal aumenta a concentração plasmática de propoxifeno e de norpropoxifeno. Devido à grande ligação protéica e à distribuição extensa, não é dialisável.

A meperidina (Dolantina®, Demerol®) apresenta ligação protéica de 30-50%. É metabolizada no fígado, formando normeperidina, com metade do efeito analgésico, mas que causa aumento da excitabilidade do SNC. Seu metabolismo é alterado no idoso, e a criança é mais sensível. Na disfunção hepática, aumenta o tempo de eliminação.[5,6] Ocorre excreção renal de 10% de meperidina inalterada, e a meia-vida de eliminação é de 3 h. Na insuficiência renal aumenta o tempo de eliminação, e a administração prolongada causa acúmulo do metabólito normeperidina, que é eliminado lentamente (8-21 h) e tem efeito estimulante sobre o sistema nervoso central, podendo provocar tremor, mioclonia e convulsão, não devendo ser utilizado no paciente gravemente enfermo.[5,6] Na insuficiência renal a meia-vida da normeperidina é de 30-40 h (15-20 h no sadio).[5,6]

Após injeção venosa, a analgesia da meperidina é de 1-2 h, e essa curta duração é decorrente da redistribuição extensiva e da captação pela gordura. Devido à alta lipossolubilidade, o volume de distribuição é grande. Após injeção muscular, a concentração máxima ocorre em 10-90 min. Possui efeito anestésico local, mas causa irritação tecidual.

A meperidina possui efeito inotrópico negativo (diminui débito cardíaco de 20%) e atividade anticolinérgica, podendo provocar taquicardia, o que limita seu emprego na insuficiência coronariana e na doença valvular cardíaca. Diminui mais o volume corrente que a freqüência respiratória e apresenta interação catastrófica com inibidores da monoaminoxidase. Não é recomendado seu uso porque pode causar dependência, além de não possuir efeito analgésico melhor que outros opióides. A dose venosa é de 20-50 mg (0,75 mg/kg) IM ou EV.

O fentanil (Fentanil®, Fentanila®) é 100 vezes mais potente que a morfina. É bastante lipofílico, com meia-vida longa porque a remoção é lenta a partir da gordura, havendo acúmulo com doses repetidas. A latência é curta, devido à passagem rápida para SNC. A duração é pequena porque há redistribuição rápida de droga do sangue para músculo e gordura. Por via IM a analgesia é imprevisível; existe absorção via bucal. A eliminação é mais lenta em criança de 3-12 meses. É indicado na disfunção hepática e renal por ser potente, sendo o efeito analgésico obtido com pequena quantidade de fármaco, e, conseqüentemente, a quantidade de droga metabolizada é menor, além de ser excretada tanto pela bile quanto pela urina. Na insuficiência hepática grave, o fentanil por via intravenosa é boa opção porque a droga é pouco influenciada por alteração da função hepática. Seu metabólito é inativo e excretado pela urina e bile. Sua eliminação é mais lenta no paciente gravemente enfermo.[5,6]

O fentanil não causa alteração hemodinâmica, sendo indicado para paciente com comprometimento cardiovascular. Não causa liberação de histamina e depressão do miocárdio, e a função cardiovascular é mantida estável. No paciente gravemente enfermo há aumento do tempo para eliminação e do volume de distribuição do fentanil.[5,6] Causa bradicardia, rigidez torácica e depressão respiratória. O desenvolvimento de tolerância é rápido, principalmente com infusão. É usado em infusão intravenosa para analgesia, e a dose inicial é de 2-5 μg/kg/h.

A quantidade de fentanil (Durogesic®) liberada do adesivo transdérmico é proporcional à área da superfície (25 μg/h liberada de 10 cm^2). Pode levar 24 h para estabilizar concentração sangüínea porque a droga precisa saturar depósito subcutâneo antes de ser absorvida para sangue. Após remoção do adesivo, a queda da concentração sangüínea tem meia-vida de 17 h. A meia-vida de eliminação verdadeira de fentanil é de 3 h, mas a absorção contínua a partir do subcutâneo a torna aparentemente longa.

O tramadol (Tramal®, Sylador®, Sensitram®, Timasen®, Tramadom®) é análogo sintético da codeína, com analgesia por ação em receptores mu e inibição da recaptação da serotonina e noradrenalina. Sua meia-vida de eliminação é de 5 h, mas a meia-vida do metabólito ativo M1 é de 9 h. Após VO, a concentração máxima ocorre em 2 h, e sua biodisponibilidade é de 68%. Pode ser utilizado por diferentes vias: VO, IM, EV, SC e peridural. A dose é de 50-100 mg/4-6 h (1-2 mg/kg).

A buprenorfina (Temgesic®) é agonista parcial, com ligação principalmente a receptores mu. Sua dissociação lenta contribui para ação prolongada (8 h). Essa alta afinidade por receptores também é responsável pela dificuldade de reversão pela naloxona. Exibe efeito "teto" e efeito mínimo sobre motilidade gastrintestinal ou tônus de esfíncter. Usada por vias sublingual ou venosa, na dose de 0,2-0,4 mg/6 h.

A oxicodona (Oxicontin®) é um opióide semi-sintético, agonista mu (parece ter ação também em kappa) semelhante à morfina em eficácia e efeitos colaterais. A potência da oxicodona em relação à da morfina é 2/3 na via IV e ½- ¾ na VO. Não possui o estigma da morfina e causa menos liberação de histamina que a morfina. É uma alternativa, porque existem diferenças individuais na sensibilidade aos analgésicos ou nos efeitos colaterais. Em nosso meio existe somente a oxicodona de liberação controlada.

A oxicodona de liberação controlada apresenta latência curta (46-60 minutos) e duração de 12 h. Sua biodisponibilidade (60-80%) é maior e menos variável que a da morfina (20-25%) e a absorção ocorre independentemente da ingestão de alimentos. É pouco metabolizada na primeira passagem. A concentração plasmática estabiliza após 24-36 h de uso, e a titulação deve ser feita a cada 1-2 dias. Ocorre pouco acúmulo de droga. A absorção da oxicodona de liberação controlada tem padrão bifásico: 1) fase inicial de absorção rápida (T1/2 de 37 min) com liberação rápida e 38% da dose disponível e 2) fase de absorção lenta (T1/2 de 6,9 h) com liberação prolongada e 62% da dose disponível. A oxicodona de liberação controlada tem início de ação e tempo para concentração plasmática máxima semelhante à simples. Observa-se efeito após 15 minutos, e a concentração plasmática máxima ocorre após 3-6 horas. O metabolismo é feito no fígado, com formação de oximorfona e noroxicodona, que não são importantes para o efeito analgésico da oxicodona. A meia-vida de eliminação é de 2-5 h.

A dose habitual de oxicodona de liberação controlada varia de 10-50 mg/12 h, podendo atingir 550 mg. A dose de "resgate" é de 1/6-1/8 da dose, feita com oxicodona simples. A dose da simples é 5 mg/6 h. As diferenças nas doses diárias estão relacionadas a: variação farmacocinética, mecanismos da dor, uso de opióide prévio e predisposição aos efeitos colaterais.

A nalbufina (Nubain®) é agonista kappa e sigma e antagonista mu, não devendo ser utilizado associado a opióides agonistas. Apresenta efeito "teto" e dificuldade para reversão. Seu volume de distribuição é grande. Causa sedação importante. Sua dose é de 10-20 mg/4-8 h (0,1 mg/kg), e as vias usadas são: IV, IM, SC.

Havendo necessidade de antagonizar o efeito do opióide, é empregada naloxona (Narcan®) 0,001 mg/kg, seguida de 0,001 mg/kg/h. Pode usar 0,01 mg/kg até 0,1 mg/kg. A meia-vida é menor que 60 min.

ANALGESIA POR VIA ESPINHAL[30-35]

A analgesia por via espinhal representa uma alternativa eficaz para a administração sistêmica de medicação.[26-29] Por serem injetadas próximo do local de ação, as medicações podem ser empregadas em doses menores com bons resultados.

OPIÓIDE ESPINHAL[26,27]

Desde a descoberta de receptores opióides, essa técnica vem sendo utilizada amplamente para o alívio da dor aguda e crônica. Os opióides são administrados através de catéteres percutâneos, de fácil colocação e de manipulação simples, que são tunelizados e fixados na pele com fios de náilon em sua saída.

Como a medicação é injetada no local de ação, não havendo necessidade da passagem através de barreiras, pequenas doses de opióides são suficientes para o efeito analgésico. Isso ocorre particularmente com opióide hidrofílico como a morfina, que tem dificuldade para atravessar membranas. A morfina apresenta aumento importante da potência, ao ser administrada por via espinhal, em relação à sistêmica.

Na medula espinhal existem receptores mu, delta e kappa. Quando administrados por via espinhal, os opióides agem através da ligação a receptores pré e pós-sinápticos das lâminas II e V de rexed no corno dorsal da medula espinhal. Existe também ligação inespecífica a outras áreas da medula espinhal e gordura. O efeito é principalmente sobre fibras C e em pequeno grau sobre fibras A-delta, não ocorrendo alterações das fibras autonômicas, motoras, do tato à propriocepção. Excetua-se a meperidina, que, por ter efeito anestésico local, pode causar bloqueio simpático.

O efeito analgésico de opióide hidrofílico ocorre em nível medular, mas o opióide lipofílico, apesar de ter efeito espinhal, também tem ação supra-espinhal.

A ação é dependente de alteração da permeabilidade em canais iônicos, inibição da liberação de substância P e hiperpolarização da membrana. A latência depende principalmente da lipossolubilidade da droga; substâncias lipofílicas (fentanil, sufentanil) atravessam rapidamente as membranas, tendo latência curta. Outros fatores são: peso e forma molecular, pKa, absorção sistêmica e área de absorção. A latência da morfina por via peridural é de 30-60 minutos, e a do fentanil, de 5 minutos.

A duração da analgesia é maior para droga hidrofílica (morfina), tendo influência menor da especificidade para o receptor, afinidade e da velocidade de dissociação a partir dos mesmos. Doses maiores aumentam a duração de opióide hidrofílico, enquanto volumes maiores[30] e vasoconstritores aumentam a duração dos lipofílicos. Após injeção peridural, a duração da analgesia da morfina é de 8-24 horas; a do fentanil, do sufentanil e da meperidina, de 4-6 horas.

Existem controvérsias sobre o uso de opióides lipofílicos por via peridural; alguns autores acreditam que não há vantagem de seu uso em relação à sistêmica quanto à dose, concentração plasmática, analgesia e efeitos colaterais. Dessa maneira, não se justificaria a manutenção de um catéter. Por outro lado, outro estudo mostra que o paciente com opióide lipofílico peridural tem analgesia melhor, mantendo o paciente mais lúcido, podendo colaborar com a fisioterapia. A recuperação da função respiratória ocorre mais rapidamente com opióide e anestésico local por via peridural. Os trabalhos mostram que o opióide lipofílico por via peridural promove analgesia por ação na medula espinhal.[31-34]

Geralmente os opióides são administrados associados aos anestésicos locais, para analgesia de melhor qualidade, com diminuição dos efeitos colaterais.[35,36] Por terem mecanismos de ação diferentes, a associação de doses pequenas das medicações tem efeito sinérgico. O volume de solução necessário depende da lipossolubilidade do opióide e da área a ser atingida. Para opióide hidrofílico pode ser pequeno, porque há extensão do fármaco no liquor. O fentanil também promove analgesia adequada, com volumes variando de 2- 20 ml para operação em membro inferior.[30]

Os opióides por via espinhal são indicados para analgesia pós-operatória, traumatismo (fratura de arcos costais e ossos de membros inferiores), queimadura, dor de câncer e dor da isquemia de membros inferiores.

A analgesia que esse método proporciona é intensa, mas não é isenta de efeitos colaterais. Os principais efeitos colaterais são: prurido, náusea, vômito, retenção urinária e depressão respiratória.

O vômito, por ação na área quimiorreceptora central, é mais freqüente com agentes hidrofílicos e doses maiores. Pode ser tratado com metoclopramida, 10 mg VO ou EV/6 h; droperidol, 0,625-1,25 mg EV; ondansetrona, 4 mg EV/ 4 h; - haloperidol, 1-2,5 mg VO/ 8-12 h ou naloxona, 0,1 mg EV (0,01 mg/kg).

A retenção urinária é devida à diminuição da sensação vesical, ao aumento do tônus esfincteriano e ao relaxamento do músculo detrusor por inibição do sistema parassimpático. É mais freqüente no sexo masculino e na paciente obstétrica e após injeção mais caudal, sendo independente da dose utilizada. Para essa complicação, é feita sondagem vesical ou administração de naloxona.

O prurido é decorrente da alteração da modulação sensorial e liberação de histamina por alteração central. É o efeito colateral mais freqüente, mas na maioria das vezes é leve. Atinge principalmente face, tórax e pescoço. Melhora com anti-histamínico ou antagonista opióide.

A depressão respiratória pode ser precoce (1-2 h) por absorção vascular e deslocamento do opióide através do liquor ou tardia (6-10 h) decorrente do movimento pelo liquor. Alguns fatores facilitam a depressão respiratória: uso de doses e volumes grandes de opióide, uso concomitante de depressores do sistema nervoso central por via sistêmica, paciente idoso, aumento da pressão intratorácica ou abdominal, cefalodeclive, paciente em mau estado geral, doença respiratória e injeção por via subaracnóidea. O primeiro sinal de depressão respiratória é a sedação. Outros efeitos colaterais que podem ser observados: hipotensão arterial e bradicardia (Quadro 110-2).

Quadro 110-2. Uso de opióides		
Opióide	***Dose peridural***	***Intervalo***
Morfina	2-5 mg (0,03 mg/kg)	8-24 h
Fentanil	50-100 mcg (1-2 μg/kg)	4-6 h
Sufentanil	10-25 μg	4-6 h
Meperidina	30-100 mg (0,5-1 mg/kg)	4-6 h

ANESTÉSICO LOCAL PERIDURAL

É usado em combinação com opióide, para analgesia pós-operatória, dor isquêmica de membros inferiores, curativos diários (úlcera, queimadura, trauma, infecção etc.). Geralmente é empregada bupivacaína 0,0625-0,25% ou ropivacaína 0,05%- 0,2%. A dose máxima de bupivacaína em pacientes sadios é de 2 mg/kg, devendo ser ajustada nas insuficiências cardíaca e hepática. Na cirrose, o tempo para sua eliminação pode aumentar cinco vezes.

As possíveis complicações da analgesia peridural com anestésico local e opióide são: infecção, hipotensão arterial, injeção intravascular/ subaracnóidea, toxicidade ao anestésico local e hematoma.

Clonidina espinhal

A clonidina é um agonista adrenérgico alfa-2 parcial, com ação analgésica quando administrado por via oral, parenteral,[37] espinhal,[38-40] transdérmica, articular e em bloqueios de nervo periférico, plexo e sistema simpático. A dose usada comumente é de 150 μg.

A clonidina pode agir, em nível supra-espinhal, em receptores α-2 pós-sinápticos de maneira direta ou através da diminuição da liberação de noradrenalina. A inibição da atividade simpática central pode ser um mecanismo de ação da clonidina. No sistema nervoso periférico, a clonidina pode diminuir a secreção de noradrenalina através da ligação a receptores $\alpha_{\bar{2}}$ adrenérgicos pré-sinápticos. A clonidina inibe a liberação de substância P[37] de fibras aferentes no corno dorsal da medula espinhal e causa liberação de endorfinas. A ação sobre a alodinia depende da interação da clonidina com receptores colinérgicos. A ativação de receptores adrenérgicos α-2 pode causar liberação de acetilcolina e de óxido nítrico.

A associação da clonidina com a morfina por via peridural promove analgesia melhor, mostrando efeito sinérgico dessas medicações.[40] A passagem através da dura-máter e a ação analgésica são rápidas por se tratar de droga lipofílica. O efeito da clonidina por via espinhal se correlaciona com a concentração da droga no liquor.[41]

A clonidina não provoca alteração da sensibilidade ou da motricidade. Pode causar diminuição da pressão arterial e da freqüência cardíaca, sedação, diminuição da ansiedade, anorexia, moleza, sonolência, prurido, cefaléia, obstrução nasal, alopecia, urticária e secura na boca.

ANALGESIA CONTROLADA PELO PACIENTE (ACP)[43-50]

Uma técnica que pode combinar a infusão contínua e a suplementação com doses de demanda ou apenas fornecer as doses requeridas pelo paciente é viabilizada através da ACP.[42-46]

A ACP é veiculada por uma bomba de infusão, especialmente construída para permitir que o paciente, através de um disparador manual, obtenha doses adicionais de analgésico. Para solucionar problemas farmacocinéticos e de sobredose estão disponíveis comandos de dose inicial, intervalos de bloqueio de dose e doses máximas permitidas.[47-50] Esses parâmetros devem ser ajustados para cada paciente, a partir de análise do fármaco escolhido, da intensidade da dor, das condições clínicas e período do pós-operatório.

A ACP pode ser feita com diversos analgésicos e através de diferentes vias, porém os mais utilizados são os opióides por vias intravenosa ou peridural.

Para a obtenção de resultados melhores, o paciente deve ser esclarecido sobre o funcionamento do aparelho. Na avaliação devem ser excluídos os pacientes que não têm condições de utilizar a técnica (todos que por algum motivo não têm capacidade para entender ou manusear o aparelho).

A ACP é tratamento de manutenção, e uma dose inicial de opióide deve ser administrada até controle da dor, e a partir desse momento o paciente recebe o dispositivo para injetar a própria medicação. Para a obtenção de resultados melhores, a prescrição deve ser ajustada para cada paciente porque existem variações na farmacodinâmica.

A principal vantagem da ACP é diminuir o intervalo entre o paciente necessitar do analgésico e o mesmo receber a medicação. Também a possibilidade de se poder controlar a própria dor pode diminuir a ansiedade do paciente. Existe a comodidade de o paciente poder administrar mais analgésico quando há mudança da intensidade da dor (deambulação, fisioterapia).

Como desvantagens, o custo é elevado e existe a necessidade da capacitação física e mental para manusear o aparelho.

Variáveis da ACP[51]

1. Dose inicial *(loading)*, administrada até atingir analgesia adequada.
2. Dose de demanda (ACP), que é a quantidade de opióide que o paciente recebe cada vez que aciona o aparelho. Deve ser adequada para que o paciente não sinta dor e não tenha efeitos colaterais.
3. Intervalo *(lockout)* é o tempo mínimo entre duas demandas para evitar sobredose de opióide.
4. Infusão basal, que pode ser administrada ou não, concomitantemente (Quadros 110-3 e 110-4).

Quadro 110-3. ACP intravenosa		
Opióide	***Morfina***	***Fentanil***
Dose inicial	1-1,5 mg (0,1 mg/kg)	50 μg (1 μg/kg)
Bolus	0,5-2 mg (0,01 mg/kg)	10-20 μg (0,5 μg/kg)
Intervalo	5-20 min	5-10 min
Infusão	0,5-1 mg/h	
Limite para 4 h	10 mg	

Quadro 110-4. Analgesia controlada pelo paciente (peridural)	
Bupivacaína 0,0625-0,125% + fentanil 5 μg/ml Ropivacaína 0,05-0,2% + fentanil 5 μg/ml	
Infusão	3 ml/h
Dose inicial	3 ml
Bolus	3 ml
Intervalo	20-30 minutos

REFERÊNCIAS BIBLIOGRÁFICAS

1. Sinatra RS. Pathophysiology of acute pain. *In* Sinatra RS, Hord AH, Ginsberg B, Preble L: *Acute Pain.* St. Louis: Mosby Yearbook, 1992, pp 44–57.
2. Dickenson AH. Spinal cord pharmacology of pain. *Brit J Anaesth* 1995;75:193–200.
3. Dickenson AH. Central acute pain mechanisms. *Ann Med* 1995;27:223–7.
4. Randic M, Kolaj M, Kojic L, Cerne R *et al.* Iteraction of neuropeptides and excitatory amino acids in the rat superficial spinal dorsal horn. *Prog Brain Res* 1995;104:226–45.
5. Power B, Forbes AM, Vermon van Heerden P, Ilett KF. Pharmacokinetcs of drugs in critically ill adults. *Clin Pharm* 1998;34(1):25–56.
6. Bodenham A, Shelly MP, Park GR. The altered pharmacokinetics and pharmacodynamics of drugs commonly used in critically ill patients. *Clin Pharm* 1988;14:347–73.
7. Dray A. Inflammatory mediators of pain. *Br J Anaesth* 1995;75:125–31.
8. Rolf-Detlef. Peripheral acute pain mechanisms. *Ann Med* 1995;27:213–6.
9. Fitzgerald M. Developmental biology of inflammatory pain. *Br J Anaesth* 1995;75:177–85.
10. Rang HP, Urban L. New molecules in analgesia. *Br J Anaesth* 1995;75:145–8.
11. Duggan AW. Release of neuropeptides in the spinal cord. *Prog Brain Res* 1995;104:197–218.
12. Stamford JA. Descending control of pain. *Br J Anaesth* 1995;75:217–27.
13. Stevens DS, Edwards WT. Management of pain in intensive care settings. *Surg Clin North Am* 1999;79(2):371–86.
14. Goodwin SS. Mechanism of action of nonsteroidal antiinflammatory agents. *Am J Med* 1984;13:57–64.
15. Loes MW. Nonsteroidal agents and the management of pain. American Academy of Pain Medicine, Feb 18, 2001.
16. Denson DD, Katz JA. Nonsteroidal antiinflammatory agents. *In* Sinatra RS, Hord AH, Ginsberg B, Preble LM: *Acute Pain.* St. Louis: Mosby Yearbook, 1992, pp 112–23.
17. Appleton I. Non-steroidal antiinflammatory drugs and pain. *In* Dickenson A, Besson J-M: *The Pharmacology of Pain.* Germany: Library of Congress, 1997, pp 42–54.
18. Maunuksela E-L. Nonsteroidal antiinflammatory drugs in pediatric pain management. *In* Schechter NL, Berde CB, Yaster M: *Pain in Infants, Children, and Adolescents.* Baltimore, MD: Williams & Wilkins,1993, p 35.
19. Vane JR. Inhibition of prostaglandin synthesis as a mechanism of action for aspirin-like drugs. *Nature* 1971;231:232–5.
20. Popp B, Portenoy RK. Management of chronic pain in the elderly: pharmacology of opioids and other analgesic drugs. *In* Ferrell BR, Ferrell BA: *Pain in the Elderly. IASP Press* 1996:21–34.
21. Katz JA. Opioids and nonsteroidal antiinflammatory analgesics. *In* Raj PP: *Pain Medicine.* St. Louis: Mosby Yearbook, 1996, pp 126–41.
22. Breyer MD, Harris RC. COX-2 and the kidney. *Curr Opin Nephrol Hypertens* 2001;10:89–98.
23. Zimmermann M. Antipyretic analgesic therapy. *Am J Med* 1983;14:1–139.
24. Sakata RK. Procedimentos empregados para o tratamento da dor. *Rev Br Med* 1994;51:8–11.
25. Sakata RK. *Tratamento da Dor. Anestesiologia, SAESP.* 5ª ed. Rio de Janeiro: Atheneu, 2001, pp 1165–83.
26. Sakata RK. Opióide espinhal. *Rev Br Med* 1994;51:12–3.
27. Rawal N. Epidural and spinal agents for postoperative analgesia. *Surg Clin North Am* 1999;79:313–44.
28. Sakata RK. Condutas para o alívio da dor. *Emergências — Manual de Diagnóstico e Tratamento.* São Paulo: Saraiva Editora de Livros Médicos Ltda., 1995, pp 641–4.
29. SAESP. *Dor Crônica: Tratamento e Analgesia.* Rio de Janeiro: Atheneu, 1996, pp 860–8.
30. Sakata RK, Gozzani JL, Kraychete D, Castro MGB, Vanderley QM. Efeito da administração de fentanil em diferentes volumes por via peridural para analgesia pós-operatória. *RBM* 1997;54:462–4.
31. Cooper DW, Ryall DM, Desira WR. Extradural fentanyl for postoperative analgesia: predominant spinal or systemic action? *Br J Anaesth* 1995;74:184–7.
32. D'Angelo R, Gerander JC, Eisenach JC, Raphael BL. Epidural fentanyl produces labor analgesia by a spinal mechanism. *Anesthesiology* 1998;88:1519–23.
33. Cousins MJ, Bridenbaugh PO. Neural *Blockade in Clinical Anesthesia and Management of Pain.* 3rd ed. Philadelphia: Lippincott–Raven, 1988, pp 808–12.
34. Sjostron S, Hartvig P, Persson P, Tamsen A. Pharmacokinetics of epidural morphine and meperidine in humans. *Anesthesiology* 1987;67:877–88.
35. Scott DA, Blake D, Buckland M *et al.* A comparison of epidural ropivacaine infusion alone and in combination with 1,2, and 4 μg/ml fentanyl for seventy-two hours of postoperative analgesia after major abdominal surgery. *Anesth Analg* 1999;88(4):857–964.
36. Bernard JM, Hommed JL, Passuti N, Pinaud M. Postoperative analgesia by intravenous clonidine. *Anesthesiology* 1991;75:715–6.
37. Nielsen IK, Kehlet H. Epidural clonidine enhances postoperative analgesia from a combined low-dose epidural bupivacaine and morphine regimen. *Anesth Analg* 1992;75:607–10.

38. Pan H-L, Chen S-R, Eisenach JC. Intrathecal clonidine alleviates allodynia in neuropathic rats. *Anesthesiology* 1999;90:509–14.
39. Mogensen T, Eliasen K, Ejlersen E, Vegger P *et al.* Epidural clonidine enhances postoperative analgesia from a combined low-dose epidural bupivacaine and morphine regimen. *Anesth Analg* 1992;75:607–10.
40. Eisenach J, Detweiler D, Hood D. Hemodynamic and analgesic actions of epidurally administered clonidine. *Anesthesiology* 1993;78:277–87.
41. De Ruyter ML. Patient-controlled analgesia. *In* Faust RJ: *Anesthesiology Review.* 2nd ed. London, and New York: Churchill Livingstone, 1995, pp 297–8.
42. Liu SS, Moore JM, Luo AM, Trauman WJ *et al.* Comparison of three solutions of ropivacaine/fentanyl for postoperative patient controlled analgesia. *Anesthesiology* 1999;90:727–33.
43. Ozalp G, Guner F, Kuru N, Kadiogullari N. Postoperative patient-controlled epidural analgesia with opioid bupivacaine mixtures. *Can J Anaesth* 1998;45:938–42.
44. MacKenzie R. Patient-controlled epidural analgesia. *Anesthesiology* 1988;69:1027.
45. White PF. Use of patient-controlled analgesia for management of acute pain. *JAMA* 1988;259(2):243–7.
46. Hecher BR, Albert L. Patient-controlled analgesia: a randomized, prospective comparison between two commercially available PCA pumps and conventional analgesic therapy for postoperative pain. *Pain* 1998;35:115. *Anesthesiology* 1992;76:362.
47. Parker RK, Holtmann B, White PF. Effects of a night-time opioid infusion with PCA therapy on patient comfort and analgesic requirements after abdominal hysterectomy. *JAMA* 1993.
48. Doyle E, Morton NS, McNicol LR. Comparison of patient-controlled analgesia in children by iv sc. routes of administration. *Br J Anaesth* 1994;72:533.
49. Kluger MT, Owen H. Patient-controlled analgesia: Can it be made safer? *Anaesth Intensive Care* 1991;19:412.
50. Owen H, Szekely SM, Plummer JL *et al.* Variables of patient-controlled analgesia. 2. Concurrent infusion. *Anaesthesia* 1989;44:11.

111 Sedação no Paciente Grave

Rosa Goldstein Alheira Rocha • Cid Marcos David

Os pacientes são admitidos geralmente na Unidade de Terapia Intensiva por disfunções cardiorrespiratórias, infecções, pós-operatórios de risco e trauma. A essas situações acrescem-se agressões das mais variadas origens.

O ambiente desconhecido, de isolamento familiar e ruído intenso, o desconforto e a dor produzidos por certos procedimentos médicos para monitorização ou terapêutica, além de abordagem e cuidados de enfermagem e fisioterápicos, podem aumentar o estresse e alterar o ritmo de sono, acarretando elevação do consumo de oxigênio e piora dos quadros clínicos.[1]

A resposta adrenérgica exacerbada determina taquicardia, hipertensão pulmonar e sistêmica, com alteração de parâmetros ventilatórios e de oxigenação. Esses sinais são modificados pela faixa etária, co-morbidades associadas, febre, função cardíaca e concentração de hemoglobina.

Esforços para reduzir a ansiedade (com freqüentes orientações), manutenção do conforto do paciente, provisão de analgesia adequada e ambiente otimizado são medidas primárias que devem anteceder qualquer esquema terapêutico com drogas sedativas.

Não obstante, os sedativos são geralmente necessários como adjuntos no tratamento da ansiedade e agitação e ainda para facilitar a ventilação mecânica, produzir relaxamento muscular, sono e para procedimentos.

Estudo realizado em 1988 por Bion em 60 pacientes que receberam alta da UTI identificou os fatores mais relacionados a desconforto grande ou moderado: ansiedade (78%), dor (66%), perda de sono (63%) e sede (60%), demonstrando a importância da sedação na experiência da hospitalização.[2]

A conduta da sedação no paciente grave sofreu modificações fundamentais ao longo dos últimos 20 anos. Em 1981, um estudo nas UTIs da Grã-Bretanha e Irlanda do Norte identificou 23 UTIs nas quais o objetivo da sedação era a não-percepção do meio, e, posteriormente, que o nível requerido era apenas a minimização do desconforto.[3] Sete anos mais tarde, uma outra pesquisa com 43 UTIs demonstrou uma inversão nesses resultados, com 68% das unidades preferindo sedação leve e 21% a sedação mais aprofundada, com os pacientes reagindo apenas quando estimulados.[4]

A tendência para a sedação mais leve é resultado de vários fatores, que incluem cuidados com as necessidades psicológicas do paciente, reconhecimento das complicações na sedação profunda e desenvolvimento de novos modos de ventilação mecânica que permitem maior conforto sem assincronia. Essa tendência tem-se refletido no menor uso de bloqueadores neuromusculares nos indivíduos gravemente enfermos.

Para a maioria dos pacientes hoje, a sedação é titulada às necessidades individuais. O tratamento da agitação deve ser iniciado somente após analgesia adequada e identificação e tratamento de possíveis causas fisiológicas reversíveis, como hipoxemia, hipoglicemia, hipotensão, dor e abstinência de álcool ou drogas, sendo esse último distúrbio comumente associado a situações de trauma.[5,6]

OBJETIVOS

O nível ideal de sedação deve permitir alívio do desconforto e avaliação neurológica sem comprometer as condições clínicas do paciente. A sedação criteriosa durante procedimentos como fisioterapia, curativos mais dolorosos e monitorização invasiva diminui a demanda metabólica e o consumo de oxigênio. Estudos demonstraram que, assim se procedendo, reduz-se o consumo de oxigênio em 21% quando o consumo inicial é elevado e em 9% quando é inicialmente normal.[7]

COMPLICAÇÕES

No paciente grave, os aspectos relacionados à doença de base, a rota de administração, farmacocinética e farmacodinâmica da droga afetam o grau de sedação produzida, o que torna a resposta terapêutica difícil de se prever.

A titulação de dose é necessária para a obtenção do efeito planejado e pelos rebotes ou abstinência na retirada abrupta dos sedativos.[8] Desse modo, a infusão contínua pode ser preferível no paciente grave, uma vez que consegue produzir um nível de sedação adequado, sem os riscos que se impõem quando as doses administradas são menores ou maiores que as desejadas.[9]

Sedação insuficiente gera desconforto e súbitas alterações de consciência, desajuste a ventilação mecânica, e as conseqüentes descargas adrenérgicas produzem taquicardia, hipertensão, taquipnéia.

Ressalte-se porém que essas manifestações, além de sinalizarem a necessidade de mais sedativos, também podem indicar alterações clínicas (hipóxia, hipoglicemia, isquemia cerebral ou alterações metabólicas).

A sedação excessiva pode produzir depressão respiratória indesejada, paresia do tubo gastrintestinal, alterações metabólicas e da termorregulação, além de não permitir a comunicação do indivíduo em momentos necessários. Podem advir trombose venosa profunda e úlceras de pressão.

A instabilidade hemodinâmica e as múltiplas disfunções orgânicas fazem com que a rota de administração modifique a absorção e o início de ação.

Na insuficiência hepática, o metabolismo da morfina e benzodiazepínicos pode estar retardado, aumentando a sensibilidade a esses agentes, o que indica a prescrição de doses iniciais menores em esquemas de incrementos graduais nos indivíduos cirróticos ou idosos.[9,10]

Na insuficiência renal pode haver diminuição da excreção de drogas (p. ex., midazolam), e na insuficiência cardíaca os riscos dos efeitos hipotensores são elevados, e o baixo débito agrava ainda mais as funções hepática e renal.

NÍVEIS DE SEDAÇÃO

Quatro níveis de sedação podem ser definidos:[11]

1. Mínima (ansiólise)

   O paciente responde normalmente aos comandos verbais. As funções cognitivas podem estar comprometidas, porém as funções ventilatórias e hemodinâmicas não são afetadas.

2. Moderada (sedação consciente)

   O paciente responde aos comandos verbais com ou sem estimulação tátil. Ventilação adequada e hemodinâmica mantida.

3. Profunda

   O paciente não desperta, porém reage à estimulação dolorosa. Pode não manter via aérea pérvia e ventilação espontânea e a função hemodinâmica pode estar mantida

4. Anestesia

   O paciente não desperta sequer com estimulação dolorosa, não é capaz de manter via aérea pérvia, necessita de assistência ventilatória mecânica e a hemodinâmica pode estar instável.

A necessidade de sedação varia durante o período de internação do paciente na UTI. Na fase aguda, uma resposta ao estresse muito importante pode requerer sedação profunda e grandes doses de analgésicos. Quando um controle é conseguido, as necessidades podem ser menores, porém pode advir o delírio, na fase de recuperação as drogas podem ser desmamadas e retiradas.

Apesar de recomendações terem sido feitas por sociedades de especialidade, vários estudos verificaram que muitos serviços ainda não tinham protocolos de sedação, o que incorria em problemas gerados pela politerapêutica, supermedicação ou submedicação e custos elevados.[12,13]

AVALIAÇÃO DA SEDAÇÃO

Avaliações freqüentes da sedação ou agitação podem facilitar a titulação dos sedativos ao plano terapêutico determinado.

O objetivo desse plano dependerá primariamente da doença e das intervenções diagnósticas ou terapêuticas requeridas.

Alguns pacientes necessitam estar calmos, com despertar fácil e ciclo sono-vigília normal; outros, entretanto, terão que receber sedação profunda com a finalidade de facilitar a ventilação mecânica.

O ajuste adequado da sedação é conseguido com a monitorização consistente subjetiva ou objetiva da resposta ao estímulo, o que pode ser feito através de pontuações ou medidas de resposta comportamental.

Dados subjetivos são obtidos através de escalas, as mais comuns são aditivas ou escalonadas, e o grau é aferido pela resposta a estimulação. Nas escalas simples, o nível é dado por uma escala graduada, sendo a mais conhecida a de Ramsay. Nas escalas aditivas, o nível é quantificado pela soma de várias pontuações, quanto mais categorias escalonadas na escala aditiva mais validade, porém isso as torna pouco factíveis à beira do leito. A pontuação desejada depende da indicação para a sedação.

Muitas escalas são disponíveis, mas sua capacidade de detectar a resposta do paciente a modificações de esquema, doses ou retirada de drogas sedativas não tem sido testada.

A Escala de Ramsay foi desenvolvida para a avaliação de sedação em situações experimentais, e, embora possa ser criticada por não permitir descrição que diferencie os níveis de sedação, continua sendo amplamente utilizada nos estudos comparativos.[14] É graduada em níveis de 1 a 6 com base na perda progressiva de resposta a estímulos que vão desde auditivos a dolorosos profundos (Quadro 111-1).

A Escala de Sedação – Agitação de Riker, que utiliza sete itens para descrever o comportamento do paciente, foi a primeira validada em indivíduos gravemente enfermos (Quadro 111-2).[15,16] Outra escala com sete itens de Avaliação de Atividade Motora (MAAS-*Motor Activity Assessment Scale*) também tem demonstrado sua exeqüibilidade.[17]

Os testes objetivos podem ser úteis durante a sedação muito profunda ou na presença de bloqueio neuromuscular.

Variáveis fisiológicas como pressão arterial ou freqüência cardíaca são pouco específicas e sensíveis como medidas de

Quadro 111-1. Escala de Sedação de Ramsay
1. Indivíduo ansioso, agitado ou inquieto
2. Indivíduo cooperativo, orientado e tranqüilo
3. Indivíduo sedado, porém responsivo a comandos
4. Indivíduo sedado, com resposta rápida a leve toque entre as sobrancelhas ou estímulo auditivo alto
5. Indivíduo sedado, responde devagar a estímulo auditivo alto, ou a toque entre as sobrancelhas
6. Indivíduo sedado, não responsivo

Nos pacientes sob ventilação mecânica, geralmente utilizam-se valores entre 3 e 4 da Escala de Sedação de Ramsay.

***Quadro 111-2.* Escala de Sedação-Agitação de Riker**

7. Agitação perigosa
6. Muito agitado
5. Agitado
4. Calmo e cooperativo
3. Sedado
2. Muito sedado
1. Não despertável

consciência. A variação da freqüência cardíaca e a contratilidade esofagiana podem ser utilizadas na avaliação, mas os parâmetros eletrofisiológicos como o potencial evocado (auditivo, visual) e o eletroencefalograma (EEG) vêm se tornando utilizados como medidas mais objetivas dos níveis de sedação.[18] Crippen foi o primeiro a usar na avaliação da sedação monitorização neurológica contínua (eletroencefalografia), principalmente naqueles indivíduos sob bloqueio neuromuscular.[19]

A eletroencefalografia tem sido manipulada através de dispositivos para simplificar sua interpretação e melhorar sua realização à beira do leito. Advém daí o índice biespectral (BIS), que pode ser usado para prever a profundidade anestésica com um único agente sedativo,[20] porém seu uso no ambiente da Terapia Intensiva tem limitações (Quadro 111-3 e Fig. 111-1).[21,22]

***Quadro 111-3.* Sedação medida por método eletrofisiológico – BIS**

BIS	*Sedação (Hipnose)*
100	Paciente acordado
70	Estado hipnótico leve
60	Estado hipnótico moderado
50	Baixa probabilidade de consciência
40	Estado hipnótico profundo
0	Supressão do EEG

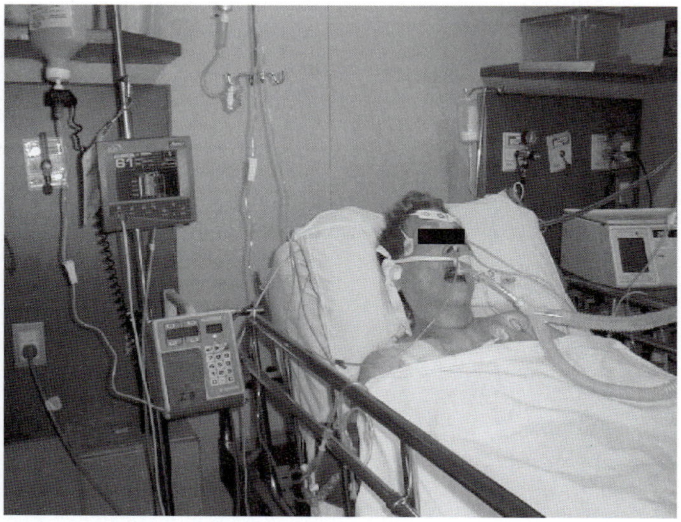

Fig. 111-1. Paciente em ventilação mecânica e sedada. Monitorização pelo BIS.

AGENTES

Os agentes empregados na ansiólise têm seu início e término de ação determinados pela rapidez com que atravessam a barreira hematoencefálica, que por sua vez está ligada à lipossolubilidade e ao volume de distribuição dessas substâncias. Após administração em *bolus* ou indução rápida, o efeito clínico é atingido pela redistribuição, e a infusão contínua resulta na saturação dos diversos compartimentos orgânicos, e a ação dependerá então da taxa e da duração da infusão, além das características físicas da droga.

No Brasil, para sedação, são utilizados essencialmente o midazolam, o diazepam e o propofol (Fig. 111-2).

Opióides

Os opióides produzem analgesia por modularem a transmissão dos estímulos nociceptivos localizados no sistema nervoso central espinhal e supra-espinhal e periféricos, ao mesmo tempo que são fundamentais na estratégia terapêutica que busca a sedação consciente, não produzem amnésia e são associados a vários efeitos colaterais. A depressão respiratória caracteriza-se por diminuição da freqüência com volume corrente relativamente preservado e o tônus adrenérgico. Náuseas e vômitos resultam da estimulação de quimiorreceptores, e morfina ou meperidina podem ocasionar *rash* cutâneo e broncoespasmo, pela liberação de histamina. Finalmente, a administração rápida de mesmo pequenas doses de opióides sintéticos pode produzir rigidez da parede torácica e prejudicar a ventilação.

Geralmente são usados associados a midazolam ou propofol em sedação para ventilação artificial, nas seguintes doses: morfina 5 a 50 mg/h, fentanil de 0,05 a 0,5 mg/h.

A morfina tem pouca lipossolubilidade e atinge pico de ação em 10 a 30 minutos após administração endovenosa. Seu metabólito ativo, a 6-glicoronil-morfina, tem duração duas vezes maior. Associada a liberação importante de histamina, pode causar prurido e vasodilatação.

A meperidina é opióide sintético geralmente usado em *bolus*, com estrutura química semelhante à da atropina e com

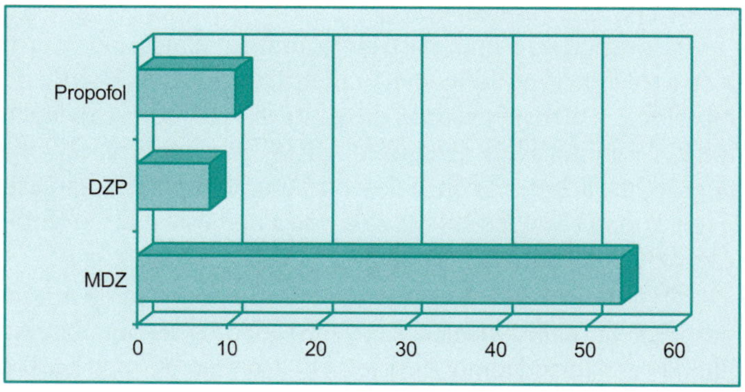

Fig. 111-2. Sedativos mais usados no Brasil. MDZ = Midazolam; DZP = diazepam. (David CM, Barbas CV, Goldwasser RS e grupo de estudo em Ventilação Mecânica da AMIB, 2001.)

ação vagolítica, produzindo taquicardia em vez de bradicardia como os outros opióides, sua lipossolubilidade é intermediária entre a morfina e o fentanil e derivados.

O fentanil e seus derivados podem ser usados em *bolus* ou por infusão contínua, uma vez que seus parâmetros cinéticos facilitam a titulação dos efeitos. A alta lipossolubilidade confere início de ação rápido. Não liberam histamina e têm perfil estável em relação à hemodinâmica, o que os torna atraentes para uso em pacientes coronariopatas. O mais novo derivado, remifentanil, é finamente titulado por sua metabolização plasmática. Diferentemente de outros opióides, sua duração de ação não depende do tempo de infusão, mas a curta duração de ação pode acompanhar-se do retorno dos quadros dolorosos.[23]

Benzodiazepínicos

São fármacos de uso rotineiro em UTIs. Sua alta lipossolubilidade permite rápido início de ação e ótima titulação. Produzem sedação, ansiólise e amnésia anterógrada, além de terem efeito anticonvulsivante. Entretanto, por reduzirem importantemente o volume corrente, levam a depressão respiratória. Hipotensão é causada por moderada depressão miocárdica e simpatólise.

Os benzodiazepínicos diferem entre si por suas características farmacodinâmicas e farmacocinéticas.

Fatores específicos como idade, doença subjacente, uso de álcool e medicação concomitante afetam a intensidade e duração da ação, requerendo titulação individualizada. Idosos têm eliminação prolongada dessas drogas, e seus metabólitos ativos podem se acumular na presença de insuficiência renal ou hepática.[24,25]

Os opióides potencializam os benzodiazepínicos, seja quanto aos efeitos farmacológicos seja quanto aos colaterais.

A via de administração confiável é endovenosa, já que a via oral e a intramuscular têm absorção errática.

Podem ser administrados em *bolus* ou por infusão contínua. Na infusão contínua, o *bolus* é dado apenas para obter o nível de sedação mantido pela administração contínua. É importante que a necessidade de infusão e a dose sejam reavaliadas diariamente. Após 24 horas de estabilidade, a taxa de infusão pode ser reduzida.[26] Recentemente, um trabalho sugeriu, a interrupção diária diminuindo o tempo de ventilação mecânica.[27]

O despertar é imprevisível na prática clínica; por outro lado a tolerância pode acontecer dentro de horas ou dias de terapêutica, e a suspensão da droga deve fazer-se escalonadamente, minimizando as conseqüências da síndrome da suspensão que acontece com a descontinuação rápida. A agitação é relacionada à sedação leve e devida à amnésia e desorientação induzidas por esse fármaco.

O diazepam tem demonstrado ter rápido início de ação e despertar após doses isoladas.[28,29] Em sedação prolongada, essa última característica modifica-se pelo acúmulo de metabólitos ativos (p. ex., dismetildiazepam). Seu metabolismo é hepático (glicuronização). Em sedação consciente, costuma ser usada injeção intravenosa entre 1 a 10 mg (0,2 a 0,3 mg/kg, repetidas conforme necessário a cada 2 ou 4 horas). Doses maiores de 2 a 20 mg a cada 1 a 8 horas têm sido empregadas em tétano.

O lorazepam tem maior capacidade amnéstica que o diazepam. Por ter curto início de ação, é droga pouco interessante no tratamento dos quadros agudos, da mesma forma que sua meia-vida de eliminação de 12 a 15 horas dificulta a titulação. As soluções para infusão de lorazepam, mesmo que cuidadosamente diluídas, podem precipitar. Além disso, doses maiores que 18 mg/h utilizadas por mais de quatro semanas ou que excedem 25 mg/h por períodos tão curtos como horas ou dias foram relacionadas ao aparecimento de necrose tubular aguda, acidose láctica e estados hiperosmolares devido aos solventes utilizados nas preparações do sedativo.[30,31] É medicamento de escolha na insuficiência hepática. Não é disponível no Brasil para uso parenteral.

O midazolam tem início e duração de ação curtos em doses isoladas. Apesar de sua meia-vida curta, sua extensa distribuição pode aumentar o tempo de sedação proporcionalmente ao tempo de infusão. Estados sedativos prolongados têm sido descritos após o uso de midazolam em pacientes obesos, com hipoalbuminemia ou em insuficiência renal;[32,33] especialmente nessa última situação, esse efeito tem sido relacionado à produção de 1-alfa-hidroximidazolam.[34] Propofol, antibióticos macrolídeos e diltiazem podem modificar o metabolismo do midazolam.[35] Em Terapia Intensiva, é administrado sob a forma de injeção intravenosa simples de 0,03 a 0,3 mg/kg, seguida de injeção intravenosa contínua de 0,012 a 0,6 mg/kg/h. Possui efeitos hemodinâmicos discretos, porém pode ser responsável por hipotensão arterial em idosos. Pode ocasionar depressão respiratória, principalmente quando associado a opióides.

O flumazenil é droga que antagoniza os efeitos dos benzodiazepínicos, entretanto seu uso rotineiro após a administração por tempo prolongado deve ser evitado pois pode precipitar a síndrome de retirada, com precipitação de convulsões, hipertensão arterial, aumento da pressão intracraniana e aumentar o consumo de oxigênio pelo miocárdio, com doses tão pequenas quanto 0,5 mg.[36] Em menor dosagem (0,15 mg), produz pouco efeito de retirada, e apenas uma dose é suficiente quando aplicada para teste.[37] A curta meia-vida de eliminação do flumazenil associa-se ao risco de ressedação, principalmente com uso de benzodiazepínicos de longa duração.

Agente EV	*Início de ação*	*Meia-vida*	*Metabolismo*	*Metabólito ativo*	*Efeito adverso característico*
Diazepam	2-5 min	20-120 h	Desmetilação/ hidroxilação	Sim	Flebite
Lorazepam	5-20 min	8-15 h	Glicuronização	Não	Acidemia/IRA
Midazolam	2-5 min	3-11 h	Oxidação	Sim	Nenhum

Barbitúricos

Têm efeitos no sistema nervoso central, coração e pulmões; são semelhantes qualitativamente aos benzodiazepínicos, mas têm maior magnitude.

Propofol

Agente anestésico geral intravenoso que em doses mais reduzidas é sedativo potente com ação amnéstica mínima. Atravessa rapidamente a barreira hematoencefálica, razão de seu rápido início de ação.

A recuperação é igualmente rápida. A rápida redistribuição no SNC e metabolismo permite o despertar em até 30 minutos, embora alguns relatos noticiem um despertar mais tardio após períodos maiores de administração.[38-40] Sua farmacocinética não sofre alteração na presença de disfunções hepática ou renal.

É depressor da ventilação e sua ação hipotensora relacionada à magnitude da dose empregada e administração em *bolus*, ações amplificadas por opióides, em pacientes idosos hipovolêmicos ou miocardiopatas. O início da injeção em veia superficial ocasiona dor. Em doses sub-hipnóticas, tem efeito antiemético. Possui ação anticonvulsivante, embora mioclonias tenham sido observadas. Vários relatos descrevem o emprego desse agente como tratamento no estado epiléptico refratário (não-responsivo à medicação habitual).[41] Pode também diminuir o fluxo sangüíneo e o metabolismo cerebral, o que resulta na sua utilização em pacientes neurocirúrgicos, para controle da pressão intracraniana.[42,43]

O propofol é veiculado em emulsão de lipídios, o que limita a velocidade de infusão a 4 mg/kg/h, aumenta o risco de infecção e de hipertrigliceridemia e faz com que o consideremos no balanço calórico: 1 ml = 0,1 g de gordura ou cerca de 1 kcal.

Produz hipnose após injeção intravenosa de 0,5 a 3 mg/kg, e em sedação intravenosa as doses variam de 0,3 a 3 mg/kg/h. A redução progressiva da velocidade de infusão é recomendada para evitar despertar brusco.

Ketamina

Derivada da fenilciclidina, produz estado de dissociação no qual o paciente parece desperto, mas não reage à dor ou ao chamado verbal. Mesmo em baixas doses, é analgésico potente, produz disforia e aumenta secreções, o que requer administração concomitante ou de benzodiazepínicos ou α-agonistas.[44] Tem ação simpaticomimética que resulta em taquicardia, hipertensão, aumento do consumo cerebral e miocárdico de oxigênio, depressão intracerebral e intra-ocular do fluxo sangüíneo cerebral. Ketamina é broncodilatador potente e pode ser usada terapeuticamente em certos casos de broncoespasmo refratário. É altamente lipossolúvel, entrando rapidamente no SNC e iniciando rapidamente sua ação (administração endovenosa em 1 minuto; intramuscular/retal de 5 a 20 minutos). Tem metabolismo hepático. Utilizada na seguinte posologia: IM de 2 a 6 mg/kg, EV de 0,25 a 0,5 mg/kg, VO de 6 a 10 mg/kg, VR de 6 a 10 mg/kg e EV contínua de 0,5 a 1 mg/kg/h.

Butirofenonas

As butirofenonas, haloperidol e droperidol, indicadas no tratamento da agitação e delírio, são descritas como antagonistas de vários receptores no sistema nervoso central, serotonina, ácido gama-aminobutírico, noradrenalina e principalmente dopamina. Têm início de ação por via parenteral em até 30 minutos e via oral em até 2 horas e pico de ação por via parenteral em até 45 min e via oral em até 4 horas. Sua duração de ação é variável (até 38 horas). As butirofenonas podem resultar em modesta vasodilatação por bloqueio alfa-adrenérgico. Não têm ação de depressão respiratória, mas potencializam ação depressora de sedativos e opióides e são anti-eméticos potentes. O haloperidol tem maior ação antipsicótica, e o droperidol, maior ação antiemética. Podem causar reações extrapiramidais e mais raramente síndrome neuroléptica maligna. São utilizados por injeção intramuscular ou intravenosa de 0,5 a 10 mg (agitação leve a intensa) seguidas de 2 a 10 mg a cada 2 a 8 horas como manutenção.

Pela via oral são recomendados de 0,5 a 2 mg a cada 8 ou 12 horas e 20 a 30 mg/h em injeção intravenosa contínua.

Alfa-agonistas centrais

A clonidina tem sido empregada para incrementar os efeitos dos anestésicos gerais e de narcóticos e no tratamento da síndrome de abstinência alcóolica na UTI.[45,46] A dexmedetomidina, agonista alfa-2 adrenérgico potente e seletivo, foi recentemente aprovada para uso por até 24 horas. É agonista pleno com uma relação alfa-1: alfa-2 mais de setes vezes a da clonidina.[47] É sedativo hipnótico, ansiolítico (com efeito comparável ao dos benzodiazepínicos) e analgésico, reduzindo a atividade simpática. Não produz depressão respiratória significativa, e o paciente desperta rapidamente, atendendo a ordens com facilidade. Pode facilitar a intubação traqueal e procedimentos para os quais normalmente é necessária sedação consciente. O uso de dexmedetomidina ocasiona bradicardia e hipotensão, especialmente na presença de hipovolemia e tônus adrenérgico exacerbado. Seu papel como agente sedativo em pacientes graves ainda requer maiores estudos.

Restauração do sono

A privação de sono pode dificultar a reparação tecidual e sobretudo a função imunológica.[48] A falta de sono acrescenta um estresse adicional ao paciente de UTI.[49,50] Contudo, conseguir que os indivíduos consigam um sono adequado na UTI pode ser difícil. O sono nesse ambiente caracteriza-se por poucos ciclos completos, numerosos despertares e sono REM pouco freqüente. Padrões atípicos de sono foram observados em pacientes recebendo altas doses de sedativos.[51]

Medidas não-farmacológicas para restauração do sono são mais importantes na estratégia terapêutica do que a administração de agentes sedativo-hipnóticos. Elas incluem diminuição de ruído e luzes no ambiente, relaxamento, musicoterapia, massagem. Midazolam e propofol, quando usados em pacientes não-intubados, demonstraram equivalência quanto à qualidade de sono induzida.[52] Zolpiden e benzodiazepínicos orais também são empregados nesse tipo de paciente, diminuindo a latência e aumentando o tempo de sono.[48]

CONCLUSÕES

A agitação e a dor são comuns no paciente grave. A resposta à agressão aguda causa uma tremenda resposta neuro-hormonal, com elevação das catecolaminas, cortisol, glicose, ADH e proteínas de fase aguda e conseqüente taquicardia, hipertensão, aumento do consumo de O_2, retenção hídrica e comprometimento da resposta imune.

Os objetivos primordiais da sedação e analgesia são aliviar a ansiedade e a dor e atenuar a resposta ao estresse. O uso apropriado das drogas envolvidas requer um entendimento completo das indicações, metabolismo e efeitos colaterais e técnicas de monitorização.

São importantes considerações durante o uso de sedativos no paciente grave da UTI:

- Alterações farmacocinéticas podem ocorrer no paciente grave, e a escolha do agente utilizado deve ser judiciosa e complexa. Efeitos colaterais a curto e longo prazo devem ser conhecidos.
- Na indicação da sedação devem ser consideradas a situação clínica, as vantagens, as desvantagens e o custo.
- Hipotensão arterial pode ocorrer com o uso de sedativos. É importante avaliar o estado hemodinâmico e corrigir a hipovolemia.
- Os métodos e as drogas devem ser individualizados para cada paciente.
- O nível da sedação deve ser monitorizado constantemente. Deve-se prover adequada monitorização do paciente com métodos simples e reprodutíveis à beira do leito e haver recursos humanos capacitados.
- Os níveis de sedação devem ser medidos pelo menos 4 vezes ao dia e anotados em formulário específico.
- É fundamental monitorizar a *desconexão* da prótese ventilatória, regulando o alarme do ventilador para um tempo de apnéia não superior a 15 segundos.
- Deve-se fazer a interrupção diária do sedativo para permitir a avaliação da dor.
- As escalas de avaliação da sedação devem ser usadas, entretanto no paciente sob bloqueio neuromuscular a avaliação eletrofisiológica está indicada.

REFERÊNCIAS BIBLIOGRÁFICAS

1. Arbor RB. Propylene glicol toxicity related to high-dose lorazepam infusion. Case report and discussion. *Am J Crit Care* 1999;8:499–506.
2. Arianio RE, Kassum DA, Aronson KG. Comparison of sedative recovery time after midazolam versus diazepam administration. *Crit Care Med* 1994;22:1492–96.
3. Bailie GR, Cockshott ID, Douglas EJ *et al.* Pharmacokinectics of propofol during andhafter long-term continnuos infusion for maintenance of sedation in ICU patients. *Br J Anaesth* 1992;68:486–91.
4. Beller JP, Pottecher T, Lugnier A *et al.* Prolonged sedation with propofol in ICU patients: recovery and blood concentration changes during periodic interruption in infusion. *Br J Anaesth* 1988;61:583–8.
5. Bion JF. Sedation and analgesia in the intensive care unit. *Hospital Update* 1988;2:1272–86.
6. Blanchard AR. Sedation and analgesia in intensive care. Medications attenuate stress response in critical illness. *Postgrad Med* 2002;111(2):59–74.
7. Blanchard AR, Love AA, Southwood RL *et al.* Standardized, cost-efective sedation guidelines in a tertiary medical intensive care unit (MICU). *Crit Care Med* 1999;27:A131.
8. Breheny FX. Reversal of midazolam sedation with flumazenil. *Crit Care Med* 1992;20:736–9.
9. Bruder N, lassegue D, Pelissier D *et al.* Energy spenditure and withdrawal of sedation in severe head injured patients. *Crit Care Med* 1994;22:1114–19.
10. Cooper AB, Thornley KS, Young GB *et al.* Sleep in crically ill patients requering mechanical ventilation. *Chest* 2000;117:809–818.
11. Crippen DW. The role of sedation in the ICU patients with pain and agitation. *Crit Care Clin* 1990;6:369–92.
12. Crippen DW. Using bedsides EEGs to monitor sedation during neuromuscular blockade: a new way to gauge therapeutic effectiveness. *J Crit Illness* 1997;12:519–24.
13. Dasta JF, Fuhrman TM, McCandles C. Patterns of prescribing and administering drugs for agitation and pain in patients in a surgical intensive care unit. *Crit Care Med* 1994;22:974–80.
14. De Deyne C, Struys M, Decruyenaere J *et al.* Use of continnuous bispectral EEG monitoring to assesss depth of sedation in ICU patients. *Intensive care Med* 1998;24:1294–98.
15. Devlin JW, Boleski G, Mlinarek *et al.* Motor Activity Assesment Scale: A valid and reliable sedation scale for use with mechanically ventilated patients in an adult surgical intensive care unit. *Crit Care Med* 1999;27:1271–75.
16. Driesen JJ, Vree TB, Guelen PJ. The effects of acute changes in renal function on the pharmacokinetics of midazolam during long-term infusion in ICU patients. *Acta Anaethesiol Belg* 1991;42:149–55.
17. Gorski JC, Jones DR, Haehner-Daniels BD *et al.* The contribuition of intestinal and hepatic CYP3A to the interaction between midazolan and claritromicycin.
18. Greenblat DJ, Abernethy DR, Locniskar A *et al.* Effect of age, gender, and obesity on midazolam kinetics. *Anesthesiology* 1984;61:27–35.
19. Hammerlein A, Derendorf H, Lowenthal DT. Pharmacokinectic and pharmacoynamic changes in the elderly. *Clin Pharmacokinet* 1998;35:49–64.
20. Herregods L, Verbeke J, Rolly G *et al.* Effect of propofol on elevated intracranial pressure. Preliminary results. *Anaesthesia* 1988;43(suppl):107–09.
21. HillL, Bertaccini E, Barr J, Geller E. ICU sedation: a review of its pharmacology and assessment. *J Intens care Med* 1998;13:174–83.
22. Hooper VD, George-Gay B. Sedation in the crically ill patients. *Crit Care Nurs Clin N Am* 1997;9:395–410.
23. Ip Yam PC, Forbes A, Fox WJ. Clonidine in the treatment of alcohol withdrawal syndrome in intensive care unit in intensive care unit. *Br J Anaesth* 1992;69:328–322.
24. Jenkins DH. Substance abuse and withdrawal in the intensive care unit: Contemporary issues. *Surg Clin North Am* 2000;80:1003–53.
25. Kamijo Y, Masuda T, Nishikawa T *et al.* Cardiovascular response and stress reaction to flumazenil injection in patient under infusion of midazolam. *Crit Care Med* 2000;28:318–23.
26. Kelly DF, Goodale DB, Williams J *et al.* Propofol in the treatment of moderate and severe head injury: A randomized, prospective, double-blind pilot trial. *J Neurosurg* 1999;90:1042–52.

27. Kowalski SD, Rayfield CA. A post hoc descriptive study of patients receiving propofol. *Am J Crit Care* 1999;8:507–13.
18. Krachman SL, D' Alonzo GE, Criner GJ. Sleep in the intensive care unit. *Chest* 1995;107:1713–20.
29. Kress JP, Pohlman AS, O'Connor MF *et al.* Daily interruption of sedative infusions in critically ill patients undergoing mechanical ventilation. *N Engl J Med* 2000;342:1471–7.
30. Laine GA, Hamid Hussein SM, Solis RT *et al.* Polyethylene glicol nephrotoxicity secondary to prolonged high- dose intravenous lorazepam. *Ann Pharmacother* 1995;29:1110–14.
31. Merriman HM.The techniques used to sedated ventilated patients. *Intensive care Med* 1981;7:217–24.
32. Michalets EL. Update: Clinically significant cytochrome P-450 drug Interactions. *Pharmacottherapy* 1999;18:84–112.
33. Novaes MA, Knobel E, Bork AM *et al.* Perception of patient, relatives and health care team. *Intensive care Med* 1999;25:1421–26.
34. Ramsay M, Savege T, Simpson B *et al.* Controlled sedation with alphalone-alphadolone. *BMJ* 1974;2:656–9.
35. Riker RR, Fraser GL, Cox PM. Continnuous infusion of haloperidol controls agitation in crically ill patients. *Crit Care Med* 1994;22:89–7.
36. Riker RR, Picard JT, Fraser GL.Prospective evaluation of the Seadtion-Agitation Scale for adult critically ill patients. *Crit Care Med* 1999;27:1325–29.
37. Ritz R. Benzodiazepine sedation in adult ICU patients. *Intensive Care Med* 1991;17:S11–S14.
38. Rouby JJ, Eurin B, Glaser P *et al.* Haemodynamic and metabolic effects of morphine in the critically ill. *Circulation* 1981;64:53–9.
39. Shapiro Ba, Warren J, Egol AB *et al.* Practice parameters for intravenous analgesia and sedation for adult patients in the intensive care unit:na executive summary: Society of Critical Care Medicine. *Crit Care Med* 1995;23:1596–600.
40. Sigl JC, Chamoun NB. An introduction to bispectral analysis for the eletroencephalogram. *J Clin Monitoring* 1994;10:392–04.
41. Simmons LE, Rikker RR, Prato BS *et al.* Assessing sedation levels in mechanically ventilated patients with the bispectral index and sedation-agitation scale. *Crit Care Med* 1999;27:1499–04.
42. Spies CD, Dubisz N, Neuman T, *et al.* Therapy of alcohol withdrawal syndrome in intensive care unit patients following trauma: Results of a prospective, randomized trial. *Crit Care Med* 1996;24:414–22.
43. Spies CD, Rommelspacher H. Alcohol withdrawal in the surgical patients. Prevention and treatment. *Anesth Analg* 1999:88:946–54.
44. Stecker MM, Kramer TH, Raps EC *et al.* Treatment of refractory status epilepticus with propofol: Clinical and pharmacokinetic findings. Epilepsia 1998;39:18–26.
45. Stein-Parbury J, MacKinley S. Patients´experiences of being in a intensive care unit: A select literature review. *Am J Crit Care* 2000;9:20–7.
46. Taittonen MT, Kirvela AO, Aantaa R *et al.* The effect of clonidine or midazolam premedication on perioperative responses during ketamine anesthesia. *Anesth Analg* 1998;87:161–7.
47. Treggiari - Venzi M, Borgeat A, Fuchs - Buder T *et al.* Overnight sedation with midazolam or propofol in the ICU: Effects on sleep quality, ansiety and depression: *Intensive care Med* 1996;22:1186–1990.
48. Virtanen R, Savol JM, Saano V *et al.* Characterization of the selectivity, specifity and potency of medetomidine as an alfa-$_2$ adrenoecptor agonist. *Eur J Pharmacol* 1988;150:9–14.
49. Vree TB, Shimoda N, Driessen JJ *et al.* Decresed plasma albumin concentration results in increased volume of distribution and decreased elimination of midazolam in intensive care patients. *Clin Pharmacol Ther* 1989;46:537–44.
50. Watling SM, Johnson M, Yanos J. A method to produce sedation in critically ill patients. *Ann Pharmacother* 1996;30:1227–31.
51. Weissman C, Kemper M. Stressing the critically ill patient: the cardiopulmonary and metabolic responses to an acute increase in oxygen consumption. *J Crit Care* 1993;8:100–8
52. Westmoreland CL, Hoke JF, Sebel *et al.* Pharmacokinetics of remifentanil (GI87084B) and his major metabolite (GI90291) in patients undergoing elective surgery. *Anesthesiology* 1993;79:893–903.

112 Bloqueio Neuromuscular no Paciente Grave

Rosa Goldstein Alheira Rocha

Bloqueio neuromuscular (BNM) é a interrupção total ou parcial da transmissão entre a terminação nervosa e a placa motora e se traduz clinicamente por paralisia ou fraqueza muscular. Pode resultar da ação de drogas que interfiram com a síntese de Ach (acetilcolina), dificultem liberação de Ach (toxina botulínica e aminoglicosídeos) ou atuem nos receptores nicotínicos (bloqueadores neuromusculares e os anestésicos locais).[1]

O BNM é empregado para induzir relaxamento muscular, condição necessária em várias situações. As drogas responsáveis por essas modificações na resposta neuromotora determinam inibição da ativação do complexo receptor-canal iônico da placa motora e são denominadas bloqueadores neuromusculares.[1]

Em UTI, a utilização de BNM é mais freqüente na adaptação a algumas modalidades de ventilação mecânica (p. ex., hipercapnia permissiva, ventilação com relação I:E invertida) e tratamento do paciente com trauma de crânio (TCE) ou tétano.[2] De qualquer modo, independentemente da indicação, o bloqueio neuromuscular deve ser alternativa terapêutica somente após o uso adequado de analgésicos e sedativos com essas finalidades, já que há evidências de que o uso prolongado pode estar associado a quadros de fraqueza muscular.[3]

JUNÇÃO NEUROMUSCULAR

A junção neuromuscular é a estrutura envolvida na transmissão e recepção do estímulo nervoso, onde atuam as drogas bloqueadoras neuromusculares. Consiste na terminação nervosa motora, no neurotransmissor acetilcolina e na placa muscular pós-sináptica.

A junção neuromuscular é dividida em região pré-sináptica, sinapse e região pós-sináptica. A região pré-sináptica corresponde à parte terminal do neurônio.

Na superfície externa da membrana celular, estão os receptores colinérgicos. O citoplasma contém numerosas mitocôndrias, cálcio, moléculas de colina e de acetilcolina (Ach) livres ou armazenadas em vesículas. A região pós-sináptica corresponde à parte da fibra muscular em íntimo contato com o neurônio terminal (placa motora ou mioneural), recoberta por membrana altamente diferenciada (membrana pós-sináptica). Na membrana pós-sináptica estão os receptores colinérgicos e moléculas de acetilcolinesterase.

A região imediatamente adjacente à placa motora, a zona perijuncional, participa da transmissão neuromuscular por responder à despolarização produzida pelos receptores através de uma nova onda de despolarização ao longo da fibra muscular. Além dos receptores colinérgicos, existem nessa região canais especificamente permeáveis ao sódio.[4] Esses canais de sódio são fundamentais para a transmissão neuromuscular. Em geral, cada fibra muscular do corpo humano é suprida por uma junção neuromuscular, exceto os músculos extraoculares e alguns outros da face e pescoço.

A Ach é o neurotransmissor responsável pela transmissão do impulso nervoso para a fibra muscular. É transportada para o axônio terminal, onde é armazenada em vesículas de reserva, próximas às zonas ativas, para liberação imediata. Uma vez livre na sinapse a acetilcolina é degradada pela enzima acetilcolinesterase, hidrolisando-a em colina e acetato, que podem ser captados pelo axônio para a formação de novas moléculas de Ach.

Os receptores de Ach presentes na junção neuromuscular são do tipo nicotínico e sintetizados na fibra muscular com a participação da adenililciclase e produção de 3,5-adenosinamonofosfato cíclico (3, 5, AMPc).[5] Os receptores colinérgicos que fazem parte da transmissão neuromuscular têm diferentes funções e composição, dependendo de sua localização. Distribuem-se na área pré-sináptica, pós-sináptica e ao longo da fibra muscular, o que os classifica respectivamente em: pré-juncionais, juncionais e extrajuncionais.

O potencial de ação que atinge a região pré-sináptica abre canais de cálcio, o que ocasiona fluxo desse íon para o interior do neurônio. Os canais abrem-se quando o potencial de ação aproxima-se de seu máximo e mantém-se dessa forma até o potencial de membrana ser restaurado pelo fluxo tardio de potássio. O cálcio dentro do neurônio é o responsável pela fusão das membranas das vesículas de Ach com a membrana neuronal, que faz com que a acetilcolina seja liberada na fenda sináptica. A presença de cálcio é imprescindível para a liberação de Ach. Pequenas concentrações de magnésio bloqueiam os canais de cálcio, impedindo ou dificultando a transmissão neuromuscular. Por outro lado, os bloqueadores de canais de cálcio (verapamil, nifedipina e diltiazem) não têm nenhuma atuação sobre a transmissão, pois são incapazes de bloquear os canais de cálcio envolvidos na liberação de Ach.[6]

A Ach livre na sinapse liga-se aos receptores juncionais da placa mioneural, ativando a adenililciclase presente na membrana pós-sináptica produzindo AMPc, que, por sua vez, ativa uma proteína quinase, que catalisa a fosforilação do receptor.

A transmissão neuromuscular ocorre quando a Ach (ou outro agonista) ocupa simultaneamente duas subunidades receptores juncionais. A ocupação de apenas uma subunidade não abre o receptor e não permite a transmissão. As drogas antagonistas ocupam um ou ambos os subsítios de ligação da Ach, impedindo a ligação da Ach aos mesmos.

BLOQUEADORES NEUROMUSCULARES

A primeira publicação sobre "curares" é de Walter Raleigh em 1595, que descreveu um veneno produzido por plantas *Strychnos* toxífera ou *Chondrodendon tormentosum,* por diversas tribos da região da bacia do Orenoco e do Equador. A partir de então, pesquisas realizadas por Charles Waterton, entre 1812 e 1824, aumentaram o conhecimento acerca da natureza da misteriosa substância cujo mecanismo de ação foi definitivamente esclarecido por Claude Bernard, em 1856. No início do século XX, o conhecimento da fisiologia neuromuscular registrou grandes avanços, com a identificação da acetilcolina e o estabelecimento da diferença entre os receptores nicotínicos e muscarínicos.[1]

Os bloqueadores neuromusculares podem ser despolarizantes ou adespolarizantes, dependendo do mecanismo de ação envolvido. Os BNM despolarizantes têm estrutura semelhante à acetilcolina (Ach), funcionando como agonistas, o que os faz ligar-se e ativar receptores colinérgicos, ocasionando a despolarização persistente da placa motora. Os BNM adespolarizantes por mecanismo competitivo também se ligam aos receptores colinérgicos, porém não os ativam, impedindo a abertura dos receptores da placa.

Atualmente a succinilcolina é o BNM despolarizante disponível para uso clínico, contudo não é usada para tratamento prolongado em pacientes graves. Uma vez que a succinilcolina não é hidrolisada pela acetilcolinesterase, sua eliminação depende da difusão através da corrente sangüínea e metabolização pela pseudocolinesterase, que também é denominada colinesterase plasmática. Esse processo é muito mais demorado, o que faz com que a Ach permaneça mais tempo na sinapse e permita sua ligação sucessiva a vários receptores. A succinilcolina tem rápido início e curta duração de ação, o que a faz ideal para a intubação traqueal; entretanto, diversos efeitos colaterais limitam sua utilização. A succinilcolina libera histamina e pode provocar bradicardia, que é acentuada pela administração concomitante de fentanil. Além disso, em pacientes com queimaduras extensas ou portadores de doenças musculares, pode precipitar rabdomiólise, hiperpotassemia e arritmias graves. Para a intubação traqueal, a succinilcolina é usada em injeção intravenosa isolada de 1 mg/kg em adultos. O início da ação ocorre em menos de 1 minuto, e sua duração não excede 3 a 5 minutos. No tratamento do laringoespasmo, a succinilcolina é alternativa interessante, e doses de 0,1 a 0,3 mg/kg intravenosa ou até 4 mg/kg por via intramuscular são suficientes. A succinilcolina eleva a pressão intracraniana e aumenta transitoriamente as pressões intra-ocular e intragástrica. A hipertermia maligna pode ser desencadeada após a exposição à succinilcolina.

Entre os agentes adespolarizantes encontram-se os compostos esteróides (pancurônio, pipecurônio, vecurônio e rocurônio) e os benzil-isoquinolínicos (d-tubocurarina, atracúrio, cisatracúrio, mivacúrio e doxacúrio).

O pancurônio foi um dos primeiros BNM de longa duração utilizados no paciente grave. Tem início de ação em 2 a 2,5 min após injeção intravenosa em *bolus* de 0, 06 a 0,1 mg/kg/h. Para infusão contínua, as doses variam de 0,02 a 0,03 mg/kg/h.[8] Tem ação vagolítica, o que limita seu uso naqueles indivíduos que não possam tolerar tal incremento . Tanto o pancurônio como seu metabólito ativo(3-hidróxi-pancurônio) são eliminados principalmente pelos rins. Processos dialíticos não são capazes de reduzir os níveis sangüíneos do pancurônio e do 3-hidróxi-pancurônio.

Tem sido descrita liberação de histamina com o uso de pancurônio, na proporção das doses administradas, o que poderia causar reações alérgicas leves *(rash* cutâneo, hipotensão, broncoespasmo).

Em 1999, em suas Recomendações para Sedação, Analgesia e Bloqueio Neuromuscular em Terapia Intensiva, a AMIB definiu que o pancurônio é o agente de escolha em bloqueio neuromuscular prolongado em Terapia Intensiva, embora o aumento da freqüência cardíaca e o efeito cumulativo na presença de insuficiência renal fossem fatores limitantes comuns à sua utilização.[8]

O pipecurônio tem estrutura química, potência, farmacodinâmica e farmacocinética bastante semelhantes ao pancurônio. A inexistência de trabalhos muito recentes que avaliem a eficácia desse agente em pacientes na UTI, além da sua similaridade ao pancurônio, talvez justifique sua pouca utilização no paciente grave.

O vecurônio é agente de duração de ação intermediária e estruturalmente análogo ao pancurônio, porém sem as mesmas propriedades vagolíticas. Aproximadamente 50-60% da dose administrada são eliminados pela bile, mais da metade na forma de seu metabólito 3-OH (que tem 50% de atividade farmacológica), e apenas 10-25% são excretados na urina.

Por ser isento de efeitos cardiovasculares, o vecurônio é o agente de escolha nos pacientes em que a taquicardia possa representar inconveniente maior. Após injeção de 0,08 a 0,1 mg/kg sobrevém o bloqueio em até 3 minutos, com duração de ação entre 20 e 40 minutos. O vecurônio pode ser administrado em injeção contínua, entre 0,03 e 0,06 mg/kg/h.[8] A administração contínua e por mais tempo de vecurônio em pacientes com insuficiência renal ou corticoterapia concomitante pode ser acompanhada de paralisia prolongada após a retirada desse agente. Esses relatos têm reduzido seu uso em Terapia Intensiva.

O rocurônio é um análogo do vecurônio. Não induz a degranulação dos mastócitos, não tem efeitos cardiovasculares e é de duração de ação intermediária. Tem rápido início de ação, em torno de 60 a 120 segundos após a administração de 0,5 mg/kg, e duração de ação intermediária. O metabolismo hepático e a excreção biliar são predominantes, o que recomenda critério quando da utilização em pacientes portadores de disfunção hepática. O rocurônio, por suas características farmacocinéticas e farmacodinâmicas, pode ser utilizado para otimização das condições de intubação.[8]

A D-tubocurarina foi o primeiro BNM adespolarizante a ser usado em Terapia Intensiva, porém atualmente é raramente administrada, pois induz a liberação de histamina e provoca bloqueio ganglionar e seu metabolismo é afetado nas disfunções hepática e renal.

O atracúrio é um BNM de ação intermediária com mínima ação cardiovascular e associado à liberação de histamina apenas quando administrado em doses elevadas e rápidas. Sua inativação faz-se no plasma por eliminação de Hofmann, que produz laudanosina e monoacrilato quaternário, e da hidrólise enzimática pelas esterases inespecíficas plasmáticas (em ácido e álcool quaternário). A duração de ação é de 30 a 45 minutos. Devido à eliminação de Hoffman, o atracúrio não tem efeito cumulativo e sua eliminação é plena mesmo na vigência de disfunção orgânica. A laudanosina, principal metabólito do atracúrio, tem sido associada à excitação do sistema nervoso central. Esse fato tem levado à impressão de que poderiam ocorrer convulsões em pacientes que recebessem doses elevadas ou em insuficiência hepática. Apenas um relato na literatura identificou o aparecimento de convulsões em paciente cirúrgico que recebeu atracúrio. Não obstante, o atracúrio tem sido administrado a indivíduos portadores de disfunção hepática, lesão cerebral ou disfunção de múltiplos órgãos na adaptação à ventilação mecânica.[10,11] Tolerância associada à administração prolongada tem sido descrita, e a fraqueza muscular persistente parece ser tão freqüente quanto em outros BNM.

O atracúrio, administrado em *bolus*, entre 0,3 e 0,6 mg/kg, determina 15 a 30 minutos de bloqueio neuromuscular. As velocidades recomendadas para injeção contínua encontram-se entre 0,3 e 1 mg/kg/h.

O vecurônio, o rocurônio e o atracúrio são agentes usados em bloqueio neuromuscular prolongado em Terapia Intensiva.[9]

O mivacúrio é o único agente adespolarizante de curta duração de ação. É metabolizado rapidamente no plasma pela pseudocolinesterase. Como o atracúrio, o mivacúrio pode induzir à liberação expressiva de histamina, dependendo da dose e da velocidade de administração. Não existem dados de literatura que possam consubstanciar seu uso em administração prolongada na UTI.[12]

O doxacúrio é um BNM adespolarizante de longa duração e o mais potente BNM atualmente disponível. Não possui praticamente efeitos adversos hemodinâmicos. Doses iniciais em *bolus* de 0,05 a 0,1 mg/kg e infusão contínua de 0,3 a 0,5 mg/kg são preconizadas com duração do bloqueio por 60 a 80 minutos. Comparativamente, o doxacurônio demonstrou menor elevação da freqüência cardíaca e menor tempo de recuperação que o pancurônio.[8] Sua principal via de eliminação é renal. Em pacientes idosos e com disfunção renal ocorre significativo prolongamento de ação.

Cisatracúrio é um isômero do atracúrio de ação intermediária, que vem sendo cada vez mais utilizado, por sua menor tendência em produzir liberação de histamina. A administração em *bolus* de 0,1 a 0,2 mg/kg resulta em paralisia após 2,5 minutos e recuperação após 25 minutos. A infusão contínua deve ser iniciada com 2,5 a 3,0 mcg/kg/min. Estudos que compararam o cisatracúrio ao atracúrio e ao vecurônio demonstraram ter esse agente o mesmo tempo de recuperação em relação ao primeiro e menor em relação ao último.[13,14]

Indicações

Prevenindo a assincronia, inibindo ciclos espontâneos ou incrementando a troca gasosa, os agentes bloqueadores facilitam a ventilação mecânica em algumas situações; entretanto, aparentemente não modificam o metabolismo celular de oxigênio.[8,13,15,16]

A administração dos BNM em *bolus* é potencialmente vantajosa em relação à administração contínua, exceção feita ao cisatracúrio e ao atracúrio por sua curta duração de ação. Desse modo, pode-se avaliar nível de bloqueio, analgesia, e limitar as complicações relacionadas ao bloqueio excessivo e prolongado.

MONITORIZAÇÃO DO BLOQUEIO NEUROMUSCULAR

A monitorização do BNM é relativamente pouco utilizada em Terapia Intensiva. Todavia, se consideradas as características do doente grave (falência de órgãos, distúrbios metabólicos), a concomitância de drogas comuns na terapêutica desses pacientes, o risco de modificação resultante da farmacocinética e farmacodinâmica dos agentes bloqueadores, não há como justificar a sua não-monitorização.

Para um bloqueio neuromuscular efetivo sem que haja acúmulo da droga administrada ou de seus metabólitos ativos, faz-se obrigatório monitorizar a atividade neuromuscular.

A literatura publicada permite a recomendação da monitorização do bloqueio muscular, embora nenhum estudo em prospectiva controlado randomizado tenha demonstrado que a monitorização seja capaz de reduzir a incidência de fraqueza muscular persistente.[17-24]

A avaliação tátil, visual ou eletrônica do tônus muscular do paciente em particular ou combinadas são freqüentemente utilizadas para acompanhamento do grau de bloqueio.

Apenas dois trabalhos realizados mais recentemente examinaram o melhor método de monitorização de BNM, e nenhum comparou a eficácia ou exatidão de qualquer técnica em particular.

A estimulação de nervo periférico, realizada pelo *Train of Four* (seqüência de quatro estímulos), é ainda o método de mais fácil execução (Fig. 112-1).[18,20-22] Consiste na aplicação de 4 estímulos tetânicos seqüenciais. A não-existência da abolição de 1 ou 2 respostas indica bloqueio neuromuscular (BNM) suficiente.[12] O número de respostas que indicam nível adequado de bloqueio é influenciado pelas condições gerais do paciente, a escolha do "melhor nervo" a ser monitorizado pela faci-

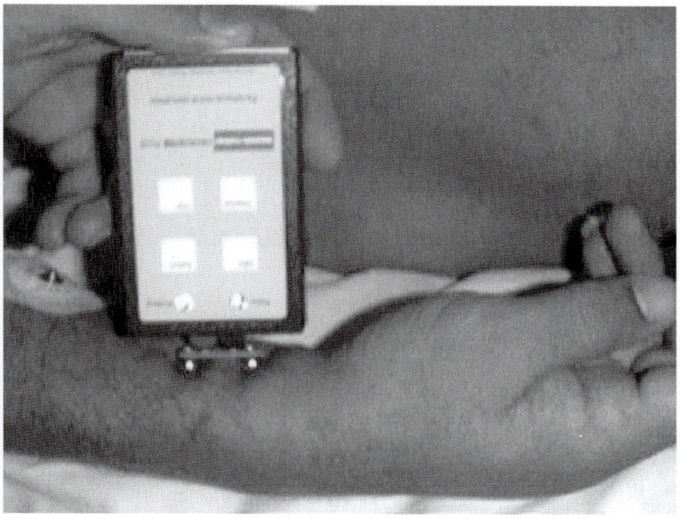

Fig. 112-1. TOF para avaliação do grau de bloqueio neuromuscular. Cedida por David, CM.

lidade de acesso e considerações sobre a intensidade de respostas.[24-26] Quando o paciente não apresenta nenhuma resposta, reduz-se a posologia.

Nos pacientes graves submetidos à administração contínua de bloqueadores neuromusculares, é recomendada a monitorização através da resposta à estimulação de nervo periférico, e, uma vez que analgesia e sedação não podem ser aferidas na vigência de bloqueio neuromuscular, também a retirada do agente, quando possível, no mínimo uma vez ao dia para avaliação da dor e do nível de sedação.[8]

COMPLICAÇÕES

Ao indicar o bloqueio neuromuscular, é necessário pesar potenciais benefícios e riscos associados a essa intervenção.

O uso prolongado de BNM pode relacionar-se com paralisia após a sua descontinuação.

O acúmulo do agente ou de seus metabólitos ativos é denominado *síndrome de recuperação prolongada de bloqueio neuromuscular* e caracteriza-se pela demora de recuperação maior que 50 a 100% do tempo previsto. Os bloqueadores neuromusculares esteróides têm sido relacionados ao seu aparecimento, bem como a interação medicamentosa com uma lista de fármacos que incluem, entre outros anestésicos locais, aminoglicosídeos, quinidina e diuréticos.[27-29]

A síndrome miopática quadriplégica é uma tríade clínica caracterizada por paresia aguda, mionecrose com aumento de CPK e eletromiografia anormal. Mais freqüentemente, é descrita após o uso dos benzil-isoquinolínicos, embora não exista nenhum relato de aparecimento após seu uso exclusivo.[30] Terapia concomitante com corticosteróides, aminoglicosídeos e ciclosporinas, desnutrição, disfunções hepática e renal e distúrbios metabólicos graves são os fatores relacionados a esse quadro de enorme gravidade, que parece ser responsável pelo crescente desestímulo ao uso prolongado de bloqueadores neuromusculares na UTI.

Além dessas, outras polineuropatias e miopatias têm sido descritas no paciente grave ao longo da última década, porém não relacionadas ao uso de BNM.

A taquifilaxia desenvolve-se independentemente do tipo de BNM administrado e obriga à escolha de outro agente se o bloqueio ainda é necessário.[12] Provavelmente a alteração dos receptores nicotínicos induzida pelo uso de BNM pode estar relacionada a essa complicação. A imobilidade pode acarretar ainda atrofia muscular, miosite ossificante (ossificação heterotópica), tromboembolismo, úlceras de pressão, lesão nervosa por compressão e úlceras de córnea.

O bloqueio neuromuscular induzido por agentes não-despolarizantes pode ainda ser acentuado na presença de *miastenia gravis*, distrofias, esclerose lateral amiotrófica, esclerose múltipla e poliomielite.

CONCLUSÕES

Os bloqueadores neuromusculares (BNM) inibem a transmissão do estímulo nervoso à fibra muscular, não exercendo atividade analgésica ou sedativa. Torna-se portanto fundamental assegurar analgesia e sedação, antes e durante o bloqueio neuromuscular.

A monitorização clínica (p. ex., respirações) ou da resposta à estimulação elétrica permite o ajuste de dose para a produção do efeito desejado.

As complicações inerentes à paralisia prolongada e a utilização de agentes sedativos/analgésicos mais potentes e com mais propriedade tornam a indicação de uso de BNM restrita a determinadas situações, tais como adaptação a modos controlados de ventilação mecânica, como na SARA, e menos freqüentemente no controle de espasmos musculares, como no tétano. A literatura específica ainda permite recomendar a utilização de pancurônio na maioria dos pacientes graves, reservando-se o atracúrio e o cisatracúrio àqueles com significativa disfunção hepática ou renal. Entretanto, o conhecimento da farmacocinética e da farmacodinâmica faz-se imprescindível para a correta seleção e prescrição dos agentes bloqueadores.

REFERÊNCIAS BIBLIOGRÁFICAS

1. Amaral JL *et al.* Recomendações da Associação de Medicina Intensiva Brasileira sobre Analgesia, Sedação e Bloqueio Neuromuscular em Terapia Intensiva,1999.
2. Amaral JLG, Rodrigues RC. Bloqueio Neuromuscular in Sedação, Analgesia e Bloquieo Neuromuscular em UTI. Clínicas Brasileiras de Medicina Intensiva 1996;2:121.
3. Betz WJ, Caldwell JH. Kinnamon SC. Increased sodium conductance in the synaptic region of rat skeletal muscle fibres. *J Physiol* (Lond) 1984;352:189.
4. Bowman W.C. The neuromuscular junction: recent developments. *Eur J Anaesth* 1985;2:59.
5. Davis NA, Rodgers JE, Gonzalez ER, *et al.* Prolonged weakness after cisatracurium infusion: a case report. *Crit Care Med* 1998;26:1290.
6. De Wolf AM, Freeman JA, Scott VL. Pharmacokinetics and pharmacodynamics of cisatracarium in patients with end stage liver disease undergoing liver transplantation. *Br J Anaesth*1996;76:624.

7. Elliot J, Bion J. The use of neuromuscular blocking drugs in intensive care practice. *Acta Anaesthesiol Scand* (Suppl) 1995;106:70.
8. Ford EV. Monitoring neuromuscular blockade in the adult ICU. *Am J Crit Care* 1995;4:122.
9. Freebairn RC, Derrick J, Gomersall CD, *et al.* Oxigen delivery, oxigen consumption and gastric intramucosal pH are not improved by a computer controlled, closed-loop, vecuronium infusion in severe sepsis. *Crit Care Med* 1997;25 :72.
10. Johnson KL, Cheun RB, Johnson SB *et al.* Therapeutic paralysis in critically ill trauma patients. Perceptions patients and their family members: *Am J Crit Care* 1999;8:490.
11. Kitz RJ. Neuromuscular transmission: Its physiology and pharmacology. *Annual Refresher Course Lectures* 1984;131.
12. Kleinpell R, Bedrosian C, McCormick L. Use of peripheral nerve stimulators to monitor patients with neuromuscular blockade in the ICU. *Am J Crit Care* 1996;5:449.
13. Lacomis D, Giuliani MJ, Van Cott A, *et al.* Acute miopathy of intensive care: clinical, eletromyographic, and pathological aspects. *Ann Neurol* 1996;40:645.
14. Luer JM. Sedation and chemical relaxation in critical pulmonary illness: suggestions for patient assessment and drug monitoring. *AACN Clin Issues* 1995;6:333.
15. Martin R, Bourdua I, Theriault S, *et al.* Neuromuscular monitoring does it make a difference? Ca*n J Anesth* 1996;43:585.
16. Murray MJ, Coursin DB, Scuden PE, *et al.* Double-blind randomized and multicenter study of doxacurium vs pancuronium in intensive care unit patients who requires neuromuscular-blocking agents. *Crit Care Med* 1995;23:450.
17. Murray MJ, Cowen J, DeBlock H, *et al.* Clinical practice guidelines for sustained neuromuscular blockade in the adult critically ill patients. *Crit Care Med* 2002;30:142.
18. Orko R, Rosenbeg PH, Himberg JJ. Intravenous infusion of midazolan, propofol and vecuronium in a patient with severe tetanus. *Acta Anaesthesiol Scand* 1988;32:590.
19. Pearson AJ, Harper NJ, Pollard BJ. The infusion requirements and recovery characteristics of cisatracurium or atracurium vecuronium and intensive care patients. *Intensive Care Med* 1996;22:694.
20. Prielipp RC, Coursin DB, Scooderi PB *et al.* Comparison of the infusion requirements and recovery profiles of vecuronium and cisatracurium 51W89 in intensive care unit patients. *Anesth Analg* 1995;81:3.
21. Rudis M, Guslits B, Zarowitz B. Techical and interpretative problems of peripheral nerve stimulation in monitoring neuromuscular blockade in the intensive care unit. *Ann Pharmacother* 1996;30:165.
22. Rudis MI, Sikora CP, Angus E, *et al.* A prospective, randomized, controlled evaluation of perpheral nerve stimulation versus standard clinical dosing of neuromuscular blocking agents in critically ill patients. *Crit Care Med* 1997;25:575.
23. Schram WM, Jesenko R, bartuneka A, *et al.* The cerebral and cardiovascular effects of cisatracurium and atracurium in neurosurgical patients. *Anesth Analg* 1998;86:123.
24. Sladen RN. Neuromuscular blocking agents in the intensive care unit: a two edge sword: *Crit Care Med* 1995;23:423.
25. Sparr HJ, Wierda JMKH, Proost JH, *et al.* Pharmacodynamics and pharmacokinetics of rocuronium in intensive care patients. *Br J Anaesth* 1997;78:267.
26. Strange C, Vaughan L, Franklin C, *et al.* Comparison of train-of-four. *Crit Care Med* 1997;156:1556.
27. Tavernier B, Rannou JJ, Vallet B. Peripheral nerve stimulation andclinical assessment for dosing of neuromuscular blocking agents. *Crit Care Med* 1998;26:804.
28. Uchitel OD, Protti DA, Sanchez V, *et al.* P-type voltage dependent calcium channel mediates presynaptic calcium influx and transmitter release in mammalian synapses. *Proc Nati Acad Sci U.S.A* 1992;89:3330.
29. Walting SM, Dasta JF. Prolongued paralysis in intensive care unit patients after the use of nuromuscular blocking agents: A review of the literature. *Crit Care Med* 1994;22:884.
30. Waltling SM, Dasta JF. Prolonged paralysis in intensive care unit patients after the use of neuromuscular blocking agents. A review of the literature. *Crit Care Med* 1994;22:884.

113 Prevenção do Tromboembolismo Venoso

Afonso José Celente Soares

A embolia pulmonar é responsável por aproximadamente 150.000 a 200.000 mortes por ano nos Estados Unidos.[1] Apesar de avanços significativos na prevenção e no tratamento do tromboembolismo venoso (trombose venosa e embolia pulmonar), a embolia pulmonar permanece como a causa evitável mais comum de morte no hospital. Assim, é vital que continuem os esforços para encontrar meios de prevenção e tratamento do tromboembolismo venoso que sejam mais seguros e efetivos.

O tromboembolismo venoso freqüentemente complica a evolução de pacientes hospitalizados, e dois aspectos merecem consideração. A embolia pulmonar causa um grande percentual de óbitos na primeira hora após o evento, e até 80% dos casos de embolia pulmonar ocorrem sem evidência clínica anterior de trombose venosa. Portanto, a lógica recomenda que a profilaxia seja mais efetiva para prevenir o óbito devido ao tromboembolismo venoso do que o tratamento da doença estabelecida.

A embolia pulmonar fatal ocorre com a seguinte freqüência em pacientes que não recebem profilaxia:

- 0,1 a 0,8% em pacientes que fazem cirurgia geral eletiva.
- 2 a 3% em pacientes que fazem cirurgia de prótese total de quadril eletiva.
- 4 a 7% em pacientes que fazem cirurgia de fratura de colo de fêmur.

Os fatores que aumentam o risco de trombose venosa incluem idade avançada, câncer, tromboembolismo venoso prévio, obesidade, insuficiência cardíaca, paralisia ou a presença de um estado que facilite a instalação da trombose, os chamados estados trombofílicos ou trombofilias. Como exemplos dessa última condição, temos a resistência à proteína C ativada, um defeito causado por uma mutação no gene que codifica o fator de coagulação V e é conhecido como fator V de Leyden, mutação esta que é encontrada em 3 a 7 por cento da população branca[6] e o defeito hereditário que predispõe à trombose, a mutação do gene chamado protrombina G 20210A, que ocorre em aproximadamente 2 por cento da população branca.[7]

O risco é aumentado em pacientes com mais de uma predisposição para trombose.[8]

Os pacientes que fazem procedimentos cirúrgicos são divididos nas seguintes categorias de risco:[9]

- *Pacientes de baixo risco*: estão abaixo de 40 anos, não têm nenhum dos fatores de risco listados acima, poderão requerer anestesia geral por menos de 30 minutos e farão procedimento cirúrgico eletivo pequeno abdominal ou torácico. Sem profilaxia, o risco de trombose venosa proximal é menos que 1 por cento, e o risco de embolia pulmonar fatal é de menos que 0,01 por cento.
- *Pacientes de risco moderado*: estão acima de 40 anos, poderão requerer anestesia geral por mais de 30 minutos e têm um ou mais dos fatores de risco descritos acima. Sem profilaxia, o risco de trombose venosa proximal é 2 a 10 por cento, e o risco de embolia pulmonar fatal é de 0,1 a 0,7 por cento.
- *Pacientes de alto risco*: incluem a idade acima dos 40, estão sendo submetidos a cirurgia para câncer ou procedimento ortopédico, como prótese total de joelho, com duração maior que 30 minutos, e aqueles que têm um estado trombofílico ou outros fatores de risco. O risco de trombose venosa proximal e embolia pulmonar fatal nesse grupo é de 10 a 20 por cento e de 1 a 5 por cento, respectivamente.

Na gravidez, o risco de tromboembolismo venoso é aumentado. Esse fenômeno pode ser relacionado em parte ao aumento progressivo em resistência para proteína ativada C que normalmente é observado no segundo e terceiro trimestres.[10]

O risco durante o parto e o puerpério parece ser acentuado nas mulheres que têm uma deficiência herdada de um anticoagulante natural, como a antitrombina III, a proteína C ou a proteína S. A freqüência de trombose venosa durante a gravidez e o puerpério foi 8 vezes maior nesses casos.[11]

A prevenção pode ser:[11]

- *Primária*: quando é feita com métodos físicos ou drogas que são efetivos para prevenir a trombose venosa profunda. É preferida na maioria das circunstâncias.
- *Secundária*: quando a detecção precoce e o tratamento da trombose subclínica são possíveis, usando exames que são sensíveis para a trombose venosa. É reservada para os pacientes em quem profilaxia primária ou é contra-indicada ou ineficaz.

As medidas profiláticas geralmente usadas incluem:

- Heparina não-fracionada em baixas doses.
- Dose ajustada de heparina não-fracionada.

- Heparina de baixo peso molecular ou fracionada (HBPM).
- Anticoagulantes orais.
- Compressão pneumática intermitente.

No uso da **heparina não-fracionada em baixas doses**, a profilaxia deve idealmente ser iniciada antes de cirurgia e continuada até que o paciente esteja em nível ambulatorial.[9] Na cirurgia de prótese total de quadril ou de joelho, a duração mínima de profilaxia com HBPM ou warfarin deve ser de no mínimo 7 a 10 dias.[12-17]

A baixa dose de heparina não-fracionada subcutânea para profilaxia da trombose venosa peri-operatória é recomendada da seguinte forma: uma dose de 5.000 unidades 2 horas no pré-operatório e então 8 ou 12 no pós-operatório. Um trabalho prospectivo randomizado com mais de 4.000 pacientes mostrou que o uso de heparina de baixa dose reduziu a incidência de embolia pulmonar fatal em pacientes que fizeram procedimentos cirúrgicos de grande porte de 0,7 a 0,1% comparados a controles.[18] Dados de metanálises confirmaram que baixas doses de heparina reduziram a incidência de trombose venosa profunda e de embolia pulmonar, incluindo embolia pulmonar fatal.[2,3,5]

A baixa dose de heparina também foi efetiva em reduzir a incidência de trombose venosa em pacientes não-cirúrgicos ou clínicos, pacientes com infarto do miocárdio, insuficiência cardíaca, inserção de marca-passo cardíaco, acidentes vasculares cerebrais e em pacientes médicos em unidades de cuidado intensivo.[19]

A incidência de complicações hemorrágicas não é aumentada com o uso da heparina em baixas doses, exceto um aumento em hematomas de ferida. A contagem de plaquetas deve ser monitorada regularmente em todos os pacientes em uso de heparina em baixas doses para detectar o raro mas significativo efeito colateral da heparina, a trombocitopenia.

Além do baixo perfil de efeito colateral, a heparina em baixa dose tem a vantagem de ser relativamente barata e facilmente administrada. Não é preciso monitorar a anticoagulação.

A **dose ajustada de heparina não-fracionada** consiste na administração de heparina subcutânea em doses variáveis com o objetivo de manter o tempo de tromboplastina parcial (PTT) no limite superior.[20] Embora a dose ajustada de heparina subcutânea tenha sido superior ao placebo nos pacientes que fizeram a cirurgia de troca total de quadril, ela não foi tão eficaz como a heparina de baixo peso molecular na mesma população.[21] A despeito da sua eficácia, essa forma de profilaxia não ficou popular devido ao tempo gasto na monitorização laboratorial.

O uso da **heparina de baixo peso molecular (HBPM)** representa o maior avanço alcançado nos últimos anos na prevenção do tromboembolismo venoso. Várias heparinas de baixo peso molecular estão disponíveis para uso. As HBPM têm a vantagem de poder ser utilizadas uma ou duas vezes por dia sem monitorização laboratorial. Além disso, há uma incidência menor de trombocitopenia do que com a heparina não-fracionada.[22]

Trabalhos randomizados comparando o uso da HBPM e da heparina não-fracionada em pacientes de cirurgia geral mostraram que a HBPM foi tão ou mais efetiva na prevenção da trombose.[4,5,23] A incidência de hemorragia importante foi igual para ambas as classes de heparina, embora um estudo tenha encontrado que com o uso da HBPM ocorreram menos sangramentos.[23]

Outros trabalhos compararam a HBPM com placebo, dextran intravenoso, heparina não-fracionada e cumarínico na prevenção da trombose venosa após cirurgia de colocação de prótese total de quadril.[4,5,12-17,24-27] O início da HBPM imediatamente antes ou logo após essa cirurgia resultou em taxas menores de trombose venosa comparada com os outros anticoagulantes cumarínicos.[21] A taxa de sangramentos variou entre os estudos. A maioria dos trabalhos classifica os sangramentos como menores ou maiores.[21,24,25,28]

Embora o número de pacientes que se submetem a cirurgia de colocação de prótese total de joelho seja igual ao dos que fazem a prótese total de quadril, existem poucos trabalhos estudando prevenção de trombose com a cirurgia de joelho.[21,25,29,30] Nessa cirurgia, a taxa de trombose venosa foi de 45,2% com o uso de cumarínicos e de 33,2% com a HBPM. A taxa de trombose proximal foi de 10,2 e 6,7%, respectivamente.

Um estudo duplo-cego randomizado comparou 307 pacientes que foram submetidos a neurocirurgia eletiva e que fizeram uso de meias elásticas ou de enoxaparina 40 mg uma vez ao dia. A incidência de trombose venosa profunda foi menor no grupo da HBPM (17 e 32%), com número igual de hemorragias maiores.[31] O uso da heparina profilática ainda não é universal nesse tipo de pós-operatório.

No politraumatizado, o uso da HBPM comparada à heparina não-fracionada diminuiu a taxa de trombose venosa total de 44 para 31%.[32]

A HBPM parece ser tão efetiva quanto a heparina não-fracionada subcutânea como profilaxia em pacientes idosos restritos ao leito por conta de doença aguda.[33] Outro trabalho randomizado documentou uma incidência menor de tromboembolismo venoso em pacientes com doença aguda com 40 mg de enoxaparina comparada com placebo (5,5 e 14,9%).[34]

A **anticoagulação oral com cumarínicos** pode ter início no pré-operatório, na ocasião da cirurgia ou na fase inicial de pós-operatório para profilaxia da trombose venosa profunda.[35]

Quando comparada com a HBPM na prevenção de várias cirurgias, a maioria dos trabalhos favorece o uso da HBPM.[21,24,25,36,37]

Comparando com compressão pneumática externa, o cumarínico foi mais efetivo na prevenção depois da cirurgia de colocação de prótese total de quadril,[38] resultado semelhante na fratura de fêmur, quando comparado à aspirina.[39,40]

A **compressão pneumática intermitente externa** previne a trombose por aumentar o fluxo sangüíneo venoso dos membros inferiores, evitando a estase. A compressão reduz os níveis do inibidor do ativador do fibrinogênio 1 (PAI-1), apresentando a compressão então efeitos sistêmicos benéficos.[41] Pode ser usada em todos os pacientes, porém é especialmente útil nos pacientes com risco alto de sangramentos. Não deve ser utilizada na presença de isquemia de membros inferiores.

Os trabalhos mostram diminuição de trombose em vários tipos de cirurgia, como neurocirurgia e revascularização do miocárdio. É menor a eficiência nas cirurgias ortopédicas grandes.[38,40,42-46]

O uso para profilaxia nas cirurgias ortopédicas maiores deve ser feito por 7 a 10 dias no mínimo. Agentes farmacológicos devem ser utilizados logo que o risco de sangramento tenha diminuído. A compressão pneumática pode ser utilizada no pós-operatório da neurocirurgia.

O uso de meias elásticas reduz a estase venosa por aplicar compressão graduada (maior distalmente). Reduz a trombose venosa no pós de cirurgia geral de baixo risco somente e em pacientes neurocirúrgicos selecionados.[43,47-49]

OUTRAS DROGAS

A aspirina também tem atividade na prevenção do tromboembolismo venoso, mas sua baixa eficácia em relação aos outros agentes impede seu uso com essa indicação na maioria dos casos.[50,51]

A hirudina recombinante, um peptídeo derivado da saliva da sanguessuga medicinal, tem ação inibidora da formação de trombina e parece mais ativa que a heparina *in vitro* e em estudos em animais, porém a superioridade clínica à heparina em pacientes com trombose coronária não foi mostrada.

Em estudo europeu com 2.079 pacientes randomizados que foram submetidos a cirurgia de prótese total de quadril, a taxa de trombose venosa profunda foi menor com a hirudina recombinante comparada com enoxaparina (18,4 e 25,5%).[52,53] A hirudina recombinante pode ter papel importante na trombocitopenia induzida pela heparina.

Ainda em relação a novos agentes, temos o pentassacarídeo sintético, que inibe a ação do fator Xa ativado, com trabalhos mostrando resultados favoráveis quando comparado à HBPM.[54-56]

São esperados mais estudos com esses agentes, com interesse para determinar o futuro deles na profilaxia do tromboembolismo venoso em pacientes de alto risco.

Foi mostrado recentemente que a heparina não-fracionada e a HBPM podem ser absorvidas VO.[57,58] Um estudo multicêntrico internacional que compara a eficácia e a segurança de heparina oral e HBPM para a prevenção de tromboembolismo venoso em cirurgia de prótese total de quadril ainda não foi concluído.

REFERÊNCIAS BIBLIOGRÁFICAS

1. Dismuke SE, Wagner EH. Pulmonary embolism as a cause of death. The changing mortality in hospitalized patients. *JAMA* 1986;255:2039.
2. Clagett GP, Reisch JS. Prevention of venous thromboembolism in general surgical patients. Results of meta-analysis. *Ann Surg* 1988;208:227.
3. Collins R, Scrimgeour A, Yusuf S, Peto R. Reduction in fatal pulmonary embolism and venous thrombosis by perioperative administration of subcutaneous heparin. *N Engl J Med* 1988;318:1162.
4. Liezorovicz A, Picolet H, Peyrieux JC, Boissel JP. Prevention of perioperative deep vein thrombosis in general surgery: a multicentre double blind study comparing two doses of Logiparin and standard heparin H.BP.M. Research Group. *Br J Surg* 1991;78:412.
5. Nurmohamed MT, Rosendaal FR, Büller HR *et al.* Low-molecular weight heparin in the prophylaxis of venous thrombosis: a meta-analysis. *Lancet* 1992;340:152.
6. Laffan M. Genetics and pulmonary medicine. Pulmonary embolism. *Thorax* 1998;53:698.
7. Poort SR, Rosendall FR, Reitsma PH *et al.* A common genetic variation in the 3′-untranslated region of the prothrombin gene is associated with elevated plasma prothrombin levels and an increase in venous thrombosis. *Blood* 1996;88:3698.
8. Ridker PM, Hennekens CH, Selhub J *et al.* Interrelation of hyperhomocyst(e)inemia, factor V Leiden, and the risk of future venous thromboembolism. *Circulation* 1997;95:1777.
9. Geerts WH, Heit JA, Clagett GP *et al.* Prevention of venous thromboembolism. *Chest* 2001;119:132S.
10. Walker MC, Garner EJ, Keely EJ *et al.* Changes in activated protein C resistance during normal pregnancy. *Am J Obstet Gynecol* 1997;177:162.
11. McColl MD, Walker ID, Greer IA. Risk factors for venous thromboembolism in pregnancy. *Curr Opin Pulm Med* 1999;5:227.
12. Bergqvist D, Benoni G, Bjorgell O *et al.* Low-molecular weight heparin (enoxaparin) as prophylaxis against venous thromboembolism after total hip replacement. *N Engl J Med* 1996;335:696.
13. Planes A, Vochelle N, Darmon JY *et al.* Risk of deep-venous thrombosis after hospital discharge in patients having undergone total hip replacement: double-blind randomised comparison of enoxaparin versus placebo. *Lancet* 1996;348:224.
14. Dahl OE, Andreassen G, Aspelin T *et al.* Prolonged thromboprophylaxis following hip replacement surgery: results of a double-blind, prospective, randomised, placebo-controlled study with dalteparin (Fragmin). *Thromb Haemost* 1997;77:26.
15. Lassen MR, Borris LC, Anderson BS *et al.* Efficacy and safety of prolonged thromboprophylaxis with a low-molecular weight heparin (dalteparin) after total hip arthroplasty: the Danish Prolonged Prophylaxis (DaPP) Study. *Thromb Res* 1998;89:281.
16. Hull RD, Pineo GF, Francis C *et al.* Low-molecular-weight heparin prophylaxis using dalteparin extended out-of-hospital vs. in-hospital warfarin/out-of-hospital placebo in hip arthroplasty patients: a double-blind, randomised comparison. North American Fragmin Trial Investigators. *Arch Intern Med* 2000;160:2208.
17. Comp PC, Spiro TE, Friedman RJ *et al.* Prolonged enoxaparin therapy to prevent venous thromboembolism after primary hip or knee replacement. Enoxaparin Clinical Trial Group. *J Bone Joint Surg Am* 2001;83A:336.
18. Quinlan D. Prevention of fatal postoperative pulmonary embolism by low doses of heparin. An international multicentre trial. *Lancet* 1975;2:45.
19. Harenberg J, Roebruck P, Heene, DL on behalf of the Heparin Study in Internal Medicine Group. Subcutaneous low-molecular-weight heparin versus standard heparin and the prevention of thromboembolism in medical inpatients. *Haemostasis* 1996;26:127.
20. Leyvraz PF, Richard J, Bachmann F *et al.* Adjusted versus fixed-dose subcutaneous heparin in the prevention of

deep-vein thrombosis after total hip replacement. *N Engl J Med* 1983;309:954.

21. Leyvraz PF, Bachmann F, Hoek J *et al.* Prevention of deep vein thrombosis after hip replacement: randomised comparison between unfractionated heparin and low molecular weight heparin. *BMJ* 1991;303:543.
22. Warkentin TE, Levine MN, Hirsh J *et al.* Heparin-induced thrombocytopenia in patients treated with low-molecular weight heparin or unfractionated heparin. *N Engl J Med* 1995;332:1330.
23. Kakkar VV, Cohen AT, Edmonson RA *et al.* Low-molecular weight versus standard heparin for prevention of venous thromboembolism after major abdominal surgery. *Lancet* 1993;341:259.
24. Hull R, Raskob G, Pineo G *et al.* A comparison of subcutaneous low-molecular weight heparin with warfarin sodium for prophylaxis against deep-vein thrombosis after hip or knee implantation. *N Engl J Med* 1993;329:1370.
25. Hamulyak K, Lensing AW, van der, Meer J *et al.* Subcutaneous low-molecular weight heparin or oral anticoagulants for the prevention of deep-vein thrombosis in elective hip and knee replacement? Fraxiparine Oral Anticoagulant Study Group. *Thromb Haemost* 1995;74:1428.
26. Hull RD, Pineo GF, Francis C *et al.* Low-molecular weight heparin prophylaxis using dalteparin in close proximity to surgery vs. warfarin in hip arthroplasty patients: a double-blind, randomised comparison. The North American Fragmin Trial Investigators. *Arch Intern Med* 2000;160:2199.
27. Hull RD, Brant RF, Pineo GF *et al.* Preoperative vs. postoperative initiation of low-molecular weight heparin prophylaxis against venous thromboembolism in patients undergoing elective hip replacement. *Arch Intern Med* 1999;159:137.
28. Levine MN, Hirsh J, Gent M *et al.* Prevention of deep vein thrombosis after elective hip surgery: a randomised trial comparing low-molecular weight heparin with standard unfractionated heparin. *Ann Intern Med* 1991;114:545.
29. Leclerc JR, Geerts WH, Desjardins L *et al.* Prevention of venous thromboembolism after knee arthroplasty: a randomised, double-blind trial comparing enoxaparin with warfarin. *Ann Intern Med* 1996;124:619.
30. Heit JA, Berkowitz SD, Bona R *et al.* Efficacy and safety of low-molecular weight heparin (ardeparin sodium) compared to warfarin for the prevention of venous thromboembolism after total knee replacement surgery: a double-blind, dose-ranging study. Ardeparin Arthroplasty Study Group. *Thromb Haemost* 1997;77:32.
31. Agnelli G, Piovella F, Buoncristiani P *et al.* Enoxaparin plus compression stockings compared with compression stockings alone in the prevention of venous thromboembolism after elective neurosurgery. *N Engl J Med* 1998;339:80.
32. Geerts WH, Jay RM, Code KI *et al.* A comparison of low-dose heparin with low-molecular weight heparin as prophylaxis against venous thromboembolism after major trauma. *N Engl J Med* 1996;335:701.
33. Bergmann JF, Neuhart E. A multicenter randomized double-blind study of Enoxaparin compared with unfractionated heparin in the prevention of venous thromboembolic disease in elderly inpatients bedridden for an acute medical illness. *Thromb Haemost* 1996;76:529.
34. Samama MM, Cohen AT, Darmon JY *et al.* A comparison of enoxaparin with placebo for the prevention of venous thromboembolism in acutely ill medical patients. *N Engl J Med* 1999;341:793.
35. Francis CW, Pellegrini, VD Jr., Leibert KM *et al.* Comparison of two warfarin regimens in the prevention of venous thrombosis following total knee replacement. *Thromb Haemost* 1996;75:706.
36. Francis CW, Pellegrini VD Jr., Totterman S *et al.* Prevention of deep-vein thrombosis after total hip arthroplasty. Comparison of warfarin and dalteparin. *J Bone Joint Surg Am* 1997;79:1365.
37. Colwell CW Jr., Collis DK, Paulson R *et al.* Comparison of enoxaparin and warfarin for the prevention of venous thromboembolic disease after total hip arthroplasty. Evaluation during hospitalization and three months after discharge. *J Bone Joint Surg Am* 1999;81:932.
38. Francis CW, Pellegrini VD, Marder VJ *et al.* Comparison of warfarin and external pneumatic compression in prevention of venous thrombosis after total hip replacement. *JAMA* 1992;267:2911.
39. Powers PJ, Gent M, Jay R *et al.* A randomized trial of less intense postoperative warfarin or aspirin therapy in the prevention of venous thromboembolism after surgery for fractured hip. *Arch Intern Med* 1989;149:771.
40. White RH, Gettner S, Newman JM *et al.* Predictors of rehospitalization for symptomatic venous thromboembolism after total hip arthroplasty. *N Engl J Med* 2000;343:1758.
41. Comerota AJ, Chouhan V, Harada RN *et al.* The fibrinolytic effects of intermittent pneumatic compression: mechanism of enhanced fibrinolysis. *Ann Surg* 1997;226:306.
42. Roberts VC, Sabri S, Beely AH *et al.* The effect of intermittently applied external pressure on the hemodynamics of the lower limb in man. *Br J Surg* 1972;59:233.
43. Turpie AG, Delmore T, Hirsh J *et al.* Prevention of venous thrombosis by intermittent sequential calf compression in patients with intracranial disease. *Thromb Res* 1979;15:611.
44. Ramos RS, Bakr IS, DePawlikowski MP *et al.* The efficacy of pneumatic compression stockings in the prevention of pulmonary embolism after cardiac surgery. *Chest* 1996;109:82.
45. Hull RD, Raskob G, Gent M *et al.* Effectiveness of intermittent pneumatic leg compression for preventing deep vein thrombosis after total hip replacement. *JAMA* 1990;263:2313.
46. Hull RD, Delmore TJ, Hirsh J *et al.* Effectiveness of intermittent pulsatile elastic stockings for the prevention of calf and thigh vein thrombosis in patients undergoing elective knee surgery. *Thromb Res* 1979;16:37.
47. Turner GM, Cole SE, Brooks JH. The efficacy of graduated compression stockings in the prevention of deep vein thrombosis after major gynecological surgery. *Br J Obstet Gynaecol* 1984;91:588.
48. Nurmohamed MT, van Riel AM, Henkens CMA *et al.* Low-molecular weight heparin and compression stockings in the prevention of venous thromboembolism in neurosurgery. *Thromb Haemost* 1996;75:233.
49. Wells PS, Lensing, AWA, Hirsh J. Graduated compression stockings in the prevention of postoperative venous thromboembolism. *Arch Intern Med* 1994;154:67.
50. Collaborative overview of Randomised Trials of Antiplatelet Therapy III. Reduction in venous thrombosis and pulmonary embolism by antiplatelet prophylaxis among surgical and medical patients. Antiplatelet Trialists' Collaboration. *BMJ* 1994;308:235.

51. Cohen A. Prevention of pulmonary embolism and deep vein thrombosis with low dose aspirin: Pulmonary Embolism Prevention (PEP) trial. *Lancet* 2000;355:1295.

52. Eriksson BI, Wille-Jörgensen P, Kslebo P *et al.* A comparison of recombinant hirudin with a low-molecular weight heparin to prevent thromboembolic complications after total hip replacement. *N Engl J Med* 1997;337:1329.

53. Barlogie B. High-dose therapy and innovative approaches to treatment of multiple myeloma. *Semin Hematol* 2001;38:21.

54. Turpie AGG, Gallus AS, Hoek JA *et al.* A synthetic pentasaccharide forth prevention of deep-vein thrombosis. *N Engl J Med* 2001;344:619.

55. Heit JA, Colwell CW, Francis CW *et al.* Comparison of the oral direct thrombin inhibitor H376/95 with enoxoparin as prophylaxis against venous thromboembolism after total knee replacements: a phase II dose-findings study (Abstract). *Blood* 2000;96:491.

56. Lee A, Agnelli G, Buller *et al.* A dose-response study of the factor VIIa/tissue factor inhibitor rNAPe2 in the prevention of postoperative venous thrombosis in patients undergoing total knee arthroplasty (Abstract). *Blood* 2000;96:491.

57. Lederle FA. Heparin prophylaxis of medical patients? (Editorial). *Ann Intern Med* 1998;128:768.

58. Baughman RA, Kapoor SC, Agarwal RK *et al.* Oral delivery of anticoagulant doses of heparin. A randomized, double-blind, controlled study in humans. *Circulation* 1998;98:1610.

114 Medicina Hiperbárica em Terapia Intensiva

Mariza D'Agostino Dias

A Medicina Hiperbárica compreende o estudo dos efeitos da pressão atmosférica aumentada sobre o corpo humano normal, assim como o emprego de pressão no tratamento de alterações patológicas. Em particular, quando além de pressão mais elevada, se emprega oxigênio para tratamento de lesões, o processo é denominado oxigenoterapia hiperbárica (OHB). Em pacientes de Terapia Intensiva, a não ser em situações excepcionais, o único emprego de Medicina Hiperbárica é na vertente OHB. O emprego do OHB em pacientes graves está cada vez mais sendo reconhecido como valioso recurso terapêutico, e portanto o intensivista deve ter conhecimento de suas indicações, efeitos e modo de ação, o que será apresentado neste capítulo.

DEFINIÇÃO

A OHB consiste na respiração de oxigênio puro ($FiO_2 = 1$) estando a pessoa dentro de uma câmara hiperbárica, que é um recipiente totalmente vedado e resistente à pressão. A pressão ambiente dentro da câmara é aumentada gradualmente através da injeção de ar ou de oxigênio. Para fins médicos, emprega-se no máximo pressão de 3 ATA (atmosfera absoluta), que equivale à profundidade de 20 metros de água. É importante salientar que, por esse método, os efeitos fisiológicos e terapêuticos são completamente distintos de quaisquer outras aplicações de oxigênio, seja tópico ou por via respiratória, até mesmo em ventiladores mecânicos com oxigênio puro.

TIPOS DE CÂMARAS HIPERBÁRICAS

As câmaras hiperbáricas podem ser de dois tipos: o primeiro são as multipacientes ou multiplace, de maior porte, que comportam vários pacientes simultaneamente; são pressurizadas com ar até que seja atingido o nível desejado, quando então o paciente passa a respirar O_2 através de máscara bem-adaptada ou de capuz sem vazamentos. O segundo tipo são as câmaras monopaciente (ou monoplace), pequenas, que permitem tratar apenas um paciente por vez. São pressurizadas diretamente com oxigênio se o paciente estiver em respiração espontânea, respira livremente, sem máscaras ou outros dispositivos.

Embora os dois tipos de câmaras produzam os mesmos efeitos biológicos, a operação técnica é bem diferente. Para pacientes graves, as câmaras monoplace são muito mais adequadas, porque permitem individualizar o tratamento e têm adaptações para pacientes intubados ou traqueostomizados sob assistência ventilatória mecânica ou em uso de drogas vasoativas. Podem também ser ligados monitores cardíacos e medidores não-invasivos de pressão arterial durante a sessão. Esse tipo de câmara foi desenvolvido exclusivamente para uso médico; são semiportáteis, sua operação é bem mais simples e são de primeira escolha para pacientes hospitalizados em UTI (Figs. 114-1 a 114-3).

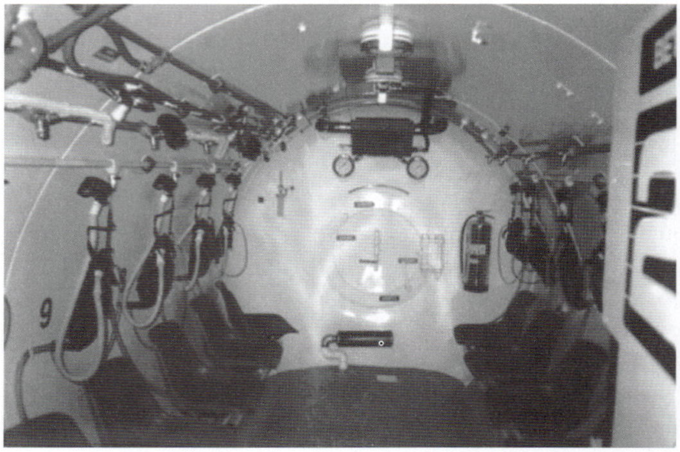

Fig. 114-1. Vista interna de câmara multiplace marca Janus & Pergher. (Ver *Prancha* em *Cores*.)

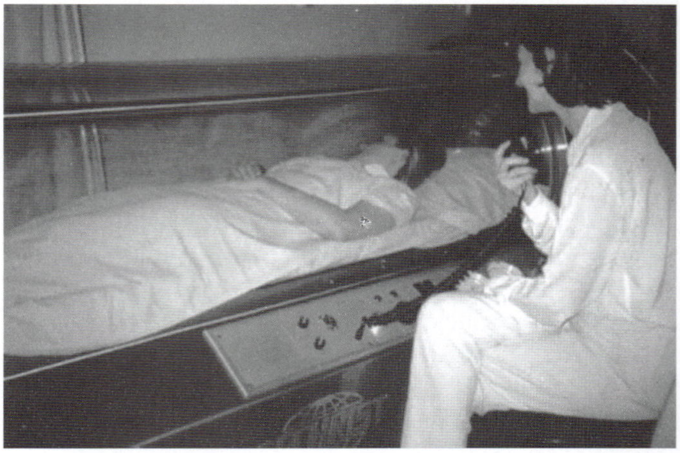

Fig. 114-2. Câmara monoplace marca Sechrist.

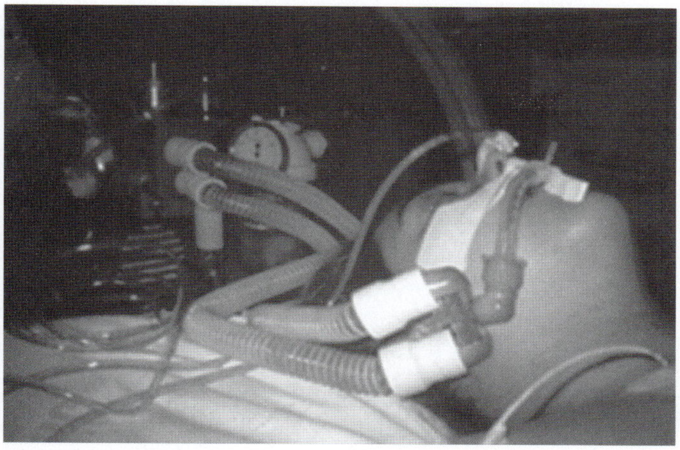

Fig. 114-3. Paciente sob assistência ventilatória mecânica durante sessão de OHB em câmara monoplace.

Quadro 114-1. **Lesões que podem transformar-se em feridas que não cicatrizam**

- Agudas
- Traumas isquêmicos de extremidades: esmagamentos, desluvamentos, amputações traumáticas
- Fasciites, miosites, celulites necrotizantes
- Gangrena gasosa
- Gangrena de Fournier
- Queimaduras térmicas, elétricas, químicas
- Deiscências infectadas de incisões cirúrgicas
- Crônicas
- Osteomielites crônicas
- Úlceras de pressão (escaras de decúbito)
- Úlceras varicosas
- Úlceras e outras lesões isquêmicas
- Pés diabéticos
- Lesões actínicas (produzidas por radioterapia)
- Fístulas de várias etiologias (pós-cirurgias, doença de Cröhn etc.)

Em 1996 havia nos Estados Unidos 259 Serviços de OHB, com 344 câmaras monoplace.[15] No Brasil, nos últimos 10 anos, passamos de cinco para 35 centros capacitados a realizar tratamentos com OHB.[14] Apesar do grande aumento, ainda estamos muito abaixo da necessidade; calcula-se que seriam necessários pelo menos 200 Serviços para todo o país.

MODO DE FUNCIONAMENTO DO OHB

Os tecidos orgânicos utilizam oxigênio continuamente para todas suas funções, inclusive para restauração tecidual após lesões. Os mecanismos de cicatrização devem fazer com que os tecidos lesados retornem à sua forma o mais próximo possível da original. Embora o oxigênio seja indispensável, a quantidade necessária é pequena, pois a PO_2 tecidual fisiológica é de 35 a 30 mmHg. Mesmo assim, em condições desfavoráveis, tais como edema, trauma ou isquemia, a quantidade mínima de oxigênio pode não chegar aos tecidos, criando-se hipóxia local.[5]

Nessa situação, a cicatrização torna-se muito lenta ou não ocorre; as defesas antiinfecciosas tornam-se insuficientes, e criam-se todas as condições para o aparecimento das feridas que não cicatrizam (Quadro 114-1), que têm em comum isquemia, edema, inflamação, infecção e necrose.[3]

Normalmente, o oxigênio é transportado pela hemoglobina, até o limite de sua capacidade de saturação (100%), enquanto a quantidade dissolvida no plasma é desprezível. Em condições hiperbáricas, o oxigênio dissolvido no plasma aumenta muito, e a 3 ATA pode chegar a mais de 5 vol%, o que corresponde ao consumo de O_2 normal (conteúdo arterial – conteúdo venoso). Por essa razão, foi aventado teoricamente, e depois comprovado experimentalmente em porcos, que é possível manter-se um ser vivo sem hemoglobina (Hb = 0) apenas respirando oxigênio puro dentro de uma câmara hiperbárica, num trabalho que se tornou clássico, intitulado *Life without blood.*[1]

Em condições patológicas nas quais existe hipóxia local, surgindo as feridas que não cicatrizam, o oxigênio dissolvido no plasma pode chegar aos tecidos e assim permitir que as funções de cicatrização e reparação tecidual sejam exercidas.[7] Outros mecanismos têm sido sugeridos, alguns em estudo e outros já comprovados. Existe uma combinação dos efeitos da pressão aumentada (redução intensa de bolhas gasosas) e da hiperoxigenação. Durante a OHB existe tendência a vasoconstricção, porém esse efeito é largamente compensado, pois os níveis teciduais de O_2 podem atingir 300 a 400 mmHg. Ao ser suspensa a aplicação, a PO_2 do sangue cai abruptamente, mas a PO_2 tecidual (PtO_2) pode permanecer elevada por horas, dependendo do tecido.[8,9] Durante a fase de hiperoxigenação, todas as funções de defesa oxigênio-dependentes, como fagocitose de bactérias por polimorfonucleares, produção de fibroblastos e proliferação de células ósseas, são estimuladas. Simultaneamente, a vasoconstrição provoca aumento da velocidade de fluxo e reabsorção de líquidos do interstício, com redução de edemas. Esse efeito contribui para eliminar as áreas de hipóxia relativa que haviam sido criadas pelo afastamento dos capilares pelo líquido retido nos tecidos.[9]

As sessões duram de 90 a 120 minutos, de acordo com o nível de pressão e os protocolos empregados. A alternância entre hiperoxigenação e hipóxia resulta num potente estímulo para a neovascularização.[10]

Através das sucessivas aplicações, com todos os efeitos descritos agindo simultaneamente e em seqüência, as feridas que não cicatrizam tendem a mudar seu comportamento, retomando a programação original do tecido, permitindo que haja restauração o mais próximo possível do que era antes. Os processos infecciosos bacterianos (por bactérias anaeróbias ou aeróbias) são combatidos pelos mecanismos de defesa naturais dos tecidos, estimulados pelo oxigênio.[9]

Em resumo, o OHB age tornando disponível o oxigênio para que as células anteriormente em hipóxia possam exercer suas atividades normais. Esse modo de ação difere de outras terapêuticas, pois não se trata de um produto farmacológico acrescentado, e sim de um artifício tecnológico que permite que o oxigênio indispensável possa atingir os tecidos lesados.

Muitos outros efeitos estão sendo estudados, como a melhora dos efeitos deletérios da reperfusão pós-isquemia e as modificações na resposta aos mediadores inflamatórios.[9,15]

PAPEL DO INTENSIVISTA

Apesar dos seus efeitos intensos e evidentes, a oxigenoterapia hiperbárica não pode, e não deve, ser utilizada como medida única no tratamento da maioria dos casos. As terapêuticas convencionais devem ser sempre consideradas. Por sua vez, essas outras abordagens não podem mais ser realizadas da forma habitual, já que pacientes sob oxigenação hiperbárica apresentam algumas características induzidas pela OHB que devem ser observadas. Portanto, o médico que está acompanhando o paciente precisa estar familiarizado com essas alterações para evitar riscos desnecessários ao paciente e/ou maus resultados funcionais ou estéticos. Outro ponto a considerar é que vários procedimentos mais agressivos deixam de ser necessários em vista da nova situação fisiológica das lesões. Com freqüência, o intensivista, mesmo não sendo cirurgião, é solicitado a definir pelos cirurgiões quando e como realizar procedimentos cirúrgicos nos pacientes graves sob OHB. Esse é mais um motivo para que o médico da UTI esteja informado dos efeitos do tratamento com OHB e assim poder participar da decisão, levando em conta os dados abaixo listados.

As principais modificações que os pacientes apresentam são:

1. **Melhora rápida da toxemia:** em pacientes graves, em choque e insuficiência orgânica múltipla causados por lesões tratáveis por OHB, há uma nítida melhora desde as primeiras aplicações. Como são pacientes muito instáveis, as sessões são de duração menor e repetidas a intervalos mais curtos. Observa-se grande redução da mortalidade nos pacientes que conseguem ultrapassar a 5ª sessão, como foi constatado em levantamento realizado em 2.470 pacientes tratados por nós, nos quais a mortalidade global foi de 21,27%, porém, considerando-se apenas os pacientes que ultrapassaram a 5ª sessão, a mortalidade foi de 5,25% ($p < 0{,}001$).[4] Entretanto, não existe, por enquanto, suporte para que se indique OHB para tratamento de pacientes graves com toxemia e choque de outras causas que não sejam lesões tratáveis com OHB (Figs. 114-4 e 114-5).
2. **Redução de edemas:** os líquidos acumulados nas áreas de lesão por causa de inflamação ou aumento da permeabilidade tendem a ser reabsorvidos rapidamente pelos efeitos reológicos e hemodinâmicos da OHB. Esse efeito deve ser lembrado quando se vai planejar aproximação de bordas de feridas ou rotações de retalhos. O ideal é que se aguarde alguns dias para a realização desses procedimentos, evitando-se manipular áreas edemaciadas. Por outro lado, deve-se levar em conta que as suturas realizadas nessas áreas se afrouxarão após algumas sessões de OHB e poderão necessitar de revisão (Figs. 114-6 e 114-7).
3. **Facilidade de sangramento:** devido à intensa neovascularização, os tecidos de granulação, bordas de ferida e outros podem sangrar com facilidade, produzindo hemor-

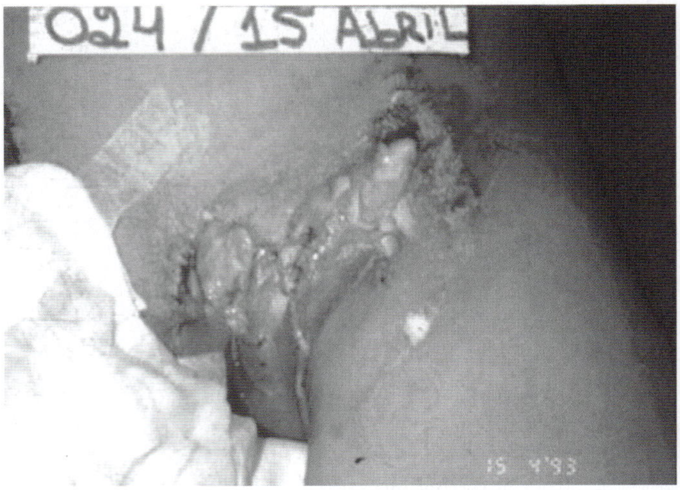

Fig. 114-4. Lesão inguinal infectada no início do tratamento. Paciente em choque séptico. (Ver *Prancha* em *Cores.*)

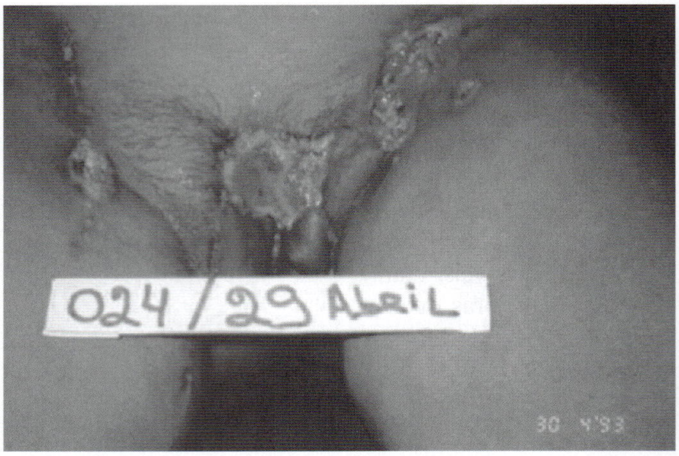

Fig. 114-5. Após 6 sessões de OHB. Observar nítida mudança do aspecto da lesão. Ausência de toxemia. (Ver *Prancha* em *Cores.*)

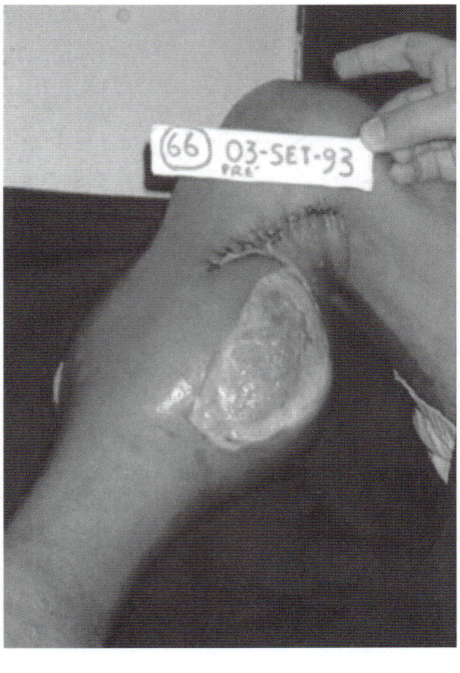

Fig. 114-6. Lesão traumática de perna com síndrome compartimental. Fasciotomia bilateral. (Ver *Prancha* em *Cores.*)

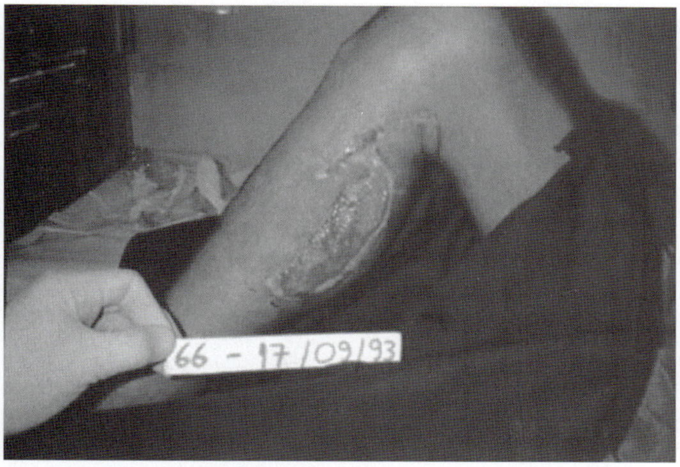

Fig. 114-7. Após as sessões iniciais, notar a redução do edema. (Ver *Prancha* em *Cores*.)

ragias incontroláveis. Essa facilidade de sangramento é de origem puramente local, devido à grande quantidade de minúsculos vasos neoformados que não têm capacidade de contração por não possuírem estrutura própria para isso; não há nenhuma alteração sistêmica de coagulação ou sangramento envolvida no processo. Portanto, não se pode pensar em tratar o sangramento com fatores de coagulação ou plaquetas. A melhor orientação é evitar procedimentos que possam lesar a ferida e, se forem inevitáveis, manter compressão local por tempo suficiente (horas ou dias) para estancar o sangramento (Figs. 114-8 e 114-9).

4. **Não-reinfecção:** devido à restauração das defesas orgânicas locais, as áreas parcialmente viáveis readquirem sua condição de bloquear a invasão de germes. Os tecidos desvitalizados e infectados podem ser removidos com bastante economia e sem urgência, não só para evitar os sangramentos já mencionados mas principalmente porque não há risco de novas infecções ou de contaminação por contigüidade a partir dos restos de tecidos necrosados (inviáveis) e infectados que estão sendo removidos.

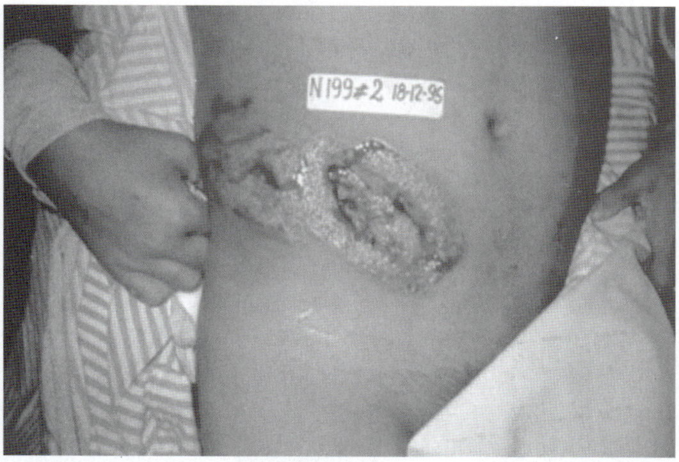

Fig. 114-8. Lesão pós-operatória infectada. Houve ressecção de crosta que havia sido formada. Notar a presença de sangramento no tecido de granulação pela neovascularização. (Ver *Prancha* em *Cores*.)

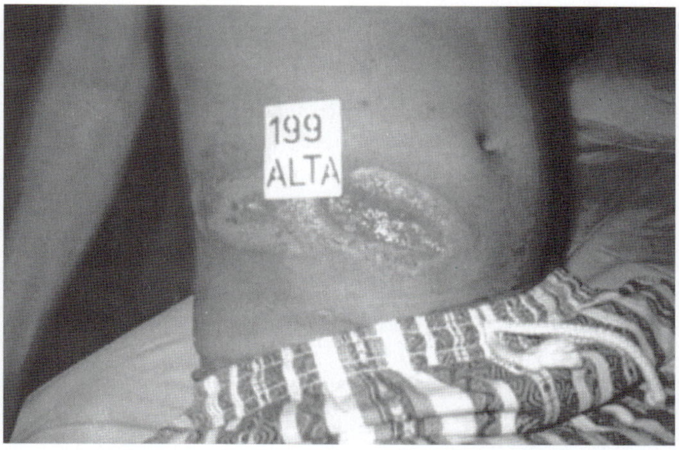

Fig. 114-9. Na seqüência do tratamento, houve cicatrização total. (Ver *Prancha* em *Cores*.)

5. **Individualização precisa das áreas necrosadas:** um dos principais efeitos do OHB consiste na recuperação de tecidos parcialmente viáveis e, simultaneamente, na aceleração do processo de necrose dos tecidos que já estão inviáveis, tornando a delimitação entre as áreas bastante nítida. Assim, devem ser evitados desbridamentos muito precoces, se ainda não houver certeza da inviabilidade do tecido. Caso seja necessária abordagem precoce (por exemplo, em pacientes muito toxemiados), é preferível nessa fase inicial drenar abscessos, ressecar tecidos subcutâneos ou musculares que estiverem claramente perdidos, procurando preservar tecidos mais resistentes, como pele, que pode recuperar-se ao longo do tratamento com OHB (Figs. 114-10 e 114-11).

6. **Aceleração dos processos de cicatrização:** tanto a delimitação das necroses já mencionada como todos os outros processos na ferida se realizam muito mais rapidamente do que seria esperado sem o OHB. Dessa forma, a epitelização muito rápida pode invadir outras áreas de forma indesejável, como, por exemplo, a parte interna de retalhos cutâneos que estejam levantados ou afastados

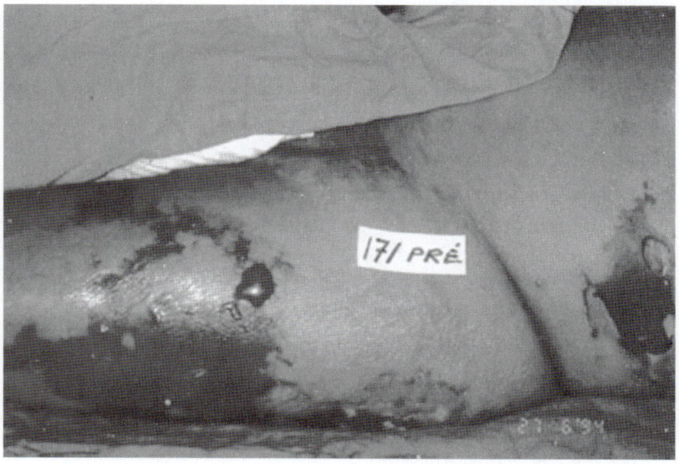

Fig. 114-10. Infecção, necrose e edema em coxa, em fase inicial de tratamento. Gangrena gasosa. (Ver *Prancha* em *Cores*.)

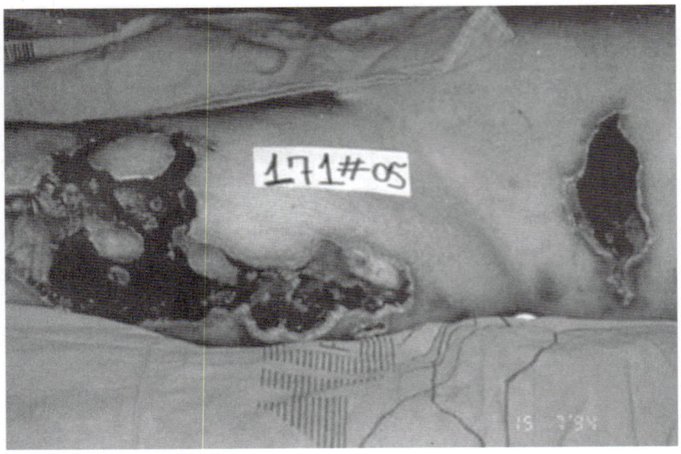

Fig. 114-11. Após 5 sessões, observa-se perfeita delimitação das áreas necrosadas, sem contaminação para os tecidos vizinhos. (Ver *Prancha* em *Cores*.)

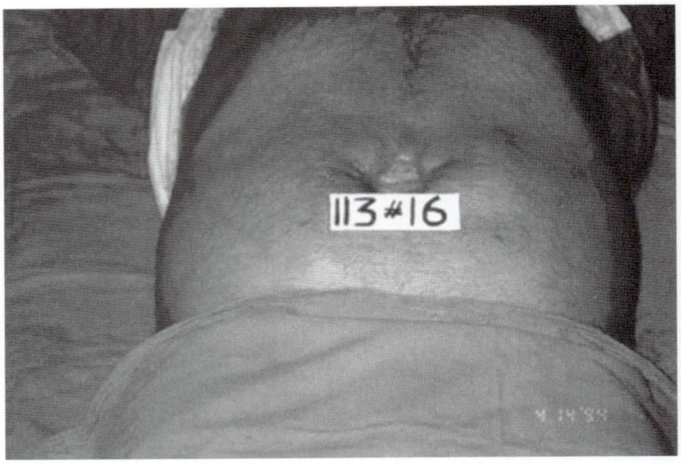

Fig. 114-13. Após alguns dias, observa-se ferida cicatrizada com deformidade porque não foi feita aproximação das bordas. (Ver *Prancha* em *Cores*.)

com gazes ou outros curativos, resultando em marsupialização da ferida. Outra ocorrência comum é a cicatrização aberta da ferida com as bordas afastadas, antes que tenham sido aproximadas cirurgicamente. Portanto, assim que o edema tenha regredido, deve-se pensar em aproximar bordas de feridas, rodar retalhos, se necessário e retirar drenos mais precocemente para facilitar o acolamento das camadas teciduais (Figs. 114-12 e 114-13).

7. **Enxertos livres**: entre a camada sólida representada por um enxerto e a superfície de apoio, também sólida, há um filme líquido formado por plasma e células. Os sólidos, quando comprimidos, não se modificam, porém os líquidos se deformam, sem mudar o volume. Se o enxerto não estiver já integrado, existe grande possibilidade de deslocamento. Portanto, para pacientes em OHB, é preferível que os enxertos sejam suturados ou presos de outra forma, para que permaneçam aderidos, não obrigando à interrupção do tratamento por alguns dias (Fig. 114-14).

8. **Efeito residual**: após algum tempo de tratamento com OHB, pelas alterações obtidas de neovascularização e normalização da oxigenação tecidual, o comportamento das lesões se modifica, deixando de ser "feridas que não cicatrizam" e retomando sua capacidade normal de restauração. Isso é clinicamente evidenciado pelo aspecto da ferida com tecido de granulação bem-irrigado e com epitelização das bordas. Muitas lesões apresentam também hiperpigmentação de bordas pelo estímulo do OHB. Quando as lesões estão nessa fase, o OHB pode ser suspenso, sem prejuízo para o tratamento, pois a ferida prossegue cicatrizando normalmente (Figs. 114-15 e 114-16).

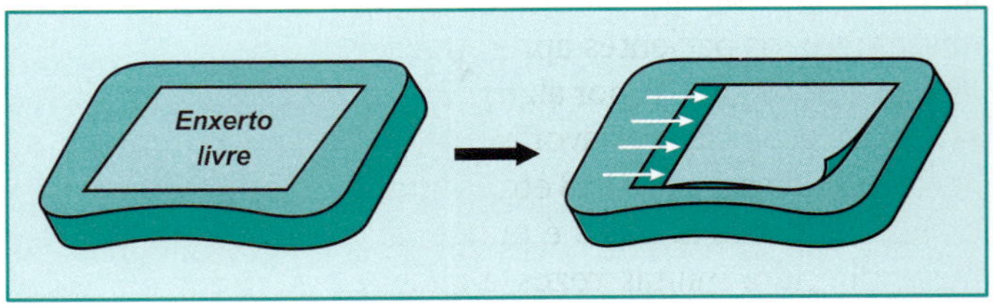

Fig. 114-14. Esquema mostrando como há deslizamento de enxertos malfixados. (Ver *Prancha* em *Cores*.)

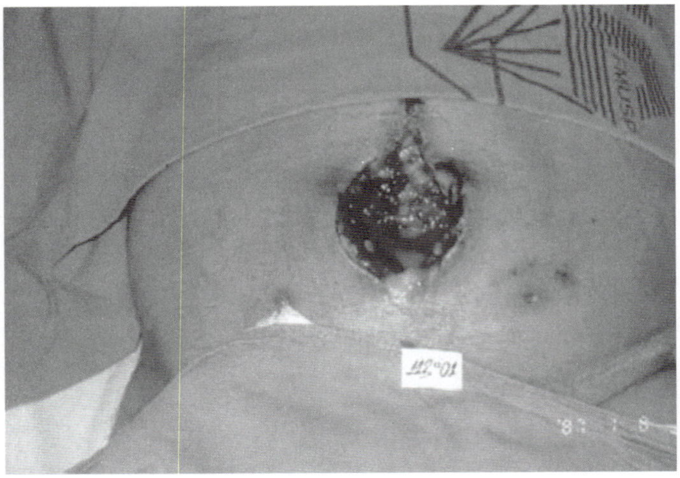

Fig. 114-12. Ferida cirúrgica deiscente e infectada, no início do tratamento. (Ver *Prancha* em *Cores*.)

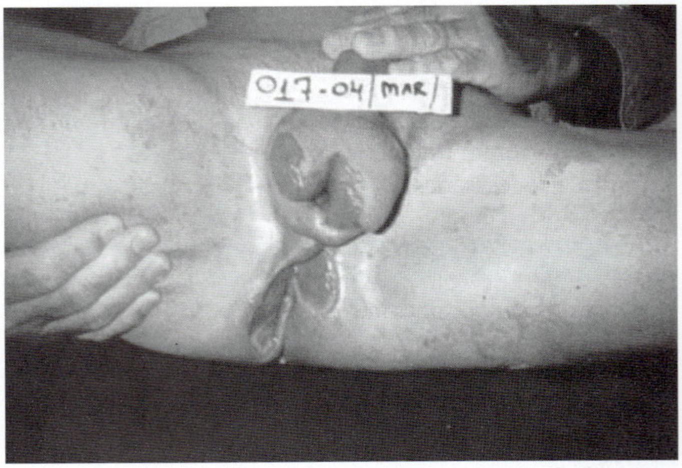

Fig. 114-15. Gangrena de Fournier. Suspensa aplicação de OHB com a lesão ainda aberta. (Ver *Prancha* em *Cores*.)

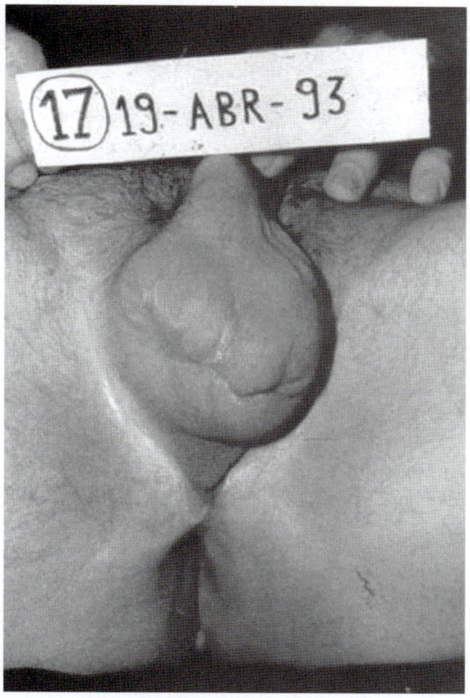

Fig. 114-16. Na continuidade, sem nenhum tratamento cirúrgico adicional, houve epitelização completa. (Ver *Prancha* em *Cores*.)

Pacientes de UTI tratáveis por OHB

Cerca de 20% dos nossos pacientes estavam internados em UTI no início da aplicação de OHB. Na sua maioria, os motivos da internação na UTI foram insuficiências orgânicas, sepse e choque séptico determinados pelas lesões. As patologias apresentadas são aquelas já sabidamente tratáveis por OHB; entretanto, os pacientes apresentavam-se graves, necessitando de suporte de UTI por alguns motivos: doenças de base associadas; evolução desfavorável após o tratamento inicial; retardo na indicação de OHB etc. É importante lembrar que o tratamento com OHB ainda é pouco disponível e relativamente desconhecido; muitas vezes é indicado só tardiamente. Em 267 pacientes consecutivos de UTI, as patologias apresentadas estão listadas no Quadro 114-2.

Esses pacientes realizaram de 1 a 104 sessões e tiveram mortalidade de 27,5%. A média de sessões dos que morreram foi de 4,8, e dos que sobreviveram foi 14,2 ($p < 0,0001$). A maioria dos pacientes estava sob ventilação assistida e mantida com uma ou mais drogas vasoativas durante as primeiras sessões. Todos foram tratados em câmaras monoplace, com as adaptações necessárias.

Quadro 114-2. Patologias de pacientes de UTI	
Infecções graves de partes moles	57 (21,3%)
Gangrena de Fournier	49 (18,3%)
Traumas + fraturas expostas/esmagamento membros	45 (16,8%)
Complicações de cirurgias (deiscências infectadas, fístulas)	27 (10,0%)
Outros (miscelânea)	89 (33,3%)

Os seguintes aspectos devem ser observados para o tratamento de pacientes de UTI:

1. **Transporte**: o tratamento com o OHB é realizado em sessões repetidas e portanto será necessário transportar o paciente até o local da câmara várias vezes e não uma única, como ocorre por exemplo quando se vai realizar um exame. Pacientes muito instáveis devem ser transferidos para hospitais que disponham do serviço de OHB além de UTI. Deve-se lembrar que, além do tempo de sessão (90 a 120 minutos), há o tempo de transporte em ambulância, e durante todo esse período o paciente deixa de receber medicamentos importantes, como antibióticos e outros. Nesses casos é necessário pesar a relação risco-benefício, pois o que se ganha com o tratamento de OHB pode ser perdido nos riscos do transporte. O transporte intra-hospitalar entre o leito de UTI e a sala da câmara também necessita ser realizado com toda segurança, com respiradores de transporte e recebendo as medicações indispensáveis, como drogas vasoativas e com acompanhamento médico.
2. **Habilitação médica**: as modificações fisiológicas induzidas pelo ambiente hiperbárico e pela hiperoxigenação somam-se às alterações hemodinâmicas e respiratórias apresentadas pelos pacientes de UTI. Portanto, o tratamento com OHB de pacientes graves só pode ser realizado por médicos que sejam hiperbaristas e simultaneamente tenham habilitação e experiência em UTI. Essa combinação de conhecimentos num único profissional não equivale ao conhecimento de dois profissionais, por mais qualificados que sejam, sendo um de cada área. É extremamente importante observar essa premissa, para que seja possível escolher pacientes realmente qualificados e que possam se beneficiar do tratamento sem submetê-los a riscos desnecessários.
3. **Acompanhamento médico**: muitas lesões tratáveis com OHB são infecções de partes moles cujo aspecto externo pode ser relativamente modesto, ao passo que o comprometimento de músculo e tecidos internos é muito extenso. Havendo alguma suspeita, deve-se lembrar sempre de realizar investigação radiológica ou tomográfica ou em casos selecionados, através de ressonância magnética. Uma vez iniciado o tratamento com OHB, tanto o médico da UTI como o responsável pelo paciente devem considerar que deverão ocorrer todas aquelas alterações já mencionadas. Caberá a eles fazerem as adaptações necessárias de todas as demais manobras terapêuticas, como medicamentos, curativos, procedimentos cirúrgicos e outros, para efetivamente beneficiar o paciente.

PATOLOGIAS MAIS FREQÜENTES TRATADAS EM OHB

Fasciites necrotizantes

É um conjunto de patologias potencialmente muito graves e de rápida progressão, causadas por infecção sinergística bacteriana de partes moles, envolvendo inicialmente estruturas mais profundas, como músculos e fáscias, e posteriormente o subcutâneo e a pele. Caracteristicamente, quando a lesão já se torna evidente pelo aparecimento de necrose na pele, os tecidos mais profundos apresentam um comprometimento muito mais extenso, com infecção e necrose. Os fatores desencadeantes podem ser desde soluções de continuidade da pele, como úlceras de pressão, picadas de insetos ou injeções, até traumas fechados, de maior ou menor intensidade. Pacientes fumantes e diabéticos são mais predispostos, porém pode ocorrer em pessoas previamente saudáveis.

Um tipo particular de fasciite necrotizante é a gangrena de Fournier, que ocorre na região perineal e progride através das fáscias para o escroto ou para as regiões profundas dos glúteos e pararretais.[6] Foi descrita originalmente em homens, mas também ocorre em mulheres. Essa patologia é mais rara em outros países, mas é relativamente freqüente no Brasil; todos os serviços de OHB já tiveram oportunidade de acompanhar vários casos. Em recente revisão de diagnóstico de 2.808 pacientes consecutivos tratados por nós, verificamos que 13% deles, ou seja, 365 pacientes, eram portadores de gangrena de Fournier, e um número igual apresentava fasciite necrotizante em outros locais, principalmente membros inferiores.

O processo progride rapidamente através de proliferação bacteriana descontrolada pela momentânea incapacidade de fagocitose local. Atribui-se à isquemia/hipóxia a impossibilidade de controle inicial, criando-se um círculo vicioso de: edema – hipóxia local – aumento da infecção – aumento da necrose – liberação de toxinas – choque – piora da perfusão – piora da infecção etc. A alta mortalidade desses pacientes deve-se ao diagnóstico tardio e à progressão rápida. O tratamento proposto inclui a identificação dos tecidos atingidos e sua ampla remoção por cirurgia em desbridamentos sucessivos e uso vigoroso de antibióticos, além de medidas de suporte. A indicação de OHB com adjuvante visa a restaurar a função leucocitária, reduzir o edema, delimitar claramente os tecidos inviáveis e recuperar os tecidos parcialmente inviáveis. Os procedimentos cirúrgicos podem ser muito menos mutilantes, o que contribui para a melhor evolução do paciente. Em 29 pacientes acompanhados por Riseman *et al*, 12 menos graves receberam tratamento convencional com cirurgia extensa e antibióticos, enquanto nos 17 mais graves acrescentou-se OHB.[13] Observou-se que a necessidade de desbridamentos foi de 1,2 vez no grupo hiperbárico contra 3,3 procedimentos no grupo convencional ($p < 0{,}03$). A mortalidade do grupo controle foi de 66% (8/12) contra 23% (4/17) do grupo tratado com OHB ($p < 0{,}02$).

Pés diabéticos

Apesar de ser lesão do tipo crônico, o pé diabético avançado e não-controlado pode ser causa de sepse e choque séptico, podendo levar à internação na UTI. Trata-se de lesão complexa com isquemia e neurite associadas com infecção e necrose. O OHB nesses casos é indicado para promover neovascularização e estimular os mecanismos de defesa antiinfecciosos. Para o diagnóstico correto das lesões de partes moles e ósseas é conveniente realizar exames radiológicos ou tomográficos que ajudam a decidir sobre a necessidade de procedimentos cirúrgicos. Em todas as lesões associadas a isquemia periférica é obrigatório o estudo dos grandes vasos do membro e, se necessário, corrigir cirurgicamente as obstruções, pois o efeito do OHB restringe-se à microcirculação. Muitas vezes, a restauração das lesões vasculares pode ser suficiente para promover a cicatrização das úlceras periféricas. Entretanto, em pacientes graves com sepse ou insuficiências orgânicas, pode ser empregado OHB de início, para que o paciente tenha condições clínicas para suportar procedimentos cirúrgicos.

Os pés diabéticos são a patologia mais freqüente de todos os serviços de OHB. Há alguns anos Oriani, em Milão, realizou um estudo duplo-cego e randomizado, no qual foram acompanhados pacientes diabéticos com úlceras e lesões necróticas ou infectadas de membros inferiores. Parte dos pacientes recebeu compressão com oxigênio, e o grupo controle recebeu compressão com ar.[11] Foram estudados 33 pacientes com ar e 35 pacientes com oxigênio, realizando-se de 30 a 46 sessões. No grupo tratado com oxigênio, houve necessidade de amputação em 8,6% dos casos (3 pacientes), enquanto no grupo controle 33,3% (11 pacientes) tiveram que ser amputados ($p = 0{,}016$). Ao término do tratamento, a medida da pressão tecidual de oxigênio do dorso do pé aumentou significativamente, de 5 para 14 mmHg, em média no grupo OHB, e não se alterou no grupo controle ($p = 0{,}0002$). A elevação da PtO_2 reflete a neovascularização desencadeada pelo OHB.

Traumas

Os traumas isquêmicos de extremidades, com ou sem fraturas, os desenluvamentos, síndromes compartimentais, assim como as grandes extensões expostas por ferimentos abrasivos e outros tipos de lesões agudas, têm indicação imediata de OHB para redução de edema, impedir infecção e recuperar áreas parcialmente viáveis. Após as fases iniciais, os pacientes traumatizados que estejam apresentando complicações infecciosas também têm sido tratados com OHB para evitar maiores perdas teciduais. Em 1996, Bouachour *et al.*[2] publicaram seu estudo de 36 pacientes traumatizados com lesões de esmagamentos de membros, iniciando-se aplicação de OHB ou de pressão com ar nas primeiras 24 horas após a cirurgia, comparando-se dois grupos de 18 pacientes. Os pacientes foram submetidos a sessões de 2,5 ATA, com duração de 90 minutos, duas vezes ao dia, por 6 dias consecutivos. Foi obtida cicatrização completa em 17/18 pacientes do grupo OHB, contra 10/18 pacientes do grupo ar ($p < 0{,}01$). Outras cirurgias (enxertos, retalhos, cirurgias vasculares e amputações) foram necessárias em apenas um paciente do grupo tratado e em seis pacientes do grupo controle ($p < 0{,}05$).

Regulamentação

Desde 1995 a OHB está regulamentada no Brasil pelo Conselho Federal de Medicina (CFM), que estabeleceu, através de Resolução, as patologias nas quais pode ser indicado OHB, conforme o Quadro 114-3. A mesma resolução definiu que a indicação dessa terapêutica é de exclusiva competência médica e que sua aplicação deve ser realizada por médico, ou sob sua supervisão.[12]

Quadro 114-3. Indicações do CFM para tratamento com OHB

1. Embolia gasosa
2. Doença descompressiva
3. Embolia traumática pelo ar
4. Envenenamento por monóxido de carbono ou inalação de fumaca
5. Envenenamento por cianeto ou derivados cianídricos
6. Gangrena gasosa
7. Gangrena de Fournier
8. Outras infecções necrotizantes de tecidos moles: celulites, fasciites e miosites
9. Isquemias agudas traumáticas: lesão por esmagamento, síndrome compartimental, reimplantação de extremidades amputadas e outras
10. Vasculites agudas de etiologia alérgica, medicamentos ou por toxinas biológicas (aracnídeos, ofídios e insetos)
11. Queimaduras térmicas e elétricas
12. Lesões refratárias: úlceras de pele, pés diabéticos, úlceras de decúbito, úlceras por vasculites auto-imunes, deiscências de suturas
13. Lesões por radiação: radiodermites, osteorradionecroses e lesões actínicas de mucosas
14. Retalhos ou enxertos comprometidos ou de risco
15. Osteomielites
16. Anemia aguda, na impossibilidade de transfusão sangüínea

CONSIDERAÇÕES FINAIS

A OHB consiste em tratamento adjuvante, com benefícios comprovados no mundo todo, inicialmente em estudos experimentais em animais e mais recentemente em estudos clínicos comparativos bem-conduzidos.[15] Em pacientes graves de UTI, tem sido utilizado apenas nos Serviços que contam com médicos intensivistas e com equipamento que permita o atendimento desse tipo de pacientes.

Apesar dos benefícios relatados, ainda existe controvérsia, e muitos médicos não acreditam que seus pacientes possam beneficiar-se. Isso realmente pode acontecer, por alguns motivos:

1. Os resultados obtidos dependem da pressão empregada, da duração da sessão e do intervalo entre as mesmas; portanto, é necessário experiência com o método quando se faz o plano terapêutico, e também no decorrer do tratamento pode haver modificações de acordo com a resposta do paciente.
2. Quanto mais agudo e intenso (inflamado) for o processo, melhor é a resposta ao OHB – pacientes com patologias crônicas necessitam em média de 35 sessões, enquanto pacientes com quadros agudos são tratados com 15 sessões em média.
3. Quando não há comunicação constante entre os vários especialistas e o médico hiperbarista, medidas terapêuticas conflitantes podem dificultar a evolução do processo.
4. Em todos os serviços há um índice histórico de abandono de aproximadamente 20% dos pacientes, por vontade própria ou por indicação do médico assistente, o que muitas vezes é computado como falha de tratamento.

Apesar da polêmica despertada, admite-se que todos os processos inflamatórios, infecciosos e isquêmicos que estejam evoluindo de forma desfavorável devem ser considerados para tratamento com OHB e que o mesmo é obrigatório quando há risco de vida associado, como em gangrena gasosa, alguns tipos de envenenamento etc., não podendo ser negada a terapia, caso esteja disponível.

A utilização adequada e no momento correto do OHB pode significar, além de resultados esteticamente melhores pela diminuição das perdas teciduais, redução de gastos pela menor necessidade de medicamentos de alto custo. Para ilustração, relatamos abaixo 2 casos de fasciite necrotizante tratados por nós. O caso 1 era de um paciente de 62 anos de idade com lesão extensa na coxa direita desencadeada por injeção intramuscular. O paciente foi encaminhado ao serviço com 15 dias de evolução após ter sido submetido a dois desbridamentos cirúrgicos clássicos, nos quais foram removidos pele e subcutâneo comprometido e com solicitação de que fosse realizado novo desbridamento por não ter havido melhora do quadro sistêmico. A decisão terapêutica foi de iniciar tratamento com OHB em lugar de cirurgia, já que não havia necrose, apesar de haver tecidos amolecidos e isquêmicos. Após o início do OHB, não houve necessidade de mais nenhuma remoção tecidual, e sim após algumas sessões já foi possível aproximar as bordas da ferida. O caso 2 era de um homem de 38 anos de idade com fasciite necrotizante por pequeno trauma na região inguinal. Estava em choque séptico e em insuficiências orgânicas múltiplas. O tratamento com OHB foi iniciado de imediato, e, nesse caso, o procedimento cirúrgico foi de ressecção apenas da área de pele necrosada e drenagem de subcutâneo. Nos locais onde havia necrose de subcutâneo sem lesão de pele ainda, foram realizadas incisões para a drenagem dos tecidos comprometidos sem retirar a pele; o procedimento foi necessário até chegar à região dos flancos. Nos dias seguintes, com a melhora do quadro, foram aproximadas as bordas das feridas, com resultados bastante satisfatórios (Figs. 114-17 e 114-18).

Computando-se os tratamentos realizados e os gastos, verifica-se no Quadro 114-4 que o segundo paciente foi mais grave, porém o resultado foi bem melhor e os gastos foram menores, incluindo-se o preço do OHB.

Após ter acompanhado um ou mais pacientes sob OHB e verificar resultados tão favoráveis, alguns médicos podem sentir-se tentados a indicar o tratamento para todo tipo de paciente grave cirúrgico. Essa conduta não se justifica. O uso de OHB deve ser reservado àqueles casos nos quais algum benefício possa ser esperado; além disso, nunca deve ser encarado como um modo de substituir algum ou todos os cuidados que a boa técnica cirúrgica preconiza.

Finalmente, sabe-se que ainda existem resquícios de uso inadequado desse tratamento, fruto de épocas iniciais, quando ainda não haviam sido definidos os efeitos esperados e os benefícios possíveis. Os usos impróprios do OHB observam-se no mundo todo e consistem na indicação para o tratamento de

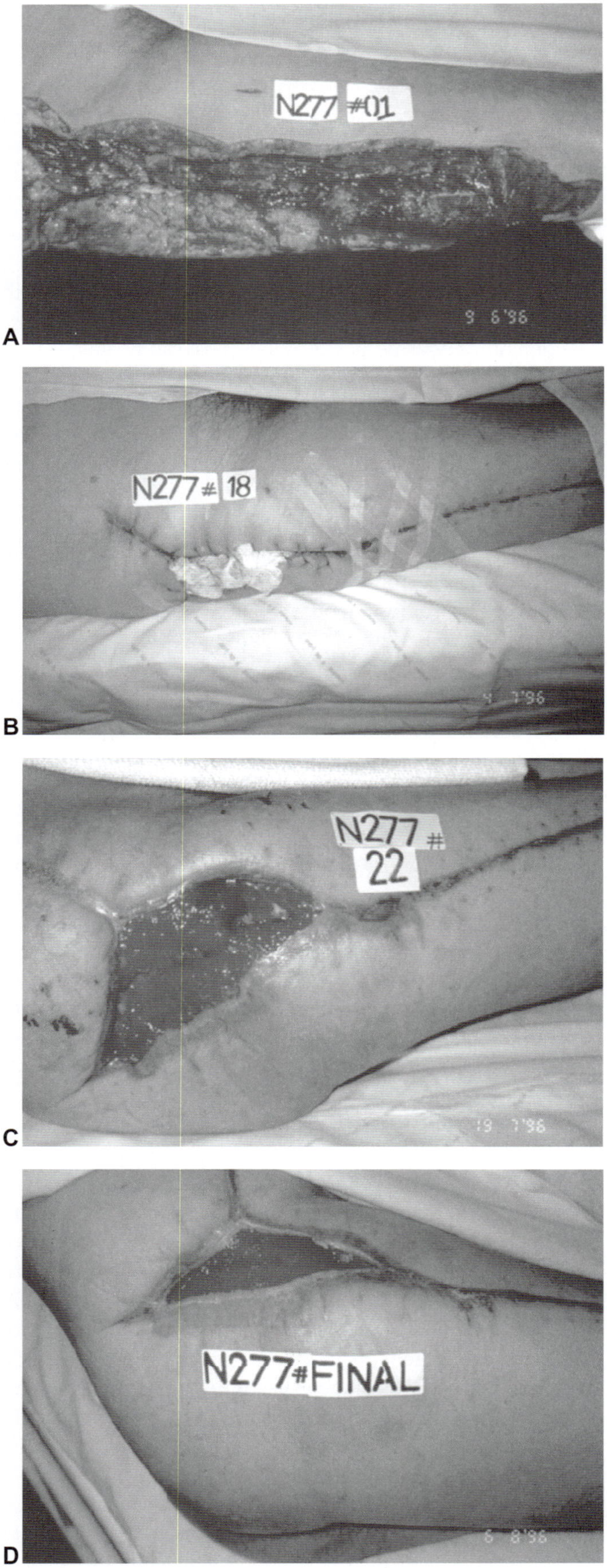

Fig. 114-17. Paciente 1. (Ver *Prancha* em *Cores*.)

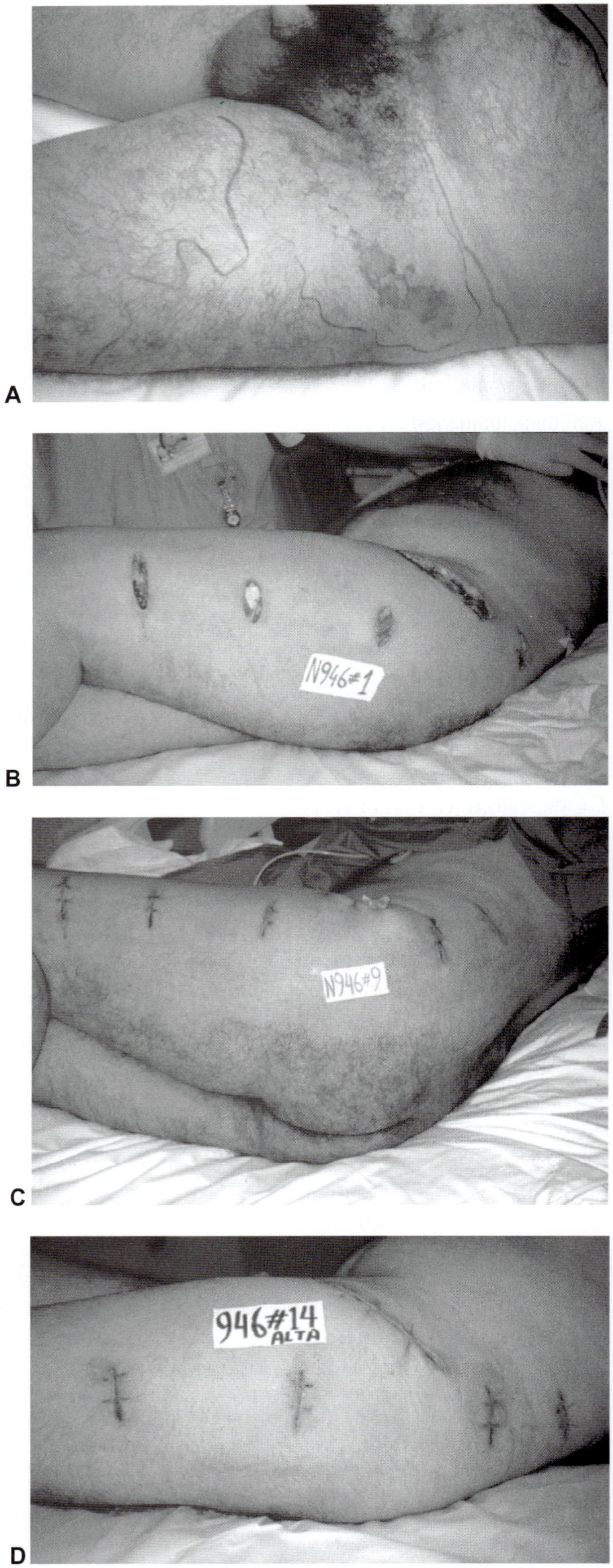

Fig. 114-18. Paciente 2. (Ver *Prancha* em *Cores*.)

Quadro 114-4. Quadro comparativo: Caso 1 e Caso 2

	Paciente 1 M. B. C. 62a	***Paciente 2 J. J. A. 38a***
APACHE II	11 pontos	21 pontos
Escala USP	26 pontos GIII	30 pontos GIII
Tempo de hospital (dias)	33	20
Tempo de UTI (dias)	20	15
Ventilação mecânica (dias)	–	7
Procedimentos cirúrgicos pequenos	4	2
Cirurgias c/ anestesia	? + 4	3
Albumina (unidades)	21	–
Concentrado de hemácias (unid.)	2	–
Nutrição enteral (dias)	4	3
Antibióticos (dias)	29	17
Sessões de OHB	30	14
Custo aproximado (R$)	40.900,00	32.400,00

doenças com seqüelas já estabelecidas, principalmente no tecido nervoso, ou alterações fisiológicas, como o envelhecimento natural. As seguintes premissas já estabelecidas ajudam no raciocínio clínico para evitar-se os usos inadequados:

1. Os tecidos normais e com oxigenação adequada não ficarão "mais normais" com OHB.
2. A OHB não promove a reversão de lesões definitivas (necrose, degeneração).
3. A OHB pode e deve ser associada aos tratamentos convencionais.
4. Os tratamentos convencionais aplicados em associação com OHB necessitarão sofrer modificações em quantidade e intensidade.

REFERÊNCIAS BIBLIOGRÁFICAS

1. Boerema I, Meinjne NG, Brummelkamp WN. Life without blood: a study of the influence of high atmospheric pressure and hypothermia on dilution of blood. *J Cardiov Surg* 1990;1:133–8.
2. Bouachour G, Cronier P, Gouello JP. Hyperbaric oxygen in the management of crush injuries: a randomized double-blind placebo-contolled clinical trial. *J Trauma* 1996;41:12; 333–9.
3. D'Agostino Dias M. Aplicações clínicas do oxigênio hiperbárico. *Diagn Trat* 2001;6(1):7–10.
4. D'Agostino Dias M, Comunicação, não publicada.
5. Davis JC, Hunt TK. Problem Wounds: The role of oxygen. Elsevier Science New York, 1988:100.
6. Fournier AJ. Gangrene foudroyante de la verge. *Sem Med* 1983;3:344–6.
7. Haapaniemi T, Nylander G, Sirsjo A. Hyperbaric oxygen reduces ischemia-induced skeletal muscle injury. *Plast Reconstr Surg* 1996;97:602–7.
8. Hunt K. The physiology of wound healing. *Ann Emerg Med* 1988;17:1256–73.
9. Kindwall EP, Gottlieb LJ, Larson DL. Hyperbaric oxygen therapy in plastic surgery. A review article. *Plast Reconst Surg* 1991;88(5):898–08.
10. Knighton DR, Silver IA, Hunt TK. Regulation of wound healing angiogenesis: effect of oxygen gradients and inspired oxygen concentrations. *Surgery* 1981;90:262–70.
11. Oriani G, Faglia E, Favales F. Adjunctive systemic hyperbaric oxygen therapy in treatment of severe prevalently ischemic diabetic foot ulcer: a randomized study. *Diab Care* 1996:19(12):1338–43.
12. Resolução Conselho Federal de Medicina 1457/95. Brasília, 1995.
13. Riseman JA, Zamboni WA, Curtis A. Hyperbaric oxygen therapy for necrotizing fasciites reduces mortality and need for debridements. *Surgery* 1990;108:874–8.
14. Sociedade Brasileira de Medicina Hiperbárica. Boletim nov, 2002.
15. Tibbles PM, Edelsberg JS. Hyperbaric-Oxygen therapy – Review Articles. *N Engl J Med* 1996;20:1642–8.

115 Anexos

Luiz Alexandre Alegretti Borges

Anexo 1: NORMAS MÍNIMAS

As *Normas mínimas de funcionamento de uma UTI* foram criadas em 1993, na cidade de Porto Alegre, no III Fórum de Defesa do Exercício Profissional, em meio ao VI Congresso Brasileiro de Terapia Intensiva.[1]

Essas normas foram aprimoradas ao longo do tempo, em diversos Fóruns, estando em vigor até os dias de hoje. O seu início estabeleceu um marco histórico na avaliação das centenas de UTI brasileiras, uma vez que estava ali criado o patamar mínimo de qualidade e segurança para o paciente grave. Esses aspectos básicos e fundamentais da terapia intensiva que devem ser disponibilizados aos pacientes são:

- *Área física* adequada desde a metragem por leito de forma a permitir um bom atendimento ao paciente, assim como conforto na assistência, bem como descanso para a equipe assistencial.
- *Recursos humanos* suficientes em quantidade e qualidade, respeitando as relações médico-paciente, enfermeiro-paciente, técnico-paciente, de forma a garantir uma equipe especializada, treinada e experiente.
- *Materiais e equipamentos* em condições de proporcionar à equipe tranqüilidade e segurança no atendimento, tais como um ventilador por leito, nas UTI geral, além de uma reserva técnica de 20%.

Normas mínimas para credenciamento de uma Unidade de Terapia Intensiva

A) Área física e instalações

- Mínimo de leitos por UTI = 5 (cinco) leitos

a.1. Área física própria dentro do hospital, separada de outras dependências.

a.2. Área física: área total da UTI, inclusive administrativa e de apoio dividida pelo nº total de leitos planejados, isto é, capacidade instalada.
UTI adulto = 14 m^2 (quatorze metros quadrados) área/leito.
UTI pediátrica = 12 m^2 (doze metros quadrados) = área /leito.
UTI neonatal = 5 m^2 (cinco metros quadrados) = área/leito.

a.3. Área de prescrição: 2 m^2/10 leitos.

a.4. Área para descanso da enfermagem.

a.5. 1 (um) ponto de ar comprimido por leito.

a.6. 1 (um) ponto de oxigênio por leito.

a.7. 1 (um) sistema de aspiração a vácuo por leito.

a.8. Balcão com pia para preparo de medicamentos.

a.9. Banheiro para pacientes.

a.10. Circulação independente do material limpo e contaminado.

a.11. Conforto com banheiro para o plantão médico, na Unidade de Terapia Intensiva.

a.12. Copa.

a.13. Depósito de material de limpeza.

a.14. Divisórias entre os leitos.

a.15. Expurgo para sólidos e líquidos.

a.16. Iluminação natural.

a.17. Lavatórios na UTI: 1/5 leitos.

a.18. Locais para guarda de roupas, medicamentos, materiais médicos e equipamentos.

a.19. Posto de enfermagem com visão direta para os leitos: 8 m^2/10 leitos.

a.20. Sala administrativa.

a.21. Sala de espera para acompanhantes.

a.22. Sala de serviços (8 m^2), para preparo de material e equipamentos, contendo balcão e pia.

a.23. Sistema de suprimento de energia elétrica durante as 24 horas.

a.24. Sistema de suprimento de gases (oxigênio e ar comprimido) durante as 24 horas.

a.25. Tomadas aterradas (todas) no mínimo 8 (oito) por leito/boxe, dispostas de acordo com as normas da ABNT (Associação Brasileira de Normas Técnicas).

a.26. Tomadas Rx (uma por unidade) de 220 v.

a.27. Vestiário c/banheiro para funcionários.

B) Recursos humanos

Médicos

b.1. Médico chefe com título de especialista em Medicina Intensiva (AMIB/AMB).

b.2. Médico diarista (não-plantonista) para dar seguimento horizontalizado na assistência ao paciente crítico, com título de especialista em Medicina Intensiva (AMIB/AMB).
b.3. Médico plantonista por 24 horas, no ambiente da Unidade de Terapia Intensiva.
b.4. Relação médico-paciente: 1 (um) médico-plantonista para, no máximo, 10 pacientes.

Enfermagem:

b.5. Auxiliar de enfermagem: 1 (um) para cada 2 (dois) leitos.
b.6. Um (1) Enfermeiro(a) por turno de trabalho, durante as 24 horas dentro da UTI.

Outros:

b.7. Auxiliar de serviços diversos/secretária.
b.8. Servente de limpeza: presente sempre que necessário nas 24 horas.

C) Materiais e equipamentos

c.1. Aparelho de fototerapia = 1 para cada 3 pacientes (só para UTI Neonatal).
c.2. Aspirador a vácuo para dreno.
c.3. Aparelho móvel de radiografia.
c.4. Balança disponível p/ pesagem de pacientes (qualquer que seja o tipo de UTI).
c.5. Bomba de infusão:1 por leito.
c.6. Cama de UTI com grades laterais: 1 por paciente UTI adulto/pediátrica.
c.7. Capacetes para oxigenoterapia: 1 por paciente (só para UTI neonatal/pediátrica).
c.8. Carro de ressuscitação contendo: desfibrilador + material de intubação endotraqueal (ambu + cânulas endotraqueais + laringoscópio+máscara de O_2 + cânula de Guedel + guias para tubos).
c.9. Cilindro de O_2/ar comprimido disponível no hospital.
c.10. Eletrocardiógrafo (para UTIs gerais).
c.11. Glicosímetro.
c.12. *Kit* CPAP nasal 1:2 leitos com nebulizador aquecido (UTI neonatal pediátrica).
c.13. *Kit* de beira de leito (termômetro, estetoscópio, esfigmomanômetro, ambu): 1 por leito.
c.14. Inaladores com máscara: 1 por leito.
c.15. Incubadora e/ou berço de calor radiante, um para cada paciente (UTI neonatal).
c.16. Máscaras de nebulização 1 por leito.
c.17. Material disponível 24 horas para:
Acesso venoso profundo.
Curativos.
Diálise peritoneal.
Drenagem torácica; flebotomia.
Implante de marca-passo temporário.
Punção liquórica.
Sondagem vesical.
Traqueotomia.
c.18. Monitor cardíaco de beira de leito: 1 por leito.
c.19. Negatoscópio.
c.20. Oxímetro de pulso: 1 por 4 (quatro) leitos.
c.21. Ventilador pressórico (UTI neonatal) em nº correspondente a 1/3 dos leitos.
c.22. Ventilador: 1 por leito.
c.23. Urodensímetro.
c.24. Ventilômetro: 1 (um) por Unidade.

D) Serviços de apoio diagnóstico e terapêutico

d.1. Acesso a laboratório de análises clínicas durante 24 horas do dia.
d.2. Acesso a unidade transfusional durante 24 horas do dia.
d.3. Cirurgia geral (ou pediátrica nos casos de UTI pediátrica).
d.4. Condições de realizar diálise peritoneal na Unidade de Terapia Intensiva.
d.5. Endoscopia digestiva e fibrobroncoscopia.
d.6. Hemogasômetro próprio do Hospital.
d.7. Ultra-sonografia.

E) Outros

e.1. Contratos de manutenção de equipamentos
e.2. Serviço de engenharia e segurança do trabalho

Anexo 2: PORTARIA Nº 3.432 DO MINISTÉRIO DA SAÚDE

A Portaria 3.432 assinada em 12 de agosto de 1998 pelo então Ministro da Saúde, José Serra, embora não sendo a Portaria ideal, estando longe disso, trouxe de qualquer forma um novo alento para o meio intensivo brasileiro devido ao seu aspecto político e financeiro. Este último fez com que os administradores hospitalares passassem a ter um novo interesse pelas Unidades de Terapia Intensiva, pois a Portaria possibilitava um maior ganho financeiro, uma vez atendidos determinados requisitos.[2]

Esses requisitos agregaram qualidade às UTIs principalmente no que diz respeito a pessoal (médicos coordenadores e diaristas titulados; enfermeiras exclusivas da Unidade em todos os turnos) e equipamentos.

Basicamente, a Portaria estabelece três níveis de UTI: tipo I, tipo II e tipo III. As Unidades do tipo I são consideradas todas as atuais Unidades cadastradas pelo Ministério. As Unidades que desejam valorar seus ganhos necessitam solicitar recredenciamento agora para o nível II ou III.

A AMIB vem desenvolvendo esforços no sentido de aprovar a sua Portaria de nº 466, a qual encontra-se na Agência Nacional.[3] Essa Portaria contempla de forma ampla e tecnicamente todos os aspectos relacionados à Medicina Intensiva, tais como normas mínimas, classificação das unidades, transportes do paciente grave, unidades semi-intensivas, além de adequada remuneração aos profissionais e às instituições.

A presença do intensivista titulado como coordenador da UTI e um Serviço organizado com pessoal possuindo formação específica e treinamento em terapia intensiva, com protocolos e *rounds* diários, tem um impacto positivo, repercutindo em um melhor prognóstico, menor taxa de permanência, menor tempo de ventilação, menor taxa de mortalidade e menor custo.[4]

Diversos autores têm sustentado esse impacto em suas publicações, de que o intensivista reduz de forma significativa os custos da Unidade, melhora a qualidade da assistência e reduz a mortalidade nas UTIs, bem como no hospital.[5-7]

A organização do Serviço de Terapia Intensiva, o envolvimento crescente dos intensivistas na vida diária da Unidade, tanto na assistência contínua e diuturna quanto nas questões administrativas, como na otimização dos equipamentos e dos recursos, tem influenciado favoravelmente o prognóstico do paciente grave.[8]

MINISTÉRIO DA SAÚDE

PORTARIA Nº 3.432, 12 DE AGOSTO DE 1998 – EM VIGOR

ESTABELECE CRITÉRIOS DE CLASSIFICAÇÃO PARA AS UNIDADES DE TRATAMENTO INTENSIVO – UTI

O Ministro de Estado da Saúde, no uso de suas atribuições legais, considerando: a importância na assistência das unidades que realizam tratamento intensivo nos hospitais do país, e a necessidade de estabelecer critérios de classificação entre as Unidades de Tratamento Intensivo, de acordo com a incorporação de tecnologia, a especialização dos recursos humanos e a área física disponível, resolve:

Art. 1º – Estabelecer critérios de classificação entre as diferentes Unidades de Tratamento Intensivo – UTI.

Art. 2º – Para as finalidades desta Portaria, as Unidades de Tratamento Intensivo serão classificadas em tipos I, II e III.

§ 1º – As unidades atualmente cadastradas pelo SUS, a partir da vigência desta Portaria, serão classificadas como tipo I.

§ 2º – As unidades que comprovarem o cumprimento das especificações do anexo desta Portaria poderão ser credenciadas pelo gestor nos tipos II ou III, de acordo com a necessidade de assistência da localidade onde estão inseridas.

Art. 3º – A partir da data de publicação desta Portaria, serão cadastradas somente unidades do tipo II ou III.

Art. 4º – Fica revogada a Portaria GM/MS/Nº 2.918, de 9 de junho de 1998, publicada n o DOU nº111, de 15 de junho de 1998, e as demais disposição em contrário.

Art. 5º – Esta Portaria entra em vigor na data de sua publicação.

Anexo 3: DISPOSIÇÕES GERAIS

1. Disposições gerais:
   1.1. As Unidades de Tratamento Intensivo devem atender às disposições da Portaria GM/MS nº 1884, de 11 de novembro de 1994, publicada no DO nº 237, de 15 de dezembro de 1994.
   1.2. São unidades hospitalares destinadas ao atendimento de pacientes graves ou de risco que dispõem de assistência médica e de enfermagem ininterruptas, com equipamentos específicos próprios, recursos humanos especializados e que tenham acesso a outras tecnologias destinadas a diagnóstico e terapêutica.
   1.3. Essas unidades podem atender grupos etários específicos; a saber:
   Neonatal – atendem pacientes de 0 a 28 dias.
   Pediátrico – atendem pacientes de 28 dias a 14 ou 18 anos de acordo com as rotinas hospitalares internas.
   Adulto – atendem pacientes maiores de 14 ou 18 anos de acordo com as rotinas hospitalares internas.
   Especializada – voltadas para pacientes atendidos por determinada especialidade ou pertencentes a grupo específico de doenças.
   1.4. Todo hospital de nível terciário, com capacidade instalada igual ou superior a 100 leitos, deve dispor de leitos de tratamento intensivo correspondente a no mínimo 6% dos leitos totais.
   1.5. Todo hospital que atenda gestante de alto risco deve dispor de leitos de tratamento intensivo adulto e neonatal.

2. Das Unidades de Tratamento Intensivo do tipo II:
   2.1. Deve contar com equipe básica composta por:
   - um responsável técnico com título de especialista em medicina intensiva ou com habilitação em medicina intensiva pediátrica;
   - um médico diarista com título de especialista em medicina intensiva ou com habilitação em medicina intensiva pediátrica para cada dez leitos ou fração, nos turnos da manhã e da tarde;
   - um médico plantonista exclusivo para até dez pacientes ou fração;
   - um enfermeiro coordenador, exclusivo da unidade, responsável pela área de enfermagem;
   - um enfermeiro, exclusivo da unidade, para cada dez leitos ou fração, por turno de trabalho;
   - um fisioterapeuta para cada dez leitos ou fração no turno da manhã e da tarde;
   - um auxiliar ou técnico de enfermagem para cada dois leitos ou fração, por turno de trabalho;
   - um funcionário exclusivo responsável pelo serviço de limpeza;
   - acesso a cirurgião geral (ou pediátrico), torácico, cardiovascular, neurocirurgião e ortopedista.

   2.2. O hospital deve contar com:
   - laboratório de análises clínicas disponível nas 24 horas do dia;
   - agência transfusional disponível nas 24 horas do dia;
   - hemogasômetro;
   - ultra-sonógrafo;
   - eco-doppler-cardiógrafo;
   - laboratório de microbiologia;
   - terapia renal substitutiva;
   - aparelho de radiografia móvel;
   - serviço de nutrição parenteral e enteral;
   - serviço social;
   - serviço de psicologia.

   2.3. O hospital deve contar com acesso a:
   - estudo hemodinâmico;
   - angiografia seletiva;
   - endoscopia digestiva;
   - fibrobroncoscopia;
   - eletroencefalografia.

   2.4. Materiais e equipamentos necessários:
   - cama de Fawler, com grades laterais e rodízio, uma por paciente;
   - monitor de beira de leito com visoscópio, um para cada leito;
   - carro ressuscitador com monitor, desfibrilador, cardioversor e material para intubação endotraqueal, dois para cada dez leitos ou fração;
   - ventilador pulmonar com misturador tipo *blender*, um para cada dois leitos, devendo um terço dos mesmos ser do tipo microprocessado;
   - oxímetro de pulso, um para cada dois leitos;
   - bomba de infusão, duas bombas por leito;
   - conjunto de nebulização, em máscara, um para cada leito;
   - conjunto padronizado de beira de leito, contendo: termômetro (eletrônico, portátil, no caso de UTI neonatal), esfigmomanômetro, estetoscópio, ambu com máscara (ressuscitador manual), um para cada leito;
   - bandejas para procedimentos de: diálise peritoneal, drenagem torácica, toracotomia, punção pericárdica, curativos, flebotomia, acesso venoso profundo, punção lombar, sondagem vesical e traqueostomia;
   - monitor de pressão invasiva;
   - marca-passo cardíaco externo, eletrodos e gerador na unidade;
   - eletrocardiógrafo portátil, dois de uso exclusivo da unidade;

- maca para transporte com cilindro de oxigênio, régua tripla com saída para ventilador pulmonar e ventilador pulmonar para transporte;
- máscaras com venturi que permita diferentes concentrações de gases;
- aspirador portátil;
- negatoscópio;
- oftalmoscópio;
- otoscópio;
- pontos de oxigênio e ar comprimido medicinal com válvulas reguladoras de pressão e pontos de vácuo para cada leito;
- cilindro de oxigênio e ar comprimido, disponíveis no hospital;
- conjunto CPAP nasal mais umidificador aquecido, um para cada quatro leitos, no caso de UTI neonatal, um para cada dois leitos;
- capacete para oxigenoterapia para UTI pediátrica e neonatal;
- fototerapia, uma para cada três leitos de UTI neonatal;
- incubadora com parede dupla, uma por paciente de UTI neonatal;
- balança eletrônica, uma para cada dez leitos na UTI neonatal.

2.5. Humanização:

- climatização;
- iluminação natural;
- divisórias entre os leitos;
- relógios visíveis para todos os leitos;
- garantia de visitas diárias dos familiares, à beira do leito;
- garantia de informações da evolução diária dos pacientes aos familiares por meio de boletins.

3. As Unidades de Tratamento Intensivo do tipo III devem, além dos requisitos exigidos paras as UTI tipo II, contar com:

3.1. Espaço mínimo individual por leito de 9 m^2, sendo para UTI neonatal o espaço de 6 m^2 por leito.

3.2. Avaliação através do APACHE II se for UTI adulto, o PRISM II se UTI pediátrica e o PSI modificado se UTI neonatal.

3.3. Além de equipe básica exigida pela UTI tipo II, devem contar com:

- um médico plantonista para cada dez pacientes, sendo que pelo menos metade da equipe deve ter título de especialista em medicina intensiva reconhecido pela Associação de Medicina Intensiva Brasileira (AMIB);
- enfermeiro exclusivo da unidade para cada cinco leitos por turno de trabalho;
- fisioterapeuta exclusivo da UTI;
- acesso a serviço de reabilitação.

3.4. Além dos requisitos exigidos para as UTI tipo II, o hospital deve possuir condição de realizar os exames de:

- tomografia axial computadorizada;
- anatomia patológica;
- estudo hemodinâmico;
- angiografia seletiva;
- fibrobroncoscopia;
- ultra-sonografia portátil.

3.5. Além dos materiais e equipamentos necessários para as UTI tipo II, o hospital deve contar com:

- metade dos ventiladores do tipo microprocessado, ou um terço, no caso de UTI neonatal;
- monitor de pressão invasiva, um para cada cinco leitos;
- equipamento para ventilação pulmonar não-invasiva;
- capnógrafo;
- equipamento para fototerapia para UTI Neonatal, um para cada dois leitos;
- marca-passo transcutâneo.

(of. nº 99/98)

REFERÊNCIAS BIBLIOGRÁFICAS

1. Normas Mínimas para Funcionamento de UTI – AMIB (Associação de Medicina Intensiva Brasileira) 1993.
2. Portaria de UTI nº 3234 – Ministério da Saúde – Diário Oficial da União (DOU) – 12 de agosto de 1998.
3. Portaria de UTI nº 466 – ANVISA (Agência Nacional de Vigilância Sanitária) – Consulta Pública – Diário Oficial da União (DOU) – 04 de junho de 1998.
4. Hanson CW, Aranda M. Impact of intensivists and ICU teams on patient outcomes. *J Intensive Care Med* 1999;14:254–261.
5. Zimmerman JE, Shortell SM, Knaus WA, *et al.* Value and cost of teaching hospitals: a prospective multicenter, inception cohort study. *Critical Care Med* 1993;1432–1442.
6. Pollack MM, Cuerdon TT, Patel KM, *et al.* Impact of quality-of-care factors on pediatric intensive care unit mortality. *JAMA* 1994;272:941–946
7. Pronovost P, Jenckes M, Dorman T *et al.* Organizational characteristics of intensive care units related to outcomes of abdominal aortic surgery. *JAMA* 1999;281:1310–1317.
8. Hall JD. How and how much can the organization of critical care services influence patient outcome ? *J Intensive Care Med* 1999;14:251–253.

Anexo 4: DROGAS INJETÁVEIS EM UTI

Daniela de Oliveira Ribeiro

INJETÁVEIS DE USO EM CTI[1,2,3,4]					
Droga	***Diluente***	***Diluição***	***Via de acesso***	***Tempo de infusão***	***Considerações importantes***
Acetazolamida (diurético)	Água estéril	100 mg/ml	IV	Infusão rápida direto na veia, em *bolus*	O efeito do diurético diminui quando a acidose ocorre, mas pode ser estabilizado, suspendendo-se a droga por vários dias e depois recomeçando-se a terapia. A excreção de bicarbonato faz a urina ficar alcalina, pode causar o teste de proteína falso-positivo
Aciclovir (antiviral)	S.G. 5% S.F. 0,9%	7-10 mg/ml	IV	60 min	Hidrate o paciente, aumentando a ingesta líquida em 1.500 a 2.000 ml/h para diminuir o risco de nefrotoxicidade Não administre IM ou SC
Adenosina (antiarrítmico)	S.F. 0,9%	3 mg/ml	IV	Infusão rápida diretamente na veia	Cristais podem se formar se a solução estiver fria. Se os cristais estiverem visíveis deixe a solução em temperatura ambiente para a dissolução Não use a solução se não estiver clara
Albumina (hemoderivado)	S.G. 5% S.F. 0,9%	Sem diluir, 200 mg/ml ou fazer uma solução a 5 ou 10%	IV	15-30 min	O gotejamento deve ser estabelecido de acordo com as condições do paciente, tais como idade, condição clínica, diagnóstico Não use a droga se a solução estiver turva ou com sedimentos. A solução deve estar clara Armazene na geladeira
Amicacina, sulfato (antimicrobiano)	Não há necessidade de diluição	50-250 mg/ml	IM	Infusão rápida	Verifique reação alérgica à droga antes da administração Monitorize função renal
	S.F. 0,9% S.G. 5%	2,5-5 mg/ml	IV	30-60 min	Monitorize perda de audição e tontura durante o tratamento O efeito da droga não é alterado se a solução se torna amarelada
Aminofilina (broncodilatador)	Não há necessidade de diluição	25 mg/ml	IV	Infusão lenta, em *bolus*	Monitorize freqüência respiratória e cardíaca Mantenha o paciente hidratado adequadamente Observe para reações adversas, principalmente convulsão
Amiodarona, cloridrato (antiarrítmico)	S.G. 5%	1-6 mg/ml	IV	10 min	Durante a infusão, estabeleça monitorização cardíaca
Ampicilina/penicilina (antimicrobiano)	S.F. 0,9% S.G. 5%	Diluir em 50 a 100 ml. Não ultrapassar concentração de 30 mg/ml	IV	15-30 min	Administre amoxicilina 1h antes de outro antibiótico Monitorize para sinais de flebite
Ampicilina sódica/sulbactam sódico (antimicrobiano)	Água estéril ou lidocaína 0,5%	375 mg/ml	IM	Administre no músculo lentamente	Trocar o local da infusão (veia) a cada 48 h para evitar irritação na veia
	S.F. 0,9% S.G. 5%	40-80 mg/ml	IV	10 min	Não misture com outra droga porque pode causar incompatibilidade

(Continua)

INJETÁVEIS DE USO EM CTI[1,2,3,4] (*Cont.*)					
Droga	***Diluente***	***Diluição***	***Via de acesso***	***Tempo de infusão***	***Considerações importantes***
Anfotericina B (antifúngico)	S.G. 5%	0,1 mg/ml	IV	Infusão lenta por no mínimo 6 h ou rápida por 20 a 30 min	Monitorize os níveis de cálcio e magnésio Armazene em geladeira na temperatura de 2 a 8°C, proteja da luz, dilua em 10 ml de água estéril. Para evitar precipitação, não dilua em S.F. 0,9% ou outros eletrólitos Infusão rápida pode causar colapso cardiovascular
Aztreonam (antibacteriano)	Água estéril	Diluir em 6 a 10 ml	IM	Infusão profunda e lenta por 3-5 min	Paciente alérgico a penicilina ou cefalosporina pode ser alérgico ao aztreonama
	S.F. 0,9% S.G. 5%	Diluir em 50 a 100 ml	IV	20-60 min	Dose acima de 1 g deve ser administrada IV
Benzilpenicilina potássica (antibacteriano)	S.F. 0,9% S.G. 5%	Diluição comercial	IM	Infusão em *bolus* e profunda	Doses acima de 10 milhões devem ser feitas IV
		Diluir em 50 a 100 ml	IV	30-60 min	Para evitar flebite, mude o local da aplicação a cada 48 h
Betametasona, fosfato dissódico (corticosteróide)	S.F. 0,9% S.G. 5%	3 mg/ml	IM	Infusão em *bolus* e profunda	A suspensão súbita após o uso prolongado pode ser fatal
		Diluir em 50 a 100 ml	IV	20-30 min	Monitorize glicose e potássio no sangue
Betanecol, cloreto (parassimpaticolítico)	Não há necessidade de diluição	5 mg/ml	SC	Infusão em *bolus* rápida	Oriente o paciente sobre as reações adversas
Buprenorfina (entorpecente)	S.F. 0,9% S.G. 5%	0,3 mg/ml	IM	Infusão lenta e profunda	A administração pela via subcutânea não é recomendada
		15 mcg/ml	IV	Infusão lenta acima de 2 min	
Carbenicilina penicilina (antimicrobiano)	S.F. 0,9% S.G. 5%	Diluição comercial	IM	Infusão lenta	Monitorizar função renal e hematológica
		Diluição comercial	IV	60 min	Ter atenção em pacientes cardíacos e hipertensos por conta do sódio do medicamento
Carbenicilina penicilina (antimicrobiano)	S.F. 0,9% S.G. 5%	Diluição comercial	IM	Infusão lenta	Monitorizar função renal e hematológica
		Diluição comercial	IV	60 min	Ter atenção em pacientes cardíacos e hipertensos por conta do sódio do medicamento
Cefalexina/ cefalosporina (antimicrobiano)	S.F. 0,9% S.G. 5% Água estéril	225-330 mg/ml ou 10 mg/ml	IV	2-3 min	Alternar o local da infusão entre 2 a 3 dias
		225-30 mg/ml	IM	Infusão rápida	A infusão IM não é dolorosa como outra cefalosporina É estável por 24 h em temperatura ambiente ou 96 h na geladeira
Cefalotina/ cefalosporiana (antimicrobiano)	Água estéril	250-333 mg/ml	IM	Infusão profunda e rápida	Pode ocorrer falso-positivo no Clinitest
		100 mg/ml	IV	3-5 min	Monitorizar os sinais e sintomas de flebite e tromboflebite Altere o local da infusão IV

INJETÁVEIS DE USO EM CTI[1,2,3,4] *(Cont.)*					
Droga	***Diluente***	***Diluição***	***Via de acesso***	***Tempo de infusão***	***Considerações importantes***
Cefalozina/ cefalosporina (antimicrobiano)	S.F. 0,9% S.G. 5% Água estéril	225-330 mg/ml ou 10 mg/ml	IV	3-5 min	Alternar o local da infusão entre 2 a 3 dias
		225-330 mg/ml	IM	Acima de 30 min	A infusão IM não é dolorosa como outra cefalosporina
				Infusão rápida	É estável por 24 h em temperatura ambiente ou 96 h na geladeira
Cefepima (antimicrobiano)	S.F. 0,9% S.G. 5%	Diluir em 50 a 100 ml	IV	Infundir lentamente acima de 30 min	Caso ocorra hipotrombinemia, tenha vitamina K disponível A droga é estável após diluição em temperatura ambiente por 24 h, em geladeira por 7 dias Proteja da luz
Cefoperazona sódica (antimicrobiano)	S.F. 0,9% S.G. 5%	200 mg/ml	IM	Infusão profunda rápida	Monitorizar o tempo de protrombina porque essa droga causa sangramento. A vitamina K pode ser usada se ocorrer sangramento
		2-50 mg/ml	IV	4-30 min	Teste de Coombs direto pode causar falso-positivo
Cefotaxima (antimicrobiano)	S.F. 0,9% S.G. 5% Água estéril Lidocaína 1%	Diluir com 10 ml	IM	Diluir com lidocaína 1% e administrar profundamente e lentamente	Não administrar a droga por via IV com lidocaína Monitorize o local da infusão porque pode ocorrer flebite
		Diluir em 50 a 100 ml	IV	3-30 min	No Clinitest pode ocorrer falso-positivo Após diluição, permanece estável por 24 h em temperatura ambiente e uma semana na geladeira
Ceftriaxona/ Cefalosporina (antimicrobiano)	S.F. 0,9% S.G. 5% Água estéril	100 mg/ml	IM	Infusão profunda e lenta	Pode ocorrer falso-positivo no tete de Coombs
		10-40 mg/ml	IV	3-30 min	Pode ocorrer falso-positivo no Clinitest Use cuidadosamente em pacientes com disfunção hepática e renal
Cefuroxima sódica (antimicrobiano)	Água estéril S.G. 5% S.F. 0,9%	Diluir em 50 a 100 ml ou em 9 ml	IV	15-60 min	Pode ocorrer falso-positivo no teste de Coombs
				3-5 min	Pode ocorrer falso-positivo no Clinitest Use cuidadosamente em pacientes com disfunção hepática e renal
Cimetidina (antiúlcera)	S.F. 0,9% S.G. 5%	150 mg/ml	IM	Infusão profunda e lenta	Dor no local da injeção IM
		Diluir em 50 a 100 ml ou em 20 ml	IV	15-20 min 5 min	
Ciprofloxacina (antimicrobiano)	S.F. 0,9% S.G. 5%	1-2 mg/ml	IV	60 min	Usar com extremo cuidado com teofilina. Sérias reações, às vezes fatais, têm ocorrido em pacientes recebendo teofilina e ciprofloxacina IV. Monitorizar os níveis e ajuste a dose
Clindamicina, fosfato (antimicrobiano)	S.F. 0,9% S.G. 5%	150 mg/ml	IM	Infusão profunda	Monitorizar função renal, hepática e hematológica
		6 mg/ml	IV	Acima de 30 min	Informar que a infusão IM é dolorosa
Cloranfenicol (antimicrobiano)	Água estéril	100 mg/ml	IV	Acima de 3 min	Monitorizar flebite e irritação

(Continua)

INJETÁVEIS DE USO EM CTI[1,2,3,4] (Cont.)					
Droga	***Diluente***	***Diluição***	***Via de acesso***	***Tempo de infusão***	***Considerações importantes***
Dexametasona	Não há necessidade de diluição	4-24 mg/ml	IM	Infusão profunda	Não administrar SC porque pode causar atrofia e abscesso
		4-24 mg/ml	IV	Em torno de 1 min	Mudar o local da injeção para evitar atrofia muscular
Diazepam (ansiolítico)	S.F. 0,9%	10 mg/100 ml	IV	15 min	A absorção pela via I.M. é irregular Não administrar em veia de fino calibre Monitorize sinais vitais Não armazene a droga em seringa de plástico, não misturar com outras drogas e evite extravasamento
Diltiazem, cloridrato (hipotensor arterial, antiarrítmico)	Não há necessidade de diluição	5-10 mg/ml	IV	Infusão em *bolus*, 2 min	Armazene a droga em local fresco e protegida da luz
Dipiridamol (vasodilatador)	S.F. 0,9% S.G. 5%	0,2-0,5 mg/ml	IV	15-30 min	Observar sinais de sangramento
Dobutamina, cloridrato (cardiotônico)	S.F. 0,9% S.G. 5% Ringer Lactato	0,25-5 mg/ml	IV	Infusão em menos de 72 h	A droga é incompatível com solução alcalina Não misture com bicarbonato de sódio Evite extravasamento da droga Monitorizar potássio sérico Monitorizar flebite
Dopamina, cloridrato (antagonista alfa-adrenérgico)	S.F. 0,9% S.G. 5%	0,4-0,8 mg/ml	IV	30-60 min	A droga é incompatível com solução alcalina Não misture com bicarbonato de sódio Evitar extravasamento da droga Monitorizar flebite
Enalapril, maleato (anti-hipertensivo)	S.F. 0,9% S.G. 5%	Diluir em 50 ml	IV	Acima de 15 min	Monitorizar pressão sangüínea Na insuficiência renal a dose deve ser reduzida
Enoxaparina (anticoagulante)	Não há necessidade de diluição	Diluição do fabricante	IM	Infusão rápida e profunda	Não administrar via IM Não misturar a droga com outra solução Armazenar a droga em temperatura ambiente; ela deve se encontrar na cor clara
Eritropoetina humana recombinante (antianêmico)	Não há necessidade de diluição	1.000 UI/ml 1.000 UI/ml	IV SC	Infusão lenta em 1 a 2 min Infusão rápida	Após diluída, conservar na geladeira de 2 a 8°C, devendo ser utilizada até 7 dias após a diluição
Espectomicina, cloridrato de (antibacteriano)	Não há necessidade de diluição	400 mg/ml	IM	Infusão profunda e lenta	Dividir a dose em duas etapas e cada uma aplicar em uma nádega Armazenar em temperatura ambiente após reconstituição por 24 h
Estreptoquinase (agente trombolítico)	S.F. 0,9% S.G. 5%	Diluir em 50 a 100 ml	IV	30-60 min	Administrar a droga em bomba de infusão Observar o local da infusão para flebite
Fator IX (anti-hemolítico)	S.F. 0,9%	Diluir em 10 a 30 ml	IV	Evitar infusão rápida. Não exceda 3 ml/min Administrar em menos de 3 h	Administre somente pela via IV Monitorize o paciente para sinais de trombose Armazene na geladeira Se ocorrer febre, calafrio ou cefaléia, diminua o gotejamento
Fentanila, citrato (analgésico narcótico)	Não há necessidade de diluição, mais pode ser diluído com S.F. 0,9% ou S.G. 5%	50 mcg/ml Diluir em 250 ml	IM IV	Infusão lenta e profunda, 1 min 60 min	Doses altas causam rigidez muscular Monitorize circulação e respiração Quando administrar pela via IV tenha em mão naloxona porque é antagonista

INJETÁVEIS DE USO EM CTI[1,2,3,4] *(Cont.)*					
Droga	***Diluente***	***Diluição***	***Via de acesso***	***Tempo de infusão***	***Considerações importantes***
Fluconazol (antifúngico)	Não há necessidade de diluição, pois já vem diluído em bolsa ou frasco	200 mg/100 ml ou 400 mg/200 ml	IV	200 mg/h	Monitorizar função hepática Para prevenir embolismo não adicione outra droga junto Pode ser infundida continuamente e não exceder 200 ml/h
Foscarnet sódico (antiviral)	Não há necessidade de diluição	24 mg/ml	IV	60-120 min	Monitorizar eletrólitos Monitorize sinais tetânicos e convulsão Monitorizar níveis de hemoglobina e hematócrito Use bomba de infusão para administrar a droga Hidrate o paciente para evitar toxicidade
Furosemida (diurético)	S.G. 5% S.F. 0,9%	10 mg/ml 10 mg/ml ou	IM IV	Infusão rápida 1-2 min ou acima de 30 min	Não use a droga diluída após 24 h Monitorizar o balanço hídrico, peso diário, função hepática Proteger da luz
Ganciclovir, sódico (antiviral)	S.G. 5% S.F. 0,9%	10 mg/ml	IV	60 min	Não administre SC ou IM Monitorize níveis sangüíneos a cada 2 dias Hidrate adequadamente o paciente
Gentamicina, sulfato de (antimicrobiano)	S.F. 0,9% S.G. 5%	10 mg/ml Diluído de 50 a 200 ml	IM IV	Infusão rápida 30 min-2 h	Monitorizar função renal, balanço hídrico e creatinina Hidratar o paciente para diminuir a irritação dos rins O efeito da droga não é alterado se a solução ficar amarelada
Gentaxil (antimicrobiano)	S.F. 0,9% S.G. 5%	10 mg/m Diluído de 50 a 200 ml	IM IV	Infusão rápida 30 min	Monitorizar função renal, balanço hídrico e creatinina Hidratar o paciente para diminuir a irritação dos rins O efeito da droga não é alterado se a solução ficar amarelada
Glatirâmer, acetato (imunomodulador)	Não há necessidade de diluição	Diluição comercial	SC	Infusão rápida	Armazenar a droga em geladeira Mudar sempre o local da aplicação e aplicar todos os dias no mesmo horário
Glucagon (hiperglicemiante)	Solução comercial própria contendo fenol e glicerina	1 mg/ml 1 mg/ml 1 mg/ml	IM SC IV	Infusão profunda Infusão rápida 2-5 min	É contra-indicado para paciente hipersensível à droga, feocromocitoma, insulinoma, gestação e lactação Incompatível com solução de SF0, 9%
Haloperidol (antipsicótico)	Não há necessidade de diluição	5 mg/ml	IM	Infusão profunda e rápida	Proteja a droga da luz Não suspenda a droga subtamente porque podem ocorrer severas reações adversas
Heparina (anticoagulante)	S.F. 0,9% S.G. 5%	5.000 UI/ml diluir em 50 a 100 ml	SC IV	Infusão profunda e rápida Administre lentamente	Não administrar via IM Não misturar heparina com outra droga
Hidralazina, cloridrato (hipotensor)	Não há necessidade de diluição	20 mg/ml	IV	Administre lentamente, no máximo 10 mg/min	Caso a droga mude de cor despreze-a Incompatível com S.F. 0,9%, S.G. 10% e outras soluções

(Continua)

INJETÁVEIS DE USO EM CTI[1,2,3,4] *(Cont.)*					
Droga	***Diluente***	***Diluição***	***Via de acesso***	***Tempo de infusão***	***Considerações importantes***
Hidrocortisona, succinato (corticosteróide)	S.F. 0,9% S.G. 5%	50 mg/ml 0,1-1 mg/ml	IM IV	Infusão lenta e profunda Administre lentamente, acima de 30 s	Não administrar pela via IM se o paciente tiver púrpura tromboembolítica
Imipramina, cloridrato (antidepressivo)	Não há necessidade de diluição	12,5 mg/ml	IM	Infusão rápida e profunda	Monitorize paciente com tendência suicida. Não use via IV
Insulina humana regular (antidiabético)	S.F. 0,9%	100 UI/ml 100 UI/ml	SC IM IV	Infusão rápida Infusão rápida 6-10 UI/h	Mudar o local da injeção subcutânea para evitar hipertrofia. A dose de manutenção é SC Em severa cetoacidose e coma diabético, administrar IV ou IM Armazenar em local fresco e protegido da luz Não colocar no congelador
Interferon alfa-2 α (antiviral e antineoplásico)	Não há necessidade de diluição	3, 4, 5 ou 9 MUI/0,5 ml	SC IM	Infusão rápida Infusão rápida	Armazenar a droga na geladeira, não agite o frasco Hidrate adequadamente o paciente
Interferon alfa-2 β Recombinante (antiviral e antineoplásico)	Não há necessidade de diluição S.F. 0,9%	3,5 ou 10 MUI/0,5 ml 100.000 UI/ml	SC IM IV	Infusão rápida Infusão rápida Acima de 20 min	Armazenar a droga na geladeira, não agitar o frasco Hidratar adequadamente o paciente
Lactato de Amrinona (cardiotônico)	S.F. 0,9%	1-3 mg/ml	IV	Acima de 3 min	Durante a infusão monitorar pressão arterial e pulso Monitorizar plaquetas Se diluir com S.G. 5% não pode armazenar, infundir imediatamente
Leucovorina cálcica (antídoto dos antagonistas do ácido fólico)	S.G. 5% S.F. 0,9%	10 mg/ml Diluir em 50 ml	IM IV	Infusão rápida Infundir acima de 3 min, não exceder 16 ml/min	Usar a via IV se ocorrer náuseas e vômitos Hidrate o paciente para evitar nefrotoxicidade
Levofloxacino (antibiótico)	S.G. 5% S.F. 0,9%	5 mg/ml	IV	60 min	Hidratar o paciente adequadamente A dose deve ser reduzida se ocorrer disfunção renal Armazenar em temperatura ambiente de 25°C
Lidocaína, Cloridrato (antiarrítmico)	S.G. 5% Não há necessidade de diluição	Diluir para fazer uma solução a 0,4% 20 mg/ml	IV IM	Infusão lenta, não ultrapassando 25 a 50 mg/min Infusão lenta e profunda	A IM administre somente no músculo deltóide Paciente recebendo IV deve estar com monitorização cardíaca e deve ser observado o tempo todo. Use bomba de infusão para controlar precisamente a infusão
Lincomicina/Cloridrato de Lincomicina (antibacteriano)	Não há necessidade de diluição S.G. 5% S.F. 0,9%	300 mg/ml No mínimo em 100 ml	IM IV	Infusão rápida 60 min	Monitorizar função hepática Monitorize glóbulos brancos e plaquetas Monitorize o local da infusão para flebite
Manitol (diurético)	Não há necessidade de diluição	200 mg/ml	IV	30-60 min	Não administre manitol e sangue. Se for necessário, adicione no mínimo 20 mEq de cloreto de sódio para cada litro de manitol Pode ocorrer cristalização em baixa temperatura. Se ocorrer, aqueça a solução em banho-maria, então esfrie em temperatura ambiente

INJETÁVEIS DE USO EM CTI[1,2,3,4] *(Cont.)*					
Droga	***Diluente***	***Diluição***	***Via de acesso***	***Tempo de infusão***	***Considerações importantes***
Meperidina, cloridrato (analgésico entorpecente)	Não há necessidade de diluir. S.G. 5% S.F. 0,9%	50 mg/ml 10 mg/ml ou 1 mg/ml	IM IV	Infusão rápida 3-5 min Infusão lenta não excedendo 15-35 mg/h	Reduza a dose 25 a 50% em paciente usando tranqüilizante Monitorize função renal
Metadona, cloridrato (analgésico)	Não há necessidade de diluição	10 mg/ml	IM	Infusão rápida	Monitorize função renal
Metilprednisona, succinato (corticosteróide)	Não há necessidade de diluição S.G. 5% S.F. 0,9%	40 mg/ml 40 mg/ml ou Diluir em 50 ml	IM IV	Infusão rápida 1 min 15 min	Usar cuidadosamente em paciente com alergia a ácido acetilsalicílico Administre a droga antes das 9 horas da manhã pois minimiza reação adversa
Metoclopramida, cloridrato (antiemético)	S.G. 5% S.F. 0,9%	5 mg/ml 0,2 mg/ml	IM IV	Infusão profunda e lentamente (2-3 min) Acima de 15 min	Monitorize reação extrapiramidal
Metoprolol, Tartarato (bloqueador beta-adrenérgico)	Não há necessidade de diluição	5 mg/ml	IV	Infusão rápida em *bolus*	IV é necessário monitor cardíaco Monitorizar função hepática e renal Monitorizar função respiratória
Metronidazol (antimicrobiano)	S.G. 5% S.F. 0,9%	Diluir em 100 ml Não ultrapassar concentração de 8 mg/ml	IV	60 min	Não coloque na geladeira porque ele pode precipitar Causa retenção de sódio. Observe edema, especialmente nos pacientes que estão recebendo corticosteróide
Milrinona, Lactato (cardiotônico)	S.G. 5% S.F. 0,9%	100-150 mcg/ml	IV	30-60 min	É administrado com digoxina e diurético Monitorizar potássio, pressão arterial, ingesta de líquido, eletrólitos e função renal Ficar alerta para o efeito inotrópico
Morfina, Sulfato (analgésico narcótico)	Água estéril	10 mg/ml 0,2 mg/ml 0,1-2 mg/ml	Epidural Intratecal IV	Infusão rápida Infusão rápida Acima de 4 min	Administração intratecal e epidural somente por médico experiente e em locais com monitorização adequada e carro de parada disponível
Nalbufina, cloridrato (analgésico narcótico)	Não há necessidade de diluição	10 mg/ml 10 mg/ml	IM IV	Infusão rápida 3-5 min	Monitoriza o paciente após suspender a droga, pois pode causar abstinência Tenha narcótico antagonista disponível (naloxano) caso ocorra depressão respiratória
Naloxona, cloridrato (narcótico antagonista)	S.G. 5%	0,4 mg/ml 0,004 mg/ml	IM IV	Acima de 1 min 60 min	Mantenha perto o carro de parada Relatar avaliação cardiovascular e neurológica
Neostigmina (agente colinérgico)	Não há necessidade de diluição	0,5 mg/ml 0,5 mg/ml	SC IM IV	Infusão rápida Infusão lenta Administrar lentamente	Manter a atropina disponível como antagonista em caso de crise colinérgica ou reação de hipersensibilidade
Netilmicina, sulfato (aminoglicosídeo)	S.F. 0,9%	Diluir em 50 a 200 ml	IV	30 min-2 h	Monitorizar função renal, balanço hídrico e creatinina Hidratar o paciente para minimizar lesão renal O efeito da droga não é alterado se a solução tornar-se amarelada

(Continua)

INJETÁVEIS DE USO EM CTI[1,2,3,4] *(Cont.)*					
Droga	***Diluente***	***Diluição***	***Via de acesso***	***Tempo de infusão***	***Considerações importantes***
Nitroglicerina (vasodilatador coronariano)	S.F. 0,9% S.G. 5%	Diluir em 50 a 100 ml	IV	30-60 min	Monitorize o local da infusão para flebite Se ocorrer cefaléia, administrar acetaminofen
Ondansetrona, cloridrato (antiemético)	S.F. 0,9% S.G. 5%	0,04 mg/ml	IV	15 min	Armazenar em temperatura ambiente Após diluição, a droga é estável por 48 h
Oxacilina (antibiótico)	Água estéril S.F. 0,9%	166,7 mg/ml 50-100 mg/ml	IM IV	Infusão rápida 10 min	A droga diluída é estável por 3 dias em temperatura ambiente e por 7 dias sob refrigeração
Penicilina G Benzatina (antibiótico)	Não há necessidade de diluição	Diluição do fabricante	IM	Infusão lenta e profunda	Não fazer massagem no local da injeção
Penicilina G Potássica (antibiótico)	S.F. 0,9% Água estéril	Diluição do fabricante 100 ml	IM IV	Infusão lenta e profunda 60 min	Não fazer massagem no local da injeção Hidratar adequadamente o paciente Após a diluição, a droga é estável por 24 h em temperatura ambiente e por 7 dias sob refrigeração
Penicilina G Procaína (antibiótico)	Não há necessidade de diluição	Diluição do fabricante	IM	Infusão lenta e profunda	Administrar somente pela via IM Não fazer massagem no local da injeção
Pentamidina, Isotionato (antimicrobiano)	S.G. 5% Água estéril	1,2-6 mg/ml 100 mg/ml	IV IM	60 min Infusão lenta e profunda	Após infusão via IV a glicose no sangue pode diminuir Monitorizar diariamente glicose, cálcio e creatinina
Pentobarbital (sedativo hipnótico)	S.F. 0,9% S.G. 5%	50 mg/ml 50 mg/ml	IV IM	60 min, não ultrapassar 50 mg/min Infusão lenta e profunda	Não administrar intra-arterial, pois pode causar arterioespasmo, trombose e gangrena IV administrar lentamente pois é uma droga altamente alcalina Monitorizar o local da injeção Desprezar a solução que se tornar descolorada e precipitada
Propranolol, cloridrato (bloqueador beta-adrenérgico)	S.F. 0,9% S.G. 5%	Diluir em 10 a 50 ml	IV	1-15 min, não ultrapassar 1 mg/min	Ter disponível carro de parada Monitorize glicemia
Potamina, cloridrato (inativador da heparina)	S.F. 0,9% S.G. 5%	10 mg/ml	IV	1-3 min, não ultrapassar de 50 mg em 10 min	Monitorizar estudo de coagulação Manter disponível o carro de parada Não armazenar a solução diluída Armazenar a droga em geladeira de 2 a 8°C
Ranitidina, cloridrato (inibidor da histamina 2)	S.G. 5%	10-25 mg/ml 0,5-10 mg/ml	IM IV	Infusão rápida 5-20 min	
Tetraciclina	Cloridrato (antibiótico)	Não há necessidade de diluição Diluição comercial	IV	Infusão direta em *bolus*	
Ticarcilina (antibacteriano)	S.F. 0,9% S.G. 5%	Diluir em 10 a 100 ml 0,25-1,5 mg/ml	IV IM	Acima de 30 min Infusão profunda e lenta	Monitorizar pacientes com disfunção renal Monitorize plaquetas e trombocitopenia Para evitar flebite

INJETÁVEIS DE USO EM CTI[1,2,3,4] *(Cont.)*					
Droga	***Diluente***	***Diluição***	***Via de acesso***	***Tempo de infusão***	***Considerações importantes***
Tobramicina, sulfato (antibiótico)	S.F. 0,9% S.G. 5%	Diluir em 50 a 100 ml 10-40 mg/ml	IV IM	30-60 min Infusão profunda e lenta	A droga é estável após diluição em temperatura ambiente por 24 h Hidratar adequadamente o paciente
Vancomicina, cloridrato antibiótico)	S.F. 0,9% S.G. 5%	Diluir em 100 a 200 ml	IV	30-60 min	
Verapamil, cloridrato (bloqueador do canal de cálcio)	Não há necessidade de diluição	2,5 mg/ml	IV	2-3 min	Monitorizar PA e pulso Certificar coloração ou partículas na ampola Armazenar em temperatura de 15 a 30°C

Preparado por: Daniela de Oliveira Ribeiro.
C.R.F.: 6426.

REFERÊNCIAS BIBLIOGRÁFICAS

1. AME, Administração de medicamentos na enfermagem, 20072001 – Rio de Janeiro: EPUB, 2000.
2. Nursing I.V. Drug Handbook, Springhouse Corporation, sixth edition.
3. DEF 2000/2001.
4. P.R. Vade Mécum, Brasil, 1998.

Índice Remissivo

A

I

J

L

M

N

O

P

Q

R

S

U